I0084021

ENCYCLOPÉDIE
MÉTHODIQUE,

OU

PAR ORDRE DE MATIÈRES;

PAR UNE SOCIÉTÉ DE GENS DE LETTRES, DE SAVANS ET D'ARTISTES;

Précédée d'un Vocabulaire universel, *servant de Table pour to[...] l'Ouvrage, ornée des Portraits de* MM. DIDEROT & D'ALEMBER[...] *premiers Éditeurs de l'*Encyclopédie.

ENCYCLOPÉDIE MÉTHODIQUE.

JURISPRUDENCE,

DÉDIÉE ET PRÉSENTÉE

A MONSEIGNEUR HUE DE MIROMESNIL, GARDE DES SCEAUX DE FRANCE, &c.

TOME CINQUIÈME.

A PARIS,

Chez PANCKOUCKE, Libraire, hôtel de Thou, rue des Poitevins.

A LIÈGE,

Chez PLOMTEUX, Imprimeur des États.

M. DCC. LXXXV.

AVEC APPROBATION, ET PRIVILÈGE DU ROI.

H

H, huitième lettre de l'alphabet, qui se trouve sur les monnoies fabriquées à la Rochelle.

H A

HABEAS CORPUS, (*Jurisprud. d'Angleterre.*) loi commune à tous les sujets anglois, & qui donne à un prisonnier la facilité d'être élargi sous caution.

Pour bien entendre cette loi, il faut savoir que lorsqu'un Anglois est arrêté, à moins que ce ne soit pour crime digne de mort, il envoie une copie du *mittimus* au chancelier, ou à quelque juge de l'échiquier que ce soit, lequel est obligé, sans déplacer, de lui accorder l'acte nommé *habeas corpus*. Sur la lecture de cet acte, le geolier ou concierge doit amener le prisonnier, & rendre compte des raisons de sa détention au tribunal auquel l'acte est renvoyé. Alors le juge prononce si le prisonnier est dans le cas de pouvoir donner caution ou non; s'il n'est pas dans le cas de la donner, il est renvoyé dans la prison; s'il en a le droit, il est renvoyé sous caution.

C'est un des plus beaux privilèges dont une nation libre puisse jouir; car, en conséquence de cet acte, les prisonniers d'état ont le droit de choisir le tribunal où ils veulent être jugés, & d'être élargis sous caution, si on n'allègue point la cause de leur détention, ou qu'on diffère de les juger.

Cette loi nécessaire pour prévenir les emprisonnemens arbitraires dont un roi se serviroit pour se rendre absolu, pourroit avoir de fâcheuses suites dans les cas extraordinaires, par exemple dans une conspiration, où l'observation exacte des formalités favoriseroit les mal-intentionnés, & assureroit aux personnes suspectes la facilité d'exécuter leurs mauvais desseins. Il semble donc que dans des cas de cette nature, le bien public demande qu'on suspende la loi pour un certain temps; & en effet, depuis son établissement, elle l'a été quelquefois en Angleterre.

Elle le fut pour un an en 1722, parce qu'il y avoit des bruits d'une conspiration formée contre le roi George I, & contre l'état. Les seigneurs qui opinèrent alors dans la chambre haute pour cette suspension, dirent que quand un acte devenoit contraire au bien public par des circonstances rares & imprévues, il falloit nécessairement le mettre à l'écart pour un certain temps; que dans la république romaine composée du pouvoir royal, de celui des nobles, & de celui du peuple représenté par le sénat & les tribuns, les consuls n'avoient qu'un pouvoir assez limité; mais qu'au premier bruit d'une conspiration, ces magistrats étoient dès-lors revêtus d'une autorité suprême, pour veiller à la conservation de la république. Cependant d'autres seigneurs attaquèrent la suspension en général, & plus encore la durée, à laquelle ils s'opposèrent par de fortes raisons. Ils soutinrent qu'un tel bill accordoit au roi d'Angleterre un pouvoir aussi grand que l'étoit celui d'un dictateur romain; qu'il faudroit que personne ne fût arrêté, qu'on ne lui nommât le délateur qui l'auroit rendu suspect, afin qu'il parût que la conspiration ne servoit pas de couverture à d'autres sujets de mécontentement; que l'acte *habeas corpus* n'avoit pas encore été suspendu pour plus de six mois; qu'en le suspendant pour un an, on autoriseroit par ce funeste exemple le souverain à en demander la prorogation pour une seconde année ou davantage: au moyen de quoi l'on anéantiroit insensiblement l'acte qui assuroit mieux que tout autre la liberté de la nation.

« Il est vrai, dit à ce sujet l'auteur de l'*Esprit* » *des loix*, que si la puissance législative laisse à » l'exécutrice le droit d'emprisonner des citoyens » qui pourroient donner caution de leur conduite, » il n'y a plus de liberté; mais s'ils ne sont arrê- » tés que pour répondre sans délai à une accusa- » tion que la loi a rendu capitale, alors ils sont » réellement libres, puisqu'ils ne sont soumis qu'à » la puissance de la loi. Enfin si la puissance lé- » gislative se croit en danger par quelque conspi- » ration secrète contre l'état, ou quelque intelli- » gence avec les ennemis du dehors, elle peut, » pour un temps court & limité, permettre à la » puissance exécutrice de faire arrêter les citoyens » suspects, qui ne perdront leur liberté pour un temps, » que pour la conserver pour toujours ». (*D. J.*)

HABILE: ce mot signifie capable, ayant droit ou pouvant avoir droit à quelque chose; il s'emploie plus particuliérement pour désigner celui qui a droit à une succession. On dit, en ce sens, que quelqu'un est *habile* à succéder, pour dire qu'il n'a aucune incapacité qui l'empêche d'hériter.

C'est aussi dans ce sens, que Dumoulin, sur la coutume de Paris, a dit que quiconque étoit *habile* pour le mariage, l'étoit pour toutes sortes d'actes, *habilis ad nuptias, habilis est ad pacta omnia*; cependant il auroit dû ajouter par exception à cet axiome, que les filles ne sont point *habiles* à succéder à la couronne de France, en vertu de la loi salique. *Voyez* LOI SALIQUE.

On dit encore *habile* à se porter héritier ou à succéder, en parlant de celui qui a droit de recueillir une succession ouverte; mais ce qu'il fait en qualité d'*habile* à succéder, n'induit point l'action de l'hérédité; & ce qu'il peut faire en cette qualité, se réduit aux actes conservatoires, jusqu'à ce qu'il ait pris qualité dans le temps fixé par les ordonnances. *Voyez* HÉRITIER.

Les actes conservatoires que peut faire l'héritier

saisi par la loi, en qualité d'*habile* à succéder, consistent dans le droit de faire apposer le scellé, à sa requête, sur les biens du défunt, de faire faire inventaire & même la vente des meubles & effets par un officier public; dans ces cas on ne peut reprocher ou opposer à celui qui a fait faire ces actes conservatoires, qu'il ait fait acte d'héritier, s'il n'y a pris que la seule qualité d'*habile* à succéder ou à se porter héritier.

Il n'en seroit pas de même pour les actes qui ont un autre objet que la conservation des effets d'une succession, & quand il n'y prendroit que cette qualité d'*habile* à succéder, il feroit acte d'héritier; 1°. s'il vendoit lui-même des meubles ou effets de cette succession, au lieu de les faire vendre en la forme ordinaire, comme on vient de dire, par un huissier ou autre officier public; 2°. s'il touchoit des revenus; 3°. s'il intentoit des actions, faisoit des recouvremens, signoit des quittances ou autres choses semblables.

L'héritier, comme *habile* à succéder, ne pouvant donc vendre par lui-même aucuns meubles, à plus forte raison ne peut-il vendre des immeubles; néanmoins on doit souvent regarder la vente prompte d'un office comme un acte conservatoire; ainsi l'on doit & l'on est dans l'usage de procéder promptement à la vente d'un office de notaire, de procureur, *&c.* pour la conservation des pratiques y attachées, ce qui en augmente le prix; & afin qu'une pareille vente n'induise pas l'action d'hérédité, il est d'usage que la veuve, enfans, ou autres *habiles* à succéder, se retirent à Paris pardevant M. le lieutenant-civil, qui, après avoir entendu les parties en son hôtel, y rend une ordonnance qui les autorise à la vente de ces sortes d'offices & pratique, sans que la vente puisse leur attribuer aucune qualité. Quelquefois même la cour, par des considérations réservées à sa sagesse & à son autorité, autorise M. le lieutenant-civil à faire d'office ces sortes de ventes sans le consentement ni la participation de la veuve & *habiles* à succéder, c'est ce qui vient d'arriver après la faillite de M^e le Bœuf de Lebret, décédé notaire au châtelet de Paris en 1780. Il est à présumer que la cour ne se seroit pas décidée à s'écarter de l'usage ordinaire, sans la circonstance & sans la provocation & requête des créanciers dudit M^e le Bœuf de Lebret, mort en Angleterre.

On obtient encore les mêmes autorisations en l'hôtel de M. le lieutenant-civil, toutes les fois que l'intérêt des successions semble exiger une vente prompte, comme quand il s'agit de la cession des baux de boutiques bien achalandées, pour les congés de maison, *&c.*; & ce qui se fait en vertu de semblables jugemens, n'attribue aucune qualité d'héritier à celui qui agit ainsi après s'être fait autoriser. Telle est la jurisprudence du châtelet, conforme sans doute à celle de la cour, où il a même été signé en la grand-chambre, au rapport de M. de la Guillaumie, par arrêt de l'année 1722, en faveur du sieur Foubert d'Orléans, que le bail d'une maison dépendante d'une succession, fait par un héritier de droit, ne le faisoit pas réputer héritier, & que ce n'étoit qu'un acte conservatoire. *Voyez* ACTE D'HÉRITIER, INVENTAIRE. (*Cet article est de M.* DE LA CHENAYE, *lieutenant-général honoraire de Mortagne, de plusieurs académies, associé du musée de Paris, &c.*)

Pour être *habile* à succéder, il faut le concours de trois conditions: savoir, 1°. exister lors de l'ouverture de la succession; 2°. jouir de l'état civil; 3°. être le plus proche parent du défunt.

Il suit de la première de ces conditions, qu'il est nécessaire qu'une personne existe au moment de l'ouverture de la succession, pour y avoir droit; ce qui est conforme à la règle générale du pays coutumier: le *mort saisit le vif.*

Ainsi, dans le cas où un fils auroit renoncé à la succession de son père, & que par la suite cette même succession paroîtroit avantageuse, les enfans du renonçant, nés ou conçus depuis sa renonciation, ne pourroient la réclamer, parce que les collatéraux du défunt en ont été saisis.

Mais il n'est pas nécessaire d'être né pour avoir droit à une succession, il suffit qu'un enfant soit conçu au moment de l'ouverture, suivant cette règle de droit: *qui in utero est, pro jam nato habetur, quoties de ejus commodo agitur.* Cependant la succession ne lui est due, qu'autant qu'il vient au monde vivant, & à terme. Un avorton ne seroit pas censé être capable de succéder: au reste, si l'enfant venoit à mourir en naissant, c'est à ceux qui veulent exercer ses droits, à prouver qu'il est né vivant. *Voyez* ENFANT, POSTHUME.

Il suit de la seconde condition dont nous avons parlé, que les aubains qui ne sont pas naturalisés, les François qui ont abdiqué leur patrie, les condamnés aux galères perpétuelles, ou au bannissement perpétuel hors du royaume, les religieux ne peuvent recueillir aucune succession. *Voyez* AUBAIN, ACCUSÉ, CONDAMNÉ, CONTUMACE, RELIGIEUX.

La troisième condition est absolument requise par la loi civile & naturelle, qui défèrent l'hérédité d'un défunt à son plus prochain héritier habile à lui succéder. *Voyez* SUCCESSION.

HABILITATION, s. f. HABILITER, v. a. *Habilitation* se dit, *en droit*, de l'action par laquelle on procure à quelqu'un l'habileté ou la capacité de faire quelque chose. L'*habiliter*, c'est le rendre effectivement capable: par exemple, un fils de famille, une femme sous puissance de mari ne peuvent s'obliger valablement: le consentement du père *habilite* le fils, & l'autorisation du mari *habilite* la femme à contracter: de même les lettres de naturalité *habilitent* un étranger, & le rendent capable de posséder en France un office ou un bénéfice.

HABIT, s. m. se dit en général de tous les vêtemens qui servent à couvrir le corps. Dans les provinces de droit écrit, lorsqu'on constitue à une fille qui se marie, une somme d'argent pour ses *habits*, outre ceux qu'elle a, cette somme fait partie de la dot, & a le même privilège : mais si, au lieu d'une somme, on lui donne des *habits* & linges propres à son usage, quoique spécifiés par le contrat, ils ne font pas partie de la dot sans une stipulation expresse ; de sorte que le cas de dissolution arrivant, la femme ou ses héritiers les reprennent dans l'état où ils se trouvent.

Dans le pays coutumier, les *habits* d'une femme font également partie de sa dot, lorsqu'il en est fait mention dans le contrat de mariage, & qu'ils y ont été estimés à une somme d'argent. La fille dotée par ses père & mère, est tenue de rapporter cette valeur, lorsqu'elle est appellée à leur succession. *Voyez* COFFRE.

HABITANT, s. m. on appelle ainsi ceux qui sont domiciliés dans un endroit. Un arrêt du conseil du 3 mars 1693 défend aux habitans qui ont droit d'affouage dans une forêt, de vendre à d'autres la portion qui leur est délivrée chaque année dans les taillis, sous peine de confiscation & de trois cens livres d'amende. *Voyez* AFFOUAGE & COMMUNAUTÉ D'HABITANS.

HABITATION, s. f. (*Droit civil.*) est une servitude personnelle, en vertu de laquelle, celui qui a le droit d'*habitation* peut demeurer gratuitement dans la maison d'autrui, avec tous ceux qui composent sa famille.

Cette servitude s'accorde par toute sorte d'actes entre-vifs, ou de dernière volonté. Elle s'acquiert de la même manière que l'usage & l'usufruit, & elle se perd par les mêmes moyens, à l'exception néanmoins du non-usage, parce qu'à la différence des deux autres servitudes personnelles, elle consiste plus en fait qu'en droit.

Dans nos mœurs, elle se stipule plus particulièrement dans les contrats de mariage en faveur de la femme, à laquelle on accorde le droit de demeurer pendant sa viduité dans une des maisons de son mari ; ensorte qu'on peut la regarder comme un véritable gain nuptial & de survie.

En général dans les pays de droit écrit, & dans la plupart des provinces régies par des coutumes, la femme ne peut prétendre de droit d'*habitation* qu'en vertu d'une convention expresse. Mais les coutumes du Maine, d'Anjou, de Vermandois, de Noyon, de Saint-Quentin, de Châlons, de Ribemont l'accordent de plein droit à la veuve noble, dans l'une des maisons du mari.

Celles d'Amiens, Bretagne, Vitri, Artois, & gouvernance de Douai, regardent ce droit comme faisant partie du douaire, & en conséquence l'accordent également à la veuve roturière. Celles du Bourbonnois, du Cambresis, de Valenciennes & de Lessines lui permettent de demeurer dans la maison de son mari, pendant tout le délai qu'elle a, pour délibérer si elle acceptera ou renoncera à la communauté. Enfin les chartres générales du Hainaut accordent également à l'homme & à la femme survivant, le droit d'habiter pendant quarante jours, dans la maison appartenante aux conjoints, dans laquelle ils faisoient leur résidence au moment du décès de l'un d'eux.

Hors les coutumes dont nous venons de parler, le droit d'*habitation* n'est dû qu'autant qu'il a été stipulé. Le contrat de mariage est la seule loi qui le règle, & les contractans peuvent y apposer telles conditions qu'il leur plaît. Il arrive souvent qu'on y accorde à la femme ou son *habitation* dans une des maisons de ville ou de campagne du mari, ou une somme d'argent pour lui en tenir lieu.

Dans ce cas, la femme a l'option, c'est-à-dire qu'elle peut prendre son *habitation* en nature ou en argent. Si elle préfère le prix réglé, il lui est dû pendant sa vie, quand même elle se remarieroit : mais si elle choisit la maison dénommée dans le contrat, elle perd irrévocablement ce droit qui lui est personnel, lorsqu'elle convole en secondes noces, sans pouvoir exiger à la place la somme stipulée ou convenue.

Lorsque le contrat de mariage porte seulement un droit d'*habitation* au profit de la femme, & que le mari décède sans avoir acquis de maison, ou que celles qu'il possède au jour de son décès, sont ruinées & inhabitables, la femme peut exiger une indemnité, qu'on doit régler sur sa condition, & le domicile qu'elle avoit au temps de la mort de son mari.

Lorsque le mari laisse plusieurs maisons, sa veuve peut-elle choisir celle qui est le plus à sa bienséance ? les coutumes de Vitri, de Laon, de Saint-Quentin, de Noyon, de Ribemont, de Châlons, lui accordent l'option : celles du Maine, d'Anjou & d'Amiens le donnent à l'héritier, en l'obligeant seulement d'en fournir une convenable à l'état de la veuve, & à la qualité de la succession : celle de Bretagne veut qu'il baille maison compétente à la douairière, même le principal manoir, si elle n'est pas logée suffisamment : celles d'Artois & de Douai donnent d'abord le choix des maisons à l'héritier, & ensuite à la veuve. Dans les coutumes muettes à cet égard, il faut tenir pour certain que la veuve a l'option, lorsqu'elle a été stipulée par le contrat de mariage ; qu'autrement elle appartient à l'héritier, qui est tenu d'avoir égard à la condition de la veuve.

Mais s'il n'existe qu'une maison dans l'hérédité du mari ? dans ce cas les coutumes du Maine & d'Anjou n'accordent à la veuve que le tiers de la maison : celles d'Artois, de Vitri & de Vermandois lui en donnent la moitié : celle de Châlons a la même disposition, à moins que la maison ne puisse se diviser commodément en deux : celles d'Amiens & de Noyon lui permettent d'en prendre la totalité. Dans les coutumes qui n'ont sur cet objet aucunes dispositions, on doit se conformer à l'usage des lieux, & donner à la femme la maison entière, lorsque chaque citoyen honnête occupe seul une maison ; ou un appartement commode, s'il est d'usage que les personnes qualifiées se logent ordinairement dans un appartement.

Le droit d'*habitation* d'un château ou d'une maison de campagne, donne à la veuve celui de jouir des prés, jardins, arbres fruitiers, houblonnières, pépinières, viviers, colombiers, & généralement de tout ce qui se trouve dans l'enceinte, quoiqu'il produise un revenu considérable. Les coutumes de Saint-Quentin & Ribemont en ont une disposition expresse, & Montholon rapporte un arrêt du parlement de Paris, du 14 août 1572, qui défend à un héritier de troubler la veuve dans la jouissance des pigeons d'un colombier. Il peut cependant mettre un concierge dans le château, & abattre les arbres de haute-futaie, qui en bordent les allées.

Celui qui jouit du droit d'*habitation*, doit en user sans détériorer ni dégrader les bâtimens; il est tenu des réparations locatives & d'entretien, & du paiement des charges annuelles, telles que le cens, lorsqu'il jouit de tout le produit de la maison.

Ce droit finit par la mort de celui à qui il a été accordé, par la destruction totale de la maison sur laquelle il étoit assigné; car si la maison n'étoit détruite qu'en partie, elle resteroit soumise à la même servitude qu'auparavant.

Quoique l'*habitation* en nature, ou une somme en argent ne soit due à la femme qu'après le décès de son mari, elle peut néanmoins demander l'une ou l'autre pendant sa vie, dans le cas d'une longue absence, de faillite, de mort civile, de séparation de corps & de biens.

Elle perd ce droit, si étant veuve, elle est convaincue de supposition de part, d'avoir vécu dans la débauche pendant l'année de deuil, d'avoir tué son mari, ou participé à sa mort, de n'avoir pas poursuivi par plainte ou dénonciation, ceux qui auroient homicidé son mari, sans y avoir eu part.

Habitation se dit aussi des établissemens que les particuliers vont former dans les colonies européennes de l'Amérique, à l'effet de cultiver le sucre, le café, le tabac, l'indigo, le coton, & autres marchandises de cette espèce.

Ces *habitations* ne se forment qu'avec la permission du roi, ou des intéressés à la colonie. Cette permission contient ordinairement la quantité de terre accordée à un habitant, & la redevance qu'il doit payer tous les ans au roi ou à la compagnie. *Voyez* COLONIE.

HABITUÉ, adj. (*Droit ecclésiastique.*) c'est ainsi qu'on appelle certains ecclésiastiques, qui sont employés, dans une paroisse, aux fonctions du ministère, sans avoir de charge & aucun titre de dignité.

Plusieurs conciles provinciaux ont statué qu'ils devoient obéir aux curés, assister aux offices en habits d'église, & qu'on devoit leur fournir une subsistance convenable sur les revenus, fondations & casuels de l'église où ils servent. Quelques conciles permettent aux curés de les suspendre de leurs fonctions, lorsqu'après trois avertissemens ou monitions, ils persistent à négliger leurs devoirs.

HABOUTS, s. m. plur. ce terme est usité dans quelques coutumes, pour exprimer les tenans & aboutissans d'un héritage. (*A*)

HAIE, *ou* plutôt HAYE, (*Droit coutumier.*) c'est une clôture d'épines, de ronces ou autres arbrisseaux, & même seulement de branches d'arbres entrelacées. Cette dernière espèce est appellée *haie morte*, & on donne le nom de *haie vive* à celle qui est faite de plantes qui ont pris racine.

Les *haies* sont quelquefois un sujet de disputes, que les loix ont de la peine à prévenir ou à régler. Suivant le droit coutumier de France, il est libre à tout propriétaire de clorre de *haie* son héritage, pourvu qu'il ne gêne pas son voisin. Ainsi ceux qui plantent une *haie*, doivent laisser un espace entre la *haie* & le fonds voisin : si elle est vive, la distance doit être d'un pied & demi : si elle est de bois mort, on peut l'établir sur l'extrémité du fonds, sans laisser aucun vuide, parce que semblable clôture ne sauroit préjudicier au fonds voisin.

Ce n'est qu'à l'égard de la *haie* vive, qu'il survient des contestations de propriété; par exemple, lorsque deux voisins réclament chacun la *haie*, & que le juge ignore à qui elle doit appartenir : dans ce cas, le sentiment de Coquille, dans ses *quest. chap. 148*, & de Loisel, dans ses *institutions coutumières*, *liv. 2*, *tit. 3*, *art. 8*, est que, s'il y a un fossé du côté de la *haie*, elle doit appartenir au propriétaire du fonds qui est au-delà du fossé & de la *haie*; dans le doute, ajoutent-ils, on doit juger de la propriété de la *haie* par la qualité & par la nature des héritages qui sont aux deux côtés; car si elle est entre une terre que l'on sème & une vigne, la présomption fera qu'elle appartient au propriétaire de la vigne, à qui la clôture est plus nécessaire qu'à la terre. Il en est de même d'une *haie* plantée entre une terre & un pré, le pré étant exposé à la pâture du bétail, s'il n'est pas clos. Si les deux héritages ont également besoin de clôture, la *haie* sera réputée mitoyenne.

Toute *haie* mitoyenne doit être entretenue & replantée à frais communs; l'un des deux propriétaires voisins peut même obliger l'autre à y contribuer.

HAINAUT, (*Droit public.*) province des Pays-Bas, avec le titre de comté, située entre la Flandre, l'Artois, le Brabant, le Namurois, le pays de Liège, la Champagne & la Picardie.

On trouvera dans le *Dictionnaire d'économie polit. diplom.* ce qui concerne les révolutions qu'elle a essuyées, & les clauses de sa réunion à la couronne : c'est pourquoi nous nous bornerons à parler des tribunaux de justice qui y sont établis, & des loix civiles & ecclésiastiques qui lui sont particulières.

§. I. *Des jurisdictions.* On trouve dans le *Hainaut* françois quatre sortes de jurisdictions, subordonnées au parlement de Douai, savoir, les jurisdictions seigneuriales, les jurisdictions municipales, les jurisdictions royales ordinaires, & les jurisdictions royales extraordinaires. Nous parlons des deux premières sous les *mots* ECHEVINAGE & HOMMES DE FIEFS. Il nous reste à parler des deux autres.

Les jurisdictions royales ordinaires du *Hainaut* sont de deux sortes : les unes ne sont appellées *royales*, que parce qu'elles sont exercées au nom du roi ; car, du reste, elles ne peuvent connoître des cas royaux : telles sont la prévôté de Landrecie dans le *Hainaut* françois, la châtellenie d'Ath dans le *Hainaut* autrichien. On pourroit les appeller *royales-seigneuriales*, parce qu'elles appartiennent au roi, comme seigneur particulier des lieux. Les autres sont royales d'effet comme de nom, c'est-à-dire qu'elles connoissent, , au nom du roi, de toutes les matières réservées, dans les autres provinces, aux bailliages & sénéchaussées.

Il n'y a dans le *Hainaut* autrichien qu'une seule jurisdiction royale ordinaire, en prenant ce mot dans le dernier sens que l'on vient d'indiquer : c'est le conseil souverain de Mons. Une particularité remarquable à ce siège, est qu'il réunit l'autorité des baillis royaux à celle des parlemens & conseils supérieurs, de sorte qu'il juge souverainement en première instance, une infinité de matières réputées royales par les loix du Hainaut ; & qu'en même temps il reçoit & juge également en dernier ressort les appels des officiers inférieurs de son territoire, dans les matières dont ceux-ci ont droit de connoître en première instance.

On compte aujourd'hui dans le *Hainaut* françois six sièges royaux ordinaires, qui sont les bailliages du Quesnoi & d'Avesnes, les prévôtés de Maubeuge & de Bavai, le siège de Bouchain, & la Prévôté-le-Comte de Valenciennes. Les deux premiers ont été créés par un édit du mois de novembre 1661 ; la création des quatre autres est antérieure à la conquête du *Hainaut* françois. Louis XIV n'a fait, par son édit du mois de mars 1693, que leur attribuer la jurisdiction royale ordinaire ; car, lorsqu'ils ressortissoient au conseil de Mons, ils n'avoient pas plus de pouvoir que n'en ont aujourd'hui les prévôts de Landrecie, de Philippeville, de Mariembourg, *&c.*

Un édit du mois d'avril 1704 avoit aussi créé un bailliage à Valenciennes ; un second édit du mois d'avril 1706 avoit converti ce siège en conseil provincial, à l'instar de celui d'Artois ; mais il a été supprimé par édit du mois de juin 1721.

La multitude presque innombrable des affaires dont le conseil de Mons a droit, par les loix qui lui sont propres, de connoître en première instance, a donné lieu à de grandes contestations entre ces six sièges & le parlement de Douai, auquel ils ressortissent.

D'un côté, le parlement se prétendoit subrogé en tout au conseil de Mons, & en conséquence, il vouloit empêcher les juges royaux de connoître, en première instance, de toutes les matières attribuées à cette cour. Il se fondoit sur plusieurs édits & déclarations qui lui donnoient, dans toute l'étendue de son ressort, la même jurisdiction qu'y avoient auparavant exercée le grand-conseil de Malines & le conseil de Mons.

D'un autre côté, les juges royaux soutenoient que le parlement n'étoit subrogé au conseil de Mons, que pour juger leurs appels respectifs, & non pour leur enlever la connoissance de toutes les affaires qui leur étoient nommément attribuées, soit par les édits de leur création, soit par leurs provisions.

Une déclaration du 26 mai 1686, rendue sur les plaintes réitérées de ces derniers, a ordonné qu'ils connoîtroient en première instance, de toutes les causes auxquelles ils avoient droit par leur institution, & a fait défenses au parlement d'en connoître en première instance ou de les évoquer, si ce n'est dans les cas où les autres parlemens ont droit de le faire, pour juger définitivement à l'audience & sur le champ.

Quelque précise que fût cette loi, & quoique son préambule fît une mention expresse de la prétention du parlement, d'être subrogé au conseil de Mons pour les premières instances, le parlement ne laissa pas de se maintenir encore quelque temps dans sa possession de seul juge immédiat du *Hainaut*, pour tous les cas attribués au conseil de Mons par les chartres générales de cette province.

Cette prétention du parlement donna lieu aux officiers de la prévôté de Maubeuge & du siège de Bouchain, aux seigneurs hauts-justiciers, aux échevins de Valenciennes, de se pourvoir de nouveau au conseil du roi. Sur ces contestations, & après une discussion très-approfondie, un arrêt du conseil du 18 juin 1703, expliqué & étendu par un second du 12 septembre 1724, revêtu de lettres-patentes enregistrées au parlement, a confirmé les dispositions de la déclaration du 26 mai 1686.

Les cantons du *Hainaut* françois, qui ne sont soumis à aucun des juges royaux dont on vient de parler, sont encore obligés, à l'exception des ville & banlieue de Valenciennes, de plaider en première instance au parlement de Douai, dans toutes les causes attribuées à la cour souveraine de Mons par les chartres générales. On trouve un exemple & en même temps une preuve de la légitimité de cet usage dans une déclaration du 28 mars 1746, rendue pour Ath, qui étoit alors possédé par la France : l'article 2 de cette loi ordonne que le parlement de Douai connoîtra en première instance dans l'étendue de cette ville & de sa châtellenie, *de toutes les matières dont la connoissance avoit été ci-devant réservée aussi en première instance au conseil de Mons, conformément aux chartres du Hainaut.*

Les jurisdictions royales extraordinaires & d'attribution de cette province, sont l'intendant, le bureau des finances, les maîtrises des eaux & forêts, la jurisdiction consulaire, la jurisdiction des traites, celle du prévôt des maréchaux de France.

L'autorité de l'intendant du *Hainaut* est à-peu-près la même que celle des intendans des autres généralités ; c'est à Valenciennes qu'il fait sa résidence ; son département n'est pas borné au *Hainaut*, il comprend encore le Cambresis, les villes & dépendances de Saint-Amand & de Mortagne, & tous les pays d'entre Sambre & Meuse & d'outre-Meuse, qui appartiennent à la France.

Le bureau des finances de Lille exerce sa jurisdiction dans le *Hainaut*. Il a été un temps où l'intendant du *Hainaut* disputoit aux officiers de ce siège le droit de connoître des affaires du domaine dans son département, mais ils y ont été maintenus par arrêt du conseil du 9 juillet 1701 ; cependant leur jurisdiction ne s'étend plus sur les droits de feux, cheminées, impôts sur les boissons & autres compris dans le bail des domaines du *Hainaut* : car, quoique l'édit de leur création leur eût attribué la connoissance de ces différens objets, il y a long-temps que l'intendant est seul en possession d'en connoître, à la charge de l'appel au conseil.

La jurisdiction des traites du *Hainaut* a été créée par édit du mois de mai 1691. Un arrêt du conseil du 27 novembre de la même année a ordonné que les officiers composant cette jurisdiction seroient tenus de présenter leurs provisions à l'intendant de la province, & de prêter serment entre ses mains. Le roi veut, par le même arrêt, que leurs jugemens soient exécutés en dernier ressort jusqu'à 500 liv., & que ceux dont l'objet excède cette somme, ne puissent ressortir qu'au conseil.

Il y a en *Hainaut* deux maîtrises particulières des eaux & forêts ; l'une est établie à Valenciennes ; l'autre au Quesnoy. On pourroit en compter une troisième ; car le département de celle de Givet s'étend fort avant dans le *Hainaut*. Ces trois sièges ont été établis pour exercer en cette province la jurisdiction attribuée par les chartres générales au grand-bailli des bois du même pays ; & de-là vient, comme on l'a vu aux mots CHASSE & FLANDRE, que leur autorité est bornée aux eaux & forêts domaniales.

La maîtrise du Quesnoy a été créée par un édit du mois de novembre 1661, qui en même temps en a rendu toutes les charges héréditaires. Celles de Valenciennes & de Givet n'ont été, pendant quelque temps, que de simples commissions ; un édit du mois d'août 1693 les a érigées à l'instar des autres sieges de la même nature, & une déclaration du 26 janvier de l'année suivante leur a accordé l'hérédité de leurs offices.

La déclaration du 9 août 1722, portant rétablissement du prêt & de l'annuel, en exceptoit formellement les officiers des maîtrises de Flandre, d'Artois & d'Alsace. Ceux du *Hainaut* ayant sollicité le même privilège, un arrêt du conseil du 28 juin 1723 a déclaré qu'ils y étoient compris ; & cette décision a été rendue commune avec le grand-maître de la même province, par arrêt du conseil du 7 décembre suivant.

Le *Hainaut* est sujet, comme les autres provinces, à la jurisdiction de MM. les maréchaux de France. Un édit du mois de mars 1679 a créé pour ce pays un prévôt général avec le nombre ordinaire d'officiers & d'archers, & leur a attribué les mêmes fonctions & les mêmes prérogatives qu'à ceux de l'intérieur du royaume.

Un édit du mois de janvier 1718 a établi à Valenciennes une jurisdiction consulaire pour tout le *Hainaut* & les pays d'entre Sambre & Meuse & d'outre-Meuse : quoique ce siège ait été créé à l'instar des autres consulats du royaume, on ne laisse pas d'y remarquer plusieurs particularités.

D'abord il faut que les juges & consuls de ce tribunal soient hommes de fiefs. L'article premier de l'édit cité les crée tels, *à l'effet de quoi*, porte-t-il, *ils seront, suivant l'usage, adhérités & investis par la plume, pour ce qui regarde leur jurisdiction seulement, afin que leurs jugemens soient reconnus pour titres authentiques, ainsi que les jugemens émanés des autres jurisdictions desdits pays.*

L'article 19 de la même loi accorde le choix aux habitans des villes & dépendances de Philippeville, de Mariembourg, de Charlemont & de Givet, lorsqu'ils seront demandeurs, de porter leurs affaires, qui se trouveront de la compétence des juges & consuls, soit au consulat de Valenciennes, ou devant les juges ordinaires, qui seront tenus, dans ces matières, de se conformer à l'édit du mois de mars 1673, & au titre 16 de l'ordonnance de 1667.

L'article 20 ordonne que, dans tout le ressort de cette jurisdiction, les billets à ordre, lettres-de-change & billets pour valeur reçue en marchandises seront exigibles six jours après leur échéance ; que les porteurs pourront les faire protester dans cet intervalle, & que les usances, au lieu d'être de trente jours, seront comptées par mois ordinaire.

L'article 23 portoit que les condamnations par corps, prononcées dans cette jurisdiction, ne pourroient être exécutées hors de son ressort, *sans pareatis, congé & assistance, selon l'usage des lieux où se devroient faire lesdites exécutions* ; mais cette disposition a été abrogée par une déclaration du 29 avril 1729, qui a assimilé sur ce point les sentences du consulat de Valenciennes à celles des autres consulats du royaume.

§. II. *Des loix civiles particulières au Hainaut.* Il est constant par les anciennes chartres, & particulièrement par une du 22 septembre 1390, que cette province étoit considérée comme pays d'états, & que les anciens souverains n'y levoient de subsides que du consentement de leurs vassaux ; mais, depuis les conquêtes de Louis XIV, le *Hainaut* françois n'est plus considéré que comme pays de généralité.

Les impositions sur les fonds y sont perçues sous le nom de *vingtièmes*, qui sont réglés sur le prix des loyers. Les droits de contrôle, de petits sceaux, d'insinuation, de centième denier, ont été suspendus, dès leur origine, par différens abonnemens. *Voyez* le *Dictionnaire des Finances*.

Cette province est régie par des chartres générales, rédigées successivement en 1200, 1346, 1387, 1410, 1417 & 1423. Charles-Quint réforma & augmenta ce recueil en 1534. Les archiducs Albert & Isabelle donnèrent des ordres pour en former une nouvelle rédaction. En 1601, ils en confirmèrent ou réformèrent 26 articles. En 1611, ils firent publier 60 articles touchant l'institution & la réformation du conseil de Mons. Sur la fin de la même année, ils publièrent une ordonnance en 660 articles, sur l'ordre judiciaire. Enfin, en 1619, ils confirmèrent la nouvelle rédaction, faite par les commissaires des trois états. Ce recueil, connu sous le nom de *chartres générales*, est divisé en 136 chapitres, & chaque chapitre en plus ou moins d'articles.

Outre ces loix générales, il y en a une infinité de particulières dans les coutumes de Valenciennes, de Mons, de Binche, de Chimay, de Landrecie, de Lessines; & ce qu'il y a de plus étonnant, c'est que quelques cantons du *Hainaut* ont adopté les coutumes étrangères de Laon, du Cambresis & de la Bassée.

Il est difficile de faire une application exacte de ces différentes loix aux affaires journalières de la vie civile; car souvent les chartres générales se trouvent en opposition avec les coutumes particulières, & il faut déférer à l'autorité, tantôt des unes, tantôt des autres.

Pour se guider dans ce labyrinthe, il faut d'abord se représenter le *Hainaut* divisé en neuf districts particuliers, qui sont le chef-lieu de Valenciennes, le chef-lieu de la Cour, le chef-lieu de Mons, le chef-lieu de Binche, le chef-lieu de Chimay, le chef-lieu de Vermandois ou de Laon, le chef-lieu de Cambrai, le chef-lieu de la Bassée, & le ressort de la coutume de Lessines.

Il n'y a point de difficulté par rapport à ce dernier district, parce que la coutume de Lessines, quoique conforme, en presque toutes ses dispositions, aux chartres générales, ne leur est cependant pas subordonnée : elle domine seule & sans concurrence, dans toute l'étendue de son territoire; ce qui provient probablement de ce que l'on a douté long-temps si cette ville & ses annexes faisoient partie du *Hainaut*. Le placard du 15 décembre 1515, par lequel Charles-Quint défend de porter ailleurs qu'au conseil de Mons, les appels des juges de cette province, réserve expressément *les terres de débat, comme Lessines, Flobecque & autres, dont l'on suivra, quant à ce, le train d'ancienneté accoutumé, jusqu'à ce qu'il soit dit & décidé de quel pays doivent être icelles terres de débats, pour lors se régler selon ce*. Le préambule du décret d'homologation de cette coutume porte également que Lessines est une *terre de débat*, ressortissant immédiatement au grand-conseil de Malines; & le dispositif du même décret défend de recevoir dans ce territoire d'autres coutumes *que celles ci-dessus reprises & mentionnées*.

Il n'y a guère plus de difficulté par rapport au chef-lieu de la Cour. Les chartres générales sont les seules loix que l'on y connoisse. Elles régissent également les fiefs & les censives; ceux-là, par leur institution primitive; celles-ci, par une extension que l'usage de cette partie du *Hainaut* a fait faire de leurs dispositions aux biens ainsi appellés.

A l'égard des sept autres districts, la décision des causes qui peuvent naître dans chacun d'eux, dépend, ou des chartres générales, ou de la coutume particulière.

Les chartres générales régissent les fiefs, les francs-aleux, l'état des personnes, les contrats, les actions personnelles, les jurisdictions, les droits de justice & de seigneurie, & plusieurs autres matières.

Les coutumes particulières ont été faites pour régir les mains-fermes, c'est-à-dire les biens tenus en censive; car les chartres générales n'ont par elles-mêmes aucun empire sur ces objets.

Mais dans quelles sources faut-il puiser pour suppléer au silence que les loix du *Hainaut* gardent sur certaines matières, & pour faire, de leurs dispositions obscures, équivoques ou peu développées, une interprétation toujours juste & toujours exacte?

M. Raparlier, dans le préambule qu'il a mis à la tête de son édition des *Chartres générales*, donne sur cette question deux règles très-sages. 1°. Toutes les dispositions claires des chartres générales du *Hainaut*, qui lui sont propres & particulières, ne peuvent recevoir aucune interprétation ou éclaircissement du droit commun, ni des coutumes étrangères, & en ce regard on est réduit à remonter au droit naturel ou à la raison innée, qui est la source & la vraie mère de toutes les espèces de loix. 2°. Les dispositions des mêmes chartres, qui ont été tirées & extraites, soit du droit commun, soit des placards du pays, soit de l'édit perpétuel de 1611, soit des coutumes étrangères, ou qui s'y trouvent conformes, peuvent respectivement être interprétées & éclaircies par les différentes sources dont elles ont été tirées ou extraites, ou auxquelles elles sont analogues. Ces deux règles doivent également servir de guides pour l'interprétation des coutumes qui régissent les mains-fermes situées dans les différens chefs-lieux du *Hainaut*.

Nous n'entrerons pas ici dans le détail de chaque espèce de droit particulier à cette province : on les trouvera traités, dans le corps de cet ouvrage, sous les mots qui leur seront propres.

§. III. *Du droit ecclésiastique particulier au Hainaut*. On ne connoît en *Hainaut* ni la pragmatique de Bourges, ni le concordat françois, ni le concordat germanique, de manière que la prévention, les réserves du pape, & l'expectative des gradués nommés par les universités du royaume, y sont absolument ignorées. Cependant dans le *Hainaut* autrichien, les gradués de Louvain ont quelques droits sur les bénéfices, en vertu d'un indult de Rome.

Le concile de Trente y a été reçu avec quelques modifications, & c'est de-là que vient l'usage du concours pour les bénéfices-cures de ce pays. Mais quoique le concile ordonne aux évêques de nommer à chaque cure soumise au concours, les trois sujets qui auront été trouvés les plus dignes, pour que les patrons ecclésiastiques aient encore la liberté du choix; M. l'archevêque de Cambrai, dont le diocèse comprend une grande partie du *Hainaut*, est, depuis un temps immémorial, dans l'usage de ne nommer qu'un seul sujet, & les patrons ecclésiastiques sont obligés de lui présenter celui qu'il leur a indiqué, sans pouvoir en choisir d'autres.

La régale n'a pas lieu dans la partie du *Hainaut* qui est du diocèse de Cambrai, en vertu d'un traité passé entre les commissaires du roi & le chapitre, le vingt-cinq août 1682, traité qui a été enregistré au parlement de Paris le 7 septembre 1682, avec des lettres-patentes du 30 août précédent, & au parlement de Douai le 7 février 1715, avec des lettres-patentes du 28 janvier de la même année.

Le *Hainaut* a été soumis au droit de joyeux avénement par une décision du conseil de conscience du 10 octobre 1716, confirmée au conseil de régence le 8 mars 1717. M. d'Aguesseau observa dans le savant mémoire qu'il fit à ce sujet, que, quoique les provinces nouvellement acquises à la couronne eussent été maintenues par leurs capitulations dans les loix & privilèges de leurs anciens souverains, on ne pouvoit étendre l'effet de ces clauses jusqu'à l'exemption du droit de joyeux avénement, puisque ce droit ne faisoit que représenter celui de premières prières dont les empereurs d'Allemagne avoient joui ou dû jouir sur les églises de ces provinces.

L'indult du parlement de Paris n'a pas lieu dans cette province, parce qu'elle ne relevoit ni directement ni indirectement de la France, avant la conquête que Louis XIV en a faite, & que par conséquent on ne peut la regarder comme sujette à une loi particulière qui n'y a dû être ni publiée dans le principe de son émanation, ni exécutée dans les temps suivans.

Il résulte du même principe, que le roi n'a pu, sans un indult exprès, étendre à cette province le droit que lui donne le concordat de nommer aux bénéfices consistoriaux. Malgré cet indult, il ne nomme point par brevet aux abbayes; les religieux lui présentent trois sujets, & il en choisit un que l'évêque ou chef-d'ordre confirme.

Ce n'est pas l'édit du mois d'avril 1695, qui règle en *Hainaut* la jurisdiction ecclésiastique; cette loi n'y est point observée: les seules que l'on y connoisse sur cette matière, sont celles qui ont été portées par les anciens comtes de *Hainaut*.

Des lettres-patentes de Philippe-le-Bon, duc de Bourgogne, données à Mons le 2 février 1447, sur les remontrances des états de *Hainaut*, confirmées par l'article 12, chapitre 121 des chartres générales, défendent aux officiaux de Cambrai, de Liège & d'Arras, de faire citer devant eux aucuns séculiers de cette province, *sinon pour chose touchant la foi & le sacrement de mariage, au regard de la consommation ou divorce & séparation de mariage.*

L'archevêque de Cambrai s'étant plaint de cette loi, le duc de Bourgogne nomma des commissaires pour examiner ses prétentions; & d'après le compte qu'ils lui en rendirent, il leur donna pouvoir de passer avec lui un concordat qu'il ratifia ensuite par lettres-patentes du 29 septembre 1449.

Cet acte renferme trois articles concernant la jurisdiction de l'official de Cambrai sur les séculiers.

Le premier déclare que *la cour spirituelle* pourra connoître des adultères commis avec scandale, soit par des femmes séparées, soit par des hommes, sans néanmoins préjudicier au droit qu'ont les juges séculiers d'exiger des amendes pour ces sortes de crimes. Cet article a été confirmé par arrêt du conseil du 21 janvier 1682.

Le second attribue à *la cour spirituelle*, la connoissance de tous les sortilèges *qui se font par invocation des mauvais esprits, ou en abusant des saints sacremens.*

Le troisième maintient *la cour spirituelle* dans la connoissance des matières décimales, pour les cas où il sera seulement question de savoir si les cultivateurs paient mal les dîmes dont ils se reconnoîtront redevables: mais en même temps il déclare que les juges séculiers pourront seuls connoître des causes dans lesquelles il s'agira de savoir si la dîme est due, ou à quelle quotité elle doit être perçue.

De ces articles, les deux premiers sont bornés à la partie du *Hainaut*, qui est du diocèse de Cambrai; mais le troisième a été déclaré commun avec tout le reste de la province, par l'article 1 du chapitre 8 des chartres générales.

Ce premier concordat fut suivi d'un second, passé le 2 mars 1541, entre les commissaires de ce prélat, & ceux du grand-bailli de *Hainaut*, qui, en confirmant les dispositions du premier, concernant la jurisdiction de l'official de Cambrai sur les séculiers du *Hainaut*, en ajouta deux nouvelles. Par la première, il accorde à l'official de Cambrai la connoissance des scandales provenans du défaut d'observation des dimanches & fêtes, & par la seconde, il le maintient dans sa possession de connoître *des déflorats des vierges, & généralement de tous stupres.*

Ce dernier concordat n'a point été ratifié, soit par

par les comtes de *Hainaut*, soit par leur grand-bailli; aussi est-il certain que l'official de Cambrai ne peut se prévaloir de la première des dispositions citées pour informer contre ceux qui violent les jours de dimanches ou de fêtes: cet objet est regardé par-tout comme étranger à la jurisdiction ecclésiastique.

A l'égard de l'attribution que l'autre article fait à l'official de la connoissance des *déflorats & stupres*, quoiqu'elle excède les bornes ordinaires de la jurisdiction ecclésiastique, on doit néanmoins la tolérer dans la partie du *Hainaut*, qui est du diocèse de Cambrai, parce qu'elle n'est, à proprement parler, qu'une suite & une conséquence naturelle de la permission que le concordat de 1449, ratifié par des lettres-patentes expresses, accorde à l'archevêque de Cambrai, de connoître des adultères commis par des femmes séparées de leurs maris: cette permission suppose dans l'archevêque un droit indéfini de connoître, par son official, de tous les délits charnels; car la restriction qu'elle fait par rapport aux adultères, en limitant la compétence de ce prélat à ceux qui sont commis par les femmes séparées, cette restriction, dis-je, n'a point pour objet d'exclure les simples déflorations, de la jurisdiction ecclésiastique, mais d'empêcher l'official d'abuser de ses droits, pour troubler les mariages, en informant pour faits d'adultère, contre des femmes qui vivroient paisiblement avec leurs maris.

Il a été un temps en *Hainaut*, comme par-tout ailleurs, où le privilège des clercs d'avoir leurs causes commises aux tribunaux ecclésiastiques, étoit illimité; mais après bien des conflits & des débats, les juges séculiers de cette province se sont ressaisis de leur jurisdiction naturelle sur les gens d'église, & l'ont au moins étendue autant que les juges des autres peuples.

D'abord ils ont mis en principe que le privilège des clercs cesseroit absolument en matière réelle. L'article 3 du chapitre 2 des chartes générales y est formel.

En second lieu, ils se sont réservé la connoissance exclusive *de toutes dettes que les prêtres & gens d'église peuvent devoir au comte de Hainaut, à cause de son domaine, aides & autrement*. C'est la disposition précise du concordat de 1449, confirmé à cet égard, par l'article 8 du chapitre 109 des chartres générales.

Troisièmement, on a également rendu ce privilège sans effet à l'égard des actions personnelles intentées contre les clercs, dans des matières purement profanes, & peu convenables à leur état. *Voyez* à ce sujet l'article 14 du chapitre 32 des chartes générales.

Quatriémement, il est de principe en *Hainaut*, que toutes les obligations contractées par des clercs, sont du ressort des juges séculiers, pourvu qu'elles soient fondées en titres quelconques, de manière que les officiaux sont bornés à la connoissance des objets sur lesquels il n'y a point d'acte passé entre les parties. C'est ce que porte expressément le dernier article du concordat de 1449.

Les juges séculiers du *Hainaut* n'ont pas été aussi attentifs en matière criminelle, que dans les causes civiles, à conserver leur jurisdiction sur les ecclésiastiques. Le concordat de 1541 porte, « que les » gens d'église & tous autres bénéficiers ne pourront » être punis ni corrigés par les juges séculiers, pour » leurs excès & délits par eux commis & perpétrés, ni condamnés en aucunes loix ou amendes, » si iceux n'avoient auparavant été déclarés incorrigibles, & rendus en la main séculière, en la » forme de droit ».

Les chartres générales modifient un peu cette disposition. Elles assujettissent les biens des clercs à la confiscation, dans les cas où ceux des laïques y sont soumis; & comme une peine de cette nature ne peut être prononcée par un juge d'église, il est naturel que le juge royal instruise le procès du clerc accusé; mais s'il le trouve coupable, il doit se borner à déclarer ses biens confisqués, & le renvoyer au juge ecclésiastique, au cas que celui-ci le requierre, & que l'accusé soit constitué dans les ordres sacrés, ou, au moins, qu'il vive cléricalement. C'est la disposition des articles 11, 12 & 13 du chapitre 15.

Cette disposition est encore en pleine vigueur dans le *Hainaut Autrichien*; mais depuis que la déclaration du mois de juillet 1684 est enregistrée au parlement de Flandre, on a reçu dans le *Hainaut François*, la distinction que l'on fait en France entre les délits communs & les cas privilégiés, & en conséquence on a introduit en cette province la formalité de l'instruction conjointe.

HALLAGE, s. m. (*Droit féodage.*) c'est un droit seigneurial qui est dû au roi ou autre seigneur du lieu, par les marchands, pour la permission de vendre sous les halles, à l'entretien desquelles le produit de ce droit est ordinairement destiné.

Il est parlé de ce droit dans les anciennes ordonnances. *Voyez* le *Recueil de celles de la troisième race, tom. 2, pag. 398 & 581.* Il en est aussi fait mention dans le livre de l'*échevinage de Paris. Voyez* le *Glossaire* de M. de Laurière, *au mot* HALLAGE. (*A*)

Le *hallage* est à-peu-près la même chose que ce que l'on appelle en d'autres pays *bichenage*, *cartelage*, *cauponage*, *copel*, *establage*, *estelage*, *étalage*, *laide*, *levage*, *minage*, *plaçage*, *saccage*, *stellage* & *tonlieu*; mais ce dernier mot indique plus communément un droit d'entrée. Quelques autres, tels que celui de *minage*, désignent plus particulièrement un droit sur les grains & les farines; celui de *hallage* est plus général, il comprend les droits dus par toute espèce de marchands, à cause de la vente ou de l'exposition aux foires de quelque sorte de marchandise que ce soit.

Ce qui concerne le droit de *hallage*, se réduit à quatre points principaux, dont on va parler dans l'ordre suivant: 1°. à qui appartient le droit de *hallage;* 2°. sur quoi se perçoit-il, & qui en est exempt; 3°. des charges du *hallage;* 4°. de la police de ce droit.

§. I. *A qui appartient le droit de hallage.* Les droits de *hallage* tirent leur origine des impositions que les seigneurs ont mises sur les halles & marchés, de leur propre autorité, ou des conventions qu'ils ont faites avec les habitans de leurs terres, dans le temps où le régime féodal subsistoit dans toute sa force, & des lettres-patentes qui ont autorisé l'établissement des foires & marchés dans ces derniers temps. Il n'est donc pas étonnant que ces droits ne soient pas uniformément établis par-tout. Comme ils se perçoivent à cause de la justice, de la police des marchés & de l'étalonnage des mesures, ils appartiennent communément au seigneur haut-justicier, ou à ceux qui sont à ses droits; mais il y a plusieurs lieux où ils appartiennent au roi, quoique la haute-justice soit à des seigneurs particuliers, & il y en a d'autres où ces droits sont absolument inconnus.

Le droit de *hallage* peut aussi appartenir aux moyens-justiciers dans les lieux où ils ont la police des marchés. *Voyez* JUSTICE DES SEIGNEURS & VICOMTÉ.

Dans bien des villes l'exécuteur de la haute-justice a un pareil droit, qui vient sans doute de la concession des seigneurs. *Voyez* HAVAGE.

Il est certain du moins que les seigneurs ont souvent concédé ce droit, soit en fief à des particuliers, soit en aumône à des monastères, ou à des hôpitaux. Ainsi le droit de *ferronage* (1) a été sous-inféodé par les anciens seigneurs de Thouars à des particuliers. Il en est de même du droit d'*éminage* ou *minage* dans la ville de Dijon. A Tonnerre, ce droit a été donné à l'hôpital de la ville en 1293, par Marguerite, reine de Jérusalem & de Sicile, & comtesse de Tonnerre. Fréminville, *pratique des droits seigneuriaux, tom. 4, sect. 3, quest. 2.*

Aujourd'hui qu'on ne peut plus établir de foires & de marchés, qu'en vertu de lettres-patentes duement enregistrées, après une information *de commodo & incommodo*, on ne peut non plus exiger de nouveaux droits de *hallage*, qu'en vertu d'une concession du prince, revêtue des mêmes formalités. La possession de 10, 20, 30 & 40 ans, où l'on seroit de percevoir ces sortes de droits, ne suffiroit pas pour autoriser un seigneur à en continuer la perception.

Comme le droit de *hallage* est une véritable taxe qu'il n'appartient qu'au roi d'imposer, on pourroit même le contester avec avantage à un seigneur qui le léveroit depuis plus de cent ans, si l'on prouvoit que c'est une usurpation dans l'origine, & qu'il n'a point été confirmé par des lettres-patentes. Fréminville rapporte deux arrêts du 16 octobre 1736, qui ont défendu à l'archevêque & au chapitre de Lyon de continuer la levée d'un droit de cartelage ou couponage sur le pont & à la porte du Rhône, quoique ce droit leur eût été concédé dès l'an 1157, par l'empereur Frédéric Barberousse, qui prétendoit, comme on le sait, les droits de souveraineté sur la ville de Lyon. Un arrêt du conseil, du 26 mars 1609, rendu à l'occasion de divers changemens très-onéreux au public, que les religieux de Moutier-la-Celle avoient faits dans la perception du droit de minage de la ville de Provins, les assujettit à représenter leurs titres dans quinzaine; & cependant, faute d'y satisfaire dans ledit temps, icelui passé, leur fait défenses de percevoir ledit droit de minage en nature de grains, ni en deniers, sur un plus haut pied qu'à raison d'un sou trois deniers par septier, mesure de Paris, comme il se pratique dans les halles & sur les ports de ladite ville, à peine de 3000 livres d'amende & de restitution du quadruple.

On peut invoquer encore à cet égard l'ordonnance donnée à Blois par Louis XII en 1498, *art. 139;* celles d'Orléans, *art. 106;* & de Moulins, *art. 23*, qui défendent toute levée de deniers faite sans lettres-patentes, sous les peines les plus sévères.

Mais lorsque le vice originaire de la possession des seigneurs n'est point établi, on doit présumer après un si long temps, que l'établissement en est légitime, & le seigneur y doit être maintenu en vertu de la seule possession centenaire. Indépendamment des principes généraux qui donnent la force d'un titre à la possession immémoriale & centenaire, l'édit du mois de janvier 1697, portant création d'offices de mesureurs-jurés, déclare que le roi n'entend rien innover aux droits de stellage, minage & autres qui appartiennent aux seigneurs ecclésiastiques ou laïques, qui justifieront d'avoir droit d'en jouir *par titres de propriété bons & valables, ou établiront par actes une possession centenaire.*

Cet édit assujettissoit seulement les seigneurs à représenter dans trois mois, soit devant les intendans, soit dans les cours, *leurs titres de propriété ou actes de possession, ensemble les tarifs & pancartes des droits qu'ils percevoient*, pour, sur les procès-verbaux qui en seroient dressés, être par le roi ordonné ce qu'il appartiendroit, « & faute par eux de ce » faire dans ledit temps & icelui passé, leur fait » défenses de les percevoir, ni souffrir qu'ils soient » perçus en leur nom, à peine de concussion ». Quoique cet édit ait été exécuté pendant plusieurs années, il n'a pas fait cesser les contestations sur les droits qu'on lève dans les marchés, parce qu'il n'a rien été statué sur la représentation des titres de la plupart des seigneurs.

(1) Ce droit consiste dans un denier que les propriétaires du ferronage ont droit de percevoir de tous les marchands de fer, tous les jours de foire & de marché, & dans un outil de fer à volonté, qu'on nomme *chef-d'œuvre*, qu'ils perçoivent également aux quatre foires de la ville de Thouars. Le denier dû aux foires & marchés a été abonné à 5 s. par an.

Un arrêt du conseil du 13 août 1775, a ordonné la même représentation devant les commissaires nommés par cet arrêt, dans le délai de six mois, à peine de suspension de la perception des droits. Ce délai a été depuis prorogé jusqu'au 13 août 1777, par divers autres arrêts. Depuis cette époque, aucun propriétaire de droits sur les grains n'a pu, à peine de concussion, continuer de les percevoir qu'en vertu du certificat du greffier de la commission établie à ce sujet, duquel certificat copie collationnée doit être déposée au greffe de la jurisdiction ordinaire ou de police du lieu. *Voyez ces divers réglemens.*

Lorsque les seigneurs ont titre ou possession suffisante, il n'est pas même besoin pour autoriser la perception de ces droits, qu'il y ait une halle ou une autre place publique, consacrée exclusivement à la tenue des foires & marchés. La protection que le seigneur donne à ces établissemens, en y faisant observer la police, suffit pour motiver la perception du droit de *hallage*, & d'ailleurs la haute-justice attribue au seigneur la propriété des rues & des chemins où se tiennent les marchands. Mais si le seigneur n'avoit aucune possession, ou si cette possession avoit été interrompue, il ne pourroit pas, même avec les titres les plus réguliers, exiger le droit de *hallage* sans nouvelles lettres-patentes, quoiqu'il y eût des halles destinées aux foires & marchés, parce qu'on présume alors que des causes raisonnables ont empêché ou fait cesser la perception des droits, & que la suppression en est toujours vue d'un œil favorable. La déclaration du 31 janvier 1663, & l'arrêt du parlement du 19 février suivant, le décident ainsi pour les droits de péage, qui ont les plus grands rapports avec ceux de *hallage*. Fréminville, *ibid. quest.* 4.

Il n'est pas permis aux particuliers de prétendre les droits de plaçage ou de *hallage*, au préjudice du seigneur, sous prétexte que les marchands se tiennent dans les rues le long de leur maison; parce que, comme on vient de le dire, la propriété de ces rues appartient au seigneur & non pas aux propriétaires des maisons voisines, & que d'ailleurs ces droits étant aussi dus pour la police que la justice du seigneur maintient dans les foires & marchés, c'est à lui seul que ces droits de protection peuvent appartenir.

C'est par cette raison sans doute, que les droits de *hallage* sont toujours dus aux seigneurs qui ont droit de foire ou de marché exclusivement, lors même que les places occupées par quelques-uns des marchands sont dans la justice d'un seigneur voisin. Un arrêt du 27 juillet 1532, l'a ainsi jugé au profit du couvent de S. Lazare, qui a droit de foire le jour de la S. Laurent, dans le fauxbourg de ce nom à Paris, contre les religieux de S. Magloire, dont la justice s'étend dans le voisinage. Le même couvent a obtenu des jugemens semblables, contre les religieux de S. Denis, le chapitre de Paris, & celui de Ste. Oportune. Bacquet, *des droits de justice*, *chap.* 31, *n°.* 4.

§. II. *Sur quoi se perçoit le droit de hallage, & qui en est exempt?* Il y a beaucoup de variétés non seulement sur la quotité des droits de *hallage*, mais aussi sur les choses qui y sont sujettes & sur les personnes qui peuvent en être exemptes. La règle la plus sûre que l'on puisse donner à cet égard, est de se régler tout-à-la fois sur les titres & sur la possession. S'ils n'étoient pas d'accord entre eux, on devroit toujours favoriser la libération; il ne faudroit donc avoir aucun égard à la possession où seroit le seigneur de percevoir des droits plus forts ou plus étendus que ses titres ne l'énonceroient; il ne pourroit pas non plus réclamer tous les droits portés par ses titres, si une possession constante y avoit apporté des restrictions ou des modifications. Mais lorsque les titres ne s'expliquent point suffisamment, on ne peut pas les interpréter mieux que par la possession.

Il y a des lieux où l'on perçoit le droit sur les places occupées par les marchands; d'autres, où il se prend sur les marchandises même que l'on amène aux foires & marchés; d'autres où il ne se lève que pour la fourniture des mesures & sur les marchandises que l'on y débite seulement. Il y en a d'autres enfin, où tous ou plusieurs de ces droits se lèvent concurremment. C'est mal à propos que Freminville & Boutaric reprochent à la Marre d'avoir confondu ces différens droits dans son *Traité de la police*. Les titres d'une quantité de seigneurs font la même confusion, qui résulte de la nature des choses.

Freminville décide au surplus que, lorsqu'un marchand a acheté d'un autre marchand, sans déplacement & à la halle même, du bled qui a déjà payé les droits, le bled ne doit point en payer de nouveaux, lorsque ce marchand le revend à un tiers, parce que ces droits n'étant dus que pour la police des marchés, ou pour le prix de l'emplacement, ils ne peuvent pas être exigés deux fois pour le même marché & le même emplacement.

Le droit de layde n'est point dû sur les grains qui passent & repassent sur la seigneurie; il ne concerne que les grains qui y sont amenés pour y être vendus. On a néanmoins autorisé autrefois les juges des seigneurs à faire arrêter pendant deux heures, ou tel autre court délai, en temps de disette, les voitures qui passoient dans leur terre, pour en être vendu à ceux qui en auroient besoin, au prix courant du dernier marché; & dans ce cas, le droit de layde ou de *hallage* en étoit payé au seigneur. Mais depuis que les vrais principes sur la liberté du commerce des grains sont connus, il y a lieu de croire que ces actes d'autorité ne se renouvelleront pas.

D'anciens réglemens, qui ont été confirmés au commencement de ce siecle même, défendoient de remporter les grains qui avoient été amenés aux marchés, à peine d'amende & de confiscation. On étoit donc dans l'usage de serrer dans les greniers de la halle ceux qui n'étoient pas vendus dès le premier marché, pour l'être au second ou troisième marché, sinon être adjugés à quelque prix que ce fût, aux marchés suivans, sans que l'on pût exiger plus d'un droit de *hallage* pour ces différentes expositions. Telle est la doctrine qui est enseignée par Fréminville même (*ibid. quest.* 24.). Mais aujourd'hui les marchands peuvent remporter leurs grains, comme ils le jugent à propos, lorsqu'ils ne les ont pas vendus ; c'est la disposition expresse de l'article 7 de la déclaration du 12 mars 1776, rendue pour la ville de Paris. Dans ce cas, le *hallage* n'en est point dû si c'est un droit de mesurage, mais seulement si c'est un droit de plaçage.

Les habitans du lieu où se tient la foire ou le marché, sont communément exempts du droit de *hallage* pour les grains provenans de leur crû, dont ils font la vente. Différentes chartres, lettres-patentes & arrêts confirment cette exemption. Il faut cependant observer, qu'en plusieurs lieux le privilège des habitans n'est pas pour le jour & pour le lieu du marché, mais pour tous les autres jours de la semaine, dans lesquels ils peuvent vendre dans leurs maisons les grains qu'ils ont de leur crû. Lorsqu'ils en vendent, même de leur crû, dans les halles, les jours de foires & de marchés, ils doivent un droit ordinairement moins fort que les marchands forains. Ce droit est de la moitié pour les habitans, dans la plus grande partie de l'Auvergne, du Bourbonnois & de la Bourgogne. C'est aussi la fixation d'un arrêt célèbre, rendu au parlement de Paris pour la ville d'Etampes, sur l'intervention de l'hôtel-de-ville de Paris, le 19 février 1639. *Traité de la police*, *tom.* 2, *pag.* 770 & *suiv.*

Quelques auteurs pensent néanmoins que, pour assurer ce privilège des habitans, il faut un titre bien précis, & qu'autrement le droit peut être perçu, tant sur les grains du crû des habitans, que sur ceux dont ils font commerce, soit qu'ils soient vendus & mesurés dans les maisons dans le cours de la semaine, soit qu'on les porte au marché. Telle paroît être en particulier l'opinion de Guyot, dans son *traité des fiefs*, *tom.* 5, *p.* 604 & *suiv.*

L'opinion contraire paroît néanmoins la plus juste, comme la plus favorable. Le droit de *hallage* ne paroît avoir pour objet que les foires & marchés; on ne doit pas l'étendre à ce qui est vendu hors de ces assemblées. C'est d'ailleurs un principe, qu'on doit interpréter les actes, & par conséquent les titres relatifs aux droits de *hallage* contre les demandeurs. C'en est un autre, qu'à défaut d'explication dans les titres, on doit suivre ce qui se pratique le plus communément dans l'usage, & que dans le doute, on doit se déterminer pour ce qui est le moins onéreux. Telle paroît être enfin la décision de l'arrêt du 19 février 1639, dont on a déjà parlé.

Il y a aussi des villes où l'exemption s'étend à la personne des acheteurs. A Dijon, par exemple, les clercs tonsurés sont francs du droit sur tous les grains qu'ils achètent pour leur consommation; il suffit même, pour jouir de cette immunité, suivant Fréminville, de représenter ses lettres de tonsure, quand même on auroit repris l'état laïque; les autres habitans jouissent de la franchise pour trois mesures seulement : ils paient le droit entier, s'ils achètent au-delà. *Ibid. sect.* 3, *quest.* 2.

Il n'est pas besoin de prouver que les droits de *hallage* ne peuvent être dus sur les grains vendus sur pied. Différentes ordonnances défendent ces sortes d'achats, pour prévenir les acaparemens.

§. III. *Des charges du droit de hallage.* Tous seigneurs justiciers sont tenus de veiller à la police des foires & marchés. Mais, outre cette charge que la perception du droit de *hallage* leur impose plus particuliérement encore, il y en a de particulières qui dépendent de la nature des droits perçus par le seigneur, des titres de la seigneurie, & de la possession, qui, comme on l'a déjà dit, est le meilleur interprète de ces titres.

Lorsque le seigneur perçoit un droit pour le mesurage, il doit fournir les mesures aux marchands. Il doit même les fournir aux habitans qui ne sont pas sujets aux droits. C'est la disposition d'un réglement convenu entre le prévôt, les échevins & les marchands de Lyon, d'une part, & l'archevêque & le chapitre de cette ville, d'autre part, lequel a été homologué par un arrêt du conseil du 22 août 1665.

Le seigneur qui perçoit un droit de plaçage, est également tenu d'assurer aux marchands des places convenables, & même, dans bien des lieux, de leur fournir les bancs qui leur sont nécessaires pour l'exposition des marchandises, & particuliérement de serrer leurs grains d'un marché à l'autre. Mais il ne faut pas dire, avec Fréminville, que tous les seigneurs qui jouissent d'un droit de layde ou de *hallage*, soient indistinctement tenus de ces obligations. Tout dépend des titres & de la possession respective.

Le seigneur est plus généralement tenu de veiller à la conservation des marchandises qui sont laissées à sa garde, ou à celle de ses préposés, dans l'intervalle d'un marché à l'autre. Du moment que son fermier, ou son préposé, s'est chargé du grain non vendu, & qu'il l'a serré dans le grenier public, il en doit être responsable, & le seigneur qui l'a commis l'est aussi subsidiairement, si ce préposé n'est pas solvable. Lui & son fermier n'en sont pas seulement tenus, comme dépositaires, ainsi que le dit Fréminville, ils le sont comme gardiens & *loucurs d'ouvrage*; dès-lors ils sont tenus de la faute légère, tandis que les dépositaires ne doivent prester que la faute grave, *lata culpa*. Il n'y a donc guère que les cas de force majeure, qui puissent les décharger de la garantie. Tel seroit celui d'un vol fait avec effraction, pourvu que les clôtures de la halle ou des greniers publics fussent en bon état.

Le même Fréminville assujettit celui qui lève le droit de layde ou de *hallage* à tenir un registre exact du prix des grains de chaque jour de foire & de marché. Il cite, à cette occasion, les articles 102 & 103 de l'ordonnance de Villers-Cotterets & divers réglemens. Mais ni cette ordonnance, ni ces réglemens ne chargent de ce soin le fermier des droits. C'est le greffier ordinaire, ou celui de la police dans les lieux où il y a un juge particulier pour cet objet, qui est chargé de ce soin.

§. IV. *De la police du droit de hallage.* On suit en général, pour la police du droit de *hallage*, les mêmes règles que pour celle des foires & marchés. Mais la régie de ce droit est de plus sujette à des formalités particulières. Le seigneur ou son préposé est tenu de faire exposer à la principale place du lieu où ce droit est établi, une pancarte qui contienne le détail des droits dus sur chaque objet. (Fréminville, *ibid. sect. 3*, *quest. 3.*)

Les ordonnances ou déclarations du 30 janvier 1350, du mois de février 1415, des 4 février 1567, 27 novembre 1577 & 14 mars 1709, défendent aux fermiers ou receveurs des droits de layde ou de minage, « de faire directement ou indirecte- » ment le commerce des grains & de farine, ni » *d'en prendre en paiement de leurs droits & salai-* » *res*, comme aussi de s'associer avec aucuns mar- » chands de grains, & d'exercer les métiers de » meûnier, boulanger ou pâtissier, le tout à peine de » 3000 liv. d'amende, de confiscation des grains, ... » & en outre du carcan ou du fouet, & du ban- » nissement, même de plus grande peine, s'il y » échoit ».

Ce sont les termes de l'article 7 de cette dernière loi. L'article 8 charge les mêmes préposés d'informer soigneusement les officiers de police des contraventions aux ordonnances & réglemens, qu'ils découvriront dans les marchés. Il veut de plus, « que ceux d'entre eux qui auront signé de faux » certificats de vente ou de mesures, ou favorisé » directement ou indirectement les déclarations dé- » fectueuses, faites par les laboureurs, fermiers & » autres, de quelque qualité qu'ils soient, ou prêté » autrement leur ministère pour couvrir d'au- » tres abus ou malversations commises dans le com- » merce des grains & farines, ou dans ce qui re- » garde la police des marchés, soient condam- » nés aux galères perpétuelles ou à temps, même » à la mort, s'il y échoit ».

Ce que dit l'article 7 de la défense faite aux fermiers ou autres préposés à la perception des droits, de prendre des grains & farines *en paiement de leurs droits & salaires*, doit souffrir nécessairement des modifications, puisqu'il y a une quantité de droits de *hallage* qui se perçoivent en grains. On sent, par la même raison, qu'il doit être permis à ces préposés de vendre les grains qu'ils ont reçus de cette manière. Il faut même avouer que l'extrême sévérité de ces loix & l'arbitraire de leurs dispositions leur a fait trop souvent manquer leur but.

Fréminville prétend que les marchands sont libres de payer le fermier du droit de *hallage* en grains ou en argent. Il cite, à ce sujet, des arrêts qui l'ont ainsi jugé pour le droit de mouture. On a vu du moins, dans les temps de cherté des grains, le parlement de Paris ordonner que les droits seroient payés en argent, parce que les seigneurs ou leurs fermiers sont toujours censés ne pas manquer de bled, & que c'est un avantage pour les pauvres, que le grain qu'on paieroit pour le droit de *hallage*, soit répandu dans le commerce. *Ibid. quest. 19.*

Le même auteur prétend encore que, s'il y a des difficultés pour la perception des droits, le juge du seigneur n'en peut pas connoître, si ce n'est peut-être par provision, dans le cas d'une nécessité pressante. Il se fonde, pour cela, sur trois raisons : la première est, dit-il, que les personnes sur lesquelles le droit se perçoit sont des étrangers non justiciables du seigneur ; la seconde, que c'est une imposition mise par le souverain, dont il n'y a que ses officiers qui puissent connoître ; & la troisième, que c'est aux seuls officiers de la chambre du trésor, auquel cette connoissance est attribuée. Il y en a, dit-il, divers jugemens rendus par cette chambre. *Ibid. quest. 5.*

On sait néanmoins que les juges des seigneurs sont les juges ordinaires des lieux, & il faut une loi précise pour enlever la connoissance d'une matière quelconque aux juges ordinaires. Fréminville lui-même cite un réglement, fait par le célèbre Pierre Pithou, en sa qualité de bailli du comté de Tonnerre, dont plusieurs articles sont relatifs aux droits de minage & de *hallage*. Ce réglement suppose bien que les juges des seigneurs sont compétens pour connoître de ces droits. *Ibid. quest. 26.*

Il est bien vrai que les droits de *hallage* procèdent ou sont censés procéder du roi : mais il en est de même de tous les droits de justice. Cette origine prouve seulement que le roi & ses officiers ont la sur-inspection sur cet objet, comme sur tous les autres. Fréminville convient encore que l'ordonnance de 1669, *tit. 29*, *art. 4*, déclare les juges des seigneurs compétens pour les péages, & les droits sur les halles & marchés ne sont assurément pas plus défavorables.

Enfin les juges des seigneurs, comme les autres, connoissent des délits & des faits de police qui se sont passés dans leur territoire, même entre leurs non-justiciables. Il seroit bien étrange que le droit de *hallage* eût été accordé aux seigneurs en récompense de la police qu'ils font exercer dans les foires & marchés de leurs seigneuries, & que ce droit lui-même fût exclus de leur jurisdiction. Les juges des seigneurs peuvent donc en connoître dans tous les cas où ils peuvent connoître des droits de la seigneurie. *Voyez* JUGES DES SEIGNEURS. (*Cet article est de M. GARRAN DE COULON, avocat au parlement.*)

HALLE BASSE, f. f. (*Droit public.*) c'eſt une juriſdiction établie à Valenciennes, pour connoître de tout ce qui concerne la draperie. Elle a été créée par Baudoin I, comte de Hainaut & de Valenciennes, & par Richilde ſon épouſe, qui vivoient dans le 11ᵉ ſiècle. La chartre qu'ils ont donnée à ce ſujet ſe trouve à l'hôtel-de-ville de Valenciennes, dans un regiſtre appellé le *livre Simon.*

Cette juriſdiction eſt compoſée d'un prévôt, d'un mayeur, de treize échevins & d'un greffier, qui ſont renouvellés chaque année par le magiſtrat, conformément à l'article 4 de la coutume de Valenciennes.

Les fonctions & l'autorité de ces officiers ſont décrites dans les articles 6, 7 & 8 de la même coutume. Voici comme ils ſont conçus :

« Ledit prévôt de la draperie, ou le mayeur d'icelle, en l'abſence dudit prévôt, aura la connoiſſance de toutes traites & pourſuites qui ſe feront entre parties, pour & à cauſe de ladite draperie & ce qui en dépend, tant des teinturiers, foulons, tondeurs, lainiers, qu'autrement, en faiſant faire leſdites traites, & mettre à exécution leurs ſentences par leur clerc ou ſergent à ce commis : & ſe régleront leſdits prévôt, mayeur & treize hommes au fait de leur office, concernant ladite draperie & ce qui en dépend, ſelon les griefs & ſtatuts de notredite ville, qu'ils ont & qui leur ſeront baillés ci-après par notre prévôt-le-comte ou ſon lieutenant, & leſdits prévôt, jurés & échevins de notredite ville.

» Lorſque quelqu'un ſera trouvé contrevenir auxdits briefs & ſtatuts concernant le fait de ladite draperie & ce qui en dépend, tel contrevenant ſera impoſé par ledit mayeur, & ſera fait droit par les treize hommes à ce ſémons par le prévôt de ladite draperie, ſelon qu'ils trouveront la matière diſpoſée.

» Et ſi leſdits prévôt & treize hommes trouvent la matière difficile, ils pourront faire aſſembler leur conſeil, qui eſt d'autres vingt hommes à ce commis, pour enſemble en appointer comme de raiſon ».

Lorſque le prévôt ou le mayeur juge ſeul les *traites & pourſuites entre parties*, concernant la draperie, ſuivant le pouvoir que lui en donne le premier des articles que nous venons de rapporter, l'appel de ſes ſentences ſe porte devant les treize échevins de ſon ſiège, de ceux-ci aux magiſtrats, & de-là au parlement de Douai. Il faut remarquer que les appellans de ces ſentences ſont *tenus de nantir, nonobſtant leur appel, ſi ainſi leur eſt ordonné.* C'eſt ce que porte l'article 216 de la coutume de Valenciennes.

HALLE ÉCHEVINALE, f. f. (*Droit public.*) c'eſt le nom qu'on donne en pluſieurs endroits des Pays-Bas, aux ſalles dans leſquelles ſe font les aſſemblées des échevins.

Il y a quelques endroits où ces ſalles ſont plus connues ſous le nom de *conclave ;* mais quelque dénomination qu'on leur donne, c'eſt un point généralement reçu, que les juges municipaux ne peuvent juger les procès, ni procéder aux autres actes de leur compétence hors de ces ſalles. L'article premier des lettres-patentes ſur arrêt du 24 juillet 1778, rendues pour le ſiège échevinal de Lille, fait défenſes aux mayeur & échevins de cette ville, de s'aſſembler dans d'autres ſalles de l'hôtel-de-ville, que celle dite *des plaids*, & le conclave, « pour la prononciation des ſentences, » réception des bourgeois, preſtation des œuvres » de loi, promulgation des réglemens de police, » & autres actes où la ſemonce & conjure du » prévôt, ou ſon intervention, ſeront indiſpenſables ».

A l'égard des gens de loi de villages, il leur eſt ſur-tout défendu d'adminiſtrer la juſtice & de traiter des affaires de communauté dans les cabarets. Il y a un arrêt de réglement du parlement de Flandre du 14 août 1770, qui prononce une amende de 50 florins contre chaque contravention.

HAN, f. m. (*Arts & Métiers.*) eſt un mot celtique qui ſignifie une *ſociété de commerce*, & qu'on a conſervé en Lorraine pour déſigner les communautés d'arts & métiers. On y appelle le corps des drapiers, des tailleurs, *&c.* le *han* des drapiers, des tailleurs. On s'y ſert du mot *hanter* quelqu'un, pour dire le recevoir maître, *être hanté*, pour être reçu maître; & les lettres de maîtriſe s'appellent *lettres de han.* *Voyez* JURANDE, MAITRISE.

HANCE, f. f. ce mot ſignifie d'abord, comme celui de *hanſe*, une ſociété de marchands. Mais on a auſſi donné ce nom à un droit qui ſe lève ſur les marchandiſes. En 1201, dit Laurière dans ſon *Gloſſaire*, le roi Philippe octroya aux bourgeois de Mantes, la confirmation de ce droit par lettres, qui ſont rapportées par M. *Jean de Charlemont, curé de Ver*, dans ſon *Hiſtoire manuſcrite de Mantes*, & par M. Ducange, ſur le mot *Hanſa.* (*M.* GARRAN DE COULON, *avocat au parlement.*)

HARAS, f. m. (*Droit public. Police.*) on ſe ſert de ce terme, pour ſignifier les jumens & les étalons dont on veut ſe ſervir pour produire & élever des chevaux : on l'applique auſſi aux étalons diſperſés dans les provinces, & diſtribués chez différens particuliers qu'on appelle *gardes-étalons.*

Les ſervices que l'on tire des chevaux, leur utilité pour l'agriculture, le commerce, les beſoins des particuliers & des armées, ont fait connoître combien il étoit important d'établir des *haras*, & de veiller ſur la police qui doit y être obſervée.

C'eſt dans ces vues que Louis XIV a accordé différens privilèges pour en favoriſer & perpétuer l'établiſſement. Il y a, ſur cet objet, pluſieurs arrêts du conſeil des 17 octobre 1665, 29 ſeptembre 1668, 28 octobre 1683, 21 mai 1695; deux édits d'août 1705 & septembre 1706, & une déclaration du 22 septembre 1709. Leurs dispositions ont été étendues, modifiées & confirmées par un réglement général, revêtu de lettres-patentes du 22 février 1717, & par deux mémoires du conseil, de la même année, dressés pour servir d'instructions aux intendans des généralités & aux commissaires-inspecteurs.

Il nous suffit d'indiquer ici ces loix, sans entrer dans le détail de leurs dispositions, qui se trouveront dans une autre partie de cette Encyclopédie.

HARNOIS, s. m. (*Eaux & Forêts.*) c'est le nom des ustensiles dont on se sert pour mettre un cheval ou autre bête de somme en état de tirer ou de porter un fardeau. L'ordonnance de 1669, *tit. 32*, *art. 9*, ordonne la confiscation des chevaux & *harnois*, qui se trouveront chargés de bois de délit. Cette peine intimide plus les délinquans que toutes les autres : ils peuvent éviter de payer les amendes, en mettant leurs effets à couvert; mais ils n'ont pas de moyens de se garantir de la confiscation, qui a toujours son effet présent, par la saisie des bestiaux trouvés en délit. D'ailleurs, cette peine empêche qu'on ne leur prête la main, pour les aider à enlever les bois coupés en délit, dans la crainte de perdre ses bestiaux, si on étoit surpris chargé de ces bois.

HARO. *Voyez* CLAMEUR DE HARO.

HART, s. m. terme qu'on rencontre dans plusieurs coutumes, pour signifier la peine de mort & le supplice de la potence.

HAVAGE, HAVAGIAU *ou* HAVÉE, s. m. (*Droit féodal.*) qui, dans la basse latinité, s'appelle *havaugium* ou *havagium*, signifie le droit que certaines personnes ont de prendre sur les grains & fruits que l'on expose en vente dans les marchés, autant qu'on en peut prendre avec la main.

Quelques-uns croient que ce terme vient du vieux mot *havir*, en tant qu'il se disoit pour *prendre*. Mais il pourroit bien avoir été formé par corruption du verbe *avoir*, comme qui diroit ce que l'on a droit d'avoir, d'où l'on a fait *avage*, & par corruption *havage*.

En quelques lieux, ce droit appartient au roi; & dans quelques-uns, il a été cédé à d'autres personnes, comme à Paris & à Pontoise, où il avoit été abonné à l'exécuteur de la haute-justice : celui de Paris le faisoit percevoir par ses préposés; & à cause de l'aversion que l'on a pour les gens de cet état, on ne leur laissoit prendre ce droit qu'avec une cuiller de fer-blanc qui servoit de mesure. On en use encore de même dans quelques autres marchés, où l'exécuteur jouit de ce même droit. Mais à Paris, il a été supprimé depuis quelque temps, à cause des rixes que la perception de ce droit causoit, la plupart des vendeurs de denrées ne voulant pas souffrir que le bourreau ou son préposé les marquât sur le bras avec de la craie, comme il avoit coutume de faire pour reconnoître ceux qui lui avoient payé son droit.

A Pontoise, où le bourreau le percevoit pareillement, ce droit a été cédé par accommodement à l'hôpital-général. *Descript. géogr. & hist. de la haute Norm. tom. II*, *pag. 205*.

Le *havage* n'est pourtant pas de sa nature un droit royal; car, en plusieurs lieux, il appartient à de simples seigneurs particuliers. Berraud en donne un exemple sur l'*art. 109 de la coutume de Normandie*, où il rapporte un arrêt du 24 novembre 1555, qui maintint un seigneur au droit de *havage* par lui prétendu sur les personnes apportant fruits & étalant *vendange* en la foire tenue sur sa terre, encore qu'il ne fît apparoir d'aucune concession, & qu'il se fondât seulement sur une possession immémoriale.

Voyez le *Glossaire* de Ducange, au mot *Havagium*; le *Glossaire* de la Thaumassière, qui est à la suite des *coutumes de Beauvoisis*; le *Dictionnaire de Trévoux*, au mot *Havage*. (*A*)

On a aussi nommé *havée*, la mesure avec laquelle on percevoit ce droit de *havage*, & l'on voit dans le *Glossarium novum* de dom Carpentier, au mot *Havata*, que ce droit se percevoit sur le sel dans quelques lieux. (*M. GARRAN DE COULON, avocat au parlement.*)

HAUBAN *ou* HAUT-BAN, s. m. Il est question du droit de *hauban*, en latin barbare *halbannum*, dans des lettres données à Paris par Louis-le-Jeune en 1145, *art. 5*, & dans d'autres lettres de Philippe-Auguste.

Ces deux loix sont rapportées dans le premier volume du *Recueil des ordonnances*, imprimé au Louvre. Laurière dit dans ses notes sur les lettres de 1145, que le *hauban* étoit une convocation des roturiers ou vilains, à l'effet de quelques corvées ou services, que les officiers du roi exigeoient d'eux, & qu'ils leur faisoient racheter pour de l'argent. Le *hauban* est fixé, dans cette loi, à trois fois l'année, sans qu'il fût permis à ceux qui le devoient, de le racheter.

Les lettres de 1201 contiennent l'abonnement de ce droit. Elles portent que celui qui devra le *hauban* entier, paiera au roi par an *six sols*, à la S. Martin; celui qui devra le demi-*hauban*, la moitié, qui est de *trois sols*; & celui qui devra le *hauban* & demi, à proportion, savoir *neuf sols*.

On nommoit *haubanniers* les marchands sujets à ce droit. On peut voir dans les notes de Laurière sur ces dernières lettres, les privilèges dont ils jouissoient. *Voyez* aussi le *Glossaire du droit françois*, sous le mot *Hault-ban*. (*M. GARRAN DE COULON, avocat au parlement.*)

HAVÉE. *Voyez* HAVAGE.

HAULAGE. *Voyez* HALLAGE.

HAUTAIN. Quelques coutumes, telles que celle de Namur, *art. 92 & 94*, donnent cette qualification au seigneur haut-justicier ou à ses officiers. (*M. Garran de Coulon, avocat au parlement.*)

HAUT-COMMAND. *Voyez* Command (*grand, haut & petit.*)

HAUT-CONDUIT, f. m. (*Domaine & Finance,*) c'est une espèce de droit de péage connu en Lorraine, & un des plus anciens du domaine des souverains du pays. *Voyez* le *Dictionnaire des Finances.*

HAUTE-COUR, f. f. Le chapitre 1 du style de Liège donne ce nom à la haute-justice. *Voyez* Hautain. (*M. Garran de Coulon, avocat au parlement.*)

HAUTE-FUTAIE. *Voyez* Futaie.

HAUTE-JUSTICE, ce mot signifie en général une jurisdiction qui a droit de connoître des crimes qui troublent l'ordre public & de les réprimer: nous avons encore en France quelques coutumes qui nomment ces justices *plaid de l'épée*, parce que les crimes capitaux sont punis par l'épée, & on appelle *haut-justicier*, le seigneur qui ayant droit de *haute-justice*, a la faculté de la faire exercer par des officiers qu'il choisit pour la rendre en son nom.

Toutes les jurisdictions royales ont l'autorité de la *haute-justice;* cependant quand on parle d'un juge de *haute-justice*, on n'entend pas parler d'un juge royal, mais seulement d'un juge de seigneur à qui la justice appartient sous l'autorité d'un juge royal supérieur, & en dernier ressort d'une cour souveraine.

Le seigneur *haut-justicier* est véritablement seigneur du lieu, & le seul qui puisse s'en dire seigneur purement & simplement; celui qui n'en a que la directe, ne peut se dire que seigneur de tel fief.

Le juge du seigneur *haut-justicier* connoît, en matière civile, de toutes causes, de celles personnelles, réelles, & mixtes entre ses sujets ou vassaux, ou lorsque le défendeur est son sujet: le plus grand nombre des seigneurs de Picardie ont la *haute-justice*, mais elles sont plus rares en Normandie.

L'acte de notoriété donné au châtelet le 29 avril 1702, pour fixer le pouvoir du *haut-justicier*, porte, « qu'il a *jus gladii*, qu'il connoît de toutes matières » civiles & criminelles, & peut, selon les cas, prononcer des condamnations de mort ou de bannissement, en observant dans ses jugemens les » formes prescrites par les ordonnances; mais il » est exclus de connoître des cas royaux, qu'il » doit renvoyer au juge royal supérieur ». *Voyez les actes de notoriété, édition de 1759 & 1769, &* Cas royaux.

Le juge *haut-justicier*, comme tout autre juge inférieur, ne peut ordonner que les sentences portant condamnation à mort ou à peines afflictives, *&c.* seront exécutées par provision, & hors de son ressort: le parlement de Grenoble, par son arrêt du 12 mai 1724, a fait défense aux juges des seigneurs de son ressort, de prononcer dans leurs jugemens portant condamnation au dernier supplice, à des peines afflictives ou amendes honorables, que l'exécution en sera faite dans les villes de la province ou autres lieux qui ne sont pas de leur détroit, mais bien dans le territoire de leur jurisdiction, à peine, *&c. Voyez l'Ordonnance criminelle, titre des appellations, article dernier.*

Le fameux arrêt de réglement du 27 mai 1611, entre la duchesse de Mercœur, & l'abbé de Montmajour, rapporté dans la jurisprudence de Provence, *tit. 1, part. 13, n°. 6 & 7,* porte que le *haut-justicier* peut connoître des meurtres, assassinats, agressions, voleries, blessures avec effusion de sang, adultère, rapt, incestes, faussetés, violences publiques & privées, assemblées faites avec port d'armes, séditions, monopoles, sacrilèges, péculat, vénéfice, sorcellerie, magie, larcin domestique & nocturne ou fait avec effraction, & autres crimes, pour la punition desquels les ordonnances prononcent peine de mort naturelle ou civile, mutilation ou abscision de membres, amende-honorable, fouet, galère, bannissement & autres peines corporelles; mais il faut retrancher de cette compétence, tous les crimes qui ont été déclarés cas royaux. *Voyez ce mot.*

L'arrêt rendu au parlement de Paris le 8 février 1653, par lequel les doyen, chanoines, chapitre & comtes de Lyon, ont été maintenus contradictoirement avec M. le procureur-général & la sénéchaussée de Lyon, en la possession & jouissance d'avoir & faire exercer la *haute*, moyenne & basse-justice dans l'étendue de leur cloître & de leurs terres: « ordonne qu'à leurs officiers appartiendra » la connoissance des crimes & délits ordinaires » qui se commettront, tant par nobles que roturiers, ès places publiques, rues, chemins, & » en toute l'étendue d'icelles, même des différends » qui pourroient arriver pour la chasse & à l'arquebuse, sauf ce qui concerne le cerf & la » biche...

» Connoîtront aussi des procès criminels pour » malversations & concussions par les châtelains, » procureurs fiscaux, greffiers, notaires, sergens » & autres officiers de leurs dites terres, d'incendie arrivé par accident, rapt & enlevement » sans assemblée & sans force, empoisonnement » & sortilège, pour raison desquels ils pourront » informer, décréter, faire & parfaire le procès » jusqu'à sentence définitive inclusivement, sauf » l'appel & sans préjudice d'icelui.

» Ordonne que la connoissance de la police » appartiendra aux juges desdits chapitre & comtes, » dans l'étendue de leurs terres & seigneuries, de » laquelle ils pourront faire publier les ordonnances, pourvu qu'elles ne soient contraires aux réglemens généraux de police & de la sénéchaussée, » de toutes actions qui naîtront des contrats, quoique reçus par notaires royaux entre leurs hôtes » & justiciables, & pourront délivrer commission » pour l'exécution d'iceux dans l'étendue de leur » jurisdiction, feront lesdits officiers inventaires

» des meubles & effets qui se trouveront ès mains » des nobles & roturiers demeurant dans leurs » terres.

» Connoîtront des tutèles, curatelles, inven- » taires, reddition de compte de tutèle, & ad- » ministration des biens des mineurs, nobles & » roturiers, & des partages des biens situés dans » les terres dudit chapitre, si lesdits tuteurs ou » mineurs sont leurs justiciables, & si lesdites tu- » tèles y ont été déférées; comme aussi de l'ad- » ministration des biens desdits mineurs s'ils sont » saisis en décret, & que pour la validité d'icelui, » il soit nécessaire que les tuteurs rendent un bref » état de compte, & si la saisie & décret sont » poursuivis par-devant leurs officiers ».

Le seigneur *haut-justicier* jouit, à cause de sa justice, de plusieurs droits: savoir, de la confiscation des meubles & immeubles qui sont en sa justice, excepté pour les crimes de lèze-majesté; il a pareillement les deshérences & biens vacans, les épaves; il a la moitié des trésors cachés d'ancienneté, quand celui qui les trouve est propriétaire du fonds où ils sont trouvés, & le tiers quand le trésor est trouvé dans le fond d'autrui.

Autrefois les seigneurs *haut-justiciers* étoient obligés de faire poursuivre & punir à leurs frais, par leurs officiers, les crimes commis dans l'étendue de leur *haute-justice*; s'ils ne le faisoient pas, & que l'instruction s'en fît par le juge royal supérieur, les fermiers du domaine du roi pouvoient répéter contre les seigneurs le montant des exécutoires décernés pour ces sortes d'instructions & exécutions, à moins qu'il ne s'agît d'un cas royal.

Mais cette répétition ne pouvoit avoir lieu que dans le cas d'un délit réel, ou lorsqu'il y avoit un dénonciateur, sans quoi ces exécutoires pouvoient se répéter contre le procureur du roi même, ainsi qu'il résulte d'un arrêt du conseil du premier octobre 1743, par lequel, en déchargeant le seigneur haut-justicier de Dixmont, d'une somme de 258 livres, comprise dans un rôle des répétitions à faire par le fermier du domaine, pour frais de justice par lui avancés, sa majesté a ordonné que ladite somme seroit répétée sur le procureur du roi au bailliage de Sens, ses héritiers & ayans causes, parce qu'il avoit entrepris la procédure sans aucune plainte ni dénonciation, & sans même apparence de meurtre, dont étoit accusé le nommé *Pouleat*, qui avoit été déchargé sur son appel en la cour.

Mais aujourd'hui les frais d'instruction & exécution criminelle ne sont plus à la charge des seigneurs quand ils ont satisfait à l'édit du mois de février 1771. Par les articles 14 & 15 de cet édit, ainsi que par les lettres-patentes du 15 septembre suivant: « S. M. ordonne qu'en matière criminelle, lors- » que les juges des seigneurs auront informé & dé- » crété avant les juges royaux, l'instruction en pre- » mière instance sera faite aux frais du roi; mais que » dans le cas où les juges royaux auroient pré- » venu ceux des seigneurs, l'instruction en pre- » mière instance sera faite aux frais desdits sei- » gneurs, aux procureurs desquels sa majesté per- » met, après les informations & décrets, même » les récolemens & confrontations, d'en en- » voyer une grosse au procureur du roi, pour la » procédure être continuée par les officiers de sa » majesté. Laquelle procédure, en cas d'appel, & » dans tous les cas, sera à la charge de sa majesté, » ainsi que les frais de transport, de renvoi & » d'exécution, & généralement tous ceux d'ins- » truction que les juges du roi croiront nécessaires, » le tout sans répétition contre les seigneurs ». On voit par des dispositions aussi sages, que le législateur a eu en vue d'arrêter le cours des crimes que la crainte des frais rendoit souvent impunis dans les justices seigneuriales, & que si cette nouvelle loi devient pesante pour les juges royaux déjà surchargés de bien d'autres fonctions laborieuses & stériles, elle ne peut manquer au moins de procurer aux sujets du roi la tranquillité & la sûreté qui doivent être moins troublées qu'auparavant.

Dans les différentes concessions des *hautes-justices*, faites aux seigneurs de fiefs, le roi, en partageant, pour ainsi dire avec ses sujets, cette auguste partie de sa puissance, leur a communiqué la plénitude de son pouvoir dans l'étendue de leur justice; ainsi ils sont en droit d'y connoître de toutes les matières réelles ou personnelles que le roi ne s'est point réservées à lui seul ou attribué à ses juges royaux, s'ils sont demeurans dans leur territoire. Tel est le droit commun de la France, consacré par une déclaration du 24 janvier 1537, interprétative de l'édit de Crémieu, du 19 juin précédent, & par plusieurs arrêts modernes.

Par le premier, rendu au conseil d'état le 10 janvier 1699, en faveur du comte de Charolois, contre les officiers du roi au bailliage & chancellerie de Charolois, le roi a maintenu les officiers du comté de Charolois en la possession de connoître des causes civiles & criminelles des nobles, & des causes civiles des ecclésiastiques, attribuées par les ordonnances aux juges ordinaires.

Le deuxième, rendu au parlement le 28 avril 1713, entre le sieur de la Goupillière & la dame de Laboucherie, a renvoyé en la sénéchaussée des Essarts une demande formée contre le sieur de la Goupillière, qui avoit été portée en celle de Poitiers. Cet arrêt est rapporté au Journal des audiences, *tom. 6*, *liv. 3*, *chap. 16*.

Le troisième, du 6 avril 1716, a été rendu au rapport de M. Mangui, contre les officiers du bailliage de Soissons, en faveur des officiers de la justice seigneuriale de Salsogne: il est imprimé.

Le quatrième, est de l'année 1724, au profit des dames de S. Cyr, contre les officiers du bailliage d'Etampes.

Le cinquième, rendu au grand-conseil le 13 mai

1726, maintient la duchesse de Richelieu, dame de Poix, contre les officiers du bailliage d'Amiens, dans le droit & possession de faire apposer par ses officiers de la *haute-justice* de Poix, les scellés, & faire inventaire dans les maisons nobles de ses vassaux demeurant dans ladite mouvance.

Le sixième, du 26 janvier 1744, en faveur du président Ogier, seigneur d'Ennonville, contre les officiers royaux de la prévôté de Pontoise.

C'est sans doute d'après la même déclaration de 1537, que l'arrêt contradictoire avec les officiers de la sénéchaussée de Lyon, ci-dessus cité, a été rendu. *Voyez* d'autres arrêts des 28 juillet 1727, 7 mai 1732 & 21 janvier 1736, rapportés par Lacombe en sa jurisprudence canonique au *mot* JURISDICTION.

Ce droit commun est attesté par tous les auteurs qui ont approfondi la matière, tels que Bacquet, *des droits de justice*, *chap. 26*, *n. 10;* Nérin sur les articles 5 & 6 de l'édit de Crémieu; le procès-verbal de l'ordonnance de 1667, *tit. 10*, *art. 22*, &c. d'où l'on peut conclure que le roi n'ayant pas accordé à ses juges la connoissance des causes des nobles & ecclésiastiques, privativement aux justices seigneuriales, les juges de seigneurs ont le droit d'en connoître, d'apposer les scellés & faire inventaire lorsqu'ils décèdent dans leur ressort. Cependant anciennement le haut-justicier ne pouvoit connoître des causes des nobles, & il y a encore aujourd'hui quelques coutumes, qui, par exception à la jurisprudence actuelle, attribuent la connoissance des causes des nobles aux juges royaux, telle est la disposition de la coutume de Senlis; il en est de même en Lorraine, où les causes des nobles & des ecclésiastiques doivent être portées directement aux bailliages royaux. En Provence le sénéchal connoît aussi, en première instance, de toutes les causes nées parmi les nobles & ecclésiastiques, & même parmi les corps de communauté. *Voyez* Piganiol de la Force, *Description de la France*, *tome 5*, *article Provence*: dans ces coutumes il faut suivre leurs dispositions; c'est ce que la cour a jugé contre le président de Mascrany, seigneur de Villiers, en faveur des officiers de Senlis, par arrêt du 29 août 1729.

Hors ces exceptions, le droit des officiers des seigneurs est incontestable, la cour l'a encore décidé par un arrêt solemnel du 28 février 1761, sur les conclusions de M. l'avocat-général le Pelletier de Saint-Fargeau, entre les officiers des bailliages de Chauny & de Compiegne, en faveur du cardinal de Gêvres, abbé d'Ourcamp, prenant le fait & cause des officiers de la *haute-justice* de Bailly. Par cet arrêt la cour l'a maintenu dans le droit de faire apposer par ses officiers les scellés sur les effets des successions des ecclésiastiques décédés dans le territoire de la jurisdiction, & de connoître de toutes causes entre nobles, ecclésiastiques & communautés, conformément à l'édit de Crémieu.

Il faut remarquer pourtant que les officiers de Compiegne prétendoient alors que le village de Bailly étoit dans le ressort de leur bailliage, régi par la coutume de Senlis, dont ils invoquoient les articles 21 & 24. Les officiers de Chauny, au contraire, soutenoient avoir l'exercice de la jurisdiction royale sur Bailly, en conséquence d'un arrêt de la cour du 5 août 1600. *Voyez* l'arrêt imprimé.

M. l'évêque de Beauvais avoit auparavant obtenu un arrêt contre les officiers du bailliage de Senlis, le 26 août 1760, lequel l'avoit maintenu dans le droit de connoître par les officiers de son comté-pairie de Beauvais, des causes des nobles, ecclésiastiques & communautés, obligations & autres actes passés devant notaires royaux entre les justiciables de son évêché comté-pairie......

En est-il de même des jurisdictions des bas & moyens justiciers? la question s'étant présentée au grand-conseil, il a été jugé, par arrêt du 5 août 1734, que les hauts-justiciers ont droit, à l'exclusion des moyens & bas justiciers, de faire apposer par leurs officiers les scellés sur les effets des curés des paroisses des bas-justiciers.

Les hauts-justiciers peuvent connoître de ce qui concerne les domaines, droits & revenus de la seigneurie, tant en fief qu'en roture, soit à la requête du seigneur, soit à celle de son procureur fiscal. *Voyez* l'ordonnance de 1667, *tit. 24*, *art. 11*.

La jurisdiction immédiate qui appartient au roi, sur les églises cathédrales & leur temporel, est un droit régalien inaliénable: c'est pourquoi les hauts-justiciers ne peuvent connoître des contestations où le roi a intérêt, ni des causes concernant le temporel des évêques, ni de celles où les officiers royaux, les églises cathédrales & les églises de fondation royale sont intéressées.

Avant l'ordonnance de 1667, les juges hauts-justiciers connoissoient des complaintes bénéficiales relatives aux bénéfices auxquels les seigneurs nommoient. *Voyez* l'article 4 du titre 15 qui leur interdit cette connoissance pour l'attribuer aux juges royaux. Plusieurs jurisconsultes ont écrit que plus anciennement même, la connoissance de ces complaintes appartenoit au parlement; mais depuis elle a été attribuée aux baillis & sénéchaux, par prévention sur les prévôts royaux & autres juges subalternes, suivant l'article 19 de l'édit de Crémieu, ces sortes des matières étant regardées comme un cas royal; mais il n'en est pas de même à l'égard de la complainte en matière profane entre les justiciables des hauts-justiciers, qui ont droit d'en connoître concurremment avec les juges royaux. *Voyez* Louet, *lettre B*, *sommaire II;* Brodeau sur la coutume de Paris, *tit. 4*, *n. 3;* Tronçon, même coutume, *art. 97;* Loisel, en ses instituts, *liv. 5*, *tit. 15;* Loiseau, traité des justices de village, *part. 2*, *p. 68*. *Voyez* aussi les arrêts rapportés par Fileau, l'un du 21 juin 1614, au profit des officiers du duché de Mompensier, contre ceux du présidial de Riom;

l'autre du 7 septembre 1621, au profit des officiers de la pairie de Noyon, contre le lieutenant-général de la même ville. *Voyez* aussi la coutume d'Amiens, *art. 236*; & les arrêts du 30 janvier 1627, & 8 février 1653, en faveur des officiers du chapitre de Lyon, contre le présidial, rapportés au journal des audiences.

Il faut seulement observer que les juges royaux sont toujours demeurés en possession de la prévention dans ces sortes de matières, excepté les baillis à l'égard des prévôts royaux; mais les juges royaux ont cet avantage sur les juges de seigneurs, que les jugemens des premiers s'exécutent par provision. Ordonnance de 1667, *art. 7 du tit. 18*. *Voyez* PRÉVOTS.

Quand on dit que les juges des seigneurs peuvent connoître des droits, domaines & revenus, tant ordinaires que casuels de la seigneurie, même des baux & jouissances, cens & rentes, rachat, quint & requint, lods & vente, même des arrérages des dixmes inféodées & autres de cette nature; il faut entendre que cette connoissance ne leur appartient qu'autant que le fonds n'est pas contesté; ainsi jugé par arrêt du parlement de Rouen du 15 juillet 1723, rapporté au recueil de Rouen à l'occasion des rentes contestées par le vassal. *Voyez* aussi l'arrêt du 27 juin 1707, au Journal des audiences.

Au reste cette distinction à l'égard du domaine contesté, ne regarde que le seigneur à qui la justice appartient; car pour les autres seigneurs, même ceux qui ont justice dans le ressort d'un seigneur suzerain, ce dernier peut connoître de leurs droits, même en cas de contestation sur le fond, ainsi que de tout ce qui regarde les droits de justice, de fief, de pâturages, droits honorifiques & autres prétendus par les mêmes seigneurs, relevant & dépendant de la justice du suzerain.

Il faut aussi observer que cette faculté des seigneurs de plaider en leur justice dans les cas ci-dessus, même en demandant, n'empêche pas qu'ils ne puissent être assignés devant le juge de leur domicile pour ces mêmes matières; auquel cas, ils ne peuvent demander leur renvoi devant le juge de leur seigneurie.

Les hauts, comme les moyens & bas justiciers, connoissent aussi des droits de chasse entre leurs justiciables. Ordonnance du 11 mars 1654, rapportée par Boniface, *tom. 1*, *liv. 1*, *tit. 4*, *chap. 6*. Mais le seigneur ne peut faire informer à sa requête pour fait de chasse, comme pour fait d'injures devant son juge. *Voyez* sur le premier cas, l'arrêt du 26 février 1763, contre M. l'évêque de Noyon, & sur le fait de réparation d'injures. *Voyez* le *Journal des audiences*, où est rapporté un arrêt du 27 juillet 1705, qui interdit même aux juges de seigneurs la connoissance des demandes par eux formées en réparation d'injures contre leurs justiciables, une pareille demande étant du nombre des causes personnelles & mixtes, dont les juges-seigneurs ne peuvent connoître: c'est par cette raison qu'ils ne peuvent ni apposer les scellés sur les effets du seigneur de la justice, faire inventaire ni créer des tuteurs à ses enfans. Il en est de même à l'égard des causes personnelles & mixtes de la femme & des enfans du seigneur, ainsi que de leurs domestiques. Arrêt du 26 avril 1608, rapporté par Bouvet, *tom. 2*, au mot *Jugement*. *Voyez* encore ce qui en est dit par M. Pussort, sur le procès-verbal de l'ordonnance de 1670, *art. 1 & 9*, *pag. 16*.

Au surplus, cette défense d'apposer les scellés chez le seigneur, ne regarde que les juges des seigneurs laïques & non des seigneurs ecclésiastiques, comme il a été pratiqué en 1695, à la mort de M. de Harlai, archevêque de Paris; le bailli de l'archevêché, ayant, du consentement de M. le premier président, apposé le scellé sur les effets du prélat, par la raison sans doute que les justices ecclésiastiques ne sont point patrimoniales à ceux qui les possèdent: mais à l'égard des justices temporelles des chapitres, rien n'empêche qu'elles ne connoissent des causes personnelles, mixtes & même réelles de chacun des membres.

Quoique les juges de seigneurs aient la connoissance des faits de chasse, eaux & forêts dans l'étendue de leur justice, quand l'objet fait partie des revenus ordinaires de leur domaine, ou appartient à leurs sujets, il faut néanmoins observer que l'ordonnance de 1669, *tit. 1*, *art. 12*, porte que dans les justices où les seigneurs ont un juge particulier pour le fait des eaux & forêts, les officiers des maîtrises ne jouiront de la prévention que quand ils en seront requis par l'une des parties, mais que s'il n'y a dans la justice qu'un juge ordinaire, ils auront la prévention, quoiqu'ils n'aient point été requis. Dans le cas où les juges des seigneurs en connoissent, l'appel de leurs jugemens se porte aujourd'hui à la table de marbre, suivant la déclaration du 8 janvier 1715, contraire à l'article 6 de l'édit de 1707, qui l'attribuoit aux maîtrises particulières. L'exécution de cet édit de 1707 a lieu pour la majeure partie des autres dispositions y contenues, en conséquence & suivant l'article 4 de cet édit, sur les procès-verbaux des sergens & gardes des juges gruyers des seigneurs, qui d'après l'article 2 du titre 10 de l'ordonnance de 1669, ont droit de recevoir leur serment après information de vie & mœurs, les délinquans peuvent être condamnés aux amendes portées par les réglemens, sans qu'il soit besoin d'autre preuve ni information.

Il n'est pas inutile de rappeller ici les dispositions de ces deux ordonnances de 1669 & 1707, pour les opposer à la prétention de la plupart des officiers des maîtrises, qui, feignant de méconnoître des articles aussi précis, ne cessent de susciter des difficultés, ou de faire naître, sinon des entraves, au moins des doutes à bien des seigneurs justiciers, pour les déterminer par-là à faire recevoir aux maîtrises leurs sergens & gardes, qu'ils ont droit de faire recevoir à leur gruerie ou justice; aucun praticien ne devant ignorer que par déclaration du roi du premier mai 1708, les offices de juges gruyers ont été réunis avec les fonctions & droits y attribués à toutes les justices, terres & seigneuries du royaume, & qu'au moyen de cette réunion, on seroit difficilement reçu à leur demander les quittances de finance qu'ils ont dû payer pour cela; parce qu'ayant été obligés de la payer en exécution de cette déclaration, à peine d'y être contraints suivant l'usage par le fermier, comme pour les propres deniers de sa majesté, on présume que le préposé à ces recouvremens n'en a pas négligé la rentrée.

Aussi les juges des seigneurs ont été maintenus dans ce droit de juges gruyers par plusieurs réglemens postérieurs, entre autres par la déclaration du 8 janvier 1715, & par plusieurs arrêts, dont un du 19 avril 1723, rapporté par Massé, en son dictionnaire des eaux & forêts, & aussi par plusieurs autres des années 1728, 1732 & 1735, cités par Denisart au mot *Eaux & Forêts*, & par Jousse, en son Commentaire de l'ordonnance de 1669, *tit. 9*, *art. 10*.

De ces observations, ainsi que des réglemens ci-dessus rapportés, & de l'*article 9 du titre 10*, il résulte qu'il ne doit y avoir aucun doute sur la compétence actuelle des sièges de seigneurs; que leurs sentences doivent être portées par appel à la table de marbre, & que les sergens & gardes des seigneurs peuvent valablement se faire recevoir & prêter serment à la justice seigneuriale, & y faire leur rapport des contraventions commises par les délinquans, pour y faire prononcer contre eux les amendes prescrites par les réglemens. *Voyez au surplus* EAUX & FORÊTS, GRUERIE, GRUYER, TABLE DE MARBRE.

On observoit autrefois, comme une maxime certaine, que les hauts-justiciers ou autres juges de seigneurs ne pouvoient connoître des contrats, testamens & autres actes passés sous scel royal entre leurs justiciables, ainsi que l'atteste Bouteiller en sa somme rurale, *liv. 2*, *tit. 1*; quelques coutumes en ont des dispositions à l'égard des contrats passés sous scel royal: telle est celle d'Amiens, *art. 222*; & de Senlis, *art. 99*; & il a été réglé pour les testamens, par arrêt du 5 août 1613, rendu pour Aurillac, & rapporté par Chenu en son traité des offices, *tit. 32*, *chap. 8*, qui a jugé que l'exécution d'un testament appartient au juge royal. Mais depuis long-temps on juge que les juges de seigneurs sont en droit de connoître de ces contrats, obligations & autres actes, même des testamens passés sous scel royal: arrêt du 14 janvier 1615, rapporté par Auzanet en ses arrêts, *liv. 2*, *chap. 28*, au profit du chapitre de Châlons, contre les officiers royaux de ladite ville, qui a même jugé que les juges royaux ne peuvent user de prévention en ce cas. Autre arrêt du 14 avril 1620, en faveur aussi de l'évêque de Beauvais; autre arrêt du 30 janvier 1727, pour les juges de seigneurs de Laval; au moyen de quoi ce point paroît consacré par trop d'arrêts pour laisser encore quelque doute à cet égard.

Mais il n'en est pas de même quand les parties se sont soumises par un acte quelconque passé sous scel royal, à la jurisdiction du juge royal, ou que le contrat est passé sous un scel attributif de jurisdiction, tels que ceux de Paris, Orléans, Montpellier; alors c'est au juge royal à en connoître seul & non aux hauts justiciers; édit de juin 1559, *art. 11*, interprétatif de celui de Crémieu. *Voyez* le Bret, en son traité de la souveraineté, *tit. 4*, *chap. 4*; Chopin *de doman.*, *lib. 2*, *cap. 6*, *n. 2 & 4*; Mornac sur la loi 1, §. *de judiciis*; & Ricard, sur l'article 94 de la coutume de Senlis: néanmoins on trouve quelques arrêts qui ont jugé le contraire: arrêt du 21 juin 1614, rendu au profit des officiers du duché-pairie de Montpensier, contre le présidial de Riom, rapporté par Fileau, *tom. 1*, *pag. 146*, qui porte que les actions, exécutions & poursuites pour contrats, testamens & autres actes, bien que passés sous scel royal entre les sujets domiciliés, en dedans dudit duché & pairie, ne pourront être intentées & poursuivies devant autres que le bailli dudit duché-pairie, nonobstant qu'il y eût commission expresse ou tacite au juge royal, & qu'au cas qu'une des parties contractantes fût demeurante hors ledit territoire, & qu'il y eût soumission par lesdits actes par-devant le sénéchal d'Auvergne ou juge royal, il sera au choix du demandeur de se pourvoir devant le juge royal, ou devant le bailli de Montpensier. *Idem*, par arrêt du 7 septembre 1621, entre les officiers de la pairie de Noyon & le lieutenant-général de police de la même ville, contenant la même disposition. *Voyez* Fileau, *liv. 2*, *pag. 360*.

Ces deux arrêts ajoutent cependant que les baillis & sénéchaux, privativement aux juges des seigneurs, connoîtront des instances de lettres de cassation, restitution & rescision contre les contrats & obligations ainsi passés sous scel royal.

Ils connoissent encore des domaines, droits & revenus ordinaires & casuels des biens des églises, chapitres & hôpitaux qui ne sont point de fondation royale, & n'ont point de lettres de garde gardienne, ainsi que des réparations de ces biens & de l'exécution de leurs baux, tant que le fond n'est pas contesté, comme aussi des causes desdites églises, hôpitaux, maladreries & communautés de fondation non royale, de la saisie de leur temporel faute de résidence, de la reddition de compte de l'administration d'iceux; arrêt du parlement du 30 juin 1627, pour Laval; autre du 25 janvier 1675, aussi pour Laval, lequel ajoute qu'ils connoîtront des abatis, déprédations & délits commis dans les bois des eccléſiaſtiques; mais non quand il s'agit des conteſtations au fond pour réparations des biens, des bénéfices, des titres & diſtributions des fruits, police & réformation des hôpitaux, dont la connoiſſance appartient aux juges royaux ſeuls; édit de Chanteloup mars 1545; ordonnance de Blois, *art. 66.*

Suivant Fevret, *Traité de l'abus*, *liv. 4*, *chap. 9*, les juges de ſeigneurs connoiſſent des comptes de fabriques & des conteſtations à ce ſujet; mais Baſnage ſur l'article 3 de la coutume de Normandie, eſt d'avis contraire; il cite un arrêt du 29 juillet 1655, qui les attribue au juge royal. Je croirois pourtant, pour concilier ces deux ſentimens, que les juges de ſeigneurs ſont compétens quand l'aſſignation donnée aux marguilliers ſortans, eſt à la requête des nouveaux marguilliers ou des habitans, ou même du procureur fiſcal; mais qu'il en eſt autrement quand elle eſt donnée à la requête du procureur du roi, ou s'il s'agit d'oppoſitions aux ordonnances rendues par les archidiacres dans le cours de leurs viſites. *Voyez* l'édit d'avril 1695, *art. 17.* La même maxime peut s'appliquer aux fabriques & confrairies.

Les juges de ſeigneurs connoiſſent auſſi des cauſes perſonnelles, mixtes & réelles, des villes & communautés non royales de leur reſſort, & des entrepriſes faites aux portes, foſſés & murailles de la ville, *arrêt du parlement pour Laval*, *du 17 mai 1731*, ainſi que des conteſtations ſurvenues au ſujet des biens patrimoniaux & communaux des villes & bourgs, à la charge de l'appel immédiat de leurs ſentences à la grand'chambre des parlemens; édit du mois d'août 1764, *art. 46 & 47.* Quant aux comptes de leurs deniers patrimoniaux, ils doivent être rendus devant les baillis & ſénéchaux, & ceux de leurs deniers d'octrois, tant aux bureaux des finances qu'aux chambres des comptes; même édit d'août 1764, *art. 38.* Mais les juges de ſeigneurs peuvent connoître des cauſes des corps & compagnies qui ne ſont point de fondation ou inſtitution royale, tels que le corps des procureurs & huiſſiers de leurs juſtices, les corps de métiers de leur ville, *&c.* Ils connoiſſent auſſi de l'exécution des lettres de terrier, ſuivant l'arrêt du 21 juin 1624, contre le préſidial de Riom, en faveur des juges de la pairie de Montpenſier.

Ils connoiſſent pareillement, dans l'étendue de leur territoire, des matières conſulaires, lorſqu'il n'y a point de conſulat établi dans le lieu: ils connoiſſent même à l'excluſion des juges-conſuls des villes voiſines, lorſque ces juges-conſuls ne ſont pas établis dans l'étendue du bailliage royal, dont la juſtice fait partie, comme à Châteaudun, dépendant du bailliage de Blois, dans lequel il n'y a point de conſulat; ainſi jugé pour madame de Longueville, comteſſe de Dunois, contre les conſuls de Chartres, par arrêt du 7 mai 1577, rapporté par Loiſeau, *en ſon Traité des ſeigneuries*, *chap. 14*, *n. 68;* autre du 30 juillet 1613, en faveur du juge de Châteaudun, contre les conſuls d'Orléans; autre du 27 juin 1704, rapporté par Augeard, *&c. Voyez* auſſi la déclaration du roi du 7 avril 1759, & l'ordonnance du commerce de 1673.

De quelques autres matières dont les juges de ſeigneurs ne peuvent connoître. En général ils ne peuvent connoître des cauſes, quoique de juriſdiction ordinaire, dont la connoiſſance eſt attribuée à d'autres juges. Ainſi ils ne peuvent, comme nous l'avons dit, connoître des cauſes perſonnelles ou mixtes du ſeigneur de la juſtice dont ils ſont officiers, de ſa femme, enfans & domeſtiques, comme s'il s'agit du paiement d'une ſomme de deniers due par promeſſe ou obligation d'une rente conſtituée, de la propriété d'un héritage, droits d'uſage, pâturage & autres prétendus, tant par les ſeigneurs, que par leurs ſujets & habitans, & de toutes autres choſes que celles concernant les droits & domaines non conteſtés de la ſeigneurie; ordonnance d'Orléans, *art. 106;* ordonnance de 1667, *tit. 24*, *art. 11;* arrêt du 16 décembre 1678, ſur l'appel d'une ſentence du bailli de Jonquières; autre du 16 mai 1648, rapporté par Boniface, qui juge que le juge d'une juſtice poſſédée en commun par deux ſeigneurs, ne peut connoître des cauſes de l'autre co-ſeigneur. C'eſt par cette raiſon qu'ils ne peuvent appoſer de ſcellés, faire inventaire, *&c.* après le décès des ſeigneurs, & que ces droits appartiennent aux juges ſupérieurs, comme il a été jugé par des arrêts du 17 janvier 1708, du 20 août 1655, pour Nevers. *Voyez* encore Augeard, *pag. 196 & 634*, *du tom. 1;* & le *Traité des tutèles*, *pag. 306. Voyez auſſi* COMPÉTENCE. Dans tous les cas où le fond de la choſe eſt conteſtée, le ſujet de la ſeigneurie aſſigné devant le juge du ſeigneur, peut décliner la juriſdiction; c'eſt le ſentiment de Berault, ſur l'article 3 de la coutume de Normandie; l'article 30 de l'ancienne coutume de Bretagne en a une diſpoſition préciſe: il porte que, « ſi le » ſeigneur veut prétendre qu'il lui eſt dû plus grand » droit par ſon ſujet, que le ſujet n'avoue, en » ce cas il peut décliner la juriſdiction de ſon ſei- » gneur, & aller à la juſtice ſuzeraine ». Il en ſeroit de même ſi le ſeigneur vouloit avoir par puiſſance de fief l'héritage acquis en icelui par ſon ſujet. Ce que dit d'Argentré, article 30 de ladite coutume, eſt remarquable. *Tota dominorum patronorum poteſtas eſt in compellendo; cum de controverſiâ debiti, videlicet, ex cauſâ reali, & feudali cognoſcere nequeant.*

Les juges de ſeigneurs ne peuvent connoître des cas royaux, à peine de privation de leurs juſtices: ordonnance du 30 août 1536, *chap. 2*, *art. 1*, ni des cas privilégiés qui ſont réſervés aux officiers du roi, comme les cauſes des chapitres, hôpitaux, communautés & autres établiſſemens de fondation & inſtitution royale. Cependant il y a des cas royaux ſimples, & qui ne ſont point bailliagers, dont la connoiſſance peut appartenir aux prévôts royaux, les bailliages n'ayant alors que la prévention. *Voyez* l'arrêt du 20 avril 1660, pour Vic-en-Carladès. *Voyez aussi* PRÉVOTS & COMPÉTENCE.

Mais les juges de seigneurs ne peuvent connoître des causes qui regardent les officiers royaux en leurs fonctions, la correction d'iceux, & malversations par eux commises en leurs charges; ces matières appartenant aux baillis & sénéchaux, suivant l'article 11 du titre premier de l'ordonnance de 1670.

Ils ne peuvent connoître non plus des matières bénéficiales ni des causes concernant les biens dépendans de ces bénéfices, attendu qu'en France ils sont sous la protection du roi; pourquoi ils ne peuvent juger des demandes afin de paiement d'arrérages de dîmes contestées ou non; arrêt du 9 janvier 1665, rapporté par Basnage, coutume de Normandie; autres arrêts des 27 juin 1707 & 28 novembre audit an, rapportés au journal des audiences.

On prétend qu'ils peuvent, comme il a été dit plus haut, connoître des arrérages des dîmes inféodées & tenues en fief, d'une terre ou d'une seigneurie; suivant l'arrêt du 21 juin 1614, rapporté par Fileau, *tom. 1, pag. 146*, en faveur des officiers du duché de Montpensier, contre la sénéchaussée de Riom; autre du 7 septembre 1621, au profit des juges de la pairie de Noyon, contre le lieutenant-général de la même ville. *Voyez aussi* Fileau, *pag. 860, tom. 2*: quant au pétitoire, *voyez* BAILLIS & SÉNÉCHAUX, COMPÉTENCE.

Les juges de seigneurs ne peuvent connoître des oppositions aux mariages, mais bien les juges royaux; arrêt du 16 juillet 1708, rapporté au Journal des audiences.

Mais ils connoissent des séparations de biens entre mari & femme.

Enfin ils ne peuvent connoître de l'exécution des sentences rendues par les officiaux, archidiacres & autres juges ecclésiastiques, touchant la réduction des bancs, sépultures, réparations d'églises, comptes de fabriques, *&c. Voyez* l'édit de 1695, *art. 9*, ni de l'exécution des sentences consulaires, ni des contestations & saisies qui interviennent en conséquence de ces jugemens: édit de création des consuls de Paris, du mois de novembre 1563, *art. 8 & 12*.

Les offices dont est composée la *haute-justice* peuvent se vendre; la jurisprudence actuelle autorise ces aliénations; & puisque ces ventes sont tolérées, on peut, à plus forte raison, souffrir que les seigneurs en fassent des concessions gratuites, sans promettre ni payer gages à ceux à qui ils donnent des provisions. *Voyez* GAGES.

Les enfans exposés sont-ils à la charge du seigneur haut-justicier? Cette question s'est présentée en la grand'chambre, & voici dans quelles circonstances.

Le 14 octobre 1761, le nommé Livet & sa femme, pauvres artisans de Laval, disparurent, après avoir exposé, sur le soir, dans un cimetière, à une des portes de la ville, trois filles de leur mariage, âgées, l'aînée de 11 ans, la seconde de 6, & la troisième de 18 mois, avec chacune leur extrait baptistaire dans leur poche.

Le procureur-fiscal, sur l'avis qui lui fut donné de cette exposition par une femme du quartier, les fit retirer à la maison de charité de Laval, jusqu'au lendemain 15, qu'il fit dresser, à sa requête, un procès-verbal de ce fait. Le juge ordonna que, par provision, les trois enfans resteroient & seroient nourris dans cet hôpital: appel de l'ordonnance en la cour de la part des dames administratrices de la maison de charité, qui firent intimer sur l'appel, M. le duc de la Tremouille, comte & seigneur haut-justicier de Laval. Elles soutinrent que M. le duc de la Tremouille, comme haut-justicier, devoit se charger des enfans en question, disant, pour se dispenser de garder les trois enfans, que leur maison n'avoit pas été fondée à cette fin, mais pour assister les pauvres malades de la ville, leur porter des bouillons, *&c.* ainsi qu'il se pratiquoit par-tout ailleurs par des sœurs grises comme elles. Le seigneur répondit, entre autres choses, que ces enfans devoient être regardés comme orphelins, dont l'entretien ne concernoit pas les seigneurs hauts-justiciers, mais les hôpitaux des villes, ou les villes même.

M. le Pelletier de Saint-Fargeau, alors avocat-général, par qui les moyens ci-dessus furent rapportés, dit que cette cause n'étoit pas moins affligeante pour l'humanité, que la décision étoit embarrassante, soit par les conséquences qu'elle pouvoit entraîner, soit par l'impossibilité de s'aider, sur ce point, de l'avis des auteurs & de l'autorité des ordonnances; qu'il lui paroissoit que l'ordonnance de Moulins & l'arrêt du 30 janvier 1664, rapportés au *journal des audiences*, concernant les enfans exposés, n'avoient parlé que des bâtards & des enfans dont on ne connoissoit pas les pères & mères; « qu'on n'avoit pas prévu que, dans un » royaume, dont la fertilité naturelle devoit assurer à ses habitans une heureuse abondance, les » devoirs les plus sacrés seroient ainsi violés, & » le cri de la nature inconnu; nous les voyons, » ces jours malheureux, prévus par nos pères, *&c.* ».

A la suite de la discussion des inconvéniens particuliers, que faisoient craindre les différens partis qu'on pourroit prendre en cette affaire, cet illustre magistrat s'est principalement appuyé sur ce que l'exposition des enfans quelconques étoit un délit public, dont la poursuite & la vengeance, & par conséquent toutes les circonstances regardoient le haut-justicier: ses conclusions tendirent à ce que l'appellation & ce dont étoit appel fussent mis au néant; émendant, M. le duc de la Tremouille tenu par provision, dans un délai fixé, de retirer les enfans en question de la maison de charité de Laval, payer aux sœurs de cette maison la nourriture desdits enfans pendant qu'ils y étoient restés, avancer les frais de l'un & l'autre objet dans l'hôpital de Laval, & du tout certifier M. le procureur-général; sauf à M. le duc de la Tremouille son action en répétition desdites dépenses en définitif, soit contre les parens qu'il leur connoîtroit, soit, à défaut de parens, contre l'hôpital ou la ville de Laval.

Mais la cour, par arrêt du 10 décembre 1763, a ordonné un délibéré qui n'est pas encore jugé; plaidant Me Tronchet pour la maison de charité de la Providence de Laval, & Me Cailleau pour M. le duc.

Cette affaire, si elle se représentoit, seroit moins embarrassante, aujourd'hui que les hôpitaux ou hôtels-dieu des villes sont tenus de se charger de tous les enfans bâtards & enfans-trouvés. *Voyez* le *nouveau réglement à cet égard.*

Le haut-justicier, sur le fondement de rédimer son vassal d'une accusation qu'il croit injuste & calomnieuse, & lui donner protection, n'est pas recevable à le soutenir & à prendre en son nom sa défense lorsqu'il est accusé devant le juge royal; mais il peut, comme toutes personnes, faire d'office, devant le juge royal, telles déclarations qu'il croira servir à la justification de l'accusé, sauf, en jugeant, à y avoir tel égard que de raison.

Papon rapporte, à ce sujet, l'exemple du seigneur de Vieux-maisons, qui poursuivoit son vassal pour crime capital devant le juge royal, afin d'avoir la confiscation; ensuite il composa secrétement avec le prisonnier, tant des frais du procès poursuivi, que de la confiscation: cependant le juge royal ne laissa pas de continuer le procès, & d'ordonner que le prisonnier seroit appliqué à la question: le haut-justicier croyant bien secrets les arrangemens par lui pris avec l'accusé, appella & releva son appel au parlement; mais il fut déclaré non-recevable dans son appel & condamné à l'amende. Il arriva même qu'on eut connoissance de la composition faite entre le seigneur & son vassal; ce qui engagea le ministère public à conclure à ce que le haut-justicier fût privé de sa justice. Il fut condamné en 200 liv. parisis d'amende: *nihil visus est persequi suam aut suorum famam.*

Il a été rendu un arrêt, le 31 juillet 1769, en la première chambre des enquêtes, au rapport de M. de Glatigny, en faveur du chapitre de l'église de Paris. Cet arrêt mérite d'être rapporté, parce qu'il juge plusieurs questions importantes en fait de *haute-justice*, indépendamment de toutes les décisions dont nous avons rendu compte en approfondissant cette matière.

Le procès avoit trois objets principaux. Premiérement, le chapitre, comme seigneur haut-justicier de l'église paroissiale de Sucy en Brie, prétendoit qu'à lui seul appartenoient la qualité indéfinie de seigneur de Sucy, & les droits honorifiques attachés à cette qualité, tels que ceux d'être recommandé, à l'exclusion de MM. de Lalive, & nominalement aux prières, d'établir seul des officiers dans le bourg, territoire & paroisse, & d'y exercer seul la police & voierie; en conséquence il demandoit à être maintenu dans le droit & possession de prendre seul la qualité indéfinie de seigneur de Sucy, & des droits honorifiques attachés à cette qualité.

MM. de Lalive, au contraire, étoient propriétaires de différens fiefs dans le bourg & paroisse de Sucy, & de censives égrénées. Ils prétendoient que la justice, haute, moyenne & basse, étoit attachée à l'un de leurs fiefs, qu'ils appelloient *le fief de Sucy*; en conséquence, soutenoient qu'ils avoient droit de se qualifier de seigneurs en partie de Sucy, & que le chapitre devoit pareillement être restreint à la qualité de seigneur en partie de la même paroisse. Le chapitre avoit toujours pris la qualité de seigneur, haut, moyen, bas justicier, censier & voyer de Sucy, & il avoit constamment la *haute-justice* sur l'église paroissiale & sur le canton de l'église. MM. de Lalive & leurs auteurs avoient pris, dans les actes par eux passés depuis 1577, la qualité de seigneurs en partie de Sucy; ils avoient des officiers de justice; mais n'avoient ni *haute-justice* sur l'église, ni prétention fondée à la *haute-justice* de l'église: & par arrêt, en conséquence d'une jurisprudence bien établie, la cour a maintenu le chapitre dans le droit & possession de prendre seul la qualité indéfinie de seigneur de Sucy, & de jouir des droits honorifiques y attachés, a fait défenses à MM. de Lalive de prendre la qualité de seigneurs en partie de Sucy, a ordonné que cette qualité seroit rayée des actes où elle se trouveroit, sauf à eux à se qualifier seigneurs de leurs fiefs, même d'un fief de Sucy, avec cette addition, *sis à Sucy*; leur a fait défenses d'exercer aucun droit de justice, haute, moyenne & basse, dans le bourg, territoire & paroisse de Sucy, d'y établir aucuns officiers, & de s'entremettre de la police & voierie dudit bourg, territoire & paroisse, sauf à eux à exercer les droits de justice attachés à leurs différens fiefs, dans l'étendue d'iceux.

Deuxiémement, le chapitre prétendoit que MM. de Lalive, seigneurs de différens fiefs & censives égrénées dans lesdits bourg, territoire & paroisse, devoient lui fournir, en sa qualité de seigneur haut-justicier du lieu, une déclaration sèche de tous leurs domaines, droits de fiefs & de justice. Il fondoit cette prétention sur un principe établi par Loiseau, qu'originairement les justices & seigneuries directes des lieux ont été concédées aux mêmes seigneurs; sur ce que la justice est indivisible; sur la conséquence résultante de cette indivisibilité de la justice; savoir que, malgré les révolutions survenues dans les seigneuries, la justice primitive du lieu est restée la même, quoiqu'elle ait pu être restreinte par des sous-inféodations, des usurpations & des prescriptions. La *haute-justice* du chef-lieu de la paroisse, de l'église, est, disoit le chapitre, celle qui a été primitivement la justice du lieu: comme elle n'a pu changer de nature, quoique son étendue ait été restreinte, elle est la justice territoriale de la paroisse. La seigneurie qu'elle forme est la seigneurie du territoire paroissial ; c'est à elle que la grande-main appartient dans la paroisse. Tout ce qui existe dans le territoire paroissial en dépend, si le contraire n'est prouvé ; de-là la conséquence, que tous ceux qui prétendent dans la paroisse des seigneuries directes ou des droits de justice, doivent les déclarer au seigneur haut-justicier du territoire & les lui justifier. Il a pour lui la prescription de l'universalité : Masuer, tit. *de radicibus*, §. *item omnia ;* Loiseau, *chap. 12 des seigneuries*, *nomb. 6*, *49*, *52 & 53 ;* arrêt du 10 juillet 1604 ; Maréchal, *tom. 2*, *nomb. 21 ;* Tronçon, de Ferrières sur l'article 173 de la coutume de Paris ; Auzanet sur le même article & sur le premier arrêt du 15 mars 1605 ; Guyot, *tom. 4*, *pag. 453*.

Sur les fondemens de ces moyens & autorités, l'arrêt condamne MM. de Lalive à fournir au chapitre, en la qualité de seigneur haut-justicier de Sucy, une déclaration sèche des domaines, droits de fief & de justice, qu'ils prétendent avoir dans le bourg, territoire & paroisse de Sucy, & de lui en communiquer les titres.

Troisiémement, le même arrêt juge que le chapitre est propriétaire d'un canton considérable de bruyères, dites *les bruyères de Sucy ;* il le maintient, à cet égard, dans la propriété & possession, & dans la *haute-justice* sur ces bruyères. Le chapitre, sur ce dernier objet, se prévaloit de la prescription de l'universalité de la seigneurie & de quelques actes de possession. MM. de Lalive prétendoient la *haute-justice* sur ces bruyères, à cause d'un de leurs fiefs, mais ils ne justifioient pas leur prétention.

Ainsi cet arrêt qui termine un procès commencé en 1641, & qu'on doit regarder comme très-important en matière de *haute-justice*, juge, 1°. que le seigneur haut-justicier de l'église paroissiale d'un lieu a seul le droit de prendre la qualité indéfinie de seigneur de la paroisse ; 2°. que le seigneur de fiefs dans la paroisse, même avec *haute justice*, n'a pas le droit de se qualifier seigneur en partie de la paroisse.

3°. Que le seigneur haut-justicier de l'église a seul le droit d'établir des officiers & d'exercer la police & la voierie dans le territoire de la paroisse.

4°. Que le seigneur de fiefs ne peut établir des officiers que dans l'étendue de ses fiefs, & seulement pour ses fiefs.

5°. Que le haut-justicier de la paroisse a seul la grande-main dans la paroisse, & qu'en sa qualité de haut-justicier, il a singuliérement le droit de demander aux seigneurs de fiefs dans la paroisse, surtout de fiefs dont les dépendances sont égrénées & éparses dans la paroisse, une déclaration sèche de leurs domaines féodaux & de leurs droits de fiefs, censives & justices.

6°. Que les terres vaines & vagues du territoire paroissial n'appartiennent qu'au seigneur haut-justicier de la paroisse, si le contraire n'est prouvé.

MM. de Lalive se sont pourvus au conseil en cassation de cet arrêt ; mais, par arrêt du conseil d'état privé du roi du 7 mai 1770, ils ont été déboutés & condamnés à l'amende.

M. Douet d'Arcq avoit fait différens mémoires dans ce procès pour le chapitre de Paris ; ses principes sur la matière de la *haute-justice* y sont discutés avec autant d'érudition que de solidité. M[rs] d'Outremont & Moussa écrivoient pour MM. de Lalive.

Droit de justice ne peut être aliéné sans la terre. Arrêt du 28 février 1664 : *voyez* Soëf, *tom. 2*, & le *journal des audiences*. Cependant il peut s'acquérir par prescription. *Voyez* Fachin, *liv. 8*, *chap. 23*.

Concession de justice n'appartient qu'au roi. Arrêt du 31 janvier 1674 : *voyez journal des audiences*. Haut-justicier ne peut concéder moyenne & basse-justice à son vassal. *Voyez* au *journal des audiences* un arrêt du 3 juillet 1625.

Nous finirons cet article par une observation touchant la résidence des officiers de justice seigneuriale, quoique les réglemens & la plupart des coutumes, notamment celle du Grand-Perche, ordonnent qu'ils résideront dans l'étendue de leur justice, & qu'il leur soit défendu de faire aucune fonction judiciaire, ni recevoir aucun acte de tutèle, curatelle, avis de parens ou autres actes réputés actes d'hôtel dans les villes, bourgs & lieux hors le territoire de leur jurisdiction, conformément à cette maxime : *judex extrà territorium non potest jus dicere*. Néanmoins la plupart des juges de seigneuries, souvent avocats ou procureurs dans les bailliages & sièges royaux, ne se font ni scrupule ni difficulté de recevoir de pareils actes dans le chef-lieu de ces sièges royaux où ils font leur résidence ; ce qui est un abus & une contravention aux réglemens des plus répréhensibles & des plus dangereux.

Avant la réunion des vicomtés royales aux bailliages par les édits de 1742 & 1749, les vicomtes, quoique juges royaux, ne pouvoient connoître des causes des nobles & ecclésiastiques : ainsi les juges des seigneurs ont donc plus de pouvoir que les vicomtes, puisque ceux-là sont compétens pour connoître des causes des nobles & ecclésiastiques, dont les privilèges n'ont été conservés que dans quelques villes & provinces, telles que dans la ville de Senlis & dans les provinces de Lorraine & de Provence, *&c.* *Voyez* BAILLIS & SÉNÉCHAUX, CAS ROYAUX, COMPÉTENCE, CHASSE, DESTITUTION, GAGES, GRUERIE, GRUYER, GRADUÉS, JUGES, JURISDICTION, OFFICIAL, PAIN DU ROI, POTEAUX, PRISON, RÉCEPTION, REMISSION, (*lettres de.*) TERRIER, (*lettres de*) SEIGNEURS. (*Cet article est de M. le président* DE LA CHENAYE.)

HAUT ET PUISSANT SEIGNEUR. *Voy.* SEIGNEUR.

HAUT-PARAGE,

HAUT-PARAGE, s. m. Suivant Ragueau, dans son *indice*, c'est la plus excellente pairie, à savoir des pairs de France & des seigneurs du sang royal, qui tiennent leurs terres en pairie, & qui dépendent de la maison de France, pour leur avoir été données en apanage, comme le très-docte Pithou l'observe en ses *mémoires des comtes de Champagne.* D'autres prennent ces fiefs de *haut-parage* plus généralement, pour être mouvans, non du roi simplement, à cause des duchés, comtés, châtellenies ou seigneuries, dont il jouit en domaine en son royaume, mais pleinement & directement de la couronne de France.

Ce mot a aussi signifié une naissance illustre, une très-noble extraction. *Voyez* PARAGE. (*M. GARRAN DE COULON.*)

HAUT-PASSAGE, s. m. (*Finance.*) est une ancienne imposition, qui se levoit sur certaines marchandises exportées du royaume.

HAUTS-JOURS. On trouve, dans quelques endroits, cette expression, dans l'acception de *grands-jours. Voyez* JOURS (*grands.*)

HAYER, v. a. Nos coutumes donnent à ce mot deux acceptions différentes, qui dérivent également du sens primitif du mot *haye.*

1°. L'article 405 de la coutume de Bretagne entend par-là, mettre une terre en état de défense, l'entourer de haies.

2°. L'article 106 de la coutume de Franche-Comté, ou comté de Bourgogne, entend par-là, *chasser, battre les haies* & buissons. *Voyez* le *Glossaire du droit françois.* (*M. GARRAN DE COULON, avocat au parlement.*)

H E

HÉAGE *ou* HÉAAGE, s. m. en latin-barbare *heagium* : c'est une espèce de fouage dont on peut voir des exemples dans le *Glossarium novum* de dom Carpentier. (*M. GARRAN DE COULON, avocat au parlement.*)

HEBDOMANIER, adj. pris quelquefois subs. (*Droit canon.*) se dit de celui qui, dans une église, un chapitre, un couvent, est chargé de faire l'office & d'y présider. On l'appelle aussi *semainier* : ces deux mots ont exactement la même signification, l'un étant dérivé du terme françois *semaine*, l'autre du terme latin *hebdomas*, qui veut dire *semaine.*

Dans plusieurs églises, l'*hebdomanier* jouit de plusieurs privilèges particuliers, tels que des rétributions qui lui sont propres, le droit de conférer les bénéfices de la collation de son église, qui viennent à vaquer pendant la semaine où il est en fonction.

Nous ne pouvons donner sur cet objet aucune règle certaine, parce que les droits de l'*hebdomanier* dépendent des usages & des statuts particuliers de chaque église.

HÉBERGE & HÉBERGEMENT, *ou* HERBERGEMENT; ces mots sont synonymes de *maison, logement, habitation.* On en a fait diverses applications dans notre droit.

I°. L'article 315 de la coutume de Bretagne donne indistinctement ce nom & celui d'*herbregerie* à toute sorte de maison. Quoique le retrait lignager n'ait point lieu en échange dans les cas ordinaires, cet article l'admet *en herbregerie, où plusieurs seroient herbregés*, au profit des *autres ou autres qui auroient part en la maison & herbregement, & prétendroient qu'ils ne fussent commodément herbregés & logés.* Mais, dans ce cas, il faut donner « récompense au per- » mutant d'autre maison, ou héritage suffisant, le » plus commodément que faire se pourra pour le- » dit permutant ». *Voyez* aussi *les articles 606 & 621.*

II°. L'article 356 de la coutume de Normandie entend par *hébergement, un manoir roturier aux champs.* Cet article porte, « que l'aîné peut, avant de faire » lots & partages, déclarer en justice qu'il le re- » tient avec la cour, clos & jardin, en baillant » récompense à ses puînés, des héritages de la » succession ».

Au reste, ce préciput n'a pas lieu, lorsqu'il y a plusieurs manoirs roturiers. La coutume dit : « s'il » n'y a qu'un manoir roturier aux champs, ancien- » nement appellé *hébergement*, & chef d'héritage ». Il résulte aussi des mêmes termes, que ce préciput n'a pas lieu sur les maisons sises en bourgage. *Voyez les commentateurs sur cet article.*

III°. On appelle droit d'*hébergement, herbergement, hébergie* ou *hébergage*, un droit seigneurial qui consiste dans la faculté de contraindre le vassal ou le censitaire, suivant la nature de son tenement, à faire construire & tenir une maison ou autre édifice sur la glèbe qu'il tient du seigneur. Bouteiller parle de ce droit dans sa *somme, liv. 1, tit. 86.* Il y explique la manière dont le seigneur pouvoit contraindre son sujet à remplir ses obligations à cet égard. Charondas le Caron, dans ses notes sur ce titre, dit que cette ancienne forme n'est plus en usage.

IV°. On a aussi donné le nom d'*hébergement* au droit de gîte & de procuration. *Voyez* le *Glossaire du droit françois*, le *livre 2 des questions d'Olive*, & le *Traité des droits seigneuriaux* de Géraud, *liv. 2, chap. 7, n°. 6.* (*M. GARRAN DE COULON, avocat au parlement.*)

HÉBÊTÉ *de vin.* On trouve cette expression dans les ordonnances du pays Messin, *tit. 1, art. 21*, pour signifier un homme ivre. Il y est ordonné que celui qui sera trouvé dans les rues, les églises ou autres lieux publics, ivre & privé de sa raison, sera, pour la première fois, mis en prison, pour y jeûner, pendant deux jours, au pain & à l'eau, & condamné en outre en une amende de vingt gros messin; qu'en cas d'une ou plusieurs récidives, il sera puni de pareille peine de prison & amende, qui multipliera, à chaque fois, de deux jours de prison & de vingt gros d'amende, qu'enfin, s'il se trouve incorrigible, il sera procédé contre lui par peines & punitions plus rigoureuses, ainsi qu'il sera avisé par justice.

Ce réglement paroît sage, propre au maintien des bonnes mœurs, & capable de diminuer le vice de l'ivrognerie parmi les gens du peuple.

HERBAGE, (*droit d'issue d'*) les anciennes coutumes de Saint-Paul appellent ainsi une espèce de droit de *hallage* ou d'*étalage*, qui est dû au seigneur haut-justicier ou au vicomtier, sans doute parce qu'il a pour objet les herbes ou légumes. (*M. GARRAN DE COULON, avocat au parlement.*)

HERBAGE, (*franc*) l'article 3 de la coutume de Vimeu, locale d'Amiens, donne ce nom à l'exemption du droit de vif ou mort *herbage. Voyez* HERBAGE *vif & mort.* (*M. GARRAN DE COULON, avocat au parlement.*)

HERBAGES, (*droit d'*) les coutumes d'Anjou, *art. 182*, & du Maine, *art. 200*, appellent *droit d'herbages & pâturages*, un droit d'usage dans les bois d'autrui pour le pacage des bestiaux. *Voyez* USAGE. (*M. GARRAN DE COULON, avocat au parlement.*)

HERBAGE VIF ET MORT. Le *vif herbage* est un droit connu dans la Picardie & dans quelques lieux voisins, en vertu duquel le détenteur d'un héritage tenu en censive, qui a un certain nombre de bêtes à laine, doit payer au seigneur féodal, pour le droit de vaine pâture, au jour de la S. Jean-Baptiste, la meilleure de ces bêtes après la meilleure. Le *mort herbage* est une redevance en argent, due, dans les mêmes pays, par celui qui a un moindre nombre de bêtes à laine. On appelle le premier de ces droits *vif herbage*, parce qu'il se paie en bêtes *vives* au seigneur, pour le droit d'*herbage* ou de pacage; on appelle le second *mort herbage*, par la raison contraire.

Les coutumes d'Amiens, *art. 181*; Boulogne-sur-mer, *art. 35*; Herly, *art. 3*; Hesdin, *art. 2*; Montreuil, *art. 28*; Ponthieu, *art. 92 & 93*; Saint-Paul, anciennes coutumes, *art. 42*; Saint-Riquier, *art. 1*, & Vimeu, *art. 3 & 4*, sont, à-peu-près, les seules qui fassent mention de ces droits. Il y a beaucoup de différences entre elles sur la qualité du seigneur auquel elles les attribuent, sur la quantité de bestiaux qu'elles exigent pour la perception du *vif herbage*, sur la fixation du droit de *mort herbage*, & sur la forme du paiement de ces droits.

La coutume d'Amiens n'accorde l'un & l'autre droit qu'au seigneur haut ou moyen justicier. Elle veut que le nombre des bêtes à laine soit de 20 ou au-dessus, pour qu'on puisse prétendre le *vif herbage*: elle fixe le droit de *mort herbage* à un denier par chaque bête, en reglant l'un & l'autre droit sur le nombre des bêtes qui ont passé la nuit (*pernocté*) sur le tenement la veille de noël, quoique ces droits ne soient exigibles qu'à la S. Jean suivant. Elle veut enfin que le *mort herbage* soit payé au jour de la S. Jean-Baptiste, sous peine de 60 sols parisis d'amende; « & quant audit *vif herbage*, ajoute-t-elle, il se doit payer, quand il est demandé, audit jour de S. Jean-Baptiste, *ou depuis, sans péril d'amende* ».

La coutume de S. Riquier exige, comme celle d'Amiens, que le seigneur ait haute ou moyenne-justice en son fief, pour y prétendre les droits d'*herbage*. Celles de Ponthieu, de Montreuil & de Vimeu se contentent de la justice, soit vicomtière, soit foncière. Celle de Boulogne attribue ces droits au simple seigneur féodal, puisqu'elle dit simplement *au seigneur*.

La même coutume de Ponthieu n'exige que le nombre de dix bêtes pour le droit de *vif herbage*, en se reportant d'ailleurs, comme celle d'Amiens, à la veille de noël, pour le temps de la computation. La plupart des autres coutumes ne font aucune mention de ce terme de noël.

La coutume de Boulogne n'accorde le *vif herbage* qu'autant que l'on a 25 bêtes ou au-dessus, & elle réduit le *mort herbage* à une maille seulement. Celle de Ponthieu le fixe à une obole.

Enfin la coutume de Boulogne n'accorde d'amende au seigneur que pour le *vif herbage*, tandis que celle de Ponthieu, comme celle d'Amiens, ne l'accorde que pour le *mort herbage*. Duchesne assure même, sur la coutume de Ponthieu, que la modicité du droit de *mort herbage* fait que les seigneurs en négligent la perception, aussi bien que de l'amende excessive que la coutume prononce contre ceux qui ne le paient pas à jour nommé.

Au reste, Bourdot de Richebourg, du Fresne & de Heu sur la coutume d'Amiens, observent fort bien que, si les seigneurs sont en possession immémoriale d'exiger le *vif herbage* pour une moindre quantité de bêtes, ou qu'ils en aient des titres valables, ils peuvent s'en faire payer, conformément à leur possession ou à leurs titres. Il y a même des seigneuries dans l'étendue de ces coutumes, où ces droits sont absolument inconnus; d'autres, où ils sont abonnés à tant par an, soit pour les particuliers, soit pour la communauté, comme à Authies.

L'article 35 de la coutume de Boulogne autorise particuliérement ces dérogations à la coutume, en prononçant pareille amende pour le droit de *moutonnage arrenté*, c'est-à-dire pour le droit de *vif* ou *mort herbage* abonné, que pour celui de *mort herbage*, & en ajoutant, à la fin de l'article 35, « que c'est sans préjudice toutefois à ceux qui auroient convention, paction, ou jouissance duement prescrite au contraire ».

Cependant M. le Camus d'Houlouve dit que, dans le cas même d'abonnement, les détenteurs ne peuvent prescrire le droit de *mort & vif herbage* en soi, parce que c'est un droit seigneurial, qui dérive de la loi, & non de la convention, & qu'ils n'en peuvent prescrire que la quotité & la manière de le payer, comme en matière de cens. *Coutume de Boulonnois, tit. 3, sect. 7, p. 236.*

Duchesne & M. de Lagorgue sur la coutume

de Ponthieu, disent plus clairement encore, « que » ce droit n'est pas sujet à prescription, & qu'un » seigneur qui ne l'auroit jamais perçu, ne se» roit pas privé de le demander, par la raison que » c'est un droit coutumier de pure faculté ». Ils citent deux sentences de leur sénéchaussée, qui l'ont ainsi décidé.

Ricard observe au contraire, « que ce droit de » *vif & mort herbage* n'est point dû en toute la cou» tume, qu'il y a une infinité de lieux où il est » inoui, & qu'il ne seroit pas juste de l'y intro» duire, sous prétexte de cet article, qui ne doit » avoir lieu que là où l'usage en est reçu ».

Duchesne convient lui-même qu'on l'a assuré « que le sieur de Villepau, seigneur de Mareuil, » a été débouté de sa demande en droit de *mort* » *& vif herbage*, sur le fondement d'une coutume » locale de Mareuil, écrite, mais non signée, ni » concordée, qui en exemptoit ou n'y assujettis» soit pas les habitans ».

On ne peut guère douter du moins, que, lorsque le seigneur n'a ni titres, ni possession, celle où sont les habitans de ne payer aucun droit, doit les faire maintenir dans l'exemption.

On convient généralement que le droit de *vif herbage* n'arrérage pas, & qu'on ne peut pas le demander un an après son échéance. On doit dire la même chose du *mort herbage*, suivant M. le Camus d'Houlouve. Cet auteur se fonde pour cela sur la difficulté de constater, après plusieurs années, le nombre de moutons qu'un détenteur pouvoit avoir chaque année, & par conséquent, de savoir s'il devoit un *vif* ou *mort herbage* : la prescription annale du *vif herbage*, ajoute-t-il, & la modicité du *mort herbage* ne permettent pas de considérer ces deux droits d'un œil différent.

Au reste, les coutumes de Boulogne & de Montreuil exigent expressément que le détenteur qui doit le *vif herbage*, soit sommé de le payer, pour être valablement mis en demeure. On doit entendre de la même manière les coutumes d'Amiens & de Ponthieu, qui veulent que ce droit soit demandé. *Voyez* le *commentaire* de Duchesne *sur cette dernière coutume.*

Ces sommations suffisent, suivant M. le Camus d'Houlouve, pour interrompre la prescription annale du droit de *vif herbage*, & de l'amende due chaque année, à défaut de paiement ; mais il seroit, je crois, plus sûr de former une demande en justice.

Quoi qu'il en soit, quand le droit est abonné, le seigneur n'est point obligé de faire une sommation chaque année, pour conserver les arrérages : il peut en demander d'autant d'années qu'il pourroit le faire pour une rente foncière ou pour le cens. Ainsi le seigneur peut exiger dix-neuf années de cet abonnement dans la coutume de Boulonnois, où les arrérages des rentes foncières & des cens se prescrivent par vingt ans. Mais la négligence de payer plusieurs années de ce droit ne donne lieu qu'à une seule amende, lorsque le seigneur n'a pas mis le débiteur en demeure. S'il l'y avoit mis chaque année, il seroit dû autant d'amendes que d'arrérages. (M. GARRAN DE COULON, *avocat au parlement.*)

HERBAN, s. m. (*Droit féodal.*) ce mot a plusieurs significations. Il se dit, 1°. du cri public par lequel un seigneur faisoit armer ses vassaux ; 2°. de l'amende payée par ceux-ci pour n'avoir pas obéi à la convocation ; 3°. de toutes prestations, charges & corvées, exigées par un seigneur sur ses sujets. *Voyez* ARBAN, BAN.

HERBAUX, s. m. (*Droit féodal.*) ce mot, qui se trouve dans l'article 103 de la coutume de Poitou, n'a point été entendu par les commentateurs. L'article 102 de cette coutume porte que, « quand » aucun fonds est tenu roturièrement d'aucun sei» gneur de fief, à cens, rentes, biens, charges ou » autres devoirs, & ils sont plusieurs détenteurs », le seigneur peut demander ces sortes de devoirs solidairement à chacun d'eux. L'article 103 ajoute, « & quant aux autres rentes nobles, dues sur fief » d'autrui, *tailles*, *herbaux*, & autres charges, » ensemble toutes rentes roturières, foncières, sont » indivisibles ».

L'article 85 de l'ancienne coutume, qui correspond à l'article 103 de la nouvelle, disoit *taillées*, *arbaux*, au lieu de *tailles*, *herbaux*. Cet article étoit pris du très-ancien coutumier de Poitou, rédigé, à ce qu'il paroît, d'autorité privée, au commencement du quinzième siècle, & imprimé en 1484, dans lequel il se trouve mot pour mot, *l. 5*, *c. 9*, *art. 2*, si ce n'est qu'au lieu d'*arbaux* avec un *x*, on lit *arbaus* avec une *s*. D'après le fait certain qu'aucun des commentateurs de la coutume n'a entendu ce mot, ne pourroit-on pas croire qu'il y avoit *arbans* dans le manuscrit sur lequel on a imprimé ce très-ancien coutumier, & qu'on aura pris l'*n* pour un *u* ; d'où l'on aura fait *arbaux*, lors de la rédaction de l'ancienne coutume en 1509? On aura ensuite transformé ce mot, sans l'entendre mieux, en celui d'*herbaux*, lors de la réformation de 1559. Aucun auteur ne dit avoir vu de titres qui fissent mention du droit d'*herbaux* ou d'*arbaux* : mais j'ai vu d'anciens aveux de la province, où l'on énonçoit, entre autres droits, ceux de *taillées & arbans*.

On trouve dans le *Glossaire* de Ducange, au mot *Herbannum*, une chartre de l'an 1160, tirée du cartulaire de Mont-martre, où l'*herban* & la *taille*, ou *taillée* sont aussi joints, *neque herbannum*, *neque taillatam*, y est-il dit. Aussi ce savant, après avoir donné l'étymologie du mot *arban*, ajoute-t-il : « *perperam verò hæc vox* arban, *in* herbaux *&* » arbaux *commutata in consuetudine pictaviensi* », art. 103.

Laurière, en renvoyant du mot *herbaux* à celui d'*arban* dans son *Glossaire*, paroît aussi regarder l'un & l'autre comme synonymes. On peut encore tirer le même résultat d'une note de M. le

Duchat sur le *Pantagruel* de Rabelais, *liv. 4*, *chap. 52*.

Ainsi l'on ne doit entendre sous ce nom d'*herbaux* qu'un droit d'*arban*, c'est-à-dire des corvées, ou l'abonnement de ce droit.

Au reste, cet article 103 de la nouvelle coutume de Poitou est une preuve bien frappante de l'incurie avec laquelle on a présidé à la réformation de nos coutumes, & particulièrement à celle de cette province. Il y a tout lieu de croire que la plupart de ceux qui assistoient à la réformation n'entendoient guère mieux ce qu'étoient les redevances dues sur fief d'autrui, que ce qu'ils appelloient *herbaux* ou *arbaux*. Cependant, quoique l'ancienne coutume rédigée en 1509, & cette coutume très-ancienne, dont on vient de parler, n'accordassent la solidité que pour les droits seigneuriaux qui représentoient le cens, ou qui étoient une suite de la directe, en la rejettant expressément pour les rentes dues sur les fiefs d'autrui, on fit un changement à cet article, lors de la réformation de 1559, pour assujettir ces dernières redevances à la solidité, comme le cens même, & il n'y eut pas un seul des praticiens appellés à la réformation, qui réclamât contre une innovation aussi injuste. Fût-ce envie de favoriser les seigneurs, fût-ce ignorance? il vaut mieux présumer le dernier: il est facile du moins de prouver que l'ancienne coutume étoit, à cet égard, pleine de justice.

La solidité des devoirs *censuels* dus au seigneur direct sur tout un tenement, étoit fondée sur la concession originaire qui en avoit été faite par le seigneur à une seule personne, ou à une seule communauté ou famille, à la charge d'un tel devoir. C'eût été diminuer les droits du seigneur, que de partager ce devoir, lorsque le tenement n'appartenoit plus à une seule personne; la solidité devoit donc avoir lieu de plein droit dans ce cas. Mais les charges dues à d'autres seigneurs, ayant été le plus souvent constituées par assignat, à titre de dot ou autrement, sur toute l'étendue, ou sur la majeure partie d'un fief qui composoit plusieurs tenemens, & n'étant même quelquefois que des devoirs personnels, provenant de la haute-justice, la solidité ne devoit pas avoir lieu, dans ces cas, entre les différens possesseurs qui étoient assujettis à ces devoirs dans le même fief, à moins que le titre ne la prononçât.

Ainsi l'ancien coutumier, après avoir prononcé dans l'article 84, la solidité du *cens* dû au *seigneur direct*, avoit eu raison d'ajouter dans l'article suivant: « autre chose seroit, si ce n'étoit le devoir » du fief, comme dit est, en plusieurs lieux es» quels aucuns seigneurs sur leurs fiefs de leurs » sujets ou de leurs voisins, ou sur aucuns d'i» ceux, ont rentes, tailliées, *arbaux* ou autres char» ges. Car, supposé qu'ils tiennent iceux devoirs » noblement, *chacune partie du fonds n'est pas char» gée du tout*, & aussi pour icelles charges que » l'on a sur autrui fief, n'a aucune amende, » à celui à qui icelle charge est due, pour telle » charge non payée au terme ».

C'est, comme on le voit, à cause de cette différence entre les devoirs censuels dus au seigneur direct, & les redevances dues à un autre seigneur, que les premiers donnent lieu à une amende, à défaut de paiement, tandis que les secondes n'en produisent point dans ce cas, tant suivant l'ancienne coutume, que suivant la nouvelle même. Pourquoi donc changer ce qui concernoit la solidité, tandis qu'on laissa subsister la différence relative aux amendes?

Au surplus, la nouvelle coutume même ne prononce la solidité que contre les *co-détenteurs*. Si donc il étoit prouvé que les redevances dues à un seigneur sur le fief d'autrui n'eussent point été assises sur un seul & même tenement, la solidité devroit être rejettée encore aujourd'hui, puisque la coutume ne la prononce qu'en établissant mal-à-propos la présomption, que les redevables de ces rentes sont *co-détenteurs*. Une telle présomption ne doit pas l'emporter sur la vérité, lors sur-tout que la loi qui la prononce est évidemment injuste. (*M. Garran de Coulon, avocat au parlement.*)

HERBEGAGE *ou* HERBERGAGE, s. m. 1°. Ce mot signifie une *maison*, un *logement*, une *habitation*.

2°. Il signifie aussi un droit d'albergue, ou de gîte & de procuration. On a dit *herberjage* dans le même sens. *Voyez* aussi HÉBERGEMENT.

3°. On a donné le même nom à un droit d'usage, qui consiste, suivant Ducange, dans la faculté de faire paître des bestiaux dans une forêt; &, suivant dom Carpentier, dans celle de prendre dans une forêt le bois nécessaire pour construire ou réparer une maison: les textes cités par ces deux auteurs ne suffisent pas pour décider la question.

4°. Ce mot signifie aussi, suivant dom Carpentier, la redevance due pour ce droit d'usage.

5°. Enfin le même savant dit que l'on a donné le nom d'*herbegage* à un droit qu'on paie au seigneur pour mettre du vin marchand en maison ou cellier. (*M. Garran de Coulon.*)

HÉRÉDITAIRE, adj. se dit de tout ce qui a rapport à une succession, comme les *biens héréditaires*, une *portion héréditaire*. *Voyez* HÉRÉDITÉ.

HÉRÉDITÉ, s. f. (*Droit civil.*) est proprement l'universalité des biens d'un défunt, avec ses charges: elle comprend ses biens meubles & immeubles, les droits & actions qui lui appartenoient, les dettes qu'il a contractées, les charges dont il étoit tenu.

L'*hérédité*, prise dans cette acception, qui est la seule véritable, est une chose intellectuelle, un droit purement incorporel; car, quoiqu'elle soit composée de tous les biens du défunt, l'existence de ces biens n'est pas de son essence. Un homme qui ne laisse rien en mourant laisse une *hérédité* comme le plus riche propriétaire. C'est par cette raison que Papinien, *l. 50, ff. de hæred. petit.* décide qu'on conçoit en droit une *hérédité*, sans l'existence d'aucun corps héréditaire. *Hæreditas etiam sine ullo corpore juris intellectum habet.* Ce principe est encore répété dans les loix *119* & *178*, §. *1*, *ff. de v. s.*

La plupart des auteurs confondent les mots d'*hérédité* & de *succession*, &, d'après les loix *24*, *ff. de v. s.* & *62*, *ff. de r. j.*, ils définissent l'*hérédité*, la succession à tous les droits actifs & passifs qu'avoit un défunt au moment de sa mort. Mais cette définition est vicieuse, & ces deux mots ne sont pas synonymes.

L'*hérédité* n'est ni la succession aux biens d'un défunt, ni le droit d'y succéder. Ce n'est qu'improprement que les loix *24*, *ff. de v. s.* & *62*, *ff. de r. j.* l'appellent la *succession aux biens d'un défunt.* En effet, ce n'est pas l'*hérédité*, mais l'adition ou la prise de possession de l'*hérédité*, qu'on peut appeller *succession* : car succéder est un acte de l'héritier, & non de l'*hérédité*, & c'est par cette raison que l'héritier est souvent appellé, en droit, le *successeur de tous les droits du défunt.* L'*hérédité* est l'objet de l'acquisition de l'héritier ; la succession est le moyen qu'il emploie pour l'acquérir & s'en rendre propriétaire.

L'*hérédité* est aussi essentiellement distincte du droit de succéder : elle existe indépendamment de l'héritier, & sans qu'il en apparoisse aucun. Le droit de succéder appartient à l'héritier non par l'*hérédité*, mais en vertu de la loi ou du testament du défunt qui l'appellent à sa succession. Il est propriétaire de ce droit, avant d'avoir apprehendé l'*hérédité*; au lieu qu'il ne possède l'*hérédité* qu'après l'adition qu'il en a faite. En effet, lorsque l'héritier décède avant de s'être mis en possession d'une succession qui lui étoit échue, il ne transmet pas à ses héritiers cette *hérédité*, mais seulement le droit d'y succéder.

Justinien décide que l'*hérédité* représente la personne du défunt : *nondùm adita hæreditas personæ vicem sustinet, non hæredis futuri, sed defuncti.* §. 2, *inst. de hæred. inst.* On trouve les mêmes expressions dans les loix 34, *ff. de acq. rer. dom.* & 31, *ff. de hær. inst.* Cependant on trouve dans la loi 24, *in fine*, *ff. de novat.* qu'elle représente par fois la personne de l'héritier. Cette espèce de contradiction a embarrassé les commentateurs: mais ces deux façons de parler n'ont rien de contraire ; l'*hérédité*, considérée sous différens rapports, représente tantôt la personne du défunt, tantôt celle de l'héritier. Tant qu'elle n'est point apprehendée par l'héritier, elle représente le défunt; mais si on regarde l'événement par lequel l'héritier s'en met en possession, elle représente sa personne.

Suivant les loix romaines, une *hérédité* se défère de deux manières, ou en vertu du testament du défunt, ou en vertu de la loi ; & par cette raison, on distingue deux espèces d'*hérédité* & d'héritiers, l'*hérédité* & l'héritier testamentaire, & l'*hérédité* & l'héritier légitime. Cette distinction a lieu également parmi nous dans les provinces régies par le droit écrit ; mais, dans celles qui sont gouvernées par le droit coutumier, on ne connoît que l'*hérédité* légitime, les héritiers institués n'étant ordinairement regardés que comme des légataires.

La demande d'une *hérédité* se forme par une action, connue dans le droit romain, sous le nom de *petitio hæreditatis.* Cette action est mixte, c'est-à-dire partie réelle & partie personnelle. Elle est réelle par rapport aux choses sur lesquelles le défunt avoit un droit acquis au moment de sa mort, parce que la propriété qui est le fondement d'une action de cette nature, a passé directement du défunt à son héritier : elle est personnelle, relativement aux choses qui ont augmenté l'*hérédité* depuis son ouverture, parce que le défunt n'ayant à cet égard transmis aucun droit de propriété à son héritier, celui-ci n'a pour les recouvrer qu'une action personnelle contre les personnes qui ont quasi-contracté avec lui en les administrant.

C'est parce que cette action est mixte, que les loix romaines fixent sa durée à trente ans : notre jurisprudence est conforme sur ce point à leur disposition : à l'exception de quelques coutumes, qui déclarent cette action prescrite par un moindre terme. Celles d'Artois, de Douai, & de la gouvernance de Douai, n'accordent que vingt ans pour toute espèce d'actions réelles & personnelles : les chartres générales du Hainaut s'éloignent encore davantage du droit commun : les actions en demande d'*hérédités* mobiliaires, s'y prescrivent par le laps de douze ans, à compter, pour les majeurs, du jour de l'ouverture de la succession, & pour les mineurs du jour où ils auront atteint l'âge de majorité; mais ce terme ne court point contre les absens, qui ont, après leur retour, un délai de six ans pour agir.

La coutume de Valenciennes paroît d'abord limiter à un an la durée des demandes d'*hérédité* en collatérale : mais le défaut d'avoir apprehendé les biens dans l'année n'est point un titre d'exclusion pour l'héritier présomptif, puisque l'article 148 veut que, faute par les parens d'apprèhender une succession dans le temps marqué, le juge doit en faire l'appréhension, à la charge d'en rendre compte à ceux qui justifieront y avoir droit.

Pour intenter une action en demande d'*hérédité*, il faut être héritier légitime ou testamentaire.

Celui qui l'intente comme héritier légitime, doit justifier de sa parenté avec le défunt; mais il n'est point tenu, au moins envers un étranger, de prouver qu'il ne se trouve personne dans un degré plus proche que lui. Ce n'est que contre un autre parent qu'il peut être obligé à cette preuve.

Celui qui demande une *hérédité* en vertu d'un testament, doit le produire en bonne forme ; mais il n'est point obligé de prouver que cet acte n'a point été révoqué par un autre postérieur ; c'est à celui qui veut se prévaloir d'une révocation à la vérifier. La loi 11, au code *de probationibus*, en contient une disposition expresse.

L'action en demande d'*hérédité* s'intente contre celui qui possède l'universalité, ou une partie des choses héréditaires, soit à titre d'héritier, *pro herede*, soit à titre de simple possesseur, *pro possessore*. On possède *pro herede*, quand on se croit de bonne foi héritier, ou même quand on a acheté l'*hérédité* d'une personne que l'on savoit n'être pas héritier, ce qui est fondé sur la règle de droit, *nemo prædo est qui pretium numeravit*. On possède, *pro possessore*, quand on ne peut rendre compte d'aucun titre par lequel on soit fondé à se dire héritier, & que l'on est borné à la maxime, *possideo quia possideo*. *Voyez* sur cette distinction la loi 11, au digeste, *de petitione hæreditatis*.

Ceux qui possèdent à titre d'achat, de donation, d'échange, *&c.* des biens ou effets singuliers d'une succession, ne peuvent pas être poursuivis par l'action en demande d'*hérédité*, parce que cette action étant du nombre de celles que l'on appelle en droit *universelles*, ne peut pas être intentée contre des possesseurs à titre particulier: on n'a contre ceux-ci qu'une action en revendication, & cette action est sujette à la prescription ordinaire.

L'action en demande d'*hérédité*, tend à faire condamner celui contre qui elle est dirigée, à restituer: 1°. toutes les choses héréditaires qu'il possède ou qu'il a cessé de posséder: 2°. tous les fruits & intérêts qu'il a perçus ou dû percevoir depuis l'ouverture de la succession.

Il y a sur ces deux objets de restitution, plusieurs différences remarquables entre le possesseur de bonne foi, & le possesseur de mauvaise foi.

A l'égard des choses héréditaires, le possesseur de mauvaise foi est tenu de restituer non-seulement celles qu'il possède ou qu'il a cessé de posséder par dol ou négligence, mais encore celles qu'il a négligé d'acquérir au nom de l'*hérédité*, comme s'il a laissé prescrire les dettes actives. Le possesseur de bonne foi au contraire, n'est tenu des choses qu'il a cessé de posséder, que jusqu'à concurrence du profit qui lui en reste: de sorte que si un héritier partiaire qui auroit eu juste sujet de se croire héritier universel, avoit dissipé de bonne foi une grande partie de l'*hérédité*, ses cohéritiers ne pourroient lui demander partage que dans ce qui lui resteroit.

A l'égard des fruits, le possesseur de mauvaise foi est tenu de restituer tous ceux qu'il a perçus ou dû percevoir, depuis le commencement de sa jouissance, & même d'en payer les intérêts du jour de la demande. C'est la disposition expresse de la loi 51, *ff. de hæred. petit.* La loi 20, §. 14 du même titre, décharge néanmoins le possesseur de mauvaise foi, des fruits civils qu'auroient pu produire des deniers héréditaires, s'il les avoit prêtés à intérêts.

Le possesseur de bonne foi n'est tenu, suivant la loi 40, au même titre, de restituer les fruits perçus avant la demande, qu'autant qu'ils sont encore en nature, ou qu'il lui en reste encore quelque profit au temps du jugement. Mais, suivant notre jurisprudence, il n'est tenu qu'à la restitution de ceux qu'il a perçus depuis la demande formée contre lui. Il est même tenu de ceux qu'il a négligé de percevoir, parce que dès ce moment, sa condition ne diffère plus de celle du possesseur de mauvaise foi, & que la demande fait cesser sa bonne foi. *Voyez* HÉRITIER, SUCCESSION.

HÉRÉDITÉ *des offices* est le droit que le pourvu a de transmettre son office à ses héritiers, successeurs ou ayans cause. Anciennement les offices n'étoient que de simples commissions annales, & même révocables *ad nutum* : depuis la vénalité qui les a rendu permanens, chaque officier a toujours cherché les moyens de conserver son office après sa mort; ce qui se pratiquoit d'abord seulement en obtenant la survivance pour une autre personne: Des survivances particulières, on passa aux survivances générales, qui furent accordées par divers édits de 1568, 1574, 1576 & 1586. L'*hérédité des offices* fut inventée par Paulet, & admise par une déclaration du 12 décembre 1604, en faveur des officiers de judicature & de finance, en payant par eux, au commencement de chaque année, la 60e partie de la finance de leur office, lequel droit a été nommé *annuel ou paulette*, du nom de celui qui en fut l'inventeur. Il y a eu, depuis ce temps, divers édits & déclarations, pour donner ou ôter l'*hérédité* à certains offices. *Voyez* ANNUEL, CENTIÈME DENIER.

HÉRÉSIE, f. f. (*Droit public & canon.*) c'est une doctrine contraire aux dogmes de la foi catholique, & soutenue avec opiniâtreté, après qu'elle a été condamnée par l'église.

L'*hérésie* est tout ensemble un crime ecclésiastique & royal; c'est un crime ecclésiastique, puisqu'il attaque & pervertit la doctrine de l'église. Sous ce rapport la connoissance en appartient au juge d'église, pour déclarer quelles sont les opinions contraires à celles de l'église, & punir de peines canoniques ceux qui soutiennent leurs erreurs avec obstination. Les évêques peuvent absoudre de ce crime.

Mais ce crime, en tant qu'il contient un scandale public, commotion populaire & autres excès qui troublent la religion & l'état, est un crime véritablement royal; & par cette raison, la connoissance en appartient aussi aux juges royaux, même contre les ecclésiastiques qui en sont prévenus. *Voyez* l'ordonnance du 30 août 1742.

Les hérétiques sont incapables de posséder des bénéfices: l'*hérésie* où tombe le bénéficier fait vaquer le bénéfice de plein droit, mais non pas *ipso facto*; il faut un jugement qui déclare le bénéficier *hérétique*.

Les seigneurs & patrons déclarés *hérétiques* sont exclus des droits honorifiques dans les églises, & incapables de jouir du droit de patronage.

On n'admet plus aussi les *hérétiques* à aucun office, & il leur seroit impossible de s'en faire pourvoir, depuis que les ordonnances exigent une information des vie, mœurs & religion du récipiendaire.

Nous ne nous étendrons pas sur ce mot, qui doit nécessairement trouver place dans *le Dictionnaire de théologie*; d'ailleurs nous avons fait connoître les loix établies en France contre les *hérétiques*, sous le mot CALVINISME.

Nous nous contenterons de remarquer que l'*hérésie* dans un prince, ne peut le priver des droits qui lui appartiennent sur ses sujets, que ses sujets orthodoxes ne sont point dispensés de la fidélité & de l'obéissance qu'ils lui doivent; qu'aucune puissance ecclésiastique n'a le pouvoir de les délier du serment qu'ils lui ont prêté; & que la doctrine contraire est nettement & expressément condamnée par J. C. & par S. Paul, quoiqu'elle ait été longtemps soutenue par des docteurs imbus des opinions ultramontaines, qu'elle ait été approuvée & mise en exécution par les papes.

HÉRITAGE, f. m. a *en droit* plusieurs significations. Il se prend quelquefois pour succession: dans certaines coutumes, il signifie un propre ancien; mais plus ordinairement on entend par ce terme, une terre, une maison, ou autre immeuble réel.

La coutume de Blois, appelle *héritages enfruités*, les terres qui rapportent des fruits, tels que des bleds & du vin: celle de Sens, & autres, donnent le nom d'*héritages main-mortables* à ceux qui sont possédés par des gens de condition servile, & qui dans certains cas échoient en la main-morte du seigneur. On trouve dans les chartres générales du Hainaut, les termes d'*héritages masurés*, pour signifier les biens de campagne sur lesquels on a construit des bâtimens propres à servir de demeure.

HÉRITELLES, (*choses*) la coutume de Bretagne, *art. 319*, appelle *choses héritelles*, les héritages propres, qui dans le cas de vente, sont sujets au retrait lignager.

HÉRITIER, f. m. ce terme, *en droit*, a deux significations. Quelques coutumes, & principalement les chartres générales du Hainaut, emploient indistinctement les mots *héritier* & *propriétaire*, pour désigner la même chose, ensorte que le mot *héritier* signifie un propriétaire à quelque titre que ce soit. Les jurisconsultes romains se servoient aussi du mot *héritier* dans la même acception; car Justinien, *tit. inst. de hæredum, qual. & differ.* dit que le mot *acte d'héritier*, signifie la même chose que *acte de propriétaire*, parce que, ajoute-t-il, les anciens donnoient au maître d'une chose, le nom d'*héritier*, *veteres hæredes pro dominis appellabant.*

Mais la signification propre & la plus ordinaire de ce mot, est celle par laquelle on désigne celui qui succède à tous les biens & droits d'un défunt. C'est la seule dont nous allons traiter.

PREMIÈRE SECTION.

Des différentes espèces d'héritiers.

I. Suivant les loix romaines, on distingue deux sortes d'*héritiers*, l'*héritier testamentaire* & l'*héritier ab intestat*.

L'*héritier ab intestat* ou *légitime*, (car ces deux qualités sont synonymes) est celui qui est appellé par la loi à recueillir une succession; on l'appelle *ab intestat* par abréviation du latin, *ab intestato*, pour dire que c'est celui qui recueille la succession, lorsque le défunt n'a point fait de testament, & n'a point institué d'autre *héritier*. L'*héritier testamentaire* est celui qui a été institué par testament, & appellé à la succession par la volonté du défunt.

Il y a trois espèces d'*héritiers testamentaires*; les uns sont appellés *nécessaires*, les autres *siens & nécessaires*, d'autres enfin, *étrangers*.

Les *héritiers nécessaires* étoient les esclaves institués par leurs maîtres, qui, en les nommant *héritiers*, leur laissoient aussi la liberté. On les appelloit *nécessaires*, parce qu'étant institués, il falloit absolument qu'ils fussent *héritiers*, & ils ne pouvoient pas renoncer à la succession, quelque onéreuse qu'elle fût. Parmi nous, on ne connoît plus d'*héritiers nécessaires*; tout *héritier* présomptif a la liberté d'accepter ou de renoncer.

Les *héritiers siens & nécessaires*, *sui & necessarii*, étoient les enfans ou petits-enfans du défunt, qui étoient en sa puissance au temps de son décès. On les appelloit *sui*, *siens*, parce qu'ils étoient comme propres & domestiques du défunt, & en quelque façon propriétaires présomptifs de ses biens dès son vivant: on les appelloit aussi *necessarii*, parce que, suivant la loi des douze tables, ils étoient obligés de demeurer *héritiers*; en quoi ils étoient semblables aux esclaves qui étoient institués *héritiers*, lesquels étoient aussi *héritiers nécessaires*, mais non pas *héritiers siens*. Ces derniers avoient, par l'autorité du préteur, le bénéfice de pouvoir s'abstenir de la succession, & par ce moyen, ils devenoient *héritiers* volontaires: parmi nous il n'y en a plus d'autres.

On appelloit *héritiers étrangers*, *extranei*, tous ceux qui n'étoient point *héritiers* nécessaires, comme les esclaves du défunt, ni *héritiers* siens & nécessaires, *sui & necessarii*, comme ses enfans, qui étoient en sa puissance au temps de sa mort; il étoit libre aux *héritiers étrangers* d'accepter la succession ou d'y renoncer, au lieu que les *héritiers* nécessaires & ceux que l'on appelloit *sui & necessarii*, étoient obligés de demeurer *héritiers*. C'est en raison de la liberté qu'ils avoient d'accepter l'hérédité ou d'y renoncer, qu'on leur donnoit encore la dénomination d'*héritiers volontaires*.

II. Dans les provinces de France, régies par le droit écrit, on ne fait aucun usage de la distinction des *héritiers nécessaires*, *siens & nécessaires*, & *étrangers*; on n'y connoît que deux sortes d'*héri-*

tiers, les *institués*, choisis par le défunt, & ceux *ab intestat*, qui succèdent *jure suo*, par la proximité du sang, dans l'ordre établi par la novelle 118, que nous ferons connoître sous le mot SUCCESSION.

Ces *héritiers*, quels qu'ils soient, sont *héritiers purs & simples*, ou *bénéficiaires*. Les premiers sont ceux qui acceptent une succession, ou qui font acte d'*héritier* purement & simplement: les seconds sont ceux qui ne l'acceptent, qu'après avoir fait bon & fidèle inventaire, & avec déclaration qu'ils n'entendent accepter la succession qu'en qualité d'*héritier bénéficiaire*. *Voyez* BÉNÉFICE D'INVENTAIRE.

Un *héritier* peut être institué de deux manières, par acte entre-vifs ou par testament: c'est pourquoi on en distingue deux espèces, les *contractuels* & les *testamentaires*. On appelle *héritier contractuel*, celui qui succède en vertu d'un contrat, c'est-à-dire, en vertu d'une institution d'*héritier*, faite soit par contrat de mariage, ou autre acte entre-vifs; & *héritier testamentaire*, celui qui est institué *héritier* par testament.

Les *héritiers institués*, tant contractuels que testamentaires, se sous-divisent encore en *héritiers libres*, *héritiers grevés* ou *fiduciaires*, & en *héritiers fidéi-commissaires*.

L'*héritier libre* est celui qui n'est pas chargé de substitution, ou qui en étant chargé contre la prohibition de la loi ou de la coutume, est dispensé de l'exécuter.

L'*héritier grevé* est celui qui, institué par testament ou par contrat, a seulement le droit de jouir, soit pendant toute sa vie, soit pendant un certain temps fixé, des biens compris dans l'institution, à la charge de les laisser après sa mort, ou après la révolution du temps déterminé pour leur jouissance, à ceux qui sont appellés à la substitution, s'ils se trouvent vivans à cette époque.

L'*héritier fiduciaire* est en général celui qui est chargé de remettre l'hoirie à une autre personne; mais on ne donne ordinairement cette qualité qu'à ceux qui sont institués uniquement pour avoir l'administration des biens de l'hoirie jusqu'à la remise d'icelle, & à la charge de la remettre en entier sans pouvoir faire aucune détraction de quatre; il est assez ordinaire, en pays de droit écrit, que le mari & la femme s'instituent l'un l'autre *héritiers*, à la charge de remettre l'hoirie à leurs enfans, ou à celui d'entre eux que l'*héritier* voudra choisir au temps du mariage, ou majorité des enfans, ou dans quelque autre temps fixé par le testament. On peut aussi instituer un autre parent pour *héritier fiduciaire*. L'*héritier fiduciaire* est tenu de rendre compte des fruits de l'hoirie au fidéicommissaire, ou à ceux qui le représentent. *Voyez* FIDÉI-COMMIS.

L'*héritier fidéi-commissaire* est celui qui reçoit des mains de l'*héritier* grevé ou fiduciaire, dans les temps & sous les conditions portés au testament, l'hérédité que ceux-ci avoient appréhendée, à la charge de la lui remettre.

On appelle encore *héritier nommé* ou *élu*, celui d'entre plusieurs *héritiers* fidéi-commissaires, qui a été choisi par le grevé ou fiduciaire, en conséquence du pouvoir que donnoit à celui-ci le titre même de son institution, de choisir, entre plusieurs personnes, celle à laquelle il jugeroit à propos de remettre l'hoirie. *Voyez* CHOIX, SUBSTITUTION, INSTITUTION CONTRACTUELLE.

III. Dans les provinces régies par les coutumes, c'est un principe presque général, que *le mort saisit le vif*, *son plus prochain héritier habile à lui succéder*; d'où il suit qu'on n'y reconnoît pour *héritiers* proprement dits, que ceux qui sont appellés par la loi à la succession des biens laissés par le défunt au moment de sa mort, parce que ce sont les seuls qui en sont saisis de plein droit. En effet, dans la plupart des coutumes, les *héritiers* institués sont obligés de demander à l'*héritier* légitime la délivrance de la portion de l'hérédité à laquelle ils sont appellés par la disposition du testateur.

Nous disons dans la plupart des coutumes, parce qu'en effet, quoique la majeure partie d'entre elles ne regarde les *héritiers* institués que comme des légataires, il en est cependant quelques-unes qui ont adopté la jurisprudence des pays de droit écrit, & qui donnent aux institués par testament la qualité d'*héritiers* proprement dits: mais aussi quelques autres ne donnent aucun effet à ces institutions.

Les coutumes de la première espèce forment le plus grand nombre, & sont presque toutes semblables à celle de Paris, dont l'article 299 s'exprime ainsi: « institution d'héritier n'a lieu, c'est-» à-dire qu'elle n'est requise ni nécessaire pour la » validité d'un testament; mais ne laisse de valoir » la disposition, jusqu'à la quantité des biens dont » le testateur peut valablement disposer par la cou-» tume ».

Il est bien vrai que cet article ne décide pas clairement si l'institution d'*héritier* vaut comme institution, ou comme legs; mais tous les auteurs s'accordent à dire qu'elle ne vaut que comme legs; & c'est ce qui résulte de l'article 318, où il est dit: le mort saisit le vif, son hoir plus proche & habile à lui succéder. En effet, si l'*héritier* légitime est seul saisi de l'hérédité, il est nécessaire que l'institué par testament lui demande la délivrance de la portion pour laquelle il est institué, & par conséquent que l'institution ne soit considérée que comme legs, & l'institué comme légataire. C'est d'ailleurs la décision expresse des coutumes de Sens, Auvergne, Auxerre, Reims, &c.

La coutume de Berri paroît être la seule qui regarde l'*héritier* testamentaire, comme véritablement *héritier*; encore ne s'écarte-t-elle, à cet égard, de la disposition générale des coutumes, que pour éviter le circuit; car c'est ainsi qu'elle s'exprime, *tit. 18*, *art. 7*: « bien que l'*héritier* testamentaire » ne

» ne fût habile à succéder *ab intestat*, & conséquemment saisi par la rigueur de la coutume générale de France, néanmoins, pour éviter circuit, sera saisi, & pourra intenter remèdes possessoires, ainsi que fera l'*héritier ab intestat* ».

Les coutumes de Nivernois, Poitou, Meaux, Vitry & Chaumont, portent, qu'institution d'*héritier* par testament, ni autrement, n'a lieu au préjudice de l'*héritier* prochain, habile à succéder, & que néanmoins cette institution ne vicie pas le testament dans les autres choses. Cette dernière disposition annonce clairement que l'institution d'*héritier* ne produit aucun effet dans ces coutumes.

On distingue dans le pays coutumier trois sortes d'*héritiers légitimes*, savoir les *héritiers du sang*, les *héritiers undè vir & uxor*, & les *héritiers irréguliers*.

L'*héritier du sang*, ou *légitime* proprement dit, est celui qui est du même sang, de la même famille que le défunt, & qui vient à sa succession en vertu de la loi : on en distingue plusieurs espèces, suivant la différente nature & la quotité des biens auxquels ils succèdent.

L'*héritier légitime* est *universel*, ou *particulier* & *portionnaire*. L'*héritier universel* est celui qui succède à tous les biens & droits du défunt; le *particulier* ou *portionnaire* est celui qui ne recueille qu'une portion des biens du défunt, comme la moitié, le tiers, le quart, ou autre quotité; celui qui n'est *héritier* que d'un certain genre de biens, comme des propres, des meubles, des acquêts; celui qui n'est institué *héritier* qu'à l'effet de recevoir un corps certain, comme une maison, une terre.

De-là les dénominations d'*héritier aux acquêts*, *aux meubles*, *aux propres*. L'*héritier des acquêts* est le plus proche parent, appellé à la succession des meubles & acquêts, tandis que des parens plus éloignés sont appellés à la succession des propres.

L'*héritier des meubles* ou *mobiliaire* est celui qui ne succède qu'aux meubles meublans, argent comptant, effets & droits mobiliers : celui *des propres* est appellé par la loi à la succession des biens propres ou patrimoniaux. Mais comme il y a des biens propres paternels & maternels, on distingue l'*héritier* aux propres paternels & maternels : on appelle *héritier paternel*, le plus proche parent du côté du père, qui recueille les biens advenus au défunt de ce même côté, de même que l'*héritier maternel* prend les biens qui lui sont échus du côté de sa mère. *Voyez* ACQUÊT, MEUBLE, PROPRES, SUCCESSION.

Au défaut des *héritiers du sang*, la plupart des coutumes, d'après la disposition du droit romain & de l'édit du préteur *undè vir & uxor*, appellent le mari à la succession de sa femme, & la femme à celle de son mari. Dans ce cas, le mari ou la femme sont véritablement *héritiers* l'un de l'autre, & jouissent pleinement de l'effet de la règle, *le mort saisit le vif*, puisqu'ils sont appellés par la loi dans leur ordre, comme les parens.

Enfin, lorsqu'une succession ne peut être appréhendée, ni à titre de parenté, ni en vertu de l'édit *undè vir & uxor*, elle est déférée alors aux *héritiers irréguliers*. On donne ce nom parmi nous à certaines personnes, qui recueillent les biens d'un défunt, comme successeurs extraordinaires. Tels sont, 1°. le roi & les seigneurs hauts-justiciers, lorsqu'ils succèdent par droit d'aubaine, bâtardise, déshérence, confiscation : 2°. la femme pauvre, lorsqu'elle prend un quart sur les biens de son mari, en vertu de l'authentique *prœtereà* : 3°. les abbés & monastères qui succèdent à la cote-morte de leurs religieux.

On distingue encore les *héritiers* en *directs* & *collatéraux*. On appelle *direct*, celui qui succède en ligne directe, comme les enfans, les petits-enfans, les ascendans; & *collatéral*, celui qui ne descend pas du défunt, tel que ses frères & sœurs, ses oncles & tantes, ses neveux & nièces, ses cousins & cousines.

On entend quelquefois par *héritier direct*, celui qui recueille directement la succession, à la différence de l'*héritier fidéi-commissaire*, qui ne la reçoit que des mains du *grevé* de substitution, chargé de la lui remettre.

On donne le nom d'*héritier posthume*, à celui qui est né depuis le décès du défunt *de cujus bonis agitur*, mais qui étoit déjà conçu au moment de l'ouverture de la succession. *Voyez* POSTHUME.

L'*héritier présomptif* est celui qui est en degré auquel on peut succéder, & que l'on présume qui sera *héritier* : on lui donne cette qualité, soit avant le décès du défunt, ou depuis l'ouverture de la succession, jusqu'à ce qu'il ait pris qualité, ou fait acte d'*héritier*, ou renoncé.

L'*héritier principal* est celui d'entre plusieurs *héritiers* qui est le plus avantagé, soit par le bénéfice de la loi & de la coutume, soit par les dispositions des père, mère ou autres, de la succession desquels il s'agit.

La coutume de Poitou, *art. 215 & 289*, appelle le fils aîné *héritier principal*.

C'est aussi une clause assez ordinaire dans les contrats de mariage, entre personnes nobles, que les père & mère mariant un de leurs enfans, le marient comme leur fils aîné & *principal héritier*.

Il est parlé de ces reconnoissances & déclarations d'*héritier principal*, dans les coutumes d'Anjou & Maine, Normandie, Touraine & Loudunois.

Dans ces coutumes on ne peut disposer des biens que l'*héritier* marié, comme *héritier principal*, doit avoir en cette qualité; on peut seulement disposer des biens qui ont été acquis depuis.

Lorsque la coutume n'en parle pas, la déclaration de *principal héritier* n'empêche pas de disposer à titre particulier & onéreux; ce n'est qu'une institution d'*héritier* dans sa portion héréditaire *ab intestat*, qui empêche seulement de faire aucun avantage aux autres *héritiers* à titre gratuit & univerfel; on peut pourtant rappeller les autres *héritiers* au droit naturel & commun des fucceffions.

La déclaration d'*héritier principal* ne peut pas être révoquée, lorfqu'elle fait partie d'un contrat de mariage, qui eft irrévocable de fa nature. Il faut cependant en excepter deux cas : 1°. lorfque les père & mère ont de juftes raifons pour déshériter leur aîné : 2°. lorfqu'en Anjou un père a marié fa fille aînée, comme fon *héritière principale*, & qu'enfuite il lui furvient un fils. Dans le premier cas, la révocation a lieu, à caufe de l'ingratitude du fils; dans le fecond, parce que l'article 222 de la coutume d'Anjou donne à l'aîné les deux tiers des fucceffions nobles, avec le chezé, & que l'article 241 ne permet aux père & mère nobles, qui ont un aîné, de donner à leurs filles plus du tiers de leurs biens.

Les *héritiers principaux* font connus, en plufieurs endroits, fous la dénomination d'*héritiers féodaux*, parce que c'eft communément dans les fiefs qu'ils prennent leur part avantageufe. Il y a cependant plufieurs coutumes où les rotures, & même les meubles, font foumis au droit d'aîneffe : telle eft, entre autres, celle du Grand-Perche.

Celles du chef-lieu de Mons & de la châtellenie de Lille contiennent, à cet égard, des particularités remarquables. La première donne aux mâles, foit aînés, foit puînés, une double part dans les cenfives contre les filles; la feconde exclut tout-à-fait celles-ci de la fucceffion aux propres directs, fitués fous fon reffort, & tenus en coterie.

Celles du Cambrefis & du chef-lieu de Valenciennes font encore plus fingulières : elles donnent aux aînés, foit mâles, foit femelles, la qualité d'*héritiers principaux*, dans les cenfives & dans les meubles.

SECTION II.

Des conditions requifes pour pouvoir prendre la qualité d'héritier.

Suivant le droit commun de la France, *le mort faifit le vif;* mais, pour que cette règle ait fon exécution, il faut le concours de deux conditions: la première, que le défunt ait pu tranfmettre fa fucceffion à fes *héritiers*; l'autre, que ceux-ci foient capables de la recevoir.

Ceux qui ne tranfmettent point leurs fucceffions à des *héritiers*, font, 1°. les condamnés à mort, ou à une peine qui emporte mort civile dans les pays où la confifcation eft admife.

2°. Les étrangers qui ne font ni naturalifés, ni exceptés du droit d'aubaine par des loix particulières, ou des traités faits entre le roi & leurs fouverains.

3°. Les François qui ont abdiqué leur patrie par un établiffement en pays étrangers, fans efprit de retour en France.

4°. Les religieux qui ont acquis des biens depuis leur profeffion, à moins cependant qu'ils ne foient devenus évêques; car, dans ce cas, leurs parens leur fuccèdent, quoiqu'ils ne puiffent pas fuccéder à leurs parens.

Quand nous difons que toutes ces perfonnes ne peuvent point avoir d'*héritiers*, c'eft d'*héritiers* réguliers que nous entendons parler; car elles ont conftamment des *héritiers* irréguliers, qui leur fuccèdent par droit de confifcation, d'aubaine ou de pécule.

Les inhabiles à fuccéder font, 1°. ceux qui font morts civilement par l'effet d'un jugement ou d'une condamnation. Si cependant le jugement ou la condamnation avoient été portés par contumace, le condamné auroit cinq ans pour fe mettre en état & fe juftifier; & s'il décédoit dans cet intervalle, il feroit cenfé avoir pu fe purger de l'accufation, & avoir été capable de fuccéder; &, par ce moyen, fes *héritiers* lui fuccéderoient, & recueilleroient les fucceffions dont il feroit préfumé avoir été faifi. C'eft ce qui réfulte de l'article 29 du titre 17 de l'ordonnance de 1670.

2°. Ceux qui font morts civilement par leur profeffion en religion, dans un ordre approuvé, à l'exception néanmoins des religieux du comté de Bourgogne. Il a été un temps où ceux-ci fuccédoient abfolument comme les perfonnes féculières; mais une ordonnance de Philippe II, roi d'Efpagne, du 17 avril 1581, les a bornés à la faculté de fuccéder aux meubles en propriété, & ne leur a laiffé, à l'égard des immeubles, que le droit d'en avoir l'ufufruit. Cette jurifprudence s'eft maintenue dans cette province, depuis fa réunion à la couronne, comme l'atteftent quatre actes de notoriété rapportés par Augeard, *tom.* 2, *pag.* 738, & comme l'ont jugé deux arrêts rendus, l'un au grand-confeil de Malines, le 5 mai 1716, l'autre au parlement de Metz, le 21 janvier 1718.

3°. Les étrangers du royaume non naturalifés. Il faut en excepter ceux à qui des loix particulières, ou des traités faits entre le roi & leurs fouverains, accordent nommément le droit de fuccéder à leurs parens décédés en France.

4°. Les enfans nés d'un mariage qui a été tenu caché pendant fa durée, ou d'un mariage célébré *in extremis*, quand il a été précédé d'un commerce illicite; ou d'un mariage contracté entre un raviffeur & la perfonne ravie, ou enfin d'un mariage entre deux perfonnes, dont l'une étoit morte civilement. Tous ces enfans font inhabiles à fuccéder à leurs père & mère, & même à leurs parens collatéraux; mais ils peuvent être inftitués *héritiers* par des étrangers, & fuccéder *ab inteftat* à leurs propres enfans.

5°. Les bâtards font incapables de fuccéder, tant *ab inteftat* que par teftament, à leurs pères & mères naturels. A l'égard des parens de ceux-ci, ils peuvent leur fuccéder par teftament : il en eft de même des étrangers. Quant à leurs propres enfans, ils font, à leur égard, capables de toutes fuccessions actives & passives, testamentaires & légitimes. Il y a même plusieurs coutumes qui les déclarent habiles à succéder à leurs mères & à leurs parens maternels : telles sont Valenciennes, Ham en Artois, Wateslos, dans la châtellenie de Lille, Gand, & la plupart de celles de la Flandre flamande.

6°. Les enfans déshérités pour une des causes exprimées par le droit romain, ou par les ordonnances du royaume, ne succèdent point à celui qui a prononcé l'exhérédation; mais cette incapacité ne s'étend point aux autres successions.

7°. Ceux qui se sont rendus indignes de succéder par quelque crime commis envers celui de la succession duquel il s'agit.

8°. Celui qui n'étoit pas conçu lors de l'ouverture d'une succession, ne peut la réclamer à titre d'*héritier*; mais l'enfant qui est dans le sein de la mère, est saisi, comme s'il étoit né, de toutes les successions qui lui sont déférées. Cette saisine n'est cependant que provisoire, & elle n'a d'effet qu'autant qu'il naît vivant; car s'il naissoit mort, il seroit censé n'avoir jamais été saisi. En seroit-il de même s'il naissoit vivant, mais avant terme, c'est-à-dire, avant le septième mois de la conception, de manière qu'il ne pût pas vivre? Cette question a partagé les auteurs & les tribunaux.

Chopin rapporte un arrêt du premier février 1535, par lequel il a été jugé qu'un père pouvoit prétendre la succession de sa femme du chef de son fils, né par l'opération césarienne, dans le cinquième mois. M. Bouguier en cite un autre du 24 novembre 1600, qui a jugé la même chose dans le cas d'un enfant né dans le sixième mois. Asande, en ses décisions, en rapporte un semblable du conseil souverain de Frise; & M. Desjaunaux nous en a conservé un du 11 décembre 1709, rendu en revision au parlement de Flandre, qui a adopté la même opinion.

D'un autre côté, Zachias, en ses questions médico-légales; Julius-Clarus, en son livre intitulé *Receptarum sententiarum*; Ricard, en son *traité des dispositions conditionnelles*; M. le Prêtre, en son *recueil d'arrêts* du parlement de Paris; & M. Pollet, en son *recueil d'arrêts* du parlement de Flandre, soutiennent qu'un enfant qui vient au monde avant le septième mois, ne peut pas jouir des effets civils, ni conséquemment les transmettre à ses *héritiers*, parce qu'il ne naît que pour mourir. C'est aussi ce qu'ont jugé plusieurs arrêts, trois, entre autres, du parlement de Paris, & un du parlement de Flandre. Les trois premiers sont des 2 ou 11 décembre 1594, premier août 1615, & 17 avril 1635. On les trouve dans M. Louet, dans M. le Prêtre, & dans le journal des audiences; le quatrième est du 18 décembre 1691, & il est rapporté par M. Pollet.

Cette opinion nous paroît mériter la préférence sur l'autre. Tous les médecins enseignent que le fœtus qui sort du sein de la mère avant le septième mois de sa conception, ne naît que pour mourir, & par conséquent qu'un accouchement qui arrive avant ce terme, n'est qu'un avortement. Or la loi 2, au code *de posthumis heredibus instituendis*, décide que l'enfant qui vient au monde par une fausse couche, ne doit pas être considéré pour donner lieu aux effets civils, sans distinguer s'il étoit vivant ou non, parce que c'est la même chose de naître mort ou de naître pour mourir. La loi 3 du même titre exige, pour qu'un posthume puisse rompre par sa naissance le testament de son père, qu'il vienne au monde parfait, *si vivus perfectè natus est*, c'est-à-dire, qu'il ait atteint le terme auquel il est possible qu'il vive. La loi 3, au digeste *de suis & legitimis heredibus*, n'est pas moins formelle. Ulpien, qui en est l'auteur, traite de la succession du patron aux biens de son affranchi. Il établit d'abord, que les enfans de l'affranchi excluent le patron; ensuite il étend cette règle à l'enfant qui étoit encore dans le sein de sa mère lorsque son père est mort; & à la fin il décide qu'il suffit, pour exclure le patron, que l'enfant soit né le cent quatre-vingt-deuxième jour, qui est le commencement du septième mois; ce qui fait entendre assez clairement qu'un enfant, né avant ce temps, ne succéderoit pas. On objecte, à la vérité, que cette décision n'a pour objet que l'état de l'enfant, & qu'elle porte uniquement sur la question de savoir s'il est né légitime ou non; & on croit le prouver par les termes de la loi citée: *de eo autem qui centesimo octogesimo secundo die natus est, Hippocrates scripsit, & divus pius pontificibus rescripsit justo tempore videri natum: nec videri in servitute conceptum cùm mater ipsius antè centesimum octogesimum secundum diem esset manumissa.* Mais, répond M. Pollet, « on peut dire que l'exclusion » du patron est fondée sur la règle, *que l'enfant » qui vient au monde dans le septième mois, est capable de tous les effets civils*; que ce que le jurisconsulte ajoute de la réponse de l'empereur » Antonin, n'est pas une restriction ou modification de la règle, mais plutôt une confirmation ».

9°. Les personnes réputées mortes par l'effet d'une longue absence, ne succèdent point. C'est à celui qui a intérêt que l'absent succède, à prouver qu'il étoit encore en vie au temps de l'ouverture de la succession; autrement il est réputé mort du jour de la dernière nouvelle qu'on a eue de lui, & par-là incapable de succéder & de transmettre une succession. Le parlement de Paris l'a ainsi jugé par arrêt du 11 août 1719, rapporté au journal des audiences.

10°. Les donataires ou légataires du défunt ne peuvent lui succéder *ab intestat*, suivant le droit le plus généralement observé dans le pays coutumier. *Voyez* SUCCESSION.

Outre les raisons que nous venons de détailler, qui empêchent quelqu'un de pouvoir prendre la qualité d'*héritier*, il y a encore plusieurs causes pour lesquelles l'*héritier* est réputé indigne de succéder; savoir, lorsqu'il attente à la vie de celui dont il étoit l'*héritier* présomptif, ou même seulement s'il a quelque part à sa mort, quand ce ne seroit que par négligence; s'il attente à son honneur; si, depuis le testament, il survient entre le testateur & l'*héritier*, par lui institué, quelque inimitié capitale, telle qu'elle puisse faire présumer un changement de volonté de la part du testateur; si l'*héritier* a contesté l'état du défunt; s'il ne poursuit pas la vengeance de sa mort; s'il traite de sa succession de son vivant & à son insu; s'il l'a empêché de faire un testament; enfin, s'il a prêté son nom pour un fidéi-commis tacite.

Si la cause d'indignité ne subsiste plus au temps de la mort du défunt, l'*héritier* n'est pas exclus; par exemple, si, après une inimitié capitale, il y a eu réconciliation.

SECTION III.

Principes généraux sur les droits attachés à la qualité d'héritier.

Un *héritier* représente universellement la personne de celui à qui il succède; c'est pourquoi Justinien définit l'hérédité, *successio in universum jus quod quis temporis morte habet.*

Il y a néanmoins des *héritiers* qui ne succèdent qu'à certains biens, tels que les *héritiers* particuliers, les *héritiers* des propres, des meubles & acquêts, comme nous l'avons expliqué ci-dessus, *sect. première.*

Il y a aussi certains droits qui sont tellement personnels, qu'ils ne passent point du défunt à l'*héritier*, tels que ceux qui sont attachés à la personne & qui finissent avec elle, comme sont les droits d'usufruit, d'usage, d'habitation.

L'engagement que contracte un majeur, en se portant *héritier*, est irrévocable, de manière que, quand il se dépouilleroit ensuite des biens, il demeure sujet aux charges de la succession; & celui qui, après avoir accepté, renonce en faveur d'un autre, *aliquo dato*, est regardé comme un *héritier* qui vend ses droits successifs.

L'engagement de l'*héritier* est universel, & s'étend à tous les droits actifs & passifs du défunt.

Il est aussi indivisible, c'est-à-dire que chaque *héritier* ne peut accepter la succession pour partie, & y renoncer pour le surplus.

L'*héritier* est réputé tel du moment de la mort de celui auquel il succède.

Il y a des *héritiers* appellés par la loi, & d'autres par testament; quand il y en a plusieurs appellés concurremment sans fixer leurs parts, ils succèdent par égales portions.

Toute personne peut être *héritier* en vertu de la loi ou du testament qui l'appelle, pourvu qu'elle n'ait point en elle de cause d'incapacité.

Les droits attachés à la qualité d'*héritier* sont de délibérer s'il acceptera la succession, ou s'il y renoncera; & en cas d'acceptation de la succession, d'en recueillir les biens; en cas de renonciation, il cesse de jouir des droits attachés à la qualité d'*héritier*: il peut accepter la succession purement & simplement, ou par bénéfice d'inventaire; dans ce dernier cas, on l'appelle *héritier bénéficiaire.*

L'*héritier* peut faire réduire les legs & les fidéicommis, lorsqu'ils sont excessifs. *Voyez* QUARTE FALCIDIE & QUARTE TRÉBELLIANIQUE.

Il est libre à l'*héritier* qui a accepté, de vendre ou donner l'hérédité, & d'en disposer comme bon lui semble; il la transmet aussi à son *héritier*, lorsqu'il n'en a pas disposé autrement.

Il y a des biens qui sont tellement affectés aux *héritiers* du sang, que l'on ne peut en disposer à leur préjudice, en tout ou partie, selon les coutumes. *Voyez* PROPRES.

Les *héritiers* ont entre eux plusieurs droits respectifs, tels que celui de se demander partage, & l'obligation de se garantir mutuellement leurs lots; tels sont aussi le droit d'accroissement & celui d'obliger son cohéritier en ligne directe de rapporter à la succession ce qu'il a reçu en avancement d'hoirie.

On devient *héritier* par l'adition d'hérédité, & cette adition se fait, ou en prenant qualité d'*héritier*, ou en s'immisçant dans les biens.

Les engagemens de l'*héritier* sont, en général, d'acquitter toutes les charges de l'hérédité, telles que les dettes, les legs, substitutions & fidéicommis.

Si le défunt a commis quelque crime ou délit, l'*héritier* n'est jamais tenu d'en supporter la peine, si ce n'est la peine pécuniaire, au cas qu'il y ait eu condamnation prononcée contre le défunt. A l'égard des intérêts civils & réparations, on les peut demander contre l'*héritier*, quand même il n'y auroit eu ni condamnation, ni action intentée contre le défunt.

L'*héritier* pur & simple est tenu des dettes indéfiniment; l'*héritier* bénéficiaire n'en est tenu que jusqu'à concurrence de ce qu'il amende de la succession.

Lorsqu'il y a plusieurs *héritiers*, chacun est tenu des dettes personnellement pour sa part & portion, & hypothécairement pour le tout.

Les autres règles qui concernent cette matière, se trouveront expliquées sous les mots CHARGES, DÉLIT, RAPPORT, PROPRES, SUCCESSION.

HERM, *ou* HERMES, on a donné ce nom aux terres non labourables. Des lettres d'amortissement de l'an 1445, pour l'église de Viviers, rapportées par dom Carpentier au *mot* HERMALE, portent: « *Item*, un *herm*, ou pièce de terre non labourable...... qui est de bien peu de value ».

L'article 331 de la coutume de Bourbonnois, attribue *les terres hermes & vacans au seigneur haut-justicier*. C'est là le droit commun. *Voyez les Commentaires de MM.* Auroux des Pommiers & du Cher *sur cet article. Voyez* ERMES. (*M.* GARRAN DE COULON.)

HERMITE, f. m. (*Droit eccléf.*) c'eft ainfi qu'on appelle les folitaires qui fe retirent dans un défert pour y fervir Dieu. *Voyez le Dictionnaire de théologie.* Nous remarquerons feulement que les loix du royaume ne permettent pas d'embraffer un genre de vie monaftique, fans entrer dans un des ordres religieux approuvés dans l'état ; que les *hermites* qui compofent une congrégation admife, font de véritables religieux, & font foumis aux mêmes règles.

Perfonne n'ignore qu'on toléroit autrefois des *hermites* indépendans de tout ordre ; on trouve dans les auteurs un arrêt du parlement de Paris, rendu le 17 février 1633, fur les conclufions de M. l'avocat général Talon, qui a privé des fucceffions de fes père & mère, un *hermite* du Mont-Sanoy, près Argenteuil, & qui lui adjugea feulement une penfion alimentaire de 400 liv., parce qu'ayant embraffé l'état d'*hermite* depuis quinze à feize ans, il étoit difficile d'affigner la claffe de citoyens, dans laquelle il pouvoit être rangé.

Cet arrêt ne peut être tiré à conféquence, &, comme le difoit M. l'avocat-général, doit être folitaire, comme la perfonne qui en étoit l'objet. En effet, la qualité d'*hermite* libre, fans émiffion de vœux dans une congrégation approuvée, n'emporte pas celle de religieux, & ne peut priver des effets civils : l'habit, le nom, & le temps ne font pas le religieux, mais feulement les vœux folemnels, la profeffion publique rédigée par écrit. *Voyez* Religieux.

HERNAULT, c'eft le nom d'un péage abufif prétendu par les anciens feigneurs de Parthenay. L'extrait d'une charte de l'an 1388, rapportée par dom Carpentier, au mot *Hernaldus*, en donne l'explication fuivante : « le feigneur de Parthenay difoit avoir...... un droit appellé *hernault*, qui » eft un péage, que quiconque de la ville paffe » par certain lieu, fans payer à Parthenay ledit » droit, le feigneur eft en poffeffion de prendre » les biens de ladite ville à forces d'armes, en » acquit & paiement dudit péage. Par arrêt ladite » coutume eft donné ». (*M. Garran de Coulon.*)

HERPENNICK, c'eft un fouage dû au fouverain par les habitans de Thionville, à caufe de la franchife que Henri, comte de Luxembourg & feigneur de Thionville, leur accorda en 1239, par des lettres-patentes du dernier août, fcellées de cinq fceaux en doubles lacs de foie rouge & verte.

Ce titre eft rapporté en entier dans le Gloffaire de Laurière. Cet auteur ajoute, d'après Skinner, que *herpennick* vient d'*héord*, qui fignifie *focus*, & de *phening*, qui fignifie *pecunia*.

Au refte, le mot *herpennick* ne fe trouve pas dans cette charte. (*M. Garran de Coulon.*)

HERVILLIER, la qualification de *grand hervillier de France au département de Champagne*, eft l'un des titres qui ont été donnés au grand-maître des eaux & forêts de cette province. (*M. Garran de Coulon.*)

H I

HIÉRARCHIE *eccléfiaftique*, (*Droit eccléf.*) *hiérarchie* eft formé de deux mots grecs qui fignifient *principauté fainte.* On l'a appliqué à l'églife chrétienne, mais de différentes manières. Si l'églife n'eft que l'affemblée des fidèles qui, fous la conduite de leurs pafteurs légitimes, profeffent la même foi & participent aux mêmes facremens, alors les fidèles feront fous la *hiérarchie*, & les pafteurs ou les miniftres feront dans la *hiérarchie* qu'ils formeront. La *hiérarchie eccléfiaftique* ne fera autre chofe que l'ordre des perfonnes, qui, confacrées au miniftère eccléfiaftique, en rempliffent les fonctions chacun dans le pofte qui lui eft confié & felon le grade qui lui a été conféré.

Pour mieux développer cette idée, il n'y a qu'à comparer la fociété eccléfiaftique à la fociété civile. Dans celle-ci, il y a différens ordres de citoyens qui s'élèvent les uns au-deffus des autres ; & l'adminiftration particulière & générale des chofes eft diftribuée par portion à différens hommes, ou claffes d'hommes, depuis le fouverain qui commande à tous, jufqu'au fimple fujet qui obéit.

Dans la fociété eccléfiaftique, l'adminiftration des chofes relatives à cet état, eft partagée de la même manière, ceux qui commandent & enfeignent font dans la *hiérarchie*, ceux qui obéiffent font fous la *hiérarchie.*

Ceux qui font fous la *hiérarchie*, quelque dignité qu'ils occupent dans la fociété civile, font tous égaux, le monarque eft dans l'églife un fimple fidèle comme le dernier de fes fujets.

Ceux qui font dans la *hiérarchie* & qui la compofent, font au contraire tous inégaux, felon l'ancienneté, l'inftitution, l'importance & la puiffance attachées au degré qu'ils occupent. Ainfi le pape, les patriarches, les primats, les archevêques, les évêques, les prêtres, les diacres, les fous-diacres, *&c.* femblent former cette échelle d'où réfulte la *hiérarchie eccléfiaftique.*

Nous ne traiterons point ici une foule de queftions qui ont rapport à la *hiérarchie* eccléfiaftique. Toutes celles qui appartiennent à la théologie, ne font point de notre reffort.

En fuivant l'idée que nous venons de préfenter de la *hiérarchie* eccléfiaftique, il faut néceffairement en reconnoître de deux efpèces, l'une d'ordre & l'autre de jurifdiction.

Celle d'ordre ne concerne l'églife que comme corps myftique. Elle n'a rapport qu'à la fanctification des fidèles par des moyens purement fpirituels, comme l'adminiftration des facremens & la diftribution de la parole divine. Cette *hiérarchie* eft compofée tant des clercs qui font dans les ordres mineurs, que de ceux qui font dans les ordres facrés. Elle forme une chaîne dont tous les anneaux ne sont pas d'institution divine. Parmi ces anneaux il en est plusieurs qui n'ont pas toujours existé, & qui pourroient en être retranchés. Le pape Damase disoit à l'occasion des chorévêques qu'il supprima : *nos amplius quàm duos ordines inter discipulos Domini esse cognovimus, id est duodecim apostolorum & septuaginta discipulorum : undè ille tertius processerit, funditus ignoramus ; & quod ratione caret, extirpari necesse est.*

La *hiérarchie* de jurisdiction est celle qui a été établie pour le gouvernement & la conduite extérieure des fidèles. Elle a, comme la première, leur sanctification pour but, mais par des moyens différens. C'est à elle qu'il appartient de faire des réglemens concernant la foi & la discipline, & d'infliger aux réfractaires les peines qui sont en son pouvoir.

La *hiérarchie* d'ordre peut subsister sans la *hiérarchie* de juridiction, mais celle-ci ne peut jamais subsister sans l'autre : celle d'ordre est attachée au caractère sacerdotal, celle de juridiction exige en outre un degré de prééminence dans le sacerdoce, & de supériorité dans les fonctions. C'est pourquoi un simple prêtre a rang dans la *hiérarchie* d'ordre, & l'évêque est à proprement parler le premier degré de la *hiérarchie* de jurisdiction.

Cette dernière *hiérarchie* n'étoit formée dans l'origine que de l'évêque avec son presbytère, du concile de la province, & du concile général. Insensiblement le pape forma un degré de cette *hiérarchie* & est parvenu en être la tête.

Lorsque la religion chrétienne fut reçue dans l'empire & qu'elle eut la liberté de son culte, elle modela sa *hiérarchie* de jurisdiction, sur le gouvernement civil. Les gouverneurs des villes étoient subordonnés aux gouverneurs des provinces ; ces derniers l'étoient à d'autres officiers supérieurs qui commandoient à plusieurs provinces. Par imitation de cette *hiérarchie* civile, les évêques des capitales des provinces devinrent métropolitains, ceux des premières villes de l'empire devinrent patriarches ; & il s'établit insensiblement un ordre de supériorité du métropolitain à l'évêque, & du patriarche au métropolitain. L'influence du patriarche & du métropolitain ne devint importante que lorsqu'on vit cesser l'usage des conciles provinciaux & nationaux.

Bientôt les papes voulurent être dans la *hierarchie* de jurisdiction ce qu'ils avoient toujours été jusqu'à un certain degré dans la jurisdiction d'ordre. Ils étoient le centre d'unité quant à la croyance & les chefs de la communion catholique, soit comme occupant la chaire de S. Pierre, soit comme assis sur le siège de la capitale du monde : ils prétendirent aussi être la source d'où découloit toute la jurisdiction ecclésiastique. La chûte de l'empire romain, la fondation des nouveaux royaumes par les Barbares qui se partagèrent l'Europe & l'Afrique, l'ignorance profonde dans laquelle le clergé croupit pendant plusieurs siècles, la souveraineté de Rome & d'un territoire considérable, attachée au siège pontifical, les fausses décrétales, l'établissement des ordres monastiques, la rareté des conciles généraux autres que ceux où les Italiens dominoient, tout a concouru à favoriser les prétentions des papes : on les vit enfin les chefs de la *hiérarchie* de jurisdiction, & ils le sont encore.

Dans l'état actuel de cette *hiérarchie*, ses degrés sont de l'évêque au métropolitain, du métropolitain au primat lorsque le métropolitain en reconnoît un, & du primat au pape. Cet ordre a lieu pour toutes les matières ecclésiastiques contentieuses, que l'on peut porter à Rome lorsqu'il n'y a pas eu encore trois sentences conformes, & cela avec les modifications établies par les loix particulières aux différens états catholiques. Dans les matières de la jurisdiction gracieuse les papes ont été plus loin, il en est qu'ils se sont réservés à eux seuls. *Voyez* DISPENSES, EMPÊCHEMENS DE MARIAGE, FULMINATION.

Il est certains prélats inférieurs qui forment dans quelques cas le premier degré de la *hiérarchie* de jurisdiction. Ce sont ceux qui ont usurpé une partie des droits appartenant à l'épiscopat. Ils sont considérés dans leur territoire, comme les ordinaires des lieux. Ils ont commencé par former une exception au droit commun, & ils sont aujourd'hui presque reconnus pour légitimes possesseurs des prérogatives, dont ils ne sont redevables qu'à des concessions des papes ou à la possession, titres qui, dans une pareille matière, ne devroient être d'aucune considération.

Les nouvelles loix que l'empereur vient de publier dans ses états héréditaires y ont retranché un des degrés de la *hiérarchie* de jurisdiction. Les appels au pape n'y auront plus lieu, & les affaires de la jurisdiction gracieuse comme celles de la jurisdiction contentieuse, se termineront par les supérieurs locaux.

Nous n'avons point mis dans les degrés de la *hiérarchie* de jurisdiction telle qu'elle existe actuellement, les patriarches ; cette dignité principalement établie dans l'église d'Orient, n'a plus été chez les catholiques qu'un titre d'honneur depuis le schisme de Photius. Les papes l'ont donné comme celui des autres évêchés, *in partibus infidelium*. En France nos primats peuvent être comparés aux patriarches orientaux. Si quelques communions grecques réunies à la communion romaine, décorent leurs principaux évêques de ce titre, on ne doit point en conclure qu'ils remplacent dans la *hiérarchie* ecclésiastique, les anciens patriarches de Constantinople, de Jérusalem, d'Antioche & d'Alexandrie. On compte cependant trois patriarches qui assistèrent au concile de Trente & qui précédèrent les archevêques. Mais on peut dire que c'est une préséance d'honneur & non de jurisdiction.

Il en est de même des cardinaux ; quelque éminent que soit le rang qu'ils tiennent dans l'église & même si l'on veut dans l'ordre civil, ils ne forment cependant point un degré de la *hiérarchie* de jurisdiction ecclésiastique. Les honneurs & les prérogatives dont ils jouissent, n'y ont absolument aucun rapport. Ils ne sont ni d'institution divine ni établis par l'église. Ouvrage des papes, ils forment leur conseil, ils ont seul droit de les élire, ils participent à leur souveraineté, ils sont les premiers à Rome après le souverain pontife. Mais ils ne sont rien dans la *hiérarchie* d'ordre & de jurisdiction, s'il ne sont revêtus du caractère sacerdotal ou épiscopal.

Les réguliers ont voulu non-seulement former un des degrés de la *hiérarchie* ecclésiastique, mais encore en être la plus noble partie. A ne les considérer que comme moines ou religieux, ils sont sous la *hiérarchie*. Ils ne peuvent être dans la *hiérarchie* d'ordre que comme prêtres, mais nullement dans la *hiérarchie* de jurisdiction. Voyez à ce sujet les censures du clergé de France & de la faculté de théologie de Paris, dans les *Mémoires du clergé*, *tom. 1*, *pag. 588 & suivantes.* (*M. l'abbé* BERTOLIO, *avocat au parlement.*)

HIVERNAGE. *Voyez* HYVERNAGE.

H O

HOIR, s. m. ce mot qui vient du latin *oriri*, *naître*, signifie celui qui est issu de quelqu'un, tel que les enfans & petits-enfans. C'est pourquoi on dit quelquefois *les hoirs de sa chair.*

La coutume de la Rue d'Indre, locale de celle de Blois, appelle *hoir de quenouille*, la fille qui est héritière. (*A*)

HOIRIE, s. f. *terme de Droit*, qui signifie *héritage*, *succession*. On dit *donner en avancement d'hoirie*, pour dire faire une donation à un enfant d'une partie des biens qu'il peut espérer des successions de ses père & mère, à condition que, dans le partage qui aura lieu après leur décès, il tiendra compte de l'avance à ses cohéritiers.

HOLOGRAPHE *ou* OLOGRAPHE, adj. on appelle en droit, *disposition holographe*, celle qui est entiérement écrite, & signée de la main de celui qui l'a faite. Cette qualification s'applique principalement aux testamens qui sont entiérement écrits & signés de la main du testateur. *Voyez* TESTAMENT.

HOMENAGE, s. m. ce mot est synonyme d'*hommage*. Il se trouve dans les fors & coutumes de Béarn, *tit. 1*, *art. 8 & 27*. *Voyez* le *Glossaire du droit françois.* (*M.* GARRAN DE COULON.)

HOMICIDE, s. m. & f. (*Code criminel.*) on entend par *homicide* en général, toute action qui cause la mort d'autrui.

Celle qu'un homme se donne à lui-même est qualifiée de *suicide.*

On désigne également par le mot d'*homicide*, & l'action du meurtre, & le meurtrier, & même encore le moyen dont celui-ci s'est servi. Ainsi un homme a été tué; donc il y a eu un *homicide* commis: l'auteur du meurtre est un *homicide* en général, sauf les qualifications aggravantes qui résultent de la nature du meurtre; & le moyen dont il s'est servi a été un agent *homicide*. Au dernier cas, c'est une espèce de figure qui s'emploie dans le style noble, & particuliérement en poésie, où l'on dit, *un poison homicide*, *un fer homicide*, &c.

Nous ne remonterons point jusqu'aux Hébreux, pour savoir de quelle manière ce crime doit être puni; les loix d'une monarchie & de toute nation civilisée ne sont susceptibles d'aucune comparaison avec celles d'une théocratie.

On s'est quelquefois imaginé que chez les Francs, & dans les premiers âges de notre monarchie, les crimes les plus atroces n'étoient punis que par des amendes & des compositions : la plupart des auteurs ont entraîné leurs lecteurs dans l'ignorance où ils étoient, & l'illustre Montesquieu lui-même, qu'on n'en peut accuser, n'a pas assez approfondi cette matière, en ne parlant que des compositions, & en les présentant comme les seules dispositions pénales de notre code primitif. M. Moreau, dans ses *discours sur l'histoire de France*, a répandu quelque jour sur cette matière obscure. Les loix saliques, dit-il, n'avoient point eu pour objet de fixer les peines dues aux crimes, mais de régler la somme, moyennant laquelle l'accusateur qui avoit à se plaindre, étoit obligé de renoncer à la vengeance. On connoît la loi de Childebert sur les homicides. *De homicidiis verò ita jussimus observari, ut quicumque ausu temerario, alium sine causâ occiderit, vitæ periculo feriatur, & nullo pretio redemptionis se redimat & componat.*

Les loix bourguignonnes, dont la rédaction est postérieure à celle des loix saliques, punissoient de mort deux sortes de crimes, le meurtre d'un homme libre ou d'un serf du roi, le vol des esclaves & celui des animaux.

Les loix des Goths admettoient également la peine de mort pour différens crimes, & on y trouve la distinction des causes criminelles & des causes civiles.

Ainsi, il est certain que dès le commencement de la monarchie françoise, on connut des loix pénales, & que le magistrat put condamner à la mort, même les hommes libres qui avoient commis certains délits : mais on pouvoit en même temps se soustraire à la peine, en désintéressant l'accusateur, suivant les dispositions des loix saliques. Quand on avoit tué un Franc, un Barbare, ou un homme qui vivoit sous la loi salique, on payoit à ses parens une composition de deux cens sols; on n'en payoit qu'une de cent, lorsqu'on avoit tué un Romain possesseur, & seulement une de quarante-cinq, quand on avoit tué un Romain tributaire. La composition pour le meurtre d'un Franc vassal du roi, étoit de six cens sols, & celle du meurtre d'un Romain, *convive* du roi, n'étoit que de trois cens sols. L'assassinat commis de dessein prémédité & avec tout l'éclat que pouvoit lui donner la réunion de plusieurs personnes & la violence qu'elles employoient pour mettre leur complot à exécution, n'exposoit également les coupables à la mort qu'autant qu'ils n'auroient pas eu suffisamment d'argent pour payer la composition fixée par sa loi; car l'homme qui avoit assailli un Franc dans la maison, & qui avoit assemblé du monde pour le tuer, pouvoit racheter sa vie en payant, aux termes de la loi salique, une composition de six cens sols; & une de trois cens seulement, s'il n'avoit assailli qu'un Romain ou un affranchi.

Ce n'est point ici le lieu d'expliquer les motifs de la différence que la loi salique mettoit ainsi entre la vie des hommes qui habitoient un même pays & obéissoient au même souverain, pourquoi il en coûtoit moins pour égorger un Romain qu'un Franc; ces distinctions étranges ont donné lieu aux plus savantes dissertations. Nous voudrions plutôt expliquer une contradiction au moins aussi frappante que toutes les autres. C'est celle qui résulte de la loi de Childebert sur les *homicides*, mise en opposition avec les loix saliques. Childebert ne veut pas que l'homme qui en aura tué un autre sans cause puisse racheter sa vie; & le scélérat qui, se méfiant de ses forces & craignant de trouver son ennemi en état de défense, assembloit des assassins pour l'investir & l'égorger dans sa maison, pouvoit se racheter moyennant six cens sols, ou même trois cens, suivant la qualité de l'homme homicidé. Nous laisserons ces questions indécises; leur examen ne nous conduiroit peut-être pas à les résoudre, & nous entraîneroit indubitablement très-loin de notre sujet.

Quelle étoit l'origine de ces compositions pécuniaires? Ce problême est peut-être encore plus difficile à résoudre que tous les autres. S'il étoit permis de hasarder quelques conjectures, on pourroit attribuer aux Romains le principe de cette législation bizarre. A Rome, les coups & les injures ne furent long-temps punis que par des amendes, dont la plus forte étoit de la valeur de vingt-cinq écus. Ce fut un nommé *Neratius* qui donna lieu au changement de la jurisprudence à cet égard: cet homme étoit riche, & vraisemblablement un peu fou; il s'avisa d'aller se promener dans Rome, suivi d'un esclave chargé d'un gros sac d'argent, il donnoit des coups aux passans dont la figure lui déplaisoit, & leur payoit sur le champ vingt-cinq écus. Une conduite aussi extravagante fit sentir la nécessité de réformer cette loi, & on laissa aux magistrats la liberté de punir les coupables suivant les circonstances.

Venons enfin à notre législation présente, & posons d'abord un principe fondé sur la raison, & qu'aucune loi humaine ne sauroit détruire; c'est que l'*homicide* ne prend le caractère de crime qu'autant qu'il est déterminé par une intention coupable, telle que la haine, la vengeance, *&c.* ou accompagné d'un autre délit, tel que le vol.

L'*homicide*, considéré comme action, se divise d'abord en deux classes, savoir l'*homicide* simple, & l'*homicide* qualifié.

L'*homicide* simple est celui qui a été commis sans préméditation, soit qu'il ait été l'effet du hasard, ou la suite d'une rixe, soit qu'il ait été forcé par la nécessité d'une légitime défense, ou autrement, pourvu toutefois que la personne homicidée ne soit ni le père, ni la mère, ni le frère, ni la sœur, ni la femme du meurtrier; car les *homicides* de ce genre forment une classe particulière d'*homicides* qualifiés.

Les *homicides* commis par le poison, le feu, ou de toute autre manière extraordinaire, sont encore un autre genre d'*homicides* qualifiés.

L'*homicide* qualifié, opposé à l'*homicide* simple, est en général celui qui est commis avec préméditation & vol, ou intention de voler, ou même sans l'une ou sans l'autre de ces deux circonstances; dans tous ces cas il prend le nom d'*assassinat*.

Nous allons développer toutes ces idées le plus sommairement que nous pourrons le faire, & nous y parviendrons en traitant séparément de chaque classe de délits ou de crimes, qui appartiennent à chacune de ces deux définitions.

Les *homicides* simples comprennent les *homicides* licites, les *homicides* purement casuels, même ceux qui peuvent avoir été commis par faute ou imprudence, les *homicides* nécessaires, & les *homicides* volontaires simples.

Les *homicides* licites proprement dits, sont ceux qui sont commis, dans les hasards de la guerre, pour la défense de la patrie, & ceux qui se font par le glaive de la justice, de l'autorité des loix & en vertu des jugemens émanés des tribunaux.

Les *homicides* purement casuels ou commis par faute & imprudence, sont ceux qui ne sont point la suite d'une intention de donner la mort, ni même de blesser. Un charpentier, par exemple, ou un autre ouvrier travaillant au haut d'un bâtiment, laisse tomber accidentellement un instrument de son métier, dont la chûte écrase quelqu'un. On ne peut pas dire que cet ouvrier soit coupable d'un crime: l'*homicide* qu'il cause est involontaire, & sans doute il ne doit être condamné à aucune peine. Il faut cependant observer deux choses; la première, que, si l'ouvrier étoit soupçonné d'inimitié envers l'homme tué par cette chûte, s'il l'avoit menacé devant des témoins, s'il avoit intérêt à le faire périr, il faudroit lui faire son procès, pour connoître si réellement l'ouvrier n'a pas préparé le coup qui a donné la mort, & alors le punir.

Il faut remarquer, en second lieu, que, si la chûte de l'instrument ou de l'échafaut, sous le poids duquel un homme a été écrasé, a été causée par la faute du maître maçon, du charpentier, *&c.* par la mauvaise qualité de ses cordages ou autre vice quelconque de ses échafauts, il doit être condamné en des dommages & intérêts envers la veuve, les enfans ou héritiers du défunt, suivant les circonstances, ou envers le blessé, si l'accident n'a pas été suivi de la mort.

Il en est de même du cocher ou du voiturier qui écrase quelqu'un sous ses roues; du chasseur, qui, par imprudence, blesse ou tue quelqu'un qu'il n'a pas apperçu. De tels *homicides* ne peuvent & ne doivent pas être qualifiés de crimes, mais de simples délits involontaires, dont la rémission s'obtient facilement du prince, qui accorde des lettres

à

à cet effet, & dont toute la peine se réduit à des indemnités, soit au profit du malheureux qui a été blessé, soit au profit de sa veuve & de ses enfans, s'il est mort à l'instant ou des suites de sa blessure.

On doit encore compter parmi les *homicides casuels* celui qui auroit été commis par un enfant au-dessous de l'âge de raison, que les loix ne supposent pas avant dix ans, & celui qui auroit été commis par un insensé. Si cependant il résultoit de la procédure, qu'un adolescent qui n'est pas encore parvenu à l'âge auquel l'application des loix devient plus rigoureuse, a connu ou soupçonné l'énormité du crime par lui commis, ce seroit alors le cas de le condamner, *attendu son bas âge*, à être fouetté sous la custode par les mains du questionnaire, & remis à ses parens ou tuteur, en leur enjoignant de veiller plus particuliérement sur sa conduite, ou renfermé, pendant un certain temps, dans une maison de force, ou pendu sous les aisselles, ainsi qu'il s'est pratiqué plusieurs fois, & notamment à l'égard du frère de Dominique Cartouche. On sent que l'application de ces principes doit absolument dépendre des circonstances.

Il nous est impossible de détailler tous les cas dans lesquels l'*homicide* peut être regardé comme casuel; il en est un cependant qui mérite une attention particulière; c'est celui où un enfant a été étouffé dans le lit de sa mère ou dans celui de sa nourrice. Ces accidens sont malheureusement trop communs, & bien des crimes ont souvent été attribués au hasard. En ne considérant même la mort d'un enfant que comme l'effet d'une imprudence, nous la regardons comme un délit, parce qu'une mère ou une nourrice n'ont pas pu ignorer les conséquences de cet abus si multiplié dans les campagnes, de placer un enfant entre deux êtres lourds & robustes, qui, dans les mouvemens d'un sommeil agité, peuvent écraser la foible créature qui repose à leurs côtés. Mais comment punir ce délit? oserons-nous! nous, ministres de la justice, & plus encore de l'humanité; oserons-nous proposer de réparer la mort de l'enfant par le supplice de la mère? non, sans doute : cette opinion seroit absurde & cruelle. Nous avons dit que la mort d'un enfant, étouffé dans le lit de sa mère, produisoit un délit; mais nous sentons en même temps qu'il est impossible de punir une imprudence coupable, comme un crime, & que même, en supposant le crime & le dessein prémédité, la preuve en seroit difficile, parce que la mère infanticide pourroit toujours rejetter sur le hasard les effets de sa barbarie. Il faut donc s'attacher à prévenir de tels malheurs. C'est aux curés à qui est, en quelque sorte, confiée la première police des campagnes, à veiller sur le sort des enfans que l'imprudence ou l'avarice des pères & mères pourroit mettre en danger; ils sont d'autant plus en état de le faire, qu'ils peuvent parler en même temps au nom de la loi, de l'humanité & de la religion. C'est à eux à venir au secours des pauvres, & à consacrer une partie des aumônes dont ils sont dispensateurs, à l'achat de petits lits, dans lesquels l'enfant reposant auprès de sa mère, puisse dormir en sûreté. Sans doute il n'est point de seigneurs qui ne contribuassent volontiers à un établissement aussi utile, qui leur assureroit vraiment le titre de père de leurs vassaux, & au moyen duquel on conserveroit des hommes & des sujets à l'état. Cette dépense seroit bien moins considérable qu'on ne pourroit le croire, parce que ces lits, dont le prix est infiniment modique, & qui ne seroient prêtés qu'aux pauvres & aux gens hors d'état de se les procurer par eux-mêmes, serviroient successivement dans plusieurs familles. Heureux, si nos réflexions sur cette matière importante, consignées dans un ouvrage destiné à la plus grande publicité, pouvoient frapper quelque jour l'imagination d'un homme bienfaisant! nous ne doutons pas que son exemple ne fût bientôt suivi.

L'*homicide nécessaire*, est celui qui est commis dans le besoin urgent d'une légitime défense, en tuant le scélérat par qui l'on est attaqué, ou le voleur qui s'introduit nuitamment dans une maison. Comme il est juste de défendre ses biens, dit M. Lévesque dans son excellent *traité de l'homme moral*, & qu'il n'en est point de plus précieux que l'existence, on a le droit de donner la mort pour conserver sa vie : cette loi de la nature s'accorde encore avec l'intérêt général, puisque la société seroit infestée de brigands, s'ils étoient sûrs de n'avoir à frapper que des victimes sans résistance.

Ainsi, quand nous n'avons pas le temps de recourir à la protection publique, quand le danger est pressant, quand nous seuls pouvons le repousser, nous rentrons dans le droit naturel de défense; nous devons nous secourir nous-mêmes & frapper notre ennemi; mais s'il est terrassé, ou s'il prend la fuite; s'il ne reste plus pour nous de péril, ce n'est pas à nous, c'est aux loix à nous venger; car il est utile que le même homme ne puisse pas être à la fois le vengeur & l'offensé, l'accusateur & le juge; il faut, pour démêler ce qui est juste, un œil plus sûr que celui d'un homme passionné.

Les *homicides* nécessaires, ainsi que les *homicides* casuels & involontaires, sont sujets à la formalité des lettres de grace, qui s'obtiennent en la petite chancellerie. Dans l'un & dans l'autre cas, les impétrans sont déchargés de toute peine : il n'y a d'autre différence que la réserve & la condamnation aux dommages & intérêts des parties civiles, suivant les circonstances, dans le cas de l'*homicide* casuel ou commis par imprudence.

Les *homicides volontaires simples* sont tous ceux qui se commettent dans un dessein momentané de nuire, mais qui ne sont néanmoins que l'effet d'une de ces passions violentes, qu'il n'est pas toujours possible de réprimer, telles que la fureur, la colère, la douleur, *&c.*

Il est aisé de sentir que les *homicides* de ce genre

sont d'une nature différente de ceux qui ne sont commis que par l'effet du hasard ou par imprudence. Ils sont punis moins rigoureusement que ceux qui sont l'effet d'un dessein prémédité. La peine qu'on leur applique est celle de la potence pour les roturiers, & de la décollation pour les nobles. On prononce aussi la confiscation des biens du coupable, prélévement fait des dommages & intérêts des parties civiles.

Cependant les exemples de lettres de grace, accordées pour les délits de cette nature, ne sont point rares; ce sont les circonstances qui décident de leur obtention ou de leur refus. Au surplus, elles ne se délivrent qu'en grande chancellerie, pour les cas d'*homicides* volontaires, conformément à l'ordonnance de François I, du mois d'août 1539; mais leur effet ne s'étend qu'à la rémission de la peine capitale, & ne libèrent point l'impétrant des dommages & intérêts dont il est toujours tenu envers la partie civile. Le souverain en fait même une condition expresse de la grace qu'il accorde.

Au nombre des *homicides* volontaires simples, & pour lesquels on peut obtenir des lettres de grace, on doit comprendre sans difficulté l'*homicide* de la femme surprise en adultère: il est même d'usage que quand le mari a négligé de demander des lettres de grace, les juges ordonnent qu'il se retirera pardevers le prince pour les obtenir.

Henrys, en rapportant un *homicide* de cette nature, observe que le parlement fit quelque difficulté d'entériner les lettres de grace que le mari avoit obtenues, parce qu'il avoit tendu un piège à sa femme, & supposé un voyage pour la surprendre dans le crime.

Si un mari outragé tuoit sa femme adultère & son complice, hors le flagrant délit, il seroit dans le cas d'être puni de mort, comme pour un assassinat: cependant, lorsque l'adultère est bien prouvé, le besoin de la vengeance, malheureusement trop commun à tous les hommes, diminue l'atrocité de celle que le mari a exercée; on lui accorde des lettres de grace. Au surplus, nos réflexions n'auront jamais pour objet de diminuer les effets de la clémence du prince.

Il arrive quelquefois qu'un homme, blessé dangereusement dans une rixe, meure des suites du coup qui lui a été porté; alors la vie du coupable est entre les mains des médecins & chirurgiens, dont le rapport doit guider les juges, & décider si le blessé est mort ou non des suites de sa blessure. C'est d'après ce principe, qu'en 1783, une fille publique, convaincue d'avoir porté un coup de couteau à un cocher de place, avec qui elle buvoit dans un cabaret, n'a été condamnée, par sentence du châtelet, qu'à être renfermée à l'hôpital, comme coupable de violences, quoique le cocher fût mort, peu de jours après, à l'hôtel-dieu. Le rapport des médecins & chirurgiens du châtelet avoit prononcé que le blessé étoit mort, plutôt encore des imprudences qu'il avoit commises, depuis son transport à l'hôtel-dieu, que des suites de sa blessure même.

En général, quand le blessé ne meurt pas avant quarante jours, l'accusé n'est point condamné aux peines de l'*homicide*, mais seulement aux dommages & intérêts que ses héritiers ont droit de prétendre. Observons que la règle des quarante jours & celle du rapport des médecins & chirurgiens ne peuvent avoir lieu que pour les *homicides* volontaires simples, & jamais pour l'assassinat & autres *homicides* qualifiés, dont la punition n'est subordonnée à aucuns hasards, & dépend uniquement, dans ses nuances, de la nature même du crime.

Tous les auteurs tiennent pour constant, que l'*homicide* ne peut, en aucune manière, profiter des biens de celui auquel il a donné la mort, soit qu'il se présente en qualité d'héritier présomptif ou comme donataire, soit que le meurtre ait été accidentel, soit qu'il ait été nécessaire, soit qu'il ait été volontaire simple. C'est en conformité de ces principes, que, par arrêt rendu le 10 avril 1603, le parlement a annullé la donation faite par contrat de mariage à un sieur Menealori, qui, ayant surpris sa femme en adultère, l'avoit tuée, ainsi que son complice, & avoit obtenu du roi des lettres de grace.

Cette décision des auteurs étant trop étendue, nous paroît bien sévère; sans doute il seroit dangereux d'adjuger indistinctement au meurtrier les fruits d'un *homicide* par lui commis: on peut dire que peut-être il n'eût pas porté les signes de sa colère jusqu'aux derniers excès, s'il n'avoit envisagé qu'en donnant la mort, il en retireroit d'autres avantages que ceux de la vengeance. Un fils obligé de défendre sa vie contre son père, un neveu contre son oncle, se seroient peut-être contentés de fuir ou de contenir leur adversaire, s'ils n'avoient espéré s'enrichir de sa dépouille; mais est-il juste d'arracher à l'héritier légitime un patrimoine dont un hasard malheureux accélère à la vérité la jouissance? quand il est prouvé clairement que l'*homicide* a été casuel, n'est-ce pas le cas d'appliquer cette maxime si connue dans les tribunaux, *summum jus, summa injuria?* Les circonstances ne doivent-elles pas, en pareille circonstance, guider l'opinion des juges? Nous ne présentons ici que des doutes dictés par l'amour de la justice, & nous les soumettons aux lumières de jurisconsultes plus éclairés que nous.

C'est au ministère public à poursuivre, pour la vindicte publique, la punition de l'*homicide* quelconque qui a été commis. La plainte de la veuve ou des héritiers n'est reçue que comme dénonciation; mais ils ont une action en dommages & intérêts contre le meurtrier.

« Suivant l'ancien droit françois, la veuve & » les héritiers de celui qui avoit été tué étoient » obligés de poursuivre l'*homicide*, sinon ils de- » voient être privés de la succession du défunt. » Divers arrêts rapportés par Mainard, par Au- » tomne & par Louet, avoient jugé en confor-

» mité de cette règle ; mais le parlement de Paris » a depuis établi, à cet égard, une nouvelle ju» risprudence. Bardet rapporte un arrêt du 30 juil» let 1630, par lequel cette cour a réformé une sen» tence du bailliage d'Yanville, qui avoit déclaré la » veuve & les héritiers de Simon le Maire indignes » d'exercer aucun droit dans sa succession, parce » qu'ils avoient refusé de se rendre parties civiles » contre l'auteur de l'assassinat de ce particulier. Cette » décision est fondée sur ce que la punition des » crimes ne concerne aujourd'hui que le ministère » public, & que les particuliers n'ayant d'autre » droit que celui de conclure à une réparation ci» vile, on ne peut pas les empêcher d'y renon» cer : *unicuique licet juri in favorem sui introducto* » *renuntiare* ».

Les *homicides* qualifiés, en général, sont tous ceux qui se commettent avec préméditation, & qui sont accompagnés d'autres crimes, tels que le vol : on les appelle plus communément *assassinats*.

Il est néanmoins, ainsi que nous l'avons annoncé précédemment, un autre genre d'*homicides* qualifiés. Ce sont ceux qui sont désignés plus particuliérement, soit par la nature du moyen dont on s'est servi pour commettre le meurtre, comme le poison, le feu, soit à raison des personnes qui ont été homicidées. Le meurtre d'un père, par exemple, est qualifié de *parricide ;* celui de la femme, d'*uxoricide ;* celui du frère, de *fratricide ;* celui d'un enfant, d'*infanticide*, &c.

Nous traiterons de chacun de ces crimes séparément. *Voyez* ASSASSIN, ASSASSINAT, EMPOISONNEMENT, FRATRICIDE, INCENDIE, INFANTICIDE, FRATRICIDE, MEURTRE ; POISON, PARRICIDE, SORORICIDE, UXORICIDE. (*Cet article est de M.* BOUCHER D'ARGIS, *conseiller au châtelet, de l'académie royale des sciences, belles-lettres & arts de Rouen*, &c.)

HOMMAGE, s. m. (*Droit féodal.*) on a traité de ce qui concerne la foi & *hommage*, qui est due pour les fiefs, au *mot* FOI & HOMMAGE.

On se contentera de parler, à la suite de cet article, de quelques espèces d'*hommage* en particulier, & d'ajouter ici qu'il y a eu autrefois, & qu'il y a même encore aujourd'hui des pays, où l'*hommage* est dû au seigneur, soit par ses justiciables, comme en Provence, suivant le droit commun de la province, soit par les simples tenanciers roturiers ou emphytéotes, lors même que le seigneur n'a aucune jurisdiction, comme on l'observe dans plusieurs lieux du Languedoc. *Voyez* la *jurisprudence féodale* de la Touloubre, *part.* 1, *tit.* 12, §. 1 *de l'édition de* 1765.

On voit dans Terrien, que cela avoit aussi lieu autrefois en Normandie. Aussi la commise y estelle admise, même pour les rotures. La tenure roturière se rapproche donc encore, sous ce point de vue, de la tenure féodale, & la fidélité qui forme, suivant Dumoulin & presque tous les jurisconsultes, l'essence du fief, n'en est plus le caractère distinctif. (M. GARRAN DE COULON.)

HOMMAGE, (*chef d'*) la coutume de Poitou donne ce nom au principal manoir ou *chef-lieu* d'un fief, & particuliérement de celui qui est tenu en parage, non-seulement parce que les vassaux du fief sont tenus d'y aller faire la foi & *hommage*, mais aussi parce que le chémier qui en est propriétaire, est tenu de faire la foi & *hommage*, tant pour lui que pour ses parageurs, part-prenans, partmettans, ou tenans en gariment, & que l'aliénation de ce chef-lieu emporte avec soi l'aliénation des mouvances, & par conséquent celle des *hommages* dus au fief. (M. GARRAN DE COULON.)

HOMMAGE *de bouche & de mains.* Deux de nos coutumes, qui expliquent cette espèce d'*hommage*, paroissent la confondre avec le serment de fidélité. L'article 105 de celle de Chauny dit que, lorsque les vassaux ont relevé leur fief du seigneur, s'il y a mutation dans le fief dominant, ils sont obligés de renouveller l'*hommage ou serment de fidélité* au nouveau seigneur, quarante jours après la publication ou le commandement, fait par le seigneur ; &, après ce délai expiré, le seigneur peut « faire » saisir leur fief & le tenir en sa main, jusqu'à ce » qu'ils aient fait & renouvellé leur foi & *hom*» *mage*, & reconnoissant leurdit seigneur, en quoi » faisant, doivent avoir main-levée des fruits échus » depuis ladite saisie, & ne sont tenus de payer » aucuns droits, *mais de main & de bouche seule*» *ment, qui est faire le serment de fidélité* ».

L'article 59 de la coutume de Reims dit aussi, que l'ancien vassal ne doit au nouveau seigneur féodal seulement que *la foi & hommage, qui est la bouche & les mains.*

Il semble résulter de-là, que la bouche & les mains comprennent tout-à-la-fois l'*hommage* & le serment de fidélité, c'est-à-dire *la foi & l'hommage*, quoique quelques auteurs aient cru que ces mots ne devoient s'entendre que de l'*hommage* seul, qui étoit distinct autrefois du serment de fidélité.

Nos coutumes, sans en excepter celle de Paris même, s'expriment, à cet égard, avec fort peu de précision. Les articles 3 & 4 de cette coutume portent, que les fiefs échus par succession en ligne directe, soit aux descendans, soit aux ascendans, ne doivent que *la bouche & les mains avec le serment de fidélité ;* & ces mots *le serment de fidélité* semblent restreindre effectivement la signification de ceux-ci, *la bouche & les mains*, à l'*hommage* seul. Mais l'article 26 dit que le fils auquel ses ascendans ont donné un fief, ne doit au nouveau seigneur que *la bouche & les mains.* L'article 66 dit aussi simplement que l'ancien vassal ne doit au nouveau seigneur que *la bouche & les mains :* cependant le serment de fidélité n'est pas moins dû dans ces deux cas que dans le premier.

Cette distinction entre la foi-*hommage* est heureusement peu importante aujourd'hui. Les roturiers, comme les nobles, doivent l'un & l'autre,

& Dumoulin même a soutenu qu'il n'y avoit aucune différence entre la foi & l'*hommage*. Il paroît seulement que, lorsque les coutumes parlent de l'*hommage de bouche & de mains*, elles entendent par-là que l'*hommage* est tout ce qui est dû pour la mutation dont il s'agit, sans qu'on puisse exiger ni relief, ni aucun autre profit de fief. (*M. GARRAN DE COULON.*)

HOMMAGE *de dévotion*, étoit une déclaration & reconnoissance que quelques seigneurs souverains, ou qui ne relevoient de personne pour leurs fiefs & seigneuries, faisoient de les tenir d'une telle église.

Ces *hommages* vinrent d'un mouvement de dévotion, qui porta quelques seigneurs à rendre à Dieu *hommage* de leurs terres, comme d'autres le rendoient à leurs seigneurs dominans; c'étoit une espèce de vœu accompagné de quelques aumônes & de l'obligation à laquelle se soumettoit le seigneur, de prendre les armes pour la défense de l'église où il rendoit cet *hommage*.

Ces pratiques de dévotion ne devoient pas naturellement tirer à conséquence, ni autoriser les églises à prétendre une supériorité temporelle sur les seigneuries dont on leur avoit fait *hommage*, d'autant que cet *hommage* étoit volontaire, & que les seigneurs le rendoient pour le même fief, tantôt à une église, & tantôt à une autre, selon que leur dévotion se tournoit pour l'une ou l'autre de ces églises. C'est ainsi que les sires de Thoire firent autrefois l'*hommage* de leurs états, tantôt à l'église de l'Isle-Barbe, tantôt à celle de Lyon, quelquefois à l'église de Nantua, d'autres fois à l'abbaye de Cluny, & à plusieurs autres, jusqu'à ce qu'enfin leurs successeurs refusèrent de rendre cet *hommage*, auquel ils n'étoient point en effet obligés.

Cependant, quoique ces sortes d'*hommages* ne fussent dus qu'à Dieu, auquel on les rendoit entre les mains de son église, les ecclésiastiques prirent insensiblement pour eux cette reconnoissance, & voulurent la faire passer pour une marque de supériorité temporelle qu'ils avoient sur ceux qui rendoient *hommage* à leur église.

La coutume de Poitou, *art. 108*, dit que « quiconque a *hommage* pour raison d'aucune chose, » est fondé sur icelle d'avoir jurisdiction, si ce n'étoit *hommage de dévotion, comme celui qui est donné* » *en franche-aumône à l'église*; lequel *hommage de dévotion* n'emporte fief, ni jurisdiction, ni autre » devoir ». *Voyez* Galland, *traité contre le franc-aleu, chap. 7, p. 95 & 96*; Caseneuve, *traité du franc-aleu, liv. 2, ch. 2, n°. 5, p. 171, dernière édition*, & FIEF *de dévotion.* (*A*)

On a beaucoup disputé sur le sens de ces mots de la coutume de Poitou, *comme celui qui est donné en franche-aumône à l'église.* Quelques jurisconsultes ont cru qu'on devoit entendre par-là les *hommages de dévotion* que les seigneurs faisoient à l'église pour les fiefs qu'ils se retenoient, & c'est-là effectivement le sens ordinaire de ce mot, *hommage de dévotion.* D'autres, tels que Barraud, l'un des commentateurs de cette coutume, ont appliqué ces mots à l'*hommage* que doit l'église pour les fiefs qui lui sont donnés. Il observe avec raison, au *ch. 10, n°. 2*, que le fief de dévotion, donné en franche-aumône à l'église, ne doit pas être proprement appellé *hommage*, parce qu'il n'emporte ni fief, ni jurisdiction, & ne doit devoir à personne.

Boucheul, autre commentateur de cette coutume, a voulu concilier ces deux interprétations. « L'*hommage* qu'on appelle *de dévotion*, dit-il, est de » deux sortes, ou dû à l'église, non en signe d'o» béissance, mais par une espèce de dévotion; ou » dû par l'église, pour les choses qui lui ont été » données en aumône, c'est-à-dire, libres, fran» ches & déchargées de toutes sortes de devoirs & » redevances, *ad obsequium precum.* Ni l'un ni l'au» tre de ces deux *hommages* n'emporte de soi fief » ni jurisdiction ».

Guyot adopte le même tempérament dans son *traité des fiefs, tom. 4, tit. de la foi & hommage, p. 199 & 200.*

Il faut avouer que la coutume même semble autoriser, par les expressions dont elle s'est servie, la confusion de la franche-aumône & des *hommages de dévotion.* On peut néanmoins, sans s'écarter du sens naturel des termes, dire qu'elle a entendu parler dans l'article 108 des *hommages de dévotion* que les seigneurs font à l'église de leurs propres fiefs, & dont la mouvance, plus spirituelle que temporelle, forme, entre les mains de l'église, une espèce de tenure en franche-aumône.

Au reste, Vaslin, qui est d'ailleurs grand partisan des tenures en franche-aumône, & qui les a défendues de tout son pouvoir, a du moins fort bien prouvé que l'interprétation de l'article 108 de la coutume de Poitou ne devoit point influer sur la restriction ou l'extension qu'on donne aux franches-aumônes. On doit reconnoître effectivement, quelque interprétation que l'on embrasse, que l'église n'a aucune jurisdiction au moins dans la thèse générale, en vertu des donations qui lui ont été faites en franche-aumône; qu'on ne peut non plus prétendre aucun devoir sur elle, en vertu de ces sortes de donations, & enfin que l'*hommage* qu'on a fait dans une église par dévotion, ne peut pas non plus lui attribuer de mouvance ou de jurisdiction temporelle. Car cet *hommage* est fait non pas à elle, mais à Dieu ou aux saints; & les principes du droit indiquent assez que, si l'on a bien voulu reconnoître ses ministres, comme des représentans capables de recevoir l'*hommage*, ils ne tirent leur caractère, à cet égard, que de la volonté des seigneurs, qui n'ont reconnu cette qualité de représentans dans l'évêque, dans l'abbé, dans le prieur, dans le chapitre, ou dans telle autre personne ecclésiastique, que pour ce point seul, sans leur attribuer des pouvoirs ultérieurs.

On peut au surplus consulter, sur cet objet, la première requête de M. d'Aguesseau pour la seigneurie de Bourdeilles. *Voyez* aussi *l'article* FRANCHE-AUMÔNE. (*M. GARRAN DE COULON, avocat au parlement.*)

HOMMAGE *de foi & de service*, est lorsque le vassal s'oblige de rendre quelques services de son propre corps à son seigneur, comme autrefois, lorsqu'il s'obligeoit de lui servir de champion, ou de combattre pour lui en cas de gage de bataille. *Voyez l'ancienne coutume de Normandie, latine & françoise, chap. 29*; Bouteiller, dans sa *somme rural, pag. 497*. (*A*)

C'est au titre 81 du *liv. 1, p. 478 de l'édition in-4°. de 1621*, & *pag. 820 de l'édition in-8°*. de la même année, que Bouteiller parle des *hommages de foi & de service*, ou plutôt des *hommages de service*. Ce sont, dit-il, ceux dont les hommes *sont tenus de faire service au seigneur, & en tiennent possession & en ont foi*. Il ajoute ensuite que le vassal qui tient à cette sorte d'*hommage*, « est tenu de » faire service à son seigneur, toutes fois que » sommé en est, & par la foi que il a à son sei» gneur, ne le peut, ne doit refuser ».

Mais, en admettant cette définition, il n'y auroit aucune différence entre ces sortes de fiefs & les fiefs ordinaires. On doit donc s'en tenir à la définition du chapitre 29 de l'ancienne coutume de Normandie, qui porte : « *hommage de foi &* » *de service* est quand aucun reçoit autre à *hom*» *mage*, à lui garder foi, *& à lui faire service de* » *son propre corps, ou soi combattre pour lui* ».

On voit dans la glose sur ce chapitre, que cette espèce d'*hommage* fut établie pour la défense de ceux qui avoient passé soixante ans, *ou qui étoient débilités d'aucun membre*. Les champions, qui étoient hommes de foi & de service, obligeoient si bien celui pour qui ils combattoient, que, s'il étoit vaincu, *cil pour qui ils combattoient étoit pendu & forfaisoit tous ses biens meubles & héritages, aussi bien comme cil propre eust été déconfit en champ ; & le champion n'avoit nul mal, & ne forfaisoit rien.* (*M. GARRAN DE COULON.*)

HOMMAGE *de paix*. Il est fait mention de cette sorte d'*hommage* dans la *somme rural* de Bouteiller, *liv. 1, tit. 82, p. 478 & 479 de l'édition in-4°*. de 1621.

Cet auteur distingue trois espèces d'*hommage*, & voici ce qu'il dit de la troisième : « le tiers si » est si come ils sont homes qui ont juré à » faire tenir & garder paix au seigneur .... *Item* » si paix est faite pour le seigneur, aussi peux sa» voir & entendre qu'il peut obliger ses hommes » à la paix tenir, lesquels sont tenus de la tenir » & garder par la foi de leur *hommage* ».

Cette explication ne montre pas assez clairement ce que c'est que l'*hommage de paix*. Il paroît par ce que dit Ducange & d'autres auteurs, que l'*hommage de paix* étoit celui que les vassaux d'un seigneur faisoient à celui avec qui il venoit de faire la paix, & qu'ils s'engageoient, par cet *hommage*, à prendre les armes contre leur seigneur, s'il n'observoit pas les conditions portées par le traité de paix. Le chapitre 29 de l'ancien coutumier de Normandie entend néanmoins autre chose par l'*hommage de paix*. « Cet *hommage* a lieu, y est-il dit, » quand aucun suit (c'est-à-dire *poursuit*) un autre » d'aucun crime, & paix est réformée entre eux, » si que celui qui est suy fait *hommage* à l'autre de » lui garder paix. Cet *hommage* est reçu en paix de » la concorde qui est réformée entre eux ». (*M. GARRAN DE COULON.*)

HOMMAGE *de pléjure*. C'étoit une espèce particulière d'*hommage*, dont Bouteiller fait encore mention dans sa *somme, liv. 1, tit. 82*, & en vertu duquel le vassal s'engageoit, non-seulement à cautionner le seigneur de ses biens, comme le disent plusieurs auteurs, mais même à lui servir d'ôtage dans sa personne. On peut consulter sur cette espèce d'*hommage* qui ne subsiste plus, le chapitre 206 des assises de Jérusalem, & le *glossaire* de Ducange, au mot *Hominia plevita*.

Au reste, la coutume de Normandie charge encore les vassaux de *pléger* leur seigneur de leurs biens, mais cela ne s'observe plus aujourd'hui, suivant M. le Royer de la Tournerie, dans son commentaire sur l'article 205. (*M. GARRAN DE COULON.*)

HOMMAGE *en marche*. C'étoit une espèce d'*hommage* que des vassaux puissans ne faisoient qu'avec répugnance au seigneur, qui réclamoit la mouvance sur eux. On le nommoit ainsi, parce que le vassal, soit par méfiance, soit parce qu'il ne vouloit pas prendre la peine de se transporter au lieu ordinaire où se tenoit le seigneur dominant, le faisoit dans la partie de la seigneurie dominante, la plus voisine du fief servant, c'est-à-dire sur les frontières des deux terres, que l'on nommoit alors *marches*.

On peut voir divers exemples de cette espèce d'*hommages* dans l'*usage général des fiefs* de Broussel, *liv. 2, chap. 25*. Les ducs de Normandie ont prétendu ne devoir l'*hommage* au roi qu'en marche, & ils l'ont souvent fait de cette manière. (*M. GARRAN DE COULON.*)

HOMMAGE *par parage*. Il seroit assez difficile de bien caractériser cette espèce d'*hommage*. Des seigneurs puissans donnoient cette qualification à l'*hommage* qu'ils rendoient à contre-cœur à des princes auxquels ils vouloient s'égaler, ou du moins dont ils ne vouloient se reconnoître les inférieurs que de fort peu de chose. Les historiens normands affectent de nommer *hommage par parage*, celui que leurs ducs rendoient à nos rois. Cette expression est également employée pour désigner l'espèce d'*hommage* que les ducs de Bretagne ne faisoient qu'avec répugnance aux ducs de Normandie.

Quoique les tenans en parage ne fassent pas communément *hommage* à leur aîné, il ne faut pas croire néanmoins que l'*hommage par parage* soit une chose absolument étrangère à notre jurisprudence actuelle : encore aujourd'hui les juveigneurs d'aîné, qui tiennent véritablement en parage, font *hommage* tant au seigneur dominant qu'à leur aîné. *Voyez* JUVEIGNEUR. (*M. GARRAN DE COULON.*)

HOMMAGE *plain* ou *plane*. Il ne faut pas confondre cette espèce d'*hommage* avec l'*hommage* lige, ni le mot *plain* avec celui de *plein*, comme l'ont fait quelques auteurs. Ce terme *plain* vient du latin *planus*, qui signifie *plan*, *uni*, *simple*. Ainsi l'*hommage plain* est la même chose que l'*hommage* simple, & si l'on voit dans quelques-unes de nos coutumes ces mots *hommage lige* ou *plain*, c'est pour caractériser les deux sortes d'*hommage*, le simple & le lige. *Ou* est pris ici, comme dans beaucoup d'autres cas, pour une conjonctive, & non pas pour une copulative.

Vaslin s'est donc trompé dans son commentaire sur la coutume de la Rochelle, *art. 4*, *n°. 8*, lorsqu'il a dit : « Ferrière, dans son *introduction* » *à la pratique*, confond l'*hommage plein* avec » l'*hommage* lige : il a raison, à considérer la va» leur des termes ; car *hommage plein* présente l'i» dée d'un *hommage* parfait, auquel on ne peut » rien ajouter ; ce qui répond exactement à l'*hom-* » *mage* lige ».

Vaslin convient au surplus lui-même, « que la » division de l'*hommage* en *hommage* lige & en » *hommage* simple étant la plus naturelle, il faut » entendre l'*hommage plein* dont parle sa coutume, » de l'*hommage* simple ».

Il ne faut pas croire non plus, comme l'ont enseigné d'autres auteurs, que la distinction des *hommages liges* & des *hommages plains* ou *simples* soit entiérement abolie. Plusieurs de nos coutumes mettent encore aujourd'hui des différences importantes, non-seulement dans la forme de la prestation de l'*hommage*, mais aussi dans les conséquences qui résultent de cette diversité d'*hommages*. Ainsi la coutume de Poitou porte dans l'article 113 : « ce» lui qui fait *hommage* lige doit jurer la fidélité sur » le livre, (c'est-à-dire sur celui des évangiles) » touché de la main, & si ledit *hommage* est plein, » il suffit jurer la fidélité sans livre ».

Suivant l'article 142 de la même coutume, il suffit au vassal d'*hommage* lige, dont le fief a un chef-lieu ou chef d'*hommage*, si ledit *hommage* lige court en rachat, « qu'il baille son » aveu & dénombrement par écrit en général, » avouant tenir à *hommage* lige sondit lieu & ses » appartenances, sinon qu'il en soit requis par le » seigneur : auquel cas ledit vassal sera tenu le » bailler à ses dépens par le menu. Pareillement le » doit bailler par le menu, s'il n'y a chose qui » fasse chef d'*hommage*, & quand l'*hommage* est » plain, soit qu'il y ait chef d'*hommage* ou non ».

Enfin plusieurs articles de la même coutume règlent les droits de rachat, de chevaux de service & de plect. de morte-main pour les fiefs d'*hommage* lige, d'une manière toute différente de celle qui a lieu pour les fiefs d'*hommage plain*. *Voyez* les *articles 148*, *149*, *165*, *166*, *167*, *168*, *169*, *170*, *171*, *172*, *173*, *174*, *175*, *176*, *178*, *179*, *181*, *182*, *183*, *184*, *185* & *186*.

On doit remarquer, relativement à toutes ces différences, que, quoique l'*hommage plain* devienne *hommage* lige, lorsque le fief servant d'*hommage plain* est réuni au fief dominant tenu à *hommage* lige, la condition des parageurs, part-prenans & autres tenans en gariment, qui dépendoient de ce fief d'*hommage plain*, & qui contribuoient aux devoirs dont il étoit chargé, n'est point changée pour cela ; *ils ne seront tenus*, dit l'article 133, *de payer fors ce qu'ils ont accoutumé payer pour icelle partie qu'ils tiennent audit fief*. Il est juste effectivement que le fait d'autrui ne leur apporte pas de préjudice. Harcher, *chap. 5*, *sect. 5*, §. *5*.

L'article 187 de la coutume d'Anjou & l'article 206 de celle du Maine n'attribuent au seigneur, en cas de commise, la propriété du fief qu'autant qu'il est d'*hommage* lige. Si le fief est d'*hommage* simple, le seigneur n'en a que la jouissance durant la vie du vassal, qui a encouru la commise, lors même qu'elle a lieu pour félonie.

Au surplus, l'*hommage* simple ou plain est aujourd'hui l'*hommage* ordinaire. Mais Brussel, qui a beaucoup approfondi notre ancien droit à cet égard, croit qu'il y avoit autrefois quelque différence entre ces deux sortes d'*hommage*. *Voyez* son *usage général des fiefs*, *chap. 10*. (*M. GARRAN DE COULON.*)

HOMMAGE *simple*. *Voyez* le §. 1 de l'article FOI *& hommage*, & *l'article* HOMMAGE *plain*.

HOMMAGÉ, HOMMAGÉE, adj. ce mot signifie littéralement ce qui est tenu à *hommage*. Ainsi il est à-peu-près synonyme de *féodal*. *Voyez* néanmoins l'*article* HOMMAGE. (*M. GARRAN DE COULON.*)

HOMMAGEMENT, s. m. L'article 37 de la coutume de S. Jean d'Angely emploie ce mot adverbialement, pour dire *en* ou *par hommage*. (*M. GARRAN DE COULON.*)

HOMMAGER, s. m. (*Jurisp.*) est celui qui doit hommage au seigneur. Ce terme est usité dans quelques coutumes & provinces de droit écrit, pour signifier un *vassal*. *Voyez* Cambolas, *lib. 4*, *ch. 44*; Dolive, *liv. 1*, *ch. 29*. *Voyez* aussi l'*article* HOMMAGE. (*A*)

HOMMAGERS, BIENS HOMMAGERS : ce sont des terres tenues en fief dan la mouvance d'un seigneur, dont le propriétaire doit lui porter la foi & hommage. *Voyez* FOI ET HOMMAGE.

HOMME, s. m. (*Droit naturel*, *politique & civil.*) est un être sentant, réfléchissant, pensant, qui se promène librement sur la surface de la terre, qui paroît être à la tête de tous les autres animaux sur lesquels il domine, qui vit en société, qui a inventé des sciences & des arts, qui a une bonté qui lui est propre, qui s'est donné des maîtres, qui s'est fait des loix, qui est susceptible de vertus & de vices.

L'*homme* peut être considéré sous différens rapports. Si on le regarde dans ce qu'il a de matériel, dans sa naissance, son accroissement & son dépérissement, c'est l'*homme physique*; &, sous ce point de vue, il appartient à l'histoire naturelle & à la médecine.

Si on le considère comme capable de différentes opérations intellectuelles, qui le rendent bon ou méchant, utile ou nuisible, bien ou malfaisant, c'est l'*homme moral*, & il est alors du ressort de la morale & de la métaphysique.

Si on passe de l'état solitaire & individuel de l'*homme*, à l'état de société dans lequel il est entré, & qu'on veuille examiner les principes généraux, d'après lesquels la puissance souveraine qui le gouverne, tireroit de l'*homme* le plus d'avantages possibles, c'est l'*homme politique*. Ces rapports se trouveront dans le *Diction. diplom. écon. polit.*

Nous nous bornerons donc à parler de l'*homme*, suivant les différentes qualifications qu'on lui donne en droit, & que nous allons rapporter par ordre alphabétique.

HOMME. On trouve si souvent dans les anciennes chartres ces dénominations, *homme*, *homo*, *homines*, qu'il est très-important d'en connoître le sens & les différentes acceptions. Cependant ces connoissances n'étant pas d'un usage bien fréquent, nous ne nous proposons pas de les approfondir. Nous nous contenterons de donner des notions générales.

Suivant Ducange, *glossaire*, verbo *Homo*, ces mots *hommes de quelqu'un*, signifient en général *sujets & dépendans*, soit libres, affranchis ou serfs. Un diplôme de Louis-le-Débonnaire de l'an 814, ne laisse aucun doute sur la justesse de cette définition; on y lit: « les hommes de l'église, tant » les ingénus que les serfs »; *homines ipsius ecclesiæ, tam ingenuos quàm servos*: être l'*homme* de quelqu'un, signifie donc indifféremment être son justiciable, son vassal, son censitaire, son serf ou son main-mortable. Les seigneurs se trompent donc très-grossiérement, lorsque voyant dans leurs anciens titres ces dénominations, *homines mei*, *mes hommes*, ils en tirent la conséquence, que les habitans de leur terre étoient serfs & main-mortables.

Il résulte encore de ce diplôme que les *hommes* se divisoient en trois classes générales, les libres, affranchis, & les serfs: tel étoit effectivement notre ancien droit sous les deux premières races. Ces trois ordres de personnes existoient en France, de la même manière qu'on les avoit vus à Rome, & dans toute l'étendue de l'empire romain.

Tout le monde sait en quoi consiste la liberté; l'état des affranchis est pareillement bien connu. On appelloit *affranchis*, les esclaves, les serfs rendus à la liberté.

Cette restitution n'étoit jamais absolue; l'acte d'affranchissement renfermoit toujours des charges, des conditions, quelquefois même très-onéreuses; cela dépendoit absolument de la volonté du maître.

Outre ces charges arbitraires, la loi en imposoit elle-même aux affranchis; ils étoient tenus de servir & de nourrir leur patron & ses enfans quand ils étoient dans l'indigence. La loi vouloit même que l'on vendît l'affranchi, si le patron ou ses enfans n'avoient pas d'autres ressources pour subsister. En outre, si un affranchi osoit accuser son patron, quand même il seroit parvenu à prouver l'accusation, il étoit puni du dernier supplice, & le libelle d'accusation livré aux flammes avec lui.

Il y avoit encore une autre espèce d'affranchissement, qui faisoit, si l'on peut parler de la sorte, des *demi-affranchis*. C'est ce que Salvien explique dans son troisième livre de l'*église catholique*. « Il est » d'usage tous les jours, que les maîtres donnent » à leurs esclaves une liberté médiocre. Ceux qui » jugent leurs esclaves indignes des honneurs des » citoyens romains, les attachent au joug de la li- » berté latine ». Ces sortes d'affranchis tenoient le milieu entre les citoyens & les esclaves. Ils vivoient riches, & mouroient pauvres. Leurs biens, après leur mort, appartenoient au patron. Cette condition ressemble beaucoup à celle de nos main-mortables actuels.

Ce qui concerne les serfs n'est pas si facile à éclaircir. Ils étoient divisés en plusieurs classes, dont chacune avoit ses charges, ses prérogatives & sa dénomination particulière. On les distinguoit en *serfs du roi*, *serfs de l'église*, *lites* ou *lides*, *colons*, *& serfs proprement dits*. Ces derniers formoient la dernière classe. Ces différentes dénominations reviennent à chaque instant dans les monumens des deux premières races. Nous allons en conséquence nous arrêter un instant sur chacune d'elles.

Les serfs du roi formoient la première classe: on les trouve presque toujours désignés sous le nom de serfs fiscalins, *servi fiscalini*. Leurs principaux privilèges consistoient, 1°. dans le droit d'ester en jugement; 2°. dans une composition triple de celle des autres serfs: 3°. le serf d'un citoyen étoit puni de mort pour un meurtre commis dans l'église; le serf fiscalin en étoit quitte pour une composition; il n'étoit condamné à mort qu'en cas de récidive: 4°. malgré la loi qui prohiboit toute espèce d'alliance entre les libres & les serfs, une femme libre pouvoit épouser un serf du roi, sans perdre ni sa liberté, ni le droit à l'héritage de ses pères, ni celui de plaider & de témoigner en justice. Charlemagne parle de cette prérogative dans un capitulaire de l'an 805, & il semble en demander la confirmation. « Que l'on ait cet égard pour nous, » dit-il, comme on l'a eu pour les rois nos pré- » décesseurs ».

Tels étoient les principaux privilèges des serfs fiscalins; ceux de l'église les partageoient, à l'exception du dernier. Si une femme libre épousoit un serf de l'église, elle perdoit sa liberté. Mais les serfs attachés à l'église avoient une prérogative dont ils jouissoient exclusivement à tous autres:

on ne pouvoit les tirer du service de l'église, pour les attacher à un autre maître. Si l'église les aliénoit par la voie de l'échange, ils recouvroient à l'instant leur liberté, & néanmoins ceux que l'église avoit reçus en contre-échange demeuroient en servitude. Il paroît cependant par quelques fragmens de conciles, que l'évêque pouvoit aliéner le serf dont on craignoit l'évasion, ou lorsque les besoins de l'église l'exigeoient.

Ces serfs de l'église étoient en très-grand nombre. Elipand de Tolède reprochoit à l'abbé Alcuin d'en avoir vingt mille. Ces citoyens de Rome qui avoient conquis le monde, n'en avoient pas davantage. On voit, en parcourant les polyptiques des anciens monastères, que le nombre des personnes qui en dépendoient étoit prodigieux : quelques-unes y étoient désignées sous la dénomination de *votifs*. C'étoient sans doute ces *hommes* qui, croyant servir Dieu en outrageant la nature, faisoient eux-mêmes le sacrifice de leur liberté aux différens monastères.

Passons à ceux que nos anciennes loix appellent *lites* ou *lides* ; Chanterau Lefévre, dans son *traité des fiefs*, *pag. 342*, conjecture que c'étoient des espèces d'affranchis : cette conjecture paroît très-solide, mais avec cette modification, que les *lides* étoient des affranchis du dernier ordre, de ces demi-affranchis dont nous avons déjà parlé, dont l'état tenoit encore beaucoup de la servitude, & sur lesquels les maîtres s'étoient réservé des droits très-étendus.

Prouvons d'abord que les *lides* n'étoient pas restitués à une liberté absolue, qu'ils n'étoient pas dans la classe des *hommes* libres. Cela résulte de plusieurs textes. On lit dans la loi des Frisons, *tit. 11* : « si un libre s'est soumis à l'état & au service de » *lite* & qu'il le nie, son maître doit le sommer » de prêter serment avec un certain nombre de » témoins. S'il le prête, qu'il soit délivré de ser» vitude. Si un *lite* s'est racheté de son propre ar» gent, & qu'après avoir joui quelques années » de la liberté, son maître nie qu'il se soit ra» cheté, le *lite* doit le sommer de jurer le fait » avec un certain nombre de personnes. Si le » maître jure en effet, qu'il emmène le *lite* en » servitude ; sinon que celui-ci jure & conserve » sa liberté ».

On lit dans la loi des Saxons, *ch. 2 & 10* : « c'est au maître à payer ou à être puni pour tout » ce que son *lite* ou son serf aura fait par ses or» dres ».

Il résulte très-clairement de ces textes, que le *lite* n'étoit pas dans la classe des *hommes* libres, ni même dans celle des affranchis ordinaires. Les mêmes loix nous apprennent également qu'ils n'étoient pas mis dans le nombre des serfs.

La loi ripuaire distingue très-bien le *lite* du libre & du serf ; l'article 1 du titre 62 porte : « si quel» qu'un fait son esclave tributaire ou *lite*, & que » celui-ci soit tué, sa composition sera de 36 sols, » comme celle d'un esclave ». Dans le troisième capitulaire de l'an 813, la composition du *lite* est la moitié de celle du libre, & double de celle de l'esclave. La loi des Frisons fixe de même la composition du *lite* à la moitié de celle du libre, & au double de celle de l'esclave. On sait que, dans les premiers temps, la composition due pour le meurtre de chaque citoyen, étoit la mesure du rang qu'il occupoit dans l'état.

Le *lite* n'étoit donc ni un homme libre, ni un esclave ; il étoit, pour ainsi dire, dans un état moyen, & également éloigné de l'une & de l'autre de ces deux conditions ; puisque sa composition étoit la moitié de celle du libre, & le double de celle de l'esclave.

La condition la plus approchante de celle du *lite* étoit celle du *colon*, *colonaria conditio*. Les textes sur cet ordre de personnes sont très-difficiles à concilier : on ne peut y parvenir, qu'en supposant qu'il y avoit des colons libres & des colons serfs, ou plutôt que leurs personnes étoient libres & leurs terres serves. C'est la conjecture de Ducange, & c'est la plus vraisemblable.

On peut prouver la liberté personnelle des colons, par une chartre de Charles-le-Chauve, dans laquelle on voit des colons de S. Denis, qui protestent qu'eux & leurs descendans sont libres comme les autres colons de cette église, & que c'est injustement & par oppression, que le moine Dieudonné veut les faire descendre à un service inférieur. Dans la loi des Lombards, les colons sont appellés *libres*, & dans l'appendix de Marculfe, on voit un colon réclamer un serf qu'il a acheté lui-même.

D'un autre côté, on prouve que les terres des colons étoient grevées de servitudes, par l'édit de Pistes, qui défend aux colons du fisc & de l'église, de vendre leurs héritages, c'est-à-dire, les manses qu'ils tiennent du roi & de l'église, parce qu'il arrivoit de-là que le cens n'étoit plus payé, ou du moins l'étoit plus difficilement.

Le service que les colons devoient à leur maître, s'appelloit *colonaticum* ou *colonitium*. Les colons avoient des serfs qui travailloient sous eux : on les nommoit *colonaria mancipia*.

Les serfs proprement dits, étoient ceux qui étoient absolument dans la dépendance de leur maître. Ils ne différoient que de très-peu des esclaves des Romains. On les divisoit en deux classes ; savoir, les *serfs casés*, *servi casati*, & les *serfs non casés*, *mancipia non casata*. Ces derniers étoient des serfs domestiques.

Les Francs ne connurent cette espèce de luxe qu'après la conquête. Au-delà du Rhin, ils n'avoient pas de serfs pour le service de leurs personnes.

Ces serfs domestiques, comme les esclaves des Romains, parvenoient quelquefois à obtenir du crédit dans la maison. Le maître les élevoit au-dessus des

des autres. Alors on les nommoit *gasindus*. Ils formoient le premier ordre dans cette dernière classe de la société. Les maîtres donnoient quelquefois aux *gassindes* des terres; ils leur donnoient même des serfs.

Les serfs *casés* étoient ceux dont parle Tacite, attachés à la glèbe, qui en faisoient, pour ainsi dire, partie, ceux en un mot que la coutume de Vitri dit *être du pied de la terre.*

Rien n'étoit plus misérable que la condition de ces serfs : absolument hors de la société, il leur étoit défendu d'ester en jugement; tout acte judiciaire leur étoit interdit; le seigneur ou le maître répondoit pour eux dans les tribunaux; enfin ils ne pouvoient ni emprunter, ni donner, ni recevoir.

Tous les *hommes* de l'église, lites, serfs, *&c.* étoient affranchis de toute jurisdiction civile. On pensoit alors qu'il étoit indécent qu'un *homme* voué au service de Dieu ou de ses ministres, fût subordonné à l'autorité temporelle. Voilà l'origine d'une multitude de justices ecclésiastiques; & cette origine une fois connue, il est facile d'apprécier la légitimité de ces établissemens.

On trouve, en lisant les monumens anciens, une singularité fort remarquable. On voit des serfs avoir eux-mêmes des serfs; on les voit les affranchir, & par conséquent les élever beaucoup au-dessus d'eux. Le concile de Verberie de l'an 753 parle d'un serf qui avoit pour concubine sa propre esclave. On trouve dans le tome 2 des capitulaires de Baluze, le modèle de l'acte d'affranchissement d'un serf par son maître également serf. Cette pièce est curieuse; la voici :

« Quoiqu'esclave de tous les serviteurs de Dieu, » cependant, *avec la permission de mon maître*, je » consens & je veux qu'en vertu de cette char- » tre d'affranchissement, mon esclave N., que j'ai » acheté de N., comme il est notoire, soit libre » & ingénu; de façon que dès aujourd'hui, il soit » libre & demeure libre comme s'il étoit né de » parens libres; qu'il ait en propre son pécule; » qu'il puisse choisir un défenseur de sa liberté où » bon lui semblera, & sans qu'il soit tenu de ren- » dre aucun service d'affranchissement à mes hé- » ritiers ». Le titre de cette formule ne peut pas laisser de doute sur la qualité de celui qui affranchit : elle est intitulée, *ingenuitas quam potest servus ad alium servum facere.*

Il existoit donc des serfs qui en avoient d'autres sous leur dépendance, qui, du sein de la servitude, pouvoient donner la liberté dont eux-mêmes ne jouissoient pas.

On voit dans cette formule que le serf fait la remise *des devoirs d'affranchis* : s'il pouvoit les remettre, il pouvoit donc les réserver. Alors on voyoit une chose très-bizarre : un *homme* libre dans la dépendance d'un serf.

Un capitulaire de l'an 779 défend de transporter les serfs hors du royaume, & même de les vendre autrement qu'en présence de personnes notables, tels que les comtes, les centeniers, les juges, *&c.* Cette loi avoit pour objet d'empêcher que l'on enlevât les serfs à leurs maîtres légitimes; elle étoit faite aussi pour empêcher que l'on ne vendît, comme serfs, des personnes libres.

Il y avoit en effet des ingénus qui avoient tellement les caractères extérieurs de la servitude, qu'il étoit très-facile de s'y méprendre. C'est ce que l'on voit dans une formule du P. Sirmond. Par cet acte, un ingénu réduit à l'indigence, se met sous la sauve-garde & au service d'un ingénu, à condition qu'il sera nourri & vêtu, & conservera toujours sa liberté; mais on voit par le genre & par la durée des obligations auxquelles il se soumet, qu'il ne lui restoit guère de la liberté que le nom; il promet que, pendant toute la durée de sa vie, il rendra à son maître tous les services qui dépendent de lui, toutefois compatibles avec la liberté, *ingenuili ordine*, & que dans aucun temps, il ne lui sera permis de se soustraire à cette dépendance. Le maître s'engage, de son côté, à prendre soin de lui, & l'on finit par convenir d'une somme à payer par le premier qui manquera à ses engagemens, sans néanmoins que le contrat puisse être résilié.

L'esclavage se formoit d'une infinité de manières. La force, l'autorité, la superstition, l'indigence, tout concouroit à multiplier le nombre des serfs. Un enfant trouvé à la porte d'une église, devenoit par cela seul, serf de cette église; & il n'y avoit que trois manières de sortir de cette malheureuse condition; l'affranchissement volontaire de la part du maître, l'affranchissement forcé. Lorsqu'un maître étoit convaincu d'avoir exercé des violences extraordinaires contre son serf, la justice le déclaroit libre. Enfin un serf pouvoit se racheter lui-même, moyennant une somme que son maître vouloit bien accepter de lui; si cette somme provenoit de son pécule, il falloit, pour la validité de l'acte, que le maître en fût instruit, autrement l'affranchissement eût été nul, par la raison que de droit ce pécule appartenoit au maître. Au surplus, les dignités civiles, même le sacerdoce, ne conféroient pas l'affranchissement; il étoit très-expressément défendu aux serfs d'entrer dans les ordres sacrés, ou dans les monastères, sans un affranchissement préalable. Un serf qui étoit parvenu à se faire ordonner prêtre, devoit être déposé & remis entre les mains de son maître.

Tel fut l'état des *hommes* en France, sous les deux premières races. L'avénement de Hugues Capet au trône n'apporta d'abord aucun changement notable; cependant les distinctions entre les *lites*, les *gassindes*, &c. s'abolirent insensiblement, mais les serfs restèrent. Il en est beaucoup parlé dans tous les monumens du treizième siècle. Le chapitre 5 des établissemens est intitulé : *de demander homme comme son serf.*

On voit par les conseils de Pierre des Fontaines, qu'à cette époque la condition des serfs étoit encore la même que sous les deux premières races.

On lit dans le chapitre 49 : « serf, se dit la loi, » ne peut ester en jugement, & se aucun com- » mandement, est fait en sa personne & ne sont » rien ». Le chapitre 8 nous donne encore une idée plus exacte de la déplorable condition des serfs; on y voit que tout ce que le serf possédoit appartenoit à son seigneur : « saches bien que » selon Dieu, tu n'a mie plenière pôte son ton » vilain; donc se tu prens du sien fors les droites » amendes qu'il te doit, tu le prens contre Dieu » & sur le péril de ton ame, & ce que l'on dit » que toutes choses qu'a vilain sont à son sei- » gneur c'est à garder; car si elles étoient son sei- » gneur propre, il n'y auroit nulle différence entre » serf & vilain ».

Il résulte de ces dernières expressions, que le serf n'avoit rien en propre ; que tout ce qu'il pouvoit acquérir appartenoit au seigneur.

Nous avons transcrit ce texte en entier, parce qu'il répond en même temps à l'opinion de ceux qui prétendent que les vilains étoient dans la classe des serfs. On voit le contraire, puisque Desfontaines dit bien précisément qu'il y avoit de la différence entre serfs & vilains.

Cependant il paroît que la condition des vilains n'étoit guère plus avantageuse que celle des serfs. On appelloit ainsi la majeure partie des habitans de la campagne : ils étoient dans la dépendance absolue du seigneur. Desfontaines, dans le même chapitre 8, dit: *par notre usage, il n'y a entre le seigneur & le vilain, juge fors Dieu.*

Les assises de Jérusalem, & sur-tout les tenures de Littleton, nous donnent une idée encore plus défavorable de la condition de ces malheureux habitans des campagnes. Suivant le chapitre 277 des assises, le vilain ne pouvoit pas quitter la seigneurie dans laquelle il étoit né. Si l'on en croit Littleton, il n'y avoit presque pas de différence entr'eux & les véritables serfs. Voici les termes de cet auteur :

On distingue deux sortes de vilains, le vilain *regardant* & le vilain *en gros.*

Le vilain *regardant* est celui qui, depuis un temps immémorial, dépend, ainsi que ses ancêtres, d'une seigneurie comme serf.

Le vilain *en gros* est celui qui, étant serf d'une seigneurie, est vendu comme vilain à un possesseur d'une autre seigneurie.

Si un vilain *en gros* a été sous la dépendance d'un seigneur ou de ses ancêtres de temps immémorial, il conserve toujours ce caractère.

Observez qu'en toutes choses qui ne peuvent, selon la loi, être vendues qu'en vertu d'actes judiciaires, ou de transactions à l'amiable, mais écrites, on ne peut alléguer valablement d'autre prescription que celle de la possession que l'on auroit eue, tant par soi-même que par ses ancêtres, auxquels on auroit succédé; on ne seroit pas recevable à prouver une possession qu'on prétendroit n'avoir acquise que par transport ou subrogation. Ainsi comme on ne peut acheter *un vilain en gros*, sans acte judiciaire ou sans écrit, si on est destitué d'actes de cette espèce, on n'a d'autres ressources pour assujettir ce vilain à l'être, au cas où il le méconnoîtroit, que celle de justifier de la possession qu'on a eue, tant par soi que par ses ancêtres.

Il n'en est pas de même de ce qui regarde une seigneurie ou une terre, ou de ce qui en dépend, comme du vilain *en gros* qui ne dépend d'aucune terre ni seigneurie; car à l'égard de ces choses, il suffit, pour s'en conserver la possession, de prouver que ceux qu'on représente, ont possédé tels manoirs ou tenemens, dont l'objet contesté a été une dépendance depuis un temps immémorial ; & la raison de ceci se tire de ce qu'on peut acquérir des tenemens sans acte judiciaire ni écrit.

C'étoit une maxime reconnue, que nul serf ne pouvoit être bourgeois. Si on lit dans des lettres de 1319, en faveur des bourgeois de Couci, que ces bourgeois étoient de *plusieurs serves conditions*, cette expression ne désigne que des servitudes féodales, & non l'état de serf proprement dit. Lorsqu'un serf se refugioit dans les villes qui communiquoient le droit de bourgeoisie; si, dissimulant sa condition, il s'y faisoit recevoir bourgeois, son seigneur avoit le droit de réclamer; & quand Philippe-le-Bel, en 1287, fit un réglement sur le droit de bourgeoisie, il déclara que son intention n'étoit point que ses sujets *ne pussent produire à retraire de bourgeoisie leurs hommes de corps.* Les serfs ou *hommes* de corps, disent nos coutumes, *sont censés réputés du pied & partie de la terre.* Il falloit donc affranchir le serf avant de l'admettre à la bourgeoisie. On voit, en effet, que lorsqu'on accordoit ces droits de bourgeoisie à des lieux dont tous les habitans étoient serfs, l'article préliminaire contenoit l'affranchissement général de tous ces habitans. Les preuves en sont si multipliées, que nous croyons superflu de les indiquer.

Cette précaution cessa d'être nécessaire, lorsque la servitude n'eut plus lieu en France. Philippe-le-Bel avoit donné l'exemple de l'abolir, ayant nommé en 1302 des commissaires en Languedoc, avec des pleins pouvoirs pour affranchir les serfs, en tel nombre qu'il leur plairoit. Louis X rendit une loi générale pour l'affranchissement de tous les serfs de son royaume. Nous n'avons point l'ordonnance même pour cet affranchissement général ; mais nous avons les commissions données pour l'exécuter. Rien n'étoit plus beau que le motif dont le prince paroissoit animé. « Comme selon » le droit de nature, disoit-il, chacun doit naître » franc, ... nous, considérant que notre » royaume est dit & nommé le royaume de France, » & voulant que la chose, en vérité, soit accor- » dante au nom, & que la condition des gens » amende de nous, en la venue de notre nouvel » gouvernement; . . . . avons ordonné . . . . . que » généralement par tout notre royaume . . . . servi- » tudes soient ramenées à franchises, ... pour

» que les autres seigneurs qui ont *hommes* de » corps, preignent exemples à nous, *&c.* ». Mais ce motif apparent n'étoit qu'un prétexte pour voiler le vrai motif qu'on apperçoit aisément sous ces paroles adressées aux commissaires : « Vous » mandons .... que....... à tous les lieux, » villes, communautés, ou personnes singulières » qui ladite franchise requéreront, traitiez & ac- » cordiez de certaines compositions, par les- » quelles suffisant récompensation nous soit faite » des émolumens, qui desdites servitudes pour- » roient venir à nous, *&c.* ». Ainsi cette volonté du prince, de procurer à ses sujets serfs un affranchissement général, se réduisoit à la promulgation d'une vente de cet affranchissement à ceux qui se présenteroient pour l'acheter.

C'étoit encore un grand bienfait; & les servitudes étant un des revenus de la couronne, on ne pouvoit trouver injuste que le roi, en les éteignant, exigeât quelque dédommagement. Mais le prétendu bienfait n'en étoit plus un, si le dédommagement étoit excessif, si le prix de l'achat étoit au-dessus de l'avantage que l'acheteur en retiroit. Or, ce prix étoit tel, qu'on s'empressa peu de profiter de la grace. Le roi le prévoyoit sans doute; car deux jours après la commission que nous venons de citer, il adressa aux commissaires un mandement, dans lequel il s'exprimoit ainsi : « pour- » roit être que aucuns..... cherroit en desco- » nessances de si grand bénéfice, ... que il vou- » droit mieux demourer en chetivité de servi- » tude, que venir à état de franchise;..... vous » mandons ..... que vous, de telles personnes, » pour l'aide de notre présente guerre considérée » la quantité de leurs biens & les conditions de » la servitude de chacun, vous en leviez si suffi- » samment & si grandement comme la condition » & la richesse des personnes pourront bonnement » souffrir, & la nécessité de notre guerre le re- » quiert ». Cette grace qu'il n'étoit plus permis de refuser, dit le savant auteur de la préface du tome 12 des ordonnances du Louvre, n'étoit donc que le prétexte mal caché d'une taxe forcée, portée aussi haut qu'il étoit possible, & qui parut à plusieurs plus dure que la servitude même.

Quoi qu'il en soit de ce moyen, il réussit peu-à-peu; les seigneurs imitèrent ce prince, en tirant de l'affranchissement de leurs serfs, le même avantage que lui. Les rois ne se bornèrent pas à affranchir les serfs de leurs domaines; ils affranchirent ceux des domaines des seigneurs. Par-là insensiblement il ne se trouva plus de serfs en France, & la servitude ne fut plus au nombre des causes qui excluoient de la bourgeoisie.

Par la coutume de Bourgogne, rédigée en 1457, art. 81, *au duché de Bourgogne, il n'y a nuls hommes serfs de corps.*

Par la coutume de la Marche, rédigée en 1521, art. 12 : « en la Marche, toutes personnes sont » franches & de franche condition, & ceux qui » sont nommés & réputés serfs ou mortaillables » audit pays, c'est à cause des héritages qu'ils » possèdent, quand lesdits héritages sont de ladite » condition, serve ou mortaillable ».

Dumoulin, sur le §. 41 de l'ancienne coutume de Paris, n°. 55, parle dans le même esprit. *In hoc florentissimo regno, & in totâ ditione christianâ nulli sunt servi corporis.*

Loiseau, *des seigneuries, chap. 1, n°. 84*, parle dans le même esprit que Dumoulin : « comme » nous n'avons plus à présent aucune sorte d'es- » clavage en France, qui est le pays des francs, » la seigneurie privée n'y a plus lieu sur les per- » sonnes, ains seulement sur les terres; vrai est » qu'elle redonde indirectement sur les personnes » à l'occasion des terres, comme on voit que les » vassal & censier doivent quelques redevances » personnelles à leur seigneur direct; mais ce n'est » pas à cause de leurs chefs, mais à cause de leur » terre, qui étant inanimée, ne peut rendre le » devoir dont elle est chargée sans l'entremise du » détenteur d'icelle, qui aussi se peut exempter de » ce devoir en quittant la terre; ce qui ne seroit » pas, s'il étoit dû directement par la personne ». (*Article de M.* HENRION, *avocat au parlement.*)

HOMME *admodéré*. Espèce de main-mortable, qui ne doit qu'une taille déterminée, & dont les biens ne sont pas sujets à faire échute au seigneur. (*Article de M.* HENRION, *avocat au parlement.*)

HOMMES *allodiaux*, étoient ceux qui tenoient des terres en aleux ou franc-aleu : on les appelloit aussi *leudes*, *leudi*, *vel leodes*, & en françois *leudes*. *Voyez* le *style de Liège*, *ch. 19*, *art. 11.* (*A*)

HOMME *amoissonné*, qui est chargé d'un certain nombre de corvées pour moissonner les bleds du seigneur. Cette expression est très-commune dans les titres de la *Bresse* & de *Bugey*; elle y a même beaucoup d'influence; lorsqu'elle est jointe au mot *taillable*, elle éloigne toute idée de servitude; l'*homme* taillable est main-mortable, & l'*homme* taillable *amoissonné* est réputé libre. (*Article de M.* HENRION, *avocat au parlement.*)

HOMMES-COTTIERS. On appelle ainsi, dans plusieurs coutumes des Pays-Bas, les propriétaires des héritages roturiers.

Cette qualité les rend habiles à siéger à la cour du seigneur censier dont ils relèvent, pour y juger toutes les causes de leurs pairs & compagnons, qui n'excèdent pas les bornes de leur compétence. Mais il faut pour cela qu'ils soient appellés & conjurés par le chef de la jurisdiction, & ce chef s'appelle en certains endroits *bailli*, en d'autres *mayeur*, en d'autres *prévôt*, &c.

Les *hommes-cottiers* proprement dits, n'ont que l'exercice de la basse-justice. L'article premier de la coutume d'Artois, porte expressément, *que le seigneur foncier, à cause de sa seigneurie, qui est basse-justice, a congnoissance & judicature par ses hommes-cottiers; de tout ce qui concerne la dessaisine & saisine des héritages de lui tenus & mouvans.*

Gosson fait sur cet article plusieurs observations remarquables. La coutume, dit-il, en donnant la basse-justice au seigneur foncier, lui donne sans doute en même temps les choses sans lesquelles cette justice ne peut être exercée. Il peut donc établir un bailli, un lieutenant, un procureur, un greffier, un sergent, en un mot tous les officiers nécessaires pour aider les *hommes-cottiers* dans l'administration de la justice.

Quoique cet article, continue Gosson, ne parle que de la dessaisine & saisine, on peut néanmoins agir devant les *hommes-cottiers*, par *mise de fait* sur un héritage roturier; & si quelqu'un vouloit attaquer ou empêcher la possession prise par cette voie, ce seroit devant eux qu'il faudroit plaider.

Par la même raison, il leur est permis de décerner des commissions de mise de fait, & de connoître de la validité ou suffisance des titres sur lesquels elles sont fondées.

Par conséquent (c'est toujours Gosson qui parle) ils peuvent connoître incidemment de la validité des contrats, & des testamens qui donnent lieu à la dessaisine & saisine, ou à la mise de fait. *Adeò, in hac parte, latè patet fundiaria juridictio.*

Les *hommes-cottiers* diffèrent-ils des échevins des seigneuries?

Il est certain que ces derniers doivent être *hommes-cottiers*, c'est-à-dire, censitaires du seigneur au nom duquel ils rendent la justice, parce que dans les Pays-Bas, la jurisdiction seigneuriale est attachée à la glèbe: de sorte qu'en considérant le mot *homme-cottier* dans sa signification générale, on peut dire que tous les échevins sont *hommes-cottiers*, mais que tous les *hommes-cottiers* ne sont pas échevins; ou si l'on veut, que les échevins sont des *hommes-cottiers* à qui le seigneur a donné des commissions, & fait prêter serment pour rendre la justice à leurs pairs-cottiers.

Pourquoi donc trouve-t-on, en certains endroits, des *hommes-cottiers* qui, bien que sermentés & munis de commissions de leur seigneur, se bornent à la qualité d'*hommes-cottiers*, sans prendre celle d'échevins? C'est parce que ces endroits sont soumis à deux seigneurs, dont l'un a la haute ou moyenne-justice, & l'autre la basse: les officiers du premier s'appellent *échevins*, & exercent en cette qualité toutes les fonctions dont nous avons parlé au mot ECHEVINS; mais les officiers du second retiennent le nom d'*hommes-cottiers*, afin qu'on puisse les distinguer d'avec les autres. Ce n'est pas cependant qu'ils ne puissent aussi acquérir par l'usage le droit de se qualifier d'*échevins*; car c'est de l'usage que dépendent ces dénominations, comme le prouve l'article 4 du chapitre 130 des chartres générales du Hainaut, & du reste, quelque qualité que prennent les *hommes-cottiers* proprement dits, leur pouvoir n'en est ni plus ni moins étendu. *Voyez les articles* ÉCHEVINS, HOMME DE FIEF, JURISDICTION, MISE DE FAIT, COTTERIE, DEVOIRS DE LOI, MAYEUR, CONJURE, &c. (*Article de M. Merlin, avocat au parlement de Flandre.*)

HOMME *coutumier* : ce mot a été pris en différens sens dans nos coutumes. Il désigne tantôt un main-mortable, tantôt un simple roturier.

Ménage prétend qu'on a dit *homme coutumier* pour *roturier*, parce qu'il y a incomparablement plus de personnes roturières que de personnes nobles. Mais il y a lieu de croire que ce nom vient de ce que les roturiers étoient communément les seuls qui fussent assujettis aux péages & à plusieurs autres droits connus sous le nom de *coutume*. (M. GARRAN DE COULON.)

HOMME *de bouche & mains* : c'est le vassal qui fait la foi & hommage au seigneur, en mettant les mains dans les siennes, & en recevant de lui le baiser, en signe d'alliance. *Voyez* HOMMAGE *de bouche & mains*. (M. GARRAN DE COULON.)

HOMME *de commune* : on appelloit ainsi ceux qui étoient compris dans la commune, ou corps des habitans d'un lieu, qui avoient été affranchis par leur seigneur, qui juroient d'observer les articles de la chartre de commune, & participoient aux privilèges accordés par le seigneur. (*A*)

HOMME *de fer* : c'étoit, dans quelques seigneuries, un sujet obligé d'exécuter les ordres de son seigneur, & de le suivre armé à la guerre. La maison qu'il occupoit s'appelloit *maison de fer*. Il y a encore un *homme de fer*, jouissant de certaines exemptions, dans le comté de Neuviller-sur-Moselle en Lorraine. (*A*)

HOMME *de fief*. Ce terme synonyme avec ceux de *vassaux*, de *feudataires*, de *pairs*, est principalement employé dans les coutumes des Pays-Bas, pour désigner les propriétaires de fiefs, ou leurs représentans, en tant qu'ils remplissent dans la cour de leur seigneur dominant, les fonctions de la justice.

Tout le monde sait combien est ancien & respectable le droit d'être jugé par ses pairs: on le trouve établi dès le commencement du gouvernement féodal. « La cause de l'institution des pairs de France, » dit du Tillet, sera assez connue, quand sera entendu que les fiefs étant devenus héréditaires & » patrimoniaux en ce royaume, suivant l'usage écrit » des fiefs des Lombards, en chacun fief dominant » fut établi certain nombre de vassaux appellés pairs, » ou francs-*hommes de fief*, chargés de tenir la cour » du seigneur, & juger les causes féodales, ayant » pour raison de ce grandes prérogatives & no» blesses. . . . . Lesdits vassaux jugeant furent nom» més *pairs*, parce qu'ils avoient pareille jurisdiction, » autorité, prééminences, privilèges & charges l'un » comme l'autre ». Cette dernière observation ne paroît pas juste; il est plus naturel & plus conforme aux anciens monumens de notre droit public, de dire que les *hommes de fief* ont été qualifiés de pairs, parce qu'ils étoient égaux en tous points à ceux qu'ils jugeoient, de manière que chaque vassal pouvoit être tantôt juge, tantôt partie. C'est ce que fait entendre l'article 3 d'une chartre donnée en 1315, par

Louis X, pour les bailliages d'Amiens & d'Artois: toute personne noble, porte cet article, sera jugée par les *hommes* de la châtellenie, c'est-à-dire, *ses égaux, tenans du fief dans lequel il résidera*.

« Cette forme de juger les causes féodales par les » pairs de fiefs, continue du Tillet, est ancienne en » France, pour le regard de la jurisdiction des vas- » saux». (Ce qu'il justifie par une sentence de 929.) « Le doute, ajoute-t-il, est de savoir en quel temps » la justice souveraine du roi commença avoir pairs » pour juger les causes des fiefs mouvans médiate- » ment de la couronne» : il fixe cette époque au règne de Hugues-Capet: dès-lors, suivant lui, les pairs ont eu séance au parlement, & ils ont été admis à l'imitation de ce qui se pratiquoit dans toutes les justices inférieures du royaume.

On voit par-là, que la forme d'administrer la justice par les *hommes de fief* n'étoit point particulière aux seigneurs, puisque le roi s'en servoit luimême dans son parlement. Voici un fait qui prouve que la même chose avoit lieu dans les sièges royaux subalternes.

« Les *hommes de fief* de la châtellenie de Lille, » dit du Tillet, avoient accoutumé en cas de dis- » cord ou doute ès causes qu'ils avoient à juger, » avoir recours au comte de Flandre, ou sa cham- » bre, pour être conseillés & aidés ». (C'est ce qu'on appelle encore en Flandre, *prendre charge d'enquête*. Voyez ce mot.) « Depuis que le roi » Philippe-le-Bel tint ladite châtellenie, ils deman- » dèrent qu'ils puissent avoir recours au parlement » ès cas susdits: par arrêt du parlement de la tous- » saint 1316, ils en furent refusés, pour ce que » desdits *hommes de fief* & de la cour de Flandre on » appelloit audit parlement, & leur fut baillé le sé- » néchal de Lille pour les conseiller ».

C'est une erreur de croire, comme du Tillet paroît l'avoir fait, que les pairs ou *hommes de fief* ne jugeoient que les causes purement féodales: ils jugeoient toutes les causes dont la cour d'où ils relevoient avoit droit de connoître. C'est ce que M. Bouquet justifie par ce passage du cartulaire de l'abbaye de saint Bertin: *per quos de scultedum, id est de furibus, de latrociniis, ac prorsùs de omni lege & forefacturâ tàm maximâ quàm infimâ, placitaret*.

Les *hommes de fief* étoient obligés de juger dans la cour du roi ou du seigneur, sous peine de saisie de leurs fiefs & d'établissement de gardes. Les assises de Jérusalem disent que sans ces voies rigoureuses, le seigneur ne pourroit contraindre ses *hommes* à prendre connoissance des causes portées en sa cour, & qu'il ne pourroit même la tenir faute d'un nombre de juges suffisant.

Il étoit cependant permis aux *hommes de fief* de prendre plusieurs délais pour juger, mais, dit Beaumanoir, « quand ils ont pris tous ces respits, li » seigneur les doit tenir en prison tant que ils ayent » jugié.

Le seigneur, ni même son bailli ou sénéchal n'avoit pas le pouvoir de juger avec les *hommes de fiefs*. « Nul, dit encore Beaumanoir, ne peut faire » jugement en sa cour, en sa querelle, ne en l'autrui, » pour deux resons; la première reson pour che que » un *hom* seul, en se personne, ne peut jugier; » ainchois en convient, ou deux, ou trois, ou quatre » au moins autres que le seigneur; la seconde reson » pour che que le coustume de Biauvoisins est tele » que li seigneur ne jugent pas en leur cour, mès « leurs *hommes* jugent ».

Ainsi, un seigneur qui avoit voix délibérative dans la cour de son suzerain, n'avoit dans la sienne que la voix excitative, c'est-à-dire, le droit de semoncer ses *hommes* pour leur faire rendre un jugement.

La justice & la manière de l'administrer dépendoient du territoire de chaque seigneurie. « Bien sça- » chent, dit Beaumanoir, tuit li *hommes* qui sont te- » nus à juger en le cour de aucun seigneur, que ils » ne sont tenus à fere jugement fors de che qui meut » de la chastellerie de lequelle leur hommage des- » cent; car si li sire a pluriex chastelleries, il ne peut » pas prendre ses *hommes* d'une chastellerie pour ju- » ger en l'autre».

M. Bouquet conclut de ces autorités & de plusieurs autres, qu'il n'étoit point au pouvoir des parties de se choisir des juges; mais que la qualité du fief décidoit & de leur nombre & de leur qualité; que le seigneur, ou son bailli assembloit les pairs; qu'il requéroit le jugement; qu'il pouvoit y être présent; mais qu'il ne jugeoit pas.

Toutes les provinces n'ont pas eu la même attention à se maintenir dans le droit d'être jugées par leurs pairs. Les *hommes de fiefs* ne se soucioient guère de remplir les fonctions pénibles de juges: insensiblement ils laissèrent usurper leurs places par des avocats & praticiens; & les inconvéniens qui en résultèrent servirent de motif pour créer des conseillers dans tous les bailliages de France, & par ce moyen, introduire la vénalité dans les mêmes sièges.

Dans le temps de ces révolutions, les provinces de Flandre & d'Artois étoient séparées de la couronne; celles de Hainaut & de Cambresis n'y étoient pas encore unies: aussi ont-elles conservé plus soigneusement que les autres leurs anciens droits & privilèges sur la matière que nous traitons ici. Ce n'est donc pas par l'habitude où l'on est de voir les choses sur un autre pied dans le reste du royaume, qu'il faut juger de l'administration de la justice dans ces quatre provinces; la forme en est toute différente au moins dans la plupart des sièges inférieurs.

En Artois, la justice se rend encore dans tous les bailliages royaux par les vassaux ou *hommes de fief* relevans du roi, à cause de son comté d'Artois.

Un placard de Charles-Quint du 14 décembre 1546, rendu pour la gouvernance d'Arras, ordonne, *article* 20, que les procès conclus en droit se mettront ès-mains du gouverneur, son lieutenant & *hommes*, pour voir s'ils sont bien instruits avant de les distribuer, & que le rapport en soit fait *pardevant lesdits hommes de fief, auxquels seuls compète &*

appartient la judicature, tant en matière criminelle que civile, à la conjure de notredit gouverneur, ou son lieutenant.

L'article 24 du procès-verbal tenu par M. le Vayer en 1647, sur les privilèges, usages & jurisdictions d'Artois, & déposé à la bibliothèque du roi, porte que la gouvernance d'Arras est composée, entre autres, de *plusieurs hommes de fief, tenans & relevans de sa majesté.* L'article 25 ajoute que ces *hommes de fief, ou ceux desservans en leurs noms, ont la jurisdiction ordinaire & perpétuelle de sa majesté;* & en cette qualité, dit l'article 27, *leur appartient la connoissance de tous les differends, procès & actions entre & contre les sujets de ladite gouvernance, & la décision & judicature d'iceux, à la conjure du sieur gouverneur ou son lieutenant, en toutes matières civiles & criminelles, & en tous cas, sauf ceux expressément réservés par privilège à MM. du conseil d'Artois.*

Depuis la réunion de l'Artois à la couronne, le roi a créé différens offices dans les bailliages & gouvernances d'Artois; mais ceux qui en sont pourvus ne peuvent pas juger, à moins qu'ils n'aient la qualité d'*hommes de fiefs*, soit comme propriétaires de biens féodaux, soit en desservant ceux de quelques vassaux du roi. C'est ce qui résulte de l'arrêt du conseil du 2 novembre 1700, rendu contradictoirement entre les grands-baillis, les officiers titulaires, les propriétaires des fiefs, & les états d'Artois.

L'article 2 de ce réglement porte que « les sentences & jugemens en matières civiles seront rendus à la conjure du grand-bailli, par trois juges; » savoir, par le lieutenant-général, le lieutenant-particulier, l'avocat ou le procureur du roi, *comme* » *hommes de fief*, préférablement à tous autres; & » à cet effet, ceux desdits lieutenans-généraux & » particuliers, avocats & procureurs du roi, qui ne » sont point *hommes de fief*, seront tenus de se faire » recevoir en leur siège en ladite qualité, en la manière accoutumée, dans trois mois du jour de la » publication du présent arrêt, à l'audience desdits » sièges, sinon, & à faute de ce faire, & ledit temps » passé, sa majesté leur fait de très-expresses défenses » de faire aucunes fonctions de juges.

L'article 3 ajoute: « les sentences & jugemens » en matières criminelles, seront rendus par cinq » juges, à la conjure du grand-bailli; savoir, par » les lieutenans-généraux & les lieutenans-particu- » liers, où il y en a d'établis; & pour remplir le » nombre des cinq juges, le grand-bailli convoquera » des *hommes de fief* à leur tour, en préférant néan- » moins les gradués à ceux qui ne le sont pas: en » cas de légitime empêchement de la part des lieu- » tenans-généraux & particuliers, avocats & procu- » reurs du roi, il sera convoqué à leurs places, » par les grands-baillis, le nombre suffisant d'autres » *hommes de fief*, pour rendre lesdites sentences & » jugemens ».

Les autres dispositions de cet arrêt ont été rapportées aux articles GOUVERNANCE & GRAND-BAILLI; & l'on a dû y voir que par-tout où il attribue aux lieutenans, & autres officiers, d'autres fonctions que celles de leurs charges, ce n'est qu'autant qu'ils auront la qualité d'*hommes de fief.*

Quelque précis que soit là-dessus ce réglement, les officiers de la gouvernance d'Arras ont tenté, dans les derniers temps, de s'affranchir de la nécessité d'être *hommes de fief:* ils vouloient juger sans cette qualité essentielle; & loin de convoquer des *hommes de fief* pour remplir le nombre des juges nécessaires, ils prétendoient qu'il leur suffisoit de se faire assister par de simples gradués: mais M. le chancelier a remédié à ces désordres par une lettre du 9 novembre 1769, portant entre autres choses:

« Que les officiers de la gouvernance reçoivent » les sujets qui leur seront présentés par les proprié- » taires des fiefs mouvans du château d'Arras, pour » desservir lesdits fiefs, conformément aux loix & » usages de la province; qu'ils les admettent au ser- » ment sur leur simple nomination..... que les of- » ficiers de la gouvernance évoquent, suivant l'usage » ancien, soit les propriétaires de ces fiefs, soit » leurs représentans, pour assister aux jugemens des » affaires civiles & criminelles, & pour y complé- » ter le nombre des juges fixé par les articles 2 & » 3 de l'arrêt du 2 novembre 1700, sans pouvoir » en appeller d'autres..... qu'en conformité dudit » arrêt, le lieutenant-général, en l'absence du » grand-bailli, en fera les fonctions, & sera notam- » ment tenu de conjurer & convoquer les officiers » & *hommes de fief;* & ne pourra, en ce cas, faire » les fonctions de juge ».

Les jurisdictions seigneuriales de l'Artois sont formées sur le modèle des sièges royaux dont on vient de parler: la justice s'y rend tantôt par les *hommes de fief*, tantôt par les échevins ou *hommes*-cottiers, suivant la nature des matières. Les articles 1, 2, 4 & 12 de la coutume d'Artois contiennent là-dessus une règle très-simple.

L'article 1 porte que « le seigneur foncier, à » cause de sa seigneurie, qui est basse justice, a con- » noissance & judicature par ses *hommes*-cottiers, de » tout ce qui concerne la dessaisine & saisine des hé- » ritages de lui tenus & mouvans ».

L'article 2 ajoute que le seigneur foncier ne peut connoître que les délits dont la peine excède cinq sous d'amende, à l'exception néanmoins de l'infraction de sa justice, dont l'amende est de soixante sous parisis.

Suivant l'article 4, le seigneur vicomtier a, *par ses hommes féodaux, la connoissance & punition de sang, jusques à soixante sous parisis inclusivement, & du larron jusques à la mort, & autres punitions & dessous inclusivement, sauf le bannissement.*

L'article 12 donne au seigneur haut-justicier *connoissance par ses hommes*, de tous crimes & forfaitures, même de *rapt, meurtre, larcin, & de tous autres crimes.*

Il résulte de ces différens textes, que lorsqu'un seigneur est tout à la fois foncier, vicomtier & haut-justicier, ce sont ses *hommes de fief* qui exertent la juridiction dans le cas de haute ou de moyenne justice, & que ses *hommes*-cottiers l'exercent pareillement dans le cas de basse-justice.

Il y a néanmoins certains endroits où les *hommes de fief* jugent aussi des cas de basse-justice. L'article premier de la coutume d'Audrwicq, & pays de Bredenarde locale de celle du bailliage de Saint-Omer, porte que « pour maintenir & garder sa » justice, le roi a bailli, lieutenant-général, procu» reur, receveur, greffier, & autres officiers, à la » conjure duquel bailli, ou son lieutenant, les *hom» mes de fief* jugent de tous cas appartenans à justice » ordinaire, haute, moyenne & basse.... ».

L'article premier de la coutume de Tournehem, qui est aussi locale de celle du bailliage de Saint-Omer, porte également; que « les *hommes de fief* » de ladite châtellenie, connoissent & jugent des » cas appartenans, & tels que peuvent compéter » à seigneur haut, moyen & bas-justicier ».

Il y a au contraire des coutumes qui attribuent aux échevins ou *hommes-cottiers* l'exercice de la haute & moyenne justice. L'article 3 de celle d'Audrwicq dit que « dans la ville d'Audrwich il y a en» core mayeur & échevins, lesquels, conjointe» ment avec le bailli dudit pays, son lieutenant, » & le procureur du roi, connoissent de toutes » matières civiles & criminelles des habitans de » ladite ville & banlieue d'Audrwicq ». L'article 4 ajoute que « les mayeur & échevins de la ville » d'Audrwicq ont, de toute ancienneté, privilège » d'exercer toute justice, haute, moyenne & basse » en ladite ville & banlieue, & ce, à la conjure » du bailli ou de son lieutenant ».

L'article 1 de la coutume d'Hesdin s'explique à-peu-près dans les mêmes termes.

La constitution de la Flandre approche assez sur cette matière de celle de l'Artois : la seule différence que l'on remarque entre ces deux provinces, est qu'on ne trouve point dans la première, comme dans la seconde, des jurisdictions royales ordinaires exercées par des *hommes de fief*; car, quoique le bailliage de la Salle de Lille, & la cour féodale de Cassel exercent la justice du roi, on ne doit cependant pas les considérer comme sièges royaux proprement dits, puisque le premier ne peut connoître que des matières purement réelles, & que le second n'a pas plus d'autorité qu'une jurisdiction purement seigneuriale.

Du reste, les seigneurs de Flandre exercent à-peu-près leur justice de la même manière que ceux d'Artois, c'est-à-dire, qu'en général leurs *hommes de fief* connoissent de tout ce qui appartient à la haute & moyenne-justice, & que leurs échevins connoissent de tout ce qui est réservé à la basse; mais cette règle souffre presque autant d'exceptions dans cette province que dans l'autre; les échevins de Dunkerque, de Bourbourg, de Gravelines, de Berg-Saint-Winox, de la prévôté de Saint-Donat, de Pitgam, d'Ekelsbecque, de Ledrynghem, de Zuytkote, d'Hondtschote, de Douai, de Lille, &c. exercent la haute, moyenne & basse-justice, de la même manière que l'exercent ailleurs les *hommes de fief*.

En Cambresis, les bailli & *hommes de fief* n'ont proprement que l'exercice de la haute-justice; celle de la moyenne & de la basse appartient régulièrement aux mayeur & échevins. On trouve néanmoins en cette province quelques échevinages qui ont droit de haute-justice, & quelques jurisdictions féodales, au contraire, qui exercent toutes les fonctions de la moyenne & de la basse. *Ce sont*, dit M. Desjaunaux, en son commentaire sur la coutume de Cambrai, *les titres qui doivent justifier ces usages extraordinaires qui s'éloignent du commun*.

En Hainaut, les *hommes de fief* ont droit, par différens articles de chartres générales, de connoître, à la conjure de leurs baillis, des délits & crimes qui se commettent en leur jurisdiction, des actions pures personnelles de leurs justiciables, des causes concernant les fiefs tenus de leurs seigneurs; mais depuis long-temps ils n'exercent plus aucune de ces fonctions; ce sont les baillis seuls qui jugent aujourd'hui toutes les causes dans lesquelles ils ne pouvoient autrefois que conjurer & semoncer; les *hommes de fief* n'interviennent plus que dans les devoirs de loi.

Observez cependant que cette restriction des fonctions des *hommes de fief* n'a lieu que dans les justices seigneuriales; car la cour souveraine de Mons, & la chambre consulaire de Valenciennes sont encore composées d'*hommes de fief*.

Les articles 4, 6 & 7 du chapitre premier des chartres générales portent que la cour souveraine de Mons sera composée d'un grand-bailli, & de douze *féodaux*, dont deux devront être nobles & *féodaux en fond*, & les autres *féodaux en fond, ou bien sur plume*.

L'article premier de l'édit du mois de janvier 1718, portant création d'une chambre consulaire à Valenciennes, exige que les juge & consuls de ce tribunal soient *hommes de fiefs* : il leur imprime même cette qualité, *à l'effet de quoi*, ajoute-t-il, *ils seront, suivant l'usage adhérités & investis par la plume, pour ce qui regarde leur jurisdiction seulement, afin que leurs jugemens soient reconnus pour titres authentiques, ainsi que les jugemens émanés des autres tribunaux desdits pays*.

Ces dispositions doivent paroître obscures à ceux qui ne sont pas familiarisés avec les loix & les usages du Hainaut : essayons de les éclaircir.

La qualité d'*homme de fief*, considérée dans son origine, ne peut dériver que de la glèbe. On ne doit, à proprement parler, la donner qu'à celui qui possède un fief; mais cette règle a reçu de l'usage deux exceptions remarquables.

D'abord, on permit aux vassaux qui avoient de justes raisons pour se dispenser du service des plaids, de se faire représenter en la cour de leur seigneur par des personnes capables de remplir leurs fonctions : c'est ce que nous apprend Beaumanoir, qui crivoit vers l'an 1283. « Nul pour service qu'il » ait, n'est excusé de faire jugement en la cour, & » il la doit faire d'ouvrage; més s'il a aucun loïal » ensoins, envoir y pot *home* qui, selon son état, » pot représenter sa personne ».

Dans la suite, la faculté de s'acquitter par procureur du service des plaids, a été regardée comme de droit commun; & de là est venue la distinction que l'on a faite des *hommes de fief tangibles*; qualité que l'on a donnée à ceux qui possédoient des fiefs, d'avec les *hommes de fief desservans*, ou *par dénomination*.

Cette dénomination se fait ou dans l'acte de relief & de foi & hommage, ou par un acte particulier; & dans l'un & l'autre cas, l'*homme de fief* desservant fait le serment entre les mains du bailli, & promet de desservir le fief quand il en sera requis: par-là il devient habile à intervenir dans les actes de justice avec ses pairs & compagnons, quand le bailli l'appelle.

Cette première dérogation aux principes de la justice féodale a été suivie en quelques endroits d'une autre encore plus considérable: on a créé des *hommes de fief* sans leur donner de fiefs, à-peu-près comme nous voyons encore des ducs sans duchés, & des comtes sans comtés. L'érection de ces vassaux fictifs s'est toujours faite en les investissant d'une plume; & de là est venue la dénomination des *hommes de fief de plume*; qualité qu'on leur a donnée pour les distinguer des *hommes de fief en fond*.

L'abbaye de Saint-Aubert de Cambrai est en possession d'avoir des vassaux de cette espèce, pour exercer sa justice dans toutes les terres qui lui appartiennent.

Cette vassalité fictive est aussi admise en Hainaut. On connoît en cette province deux sortes d'*hommes de fief de plume*: les uns sont établis pour exercer les actes de jurisdiction qui les concernent: les autres sont créés pour instrumenter & recevoir des contrats ou autres actes volontaires.

Les *hommes de fief de plume* qui sont juges par leur institution, ne peuvent pas recevoir des contrats ni d'autres actes; c'est pourquoi l'édit cité du mois de janvier 1718, en créant les juge & consuls de Valenciennes, *homme de fief*, déclare qu'ils n'auront cette qualité que pour ce qui regarde leur jurisdiction. Réciproquement, les *hommes de fief de plume* dont les fonctions sont de recevoir des contrats, ne peuvent ni juger, ni être présens à des devoirs de loi, ou autres actes de jurisdiction.

Un point intéressant est de savoir par qui les *hommes de fief* de l'une & de l'autre espèce, peuvent être créés.

Il n'y a point de difficulté par rapport aux juge & consuls de Valenciennes: le roi déclare lui-même, dans l'article premier de l'édit de 1718, qu'il les crée *homme de fief*; c'est donc du roi qu'ils tiennent cette qualité. La seule formalité qu'ils aient à remplir, pour l'acquérir, lorsqu'ils sont élus, est de se faire *investir par la plume*: c'est à l'abbaye de Saint-Jean de Valenciennes qu'ils reçoivent cette investiture.

Les conseillers de la cour souveraine de Mons sont créés *hommes de fief*, & investis en cette qualité par la compagnie.

On demande si les seigneurs peuvent avoir des *hommes de fief de plume* pour passer les devoirs de loi des fiefs tenus d'eux; & si c'est à eux qu'appartient le droit de les établir.

Quelques personnes m'ont assuré que l'affirmative ne souffroit aucun doute sur l'un ou sur l'autre point, dans l'usage du Hainaut. J'ignore si cet usage est observé dans quelques seigneuries de cette province; mais je sais qu'il y en a une infinité d'autres où l'on n'en a pas même d'idée: & il est facile de faire voir que ce prétendu usage n'est qu'un abus contraire à l'esprit des chartres générales.

En effet, l'article 17 du chapitre 60 porte que le grand-bailli de sa majesté (représenté à cet égard par le parlement de Douai, pour le Hainaut françois) a seul pouvoir « de bailler aux seigneurs vassaux ou hauts-justiciers, *hommes de fief* par em» prunt, soit pour servir aux plaids, ou pour ins» truire procès, passer convens & œuvres de loi » pour fiefs tenus d'eux ». Il est sensible que si les seigneurs avoient le droit de créer des *hommes de fief par investiture de plume*, ils ne seroient pas obligés, lorsqu'il leur en manque pour exercer leur justice, de recourir au grand-bailli, & d'en emprunter de lui; il seroit plus naturel & plus expéditif de donner eux-mêmes des commissions d'*hommes de fief* aux premiers venus.

L'article 5 du chapitre 4 n'est pas moins remarquable. Il porte que les *seigneurs pairs* du Hainau qui régulièrement ne peuvent aliéner ni changer leurs *pairies* qu'avec l'assistance de deux autres *seigneurs pairs*, peuvent sans cette formalité, & *sans payer droit seigneurial, créer hommes de fief pour tenir cour & siège de plaids*. Le législateur établit très-clairement dans cet article, que les seigneurs peuvent se procurer des *hommes de fief* par sous-inféodation: c'est ce que suppose évidemment l'exemption des droits seigneuriaux qu'il leur accorde lorsqu'ils font la création dont il parle; car cette exemption ne pouvoit être susceptible de doute que dans le cas d'un démembrement de fief par sous-inféodation; il n'en pouvoit être question dans le cas d'une création d'*hommes de fief par investiture de plume*. D'après cela, ne peut-on pas dire que la loi permettant aux seigneurs de se procurer des *hommes de fief en fond*, est censée leur refuser le pouvoir d'en créer de fictifs? Cette conséquence ne seroit peut-être pas bien certaine si le texte dont elle sort étoit isolé; mais rapprochons de ce texte l'obligation que l'article 17 du chapitre 60 impose aux seigneurs de recourir à l'emprunt lorsqu'il leur manque des *hommes de fief*, & notre proposition se trouvera placée dans le plus grand jour.

A l'égard des *hommes de fief*, faisant les fonctions de notaires, c'est à la cour souveraine de Mons dans le Hainaut autrichien, & au parlement de Douai dans le Hainaut françois, qu'appartient privativement à tous autres, le pouvoir de les créer & de les investir par la plume. M. le duc d'Orléans est à la vérité en possession d'en nommer pour sa terre franche & baronnie d'Etroeng près d'Avesnes; mais les personnes à qui il donne des commissions de cette espèce, sont obligées de se faire examiner & recevoir au parlement de Douai, avant de pouvoir exercer aucune fonction.

Les *hommes de fief* dont il s'agit ici avoient autrefois le droit de recevoir toutes sortes de contrats, & leur signature jointe à leur scel suffisoit pour rendre ces actes exécutoires dans tout le Hainaut. C'est ce qu'annoncent ces termes de l'article 2 du chapitre 109 des chartres générales: *toutes obligations pour être exécutoires, devront être connues & passées pardevant hommes de fief....* Cette jurisprudence subsiste encore dans le Hainaut autrichien; mais elle a été modifiée dans le Hainaut françois, par un édit du mois d'avril 1675. Le roi a créé par cette loi, un certain nombre de notaires pour cette province; & pour concilier ce nouvel établissement avec les usages du pays, il a voulu que chaque notaire fût *homme de fief*, & qu'il fût tenu, en instrumentant, de se faire accompagner d'un *homme de fief simple*. Les termes de l'édit méritent d'être placés sous les yeux de nos lecteurs.

« D'autant qu'en notre pays & comté de Hainaut, suivant & conformément aux chartres d'icelui, les actes & contrats personnels se reçoivent par des *hommes de fief*, au nombre prescrit par lesdites chartres, pour d'autant moins déroger audit usage, voulons & ordonnons, que dorénavant, tous actes & contrats qui seront faits dans l'étendue dudit pays & comté de Hainaut, du ressort de notre conseil souverain de Tournai (*aujourd'hui le parlement de Flandre*), soient reçus par un notaire *homme de fief*, qui instrumentera esdites qualités de notaire *homme de fief*, assisté d'un autre *homme de fief* seulement..... Défendons & interdisons à tous autres *hommes de fief* dudit pays de Hainaut, de recevoir aucuns actes & contrats de leur chef & sans l'intervention desdits notaires *hommes de fief*, à peine de nullité & de tous dépens, dommages & intérêts des parties ».

L'édit du mois de février 1692, portant création de nouvelles charges de notaires, pour le ressort du parlement de Flandre, renferme les mêmes dispositions: « créons..... deux cens notaires royaux..... entre lesquels ceux qui seront établis en Hainaut, seront aussi *hommes de fief*..... Défendons à tous autres qu'auxdits notaires, de recevoir & passer aucuns contrats..... N'entendons néanmoins déroger aux droits des *hommes de fief* en Hainaut..... qui pourront recevoir des actes à l'ordinaire, à la charge de se faire assister par l'un des notaires royaux..... ».

Ces deux édits laissent indécise une question très-intéressante. L'article 10 du chapitre 109 des chartres générales porte que quand les parties contractantes, ou l'une d'elles, ne savent ou ne peuvent pas écrire, il doit y avoir trois *hommes de fief* présens à la passation des actes. On demande si dans le Hainaut françois il faut encore en ces sortes de cas trois *hommes de fief*, y compris le notaire? Voici comme Dumées répond à cette question.

« Louis XIV, en établissant des notaires royaux, a dérogé le moins qu'il a été possible aux usages de la province du Hainaut. *Et d'autant qu'en notre pays & comté de Hainaut, suivant & conformément aux chartres d'icelui, les actes & contrats personnels se reçoivent par des hommes de fief, au nombre prescrit par lesdites chartres, pour d'autant moins déroger audit usage, voulons......* Il semble qu'on peut conclure de là avec certitude, que la présence de trois *hommes de fief*, y compris le notaire *homme de fief*, soit encore nécessaire dans les cas ci-dessus mentionnés ».

Cette opinion est encore adoptée par M. Raparlier, en ses observations sur le chapitre 32 des chartres générales. Voici comme il s'explique:

« En Hainaut, tous les notaires royaux ont la qualité d'*hommes de fief*, & ils prennent ces deux qualités, lorsqu'ils reçoivent ou qu'ils passent certains actes; ensorte que deux notaires & féodaux du Hainaut peuvent recevoir valablement les testamens de ceux qui savent signer: mais pour ce qui concerne les testamens de ceux qui ne savent ou qui ne peuvent signer, ils doivent s'assumer un troisième *homme de fief*, parce que cela est nécessaire pour rendre les obligations de pareilles personnes exécutoires ».

Remarquez que les édits de 1675 & 1692 n'ont pas eu lieu dans les villes & dépendances d'Avesnes, de Landrecies & du Quesnoy: le roi y avoit créé antérieurement des notaires, par un édit du mois de novembre 1661; & comme il leur avoit attribué le même pouvoir & les mêmes fonctions qu'aux notaires de l'intérieur du royaume, ces officiers ont adopté l'usage le plus ordinaire de se faire assister de deux témoins dans tous les actes qu'ils passent. On ne pourroit pas, sans une loi expresse, les assujettir à la nécessité de se faire recevoir *hommes de fief*, & de se faire assister d'*hommes de fief*, lorsqu'ils instrumentent, parce que les édits de 1675 & 1690 n'ont pu avoir lieu que pour les villes où ils ordonnoient l'établissement des notaires dont ils portoient création.

Ainsi, dans les trois villes dont nous venons de parler & dans leurs dépendances, il ne doit plus se trouver d'*hommes de fief* instrumentans, ou s'il s'en trouve encore, leur ministère n'est point essentiel à la passation des actes notariaux.

Il y a quelques autres cantons en Hainaut où l'on observe un usage tout différent: ce sont ceux qui ont été cédés à la France par le traité des limites du 16 mai 1769. Les *hommes de fief* de ces endroits continuent d'y instrumenter dans la forme prescrite par les chartres générales, c'est-à-dire, sans adjonction de notaires: ils y sont même autorisés par un arrêt rendu à Douai le 17 juin 1774, jusqu'à ce qu'il ait plu au roi de créer des notaires pour ce département. *Voyez les articles* CENSURE, ECHEVINS, GRAND-BAILLI, GOUVERNANCE, HAINAUT, FLANDRE, ARTOIS, VALENCIENNES, ACTES, CONTRATS, NOTAIRES, JURÉS DE CATTEL, JURISDICTION, *&c.* (*Cet article est de M.* MERLIN, *avocat au parlement de Flandre.*)

HOMMES *de fierte* : c'est le nom que portent les officiers du chapitre de S. Géry à Cambrai. Leurs fonctions sont de suivre la châsse & les reliques du patron de ce chapitre dans les processions & autres cérémonies publiques, & d'intervenir dans les œuvres de loi, & dans les jugemens des affaires contentieuses.

Voyez les articles HOMMES *de fief*, HOMMES *cottiers*, ECHEVINS, DEVOIRS *de loi*, &c. (*Article de M.* MERLIN, *avocat au parlement de Flandre.*)

HOMME *de foi* : c'est le vassal. *Voyez* la coutume d'Anjou, *art. 151, 174, 176 & 177*; Bretagne, *283, 294 & 662.* (*A*)

HOMME *de foi-lige. Voyez* HOMME *lige.*

HOMME *de foi simple*, est celui qui ne doit que l'hommage simple, & non l'hommage lige. *Voyez* HOMMAGE. (*A*)

HOMME *de la cour du seigneur*, sont les vassaux qui rendent la justice avec leur seigneur dominant; ce sont ses pairs. *Voyez* l'ancienne coutume de Montreuil, *art. 23.* (*A*)

HOMME *de loi* : ce mot signifie littéralement un *homme* dont la profession se rapporte aux loix. Mais on donne particuliérement ce nom, dans une partie des Pays-Bas, aux juges fonciers, pardevant lesquels se font les adhéritances & les autres œuvres de loi, & sur-tout à celui que le propriétaire adhérite ou ensaisine. *Voyez* l'*Histoire du droit françois*, par Dumées, *part. 2, tit. 7*, & *les articles* GENS *de loi*, DEVOIRS *de loi*, DÉSHÉRITANCE, MANBOUR, *&c.* (*M.* GARRAN DE COULON.)

HOMME *de main-morte*, différe des *hommes* de corps, en ce que la personne de ceux-ci est serve, au lieu que l'*homme de main-morte*, est celui dont la servitude est subordonnée, à la détention des immeubles qu'il posséde. *Voyez le mot* MAIN-MORTE. (*Article de M.* HENRION, *avocat au parlement.*)

HOMME *de paix*, étoit un vassal qui devoit procurer la paix à son seigneur, ou bien celui qui avoit juré de garder paix & amitié à quelqu'un plus puissant que lui. D'autres entendent par *homme de paix*, celui qui devoit tenir & garder, par la foi de son hommage, la paix faite par son seigneur, comme il est dit en la *somme rurale* : mais tout cela n'a plus lieu depuis l'abolition des guerres privées. *Voyez ci-dessus* HOMMAGE *de paix.* (*A*)

HOMME *de pléjure*, qui devoit se rendre caution pour son seigneur, *& entrer pour lui en ostage pour debte en pleigerie, de tant vaillant comme le fie qu'il tient de lui vaut, & de quoi il est son* homme *vaudroit raisonnablement vendre par l'assise.* Assises de Jérusalem, *ch. 206.*

On lit dans le même chapitre, que l'*homme de pléjure doit entrer en ostage pour getter de prison son seigneur, s'il len requiert* : le seigneur étoit obligé de tirer son vassal de captivité, lorsqu'il étoit en état de le faire *par son loyal pouvoir*; & si le vassal, plus attaché à sa liberté qu'à l'accomplissement de ses devoirs, refusoit de se constituer prisonnier, *le seigneur pouvoit faire de lui & de ses choses, comme d'*homme *ateint de foi mentie.* (*Article de M.* HENRION, *avocat au parlement.*)

HOMMES *de pote* : ce sont la même chose que les *gens de poste, pote* ou *poeté. Voyez* GENS *de poste.* (*M.* GARRAN DE COULON.)

HOMME *de service, qui prœter fidem domino debet certum servitium.* Cette définition est de Cujas; ce qu'il ne faut pas entendre des devoirs ordinaires, tels que le relief, le quint, mais de quelque service extraordinaire. (*M. H.*)

HOMMES *de servitude*, sont des gens de condition serve; ils sont ainsi appellés dans la coutume de Troyes, *art. 1 & 6*, & dans celle de Chaumont, *art. 9. Voyez* HOMME *de corps.* (*A*)

HOMME *du roi*, est celui qui représente le roi dans quelque lieu, comme un ambassadeur, envoyé ou résident chez les étrangers, un intendant dans les provinces; dans les tribunaux royaux, le procureur du roi; & dans les cours, le procureur-général. (*A*)

HOMMES ET FEMMES DE CORPS, sont des gens dont la personne est serve, à la différence des main-mortables, qui ne sont serfs qu'à raison des héritages qu'ils possèdent, & qui sont d'ailleurs des personnes libres. Il est parlé des *hommes & femmes de corps* dans la coutume de Vitry, *art. 1, 103, 140 & suiv.* Châlons, *art. 18*, & en la coutume locale de Resbetz, ressort de Meaux, & au chap. 39 de l'ancien style du parlement à Paris, & en l'ancienne coutume du bailliage de Bar, & au livre II de l'usage de Paris & d'Orléans. *Voyez* MAIN-MORTE. (*A*)

HOMME *féodal* ou *feudal*, dans quelques coutumes, est le seigneur qui a des *hommes* tenans en fief de lui. *Voyez* Ponthieu, *art. 72 & 87*; Boulenois, *art. 15 & 39*; Hainaut, *ch. 1, 4 & 5* : mais en l'*art. 74 & 81* de la coutume de Ponthieu, & dans celle de Boulenois, l'*homme feudal* est le vassal. (*A*)

HOMME *libre*; (*Droit public françois.*) on appelloit au commencement de notre monarchie *hommes libres*, ceux qui d'un côté n'avoient point de bénéfices ou fiefs, & qui de l'autre n'étoient point soumis à la servitude de la glèbe; les terres qu'ils possédoient étoient des terres allodiales : alors deux sortes de gens étoient tenus au service militaire, les leudes vassaux, ou arrière-vassaux, qui y étoient obligés en conséquence de leurs fiefs, & les *hommes libres*, francs, romains & gaulois, qui servoient sous le comte & étoient menés à la guerre par lui, & ses officiers qu'on nommoit *vicaires;* de plus, comme les *hommes libres* étoient divisés en centaines (en anglois *hundred*) qui formoient ce qu'on appelloit un *bourg*, les comtes avoient encore sous eux, outre les vicaires, d'autres officiers nommés *centeniers*, qui conduisoient les *hommes libres* du bourg, ou de leur centaine, au camp.

Les droits du prince sur les *hommes libres* ne consistoient qu'en de certaines voitures exigées seulement dans de certaines occasions publiques, & dans quelques endroits sur les rivières; & quant aux droits judiciaires, il y avoit des loix des Ripuaires & des Lombards, pour prévenir les malversations.

J'ai dit que les *hommes libres* n'avoient point de fiefs; cela se trouvoit ainsi dans les commencemens, alors ils n'en pouvoient point encore posséder; mais ils en devinrent capables dans la suite, c'est-à-dire, entre le règne de Gontran & celui de Charlemagne. Dans cet intervalle de temps, il y eut des *hommes libres* qui furent admis à jouir de cette grande prérogative, & par conséquent à entrer dans l'ordre de la noblesse; c'est du moins le sentiment de M. de Montesquieu, *voyez l'Esprit des loix*, *liv. 31*, *chap. 23*. (*D. J.*)

HOMME *lige*, vassal tenu de servir son seigneur envers & contre tous, même contre le souverain. *Voyez* Chantreau le Fèvre, dans son traité de *l'origine des fiefs*.

M. de Laurière, dans ses notes sur Ragueau, parle aussi d'une autre espèce d'*homme lige*, obligé, comme le premier, de servir son seigneur envers & contre tous, à l'exception néanmoins des autres seigneurs, dont il étoit auparavant *homme lige*.

Aujourd'hui que les guerres privées sont défendues, l'*homme lige* n'est pas lié d'une manière plus étroite à son seigneur que l'*homme* simple, & le roi est le seul en France qui puisse avoir des *hommes liges*. Dumoulin en a fait la remarque dans son commentaire sur le titre des fiefs de la coutume de Paris. (*Article de M. HENRION, avocat au parlement.*)

HOMMES *jugeans*, étoient les hommes des fiefs ou vassaux, qui rendoient la justice avec leur seigneur dominant. Il en est souvent fait mention dans les anciens arrêts de la cour; & dans la *quest. 169* de Jean le Coq, les vassaux de Clermont qui jugeoient en la cour de leur seigneur, sont appellés *hommes jugéans*. (*A*)

Hommes jugeans ou *jugeurs*, sont aussi les conseillers ou assesseurs que les baillis & prévôts appelloient pour juger avec eux. Il y a encore dans quelques coutumes de ces sortes d'assesseurs. *Voyez* HOMMES *cottiers*, HOMMES *de fief*, HOMME *de loi.* (*A*)

Dans presque toutes les coutumes de Flandre, d'Artois, & dans quelques coutumes voisines, la justice se rend encore par les *hommes* de fief, les *hommes* cottiers, *&c.* c'est-à-dire par des pairs, à la conjure du bailli, suivant l'usage qui s'observoit autrefois chez tous les peuples du Nord, & qui subsiste encore dans les Isles Britanniques, & dans la Suède. *Voyez* CONJURE, HOMME *de fief*, & OFFICES INFÉODÉS. (*M. GARRAN DE COULON.*)

HOMME *motier*, c'est celui qui est sujet à la banalité, ou au droit de mouture. *Voyez* le *Glossarium novum* de dom Carpentier, au mot *Homo motarius*. (*M. GARRAN DE COULON.*)

HOMME *proche* ou *arrière*. L'article 42 de la coutume de Bretagne appelle *homme proche*, le vassal ou sujet immédiat d'un seigneur, & *homme arrière*, l'arrière-vassal ou le justiciable du vassal immédiat, sur lequel le seigneur n'a qu'une jurisdiction immédiate. Cette coutume explique assez bien les cas où la justice du seigneur peut connoître des différends qui s'élèvent entre lui ou ses *hommes*, soit *proches*, soit *arrières*. *Voyez* JUGES *des seigneurs*. (*M. GARRAN DE COULON.*)

HOMME *profitable*, la coutume de Bretagne, *art. 91*, appelle de ce nom les sujets dont le seigneur tire profit & revenu. (*A*)

HOMME *sans moyen :* on appelloit ainsi un vassal qui relevoit immédiatement du roi, comme il est dit au *ch. 66* de la vieille chronique de Flandre. (*A*)

D'autres coutumes, telles que celles d'Anjou & du Maine, entendent par-là les vassaux *immédiats*. Les vassaux ou *hommes par moyen* sont les arrière-vassaux, ou vassaux médiats. (*M. GARRAN DE COULON.*)

HOMME *vilain*, (*Jurispr.*) du latin *villanus*, signifie *roturier*. Cette qualité est opposée à celle de *noble;* c'est pourquoi Loisel en ses *institutes*, dit que *hommes vilains* ne savent ce que valent éperons.

Quelquefois *homme vilain* se prend pour serf, mortaillable, *homme* de serve condition.

HOMME VIVANT ET MOURANT. Lorsqu'un immeuble grevé de la servitude féodale, passe des mains d'un laïque en celles d'un corps main-mortable, il s'ouvre au profit du seigneur dominant, outre la faculté d'obliger la main-morte à remettre dans le commerce, des droits de trois espèces.

1°. Un droit de quint, de lods, ou de relief, suivant la nature de la mutation qui a transféré l'immeuble à l'église.

2°. Une indemnité représentative des droits auxquels l'immeuble étoit assujetti, aux mutations par vente; espèce de mutation qui n'aura plus lieu par l'impuissance où sont les mains-mortes d'aliéner.

3°. Une seconde espèce d'indemnité à raison des droits qui s'ouvrent aux mutations qui arrivent par mort, mutations devenues impossibles par l'espèce d'éternité dont jouissent les corps main-mortables.

L'obligation de payer le droit ouvert par l'aliénation qui a transmis l'immeuble à l'église, n'a rien de particulier. A cet égard point de différence entre la main-morte & un acquéreur laïque.

De droit commun l'indemnité du quint, des lods, de tous les droits qui s'ouvrent aux mutations par vente, consiste dans une somme de deniers. Cette somme une fois payée ou prescrite, le seigneur est regardé comme entiérement désintéressé : il ne pourra plus rien prétendre à raison de ces droits, du moins tout le temps que durera la détention de la main-morte.

A l'égard des droits auxquels sont assujettis les mutations, autres que les aliénations par vente, pour indemniser le seigneur de la perte de ces droits, les corps main-mortables sont obligés de lui présenter un *homme* dont la vie sert de mesure à celle du vassal laïque, & dont le décès donne ouverture à la saisie féodale & sert d'époque au renouvellement de l'hommage, & au paiement du relief; on désigne cet *homme* sous la dénomination d'*homme vivant & mourant*.

Ce qui concerne cet *homme vivant & mourant*, forme l'objet de cette dissertation.

§. I. *Ancien état des choses.* Tout le temps que les fiefs ne furent grevés que du service militaire, les acquisitions des corps main-mortables furent sans conséquence pour les seigneurs, ou du moins ne leur portèrent qu'un préjudice très-léger. En effet, si les ecclésiastiques étoient incapables de servir en personne, ils pouvoient se faire substituer par un préposé; aussi voit-on que pendant ce premier période ils acquéroient & recevoient librement.

La révolution qui introduisit les droits féodaux utiles, tels que nous les voyons aujourd'hui, le relief ou rachat en succession, le quint ou les lods aux mutations par vente, devoit nécessairement porter son influence sur les propriétés de l'église.

Les corps ecclésiastiques ne mourant, & n'aliénant jamais, privoient les seigneurs des droits résultans des successions & des ventes, toutes les fois qu'ils acquéroient ou qu'ils recevoient un immeuble féodal.

Il étoit de la plus exacte justice de pourvoir à cet inconvénient. C'est ce que l'on fit en établissant que les seigneurs auroient la faculté d'obliger l'église à remettre l'immeuble dans le commerce, ou que s'ils consentoient qu'elle en conservât la propriété, ils pourroient en exiger une indemnité proportionnée au double préjudice qu'ils éprouvoient, c'est-à-dire à la perte des droits résultans des mutations par mort & des aliénations par ventes. Si l'on convenoit de cette indemnité, le seigneur désintéressé par ce dédommagement, consentoit que l'église conservât ce bien, en donnoit ses lettres confirmatives, que l'on appelloit dans l'origine *lettres d'amortissement*.

Voilà le premier pas dans cette partie de notre jurisprudence. Il est de la même date que l'établissement des droits féodaux utiles : cet établissement est du onzième siècle, & nous voyons à cette époque les seigneurs donner aux églises des lettres d'amortissement. En 1113, un seigneur confirme toutes les donations que ses vassaux ont faites ou pourront faire à l'église de Molesme. *Quidquid de me tenentes dederunt vel daturi sunt molismensi ecclesiæ laudo & confirmo* (1).

Cette double faculté d'obliger les mains-mortes à remettre dans le commerce, ou de leur vendre la permission de posséder, sortoit naturellement de cette grande maxime, qui ne permet pas que personne puisse préjudicier à un tiers; aussi voyons nous les seigneurs en possession de cette prérogative, près de deux siècles avant qu'aucune loi la leur eût conférée. En effet, les premiers monumens de notre législation sur ce point, ne sont que de la fin du treizième siècle. Ces monumens sont consignés dans les établissemens de S. Louis, *chap. 123*, & dans les coutumes de Beauvoisis par Beaumanoir, *chap. 12*.

Les établissemens portent : « si aucuns avoit » donné, à aucune religion ou à aucune abbaye » une pièce de terre, li sires en qui fié ce seroit ne » le souffriroit pas par droit se il ne voloit, ains » le pourroit bien prendre en sa main. Mès cil » a qui l'aumosne aura été donnée, si doit venir » au seigneur & li doit dire en tele manière; *sire*; » *ce nous a été donné en aumosne, se il vous plest* » *nous le tenions, & se il vous plest nous l'osterons* » *de notre main dedans terme avenant*, si leur doit » li sires esgarder qu'il la doivent oster dedans l'an » & li jour de leur main, & se il ne l'ostoient, » li sires la porroit prendre comme en son do- » maine, & si ne l'en repondroit jà par droit.

» Si legs, dit Beaumanoir, est fait à l'église... » li sire de qui l'héritage muet ne la peut défen- » dre; mais il puet commander à l'église à qui li » legs est fait, qu'elle le ote de sa main & le » mette en main laïc dedans l'an & jour, & se » l'église ne le fait, li sire peut penre l'héritage » en sa main & joir des issus jusqu'à tant que » l'église aura enteriné le commandement ».

Voilà nos premières loix sur cette matière; on voit qu'elles ne parlent ni d'indemnité pécuniaire, ni d'*homme vivant & mourant*; qu'elles disent, & rien de plus, que le seigneur peut obliger l'église *à remettre en main laïque*. Il n'en falloit pas davantage; le droit indéfini de prohiber emporte, & celui de permettre & celui de vendre arbitrairement la permission.

Tel étoit donc l'usage primitif; l'église après avoir acquis, se retiroit par devers le seigneur, & lui disoit, suivant la formule des établissemens: *ce nous a été donné, s'il vous plaît nous le tenrons, & s'il vous plaît nous l'ôterons de notre main.*

Le seigneur, maître de donner la loi, prenoit le parti le plus convenable à ses intérêts : s'il exigeoit que la main-morte remît dans le commerce, tout étoit consommé; s'il consentoit qu'elle conservât, on composoit sur le prix de la permission.

Ce prix, comme le prix de toutes les ventes, étoit arbitraire & dépendoit de la convention. On

(1) Chartre rapportée par M. de Laurière, à la fin de son *Traité du droit d'Amortissement*.

pouvoit stipuler une somme une fois payée, une prestation à une époque déterminée, par exemple de 30 ans en 30 ans, un relief ou un droit de lods à la mort du titulaire du bénéfice, du chef de la corporation, ou de la personne qui seroit par elle présentée; ce que l'on a depuis appellé *homme vivant & mourant.*

Et sur ce point nulle différence entre les fiefs & les rotures. Le seigneur & la main-morte pouvoient, pour les rotures comme pour les fiefs, convenir d'une somme, d'une prestation périodique, ou d'un *homme vivant & mourant.*

En effet, il existe des exemples de ces différentes indemnités; on pourroit en citer un grand nombre; pour abréger, nous nous contenterons d'en rapporter un de chaque espèce.

« Nous Guillaume de Poolly, *&c.* avons amorti, » & par la teneur de ces présentes lettres amor- » tissons à toujours - mès à religieuses personnes, » l'abbé & le couvent de S. Jean, près Melun.... » lis devant dits héritages...... pour le prix de » 10 livres tournois, lesquels nous avons reçu en » bonne pécune.... pour cause dudit amortisse- » ment ». Acte de l'an 1328, rapporté par M. le Maître, dans son *Traité du droit d'amortissement*, *liv.* 2.

Dictus cappellanus constituit se ipsum pro censu dictæ vineæ solvendo annuatim; ita quod cum dictus capellanus decesserit, ejus successores, quotiescumque mutabuntur, de dicta vinea accordare tenebuntur. Acte de l'an 1243, rapporté par la Thaumassière, sur l'article 55 de la coutume de Berri.

Pro toto casali dabunt vicarium, post cujus decessum, alio substituto, dabunt 14 libras pro relevamento & eodem modo facient post decessum singulorum vicariorum. La Thaumassière, *ibidem.*

Quoties eadem censiva in alterius presbiteri manum devenerit, tantum quinque solidos pro relevationibus reddet. Acte de l'an 1210, cartulaire de l'abbaye de S. Mesmin, près Orléans.

Rien, comme l'on voit, de plus arbitraire que cette composition; le seigneur maître de refuser à l'église la permission de posséder, pouvoit demander une indemnité plus ou moins forte, pouvoit exiger qu'elle lui fût payée de telle manière ou de telle autre; & la main-morte étoit réduite à l'alternative, ou de remettre dans le commerce ou de souscrire aux conditions qu'on lui imposoit.

Cet arbitraire existoit encore sous le règne de Charles V; cela est prouvé par le livre intitulé *le grand coutumier de France*, que l'on présume écrit à cette époque. Ce livre, l'un des plus précieux monumens de notre jurisprudence, renferme un chapitre fort long, intitulé *des amortissemens;* c'est le 23 du livre 2, & dans ce chapitre, pas un mot ni de la quotité ni de la forme de l'indemnité due aux seigneurs par les gens de main-morte. L'auteur se contente de dire: *selon raison, usage & coutume notoire, gens d'église ne peuvent tenir aucuns héritages assis en la haute-justice d'aucun haut-justicier contre la volonté dudit haut-justicier, si lesdits héritages ne sont suffisamment amortis par ledit haut-justicier.*

Cet auteur ne parle pas du prix de ce qu'il appelle l'*amortissement* du seigneur, c'est-à-dire de la permission de posséder; & pourquoi? ce silence ne peut avoir qu'une seule cause; c'est qu'il n'y avoit encore alors sur ce point ni loi ni usage. Effectivement il ne pouvoit pas y en avoir, puisque tout dépendoit de la volonté, & même du caprice de chaque seigneur.

Cependant nos rois travailloient, & depuis longtemps, à établir un nouvel ordre de choses.

Le droit de permettre ou de défendre aux gens de main-morte d'acquérir, étoit incontestablement un droit régalien; & le prix de cette permission est un objet de finance considérable. Nos rois étoient donc doublement intéressés à se resaisir de cette prérogative.

Philippe III fit la première tentative, par deux ordonnances des années 1275 & 1277; en 1291, 1303 & 1344, Philippe-le-bel fit un pas de plus. Louis Hutin & Philippe-le-Long, allèrent encore plus loin en 1315, 1316 & 1320; la puissance des grands vassaux forçoit l'autorité royale à cette marche lente & mesurée. Enfin Charles V se crut assez puissant pour porter le dernier coup; par une ordonnance du 8 mai 1372, il déclare: *qu'au roi seul, & pour le tout, appartenoit amortir en tout son royaume;* & que si les barons ou autres seigneurs continuoient d'amortir, *ne devoient les choses par eux amorties avoir effet d'amortissement, jusqu'à ce que le roi les eut amortis; mais que pourroit le roi faire contraindre les possesseurs à mettre hors de leurs mains, & iceux mettre à son domaine s'ils ne le faisoient.*

Cette ordonnance est la première qui porte indéfiniment & sans restriction, qu'au roi seul appartient le droit d'amortir. Elle ajoute que, malgré les amortissemens que les barons ou les autres seigneurs pourroient donner à l'avenir, le roi pourra contraindre les gens de main-morte à remettre dans le commerce; mais elle ne va pas jusqu'à dire que l'amortissement une fois donné par le roi, l'église conservera, même contre le gré des barons, les immeubles qu'elle pourroit avoir acquis sous leur mouvance. L'on devine aisément le motif de cette réticence. Cependant cela étoit dans l'esprit de la loi; & sans doute l'on attendoit une occasion favorable pour en faire l'application. Elle se présenta bientôt, & contre un vassal que son état & ses possessions rendoient peu redoutable. L'évêque de Langres vouloit contraindre les chanoines de sa cathédrale, à mettre hors de leurs mains des héritages qu'ils avoient acquis sous sa mouvance, ou à prendre de lui des lettres d'amortissement. Par arrêt de l'an 1392, le parlement jugea que l'évêque de Langres, *nec poterat ipsos adstringere ad ponendum eas extra manus suas, propter amortisationem non factam vel financiam non solutam.* Joannes Galli, quest. 311.

Cet arrêt juge très-positivement qu'un seigneur, même pair de France, n'avoit pas le droit d'obliger la main-morte à remettre dans le commerce, faute d'avoir pris de lui des lettres d'amortissement, c'est-à-dire faute de lui avoir acheté la permission de posséder. *Propter amortisationem non factam, vel financiam non solutam.* Ce sont les termes de l'arrêt.

Mais alors il y avoit encore en France plus d'un seigneur assez puissant pour méconnoître ou pour éluder impunément l'autorité royale. On se doute bien que ces grands vassaux ne plièrent pas facilement sous une loi qui les dépouilloit d'une prérogative également utile & honorifique. Effectivement l'ordonnance de 1372 éprouva beaucoup de résistance; & il s'en faut bien que, pendant le cours du 15e siècle, le roi ait joui seul du droit d'amortir & de permettre aux ecclésiastiques de posséder des immeubles féodaux ou censuels dans les mouvances de tous ses vassaux. Cela est bien prouvé par la coutume de Bar, homologuée au parlement le 4 décembre 1581. Cette coutume porte, *art. 13 : au seigneur seul appartient de donner amortissement des choses acquises par gens d'église.* Il y a bien d'autres preuves de cette vérité. Il n'y a donc pas trois siècles que cette maxime de notre droit public, *le roi seul peut amortir*, forme notre droit commun. Alors seulement il fut généralement reçu que le roi seul pouvoit donner des lettres d'amortissement, & que ces lettres une fois données, le seigneur, sous la mouvance duquel l'église avoit acquis, ne pouvoit plus la contraindre à remettre dans le commerce.

Cette époque est également celle de la fixation de l'indemnité. Cela devoit être ainsi, puisqu'après les lettres d'amortissement, le seigneur ne pouvoit plus contraindre la main-morte d'aliéner, il falloit bien régler le prix des droits dont on le forçoit à faire le sacrifice; des droits de rachat & de lods qui ne pouvoient plus s'ouvrir par l'impuissance où sont les main-mortes d'aliéner, & par l'espèce d'immortalité dont jouissent les corps main-mortables. Il n'étoit pas possible de forcer les seigneurs à recevoir ce que l'église auroit jugé à propos de leur offrir. D'un autre côté, mettre l'église à la discrétion des seigneurs, c'eût été subordonner à leur volonté l'effet des lettres d'amortissement, puisqu'ils auroient pu fixer à un prix si haut leur indemnité, que l'église, malgré ces lettres, se seroit vue forcée de remettre dans le commerce : encore une fois il falloit donc un réglement. Une loi générale étoit le moyen le plus simple; mais il auroit été difficile de la concilier avec une exacte justice. Les fiefs sont purement d'honneur sans profit dans certaines provinces; dans d'autres, sujets au relief à toutes mutations : ici les lods ne sont qu'un douzième du prix; ailleurs c'est le quint, & même le requint; & l'indemnité doit être calculée d'après toutes ces variétés.

On prit donc le parti d'attendre les occasions, & de juger, par des arrêts particuliers, les contestations, à mesure qu'elles s'éleveroient.

Plusieurs de ces arrêts, rendus depuis le commencement, jusque vers la fin du 16e siècle, sont parvenus jusqu'à nous. A la manière dont ils sont rédigés, on voit que ce sont les premiers pas dans une carrière nouvelle, & qu'ils forment le passage de l'arbitraire à la règle.

Le premier de ces arrêts est du 23 mai 1539, « par lequel fut dit qu'un seigneur inférieur ne » peut contraindre gens de main-morte à vuider » leurs mains d'un héritage qu'ils tiennent non amor» ti, en lui baillant *homme vivant, mourant* & con» fiscant.... faut noter cet arrêt, en ce qu'il ac» corde & confirme, qu'il suffit *alternativement* » bailler *homme vivant*, ou payer indemnité au sei» gneur ». M. le premier président le Maître, *des amortissemens, chap. 6.*

Deux choses à remarquer dans cet arrêt; la première, qu'il ne fixe pas l'indemnité; la deuxième, qu'il juge que la main-morte ne doit pas cumulativement l'*homme vivant & mourant* & l'indemnité, mais seulement l'un ou l'autre.

Mais bientôt les seigneurs portèrent leurs prétentions plus loin, & prétendirent que la main-morte leur devoit tout-à-la-fois l'indemnité & l'*homme vivant & mourant.*

En 1554, cette prétention fit la matière d'un procès entre Roger Collin, auditeur des comptes, & les religieux de Senlis.

Roger Collin, dans la mouvance duquel ces religieux avoient acquis trente-deux arpens de terre en fief, demandoit l'*homme vivant & mourant*, & en outre une indemnité pécuniaire; « les reli» gieux maintenoient n'être tenus, sinon bailler » *homme vivant & mourant*, ou payer indemnité ».

Il paroît que l'importance & la nouveauté de cette prétention embarrassa les juges; « la cour appointa » les parties au conseil ».

Bacquet, qui nous rend compte de cette contestation, dans son *traité du droit d'amortissement, ch. 57*, nous apprend que, trois ans après, la question s'éleva de nouveau, & fut plaidée au parlement, les 9 septembre & 18 novembre 1557, entre le seigneur de Fontenay & les religieux Blancs-manteaux.

Le seigneur disoit, « que, nonobstant l'ancienne » observance, les seigneurs de fief, depuis quel» que temps, outre l'*homme vivant & mourant*, ont » demandé droit d'indemnité, pour les droits de » quint & requint qu'ils perdent entiérement, d'au» tant que l'*homme* qui lor est baillé ne vend jamais.

» Au contraire, les gens de main-morte di» soient..... qu'il étoit en leur option, de bailler » *homme vivant & mourant*, ou de payer indem» nité....., & disoient avoir ainsi été jugé par » deux arrêts, l'un pour les chanoines de Dreux, » du 13 août 1533; l'autre pour les religieux d'Her» mières, du mois de septembre 1553.

» Finalement, après longue dispute, le jeudi 18

» novembre 1557, la cour donna arrêt..... qui » ordonne..... que les religieux auront main-le» vée des fiefs dont est question, *en baillant homme* » *vivant & mourant*, *& indemnité*....., laquelle » indemnité sera estimée par gens notables, admis » & accordés par les parties ».

Cet arrêt fait époque : c'est le premier qui ait fait concourir l'*homme vivant & mourant*, & l'indemnité.

Tel étoit donc l'état des choses pendant les soixante premières années du 16ᵉ siècle. On touchoit encore au temps où le seigneur, maître de refuser à la main-morte la permission de posséder, mettoit à cette permission le prix qu'il jugeoit à propos, où conséquemment tout étoit arbitraire. Depuis le commencement du 16ᵉ siècle, on travailloit à établir une règle fixe, & d'abord on avoit pensé que le seigneur devoit se contenter d'une indemnité pécuniaire, ou d'un *homme vivant & mourant*. Enfin on étoit revenu sur ses pas en 1557, & l'on avoit jugé, pour un fief, que l'indemnité pécuniaire, & l'*homme vivant & mourant* devoient concourir. Il ne restoit plus qu'à fixer le montant de cette indemnité.

C'est pendant ce choc d'opinions, pendant ces variations de la jurisprudence, que l'on procéda à la rédaction des coutumes; de-là le peu de concordance qui règne entre elles. Cela devoit être ainsi : il étoit impossible que l'on y mît une uniformité qui n'étoit pas dans les esprits.

§. II. *Coutumes qui parlent de l'homme vivant & mourant.* De toutes les coutumes du royaume, nous n'en avons que trente-trois qui se soient occupées des acquisitions faites par les gens de main-morte, du préjudice qu'elles portent aux seigneurs, & de la manière de pourvoir à leur indemnité; & dans ce nombre de trente-trois coutumes, il n'en est que vingt-cinq qui parlent de l'*homme vivant & mourant.* Ces 25 coutumes sont, Anjou, Auxerre, Bar, Berri, Blois, Boulonnois, Bretagne, Cambrai, Châlons, Grand-Perche, Laon, la Salle de Lille, Loudunois, Maine, Mantes, Melun, Monfort, Montargis, Normandie, Orléans, Péronne, Ribemont, Sens, Touraine & Xaintonge.

Rien de plus propre à faire connoître notre ancienne jurisprudence sur ce point, & combien elle étoit encore arbitraire à l'époque de la rédaction des coutumes, que la variété qui règne entre elles : les nuances qui les distinguent, les partagent en six classes.

Coutumes qui obligent les main-mortes à donner homme vivant & mourant, *en outre, une indemnité, & qui fixent cette indemnité.*

Auxerre, *art. 8.* « L'indemnité est estimée mon» ter le revenu de trois années de la chose ac» quise, ou le sixième denier de la valeur d'i» celle; & outre icelui revenu ou sixième de» nier, seront lesdites gens d'église tenus de bail» ler audit seigneur *homme vivant & mourant* ».

Bar, *art. 10.* « Sont tenus d'indemnité envers » le seigneur haut-justicier, & de bailler *homme vi*» *vant, mourant* & confiscant ».

Art. 12. « L'indemnité est la sixième partie de » la valeur dudit fief ou héritage de pote ».

Melun, *art. 29.* « Ils seront tenus bailler au sei» gneur féodal *homme vivant & mourant*, & lui » payer indemnité ».

Art. 30. « L'indemnité est le cinquième denier » de la valeur & estimation de la chose ».

Anjou, *art. 37.* « Laquelle indemnité se monte » à la valeur des fruits de trois années des choses » acquises, si autrement n'est composé ».

Les articles 110, 111 & 112 obligent les communautés à donner *homme vivant & mourant*, & portent qu'il y a ouverture au rachat, par la mort du titulaire du bénéfice.

Maine, *art. 41.* « Laquelle indemnité se monte » à la valeur des fruits de trois années desdites cho» ses acquises, si autrement n'est composé ».

Les articles 121, 122 & 123, pareils aux articles 110, 111 & 112 d'Anjou.

Touraine, *art. 142.* « Chapitres, *&c.* qui doi» vent foi & hommage, à cause d'aucuns héri» tages amortis & indemnisés, seront tenus bailler » *homme* qui fasse ladite foi, par la mort duquel est » dû rachat au seigneur pour la nouvelle foi ».

Art. 105. « Et s'entend ladite indemnité, qu'il » aura la cinquième partie des deniers de l'acquêt » ou la cinquième partie de la valeur des choses » acquises, où il n'y a eu deniers baillés ».

Sens, *art. 7.* « L'indemnité du seigneur est es» timée monter le revenu de trois années de la » chose acquise, ou le sixième denier de la va» leur & prix de ladite acquisition, au choix des » acquéreurs; & outre icelui revenu ou sixième » denier, bailler par lesdits gens d'église ou de » main-morte *homme vivant & mourant*, par le tré» pas duquel, *&c.* ».

Coutumes qui exigent homme vivant & mourant, *& indemnité, mais sans fixer l'indemnité.*

Berri, *art. 53.* « Et ledit an & jour passé, le » seigneur les peut aussi contraindre à en vuider » leurs mains, ou bailler *homme vivant & mourant*, » & payer indemnité au choix & élection des» dits gens d'église ».

Châlons, *art. 208.* « Doit avoir indemnité avec » *homme vivant & mourant* ».

Art. 209. « Les terres roturières & tenues en » censive..... en doit avoir indemnité ».

Grand-Perche, *art. 57.* « Si les choses sont amor» ties par le roi, ledit seigneur est tenu recevoir » *homme vivant & mourant*, étant premièrement sa» tisfait de son indemnité ».

Laon, *art. 209.* « Si les fiefs ont été amortis par » le roi, le seigneur les peut contraindre de bail» ler *homme vivant & mourant*, & lui bailler in» demnité ».

Normandie, *art. 140.* « L'églife doit en tout » pourvoir à l'indemnité du feigneur, & lui bailler *homme vivant & mourant*, & confifcant, pour » faire & payer les droits & devoirs qui lui font » dus ».

Loudunois, *chap. 14, art. 18.* « Chapitres, *&c.* » qui doivent foi & hommage, à caufe d'aucuns » héritages amortis & indemnés, font tenus bailler *homme* qui faffe ladite foi, par la mort duquel eft dû rachat au feigneur pour la nouvelle » foi, s'il n'y a paction contraire ».

Ribemont, *tit. 2, art. 25.* Montargis, *art. 86.* « *Homme vivant & mourant*, en payant profit, fans » préjudice de l'indemnité, au feigneur féodal, » fi aucune eft due ».

Blois, *art. 43 & 44.*

Coutumes muettes fur l'indemnité, & qui fe contentent de dire qu'il eft dû rachat, au décès de l'homme vivant & mourant, *ou du titulaire du bénéfice.*

Orléans, *art. 41.* « Seront tenus bailler & nommer vicaire audit feigneur de fief, fans payer » profit, & dès-lors en avant, par la mort dudit vicaire, fera dû rachat ou profit de fief ».

Montfort, *ch. 1, art. 47.* « Gens de main-morte » tenant fiefs amortis, font tenus bailler au feigneur féodal *homme vivant & mourant*, & confifcant ».

Mantes, *art. 43.* « Gens de main-morte, pour » fiefs amortis, doivent bailler *homme vivant & mourant* ».

Boulonnois, *art. 54;* Péronne, *art. 76;* Cambrai, *tit. 1, art. 55*, & *tit. 2, art. 7;* la Salle-de-l'Ifle, *tit. 1, art. 39;* Xaintonge, *tit. 4, art. 35.*

Coutumes qui règlent les profits auxquels le décès de l'homme vivant & mourant *donne ouverture.*

Sens, *art. 7.* « Par le trépas duquel le feigneur » prendra le revenu d'une année defdits héritages, » rentes ou autres droits acquis ».

Auxerre, *art. 8.* « Par le trépas duquel ledit » feigneur prendra le revenu d'une année defdits » héritages, rentes ou autres droits acquis ».

Châlons, *tit. 20, art. 208.* « Par le décès duquel eft dû profit & relief ».

Boulonnois, *tit. 13, art. 55.* « Par le trépas duquel homme féodal ou cottier..... peut ufer » ledit feigneur de fes droits, & la faire faifir & » rapproprier, comme en l'article précédent ».

Péronne, *art. 76.* « Lequel fera tenu de payer » à chaque renouvellement d'*homme*, le revenu » d'une année, pour le fief tel que deffus ».

Cambrai, *tit. 1, art. 55.* « S'ils font négligens, » après la mort de l'*homme* par eux baillé, de bailler » nouvel *homme*, & faire relief dedans l'an, depuis la mort du dernier *homme*, le feigneur peut » faire faifir tels fiefs, & faire les fruits fiens ».

Montargis, *art. 87.* « Par la mort de chacun » *homme vivant & mourant*, fera dû rachat & profit de fief ».

Orléans, *art. 41.* « Si lefdits gens d'églife ou de » main-morte avoient tenu & joui defdits héritages par foixante ans, ou qu'ils euffent lettres d'amortiffement, en ce cas, ne feront tenus en » vuider leurs mains; mais feront tenus bailler & » nommer vicaire audit feigneur de fief, fans payer » profit, & dès-lors en avant, par la mort de chacun vicaire, fera dû rachat & profit de fief ».

Normandie, *art. 140.* « Doit..... bailler *homme vivant, mourant* & confifcant, pour faire & payer » les droits & devoirs qui lui font dus ».

La Salle-de-l'Ifle, *tit. 1, art. 39.* « Sont tenus » de bailler *homme vivant* & *mourant*, par le trépas duquel ledit relief eft dû, & pourfuivable » comme deffus, & de bailler refponfible pour » fervir en cour, le tout s'il n'appert d'exemption » contraire ».

Tours, *art. 142.* « Seront tenus de bailler *homme* » qui faffe ladite foi, par la mort duquel eft dû » rachat au feigneur pour la nouvelle foi ».

Loudunois, *art. 19.* « Sont tenus bailler *homme* » qui faffe ladite foi, par la mort duquel eft dû » rachat pour la nouvelle foi, s'il n'y a paction » contraire ».

Anjou, *art. 112;* Maine, *art. 123.* « Fera foi & » hommage, & paiera rachat pour ladite terre ».

Grand-Perche, *art. 71.* « Le rachat eft dû par la » mort dudit *homme* ou réfignation dudit *homme* » baillé ».

Blois, *art. 44.* « A mutation duquel fera dû profit de rachat....., à la mutation d'icelui vicaire, » le profit de relief, felon la nature de la cenfive ».

Coutumes qui exigent homme vivant & mourant *pour les rotures.*

Bar, *art. 10.* « Laquelle coutume a lieu & s'obferve en rentes & héritages de pote & roturiers » pareillement; finon qu'il y eût jouiffance de 30 » ans, auquel cas feront feulement tenus d'indemnité envers le feigneur haut-jufticier, & de bailler » *homme vivant, mourant* & confifcant ».

Boulonnois, *tit. 13, art. 55.* « Si aucun collège, » *&c.* tient aucun fief non amorti, terres & rentes » cottières, doit bailler pour iceux fiefs non amortis, terres & rentes cottières, & pour chacun » d'iceux, *homme* de fief, ou cottier vivant & mourant ».

Blois, *art. 44.* « Si lefdits gens d'églife ou autres faifant main-morte, tiennent & poffèdent » les héritages par eux acquis par quarante ans, » fans interpellation ou fommation de les mettre » hors de leurs mains, lefdits feigneurs féodaux, » cenfuels & terrageaux ne les pourront plus contraindre de les mettre hors de leurs mains : toutefois ils feront tenus de bailler aux feigneurs » féodaux, cenfuels & terrageaux, s'ils les en requièrent, *homme vivant & mourant* pour vicaire, » qui fera audit feigneur fa foi & hommage, à » mutation duquel fera dû profit de rachat, & en

» héritage

» héritage censuel, lesdits gens d'église ou de main-» morte ou leur vicaire paieront le cens annuel, » & à la mutation d'icelui vicaire, le profit de re-» lief, selon la nature de la censive. Et s'il n'y a » vicaire baillé, ils paieront lesdits profits par la » mort ou mutation du chef desdites églises ou » main-morte, s'il y en a; ou de celui qui tien-» dra le bénéfice en titre ou en commende ».

Berri, *tit. 5, art. 53.* « Seigneur féodal peut » contraindre gens d'église..... acquérans..... » aucuns fiefs ou héritages censuels..... à en vui-» der leurs mains, ou bailler *homme vivant & mourant*, & payer l'indemnité au choix & élection » desdits gens ecclésiastiques ».

Orléans, *art. 119.* « Le seigneur censier peut saisir » & exploiter l'héritage censuel, & en faire les » fruits siens, jusqu'à ce que lesdits gens d'église » & de main-morte aient vuidé leurs mains des-» dits héritages ou rentes, ou que le vicaire lui » ait été baillé ».

Montargis, *art. 86 & 87*; Auxerre, *art. 81.* « Outre l'indemnité, lesdits gens d'église tenus de » bailler audit seigneur *homme vivant & mourant*, » par le trépas duquel ledit seigneur prendra le » revenu d'une année desdits héritages, rentes ou » autres droits acquis ».

*Coutumes qui portent que l'*homme vivant & mourant *sera aussi confiscant.*

Montfort, *art. 47*; Mantes, *art. 43*; Laon, *art. 209*; Péronne, *art. 76*; Bretagne, *art. 368*; Bar, *tit. 1, art. 10.*

Coutumes qui disent, & rien de plus, que le seigneur est en droit d'obliger l'église à remettre dans le commerce, & qu'elle ne peut tenir fiefs ou censives sans son consentement.

Senlis, *tit. 11, art. 220*; Clermont, *tit. 8, art. 111*; Valois, *tit. 3, art. 24*; Vitri, *tit. 1, art. 4*; Saint-Quentin, *tit. 4, art. 84*; Chauni, *tit. 17, art. 100*; Comté, *ch. 18, art. 108*; Auvergne, *ch. 21; art. 12*; & *ch. 22, art. 16.*

Chacune de ces différentes classes de coutumes donne lieu à quelques observations.

§. III. *Réflexions sur les coutumes de la première & de la seconde classe.* On se rappelle qu'à l'époque de la rédaction des coutumes, on doutoit si la main-morte devoit cumulativement l'*homme vivant & mourant*, & l'indemnité, ou bien si le seigneur ne pouvoit exiger que l'un ou l'autre, c'est-à-dire une somme une fois payée, ou un *homme vivant & mourant.*

Dumoulin, qui pensoit que, malgré l'amortissement donné par le roi, le seigneur pouvoit obliger la main-morte de remettre dans le commerce, n'établit pas de règle sur ce point, parce que, dans son opinion, la quotité, comme la forme de l'indemnité, dépendoit de la volonté du seigneur. Mais il nous apprend que, vers le milieu du 16e siècle, l'usage le plus commun étoit que la main-morte donnât pour les censives & pour les fiefs un *homme vivant & mourant*, sans autre indemnité. Voici ses termes: *receptior autem & frequentior modus est, quòd ecclesia vel simile corpus det vicarium viventem & morientem, id est, quo vivente nullum novum jus acquiratur domino, sed eo moriente feudum aperiatur, & fidelitas & relevium solvi debet, vel si res censualis sit, certa summa vice laudimiorum.* Sur l'article 41 de l'ancienne coutume de Paris, *n. 62.*

Cette importante question est enfin décidée contre la main-morte par les coutumes qui forment ces deux premières classes.

Ces coutumes, au nombre de 16, savoir Anjou, Auxerre, Bar, Berri, Blois, Châlons, Grand-Perche, Laon, Loudunois, Maine, Melun, Montargis, Normandie, Ribemont, Sens & Touraine; ces coutumes, disons-nous, décident que la main-morte doit cumulativement une indemnité pécuniaire représentative des droits qui s'ouvrent aux mutations par vente, & un *homme vivant & mourant*, dont le décès donne ouverture au relief ou rachat.

Ces coutumes qui couvrent une grande partie de la France coutumière, doivent sans doute en former le droit commun. Telle est en effet la règle: dans les provinces où il n'existe ni coutume, ni jurisprudence contraire, il est dû aux seigneurs par les main-mortes qui acquièrent des fiefs sous leur mouvance, un *homme vivant & mourant*, & de plus une indemnité pécuniaire; & cette règle qui, comme nous le dirons dans un instant, reçoit quelques exceptions, est érigée en loi générale pour les mouvances de la couronne, par la célèbre déclaration du 21 novembre 1724. L'article 4 porte: « le paiement de l'amortissement & » de l'indemnité ne dispensera point les ecclésias-» tiques & gens de main-morte du paiement des » droits seigneuriaux de leurs acquisitions, & des » cens & autres redevances annuelles, dont les » héritages acquis peuvent être chargés, non plus » que de nous fournir *homme vivant & mourant*, » aux effets qu'il appartiendra ».

§. IV. *Réflexions sur les coutumes de la troisième classe.* Ces coutumes muettes sur l'indemnité pécuniaire, se contentent de dire que l'église qui acquiert un fief doit au seigneur duquel il relève, un *homme vivant & mourant.*

Cette troisième classe est composée de huit coutumes, savoir Boulonnois, Cambrai, la Salle-de-Lille, Mantes, Montfort, Orléans, Péronne & Xaintonge.

Ce que nous venons de dire sur la situation des esprits, vers le milieu du 16e siècle, donne l'intelligence de ces coutumes.

Nous le répétons; on doutoit alors si la main-morte devoit cumulativement l'*homme vivant & mourant*, & en outre, une indemnité pécuniaire; ou bien si le seigneur étoit obligé de se contenter de l'une de ces deux prestations : les gens de main-morte soutenoient que le relief étant dû par le décès de chaque *homme vivant & mourant*, cette prestation formoit pour le seigneur le juste équivalent & du quint & du relief; par la raison que le quint ne s'ouvre qu'à des époques très-éloignées, & le relief, que dans le cas où le fief change de main en ligne collatérale. Les seigneurs répondoient que le relief qui s'ouvroit par le décès de l'*homme vivant & mourant*, ne pouvoit être regardé que comme la représentation de celui auquel la mort du vassal laïque auroit donné ouverture, si la chose fût restée dans le commerce, conséquemment qu'outre cet *homme vivant & mourant*, ils avoient droit d'exiger une indemnité pécuniaire, à raison du droit de quint, & de part & d'autre on alléguoit des arrêts.

Cette situation des esprits une fois connue, rien de plus clair que le motif & le véritable sens des huit coutumes dont nous parlons. Des deux opinions régnantes, lors de leur rédaction, elles adoptent la première : elles décident que la main-morte qui acquiert un immeuble féodal ne doit, pour toute indemnité, que l'*homme vivant & mourant*; elles jugent que le relief s'ouvrant à la mort de chaque vicaire, forme l'équivalent du quint & du rachat.

En effet, un relief, au décès de chaque *homme vivant & mourant*, est un profit infaillible, aussi nécessaire que les loix de la nature; & lorsqu'un fief est dans des mains laïques, il peut arriver, & en effet il arrive que des siècles s'écoulent sans aliénation par vente, sans mutation en collatérale, en un mot, sans une seule ouverture utile au seigneur.

Voilà de quelle manière les rédacteurs de ces huit coutumes ont vu les choses. Ainsi, quoiqu'elles ne disent pas textuellement que la main-morte est affranchie de l'indemnité pécuniaire, cependant du fait qu'elles ne l'assujettissent qu'à l'*homme vivant & mourant*, il faut conclure qu'elle ne doit que cette prestation.

Sans doute, dans ces coutumes, comme dans les autres, le seigneur & la main-morte peuvent convenir d'une indemnité pécuniaire; sans doute il s'est fait beaucoup de conventions de cette espèce dans le temps où il n'y avoit pas encore de règle sur ce point; mais il résulte des dispositions de ces coutumes, que la main-morte qui acquiert ne doit qu'un *homme vivant & mourant*, & que le seigneur est obligé de s'en contenter.

§. V. *Rapprochement de ces différentes coutumes.* Le rapprochement de ces différentes coutumes conduit naturellement à la question de savoir auxquelles est due la préférence?

On peut répondre que ni les unes ni les autres ne sont rigoureusement justes. On peut soutenir que les premières grèvent la main-morte au profit des seigneurs, & que les secondes la favorisent très-évidemment à leur préjudice.

De quoi s'agit-il? de donner au seigneur la compensation équivalente des droits de quint & de relief, qui ne s'ouvriront plus par l'impuissance où sont les corps main-mortables d'aliéner, & par l'immortalité dont ils jouissent : voilà l'objet de ces coutumes, de toutes nos loix sur cette matière. *Indemnitas est illa pensatio quæ fit & præstatur domino pro interesse suo, loco jurium utilium quæ verisimiliter percepturus erat remanente in privatorum manu, quæ sæpe variis mutatur modis.* Cette définition est de Dumoulin.

Tout ce que le seigneur peut exiger, lorsqu'une main-morte acquiert sous sa mouvance, tout ce qui lui est rigoureusement dû, c'est donc l'équivalent de ces droits de relief & de quint, qu'il auroit vraisemblablement perçu, si le fief fût resté dans le commerce.

Si cela est, n'est-il pas évident que, dans les coutumes qui cumulent les deux prestations, l'indemnité est supérieure à la perte, au préjudice que le seigneur éprouve?

En effet, lorsque, par le paiement d'une somme pécuniaire, le seigneur a la compensation du droit de quint, quel tort reste-t-il à réparer? un seul, la privation du droit de relief : mais la mort du vassal laïque ne donne pas indistinctement ouverture à ce droit de relief. Le seigneur ne peut l'exiger que de l'*héritier* collatéral; & il est rare qu'une seigneurie ne passe pas au moins du père au fils, souvent au petit-fils, quelquefois même elle est des siècles entiers dans la même ligne. Ainsi, combien de mutations stériles pour le seigneur!

Cependant, en indemnité de ces mutations par mort, on lui donne un relief au décès de chaque *homme vivant & mourant*. Ainsi l'on substitue un droit certain à un droit éventuel, & l'on double à son profit les cas qui donnent ouverture au relief.

A l'égard des coutumes dont nous avons formé la troisième classe, il nous paroît qu'elles favorisent la main-morte au préjudice des seigneurs.

Ces coutumes, pour toute indemnité en compensation du quint, comme du rachat, donnent au seigneur, & rien de plus, un droit de relief, au décès de chaque *homme vivant & mourant*.

Sans doute cette indemnité excède le préjudice que le seigneur éprouve par la perte des droits qui s'ouvriroient aux mutations en collatérale; mais cet excédent forme-t-il la compensation du droit de quint? il est clair que non.

Suivant le cours naturel des choses, *ex communiter accidentibus*, les immeubles changent de mains par vente chaque soixante années; & dans le même période arrive encore, & presque nécessairement, une mutation par mort. Supposons, ce qui est fort rare, deux décès d'*homme vivant & mourant*; pendant ce même espace de soixante années, le seigneur a donc deux fois le revenu du fief, en indemnité d'un droit de quint, & souvent d'un relief. Mais en général deux revenus d'année ne forment que le 15ᵉ, ou tout au plus le 12ᵉ du prix du fief ; & le droit de quint est la cinquième partie de ce même prix. Ainsi le préjudice que le seigneur éprouve excède de beaucoup l'indemnité que ces coutumes lui donnent.

Cependant, puisque toutes les coutumes qui se sont occupées de l'indemnité due aux seigneurs par les gens de main-morte, se partagent entre ces deux alternatives, on ne pouvoit que choisir l'une ou l'autre, pour former un droit commun qui suppléât au silence des coutumes muettes. Dans cette position, on a cru devoir donner la préférence à celles qui donnent & l'indemnité pécuniaire, & l'*homme vivant & mourant* : ce choix est justé par plusieurs motifs.

Le premier, qui suffiroit seul, c'est que forcer les seigneurs à accepter le prix des droits seigneuriaux qui leur appartiennent, c'est violer les droits sacrés de la propriété. Ainsi, lorsqu'un corps main-mortable, après avoir mis le seigneur dans l'impuissance de refuser ses offres, par l'obtention des lettres d'amortissement, se présente pour régler avec lui son indemnité, il lui doit non-seulement la valeur de la chose, mais le prix de la liberté qu'elle lui enlève de conserver son patrimoine. Ce n'est donc pas le cas de calculer arithmétiquement la valeur intrinsèque des droits de quint & de relief.

D'un autre côté, ceux qui regardent la double indemnité d'une somme pécuniaire & de l'*homme vivant & mourant* comme trop considérable, raisonnent, ainsi que nous venons de le faire, comme si le relief n'avoit lieu qu'aux mutations par mort ; mais il s'ouvre également par donation, & quelquefois par échange : à la vérité, ces cas sont rares ; mais ils arrivent, & cela vaut un prix.

Enfin, par l'acquisition de la main-morte, le seigneur perd l'espérance de la commise, &, ce qui est bien plus important, le retrait féodal, prérogative très-flatteuse, souvent utile, & quelquefois inappréciable, à raison des convenances.

La propriété du seigneur ainsi violée, sa liberté contrainte, tant de prérogatives perdues, tout cela est-il trop payé par un droit de relief au décès de chaque *homme vivant & mourant ?*

C'est donc avec beaucoup de raison que l'on a donné la préférence aux coutumes qui cumulent l'*homme vivant & mourant* & l'indemnité pécuniaire, & que l'on a formé de ces coutumes la loi de celles qui ont négligé de s'expliquer sur ce point.

Dans le nombre de ces coutumes muettes, il en est cependant qui paroissent devoir être exceptées de cette règle, & dans lesquelles il seroit peut-être plus juste de transporter la disposition de celles qui ne donnent que l'*homme vivant & mourant* pour toute indemnité.

§. VI. *Exception.* Il y a des fiefs affranchis du droit de quint, mais grevés du relief à toute mutation, même en ligne directe.

Tels sont les fiefs régis par la coutume du Perche-Gouet, par l'usage du Vexin-le-françois, *&c. &c.*

A l'égard de ces fiefs, les mutations par vente ne donnent, comme celles par mort, ouverture qu'au relief, & toutes les mutations par mort étant productives de ce droit, il y auroit une sorte d'injustice d'obliger la main-morte à donner le prix d'un droit de quint qui n'existe pas. L'*homme vivant & mourant* paroît donc être pour les seigneurs une indemnité suffisante. En effet, ils auront un droit de relief au décès de chacun de ces *hommes*, & ce droit de relief est tout ce qu'ils pouvoient espérer, lorsque le fief étoit dans le commerce.

Il paroîtroit donc juste d'établir, pour les fiefs de cette espèce, une exception au droit commun, & de régler, lorsqu'ils passent dans les mains d'un corps main-mortable, l'indemnité des seigneurs, non par les coutumes qui exigent les deux prestations, mais par celles qui se contentent de l'*homme vivant & mourant.*

C'est même le seul cas où cette indemnité puisse paroître juste. A l'égard des autres fiefs, elle est évidemment trop foible.

Et même pour ces fiefs de relief à toute main, l'*homme vivant & mourant* n'indemnise pas suffisamment le seigneur.

Le décès de cet *homme vivant & mourant* donne, il est vrai, comme celui du vassal, ouverture au relief. Mais les mutations par mort ne sont pas les seules productives de cette prestation ; les donations y sont également assujetties, & l'*homme vivant & mourant* n'a pas la faculté de donner. Il en est de même du retrait féodal ; cette prérogative est absolument perdue pour le seigneur, & l'*homme vivant & mourant* ne l'en indemnise pas.

Ajoutons que, même pour les mutations par mort, cette indemnité n'est pas exactement juste. La main-morte ayant la liberté de présenter le vicaire qu'elle juge à propos, a soin de faire tomber son choix sur des *hommes* de l'âge & de la constitution qui promettent la plus longue vie ; & la chose est bien différente, lorsque c'est le hasard des successions qui distribue les propriétés.

§. VII. *Réflexion.* De ces observations sur les différentes coutumes, il résulte qu'il n'en est aucune où l'indemnité des seigneurs soit parfaitement calculée, & que nous n'avons pas une seule loi sur cette matière qui soit rigoureusement juste.

Faut-il réformer ces coutumes, & s'occuper d'une fixation nouvelle ? ce ne seroit pas là le parti que nous indiquerions. La nature des droits seigneuriaux est telle, qu'il seroit trop difficile de faire mieux que ceux qui nous ont précédé.

Il y auroit un moyen beaucoup plus simple : ce seroit de revenir au point d'où l'on est parti, & de laisser, comme autrefois, le seigneur maître du prix, & la main-morte libre d'en refuser le paiement.

Le droit d'amortir demeureroit exclusivement dans la main du roi ; lui seul pourroit habiliter la main-morte à posséder des immeubles. Mais l'effet de cette grace du prince seroit subordonné aux arrangemens que le titulaire prendroit avec le seigneur. Celui-ci, comme cela est juste, comme tous les vendeurs en ont la faculté, mettroit à l'abdication de ses droits le prix qu'il jugeroit à propos: la main-morte auroit, comme tous les acquéreurs, la liberté de ne pas acheter; &, dans ce cas, elle remettroit le fief dans le commerce.

C'est ce que disoit Dumoulin; on n'a pas voulu l'entendre. Les propriétés des citoyens ont continué de s'accumuler dans la main des ecclésiastiques; &, lorsque l'édit de 1749 a paru, le mal étoit fait.

§. VIII. *Observations sur les coutumes de la cinquième classe.* Ces coutumes, au nombre de seize, sont Anjou, Auxerre, Blois, Boulonnois, Cambrai, Châlons, Grand-Perche, la Salle de Lille, Loudunois, Maine, Montargis, Normandie, Orléans, Péronne, Tours & Sens.

Après avoir assujetti la main-morte à la prestation de l'*homme vivant & mourant*, ces coutumes règlent les obligations de cet *homme*, & le prix de l'investiture que le seigneur est obligé de lui donner.

L'obligation de l'*homme vivant & mourant*, c'est d'acquitter la main-morte de la foi & hommage, de la porter au seigneur de la même manière que si le fief étoit en main laïque.

Le seigneur est obligé de recevoir l'hommage, présenté par ce vassal fictif; mais, pour prix de cette investiture, il prend les fruits du fief pendant le cours d'une année, c'est-à-dire le droit de relief.

C'est ce que portent ces coutumes: « prendra » le revenu d'une année des héritages, rentes ou » autres droits acquis ». Sens, *art. 7.*

« Seront tenus bailler *homme* qui fasse ladite foi, » par la mort duquel est dû rachat au seigneur » pour la nouvelle foi ». Tours, *art. 142.*

« Sont tenus bailler *homme* qui fasse ladite foi, » par la mort duquel est dû rachat pour la nou» velle foi, s'il n'y a paction contraire ». Loudunois, *art. 119.*

Les coutumes de Boulogne & de Cambrai ajoutent que, faute par la main-morte de présenter cet *homme* dans le délai de la coutume, le seigneur peut saisir féodalement.

Cette disposition est aussi juste que celle qui donne le relief au seigneur pour prix de l'investiture qu'il accorde au vicaire de la main-morte. Il faut donc en former le droit commun, & le supposer l'un & l'autre dans toutes les coutumes, qui, après avoir assujetti les ecclésiastiques à la prestation de l'*homme vivant & mourant*, ont omis de parler du relief & de la saisie féodale. Puisque l'unique objet de cet *homme vivant & mourant* est de représenter le vassal laïque, il doit être assujetti aux mêmes charges; il doit au seigneur le même prix pour l'investiture qu'il en reçoit; & quant à la saisie féodale, inutilement la loi imposeroit-elle à la main-morte l'obligation de présenter un *homme vivant & mourant*, si elle ne donnoit pas au seigneur le moyen de l'y contraindre.

§. IX. *Observations sur les coutumes de la cinquième classe.* Ces coutumes assujettissent la main-morte à la prestation de l'*homme vivant & mourant*, pour les rotures, comme pour les fiefs. Elles sont au nombre de sept: Auxerre, Bar-le-duc, Berri, Blois, Boulonnois, Montargis & Orléans.

Relativement aux héritages censuels, les coutumes se partagent en deux classes générales; celles qui donnent des profits aux seigneurs pour les mutations par mort, & celles qui restraignent leurs droits aux aliénations par vente.

Dans ces dernières, en général, il n'est pas question d'*homme vivant & mourant*, parce que l'indemnité pécuniaire éteignant tous les droits résultans des aliénations par vente, cette indemnité payée ou prescrite, la main-morte ne doit plus au seigneur qu'une reconnoissance purement honorifique; reconnoissance que la main-morte peut donner, comme un *homme vivant & mourant* pourroit le faire. Au contraire, dans les coutumes de la première classe, l'*homme vivant & mourant* est nécessaire, parce qu'autrement les corps étant immortels, les droits résultans des mutations par mort ne s'ouvriroient jamais.

Si l'on veut un garant de ces décisions, qui ne sont autre chose que des notions élémentaires, on le trouve dans le *Traité du domaine* de M. de la Planche, *tom. 1, pag. 451.* On y lit: « Bacquet » observe que la main-morte n'est pas dans l'obli» gation de donner l'*homme vivant & mourant* pour » l'héritage roturier, puisque la mort de cet *homme* » ne pourroit donner lieu ni à la prestation de » l'hommage, ni au paiement du relief. Mais cette » observation n'est juste que dans les coutumes » qui n'assujettissent les rotures à aucun droit, dans » le cas des donations & des successions, & non » dans celles qui exigent, dans ce cas, ou ce » qu'elles appellent *plait*, ou ce qu'elles appellent » *milods*, dans lesquelles la prestation de l'*homme* » *vivant & mourant* & l'obligation de payer un » relief à sa mort concourent aussi avec l'indem» nité ».

Il faut donc un *homme vivant & mourant* pour la roture, comme pour le fief, toutes les fois que la loi territoriale assujettit les roture à des droits seigneuriaux, aux mutations par donation & par mort. Il faudroit donc transporter, dans toutes les coutumes de cette espèce, la disposition de celles qui assujettissent la main-morte à l'obligation de donner un *homme vivant & mourant* pour les fiefs; la justice le veut, & telle est en effet la règle.

Dans le Lyonnois, le Forez, le Beaujolois, dans tous les lieux où les terres roturières sont assujetties aux milods, aux donations & aux successions, l'*homme vivant & mourant* a lieu indistinctement pour les immeubles féodaux & censuels.

Les coutumes, qui, après avoir assujetti les

rotures à des droits seigneuriaux, aux mutations par donation & par mort, ajoutent que la main-morte doit, à raison de ces mêmes rotures, un *homme vivant & mourant*, sont donc de la plus exacte justice.

Mais, dans le nombre de ces coutumes, il en est qu'il est difficile de justifier, & dont on n'apperçoit pas aisément le motif : par exemple, dans la coutume de Bar, les rotures ne sont assujetties qu'à un droit unique, celui de lods aux aliénations par vente. Cependant cette coutume veut que les main-mortes soient tenues, pour les rotures, comme pour les fiefs, d'*indemnité envers le seigneur haut-justicier, & de bailler homme vivant, mourant & confiscant.*

Puisque, dans cette coutume, la vente est seule productive de droits seigneuriaux; puisqu'au moyen de l'indemnité, le seigneur a l'équivalent du droit de lods & ventes, quel peut être l'objet de l'*homme vivant & mourant ?*

Cette indemnité payée, le seigneur n'a plus à prétendre que le cens annuel & une reconnoissance périodique. Faut-il un *homme vivant & mourant* pour payer quelques deniers de cens, pour signer une déclaration censuelle ? Où est la difficulté, où est le préjudice pour le seigneur, qu'une corporation fasse l'un & l'autre ?

La coutume de Bar ajoute que cet *homme vivant & mourant* sera aussi *confiscant*; & voilà peut-être ce qui la justifie.

Autrefois les cas de commise étoient très-nombreux; & la confiscation pour délit public, qui, dans ces temps de trouble & de barbarie, devoit être fréquente, avoit lieu au profit des seigneurs féodaux. Alors les confiscations & les commises, que l'on désignoit sous le nom générique de *confiscation*, devoient donc être pour les seigneurs un casuel très-utile, devoient être placées dans le nombre des droits les plus profitables des seigneuries.

Mais un corps main mortable est, par sa nature, dans l'impuissance de donner ouverture, soit à la commise, soit à la confiscation. Cependant l'acquisition de l'église ne doit porter aucun préjudice au seigneur, ne doit porter aucune atteinte à ses prérogatives : c'est le vœu de l'équité. Pour remplir ce vœu, il falloit donc, même pour les censives à simple droit de vente, imposer à la main-morte l'obligation de donner au seigneur un *homme vivant & mourant*, un *homme* dont les délits, soit envers le public, soit envers la personne du seigneur, donnassent ouverture à la confiscation ou à la commise. Aussi voyons-nous qu'après avoir dit que, pour les terres roturières, la main-morte sera tenue de donner un *homme vivant & mourant*, la coutume de Bar a soin d'ajouter *& confiscant.* Ce mot développe son esprit & justifie sa disposition.

Il faut présumer que tel est également le motif, au moins l'un des principaux motifs, des autres coutumes, qui, sans dire que l'*homme vivant, mourant*, sera aussi confiscant, exigent néanmoins cet *homme* pour les censives à simple droit de lods & ventes.

C'étoit autrefois une opinion très-répandue, que, de plein droit, l'*homme vivant & mourant* étoit aussi confiscant. Cette opinion régnoit encore à l'époque où Dumoulin écrivoit, & même avoit des partisans capables de lui donner beaucoup de consistance : on le voit à la chaleur avec laquelle Dumoulin s'élève contre eux. Voici ses termes : *addunt nonnulli etiam confiscantem vicarium dari debere, id est, per cujus noxiam vel feloniam feudum possit ad dominum reverti : & ita tanquam (ut aiunt) Apollinis oraculum fixè tenent omnes meri pragmatici.* Sur l'article 41 de l'ancienne coutume de Paris, *n. 63.*

Il est à croire que les rédacteurs des coutumes dont nous parlons, étoient du nombre de ceux qui pensoient que, de plein droit, l'*homme vivant & mourant* étoit aussi confiscant. Dans cette supposition, pensant qu'il est inutile d'exprimer ce qui est de droit commun, ils pouvoient, comme ils l'ont fait, négliger de dire que l'*homme vivant & mourant* seroit confiscant; & strictement attachés à la maxime qui veut que l'acquisition de la main-morte ne préjudicie, en aucune manière, au seigneur, ils devoient exiger, pour toutes les rotures, comme pour tous les fiefs, un *homme vivant & mourant*, un *homme* inutile, à la vérité, pour le paiement du cens & la prestation de la reconnoissance, mais dont les délits ou la félonie pouvoient faire rentrer l'immeuble dans la main du seigneur.

Voilà peut-être le motif & l'objet de ces coutumes. C'est du moins celui qui nous paroît le plus vraisemblable.

On va voir cette opinion, que l'*homme vivant & mourant* est aussi confiscant, érigée en loi par quelques coutumes.

§. X. *Observations sur les coutumes de la sixième classe.* Ces coutumes disent, comme nous venons de l'annoncer, que l'*homme vivant & mourant* sera confiscant; elles sont au nombre de six : Bar, Bretagne, Laon, Mantes, Montfort & Péronne.

Dumoulin parlant de cette confiscation, après le passage que nous venons de transcrire dans le paragraphe précédent, ajoute : *ego illud nec verum, nec rationabile puto.* La raison qu'il en donne est aussi simple que tranchante; c'est qu'il seroit injuste que l'église fût la victime d'un délit qui n'est pas son ouvrage. *Non esset æquum ecclesiam fidelem & innocentem propter alienum debitum puniri.*

M. le Fèvre de la Planche, dans son *Traité du domaine*, pense de même, & rejette absolument ces coutumes. « Leur disposition, dit-il, est visiblement absurde, puisqu'on ne pourroit soutenir, avec quelque sorte de fondement, *dans ces coutumes même*, que l'*homme vivant & mourant* peut, par son crime, faire perdre à la main-morte la propriété de son fief ».

Mais la chose seroit différente, si le titulaire du

bénéfice ou la corporation se rendoient coupables de félonie envers le seigneur. Dans ce cas, malgré l'indemnité payée, indépendamment de l'*homme vivant & mourant*, il y auroit lieu à la commise, mais seulement de l'usufruit & pendant la vie de ceux qui auroient commis le délit. C'est encore la décision de Dumoulin : *agitur de noxiâ, si quæ fortè committatur ab ecclesia vassalla, & tunc quæcumque conventa & præstita indemnitas non liberat à pœnâ commissi, nec facit quin feudum æquè committatur, saltem ad vitam delinquentium, ac si nulla indemnitas præstita, nulla amortisatio esset facta.*

§. XI. *De l'homme vivant & mourant dans le Lyonnois, le Forez, le Beaujolois & le Mâconnois.* De droit commun, l'indemnité consiste, comme nous l'avons déjà dit plusieurs fois, dans une somme d'argent, pour les droits qui se seroient ouverts aux mutations par vente, si l'immeuble fût demeuré dans le commerce, & dans la prestation d'un *homme vivant & mourant*, dont le décès donne ouverture au relief, auquel les donations & les successions collatérales sont assujetties.

Dans le Lyonnois, le Forez, le Mâconnois & le Beaujolois, un usage différent s'est établi : on ne cumule pas ces deux espèces d'indemnité; les seigneurs ne peuvent en prétendre qu'une seule, tant pour les mutations par vente, que pour celles par succession; & cette indemnité se constitue de quatre manières au choix de la main-morte : donner au seigneur, 1°. une somme d'argent; 2°. une rente annuelle; 3°. un milods de vingt ans en vingt ans; 4°. un *homme vivant & mourant.*

A l'égard de cette quatrième manière d'indemniser le seigneur, c'est-à-dire, quant à l'*homme vivant & mourant*, l'usage des quatre provinces n'a rien qui diffère du droit commun, si ce n'est que le décès de cet *homme* donne ouverture, non au relief, mais à un droit de milods.

L'usage de ces provinces diffère encore du droit commun sur un autre point. De droit commun, il y a une distinction entre les fiefs & les rotures. L'*homme vivant & mourant* n'est général que pour les fiefs; quant aux rotures, il n'a lieu que dans les coutumes qui l'exigent expressément, ou dans le petit nombre de celles qui assujettissent les héritages roturiers à des droits seigneuriaux, aux mutations par mort. Dans les quatre provinces, point de différence entre les fiefs & les rotures, parce qu'à l'égard des rotures, comme à l'égard des fiefs, toutes les espèces de mutations, celles par mort, de même que celles par vente, sont productives de droits seigneuriaux.

Nous venons de dire que la main-morte a la faculté de choisir, de ces différentes manières d'indemniser le seigneur, celle qu'elle juge à propos. Voilà le motif de la variété qui règne sur ce point dans les quatre provinces. Ici l'église donne un *homme vivant & mourant;* là elle est grevée d'une rente annuelle ou d'un milods de 20 ans en 20 ans. Ailleurs elle ne paie absolument rien, parce que, dans le principe, elle a préféré d'indemniser le seigneur, moyennant une somme d'argent.

§. XII. *L'obligation de donner un homme vivant & mourant n'est pas universelle.* Il y a des provinces, telles que le Roussillon, la Provence, où l'*homme vivant & mourant* est inconnu. Dans ces provinces, on a pris un parti plus simple, & peut-être plus sage : la main-morte, pour toute indemnité, donne aux seigneurs, sous la mouvance desquels elle possède, un lods de vingt ans en vingt ans, ou un milods de dix ans en dix ans.

Boniface, dans son *recueil d'arrêts* du parlement de Provence, parlant de l'indemnité due aux seigneurs, dit : « ce droit est réglé, par un usage » particulier à cette province, à un lods de vingt » ans en vingt ans, ou à un demi-lods de dix ans » en dix ans, & doit être considéré comme une » prestation annuelle & seigneuriale, qui renaît » perpétuellement ».

« Le lods, dit M. de Bezieu, dans son *recueil* » *d'arrêts* du même parlement, le lods de vingt » ans en vingt ans est au lieu & place de l'*homme* » *vivant & mourant* ».

§. XIII. *De la mort civile de l'homme vivant & mourant.* La mort naturelle de l'*homme vivant & mourant* donne ouverture au relief : en est-il de même de la mort civile ?

La négative est sans difficulté.

La raison de douter, est que l'*homme vivant & mourant* représente le vassal laïque, & que le fief est ouvert par la mort civile du vassal laïque.

Il y a deux motifs de décider : 1°. l'*homme vivant & mourant* n'est rien moins qu'un vassal; c'est, & rien de plus, un être à la mort duquel on est convenu d'attacher le renouvellement des prestations seigneuriales. 2°. Lorsqu'une loi parle de la mort, c'est de la mort naturelle, & non de la civile, qu'il faut l'entendre, si ce n'est dans les cas spécifiquement exprimés. Il faut donc concentrer dans le cas de la mort naturelle les dispositions de nos coutumes, qui se contentent de dire simplement que la mort de l'*homme vivant & mourant* donne ouverture au rachat. Ainsi jugé très-disertement par arrêt du 6 février 1642, conformément aux conclusions de M. l'avocat-général Talon. *Journal des audiences.*

Mais si, postérieurement à la mort civile du vicaire, le seigneur change, & que son successeur exige un nouvel hommage, comme il en a le droit, de quelle manière la main-morte le servira-t-elle ?

Un *homme* mort civilement est incapable d'un acte civil, tel que la prestation d'hommage. Quoique l'*homme vivant & mourant* jouisse encore de la vie naturelle, il en faut donc un nouveau : voilà donc tout-à-la-fois mutation de seigneur & de vicaire : y a-t-il ouverture à un nouveau relief ?

Cette question n'est pas sans difficulté. La coutume d'Orléans la décide en faveur de la main-morte. L'article 42 porte : « si gens d'église ou

» de main-morte, pour l'héritage tenu en fief, donnent & baillent vicaire; qui, comme tel, soit reçu en foi, & après icelui vicaire, fait vœu & profession en religion; de-là en avant, s'il y a mutation du côté du seigneur féodal, avant le trépas dudit vicaire qui s'est rendu religieux & profès; en ce cas, après sommation ou empêchement fait de la part d'icelui seigneur, ledit fief est ouvert, & le peut icelui seigneur exploiter en pure perte, jusqu'à ce qu'il ait nouvel vicaire, sauf que lesdits gens d'église & de main-morte ont 40 jours de délais après ledit empêchement ou sommation, pour bailler nouvel vicaire, & ledit nouvel vicaire étant baillé dedans lesdits quarante jours, *n'y a aucun profit* ».

Cette décision sort du principe qui veut que la mort civile de l'*homme vivant & mourant* soit absolument sans influence sur le rachat.

§. XIV. *Du cas où le fief est possédé, non par une corporation, mais par un seul titulaire.* Ce titulaire peut-il forcer le seigneur à le recevoir en qualité d'*homme vivant & mourant ?* ou doit-il porter la foi en cette qualité de titulaire & en son nom personnel ? Telle est la question que nous nous proposons d'examiner : l'intérêt en est sensible. Si le titulaire a le droit de présenter, pour *homme vivant & mourant*, la personne qu'il juge à propos, ou de se constituer lui-même en cette qualité, & qu'en effet le seigneur l'ait reçu, c'est son décès, c'est sa mort naturelle qui donne seule ouverture au rachat. Qu'il se démette, qu'il résigne, que le bénéfice soit uni à une autre église, ces divers changemens sont comptés pour rien, ne sont productifs d'aucun droit au profit du seigneur, & il en est de même, tout le temps qu'il existe, des mutations qui arrivent de la part de ses successeurs. Au contraire, lorsque le titulaire lui-même est entré en foi en son nom, en cette qualité de titulaire, & non comme *homme vivant & mourant*, s'il se démet, s'il résigne, il y a changement d'*homme*, conséquemment le fief est ouvert, conséquemment le successeur doit l'hommage & le rachat.

Voilà, comme nous venons de l'annoncer, l'intérêt de la question. Maintenant voici les motifs de décider, du moins suivant notre manière de voir.

Qu'est-ce que l'*homme vivant & mourant ?* ce n'est pas un propriétaire, ce n'est pas un vassal; ce n'est autre chose qu'une mesure que l'on est convenu d'adopter, afin de déterminer la durée de la vie du vassal, si le fief fût resté dans des mains laïques.

Il a bien fallu s'arrêter à cette mesure conventionnelle, toutes les fois que le fief s'est trouvé appartenir à des chapitres, à des communautés, en un mot, à des corporations qui, comme le vaisseau des Argonautes, perpétuellement régénérées par la subrogation de nouveaux membres, jouissent d'une sorte d'immortalité : autrement point d'ouverture au fief, point de droits seigneuriaux. Ainsi donner un *homme vivant & mourant*, c'est substituer un être mortel à un être immortel; c'est mettre la fiction à la place de la réalité; cela répugne à la nature des droits seigneuriaux, aux loix féodales, qui grèvent, de la manière la plus despotique, de l'obligation de servir le fief, celui qui en est le propriétaire ou le possesseur; qui ne lui permettent pas même de se faire représenter par un procureur spécial, sans exoine suffisante, & sans le consentement du seigneur; mais ne pouvant faire mieux, lorsque le fief est entre les mains d'une communauté, il a bien fallu s'arrêter à cet expédient.

Mais si l'institution de l'*homme vivant & mourant*, n'est autre chose qu'un expédient nécessité par les circonstances, la faculté de servir le fief par le ministère de cet *homme*, n'est donc pas un privilège attaché à la personne des ecclésiastiques. Si cette faculté est une violence faite aux loix féodales, il faut donc en restraindre l'exercice au seul cas où il est absolument nécessaire. Or si cela est de nécessité, lorsque le fief appartient à un corps main-mortable, rien n'oblige de recourir à cette voie, lorsque c'est un titulaire unique qui en est possesseur.

Effectivement alors, quant à l'hommage & au relief, rien de particulier résultant de la circonstance, que le fief appartient à l'église. Le titulaire, comme le laïque, peut porter l'hommage; il peut résigner, comme le laïque peut donner; enfin son décès, aussi certain que celui du laïque, donnera ouverture au relief.

Pourquoi donc recourir à la fiction de l'*homme vivant & mourant ?* ce seroit déroger à la loi des fiefs sans nécessité; & il n'y a qu'une très-grande nécessité qui puisse autoriser la dérogation aux loix.

Celle qui fait de l'obligation de rendre hommage, un devoir personnel au propriétaire ou possesseur du fief, doit donc conserver toute sa force, lorsque le fief appartient, non à une communauté, mais à un titulaire unique. C'est donc ce titulaire lui-même qui doit rendre hommage; c'est donc son décès ou son changement qui doit opérer l'ouverture du fief. En un mot, il ne doit pas lui être permis de se faire substituer par un *homme vivant & mourant. Car de droit les gens d'église sont capables & tenus porter la foi & hommage.* Challine sur la règle 19 de l'Homeau.

Des différentes coutumes du royaume, nous n'en connoissons que deux qui s'expliquent sur ce point avec précision; qui distinguent, pour la prestation des devoirs féodaux, les bénéficiers des corps main-mortables. Ces coutumes sont celles du Maine & d'Anjou.

Après avoir permis, par l'art. 111, aux fabriques & autres collèges, de remplir les devoirs féodaux par le ministère d'un *homme vivant & mourant*, la coutume d'Anjou, *art.* 112, ajoute : « si aucun *homme* d'église, *à cause de son bénéfice*, a terre hommagée, » & le bénéfice vaque *en quelque manière que ce*

» *soit*, celui qui sera pourvu dudit bénéfice fera » foi & hommage, & paiera le rachat, pour ladite » terre, au seigneur duquel elle est tenue ». Même disposition dans la coutume du Maine, *art. 123*.

Ces coutumes, comme l'on voit, décident notre question, conformément aux principes que nous venons de développer. En effet, ce n'est qu'aux communautés, aux collèges, qu'elles permettent de se faire substituer par un *homme vivant & mourant*. A l'égard de ce que l'on appelle ordinairement *bénéfices*, leur disposition est bien différente : c'est le titulaire lui-même qui doit en porter l'hommage; & lorsqu'il change par mort, démission, résignation, *de quelque manière que ce soit*, son successeur doit la même prestation d'hommage, & en outre le droit de relief.

Il résulte de cette discussion, 1°. que le titulaire d'un bénéfice ne peut pas obliger le seigneur à le recevoir en qualité d'*homme vivant & mourant*; qu'il faut, à moins que le seigneur n'y consente, qu'il porte la foi en son nom personnel & comme titulaire du bénéfice.

2°. Que, toutes les fois que ce même titulaire a rendu l'hommage purement & simplement, & sans convention particulière qui l'ait constitué *homme vivant & mourant*, il faut le regarder comme le vassal, comme le tenancier personnel du seigneur, comme ayant été ensaisiné en son nom, comme ayant payé les droits également en son nom & uniquement pour lui. Conséquemment ouverture à de nouveaux droits, toutes les fois que le fief passe de ses mains en celles d'un autre titulaire.

§. XV. *Des dîmes inféodées.* Lorsqu'un corps mainmortable possède une dîme inféodée, il en doit, comme pour tous les autres fiefs, un *homme vivant & mourant*. Ainsi jugé par arrêt du 26 juillet 1684, entre la dame Dufrenoi & les curé & marguilliers de la paroisse Dumenil-Saint-Denis.

La dame Dufrenoi avoit fait saisir féodalement une dîme inféodée, appartenante à l'église du Menil-Saint-Denis. Les curé, marguilliers & habitans avoient interjetté appel de cette saisie, & le 19 décembre 1679, sentence étoit intervenue au bailliage de Beaumont-sur-Oise, qui l'avoit déclarée nulle. Sur l'appel au parlement, arrêt du 26 juillet 1684, par lequel la sentence a été infirmée, & la saisie déclarée bonne & valable, faute, porte l'arrêt, d'avoir par les curé, marguilliers & paroissiens, donné *homme vivant*, *mourant* & confiscant, fait la foi & hommage, donné aveu & dénombrement, & payé les droits suivant la coutume.

§. XVI. *De l'âge, de l'état & du domicile de l'homme vivant & mourant.* L'*homme vivant & mourant* doit être en âge de porter la foi, conséquemment majeur de la majorité féodale.

Son état est indifférent, pourvu qu'il ne soit pas religieux profès, en un mot, pourvu qu'il jouisse de l'existence civile.

Enfin il doit être domicilié dans la province; mais une fois admis, quoiqu'il en sorte, il n'en demeure pas moins l'*homme* du fief; & si le seigneur prétend qu'il n'existe plus, & en conséquence en demande un nouveau, c'est à lui à prouver sa mort, à moins qu'il ne justifie qu'il s'est écoulé cent ans depuis sa naissance.

§. XVII. *L'obligation de donner un homme vivant & mourant est-elle prescriptible?* Lorsqu'un fief passe dans les mains de l'église, le seigneur, comme nous l'avons déjà dit plusieurs fois, éprouveroit un double préjudice, si les loix n'y avoient pas pourvu; il perdroit le quint par l'impuissance où sont les main-mortes d'aliéner, & le relief, par l'immortalité dont elles jouissent.

Le seigneur est indemnisé de la perte du quint ou des lods par une somme pécuniaire, somme qui se paie en une seule fois.

A l'égard du relief, on s'est conduit par des principes bien différens & beaucoup plus justes. En forçant les seigneurs à souffrir le rachat du droit de quint & de lods, on avoit attenté à leur propriété. On a senti combien une seconde violence à ce même droit de propriété seroit odieuse : en conséquence on a laissé subsister le droit de relief.

On lui a conservé sa nature, ses prérogatives, tous ses attributs; de manière qu'il n'éprouve aucune espèce d'altération de la circonstance que le fief est entre les mains d'un corps ecclésiastique; encore une fois rien de plus juste. Que fait à l'exploitation d'un fief, au droit d'en récolter les fruits pendant l'espace d'une année, la qualité du propriétaire?

Cependant il s'élevoit une difficulté : le relief ne s'ouvre que par le décès du vassal, & les corporations ne meurent pas : plusieurs expédiens se présentoient; on s'est arrêté à celui-ci; on a obligé la main-morte de désigner un *homme* dont la vie servît de mesure à celle du vassal laïque, & le décès, d'époque à l'ouverture du relief. C'est en ce point seul que la détention de la main-morte influe sur le droit de relief. Ce n'est pas le décès du véritable propriétaire, c'est celui d'un vassal fictif qui autorise le seigneur à l'exiger. Voilà la seule modification qu'il éprouve. Au surplus, il conserve sa nature & tous ses attributs, sans aucune espèce d'altération.

Or, l'hommage, le relief sont imprescriptibles; le seigneur peut les exiger, quoiqu'il ait négligé de le faire pendant des siècles. A cet égard, le temps est compté pour rien, *etiam per mille annos*, disent les feudistes : il faut servir le fief, ou produire un titre d'affranchissement.

Les seigneurs peuvent donc, lorsqu'ils le jugent à propos, demander aux main-mortes, propriétaires de fiefs sous leur mouvance, un *homme* dont le décès donne ouverture à la prestation de l'hommage & au paiement du relief.

Inutilement la main-morte, dépourvue de titres d'affranchissement, opposeroit-elle la plus longue possession

possession. On l'écarteroit par la maxime : *l'homme vivant & mourant est imprescriptible.*

L'application de cette maxime est sans difficulté, lorsqu'il paroît que précédemment la main-morte a servi le seigneur, n'eût-elle rendu qu'un seul hommage, & quelque reculée qu'en soit l'époque. Il n'y en a pas davantage, lorsque le titre qui a transmis le fief à l'église est représenté, & que l'on y voit que la main-morte possède à la charge des droits & devoirs féodaux : malgré des siècles d'inexécution, ce titre conserve toute sa force, toute son activité.

Le seul cas problématique est celui où il ne paroît ni titre primordial, ni traces de possession. Alors s'élève une très-grande question, la question de savoir si la main-morte ne doit pas être présumée avoir reçu & posséder ce fief en franche-aumône ? Mais ce n'est pas ici le lieu de discuter cette question.

L'unique objet de ce paragraphe est d'établir que l'obligation de donner un *homme vivant & mourant* est imprescriptible. Nous venons de présenter les motifs de cette imprescriptibilité : maintenant voici quelques autorités.

Bacquet, dans son *traité du droit d'amortissement*, *ch. 6*, *n. 3*, dit que, dans une cause entre le seigneur de Richebourg & un curé, les gens du roi remontrèrent *que l'indemnité se prescrivoit par 30 ans*, *contre les seigneurs temporels*, *mais non pas la foi*, *qui est l'homme vivant & mourant.* Bacquet ajoute : *laquelle opinion est suivie au palais.*

« Autre chose est l'indemnité, autre chose la » directe seigneurie. Nonobstant l'indemnité, le » fonds ne laisse pas d'être asservi.... il ne laisse » pas d'être obligé à bailler *homme vivant & mourant*, » par la mutation duquel le plait (le relief) se» roit dû ». Salvaing, *usage des fiefs*, *ch. 29.* Cet auteur a soin de remarquer que l'indemnité pécuniaire ne concerne que le quint ou les lods & ventes.

« On prescrit, dit d'Héricourt, contre le sei» gneur féodal, le droit d'indemnité; mais on ne peut » jamais prescrire contre l'obligation de lui donner » un *homme vivant & mourant* : c'est le droit com» mun ».

§. XVIII. *Exception à cette règle.* Nous avons six provinces dans lesquelles la main-morte peut prescrire la libération de l'*homme vivant & mourant* : ces provinces sont la Normandie, le Poitou, le Lyonnois, le Forez, le Beaujolois & le Mâconnois.

Si l'église a possédé fief ou héritage par quarante ans, *en exemption de donner homme vivant & mourant*, *ou de pourvoir à l'indemnité des seigneurs*, *elle tiendra dorénavant le fief en pure aumône*, *& ne sera tenue que de bailler simplement déclaration au seigneur.* Coutume de Normandie, *art. 141.*

L'article 52 de Poitou a la même disposition, avec cette seule différence qu'il transforme nettement en aleu le fief que l'église a possédé *par quarante ans*, *franchement*, *sans en faire la foi-hommage*, *devoirs*, *ne redevance.*

Dans les provinces du Lyonnois, Forez, Beaujolois & Mâconnois, lorsque la main-morte acquiert sous la directe d'un seigneur, elle doit, comme par-tout ailleurs, un droit d'indemnité ; mais il y a quatre manières d'acquitter ce droit : donner au seigneur, 1°. une somme d'argent ; 2°. une rente annuelle ; 3°. un milods de vingt ans en vingt ans ; 4°. un *homme vivant & mourant*, au décès duquel le seigneur perçoit le droit de lods.

De ces quatre manières d'indemniser, les main-mortes ont la faculté de choisir celle qui leur convient le mieux ; & c'est parce que plusieurs ont choisi la dernière, que l'on voit fréquemment dans ces provinces, des *hommes vivans & mourans* pour de simples rotures.

Mais, puisque la main-morte a le choix, après l'écoulement de trente années, sans réclamation de la part du seigneur, il faut présumer qu'effectivement elle a choisi celle des quatre manières qui opéroit sa libération d'une manière plus définitive, qu'elle a préféré de donner une somme d'argent, en un mot, une indemnité pécuniaire ; & comme cette espèce d'indemnité est incontestablement prescriptible, il faut, en conséquence, juger le droit du seigneur éteint par la prescription.

Tel est en effet le principe, & rien de plus juste : dans le doute, *pro libertate respondendum est* ; & d'un autre côté, puisque l'indemnité pécuniaire & l'*homme vivant & mourant* sont des droits alternatifs, lorsque le choix n'est pas connu, le laps de temps qui anéantit l'un, doit également emporter la prescription de l'autre.

Ce principe est consigné dans un acte de notoriété du bailliage de Montbrison, en date du 5 septembre 1711. *L'usage uniforme dans la province de Forez*, *est que*, *lorsque les seigneurs hauts-justiciers & directs ont reçu des gens de main-morte le droit d'indemnité*, *ils ne sont plus en droit de demander un* homme vivant & mourant, *ou le droit de milods de trente ans en trente ans.* Ce sont les termes de cet acte. On y voit que, dans ces provinces, on ne distingue pas l'indemnité de l'*homme vivant & mourant*, que l'on confond ces deux prestations, qu'on les regarde comme incompatibles, de manière que le paiement de l'une affranchit l'autre. Or, comme on l'a dit plus haut, après trente ou quarante ans, l'indemnité est prescrite ; ce laps de temps écoulé, les seigneurs, dans cette province, n'ont donc plus rien à exiger.

Voilà ce qui résulte de l'acte de notoriété que nous venons de transcrire.

Cet acte isolé auroit peut-être peu d'autorité par lui-même ; mais il reçoit une sanction vraiment respectable d'un arrêt du parlement du 18 février 1735. Cet arrêt, ainsi que les mémoires des parties, sont rapportés dans le livre 3 des œuvres de Henrys.

M. de Moras, seigneur de la ville de Saint-

Etienne en Forez, demandoit à plusieurs communautés de cette ville, 1°. le sixième de la valeur des terres par eux possédées à titre d'indemnité; 2°. un *homme vivant & mourant*, dont le décès donneroit ouverture à un droit de milods à son profit. Une sentence des requêtes du palais avoit adopté ces conclusions. Sur l'appel, le défenseur des communautés invoqua l'usage du Forez, soutint que, dans cette province, les rotures ne sont pas assujetties à cette double prestation d'indemnité & d'*homme vivant & mourant*, qu'il n'est dû au seigneur qu'un seul & unique droit d'indemnité, qui représente également les lods dus aux mutations par vente, & les milods dus aux mutations par mort, & que cette indemnité, quelque dénomination qu'on lui donne, est également sujette à la prescription.

L'arrêt, conforme à la prétention des communautés, met la sentence au néant; sur la demande afin d'*homme vivant & mourant*, met les parties hors de cour; & jugeant l'indemnité prescriptible, condamne les communautés au paiement de cette indemnité, seulement pour les immeubles, *par elles acquis trente ans avant les demandes & introductions du procès.*

Cet arrêt juge, comme l'on voit, bien disertement, que, dans les provinces dont nous parlons, l'indemnité embrasse tous les droits qui peuvent être dus au seigneur par les corps main-mortables; que cette indemnité est prescriptible; & qu'une fois payée ou prescrite, le seigneur ne peut pas exiger un *homme vivant & mourant*, dont le décès donne ouverture au droit de milods.

§. XIX. *Du cas où c'est le seigneur qui a donné à l'église.* Nous venons de dire que l'obligation de donner un *homme vivant & mourant* est de droit commun, qu'elle est imprescriptible, & que la main-morte ne peut s'y soustraire qu'en vertu d'un titre d'affranchissement.

Cette règle reçoit une exception dans le cas où le seigneur qui demande l'*homme vivant & mourant*, a lui-même, ou l'un de ses auteurs, donné le fief à l'église. Alors, pour se soustraire à cette obligation, la main-morte n'a pas besoin d'un afchissement formel; il suffit que le titre n'en renferme pas une réserve expresse.

Le seigneur savoit que, par cette donation, l'immeuble sortoit du commerce, qu'il n'y auroit plus de ventes, plus de successions, conséquemment plus de quint ni de relief. C'est donc sciemment & volontairement qu'il s'est privé de ce double avantage. On décide en conséquence qu'il ne lui est dû aucune espèce d'indemnité, à moins qu'il n'en ait stipulé la réserve. En un mot, on tient que le seigneur, maître des conditions, ne peut réclamer que les droits qu'il s'est expressément réservés, & qu'il a fait généreusement la remise de tous ceux qui ne sont pas détaillés dans l'acte d'inféodation, d'accensement ou de donation.

Cette règle a la double sanction des auteurs & de la jurisprudence. C'est l'avis de l'annotateur de Boutaric, jurisconsulte du parlement de Toulouse. M. Salvaing, premier président de la chambre des comptes du Dauphiné, pense de même dans son *traité de l'usage des fiefs*, *chap.* 59. Même décision dans le *Dictionnaire canonique*, verbo *Indemnité.* On y lit: « quand la main-morte tient » le bien immédiatement du seigneur, l'indemnité » n'est pas due, parce que le seigneur est censé » y avoir renoncé, s'il n'a usé de réservation ex» presse ».

Boniface, dans son *recueil d'arrêts* du parlement de Provence, en rapporte un du dernier juin 1639, qui déboute le commandeur de S. Jean de Jérusalem de la ville d'Aix du droit d'indemnité qu'il demandoit sur les pâtis appartenans à la communauté de Ginestis dont il étoit seigneur, parce qu'il fut prouvé que ces pâtis *procédoient de la main de ses auteurs. On jugea ainsi*, ajoute l'arrêtiste, *que le seigneur renonce tacitement à ce droit, lorsqu'il choisit pour l'emphytéote des main mortes.*

La même question s'est présentée au parlement de Toulouse, entre le vicomte de Burniguel & la communauté de Puygaillard. Le vicomte demandoit, en qualité de seigneur haut-justicier & foncier, que la communauté lui donnât un *homme vivant & mourant* pour tous les biens qu'elle possédoit. L'arrêt restraignit l'obligation de la communauté aux terres que le seigneur justifieroit ne lui avoir pas été données par ses auteurs. Cet arrêt est du 29 mars 1667; M. de Castelnau qui le rapporte dans son *recueil d'arrêts* du parlement de Toulouse, *liv.* 3., *chap.* 25, ajoute: « celles qui sont » sorties des mains du seigneur, & qu'il a concé» dées à la communauté, ne doivent point cette » prestation; & le seigneur les baillant à des gens » de main-morte, est présumé avoir renoncé au » droit d'acapte & arrière-capte & de confisca» tion, en représentation desquels droits se fait la » nomination de cet *homme vivant, mourant* & con» fisquant: la main-morte n'est obligée de lui » donner cet *homme* que lorsque ces droits sont » déjà dus par des particuliers à qui elle a suc» cédé, cette succession ne pouvant porter pré» judice aux droits seigneuriaux déjà établis; ce » qui cesse, lorsque les biens sont originairement » donnés à la communauté par le seigneur ». (*Cet article est de M.* HENRION, *avocat au parlement.*)

HOMMÉE, s. f. est un terme usité dans plusieurs provinces, pour signifier une certaine étendue de terre labourable ou plantée en vigne, égale à ce qu'un homme laborieux peut communément façonner en un jour: l'*hommée* de vigne contient ordinairement 800 seps ou un demi-quartier, mesure de Paris. Cette étendue varie suivant les différens pays. En quelques endroits de Champagne, il faut douze *hommées* de vigne pour faire un arpent de cent cordes, de vingt pieds pour corde: dans d'autres, l'arpent n'est divisé qu'en huit *hommées.*

HOMOLOGATION, s. f. (*terme de Pratique.*) c'est un jugement qui approuve, confirme & ordonne l'exécution de quelque acte passé entre des parties, tel qu'un contrat d'union, de direction, d'atermoiement entre des créanciers, une sentence arbitrale, un avis de parens, un concordat pour des bénéfices, une délibération prise par les membres d'une compagnie, *&c.*

On homologue aussi au parlement de Paris les avis de la communauté des avocats & procureurs.

L'*homologation* est indispensable pour la perfection de tous les actes dont nous venons de parler, autrement on ne peut les rendre exécutoires, soit contre les parties qui les ont souscrits, soit contre ceux qui ont refusé de les souscrire. Pour faire homologuer un acte quelconque, on présente une requête au juge compétent pour prononcer sur la demande. Si la chose lui paroît juste, il ordonne que l'acte dont il s'agit sera homologué avec les parties qui l'ont signé, & que celles qui ont refusé de le faire seront assignées, pour être statué avec elles ce qu'il appartiendra.

HONDREAUX. Il paroît que ce mot a été employé autrefois, dans le même sens que celui d'*honneurs*, ou *ventes & honneurs*. C'est ce qui résulte d'une requête présentée au bailli de Touraine en 1394, que l'on trouve à la *page 51* de l'histoire de la maison de Châtaigner, par Duchesne; « & avec ce, » y est-il dit, de lui payer & rendre certains droits » & coutumes appellez vêtures, saisines & *hon-* » *dreaux* ». *Voyez* HONNEURS. (*M. GARRAN DE COULON.*)

HONNEURS. On a donné autrefois ce nom aux droits de mutation que l'on payoit en reconnoissance de la seigneurie. Quelques coutumes, comme celle du Poitou, se servent encore du mot *ventes & honneurs* dans le même sens. *Voyez* le *Glossarium novum* de dom Carpentier, au mot *Honores.*

On a aussi donné le même nom aux fiefs & aux seigneuries. *Voyez* HOMMAGE.

Enfin on donne encore ce nom aux droits honorifiques, & particuliérement à ceux des églises. *Voyez* DROITS HONORIFIQUES. (*M. GARRAN DE COULON.*)

HONNEURS (*ventes &*). *Voyez* VENTES & HONNEURS, & HONNEURS.

HONORAIRE, s. m. ce mot *en droit* a deux significations différentes. 1°. On entend par *honoraire*, un ancien officier ou magistrat, qui, après avoir exercé, pendant un certain nombre d'années, les fonctions de sa charge ou de son office, & s'en être démis, obtient du roi des lettres ou provisions qui lui conservent le titre, les prérogatives & les honneurs, dont il jouissoit lorsqu'il étoit titulaire. *Voyez* CONSEILLER *honoraire*, VÉTÉRAN.

2°. On appelle *honoraires*, la rétribution accordée pour des services rendus. Ce mot s'emploie lorsqu'il est question de personnes qui cultivent les sciences & les arts libéraux, & pour les rétributions qui appartiennent aux ecclésiastiques. Ainsi lorsqu'il s'agit de payer un avocat, un médecin, un chirurgien, *&c.* on se sert du terme d'*honoraires*, qui est alors synonyme de celui de *salaire*, dont on ne se sert qu'en parlant du paiement qu'on fait à un ouvrier pour raison de ses peines & de son travail. *Voyez* AVOCAT, MÉDECIN.

HONORAIRES *des ecclésiastiques.* (*Droit ecclésiastique*) Celui qui sert à l'autel doit vivre de l'autel, a dit S. Paul. Mais cet apôtre étoit bien éloigné de mettre en principe, que les ministres de l'église pouvoient exiger des fidèles, comme condition *sine quâ non*, une rétribution pour l'administration des sacremens. Il connoissoit trop bien la maxime évangélique *quod gratis accepistis, gratis date.* Lui-même, au milieu des fonctions pénibles de l'apostolat, voulut ne point être à charge à ses enfans dans la foi, & subvenir à sa subsistance par le travail de ses mains.

Que signifie donc cet axiôme si souvent répété, celui qui sert l'autel doit vivre de l'autel? il veut dire que le prêtre qui se consacre au service des autels & à la sanctification des fidèles, doit avoir une subsistance assurée par ceux mêmes pour lesquels il travaille. Dans ce sens, l'axiôme dont il s'agit est autant puisé dans le droit naturel que dans le droit divin. Mais assurer la subsistance du prêtre, & lui donner le droit d'imposer une taxe sur les fidèles chaque fois qu'ils auront besoin de son ministère, sont deux choses absolument différentes. L'église les a toujours soigneusement distinguées en ordonnant aux fidèles de pourvoir à l'entretien de ses ministres, & en défendant à ses ministres de rien exiger des fidèles pour l'administration des sacremens.

A l'imitation des Israélites, & en se conformant à ce précepte de l'exode, *non apparebis coram Domino vacans*, les premiers fidèles s'empressèrent de porter dans les temples, & de déposer aux pieds des autels, non-seulement le superflu, mais même le prix total de leurs biens.

Ce dévouement absolu se changea en de simples oblations, & les oblations devinrent un devoir. Il n'y a presque aucun père & aucun concile dans les premiers siècles, qui ne l'ait recommandé. Les canons qui défendent de recevoir les offrandes des usuriers, de ceux qui vivent dans des inimitiés scandaleuses, *&c.* nous apprennent qu'on regardoit alors les oblations, de la part des fidèles, comme une marque & une preuve constante de la communion qu'on avoit avec l'église.

Les offrandes en or, argent, linges, habits, *&c.* se portoient au trésor de l'église; celles du pain & du vin étoient présentées à l'autel. Leur principale destination étoit pour le sacrifice qui y étoit offert. Ce qui ne servoit pas à cet usage, étoit emporté pour la nourriture des ministres & des pauvres. Lorsque l'usage de ne consacrer qu'avec du pain azime se fut introduit généralement dans toute l'église latine, on continua malgré cela, à offrir à l'autel, le pain & le vin; cet usage s'est encore pratiqué à la messe des défunts. On continua ainsi de porter, pour l'entretien de l'église, de l'or, de l'argent, de la cire, *&c.* en si grande quantité, que les laïques bâtissoient des églises sur les tombeaux des saints, pour s'enrichir en s'appropriant ces offrandes. La charité généreuse des fidèles s'étant refroidie, on prit le parti de fixer les sommes qu'ils étoient tenus de payer chaque année ou à chaque fête. On taxa même les infidèles auxquels la différence de religion ne permettoit pas d'entrer dans l'église & de participer aux saints mystères.

Ces oblations qui dans l'origine avoient été volontaires, devinrent, comme nous venons de le dire, un devoir & une obligation. Les conciles les ordonnèrent. Le canon 4 de celui de Mâcon de l'an 588 porte : *decernimus ut omnibus dominicis diebus altaris oblatio, ab omnibus viris & mulieribus fiat tam panis quàm vini, ut per has immolationes cum Abel & cæteris justè offerentibus, promereantur esse consortes : omnes autem qui definitiones nostras per inobedientiam, evacuare contendunt, anathemate percellantur.* Il faut observer que ce canon ne porte que sur les offrandes du pain & du vin. Un capitulaire qui se trouve *liv. 6*, *n°. 178*, semble avoir confirmé le décret du concile de Mâcon. *Placuit ut fiant oblationes sacerdotibus quotidie si fieri potest, & si quotidie non potest, saltem dominicâ die absque ullâ excusatione fiat.*

On trouve dans le père Thomassin une longue énumération des conciles des 13, 14, 15 & 16e siècles, qui se sont efforcés de maintenir l'usage des oblations : celui de Bordeaux de l'an 1255 veut qu'on refuse la sépulture ecclésiastique à ceux qui priveront leurs curés des offrandes accoutumées aux messes solemnelles : d'Exester, en 1287, ordonne à tous les fidèles qui ont atteint l'âge de 14 ans, de venir les quatre grandes fêtes de l'année à leur paroisse pour y présenter leurs offrandes : de Château-Gontier, en 1336, menace de l'excommunication ceux qui manqueront à ce devoir : de Cologne, en 1423, défend d'abolir la pieuse coutume de faire célébrer la messe pour les défunts le septième & le trentième jour du mois, & d'y offrir du pain, du vin, de la cire, de l'argent & même de la viande : de Tours, en 1583, enjoint à tous les paroissiens de donner à leurs curés cinq deniers le jour de Pâque : de Mayence & de Milan dans le même siècle, ont fait des décrets semblables. Celui de Cologne, de 1549, n'a rien négligé dans son vingtième canon pour rétablir cet ancien usage qui tomboit en désuétude. *Undè adeo locupletatæ sunt initio ecclesiarum res, etiam persecutionis tempore tanta copia, ut post sacerdotum & ministrorum alimenta, parteri solerent eas etiam in alimenta viduarum, orphanorum & pauperum, in vestes etiam & vasa ministerii, ornatum & fabricam ecclesiarum, de quibus extant adhuc antiqui patrum canones, extant quoque orationes quas secretas appellamus sub offertorio missæ, quibus oblationes populi Deo commendantur : qui mos offerendi semper fuit retentus in populo fideli ad novissima ista sæcula. Verum res tam altæ originis & ratione tam sanctâ subnixa, jam tota prope abire cœpit in desuetudinem, hominibus piis causam & originem offerendi ad altare ignorantibus, & impiis cupiditate sacerdotum illum introductum calumniose asserentibus.*

Pendant que les conciles exhortoient les fidèles à persévérer dans la pieuse coutume des oblations & des offrandes, & le leur enjoignoient, ils défendoient également aux ministres de l'église de rien exiger d'eux pour l'administration des sacremens & pour les autres fonctions ecclésiastiques. Nous nous contenterons de citer ici les second & troisième conciles de Latran tenus dans le douzième siècle. *Præcipimus*, dit le premier, *ut pro chrismatis, olei sacri & sepulturæ exhibitione, nullum venditionis pretium exigatur. Horribile nimis est*, ajoute le second, *quod in quibusdam ecclesiis pro sepulturis & exequiis mortuorum, & benedictionibus nubentium, seu sacramentis aliquid exigatur, ne deinceps fiat districte prohibemus.* Le second concile de Tours avoit donné une raison bien énergique de cette défense. *Ne fortè quod pro salute animarum per invocationem sancti Spiritus consecratur, nos venundàre damnabiliter videamur.*

Malgré tous les efforts des conciles, les offrandes & oblations avoient cessé ou du moins avoient infiniment diminué. Ce n'étoit pas une raison pour imposer une taxe sur les fidèles, & les forcer à acheter, pour ainsi dire, les sacremens & les autres actes du ministère ecclésiastique, sur-tout depuis que les églises étoient richement dotées & que le clergé percevoit la dîme de tous les fruits que la terre produisoit.

Mais, quoique les églises fussent dotées, & que les dîmes fussent perçues par le clergé, il ne s'ensuivoit pas que ceux qui étoient chargés des fonctions du saint ministère, eussent une subsistance assurée. Les évêques, les chapitres, les abbayes, les monastères étoient riches; les curés & les autres clercs qui supportoient avec eux le poids de la chaleur & du jour étoient pauvres, & n'avoient de ressource que dans les rétributions ou *honoraires* qu'ils retiroient du peuple auquel ils administroient les sacremens. En exécutant à la lettre les décrets des conciles, ils ne pouvoient point exiger ces *honoraires*. Les oblations & offrandes volontaires avoient cessé. Ils étoient donc réduits à rien ou à bien peu de chose.

Il eût été facile de remédier à cet inconvénient, en remettant aux pasteurs, ou du moins en leur faisant partager, les dotations des églises & le revenu des dîmes. Mais on ne put, ou on ne voulut point user de ce moyen si naturel de pourvoir à la subsistance des curés & de leurs coopérateurs. On aima mieux recourir à une espèce de subtilité qui parût conserver les décisions des anciens canons sur l'administration gratuite des sacremens, & assurât cependant aux curés des rétributions & des *honoraires*, à la charge du peuple. On décida que les curés ne pourroient rien exiger des fidèles pour les baptêmes, les mariages, les sépultures, *&c.* c'est-à-dire qu'ils ne pourroient pas refuser leur ministère à défaut de paiement. Mais on les autorisa à demander pour ces mêmes fonctions, & après qu'ils les auroient remplies, les rétributions établies par une louable coutume. Ainsi les curés ne purent se faire payer d'avance, mais on leur donna le droit d'actionner leurs paroissiens pour leur paiement. On crut par là avoir sauvé la maxime évangelique *quod gratis accepistis gratis date.*

Les ordonnances synodales d'Odon ou Eudes évêque de Paris, de l'année 1178, portent: *sacerdotes post contractum matrimonium & post sepulturam, exigunt laudabiles consuetudines: pro baptismo nihil omnino exigatur, sed post, laudabilis consuetudo exigi potest.* Le quatrième canon du concile de Tours, de l'an 1236, s'exprime ainsi: *innovamus ut sacramenta ecclesiastica gratis exhibeantur, inhibentes ne pro eis quidquam, antequam fiat, petatur seu etiam exigatur, quibus gratis exhibitis, poterit peti quod de piâ consuetudine exigi consuevit, subditos ad hoc per ecclesiasticas censuras compellendo.* Le concile d'Oxford, de l'an 1222, a porté un décret semblable: & toutes ces loix particulières ont été confirmées par le soixante-sixième canon du quatrième concile de Latran. *Pias consuetudines præcipimus observari, statuentes ut liberè conferantur ecclesiastica sacramenta, sed per episcopum loci veritate comperta compescantur qui malitiose nituntur laudabilem consuetudinem immutare.*

Wiclef combattit ces décisions des conciles & avança, que tout argent donné aux ministres de l'église les rend simoniaques. Dès 1414 la faculté de théologie de Paris avoit condamné cette doctrine. En 1517 & 1531, elle censura les deux propositions suivantes. Un curé ne peut rien recevoir pour l'administration des sacremens, & s'il demande quelque chose, il est simoniaque. Ce qu'on donne aux curés & vicaires après l'administration des sacremens, est une pure aumône. Ces deux propositions furent qualifiées de Wiclefistes, & la faculté prononça, que l'*honoraire* que l'on donne aux curés pour l'administration des sacremens, est suivant la doctrine de l'apôtre, une véritable dette dont on s'acquitte.

On pourroit, avec tout le respect que l'on doit à la faculté de théologie de Paris, répondre au motif de sa décision, sans vouloir attaquer la décision en elle-même, que selon la doctrine de l'apôtre & la justice, les prêtres doivent être entretenus par les fidèles. Mais les biens fonds donnés aux églises & la perception des dîmes suffisent certainement parmi nous pour cet entretien. Ou les curés jouissent des fonds attachés à leurs églises & des dîmes de leurs paroisses, ou ils n'en jouissent pas. Dans le premier cas, les fidèles ne leur doivent rien pour l'administration des sacremens, & dans ce cas il est aussi contraire à la justice, qu'à la doctrine de l'apôtre, d'exiger d'eux une rétribution ou *honoraire* quelconque. Si les curés ne jouissent pas de revenus dont ils devroient jouir, ce n'est pas la faute des peuples, & on n'a pas droit pour cela de leur imposer des taxes dont ils se sont plus que rachetés. C'est un abus criant, que les biens ecclésiastiques soient possédés en grande partie par ceux qui ne travaillent point, & cet abus ne justifiera jamais l'usage de faire payer aux fidèles, pour l'administration des sacremens, ce qu'on a mal-à-propos appellé, *louables coutumes.* Dans l'état actuel des choses, les *honoraires* payés aux ecclésiastiques pour les fonctions de leur ministère, ne sont point une dette que l'on acquitte envers eux; ils sont une véritable exaction. Il ne faut point à la vérité l'imputer aux curés, mais à ceux qui refusent même de partager avec eux les revenus qui devroient leur appartenir en totalité. Les modiques portions congrues qu'on leur a assignées jusqu'à présent, sont bien peu de chose lorsqu'on considère quel est le patrimoine dont on les a dépouillés. Et les peuples auront toujours à se plaindre, tant que l'indigence forcera leurs pasteurs à exiger d'eux des *honoraires* pour prix des fonctions du sacerdoce.

Les états généraux assemblés à Orléans étoient pénétrés de ces vérités, ainsi qu'on en peut juger par les demandes qu'ils firent au roi à ce sujet. « Plaise à votre majesté faire pourvoir aux curés des » villes & autres n'ayant droit de dîmes, ni fonda» dations suffisantes, qu'ils soient dotés de revenus » suffisans, & logis compétens, meubles & usten» siles, par les paroissiens & autres qui y sont te» nus de droit & de coutume...... par le moyen » de quoi ils pourront s'abstenir de prendre aucun sa» laire pour l'administration des sacremens, sépul» tures & autres choses spirituelles, encore qu'ils y » soient fondés par louable & ancienne coutume ».

Sur ces remontrances l'ordonnance d'Orléans porte, *article 15*: « Défendons à tous prélats, gens » d'église & curés de permettre être exigé aucune » chose pour l'administration des saints sacremens, » sépultures & toutes autres choses spirituelles, no» nobstant les prétendues louables coutumes, & » commune usance, laissant toutefois à la discrétion » & volonté d'un chacun donner ce que bon lui » semblera ».

Le clergé fit en 1561 des vives plaintes sur cet article de l'ordonnance d'Orléans, & soutint que les louables coutumes qui avoient été abolies, tenoient lieu des dîmes personnelles que les peuples étoient anciennement tenus de payer à leurs pasteurs. Ces plaintes firent impression sur l'esprit de Henri III; d'ailleurs il ne suffisoit pas d'avoir supprimé les *honoraires* des curés, il falloit y suppléer, on ne l'avoit pas fait, & ils se seroient trouvés sans subsistance assurée: en conséquence l'article 51 de l'ordonnance de Blois les rétablit dans les droits que celle d'Orléans leur avoit ôtés. « Nous voulons que les » curés tant des villes que autres soient conservés » ès droits d'oblations & autres droits qu'ils ont ac» coutumés de percevoir, selon les louables & an» ciennes coutumes, nonobstant l'ordonnance d'Or» léans à la quelle nous avons dérogé & déro» geons pour ce regard ». L'ordonnance de Melun contient une disposition semblable.

Il y a des parlemens qui ont interprété l'ordonnance de Blois d'une manière qui paroît conforme à la justice. Ceux de Bretagne & de Normandie refusent des *honoraires* pour l'administration des sacremens, aux curés qui jouissent des grosses dîmes de leurs paroisses. Ils suivent en cela la décision du concile de Rouen de l'an 1681, qui ne permet pas à tous les curés en général de l'exiger, mais seulement à ceux, *quibus non suppetunt decimæ nec alii redditus*.

Il paroît que c'est l'esprit du parlement de Paris, à en juger du moins par l'article 35 du réglement du 20 juillet 1747, fait pour la paroisse de S. Louis de Versailles, qui porte: « que le curé & les prêtres » desservans ladite paroisse ne pourront prétendre » ni exiger aucune rétribution ni *honoraire*, pour les » baptêmes, mariages, sépultures, administration » des sacremens, ni généralement pour aucune fonc» tion de leur ministère: mais seront tenus les exer» cer toutes gratuitement, à l'exception des extraits » des registres de baptême, mariage & sépulture, » pour lesquels ils pourront se faire payer les droits » portés par la déclaration du 9 avril 1736, le tout » conformément au titre de leur établissement dans » la paroisse qui leur assigne pour leur entretien des » pensions que le roi paie ».

Dans le temps des ordonnances de Blois & de Melun, les portions congrues des curés vicaires perpétuels, n'étoient pas encore déterminées d'une manière bien précise. C'est sans doute la raison pour laquelle on laissa subsister l'usage des *honoraires* attachés aux fonctions du saint ministère. Il paroît même que les loix rendues depuis sur les portions congrues, n'ont rien voulu changer à cet égard. La déclaration du 29 janvier 1686, en fixant les portions congrues des curés à trois cens livres par an, ajoute *& ce outre les offrandes, les honoraires & droits casuels que l'on paie, tant pour les fondations, que pour d'autres causes*. Celle de 1690 s'exprime en termes à-peu-près semblables: *voulons pareillement que lesdits curés & vicaires perpétuels, jouissent à l'avenir de toutes les oblations & offrandes, tant en cire & en argent, & autres rétributions qui composent le casuel de l'église*. Enfin l'édit de 1768, *article 4*, porte également, *les curés & vicaires perpétuels jouiront outre ladite portion congrue........ ensemble des oblations, honoraires, offrandes, ou casuel en tout ou en partie, suivant l'usage des lieux*.

D'après toutes ces loix, il paroît que les curés sont en droit d'exiger les honoraires. Mais à qui appartient-il de les fixer, & devant quels juges faut-il porter les contestations qui peuvent naître à leur sujet?

Les tribunaux séculiers ont prétendu autrefois avoir, exclusivement aux évêques, le droit de taxer les *honoraires des ecclésiastiques*. Les arrêts cités par Chopin, *de politiâ*, liv. 2, tit. 8, n°. 20, supposent qu'ils ont été en possession de ce droit. Vanespen assure que les magistrats des Pays-Bas catholiques en jouissent, & rapporte à ce sujet une ordonnance de Charles V rendue en 1519, tant pour la ville de Malines que pour son territoire. Cinq ans après le cardinal Campèche, dans les constitutions qu'il fit pour les églises d'Allemagne, laissa aux évêques le pouvoir de dresser cette taxe, mais les assujettit en même temps à prendre l'avis des princes & des magistrats.

En France l'édit ou réglement de 1695 a décidé la question en faveur des évêques. Selon l'article 27, « le réglement des *honoraires des ecclésiastiques* » appartiendra aux archevêques & évêques, & les » juges d'église connoîtront des procès qui pourront » naître sur ce sujet entre des personnes ecclésias» tiques ».

Malgré cette disposition formelle de l'édit, le parlement de Bretagne rendit le 29 octobre 1718 un arrêt de réglement, qu'il enjoignit aux curés de publier à leurs prônes, sous peine de 30 livres d'amende & de saisie de leur temporel, par lequel il fixa leurs *honoraires* pour les mariages & sépultures. Le clergé s'en plaignit en 1726. On ignore comment ces plaintes furent accueillies, mais on ne voit pas que l'arrêt ait été cassé. Le 19 décembre 1726 le même parlement homologua un réglement fait par l'évêque de Rennes, portant fixation des *honoraires* du clergé & des droits des fabriques de ce diocèse.

La plupart des évêques de France, conformément à l'édit, ont fait des réglemens par lesquels ils ont fixé les *honoraires* dus aux curés & autres ecclésiastiques. Ils doivent avoir soin de les faire homologuer par les cours souveraines dans le ressort desquelles les évêchés sont situés.

Un arrêt du parlement de Paris du 28 avril 1673, avoit ordonné que M. l'archevêque de Paris régleroit les *honoraires des ecclésiastiques* qui assisteroient aux enterremens. Cet arrêt ne fut point exécuté. Il s'éleva à ce sujet des contestations qui furent portées au châtelet: ce tribunal rendit plusieurs sentences qui ordonnèrent aux curés de se retirer vers M. l'archevêque en exécution de l'arrêt, & cependant en attendant, M. le lieutenant-civil arbitroit les *honoraires*.

Les curés de Paris se plaignirent de ces sentences, au parlement, qui, par arrêt du 6 janvier 1693, ordonna qu'ils fourniroient à M. l'archevêque un état des droits qu'ils étoient dans l'usage d'exiger, pour être lesdits droits par lui réglés & le réglement homologué, après avoir été communiqué à M. le procureur-général.

M. l'archevêque fit son réglement le 30 mai 1693; l'arrêt d'homologation est du 10 juin suivant. Le réglement & le tarif y annexé se trouvent dans Denizard & dans le dictionnaire de jurisprudence canonique.

Il faut observer qu'il n'a été fait que pour la ville & fauxbourgs de Paris.

Une sentence du châtelet du 30 août 1770, avoit condamné le nommé *Cochelin*, vigneron de la paroisse de Chastenai-près Bagneux, à payer les droits curiaux sur le pied du réglement de 1693. Cette sentence a été infirmée par arrêt du parlement. Cochelin offroit la moitié du droit que le curé réclamoit, & ses offres ont été déclarées valables. On peut croire que les motifs de l'arrêt furent, que les curés des villes ne peuvent en général être assimilés aux curés des campagnes. Les premiers n'ont ordinairement pour revenus que le casuel & les *honoraires* attachés à leurs fonctions. Les seconds au contraire jouissent ou doivent jouir des dîmes. Il seroit injuste, dans l'état actuel des choses, de priver les uns de leurs *honoraires*, puisqu'ils n'ont rien autre chose pour subsister. Les autres doivent exercer leur ministère *gratis*, puisque les peuples paient annuellement une redevance destinée en partie à l'entretien des pasteurs.

De cette discussion on peut conclure, qu'à suivre la lettre de nos ordonnances, tous les curés en général ont action pour exiger des *honoraires* conformément aux tarifs portés dans les réglemens faits par les évêques & homologués par les cours souveraines: & qu'en suivant le véritable esprit de l'église, & les premières notions de la justice, ces *honoraires* ne sont dus par les fidèles que lorsque la subsistance des curés & de leurs coopérateurs, n'est point assurée par la prestation des dîmes ou de quelque autre manière.

Depuis que l'ordre & le bénéfice ont été séparés, qu'il y a plus de prêtres que de bénéfices, & que le titre clérical qu'on exige pour l'entrée dans les ordres sacrés, est devenu insuffisant pour faire subsister un ecclésiastique, le saint sacrifice de l'autel s'est pour ainsi dire changé en une branche de commerce. A la honte de la religion on voit des prêtres forcés à le célébrer sous peine de mourir de faim, & ce qui n'est pas moins étonnant, il y en a eu qui se sont pourvus en justice pour se faire payer les *honoraires* de leurs messes. On a autrefois douté si on devoit leur donner cette action. La question s'étant présentée en 1574 au parlement de Toulouse, elle fut appointée & demeura indécise, attendu les conséquences, dit M. Maynard, qui avoit été nommé rapporteur. Elle se représenta au même tribunal en 1666, & fut jugée en faveur du prêtre à qui l'on contestoit *l'honoraire* de ses messes. Papon rapporte deux arrêts semblables du parlement de Paris des 11 juillet 1531 & 17 avril 1544.

L'article 27 de l'édit de 1695, que nous avons rapporté, ordonne que les juges d'église connoîtront des procès qui pourront naître sur ce sujet (*l'honoraire des ecclésiastiques*) *entre personnes ecclésiastiques*. De ces dernières expressions de la loi, on doit conclure, qu'un curé ou tout autre ecclésiastique ne peut faire assigner un laïque devant le juge d'église, pour le faire condamner au paiement de ses *honoraires*. La raison qu'en donnent quelques auteurs & entr'autres Fevret, est qu'un laïque n'est justiciable que des tribunaux séculiers, lorsqu'il n'est pas question d'une matière purement spirituelle, mais profane, telle qu'est le paiement d'une dette. Il y a une foule d'arrêts qui ont déclaré y avoir abus dans les sentences rendues en cette matière par des officiaux contre des laïques. On cite ordinairement celui du parlement de Paris du 13 janvier 1694, qui déclara abusives les sentences de l'official d'Amiens & de celui de Rheims, devant lesquels un doyen rural avoit fait assigner les héritiers laïques d'un curé défunt pour lui payer les droits de son inhumation, sauf néanmoins, ajoute l'arrêt, à se pourvoir pour ce sujet devant juge compétent.

Le parlement de Bretagne suit la même jurisprudence. Par son arrêt du 28 août 1738, il déclara abusive la sentence de l'official de Nantes, qui avoit fixé à 150 livres les *honoraires* du sieur Picault, prêtre de la trève de S. Sulpice d'Auverne, pour la messe du matin, & ordonné que les habitans lui paieroient cette somme.

Cette jurisprudence est fondée sur l'ordonnance de 1537, qui défend aux juges d'église de connoître d'aucune instance contre les laïques, si ce n'est pour choses pures spirituelles. Les cours du royaume ont la plus grande exactitude à ne pas permettre qu'on élude ou qu'on viole cette loi qui forme une partie de notre droit public. C'est pourquoi le parlement de Paris, en vérifiant l'article 11 de l'édit de 1606, qui porte qu'en cas de contestation sur le salaire entre les prédicateurs & ceux qui le doivent, *les premiers ne peuvent se pourvoir devant les juges royaux, mais seulement devant les évêques ou leurs officiaux*, ordonna que les derniers mots seroient ôtés, parce que le salaire des prédicateurs est ordinairement dû par les marguilliers ou fabriciens des églises paroissiales qui sont des laïques.

On doit donc regarder comme constant parmi nous; 1°. que c'est aux évêques à régler la quotité des *honoraires* que les ecclésiastiques peuvent exiger des fidèles; 2°. que lorsque les ecclésiastiques intentent action contre des laïques à raison du paiement de leurs *honoraires*, c'est aux juges séculiers à en connoître.

L'édit de 1695, en donnant aux évêques le droit de régler les *honoraires des ecclésiastiques*, les exhorte, & néanmoins leur enjoint, *d'y apporter toute la modération convenable*. De ces termes, il paroît résulter, que si la religion d'un évêque avoit été trompée sur un réglement qui se trouveroit excessif, il y auroit lieu à l'appel comme d'abus. C'est la reflexion de M. Potier de la Germondaye, dans son *introduction au gouvernement des paroisses*, suivant la jurisprudence du parlement de Bretagne, *pag. 70*. (*M. l'abbé* BERTOLIO, *avocat au parlement.*)

HONORIFIQUES (*droits*); *voyez* DROITS HONORIFIQUES. Cependant nous développerons ici plus amplement ce qui regarde les bancs des églises, sur lesquels on auroit pu peut-être desirer un plus grand détail, lorsque nous en avons parlé dans le premier volume; & nous pouvons d'autant mieux y suppléer en cet endroit, que les bancs des églises, possédés par les gentilshommes & seigneurs de fiefs, sont mis par la plupart des jurisconsultes, notamment par Maréchal, au nombre des honneurs moindres de l'église, *honores minores.*

Réguliérement, c'est aux marguilliers ou autres personnes chargées de l'administration du revenu de la fabrique, qu'appartient le droit de concéder les bancs dans les églises paroissiales.

Brillon dit avoir vu à Paris, en juillet 1711, un avertissement des marguilliers de S. Germain-l'Auxerrois, adressé aux paroissiens, pour qu'ils eussent à représenter dans le mois les titres de concession de leurs bancs, & à payer les rentes dues, sinon qu'il seroit procédé à de nouvelles concessions en faveur d'autres paroissiens.

Ce droit des marguilliers est établi non-seulement par l'usage, mais encore par l'art. 8 de la déclaration du 15 janvier 1731. Cette loi porte que, dans les abbayes ou collégiales régulières où il y a une paroisse établie, les religieux ou chanoines réguliers pourront continuer à disposer des bancs & des sépultures, s'ils en ont la possession paisible & immémoriale, quoique, de droit commun, ils appartiennent aux marguilliers.

Deux arrêts du grand-conseil des 28 septembre 1718 & 28 mars 1619, justifient que des ecclésiastiques, auxquels on a donné ou laissé le droit de présentation, ne peuvent pas pour cela concéder de bancs dans l'église.

Les concessions dont il s'agit se font moyennant une somme, que ceux à qui ces bancs sont accordés paient à l'église. Elles ne sont que pour la vie des concessionnaires; mais, après leur mort, leurs enfans ou héritiers obtiennent la préférence sur les étrangers, en offrant autant que ceux qui demandent ces bancs. C'est ce qu'ont jugé différens arrêts des 9 mars 1581, 23 février 1606, 19 mars 1617, 22 février 1622, 21 avril 1653 & 29 janvier 1641, rapportés en partie par Brodeau sur Louet. C'est à cette jurisprudence que le châtelet s'est conformé par sa sentence du 11 mai 1714, pour la paroisse de Ste. Opportune, laquelle porte qu'après le décès des maris & des femmes qui ont des concessions, les bancs seront publiés au prône par trois fois, & ensuite concédés aux plus offrans & derniers enchérisseurs, au profit de la fabrique, en donnant la préférence aux enfans, en cas d'égalité d'offres. Le cardinal de Noailles l'avoit réglé de même dans une ordonnance homologuée au parlement en 1707, pour l'église de S. Jacques de la Boucherie. On y lit, *art. 4*, que les bancs de l'église seront uniformes autant que faire se pourra; & lorsqu'ils seront vacans, ils seront concédés par les curé & marguilliers en charge au plus offrant, à vie seulement, après trois publications. Les enfans des anciens possesseurs seront préférés en faisant la condition égale, & une même personne n'en pourra avoir plus d'un.

Le droit du concessionnaire se perd quand il quitte la paroisse, & va demeurer ailleurs. Un an après ce changement de domicile, le banc concédé peut être mis de nouveau à l'enchère. C'est ce qui a été jugé au profit des marguilliers de la paroisse des Innocens, par arrêt du parlement de Paris du 24 janvier 1710. Soëf cite, à la vérité, un autre arrêt du 29 janvier 1641, qui paroît opposé à ce principe. Il s'agissoit d'un banc concédé à une fille de Senlis, & dont les marguilliers avoient disposé après une absence de neuf ans: cette fille étant revenue dans sa paroisse, on jugea que le banc lui seroit rendu, en remboursant au nouvel adjudicataire ce que les marguilliers en avoient reçu. Mais il est à croire que le motif de la décision fut, qu'il n'y avoit pas eu une véritable translation de domicile, parce que cette fille n'avoit quitté la ville que par un temps de peste, & n'avoit pas renoncé au dessein d'y revenir. Il n'en eût sans doute pas été ainsi de quelqu'un qui auroit signifié aux collecteurs des tailles, qu'il entendoit changer de domicile; car le changement momentané d'un particulier qui passe un certain temps, plus ou moins, dans plusieurs de ses habitations, soit à la ville, soit à la campagne, ne peut être assimilé à une translation certaine, déterminée & invariable.

Les curé & marguilliers de Cormeilles concédèrent, en 1729, un banc, vis-à-vis la chaire, à un particulier, propriétaire d'une maison sise dans la paroisse, & à ses hoirs & ayans cause, propriétaires de la même maison: les conditions furent que le concessionnaire paieroit une somme pour deniers d'entrée, & qu'à chaque fois que la maison viendroit à appartenir à un nouveau propriétaire, il seroit payé 15 liv., par forme de reconnoissance, envers la fabrique; en conséquence, un vigneron qui avoit acquis la maison, voulut user du droit qu'il prétendoit avoir sur le banc concédé, & offrit, pour cet effet, les 15 liv. Mais comme les marguilliers n'avoient pas destiné cette place pour un vigneron, ils refusèrent les offres & se prétendirent en droit de faire une nouvelle concession du banc au plus offrant: en première instance, on jugea cette prétention bien fondée, & la sentence fut confirmée par arrêt du parlement de Paris du 3 juillet 1762.

Si l'église est en patronage, le patron a seul droit d'avoir un banc permanent & à queue dans le chœur de la paroisse, & il peut même en exclure le seigneur haut-justicier, comme il a été jugé par arrêt du parlement de Paris du 20 août 1766, en faveur du comte de Rochechouart contre le sieur Cadet, notaire à Lus. Observez néanmoins que cette jurisprudence, fondée sur l'ordonnance de François I à Villers-Cotterets, de 1539, ne paroît avoir lieu que dans les parlemens de Paris, de Normandie & de Bretagne; par-tout ailleurs le seigneur haut-justicier a droit de banc dans le chœur après le patron. La Peyrère cite un arrêt du parlement de Bordeaux du 6 juillet 1693, qui a jugé que le seigneur haut-justicier étoit en droit d'avoir un banc dans le chœur de l'église, au côté gauche, à côté de celui du patron. Le grand-

grand-conseil a jugé de même par arrêt du 19 février 1705, rapporté dans les *mémoires du clergé*. Il y a aussi un arrêt pareil du parlement de Toulouse du 27 janvier 1756.

Lorsqu'il n'y a point de patron, le seigneur haut-justicier peut faire mettre dans le chœur un banc à queue & permanent, & le placer de manière qu'il ne gêne point le service divin. Entre plusieurs seigneurs hauts-justiciers, celui à qui appartient la place la plus honorable a son banc à droite en entrant dans l'église, & l'autre à gauche. La femme & les enfans du haut-justicier ont place dans son banc; il y a quelques paroisses où les seigneurs moyens & bas-justiciers, même de simples seigneurs de fief, ont un banc dans le chœur, en quelque endroit moins distingué que celui où est placé le banc du seigneur haut-justicier. Quand leur possession est immémoriale, on les maintient; autrement on les oblige à sortir pour prendre une place dans la nef: c'est ce qui résulte de plusieurs décisions, notamment de l'arrêt de réglement du 4 août 1745, pour le diocèse de Boulogne, conçu en ces termes: « les bancs étant » dans le sanctuaire ou enceinte des autels, en » seront ôtés, excepté ceux des patrons ou fonda- » teurs, ou des personnes qui peuvent être regar- » dées comme fondatrices, comme aussi à l'excep- » tion des bancs des hauts-justiciers, & même » des moyens & bas-justiciers, si les hauts-justi- » ciers n'en ont point, ou de ceux des gentils- » hommes qui ont longue possession en leur fa- » veur. A l'égard des bancs dans la nef, ils ne » pourront être adjugés qu'après trois publications, » à la porte de l'église, au plus offrant, à la charge » d'une rente au profit de la fabrique; & néanmoins » les veuves & enfans des possesseurs des bancs en » jouiront après la mort de leur mari ou de leur père » ou mère, en faisant leur soumission aux curé & » marguilliers, de payer à la fabrique telle redevan- » ce annuelle qui sera arbitrée dans l'assemblée des » curé & marguilliers ».

Augeard, *tom. 1, pag. 16*, rapporte un arrêt du 31 août 1684, du parlement de Paris, qui maintint le sieur le Gay, gentilhomme & seigneur de fief dans la paroisse de S. Sauveur de Flée, en la possession d'avoit un banc avec ses armes dans l'église paroissiale, sans concession de la fabrique, mais sans qu'il pût prétendre aucune qualité de fondateur, édificateur, bienfaiteur, ou autres prérogatives, à cause de sesdites armoiries, à la charge cependant de payer 20 s. par an à la fabrique, à laquelle le sieur le Gay prétendoit ne rien payer.

Il fut rendu un autre arrêt le 12 juin 1728, par lequel le parlement de Toulouse maintint un seigneur de fief, de la paroisse de S. Hilaire, dans le droit d'avoir son banc en l'église paroissiale, après celui du seigneur de S. Hilaire, & avant celui de ses officiers.

Mais par arrêt du 28 août 1729, rapporté par l'Epine de Grainville, il a été jugé que la qualité de gentilhomme ne donnoit pas le droit d'avoir un banc dans la nef d'une église de campagne, au-dessus de celui d'un roturier, qui en avoit acquis un de la fabrique, quoique ce banc fût le premier dans la nef.

La raison que l'auteur cité donne de cette décision, est tirée des principes que nous avons établis, suivant lesquels la fabrique a seule droit de disposer des places dans la nef.

Au parlement de Normandie, on suit une jurisprudence différente. M. Houard, en son *Dictionnaire de droit normand*, article *Banc d'église*, s'explique ainsi: « un gentilhomme a le droit de demander le premier banc dans la nef au préjudice d'un roturier; il peut même empêcher qu'on ne le proclame, pourvu qu'il consente le payer au prix des autres bancs, & à proportion de sa plus grande ou moindre étendue ». Ces maximes sont établies par une foule d'arrêts, entre autres, par ceux des 21 juillet 1731, 26 janvier 1736, 23 juillet 1737, 13 mars 1739, 3 février & 5 décembre 1741, 9 août 1743, 20 février 1749, 18 janvier 1753, 21 février 1755, & 26 août 1757.

Il paroît que le parlement de Paris admet aujourd'hui une jurisprudence à-peu-près semblable; car le rédacteur de cet article, entre autres, a, dans ce moment, sous les yeux une consultation de Me Barré, avocat en la cour, dans laquelle il cite un arrêt rendu au parlement de Paris en l'année 1780, par lequel il a été ordonné, sur la requête d'un gentilhomme, seigneur de fief dans une paroisse de la campagne, que les marguilliers seroient tenus de lui fournir une place honnête dans l'église, pour y construire un banc plus grand que le sien, & qui fût en état de contenir lui & sa famille.

Il y a environ 50 ans qu'il s'éleva une contestation au sujet de la question de savoir si un duc & pair avoit droit de placer dans une église cathédrale un banc, & d'y faire mettre ses armes & sa livrée? Les parties étoient le duc & l'évêque d'Uzès: le premier, qui étoit aux droits du roi par le moyen d'un échange, soutenoit que ses officiers devoient occuper le banc qu'occupoient ceux du roi avant l'échange. L'évêque répondoit que les officiers du roi jouissoient du banc dans la cathédrale, comme d'un droit régalien; que d'ailleurs le roi étoit fondateur de cette église, & que ce n'étoit pas à cause de sa qualité de seigneur direct du sol de l'église que ce droit étoit accordé à ses officiers, mais parce qu'il étoit le patron & le protecteur de l'église; que, dès que l'église n'étoit pas dans l'étendue de la seigneurie donnée en échange par le roi au duc d'Uzès, il ne pouvoit pas prétendre un droit de banc.

Le duc d'Uzès soutenoit au contraire, qu'il avoit la justice du sol de l'église, & qu'en cette qualité, il avoit droit de banc; mais la cour a jugé que la justice du sol de la cathédrale appartenoit au chapitre d'Uzès, aussi partie dans cette affaire, & en conséquence, a ordonné que M. le duc d'Uzès feroit ôter le banc.

L'article 16 de l'édit du mois d'avril 1695 autorise les évêques à réduire & diminuer les bancs des églises, lorsqu'ils peuvent nuire à la célébration du service divin.

Pour procéder suivant cette loi, il n'est pas nécessaire que l'évêque appelle les possesseurs de ces bancs : en sa qualité de juge de l'incommodité qu'ils peuvent causer dans le service divin, il a le droit d'ordonner qu'ils seront placés différemment, & même ôtés ou diminués. Si les possesseurs sont dans l'église lorsque l'évêque en fait la visite, ils peuvent lui représenter ce qu'ils jugent à propos : au reste les représentations & les oppositions qu'ils peuvent faire n'arrêtent pas l'exécution de ce que l'évêque a ordonné ; mais ceux qui croient leurs intérêts blessés ont le droit de se pourvoir devant les juges qui en peuvent connoître.

Observez qu'il n'est question ici que des bancs des simples particuliers qui n'ont aucun caractère distingué ; car s'il s'agissoit du banc du patron & du seigneur haut-justicier, on ne pense pas que l'évêque pût, dans sa visite, en ordonner la suppression, sur-tout si le propriétaire en étoit possesseur depuis long-temps, parce qu'alors ce seroit troubler le patron ou le haut-justicier dans un droit inhérent à sa qualité, & qui est de la compétence du juge laïque. C'est pour cela que plusieurs auteurs pensent que l'évêque doit alors dresser un procès-verbal qui constate l'incommodité occasionnée par le banc dans la célébration du service divin, afin que les officiers des lieux puissent y pourvoir.

D'autres prétendent qu'il n'a pas le droit d'ordonner la suppression du banc d'un patron ou d'un haut-justicier, mais qu'il peut le faire diminuer ou placer dans un autre sens, pour qu'il ne gêne plus le service divin. Cette opinion se trouve fondée sur un arrêt du parlement de Paris du 3 août 1619, par lequel il a été ordonné que le banc d'un seigneur seroit réduit à six pieds en carré, & que le reste du chœur seroit laissé libre pour la célébration du service divin.

On a agité la question de savoir si la complainte pouvoit avoir lieu pour un banc d'église ? Le rédacteur de la nouvelle jurisprudence dit qu'en général on ne le peut ; ce qui, en général, est vrai : mais il donne pour raison une erreur bien lourde ; c'est, dit-il, parce que la complainte n'a lieu qu'en matière réelle & profane, & qu'un banc dans l'église est plutôt une chose participant du spirituel que du profane.

Il faut pourtant convenir que, si la voie de complainte a lieu en matière réelle & profane, lorsqu'on trouble le possesseur d'un héritage dans sa possession, cette voie est bien plus usitée en matière bénéficiale : or une cure, un prieuré participent sans doute autant du spirituel qu'un banc d'église. Tout le monde sait que, si on venoit à troubler les titulaires dans la possession de ces bénéfices, ce seroit par la complainte qu'ils s'y feroient réintégrer. Ainsi la raison employée par cet auteur pour exclure la complainte à l'égard des bancs, est précisément celle dont il faudroit se servir pour la faire admettre.

D'un autre côté, les auteurs de la nouvelle édition du *Répertoire universel*, en critiquant avec justice le sentiment, ou du moins les faux principes du rédacteur de la nouvelle jurisprudence, n'auroient pas dû ignorer ou passer sous silence un arrêt du parlement de Paris, rapporté par Brodeau, du 16 décembre 1567, lequel arrêt juge qu'on peut intenter complainte & réintégrande, pour trouble en la possession d'un banc dans la nef. Ils auroient dû également faire mention de l'arrêt du 25 mars 1745, rendu pour Monfermeil, & servant de réglement, ainsi qu'il fut requis par M. le procureur-général pour toutes les paroisses de la campagne qui n'en avoient pas, ainsi que d'une foule d'arrêts rendus depuis pour différentes fabriques, notamment celui du 13 décembre 1752, pour la paroisse S. Pierre de Bourges ; autre du 28 février 1756, pour Morangis ; autre du 21 août 1762, pour les trois paroisses de Saumur ; autre du 25 février 1763, pour Nogent-sur-Marne ; autre du premier juin 1763, pour Nemours ; autre du 4 juillet 1764, pour la ville du Lude, & autres rapportés par Jousse en son traité du *gouvernement des paroisses*, suivant lesquels la cour défend de troubler ceux qui ont la possession paisible, depuis un an, de quelque banc en place dans l'église, sans la concession de la fabrique.

D'après une jurisprudence aussi uniforme & aussi constante, il ne doit pas être douteux que, si quelque particulier étoit troublé dans une possession de cette nature, de quelque banc ou place, il n'auroit absolument d'autre voie à prendre que celle de la complainte, & non pas la voie du pétitoire.

Mais, pour en revenir à la question agitée, il est certain que le patron & le seigneur haut-justicier peuvent intenter complainte lorsqu'ils sont troublés dans la possession de leur banc, ainsi qu'il a été jugé par arrêt de la cour du 7 mars 1750, entre Etienne Valencé & Mathurin Dubroc : en prononçant cet arrêt, M. le premier président dit que la complainte pour les bancs d'église & pour les places, & autres *droits honorifiques*, étoit abusive, à moins qu'elle ne fût formée par le patron.

Il paroît néanmoins que, si un particulier usurpoit, de son autorité privée, un banc dans l'église, les marguilliers pourroient aussi intenter complainte contre lui ; c'est du moins l'avis de plusieurs jurisconsultes.

Au surplus, le conseil provincial d'Artois a proscrit depuis peu la complainte qu'avoit intentée un particulier pour raison d'un banc d'église. On va en rapporter l'espèce sur une notice fournie par l'avocat, d'après la plaidoierie duquel il a été rendu.

En 1773, le sieur Deneuvillet, seigneur patron de Gouy-lès-Saint-André, accorda au sieur Blon, oncle du sieur Dauvin, la permission de se placer dans un banc construit dans le chœur de la paroisse de Gouy, à la suite de celui du seigneur.

En 1774, la veuve du baron de Gouy, dame du lieu, accorda au sieur Dauvin, pour sa plus grande commodité, la permission de se placer dans le banc qu'avoit occupé son oncle, transféré à la dernière place, parce qu'il se trouvoit dans le chœur de Gouy deux rangs de bancs, qu'occupoient depuis long-temps les particuliers de la paroisse. Peu de temps après cette concession, la dame de Gouy fit construire à ses frais, à la dernière place, un banc fermé, pareil au sien. Le sieur Dauvin en jouit jusqu'en 1780, que le sieur Dufresnoy, second mari de la dame de Gouy, le fit ôter & jetter dans le cimetière, sans avertissement ni sommation préalables.

Le sieur Dauvin prit ce déplacement pour une dépossession & voie de fait, s'en plaignit, &, dans une requête au conseil d'Artois, il demanda que le banc fût réintégré dans la place qu'il occupoit, & que les sieur & dame Dufresnoi fussent condamnés aux dommages-intérêts & aux dépens, avec défenses de récidiver.

Les sieur & dame Dufresnoi établirent qu'on ne pouvoit acquérir de possession dans l'église; que le patron seul, ou, à son défaut, le haut-justicier, pouvoient avoir, exclusivement à tous autres, une quasi-possession relative aux *droits honorifiques*, incessibles de leur nature; possession qui leur donnoit aussi à eux seuls le droit de se pourvoir en complainte ou réintégrande.

Quant à la permission, ils disoient qu'elle étoit nulle & abusive, & qu'elle n'avoit pu produire aucun effet.

Jugement du conseil d'Artois du 14 février 1781, en la première chambre, qui déclare le sieur Dauvin non-recevable en sa demande, & le condamne aux dépens. Le sieur Dauvin a interjetté appel au parlement de Paris; mais depuis il s'en est désisté.

Denisart rapporte une sentence des requêtes du palais du 16 février 1770, qui a proscrit aussi la demande en complainte, & qu'il cite témérairement comme une loi faite pour fixer la jurisprudence sur ce point; mais personne n'ignore que des sentences sujettes à appel, comme celle-ci, & qui n'ont point été confirmées, n'ont, dans aucun temps, eu force de loi. Au surplus, il s'agissoit de deux bancs possédés par le sieur Jourdain, gentilhomme, dans une chapelle d'une paroisse de Troye, où les particuliers, comme par-tout ailleurs, ne peuvent en exiger qu'un, & pour raison desquels il se plaignit du trouble à lui apporté par les marguilliers, qui soutinrent qu'il n'avoit pu prendre la voie de la complainte.

Marechal, d'après Loyseau, dit que les marguilliers ne peuvent ôter, par voie de fait, un banc à celui qui en a la possession, quoique sans titre; qu'alors celui qui a été ainsi dépossédé pourroit se pourvoir par la voie de la complainte, & même par la voie criminelle, sur-tout si l'on y avoit employé la force, violence, port d'armes ou autres circonstances, les marguilliers n'ayant, pour se pourvoir, que les voies ordinaires.

La même maxime, établie par les sieur & dame Dufresnoi sur l'incessibilité du droit de banc dans le chœur, a été formellement consacrée par un arrêt du parlement de Bretagne du 10 juillet 1659, rapporté dans le commentaire de Poulain Duparcq, *art. 676, tom. 3, p. 836.* Le sieur Phelippot de la Corprais, propriétaire de la terre de Pignelais, paroisse de Moysé, avoit un banc dans le chanceau. L'abbesse de S. Sulpice, patrone & fondatrice, en fit construire un au-dessus, & permit aux officiers de justice de s'y placer. Le sieur de la Corprais réclama contre cette innovation, & prétendit faire supprimer le banc de l'abbesse. Le premier juge le débouta de sa demande; sur l'appel, l'arrêt cité, en confirmant la sentence, ordonna « que l'abbesse » ne pourroit céder ni transporter son droit de » banc pour quelque cause que ce fût, ni en permettre l'usage à personne quelconque ».

C'est donc à tort que le rédacteur de la nouvelle jurisprudence, qui ne rapporte aucune suite d'arrêts uniformes, comme il auroit dû, a avancé qu'en matière de banc, la voie de la complainte n'étoit permise qu'aux patrons & hauts-justiciers, puisqu'il ne rapporte pas même un seul arrêt pour appuyer son sentiment, qu'il prétend fondé sur la jurisprudence actuelle. On vient de voir par ce que nous avons rapporté, qu'on ne pourroit tout au plus opposer, pour soutenir cette maxime, conforme, il est vrai, à l'avis de plusieurs jurisconsultes, que le jugement du conseil d'Artois, passé en force de chose jugée à l'égard du sieur Dauvin qui a renoncé à son appel, & l'avis donné par M. le premier président, en prononçant l'arrêt du 7 mars 1710, rapporté plus haut; mais si ces deux décisions, les seules que l'on connoisse, sont invoquées par les auteurs qui veulent proscrire la complainte en cette matière, d'autres pourront leur opposer l'arrêt du 31 août 1684, aussi rapporté ci-dessus, par lequel le parlement de Paris a consacré contradictoirement la maxime contraire, en maintenant le sieur le Gay dans sa possession d'un banc, sans concession des marguilliers.

Le droit de banc, dit Loyseau, ne donne pas droit de sépulture au-dessous; c'est ce que portent aussi les statuts de Bordeaux & d'autres: cependant *voyez* Maréchal.

Les contestations relatives aux bancs doivent être portées devant les juges séculiers: ainsi jugé par arrêt du parlement de Dijon, 8 juillet 1682, rapporté par Raviol sur Perier, *tom. 1, additions, pag. 48.* Les officiers du bailliage de Beaune avoient fait assigner le chapitre de la collégiale devant l'official d'Autun, pour voir dire qu'ils seroient maintenus dans le droit d'avoir des bancs dans l'église, pour assister au sermon, & que ceux qu'ils avoient établis, & qui leur avoient été enlevés par quelques chanoines, leur seroient restitués avec dommages-intérêts. Les chanoines déclinèrent la jurisdiction; déboutés de leur déclination par sentence de l'official, qui en même temps leur ordonnoit, par provision, de restituer les bancs, ils en appellèrent comme d'abus, & par l'arrêt cité, il fut dit, « bien » appellé, mal, nullement & abusivement assigné, » procédé & jugé ». (*Cet article est de M. de la Chesnaye, lieutenant-général honoraire de Mortagne, de plusieurs académies, associé du musée de Paris*, &c.)

HONRAGE, s. m. on a donné ce nom aux seigneuries, aux fiefs considérables, que l'on appelloit aussi *honores* en latin, c'est-à-dire *honneurs*. *Voyez* le *Glossarium novum* de dom Carpentier, sous le mot *Honor*. (*M. Garran de Coulon.*)

HOOFMAN, s. m. (*Droit public.*) ce terme particulier à la Flandre, est composé de deux mots flamands, *hoof*, qui veut dire *tête* ou *chef*, & de *man*, qui veut dire *homme*, ensorte qu'il signifie littéralement un *chef-homme*, un *capitaine*.

On distingue par cette dénomination, deux espèces de personnes. 1°. Dans la plupart des villes de cette province, on appelle *hoofmans*, les chefs des confrairies appellées *gilden* : ces chefs président aux assemblées, marchent à la tête des confrères dans les cérémonies publiques, & sont chargés de maintenir l'ordre & la police dans leurs corps respectifs.

2°. On appelle *hoofmans*, certains officiers établis dans les paroisses de campagne, par le magistrat ou collège, dont ces paroisses dépendent. Leurs fonctions se bornent à l'administration de leur communauté, à présider l'assemblée des habitans, à veiller sur la gestion des asséeurs & collecteurs, à diriger toutes les affaires communes, à la charge d'en rendre compte au magistrat ou collège. Ces *hoofmans* ressemblent à-peu-près aux syndics établis dans les autres provinces du royaume. *Voyez* COMMUNAUTÉ *d'habitans*, SYNDIC.

HOPITAL, s. m. (*Droit public.*) ce mot signifioit autrefois *hôtellerie;* alors les *hôpitaux* étoient des maisons publiques, où les voyageurs étrangers recevoient les secours de l'hospitalité. Aujourd'hui l'on entend par *hôpital*, une maison fondée & destinée à recevoir les pauvres, les malades, ou les orphelins, qui y sont nourris, logés & traités par charité.

Dans les premiers siècles de l'établissement de l'église, l'évêque étoit chargé du soin immédiat des pauvres de son diocèse : lorsque les ecclésiastiques eurent acquis des rentes assurées, on en assigna le quart au soulagement des pauvres, ainsi que nous l'avons dit sous le mot AUMÔNE; & on fonda avec ce quart les maisons de piété que nous appellons *hôpitaux*, quelques-unes furent dotées par des particuliers, & eurent des revenus.

Toutes ces maisons étoient gouvernées, même pour le temporel, par des prêtres & des diacres, sous l'inspection de l'évêque. Mais dans le relâchement de la discipline, les clercs qui en possédoient l'administration, les convertirent en bénéfices, & en appliquèrent les revenus à leur profit.

Ces abus engagèrent le concile de Vienne à faire défense de donner les *hôpitaux* en titre de bénéfice à des clercs séculiers, & à ordonner d'en commettre l'administration à des laïques, qui prêteroient serment à l'ordinaire, & lui rendroient compte tous les ans. Le concile de Trente a confirmé ces dispositions, & l'administration du temporel des *hôpitaux* est encore aujourd'hui en France, entre les mains des laïques, non seulement à cause de ces réglemens ecclésiastiques, mais encore en exécution des ordonnances de Moulins & de 1561. *Voyez* ADMINISTRATION, *sect.* 2.

HORS DE COUR, *termes de palais*, qui désignent un jugement par lequel les parties sont renvoyées, & mises *hors* de procès.

En matière civile, on prononce souvent un *hors de cour*, lorsqu'une demande ne présente qu'un objet sans intérêt, ou peu digne de l'attention de la justice.

En matière criminelle, le jugement qui prononce un *hors de cour* en faveur de l'accusé, signifie qu'il n'y a pas assez de preuves pour asseoir une condamnation, mais que l'accusé n'a pas suffisamment justifié de son innocence, pour être renvoyé absous & être déchargé de l'accusation.

Aussi met-on dans la pratique une grande différence entre ces deux espèces de jugemens. Lorsque l'accusé est simplement mis *hors de cour* on ne lui adjuge aucuns dommages & intérêts, & l'on peut dire qu'il manque quelque chose au rétablissement de son honneur, attaqué & affoibli par l'accusation. Au contraire, lorsqu'il est renvoyé absous & déchargé de l'accusation, son honneur n'a reçu aucune atteinte, & on lui adjuge des dommages & intérêts.

HORS-HUITAINE, on trouve cette expression dans la coutume de Mantes, en parlant des exploits ou ajournemens donnés en matière de retrait : elle exige que l'assignation soit faite *hors-huitaine*, c'est-à-dire qu'il doit y avoir huitaine franche entre le jour de l'exploit & le jour de l'échéance de l'assignation.

HOSCHE, s. f. *ou* HOCHE, OUCHE *ou* OULCHE, *terme de coutume*. tiré du mot *osca*, terme de la basse latinité, qui est employé dans quelques coutumes pour signifier une certaine étendue de terre labourable & cultivée qui est près d'une maison, entourée de fossés ou de haies, & qui sert aux commodités de cette maison, comme pour faire venir des légumes, mettre des arbres fruitiers. *Voyez* la coutume de Nevers, *chap. 6, art.* 1, & le *Gloss.* de Ducange, au mot *Olche* & *Osca*. (*A*)

HOSPICE, s. m. (*Jurispr. canon.*) signifie quelquefois la partie d'un monastère destinée à loger les hôtes ou étrangers; quelquefois c'est un logement détaché du couvent, que les religieux y bâtissent pour y recevoir les étrangers du même ordre, qui ont besoin d'y séjourner quelque temps. On entend encore par *hospice*, un lieu ou entrepôt que le monastère a dans quelque endroit qui en est éloigné, pour y retirer en passant les religieux qui y vont pour les affaires du couvent. (*A*)

HOSPITALITÉ, s. f. (*Droit naturel & civil.*) est une libéralité qu'on exerce en recevant, logeant & nourrissant gratuitement les étrangers; l'exercice de cette vertu est de la plus haute antiquité. Les livres saints nous apprennent que les patriarches se faisoient un devoir de la pratiquer. Les peuples anciens, Egyptiens, Grecs, Romains, Gaulois, Celtes, Germains, observèrent religieusement les droits de l'*hospitalité*. Chez eux, la violer, étoit un crime qui attaquoit la Divinité même. Tacite rapporte que c'étoit un sacrilège chez les Germains, de fermer sa porte à quelque homme que ce fût, connu ou inconnu.

La religion naturelle, quoique défigurée par la superstition, régnoit parmi toutes les nations dans toute sa force, & changeoit en devoirs religieux ceux que l'humanité prescrit. Mais les temps sont bien changés, le nom même d'*hospitalité* n'est presque plus connu; il suffit d'être dans la misère & la pauvreté, pour manquer de toute espèce de secours. On aide volontiers ceux qui peuvent se soutenir, mais on rejette avec mépris ceux qui sont entièrement malheureux.

Dans les premiers temps du christianisme, les fidèles exerçoient avec joie les droits de l'*hospitalité* & de la charité envers les pauvres & les étrangers. Dans les siècles suivans, les malheureux & les indigens trouvèrent dans les maisons religieuses tous les secours qui leur étoient nécessaires, & l'*hospitalité* fut une vertu commune dans tous les monastères, ce fut même un des motifs de la fondation de plusieurs.

Quoique cette pratique ne soit plus commune aujourd'hui, il y a cependant plusieurs abbayes qui y sont encore spécialement obligées envers les paysans. Différens arrêts ont condamné des abbés commendataires à contribuer à la dépense occasionnée par cette œuvre de charité. On peut citer, entr'autres, un arrêt du grand-conseil, du 20 septembre 1740, entre les moines de S. Gildas du Rhuis en Bretagne, qui ordonne de prendre par chaque année sur le tiers-lot, une somme de soixante livres pour l'exercice de l'*hospitalité*. Un arrêt plus ancien du même tribunal, rendu entre l'abbé & les religieux du Mont-Saint-Eloy, diocèse d'Arras, le 26 septembre 1690, ordonne de prendre six cens livres par an sur le tiers-lot, pour subvenir aux dépenses occasionnées par les hôtes.

HOST, s. m. (*Jurisp.*) que l'on écrivoit aussi quelquefois *ost*, mais par corruption, & en latin *hostis*, signifie l'*armée* ou le *camp* du prince, ou de quelque autre seigneur. On entendoit aussi quelquefois par le terme d'*host*, le service militaire qui étoit dû au seigneur par ses vassaux & sujets, ou l'expédition même à laquelle ils étoient occupés à raison de ce service.

Le terme d'*hostis* se trouve en ce sens dans la loi salique, dans celles des Ripuaires, des Bavarois, des Saxons, des Lombards, des Wisigoths, dans les capitulaires de Charlemagne, dans d'anciennes ordonnances des premiers siècles de la troisième race, & dans les auteurs de ce temps.

Les vassaux & les tenanciers qui étoient tenus de se trouver à l'*host*, étoient obligés, au premier mandement du seigneur, de se rendre près de lui, équipés des armes convenables, & de l'accompagner dans ses expéditions militaires.

Ce devoir s'appelloit *service d'host* ou *ost*; on ajoutoit quelquefois *& de chevauchée*, parce qu'il se rencontroit ordinairement que celui qui devoit le service d'*host*, devoit aussi le service de chevauchée. Il y avoit cependant de la différence entre l'un & l'autre, comme on voit dans l'ancienne coutume d'Anjou, qui dit que *host* est pour défendre le pays & pour le profit commun, & que *chevauchée* est pour défendre le seigneur; c'est-à-dire, que le service d'*host* se faisoit dans le pays même, & pour le défendre, au lieu que le service de chevauchée se faisoit pour les guerres du seigneur, même hors les limites de son territoire.

Le service d'*host* & de chevauchée n'étoit pas dû seulement par les simples tenanciers & sujets; il étoit dû principalement par les nobles, feudataires & vassaux; aucun n'en étoit exempt.

Les évêques même, les abbés & autres ecclésiastiques n'en étoient pas exempts; ils en étoient tenus, de même que les laïques, à cause du temporel de leurs églises.

Sous les deux premières races de nos rois, ils faisoient ce service en personne: quelques-uns même commandèrent les armées, & les historiens de ce temps font mention de plusieurs prélats qui furent tués en combattant dans la mêlée.

Charlemagne ordonna qu'aucun ecclésiastique ne seroit contraint d'aller à l'*host*; il leur défendit même d'y aller, à l'exception de deux ou trois évêques qui seroient choisis par les autres pour donner la bénédiction, dire la messe, réconcilier & administrer les malades.

Les évêques se plaignirent de ce capitulaire, craignant que la cessation du service militaire, de leur part, ne leur fît perdre leurs fiefs, & n'avilît leur dignité.

Aussi la défense qui leur avoit été faite ne fut pas long-temps observée; & l'on voit que, sous les rois suivans, tous les ecclésiastiques rendoient en personne le service d'*host* & de chevauchée.

En 1209, le roi confisqua les fiefs des évêques d'Auxerre & d'Orléans, pour avoir quitté l'*host* ou armée, prétendant qu'ils ne devoient le service que quand le roi y étoit en personne.

En 1214, à la bataille de Bouvines, Philippe,

évêque de Beauvais & frère du roi Philippe-Auguste, assommoit les ennemis avec une massue de bois, prétendant que ce n'étoit pas répandre le sang, comme cela lui étoit défendu, attendu sa qualité d'évêque.

Dans la suite du quinzième siècle, on obligea les ecclésiastiques de contribuer aux charges de l'état, au lieu du service militaire qu'ils rendoient auparavant.

Cependant, en 1303 & en 1304, Philippe-le-Bel ordonna encore à tous les archevêques & évêques de se rendre en personne à son armée avec leurs gens, & les ecclésiastiques ne furent entiérement déchargés du service militaire que par Charles VII en 1445 : dans d'autres pays, comme en Pologne, Allemagne, Angleterre, Espagne & Italie, le service personnel des ecclésiastiques a duré encore plus long-temps.

Le service d'*host* & de chevauchée n'étoit pas dû par toutes sortes de personnes indistinctement, mais seulement par celles qui s'y étoient obligées, & principalement par celles auxquelles on avoit concédé des fonds à cette condition, laquelle étoit tellement de rigueur, qu'il n'étoit pas permis d'aliéner des fonds pour s'en dispenser.

Ceux qui n'étoient pas en état de marcher contre l'ennemi, gardoient les places ou autres postes.

Il y avoit néanmoins certains possesseurs qui en étoient dispensés, tels, entre autres, que ceux qui n'avoient point de chevaux, & qui n'étoient pas en état d'en avoir, car on ne combattoit guère alors qu'à cheval.

On dispensoit aussi du service d'*host* les femmes, les sexagénaires, les malades, les échevins & autres officiers des villes, les notaires, les médecins, les jurisconsultes, les boulangers, les meûniers, les pauvres, les nouveaux mariés pendant la première année de leurs noces, enfin tous ceux qui obtenoient dispense du prince.

Mais ceux qui n'étoient pas en état de faire eux-mêmes le service d'*host* ou de le faire pleinement, étoient souvent obligés d'y contribuer en payant ce que l'on appelloit un *aide d'host*, c'est-à-dire un secours d'hommes ou d'argent, des vivres, des armes, & autres choses nécessaires pour la guerre.

Le service d'*host* étoit dû dès l'âge de puberté, ou du moins depuis la majorité féodale jusqu'à soixante ans : cela dépendoit au surplus des coutumes & des titres.

Ceux qui alloient joindre l'*host* étoient exempts de toute chose sur leur route; & tant que duroit leur service, ils avoient le privilège de ne pouvoir être poursuivis en justice, comme on le voit dans la chartre de commune de Saint-Quentin, de l'an 1195 : les lettres d'état paroissent tirer de-là leur origine.

Il n'étoit pas permis de quitter l'*host* sans un congé de celui qui commandoit : celui qui avoit quitté l'*host* du roi sans permission ou qui avoit manqué de s'y rendre, encouroit une amende de 60 sols.

L'obligation de servir à l'*host* n'étoit pas par-tout semblable; cela dépendoit des privilèges & immunités des lieux, ou des titres particuliers des personnes; les habitans des villes n'étoient pas tenus communément de sortir hors de leur territoire; d'autres n'étoient tenus d'aller contre l'ennemi, que jusqu'à une distance telle qu'ils pussent revenir le même jour coucher chez eux : quelques-uns devoient servir pendant trois jours, d'autres davantage; le service dû au roi étoit de 60 jours, à moins qu'il ne fût réglé autrement par le titre d'inféodation. En quelques lieux, les sujets du seigneur n'étoient tenus de servir que pour défendre le pays, ou le château, ou les domaines du seigneur : mais ils n'étoient pas obligés de donner du secours à ses alliés. Enfin, dans d'autres endroits, le service d'*host* étoit dû indistinctement au seigneur, soit dans le territoire, ou au dehors.

De droit commun, les vassaux devoient faire à leurs dépens le service d'*host* & de chevauchée: quelquefois on leur devoit des gages, & le seigneur étoit tenu de les indemniser du dommage qu'ils avoient souffert dans l'expédition où ils avoient servi.

Présentement le service militaire ne peut être dû par les vassaux & sujets qu'à leur souverain; c'est ce que l'on appelle en France *le service du ban & arrière-ban* : le ban est la convocation des vassaux immédiats, & l'arrière-ban est la convocation des arrière-vassaux.

Voyez les établissemens de S. Louis & autres anciennes ordonnances, les anciennes coutumes de Normandie, de Saint-Omer, de Loris, d'Aigues-mortes; le statut delphinal, les fors de Béarn, les privilèges de Montbrison, &c. *& aux mots* BAN *&* ARRIÈRE-BAN. (*A*)

On peut voir d'autres détails, à ce sujet, dans les *Glossaires* de Ducange & de dom Carpentier, & dans l'*usage général des fiefs* par Brussel, *liv. 1, chap. 11*, & *liv. 3, chap. 7*. Ce dernier auteur observe que, depuis le douzième siècle, les abbés ne furent point assujettis à l'*host*, comme ils l'étoient du temps de Charlemagne; & la raison qu'il donne de cette différence entre les évêques & eux, c'est que les abbés n'étoient pas tenus, comme les évêques, de faire à nos rois le service de cour & de plait.

Au reste, on a aussi nommé autrefois *host*, *ost*, *ostel* & *ousteau*, &c. les maisons ou les bâtimens destinés à l'habitation. C'est de-là que provient notre nom d'*hôtel*, & ceux d'*hôtes* ou *hostes*, *hostelage*, *hostigement*, *hostize*, &c. (*M.* GARRAN DE COULON.)

HOSTAGE *de pêcherie*, signifie, dans la coutume locale de Calais, les établissemens nécessaires pour la pêche de mer, & principalement des harengs, maquereaux & morues. On comprend sous ce nom les cabanes, angars & autres choses semblables construites sur les grèves, pour sécher, sorer, saler & encaquer les poissons. Ces *hostages* sont propres aux bourgeois de Calais, & transmissibles, comme les autres héritages, à leurs enfans & héritiers.

HOSTELAGE, s. m. signifie en général *logement*.

Quelquefois on entend par-là un droit que les habitans paient au seigneur pour le fouage & tenement, c'est-à-dire pour la permission d'habiter dans sa terre. Les *pains d'hostelage*, dont parle la coutume de Dunois, *art. 7*, sont une rétribution due pour cet objet. *Voyez* la fin de l'article HOST, & l'article HOSTIZE.

On entend aussi par *droits d'hostelage*, ce que les marchands forains paient pour le louage des maisons & boutiques, où ils mettent les marchandises qu'ils amènent aux foires & aux marchés. Ainsi ce droit d'*hostelage* n'est rien autre chose qu'un droit de *hallage*. Il en est fait mention dans la coutume de Bayonne, *tit. 5, art. 47*, & *tit. 7, art. 23 & 30. Voyez* HALLAGE.

Dépens d'hostelage sont les frais & salaires dus aux hôteliers pour le logement & nourriture qu'ils ont fournis aux voyageurs & à leurs chevaux. *Voyez* la coutume de Paris, *art. 175*. (*A* & *M.* GARRAN DE COULON.)

HOSTES. On appelle ainsi, dans quelques coutumes, les tenanciers & les justiciables d'un seigneur, ou, comme le disent d'autres coutumes, ses *sujets*, c'est-à-dire ceux qui sont couchans & levans dans sa seigneurie. *Voyez* l'*article 23* du *titre 1 de la coutume de Lille*, le *Glossaire du droit françois*, *celui de* Ducange *au mot* Hospes, & l'*article* HOSTIZE. (*M.* GARRAN DE COULON.)

HOSTIGEMENT, s. m. la coutume de Lille appelle *rapports & hostigemens* une sorte d'ensaisinement qui se fait en justice sur les héritages pour acquérir hypothèque. La même coutume appelle *héritages hostigiés* ceux sur lesquels on a fait ces *hostigemens*. (*M.* GARRAN DE COULON.)

HOSTIZE, s. f. (*Droit coutumier.*) c'est, dit Ragueau, un droit annuel de géline, que le vassal paie à son seigneur à cause du tenement. Il en est fait mention dans la coutume de Blois, *art. 40*. Galland dérive ce mot de *hoste*, qui signifie quelquefois l'*homme du corps du seigneur* : mais le plus souvent il exprime tous *les tenanciers d'un seigneur*, habitans, levans & couchans dans sa censive. La censive où ils demeurent est appellée dans les anciens titres *hostizia* : ainsi la redevance que l'on paie par rapport au logement que chacun occupe, a pris le même nom en latin, & celui d'*hostize* en françois. (*D. J.*)

HOTEL, s. m. signifie en général une maison habitée par un seigneur qualifié, tel qu'un prince, un duc, un ambassadeur, *&c.* on s'en sert aussi pour désigner le lieu où l'on exerce une espèce de jurisdiction, comme lorsque l'on dit l'*hôtel du juge*, l'*hôtel-de-ville*. Nous allons parler séparément des différens *hôtels* qui ont rapport au droit.

HÔTEL *d'un ambassadeur*, (*Droit des gens.*) c'est ainsi qu'on nomme toute maison que prend un ambassadeur ou ministre, dans le lieu où il va résider pour y exercer ses fonctions.

On regarde par toute l'Europe les *hôtels des ambassadeurs* comme des asyles pour eux & pour leurs domestiques. En effet, un ambassadeur & ses gens ne peuvent pas dépendre du souverain chez lequel il est envoyé, ni de ses tribunaux; aucun obstacle ne doit l'empêcher d'aller, de venir, d'agir librement; on pourroit lui imputer des crimes, dit fort bien M. de Montesquieu, s'il pouvoit être arrêté pour des crimes; on pourroit lui supposer des dettes, s'il pouvoit être arrêté pour dettes; sa maison est donc sacrée, & l'on ne peut l'accuser que devant son maître, qui est son juge ou son complice.

Mais on demande si leurs *hôtels* sont aussi des asyles pour les scélérats qui s'y refugieroient. Quelques-uns distinguent la nature des crimes commis par ceux qui viennent à se retirer chez un ambassadeur : mais une distinction arbitraire, & sur laquelle on peut contester, n'est pas propre à décider la question proposée. On écrivit en France plusieurs brochures dans le dernier siècle, en faveur de l'asyle sans exception; mais c'est qu'alors il s'agissoit de la grande affaire arrivée à Rome pendant l'ambassade de M. de Créqui. On tiendroit aujourd'hui un tout autre langage, si la contestation s'élevoit à Paris, avec quelqu'un des ministres étrangers.

Grotius croit qu'il dépend du souverain auprès duquel l'ambassadeur réside, d'accorder ou de refuser le privilège, parce que le droit des gens ne demande rien de semblable.

Il est du moins certain que l'extension des prérogatives des ambassadeurs à cet égard, ne peut qu'être nuisible, en entretenant l'abus des asyles, qui est toujours un grand mal. Mais, pour abréger, il faut regarder comme un principe certain du droit des gens, que l'*hôtel* d'un ambassadeur ne peut servir d'asyle à un criminel; que l'ambassadeur doit le livrer à la justice qui le réclame, & que, s'il le refusoit, on pourroit user de force pour l'en arracher. *Voyez* AMBASSADEUR.

HÔTEL *du juge*, (*Droit public.*) est la maison que le juge occupe, & dans laquelle il lui est permis d'exercer certains actes de jurisdiction.

Entre les différens actes que le premier juge d'un siège peut faire seul en son *hôtel*, les uns sont d'instruction ou de jurisdiction volontaire, & les autres de jurisdiction contentieuse.

Les actes d'instruction ou de jurisdiction volontaire, auxquels le premier juge peut procéder seul en son *hôtel*, sont, 1°. les réponses aux requêtes pour obtenir permission d'assigner, de saisir, *&c.* C'est ce qui résulte de divers arrêts de réglement, & particulièrement de ceux des 7 septembre 1660, 10 juillet 1665, 3 septembre 1667, 31 août 1689, 16 mars 1705, & 15 mai 1714.

2°. Les élections de tuteur & de curateur, ainsi

que les autres actes spécifiés dans l'article 17 de l'arrêt de réglement, rendu au parlement de Paris le 10 juillet 1665, pour le ressort de cette cour, qui porte :

« Tous juges seront tenus de faire toutes expé- » ditions dans le siège à l'audience ou à la cham- » bre du conseil où ils travailleront conjointement » en un seul bureau, & non en plusieurs, sans » exercer aucun acte de jurisdiction dans leurs mai- » sons, sinon pour les élections de tuteurs & cu- » rateurs, avis de parens, partages, enquêtes, » informations, interrogatoires en matière civile, » compulsoires, reddition de comptes, rapports de » visitations, appréciations, experts, collations, » comparaisons de seings & écritures, vérifications » d'icelles, réceptions de cautions, taxes de dé- » pens & liquidations de dommages & intérêts.... ».

Observez que ce réglement ne fait loi que pour les siéges qui n'ont point de dispositions particulières, & qu'il y a des parlemens, tels, par exemple, que celui de Lorraine, où les enquêtes, les informations, *&c.* ne peuvent se faire que dans l'auditoire ou à la chambre du conseil, & non dans l'*hôtel* du juge, à moins que, pour bonnes raisons, il n'en ait été ordonné autrement. C'est ce qu'a réglé l'ordonnance du duc Léopold de Lorraine, du mois de novembre 1707, & particuliérement l'article 11 du titre 5 de la procédure civile, & l'article premier du titre 4 de la procédure criminelle.

3°. Les émancipations sont aussi des actes de jurisdiction volontaire, que le premier juge peut faire seul en son *hôtel*. Un arrêt de réglement du 18 juillet 1677, rendu pour Tours; un autre du 20 août 1686, rendu pour la Flèche; un autre du 2 août 1688, rendu pour Poitiers; un autre du 30 juin 1689, rendu pour Angoulême, & un arrêt du conseil du 23 juin 1750, rendu pour Rennes, l'ont ainsi décidé.

4°. Suivant les réglemens rendus pour la Flèche & pour Angoulême, qu'on vient de citer, les séparations volontaires entre mari & femme peuvent se faire dans l'*hôtel* du premier juge : mais il en est autrement de celles qui ne sont pas volontaires : aussi par arrêt du 7 août 1677, a-t-il été défendu au prévôt de Sens de connoître seul des instances de séparation d'entre mari & femme, & d'en arrêter les jugemens ailleurs qu'à la chambre du conseil.

5°. Le premier juge peut, à la requête des pères & des mères, ou des autres proches parens, accorder en son *hôtel* les permissions nécessaires pour faire renfermer dans une maison de force des enfans ou d'autres parens, à cause de leur mauvaise conduite. C'est ce qui résulte d'un arrêt du conseil du 20 avril 1684; & d'un arrêt du parlement du 27 octobre 1696.

6°. La réception de foi & hommage est aussi un acte de jurisdiction volontaire, que les lieutenans-généraux peuvent faire seuls en leur *hôtel*, dans les endroits où la connoissance du domaine n'est point attribuée à des juges particuliers : mais s'il survient des contestations à ce sujet, elles doivent être jugées par tous les officiers du siège. Le parlement de Paris l'a ainsi décidé par deux arrêts de réglement des 7 septembre 1629, & 23 octobre 1638, rendus pour Péronne & pour Limoges.

7°. Le lieutenant-général ou autre premier juge peut pareillement faire seul en son *hôtel* les ouvertures de testament & les clôtures d'inventaire, dans les jurisdictions où ces formalités sont nécessaires : & il en est de même de l'autorisation des tuteurs dans les causes de leurs mineurs. Le grand-conseil l'a ainsi jugé par arrêt du 31 mars 1626.

8°. Le lieutenant-général ou autre premier juge a le droit de donner seul en son *hôtel*, les certificats de vie & de mœurs, de parenté & d'alliance, ainsi que les légalisations. C'est ce qu'ont jugé deux arrêts du parlement des 16 mars 1705, & 21 janvier 1761.

9°. Suivant l'article 21 du titre 33 de l'ordonnance du mois d'avril 1667, c'est au premier juge à taxer en son *hôtel* les salaires qui appartiennent aux huissiers pour raison des saisies, ventes & exécutions. Cette taxe se met au bas de la minute du procès-verbal de vente.

10°. Il y a quelques réglemens, tels que celui du 16 mars 1705, rendu pour Autun, qui autorisent le lieutenant-général à donner seul les actes de notoriété : mais ces actes se donnent ordinairement par tous les officiers du siège.

Tous les actes de jurisdiction volontaire peuvent se faire valablement pendant le temps des vacations, & même la nuit. Au surplus, s'il survient, au sujet de ces actes, quelque contestation, le lieutenant-général, ou autre premier juge, doit dresser son procès verbal des dires & prétentions des parties pour en faire son rapport à la chambre, ou renvoyer les parties à l'audience. C'est ce qui résulte des réglemens rendus pour Tours, pour Poitiers, pour Angoulême & pour Fresnay, des 18 juillet 1677, 2 août 1688, 30 juin 1689, & premier février 1694 : & par arrêt du 24 avril 1635, rendu pour Troyes, le parlement a déclaré nulles les sentences qui interviendroient sur de pareilles contestations, ailleurs qu'au siège.

On peut se pourvoir contre les ordonnances rendues, en matière de jurisdiction volontaire, par le lieutenant-général ou autre premier juge, soit par la voie de l'appel, soit par la voie de l'opposition. Lorsqu'on prend la voie de l'appel, l'affaire doit se porter au parlement ou au présidial dans le cas de l'édit. Si l'on se pourvoit par opposition, la contestation doit être portée devant le siège à l'audience, & le lieutenant-général peut y assister & opiner. Le parlement l'a ainsi décidé par l'arrêt de réglement rendu pour Angoulême le 30 juin 1689, & par un autre arrêt du 14 juillet 1756, rendu pour le présidial du Mans.

Les actes de jurisdiction contentieuse, auxquels le

le premier juge peut procéder seul en son *hôtel*, sont ceux qui concernent les affaires provisoires, c'est-à-dire qui requièrent célérité.

L'article 6 de l'édit du mois de janvier 1685, rendu pour le châtelet de Paris, porte : « que quand » il s'agira de la liberté de personnes qualifiées ou » constituées en charge ; de celle des marchands » & négocians emprisonnés à la veille de plusieurs » fêtes consécutives, ou des jours auxquels on n'en- » tre pas au châtelet; lorsque l'on demandera la main- » levée de marchandises prêtes à être envoyées, » & dont les voituriers seront chargés, ou qui » peuvent dépérir ; le paiement que les hôteliers » ou des ouvriers demandent à des étrangers pour » des nourritures & fournitures d'habits, ou autres » choses nécessaires ; lorsque l'on réclamera des dé- » pôts, gages, papiers, ou autres effets divertis ; » si le lieutenant-civil le juge ainsi à propos pour » le bien de la justice, il pourra ordonner que » les parties comparoîtront le jour même dans son » *hôtel*, pour y être entendues, & être par lui or- » donné par provision ce qu'il estimera juste, sans » aucune vacation ni frais à son égard ».

La même règle a été établie par divers arrêts & réglemens des 19 août 1687, 30 juin & 31 août 1689, premier février 1694, & 12 juin 1755, rendus pour Chinon, pour Angoulême, pour Orléans, pour le siège royal de Fresnay, & pour Aurillac.

A l'exception des affaires provisoires qui requièrent célérité, il est défendu aux lieutenans-généraux de juger aucune affaire contentieuse en leur *hôtel*. C'est ce qui résulte des arrêts & réglemens des 8 juin 1619, 30 août 1631, 31 août 1689, & premier février 1694.

Par arrêt du 5 septembre 1703, rendu pour Gueret, & rapporté au journal des audiences, le parlement a défendu aux procureurs du roi, « de pren- » dre des conclusions à l'*hôtel* du juge, sur les dé- » fauts ou matières de renvois, tant au civil qu'au » criminel, & autres affaires qui doivent être ju- » gées à l'audience, ou de faire évoquer celles qui » y sont introduites, pour les porter à l'*hôtel du* » *juge* ».

Les officiaux ne peuvent jamais instruire ni juger que dans l'auditoire ou prétoire, parce qu'en France ils n'ont point d'autre territoire.

HÔTEL-DE-VILLE, *ou* MAISON DE VILLE, *ou* MAISON COMMUNE DE VILLE, (*Droit public.*) est le lieu public où se tient le conseil des officiers & bourgeois d'une ville pour délibérer sur les affaires communes. On donne aussi ce nom à la jurisdiction qui, dans chaque ville, connoît des affaires municipales, & même de certaines affaires contentieuses.

L'établissement des premiers *hôtels - de - ville* remonte au temps de l'établissement des communes, & conséquemment vers le commencement du 12e siècle. *Voyez* COMMUNES.

Les officiers qui composent la jurisdiction des *hôtels-de-ville*, sont ordinairement un maire ou prévôt des marchands, qui en est le chef ; plusieurs échevins, jurats ou capitouls qui en sont les conseillers, un procureur du roi, un receveur & un greffier : le nom, le nombre & l'étendue de la jurisdiction accordée à ces officiers, varient dans les différentes provinces du royaume, ensorte qu'il nous seroit impossible de donner à cet égard aucune règle générale & uniforme ; il faut se conformer à l'usage des lieux.

Nous remarquerons seulement que, lorsque les maires & échevins connoissent des affaires particulières de l'*hôtel-de-ville*, de ses revenus, censives & directes, c'est en vertu de la justice patrimoniale, & essentiellement inhérente au domaine de la ville, si elle lui a été concédée ; mais qu'ils ne peuvent exercer la jurisdiction contentieuse dans les matières de police & autres semblables, qu'au nom du prince, & en conséquence du droit qui leur en a été accordé par nos rois.

Par exemple, l'*hôtel-de-ville* de Paris connoît, non en vertu d'une jurisdiction propre, mais en vertu des concessions & attributions qui lui en ont été faites, en matière civile, des contestations qui s'élèvent entre marchands, pour fait des marchandises arrivées par eau ; de ce qui concerne la police de la rivière de Seine & de celles qui s'y jettent ; du droit de taxer certaines denrées & marchandises qui arrivent par eau : en matière criminelle, des délits commis par les marchands, leurs commis & facteurs, sur le fait des marchandises destinées à l'approvisionnement de Paris, & des rixes qui surviennent sur les ports de la ville, entre les bateliers & autres gens d'eau : en matière de finance, des rentes constituées sur l'*hôtel-de-ville* ; des différends qui surviennent entre les payeurs & les rentiers, & des contestations relatives à la perception des droits des courtiers & commissionnaires d'eau-de-vie & autres liqueurs. *Voyez* ECHEVINS, COMMUNES (*Droit public.*), MAIRE, PRÉVÔT DES MARCHANDS, CAPITOUL, JURAT, *&c.*

HOTELLERIE, s. f. (*Droit civil.*) maison où les voyageurs & les passans sont logés & nourris pour de l'argent. L'on appelle *hôte* ou *hôtelier* celui qui tient une *hôtellerie*.

Il se forme entre l'hôtelier & le voyageur une convention, par laquelle l'hôtelier s'oblige de loger le voyageur & de garder ses effets, ses chevaux, ses équipages, & le voyageur s'engage à payer la dépense qu'il aura faite dans l'*hôtellerie*. Cette convention se forme tacitement par la seule entrée du voyageur dans l'*hôtellerie*, & par le dépôt des effets mis entre les mains de l'hôtelier ou de ceux qu'il a préposés pour prendre soin de l'*hôtellerie*. En effet, la seule réception du voyageur & de ses effets fait présumer que l'hôtelier s'est chargé volontairement de la garde de la personne & des effets, qu'il lui étoit libre de refuser, & cette présomption suffit, suivant la disposition des loix romaines que nous suivons, pour l'obliger à la garde la plus attentive, & à le rendre responsable de la faute la plus légère.

Il est indifférent que l'hôtelier ait reçu par lui-même, ou par ses domestiques & préposés ; mais il n'est tenu du fait des personnes de sa famille & de celui de ses domestiques, que selon les fonctions qui leur sont commises : ainsi, quand un voyageur donne aux domestiques qui ont les clefs des chambres, une valise ou d'autres effets, ou qu'il met son cheval dans l'écurie à la garde du palfrenier, le maître doit en répondre. Cette décision est fondée sur la *loi 1*, §. *ult. ff. furt. adv. naut. caup. stab.*

Mais si un voyageur remet, en arrivant dans l'*hôtellerie*, un sac d'argent à un enfant, ou à une servante hors de la vue du maître & de la maîtresse, ceux-ci ne seront pas obligés de répondre d'un effet de cette conséquence.

Au surplus, l'hôtelier doit garder ou faire garder, avec tout le soin possible, toutes les choses que le voyageur a apportées dans l'*hôtellerie*. C'est pourquoi il est tenu non-seulement de ses fautes, mais encore de la moindre négligence, soit de sa part, soit de celle de ses gens.

Papon rapporte un arrêt du 10 juin 1575, par lequel le parlement de Paris condamna la maîtresse d'une *hôtellerie* à rendre à un marchand de Lyon une bourse qu'il lui avoit donnée à garder, & qui s'étoit ensuite trouvée perdue ou volée.

Par un autre arrêt du 27 février 1584, que rapporte la Rocheflavin, le parlement de Toulouse condamna un hôtelier de Rabastens à payer la valeur de la marchandise qu'un voiturier avoit déchargée dans l'étable de l'*hôtellerie*, & qu'on lui avoit ensuite volée, quoiqu'il eût fermé à clef la porte de cette étable. Les voleurs s'étoient introduits dans l'étable par un trou qu'ils avoient fait au mur.

Par un autre arrêt du 14 juin 1616, que rapporte Berault sur la coutume de Normandie, le parlement de Rouen déclara un hôtelier responsable d'un vol de marchandises qui avoit été fait à des voituriers dans la cour de l'*hôtellerie*; & il fut ordonné que ces voituriers séroient crus à leur serment, relativement à la quantité de ces marchandises.

Par un autre arrêt du 3 mai 1695, que rapporte M. Pinault Desjaunaux, le parlement de Tournai condamna un hôtelier d'Ypres à rendre à un lieutenant de cavalerie deux pistolets qui lui avoient été pris dans l'*hôtellerie*.

Par un autre arrêt du 21 juin 1718, un hôtelier de Langais fut condamné à restituer à des marchands les marchandises qu'ils disoient leur avoir été volées dans des balles, quoiqu'il n'y eût d'autre preuve du vol que la déclaration de ces marchands, & que l'hôtelier déclarât qu'il n'avoit aucunement été instruit de ce qu'il y avoit dans ces balles. Le serment fut déféré à ces marchands relativement à l'objet du vol.

Par un autre arrêt du 7 juillet 1724, le parlement de Paris condamna Jean Chartier & sa femme, hôteliers sur la route d'Orléans, à payer solidairement au sieur Barbier de la Serre, chanoine d'Agen, & au sieur de Mazac, curé d'Aiguillon en Agenois, environ deux mille livres qu'ils déclarèrent avec serment leur avoir été volées dans l'*hôtellerie*. Il y avoit dans cette affaire cette circonstance, que quand le procureur-fiscal se rendit à l'*hôtellerie* pour y entendre les plaignans, il dressa procès-verbal d'une ouverture faite à une cloison, par laquelle il étoit possible qu'un enfant de douze à quatorze ans se fût introduit dans la pièce où l'on prétendoit que le vol avoit été fait.

Il y a néanmoins des arrêts qui ont débouté divers particuliers des demandes qu'ils avoient formées contre des hôteliers, pour leur faire payer des vols faits dans leurs *hôtelleries*. Papon en rapporte un des grands jours de Clermont, par lequel un hôtelier a été déchargé d'un vol fait en son *hôtellerie*, attendu que l'auteur du vol étoit le valet du plaignant.

Par un autre arrêt du 29 novembre 1664, le parlement de Paris a jugé qu'un hôtelier n'étoit pas responsable du vol fait à des voyageurs dans son *hôtellerie*, lorsque ses domestiques n'étoient point auteurs du délit. On prétendoit dans cette espèce que le vol avoit été commis par un passant, auquel on avoit donné un lit dans la chambre même où étoit logée la personne volée.

Par un autre arrêt du 27 août 1677, rapporté au journal des audiences, un hôtelier de Sézanne en Brie, ou ses héritiers, furent déchargés du vol d'argent que Charlotte Pensard, servante de l'*hôtellerie*, avoit fait à Nicolas Desrues, huissier à cheval au châtelet de Paris. Plusieurs des juges étoient d'avis contraire. Les circonstances qui paroissent avoir déterminé l'arrêt sont que Desrues avoit été averti de ne pas laisser son argent dans sa chambre, attendu qu'elle n'étoit pas assez bien fermée, & que l'hôtelier avoit fait condamner sa servante à être pendue pour raison de ce vol.

Par un autre arrêt du 3 février 1687, rapporté au recueil de Boniface, le parlement de Provence a jugé que l'hôtelier n'étoit pas responsable d'un vol fait à un voyageur par un autre voyageur dans l'*hôtellerie*, lorsque la chose volée n'avoit pas été déposée entre les mains de l'hôtelier.

Le nommé Bernard, hôtelier à Rennes, ayant été actionné pour représenter des marchandises qu'on avoit déposées depuis quinze jours entre les mains de sa servante, soutint que quoiqu'il fût responsable de l'équipage d'un voyageur, des ballots d'un voiturier, & de la fidélité de ses domestiques en ce qui concernoit leur service ordinaire, il ne devoit pas être tenu des dépôts qu'on leur confioit. Le parlement de Bretagne adopta ces moyens, & par arrêt du 6 décembre

1691, il déchargea l'hôtelier de la demande qui avoit été formée contre lui.

Par un autre arrêt du 7 décembre 1700, rapporté au recueil d'Augeard, le parlement de Paris jugea qu'un hôtelier n'étoit pas responsable des pierreries qu'on avoit mises chez lui sans en faire déclaration.

Enfin, par un autre arrêt rendu le 4 avril 1727, entre les sieurs Depati, contrôleur du grenier-à-sel de Clamecy, & Née de Durville, lieutenant de l'élection du même lieu, demandeurs contre Charles Guitté, hôtelier à Saint-Pierre-le-Moutier, défendeur, les parties ont été mises hors de cour & de procès, relativement aux effets que les demandeurs répétoient, & qu'ils prétendoient leur avoir été volés dans l'*hôtellerie*.

Le motif qui détermina l'arrêt fut que lors de la plainte il fut constaté qu'il n'y avoit aucune fracture à la porte ni aux murs des chambres que les demandeurs occupoient depuis plusieurs jours, & dont ils avoient toujours eu les clefs.

Il résulte des différentes décisions qu'on vient de rapporter, que les juges se déterminent communément par les circonstances dans les affaires de la nature de celles dont il s'agit. En effet, s'il est nécessaire, pour le maintien de l'ordre public, d'assujettir les hôteliers à répondre des choses que les voyageurs apportent dans les *hôtelleries*, on ne doit pas pour cela ajouter aveuglément foi à l'assertion des personnes qui se plaignent d'avoir été volées: il convient en cas pareil, que pour prononcer contre un hôtelier, les circonstances soient telles, que l'on ne puisse se dispenser de présumer la vérité du vol, soit par la nature du fait, soit par la qualité des parties, sur-tout lorsque les plaignans sont gens d'une probité reconnue.

L'hôtelier a un privilège sur les effets des voyageurs, relativement aux dettes qui sont contractées envers lui pour les dépenses qu'ils ont faites dans l'*hôtellerie*. La coutume de Paris a sur cet objet une disposition précise. Voici ce que porte l'article 175:

« Dépens d'hôtelage, livrés par hôtes à pélerins ou à leurs chevaux, sont privilégiés, & viennent à préférer devant tout autre sur les biens & chevaux hôtelés, & les peut l'hôtelier retenir jusqu'à paiement; & si aucun autre créancier les vouloit enlever, l'hôtelier a juste cause de soi opposer ».

Observez néanmoins que l'hôtelier ne doit pas retenir l'habillement d'un voyageur pour la dépense que celui-ci a faite: c'est l'avis de Tronçon & de le Maître. Il y a d'ailleurs un arrêt du 18 mars 1595, qui a condamné un hôtelier *à aumôner aux prisonniers de la conciergerie du palais la somme de dix écus*, parce qu'il avoit retenu les habits d'un voyageur qui étoit ensuite mort de froid.

L'article 101 de l'ordonnance d'Orléans *défend à toutes personnes de retenir & loger en leurs maisons plus d'une nuit gens sans aveu & inconnus: enjoint de les dénoncer à justice, à peine de prison & d'amende arbitraire.*

Pour l'exécution de ce réglement, on assujettit les hôteliers ou aubergistes à tenir des registres de tous ceux qui arrivent chez eux. Ces registres doivent être visés tous les mois par un officier de police.

Ceux qui font profession de louer des chambres garnies sont aussi assujettis par les mêmes raisons, à en faire leur déclaration, & à tenir registre de tous ceux qui viennent occuper leurs chambres. *Voyez* AUBERGE, CABARETIER.

HOUILLE, s. f. (*Droit féodal & civil.*) est le nom qu'on donne dans les Pays-Bas au charbon de terre tiré de la mine.

Les chartres générales du Hainaut ont plusieurs dispositions sur cet objet. Suivant le chapitre 130, le droit de fouiller la *houille* est un droit seigneurial qu'elles attribuent privativement au seigneur haut-justicier, & qui est sujet dans les partages entre enfans & héritiers, à la loi générale des fiefs.

Le seigneur haut-justicier peut concéder à un particulier l'exploitation d'une mine de charbon. Cette concession peut être faite purement & simplement, ou à titre de fief & par sous-inféodation. Dans l'un & l'autre cas, elle est regardée comme un véritable immeuble, qui dans le premier se partage également entre tous les enfans sans distinction de sexe, & qui dans le second est réputé fief.

Le chapitre 122 des mêmes chartres met les charbons de terre dans la classe des immeubles, tant qu'ils ne sont pas tirés de la mine; mais dès qu'ils en sont séparés, ils sont tenus pour meubles.

Dans la partie du Hainaut, soumise à la domination françoise, un arrêt du conseil du 14 janvier 1744 a restraint la liberté trop étendue que la coutume donnoit aux seigneurs d'exploiter les mines de charbon de leurs territoires. On ne peut y faire travailler qu'après en avoir obtenu la permission de M. le contrôleur général.

Un arrêt du conseil du 13 mai 1698 avoit permis à tous propriétaires d'ouvrir & d'exploiter les mines de *houille* qui se trouveroient sur leurs fonds; mais cet arrêt n'a porté aucun préjudice aux droits des seigneurs hauts-justiciers du Hainaut, qui peuvent se réserver le droit de faire eux-mêmes l'exploitation des mines. Plusieurs ordonnances des intendans de Valenciennes, & plusieurs arrêts du conseil les y ont maintenus, même contre ceux qui avoient obtenu des privilèges particuliers & exclusifs.

HOUPIER, ou HOUPION, s. m. (*Eaux & Forêts*) On appelle ainsi les cimes & branchages des arbres délivrés & abattus pour réparations de bâtimens.

L'ordonnance de 1669, *tit.* 21, *art.* 5, veut que les remanens, branchages & *houpiers* délivrés pour bâtir, soient vendus au siège de la maîtrise avec les formalités ordinaires pour la vente des chablis, sans que les bûcherons puissent en disposer, sous quelque prétexte que ce soit, à peine d'amende arbitraire & de restitution du double, dont l'entrepreneur est civilement responsable.

Cette prohibition de disposer des *houpiers* regarde également toutes les personnes auxquelles on délivre des arbres, tels que les engagistes, usufruitiers & douairières, pour les réparations des bâtimens dépendans de l'engagement, de l'usufruit & du douaire. Elle est fondée sur ce que la délivrance n'a pour objet que ce qui est nécessaire à la réparation pour laquelle elle est accordée, & que le délivrataire ne doit en prendre que ce qu'il faut pour l'usage auquel les arbres donnés sont destinés.

HUAGE, s. m. (*Droit féodal.*) est une espèce de corvée due à quelques seigneurs par leurs habitans, qui sont obligés d'huer les bêtes fauves & noires, lorsque le seigneur veut y chasser. *Voyez* ce qui en est dit dans *le gloss.* de M. de Laurière au mot *Huage*.

HUICTAVÉS, (*édits*) les coutumes des duché & comté de Bourgogne se servent de cette expression pour désigner les trois proclamations que les seigneurs hauts-justiciers doivent faire de huitaine en huitaine, pendant les quarante jours destinés à la garde des épaves trouvées dans l'étendue de leurs seigneuries, avant de les appliquer à leur profit.

Ce délai de quarante jours, & ces trois *édits huictavés* ont été introduits pour donner au véritable propriétaire de la chose perdue, le temps de venir la réclamer, & de se la faire rendre, en payant au seigneur les frais & dépens occasionnés par la garde de l'épave.

HUIS, s. m. ancien mot françois, qui signifie *porte*. Les huissiers ont pris de là leur dénomination, parce qu'une de leurs fonctions est de garder les portes de l'auditoire. On se sert encore au palais de ce terme en parlant des audiences.

Il y a des audiences à *huis clos*, c'est-à-dire, qui ne sont point publiques, & auxquelles on ne laisse entrer que les parties intéressées & leurs avocats & procureurs, afin d'éviter l'éclat que la cause pourroit faire.

On appelle aussi *audiences à huis clos* les audiences qui se donnent à la grand'chambre sur les bas siéges, parce que la porte de cette chambre, qui donne directement sur la grande salle, n'est point ouverte alors comme elle l'est pendant les grandes audiences.

Plusieurs coutumes se servent aussi du mot *huis* pour porte. Celle de Nivernois permet au seigneur censier, à défaut de paiement du cens, de lods & ventes, de faire, de son autorité, sans réquisition de justice, abattre l'*huis* des maisons pour la première fois, & s'il est relevé ou redressé, de le faire abattre une seconde fois.

HUISSIER, s. m. (*Droit public & civil.*) est un ministre de la justice, qui fait tous les exploits nécessaires pour contraindre les parties tant en jugement que dehors, & qui met à exécution les jugemens & toutes commissions émanées des juges.

Les *huissiers* ont été ainsi nommés, parce que ce sont eux qui gardent l'huis ou porte du tribunal; le principal objet de cette fonction est de tenir la porte close, lorsque l'on délibère au tribunal, & d'empêcher qu'aucun étranger n'y entre sans permission du juge; d'empêcher même que l'on écoute auprès de la porte les délibérations de la compagnie qui doivent être secrètes; de faire entrer ceux qui sont mandés au tribunal, & d'en faire sortir ceux qui y causent du trouble.

Ceux qui faisoient la fonction d'*huissiers* & de sergens chez les Romains, étoient appellés *apparitores*, *cohortales*, *executores*, *statores*, *cornicularii*, *officiales*.

En France, on les appelloit tous anciennement *servientes*, d'où l'on a fait en françois *sergent*. On les appelloit aussi indifféremment *bedels* ou *bedeaux*, ce qui dans cette occasion signifioit *semonceur public*.

Dans la suite on distingua entre les sergens ceux qui étoient de service dans le tribunal, & c'est à ceux-ci qu'on donna d'abord le nom d'*huissier*.

Ceux qui faisoient le service au parlement, sont appellés dans un registre de l'an 1317, *valeti curiæ*, & dans des lettres du 2 janvier 1365, le roi les appelle *nos amés varlets*. On sait que le terme de *varlet* ou *valet* ne signifioit pas alors une fonction vile & abjecte, tel que celle d'un domestique, puisque les plus grands vassaux se qualifioient valets ou varlets de leur seigneur dominant; les places d'*huissier* au parlement s'achetoient déjà à cause des gages qui y étoient attachés.

Le nom d'*huissier* fut donné, comme on l'a dit, à ceux qui étoient chargés de la garde des portes du tribunal; on en trouve un exemple, pour les *huissiers* du parlement, dans un mandement de l'an 1388 adressé *primo parlementi nostri hostiario seu servienti nostro*.

La plupart des sergens ayant ambitionné le titre d'*huissier*, quoiqu'ils ne fissent point de service auprès du juge, on a appellé *huissiers audienciers* ceux qui sont de service à l'audience, pour les distinguer des autres *huissiers* ou sergens.

Il étoit défendu aux *huissiers* même du parlement de se qualifier de *maîtres*. Ce titre étoit alors réservé aux magistrats; mais depuis que ceux-ci se sont fait appeller *monsieur*, les *huissiers* se sont attribué le titre de *maître*.

Ils doivent marcher devant le tribunal, lorsqu'il est en corps ou par députés, & aussi devant les premiers officiers lorsqu'ils entrent au siége ou qu'ils en sortent, afin de leur faire porter honneur & respect, & pour empêcher qu'on ne les arrête dans leur passage; c'est pourquoi ils frappent de leur baguette afin de faire faire place.

C'est un des *huissiers* qui appelle les causes à l'audience sur les placets, ou sur un rôle ou mémoire. Ils sont couverts en faisant cette fonction. Les anciennes ordonnances leur défendent de rien prendre ou exiger des parties pour appeller leurs causes.

Les autres *huissiers* du même siége gardent les

portes de l'auditoire & l'entrée du parquet. D'autres sont chargés particuliérement de faire faire silence & de faire sortir ceux qui font du bruit dans l'audience, ou qui n'y viennent pas en habit décent; ils ont même le droit d'emprisonner ceux qui causent du trouble dans l'audience.

Ces *huissiers* font toutes significations, saisies & exécutions, & autres contraintes, chacun dans leur ressort. Quelques-uns ont, par le titre de leur office, le pouvoir d'exploiter par tout le royaume; d'autres seulement dans le ressort du tribunal auquel ils sont attachés.

Ce sont les *huissiers* qui donnent les assignations & ajournemens, qui procèdent aux publications de ventes de meubles, ou autres qui se font à l'issue des messes paroissiales, qui exécutent les décrets rendus en matière criminelle, qui font les procès-verbaux de perquisition, les emprisonnemens, les saisies & annotations de biens. Il y a quelques actes qu'ils font concurremment avec les notaires, tels que les protêts des lettres & billets de change, *&c.*

Lorsqu'on fait rebellion contr'eux, ils doivent en dresser leur procès-verbal; c'est une affaire grave d'insulter le moindre *huissier* dans ses fonctions, parce que l'injure est censée faite à la justice même dont il est le ministre. En cas de résistance ou de rebellion, il peut appeller à son secours les habitans des villes & villages, qui sont tenus, sous peine d'amende arbitraire, de lui prêter la main. L'ordonnance de 1670 autorise même les *huissiers* à demander main-forte aux gouverneurs des villes, aux baillis, sénéchaux ou leurs lieutenans, *&c.* & en cas de refus, dresser procès-verbal, & l'envoyer au procureur-général dans le ressort duquel ils exploitent.

François Ier ayant appris qu'un de ses *huissiers* avoit été maltraité, il se mit un bras en écharpe, voulant marquer par-là qu'il regardoit ce traitement fait à cet *huissier*, comme s'il l'avoit reçu lui-même, & que la justice étoit blessée en la personne d'un de ses membres.

L'édit d'Amboise, les ordonnances de Moulins & de Blois défendent, sous peine de la vie, & sans aucune espérance de grace, d'outrager ou excéder les *huissiers* ou sergens, lorsqu'ils font quelques exploits de justice.

Jourdain de Lille, fameux par ses brigandages sous Charles IV, fut pendu en 1322, pour avoir tué un *huissier* qui l'ajournoit au parlement.

Edouard II, comte de Beaujeu, fut décrété de prise-de-corps & emprisonné à la conciergerie, pour avoir fait jetter par la fenêtre un *huissier* qui lui vint signifier un décret; il fut même obligé, pour obtenir sa liberté, de céder ses états à Louis II, duc de Bourbon.

Le prince de Galles en 1367 ayant empêché un *huissier* qui venoit pour l'ajourner, de faire son ministère, il fut déclaré contumax & rebelle par le parlement, & les terres que son pere & lui tenoient en Aquitaine, furent déclarées confisquées.

La Rocheflavin rapporte aussi que le duc de Lorraine, comme sujet & hommager du roi, à cause du duché de Bar ressortissant au parlement de Paris, fut condamné à demander pardon au roi pour avoir empêché un *huissier* de lui faire une signification dans ses états, & d'avoir fait traîner les pannonceaux du roi à la queue de ses chevaux.

Anciennement les *huissiers* assignoient verbalement les parties, & ensuite en faisoient leur rapport au juge en ces termes : *à vous monseigneur le bailly.... mon très-douté ou redouté seigneur, monseigneur plaise vous savoir que le... j'ai intimé un tel à comparoître, &c.* Ce rapport s'appelloit *relatio.* L'*huissier* ne signifioit pas, il mettoit seulement son sceau; mais depuis, les ordonnances ont obligé tous les *huissiers* & sergens de savoir lire & écrire, & de donner tous leurs exploits par écrit.

L'ordonnance de Moulins, *art. 12*, porte que les *huissiers* ou sergens exploitans en leur ressort porteront en leur main une verge de laquelle ils toucheront ceux auxquels ils auront charge de faire exploits de justice. Cette verge étoit pour les faire reconnoître; ils portoient aussi sur eux, pour le même objet, des écussons aux armes de France, mais tout cela ne s'observe plus.

Ils peuvent porter sur eux des armes pour la sûreté de leur personne, & se faire assister de main-forte, afin que la force demeure à justice.

Les exploits des *huissiers* font foi par eux-mêmes, pour ce qui est de leur ministère; il y a néanmoins certains exploits où les *huissiers* sont obligés de se faire assister de deux records, ou qu'ils doivent faire parapher par le juge. *Voyez* AJOURNEMENT & EXPLOIT.

On dit ordinairement qu'*à mal exploiter point de garant*, c'est-à-dire que les *huissiers* & sergens ne sont pas garans de la validité des exploits; ils sont néanmoins responsables des nullités d'ordonnance & de coutume qui peuvent emporter la déchéance de la demande, comme le défaut d'offres en matières de retrait lignager.

Nul ne peut exercer les fonctions d'*huissier* dans les justices royales, qu'en vertu de provisions obtenues du roi. On ne peut être reçu dans cet office qu'à l'âge de 25 ans, excepté dans les jurisdictions consulaires, où celui de 22 suffit, & dans celle de police dont les *huissiers* sont reçus à vingt ans. Les *huissiers* doivent être *laïques* : une ordonnance de 1425 défend aux clercs, même à ceux qui n'ont que la simple tonsure, de posséder aucun de ces offices.

Les *huissiers* sont obligés d'exercer leurs fonctions eux-mêmes, sans pouvoir commettre d'autres personnes à leur place, ni faire signifier leurs exploits par leurs clercs, à peine de faux. Ils doivent résider dans le lieu où ils sont établis pour y exercer leurs charges, à peine de suspension de leur état pour la première fois, & de privation pour la seconde. Plusieurs arrêts du conseil & du parlement enjoignent aux *huissiers* & sergens royaux, de faire leur résidence dans les lieux où ils sont immatriculés. Mais ils ne peuvent être ni geoliers, ni guichetiers, ni archers de maréchaussée, ni cabaretiers, ni fermiers des amendes, ni solliciteurs de procès.

Les *huissiers* ou sergens royaux demeurans dans l'étendue d'un bailliage ou sénéchaussée, sont tenus d'obéir sans difficulté aux mandemens des lieutenans généraux & criminels, & à ceux des procureurs du roi, de prêter leur ministère pour l'exécution des ordres de justice, pour faire le service nécessaire relativement à l'instruction & aux jugemens des procès criminels, même à l'exécution des jugemens rendus contre les condamnés, à peine d'amende, même d'interdiction en cas de récidive, ou lorsque la désobéissance est considérable.

Ils sont obligés, à peine des dépens, dommages & intérêts des parties, de prêter leur ministère à celles qui veulent les employer, à moins qu'ils ne soient malades, ou qu'ils n'aient d'autre excuse légitime pour s'en dispenser. Ils sont tenus de donner un récépissé des pièces qu'on leur confie, de donner quittance de l'argent qu'ils reçoivent des parties qui les emploient, de noter au bas de leurs procès-verbaux ou exploits, tout ce qui leur a été payé pour ces objets. Il leur est défendu, à peine de privation de leur office, & de punition corporelle, de rien prendre au-delà de leurs salaires, même les choses qui leur auroient été offertes volontairement, ni de prendre directement ou indirectement aucune promesse ou obligation, sous leur nom ou sous le nom d'autres personnes, pour le paiement de leurs salaires.

Il leur est également défendu d'entreprendre sur les fonctions des notaires, & en conséquence de recevoir & passer aucune quittance, contrat, ou acte volontaire, par forme d'accord, quand même les parties l'auroient desiré. Ils ne peuvent aussi accorder de délai à un débiteur, s'ils n'y sont autorisés par le créancier.

Les *huissiers* ou sergens, qui se rendent coupables d'abus ou malversations dans les exécutions qu'ils font en matière civile, d'excès ou de mauvais traitemens, lors des exécutions & emprisonnemens qu'ils font, doivent être punis selon la qualité du fait & des personnes. Il en est de même lorsqu'ils exigent de l'argent de quelqu'un, soit pour ne pas l'emprisonner, soit pour ne pas saisir ses meubles, soit pour ne pas l'établir gardien ou commissaire à une saisie.

Les *huissiers* ou sergens qui font des actes sans pouvoir ou procuration, peuvent être désavoués comme les procureurs; & si ce désaveu se trouve fondé, ils doivent être condamnés à indemniser de tous dépens, dommages & intérêts, la partie au nom de laquelle ils ont agi.

Ils ne peuvent exploiter dans les affaires où ils ont intérêt, ni dans celles qui concernent leurs parens ou alliés au second & troisième degré. Mais ils sont tenus de faire pour les fermes du roi, tous exploits & significations, à la première requisition du fermier ou de ses préposés. Ils peuvent même, dans ce cas, exercer leurs fonction hors l'étendue de la jurisdiction où ils sont immatriculés.

Plusieurs arrêts du conseil obligent les *huissiers* à tenir des registres paraphés, par les premiers juges des sièges où ils sont immatriculés, pour y faire mention sommaire de tous les exploits qu'ils délivrent, ainsi que du bureau où ils ont fait contrôler ces exploits; de donner communication de ces registres au fermier & à ses commis, à la première requisition.

Suivant les anciennes ordonnances, aucun *huissier* ou sergent ne pouvoit exploiter hors du ressort des bailliages ou sénéchaussées où il étoit établi: telles sont les dispositions de l'ordonnance du mois de mars 1319, d'un édit du mois d'août 1492, & d'une déclaration du 20 novembre 1556.

Dans la suite, l'édit du mois de mai 1568 permit à tous les *huissiers* ou sergens royaux des bailliages, sénéchaussées & autres jurisdictions ordinaires & royales, de mettre à exécution, par tout le royaume, les arrêts, sentences, jugemens, *&c.*, sans demander *pareatis;* mais cette permission fut révoquée par les édits de juin 1579, & juin 1582.

Cette même permission fut depuis rétablie, moyennant finance, en faveur de tous les *huissiers* ou sergens des justices royales, tant ordinaires qu'extraordinaires, nonobstant la distinction des ressorts & la résidence qui leur étoit limitée par leurs provisions.

Enfin, la déclaration du premier mars 1730, enregistrée au parlement le 28 du même mois, a fixé la jurisprudence sur cet objet. Cette loi fait défense, sous peine de nullité & de 500 livres d'amende, à tous les *huissiers* ou sergens royaux d'exploiter hors du ressort de la jurisdiction dont ils sont *huissiers* ou sergens par leurs provisions, à moins qu'ils n'en aient le droit par le titre de leurs offices.

Dans le nombre des *huissiers* qui, suivant le titre de leurs offices, peuvent exploiter dans toute l'étendue du royaume, conformément à la déclaration de 1730, sont avec les *huissiers* du châtelet de Paris, les premiers *huissiers* audienciers des jurisdictions royales, les *huissiers* des cours supérieures, les *huissiers*-audienciers des présidiaux, les *huissiers* de la connétablie, ceux de la table de marbre, ceux des bureaux des finances, ceux des requêtes de l'hôtel & du palais, ceux de la prévôté de l'hôtel & ceux du bailliage du palais.

Un arrêt du conseil du 3 novembre 1761, qui a ordonné l'exécution des édits d'avril 1662, mars & décembre 1693, des arrêts du conseil du premier septembre 1693, & de la déclaration du premier mars 1730, a confirmé les *huissiers* à cheval au châtelet de Paris, les premiers *huissiers*-audienciers des jurisdictions royales, les *huissiers*-audienciers des chancelleries présidiales, & les *huissiers* de la connétablie & maréchaussée de France, dans le droit d'exploiter par tout le royaume, & a fait défenses aux *huissiers* ou sergens royaux, auxquels le titre de leurs offices n'avoit point attribué ce droit, d'exploiter hors de la jurisdiction où ils étoient immatriculés, à peine de faux, de nullité, d'interdiction & de 500 livres d'amende.

HUISSIERS D'ARMES *ou* SERGENS D'ARMES, étoient ceux qui avoient la garde de la personne du roi, & qui portoient le jour la masse devant lui. *Voyez* SERGENT D'ARMES. (*A*).

HUISSIER-AUDIENCIER est celui qui est établi sous ce titre pour servir particuliérement à l'audience. Dans les présidiaux, bailliages & autres jurisdictions royales, ils doivent se trouver avec leurs baguettes au palais les jours d'audience, pour en faire ouvrir les portes.

Suivant l'édit du mois de décembre 1693, qui a créé des premiers *huissiers-audienciers* dans les différentes jurisdictions royales, ces officiers ont le droit de faire, à l'exclusion de tout autre, l'appel de toutes les causes des audiences de la jurisdiction où ils sont établis.

C'est aussi à eux à faire la lecture & publication des enchères, des procès-verbaux de continuation d'enchères, des licitations, & en général de tout ce qui doit être rendu public à l'audience.

Un arrêt du conseil du 10 juillet 1694, a défendu aux avocats & aux procureurs de plaider aucune cause qu'elle n'ait été appellée par un premier *huissier-audiencier*.

Les premiers *huissiers-audienciers* peuvent, en cas d'absence, maladie ou autre empêchement légitime, commettre pour la perception de leurs droits un *huissier-audiencier* ordinaire, tel que bon leur semble, & même au défaut des *huissiers-audienciers*, un autre *huissier* ou sergent royal. C'est ce qui résulte d'une déclaration du 3 juin 1699, & des arrêts du conseil des 25 mai, 15 juin & 10 juillet 1694.

Un arrêt du parlement du 9 août 1766 a même permis au premier *huissier-audiencier* de la justice consulaire de Nevers de se faire substituer par un praticien, à la charge de répondre des fautes que celui-ci pourroit commettre dans l'exercice de ses fonctions.

Les premiers *huissiers-audienciers* peuvent exploiter par tout le royaume, & y mettre à exécution tous les arrêts, sentences, jugemens, obligations, contrats & autres actes qui leur sont confiés, de quelques juges qu'ils soient émanés, sans qu'ils aient besoin, pour cet effet, de demander congé, *placet*, *visa* ni *pareatis*. Ce droit leur a été attribué par l'édit de décembre 1693.

Les juges ne peuvent pas obliger les premiers *huissiers-audienciers* à marcher devant eux, sinon dans les occasions où ils vont en corps, auquel cas les premiers *huissiers* marchent seuls devant les présidens, & sont précédés par les autres *huissiers-audienciers* ayant la baguette à la main. C'est ce qui résulte d'un arrêt du conseil du 25 mai 1594.

Les *huissiers-audienciers* établis pour le service ordinaire d'une jurisdiction, doivent y être assidus, & ne peuvent s'absenter hors de la ville sans la permission des juges, même pour les fonctions de leur état d'*huissier*. Cela est ainsi prescrit par l'ordonnance du mois d'octobre 1535, & par le réglement du 24 mai 1603, rendu pour le présidial de Bourg en Bresse.

Suivant les mêmes loix, les *huissiers-audienciers* doivent servir par semaine ou par mois, deux à deux, & même en plus grand nombre selon les réglemens du siége.

Par arrêt du 27 janvier 1688, le parlement de Paris a ordonné qu'en cas de maladie ou autre empêchement légitime, les *huissiers-audienciers* seroient tenus de substituer d'autres *huissiers* à leur place pour faire le service.

Suivant l'article 23 du titre 16 de l'ordonnance de 1670, les *huissiers-audienciers* ne peuvent, sous peine de concussion, rien exiger ni recevoir pour conduire & faire entrer à l'audience ceux qui viennent y présenter les lettres de grace qu'ils ont obtenues.

Les ordonnances de juillet 1493 & d'octobre 1535, défendent aux *huissiers-audienciers* de révéler les secrets de la compagnie au service de laquelle ils sont, à peine de privation de leurs offices, *&c.*

Les *huissiers-audienciers* ont le droit de faire, à l'exclusion de tout autre, les significations & exploits concernant les instructions des procès mus & pendans aux siéges où ils sont *huissiers-audienciers*.

Des lettres-patentes du premier septembre 1771, ont attribué aux *huissiers-audienciers* du châtelet de Paris le droit exclusif de faire les oppositions au sceau des lettres de ratification obtenues sur les contrats de vente d'immeubles dans l'étendue du ressort du châtelet.

HUISSIER DE LA CHAINE: on donne ce surnom aux *huissiers* du conseil & à ceux de la grande chancellerie, parce qu'ils portent une chaîne d'or à leur cou. *Voyez* CONSEIL DU ROI.

HUISSIER DE LA CHAMBRE DU ROI. Ce corps composé de seize officiers, est un des plus anciens de la maison du roi: il en formoit autrefois la garde intérieure. Ces officiers étoient alors armés de massues, & couchoient dans les appartemens qui servoient d'avenues à la chambre du roi.

A présent ils servent l'épée au côté, sous les ordres de MM. les premiers gentilshommes de la chambre, auxquels ils répondent de ceux qui approchent la personne du roi, lorsqu'il est dans son appartement. C'est entre leurs mains qu'ils prêtent le serment de fidélité; c'est d'eux qu'ils reçoivent leurs certificats de service.

Aussi-tôt que la chambre est appellée pour le lever du roi, ils prennent la garde des portes, & ne laissent entrer en ce moment que ceux qui, par droit de charge ou grace de sa majesté, ont l'entrée de la chambre. Ils distinguent ensuite les plus qualifiés des seigneurs qui se sont nommés à la porte, les annoncent au premier gentilhomme, & les introduisent au petit lever. Au moment où le roi a pris sa chemise, que l'on appelle le grand lever, ainsi que dans le cours de la journée, ils laissent entrer dans la chambre toutes les personnes dont ils peuvent répondre.

Le soir, quand le roi doit tenir conseil ou travailler dans sa chambre, l'*huissier* en avertit les ministres de la part de sa majesté, & tient les portes fermées jusqu'à ce que le conseil ou travail soit levé.

Au moment où le roi prend ses pantoufles, ce que l'on appelle le petit coucher, l'*huissier* fait passer les courtisans qui n'ont ni la familière, ni la grande, ni la première entrée.

Aux fêtes annuelles, dévotions, *Te Deum*, lits de justice, baptêmes & mariages, ainsi qu'à toutes les cérémonies de l'ordre du saint Esprit, deux *huissiers* portent chacun une masse immédiatement devant sa majesté, de même qu'au sacre des rois, où ils marchent aux côtés du connétable, habillés de satin blanc avec pourpoint, haut-de-chausse, manches tailladées, manteau & toque de velours. Ils ont part aux sermens prêtés entre les mains du roi: & aux premières entrées que sa majesté fait dans les villes de son royaume, ou dans celles de nouvelles conquêtes, il leur est dû un marc d'or, payable par les officiers de ville.

Lorsqu'il y a des fêtes à la cour, ou que le roi honore l'hôtel-de-ville de sa présence, les *huissiers* tiennent les portes de la pièce qu'occupe sa majesté, & y placent les personnes connues conjointement avec les intendans des menus plaisirs, sur les ordres du premier gentilhomme de la chambre.

Ils ont l'honneur de servir les enfans de France dès le berceau. Dans l'intérieur, ils répondent à madame la gouvernante, & lui annoncent les personnes qu'ils introduisent; & soit en promenades, soit dans les appartemens extérieurs, en qualité d'écuyers, ils donnent la main aux princes jusqu'à sept ans, & aux princesses de France jusqu'à douze. Ils ont bouche à cour à la table des maîtres pendant leur quartier auprès du roi.

Les prérogatives attachées aux *huissiers de la chambre*, le titre d'écuyer qui leur est accordé depuis près de 200 ans, ainsi que l'honneur d'être commis dans l'intérieur à la garde de sa majesté, ont fait que cette charge a été exercée sous Louis XIV par des colonels & capitaines de vaisseaux de roi.

Les anciens états de la France certifient ce dernier article, & font foi des droits dont jouissent les *huissiers de la chambre*.

HUISSIERS *du châtelet de Paris*. Il y avoit autrefois cinq sortes d'*huissiers* au châtelet de Paris; savoir, les *huissiers audienciers*, les *huissiers à cheval*, les *huissiers à verge*, les *huissiers fieffés* & les sergens de la douzaine.

Les *huissiers fieffés* & les sergens de la douzaine ayant été réunis aux *huissiers-priseurs* établis par l'édit du mois de février 1691, il ne reste plus aujourd'hui dans ce tribunal que quatre sortes d'*huissiers*, qui sont les *huissiers-audienciers*, & les *huissiers-priseurs*, dont nous parlerons dans un article particulier, les *huissiers à cheval* & les *huissiers à verge*.

Différentes loix, & particuliérement la déclaration du 8 juin 1369, les édits d'août 1492 & de mai 1582, les arrêts du conseil des 24 avril 1621, 16 avril 1624, 15 mai 1713 & 17 juin 1753, & les arrêts du parlement des 4 mars 1600, 22 août 1626, premier février 1628, 11 juillet 1640, 13 décembre 1755 & 21 avril 1761, ont attribué & conservé aux *huissiers à cheval* du châtelet de Paris, le droit de mettre à exécution par tout le royaume les actes passés sous le scel du châtelet de Paris, même à l'exclusion des *huissiers* ou sergens de la prévôté de l'hôtel & de toute autre jurisdiction; cependant dans les bailliages ou sénéchaussées où il n'y a point d'*huissiers à cheval* du châtelet de Paris, les *huissiers* ou sergens royaux ordinaires peuvent y mettre à exécution les actes dont on vient de parler.

Les réglemens ont d'ailleurs attribué aux *huissiers à cheval* du châtelet de Paris le droit de mettre à exécution par tout le royaume toutes sortes d'arrêts, sentences, jugemens, contrats & autres actes de quelques juges, soit royaux ou seigneuriaux, qu'ils soient émanés.

Par arrêt du 3 février 1668, rendu contradictoirement entre ces *huissiers* & ceux de la cour des aides, le conseil a maintenu les premiers dans le droit de mettre à exécution tous les arrêts définitifs ou provisoires, expédiés en forme & sur lesquels il y a des commissions scellées, de quelque cour qu'ils soient émanés; & par un autre arrêt du 18 septembre suivant, le conseil leur a attribué la concurrence avec les huissiers du parlement.

Autrefois les *huissiers à cheval* du châtelet avoient la faculté de faire par tout le royaume les prisées & ventes de meubles, concurremment avec les autres *huissiers* ou sergens royaux, de quelque jurisdiction qu'ils fussent; mais depuis la création des offices de priseurs-vendeurs de meubles, cette faculté n'a plus lieu.

Quant aux ventes de meubles qui se font ailleurs qu'à Paris, en vertu d'actes revêtus du scel du châtelet, les *huissiers à cheval* de ce tribunal peuvent les faire concurremment avec les *huissiers-priseurs* des lieux; & dans les villes où il n'y a point d'*huissiers-priseurs*, ils peuvent procéder aux prisées & ventes, concurremment avec les *huissiers* & sergens royaux de ces villes.

Les *huissiers à cheval* du châtelet peuvent faire résidence en tel endroit du royaume qu'ils jugent à propos.

Par arrêt du 17 août 1740, le parlement a fait un réglement sur le droit que les *huissiers à cheval* du châtelet ont de plaider dans la jurisdiction consulaire, tant pour eux en leur nom que pour les parties, & d'y faire toutes sortes de significations concurremment avec tout autre *huissier*.

Les *huissiers à cheval* ont leurs causes commises au châtelet, tant en matière civile que criminelle: c'est ce qui résulte de différentes loix; mais lorsqu'ils sont employés au recouvrement des tailles, ils deviennent justiciables des élections pour raison de ce fait, nonobstant leurs privilèges, ainsi qu'il a été réglé par une déclaration du 17 août 1661 & un arrêt du conseil du 5 septembre 1712.

De

De même quand ils malversent dans leurs fonctions, en exécutant les mandemens d'une autre jurisdiction que le châtelet, ils deviennent justiciables des juges dont ils ont exécuté les mandemens, ou sur le territoire desquels ils ont exploité. Filleau rapporte un arrêt du 20 décembre 1577, par lequel le parlement l'a ainsi jugé.

Le lieutenant-général du bailliage de Tours ayant interdit un *huissier à cheval* du châtelet de Paris, résidant à Tours, parce qu'il avoit refusé de conduire avec les *huissiers* de ce bailliage quelques particuliers condamnés au pilori, cet *huissier à cheval* interjetta appel de la sentence d'interdiction, & se fonda sur ce qu'au moyen de son privilège il n'étoit pas soumis à la jurisdiction de Tours; mais par arrêt du 5 septembre 1760, le parlement le renvoya devant le lieutenant-général de Tours, pour faire prononcer la levée de l'interdiction, s'il y avoit lieu.

Les refus de la nature de celui qui a donné lieu à l'arrêt dont on vient de parler, ont servi de fondement à la déclaration du 15 novembre 1762, suivant laquelle les *huissiers* ou sergens royaux résidans dans les villes du ressort du parlement de Paris, sont tenus de faire le service nécessaire pour l'instruction & le jugement des procès criminels, lorsqu'ils en sont requis.

Les fonctions des *huissiers à verge* ne pouvoient autrefois s'étendre au delà de la ville & des fauxbourgs de Paris, excepté qu'ils avoient la faculté de mettre à exécution dans toute la prévôté de cette ville les actes passés sous le scel du châtelet; mais aujourd'hui ces *huissiers* jouissent des mêmes droits que les *huissiers à cheval* du châtelet dans toute l'étendue du royaume: ceux-là ont, comme ceux-ci, leurs causes commises au châtelet, & peuvent résider par-tout où bon leur semble. C'est ce qui résulte de différentes loix, & particuliérement d'un édit du mois de février 1705, de la déclaration du 28 novembre suivant, & de l'arrêt du conseil du 13 avril 1745.

HUISSIERS *à cheval*, sont ceux qui ont été établis au châtelet de Paris, & qu'on prétend avoir succédé à la garde à cheval de S. Louis. Ils ont pouvoir d'exploiter par tout le royaume. *Voyez* HUISSIERS DU CHATELET DE PARIS.

HUISSIER FIEFFÉ. *Voyez* FIEFFÉ.

PREMIER HUISSIER n'est pas le doyen des *huissiers* du tribunal, mais celui auquel par la création de son office, le titre & les fonctions de *premier huissier* ont été attribués; c'est lui qui reçoit directement les ordres du tribunal, & qui les transmet aux autres *huissiers* pour les faire exécuter: les *premiers huissiers* des cours & autres tribunaux ont chacun différens privilèges, qui sont remarqués en parlant de ces tribunaux. *Voyez* PARLEMENT, CHAMBRE DES COMPTES, COUR DES AIDES, *&c.* (*A*).

HUISSIER-PRISEUR est celui qui est commis pour faire l'appréciation des meubles. Henri II, par l'édit de février 1556, créa des offices de *priseurs-vendeurs de biens-meubles*; mais ces offices n'ayant pas été vendus, leur fonction fut unie par édit du mois de mars 1576 à celle des *huissiers* & sergens qui voudroient financer pour les acquérir, ce qui fut encore mal exécuté; cependant depuis ce temps, tous les *huissiers* s'ingérèrent de faire les prisées; l'édit de février 1697 désunit ces fonctions de celles de sergens à verge du châtelet de Paris, & les attribua à 120 d'entr'eux seulement: on fit la même chose pour les autres siéges royaux par l'édit du mois d'octobre 1696, qui créa de nouveaux offices de *jurés-priseurs-vendeurs de biens-meubles*, pour être établis dans toutes les villes & bourgs du royaume, du ressort immédiat des justices royales. Les dispositions de cet édit éprouvèrent plusieurs variations, comme on peut voir par la déclaration du 12 mars 1697, & les arrêts du conseil des 4 août 1699, 5 août 1704, 19 janvier & 15 mai 1745.

La finance de ces offices ayant paru trop modique, ils furent supprimés par un édit du mois de février 1771, à l'exception de ceux de la ville & banlieue de Paris, à l'égard desquels il ne fut rien innové, & on en créa de nouveaux dans toutes les justices royales du royaume. Des lettres-patentes du 7 juillet suivant ordonnèrent qu'il seroit sursis jusqu'à nouvel ordre, à la vente & à la levée de ces offices, & en conséquence, les notaires, greffiers, *huissiers* ou sergens royaux furent autorisés à faire, comme par le passé, lorsqu'ils en seroient requis, les prisées & ventes de biens meubles, avec défense à toute autre personne de s'immiscer à faire ces espèces de prisées, à l'exception néanmoins des officiers des seigneurs hauts-justiciers, qui peuvent faire les prisées & ventes de meubles entre leurs justiciables.

D'autres lettres-patentes du 17 août de la même année ont rétabli, sous le titre d'*huissiers* ou sergens royaux, les anciens *jurés-priseurs-vendeurs de biens-meubles*, supprimés par l'édit de février précédent. Enfin, d'autres lettres-patentes du 16 avril 1772 ont maintenu dans leurs fonctions, les *jurés-priseurs-vendeurs de biens-meubles*, qui avoient été établis dans la province de Hainaut, par l'édit d'octobre 1696.

Le corps des *huissiers-priseurs* de la ville & banlieue de Paris a été créé par un édit du mois de février 1691, qui a attribué à 120 d'entre eux, parmi lesquels furent compris les sergens qu'on appelloit *fieffés*, & à la *douzaine*, le droit de faire seuls les prisées, expositions & ventes de meubles, tant volontaires que forcées, après les inventaires ou oppositions de scellés, ou en exécution des sentences, arrêts, & ordonnances de justice. Un édit du mois d'août 1712, avoit créé trente commissaires aux ventes, qui ont été réunis aux *huissiers-priseurs*, par un édit du mois de mars 1713. Cette loi forme le dernier état des *huissiers-priseurs*.

D'après ses dispositions ils ont le droit, 1°. de faire seuls à Paris & dans la banlieue, à l'exclusion de tout autre *huissier*, les prisées, expositions & ventes de meubles ou effets mobiliers, tant volontaires que forcées, 2°. de les faire par concurrence dans la prévôté & vicomté de Paris, & par suite d'inventaire dans tout le royaume.

Il faut cependant remarquer que les *huissiers* du bureau de la ville peuvent vendre les meubles qu'ils ont saisis & exécutés, en vertu de sentence du bureau de la ville; que les *huissiers* de l'arsenal ont le même droit dans l'étendue du bailliage de l'arsenal; que les *huissiers* de la prévôté de l'hôtel ont été maintenus par arrêt du conseil du 17 octobre 1767, dans le droit exclusif de faire les ventes de meubles dans les maisons royales.

Suivant les lettres-patentes du 7 juillet 1771, les *huissiers-priseurs* de Paris sont tenus de compter au profit du roi, du montant des quatre deniers pour livre, des ventes de meubles qu'ils font. Ils sont à cet égard assujettis à la même obligation que les autres officiers autorisés à faire des ventes de meubles.

HUITAINE DU PREMIER CRI, expression de la coutume d'Anjou, *art. 502*, qui signifie le délai de huit jours, qui doit s'écouler entre la première criée & proclamation d'un bien saisi réellement, & dont on poursuit la vente judiciaire, & la seconde, qui doit donner un délai de quinzaine, avant de poursuivre les autres formalités du décret, c'est ce qui a fait donner à cette première criée le nom de *huitaine du premier cri*. *Voyez* CRIÉES, SAISIE RÉELLE.

HUMIERS *ou* HUMIÈRES, terme particulier de la coutume de Namur, qui veut dire la même chose qu'*usufruit*.

HURTAGE. C'est une espèce de droit d'ancrage, ainsi nommé sans doute, parce qu'il est dû par les vaisseaux, qui *heurtent* ou touchent à la terre. Il paroît avoir été principalement connu dans la Normandie. *Voyez* le *Glossaire de Ducange*, au mot *Hurtagium*. (M. GARRAN DE COULON.)

HYPOTHÉCAIRE, adj. (*terme de Pratique.*) se dit des personnes qui ont hypothèque, comme un créancier *hypothécaire*, ou des choses pour raison desquelles on a hypothèque, comme une dette, une créance *hypothécaire*. *Voyez* HYPOTHÈQUE.

HYPOTHÈQUE, s. f. (*Droit civil.*) est un engagement particulier des biens du débiteur en faveur du créancier, pour plus grande sûreté de sa dette.

Ce mot vient du grec ὑποθήκη, qui signifie une chose sur laquelle une autre est imposée, c'est-à-dire qui est sujette à quelque obligation.

Lorsque le créancier ne se confie pas pleinement en la bonne foi ou en la solvabilité du débiteur, il prend pour sa sûreté des gages ou des cautions, & quelquefois l'un & l'autre: la sûreté qui se trouve dans le gage est plus grande que celle des cautions ou fidéjusseurs, de-là vient cette maxime, *plus cautionis est in re quàm in personâ*.

On oblige les choses en deux manières, ou par tradition actuelle, ou par simple convention; la première est ce que l'on appelle *gage*, ou, si c'est un immeuble, *engagement* ou *antichrèse*; la seconde est la simple *hypothèque*, où le débiteur oblige son héritage sans néanmoins se dessaisir du fonds, ni de la jouissance en faveur de son créancier.

Les Grecs, plus habiles que les autres peuples, mais aussi plus méfians & plus cauteleux, ne prêtoient leur argent que sur l'assurance des fonds du débiteur; ils inventèrent deux manières d'engager les fonds pour sûreté de la dette; savoir, l'*antichrèse* & la simple *hypothèque*.

Lorsqu'ils se contentoient de l'*hypothèque*, ils exigeoient que le débiteur déclarât ses biens francs & quittes de toute autre *hypothèque*; & comme, en prenant cette voie pour sûreté de la dette, le débiteur demeuroit en possession de l'héritage, on y mettoit des marques ou brandons qui se voyoient de loin, afin que chacun pût connoître que l'héritage étoit engagé.

Il est parlé de ces brandons dans deux endroits de Démosthène; il est dit dans l'un, qu'ayant été fait une descente sur un héritage, pour savoir s'il étoit hypothéqué, il ne s'y étoit point trouvé de brandons ou marques; & Phenippus, qui prétendoit y avoir *hypothèque*, fut sommé de montrer les brandons, supposé qu'il y en eût, faute de quoi il ne pourroit plus prétendre d'*hypothèque* sur cet héritage: l'autre passage est dans son oraison πρὸς Σπουδίαν, où il dit qu'un testateur ordonne que pour mille dragmes qui restoient à payer de la dot de sa fille, sa maison soit hypothéquée, & pour cet effet que l'on y mette des brandons.

Il falloit même que l'usage des *hypothèques* & des brandons fût déjà ancien du temps de Solon; car Plutarque, en la vie de Solon, dit qu'il s'étoit vanté dans ses poëmes, d'avoir ôté les brandons qui étoient posés çà & là dans tout le territoire de l'Attique. Amiot, dans sa traduction, a pris ces brandons pour des bornes qui séparoient les héritages, & a cru de-là que Solon avoit non-seulement réduit les dettes, mais aussi qu'il avoit remis les héritages en commun & en partage égal, comme Lycurgue avoit fait à Lacédémone; mais la vérité est que Solon ayant ordonné en faveur des débiteurs, la remise d'une partie de ce qu'ils devoient, & ayant augmenté le prix de la monnoie, il remit par-là les débiteurs en état de se libérer: c'est pourquoi il se vantoit d'avoir fait ôter les brandons ou marques d'*hypothèque* qui étoient sur les terres; ainsi chez les Grecs, *brandonner un héritage*, signifioit la même chose que l'*hypothéquer*.

Les Romains, dans les premiers temps, avoient inventé une espèce de vente simulée, par le moyen de laquelle le créancier entroit en possession de l'héritage de son débiteur, jusqu'à ce que la somme prêtée fût rendue.

Mais comme souvent les créanciers abusoient de ces ventes simulées pour s'emparer de la propriété, cette manière d'engager les héritages fut abolie; & on introduisit l'usage d'en céder ouvertement la possession

Il parut encore dur aux débiteurs d'être obligés de se dessaisir; c'est pourquoi l'on parvint, comme par degrés, à se contenter de la simple *hypothèque*, dont l'usage fut emprunté des Grecs.

L'*hypothèque* ne se suppléoit point, elle dépendoit de la convention; mais il n'étoit pas besoin que l'acte fût publié ni authentique.

Les biens présens étoient seuls sujets à l'*hypothèque*, jusqu'à ce que Justinien l'étendit aussi aux biens que le débiteur avoit acquis depuis son obligation.

Il étoit parlé des gages & *hypothèques* dans la loi des douze tables; mais l'on a perdu la onzième table qui concernoit cette matière, & nous n'en avons connoissance que par le commentaire de Caïus.

L'usage de mettre des marques aux héritages engagés ou hypothéqués, se pratiquoit à Rome avant les empereurs, comme il paroît par plusieurs loix du digeste: aux terres & héritages *imponebantur tituli*, & aux maisons *superscribebantur nomina*.

Les empereurs défendirent à toutes personnes, de faire de ces appositions de marques sur les héritages, de leur autorité privée; cette défense fit perdre l'usage d'apposer aucunes marques publiques, ni privées, pour l'*hypothèque* conventionnelle.

Il ne paroît pas qu'en France on ait jamais usé de marques ou brandons pour la simple *hypothèque*, mais seulement aux gages de justice & choses saisies.

§. I. *De la nature de l'*hypothèque *& de ses divisions.* L'*hypothèque* est une espèce de gage, la chose hypothéquée étant obligée au paiement de la dette. Elle a de commun avec le gage proprement dit: 1°. que l'une & l'autre sont accordés aux créanciers pour sûreté de leurs créances: 2°. que l'une & l'autre affectent la chose qui y est sujette, & qu'on ne peut pas engager la même chose à un second créancier au préjudice du premier.

L'*hypothèque* diffère du gage proprement dit, en ce que: 1°. le terme d'*hypothèque* s'applique ordinairement aux immeubles, & celui de gage aux meubles: 2°. que l'*hypothèque* donne aux créanciers le droit de suivre la chose hypothéquée, en quelques mains qu'elle passe, & de forcer le détenteur à la délaisser pour être vendue, si mieux il n'aime acquitter la dette, ce qui est à son choix. Au contraire, suivant le droit commun, le meuble n'a pas de suite par *hypothèque*, excepté en un cas, lorsque le créancier ayant déjà été mis en possession du gage, on le lui a enlevé furtivement: 3°. l'*hypothèque* se constitue sans tradition; elle comprend seulement l'obligation tacite de délaisser la chose hypothéquée, à défaut de paiement de la part du débiteur; mais le gage ne peut subsister sans tradition; le créancier n'a de sûreté que quand il est en possession du gage. Un acte par lequel un débiteur se seroit obligé à donner à son créancier des effets en nantissement, ne donneroit pas à ce créancier un droit de gage sur ces effets, quoiqu'ils fussent désignés dans l'obligation, & que le débiteur les eût en sa possession lors du contrat, par la raison que meuble n'a pas de suite par *hypothèque*, & que la personne obligée a toujours été maîtresse d'en frustrer son créancier.

A ne considérer l'*hypothèque* que par rapport à son effet, on peut dire qu'il n'y en a qu'une espèce; car l'effet de toute *hypothèque* est de donner au créancier un droit dans les immeubles de son débiteur pour sûreté de sa dette. Aussi, suivant le droit romain, ne se contractoit-elle que d'une manière, par le seul consentement des parties.

Mais dans nos usages, si on la considère par rapport à la manière de la constituer, on en peut distinguer de trois sortes: 1°. celle qui résulte des actes passés devant notaires; 2°. celle qui résulte des jugemens; 3°. celle que la loi a établie.

L'*hypothèque* contractuelle ou conventionnelle, est celle qui résulte d'un contrat reçu pardevant notaires, dans les formes prescrites par les ordonnances. Dans le droit romain il n'y avoit d'*hypothèque* conventionnelle, que celle qui étoit stipulée expressément. Il en étoit de même parmi nous dans les commencemens, il falloit aussi une stipulation expresse, ensuite elle fut suppléée de plein droit, dans toute obligation authentique, & toujours sous-entendue, soit qu'elle ait été exprimée ou non. Dans l'usage ordinaire, les notaires abrègent la stipulation d'*hypothèque*, & se contentent de mettre le mot *obligeant* avec un *&c.*, par où l'on entend que le contractant oblige tous ses biens présens & à venir à l'exécution de l'acte.

L'*hypothèque* judiciaire est celle qui procède d'un jugement quelconque: elle est de la même nature que l'*hypothèque* conventionnelle, elle laisse le débiteur en possession de tous ses biens; mais elle les affecte de la même manière que l'*hypothèque* conventionnelle au paiement des condamnations prononcées contre le débiteur par le jugement.

Je ne sais pourquoi l'on tient communément que c'est l'ordonnance de Moulins, qui a attribué aux jugemens l'effet de produire *hypothèque*; il est vrai qu'il en est parlé dans l'*article 53* de cette ordonnance, mais cette *hypothèque* avoit déjà lieu, suivant l'ordonnance de 1539, *art. 92 & 93*.

Elle a lieu du jour du jugement même, lorsque le jugement est contradictoire; pour les jugemens par défaut à l'audience, ou pour les jugemens sur procès par écrit, elle n'est que du jour de la signification du jugement à procureur; *voyez* l'ordonnance de 1667, *tit. 35, des requêtes civiles, art. 2.* Quand la sentence est confirmée par arrêt, l'*hypothèque* remonte au jour de la sentence.

Il n'est pas inutile de remarquer, 1°. que les sentences des officiaux ne donnent pas *hypothèque* sur les biens des condamnés, parce qu'ils n'ont aucune autorité sur le temporel: 2°. qu'il en est de même des jugemens rendus en pays étranger, parce que les juges étrangers n'ont aucun pouvoir en France.

L'*hypothèque légale* est celle qui procède de la loi sans aucune convention expresse des parties, mais qui est fondée néanmoins sur un consentement tacite que la loi présume, donné par celui sur les biens duquel elle accorde cette *hypothèque ;* c'est pourquoi elle est aussi appellée en droit *hypothèque tacite.*

Telle est l'*hypothèque* que le mineur a sur les biens de son tuteur du jour que celui-ci accepte sa commission ; le tuteur a pareillement *hypothèque* sur les biens de son mineur pour le reliquat qui lui est dû ; en Normandie, cette *hypothèque* du tuteur est du jour de son institution ; à Paris & ailleurs, elle n'est que du jour de la clôture de son compte.

La loi donne aussi à la femme une *hypothèque* pour sa dot, tant sur les biens de son mari que sur les biens de ceux qui l'ont promise, quoique cette *hypothèque* n'ait point été stipulée.

L'église, les hôpitaux & les communautés ont pareillement une *hypothèque légale* sur les biens des bénéficiers & autres administrateurs, du jour de leur administration.

Celui qui commet quelque crime, contracte tacitement une *hypothèque* tant pour les amendes que pour les intérêts.

Le maître du navire a aussi une *hypothèque* tacite, & même un privilège pour son fret & pour les avaries sur les marchandises qu'il a dans son navire.

Le propriétaire acquiert de même une *hypothèque* pour ses loyers sur les meubles des locataires & sous-locataires.

Enfin les légataires ont une *hypothèque* semblable pour leur legs sur les biens du testateur.

On divise encore l'*hypothèque* en simple & privilégiée, l'*hypothèque* simple ne donne au créancier d'autre droit, d'autre préférence sur les biens de son débiteur, que ceux que lui procurent la date de son *hypothèque ;* suivant cette règle, le *premier en date est payé le premier.*

L'*hypothèque* privilégiée est celle qui dérive d'une cause privilégiée, & qui donne la préférence sur les créanciers qui n'ont qu'une simple *hypothèque.*

Telle est l'*hypothèque* d'un bailleur de fonds qui est préférée à tous autres pour son paiement sur le fonds qu'il a vendu.

Telle est aussi l'*hypothèque* de celui qui est créancier pour un fait de charge.

L'ordre des privilèges entr'eux ne se règle pas par leur date, mais par le plus ou moins de faveur, que mérite la cause dont ils procèdent. *Voyez* CRÉANCIERS, PRIVILÈGE.

L'*hypothèque* se divise encore en générale & spéciale : l'*hypothèque* générale est celle qui comprend tous les biens présens & à venir du débiteur : la spéciale au contraire est, ou limitée à certains biens, comme aux biens présens, ou restrainte à certains biens nommément.

Une des principales différences entre l'*hypothèque* générale & la spéciale, c'est que la même chose peut être obligée généralement à plusieurs créanciers, au lieu qu'elle ne peut être *hypothéquée* spécialement qu'à un seul, sous peine de stellionat.

L'*hypothèque* spéciale oblige le créancier de discuter le bien qui lui est ainsi hypothéqué avant de pouvoir s'adresser aux autres ; mais pour prévenir cette difficulté, on a coutume de stipuler que l'*hypothèque* générale ne dérogera point à la spéciale, ni la spéciale à la générale.

§. II. *Des formalités nécessaires pour assurer l'hypothèque.* En général, il est de principe que l'*hypothèque* conventionnelle est acquise par le seul consentement des parties, & la judiciaire & la légale par le jugement ou la loi qui l'accordent.

Pour mieux assurer l'*hypothèque* & la rendre notoire, de manière qu'un second créancier ne soit point trompé, plusieurs coutumes, notamment dans les provinces de Picardie & de Champagne, ont établi une espèce de tradition fictive de l'héritage hypothéqué, qu'on appelle *nantissement* & qui se fait en trois manières ; savoir, par saisine & désaisine, ou par vest & dévest, par main-assise & par mise en possession : dans quelques coutumes on pratique une autre espèce de nantissement pour les rentes constituées, appellé *ensaisinement ;* en Bretagne, on fait des appropriances pour purger les *hypothèques ;* en Normandie, on fait *lecturer* le contrat, mais cette lecture ne sert pas pour l'*hypothèque.* Les formalités exigées par ces coutumes ont été abrogées par l'article 35 de l'édit du mois de juin 1771, qui a établi les lettres de ratification, pour suppléer aux décrets volontaires, dont il a pareillement abrogé l'usage. *Voyez* NANTISSEMENT.

Henri III, par un édit de 1581, avoit ordonné que tous contrats seroient contrôlés & enregistrés, sans quoi l'on ne pourroit acquérir aucun droit de propriété ni d'*hypothèque*, ce qui fut révoqué par l'édit de Chartres en 1588, *art. 10*, & n'eut d'exécution que dans la province de Normandie. Henri IV renouvella cet édit au mois de juin 1606, mais il ne fut registré qu'au parlement de Normandie ; il s'exécute dans cette province, comme il paroît par les *art. 133 & 134 des placités.*

En 1673, le roi établit un greffe dans chaque bailliage & sénéchaussée, où ceux qui prétendoient *hypothèque* pouvoient s'opposer pour la conservation de leurs droits ; les opposans devoient être préférés sur les immeubles à ceux qui n'avoient pas formé d'opposition.

Cet édit n'eut pas d'exécution, & fut révoqué par un autre du mois d'avril 1674.

En 1693, le roi établit le contrôle des actes des notaires. L'édit porte que les actes seront contrôlés quinze jours au plus tard, après la date d'iceux ; & il est dit que les particuliers ne pourront, en vertu d'actes non-contrôlés, acquérir aucuns privilèges, *hypothèque*, propriété, ni autre droit.

Cet édit fut supprimé pour les actes reçus par les notaires au châtelet de Paris, par la déclaration du 27 avril 1694, le contrôle fut pourtant rétabli pour Paris par la déclaration du 26 septembre 1722 :

mais par une autre déclaration du 7 décembre 1723, il fut supprimé pour Paris, à commencer du 7 janvier 1724.

§. III. *Des personnes qui peuvent accorder l'hypothèque sur leurs biens.* L'*hypothèque* ayant pour objet d'assurer au créancier le paiement de ce qui lui est dû, & ce paiement ne pouvant s'effectuer, malgré le débiteur, que par la vente de l'immeuble hypothéqué, il en résulte que l'*hypothèque* tend à une aliénation, d'où l'on doit conclure qu'il n'y a que ceux qui sont capables de contracter & d'aliéner, qui puissent hypothéquer leurs biens.

Ainsi, 1°. le mineur à qui toute aliénation est interdite, à qui il est défendu de s'obliger sans l'assistance & l'autorité de son tuteur, ne peut valablement hypothéquer ses biens sans lui; mais comme il peut valablement s'obliger avec le concours de son autorisation, il a alors nécessairement le pouvoir de grever ses biens d'*hypothèque*, pour ne pas priver un créancier légitime de sa sûreté. Cependant le mineur ne perd pas la faculté de se faire restituer contre son obligation, si ses biens ont été hypothéqués sans nécessité, & si la cause de l'obligation n'a pas tourné à son profit.

2°. Une femme en pays coutumier, étant sous puissance de mari, ne peut s'engager ni aliéner aucune partie de ses biens, sans une autorisation expresse, & par là même elle ne peut sans elle les hypothéquer, si ce n'est dans les cas où la loi lui permet de contracter sans cette autorisation. *Voyez* AUTORISATION.

Dans les pays de droit, ni elle, ni son mari avec son consentement, ne peuvent aliéner ni hypothéquer les biens qu'elle a reçus en dot, si ce n'est dans le Lyonnois, le Forez & le Beaujolois, où la disposition de la loi *Julia de fundo dotali* a été abrogée par la déclaration du mois d'avril 1664.

A l'égard des biens paraphernaux, c'est-à-dire qui ne sont pas compris dans la dot, il étoit permis aux femmes, suivant les loix romaines, de les hypothéquer pour leurs affaires particulières, même sans le consentement de leurs maris. Cela s'observe encore aux parlemens de Toulouse, d'Aix, de Bordeaux; mais dans les pays de droit écrit du ressort des parlemens de Paris & de Dijon, il faut que la femme soit autorisée par son mari, pour qu'elle puisse hypothéquer ses biens paraphernaux.

Suivant les loix romaines, les femmes ne pouvoient non plus s'obliger ni hypothéquer leurs biens pour un autre, en vertu du sénatus-consulte Velleïen. Cette règle souffroit cependant quelques exceptions; la première, quand après deux années elles confirmoient leurs obligations, pourvu qu'elles ne se fussent pas obligées pour leurs maris, auquel cas la ratification même après les deux années ne pouvoit faire valoir leur obligation; la seconde, quand la femme avoit renoncé expressément au bénéfice du sénatus-consulte Velleïen; la troisième, quand elle s'étoit obligée par devoir ou par un sentiment de tendresse naturelle, comme dans le cas où elle s'obligeoit pour tirer son père de prison.

Cette loi fut observée par toute la France jusqu'à l'ordonnance de 1606, qui déclara les obligations des femmes, en faveur des tiers, valables, quoiqu'elles n'eussent pas renoncé au senatus-consulte Velleïen. Cette loi a été enregistrée au parlement de Paris & à celui de Dijon; c'est pourquoi dans les pays de droit écrit du ressort de ces deux parlemens, les femmes peuvent hypothéquer leurs biens en s'obligeant pour un tiers, même pour leurs maris.

Le sénatus-consulte Velleïen est suivi dans les autres parlemens de droit écrit; mais dans quelques-uns, comme au parlement de Bordeaux, la femme est obligée de prendre des lettres de rescision contre son obligation; & par conséquent il faut qu'elle les obtienne dans les dix années depuis que l'acte a été passé. Quand la femme s'est obligée pour son mari, les dix années pour la restitution ne commencent à courir que du jour de la mort du mari. Dans d'autres, comme au parlement de Grenoble, l'obligation est regardée comme nulle par l'autorité de la loi seule, sans avoir besoin de lettres de rescision.

En Normandie une femme ne peut s'obliger, ni aliéner ses biens que pour certains cas; pour payer la rançon de son mari, ou pour le tirer de prison, lorsqu'il y a été mis pour cause non civile. La coutume de cette province distingue entre les causes civiles & criminelles, parce que, pour une cause civile, on peut faire cession de biens, & qu'elle veut que la femme ne puisse s'obliger que quand le mari n'a pas d'autres moyens pour se rédimer: on peut en conclure que si le mari étoit emprisonné pour une cause civile, pour laquelle il ne pourroit pas faire cession, comme s'il étoit reliquataire envers le roi, la femme s'obligeroit valablement pour le faire sortir de prison.

Elle peut encore s'obliger, hypothéquer & aliéner ses biens, pour se procurer sa nourriture, celle de son mari, de son père, de sa mère ou de ses enfans qui se trouvent dans une extrême nécessité; mais dans ces cas-là même, pour que l'*hypothèque* & l'aliénation soient valables, il faut qu'elle obtienne une permission en justice, sur un avis de parens.

Hors ces cas, la coutume fait une distinction entre les biens dotaux, c'est-à-dire ceux que la femme a apportés en se mariant, & ceux qui lui sont échus depuis. Lorsque les biens dotaux ont été aliénés en totalité ou en partie, si les deniers provenans de l'aliénation n'ont pas tourné au profit de la femme, elle en a récompense sur les biens de son mari, & *hypothèque* pour cette récompense du jour de son contrat de mariage. Si les biens du mari ne sont pas suffisans, elle a son recours contre les détenteurs de ses biens dotaux, & les détenteurs ont l'option de les lui délaisser ou de lui en payer le prix suivant l'estimation de ce qu'ils valoient lors du décès du mari.

Et quant aux biens autres que ceux compris en la dot, s'ils sont aliénés par la femme & le mari ensemble, ou par la femme du consentement & avec l'autorisation de son mari, & que le prix provenant de la vente n'ait pas tourné au profit de la femme, elle en a récompense sur les biens de son mari; mais son *hypothèque* sur les biens de son mari ne commence que du jour de l'aliénation; & si le mari décédoit insolvable, elle auroit un recours subsidiaire contre les détenteurs de ces biens, lesquels en seroient quittes en en payant le juste prix, eu égard à ce qu'ils valoient lors du contrat.

La coutume de Normandie s'écarte encore du droit commun, en ce que, suivant l'article 126 des placités, « la femme séparée de biens peut » sans autorité, ni permission de justice, & sans » l'avis & consentement de son mari, vendre & » hypothéquer ses meubles présens & à venir, de » quelque valeur qu'ils soient, & les immeubles par » elle acquis depuis sa séparation, sans qu'il soit » besoin d'en faire remploi ».

La coutume de Montargis, *chap. 8*, *art. 6*, & celle de Dunois, *art. 58*, permettent à la femme séparée de contracter & disposer de ses biens meubles & immeubles, de même qu'elle le pourroit faire si elle n'étoit pas mariée.

3°. En pays de droit écrit, les enfans même majeurs qui sont soumis à la puissance paternelle ne peuvent hypothéquer leurs biens présens ni à venir pour cause de prêt; les obligations qu'ils contractent sont nulles & ne peuvent avoir d'effet, même après que la puissance paternelle a cessé, en vertu du sénatus-consulte macédonien, à moins que le créancier ne prouve que l'argent qu'il a prêté a tourné au profit du père; car dans ce cas le fils n'auroit été que l'agent de son père; le père seroit censé avoir emprunté par le ministère de son fils.

En général, il faut toujours considérer si l'obligation a tourné au profit de celui en faveur duquel la prohibition est faite: ainsi quoique le mineur ne puisse contracter, ni s'obliger sans l'assistance de son tuteur, cependant s'il a employé utilement à ses affaires l'argent qu'il a emprunté, il ne sera pas recevable à demander à être restitué contre son obligation, parce qu'il seroit contraire à l'équité qu'il s'enrichît au préjudice d'un tiers; mais s'il a dissipé l'argent, & qu'il n'en ait pas fait un emploi avantageux, son obligation pourra être rescindée, & l'*hypothèque* résultante de son obligation sera nulle.

4°. L'église ne peut constituer de droits réels sur ses biens, ni par conséquent les hypothéquer que pour cause de nécessité. Quant aux règles à observer pour constater la nécessité, on met de la différence entre les communautés & les simples bénéficiers. Les chapitres, collèges & communautés empruntent valablement à rente ou autrement, lorsqu'ils s'obligent, en vertu d'une délibération en bonne forme, ou avec la permission des supérieurs réguliers, suivant que les statuts des différens ordres le requièrent.

Les simples bénéficiers ne peuvent engager les biens de leurs bénéfices sans cause, soit par nécessité, soit pour l'utilité du bénéfice en lui-même, & il faut qu'ils observent les solemnités requises pour l'aliénation des biens de l'église.

5°. Les communautés d'habitans ne peuvent engager ni hypothéquer leurs biens patrimoniaux & d'octroi, ni emprunter aucune somme de deniers, si ce n'est en cas de peste, logement & ustensiles des troupes & réédifications des nefs des églises; l'emprunt même pour ces causes doit être autorisé par un arrêt du conseil, rendu sur l'avis de l'intendant auquel les communautés sont obligées de communiquer leurs délibérations.

§. IV. *Des choses qui peuvent être hypothéquées.* L'*hypothèque* étant, comme nous l'avons déjà dit, une espèce d'aliénation, il en résulte qu'on ne peut hypothéquer les choses qu'on ne peut aliéner. Ainsi on ne peut hypothéquer les biens de l'église, les choses consacrées au culte divin, celles qui appartiennent à autrui, ou aux mineurs, celles dont la vente est prohibée par les loix. Ainsi chacun ne peut hypothéquer que les biens qui lui appartiennent, & dont il a la libre disposition.

Entre les différentes espèces de biens qui composent le patrimoine de chaque particulier, les immeubles réels sont le siège le plus fixe & le plus certain de l'*hypothèque*, parce qu'ils ne peuvent être dénaturés, que le créancier peut toujours les reconnoître & les suivre en quelques mains qu'ils passent.

Les meubles au contraire sont périssables, faciles à dénaturer, aisés à confondre: le débiteur qui les conserve toujours en sa possession peut les aliéner. On peut facilement en dérober la trace aux créanciers, c'est pourquoi nous ne suivons pas, à l'égard des meubles, les dispositions du droit romain: au contraire, c'est une règle certaine parmi nous, que meuble n'a pas de suite par *hypothèque.*

Le parlement de Rouen & celui de Toulouse admettent cependant l'*hypothèque* des meubles; mais cette *hypothèque* est très-imparfaite; elle ne donne pas aux créanciers le droit de suite, quand le débiteur les a mis hors de ses mains; seulement quand ils ont été saisis sur le débiteur, le prix s'en distribue aux créanciers par ordre d'*hypothèque*.

Non-seulement on peut hypothéquer le corps des immeubles, mais même les droits réels qui en dépendent. Ainsi on peut hypothéquer une rente foncière, un droit de champart, un droit d'usufruit, *&c.* parce que ces droits sont des espèces de domaines directs, établis sur les héritages, & qui les représentent.

Les bois de haute-futaie sont hypothéqués avec le fonds sur lequel ils sont plantés, parce qu'alors ils ne font qu'un avec ce fonds; mais ils ne peuvent pas être hypothéqués séparément du fonds; car, quoiqu'à certains égards ils soient regardés comme des immeubles; que le mari soit obligé de faire remploi de ceux qui appartenoient à sa femme & qui ont été vendus pendant la communauté, comme d'un propre; que ces bois n'appartiennent ni à l'usufruitier, ni à l'emphitéote; que les gens de main-morte ne puissent les vendre sans observer les formalités nécessaires pour la vente des immeubles, & qu'ils soient obligés de faire emploi du prix; ce ne sont que des fruits de la terre, tardifs à la vérité; & comme ils ne peuvent être vendus qu'en les coupant & en les séparant du sol, ce qui les rend meubles, ils n'ont pas de suite par *hypothèque*, & le prix s'en distribue comme d'un meuble.

Les rentes constituées ne sont de leur nature ni meubles ni immeubles. A l'égard du créancier, c'est un droit d'exiger tous les ans une certaine somme à cause d'un capital qu'il a payé, & dont il ne peut exiger le remboursement. A l'égard du débiteur, c'est une obligation de payer une certaine somme à cause du capital qu'il a reçu, si mieux il n'aime rembourser ce capital. Comme ce capital produit des intérêts que l'on peut comparer à des fruits civils, aux loyers d'une maison, & qu'anciennement on ne pouvoit constituer de rente sans assignat sur quelque héritage, cela les a fait réputer immeubles dans certaines coutumes, comme à Paris, à Orléans, *&c.* Dans ces coutumes les rentes constituées sont susceptibles d'*hypothèque*: dans d'autres, comme à Troyes, elles sont réputées meubles, & n'ont pas de suite par *hypothèque*.

Les offices forment encore une espèce de biens, susceptible d'*hypothèque*: tous néanmoins ne peuvent pas être hypothéqués. Il faut distinguer entre les offices domaniaux, les offices héréditaires, & ceux de la maison du roi.

Les offices domaniaux, qui ont été déclarés faire partie du domaine, & qui ont été aliénés avec faculté perpétuelle de rachat, peuvent être possédés par des femmes & des enfans, qui en commettent l'exercice à des personnes capables d'en faire les fonctions, ils sont réputés immeubles comme les rentes constituées, & sont susceptibles d'*hypothèque*.

Depuis l'édit de 1683, les offices héréditaires de judicature ou de finance sont également regardés comme des immeubles, & sont susceptibles d'une véritable *hypothèque*. Mais l'*hypothèque* qu'ils donnent n'est qu'une foible sûreté, puisqu'il faut que le créancier veille sans cesse, en formant tous les ans opposition au sceau, & qu'il veille également tous les ans au paiement du centième denier.

D'après la jurisprudence établie par l'édit de 1683, le sceau purge les *hypothèques* assignées sur un office, & on distingue deux ordres de créanciers, les opposans au sceau, & ceux qui ont négligé de former leur opposition. Les opposans au sceau sont préférés à tous les autres créanciers, & les deniers de la vente de l'office sont d'abord distribués entr'eux, suivant l'ordre ordinaire, c'est-à-dire que les privilégiés sur l'office sont colloqués par préférence, ensuite les hypothécaires suivant la date de leur *hypothèque*, les chirographaires par contribution entre eux; s'il reste des deniers après le paiement des opposans au sceau, ils se distribuent dans le même ordre aux autres créanciers.

Le paiement du centième denier est tellement nécessaire pour assurer au créancier son *hypothèque* sur un office, que si le débiteur ne l'acquitte pas tous les ans, & si le créancier ne le paie pas, le débiteur court risque de perdre sa finance, & le créancier d'être privé de son droit. Pour prévenir cette perte, il a été permis aux créanciers, par l'arrêt du conseil du 6 juillet 1772, de payer le centième denier pour leurs débiteurs. Ils ont, à cause de ce paiement, un privilège sur le prix de l'office, privilège qui s'étend même sur la remise de la finance, que le roi accorde par une faveur particulière à la femme & aux enfans.

Les offices de la maison du roi, de la reine, & des princes, les gouvernemens de province, & généralement tous les offices de même nature, auxquels il n'y a pas de finance, ne sont pas susceptibles d'*hypothèque*, quoique le roi en accorde souvent la survivance & des brevets de retenue. *Voyez* OFFICE, ANNUEL.

§. V. *Des effets de l'hypothèque.* L'effet de l'*hypothèque* est que les biens du débiteur sont engagés à ses créanciers, pour sûreté de leur dû, engagement qui leur donne le droit de les suivre en quelques mains qu'ils passent.

Dans l'ancienne jurisprudence des Romains, l'*hypothèque* ne produisoit point d'action particulière; lorsque l'effet hypothéqué étoit enlevé au créancier, il falloit user de la vendication, encore cette voie n'étoit-elle propre qu'au gage, car on ne connoissoit pas encore le droit de suite pour l'*hypothèque*.

Les prêteurs y pourvurent en accordant aux créanciers hypothécaires une action qui fut appellée *quasi Serviana* ou *utilis Serviana*, parce qu'elle fut introduite à l'instar de celle qu'établit le préteur Servius en faveur du propriétaire, à l'effet de suivre & revendiquer les meubles de ses locataires qui étoient tacitement obligés aux loyers.

Cette action *quasi servienne* ou *hypothécaire* s'intentoit soit contre l'obligé, ou contre les tiers-détenteurs de la chose hypothéquée; ils avoient le choix à l'égard de l'obligé d'intenter contre lui l'action personnelle sans l'hypothécaire ou l'hypothécaire sans la personnelle, ou de cumuler les deux actions ensemble; mais de façon ou d'autre, l'*hypothèque* ne produisoit qu'une simple action ; les contrats n'ayant point chez eux d'exécution parée.

L'action hypothécaire ne tendoit même pas à saisir l'héritage & à le mettre sous la main de la justice, mais seulement à ce que le créancier fût mis en possession pour en jouir par lui jusqu'au parfait paiement de sa dette.

Suivant le droit romain, les meubles sont susceptibles d'*hypothèque*, aussi-bien que les immeubles.

Non-seulement ils se distribuent par ordre d'*hypothèque* entre les créanciers, lorsqu'ils sont encore en la possession du débiteur; mais ils peuvent être suivis par *hypothèque*, lorsqu'ils passent entre les mains d'un tiers.

Il y a cependant quelques créanciers privilégiés, tels que le nanti de gages, qui passent avant des créanciers hypothécaires.

On observoit autrefois la même chose dans les pays de droit écrit du ressort du parlement de Paris, mais présentement on y suit la disposition de l'*article 170* de la coutume de Paris, qui porte que meubles n'ont point de suite par *hypothèque*: quoique cette règle semble n'exclure que le droit de suite contre un tiers, il est néanmoins certain que, dans les pays où elle est reçue, le prix des meubles étant encore en la possession du débiteur, ne se distribue point par ordre d'*hypothèque*, mais seulement suivant l'ordre des privilèges.

Dans les parlemens de droit écrit, les meubles se distribuent par ordre d'*hypothèque*, quand ils sont encore dans la possession du débiteur, mais ils n'ont point de suite par *hypothèque*.

Pour ce qui est de l'*hypothèque* sur les immeubles, elle produit par-tout un droit de suite.

Lorsque le contrat a exécution parée contre l'obligé, il n'est pas besoin d'intenter contre lui l'action hypothécaire; après un commandement recordé, on peut saisir directement l'héritage *hypothéqué*.

Il y a proprement trois sortes d'actions hypothécaires : savoir, l'action pure hypothécaire, qui a lieu contre le tiers-détenteur après discussion du principal obligé & de ses cautions; l'action en déclaration d'*hypothèque* ou interruption que l'on peut intenter contre le détenteur avant la discussion; & l'action personnelle hypothécaire, qui a lieu contre l'obligé personnel, ou contre ses héritiers qui sont en même temps détenteurs de quelque immeuble *hypothéqué*.

L'action personnelle & l'action hypothécaire avoient bien lieu en droit contre l'héritier & biens tenans, mais elles ne pouvoient être exercées que séparément, l'héritier en tant que tenu personnellement avoit le bénéfice de division, c'est-à-dire qu'il n'étoit tenu que pour sa part personnelle, & en tant qu'il étoit convenu hypothécairement, il avoit le bénéfice de discussion.

Mais parmi nous, on cumule les deux actions de manière que chacun des co-obligés ou de leurs héritiers qui sont aussi biens tenans, ne peut opposer ni division, ni discussion; il est tenu personnellement pour sa part, & hypothécairement pour le tout; & lorsque l'action d'*hypothèque* est ainsi jointe avec la personnelle, elle est prorogée jusqu'à quarante ans, parce que la prescription de cette action ne doit point courir tant que dure l'exercice de l'action personnelle.

L'action en déclaration d'*hypothèque* a été prudemment inventée, pour prévenir l'inconvénient qui résultoit du droit romain, en ce que, d'un côté, le créancier ne se pouvoit adresser au tiers-détenteur qu'après la discussion, & que, d'un autre côté, le tiers-détenteur prescrivant par dix ans entre présens, & vingt ans entre absens, le créancier pouvoit être frustré de son *hypothèque*.

Il n'étoit pas permis chez les Romains d'hypothéquer ses biens à deux créanciers à la fois; il falloit que les causes de la première *hypothèque* fussent acquittées avant d'en contracter une seconde, tellement que celui qui celoit une première *hypothèque* actuelle subsistante, étoit réputé stellionataire; le créancier n'avoit pas même besoin d'exiger de son débiteur la déclaration que ses biens étoient francs & quittes, le débiteur devoit la faire de lui-même. Cet usage s'observoit non-seulement dans l'ancienne Rome, mais aussi sous les empereurs grecs, comme on l'apprend de l'églogue des basiliques; celui qui y contrevenoit étoit poursuivi par la voie extraordinaire, & ne pouvoit se racheter de la peine qu'en restituant au créancier les deniers qu'il en avoit reçus.

En France, il est permis d'hypothéquer ses biens successivement à plusieurs créanciers, & le débiteur n'est réputé stellionataire que lorsqu'il fait une fausse déclaration sur l'état de ses dettes; si on ne lui demande point cette déclaration, il n'est pas obligé de la faire.

L'*hypothèque* dérive de la convention expresse ou tacite des parties; car celle même qu'on appelle *hypothèque légale*, dérive d'un consentement que la loi présume être donné par celui sur les biens duquel elle accorde cette *hypothèque*.

Mais le consentement exprès ou tacite ne suffit pas parmi nous pour constituer l'*hypothèque*; il faut aussi l'intervention du juge ou du notaire, & que l'un & l'autre aient caractère pour instrumenter dans le lieu, & pour les personnes qui s'obligent; c'est pourquoi les jugemens & contrats passés en pays étrangers n'emportent d'*hypothèque* en France, que du jour que l'exécution en a été ordonnée par les juges de France.

Les effets de l'*hypothèque* sont, 1°. que le débiteur ne peut plus vendre, engager ni hypothéquer les mêmes biens à d'autres personnes au préjudice de l'*hypothèque* qui est déjà acquise à un premier créancier.

2°. Que si le bien hypothequé sort des mains du débiteur, le créancier peut le suivre en quelques mains qu'il passe, tellement que le tiers-détenteur est obligé de reconnoître l'*hypothèque*, & d'en acquitter les causes, ou de laisser le bien hypothéqué pour

pour être vendu, & le créancier être payé sur le prix d'icelui. *Voyez* DÉLAISSEMENT.

3°. Le créancier *hypothécaire* a l'avantage d'être préféré aux créanciers chirographaires.

L'ordre des *hypothèques* entre elles se règle par la date des contrats : *prior tempore, potior jure;* il faut néanmoins excepter les *hypothèques* privilégiées qui passent les premières, quoique leur date ne soit pas la plus ancienne. L'édit du mois d'août 1669 attribue aux deniers royaux un privilège sur les biens des comptables, par préférence à tous créanciers hypothécaires. *Voyez* PRIVILÈGE.

Celui qui est mis au lieu & place d'un créancier en vertu d'un transport, cession ou délégation, se fait ordinairement subroger aux privilèges & *hypothèques* de l'ancien créancier. *Voyez* SUBROGATION.

Purger les hypothèques, signifie *effacer l'impression* qu'elles avoient faites sur les biens du débiteur, de manière que le créancier ne peut plus y exercer aucun droit.

Le décret volontaire ou forcé purge les *hypothèques* sur les héritages & rentes foncières & constituées; à l'égard des rentes sur le roi, on obtient des lettres de ratification; le sceau fait le même effet pour les offices, lorsque les nouvelles provisions sont scellées sans aucune opposition. Nous nous étendrons davantage sur cet objet à la fin du paragraphe suivant.

§. VI. *De la manière dont s'éteint l'hypothèque.* L'*hypothèque* s'éteint, 1°. par l'extinction de la chose hypothéquée; 2°. par la confusion ou consolidation, lorsque le créancier hypothécaire acquiert la propriété de la chose hypothéquée ; 3°. par la résolution du droit de celui qui a constitué l'*hypothèque ;* 4°. par l'extinction de la dette pour laquelle l'*hypothèque* a été constituée; 5°. par la remise expresse ou tacite de l'*hypothèque ;* 6°. par la prescription ; 7°. par le décret ; 8°. par les lettres de ratification.

I. Lorsque la chose hypothéquée vient à périr, l'*hypothèque* s'éteint avec elle ; car l'*hypothèque* étant un droit dans la chose, un accident, un accessoire de la chose, elle ne peut subsister sans le principal. Par exemple, si j'ai *hypothèque* sur une rente constituée, & que cette rente soit rachetée avant que j'aie formé opposition entre les mains du débiteur, je n'ai aucun recours contre ce débiteur; car il est de l'essence des rentes constituées, que les débiteurs les puissent racheter quand il leur plaît, & le créancier n'a pu, en hypothéquant sa rente, préjudicier au débiteur.

Le créancier hypothécaire n'a d'autre moyen, en ce cas, pour conserver son droit, que de faire opposition entre les mains du débiteur de la rente. Cette opposition n'empêche pas le débiteur de faire son remboursement; mais il est obligé d'y appeller le créancier opposant, lequel peut demander que les deniers du remboursement soient consignés, jusqu'à ce qu'il en soit fait emploi pour sûreté de sa créance.

L'*hypothèque* affecte toute la chose & chaque partie de la chose hypothéquée; c'est pourquoi si la chose est périe en partie, ce qui reste est encore hypothéqué à la totalité de la dette. Par exemple, si une maison a été incendiée, le sol & les débris demeurent toujours hypothéqués ; les matériaux restés sur la place conservent toujours l'impression de l'*hypothèque*, lorsqu'ils paroissent destinés à la reconstruction de l'édifice, parce que, suivant M. Pothier, leur destination les fait considérer comme partie de l'immeuble dont ils ont été séparés.

II. L'*hypothèque* s'éteint par la confusion, lorsque le créancier acquiert la chose qui lui étoit hypothéquée; car l'*hypothèque* est nécessairement un droit en la chose d'autrui, qui fait que cette chose nous est obligée comme une espèce de caution ou de gage, pour sûreté de ce qui nous est dû. Or une chose ne peut tout-à-la-fois appartenir & servir de gage à la même personne.

Mais pour que la confusion opère l'extinction de l'*hypothèque*, il faut que l'acquisition soit irrévocable; car si elle vient à être résolue, de quelque manière que ce soit, pour une cause antérieure à l'*hypothèque*, le droit du créancier reprend sa force. Par exemple, si ayant acheté une maison, un parent lignager a exercé sur moi le retrait; si m'ayant donné un héritage, la donation a été révoquée par survenance d'enfans ; si je l'ai acquis à la charge de réméré, & que le réméré ait été exercé, ou que les biens soient chargés d'une substitution qui s'est ouverte ; dans tous ces cas, l'*hypothèque* que j'avois sur ces héritages renaît, parce que l'acquisition que j'en avois faite a été révoquée par une cause antérieure à mon contrat d'acquisition.

Mais que doit-on décider si la résolution naît d'une cause postérieure au contrat d'acquisition, comme si une donation est révoquée pour cause d'ingratitude?

M. Pothier décide que l'*hypothèque* ne revivra pas, parce qu'en ce cas le donataire est dépouillé par son fait. Il est vrai que l'*hypothèque* a été détruite irrévocablement par la confusion; mais comme la dette n'a pas laissé de subsister, elle prendra un nouvel être par une autre raison : c'est que la propriété retournant au débiteur, les biens compris en la donation recevront l'impression de l'*hypothèque*, comme s'il les eût acquis de tout autre étranger, parce que l'*hypothèque* générale s'acquiert dans notre droit sans convention, sans stipulation, & par la seule force du titre.

Il faut décider de même, quoique le donateur ne rentre pas dans la possession des biens compris dans la donation qui a été révoquée, comme s'il a vendu ou cédé ses droits à un tiers, qui ait fait déclarer la donation révoquée; car quoique le donateur n'ait pas pris la possession réelle & corpocelle de ces biens, il avoit un droit acquis qu'il a rédé : or ce droit étoit immobilier, puisqu'il tendoit à avoir des héritages ; il étoit par conséquent susceptible d'*hypothèque*, & a reçu l'impression de celle du donataire. Le nouvel acquéreur ou le cessionnaire n'a pu agir que comme étant au droit du donateur, que comme un mandataire en sa propre cause : après le jugement qui a déclaré la donation révoquée, le droit du donateur s'est réalisé, & l'*hypothèque* est restée sur la chose.

La confusion s'opère encore lorsque le tiers-détenteur est subrogé aux droits du créancier.

III. L'*hypothèque* s'éteint par la résolution du droit de celui qui l'a constitué, lorsque son successeur à titre singulier n'est pas tenu des faits de son prédécesseur : par exemple, l'acquéreur ou le possesseur à vie d'une maison peut, pendant sa jouissance, constituer dessus une *hypothèque*; mais, après son décès, l'*hypothèque* est périe; & celui qui lui succède dans la propriété de cette maison, n'est point obligé hypothécairement envers les créanciers du défunt.

IV. L'*hypothèque* s'éteint par l'extinction de la dette principale; il y a cependant quelques exceptions à cette règle : 1°. lorsqu'on détruit la première obligation pour en substituer aussi-tôt une autre, comme dans la novation, on peut réserver, pour l'exécution de la seconde obligation, la même *hypothèque* qu'avoit la première.

2°. Lorsqu'un tiers-détenteur paie un créancier, & se fait subroger à ses droits, la dette est éteinte à l'égard du créancier, & les biens du tiers-détenteur sont libérés de l'*hypothèque*; mais l'obligation & l'*hypothèque* subsistent toujours à l'égard du principal débiteur contre lequel le tiers-détenteur a son recours.

La compensation opère aussi l'extinction parfaite de la dette & de l'*hypothèque*. Mais pour que la compensation ait lieu, il faut que la somme qu'on veut compenser soit exigible, qu'elle soit liquide, c'est-à-dire qu'elle soit constante, & ne puisse être contestée légitimement.

V. L'*hypothèque* ne peut survivre à la dette principale dont elle est l'accessoire; mais elle peut être détruite, quoique l'obligation principale subsiste encore : ce qui arrive lorsque le créancier a remis son droit à l'acquéreur de l'immeuble qui y étoit sujet; lorsqu'il a dissimulé frauduleusement, pour tromper l'acquéreur ou un créancier postérieur, comme si un particulier avoit vendu un héritage franc & quitte d'*hypothèque*, quoiqu'il fût déjà hypothéqué à une autre personne, qui étoit partie au contrat. La dissimulation de ce créancier doit être comparée à la fraude, & il sera privé de son droit d'*hypothèque* sur les biens vendus, non par la présomption de la remise de son droit, mais parce qu'il est complice du stellionat, & que par cette raison il doit être condamné, solidairement avec le débiteur, aux dommages & intérêts de l'acquéreur. Or, comme ce seroit sa demande à fin de déclaration d'*hypothèque* qui donneroit lieu aux dommages & intérêts, il ne peut la former contre l'acquéreur.

Hors le cas d'une dissimulation frauduleuse de l'espèce de celle qu'on vient de rapporter; le créancier hypothécaire n'est pas censé avoir remis son droit pour avoir été présent, & avoir signé un contrat qui contient une nouvelle *hypothèque* au profit d'un tiers.

Il est censé avoir fait une remise tacite de son *hypothèque*, lorsqu'il a consenti à l'aliénation de la chose hypothéquée, sans en faire une réserve expresse; par la raison que le débiteur n'ayant pas besoin du consentement de son créancier pour aliéner ses héritages avec la charge des *hypothèques*, le consentement du créancier ne peut paroître requis & donné pour une autre fin que pour remettre son *hypothèque*. Mais il faut que ce consentement soit formel; il ne suffiroit pas qu'il eût signé l'acte : la simple signature pourroit être regardée comme une surprise qui n'auroit pas d'effet.

Lorsque le premier créancier a consenti que le débiteur obligeât la chose déjà hypothéquée à un second, on ne présume pas en ce cas qu'il ait voulu remettre absolument son droit, mais seulement céder l'avantage de la priorité au nouveau créancier.

VI. L'*hypothèque* s'éteint par la prescription, suivant la jurisprudence du parlement de Paris, conforme aux dispositions du droit romain. Lorsque l'action hypothécaire est jointe à l'action personnelle, elle ne se prescrit que par quarante ans. Lorsqu'elle n'est point accompagnée de l'action personnelle, elle se prescrit par trente ans, c'est-à-dire qu'un tiers-détenteur ne peut être assigné en déclaration d'*hypothèque*, quoiqu'il ne représente pas de titre. S'il a titre & bonne foi, il prescrit, dans la coutume de Paris, par dix ans entre présens, & par vingt ans entre absens.

L'*hypothèque* peut être prescrite, quoique la dette principale subsiste, lorsque le tiers-détenteur a joui pendant le temps déterminé par la coutume sans interruption.

La prescription ne court pas contre ceux qui ne peuvent agir; tels que la femme pendant la vie de son mari, ou les enfans du vivant de leur père, qui ne peuvent agir pour la conservation de leur douaire; car tant que le mari est vivant, il est incertain si le douaire aura lieu; c'est un droit éventuel; c'est un gain de survie qui ne doit avoir son effet qu'en cas de prédécès du père. Il seroit contre les bonnes mœurs, qu'une femme ou des enfans prissent des précautions pour s'assurer l'exercice de leur droit : ces précautions présageroient la mort d'une personne dont ils doivent souhaiter la vie.

On peut appliquer la même décision au substitué, qui n'a qu'une simple espérance qui peut s'évanouir s'il meurt avant le grevé.

La prescription ne court pas contre les mineurs, quoique pourvus de tuteurs; car le mineur ne peut agir par lui-même à cause de la foiblesse de son âge, & la négligence de son tuteur ne peut pas lui préjudicier.

Quoique l'église soit, à certains égards, considérée comme les mineurs, cependant on prescrit contre elle par quarante ans.

Dans quelques coutumes, comme Anjou, Touraine, Maine, Loudunois, celui qui a possédé pendant cinq ans avec titre & bonne-foi, prescrit contre l'*hypothèque* à laquelle l'immeuble qu'il a acquis étoit assujetti : on appelle cette prescription le tenement de cinq ans ; elle court contre les absens, & même contre l'église.

VII. L'*hypothèque* est encore purgée par le décret, soit volontaire, soit forcé. En effet, lorsque les solemnités du décret ont été observées, le créancier qui n'y a pas formé opposition, est censé, par une présomption de droit que les jurisconsultes appellent *juris & de jure*, avoir eu connoissance de la vente, & avoir fait remise de son droit, & son *hypothèque* est purgée.

Les décrets ne purgent cependant pas les droits qui ne sont pas ouverts, c'est-à-dire qui sont incertains au temps de sa confection. Il ne purge pas le douaire pendant la vie du mari, parce qu'il est incertain s'il aura jamais lieu. Il en est de même des substitutions, parce qu'il est incertain si le substitué survivra au grevé.

Mais il faut s'opposer pour conserver les droits qui sont certains, quoique le paiement n'en soit pas exigible : par exemple, le créancier d'une rente constituée, ou d'une obligation dont le terme n'est pas échu, doit faire opposition au décret, pour conserver son *hypothèque*.

Le tuteur doit s'opposer pour son mineur, parce que les mineurs, dans cette matière, ne sont pas traités plus favorablement que les majeurs; le décret purge leurs *hypothèques*, & ils n'ont de recours que contre leurs tuteurs.

Après la mort du père, les enfans douairiers doivent s'opposer pour le fonds du douaire qui leur est acquis, quoique la jouissance en appartienne à la mère. Voyez DÉCRET.

VIII. Comme les formalités des décrets entraînoient beaucoup de longueurs, qu'elles occasionnoient des frais considérables, qui ruinoient également le débiteur & le créancier, l'édit de juin 1771 a substitué aux décrets volontaires la formalité des lettres de ratification, dont le sceau opère le même effet que celui des offices, & purge les *hypothèques* de toutes personnes, des mineurs, des interdits, des absens, des gens de main-morte, des femmes en puissance de mari, lorsqu'on a négligé de former opposition au sceau des lettres de ratification qu'un acquéreur prend sur les acquisitions qu'il a faites. *Voyez* LETTRES DE RATIFICATION.

HYPOTHÈQUE STAENDE SEKER est une espèce singulière d'*hypothèque* usitée dans la Flandre flamande, qui se donne provisionnellement pour sûreté de la dette, sans qu'il soit dû aucun droit seigneurial qu'après deux termes de trois ans chacun. Ces deux termes écoulés, la sûreté provisionnelle passe en *hypothèque* absolue, & il en est dû un droit seigneurial, suivant le placard du 21 janvier 1621, qui est au *second volume des placards de Flandres*, *fol. 443*. Il est parlé de cette sûreté provisionnelle au livre des partages du Franc de Bruges, *art. 63* & *ibi Vanden-Hanc in notis*. Il cite Zypæus, *in not. jur. belg. de reditibus*, *n°. 29*.

On a douté si cette sûreté devoit être renouvellée au bout des trois premières années, mais le bureau des finances de Lille l'a ainsi décidé le 23 juillet 1734. *Voyez l'inst. au droit belgique*, *part. II*. *tit. V*, *§. 9*, *n°. 17*. (*A*)

HYVERNAGE, YVERNAIGE, YBERNAGE, HIBERNAGE, HIVERNACHE : ce mot que l'on trouve écrit de toutes ces manières est synonyme d'*hiver*, on en a fait plusieurs applications dans notre droit ; 1°. on nomme ainsi une espèce de bled, parce qu'on le sème en hiver : « en général, dit Maillart » sur l'article 141 de la coutume d'Artois, il y a » de deux sortes de bled, d'*yvernage*, c'est-à-dire » semé en hyver, des *trémois*, *mars* ou *marcheisses*, » c'est-à-dire semés au printems. On les nomme *trémois* parce qu'ils ne sont que trois mois sur la terre » ou environ: on les appelle *mars* ou *marcheisses*, » parce qu'ordinairement on les sème au mois de » mars ».

« En Artois, continue Maillart, le nom d'*yvernage* est resté à une espèce de vesse jaunâtre, que » l'on sème à la S. Remi, pour donner aux chevaux en tout temps ».

2°. Il est question de pain d'*yvernage* dans des chartres rapportées à la *pag. 270* du droit public de France de M. Bouquet: c'est, suivant cet auteur, du pain de seigle.

3°. Les anciennes coutumes d'Issoudun, recueillies par la Thaumassière, avec les autres coutumes de Berry, donnent le nom d'*yvernaige* dans l'art. 14, du tit. 10, à un droit de dîme sur les bêtes: « *yvernaige*, des bêtes en cas de suite des dîmes, y est- » il dit, se prend depuis la fête de S. Clément, » jusqu'à la chaire de S. Pierre, ou la plupart dudit » temps ». (M. GARRAN DE COULON.)

I

I, Neuvième lettre, & troisième voyelle de notre alphabeth, employée sur les monnoies; il distingue celle qui est fabriquée à Limoges.

I D

IDIOME. *Voyez* RÈGLES DE CHANCELLERIE.

IDOINE, adj. terme qui n'est usité qu'au palais, où il s'emploie pour signifier, *propre à quelque chose. Voyez* CAPACITÉ.

I G

IGNOMINIE, s. f. (*Code criminel.*) est la dégradation du caractère public d'un homme. Dans le droit romain l'*ignominie* étoit différente de l'infamie. La première étoit une peine imposée par le censeur, quand il notoit d'*ignominie* un citoyen romain; l'infamie ne s'infligeoit que par des décrets & des sentences des magistrats. L'ignominie, ainsi que le dit Cicéron, ne causoit que de la honte à celui qui en étoit l'objet, *censoris judicium nihil ferè damnato affert nisi ruborem;* l'infamie au contraire privoit celui qui en étoit noté de plusieurs droits civils. *Voyez* INFAMIE.

L'*ignominie* étoit une des plus grandes punitions militaires, & consistoit à donner aux soldats de l'orge au lieu de bled, à les priver de toute leur paie ou d'une partie, à les forcer de camper au dehors des retranchemens, à être exposés en public avec une ceinture détachée, ou à les faire passer d'un ordre supérieur dans un inférieur.

L'*ignominie* est la suite d'une mauvaise action ou d'un châtiment. L'*ignominie* de l'action est une tache qui ne s'efface jamais, celle qui suit le châtiment est effacée lorsque l'innocence est reconnue.

IGNORANCE, s. f. (*Droit naturel. Morale.*) consiste proprement dans la privation de l'idée d'une chose, ou des connoissances qui servent à former un jugement sur cette chose. En morale, elle est distinguée de l'erreur, qui est la non-conformité ou l'opposition de nos idées avec la nature & l'état des choses. L'erreur étant le renversement de la vérité, lui est beaucoup plus contraire que l'*ignorance*, qui est comme un milieu entre la vérité & l'erreur.

En droit, on confond ensemble l'erreur & l'*ignorance*, quoique naturellement distinctes l'une de l'autre, parce qu'elles se trouvent ordinairement mêlées ensemble & comme confondues, ensorte que ce que l'on dit de l'une, doit également s'appliquer à l'autre. L'*ignorance* est souvent la cause de l'erreur; mais jointes ou non, elles suivent les mêmes règles, & produisent le même effet par l'influence qu'elles ont sur nos actions ou nos omissions. *Voyez* ERREUR.

I L L

ILLÉGITIME, adj. se dit, *en droit*, de tout ce qui est contre la loi, & est opposé à quelque chose de légitime. Ainsi, en parlant de l'union de l'homme & de la femme, on appelle conjonction *illégitime*, celle qui est défendue par la loi; de même on donne aux enfans bâtards, le nom d'*illégitimes*, parce que leur naissance n'est pas le fruit d'une union approuvée par la loi. *Voyez* BATARD, LÉGITIME.

ILLICITE, adj. se dit *en droit*, de tout ce qui est défendu par la loi: ce mot signifie le contraire de *licite*. *Voyez* LICITE.

ILLUSOIRE, adj. m. & f. se dit, *en droit*, de quelque convention ou disposition, qui est conçue de manière que l'on peut s'en jouer, c'est-à-dire l'éluder, & faire qu'elle demeure sans effet, comme si on stipuloit qu'un homme notoirement insolvable, paiera après sa mort. (*A*)

I M

IMBÉCILLE, adj. IMBÉCILLITÉ, s. f. (*Droit civil & criminel.*) on nomme *imbécille* celui qui n'a pas la facilité de discerner différentes idées, de les comparer, de les composer, de les étendre, ou d'en faire abstraction. Il y a une grande différence entre les *imbécilles* & les fous. Le défaut des premiers vient du manque de vivacité, d'activité, & de mouvement dans les facultés intellectuelles, par où ils se trouvent privés de l'usage de la raison. Les fous au contraire, semblent être dans l'extrémité opposée, ils ne paroissent pas avoir perdu la faculté de raisonner, mais il paroît qu'ayant joint mal-à-propos certaines idées, ils les prennent pour des vérités, & se trompent. Les fous joignent ensemble des idées mal assorties & extravagantes, sur lesquelles néanmoins ils raisonnent juste, au lieu que les *imbécilles* font très-peu ou point de propositions, & ne raisonnent que peu ou point du tout, suivant l'état & le degré de leur *imbécillité*. On met en droit les *imbécilles*, au même rang que les fous & les personnes en démence, comme eux ils sont incapables d'aucun acte civil, ils ne peuvent ni contracter, ni tester, ni ester en jugement; on les interdit, & on leur donne un curateur pour administrer leurs biens. *Voyez* DÉMENCE, FUREUR.

IMMATRICULATION, s. f. (*terme de Pratique.*) qui signifie inscription de quelqu'un dans la matricule ou registre. Les nouveaux officiers sont reçus & immatriculés dans le siège où ils exercent leurs fonctions. Les nouveaux propriétaires des rentes assignées sur les revenus du roi, se font immatriculer par les payeurs pour pouvoir en toucher les arrérages. *Voyez* IMMATRICULE & MATRICULE. (*A*)

IMMATRICULE, s. f. (*terme de Pratique.*) est l'acte contenant l'inscription de quelqu'un dans la matricule ou registre commun. L'*immatricule* d'un huissier ou autre officier est l'acte par lequel il a été inscrit au nombre des officiers du tribunal. L'*immatricule* d'un nouveau rentier ou propriétaire de quelque partie de rente assignée sur les revenus du roi, est l'acte par lequel il est inscrit & reconnu en qualité de nouveau propriétaire de cette rente, à l'effet d'en être payé au lieu & place du précédent propriétaire. *Voyez* IMMATRICULATION, & MATRICULE. (*A*)

IMMEUBLES, s. m. pris quelquefois adjectivement; (*Droit civil.*) se dit des biens fixes qui ont une assiette certaine, & qui ne peuvent être transportés d'un lieu à un autre, comme sont les terres, prés, bois, vignes, & les maisons.

Il y a néanmoins certains biens, qui, sans avoir de corps matériel, ni de situation fixe, sont réputés *immeubles* par fiction, tels que sont les droits réels, comme cens, rentes foncières, champart, servitude, & tels sont encore les offices; tels sont aussi, dans certaines coutumes, les rentes constituées, lesquelles, dans d'autres, sont réputées meubles.

Les *immeubles* se règlent par la loi de leur situation; ils sont susceptibles d'hypothèque.

En cas de vente, le vendeur peut être restitué lorsqu'il y a lésion d'outre-moitié de juste prix.

Si le possesseur d'un *immeuble* est troublé, il peut intenter complainte.

Quand on discute les biens d'un mineur, il faut priser les meubles avant de venir aux *immeubles*.

Le retrait lignager a lieu pour tous les *immeubles* réels, tels que les héritages, & même pour certains *immeubles* fictifs, tels que les cens & rentes foncières non-rachetables; mais les offices, & les rentes constituées à prix d'argent, & les rentes foncières rachetables, ne sont pas sujettes à retrait.

Le retrait féodal n'a lieu que pour les *immeubles* réels, & droits incorporels tenus en fief. *Voyez* MEUBLES.

On appelle *immeubles ameublis*, ceux que l'on répute meubles par fiction, ce qui ne se pratique que pour faire entrer en communauté des *immeubles* qui, sans cette fiction, n'y entreroient pas. *Voyez* AMEUBLISSEMENT, & COMMUNAUTÉ DE BIENS.

On donne le nom d'*immeubles fictifs* ou *par fiction*, à ceux qui n'étant pas de vrais corps *immeubles*, sont néanmoins considérés de vrais *immeubles*.

Tels sont les meubles attachés à fer & à clou, ou scellés en plâtre, & mis dans une maison pour perpétuelle demeure.

Les deniers stipulés propres, sont aussi réputés *immeubles*, à l'égard de la communauté de biens; du reste ils conservent leur nature de meubles.

Les matériaux provenans d'un édifice démoli appartenant à un mineur, ou bien les deniers provenans de la vente de son héritage, ou du remboursement d'une rente à lui appartenante, sont réputés *immeubles* dans sa succession, comme l'auroit été le fond ou la rente.

Les offices & les rentes constituées dans les coutumes, où elles sont réputées *immeubles*, sont encore des *immeubles fictifs*. *Voyez* FICTION & PROPRES FICTIFS. (*A*)

IMMIXTION, s. f. (*Jurisprud.*) est le maniement des effets d'une succession que l'on fait en qualité d'héritier.

Chez les Romains l'*immixtion* ne se disoit que par rapport aux héritiers siens; lorsque les héritiers étrangers faisoient acte d'héritier, cela s'appelloit *adition d'hérédité*.

Parmi nous l'adition d'hérédité semble s'entendre de tout acte exprès, par lequel on prend qualité d'héritier; & *immixtion* est tout acte par lequel un héritier présomptif agit, comme s'il avoit pris qualité; de sorte que l'*immixtion* opère le même effet que l'adition d'hérédité. *Voyez* ADITION, HÉRÉDITÉ, & SUCCESSION. (*A*)

IMMOBILIER, ou, comme l'on écrivoit autrefois, IMMOBILIAIRE, adj. se dit *en droit*, de ce qui est de la nature des immeubles, soit réels, soit fictifs.

Il y a des choses *immobilières*, telles que les immeubles réels ou fictifs; des dettes *immobilières*, telles que les rentes constituées; des actions *immobilières*, savoir celles qui tendent à avoir quelque chose d'*immobilier*. *Voyez* MOBILIER, ACTION, DETTE.

IMMONDICE, s. f. (*Eaux & Forêts.*) l'ordonnance de 1669, *tit. 27*, *art. 42*, défend, sous peine arbitraire, de jetter dans les rivières des *immondices*. Cette loi de police, sagement établie, doit être maintenue avec soin, afin d'empêcher qu'on ne comble le lit des rivières, & que les amas de vase & d'*immondices* ne nuisent soit à la navigation, soit à l'écoulement des eaux. Les terres & les prés situés le long des rivières sont souvent sujets aux inondations, parce que le lit de ces mêmes rivières se trouve embarrassé par les *immondices* qu'on y jette imprudemment.

IMMUNITÉ, s. f. (*Droit public & civil.*) ce mot est formé du latin *immunitas*, qui signifie la même chose.

Les jurisconsultes romains définissent l'*immunité*, *vacatio & libertas ab oneribus*, c'est-à-dire exemption de quelque charge, devoir ou imposition. Pour compléter cette définition, on peut dire que l'*immunité* est un privilège accordé à quelqu'un par le souverain, qui empêche qu'on ne le contraigne à supporter quelque charge publique.

Le terme d'*immunité* dérive du mot *munus*, qui en droit signifie trois choses différentes, savoir, *don* ou *présent fait pour cause*, *charge* ou *devoir*, & *office* ou *fonction publique*.

Les Romains appellèrent leurs offices ou fonctions publiques *munera*, parce que dans l'origine c'étoit la récompense de ceux qui avoient bien mérité du public.

Par succession de temps plusieurs offices furent réputés onéreux, tels que ceux des décurions des villes, à cause qu'on les chargea de répondre sur leurs propres biens tant du revenu & autres affaires communes des villes, que des tributs du fisc, ce qui entraînoit ordinairement la ruine de ceux qui étoient chargés de cette fonction, au moyen de quoi il fallut user de contrainte pour obliger d'accepter ces sortes de places & autres semblables, & alors elles furent considérées comme des charges publiques, *munera quasi onera; munus enim aliquando significat onus, aliquando honorem seu officium*, dit la loi *munus*, au digeste *de verborum signific.*

Les tutèles & curatelles furent dans ce même sens considérées comme des charges publiques, *munera civilia.*

Ceux qui avoient quelque titre ou excuse pour s'exempter de ces charges publiques, étoient *immunes, seu liberi à muneribus publicis.* Ainsi de *munus* pris pour charge, fonction ou devoir onéreux, on a fait *immunité* qui signifie exemption de quelque charge ou devoir; & le terme d'*immunitas* a été consacré en droit pour exprimer cette exemption, ainsi qu'on le peut voir dans plusieurs titres du digeste & du code.

Le titre *de excusationibus* au digeste qui concerne les excuses que l'on peut donner pour s'exempter d'être tuteur ou curateur, appelle cette exemption *vacatio munerum.*

Le titre *de vacatione & excusatione munerum*, concerne les *immunités* par lesquelles on peut s'exempter de diverses fonctions publiques. Ces *immunités* ou excuses sont tirées de l'âge trop tendre ou trop avancé, des infirmités du corps, de l'exercice de quelque autre fonction supérieure ou incompatible.

Le code contient aussi plusieurs titres sur les *immunités*, entre autres celui *de immunitate nemini concedendâ*, où il est dit que les greffiers des villes qui auront fabriqué en faveur de quelqu'un de fausses *immunités*, seront punis du feu.

Les titres *de decurionibus*, *de vacatione muneris publici*, *de decretis decurionum super immunitate quibusdam concedendâ*, *de excusationibus munerum*, & autres titres suivans, traitent aussi de diverses *immunités.*

Dans notre usage on joint souvent ensemble les termes de *franchises*, *libertés*, *privilèges*, *exemptions* & *immunités*. Ces termes ne sont cependant pas synonymes. La franchise consiste à n'être pas sujet à certaines charges ou devoirs; les libertés sont aussi à-peu-près la même chose que les franchises; le privilège consiste dans quelque droit qui n'est pas commun à tous; les exemptions & *immunités* qui signifient la même chose, sont l'affranchissement de quelque charge ou devoir accordé à quelqu'un qui sans cette exemption y auroit été sujet.

L'*immunité* est quelquefois prise pour le droit d'asyle; quelquefois le lieu même qui sert d'asyle, s'appelle l'*immunité*; quelquefois enfin le terme d'*immunité* est pris pour l'amende que l'on paie pour avoir enfreint une *immunité*; comme quand on dit *payer l'immunité de l'église.*

Les *immunités* peuvent être accordées à des particuliers, ou à des corps & communautés.

Les provisions des officiers contiennent ordinairement la clause que le pourvu jouira des honneurs, prérogatives, franchises, privilèges, exemptions & *immunités* attachés à son office.

Les villes & communautés ont aussi leurs *immunités.*

Toute *immunité* doit être accordée par le prince ou par quelque autre seigneur ou autre personne qui en a le pouvoir.

Au défaut de titre elle peut être fondée sur la possession.

L'*immunité* est personnelle ou réelle.

On entend par *immunité personnelle* celle qui exempte la personne de quelque devoir personnel, comme du service militaire de guet & de garde, de tutèle & curatelle, de la collecte & autres fonctions publiques.

Telle est aussi l'exemption de payer certaines impositions, comme la taille, les droits de péages, les droits dus au roi pour mutation des héritages qui sont dans sa mouvance.

L'*immunité réelle* est celle qui est attachée à certains fonds, & dont le possesseur ne jouit qu'à cause du fonds, & non à cause d'aucune qualité personnelle. Telles sont les *immunités* dont jouissent ceux qui demeurent dans certains lieux privilégiés, soit pour l'exemption de taille, soit pour avoir la liberté de travailler de certains arts & métiers sans avoir payé de maîtrise, soit pour n'être pas sujets à la visite & jurisdiction d'autres officiers que de ceux qui ont autorité dans ce lieu.

Chaque ordre de l'état a ses *immunités*. La noblesse est exempte de taille & des charges publiques qui sont au-dessous de sa condition.

Les bourgeois de certaines villes ont aussi leurs *immunités* plus ou moins étendues; il y en a de communes à tous les citoyens, d'autres qui sont propres à certaines professions, & qui sont fondées ou sur la nécessité de leur ministère, ou sur l'honneur que l'on y a attaché.

Mais de toutes les *immunités*, les plus considérables sont celles qui ont été accordées soit à l'église en général, ou singulièrement à certaines églises, chapitres & monastères, ou à chaque ecclésiastique en particulier.

Ces *immunités* sont de trois sortes; les unes sont attachées à l'édifice même de l'église, & aux biens ecclésiastiques; les autres sont attachées à la personne des ecclésiastiques qui desservent l'église; d'autres enfin sont attachées à la seule qualité d'ecclésiastique.

La première espèce d'*immunités* qui est de celles attachées à l'édifice même de l'église, & aux biens ecclésiastiques, consiste 1°. en ce que ces sortes de biens sont hors du commerce. Les églises sont mises en droit dans la classe des choses appellées *res sacræ*, & sont du nombre de celles que les loix appellent *res nullius*, parce qu'elles n'appartiennent proprement à personne; elles sont hors du patrimoine, & ne peuvent être engagées, vendues, ni autrement aliénées.

Nous n'avons pourtant pas là-dessus tout-à-fait les mêmes idées que les Romains ; car selon nos mœurs, quoique les églises n'appartiennent proprement à personne, cependant par leur destination elles sont attachées à certaines personnes plus particuliérement qu'à d'autres ; ainsi chaque église cathédrale est le chef-lieu du diocèse ; chaque église paroissiale est propre à ses paroissiens ; les églises monachales appartiennent chacune à quelque ordre ou congrégation, & ainsi des autres ; de sorte qu'on pourroit plutôt mettre les églises dans la classe des choses appellées en droit *res communes*, dont la propriété n'appartient à personne, mais dont l'usage est commun à tout le monde.

Les biens d'église ne peuvent être engagés, vendus, ni autrement aliénés, sans une nécessité ou utilité évidente pour l'église, & sans y observer certaines formalités qui sont une enquête *de commodo & incommodo*, l'autorisation de l'évêque diocésain, le consentement du patron s'il y en a un, il faut aussi qu'il y ait des publications faites en justice en présence du ministère public, & que le contrat d'aliénation soit homologué par le juge royal.

2°. La prescription des biens d'église ne peut être acquise que par quarante ans, à la différence des biens des particuliers, qui, selon le droit commun, se prescrivent par dix ans entre présens, & vingt ans entre absens avec titre, & par trente ans sans titre.

3°. L'*immunité* des églises consiste en ce qu'elles sont tenues en franche-aumône. Le seigneur, qui donne un fonds pour construire une église, cimetière ou autre lieu sacré, ne se réserve ordinairement aucun droit ni devoir sur les biens par lui donnés, auquel cas on tient communément qu'il ne reste plus ni foi ni jurisdiction sur le fonds, du moins quant à la chose, mais non pas quant aux personnes qui sont toujours justiciables du juge du lieu ; & même quoique le seigneur ne perçoive aucune redevance sur le fonds, & qu'on ne lui en passe point de déclaration ou aveu, il ne perd pas pour cela sa directe ni son droit de justice sur le fonds même, de sorte que, s'il est nécessaire de faire quelque acte de jurisdiction dans l'église même, ses officiers sont constamment en droit de le faire. *Voyez* FRANCHE-AUMÔNE.

4°. Une autre *immunité* des églises étoit le droit d'asyle, qu'on avoit étendu jusqu'au parvis des églises, aux maisons des évêques, & à tous les lieux renfermés dans leurs enceintes, & dans celles des monastères. Un décret de Clotaire, qui est à la suite de la loi salique, § 13, nous apprend que lorsqu'il n'y avoit auprès de l'église ni porche, ni parvis, ni cimetière fermé, l'*immunité* s'étendoit sur un arpent de terre autour de l'église.

On ne pouvoit violer cette *immunité*, sans se rendre coupable d'un sacrilège des plus scandaleux. C'eût été également la violer, que d'empêcher les refugiés de faire venir des vivres. Mais les abus immenses qu'occasionnoit cette *immunité* a fait restraindre ou détruire ce droit d'asyle. *Voyez* ASYLE.

Pour ce qui est des *immunités* qui peuvent appartenir aux ecclésiastiques, soit en corps, ou en particulier, les princes chrétiens, pour marquer leur respect envers l'église dans la personne de ses ministres, ont accordé aux ecclésiastiques plusieurs privilèges, exemptions & *immunités*, soit par rapport à leur personne ou à leurs biens ; ces privilèges sont certainement favorables, on ne prétend pas les contester.

Mais il ne faut pas croire, comme quelques ecclésiastiques l'ont prétendu, que ces privilèges soient de droit divin, ni que l'église soit dans une indépendance absolue de la puissance séculière.

Il est constant que l'église est dans l'état & sous la protection du souverain ; les ecclésiastiques sujets & citoyens de l'état par leur naissance, ne cessent pas de l'être par leur consécration. *Non est enim respublica in ecclesiâ, sed ecclesiâ in republicâ. S. optat. contra parmeni.* Leurs biens personnels, & ceux même qui ont été donnés à l'église (en quoi l'on ne comprend point les offrandes & oblations), demeurent donc pareillement sujets aux charges de l'état, sauf les privilèges & exemptions que les ecclésiastiques peuvent avoir.

Ces privilèges ont reçu plus ou moins d'étendue, selon les pays, les temps & les conjonctures, & selon que le prince étoit disposé à traiter plus ou moins favorablement les ecclésiastiques, & que la situation de l'état le permettoit.

Si on recherche ce qui s'observoit par rapport aux ministres de la religion sous la loi de Moïse, on trouve que la tribu de Lévi fut soumise à Saül, de même que les onze autres tribus, & si elle ne payoit aucune redevance, c'est qu'elle n'avoit point eu de part dans les terres, & qu'il n'y avoit alors d'autre imposition que le cens qui étoit dû à cause des fonds.

Si nous nous attachons à la doctrine du divin fondateur de la religion chrétienne, nous verrons que le but de sa mission étoit d'établir le royaume de Dieu dans le cœur des hommes, & de leur proposer seulement la sanctification de leurs ames dans cette vie, & leur salut éternel dans l'autre.

En établissant ses apôtres ministres pour continuer son œuvre, il leur donne la même puissance qu'il a reçue de son père, c'est-à-dire celle d'instruire & de baptiser ; s'il leur en accorde dans le ciel & sur la terre, il la borne au pouvoir de lier & de délier les pécheurs, de remettre ou de retenir les péchés.

Loin de rien déranger dans l'ordre des sociétés civiles, il dit qu'il n'est pas venu pour délier les sujets de l'obéissance des rois ; il enseigne que l'église doit payer le tribut à César, & il en donne lui-même l'exemple, en faisant payer ce tribut pour lui & pour ses apôtres.

La doctrine de S. Paul est conforme à celle de J. C. Toute ame, dit-il, est sujette aux puissances ; on paie le tribut aux princes, parce qu'ils sont les ministres de Dieu. Rendez donc à chacun ce qui lui est dû, le tribut à qui vous devez le tribut, les impôts à qui vous devez les impôts, la crainte à qui vous devez la crainte, & l'honneur à qui vous devez l'honneur.

S. Ambroise, évêque de Milan, disoit à un officier de l'empereur: *si vous demandez des tributs, nous ne vous le refusons pas, les terres de l'église paient exactement le tribut.* S. Innocent, pape, écrivoit en 404 à S. Victrice, évêque de Rouen, que les terres de l'église payoient le tribut. Tous les pères de l'église s'expriment de la même manière, & ils conviennent tous que l'obligation de payer les impôts & les tributs est imposée non-seulement aux séculiers, mais aussi aux prêtres & aux moines.

Les ecclésiastiques n'eurent aucune exemption ni *immunité* jusqu'à la fin du troisième siècle. Constantin leur accorda de grands privilèges; il les exempta des corvées publiques; on ne trouve cependant pas de loi qui exemptât leurs biens d'impositions.

Sous Valens, ils cessèrent d'être exempts des charges publiques; car dans une loi qu'il adressa en 370 à Modeste, préfet du prétoire, il soumet aux charges des villes les clercs qui y étoient sujets par leur naissance, & du nombre de ceux que l'on nommoit *curiales*, à moins qu'ils n'eussent été dix ans dans le clergé.

Honorius ordonna en 412 que les terres des églises seroient sujettes aux charges ordinaires, & les affranchit seulement des charges extraordinaires.

Justinien, par sa novelle 37, permet aux évêques d'Afrique de rentrer dans une partie des biens dont les Ariens les avoient dépouillés, à condition de payer les charges ordinaires; ailleurs il exempte les églises des charges extraordinaires seulement; il n'exempta des charges ordinaires qu'une partie des boutiques de Constantinople, dont le loyer étoit employé aux frais des sépultures, dans la crainte que, s'il les exemptoit toutes, cela ne préjudiciât au public.

Les papes même & les fonds de l'église de Rome, ont été tributaires des empereurs romains ou grecs jusqu'à la fin du huitième siècle. S. Grégoire recommandoit aux défenseurs de Sicile de faire cultiver avec soin les terres de ce pays, qui appartenoient au saint siège, afin que l'on pût payer plus facilement les impositions dont elles étoient chargées. Pendant plus de cent vingt ans, & jusqu'à Benoît II, le pape étoit confirmé par l'empereur, & lui payoit 20 liv. d'or; les papes n'ont été exempts de tous tributs, que depuis qu'ils sont devenus souverains de Rome & de l'exarchat de Ravenne.

Lorsque les Romains possédoient les Gaules, tous les ecclésiastiques, soit gaulois ou romains, étoient sujets aux tributs, comme dans le reste de l'empire.

Depuis l'établissement de la monarchie françoise, on suivit pour le clergé ce qui se pratiquoit du temps des empereurs, c'est-à-dire que nos rois exemptèrent les ecclésiastiques d'une partie des charges personnelles; mais ils voulurent que les terres de l'église demeurassent sujettes aux charges réelles.

Sous la première & la seconde race de nos rois, temps où les fiefs étoient encore inconnus, les ecclésiastiques devoient déjà, à cause de leurs terres, le droit de gîte ou procuration, & le service militaire; ces deux devoirs continuèrent d'être acquittés par les ecclésiastiques encore long-temps sous la troisième race.

Le droit de gîte & de procuration consistoit à loger & nourrir le roi & ceux de sa suite, quand il passoit dans quelque lieu où des ecclésiastiques séculiers ou réguliers avoient des terres; ils étoient aussi obligés de recevoir ceux que le roi envoyoit de sa part dans les provinces. *Voyez* GITE, PROCURATION.

A l'égard du service militaire, lorsqu'il y avoit guerre, les églises étoient obligées d'envoyer à l'armée leurs vassaux & un certain nombre de personnes, & de les y entretenir; l'évêque ou l'abbé devoit être à la tête de ses vassaux. Quelques-uns de nos rois, tel que Charlemagne, dispensérent les prélats de se trouver en personne à l'armée, à condition d'envoyer leurs vassaux sous la conduite de quelque autre seigneur; il y avoit des monastères qui payoient au roi une somme d'argent pour être déchargés du service militaire.

Outre le droit de gîte & le service militaire, les ecclésiastiques fournissoient encore quelquefois au roi des secours d'argent pour les besoins extraordinaires de l'état. Clotaire I. ordonna en 558 ou 560, qu'ils payeroient le tiers de leur revenu; tous les évêques y souscrivirent, à l'exception d'Injuriosus, évêque de Tours, dont l'opposition fit changer le roi de volonté; mais si les ecclésiastiques firent alors quelque difficulté de payer le tiers, il est du moins constant qu'ils payoient au roi, ou autre seigneur duquel ils tenoient leurs terres, la dîme ou dixième partie des fruits, à l'exception des églises qui en avoient obtenu l'exemption, comme il paroît par une ordonnance du même Clotaire de l'an 560, en sorte que l'exemption de la dîme étoit alors une des *immunités* de l'église. Chaque église étoit dotée suffisamment, & n'avoit de dîme ou dixième portion que sur les terres qu'elle avoit données en bénéfice. Dans la suite les exemptions de dîme étant devenues fréquentes en faveur de l'église, de même que les concessions du droit actif de dîmes, on a regardé les dîmes comme étant ecclésiastiques de leur nature.

Les églises de France étoient aussi dès-lors sujettes à certaines impositions. En effet, Grégoire de Tours rapporte que Theodebert, roi d'Austrasie, petit-fils de Clovis, déchargea les églises d'Auvergne de tous les tributs qu'elles lui payoient. Le même auteur nous apprend que Childebert, aussi roi d'Austrasie & petit-fils de Clotaire I, affranchit pareillement le clergé de Tours de toutes sortes d'impôts.

Charles Martel, qui sauva dans tout l'Occident la religion de l'invasion des Sarrasins, fit contribuer le clergé de France à la récompense de la noblesse qui lui avoit aidé à combattre les infidèles; l'opinion commune

commune est qu'il ôta aux ecclésiastiques les dîmes pour les donner à ses principaux officiers; & c'est de-là que l'on tire communément l'origine des dîmes inféodées; mais Pasquier, en *ses recherches*, *liv. 3*, *chap. 42*, & plusieurs autres auteurs tiennent que Charles Martel ne prit pas les dîmes; qu'il prit seulement une partie du bien temporel des églises, sur-tout de celles qui étoient de fondation royale, pour le donner à la noblesse françoise, & que l'inféodation des dîmes ne commença qu'au premier voyage d'outremer, qui fut en 1096. On a même vu, par ce qui a été dit il y a un moment, que l'origine de ces dîmes inféodées remonte beaucoup plus haut.

Il est certain d'ailleurs que, sous la seconde race, les ecclésiastiques, aussi bien que les seigneurs & le peuple, faisoient tous les ans chacun leur don au roi en plein parlement, & que ce don étoit un véritable tribut, plutôt qu'une libéralité volontaire; car il y avoit une taxe sur le pied du revenu des fiefs, aleux & autres héritages que chacun possédoit. Les historiens en font mention sous les années 826 & suivantes.

Fauchet dit qu'en 833 Lothaire reçut à Compiegne les présens que les évêques, les abbés, les comtes & le peuple faisoient au roi tous les ans, & que ces présens étoient proportionnés au revenu de chacun; Louis le Débonnaire les reçut encore des trois ordres à Orléans, Worms & Thionville en 835, 836 & 837.

Chaque curé étoit obligé de remettre à son évêque la part pour laquelle il devoit contribuer à ces dons annuels, comme il paroît par un concile de Toulouse tenu en 846, où il est dit que la contribution que chaque curé étoit obligé de fournir à son évêque, consistoit en un minot de froment, un minot d'orge, une mesure de vin & un agneau; le tout étoit évalué deux sols, & l'évêque avoit le choix de le prendre en argent ou en nature.

Outre ces contributions annuelles que le clergé payoit comme le reste du peuple, Charles le Chauve, empereur, fit en 877 une levée extraordinaire de deniers, tant sur le clergé que sur le peuple; ayant résolu, à la prière de Jean VIII, dans une assemblée générale ou parlement, de passer les monts pour faire la guerre aux Sarrasins qui ravageoient les environs de Rome & tout le reste de l'Italie, il imposa un certain tribut sur tout le peuple, & même sur le clergé. Fauchet, dans la vie de cet empereur, dit que les évêques levoient sur les prêtres, c'est-à-dire, sur les curés & autres bénéficiers de leur diocèse, cinq sols d'or pour les plus riches, & quatre deniers d'argent pour les moins aisés; que tous ces deniers étoient mis entre les mains des gens commis par le roi; on prit même quelque chose du trésor des églises pour payer ce tribut: cette levée fut la seule de cette espèce qui eut lieu sous la seconde race.

On voit aussi, par les actes d'un synode tenu à Soissons en 853, que nos rois faisoient quelquefois des emprunts sur les fiefs de l'église. En effet, Charles-le-Chauve, qui fut présent à ce synode, renonça à faire ce que l'on appelloit *præstarias*, c'est-à-dire, de ces sortes d'emprunts, ou du moins des fournitures, devoirs ou redevances, dont les fiefs de l'église étoient chargés.

Nous pourrions rassembler ici une multitude de faits & d'autorités qui toutes prouveroient que depuis l'établissement de l'église, le clergé n'a joui d'autres *immunités*, par rapport aux charges de l'état, que celles qui lui ont été accordées par les princes; qu'il reconnoissoit n'en avoir de personnelles & de réelles, que par la concession des souverains, *immunitate concessâ*, comme s'expriment les pères du concile d'Orléans, tenu en 511: qu'il recevoit avec reconnoissance une exemption très-bornée, & se soumettoit à ne pas l'étendre au-delà des limites qui lui avoient été prescrites. Cette doctrine a été enseignée comme la seule véritable, non-seulement sous les empereurs romains, mais encore dans tous les états de l'Europe jusqu'au dixième siècle.

Vers cette époque, les papes, les évêques, & le clergé en général, abusant de la crédulité & de l'ignorance des peuples, donnant une fausse interprétation à quelques passages de l'écriture & à quelques faits rapportés dans les livres saints, décidèrent dans plusieurs conciles, que les laïques ne peuvent avoir aucun droit sur les clercs, & qu'il ne leur est pas permis de rien exiger d'eux pour raison de leurs bénéfices, ni même pour raison de leurs biens patrimoniaux. C'est ce qu'on trouve dans le concile de Melphi, sous Urbain II en 1089, dans le troisième & quatrième de Latran, dans celui de Lyon de 1245, dans ceux de Cologne en 1266, de Bourges en 1276, d'Avignon en 1326, d'Angers en 1365, & une multitude d'autres.

Mais les princes n'ont point été arrêtés par tous ces décrets. En France sur-tout, le clergé a toujours été contraint par l'autorité royale de contribuer aux charges de l'état comme les autres citoyens. Il est inutile d'entrer, à cet égard, dans aucun détail, parce que nous avons suffisamment établi le droit des souverains à cet égard, & expliqué la forme dans laquelle le clergé de France paie sa cote-part des impositions, sous les mots DÉCIME & DON GRATUIT *ecclésiastique*.

De tout ce que nous venons de dire, il résulte, ainsi que nous l'avons observé au commencement de cet article, que l'église ne possède, de droit divin, aucuns privilèges ou *immunités*, & que ceux dont elle jouit, lui ont été accordés par la bienveillance des princes.

Suivant l'état actuel du clergé en France, les ecclésiastiques sont exempts, comme les nobles, de la taille; mais ils paient, comme tous les sujets du roi, plusieurs autres impositions, telles que les droits d'aides & autres droits d'entrée.

Ils sont exempts du logement des gens de guerre, si ce n'est en cas de nécessité.

On les exempte aussi des charges publiques, telles

que celles de tutèle & curatelle, & des charges de ville, comme de guet & de garde, de la mairie & écheviriage; mais ils ne sont pas exempts des charges de police, comme de faire nettoyer les rues au-devant de leurs maisons, & autres obligations semblables.

Une des principales *immunités* dont jouit l'église, c'est la jurisdiction que les souverains lui ont accordée sur ses membres, & même sur les laïques dans les matières ecclésiastiques, c'est ce que l'on traitera plus particuliérement au mot JURISDICTION ECCLÉSIASTIQUE.

L'ordonnance de Philippe-le-Bel, en 1302, dit que, si on entreprend quelque chose contre les privilèges du clergé qui lui appartiennent *de jure vel antiquâ consuetudine*, *restaurabuntur ad egardum concilii nostri*; on rappelle par-là toutes les *immunités* de l'église aux règles de la justice & de l'équité.

On ne reconnoît point en France les *immunités* accordées aux églises & au clergé par les bulles des papes, si ces bulles ne sont revêtues de lettres-patentes duement enregistrées.

Les libertés de l'église gallicane sont une des plus belles *immunités* de l'église de France. *Voyez* LIBERTÉS.

IMPARTABLE, adj. signifie, *en Droit*, ce qui ne peut pas se partager, & quelquefois ce qui ne peut pas se partager commodément. *Voyez* PARTAGE.

IMPENSES, s. f. pl. *terme de Pratique*, sont les choses que l'on a employées, ou les sommes que l'on a déboursées, pour faire rétablir, améliorer ou entretenir une chose qui appartient à autrui, ou qui ne nous appartient qu'en partie, ou qui n'appartient pas incommutablement à celui qui en jouit.

On distingue en droit trois sortes d'*impenses*, savoir, les *nécessaires*, les *utiles* & les *voluptuaires*.

Les *impenses* nécessaires sont celles sans lesquelles la chose seroit périe, ou entiérement détériorée, comme le rétablissement d'une maison qui menace ruine.

Les *impenses* utiles sont celles qui n'étoient pas nécessaires, mais qui augmentent la valeur de la chose, comme la construction d'un nouveau corps de bâtiment, soit à l'usage du maître ou autrement.

Les *impenses* voluptuaires sont celles qui sont faites pour l'agrément, & n'augmentent point la valeur de la chose, comme sont des peintures, des jardins de propreté, *&c.*

Le possesseur de bonne-foi qui a fait des *impenses* nécessaires ou utiles dans le fonds d'autrui, peut retenir l'héritage, & gagne les fruits jusqu'à ce qu'on lui ait remboursé ses *impenses*.

A l'égard des *impenses* voluptuaires, elles sont perdues même pour le possesseur de bonne-foi.

Pour ce qui est du possesseur de mauvaise foi qui bâtit, ou plante sciemment sur le fonds d'autrui, il doit s'imputer la perte de ce qu'il a dépensé: cependant comme on préfère toujours l'équité à la rigueur du droit, on condamne le propriétaire qui a souffert les *impenses* nécessaires, à les lui rembourser, & même les *impenses* utiles, supposé qu'elles ne puissent s'emporter sans grande détérioration; mais le possesseur de mauvaise foi n'est jamais traité aussi favorablement que le possesseur de bonne-foi; car on rend à celui-ci la juste valeur de ses *impenses*, au lieu que, pour le possesseur de mauvaise foi, on les estime au plus bas prix. *Voyez* AMÉLIORATION, ÉVICTION, POSSESSEUR.

IMPÉRITIE, s. f. (*Droit civil.*) est le défaut d'habileté dans une profession. On doit la mettre au rang des fautes que le juge doit punir, suivant le préjudice qu'elle a occasionné, parce que celui qui ignore une profession ne doit pas la pratiquer. C'est par cette raison que tout ouvrier ou artiste est responsable de la bonté & de la perfection de ses ouvrages, & qu'il est tenu de toutes les fautes qu'il a commises par ignorance de son état. *Voyez* ARCHITECTE, BATIMENT, CHIRURGIEN, *&c.*

IMPERTINENT, adj. *terme de Pratique*, opposé à *pertinent*. Ce terme ne s'applique guère qu'en matière de faits dont on demande à faire preuve; quand ils ne sont pas de nature à être admis, on dit qu'ils sont *impertinens* & inadmissibles. *Voyez* FAITS, PERTINENT & PREUVE. (*A*)

IMPÉTRABLE, adj. se dit de ce qui se peut demander: ce terme n'est guère usité qu'en matière bénéficiale. On dit qu'un bénéfice est vacant & *impétrable*, lorsqu'il n'est pas rempli de fait ou de droit. *Voyez* BÉNÉFICE, DÉVOLUT, VACANCE. (*A*)

IMPÉTRANT, adj. *en termes de Chancellerie*; signifie celui qui obtient des lettres du prince; cependant dans les lettres il n'est qualifié que d'*exposant*, parce qu'il n'est *impétrant* qu'après avoir obtenu les lettres. *Voyez* IMPÉTRATION. (*A*)

IMPÉTRATION, s. f. *en matière bénéficiale*, se dit de l'obtention que l'on fait d'un bénéfice en cour de Rome; il se dit aussi en style de chancellerie, pour exprimer l'obtention de toutes sortes de lettres: celui qui les obtient est appellé l'*impétrant*. *Voyez* IMPÉTRANT. (*A*)

IMPOSITION, s. f. (*Jurisprudence & Finance.*) signifie souvent la même chose qu'*impôt* ou *tribut*. On dit, par exemple, l'*imposition* des tailles, du dixième, de la capitation, *&c.* Quelquefois aussi on entend par ce terme, la répartition des impôts sur les contribuables. *Voyez* le *Dictionnaire des Finances*.

IMPOSSIBLE, adj. *Voyez* CONDITION, IV.

IMPRESCRIPTIBLE, adj. se dit, *en Droit*, de ce qui ne peut être prescrit, comme le domaine du roi. Il y a des choses qui sont *imprescriptibles* de leur nature, de manière qu'elles ne peuvent jamais être prescrites; d'autres qui, quoique sujettes en général à la loi de la prescription, ne peuvent être prescrites pendant un certain temps où la prescription ne court pas. *Voyez* PRESCRIPTION. (*A*)

IMPRESCRIPTIBILITÉ, s. f. (*Droit civil.*) est la nature d'une chose qui la rend imprescriptible, ou non sujette à être prescrite, soit activement ou passivement. *Voyez* PRESCRIPTION. (*A*)

IMPRIMEUR, s. m. (*Arts & Métiers. Police.*) est celui qui exerce l'art de l'imprimerie. *Voyez* le *Dictionnaire des Arts & Métiers.*

IMPROPRIATION, s. f. *terme de Jurisprudence canonique*, se dit des revenus d'un bénéfice ecclésiastique qui sont entre les mains d'un laïque.

Elle diffère de l'*appropriation* par laquelle les profits d'un bénéfice sont entre les mains d'un évêque, d'un collège, *&c.* On emploie aujourd'hui ces deux termes indifféremment l'un pour l'autre. On prétend qu'il y a 3845 *impropriations* en Angleterre. *Voyez* APPROPRIATION.

IMPUBÈRE, s. m. (*Droit civil, canon. & crimin.*) est le nom qu'on donne à ceux qui n'ont pas encore atteint l'âge de puberté, qui est de 14 ans accomplis pour les mâles, & 12 pour les filles.

Les loix romaines distinguoient entre les *impubères*, ceux qui sont encore en enfance, c'est-à-dire au-dessous de sept ans; ceux qui sont proche de l'enfance, c'est-à-dire qui sont encore plus près de l'enfance que de la puberté; enfin, ceux qui sont proche de la puberté.

Suivant leurs dispositions, les *impubères* étant encore en enfance, ou proche de l'enfance, ne pouvoient rien faire par eux-mêmes; ceux qui étoient proche de la puberté pouvoient, sans l'autorité de leur tuteur, faire leur condition meilleure; au lieu qu'ils ne pouvoient rien faire à leur désavantage sans être autorisés de leur tuteur.

En France, même en pays de droit écrit, on n'admet plus ces distinctions plus minutieuses qu'utiles, & en général, les *impubères* ne peuvent agir par eux-mêmes, & leur tuteur ne les autorise point, il agit pour eux.

Mais, en matière criminelle, on suit la distinction des loix romaines, qui veulent que les *impubères* étant encore en enfance, ou proche de l'enfance, ne soient pas soumis aux peines établies par les loix, parce qu'on présume qu'ils sont encore incapables de dol, au lieu que les *impubères* qui sont proche de la puberté, étant présumés capables de dol, doivent être punis pour les délits par eux commis: mais en considération de la foiblesse de leur âge, on adoucit ordinairement la peine portée par la loi.

Dans cette partie, tout dépend des circonstances & de la sagesse du juge; & il est prudent de suivre quelques règles données à ce sujet par Justinien, §. 18, *instit. de obligat. quæ ex delicto nascuntur.* Cet empereur observe qu'on avoit douté si un *impubère* pouvoit être poursuivi *actione furti*; il décide qu'en général l'*impubère* ne doit pas être réputé coupable de larcin en ce sens, qu'il soit sujet à l'action & aux peines du vol; mais il veut que l'on distingue si c'est un enfant voisin de la puberté, & si en dérobant il a connu le mal qu'il faisoit: dans ce cas, il veut que l'enfant soit puni, parce que, comme le portent les loix du code, tit. *de pœnis, malitia supplet ætatem.*

Mais que doit alors faire le juge, & quelle sera la peine qu'il infligera? Il est certain qu'il faut toujours s'assurer du voleur, & le tenir en prison, soit pour découvrir s'il n'a pas des complices, ou s'il n'a pas été excité par quelqu'un; soit pour intimider le coupable, & tâcher de déraciner, par cette première punition, un penchant qui pourroit dégénérer en habitude.

Quant aux peines, on condamne quelquefois les enfans à avoir le fouet sous la *custode*.

On entend par *custode*, du mot *custodire*, un endroit particulier de la prison: il seroit difficile d'indiquer l'origine de cette peine; peut-être les juges séculiers en ont-ils pris l'exemple de quelques confesseurs, qui autrefois donnoient en secret la discipline à leurs pénitens; ce qui s'appelloit donner la *discipline sous la custode.*

On les condamne quelquefois à être enfermés pour toujours ou à temps, même à être présentés à une potence, ou à être pendus sous les aisselles. Tout cela dépend de la gravité du délit, de l'âge du coupable, de ses connoissances, de ses habitudes. Cette jurisprudence est confirmée par plusieurs arrêts. Par celui du 22 décembre 1682, le parlement condamna un petit garçon de la Ferté-Bernard, à être pendu sous les aisselles, pendant deux heures, en place de Grève, & à être ensuite fouetté & renfermé à l'hôpital-général, pour avoir occasionné la mort de quatre personnes, en mettant du poison dans un pot-au-feu, par ordre de son père.

La même peine fut prononcée par arrêt du 30 juillet 1722, contre le frère de Cartouche, insigne voleur, âgé seulement de quinze ans. Mais il faut observer que ces dernières peines ne peuvent être prononcées que par les cours souveraines.

Quoiqu'en matière civile les mineurs de quatorze ans ne puissent point être témoins, suivant la loi *in testimonio*, ff. *de testibus*, ils peuvent, en matière criminelle, être reçus à déposer des faits auxquels ils ont été présens, sauf aux juges, en procédant au jugement, à avoir tel égard que de raison, à la solidité, à la nécessité & aux circonstances de leur déposition: c'est ce qui est autorisé & prescrit par l'ordonnance de 1670, *tit. 6, art. 2.*

En matière bénéficiale, il est de maxime constante, qu'un enfant qui a sept ans accomplis peut recevoir la tonsure. On trouve cette décision au chapitre dernier *de tempore ordinat. in-6°.*; dans Rebuffe, *in praxi benefic.* part. 1, tit. *Requisita ad collat. benef.* dans d'Héricourt, *&c.* Rebuffe observe même que la tonsure peut être donnée à six ans sur une dispense du pape, & qu'il y en a plusieurs exemples, parce que cet objet n'est point regardé comme étant de droit positif.

Il est également constant, & tel est l'usage général, que, pour obtenir un bénéfice, il faut au moins avoir sept ans accomplis, & être confirmé & tonsuré; & on suit sur cela, non le concile de Trente, *chap. 6, session 23 de reformatione*, qui défend de nommer aux bénéfices ceux qui n'ont pas 14 ans, mais la dix-septième règle de chancellerie, suivant laquelle il suffit d'avoir 14 ans accomplis pour les canonicats des cathédrales; dix ans pour ceux des collégiales, & sept ans pour les chapelles & bénéfices simples. Cependant, comme cette règle n'est point du nombre de celles qui font loi en France, les tribunaux suivent, sur ce point, leurs usages particuliers; & c'est par cette raison que le grand-conseil autorisoit la nomination d'un sujet âgé de 10 ans, pour remplir les canonicats des églises cathédrales.

Quant aux bénéfices réguliers, il est de règle que les dignités conventuelles ne peuvent point être données à un *impubère*, & même, pour obtenir en concurrence un bénéfice régulier simple, il faut 14 ans accomplis, ainsi qu'il a été jugé par arrêt du 28 août 1676, rapporté au journal des Audiences.

On doit encore tenir comme certain, que le mineur *impubère* peut présenter aux bénéfices sur lesquels il a droit de patronage, en distinguant cependant avec Rebuffe, *tract. nominat. quæst. 17, n. 20*, si l'*impubère* n'a pas sept ans, ou s'il est au-dessus de cet âge; car, au premier cas, c'est le tuteur seul qui peut & doit présenter; &, au second cas, le pupile a le droit de présentation; sa présentation est même préférée à celle que feroit le tuteur, parce qu'il seroit contradictoire qu'il pût être bénéficier, & qu'il n'eût pas le droit de nommer à un bénéfice, & de faire un acte qui ne consiste que dans une grace, dont il ne peut pas profiter pour lui-même.

L'*impubère* est également capable de résigner sans l'autorité d'un tuteur; mais il faut convenir qu'en pareil cas, tout dépend des circonstances, & qu'il faut être bien assuré de la volonté expresse du mineur, & de la résolution où il est de quitter l'état ecclésiastique. Brodeau rapporte nombre d'arrêts qui ont annullé des résignations faites en minorité, parce qu'il y avoit preuve de mauvais artifices, fraudes, pratiques & manœuvres employées pour séduire ou tromper le mineur.

Enfin le mineur, même *impubère*, peut agir & se défendre en matière bénéficiale, & ester en justice sans l'assistance de son tuteur. L'article 14 du titre 15 de l'ordonnance de 1667 déclare indéfiniment les mineurs pourvus de bénéfices, capables d'agir en justice sans l'autorité & assistance d'un tuteur, tant pour le possessoire que pour les droits & fruits du bénéfice.

IMPUISSANCE, s. f. (*Droit naturel, civil & can.*) est en général un défaut de moyens pour remplir l'objet qu'on se propose. Mais en jurisprudence on considère principalement l'*impuissance* dans l'union de l'homme & de la femme, & dans ce cas, on peut la définir l'*inhabileté à la génération*.

Les accusations d'*impuissance*, qui ont produit tant de scandales, & une jurisprudence si incertaine, dans les tribunaux de justice des peuples modernes, ont été ignorées de l'antiquité, par la raison que les loix de Moïse, de Rome & des autres peuples, en donnant à l'homme & à la femme le pouvoir de rompre par le divorce une union dans laquelle l'un ou l'autre, ou tous les deux ensemble, auroient apporté quelque *impuissance* d'accomplir les espérances qu'ils s'étoient données, ils pouvoient, en se séparant, laisser ignorer à la société les motifs de leur séparation, & couvrir la honte de l'*impuissance*, de toutes les autres causes naturelles & légales du divorce.

Mais depuis que les loix de l'église & celles des princes chrétiens ont déclaré le mariage indissoluble de sa nature, que l'homme & la femme ne peuvent plus se séparer après s'être unis, il a été nécessaire de trouver un moyen de rompre des nœuds que la nature n'avoit pas donné le pouvoir de former, de dissoudre un simulacre de mariage, qui, au lieu d'être la conservation de la vie, la sauve-garde de la vertu, l'augmentation des citoyens, devient au contraire le plus grand tourment des conjoints, irrite vainement les desirs de la nature, & forme l'attrait le plus terrible pour le vice, & le danger le plus invincible pour la vertu.

Il est donc important de connoître toutes les causes d'*impuissance*, marquées par les loix civiles & ecclésiastiques, & les preuves qu'elles exigent pour que ce motif puisse déterminer le juge à rompre des liens indissolubles de leur nature.

Les loix canoniques ne distinguent que trois causes d'*impuissance*; savoir, la frigidité, le maléfice, & l'inhabileté qui vient *ex impotentiâ coeundi*.

Ces causes se subdivisent en plusieurs classes.

Il y a des causes d'*impuissance* qui sont propres aux hommes, comme la frigidité, le maléfice, la ligature ou nouement d'éguillette; les causes propres aux femmes sont l'empêchement qui provient *ex clausurâ uteri*, *aut ex nimiâ arctitudine*; les causes communes aux hommes & aux femmes sont le défaut de puberté, le défaut de conformation des parties nécessaires à la génération, ou lorsque l'homme & la femme ne peuvent se joindre *propter surabondantem ventris pinguedinem*.

Les causes d'*impuissance* sont naturelles ou accidentelles; celles-ci sont perpétuelles ou momentanées; il n'y a que les causes d'*impuissance* perpétuelles qui forment un empêchement dirimant du mariage; encore excepte-t-on celles qui sont survenues depuis le mariage.

On distingue aussi l'*impuissance* absolue d'avec celle qui est seulement respective ou relative. La première, quand elle est perpétuelle, qu'elle a précédé le mariage, le dissout, & empêche d'en contracter un autre : au lieu que l'*impuissance* respective ou relative, c'est-à-dire, qui n'a lieu qu'à l'égard de deux personnes entre elles, n'empêche pas ces personnes, ou celle qui n'a point en elle de vice d'*impuissance*, de contracter mariage ailleurs.

La frigidité est lorsque l'homme, quoique bien conformé extérieurement, est privé de la faculté qui anime les organes destinés à la génération.

Le défaut de semence de la part de l'homme est une cause d'*impuissance*: mais on ne peut pas le regarder comme *impuissant*, sous prétexte que sa semence ne seroit pas prolifique; c'est un mystère que l'on ne peut pénétrer.

La stérilité de la femme, en quelque temps qu'elle arrive, n'est pas non plus considérée comme un effet d'*impuissance* proprement dite, & conséquemment n'est point une cause pour dissoudre le mariage.

Les loix canoniques mettent au nombre des empêchemens dirimans du mariage le maléfice, supposé qu'il provînt d'une cause surnaturelle, & qu'après la pénitence enjointe & la cohabitation triennale, l'empêchement ne cessât point & fût réputé perpétuel: mais si l'*impuissance* provenant de maléfice, peut être guérie par des remèdes naturels, ou que la cause ne paroisse pas perpétuelle, ou qu'elle ne soit survenue qu'après le mariage: dans tous ces cas elle ne forme point un empêchement dirimant.

Nous suivons ici le langage des loix anciennes, en mettant le maléfice au nombre des causes d'*impuissance*. Nos pères, aveuglés de toutes les erreurs de la sorcellerie, lui attribuoient les choses dont ils ne pouvoient découvrir les causes, & ils ont cherché dans les ligatures ou nouemens d'aiguillette, les motifs de cette froideur, qui glace les sens de l'homme *impuissant*. Mais éclairés aujourd'hui par les lumières de la physique, & par l'étude de la nature, nous ne devons plus entendre parler dans nos tribunaux de justice de maléfice & d'aiguillette, & y consacrer par les loix ce dont la raison rougit. La nature ici est seule magicienne, seule elle fait le secret des causes qui rendent l'homme si différent, qui donnent à un tempérament plus ou moins d'ardeur, qui accordent à celui-ci des nerfs plus irritables qu'à un autre.

Quoique le défaut de puberté soit un empêchement au mariage, cet empêchement ne seroit pas dirimant, si la malice & la vigueur avoient précédé l'âge ordinaire de la puberté.

La vieillesse n'est jamais réputée une cause d'*impuissance*, ni un empêchement au mariage, soit qu'elle précède le mariage, ou qu'elle survienne depuis.

Il en est de même des infirmités qui seroient survenues depuis le mariage, quand même elles seroient incurables, & qu'elles rendroient inhabile à la génération.

La connoissance des demandes en nullité de mariage pour cause d'*impuissance* appartient naturellement au juge séculier, car le mariage étant la source de la société, c'est au souverain & aux magistrats, établis par son autorité, à connoître de tout ce qui le regarde; aussi pendant les six premiers siècles de l'église, les juges séculiers étoient les seuls devant lesquels ces sortes de causes fussent portées; mais les catholiques, envisageant le mariage comme un sacrement, ont voulu que le juge ecclésiastique se réservât la connoissance des demandes formées pour le dissoudre, & présentement les juges d'église en France sont en possession d'en connoître, sauf, en cas d'abus, l'appel au parlement.

Les preuves auxquelles on a recours dans cette matière, sont l'interrogatoire des parties, le serment des parens, la visite du mari & de la femme. On ordonne aussi la preuve du mouvement naturel, lorsque le mari est accusé de frigidité, preuve encore plus alarmante pour la pudeur, que celle du congrès qui a été sagement abolie.

On ordonne seulement encore quelquefois la cohabitation triennale pour éprouver les parties, & connoître si l'*impuissance* est réelle & perpétuelle. Mais, comme le remarque très-bien Montesquieu, ce qu'on n'a pas fait dans ce gene pendant trois mois, on ne le fera pas dans trois ans, & si la femme a raison, elle aura perdu dans les trois années de la preuve, les plus doux fruits du gain de son procès.

Dans le cas où le mariage est déclaré nul pour cause d'*impuissance*, les canons permettent aux contractans la cohabitation fraternelle; mais alors ils doivent réellement vivre avec la même retenue que des personnes qui ne sont point mariées.

Nous devons remarquer, que l'église Romaine n'a jamais cru pouvoir rendre des jugemens définitifs dans les causes d'*impuissance*. Elle a toujours avoué qu'elle avoit été trompée par toutes les espèces de preuves: elle vouloit se réserver le moyen de revenir de ses erreurs. Si l'homme & la femme qu'elle avoit séparés, donnoient des preuves de puissance & de fécondité dans les nouveaux engagemens qu'ils avoient pu former après leur séparation, elle leur ordonnoit de rompre ces nouveaux liens, & de reprendre ceux qu'ils avoient brisés. Tous les jugemens dans cette matière, étoient conditionnels & provisoires: *sententia contrà matrimonium lata non transit in rem judicatam.*

Mais les cours souveraines de France ont étendu à ces causes, la maxime générale, *res judicata pro veritate habetur.* Si la femme peut avoir successivement deux maris, elle ne se promène pas du moins de l'un à l'autre. On a senti combien il seroit dangereux pour l'ordre de la société, que l'union de l'homme & de la femme eût assez peu de stabilité, pour qu'on pût en rompre & en renouer les nœuds plusieurs fois, & combien il seroit scandaleux pour les mœurs, que la femme fût portée des bras d'un mari dans ceux d'un autre, par les loix même qui veillent sur les mœurs & sur la décence publique.

IMPUISSANT, adj. se dit, *en droit*, de ce qui est inhabile à faire quelque chose.

On appelle *impuissant* un homme qui est inhabile à la génération. *Voyez ci-dessus* IMPUISSANCE.

On dit aussi qu'un acte ou un titre & un moyen est *impuissant* pour prouver telle chose, c'est-à-dire, qu'il ne peut pas avoir cet effet. (*A*)

IMPUNITÉ, s. f. (*Droit public & criminel.*) est le défaut de la loi ou du juge, qui manque d'infliger à un coupable la peine que sa faute mérite. Les fautes demeurent impunies, ou parce que la loi n'a point décerné de châtiment contre elles, ou parce que le coupable réussit à se soustraire à la loi. Il évite le châtiment ou par les précautions qu'il a prises pour n'être pas convaincu, ou par les malheureuses prérogatives de son état, de son rang, de son autorité, de son crédit, de sa fortune, de ses protections, de sa naissance, ou enfin par la prévarication du juge. Le juge, de son côté, prévarique, lorsqu'il néglige la poursuite du coupable, soit par indolence, soit par corruption. Mais quelle que soit la cause de l'*impunité*, elle encourage au crime, & porte par cela même une atteinte aux loix de la société, & à la sûreté publique.

IMPUTATION, s. f. (*Droit naturel & civil.*) est un jugement par lequel on déclare que quelqu'un étant l'auteur ou la cause morale d'une action commandée ou défendue, on lui attribue, & on le rend responsable des effets bons ou mauvais qui s'ensuivent.

Il ne faut pas confondre l'*imputabilité* des actions humaines, avec leur *imputation* actuelle. La premiere est une qualité de l'action; la seconde est un acte du souverain, du juge, *&c.* qui met actuellement sur le compte de quelqu'un une action qui de sa nature peut être imputée.

L'on ne doit pas conclure de l'imputabilité d'une action à son *imputation* actuelle. Pour qu'une action mérite d'être actuellement imputée, il faut le concours de deux conditions: 1°. qu'elle soit de nature à pouvoir être imputée: 2°. que l'agent soit dans une obligation de la faire ou de s'en abstenir.

Quand on impute une action à quelqu'un, on le rend, comme on l'a dit, responsable de ses suites bonnes ou mauvaises, d'où il suit que pour rendre l'*imputation* juste, il faut qu'il y ait quelque liaison nécessaire ou accidentelle, entre ce que l'on a fait ou omis, & les suites bonnes ou mauvaises de l'action ou de l'omission; & que d'ailleurs l'agent ait eu connoissance de cette liaison, ou que du moins il ait pu prévoir avec quelque vraisemblance les effets de son action: sans cela l'*imputation* ne peut avoir lieu.

Par exemple, un armurier vend des armes à un homme fait, qui lui paroît en son bon sens, de sang-froid, & n'avoir aucun mauvais dessein: cependant cet homme va sur le champ attaquer quelqu'un injustement, & il le tue. On ne sauroit rien imputer à l'armurier, qui n'a fait que ce qu'il avoit droit de faire, & qui d'ailleurs ne pouvoit ni ne devoit prévoir ce qui est arrivé. Mais si quelqu'un laissoit par négligence, sur sa table, des pistolets chargés, dans un lieu exposé à tout le monde, & qu'un enfant qui ne connoît pas le danger, se blesse ou se tue, le premier est certainement responsable du malheur qui est arrivé; car c'étoit une suite claire & prochaine de ce qu'il a fait, & il pouvoit & devoit le prévoir.

Il faut raisonner de la même maniere à l'égard d'une action qui a produit quelque bien: ce bien ne peut nous être attribué, lorsqu'on en a été la cause sans le savoir & sans y penser; mais aussi il n'est pas nécessaire, pour qu'on nous en sache quelque gré, que nous eussions une certitude entiere du succès: il suffit que l'on ait eu lieu de le présumer raisonnablement; & quand l'effet manqueroit absolument, l'intention n'en seroit pas moins louable.

Quelquefois l'*imputation* se borne simplement à la louange ou au blâme; quelquefois elle va plus loin. C'est ce qui donne lieu de distinguer deux sortes d'*imputation*, l'une *simple*, l'autre *efficace*. La premiere est celle qui consiste seulement à approuver ou à désapprouver l'action, ensorte qu'il n'en résulte aucun autre effet par rapport à l'agent. Mais la seconde ne se borne pas au blâme ou à la louange; elle produit encore quelque effet bon ou mauvais à l'égard de l'agent, c'est-à-dire, quelque bien ou quelque mal réel qui retombe sur lui.

L'*imputation* simple peut être faite indifféremment par chacun, soit qu'il ait ou qu'il n'ait pas un intérêt particulier & personnel à ce que l'action fût faite ou non: il suffit d'y avoir un intérêt général & indirect. Et comme l'on peut dire que tous les membres de la société sont intéressés à ce que les loix naturelles soient bien observées, ils sont tous en droit de louer ou de blâmer les actions d'autrui, selon qu'elles sont conformes ou opposées à ces loix. Ils sont même dans une sorte d'obligation à cet égard; le respect qu'ils doivent au législateur & à ses loix l'exige d'eux; & ils manqueroient à ce qu'ils doivent à la société & aux particuliers, s'ils ne témoignoient pas, du moins par leur approbation ou leur désaveu, l'estime qu'ils font de la probité & de la vertu, & l'aversion qu'ils ont au contraire pour la méchanceté & pour le crime.

Mais à l'égard de l'*imputation* efficace, il faut, pour la pouvoir faire légitimement, que l'on ait un intérêt particulier & direct à ce que l'action dont il s'agit se fasse ou ne se fasse pas. Or, ceux qui ont un tel intérêt, ce sont 1°. ceux à qui il appartient de régler l'action; 2°. ceux qui en sont l'objet, c'est-à-dire, ceux envers lesquels on agit, & à l'avantage ou au désavantage desquels la chose peut tourner. Ainsi un souverain qui a établi des loix, qui ordonne certaines choses sous la promesse de quelque récompense, & qui en défend d'autres sous la menace de quelque peine, doit sans doute s'intéresser à l'observation de ses loix, & il est en droit d'imputer à ses sujets leurs actions d'une maniere efficace, c'est-à-dire, de les récompenser ou de les punir. Il en est de même de celui qui a reçu quelque injure ou quelque dommage par une action d'autrui.

Remarquons, enfin, qu'il y a quelque différence entre l'*imputation* des bonnes & des mauvaises actions. Lorsque le législateur a établi une certaine récompense pour une bonne action, il s'oblige par cela même à donner cette récompense, & il accorde le droit de l'exiger à ceux qui s'en sont rendus dignes par leur obéissance; mais à l'égard des peines décernées pour les actions mauvaises, le législateur peut effectivement les infliger, s'il le veut; mais il ne s'ensuit pas de-là que le souverain soit obligé de punir à la rigueur: il demeure toujours le maître d'user de son droit ou de faire grace, & il peut avoir de bonnes raisons de faire l'un ou l'autre.

1°. Il suit de ce que nous avons dit, que l'on impute avec raison à quelqu'un toute action ou omission, dont il est l'auteur ou la cause, & qu'il pouvoit ou devoit faire ou omettre.

2°. Les actions de ceux qui n'ont pas l'usage de la raison ne doivent point leur être imputées. Car ces personnes n'étant pas en état de savoir ce qu'elles font, ni de le comparer avec les loix, leurs actions ne sont pas proprement des actions humaines, & n'ont point de moralité. Si l'on gronde ou si l'on bat un enfant, ce n'est point en forme de peine; ce sont de simples corrections, par lesquelles on se propose principalement d'empêcher qu'il ne contracte de mauvaises habitudes.

3°. A l'égard de ce qui est fait dans l'ivresse, toute ivresse contractée volontairement, n'empêche point l'*imputation* d'une mauvaise action commise dans cet état.

4°. L'on n'impute à personne les choses qui sont véritablement au-dessus de ses forces, non plus que l'omission d'une chose ordonnée si l'occasion a manqué: car l'*imputation* d'une omission suppose manifestement ces deux choses, 1°. que l'on ait eu les forces & les moyens nécessaires pour agir; 2°. que l'on ait pu faire usage de ces moyens sans préjudice de quelque autre devoir plus indispensable; bien entendu que l'on ne se soit pas mis par sa faute dans l'impuissance d'agir: car alors le législateur pourroit aussi légitimement punir ceux qui se sont mis dans une telle impuissance que si, étant en état d'agir, ils refusoient de le faire. Tel étoit à Rome le cas de ceux qui se coupoient le pouce, pour se mettre hors d'état de manier les armes, & pour se dispenser d'aller à la guerre.

A l'égard des choses faites par ignorance ou par erreur, on peut dire en général, que l'on n'est point responsable de ce que l'on fait par une ignorance invincible.

Quoique le tempérament, les habitudes & les passions aient par eux-mêmes une grande force pour déterminer à certaines actions, cette force n'est pourtant pas telle qu'elle empêche absolument l'usage de la raison & de la liberté, du moins quant à l'exécution des mauvais desseins qu'ils inspirent. Les dispositions naturelles, les habitudes & les passions ne portent point invinciblement les hommes à violer les loix naturelles, & ces maladies de l'ame ne sont point incurables. Que si au lieu de travailler à corriger ces dispositions vicieuses, on les fortifie par l'habitude, l'on ne devient pas excusable pour cela. Le pouvoir des habitudes est, à la vérité, fort grand; il semble même qu'elles nous entraînent par une espèce de nécessité à faire certaines choses. Cependant l'expérience montre qu'il n'est point impossible de s'en défaire, si on le veut sérieusement; & quand même il seroit vrai que les habitudes bien formées auroient sur nous plus d'empire que la raison; comme il dépendoit toujours de nous de ne pas les contracter, elles ne diminuent en rien le vice des actions mauvaises, & ne sauroient en empêcher l'*imputation*. Au contraire, comme l'habitude à faire le bien rend les actions plus louables, l'habitude au vice ne peut qu'augmenter le blâme. En un mot, si les inclinations, les passions & les habitudes pouvoient empêcher l'effet des loix, il ne faudroit plus parler d'aucune direction pour les actions humaines; car le principal objet des loix en général est de corriger les mauvais penchans, de prévenir les habitudes vicieuses, d'en empêcher les effets, & de déraciner les passions, ou du moins de les contenir dans leurs justes bornes.

Les différens cas que nous avons parcourus jusqu'ici n'ont rien de bien difficile. Il en reste quelques autres un peu plus embarrassans, & qui demandent une discussion un peu plus détaillée.

Premiérement, on demande ce qu'il faut penser des actions auxquelles on est forcé; sont-elles de nature à pouvoir être imputées, & doivent-elles l'être effectivement?

Je réponds 1°. qu'une violence physique, & telle qu'il est absolument impossible d'y résister, produit une action involontaire, qui, bien loin de mériter d'être actuellement imputée, n'est pas même imputable de sa nature.

2°. Mais si la contrainte est produite par la crainte de quelque grand mal, il faut dire que l'action à laquelle on se porte en conséquence, ne laisse pas d'être volontaire, & que par conséquent elle est de nature à pouvoir être imputée.

Pour connoître ensuite si elle doit l'être effectivement, il faut voir si celui envers qui on use de contrainte est dans l'obligation rigoureuse de faire une chose ou de s'en abstenir, au hasard de souffrir le mal dont il est menacé. Si cela est, & qu'il se détermine contre son devoir, la contrainte n'est point une raison suffisante pour le mettre à couvert de toute *imputation*; car en général, on ne sauroit douter qu'un supérieur légitime ne puisse nous mettre dans la nécessité d'obéir à ses ordres, au hasard d'en souffrir, & même au péril de notre vie.

En suivant ces principes, il faut donc distinguer ici entre les actions indifférentes, & celles qui sont moralement nécessaires. Une action indifférente de sa nature, extorquée par la force, ne sauroit être imputée à celui qui y a été contraint, puisque n'étant dans aucune obligation à cet égard, l'auteur de la violence n'a aucun droit d'exiger rien de lui. Et la loi naturelle défendant formellement toute violence, ne sauroit en même-temps l'autoriser, en mettant celui qui la souffre dans la nécessité d'exécuter ce à quoi il n'a consenti que par force. C'est ainsi que toute promesse ou toute convention forcée est nulle par elle-même, & n'a rien d'obligatoire en qualité de promesse ou de convention; au contraire elle peut & elle doit être imputée comme un crime à celui qui est l'auteur de la violence. Mais si l'on suppose que celui qui emploie la contrainte ne fait en cela qu'user de son droit & en poursuivre l'exécution, l'action, quoique forcée, ne laisse pas d'être valable, & d'être accompagnée de tous ses effets moraux. C'est ainsi qu'un débiteur fuyant, ou de mauvaise foi, qui ne satisfait son créancier que par la crainte prochaine de l'emprisonnement ou de quelque exécution sur ses biens, ne sauroit réclamer contre le paiement qu'il a fait, comme y ayant été forcé.

Pour ce qui est des bonnes actions auxquelles on ne se détermine que par force, &, pour ainsi dire, par la crainte des coups, elles ne sont comptées pour rien, & ne méritent ni louange ni récompense. L'on en voit aisément la raison. L'obéissance que les loix exigent de nous doit être sincère, & il faut s'acquitter de ses devoirs par principe de conscience, volontairement & de bon cœur.

Enfin à l'égard des actions manifestement mauvaises & criminelles, auxquelles on se trouve forcé par la crainte de quelque grand mal, & sur-tout de la mort, il faut poser pour règle générale, que les circonstances fâcheuses où l'on se rencontre, peuvent bien diminuer le crime de celui qui succombe à cette épreuve; mais néanmoins l'action demeure toujours vicieuse en elle-même, & digne de reproche; en conséquence de quoi elle peut être imputée, & elle l'est effectivement, à moins que l'on n'allègue en sa faveur l'exception de la nécessité. Une personne qui se détermine par la crainte de quelque grand mal, mais pourtant sans aucune violence physique, à exécuter une action visiblement mauvaise, concourt en quelque manière à l'action, & agit volontairement, quoiqu'avec regret. D'ailleurs il n'est point absolument au-dessus de la fermeté de l'esprit humain, de se résoudre à souffrir & même à mourir, plutôt que de manquer à son devoir. Le législateur peut donc imposer l'obligation rigoureuse d'obéir, & il peut avoir de justes raisons de le faire. Les nations civilisées n'ont jamais mis en question si l'on pouvoit, par exemple, trahir sa patrie pour conserver sa vie. Plusieurs moralistes païens ont fortement soutenu qu'il ne falloit pas céder à la crainte des douleurs & des tourmens, pour faire des choses contraires à la religion & à la justice.

Ambiguæ si quando citabere testis
Incertæque rei; Phalaris licet imperet, ut sis
Falsus, & admoto dictet perjuria tauro,
Summum crede nefas animam præferre pudori,
Et propter vitam vivendi perdere causas.

Juvenal, Sat. 8.

Telle est la règle. Il peut arriver pourtant, comme nous l'avons insinué, que la nécessité où l'on se trouve fournisse une exception favorable, qui empêche que l'action ne soit imputée. Les circonstances où l'on se trouve donnent quelquefois lieu de présumer raisonnablement, que le législateur nous dispense lui-même de souffrir le mal dont on nous menace, & que pour cela il permet que l'on s'écarte alors de la disposition de la loi; & c'est ce qui a lieu toutes les fois que le parti que l'on prend pour se tirer d'affaire, renferme en lui-même un mal moindre que celui dont on étoit menacé.

Nous ajouterons encore ici quelques réflexions sur les cas où plusieurs personnes concourent à produire la même action. La matière étant importante & de grand usage, mérite d'être traitée avec quelque précision.

1°. Les actions d'autrui ne sauroient nous être imputées, qu'autant que nous y avons concouru, & que nous pouvions & devions les procurer, ou les empêcher, ou du moins les diriger d'une certaine manière. La chose parle d'elle-même; car imputer l'action d'autrui à quelqu'un, c'est déclarer que celui-ci en est la cause efficiente, quoiqu'il n'en soit pas la cause unique; & que par conséquent cette action dépendoit en quelque manière de sa volonté dans son principe ou dans son exécution.

2°. Cela posé, on peut dire que chacun est dans une obligation générale de faire ensorte, autant qu'il le peut, que toute autre personne s'acquitte de ses devoirs, & d'empêcher qu'elle ne fasse quelque mauvaise action, & par conséquent de ne pas y contribuer soi-même de propos délibéré, ni directement ni indirectement.

3°. A plus forte raison on est responsable des actions de ceux sur qui l'on a quelque inspection particulière. C'est sur ce fondement que l'on impute à un père de famille la bonne ou la mauvaise conduite de ses enfans.

4°. Remarquons ensuite que pour être raisonnablement censé avoir concouru à une action d'autrui, il n'est pas nécessaire que l'on fût sûr de pouvoir la procurer ou l'empêcher, en faisant ou en ne faisant pas certaines choses; il suffit que l'on eût là-dessus quelque probabilité ou quelque vraisemblance. Et comme d'un côté ce défaut de certitude n'excuse point la négligence; de l'autre si l'on a fait tout ce que l'on devoit, le défaut de succès ne peut point nous être imputé; le blâme tombe alors tout entier sur l'auteur immédiat de l'action.

5°. Enfin il est bon d'observer encore, que dans la question que nous examinons, il ne s'agit point du degré de vertu ou de malice qui se trouve dans

l'action

l'action même, & qui la rendant plus excellente ou plus mauvaise, en augmente la louange ou le blâme, la récompense ou la peine. Il s'agit proprement d'estimer le degré d'influence que l'on a sur l'action d'autrui, pour savoir si l'on en peut être regardé comme la cause morale, & si cette cause est plus ou moins efficace, afin de mesurer, pour ainsi dire, ce degré d'influence qui décide de la manière dont on peut imputer à quelqu'un une action d'autrui; il y a plusieurs circonstances & plusieurs distinctions à observer. Par exemple, il est certain qu'en général, la simple approbation a moins d'efficace pour porter quelqu'un à agir, qu'une forte persuasion, qu'une instigation particulière. Cependant la haute opinion que l'on a de quelqu'un, peut faire qu'une simple approbation ait quelquefois autant, & peut-être même plus d'influence sur une action d'autrui, que la persuasion la plus pressante, ou l'instigation la plus forte d'une autre personne.

IMPUTATION *de paiement*, (*Droit civil.*) signifie compensation d'une somme avec une autre, déduction d'une somme sur une autre, acquittement d'une somme par le paiement d'une autre.

Celui qui est débiteur de plusieurs sommes principales envers la même personne & qui lui fait quelque paiement, peut l'imputer sur telle somme que bon lui semble, pourvu que ce soit à l'instant du paiement: & quoique réguliérement les intérêts doivent se payer avant le capital, néanmoins si le débiteur déclare qu'il paie sur le capital, le créancier qui veut bien le recevoir, ne peut plus par la suite contester cette *imputation*.

Si le débiteur ne fait pas sur le champ l'*imputation*, le créancier peut la faire aussi sur le champ, pourvu que ce soit *in duriorem causam*, c'est-à-dire sur la dette la plus onéreuse au débiteur.

Quand le débiteur ni le créancier n'ont point fait l'*imputation*, elle se fait de droit, aussi *in duriorem*: ainsi, en pareil cas, le paiement doit s'appliquer à la dette liquide, plutôt qu'à celle qui ne l'est pas; à celle qui est exigible, plutôt qu'à celle dont le terme n'est point échu; à celle qui emporte la contrainte par corps, plutôt qu'aux dettes purement civiles.

Entre les dettes civiles, l'*imputation* se fait sur celle qui produit des intérêts, plutôt que sur celle qui n'en produit pas; sur la dette hypothécaire, plutôt que sur la chirographaire; sur celle pour laquelle le débiteur a donné caution, plutôt que sur celle qu'il a contractée seul; sur celle qu'il doit personnellement, plutôt que sur ce qu'il doit en qualité de caution d'un autre; enfin si les dettes sont telles, que le débiteur ne soit pas intéressé à acquitter l'une plutôt que l'autre, l'*imputation* doit se faire sur la plus ancienne; & si ces dettes sont de même date, l'*imputation* s'applique aux unes & aux autres, proportionnément à l'importance de chacune.

Lorsqu'il est dû un principal, portant intérêt, l'*imputation* des paiemens se fait suivant la disposition du droit *priùs in usuras*; cela se pratique ainsi dans tous les parlemens de droit écrit, & dans le ressort du conseil souverain d'Alsace.

Le parlement de Paris distingue si les intérêts sont dus *ex naturâ rei*, ou *ex officio judicis*: au premier cas les paiemens s'imputent d'abord sur les intérêts; au second elle se fait d'abord sur le principal, ensuite sur les intérêts.

La raison de cette jurisprudence est fondée sur ce qu'on y regarde les intérêts adjugés au créancier du jour de sa demande, comme des dommages & intérêts occasionnés par la négligence du débiteur, que ces intérêts forment une dette distincte & postérieure au capital. La même jurisprudence s'observe au parlement de Bretagne, ainsi que l'atteste Hevin sur Frain.

Quand le créancier se paie par lui-même d'une dette hypothécaire, sur le prix de l'objet hypothéqué qu'il a fait vendre, on suit pour l'*imputation* les deux règles suivantes. Elle se fait, 1°. sur la créance à laquelle l'objet vendu étoit hypothéqué, quand même l'intérêt du débiteur exigeroit qu'elle se fît sur une autre créance; 2°. lorsqu'il y a plusieurs créances hypothécaires, elle se fait sur la privilégiée par préférence à la simple, & entre plusieurs hypothèques simples, sur la plus ancienne; enfin si les droits sont égaux & de même date, elle se fait sur toutes les créances, proportionnément à la valeur de chacune.

I N

INADMISSIBLE, adj. qui se dit en droit de ce que l'on ne doit pas recevoir; il y a des cas, par exemple, où la preuve par témoins est *inadmissible*, c'est-à dire qu'elle ne doit pas être ordonnée. Certains faits en particulier ne sont pas admissibles; savoir ceux qui ne sont pas pertinens. *Voyez* ENQUÊTE, FAITS, PERTINENT & PREUVE PAR TÉMOINS. (*A*)

INALIÉNABLE, adj. INALIÉNABILITÉ, s. f. se disent en droit des choses dont la propriété ne peut valablement être transportée à une autre personne. Le domaine de la couronne est *inaliénable* de sa nature; les biens d'église & des mineurs ne peuvent aussi être aliénés sans nécessité ou utilité évidente. *Voyez* DOMAINE DE LA COURONNE, ÉGLISE, MINEURS. (*A*)

INCAMÉRATION, s. f. c'est l'union de quelque terre, droit ou revenu au domaine du pape. Ce terme paroît venir de ce qu'anciennement on disoit *chambre* pour exprimer le domaine du prince; cela étoit ainsi usité en France. *Voyez au mot* CHAMBRE. (*A*)

INCAPABLE, adj. INCAPACITÉ, s. f. *en droit*, on appelle *incapable*, celui qui n'a pas les qualités nécessaires pour faire, recevoir, donner ou transmettre quelque chose; & *incapacité* le défaut de ce pouvoir, de ces qualités & de ces dispositions.

Il y a *incapacité* de s'obliger & de contracter, de disposer entre-vifs & par testament, de donner à certaines personnes ou de recevoir d'elles, d'ester en jugement, de posséder un office ou bénéfice, de jouir des effets civils, &c. elle naît de la nature, ou de la loi, ou de l'une & l'autre conjointement. Mais il faut remarquer que, dans presque tous les cas, il est nécessaire que la loi confirme les dispositions de la nature.

L'*incapacité* cesse avec les causes qui l'ont produite; mais entre ces causes il en est qui sont tellement anéanties, qu'on peut dire que l'*incapacité* paroît n'avoir jamais subsisté, tandis que d'autres ne font cesser l'*incapacité* que pour l'avenir. Par exemple l'incapacité qui empêche un religieux, ou un condamné à une peine qui emporte mort civile, de succéder à leurs parens, est censée n'avoir jamais existé, lorsqu'elle cesse par la dissolution des vœux du religieux, ou par la restitution entière du condamné en son état & en sa réputation. Au contraire la légitimation d'un bâtard, la naturalisation d'un étranger, font bien cesser l'*incapacité* où ils sont de succéder, mais elles n'ont point un effet rétroactif pour les successions échues auparavant, parce qu'elles ne peuvent faire considérer le bâtard, comme ayant toujours été légitime, & l'étranger comme regnicole.

Nous n'entrerons ici dans aucun détail sur les différentes *incapacités*, & sur les personnes *incapables*. On les trouvera sous les mots, AUBAIN, CONTRAT, DONATION, DÉMENCE, ESTER EN JUGEMENT, FUREUR, IMBÉCILLE, MINEUR, OBLIGATION, SOURD & MUET, LEGS, RELIGIEUX, TESTAMENT, &c.

INCENDIE, s. m. (*Code criminel.*) le crime d'*incendie* est celui dont se rendent coupables ceux qui, par méchanceté, mettent le feu aux édifices publics ou particuliers, aux bois, aux moissons, &c. Nous ne traiterons point ici des *incendies* causés par faute ou imprudence, & qui peuvent, suivant les circonstances, donner lieu à des demandes en dommages & intérêts contre celui qui a commis cette faute ou cette imprudence. Nous ne parlerons de l'*incendie* que considéré comme crime, c'est-à-dire de celui qui a été causé par mauvaise intention.

La jurisprudence romaine a beaucoup varié sur le crime d'*incendie*. La loi des douze tables condamnoit l'incendiaire d'une maison à être jetté au feu, après avoir été battu de verges. Cette disposition rigoureuse a paru ensuite trop générale, & on a cru que la peine de ce crime devoit être déterminée par les circonstances, & par la qualité des coupables: lorsque l'incendiaire étoit d'une condition vile, il ne pouvoit être puni d'une moindre peine que celle du feu, ou par l'exposition aux bêtes. A l'égard des personnes d'une condition plus relevée, leur punition étoit laissée à l'arbitrage des juges, qui pouvoient les condamner à la mort ou à la déportation. *Qui datâ operâ, in civitate incendium fecerint, si humiliori loco sint, bestiis objici solent, si in aliquo gradu fuerint, capite puniuntur, aut saltem in insulam deportantur.* L. 12, §. 1, ff. *de officio præfect. vigil.*

La loi 28, §. 12, *ff. de pœnis*, présente d'autres dispositions. Elle veut que tous les incendiaires volontaires soient punis de mort, lorsqu'ils auront commis leur crime dans l'enceinte d'une ville, & même qu'ils soient condamnés à être brûlés vifs; mais qu'ils soient punis moins rigoureusement, s'ils n'ont mis le feu qu'à une chaumière ou à une métairie.

La loi 16, §. 9, *ff. de pœnis*, indique qu'il y avoit en Afrique & en Mysie des peines d'une grande sévérité contre ceux qui incendioient les vignobles & les moissons; mais cette loi ne dit point quelles étoient ces peines.

On trouve dans notre législation la même incertitude & la même variation que dans le droit romain.

Nos loix les plus anciennes, les capitulaires même qui ont prévu tant de délits, ne prononcent aucune peine déterminée contre les incendiaires. On remarque seulement que l'intention du législateur est qu'ils soient condamnés à mort, mais il n'indique point le genre de leur supplice. *Si aliquis malitiæ studio incendium miserit, de hoc crimine convictus, pœnis gravissimis jubetur interfici.* Capit. Carol. Magni, *lib. 7, c. 264.*

Il paroît cependant que les tribunaux ont établi dans leur jurisprudence des distinctions à-peu-près semblables à celles qu'on remarque dans les loix romaines.

Les incendiaires des églises, maisons de ville, de campagne, fermes, sont tous punis par le supplice du feu. Le recueil des réglemens pour le ressort du parlement de Flandre contient une ordonnance du roi, du 6 mars 1685, par laquelle sa majesté ayant eu avis qu'il avoit été semé des billets par personnes inconnues dans les gouvernemens de Lille & de Cambrai, par lesquels on menaçoit de brûler, faute d'apporter de l'argent, en la quantité & aux lieux & aux jours désignés; que même on en étoit venu à l'effet de ces menaces: « veut » & entend que ceux qui pourront être appréhen» dés & arrêtés, soient conduits à la plus prochaine » place de guerre, pour, par le conseil de guerre » qui y sera tenu, être condamnés à être brûlés » vifs, s'il se trouve qu'ils aient effectivement brûlé » quelque maison; ou roués, s'ils n'ont fait qu'é» crire & envoyer, ou jetter des billets ». On peut voir dans le *Répertoire universel de jurisprudence* de M. Guyot, au mot *Incendie*, plusieurs exemples d'arrêts rendus en conformité de cette loi.

Quelques jurisconsultes pensent que les incendiaires des maisons ou fermes de la campagne doivent être punis moins sévérement que ceux des maisons de ville. Cette opinion n'est point fondée, & nous croyons au contraire que l'incendiaire d'une maison de campagne ou d'une ferme est encore plus punissable, soit parce que les suites & les dangers en sont les mêmes pour les propriétaires

& les habitans, soit parce que les coupables de ce genre ont eu plus de facilité pour commettre leur crime, soit enfin parce que les secours étant moins rapides & moins abondans, le délit s'aggrave en raison de la difficulté d'y remédier.

Il en est de même de la différence que ces criminalistes prétendent que la qualité des accusés doit apporter dans l'application des peines. Nous aimons à croire que les juges, ainsi que les loix, voient d'un œil égal tous ceux qui sont soumis à leur autorité : il seroit absurde & atroce de condamner un roturier au feu, pour un crime qui ne seroit puni que par un simple bannissement, s'il avoit été commis par un noble. Si cette jurisprudence révoltante existoit, il faudroit la proscrire. Au surplus, pour anéantir un pareil système, il suffit de le présenter.

Les incendiaires des moissons ou vignobles ne doivent point être punis aussi sévérement que ceux des églises, maisons & fermes. Les conséquences n'en sont pas les mêmes ; le propriétaire d'une moisson incendiée n'est pas exposé aux mêmes dangers que l'habitant d'une maison qu'on enveloppe dans les flammes dans le silence de la nuit. Mais la peine de ce crime ne peut être moindre que celle du bannissement avec des dommages & intérêts proportionnés au ravage des flammes & au tort qu'elles auront causé.

Ceux qui sont convaincus d'avoir porté du feu & d'en avoir allumé dans les forêts, landes & bruyères du roi, des communautés ou des particuliers, ou d'avoir fait du feu plus près d'un quart de lieue desdits bois, landes & bruyères, doivent être punis du fouet pour la première fois, & des galères, en cas de récidive. Ceux qui, de dessein prémédité, ont mis le feu dans lesdits bois, landes & bruyères, doivent être condamnés à la mort, en une amende & en des dommages & intérêts arbitrés par les juges, conformément à la déclaration du roi du 13 novembre 1714.

Il sembleroit résulter de cette loi, que toute espèce d'incendiaire doit être puni de mort, puisque le législateur en prononce la peine contre ceux qui incendient les bois, quoiqu'il n'y ait point de danger pour la vie des hommes. Cependant, comme les loix pénales ne sont susceptibles d'aucune extension, nous ne croyons pas qu'on puisse argumenter de la comparaison de l'embrâsement des bois avec l'*incendie* des moissons, pour appliquer la même peine aux coupables de ce dernier genre. Il vaut mieux suivre une jurisprudence moins rigoureuse. (*M. Boucher d'Argis*, *conseiller au châtelet*, *de l'académie de Rouen*, &c.)

INCESSIBLE, adj. (*Gramm. & Jurisprud.*) se dit de ce qui ne peut être cédé ou transporté par une personne à une autre. Par exemple, le droit de retrait lignager est *incessible*. (*A*)

INCESTE, f. m. (*Code criminel.*) le crime d'*inceste* est celui de fornication ou de concubinage entre personnes parentes ou alliées, dans les degrés prohibés par les canons de l'église & les loix du royaume.

On sait que la prohibition des mariages s'étend jusqu'au quatrième degré inclusivement, sauf les dispenses qui s'accordent quelquefois suivant les circonstances, les diocèses & les degrés, entre parens au quatrième degré, au troisième, & même au second, mais seulement en ligne collatérale.

Il y a deux manières de compter les degrés de parenté, celle du droit romain, & celle du droit canon.

La manière de compter, suivant le droit romain, est admise en France à l'égard des successions, & celle du droit canon à l'égard des mariages ; c'est cette dernière seulement qui, déterminant les degrés prohibés pour contracter mariage, détermine également s'il y a eu *inceste* entre parens qui ont eu ensemble un mauvais commerce, ou qui y vivent habituellement.

Dans l'un & dans l'autre droit, la parenté est composée de deux lignes ; la directe & la collatérale.

La ligne directe comprend tous les ascendans & tous les descendans.

La ligne collatérale est composée de tous les parens qui ne sont ni ascendans ni descendans, comme les frères & les sœurs, les oncles & les tantes, les cousins & les cousines.

Il n'y a aucune différence entre le droit civil & le droit canon, pour la manière de calculer les degrés de la ligne directe : d'ailleurs sa prohibition s'étend à l'infini entre les parens de cette ligne ; il nous suffit d'établir jusqu'où s'étend la prohibition en ligne collatérale, & par conséquent jusqu'à quel degré il peut y avoir *inceste*.

Pour compter les degrés en ligne collatérale, suivant le droit canon, il y a deux règles à observer : la première, que si ceux dont on recherche le degré, sont également éloignés de la souche commune, il faut calculer autant de degrés entre eux qu'il y en a de l'un d'eux à la souche commune, sans néanmoins la compter. Ainsi un frère & une sœur sont au premier degré, car chacun d'eux n'est éloigné du père commun que d'un degré. Les cousins-germains sont au second degré, parce que chacun d'eux est éloigné de deux degrés de l'aïeul qui est la souche commune ; par les mêmes raisons & suivant les mêmes calculs, les cousins issus de germains sont au troisième degré, & les cousins arrière-issus de germains sont au quatrième degré.

La seconde règle est que, si ceux dont on veut savoir le degré, ne sont pas également éloignés de la souche commune, alors il faut compter les degrés de celui qui en est le plus éloigné. Ainsi la tante & le neveu sont au second degré, parce que le neveu est éloigné de deux degrés de son aïeul, père de sa tante, qui n'en est éloignée que d'un degré : la petite-nièce est éloignée de trois degrés de son bisaïeul, père de son grand-oncle,

& conséquemment ils sont au troisième degré; on calcule de même pour le quatrième.

Nous n'avons point en France de loi particulière contre le crime d'*inceste*; les magistrats n'ont d'autre guide sur cette matière que les jugemens de leurs prédécesseurs, qui eux-mêmes se déterminoient d'après des exemples plus anciens; & en remontant ainsi d'âge en âge jusqu'à la source de cette jurisprudence, nous en trouverions le principe dans l'arbitraire, si nous ne regardons pas le Lévitique & la loi des douze tables, comme loix prohibitives & pénales parmi nous dans le silence des autres.

La seule maxime que nous puissions donner pour constante d'après la comparaison des différens jugemens rendus sur cette matière, c'est que la peine de l'*inceste* est plus ou moins sévère, suivant le degré plus ou moins éloigné de parenté ou d'alliance.

L'*inceste* entre parens en ligne directe paroît avoir toujours été puni de mort, & même du feu. Celui du gendre avec sa belle-mère, de la belle-fille avec son beau-père, doivent être punis de la même peine, suivant quelques auteurs. Guillaume de Nangis, dans sa chronique de l'année 1211, rapporte qu'une dame de Château-Gironde fut jettée toute vive dans un puits qui fut aussi-tôt comblé de pierres, parce qu'elle avoit eu commerce avec son fils & son frère.

La Roche-Flavin, *liv. 2*, *tit. 3*, *p. 98*, rapporte un arrêt du parlement de Toulouse du 12 février 1536, par lequel *la mère & le fils, pour avoir abusé ensemble, & eu participation l'un avec l'autre, ont été condamnés à être brûlés, & pour ce que la mère étoit morte, les os seroient déterrés & brûlés avec le fils*.

On trouve dans Papon, *liv. 22*, *tit. 7*, *n°. 7*, *p. 1265*, un autre arrêt du parlement de Toulouse, par lequel un notaire de Bannets en Gevaudan, fut condamné à être décapité comme adultère incestueux, pour avoir connu charnellement la mère & la fille.

Quelques auteurs, tels que Farinacius & Julius Clarus, pensent que l'*inceste* du beau-père avec sa bru, ou du gendre avec sa belle-mère, ne doit pas être puni de mort. Julius Clarus rapporte même à ce sujet un arrêt du 15 mars 1549, qui n'a prononcé que la peine du fouet contre une femme qui avoit eu commerce avec son gendre: cependant le même la Roche-Flavin, que nous avons déjà cité, rapporte, *liv. 2*, *tit. 3*, *p. 98*, un arrêt du parlement de Toulouse, qu'il ne date point, & qui mérite d'être connu. « Jean Bosc, charpentier » de N..... en Gascogne, ayant femme & en» fans, une nuit venant de la ville, étant échauffé » de vin, n'ayant point trouvé sa femme en la » maison, va trouver sa belle-mère au lit, étant » assez âgée, la connut charnellement, & de ses » œuvres faite enceinte, & étant faits prisonniers » à la requête de M. le procureur-général, ayant » confessé la vérité du fait, le juge *à quo* auroit » condamné l'homme à être pendu, & la femme » à faire amende-honorable & assister à l'exécution, » de quoi étant appellé, la cour mit l'appellation » & ce dont étoit appellé au néant, & pour ré» paration & punition de l'*inceste* commis par les» dits prévenus, les a condamnés venir un jour » d'audience au parquet, en chemise, têtes nues, » tenant la torche en la main, & après être mis » & délivrés entre les mains de l'exécuteur de la » haute-justice, pour être pendus & étranglés, & » après leurs corps brûlés & mis en cendres, leurs » biens confisqués, la troisième partie réservée à » la femme & aux enfans ».

Il résulte des différens arrêts que je viens de rapporter, que la condamnation à mort doit avoir lieu pour tout *inceste* commis entre parens en ligne directe, & que la peine doit être celle du feu; mais qu'il est douteux si l'*inceste* commis entre le beau-père & la belle-fille, le gendre & la belle-mère, doit être puni aussi sévérement. Dans cette incertitude, je proposerai toujours le parti le moins rigoureux, & je pense qu'il suffiroit de condamner les coupables, savoir, les hommes à être fouettés & marqués, & aux galères pour neuf ans, & les femmes, préalablement flétries, à être renfermées pendant le même espace de temps dans un hôpital, ou dans une maison de force.

Je proposerai un jugement semblable contre tous frères & sœurs incestueux, malgré Lange & autres auteurs, qui prétendent que c'est le cas de prononcer la peine de mort. Automne rapporte, à la vérité, un arrêt du parlement de Bordeaux, rendu en 1580, par lequel un frère & une sœur, convaincus de ce crime, furent condamnés à avoir la tête tranchée; mais un seul arrêt ne peut suffire pour établir une jurisprudence aussi sévère. D'ailleurs n'est-il pas juste, puisque le silence des loix laisse la punition de ce crime à l'arbitrage des juges, de conserver une nuance dans les peines de deux crimes entre lesquels il ne peut y avoir aucune espèce de comparaison? L'*inceste* du père & de la fille outrage la nature, bien plus que celui du frère & de la sœur. Observons encore, à l'appui de cette opinion, que ces conjonctions illicites, à tous égards, dans nos mœurs, proscrites par notre religion & nos loix, étoient autrefois tolérées, permises, & même commandées par la religion juive, après l'accomplissement des formalités requises pour les mariages.

L'*inceste* du beau-frère avec sa belle-sœur n'est également punissable que d'une peine arbitraire; Farinacius est de ce sentiment, & Julius-Clarus qui l'a adopté, cite un arrêt du 17 novembre 1548, qui ne prononce que la peine du fouet pour un *inceste* de cette nature.

Malgré Damhouder & Farinacius, l'*inceste* de l'oncle avec la nièce, ou du neveu avec la tante, doit être rangé dans la même classe, parce que la prohibition de mariage entre les personnes de ce degré de parenté est quelquefois levée par des dispenses.

L'*inceste* entre cousins-germains ou entre parens dans les degrés suivans, ne doit point être puni d'une peine afflictive, ou même infamante, surtout lorsque les personnes sont libres, parce que le droit civil autorise les mariages entre eux, & que l'indulgence de l'église les facilite souvent par des dispenses : c'est le cas de faire défenses aux parties de se hanter ni fréquenter, de récidiver, à peine de punition plus grave. (*Cet article est de M. BOUCHER D'ARGIS, conseiller au châtelet de Paris, de l'académie de Rouen*, &c.)

INCESTE SPIRITUEL, (*Code criminel.*) l'*inceste spirituel* est celui qui est commis entre personnes alliées par une parenté spirituelle, comme le parain & la filleule, la maraine & le filleul.

On a disputé long-temps pour savoir si l'on ne regarderoit pas aussi comme parens spirituels, les confesseurs & leurs pénitentes; mais la question paroît aujourd'hui décidée pour la négative. Un criminaliste bien connu prononce affirmativement que la peine des *incestes spirituels* est celle du feu. Cette opinion, proposée sans aucune distinction, est bien dure. Il n'y a point de loi, comme nous l'avons observé, contre l'*inceste* en général, & on ne cite pas un arrêt qui ait condamné un homme à être brûlé, pour avoir habité avec sa maraine. Quelles seroient donc les peines du régicide & du parricide? Respectons les mœurs, la religion & les affinités spirituelles; punissons ceux qui les violent, mais que ce ne soit pas par des tourmens affreux, quand il n'y a ni loi divine, ni loi humaine qui le commandent, quand il n'y a même pas de jurisprudence qui y autorise. Il suffit, à ce que je crois, d'en user avec les parens spirituels incestueux, comme avec les cousins-germains & autres.

Le commerce d'un confesseur avec sa pénitente, qui, suivant la doctrine de S. Thomas & la décision de Boniface VII, n'est point un *inceste spirituel*, n'en est pas moins sévérement réprimé par les canons, & par les tribunaux, tant ecclésiastiques que séculiers : long-temps il a été puni du dernier supplice.

Par arrêt du parlement de Paris du 18 juillet 1624, un curé de Baugé fut condamné à faire amende-honorable & à être pendu, pour avoir séduit une de ses paroissiennes.

Par un arrêt du parlement de Grenoble du 31 janvier 1660, un prêtre fut condamné à être pendu, pour avoir abusé du sacrement de pénitence, & pris différentes libertés avec plus de deux cens femmes, tandis qu'il les confessoit.

Néanmoins il paroît que, depuis plus d'un siècle, la peine de mort a été regardée comme trop sévère pour être appliquée à ce genre de crime. Par arrêt du 21 décembre 1693, le conseil d'Artois n'a condamné qu'à l'amende-honorable & au bannissement perpétuel Nicolas Beuguet, curé de S. Paul, qui avoit abusé d'une de ses paroissiennes, sa pénitente, & fait fabriquer des actes faux sur un registre de baptême.

Le crime commis avec une religieuse est considéré comme un adultère & un sacrilège. Tous les criminalistes ont conservé l'usage d'en traiter au chapitre de l'inceste, parce que ce crime a été long-temps regardé comme un *inceste spirituel*.

On trouve dans la Roche-Flavin, *liv. 2, tit. 3, p. 98*, un arrêt du parlement de Toulouse, par lequel un nommé *Salesses*, accusé d'avoir abusé une religieuse du monastère de Monastier, fut condamné à être décapité, & ses membres affigés en pali sur le chemin dudit monastère de Villemeur; enjoint à l'évêque de Castres de réformer lesdits monastères, auxquels ladite religieuse fut envoyée pour lui faire son procès.

Par un arrêt du parlement de Paris du 22 juin 1673, confirmatif d'une sentence du châtelet, un prêtre, directeur de religieuses, qui avoit abusé d'une de ses pénitentes, fut condamné à être pendu.

Cependant, par un autre arrêt de la même cour, rendu le 12 juin 1707, le sieur le Normand, curé de S. Sauveur de Péronne, n'a été condamné qu'à un bannissement de neuf ans, pour avoir eu commerce avec une religieuse qui étoit sa pénitente.

Il résulte de ces citations, que la peine de ce crime, sur lequel il n'y a pas plus de loi que sur les autres du même genre, est entiérement à l'arbitrage des juges, & doit dépendre des circonstances.

Nous avons cru devoir nous étendre sur ces deux articles, parce que cette matière ne nous a pas paru avoir été suffisamment approfondie jusqu'à présent par la plupart des criminalistes. Il est vrai que ce crime n'est pas toujours déféré aux tribunaux, parce qu'il n'est pas du nombre de ceux qui troublent publiquement la société; mais il suffit que des juges aient une fois à s'en occuper pour avoir besoin d'être éclairés. (*Cet article est de M. BOUCHER D'ARGIS, conseiller au châtelet, de l'académie de Rouen*, &c.)

INCIDENT, s. m. (*terme de Pratique.*) est une contestation accessoire survenue à l'occasion de la contestation principale : par exemple, sur une demande en paiement du contenu en un billet, si l'on fait difficulté de reconnoître l'écriture ou la signature, c'est un *incident* qu'il faut juger préalablement; de même si celui qui est assigné demande son renvoi, ou propose quelque exception dilatoire, ce sont autant d'*incidens*.

Toute requête contenant nouvelle demande relative à la contestation principale, & formée après que l'instance est liée, est une demande *incidente*.

Si la nouvelle demande a un objet indépendant de la première contestation, alors on ne la regarde plus comme *incidente*, mais comme une demande principale qui doit être formée à domicile, & instruite séparément de la première.

Les *incidens* ou demandes *incidentes* sont de deux

sortes; les uns sont des préalables sur lesquels il faut d'abord statuer, comme les renvois & déclinatoires: les exceptions dilatoires, les communications de pièces, & les autres sont des accessoires de la demande principale, & se jugent en même temps. *Voyez* DEMANDE, JONCTION, DISJONCTION. (*A*)

Du mot *incident*, on a fait le verbe *incidenter*, qui signifie faire naître des *incidens*, pour empêcher la fin d'une contestation.

INCLUSIVEMENT, adv. (*Grammaire & Jurisprudence.*) est opposé à *exclusivement*; il signifie que la chose dont on parle, est comprise dans la convention ou disposition. Par exemple, quand on dit que le mariage est défendu par le droit canon jusqu'au quatrième degré *inclusivement*, c'est-à-dire que le quatrième degré est compris dans la prohibition. (*A*)

INCOMPATIBILITÉ, s. f. INCOMPATIBLE, adj. (*Droit civil & canon.*) l'*incompatibilité* est le défaut de pouvoir réunir ensemble certaines fonctions. *Incompatible* se dit de ce qui ne peut s'accorder avec quelque autre chose.

Ces termes s'emploient particuliérement en parlant des offices & des bénéfices, on dit aussi que les qualités d'héritier & de légataire sont *incompatibles* dans la même personne. Nous traiterons seulement de l'*incompatibilité* des offices & des bénéfices, nous renvoyons celle des qualités d'héritier & de légataire sous le mot SUCCESSION.

INCOMPATIBILITÉ *des offices*. Le principe qui défend de posséder en même temps deux offices *incompatibles*, est fondé sur plusieurs anciennes ordonnances. Celle de Philippe IV, en 1302, en renouvellant cette défense, nous apprend que cette prohibition existoit auparavant. Celles de Blois, de Moulins, d'Orléans, ont à cet égard les mêmes dispositions que celle de 1535, où il est dit: nul ne peut tenir deux offices *incompatibles*, si aucun en impètre deux sans faire mention du premier, « le » premier sera vacant; s'il les detient tous les deux » par trois mois, sans déclarer auquel il veut s'arrê- » ter, ils seront tous deux vacans ».

D'après ces loix, & la jurisprudence des arrêts on peut dire en général, 1°. que les offices royaux sont *incompatibles* entre eux, soit que l'un & l'autre exigent résidence, soit que l'un soit inférieur à l'autre en dignité. Mais lorsque les deux sont à-peu-près semblables, on peut les posséder en même temps, en obtenant au grand sceau, des lettres de *compatibilité*.

2°. Les commissions données par les fermiers-généraux, ont toujours été regardées comme *incompatibles* avec les offices de judicature; 3°. il en est de même des charges de receveurs des décimes, & de receveurs de consignations; 4°. les arrêts de différentes cours souveraines ont également déclaré *incompatibles* les offices de juges royaux, avec ceux des juges seigneuriaux; 5°. la déclaration du 23 octobre 1680, confirmée par les édits d'août 1705 & septembre 1706, & par une déclaration du 19 avril 1727, a décidé que les offices de judicature sont absolument *incompatibles* avec les charges de la maison du roi & des princes.

INCOMPATIBILITÉ *des bénéfices*, (*Droit canon.*) la célèbre distinction des bénéfices compatibles & incompatibles, étoit absolument inconnue dans les premiers siècles de l'église. Cela n'est point étonnant. On ne séparoit jamais alors, comme nous l'avons déjà dit, l'ordre d'un bénéfice. Toutes les fois qu'un clerc étoit ordonné, il étoit en même temps attaché à une église, hors de laquelle il n'avoit point le droit d'exercer ses fonctions.

Il faut cependant avouer que la cupidité & l'ambition ne tarderent pas à s'introduire dans le clergé. On vit des ecclésiastiques tenter de s'attacher à plusieurs églises à la fois, pour toucher des rétributions multipliées. Mais les conciles s'opposerent avec force à cet abus naissant. *Non licet*, porte le dixième canon du concile de Calcedoine, *clericum conscribi in duabus ecclesiis*. Le canon XV de celui de Nicée, de l'an 787, est encore plus expressif. *Clericus non connumeretur in duabus ecclesiis: negotiationis enim est hoc & turpis commodi proprium & ab ecclesiastica consuetudine prorsus alienum.* Il seroit trop long de rapporter ici tous les décrets des conciles postérieurs.

Plusieurs causes firent négliger leurs sages dispositions. De fâcheuses circonstances forcèrent quelquefois les papes & les évêques à confier à la même personne le gouvernement de deux évêchés ou de deux monastères. Cette commende passagère qui n'avoit rien que de conforme à la saine discipline, entraîna des abus (*Voyez* COMMENDE). On s'accoutuma à voir sur la même tête plusieurs bénéfices. On ne voulut pas faire attention que ce n'étoit qu'une exception nécessitée par les circonstances, & qui laissoit les loix canoniques dans toute leur vigueur. On oublia les règles pour s'attacher aux exemples, & on ne peut disconvenir qu'ils n'aient été très-nombreux en France & en Angleterre dès le huitième siècle. Hugues, neveu de Charles-Martel, fut tout-à-la-fois évêque de Paris, de Bayeux & de Rouen, & abbé de Jumiège & de S. Vandrille; Guillaume Cave assure que S. Thomas de Cantorbery, avant son élection à l'épiscopat, possédoit l'archidiaconé de Cantorbery, la prévôté de Buverlai, les deux cures de Bronfiel & du Mont-Sainte-Marie, un canonicat de Londres & un de Lincoln. Jean de Courtenai, descendant de Louis-le-Gros, étoit en même temps chanoine de Rheims, Paris, Laon, Chartres, & Orléans. Milles d'Illiers joignit à l'évêché de Chartres, celui de Luçon, & la riche cure d'Yeure dans ce dernier diocèse. Le cardinal Hyppolite d'Est fut pourvu tout-à-la-fois, des archevêchés d'Arles, Auch, Lyon, Narbonne, & des évêchés d'Autun, Treguier & Orléans, & de celui de Novarre en Italie. On voit encore aujourd'hui en Allemagne des princes posséder plusieurs évêchés.

Ce n'étoit pas seulement les grands bénéfices qui étoient ainsi envahis & possédés par un même titulaire. Les canonicats & les cures devinrent la proie des intriguans & des protégés, qui en réunissoient autant qu'ils le pouvoient. En voyant combien cet abus étoit multiplié, on seroit tenté de croire que les législateurs ecclésiastiques ne s'y opposèrent point. On se tromperoit cependant. Les conciles, soit généraux soit particuliers, n'ont cessé de faire de nouvelles loix à ce sujet ou d'ordonner l'exécution des anciennes. Nous nous contenterons de citer ici celui de Latran de 1179. *Quia non nulli modum avaritiæ non imponentes, dignitates diversas ecclesiasticas & plures ecclesias parochiales, contra sacrorum canonum instituta nituntur accipere, ut cum unum officium vix implere sufficiant, stipendia sibi vindicent plurimorum: ne id de cætero fiat, districtius inhibemus; cùm igitur ecclesia, vel ecclesiasticum ministerium committi debuerit, talis ad hoc persona quæratur, quæ residere in loco, & curam ejus per se ipsam valeat exercere. Quod si aliter actum fuerit, & qui receperit, quod contra sacros canones accepit, amittat; & qui dederit, largiendi potestate privetur.*

Le quatrième concile de Latran de 1215 renouvella ce décret, mais en énerva la force en y ajoutant *circà sublimes tamen & litteratas personas quæ majoribus sunt beneficiis honorandæ, cum ratio postulaverit, per sedem apostolicam poterit dispensari.* C'étoit bâtir d'une main & détruire de l'autre. Les dispenses se multiplièrent à l'infini, & l'exception anéantit la règle. Innocent III ajouta à ces désordres en publiant la décrétale qui porte, *nullus potest plures parochiales ecclesias obtinere, nisi una penderet ex alterâ, vel unam intitulatam & alteram commendatam haberet.* Les loix postérieures émanées des papes seuls, ne furent que des palliatifs par le soin que la plupart d'entre eux, eurent de se réserver le droit d'accorder des dispenses pour posséder des bénéfices incompatibles par leur nature. Grégoire X regardoit comme canoniques les provisions de ces bénéfices, pourvu qu'elles fussent accompagnées d'une dispense du pape. Boniface VIII & Clément V autorisèrent les dispenses.

Le pape Jean XXII fut touché de tous ces désordres. Il chercha à en arrêter le cours par l'extravagante *execrabilis*; par laquelle, après avoir déclaré que les cardinaux & les enfans des rois ne sont pas compris dans son nouveau réglement, il ordonne que ceux qui, en vertu d'une dispense légitime, possèdent actuellement plusieurs dignités, personnats, offices, prieurés, bénéfices & autres qu'on ne peut posséder ensemble, sans dispense, ne pourront retenir qu'un seul des deux bénéfices à charge d'ames, avec une dignité, personnat, office, prieuré ou bénéfice sans charge d'ames: qu'il leur sera permis de choisir celui desdits bénéfices à charge d'ames qu'ils voudront retenir: qu'ils seront tenus de faire ce choix dans le mois, à compter du jour qu'ils auront connoissance de la présente constitution: qu'ils seront tenus de se démettre en présence des ordinaires de tous les autres bénéfices dont ils étoient pourvus, & qui par les canons requièrent dispense: que faute par eux d'avoir satisfait au présent décret, ils seront privés de plein droit, tant des bénéfices dont il leur étoit enjoint de donner leur démission, que de ceux qu'il leur étoit permis de retenir: que ceux qui en vertu d'expectatives, auxquelles le pape ne prétend point déroger, ont obtenu ou obtiendront des bénéfices de la qualité susdite, auront pareillement un mois pour opter celui qu'ils voudront retenir: que ceux qui sans dispense possèdent plusieurs bénéfices-cures, seront tenus d'en donner leur démission & ne pourront retenir que le dernier, & faute par eux de donner leur démission des autres, ils seront privés de tous, de plein droit, & incapables d'obtenir à l'avenir aucun bénéfice: que ceux qui dans la suite recevront un bénéfice à charge d'ames, seront tenus de donner leur démission de ceux qu'ils avoient déjà, à peine de privation, de plein droit, & de ceux dont ils devoient donner leur démission & de celui dont ils venoient d'être pourvus, & d'incapacité aux ordres & aux bénéfices. Le pape se réserve la collation de tous les bénéfices qui vaqueront en vertu de la présente constitution.

Telle est l'analyse de la fameuse extravagante *execrabilis, de præben. & dign.* Elle est beaucoup plus étendue & beaucoup plus rigoureuse que les décrétales d'Alexandre III & d'Innocent III. Mais elle conservoit encore au pape, le pouvoir d'accorder des dispenses aux cardinaux & aux enfans des rois, à l'effet de posséder plusieurs bénéfices même incompatibles. Clément VI étendit ces dispenses aux officiers de la chapelle du roi & à ceux de la Sainte Chapelle de Dijon, & ensuite à beaucoup d'autres personnes. Pendant le schisme d'Avignon ces privilèges & la pluralité des bénéfices devinrent si communs, que Léon X, dans le concile de Latran tenu en 1516, ordonna que ceux qui possédoient plus de quatre bénéfices-cures, ou dignités, soit en titre soit en commende, fussent tenus dans deux ans de se réduire à deux, & de remettre les autres entre les mains des ordinaires. Cette nouvelle loi bien moins sévère que les précédentes ne fût pas plus exécutée, & il fallut l'autorité & la sagesse du concile de Trente pour rétablir à ce sujet la discipline telle que nous la voyons aujourd'hui.

Cette célèbre assemblée a porté trois décrets sur la pluralité & l'*incompatibilité* des bénéfices. Ils sont le fondement de notre jurisprudence en cette matière. Le premier concerne les premiers & les plus importans bénéfices de l'église, c'est-à-dire les évêchés. *Nemo quâcumque etiam dignitate, gradu aut preeminentiâ præfulgens, plures metropolitanas seu cathedrales ecclesias, in titulum sive commendam, aut alio quovis nomine contra sacrorum canonum instituta recipere & simul retinere præsumat: cùm valde felix sit ille censendus, cui unam ecclesiam benè ac fructuosè, & cum animarum sibi commissarum salute, regere contigerit. Qui autem plures ecclesias contra presentis decreti tenorem nunc detinent, unâ, quam maluerint retentâ, reliquas infrà sex menses, si ad liberam sedis apostolicæ dispositionem pertineant, alias infrà annum dimittere teneantur; alioquin ecclesiæ ipsæ, ultimâ obtentâ dumtaxat exceptâ, eo ipso vacare censeantur. Sess. 7; cap. 2, de refor.*

Dans le chapitre 4 de la même cession, le concile ne se borne pas aux églises métropolitaines & cathédrales, il parle en général de tous bénéfices à charge d'ames, ou qui d'ailleurs seroient incompatibles. *Quicumque de cætero plura curata, aut alias incompatibilia beneficia ecclesiastica, sive per viam unionis ad vitam seu commendæ perpetuæ aut alio quocumque nomine & titulo, contra formam sacrorum canonum, & præsertim constitutionis Innocentii III, quæ incipit de multa, recipere ac simul retinere præsumpserit, beneficiis ipsis juxta ipsius constitutionis dispositionem, ipso jure, etiam præsentis canonis vigore, privatus existat.*

Le concile, en renouvellant la décrétale d'Innocent III & la remettant dans toute sa vigueur, sans y rien ajouter, a par conséquent laissé subsister cette exception. *Circà sublimes tamen & litteratas personas, quæ majoribus sunt beneficiis honorandæ, cum ratio postulaverit, per sedem apostolicam poterit dispensari*: & on retrouve ici un de ces ménagemens pour la cour de Rome que l'on a reproché avec raison aux pères de Trente.

Dans ces deux canons le concile ne s'étoit occupé que des bénéfices à charge d'ames. Mais au chapitre 17 de la vingt-quatrième session, *de refor.*, il s'occupa de tous les bénéfices en général, & en proscrivit la pluralité, ce qui les rendit tous incompatibles. *Sancta synodus debitam regendis ecclesiis disciplinam restituere cupiens, presenti decreto, quod in quibuscumque personis, quocumque titulo, etiamsi cardinalatûs honore fulgeat, mandat observari, statuit ut in posterum unum tantum beneficium ecclesiasticum singulis conferatur. Quod quidem si ad vitam ejus cui confertur, honestè sustentandam non sufficeat, liceat nihilominus aliud simplex sufficiens dum modo utrumque personalem residentiam non requirat eidem conferri; hæcque non modo ad cathedrales ecclesias, sed etiam ad alia omnia beneficia, tam secularia quàm regularia, quæcumque etiam commendata pertineant, cujuscumque tituli ac qualitatis existant. Illi verò qui in presenti, plures parochiales ecclesias, aut unam cathedralem, & aliam parochialem obtinent, cogantur omnino, quibuscumque dispensationibus, ac unionibus ad vitam non obstantibus, unâ tantum parochiali, vel solâ cathedrali retentâ, alias parochiales infrà spatium sex mensium dimittere: alioquin tam parochiales quàm beneficia omnia, quæ obtinent, ipso jure vacare censeantur, ac tanquam vacantia liberè aliis idoneis conferantur: nec ipsi antea illa obtinentes, tutâ conscientiâ, fructus post dictum tempus, retineant. Optat autem sancta synodus, ut resignantium necessitatibus commoda aliqua ratione, prout summo pontifici videbitur, provideatur.*

Ce troisième décret diffère en plusieurs points de la constitution d'Innocent III, *de multa*, citée ci-dessus. Il déclare bénéfices incompatibles, non-seulement les cures, les dignités & les personnats, mais encore tous ceux qui requièrent une résidence personnelle, comme les canonicats, prébendes, semi-prébendes, *&c.* par ce réglement il a adopté la distinction qui s'est insensiblement introduite dans le droit canonique, des bénéfices simples, & des bénéfices exigeant résidence, il l'a même autorisée, en permettant qu'on possède un bénéfice à charge d'ames avec un bénéfice n'exigeant point résidence, lorsque le premier ne suffisoit pas à l'entretien honnête du titulaire.

La France vouloit alors faire rejetter cette distinction & prohiber absolument la pluralité des bénéfices. Ses ambassadeurs auprès du concile étoient chargés de le demander. L'article 14 de leurs instructions portoit, *unum tantum beneficium uni conferatur, sublatâ quod attinet ad pluritatem compatibilium & incompatibilium differentiâ, quæ distinctio ut est nova, ita ecclesiæ catholicæ magnam calamitatem attulit.*

Gohard, *tome 3, pag. 675*, prétend que ces décrets du concile de Trente ont été reçus dans le royaume. Il soutient qu'ils ne regardent pas des points de discipline extérieure qui peuvent varier selon les pays & les temps, mais l'ordre essentiel des mœurs. Il ajoute que ces décrets n'ont fait que renouveller les canons des anciens conciles les plus autorisés & les plus respectés dans l'église universelle & sur-tout en France: que les motifs qui ont déterminé le concile sont puisés non-seulement dans le droit canonique & positif, mais encore dans le droit naturel & divin qui sont imprescriptibles, & ne dépendent ni de leur publication ni de l'acceptation des hommes.

La faculté de théologie de Paris a toujours enseigné la doctrine du concile de Trente sur l'*incompatibilité des bénéfices*; dès 1238 elle avoit décidé que, *nemo potest duo beneficia, si unum sit sufficiens ad alendum eum, obtinere sine peccato mortali.* En 1717 elle a déclaré que « le droit naturel & positif défend de conférer ou de posséder plusieurs bénéfices lorsqu'un seul est suffisant pour l'honnête entretien, ce qu'on doit entendre de toutes sortes d'ecclésiastiques, & de toutes sortes de bénéfices, soit en titre soit en commende, & qu'il faut porter le même jugement des pensions ecclésiastiques ».

Toutes ces raisons sont sans doute excellentes pour le for intérieur, mais elles ne règlent point notre usage & notre jurisprudence. Si les décrets du concile de Trente que nous venons de rapporter avoient été reçus en France, sur-tout celui de la vingt-quatrième session *de refor.*, il s'ensuivroit que tout bénéfice quelconque dont les revenus fourniroient un honnête entretien, seroit incompatible avec un autre bénéfice; cependant cela n'existe point parmi nous. Ce n'est point par le revenu qu'on se détermine pour juger si les bénéfices sont incompatibles; on a recours à d'autres principes, qui semblent consacrés par l'usage, quoiqu'ils ne soient pas bien solides en eux-mêmes. Mais ils avoient jetté de si profondes racines, que M. Pithou, cet auteur si instruit de nos maximes, a mis au nombre des

des libertés de l'église gallicane, *article 72*, la proposition suivante, « par une ancienne coutume de » l'église gallicane, on peut tenir ensemble plu- » sieurs bénéfices, ce qui est toutefois contre les » anciennes règles ecclésiastiques, notamment pour » les bénéfices qui requièrent charge d'ames & rési- » dence personnelle & actuelle ».

D'après cette maxime de M. Pithou, on croiroit volontiers que l'ancien usage en France étoit de posséder à-la-fois plusieurs bénéfices quelle que fût leur nature. Tous les commentateurs ont observé avec raison que M. Pithou s'étoit trompé.

« M. Pithou, dit Boutaric, entend parler, dans » cet article, des bénéfices simples & non requé- » rant résidence, ou des bénéfices ayant charge » d'ames, ou des bénéfices qui par le service ac- » tuel qu'ils exigent requièrent résidence person- » nelle: en aucun de ces trois cas la maxime qu'il » propose ne paroît pas vraie. S'il entend parler des » bénéfices simples & non requérant résidence, la » maxime est fausse, parce qu'on peut, de droit com- » mun, posséder plusieurs bénéfices de cette nature, » la pluralité, comme il a été dit, n'étant point pro- » hibée par les constitutions canoniques; s'il entend » parler des bénéfices ayant charge d'ames, la ma- » xime est fausse, parce que les coutumes & les loix » du royaume sont si peu contraires aux constitu- » tions canoniques qui prohibent la pluralité, qu'elles » la prohibent elles-mêmes de leur chef, & jusque- » là qu'elles déclarent nulles & abusives toutes dis- » penses qui pourroient avoir été accordées à cet » égard par le pape. S'il entend enfin parler des bé- » néfices qui sans être chargés du soin des ames re- » quièrent néanmoins résidence personnelle pour le » service qu'ils exigent, la maxime est encore fausse, » parce que nous n'avons ni loi ni coutume qui au- » torise la pluralité, & que nous suivons à cet » égard la disposition du chapitre *de multâ*, qui dé- » clare un bénéfice vacant de droit *per adeptionem* » *secundi incompatibilis*. Il est vrai que pour des bé- » néfices de cette nature, on tolère en France, les » dispenses accordées par le pape. Mais en cela » nous ne faisons que nous conformer à la décision » de la même décrétale, qui réserve expressément » au pape le droit de dispenser *circà sublimes & lit-* » *teratas personas* ».

Nous avons cru qu'on ne nous sauroit pas mauvais gré d'avoir cité ce passage de Boutaric. Il servira tout-à-la-fois à fixer les idées sur l'article 72 des libertés de M. Pithou, & sur ce qui établit parmi nous l'*incompatibilité des bénéfices*.

Deux bénéfices sont incompatibles lorsqu'à raison de leurs fonctions, ils exigent la résidence du titulaire dans le lieu où ils sont situés, ou qu'un même titulaire ne peut pas en remplir les fonctions.

L'importance des fonctions attachées aux bénéfices, rend leur *incompatibilité* plus ou moins forte, plus ou moins susceptible de dispenses.

Le soin des ames est sans doute la première & la plus importante des fonctions ecclésiastiques. D'où il suit que les bénéfices auxquels ce soin est attaché, sont ceux qui sont les plus incompatibles. Ce principe n'a besoin ni de preuves ni de développement, on le retrouve dans toutes les loix canoniques. L'article 11 de l'ordonnance de Blois l'a consacré d'une manière particulière: « nul ne pourra dorénavant te- » nir deux archevêchés, évêchés, ou cures, quel- » ques dispenses qu'on pourroit ci-après obtenir, no- » nobstant lesquels suivant les saints décrets, seront » les bénéfices de ceux qui les obtiendront, décla- » rés vacans, & impétrables ».

Ici l'ordonnance ajoute à la décrétale d'Innocent III. Elle ôte au pape le pouvoir qui lui étoit réservé par cette constitution, de dispenser de l'*incompatibilité* qui se trouve entre les bénéfices. Il ne le peut certainement pas parmi nous, pour les archevêchés, évêchés & cures. *Nonobstant lesquelles dispenses, seront les bénéfices de ceux qui les obtiendront déclarés vacans & impétrables*. Rien de plus clair & de plus positif.

L'*incompatibilité des bénéfices* dont les fonctions exigeant résidence ne sont pas si importantes que la cure des ames, est plus susceptible de dispense. C'est la conséquence que l'on tire de l'article rapporté de l'ordonnance de Blois. Il ne prohibe les dispenses que pour la possession cumulée des archevêchés, évêchés & cures; d'où il suit, dit-on, qu'il ne les prohibe pas pour les autres bénéfices incompatibles: ainsi jugé par un arrêt célèbre du parlement de Paris rapporté dans le second tome du journal du palais.

M. de Bertier, évêque de Rieux, possédoit, depuis plusieurs années, la prévôté de S. Etienne de Toulouse conjointement avec son évêché. Il avoit une dispense du pape: le sieur abbé d'Aulargues dévoluta la prévôté; il fondoit son dévolut sur la nature de ce bénéfice, première dignité d'une église métropolitaine, requérant service actuel & résidence personnelle, incompatible par conséquent avec un évêché. La cause solemnellement plaidée, l'avocat de M. de Bertier n'employa pour toute défense que l'article 11 de l'ordonnance de Blois. Cet article, disoit-il, ne condamne que les dispenses qui se donnent pour tenir deux archevêchés, évêchés ou cures. Or la dispense accordée à M. l'évêque de Rieux pour posséder la prévôté de Toulouse avec son évêché, n'est pas dans ce cas; donc elle n'est pas prohibée par l'ordonnance de Blois. Bien loin que l'ordonnance la prohibe, au contraire elle l'approuve & la suppose valide; car, comme on dit ordinairement, *inclusio unius est exclusio alterius*. L'abbé d'Aulargues rappella en vain les dispositions des anciens canons qui prohibent la pluralité des dignités ecclésiastiques, & sur-tout l'extravagante *execrabilis*, qui casse & annulle *omnes & singulas dispensationes super retentione plurium dignitatum*. L'arrêt qui intervint déclara n'y avoir abus dans la dispense accordée à M. l'évêque de Rieux.

Cet arrêt prouve que, selon nos usages, on

tolère les dispenses d'*incompatibilité* pour les bénéfices, lorsqu'ils ne sont pas l'un & l'autre à charge d'ames.

Cependant, comme cette *incompatibilité* est fondée sur d'anciens conciles reçus dans le royaume, & sur la jurisprudence de nos tribunaux, les dispenses qu'on en pourroit obtenir ne sont valables qu'autant qu'elles sont revêtues de lettres-patentes enregistrées dans les cours. Cet enregistrement éprouve beaucoup de difficultés, sur-tout lorsqu'il s'agit d'une cure & d'un canonicat. Le sieur Savari, docteur de Sorbonne, ayant obtenu, le 29 octobre 1665, des lettres-patentes à l'effet de pouvoir posséder une cure & un canonicat dans la ville de Clermont en Beauvoisis, ne put les faire enregistrer qu'au grand-conseil.

Lorsque deux bénéfices sont situés dans des lieux différens, & qu'ils exigent également la résidence, ils sont incompatibles. Ils le sont encore, quoique situés dans le même lieu, lorsque leurs fonctions ne peuvent être remplies par le même titulaire : ainsi deux prébendes de deux églises dans une même ville sont incompatibles, parce que le même titulaire ne pourroit pas assister à-la-fois aux offices dans les deux églises. Le parlement de Paris, par son arrêt du 10 février 1667, ordonna à des chanoines de S. Urbain de Troyes, qui avoient des canonicats dans les collégiales de S. Pierre & de S. Etienne, d'opter & de ne retenir qu'un canonicat. Un second arrêt du 16 février 1671, fut rendu contre le sieur Duplessis, chanoine de l'église cathédrale de Soissons, qui l'étoit en même temps de la collégiale de S. Pierre dans la même ville. La cour ordonna que ce second arrêt fût publié & enregistré dans tous les bailliages & sénéchaussées du ressort. Ces différens arrêts semblent avoir acquis force de loi, par les lettres-patentes pour l'érection de l'église cathédrale de la Rochelle, qui portent : « voulons, conformément aux saints canons, à nos ordonnances & aux arrêts de notre » parlement de Paris, qu'aucune des dignités ou » chanoines ne puisse tenir ou posséder une autre » prébende ou bénéfice demandant résidence, soit » dans la ville de la Rochelle, soit ailleurs ».

Les bénéfices fondés & desservis dans la même église, &, pour nous servir de l'expression des canonistes, *sub eodem tecto*, sont-ils incompatibles? Ils devroient l'être, si l'on suivoit l'esprit & le vœu des anciens canons.

L'article 73 des *Libertés de l'église gallicane* porte : « & néanmoins on peut dire avec vérité, que la » même église gallicane a tenu, & la cour de » France jugé, que le pape ne peut conférer à » une même personne plusieurs bénéfices *sub eodem tecto*, soit à vie, soit à certain temps, même » quand ils sont uniformes, comme deux chanoinies, prébendes ou dignités, en même église » cathédrale ou collégiale, & a modifié les facultés d'aucuns légats pour ce regard ».

Boutaric sur cet article, prétend que M. Pithou, au lieu de dire que le pape ne peut conférer à une même personne plusieurs bénéfices *sub eodem tecto*, même quand ils sont uniformes, auroit dû dire au contraire, que le pape ne peut conférer à une personne plusieurs bénéfices *sub eodem tecto*, même quand ils sont difformes; car, ajoute le même auteur, la question touchant l'*incompatibilité des bénéfices* conformes ou uniformes n'a jamais souffert de difficulté. Ainsi Boutaric, en reprenant M. Pithou, pense que les bénéfices uniformes *sub eodem tecto* sont incompatibles, & que le pape ne peut dispenser de cette *incompatibilité*.

Durand de Maillanne, dans son nouveau commentaire sur les *libertés de l'église gallicane*, dit sur cet article : « de plus notre article ajoute ces mots, » *même quand ils sont uniformes*; ce qui est peu » exact, en ce que la dispense est bien plus difficile à obtenir, quand les deux bénéfices dans » la même église exigent des fonctions égales & » à la même heure; que lorsqu'ils sont difformes » à cet égard, ou pour le temps, ou pour le service; les évêques, en ce dernier cas, suivant » l'opinion commune, peuvent accorder la dispense, au lieu qu'il faut recourir au pape quand » les bénéfices ne sont pas différens, ou, ce qui » est la même chose, quand ils sont conformes. » Dans l'usage, on s'adresse ordinairement au pape » pour la dispense des uns & des autres ». On voit que ce nouveau commentateur pense d'une manière absolument différente de Boutaric, & qu'il estime que le pape peut dispenser de l'*incompatibilité des bénéfices* uniformes *sub eodem tecto*.

S'il nous étoit permis de hasarder ici notre manière de voir, nous dirions que le mot *même*, qui donne du louche à l'article 73 des *libertés*, y est de trop; qu'il s'y est glissé par erreur, & que M. Pithou n'y a pas attaché l'idée que ses commentateurs semblent y avoir attachée. En le retranchant, la proposition est juste & vraie dans toute son étendue. Alors elle dira que le pape ne peut conférer à une même personne plusieurs bénéfices *sub eodem tecto* quand ils sont uniformes, comme deux chanoinies, prébendes ou dignités en même église cathédrale ou collégiale. Ce qui paroît ne devoir laisser aucun doute à ce sujet, c'est que M. Pithou ajoute que la cour de France a modifié les facultés d'aucuns légats à cet égard. En ayant recours aux modifications ou réserves apposées à l'enregistrement des bulles de légation du cardinal Farnèse en 1539, & du cardinal S. Georges au voile d'or en 1547, on voit la clause : « & ne » pourra aussi ledit légat user de la faculté à lui » octroyée, de conférer plusieurs bénéfices *sub eodem tecto*, quant à deux chanoinies, prébendes » ou dignités en même église cathédrale ou collégiale, soit à vie, ou à certain temps, pour » éviter la diminution notable du divin service en » icelles, & de la décoration de l'ordre & état ecclésiastique esdites églises ». La modification du parlement ne tombe donc que sur la faculté de dispenser de l'*incompatibilité* de deux bénéfices parfaitement uniformes *sub eodem tecto*, & ne touche point à celle de dispenser de l'*incompatibilité* qui existe entre les bénéfices *sub eodem tecto*, mais qui ne sont pas uniformes. M. Pithou n'a certainement voulu rien dire de plus, autrement il auroit dit une absurdité, comme le remarquent ses commentateurs, & c'est ce qu'on ne peut pas supposer.

Il faut donc tenir avec Boutaric & beaucoup d'autres canonistes, que deux bénéfices uniformes *sub eodem tecto* sont absolument incompatibles, & que le pape ne peut pas dispenser de cette *incompatibilité*. Mais il est nécessaire de déterminer ce qu'il faut entendre par *bénéfices uniformes*. Ce sont ceux qui donnent aux titulaires mêmes droits, mêmes prérogatives, & leur imposent les mêmes obligations à remplir dans le même temps : par exemple, deux archidiaconés, deux canonicats, deux prébendes dans la même église sont des bénéfices absolument uniformes ; leur *incompatibilité* est fondée sur leur nature même ; en dispenser, ce seroit les réunir à vie, & l'on sait combien ces sortes d'unions sont odieuses. C'est de cette *incompatibilité* dont parle l'article 73 de nos libertés, & dont le parlement de Paris n'a pas permis aux légats des papes d'accorder des dispenses.

Il est d'autres bénéfices *sub eodem tecto*, qui, pour n'être pas aussi uniformes, n'en sont pas moins incompatibles. Une demi-prébende & une chapellenie, qui exigent la résidence & l'assistance aux offices, ne peuvent être possédés dans la même église par un même clerc, ou par celui qui seroit déjà chanoine ou prébendé. Les raisons de cette *incompatibilité* sont les mêmes que celles pour les bénéfices *sub eodem tecto*, parfaitement uniformes. On a dû les rendre également incompatibles, pour éviter, suivant les expressions du parlement de Paris, la diminution notable du divin service, & de la décoration de l'ordre & de l'état ecclésiastique en icelles églises.

A l'égard des bénéfices difformes, ou, pour mieux dire, dissemblables, qui ne donnent ni les mêmes titres, ni les mêmes prérogatives, & qui ne sont pas chargés des mêmes fonctions, on peut en posséder plusieurs *sub eodem tecto* sans dispense, si tel est l'usage & la coutume. Au défaut d'usage & de coutume, il faut une dispense. Quelques auteurs croient que les évêques peuvent l'accorder, sur-tout lorsque les bénéfices sont de peu de valeur : mais il est plus sûr, comme dit Durand de Maillanne, de s'adresser au pape.

D'après ces principes, on peut facilement juger quels sont, dans les mêmes églises, les bénéfices véritablement incompatibles : ce sont ceux qui sont uniformes. Voici, selon les plus célèbres canonistes, Pyrring, Fagnan, S. Léger, ce qui détermine cette uniformité. *Opportet ad hoc ut intret incompatibilitas, quòd in eâdem ecclesiâ instituta sint ad eumdem finem, habeantque idem prorsus onus & officium eodem tempore implendum..... Non sufficit quòd uno nomine appellentur capellaniæ, sed opportet ut earum munera & onera naturalia sint uniformia, ut duæ canoniæ ejusdem ecclesiæ..... Necesse est quòd utrumque beneficium requirat idem ministerium & exercitium in eodem loco & capellâ, & ait beneficiati seu capellani debeant convenire in unum & eadem munera facientem : nam si plures essent capellaniæ in eâdem ecclesiâ ad diversos fines institutæ & ad separatam congregationem faciendam, tunc non orіretur incompatibilitas.*

Les usages de plusieurs églises du royaume sont conformes à ces principes, & plusieurs arrêts des cours souveraines les ont autorisés. Le camérier de l'église de Lyon, qui étoit en même temps chanoine, s'étant fait pourvoir par le pape, & sans dispense, d'une chapelle fondée par un de ses prédécesseurs, à la charge seulement que le titulaire seroit tenu de célébrer chaque semaine, certain nombre de messes, fut attaqué par un dévolutaire. Il fut maintenu dans la chapelle par arrêt du 13 juillet 1634, qu'on lit chez Bardet.

De-là il résulte que, lorsqu'une dignité n'a point de prébende qui y soit annexée, rien n'empêche que le dignitaire ne possède en même temps un canonicat. Solier, dans sa note 9 sur le titre 15 du troisième livre de Pastor, assure avoir fait passer à Rome sans dispense, la résignation de la chancellerie de Toulouse, de la pénitencerie & de la prébende qui y est annexée. Gohard dit qu'on voit souvent en France un dignitaire tenir tout-à-la fois sa dignité & la théologale. Il cite l'exemple de l'église collégiale de Roye, diocèse d'Amiens, & de la métropole de Rheims, où le même usage a existé, comme il est prouvé par l'arrêt du 19 juin 1638, rendu entre M. Parent, doyen & théologal, & le chapitre.

On voit quelquefois une cure divisée en deux parties & avoir deux curés titulaires. On demande si ces deux portions de cure sont incompatibles, attendu qu'elles forment deux bénéfices *sub eodem tecto*. Le sieur du Rousset, qui étoit déjà titulaire d'une partie de la cure de S. Merri de Paris, se fit pourvoir en cour de Rome, sur résignation avec dispense, de la seconde portion de cette cure. Il y fut maintenu par arrêt du parlement de Paris du 17 mars 1625. Un autre arrêt de la même cour du 12 janvier 1691 a déclaré compatibles les deux portions de la cure de Pontigny, que l'ordinaire avoit conférées au même prêtre. De ce second arrêt il paroît qu'on peut conclure, qu'il n'y a point d'*incompatibilité* entre les deux portions d'une cure, quoiqu'elles forment deux bénéfices *sub eodem tecto*. On peut dire que cette réunion des deux portions sur une même tête est conforme à l'institution primitive du bénéfice, qui, dans son origine, n'étoit qu'un, & dont la section est contraire au droit commun. Cependant plusieurs canonistes pensent que, dans ce cas, le plus sûr est de recourir à la dispense du S. Siège. C'est le parti que prit dans le dernier siècle M. de Blancpignon, docteur de Sorbonne, qui a joui jusqu'à sa mort, & sans avoir été inquiété, de la cure de S. Merri de Paris.

Outre les causes d'*incompatibilité* entre les bénéfices, dont nous venons de parler, & que l'on peut dire-être générales, il en est de particulières. Un fondateur peut avoir mis pour condition de sa fondation, que le titulaire du bénéfice qu'il fonde, ne pourra en posséder d'autre. Cette volonté du fondateur forme une *incompatibilité* absolue, dont le pape même ne peut dispenser, sur-tout si la fondation est laïcale. Ne peut, dit l'article 30 de nos libertés, ni préjudicier par provisions bénéficiales ou autrement, aux fondations laïcales & droits des patrons laïques de ce royaume.

Une autre raison d'*incompatibilité* se tire encore de la dépendance qui existe entre deux bénéfices. Ainsi une abbaye & un prieuré qui en dépend, ne peuvent, selon la plupart de nos canonistes, être possédés par la même personne. C'est une chose monstrueuse, disoit M. l'avocat-général Bignon, & une espèce d'inceste spirituel, de tenir tout-à-la-fois la mère & la fille, d'être chef & membre, collateur & collataire tout ensemble. Nos modernes canonistes conviennent que l'inceste spirituel qu'on a reproché autrefois à ceux qui possédoient deux bénéfices dont l'un dépend de l'autre, n'est fondé sur aucun canon.

Il est vrai qu'un collateur ne peut ni se nommer, ni se faire nommer par son fondé de procuration à un bénéfice qui dépend de celui dont il est déjà pourvu. C'est dans ce sens qu'il faut entendre le chapitre *cum ad nostram, de institutione*, dans laquelle Innocent III dit, qu'un abbé ne peut conserver ni la custodie ni aucune autre dignité dépendante de son abbaye, *quia cum ad ipsum pertineat ratione abbatiæ donatio tam custodiæ quàm aliarum dignitatum, custodiam ipsam non potuit recipere à se ipso.* Ces dernières expressions *non potuit recipere à se ipso* désignent assez qu'il s'agissoit dans la réponse du pape, d'un abbé qui s'étoit nommé lui-même à un bénéfice dépendant de son abbaye.

Mais l'on ne peut conclure de ce texte, que lorsqu'on est déjà pourvu d'un bénéfice dépendant d'une abbaye ou d'un autre bénéfice, on commet un inceste spirituel, si après avoir obtenu le second, on conserve le premier. L'idée de l'inceste spirituel dans ce cas, ne s'accorde point avec la jurisprudence des arrêts, ni l'usage actuel. L'arrêt du 29 août 1598, cité par M. Louet, *lettre B. som. VIII*, maintint le sieur Gautier dans les prieurés de Reuil & du S. Sépulcre, tous deux dépendans de la Charité-sur-Loire, sans égard à ce qu'on lui objectoit qu'il n'est pas permis de tenir ensemble les deux sœurs. Duperrai cite un autre arrêt, qu'il ne date point, rendu en faveur de M. l'évêque de Rieux, qui jouissoit d'un prieuré dépendant d'une abbaye qu'il possédoit en commende dans son diocèse. Cet auteur y joint l'exemple de M. de Villeroi, qui a possédé pendant long-temps & tout-à-la-fois, & l'abbaye d'Aisnay & le prieuré de S. Romain qui en dépend, sans que personne l'ait inquiété sous prétexte qu'il avoit la mère & la fille tout ensemble.

De ce qu'il n'y a aucune *incompatibilité* absolue entre une abbaye & un prieuré qui en dépend, nos auteurs en concluent qu'il y en a encore moins entre le prieuré dépendant & la coadjutorerie de l'abbaye. Cependant on a vu M. de la Rochefoucault, archevêque de Bourges & depuis cardinal, prendre une dispense lorsqu'il fut nommé à la coadjutorerie de Cluny, pour retenir le prieuré de la Charité-sur-Loire. La dispense portoit, *donec successioni locus factus fuerit.* Mais on peut dire que cette dispense ne fut demandée que pour plus grande sûreté, puisque, lorsque M. de la Rochefoucault devint titulaire de l'abbaye de Cluny, par le décès de M. le cardinal d'Auvergne, il fit en ses propres mains la démission du prieuré de la Charité, l'accepta, & sur cette vacance en pourvut M. l'archevêque d'Albi, aujourd'hui archevêque de Rouen, abbé de Cluny & cardinal, ce qui suppose que la promotion de M. le cardinal de la Rochefoucault, à l'abbaye de Cluny, n'avoit pas fait vaquer de droit le prieuré qui en dépendoit & dont il étoit déjà pourvu.

Il ne paroît point d'*incompatibilité* entre le titre de curé primitif, & celui de vicaire perpétuel d'une paroisse. Bien loin que ces deux titres soient incompatibles, leur réunion sur une seule tête est une espèce de retour au droit commun qui ne peut être trop favorisé. Le parlement de Toulouse rendit à ce sujet, vers la fin du dernier siècle, une décision qui mérite d'être rapportée, & que l'on trouve dans le tome 3 des mémoires du clergé. Un prêtre s'étant fait pourvoir en cour de Rome d'une vicairerie perpétuelle, fit assigner le prieur curé primitif de la paroisse, pour être condamné à lui payer, en exécution des ordonnances, une portion congrue de 300 livres. Le curé primitif remontra que le revenu du prieuré suffisoit à peine pour acquitter cette charge, & offrit d'y faire par lui-même toutes les fonctions curiales. Ses offres furent déclarées valables, & le pourvu en cour de Rome fut débouté. Cette décision paroît conforme au canon 32 du concile de Rouen de l'an 1231, & au synode de Bayeux tenu en 1300, qui veulent que *vicario perpetuo decedente, vicaria accrescat personæ, & ex tunc persona illius ecclesiæ non per vicarium sed per seipsum illi deserviat.* Mais elle ne seroit pas admissible depuis les nouvelles déclarations qui ordonnent aux curés primitifs de fournir la portion congrue aux vicaires perpétuels, ou de faire l'abandon de tous les revenus de la cure, ensemble du titre de curé primitif. La loi ne leur laisse pas la faculté de se charger eux-mêmes des fonctions curiales, dans le cas où ils ne voudroient ou ne pourroient pas payer la portion congrue.

Les places de régent, procureur, principal & supérieur des colléges, ne sont pas des titres de bénéfices eccléſiaſtiques. Cependant l'ordonnance de Blois, *article 77*, veut que les principaux & autres attachés à l'adminiſtration des collèges ne puiſſent tenir des bénéfices à charge d'ames, ou qui exigent réſidence, ſi ces bénéfices ne ſont deſſervis dans les villes où ſont ſitués les collèges, ou à telle diſtance que l'on puiſſe y aller & revenir en un jour. Les motifs de cette loi ſont puiſés dans le bien public, qui veut que les adminiſtrateurs des collèges ne puiſſent s'en abſenter. Le parlement de Paris a jugé conformément à l'ordonnance par ſon arrêt du 15 décembre 1716, rendu contre un chanoine de Noyon qui étoit en même temps procureur du collège d'Anville à Paris, quoique le collège ne fût pas de plein exercice. Un autre arrêt du 19 juin 1739 a été rendu dans les mêmes principes, contre le ſieur de Bacq, qui étant déjà chancelier de l'égliſe d'Amiens, avoit été nommé grand-maître du collège du cardinal Lemoine. La même cour, par ſon arrêt du 28 mai 1732, a permis au ſieur Hubert de retenir la principalité du collège de Tréguier à Paris, avec une chapelle de S. Honoré, qui par ſa fondation exige la réſidence & l'aſſiſtance aux offices dans cette collégiale. Dans le temps où nous écrivons cet article, le ſieur Riballier eſt tout-à-la-fois grand-maître du collège Mazarin & chanoine de Notre-Dame de Paris.

Il eſt encore une eſpèce d'*incompatibilité* entre les bénéfices qu'on appelle communément relative, parce qu'elle prend ſon origine dans la perſonne même du bénéficier. Les religieux forment cette claſſe particulière de bénéficiers. Les canons, & ſurtout le concile de Trente, leur défendent de poſſéder ſans diſpenſe plus d'un bénéfice. Du moment qu'ils ſont pourvus d'un ſecond, le premier qu'ils poſſédoient vaque de plein droit, & dans le cas où ils n'en donneroient pas leur démiſſion, ils doivent encourir la privation de l'un & de l'autre. Cette *incompatibilité* perſonnelle eſt ſi forte qu'elle s'étend même juſque ſur les penſions, qui dans la perſonne d'un religieux ſont incompatibles avec tout bénéfice, de manière qu'une penſion aſſignée à un religieux, lui tient lieu de bénéfice, quoique dans la réalité elle n'en ſoit point un. La déclaration du 25 janvier 1717, enregiſtrée au parlement le 2 mars ſuivant, a ordonné qu'aucun religieux mendiant transféré dans l'ordre de S. Benoît ou autre, ne pourra dorénavant poſſéder deux bénéfices, ni un bénéfice avec une penſion ſur un autre bénéfice, ni deux penſions, & que les lettres-patentes qui ſeront accordées ſur les brefs obtenus en cour de Rome par leſdits mendians transférés pour pouvoir poſſéder des bénéfices ou penſions, ne pourront être expédiées qu'à la charge de ladite déclaration.

Il eſt des dignités dans l'égliſe qui ont été regardées comme tellement incompatibles avec les autres bénéfices, que du moment qu'on y eſt promu, les bénéfices que l'on poſſède déjà deviennent vacans de droit. Tel eſt l'effet que produit la promotion au cardinalat & aux évêchés. Mais cette *incompatibilité* n'exiſte plus parmi nous que de nom, depuis que les papes ſont dans l'uſage conſtant d'accorder aux cardinaux & aux évêques des brefs ou des cédules *de non vacando*, au moyen deſquels ils conſervent les bénéfices dont ils ſont déjà pourvus, à moins qu'il n'y ait une *incompatibilité* ſi abſolue, qu'on ne puiſſe en obtenir diſpenſe. *Voyez* les articles CARDINAL, ÉVÊQUE, VACANCE.

Il eût été inutile de promulguer des loix pour mettre un frein à la cupidité des eccléſiaſtiques, & pour les empêcher de poſſéder des bénéfices incompatibles, ſi l'on n'eût ajouté à ces loix, des peines contre ceux qui les enfreindroient. La privation des bénéfices qu'on s'obſtine à garder malgré leur *incompatibilité*, paroît devoir être la punition naturelle de cette eſpèce de délit. Cependant les canons des conciles & les décrétales des papes ont varié à ce ſujet. Alexandre III ſe contenta d'abord d'obliger le titulaire de deux bénéfices incompatibles à choiſir celui qu'il voudroit conſerver. Mais il changea cette déciſion dans le troiſième concile de Latran dont nous avons rapporté le canon ci-deſſus, & ordonna que le ſecond vaqueroit & de plus que le collateur ne pourroit en diſpoſer pour cette fois. Innocent III dans le quatrième concile de Latran, au chapitre *de multâ*, fit tomber la privation ſur le premier en matière de cures & de dignités. Ce réglement fut enſuite étendu aux prébendes. Jean XXII, dans ſa fameuſe conſtitution *execrabilis*, fut plus loin. Il voulut que quiconque accepteroit un bénéfice incompatible avec celui qu'il poſſédoit déjà, fût privé de tous les deux, à moins qu'il ne ſe démît au plutôt du premier; & de plus qu'il demeurât incapable d'en acquérir aucun autre & même d'être promu aux ordres ſacrés. Le concile de Trente a modéré la ſévérité de cette conſtitution, & en l'adoptant en partie, il l'a modifiée en faiſant revivre la diſpoſition du chapitre *de multâ*.

La France paroît avoir toujours ſuivi le chapitre *de multâ*: du moins il eſt certain qu'actuellement la collation acceptée d'un bénéfice incompatible avec celui qu'on poſſède, fait vaquer de plein droit ce dernier. Mais cette vacance ne s'ouvre qu'après l'année de la paiſible poſſeſſion du premier. Il ne peut plus y avoir de doute à ce ſujet depuis la déclaration du 13 janvier 1742 qui porte, « ceux qui ſe » trouveront pourvus de deux cures, ou d'une cure » & d'un autre bénéfice incompatible, ſeront tenus » de faire leur option dans l'an, à compter du jour » de la priſe de poſſeſſion du dernier deſdits bénéfices..... faute par eux d'avoir ſatisfait à la pré» ſente diſpoſition, le premier ſera réputé avoir va» qué de plein droit par l'obtention du ſecond, & » comme tel conféré par ceux qui ont droit d'y » pourvoir ».

Cette règle fondée ſur des loix canoniques & ſur la déclaration de 1742, reçoit une exception quand la régale eſt ouverte ou vient à s'ouvrir après la collation du ſecond bénéfice incompatible. On ne peut opposer au roi la faculté d'opter ; & l'acceptation seule du second bénéfice fait tomber le premier en régale. *Voyez* les mémoires du clergé, *tom. 11*, *col. 817*, & suivantes. C'est à-peu-près ce qui se pratique en Roussillon, à l'égard des bénéfices consistoriaux ; dès que quelqu'un y a été nommé par le roi & qu'il a accepté la nomination, s'il possède un autre bénéfice incompatible avec celui auquel il vient d'être nommé, il vaque dans le moment même, & sa majesté peut en dispôser sur le champ, en vertu d'un droit appellé *de resulte* dont les rois d'Espagne jouissoient avant la réunion du Roussillon à la France.

Quoiqu'aucun des deux bénéfices incompatibles ne soit censé vacant pendant l'année d'option, il ne s'ensuit pas que le titulaire ait droit de jouir des revenus de l'un & de l'autre; ce seroit un abus, & il a été prohibé par la déclaration de 1681, enregistrée au parlement de Paris & au grand-conseil. « Lorsqu'une même personne, y est-il dit, sera » pourvue de deux cures, ou d'un canonicat ou » dignité & d'une cure, ou de deux autres béné» fices incompatibles, soit qu'il y ait procès ou qu'il » les possède paisiblement, le pourvu ne jouira » que des fruits du bénéfice auquel il résidera ac» tuellement & fera le service en personne: & que » les fruits des deux bénéfices ou des deux cures, » s'il n'a résidé, & fait le service en personne en » aucun, seront employés au paiement du vicaire, » ou des vicaires qui auront fait le service, aux » réparations, ornemens, & profit de l'église dudit » bénéfice, par ordonnance de l'évêque diocésain, » laquelle sera exécutée par provision, nonobstant » toute appellation simple ou comme d'abus, & » tous autres empêchemens auxquels les juges & » officiers n'auront aucun égard ».

Il existoit en Normandie un ancien usage selon lequel l'année d'option ne commençoit qu'après l'année du déport expirée. Cet usage a été réformé par la déclaration du 13 janvier 1742.

De ce que pendant l'année d'option aucun des deux bénéfices incompatibles n'est censé vacant, il s'ensuit que le titulaire peut résigner celui des deux qu'il juge à propos. Mais il ne peut se réserver une pension sur celui qu'il résigne : ce seroit un moyen indirect de frauder la loi, & de profiter du revenu de deux bénéfices incompatibles en eux-mêmes. Un arrêt de réglement du parlement de Paris, du 16 juin 1644, défend à tous chanoines & autres qui ayant des bénéfices incompatibles, résigneront des cures, de retenir pension sur icelles, sous quelque prétexte que ce soit, & ordonne qu'en cas que le titulaire de la cure paie la pension, elle demeure vacante & impétrable. Ces pensions seroient illégales, quand même on obtiendroit du roi des lettres dérogatoires à l'édit de 1671, & quand même le résignant auroit desservi la cure durant quinze ans. Nos auteurs n'admettent qu'une exception, c'est dans le cas où un curé pourvu d'une seconde cure insuffisante pour une honnête subsistance, se réserveroit une pension en résignant la première dont le revenu seroit considérable. Il paroît que c'est dans cette espèce qu'a été rendu l'arrêt du 6 février 1720.

Celui qui n'ayant qu'une cure, ou un canonicat, le résigne avec réserve d'une pension, & obtient par la suite une autre cure ou un autre canonicat, a droit de conserver sa pension. Rebuffe a été d'une opinion contraire, fondé sur une constitution de Nicolas V, qu'il avoue cependant n'avoir jamais vue. Mais notre jurisprudence n'a point adopté l'opinion de ce canoniste. On le prouve par plusieurs arrêts & notamment par celui du 20 août 1739, rendu en faveur de M. l'abbé Boucher, conseiller au parlement de Paris, qui jouissoit d'une pension de 2000 livres sur le doyenné de S. Emillon, de Bordeaux, qu'il avoit résigné cinq ou six ans avant d'être pourvu de la chantrerie de S. Honoré de Paris; le sieur Castaing qui avoit dévoluté ce bénéfice à raison de son *incompatibilité* avec la pension sur le doyenné de S. Emillon, fut débouté. On peut donc regarder comme un principe certain, qu'une pension réservée sur un bénéfice sujet à résidence, n'est point incompatible avec un autre bénéfice sujet à résidence, auquel le pensionnaire a été nommé depuis la création de la pension.

Il y a plus de difficulté quant à ceux qui ayant déjà une pension sur un canonicat qu'ils ont autrefois possédé, sont pourvus par la suite d'un autre canonicat dans la même église. Rebuffe pense que dans ce cas il faut une dispense pour conserver la pension. *Ideò consului quòd acceptans præbendam in eadem ecclesiâ in quâ habet pensionem, eidem pensioni renuntiare videtur, nisi dispensatus fuerit ad retinendam utramque.* Plusieurs de nos auteurs sont d'un avis contraire, & sur-tout Forget dans son traité des pensions. Si dans ce cas on demandoit une dispense à Rome, on éviteroit toute difficulté.

Quoiqu'il ne soit pas permis à un titulaire de deux bénéfices incompatibles, pendant l'année d'option, d'en résigner un en se réservant une pension, il peut cependant le permuter avec un bénéfice simple. Tel est l'usage actuel. Rebuffe assure que de son temps ces sortes de permutations étoient défendues. Il faut avouer que notre usage n'est pas conforme aux vrais principes. Il favorise la pluralité des bénéfices, & donne lieu à une espèce de commerce dans une matière qui n'en devroit pas être susceptible. Il seroit sans doute rigoureux de blâmer la loi qui parmi nous accorde une année pour opter entre deux bénéfices incompatibles dont on est pourvu ; mais c'est pousser la tolérance trop loin, que de permettre au titulaire de résigner celui qu'il ne peut conserver, & à plus forte raison, de le permuter avec un autre, quoique simple. La vacance d'un des deux bénéfices incompatibles, s'opère dans le droit, du moment qu'ils se trouvent réunis sur la même tête. Cette vacance reste en suspens pendant le temps donné pour l'option, mais elle n'en existe pas moins. Ce n'est que par une fiction abusive qu'on suppose que le pourvu est tellement titulaire de l'un & de l'autre qu'il peut disposer de l'un des deux. Il ne le pourroit pas après l'année depuis sa prise de possession du second bénéfice ; pourquoi a-t-il plus de droit pendant cette année ? *Voyez* PERMUTATION, RÉSIGNATION. (*M. l'Abbé* BERTOLIO, *avocat au parlement.*)

INCOMPÉTENCE, s. f. (*Droit public & civil.*) est le défaut de pouvoir & de jurisdiction en la personne d'un juge, pour connoître d'une affaire.

L'*incompétence* procède de plusieurs causes, savoir :

1°. En matière personnelle, lorsque le défendeur n'est pas domicilié dans l'étendue de la jurisdiction où il est assigné.

2°. S'il a été assigné devant le juge ordinaire, & qu'il s'agisse de choses dont la connoissance est spécialement attribuée à certains juges.

3°. S'il a demandé son renvoi devant le juge de son privilège.

4°. En matière criminelle, tout juge est compétent pour informer & decréter ; mais au-delà de cette instruction, chaque juge ne peut connoître que des crimes commis dans l'étendue de sa jurisdiction.

En général l'*incompétence* est ou *ratione personæ*, ou *ratione materiæ*.

La première est lorsqu'une personne assignée devant le juge ordinaire, est domiciliée hors de son ressort, ou a le pouvoir de demander d'être renvoyée devant le juge de son privilège ; dans ces cas le défendeur doit proposer cette *incompétence in limine litis* ; car dès qu'il a fait le moindre acte, par lequel il a reconnu la jurisdiction, il ne peut plus demander son renvoi, parce que l'*incompétence* du juge ordinaire n'est pas absolue ; le défendeur a seulement la faculté de demander son renvoi, lorsque les choses sont entières.

Il n'en est pas de même quand l'*incompétence* est *ratione materiæ* : cette espèce d'*incompétence* a lieu, lorsqu'un juge connoît d'une matière attribuée à un autre, comme si un tribunal d'attribution vouloit connoître d'une question réservée aux juges ordinaires, & réciproquement.

Le vice de cette *incompétence* est radical, & ne peut jamais se couvrir, soit par l'acquiescement, soit par la comparution des parties, parce qu'il ne dépend pas des parties de procéder devant un juge qui est absolument incompétent pour connoître de la matière. Le juge en ce cas doit renvoyer devant ceux qui en doivent connoître ; ou si ces juges sont ses supérieurs, il doit ordonner que les parties se pourvoiront ; c'est ce qui résulte de l'ordonnance de 1667, *tit. 6.* Il y a même plus, car cette *incompétence*, peut être proposée en tout état de cause, même sur l'appel.

L'*incompétence* doit se proposer par les parties, dans le tribunal même dont elles veulent décliner la jurisdiction, sauf à interjetter appel comme de juge incompétent, si l'affaire y est injustement retenue. Cet appel est suspensif, & empêche les premiers juges de passer au jugement du fond.

L'ordonnance de 1667, *tit. 6, art. 3 & 4*, veut que les *incompétences* soient jugées sommairement à l'audience, & que les appellations comme de juges incompétens, soient incessamment vuidées par expédient au parquet. Ces appels se portent directement, & sans moyen, aux cours souveraines, chacune dans leur ressort.

En matière criminelle, les appels d'*incompétence* se portent à la tournelle : c'est au moins la jurisprudence du parlement de Paris, ainsi qu'il paroît par un arrêt du 22 juillet 1767, rendu entre M. le duc de Nevers, & M. le duc de Bethune. Serpillon rapporte plusieurs arrêts qui indiquent que cette même jurisprudence est suivie au parlement de Bourgogne.

En Lorraine, les appels comme de juge *incompétent* se portent directement à l'audience, sur les conclusions des gens du roi.

On se sert quelquefois du terme d'*incompétence*, pour signifier un appel comme de juge incompétent. *Voyez* COMPÉTENCE, DÉCLINATOIRE, RENVOI.

INCONTINENCE, s. f. (*Droit public. Morale.*) est un mot générique, qui comprend toutes les espèces d'unions illégitimes entre des personnes de sexe différent. On donne aussi le même nom à l'habitude criminelle, qui nous fait vivre dans la débauche. Nous ne décrirons pas ici les diverses espèces d'*incontinence*, elles sont assez connues, & quelques-unes sont trop honteuses, pour que la pudeur ne fût pas alarmée d'un pareil détail ; d'ailleurs on les trouvera sous les mots ADULTÈRE, CONCUBINAGE, FORNICATION, INCESTE, SÉDUCTION, &c.

La corruption qui résulte de l'*incontinence* est double, parce qu'elle se porte d'abord sur deux personnes ; ses mauvais effets se répandent ensuite sur plusieurs autres, confondent les droits des familles & ceux des successions, par-là tout le corps de l'état en souffre, & la dépopulation de l'espèce s'en ressent à proportion que ce vice prend faveur, parce que les incontinens ou périssent d'épuisement dans leurs plus beaux jours, ou prennent dès leur enfance, les germes d'une maladie honteuse, & souvent incurable.

Ce vice nuit encore à la tranquillité & au bonheur de la société. En blessant le droit du mariage, il fait au cœur de l'outragé une plaie si profonde, que les loix romaines, qui servent encore aujourd'hui de principe aux loix des nations européennes, supposent qu'en ce moment il n'est pas en état de se posséder, de manière qu'elles semblent excuser en lui le transport par lequel il ôteroit la vie à l'auteur de son outrage.

Il ne produit pas de moindres effets entre des personnes libres ; la jalousie y cause fréquemment les mêmes fureurs. Un homme d'ailleurs livré à cette passion n'est plus à lui ; il se dégoûte de ses devoirs ; l'amitié, la parenté, la charité, la patrie n'ont point de voix qui se fassent entendre, lorsque leurs droits se trouvent en compromis avec les attraits de la volupté.

INCORPOREL, adj. se dit *en droit*, des choses immatérielles, qui ne peuvent être touchées corporellement, telles que les droits & les actions. *Voyez* CHOSE & DROITS INCORPORELS.

INDEMNE, adj. se dit *en droit*, de celui qui est acquitté ou dédommagé de quelque chose par une autre personne; celui dont le garant prend le fait & cause, doit sortir *indemne* de la contestation. *Voyez* INDEMNITÉ. (*A*)

INDEMNITÉ, s. f. (*Droit civil & féodal.*) signifie en général ce qui est donné à quelqu'un pour empêcher qu'il ne souffre quelque dommage.

Quelquefois, par ce terme, on entend un écrit par lequel on promet de rendre quelqu'un indemne. Ce terme est sur-tout employé dans ce sens pour exprimer un écrit par lequel on promet d'acquitter quelqu'un de l'événement d'une obligation ou d'une contestation, soit en principal & intérêts, ou pour les frais & dépens. *Voyez* GARANTIE.

Indemnité est quelquefois pris pour *diminution*; un fermier qui n'a pas joui pleinement de l'effet de son bail, demande au propriétaire une *indemnité*, c'est-à-dire une diminution sur le prix de son bail. *Voyez* BAIL.

Indemnité est aussi un terme propre pour exprimer la garantie due à la femme par son mari, & sur ses biens, pour les dettes auxquelles elle s'est obligée pour son mari, ou qui sont dettes de communauté, dont elle ne profite pas au cas qu'elle renonce à la communauté. L'hypothèque de la femme pour ces sortes d'*indemnités* est du jour du contrat de mariage en pays coutumier; en pays de droit écrit, elle n'a lieu que du jour de l'obligation de la femme, à moins que l'*indemnité* ne soit stipulée par contrat de mariage.

L'*indemnité* enfin est un droit dû par les gens de main-morte, aux seigneurs de qui relèvent les héritages qu'ils acquièrent, à quelque titre que ce soit. Nous traiterons de cette dernière espèce d'*indemnité*, sous le titre particulier d'*indemnité au seigneur*.

Les fermiers ou sous-fermiers du roi, privés de la jouissance des droits compris dans leurs baux, soit parce qu'ils sont aliénés ou supprimés pendant la durée du bail, soit parce qu'ils éprouvent à leur égard des pertes de deniers par vol, incendie, ou autres cas fortuits, obtiennent avec justice des *indemnités*. On trouve plusieurs arrêts du conseil qui en ont accordé dans diverses circonstances. Mais il est nécessaire d'observer, que les fermiers ne peuvent former qu'au conseil des finances, une demande en *indemnité*, pour quelque cause que ce soit, à peine de trois mille livres d'amende.

Lorsque pour élargir, redresser ou construire de nouvelles routes, on est obligé de prendre des maisons, clos, vignes, bois ou autres terreins précieux, le roi entend que les propriétaires soient indemnisés des pertes & dommages qu'ils éprouvent, suivant l'estimation de la valeur des terreins qu'on leur a pris, & le paiement de cette *indemnité* se prend sur les fonds destinés annuellement aux ouvrages des ponts & chaussées.

Dans le cas où ces terreins appartiennent à des gens de main-morte, leur *indemnité* consiste dans une rente annuelle au denier vingt-cinq, dont on fait fond dans les états du domaine, d'après un arrêt du conseil, revêtu de lettres-patentes qui leur servent de titre. Mais, suivant la déclaration du 6 mai 1767, lorsque la rente est de soixante-dix livres, ou au dessous, elle leur est payée en vertu de l'arrêt du conseil, & ils sont dispensés de rapporter des lettres-patentes.

INDEMNITÉ *au seigneur* : on appelle *indemnité* le dédommagement dû aux seigneurs, lorsqu'un fief de leur mouvance passe dans les mains d'un corps main-mortable, ou est acquis par le roi.

Ainsi deux circonstances dans lesquelles les seigneurs sont en droit d'exiger cette indemnité. Ce qui partage naturellement ce que nous avons à dire sur cette matière en deux sections; la première relative aux acquisitions des gens de main-morte, la deuxième aux objets féodaux ou censuels que le roi peut acquérir dans les mouvances de ses sujets. A ces deux sections nous en ajouterons une troisième destinée à l'examen des difficultés communes aux deux espèces d'*indemnité*.

SECTION PREMIÈRE.

De l'indemnité due aux seigneurs par les corps main-mortables.

§. I. *De l'origine & de l'objet du droit d'indemnité.* Après l'établissement des droits féodaux utiles, les acquisitions des corps main-mortables, auparavant indifférentes aux seigneurs, leur portèrent un double préjudice. Toutes les fois qu'un fief ou un immeuble censuel entroit dans les mains de l'église, le seigneur dominant perdoit les droits auxquels donnent lieu les mutations par vente, par l'impuissance où sont les main-mortes d'aliéner; & ceux qui s'ouvrent aux mutations par mort, par l'espèce d'immortalité dont jouissent les corporations.

La justice exigeoit que l'on pourvût à cet inconvénient, que l'on mît les seigneurs à l'abri de ce double préjudice. Le parti le plus conforme à l'équité, le plus sage, étoit sans contredit de leur laisser la liberté d'agréer la main-morte pour vassalle, ou de l'obliger à remettre en main laïque. Tel fut en effet le moyen que l'on adopta : lorsqu'une main-morte avoit acquis dans la mouvance d'un seigneur, elle devoit se retirer par devers lui, & lui dire, suivant le style des établissemens de S. Louis: *sire ce nous a été donné en aumône s'il vous plaît nous le tenrons; & se il vous plaît nous l'ôterons de notre main dedans terme avenant.* Si le seigneur ne jugeoit pas à propos que la main-morte possédât sous sa mouvance, il le lui notifioit & lui donnoit un délai pour revendre, délai qui ne pouvoit pas être moindre d'une année. Au contraire s'il consentoit qu'elle conservât

conservât l'immeuble par elle acquis, il mettoit à l'abdication des droits de relief, de quint, de lods, de retrait, de commise, le prix que bon lui sembloit. Si ce prix convenoit à l'église, tout étoit consommé; autrement elle remettoit l'immeuble dans le commerce.

Encore une fois rien de plus juste, les droits féodaux forment le patrimoine & même la partie la plus noble du patrimoine des seigneurs; ils ont donc, comme tous les propriétaires, la faculté de les conserver, & comme tous les vendeurs, le droit d'y mettre le prix. Les citoyens ne doivent le sacrifice de leur propriété qu'à l'intérêt général, & qu'importe au public que telle seigneurie soit dans les mains d'un corps main-mortable ?

Pendant toute la durée de ce premier période, on sent qu'il ne pouvoit pas être question de réglemens sur le prix & la forme de l'*indemnité*; tout étoit arbitraire, tout dépendoit de la volonté & même si l'on veut du caprice des seigneurs.

Aussi rien de plus varié que les *indemnités* d'alors. Ici le seigneur exigeoit un homme vivant & mourant, là une somme pécuniaire, ailleurs une prestation périodique, telle qu'un lods ou un milods; à chaque révolution de 10, de 20, ou de 30 années, *&c.* un autre seigneur ne donnoit son consentement à ce que la main-morte possédât sous sa mouvance, qu'à la condition qu'elle lui paieroit une somme représentative du droit de quint, & en outre le droit de relief au décès du titulaire du bénéfice, ou d'un homme vivant & mourant. La convention une fois écrite s'exécutoit, & doit s'exécuter encore aujourd'hui.

Cet arbitraire a régné jusqu'au seizième siècle. Ce siècle, l'époque de tant de révolutions, en vit une très-grande dans les principes de cette matière: dans le treizième & jusque vers la fin du quatorzième siècle, on pensoit que le roi n'amortissoit que comme seigneur dominant, & comme chef de la hiérarchie féodale. Enfin on distingua dans le roi le souverain & le suzerain, l'on mit en principe que si le roi pouvoit, comme seigneur, de fief défendre à la main-morte d'acquérir, il le pouvoit également comme souverain, comme juge suprême de tout ce qui peut intéresser l'ordre public. Et Charles V, en 1373, érigea en loi que lui seul pouvoit amortir définitivement; & que quoique le seigneur immédiat, fût-il pair du royaume, eût consenti que la main-morte possédât sous sa mouvance, cependant le roi pouvoit la contraindre à remettre dans le commerce.

Mais ces différens progrès de la prérogative royale n'avoient porté aucune atteinte au droit des seigneurs, de refuser la main-morte pour vassalle ou pour censitaire, droit dont ils usoient journellement, & avec la plus entière liberté depuis l'établissement des droits féodaux utiles. Ainsi le roi & les seigneurs avoient conjointement le droit de faire vuider les mains à l'église, le roi dans tout son royaume, malgré le vœu des seigneurs; & les seigneurs dans leurs mouvances, nonobstant les lettres d'amortissement du roi. Chasseneuz, Rouillé, Dumoulin lui-même, qui écrivoit vers l'an 1550, tenoient encore cette opinion.

Enfin un droit nouveau s'introduisit, & pendant le cours du seizième siècle, on mit en principe que le droit de permettre ou de défendre les acquisitions des corps main-mortables, appartient à la classe des régales, & que les seigneurs perdent la faculté d'obliger la main-morte à remettre dans le commerce, à l'instant où il plaît au roi de lui donner des lettres d'amortissement.

On sent que cette innovation dut changer le systême des *indemnités*. Auparavant tout dépendoit de la convention; tout étoit arbitraire; les seigneurs & les corps main-mortables avoient également la liberté, savoir, les premiers, de demander ce qu'ils jugeoient à propos, & les autres, de se refuser aux conditions qu'on vouloit leur imposer; le nouveau principe nécessita un nouvel ordre de choses. Il fallut régler le prix & la forme de l'*indemnité*, autrement l'amortissement du roi auroit toujours été subordonné à la volonté des seigneurs, puisqu'ils auroient pu exiger, à ce titre d'*indemnité*, une somme telle que la main-morte se seroit vue forcée de remettre dans le commerce.

On se trouva fort embarrassé; on n'avoit point de règles fixes, & l'on eût vainement cherché dans les siècles précédens une suite d'exemples uniformes. Comment mettre un prix à des droits aussi éventuels que le relief, le quint ou les lods & ventes; à des droits d'une nature plus extraordinaire encore, tels que l'espérance de la commise, dont les loix ne permettent point de calculer le bénéfice, parce que les délits ne se présument pas; & le retrait féodal, prérogative quelquefois indifférente, & quelquefois d'un prix inestimable par des raisons de convenance? Quant aux exemples, rien, comme nous l'avons déjà dit, de plus varié. Tel seigneur avoit amorti gratuitement; tel autre s'étoit contenté d'un homme vivant & mourant; un troisième avoit exigé que l'homme vivant & mourant fût aussi confiscant. Ailleurs, outre le vicaire, la main-morte avoit été forcée de donner une somme d'argent représentative du droit de quint ou de lods: dans d'autres endroits, la composition s'étoit faite moyennant une prestation périodique ou une rente annuelle: enfin, dans quelques provinces, l'usage s'étoit établi de donner aux seigneurs un homme vivant & mourant pour les rotures comme pour les fiefs.

Aussi rien de plus chancelant que les premiers pas de notre jurisprudence dans cette nouvelle carrière. Lors des premières contestations qui s'élevèrent sur la forme & le prix de l'*indemnité*, les ecclésiastiques prétendirent qu'ils ne devoient pas cumulativement un homme vivant & mourant & une somme pécuniaire, mais seulement l'un ou l'autre. Ils ajoutoient que tel étoit l'usage le plus commun. Cette prétention fut accueillie par les premiers arrêts. Mais on ne tarda pas à s'appercevoir que l'on avoit mal calculé. En effet, le relief auquel le décès de l'homme vivant & mourant donne lieu, ne représente que celui qui se seroit ouvert par la mort du vassal laïque, par les donations & les échanges. Ce premier objet liquidé, restoit donc le quint, la commise & le retrait féodal. A cet égard, il falloit aussi une *indemnité* aux seigneurs; on y pourvut en établissant qu'outre l'homme vivant & mourant, l'église seroit tenue de donner aux seigneurs une somme pécuniaire. C'est ce qui fut jugé par arrêt de l'an 1557: cette somme pécuniaire, représentative du quint ou des lods, est particuliérement connue sous le nom d'*indemnité*.

Nous avons développé ces notions, avec beaucoup de détail, sous le mot HOMME VIVANT & MOURANT : nous n'en donnons ici qu'un sommaire très-abrégé, afin d'arriver plus tôt à l'époque de la rédaction des coutumes.

§. II. *Dispositions des coutumes sur le droit d'indemnité.* Lorsque, pendant le cours du 16e siècle, on s'occupa de la rédaction des coutumes, il y avoit près de 600 ans que les seigneurs étoient en possession d'obliger les main-mortes qui acquéroient sous leur mouvance, à vuider leurs mains ou à leur payer une *indemnité*. On venoit de mettre en principe que l'amortissement du roi éteignoit dans la main des seigneurs l'action en vide-main, & qu'il ne leur restoit plus que celle afin d'être indemnisé de la perte de leurs droits seigneuriaux.

Le long espace de temps qui s'étoit écoulé depuis l'établissement de l'*indemnité*, & la nouveauté du principe qui réduisoit les seigneurs à la faculté de demander un dédommagement après l'amortissement du roi, sollicitoient également les rédacteurs des coutumes de faire un réglement général sur ce point. Ce réglement étoit nécessaire pour le passé & pour l'avenir : pour le passé; dans le cours de tant d'années, combien de seigneurs & de corps main-mortables n'avoient-ils pas perdu le diplôme dépositaire de leur convention primitive? Il falloit donc réparer cette perte. Un réglement étoit encore plus nécessaire pour l'avenir, & nous en avons déjà dit la raison. C'est qu'après l'amortissement du roi, la main-morte pouvant conserver contre le gré des seigneurs, il falloit bien que la loi tînt la balance, & mît elle-même le prix aux droits que l'on forçoit les seigneurs de vendre, & que l'on autorisoit l'église à acquérir.

Il seroit à desirer que tous les rédacteurs des coutumes se fussent pénétrés de ces motifs, & que tous eussent réglé, d'une manière précise, la forme & la quotité de l'*indemnité*, & les circonstances dans lesquelles elle peut être exigée. Ce seroit un très-grand avantage; mais il s'en faut bien que nous en jouissions : voici quel est, à cet égard, le résultat de notre droit coutumier.

Nous n'avons que 33 coutumes qui parlent des acquisitions faites par les corps main-mortables. Dans ce nombre, il y en a huit qui disent en général, & sans restriction, que la main-morte ne peut pas acquérir sous la mouvance d'un seigneur sans son consentement, & qu'il peut, s'il le juge à propos, l'obliger à remettre dans le commerce. Ces coutumes sont Auvergne, Chauni, Clermont, Franche-Comté, Senlis, Saint-Quentin, Valois & Vitri. Suivant ces coutumes, l'amortissement donné par le roi ne lie pas les mains aux seigneurs. C'étoit, comme nous venons de le dire, notre droit primitif, & l'opinion de tous les anciens auteurs, opinion que Dumoulin défendoit encore vers l'an 1550.

Des coutumes, rédigées dans cet esprit, ne devoient pas s'occuper de la forme de l'*indemnité*. En laissant ainsi aux seigneurs la liberté de refuser leur consentement à la main-morte, elles leur donnoient nécessairement le droit de mettre à ce consentement le prix qu'ils jugeoient à-propos; aussi pas un mot d'*indemnité* dans ces huit coutumes.

Des 33 qui parlent des acquisitions des immeubles par les gens de main-morte, il n'y en a donc que 25 qui puissent nous donner des notions sur le droit *d'indemnité*. Ces coutumes sont Auxerre, Anjou, Bar, Berri, Blois, Boulonnois, Bretagne, Châlons, Cambrai, Grand-Perche, Laon, Loudunois, la Salle-de-Lille, Maine, Melun, Montargis, Montfort, Mantes, Normandie, Orléans, Péronne, Ribemont, Sens, Touraine & Xaintonge. Nous avons transcrit le texte de ces coutumes à l'article HOMME VIVANT ET MOURANT. On y voit que, relativement à l'*indemnité*, elles se partagent en quatre classes. Les unes disent qu'outre l'homme vivant & mourant, la main-morte doit une *indemnité* pécuniaire; les autres ne donnent au seigneur, pour toute *indemnité*, que l'homme vivant & mourant. D'autres exigent cet homme vivant & mourant pour les rotures comme pour les fiefs; d'autres enfin, après avoir imposé à la main-morte l'obligation de donner un homme vivant & mourant & une *indemnité* pécuniaire, portent la précision jusqu'à régler la quotité de cette *indemnité*.

Les coutumes de la première classe sont Anjou, Auxerre, Bar, Berri, Blois, Châlons, Grand-Perche, Laon, Loudunois, Maine, Melun, Montargis, Normandie, Ribemont, Sens & Touraine. Ces coutumes, au nombre de seize, adoptent l'opinion consacrée par l'arrêt de 1557, que la main-morte doit cumulativement un homme vivant & mourant & une *indemnité* pécuniaire.

Huit coutumes seulement composent la seconde classe; Boulonnois, Cambrai, Mantes, Montfort, la Salle-de-Lille, Orléans, Péronne & Saintonge. Suivant ces coutumes, la main-morte ne doit pour toute *indemnité* qu'un homme vivant & mourant: c'est l'opinion que les ecclésiastiques défendoient avec la plus grande chaleur pendant les cinquante premières années du seizième siècle, & qu'ils étoient parvenus à faire accueillir par quelques jugemens.

Les coutumes qui exigent l'homme vivant & mourant pour les rotures comme pour les fiefs, ne sont qu'au nombre de sept ; Auxerre ; Bar ; Berri, Blois, Boulonnois, Orléans & Montargis.

De ce rapprochement, il résulte 1°. que l'obligation de donner un homme vivant & mourant pour les rotures ne doit être regardée, vu le petit nombre de coutumes, que comme une exception au droit commun, & qu'en général la main-morte ne doit pour les rotures qu'une *indemnité* pécuniaire ; 2°. que les coutumes qui se contentent d'un homme vivant & mourant, doivent pareillement, & par le même motif, être concentrées dans leur territoire, & que de droit commun la main-morte doit, outre l'homme vivant & mourant, une somme d'argent représentative du droit de quint ou de lods & ventes.

Ainsi, toutes les fois que, dans une coutume muette, la main-morte acquiert un immeuble féodal, elle doit au seigneur un homme vivant & mourant, & en outre une *indemnité* pécuniaire ; & telle est en effet la jurisprudence.

Il en seroit de même dans le cas où l'acquisition seroit ancienne, où le seigneur, dans l'acte par lequel il auroit consenti que la main-morte possédât sous sa mouvance, se seroit contenté de stipuler la réserve de ses droits. Il faudroit décider que l'église lui doit un homme vivant & mourant, & en outre une *indemnité* pécuniaire, si le temps, pour la prescription de cette *indemnité*, n'étoit pas encore écoulé. La raison, c'est que les dispositions des coutumes relatives aux fiefs, & le droit commun féodal forment des titres pour tous les seigneurs qui ont perdu ceux de leurs seigneuries, ou qui ont négligé de s'en procurer. Dans cette espèce, la loi présumeroit donc que, par cette réserve de ses droits, le seigneur a entendu imposer à la main-morte la double obligation de lui payer une *indemnité*, & de lui donner un homme vivant & mourant.

Les coutumes d'Anjou, Auxerre, Bar, Maine, Melun, Sens & Touraine, après avoir dit qu'outre l'homme vivant & mourant, la main-morte doit une *indemnité* pécuniaire, fixent cette *indemnité*, savoir Auxerre, au quart de la valeur de la chose acquise ; Tours & Melun, au cinquième ; Bar & Sens, au sixième ; Anjou & Maine, à la valeur des fruits de trois années ; ce qui, dans un temps où l'intérêt de l'argent étoit au denier douze, étoit regardé comme le quart de la valeur de l'immeuble.

La variété de ces coutumes, quoiqu'en très-petit nombre, prouve bien ce que nous avons déjà dit plus d'une fois, qu'avant le 16e siècle tout dans cette matière étoit arbitraire. Quoi qu'il en soit, nous voyons que de ces coutumes, quatre ne fixent l'*indemnité* qu'au 5e & au 6e de la valeur de l'immeuble, & que trois seulement la portent au quart de cette même valeur.

Cependant la jurisprudence a réglé ce droit d'*indemnité*, pour les coutumes muettes, à la valeur du tiers des héritages féodaux, & du cinquième des héritages roturiers.

Par quel motif s'est-on permis d'excéder ainsi le taux fixé par les coutumes ? A la vérité, ces coutumes sont en petit nombre ; mais puisque ce sont les seules qui se soient expliquées sur ce point, n'étoit-il pas naturel d'en former le droit commun, & de transporter leurs dispositions dans les coutumes muettes ? En général, telle est la règle ; si on l'eût suivie, on auroit fixé l'*indemnité* au 5e, ou tout au plus au quart de la valeur du fief.

§. III. *Exceptions à la règle qui cumule l'homme vivant & mourant & l'*indemnité *pécuniaire.* Nous venons de dire que la règle est de transporter dans les coutumes muettes la disposition de celles qui cumulent l'homme vivant & mourant & l'*indemnité* pécuniaire. On doit excepter de cette règle les coutumes & les pays où les fiefs sont purement d'honneur. Ce tiers, ce quart, ce cinquième de la valeur de l'immeuble que la main-morte est obligée de donner au seigneur, outre la prestation de l'homme vivant & mourant, représente le quint ou les lods, qui n'auront plus lieu par l'impuissance où elle est d'aliéner. Les fiefs d'honneur ne sont assujettis à aucuns droits aux mutations par vente, par conséquent cette *indemnité* pécuniaire seroit sans motifs.

Il y a de même une exception à cette règle pour le Lyonnois, le Forez, le Beaujolois, le Mâconnois, la Provence, le Roussillon, *&c.* L'usage de ces provinces est développé à l'article HOMME VIVANT & MOURANT.

§. IV. *Des donations faites à l'église par testament.* Toutes les fois qu'un immeuble féodal ou censuel passe des mains d'un laïque en celles de l'église, quel que soit le titre translatif de propriété, il est dû au seigneur un droit d'*indemnité*. Est-ce au laïque ou à la main-morte à payer ce droit ? on distingue.

Dans les ventes, les échanges, les donations, en un mot, dans tous les actes entre-vifs, à moins qu'il n'y ait une convention contraire, c'est la main-morte qui doit payer l'*indemnité* ; cela sort de la règle générale, qui veut que les frais du contrat & tous les accessoires soient à la charge de l'acquéreur.

On suit une règle différente pour les donations testamentaires ; on oblige l'héritier à payer l'*indemnité*. Il faut, dit-on, supposer qu'en donnant un immeuble à l'église, l'intention du testateur a été que son héritier fît tout ce qui seroit nécessaire pour le mettre à même de le posséder : *qui vult finem vult & media.*

Voilà le motif de cette surcharge imposée à l'héritier. Mais ce raisonnement militoit avec autant de force en faveur des légataires laïques. On pouvoit dire de même : ils ne peuvent jouir de leur legs que l'insinuation n'en soit payée ; il faut donc présumer que l'intention du testateur a été que cette insinuation fût aux frais de son héritier, *qui vult finem vult & media.* Cependant l'insinuation est à la charge du légataire : pourquoi donc cette différence ?

§. V. *Du déguerpissement. Lorsque le détenteur*

d'un héritage grevé d'une rente foncière envers l'église, le déguerpit entre ses mains, est-il dû un nouveau droit d'indemnité? Cette question seroit susceptible d'une discussion assez sérieuse; mais l'art. V de la déclaration du 20 juillet 1762 en rend l'examen inutile. Cet article porte :

« Pourront pareillement lesdits gens de main-morte donner à cens, à rentes perpétuelles, les biens à eux appartenans; mais dans le cas où ils rentreroient, faute de paiement des rentes ou acquittement des charges, ils seront tenus d'en vuider leurs mains dans l'an & jour, à compter de celui qu'ils en seront rentrés en possession; & ne pourront, en aliénant de nouveau lesdits biens, retenir sur iceux autres & plus grands droits que ceux auxquels lesdits biens étoient assujettis envers eux avant qu'ils y rentrassent; & sera la disposition du présent article observée dans tous les cas où il adviendra des biens-fonds aux gens de main-morte, en vertu des droits attachés aux fiefs, justices & seigneuries qui leur appartiennent, & de tous autres droits généralement; & faute par lesdits gens de main-morte de mettre lesdits biens hors de leur main dans l'an & jour, voulons que la disposition de l'article XXVI de notre édit du mois d'août 1749, soit exécutée à cet égard; nous réservant néanmoins de proroger ledit délai, s'il y a lieu; ce qui ne pourra être fait que par lettres-patentes enregistrées dans nos cours de parlement & conseils supérieurs ».

§. VI. *L'indemnité est personnelle à l'église qui la paie.* Cette maxime est incontestable; de manière que si, après le paiement de l'*indemnité*, la main-morte transporte l'immeuble à un autre corps main-mortable par vente, par donation ou par échange, cette cession ouvre, au profit du seigneur, une nouvelle action à fin d'*indemnité*; la jurisprudence sur ce point est fixée par plusieurs arrêts que l'on trouve, notamment dans le *traité du droit d'amortissement* de Bacquet, *ch.* 46, & dans le *Dictionnaire du domaine*, verbo *Indemnité*.

§. VII. *De l'indemnité due au seigneur haut-justicier & à raison des francs-aleux.* Comme le plus souvent la seigneurie féodale & la haute-justice sont réunies, on ne s'occupa d'abord que de l'*indemnité* due aux seigneurs qui jouissoient de cette double prérogative. Mais il arrive, & même assez fréquemment, que la seigneurie féodale est dans une main, & la haute-justice dans une autre. Il est clair que les acquisitions de la main-morte préjudicient à ces deux seigneurs. Si le premier perd ses droits de relief, de quint, de lods, le dernier est à jamais privé des droits de déshérence, de bâtardise, de confiscation, *&c.* Il faut donc une *indemnité* au seigneur haut-justicier, aussi-bien qu'au seigneur de fief. Sans doute celle de ce dernier doit être plus considérable; mais puisque l'autre souffre un préjudice, il doit être dédommagé.

Enfin on a senti combien ce dédommagement étoit juste. Un ancien arrêt du 11 mai 1619 ordonne que l'*indemnité* sera partagée par moitié entre le seigneur féodal & le seigneur haut-justicier. Il ne falloit pas beaucoup de réflexions pour sentir que ce partage n'étoit pas dans une exacte proportion, & que l'*indemnité* du seigneur de fief devoit être de beaucoup plus considérable que celle du seigneur haut-justicier; & le 28 mai 1692, le parlement fit un arrêté qui porte: « mais lorsqu'ils sont situés dans la mouvance d'un seigneur censier, auquel la haute-justice n'appartient pas; alors si le seigneur haut-justicier demande *indemnité*, l'on pourra lui adjuger la dixième partie de la somme à laquelle le droit d'*indemnité* sera fixé; & cette portion pourra encore être diminuée, s'il y a des dispositions dans les coutumes des lieux, ou des circonstances particulières dans les affaires qui donnent lieu de le faire ».

Puisque la main-morte est obligée d'indemniser le seigneur haut-justicier, elle doit donc une *indemnité*, lors même que l'héritage qu'elle acquiert est allodial; car il n'y a pas d'aleu qui ne soit sous une haute-justice.

§. VIII. *De l'effet de l'indemnité.* L'*indemnité* est sans influence sur la directe; elle n'éteint pas même à perpétuité les droits de quint & de lods qu'elle représente : tout son effet est d'en suspendre le paiement pendant le temps que la main morte possède. Si elle aliène, si l'immeuble rentre dans le commerce, les droits de quint & de lods revivent à l'instant; désormais le seigneur les exigera du propriétaire laïque, & cependant il ne sera pas obligé de rendre à la main-morte la somme qu'il en a reçue à titre d'*indemnité*.

Il en seroit de même, quand, au lieu de donner une somme de deniers, la main-morte se seroit grevée envers le seigneur d'une rente ou d'une charge annuelle; elle seroit tenue d'en continuer la prestation, quoique l'immeuble ne fût plus dans ses mains, quoique, restitué au commerce, cet immeuble fût productif des droits de quint & de lods. C'est ce que le parlement a jugé en faveur de M. le duc d'Aumont. Un hôpital avoit acquis un fief sous sa mouvance, &, pour *indemnité*, s'étoit assujetti à élever à perpétuité, jusqu'à un certain âge, un enfant qu'il lui désigneroit. Après quelques années de possession, l'hôpital remit ce fief en main laïque; & néanmoins le terme auquel l'enfant désigné par M. le duc d'Aumont devoit sortir de l'hôpital, étant arrivé, il en présenta un autre; refus de la part de l'hôpital, procès.

Le moyen de l'hôpital étoit que le fief, par sa rentrée dans le commerce, étoit, comme avant son acquisition, assujetti à tous les profits féodaux, conséquemment que le seigneur n'éprouvoit plus aucun préjudice, conséquemment qu'il ne lui étoit plus dû aucun droit. M. le duc d'Aumont répondoit que, si on lui eût payé en deniers l'*indemnité* qu'il avoit droit d'exiger, l'hôpital seroit non-recevable à lui demander la restitution de cette somme; qu'il la conserveroit, malgré l'aliénation du fief; qu'il falloit donc la regarder comme un capital aliéné, à la charge d'entretenir un enfant; que l'hôpital devoit donc être assujetti à cette charge, tout le temps que ce capital seroit entre ses mains.

Ce moyen a prévalu : arrêt du 27 janvier 1743, sur les conclusions de M. l'avocat général d'Ormesson, qui condamne l'hôpital à se charger de l'enfant & de ceux que M. le duc d'Aumont lui présentera dans la suite. Cet arrêt nous a été conservé par Denisart.

§. IX. *Des acquisitions faites par les main-mortes laïques pour cause d'utilité publique.* Lorsqu'un corps de ville achète un terrein, & le consacre à l'utilité publique, en fait une place, un marché, *&c.* est-il dû un droit d'*indemnité* au seigneur duquel relève ce terrein?

Cette question renaît souvent; elle vient encore de donner matière à un procès célèbre : cependant l'affirmative paroît incontestable; elle réunit en sa faveur des suffrages & des autorités auxquels il est impossible de ne pas déférer.

Dumoulin, *art. 76, gl. 1, n. 7*, prévoit le cas de l'utilité publique, & il se contente de décider que tout ce que la faveur publique peut faire, est de forcer le seigneur à souffrir le rachat de sa directe & de ses droits.

Præfatos dominos posse compelli ad patiendum redemptionem dicti relevii, & hoc favere publico, & ne urbs deformetur ruinis, & rariùs habitetur.

M. Maynard établit le même principe.

« Les seigneurs sont contraints, à pareille raison que les seigneurs utiles, de vendre leurs droits de directe, & d'en souffrir & endurer le rachat ».

Guyot, dans son *traité des fiefs*, *tom. 3, p. 510*, s'exprime ainsi : « je tiens qu'il faut aux seigneurs une *indemnité* pour la perte de leur directe, sur un terrein que l'on met hors du commerce, & que l'*indemnité* doit être des profits casuels, & du fonds de la censive que le seigneur perd à jamais dans ce cas ».

Bannellier, dans son *traité du droit françois*, *tom. 3, p. 94*, conclut de même affirmativement, « qu'il faut une *indemnité* au seigneur, n'étant pas juste que son intérêt particulier soit sacrifié à celui du public, & que c'est bien assez qu'il ne puisse user de la retenue ».

Dupineau, Pocquet de Livonière, de Cormis, décident aussi la même chose.

Mais voici une autorité d'un bien plus grand poids : c'est une loi expresse sur la matière; c'est l'édit d'avril 1667.

Le roi avoit fait nombre d'acquisitions, *soit pour l'agrandissement des maisons royales*, *soit pour l'établissement de plusieurs manufactures.* Ces acquisitions donnoient lieu à des demandes continuelles, & il étoit important de fixer un denier commun pour toutes ces *indemnités*. Le roi reconnoît expressément que les lods & ventes doivent être payés suivant la coutume. A l'égard de l'*indemnité*, il annonce dans son édit, *qu'il pourroit prétendre n'en pas devoir* : mais l'esprit de justice qui l'anime le détermine à se condamner sur cette *prétention*, & il règle en conséquence le paiement de l'*indemnité* sur le pied d'une mutation, en soixante années.

Quant à ce que l'édit ajoute, que le roi *pourroit prétendre ne pas devoir l'indemnité*, il suffiroit de répondre que le roi a jugé la question qu'il suppose qu'on pourroit faire naître, & que sa volonté suprême a fait cesser toute prétention contraire : mais ne sent-on pas que le motif de cet édit est purement relatif aux droits de la couronne? Toutes les suzerainetés ne sont, comme dit Loiseau, que *des rayons & éclats de la puissance souveraine du prince*; & lorsque le bien de l'état cause l'extinction d'une de ces suzerainetés particulières, on peut dire que l'état ne fait que rentrer dans ses droits. Mais si, malgré ce droit suréminent du domaine de l'état, le roi s'est soumis à payer au seigneur l'*indemnité* des acquisitions qu'il fait pour la gloire de son trône, ou pour le bien général de son état, quel est le corps particulier qui peut se croire plus privilégié, & qui osera prétendre l'exemption d'un tribut auquel le souverain se reconnoît lui-même soumis?

Cet édit au reste ne contient point un droit nouveau. Ce que les auteurs avoient décidé avant que cette loi parût, les arrêts le jugeoient de même; & leur uniformité constante avant & depuis cet édit, réunit à son autorité celle de la jurisprudence la plus uniforme; *series rerum perpetuò judicatarum.*

En 1631, sire de la Trémoille, vicomte de Rennes, demanda l'*indemnité* d'une portion de terrein situé dans sa directe, qui avoit servi à former l'emplacement du palais à Rennes. Par arrêt du 19 juillet 1631, rendu au parlement de Rennes, les habitans furent condamnés à lui payer l'*indemnité* sur le pied du sixième denier : c'est Hevin sur Frain qui rapporte cet arrêt.

En 1626, la même chose fut jugée au parlement de Grenoble. Il s'agissoit d'un terrein acquis pour un cimetière : l'évêque de Saint-Paul-trois-Châteaux demanda ses droits : l'arrêt condamna le syndic à *payer les lods de dix ans en dix ans, ou bailler homme vivant, mourant & confiscant, si mieux n'aimoit indemniser pour une fois le seigneur, suivant l'estimation.* Basset, *t. 1, liv. 3, tit. 8, c. 17.*

Le parlement de Provence a constamment suivi le même principe. M. de Cormis, l'un des plus savans auteurs de cette province, *tom. 1, col. 998, ch. 78*, atteste que la jurisprudence constante de ce parlement est d'accorder les droits au seigneur, pour toute acquisition qu'*une ville fait pour ouvrages publics.* Il en cite quatre arrêts.

Me Bannellier, auteur non moins accrédité de la province de Bourgogne, dans les additions aux observations de Raviot sur Perrier, *tom. 1, pag.*

23, *quest.* 124, *n.* 24, rapporte un arrêt qui a jugé de même en faveur du droit du seigneur.

Pareil arrêt fut rendu au parlement de Paris le 7 septembre 1661.

Par cet arrêt, *il ordonna que le procureur-général du roi paieroit dans deux mois, aux chanoines de S. Honoré, le droit* d'indemnité *des maisons enfermées dans l'enclos du palais royal; comme aussi de la moitié de la place où est bâti l'hôtel de Sillery, à raison du denier cinq.*

Un arrêt du conseil du 25 janvier 1695, sur lequel furent expédiées des lettres-patentes enregistrées au parlement, ordonna l'exécution de l'arrêt ci-dessus, & accorda au chapitre de S. Honoré une autre *indemnité* pour les maisons qui avoient été acquises, à l'effet d'achever la place de la fontaine du palais royal.

Le 4 avril 1759, le parlement de Grenoble a accordé une pareille *indemnité* aux augustins de Bourgoing, contre la communauté du même lieu, qui avoit acquis un terrein pour former un chemin public.

§. X. *Règles particulières pour les* indemnités *dues au roi par les gens de main-morte.* Ces règles sont consignées dans une déclaration du 21 novembre 1724; la transcrire est ce que nous pouvons faire de mieux.

Art. 2. Lorsque les biens seront dans notre mouvance ou censive, il nous sera payé par lesdits ecclésiastiques & gens de main-morte, outre l'amortissement, le droit d'*indemnité* sur le pied fixé par les coutumes ou usages des lieux.

Art. 3. Si les biens acquis sont seulement dans l'étendue de nos hautes-justices, l'*indemnité* nous sera payée au dixième de la somme qui nous seroit due, si lesdits biens étoient aussi dans notre mouvance.

Art. 4. Le paiement de l'amortissement & de l'*indemnité* ne dispensera point lesdits ecclésiastiques & gens de main-morte du paiement des droits seigneuriaux de leurs acquisitions, & des cens ou autres redevances annuelles, dont les héritages acquis peuvent être chargés, non plus que de nous fournir homme vivant & mourant aux effets qu'il appartiendra.

Art. 5. Comme le paiement du droit d'*indemnité* est une véritable aliénation de la portion la plus précieuse de notre domaine, puisqu'il nous prive des droits seigneuriaux que nous produiroient les mutations, si les biens acquis par les ecclésiastiques & gens de main-morte étoient demeurés dans le commerce, voulons que, pour nous tenir lieu dudit droit, il soit payé annuellement & à perpétuité à notre domaine, des rentes foncières & non rachetables sur le pied du denier trente, de la somme à laquelle se trouvera monter ledit droit d'*indemnité*, suivant lesdites coutumes & usages des lieux. Défendons auxdits ecclésiastiques & gens de main-morte d'en faire à l'avenir le paiement en argent à peine de nullité, & sans qu'ils en puissent acquérir aucune prescription par quelque temps que ce soit : défendons pareillement aux fermiers ou régisseurs de nos domaines, de recevoir ledit droit en argent, à peine de 1000 liv. d'amende envers nous, outre la restitution de ce qu'ils auront reçu.

Art. 6. Seront lesdits ecclésiastiques & gens de main-morte tenus de présenter aux receveurs-généraux de nos domaines en exercice, chacun dans leur département, les contrats des acquisitions qu'ils auront faites dans l'étendue de nos mouvances, censives & justices, & de leur en laisser copie dans trois mois, à compter du jour de leur date, à peine de 100 liv. d'amende, qui ne pourra être remise ni modérée, & sera partagée entre nosdits receveurs-généraux & les fermiers ou régisseurs de nos domaines, chacun par moitié.

Art. 7. Lesdits receveurs-généraux donneront auxdits ecclésiastiques & gens de main-morte leur reconnoissance de la représentation qui leur sera faite desdits contrats dont ils tiendront registre, & enverront copie au sieur contrôleur-général des finances, avec leur avis, pour être, à son rapport, procédé en notre conseil à la liquidation des rentes qui devront nous être payées pour le droit d'*indemnité*.

Art. 8. Les arrêts de liquidation seront envoyés aux bureaux des finances de chaque généralité, pour y être registrés sans frais, & il en sera délivré des copies aux fermiers ou régisseurs de nos domaines, pour leur servir à faire le recouvrement desdites rentes, dont les arrérages leur seront payés à compter du jour des acquisitions, en quelque temps que les arrêts de liquidation aient été rendus.

Art. 9. Si les *indemnités* sont dues à cause de quelques-uns de nos domaines tenus à titre d'engagement ou d'apanage, les apanagistes ou engagistes jouiront desdites rentes pendant la durée de leurs apanages ou engagemens, *&c.*

Par lettres-patentes du 18 décembre 1731, sur arrêt du conseil du 4 du même mois, il fut ordonné que lorsque l'*indemnité* ne monteroit pas à 60 liv., elle seroit payée en espèces au profit du roi.

Mais par autres lettres-patentes du 20 novembre 1742, celles de 1731 ont été révoquées, & il a été ordonné que les gens de main-morte qui ont fait, depuis la déclaration du 21 novembre 1724, & qui feront à l'avenir des acquisitions d'immeubles dans les directes & justices du roi, en paieront l'*indemnité* en rentes, conformément à ce qui est porté par ladite déclaration, encore que ledit droit d'*indemnité* ne monte pas en principal à la somme de 60 liv.

SECTION II.

De l'indemnité due par le roi, lorsqu'il acquiert dans les mouvances des seigneurs particuliers.

Pour peu que l'on connoisse notre droit public, on sait que jusqu'à des temps qui ne sont pas fort éloignés, nos rois se faisoient un devoir de remplir envers les seigneurs, sous la mouvance desquels ils possédoient, toutes les charges que la vassalité impose. Si depuis ils ont cru pouvoir s'en affranchir, ils ne l'ont fait qu'en payant aux seigneurs une *indemnité* représentative des droits & profits seigneuriaux. Il y a quantité d'exemples de cet hommage rendu par nos rois à la propriété des seigneurs.

Quant à la quotité de cette *indemnité*, elle est réglée par des édits & déclarations de 1667 & 1722. Nous ne pouvons mieux remplir l'objet de cette section qu'en transcrivant ici les principales dispositions de ces différentes loix.

Edit du roi, donné à Saint-Germain-en-Laye, au mois d'avril 1667. Louis, *&c.* Les acquisitions que nous faisons tous les jours pour l'agrandissement & décoration de nos maisons royales, même pour servir aux manufactures, & les instances qui nous sont faites par les seigneurs, dont les héritages par nous acquis sont mouvans en fief ou censive, de leur payer le droit d'*indemnité*, tel qu'il est réglé par quelques coutumes de notre royaume, nous ayant obligé de faire examiner en notre conseil les anciennes ordonnances faites par les rois nos prédécesseurs, & les arrêts de nos cours de parlement, intervenus sur ce sujet : nous avons résolu de pourvoir par un réglement aux droits que les seigneurs pourroient prétendre pour raison des acquisitions. A ces causes, de l'avis de notredit conseil, & de notre certaine science, pleine puissance & autorité royale, nous avons dit & déclaré, & par ces présentes signées de notre main, disons & déclarons, qu'encore que nous pussions prétendre ne devoir aucun droit d'*indemnité* pour tous ces héritages, & néanmoins desirant favorablement traiter les seigneurs, voulons qu'outre le droit de lods & ventes pour les acquisitions qui seront par nous faites en leur censive, il leur soit constitué une rente annuelle sur notre domaine, telle que les arrérages d'icelle puissent, en soixante années, égaler la somme à laquelle les lods & ventes desdits héritages se trouveront monter à raison du prix porté par les contrats d'acquisition ; ensorte que, dans le cours de soixante années, lesdits seigneurs censiers reçoivent le profit d'une mutation. Et à l'égard des héritages en fief, sera ladite rente réglée à raison & sur le pied du cinquième denier de l'acquisition, ou autre tel qu'il est dû par la coutume en cas de vente : moyennant lesquels dédommagemens demeureront lesdits héritages déchargés de tous droits & devoirs féodaux, de quelque nature & qualité qu'ils puissent être. Et à l'égard des maisons & héritages qui seront par nous acquis pour être démolis & servir à quelqu'un de nos bâtimens ; attendu que les seigneurs, dans la justice desquels ils se trouvent, seront privés, tant de l'exercice de leur justice, que de tous les droits qui en dépendent ; voulons qu'audit cas, outre le dédommagement ci-dessus, par nous accordé aux seigneurs féodaux & censiers, il soit payé aux seigneurs hauts-justiciers une rente annuelle sur notre domaine, qui sera réglée, ensorte qu'en soixante années, ils reçoivent le vingt-quatrième du prix sur le pied des contrats qui ont été ou qui seront par nous faits ; & seront lesdites rentes payées sans aucune diminution, comme les fiefs & aumônes. Et si les héritages par nous acquis, étant en la mouvance ou censive d'aucuns seigneurs, étoient dans la justice de nos prévôtés ou bailliages, ou que les fiefs qui seront par nous acquis, eussent droit de haute-justice, ne sera donné aucun dédommagement pour raison de la justice, soit sous prétexte de ressort ou autrement. Et pour les héritages qui ne seront démolis ni enfermés dans l'enclos de quelques-unes de nos maisons, il ne sera payé aucun dédommagement pour raison de la haute-justice : & pourront les seigneurs hauts-justiciers jouir de leurs droits de justice, ainsi qu'ils auroient pu faire avant les acquisitions par nous faites. Si donnons en mandement à nos amés & féaux les gens tenans notre cour de parlement de Paris, que ces présentes ils aient à registrer, & le contenu en icelles faire garder & observer, cessant & faisant cesser tous troubles & empêchemens qui pourroient être mis & donnés, nonobstant tous édits, déclarations, arrêts, réglemens & autres choses à ce contraires, auxquels nous avons dérogé & dérogeons par ces présentes ; car tel est notre plaisir. Et afin que ce soit chose ferme & stable à toujours, nous avons fait mettre notre scel à cesdites présentes. Donné à Saint-Germain-en-Laye, au mois d'avril mil six cent soixante-sept, & de notre règne le vingt-quatrième, signé LOUIS, & plus bas, par le roi, DE GUÉNEGAUD.

Déclaration du roi, donnée à Versailles le 22 septembre 1722. Louis, *&c.* A tous ceux qui ces présentes lettres verront, salut. Le feu roi de glorieuse mémoire, notre très-honoré seigneur & bisaïeul, ayant, par son édit du mois d'avril 1667, fixé les droits d'*indemnité* prétendus par les seigneurs particuliers de son royaume, pour les acquisitions par lui faites dans leurs justices, mouvances & censives ; & ordonné qu'outre les droits de lods & ventes qui seront auxdits seigneurs, il leur seroit constitué une rente annuelle sur le domaine, telle que les arrérages d'icelle puissent, en soixante années, égaler la somme à laquelle les lods & ventes desdits héritages se trouveroient monter, à raison du prix porté par les contrats d'acquisition ; ensorte que, dans le cours de soixante années, lesdits seigneurs censiers reçoivent le profit d'une mutation ; & qu'à l'égard des héritages en fiefs, ladite rente seroit réglée sur le pied du cinquième denier de l'acquisition, ou autre tel qu'il est dû par la coutume en cas de vente ; que, moyennant ce dédommagement, lesdits héritages demeureroient déchargés de tous droits & devoirs féodaux, de quelque nature & qualité qu'ils puissent être ; & qu'à l'égard des maisons & héritages qui seroient acquis par le feu roi pour être démolis, & servir à quelques-uns de ses bâtimens, attendu que les seigneurs, dans la justice desquels ils sont situés, seroient privés tant de l'exercice de leur justice, que de tous les droits qui en dépendent, le même édit ordonne qu'outre le dédommagement accordé aux seigneurs féodaux & censiers, il soit payé sur le domaine aux seigneurs hauts-justiciers une rente annuelle qui sera réglée, de sorte qu'en soixante ans ils reçoivent la vingt-quatrième partie du prix porté par les contrats d'acquisition, & que pour les héritages qui ne seroient ni démolis ni enfermés dans l'enclos de quelques-unes des maisons royales, il ne seroit payé aucun dédommagement pour raison de la haute-justice, mais que les hauts-justiciers jouiroient de leurs droits de justice, comme ils auroient pu faire auparavant. Quoique la disposition de cet édit soit très-claire & très-précise, cependant plusieurs seigneurs, & sur-tout des seigneurs ecclésiastiques, prétendent qu'il ne doit point être exécuté, & que les droits d'*indemnité* doivent leur être payés pour les acquisitions par nous faites, ou par le feu roi notre bisaïeul, sur le pied du cinquième denier pour les rotures, & du tiers pour les fiefs; ils se prévalent de quelques exemples, dans lesquels le feu roi, au lieu de constituer une rente sur le pied fixé par cet édit du mois d'avril 1667, a fait payer des sommes de deniers à quelques seigneurs particuliers pour leur tenir lieu d'*indemnité ;* quoique de semblables exemples ne doivent point tirer à conséquence, & encore moins donner atteinte à un édit dont la disposition est si sage & si nécessaire, qui a été registré dans toutes nos cours, & qui n'a été révoqué ni modifié par aucun autre édit ou déclaration, & qui par conséquent ne sauroit recevoir aucune atteinte, ils soutiennent même contre la teneur de cet édit, que sa disposition n'est pas générale, & que si elle avoit lieu, elle devroit être restrainte aux acquisitions faites pour l'augmentation des maisons royales, & pour l'établissement des manufactures. Nous avons donc cru devoir ôter tout prétexte à ceux qui nous demandent le paiement des droits d'*indemnité* qui doivent être réglés, en ordonnant l'exécution dudit édit du mois d'avril 1667, qui a été donné en grande connoissance de cause & après mûre délibération, & qui pourvoit suffisamment à l'*indemnité* que les seigneurs particuliers de notre royaume peuvent raisonnablement prétendre pour la perte de leurs mouvances, ou de leurs justices, sur les héritages que le feu roi notre bisaïeul & nous, avons cru devoir acquérir, ou que nous acquerrons dans la suite pour l'accroissement des maisons royales, pour l'établissement & augmentation des manufactures, ou pour quelques autres causes que ce puisse être, sans aucune distinction. A ces causes, de l'avis de notre très-cher & très-amé oncle le duc d'Orléans, petit-fils de France, régent; de notre très-cher & très-amé oncle le duc de Chartres, premier prince de notre sang; de notre très-cher & très-amé cousin le duc de Bourbon, de notre très-cher & très-amé cousin le comte de Charolois, de notre très-cher & très-amé cousin le prince de Conti, princes de notre sang; de notre très-cher & très-amé oncle le comte de Toulouse, prince légitimé, & autres grands & notables personnages de notre royaume; & de notre certaine science, pleine puissance & autorité royale, nous avons, par ces présentes signées de notre main, dit & ordonné, disons & ordonnons, voulons & nous plaît, que les *indemnités* qui nous sont demandées, & qui le seront dans la suite par les seigneurs particuliers, ecclésiastiques ou laïques, au sujet des biens acquis par nous, ou par le feu roi notre bisaïeul, & que nous pourrons acquérir à l'avenir, soient fixés sur le pied porté par l'édit du mois d'avril 1667, qui sera exécuté selon sa forme & teneur, sans aucune distinction, restriction ni réserve, pour quelque cause & occasion que ce puisse être, nonobstant toutes choses qui pourroient être alléguées au contraire. Si donnons en mandement, *&c.*

En 1727, le cardinal de Noailles, archevêque de Paris, le cardinal de Bissy, abbé de S. Germain-des-Prés, les religieux de sainte Geneviève ont fait des remontrances au roi sur ces deux loix, & l'ont supplié d'ordonner que, sans s'y arrêter, il seroit tenu de leur payer l'*indemnité* à raison du tiers pour les fiefs, & du 5e pour les rotures des acquisitions qu'il feroit dans l'étendue de leurs seigneuries. Ils prétendoient que l'édit de 1667 étoit révoqué par le non-usage; &, pour le justifier, ils prouvoient que de toutes les acquisitions postérieures faites par le roi dans l'étendue de leur directe, le Luxembourg, le Palais royal, les Invalides & le grenier à sel de Paris, le roi avoit payé l'*indemnité* sur le pied du cinquième. A l'égard de la déclaration du 22 septembre 1722, ils disoient qu'elle avoit été donnée à la poursuite de l'inspecteur-général du domaine, pour faire décider en faveur du roi une contestation particulière, que n'ayant point été entendus alors, ils pouvoient, même suivant la declaration de 1673, se pourvoir au roi par voie de très-humbles remontrances: ils établissoient par plusieurs autorités, & que nos rois avoient toujours reconnu qu'ils devoient *indemnité* au seigneur, & que par l'usage le plus constant, l'*indemnité* étoit fixée au tiers pour les fiefs, & au cinquième pour les rotures.

Ces remontrances n'ont pas eu de succès. Par arrêt du 9 décembre 1727, le roi, sans égard aux représentations, a ordonné que l'édit du mois d'avril 1667, & la déclaration du 22 septembre 1722, seroient exécutés selon leur forme & teneur. *Code Louis XV*, chez *Girard*, *tome II*.

Outre cette rente à laquelle le roi se soumet pour l'avenir, il paie aussi les lods & ventes de l'acquisition qu'il a faite; l'édit le porte expressément.

SECTION

Section III.

Difficultés communes aux différentes espèces d'indemnité.

Un legs fait au collège des Jésuites de Fontenai-le-Comte en Poitou, a fait naître une question très-importante; celle de savoir à qui appartient l'*indemnité*, lorsque le fief dominant a changé de propriétaire dans le temps qui s'est écoulé entre l'acquisition de la main-morte & le paiement du droit? Ce droit appartient-il au second propriétaire, ou bien à celui qui étoit seigneur de la terre, lorsqu'il s'est ouvert?

Cette question a été jugée par arrêt du 20 juin 1689: voici le fait sur lequel cet arrêt est intervenu.

Le sieur Layrandière avoit, par son testament du 22 mars 1620, légué plusieurs immeubles aux Jésuites pour l'établissement d'un collège à Fontenai-le-Comte: dans ce legs se trouvoit compris le fief de la Dreille, mouvant de la terre de Bressuire.

L'*indemnité* n'étoit pas encore payée en 1675; à cette époque de 1675, le marquis d'Anjeau se rendit adjudicataire, par décret, de la terre de Bressuire. Cet adjudicataire composa avec les Jésuites, relativement à l'*indemnité* qu'ils devoient à raison du fief de la Dreille.

Bientôt après, les héritiers & créanciers du comte de Fiesque, propriétaire de la baronnie de Bressuire, à l'époque de la transmission du fief de la Dreille entre les mains des Jésuites, leur demandèrent le même droit d'*indemnité*. Les Jésuites dénoncèrent cette demande au marquis d'Anjeau.

Le marquis d'Anjeau soutint que, jusqu'au paiement, l'*indemnité* fait partie de la terre, comme les droits qu'elle représente, & que l'action pour l'exiger est une action immobiliaire, attachée au fief & qui le suit, en quelques mains qu'il passe; qu'ainsi la seigneurie de Bressuire lui ayant été adjugée avec toutes ses circonstances & dépendances, & sans aucune réserve, l'*indemnité* due par les Jésuites lui appartenoit, & non aux héritiers de son vendeur.

Ceux-ci répondoient que, semblable aux droits de quint & de lods, lorsqu'ils sont échus, l'*indemnité* une fois qu'elle est due, n'est autre chose qu'un profit de fief ordinaire, & qu'ainsi l'action pour l'exiger appartient à la classe des actions personnelles & mobiliaires. Conséquemment que cette action, très-distincte de la terre de Bressuire, étoit demeurée dans la succession du sieur de Layrandière.

L'arrêt de la première des enquêtes, au rapport de M. Tréguier, confirmatif de la sentence du juge de Touars, a jugé que l'*indemnité* appartenoit au marquis d'Anjeau, & que le droit de l'exiger lui avoit été transmis par l'adjudication, comme faisant partie de la terre de Bressuire. Cet arrêt est au journal des audiences. Il juge, comme l'on voit, que l'action à fin d'exiger l'*indemnité*, fait partie du fief dominant.

Cela sort de la nature des choses. Il est vrai que le quint & les lods une fois ouverts, ne sont que des droits purement mobiliers, & l'action à fin d'*indemnité* ne seroit effectivement pas autre chose, si elle n'avoit pour objet que des droits de cette espèce; mais ceux qu'elle représente sont bien différens. Ce sont les quints & les lods que le seigneur auroit perçus, si le fief servant fût demeuré dans le commerce. Ces droits n'existant pas encore, il est impossible que l'imagination les sépare de la seigneurie qui doit les produire. Dire que l'*indemnité* représente ces droits futurs, c'est même parler improprement: comment représenter ce qui n'existe pas, ce qui peut ne jamais exister? Peut-être s'exprimeroit-on mieux, en disant que l'*indemnité* étouffe le germe qui les auroit produits, & comment concevoir ce germe ailleurs que dans la seigneurie dominante?

Lorsqu'il s'est écoulé plusieurs années entre l'acquisition de la main-morte & la demande du droit d'*indemnité*, ce droit se paie-t-il à raison de la valeur actuelle de l'immeuble, ou bien sur le pied de celle qu'il avoit à l'époque de l'acquisition?

Cette question s'est élevée dans la grande affaire entre M. de Moras, seigneur de la ville de Saint-Etienne en Forez & les corps main-mortables de la même ville.

L'arrêt juge que les main-mortes seront tenues de payer l'*indemnité* à raison de tous les héritages par elles acquis sous la directe du seigneur: *savoir, pour ceux dont le prix est marqué par les titres d'acquisition, sur le pied dudit prix; & pour ceux dont le prix n'est pas déclaré dans les titres d'acquisition, sur le pied de l'estimation de la valeur d'iceux, au jour que lesdites communautés en sont devenues propriétaires, par experts dont les parties conviendront.* Cet arrêt de la seconde des enquêtes est du 18 février 1735. Il est rapporté en forme dans les Œuvres de Henrys.

Lorsqu'il a plu au roi de donner des lettres d'amortissement à la main-morte, le seigneur, dans l'impuissance de l'obliger à vuider ses mains, n'a plus qu'une action à l'effet d'en obtenir un dédommagement. Mais cette action, comme toutes les actions, s'éteint par le laps de 30 ans; & ce temps écoulé réduit à la prestation de l'homme vivant & mourant, le seigneur n'a plus rien à prétendre à titre d'*indemnité*.

Cependant cette règle n'est pas générale; l'*indemnité* est imprescriptible dans les provinces, telles que le Roussillon, la Provence, où l'usage est de la fixer non à une certaine somme, mais à une rente annuelle, ou bien à un droit de lods qui se renouvelle à certaines époques déterminées.

C'est la décision de l'auteur du dictionnaire canonique, *verbo* INDEMNITÉ. « Dans la France coutumière, dit-il, où l'*indemnité* est, comme on l'a » vu, *une espèce de finance & d'amortissement qui ne* » *se paie qu'une fois*, ce droit peut se prescrire par » 30 ou 40 ans; mais dans les provinces où l'*in-*

» *demnité* se paie par *lods ou demi-lods*, *elle n'est* » *prescriptible que pour les arrérages*, si ce n'est en » deux cas; 1°. quand il y a une reconnoissance » pure & simple, sans protestation ni réserve de » l'*indemnité*, & *fortifiée par le laps de 100 ans;* » 2°. quand on tient le bien de la main immédia- » tement du seigneur, dans lequel cas, sans le se- » cours de la prescription, l'*indemnité* n'est pas due, » parce que le seigneur est censé y avoir renoncé, » s'il n'a usé de réservation expresse ».

L'auteur fonde sa décision sur les arrêts du parlement de Provence, rapportés par Boniface & le président de Bezieux, & sur les actes de notoriété, donnés par les gens du roi du même parlement.

Boniface, dans son recueil d'arrêts du parlement de Provence, *tome 1, liv. 2, chap. 20, tit. 31*, rapporte en effet six arrêts de cette cour, qui ont adjugé le droit d'*indemnité*, *nonobstant la prescription* que les main-mortes opposoient. L'auteur observe que ce droit y est envisagé comme imprescriptible; « parce qu'il est réglé par un usage particulier de » cette province, à un lods de 20 en 20 ans, ou à » un demi-lods de 10 en 10 ans, & doit être consi- » déré comme *une prestation & redevance annuelle &* » *seigneuriale qui renaît perpétuellement* ».

Il est vrai que l'arrêtiste rapporte un arrêt du même parlement, donné le 10 janvier 1642, qui est aussi rapporté par Brodeau sur Louet, lett. *D*, *somm. 53*, *n. 15*, « par lequel l'économe du couvent de sainte » Claire de Sisteron, appellant de la sentence du » lieutenant de ladite ville, fut mis hors d'instance, » sur la demande du droit d'*indemnité*, formée par » le baron de Mizon, *après deux siècles de son ac-* » *quisition* » : mais, suivant l'observation de l'arrêtiste, » l'économe du monastère avoit justifié que le sei- » gneur de Mizon n'étoit point fondé en la directe » universelle, & qu'il y avoit beaucoup de biens » assis dans les divers quartiers du terroir *sujets à* » *des directes particulières*, qui n'étoient pas subal- » ternes à l'universelle, dont le droit avoit été » confirmé par sentence & par arrêt de la cour; » lesquelles directes particulières, quoique non in- » compatibles avec la générale, servoient néan- » moins pour fortifier la présomption de la fran- » chise de ladite directe, en laquelle l'économe s'é- » toit conservé depuis environ trois siècles, *&c.* ».

Nonobstant ces motifs particuliers, l'auteur ajoute, que *les juges furent partis en opinion*, & que le partage ayant été porté à la tournelle, *l'économe fut mis hors d'instance.*

L'auteur des aditions sur Boniface, *tôm. 2*, *tit. 2*, *chap. 3*, rapporte un arrêt du 2 juin 1673, donné en la grand'chambre, en faveur du commandeur du lieu de Bras, contre la communauté du même lieu. « La cour, dit-il, déclara la directe du four ap- » partenir audit commandeur: condamna la com- » munauté à lui en passer reconnoissance, & à » payer les arrérages du cens de deux septiers de » bled, n'excédant trente-neuf ans avant la de- » mande, ensemble un demi-lods de dix ans en » dix ans, *n'excédant pareil temps de trente-neuf ans* » *avant la demande*, nonobstant la prescription avan- » cée par la communauté, *&c.* ».

L'auteur rapporte les moyens sur lesquels cet arrêt fut obtenu. « Touchant, dit-il, la demande du » droit d'*indemnité*, lods ou demi-lods, l'on disoit » que comme un abyme en attire un autre, une » erreur simple en attire une intolérable, en ce » que cette communauté, après s'être débattue sur » le titre du sieur commandeur & sur l'interversion, » elle ose soutenir qu'en cette province le demi- » lods de dix ans en dix ans, qui est l'*indemnité* » que l'on donne au seigneur direct, lorsque le » fonds servile est possédé par les gens de main- » morte, est prescriptible.

» Il est vrai qu'en la France coutumière, où *l'in-* » *demnité est une espèce de finance & d'amortissement* » *qui ne se paie qu'une seule fois*, & où l'on donne » après cela au seigneur direct, l'homme vivant, » mourant & confiscant, les praticiens françois ont » soutenu, que l'*indemnité* étoit prescriptible: & de » cette opinion, sont Dumoulin, Bacquet, d'Olive » & le sieur de Boissieu, qui a depuis peu écrit sur » l'usage des fiefs du Dauphiné.

» Et sur la foi de ces praticiens, & d'un arrêt » que le grand-conseil a rendu en 1671, contre le » conseiller de Gaillard, qui a déclaré l'*indemnité* » prescriptible, en faveur de la communauté de » S. Maximin, cette communauté oppose la même » prescription.

» Mais *ce n'est pas par les maximes étrangères qu'on* » *doit juger cette cause*, *mais bien par celles de notre* » *province*, suivant lesquelles il est certain que *le* » *demi-lods étant une prestation qui se renouvelle*, & » un droit de lods fictif, équipollent à celui que le » seigneur auroit, si le fonds étoit vendu de vingt » ans en vingt ans, *il ne peut se prescrire*, &c.

» Aussi suivant la loi, *cum notissimi*, *cod. de* » *præscr. 30 vel 40 ann.* les prestations qui se re- » nouvellent ne se prescrivent point; *ce que la cour* » *a toujours confirmé par ses arrêts*, & particulière- » ment par celui du 13 janvier 1598, en faveur » du sieur Devachieres, contre M. Etienne Jean, » auquel elle prononça *sans avoir égard à la pres-* » *cription;* celui du 6 janvier 1562, en faveur du » sieur de Merargues, contre le vicaire; celui du » 27 novembre 1598, en faveur de messire de » Franchipany, abbé de saint Victor, contre l'éco- » nome du monastère de saint Dominique; & ce- » lui de l'année 1640, en faveur du prévôt de » Barjols.

» Cela répond à l'arrêt rendu contre le sieur de » Gaillard, par le grand-conseil, prévenu des ma- » ximes des pays coutumiers, & *contre lequel ledit* » *sieur de Gaillard a impétré requête civile*, *sur le* » *fondement qu'il est contraire à nos usages*, *en la-* » *quelle instance les syndics de la noblesse sont inter-* » *venus pour le faire révoquer*, *sur le même fonde-* » *ment*, cet usage contraire étant justifié par la re- » lation que M. de Rouillé, intendant de justice

» & police en ce pays, en a faite, après en avoir » été informé des plus anciens magistrats du parlement & du barreau, & par l'arrêt rapporté en » mon recueil, *tom.* 1, *pag.* 243, &c. ».

Le même auteur, au chapitre suivant, rapporte un autre arrêt de son parlement, rendu le 20 mars 1645, en faveur de M. l'évêque de Digne, contre la communauté de l'église de Marcoux, en ces termes: « la cour a condamné & condamne » ladite communauté à lui payer les demi-lods, » pour les biens qu'elle possède audit Marcoux, » ensemble les arrérages d'iceux..... n'excédant » trente-neuf ans avant la demande, suivant la vérification qui en sera faite par experts ».

M. de Bézieux, dans son recueil d'arrêts du même parlement, imprimé en 1750, atteste que la jurisprudence de cette cour n'a point varié. Au *liv.* 4, §. 11, il rapporte les deux exceptions, observées par l'auteur du dictionnaire canonique, & les arrêts, qui, en les confirmant, ont supposé la règle en vigueur.

Au §. suivant, il pose ce principe, que *le droit d'indemnité est sans contredit une charge foncière, établie par l'usage, sur les fonds possédés par les main-mortes en faveur des seigneurs directs.*

Ce magistrat rapporte ensuite un arrêt du 6 juillet 1698, qui adjugea le droit d'*indemnité*, *nonobstant la prescription*, & plusieurs arrêts précédemment rendus en 1556, en 1612 & 1613: il observe que *le syndic du clergé étoit en qualité* dans ce dernier arrêt. « *On n'eut point d'égard*, dit-il, *par ces » arrêts, à la prescription avancée de la part des ecclésiastiques;* parce que la cour a jugé que l'*in» demnité consistant en cette province à une redevance » perpétuelle*, même à un droit de lods de vingt » ans en vingt ans, comme dit M. de Saint Jean » en sa décision dixième, *elle participe de la na» ture des droits seigneuriaux, qui ne sont prescrip» tibles que pour les arrérages*, & qu'ainsi la pres» cription de ce droit, approuvée par Dumoulin, » d'Argentré & Brodeau, est avec raison rejettée » en cette province; soit qu'en *France l'indemnité » due par les gens de main-morte ne se paie qu'une » seule fois*, en baillant au seigneur direct le quart » ou le quint de la valeur de la chose emphytéo» tique, suivant Choppin de Doman, liv. 1, tit. 13; » *& cette somme n'étant due qu'une seule fois, il n'y » a rien qui fasse obstacle à la prescription, qui » d'ailleurs a été établie par la coutume;* soit en» core, parce que tous ces auteurs, & particulié» rement Bacquet, Choppin & Dolive, convien» nent que *la main-morte en France doit, outre l'in» demnité, donner homme vivant & mourant au sei» gneur direct..... & que ce droit ne se prescrit » jamais*, & consiste principalement en ce qu'il est » dû un lods au seigneur, dès que cet homme vient » à mourir.

» Or, cela n'a pas lieu en Provence, où il n'est » dû aucun droit à cause de la mutation qui arrive » par mort; *& le lods de vingt en vingt ans étant » au lieu & place de cet homme mourant*, il est pa» reillement imprescriptible pour l'avenir; & c'est » sur quoi la cour s'est fondée pour une telle im» prescriptibilité ».

Ce magistrat rapporte ensuite un arrêt du 20 mars 1689, qui, « sans s'arrêter aux fins de non» recevoir proposées par M. de Bisson, le con» damna au paiement des droits d'*indemnité* de» mandés, à raison d'un demi-lods de dix ans en » dix ans, à compter depuis le jour qu'il étoit » entré en possession de la chapellenie........ » sauf à M. le Pelletier, seigneur direct, de se » pourvoir ainsi & contre qui il verroit bon être, » *pour les plus grands arrérages du droit d'indem» nité* ».

Au §. 13, l'auteur observe que « Boniface, » *compilation* 2, *tom.* 2, *liv.* 2, *chap.* 3, *& sui» vant*, rapporte des arrêts qui ont récemment » condamné les gens de main-morte au paiement » d'un demi-lods de dix ans en dix ans, depuis » la demande, *n'excédant vingt-neuf années* à l'égard » des laïques, & trente-neuf à l'égard de l'église.

» Par arrêt, ajoute-t-il, rendu en la chambre » des enquêtes.... le 21 juin 1709, la cour sui» vit cette jurisprudence au procès d'entre noble » Annibal de Jassand, seigneur de Thoranne-la» Basse, appellant de la sentence rendue par le » lieutenant du siège de Digne, d'une part, & » l'économe des religieuses Ursulines, d'autre » part ».

L'auteur finit par cette observation: « le motif » donc de cet arrêt.... fut que *les droits sei» gneuriaux étant imprescriptibles*, il n'y a que les » arrérages au-delà de trente années, qui ne puis» sent être demandés; & comme on les adjuge » de tous les autres droits seigneuriaux.... celui » d'*indemnité* ne doit & ne peut être réglé autre» ment ». (*Article de M.* Henrion, *avocat au parlement.*)

INDÉTERMINÉ, adj. se dit *en droit*, d'une chose qui n'est pas spécifiée, ou qui n'a point de bornes certaines & prescrites.

On demande si une chose *indéterminée* peut produire une obligation? Il faut distinguer si la chose *indéterminée* que quelqu'un s'engage à me donner, a une certaine considération morale, comme s'il m'a promis une charrue, une chèvre, un cheval, *&c.* En général, une telle promesse produit une obligation: mais si l'indétermination de la chose est telle qu'elle la réduise presque à rien, il n'y a point d'obligation, faute de chose qui en soit l'objet & la matière; attendu que dans l'ordre moral *presque rien* est regardé comme rien. Ainsi en promettant du bled, du vin, sans que la quantité en soit déterminée ni déterminable, on ne contracte aucune obligation, attendu que ces choses peuvent se réduire à presque rien, comme à un grain de blé, à une goutte de vin. C'est pour cela que la loi 94, *ff. de verb. oblig.* décide que la stipulation *triticum dare oportere*, ne produit aucune obligation, quand on

T 2

ne connoît pas la quantité que les contractans avoient en vue.

Lorsque la chose *indéterminée* produit une obligation, il faut que le débiteur qui veut s'acquitter, offre pour cet effet, une chose bonne, loyale & marchande. Ainsi lorsque vous m'avez promis indéterminément un cheval, & que vous voulez remplir votre obligation, vous devez me donner un cheval qui ne soit ni borgne, ni galeux, ni poussif, ni boiteux, ni d'une extrême vieillesse. Au surplus, pourvu que la chose *indéterminée* qui fait la matière de l'obligation n'ait aucun défaut considérable, le créancier est tenu de la recevoir. C'est ce qui résulte de la loi 72, §. 5, *de solut.*

INDEX, terme latin qui est usité dans le langage françois pour signifier la table des matières que l'on met à la fin d'un livre. On a deux *index* des corps de droit civil & canon, qui sont fort amples & fort utiles.

On appelle aussi *index* le catalogue des livres défendus par le concile de Trente.

Il y a à Rome une congrégation de l'indice ou de l'*index*, à laquelle on attribue le droit d'examiner les livres qui y doivent être insérés, & dont la lecture doit être défendue, soit absolument, ou *donec corrigantur.* Je ne sais si nous n'avons pas le sens commun, ou si c'est la congrégation de l'indice qui en manque; mais il est sûr qu'il n'y a presque pas un seul bon livre de piété ou de morale dans notre langue, qu'elle n'ait proscrit. (*A*)

INDICATION, f. f. signifie, en *Droit*, le renseignement des biens d'un débiteur que le détenteur d'un héritage poursuivi hypothécairement fait au créancier, afin que celui-ci discute préalablement les biens indiqués.

C'est à celui qui demande la discussion à indiquer les héritages qu'il prétend y être sujets; & si par son *indication* il induit le créancier en erreur, il est tenu de l'indemniser des suites de la mauvaise contestation où il l'a engagé. *Voyez* DISCUSSION. (*A*)

INDICES, (*Code criminel.*) les *indices* sont les circonstances qui font présumer qu'un homme est coupable du crime dont il est accusé: par exemple, s'il a été vu nuitamment dans les environs d'une maison où un vol a été commis; si on lui a vu beaucoup d'argent ou faire quelques dépenses extraordinaires, malgré son état de détresse ou de misère; s'il a été rencontré avec ses habits ensanglantés près du lieu où un homme a été assassiné; s'il a paru inquiet, égaré; s'il a pris fuite à l'approche des personnes qui accouroient aux cris du malheureux.

Les contradictions dans lesquelles tombent les accusés en répondant aux questions qui leur sont faites par le juge, sont aussi des *indices.*

Mais tous ces *indices*, en quelque nombre qu'ils soient, ne forment pas des preuves suffisantes pour condamner un accusé, ce ne sont que des lueurs à la faveur desquelles un magistrat peut chercher la vérité, mais qu'il ne doit jamais prendre pour elle. Faut-il donc sans cesse remettre sous les yeux de ceux auxquels est confié ce droit terrible de vie & de mort, les tristes & funestes exemples de Lebrun Langlade, des Calas, *&c.* pour les avertir d'être perpétuellement en garde contre les *indices* & les préventions que peuvent souvent faire naître des apparences trompeuses?

Un ouvrage bien utile, bien précieux & qui seroit long-temps médité par tous les magistrats, ce seroit celui qui leur offriroit le tableau des erreurs de la justice. Il en est, qu'un examen plus attentif, qu'un esprit plus impartial, que plus de justesse dans les raisonnemens, qu'un plus grand respect pour la vie & l'honneur des hommes auroient sans doute prévenues. Ce seroit principalement sur des erreurs de cette nature que les juges vraiment dignes de l'être arrêteroient leur attention; celles-ci s'empareroient de leur ame, les pénétreroient d'une sainte frayeur, leur inspireroient une méfiance salutaire à la vue de l'accusé amené devant leur tribunal. Tel est le vœu d'un jurisconsulte estimable, (M. de la Croix, avocat au parlement.) qui, sous le titre de *réflexions philosophiques sur l'origine de la civilisation*, a publié depuis quelques années un excellent ouvrage sur les matières criminelles.

Lorsque les preuves du fait sont dépendantes les unes des autres, dit l'immortel Beccaria dans son *traité des délits & des peines*, c'est-à-dire lorsque les *indices* ne se prouvent & ne se soutiennent que les uns par les autres, lorsque la vérité de plusieurs preuves dépend de la vérité d'une seule, le nombre des preuves n'augmente ni ne diminue la probabilité du fait, parce qu'alors la force de toutes les preuves n'est que la force même de celle dont elles dépendent, & que si on renverse celle-ci, toutes tombènt à-la-fois. Quand les preuves sont indépendantes l'une de l'autre & que chaque *indice* se prouve à part, la probabilité du fait croît en raison des *indices*, parce que la fausseté de l'un n'entraîne pas la fausseté de l'autre.

On peut distinguer, ajoute-t-il, deux sortes de preuves d'un crime. Les preuves parfaites & les preuves imparfaites. J'appelle *parfaites* celles qui excluent la possibilité de l'innocence de l'accusé; *imparfaites* celles qui n'excluent pas cette possibilité. Une seule preuve parfaite suffit pour autoriser la condamnation. Quant aux preuves imparfaites, il en faut un nombre assez grand pour former une preuve parfaite, c'est-à-dire qu'il faut, que quoique chacune n'exclue pas la possibilité de l'innocence, la réunion de toutes contre l'accusé exclue cette possibilité.

Les criminalistes distinguent trois genres d'*indices*, savoir, les *indices* urgens & nécessaires, les *indices* prochains, & les *indices* éloignés.

Les *indices* urgens & nécessaires, sont ceux qui résultent des circonstances même du crime, & qui y paroissent tellement relatives qu'il seroit impossible de les attribuer à un autre principe. Ce sont ces *indices* qui forment ce que les jurisconsultes appellent *præsumptio juris & de jure.*

Nous ne citerons pour exemple d'*indices* urgens que ceux qui peuvent résulter du fait d'un père de famille égorgé dans sa maison. A Rome on eût condamné tous ses esclaves à la mort comme coupables d'assassinat, ou au moins, d'avoir manqué de vigilance sur les jours de leur maître; on se contenteroit, en pareil cas parmi nous, de décréter les domestiques & de les emprisonner pendant un certain temps, jusqu'à ce que le meurtrier ait été découvert ou leur conduite suffisamment examinée. Cette précaution, moins rigoureuse que la jurisprudence romaine, est nécessaire pour assurer la preuve du délit & la punition du coupable; elle est légitime, parce que les premiers soupçons doivent naturellement frapper sur ceux qui entouroient l'homicidé au moment du meurtre, ils ont eu plus de facilités que d'autres pour le commettre, ils ont pu au moins connoître & ouïr l'assassin: la circonstance de leur domesticité est un *indice* urgent.

Les *indices* prochains sont ceux qui naissent de faits dont le rapport avec le crime est indirect. Ce sont les faits qui peuvent bien être la preuve du crime, mais qui peuvent aussi ne pas l'être.

Les jurisconsultes les qualifient, *præsumptiones juris*, *sive indicia extra rem.* Un homme a donné en paiement, une pièce de fausse monnoie, il en a donné plusieurs, peut-être les a-t-il fabriquées lui-même, peut-être ne les a-t-il pas fabriquées, peut-être connoissoit-il le vice de la pièce qu'il a donnée en paiement, peut-être ne le connoissoit-il pas; que résulte-t-il contre lui de ce fait? en conclura-t-on qu'il est faux-monnoyeur? Non: parce qu'il y a quelque différence entre donner un écu faux & le fabriquer, ce n'est là qu'un *indice* prochain.

Les *indices* éloignés ne sont que ces soupçons vagues que l'activité & la malignité forment souvent, que l'on hasarde dans la société, & qui doivent à jamais être bannis des tribunaux. Assis dans ce sanctuaire redoutable des loix vengeresses, que l'homme disparoisse? le magistrat, doit seul se montrer. Qu'un avare se trouve volé, se permettra-t-on de punir & même d'emprisonner celui qui en faisant la critique de ce vice, aura dit que tous les avares mériteroient bien d'être volés! on sent qu'un pareil discours ne peut être qu'un *indice* très-éloigné.

S'il est des *indices* qui peuvent conduire à la preuve d'un délit & à la conviction de l'accusé, il en est aussi, qui peuvent conduire à l'innocenter ou au moins à suspendre sa condamnation. Et ce sont ceux-là sans doute que le juge doit saisir avec le plus d'empressement; par exemple, si un homme accusé de vol ou d'assassinat & contre lequel les preuves sont légères, a toujours été considéré comme vertueux, humain, juste, doux envers tout le monde, en un mot, s'il a joui de l'estime générale & de la réputation d'un honnête homme. (*M.* BOUCHER D'ARGIS, *conseiller au châtelet, de l'académie de Rouen*, &c.)

INDIGENAT, s. m. terme usité en Pologne & dans quelques autres pays pour signifier *naturalité.* Donner l'*indigenat*, c'est naturaliser quelqu'un. Ce mot vient du latin *indigena*, qui signifie *naturel du pays.* (*A*)

INDIGNE, adj. INDIGNITÉ, s. f. (*Droit civil.*) on appelle *indignes* ceux qui pour avoir manqué à quelque devoir envers une personne, de son vivant ou après sa mort, ont démérité à son égard, & en conséquence sont privés, par la loi, de sa succession ou des legs & autres droits qu'ils pouvoient avoir à répéter sur ses biens.

Ainsi le donataire qui use d'ingratitude envers son donateur, se rend *indigne* de la donation; & quoiqu'en général elle soit irrévocable de sa nature, néanmoins dans ce cas, elle peut être révoquée par le donateur, mais elle ne l'est pas de plein droit. *Voyez* DONATION.

La femme qui est convaincue d'adultère perd sa dot & toutes ses conventions matrimoniales, le mari ne lui doit que des alimens dans un couvent.

Celle qui quitte son mari sans cause légitime, ou qui étant veuve se remarie dans l'an du deuil, ou qui vit impudiquement soit dans l'an du deuil ou depuis, ou qui se remarie à une personne *indigne* de sa condition, est privée, selon le droit écrit, de tous ses gains nuptiaux. Ces causes d'*indignité* ont également leur effet dans les pays coutumiers, & la débauche de la femme la priveroit de la succession de son mari si elle y étoit appellée soit par la coutume, soit par le testament de son mari, soit par l'édit *undè vir & uxor.*

Le conjoint survivant qui a procuré la mort du prédécédé, ou qui n'en a pas poursuivi la vengeance, est aussi privé comme *indigne* des avantages qu'il auroit pu prétendre en vertu de la loi, coutume, ou usage sur les biens du prédécédé.

L'héritier testamentaire ou *ab intestat* qui est auteur ou complice de la mort du défunt, ou qui a négligé d'en poursuivre la vengeance, se rend *indigne* de sa succession; la peine s'étend même jusqu'aux enfans du coupable.

On regarde encore comme *indigne*, celui qui a donné occasion à la mort du défunt; celui qui a négligé de l'empêcher lorsqu'il l'a pu, soit en dénonçant les desseins du meurtrier, soit en s'opposant lui-même à l'exécution du crime; enfin celui qui le pouvant, a négligé de donner du secours au défunt dans le cours de sa maladie. Un arrêt du premier février 1602, a déclaré *indigne* de la succession, un frère qui avoit donné retraite au meurtrier de son frère.

Il faut néanmoins observer qu'il y a des circonstances qui peuvent excuser l'héritier de n'avoir pas poursuivi la mort du défunt.

1°. On ne peut opposer à un mineur l'omission de la vengeance de la mort de celui dont il hérite, son tuteur n'est pas même obligé de poursuivre le meurtre commis dans la personne de celui dont la succession lui est dévolue.

L'extrême indigence des enfans les dispense de poursuivre la vengeance de la mort de leur père;

& l'héritier ne doit plus accuser celui auquel le défunt a fait grace.

Le père n'est point tenu de poursuivre son fils coupable; il en est de même du fils vis-à-vis de son père, du mari vis-à-vis de sa femme, & de la femme vis-à-vis de son mari. La loi civile ne peut les astreindre à déployer l'un contre l'autre l'appareil & la rigueur d'une accusation, sans rompre des liens respectables & chers, qu'il est de sa sagesse de resserrer.

Celui qui a attenté à l'honneur du défunt, ou qui lui a fait quelque injure grave, se rend aussi *indigne* de sa succession. Des inimitiés capitales, & qui n'ont point été recouvertes par une réconciliation au moins apparente, rendent *indignes* l'héritier institué, mais non l'héritier *ab intestat*, parce que celui-ci tient la succession du bénéfice de la loi, tandis que le premier la reçoit de la volonté seule du testateur. On sent bien que les inimitiés doivent être survenues depuis la date du testament.

La débauche est encore au nombre des causes qui font encourir l'*indignité* : ainsi un testateur ou une testatrice ne peut rien transmettre à son concubinaire. Mais pour pouvoir intenter cette action, il faut avoir un commencement de preuve par écrit, ou des faits de notoriété publique, ou des présomptions violentes. *Voyez* CONCUBINAGE.

La mère qui expose son fils, les parens qui laissent sciemment un enfant dans un hôpital, sont *indignes* de la succession de ce fils, soit mobilière, soit immobilière.

On doit appliquer aux légataires ce qui vient d'être dit de l'heritier.

Ceux qui traitent de la succession de quelqu'un de son vivant, qui ont empêché le défunt de faire un testament, qui tiennent le testament caché, au préjudice des héritiers, sont *indignes* de la succession, & de toutes les libéralités que le défunt auroit pu leur faire.

Chez les Romains, ce qui étoit ôté aux *indignes*, appartenoit au fisc; mais parmi nous le fisc n'en profite point; les biens appartiennent à ceux qui les auroient eus, si la personne devenue *indigne* ne les eût pas recueillis. La peine de l'héritier ou du légataire *indigne* ne tombe que sur lui.

L'*indignité* est différente de l'incapacité, 1°. en ce que celle-ci empêche d'acquérir; l'autre empêche bien aussi d'acquérir, mais elle opère de plus que l'*indigne* ne peut conserver ce qu'il a acquis.

2°. L'incapable est plus ordinairement privé de la faculté de donner, que de celle de recevoir. L'*indigne* a la disposition de ses propres biens, mais il manque de qualité pour retenir ce qu'il peut avoir reçu depuis son *indignité*.

3°. L'*indignité* naît d'un mot, d'une action, l'incapacité d'un défaut ou d'un vice inhérent à la personne. Les causes qui rendent un homme *indigne*, sont des défauts accidentels, qui proviennent des mœurs & de la conduite de la personne; celles au contraire qui rendent incapable, n'ont aucun rapport avec le défunt, & ne sont que des manques de qualités ou des défauts qui tirent leur origine de la nature ou de la loi.

INDIGNE, INDIGNITÉ, adj. & s. f. (*Matière bénéficiale.*) L'*indignité* est une espèce d'incapacité de posséder ou d'acquérir des bénéfices, provenant d'un crime dont on a été convaincu par un jugement, ou dont on est légitimement soupçonné pendant tout le temps qu'on est sous le lien d'un décret de prise de corps ou d'ajournement personnel.

Il faut donc distinguer deux espèces d'*indignité*, une qu'on peut appeller *absolue*, & l'autre *relative*. L'*indignité* absolue sera celle qui, en rendant incapable d'acquérir aucun bénéfice, rend en même temps vacans ceux qu'on possédoit déjà. L'*indignité* que nous appellons *relative*, par opposition à l'absolue, est celle qui rend inhabile à de nouveaux bénéfices, sans emporter la vacance de ceux dont on est pourvu.

L'*indignité* absolue est ou antécédente ou subséquente à la collation du bénéfice. Lorsqu'elle précède la collation, elle empêche le bénéfice de faire impression sur la tête du pourvu, qui n'en est jamais légitime possesseur, & qui ne peut même appeller à son secours la possession triennale; lorsqu'elle n'est que subséquente, elle fait, à la vérité, vaquer le bénéfice, mais cette vacance ne s'opère dans le fait que par un jugement qui déclare le bénéficier atteint ou convaincu de tel crime.

L'*indignité* absolue est telle qu'elle ne peut s'effacer par des lettres de grace du prince, accompagnées de l'absolution & de la dispense de cour de Rome : la grace anéantit la peine, mais n'efface pas l'infamie. *Indulgentia quos liberat, notat, nec infamiam criminis tollit, sed gratiam facit.* Un gradué accusé d'homicide avoit obtenu des lettres de grace qu'il avoit fait entériner. *Diploma regium indulgentiæ seu remissionis criminis impetravit, & regio causarum criminalium judici, præsentavit judicialiter.* Il y avoit ajouté une signature de cour de Rome, portant sa réhabilitation, *à papâ rehabilitationem dispensatoriam obtinuit sub simplici signaturâ.* Il requit ensuite une prébende de l'église de Toulouse : on lui opposa son *indignité. Breviter respondi*, dit Dumoulin, *reg. de infir. resig.* n°. 397, *hunc nominatum penitùs excludendum..... quia non agitur de beneficio quæsito, sed quærendo. Sed tempore vacationis erat ipso jure inhabilis, imò etiam infamis, per confessionem illam & præsentationem judicialiter factam, & sic litteras nominationis suæ inutiles effectas constat..... quibus respondi non esse in potestate papæ dare hujusmodi rehabilitationes ad effectum retroactivum*, n°. 398.

Cette décision de Dumoulin s'applique, comme il est facile de le voir, à l'*indignité* antécédente. Mais si elle n'étoit que subséquente, les lettres de grace & le rescrit de cour de Rome ne pourroient-ils pas l'effacer, de manière à laisser subsister le titre du bénéfice sur la tête du pourvu?

Avant la distinction des bénéfices *in acquisitis* &

in acquirendis, cette question n'eût pas pu se proposer. Elle sera même facile à résoudre, si l'on ne veut consulter que l'esprit & le vœu des loix. Les civiles décident que, *neque famosis & notatis, & quos scelus aut vitæ turpitudo inquinat, & quos infamia ab honestorum cœtu segregat, dignitatis portæ patebunt.* Les bénéfices ecclésiastiques exigent pour le moins, autant de pureté de mœurs, & une réputation aussi intacte que les dignités temporelles; & si un magistrat qui auroit obtenu des lettres de grace pour un crime qu'il auroit commis, ne peut cependant pas continuer à siéger dans le temple de la justice, comment concevoir qu'un prêtre, auquel le prince auroit accordé la rémission d'un crime capital, pourroit continuer à remplir les fonctions saintes de la religion, & à diriger les peuples dans les sentiers de la vertu, lorsque lui-même s'en seroit écarté d'une manière aussi publique qu'infamante ? Les lettres de grace ne pourroient donc pas empêcher un ecclésiastique d'encourir la privation de son bénéfice, sur-tout s'il étoit à charge d'ames.

Si les lettres de grace avoient précédé le jugement, il paroît que, dans nos mœurs actuelles, le bénéficier auroit la faculté de résigner son bénéfice, parce qu'on peut dire qu'il n'a point encore été déclaré vacant judiciairement. Mais s'il ne le résignoit ou n'en donnoit sa démission, il ne pourroit le défendre contre un dévolutaire.

Si au contraire les lettres de grace étoient postérieures au jugement, le bénéfice étant vacant du moment même que le jugement est prononcé, le bénéficier condamné n'y auroit plus aucune espèce de droit. Les lettres du prince le garantiroient des peines corporelles & civiles, mais ne pourroient lui rendre l'aptitude à rentrer dans le bénéfice dont il a été dépouillé par le jugement. L'*indignité* qui en est la suite ne peut être détruite par aucune puissance humaine, parce qu'il n'en est point qui puisse rendre l'innocence extérieure & la réputation que les loix de l'église, reçues dans l'état, exigent pour acquérir ou pour posséder un bénéfice.

Il n'est pas nécessaire d'avoir essuyé une condamnation à une peine capitale ou infamante pour être *indigne* d'acquérir un bénéfice; il suffit seulement d'être *in reatu*. Un décret d'ajournement personnel ou de prise de corps ferme la porte aux bénéfices. La raison qu'on en donne, c'est qu'une accusation qui fait le fondement d'un de ces décrets, peut conduire à des peines graves, & qu'il ne convient pas qu'un homme qui est ainsi sous la main de la justice, soit pourvu d'un bénéfice avant de s'être purgé. Il en doit être de même, à plus forte raison, d'un ecclésiastique qui seroit appellant d'une sentence d'un official ou d'un juge royal inférieur.

L'*indignité* qui résulte d'une condamnation à une peine infamante, ne cesse pas avec la peine. Un arrêt du grand-conseil du 22 septembre 1733, a jugé qu'un banni à temps ne pouvoit pas, après son ban fini, être pourvu d'un bénéfice simple. Lacombe rend compte de l'espèce dans laquelle cet arrêt a été rendu.

Nous n'entrerons point ici dans le détail de toutes les causes qui produisent l'*indignité* relativement aux bénéfices. On les trouvera aux articles INCAPACITÉ, IRRÉGULARITÉ, RÉSIGNATION, VACANCE. (*M. l'abbé* BERTOLIO, *avocat au parlement.*)

INDIRE, (*Droit d'*) le mot *indire* provient du latin *indicere*, qui signifie *imposer*, comme le prouvent les loix & les autres autorités qui sont rassemblées dans le vocabulaire de droit de Kahl, *aliàs* Calvin, & dans les autres dictionnaires du droit romain.

Le mot françois *indire* a le même sens; mais il n'est plus en usage que pour désigner la taille aux quatre cas, dans les coutumes de Bourgogne-duché, & de Bourgogne-comté, ou Franche-Comté. Cette espèce de taille y est appellée *droit d'indire* absolument, ou *droit d'indire aide*, ou enfin *droit d'indire aux quatre cas*. On a dit autrefois *indiction* dans le même sens, comme on le verra bientôt. *Voyez aussi les Glossaires* de Dom Carpentier, le *Dictionnaire de Diplomatique*.

M. le président Bouhier, dans son *Commentaire sur la coutume de Bourgogne*, définit le *droit d'indire* « un droit seigneurial, lequel donne au seigneur qui jouit de la haute-justice, la faculté d'imposer extraordinairement sur ses hommes & sujets résidens en sa terre, & soumis à sa haute-justice, dans les cas spécifiés par la coutume, ou par les anciennes conventions, une certaine somme, suivant les arrêts & réglemens, pour aider le haut-justicier à supporter les frais auxquels il peut être tenu dans ces mêmes cas ».

Il résulte de-là que le *droit d'indire* est la même chose que ce qu'on appelle en d'autres coutumes, *aides*, *loyaux-aides*, *double cens*, *doublage*, *taille aux quatre cas*, *taille impériale*, &c.

On développe les principes généraux de cette matière, aux mots AIDE, (*Droit féodal.*) & TAILLE *aux quatre cas*. Il suffira donc ici de donner les règles qui sont particulières à ce droit dans les deux provinces de Bourgogne.

L'article 4 de la coutume du duché de Bourgogne, & l'art. premier du titre 6 de la coutume de Franche-Comté, disent également que le *droit d'indire* appartient au seigneur haut-justicier. Dans la plupart des autres coutumes, c'est un simple droit de fief.

Il n'y a point de loi qui fixe la quotité de ce droit en Bourgogne, & cela provient sans doute de ce qu'il étoit à-peu-près arbitraire, comme toutes les tailles seigneuriales. Mais dans bien des seigneuries, le *droit d'indire* a été réglé, soit par des conventions, soit par un usage dont les terriers & les autres titres de la seigneurie font la preuve. Lorsque les titres ne s'expliquent point à ce sujet, ou ne s'expliquent pas d'une manière uniforme, il faut suivre le droit commun coutumier, suivant lequel le *droit d'indire* est un *redoublement* des redevances seigneuriales ; & c'est pour cela qu'il y a des coutumes & des auteurs qui l'appellent *droit de doublage*.

Loyaux-aides, dit Loisel, sont presque ordinairement le doublage des devoirs (*liv. 4, tit. 3, reg. 56.*). Outre les autorités citées par Laurière sur cet article de Loisel, on peut voir les arrêts de Papon, *liv. 13, tit. 3, n°. 5* ; Henrys & Bretonnier, *tome 2, liv. 3, quest. 23 & 24* ; Taisand, sur l'art. 4 du tit. 1, not. 10 ; de Pringles, sur le même article ; les articles 9, 10 & 11 des cahiers sur la coutume de Bourgogne.

Dans la Franche-Comté, les contestations fréquentes qui s'élevoient sur le *droit d'indire* déterminèrent les états de la province à en demander l'interprétation dans leur assemblée de 1586. Ce fut l'objet d'un édit de l'an 1587, dont l'extrait se trouve dans les anciennes ordonnances de la province, & dans les observations de Dunod de Charnage sur la coutume du comté de Bourgogne, *titre des droits qui dérivent de la souveraineté, n°. 21.*

Comme toutes les décisions de cette loi s'observent encore aujourd'hui, il est essentiel de les rapporter : « & au regard, y est-il dit, de l'indiction » d'aide, déclarons que les pères jouissant des » seigneuries appartenant à leurs enfans en » haute-justice, les femmes qui les tiennent pour » douaire, & généralement autres usufruitiers de » telles seigneuries, à quelque titre que ce soit, » ne pourront imposer les sujets pour aide, quand » l'un des quatre cas adviendra en leur personne ; » ains appartient au seul propriétaire l'avant dit droit » d'imposer aides ès susdits cas déclarés par la » coutume de Bourgogne.

» Comme le mari ne pourra imposer pour ce » respect les sujets de sa femme en haute-justice, » si ce n'est lorsque le cas adviendra en la per» sonne propre de sadite femme, qui seroit faite » prisonnière, marieroit sa fille, ou feroit voyage » d'outre-mer en la terre sainte.

» Et étant une seigneurie en haute-justice ven» due sous réserve de réachat, pourra l'acheteur » durant le temps de raimbage, si l'un desdits quatre » cas advient en sa personne, *indire* l'aide ; n'étoit » que le vendeur, encore lors vivant, l'eût déjà » levé en même cas.

» Et où ledit vendeur usant dudit réachat, au» roit retiré ladite seigneurie, il ne pourra (vivant » ledit acheteur) *indire* ou imposer aide, au même » cas qu'icelui acheteur l'auroit levé.

» Et que *doigeant*, (c'est-à-dire *devant*) ledit » *droit d'indire* & imposer aide être restreint & » limité aux seuls sujets en haute-justice, les étran» gers non ayant cette qualité, quoique possédant » biens en la seigneurie de celui en la personne » duquel l'un desdits cas adviendra, ne pourront » être imposés ».

Dunod observe sur la première de ces dispositions, qu'elle est absolument contraire au droit commun, suivant lequel c'est l'usufruitier qui jouit du *droit d'indire* aide.

L'article suivant de la même loi ajoute qu'elle aura lieu *en tous cas non déterminés par transactions, appointemens amiables, ou sentences passées en force de chose jugée*, « parce qu'en ce que dessus nous ne » constituons rien de nouveau, ains seulement dé» clarons & interprétons les articles coutumiers du» dit pays, selon le pouvoir qui nous en est spé» cialement & par exprès réservé ».

L'article qui suit a pour objet de prévenir les contestations ruineuses qui s'élevoient pour la fixation du droit. Il déclare « que pour le cas de ma» riage de fille, de nouvelle chevalerie ou voyage » d'outre-mer, l'imposition se fera par le seigneur » haut-justicier, au prix d'un écu & demi en va» leur de quatre francs & demi, & pour prison » à l'advenant de deux écus en valeur de six francs, » monnoie de Bourgogne, par chacun feu & mé» nage des sujets, à répartir toutefois la somme » entière, résultant du nombre desdits feux, entre » tous les sujets de la seigneurie, par les prud'» hommes, échevins ou jurés, selon les facultés » & richesses d'un chacun d'iceux, le fort por» tant le foible, comme il est accoutumé faire, » en jets de communauté rière notredit pays ; & » que les députés audit égalément, ou celui que » pour ce ils choisiront, fasse la cueillette de la » somme sur les particuliers, & le subsécutif en» tier paiement au seigneur, ou à celui à qui la » recette de ce sera par lui député & commis : » & où en une maison, seigneurie ou village y » aura plusieurs seigneurs en haute-justice, chacun » d'iceux jouira dudit *droit d'indire*, imposer & lever » aide sur ses particuliers sujets, ou pour la por» tion qu'il aura en la haute-justice.

» Et si plusieurs desdits cas advenoient en une » même année, pour non toutefois trop travailler » lesdits sujets en un coup, ains leur laisser un peu » respirer & reprendre haleine : déclarons que pour » un seul desdits cas s'exigera ladite aide, & quoique » pour tous pourra être faite l'indiction, si ledit » seigneur le treuve convenir, les sujets toutefois » ne seront ou ne pourront être contraints audit » paiement, fors la seconde année après celle de » la première solution, de sorte qu'il y ait un an » libre & franc entre les deux paiemens ».

Au reste, Davot remarque dans son *Traité des Seigneuries à l'usage de Bourgogne, n°. 133*, que le *droit d'indire* n'a point lieu en Bresse & en Bugey, en vertu de la seule qualité de seigneur haut-justicier, les statuts de ces provinces n'en disant rien. Il faut donc que ceux qui y prétendent ce droit l'établissent par des titres particuliers ; c'est ce que Revel indique aussi dans ses *Usages de Bresse*.

Ces deux auteurs ne paroissent entendre sous le nom de *Bresse*, que la province qui fut donnée en échange du marquisat de Saluces. Mais on suit aussi la même règle dans la Bresse Châlonnoise, suivant la note 240 de Bannelier sur les *Traités* de de Davot. « Les arrêts cités par M. Bouhier, dit-il, » & qui adjugent le *droit d'indire* à quelques seigneuries (de Bresse Châlonnoise), sont fondés » sur des terriers & d'autres titres singuliers. Ce fait » vient encore de m'être certifié par des personnes » du pays très-éclairées & très-exactes ». (*Cet article est de M. Garran de Coulon, avocat au parlement.*)

INDIVIS, adj. se dit *en droit*, de quelque chose qui n'est ni divisée ni partagée. On dit en ce sens, un héritage *indivis*, une succession *indivise*, c'est-à-dire, qui sont possédés en commun, & dont la propriété n'a pas été divisée.

Quelquefois par le terme d'*indivis* simplement, on entend l'état d'*indivision* dans lequel les copropriétaires jouissent; on dit en ce sens que plusieurs personnes jouissent par *indivis*, pour dire qu'ils possèdent en commun.

Indivis est opposé à *divis*; lorsqu'un héritage est partagé, chacun des copartageans jouit à part & divisément de sa portion.

Les conjoints par mariage, les associés, les membres d'un chapitre, d'une commune, ou d'une jurande, possèdent en commun les biens qui sont entrés dans la communauté, ou dans la société, qui appartiennent à leur église ou à leur corps.

On peut posséder par *indivis* en vertu d'une convention, comme en vertu d'une communauté stipulée par un contrat de mariage, ou d'un acte de société : alors les engagemens des copropriétaires se règlent, ou par les clauses des contrats qu'ils ont souscrits, ou par les usages particuliers à ces sortes de conventions.

D'autres possèdent par *indivis*, sans qu'il y ait entre eux aucune convention ; tels sont, par exemple, les donataires ou légataires d'un même bien, les cohéritiers d'une même succession, soit par testament, soit *ab intestat*. Les droits de chacun d'eux s'étendent sur l'universalité, & en même temps sur chaque partie de la chose : *totum in toto, & totum in quâlibet parte*.

Celui qui se rend acquéreur de quelques portions d'une chose commune à plusieurs personnes, entre naturellement dans leurs liaisons : de même l'héritier d'un associé est lié sans convention avec les associés de son auteur : *licet hæres socius non sit, attamen emolumenti successor est*, l. 63, §. 8, ff. *pro socio*.

Voici les engagemens de ceux qui possèdent par *indivis*, un ou plusieurs biens, sans convention.

1°. Ils doivent en partager les fruits, proportionnément à la part de chacun dans la propriété, & celui qui en jouit, doit rapporter ses jouissances dans cette proportion : mais en Normandie, où la loi ne semble donner aux puînés qu'un apanage ou des alimens, le fils aîné, saisi par la loi de la succession de ses père & mère, fait, en vertu de l'article 337, les fruits siens, jusqu'à ce que le partage soit demandé par ses frères, s'ils sont majeurs lors de la succession échue : toutefois il seroit obligé de rendre compte de ces fruits si ses frères étoient mineurs; parce qu'alors il ne seroit considéré que comme leur tuteur ; l'inaction des mineurs, leur retard à demander le partage, ne pouvant leur préjudicier.

2°. On doit partager la chose commune quand un des copropriétaires l'exige : ainsi un père ne peut défendre indistinctement le partage entre ses enfans; & la convention faite entre les cohéritiers de posséder perpétuellement en commun, n'est pas obligatoire.

Cependant la prohibition du partage seroit valable, si elle étoit limitée à un certain temps, & s'il paroissoit que le testateur eût voulu assurer à un de ses héritiers un avantage permis par la loi.

Les copartageans doivent toujours se garantir réciproquement leurs portions de toute éviction.

3°. Les copropriétaires sont aussi tenus l'un envers l'autre, du maniement qu'ils ont eu de la chose commune : chacun répond du dommage & des pertes qu'il peut occasionner. Ceux qui jouissent au nom des autres, du bien *indivis*, étant obligés d'en prendre soin comme de leur propre affaire, ils doivent répondre, non-seulement du dol & de la fraude, mais encore des fautes & de la négligence contraires à ce soin.

Ils sont en droit de répéter avec intérêts les avances qui ont conservé la chose, & celles qui l'ont rendue plus précieuse.

Mais un copropriétaire ne peut faire dans la chose commune des changemens qui ne sont point nécessaires pour la conserver, à moins qu'ils ne soient approuvés de tous : un seul peut même empêcher contre tous les autres, qu'il n'y soit rien innové. Celui qui feroit un changement malgré la résistance des autres, ou en leur absence, seroit tenu de rétablir les choses dans leur ancien état, & en outre des dommages qu'il auroit occasionnés : mais celui qui auroit vu le changement, & qui l'auroit souffert, ne pourroit s'en plaindre.

Il arrive souvent qu'en attendant le partage des biens *indivis*, il est nécessaire d'en faire les baux : si les cohéritiers ou copropriétaires ne s'accordent pas sur le choix du locataire, ou sur les conditions du bail, il faut s'en tenir à ce que décide la majorité des voix. Il seroit plus sûr, en pareille circonstance, de provoquer l'adjudication du loyer par forme d'enchères.

4°. Une des principales questions que font naître les propriétés *indivises*, est de savoir si les poursuites faites contre l'un des copropriétaires interrompent la prescription à l'égard des autres ? Il faut d'abord distinguer l'interruption à l'égard des noms & actions, de celle qui concerne les fonds & autres choses corporelles.

A l'égard des noms, actions & rentes qui sont divisées de plein droit, l'interruption de l'un des communiers ne sert ni ne nuit aux autres, quand même il s'agiroit de personnes conjointes.

Il faut excepter les coobligés solidairement, qui, étant liés par une seule & même obligation, peuvent être considérés comme une seule & même personne; ensorte que le créancier pouvant s'adresser à celui qu'il choisit des débiteurs solidaires, & exiger de lui le total de la dette, les poursuites faites contre l'un, pour le paiement des arrérages d'une rente, nuisent à tous les autres, parce qu'elles sont censées faites contre tous.

Par la même raison, non-seulement le paiement réel, mais toute autre espèce de paiement, fait par l'un des débiteurs solidaires, libère tous les autres.

Mais la remise de la dette faite à l'un des débiteurs, ne libéreroit les autres, qu'autant qu'il paroîtroit que le créancier a eu l'intention d'éteindre la dette en total : autrement elle ne seroit éteinte que pour la part de ce débiteur, & le créancier pourroit poursuivre solidairement tous les autres pour le surplus.

Quant à ce qui concerne les fonds & autres choses corporelles, quelques auteurs, entre autres Renusson, d'après la disposition de quelques coutumes, pensent que les poursuites faites contre l'un des communiers, nuisent à tous les copropriétaires. D'autres, comme Auzanet & M. Espiard, pensent qu'il ne suffit pas, pour rendre l'interruption valable à l'égard de tous les communiers, que la chose soit *indivise*, mais qu'il faut encore qu'elle soit indivisible, comme lorsqu'il s'agit d'une servitude.

Cette distinction est très bien établie par l'article 24 de la coutume du Bourbonnois, pour le cas où il s'agit de biens *indivis* entre des majeurs & des mineurs. « Quand, porte cette loi, aucune chose » corporelle & divisible est commune entre plu- » sieurs mineurs ensemble, & l'un d'iceux est ma- » jeur avant les autres, la prescription commence » à avoir lieu contre ledit majeur, pour sa por- » tion tant seulement, depuis qu'il est fait majeur : » & autre chose est quant ès choses incorporelles » & non divisibles, comme servitudes & autres » semblables, èsquels la minorité de l'un des com- » muns empêche que durant icelle ne court pres- » cription à l'encontre des autres ».

5°. De ce que le droit de ceux qui possèdent par *indivis*, s'étend sur la totalité, & en même temps sur chaque partie de la chose, il résulte que lorsque l'un d'eux acquiert la propriété de l'autre, cette acquisition ne lui en transfère pas la propriété, mais confirme seulement celle qu'il avoit déjà, en faisant cesser l'*indivis*; ce n'est pas une mutation de propriété, mais seulement une consolidation. D'où il résulte encore que l'héritage adjugé par licitation à l'un des cohéritiers lui est propre pour la totalité.

Cependant si deux acquéreurs d'une même chose, par un seul & même contrat, la font liciter parce qu'elle est indivisible, & qu'elle soit adjugée à l'un d'eux, les créanciers du propriétaire qui a renoncé à sa part, ne perdent point l'hypothèque qu'ils ont acquise du moment que la propriété a résidé sur la tête de leur débiteur.

Au reste, pour sortir de l'état d'*indivis*, il y a deux voies; la licitation & le partage. *Voyez* LICITATION, PARTAGE.

INDULT, s. m. (*Droit canonique.*) ce mot formé du verbe latin *indulgere*, qui signifie *accorder*, *favoriser*, ne s'est point éloigné de sa signification primitive; on l'emploie pour désigner une grace, une faveur, un privilège. L'usage l'a restreint parmi nous aux concessions de ce genre, qui sont faites par les souverains pontifes, aux rois, aux communautés, & même à des particuliers, soit pour les dispenser du droit commun, soit pour les remettre dans les dispositions de ce droit commun, lorsqu'elles leur sont plus favorables, en suspendant à leur égard l'effet de quelque exception, exemption ou privilège qui les empêchoient de jouir de la faveur du droit commun.

Quoique, d'après cette définition, le mot *indult* puisse s'appliquer, & s'applique en effet quelquefois à toutes les sortes de graces émanées du saint-siège, & qu'on appelle *indult* les brefs que des religieux obtiennent pour être transférés dans un ordre plus doux que celui où ils ont fait profession; les brefs qu'ils obtiennent pour être autorisés à desservir des cures pendant quelque temps; les permissions de lire les livres défendus, celles d'absoudre des cas réservés, & autres graces & faveurs de cette espèce; cependant on ne se sert plus guère du mot *indult*, qu'en parlant des privilèges accordés par les papes, relativement à la disposition des bénéfices : dans ce sens limité, l'*indult* est une grace, une faveur par laquelle les souverains pontifes accordent la faculté de disposer de certains bénéfices, ou de tous les bénéfices d'un certain genre, d'une manière contraire à celle qui est établie par le droit commun, ou par laquelle ils les affranchissent du droit de prévention, de la dérogation à la règle de vingt jours, & autres droits ou privilèges semblables, que l'usage a depuis long-temps attribués au saint-siège; ou enfin, ils donnent à certaines personnes le droit de se faire pourvoir de certains bénéfices.

Les *indults* de la dernière espèce s'appellent *indults passifs*, à raison, sans doute, de la nécessité qu'ils imposent aux collateurs qui s'en trouvent grevés, car ils ne présentent rien de passif relativement à ceux que le pape en gratifie; c'est au contraire une faveur qu'il leur accorde. On nomme *indults actifs* ceux des deux premières espèces, à cause qu'ils donnent plus d'activité & de liberté aux droits des collateurs, des patrons ou des autres personnes qui les obtiennent.

Le privilège reconnu par le concordat en faveur de nos rois, de présenter à tous les bénéfices consistoriaux de leur royaume, les brefs particuliers que différens papes leur ont depuis fait expédier pour présenter de même aux bénéfices de même nature dans les provinces réunies à la couronne postérieurement à la publication du concordat, le privilège accordé aux cardinaux & quelques autres collateurs de conférer de règle en commende, sont autant d'exemples des *indults* de la première espèce, qui autorisent les porteurs d'*indults* à disposer des bénéfices contre la disposition du droit commun.

On trouve des exemples de la seconde espèce d'*indults*, c'est-à-dire, de ceux qui remettent les collateurs dans les termes du droit commun, dans les *indults* accordés aux cardinaux & à quelques autres collateurs, & en vertu desquels le pape ne peut exercer la prévention, ni déroger à la règle des vingt-jours à leur préjudice. Enfin, l'*indult* accordé au parlement de Paris, l'expectative des gradués, & anciennement les mandats, fournissent des exemples de la troisième espèce d'*indult*, ainsi que les brevets de joyeux avénement & de serment de fidélité, qui sont aussi une sorte d'*indult* établi pour ainsi dire par l'usage.

On peut voir aux mots CARDINAL, COLLATEUR, COMMENDE, EXPECTATIVE, GRADUÉS, JOYEUX AVÉNEMENT & SERMENT DE FIDÉLITÉ, ce qui concerne les *indults* accordés aux cardinaux & autres collateurs, & les droits des gradués & brévetaires : il ne reste par conséquent à parler ici que des *indults* accordés en différens temps à nos rois, & de l'*indult* de MM. du parlement de Paris.

§. I. *Des indults accordés aux rois de France.* Le concordat, fait entre le pape Léon X & le roi François I, par lequel ce prince, de concert avec le souverain pontife, s'étoit réservé la nomination de tous les bénéfices consistoriaux de son royaume, peut être regardé comme le premier & le plus étendu des *indults* accordés à nos rois, pour la disposition des bénéfices. Ce n'est pas que le pape ait pu, par ce concordat, transférer aux rois de France le droit de nomination à ces bénéfices, ni que ce droit acquis à la couronne doive être considéré comme une grace accordée par le saint-siège à nos souverains; induction dont la crainte a peut-être fait dans le temps un des plus grands obstacles à la réception de ce traité célèbre en France; mais induction certainement fausse : le pape qui n'avoit point de droit à ces nominations, ne pouvoit en faire passer aucun à nos rois. Tous ces bénéfices étoient donnés par la voie des élections auxquelles on ne pouvoit procéder sans l'agrément & la permission expresse du souverain, & pour avoir toute leur force, elles avoient encore besoin ensuite d'une nouvelle autorisation de sa part. Il est vrai que les souverains pontifes avoient quelquefois entrepris de nommer par eux-mêmes aux évêchés & abbayes du royaume, ce qui avoit causé une multitude de troubles parmi nous; mais ils se bornoient, pour l'ordinaire, au droit qu'ils s'étoient arrogé, de confirmer les élus, & de leur donner, pour ainsi dire, l'institution canonique par leurs brefs de confirmation. Ce droit qu'on auroit pu leur disputer, les papes se le sont fait confirmer sous une autre forme plus avantageuse pour eux, par le concordat qui les constitua collateurs des évêchés, abbayes & autres bénéfices consistoriaux de la France. De leur côté, les papes ont, par le même concordat, reconnu dans nos rois la qualité & les droits de patrons de ces mêmes bénéfices; droits & qualités qu'on ne pouvoit guère leur disputer, comme fondateurs, dotateurs, bienfaiteurs & protecteurs des églises de leur royaume; droits dont ils avoient pu laisser l'exercice suspendu pour favoriser la voie si conforme à l'esprit de l'église, de pourvoir aux places les plus importantes, par le moyen des élections canoniques; mais droits qu'ils ont pu réclamer & reprendre, lorsque les élections leur ont paru plus capables d'entraîner des abus, que propres à procurer aux églises de dignes pasteurs. Sous ce point de vue, le concordat, loin de paroître une usurpation que Léon X & François I se soient respectivement permise, n'offre plus que le concours du chef de l'église & d'un souverain, pour parvenir à fixer, de la manière la plus avantageuse, l'élection aux premières dignités de l'église dans le royaume, & d'assoupir à jamais les troubles auxquels des prétentions opposées donnoient trop souvent lieu lors de la vacance des archevêchés, des évêchés, des abbayes, ou d'autres bénéfices considérables. Les papes, comme l'on voit, ont moins accordé de nouveaux droits aux rois de France, qu'ils n'ont reconnu les droits anciens de nos souverains. C'est donc improprement que nous avons traité le concordat d'une espèce d'*indult*; mais ce n'a été que d'après les meilleurs auteurs, qui, dans cet arrangement, ont cru toujours appercevoir une concession de l'église plutôt que du pape, mais une concession appuyée sur les titres les plus légitimes & les plus favorables de la part de nos souverains.

Ce concordat ne devoit pas se borner aux seules provinces qui composoient le royaume au moment où il fut arrêté & rédigé, mais s'étendre à toutes les provinces, à tous les lieux qui jadis avoient fait partie du royaume, & qui par la suite y seroient réunis, & même à ceux qui s'y trouveroient réunis & ajoutés, sans en avoir jamais dépendu auparavant. C'étoit en effet en sa qualité de roi, pour tous ses successeurs en cette qualité, & pour tout son royaume, que François I avoit traité avec Léon X; le traité devoit donc avoir son effet pour tout ce qui devoit former le royaume dans tous les temps, & se trouver à ce titre assujetti à l'empire François. Telle est l'opinion de M. Patru, qui ne fait qu'appliquer à la matière les principes les plus certains & les plus incontestables.

Cependant les officiers de la cour de Rome, toujours avides, & toujours occupés à en étendre les émolumens & les prérogatives, élevèrent bientôt des difficultés à ce sujet; ils prétendirent que la Bretagne & la Provence n'avoient point été comprises dans le concordat, & vouloient continuer d'y faire valoir toutes les prétentions des souverains pontifes. La discorde, prête à se rallumer, fut bientôt étouffée par la prudence du pape, & par les égards que le roi voulut bien conserver pour le saint-siège. Léon X offrit, & François I consentit d'accepter un bref, en date du 3 octobre 1516, portant *indult* pour la nomination des archevêchés, évêchés, & autres bénéfices consistoriaux de Bretagne & de Provence. Cet *indult* porte, comme le portoit le concordat, que le roi seroit tenu de nommer aux bénéfices vacans dans les six mois, à compter du jour de la vacance; mais cette clause n'a jamais été prise à la lettre, ni suivie à la rigueur. On ne voit pas qu'aucun pape, même dans le temps des brouilleries survenues entre la France & la cour de Rome, ait entrepris de pourvoir aux bénéfices consistoriaux du royaume, sans attendre la nomination du roi, sur le prétexte que cette nomination n'avoit pas été faite dans les six mois portés par le concordat & les *indults*.

La voie ainsi ouverte par Léon X, & acceptée par François I, pour concilier les prétentions des officiers de la cour de Rome, avec la satisfaction que nos souverains devoient à tant de titres attendre de cette cour, quelque favorable qu'elle lui soit, n'en a pas moins été suivie dans les différentes occasions qui s'en sont présentées; les victoires & les conquêtes de Louis XIV les rendirent fréquentes.

Alexandre VII avoit d'abord accordé un *indult* pour la nomination aux bénéfices consistoriaux, situés dans les trois évêchés de Metz, Toul & Verdun. Clément IX en donna ensuite un ampliatif le 24 mars 1668, enregistré au grand-conseil le 25 janvier 1670. Ce pape, par cet *indult*, accordoit au roi & à ses successeurs le droit de nommer à tous les bénéfices séculiers & réguliers, auxquels il appartenoit aux souverains pontifes de nommer même aux plus grandes dignités après les pontificales dans les églises cathédrales, & aux principales dans les collégiales, encore que par le concordat Germanique elles soient réservées aux papes. Les offices claustraux & les églises paroissiales en sont exceptés. L'institution doit être donnée par le pape sur la nomination du roi, qui, dans les six mois de la vacance, doit présenter des sujets capables, selon la qualité des bénéfices, c'est-à-dire, des séculiers pour les bénéfices séculiers, & des réguliers pour les bénéfices réguliers. Cet *indult* ne pouvoit avoir lieu que pour les six mois réservés au pape par le concordat germanique, c'est-à-dire, dans les mois de janvier, mars, mai, juillet, septembre & novembre.

Le même pape Clément IX, le 9 avril de la même année 1668, donna un autre *indult* au roi, qui fut de même enregistré au grand-conseil le 11 juin 1670, pour la nomination à l'évêché d'Elne, transféré depuis à Perpignan, & à tous les bénéfices du comté de Roussillon, Conflans & Cerdagne, en tous genres de vacances, même celles qui arrivent par mort en cour de Rome, parce que, comme le pape le reconnoît, le déclare & le décide par cet *indult*, le droit de nomination vient du patronage royal.

Par deux *indults* du 20 mai 1686, enregistrés au grand-conseil le 1 août suivant, en vertu de lettres-patentes, Innocent XI accorda au roi la nomination des évêchés d'Ypres & de Saint-Omer, & des abbayes & autres bénéfices consistoriaux de la Franche-Comté, y compris la ville de Besançon. Il y a eu d'autres *indults* du même genre, deux donnés le 9 avril 1668, par le pape Clément IX, pour la nomination aux bénéfices consistoriaux de l'Artois & des Pays-Bas; deux autres du 27 août de la même année, l'un ampliatif pour les bénéfices du Pays-Bas, l'autre pour l'évêché de Tournai. Tous ces brefs d'*indult* ont été revêtus de lettres-patentes du mois d'avril 1670, par lesquelles, en les acceptant tous, le roi en attribue la connoissance au grand-conseil, où ces lettres ont été enregistrées aussi-bien que ces *indults*.

Quelques-uns de ces *indults* n'accordent la nomination au roi que pendant sa vie; mais l'usage constant de la France a toujours été de regarder comme perpétuelles & irrévocables les graces une fois accordées à nos rois: dès-lors elles deviennent autant de privilèges, de prérogatives, & de droits même de la couronne, auxquels il n'est plus possible de porter atteinte. Aussi nos rois n'ont-ils jamais demandé aux papes de renouveller ces brefs; & jamais les papes n'ont entrepris de pourvoir aux bénéfices, parce que les *indults* n'avoient point été renouvellés, ni refusé les nominations de nos rois faites en conséquence des *indults* qui pouvoient paroître expirés, & qui de fait l'auroient été, s'ils eussent été adressés à d'autres qu'à nos rois. La sagesse de nos maximes répare ainsi les tracasseries des officiers de la cour de Rome, & ces maximes paroissent au moins en ce point être adoptées par les souverains pontifes eux-mêmes. Il eût été bien plus simple de la part du saint-siège, de reconnoître, comme l'a fait Clément IX, que le patronage royal, que l'on peut supposer pour toutes les grandes églises, parce que presque toutes ont eu des souverains pour fondateurs, donne aux rois un droit à la nomination de ces grands titres, & d'appliquer ainsi à tous les pays, sans distinction, dès qu'ils se trouvoient réunis à la couronne, les dispositions du concordat, relativement à la nomination des bénéfices: mais l'on n'en doit que plus admirer la modération de nos souverains, qui, toujours pleins d'attachement pour le saint-siège, ont bien voulu paroître en tenir, à titre de faveur, ce qu'ils en auroient pu exiger à titre de justice, ce qu'ils auroient même pu s'adjuger sans son intervention.

§. II. *Indult du parlement de Paris.* Suivant l'état actuel des choses, on peut considérer cet *indult* comme un privilège perpétuel, en vertu duquel les rois de France, d'après les concessions des papes, ont le droit de présenter à certains collateurs, ou patrons ecclésiastiques du royaume, MM. les chanceliers, gardes des sceaux, & les officiers ordinaires du parlement de Paris, seulement pour être pourvus des premiers bénéfices qui viendront à vaquer, à la disposition de ces collateurs ou patrons.

Il y a plusieurs choses à considérer relativement à l'*indult*, & qui doivent faire la matière d'autant d'articles particuliers : 1°. quels sont la nature, l'origine & les fondemens de l'*indult* : 2°. quels sont les officiers qui ont droit d'en jouir : 3°. quels collateurs ou patrons peuvent y être assujettis : 4°. comment l'officier qui a droit de jouir de l'*indult* doit se nommer lui-même, ou nommer un clerc au roi pour exercer & recueillir ce droit : 5°. quelles formalités les porteurs d'*indults* ont à remplir pour la signification de l'*indult*, la requisition des bénéfices, & pour se pourvoir contre les refus qu'ils peuvent essuyer.

1. *Nature, origine, fondement de l'indult, & en quoi il consiste.* Il ne faut pas chercher l'origine de ce privilège ailleurs que dans la dignité même, & l'importance du tribunal auguste que les souverains pontifes & nos rois ont voulu décorer de cette prérogative éminente. Il étoit convenable que l'église témoignât sa considération, & départît ses faveurs à des magistrats voués au maintien de la sûreté & de la tranquillité publique.

Les bulles des papes Eugène IV, Paul III & Clément IX, ne sont pas, comme l'ont pensé quelques auteurs, le premier, ni les seuls fondemens de l'*indult* du parlement de Paris ; les registres de cette cour nous fournissent des preuves, que long-temps, & bien plus d'un siècle avant le pontificat du premier de ces papes, les officiers du parlement obtenoient des *indults* pour être nommés, ou faire nommer quelqu'un à leurs places aux collateurs & patrons du royaume, pour être par eux pourvus des premiers bénéfices vacans. M. de S. Vallier a prouvé que le premier des rôles qui constatent ces *indults*, & dont la mémoire nous a été conservée, est de l'année 1303 ; mais alors ces *indults* n'avoient point d'effet perpétuel, & ne conservoient de force que pendant la vie du souverain pontife qui les avoit accordés : à chaque mutation du pape, il falloit en obtenir le renouvellement : c'étoit le roi lui-même qui en faisoit la demande, & cette puissante intervention répondoit assez du succès.

Eugène IV, par deux bulles des 24 avril 1431, & 18 mars 1434, auxquelles il faut joindre ses trois rescrits des 20 janvier, 1 octobre 1436 & 5 avril 1437, rendit perpétuel l'*indult* du parlement. Il règle par ces bulles, que les officiers du parlement auront droit chacun une fois dans leur vie, pendant l'exercice de leur office, de se nommer au roi, s'ils sont clercs ; ou s'ils sont laïques, de nommer un de leurs parens ou amis, clercs, pour être nommés par le roi à un collateur ou patron ecclésiastique du royaume, qui seront tenus de conférer le premier bénéfice vacant à leur collation, ou de les présenter à ceux de leur patronage ; de manière cependant que chaque collateur ou patron ne pourra qu'une fois en sa vie être assujetti à l'*indult*. L'indultaire pourra obtenir deux bénéfices incompatibles & les réguliers en commende ; il aura la préférence sur tous les autres expectans : l'archevêque de Tours est nommé exécuteur de cette expectative, en cas de refus de la part des collateurs ou patrons.

Ces bulles restèrent presque sans effet, non par aucune opposition, il ne pouvoit y en avoir de valables ; mais parce que le parlement lui-même ne vouloit pas se prévaloir de ces dispositions, par égard pour celles du concile de Basle contre les graces expectatives, qui furent insérées dans la pragmatique-sanction.

Bientôt ces difficultés s'évanouirent : en 1538, François I demanda la confirmation de l'eugénienne au pape Paul III, qui l'accorda par sa bulle du 19 juin de la même année. Le souverain pontife y rappelle la bulle du pape Eugène, dont il confirme les principales dispositions ; mais au lieu de l'archevêque de Tours, il nomme pour exécuteur de sa bulle les abbés de S. Victor & de S. Magloire-lez-Paris, & le chancelier de l'église de Paris, & ne veut pas que les indultaires puissent être contraints d'accepter des bénéfices au-dessous de 200 liv. de revenu.

Nous avons une dernière bulle au sujet de l'*indult*, donnée sur les représentations de Louis XIV, par le pape Clément IX, & que par cette raison on nomme *la clémentine* : elle est du 17 mars 1667, style de Rome, & 1668, selon notre manière de compter, & a été enregistrée par arrêt du 16 novembre 1668 au grand-conseil, à qui la connoissance de ce qui concerne l'*indult* est attribuée.

Il est établi par cette bulle, que les indultaires séculiers pourront être pourvus de bénéfices réguliers en commende, à la charge par eux d'obtenir de secondes commendes en cour de Rome, dans les huit mois, à compter de la date des commendes qui leur auroient été données par l'ordinaire ; & à la charge aussi de faire exprimer dans leurs provisions le décret de retour en règle, s'il y en a un, ou si c'est pour la première fois que les bénéfices sont mis en commende. Les indultaires sont autorisés à refuser, pour les remplir, les bénéfices à charge d'ames, & ceux dont le revenu seroit au dessous de 600 liv. Les cardinaux collateurs sont déchargés de cette expectative, & le pape nomme pour exécuteurs de sa bulle les abbés de S. Denis en France, de S. Germain-des-prés, & l'archidiacre de Paris, ou leurs grands-vicaires.

L'arrêt d'enregistrement a vérifié toutes ces dispositions, à la réserve des bénéfices réguliers dont les indultaires peuvent être pourvus en commende, les prieurés conventuels, les offices claustraux, & les bénéfices électifs.

L'*indult* l'emporte sur toutes les autres expectatives, & l'indultaire est préféré à tous les autres expectans. Ce point autrefois vivement contesté par les gradués, sous le règne de François I, fut alors décidé contre ces derniers, & ne souffre plus aujourd'hui de difficulté : tout concouroit sans doute à faire assurer cette préférence à l'*indult* du parlement.

On a dit que la connoissance de l'*indult* & des contestations auxquelles il pouvoit donner lieu, étoit attribuée au grand-conseil ; c'est la disposition des lettres-patentes données sur les bulles des souverains pontifes, pour la concession de cet *indult*. Si cependant il s'y joignoit quelques questions de régale, la grand'chambre du parlement de Paris devroit seule en connoître.

2. *Quels sont les officiers qui ont droit d'indult.* Ce droit appartient à M. le chancelier, à M. le garde des sceaux (& lorsque les deux places sont réunies, il y a deux *indults*), à MM. les premiers présidens, les présidens à mortier, les conseillers de grand'chambre, les présidens & conseillers des chambres des enquêtes & des requêtes, les maîtres des requêtes de l'hôtel, les avocats & procureurs généraux, les greffiers en chef civil & criminel, & celui des présentations, les quatre notaires ou secrétaires de la cour, un receveur & payeur des gages du parlement, & suivant des lettres-patentes des 6 novembre 1677, 18 juin 1691, 16 juin 1692, & 15 décembre 1700, enregistrées au grand-conseil le 12 janvier 1701, & l'arrêt du grand-conseil du 30 mars suivant, le premier huissier du parlement; mais pour en jouir, il doit faire enregistrer ses lettres au grand-conseil : un arrêt de ce tribunal du 24 mars 1694 l'a ainsi jugé ; & il y a eu un autre arrêt semblable le 20 août 1778, en faveur du sieur Guinet, porteur de l'*indult* du sieur Adrien Moreau, premier huissier.

Mais les princes, les ducs & pairs, qui, sans pouvoir s'occuper du soin de rendre continuellement la justice, sont cependant membres du parlement où ils ont entrée & voix délibérative, ne jouissent pas pour cela du droit d'*indult*, non plus que les conseillers honoraires & les conseillers d'honneur ; parce qu'on a pensé, avec raison, que les termes généraux dont se servent les bulles d'Eugène IV & Paul III, pour désigner ceux qu'elles vouloient qualifier de l'*indult*, *personis de ejusdem curiæ corpore & gremio*, aux personnes du corps & du sein de la cour, ne devoient s'entendre que des personnes attachées par leur état, & constamment appliquées à l'administration de la justice : *qui reddendis juribus continuè intenti existant.*

L'officier titulaire ne peut exercer son droit qu'une fois dans sa vie ; mais il peut l'exercer depuis le moment de sa réception, jusqu'à celui de sa démission ou résignation ; & dans l'un & l'autre cas, il n'est censé dépouillé de son office & de ses droits, que par l'ordonnance de soit montré à M. le procureur-général : mais si l'officier titulaire ne se démettoit de son office que pour être revêtu d'une autre charge, à laquelle seroit également attaché le droit d'*indult*, il jouiroit d'une seconde nomination, & pourroit même jouir d'une troisième & quatrième, s'il étoit successivement revêtu de trois ou quatre charges qui toutes donnassent le droit, parce que ce droit est bien plus attaché à la place qu'à la personne même de l'officier.

Dès qu'une fois l'officier a présenté quelqu'un au roi, pour être nommé à un collateur ou patron en conséquence de son *indult*, & que son présenté a obtenu des lettres de nomination, la mort de l'officier présentateur arrivée avant la notification de ces lettres, ne fait rien perdre de son droit au présenté : c'est ce qui a été jugé par un arrêt du premier août 1678. Au moyen de la présentation faite par l'officier, il se fait une subrogation de son droit au profit & en faveur du présenté ; c'est sur la tête de ce dernier que réside désormais ce droit : il doit donc être indépendant du sort de l'officier présentateur.

Chaque officier titulaire peut nommer deux clercs pour tenir son *indult*, l'un séculier, l'autre régulier ; le premier des deux qui se trouveroit rempli feroit évanouir les prétentions du second ; mais il est rare qu'on dispose ainsi de l'*indult* ; & cette division auroit quelque chose de trop singulier, puisque l'*indult* donne droit de posséder en commende.

3. *Quels sont les collateurs & les bénéfices assujettis à l'indult.* Une déclaration donnée le 18 janvier 1541, par le roi François I, pour l'exécution de la bulle du pape Paul III, confirmative de celle du pape Eugène IV, & pour terminer les contestations excitées au sujet de cette exécution, annonce bien clairement que l'intention de ce monarque étoit que tous les collateurs de son royaume fussent assujettis à l'*indult*. Voici les termes de cette déclaration : « déclarons que notre intention a été » & est, que nosdits nommés (indultaires) soient » préférés aux gradués simples & nommés des » universités de notre royaume ; & nosdits nommés ne soient uniquement tenus & contraints de » faire apparoir de ladite concession & *indult* faits » par le pape Eugène IV ; aussi que nosdits cousins cardinaux soient sujets auxdits *indults* & » nominations, tout ainsi que les autres prélats de » notre royaume, & voulons que lesdits *indults* & » nominations par nous faits & à faire sortissent » généralement leur effet, selon leur forme & » teneur ; & avons défendu & défendons expressément à tous les prélats de notre royaume, de » contrevenir auxdits *indults* & nominations, & » à notre présente déclaration ».

Malgré la généralité & l'universalité des termes, d'ailleurs si clairs & si précis de cette déclaration, on a reconnu, dès le commencement, quelques exceptions à l'exercice de l'*indult*, & il s'en est depuis établi quelques autres par l'usage & par la jurisprudence.

On a d'abord & toujours regardé comme exempts de l'*indult* les collateurs & patrons laïques, dont le pape ne peut en aucune manière blesser ni diminuer les droits.

Par une raison bien plus forte encore, l'*indult*, tout favorable qu'il est, ne peut jamais avoir lieu contre le roi, à quelque titre que lui appartienne la disposition des bénéfices, soit comme collateur, comme patron, ou en vertu de la régale; dès qu'elle est ouverte, l'exercice de l'*indult* se trouve arrêté.

On regarde aussi comme exempts les collateurs qui ont moins de dix bénéfices à leur collation, ainsi que les patrons qui ne présenteroient pas à dix bénéfices. Il n'y a cependant aucune loi sur ce point: mais on a cru devoir suivre ce qui se pratiquoit par rapport aux mandats apostoliques lorsqu'ils étoient tolérés; & comme il étoit alors de maxime de n'y point assujettir les collateurs & patrons qui n'avoient pas à disposer de dix bénéfices, on a pensé que ces collateurs & patrons ne devoient pas être plus soumis à l'*indult*. Mais comme en proscrivant les mandats on a conservé l'*indult*, dont les motifs étoient bien plus purs, & les suites bien moins à craindre, ne pourroit-on pas en inférer que c'est traiter les indultaires avec trop de rigueur, que de les ranger dans la même classe que ces mandataires odieux que multiplioit autrefois l'ambition ou la complaisance de la cour de Rome? Quoi qu'il en soit, cette exemption attribuée aux collateurs ou patrons qui n'ont pas dix bénéfices à leur disposition, ne peut être réclamée par les membres de certains chapitres où l'on a partagé entre les chanoines les nominations & collations ou présentations qui se faisoient auparavant par le corps entier du chapitre. Ces partages n'ont pu nuire aux droits des indultaires; & quoique chaque chanoine ait moins de dix bénéfices, ils n'en sont pas moins sujets, en commun, à l'*indult*, & n'en sont pas moins tenus, chacun en particulier, lorsqu'ils en sont requis, de disposer en faveur de l'*indult* placé sur le chapitre; parce que, malgré tous les partages, c'est toujours au nom du chapitre qu'ils sont censés disposer & avoir droit de disposer.

Des collateurs des provinces qui n'étoient pas du ressort du parlement de Paris, ont prétendu, dans les commencemens, qu'ils ne devoient pas être assujettis à l'*indult* du parlement; sans doute ils pensoient que c'étoit aux provinces seules qui profitoient plus immédiatement des travaux & des honorables fonctions de cette auguste compagnie, que devoit être imposée la charge d'en fournir la récompense. La dignité du parlement & la généralité de la disposition des concessions pontificales, & des lettres patentes relatives à l'*indult*, l'ont emporté; tous les collateurs, sans distinction de ressort, y sont demeurés assujettis.

Ceux de quelques-unes des provinces réunies à la France, depuis les concessions d'Eugène IV & de Paul III, ont dans ces derniers temps réclamé leur indépendance à cet égard, avec plus de succès, après avoir partagé pendant long-temps les auteurs & même les arrêts. Ainsi, quoique le grand-conseil eût plusieurs fois jugé en faveur des *indults*, contre des collateurs de Bretagne, les états de cette province ont obtenu l'évocation de ces contestations au conseil du roi, où, par arrêt du 29 janvier 1719, il a été établi une commission pour examiner si l'*indult* du parlement de Paris devoit avoir lieu dans la Bretagne & les trois évêchés de Metz, Toul & Verdun.

Les collateurs de la Franche-Comté ont réclamé la même exemption; & quoiqu'un arrêt rendu le 11 mai 1711, eût adjugé le prieuré de Beaumont, situé dans cette province, à un indultaire, leur demande a été renvoyée par devant les commissaires nommés par l'arrêt de 1719, dont on vient de parler. Cette commission n'a rien jugé ni décidé jusqu'à présent sur cette importante question; en attendant, les collateurs de ces provinces jouissent de l'exemption. Ils la réclameroient pourtant en vain, si les bénéfices dépendans de leur collation, à raison du chef-lieu de leurs prélatures, situé en Bretagne, se trouvoient eux-mêmes situés dans des provinces où l'exercice de l'*indult* est reconnu; puisque l'on déclare assujettis à cette expectative, les collateurs même étrangers pour les bénéfices dépendans de leur collation, mais situés en France.

Les cardinaux se prétendent aussi exempts de l'*indult*, à cause de leur dignité. Il n'y a certainement point d'exemption prononcée en leur faveur, par les bulles d'Eugène IV, & de Paul III; & l'on a vu que la déclaration de François I rapportée ci-dessus, ne les assujettissoit pas moins à l'*indult*, que les autres prélats du royaume: il est vrai qu'ils sont parvenus à faire insérer cette exemption dans la bulle de Clément IX, du 18 mars 1668, dans les lettres patentes données en exécution de cette bulle, & à la faire prononcer par un arrêt du conseil du onze janvier 1672, qui ordonne l'exécution, tant de cette bulle que des lettres-patentes. Mais comme la bulle de Clément IX n'avoit accordé l'exemption aux cardinaux qu'en supposant qu'elle leur avoit été précédemment accordée par les bulles d'Eugène IV & de Paul III, ce qui est faux, & que le pape Clément IX paroissoit avoir simplement voulu confirmer une grace, une exemption déjà accordée, plutôt qu'en accorder une nouvelle, & amplifier plutôt que restreindre l'exercice de l'*indult*; comme d'ailleurs les lettres-patentes & l'arrêt du conseil dont on vient de parler, n'avoient eu pour but que de procurer l'exécution de la bulle, & qu'il étoit impossible de mettre au nombre des véritables dispositions de cette bulle, une pure supposition, & la confirmation d'une faveur purement imaginaire, parce que celui qui confirme simplement ne donne rien, qu'il ne fait que donner une nouvelle force à ce qui existoit déjà, & que si rien n'existoit auparavant, il ne donne du tout rien; les cardinaux craignirent avec raison que leur exemption, quoique adroitement insérée dans la bulle de Clément IX, & mentionnée dans les lettres-patentes & arrêt du conseil, ne fût pas assez respectée par des indultaires qui pourroient si facilement en démontrer les vices, ils s'empressèrent de solliciter, & obtinrent de Louis XIV de nouvelles lettres-patentes, en date du 22 février 1672, par lesquelles ce prince, en ordonnant pareillement l'exécution de la bulle & des lettres-patentes, déclare les cardinaux des Ursins, d'Est, Grimaldi, de Retz, Mancini & de Bouillon, exempts du droit d'*indult*.

Tous les cardinaux ont grand soin d'obtenir de semblables lettres; & c'est seulement en vertu de ces lettres-patentes particulières, bien plus qu'en vertu de la bulle de Clément IX, & des lettres-patentes sur cette bulle, que nos meilleurs auteurs les croient affranchis de l'*indult*.

Il faut observer que, dans les lettres-patentes du 22 février 1672, accordées aux six cardinaux alors titulaires de bénéfices, donnant droit de collation en France, pour les exempter de l'*indult*, Louis XIV met une restriction importante en ces termes: « veut néanmoins, conformément à l'arrêt du » conseil, que les cardinaux soient tenus de rem- » plir les indultaires qui auroient été nommés sur » les bénéfices dont ils sont pourvus, auxquels » leurs prédécesseurs non-cardinaux n'auroient pas » satisfait ».

Cette obligation imposée ici aux cardinaux envers des indultaires nommés sur les bénéfices dont ils sont pourvus, & qui n'auroient pas été remplis, leur est commune avec tous les autres collateurs, qui ne jouissent pas de la même exemption: ces derniers, outre l'*indult* dont ils peuvent être chargés personnellement, demeurent encore obligés de satisfaire aux indultaires nommés sur les mêmes bénéfices du temps de leurs prédécesseurs, si ceux-ci n'y ont pas satisfait pendant le temps de leur jouissance: ce qui peut faire envisager l'*indult* comme une espèce de charge réelle, imposée sur le bénéfice, & qui passe avec lui au nouveau titulaire. En cas de concours entre deux indultaires, c'est au plus ancien que la préférence est accordée.

On a dit que chaque patron ou collateur ne pouvoit être chargé qu'une fois dans sa vie d'une expectative de l'*indult*. Mais comment s'y prendre, relativement aux corps & communautés qui ont des droits de collation ou de patronage, qui ne meurent point, & se perpétuent par une succession continuelle de nouveaux membres? Henri II a terminé les embarras, & fixé les opinions qui avoient partagé les auteurs & les tribunaux, en statuant par sa déclaration du 5 décembre 1558, que chaque communauté, corps ou chapitre, ne pourroit être chargé que d'un *indult*, pendant le règne d'un roi: ainsi, à l'avénement de chaque roi, on peut placer un nouvel *indult* sur chaque chapitre, qui demeure toujours chargé des anciens *indults*, s'il y avoit d'anciens indultaires qui n'eussent pas été remplis.

Quand on dit que chaque collateur ou patron ne peut en sa vie être chargé que d'un *indult*, cela doit s'entendre par rapport à chaque titre de bénéfice, qui lui donne droit de collation ou de patronage; car s'il réunit plusieurs titres comme plusieurs abbayes, il peut être chargé d'autant d'*indults* qu'il a de titres différens, en vertu desquels il peut conférer.

A l'égard des bénéfices que les indultaires peuvent requérir, le pape Clément IX les autorise, s'ils sont séculiers, à requérir les bénéfices réguliers qui sont en commende, soit libre, soit décrétée, à la charge d'en obtenir de nouveau la commende, & d'y faire exprimer le décret du retour en règle: il n'excepte de cette permission que les prieurés conventuels *actu*, & les offices claustraux, d'où il paroît résulter, qu'à l'exception des bénéfices réguliers qui n'ont jamais été mis en commende, & de ces prieurés conventuels *actu*, & les offices claustraux, les indultaires peuvent requérir tous les bénéfices qui sont à la disposition des collateurs, qu'ils peuvent grever de leur *indult*, bien entendu néanmoins qu'ils doivent, au moment au moins de leur requisition, avoir toutes les qualités personnelles que demanderoient les bénéfices qu'ils requièrent, c'est-à-dire, être prêtres, gradués, licenciés ou docteurs, si les bénéfices exigent ces qualités & titres.

La bulle de Clément IX, & les lettres-patentes pour son exécution, ne spécifiant point le genre des vacances, les indultaires en concluent qu'ils peuvent requérir sur tous les genres de vacances. Les collateurs, au contraire, qui se trouvent gênés par l'*indult*, & qui par cette raison veulent qu'on le regarde comme une chose odieuse, soutiennent qu'on doit le restreindre aux vacances par mort. Quand on voudroit envisager l'*indult* comme odieux, & prétendre que l'exercice en doit être restreint, sur quoi se fonderoit-on pour renfermer & réduire aux vacances par mort, les termes de vacance en général, puisque ces termes comprennent également tous les genres de vacance, & ne doivent pas plus s'appliquer aux uns qu'aux autres?

4. *Comment l'officier qui a droit d'*indult, *doit-il se nommer, ou présenter un autre au roi pour tenir son* indult? Ceci ne demande qu'un mot; il faut d'une part, que l'officier soit encore titulaire de son office, & il est réputé tel, jusqu'au soit montré à M. le procureur-général qui le dépossède. Mais dès que l'officier ou son présenté ont, d'après l'acte de nomination pardevant notaire, présenté leur placet à M. le chancelier ou le garde des sceaux, pour obtenir la nomination du roi, & faire placer l'*indult* sur quelque collateur ou patron, la vente, démission ou cession que feroit ensuite l'officier, ne peut nuire à son *indult*, parce que l'officier qui n'a point de voie pour contraindre le roi à lui donner sa nomination dans un temps plutôt que dans l'autre, a fait, en se présentant ou en présentant un autre, tout ce qui dépendoit de lui pour

pour assurer l'effet de son droit, & qu'on ne lui peut imputer un délai qu'il n'étoit pas en son pouvoir d'empêcher.

D'une autre part, il faut que l'officier qui présente un autre en sa place, se réserve la faculté de pouvoir révoquer sa nomination, s'il veut, comme il le peut, s'en conserver le droit, & se conserver encore celui de pouvoir présenter une seconde fois au roi, si son présenté venoit à décéder sans avoir été rempli, pendant que l'officier présentateur est encore en exercice. Cet officier en auroit au contraire perdu le droit, s'il avoit présenté un autre avec la clause d'irrévocabilité.

5. *Quelles sont les formalités que doit remplir l'indultaire pour l'exécution de son droit.* L'officier qui a droit d'*indult*, & qui veut en gratifier un tiers, doit en passer acte pardevant deux notaires, ou bien un notaire & deux témoins, & déclarer que sous le bon plaisir du roi, il présente à sa majesté, la personne d'un tel, clerc tonsuré ou prêtre d'un tel diocèse, pour tenir son *indult*, & obtenir sur ce les lettres nécessaires.

Il faut ensuite que l'officier, s'il entend jouir par lui-même ou son cessionnaire, présente un placet à M. le chancelier ou à M. le garde des sceaux, pour y exposer leurs titres, leurs qualités & leurs demandes.

Sur ce placet intervient un brevet du roi, qui nomme la personne à un certain collateur ou patron ecclésiastique. C'est à ce brevet que l'on donne le nom de *lettres d'indult*; l'adresse en est faite au collateur ou patron, que le roi juge à propos d'en charger. Les indultaires doivent avoir attention que la prélature ou bénéfice sur lesquels leurs *indults* sont placés, soient remplis au moment où le brevet royal est expédié; autrement les lettres d'*indult* seroient sans effet, parce que durant la vacance on ne peut point imposer de charge aux bénéfices.

Le brevet ou les lettres d'*indult* n'ont besoin d'être signifiés qu'une seule fois; ils peuvent être signifiés dans le temps qu'il plaît à l'indultaire, & n'en ont pas moins leur force du jour de leur date, & non pas du jour de la signification. Cette signification étant un acte qui a trait à la jurisdiction volontaire des collateurs ou patrons, elle peut être faite hors du lieu de leur résidence à leurs personnes, & dans le lieu de leur résidence, soit à leurs personnes, soit en cas d'absence à leurs vicaires, si ces vicaires ont fait enregistrer lettres de vicariat, & à ce défaut, au greffe des insinuations. Quand la signification est faite à des chapitres ou monastères qui ne confèrent pas conjointement avec leurs chefs, elle doit être faite aux chefs & aux corps, *tàm conjunctim quàm divisim*, autrement celui à qui la notification n'auroit pas été faite, ne seroit pas lié par les lettres d'*indult*.

Il faut que la signification soit faite par deux notaires apostoliques, ou seulement un notaire apostolique & deux témoins, & que dans le mois de sa date elle soit insinuée au greffe des insinuations ecclésiastiques du diocèse où sont situés les prélatures ou bénéfices d'où dépendent les collations.

Dès que la notification est faite, l'indultaire peut requérir les bénéfices qui viendront à vaquer, & même ceux qu'il trouveroit vacans: suivant un arrêt du grand-conseil du 15 juillet 1677, la requisition doit être faite dans les six mois de la vacance, & avec les mêmes formalités que la notification.

Quoique dans les règles ordinaires l'indultaire ne doive recourir à l'exécuteur de l'*indult*, qu'après s'être présenté au collateur ou patron, & en avoir essuyé un refus, si cependant la résidence du collateur ou patron se trouvoit infectée de la peste, l'indultaire ne seroit pas obligé de s'y transporter, & pourroit, en vertu d'un arrêt du grand-conseil, se pourvoir immédiatement devant l'exécuteur de l'*indult*; comme il a été jugé pour un indultaire, contre un pourvu de M. l'évêque de Marseille en 1723.

L'indultaire qui ne requiert pas un bénéfice vacant, ne perd pas son droit sur les bénéfices qui viendront à vaquer par la suite; mais lorsqu'une fois il a requis, il ne peut plus se désister, & il est réputé rempli par toute paction avec un colitigant.

Le collateur ou patron grevé d'une expectative d'*indult*, ne peut forcer l'indultaire d'accepter une cure ni un bénéfice de moins de six cens livres; mais en le nommant à tout autre bénéfice de ce revenu ou d'un revenu plus fort, il se libère de cette expectative, soit que l'indultaire accepte ou non, s'il a eu soin d'insérer dans ses provisions ou présentations, qu'il les a faites pour satisfaire au droit de l'indultaire & s'en libérer: car les collateurs ou patrons n'ont pas besoin d'attendre la requisition des indultaires, ils peuvent les prévenir.

Il peut arriver que l'indultaire demande & obtienne la translation de son *indult* d'un collateur sur un autre; alors non seulement il faut qu'envers ce nouveau collateur il remplisse toutes les formalités qu'il avoit remplies envers le premier, mais que de plus il fasse signifier à celui-ci, qu'il se désiste & déporte de tous les droits & prétentions qu'il pouvoit avoir en vertu de ses premières lettres d'*indult*: sans cette précaution, le second collateur seroit bien fondé à prétendre qu'il n'a pas été légitimement & valablement chargé, parce que l'indultaire, qui à tant d'autres égards l'emporte sur les gradués, n'a pas comme eux l'avantage de pouvoir grever plusieurs collateurs de son expectative, & ne peut jamais avoir son *indult* placé que sur un seul; il faut donc qu'il soit parfaitement dégagé d'avec le premier, avant de pouvoir charger un second.

On accordoit autrefois la préférence aux préventionnaires, en cour de Rome, sur les indultaires: on avoit pensé depuis que la requisition de l'indultaire étoit nécessaire pour lier les mains du pape. D'après un plus mûr examen de la clause *liberè & licitè*, insérée dans les bulles de l'*indult*, on convient aujourd'hui que la simple notification des lettres d'*indult*, avant la prévention, suffisent pour en empêcher l'effet au préjudice de l'indultaire. Deux arrêts du grand-conseil, l'un du 26 septembre 1711, l'autre du 6 août 1720, l'ont ainsi jugé. Mais si l'indultaire ne faisoit point de requisition pendant les six mois, le préventionnaire ne devroit-il pas être maintenu, comme le seroit le pourvu de l'ordinaire en pareille circonstance?

Si le pape ne peut user de prévention, ou si sa prévention ne peut avoir d'effet au préjudice des indultaires, il peut, à leur préjudice, déroger à la règle des vingt jours, en faveur des résignataires. *Voyez* CARDINAL, COLLATEUR, COMMENDE, CONCORDAT, EXPECTATIVE, GRADUÉS, MANDATS, PRÉVENTION, PROVISION, RÉGALE. (*Article de M. l'abbé* REMI, *avocat au parlement.*)

INFAMATION, s. f. terme usité au palais, pour signifier ce qui emporte contre quelqu'un une note d'infamie. En matière civile, les jugemens qui condamnent à quelque aumône, & en matière criminelle ceux qui condamnent en quelque amende, ou à une peine afflictive, emportent *infamation*, c'est-à-dire, notent d'infamie celui qui est condamné. *Voyez* INFAME. (*A*)

INFAME, adj. pris subst. & INFAMIE, s. f. (*Droit public & criminel.*) *infame*, du latin *quasi sine famâ*, est celui qui a perdu la réputation d'honneur & de probité. L'*infamie* est la perte ou la lésion de l'honneur & de la réputation, c'est une marque de la désapprobation publique, qui prive un citoyen de la considération, de la confiance que la société avoit pour lui, & qui lui fait perdre cette fraternité qui existe entre les membres d'un même état.

On en distingue deux sortes, celle de fait & celle de droit.

L'*infamie* de fait est celle qui provient d'une action déshonorante par elle-même, & qui dans l'opinion de tous les gens d'honneur, perd de réputation celui qui en est l'auteur, quoiqu'il n'y ait aucune loi qui y ait attaché la peine d'*infamie*.

Cette *infamie* de fait est encourue par ceux qui sont notoirement usuriers publics, ou qui mènent une vie scandaleuse & infame, ou qui exercent une profession vile.

Ceux qui ayant été accusés d'un crime grave, n'ont été renvoyés qu'après un *plus amplement informé*, ou un *hors de cour*, ne sont pas véritablement *infames*; mais ils demeurent toujours notés jusqu'à ce qu'ils aient été déchargés de l'accusation, & cette note emporte une espèce d'*infamie* de fait.

Suivant le droit romain, le témoignage de ceux qui étoient *infames* de fait, n'étoit point reçu en justice; parmi nous, ils peuvent être dénonciateurs & témoins; mais c'est au juge à donner plus ou moins de foi à leurs déclarations ou dépositions, selon qu'ils sont suspects.

Ceux qui sont *infames* de fait ne peuvent être reçus dans aucun office de judicature, ni dans aucune autre place honorable. Il ne suffit pas dans nos mœurs qu'un aspirant à une charge de judicature ou à l'exercice de fonctions nobles & importantes, soit intact aux yeux de la loi, mais il faut encore qu'il n'ait aucun reproche à essuyer de la part d'un homme d'honneur.

Au reste, on ne peut spécifier les différens cas qui donnent lieu à l'*infamie* de fait, & qui excluent des places & des charges: ils varient suivant les principes plus ou moins rigoureux, adoptés par les différens corps. Mais on doit recommander aux membres des compagnies de prendre garde, en voulant conserver les principes d'honneurs par lesquels ils se gouvernent, de substituer la tyrannie de l'arbitraire à l'empire de la loi & de l'honnêteté.

L'*infamie de droit*, suivant les loix romaines, est celle qui provenoit ou de la loi, ou de la sentence du juge.

L'édit du préteur déclaroit *infames*, 1°. ceux qui, déterminés par l'appât du gain, montoient sur le théatre; 2°. les personnes qui faisoient trafic de la débauche de la jeunesse; 3°. le père qui forçoit ou sa bru à se remarier avant l'expiration de son année de deuil, ou son fils à épouser une pareille veuve; & la femme, maîtresse de ses actions, qui convoloit en secondes noces avant la fin de son deuil, à moins que, dans tous ces cas, elle n'eût obtenu par un rescrit du prince la permission de contracter de nouveaux liens; 4°. celui qui volontairement contractoit, dans la même année, des fiançailles, ou des mariages avec deux personnes, & le père qui commettoit la même perfidie au nom de son fils ou de sa fille.

Les constitutions des empereurs notoient d'*infamie* les femmes publiques, les usuriers atroces, ceux qui étoient surpris en adultère, les avocats qui se faisoient assurer par leurs cliens une portion dans les choses litigieuses, les femmes qui se remarioient avant l'année de deuil, ceux enfin qui commettoient quelque injure envers un professeur, ou une personne attachée à l'étude du droit, les majeurs qui violoient une transaction confirmée par serment, les tuteurs ou curateurs, qui, avant de rendre leurs comptes, vouloient épouser ou faire épouser à leurs fils leurs pupilles, enfin les enfans de ceux qui avoient été condamnés pour crime de lèse-majesté.

Différentes loix soumettoient à l'*infamie* ceux qui avoient été condamnés par un jugement public, & ceux qui avoient été poursuivis & condamnés extraordinairement pour les crimes d'expoliation d'hérédité, de violation de sépulture, & de stellionat.

La sentence du juge emportoit *infamie* vis-à-vis le soldat congédié ignominieusement, les calomniateurs ou prévaricateurs dans une accusation publique, ceux qui avoient été condamnés ou qui avoient transigé pour dol, vol, violence, enlévement de biens, ou injures, & les tuteurs, dépositaires, mandataires & associés, qui avoient subi un jugement de condamnation pour dol ou faute grossiere.

Dans nos usages, les actions, ni les transactions pour cause de délit, ne sont jamais infamantes: nous ne connoissons d'*infamie de droit*, que celle qui provient d'une condamnation pour crime. Elle a lieu lorsque la condamnation emporte mort naturelle ou civile, lorsque l'accusé est condamné aux galères ou au bannissement à temps, ou d'un certain lieu seulement, à faire amende-honorable, au fouet, à la fleur-de-lys, à demander pardon à genoux, au blâme, à une amende pécuniaire en matière criminelle, ou à une aumône en matière civile.

Mais pour que les condamnations en matière criminelle emportent *infamie*, il faut qu'elles aient été prononcées par arrêt ou par sentence rendus sur récolement & confrontation, & qu'il n'y ait point eu d'appel, ou que la sentence ait été confirmée par arrêt.

Ces sortes de condamnations excluent ceux contre qui elles ont été prononcées, de toutes dignités & charges publiques; c'est pourquoi Livius Salinator étant censeur, nota d'ignominie toutes les tribus du peuple romain, parce qu'après l'avoir condamné par jugement public, elles l'avoient fait consul, & ensuite censeur; il n'excepta que la tribu Metia, qui ne l'avoit point ni condamné, ni élevé à la magistrature.

L'interdiction perpétuelle d'une fonction publique rend aussi incapable de toute autre place honorable.

Le decret d'ajournement personnel ou de prise de corps emporte aussi interdiction contre l'officier public, & conséquemment une exclusion de toute autre place honorable; mais cette interdiction & exclusion cesse lorsque l'accusé obtient un jugement d'absolution, ou qu'il est seulement condamné à une peine légère & non infamante.

L'admonition n'étant pas considérée comme peine corporelle ou afflictive, n'est point infamante, sauf cependant la discipline des compagnies. Mais l'abstention de certains lieux, que l'on prononce en matière de rixes ou d'injures, ne laisse aucune note. Le plus amplement informé en laisse subsister une, jusqu'au jugement qui renvoie l'accusé absous.

Ceux qui sont seulement *infames* sans être morts civilement, ne perdent ni la liberté, ni la vie civile, ni les droits de cité qui en font partie; ils peuvent en conséquence faire tous actes entre-vifs & à cause de mort; ils sont pareillement capables de succéder, & de toutes dispositions faites à leur profit, soit entre-vifs ou à cause de mort.

Mais les *infames* ayant perdu l'honneur, sont incapables de toutes fonctions de judicature & autres fonctions publiques, à moins qu'ils ne soient réhabilités par lettres du prince: encore cette réhabilitation auroit peine à prévaloir contre l'esprit des compagnies; & je suis convaincu qu'après l'obtention de pareilles lettres, un *infame* ne seroit pas admis à une fonction publique.

Ils ne peuvent aussi posséder aucun bénéfice.

Enfin leur témoignage est ordinairement rejetté tant en jugement que dehors, excepté pour le crime de lèse-majesté, où l'on reçoit la dénonciation & le témoignage de toutes sortes de personnes. Mais si, par défaut d'autres preuves, ou quelques autres circonstances, on est forcé d'admettre le témoignage d'un *infame*, on y a peu d'égard; il dépend de la prudence du juge de déterminer le degré de foi que l'on peut y ajouter.

Il ne dépend pas toujours des loix d'infliger l'*infamie* dans l'état actuel des sociétés. Il faut que celle qui est prononcée par la loi soit la même que celle qui résulte de la morale universelle, ou au moins de la morale particulière, & des systêmes particuliers de législation adoptés par un peuple, & qui règlent les opinions du vulgaire.

Si l'*infamie* que la loi s'efforce d'infliger, est différente de celle que la société attache à certaines actions, ou la loi ne sera plus respectée, ou les idées reçues de morale & de probité s'effaceront des esprits. En déclarant *infames* des actions indifférentes, on fera que les actions, qu'il est de l'intérêt de la société de regarder comme *infames*, cesseront bientôt d'être tenues pour telles.

La peine d'*infamie* ne doit point être trop fréquente, parce que l'emploi trop répété du pouvoir de l'opinion affoiblit la force de l'opinion même. L'*infamie* ne doit pas non plus tomber sur un trop grand nombre de personnes, parce que l'*infamie* d'un grand nombre n'est bientôt plus l'*infamie* de personne.

INFANTICIDE, s. m. (*Code criminel.*) De tous les crimes homicides, il n'en est pas de plus atroce ni de plus révoltant que l'*infanticide*. Le parricide est le seul peut-être qui puisse être mis en parallèle. Nous n'entreprendrons pas de l'établir; ce seroit inutilement multiplier les tableaux horribles sur lesquels nous sommes forcés d'arrêter nos regards; disons-le en un mot; il n'y a qu'un monstre qui puisse égorger celui dont il a reçu le jour, & l'enfant auquel il l'a donné.

On désigne également, par la qualification générique d'*infanticides*, les pères & mères meurtriers de leurs enfans, & l'action du meurtre de l'enfant.

Cependant, quoique tout meurtre d'un enfant soit en général un *infanticide*, on distingue entre ceux qui sont commis sur des enfans déjà nés, & ceux commis sur des enfans étant encore dans le sein de leur mère.

Les *infanticides* du premier genre sont, à proprement parler, les *infanticides*. Les autres sont qualifiés, suivant les circonstances, d'*avortemens volontaires*, de *recélement de grossesse*, d'*exposition de part.*

L'*infanticide* proprement dit est, comme nous venons de l'observer, celui qui est commis par le père ou la mère sur un enfant déjà venu au monde.

L'avortement volontaire est le crime des filles ou femmes qui, détestant une coupable fécondité, préviennent, par des précautions plus criminelles encore que leur foiblesse même, l'instant qui la mettroit au grand jour.

Le recélement de grossesse est le crime d'une fille qui, n'ayant point déclaré sa grossesse, accouche en secret.

L'exposition de part enfin est le fait des pères & mères qui exposent leurs enfans nouvellement nés dans les rues ou dans les chemins, & mettent leur vie en danger par cette inhumanité qui souvent est cause de leur mort.

La peine de l'*infanticide* est la même, soit qu'il ait été commis par le meurtre de l'enfant, soit qu'il ait été l'effet de l'avortement volontaire de la mère.

La loi de Moïse distinguoit, relativement à l'avortement volontaire, si l'enfant, dont la femme se faisoit avorter, étoit inanimé ou non. Dans le premier cas, elle ne prononçoit point de peine contre la coupable; dans le second, elle la condamnoit à la mort; comme si l'atrocité de l'action dépendoit de l'état plus ou moins parfait du germe; comme si un enfant, au moment de sa conception, ne portoit pas avec lui la vie & l'existence.

Les Romains faisoient une autre distinction : lorsque la femme qui détruisoit son fruit avoit été corrompue par argent, elle étoit punie de mort; lorsqu'elle s'étoit portée à cette barbarie en haine de son mari, elle étoit seulement bannie pour un certain temps. Sous les empereurs devenus chrétiens, la jurisprudence a été changée, & la peine de mort a été prononcée contre les pères & mères qui se rendroient coupables d'un crime aussi affreux. *Si quis necandi infantes piaculum aggressus, aggressave sit, sciat se capitali supplicio esse puniendum.* Leg. 8 cod. *ad legem Cornel. de Siccar.*

Quelque importante que soient la recherche & la punition de ce crime, les juges doivent néanmoins se méfier d'une indignation trop vive qui les aveugleroit sur le genre & la nature des preuves. Il n'y en a point de plus équivoque ni de plus difficile à acquérir. Joseph Jacob Plenk, docteur en chirurgie & professeur royal, public & ordinaire de chirurgie, d'anatomie & d'accouchemens, dans l'université royale de Bude, a publié, en 1781, un ouvrage intitulé : Elémens de médecine & de chirurgie judiciaire; *Elementa medicinæ & chirurgiæ forensis.* Il y traite de la manière de dresser les rapports de chirurgie, & de la très-grande difficulté que l'on a quelquefois de reconnoître dans un cadavre la véritable cause de sa mort. Ce seroit en dire assez sans doute, pour annoncer toute l'importance de cet ouvrage, qui n'est pas seulement nécessaire aux médecins & chirurgiens, toujours consultés par les tribunaux en matière criminelle, mais même aux magistrats, qui doivent eux-mêmes être, jusqu'à un certain point, en état d'apprécier les opinions des gens de l'art. Voici comment cet auteur estimable s'explique sur l'*infanticide.*

« Dans le cas d'*infanticide*, on croit reconnoître qu'un enfant est né vivant, lorsque son poumon nage dans une quantité suffisante d'eau pure: » cependant, quand même un enfant seroit né mort, » ses poumons nageroient si la sage-femme ou une » autre personne y avoit introduit de l'air par la » bouche, ou s'ils avoient déjà contracté de la corruption. Loder, *in programmate quo pulmonum » docimasia ex novâ anatomicâ observatione in dubium vocatur*, Jenæ, 1779, révoque en doute » l'infaillibilité de ces épreuves, assurant que des » poumons sains & entiers d'un enfant né au septième mois, qu'on attestoit avoir vécu treize » heures, étoient tombés au fond de l'eau; opinion particulière & contraire à beaucoup d'expériences, qui semble à Jaeger, dans sa *Disquisitio medico-forensis, quo casus & annotationes ad vitam fœtûs neogoni dijudicandam facientes proponuntur*, Ulmæ, 1780, un paradoxe sur lequel » il faut suspendre son jugement.

» Il est incroyable à combien de genres de mort » les enfans ont été exposés de la part des mères, soit pour se soustraire à la honte & à la » peine d'une grossesse illégitime, soit pour éviter » seulement l'embarras de les nourrir & de les » élever : tantôt elles les ont percés d'un fer aigu » introduit dans le vagin peu avant l'enfantement, » afin qu'ils vinssent morts au monde; elles leur » ont enfoncé une aiguille meurtrière par les narines ou le rectum; tantôt elles leur ont fortement comprimé la tête, la poitrine, le ventre, » ou tout le corps; tantôt elles les ont suffoqués » en leur bouchant les narines & la bouche, en » leur serrant le col, en les surchargeant de couvertures, en les enfermant dans un coffre, en les » enfouissant, en les jettant dans des cloaques, en » leur faisant respirer la vapeur du soufre, en négligeant de leur lier le cordon ombilical, en les » laissant mourir de faim.

» La majeure partie de ces crimes est difficile » à constater, parce que les signes que l'on croit » reconnoître pour le principe & la cause de la » mort d'un enfant, peuvent n'être que l'effet » d'un accouchement laborieux; que des nourrices imprudentes ont souvent écrasé des enfans » en se couchant dessus par mégarde; qu'un enfant peut avoir été étranglé par le cordon ombilical, qui aura laissé autour du col la même » trace que s'il avoit été étranglé avec un lacet; » que le fœtus trouvé dans des commodités, a » pu s'échapper au grand chagrin de la mère; que » la maigreur & le vuide des intestins peuvent

» venir d'autres causes que d'être mort de faim.

» La question des avortemens est aussi du ressort de la médecine. Comme l'embrion est vivant du moment de la conception, & que la foiblesse d'un fœtus au-dessous du septième mois ne lui permet pas de vivre, c'est commettre un homicide que de procurer l'avortement avant ce temps. Breudel, *in eph. N. C. cent. 14*, *obs. 187*, fait mention d'une servante qui tua son fruit en s'insinuant un stylet dans la matrice, mais en même temps elle se tua aussi elle-même.

» Quoique ce soit une opinion commune qu'il y a des médicamens propres à faire infailliblement sortir le fruit de la matrice, cette opinion est contredite par des observations dignes de foi. Quarenonius, dans sa 636e consultation, écrit qu'il a vu beaucoup de femmes tourmentées par des médicamens très-forts & des saignées réitérées, sans qu'aucune ait avorté. Zacutus de Portugal, dans sa *Praxis admiranda observ.* rapporte que les purgatifs les plus violens, les saignées réitérées jusqu'à six & huit fois, les onguens les plus forts, les pessaires, les jeûnes prolongés n'ont point procuré l'avortement. Une femme, au témoignage de Sommer, *dec. I*, *anno. 6.*, *obs. 106*, a pris tous les matins, pendant vingt jours, cent gouttes d'huile distillée de genièvre, pour se procurer les mois, sans que cela l'ait empêché de mettre naturellement un fils au monde. Albrechtus, *decad. I*, *ann. 8*, *obs. 165*, rapporte que les emménagogues les plus forts, comme l'huile distillée de sabine, de succin, de myrrhe, de safran, d'aloès, ont été en vain employés pour expulser le fœtus de la matrice ; & Bartholin, dans ses *Misc. N. C. anno. 1*, *decad.* *obs. 52*, observe que deux femmes, guéries de la vérole par le moyen de la salivation mercurielle, & pendant leur grossesse que le chirurgien ignoroit, n'en ont pas moins engendré des enfans en bon état ».

Nous avons cru devoir rapporter en entier ce passage de Plenk, dont l'opinion, comme l'on voit, est appuyée sur une foule d'autorités, pour prouver que l'avortement, dont les soupçons & les accusations sont si fréquens, est moins praticable qu'on ne le croit communément, & que les juges doivent user de la plus grande circonspection, lorsqu'ils ont à instruire & à juger des procès de ce genre.

La peine de l'*infanticide* proprement dit, & de l'avortement volontaire, est déterminée par les édits & déclarations de Henri II, du mois de février 1556 ; de Henri III, 1585, & Louis XIV, du 25 février 1708.

Suivant ces loix, toute femme ou fille, convaincue d'avoir celé tant sa grossesse que son enfantement, & dont l'enfant se trouvera avoir été privé du baptême & de la sépulture publique, doit être présumée avoir homicidé son enfant, & être punie de mort. La peine est encourue, 1°. lorsque la grossesse n'a pas été déclarée par la fille ; 2°. lorsque l'enfantement n'a pas été déclaré non plus, & que des deux déclarations la fille n'a point retiré un témoignage suffisant ; 3°. enfin, lorsqu'ensuite l'enfant se trouve mort & privé tant de l'administration publique du baptême que de la sépulture publique & accoutumée, à plus forte raison, lorsqu'il est prouvé que la mère a tué son enfant dans son sein, ou à l'instant de sa naissance.

Cette peine est celle de la potence. Il y a cependant un arrêt du parlement du 22 décembre 1480, par lequel une femme coupable d'*infanticide*, fut condamnée à être brûlée vive. Mais, indépendamment de ce que cet arrêt est le seul que l'on connoisse, & qu'on puisse citer pour exemple d'une peine aussi rigoureuse, on peut observer que les circonstances de cet *infanticide* ne sont point connues, & qu'elles étoient peut-être tellement atroces, que les juges ont cru pouvoir aggraver la peine. D'ailleurs l'édit de Henri II & les suivans ne prescrivant que la peine de mort sans en désigner le genre, des juges ne doivent pas imaginer des supplices ; il n'est pas nécessaire que le coupable meure d'une mort cruelle, pour que la loi soit exécutée.

Henri III & Louis XIV ont voulu sagement que l'édit de Henri II fût publié tous les trois mois aux prônes des messes paroissiales. Les curés ne sauroient être trop attentifs à remplir ce devoir. Cette exactitude est de la plus grande importance dans les campagnes sur-tout, où les regards étant moins partagés, les filles qui redoutent les suites d'une foiblesse, craignent encore plus d'en rougir, & ne savent pas toujours les conséquences dangereuses des précautions meurtrières qu'elles pourroient prendre pour prévenir la publicité de leur déshonneur.

Un auteur anonyme, dont les vues paroissent estimables, a fait imprimer en 1781 un petit ouvrage sur les moyens de prévenir l'*infanticide*. Tout le systême de l'écrivain roule sur la nécessité d'anéantir jusque dans leur principe les deux motifs qui peuvent porter à l'*infanticide*, la honte d'être devenue mère, & la crainte de mettre au jour un enfant condamné, dès sa naissance, à la misère & à l'opprobre. « Les femmes sont si sensibles à la perte de ce que nous appellons *honneur* ; elles y attachent une si grande importance, qu'elles ne voient rien au-delà ; il n'est point pour elles de vertu morale comparable à la continence. Si une fois elles en ont passé les bornes, & que leur foiblesse soit connue, elles se croient tout permis, & il n'est point d'action, quelque déréglée qu'elle soit, dont elles ne puissent se rendre coupables. » *Le moindre défaut des femmes galantes*, dit M. de la Rochefoucaut, *est la galanterie* ».

L'auteur des *moyens de prévenir l'infanticide* voudroit donc que l'on établît des asyles où l'on reçût ces malheureuses victimes de l'amour pour y déposer les fruits de leur foiblesse ; que dans ces asyles on les traitât avec douceur, sans reproche, qu'on n'exigeât point d'elles la révélation de leur nom, de leur état, de leur naissance ; qu'elles pussent se flatter d'un secret inviolable ; qu'on leur administrât gratuitement les secours dont elles auroient besoin. On préviendroit ces horreurs qui font frémir la nature, & qu'aucune loi ne pourra jamais arrêter : de plus on y gagneroit une multitude de citoyens utiles. Les uns seroient employés aux manufactures ; les autres pratiqueroient des routes, ouvriroient des voies de communication, creuseroient des canaux ; ceux-ci, jeunes encore, seroient envoyés dans nos colonies, où ils se naturaliseroient, cultiveroient nos possessions, & deviendroient la source d'une nouvelle population dans nos établissemens ; on cesseroit peut-être un jour d'acheter des hommes pour en faire des esclaves.

Tel est le précis des idées de l'anonyme ; ses vues sont estimables sans doute ; mais qu'a-t-il écrit que l'on n'ait pensé avant lui, qui ne soit même exécuté en grande partie ? Dans toutes les provinces, dans toutes les villes, les femmes grosses trouvent des asyles où elles sont traitées avec douceur ; ce n'est jamais du sein des hôpitaux que sort le secret fatal de leur déshonneur ; c'est du lieu même qu'elles ont quitté, d'où leur disparution sans motif ou fondée souvent sur des prétextes frivoles, fait naître ou confirme les soupçons, suivant les circonstances. Puisque *l'honneur est la chose à laquelle les femmes attachent le plus d'importance* ; puisque c'est *dans la crainte de le perdre, qu'elles se déterminent souvent à des actions qui font frémir la nature*, il faudroit donc, pour prévenir l'*infanticide*, détruire entiérement ce préjugé de l'honneur ; il faudroit donc qu'une vierge modeste & pure eût plus à rougir de sa vertu qu'une fille déshonorée des fruits de sa foiblesse ; il faudroit donc anéantir jusqu'à ces mots sacrés de *mœurs* & de *vertu* ; un tel systême est-il proposable ? La honte du crime doit être son premier frein, elle est même en quelque sorte la récompense de la vertu. Ne punissons pas les foiblesses comme des crimes ; que la fille coupable trouve un asyle où elle puisse déposer en secret le fruit de son incontinence ; mais qu'elle en rougisse, s'il le faut, plutôt que d'outrager la nature.

L'exposition de part, ainsi que nous l'avons dit, est le crime des pères & mères qui, après l'accouchement, exposent leurs enfans dans les rues, ou sur les grands chemins, ou dans des lieux écartés, soit afin de cacher la honte de leur naissance lorsqu'ils sont nés de conjonctions illicites, soit qu'ils craignent de n'être pas en état de les nourrir.

Ces crimes sont mis au rang des *infanticides*. Abandonner une malheureuse créature au moment de sa naissance, c'est évidemment l'exposer au danger de périr, ou de froid ou de faim. L'auteur du code pénal assure sans restriction, qu'on ne punit plus ce crime aujourd'hui, & que les seigneurs hauts-justiciers sont tenus de nourrir les enfans exposés dans l'étendue de leur haute-justice. Cette opinion n'est pas entiérement exacte ; il est vrai que, dans la plupart des provinces, le seigneur est obligé de se charger de l'enfant trouvé dans l'étendue de sa haute-justice ; mais ceux qui sont reconnus coupables d'avoir exposé des enfans, sont punis suivant les circonstances.

Il y a quelques coutumes dans lesquelles l'enfant exposé n'est point à la charge du seigneur, mais de la communauté. *Voyez* les *observations* de M. le président Bouhier sur la coutume de Bourgogne, *tom. 2, p. 280.*

Il paroît qu'en Flandre on tient également pour ce principe. Il a été confirmé par un arrêt du parlement de Douai du 20 février 1715, entre l'abbesse & les échevins de Flines. Un enfant exposé fut jugé par cet arrêt être à la charge de la communauté de Flines. *Voyez* les *institutions au droit belgique, p. 553.*

Les Romains ne mettoient point de différence entre ce crime & celui de l'*infanticide* proprement dit ; ils vouloient que le père, coupable d'avoir exposé son enfant, fût traité comme un homicide. Justinien avoit ordonné, par sa novelle 54, que si ce crime étoit commis par un maître envers l'enfant de son esclave, celui-ci acquît de plein droit la liberté, & par la même raison que l'enfant ainsi exposé par son père, fût affranchi de la puissance paternelle.

Nous n'avons point de jurisprudence fixe à cet égard ; les loix de Henri II, de Henri III & de Louis XIV, que nous avons citées précédemment, ne parlent point de l'exposition des enfans. Cependant, & suivant les circonstances, on condamne les coupables au fouet & au bannissement, quelquefois même au carcan. Les sages-femmes qui se prêtent à ces expositions, sont sujettes aux mêmes peines, ainsi qu'il résulte d'un arrêt du parlement du 26 mai 1682, confirmatif d'une sentence du châtelet.

Quelques jurisconsultes pensent que les juges pourroient aller jusqu'à prononcer la peine de mort, s'il étoit reconnu que les auteurs de l'exposition eussent négligé de nouer le cordon ombilical de l'enfant, parce qu'alors il y auroit évidemment intention de le faire périr : mais comment peut-on se permettre de supposer une intention pour aggraver des peines, & sur-tout pour prononcer celle de la mort ? Il est bien plus naturel au contraire de supposer que, dans le trouble qui accompagne ordinairement l'exposition d'un enfant qu'un père ou qu'une mère se croient forcés d'abandonner aux hasards, on néglige de prendre une précaution de ce genre, dont tout le monde ne connoît pas l'importance, & qui vraisemblablement est ignorée de la plupart des jeunes filles, coupables d'une première foiblesse.

Plusieurs criminalistes ont traité de la supposition

de part dans le même chapitre où ils ont parlé de l'*infanticide* : ces deux crimes n'ont rien de commun. L'un consiste à faire périr la créature que l'on a mise au monde ; & l'autre, à supposer faussement que l'on est accouché d'un enfant. *Voyez* SUPPOSITION DE PART. *Voyez aussi* HOMICIDE. (*Cet article est de M.* BOUCHER D'ARGIS, *conseiller au châtelet, de l'académie de Rouen*, &c.)

INFÉODATION, s. f. (*Droit féodal.*) on appelle ainsi une concession faite à titre de fief.

On donne aussi le même nom à l'érection en fief d'un domaine allodial ou roturier, ou de tel autre objet auquel on imprime le caractère de fief, lors même que ce domaine n'a point été concédé par le seigneur, & qu'il appartenoit au nouveau vassal, avant l'érection en fief.

La coutume de Paris & la plupart des autres appellent encore *inféodation*, l'approbation que le seigneur donne aux rentes ou autres charges imposées par le vassal sur son fief, & aux accensemens ou sous-inféodations faites par le même vassal, lorsque ce seigneur reçoit en foi les créanciers des premières, ou admet le vassal à comprendre les derniers dans son aveu.

Enfin quelques coutumes, & particuliérement celle de Paris, dans les *art. 130, 135, 137 & 138*, donnent le même nom à l'investiture que l'acquéreur du fief est obligé de prendre pour faire courir l'an & jour du retrait lignager. Cette investiture, c'est-à-dire l'acte par lequel le seigneur reconnoît l'acquéreur du fief pour son vassal, étoit effectivement une véritable *inféodation*, non-seulement dans la première époque de l'établissement des fiefs, où l'on n'en faisoit la concession que pour un temps, mais aussi dans la seconde, où les fiefs étoient simplement héréditaires, sans pouvoir être aliénés. Encore aujourd'hui, dans toutes les aliénations faites à titre de vente, le seigneur pouvant dépouiller l'acquéreur, en exerçant le retrait féodal, pourroit aussi se désister de ce droit de retrait en grevant le fief servant de nouvelles charges, &, dans ce cas, l'investiture feroit une nouvelle *inféodation* dans toute la rigueur des termes.

La matière des *inféodations*, prise dans toute son étendue, embrasse tous les objets du droit féodal. On va néanmoins se borner, dans cet article, à parler, 1°. des objets divers de l'*inféodation* en général; 2°. de l'*inféodation* des rentes & hypothèques; 3°. des effets du contrat d'*inféodation*.

Les formalités de l'acte qui établit les relations du seigneur & du vassal, sont exposées aux mots INVESTITURE & FOI & HOMMAGE. Les preuves qui font présumer l'*inféodation* à défaut de titre précis, se trouvent établies aux mots PRESCRIPTION *en matière de fief*. Il en est de même des autres objets qui sont relatifs à l'*inféodation*. On parle de chacun sous l'article qui lui est relatif.

§. I. *Des objets divers de l'inféodation*. On peut inféoder tous ou presque tous les immeubles & les droits qui sont dans le commerce. Les souverains, & les seigneurs, à leur exemple, ont fait autrefois le plus grand usage de cette faculté. Comme l'*inféodation* contient des obligations réciproques, & que, depuis même qu'elle produit un effet perpétuel, elle laisse toujours des droits au seigneur dominant, il n'est point étonnant qu'on ne considérât point autrefois ces sortes de concessions comme des aliénations ordinaires, & qu'elles aient joui de la plus grande faveur. On peut très-raisonnablement douter que cette espèce singulière de bail ait été aussi contraire à l'autorité royale qu'on l'enseigne communément. Le savant B. Thomasius dit même que la concession des fiefs fut l'un des moyens imaginés par les rois de France, pour accoutumer doucement au joug une nation extrêmement jalouse de sa liberté. *Origines féodales*, §. *13*.

Quelque opinion que l'on ait de la faculté que nos rois avoient autrefois d'aliéner leur domaine, il est certain du moins qu'ils pouvoient en inféoder telles portions qu'ils jugeoient à propos. La tenure féodale leur parut même si importante, qu'après avoir ainsi disposé de la meilleure partie de leurs domaines, ils concédèrent en fief, & en fief perpétuel, le droit de les servir, & les gages qu'ils concédoient à leurs officiers.

Du Tillet cite dans l'inventaire du chapitre du grand chambrier de France, *le rôle de plusieurs ayant foi & hommage au roi S. Louis, entre autres le comte d'Eu pour la chambre de France.*

M. de Valbonnays nous apprend dans ses *Mémoires pour l'histoire de Dauphiné*, qu'on donnoit en fief les offices de judicature & les emplois de toute espèce, tant dans la maison du dauphin, que dans celles des principaux seigneurs de la province.

La même chose se pratiquoit dans les autres états de l'Europe. On voit dans les loix de Malcolm II, roi d'Ecosse, la liste de ses officiers & de leurs gages, que l'on qualifie tous de fiefs. Non-seulement on donne ce nom à ceux du chancelier, du chambrier, ou chambellan, & des autres grands officiers ; mais il en est de même de ceux des moindres domestiques : « *ordinaverunt*, y est-il dit, *pro* feodo *seneschalli domûs domini regis*, 40 *libras* ; *pro* feodo *clerici de coquinâ*, 10 *libras* ; *pro* feodo *panitarii*, 10 *libras*; *pro* feodo *butilarii*, 10 *libras* ; *pro* feodo *pistoris*, 5 *libras* ; *pro* feodo *brasiatoris*, 5 *libras* ; *pro* feodo *magistri coci*, 5 *libras* ; *pro* feodo *lardarii*, 5 *libras* ; *pro* feodo *janitoris*, 5 *libras* ; *pro* feodo *ostiarii coquinæ*, 5 *libras* (1) ».

(1) Les objections que l'on a faites contre l'authenticité de toutes ces anciennes loix d'Ecosse, ne prouveroient rien contre l'induction qu'on en tire ici, quand bien même ces objections seroient sans replique. Car elles se réduisent à prétendre que l'éditeur de ces loix les a prises dans les actes du parlement d'Ecosse, qu'il a accommodés au systême des loix angloises. *V. la préface de* M. Houard. Mais les plus célèbres jurisconsultes d'Ecosse, tels que Mackensie, Forbes & Blackstone n'ont jamais douté de l'authenticité de ces loix.

On seroit d'abord tenté de croire qu'il n'est question dans tout cela que de simples gages ou salaires, vu que le mot *fief* (*fee.*) s'emploie encore aujourd'hui dans ce sens en plusieurs langues du Nord. Mais indépendamment de ce qu'on lit dans du Tillet & Valbonnays, plusieurs monumens prouvent que ces sortes d'offices & de gages étoient effectivement tenus à foi & hommage, & qu'ils étoient même souvent transmissibles aux héritiers. Le savant Besly a recueilli dans les preuves de son *Histoire des comtes de Poitou*, un acte d'*inféodation* de cette espèce pour la cuisine du comté de Poitou, fait l'an 1277.

Odefroi, très-ancien commentateur du droit romain, dit aussi qu'il a vu plusieurs fiefs semblables en Italie. « *Et in monasterio sanctæ Ulliæ talia vidi* » *feuda, ut boariæ & sutoriæ & porcariæ, & similium quæ ibi erant necessaria* ». Ragueau, dans son *Indice des droits royaux*, parle encore des *tailleurs fieffés*, qui, à Poitiers & ailleurs, tiennent en foi & hommage du roi l'autorité de pouvoir tailler les monnoies de France. On peut voir d'autres détails, à ce sujet, au mot OFFICE INFÉODÉ.

Enfin les rois & les seigneurs, après avoir inféodé la majeure partie de leur domaine, & les offices même de leur maison, à titre de fief, se firent de nouveaux vassaux, en leur accordant un même titre, une pension ou rente, soit en argent, soit en denrées, sur leur revenu. C'est ce que l'on appelloit *fiefs de revenu*, en latin, *feuda de camerâ & de cavenâ*, &c. Souvent encore, l'on détachoit d'une seigneurie certains droits, tels que ceux de justice, de corvée, de terrage, d'épave, &c. pour en constituer des fiefs particuliers. On trouve des exemples d'*inféodation* du droit d'abeillage, c'est-à-dire des simples épaves d'abeilles, & même de l'exemption des droits généraux d'une seigneurie. Brussel, *chap. 1.*

D'autres fois on inféodoit une partie indivise de ces différens droits, soit pour en constituer un nouveau fief, soit pour former ce qu'on appelloit un *augment de fief*, afin d'engager ses vassaux, par cet accroissement de revenus, à commuer la tenure en fief simple, en tenure en fief lige.

Ces anciens usages ont reçu beaucoup de modifications, qui résultent en grande partie de la multiplicité même des fiefs. Ceux qui existent, ou les portions qui en dépendent, ne peuvent plus être aliénés de nouveau par leurs possesseurs à titre de fiefs, que sous les différentes restrictions dont on parle aux mots SOUS-INFÉODATION, JEU DE FIEF, &c.

La commutation en fief des domaines roturiers suit à-peu-près les mêmes règles. Quant aux domaines allodiaux, l'*inféodation* peut s'en faire de deux manières : 1°. le propriétaire de l'aleu peut, par un traité particulier, en abjurer la franchise, en consentant à l'avenir à le tenir à titre de fief d'un seigneur ; 2°. ce propriétaire peut également concéder cet aleu en tout ou en partie pour être tenu de lui à titre de fief.

C'est néanmoins une question, & une question assez difficile à résoudre, que celle de savoir si une convention de cette espèce peut imprimer au domaine allodial la qualité d'un véritable fief? La féodalité est un caractère inhérent au fonds même, qui, à la différence des autres charges, a un effet perpétuel, & devient imprescriptible, du moins dans la plupart des coutumes. Dès-lors il est évident que ce caractère tient aux principes du droit public, sur lequel les conventions des particuliers semblent ne devoir pas avoir d'influence.

Cependant on peut soutenir que ces conventions ne sont point contraires au droit public, ni dans nos provinces allodiales, ni dans celles de directe universelle. Comme dans ces dernières il ne peut point y avoir de franc-aleu sans titre, l'allodialité n'est évidemment qu'un privilège, auquel ceux en faveur de qui il a été introduit, doivent avoir le droit de renoncer. Dans nos provinces même les plus allodiales, le franc-aleu formant le droit commun, il ne peut être détruit que par des titres. Mais si ces titres peuvent y déroger, & produire des effets perpétuels, comme on est forcé d'en convenir, pour autoriser les fiefs qui y subsistent actuellement, pourquoi ne pourroit-on pas y faire aujourd'hui ce que l'on a fait autrefois? Où est la loi qui ait autorisé les fiefs établis dans cette province jusqu'à telle époque, en défendant d'en établir de semblables à l'avenir? Quel inconvénient y aura-t-il à régler ces nouveaux fiefs sur les mêmes principes que tous les autres, & à juger que l'allodialité s'en pourra prescrire dans les pays où les vassaux peuvent prescrire la foi & hommage contre leur seigneur, & qu'ils seront imprescriptibles dans les provinces où la féodalité une fois établie applique aux fiefs un caractère indélébile? La prescription même de la mouvance de la part du seigneur, ne suffit-elle pas pour effacer le privilège qui constituoit le franc-aleu dans les provinces de directe universelle, ou la franchise que ce franc-aleu tenoit de la nature & du droit commun dans les provinces allodiales?

Il est certain du moins que le roi peut toujours créer de nouveaux fiefs dans toute la France, & qu'il le fait journellement, en aliénant une partie de son domaine, soit que l'aliénation soit faite à titre de rachat perpétuel, soit qu'on la fasse purement & simplement, comme on le pratique pour tous les petits domaines & les terres incultes, dont la conservation seroit inutile à l'état. Une quantité d'édits, dont on peut voir la date & le sommaire dans le *Traité* & dans le *Dictionnaire du domaine*, ont ordonné ces aliénations à titre d'*inféodation*.

§. II. *De l'inféodation des rentes, charges & hypothèques.* Dans le temps où l'aliénation des fiefs n'étoit pas permise, le vassal n'avoit pas non plus le droit de les charger de rentes ou d'hypothèques, au préjudice, soit du seigneur, soit de ses héritiers;

héritiers; mais l'intérêt du commerce & la nécessité de constituer des rentes à titre de dot, de douaire, d'apanage, d'engagement ou d'hypothèque, firent bientôt établir l'usage d'imposer des charges sur ces domaines, comme sur tous les autres; de même que l'impossibilité où étoient les seigneurs de cultiver la totalité de leurs domaines, avoit fait introduire l'usage des accensemens, emphytéoses & arrentemens. Ces rentes s'imposoient le plus souvent par assiette ou assignat, & c'est à quoi se rapportent les détails donnés par plusieurs de nos coutumes anciennes & nouvelles sur les assiettes de rente.

Sur ce fondement, on considéroit celui qui avoit acquis à titre de constitution une rente sur un fief; & ceux qui succédoient ensuite à ses droits, comme s'ils avoient acquis une portion du fief même. Les fonds qui en étoient chargés étoient diminués de valeur à proportion du prix de la rente: c'est ce qui donna lieu aux seigneurs d'exiger que les acquéreurs ou les créanciers des rentes leur en fissent la foi & hommage, comme propriétaires d'une portion du fief, en leur en payant également les droits de quint, de relief & autres droits auxquels les mutations de fiefs donnoient lieu.

Voilà l'origine de l'*inféodation* des rentes constituées. Lorsqu'on se mit sur le pied de constituer des rentes, soit en denrées, soit en argent, sans aucun assignat, il fut incertain de savoir si l'on devoit obtenir l'agrément du seigneur pour ces sortes de rentes, en les faisant également inféoder. On convint assez généralement que le seigneur ne pouvoit point exiger que l'acquéreur fît inféoder la rente, lorsqu'elle ne portoit point d'assignat spécial; mais qu'il falloit le faire lorsque la rente avoit un assignat. Cette distinction qui se trouvoit dans l'ancienne coutume de Paris, existe encore dans plusieurs coutumes, telle que celle de Nivernois: mais dans toutes ces coutumes, sans exception, le seigneur qui jouissoit du fief, ou qui avoit des droits à y percevoir, n'étoit point obligé de continuer ces rentes aux créanciers ou d'en déduire le montant sur ses profits, tant qu'elles n'étoient point inféodées, soit qu'elles n'eussent qu'une hypothèque générale sur les biens du débiteur, soit qu'elles en eussent de spéciales sur le fief, soit enfin qu'elles eussent été retenues à titre de cens ou de rente foncière.

Cela se pratique encore ainsi aujourd'hui; les articles 28, 52 & 59 de la coutume de Paris, qui forment à cet égard le droit commun, le décident expressément. Dumoulin ajoute que cela a lieu pour les rentes constituées & les hypothèques, quand même le seigneur auroit assisté à l'établissement de ces charges; mais il pose en même temps cette limitation, que le seigneur est tenu des charges imposées par son vassal, lorsque le fief rentre dans sa main à titre de retrait féodal ou de commise.

L'équité de cette restriction, plus que la rigueur des principes, l'a fait admettre généralement contre l'avis de d'Argentré.

Il n'y a point lieu à ces difficultés, quand le seigneur a inféodé les rentes ou les charges dont le fief a été grevé par son vassal: dans ce cas, il est obligé de les acquitter lors de l'ouverture du fief, ou d'en souffrir la déduction sur ses droits; mais ces rentes forment elles-mêmes de véritables fiefs, qui produisent des droits de quint & de relief, & les autres droits imposés par les coutumes lors des mutations; la succession s'en règle comme celle des autres fiefs: c'est la disposition expresse de l'article 347 de la coutume d'Orléans, qui fait à cet égard le droit commun.

L'*inféodation* est censée avoir lieu, non-seulement lorsque le seigneur admet à la foi & hommage le créancier, mais encore lorsqu'il en reçoit l'aveu & dénombrement, les droits de quint, de relief, ou qu'il fait d'autres actes semblables, d'où l'on puisse nettement inférer qu'il a adopté, en sa qualité de seigneur, les rentes, charges & hypothèques imposées sur le fief par son vassal: mais tout acte, de quelque espèce que ce soit, où le seigneur n'est point partie en cette qualité de seigneur, ne peut faire présumer l'*inféodation*. Voyez Brodeau sur l'*art.* 28 de la coutume de Paris, n°. dernier.

La réception même des droits seigneuriaux pour la création & le transport de la rente, faite par le seigneur suzerain, durant la saisie du fief appartenant au seigneur direct de celui sur lequel les charges ont été imposées, ne suffiroit pas pour faire admettre l'*inféodation*; car le seigneur, durant la saisie, ne peut pas empirer la nature du fief de son vassal, ou en diminuer les droits.

L'*inféodation* de la rente doit être nécessairement faite à la requête & poursuite du vassal, qui est le bailleur de l'héritage & créancier de la rente, & non de la part du preneur. Dumoulin & Brodeau le décident également, & ce dernier auteur observe fort bien que cela n'est point contraire à l'esprit de la coutume de Paris, comme Dumoulin paroît l'avoir cru.

Au reste, le seigneur peut exiger encore aujourd'hui qu'on fasse inféoder les rentes foncières qui sont assises sur le fief de son vassal. Il a donc le droit de demander un acte d'hommage & un aveu au créancier de la rente, & même d'exercer le retrait féodal, ou d'exiger le droit de quint, lorsqu'elle est vendue. On peut fonder ces décisions sur l'art. 87 de la coutume de Paris, qui attribue au seigneur le droit de lods & ventes *de toutes rentes foncières non rachetables vendues à autres, ou délaissées par rachat depuis le premier bail.*

Il y a même quelques coutumes où l'on a conservé pour les rentes constituées & pour les hypothèques, des formalités approchantes de l'*inféodation*. *Voyez* HYPOTHÈQUE, ENSAISINEMENT, *&c.*

§. III. *Des effets du contrat d'*inféodation. Le titre d'*inféodation* contient les engagemens que le seigneur & le vassal ont pris respectivement : ces engagemens ne peuvent être changés que de la manière dont ils ont été formés, par le consentement mutuel de l'un & de l'autre, & ce consentement ne se présume point.

On étoit dans l'usage autrefois, pour prévenir les inconvéniens qui pourroient résulter de la perte du titre primitif d'*inféodation*, de le mettre en tête des actes d'investiture qui se faisoient ensuite à chaque mutation. Il est prudent encore lorsque le titre d'*inféodation* n'existe plus, comme cela arrive bien communément aujourd'hui, de copier dans les actes de foi & hommage, & dans les aveux, les expressions des plus anciens actes de cette nature. Car si le dernier de ces titres montroit des charges ou des conditions différentes du premier, ou du plus ancien de ceux qui sont existans, il faudroit se régler sur les plus anciens, à moins qu'on n'eût exprimé nettement dans le titre postérieur, l'intention de changer l'état du fief; alors ce seroit au titre où cette intention seroit marquée, qu'il faudroit s'arrêter.

Il y a même des espèces de fiefs où le seigneur & le vassal ne peuvent, par leur consentement mutuel le plus exprès, changer la nature du fief au préjudice de ceux qui sont appellés à y succéder un jour, tels sont les fiefs régis par le droit Italique ou Allemand, & tous ceux où l'ordre de succession est réglé par le titre d'*inféodation*. Mais depuis la rédaction de nos coutumes, faite par autorité publique, devroit-on avoir égard à l'ordre de succession établi par un titre d'*inféodation* antérieur ou postérieur à la coutume ? tous nos auteurs décident pour l'affirmative.

Dumoulin, dans son commentaire sur l'article 8 de la coutume de Paris, après avoir déclaré que les fiefs sont patrimoniaux & transmissibles aux filles comme aux mâles, en excepte néanmoins le cas où le titre d'*inféodation* porteroit des conditions contraires. D'Argentré tient le même langage ; Lebrun & son additionnaire, décident aussi, qu'on peut, lors de l'*inféodation*, intervertir l'ordre commun des successions, & que cette convention particulière déroge à la loi ; par exemple, que dans la coutume de Paris on peut établir dans le titre de succession du fief, que l'aîné en aura le total, sans donner aucune récompense à ses puînés. Ils citent Rosenthal & Tiraqueau.

On peut voir les principes de cette matière discutés de la manière la plus étendue dans le conseil 30 de Dumoulin : il y est question, à la vérité, d'un fief situé en Piémont ; mais il dit expressément qu'il en seroit de même en pays coutumier, si les règles établies par le livre des fiefs se trouvoient formellement dans l'acte d'*inféodation : si usus illi relati specificè descripti essent in investiturâ etiam in Galliâ patriæ consuetudinariæ factâ* ; il y prouve qu'on ne doit point confondre ces conventions avec *les pactes de succession*, que les particuliers ne peuvent établir en dérogeant au droit public. Enfin il observe que, dans un pareil cas ; chaque nouveau vassal ne succède point au dernier possesseur du fief, mais au premier investi, & qu'il tire son droit du seigneur qui a concédé le fief en vertu de l'investiture primordiale.

Il faut bien remarquer néanmoins que ces maximes n'ont lieu dans notre droit coutumier, qu'entre le seigneur & le vassal. Les conventions portées dans l'acte d'*inféodation*, ne peuvent nuire à des tiers ; ensorte que les créanciers du vassal pourront toujours exercer leurs droits sur le fief, au préjudice de ceux qui sont appellés à le recueillir par le titre d'*inféodation* : c'est une suite des loix sur la patrimonialité des fiefs, & de celles qui défendent les substitutions perpétuelles.

L'opinion la plus généralement reçue aujourd'hui, est même que les droits & les obligations respectives du seigneur & du vassal, à l'exception de la foi, sont sujets à être changés, augmentés ou diminués, par la prescription de 30 ans ; lorsque ces altérations se trouvent énoncées d'une manière uniforme dans deux ou trois aveux ; l'article 124 de la coutume de Paris, & plusieurs autres dispositions de nos coutumes, favorisent cette opinion, que les principes rigoureux d'un droit étranger à nos mœurs ne doivent plus soutenir.

Les plus vieux titres, dit Loisel, *ne sont pas les meilleurs.*

« La raison en est, ajoute Laurière, qu'ils sont » souvent de nulle valeur, parce qu'ils sont pres- » crits. Il y a quelques années que, dans un com- » bat de fief entre des personnes qualifiées, le » conseil d'une des parties eut la témérité d'avan- » cer, comme un principe certain, qu'en matière » féodale, les plus anciens titres étoient les meil- » leurs : ce qui est entièrement faux. Ainsi il faut » tenir que les anciens titres ne sont bons que » quand ils sont soutenus par une possession con- » tinuelle ». *Institutes coutumières, liv. 5, tit. 5*, §. 7.

Les effets du contrat d'*inféodation* présentent beaucoup d'autres questions qu'on ne traitera point ici ; elles trouvent naturellement leur place dans d'autres articles de cet ouvrage. *Voyez en particulier les articles* DÉMEMBREMENT DE FIEF, DÉMEMBREMENT DE JUSTICE, ECLÈCHE, EMPIREMENT DE FIEF, JEU DE FIEF, SOUS-INFÉODATION, SEIGNEUR, VASSAL, *&c.*

On se contentera de relever ici deux erreurs, l'une de droit, & l'autre de fait, que l'on vient d'appercevoir, en ouvrant l'ouvrage le plus récent qui ait paru sur les fiefs (1). L'auteur dit, en parlant de cette espèce de jeu de fief, dont on a traité au mot DÉPIÉ, & qui a lieu dans les coutumes d'Anjou & du Maine, « que tant que le » jeu de fief ne sort pas des bornes fixées par la

(1) V. la Théorie des matières féodales & censuelles, *Part. II, tom. 3, §. 9, n°. 2, p. 364 & 365.*

» coutume ; *ce qui a été aliéné par le vassal, est* » *toujours censé entre ses mains, & que par rapport* » *au dominant le fief servant n'a reçu aucune alté-* » *ration*, &c. ».

C'est-là confondre les coutumes de dépié de fief, avec celles de démembrement & de jeu de fief, & cette erreur est d'autant plus grave que leurs principes sont absolument contraires en ce point. Dans les coutumes de dépié, les jeux, ou diminutions de fief faits par le vassal, tiennent au préjudice du chef-seigneur, c'est-à-dire du seigneur dominant de celui qui a fait l'aliénation, tant qu'on n'a point excédé les bornes prescrites par la coutume. Le chef-seigneur n'a le droit de percevoir que le rachat sur les portions aliénées par son vassal, & non pas les lods & ventes, en cas même d'aliénation à prix d'argent. Ce droit même de percevoir le rachat sur la portion aliénée cesse après 30 ans, suivant l'art. 216 de la coutume du Maine. *Voyez la section 3 de l'article* DÉPIÉ.

Le même auteur critique une note de Laurière sur l'article 51 de la coutume de Paris. Cet article exige, pour la validité du jeu de fief, que le vassal retienne *la foi entière du fief & quelque droit seigneurial & domanial sur ce qu'il aliène*. Laurière met avec raison au nombre de ces devoirs, que le vassal peut retenir sur ce qu'il aliène, *la foi*, c'est-à-dire l'obligation que ce vassal impose au concessionnaire de lui faire la foi & hommage, lorsque la concession se fait à titre de fief. « Le droit seigneu- » rial dont il s'agit, dit au contraire l'auteur de *la* » *théorie*, ne peut pas être *la foi*, puisqu'outre ce » droit, la coutume exige encore la rétention de » foi, ou *l'obligation de porter la foi de la part du* » *vassal qui se joue de son fief* ». *Ibid. pag. 372.*

Mais *l'obligation de porter la foi au seigneur dominant de la part du vassal qui se joue de son fief*, est une chose toute différente de *l'obligation de porter la foi*, dont le même vassal charge envers lui l'acquéreur en faveur duquel il s'est joué d'une partie du fief. La première est *la foi entière du fief*, qui a lieu en cas de bail à cens, comme en cas de sous-*inféodation*. La seconde est un droit seigneurial réservé par le vassal *sur ce qu'il aliène*; elle ne peut avoir lieu qu'en cas de sous-*inféodation*. Il est évident que c'est de cette dernière espèce de foi, dont Laurière entend parler : cela résulte, 1°. de ce qu'il a mis sa note sur ces mots de la coutume, *& quelque droit seigneurial & domanial sur ce qu'il aliène*; 2°. du texte même de sa note. « Comme la foi, dit-il, *le cens, le champart*, & » autres droits domaniaux, *qui tiennent lieu du fonds* » *& qui le représentent* ». Il est clair qu'il n'y a que la foi due au vassal *sur ce qu'il aliène*, qui représente le fonds & en tient lieu à son égard, comme le cens & le champart. (*Article de M.* GARRAN DE COULON, *avocat au parlement.*)

INFÉRIEUR, adj. terme de relation, qui se dit *en droit*, de tout ce qui relève d'une personne ou d'une chose. Ainsi l'on appelle *fief-inférieur*, celui qui relève d'un autre médiatement ou immédiatement; *juge & justice inférieure*, celle dont on peut appeller devant un tribunal supérieur. *Voyez* FIEF, JUGE, JUSTICE.

INFESTUCATION, s. f. *terme usité dans quelques provinces*, c'est la forme de la tradition & mise en possession d'un fonds, qui se faisoit par le vendeur en faveur de l'acheteur, en remettant à ce dernier en signe de tradition, un petit bâton, ou même une branche d'arbre appellée *festuca*. *Voyez le Gloss.* de Ducange, *au mot Festuca* & *Infestucare*, & *les mots* BATON & RAIN, TRADITION.

INFIRME, *de infirmis resignantibus*. (*Mat. bénéfic.*) c'est le nom que l'on donne à la troisième des règles de chancellerie romaine, reçues parmi nous. Elle a pour but d'empêcher les abus des résignations faites en maladie, & lorsqu'on touche aux portes de la mort. Elle est conçue en ces termes :

Si quis in infirmitate constitutus resignaverit aliquod beneficium, dimiserit aut illius commendæ cesserit, seu ipsius beneficii dissolutioni consenserit, etiam vigore supplicationis dum esset sanus signatæ, postea infrà viginti dies per ipsum resignantem præstiti consensus numerandos de ipsâ infirmitate decesserit; ac ipsum beneficium quâvis autoritate conferatur per resignationem sic factam, collatio hujus modi nulla sit, ipsumque beneficium nihilominus per mortem censeatur vacare.

C'est ainsi que Gohard, *tom. 3, pag. 509*, rapporte cette règle. Cependant nos autres auteurs, Dumoulin à la tête de son commentaire, Perard Castel dans sa pratique de la cour de Rome, Drapier dans son recueil des décisions sur les matières bénéficiales, Durand de Maillanne dans son dictionnaire de droit canon, *&c.* la donnent en d'autres termes :

Item voluit quod si quis in infirmitate constitutus, resignaverit aliquod beneficium, sive simpliciter sive ex causâ permutationis, & postea infrà viginti dies, à die per ipsum resignantem præstandi consensus computandos, de ipsâ infirmitate decesserit; ac ipsum beneficium conferatur per resignationem sic factam, collatio hujus modi nulla sit, ipsumque beneficium per obitum vacare censeatur.

Gohard rapporte la règle telle qu'elle existe à la chancellerie romaine, & les autres auteurs, telle qu'elle a été reçue parmi nous.

Cette règle, dans son origine, parloit en général de tous les résignans, & ne faisoit aucune distinction entre ceux qui étoient en santé ou en état de maladie. On l'appelloit alors *la règle de vingt-jours*, les uns l'attribuent à Innocent VIII, les autres à Martin V. Boniface VIII y ajouta ces termes, *in infirmitate constitutus*, ce qui la restreignoit beaucoup. Clément VII, voulant la rapprocher de son origine, ordonna, par une constitution expresse, qu'elle auroit lieu également pour les résignations faites en santé ou en maladie. Sa constitution fut confirmée par Paul III, & on ajouta à la règle, *etiam vigore supplicationis dum esset sanus signatæ*; Jules second y fit insérer *à die per ipsum resignan-*

tem præstandi consensus computandos. Sur quoi Dumoulin dit, *hæc fuit ampliatio Julii II meritò in usum recepta.*

Les expressions *quâvis autoritate* sont de Paul III; addition qui n'a point été reçue en France, selon Dumoulin. *Quæ additio in usum recepta non est Gallis.*

La règle *de infirmis resignantibus* n'est donc que l'ancienne règle *de viginti diebus* modifiée & restreinte aux seules résignations faites en maladie, & on ne l'a reçue en France que telle qu'elle est rapportée par Dumoulin & Perard Castel. Rebuffe dit qu'elle a été enregistrée au parlement de Paris le 27 août 1492; Bouchel date cet enregistrement du 20 novembre 1493. L'un & l'autre paroît fort suspect à des personnes habiles qui ont feuilleté les registres de la cour sur ces deux années, sans rien trouver qui y ait rapport, & soutiennent que la règle a été reçue par la pratique & l'usage plutôt que par un enregistrement formel.

L'usage est sans doute bien suffisant pour suppléer l'enregistrement. On peut y ajouter plusieurs déclarations de nos rois qui ordonnent l'exécution de la règle, & sur-tout celle du mois d'octobre 1646, qui porte, *article 9*: « comme aussi ordonnons que le décret ou règle de chancellerie » apostolique, fait par le défunt pape Urbain VIII » du nom, de l'année 1634, par lequel il est or- » donné que toutes les procurations *ad resignandum* » seroient accomplies & consommées en ladite chan- » cellerie dans les vingt jours, mises & apposées » entre les mains du notaire de chambre ou de chan- » cellerie, pour apposer & signer les consens au dos » des signatures des provisions & des pensions, au- » trement que lesdites signatures ne seroient datées » que du jour & date courante, & qu'à la fin de » toutes lesdites signatures de résignations & pen- » sions fût inséré le décret, *dum modo super resigna-* » *tione talis beneficii data capta & consensus extensus* » *non fuerit, aliàs præsens gratia nulla sit*, qui sert » non-seulement pour abolir les petites dates, mais » aussi pour empêcher la multiplicité des résigna- » tions, soit étroitement gardé & observé, ainsi » que les règles *de publicandis*, & *de infirmis* & au- » tres qui servent de loi èsdites matières ».

Il ne peut donc y avoir de doute sur la question de savoir si la règle *de infirmis* est reçue & doit être exécutée en France, l'usage & les ordonnances de nos rois lui ont donné force de loi.

Il y a trois conditions pour que cette règle ait lieu; 1°. que le résignant soit malade, *in infirmitate constitutus*, lorsqu'il passe sa procuration *ad resignandum*; 2°. qu'il meure de la maladie dont il étoit alors atteint, *de ipsâ infirmitate decesserit*; 3°. qu'il décède dans les vingt jours à compter du jour de l'admission de la résignation, *& posteà infra viginti dies à die per ipsum resignantem præstandi consensus computandos..... decesserit.*

La règle doit avoir lieu pour les permutations comme pour les résignations, *sive simpliciter, sive ex causâ permutationis.* En effet la permutation n'est qu'une double résignation. De-là il suit qu'il est fort important de faire mention dans les procurations *ad resignandum* de l'état de santé ou de maladie des résignans ou copermutans.

La résignation n'est pas sujette à la règle, lorsque les médecins ou chirurgiens estiment que le résignant n'est pas mort de la maladie dans laquelle il a résigné, & qu'il n'en pouvoit mourir, mais qu'il est mort de quelque accident provenu d'ailleurs que de la maladie: car la maladie doit être mortelle pour donner lieu à la règle. Mais lorsque le titulaire résigne étant malade & qu'il meurt dans les vingt jours, on présume qu'il est mort de cette maladie, & c'est au résignataire à prouver le contraire. Drapier, *tom. 1*, *pag. 167*. De-là il résulte que si le résignant étoit en santé lors de sa procuration *ad resignandum* & qu'il vînt à mourir dans les vingt jours, *quodam fato, veneno, seu morbo superveniente*, la règle n'auroit point d'application à ce cas. *Ad hoc ut locus regulæ foret, necessarium esset quod resignans esset in infirmitate constitutus.*

Aux deux conditions d'être malade au moment de la résignation & de décéder de cette maladie, il faut joindre la troisième, que le décès arrive dans les vingt jours, à compter du jour du consens, *infrà viginti dies à die..... præstandi consensus computandos.* Dans notre usage actuel les vingt jours courent du jour de l'arrivée du courier à Rome; parce que c'est de ce jour que la date est retenue & le consens censé donné. *Voyez* CONSENS, DATE.

Dans les vingt jours on ne compte point celui de l'arrivée du courier & celui du décès du résignant; on a cru, dans une pareille matière, devoir suivre à la rigueur l'axiôme *dies termini non computantur in termino.* Ainsi jugé par arrêts du grand-conseil du mois de mars 1682, & du 25 juin 1702. Dans l'espèce du dernier, l'admission de la résignation étoit du 27 juillet, & le décès du résignant du 16 août, c'est-à-dire, que le résignant étoit décédé le 20e jour depuis la rétention de la date.

Mais cette règle, si sage en elle-même & si favorable au droit des ordinaires, a perdu beaucoup de son utilité parmi nous, par la faculté qu'on a accordée au pape d'y déroger, faculté qui est dégénérée en usage habituel. Cette faculté est fondée sur cet axiôme bannal, *illius est nolle, cujus est velle*, qui a fait perdre de vue ce principe défendu avec tant de force par Dumoulin, *universalis ecclesiæ interest quod beneficia per suos ordinarios conferantur.*

On ne peut qu'être étonné de la facilité avec laquelle la France a consenti que les papes dérogeassent, à leur volonté, à une règle qu'elle avoit adoptée avec empressement. Les zélateurs de l'ancienne discipline de l'église voient avec regret que M. Pithou a conservé dans l'article 43 des libertés de l'église gallicane, cette faculté d'anéantir une loi précieuse. « Les règles de la chancellerie romaine, » durant le pontificat du pape qui les a faites, ne » lient l'église gallicane, sinon en tant qu'elle en » reçoit la pratique, comme elle a fait des trois qu'on

» appelle, *de publicandis resignationibus*, *de verisimili* » *notitiâ obitus*, *& de infirmis resignantibus*, auxquelles » le pape ne peut déroger, qu'hors à celle *de infirmis resignantibus* de laquelle on reçoit la dispense, » même au préjudice des gradués ».

L'étonnement doit sans doute augmenter lorsqu'on voit la plupart de nos canonistes, comme Vaillant sur M. Louet, Noyer sur Perard Castel, l'auteur des mémoires du clergé, l'annotateur de Fevret, soutenir, que par le long usage où est la cour de Rome, d'accorder la dérogation à la règle *de infirmis*, la clause *& cum derogatione* est devenue de pur style, & que si le pape l'omettoit ou par inadvertence ou autrement, elle demeureroit suppléée de plein droit. Telle étoit l'opinion de M. l'avocat-général Servin qui, dans son plaidoyer sur lequel est intervenu l'arrêt du 24 février 1620, dit qu'il y avoit abus dans une semblable omission, ménagée à ce qu'on prétendoit pour faire valoir les provisions de l'évêque au préjudice d'un résignataire. On cite aussi, en faveur de ce sentiment, des arrêts du parlement d'Aix, & un acte de notoriété des avocats du même parlement de 1678, qui porte, que depuis un temps immémorial le pape & le légat n'avoient jamais donné de provisions sans la clause dérogatoire à la règle *de infirmis*.

Il faut cependant faire attention que la dérogation dont il s'agit ne peut avoir lieu en France, que pour les provinces régies par le concordat, car dans celles qu'on appelle d'obédience, où le pape a l'alternative avec les ordinaires, la règle est dans toute sa vigueur. C'est un principe que Gohard avance comme certain, *tom. 3, pag. 517*: « ce qui est hors » de tout doute, c'est qu'elle (la dérogation) n'a » point lieu, non plus que la prévention, dans les » provinces où l'alternative entre le pape & les or» dinaires est reçue, à cause du trop grand préju» dice que ceux-ci en souffriroient ».

M. de Saint-Vallier, *traité de l'indult tom. 1, pag. 219*, de la première édition, assure absolument le contraire: « on avoue ingénument, qu'il n'y a pas » de conséquence à tirer de la prévention à la déro» gation à la règle des vingt jours; dans les pays obé» dientaires où la prévention n'a pas lieu, le pape » déroge tous les jours à la règle des vingt jours en » conférant sur les résignations en faveur ».

L'opinion de Gohard doit l'emporter sur celle de M. de Saint-Vallier. M. Louet la suppose certaine: *cur enim ex stilo cancellariæ apostolicæ, nulla admittitur derogatio in provisionibus beneficiorum in Britanniâ aut aliis partibus obedientiæ existentium, in aliis verò regni partibus ex contrario, non dicam corrupto, usu admittitur?* Les collateurs de Bretagne prétendent que le pape ne peut déroger à la règle, & leur prétention est autorisée par la jurisprudence du parlement de Rennes.

La dérogation si favorisée parmi nous ne peut cependant avoir lieu au préjudice des cardinaux. C'est une suite nécessaire de leur indult qu'on appelle *compact*, & qui est regardé comme un traité fait entre eux & le Saint-Siège, que le pape lui-même est tenu d'observer à la rigueur. *Voyez* CARDINAL, COMPACT.

La clause *licitè & liberè* qui se trouve presque toujours dans les indults accordés à des collateurs particuliers, ne peut empêcher le pape de déroger à la règle *de infirmis*. Cette clause n'a d'autre objet que d'affranchir de la prévention les collateurs porteurs de l'indult, & de leur donner la faculté de conférer en commende les bénéfices réguliers à leur collation. Pour être un obstacle à la dérogation qui est aujourd'hui en usage, il faudroit que le souverain pontife se fût lié lui-même les mains par une clause bien spéciale. « Encore, dit l'auteur des mémoires du » clergé, cette concession ne seroit pas d'une grande » autorité en France, où la dérogation à la règle est » de pur style & toujours présumée, à moins que » son exécution ne fût très-précisément ordonnée » par les lettres-patentes du roi, & confirmée par » l'arrêt d'enregistrement de la cour à laquelle sa ma» jesté en attribueroit la connoissance ».

Les gradués ont en vain réclamé contre l'usage de la dérogation à la règle *de infirmis*. Tous leurs efforts ont été inutiles, comme on peut le voir par l'article 43 de nos libertés que nous venons de rapporter. Dumoulin n'a pu que les exhorter à la patience, *sed donec forsan melius & tuto scholis & viris litteratis consultum sit, patienter interim cedere debent dictæ clausulæ derogatoriæ non solum papæ, sed etiam sui legati facultatem expressam habentis.*

Les indultaires du parlement n'ont pas été plus heureux. Ils sont parvenus à la vérité à se libérer de la prévention, mais ils sont toujours restés soumis à la dérogation à la règle des vingt jours. Leur célèbre défenseur, M. le président de Saint-Vallier a été obligé d'en convenir, *tom. 1, chap. 3*. « Avant le » pontificat de Léon X, la dérogation ne s'accordoit » & ne se mettoit dans les provisions que par des » motifs importans: depuis elle devoit du moins » être précise & bien exprimée: dans la suite la sim» ple dérogation vague & indéfinie à toute règle de » chancellerie a suffi: enfin par malheur pour les col» lateurs & les expectans, elle est devenue une clause » de style ordinaire, & même on juge à présent, » qu'il la faut suppléer si elle est omise: ce qui est » bien éloigné de la sévérité qu'on devroit avoir con» tre une clause si incommode & si peu favorable, » contre laquelle M. Louet s'explique si amérement » & sur laquelle M. Vaillant s'écrie, *vide quomodò* » *mores perducant leges in sui potestatem*...... Cepen» dant puisque nous reconnoissons que le pape, en ac» cordant l'indult, n'a pas renoncé au droit qu'il a de » déroger à la règle des vingt jours; qu'il ne s'en est » pas dépouillé en faveur des indultaires, comme il a » fait en faveur des cardinaux par une clause expresse » insérée dans la bulle du compact, on est dans la » nécessité de suivre à cet égard la jurisprudence cou» rante, quoique l'indult méritât de n'y être pas as» sujetti ».

Si le pape peut déroger à la règle *de infirmis* au

préjudice des gradués & des indultaires du parlement, il le peut également au préjudice de tous les autres expectans, qui ne sont ni plus anciens ni plus favorables.

La règle *de infirmis resignantibus* doit-elle avoir lieu dans les résignations qui se font entre les mains des ordinaires? Cette question a souffert autrefois beaucoup de difficulté: *magna & ambagiosa fuit quæstio apud nos*, dit Dumoulin, dans son Commentaire sur cette règle, *n*°. 22. Il paroît que l'on tenoit au barreau pour l'affirmative & que les arrêts avoient adopté cette opinion. *Tamen affirmativa prævalebat, quam plærique fundabant in quodam regesto hujus curiæ, continente prætensam regulam Martini V, ubi sunt verba hæc,* UBICUMQUE ETIAMSI IN ROMANA CURIA: *atque ita crebrius judicabatur, etiam nondum duodecim anni sunt, hoc anno 1550, quo hoc scribo* n°. 24.

Ainsi, selon le témoignage de Dumoulin, on a jugé au parlement de Paris, jusqu'en l'année 1538, que les résignations faites entre les mains des ordinaires étoient assujetties à la règle *de infirmis resignantibus*, & que les provisions accordées sur ces résignations étoient nulles, si les résignans ne survivoient pendant vingt jours à leurs résignations.

Mais bientôt cette jurisprudence changea. *Invaluit itaque pars negativa*, continue Dumoulin, *n*°. 34, *ipseque secundum eam anno 1556 passim consului, & à cæteris togatis nostri ordinis, eorumve majori & saniori parte certatim consuli & responderi vidi, sicque deinceps annis sequentibus; tandem in hoc senatu pluribus classibus congregatis emanavit arrestum hoc anno 1550 ab illustriss. do. Ægid. magistri supremi nostri senatus præside primario, solemniter in purpura pronuntiatum die jovis decimâ quartâ augusti super parochiâ de la Boissiere diœcesis andegavensis.*

Dans l'espèce de cet arrêt rapporté par Dumoulin, l'ordinaire avoit conféré la cure de la Boissière le 14 juillet 1542, sur la résignation pure & simple du titulaire qui étoit malade & qui mourut dans le même mois, par conséquent avant l'expiration des vingt jours. L'évêque d'Angers donna de secondes provisions sur la vacance *per obitum*. Le nouveau pourvu intenta la complainte devant le sénéchal d'Angers, & obtint la récréance. Appel de la part du résignataire. *Et per arrestum dictum est male judicatum, benè appellatum: intimatus per obitum provisus, in expensis causæ condemnatus, & emendando judicium, resignatario definitive adjudicatum plenum possessorium, cum expensis damni & interesse causæ principalis.* Un second arrêt prononcé en robe rouge le vendredi 22 décembre 1552, jugea dans les mêmes principes.

La jurisprudence du parlement de Paris est donc de ne point assujettir à la règle *de infirmis* les démissions ou résignations pures & simples faites entre les mains des ordinaires. Il en est de même pour les permutations, comme le prouve l'arrêt du 2 mars 1685, rendu au sujet de la permutation de la cure de S. Eloi d'Abbeville, faite entre les mains de l'évêque d'Amiens, sans avoir égard à l'intervention du patron ecclésiastique qui se plaignoit du tort que son droit en avoit souffert.

Dumoulin prouve le bien jugé des arrêts qu'il rapporte & par la lettre & par l'esprit de la règle. Par la lettre, il est évident qu'elle ne parle que des résignations en faveur ou pour cause de permutation, faites entre les mains du pape ou de ses légats, ce qui est démontré & par la dénomination même de règle de chancellerie qui ne peut s'appliquer qu'aux expéditions de cour de Rome ou des légats, & par ces expressions, *à die per ipsum resignantem præstandi consensus computandos.*

Quant à l'esprit de la règle, on a eu pour but, 1°. d'empêcher les résignations frauduleuses & surtout d'éviter les successions dans les bénéfices, & que les titulaires n'en disposassent comme par testament; 2°. de favoriser les ordinaires. *Porro utraque ratio cessat quando ordinarius ipse cessionem admittit; ergo hæc regula, nec ex natura hujusmodi regularum, nec ex verbis nec ex mente seu causâ finali, locum habet in ordinario & est ipsa veritas.* Molin. *regul. de infirm. n*°. *35, 36, & 38.*

Toutes ces raisons qui sont très-bonnes pour les démissions faites entre les mains de l'ordinaire, ne frappent pas également sur les permutations, pour lesquelles il est collateur forcé. Dumoulin répond, que, quoique l'ordinaire soit dans ce cas collateur forcé, il ne doit cependant accorder des provisions qu'en connoissance de cause, & qu'il peut les refuser s'il a des justes motifs. *Non est, nec imminet*, ajoute-t-il, *tanta fraus, nec tam frequens occasio abusus in provisionibus ordinariorum, qui habent potestatem limitatam & juri subsunt, contra quod dispensare nequeunt, sicut in provisionibus papæ qui nullis legibus tenetur, sed omnibus derogat, & uno verbo, defectus & obices omnes abolet, quem palam est nullum habere delectum. Loc. cit.* n° 39.

L'opinion de Dumoulin doit être suivie, & il ne peut plus y avoir parmi nous de difficulté à cet égard, depuis l'édit des insinuations du mois de décembre 1691, qui par l'art. 13, déclare les provisions des collateurs ordinaires, par démission ou par permutation, nulles au cas que les indultaires & autres expectans soient privés de leurs graces expectatives, ou les patrons de leurs droits de présentation, si les procurations & les provisions n'ont été insinuées deux jours francs avant la mort du résignant ou permutant, le jour de l'insinuation & celui du décès non compris.

Ainsi depuis cette loi, il ne peut plus être question d'une survie de 20 jours après la démission ou la permutation entre les mains de l'ordinaire, il suffit que les procurations & les provisions aient été insinuées dans les délais prescrits, pour que le bénéfice ne vaque point par mort. Dès-lors il n'y a plus de présomption de fraude, & les règles *de infirmis* ou *de viginti diebus* qui n'en forment qu'une aujourd'hui, ne peuvent avoir lieu. *Voyez* DÉMISSION.

La règle *de infirmis* a-t-elle lieu pour les bénéfices à la nomination du roi? Il en faut distinguer de trois espèces, les consistoriaux, auxquels le roi nomme en vertu du concordat: ceux qui sont de fondation royale & ceux qu'il confère en régale.

Quant aux premiers, Dumoulin *n°. 407*, après s'être proposé la question, *quid ergo si rex ex causâ resignationis nominavit, sed resignans infirmus erat, & ex eâdem infirmitate, infrà viginti dies, à die præstiti consensus, vitâ functus est: an rex iterum nominare possit?* décide d'abord que la règle *de infirmis*, ou *des vingt jours*, ne peut avoir lieu pour le roi, *non potest habere locum in rege*. Cependant il ajoute que l'usage est contraire, non pas à la vérité en vertu de la règle, qui ne peut lier le roi, mais en vertu de sa propre volonté, de sorte que la dérogation contenue dans les provisions du pape seroit inutile. *Quod autem simile servatur in rege, non est in vim dictæ regulæ; sed quia rex princeps supremus est, qui nominationem suam, ita tacitè vel expresè limitare solet, & consequenter deficiente conditione tacitâ vel expressâ, videlicet quia infirmus non supervixit dictos viginti dies: deficit consensus & sic nominatio regis, & consequenter resignatio, tanquam sine ejus consensu facta, & sic de integro per obitum potest rex alium nominare; & hinc est quòd si provisus ad nominationem regis, fecerit per papam derogari regulæ de infirmis resignantibus, tamen non valet & nihil operatur.*

Au reste, cela dépend absolument de la volonté du roi; il est le maître de faire insérer dans ses lettres de nomination la dérogation à la règle des vingt jours; alors le décès du résignant, dans cet intervalle de temps, ne rendra point la provision nulle, *tunc non resolvetur prior nominatio & resignatio*. Quand même la dérogation n'auroit point été apposée dans les lettres de nomination, le roi pourroit laisser subsister sa nomination. *Idem si non sit apposita clausula, sed & rex non vult alium nominare & eo jure uti, sed perseverare in priori nominatione, quam non erit opus iterare, alioquin propter limitatam principis intentionem per ejus stylum & solitum utendi modum resolvendam.*

A l'appui de ces principes, Dumoulin cite l'exemple de la résignation d'une abbaye faite entre les mains du roi, le résignant étant en état de maladie. Sur cette résignation qui étoit en faveur, *super hoc* le roi fit expédier sa nomination, consentit que le pape donnât toutes bulles, dispenses & provisions requises: le résignant décéda dans les vingt jours; le roi nomma de nouveau à l'abbaye comme vacante *per obitum*, le fils de son médecin; *vicit medicus*, dit Dumoulin, & cela parce que le roi n'avoit pas fait insérer dans sa première nomination la clause *etiamsi per obitum*.

Il en est de même pour les bénéfices de fondation royale, comme les saintes-chapelles de Paris, Bourges, Vincennes, *&c.* quoiqu'elles ne soient point, à proprement parler, des bénéfices ecclésiastiques. Les résignations qui en sont faites entre les mains du roi sont assujetties à la règle des vingt jours. Dumoulin, *n°. 416*, cite plusieurs arrêts qui l'ont ainsi jugé. Il y a même des lettres-patentes de Henri III, du 16 octobre 1592, enregistrées au grand-conseil le 5 novembre de la même année, qui portent expressément que les résignations de ces sortes de bénéfices seront nulles, & les bénéfices déclarés vacans par mort, à moins que les résignans ne survivent pendant vingt jours, de sorte que le roi, dans ce cas, après avoir conféré au résignataire, est le maître de faire une nouvelle collation, quoiqu'en général le roi ne puisse pas varier, *stabilis enim esse debet ut polus arcticus, & immobilis sicut lapis angularis.*

Les résignations & permutations que le roi admet pendant que la régale est ouverte, ne sont point soumises à la règle des vingt jours, à moins que les provisions ne portent expressément que le résignant survivra pendant ce temps; ce qui y est ordinairement exprimé. Le roi y a même intérêt, parce que la vacance par mort donne lieu à l'exercice entier de son droit. On rapporte plusieurs arrêts qui ont jugé d'après ces principes. Il y en a un du 13 mars 1633, rapporté par Dufresne, qui fut rendu au sujet d'une permutation faite entre les mains du roi, pendant la vacance de l'archevêché de Rheims. Le bénéfice fut adjugé à celui que sa majesté en avoit pourvu par mort: le permutant fut débouté, attendu que son co-permutant n'avoit pas survécu pendant les vingt jours.

Les mêmes principes ont été développés très-clairement par Dumoulin, *n°. 422*. *Quòd si resignans sit infirmus, potest admittere & conferre sub conditione resolutivâ; si resignans infrà viginti dies de eâdem infirmitate decedat, & dicto obitu (regaliâ nondùm clausâ) secuto, rursùs etiam ad usque triginta dies à tempore clausæ regaliæ computandos, poterit rex per obitum conferre: non virtute & adminiculo hujus regulæ, sed quia voluit, potuit collationem suam ex capite resignationis ita limitare. Potest etiam, si vult, absolutè admittere, & conferre sine dictâ conditione, vel cum clausulâ, quovismodo & ex quâvis personâ.* *Voyez* DÉMISSION, PERMUTATION, RÉSIGNATION. (*Article de M. l'abbé* BERTOLIO, *avocat au parlement.*)

INFIRMER, v. act. *terme de Procédure*, qui signifie *casser*, *annuller* une sentence, un contrat, un testament.

Ce terme est sur-tout usité pour les sentences qui sont corrigées par le juge d'appel. Le juge qui *infirme*, si c'est un juge inférieur, dit qu'il a été mal jugé par la sentence, bien appellé; émendant, il ordonne ce qui lui paroît convenable. Lorsque c'est une cour souveraine qui *infirme* la sentence, elle met l'appellation & sentence dont a été appellé au néant, émendant: & néanmoins dans les matières de grand criminel, les cours prononcent sur l'appel par bien ou mal jugé, & non par l'appellation au néant, ou l'appellation & sentence au néant. (*A*)

INFORMATION, s. f. (*Code criminel.*) est un acte judiciaire contenant les dépositions des témoins que l'on fait entendre sur un crime ou délit dont la partie civile ou publique a rendu plainte.

Anciennement les *informations* étoient quelquefois qualifiées d'*enquêtes*; mais pour les distinguer des enquêtes qui se font en matière civile, on les appelloit *enquêtes de sang*, ce qui convenoit principalement à celles que l'on faisoit en cas de meurtres, homicides, assassinats.

Les *informations* se font ordinairement en conséquence d'une permission accordée par le juge sur la requête à lui présentée par celui qui a rendu plainte; cependant lorsqu'un accusé est pris en flagrant délit, & qu'il s'agit d'un crime qui intéresse le public, le juge peut informer d'office.

Cette enquête d'office se nommoit autrefois *apprise*, comme qui diroit ce que le juge a appris; il en est parlé dans les coutumes de Beauvoisis, *chap. 4*, & dans les registres du parlement. Il y avoit une grande différence entre apprise & enquête ou *information*. L'enquête portoit fin de querelle; l'apprise n'en portoit point, c'est-à-dire qu'on pouvoit condamner un accusé sur une enquête ou *information*; au lieu qu'on ne pouvoit pas juger sur une simple apprise. Celle-ci, dit Beaumanoir, servoit seulement à rendre le juge plus savant.

Ces sortes d'apprises se faisoient tant en matière civile que criminelle, comme il paroît par une ordonnance de Louis Hutin, du mois de mai 1315, faite à la supplication des nobles de Champagne, où le roi ordonne que chacun pris pour crime, soit oui en ses bonnes raisons, & que si aucune apprise se faisoit contre lui, que par cette seule apprise il ne fût condamné ni jugé.

Les enquêtes ou *informations* étoient publiques en matière criminelle aussi bien qu'en matière civile, & l'on en donnoit copie à l'accusé lorsqu'il le demandoit, à ses frais. Cependant on distinguoit quelquefois l'enquête de l'*information*; l'enquête devoit précéder l'*information*, & alors celle-ci étoit secrète. C'est ce que nous apprend une ordonnance de Philippe de Valois, du mois de juin 1338, *art. 21*.

Dans la suite au contraire c'étoit l'*information* secrète qui devoit précéder l'enquête; mais alors par le terme d'*enquête* on entendoit le procès criminel, comme il paroît par des lettres du roi Jean, du mois de décembre 1362, portant confirmation des privilèges accordés aux habitans de Langres par leur évêque, où il ordonne qu'avant de faire le procès d'office à un criminel, il seroit fait une *information* secrète, à moins que le fait ne fût notoire, & que l'accusé ne fût quelqu'un mal-famé ou véhémentement soupçonné du fait. Cette *information* secrète étoit, à ce qu'il semble, un ménagement que l'on gardoit pour ne point diffamer légérement quelqu'un qui jouissoit d'une bonne réputation, & qui par l'événement de l'instruction pouvoit n'être pas trouvé coupable.

On voit pareillement dans les privilèges accordés à la ville de Sarlat, par Charles V, au mois d'août 1370, *art. 11*, que les juges royaux de Sarlat ne pouvoient mettre en enquête ou *prévention* les habitans de cette ville, sur les crimes ou délits dans lesquels ils seroient compliqués, qu'ils n'eussent auparavant fait une *information*.

De ces ordonnances & de plusieurs autres semblables, il résulte que l'*information* secrète se faisoit d'abord pour découvrir l'auteur du crime, & que l'enquête signifioit les procédures qui se faisoient ensuite contre celui qui étoit prévenu de ce crime.

Présentement toutes *informations* en matière criminelle sont pièces secrètes du procès, & il n'est pas permis aux greffiers d'en délivrer des copies.

On trouve dans quelques anciennes ordonnances que c'étoit des notaires tabellions qui recevoient les enquêtes; mais ces notaires faisoient alors la fonction de greffiers.

Anciennement on ne devoit point faire d'*information* sous le nom du procureur-général, s'il n'y avoit à cet effet des lettres du roi ou du procureur-général, comme il est dit dans une ordonnance de Philippe de Valois, de l'an 1344. Présentement les témoins peuvent être administrés sans lettres, soit par le procureur du roi ou par celui du seigneur, ou par la partie civile s'il y en a une.

Quoique réguliérement, en terme de palais, le terme d'*information* ne s'applique qu'aux enquêtes en matière criminelle, on s'en sert cependant en matière civile pour désigner l'enquête des vies, mœurs & religion qui précède la réception d'un officier.

Le nombre des témoins n'est pas limité dans les *informations*, comme dans les enquêtes. On peut en faire entendre autant qu'on le juge à propos, & qu'il est nécessaire, au lieu qu'en matière civile, une partie ne peut faire entendre sur un même fait, plus de dix témoins, à moins qu'elle ne veuille supporter sans répétition les frais que l'excédent de ce nombre aura occasionnés.

Les enfans de l'un & de l'autre sexe, quoique au-dessous de l'âge de puberté, sont reçus à déposer, sauf en jugeant d'avoir par les juges tel égard que de raison à la nécessité & à la solidité de leur témoignage.

Toutes personnes assignées pour être ouies en *information*, ou pour être récollées ou confrontées, sont tenues de comparoir: les laïques peuvent y être contraints par amende sur le premier défaut, & par emprisonnement de leur personne en cas de contumace; les ecclésiastiques par amende, au paiement de laquelle ils peuvent être contraints par saisie de leur temporel; les supérieurs réguliers sont tenus de faire comparoir leurs religieux à peine de saisie de leur temporel, & de suspension des privilèges à eux accordés par le roi. Il y a néanmoins certaines personnes qu'on ne peut forcer à déposer contre d'autres: par exemple les enfans contre leurs père & mère, & réciproquement le mari contre sa femme, l'avocat contre son client, *&c.*

Lorsque

Lorsque le témoin assigné, prétend ne pouvoir être contraint de déposer, le juge qui vaque à l'instruction, dresse procès-verbal de son dire; & si cette prétention exige quelque discussion, elle forme un incident, qui doit être décidé par les officiers du siège où le procès s'instruit.

Les témoins qui ne peuvent comparoître par raison d'une excuse légitime, peuvent faire présenter leur exoine. *Voyez* EXCUSE, EXOINE.

Les dépositions de chaque témoin doivent être rédigées à charge ou à décharge.

Ils doivent être ouis secrétement & séparément.

Cette audition peut se faire en l'hôtel du juge, excepté en Lorraine, où, suivant l'ordonnance rendue par le duc Léopold en 1707, elle doit avoir lieu dans l'auditoire ou dans la chambre du conseil. Si le témoin est malade, le juge peut se transporter chez lui; s'il est éloigné, le juge peut commettre celui de son domicile pour recevoir sa déposition. *Voyez* COMMISSION ROGATOIRE.

Les dépositions qui ont été déclarées nulles par quelque défaut de formalité, peuvent être réitérées si le juge l'ordonne.

Le juge taxe les frais & salaires aux témoins qui le requièrent.

Le surplus des formalités qui doivent être observées dans les *informations*, est expliquée dans l'ordonnance criminelle, *tit. 6. Voyez* ENQUÊTE, TÉMOIN, AUDIENCE, §. *des affaires qui ne se portent pas à l'audience.*

Information par addition, est celle qui se fait sur de nouvelles preuves qui sont survenues après l'*information* faite; elle se fait en vertu d'une permission du juge donnée en connoissance de cause.

Information de vie & mœurs, est une espèce d'enquête d'office que le procureur-général dans les cours souveraines, ou le procureur du roi dans les autres siéges, fait faire à sa requête, de la conduite & des mœurs de celui qui se présente pour être reçu dans quelque charge, soit de judicature ou autre, qui oblige de prêter serment entre les mains du juge.

INFORMÉ; (*plus amplement*) *Jurispr. crimin.* ce sont les termes d'un jugement que l'on rend en matière criminelle, lorsque l'instruction n'a pas procuré des preuves suffisantes pour motiver & autoriser une condamnation contre l'accusé. Il en résulte, ainsi qu'il a déjà été dit dans cet ouvrage, au mot ABSOLUTION, que les présomptions sont assez fortes pour en induire que l'accusé peut être l'auteur du crime qu'on lui impute, mais que néanmoins la preuve n'en est pas suffisamment acquise pour le déclarer atteint & convaincu: c'est en conséquence de ces présomptions & de ce défaut de preuves suffisantes, que les juges ordonnent *qu'il sera plus amplement informé des faits mentionnés au procès.* Ces mots se définissent d'eux-mêmes.

Les Romains distinguoient, ainsi que nous, trois espèces de jugemens en matière criminelle: le jugement d'*absolution*, celui de *condamnation* & celui de *plus amplement informé.* Avant de procéder au jugement, le préteur remettoit à chacun des juges trois bulletins. Sur le premier, on lisoit un *A*, ce qui exprimoit *absolvo*, *j'absous*; sur un autre, la lettre *C. condemno*, *je condamne*; enfin sur un dernier, les lettres *N. L. non liquet*, ce qui vouloit dire, *la preuve n'est pas suffisante, il m'est impossible d'absoudre ni de condamner.* Chacun des juges mettoit dans une urne le bulletin conforme à son opinion, & la pluralité des suffrages déterminoit le jugement.

Le *non liquet* des Romains étoit donc à-peu-près la même chose que le *plus amplement informé* parmi nous.

Cette parité cependant n'est que générale, car nous avons admis dans les jugemens de *plus amplement informé*, des différences qui paroissent avoir été inconnues des Romains.

On distingue en France deux sortes de *plus amplement informé*, celui qui est limité à un certain laps de temps comme trois mois, six mois, un an, & le *plus amplement informé* indéfini.

On distingue encore le *plus amplement informé* pur & simple & celui qui est ordonné avec réserve de preuves.

Le *plus amplement informé* à temps est borné au délai fixé par le jugement, en telle sorte que toutes preuves qui surviendroient au-delà seroient comme non avenues.

Le *plus amplement informé* indéfini n'a point de terme, & laisse l'accusé sous le glaive de la justice jusqu'à sa mort ou la prescription du crime, lorsqu'il est de nature à pouvoir être prescrit.

Le *plus amplement informé* pur & simple est celui qui annonce, comme nous l'avons déjà dit, qu'il y a contre l'accusé de fortes présomptions, mais que les preuves sont insuffisantes. Cette espèce de jugement met l'accusé à l'abri de toute condamnation, lorsqu'il ne survient point de nouvelles preuves dans le délai fixé; mais le *plus amplement informé* avec réserve de preuves annonce qu'il y a déjà des preuves suffisantes pour prononcer une peine quelconque, & le juge les réserve pour, en cas de nouvelles preuves, aggraver la punition du coupable.

La durée du *plus amplement informé* se mesure à la nature du crime & à la peine qui seroit prononcée, si la preuve étoit acquise contre l'accusé: par exemple, dans les accusations de crimes pour lesquels l'accusé seroit condamné au bannissement à temps ou autre peine moindre, le *plus amplement informé* doit être de trois mois; dans les accusations de crimes pour lesquels l'accusé seroit condamné aux galères à temps, le *plus amplement informé* doit être de six mois; & dans toutes accusations capitales ou autres qui emportent mort civile, il doit être d'un an au moins.

Les jugemens de *plus amplement informé* diffèrent encore entre eux, en ce que, dans certains cas, les juges ordonnent que l'accusé gardera prison pendant la durée du *plus amplement informé*, & que, dans d'autres, ils ordonnent qu'il sera mis en liberté, à la charge de se représenter. C'est la nature de l'accusation & des preuves qui détermine communément cette différence : il est aisé de sentir qu'il importe peu à la vindicte publique qu'un accusé soit présent ou qu'il ne le soit pas, pour subir un bannissement simple ; mais si ce bannissement étoit accompagné de la flétrissure, si, par l'événement du *plus amplement informé*, l'accusé pouvoit être condamné à une peine plus grave, il est essentiel d'assurer l'exécution du jugement à cause de l'exemple qui en doit résulter : il est très-vraisemblable qu'un accusé qui seroit menacé d'une peine capitale à l'expiration du *plus amplement informé*, ne se représenteroit pas pour la subir. Il est donc essentiel dans ces accusations, dont la gravité suppose celle de la punition, d'ordonner que l'accusé gardera prison pendant la prolongation d'instruction.

Quoique le *plus amplement informé*, quel qu'il soit, suppose un commencement de preuves contre l'accusé, il peut néanmoins espérer de parvenir à être déchargé d'accusation, s'il résulte d'une nouvelle instruction, qu'il n'est pas l'auteur du délit qui lui est imputé. Ainsi c'est une erreur très-grave, dans laquelle sont tombés quelques criminalistes, lorsqu'ils ont dit que, pour prévenir une demande en dommages & intérêts de la part d'un accusé, qui n'obtiendroit sa décharge d'accusation qu'après un *plus amplement informé*, l'usage est de ne prononcer qu'un hors de cour. Il n'est pas de tribunal où cet usage puisse exister ; il n'en est pas qui puisse l'avouer ; il n'est point de juge qui doive craindre de rendre hommage à la vérité, & de détruire les impressions déshonorantes d'un *plus amplement informé* contre un accusé, dont l'innocence est reconnue. C'est une fausse maxime que de prétendre qu'on peut éterniser par un hors de cour des soupçons qui ont pu être légitimes, mais qui ont cessé de l'être : & si la partie publique n'a rien à redouter d'une demande en dommages & intérêts ; la partie civile qui a troublé le repos d'un citoyen, qui a flétri sa réputation, qui peut-être même a empoisonné le reste de sa vie, ne doit pas être garantie d'une demande légitime par un jugement injuste & déshonorant pour le tribunal dont il émaneroit.

Par l'effet d'une logique aussi vicieuse, les mêmes criminalistes ont mis le *plus amplement informé* indéfini au rang des peines infamantes, *parce qu'il ne s'ordonnoit que pour des crimes méritant peine capitale ; parce qu'il laissoit l'accusé dans un péril continuel d'être condamné à mort ; parce qu'il étoit même plus rigoureux que les galères perpétuelles, tellement que, dans le concours des voix qui s'éleveroient à ce sujet, celle qui s'éleveroit à cette dernière peine devroit être préférée, comme étant la plus douce.*

Il y a autant d'erreurs que d'assertions dans l'opinion que nous venons de rapporter.

Nous pensons au contraire que le *plus amplement informé* indéfini n'est point une peine, & moins encore une peine infamante ; qu'il ne s'ordonne pas exclusivement pour des crimes qui méritent peine capitale ; qu'il ne laisse pas toujours l'accusé dans le cas d'être condamné à mort ; qu'il est quelquefois moins rigoureux que la peine des galères perpétuelles, & qu'il est des cas où, dans le concours des voix qui s'éleveroient à ce sujet, le *plus amplement informé* doit être préféré comme le jugement le plus doux.

Le *plus amplement informé* indéfini n'est point une peine, moins encore une peine infamante, parce qu'un jugement qui ne prononce aucun atteint & convaincu, aucune condamnation, ne peut être considéré comme un jugement pénal. Définissons donc encore une fois le *plus amplement informé* : c'est le jugement par lequel un tribunal ne trouvant point de preuves suffisantes pour condamner ou pour absoudre un accusé, ordonne qu'il sera informé de nouveau. Si le *plus amplement informé* indéfini pouvoit être rangé dans la classe des peines, il faudroit donc y mettre aussi & le jugement qui permet à la partie publique ou civile d'informer, & le réglement à l'extraordinaire & tous autres jugemens qui ordonnent des additions d'informations. Qu'est-ce qu'une peine en général ? c'est la punition plus ou moins grave d'un accusé reconnu coupable : cette peine affecte ou le corps, ou l'honneur, ou les biens ; le *plus amplement informé* même indéfini n'affecte ni le corps, ni les biens, ni l'honneur. Il est vrai que la société doit toujours être en garde contre un accusé qui n'a pu parvenir à se justifier ; mais son honneur légal subsiste ; il n'y a point eu contre lui de condamnation à peine corporelle, ni de jugement qui entraîne déclaration d'infamie ; le *plus amplement informé* indéfini n'est donc point une peine infamante. En un mot, comment peut-on regarder comme une peine un jugement qui porte lui-même la preuve que les juges n'ont pu en prononcer aucune ? L'auteur des *Loix criminelles* prétend que l'arrêt rendu dans l'affaire de la femme Durand, appellée vulgairement *la belle Tonnelière*, est la suite & la conséquence de l'infamie résultante du *plus amplement informé* indéfini. Mais ce criminaliste nous paroît encore dans l'erreur. Qu'on lise cet arrêt rapporté dans le *supplément à la collection* de Denisart, au mot *Plus amplement informé* ; l'arrêtiste ne dit point que le *plus amplement informé* indéfini soit une peine infamante. Il pose d'abord pour principe, que le *plus amplement informé* indéfini rend à jamais l'accusé indigne de recevoir la libéralité qui lui a été faite par la personne qu'il est accusé d'avoir fait mourir. Ensuite il rapporte l'espèce de l'arrêt.

Le sieur Parfait de Vaux, officier de la maison du roi, avoit institué, par son testament du 25 février 1740, Marie-Marguerite Garnier, femme de Nicolas Durand, tonnelier à Paris, sa légataire universelle. Cette femme fut accusée, à la requête du ministère public, d'avoir empoisonné le sieur de Vaux; une sentence du châtelet avoit ordonné un *plus amplement informé* d'un an, pendant lequel temps les accusés garderoient prison. Cette sentence fut confirmée par arrêt du 28 mai 1743. L'année étant révolue, il intervint le 19 juin 1744, un second arrêt qui prononça contre la femme Durand & son mari un *plus amplement informé* indéfini. Quelques années après, la femme Durand étant devenue veuve, forma sa demande afin d'exécution du testament du sieur de Vaux & de délivrance du legs universel. Le 30 janvier 1746, il intervint aux requêtes du palais sentence sur délibéré, par laquelle la femme Durand fut déboutée *quant à présent* : appel de la part de la veuve Durand : arrêt confirmatif le 29 juillet 1759.

La veuve Durand sentant bien qu'elle étoit écartée *quant à présent*, à cause des soupçons de poison que laissoit subsister contre elle le *plus amplement informé*, se flatta de parvenir à être déchargée d'accusation; elle se pourvut à cet effet, se fondant sur le laps de temps, & sur ce qu'il n'étoit survenu aucunes nouvelles preuves, & le 17 janvier 1763, il intervint, au rapport de M. de Laverdy, arrêt qui déclara prescrite l'accusation intentée contre la femme Durand, à la requête de M. le procureur-général.

Sur le fondement de cet arrêt, la veuve Durand forma de nouvelles demandes afin d'exécution du testament du sieur de Vaux; mais elle y fut déclarée non-recevable par un arrêt du 3 juin 1766, rendu en la grand'chambre, conformément aux conclusions de M. de Barentin, avocat-général. Ce magistrat établit (entre autres principes) qu'une simple présomption de crime, réalisée en quelque sorte par un *plus amplement informé* indéfini, suffisoit pour rendre l'accusé à jamais indigne de recevoir la libéralité à lui faite par la personne qu'il étoit accusé d'avoir fait mourir; il ajouta que si le crime & la peine du crime se prescrivoient par vingt ans, l'opinion des hommes ne se prescrivoit pas.

Il ne résulte donc point de cet arrêt, dont il étoit nécessaire de rapporter l'espèce pour l'appliquer à nos principes, que le *plus amplement informé* indéfini soit une peine infamante, mais une suite d'instruction ordonnée pour completter, s'il est possible, les preuves qui existent déjà, mais qui ne sont pas suffisantes : il en résulte que l'accusé de meurtre ou de poison ne peut prétendre aux bienfaits du donateur ou du testateur qu'il est accusé d'avoir fait mourir, mais il n'en résulte point qu'il soit infame de droit : ce n'est pas comme convaincue de poison, comme infame de droit, que la veuve Durand a été déclarée non-recevable dans ses demandes, c'est comme accusée, non justifiée; & le déshonneur d'un *plus amplement informé* indéfini résulte, ainsi que l'a très-bien observé M. de Barentin, non d'un jugement, mais de l'opinion des hommes.

Le *plus amplement informé* indéfini ne s'ordonne pas exclusivement pour des crimes qui méritent peine capitale, & par conséquent ne laisse pas toujours l'accusé dans le cas d'être condamné à mort.

Si on en croit l'auteur des *Loix criminelles*, le *plus amplement informé* indéfini ne s'ordonne que dans des accusations capitales, dont la preuve n'est pas suffisante : mais cette assertion est erronée; 1°. parce que, dans les accusations de vol simple, on prononce quelquefois un *plus amplement informé* indéfini après l'expiration du délai d'un premier *plus amplement informé*, lorsque l'accusé est un homme très-suspect, sur lequel il est important que la justice ait les yeux fixés; 2°. lorsque l'accusé, contre lequel la preuve est insuffisante, est absent & contumax. Le *plus amplement informé* indéfini ne se prononce donc pas exclusivement pour des crimes méritant peine capitale, & ne laisse donc pas toujours l'accusé dans le cas d'être condamné à mort.

Le *plus amplement informé* indéfini est-il quelquefois plus rigoureux que la peine des galères? & dans le concours des voix qui s'éleveroient à ce sujet, la peine des galères doit-elle être préférée comme la plus douce? Telle est la dernière question qui nous reste à examiner, & sans contredit elle n'est pas la moins importante de celles que présente cet article.

Cette question a déjà été traitée dans cet ouvrage au mot ABSOLUTION : l'auteur y a défendu les droits de l'humanité en philosophe également instruit & sensible. Nous y renvoyons nos lecteurs : cependant il a oublié de faire une distinction que nous croyons essentielle.

Sans doute la loi civile & naturelle défendent aux juges d'infliger aucune peine, lorsqu'il n'est pas prouvé que l'accusé soit coupable; sans doute ce seroit aller directement contre le texte & l'intention de la loi, que de préférer, en cas de partage d'opinions, la peine des galères à la prononciation du *plus amplement informé*; mais si l'accusation est capitale, si le *plus amplement informé* indéfini est prononcé avec réserve de preuves, alors l'opinion de la peine des galères doit déterminer le jugement comme étant la plus douce, parce que cette condamnation met l'accusé hors de tout danger de la vie, & que la réserve de preuves tient toujours le glaive de la mort suspendu sur sa tête, parce que la plus légère preuve qui survient en pareil cas, opère souvent la condamnation de l'accusé.

Terminons cet article par observer que le *plus amplement informé*, quel qu'il soit, laisse subsister le décret décerné contre l'accusé, à moins que le juge n'en ordonne autrement : en conséquence, si l'accusé est revêtu d'une fonction publique, & s'il a été décrété de prise de corps ou d'ajournement personnel; & s'il n'y a point eu de conversion, il reste interdit de ses fonctions pendant toute la durée du *plus amplement informé*, ou jusqu'à la prescription du crime. (*Cet article est de M. BOUCHER D'ARGIS, conseiller au châtelet, de l'académie royale des sciences, belles-lettres & arts de Rouen*, &c.)

INFORMER CRIÉES, expression employée par la coutume de Nivernois, *tit. 32*, *art. 44*, pour signifier la formalité judiciaire par laquelle on déclare les *criées* d'un bien saisi réellement, valablement faites. *Voyez* CRIÉE.

INFORTIAT, s. f. *ou* DIGESTE INFORTIAT, *infortiatum* seu *digestum infortiatum*, est la seconde partie du digeste ou pandectes de Justinien, qui commence au 3e titre du 24e livre, & finit avec le livre 38e. Elle a été ainsi appellée comme étant la partie du milieu qui se trouve pour ainsi dire soutenue & fortifiée par les deux autres. Quelques-uns pensent qu'on lui a donné ce nom, parce qu'elle traite des successions & substitutions, & autres matières importantes, & qu'étant d'un plus grand usage que les deux autres parties, c'étoit celle qui produisoit le plus d'argent aux jurisconsultes; mais comme cette division du digeste en trois parties fut faite sans aucun art, ainsi qu'il paroît par la fin de la première partie & le commencement de la seconde, il y a apparence aussi que l'étymologie du nom d'*infortiat* vient, comme on l'a dit, de ce que cette partie est celle du milieu. *Voyez* DIGESTE.

INFRACTION, s. f. se dit *en droit*, de tout violement d'une loi, coutume, ordonnance, privilège, statut, jugement, traité ou autre acte. On s'en sert assez ordinairement pour exprimer l'action d'un condamné au bannissement, qui rentre dans les lieux d'où il a été banni. *Voyez* BAN (*infraction de*).

INGRATITUDE, s. f. (*Droit naturel & civil.*) est un oubli, ou plutôt une méconnoissance des bienfaits reçus. Quoique ce vice ne renferme aucune injustice proprement dite, en tant que celui de qui l'on a reçu quelque bienfait, n'a point à la rigueur, le droit d'en exiger du retour, cependant le nom d'*ingrat* désigne une sorte de caractère plus infame que celui d'*injuste*. En effet quelle espérance peut-on avoir de toucher une ame, que des bienfaits n'ont pu rendre sensible ? & quelle infamie de se déclarer indigne par le cœur de l'opinion favorable qu'on avoit donnée de sa foi !

Les ingrats, suivant la remarque de Cicéron, s'attirent la haine générale, parce que leurs procédés décourageant les personnes généreuses, il en résulte un mal auquel chacun ne peut s'empêcher de prendre part. On pourroit, par cette raison, mettre l'*ingratitude* au rang des passions féroces; mais si cette qualification paroît trop dure, on doit au moins la regarder comme un vice lâche, bas, contre-nature, & odieux à tout le monde.

Quelques auteurs ont prétendu que les loix d'aucun peuple n'avoient porté de peines contre l'*ingratitude*, non plus que contre le parricide, pour ne pas présupposer des choses si détestables, & qu'une voix secrète de toute la nature semble assez condamner. Mais l'on pourroit leur nommer les Perses, les Mèdes, les Athéniens, les Macédoniens, qui ont reçu dans leurs tribunaux de justice, l'action contre les ingrats. Les Romains & les Marseillois avoient autrefois des peines imposées contre les affranchis ingrats envers leurs anciens maîtres.

Dans notre jurisprudence, l'*ingratitude* du donataire envers le donateur est une juste cause pour révoquer une donation entre-vifs, quoique de sa nature elle soit irrévocable.

Le donataire est coupable d'*ingratitude*, lorsqu'il a fait quelque injure grave au donateur, ou qu'il l'a battu & outragé, qu'il lui a causé de dessein prémédité la perte de ses biens; s'il a refusé des alimens au donateur tombé dans l'indigence; s'il a attenté à sa vie, ou y a fait attenter par d'autres; enfin, si par affectation il a persisté dans un refus opiniâtre de satisfaire aux clauses de la donation.

Ce droit de révoquer une donation pour cause d'*ingratitude*, ne passe pas à l'héritier du donateur, si lui-même ayant connu l'*ingratitude*, l'a dissimulée & n'a point agi en justice pour faire révoquer la donation. *Voyez* DONATION.

L'*ingratitude* du vassal envers son seigneur dominant, donne lieu à la commise du fief au profit du seigneur.

Le vassal se rend coupable d'*ingratitude*, lorsqu'il y a de sa part désaveu ou félonie. *Voyez* COMMISE, DÉSAVEU & FÉLONIE.

La haine que l'on porte à l'*ingratitude*, a fait souhaiter à d'honnêtes citoyens, qu'il y eût dans les nations policées, une peine certaine & capitale, établie contre ce vice qui n'a plus de bornes, à cause de son impunité. Mais il n'y auroit point d'auditoire assez vaste pour contenir le nombre des plaideurs, que cette sorte d'action feroit éclorre, ni de temps suffisant pour les discuter & les juger: peut-être même que si le nombre d'ingrats étoit reconnu aussi grand qu'il est, par les poursuites judiciaires d'une action autorisée par la loi, on n'auroit plus honte de se trouver en une compagnie si nombreuse, & composée principalement de gens du premier ordre.

Ajoutons encore que, comme il n'y auroit presque personne, qui ne se plaignît d'avoir été payé d'*ingratitude*, il seroit très-difficile de peser exactement les circonstances qui augmentent ou qui diminuent le prix d'un bienfait: qu'enfin le mérite du bienfait seroit perdu, si l'on pouvoit poursuivre en jugement un ingrat, comme on poursuit un débiteur, ou une personne qui s'est engagée par un contrat de louage. Le but propre d'un bienfait est, d'un côté, de fournir l'occasion à celui qui le reçoit, de justifier sa libre reconnoissance par l'amour de cette vertu; & de l'autre, de montrer, en n'exigeant rien de celui à qui l'on donne, qu'on lui fait du bien gratuitement, & non par des vues d'intérêt. Il faut moins servir les hommes pour l'amour d'eux, disoit un sage de la Grèce, que pour l'amour des dieux qui le commandent, & qui récompensent eux-mêmes les bienfaits. C'est pourquoi Virgile place les âmes bienfaisantes dans les champs élisées.

Quique sui memores alios fecere merendo,
Omnibus hic niveâ cinguntur tempora vittâ.

On sait le mot de ce bon religieux, rapporté par Philippe de Comines au sujet de Jean Galeas, duc de Milan, *nous nommons saints, tous ceux qui nous font du bien*. *Voyez* BIENFAISANCE.

INHABILE, adj. se dit *en droit*, de celui qui est incapable de faire ou de recevoir quelque chose.

Un impuissant, par exemple, est *inhabile* à la génération, & conséquemment au mariage.

Les enfans exhérédés & ceux qui ont renoncé, sont *inhabiles* à succéder. *Voyez* HABILE. (*A*)

INHABILETÉ, s. f. *en droit*, est le défaut de capacité pour faire quelque chose, comme l'*inhabileté* à succéder, s'obliger, donner, disposer, tester, ester en jugement. *Voyez* INCAPACITÉ. (*A*)

INHUMATIONS, (*Police & Jurisprudence.*) c'est à parler strictement le fait de mettre en terre un cadavre.

On sait quelles sont les cérémonies qui accompagnent ordinairement parmi nous l'*inhumation* des morts. Nous ne traiterons ici que de la police qui s'observe pour les enterremens, & de celle qui pourroit être établie. Nous ajouterons seulement quelques principes relativement au droit de sépulture.

L'amour de l'humanité excité par les réclamations les plus vives, & par la protection de plusieurs souverains, a encouragé depuis quelques années des physiciens & des chymistes célèbres, à s'occuper particuliérement de l'insuffisance des loix & réglemens de police sur la matière des *inhumations*. Cet article sera plutôt leur ouvrage que le nôtre, il sera presque entiérement composé d'observations & de résultats puisés dans les mémoires de MM. Cadet de Vaux, Vicq d'Azir, Pineau, Parmentier & Laborie. Nous croyons devoir, comme eux & d'après leurs recherches, faire connoître les usages des nations les plus célèbres & les plus éclairées sur la matière des *inhumations*.

Les peuples les plus anciens, tels que les Egyptiens & les Assyriens, eurent toujours loin des habitations, des terreins consacrés aux sépultures; dans ces temps reculés on embaumoit presque tous les cadavres avant de les déposer en terre; différentes grottes & caveaux servoient à cet usage. Chez les Hébreux il y avoit des sépultures communes aux familles, d'autres communes aux étrangers que l'on appelloit *polyandria*. Les tombeaux des Grecs étoient situés en pleine campagne, auprès des montagnes, & quelquefois même à leur sommet. La coutume de brûler les corps s'introduisit dans la suite parmi eux, & peu-à-peu aussi celle de déposer dans les temples les cendres des morts renfermées dans des urnes.

Ces tristes restes de l'homme ainsi dénaturés & décomposés n'exposoient à aucun danger. Cependant Solon rétablit dans toute sa vigueur la loi qui ordonnoit de porter les cadavres hors des villes. Le seul Licurgue admit les tombeaux dans Lacédémone; sa politique toute guerrière vouloit familiariser les Spartiates avec l'image de la mort. La loi des douze tables qui défendoit de brûler ou d'inhumer les cadavres dans l'intérieur des villes, annonce que les Romains éloignèrent long-temps les sépultures de l'enceinte de leurs murs. Cicéron, *liv. 2 de legibus*, nous a transmis le texte de cette loi en ces termes: *hominem. mortuum. in. urbe. ne. sepelito. ne. ve. urito.* Godefroy a paraphrasé de cette manière: *hominem mortuum in urbe humare, vel urere, jus ne esto.* Il n'y avoit d'exempts de cette loi que les vestales, les généraux d'armée, les fondateurs des villes & quelques autres personnages illustres dont on récompensoit le mérite en leur permettant de recevoir dans Rome même les honneurs de la sépulture, ceux-ci étoient enterrés dans le champ Esquilin, qui étoit destiné à cet usage; mais dans la suite ce champ ayant été donné à Mécène par l'empereur Auguste, il ne servit plus à ces sépultures distinguées, les grandes familles avoient leurs tombeaux dans des maisons de campagne ou sur le bord des chemins publics qui en portoient le nom. La prévoyance des loix romaines avoit été portée au point de défendre de bâtir aucun sépulcre & d'élever aucun bûcher mortuaire sans s'écarter de soixante pieds d'une maison, si le propriétaire ne vouloit permettre qu'on bâtît le sépulcre ou qu'on élevât le bûcher plus près de chez lui. Cicéron nous a encore conservé le texte de cette loi dans son livre 2 *de legibus*: c'est d'après lui que les jurisconsultes l'ont proposée en ces termes: *rogum. bustum. ve. novum. alienas. ædes. propius. sexaginta. pedes. ædis. si. Dominus. nolet. nei. adicito.* Et suivant la paraphrase de Godefroy, *Rogum vel sepulchrum deinceps ædibus alienis, Domino invito, propius sexaginta pedes admovere jus ne esto.*

La coutume de ne point enterrer dans les villes continua de s'observer sous les empereurs qui renouvellèrent à ce sujet les anciennes ordonnances. Dioclétien dans un rescrit adressé à Victorinus, & qui est rapporté dans la loi 12 au code *de religiosis & sumptibus funerum*, dit, *mortuorum reliquias, ne sanctum municipiorum jus polluatur, intrà civitatem condi jam pridem vetitum est.* Mais l'établissement de la religion chrétienne introduisit d'autres usages. L'église accorda, par un motif de reconnoissance, à l'empereur Constantin, le privilège d'être inhumé dans le vestibule de la basilique des saints apôtres, qu'il avoit fait construire, & cette distinction fut alors regardée comme une très-grande faveur. L'honneur que Constantin avoit mérité & obtenu, fut bientôt sollicité par des personnes puissantes & par des bienfaiteurs auxquels il ne fut pas toujours possible de le refuser. Déjà les contraventions s'étoient multipliées au point qu'on enterroit non-seulement dans la ville, mais même dans les tombeaux des apôtres & des martyrs. On sentit qu'il étoit nécessaire d'arrêter le cours de cet abus qui eût bientôt dégénéré en un usage général. Les empereurs Gracien, Valentinien & Théodose, publièrent un rescrit que l'on trouve dans la loi 6 au code théodosien, titre *de sepulturis violatis*. Il est conçu en ces termes: *omnia quæ suprà terram urnis clausa, vel sarcofagis, corpora detinentur, extra urbem delata ponantur: ut &, humanitatis instar exhibeant, & relinquant incolarum domicilio sanctitatem. Quisquis autem hujus precepti negligens fuerit, atque aliquid tale ab hujus interminatione precepti ausus fuerit moliri, tertiâ in futurum parte patrimonii mulctetur. Officium quoque quod sibi paret, quinquaginta librarum auri affectum dispoliatione merebitur. Ac ne alicujus fallax & arguta solertia ab hujusce precepti intentione subducat, atque apostolorum vel martyrum sedem humandis corporibus estimet esse concessam, ab his quoque ita ut à reliquo civitatis noverint se atque intelligant esse submotos.*

L'empereur Justinien a conservé une partie de ce rescrit dans la loi 2 au code *de sacrosanctis ecclesiis*. On y lit *nemo apostolorum vel martyrum sedem, humanis* (ou *humandis*) *corporibus existimet esse concessam.*

Les sépultures furent donc encore une fois éloignées des temples. Les corps des martyrs étoient seuls déposés dans le sanctuaire de la religion, plusieurs oratoires ou chapelles furent bâtis sur les lieux où ils avoient été inhumés, & il fut long-temps défendu d'enterrer aucun corps auprès de leurs tombeaux. Bientôt la puissance & l'autorité usurpèrent des droits auxquels la piété seule devoit prétendre. L'honneur d'être enterré dans les lieux saints fut enfin mis à prix & vendu à quiconque fut en état de le payer. On remarque cependant quelques exemples d'une conduite opposée. Saint Augustin, apôtre de l'Angleterre, fut inhumé dans le portique de l'église de Cantorbery, S. Benoît fut enterré hors de son monastère, le tombeau d'Eudes, premier duc de Bourgogne, se trouve dans le parvis de l'église de l'abbaye de Cîteaux qu'il a fondée, & plusieurs églises parmi lesquelles on compte celle du Puy, ont conservé jusqu'à présent l'usage de n'admettre aucun cadavre dans leur enceinte.

Avant le neuvième siècle on ne trouve point d'exemples d'*inhumations* dans les églises, ni même dans les villes. Le cimetière des saints Innocens fondé dans le sixième siècle, ne fut fermé de murs qu'en 1183, par les ordres de Philippe-Auguste. Nos premiers souverains cédèrent une portion de leur domaine pour servir d'emplacement au cimetière de Paris, n'étant point alors permis d'enterrer dans la ville; & sous le règne de Dagobert premier, S. Eloy, son trésorier, fit bâtir en 640 l'église de S. Paul hors des murs de la ville, pour servir de sépulture aux religieuses de Sainte Anne, dont il avoit fondé le monastère dans la cité.

Les Juifs eux-mêmes tantôt tolérés & protégés, tantôt proscrits, avoient un cimetière particulier hors de la ville, dans un champ sur lequel est bâtie aujourd'hui la rue Pierre Sarasin, on peut voir ce que dit Sauval à ce sujet, *tome premier* de ses antiquités de Paris, *pag. 20*.

M. le marquis de Paulmy, dans ses mélanges tirés d'une grande bibliothèque, rapporte une anecdote qui mérite de trouver ici sa place; dans le voisinage de N. D. de la Daurade étoit un cimetière, autrefois réservé aux comtes de Toulouse. Le pape Urbain II, par sa bulle de l'an 1088, accorda à ce cimetière un singulier privilège, c'est que tous ceux qui y seroient enterrés, auroient plein-pardon & absolution de tous leurs péchés. Les termes sont positifs, les voici: *omnes qui in eodem loco religionis gratiâ optaverint sepeliri, per beati Petri gratiam ab omnibus absolvimus vinculis delictorum.* De ce moment les comtes de Toulouse résolurent de se faire tous enterrer dans ce lieu sacré, & ils s'en réservoient le droit exclusif.

On pourroit facilement ajouter à ces citations; l'histoire de France fourniroit seule un grand nombre d'exemples des princes qui se sont contentés d'avoir leurs sépultures sous les portiques des temples.

Le pouvoir ecclésiastique & la puissance temporelles se sont plusieurs fois combinés pour prévenir les dangers qui résultent des *inhumations* accumulées dans ces églises. Plusieurs conciles, un grand nombre de synodes, les capitulaires de Charlemagne, les articles 13 & 14 d'une ordonnance de François premier, l'arrêt du parlement de Paris de 1765, celui du parlement de Toulouse de 1774 ne laissent aucun doute sur les intentions de l'église, & sur celles de l'administration sur la matière des sépultures. Les arrêts des parlemens de Paris & de Toulouse qui ont ordonné la translation des cimetières hors de l'enceinte de leurs villes, ont produit la plus grande sensation, ont ouvert tous les yeux sur des dangers connus depuis long-temps, mais dont une funeste habitude empêchoit de sentir toute l'étendue. Pourquoi donc la capitale a-t-elle été privée jusqu'à présent des avantages qui devoient résulter pour elle de l'arrêt de 1765? qui en a empêché l'exécution? nous n'osons approfondir & révéler ce mystère; mais qu'il nous soit permis, pour en faire connoître la nécessité, de rappeller quelques faits consignés dans les rapports des plus savans physiciens, qui se sont occupés du danger des sépultures dans les villes & dans les églises.

« On conçoit, dit M. Cadet de Vaux, dans son mémoire historique & critique sur le cimetière des SS. Innocens, qu'un pareil amas de cadavres ne pouvoit que répandre l'infection dans une enceinte aussi étroite, & conséquemment exciter les plus vives réclamations de la part des habitans: aussi rendirent-ils plainte en 1724, 1725 & 1737, elles furent de nature à fixer l'attention du parlement, qui commit par arrêt, M. Hunaut, MM. Lemery & Geoffroy, pour prononcer sur l'insalubrité de cet air. Les moyens que ces chymistes proposèrent ne devoient remédier que momentanément au mal ; aussi les plaintes furent-elles renouvellées en 1746 & en 1755. Cependant on a osé avancer dans des mémoires particuliers & dans des écrits publics, que non-seulement cet air n'étoit pas nuisible, mais même que c'étoit un air plus vital que tout autre qu'on pût respirer ; on l'étayoit de l'autorité du fameux Dumoulins, comme si l'opinion d'un médecin clinique pouvoit en pareil cas contrebalancer celle des chymistes & des physiciens.

» Ce n'est pas qu'on ne puisse sans doute citer des exemples de longévité dans le voisinage de cette enceinte ; mais transportons-nous pendant un moment dans ces mines profondes du Nord, nous verrons tel individu qui y est né, qui y vit, qui y parvient au terme de la vieillesse, sans avoir pour ainsi dire joui de la clarté du soleil, & qui habitant de Londres ou de Stockholm, n'eût peut-être pas atteint l'âge de puberté. En conclura-t-on qu'il soit préférable de vivre dans les abîmes de la terre, plutôt qu'à la surface du globe ! d'ailleurs il est d'observation que dans les grandes villes, où tant de causes & sur-tout l'insalubrité de l'air concourent à abréger le terme commun de la vie, le nombre des centenaires y est cependant, proportion gardée, plus considérable que dans les plus beaux climats ; & jusqu'à présent on ne s'est pas avisé d'en tirer cette conséquence, que l'air des cités fût plus salutaire que celui de nos provinces méridionales.

» On avançoit ces propositions révoltantes dans le temps que le parlement, dépositaire sacré des loix, les opposoit avec force à un usage aussi contraire à l'humanité, & conséquemment à la religion, dont le parlement devenoit en ce moment l'organe, car c'est l'arrêt de ce tribunal auguste qui a fait alors révolution en Europe sur ce point important.

» Cependant un des objets publics que M. le lieutenant de police avoit le plus à cœur, c'étoit la suppression des cimetières, & sur-tout celle du cimetière des saints Innocens. Les connoissances nouvellement acquises sur la nature de l'air, mettant à portée de prononcer plus positivement sur son insalubrité, ce magistrat desira qu'on pût fixer l'opinion du gouvernement sur celui du cimetière des Innocens, & j'eus l'honneur d'être chargé de ce travail.

» Je n'entrerai point ici dans le détail de mes expériences, je me borne à observer que l'air du cimetière des Innocens étoit le plus insalubre qu'on pût respirer, égal à celui de l'intérieur des hôpitaux les plus infects. M. l'abbé Fontana, qui a bien voulu répéter avec moi cette analyse, a été étonné de ses résultats, résultats assez inquiétans, en effet, pour que M. le lieutenant de police ait cru devoir alors ne pas en permettre la publicité. Je me contentai de déposer dans le sein de la société royale de médecine mes expériences & mes observations. M. Vicq d'Azyr a depuis publié le rapport qu'en fit alors la société, dans un ouvrage qui a pour titre, *Essai sur les lieux & les dangers des sépultures.*

» Enfin au mois de mai de l'année dernière (1780), les caves de trois maisons de la rue de la lingerie se trouvèrent méphitisées au point que les locataires, effrayés des accidens auxquels ils se trouvèrent exposés, rendirent plainte.

» On avoit établi vers la fin de 1779, dans la partie du cimetière des Innocens, voisine de la rue de la lingerie, une fosse de cinquante pieds de profondeur destinée à recevoir quinze ou seize cens cadavres. Dans le courant du mois de février 1780, le sieur Gravelot, principal locataire d'une de ces maisons, vit avec surprise la lumière s'éteindre à l'entrée d'une de ses caves ; un flambeau qu'il avoit substitué aux chandelles & aux lampes qu'il avoit allumées, s'éteignit pareillement. Ces maisons ont deux étages de caves, & le méphitisme ne régnoit encore que dans les secondes, lesquelles se prolongent au-dessous du charnier, ce qui fait que leur mur & celui du cimetière sont mitoyens.

» Au mois de mars le mal ne faisant que croître, on crut parvenir à en arrêter les progrès, en condamnant, au moyen d'une bonne maçonnerie, la porte de la cave la plus voisine du cimetière. Le méphitisme, loin de céder à un pareil moyen, acquéroit de jour en jour plus d'intensité ; on s'adressa au chapitre de Notre-Dame, devenu depuis que celui de S. Germain-l'Auxerrois lui est réuni, propriétaire de l'emplacement du cimetière des Innocens. Le chapitre ordonna la construction d'un contre-mur en moëllons, recouvert d'un fort enduit de plâtre ; opération de laquelle il n'est résulté que d'avoir exposé les ouvriers à des accidens plus ou moins graves. C'étoit une trop foible barrière contre un méphitisme sans cesse renaissant, & dont un des caractères est de pénétrer à travers les pierres même. Il étoit parvenu à un tel degré, que la fumée des corps combustibles refusoit de s'exhaler, celle du genièvre qu'on y brûla, ne put s'élever qu'à un demi-pied.

» On tenta au moins de déménager les caves, qui dès ce moment ne pouvoient plus être d'aucune utilité aux locataires. Cette opération manqua coûter la vie à deux tonneliers, ils éprouvèrent tous les symptômes avant-coureurs de l'asphyxie, suffocation, tremblement, pâleur, vertiges ; & cela malgré la communication immédiate que l'ouverture des trappes établissoit avec l'air extérieur. Ces accidens à la vérité se dissipoient du moment où on respiroit dans un atmosphère moins impur, mais pour faire place à des accidens d'un autre genre, qui se manifestoient cinq ou six heures après : c'est ce qui arriva aux deux tonneliers ; sur le soir ils se mirent au lit, attaqués de vomissemens affreux, ayant une douleur de tête cruelle & touchant au moment de périr.

» A quelques jours de-là, un jeune homme fut dans le même cas, voulant juger de l'impression de l'air de ces caves, il eut la témérité d'y descendre, & afin que son voyage ne fût pas inutile, il se chargea d'une capsule d'eau de chaux pour la mettre en expérience. Je ne dis pas que bientôt elle fut décomposée; on sait que, tel est l'effet que produit sur cette liqueur l'air méphitique; il remonta affecté des mêmes symptômes dont l'avoient été les tonneliers, symptômes qui, comme je l'ai observé, ne tardoient pas à se dissiper à l'air. Mais sur les cinq heures du soir, il fut pris de frisson, de suffocation, de délire, d'un vomissement considérable : il se trouva dans un état général de spasme, & sur-tout il se plaignit d'une douleur cruelle à la tête. Je le fis étendre à terre & nud; on lui appliqua sur le front & les tempes des éponges trempées dans de l'eau de puits, & sans cesse renouvellée; on lui en versa sur la poitrine, & cet état si effrayant, céda heureusement au bout de quelques minutes au moyen que j'avois cru devoir employer. . . . .

. . . .

» Je peux citer une preuve de son action (du méphitisme cadavereux) sur les substances organisées : fondé à soupçonner d'infection la légère portion d'humidité qui régnoit à la surface du mur de ces caves, je donnai le conseil de s'en isoler. Un maçon y posa imprudemment la main, & au lieu de la laver sur le champ avec du vinaigre comme je le lui prescrivis, il se contenta de l'essuyer : au bout de trois jours, la main & l'avant-bras se tuméfièrent avec douleur, ce qui avoit été précédé par un engourdissement général. Il survint des boutons à la surface de la peau, & cela se termina par un suintement âcre & séreux, qui détruisit l'épiderme.

» L'art heureusement n'est point encore parvenu & ne parviendra jamais à préparer de tels poisons, dans l'ordre naturel, aucun des trois règnes n'en donne de pareils à cette humidité cadavéreuse. Il seroit, par comparaison, permis de dire qu'on se joue avec le sublimé corrosif & l'arsénic; il faut pour que le suc du toxicodendron & le virus variolique agissent, que l'épiderme soit offensé. Les sucs des végétaux vénéneux, la bave écumeuse du serpent qui sert à armer les flèches de l'Amérique & les alcines de Macassar ne sont pas aussi redoutables. Le chasseur peut impunément porter sa flèche à sa bouche, il la mouille même de sa salive avant de la décocher; pour devenir mortelle, il faut que traversant le tissu cellulaire, elle aille déposer son suc dans nos liqueurs; mais ici c'est le simple contact. Ce que la fable nous a transmis de l'Averne & du Cocyte; ce que l'histoire nous raconte de ces grottes, de ces souterreins fameux par les moffètes qui s'en exhalent; ce que l'ancien & le nouveau monde enfin produisent de poisons les plus énergiques; tous ces phénomènes imposans de la nature, qui détournent de sa route le voyageur curieux, Paris avoit l'avantage, pour l'intérêt de la physique & le malheur de l'humanité, de les réunir dans quelques maisons de la rue de la Lingerie ».

Malgré la longueur de cette citation, nous espérons que nos lecteurs nous sauront gré de leur avoir présenté une peinture aussi éloquente des dangers de l'air cadavéreux.

Les observations sur les inconvéniens d'inhumer dans les églises, rassemblées par M. Vicq d'Azyr dans son rapport sur plusieurs questions proposées à la société royale de médecine, de la part du grand maître de Malthe, ne sont pas moins importantes; elles sont terminées par un vœu digne de l'écrivain qui l'a formé, pour l'éloignement des cimetières & par l'indication des moyens propres à y suppléer.

« Le nombre des morts & l'éloignement sont trop considérables dans les grandes villes, pour qu'il soit possible à chaque enterrement de transporter les corps au cimetière commun placé hors de leur enceinte. On a imaginé d'y suppléer par des dépôts dans lesquels les cadavres seroient placés pour être enlevés chaque nuit. Ce moyen a été indiqué dans l'arrêt rendu par le parlement de Paris en 1765; plusieurs personnes craignent que des cadavres ainsi réunis dans le même endroit, ne nuisent par leurs exhalaisons & qu'ils ne donnent des inquiétudes à ceux qui fréquenteront les églises. Ces lieux de dépôts doivent être des espèces d'oratoires bien aérés, bâtis à une certaine distance de l'église, afin que ne communiquant point avec elle, il n'en puisse résulter ni danger ni alarme, les corps seront dans cette supposition inhumés au plus tard trente-six heures après leur mort, espace de temps qui n'est pas suffisant pour que des cadavres convenablement ensévelis, & la plupart enfermés dans des cercueils, répandent une odeur dangereuse; ce qui se passe dans les salles destinées au dépôt des morts des différens hôpitaux, & dans les amphithéâtres d'anatomie, doit rassurer à cet égard : il y a cependant des cas, dans lesquels la putridité considérée comme effet de la malignité, est portée au plus haut degré; alors on n'attend pas même le terme de vingt-quatre heures pour faire l'enterrement, il seroit indispensable de transporter ces corps directement au cimetière commun. La rareté de ces événemens ne permet pas de les regarder comme un obstacle à l'exécution du projet.

Nous en avons dit assez sans doute d'après l'autorité des plus célèbres chimistes de ce siècle, pour établir les inconvéniens des *inhumations* dans les villes & dans les églises; terminons cet article lugubre par quelques observations non moins importantes

importantes sans doute, sur le danger des *inhumations* précipitées.

Qu'on se peigne, s'il est possible, la situation horrible d'un malheureux qui a été enfoui tout vivant, qui se réveillant dans le séjour de la mort, après quelques heures d'une funeste létargie, fait de longs efforts pour briser son cercueil dont la résistance augmente en raison de la masse de terre qui pese sur lui & finit par mourir dans les convulsions d'une rage inutile.

Les événemens de ce genre, dans les villes surtout, sont cependant plus fréquens qu'on ne pense, & les loix n'ont pris jusqu'à présent aucune précaution pour les prévenir.

La plupart des rituels, il est vrai, défendent d'enterrer aucun corps, sans des raisons suffisantes, avant vingt-quatre heures écoulées depuis la mort, & deux fois vingt-quatre heures si elle a été subite; mais indépendamment de ce que ces délais sont trop courts dans bien des circonstances, pour préserver du danger d'enterrer des personnes encore vivantes, ils sont souvent abrégés, soit par la cupidité de quelques parens impatiens de jouir d'une riche dépouille, soit par la négligence de ceux qui sont préposés dans ces paroisses à la partie des convois, de s'informer depuis quel temps est mort l'homme qu'on vient leur proposer d'enterrer. J'ai connoissance, dit le docteur Pineau, dans son mémoire sur le danger des *inhumations* précipitées, qu'on en a enterré qui n'étoient morts que depuis six heures tout au plus, & il ajoute en note, « cela arrive très-fréquemment, à Paris sur-tout, à l'égard des étrangers qui logent en chambres garnies. Messieurs les curés de cette grande ville ne manquent jamais à la vérité, de demander depuis quel temps la personne que l'on veut faire enterrer est décédée; mais comme ils s'en rapportent de bonne foi à ce qu'on leur dit, il n'est pas difficile de les tromper, aussi il n'y a point d'endroits où les enterremens soient plus précipités qu'à Paris; il n'est pas rare qu'on y enterre des personnes qui ne sont mortes que depuis huit heures; je le sais à n'en pouvoir douter. Bien des Parisiens m'ont avoué ingénument, qu'ils avoient fait inhumer très-peu de temps après leur décès, des étrangers qui étoient morts chez eux, & que pour s'en débarrasser plus promptement ils avoient fait accroire qu'ils étoient décédés beaucoup plutôt qu'ils ne l'étoient réellement. Il règne à Paris un autre abus qui me fait beaucoup de peine: il y est permis d'enterrer les enfans douze heures après leur mort, & je ne sais pourquoi on pense apparemment que l'asphyxie des enfans ne dure pas aussi long-temps que celle des adultes, & qu'après douze heures, leur mort apparente doit être réputée réelle; mais on se trompe, nous avons des observations, & j'en rapporte dans ce mémoire, qui prouvent que les enfans peuvent rester pendant plus de vingt-quatre heures dans un état de mort apparente; il seroit même aisé de démontrer qu'ils sont encore plus que les adultes exposés à tomber dans l'asphyxie. La prudence exige donc qu'on ne les enterre pas plutôt que les grandes personnes. Il ne doit donc y avoir qu'un seul réglement pour les uns & les autres ».

Le mémoire du docteur Pineau que nous venons de citer, n'est pas aussi connu qu'il mériteroit de l'être; l'importance du sujet qu'il a traité, l'objet qu'il s'est proposé, rendent cet auteur digne de toute la reconnoissance publique; malheureusement les productions les plus utiles ne sont pas les plus répandues. La plupart des lecteurs se contentent d'une estime froide pour un écrivain qui a voulu servir les hommes; ceux qui occupent les grandes places ne devinent pas toujours le bien qu'ils pourroient faire, une surcharge continuelle d'occupations les empêche de lire & d'être éclairés sur les révolutions utiles qu'ils pourroient opérer, & en général le citoyen respectable qui n'a consacré sa plume qu'au bonheur de l'humanité, est souvent traité comme un rêveur inquiet, ou avec le même mépris qu'un spéculateur obscur qui a calculé sa fortune sur le projet d'une nouvelle forme dans la perception de l'impôt. C'est donc à nous, qui dès notre entrée dans la carrière des lettres, avons fait le serment de chercher les moyens d'être utiles plutôt que ceux de plaire, à proclamer un ouvrage vraiment estimable & dont les résultats doivent tôt ou tard déterminer le gouvernement à promulguer une loi, dont l'objet sera d'empêcher, sous les peines les plus graves, les *inhumations* précipitées.

Si cette loi pouvoit être l'effet des réflexions du docteur Pineau, si nous avions pu y influer par la publicité que nous cherchons à leur procurer, quelle plus douce récompense nos efforts pourroient-ils obtenir? Puissent nos yeux ne point se fermer au jour avant de l'avoir vue! joignez-vous tous à nous, ô vous qui aimez les hommes! c'est leur cause, c'est leur existence, c'est la vôtre même que nous défendons.

Il est un autre inconvénient, moins soupçonné peut-être, des *inhumations* précipitées ou au moins de celles qui se font sans aucune formalité préalable: souvent elles facilitent au crime les moyens d'échapper aux regards de la justice, & la corruption qui suit bientôt la privation de la vie en anéantit jusqu'aux moindres traces. Un vieillard livré à des domestiques ou à des collatéraux avides, ne peut-il pas être étranglé, étouffé, égorgé même, & enterré comme s'il avoit cédé aux loix immuables de la nature, comme si sa fin avoit été précédée d'un de ces signes ordinaires, avant-coureurs de la mort? Sans doute ses assassins n'appelleront personne pour lui rendre les derniers devoirs & l'ensevelir, ils prendront eux-mêmes ce soin comme s'ils acquittoient un pieux devoir; ils auront même eu, pour prévenir tous les soupçons, la précaution de répandre le bruit d'une maladie quelconque; ils auront écarté tous les surveillans, & les loix seront privées de leur vengeance. Qui oseroit assurer que Desrues, ce scélérat hypocrite, mais moins adroit que cruel, n'y eût pas échappé, si après avoir versé la mort dans le sein de la dame de Lamotte, il eût suivi la route indiquée par l'usage, s'il eût fait précéder la nouvelle de sa mort du bruit de sa maladie, si d'ailleurs il ne fût pas entré dans les calculs de son crime, de la supposer encore vivante, & en fuite avec les sommes qu'il prétendoit lui avoir payées? Il seroit donc à desirer que les loix prissent des précautions contre des forfaits de cette nature; ce seroit peut-être en prévenir quelques-uns, que d'effrayer par la certitude d'en acquérir les preuves & d'en punir les coupables.

Les Anglois ont un réglement de police qui oblige les vivans à constater juridiquement l'état des morts: aucun cadavre ne doit être mis en terre que les experts n'aient certifié que ni le fer ni le poison n'ont abrégé les jours du défunt. Un crime affreux a, dit-on, donné lieu à cette loi: une marchande de Londres avoit eu successivement six maris. Un anglois fut assez hardi pour l'épouser en septièmes noces. L'amour la rendant indiscrète, elle faisoit dans les bras de son nouvel époux la satyre de ses prédécesseurs, qu'elle n'avoit, disoit-elle, jamais regrettés, ni pleurés, parce qu'ils étoient ivrognes & infidèles: curieux de connoître le caractère de sa femme, le mari affecte de s'absenter souvent, de rentrer tard & de paroître toujours dans l'état d'un homme yvre. D'abord on ne lui fait que des reproches, les menaces succèdent; mais rien ne semble pouvoir le corriger, principalement sur l'article du vin. Un soir, qu'elle le croit plus ivre qu'à l'ordinaire, & qu'il feint de dormir, elle détache un plomb de la manche de sa robe, le fait fondre & s'approche pour le lui verser dans l'oreille; le mari ne doutant plus de sa scélératesse, l'arrête, crie au secours; les six cadavres exhumés déposent contre cette femme criminelle & la font condamner à la mort.

Les précautions que les loix angloises ont cru devoir prendre contre les crimes de ce genre, ont été puisées dans la jurisprudence romaine. Aucun cadavre ne pouvoit être enterré à Rome, qu'il n'eût été vu par les officiers chargés de visiter les morts, & de constater par des épreuves la cause & le genre de la mort. La même chose s'observe encore de nos jours à Genève & dans plusieurs autres villes.

Une femme grosse ne doit point être inhumée, qu'on n'ait auparavant tiré son enfant de son corps, par le moyen d'une opération chirurgicale.

Une partie du faste des *inhumations* dans les grandes villes, & sur-tout à Paris, consiste à y appeller des enfans élevés dans les différens hôpitaux. On leur donne communément des flambeaux, qu'ils portent en précédant le convoi; mais ces flambeaux appartiennent de droit à la fabrique de la paroisse où se fait l'*inhumation*, & l'hôpital n'en peut réclamer que deux; cependant celui de Versailles, aux termes de l'article 36 d'un réglement du 20 juillet 1747, jouit d'un privilège particulier, car tous les flambeaux qui ont été portés par les enfans lui appartiennent. L'hôpital de Clermont est dans le même cas que celui de Versailles; & il a obtenu en 1762 un arrêt confirmatif de ce droit. On peut en voir l'espèce dans le Répertoire universel de jurisprudence, & dans la collection de Denisart, au mot *Enterremens.*

M. Lebret, en son traité de la souveraineté, rapporte un arrêt de 1605, par lequel, dit-il, la cour a jugé que les patrons & les seigneurs peuvent empêcher que tout autre qu'eux soit inhumé dans le chœur de l'église.

La jurisprudence a changé depuis, & il est constant aujourd'hui que les curés ont droit d'être inhumés dans le chœur de leurs églises paroissiales, sans le consentement des seigneurs & patrons. Les héritiers d'un curé peuvent même, s'ils le jugent à propos, faire placer une tombe avec inscription sur sa sépulture. C'est ce qui a été jugé par arrêt du 9 janvier 1731, rapporté par Denisard au mot *Sépulture.* (*Article de M. Boucher d'Argis, conseiller au Châtelet, de l'académie de Rouen*, &c.)

INJONCTION, f. f. (*terme de Pratique.*) qui dérive du verbe latin *injungere*, qui signifie commander quelque chose à quelqu'un, lui imposer une obligation, une condition. On s'en sert au palais pour exprimer l'ordre ou le commandement donné à quelqu'un par la loi ou par le juge, de faire quelque chose.

INJURE, f. f. (*Droit civil & criminel.*) dans une signification étendue se prend pour tout ce qui est fait pour nuire à un tiers contre le droit & l'équité: *quidquid factum injuriâ, quasi non jure factum;* c'est en ce sens aussi qu'on dit, *volenti non fit injuria.*

Pour que le fait soit considéré comme une *injure*, il ne suffit pas qu'il soit dommageable à un tiers, il faut qu'il y ait eu dessein de nuire; c'est pourquoi les bêtes n'étant pas capables de raison, le dommage qu'elles commettent est seulement appellé en droit *pauperies*, c'est-à-dire dommage ou dégât, & c'est improprement que parmi nous on l'appelle *délit.*

Injure, dans une signification plus étroite, signifie tout ce qui se fait au mépris de quelqu'un pour l'offenser, soit en sa personne, ou en celle de sa femme, de ses enfans ou domestiques, ou de ceux qui lui appartiennent, soit à titre de parenté ou autrement.

Les *injures* se commettent en trois manières; savoir, par paroles, par écrit ou par effet.

Les *injures* verbales se commettent, lorsqu'en présence de quelqu'un ou en son absence, on profère des paroles injurieuses contre lui, qu'on lui fait quelques reproches outrageans; que l'on chante des chansons injurieuses pour lui, ou qu'on lui fait quelques menaces de lui faire de la peine, soit en sa personne, ou en ses biens, ou en son honneur.

Les *injures* qui se commettent par écrit, sont, lorsque l'on compose ou distribue des chansons, & autres vers & libelles diffamatoires contre quelqu'un. Ceux qui les écrivent ou qui les impriment, peuvent être poursuivis en réparation d'*injure*.

On peut mettre dans la même classe les peintures injurieuses, qui sont une autre manière de divulguer les faits, & pour ainsi dire de les écrire. Pline rapporte que le peintre Clexides ayant été peu favorablement reçu de la reine Stratonice, pour se venger d'elle en partant de sa cour, y laissa un tableau dans lequel il la représentoit couchée avec un pêcheur qu'elle étoit soupçonnée d'aimer; cette peinture étoit beaucoup plus offensante qu'un libelle qu'il auroit écrit contre la reine.

Ces peintures injurieuses sont défendues à l'égard de toutes sortes de personnes. Bouchet rapporte un arrêt qui condamna en des dommages & intérêts un serrurier, pour avoir fait peindre un tableau en dérision de quelques maîtres de son métier.

On commet des *injures* par effet en deux manières; savoir, par gestes & autres actions, sans frapper la personne & sans lui toucher; ou bien en la frappant de soufflets, de coups de poing ou de pied, de coups de bâton ou d'épée, ou autrement. Les loix romaines veulent que l'on punisse les *injures* qui sont faites à un homme, en sa barbe, en ses cheveux ou en ses habits; comme si on lui tire la barbe ou les cheveux, si on lui déchire ses habits, ou si par mépris on jette quelque chose dessus pour les gâter.

Les gestes & autres actions par lesquels on peut faire *injure* à quelqu'un sans le frapper ni même le toucher, sont, par exemple, si quelqu'un lève la main sur un autre comme pour lui donner un soufflet, ou s'il lève le bâton sur lui pour le frapper; si étant près d'un tiers, il lui montre un gibet ou une roue, pour faire entendre aux assistans qu'il auroit mérité d'y être attaché; si en dérision de quelqu'un on lui montroit des cornes, ou si on faisoit quelques autres gestes semblables.

Un jeune homme ayant par gageure montré son derrière à un juge de village qui tenoit l'audience, le juge en dressa procès-verbal & décréta le délinquant, qui fut condamné à demander pardon au juge, étant à genoux, l'audience tenante, & à payer une aumône considérable, applicable aux réparations de l'auditoire; ce qui fait voir que le ministère du moindre juge est toujours respectable.

Il a aussi été défendu aux comédiens & à toutes autres personnes dans les bals, de se servir d'habits ecclésiastiques ou religieux, parce que cela tourneroit au mépris des personnes de cet état & des cérémonies de l'église.

M. Le Bret en ses *quest. not.* rapporte qu'un homme ayant été pendu en effigie, & la potence s'étant trouvée le lendemain abattue, la partie civile, au lieu de la faire redresser comme on le lui avoit permis, la fit porter par un sergent chez un oncle du condamné, lui signifiant qu'il l'en faisoit gardien comme de biens de justice; l'oncle s'en étant plaint, il y eut arrêt qui ordonna que la partie iroit un jour de marché avec un sergent & l'exécuteur reprendre la potence au lieu où il l'avoit mise en dépôt, avec défenses de récidiver, sous peine de punition corporelle.

Les *injures* sont légères ou atroces, selon les circonstances qui les font réputer plus ou moins graves; une *injure* devient atroce par plusieurs circonstances.

1°. Par le fait même, comme si quelqu'un a été frappé à coups de bâton; s'il a été griévement blessé, sur quoi il faut observer que les témoins ne déposent que des coups qu'ils ont vu donner; mais la qualité des blessures se constate par des rapports de médecins & chirurgiens.

2°. Par le lieu où l'*injure* a été faite, comme si c'est en un lieu public: ainsi l'*injure* faite ou dite dans les églises, dans les palais des princes, dans la salle de l'audience, & sur-tout si l'offensé étoit en fonction, est beaucoup plus grave que celle qui auroit été commise dans un lieu ordinaire & privé.

3°. La qualité de la personne qui a fait l'*injure*, & la qualité de l'offensé, sont encore des circonstances qui aggravent plus ou moins l'*injure*; comme si c'est un père qui a été outragé par ses enfans, un maître par ses domestiques, un seigneur par son vassal, un gentilhomme par un roturier. Plus l'offensé est élevé en dignité, plus l'*injure* devient grave; comme si c'est un magistrat, un duc, un prince, un ecclésiastique, un prélat, *&c.* Telle *injure* qui seroit légère pour des personnes viles, devient grave pour des personnes qualifiées.

4°. L'endroit du corps où la blessure a été faite; comme si c'est à l'œil, ou autre partie du visage.

Les *injures* qui se font par écrit, sont ordinairement plus graves que celles qui se font verbalement, par la raison que, *verba volant, scripta manent.*

Il est à propos d'observer, qu'une *injure* grave envers une femme travestie en homme, n'est considérée que comme une *injure* faite à un particulier; & qu'il en est de même d'une *injure* faite à un ecclésiastique, lorsqu'il n'est pas habillé selon la décence que son état exige.

La loi divine ordonne de pardonner toutes les *injures* en général.

Les empereurs Théodose, Arcadius & Honorius, défendirent à leurs officiers de punir ceux qui auroient mal parlé de l'empereur; *quoniam*, dit la loi, *si ex levitate contemnendum, si ex insaniâ miseratione dignissimum, si ab injuriâ remittendum.* Ces empereurs ordonnèrent seulement que le coupable leur seroit renvoyé, pour voir par eux-mêmes si le fait méritoit d'être suivi ou seulement méprisé.

Du reste, les loix civiles & même canoniques permettent à celui qui est offensé, de poursuivre la réparation de l'*injure*; ce qui se peut faire par la voie civile ou par la voie criminelle.

Quoiqu'on prenne la voie civile, l'action en réparation d'*injure* doit toujours être portée devant le juge criminel du lieu où elle a été faite.

On ne peut pas cumuler la voie civile & la voie criminelle, & le choix de la voie civile exclut la voie criminelle; mais celui qui avoit d'abord pris la voie criminelle, peut y renoncer & prendre la voie civile.

La réparation des *injures* particulières, c'est-à-dire qui n'intéressent que l'offensé, ne peut être poursuivie en général que par celui qui a reçu l'*injure*.

Il y a cependant des cas où un tiers peut aussi poursuivre la réparation de l'*injure*, savoir, lorsqu'elle rejaillit sur lui. Ainsi un mari peut poursuivre la réparation de l'*injure* faite à sa femme, un père de l'*injure* faite à son enfant; des parens peuvent venger l'*injure* faite à un de leurs parens, lorsqu'elle rejaillit sur toute la famille; des héritiers peuvent venger l'*injure* faite à la mémoire du défunt; un maître celle faite à ses domestiques; un abbé celle qui est faite à un de ses religieux; une compagnie peut se plaindre de l'*injure* faite à quelqu'un du corps, lorsqu'il a été offensé dans ses fonctions.

Lorsque l'*injure* est telle que le public y est intéressé, le ministère public en peut aussi poursuivre la réparation, soit seul, soit concurremment avec la partie civile, s'il y en a une.

Il est même nécessaire dans toutes les actions pour réparation d'*injures*, lorsque l'on a pris la voie criminelle, que le ministère public y soit partie pour donner ses conclusions.

Quoiqu'on ait rendu plainte d'une *injure*, le juge ne doit pas permettre d'en informer, à moins que le fait ne paroisse assez grave pour mériter une instruction criminelle, soit eu égard au fait en lui-même, ou à la qualité de l'offensant & de l'offensé & autres circonstances; & si après l'information le fait ne paroît pas aussi grave qu'on l'annonçoit, le juge ne doit pas ordonner qu'on procédera par récolement & confrontation, mais renvoyer les parties à fin civile & à l'audience.

Pour que des discours ou des écrits soient réputés injurieux, il n'est pas nécessaire qu'ils soient calomnieux, il suffit qu'ils soient diffamatoires, & les parties intéressées peuvent en rendre plainte, quand même ils seroient véritables; car il n'est jamais permis de diffamer personne. Toute la différence en ce cas est que l'offensé ne peut pas demander une rétractation, & que la peine est moins grave, sur-tout si les faits étoient déjà publics; mais si l'offensant a révélé quelque turpitude qui étoit cachée, la réparation doit être proportionnée au préjudice que souffre l'offensé.

On est quelquefois obligé d'articuler des faits injurieux, lorsqu'ils viennent au soutien de quelque demande ou défense, comme quand on soutient la nullité d'un legs fait à une femme, parce qu'elle étoit la concubine du défunt. Le juge doit admettre la preuve de ces faits; & si la personne que ces faits blesse en demande réparation comme d'une calomnie, le sort de cette demande dépend de ce qui sera prouvé par l'événement.

L'insensé, le furieux & l'impubère étant encore en enfance ou plus proche de l'enfance que de la puberté, ne peuvent être poursuivis en réparation d'*injures*, *ut potè doli incapaces*.

Mais le mineur de vingt-cinq ans peut être poursuivi criminellement, sans qu'il soit nécessaire d'agir contre son père ou son tuteur; mais si l'instance criminelle vient à être civilisée, il faut que le père ou tuteur soient mis en cause, ou qu'ils interviennent. On applique la même règle à la femme sous puissance de mari.

Un père, un maître qui autorise l'*injure* faite par ses enfans ou par ses domestiques, en est solidairement responsable avec eux.

Le fils n'est point admis à poursuivre criminellement son père pour raison d'*injures* & mauvais traitemens. Mais on y admet le gendre vis-à-vis son beau-père. Le père au contraire peut poursuivre en justice ses enfans, pour l'*injure* qu'ils lui ont faite.

Les domestiques ne doivent être admis à intenter contre leur maître l'action d'*injure*, qu'autant que les *injures* sont considérables.

Pour ce qui est de l'ivresse, quoiqu'elle ôte l'usage de la raison, elle n'excuse point les *injures* dites ou faites dans le vin: *non est enim culpa vini, sed culpa bibentis*: l'*injure* dite par un homme ivre est cependant moins grave que celle qui est dite de sang froid.

Celui qui a repoussé l'*injure* qui lui a été faite, & qui s'est vengé lui-même, *sibi jus dixit*, il ne peut plus en rendre plainte, *paria enim delicta mutuâ pensatione tolluntur*. Mais si les conditions sont inégales, les *injures* ne se compensent pas, ainsi il n'est pas permis à un domestique, vis-à-vis son maître, de repousser une *injure* par une autre, quoique égale.

Lorsqu'il y a eu des *injures* dites de part & d'autres, on met ordinairement les parties hors de cour, avec défenses à elles de se méfaire ni médire.

Quand l'*injure* est grave, il ne suffit pas pour toute réparation de la désavouer ou de déclarer que l'on se rétracte; il peut encore, selon les circonstances, y avoir lieu à diverses peines.

Il y eut une loi chez les Romains qui fixa en argent la réparation due pour certaines *injures*, comme pour un soufflet tant, pour un coup de pied tant: mais on ne fut pas long-tems à reconnoître l'inconvénient de cette loi, & à la révoquer, attendu qu'un jeune étourdi de Rome trouvant que l'on en étoit quitte à bon marché, prenoit plaisir à donner des soufflets aux passans ; & pour prévenir la demande en réparation, il faisoit sur le champ payer l'amende à celui qu'il avoit offensé, par un de ses esclaves qui le suivoit avec un sac d'argent destiné à cette folle dépense.

Les différentes loix qui ont été recueillies dans le code des loix antiques, n'ordonnoient aussi que des amendes pécuniaires pour la plupart des crimes, & singuliérement pour les *injures* de paroles, qui y sont taxées selon leur qualité avec la plus grande exactitude : on y peut voir celles qui passoient alors pour offensantes.

La loi unique, au code *de famosis libellis*, prononçoit la peine de mort non seulement contre les auteurs des libelles diffamatoires, mais encore contre ceux qui s'en trouvoient saisis. Les capitulaires de Charlemagne prononçoient la peine de l'exil ; l'ordonnance de Moulins veut que ceux qui les ont composés, écrits, imprimés, exposés en vente, soient punis comme perturbateurs du repos public.

Un édit du mois de décembre 1704 a déterminé la peine due pour chaque sorte d'*injure*.

Mais nonobstant cet édit & les autres antérieurs ou postérieurs, il est vrai de dire qu'en France la réparation des *injures* est arbitraire, de même que celle de plusieurs autres délits, c'est-à-dire, que la peine plus ou moins rigoureuse dépend des circonstances & de ce qui est arbitré par le juge.

L'action en réparation d'*injures*, appellée chez les Romains *actio injuriarum*, étoit du nombre des actions fameuses, *famosæ* ; c'est-à-dire que l'action directe en cette matière emportoit infamie contre le défendeur ou accusé, ce qui n'a pas lieu parmi nous.

Le temps pour intenter cette action est d'un an à l'égard des simples *injures* ; en quoi notre usage est conforme à la disposition du droit romain, suivant lequel cette action étoit annale; mais s'il y a eu des excès réels commis, il faut vingt ans pour prescrire la peine. C'est la disposition des coutumes d'Auvergne, *chap. 29*, *art. 8*, & de la Marche, *art. 334*, ainsi que de plusieurs arrêts.

En Lorraine, cette action doit être intentée dans la huitaine, à compter du jour que l'offensé a eu connoissance de l'*injure*, sinon il n'est plus fondé à s'en plaindre. Il est également obligé de poursuivre le jugement de sa plainte dans l'an & jour, sinon sa poursuite est prescrite. C'est ainsi que le décide la coutume générale de cette province, *tit. 18*, *art. 6.*

Il n'y a point de garantie en fait d'*injures*, non plus qu'en fait d'autres délits; c'est pourquoi un procureur qui avoit signé des écritures injurieuses à un magistrat, ne laissa pas d'être interdit, quoiqu'il rapportât un pouvoir de sa partie.

Outre le laps de temps qui éteint l'action en réparation d'*injures*, elle s'éteint encore:

1°. Par la mort de celui qui a fait l'*injure*, ou de celui à qui elle a été faite ; de sorte que l'action ne passe point aux héritiers, à moins qu'il n'y eût une action intentée par le défunt avant l'expiration du temps qui est donné par la loi, ou que l'*injure* n'ait été faite à la mémoire du défunt.

2°. La réconciliation expresse ou tacite éteint aussi l'*injure*. On la présume dans les *injures* légères, lorsque depuis l'offense, l'offensé a rendu quelques services à l'offenseur, qu'il lui a écrit obligeamment, qu'ils se sont embrassés, *&c.*

3°. La remise qui en est faite par la personne offensée ; mais quoique l'action soit éteinte à son égard, cela n'empêche pas un tiers qui y est intéressé d'agir pour ce qui le concerne ; & à plus forte raison, le ministère public, avec lequel il n'y a jamais de transaction, est-il toujours recevable à agir pour la vindicte publique, si l'*injure* est telle que la réparation intéresse le public. *Voyez* LIBELLE. (*A*)

INJUSTE, (L') *Droit naturel*, action contraire à la volonté du Créateur, & que la raison désapprouve. *Voyez* JUSTE (*le*).

INJUSTICE, s. f. (*Droit naturel.*) violation des droits d'autrui ; il n'importe qu'on les viole par avarice, par sensualité, par un mouvement de colère ou par ambition, qui sont autant de sources intarissables des plus grandes *injustices* ; c'est le propre au contraire de la justice, de résister à toutes les tentations par le seul motif de ne faire aucune brèche aux loix de la société humaine. *Voyez* JUSTICE.

On conçoit néanmoins qu'il y a plusieurs degrés d'*injustice*, & l'on peut les évaluer par le plus ou le moins de dommage qu'on cause à autrui : ainsi les actions où il entre le plus d'*injustice*, sont celles qui troublant l'ordre public, nuisent à un plus grand nombre de gens.

Hobbes prétend que toute *injustice* envers les hommes suppose des loix humaines, & ce principe est très-faux ; car, quoique les maximes de la droite raison ou les loix naturelles soient des loix de Dieu seul, elles sont plus que suffisantes pour donner à l'homme un vrai droit de faire ce que la raison lui dicte, comme permis de Dieu. Une personne innocente, par exemple, a droit à la conservation de sa vie, à l'intégrité de ses membres, aux alimens nécessaires ; & sans toutes ces choses, elle ne pourroit pas contribuer à l'avancement du bien commun : ainsi on lui feroit certainement une criante *injustice* de lui ôter la vie, de lui retrancher quelque membre, parce que toute atteinte donnée aux droits d'autrui, est une *injustice*, quelle que soit la loi humaine, en vertu de laquelle on a acquis ces droits. (*D. J.*)

INNOCENT, adj. se dit *en droit*, de celui qui n'est point coupable d'un crime. L'accusé pour prouver son innocence, peut demander d'être admis à la preuve de ses faits justificatifs ; mais on ne l'y admet qu'après la visite du procès.

Il n'est pas d'usage dans le style ordinaire de déclarer *innocent*, celui contre lequel il n'y a pas de preuve qu'il soit coupable, on le renvoie *absous*, ou on le *décharge de l'accusation*; ce qui suppose son *innocence*; car lorsqu'il y a quelque doute, on met seulement hors de cour.

Cependant le roi ayant pardonné au prince de Condé qui avoit pris les armes contre lui, au lieu de lettres de grace lui accorda des lettres d'*innocentation*, voulant par-là effacer toute idée de crime. *Voyez* ABOLITION, GRACE, PARDON, RÉMISSION. (*A*)

C'est une maxime certaine, que les juges devroient avoir toujours devant les yeux, qu'il vaut mieux courir risque d'absoudre un coupable, que de s'exposer à condamner un *innocent*.

INNOMÉ, adj. *Voyez* CONTRAT.

INOFFICIEUX, adj. (*terme de Jurisprudence romaine & de Pratique.*) se dit de ce qui nuit aux droits que quelqu'un avoit à espérer. On appelle *testament inofficieux* le testament dans lequel ceux qui ont droit de légitime, sont exhérédés ou passés sous silence.

On appelle *donation inofficieuse* & *dot inofficieuse*, celles qui sont si excessives qu'il ne reste pas de quoi fournir les légitimes. *Voyez* INOFFICIOSITÉ, TESTAMENT, LÉGITIME.

INOFFICIOSITÉ, s. f. en général se dit de tout ce qui se fait contre le devoir naturel, *quasi contra officium pietatis.* Mais ce terme s'applique plus particuliérement aux testamens dans lesquels les personnes, ayant droit à la succession d'un testateur, ne trouvent point les avantages utiles ou honorables que la loi leur assure.

Le testament inofficieux est donc une disposition, qui n'est point dictée par l'esprit d'affection que le testateur doit à certains parens, dont il prononce l'exhérédation sans cause, ou dont il oublie de faire mention.

Comme la loi des douze tables laissoit aux pères de famille un pouvoir illimité, pour la disposition de leurs biens; comme il leur étoit permis de ne pas parler de leurs enfans, même de les deshériter sans cause, & sans en alléguer les motifs, on reconnut bientôt les abus qui pouvoient résulter d'une pareille puissance, & on chercha à y remédier.

Il fut d'abord établi, que la prétérition des enfans rendroit le testament nul, parce qu'on supposa que le défaut de mention du fils étoit un oubli involontaire. Mais lorsque le testament contenoit une exhérédation, qu'elle fût juste ou injuste, on ne crut pas pouvoir casser un testament, & surmonter l'obstacle qui naissoit de la disposition de la loi, conçue en ces termes: *uti quisque legassit super pecuniâ tutelâve suæ rei, ita jus esto*: ni restraindre en quelque cas cette faculté absolue de tester, sans l'anéantir.

Cependant, pour ne pas laisser subsister un testament, qui pourroit être le fruit de la passion ou de la foiblesse, les jurisconsultes Romains pensèrent qu'il falloit, dans le cas d'une exhérédation injuste, ou sans cause, accorder aux enfans exhérédés, non une action directe contre le testament, mais une simple plainte contre une pareille disposition, qu'on regarda comme dictée par la colère ou la démence. Ainsi cette plainte n'eut pour fondement qu'une fiction de droit, par laquelle on supposoit, qu'un père qui avoit exhérédé son fils sans motif, ou sans juste cause, n'étoit pas alors dans son bon sens; car comme le dit le jurisconsulte Théophile, on doit regarder comme fou & en démence, celui qui hait sans cause sa famille & son propre sang.

La plainte d'*inofficiosité* étoit donc, chez les Romains, une espèce d'action accordée aux enfans exhérédés, par laquelle ils faisoient examiner en justice, non si le testateur avoit eu le pouvoir de donner ses biens pour de justes causes à d'autres qu'à eux, mais seulement si les raisons qui l'avoient porté à faire une disposition aussi contraire aux sentimens naturels, étoient suffisantes. Que s'il paroissoit qu'il y eût été uniquement poussé par quelque surprise, quelque artifice, quelque fraude, ou qu'il eût agi par pure bisarrerie, la succession étoit adjugée d'autorité publique à ceux qui auroient hérité par le testament même, si le défunt l'eût fait sans passion, sans prévention, & sans un travers d'esprit extraordinaire; cependant, pour adoucir en quelque chose ce que la plainte d'*inofficiosité* renfermoit d'injurieux à la mémoire du testateur, les enfans deshérités prenoient la tournure de soutenir que leur père n'avoit pas eu l'usage libre de son bon sens, lorsqu'il avoit testé; mais au fond cette tournure n'étoit qu'un jeu d'esprit, & la décision des juges restoit comme parmi nous toujours arbitraire, ce qui est un grand défaut dans la jurisprudence.

Dans le principe, la plainte d'*inofficiosité* ne fut accordée qu'aux enfans exhérédés sans cause; on l'étendit ensuite aux enfans oubliés dans le testament de leur mère, aux pères & mères oubliés dans le testament de leurs enfans, & généralement à tous ceux à qui le testateur étoit obligé de laisser une légitime, franche & exempte de toute charge.

Comme la plainte d'*inofficiosité* est toujours fondée sur la présomption que le testateur a été séduit ou prévenu, on la regarde toujours d'un œil défavorable, & on ne l'emploie que comme un remède extrême, lorsqu'il ne se trouve pas d'autre moyen de faire annuller le testament.

C'est par cette raison qu'elle se prescrit par le laps de cinq ans, qu'elle ne passe pas aux héritiers, si elle n'a point été commencée, qu'elle n'avoit pas lieu contre un testament militaire, qu'on la refusoit à ceux qui avoient accepté librement les dispositions du défunt, ou qui y avoient renoncé soit expressément, soit tacitement. *Voyez* les titres des institutes du digeste & du code, *de inofficioso testamento*, & les mots EXHÉRÉDATION, INSTITUTION D'HÉRITIER.

INQUANT, s. m. ancien terme de pratique, qui est encore usité dans quelques provinces, pour exprimer les enchères. Ce terme vient du latin *in quantum*, que l'on disoit pour demander à combien la chose étoit portée. Les enchères se faisoient anciennement par demandes & par réponses. L'officier qui faisoit l'adjudication, demandoit à ceux qui se présentoient pour enchérir *in quantum rem dicebant*, & l'enchérisseur répondoit une somme. *Voyez* ENCAN, ENCHÈRE. (*A*)

INQUIÉTATION, s. f. est un ancien terme de pratique, qui signifie *trouble*, *interruption*. Il se trouve dans quelques coutumes, notamment dans les *articles 113, 114 & 118 de la coutume de Paris*. *Voyez* INTERRUPTION, TROUBLE.

INQUISITION, s. f. (*Droit canonique.*) est une jurisdiction ecclésiastique, érigée par les papes, en Italie, excepté le royaume de Naples, en Espagne, en Portugal & aux Indes.

Elle fut établie vers l'an 1200, par Innocent III, pendant les guerres contre les malheureux Albigeois; elle fut adoptée par le comte de Toulouse en 1229; l'exercice en fut confié aux Dominicains & aux Cordeliers.

Innocent IV, en 1251, étendit son empire dans l'Italie; l'Espagne entière s'y soumit en 1448, sous le règne de Ferdinand & d'Isabelle; le Portugal l'adopta en 1557, conformément au modèle reçu par les Espagnols.

Le pape Alexandre III, l'introduisit en France sous S. Louis, en 1255, & nomma pour grands inquisiteurs, le gardien des Cordeliers de Paris, & le provincial des Dominicains. Mais cette étrange jurisdiction indigna le clergé & les laïques, au point que bientôt le soulèvement de tous les esprits ne laissa à ces moines qu'un titre inutile, qui fut ensuite totalement aboli.

Les premiers inquisiteurs avoient le droit de citer tout hérétique, de l'excommunier, d'accorder des indulgences à tout prince qui extermineroit les condamnés, de réconcilier à l'église les pénitens, de les taxer, de recevoir d'eux en argent une caution de leur repentir.

Il est étonnant que cette jurisdiction, relevant immédiatement de la cour de Rome, ait pu s'établir dans une grande partie de la chrétienté, tandis qu'elle anéantissoit les droits essentiels des évêques, arbitres naturels dans les procès de doctrine. Mais la bisarrerie des événemens, qui met tant de contradictions dans la politique humaine, fit du plus violent ennemi des papes, le protecteur le plus ardent de ce tribunal. Frédéric II, accusé par le pape d'être tantôt mahométan, tantôt athée, crut se laver de ces reproches, en prenant les inquisiteurs sous sa protection. Il donna même à Pavie, en 1244 quatre édits, par lesquels il mandoit aux juges séculiers de livrer aux flammes ceux qui seroient condamnés par l'inquisition comme hérétiques obstinés, & de laisser dans une prison perpétuelle, ceux qu'elle déclareroit repentans.

Plusieurs écrivains se sont fortement élevés contre ce tribunal, on lui a peut-être imputé des excès d'horreur qu'il n'a pas toujours commis: mais il n'est pas nécessaire de chercher des faits douteux pour le rendre odieux, il suffit d'en connoître l'esprit.

La forme juridique qu'il a reçue de Torquemada, dominicain, devenu cardinal, est opposée à toutes les loix naturelles & humaines. On ne confronte pas les accusés avec les délateurs; tout délateur y est écouté; un criminel flétri par la justice, un enfant, un ennemi, une courtisanne sont des accusateurs graves; le fils peut déposer contre son père, la femme contre son mari, le frère contre son frère; l'accusé est obligé d'être lui-même son propre délateur, de deviner, & d'avouer le délit qu'on lui suppose, & que souvent il ignore.

Il est inutile de faire des réflexions sur une procédure aussi monstrueuse, il n'est aucun de nos lecteurs qui ne demande, comment il a pu arriver que des moines, voués plus particuliérement à la douceur & à la charité, ont pu admettre une forme juridique aussi barbare, & comment les vicaires d'un Dieu, mort pour le salut des hommes, ont pu consacrer par leurs rescrits, des maximes & une jurisprudence aussi odieuse.

L'*inquisition* est donc un tribunal, qu'il faut rejetter dans tous les gouvernemens; dans la monarchie, il ne peut faire que des hypocrites, des délateurs & des traîtres; dans les républiques, il ne peut former que de malhonnêtes gens; dans l'état despotique, il est destructeur comme lui.

Observons cependant que l'*inquisition* dans l'état de Venise, est presque sans autorité, par les sages réglemens du sénat. Il crut d'abord modérer le zèle des inquisiteurs, en les empêchant de s'approprier les amendes & confiscations. Mais comme l'envie de faire valoir les droits de son ministère, est chez les hommes une passion aussi forte que l'avarice, les entreprises des inquisiteurs obligèrent le sénat, vers le seizième siècle, d'ordonner que l'*inquisition* ne pourroit jamais faire de procédure, sans l'assistance de trois sénateurs.

Le roi de Portugal a finalement secoué le joug de cette jurisdiction, en ordonnant: 1°. que le procureur-général accusateur communiqueroit à l'accusé les articles de l'accusation, & le nom des témoins; 2°. que l'accusé auroit la liberté de choisir un avocat, & de conférer avec lui; 3°. qu'aucune sentence de l'*inquisition* ne seroit exécutée qu'après avoir été confirmée par son conseil.

INSCRIPTION, s. f. (*Droit civil & criminel.*) est en matière civile l'action par laquelle on écrit son nom ou quelque autre chose sur un registre destiné à cet usage.

Dans les universités, les étudians s'*inscrivent* en certains temps sur les registres de la faculté où ils étudient, & le certificat qu'on leur donne de ces *inscriptions* pour pouvoir prendre des degrés, est confondu dans l'usage avec les *inscriptions* même,

& s'appelle aussi *inscription*. *Voyez* UNIVERSITÉ.

Les dénonciateurs sont obligés d'*inscrire* leurs noms sur le registre du procureur du roi. *Voyez* DÉNONCIATEUR.

En matière criminelle, on donne le nom d'*inscription de faux* ou *en faux*, à la voie judiciaire que l'on prend pour détruire par la voie du faux incident une pièce que l'on soutient être fausse. Cette procédure est nommée *inscription de faux*, parce que celui qui attaque une pièce par la voie du faux incident, est obligé de passer un acte au greffe, soit en personne ou par procureur fondé de procuration spéciale, contenant qu'il s'*inscrit en faux* contre la pièce. Avant de former cette *inscription de faux*, il faut consigner une amende qui est de 100 livres dans les cours & aux requêtes de l'hôtel & du palais; de 60 livres dans les siéges ressortissans nuement aux cours, & de 20 livres dans les autres siéges.

La procédure que l'on doit tenir pour former une *inscription de faux*, est expliquée dans l'ordonnance du mois de juillet 1737, concernant le faux principal & le faux incident.

Quand on prend la voie du faux principal, il n'y a point d'amende à consigner, ni d'*inscription de faux* à former au greffe. *Voyez* FAUX. (*A*)

INSINUATION, s. f. (*Droit civil & canon.*) appellée en droit *publicatio seu in acta relatio*, est parmi nous l'enregistrement ou la transcription qui se fait dans un registre public destiné à cet usage, des actes qui doivent être rendus publics, afin d'éviter toute surprise au préjudice de ceux qui n'auroient pas connoissance de ces actes.

La première origine de l'*insinuation* vient des Romains. Les gouverneurs des provinces avoient chacun près d'eux un scribe appellé *ab actis seu actuarius*, qui ressembloit beaucoup à nos greffiers des *insinuations*. Sa fonction étoit de recevoir les actes de jurisdiction volontaire, tels que les émancipations, adoptions, manumissions, & notamment les contrats & testamens qu'on vouloit insinuer & publier. On formoit de tous ces actes un registre séparé de celui des affaires contentieuses.

On faisoit alors insinuer volontairement presque tous les contrats & testamens, d'autant que les contrats reçus par les tabellions ne faisoient pas alors une foi pleine & entière jusqu'à ce qu'ils eussent été vérifiés par témoins ou par comparaison d'écritures; pour éviter l'embarras de cette vérification, on les faisoit insinuer & publier *apud acta*.

Cette *insinuation* se faisoit à Rome & à Constantinople *apud magistrum census*; dans les provinces elle se faisoit devant le gouverneur, ou bien devant les magistrats municipaux, auxquels, pour la commodité du public, on attribua aussi le pouvoir de recevoir les actes.

Il falloit que cette publication se fît en jugement & en présence de juge, *actis intervenientibus & quasi sub figurâ judicii*; c'est pourquoi elle est appellée *publicum testimonium*, & les actes que l'on publioit ainsi, qui n'étoient auparavant qu'écritures privées, devenoient alors écritures publiques & authentiques.

On insinuoit volontairement chez les Romains tous les actes que l'on vouloit rendre publics; mais comme les donations sont plus suspectes que les contrats à titres onéreux, on étoit obligé de faire insinuer toutes les donations d'une certaine somme. On avoit d'abord fixé cela aux donations, qui montoient à 200 écus; ensuite Justinien le réduisit aux donations qui excédoient 300 écus; enfin il fut réglé qu'il n'y auroit que celles qui excéderoient 500 écus qui auroient besoin d'être insinuées, au lieu qu'auparavant il n'y avoit que les donations pieuses qui étoient valables jusqu'à cette somme sans *insinuation*.

Il y avoit encore certaines donations qui étoient exemptes de cette formalité.

Telles étoient les donations faites par le prince ou à son profit, celles qui étoient faites pour la rédemption des captifs, celles qui étoient faites pour la reconstruction des maisons ruinées par le feu ou autre dommage, les donations rémunératoires, & celles qui étoient faites à cause de mort.

Par le droit du code, les donations à cause de noces appellées *anténuptiales*, n'étoient pas non plus sujettes à l'*insinuation*, si la future étoit mineure, & qu'elle eût perdu son pere: par le droit des novelles, elles étoient bonnes pour la femme indistinctement, mais non pour le mari.

En France, l'*insinuation* des donations se pratiquoit dans les pays de droit écrit, conformément aux loix de Justinien & long-temps avant l'ordonnance de 1629; on trouve en effet dans les privilèges que Charles V, en qualité de régent du royaume, accorda au mois d'octobre 1358 au chapitre de S. Bernard de Romans en Dauphiné, qu'une donation qui excédoit 500 florins, n'étoit pas valable si elle n'étoit insinuée par le juge.

Mais l'*insinuation* n'étoit point usitée en pays coutumier jusqu'à l'ordonnance de François I en 1539, qui porte, *art. 132*, que toutes donations seront insérées & enregistrées ès cours & jurisdictions ordinaires des parties & des choses données, qu'autrement elles seront réputées nulles, & ne commenceront à avoir leur effet que du jour de ladite *insinuation*.

L'*article 58* de l'ordonnance de Moulins veut que toutes donations entre-vifs soient insinuées ès greffes des siéges ordinaires de l'assiette des choses données & de la demeure des parties dans quatre mois, à compter du jour de la donation pour les personnes & biens étant dans le royaume, & dans six mois pour ceux qui sont hors du royaume, à peine de nullité, tant en faveur du créancier que de l'héritier du donateur, & que si le donateur ou le donataire décédoit pendant ce temps, l'*insinuation* pourra néanmoins être faite pendant ledit temps.

La déclaration du 17 novembre 1690 ajoute que les donations pourront être insinuées pendant la vie du donateur, encore qu'il y ait plus de quatre mois qu'elles qu'elles aient été faites, & sans qu'il soit besoin d'aucun consentement du donateur, ni de jugement qui l'ait ordonné; & que lorsqu'elles ne seront insinuées qu'après quatre mois, elles n'auront effet contre les acquéreurs des biens donnés & contre les créanciers des donateurs que du jour qu'elles auront été insinuées.

Une seconde déclaration, du mois de mai 1645, ordonne que dorénavant toutes les donations faites par le roi, ou par les particuliers, tant entre-vifs qu'à cause de mort, soit par testamens, contrats de mariage ou autrement, pour quelque cause ou occasion que ce soit; les dons de droit d'aubaine, confiscation, bâtardise, déshérence, amende, lods & ventes, rachats, quint & requint, relief, treizième, & autres semblables, seront nuls & de nul effet, s'ils ne sont insinués & enregistrés ès greffes des *insinuations* du ressort du bailliage ou justice du domicile des donateurs ou testateurs, où les biens donnés seront situés, dans quatre mois du jour de la date des actes entre-vifs, & à l'égard des donations par testament du jour du décès des testateurs: qu'il sera payé six deniers pour livre de la valeur des choses données, outre le salaire accordé aux greffiers par les édits, à l'exception des dons manuels usufructaires, des dons & legs en ligne directe, des fondations & legs pieux, pour lesquels il ne sera rien payé, & des substitutions en ligne collatérale pour lesquelles il ne sera payé que trois deniers par le premier institué.

L'édit du mois de décembre 1703, appellé communément l'*édit des insinuations laïques*, veut que toutes donations, à l'exception de celles faites en ligne directe par contrat de mariage, soient insinuées dans les temps & sous les peines portées par l'ordonnance de 1539, celle de Moulins, & par les déclarations postérieures.

Il y a encore eu plusieurs autres réglemens donnés en interprétation des précédens jusqu'à la déclaration du 17 février 1731, qui forme le dernier état sur la matière des *insinuations*; elle veut que toutes donations entre-vifs des meubles ou immeubles, mutuelles, réciproques, rémunératoires, onéreuses, même à la charge de service & fondations en faveur de mariage, & autres faites en quelque forme que ce soit, à l'exception de celles qui seroient faites par contrat de mariage en ligne, soient insinuées; savoir, celles d'immeubles réels ou d'immeubles fictifs, qui ont néanmoins une assiette, aux bureaux établis pour la perception des droits d'*insinuation* près les bailliages ou sénéchaussées royales, ou autre siége royal ressortissant nuement en nos cours, tant du lieu du domicile du donateur que de la situation des choses données; & celle des meubles ou de choses immobiliaires qui n'ont point d'assiette, aux bureaux établis près lesdits bailliages, sénéchaussées, ou autre siége royal ressortissant nuement en nos cours du lieu du domicile du donateur seulement; & au cas que le donateur eût son domicile, ou que les biens donnés fussent dans l'étendue des justices seigneuriales, l'*insinuation* doit être faite aux bureaux établis près le siége qui a la connoissance des cas royaux dans l'étendue desdites justices, le tout dans le temps & sous les peines portées par l'ordonnance de Moulins & la déclaration du 17 novembre 1690; toutes *insinuations* qui seroient faites en d'autres jurisdictions sont déclarées nulles.

Les donations par forme d'augment, contre-augment, don mobile, engagement, droit de rétention, agencement, gain de noces & de survie dans les pays où ils sont en usage, doivent être insinuées suivant la déclaration du 20 mars 1708; mais celles du 25 juin 1729 & du 17 février 1731, portent que le défaut d'*insinuation* n'emporte pas la nullité de ces donations.

La peine de nullité n'a pas lieu non plus pour les donations des choses mobiliaires, quand il y a tradition réelle, ou quand elles n'excèdent pas la somme de 1000 livres, les parties qui ont négligé de les faire insinuer sont seulement sujettes à la peine du double droit. *Voyez* DONATION.

On voit par ce que nous venons de dire, que suivant le droit romain, & l'ordonnance de 1539, les donations avoient été seules sujettes à la formalité & à la nécessité de l'*insinuation*. Mais depuis, l'ordonnance de Moulins, *article 57*, ordonna que les substitutions testamentaires seroient enregistrées ou insinuées dans six mois, à compter du décès du testateur, & à l'égard des autres, du jour qu'elles auront été faites, à peine de nullité.

La déclaration du 17 novembre 1690, permet de les faire publier & insinuer en tout temps, mais avec cette différence que quand ces formalités ont été remplies dans les six mois du jour que la substitution a été faite, elle a son effet du jour de la date, tant contre les créanciers que contre les tiers-acquéreurs des biens qui y sont compris; au lieu que si la publication & enregistrement ne sont faits qu'après les six mois, la substitution n'a d'effet contre les acquéreurs des biens donnés & contre les créanciers du donateur, que du jour qu'elle a été insinuée.

L'édit des *insinuations* laïques du mois de décembre 1703, ordonne, *article 10*, que les substitutions seront insinuées & enregistrées ès registres des greffes des *insinuations*, tant du lieu du domicile des donateurs ou testateurs, que de ceux où les immeubles seront situés, sans préjudice de la publication des substitutions prescrite par les ordonnances.

Toutes ces dispositions sont rappellées dans l'ordonnance des substitutions, *titre 2*. *Voyez* SUBSTITUTION. (*A*).

Outre les donations & les substitutions, l'édit du mois de décembre 1703, appellé communément l'*édit des insinuations laïques*, par opposition aux *insinuations* ecclésiastiques, dont nous allons parler, a étendu la formalité de l'*insinuation* à presque tous les actes translatifs de propriété. Au reste on peut voir le nom de ces actes, qui sont énoncés dans les articles 3 & suivans, jusqu'au 18 inclusivement de cet édit. La déclaration de juillet 1704 y a joint les séparations de corps & d'habitation. Les actes d'admission au bénéfice d'inventaire sans lettres, les actes par lesquels les père & mères mettent leurs enfans hors de leur puissance, les lettres de réhabilitation de noblesse, & celles d'érection de roture en fief.

Dans le temps où les insinuations ont été introduites en France, les seigneurs ont prétendu qu'elles devoient être faites dans leurs justices. Mais la déclaration du mois de février 1549 a ordonné qu'elles se feroient dans la justice des lieux où les choses données seroient assises. En exécution de cette loi elles se firent d'abord au greffe de la justice du lieu où l'acte devoit être rendu public; mais comme les greffiers ordinaires se trouvoient trop distraits par ces *insinuations*, on a établi des bureaux particuliers qui sont comme une annexe du greffe, & des greffiers particuliers pour les faire.

Tous les actes indistinctement, qui sont assujetis par les ordonnances à l'*insinuation*, doivent être revêtus de cette formalité, avant qu'on puisse les faire signifier, s'en servir en justice, passer d'autres actes en conséquence, ou en faire quelque usage que ce soit.

Les actes des notaires sujets au contrôle & à l'*insinuation* doivent être contrôlés & insinués dans la quinzaine, à la diligence des notaires qui les passent, à l'exception des donations & substitutions, & des contrats translatifs de propriété de biens immeubles situés hors le ressort de la jurisdiction où ils sont passés.

Quand l'*insinuation* doit être faite à la diligence des parties, le notaire doit faire mention dans l'acte qu'il est sujet à *insinuation*.

Les nouveaux possesseurs, par contrats ou titres, doivent les faire *insinuer* dans les trois mois, & les nouveaux possesseurs à titre successif doivent faire leur déclaration, & payer les droits dans les six mois.

Les notaires de Paris ne sont en aucun cas chargés de faire faire l'*insinuation*.

Les registres des *insinuations* sont publics, & doivent être communiqués, sans déplacer, à tous ceux qui le requièrent, les commis sont même obligés de donner, lorsqu'ils en sont requis, des extraits ou expéditions des actes insinués dans leurs registres. *Voyez* le *Dictionnaire des finances*.

INSINUATION ECCLÉSIASTIQUE est celle qui se fait au greffe de la jurisdiction ecclésiastique pour les actes qui y sont sujets, tels que les provisions des bénéfices & autres actes qui y sont relatifs, les lettres de vicariat général, ou pour présenter aux bénéfices, les provisions d'official, de vice-gérent, de promoteur, de greffier des officialités ou chapitres, les révocations de ces actes, *&c.*

Les fraudes & les abus qui peuvent se commettre dans ces sortes d'actes donnèrent lieu à Henri II de créer par édit du mois de mars 1553 des greffes d'*insinuations* ecclésiastiques en chaque diocèse, & permit aux archevêques & évêques d'y nommer jusqu'à ce qu'il en eût été autrement ordonné.

Mais l'exécution de cet édit ayant été négligée, Henri IV par l'édit de juin 1595, érigea ces greffes en offices royaux séculiers & domaniaux.

Cependant le clergé obtint de Louis XIII, en 1615, la permission de rembourser ceux qui avoient acquis ces offices, à la charge d'y commettre des personnes laïques capables.

Quelques évêques ayant commis à ces places leurs domestiques, l'ordonnance de 1627 enjoignit à ces greffiers de se démettre de leurs places.

Le même prince, par son édit de 1637, créa dans les principales villes du royaume des contrôleurs des procurations pour résigner, & autres actes concernant les bénéfices.

Les difficultés qui s'élevèrent pour l'exécution de ce dernier édit, donnèrent lieu à une déclaration en 1646, qui permit au clergé de rembourser ces contrôleurs, au moyen de quoi leur charge seroit faite par les greffiers des *insinuations* des diocèses.

Cette dernière déclaration ayant été interprétée diversement par les différentes cours, Louis XIV, pour fixer la jurisprudence sur cette matière, donna un édit au mois de décembre 1691, par lequel, en supprimant les anciens offices des greffiers des *insinuations ecclésiastiques*, & en recréant de nouveaux, il régla les actes qui seroient sujets à *insinuation*, & la manière dont cette formalité seroit remplie. On peut consulter cet édit, & ce qui se trouve à ce sujet dans les Mémoires du clergé.

Quoique l'édit dont nous parlons eût prononcé la peine de nullité, faute d'*insinuation* de la plupart des actes soumis à cette formalité, dans les différens délais prescrits par l'édit, néanmoins il est de jurisprudence constante dans les cours souveraines de n'avoir aucun égard au défaut d'*insinuation* de plusieurs actes dans le délai fixé par l'édit, pourvu que ces mêmes actes aient été insinués avant d'être produits en justice.

Cette jurisprudence est fondée d'ailleurs sur l'article 22 de l'édit de 1691, qui défend simplement aux juges d'avoir égard aux actes qui n'auront pas été insinués, sans ajouter qui n'auront pas été insinués dans les délais marqués, d'où on a conclu qu'il suffisoit que les actes, dont l'*insinuation* n'a point été prescrite dans un certain délai, à peine de nullité, fussent insinués avant d'être mis à exécution, & présentés sous les yeux de la justice.

Un arrêt du conseil, du 12 juillet 1746, servant de réglement, a exempté de la formalité de l'*insinuation ecclésiastique*, les dispenses de parenté obtenues pour causes infamantes, les dispenses obtenues *super defectu natalium*, les absolutions *à malâ promotione*, & les absolutions de toute autre irrégularité.

Le même arrêt enjoint aux greffiers des *insinuations ecclésiastiques*, de donner communication de leurs registres au fermier, & à ses préposés, sur leur première requisition, à peine de deux cens livres d'amende, qui demeurera encourue sur le simple procès-verbal des préposés ayant serment en justice.

INSOLITE, adj. se dit, en terme de pratique, de

tout ce qui n'est point accoutumé. Une clause *insolite* est celle qui est singulière & contre l'usage ordinaire; une dîme *insolite* est celle qui, suivant l'usage commun, n'est point due. *Voyez* Clause, Dime.

INSOLVABLE, adj. & Insolvabilité, s. f. on appelle *insolvable* tout débiteur, dont les biens ne suffisent pas pour payer ses dettes, & *insolvabilité* l'état d'un pareil débiteur. *Voyez* Contribution, Déconfiture, Faillite.

INSPECTEUR, s. m. (*Droit public. Police. Finance.*) est le nom par lequel on désigne en France différens officiers ou commis, préposés de la part du roi pour veiller sur certains objets.

Nous trouvons des *inspecteurs* aux boissons, des *inspecteurs* des bâtimens du roi, des *inspecteurs* généraux des domaines, des *inspecteurs* des manufactures, des *inspecteurs* de police. Nous ne parlerons que de ces derniers, qui appartiennent proprement au *Dictionnaire de Jurisprudence.* On trouvera le détail des fonctions des autres *inspecteurs* dans le *Dictionnaire des finances, des arts & métiers, &c.*

Les *inspecteurs de police* sont des officiers, distribués dans les différens quartiers de Paris par le lieutenant-général de police, pour veiller, sous les commissaires du châtelet, à ce que les réglemens de police soient exactement observés.

Un édit du mois de février 1708 en avoit créé quarante, auxquels la déclaration du 15 mars 1712 avoit accordé le titre de conseillers du roi. Ils ont été supprimés par un édit du mois de mars 1740, qui en a créé vingt nouveaux, pour exercer les mêmes fonctions, & jouir des droits & privilèges attachés aux anciens offices par la déclaration de 1712, qui ne sont pas contraires aux dispositions de l'édit de 1740.

Les principales fonctions de ces officiers sont de veiller au nettoiement des rues, à l'entretien des lanternes & lumières publiques, d'avoir inspection sur les périls imminens, & sur tout ce qui concerne l'observation des réglemens de police.

Ils doivent se transporter tous les jours, chez les aubergistes & logeurs en chambre, se faire représenter l'un des deux registres qu'ils doivent tenir, le viser & le parapher à chaque visite: & au moins une fois chaque semaine, chez les jouailliers, frippiers, tapissiers, marchands, & autres achetans les marchandises vieilles, pour y examiner les registres qu'ils doivent tenir conformément aux ordonnances.

Ils sont tenus de donner avis au lieutenant général de police, & aux commissaires, de tous les abus qu'ils découvrent, & généralement de tout ce qui peut avoir rapport à la police, même dans le jour, si le cas requiert célérité. Ils doivent aussi assister les commissaires dans leurs visites, lorsqu'ils en sont par eux requis.

Les offices d'*inspecteurs* sont incompatibles avec tout autre office, une seule & même personne n'en peut posséder deux à-la-fois. Le pourvu est obligé d'exercer ses fonctions par lui-même, sans pouvoir, sous aucun prétexte, commettre une autre personne à sa place.

INSPIRATION, s. f. terme de *Jurisprudence canonique* dont on se sert en parlant de l'élection d'un pape, lorsque tous les suffrages se sont réunis en faveur du même sujet, & principalement quand cela s'est fait au premier scrutin. Grégoire IX en parle dans ses décrétales. *Voyez* Election, *Jur. can.*

INSTALLATION, s. f. (*Droit public.*) est l'acte par lequel un officier est mis en possession publique de la place en laquelle il doit siéger, *quasi in stallum introductio.*

Avant de parvenir à l'exercice d'un office, il y a trois actes différens à remplir; savoir, la provision qui rend propriétaire de l'office; la prestation de serment & réception qui rend titulaire, & du jour de laquelle on jouit de tous les privilèges attachés au titre de l'office; & l'*installation* par laquelle seule on entre en exercice & l'on participe aux émolumens qui sont dus à cause de l'exercice.

Quand l'officier a un supérieur, il s'adresse à lui pour être installé; s'il n'y en a point dans son siège, celui qui le suit immédiatement fait l'*installation.*

Les juges des justices seigneuriales qui sont seuls, s'installent eux-mêmes.

L'*installation* se dit également de la mise en possession d'un bénéfice, d'une dignité ecclésiastique. Le septième canon du concile de Latran en 1179, défend de rien exiger pour l'*installation* des ecclésiastiques, & pour la prise de possession des curés. *Voyez* Prise de possession.

INSTANCE, s. f. *terme de Pratique*, qui signifie en général la poursuite d'une action en justice.

On comprend quelquefois, sous le terme d'*instance*, toutes sortes de contestations portées en justice; c'est en ce sens que l'on dit *être en instance avec quelqu'un;* cependant quand on parle d'une *instance*, on entend ordinairement une affaire appointée, soit sur une demande, soit sur un appel verbal.

Instance appointée, est celle où les parties doivent écrire & produire.

Instance d'appointé à mettre, c'est lorsque le juge ordonne que les parties remettront leurs pièces. *Voyez* Appointement.

Instance de licitation, est celle qui a pour objet la licitation d'un immeuble indivis entre plusieurs copropriétaires. *Voyez* Licitation.

Instance d'ordre, est celle où l'on fait l'ordre & distribution du prix d'un immeuble vendu par décret entre les créanciers opposans.

Instance de partage, est celle qui a pour objet le partage d'un immeuble commun & indivis.

Instance périe ou périmée, est celle qui est comme non avenue par le laps de trois années sans aucune poursuite de part ni d'autre. *Voyez* Péremption.

Instance de préférence, est celle où l'on discute entre les créanciers saisissans & opposans lesquels doivent être payés les premiers sur une somme de deniers, soit comme privilégiés, ou comme premier saisissant. *Voyez* Préférence.

Première instance se dit de la poursuite qui se fait d'une action devant le premier juge.

Instance de saisie & arrêt, voyez SAISIE & ARRÊT.

Instance de saisie-réelle, voyez DÉCRET & SAISIE-RÉELLE.

Instance sommaire, c'étoit une instruction qui se faisoit en six jours à la barre de la cour: ces sortes d'instructions ont été abrogées par l'ordonnance de 1667, *tit.* 2, *art.* 2. *Voyez* CAUSE & PROCÈS. (*A*)

On appelle *reprise d'instance*, l'acte par lequel on continue les poursuites qui avoient été interrompues par le décès de l'une des parties. *Voyez* REPRISE.

INSTIGATEUR, s. m. terme usité quelquefois au palais pour signifier celui qui excite un autre à faire quelque chose. L'*instigateur* d'un crime est complice de celui qui l'a commis, & mérite aussi punition. *Voyez* COMPLICE, FAUTEUR.

Instigateur signifie quelquefois un *dénonciateur*. *Voyez* DÉNONCIATEUR. (*A*)

INSTIGATION, s. f. est lorsqu'on excite quelqu'un à faire quelque chose, comme à maltraiter quelqu'un, ou à commettre quelque autre délit, à intenter un procès, ou lorsqu'on excite le ministère public à poursuivre quelqu'un. *Voyez* INSTIGATEUR. (*A*)

INSTITOIRE, adj. (*Action.*) est l'action qu'exerce celui qui a traité avec un commis contre le maître de ce commis, pour raison de ce qui a été fait par le commis au nom de son commettant. Ce mot vient du latin *institor*, facteur, c'est-à-dire celui dont un marchand se sert pour l'aider dans son commerce, pour vendre & acheter en son lieu & place. Cette action ne peut avoir lieu qu'en faveur de celui qui a traité avec le commis, dans les objets commis à ses soins; & dans ce cas l'action est perpétuelle, c'est-à-dire qu'elle appartient, non-seulement au contractant, mais aussi à ses héritiers, contre les héritiers du maître. *Voyez au Digeste le titre de instit. act.*

INSTITUTES, s. m. plur. qu'on appelle encore *instituts* ou *institutions*, sont des abrégés qui renferment les premiers élémens de la jurisprudence.

Les plus célèbres *institutes* du droit romain, sont ceux de Caïus, de Justinien & de Théophile.

Les *Institutes* de Caïus sont un abrégé du droit romain qui fut composé par le célèbre jurisconsulte Caïus ou Gaïus, qui vivoit sous Marc-Aurele; ses *institutes* étoient divisés en quatre livres. La haute réputation que ce jurisconsulte s'étoit acquise, fit que long-temps avant Justinien, on donnoit ces *institutes* à lire à ceux qui vouloient s'initier dans la science du droit: cet ouvrage n'est point parvenu jusqu'à nous dans tout son entier; nous en avons un abrégé qui a été fait par Anien, l'un des principaux officiers d'Alaric, roi des Visigoths en Espagne. Cet abrégé est divisé en deux livres; on y reconnoît en beaucoup d'endroits les mêmes passages que Justinien emprunta de Caïus; mais il y eut plusieurs retranchemens & changemens faits par Anien, pour rendre cet ouvrage conforme aux mœurs des Visigoths. Un jurisconsulte moderne nommé *Oiselius*, a recherché dans le digeste & ailleurs, tous les fragmens des *institutes* de Caïus, & les a rétablis en quatre livres, comme ils étoient d'abord; mais il y manque encore plusieurs titres, dont il n'a rien pu recouvrer.

Les *institutes* de Justinien sont un abrégé du droit du code, première édition, & du droit du digeste, qui fut composé par ordre de cet empereur dans le temps même que l'on travailloit au digeste; le motif qu'il eut en cela, fut de donner une connoissance sommaire du droit aux personnes qui ne sont pas versées dans les loix, & sur-tout aux commençans.

Il est probable que les *institutes* d'Ulpien, ceux de Caïus, & de quelques autres jurisconsultes, donnèrent à Justinien l'idée d'en faire de semblables. Quoi qu'il en soit, il chargea de cet ouvrage Tribonien, Théophile & Dorothée, qui le formèrent de ce qu'il y avoit de meilleur dans les *institutes* de Caïus & autres livres des jurisconsultes. Ces *institutes* furent confirmés par Justinien, qui leur donna force de loi dans tout l'empire; & ils furent publiés le 11 des calendes de décembre 533, avant la publication du digeste, qui n'eut lieu que le 18 des calendes de janvier suivant.

Ces *institutes* sont divisés en quatre livres, & précédés d'un *proœmium*, ou préface; qui contient le dessein de l'ouvrage, sa division & sa confirmation.

Chaque livre est divisé en plusieurs titres, dont la première partie s'appelle *principium*; les autres sont appellées *paragraphes*.

Les deux premiers titres du premier livre, qui servent de préliminaire, expliquent ce que c'est que la justice, la jurisprudence, & le droit. Justinien traite dans les vingt-quatre autres titres du même livre du droit des personnes; le second & le troisième, jusqu'au quatorzième titre inclusivement, traitent des choses; le surplus du troisième livre, & les cinq premiers titres du quatrième, traitent des obligations qui naissent des contrats & quasi contrats, délits & quasi délits; le reste du quatrième traite des actions.

Les *institutes* de Justinien sont regardés comme le meilleur des ouvrages publiés sous son nom; ils contiennent en abrégé tout le systême de la jurisprudence romaine: Cujas & plusieurs autres célèbres jurisconsultes ont pensé que cet ouvrage n'avoit pas besoin de commentaires; cependant plusieurs jurisconsultes en ont donné des abrégés; d'autres en ont fait des paraphrases. Les Commentaires de Borcholten, de Vinnius & d'Heineccius sont à juste titre les plus estimés.

Les *institutes* de Théophile, sont une paraphrase des *institutes* de Justinien, composée en grec par le jurisconsulte Théophile, par ordre de l'empereur Phocas, qui voulut par-là décréditer l'ouvrage de Justinien; & en effet, pendant toute la durée de l'empire grec, on n'enseigna plus d'autres *institutes* que ceux de Théophile. Ces derniers furent même encore long-temps après préférés au texte; Viglius Zuichem fit imprimer la paraphrase grecque à Basle en 1534. Il y en eut ensuite plusieurs autres éditions; Jacques Curtius, jurisconsulte de Bruges, en fit une traduction latine qui fut imprimée à Lyon en 1581. Charles Annibal Fabrot, professeur en droit à Aix en Provence, en donna deux éditions grecques & latines, accompagnées de scholies grecques & de notes. Enfin, Jean Doujat, célèbre professeur en droit à Paris, donna en 1681, une édition en deux volumes *in-12* de la *traduction latine de Curtius*, qu'il accompagna de ses notes & de celles de Cujas & de Fabrot; on fait un grand usage de cette édition.

Jean-Pierre Lancelot, qui brilloit à Perouse en 1550, a composé des *institutes* au droit canonique, qui sont fort estimés, il en est de même des institutions au droit françois de M. d'Argou, & celles au droit ecclésiastique de M. l'abbé Fleury. On n'en peut trop recommander la lecture à ceux qui veulent commencer à étudier le droit françois & le droit canonique. Mais ces institutions ou *institutes*, n'étant que l'ouvrage de simples particuliers, elles n'ont d'autre autorité en justice, que celle qu'elles tirent de l'équité naturelle, ou des loix positives sur lesquelles elles sont appuyées.

On appelle *institutes coutumières*, une introduction à la connoissance des coutumes, & un abrégé du droit coutumier; telles sont les *institutes coutumières* de Loisel.

INSTITUTION, s. f. (*Droit public, civil & canonique.*) signifie quelquefois établissement, quelquefois il se prend pour introduction & instruction.

On dit l'*institution* d'une compagnie, d'une confrairie, d'une communauté, c'est-à-dire sa création, son établissement.

Quelquefois par le terme d'*institution* on entend l'objet pour lequel une compagnie a été établie, & la règle primitive qui lui a été imposée; ainsi, lorsqu'elle fait quelque chose de contraire, on dit qu'elle s'écarte de son *institution*, ou que ce n'est pas là l'esprit de son *institution*. Cela se dit principalement en parlant des monastères & églises où le relâchement s'est introduit.

Institution, en matière bénéficiale, est l'acte par lequel celui qui est nommé à un bénéfice en est mis en possession par le supérieur ecclésiastique duquel dépend l'institution.

En droit civil, on appelle *institution d'héritier* la nomination faite par quelqu'un de celui qu'il veut être son successeur; comme cette *institution* peut se faire suivant notre jurisprudence par contrat, ou par acte de dernière volonté, nous en distinguons deux espèces, l'une à laquelle on donne le nom d'*institution contractuelle*; la seconde qui conserve celui d'*institution d'héritier*.

Nous traiterons de ces différentes espèces sous trois mots particuliers.

INSTITUTION *canonique* est le nom qu'on donne à différens actes qui concourent à établir un bénéficier en jouissance & en exercice des revenus & des fonctions de son bénéfice.

De-là viennent les distinctions des canonistes sur diverses espèces d'*institutions*, les uns en plus grand, les autres en plus petit nombre, suivant les rapports plus ou moins étendus sous lesquels ils ont envisagé les actes qui doivent se réunir & concourir pour mettre un ecclésiastique pleinement & valablement en exercice des droits & des devoirs attachés à quelque bénéfice.

Le docte Fagnan, que la plupart des autres canonistes n'ont fait en cela que suivre & copier, compte trois espèces d'*institutions* en matière de bénéfices: la première, selon lui, est une *institution* corporelle, qui ne consiste qu'en la mise en possession, ou la prise de possession: on en parlera plus bas au mot POSSESSION: la seconde est l'*institution* autorisable, c'est-à-dire, ajoute le même auteur, l'approbation pour la charge & le soin des ames: enfin, la troisième espèce qui, suivant Fagnan, tient le milieu entre l'*institution* corporelle & l'*institution* autorisable, est la collative, par laquelle le titre même est conféré.

Van-Espen, après avoir rapporté le sentiment & les divisions de Fagnan, observe que la troisième espèce d'*institution*, l'*institution* collative, est celle que l'on appelle aujourd'hui l'*institution* autorisable, qu'il dit être distinguée de la concession du soin & de la charge des ames: ainsi, continue cet auteur, l'*institution* proprement dite, ou l'*institution* autorisable, n'est autre chose que la collation même du titre du bénéfice, sans laquelle le bénéfice ne peut être légitimement possédé; & comme c'est par l'*institution* que se fait la collation, ou que le titre est conféré, & qu'un clerc est attaché à une église, c'est aux évêques, en qualité de collateurs ordinaires, & premiers distributeurs des bénéfices & offices ecclésiastiques, que les canons l'ont déféré. Van-Espen cite ensuite les dispositions du concile de Trente à ce sujet, en remarquant néanmoins que d'autres que les évêques pouvoient, suivant le même concile, être autorisés en vertu de quelque coutume ou privilège à donner l'*institution canonique*.

Cependant, si d'après le sentiment de Van-Espen il ne falloit point reconnoître d'autre *institution* autorisable, ou d'autre *institution* distinguée de la prise de possession que la collation même du titre du bénéfice, comment seroient institués canoniquement ceux qui se trouveroient pourvus d'un bénéfice à charge d'ames sur & par la nomination d'un laïque, ou même d'un ecclésiastique, mais sans jurisdiction, pleins collateurs de bénéfices à charge d'ames? Ces collateurs donnent certainement le titre à leurs pourvus, & ils ne peuvent pas leur donner l'*institution canonique*; elle est réservée, soit aux évêques par leur qualité d'ordinaire, soit à ceux à qui l'église a fait passer une portion de jurisdiction, ou qui l'ont acquise par privilège ou par la coutume.

Pour bien saisir ce que l'on doit entendre aujourd'hui par les mots d'*institution canonique*, il est donc très-important de remonter à l'origine des choses, & de démêler au milieu des variations qu'a éprouvées la discipline de l'église, les vrais principes auxquels ces variations n'ont jamais pu donner atteinte, afin de se former une juste idée de ce qui peut être, pour mettre les bénéficiers en état d'exercer dignement & valablement le saint ministère.

Les apôtres chargés de porter par tout la lumière de l'évangile, & de fonder l'église, en eurent seuls le gouvernement & l'administration suprêmes, & les transmirent aux évêques leurs successeurs. Cette autorité & ce pouvoir des évêques paroissoient sur-tout & avec plus d'éclat dans l'établissement des ministres de l'autel & des choses saintes. Quoiqu'à l'exemple des apôtres, les évêques se fissent un devoir de consulter non seulement leur clergé, mais leur peuple, sur le choix des personnes qu'ils se proposoient d'élever aux ministères ecclésiastiques, il n'appartenoit pourtant qu'à eux seuls de confirmer & de ratifier les suffrages & les vœux du peuple, d'admettre dans le clergé, & de fixer le grade, le rang, le ministère que chacun auroit à remplir.

Dans ces temps primitifs, on n'ordonnoit des ministres que suivant les besoins des églises & des peuples; & en les ordonnant, les évêques les attachoient aux postes qu'ils leur avoient destinés. L'*institution canonique* n'étoit point alors distinguée de l'ordination: en vertu de celle-ci, le nouveau ministre recevoit tout-à-la-fois le droit, le pouvoir, & toutes les facultés nécessaires pour exercer dans tel lieu les fonctions qui lui étoient confiées: il se trouvoit ainsi régulièrement & canoniquement établi dans la place que lui avoit assignée son prélat, & n'avoit besoin d'aucune autre mission pour en commencer l'exercice.

La division des biens de l'église, l'érection des titres de bénéfices, les droits de patronage, & même de collation accordés, soit à des fondateurs, soit à des bienfaiteurs ou protecteurs des églises, les ordinations vagues (on entend par-là celles qui ne font que conférer les ordres à quelqu'un, sans le fixer & l'attacher à la desserte d'aucune église en particulier), enfin les expectatives accordées aux indultaires, aux gradués, aux différens brévetaires, la prévention en faveur du pape, & les résignations en faveur, portèrent autant d'atteintes à l'autorité & aux droits primitifs des évêques dans cette partie du gouvernement de l'église; ils n'eurent plus ni l'entière, ni la libre disposition de tous les bénéfices de leurs diocèses, & se trouvèrent obligés d'en conférer une partie sur la présentation des patrons, ou sur la requisition des différens expectans, indultaires, brévetaires ou gradués; ils virent même des bénéficiers établis dans leurs diocèses, sans qu'ils eussent en rien concouru à leur nomination. Tels sont ceux qui tiennent leurs droits de collateurs inférieurs aux évêques, & qui, sans avoir les droits quasi-épiscopaux, ont des droits de pleine collation. Au nombre de ces collateurs, on compte même des laïques.

Mais si pour récompenser la libéralité des fondateurs, la bienfaisance des protecteurs, & pour exciter dans d'autres le même zèle; si pour reconnoître les graces reçues des princes, les services que les magistrats lui rendent aussi bien qu'à l'état; si pour animer & favoriser le goût des lettres, l'église a cru devoir admettre les droits de patronage & de collation, les droits d'indult, de brevet de joyeux avénement, de serment de fidélité, & l'expectative des gradués; si elle a souffert que le pape pût prévenir les ordinaires, afin de prévenir la négligence des ordinaires eux-mêmes; enfin, si elle permet aux titulaires de se donner des successeurs par la voie de la résignation; elle n'en a pas moins regardé dans tous les temps comme imprescriptible & comme inviolable la maxime qui veut que rien ne se fasse dans l'administration spirituelle des diocèses, sans le consentement, le concours & l'intervention des évêques, & que les évêques aient sur-tout la principale influence dans la distribution & disposition des bénéfices, offices & ministères ecclésiastiques. De-là vient qu'en assujettissant les ordinaires à donner des provisions aux présentés par les patrons, aux porteurs d'indults, de brevets, de nominations des universités, aux préventionnaires & résignataires de cour de Rome; l'église a réservé à ces mêmes ordinaires le droit de s'assurer, par la voie de l'examen, s'ils le jugent à propos, des qualités & capacités personnelles de ces divers prétendans, & de n'expédier des provisions sur les requisitions qui pourroient leur être faites, qu'autant & après qu'ils auroient été pleinement satisfaits sur tous ces points. A l'égard de ceux qui seroient pourvus de bénéfices en vertu de la nomination faite de leurs personnes par des pleins collateurs, ils n'ont pas besoin, comme les présentés des patrons & les autres prétendans dont on vient de parler, d'obtenir de l'ordinaire une provision nouvelle qui leur confère le titre du bénéfice, ils en sont déjà revêtus par la collation faite en leur faveur; mais pour exercer les fonctions spirituelles attachées au titre qui leur a été donné, ils ont besoin d'une autorisation, d'une approbation, d'une mission de l'évêque, parce que les collateurs inférieurs aux évêques peuvent bien donner le titre, mais ils ne peuvent pas conférer l'exercice; celui-ci dépend tout entier de la jurisdiction spirituelle, qui n'appartient de droit qu'aux évêques, & à d'autres que par privilège.

C'est ce pouvoir, cette faculté d'exercer les fonctions spirituelles & le ministère ecclésiastique dont les titres donnent la charge, qui paroissent former ce qu'on doit entendre par les mots d'*institution canonique*: puisque c'est par-là, comme on le voit, que les pourvus de bénéfices ajoutent & joignent aux titres de ces bénéfices qui leur donnent le droit d'en percevoir les fruits, l'exercice légitime de l'office qui est attaché aux bénéfices & qui en fait l'objet principal; *beneficium propter officium*. Cette *institution* canonique n'est point distinguée de la collation, ou pour mieux dire, elle est éminemment renfermée dans la collation à l'égard des bénéfices qui sont restés en la pleine disposition des ordinaires; car les évêques lorsqu'ils confèrent en qualité de collateurs pleins & libres, donnent en même temps à leurs pourvus & le titre des bénéfices & le pouvoir d'en exercer les fonctions: il seroit en effet ridicule de penser qu'ils prétendissent séparer l'exercice de l'office du titre du bénéfice, quand ils confèrent eux-mêmes librement le titre, puisque cette séparation momentanée ne pourroit avoir pour objet que de laisser aux évêques les moyens de s'assurer de la capacité des sujets pourvus; mais ils ont dû s'en assurer d'avance avant de les pourvoir. Aussi regarde-t-on leurs pourvus comme institués canoniquement dès qu'ils ont leur nomination; la prise de possession qu'ils font ensuite n'ajoute rien à leur droit, elle n'est destinée qu'à le rendre public & notoire.

La collation faite par l'ordinaire, sur la présentation d'un patron, sur la requisition d'un indultaire, d'un gradué, ou sur quelque rescrit de cour de Rome, renferme pareillement, pour le présenté, le porteur d'indult ou de rescrit, ou le gradué qui l'obtiennent, outre la concession du titre, le pouvoir de remplir les fonctions que ce titre peut demander, parce que l'ordinaire ne doit point accorder le titre d'un bénéfice sans y joindre l'office. Mais comme dans ces circonstances la concession du titre n'est pas libre de la part de l'ordinaire, & qu'en conférant ce titre à un requérant, il ne fait que déférer au droit que ce requérant avoit au bénéfice, droit dont l'ordinaire n'est pas juge & ne pourroit essayer de se rendre juge sans abus; il auroit été difficile de trouver dans cette collation l'intervention libre de l'ordinaire qui doit caractériser l'*institution* canonique; si l'ordinaire avoit été réduit à faire expédier des provisions sur toutes les requisitions qui lui auroient été présentées, ç'auroit été le dépouiller de sa qualité d'administrateur suprême & de premier pasteur de son diocèse, pour n'en faire qu'un simple exécuteur de mandats. C'est pour empêcher ce renversement de l'ordre & de la discipline, & pour conserver aux ordinaires l'influence & même la prééminence qui leur appartient dans le gouvernement de leurs diocèses, que les présentés des patrons, les indultaires, les gradués, les brévetaires, ainsi que les préventionnaires & résignataires en cour de Rome, ont été assujettis, lorsqu'il s'agit de bénéfices à charge d'ames, à se présenter, comme on l'a dit, aux ordinaires, pour être examinés par eux, ou par ceux qu'ils en auront chargés, non pas sur la validité & légitimité de leurs titres, mais sur leurs qualités & capacités personnelles.

Les loix de l'état sont ici parfaitement d'accord avec les dispositions canoniques & l'esprit de la discipline de l'église. Voici les termes de l'article 2 de l'édit du mois d'avril 1695: « ceux qui auront » été pourvus de bénéfices en cour de Rome en » la forme appellée *dignum*, seront tenus de se » présenter en personne aux archevêques ou évê» ques dans les diocèses desquels lesdits bénéfices » sont situés, & en leur absence à leurs vicaires» généraux, pour être examinés en la manière » qu'ils jugeront à propos, & en obtenir des lettres » de *visa*, dans lesquelles sera fait mention dudit » examen, avant que lesdits pourvus puissent en» trer en possession & jouissance ». L'article 3 du même édit ajoute: « ceux qui auront obtenu en » cour de Rome des provisions en forme gra» cieuse d'aucune cure, vicariat perpétuel ou au» tres bénéfices ayant charge d'ames, ne pourront » entrer en possession & jouissance desdits béné» fices, qu'après qu'il aura été informé de leur vie, » mœurs & religion, & avoir subi l'examen devant » l'archevêque ou évêque diocésain ou son vicaire» général en son absence, ou après en avoir ob» tenu le visa ».

La forme appellée *dignum*, dont parle le premier de ces deux articles, est celle par laquelle le pape commet les ordinaires, c'est-à-dire les évêques, pour conférer *autoritate apostolicâ*, après qu'ils auront examiné & trouvé les impétrans capables: ce qui a fait encore donner à cette forme le nom de *forme commissoire*. La forme gracieuse est celle par laquelle les souverains pontifes, comme bien instruits des qualités & capacités des impétrans, par les attestations qui leur sont envoyées de France, leur confèrent les bénéfices *autoritate propriâ* & sans condition ni commission, ensorte que les pourvus pourroient se mettre, d'après ces provisions, en possession des bénéfices sans avoir subi d'examen.

L'article 3 de l'édit de 1695 qu'on vient de rapporter, a sagement restreint cette liberté par rapport aux bénéfices à charge d'ames, & réglé que ceux qui s'en feroient pourvoir en cour de Rome, quoique ce fût en forme gracieuse, n'en seroient pas moins tenus de se présenter devant les archevêques & évêques pour être par eux examinés s'ils le jugeoient convenable ou nécessaire.

Cet article & le précédent n'ont fait en quelque sorte que renouveller les dispositions de l'article 12 de l'ordonnance de Blois; de l'article 14 de l'édit de Melun, & de l'article 21 de l'ordonnance du mois de janvier 1629.

Les mêmes dispositions ont été par l'usage, & avec raison, étendues à tous ceux qui demanderoient des provisions de bénéfice à charge d'ames aux évêques, soit en vertu de présentations qu'ils auroient obtenues des patrons, soit comme indultaires, brévetaires, gradués, & même comme pourvus en régale par le roi. Tous ces nommés sont dans l'obligation de se présenter aux ordinaires, pour en obtenir des provisions & l'*institution* canonique.

Il est aisé d'inférer de-là que si les provisions données par les ordinaires sur la présentation des patrons, les requisitions des expectans ou des rescrits de cour de Rome, renferment, comme on l'a dit, l'*institution* canonique, ce ne peut être à raison de ce qu'elles ont de force de la part des ordinaires, car l'*institution* canonique annonce un acte d'administration qui doit être volontaire, libre & délibéré; mais principalement à raison de l'examen qui doit précéder ces provisions, & au moyen duquel les ordinaires, à qui les patronages, les expectatives, les rescrits de cour de Rome ont enlevé le droit de choisir en plusieurs rencontres, les sujets qu'ils jugeroient plus propres à remplir certaines places & certaines fonctions, conservent au moins le droit de n'y point admettre ceux qu'ils en jugeroient indignes ou incapables. Ainsi il y a deux choses à considérer dans les provisions que les ordinaires donnent en ces circonstances; l'une est la concession même du titre fondée sur le droit qu'y ont les pourvus; l'autre est la condition préalable à cette concession, c'est-à-dire l'examen des prétendans droit aux bénéfices; & comme c'est par celle-ci que les ordinaires exercent principalement leur droit d'inspection & d'administration, c'est principalement à celle-ci qu'il paroît convenable de rapporter l'effet de la collation, relativement à l'*institution* canonique.

Cela s'apperçoit d'une manière encore plus sensible dans ceux qui se trouvent pourvus de bénéfices à charge d'ames par de pleins collateurs, soit laïques, soit ecclésiastiques, même inférieurs aux évêques, & qui ne jouissent pas des droits quasi-épiscopaux, en vertu des titres ou dignités qui leur donnent ces droits de collation. Ces collateurs ne donnent pas seulement à leurs nommés un droit aux titres des bénéfices, comme font les simples patrons, ils leur donnent le titre même & les en revêtissent pleinement. Cependant leurs pourvus ne peuvent se mettre en possession ni s'ingérer dans l'exercice de leurs fonctions sans s'être présentés aux ordinaires pour en obtenir l'*institution* canonique, bien distinguée de la collation du titre, qu'un autre a conféré.

C'est ce qui a formellement été jugé dans une espèce bien remarquable.

Depuis plus de deux cens ans le chapitre d'Angoulême étoit en possession de conférer de plein droit toutes les cures qui sont à sa collation, & ses pourvus ne se présentoient point à l'évêque pour en obtenir au moins l'*institution* autorisable. Deux cures de la dépendance du chapitre étant venues à vaquer en 1721, le chapitre les conféra de plein droit aux sieurs Thmon & Sauvo; & ceux-ci, en vertu d'une clause de leurs provisions qui leur donnoit le gouvernement des ames & l'*institution* canonique, *regimen animarum plenariè committentes*, se mirent en possession & en exercice. M. l'évêque d'Angoulême leur fit signifier, deux mois après, une ordonnance qui leur défendoit, sous peine d'interdiction *ipso facto*, de faire aucune fonction curiale, jusqu'à ce qu'il en eût été par lui autrement ordonné: il interjetta ensuite appel comme d'abus des provisions données par le chapitre; & par arrêt du 22 août 1724, il fut dit qu'il y avoit abus dans la clause dont on vient de rapporter les termes. M. Gilbert, qui porta la parole en qualité d'avocat-général, reconnut que le chapitre d'Angoulême étoit véritablement & pleinement collateur de ces cures; mais il soutint que d'après nos maximes, conformément aux dispositions de l'article 3 de l'édit de 1695, & suivant le sentiment de Van-Espen, ce ne pouvoit être qu'à la charge & aux conditions que les pourvus du chapitre seroient tenus de prendre l'*institution* autorisable de M. l'évêque d'Angoulême.

L'*institution* canonique est donc réellement distinguée de la collation du titre du bénéfice; on peut être revêtu de l'un, sans avoir obtenu l'autre, & se trouver ainsi en droit de jouir des revenus d'un bénéfice au moins à temps, sans être en état d'en exercer les fonctions. C'est ce que déclarent tous les jours les tribunaux lorsqu'ils permettent aux présentés des patrons & autres qui ont essuyé des refus de provisions, de visa ou d'*institution* canonique de la part des ordinaires, de prendre possession civile pour la conservation de leurs droits, jusqu'à ce qu'ils aient pu faire statuer sur ces refus, & qu'ensuite ces mêmes tribunaux, lorsque les refus ont été jugés abusifs, accordent à ceux qui les avoient essuyés, la jouissance des revenus des bénéfices à compter du jour de leur prise de possession civile.

La collation même du titre émanée d'un autre que de l'ordinaire, & à plus forte raison la simple présentation ou la requisition en vertu d'un indult, d'un brevet, des grades ou de quelque rescrit de cour de Rome, donnent donc, il est vrai, le droit aux nommés & aux expectans de demander l'*institution* canonique; mais elles ne peuvent la suppléer, & quelque évidens que soient les droits de ces expectans ou nommés, ils ne doivent ni ne peuvent s'entremettre des fonctions de leurs bénéfices jusqu'à ce qu'ils aient obtenu cette *institution*, soit des ordinaires, soit des supérieurs de ces ordinaires.

Cette jurisprudence constante des tribunaux séculiers, témoigne assez combien ils sont convaincus que l'*institution* canonique requise par les canons pour la possession légitime des bénéfices, ou plutôt pour l'exercice de l'office, appartient aux évêques seuls par un droit qui leur est propre & particulier, c'est-à-dire le droit de régir & de gouverner leurs diocèses, de manière qu'en ce qui concerne le spirituel, rien ne s'y puisse faire que de leur agrément & consentement, & que sur-tout ils ne puissent être obligés d'y admettre des coopérateurs de leur ministère, qu'après s'être assurés par la voie de l'examen qu'ils en sont & dignes & capables.

Tel est à cet égard l'effet de ce droit des ordinaires, que si le refus qu'ils font de l'*institution* canonique à celui qui se présente pour l'obtenir, se trouve appuyé sur des moyens légitimes, il anéantit

anéantit ou du moins il suspend les prétentions du requérant.

Il le falloit sans doute ainsi pour le bien de l'église en général, pour celui des diocèses en particulier, & pour y conserver la subordination si nécessaire au maintien du bon ordre & de la discipline ecclésiastique. Mais il ne falloit pas moins ménager aux présentés, aux expectans & requérans, des ressources contre les caprices, les préjugés & les préventions dont ne sont pas toujours exempts ceux qui remplissent les premières places : & en assurant à ceux-ci l'autorité qu'ils doivent avoir dans le gouvernement de leurs diocèses, il étoit important de mettre un frein au despotisme dont les prélats abusent quelquefois.

Aussi en même temps que nos loix ont défendu aux nommés par les patrons & aux autres prétendans à des bénéfices, d'en prendre possession canonique & d'en exercer les fonctions avant d'avoir obtenu l'*institution* & le visa des ordinaires, elles ont enjoint & prescrit aux ordinaires de ne point faire essuyer de refus aux prétendans sans en avoir de justes motifs. « Les archevêques & évêques, » ou leurs vicaires généraux qui refuseront de » donner leur visa ou *institution* canonique, seront » tenus d'en exprimer les causes dans les actes » qu'ils en feront délivrer à ceux auxquels ils les » auront refusés. C'est la disposition de l'article 5 » de l'édit de 1695 ».

Si les prétendans droit aux bénéfices sont obligés de demander & d'obtenir le *visa* & l'*institution* canonique, les ordinaires sont donc obligés aussi de les leur accorder, à moins qu'ils n'aient des raisons assez fortes pour autoriser & motiver leurs refus. C'est ainsi que tous les droits sont conservés : les ordinaires jouissent de l'autorité convenable, & les prétendans jouissent de l'effet de leurs titres s'ils n'en sont pas indignes. Les ordinaires ne peuvent être forcés d'admettre des sujets contre lesquels ils ont de justes sujets de plaintes ; mais ils ne peuvent exclure des sujets contre lesquels ils n'ont point de griefs suffisans à proposer. Ils peuvent seulement leur faire essuyer un refus ; mais si ce refus n'est pas motivé, ou si les motifs allégués sont frivoles, on peut les attaquer, soit par la voie de l'appel simple, soit par la voie de l'appel comme d'abus. Celle-ci est la voie la plus courte ; on la suit le plus ordinairement ; & les cours ne manquent point de renvoyer devant le supérieur hiérarchique, ou s'il n'y en a point, devant un autre évêque pour en obtenir le visa.

En vain le clergé a plusieurs fois fait des remontrances sur cet usage des parlemens, nos rois ont toujours renvoyé les évêques à l'observation de l'article 5 qu'on vient de rapporter. *Voyez* COLLATION, PRISE DE POSSESSION, VISA. (*Cet article est de M. l'abbé* REMY, *avocat au parlement.*)

INSTITUTION *contractuelle*, est un don irrévocable qui est fait d'une succession ou de partie, par contrat & en faveur de mariage, soit par des père & mère ou même par des étrangers au profit de l'un des conjoints ou des enfans qui naîtront du futur mariage. Ces sortes d'*institutions* étoient inconnues chez les Romains ; mais elles sont reçues parmi nous tant en pays coutumier qu'en pays de droit écrit.

Elles sont mixtes de leur nature, car elles participent des dispositions à cause de mort, en ce qu'il faut survivre pour en recueillir l'effet, & qu'elles ne comprennent que les biens que l'instituant aura au jour de son décès ; mais elles participent aussi de la nature des donations entre-vifs, en ce qu'elles sont faites par un acte entre-vifs, qu'elles sont irrévocables & saisissent de plein droit, & que l'on y peut comprendre tout ce dont il est permis de disposer entre-vifs, la légitime des enfans du donateur réservée. L'ordonnance des donations, du mois de février 1731, & celle des testamens d'août 1735, n'ont rien d'opposé à ces principes.

L'*institution contractuelle* n'empêche pas l'instituant d'engager & hypothéquer, même d'aliéner ses biens en tout ou partie, pourvu que ce soit sans fraude, ou dans un cas de nécessité, comme pour son entretien, ainsi que pour payer des dettes antérieures à l'*institution*. Mais il ne peut faire aucune disposition universelle à titre gratuit, soit entre-vifs ou par testament : cependant il a la liberté de faire quelques dons à ses autres enfans, ou autres personnes, pourvu que ce ne soit pas à titre gratuit, ou d'*institution* générale.

Les *institutions contractuelles* ont été inconnues des jurisconsultes romains : ils regardoient absolument comme nuls & non avenus les stipulations & les contrats, qui avoient trait à des successions futures. On ne trouve dans le corps de droit que la *loi 19, c. de pact.*, qui paroît en admettre une espèce, dans le pacte fait par deux soldats de se succéder réciproquement. Mais il s'agit moins ici d'une *institution contractuelle*, que d'un testament militaire, qui n'avoit besoin d'aucune solemnité. Cependant il est vrai de dire que la novelle 19 de l'empereur Léon, fait mention d'une espèce d'*institution contractuelle*. Mais comme ces novelles ne font point partie du corps de droit, la décision contenue dans la dix-neuvième n'a jamais été connue dans l'Occident.

M. de Laurière pense qu'elles ont été introduites dans notre jurisprudence, en interprétation & par extension de la loi 19 dont nous venons de parler. Il présume que les rédacteurs du livre des fiefs, considérant les possesseurs de fiefs comme de véritables soldats, ils leur accordèrent en cette qualité le pouvoir de se faire des héritiers par contrat ; & que ce droit s'étendit insensiblement aux successions ordinaires.

Quoi qu'il en soit, les *institutions contractuelles* sont admises dans presque tous les pays de l'Europe ; les coutumes de Bourbonnois, Auvergne, la Marche & Nivernois les ont adoptées formellement ; celles d'Anjou, du Maine, de Tours, de Loudunois, de

Normandie autorisent les déclarations d'héritiers, qui sont des espèces d'*institutions contractuelles*; les parlemens de droit écrit les ont reçues avec la plus grande faveur.

C'est une règle générale, que les *institutions contractuelles* ne peuvent être faites que par un contrat de mariage. Les *institutions contractuelles*, dit M. de Lamoignon dans ses arrêtés, à titre universel & de quotité, les déclarations de fils aîné & de principal héritier, les promesses de conserver aux héritiers présomptifs, ou à aucuns d'eux, leur portion héréditaire, ou l'égalité entre les héritiers, sont valables, pourvu qu'elles soient faites par contrat de mariage.

La coutume d'Auvergne admet cependant une exception à cette règle, en autorisant les *institutions contractuelles*, apposées en contrat d'association universelle, faites par personnes capables de contracter, non malades de maladie dont on puisse craindre la mort, ou dont le décès ne s'ensuit pas prochainement. Dumoulin, sur l'article 216 de la coutume de la Marche, admet cette exception, qui paroît avoir été confirmée par un arrêt du 12 décembre 1562, rapporté par Papon. D'ailleurs cette exception est d'autant plus juste, que l'*institution contractuelle*, insérée dans l'acte de société universelle, n'ajoute rien au droit de chaque associé, qui est déjà propriétaire par indivis de toute la fortune de l'autre.

Il est de principe certain, que tous ceux qui peuvent disposer de leurs biens, peuvent également faire des *institutions contractuelles*. Cependant comme ces actes participent également de la nature des donations entre-vifs, & des dispositions pour cause de mort, on demande si un mineur, si un étranger peuvent valablement en contracter par un contrat de mariage.

1°. L'on doit dire à l'égard du mineur, que toute *institution contractuelle*, qu'il feroit en faveur d'un mariage contracté par des personnes tierces, doit être déclarée nulle, parce qu'il s'imposeroit une gêne, qui pourroit dans la suite lui causer de grands préjudices. Mais en se mariant lui-même, il peut dans les coutumes qui lui permettent d'aliéner ses biens pour cette cause, sans formalités, instituer contractuellement, soit son conjoint, soit l'un de ses enfans à naître. Dans les coutumes qui n'ont pas de disposition semblable, l'*institution contractuelle*, faite par un mineur, sans avis de parens, homologué en justice, pourroit, suivant les circonstances, être réduite en proportion des avantages accordés ou promis au mineur par l'autre conjoint, de la même manière que l'ameublissement des immeubles d'un mineur, est réduit à proportion de sa fortune & de celle de son conjoint.

2°. Les étrangers non naturalisés ne peuvent instituer contractuellement, parce que cette espèce d'*institution*, à l'exception de l'irrévocabilité, est une véritable disposition à cause de mort, & qu'on doit la considérer comme telle, relativement à tous les objets sur lesquels sa qualité d'irrévocable n'a point d'influence.

3°. Dans les coutumes qui ont conservé aux seigneurs les droits de main-morte sur leurs serfs, le main-mortable ne peut instituer contractuellement au préjudice de son seigneur, ensorte que s'il a contracté une pareille *institution*, elle ne peut avoir lieu qu'en faveur de celui qui, au temps du décès de l'instituant, se trouve en communion de biens avec lui, & lui auroit succédé ab intestat.

Tous ceux qui sont capables de recevoir des dispositions universelles, le sont aussi d'être institués contractuellement, & par la même raison on ne peut instituer que ceux qui sont capables de recevoir des dispositions universelles. Ainsi on ne pourroit instituer contractuellement un bâtard pour l'universalité de ses biens, excepté dans les coutumes, telles que celle de Bourbonnois, qui permettent en leur faveur une pareille disposition.

Lorsqu'une *institution contractuelle* est faite par une tierce personne, elle peut comprendre également l'un ou l'autre des conjoints, ou tous les deux, & les enfans qui naîtront de cette union. Les conjoints peuvent aussi s'instituer: cette *institution* n'est pas seulement valable lorsqu'ils font une convention réciproque de se succéder en cas de survie, elle l'est encore, lorsqu'elle n'est faite qu'en faveur de l'un d'eux. L'*institution* faite en faveur des enfans à naître, soit par les contractans, soit par une autre personne, est valable, comme s'ils étoient déjà nés, & que l'on eût contracté avec eux.

Il s'est élevé la difficulté de savoir, si un père qui passe à de secondes noces, ayant déjà des enfans d'un premier lit, peut instituer contractuellement les enfans à naître de son second mariage. L'affirmative a été décidée par plusieurs arrêts des 19 juillet 1559, 29 avril 1719, & 11 août 1740, rapportés par Soëfve, & du Rousseau de la Combe. La raison en est que la prohibition, portée par l'édit des secondes noces, n'ôte pas au père la faculté de choisir entre ses enfans, celui qu'il veut préférer aux autres, & qu'un enfant commun est un motif bien suffisant pour faire une disposition pareille. Cependant si par les circonstances il y a lieu de croire que le nom des enfans à naître sert à cacher une intention formelle d'avantager le second conjoint, cette *institution* peut être déclarée nulle. C'est le motif de plusieurs arrêts, qui paroissent avoir décidé contre le principe que nous venons d'établir.

De ce que les *institutions contractuelles* ne peuvent avoir lieu qu'en faveur des futurs conjoints, & de leurs enfans à naître, il suit 1°. que si le père, en mariant un de ses fils, instituoit le futur époux & un autre fils, l'*institution contractuelle* ne seroit pas valable en faveur de celui des enfans qui ne contracte pas mariage; 2°. qu'une institution faite en faveur des enfans mâles qui naîtront du mariage, & à leur défaut, en faveur des mâles d'un autre lit, n'est pas valable à l'égard de ces derniers, parce qu'une *institution contractuelle* ne peut profiter qu'à la personne qui l'a demandée, ou de ses descendans.

On ne peut pas même dire qu'elle puisse valoir, soit comme donation entre-vifs, soit comme disposition à cause de mort. Comme donation entre-vifs, elle seroit contraire à la disposition de l'ordonnance de 1731, qui déclare nulles toutes donations de biens à venir, qui n'est point faite en faveur des futurs conjoints, ou de leurs enfans à naître. Les principes du droit romain, & l'ordonnance de 1735 s'opposent également à ce qu'elle puisse valoir comme disposition à cause de mort, parce que cette espèce d'acte ne peut avoir effet que par un testament ou un codicille, & qu'il est impossible de pouvoir considérer comme tel la partie d'un contrat de mariage, qui contiendroit une *institution contractuelle* en faveur de personnes étrangères.

Outre les *institutions contractuelles* clairement expliquées, on trouve quelquefois dans les contrats de mariage des clauses qui peuvent occasionner des doutes sur la véritable intention des parties, & qui néanmoins doivent être regardées comme *institutions*.

1°. La simple promesse, faite dans un contrat de mariage, d'instituer l'un des conjoints héritier, a le même effet qu'une institution, de même que la promesse donnée par une fille en se mariant de renoncer aux successions de ses père & mère, équivaut à une véritable renonciation.

2°. Il en est de même de la promesse faite par le père, en mariant son fils, de lui laisser une part égale à celle de ses autres enfans.

3°. Les déclarations en reconnoissances d'aînés & d'héritiers principaux sont de véritables *institutions contractuelles* dans une part d'aîné; & par la même raison celles d'héritiers simples doivent être regardées comme une *institution* dans une part ordinaire. Cependant si ces déclarations ne comprenoient qu'un bien particulier, elles ne formeroient qu'une donation entre-vifs.

4°. La clause d'un contrat de mariage, portant que les enfans à naître des futurs époux, représenteront leur père & mère dans telle & telle succession, forme sans aucun doute une *institution contractuelle*, dans les coutumes qui admettent la représentation à l'infini en ligne directe. Mais la question paroissoit douteuse dans celles qui rejettent la représentation, même en ligne directe, parce que cette clause paroît n'être qu'un simple rappel, qui sert seulement à réparer la rigueur de la coutume. Néanmoins on a toujours jugé qu'une pareille clause emporte *institution contractuelle*. On trouve plusieurs arrêts conformes dans Brodeau, Pollet, Maillard, & le journal des audiences.

Nous avons déjà remarqué, au commencement de cet article, que le premier effet d'une *institution contractuelle*, étoit d'être irrévocable, ensorte qu'il est constant, que lorsqu'elle est consignée dans un contrat de mariage, elle ne peut être détruite par aucune disposition universelle. Il n'importe pas même qu'une pareille disposition tombe directement sur l'*institution*, ou la révoque indirectement: elle n'est pas plus valable dans un cas que dans l'autre.

Lorsqu'une *institution* est universelle, elle ne prive pas l'instituant de la faculté de disposer de ses biens pendant sa vie en faveur de ses autres enfans ou de faire des dons à d'autres, pourvu que ce soit sans fraude. Mais quand elle est particulière, c'est-à-dire d'une certaine quotité seulement, comme de la moitié, du tiers, ou d'autre portion dénommée, précise & déterminée, elle doit avoir un plein effet. L'instituant ne peut la diminuer, la grever de charges ou de dettes: il ne peut vendre, ni engager, ni donner gratuitement ou à titre onéreux, même pour cause de nécessité, partie du tout qui la compose, parce qu'il a le surplus de ses biens libre, pour en faire ce que bon lui semble.

Quoique l'*institution* générale ou particulière soit irrévocable, soit à couvert de substitution après qu'elle est faite, qu'il ne soit pas permis de disposer à titre gratuit à son préjudice, que le moment de l'ouverture de la succession de l'instituant détermine seul le droit de l'institué, & fixe sa portion, que l'institué ne puisse disposer des biens qui composent l'hérédité avant l'ouverture; néanmoins il est certain qu'elle ne peut entamer ni préjudicier à la légitime des autres enfans; qu'elle doit supporter la distraction pour la former, quand il n'y a pas assez de biens libres pour la fournir, qu'elle ne peut nuire aux avantages antérieurement faits aux enfans par actes entre-vifs, & non testamentaires.

L'*institution contractuelle* se transmet aux enfans de l'institué, qui sont toujours admis à réclamer l'*institution* faite en faveur de leur père. Mais si l'institué, ou un des institués meurt sans enfans, l'instituant rentre dans ses droits relativement au décédé.

L'*institution* faite par père & mère, en mariant leur fille unique, au cas qu'il n'y ait d'autres enfans descendans d'eux, devient caduque, si l'un d'eux a depuis des enfans d'un second mariage, parce que le mot *d'eux* doit se prendre divisément; c'est ce qui a été jugé pour la Haute-Marche, par arrêt du 2 août 1676, rapporté au journal des audiences, *tom. 3*.

INSTITUTION *d'héritier*, est la nomination ou désignation que quelqu'un fait de celui qu'il veut être son successeur universel.

Elle peut être faite par contrat de mariage ou par testament. Au premier cas, c'est une *institution contractuelle*. *Voyez* ci-devant INSTITUTION *coutractuelle*; au second cas, on l'appelle *institution d'héritier* simplement.

La plupart des coutumes portent, qu'*institution d'héritier* n'a lieu, c'est-à-dire, qu'elle n'est pas nécessaire pour la validité du testament ou codicille; mais s'il y en a une, elle vaut comme legs, sans être assujettie à aucune autre règle que celles qui sont communes aux legs. *Voyez* HÉRITIER.

En pays de droit écrit, l'*institution d'héritier* est la base & le fondement du testament; elle ne peut être faite par un simple codicille: sans *institution d'hé-*

ritier, il n'y a point de testament, tellement que si l'*institution* est nulle, ou si l'hérédité n'est pas acceptée, toutes les autres dispositions tombent, à moins que le testament ne contînt la clause codicillaire.

On peut donner tous ses biens à son héritier, pourvu qu'ils ne soient pas situés dans une coutume qui restraigne l'effet des dispositions à cause de mort.

L'*institution d'héritier* se peut faire sans exprimer précisément le nom de l'héritier, pourvu qu'il soit désigné d'une façon non équivoque.

Pour recueillir l'effet de l'*institution*, il faut survivre au testateur, & être né ou du moins conçu lors de son décès.

Dans les pays où l'*institution d'héritier* est nécessaire, ceux qui ont droit de légitime doivent être institués héritiers, au moins en ce que le testateur leur donne; & lorsqu'ils sont institués, quelque modique que soit l'effet ou la somme qu'on leur laisse, ils ne peuvent opposer le vice de prétérition. Il y a néanmoins quelques statuts particuliers dans certaines provinces de droit écrit, qui permettent de laisser la légitime à autre titre que celui d'*institution*.

Ceux auxquels il a été laissé moins que leur légitime à titre d'*institution*, peuvent demander un supplément de légitime.

En cas de prétérition d'aucun de ceux qui ont droit de légitime, le testament doit être déclaré nul quant à l'*institution d'héritier*, sans qu'elle puisse valoir comme fidéicommis; & s'il y a une substitution, elle est pareillement nulle, le tout encore que le testament contînt la clause codicillaire; cette clause empêche seulement la nullité du surplus du testament.

Les père & mère, dont les filles & autres enfans ont renoncé à leurs successions futures par leur contrat de mariage, ne sont pas obligés, au moyen des renonciations, de les rappeller ou instituer héritiers, lorsqu'ils restent entre leurs autres enfans, qui n'ont pas renoncé, & leur prétérition ne peut faire annuller le testament.

Dans le Lyonnois, par un usage louable, mais qui n'est pas de rigueur, à ce que l'on pense, les père & mère instituent toujours leurs filles mariées, pour une somme modique, outre & par dessus la dot qui leur a été constituée, qu'elles aient renoncé ou non. Mais cet usage doit être borné à cette province.

Les petits-enfans, qui ne sont pas *héritiers siens* de leur aïeul, au temps qu'il fait son testament, doivent être institués ou exhérédés par lui, lorsque par la mort de leur père ou mère, avant celle du testateur, ils entrent dans sa place par la représentation, parce qu'alors devenus *héritiers siens*, leur prétérition romproit sans difficulté le testament, à moins que leur père ou mère n'eût renoncé par son contrat de mariage, à la succession de leur aïeul, car alors tout seroit consommé pour eux.

Quoique nous ayons dit que l'*institution d'héritier* soit nécessaire pour la validité d'un testament en pays de droit écrit, néanmoins d'après la jurisprudence des arrêts, & la disposition des articles 68 & 70 de l'ordonnance de 1735, le testament d'une personne qui a son domicile & ses biens dans les provinces de droit écrit, fait sous l'empire d'une coutume, & avec les formalités qui y sont requises, est valable, quoiqu'il ne contienne pas d'*institution d'héritier.*

Les formalités de l'*institution* étoient très-rigoureuses dans le droit romain; on ne pouvoit employer pour la faire que des termes directs, *Titius hæres esto*; *Titium hæredem esse jubeo*; les paroles obliques, c'est-à-dire qui sont conçues en forme déprécative, étoient absolument reprouvées. Mais Constantin a abrogé par la loi 15, *c. de test.* cette formalité scrupuleuse, & il a voulu que toute espèce de paroles, propres à faire connoître la volonté du testateur, pût être valablement employée à une *institution.*

L'*institution d'héritier* peut être faite purement ou sous condition; elle est expresse ou tacite, universelle ou particulière.

On appelle *institution pure*, celle dont l'effet ne peut être suspendu par aucun événement; & *institution conditionnelle*, celle qui ne doit avoir lieu, qu'après l'existence d'un événement incertain.

Lorsque la condition arrive, elle a un effet rétroactif au temps de la mort du testateur, ensorte que l'héritier institué succède au défunt, de la même manière que s'il avoit été institué purement. Mais si la condition n'a pas lieu, l'*institution* devient caduque, & la succession est déférée aux héritiers *ab intestat*. *Voyez* CONDITION.

L'*institution expresse* est celle qui est exprimée en termes clairs & formels: *je veux que Titius soit mon héritier:* la *tacite* au contraire est celle qui, sans être exprimée d'une façon diserte & littérale, indique néanmoins la volonté du testateur par les paroles dont il s'est servi. C'est ce qui arrive, lorsqu'il manque dans le testament quelques-uns des termes que l'on emploie ordinairement pour faire une *institution*.

L'*institution universelle* est celle qui comprend l'hérédité toute entière, ou seulement une partie, mais par forme de quotité, & conséquemment à titre d'universalité: la particulière est celle qui est limitée à une certaine espèce de biens, à une somme d'argent, à un corps certain.

Les loix ont réprouvé les *institutions captatoires*, & celles qui remettent le choix de l'héritier à la volonté d'un tiers.

On appelle *institution captatoire*, non celle qui auroit été captée par artifice, par fraude, par suggestion de la part de l'héritier, mais celle par laquelle un testateur cherche à s'attirer une libéralité de même nature: telle est celle par laquelle il seroit dit: *j'institue Titius pour la même portion, pour laquelle il me fera son héritier.* C'est la disposition des loix 70 & 71, *ff. de hæred. inst. & 64 de leg. 1°.* Mais on ne doit pas comprendre dans cette classe, les *institutions* que deux ou plusieurs personnes, liées par une amitié réciproque, font en même temps au profit les unes des autres. De-là vient qu'avant l'abrogation des testamens conjonctifs, prononcée par l'ordonnance de 1735, il étoit permis à des conjoints d'instituer par le même acte, celui des deux qui survivroit.

La loi 32, *ff. de hæred. inst.* décide nettement que l'*institution d'héritier* commise au choix d'un tiers est nulle: & la loi *68 eodem* décide la même chose d'une *institution* faite sous la condition, si *un tel le veut.* La raison de cette jurisprudence se tire de la nature même du testament, qui est une déclaration ferme & certaine, de ce que le testateur veut être fait après sa mort; d'où il suit qu'une disposition abandonnée à la volonté d'un autre, n'est plus une disposition du défunt, & une déclaration de sa volonté.

Cependant une *institution* faite sous une condition qui doit être remplie par un tiers, comme seroit par exemple, celle par laquelle Titius seroit institué héritier, si Caïus monte au capitole, n'en est pas moins valable, quoiqu'elle dépende de la volonté d'autrui. Il est bien vrai qu'il dépend de la volonté de Caïus de monter au capitole, & par conséquent d'anéantir ou d'effectuer l'*institution*, néanmoins comme cette disposition n'est commise qu'indirectement à la volonté de Caïus, & qu'elle n'est considérée que comme une condition, rien n'empêche qu'elle n'obtienne son effet, lorsque la condition aura été remplie.

On regarde aussi comme valable l'*institution d'héritier*, laissée au choix d'un tiers, lorsque ce choix est limité dans un certain nombre de personnes, parce que dans ce cas la substance de la disposition ne dépend pas de la volonté de celui à qui le choix a été confié, & qu'il n'y a pas une incertitude absolue dans la personne de l'héritier. C'est par cette raison que l'on confirme les *institutions* faites par une femme ou par un mari, de celui de leurs enfans qu'il plaira à la femme ou au mari de choisir, & qu'on adjuge l'hérédité à celui qui a été nommé par le testament du mari ou de la femme, en exécutant le choix qui avoit été laissé à sa disposition.

Tout testateur a la liberté d'instituer autant d'héritiers que bon lui semble, aucune loi n'en a prescrit & limité le nombre, il dépend entièrement de la volonté du testateur. La seule condition requise pour que l'*institution* ait son effet, consiste en ce que l'institué soit capable de recevoir par testament.

Les loix romaines avoient établi un grand nombre d'incapacités absolues, dont il est parlé dans les titres *de hæred. inst. de leg. de vulg. & pup. subst. de his quæ ut indig. auf. de jur. delib.* & dans les ouvrages d'Ulpien, *tit. 15, 17 & 22.* Mais dans notre jurisprudence, on peut valablement instituer tous ceux qu'une loi précise n'en déclare pas incapables, &, généralement parlant, tous ceux qui peuvent succéder *ab intestat.*

Les personnes incapables d'être instituées sont: 1°. les tuteurs & curateurs, & autres administrateurs à l'égard de ceux dont ils gèrent les affaires; 2°. les médecins, chirurgiens & apothicaires à l'égard des malades qu'ils traitent; 3°. les confesseurs par rapport à leurs pénitens; 4°. les concubinaires entre eux; 5°. les bâtards, & les enfans nés de mariage contractés *in extremis*, relativement à leurs pères, mères & autres ascendans.

Mais un testateur peut valablement instituer des personnes qui lui sont tout-à-fait étrangères, qu'il ne connoît pas & qu'il n'a jamais vues. Les gens de main-morte ne peuvent être institués héritiers, depuis l'édit de 1749, qui leur a interdit toute acquisition de biens-fonds: à l'égard d'une universalité de mobilier, l'usage ordinaire, & qui paroît adopté par une foule d'arrêts, est de n'annuller ni de confirmer entièrement une *institution* de cette espèce, mais de la réduire à une certaine somme.

Suivant la disposition des loix romaines, personne ne pouvoit laisser sa succession partie par testament, & partie *ab intestat*, d'où il suit que les héritiers institués doivent absorber le total de l'hérédité. Ce total se nommoit l'*as héréditaire*, & on le divisoit communément en douze portions, qu'on appelloit *onces*. On trouve le nom de chacune de ces parties dans le §. *3. inst. de hæred. inst.*

Il n'y avoit aucune difficulté sur la portion de chaque héritier, lorsque le testateur avoit fait lui-même la distribution des parts, ou lorsqu'il n'avoit déterminé la portion d'aucun d'eux. Dans le premier cas, sa volonté étoit la seule règle qu'on devoit suivre; dans le second, on présumoit qu'il avoit ordonné entre eux un partage égal.

Mais comment régler les parts, lorsque le testateur n'avoit pas rempli ou avoit excédé la totalité de l'*as*? 1°. Lorsqu'il n'y a qu'un seul héritier d'institué, soit pour une partie, soit pour une chose certaine, il recueille toute l'hérédité. 2°. L'hérédité se partage par égale portion entre plusieurs institués, sans portions déterminées, en observant néanmoins que plusieurs institués conjointement, ou sous un nom collectif, ne sont regardés tous ensemble que comme un seul héritier. 3°. Lorsqu'il reste quelque portion de la succession dont le testateur n'a pas disposé, elle accroît aux héritiers, au prorata de ce que chacun d'eux reçoit de la libéralité du testateur; & par là-même leur part décroît dans la même proportion, lorsque le testateur a excédé dans l'*institution* les douze parties de l'*as*. 4°. Lorsque le testateur a institué des héritiers pour une partie déterminée, & d'autres sans portions fixes, ceux-ci partagent seulement entre eux les portions vacantes, & s'il n'en reste aucune, on divise la succession en deux *as* ou vingt-quatre parties; le premier *as* ou les $\frac{12}{24}$ parties appartiennent aux hérifiers dont les parts ont été fixées par l'*institution*, le second *as* se partage entre les autres institués.

Par une suite du même principe, lorsque l'un des héritiers institués n'accepte pas la succession qui lui est déférée, sa portion accroit à ses cohéritiers. Mais dans nos mœurs, nous avons abandonné la disposition du droit romain, & nos coutumes permettent de laisser sa succession partie par testament, partie *ab intestat ;* ensorte que dans l'espèce supposée, les portions vacantes par la renonciation d'un institué n'accroissent pas à ses cohéritiers testamentaires, mais sont dévolues aux héritiers légitimes. *Voyez* HÉRITIER, SUCCESSION, TESTAMENT.

INSTRUCTION, s. f. *en droit*, signifie les procédures que l'on fait pour mettre une affaire en état d'être jugée. *Voyez* PROCÉDURE.

On appelloit autrefois *instruction à la barre de la cour*, certaines procédures sommaires qui ont été abrogées par l'ordonnance de 1667, *tit.* 2, *art.* 2.

INSTRUMENT, s. m. se dit *en droit*, de tout écrit destiné à conserver la mémoire des choses qui ont été faites, & à les prouver.

Comme ces sortes d'écrits sont publics ou privés, on distingue ces *instrumens* en publics & privés.

On appelle *instrumens publics*, les actes reçus par un officier public, tel qu'un juge, un notaire, un greffier & autres ; & *instrumens privés*, les cédules ou promesses, les livres de compte, les lettres missives & autres écritures semblables qui ont lieu entre les particuliers.

Le terme *instrument* est présentement peu usité, en parlant d'écritures privées. Au reste, il faut observer que ces sortes d'*instrumens* ne sont point authentiques, & sont sujets à reconnoissance & vérification. Cependant les livres des marchands, lorsqu'ils sont tenus avec exactitude, font foi en leur faveur, si ce n'est pas entierement, au moins suffisamment pour leur déférer le serment décisif.

Les *instrumens publics* font foi pleine, lorsqu'ils sont en bonne forme, sans qu'ils aient besoin d'être ni reconnus ni vérifiés ; on n'admet contre eux aucun témoignage, à moins qu'ils ne soient attaqués par la voie de l'inscription de faux.

INSTRUMENTER, v. a. *en terme de pratique*, signifie *exploiter*, recevoir un acte public. Les greffiers, huissiers & notaires ne peuvent *instrumenter* hors de leur ressort. (*A*)

INTABULER, v. a. c'est mettre quelqu'un sur le tableau ou la liste des membres d'un corps, d'une communauté. Ce mot signifie la même chose qu'*immatriculer*, avec cette différence seulement qu'il n'est guère d'usage aujourd'hui qu'en matière ecclésiastique.

Table ou tableau est une forme de rubrique pour le service divin, placé en lieu commode pour être lu, dans le chœur des chapitres & d'autres églises.

On dit qu'un chanoine, un ecclésiastique, un religieux est *intabulé*, lorsqu'il a été mis dans la table d'une église, pour y remplir telles ou telles fonctions.

Ce mot vient du latin *tabularium*, archive où l'on déposoit par ordre les actes des ventes & achats d'esclaves, de biens-fonds, & ceux des différens contrats, avec les obligations & reconnoissances des débiteurs.

Dans la discipline ancienne de l'église, les mots table ou tableau, matricule & canon, se prenoient dans la même signification indifféremment. Matricule vient du mot *matricula*, rôle, catalogue, qui dans les loix des empereurs se trouve employé en ce sens pour marquer l'état des troupes de l'empire. Canon, dans ces mêmes loix, signifie mesure de bled suffisante pour la nourriture d'une personne, d'une maison, d'une ville.

Il est fait mention dans les auteurs ecclésiastiques de deux sortes de tables ou matricules, l'une qui contenoit la liste des ecclésiastiques, & l'autre celles des pauvres qui étoient nourris aux dépens de l'église. Et comme les ecclésiastiques tiroient la portion de leur nourriture d'une masse commune, ou par an, ou par mois, ou par jour, ils s'appellèrent *chanoines* du mot *canon*, de la mesure de bled qu'il falloit pour la nourriture d'un particulier, & selon le père Thomassin, parce qu'ils étoient inscrits pour cela sur le canon, *in canone;* c'est-à-dire dans la matricule de l'église.

Le concile de Tours appelle *canon* les livres des offices de l'église, quoique ce mot ne se prît alors communément que pour le catalogue des clercs.

Le quatrième concile d'Orléans ne fait jouir des privilèges & prérogatives de la cléricature, que ceux qui sont inscrits dans la matricule de l'église, *quorum nomina in matriculâ ecclesiæ teneantur inscripta.*

On effaçoit de cette matricule les noms des incorrigibles, & l'on ne les y rétablissoit qu'après qu'ils avoient fait pénitence.

Ce nom, outre le catalogue des clercs, signifie aussi le trésor & les revenus de l'église, où avoient part tous ceux dont les noms étoient inscrits dans ce catalogue.

On appelloit aussi *matricule*, une maison où les pauvres étoient nourris, & qui avoient à cet effet une certaine portion des revenus de l'église. Elle étoit d'ordinaire bâtie à la porte de l'église, d'où vient qu'on a donné quelquefois ce nom à l'église même, aux laïques qui en avoient l'administration, & à nos marguilliers le nom de *matricularii*. *Voyez* les articles MENSE, MATRICULE & TABLE. (*Cet article est de M.* TRUCHON, *avocat au parlem.*)

INTÉGRITÉ, s. f. (*Droit naturel. Morale.*) La pratique de la justice dans toute son étendue, & dans la rigueur la plus scrupuleuse, mérite à l'homme le titre d'*intègre*. L'*intégrité* est la qualité principale d'un juge, d'un arbitre, d'un souverain. Elle se montre sur-tout dans le sacrifice de ses propres intérêts ; elle suppose une connoissance délicate des limites du juste & de l'injuste, & ces limites sont quelquefois bien déliées, bien obscurcies. Si on rapportoit à la notion du juste & de l'injuste toutes les actions de la vie, & si on réduisoit, comme il est possible, toutes les vertus à la justice, il n'y auroit peut-être pas un homme qu'on pût appeller *intègre*. *Voyez* JUGE.

INTENDANT, s. m. (*Droit public.*) est le titre que l'on donne en France à différens officiers établis par le roi pour veiller sur plusieurs parties d'administration publique. On connoît les *intendans* des bâtimens du roi, des finances, des ports & arsenaux de marine, de province.

Nous nous bornerons à parler seulement des *intendans de province*, qui par leur qualité de magistrat appartiennent au *Dictionnaire de Jurisprudence*.

INTENDANT *de province*. Un *intendant* est un commissaire que le prince établit dans une de ses provinces, pour y répartir avec équité les impositions, veiller à l'entretien des subsistances, faire fleurir l'industrie, exciter le travail dans les campagnes, proposer les réglemens les plus convenables, & faire chérir par-tout le pouvoir souverain, lors même qu'il s'agit de faire exécuter des ordres sévères.

Sous les deux premières races de nos rois, on avoit coutume d'envoyer dans les provinces, des commissaires qu'on nommoit *missi dominici* ou *missi regales;* on leur attribuoit une autorité très-étendue, pour réformer les abus qui pouvoient être introduits dans les différentes parties confiées à l'administration des officiers résidans sur les lieux.

Suivant une ordonnance de Charlemagne de 812, ces commissaires devoient tenir les audiences avec les comtes, pendant les mois de janvier, de juillet & d'octobre de chaque année.

Le successeur de Charlemagne régla en 819, que les commissaires envoyés dans les provinces ne tiendroient aucune assemblée sur les lieux où ils trouveroient la justice bien administrée par les comtes.

Lorsque, vers le commencement de la troisième race, les fiefs & les justices seigneuriales furent établis, on envoya pareillement dans les provinces, des commissaires choisis dans le conseil du roi, pour y maintenir l'autorité de sa majesté.

Les maîtres des requêtes auxquels les commissions d'*intendant de province* ont depuis été affectées, étoient déjà institués, & ne servoient qu'auprès du roi. On commença par en envoyer la moitié dans les provinces, tandis que l'autre restoit aux ordres du prince; ceux qui avoient été dans les provinces revenoient rendre compte au roi & à son chancelier, des observations qu'ils y avoient faites pour le service du prince & le bien de ses peuples. Ils proposoient aussi au parlement les réglemens qu'ils croyoient utiles, & y avoient par cette raison entrée & séance.

Les ordonnances d'Orléans & de Moulins leur enjoignirent de faire tous les ans des tournées; mais elles n'étoient que passagères, & ils ne résidoient point encore dans les provinces.

Ce fut Henri II qui, en 1551, établit les *intendans de province* sous le titre de *commissaires départis pour l'exécution des ordres du roi.*

En 1635, Louis XIII leur donna le titre d'*intendant du militaire, justice, police & finance.*

Sous la minorité de Louis XIV, la levée de quelques nouveaux impôts dont les *intendans* furent chargés, ayant excité des plaintes de la part des cours assemblées à Paris, elles arrêtèrent, en 1648, que le roi seroit supplié de révoquer les commissions d'*intendans*, & par une déclaration du 13 juillet suivant, elles le furent pour quelques provinces seulement, dans d'autres elles furent limitées à certains objets; elles ont été depuis rétablies dans leur première étendue.

Les *intendans de province* sont juges de la plupart des droits qui composent la régie ou ferme du domaine.

Si le roi est le père de tous les sujets de l'état, on peut dire que l'*intendant* doit se regarder comme celui de tous les habitans de la province qui lui est confiée. Alléger le poids des corvées, adoucir la rigueur des milices, multiplier les mariages, encourager les défrichemens, perfectionner les manufactures, accroître les ressources de l'industrie, répandre avec intelligence des secours salutaires dans les calamités, protéger toujours la foiblesse contre les vexations de l'intérêt, étouffer les procès dans le sein des communautés, dédommager avec équité le particulier qui souffre du bien général: quelle belle tâche! & combien pour la remplir il faut de justice & d'assiduité!

Point de faste, point d'autre représentation que celle de l'amour du bien public. L'économie sied si bien à celui qui en répand les fruits sur les malheurs & la misère! Que dis-je? la misère? Il n'y en aura bientôt plus, si l'on a sagement distribué des atteliers où le pauvre trouvera toujours de l'ouvrage, & créé des magasins pour y recevoir le superflu de l'abondance.

Je ne suis d'aucune secte, je ne tiens à aucun des systêmes nouveaux; mais je soutiens que partout où la terre donne des productions, & où il y a des consommateurs, il n'y a d'indigence nécessaire que par la faute des administrateurs.

Il ne s'agit, pour assurer l'existence à tous les individus d'une province, que de savoir mettre en mouvement tous les bras qui peuvent travailler.

Les provinces n'ont pas toutes les mêmes productions, les mêmes sources de richesses. Celle-ci, par l'abondance de ses bleds, est un des vastes greniers de la France; celle-là abreuve l'Europe de ses vins; une autre tire son abondance de ses oliviers; une quatrième de ses bestiaux; une cinquième de ses bois ou de ses mines. Un sage administrateur doit donc porter ses vues sur les moyens d'accroître cette principale branche de culture, & s'occuper d'en faire fleurir d'autres, pour augmenter la masse des richesses qui doit circuler dans sa généralité, & la vivifier. Les chemins sont à une province ce que les canaux sont à un grand état; plus ils sont multipliés, plus les communications excitent l'industrie & le commerce. Ce n'eſt pas aſſez pour le fermier que d'avoir ſes granges pleines ; pour le vigneron, ſes celliers remplis ; pour le jardinier, ſes vergers ou ſes potagers garnis de fruits, il faut qu'ils puiſſent tranſporter facilement & à peu de frais leurs denrées : ſans cela, embarraſſés de l'abondance, ils tomberont dans l'oiſiveté & le découragement. Le citadin qui attend ſes ſubſiſtances des campagnes, ſe ruinera pour en tirer à peine le néceſſaire. La multiplicité & la ſolidité des routes doivent donc être un des objets importans de l'adminiſtration d'un *intendant ;* mais ſur qui portera cette charge peſante ? Ce ſera néceſſairement ſur ceux pour leſquels elle peut être conſidérée comme une première avance, & qui, par leur propriété ou leur commerce de tranſport, doivent en retirer le dédommagement.

Il y a des denrées d'une néceſſité abſolue pour l'homme ; il en eſt d'autres auxquelles ſon exiſtence eſt moins attachée. Ainſi, par exemple, accoutumé à ſe nourrir de pain, ſi le bled vient à lui manquer, ſa miſère ſera extrême ; les ſéditions, les maladies, la dépopulation dévaſteront bientôt la province. Pour parer à de ſemblables fléaux, il eſt néceſſaire de veiller à ce que l'exportation de cette denrée ne ſoit pas trop ſubite, ou du moins à ce que ſon importation puiſſe réparer le vuide que le commerce aura laiſſé. Des magaſins établis pour prévenir les effets de la diſette & offrir aux cultivateurs des ſemences, ſeront, quoi qu'on en puiſſe dire, d'une ſage précaution dans tous les départemens. Ce ne ſera jamais une avance onéreuſe, lorſqu'elle aura été faite & renouvellée dans des années d'abondance ; elle ouvrira aux cultivateurs un débouché de plus, pour faire écouler ſes richeſſes, & leur aſſurera un moyen de payer à l'état la dette annuelle, ſous laquelle ils ne gémiront plus. Comme le prix qu'ils recevront de l'adminiſtration ſera toujours inférieur à celui qui leur ſera offert par les conſommateurs, il ne ſera pas à craindre qu'il s'établiſſe une concurrence nuiſible entre les achats faits par la prévoyance, & ceux faits par la néceſſité.

La mendicité eſt un des grands fléaux des provinces : ou l'homme qui cherche à émouvoir la ſenſibilité du riche, eſt, par ſes infirmités, dans l'impuiſſance de ſubvenir à ſes beſoins, & alors les aſyles de la charité doivent lui être ouverts ; ou le travail manque à ſes vœux, & dans ce cas, l'adminiſtration doit tirer parti de ſes facultés. Si elle l'abandonne à la pitié de ſes ſemblables, les crimes ſortiront de ſon oiſiveté, & il ſera une charge de plus pour la province. Il eſt donc d'une ſage politique d'établir des atteliers de diverſes natures, d'y recevoir de préférence les ſujets qui ont le moins de reſſources pour ſubſiſter, & d'y fixer toujours un prix inférieur à celui des autres journaliers.

Combien de cantons reſtent ſtériles, parce que les agriculteurs n'ont pas de quoi faire les premières avances pour les défrichemens ! Combien de manufactures ouvriroient de nouvelles ſources de richeſſes à une province & y entretiendroient l'équilibre du commerce, ſi la puiſſance publique préparoit des matières premières, & formoit des pépinières d'artiſans, de cultivateurs, de matelots, de ces enfans dont l'origine eſt incertaine, parce que le vice ou l'indigence l'ont couverte des voiles de l'obſcurité.

Si la population augmente quelquefois la miſère dans les villes, elle produit toujours l'abondance dans les campagnes ; la terre ſe féconde ſous le nombre de ſes habitans : plus il y a de bras qui la remuent, plus elle rend aux efforts du travail.

On a eu raiſon de dire que les grandes propriétés donnent plus de produit que les propriétés diviſées ; mais celles-ci nourriſſent plus de familles dans les campagnes ; & comme la claſſe des villageois eſt ſans contredit la plus utile, il eſt bien important de veiller à ce qu'elle ne s'affoibliſſe & ne ſe dégrade pas.

Les villages qui ne ſont habités que par des journaliers, ſont plus expoſés à la dépopulation que ceux où il exiſte des propriétaires.

Les avantages attachés à la ſervitude dans les villes, n'y attirent que trop d'hommes robuſtes, perdus à jamais pour la culture des terres. La crainte de la milice fait fuir de jeunes garçons qui auroient formé une excellente race d'agriculteurs. La propriété au contraire enchaîne le villageois ſur le ſol qu'il cultive pour ſon compte, & lui donne le courage de devenir un père de famille.

Il eſt par conſéquent d'une ſage adminiſtration de diviſer autant qu'il dépend d'elle, les propriétés dans les campagnes. Il eſt aiſé de tempérer l'effroi de la milice, ſoit en accordant aux villages la faculté de remplacer le milicien dont ils ſont chargés, ſoit en faiſant tomber des exemptions ſur celui que le ſort arrache à la charrue, telles qu'il puiſſe devenir un ſujet de jalouſie pour ceux qui ont eu le même riſque à courir.

Les maladies, qui ne prennent que trop ſouvent le caractère épidémique, ſont une des grandes cauſes de la dépopulation des campagnes. Lorſque le mal a acquis ſon dernier degré d'épouvante, des médecins éclairés ſont envoyés ſur les lieux ; mais déjà combien de pères ont été enlevés à leurs enfans ! combien de fils robuſtes qui faiſoient ſubſiſter une veuve chargée d'orphelins, ne ſont déjà plus ! L'erreur d'un ignorant chirurgien en a précipité une partie dans la tombe, une autre y eſt deſcendue faute de ſecours.

Il ſeroit donc eſſentiel que des médecins fuſſent ſpécialement chargés de veiller ſur l'exiſtence de ces précieux individus ; d'examiner la nature du ſol qu'ils habitent & de l'air qu'ils reſpirent, la qualité de leurs alimens ; enfin de ſuivre les traitemens que les chirurgiens leur aſſignent, & réformaſſent

réformassent les principes de ces dangereux Esculapes.

Mais si le zèle de ces médecins n'est excité, n'est soutenu par celui d'un administrateur humain, bientôt il se refroidira; ils ne braveront plus la rigueur des saisons, la difficulté des chemins; & le villageois qui ne voit rien au-dessus du prix de ses sueurs, pas même la santé, périra plutôt que de réclamer des secours qu'il faudroit payer trop cher.

Cependant de quelle utilité ne seroient pas ces visites périodiques, non seulement pour les villageois, mais encore pour les habitans des villes, qui confient leurs enfans à des mercenaires, partagées entre la crainte de perdre le nourriçon qui les nourrit elles-mêmes, & l'attrait du plaisir! Si le lait & les soins qu'elles vendent étoient surveillés par les chirurgiens des campagnes, qui seroient tenus d'en rendre compte aux médecins de la généralité, combien de rejetons qui périssent dans l'obscurité, seroient conservés!

J'aurois encore à parcourir d'autres objets qui ne sont point étrangers à l'administration des *intendans*, tels que celui de l'instruction publique, qu'ils peuvent faire propager dans les campagnes, tels que celui des institutions favorables aux bonnes mœurs; mais il existe d'autres autorités avec lesquelles la leur doit se concilier pour opérer un bien durable.

Passerons-nous sous silence un des points de l'administration des *intendans*, l'inspection des prisons d'état situées dans l'étendue de leur généralité? Que pourrions-nous dire de mieux que ce qui vient de leur être tracé par un ministre qui sait concilier les devoirs d'une juste sévérité avec le sentiment de l'humanité (1)? On ne peut qu'applaudir à des idées si sages, si lumineuses, & concevoir les plus heureuses espérances d'une autorité dont les expressions ont été dictées par l'amour de l'ordre & le respect pour la propriété la plus précieuse à l'homme. (*Cet article est de M.* DE LA CROIX.)

INTENDIT, s. m. *terme de pratique*, qui vient du latin *intendit*, qui signifie *tendre à quelque chose*: il se disoit autrefois, dans la pratique du palais, pour exprimer certaines écritures tendantes à faire preuve de quelques faits; c'étoit proprement l'intention des parties, le fait précis dont il s'agissoit de faire preuve. De ces *intendits*, on tiroit les articles sur lesquels l'enquête devoit être faite; il en est parlé dans une ordonnance de Charles V du 16 décembre 1364, qui porte que l'on consommoit beaucoup de temps à débattre ces *intendits*.

L'ordonnance de 1667, *titre 22*, *art. 1*, porte que dans les matières où il écherra de faire des enquêtes, le même jugement qui les ordonnera, contiendra les faits des parties dont elles informeront respectivement, si bon leur semble, sans autres *intendits* & réponses, jugement ni commission.

M. Merlin, auteur de l'article *Intendit*, dans le *Répertoire universel & raisonné de Jurisprudence*, nous assure que cette forme de procéder n'est plus en usage au conseil provincial d'Artois; qu'il s'en est informé à plusieurs procureurs de ce tribunal, & que quelques-uns même lui avoient avoué n'avoir jamais entendu parler de ce terme. Il n'en est pas de même dans le ressort du parlement de Flandre: comme l'ordonnance de 1667 n'y a point été enregistrée, les *intendits* y sont encore employés. *Voyez* ETIQUET.

On donne encore au parlement de Bordeaux, le nom d'*intendit* aux mémoires que le procureur-général fournit, pour faire interroger ceux qui sont décrétés dans les chambres de ce tribunal.

INTERDICTION, s. f. (*Droit civil & canon.*) est en général, la défense faite à quelqu'un de faire quelque chose, d'exercer certaines fonctions publiques, d'administrer ses biens, & quelquefois sa personne.

On appelle aussi *interdiction* d'un officier, la suspension des fonctions de sa charge. Elle a lieu lorsqu'il a manqué aux devoirs de son état, ou qu'il s'est rendu d'ailleurs indigne d'en remplir les fonctions.

Cette dernière espèce d'*interdiction* est ou expresse ou tacite. Expresse, lorsqu'elle est prononcée par un jugement, & dans ce cas elle est indéfinie, ou pour un temps limité: tacite, elle est la suite d'un décret de prise de corps ou d'ajournement personnel. On la regarde comme une véritable peine.

Les mineurs, les fils de famille en pays de droit écrit, les femmes en puissance de mari, sont aussi dans une espèce d'*interdiction* de s'obliger, & de disposer de leurs biens sans y être autorisés par ceux en la puissance desquels ils sont; mais ces espèces d'*interdictions* ne sont point une peine, elles sont seulement la suite de l'état de ces personnes, d'ailleurs elles ne sont prononcées par aucun jugement.

L'*interdiction* proprement dite est celle que l'on prononce dans les cas d'imbécillité, de fureur ou démence, & de prodigalité. Son effet est d'empêcher ceux contre lesquels elle est prononcée de faire aucun acte à leur détriment. Le motif qui l'a fait introduire est fondé sur ce que l'imbécille, le furieux, le prodigue sont censés ne point avoir cette volonté libre, qui est la base de tout engagement.

L'ordonnance de Blois, *art. 182*, veut aussi qu'on interdise toute femme veuve, de condition honnête, qui ayant enfans d'autre mariage, se remarie follement à une personne indigne de sa qualité. En vertu de cette loi on peut procéder à l'*interdiction* d'une veuve, qui manifesteroit une volonté déterminée d'épouser une personne vile, & lorsque l'*interdiction* n'est demandée en justice qu'après le mariage accompli, on lui ôte l'éducation de ses enfans.

L'*interdiction* se prononce sur un avis de parens, & pour qu'elle soit juridique, il faut que les causes sur lesquelles on la provoque soient prouvées. Pour

(1) Voyez le mémoire de M. le baron de Breteuil, adressé à tous les *intendans*.

remplir ce but; celui qui a un légitime intérêt à faire interdire quelqu'un, présente sa requête au juge, expositive des faits qui donnent lieu à l'*interdiction*, on assigne les parens à l'effet de délibérer entre eux sur les causes de l'*interdiction*, on dresse procès-verbal de leur avis, le juge fait d'office une information des vie & moeurs de celui contre lequel on procède, & dans le cas de fureur ou de démence il lui fait ordinairement subir un, ou plusieurs interrogatoires. Ce n'est qu'après avoir rempli ces formalités que le juge peut prononcer l'*interdiction*.

Tout parent, même collatéral, est admis à provoquer l'*interdiction* de son parent furieux, imbécille ou prodigue; mais en général on écoute plus favorablement ceux qui par l'ordre naturel des choses ne sont pas présumés héritiers de celui dont on demande l'*interdiction*: ainsi cette action est mieux reçue de la part d'un père ou d'un oncle, que d'un fils, d'un neveu, ou d'un frère.

Dans le cas où l'*interdiction* est prononcée, on donne un curateur à l'interdit; on suit pour cette curatelle les mêmes règles que pour les tutèles, & on la donne à celui qui est le plus intéressé à la conservation des biens. Un mari est de droit le curateur de sa femme, elle peut être nommée curatrice de son mari.

L'effet de l'*interdiction* est d'ôter à l'interdit la disposition & même l'administration de ses biens, ensorte qu'il n'en peut disposer ni par contrat, ni par donation entre-vifs, ni par testament. Il doit d'ailleurs être assisté en tout de son curateur.

Suivant les loix romaines, l'*interdiction* cessoit de plein droit, dès que les causes pour lesquelles elle avoit été prononcée, cessoient d'avoir lieu. Dans les provinces régies par le droit écrit, l'*interdiction* pour démence y cesse de plein droit, dès que celui qui en étoit affligé a recouvré sa raison. Mais dans les pays coutumiers & dans les pays du droit écrit du ressort du parlement de Paris, il est nécessaire que l'interdit soit relevé juridiquement de son *interdiction*, par une sentence, qui d'après un avis de parens, le rétablit dans la plénitude de ses droits.

INTERDIT, s. m. (*terme de Jurisprudence romaine*,) étoit une action extraordinaire, par laquelle on demandoit une ordonnance du préteur qui enjoignît ou défendît de faire quelque chose en matière de possession, à l'effet de rétablir par provision ce qui y avoit été interverti par quelque voie de fait, & d'empêcher les deux contendans d'en venir aux mains, en attendant que l'on statuât définitivement sur leurs prétentions respectives.

Il y avoit plusieurs divisions des *interdits*; la première des *interdits* prohibitoires, restitutoires & exhibitoires.

Les prohibitoires étoient ceux par lesquels le préteur défendoit de faire quelque chose; tels étoient les *interdits* appellés *quod vi*, *aut clam*, *aut precario*, c'est-à-dire ceux qui étoient donnés contre toute usurpation violente, toute possession clandestine ou précaire: tel étoit aussi l'*interdit*, *ne in sacro vel publico loco ædificetur*; & celui *ne quid fiat in flumine publico quo pejus navigetur*.

Les *interdits* restitutoires sont ceux par lesquels le préteur ordonnoit de rendre ou rétablir quelque chose, comme la possession enlevée.

Par les *interdits* exhibitoires, il ordonnoit d'exhiber quelque chose, comme de représenter un fils de famille, ou un esclave à celui qui le réclamoit, de communiquer le testament à tous ceux qui y étoient intéressés.

On divisoit encore les *interdits* en trois classes; les uns *adipiscendæ possessionis*, les autres *retinendæ*, les autres *recuperandæ*.

Les premiers s'accordoient à ceux qui n'avoient pas encore eu la possession, & il y en avoit trois de cette espèce; savoir, l'*interdit quorum bonorum*, l'*interdit quod legatorum*, & l'*interdit* appellé *salvianum*.

L'*interdit quorum bonorum*, étoit celui qu'on accordoit à l'héritier ou successeur, pour prendre la possession corporelle des choses héréditaires au lieu & place de celui qui les possédoit, comme héritier ou successeur, quoiqu'il ne le fût pas.

L'*interdit quod legatorum*, se donnoit à l'héritier ou successeur, contre les légataires qui s'étoient emparés prématurément des choses à eux léguées, afin que cet héritier ou possesseur les ayant répetées, fût en état d'exercer la falcidie, par rétention, plutôt que par vindication.

On appelloit *interdictum salvianum* celui que le préteur accordoit au propriétaire d'un fonds, pour se mettre en possession des choses que le fermier lui avoit obligées pour les fermages.

Les *interdits retinendæ possessionis* étoient ceux où chacun des contendans prétendoit avoir la possession de la chose, & vouloit la garder pendant la contestation sur la propriété: ceux-ci étoient de deux sortes; savoir, l'*interdit uti possidetur* qui avoit lieu pour les meubles, & qui s'accordoit à celui qui avoit la possession au temps que l'*interdit* étoit demandé, & l'*interdit uti ubi* pour les immeubles, à l'égard desquels on donnoit la possession à celui qui avoit possédé pendant la plus grande partie de l'année. Il y en avoit un troisième conçu en ces termes, *quod ne vis fiat ei qui in possessionem missus est*.

Il n'y avoit qu'un seul *interdit recuperandæ possessionis*, qu'on appelloit *undè vi*, par lequel celui qui avoit été dépouillé de la possession d'un fonds, demandoit d'y être réintégré.

La dernière division des *interdits* étoit en simples & doubles; les simples étoient ceux où l'un des deux contendans étoit demandeur, & l'autre défendeur, tels que les *interdits* restitutoires & exhibitoires. Les *interdits* doubles étoient ceux où chacun étoit demandeur & défendeur; comme quand tous deux se disoient avoir la possession.

Chaque *interdit* avoit sa dénomination particulière, & sa formule propre, selon la matière dont il s'agissoit. On trouve le détail de ce qui les concerne dans le 43e livre du digeste, où chacun d'eux est expliqué.

Dans notre usage on a supprimé toutes les formules des *interdits*, & nous n'en connoissons que deux; savoir, celui *retinendæ possessionis*, & celui *recuperandæ possessionis*. Le premier est connu sous le nom de *complainte*, l'autre sous le nom de *réintégrande*; l'une & l'autre n'ont lieu que pour les immeubles. *Voyez* COMPLAINTE & RÉINTÉGRANDE. (*A*)

INTERDIT, s. m. (*Droit ecclés.*) Selon M. Boucher d'Argis, dans ses notes sur l'*institution au droit ecclésiastique* de M. l'abbé Fleury, l'*interdit* pris dans sa signification la plus étendue, est une censure ecclésiastique qui suspend les ecclésiastiques de leurs fonctions, & qui prive le peuple de l'usage des sacremens, du service divin & de la sépulture ecclésiastique. Ainsi l'*interdit* peut être considéré sous deux points de vue; ou il ne regarde que les ecclésiastiques pris en particulier, ou la totalité des fidèles d'un royaume, d'une province, d'une ville ou d'une paroisse. On le considérera d'abord sous ce dernier point de vue.

L'effet de l'*interdit* est d'empêcher que le service divin ne soit célébré dans le lieu qui est interterdit; qu'on n'y administre les sacremens, & qu'on n'y accorde aux défunts la sépulture ecclésiastique.

Ces sortes d'*interdits* sont appellés *réels* ou *locaux*, pour les distinguer des *interdits* personnels, qui ne lient qu'une seule personne, soit ecclésiastique, soit laïque.

L'objet de ces *interdits* n'étoit, dans son origine, que de punir ceux qui avoient causé quelque scandale public, & de les ramener à leur devoir, en les obligeant de demander la levée de l'*interdit* : mais, dans la suite, les *interdits* furent quelquefois employés abusivement pour des affaires temporelles, & ordinairement pour des intérêts personnels à celui qui prononçoit l'*interdit*.

Les dix premiers siècles de l'église nous offrent peu d'exemples d'*interdits* généraux.

On trouve néanmoins dans les lettres de S. Basile quelques exemples de censures générales dans le quatrième siècle. Une de ces lettres est contre un ravisseur : le saint prélat y ordonne de faire rendre la fille à ses parens, d'exclure le ravisseur des prières, & de le déclarer excommunié avec ses complices, & toute la maison, pendant trois ans : il ordonne aussi d'exclure des prières tout le peuple de la bourgade, qui a reçu la fille ravie.

Auxilius, jeune évêque, excommunia la famille entière de Clacicien. Mais S. Augustin désapprouva cette conduite, & S. Léon a établi les mêmes maximes que S. Augustin, dans une de ses lettres aux évêques de la province de Vienne.

Ces *interdits* généraux étoient toujours en quelque sorte personnels, parce qu'on supposoit que tous ceux contre lesquels ils étoient prononcés, étoient complices du crime.

Les premiers *interdits* locaux se trouvent dans l'église de France. Prétextat, évêque de Rouen, ayant été assassiné dans sa propre église, en 586, Leudovalde, évêque de Bayeux, alors la première église de cette province, mit toutes les églises de Rouen en *interdit* jusqu'à ce que l'on eût trouvé l'auteur du crime.

Le concile de Tolède, tenu en 683, défend de mettre les églises en *interdit* pour des ressentimens particuliers : celui de Nicée, tenu en 787, défendit pareillement aux évêques d'interdire quelqu'un par passion, ou de fermer une église & interdire l'office, exerçant sa colère sur des choses insensibles. Le concile fixe même deux cas seulement où l'*interdit* local peut être prononcé : encore n'est-ce qu'au cas que toute la ville ou communauté est coupable ou complice du crime. La pragmatique-sanction, *tit.* 20, & le concordat, *tit.* 25, portent la même chose.

Celui de Ravenne, tenu en 1314, défendit d'en prononcer pour des choses purement pécuniaires; les pères du concile de Bâle, *sess.* 20, ordonnèrent que l'*interdit* ne pourroit être jetté contre une ville, que pour une faute notable de cette ville ou de ses gouverneurs, & non par la faute d'une personne particulière.

Quelquefois l'*interdit* étoit qualifié d'excommunication. C'est ainsi qu'Hincmar, évêque de Laon, excommunia en 870 toute une paroisse de son diocèse; ce qu'on peut regarder comme un *interdit*.

Il en est de même de l'excommunication qu'Alcuin, évêque de Limoges, prononça, au rapport d'Adémar, contre les églises & monastères de son diocèse : il appelle cette excommunication une *nouvelle observance;* ce qui fait connoître que l'*interdit* n'étoit pas une ancienne pratique.

Le concile de Limoges, tenu en 1031, fait mention qu'Olderic, abbé de S. Martial de Limoges, proposa aux pères du concile un nouveau remède, qui étoit d'excommunier ceux qui n'acquiesceroient pas à la paix de l'église; de ne les point inhumer après leur mort; de défendre le service divin & l'administration des sacremens, à la réserve du baptême pour les enfans, & du viatique pour les moribonds, & de laisser les autels sans ornemens : c'est ainsi en effet que l'on en usa dans les lieux qui furent mis en *interdit*.

Les *interdits*, très-communs dans le onzième siècle, principalement sous Grégoire VII, ont fait croire à quelques auteurs, que ce pape étoit l'inventeur de cette espèce de censure; il ordonna que les portes des églises seroient fermées par les religieux, & qu'ils ne sonneroient point leurs cloches. Yves de Chartres en fait mention dans plusieurs de ses épîtres.

Plusieurs évêques, à l'imitation de Grégoire VII, prononcèrent de pareils *interdits* en différentes occasions, contre des villes & des communautés de leur diocèse.

Vers l'an 1120, Calixte II défendit le service divin dans les terres des croisés qui n'accompliroient point leurs vœux, permettant seulement le baptême aux enfans, & la confession aux moribonds.

Il y eut un grand trouble en France en 1141, à l'occasion de l'évêché de Bourges; le roi ayant refusé de consentir à l'élection de Pierre de la Châtre, que le pape Innocent II avoit fait élire à la place de l'archevêque Alberic, mort l'année précédente, le pape mit la France en *interdit*.

Eugène III, vers l'an 1150, défendit la célébration du service divin dans les églises de certaines religieuses déréglées.

Adrien IV n'épargna pas la ville même de Rome. Le cardinal Gérard y ayant été attaqué & blessé par quelques séditieux excités par Arnaud de Bresse, qui se maintenoit toujours dans cette ville par la protection des nouveaux sénateurs, le pape mit la ville en *interdit*, & obligea les sénateurs à chasser Arnaud & ses sectateurs.

Les *interdits* prononcés par Alexandre III ne furent pas moins rigoureux que ceux de ses prédécesseurs. Il défendit aux prélats d'Angleterre, vers l'an 1169, l'office divin & l'administration des sacremens, hors le baptême aux enfans, & la confession aux mourans: le roi d'Angleterre rendit une ordonnance, portant que, si on trouvoit dans son royaume quelqu'un chargé de lettres du pape ou de l'archevêque portant *interdit*, il seroit puni comme traître.

Le royaume d'Angleterre fut encore mis en *interdit*, en 1208, par Innocent III, parce que le roi Jean avoit fait chasser les moines de Cantorbéry, & s'étoit emparé des biens de l'archevêché.

Le concile d'Yorck, tenu en 1195, laissa à la discrétion des évêques d'user des *interdits* comme ils jugeroient à propos, de peur que les *interdits* généraux & de longue durée ne donnassent occasion aux Albigeois qui étoient répandus dans plusieurs endroits de la province, de séduire les gens simples.

Sous Innocent III, en 1198, Rainier, moine de Cîteaux, envoyé par le pape, pour rompre le mariage d'Alphonse, roi de Léon, qui avoit épousé la fille d'Alphonse, roi de Castille, son cousin, prononça une excommunication contre ce prince, & mit son royaume en *interdit*.

Un de ceux qui firent le plus d'impression, fut celui que le même Innocent III lança, en 1200, contre la France. Pierre de Capoue étoit chargé d'obliger Philippe-Auguste à quitter Agnès, & à reprendre Ingerburge: n'y ayant pas réussi, il publia le 15 janvier la sentence d'*interdit* sur tout le royaume, qui avoit été prononcée par le pape. Le roi en fut si courroucé, qu'il chassa les évêques & tous les autres ecclésiastiques de leurs demeures, & confisqua leurs biens. Cet *interdit* fut observé avec une extrême rigueur.

La chronique anglicane (dans le P. Martène, *tom. V, pag. 868*), dit que tout acte de christianisme, hormis le baptême des enfans, fut interdit en France: les églises fermées, les chrétiens en étoient chassés comme des chiens; plus d'office divin, ni de sacrifice de la messe; plus de sépultures ecclésiastiques; les cadavres abandonnés au hasard, répandoient la plus affreuse infection, & pénétroient d'horreur ceux qui leur survivoient; il en naquit un schisme entre les évêques.

La chronique de Tours fait la même description: elle y ajoute seulement un trait remarquable, confirmé par M. Fleury, *liv. 66, n°. 40*, qui est que le saint viatique étoit excepté, comme le baptême, de cette privation des choses saintes, quoiqu'on refusât d'ailleurs la sépulture après la mort. *Nulla celebrabantur in ecclesiâ sacramenta, vel divina officia, præter viaticum & baptisma.*

Les choses demeurèrent neuf mois dans cette situation, excepté qu'au bout de quelque temps, Innocent III permit les prédications pendant l'*interdit*, & le sacrement de confirmation. Il permit même de donner l'eucharistie aux croisés & aux étrangers dans les lieux interdits, & d'y célébrer l'office de l'église, à deux ou trois, sans chant. On modéra encore dans la suite la grande sévérité des *interdits*, par rapport au scandale qu'ils causoient dans l'église: Grégoire IX, vers l'an 1230, permit de dire une messe basse, une fois la semaine, sans sonner, les portes de l'église fermées; Boniface VIII, en 1300, permit la confession pendant l'*interdit*, & ordonna qu'on célébreroit tous les jours une messe, & que l'on diroit l'office, mais sans chant, les portes de l'église étant fermées, & sans sonner, à la réserve des jours solemnels de noël, pâques, la pentecôte & de l'assomption de Notre-Dame, que l'office divin seroit chanté les portes ouvertes & les cloches sonnantes.

L'archevêque de Strigonie, auquel le pape avoit donné commission de réformer plusieurs désordres qui régnoient en Hongrie, n'ayant pu y parvenir, avoit mis, en 1232, ce royaume en *interdit*. Pour le faire lever, le roi André donna l'année suivante une chartre, par laquelle il s'engageoit à ne plus souffrir à l'avenir que les Juifs & les Sarrasins occupassent aucune charge publique en ses états, ni qu'ils eussent des esclaves chrétiens: il promit aussi de ne contrevenir en rien aux privilèges des clercs, & de ne lever aucune collecte sur eux, même de ne consulter que le pape touchant les impositions sur ses autres sujets: l'*interdit* ne fut levé qu'à ces conditions; mais la chartre fut si mal exécutée, que le pape en fit des plaintes dès l'année suivante.

La croisade que l'on prêchoit en 1248 contre l'empereur Frédéric, ayant occasionné un soulèvement du peuple de Ratisbonne, l'évêque exécutant les ordres du pape, les excommunia & mit la ville en *interdit*.

Après le massacre des vêpres siciliennes en 1282, Martin IV mit le royaume d'Aragon en *interdit*, & prononça par sentence la déposition de Pierre, roi d'Aragon. Cette sentence ne fut point exécutée, & les ecclésiastiques de tous les ordres n'observèrent point l'*interdit* : le pape n'en fut que plus animé contre le roi, & fit prêcher la croisade contre lui.

Il y eut en 1289 un concordat entre Denis, roi de Portugal, & le clergé de son royaume : leurs différends duroient depuis long-temps, & le royaume étoit en *interdit* depuis le pontificat de Grégoire X.

Les Vénitiens en essuyèrent aussi un en 1309, pour s'être emparés de Ferrare que l'église romaine prétendoit être de son domaine : ils ne laissèrent pas de garder leur conquête.

Les Florentins en usèrent de même en 1478, lorsque Sixte IV jetta un *interdit* sur la ville de Florence pour l'assassinat des Médicis : cet *interdit* ne fut pas observé ; les Florentins obligèrent les prêtres à célébrer la messe & le service, malgré la défense du pape.

Lorsqu'on avoit fait quelque accord au pape ou à l'évêque qui avoit prononcé l'*interdit*, alors il le levoit par un acte solemnel, comme fit Jean XXII qui donna une bulle par laquelle il leva les censures qui étoient jettées, depuis quatre ans, sur la province de Magdebourg, à cause du meurtre de Burchard, archevêque de cette ville.

Ce qui est de singulier, c'est que les souverains eux-mêmes prioient quelquefois les évêques de prononcer un *interdit* sur les terres de leurs vassaux, s'ils n'exécutoient point les conventions qui avoient été faites avec eux, comme fit Charles V, alors régent du royaume, par les lettres du mois de février 1356, confirmatives de celles de Guy, comte de Nevers, & de Mathilde sa femme, en faveur des bourgeois de Nevers : à la fin de ces lettres, Charles V pria les archevêques de Lyon, de Bourges & de Sens, & les évêques d'Autun, de Langres, d'Auxerre & de Nevers, de prononcer une excommunication contre le comte de Nevers, & un *interdit* sur ses terres, s'il n'exécute pas l'accord qu'il avoit fait avec ses habitans.

On trouve dans le recueil des ordonnances de la troisième race, plusieurs lettres semblables du roi Jean, qui autorisoient les évêques à mettre en *interdit* les lieux dont le seigneur tenteroit d'enfreindre les privilèges.

Les *interdits* les plus mémorables qui furent prononcés dans le seizième siècle, furent celui que Jules II mit sur la France en 1512, à cause que le roi avoit donné des lettres-patentes pour l'acceptation du concile de Pise ; l'autre fut celui que Sixte V mit sur l'Angleterre en 1588, pour obliger les Anglois de rentrer dans la communion romaine ; mais il n'y en eut point de plus éclatant que celui que Paul V prononça le 17 avril 1606, contre la république de Venise, pour quelques loix qui lui parurent contraires à la liberté des ecclésiastiques. Mézerai rapporte que cette bulle fulminante fut envoyée à tous les évêques des terres de la seigneurie pour la publier, mais que le nombre de ceux qui obéirent fut le plus petit ; que le sénat y avoit donné si bon ordre, que ce grand coup de foudre ne mit le feu nulle part ; que le service divin se fit toujours dans l'église à portes ouvertes, & que l'administration des sacremens continua à l'ordinaire ; que tous les anciens ordres religieux n'en branlèrent pas, mais que presque tous les nouveaux sortirent des terres de la seigneurie, particuliérement les Capucins & les Jésuites, qui étoient tous deux fort attachés au S. Père. Ce différend fut terminé en 1607 par l'entremise de Henri IV & des cardinaux de Joyeuse & du Perron : le cardinal de Joyeuse alla à Venise lever l'excommunication.

Il y eut encore deux *interdits* qui firent beaucoup de bruit en France ; l'un fut mis sur la ville de Bordeaux, en 1633, par l'archevêque, à l'occasion d'un différend qui s'éleva entre lui & le duc d'Epernon : l'autre fut prononcé, en 1634, par l'évêque d'Amiens contre les habitans de la ville de Montreuil, pour des excès qu'ils avoient commis sur lui dans l'église même, pour empêcher qu'il ne donnât à une autre paroisse une portion des reliques de S. Vulfi. Cette affaire dura jusqu'en septembre 1635, que le prélat rendit une sentence d'absolution à certaines charges & conditions, laquelle fut publiée & exécutée le 28 septembre de la même année.

L'*interdit* doit être prononcé avec les mêmes formes que l'excommunication, par écrit, nommément, avec expression de la cause, & après trois monitions. La peine de ceux qui violent l'*interdit* est de tomber dans l'excommunication. Mais, en finissant cet article, il y a deux observations essentielles à faire ; l'une est que, comme l'*interdit* a toujours des suites très-fâcheuses, parce qu'il donne occasion au libertinage & à l'impiété, on le met présentement très-peu en usage ; même en France, les parlemens n'en souffriroient point la publication, & MM. les procureurs-généraux ne manqueroient pas d'en interjetter appel comme d'abus, aussi-tôt qu'ils en auroient connoissance. Nos libertés, disoit M. Talon, portant la parole le 4 juin 1674, dans la cause concernant l'exemption du chapitre de S. Agnan d'Orléans, ne souffrent point que le pape se réserve le pouvoir de prononcer l'*interdit*. Le moyen qu'on a trouvé en France pour empêcher l'usage de ces sortes d'*interdits*, est qu'ils ne peuvent être exécutés sans l'autorité du roi.

L'autre observation est que, suivant nos mêmes libertés, les officiers du roi ne peuvent être excommuniés ni interdits par le pape ni par les évêques, pour les fonctions de leurs charges.

Les preuves de ces deux observations sont consignées dans les registres du parlement, & dans les mémoires du clergé.

On ne doit pas confondre l'*interdit* avec la simple cessation *à divinis*, laquelle ne contient aucune censure, & qui a lieu quand une église, un cimetière ou quelque autre lieu saint est pollué par quelque crime.

On entend aussi par *interdit*, la défense faite à un ecclésiastique par son supérieur légitime, d'exercer les fonctions attachées à son ordre ou à son bénéfice. Cette défense peut être un acte de la jurisdiction volontaire ou de la jurisdiction contentieuse : elle peut être prononcée *de plano* & sans forme de procès, & il y a des cas où elle ne peut l'être que par une sentence précédée d'une procédure conforme à l'ordonnance.

Tout prêtre a reçu dans son ordination le pouvoir d'exercer les fonctions du sacerdoce ; mais il en est pour lesquelles ce pouvoir est lié par les loix de l'église, & qui ne peuvent être licitement exercées que lorsqu'on a une mission *ad hoc*. Ces fonctions sont celles qui supposent des sujets & une jurisdiction : telles sont particuliérement la confession & la prédication.

On reçoit la mission de l'église pour exercer ces fonctions, lorsqu'on est pourvu d'un bénéfice auquel elles sont attachées, & qu'on y a été canoniquement institué : on la reçoit encore, lorsqu'on obtient une permission particulière d'un évêque, pour les remplir dans tout son diocèse, ou dans quelque lieu désigné.

La première mission ne peut pas être révoquée arbitrairement ; elle est devenue dans la personne de celui qui l'a reçue, une propriété sacrée dont il ne peut être dépouillé que par la loi & selon les formes prescrites par la loi ; l'acte qui interdiroit à un curé les fonctions curiales, doit émaner de la jurisdiction contentieuse de l'évêque. Il faut pour cela une plainte, une information en règle, des conclusions du promoteur, & une sentence de l'official. *Voyez* CURÉ. Les titulaires des autres bénéfices ne peuvent pas non plus être interdits de leurs fonctions, sans que les mêmes formalités soient observées.

Quant à la seconde espèce de mission, qui consiste dans une permission particulière, qu'on nomme ordinairement *pouvoirs*, les évêques sont les maîtres de la limiter, de la circonscrire & de la révoquer à leur volonté. Les ecclésiastiques qui l'obtiennent sont, pour ainsi dire, des auxiliaires que leurs supérieurs n'emploient qu'autant qu'ils le jugent à propos : ils n'exercent qu'une jurisdiction déléguée, qui doit cesser à la volonté du déléguant. Les pouvoirs de prêcher & de confesser ne sont ordinairement donnés que pour un certain temps ; & à l'expiration de ce temps, on est obligé de les faire renouveller. Si l'évêque refuse de les renouveller, c'est un *interdit* tacite dont il n'est obligé de rendre compte à personne : ici *stat pro ratione voluntas*.

On ne peut pas contester aux évêques le droit de révoquer les pouvoirs de prêcher & de confesser avant le terme expiré. Cette révocation expresse, qui se signifie à celui qui en est l'objet, forme un *interdit* pour tout le diocèse de l'évêque qui la prononce. L'article 11 de l'édit ou réglement de 1695 y autorise les évêques, « même » ayant le terme expiré, pour causes survenues » depuis à sa connoissance, lesquelles ils ne seront » pas obligés d'expliquer ».

Cependant Jousse, sur cet article, observe avec raison « que, si l'évêque, en révoquant des pou» voirs, donnoit une cause abusive de cette ré» vocation, ou qu'il fût évident & notoire qu'elle » fût injuste & abusive, alors l'ecclésiastique inter» dit pourroit se pourvoir par appel comme d'a» bus, & les cours pourroient déclarer l'*interdit* » abusif. C'est ce qui résulte manifestement des der» niers mots de l'article, *nonobstant toutes appella» tions simples ou comme d'abus*, & SANS Y PRÉ» JUDICIER ».

Gibert, dans sa conférence sur l'édit de 1695, développe sur l'article 11, cette doctrine de Jousse. « Cet article suppose qu'en fait d'ordonnance épis» copale, concernant la permission de confesser & » la révocation de cette permission, il peut y avoir » lieu à l'appel simple & à l'appel comme d'abus. » Cela surprend d'abord, parce qu'il s'agit d'une » chose purement gracieuse, & tout appel requiert » grief ou injustice ; d'ailleurs le refus & la ré» vocation peuvent être faits sans expression de » cause : ainsi, de ce côté-là, point de matière » d'appel. Mais la surprise cesse lorsqu'on fait at» tention, 1°. que de telles ordonnances pour» roient contenir quelque chose de diffamant con» tre ceux auxquels la permission seroit ou refu» sée, ou révoquée ; 2°. qu'il y a des appels mal » fondés que les juges ne peuvent s'empêcher d'ad» mettre, sauf à les rejetter après les avoir exa» minés, & que ceux dont l'article parle pourroient » être de ce genre ; & de peur qu'ils ne nuisent à » la bonne discipline, il veut que les ordonnan» ces dont seroit appel soient exécutées nonobs» tant appel ..... 4°. Les peines prononcées par » cette ordonnance contre ceux qui confesseront, » nonobstant le refus ou la révocation de la per» mission, pourroient fournir des moyens d'appel » comme d'abus. Il en est de même de la manière » prescrite pour l'exécution de cette permission : » cet appel n'est pas injurieux à l'église, lorsqu'il » y a véritablement abus ; car elle souhaite qu'il » soit réformé le plus promptement qu'il se peut, » & cet appel est la voie la plus courte ; & s'il » fait de la peine & de la confusion au prélat qui » l'a commis, il n'a qu'à se plaindre de lui-même ; » s'il n'y a point d'abus, l'appellant en porte la » peine ».

Nous avons cru, dans une matière aussi délicate, devoir rapporter les expressions même des deux auteurs qui ont embrassé & prouvé une opinion que nous n'ignorons pas déplaire à quelques personnes, & nous exhortons les supérieurs ecclésiastiques à observer beaucoup de ménagement & de réserve dans les *interdits* formels ou révocations de pouvoirs, qui compromettent presque toujours l'état & l'honneur de ceux qui en sont l'objet.

Il est, comme nous l'avons observé, des pouvoirs qu'un prêtre reçoit dans son ordination, & qui ne supposent aucune juridiction pour être exercés. On peut regarder comme le premier de tous ces pouvoirs, celui d'offrir le saint sacrifice de la messe. On ne peut les interdire à un prêtre, sans lui faire son procès s'il est dans son diocèse, ou s'il est titulaire d'un bénéfice dans un diocèse qui n'est pas le sien; il n'y a point de difficulté à ce sujet.

Mais si un prêtre est hors de son diocèse & n'a point de bénéfice dans celui où il réside, l'évêque peut-il lui interdire la célébration des saints mystères? L'édit de 1695 ne veut qu'on ait besoin des pouvoirs & de la permission de l'évêque que pour la prédication & la confession; & par une conséquence, tirée de l'axiôme *inclusio unius est exclusio alterius*, il suppose que toutes les autres fonctions du sacerdoce peuvent être exercées sans cela.

Cependant il est d'usage, dans la plupart des diocèses, d'exiger des prêtres étrangers, qu'ils se munissent d'une permission de l'évêque diocésain, qui ne leur est accordée que lorsqu'ils représentent ce qu'on appelloit autrefois *litteræ commendatitiæ*, & que nous nommons aujourd'hui *exeat*, c'est-à-dire, des lettres de leur propre évêque, qui consent à ce qu'ils sortent ou s'absentent de leur diocèse. Cet usage est fondé sur d'anciens canons, qui ordonnent aux clercs de ne pas quitter les églises auxquelles ils ont été attachés par leur ordination, ou qui ont pour objet d'empêcher qu'il n'y ait des ecclésiastiques vagabonds. Ils sont cités par M. Habert, dans son commentaire sur l'article 4 du réglement des réguliers, *tom. 6* des *Mémoires du clergé*.

Cet article, pour empêcher que des prêtres suspendus, interdits ou incapables de célébrer les saints mystères, n'y soient admis, ordonne que les religieux ne pourront permettre de dire la messe dans les églises de leurs monastères, maisons & congrégations, à aucuns prêtres d'autres diocèses, ni de quelque qualité qu'ils soient, s'ils n'en ont permission par écrit de l'évêque diocésain ou de son grand-vicaire, si ce ne sont passans qui sont connus par les supérieurs des maisons.

Gohard, *tom. 2, pag. 110*, va plus loin; il soutient que les évêques ont droit de faire cette défense, non-seulement aux religieux, mais encore à tous les curés de leurs diocèses, même par rapport aux prêtres qui en sont originaires, & qui y sont domiciliés. Il fonde ce sentiment sur un arrêt du parlement de Paris du 19 mars 1670, rapporté dans les *Mémoires du clergé*, *tom. V*, *pag. 352*, qui, selon lui, a déclaré n'y avoir point d'abus dans une ordonnance par laquelle l'évêque de Nevers avoit défendu, sous peine de 15 livres d'aumône, à tous les curés de son diocèse, de laisser dire la messe dans leurs églises, à aucun prêtre séculier ou régulier, quoique du diocèse, sans sa permission par écrit.

Quant aux autorités citées par M. Habert, les unes, comme nous l'avons dit, ne regardent que l'ancienne stabilité des clercs dans leurs églises; les autres ne concernent que les prêtres vagabonds & voyageurs. C'est contre ces derniers que le concile de Trente a ordonné, *sess. 23, cap. 16, de refer.*, que, *nullus prætereà clericus peregrinus sine commendatitiis sui ordinarii litteris ab ullo episcopo ad divina celebranda & sacramenta administranda admittatur.*

L'arrêt rapporté par Gohard n'a point prononcé sur l'ordonnance de M. l'évêque de Nevers. Il a seulement déclaré non-recevables les chanoines qui en avoient interjetté appel comme d'abus, & l'on ne connoît point les motifs qui ont déterminé les magistrats. Le réglement des réguliers n'a point force de loi, quoique dressé dans l'assemblée du clergé de France, puisqu'il n'a point été revêtu de l'autorité du prince & de l'enregistrement dans les cours souveraines.

Tous les réglemens ecclésiastiques, qui ont pour but d'écarter des autels des ministres indignes ou incapables, & de maintenir la subordination & la discipline, doivent sans doute être accueillis favorablement, même par les cours séculières. Mais il ne faut pas non plus leur donner trop d'extension. Un ecclésiastique sans fortune, sans état, qui quitte son diocèse sans le consentement de son évêque, & parcourt successivement différentes villes & différentes provinces pour y faire, pour ainsi dire, le commerce d'y dire la messe, doit être soumis aux usages & aux ordonnances synodales, qui défendent d'admettre à la célébration des saints mystères, sans les lettres de son propre évêque, & sans la permission de l'évêque diocésain: c'est le seul moyen d'arrêter des désordres scandaleux.

Mais si un ecclésiastique sorti de son diocèse, est fixé dans un autre sans aucune réclamation de son propre évêque; si, sans se livrer aux fonctions du saint ministère, il vit dans des occupations honorables, & d'une manière décente; s'il ne demande aucun honoraire, aucune rétribution de ses messes qu'il ne célèbre que pour sa propre satisfaction & pour l'édification publique, alors il n'a pas besoin d'une permission expresse pour exercer une fonction qui dérive nécessairement du caractère sacerdotal; le pouvoir qu'il en a reçu n'est lié par aucune loi, & il lui suffit de l'agrément du curé, qui ne peut même le lui refuser sans des raisons légitimes.

Nous ne sommes plus dans ces temps où l'ordination & le titre n'étoient point séparés, dans ces temps où la stabilité dans une église étoit la suite de l'ordre. Les anciens canons rendus à ce sujet, ne peuvent donc plus avoir d'application. Les ordonnances qui leur ont succédé n'ont en vue que les prêtres vagabonds, & ceux dont nous parlons ici, ne peuvent être rangés dans cette classe.

Un évêque a cependant droit d'interdire la célébration de la messe, & sans procès, à un prêtre qui n'est pas de son diocèse; mais aussi le prêtre a droit de se plaindre de cet *interdit*, s'il n'est fondé sur des causes légitimes. Si l'*interdit* étoit motivé, l'évêque seroit responsable des motifs qu'il donneroit; & si le prêtre en prouvoit la fausseté, il pourroit demander des réparations. Les tribunaux séculiers les lui accorderoient : on peut appeller comme d'abus d'une révocation de pouvoirs de confesser ou de prêcher, à plus forte raison le peut-on d'un *interdit* de célébrer la messe. Tout prêtre est citoyen; un *interdit* de cette espèce entache son honneur & sa réputation, & ce bien si précieux ne doit pas dépendre de la volonté arbitraire d'un évêque, quelque éminente que soit sa dignité dans l'ordre hiérarchique.

Un *interdit* de célébrer la messe, qui ne seroit motivé que sur la qualité d'étranger au diocèse, seroit encore abusif, parce que, quoiqu'un prêtre ne soit pas dans son diocèse, il ne peut, par ce seul motif, être réduit à la communion laïque.

Il n'est pas besoin d'avertir que nous ne parlons point ici d'un prêtre qui voudroit s'habituer à une paroisse, ou qui se présenteroit pour desservir quelques fondations; il se rendroit par-là un des coopérateurs du service public, &, sous ce point de vue, l'évêque est le maître de l'employer ou de cesser de l'employer quand il le juge à propos. (*L'addition à cet article de l'ancienne Encyclopédie est de M. l'abbé* BERTOLIO, *avocat au parlement.*)

INTÉRÊT, s. m. (*Droit naturel, civil & canon.*) est l'estimation du profit, qu'une somme d'argent auroit pu produire annuellement à un créancier; ou si l'on veut, c'est le profit qu'un créancier peut légitimement tirer de l'argent qui lui est dû.

Anciennement les *intérêts* n'étoient connus que sous le nom de *fœnus* ou *usura;* le terme d'usure ne se prenoit pas alors en mauvaise part, comme on fait présentement.

La loi de Moïse défendoit aux Juifs de se prêter de l'argent à usure les uns aux autres, mais elle leur permettoit & même leur ordonnoit d'exiger des *intérêts* de la part des étrangers. Le motif de cette loi fut, à ce que quelques-uns croient, de détourner les Juifs de commercer avec d'autres nations, en ôtant à celles-ci l'envie d'emprunter de Juifs à des conditions si onéreuses. Moïse parvint par ce moyen à détourner les Juifs de l'idolâtrie & du luxe, pour lesquels ils avoient du penchant; & leur argent ne sortit point du pays.

S. Ambroise remarque que ces étrangers, à l'égard desquels Moïse permettoit l'usure, étoient les Amalécites & les Amorrhéens, ennemis du peuple de Dieu, qui avoit ordre de les exterminer.

Mais lorsque les sept peuples qui habitoient la Palestine, furent subjugués & exterminés, Dieu donna aux Juifs par ses prophétes d'autres loix plus pures sur l'usure, & qui la défendent à l'égard de toutes sortes de personnes, comme on voit dans les *pseaumes 14 & 54;* dans Ezéchiel, *chap. 18*, dans l'ecclésiastique, *chap. 29*, enfin, dans S. Luc, *chap. 6*, où il est dit: *mutuum date nihil inde sperantes.*

Sans entrer dans le détail des différentes explications que l'on a voulu donner à ces textes, nous nous contenterons d'observer que tous les théologiens & les canonistes, excepté le subtil Scot, conviennent que dans le prêt appellé *mutuum*, on peut exiger les *intérêts* pour deux causes, *lucrum cessans & damnum emergens*, pourvu que ces intérêts n'excèdent point la juste mesure du profit que l'on peut retirer de son argent.

Les Romains, quoiqu'ennemis de l'usure, reconnurent que l'avantage du commerce exigeoit que l'on retirât quelque *intérêt* de son argent; c'est pourquoi la loi des douze tables permit le prêt à un pour cent par mois. Celui qui tiroit un *intérêt* plus fort, étoit condamné au quadruple.

Le luxe & la cupidité s'étant augmentés, on exigea des *intérêts* si forts, que Licinius fit en 376 une loi appellée de son nom *Licinia*, pour arrêter le cours de ces usures. Cette loi n'ayant pas été exécutée, Duillius & Mænius, tribuns du peuple, en firent une autre, appellée *Duillia-Mænia*, qui renouvella la disposition de la loi des douze tables.

Les usuriers ayant pris d'autres mesures pour continuer leurs vexations, le peuple ne voulut plus se soumettre même à ce que les loix avoient réglé à ce sujet; de sorte que les tribuns modérèrent l'*intérêt* à moitié de ce qui est fixé par la loi des douze tables; on l'appella *fœnus semiunciarium*, parce qu'il ne consistoit qu'en un demi pour cent par mois.

Le peuple obtint ensuite du tribun Genutius une loi, qu'on appella *genutia*, qui proscrivit entiérement les *intérêts*. Ce plébiscite fut d'abord reçu à Rome, mais il n'avoit pas lieu dans le reste du pays latin; de sorte qu'un Romain qui avoit prêté de l'argent à un de ses concitoyens, transportoit sa dette à un Latin qui lui en payoit l'*intérêt*, & ce Latin exigeoit de son côté l'*intérêt* du débiteur.

Pour éviter tous ces inconvéniens, le tribun Sempronius fit la loi *sempronia*, qui ordonna que les Latins & autres peuples alliés du peuple Romain, seroient sujets à la loi *genutia*.

Mais bientôt l'*intérêt* à 12 pour 100 redevint légitime; on stipula même de plus forts *intérêts*, & comme cela étoit prohibé, on comprenoit l'excédent dans le principal.

La loi *gabinia*, l'édit du préteur, & plusieurs sénatus-consultes défendirent encore ces *intérêts* qui excédoient 12 pour 100; mais les meilleures loix furent toujours éludées.

Constantin-le-grand approuva l'*intérêt* à un pour cent par mois.

Justinien permit aux personnes illustres de stipuler l'*intérêt* des terres à quatre pour cent par an, aux marchands & négocians à huit pour cent, & aux autres personnes à six pour cent; mais il ordonna que les *intérêts* ne pourroient excéder le principal.

Il

Il étoit permis, par l'ancien droit, de stipuler un *intérêt* plus fort dans le commerce maritime, parce que le péril de la mer tomboit sur le créancier.

L'empereur Basile défendit toute stipulation d'*intérêts ;* l'empereur Léon les permit à quatre pour cent.

Pour le prêt des fruits ou autres choses qui se consument pour l'usage, on prenoit des *intérêts* plus forts, appellés *nemiolæ usuræ* ou *sescuplum ;* ce qui revenoit à la moitié du principal.

Suivant le dernier état du droit romain, dans les contrats de bonne-foi, les *intérêts* étoient dus en vertu de la stipulation, ou par l'office du juge, à cause de la demeure du débiteur.

Mais dans les contrats de droit étroit, tel qu'étoit le prêt appellé *mutuum*, les *intérêts* n'étoient point dus, à moins qu'ils ne fussent stipulés.

Le mot latin *usura* s'appliquoit chez les Romains à trois sortes d'*intérêts ;* savoir, 1°. celui que l'on appelloit *fœnus*, qui avoit lieu dans le prêt appellé *mutuum*, lorsqu'il étoit stipulé ; il étoit considéré comme un accroissement accordé pour l'usage de la chose ; 2°. l'usure proprement dite, qui avoit lieu sans stipulation par la demeure du débiteur & l'office du juge ; 3°. celui que l'on appelloit *id quod interest* ou *interesse :* ce sont les dommages & *intérêts*.

Les conciles de Nicée & de Laodicée, défendirent aux clercs de prendre aucuns *intérêts ;* ceux de France n'y sont pas moins précis, entre autres celui de Reims, en 1583.

Les papes ont aussi autrefois condamné les *intérêts*. Urbain III déclara que tout *intérêt* étoit défendu de droit divin. Alexandre III décida même que les papes ne peuvent permettre l'usure, même sous prétexte d'œuvres pies, & pour la rédemption des captifs. Clément V dit qu'on devoit tenir pour hérétiques ceux qui soutenoient qu'on pouvoit exiger des *intérêts ;* cependant Innocent III, qui étoit grand canoniste, décida que quand le mari n'étoit pas solvable, on pouvoit mettre la dot de sa femme entre les mains d'un marchand, *ut de parte honesti lucri dictus vir onera possit matrimonii sustentare.* C'est de-là que tous les théologiens & canonistes ont adopté que l'on peut exiger des *intérêts*, lorsqu'il y a *lucrum cessans* ou *damnum emergens.*

En France on distingue l'usure de l'*intérêt* légitime ; l'usure prise pour *intérêt* excessif, ou même pour un *intérêt* ordinaire dans les cas où il n'est pas permis d'en exiger, a toujours été défendue : l'*intérêt* légitime est permis en certains cas.

Nous allons exposer les différens cas où l'*intérêt* est dû, soit de plein droit, soit par la convention des parties, soit par un jugement : nous parlerons ensuite de l'hypothèque, du taux & des causes qui éteignent ou font cesser les *intérêts*.

Des intérêts dus de plein droit. 1°. Tout ce qu'on promet à des futurs conjoints en faveur de leur mariage, & qu'on ne leur paie pas immédiatement après la bénédiction nuptiale, s'il n'y a point de terme fixé, produit de droit des *intérêts*, à compter du jour du mariage, sans qu'il faille pour cet effet constituer le débiteur en retard, ni former aucune demande judiciaire. Cette décision est fondée sur ce que les choses promises aux futurs conjoints sont pour soutenir les charges du mariage, d'où il suit qu'elles doivent naturellement produire des fruits, à compter du jour auquel le mariage a été célébré.

Si, en constituant la dot, on fixe un terme pour la payer, & qu'on stipule qu'il n'en sera point exigé d'*intérêts*, cette stipulation empêche bien que les *intérêts* ne courent jusqu'à l'échéance du terme fixé ; mais lorsqu'à cette époque on néglige de payer la dot, les *intérêts* commencent à courir.

Le logement, la nourriture & l'entretien fournis aux conjoints auxquels on a promis une dot, ne peuvent leur tenir lieu des *intérêts* de cette même dot, à moins que cela n'ait été convenu expressément. Cependant si celui qui doit l'*intérêt* de la dot ne s'est point assujetti à loger & entretenir les conjoints, ceux-ci sont obligés de lui tenir compte de cet entretien, suivant l'estimation.

Si le fiancé avoit reçu la dot promise pour le mariage de la fiancée, & que ce mariage n'eût pas lieu, ce fiancé seroit tenu de restituer la dot avec les *intérêts*, à compter du jour qu'elle lui auroit été délivrée. C'est ce qui a été jugé par arrêt du 3 mars 1685, rapporté au journal des audiences.

Lorsqu'une femme vient à se faire séparer de biens d'avec son mari, celui-ci doit restituer la dot & les autres biens de sa femme, avec les *intérêts* ou fruits, à compter du jour de la sentence de séparation seulement, attendu que jusqu'alors il a été obligé de loger & entretenir sa femme, & qu'il est juste de compenser cette dépense avec les fruits ou revenus des biens qu'elle lui avoit apportés. Un arrêt du 8 avril 1670, rapporté au journal des audiences, l'a ainsi jugé.

Si la femme survit à son mari, les *intérêts* de la dot doivent lui être payés, à compter du jour qu'il est décédé.

Une femme a pour le remploi de ses propres aliénés & pour les récompenses qui lui sont dues, le même privilège que pour sa dot : les *intérêts* de ces reprises lui sont dus de plein droit : mais il n'en est pas de même du préciput accordé à la femme ou de la somme qui en tient lieu, ni du deuil qui lui est dû après le décès de son mari ; ces objets ne produisent des *intérêts* à défaut de paiement, que du jour qu'elle a formé judiciairement sa demande à cet égard.

En Dauphiné, les *intérêts* de la dot sont dus de plein droit au mari ; mais ils ne sont dus à la veuve ou à ses héritiers, que du jour qu'ils en ont formé la demande en justice. C'est une exception au droit commun.

Dans les pays de droit écrit, le mari qui survit à sa femme ne peut être obligé qu'après l'an du décès, à restituer la dot mobiliaire qu'il en a reçue, & pendant cette année il n'en doit aucun *intérêt*. Cette décision est fondée sur la loi unique, au code *de rei uxor. act.* §. *cum autem*.

2°. Lorsqu'une légitime consiste en immeubles, l'héritier à qui elle est due doit percevoir les fruits de ces immeubles du jour de l'ouverture de la succession; & si cette légitime consiste en deniers, les *intérêts* en sont dus de plein droit depuis la même époque.

Non seulement ces *intérêts* sont dus à l'enfant légitimaire, mais ils continuent encore de courir au profit de ses héritiers, soit ascendans, soit collatéraux, tant que la légitime n'a pas été acquittée.

Cette règle reçoit néanmoins, suivant la Peyrère, une exception au parlement de Bordeaux. On y juge que la légitime qui a passé en collatérale, cesse de produire des *intérêts* de droit, & qu'ils ne sont plus dus que du jour que le débiteur a été mis en demeure de payer.

3°. Les héritiers d'une succession échue en ligne directe, sont tenus, lors du partage, de rapporter à la masse ce qui leur a été donné en avancement d'hoirie; & ce rapport doit être fait en nature, si les choses données sont encore dans la main de celui qui les a reçues, ou en deniers, si elles n'y sont plus, avec les fruits ou *intérêts*, à compter du jour de l'ouverture de la succession. C'est ce qui résulte de l'article 309 de la coutume de Paris, qui forme, à cet égard, le droit commun des pays coutumiers.

L'enfant est assujetti à ce rapport, quand même il n'auroit pas d'ailleurs de quoi subsister, & qu'il auroit consommé les fruits ou *intérêts* pour sa nourriture & son entretien: la raison en est que, dès l'ouverture de la succession, il gagne les fruits de sa portion héréditaire; d'où il suit qu'il ne doit pas gagner en même temps les fruits de la chose donnée en avancement d'hoirie.

Suivant l'article 309 de la coutume d'Orléans, les fruits ou *intérêts* des choses sujettes à rapport, ne sont dus que *du jour de la provocation à partage*: mais M. Pothier, sur cet article, observe que la première démarche qui tend au partage, telle que la demande à fin d'inventaire, ou même sans demande, la première vacation à l'inventaire tient lieu, dans l'usage, de provocation à partage; & que, dès cet instant, le rapport des fruits ou des *intérêts* est exigible.

L'article 597 de la coutume de Bretagne veut pareillement que les fruits ou *intérêts* des choses sujettes à rapport dans une succession, ne soient dus que du jour de la demande en partage: mais, pour cet effet, le moindre acte tendant à partage suffit dans la coutume de Bretagne, comme dans celle d'Orléans. Telle est la jurisprudence du parlement de Rennes, comme le justifient les arrêts rapportés sur le vingt-septième plaidoyer de Frain.

Quand un père ou une mère se sont démis de leurs biens en faveur de leurs enfans, il y a ouverture au rapport des choses qui ont été l'objet de la démission, immédiatement après le décès de celui qui l'a faite; & les fruits ou *intérêts* de ces choses doivent être aussi rapportés depuis cette époque. Saligny cite un arrêt du 30 juillet 1650, qui l'a ainsi jugé.

Lorsqu'en vertu d'une clause insérée dans le contrat de mariage d'un enfant, son père ou sa mère survivant, doit jouir de la part du prédécédé dans la communauté, ou même de l'usufruit de tous ses biens, les fruits ou *intérêts* des choses données en avancement d'hoirie, ne sont sujets à rapport que du jour du décès du survivant. Le parlement de Paris l'a ainsi jugé par arrêt du 17 mars 1711, rapporté au journal des audiences.

Quand un héritier rapporte à une succession un héritage sur lequel il a fait des améliorations qui en ont augmenté le produit, & qu'il rapporte en même temps les fruits de cet héritage, à compter du jour de l'ouverture de la succession, ses cohéritiers sont obligés non-seulement de lui payer ses améliorations, mais ils lui en doivent encore les *intérêts*, à compter du même jour. Basset cite un arrêt du 18 août 1669, par lequel le parlement de Grenoble l'a ainsi jugé.

Au contraire, si un cohéritier avoit dégradé un héritage sujet à rapport, il faudroit qu'à compter du jour de l'ouverture de la succession, il rapportât les fruits de cet héritage sur le pied de ce qu'il produisoit avant qu'il eût été dégradé. Ces décisions ont pour objet d'empêcher que la succession ne profite au préjudice d'un héritier, & qu'elle ne soit lésée par le fait d'un autre héritier.

Au reste, pour éviter toute espèce de compte relativement aux améliorations ou aux dégradations de l'héritage sujet à rapport, les cohéritiers peuvent laisser cet héritage à celui qui offre de le rapporter en nature, & se contenter du rapport de ce qu'il valoit lorsqu'il a été donné, avec les *intérêts*, à compter du jour de l'ouverture de la succession.

4°. Lorsqu'un héritier paie, à la décharge de la succession, des deniers qu'elle ne pouvoit acquitter, les *intérêts* lui en sont dus de plein droit, à compter du jour du paiement. Le parlement l'a ainsi jugé par arrêt du 7 septembre 1702, rapporté au journal des audiences.

5°. Une soute de partage produit de droit des *intérêts*, à compter du jour de l'ouverture de la succession, si les héritiers n'ont pas joui provisoirement en commun des revenus, ou à compter du jour du partage, si cette jouissance commune a eu lieu. S'il avoit été stipulé que la soute ne seroit exigible que dans un an ou deux, & que, pendant ce délai, il n'en seroit point payé d'*intérêts*, il faudroit exécuter cette convention; mais, après le délai écoulé, les *intérêts* courroient de plein droit sans demande ni interpellation.

6°. Les *intérêts* sont aussi dus de plein droit, lorsque, sans recueillir des biens à titre d'héritier dans une succession, on les recueille à quelque autre titre qui en tient lieu : c'est pourquoi, dans les coutumes où les enfans ont le douaire en propriété, celui qui renonce à la succession de son père pour s'en tenir au douaire que lui a fixé le contrat de mariage de son père & de sa mère, peut exiger les *intérêts* de ce douaire, à compter du jour qu'il a eu droit d'en jouir.

La même règle doit s'appliquer au tiers coutumier que les enfans ont droit de prendre en Normandie, lorsqu'ils renoncent à la succession de leur père ou de leur mère.

7°. Lorsqu'une somme est léguée à un parent collatéral, pour lui tenir lieu de sa portion héréditaire, & de remploi de propres aliénés, les *intérêts* d'un tel legs sont dus de plein droit, à compter du jour du décès du défunt. Le parlement de Paris l'a ainsi jugé par arrêt du premier septembre 1710, rendu entre les légataires particuliers du sieur Etienne Deschamps, secrétaire du roi, & la dame de Cusan, sa légataire universelle.

8°. Lorsque le tuteur d'un mineur a perçu des deniers qui forment un capital assez considérable pour être employé en constitution de rente, ou en acquisition d'immeubles, il est obligé de rapporter à son mineur les intérêts de ce capital, s'il a négligé d'en faire emploi, à moins toutefois qu'un avis de parens, homologué par le juge, ne l'ait dispensé de cet emploi.

La même règle doit s'appliquer aux *intérêts* des *intérêts*, c'est-à-dire que le tuteur doit les *intérêts* des sommes qu'ont produites les capitaux du mineur, lorsque ces *intérêts* forment un objet assez considérable pour être employé à acquérir des rentes ou des héritages. C'est au juge à déterminer, selon l'état des personnes & des biens, de quelle importance doit être cet objet.

Ces *intérêts* d'*intérêts* doivent, suivant un acte de notoriété du châtelet, du 11 juillet 1698, *être comptés par accumulation jusqu'au jour de la majorité, & non par colonne morte ; mais après la majorité, le débet composé des sommes principales, des* intérêts, *& des* intérêts *d'*intérêts, *comptés par accumulation, fait une somme fixe qui produit des* intérêts, *lesquels* intérêts *n'en produisent plus après la majorité, ou après le compte rendu & clos, quand le mineur a été émancipé.*

Ces règles ont été confirmées par un arrêt rendu au parlement de Paris le 11 août 1758, entre le sieur de la Mirée de Caumont, & la dame de Verton sa fille, dont il avoit été le tuteur. L'arrêt, après avoir condamné le sieur de Caumont à payer les *intérêts* d'*intérêts* de deniers non employés, à la dame de Verton pour le temps de sa minorité, a ordonné qu'il seroit fait un total des sommes qu'il lui devoit à l'époque de sa majorité, tant pour capitaux que pour *intérêts* & *intérêts* d'*intérêts*, & que ce total produiroit des *intérêts* au denier vingt, jusqu'à ce qu'il fût acquitté.

9°. Il est aussi de principe que les *intérêts* du reliquat d'un compte de tutèle sont dus de plein droit, à compter du jour de la clôture du compte, sans qu'il faille à ce sujet aucune demande ni interpellation.

En Normandie, l'article 70 du réglement des tutèles, du 7 mars 1673, attribue au tuteur, relativement à ses avances, la même hypothèque sur les biens du mineur, que celle que le mineur a sur les biens de son tuteur pour raison de la tutèle, c'est-à-dire depuis le jour de la sentence de tutèle ; & l'*intérêt* de ces avances est dû de plein droit au tuteur, à compter du jour auquel elles ont été faites, jusqu'à celui où elles ont été acquittées. La même jurisprudence s'observe dans les parlemens de droit écrit ; mais il en est autrement dans les autres pays coutumiers : outre que le tuteur n'a hypothèque, pour ses avances, sur les biens du mineur, qu'à compter du jour de la clôture du compte de tutèle, l'*intérêt* de ces mêmes avances ne lui est dû qu'à compter du jour qu'il en a formé la demande en justice.

On a agité au parlement de Paris la question de savoir si le reliquat du compte des revenus d'un hôpital devoit produire de plein droit des *intérêts* ? on disoit pour l'affirmative, que les hôpitaux méritoient la même faveur que les mineurs, & que les administrateurs de ces établissemens étoient de véritables tuteurs ; mais par arrêt du 6 juin 1735, la cour a décidé que les *intérêts* d'un tel reliquat ne devoient courir que du jour de la demande qui en avoit été faite en justice.

Ce que nous avons dit de l'obligation du tuteur, de faire compte de l'*intérêt* des *intérêts* des deniers oisifs de ses mineurs, doit aussi s'appliquer aux curateurs des interdits. Deux arrêts, l'un du grand-conseil, du 21 septembre 1689, & l'autre du parlement de Paris, du 27 janvier 1694, l'ont ainsi jugé.

10°. Le prix d'un immeuble ou d'un bien réputé tel, comme un office, une rente foncière ou constituée, produit de plein droit des *intérêts*, lorsqu'il est dû au vendeur, ancien propriétaire, ou à ses représentans ; mais cette décision n'a pas lieu en faveur de ceux qui ont prêté leurs deniers pour faire l'acquisition : il faut que le capital de ceux-ci soit aliéné pour qu'il puisse produire des *intérêts*, ou s'il n'est pas aliéné, qu'ils en aient formé la demande en justice. Le parlement de Paris l'a ainsi jugé par arrêt du 22 juillet 1713, rapporté au journal des audiences.

Cependant, si par le contrat de vente on stipule que l'acquéreur ne paiera le prix de son acquisition que dans un certain temps, & qu'il ne soit pas dit que les *intérêts* de ce prix courront pendant ce délai, le vendeur ne pourra les exiger qu'après l'expiration du délai : telle est l'opinion des jurisconsultes & la jurisprudence des arrêts. Cette décision est fondée sur ce qu'on présume que les parties sont convenues d'un prix plus considérable qu'il n'auroit été sans le délai accordé à l'acquéreur pour le payer.

11°. Si un créancier opposant à une sentence d'ordre, vient à succomber sur son opposition, il doit les *intérêts* des sommes qu'il a empêché de toucher, à compter du jour auquel les créanciers les auroient reçues sans cet obstacle. Et s'il y a plusieurs opposans de cette espèce, la répartition de ces *intérêts* doit se faire entre eux, proportionnément au temps qu'ont duré les oppositions, & aux sommes pour lesquelles elles ont été faites. Pinault Desjaunaux rapporte un arrêt du 6 octobre 1694, qui l'a ainsi jugé.

Des intérêts dus en vertu de la convention des parties. Suivant le droit commun des pays coutumiers, on ne peut stipuler aucun *intérêt* pour le prêt appellé en droit *mutuum*. On tient pour maxime qu'un tel prêt doit être gratuit, sur le fondement que l'argent ne produit rien par lui-même, à la différence d'un héritage qui produit des fruits : ainsi, quoique celui qui emploie les deniers qu'on lui a prêtés à exercer le retrait d'un héritage, ou à acquérir un immeuble, soit par ce moyen dispensé de payer des *intérêts* de droit jusqu'à concurrence de la somme qu'il a empruntée, & qu'en conséquence il profite gratuitement des fruits de son acquisition jusqu'à la même concurrence, le prêteur ne peut pas pour cela stipuler valablement en sa faveur aucun *intérêt*, quand même il seroit subrogé aux droits de l'ancien propriétaire que l'acquéreur a payé avec les deniers de ce prêteur. Le parlement de Paris l'a ainsi jugé par différens arrêts.

De ce que la stipulation des *intérêts* des deniers prêtés est défendue, il faut en conclure que les *intérêts* que l'emprunteur a pu payer volontairement peuvent en tout temps être répétés au prêteur, & que celui-ci est obligé de les restituer ou de les imputer sur le principal. C'est ce qui résulte d'un grand nombre d'arrêts du parlement de Paris. Il y en a un autre du 22 juillet 1713, rapporté au journal des audiences, par lequel cette cour a jugé que des *intérêts* de cette nature, qui avoient été payés volontairement pendant 40 années, n'en devoient pas moins être restitués, sur le fondement que l'usure ne se prescrit pas.

Dans les pays régis par le droit écrit, les principes sur la stipulation des *intérêts* de l'argent prêté sont différens.

Suivant le droit, il est permis de stipuler l'*intérêt* des deniers prêtés; mais la jurisprudence des parlemens des différentes provinces de droit écrit n'est pas uniforme à cet égard.

Le parlement de Toulouse ne permet pas directement la stipulation des *intérêts*, mais il l'autorise indirectement, attendu que, quand les *intérêts* convenus ou stipulés ont été payés, il n'en ordonne ni la restitution, ni l'imputation sur le capital, à moins qu'ils n'aient été excessifs. C'est ce qu'attestent Maynard, d'Olive, Cambolas, la Rocheflavin, Despeisses, &c.

Le parlement de Bordeaux ne permet pas non plus directement la stipulation des *intérêts*, mais il les fait courir en vertu d'un simple commandement ou sommation sans demande judiciaire.

Dans les parlemens de Grenoble & de Pau; dans la province d'Alsace, dans celle de Lorraine, ainsi que dans les pays de Bresse, Bugey, Gex & Valromey, il est permis de stipuler les *intérêts* de l'argent prêté par obligation; & ces *intérêts* sont dus à compter du jour qu'il a été convenu qu'ils seroient payés, sans qu'il soit besoin d'aucune sommation, demande ou condamnation à cet effet.

En Dauphiné, les *intérêts* sont exigibles du jour où le débiteur est en demeure de payer l'obligation, quand il y a promesse de paiement à un jour fixe & déterminé, *à peine de tous dépens, dommages & intérêts.* Cette clause équivaut à une stipulation d'*intérêts*, & les fait courir sans qu'il faille aucune sommation ni interpellation préalable.

La stipulation d'*intérêts* est aussi autorisée en faveur du commerce de la ville de Lyon, pourvu qu'il s'agisse d'obligations passées entre marchands ou négocians, & qu'elles soient payables à l'un des termes de paiement des foires qui se tiennent en cette ville quatre fois par an. C'est ce qui résulte de différentes loix; & particuliérement de l'ordonnance de Philippe VI, de 1349; de celle de Louis XI, de 1462; de celles de Henri III, de 1580 & 1581; de l'édit de Henri IV, du mois de juillet 1601; de celui de Louis XIII, du mois de mars 1634; & de ceux de Louis XIV, de décembre 1665, & de septembre 1679.

Autrefois il étoit permis, tant en pays coutumier qu'en pays de droit écrit, de prêter les deniers des mineurs avec stipulation d'*intérêts* & sans aliénation du capital : le Prestre & Louet rapportent plusieurs anciens arrêts par lesquels le parlement de Paris avoit autorisé cet usage : mais on a reconnu dans la suite que cette jurisprudence étoit contraire aux dispositions de l'article 102 de l'ordonnance d'Orléans; & la même cour a déclaré de pareilles stipulations nulles & usuraires, & a ordonné l'imputation des *intérêts* sur le capital, sauf le recours des mineurs contre les tuteurs. C'est particuliérement ce qui résulte d'un arrêt du 28 août 1696, d'un autre du 20 janvier 1711, & d'un troisième du 7 mai 1714. Il a été ordonné que ce dernier arrêt seroit lu, publié & enregistré dans tous les sieges du ressort de la cour pour y servir de réglement.

Le parlement de Bretagne autorisoit autrefois, comme avoit fait le parlement de Paris, la stipulation d'*intérêt* pour prêt des deniers dus à des mineurs; mais cette jurisprudence a aussi été changée par le réglement des tutèles de Bretagne du mois de décembre 1732. L'article 23 de cette loi porte, que *l'article 102 de l'ordonnance d'Orléans sera exécuté, & qu'en conséquence les deniers pupillaires ne pourront être employés qu'en acquisitions d'immeubles ou de rentes constituées.*

On en use autrement dans la province de Normandie : l'article 41 des arrêtés du parlement de Rouen du 7 mars 1673, concernant les tutèles, autorise le tuteur *à bailler en constitution de rente les deniers des mineurs à la charge de les rendre audit mineur, tant en principal qu'*intérêts *après sa majorité.*

Mais cette cour a jugé par arrêt du 17 juin 1667, que ce privilège des mineurs ne devoit pas être étendu aux communautés. Cet arrêt, en infirmant la sentence du premier juge, a déchargé Noël le Coq de payer les *intérêts* d'une somme qu'il avoit empruntée des habitans de Membres, à condition de rendre le capital quatre ans après le prêt.

Lorsqu'on vend, soit une universalité de meubles ou des meubles particuliers qui peuvent produire des fruits, il est permis de stipuler les *intérêts* du prix de la vente. Ainsi, lorsqu'un particulier qui veut sortir de la ville où il est domicilié, vend tout son mobilier moyennant un prix payable dans un certain temps, il peut stipuler que les *intérêts* de la somme due lui seront payés jusqu'à ce que le capital soit acquitté.

Pareillement, quand un marchand vend son fonds de commerce, ou un procureur son office avec sa pratique, ils peuvent stipuler que les *intérêts* du prix convenu seront payés jusqu'au terme fixé pour acquitter le capital.

La même règle doit s'appliquer à l'associé qui vend son *intérêt* dans une société, & au propriétaire d'une manufacture qui la vend avec le privilège & les marchandises qui en dépendent.

Mais il en est autrement d'un marchand qui vend à crédit une marchandise ou denrée destinée à l'usage ou à la consommation, ou même au commerce de l'acheteur : on ne peut point stipuler d'*intérêt* pour une telle vente, sous prétexte que, sans cette stipulation, on auroit vendu plus cher. Cette décision est fondée sur ce qu'on présume que le vendeur a proportionné son gain au crédit qu'il a accordé.

Il y a une sorte d'*intérêts* indirects, dont la stipulation peut avoir lieu entre le vendeur & l'acheteur, même pour la vente d'une marchandise ou denrée : cet *intérêt* qu'on appelle *escompte*, consiste dans une diminution de prix convenue au profit de l'acheteur, s'il vient à payer avant le terme qui lui a été accordé. Ainsi, lorsque celui qui a un an pour payer, se libère au bout de trois mois, il peut, d'après une telle convention, retenir sur la somme due, neuf mois d'*intérêt*.

Il y a encore une autre sorte d'*intérêts* indirects dont la stipulation est permise, & qui résulte d'une diminution de prix convenue, si le vendeur vient à ne pas livrer la marchandise achetée dans le temps auquel il s'y est obligé. Cette diminution de prix, qui peut être fixée à tant par mois, est une indemnité du préjudice que le retard de la délivrance peut occasionner à l'acheteur. Bourjon rapporte un arrêt de la fin d'août 1740, par lequel le parlement de Paris a ordonné l'exécution d'une pareille convention dans l'espèce suivante :

Un maître de forge s'étoit obligé de livrer à un marchand une certaine quantité de fer dans des temps fixés, & les parties étoient convenues que le prix stipulé par le marché diminueroit d'une certaine somme par chacun mois de retard de la livraison. Le maître de forge qui avoit été en partie payé d'avance, & n'avoit livré son fer qu'après le temps déterminé, refusoit de payer la peine du retard, sous prétexte qu'elle n'avoit pu être stipulée; mais l'arrêt cité a jugé la convention valable.

On peut valablement stipuler les *intérêts* des sommes que les débiteurs s'obligent de payer par une transaction sur procès, pourvu que la dette soit relative à la contestation terminée par la transaction.

C'est en conformité de cette règle, que par arrêt du 11 juin 1682, rapporté au journal des audiences, le parlement de Paris a confirmé une sentence de la sénéchaussée de Bourbonnois, qui avoit ordonné l'exécution d'une transaction faite pour raison d'*intérêts* civils, & dans laquelle on avoit stipulé que, faute de paiement en trois ans de la somme de 3309 livres, dont les parties étoient convenues, *pour toutes actions, réparations civiles & dépens*, les *intérêts* en seroient payés suivant l'ordonnance, après les six premiers mois expirés.

La stipulation d'*intérêts* peut aussi avoir lieu valablement dans le contrat de société. Ainsi, quand l'un des associés apporte en argent ou en marchandises plus que les autres à la société qu'ils contractent, pour être entre eux partagée par parties égales, on a coutume de convenir que cet associé prélevera cet excédent lors du partage de la société, avec les *intérêts*, proportionnément au temps qu'elle aura duré.

Une telle convention a lieu assez souvent, lorsqu'un négociant marie quelqu'un de ses enfans, comme dans cet exemple que propose M. Pothier. « Un négociant qui a un fonds de commerce de » 450000 livres en argent, dettes actives & marchandises, déduction faite du passif, en tire 50000 » livres pour marier son fils, & associe pour dix » ans son fils à son commerce. Quoique son fils » n'apporte à cette société que les 50000 livres » qu'il a reçues de son père, & pareille somme » que sa femme lui a apportée en dot, ce qui fait » en tout cent mille livres, & que son père y » contribue de quatre cens mille livres qui lui » restent, néanmoins il associe son fils pour moitié à son commerce, au lieu du cinquième qu'il » y devroit avoir seulement, n'ayant apporté » pour sa part qu'une somme de cent mille livres, » qui est le cinquième du fonds de la société. Pour » récompenser le père de trois cens mille livres » dont il contribue à la société de plus que son

» fils, on convient par le contrat de société inséré » dans le contrat de mariage, que le père, à la fin » du temps de la société, prélevera au partage la » somme de 300000 liv. avec les *intérêts* de cette » somme pour chacune des années qu'aura duré la » société ».

Quelques casuistes trop rigides ont prétendu qu'une telle convention étoit usuraire, attendu qu'elle renfermoit, selon eux, un prêt de trois cens mille livres, dont le père percevoit les *intérêts* sans que le capital fût aliéné, & sans courir aucun risque par rapport à ce capital, puisqu'il devoit lui être rendu par la société, quand même il ne seroit résulté que des pertes du commerce qu'elle auroit fait. Mais on peut répondre qu'il n'y a d'usure que dans le contrat de prêt formel ou déguisé sous la fausse apparence d'un autre contrat: or, la convention dont il s'agit n'est un prêt ni formel, ni déguisé; car le père n'a point eu intention de prêter à son fils, c'est une clause très-légitime d'un contrat de société dont elle fait partie. Il est évident que les trois cens mille livres que le père a de plus que son fils dans la société, sont un fonds de commerce qui produit des fruits; il est par conséquent juste qu'abandonnant ces fruits à la société, il en reçoive pour prix l'*intérêt* de son fonds: s'il est déchargé du risque des pertes qu'il auroit dû souffrir pour raison de ce fonds, en cas de mauvais succès, c'est que les profits qu'il y a lieu d'espérer d'un bon commerce, sont beaucoup plus considérables que les *intérêts* de l'argent, & que l'espérance de ces profits est beaucoup mieux fondée que les pertes ne sont à craindre. Enfin une preuve que la convention dont il s'agit ne renferme aucune injustice, c'est qu'entre marchands, ces sortes de conventions sont considérées comme avantageuses au fils. En effet, si le père ne consultoit que son seul avantage, il aimeroit beaucoup mieux n'admettre son fils en société que pour un cinquième, que de l'admettre pour la moitié, sous la condition de percevoir les *intérêts* de ses trois cens mille livres: aussi c'est communément la famille de la fille qui exige du père une telle convention comme une condition du mariage.

Des intérêts judiciaires. Les *intérêts* judiciaires sont ceux qui n'étant pas de droit, ou ne résultant pas d'une stipulation valable, ne peuvent être accordés que par le juge. Il faut pour les faire courir, que le créancier en forme la demande contre son débiteur, & qu'il le mette en demeure de payer. Sans cette demande, les juges ne peuvent point adjuger les *intérêts*.

Cette jurisprudence est conforme à l'article 60 de l'ordonnance d'Orléans, qui est ainsi conçu:

« Contre les condamnés à payer certaine somme » de deniers par cédule ou obligation, seront adjugés les dommages & *intérêts* requis pour le » retardement du paiement, à compter du jour » de l'ajournement qui leur aura été fait ».

Cette ordonnance est la règle que suivent la plupart des tribunaux du royaume, pour adjuger aux créanciers les *intérêts* qu'ils ont requis en mettant leur débiteur en demeure de payer, par un exploit d'assignation. Ces *intérêts* sont les véritables dommages & *intérêts* dont parle la loi qu'on vient de citer.

Ainsi, lorsqu'un billet, une obligation, une lettre-de-change ou une autre créance, de quelque nature qu'elle soit, ne sont pas acquittés au jour de l'échéance, le créancier peut en poursuivre le paiement en justice, & en demander les *intérêts*, à compter du jour auquel il a mis, par un exploit d'assignation, son débiteur en demeure de payer.

Cette jurisprudence néanmoins n'a pas lieu en Normandie; on n'y adjuge point les *intérêts* des dettes mobilières, lors même qu'ils sont demandés judiciairement. On en use ainsi, parce que l'ordonnance d'Orléans n'a pas été enregistrée au parlement de Rouen.

La caution du débiteur principal, contre lequel le créancier s'est pourvu judiciairement, & a obtenu une condamnation tant pour le capital que pour les *intérêts*, est tenue elle-même de ces *intérêts*, à compter du jour où ils ont été demandés contre le débiteur principal, quoiqu'il n'y ait point eu de pareille demande formée contre elle. C'est ce qui résulte de la loi 24, §. 1, *ff. de usur.* & de la loi 88, *ff. de verb. oblig.*

Quand une caution a payé pour le principal obligé ce que celui-ci devoit à son créancier, tant en principal qu'*intérêts* & frais, elle peut répéter au débiteur non-seulement ce qu'elle a payé, mais encore les *intérêts* du tout, quoiqu'on puisse dire qu'une telle répétition comprend des *intérêts* d'*intérêts* à l'égard du débiteur; mais ce qui autorise cette même répétition, c'est que tout ce que la caution a payé est un capital pour elle, & qu'il est juste par conséquent qu'elle en ait les *intérêts*, à compter du jour de sa demande.

Il faudroit suivre la même règle, si le paiement fait par la caution concernoit des arrérages de rente constituée. C'est ce qui résulte d'un arrêt du 14 décembre 1606, rapporté par le Prestre.

Mais si, lors du cautionnement, il avoit été stipulé une indemnité en faveur de la caution, au cas qu'elle seroit obligée de payer, les *intérêts* de ce qu'elle auroit payé lui seroient dus à compter du jour du paiement. Le parlement l'a ainsi jugé par arrêt du 22 juillet 1682, rapporté au journal du palais.

Celui qui a payé volontairement ce qu'il ne devoit pas, & qui le répète en justice, ne peut exiger les *intérêts* que du jour de sa demande; mais s'il n'a payé que comme contraint, ce qu'il ne devoit pas, les *intérêts* lui en sont dus à compter du jour du paiement.

Le créancier qui a été colloqué utilement dans un ordre, & qui est obligé de rapporter la somme qu'il a touchée, parce qu'il a reçu ce qu'un autre créancier devoit recevoir, doit les *intérêts* de cette somme. Divers arrêts l'ont ainsi jugé, & notamment un du 2 septembre 1690, & un autre du 6 septembre 1698.

Lorsqu'on a adjugé une somme fixe pour dommages & *intérêts*, ou pour réparation civile, on peut demander les *intérêts* de cette somme, en mettant le débiteur en demeure de la payer : mais si les dommages & *intérêts* n'ont été adjugés que suivant la liquidation qui en seroit faite, les *intérêts* n'en peuvent être demandés qu'après cette liquidation.

Les *intérêts* d'un reliquat de compte de communauté qui ne concerne que de l'argent ou des effets mobiliers, ne peuvent être dus que du jour de la demande : mais il en seroit différemment si le reliquat dérivoit d'un office ou d'un immeuble commun que le débiteur auroit retenu : comme les biens de cette nature produisent des fruits, les *intérêts* du reliquat seroient dus à compter du jour de la dissolution de la communauté.

Le deuil d'une femme est une créance ordinaire dont les *intérêts* ne peuvent être dus que du jour de la demande.

De ce que les légataires ne sont saisis de leurs legs qu'après en avoir obtenu la délivrance, il faut conclure que les *intérêts* ne peuvent leur en être dus que du jour de la demande qu'ils en ont formée, à moins toutefois qu'il ne fût question d'un héritage légué : la délivrance de l'héritage emporteroit celle des fruits.

Observez d'ailleurs que les *intérêts* d'un legs seroient dus à compter du jour du décès du testateur, si l'on pouvoit présumer que telle a été sa volonté. Le parlement l'a ainsi jugé par arrêt du 7 janvier 1603, relativement à un legs de 3000 l. fait par un père à chacune de ses filles, & payable lors de leur mariage.

La somme due pour supplément de juste prix de la vente d'un immeuble, ne produit des *intérêts* qu'en conséquence de la demande judiciaire qui s'en est faite.

Il en est de même des droits de quint ou de lods & ventes, ou d'indemnité, dus à des seigneurs pour ventes dans leurs mouvances ou censives. Ces créances, quoique privilégiées sur des fonds, n'ont rien d'ailleurs qui les distingue des créances ordinaires, dont les *intérêts* ne peuvent être dus qu'à la suite d'une demande judiciaire, & après avoir mis le débiteur en demeure de payer.

On peut demander en justice des *intérêts* des arrérages de cens, de rentes seigneuriales, de rentes foncières, de rentes viagères, de pensions alimentaires, de douaires, de loyers de maisons, de fermages, de fruits dont on poursuit la restitution, & même des intérêts dus de plein droit, parce que tous ces différens arrérages ou *intérêts* forment un capital pour celui à qui ils sont dus, & sont capables de produire des fruits, à la différence des *intérêts* judiciaires qui ne sont que la peine du retard du débiteur, & qui ne peuvent produire d'autres *intérêts*.

Lorsqu'un artisan ou un ouvrier a demandé en justice le paiement de ses ouvrages avec les *intérêts*, ces *intérêts* lui sont dus à compter du jour de la demande originaire. Le parlement de Paris l'a ainsi jugé par arrêt du 28 juin 1760, qui a infirmé une sentence du châtelet, en ce qu'elle n'avoit adjugé de pareils *intérêts* qu'à compter du jour de la demande en entérinement du procès-verbal d'estimation des ouvrages.

Celui qui a été condamné en justice à payer une somme dans un certain temps, avec les *intérêts*, doit ces *intérêts* non-seulement jusqu'à l'échéance du délai, mais encore jusqu'au jour du paiement, sans qu'il soit nécessaire de former une nouvelle demande, ni d'obtenir une nouvelle condamnation. Le parlement l'a ainsi jugé par arrêt du 25 janvier 1671, rapporté au journal du palais.

Quand des dépens ont été liquidés par un jugement ou par un exécutoire, l'*intérêt* peut en être demandé dans la plupart des jurisdictions du royaume ; mais le parlement de Provence a une jurisprudence différente. S'il s'agit de dépens prononcés par des tribunaux de son ressort, il juge que ces dépens ne peuvent point produire d'*intérêts*, quand même *il y auroit eu des demandes ou exécutions faites* pour en obtenir le paiement. Mais s'il s'agit de dépens adjugés dans des parlemens où les *intérêts* des dépens liquidés peuvent être demandés, cette cour juge qu'ils doivent produire le même effet en Provence. C'est ce qui résulte de trois actes de notoriété du parquet de la même cour, des 26 mai 1684, 12 mai 1692, & 21 juillet 1694.

Suivant un arrêté du parlement de Bordeaux du 14 mars 1696, les dépens liquidés par exécutoire dans le ressort de cette cour, ne peuvent, même après le commandement, produire des *intérêts*, si l'exécutoire n'a été rédigé en contrat en vertu duquel il ait été fait des commandemens de trois ans en trois ans, & qui aient été renouvellés avant la fin de chaque troisième année. La Peyrère cite un arrêt du 21 décembre 1704, conforme à cette jurisprudence.

Au parlement de Toulouse, les dépens d'un procès ni les deniers provenans d'une liquidation de fruits, ne peuvent jamais produire d'*intérêts*, quand même ils seroient compris dans un arrêt ou dans une transaction, & qu'ils formeroient un capital. Cette jurisprudence est attestée par Vedel sur Catelan.

Pour qu'un créancier puisse exiger des *intérêts* judiciaires, il faut tout-à-la-fois qu'il les ait demandés, & qu'ils lui aient été adjugés. Divers arrêts l'ont ainsi jugé sur le fondement des dispositions de l'article 60 de l'ordonnance d'Orléans.

Il est souvent arrivé que le prêteur, d'accord avec l'emprunteur, obtenoit une sentence par laquelle celui-ci étoit condamné à payer à celui-là la somme prêtée, avec les *intérêts*, à compter du jour d'une demande supposée, & qui accordoit pour payer, le délai convenu. C'étoit une obligation en forme de sentence, ou une condamnation d'*intérêts* volontaires, sans assignation ou demande judiciaire précédente. Mais le parlement de Paris a toujours déclaré usuraires de telles sentences, & ordonné que tous les deniers reçus pour les *intérêts* seroient imputés sur le capital, sans que de telles sentences pussent être confirmées par aucun laps de temps, attendu qu'on ne pouvoit opposer aucune fin de non-recevoir ou prescription contre l'usage. C'est ce qui résulte de divers arrêts, & sur-tout d'un du 7 juillet 1707, rendu en forme de réglement, & rapporté au journal des audiences. Ce dernier arrêt a déclaré usuraires les *intérêts* d'une obligation passée en forme de sentence, du consentement des parties, parce qu'elle n'avoit pas été précédée d'une assignation ou demande judiciaire; & cependant cette obligation, qui étoit du 29 octobre 1647, avoit été reconnue & approuvée par différens actes subséquens.

Pour éviter les effets de cette jurisprudence, ceux qui, sans aliéner leur argent, veulent le prêter avec *intérêts*, ont imaginé un autre moyen. Le prêteur convient avec l'emprunteur que ce dernier sera assigné en condamnation de la somme contenue en son billet ou obligation, avec les *intérêts* du jour de la demande, & que sur cette demande il interviendra une sentence conforme aux conclusions, & qui accordera le délai convenu pour payer. En ce cas, la forme est remplie, & il n'y a que la preuve de la fraude qui puisse en empêcher l'effet. Au surplus, le parlement de Paris juge qu'il y a lieu de présumer la fraude quand la demande à fins d'*intérêts* n'est pas postérieure au moins de trois mois à la date du billet ou de l'obligation.

Une demande d'*intérêts* judiciairement formée par un créancier contre un co-obligé, suffit pour lui procurer ces *intérêts* contre l'autre co-obligé qui n'a point été appellé. Le parlement de Paris l'a ainsi jugé par arrêt du 16 août 1630, & le parlement de Toulouse, par arrêt du 7 août 1663.

Il y a des cas où l'on peut valablement requérir des *intérêts* par des actes extrajudiciaires, ou par des actes judiciaires autres qu'une assignation ou une demande contre le débiteur.

Ainsi, en matière de lettres-de-change, l'*intérêt* est dû du jour de protêt, quoiqu'il n'ait pas été demandé en justice. C'est une disposition de l'article 7 du titre 6 de l'ordonnance du commerce du mois de mars 1673.

Lorsqu'après le décès d'un débiteur, la justice appose le scellé sur les effets de sa succession, tous les créanciers du défunt qui forment opposition à ce scellé pour le paiement de ce qui leur est dû, & qui requièrent en même temps les *intérêts* de ces créances, doivent avoir ces *intérêts* à compter du jour de leur opposition, quoiqu'ils n'en aient pas formé la demande par une assignation. Cette décision que le parlement de Paris a confirmée par divers arrêts, & notamment par un du 11 août 1738, est fondée sur ce que les héritiers du défunt n'étant pas encore connus, on ne peut former aucune demande contre eux, & la succession étant mise sous la main de la justice, une opposition où des *intérêts* sont requis, équivaut à une demande judiciaire qui auroit eu pour objet ces mêmes *intérêts*.

Toute opposition formée au décret des biens d'un débiteur produit des *intérêts* au profit du créancier opposant, à compter du jour auquel elle a été faite, quand les *intérêts* y ont été requis. La raison en est, que la saisie-réelle des biens d'un débiteur & les oppositions qui y surviennent mettent suffisamment ce débiteur en demeure de payer; & que la requisition des *intérêts* des capitaux dus doit être assimilée à une demande judiciaire, attendu que le débiteur est partie dans l'instance de la saisie-réelle de ses biens, & que l'opposition est formée au greffe dans un temps où ces biens sont sous la main de justice pour être vendus, & le prix en être distribué aux créanciers saisissans & opposans. Telle est la jurisprudence du parlement de Paris, justifiée par divers arrêts, & notamment par deux de la grand'chambre des 24 février 1758 & 28 février 1761.

Au reste, si une opposition à un scellé ou à un décret étoit vague & non libellée, & que le créancier n'y eût point requis d'*intérêts*, il n'en pourroit prétendre aucun en vertu d'une telle opposition.

Observez qu'une opposition au sceau des provisions d'office, par laquelle l'opposant auroit requis l'*intérêt* de sa créance, ne pourroit pas produire le même effet qu'une opposition à un scellé ou à un décret, par la raison que le sceau n'est pas une jurisdiction & que l'opposition qui y est formée ne peut être assimilée à une demande judiciaire. Ainsi pour qu'un tel opposant puisse obtenir les *intérêts* de sa créance, il faut qu'il fasse assigner le débiteur devant les juges ordinaires, & qu'il requierre par sa demande ces *intérêts*. C'est ce qu'a jugé un arrêt du parlement de Paris, du 15 mars 1707, rapporté par Brillon.

Observez aussi que les formalités nécessaires pour procurer aux créanciers les *intérêts* judiciaires des deniers qui leur sont dus, ne sont pas les mêmes par-tout.

Au châtelet de Paris, il faut demander le principal & les *intérêts*, & le créancier qui ne demanderoit que l'un ou l'autre n'obtiendroit point d'*intérêts*.

En Auvergne, il suffit de demander le capital, & l'on en adjuge les *intérêts* contre le débiteur qui a été mis en demeure de payer.

La même règle a lieu dans le Lyonnois.

En Bresse, un simple commandement de payer fait

fait courir contre le débiteur les *intérêts* de ce qu'il doit.

Il en est de même dans le ressort du parlement de Bordeaux ; mais il faut que le commandement soit renouvellé tous les trois ans, autrement les commandemens antérieurs restent sans effet, & le débiteur ne doit plus d'*intérêts*.

Au parlement de Toulouse, les *intérêts* courent du jour de la condamnation intervenue sur le capital, quand ils n'ont pas été demandés, & du jour de la demande, lorsque le créancier les y a compris. C'est ce qui résulte d'un arrêt du 17 août 1725, rapporté par Vedel sur Catelan.

Au parlement de Dijon, les *intérêts* adjugés par sentence ou par arrêt, ne courent que pendant cinq ans, à moins qu'on n'en ait formé une nouvelle demande judiciaire.

Remarquez que c'est la loi du lieu où une dette a été contractée, qui règle les formalités nécessaires pour en faire courir les *intérêts* au profit du créancier.

Avant Justinien, on formoit souvent un capital séparé d'une somme composée d'*intérêts*, & on lui faisoit produire d'autres *intérêts* ; mais cet empereur abrogea cet usage & régla que ce qui proviendroit d'*intérêts* ne pourroit être converti en capital, ni produire de nouveaux *intérêts*.

Parmi nous, on ne peut pas non plus faire payer des *intérêts* d'*intérêts* ; mais cette règle reçoit quelques exceptions.

Il est de principe que des *intérêts* judiciaires ne peuvent jamais produire d'autres *intérêts*, quand même on en auroit formé la demande en justice, après avoir mis le débiteur en demeure de payer.

Mais les *intérêts* qui sont dus de plein droit peuvent produire d'autres *intérêts*, en conséquence d'une demande judiciaire suivie de condamnation ; on peut aussi les convertir en capital, & en former le prix d'une constitution de rente produisant des arrérages.

Ainsi celui qui a cédé & transporté une créance dont l'objet étoit en tout ou en partie formé d'*intérêts*, & qui n'a pas reçu le prix du transport, peut en percevoir les *intérêts*, à compter du jour qu'il les a demandés en justice, quoique les *intérêts* compris dans la créance n'eussent pas pu lui produire d'autres *intérêts* avant le transport. La raison en est que le prix de la cession est devenu un capital pour le cédant ; & quand on dit qu'il n'est pas permis d'exiger des *intérêts* d'*intérêts*, cela s'entend du débiteur originaire, & non d'un cessionnaire de la créance.

Pareillement, lorsqu'une caution a payé pour le débiteur principal ce qu'il devoit tant en capital qu'*intérêts*, elle doit percevoir les *intérêts* de tout ce qu'elle a payé, à compter du jour de la demande de ces *intérêts*, parce que tout ce qu'elle a payé est devenu un capital pour elle.

Les *intérêts* d'une dot, d'un douaire, d'une légitime, du prix d'un héritage, *&c.* doivent aussi produire d'autres *intérêts*, à compter du jour qu'ils ont été demandés en justice.

De l'hypothèque des intérêts. Selon le droit romain, les *intérêts* dus en vertu de la stipulation, ou qui dérivoient d'un contrat de bonne-foi, avoient la même hypothèque que le capital dont ils étoient réputés l'accessoire.

Parmi nous, on a long-temps suivi une autre jurisprudence : on a pensé que les dispositions du droit romain, à cet égard, ne pouvoient être suivies que pour les rentes constituées, attendu que le débiteur de ces rentes ne doit, à proprement parler, que des arrérages, & non un capital, tant qu'il ne veut pas racheter ; sauf les cas de stellionat ou de décret où ce rachat peut être forcé. Quant aux autres contrats ou obligations qui pouvoient occasionner des *intérêts*, on distinguoit ceux où le débiteur s'étoit obligé de payer *à peine de tous dépens, dommages & intérêts*, de ceux où son engagement étoit pur & simple, & sans une pareille clause. Au premier cas, on accordoit aux *intérêts* la même hypothèque qu'au principal, parce que c'étoit une des conditions de l'acte. Dans le second cas, au contraire, comme des *intérêts* ne pouvoient être produits que par une demande judiciaire, & non par l'obligation qui n'en parloit pas, on n'accordoit l'hypothèque à ces *intérêts* que du jour de la sentence de condamnation qui les prononçoit. Telle étoit anciennement la jurisprudence du parlement de Paris, comme le justifient divers arrêts cités par Brodeau sur Louet : mais il en est autrement aujourd'hui, & la clause *à peine de tous dépens, dommages & intérêts*, est censée comprise dans tous les actes comme une suite nécessaire de l'obligation : c'est pourquoi, dans la distribution des deniers provenant du prix des immeubles d'un débiteur, les créanciers sont colloqués pour leurs *intérêts* comme pour leurs capitaux, suivant la date de leurs hypothèques.

Il faut néanmoins excepter de cette règle, par rapport au ressort du parlement de Paris, la province d'Auvergne, où les *intérêts* ne sont colloqués dans les ordres qu'après tous les capitaux.

En Normandie, où l'on est plus réservé qu'ailleurs sur les *intérêts*, on les adjuge à la caution, à l'obligé, à l'héritier qui a payé des arrérages de rente pour le débiteur principal, le co-obligé, ou le cohéritier : on lui accorde même pour son recours des arrérages la même hypothèque que celle qui résulte de l'acte de cautionnement, ou de la garantie de droit ou de fait ; mais il n'a pas la même hypothèque pour les *intérêts* des arrérages qu'il a payés, ni pour ceux qui ont été adjugés à cause de la mise en demeure de payer. Voici ce qui est ordonné à ce sujet par le réglement du 6 avril 1666.

« *Art. 149.* Les *intérêts* dus pour le recours des » arrérages payés par le plège ou cohéritier, ont » hypothèque du jour des paiemens, s'il a payé » sur la poursuite du créancier, laquelle poursuite

» il est tenu de faire savoir au principal obligé dans » les six mois, & en avoir acte en justice, autrement lesdits *intérêts* n'ont hypothèque que du jour » de l'action.

» *Art.* 150. Mais les *intérêts* des arrérages que » le plège a payés volontairement, ainsi que ceux » qui sont adjugés pour le retardement d'une dette, » ne sont dus & n'ont hypothèque que du jour » de la demande ».

L'article 595 de la coutume de Normandie accorde une hypothèque pour les exécutoires de dépens, non depuis le jour du jugement qui les a prononcés, mais du jour de l'introduction de l'instance; & Berault, sur cet article, cite un arrêt du dernier mars 1583, rendu entre Bertrand Lourfonneur & Marie Dequelle, par lequel le parlement de Rouen a jugé que les *intérêts* provenans d'une inscription en faux, c'est-à-dire des dommages & *intérêts*, aussi bien que des dépens, avoient hypothèque du jour de l'instance qui les avoit occasionnés.

Enfin, dans la même province de Normandie, toute obligation sous signature privée a., suivant l'article 136 du réglement du 6 avril 1666, hypothèque du jour du décès de l'obligé, quoiqu'elle ne soit ni reconnue, ni contrôlée; d'où il suit que, quand cette obligation peut produire des *intérêts*, ils ont la même hypothèque que le capital dont ils sont l'accessoire.

Dans les pays régis par le droit écrit, on attribue aux *intérêts* la même hypothèque qu'au capital; cependant la jurisprudence n'est pas uniforme dans les parlemens, sur la manière de colloquer les capitaux & les *intérêts*. Dans quelques-uns on colloque les *intérêts* avant le capital : dans d'autres, au contraire, on colloque le capital avant les *intérêts*; & dans quelques-uns, le capital & les *intérêts* par concurrence.

Le seul parlement de Toulouse a une jurisprudence différente sur la collocation des *intérêts*, dans la distribution du prix des immeubles entre les créanciers du débiteur: on y fait d'abord un premier ordre, où tous les créanciers sont colloqués selon la date de leurs hypothèques, pour les capitaux qui leur sont dus; & quelques-uns d'eux, tant pour les capitaux que pour les *intérêts*, quand ce sont des *intérêts* privilégiés; ensuite on procède à un second ordre entre ces mêmes créanciers pour les *intérêts* des capitaux colloqués dans le premier ordre, & suivant les mêmes hypothèques, d'où il résulte que le second ordre ne peut produire aucun effet qu'après l'exécution du premier. Par ce moyen, il arrive fréquemment que des créanciers, utilement colloqués pour leurs capitaux, le sont inutilement pour les *intérêts* de ces capitaux.

M. d'Olive indique dans ses *Maximes journalières*, les *intérêts* qui doivent être colloqués au même rang que les capitaux dans le premier ordre. Ces *intérêts* sont ceux des dots, des légitimes, du prix des biens vendus, & des *intérêts* payés par une caution, un cohéritier ou un coobligé.

Du taux des intérêts. Le souverain a seul le droit de fixer le taux des rentes & des *intérêts*.

Anciennement ce taux étoit au denier dix du capital, comme le justifie l'article 376 de l'ancienne coutume d'Orléans, rédigée en 1509, qui est ainsi conçu.

« Il est prohibé & défendu d'acquérir & acheter rentes à moindre prix que de dix livres tournois, pour le sort principal de vingt sous tournois de rente ».

Par édit du mois de mars 1576, Charles IX fixa le taux des rentes & des *intérêts* au denier douze.

Un autre édit, donné par Henri IV au mois de juillet 1601, régla le taux des *intérêts* au denier seize.

Ce même taux fut fixé au denier dix-huit par un édit de Louis XIII, donné au mois de mars 1634.

Par un autre édit du mois de décembre 1665, Louis XIV fixa le taux des *intérêts* au denier vingt.

L'*intérêt* fut réduit au denier cinquante, par un édit du feu roi, donné au mois de mars 1720; mais cette loi ne fut enregistrée dans aucun parlement, & demeura sans exécution.

Un autre édit du mois de juin 1724 fixa les *intérêts* au denier trente; & par un autre édit du mois de juin de l'année suivante, ils furent rétablis au taux réglé par l'édit de décembre 1665, c'est-à-dire au denier vingt.

Les choses sont restées dans cet état jusqu'au mois de juin 1766, que le feu roi fit publier un édit, portant qu'à l'avenir on ne pourroit stipuler l'*intérêt* sur un pied plus fort que le denier vingt-cinq.

Cette loi ayant rendu la circulation de l'argent plus rare, il y a été dérogé par un édit du mois de février 1770, qui a ordonné qu'à compter du jour qu'il seroit publié, les *intérêts* seroient & demeureroient fixés dans toute l'étendue du royaume, à raison du denier 20 du capital, tels qu'ils avoient lieu avant l'édit du mois de juin 1766; mais le roi a en même temps déclaré qu'il n'entendoit rien innover aux contrats de constitution, aux billets portant promesse de passer contrat de constitution, & aux autres actes faits jusqu'au jour de la publication de ce dernier édit.

Cette disposition est particuliérement fondée sur ce que le sort principal d'une rente étant aliéné à perpétuité en faveur du débiteur, il ne seroit pas juste de rendre pire la condition du créancier, dans le cas d'une diminution du taux des *intérêts*, attendu qu'il ne peut exiger le rachat de la rente, & qu'au contraire le débiteur a la faculté de faire ce rachat quand il le juge à propos.

Il n'en est pas de même des *intérêts* soit légaux, soit conventionnels, soit judiciaires : ils sont sujets à varier suivant les différens édits qui en règlent le taux. Ils ne peuvent être exigés qu'en conformité de ces édits : en cela la loi ne fait tort ni au créancier, ni au débiteur, attendu que l'un peut se faire payer, & l'autre se libérer, quand ils le jugent à propos.

Des causes qui font cesser les intérêts. Les *intérêts* cessent ou par un paiement effectif, ou par une compensation, ou par la confusion qui se fait dans la personne du créancier & du débiteur, ou par des offres réelles, suivies de consignation.

En matière d'adjudication d'immeubles vendus par décret, il n'y a que la consignation du prix de l'adjudication, qui puisse faire cesser les *intérêts* dus par l'adjudicataire. A l'égard des créanciers, dans l'Auvergne & le Mâconnois, les *intérêts* cessent de courir au profit de ceux qui sont colloqués utilement, du jour du décret, parce que l'ordre s'y fait avant le décret.

Il en est de même dans le Lyonnois, Forez & Beaujolois, quoique l'ordre ne s'y fasse qu'après le décret, par la raison, que le débiteur étant dépouillé, il ne peut plus charger des héritages qu'il ne possède plus, au préjudice des créanciers, qui sont tous de niveau par la réunion de leurs *intérêts*.

Des différentes dénominations qu'on ajoute en droit au mot intérêt.

On appelle *intérêts civils*, une somme d'argent que l'on adjuge en matière criminelle à la partie civile contre l'accusé, par forme de dédommagement du préjudice que la partie civile a pu souffrir par le fait de l'accusé. On appelle cette indemnité *intérêts civils*, pour la distinguer de la peine corporelle qui fait l'objet de la vindicte publique, & des dommages & intérêts que l'on accorde à l'accusé contre l'accusateur, lorsqu'il y a lieu.

L'*intérêt civil* dû pour raison d'un crime, se prescrit par vingt ans, comme le crime même.

Quand le roi remet à un condamné les peines corporelles & pécuniaires, il n'est jamais censé remettre les *intérêts civils* dus à la partie.

Les condamnés peuvent être retenus en prison faute de paiement des *intérêts civils*.

Ces *intérêts* sont préférés à l'amende due au roi. *Voyez* l'ordonnance de 1670, *tit. 13*, *art. 20*; le journal des audiences, *tom. 2*, *liv. 3*, *chap. 11*.

Intérêts compensatoires, sont ceux qui sont dus pour tenir lieu des fruits que le créancier auroit retirés d'un fonds, tels que les *intérêts* du prix de la vente, ceux de la légitime, *&c.*

Intérêts conventionnels, sont ceux qui n'ont lieu qu'en vertu de la convention.

Intérêts juratoires: on appelle ainsi en quelques pays ceux qui sont adjugés en justice. *Voyez la dissertation de* M. Catherinot, *sur le prêt gratuit*, *p. 68*.

Intérêts lucratoires: sont la même chose que les *intérêts* conventionnels: on les appelle *lucratoires*, parce qu'ils sont stipulés comme une estimation du profit que l'argent auroit pu produire, s'il eût été employé autrement.

Intérêts lunaires, c'est le nom qu'on donne, dans les échelles du Levant, aux *intérêts* usuraires que les Juifs exigent des nations chrétiennes qui ont besoin de leur argent, soit pour commercer, soit pour payer les avances que les officiers Turcs de ces échelles ne leur font que trop souvent.

On les appelle *lunaires*, parce que les débiteurs paient à tant pour cent par lune, & que les mois des Turcs ne sont pas solaires comme ceux des Chrétiens, ce qui augmente encore l'*intérêt* de plus d'un tiers par cent.

Pour remédier à cet abus, M. de Nointel, lorsqu'il alla en ambassade à la Porte en 1670, fut chargé de ne plus souffrir ces *intérêts lunaires*, ni les emprunts que la nation faisoit aux Juifs pour le paiement des avances, & il fut statué qu'en cas d'une nécessité pressante d'emprunter quelque somme, les marchands François établis dans les échelles seroient tenus d'en faire l'avance, qui leur seroit remboursée & répartie sur les premières voiles qui iroient charger dans lesdites échelles.

Intérêts moratoires, sont ceux qui sont dus à cause de la demeure du débiteur.

Intérêt dû ex naturâ rei, est celui qui a lieu de plein droit & sans stipulation, comme l'*intérêt* du prix d'une vente, l'*intérêt* de la dot, de la part héréditaire, de la légitime, d'une soute de partage, *&c.*

Intérêt ex officio judicis, est celui qui n'a lieu qu'en vertu d'une demande suivie de condamnation, tel que l'*intérêt* de l'argent prêté.

Intérêt punitoire, est celui qui est dû *propter moram debitoris*; c'est la même chose que l'*intérêt* moratoire.

Intérêt pupillaire, ou *intérêt* de deniers pupillaires, est celui que le tuteur doit à son mineur; ce qui comprend aussi les *intérêts* des *intérêts*.

Intérêts usuraires, sont ceux qui n'ont pu être stipulés, ou qui excèdent le taux de l'ordonnance. *Voyez* Anatocisme, Usure.

INTERIM, *en terme de Pratique*, se dit quelquefois figurément & par allusion à l'*interim* de Charles-quint, pour signifier quelque chose de provisoire; c'est ainsi qu'on dit jouir par *interim* ou exercer quelque fonction par *interim*, en attendant la décision de quelque contestation. (*A*)

INTERLIGNE; *Voyez* Entre-ligne. Nous ajouterons seulement que l'ordonnance de 1670, *tit. 6*, *art. 12*, défend de faire aucune addition par *interligne*, dans la déposition d'un témoin, à peine de nullité, & des dommages & intérêts des parties contre le juge.

INTERLOCUTOIRE, adj. pris quelquefois subst. (*terme de Pratique.*) se dit d'un jugement qui n'est point définitif, c'est-à-dire, qui ne décide pas le fond de la contestation, mais seulement ordonne quelque chose pour l'instruction ou l'éclaircissement de cette contestation : on dit quelquefois un jugement *interlocutoire*, & quelquefois, pour abréger, un *interlocutoire* simplement.

Tout *interlocutoire* est un préparatoire & un préalable à remplir avant le jugement définitif; mais il diffère du simple préparatoire en ce que celui-ci ne concerne ordinairement que l'instruction, au lieu que l'autre touche aussi le fond. Un jugement qui ordonne que l'on fournira des défenses ou que l'on donnera copie ou communication d'une pièce, est un simple préparatoire qui ne préjuge rien sur le fond, au lieu que l'*interlocutoire* ou préjuge le fond, ou du moins est rendu après avoir examiné le fond, comme quand on ordonne, avant faire droit, une enquête ou une descente, un plan, une visite.

L'ordonnance de Charles VIII, en 1493, *art. 52*, défend d'éluder par l'appel l'exécution d'un jugement *interlocutoire*, lorsque le préjudice qui en peut résulter est réparable en définitif. L'ordonnance de Fontainebleau de 1540, déclare qu'il faut des défenses précises pour surseoir à cette exécution; des défenses générales, telles que celles qui se faisoient autrefois par les reliefs d'appel, tant aux juges qu'aux parties, de rien innover ni attenter au préjudice de l'appel, seroient insuffisantes.

INTERLOQUER, v. n. est un terme usité dans les tribunaux de justice, qui signifie ordonner quelque chose de préalable, avant de juger le fond d'une contestation. *Voyez* INTERLOCUTOIRE.

INTERMEDIAT, adj. dont on se sert en droit, pour désigner un intervalle de temps entre deux actions, entre deux termes.

Dans les ordres religieux on appelle *congrégations intermédiaires*, les assemblées qui se tiennent entre deux chapitres, soit généraux, soit provinciaux.

On appelle, en termes de chancellerie, *lettres d'intermédiat*, celles que le roi accorde pour faire jouir le nouveau pourvu d'un office, des gages échus depuis la mort du dernier titulaire, jusqu'au moment de sa prise de possession.

INTERPELLATION, s. f. (*terme de Procédure.*) est une sommation & requisition faite à quelqu'un par un juge, sergent, notaire ou autre officier public, de déclarer quelque chose.

Le juge interpelle une partie ou un témoin de déclarer la vérité sur un fait.

Un notaire interpelle ceux qui sont parties dans un acte, de le signer.

Un huissier interpelle ceux auxquels il parle dans son exploit, de déclarer leur nom, & de signer leur réponse. Il fait mention qu'ils ont été *de ce interpellés suivant l'ordonnance*, c'est-à-dire, suivant l'ordonnance de 1667.

L'*interpellation* est singuliérement en usage dans l'instruction d'un procès-criminel, lorsqu'on procède à la confrontation des témoins & de l'accusé. Celui-ci a le droit de requérir le juge d'interpeller le témoin de reconnoître dans sa déposition les contrariétés qui s'y trouvent, ou d'éclaircir les circonstances, qui peuvent éclaircir le fait & justifier son innocence.

Chaque *interpellation* ne doit contenir qu'un objet, être pertinente à l'affaire, & être proposée avec clarté & simplicité. Le juge ne doit la faire qu'à la requisition de l'accusé. Si le témoin refuse d'y répondre, le juge doit lui enjoindre de le faire, sous peine de désobéissance à justice, & l'avertir qu'en persistant dans son refus, il s'expose à être poursuivi extraordinairement.

INTERPOSITION, s. f. *terme de Pratique*, qu'on joint ordinairement avec celui de *décret*. On appelle *interposition de décret*, un jugement rendu avec la partie saisie, qui ordonne que le bien saisi réellement sera vendu & adjugé. C'est ce qu'on appelle autrement *congé d'adjuger*. *Voyez* CRIÉES, DÉCRET, SAISIE-RÉELLE.

Il y a aussi *interposition* de personnes, lorsque quelqu'un se trouve placé entre deux autres relativement à quelque acte ou disposition.

On appelle aussi *interposition* de personnes, lorsque quelqu'un se présente pour un autre qui ne veut pas paroître intéressé dans l'affaire, comme dans les fidéicommis tacites & dans les transports qui sont faits au profit de personnes interposées, qui prêtent leur nom à quelque personne prohibée. (*A*)

INTERPRÉTATION, s. f. (*Gramm. & Jurisp.*) est l'explication d'une chose qui paroît ambiguë.

Il y a des actes dont on étend les dispositions par des *interprétations* favorables, tels que les testamens & autres actes de dernière volonté : d'autres où l'on s'attache plus à la lettre, comme dans les contrats & autres actes entre-vifs.

Dans ceux-ci, lorsque l'on est forcé d'en venir à l'*interprétation* de quelque clause, elle fait contre ceux qui ne se sont pas expliqués assez clairement, *in quorum fuit potestate legem apertiùs dicere.*

En matière criminelle, l'*interprétation* des faits & des actes se fait toujours à la décharge de l'accusé.

On est quelquefois obligé d'interpréter certaines loix, soit parce que les législateurs n'ont pas prévu tous les cas qui se rencontrent, ou parce que les termes de la loi présentent différens sens.

Il y a néanmoins une maxime qui veut que l'on ne distingue point où la loi n'a pas distingué; mais cela s'entend qu'on ne doit point admettre d'exception à la loi, sans une raison particulière, tirée de la loi même ou du motif sur lequel elle est fondée.

C'est donc dans l'esprit de la loi qu'on doit en chercher l'*interprétation*.

Si la disposition est contraire au droit commun, elle ne doit point recevoir d'extension d'un cas à un autre, ni d'une personne à une autre, ni d'une chose à une autre.

C'est au prince qu'il appartient naturellement d'interpréter la loi, *ejus est legem interpretari cujus est legem condere.* C'est une maxime tirée du droit romain.

En France, nos rois se sont toujours réservé l'*interprétation* de leurs ordonnances.

Charlemagne ayant trouvé la loi des Lombards défectueuse en plusieurs points, la réforma en 801, & ajouta que dans les choses douteuses il vouloit que les juges eussent recours à son autorité, sans qu'il leur fût permis de les décider suivant leur caprice.

L'ordonnance de 1667, *tit. 1, art. 3*, veut que, si par la suite du temps, usage & expérience, aucuns articles de cette ordonnance se trouvoient contre l'utilité ou commodité publique, ou être sujets à *interprétation*, déclaration ou modération, les cours puissent en tout temps représenter au roi ce qu'elles jugeront à propos, sans que, sous ce prétexte, l'exécution en puisse être surfise.

L'article 7 du même titre porte que, si dans le jugement des procès qui seront pendans au parlement ou autres cours, il survient quelque doute ou difficulté sur l'exécution de quelque article des ordonnances, édits, déclarations & lettres, Sa Majesté défend aux cours de les interpréter, mais veut qu'en ce cas elles aient à se retirer par-devers S. M. pour apprendre son intention.

Il résulte de cet article que les cours même ne peuvent interpréter la loi, lorsqu'il s'agit de le faire contre les termes & le sens évident de la loi.

Mais quand l'*interprétation* peut se tirer de la loi même, & qu'elle n'a rien de contraire à la loi, les cours sont en possession de la faire sous le bon plaisir de S. M.

Ce pouvoir d'interpréter les loix est une prérogative qui n'appartient qu'aux juges souverains, lesquels représentent la personne du roi, *& vice sacrâ principis judicant*. Les juges inférieurs sont obligés de se conformer à la lettre de la loi, ou de se retirer par devers M. le chancelier pour savoir quelle est l'intention du roi.

Lorsqu'il y a contrariété entre deux arrêts rendus dans différens tribunaux, entre les mêmes parties & pour raison du même fait, on peut se pourvoir en *interprétation* au grand-conseil.

Mais si les deux arrêts sont émanés du même tribunal, ou que dans un arrêt il se trouve deux dispositions qui paroissent contraires les unes aux autres, on ne peut pas se pourvoir contre de tels arrêts par simple requête en *interprétation* d'iceux; c'est le cas de se pourvoir par requête civile, suivant l'ordonnance de 1667. La déclaration du 21 avril 1671, défend aux parties de se pourvoir contre les arrêts par requête en *interprétation*, & aux cours de rétracter les arrêts, & d'en changer les dispositions par manière d'*interprétation* ou autre voie.

Cependant s'il ne s'agissoit que d'expliquer quelque disposition, & de suppléer quelque chose, sur quoi l'arrêt auroit omis de prononcer, sans toucher à ce qui est porté par l'arrêt, ni rien ordonner de contraire, on pourroit se pourvoir par simple requête, & les cours pourroient ainsi statuer sur ce qui leur seroit demandé, de même que le feroient des juges inférieurs, lesquels, après avoir rendu leur jugement, ne peuvent plus le changer, mais bien statuer sur les nouveaux incidens que l'exécution du jugement fait naître. (*A*)

INTERPRÈTE, s. m. on donne *en droit* le titre d'*interprètes du droit*, aux jurisconsultes qui ont commenté les loix romaines. *Voyez* JURISCONSULTE.

Dans la primitive église, on appelloit *interprète*, l'officier ecclésiastique chargé d'expliquer au peuple en langue vulgaire ce que le lecteur venoit de lire, ou le discours que l'évêque venoit de prononcer. Cet usage étoit d'autant plus nécessaire, que les habitans d'une même ville ne parloient pas la même langue.

Dans nos formes judiciaires, lorsqu'un accusé n'entend pas la langue françoise, on lui donne un *interprète* qui lui explique les interrogatoires faits par le juge, & au juge les réponses de l'accusé. On emploie aussi le ministère d'un *interprète* à l'égard des témoins assignés pour déposer, lorsqu'ils n'entendent pas la langue.

Dans les villes maritimes & frontières, il y a ordinairement un *interprète*; mais s'il n'y en a point, le juge doit en nommer un d'office, & lui faire prêter serment de bien & fidellement vaquer à cette charge.

INTERROGAT, s. m. *terme de pratique*, qui se dit des demandes & interrogations faites par le juge ou commissaire député, à un accusé ou à une partie civile, lors d'un interrogatoire. *Voyez* INTERROGATOIRE.

INTERROGATOIRE, s. m. (*Code civil & crim.*) c'est un acte judiciaire qui appartient également à la procédure civile & à la procédure criminelle. C'est le procès-verbal qui contient les questions adressées par le juge à une partie ou à un accusé, & les réponses qui y ont été faites.

Les *interrogatoires* en matière civile, sont qualifiés d'*interrogatoires sur faits & articles*, & ceux en matière criminelle sont appellés purement & simplement *interrogatoires*.

L'objet d'un *interrogatoire* sur faits & articles en matière civile, est de forcer un plaideur que l'on soupçonne de mauvaise foi à l'aveu des circonstances qui peuvent conduire à la décision de la cause, ou de lui arracher la vérité par la comparaison de ses réponses & des contradictions qui pourront lui échapper.

Les *interrogatoires* sur faits & articles ne peuvent être ordonnés d'office par le juge, c'est aux parties intéressées à les requérir. L'ordonnance de François I, donnée à Villers-Cotterets en 1539, *permet aux parties de se faire interroger l'une l'autre pendant le procès & sans retardation d'icelui, par le juge de la cause, ou autre plus prochain des demeurances des parties, qui à ce sera commis, sur faits & articles pertinens & concernant la cause & matière dont est question contre elles.*

Plusieurs loix postérieures, l'article 6 de l'ordonnance de Roussillon, l'article 168 de celle de Blois, enfin l'article 1 du titre 10 de celle de 1667, ont répété cette disposition. Ce dernier, entre autres, conforme en tout à l'ordonnance de 1538, ajoute seulement, qu'*en cas d'absence de la partie, l'inter-*

rogatoire sera subi pardevant le juge qui sera par lui commis.

Il en résulte donc, 1°. que toutes parties qui plaident ensemble peuvent se faire respectivement interroger pour parvenir à la découverte des vérités utiles à leurs prétentions ; 2°. que cet *interrogatoire* peut être fait en tout état de cause, en première instance comme en cour souveraine, depuis l'exploit introductif des contestations jusques au jugement définitif ; 3°. que les faits sur lesquels on fait interroger sa partie adverse doivent être pertinens & admissibles, & pour qu'ils soient réputés tels, il faut qu'il tendent directement au but de la cause, qu'ils ne roulent point sur des particularités étrangères ; 4°. enfin que c'est le juge de la contestation qui seul a caractère pour faire les *interrogatoires* requis en matière civile, & que c'est à lui à commettre ou à adresser une commission rogatoire à un autre juge lorsque la partie est absente.

En matière civile, comme en matière criminelle, toute partie sommée ou décrétée est obligée de subir *interrogatoire* elle-même. La jurisprudence n'a jamais varié à cet égard en matière criminelle ; mais il n'en étoit pas de même en matière civile, car avant l'ordonnance de Roussillon, les parties avoient la liberté de répondre par écrit ou par procureur aux faits sur lesquels on vouloit les faire interroger ; mais les abus qui pouvoient résulter de cette tolérance étoient si multipliés & si graves, qu'il fut ordonné qu'à l'avenir, les réponses de vérité sur articles pertinens seroient faites par les parties en personne & non par procureur & par écrit ; l'ordonnance de 1667 a confirmé cette disposition & a même déterminé, *art. 6, tit. 10*, qu'en cas de maladie ou empêchement légitime, le juge se transportera au domicile de la partie pour y recevoir son *interrogatoire.*

Quand on veut faire interroger une partie sur faits & articles, il faut présenter requête au juge & obtenir son ordonnance à l'effet de la faire assigner.

A Paris, ce sont les commissaires au châtelet qui sont en possession de faire les *interrogatoires* sur faits & articles lorsque l'instance est pendante au châtelet ; au parlement & dans les autres tribunaux du royaume, il est d'usage de commettre un conseiller de la cour ou de la jurisdiction, ou de renvoyer par-devant le rapporteur si l'affaire est appointée.

Dans tous les cas il faut donner, avec l'assignation, copie de l'ordonnance du juge, & des faits sur lesquels on entend faire interroger sa partie adverse. Cette dernière formalité a donné lieu aux discussions les plus sérieuses, lors de la rédaction de l'ordonnance de 1667 ; mais elle a été adoptée comme utile pour empêcher qu'une personne simple ne soit surprise par la proposition de faits imprévus, & dont elle n'auroit point de connoissance, & encore afin de lui donner moyen de s'en instruire pour satisfaire à la vérité, parce que l'on peut proposer des articles de choses éloignées dont on a perdu la mémoire, & enfin qu'un héritier interrogé sur le fait d'une succession qu'il a nouvellement recueillie, ne sauroit répondre sans en être pleinement informé.

Néanmoins, aux termes de l'*art. 7*, le juge, après avoir pris le serment & reçu les réponses sur chaque fait & article, peut interroger d'office, quoiqu'il n'ait été donné aucune copie des faits sur lesquels il lui plaît interroger ; le juge en fait mention dans son procès-verbal d'*interrogatoire*, en faisant précéder chaque question qu'il propose d'office, de ces mots *interrogé d'office.*

L'article 4 du titre 10 de l'ordonnance, porte que si la partie ne compare point aux jours & lieux qui lui ont été assignés, ou fait refus de répondre, il sera dressé un procès-verbal sommaire, faisant mention de l'assignation & du refus, & que sur le procès-verbal les faits seront tenus pour confessés & avérés en toutes cours & jurisdictions, sans qu'il soit besoin d'obtenir aucun arrêt ou jugement, & sans réassignation.

Si néanmoins la partie se présente avant le jugement du procès, elle doit être reçue à répondre, à la charge de payer les frais de l'*interrogatoire*, d'en donner copie à sa partie, & de rembourser les dépens du premier procès-verbal, qu'elle ne peut jamais réclamer. *Voyez* l'*article 5.*

Les chapitres, corps & communautés, sont obligés de nommer un syndic, procureur ou officier pour répondre sur les faits & articles qui lui auront été communiqués, & à cet effet, de lui donner un pouvoir spécial, dans lequel les réponses seront expliquées & affirmées véritables ; autrement les faits doivent être tenus pour confessés & avérés, sans préjudice de l'*interrogatoire* que l'on peut faire subir aux syndics, procureurs & autres qui ont agi par les ordres de la communauté, sur les faits qui les concerneront en particulier, *pour y avoir par le juge tel égard que de raison.* Il faut observer néanmoins qu'il est nécessaire de commencer par les mettre en cause.

M. le premier président de Lamoignon observa, lors de la rédaction de cet article, qu'il avoit pour objet de procurer la vérité dans des circonstances où il étoit bien difficile d'y parvenir ; que cette disposition étoit contraire à celle de l'article 5, qui fait défenses de répondre par écrit ; *mais qu'à l'égard des communautés il ne se pouvoit faire autre chose, que cela même seroit sans aucun fruit ; que pour faire des illusions à justice, l'on chargeoit ordinairement de la procuration le plus jeune des chanoines ou des religieux, qui n'avoit aucune connoissance des affaires. Au surplus ; l'article portant qu'il sera permis de faire interroger les syndics & procureurs, cela pourroit avoir de grands inconvéniens, & il seroit dangereux de commettre l'événement du procès d'une communauté, à la foi d'un syndic corrompu. Le tempérament que l'on y pourroit apporter, seroit d'ajouter dans l'article, que l'on aura à ces interrogatoires tel égard que de raison,*

& par ce moyen, la liberté demeurera toute entière au juge, d'examiner la qualité de l'interrogatoire & des parties qui l'auront prêté.

On voit par les réflexions de M. le premier président de Lamoignon, quels ont été les motifs de cet article, & combien peu de fruit on doit se promettre d'une pareille procédure, puisqu'il dépend des juges d'avoir à ces *interrogatoires tel égard que de raison.*

Le dernier article de ce titre veut que les *interrogatoires* sur faits & articles, soient aux frais de ceux qui les ont requis, sans qu'ils puissent en demander aucune répétition, ni les faire entrer en taxe, même en cas de condamnation de dépens; il faut cependant excepter le cas prévu par l'article 5, celui où une partie, après avoir fait défaut à la première sommation qui lui a été faite de subir son *interrogatoire*, se présente avant le jugement du procès; nous avons déjà observé ci-dessus, qu'aux termes de l'ordonnance, elle ne pourroit être reçue à répondre, *qu'à la charge de payer les frais de l'interrogatoire & même de rembourser les dépens du premier procès-verbal sans pouvoir les répéter.*

L'*interrogatoire* en matière criminelle n'a pas seulement pour objet, comme en matière civile, de découvrir une vérité; il est encore un moyen de défense que les loix offrent à l'accusé. Tout procès criminel est divisé en quatre époques très-importantes, dont deux seulement offrent quelques ressources à l'accusé, & deux lui sont absolument contraires. Ces quatre époques sont l'information, l'*interrogatoire*, le récolement des témoins & leur confrontation. L'*interrogatoire* & la confrontation sont deux époques précieuses à l'accusé, en ce qu'elles lui présentent quelques moyens de défense; mais l'information & le récolement lui sont absolument contraires, puisque tout se passe dans le secret du tribunal, entre le juge & le témoin, hors la présence de l'accusé.

L'*interrogatoire* est donc le premier acte par lequel la procédure étant devenue contradictoire avec l'accusé, il peut connoître par les questions qui lui sont faites, les délits dont il est accusé; c'est la confrontation seulement qui doit lui révéler les noms des témoins; mais quelque graves que soient les dépositions recueillies contre lui, il peut au moins en préparer la réfutation en répondant aux interrogats du juge; il ne lui est même pas impossible d'anéantir l'accusation ou de la faire mitiger en prévenant le réglement à l'extraordinaire.

Tout prisonnier pour crime, doit, aux termes de l'article premier du titre 14 de l'ordonnance de 1670, être interrogé au plus tard dans les vingt-quatre heures de son emprisonnement, à peine de tous dépens, dommages & intérêts. L'*interrogatoire* doit être au moins commencé; si le juge ne peut pas y vaquer lui-même, il doit se faire substituer par le plus ancien officier de son siège, suivant l'ordre du tableau & même par le plus ancien gradué, ou praticien, à défaut de gradué, s'il n'y a point d'autre juge qui puisse le remplacer.

On sent combien est importante cette première disposition de l'ordonnance, il ne faut pas qu'un accusé qu'un décret a privé de sa liberté, gémisse long-temps sous le poids de ses fers & dans la nuit horrible d'un cachot, sans qu'il sache quels sont les motifs de la rigueur dont on a usé envers lui; il ne faut pas éloigner avec son *interrogatoire* l'instant où il peut obtenir sa liberté provisoire, ou au moins celle de voir sa famille & de conférer avec ses conseils; il ne faut pas non plus qu'un scélérat ait le temps de combiner sa défense, le premier moment de son emprisonnement est ordinairement celui de l'effroi, & seul où la vérité puisse lui échapper; quant à l'innocent, il ne sauroit jamais être trop tôt interrogé, l'innocence & la vérité n'ont pas besoin d'une longue préparation.

Lors de la rédaction de cet article, M. le premier président de Lamoignon observa que le terme de vingt-quatre heures, fixé pour procéder à l'*interrogatoire*, étoit trop court; & que la peine encourue par le juge en cas d'omission étoit trop sévère, singulièrement à Paris, où il est d'une impossibilité physique que le lieutenant-criminel fasse en vingt-quatre heures tous les *interrogatoires* des prisonniers qui sont arrêtés dans un même jour, que l'article de l'ordonnance de 1539 ne les y obligeoit pas, & se servoit seulement du terme *incontinent;* mais M. Pussort lui répondit que l'ordonnance étoit faite pour tous les juges du royaume; qu'il n'y a point de lieutenant-criminel en province qui ne puisse interroger en vingt-quatre heures les accusés qui ont été conduits dans ses prisons; que les *interrogatoires* faits au moment de la capture, sont bien plus utiles à la justice, que ceux faits après un long délai, d'autant plus que s'il survient de nouvelles preuves on peut les réitérer; mais que comme l'article ne pouvoit pas s'exécuter aussi facilement à Paris, il falloit en parler à sa majesté. Il en fut donc référé au roi, & c'est en conséquence qu'au lieu de mettre dans l'article que les *interrogatoires seroient faits dans les vingt-quatre heures*, il a été dit qu'ils seroient *commencés.*

Tout juge est obligé de procéder lui-même à l'*interrogatoire;* il ne peut confier au greffier cette fonction importante de son ministère, c'est à lui à dicter les demandes, & il doit aider l'accusé dans la rédaction de ses réponses; un *interrogatoire* fait par le greffier seulement seroit nul, & l'ordonnance veut qu'en pareil cas, le juge & le greffier soient également interdits & condamnés chacun en 500 livres d'amende.

Le ministère public & les parties plaignantes, lorsque le procès se poursuit à leur requête, peuvent administrer au juge chargé de procéder à l'*interrogatoire*, des mémoires sur les faits compris dans l'information ou autres; c'est au juge à y avoir tel égard que de raison, l'ordonnance lui permet d'en faire tel usage qu'il avisera.

Tout *interrogatoire* doit être fait dans le lieu où se rend la justice, dans la chambre du conseil ou de la geole. Il est défendu aux juges de les faire dans leurs maisons.

Cependant les accusés pris en flagrant délit, peuvent être interrogés dans le premier endroit qui sera trouvé commode; à Paris les commissaires chez qui sont conduits ceux qui sont arrêtés à la clameur publique ou d'ordre du roi, peuvent interroger dans leurs maisons, d'autant plus qu'ils n'ont point de tribunal ni d'auditoire; il en est de même, dans les provinces, des lieutenans & autres officiers de maréchaussée dans leurs divers départemens.

L'accusé doit être interrogé par le juge assisté de son greffier seulement, & quand même il y auroit plusieurs accusés dans un procès, il faudroit les interroger séparément.

Quand j'ai osé joindre ma foible voix à la réclamation générale qui s'est élevée depuis quelques années, contre la rigueur excessive de nos loix pénales, & les inconvéniens si multipliés de notre procédure, j'ai dit dans mes observations sur les loix criminelles, *pag. 49*, « on s'étonne depuis » long-temps que le législateur François n'ait point » adopté l'usage où sont les tribunaux Anglois » d'instruire publiquement le procès des coupa- » bles, il en résulteroit certainement quelques » avantages, le public admis jusques dans le sanc- » tuaire de la justice, deviendroit lui-même juge » des magistrats, & sa présence contiendroit ceux » qui seroient tentés par foiblesse ou autrement » de s'écarter de leurs devoirs. L'humiliation d'un » accusé, obligé de répondre & de justifier sa » conduite devant tout le peuple, pourroit, seule, » servir d'exemple & retenir un homme, qui » n'étant pas encore accoutumé aux forfaits, seroit » prêt de commettre quelque crime; mais j'ai » ajouté qu'il naîtroit beaucoup d'abus de cette » publicité, que ce seroit d'abord livrer au mépris » public un homme peut-être injustement accusé, » qu'un citoyen ne paroîtroit pas plutôt devant » son juge, que sa captivité seroit publique, son » honneur anéanti & son crédit ruiné; qu'en vain » il pourroit être absous par un jugement solem- » nel, que l'impression première laisseroit toujours » des traces que le temps ne détruiroit jamais qu'im- » parfaitement; au lieu qu'en conservant le secret » de l'instruction criminelle, il pouvoit au moins » faire illusion à ceux qui avoient ignoré son em- » prisonnement, si son innocence étoit reconnue, » ou si sa faute étoit regardée comme assez légère » pour ne pas mériter une longue détention. J'ai » dit que d'ailleurs la justice seroit en danger de » voir journellement arracher de ses mains les cou- » pables dont la société attend la punition...... » que dans le cas où l'accusé révéleroit à ses juges » le dépôt de ses vols, un des spectateurs pour- » roit sortir & enlever promptement la somme » ou les effets dont il étoit essentiel que la justice » se saisît, pour les rendre au propriétaire après » les avoir représentés aux témoins & à l'accusé; » qu'enfin cette publicité en avertissant les com- » plices que les regards de la justice sont fixés » sur eux, les détermineroit à s'évader ».

M. de la Croix a combattu ces opinions dans ses *réflexions philosophiques sur la civilisation & les moyens de remédier aux abus qu'elle entraîne*; mais a-t-il *applani*, comme il le prétend, tous les obstacles qui s'opposent à la publicité de l'instruction criminelle? Il est vrai que dans plusieurs parlemens du royaume, les accusés ont la liberté d'assister à l'audience lorsqu'on y plaide sur l'appel de leurs décrets; il est vrai qu'il n'existe pas jusqu'à présent d'exemple de parens, d'amis, de complices assez téméraires pour avoir osé arracher un coupable du centre même de la justice; mais ce dont il n'y a pas d'exemple, ne peut-il jamais arriver? la justice ne doit-elle rien prévoir, & si on peut lui reprocher les précautions nécessaires au maintien de l'autorité qui lui est confiée & à la tranquillité publique, pourquoi des prisons! pourquoi ces chaînes, ces archers, ces bourreaux!

Comment présumer, m'objecte M. de la Croix, que cet homme qui est à l'audience pour combattre son accusateur, pour reprocher les témoins qu'on lui oppose, ou réfuter leurs dépositions, choisira précisément le moment pour révéler à haute voix, le lieu où il a déposé ces vols, & détruire par cet aveu tout espoir de se sauver?

Comment le présumer, le doute est inconcevable! M. de la Croix suppose donc que jamais un coupable ne dira la vérité, même au péril de sa vie, l'expérience dément cette supposition; mais d'ailleurs s'il est indispensable que toute l'instruction soit publique, à quelle époque est-il possible que l'accusé confie à son juge le secret de ses dépôts! faudroit-il qu'il le révélât mystérieusement, tout ne seroit donc pas public; il faut donc, même en admettant la nécessité de rendre publique la procédure criminelle, admettre aussi des parties qui doivent être secrettes, & il importe à l'autorité de la loi, à la vengeance, à la tranquillité des citoyens qu'il y en ait. Ce n'est qu'après le réglement à l'extraordinaire qu'on peut sans inconvénient rendre la procédure publique, afin, comme l'a dit M. Vermeil, que l'accusé assisté de son conseil puisse reprocher ou réfuter les témoins après avoir entendu la lecture de leurs dépositions. Jusqu'au réglement à l'extraordinaire, il n'y a rien à gagner pour l'accusé à la publicité de l'instruction; il est le seul qui ait intérêt de la connoître, & il y a le plus grand inconvénient pour la société.

M. de la Croix convient au surplus qu'il seroit dangereux d'avertir les complices d'un accusé que les regards de la justice sont fixés sur eux; il convient que la publicité de la procédure avant l'emprisonnement & l'*interrogatoire* de l'accusé, produiroit cet

cet effet, & cet aveu de la part d'un écrivain qui a si bien défendu la cause de l'humanité, prouve assez que mes craintes ne sont pas chimériques.

J'ai cru que cette discussion n'étoit pas étrangère à l'objet de cet article; ce n'est par aucun sentiment d'amour-propre pour mes opinions que je les ai rappellées ici, & que j'ai combattu celles qui m'ont été opposées; mais la matière des loix criminelles est assez importante pour mériter d'être approfondie, & le sentiment de ceux qui les pratiquent ou appliquent journellement, étant peut-être dans le cas de produire quelque impression, j'ai pensé qu'on me permettroit de motiver le mien plus particuliérement encore que je ne l'ai fait dans mes observations sur les loix criminelles; j'ai d'ailleurs en ce moment l'avantage d'être éclairé par de nouvelles réflexions & par les ouvrages de tous les auteurs qui ont écrit en faveur de ce systême, ou qui l'ont attaqué.

L'article 7 de l'ordonnance de 1670, veut que tout accusé prête serment avant d'être interrogé, qu'il en soit fait mention à peine de nullité, & c'est encore ici le cas de faire plusieurs observations.

Avant l'ordonnance de 1670, le serment des accusés n'étoit fondé que sur un usage, c'est la première loi qui l'ait ordonné, malgré les réclamations les plus vives que la rédaction de cet article occasionna de la part de M. le premier président de Lamoignon.

Cette pieuse disposition de la loi seroit sage sans doute, si le respect pour la vérité pouvoit l'emporter sur l'amour de la vie; mais quelle confiance donner au serment d'un malheureux qui ne peut s'accuser, sans être en même temps son juge & son bourreau. La vérité n'a point assez d'empire sur l'homme pour opérer ce prodige: la religion d'ailleurs exige-t-elle de pareils sacrifices! nous laisserons aux théologiens le soin de prononcer sur cette question; mais il est certain que l'usage de faire prêter serment aux accusés est illusoire, & qu'il seroit plus sage de le supprimer que de le maintenir.

Les anciens avoient une plus haute idée que nous de la religion du serment; ils pensoient qu'on ne devoit pas le prodiguer sans nécessité, & qu'il étoit tout-à-la fois cruel & absurde de l'exiger d'un homme qui avoit à choisir entre la vie & le parjure; les Romains ne l'exigeoient pas des accusés. *Inhumanum est*, porte une de leurs loix, *per leges quæ perjuria puniunt viam perjurii aperire*, & les tribunaux françois sont presque les seuls où cette coutume existe (1). Nous avons déjà l'exemple de la suppression d'un serment, qui n'étoit pas moins scandaleux par la profanation journalière; tous les juges de France dont le serment avoit été déterminé par l'ordonnance de Charles VIII, *art. 3 & 62*, juroient entre autres choses, *de n'avoir rien baillé ni promis directement ni indirectement pour parvenir à leurs offices;* il y avoit déjà près de cent ans que la vénalité étoit établie, & ce serment se faisoit encore; il a été aboli en 1587. « Aussi à la vérité, » dit le célèbre Loiseau, c'étoit une honte que les » juges de France entrassent dans leurs offices par » un parjure solemnel, & qu'en l'acte de leur ré» ception ils commissent une fausseté (2) ».

Il peut être utile de conserver l'usage de faire prêter serment aux témoins, chacun d'eux est en quelque sorte accusateur & juge; c'est de la combinaison & du résultat de leurs dépositions que dépendent l'honneur, la liberté, la vie de l'accusé, & il est avantageux que la crainte d'un parjure se joigne au remords anticipé d'une déposition, d'une accusation injuste. Mais quant aux accusés, il vaudroit mieux supprimer un serment trop contraire aux droits de la nature pour être respecté, un serment qui impose à presque tous les coupables la nécessité du parjure & les force à un crime de plus.

Des considérations aussi puissantes & beaucoup d'autres motifs que présente le procès-verbal de l'ordonnance de 1670, auroient sans doute fait proscrire l'usage du serment; mais le célèbre Pussort, qui le croyoit une formalité indispensable, & qui ne renonçoit pas facilement aux avis qu'il avoit adoptés, appella la religion à son secours, & soutint que ce seroit l'outrager, que de prétendre que la

(1) Justinien crut devoir abolir le serment dans une circonstance où le parjure étoit fréquent, quoiqu'il fût bien moins important en matière criminelle pour la personne qui s'en rendoit coupable. On ne donnoit point aux veuves la tutèle de leurs enfans, qu'elles ne jurassent de ne pas se remarier. Il n'y avoit pas de veuve qui ne se prêtât à ce serment, la plupart en le faisant se promettoient bien de le violer aussi-tôt qu'elles le pourroient, & les autres l'oublioient après un certain laps de temps; car tout s'oublie, & un mari plus que toute autre chose. Justinien voulant remédier à tant de parjures, commandés en quelque sorte par la nature & par les loix, défendit par la novelle 94, d'exiger des veuves aucun serment de viduité, *quia verò multam habemus formidinem, ne facile jusjurandum per magnum Deum detur & hoc prævaricetur; propterea credimus oportere & hanc emendare legem, quæ vult matres dum suorum filiorum curam gesturæ sunt, jusjurandum jurare, quod ad secundas nuptias non venient; & toties scimus prævaricatam, legem; & jusjurandum parjurium datum, quoties pæne datum est: ut peccatum apertissimum esset, quia hoc intulimus jusjurandum ad prævaricandum non enim eo quod aliquæ servaverunt jusjurandum propterea oportet & eas quæ exhonorant eum, habere occasionem impietatis in Deum, nam quod rarò fit (sicut vetus sapientia docet) non observant legislatores, sed quod fit plerumque respiciunt & medentur.*

(2) Botero, auteur Italien, qui vivoit encore au commencement du dix-septième siècle, & qui avoit été précepteur des enfans de Charles-Emmanuel, duc de Savoie, rapporte qu'autrefois on faisoit prêter serment aux soldats nouveaux engagés, de ne point déserter; mais on a depuis reconnu combien cette précaution étoit vaine, & peu capable de retenir sous le drapeau un lâche ou un mécontent.

crainte d'un parjure n'étoit pas capable de forcer un coupable à l'aveu de ses fautes; Pussort pouvoit être un fort bon casuiste; mais connoissoit-il le cœur humain? on peut en douter d'après son systême. Quoi qu'il en soit, son opinion prévalut & le roi ordonna que l'article seroit arrêté ainsi qu'il avoit été proposé.

Les accusés, de quelque condition qu'ils soient, doivent répondre *par leur bouche & sans le ministère de conseil*; il ne peut leur en être donné, même après la confrontation, qu'en matière de péculat, concussion, banqueroute frauduleuse, vol de commis ou associés en affaires de finance ou de banque, fausseté de pièces, suppositions de part, & autres crimes où il s'agit de l'état des personnes à l'égard desquels les juges peuvent ordonner si la matière le requiert, que les accusés communiqueront avec leurs conseils ou leurs commis. L'ordonnance laisse au devoir & à la religion des juges d'examiner avant le jugement s'il n'y a point de nullité dans la procédure.

Cette dernière disposition seroit seule suffisante pour faire sentir le vice de cet article; pourquoi ces distinctions entre les crimes? pourquoi l'homme accusé d'homicide ou de vol, ne peut-il pas communiquer avec ses conseils, ainsi que le banqueroutier frauduleux & le concussionnaire? quelle faveur plus grande méritent ces derniers! il est vrai qu'un homme accusé de vol n'a pas besoin d'avocat pour répondre aux questions qui lui sont faites; toute la défense des accusés de ce genre se réduit communément à une négative, mais quelque fortes que soient les preuves accumulées contre lui, il peut encore se sauver à la faveur des formes & en démontrant les vices d'une première procédure, en faire prononcer la nullité & peut-être rendre sa conviction impossible; ce malheur seroit léger si les prisons ne renfermoient que des scélérats; mais l'innocent a le même droit que le coupable, ils sont l'un & l'autre sous la sauve-garde des formes, ils ont l'un & l'autre le droit de les discuter; leur honneur, leur vie en dépendent, & l'abandon que la loi fait à tous les juges d'examiner avant le jugement s'il n'y a point de nullité dans la procédure, est trop étendu. A Dieu ne plaise sans doute, que nous voulions jamais inculper la magistrature dont nous avons l'honneur d'être membre; mais quel juge oseroit jurer l'intégrité, l'exactitude & les lumières de tous les hommes, qui dans une monarchie telle que la France, exercent le ministère redoutable qui lui est confié!

Il seroit donc indispensable que tous les accusés indistinctement eussent la faculté d'avoir un conseil; il seroit même digne de la bonté d'un roi, que son siècle a déjà honoré du surnom de *bienfaisant*, de donner à ses frais des patrons aux accusés. Si les loix ont tout fait pour assurer la punition des coupables, elles ne doivent rien négliger également pour leur procurer les moyens d'établir leur innocence.

Aux termes de l'article 10 de l'ordonnance, les hardes, meubles & pièces servant à la preuve, doivent être représentés à l'accusé lors de son *interrogatoire*, & les papiers & écritures paraphés par le juge & l'accusé; sinon, il doit être fait mention de la cause de son refus, & l'*interrogatoire* doit être continué sur ce qui résulte des pièces jointes au procès ou déposées au greffe. L'accusé doit répondre sur le champ, sans qu'il lui en soit donné d'autre communication, si ce n'est dans les cas de péculat, concussion, *&c.* ainsi que nous l'avons dit ci-dessus. Cette représentation des pièces de conviction doit être faite à peine de nullité du jugement qui s'ensuivroit: c'est la disposition de l'article 31 de l'ordonnance du mois de juillet 1737. Cependant la nullité seroit couverte si le juge réparoit, lors d'un second *interrogatoire*, ce qu'il auroit omis de faire lors du premier.

Si l'accusé n'entend pas la langue françoise, il faut lui donner un interprète; il y a des tribunaux qui en ont un ordinaire; les juges qui n'en ont point, doivent en nommer un d'office, & dans l'un comme dans l'autre cas, il faut lui faire prêter serment de bien & fidellement interpréter à l'accusé les questions qui lui seront faites, comme aussi de bien & fidellement expliquer ses réponses. L'*interrogatoire* doit faire mention de ce serment & être signé du juge, de l'interprete & de l'accusé. Si l'interprete ne savoit point signer, ce qui n'est pas vraisemblable, ou refusoit de le faire, ce qui seroit fort extraordinaire, il faudroit en faire mention.

L'art. 12, voulant prévenir toute espèce de faux, défend de faire aucune rature ni d'interligner dans la minute des *interrogatoires*. Si l'accusé fait quelque changement, il faut en faire mention dans la suite de l'*interrogatoire*. Tel est le texte de l'article 12 de l'ordonnance; cependant il n'est point observé dans toute sa rigueur; on supplée au besoin, quelquefois indispensable d'interligner, par des renvois que le juge paraphe & fait parapher par l'accusé, comme aussi en cas de rature nécessaire, le juge fait mention, au bas de chaque page de l'*interrogatoire*, de la quantité de lignes ou de mots rayés, & constate le tout par ces mots, *approuvé.... lignes ou mots rayés comme nuls*, puis il paraphe & fait aussi parapher par l'accusé.

Si l'*interrogatoire* n'est pas terminé dans une même séance, le juge doit motiver son interruption, indiquer la vacation prochaine, ou simplement renvoyer au premier jour, & faire lire à l'accusé par le greffier, ce qu'il y a eu de rédigé dans la séance: l'article 14 de l'ordonnance, commande impérieusement cette formalité, à peine de toutes pertes, dépens, dommages & intérêts contre le juge.

L'article 14 porte que les commissaires au châtelet pourront interroger pour la première fois les accusés pris en flagrant délit, les domestiques accusés par leurs maîtres, & ceux contre lesquels il y aura décret d'ajournement personnel seulement. Cette dernière disposition n'a jamais eu d'exécution, quoique l'ordonnance ait déclaré les commissaires idoines à faire les *interrogatoires* sur décret d'ajournement personnel. Les magistrats du châtelet en ont retenu le droit. Les commissaires *pourront* les faire aux termes de l'ordonnance; les premiers magistrats du châtelet pourront les commettre, mais la loi ne rend point cette commission nécessaire, & les juges conservent, aux termes des anciens réglemens, le droit de rétention. On peut voir tout ce qui a été écrit sur cette prétention des commissaires dans l'exposé de l'affaire d'entre le tribunal du châtelet & la communauté des commissaires, imprimé à Paris en 1760.

Les *interrogatoires* subis chez les commissaires par les accusés pris en flagrant délit, font pièces du procès, & les aveux qui y sont consignés, si l'accusé en a fait quelques-uns, sont probans contre lui, parce qu'ils sont toujours précédés du serment, parce que le commissaire est revêtu du caractère de juge délégué; j'ai vu avec étonnement plusieurs magistrats, comparer ces *interrogatoires* à des procès-verbaux de torture, & supposer que les aveux, quoique très-rares, que l'on y trouvoit, avoient été arrachés à l'accusé par la violence, non pas du commissaire, mais des gens de la police, qui communément arrêtent à la clameur publique: cette opinion n'est qu'une erreur, & le magistrat ne doit point s'y laisser surprendre; je sais bien qu'en général, il n'est pas de coupable qui ne commence par se plaindre beaucoup des gens de police, des inspecteurs, du commissaire, des témoins; arrivé au pied du tribunal supérieur, il inculpe également ses premiers juges, d'iniquité, de partialité, *&c.*; & de qui veut-on qu'un scélérat se loue quand il est dans les fers, & lorsqu'il ne voit que le supplice pour terme de sa captivité? Il sent bien lui-même l'atrocité de ses calomnies, ce sont des efforts convulsifs qu'il fait pour défendre sa vie, & sa rage impuissante cherche à se soulager sur tout ce qui est à sa portée. Rendons justice aux commissaires, leurs fonctions sont honorables, tous ont du zèle, la plupart ont des lumières, & il n'en est pas un seul qui souffrît qu'on torturât chez lui un malheureux pour lui arracher des aveux qu'il ne voudroit pas faire. Si jamais il arrivoit qu'une loi écartât des pièces probantes, les *interrogatoires* subis chez les commissaires, ce seroit anéantir jusques dans la source, tout moyen de punir les coupables. C'est au moment de sa capture, au moment même où un accusé est entouré des témoins de son crime, que pressé par la honte & le remords, il laisse échapper la vérité, & chacun sait au contraire, qu'un scélérat n'a pas plutôt respiré l'air des prisons, qu'il nieroit l'évidence même; j'en ai vu que le desir du mensonge aveugloit à un tel point, qu'ils nioient jusqu'aux faits qui pouvoient tendre à leur décharge; quiconque a rempli pendant une année seulement les fonctions de juge criminel, connoît le systême de tous les accusés, systême qui se propage chaque jour, à toute heure, à toute minute; on diroit que les scélérats font tous cause commune. Les anciens instruisent les nouveaux venus, qui à leur tour apprennent à d'autres que le seul moyen (s'il en est) de se soustraire à la peine, est de tout nier.

Enfin & pour nous résumer en peu de mots sur cette discussion que j'ai cru importante, la loi veut que les accusés prêtent serment avant d'être interrogés par les commissaires; elle veut que les *interrogatoires* subis par-devant eux, soient joints au procès & en fassent partie; ils doivent aussi en être pièces probantes.

L'*interrogatoire* peut être réitéré *toutes les fois que le cas le requiert* & que le juge l'estime nécessaire; mais chaque *interrogatoire* doit être *mis en cahier séparé*, article 15.

Les juges royaux ou de seigneurs, ne peuvent rien prendre ni recevoir des prisonniers pour leur *interrogatoire*; c'est à la partie civile, lorsqu'il y en a une, à en payer les frais, ainsi que les vacations du juge, *article 16*.

Quel que soit le titre d'accusation, l'*interrogatoire* de l'accusé doit être communiqué au procureur du roi ou du seigneur, pour être par lui pris telles conclusions qu'il avisera, soit afin d'information si l'accusé a été arrêté en flagrant délit, soit afin de réglement à l'extraordinaire si l'*interrogatoire* a été fait sur l'information, soit afin de plus ample instruction & de continuation d'information, en un mot telles conclusions qu'il juge convenables. La partie civile, lorsqu'il y en a une, a également droit de connoître l'*interrogatoire* de l'accusé, elle peut en lever expédition au greffe: c'est ce qui résulte des articles 17 & 18.

L'accusé de crime peut, aux termes de l'article 18, *prendre droit par les charges*, après avoir subi son *interrogatoire*, c'est-à-dire s'en rapporter aux dépositions des témoins. On ne sait trop ce que cet article a voulu dire, car il ne dépend pas de l'accusé de croire ou de ne pas croire les témoins; & peu importe au juge cette confiance, dont la loi semble accorder la faculté au coupable: qu'elle existe ou non, la preuve est toujours la même.

Lorsque le ministère public a été reçu à prendre droit par l'*interrogatoire*, & l'accusé par les charges, la partie civile peut, selon l'article 20, donner sa requête de conclusions, & l'accusé sa requête d'atténuation; mais l'un & l'autre doivent le faire dans un délai fixé par le juge.

Si par-devant les premiers juges les conclusions du ministère public; & dans les cours, si les sentences dont est appel portent condamnation de peine afflictive, les accusés seront interrogés sur la sellette, *art. 21*.

Cette coutume antique & barbare dérive d'un principe d'humanité, mais l'abus en est cruel; on a pensé qu'un malheureux, accusé d'un délit grave, devoit être troublé au moment qui va pour jamais décider de son sort, & qu'il avoit besoin d'être dans une situation commode pour pouvoir se livrer tout entier au soin de sa défense; on s'est accoutumé à prendre l'opinion du ministère public pour règle de la gravité ou de la légéreté du délit, ensorte que, si le procureur du roi conclut à une peine corporelle, ou même, & par extension de l'ordonnance, à une peine infamante, aussitôt on fait asseoir l'accusé sur la sellette; mais aujourd'hui ce n'est plus un acte d'humanité, c'est une véritable peine qu'on inflige à l'accusé; lorsqu'il s'y refuse, on l'y contraint par la violence; & Papon rapporte même un arrêt du 3 septembre 1566, par lequel un gentilhomme qui n'avoit pas voulu s'asseoir sur la sellette, après avoir été sommé de le faire, fut condamné à être fouetté par l'exécuteur de la haute-justice dans la cour de la conciergerie. En faut-il davantage pour prouver que la séance sur la sellette est une peine anticipée qu'on fait subir à l'homme qui n'est pas encore jugé? Un homme n'est pas encore jugé, & on l'assujettit à l'infamie, & c'est vous qui le commandez, loix sacrées qui ne devez jamais avoir pour but que la proportion la plus exacte des peines aux délits! Quoi! l'opinion d'un seul homme, opinion qui n'est que préparatoire, consultative, qui n'est jamais comptée parmi celles des juges, c'est elle qui condamne l'accusé à une infamie préalable; il ne peut pas dépendre des juges que l'examen le plus réfléchi d'un procès criminel aura convaincu de l'innocence de l'accusé, de le soustraire à l'ignominie de la sellette; au moment même de l'absoudre, ils seront forcés de l'y plonger avec violence; ils sont forcés d'avoir sous les yeux le spectacle d'un innocent dans la même situation, à la même place que vient peut-être de quitter un scélérat condamné à la roue! O loix! & c'est vous qui le commandez!

C'est un principe d'humanité qui introduisit autrefois l'usage de la sellette; mais l'humanité & l'équité réunies n'en demandent-elles pas aujourd'hui l'abolition? Les accusés n'ignorent plus que l'opinion du ministère public leur est contraire, quand le juge leur ordonne de s'asseoir sur ce siège infame, &, suivant le crime dont ils sont prévenus, ils arbitrent eux-mêmes la peine dont ils sont menacés; l'espérance échappe alors à l'innocence même, & quel homme assez intrépide pour ne pas se troubler en ce moment, & conserver cette égalité d'ame, cette méthode dans les idées, cette facilité d'expression si nécessaires pour répondre à des juges. En un mot, l'accusé qui n'est point jugé est encore *integri statûs* : pourquoi donc accorder aux conclusions du ministère public un effet qu'elles n'ont point sur le jugement, & qu'elles ne peuvent jamais avoir? un homme peut-il être puni comme coupable avant que sa sentence soit prononcée; & avant que ce jugement ait déclaré qu'il a violé les loix, faut-il l'assujettir à l'infamie, qui doit faire partie de la peine due à cette infraction?

Au surplus, en revenant au texte même de l'article 21 de l'ordonnance, j'ai dit dans le cours des réflexions que j'ai cru devoir placer ici sur la formalité de la sellette, que cet article avoit reçu quelque extension dans les tribunaux. En effet, la loi n'indique comme devant être interrogés sur la sellette, que les accusés contre lesquels il y aura des conclusions à peine afflictive, ou qui y auront été condamnés par un premier jugement. Cependant l'accusé contre qui le ministère public provoque la peine du blâme ou celle du bannissement sans flétrissure, & celui qui y a été condamné par une première sentence, sont obligés de s'asseoir sur la sellette, quoique le blâme & le bannissement à temps ne soient mis qu'au rang des peines infamantes, & ne soient point regardés comme peines afflictives, attendu qu'elles n'affectent que l'honneur, & non le corps.

L'interprète nommé à un étranger, & le curateur à la mémoire d'un défunt, ne peuvent jamais être interrogés que debout & derrière le barreau: l'interprète n'est que le moyen de communication entre le juge & l'accusé; & quant au curateur, quoiqu'il soit *loco defuncti*, il ne doit point supporter la peine par lui encourue: tel est l'esprit de l'article 23 de l'ordonnance.

Le vingt-deuxième que nous avons été obligés de renvoyer ici à cause de l'analogie du vingt-unième & du vingt-troisième, ne décide autre chose, sinon que l'*interrogatoire* subi sur la sellette pardevant les juges *à quo*, fera partie du procès & sera envoyé dans les cours souveraines, avec les autres pièces de la procédure, à peine de cent livres d'amende contre le greffier.

Cette disposition doit s'entendre en général de l'*interrogatoire* qui a précédé le jugement, & comprend l'*interrogatoire* subi derrière le barreau, comme celui qui a été subi sur la sellette, *interrogatoire* qui dépend, comme nous venons de le dire, de la nature des conclusions du ministère public.

Tout homme de robe, magistrat ou autre, obligé de subir un interrogatoire, doit se présenter en robe, à moins que son décret ne soit d'ajournement personnel ou de prise de corps, parce que ces sortes de décrets emportent interdiction de toutes fonctions d'un office; il ne peut donc se présenter en robe que sur un simple décret d'assigné pour être ouï.

Dans tous les cas, un homme d'épée doit se présenter sans armes.

Cet article est déjà bien étendu; mais qui osera nous le reprocher! Quelle matière plus importante & plus digne d'occuper un magistrat, que celle de nos loix pénales & de nos formes judiciaires? Nous ne terminerons cependant pas cette discussion sans parler de la manière d'interroger les accusés, & à cet égard, nous ne pourrions rien dire qui ne fût infiniment au-dessous du morceau que nous allons emprunter du discours d'un magistrat également respectable par ses talens & son amour pour l'humanité (3).

« Le moment critique est arrivé où l'accusé va » paroître aux yeux de ses juges : je me hâte de » le demander, quel est l'accueil que vous lui des- » tinez ? le recevez-vous en magistrat ou bien en » ennemi ? prétendez-vous l'épouvanter, ou vous » instruire ? que deviendra cet homme enlevé su- » bitement à son cachot, ébloui du jour qu'il re- » voit, & transporté tout-à-coup au milieu des » hommes qui vont traiter de sa mort : déjà trem- » blant, il lève à peine un œil incertain sur les » arbitres de son sort, & leurs sombres regards » épouvantent & repoussent les siens. Il croit lire » d'avance son arrêt sur les replis sinistres de leurs » fronts; ses sens déjà troublés sont frappés par » des voix rudes & menaçantes ; le peu de rai- » son qui lui reste achève de se confondre, ses » idées s'effacent, sa foible voix articule à peine » une parole hésitante ; &, pour comble de maux, » ses juges imputent peut-être au trouble du crime » un désordre que produit seule la terreur de leur » aspect. Quoi ! vous vous méprenez sur la cons- » ternation de cet accusé, vous qui n'oseriez peut- » être parler avec assurance devant quelques hom- » mes assemblés ! Eclaircissez ce front sévère ; laissez » lire dans vos regards cette tendre inquiétude pour » un homme qu'on desire de trouver innocent ; » que votre voix douce dans sa gravité semble » ouvrir avec votre bouche un passage à votre cœur. » Contraignez cette horreur secrète que vous ins- » pire la vue de ces fers & les dehors affreux de » la misère ; gardez vous de confondre ces signes » équivoques du crime avec le crime même, & » songez que ces tristes apparences cachent peut- » être un homme vertueux. Quel objet ! levez » les yeux, & voyez sur vos têtes l'image de » votre Dieu qui fut un innocent accusé ; vous » êtes homme, soyez humain ; vous êtes juge, » soyez modéré; vous êtes chrétien, soyez cha- » ritable. Homme, juge, chrétien, qui que vous » soyez, respectez le malheur; soyez doux & com- » patissant pour un homme qui se repent, & qui » peut-être n'a point à se repentir.

» Mais laissons la contenance du juge, pour par- » ler d'un art dangereux dont j'ai souvent entendu » vanter l'utilité ; c'est celui d'égarer l'accusé par » des interrogations captieuses, même par des sup- » positions fausses, & d'employer enfin l'artifice » & le mensonge à découvrir la vérité. Cet art n'est » pas bien difficile; on trouble la tête d'un mal- » heureux accusé par cent questions disparates : » on affecte de ne pas suivre l'ordre des faits; on » lui éblouit la vue, en le faisant tourner avec ra- » pidité autour d'une foule d'objets différens, & » l'arrêtant tout-à-coup, on lui suppose un aveu » qu'il n'a point fait ; on lui dit : *voilà ce que tu* » *viens de confesser, tu mens, & tu es perdu* (4).

» Quel méprisable artifice, & quel est son effet ! » L'accusé reste interdit ; les paroles de son juge » tombent sur sa tête comme un foudre imprévu ; » il est étonné de se voir trahi par lui-même : il » perd la mémoire & la raison ; les faits se brouil- » lent & se confondent, & souvent une contra- » diction supposée le fait tomber dans une con- » tradiction réelle.

» Est-ce ainsi que doit procéder la naïve équité ? » & depuis quand les actes de la justice sont-ils » un combat de sophiste ? Encore si l'accusé (comme » on le fait chez quelques nations sages) avoit un » défenseur qui pût parler à sa place & secourir » sa foiblesse ; si un homme de sang-froid répon- » doit à un juge tranquille, & que la sagacité fût » interrogée par l'adresse ; s'il y avoit, en un mot, » quelque égalité entre l'attaque & la défense ; mais » un homme grossier devant un magistrat exercé, » un accusé saisi d'effroi devant un juge calme & » maître de lui-même ; un homme dont l'unique » ressource est la vérité, tandis qu'on emploie con- » tre lui celle de l'artifice & du mensonge ; non, » cet art odieux, autant qu'injuste, n'en souillons » point nos honorables fonctions ; n'ayons d'autre » art que la simplicité : allons au vrai par le vrai ; » suivons un accusé dans tous les faits, mais pas » à pas & sans le presser ; observons sa marche, » mais sans l'égarer ; & s'il tombe, que ce soit » sous l'effort de la vérité, & non pas sous nos » pièges ». (*Article de M.* Boucher d'Argis, *conseiller au châtelet de Paris, de l'académie de Rouen*, &c.)

INTERRUPTION, s. f. se dit, *en droit*, de tout ce qui empêche qu'une possession soit continuée, & puisse servir pour acquérir la propriété d'une chose par la prescription.

L'*interruption* de la possession est naturelle ou civile.

L'*interruption* naturelle est une *interruption* de fait, qui arrive aussi-tôt qu'il survient quelque acte qui nous fait véritablement cesser de posséder une chose que nous possédions auparavant, comme quand la possession a passé de nous à une autre personne.

Ainsi, par exemple, celui qui a été expulsé de la possession d'un immeuble qu'il possédoit, a cessé véritablement de le posséder, à moins qu'il n'y ait été réintégré. Mais si celui que l'on a troublé dans la possession d'un immeuble, y avoit ensuite été réintégré, la possession ne seroit pas censée avoir été interrompue, parce que le trouble de fait ne forme pas une *interruption* de la possession, & ne donne pas droit d'acquérir la prescription.

L'*interruption* civile est celle qui se fait par quelque acte judiciaire, qui donne à connoître au pos-

(3) M. Servant, ancien avocat-général au parlement de Grenoble. Voyez son Discours sur l'administration de la justice criminelle, Genève 1767.

(4) Voyez aussi sur la matière des interrogations suggestives, le Traité des délits & des peines, *chap.* 10.

sesseur que la chose qu'il possède ne lui appartient pas, & qui le constitue en mauvaise foi.

Non-seulement la contestation en cause peut interrompre la prescription, mais aussi une simple assignation donnée par un exploit libellé.

Un commandement suffit pareillement pour interrompre la prescription; & il en est de même de la publication des lettres de terrier, relativement à l'action qui concerne le paiement des cens & droits seigneuriaux.

Lorsqu'un créancier intente une action en déclaration d'hypothèque contre l'acquéreur d'une terre qui lui a été affectée & hypothéquée par son débiteur, & que celui-ci a vendue postérieurement, cette action interrompt ou empêche la prescription de l'hypothèque que ce créancier a sur cette terre: mais elle n'interrompt pas l'action personnelle qu'a le même créancier contre son débiteur; & s'il arrivoit que cette dernière action fût prescrite, l'*interruption* qui auroit eu lieu contre l'acquéreur de la terre hypothéquée ne produiroit aucun effet. La raison en est que l'extinction de l'obligation principale entraîne nécessairement celle de l'obligation accessoire, & que d'ailleurs le vendeur ne peut avoir aucune fin de non-recevoir à proposer contre l'action du créancier, que l'acquéreur ne puisse l'employer en sa faveur.

Si deux débiteurs sont solidaires l'un pour l'autre, & que le créancier interrompe la prescription contre l'un pour la dette entière, l'effet de cette *interruption* s'étend également aux deux débiteurs. C'est ce qui résulte de plusieurs textes de loix; & le parlement de Paris l'a ainsi jugé par deux arrêts des 5 mai 1625 & 21 juin 1730.

Mais si l'*interruption* n'avoit eu lieu contre l'un des deux débiteurs solidaires, que pour sa part de la dette, elle ne produiroit aucun effet contre l'autre débiteur. Telle est l'opinion de Dumoulin.

L'*interruption* de la prescription contre le débiteur principal n'empêche pas que la caution ne puisse prescrire; ce qui est fondé sur ce que l'obligation du débiteur & celle de la caution sont différentes l'une de l'autre.

La même règle a lieu à l'égard des cohéritiers, attendu qu'ils ne sont pas obligés solidairement. Ainsi l'un peut prescrire, tandis que la prescription est interrompue contre l'autre.

Mais si l'héritier à l'égard duquel la prescription a été interrompue, vient, en conséquence d'une action hypothécaire, à être obligé de payer le tout, il peut exercer son recours contre ses cohéritiers, quoiqu'ils aient prescrit de leur chef. La raison en est qu'il n'a pu agir contre eux que du jour qu'il a été poursuivi hypothécairement, & que ce n'est que depuis cette époque que la prescription a pu courir contre lui. *Voyez* PRESCRIPTION.

INTERRUPTION *d'instance:* on appelle ainsi dans les Pays-Bas la cessation des procédures pendant un certain temps réglé par les coutumes; ce qui éteint l'instance, & remet les parties au même état que s'il n'y avoit point eu d'action intentée.

L'*interruption* s'encourt en Hainaut par le laps de trois ans. L'article 39 du chapitre 78 des chartres générales le décide ainsi formellement.

Dans la coutume de Cambresis, il ne faut qu'un an pour y donner lieu. C'est ce que porte l'article 7 du titre 26 de cette loi municipale.

Il en est de même dans la coutume de Tournai, suivant l'article unique du titre 3.

La coutume de la châtellenie de Lille, *titre 25, art. 20*, fixe le même terme pour l'*interruption;* mais elle ne lui donne lieu que dans le cas où la partie à qui on a signifié un *comparuit* laisse écouler un an sans assigner les héritiers du défunt en reprise d'instance. *Voyez* COMPARUIT.

L'*interruption* a aussi lieu en Artois, & elle s'y encourt par le même laps de temps que dans les trois coutumes qu'on vient de citer: elle a été introduite en cette province par l'article dernier du titre 6 du placard du 31 juillet 1531, portant réglement pour les procédures au conseil d'Artois.

Remarquez cependant que l'*interruption* n'a lieu en cette province que dans les affaires commencées par commission ou par exploit: celles qui ont été commencées par requêtes répondues d'un *viennent* ou *soient parties appellées*, ou autrement, n'y sont pas sujettes: c'est ce que le conseil d'Artois a attesté par des actes de notoriété des 9 octobre 1678, & 23 août 1702.

Il est encore d'usage en Artois que l'appointement sur les faits ou en droit, proroge l'instance commencée par commission, & en empêche l'*interruption*.

L'*interruption* est d'un grand usage en Artois pour les matières de mises de fait. Une mise de fait n'est qu'une procédure préparatoire qui ne produit rien si elle n'est suivie d'un jugement; c'est pourquoi elle périt faute de poursuites pendant un an; & par ce moyen le créancier perd son hypothèque.

Il ne faut pas étendre la décision de cet arrêt au-delà de sa propre espèce; car, quand il y a des procédures continuées avec la partie directe ou avec des opposans, le défaut de procédures avec le seigneur ne donne point lieu à l'*interruption*, parce que l'instance étant indivisible, elle ne peut pas subsister à l'égard de l'un qu'elle ne soit censée continuée avec tous les autres qui y sont parties. *Voyez* Brodeau sur Louet, *lettre L.* §, *16*, & le *journal des audiences; tom. 4, liv. 8, chap. 39.*

Il est de principe, tant en Artois que dans les autres provinces des Pays-Bas, que l'*interruption* est empêchée par la convention des parties ou de leurs procureurs, de suspendre les procédures. Les chartres générales de Hainaut en contiennent une disposition expresse, *chap. 78, art. 40.*

Par-tout où l'*interruption* a lieu, elle s'encourt de plein droit, sans qu'il soit nécessaire de la faire décréter par le juge; & c'est en quoi elle diffère principalement de la péremption. La raison pour laquelle on en use moins rigoureusement à l'égard de celle-ci, est qu'elle ne laisse plus rien subsister de l'instance; elle l'anéantit tellement qu'il n'est plus possible de la faire revivre, même par lettres du prince; & cela va jusqu'à dissoudre l'obligation du fidéjusseur qui avoit cautionné l'une ou l'autre partie, soit pour le jugé, soit pour les dépens : *reducitur instantia taliter ad non esse, ut etiam extinguatur fidejussoris obligatio*, dit M. de Flines, en ses notes manuscrites sur la coutume de Tournai.

Il en est autrement de l'*interruption*; elle éteint à la vérité l'instance, mais on peut en revenir par lettres de restitution en entier. L'article unique du chapitre 3 de la coutume de Tournai en dispose formellement ainsi : c'est ce que fait pareillement entendre l'article 39 du chapitre 78 des chartres générales de Hainaut.

L'effet de la restitution en entier est de remettre la cause absolument au même état où elle étoit avant l'*interruption*; de manière que le temps écoulé depuis l'*interruption* jusqu'à la restitution, ne pourroit pas même servir à la prescription biennale établie par le placard du 4 octobre 1540, à l'égard des marchandises vendues en détail, salaires d'ouvriers, vacations de procureurs, &c. Cependant la restitution contre l'*interruption* ne peut pas nuire à un tiers qui a agi intermédiairement : le conseil d'Artois en a donné un acte de notoriété le 23 mars 1702; & c'est sur ce fondement que Maillart dit, en parlant des mises de fait, que, « si la procédure a été interrompue pendant un an, & que dans la suite elle soit continuée, cette recontinuation ne pourra pas préjudicier aux créanciers intermédiaires qui auront acquis hypothèque avant cette recontinuation, & qui allégueront cette *interruption*, parce qu'elle leur a acquis un droit dont ils ne peuvent pas être privés sans leur fait ».

Tout ce que nous venons de dire ne peut recevoir aucune application aux causes qui s'instruisent au parlement de Flandre, parce que l'*interruption* n'y a point lieu, même dans les instances qui y sont portées par appel des sièges où elle est reçue. C'est ce qui résulte d'un arrêt de réglement de cette cour, du 27 mai 1693, portant que la péremption ne pourra pas y être alléguée dans les causes d'appel des juges du Hainaut. (*Cet article est de M. Merlin, avocat au parlement de Flandre.*)

INTERRUPTION *de péremption* se dit de tout ce qui empêche qu'une instance soit périmée par le laps de trois ans.

Cette *interruption* arrive de deux manières; 1°. par la mort de l'une des deux parties, ou d'un procureur qui occupoit pour quelqu'une d'elles, ou par la mort du rapporteur. La mort de quelqu'une de ces personnes survenue avant l'échéance des trois ans requis pour la péremption d'instance, l'interrompt absolument.

2°. Par tout acte judiciaire qui est fait avant la péremption d'instance accomplie.

Mais il faut premiérement que cet acte ait rapport à l'état où se trouve l'affaire dont il est question entre les parties; c'est pourquoi, si dans une affaire appointée, l'une des deux parties faisoit signifier un avenir, un tel acte n'empêcheroit pas la péremption d'instance.

En second lieu, il faut, pour interrompre la péremption, que l'acte soit connu; ensorte que la partie adverse ne puisse prétendre valablement n'en avoir point connoissance.

INTERSTICES, s. m. pl. (*Droit ecclés.*) ce sont certains intervalles de temps qu'il faut passer dans un ordre avant de pouvoir être promu à un ordre supérieur.

L'église a toujours desiré de s'assurer des mœurs, de la science & de la capacité de ceux qu'elle élevoit aux ordres, & à qui elle confioit les fonctions du saint ministère. C'est dans cette vue qu'elle a toujours voulu mettre un intervalle entre la promotion aux différens ordres. *Habebit autem*, dit le canon 10 du concile de Sardique de l'an 347, *uniuscujusque ordinis gradus non minimi scilicet temporis longitudinem, per quod & fides, & morum probitas, & constantia & moderatio possit cognosci.*

Le pape Sirice, dans sa lettre à l'évêque de Terragone, veut qu'un homme qui s'est donné à l'église dès son enfance, demeure soudiacre jusqu'à l'âge de trente ans, qu'on le fasse diacre à cet âge, qu'il en exerce les fonctions pendant cinq années & plus, & qu'ensuite on l'élève à la prêtrise : dix ans après, il pourra être promu à l'épiscopat. Pour ceux qui ne se consacroient à l'église que dans un âge avancé, il ordonne qu'on les fasse d'abord lecteurs ou exorcistes, qu'ils en remplissent les fonctions pendant deux années; qu'ensuite ils soient acolytes & soudiacres durant cinq ans; qu'après ce temps-là on les élève au diaconat & à la prêtrise, en leur faisant garder les mêmes *interstices* qu'aux autres. La même lettre porte qu'on doit faire observer cette loi aux moines qui seront promus au sacerdoce & à l'épiscopat.

Cette discipline sur les *interstices* avoit été introduite en France, comme on peut le juger par le chapitre 42 du cinquième livre des capitulaires, où on lit : *qui se divinæ militiæ desiderat mancipari, sive inter lectores, sive inter exorcistas quinquiennio teneatur. Exindè acolytus vel subdiaconus quatuor annis, & sic ad benedictionem diaconatûs, si meretur, accedat : in quo ordine quinque annis si inculpatè gesserit, adhærere debebit, & posteà, si probus fuerit, sacerdos efficiatur.*

Les *interstices* entre les différens ordres ont été beaucoup abrégés dans l'église. Le concile de Trente, qui forme aujourd'hui le droit commun en cette matière, a ordonné qu'il s'écoulât seulement un an depuis la réception du dernier ordre mineur, jusqu'aux ordres sacrés. *Hi verò nonnisi post annum à susceptione postremi gradûs minorum ordinum, ad sacros ordines promoveantur : nisi necessitas aut ecclesiæ utilitas, judicio episcopi, aliud exposcat*; & qu'il y eût ensuite un intervalle d'un an entre les ordres sacrés, c'est-à-dire entre le soudiaconat & le diaconat, & entre le diaconat & la prêtrise.

Le concile n'a point déterminé la durée des *interstices* entre les ordres mineurs. Il la laisse entiérement à la disposition des évêques : dans notre usage actuel, on les confère le même jour.

Il n'en est pas de même pour les autres ordres; la loi du concile est respectée & suivie. Il est vrai que quelquefois les évêques abrègent le temps des *interstices*. Ils exercent en cela une faculté qu'elle leur accorde, *nisi aliud episcopo expedire videbitur ;* mais ils ne doivent y être déterminés que par la nécessité ou l'utilité de l'église, *nisi necessitas aut utilitas ecclesiæ aliud exposcat.*

Rien de plus sage sans doute que les motifs de cette loi. Il faut que les ministres de l'église aient le temps de se former aux fonctions de leurs ministères, de se remplir de l'esprit de leur état, & que leurs supérieurs aient celui d'éprouver leur piété & leurs talens, afin, comme a dit S. Jérôme, qu'on ne devienne pas, *miles antequàm tyro, priùs magister quàm discipulus.*

Ce seroit donc aller ouvertement contre la loi, que de conférer les ordres sacrés sans *interstices*, & plusieurs, le même jour. Le concile de Trente l'a expressément défendu, *sacros ordines non eodem die etiam regularibus conferantur ; privilegiis ac indultis quibusvis concessis, non obstantibus quibuscumque.*

Les décrétales des papes ont prononcé la suspense contre ceux qui se feroient ainsi ordonner, *illos tamdiù suspensos volumus manere, donec de illis aliter disponamus.* Ces expressions ont fait soutenir à plusieurs auteurs, que cette suspense n'est pas comminatoire, mais qu'elle est *latæ sententiæ* & réservée au saint siège. Innocent III paroît l'avoir regardée comme telle dans sa lettre aux évêques d'Hibernie, d'où a été tiré le chapitre *dilectus.* Il y dit qu'il a donné pouvoir à un archevêque du pays, de dispenser de la suspense, par pure miséricorde, *de misericordiâ*, un ecclésiastique nommé à un évêché, & qui avoit été ordonné soudiacre, diacre & prêtre dans un même jour, quoique par ordre de son métropolitain & par des raisons très-graves.

Il faut distinguer la réception des ordres sacrés sans aucune espèce d'*interstices*, & celle où ils ne sont pas observés en entier. La première fait encourir la suspense à celui qui est ainsi promu ; le pape seul peut permettre les ordinations cumulées : on en a des exemples sur-tout pour des princes ; nous en avons un récent pour l'archiduc Maximilien, élu archevêque de Cologne. Quant à la seconde, les évêques, comme nous l'avons dit, peuvent abréger le temps des *interstices ;* & avec leur dispense, l'ordination est régulière.

Quand l'évêque donne à ses sujets un dimissoire pour être ordonnés par un autre, le dimissoire doit porter la dispense des *interstices ;* il ne dépend pas de l'évêque étranger de l'accorder ; mais il est le maître d'y déférer : dans ce cas, il faut le consentement des deux évêques.

Le pouvoir de dispenser des *interstices* passe aux grands-vicaires, avec celui d'accorder des dimissoires. Le chapitre jouit des mêmes pouvoirs *sede vacante.* On tient que les supérieurs des réguliers ne l'ont pas pour leurs religieux, & qu'ils n'ont que la faculté de solliciter cette grace auprès des évêques. (*Cet article est de M. l'abbé* BERTOLIO, *avocat au parlement.*)

INTERVENTION, s. f. *terme de Procédure*, qui signifie l'action par laquelle on intervient dans une contestation, dans un procès, & les suites de cette action.

L'*intervention* peut avoir lieu en cause d'appel ou en première instance. Elle doit être formée par une requête, où l'on explique les moyens sur lesquels on se fonde pour être reçu partie intervenante ; & dans les conclusions on demande acte de ce que, pour moyens d'*intervention*, on emploie le contenu en cette requête.

Si l'*intervention* est régulière, le juge reçoit l'intervenant partie intervenante, & lui donne acte des moyens portés par sa requête ; & faisant droit sur son *intervention*, il ordonne ce qu'il y a lieu d'ordonner, selon que l'*intervention* est bien ou mal fondée.

Si l'*intervention* n'est pas recevable ou qu'elle soit mal fondée, on déclare l'intervenant non-recevable en son *intervention*, ou bien on l'en déboute.

Quand l'affaire est appointée, on répond la requête d'*intervention* d'une ordonnance de *viennent*, en conséquence de laquelle on va plaider à l'audience, pour faire juger si l'*intervention* sera reçue, auquel cas le juge donne acte de l'*intervention*, & reçoit l'intervenant partie intervenante ; & pour faire droit sur l'*intervention*, il appointe les parties en droit & joint.

Lorsque la partie qui intervient est privilégiée, elle peut, en vertu de son privilège, faire renvoyer l'affaire principale devant les juges de son privilège. C'est ce qui résulte de l'article 21 de l'ordonnance du mois d'août 1669, au titre des *committimus ;* mais il faut pour cela que cette *intervention* soit fondée.

L'arrêt de réglement du 5 juin 1659, rendu entre les officiers du bailliage de Montdidier & ceux de la prévôté de cette ville, rapporté au journal des audiences, *tom.* 2, peut servir de règle sur la manière dont ces sortes d'*interventions* doivent être reçues. Il est porté par cet arrêt, « que ceux qui » ont leurs causes commises au bailliage, pour- » ront intervenir en tout état de cause pour de- » mander leur renvoi au bailliage, encore que la » cause soit contestée, même appointée & distri- » buée en la prévôté, pourvu que le procès ne » soit point en état d'être jugé sur production res- » pective des parties ou par forclusion duement » acquise; pourvu aussi que celui qui formera son » *intervention*

» *intervention* soit intéressé en son nom, ou comme » héritier, ou à autre titre universel & particu- » lier, de bonne-foi & sans fraude; & que s'il » n'a d'autre qualité que celle de créancier simple » de l'une des parties qui plaident, le renvoi n'aura » lieu; mais que s'il veut intervenir en ce cas pour » empêcher la collusion, il sera tenu de procéder » en la prévôté, si les parties principales y sont » justiciables ».

Observez qu'un privilégié qui n'interviendroit qu'en cause d'appel, ne pourroit demander ce renvoi, à moins que ses droits n'eussent pas encore été ouverts, ou qu'il n'eût pu agir avant le jugement. Cette décision est fondée sur l'article 29 du titre premier de l'ordonnance du mois d'août 1737.

Il y a un grand nombre d'arrêts du conseil, qui veulent que le fermier-général des domaines du roi soit reçu partie intervenante dans toutes les causes, instances & procès concernant les domaines & droits domaniaux, tant aux conseils qu'aux parlemens, cours des aides, chambres du trésor & autres jurisdictions, pour en prendre communication, y fournir ses moyens, & dire ce qu'il jugera nécessaire.

INTESTAT, mot tiré du latin *intestatus*, qui veut dire celui qui n'a point fait de testament: il n'est d'usage que dans ces phrases: décéder *intestat*, c'est-à-dire mourir sans avoir fait de testament: héritier *ab intestat*, qui signifie l'héritier qui recueille la succession en vertu de la loi, & non d'un testament: succession *ab intestat*, c'est-à-dire succession ouverte, déférée aux héritiers sans la volonté du défunt, soit parce qu'il n'a pas fait de testament, soit parce que celui qu'il avoit fait n'est pas valable.

INTIMATION, s. f. *terme de Procédure*, qui se prend quelquefois pour tout acte judiciaire, par lequel on déclare & notifie une procédure à quelqu'un; mais plus ordinairement pour l'exploit d'assignation qu'un appellant fait donner à celui qui a obtenu gain de cause devant les premiers juges, pour voir réformer la sentence par le juge supérieur.

Suivant l'ancien style qui est encore usité dans quelques provinces, on écrivoit *ô intimation* pour dire *avec intimation*.

Folle intimation, c'est lorsqu'on intime sur un appel quelqu'un qui n'a pas été partie dans la sentence.

L'ordonnance de 1667 porte que les *folles intimations* seront vuidées par l'avis d'un ancien avocat, & que ceux qui succomberont soient condamnés aux dépens, qui doivent être taxés par les procureurs des parties, sur un simple mémoire, sans frais. *Voyez* INTIMÉ.

INTIMÉ, adj. pris aussi subst. (*en terme de Pratique.*) est celui au profit duquel a été rendue la sentence dont est appel, & qui en soutient le bien jugé contre l'appellant.

Ce mot vient du latin *intimare* qui signifie *déclarer* & *dénoncer*, parce qu'anciennement l'appellant ajournoit le juge pour l'obliger de venir soutenir le bien jugé de la sentence, & on intimoit la partie, c'est-à-dire, qu'on lui dénonçoit l'appel; aujourd'hui l'on n'ajourne plus le juge, mais seulement la partie qui a obtenu gain de cause; cependant le nom d'*intimé* est demeuré à cette partie.

Dans les appels comme d'abus des sentences rendues à la requête du promoteur, on *intime* l'évêque; & dans un appel ordinaire d'une sentence rendue à la requête d'un procureur-fiscal, on *intime* le seigneur.

En procès par écrit, c'est à l'intimé à rapporter la grosse de la sentence; mais dans les appellations verbales, c'est à l'appellant.

A la grand'chambre du parlement, l'avocat de l'appellant se met en face des présidens; celui de l'intimé est près du banc des conseillers-clercs; cependant la place de l'appellant est regardée comme la première, & lui est donnée parce que c'est lui qui saisit la cour; c'est pourquoi quand un prince du sang ou un duc & pair est *intimé*, & que l'appellant n'est pas du même rang, l'avocat de l'*intimé* prend la place où se met ordinairement celui de l'appellant, qui est ce que l'on appelle *in loco majorum*.

On appelle *follement intimé* celui qui est *intimé* sur un appel, quoique la sentence n'ait pas été rendue avec lui. *Voyez* APPEL, INTIMATION. (*A*)

INTITULÉ, adj. pris subst. *en terme de Pratique*, signifie le titre & les qualités d'un acte: on dit l'*intitulé d'un inventaire*, c'est-à-dire, les qualités des parties comparantes, & le préambule qui précède la description des effets. (*A*)

INTRADE, ENTRADE, INTRAGE, ENTRAGE, ANTRAGE. Ce mot usité en Picardie, dans le Vermandois, *&c. &c. &c.* n'est autre chose qu'une espèce de droit d'entrée. Comme il a différentes acceptions dans ces mêmes provinces, il faut, pour éviter la confusion, ou la méprise, savoir ce qu'il signifie sous chacune de ces acceptions.

1°. Le droit d'*intrade* est un privilège du nouveau propriétaire. Il est d'un usage constant en Picardie, & singuliérement dans l'étendue du bailliage de Noyon, du Vermandois & du Santerre, que tout nouveau propriétaire, qui donne pour la première fois sa terre à bail, est fondé à exiger du preneur un droit d'*intrade*, à raison d'une somme quelconque par journal.

Ce droit se paie en argent de la main à la main. Si le preneur n'est pas en état de payer comptant la somme convenue, il peut stipuler un délai; il peut même, si le bailleur y consent, distribuer son obligation en autant de paiemens que le bail doit durer d'années, & faire ces paiemens chaque année.

L'acte qui fait le titre du propriétaire venant à être rescindé, la somme payée pour raison de l'*intrade* doit être restituée au preneur. Si le preneur avoit promis de payer l'*intrade*, par obligation, contenue en billets ou en promesse passée devant notaires, le nouveau propriétaire est tenu de lui remettre ces billets ou cette promesse, si le bail n'est pas entretenu par le vendeur restitué, & au vendeur si le bail est entretenu, pourvu toutefois que cette obligation soit telle qu'elle paroisse faire partie même du bail.

2°. *Intrade* signifie un présent, une gracieuseté, que le preneur donne au bailleur indépendamment du prix du bail. En ce sens, c'est un vrai pot-de-vin : car il se donne aussi quelquefois à celui qui est l'entremetteur du bail.

Quoique cette *intrade* ne fasse pas partie du bail, néanmoins elle doit être regardée comme un avancement de paiement qui le diminue ; c'est pourquoi la dissolution du bail arrivant, la restitution de cette *intrade* doit se faire à raison du temps de la non-jouissance. Et comme cela peut être sujet à contestation, ceux qui veulent éviter tout procès prennent ou doivent prendre la précaution de stipuler la restitution de l'*intrade* dans les cas & pour les années où le bail cessera d'avoir lieu.

3°. *Intrade* signifie en vente d'héritage, un par-dessus qu'on donne au delà du marché conclu, & qu'on stipule quelquefois pour en faire partie ; c'est, en ce sens, proprement le vin du marché : sur quoi il convient de remarquer que quand un héritage est retrait, le retrayant est tenu de rembourser à l'acquéreur, outre le prix, l'*intrade* avec les loyaux coûts.

4°. *Intrade* sont les deniers d'entrée que le preneur à bail à rente, cens ou autres charges, paie au bailleur. Cette acception du mot d'*intrade* diffère de la seconde acception, en ce qu'elle n'a lieu qu'en cas de transmission de la propriété, avec rétention d'une redevance quelconque. On trouve ce mot employé sous cette acception dans l'article 8 du titre 22 de la coutume de Nivernois, & dans les articles 274 & 442 de celle de Bourbonnois. Ainsi *intrade* est à-peu-près un droit d'entrée dans le sens que le mot *Entrée* a dans les coutumes d'Acqs & de Bayonne.

INTRODUCTIF, adj. INTRODUCTION, f. f. *en droit*, *introductif* se dit en parlant du premier exploit par lequel on commence une contestation : & on appelle *introduction* le commencement d'une instance, qui se fait par le premier exploit.

INTROJE, ce mot a été adopté dans quelques pays, & principalement en Dauphiné pour désigner des deniers d'entrée, dans un albergement, ou bail à cens, ou rente. *Voyez* les Plaidoyers de Basset, *tom. 2*, *liv. 3*, *tit. 11*, *chap. 7 ;* le Glossaire de Ducange, & la continuation de dom Carpentier au mot *Introgium*, & ce dernier ouvrage au mot *Introgiare* (*M. GARRAN DE COULON.*)

INTRONISATION, f. f. (*Droit canon.*) c'est l'acte par lequel on place le nouvel évêque ou archevêque sur le siége épiscopal. L'*intronisation* est à l'égard des évêques, archevêques, & même des curés, ce que l'installation est pour les prébendiers.

Duperrai, dans son *Traité de la capacité des ecclésiastiques*, donne plusieurs exemples de l'*intronisation*, telle qu'on la pratiquoit autrefois. Lorsque l'évêque avoit été consacré par l'archevêque, celui-ci envoyoit un de ses suffragans avec la personne élue à l'évêché. Le suffragant faisoit asseoir l'élu dans son trône le premier jour, origine du terme *intronisation ;* & après trois mois de résidence, l'archevêque dans sa visite le remettoit entre les mains de l'archiprêtre & de l'archidiacre, pour examiner s'il étoit bien instruit de l'usage & de la discipline de son évêché, & après cette information, il étoit confirmé.

La cérémonie de l'*intronisation* s'est conservée en plusieurs diocèses à l'égard des évêques, mais dans un plus grand nombre, par rapport aux curés.

INTRUS, adj. pris subst. INTRUSION, f. f. (*Matière bénéficiale.*) L'*intrusion* est l'acte par lequel un clerc se met en possession d'un bénéfice sans titre canonique. *Is dicitur se ingerere, qui absque diœcesani autoritate, intrat, & hoc modo cognoscitur intrusus & incoloratus possessor*, cap. quoniam de off. ordin. *Dicitur intrusus, qui præter superioris autoritatem, ingerit se in ecclesiâ*, cap. veniens de accu. cum nostris de concef. præb. *Intrusus ille est qui est electus & administrat antè confirmationem*, cap. Quia diversitatem. L'*intrus* est celui qui commet cet acte.

L'*intrusion* est si contraire à l'esprit de l'église & à ses loix, qu'elle ne peut être couverte par la possession triennale, quelque paisible qu'elle ait été. On le prouve par le concordat, au titre *de pacificis possessoribus. Statuimus, quod quicumque dummodò non sit violentus, sed habens coloratum titulum, pacificè & sine lite quodcumque beneficium ecclesiasticum, cum trienno proximo, hactenùs vel pro tempore possederit, seu possidebit, in petitorio vel possessorio, molestari nequeat, etiam ratione juris noviter reperti*, &c.

La loi exclut donc du bienfait de la possession triennale, ceux qui se sont emparés d'un bénéfice par violence, ou sans titre coloré, c'est-à-dire sans titre canonique.

Quant à la violence, ceux qui l'ont commise pour s'emparer d'un bénéfice, en demeurent déchus, aux termes de l'article 60 de l'ordonnance de 1539. « Nous défendons à tous nos sujets prétendant droit aux bénéfices ecclésiastiques, de commettre aucune force ni violence publique ésdits bénéfices & choses qui en dépendent, & nous avons dès-à-présent, comme pour lors, déclaré ceux qui commettent lesdites forces & violences publiques, privés du droit possessoire qu'ils pouvoient prétendre ésdits bénéfices ».

Si la violence seule fait vaquer le bénéfice, elle le fera, à plus forte raison, vaquer lorsqu'elle sera accompagnée de l'*intrusion ;* mais toute espèce d'*intrusion* ne le rend pas vacant sur le champ.

On distingue trois espèces d'*intrus ;* celui qui s'est mis en possession d'un bénéfice sans aucun titre, celui qui avoit un titre radicalement vicieux, & celui qui en avoit un seulement incomplet.

La disposition du concordat que nous venons de rapporter, n'exige, avec la possession paisible &

triennale, qu'un titre coloré. Il est évident que celui qui n'en a aucun, n'est pas dans le cas de la loi. A parler exactement, son *intrusion* ne fait pas vaquer le bénéfice, mais continue la vacance. Ce bénéfice peut être demandé par prévention en cour de Rome, & l'ordinaire peut le conférer sur la vacance *per obitum* du dernier titulaire, quelque longue qu'ait été la possession de l'usurpateur.

Celui qui a un titre radicalement vicieux est encore *intrus*. Nous disons radicalement vicieux, parce qu'un titre de cette nature ne peut jamais être canonique; mais tout vice n'empêche pas la canonicité. Il en est qui ne sont que relatifs & extrinsèques; ceux-là n'opèrent point l'*intrusion*. *Voyez* COLLATION, TITRE COLORÉ.

Il est des titres canoniques, mais incomplets; la possession prise avec un titre semblable, n'opère l'*intrusion* que lorsqu'on ne peut donner le complément au titre. Des provisions de cour de Rome *in formâ dignum* sont certainement un titre canonique; mais, soit qu'on les regarde comme de véritables provisions, soit qu'on ne les considère que comme un mandat *de providendo*, elles n'acquièrent leur complément que lorsqu'elles sont suivies du *visa* de l'ordinaire à qui elles sont adressées. Qu'un clerc ainsi pourvu se mette en possession du bénéfice, avant d'avoir obtenu le *visa*, cette possession sans *visa* ne rendra le bénéfice impétrable qu'après les trois années, à compter de la date de ses provisions. Ce pourvu ne sera déchu de son droit après les trois années, que parce qu'après ce temps, toute provision de cour de Rome demeure comme non-avenue. L'*intrusion* n'existera donc que du moment que le titre, canonique en lui-même, ne pourra plus recevoir le complément qui lui manque. C'est ainsi que raisonne Boutaric sur le concordat, au titre *de pacif. possess.*

Quoique l'*intrusion* simple, comme l'*intrusion* avec violence, ne se couvre point par la possession triennale, il y a cependant cette différence, que rien ne peut effacer la seconde, & qu'on peut se faire relever de la première. Mais il faut pour cela que les choses soient dans leur entier, & qu'un tiers n'ait point acquis de droit au bénéfice. Il faut s'adresser au pape; lui seul peut relever de l'*intrusion*. Il est nécessaire, sous peine d'obreption, de lui exposer le fait dans toutes ses circonstances; & comme il lui est impossible de valider un titre radicalement nul, il accorde alors de nouvelles provisions, avec la clause *salvo jure tertii*, l'absolution & la dispense de l'*intrusion*, & sous la condition de se démettre, entre les mains de l'ordinaire, du bénéfice mal obtenu. *Ac postquàm dictus orator possessioni prioratus præfati per eum forsan de facto captæ, seu ex præmissis actibus præsumptæ, in actis curiæ episcopalis* N. *renunciaverit, & non aliàs.*

L'*intrusion*, même avec violence, ne rend point incapable de posséder d'autres bénéfices, que celui dans lequel on est *intrus*. Aucun canon ne prononce cette incapacité générale; elle ne l'est pas non plus par l'ordonnance de 1539, selon l'observation de Rousseau de Lacombe. (*M. l'abbé* BERTOLIO, *avocat au parlement.*)

INVALIDES, s. m. (*Droit public.*) on appelle ainsi les militaires qui, par leur âge ou leurs blessures, ne sont plus en état de servir, & sont admis à l'hôtel royal des *invalides*.

Philippe-Auguste forma le projet de bâtir & de fonder une maison, pour servir de retraite à ceux qui auroient vieilli dans le service. Cette particularité du règne de ce prince, nous est connue par la lettre que lui écrivit le pape Innocent III, en réponse à celle qu'il lui avoit écrite, pour lui demander que cette maison ne fût point sous la jurisdiction de l'évêque. Vraisemblablement ce projet ne fut point exécuté, puisque nos historiens n'en font pas mention.

Mais nos rois s'étoient réservé le droit de placer dans plusieurs monastères de fondation royale, un soldat estropié, qui avoit une portion monacale, & étoit en même temps obligé de rendre certains services, comme de balayer l'église & de sonner les cloches: c'est ce qu'on a appellé *moine laïque* ou *oblat;* mais cette mince fortune étoit une petite ressource pour le grand nombre de ceux que la guerre mettoit par leurs blessures hors d'état de subsister.

Louis-le-Grand a exécuté le projet de *Philippe-Auguste* avec plus de magnificence que ce dernier ne l'avoit conçu: il s'est proposé d'assurer une retraite aux soldats & aux officiers qui auroient vieilli dans le service, ou auroient été mis par leurs blessures hors d'état de le continuer. Son intention a été de leur fournir un entretien honnête, soit pour la nourriture, soit pour le logement, soit pour le vêtement, jusqu'à la fin de leur vie.

Pour rendre cet établissement solide, & en assurer la durée, le roi y a affecté différens fonds, tels que ceux des pensions de tous les moines lais, dont étoient chargées les abbayes de fondation royale; les quatre deniers pour livre qu'on retient sur les paiemens que font les trésoriers généraux de l'ordinaire & de l'extraordinaire des guerres, *&c.*

Suivant l'ordonnance du 9 mars 1778, *art.* 14, les *invalides* pensionnés, retirés dans les provinces du royaume, doivent y jouir de l'exemption de la taille industrielle, & des autres impositions personnelles, pour raison du trafic, commerce, industrie & exploitation auxquels ils peuvent se livrer; mais s'ils exploitent leurs héritages, ou prennent des biens d'autrui à ferme, à titre d'adjudication ou autrement, ils sont, de quelque nature que soient ces biens, sujets à la taille d'exploitation; & aux autres impositions accessoires à cette taille: ils doivent d'ailleurs dans tous les cas acquitter le vingtième & les autres charges réelles que supportent les propriétaires des fonds & droits réels.

Les curés du royaume, dans les paroisses desquels sont retirés les *invalides* pensionnés, sont tenus d'adresser exactement au secrétaire d'état ayant le département de la guerre, une expédition de l'extrait mortuaire de chaque homme, à l'instant de son décès, visé gratis par les juges, maires, consuls, ou syndics des lieux. Ils sont pareillement tenus d'envoyer une seconde expédition dans la même forme au subdélégué, qui doit leur faire délivrer vingt sous au compte du roi.

Suivant l'édit d'avril 1674, le roi est le protecteur & conservateur immédiat de l'hôtel royal des *invalides*, sans qu'il puisse être assujetti à la visite & jurisdiction du grand aumônier, ni dépendre d'aucun officier autre que le secrétaire d'état ayant le département de la guerre, qui en est le seul administrateur.

Des lettres-patentes du 24 août 1777, enregistrées au parlement de Paris le 2 septembre suivant, ont renvoyé à la grande chambre de cette cour la connoissance des contestations nées & à naître au sujet des biens, revenus, droits, privilèges, exemptions & immunités appartenant à l'hôtel royal des *invalides*.

INVENTAIRE, s. m. *terme de Pratique*, qui signifie en général un état & une description de quelque chose.

On fait un *inventaire* des titres d'un trésor ou chartrier; ces sortes d'*inventaires* peuvent être faits d'une manière authentique, ou simplement comme actes privés.

Mais il se dit plus particulièrement de l'énumération & description des effets mobiliers, & des titres & papiers d'un défunt.

L'*inventaire* est quelquefois précédé d'une apposition de scellé; mais on peut aussi faire *inventaire*, quoiqu'il n'y ait point de scellé.

Quoiqu'en général on puisse après le décès de quelqu'un faire un *inventaire* ou n'en pas faire, il y a des cas où cette formalité est indispensable.

On ne peut, par exemple, prendre la qualité d'héritier bénéficiaire, que sous la condition de faire *inventaire*.

De même il faut, dans la coutume de Paris, qu'une veuve fasse faire bon & loyal *inventaire*, lorsqu'elle veut renoncer à la communauté de biens qui a eu lieu entre elle & son mari.

De même encore, la communauté de biens des conjoints ne s'interrompt entre le survivant & les enfans nés de leur mariage, qu'en faisant *inventaire* & le faisant clorre.

Entre majeurs, l'*inventaire* peut, de leur consentement, être fait sous signature privée; mais lorsqu'il y a des mineurs ou des absens, ou que l'on veut s'en servir contre des tiers, il doit être fait solemnellement & par des officiers publics.

A Paris, les *inventaires* se font par deux notaires; & ce droit leur appartient privativement à tout autre officier, quand le scellé a été apposé par un officier royal; mais lorsque le scellé a été apposé par les officiers d'une justice seigneuriale, c'est à eux qu'appartient le droit de procéder à l'*inventaire*, à moins que les parties ne jugent à propos d'y faire procéder par des notaires. C'est ce qui résulte d'un fameux arrêt de réglement du 3 décembre 1569, rendu entre la communauté des notaires au châtelet de Paris, demandeurs d'une part.

L'évêque de Paris.

Les religieux, abbé & couvent de sainte Geneviève.

Les doyens, chanoines & chapitre de saint Marcel.

Les religieux, abbé & couvent de saint Germain-des-Prés.

Les religieux, abbé & couvent de saint Magloire.

Les religieux, prieur & couvent de saint Martin-des-Champs.

Le grand-prieur & couvent du Temple; tous seigneurs hauts-justiciers en la ville & fauxbourgs de Paris.

Le greffier de la chambre du trésor, & la communauté des examinateurs au châtelet, défendeurs d'autre part.

En plusieurs endroits les *inventaires* peuvent se faire par un notaire & deux témoins, ou par deux notaires: en d'autres, c'est aux officiers des sièges qu'appartient la confection des *inventaires* solemnels. En Lorraine, ce sont les juges ou les procureurs du roi, ou des seigneurs qui y procèdent avec leurs greffiers.

L'*inventaire* est un acte conservatoire qui se fait pour constater les biens d'une succession ou d'une communauté de biens, à l'effet d'y maintenir les droits de ceux qui peuvent y avoir intérêt, tels que le survivant des conjoints, les héritiers du prédécédé, les créanciers, les légataires, *&c.*

L'*inventaire* ne doit avoir lieu qu'à la requisition des parties intéressées. Aucun juge ne peut le provoquer d'office, quand même il y auroit des mineurs, si ce n'est que le roi ou le public y fût intéressé.

Les formalités qui sont particulières à cet acte, sont: 1°. qu'il doit contenir les noms & les qualités des personnes présentes, & à la requête desquelles il se fait.

2°. L'ordonnance de Blois exige que la maison où l'*inventaire* se fait, soit désignée.

3°. Il doit être fait mention non-seulement de la date du jour, mais encore si c'est le matin ou l'après midi qu'on a procédé à l'*inventaire*.

4°. La prisée des meubles doit être faite par l'*inventaire* même.

5°. Il doit rester minute de l'*inventaire*, & elle doit être signée tant à l'intitulé qu'à chaque vacation, & à la fin par les officiers qui y ont procédé, par les parties & par les témoins, lorsqu'il y en a, sinon il doit être fait mention du refus de signer, & des causes de ce refus.

Quand on fait l'*inventaire* des biens d'une personne mariée, c'est ordinairement à la requête du survivant ; cependant il se fait quelquefois à la requête des héritiers du prédécédé, comme dans le cas où la femme survivante, sans être séparée par sentence, ne demeure pas avec son mari.

Le survivant doit faire l'*inventaire* en présence des héritiers du prédécédé, ou après les avoir duement appellés ; mais il n'est obligé d'appeller que ceux qui sont sur le lieu : comme il peut ignorer la résidence des autres, il peut se passer de leur présence, en faisant assister pour eux à l'*inventaire* le procureur du roi ou celui du seigneur.

Lorsque les héritiers se trouvent volontairement à l'*inventaire*, il n'est pas nécessaire qu'ils y aient été judiciairement appellés ; mais quand ils ne s'y trouvent pas, le survivant doit les assigner devant le juge du lieu, & faire rendre une sentence qui donne assignation aux parties, à tel jour & à telle heure, en la maison du survivant, pour y être procédé à l'*inventaire.*

Si cette sentence s'obtient par défaut, le survivant doit la leur faire signifier, & peut en conséquence faire procéder valablement à l'*inventaire*, soit que les héritiers s'y présentent ou ne s'y présentent pas.

Quand il y a parmi les héritiers du prédécédé quelque enfant mineur, l'article 240 de la coutume de Paris veut que l'*inventaire* soit fait avec un *légitime contradicteur* ; & cette disposition a été étendue par divers arrêts aux coutumes qui ont gardé le silence à cet égard.

Suivant l'article 503 de la coutume de Bretagne, tout *inventaire* où des mineurs sont intéressés, doit être fait par le greffier de la jurisdiction, en présence de deux parens de ces mineurs, ou à défaut de parens, en présence de deux voisins ou amis du défunt.

Un acte de notoriété, donné par le bailliage de Villefranche le 22 mai 1685, atteste que dans le Beaujolois il faut pour la validité d'un *inventaire* où des mineurs ont intérêt, qu'il y soit procédé en présence de deux des plus proches parens de ces mineurs.

Le légitime contradicteur dont parle la coutume de Paris, est le tuteur des mineurs lorsqu'ils en ont un autre que le survivant. Si le survivant est lui-même tuteur de ses enfans mineurs, il doit leur faire nommer par le juge un subrogé tuteur, qu'on appelle autrement *curateur pour le fait d'inventaire.*

Il faut que, pour avoir qualité, le subrogé tuteur prête serment devant le juge, sinon l'*inventaire* fait avec lui seroit nul. Le parlement l'a ainsi jugé par arrêt du 20 juin 1698.

Quand le défunt a nommé un exécuteur testamentaire, l'*inventaire* doit être fait à sa requête.

Lorsqu'il y a communauté de biens, le conjoint survivant peut nommer un notaire pour procéder à l'*inventaire*, & un huissier-priseur pour faire l'estimation des effets ; mais lorsqu'il n'y a point de communauté, cette nomination appartient aux héritiers du prédécédé.

Il faut néanmoins observer que le droit du conjoint survivant n'empêche pas que les héritiers du prédécédé ne puissent aussi nommer de leur côté un notaire & un huissier-priseur : & s'il arrivoit qu'une partie des héritiers fît choix d'un notaire, & que l'autre partie en voulût un autre, ce seroit l'officier le plus ancien qui auroit la préférence.

Comme l'exécuteur testamentaire peut aussi nommer un notaire & un huissier-priseur, il en résulte que quand il a usé de son droit ainsi que le conjoint survivant, les héritiers ne peuvent pas exercer le leur, attendu que pour procéder à un *inventaire* & à la prisée, il ne peut y avoir que deux notaires & deux huissiers-priseurs. Tel est l'usage du châtelet de Paris ; & c'est d'ailleurs ce qui a été jugé par arrêt rendu au parlement le 7 juillet 1761, entre les officiers du châtelet d'Orléans & les notaires de la même ville.

Après avoir établi les qualités des parties, le notaire qui procède à l'*inventaire* doit faire affirmer au survivant & aux domestiques qu'ils n'ont détourné directement, ni indirectement, aucun effet de la succession.

L'*inventaire* des effets dont la communauté des conjoints est composée, doit comprendre jusqu'aux habits, linge & hardes qui sont à l'usage du survivant, à l'exception néanmoins d'un habillement complet qu'on doit lui laisser, & qui, ne devant pas entrer en partage, ne doit pas être inventorié.

Si le survivant est un homme d'épée, on doit aussi lui laisser l'épée qu'il a coutume de porter ; & s'il est homme de robe, on doit lui laisser sa robe de cérémonie.

A mesure qu'on inventorie chaque meuble, on doit, comme on l'a déjà dit, faire mention de la somme à laquelle il a été estimé. Cette estimation se fait ordinairement par un huissier-priseur.

Après la description des meubles, l'*inventaire* doit comprendre la déclaration de tous les titres, enseignemens & documens des biens de la succession ou communauté, tels que sont les livres de commerce, les obligations passées pardevant notaires, les billets sous signature privée des débiteurs, les titres des rentes & des héritages, *&c.*

Quand il y a quelques dettes actives dont il n'y a aucun acte par écrit, le survivant qui en a la connoissance doit le déclarer par l'*inventaire.*

L'*inventaire* doit pareillement contenir la déclaration des dettes passives.

Lorsqu'il y a des meubles en différens endroits, quelquefois on s'y transporte pour en faire l'*inventaire* ; quelquefois on les fait transporter du lieu où ils sont dans le lieu principal où se fait l'*inventaire*, pour les y inventorier ; & quelquefois on se contente de la déclaration que le survivant fait par l'*inventaire*, qu'il y a dans tel & tel lieu tels & tels effets qu'on estime valoir tant.

Pour empêcher la continuation de communauté, la coutume de Paris exige que le survivant fasse clorre son *inventaire* dans les trois mois qu'il a été fait. *Voyez* CONTINUATION DE COMMUNAUTÉ.

Lorsque la dissolution de communauté arrive par la mort du mari, les coutumes ont voulu que la femme, pour être admise à renoncer à la communauté, fît un bon & loyal *inventaire.* C'est particuliérement ce que porte l'article 237 de la coutume de Paris.

Cet *inventaire* est prescrit pour servir de preuve, que la femme qui, par le décès de son mari, se trouve en possession de tous les effets de la communauté, n'en a conservé aucun en renonçant à la communauté.

Si la dissolution de la communauté arrivoit du vivant du mari par une sentence de séparation, la femme pourroit renoncer à la communauté sans *inventaire*, attendu qu'en ce cas c'est le mari qui se trouve en possession des effets de la communauté.

Par la même raison, lorsque le mari survit à la femme, les héritiers de celle-ci peuvent renoncer à la communauté sans *inventaire.*

De même encore, lorsqu'au moment de la dissolution de la communauté arrivée par le décès du mari, la femme survivante qui ne résidoit point avec lui, ne s'est trouvée en possession d'aucune chose, & que ce sont au contraire les héritiers du mari qui se sont mis en possession des effets de la communauté, cette femme peut valablement y renoncer sans *inventaire.* Tel est l'avis de Ricard, & c'est ce qu'a jugé un arrêt du 7 février 1707, rapporté par Augeard.

Lorsque après la mort du mari quelque créancier a fait une saisie générale & une vente, la femme qui veut renoncer à la communauté, peut employer pour *inventaire* les procès-verbaux de saisie & de vente.

Mais il ne lui suffiroit pas, pour se dispenser de rapporter un *inventaire*, de dire que son mari n'a laissé à sa mort aucun effet, il faudroit qu'elle le justifiât par un procès-verbal de carence. C'est ce que porte un acte de notoriété du châtelet de Paris, du 23 février 1708.

Au reste, il n'est pas nécessaire pour la validité de la renonciation de la femme à la communauté, que son *inventaire* ait été clos en justice: cette clôture n'est requise que pour ce qui concerne la continuation de communauté. Le parlement l'a ainsi jugé par arrêt du 18 novembre 1600.

Lorsqu'il y a une substitution soit universelle ou particulière faite par le défunt, il doit être procédé à l'*inventaire* de tous les biens & effets de la succession, à la requête de l'héritier institué ou légitime, ou du légataire universel. C'est ce que prescrit l'article premier du titre 2 de l'ordonnance des substitutions du mois d'août 1747.

L'article 2 veut que si la substitution n'est pas faite en faveur de l'héritier ou du légataire universel, l'*inventaire* soit fait à la requête de celui qui doit recueillir les biens substitués.

En cas de négligence des uns & des autres, l'article 3 charge le ministère public de faire procéder à l'*inventaire* à sa requête.

Et l'article 6 veut que quand il y a lieu de faire l'*inventaire* dont il s'agit en justice, il ne puisse y être procédé que de l'autorité du bailliage ou autre siège royal ressortissant nuement au parlement ou conseil souverain dans le ressort duquel l'auteur de la substitution étoit domicilié lors de son décès. Cette règle doit être observée même dans le cas où il y auroit eu un scellé apposé par un autre juge. *Voyez* SUBSTITUTION.

Les *inventaires* des meubles & effets adjugés au roi, à titre de confiscation, de déshérence, d'aubaine, de bâtardise ou autrement, doivent être faits par les officiers des bureaux des finances, à l'exclusion de tout autre juge. C'est une disposition de l'édit du mois d'avril 1627, portant révocation de celui de Cremieu de 1536.

C'est en conformité de cette règle, que par arrêt du 16 janvier 1725, le parlement de Paris a déclaré nul un *inventaire* fait après le décès du baron de Rosworm, allemand, par un notaire de Paris, à la requête du procureur du roi au châtelet; & a fait défense à ce dernier de connoître des successions qui écherroient au roi à titre d'aubaine, bâtardise, déshérence ou autrement, & d'assister à la levée des scellés & aux *inventaires* des effets de ces successions, sous quelque prétexte que ce fût. Le même arrêt a enjoint aux commissaires du châtelet, de donner avis au procureur du roi de la chambre du domaine, dans les 24 heures, des scellés qu'ils auroient apposés en pareil cas, & a défendu aux notaires de faire les *inventaires* à la requête du procureur du roi au châtelet, même à la requête d'aucune partie autre que le procureur du roi de la chambre du domaine, à peine de nullité & de tous dépens, dommages & intérêts.

Suivant la déclaration du 12 juillet 1687, les administrateurs des domaines ont le droit d'assister en personne ou par procureur aux appositions de scellé & *inventaires* faits pour la conservation des domaines.

Après le décès d'un officier comptable, les scellés doivent être apposés par l'un des trésoriers de France, à la requête du procureur du roi du bureau des finances dans la généralité duquel le comptable avoit son domicile. Si les officiers du bureau des finances sont prévenus, & que sur la requisition de la veuve ou des héritiers les scellés soient apposés par la justice ordinaire, ils doivent apposer leurs sceaux sur les autres, & procéder incessamment à la reconnoissance & levée des scellés qu'ils ont apposés, ceux qui ont été apposés par les juges ordinaires préalablement reconnus, à l'effet de quoi ces derniers doivent être appellés pour les reconnoître. Si ceux-ci ne comparoissent pas aux assignations que doit leur faire donner le procureur du-roi au bureau des finances, leurs scellés doivent être brisés & ôtés après avoir été reconnus : il doit ensuite être procédé à l'*inventaire* des deniers comptans & autres effets, acquis & pièces, &c. Mais si avant que l'*inventaire* du surplus soit fait, la veuve ou les héritiers déclarent accepter la succession, le trésorier de France doit se retirer ; le tout sans préjudice du droit qu'ont les officiers des chambres des comptes d'apposer le scellé sur les effets des comptables. C'est ce qui résulte d'un arrêt rendu au conseil le 19 octobre 1706.

Lorsqu'un employé des fermes ayant maniement des deniers royaux vient à mourir, les scellés doivent être apposés & l'*inventaire* fait de l'autorité des juges auxquels est attribuée la connoissance des contestations sur la partie dans laquelle le défunt est employé. Cette jurisprudence est établie par divers arrêts du conseil.

L'un du 26 octobre 1706, a ordonné que les officiers des greniers à sel apposeroient les scellés & feroient les *inventaires* après le décès des receveurs des gabelles.

Par un autre arrêt du 27 février 1720, le conseil a ordonné que les scellés apposés sur les effets de feu le sieur Guillaume, receveur du grenier à sel de Langres, seroient levés par les officiers de ce grenier en présence des officiers de la duché-pairie de cette ville, qui seroient tenus de venir reconnoître les scellés qu'ils avoient apposés ; que l'*inventaire* des papiers, titres & effets seroit fait par les officiers du même grenier, à la diligence du procureur du roi & du directeur des fermes, & qu'ils connoîtroient, privativement aux officiers de la duché-pairie, de toutes les contestations qui pourroient survenir à l'occasion de ces scellés & *inventaire*, avec défense tant à ces officiers qu'à tout autre d'en connoître, & de troubler à l'avenir les officiers du grenier à sel dans l'exercice de leurs fonctions, à peine de nullité, de dommages & intérêts, &c.

Par un autre arrêt du 31 janvier 1721, le conseil a ordonné que les officiers du bailliage de Rue seroient tenus de lever les scellés qu'ils avoient apposés dans la maison de feu le sieur Bourigny, receveur du grenier à sel, sinon que ces scellés seroient brisés & rompus, après avoir été préalablement reconnus sains & entiers, pour ensuite être procédé par les officiers du grenier à sel de Rue, à la reconnoissance & levée des scellés par eux apposés. Il a en même temps été fait défense à tout juge autre que ceux des gabelles, traites & autres fermes du roi, d'apposer aucun scellé sur les effets des receveurs & autres comptables des fermes, soit en cas de mort ou autrement & de s'immiscer dans la connoissance des affaires concernant les fermes, à moins qu'ils n'en soient requis par le fermier, & au défaut des juges des fermes seulement, le tout à peine de nullité & des dommages & intérêts.

Par un autre arrêt du 19 juin 1744, le conseil a ordonné que les officiers de l'élection de Paris feroient la levée des scellés apposés sur les effets de feu le sieur le Blanc, receveur des entrées de Paris au port S. Nicolas, après néanmoins que ceux qu'avoit apposés le sieur de Courcy, commissaire au châtelet, auroient été reconnus, & qu'ensuite les mêmes officiers procéderoient à l'*inventaire* & description des effets, & au jugement des contestations qui pourroient survenir à ce sujet, &c.

Il y a encore eu plusieurs autres arrêts rendus sur cette matière, & qui ont tous jugé en conformité du principe que l'on a établi.

Lorsqu'un *inventaire* n'intéresse que l'ordre public, comme celui des minutes d'un notaire, d'un greffier, qui se fait à la requête du ministère public, il n'est point sujet au contrôle, mais tous les autres *inventaires* doivent être contrôlés. Il faut seulement observer que quand ils sont faits à la requête du procureur du roi pour la sûreté de ce qui peut être dû à sa majesté, cet officier n'est pas tenu de faire l'avance des droits ; mais le fermier peut agir contre la succession, pour être payé des droits de l'*inventaire* par préférence à tout autre objet.

Les droits de contrôle des *inventaires* sont fixés par les articles 56, 57 & 58 du tarif du 29 septembre 1722.

Les *inventaires* des sujets du roi décédés dans les pays étrangers, où il y a des conseils, ou décédés sur mer, sont sujets à quelques formalités dont nous allons rendre compte.

Suivant l'article 20 du titre 9 du livre premier de l'ordonnance de la marine du mois d'août 1681, le consul de France établi dans un pays étranger est obligé de faire un *inventaire* fidèle & exact des biens & effets de ceux de sa nation qui meurent sans héritiers sur les lieux.

Au défaut du consul, cet *inventaire* doit être fait par le premier des députés en exercice.

C'est pareillement au consul à faire l'*inventaire* des effets sauvés des naufrages, & le chancelier est tenu de se charger des mêmes effets au pied de l'*inventaire* en présence de deux notables marchands qui doivent le signer.

Observez néanmoins que si le défunt avoit constitué un procureur pour recueillir ses effets en cas de mort, il ne seroit plus question d'*inventaire* à faire de la part du conseil ; son pouvoir cesseroit, attendu que le procureur représenteroit le défunt ou ses héritiers.

Il en seroit de même des effets sauvés du naufrage ; s'il se présentoit un commissionnaire porteur du connoissement de ces effets, on seroit obligé de les lui remettre.

Les consuls des échelles du Levant & ceux des côtes d'Afrique & de Barbarie doivent envoyer sans retard copie de l'*inventaire* des biens du défunt & des effets sauvés des naufrages, aux officiers de l'amirauté & aux députés du commerce de Marseille, qui sont tenus d'en donner avis aux intéressés. Quant aux consuls des autres pays, ils doivent envoyer les copies des *inventaires* dont il s'agit au secrétaire d'état ayant le département de la marine, qui, en conséquence, donne ses ordres pour faire les publications convenables & avertir les personnes qui ont droit de réclamer les effets.

La succession des personnes décédées sur mer devant être conservée à leurs héritiers ou légataires, ou à défaut des uns & des autres, au fisc par droit de deshérence, la loi a voulu qu'immédiatement après le décès de ces personnes, il fût fait un *inventaire* des effets qu'elles auroient dans le vaisseau.

L'article 4 du titre 11 du livre 3 de l'ordonnance de la marine du mois d'août 1681, avoit ordonné que l'*inventaire* dont il s'agit seroit fait par l'écrivain du vaisseau; mais depuis qu'il n'y a plus d'écrivain sur les vaisseaux marchands, c'est au capitaine à faire cet *inventaire*. Au surplus ce n'est pas une obligation nouvelle qui lui est imposée, il avoit déjà été expressément chargé de ce soin par l'article 76 de l'ordonnance du mois de mars 1584.

L'*inventaire*, pour être valable, doit non-seulement comprendre tous les effets que la personne décédée avoit dans le vaisseau, il faut aussi qu'il soit fait en présence de ses parens, s'il y en avoit avec elle, ou de deux témoins qui doivent y apposer leurs signatures.

Suivant l'article 5 du titre cité, le maître ou capitaine étoit chargé de remettre après son retour, *les effets inventoriés & l'inventaire aux héritiers du défunt, aux légataires ou autres qu'il appartiendroit.*

En conséquence de ces dispositions, les capitaines, au retour de leurs voyages, délivroient les effets des défunts à leurs héritiers connus & aux légataires du consentement des héritiers, ou les déposoient entre les mains des propriétaires des navires pour en compter à leur décharge, en même temps que des gages qui pouvoient être dus aux défunts.

C'étoit ensuite à ces propriétaires que ceux qui avoient intérêt à ces effets ou gages, s'adressoient pour en obtenir la délivrance. Mais il résultoit de là divers inconvéniens, tant pour les particuliers que pour le roi & l'amiral de France: pour les particuliers, en ce que par de mauvaises difficultés on éloignoit souvent la satisfaction qui leur étoit due; & pour le roi & l'amiral, en ce que rarement les propriétaires des navires remettoient les effets non réclamés après le temps de la réclamation passé.

Ces considérations firent ordonner, par l'édit du mois de juillet 1720, que les maîtres & capitaines de navire seroient tenus à l'avenir de déposer au greffe de l'amirauté du lieu du désarmement, les *inventaires* des effets des gens morts sur mer, & de délivrer des copies des mêmes *inventaires* aux commissaires de la marine ou officiers des classes.

Mais cela ne remédiant pas à tout, il a en outre été enjoint aux maîtres ou capitaines, par le réglement du 23 août 1739, de mettre entre les mains du trésorier des invalides, lors du désarmement, le montant de la solde des gens de mer décédés, ensemble le produit de leurs effets qui auroient été vendus dans le cours du voyage, avec défense aux officiers des classes de délivrer à ces maîtres ou capitaines aucun nouveau rôle d'équipage, à moins qu'ils n'eussent satisfait à cet engagement; la même loi a ordonné, à l'égard des effets des gens de mer qui n'auroient pas été vendus, que le dépôt en seroit fait avec l'*inventaire* au greffe de l'amirauté.

Ainsi ce n'est plus par les mains du capitaine ni du propriétaire du navire que les héritiers, les légataires ou les créanciers des personnes décédées en mer doivent avoir la délivrance des effets qu'elles ont laissés; c'est à l'amirauté qu'ils doivent se pourvoir pour obtenir cette délivrance, en y justifiant le droit qu'ils ont de la demander.

INVESTITURE, ce mot dérive du verbe latin *vestire*, d'où l'on a formé aussi les mots françois *vest* & *devest*, *advest*, *advesture* & d'autres semblables, par lesquels plusieurs coutumes désignent l'acte d'une personne qui se dépouille de sa possession, pour en revêtir une autre. Le terme d'*investiture* est le plus communément en usage pour désigner la mise en possession réelle, ou symbolique des immeubles, & sur-tout des bénéfices ecclésiastiques & des fiefs.

Avant d'exposer le droit actuel des *investitures*, on croit devoir tracer l'histoire de la forme des aliénations pour les immeubles, qui offre des détails si intéressans pour la jurisprudence naturelle & celle du moyen âge.

On traitera donc ici; 1°. de l'histoire des *investitures* en général; 2°. des *investitures* ecclésiastiques; 3°. de l'*investiture* des fiefs.

§. I. *Histoire des investitures en général.* Les idées de propriété & d'aliénation qui paroissent si faciles à concevoir dans une société civilisée depuis long-temps, sont cependant très-abstraites, & le résultat de tant de combinaisons morales qu'il faut un long usage pour s'y familiariser. Un droit dans une chose, indépendamment de la possession, ne tombant point sous les sens, ne peut guère être apperçu par le commun des hommes: aussi dès que les besoins de la vie sociale & l'établissement de la propriété ont fait sentir l'importance de l'accomplissement & de la stabilité des conventions, voit-on naître, chez tous les peuples nouveaux, des formalités solemnelles & des cérémonies frappantes, dans toutes les conventions qui ont pour objet de donner des droits durables à quelqu'un.

Il ne faut pas croire que l'ignorance de l'écriture, ou son peu d'usage dans les premiers âges de la la société, aient seuls nécessité ces solemnités; autrement il eût suffi d'avoir des témoins de ses conventions, & ces formalités eussent été inutiles, lorsqu'on les rédigeoit par écrit. Des actes extérieurs & appropriés, autant qu'il étoit possible, à l'idée du droit que l'on vouloit transmettre, étoient sur-tout nécessaires pour faire adopter plus facilement à l'esprit cette connexité morale qu'on a établie entre la prononciation de certaines paroles ou la souscription d'un écrit, & le pouvoir légal, ou le droit qu'elles attribuent. C'est par cette raison que les jurisconsules romains ont décidé que la propriété ne se transmet pas par le simple consentement, & qu'ils avoient introduit dans les contrats la nécessité des stipulations, & de tant d'autres formalités qu'ils ont depuis abandonnées.

On trouvera le même système dans l'histoire civile de toutes les nations, parce qu'il est fondé sur le développement des connoissances humaines. On découvre particuliérement cet esprit dans plusieurs institutions de notre droit françois. Il suffira de se borner ici à ce qui concerne la translation de la propriété ou des droits réels sur les immeubles. La relation de la possession au droit de jouir de la chose même qui en est l'objet, est si naturelle, que c'est sans doute dans la possession continuée que l'on a trouvé le principe de la propriété.

On conçoit sans peine, que l'abandon de cette possession, lors, sur-tout qu'il est volontaire, indique une renonciation du propriétaire à tous ses droits, & que la chose abandonnée reste dans la classe de celles qui sont communes; mais de même que, pour transmettre la propriété des choses mobiliaires, il faut la tradition, qui renferme à-la-fois l'abandon de la possession par l'ancien détenteur, & l'occupation de celui en faveur duquel il s'en démet, on ne trouva rien de plus propre pour annoncer & valider l'aliénation d'un immeuble, que des signes extérieurs qui annonçassent dans celui qui aliénoit, l'intention de renoncer à ses droits, seulement en faveur de celui à qui il les cédoit; & dans celui-ci une intention de succéder à ces droits par une possession aussi complette que la nature d'un immeuble le peut comporter.

La manière la plus naturelle de remplir cet objet, étoit d'établir l'acquéreur avec sa famille sur les lieux même, en lui faisant faire immédiatement tous les actes qui annoncent la propriété. Souvent celui qui aliénoit, pour montrer d'une manière encore plus sensible qu'il transmettoit tous les droits de possession ou de propriété qui avoient appartenu à sa personne, lui donnoit une partie de son vêtement, & c'est de là qu'est dérivé le mot d'*investiture*, & tous ceux qui lui sont analogues.

Lorsque l'acquéreur ne se transportoit sur les lieux qu'au moment de l'aliénation, sans avoir le dessein d'y résider, on remplissoit néanmoins autant qu'il étoit possible, le même objet. Le vendeur ou le donateur prenoit une motte de terre, ou une branche d'arbre & les mettoit dans la mains de l'acquéreur ou du donataire.

Il y avoit plus d'embarras lorsque le vendeur & l'acquéreur, ou l'un des deux seulement, n'étoient point sur les lieux : il falloit avoir recours à des traditions feintes ou symboliques propres à rappeller l'idée d'une mise en possession naturelle. L'aliénateur donnoit à l'acquéreur sa ceinture, & plus communément encore une branche d'arbre; quelquefois même on apportoit un rameau d'arbre, une motte de terre, ou de l'herbe que l'on avoit prise sur les lieux; on se contenta dans la suite d'une simple baguette ou d'un bâton quelconque, qui rappelloit la même chose.

Suivant les auteurs de différens ouvrages sur la diplomatique, les annonces des divers signes d'*investiture* doivent servir à la vérification des chartres. Voici la principale observation qu'ils ont faite à ce sujet : les annonces d'investitures ne remontent pas plus haut que le 9e siècle, quoiqu'il soit parlé quelquefois de cet usage dans le corps des chartres du 7e siècle, pour ne rien dire d'autres pièces d'un antiquité plus reculée; mais depuis cette époque les chartres sont remplies des annonces d'*investiture* & de leurs signes ou symboles divers.

Ces signes indicatifs de la translation de propriété paroissoient si propres à en rappeller l'idée & à l'assurer, qu'on les conservoit avec le même soin qu'on garde parmi nous les contrats, sur-tout dans les monastères qui étoient les plus exposés à se voir inquiéter dans leur possession, par les héritiers de ceux qui leur avoient fait des donations considérables.

Les savans bénédictins qui ont travaillé sur la diplomatique prétendent même que les signes d'*investiture*, lors du moins qu'ils sont attachés aux chartres, peuvent tenir lieu de sceaux & de signatures, pour en prouver l'authenticité. Mais on sent que cette espèce de preuve ne doit pas avoir grand crédit, parce qu'il est on ne peut plus facile, de se la procurer après coup. Il peut néanmoins arriver quelquefois que le faussaire aura attaché certain signe, tel qu'un anneau, un sceau, *&c.* qui pourroient servir à découvrir la fraude par leur figure, & surtout par les caractères qui y sont imprimés. Le père Mabillon donne des exemples d'*investiture* d'après des chartres des 9e, 10e, 11e, 12e & 13e siècle, où l'on trouve quelque uniformité pour chaque siècle.

On peut voir dans Ducange de bien plus grands détails sur les divers symboles d'*investiture*; il en distingue de deux espèces; les uns naturels, comme une poignée de terre, un gazon, un rameau, une paille, une verge, un bâton; les autres arbitraires, comme un gant, un couteau, un cor, *&c.* il pense que les premiers étoient fixés par les loix & la coutume, & reçus généralement chez tous les peuples, ensorte que toutes les *investitures* se faisoient d'abord de la même manière; mais la multiplication & la confusion des signes adoptés dans tous les temps, paroît détruire ce système qu'aucun fragment de loi n'établit.

Il est vrai seulement que, malgré l'extrême variété des signes qu'on employoit dans les *investitures*, on y faisoit souvent usage d'un symbole relatif à la chose qu'on aliénoit. Par exemple l'*investiture* d'un étang ou d'un vivier se faisoit par la tradition de quelques poissons; cela même avoit lieu quelquefois pour les droits & pour les offices, qui n'étoient pas susceptibles de tomber sous les sens. On investissoit les notaires ou tabellions avec une écritoire & une plume, & les bénéficiers en leur donnant l'anneau, la mitre ou la crosse, pour ceux qui portoient ces ornemens, & en donnant aux autres les clefs de l'église, ou en leur faisant toucher les cloches ou les cordes qui y étoient attachées. Plusieurs de ces usages subsistent encore dans la prise de possession des bénéfices, & de quelques offices.

§. II. *De l'investiture des bénéfices.* Il n'y a guère de querelles, qui aient fait verser autant de torrens de sang, & produit plus de maux que celle des *investitures ecclésiastiques.* Quelque évident qu'il fût que l'église étoit sujette aux loix féodales, pour les domaines qu'elle avoit reçus à titre de fief, les prélats les plus canoniquement élus furent traités de symoniaques pour avoir pris l'*investiture* des mains des empereurs, & ces princes pour l'avoir donnée furent frappés d'anathême comme les plus vils des scélérats, & leurs sujets déliés du serment de fidélité; l'Europe vit dans peu d'années un successeur de Charlemagne & d'Othon-le-Grand, dans lesquels on avoit si solemnellement reconnu le droit de disposer du siège de Rome, proscrit par un homme nouveau, qui n'avoit pas osé lui-même y monter sans confirmation; obligé de jeûner & de passer nuds pieds trois jours entiers au mois de décembre, sous les fenêtres de ce pape, pour en obtenir une absolution conditionnelle; enfin, chassé de tous les asyles, & réduit pour subsister à mendier vainement une prébende laïque dans l'église de Spire, déterré après sa mort & privé de sépulture durant cinq années, sous le même prétexte, par son propre fils, qui devoit bientôt éprouver des persécutions pareilles.

Il ne faut pas croire, avec quelques auteurs, que cette querelle scandaleuse ne roulât que sur la manière de conférer les *investitures* & non sur la chose même. Grégoire VII attaqua non-seulement celles qui se faisoient par la crosse & l'anneau, mais toutes les *investitures* des bénéfices ecclésiastiques par la main des laïques, de quelque manière qu'on les pratiquât.

Au reste, l'usage même des *investitures* par la crosse & l'anneau remontoit au moins à Lothaire I, petit-fils de Charlemagne; & il s'étoit toujours continué depuis: mais l'orgueil de Grégoire VII, soutenu par les décisions des fausses décrétales, ne pouvoit souffrir que des princes séculiers exerçassent aucune espèce d'autorité sur les ecclésiastiques.

Victor III, successeur immédiat de Grégoire VII, défendit aussi généralement aux princes séculiers de donner aucune espèce d'*investiture* aux ecclésiastiques; & Urbain II qui succéda à Victor III, défendit même aux évêques, dans le second concile de Clermont, de faire le serment de fidélité entre les mains des princes, quoiqu'il n'y ait pas un seul état en Europe où cet usage ne se pratiquât anciennement, comme on peut le voir dans les commentaires & les preuves de nos libertés.

Les papes suivans se bornèrent à condamner la manière dont se faisoient les *investitures* des princes ecclésiastiques. Ils prétendirent que la crosse étant le symbole du soin pastoral confié aux évêques, & l'anneau l'emblême du mariage spirituel que les prélats contractoient avec leur église, les princes séculiers mettoient les mains à l'encensoir en distribuant ces marques de dignité à leurs vassaux ou à leurs sujets. Ce raisonnement parut tellement concluant, qu'il fut ordonné par le concordat de 1122, que dorénavant les ecclésiastiques ne pourroient plus être investis qu'avec un sceptre. On l'a pratiqué ainsi jusqu'au temps de Frédéric III, vers la fin du 15e siècle: depuis cette époque le cérémonial des *investitures ecclésiastiques* est absolument le même en Allemagne que celui des *investitures* séculières.

Quoique Grégoire VII n'ait pas osé élever les mêmes prétentions en France, afin de n'avoir pas trop d'ennemis sur les bras en même temps, le droit de confirmation des élections aux évêchés par nos rois, & la prestation du serment de fidélité qu'ils n'ont cessé d'exiger des prélats, y ont causé bien des troubles jusqu'au temps du concordat; mais depuis Grégoire VII ils abandonnèrent aussi l'usage de l'*investiture* par la crosse & l'anneau: ils se sont contentés de la donner par écrit ou de vive-voix.

Rien ne prouve mieux du moins que ces dissentions terribles, avec combien de soin le gouvernement doit empêcher les usurpations que des hommes ambitieux peuvent tenter, sous prétexte de l'autorité spirituelle. L'*investiture* par l'anneau en particulier, avoit si peu les caractères essentiels qu'on lui attribuoit, pour la critiquer, que les évêques de France n'investissoient pas autrement les vidames ou avoués de leurs églises, qui étoient bien assurément des vassaux laïques.

§. III. *De l'investiture des fiefs.* La nature des fiefs où le domaine de propriété n'appartient au vassal que d'une manière incomplette, y a fait durer plus long-temps la nécessité des *investitures* à chaque mutation.

Ce n'est même qu'à l'introduction des *investitures* simultanées, dont on parlera à la fin de cet article, que le droit de succéder aux fiefs en collatérale doit son origine, dans les pays régis par le droit féodal d'Allemagne, comme Choppin l'a fort bien remarqué.

Les symboles dont on faisoit usage dans l'*investiture des fiefs* de dignité, se rapportent, comme ceux qui avoient pour objet l'*investiture* des bénéfices, plus à la nature de la dignité qu'au domaine qui y étoit attaché.

Ces symboles étoient assez constans, suivant le droit féodal d'Allemagne; l'*investiture* des rois vassaux se faisoit avec l'épée ou le sceptre. Humbert, qui céda depuis le Dauphiné à nos rois, fut ainsi créé roi de Vienne par l'empereur Louis V. Elle se faisoit avec les étendarts pour les autres princes. Ce cérémonial étoit autrefois une chose importante. L'empereur Lothaire II avoit introduit l'usage de présenter au prince vassal autant d'étendarts qu'on lui conféroit de fiefs indépendans. Plus les princes étoient foibles, plus ils mettoient d'appareil & de pompe dans ces actes. Un archevêque de Mayence fut investi avec 50 étendarts, par le comte Gonthier de Schwasltzbourg, qui contesta quelques temps l'empire à Charles IV. Ce vain cérémonial ne subsiste plus.

Antoine de la Salle, dans son ouvrage intitulé *la salade;* Loiseau d'après lui, dans le chapitre 5 du traité des seigneuries, & quelques autres auteurs prétendent aussi que l'*investiture des fiefs* se faisoit d'une manière relative à leur dignité. Mais il seroit difficile d'établir la vérité de cette opinion. Dans nos provinces méridionales, on donnoit souvent l'*investiture* avec un capuchon. On peut en voir plusieurs exemples dans l'histoire de Languedoc. Mais la manière la plus usitée en France pour l'*investiture* des vassaux laïques, étoit la tradition d'une verge ou bâton; on en faisoit aussi beaucoup avec les gants, & c'est, ou par cette raison, ou parce que les seigneurs étoient gantés dans ces sortes de cérémonies, que les vassaux étoient dans l'usage d'offrir des gants aux seigneurs pour les mutations. Il subsiste diverses traces de ces anciens usages dans nos coutumes. *Voyez* les articles GANTS & RAIN.

Dumoulin a fort bien observé sur l'article 1 de la coutume de Paris, *glose 1, n°. 30*, que les *investitures* se faisoient autrefois en public, & en la cour du seigneur, lorsqu'il avoit jurisdiction, sinon au chef-lieu du fief dominant, où l'on en dressoit un acte que l'on inséroit dans un registre particuliérement destiné à cet effet, en présence des officiers du seigneur & des témoins. C'est là sans doute l'une des principales raisons pour lesquelles nos coutumes ont si fort considéré le principal manoir ou chef d'hommage dans la concession des fiefs & dans quelques autres cas. Quelques-unes, comme celle de Poitou, y ont pris l'usage des registres de notification, où l'insinuation du contrat d'acquisition fait courir l'an & jour du retrait, même pour les rotures. L'article 130 de la coutume de Paris qui faisoit courir ce temps *depuis l'inféodation ou saisine faits ou pris par l'acheteur*, a la même origine.

Le seigneur auquel l'héritier ou l'acquéreur de son vassal ne se présentoit pas pour recevoir l'*investiture*, avoit le droit, après l'avoir fait sommer par ses pairs de se présenter, de saisir son fief avec gain de fruits. Au bout de trois ans, il falloit renouveller les mêmes sommations, & saisir de nouveau, si le nouveau vassal ne se présentoit pas, & ainsi de suite tous les trois ans. C'est delà que vient l'article 31 de la coutume de Paris, qui décide que la saisie féodale ne dure que trois ans. On retrouve cette règle jusques dans les assises de Jérusalem.

Si le vassal se mettoit en possession du fief, sans avoir pris l'*investiture* du seigneur, c'étoit une possession de fait & non de droit, qui, bien loin de nuire au seigneur, ne servoit pas même assez au vassal pour l'autoriser à intenter complainte. Aussi lorsque la maxime *le mort saisit le vif*, s'introduisit en France, elle n'eut lieu d'abord que pour les aleux & pour les rotures, & non pour les fiefs. Cela subsistoit encore du temps de Charles VI, suivant le grand coutumier de France, *liv. 2, chap. 21.* « Et si c'est un fief noble, y est-il dit, saisine de » droit, ne autre, n'est acquise sans foi; car le sei» gneur direct est avant saisi, que l'héritier; mais » por faire hommage & por relief, le seigneur di» rect doit saisir l'héritier, & la raison si est; car » le seigneur féodal a la seigneurie directe, à la» quelle la profitable est adoncques conjointe & an» nexée par la mort du vassal ».

Aujourd'hui la nécessité des formalités de l'*investiture* est abolie dans la majeure partie de la France. La réception en foi & hommage par le seigneur, & à son refus par main-souveraine, ou la souffrance qu'il accorde, tiennent lieu d'*investiture*. Cette réception en foi n'est pas même exigée pour faire acquérir la possession, soit à l'héritier du vassal, soit à l'acquéreur, ni pour leur donner le droit de réunir à la leur celle de leur auteur, à l'effet d'intenter complainte.

Il y a néanmoins quelques coutumes où le nouveau vassal ne peut prendre possession du fief qu'il a acquis, ou auquel il a succédé, sans faire la foi & hommage au seigneur à peine de commise; c'est ce que l'on appelle des *fiefs de danger*. *Voyez* COMMISE & FIEF DE DANGER.

Dans les fiefs qui suivent le droit féodal d'Allemagne, tels que ceux d'Alsace, le vassal encourt de plein droit la commise du fief, s'il laisse passer l'an & jour sans requérir l'*investiture*, & cette requisition doit même être faite par l'ancien vassal à toutes les mutations de seigneur, à la différence de la foi & hommage qui n'est point due par les anciens vassaux.

Les auteurs les plus accrédités tiennent néanmoins que, dans les fiefs anciens *ex pacto & providentiâ*, le défaut de requisition d'*investiture* de la part du possesseur ou de son héritier présomptif, n'opère pas la dévolution du fief en faveur du seigneur direct, mais seulement en faveur de ses enfans, ou des autres agnats appellés à la succession du fief. Les livres des fiefs n'ont à la vérité aucune disposition à ce sujet. Mais on doit considérer ces sortes de fiefs comme des biens substitués où le grevé de substitution ne peut en aucune manière priver ceux qui y sont appellés après lui de leur droit. Sans cela d'ailleurs il seroit trop facile d'éluder par des actes simulés & concertés avec le seigneur, les loix de l'inaliénabilité des fiefs.

Mais ni le seigneur, ni les agnats appellés à la succession du fief, ne peuvent opposer au vassal qui en est en possession d'an & jour, & qui a rendu des services de fief au seigneur, le défaut d'*investiture.* Il n'est pas nécessaire non plus de demander une nouvelle *investiture*, lorsqu'on recueille par droit d'accroissement le surplus d'un fief dont on possédoit déjà une portion pour laquelle on avoit pris l'*investiture.* La raison en est que ce qui vient par droit d'accroissement, a une liaison si naturelle à l'objet auquel il se réunit, qu'on les considère dans le droit comme une seule & même chose. (*L. cùm inter socerum, ff. de pactis dotalibus.*) C'est la décision de Mantica, dans son traité des conventions tacites, & de beaucoup d'autres auteurs.

Dans ce même pays, c'est-à-dire en Alsace, dans une grande partie de l'Italie & sur-tout en Allemagne, on distingue aujourd'hui deux espèces principales d'investitures: la première qu'on appelle *investiture propre, réelle ou naturelle*, est la mise en possession réelle & actuelle, faite par le seigneur ou son fondé de procuration: la seconde qu'on appelle *investiture impropre, verbale, abusive ou cérémonielle*, n'est qu'une tradition feinte ou symbolique, telle que celle qui se fait à la cour féodale du seigneur en présence des pairs, par la présentation d'une lance, ou de tel autre signe, comme on l'a fait voir ci-dessus.

Il y a beaucoup de différence dans les effets de ces deux sortes d'*investitures.* Celui qui est investi réellement acquiert le domaine utile du fief, & peut intenter de son chef, contre les tiers, toutes les actions qui sont relatives à la propriété & à la possession: au contraire celui qui n'a qu'une *investiture* verbale n'acquiert aucun droit réel dans le fief, lors du moins qu'un tiers en est en possession. Il n'a qu'une action personnelle contre le seigneur. Il ne peut exercer ni la complainte, ni la revendication, ni aucune autre espèce d'action contre des tiers, à moins que le seigneur ne lui ait cédé expressément ses propres actions. Quand donc l'acte d'*investiture* porteroit la faculté de se mettre en possession, d'autorité privée, le nouveau vassal ne le pourroit faire qu'autant que personne ne se seroit emparé du fief: il ne pourroit pas même expulser le détenteur, qui en auroit fait l'usurpation la plus manifeste.

Mathæus de afflictis est à la vérité d'une opinion contraire, mais tous les docteurs & les jurisconsultes l'ont unanimement condamné.

Il suit de-là, que lorsque le seigneur a accordé deux *investitures* différentes à deux personnes, celui qui a été investi réellement doit être maintenu au préjudice de celui qui auroit obtenu une *investiture* verbale, ou abusive, même avant lui; il ne reste dans ce cas au vassal, qui est ainsi privé du fief, qu'une action en dommages-intérêts contre le seigneur.

Gail veut néanmoins que cela ne puisse avoir lieu, si celui qui s'est fait investir réellement avoit connoissance de l'*investiture* abusive que le seigneur avoit donnée à un tiers. Rosenthal croit même que pour assurer irrévocablement les droits de celui qui est investi abusivement, il suffit que le seigneur se soit engagé par une clause irritante, à n'accorder aucune autre *investiture* du même fief. Beaucoup d'auteurs sont du même avis, parce, disent-ils, que cette clause est *tam malignantis naturæ ut quidquid invenit destruat & in oppositum diruat.*

Outre l'*investiture* accordée au vassal proprement dit, pour le mettre en possession du fief ou lui donner le droit de s'y mettre, il y a une autre espèce d'*investiture* ou d'inféodation éventuelle qu'on appelle *simultanée;* on entend par-là un acte par lequel le seigneur, du consentement du vassal qui est en possession & de ceux de ses parens qui sont appellés à la succession du fief par les loix féodales, admet une ou plusieurs personnes au droit de succéder à ce même fief, tant pour elle que pour ses descendans mâles à l'infini, à défaut des agnats du vassal qui est en possession.

Cette *investiture* simultanée impose les mêmes obligations à ceux qui la prennent & à leurs héritiers, qui sont toujours compris dans les reprises ou *investitures* postérieures du fief, qu'au possesseur du fief même.

Enfin il y a une quatrième espèce d'*investiture* qu'on appelle *expectative*, elle a lieu lorsque le seigneur investit quelqu'un d'un fief qui est encore possédé par le vassal, à l'effet de donner un droit personnel à l'expectativaire, en cas de vacance de ce fief. L'accomplissement de ce droit ne peut avoir lieu tant qu'il reste quelqu'un habile à succéder au fief; & à la différence des *investitures* simultanées, l'expectative ne passe point aux héritiers.

On peut voir plus de détail sur ces différentes sortes d'*investitures* dans Strickius, Struvius, Rosenthal, dans les *institutiones feudales* de Fleischer, & dans les autres auteurs qui ont traité du droit féodal Allemand. (M. GARRAN DE COULON, *avocat au parlement.*)

INVESTIZON, ou INVESTISON, ce mot littéralement pris est synonyme d'*investiture.* L'art. 92 de la coutume de Bordeaux l'emploie dans ce sens. Mais il désigne aussi un droit de mutation, qui comme ceux de chambellage & de gants, est dû en récompense de l'investiture. On a dit, dans le même sens, en latin barbare *investitutio, investio*, & même *investitio*, quoique ce dernier mot ne se trouve ni dans Ducange, ni dans dom Carpentier. Tous les terriers du Forez, dit Bretonnier, portent ces mots, *cum laudibus & investitionibus. Voyez les observations sur Henrys, tom. 1, liv. 3, quest. 31.*

Ce mot d'*investizon* ou *investitio* signifie particulièrement en Forez, une portion aliquote du droit de lods, que l'on donne outre & par dessus ce droit de lods, au juge du seigneur, pour la peine qu'il prend d'ensaisiner le contrat, & de mettre en possession l'acquéreur. C'est la même chose que le droit de DROUILLES, ou de RIÈRE LODS. *Voyez* ces deux mots.

Il paroît néanmoins que l'*investison* a aussi désigné un droit de mutation dû au seigneur même. Un traité du dernier octobre 1352, fait entre Jeanne, reine de France, & comtesse de Boulogne & d'Auvergne, & Guillaume, abbé de Montglieu, porte: « appartiendront à nosdits religieux les hom» mages, *investisons*, ventes, surventes, muages, » reconnoissances, saisines de toutes & chacunes » les possessions, terres, maisons & droits qui sont » tenus à nosdits religieux ». *Voyez le Glossaire du droit françois, au mot* MUAGE, *celui de Ducange, au mot* INVESTITUTIO, *& la continuation de dom Carpentier, au mot* INVESTIO, (*M.* GARRAN DE COULON, *avocat au parlement.*)

INUTILES, s. m. plur. (*Eaux & Forêts.*) c'est le nom que l'ordonnance de 1669 donne aux fainéans qui ne rendent aucun service à la société, & qui n'ont d'autre métier que de dégrader & piller les forêts.

Un arrêt du 2 décembre 1533, *art. 33*, rendu pour la réformation de la forêt de Cuise; un autre du 19 novembre 1549; & un troisième du 22 octobre 1584, défendoient aux habitans des paroisses coutumières de recevoir & de loger dans leurs maisons des gens sans aveu ni domicile, sans caution, & sans être assuré de leurs bonne vie & mœurs, à peine contre ceux qui leur donneroient un asyle, d'être tenus, en leurs propres & privés noms, des amendes, confiscation & restitution des bois auxquels auroient été condamnés ceux qu'ils auroient retirés, au cas que ceux-ci se trouvassent insolvables.

L'ordonnance de 1669, *art. 35* du *titre 27*, a porté la peine plus loin; car elle prononce une amende de 300 liv. contre tous ceux qui donneront retraite à ceux qui auront été jugés *inutiles*, outre qu'ils seront responsables de toutes les amendes prononcées contre eux.

La même ordonnance veut que les maisons bâties sur perches, dans l'enceinte, aux rives & à une demi-lieue des forêts, par des gens *inutiles*, soient incessamment démolies, avec défenses d'en bâtir de nouvelles dans la distance de deux lieues, sous peine de punition corporelle.

Pour faire déclarer un homme *inutile*, il suffit qu'il soit constaté, non-seulement qu'il vit en fainéant, mais encore qu'il ne cesse de fréquenter les forêts, où il commet des dégradations.

A l'égard de la manière de procéder à ce sujet, le procureur du roi de la maîtrise donne un requisitoire, sur lequel il intervient une sentence qui comprend le nom & la demeure de ceux qu'elle déclare *inutiles*.

Cette sentence doit être affichée à la porte de la paroisse, & signifiée au syndic, qui est obligé d'en faire chasser les *inutiles* aussi-tôt que la signification lui en a été faite.

C'est ce que prescrivent plusieurs arrêts du conseil, & singuliérement ceux des 11 octobre 1723, & 23 janvier 1742, qui ordonnent aux maires, consuls, échevins, notables, syndics & trésoriers des villes, bourgs, villages & paroisses situés dans l'étendue de deux lieues des forêts du roi, de chasser les *inutiles* hors de leurs paroisses, si-tôt qu'ils leur auront été dénoncés à la requête du procureur du roi en chaque maîtrise, & toutes les fois qu'ils y reviendront, à peine contre les maires, *&c.* & ceux qui les retireront dans la distance de deux lieues des forêts, de 300 liv. d'amende, qui ne pourra être réputée comminatoire, & dont ils seront & demeureront solidairement responsables, ainsi que de toutes les amendes & restitutions qui auront été prononcées contre les délinquans, & des dégradations qu'ils auront commises dans les forêts.

Aussi-tôt qu'une personne a été déclarée *inutile*, le procureur du roi de la maîtrise doit lui faire faire commandement & à sa famille, de sortir & de s'éloigner des forêts.

Pour empêcher qu'en sortant d'une maîtrise, une personne déclarée *inutile* ne se retire dans une autre, le procureur du roi doit envoyer au greffe des maîtrises voisines un état contenant le nom & le signalement de tous ceux qui ont été déclarés *inutiles* dans sa maîtrise: & s'il se trouvoit que, pour n'être pas reconnus, ils eussent changé de nom, il y auroit lieu de les condamner aux galères, s'ils y pouvoient servir, sinon en telles autres peines corporelles qui seroient arbitrées par les officiers.

Si, sur le commandement fait à la requête du procureur du roi, les personnes déclarées *inutiles* refusoient de s'éloigner de deux lieues des forêts, il y auroit lieu de les condamner à être mis au carcan pendant trois jours, & à un mois de prison. Telles sont les dispositions des articles 36 & 38 de l'ordonnance de 1669.

Lorsqu'après avoir été déclarée *inutile* & contrainte à s'éloigner de deux lieues des forêts, une personne enfreint son ban, & est trouvée de nouveau dans les bois, elle encourt la peine du carcan, ainsi que nous venons de l'observer; mais si elle y commet de nouveaux délits, elle doit être condamnée, savoir, les hommes aux galères pendant cinq ans, & les femmes ou ceux qui sont hors d'état de servir sur les galères, au fouet, & à être flétris. C'est la disposition précise de l'article 45 de l'édit du mois de mai 1716.

Quoiqu'il s'agisse de peines afflictives dans les cas dont nous venons de parler, & qu'il paroisse nécessaire de suivre les formalités prescrites par l'ordonnance criminelle de 1670 pour les prononcer, l'esprit de la loi n'est cependant point que les officiers des eaux & forêts s'y astreignent.

L'article 47 de l'édit de 1716 le fait clairement

connoître, en ordonnant que le procès soit fait aux *inutiles* sur les simples rapports des gardes, déposés & affirmés véritables, *sans une plus ample instruction*.

Les parlemens qui ont enregistré cet édit sans aucune modification, ont pourtant jugé différemment, parce qu'ils ont pensé qu'il étoit contraire à toutes les règles de condamner à des peines afflictives sur le simple rapport d'un garde. Ils ont, en conséquence, infirmé sur l'appel ces sortes de jugemens des maîtrises.

Mais si, dans les affaires qui concernent les fermes du roi, on s'écarte, à cet égard, des règles prescrites par l'ordonnance de 1670, & qu'à défaut de paiement de l'amende pour le faux-saunage ou pour la contrebande du tabac, la peine pécuniaire se convertit en celle des galères, sans suivre les formalités qu'exige cette ordonnance, parce que celle de 1680 en dispense, pourquoi les jugemens des maîtrises ne seroient-ils pas affranchis des mêmes formalités, lorsque l'édit de 1716 les en dispense expressément?

D'ailleurs, quand on considère, ainsi que l'observe judicieusement l'auteur des loix forestières, que ces délinquans sont des gens repris plusieurs fois pour vols de bois, & qu'ils sont par conséquent des coupables déjà notés, on ne doit pas être surpris que, s'il n'y a point d'inscription de faux contre les procès-verbaux, les gardes soient plus croyables qu'eux, parce que la jurisprudence des eaux & forêts en matière de délits est sommaire, & par conséquent dégagée de beaucoup de formalités.

Il faut même ajouter que cette méthode est la seule capable d'inspirer la terreur à des gens qui n'ayant rien à perdre, ne craignent pas les condamnations pécuniaires auxquelles ils ne peuvent pas satisfaire.

Ainsi, en s'attachant à la disposition de l'article 47 de l'édit de 1716, il faut tenir pour certain que l'intention du législateur a été de dispenser les officiers des maîtrises de l'assujettissement aux formalités de l'ordonnance de 1670, dans les condamnations aux peines afflictives dont nous venons de parler. C'est ce qui résulte d'un arrêt du conseil du 29 juillet 1749, qui a confirmé une sentence rendue sur les principes que nous avons rapportés, par la maîtrise de Lyons, contre le nommé *Mouchelet* qui a été envoyé aux galères en exécution de cette sentence, sans avoir égard à un arrêt du parlement de Rouen qui l'avoit infirmée.

Quoique l'ordonnance de 1669 paroisse n'avoir pour objet que les bois du roi dans le cas dont nous avons parlé, elle n'est pas moins susceptible d'exécution pour les délits commis dans les bois des communautés & des particuliers, parce que l'article 5 du titre 26 laisse à tous les propriétaires des bois la liberté de faire punir les délinquans des mêmes peines & réparations que celles qui sont ordonnées pour les forêts du roi.

S'il y avoit appel de la sentence qui a condamné un *inutile* à une peine afflictive, il faudroit en surseoir l'exécution jusqu'après le jugement de l'appel; parce que la peine une fois subie ne seroit plus réparable en définitive. C'est ce qui résulte de la disposition de l'article 49 de l'édit de 1716.

Suivant l'article 46 du même édit, les gardes sont responsables, en leurs propres & privés noms, des délits commis par ceux qui, ayant été déclarés *inutiles*, commettent de nouveaux délits, & ils doivent être tenus des amendes prononcées contre ces *inutiles*, s'ils ne les ont pas amenés dans les prisons de la maîtrise.

L'article 6 du titre 32 de l'ordonnance de 1669, assimile en quelque sorte aux *inutiles* ceux qui, ayant déjà été condamnés pour délits commis dans les forêts, y font de nouvelles dégradations, puisqu'il y a contre eux la même peine de bannissement des bois, que contre les *inutiles*.

I R

IRRÉGULARITÉ, s. f. (*Droit ecclés.*) c'est tout ce qui rend un sujet incapable ou indigne d'entrer dans la cléricature, d'en exercer les fonctions, & de posséder des bénéfices. On définit encore l'*irrégularité*, un empêchement qui, selon le droit divin ou ecclésiastique, rend une personne inhabile à recevoir la tonsure & les ordres, & à en exercer les fonctions.

Le mot *irrégularité* n'étoit point connu dans l'ancien droit. « Ce terme, dit Rousseau de Lacombe, » ne se trouve point formellement dans les anciens » canons; mais comme ils ont donné des règles » pour connoître ceux qui doivent être ordon- » nés, ou qui n'ont point les qualités requises pour » l'être, l'*irrégularité* n'est autre chose que d'être » ou de n'être pas conforme à la règle ».

On reconnoît deux espèces d'*irrégularités*: l'une de droit divin, l'autre de droit ecclésiastique.

On définit la première, *inhabilitas ordinatione divinâ reddens personam incapacem ordinis ecclesiastici*; la seconde, *inhabilitas ordinatione ecclesiæ impediens directè susceptionem tonsuræ & ordinum indirectè usum susceptorum*.

Selon quelques docteurs, l'*irrégularité* est ou totale, ou partielle. Par la première, il faut entendre celle qui est absolue, & qui rend irrégulier pour toujours: telle est celle d'un muet ou d'un aveugle. La seconde n'est que pour un temps ou pour certaines fonctions. On donne, pour exemple de celle-ci, un enfant qui n'a point encore l'usage de la parole, & un prêtre qui auroit le pouce coupé. Ce prêtre, quoiqu'inhabile à célébrer la messe, ne le seroit pas à exercer d'autres fonctions du sacerdoce, telles que la confession, *&c.*

On distingue encore deux sortes d'*irrégularités*: celle qui naît de la violation de quelque devoir, ou d'un délit commis, & que l'on nomme *ex delicto*; l'autre qui consiste dans l'absence de quelques qualités requises, & que l'on appelle *ex defectu.*

C'est un principe certain, quoiqu'assez étonnant, que l'on n'encourt l'*irrégularité* que dans les cas exprimés dans le droit. Quelque criminelle que soit une action, celui qui la commet n'est pas irrégulier, si elle n'est spécifiée par les canons. Boniface VIII l'a ainsi décidé : quelque honteux, quelque atroce que soit un crime, il ne produit point l'*irrégularité*, si cet effet ne lui est attribué par quelque canon.

Mais l'*irrégularité* une fois encourue, ne cesse pas, quoique le péché ait été remis. Un prêtre qui auroit commis un crime secret, tel que l'homicide, ne pourroit célébrer, même après en avoir fait pénitence & en avoir obtenu l'absolution. C'est pourquoi l'on a dit que l'*irrégularité* est un empêchement, sans la qualifier de *péché.*

Le pape peut dispenser de toutes les *irrégularités* de droit ecclésiastique. Le pouvoir des évêques est limité à celles qui proviennent de délits occultes : le seul cas de l'homicide volontaire est excepté. *Voyez* Dispense.

Nous adopterons ici la distinction des *irrégularités ex defectu* & *ex delicto*, & l'on traitera successivement de l'une & de l'autre.

Irrégularité ex defectu. Les canonistes en comptent plusieurs; la première est celle qu'ils appellent *ex defectu lenitatis.*

Cette espèce d'*irrégularité* est bien propre à donner une idée du caractère & des mœurs que l'église exige dans ses ministres; elle abhorre tellement le sang, qu'elle ne leur permet pas même d'être l'organe des loix qui infligent des peines capitales, ou qui tendent à faire répandre le sang des coupables. Tout ecclésiastique qui prononceroit un jugement à mort ou qui y coopéreroit en quelque chose, seroit par-là même irrégulier. Mais on tient, d'après S. Thomas, que le défaut de douceur qui fait encourir l'*irrégularité*, ne consiste point dans le jugement, mais dans l'exécution. C'est pourquoi si l'accusé s'échappe après le jugement, ou obtient des lettres de grace, le juge n'est point irrégulier.

Louet rapporte un arrêt du 15 mars 1531, qui déclare vacant & impétrable un bénéfice, dont le titulaire avoit assisté à un jugement de mort.

On n'encourt point l'*irrégularité* pour condamner au fouet ou à la question, pourvu qu'il ne s'ensuive pas effusion de sang.

Les Ultramontains se sont fondés sur plusieurs conciles, pour étendre aux témoins l'*irrégularité ex defectu lenitatis*, dans les affaires criminelles qui tendent à la mort ou à la mutilation d'un accusé. Cette opinion est rejettée en France, & avec raison. Le témoin diffère du juge, en ce qu'il remplit un devoir auquel il ne peut se refuser : un ecclésiastique peut se dispenser d'exercer des charges de judicature; un témoin ne peut se dispenser de déposer, lorsqu'il est assigné. Un clerc cependant, pour se garantir de l'*irrégularité* dans ce cas, ne doit déposer qu'après que le juge l'y a condamné : il faut qu'il agisse comme contraint; telle est la disposition des canons.

En général, pour encourir cette *irrégularité*, il faut que l'ecclésiastique puisse être censé avoir participé de sa volonté à l'action qui y donne lieu. Un procureur du roi qui requiert, un juge qui prononce, participent de leur volonté, parce que la charge en vertu de laquelle ils agissent dépend de leur choix. Il n'en est pas de même du témoin dont la déposition est nécessitée par une loi précise.

Les canonistes ont décidé qu'un prince n'encourt point l'*irrégularité*, pour faire des loix portant peines capitales, ni ses ministres pour les conseiller. La punition des coupables est un devoir dans le prince; c'est le moyen de prévenir les crimes; & d'assurer le repos de l'état. Cette question ne peut avoir lieu que dans le for intérieur, & ne peut guère se présenter pour le for extérieur.

On fait, à ce sujet, une autre question, que quelques auteurs regardent comme délicate. Le juge d'un prince temporel & spirituel condamne un particulier à mort; ce particulier obtient un sursis, & pendant ce temps fait solliciter sa grace auprès du prince : celui-ci encoure-t-il l'*irrégularité* pour ordonner l'exécution de la sentence qu'il fait porter une peine capitale?

On ne peut douter, dit le Répertoire de jurisprudence d'où cet article est tiré en grande partie, que le prince ecclésiastique ne se rende irrégulier, parce qu'il n'est jamais permis à un ecclésiastique d'ordonner nommément l'exécution d'un jugement à mort, l'*irrégularité* procédant non du jugement, mais de l'exécution. Il peut cependant ordonner, en termes généraux, que la justice se fasse; il ne s'expose que parce qu'il connoît le coupable, & qu'il ordonne nommément son supplice. S'il en étoit autrement, aucun ecclésiastique ne pourroit posséder une principauté temporelle.

Un prince qui refuse la grace d'un homme condamné justement à mort, ne peut être accusé de manquer de douceur, *lenitatis ;* ce n'est pas lui qui, dans ce cas, veut le supplice du coupable, c'est la loi. Quand même il en ordonneroit l'exécution, il ne feroit que juste, & jamais la justice dans la personne d'un souverain n'a pu faire naître une *irrégularité.* Sixte V a refusé la grace à plus d'un coupable; il a souvent ordonné, comme souverain, l'exécution des loix pénales suivies dans ses états, & jamais il n'a même soupçonné qu'il pût être irrégulier.

Un confesseur qui emploie tout l'ascendant qu'il peut avoir sur un juge son pénitent, pour le déterminer à prononcer une sentence de mort, ainsi que son devoir le lui ordonne, ne devient point irrégulier. Il en est de même du confesseur qui oblige un prévenu d'un crime capital à s'avouer coupable, lorsqu'il y a un témoin irréprochable qui dépose, parce que, dit-on, un criminel est obligé de dire vérité, lorsqu'il y a une demi-preuve contre lui. C'est aux casuistes théologiens à examiner la justesse de ces principes.

Un conseiller clerc peut assister à l'instruction d'un procès criminel; mais il lui est défendu d'opiner : il peut même être présent à l'exécution, pourvu, disent les canonistes, qu'il n'y donne aucun secours; mais il fait mieux de s'en abstenir.

Un ecclésiastique qui sauve un innocent condamné à mort, en décelant le vrai coupable, ne contracte point d'*irrégularité*, s'il ne peut le faire sans cela : il suffit qu'il ait pour fin principale de protéger l'innocence.

On est partagé sur le cas d'un curé qui arrête un malfaiteur coupable d'homicide, & qui le livre à la justice. Les Ultramontains pensent que ce curé encourt l'*irrégularité*, mais leur opinion n'est pas reçue en France. On n'y reconnoît d'irrégulier, à cet égard, que ceux qui, hors le cas d'une inévitable nécessité de défendre leur vie, ont été la cause prochaine de la mort du criminel, tels que le procureur du roi qui requiert, le juge qui prononce la sentence ou l'arrêt de mort, & qui l'exécute. Ce curé n'est regardé que comme la cause éloignée, de même que la partie civile, l'avocat & les témoins.

Les docteurs ultramontains mettent au nombre des irréguliers *ex defectu lenitatis*, les greffiers qui signent ou expédient des sentences de mort, sur le fondement qu'ils sont une des causes prochaines de la mort du coupable lorsqu'elle s'ensuit : mais nous ne reconnoissons en France, comme on vient de le dire, pour cause prochaine de la mort des criminels ou de leur mutilation, que la partie publique, le juge & l'exécuteur. Tous les autres, les geoliers, ceux qui contribuent à la capture, *&c.* ne sont considérés que comme la cause éloignée. C'est sur ce fondement qu'un arrêt du parlement de Paris du 11 avril 1623, rendu au rapport de M. Breziot, maintint un greffier qui, pendant plus de 20 ans, avoit signé & expédié des sentences & arrêts de mort, & qui, en cette qualité, avoit assisté à l'exécution des criminels, & jugea qu'il n'y avoit lieu au dévolut sur un bénéfice dont il avoit été pourvu sans avoir obtenu de dispense.

Les clercs maltraités ou volés peuvent se rendre parties civiles, & poursuivre les coupables dans les tribunaux. Ceci souffre d'autant moins de difficulté parmi nous, que les particuliers, quelle que soit l'offense dont ils demandent vengeance, ne concluent jamais à des peines afflictives, mais seulement à une réparation civile & à des dommages & intérêts. C'est par cette raison que les avocats & les procureurs, dans les affaires criminelles, n'encourent point d'*irrégularité*.

Nous avons observé que ce n'est point le jugement qui rend le juge irrégulier, mais seulement son exécution. Ce principe a fait naître la question de savoir ce que l'on doit penser d'un juge qui a prononcé peine de mort, lorsque le juge supérieur condamne l'accusé par un jugement nouveau. D'Héricourt croit qu'il n'encourt point l'*irrégularité*; il se fonde sur ce que ce n'est point sa sentence qui est exécutée : il ne propose cependant son opinion qu'en laissant un doute, & il finit par conseiller à ceux qui pourroient se trouver dans ce cas, d'obtenir dispense.

D'autres auteurs décident affirmativement que le juge n'est point irrégulier : sa position, disent-ils, n'est pas plus défavorable que celle d'un prêtre qui arrête un malfaiteur coupable d'homicide, & le livre à la justice : il n'est plus regardé que comme la cause éloignée, puisque, lors de l'exécution, il n'est plus question de sa sentence, mais de l'arrêt.

L'*irrégularité* qui naît de l'exercice des armes est encore *ex defectu lenitatis*.

Le même esprit de douceur qui défend aux ecclésiastiques de participer aux jugemens dont peuvent résulter la mort ou la mutilation d'un accusé, ne leur permet pas de se livrer à l'exercice des armes, & leur interdit toute violence : il y a plusieurs distinctions à faire sur cette espèce d'*irrégularité*.

Le port d'armes, qui n'est accompagné ni suivi d'aucun fait personnel, quoique contraire à l'esprit de l'église, ne produit point l'*irrégularité*. Ainsi un général qui dispose tout pour le combat, & qui se trouve dans la mêlée, au milieu même du carnage, quel que soit le nombre des morts & des blessés, ne se rend point irrégulier, à moins qu'il n'ait tué ou mutilé quelqu'un lui-même. Il peut, en ce cas, entrer dans l'état ecclésiastique sans dispense. On voit dans l'histoire nos évêques guerriers commander des armées & se croire à l'abri de l'*irrégularité*, en ne répandant point de sang, mais en assommant les ennemis avec une massue.

On observe cependant que, si dans le commandement, un général prononçoit le mot *tue*, & qu'il restât des morts ou des mutilés sur le champ de bataille, il seroit irrégulier.

Plusieurs auteurs ont cru que, pour prononcer sur cette *irrégularité*, on devoit distinguer si la guerre est juste ou injuste; dans ce dernier cas, un général est irrégulier, pour peu qu'il y ait de sang répandu par ses soldats. Mais cette distinction n'est point admissible; toutes les guerres sont censées justes; le général n'est pas plus que le soldat, juge des motifs qui ont déterminé le prince.

Un aumônier n'est point irrégulier pour exhorter ses soldats prêts à combattre, à bien faire leur devoir, même pour leur mettre entre les mains des instrumens de mort : il n'est pas censé demander précisément la mort des ennemis, mais seulement une juste victoire, qu'il est possible de remporter sans effusion de sang, quoique de tels exemples soient très-rares.

On peut juger par-là que les tambours, les trompettes, les valets de l'armée, & généralement ceux qui

qui ne portent point de coups tranchans ou capables de donner la mort, ne sont point irréguliers.

Un religieux qui prend les armes pour repousser l'ennemi dans une attaque imprévue, n'encourt point l'*irrégularité*, lors même qu'il reste des hommes sur la place, pourvu qu'il y ait un danger imminent, & qu'il soit guidé, non par le desir de tuer, mais par la nécessité la plus pressante de se défendre. Il faut que le danger soit tel qu'il soit persuadé qu'il ne peut autrement éviter la mort. Si même il peut se sauver par la fuite, il doit s'abstenir de combattre : il ne doit point poursuivre l'ennemi qui fuit.

On range encore dans la classe des irréguliers *ex defectu lenitatis*, ceux qui étant engagés dans les ordres sacrés, se livrent à la pratique de la chirurgie; ce qui s'entend de cette partie qui exige l'emploi du fer & du feu, & non de celle qui consiste à appliquer des simples ou des emplâtres. Un prêtre peut exercer celle-ci; il peut même ordonner une incision : mais on veut, pour qu'il ne devienne pas irrégulier, que son ordonnance soit conforme aux règles de l'art.

Non-seulement il peut ordonner une opération quelconque, il peut encore tenir le malade & porter la main sur les instrumens, sans devenir irrégulier. C'est ainsi qu'il peut faire dans une maladie ce qui lui est défendu dans l'exécution d'un jugement à mort.

On n'a point égard, en ce cas, à l'état du malade, mais seulement à la qualité du remède. Ainsi un prêtre qui donne la mort au sujet qu'il traite, par le moyen d'un remède conforme aux principes de l'art, ne se rend point irrégulier : mais il le devient, s'il fait une saignée qui sauve le sujet; c'est de l'effusion du sang ou de l'incision que naît l'*irrégularité*.

De ces principes, il suit que l'exercice de la médecine est permis, dans toute sa plénitude, aux ecclésiastiques, même à ceux qui sont élevés à la dignité du sacerdoce. Mais les canons les astreignent aux plus grands ménagemens; ils les rendent responsables de l'événement, & les déclarent irréguliers, toutes les fois qu'ils causent la mort par ignorance ou par témérité. L'essai d'un remède douteux les expose à cette interdiction, à moins qu'il ne soit certain, par le rétablissement du malade, que le remède n'a point aggravé le mal. Jamais ils ne doivent se servir d'un remède, qu'ils n'aient une certitude morale de sa vertu & de ses effets.

On sent combien toutes ces règles sont difficiles à appliquer : heureusement qu'on n'a pas souvent occasion d'en faire usage.

Irrégularité ex defectu natalium. Avant le onzième siècle, l'église ne faisoit aucune distinction entre les enfans légitimes & les enfans naturels. Dès qu'ils étoient baptisés, elle les regardoit de même œil, & les faisoit participer aux mêmes faveurs : tous pouvoient prétendre aux fonctions de l'autel & aux dignités du sacerdoce.

La distinction entre les enfans légitimes & les bâtards s'introduisit d'abord en France, d'où elle s'étendit en peu de temps dans tous les états de la communion romaine : l'église grecque ne l'a point adoptée.

L'*irrégularité* qui provient d'une naissance illégitime s'appelle *ex defectu natalium*. Cette *irrégularité* s'efface par une dispense du pape ou de l'évêque, suivant la qualité des ordres ou du bénéfice. *Voyez* BATARD.

Le bâtard qui se pourvoit en cour de Rome pour obtenir dispense, doit exprimer dans sa supplique, la qualité du défaut de sa naissance; comme s'il est né *ex solutâ & soluto*, *vel conjugato*, ou bien s'il est né d'un religieux & d'une religieuse, *&c.*

La dispense, pour produire son effet, doit encore contenir spécialement la qualité des bénéfices pour lesquels le bâtard est dispensé. On rejette les dispenses exprimées généralement pour posséder toutes sortes de bénéfices. Celui qui est dispensé pour posséder une cure, ne l'est pas pour posséder un canonicat ou quelque dignité. Il y a même des auteurs qui prétendent que la dispense accordée pour les dignités, ne comprend point les dignités majeures, après la pontificale, dans les cathédrales, ni les principales dans les collégiales : ils exigent, à cet égard, que la dispense en fasse une mention expresse.

Il y a des cathédrales & des collégiales où les bâtards sont exclus, soit par le titre de la fondation, soit par des statuts. Dans ce cas, les dispenses, quelles qu'elles soient, ne peuvent être d'aucun secours : mais pour que les statuts puissent recevoir leur exécution, il faut qu'ils soient confirmés par des lettres-patentes revêtues de l'enregistrement.

La jurisprudence des arrêts est conforme à ces principes : ainsi jugé par le parlement de Paris le 9 juillet 1683, en faveur du chapitre de Poitiers, & par le parlement de Rouen le 22 mars 1708, en faveur du chapitre de Bayeux.

Les bâtards sont plus ou moins défavorables; & par une conséquence naturelle, l'*irrégularité* qui naît de la bâtardise est plus ou moins forte. Suivant un décret du quatrième concile de Latran confirmé par celui de Trente, les enfans naturels des bénéficiers ne peuvent être pourvus des bénéfices de leurs pères, même avec dispense. Une bulle de Clément VII a confirmé ce réglement; la jurisprudence de nos tribunaux l'a adopté; on le prouve par plusieurs arrêts. Il y en a un du parlement de Paris, rapporté au *tom. 12* des *Mémoires du clergé*; & un autre du parlement de Rouen du 23 novembre 1536. Le parlement de Toulouse a étendu cette *irrégularité* jusqu'au petit-fils, comme on le voit par son arrêt de 1534.

La clause insérée dans les dispenses de Rome, portant légitimation des enfans adultérins & incestueux, lesquels ne peuvent être légitimés par mariage subséquent, est rejettée comme abusive. Nous suivons en ce point le concile de Trente qui la réprouve; elle n'opère qu'une simple dispensation *quoad spiritualia*, à l'effet seulement de rendre les enfans capables des ministères de l'église.

Le mariage subséquent efface l'*irrégularité*, comme il efface la tache de bâtardise. Les lettres de légitimation du prince n'exemptent point de la dispense : les bâtards des nobles & des grands sont aussi irréguliers que ceux des simples particuliers, quoique quelquefois ils jouissent des privilèges de la noblesse.

Les enfans-trouvés étant censés légitimes, sont-ils frappés de l'*irrégularité*, & ne peuvent-ils être admis dans l'état ecclésiastique qu'avec une dispense?

Les raisons de douter sont, 1°. le point de fait, que si l'on expose des enfans légitimes, on expose aussi des enfans bâtards; 2°. l'assujettissement où sont les aspirans aux ordres, de ne se présenter qu'avec un état de légitimité certifié par le juge; 3°. que dans les chapitres qui excluent les bâtards, on est astreint à jurer que l'on est légitime; ce que ne peut faire l'enfant-trouvé qui ignore sa naissance.

Les raisons de décider sont, 1°. que le droit ne parle nulle part des enfans exposés, comme étant illégitimes & irréguliers, d'où il faut conclure qu'on ne doit pas les réputer tels, puisqu'il est de principe qu'il n'y a d'*irrégularité* que dans les cas exprimés par le droit; 2°. qu'il est encore de principe, sur-tout en cette matière, que l'on doit restreindre les cas odieux, & non pas les étendre; & que dans les choses douteuses, il faut toujours prendre le parti sujet à moins d'inconvéniens. Il est certain que l'erreur qui nous porte à croire un enfant légitime, quoiqu'il ne le soit pas, est bien moins préjudiciable que celle qui nous feroit déclarer bâtard, un enfant qui seroit légitime. Dans le premier cas, on ne fait injure à personne, & il n'en est pas de même dans le second : traiter de bâtard un enfant légitime, est une injustice que la religion ne peut autoriser. Il faut d'ailleurs entrer dans l'esprit des conciles, & se souvenir qu'ils n'ont introduit cette *irrégularité* que pour arrêter les débordemens du clergé; on ne déclara d'abord irréguliers que les enfans des prêtres.

La bonne-foi d'un des conjoints, dans le cas d'un mariage nul, conserve l'état des enfans. Ils ne sont point irréguliers, & peuvent entrer dans les ordres.

Un homme se marie dans un diocèse étranger; il quitte sa femme le jour de ses noces, & retourne dans son diocèse, où il prend les ordres sacrés. Après les avoir reçus, il revient auprès de sa femme; il en a un fils. Parvenu à l'âge requis, ce fils veut entrer dans l'état ecclésiastique : le peut-il sans dispense, ou, ce qui est la même chose, est-il irrégulier?

La négative est certaine : premièrement, parce que le mariage, même non consommé, ne peut être dissous, quant au lien, par la promotion aux ordres sacrés. Secondement, parce que celui qui, sans le consentement de sa femme, s'engage dans les ordres sacrés, est tenu en conscience d'habiter avec elle, lorsqu'elle l'exige. Troisièmement, parce que, comme on l'a plusieurs fois observé, on ne doit réputer personne irrégulier, que dans les cas exprimés par la loi, suivant cette règle *expressa nocent, non expressa non nocent;* & que les canons ne déclarent irréguliers par défaut de naissance, que ceux qui sont nés hors du mariage ou d'un mariage illégitime.

On demande encore si le fils d'un infidèle qui a épousé sa parente dans un degré qui forme un empêchement dirimant de droit humain seulement, n'est point irrégulier *ex defectu natalium*.

On tient qu'il n'y a point alors d'*irrégularité*. Le mariage des infidèles, quoiqu'il ne soit pas un sacrement, n'en est pas moins un contrat naturel & civil, qui n'est point rendu nul par des empêchemens dirimans établis par l'église que les conjoints ne connoissent point. Innocent I, dans une lettre à un évêque de Rouen, justifie ces sortes de mariages, & décide qu'on ne peut pas sans erreur regarder comme illégitimes les enfans qui en naissent. Il traite d'absurde, dans une autre lettre, l'opinion des évêques de Macédoine, qui plaçoient ces enfans dans la classe des bâtards.

La profession religieuse dans un ordre & dans un monastère approuvé, fait cesser l'*irrégularité ex defectu natalium;* ce qui est sans exception, même pour les enfans des prêtres : cependant ces sortes de religieux ont besoin de dispenses pour les dignités & les prélatures. C'est la décision du concile de Poitiers de l'an 1078. *Ut filii presbyterorum & cæteri ex fornicatione ad sacros ordines non promoveantur, nisi aut monachi fiant, vel in congregatione canonicâ regulariter viventes; prælationem verò nullatenùs habeant.*

On met les esclaves dans la classe de ceux qui sont irréguliers *ex defectu natalium.* Cette irrégularité n'est plus connue en Europe depuis que l'esclavage en est banni. La décrétale d'Alexandre III ne peut s'appliquer qu'aux esclaves de l'Amérique, auxquels on ne peut conférer les ordres, à moins qu'ils ne soient affranchis. Cette loi ne s'étend point aux gens de main-morte & aux serfs, quoique les coutumes dans lesquelles cette servitude féodale existe encore, portent qu'ils ne peuvent être ordonnés sans le consentement de leurs seigneurs.

Irrégularité ex defectu corporis. L'église n'a voulu pour ministres que des hommes capables de la faire respecter par leur extérieur. Ceux que les princes de la terre ne voudroient pas employer à leur service personnel, ne devoient pas, par une raison de décence bien naturelle, être admis au service des autels & aux fonctions d'un ministère que tout doit concourir à rendre respectable. Les canons ne se sont donc pas bornés à en écarter les hommes que la privation de quelque faculté ou de quelque partie du corps, ou des infirmités habituelles & incurables annonçoient ne pouvoir représenter dignement le Dieu au nom duquel ils doivent agir & parler, ils ont encore rejetté ceux qui ont quelque difformité, & qui pourroient prêter aux railleries de la multitude, trop souvent frivole & inconséquente.

Les sourds, les muets, les aveugles, les impotens ne sont pas les seuls qui ne peuvent aspirer aux ordres sacrés; il suffit, pour en être éloigné, d'avoir un défaut physique, tel qu'un œil arraché, *&c.* on est dès-là irrégulier.

Les canonistes ont décidé que la perte d'un œil ne rend point un ecclésiastique irrégulier, & n'est point dans la personne d'un laïque un obstacle insurmontable à être promu aux ordres, lorsque cette perte est réparée par la bonté de l'autre œil.

L'évêque dispense de cette *irrégularité;* mais il doit examiner si l'aspirant lit avec assez de facilité pour ne point laisser appercevoir ce défaut qui s'annonce ordinairement par un mouvement de tête, que les canons qualifient d'indécent. On admet plus facilement ceux qui ont perdu l'œil droit que ceux qui ont perdu l'œil gauche, parce que ces derniers ont de la peine à lire le canon de la messe sans ce mouvement.

Un prêtre devient irrégulier par la perte du pouce ou de l'index. Honorius III a été plus loin, puisqu'il défend à un religieux qui avoit perdu l'ongle du pouce par un accident auquel il n'avoit pas donné lieu, de se faire ordonner prêtre, à moins cependant qu'il n'eût conservé assez de force pour faire la fraction de la sainte hostie.

Une décrétale d'Eugène III interdit à un prêtre qui a perdu un de ces deux doigs, la célébration des saints mystères, de quelque manière que cette perte ait eu lieu.

Un ecclésiastique devient encore irrégulier par la privation d'un des autres doigts, ou même seulement d'une partie notable d'un de ces doigts. Mais alors il faut qu'il y ait visiblement de sa faute, sur-tout si le fait est notoire. Cette *irrégularité* participe de l'*irrégularité ex delicto : qui partem cujuslibet digiti sibi ipsi volens abscidit, hunc ad clerum canones non admittunt.* Il faut observer qu'il faut s'être coupé le doigt soi-même; si le coup partoit d'une main étrangère, on ne seroit point irrégulier, quand même on se seroit attiré cet accident. Au reste, il y a une distinction essentielle à faire; ou la perte de l'index ou du pouce est antérieure à la prêtrise, ou elle est postérieure : dans le premier cas, on ne peut être ordonné prêtre; dans le second, il est seulement défendu de célébrer. En général, lorsqu'il survient quelque défaut à celui qui n'en avoit aucun lors de son entrée dans le clergé, il doit s'abstenir des fonctions de son ordre.

On contracte l'*irrégularité ex defectu corporis*, par la perte des parties naturelles. Un homme qui s'est fait ou fait faire eunuque, ou qui l'est devenu notoirement par sa faute, est par-là même irrégulier. *Si quis sibimet ipsi abscidit, id est, si quis sibi amputavit virilia, non fiat clericus, quia est sui homicida & Dei creationis inimicus.* Can. apost. *Voyez* le *Dictionnaire des cas de conscience.*

Ceux qui sont couverts de la lèpre, qui tombent du mal-caduc, les furieux & tous ceux qui sont affligés de pareilles maladies, sont irréguliers, si les attaques se sont manifestées après la pleine puberté. On ne suit point l'opinion de Navare, qui veut que l'on soit irrégulier, dès que les maladies se sont déclarées, sans avoir aucun égard pour l'âge.

Si ces maladies étoient inconnues du public, & qu'un ecclésiastique, dans cet état, se fût fait ordonner prêtre, il pourroit, après s'être fait réhabiliter, célébrer le saint sacrifice & exercer les autres fonctions du ministère, pourvu cependant qu'il n'eût éprouvé aucune attaque depuis un temps considérable.

Alexandre III a décidé que, lorsque la maladie est postérieure à l'ordination, le prêtre peut continuer à célébrer, pourvu que les attaques ne soient pas fréquentes.

La perte momentanée de la mémoire, des vertiges passagers, une foiblesse d'esprit peu considérable, ne font point encourir l'*irrégularité.*

Quand on est inhabile à exercer les fonctions de la prêtrise, on l'est par-là même à entrer dans les ordres inférieurs : ainsi on refuseroit la tonsure à un laïque par la même raison qu'on empêcheroit un prêtre de célébrer.

On étoit autrefois plus sévère sur l'*irrégularité ex defectu corporis.* Dans l'origine, les boiteux qui sont ordonnés aujourd'hui sans dispense, étoient irréguliers; il en étoit de même de ceux qui avoient le nez ou trop grand ou trop petit, ou qui avoient des descentes. Il suffisoit encore d'avoir le plus léger défaut dans l'œil : l'église s'est relâchée de cette rigueur qu'elle a jugée excessive. Il faut, selon la discipline actuelle, une difformité notable pour être exclus des ordres, & c'est à l'évêque d'en juger lorsque l'aspirant se présente.

On met encore au nombre des irréguliers *ex defectu* les néophites, les ignorans & les bigames.

Les néophites sont irréguliers, parce qu'à peine éclairés des lumières de la foi, c'est en eux une présomption de se croire dignes de remplir les fonctions du ministère. L'évêque est le juge du temps qui doit s'écouler entre la conversion d'un infidèle, & sa promotion aux ordres.

Quant à l'ignorance, il n'est pas étonnant qu'elle rende irrégulier. Nous n'examinerons point ici quel degré de science est nécessaire à un ecclésiastique. Nous nous contenterons de dire que celui qui ignore absolument la langue latine doit se regarder comme incapable des fonctions du ministère, parce que, sans la connoissance de cette langue, un prêtre ne sauroit souvent ni ce qu'il dit, ni ce qu'il fait.

La bigamie forme aussi une *irrégularité. Voyez* BIGAME, BIGAMIE.

Il est une autre espèce d'*irrégularité*, que quelques canonistes rangent dans la classe des *irrégularités ex defectu.* C'est celle dans les liens de laquelle se trouvent ceux qui sont chargés de comptes considérables, soit envers le roi, soit envers des particuliers. Quant à ceux qui sont comptables des deniers publics ou royaux, ils sont incapables des ordres jusqu'à ce qu'ils aient rendu leurs comptes, & obtenu leur décharge. Les loix des empereurs sont conformes en cela aux canons de l'église. Quant aux comptables envers les particuliers, ils ne sont pas irréguliers, à moins qu'ils ne soient en procès à raison de leur compte, & qu'ils ne soient accusés ou soupçonnés de fraude & de dol. *Si publica sint ratiocinia, promoveri non debet, obligatus, antè redditam rationem.... si verò privata, aut in ipsâ promotione movetur questio, aut non. Si movetur aut priùs mota, distinguitur; aut cognoscitur de dolo, vel culpâ tantùm. Si de dolo vel perfidiâ, non debet antè finem litis promoveri.... si de culpâ tantùm convenitur, promoveri potest, nonobstante reclamatione creditoris, cùm lis suo marte currere possit ut priùs.... Si verò nec lis sibi movetur, nec mota est, nonobstante obligatione promovetur, nisi manifestum sit de dolo teneri: tunc enim episcopus ex officio suo repellere potest.* Ainsi, d'après ces principes, il ne suffiroit pas qu'un comptable envers des particuliers fût en procès à raison de son compte, il seroit encore nécessaire que l'objet du procès fût le dol & la fraude reprochés au compte.

Au reste, un comptable qui seroit contraignable par corps, pour le reliquat de son compte, ne se soustrairoit pas à la loi, en se faisant promouvoir aux ordres. Il ne pourroit, en ce cas, exciper du privilège de la cléricature.

Une dernière *irrégularité ex defectu* est celle dont sont frappés ceux qui ont une horreur naturelle pour le vin. Ne pouvant consacrer, ils ne peuvent pas célébrer la messe, & par conséquent remplir la plus importante des fonctions de la prêtrise; ils sont par-là même exclus des autres ordres.

Irrégularités ex delicto. Les *irrégularités* qui proviennent du crime sont au nombre de cinq, ou plutôt il y a cinq péchés qui rendent un homme irrégulier; savoir, l'homicide, la profanation qu'on fait du baptême en le recevant ou le conférant deux fois, la réception & l'usage non canonique des ordres, & l'hérésie. Nous ne pouvons entrer ici dans les raisons qui ont déterminé l'église à attacher l'*irrégularité* à certains péchés plutôt qu'à d'autres; nous observerons seulement que ceux qui produisent cet empêchement canonique, sont les plus opposés à l'esprit & aux fonctions des ordres.

Irrégularité ex homicidio. L'homicide comprend la mort & la mutilation volontaire. A l'égard de l'homicide, nous en avons déjà parlé ci-dessus; *voyez* l'article HOMICIDE. Quant à la mutilation, on en distingue de quatre genres, trois qui sont *ex defectu*, & un *ex delicto.* La mutilation qui se fait par voie de guerre ou de justice, produit l'*irrégularité ex defectu lenitatis*, dans la personne de celui qui la procure. Si la mutilation est manifeste, elle rend le mutilé irrégulier *ex defectu corporis;* nous avons parlé ci-dessus de l'une & de l'autre. Si la mutilation se fait par voie de peine, comme cette peine est toujours infamante, le mutilé est toujours irrégulier *ex defectu famæ.* Enfin si la mutilation se fait sans autorisation légitime & sans juste cause, l'*irrégularité* qui en provient est *ex delicto mutilationis.* Cette dernière sorte d'*irrégularité* comprend toujours l'*irrégularité ex defectu lenitatis.*

Par mutilation, on entend le retranchement d'un membre destiné par la nature à quelque fonction particulière du corps : *mutilatio, membrorum diminutio, detruncatio.* On suit sur la mutilation les mêmes principes que sur l'homicide. M. Gibert donne ces deux règles, 1°. que la mutilation qu'on fait sur soi ne diffère de celle qu'on fait sur un autre, qu'en ce que, pour devenir irrégulier par la première, il ne faut pas que la partie coupée soit si considérable, qu'il faut qu'elle le soit pour devenir irrégulier par la seconde; 2°. qu'en fait d'*irrégularité* qui vient du crime de mutilation qu'on commet sur soi-même, se faire mutiler, ou s'exposer criminellement à un danger évident d'être mutilé, c'est dans le droit, *mutilatione secutâ*, la même chose. Mais si on donne le nom de *mutilation* au retranchement des parties qui ne sont pas membres, il y a des mutilations qui rendent le mutilé irrégulier *ex defectu corporis*, qui ne sont pas que le mutilant soit irrégulier *ex delicto mutilationis.*

L'évêque peut dispenser de toutes les *irrégularités* provenant des péchés occultes, à l'exception de l'homicide volontaire : le concile de Trente l'a ainsi ordonné. Il faut remarquer que la mutilation n'est pas comprise dans l'exception que fait le concile de l'homicide volontaire, à l'égard duquel le pape seul peut dispenser & ne dispense jamais. Mais la pénitencerie le fait quelquefois en imposant une dure pénitence à des prêtres qui ont eu le malheur de commettre ce crime, quand ils ne peuvent s'abstenir de leurs fonctions sans faire soupçonner qu'ils s'en sont rendus coupables.

Irrégularité ex reiteratione baptismatis. Ce délit est si énorme aux yeux de l'église, qu'on l'appelle *res nefanda, immanissimum scelus.* Les canons nous apprennent que ceux qui, avec connoissance de cause, reçoivent deux fois le baptême, crucifient deux fois J. C.; il ne faut donc pas être étonné si un tel crime produit l'*irrégularité;* mais il est aujourd'hui moins fréquent qu'il ne l'étoit du temps des Donatistes. Il ne peut regarder que trois sortes de personnes, le baptisant, le clerc qui sert, & le baptisé. Le droit canonique ne dit rien du baptisant : ce n'est que par une extension juste & nécessaire qu'on lui a appliqué ce qu'il dit du clerc. *Voyez* BAPTÊME.

Quand la réitération du baptême est publique, le pape seul peut dispenser de l'*irrégularité* qu'elle produit : mais l'évêque le peut si elle est occulte; c'est une suite nécessaire du décret du concile de Trente dont nous venons de parler.

Au reste, on n'est pas irrégulier pour recevoir deux fois la confirmation ou l'ordre, parce que ces cas ne sont nullement exprimés dans le droit : mais on encourroit l'*irrégularité*, si sans nécessité on se faisoit baptiser par un hérétique baptisé.

Irrégularité par la réception non canonique des ordres. Les canonistes s'étendent beaucoup sur cette espèce d'*irrégularité* : selon M. Gibert, il est certain qu'on l'encourt dans les cas suivans.

1°. Si l'évêque ayant défendu, sous peine d'anathême, de se présenter à l'ordination, sans y avoir été auparavant admis, il arrive qu'un diacre reçoive la prêtrise, sans avoir été auparavant examiné & approuvé pour ces ordres.

2°. Un clerc qui, ayant pris les ordres mineurs, prend encore le même jour le sous-diaconat, sans avoir auparavant été approuvé pour cet ordre.

3°. Si un évêque ayant prohibé, sous peine d'excommunication, de recevoir deux ordres dans la même ordination, des clercs constitués dans les ordres mineurs, y reçoivent le sous-diaconat & le diaconat.

4°. Tout homme marié, qui, pendant un mariage, soit consommé, soit non consommé, reçoit un ordre sacré sans le consentement de sa femme & les autres conditions prescrites par les canons.

5°. Quiconque reçoit les ordres d'un évêque catholique, qu'il sait être excommunié.

Il n'est pas certain qu'on devienne irrégulier par la réception des ordres, 1°. quand on est lié de censures; 2°. quand sachant ou pouvant savoir qu'un évêque a renoncé à la dignité épiscopale, on reçoit de lui les ordres sacrés; 3°. en les recevant avant que d'avoir reçu les ordres mineurs. Les textes qui punissent la promotion *per saltum*, ne parlent que des ordres sacrés, *voyez* INTERSTICES. 4°. En recevant par négligence l'ordre supérieur avant l'ordre inférieur, même parmi ceux qui sont sacrés.

Quand on connoît les cas où la réception non canonique des ordres rend irrégulier, & ceux où cette *irrégularité* est incertaine, on peut décider que, dans tous les autres, l'*irrégularité* ne s'encourt point, parce que, dans cette matière, il faut une loi expresse : *nemo dicendus est irregularis, nisi in jure sit expressum.* On peut même aller jusqu'à dire que, si l'*irrégularité* est douteuse, elle n'existe point, & que la dispense, dans ce cas, n'est nécessaire que pour le for intérieur, & pour se conformer à la maxime si sage, *in dubiis pars tutior est eligenda.*

Irrégularité procédant de l'exercice illicite des ordres. On exerce illicitement les ordres de deux manières : 1°. quand on exerce ceux qu'on n'a pas; 2°. quand on exerce, dans les liens des censures, ceux que l'on a reçus : dans l'un & l'autre cas on devient irrégulier.

Le chapitre 1 *de cleric. non ord. min.* est précis sur la première partie de cette proposition : *si quis baptisaverit, aut aliquod divinum officium exercuerit non ordinatus, propter temeritatem abjiciatur de ecclesiâ, & nunquàm ordinetur.* L'expression *si quis* est aussi générale qu'elle puisse être; elle embrasse toutes sortes de personnes. A l'égard du baptême, qui n'est pas une fonction attachée à quelque ordre particulier, puisque toute personne peut le conférer en cas de nécessité, il faut entendre la décrétale de celui qui baptise solemnellement avec les habits & les cérémonies prescrites par les canons, c'est-à-dire qu'il ne s'agit ici que du baptême solemnel.

Quand on exerce les ordres au mépris des censures, de l'excommunication majeure, de la suspense & de l'interdit, il n'est pas douteux qu'on devient irrégulier, soit que les censures soient publiques ou occultes : mais la violation de l'excommunication mineure ne produit point l'*irrégularité.* On ne devient pas irrégulier en faisant violer les censures par les autres.

L'évêque dispense de l'*irrégularité* du violement des censures, lorsqu'elle est occulte, & le pape, lorsqu'elle est publique, ainsi que pour la réception non canonique des ordres.

Irrégularité qui provient de l'hérésie. Selon le droit canonique romain, on est irrégulier à raison de l'hérésie en quatre manières.

1°. Par un péché qui fait perdre la foi, comme l'hérésie, l'apostasie, le schisme accompagné d'hérésie.

2°. En favorisant ceux qui pèchent de cette façon, soit en les recevant dans sa maison, dans ses terres, ou en les protégeant autrement.

3°. En naissant de quelqu'un de ceux qui sont morts dans cette *irrégularité.* Si c'est la mère qui étoit hérétique, il n'y a que les enfans au premier degré qui soient irréguliers : si c'est le père, l'*irrégularité* s'étendra jusqu'aux petits fils, mais non au-delà. L'enfant même d'un juif, d'un païen, n'est pas irrégulier, parce que le droit n'en parle point, non plus que de l'enfant de l'hérétique qui s'est converti avant sa mort.

4°. En acquérant des bénéfices par la protection des hérétiques. Si on ignore l'hérésie de ceux que l'on emploie, on n'est privé que des bénéfices qu'ils ont procuré; mais si on la connoît, on est inhabile pour en obtenir d'autres.

Nous n'avons point reçu en France toutes ces dispositions du droit canonique romain sur l'*irrégularité* qui provient de l'hérésie. Depuis la révocation de l'édit de Nantes, les hérétiques qui rentrent dans le sein de l'église, ne sont point irréguliers; les enfans ne le sont pas non plus, quoique leurs pères soient décédés dans leurs erreurs. Les uns & les autres peuvent recevoir les ordres, & posséder des bénéfices, sans dispenses de Rome.

Effets de l'irrégularité. Quoique les *irrégularités* ne puissent être établies que par la puissance ecclésiastique, elles ne produisent cependant parmi nous aucun effet dans le for extérieur, à moins qu'elles ne soient reçues dans le royaume. Un arrêt du conseil de 1673 a déclaré que la réitération de la tonsure ne rend pas irrégulier; sur quoi Gibert observe que ce n'est pas dans les arrêts où il faut chercher des preuves, si telle action produit l'*irrégularité*, mais seulement qu'on y apprend si telle *irrégularité* est reçue dans le royaume.

En général, l'ecclésiastique irrégulier, soit *ex defectu*, soit *ex delicto*, ne perd point son bénéfice, excepté dans trois cas. Le premier d'assassinat de guet-à-pens, soit qu'on le commette soi-même, soit qu'on le commette par autrui. Il n'est pas nécessaire que la mort s'ensuive : cependant les auteurs observent que celui qui se rend coupable d'homicide, n'est point privé de son bénéfice *ipso facto*, à cause de l'*irrégularité* dans laquelle il tombe, mais à cause du crime même qu'il a commis.

Les deux autres cas pour lesquels le bénéfice vaque *ipso facto*, est lorsqu'on porte la main sur un cardinal ou un évêque : on voit qu'à proprement parler, ces deux cas n'en font qu'un.

Si tout ecclésiastique étoit privé de son bénéfice par rapport à l'*irrégularité* sans distinction, il arriveroit souvent qu'un bénéficier seroit puni sans avoir mérité de l'être. Aussi les canonistes ont-ils soin d'observer que l'*irrégularité* n'est point une censure, ni une peine; elle n'a point pour but de punir, mais seulement de conserver aux saints ordres le respect qui leur est dû. S'il en étoit autrement, on dépouilleroit souvent des ecclésiastiques qui ne seroient que malheureux. Loin de se porter à cette rigueur, les loix canoniques viennent à leur secours. Nous en avons des exemples dans deux décrétales, l'une d'Innocent III, & l'autre de Luce III : la première adressée à l'archevêque d'Arles défend de déposer un évêque, auquel ses infirmités ne permettoient plus de remplir ses fonctions depuis quatre ans : la seconde défend de destituer des curés lépreux. On cite une troisième décrétale d'Honoré III, en faveur d'un archidiacre paralytique; elles sont conformes à ce principe d'humanité de S. Grégoire le Grand, qui ne veut pas qu'on ajoute aux peines des affligés, *non addenda est afflictis afflictio*.

Ainsi, en général un ecclésiastique irrégulier, soit *ex defectu*, soit *ex delicto*, peut conserver ses bénéfices en obtenant dispense, ou les résigner. Sans ces précautions, il est des cas où les juges d'église pourroient les déclarer vacans.

Quoique, malgré l'*irrégularité*, un clerc puisse conserver son bénéfice, il doit cependant s'abstenir d'en faire aucune fonction, jusqu'à ce qu'il en ait été relevé.

Il y a deux voies pour faire finir l'*irrégularité* : 1°. la dispense; 2°. la cessation du défaut. Par la première, on fait cesser l'*irrégularité ex delicto*; & par la seconde, celle *ex defectu*. L'ignorant qui acquiert la science requise, l'esclave qui recouvre la liberté, les néophites qui ont été éprouvés, les lépreux, les épileptiques, les fous qui sont guéris, le bâtard qui est légitimé ou qui se fait religieux, cessent d'être irréguliers.

Le pape, le légat, l'évêque & l'abbé peuvent accorder des dispenses pour l'*irrégularité*. Les pouvoirs des évêques à ce sujet ont été augmentés par le concile de Trente. M. Gibert dit qu'ils les tiennent moins du concile, qu'on peut regarder comme n'ayant pas été reçu dans le royaume, que d'un ancien usage approuvé par les papes. Au surplus, les dispenses qui s'obtiennent à Rome ne sont reçues au for extérieur dans nos tribunaux, que quand elles émanent de la daterie; on n'y a point d'égard à celles qui sortent de la pénitencerie ou des congrégations des cardinaux.

On a abrogé plusieurs *irrégularités*, telles que celles de la simonie, de l'étude des loix, de la médecine, & du concubinage public des ecclésiastiques. *Voyez* à ce sujet Gibert, *Traité des usages de l'église gallicane*. *Voyez* aussi les articles DISPENSE, EXCOMMUNICATION, SUSPENSE. (*Cet article est de M. l'abbé* BERTOLIO, *avocat.*)

IRRITANT, adj. qu'on applique en droit à tout ce qui annulle ou rend inutile un acte, ou une clause d'un acte. La contravention à un décret *irritant*, à une clause *irritante*, annulle toute disposition qui lui est contraire. *Voyez* CLAUSE *irritante*.

I S

ISLE, s. f. (*Droit public. Eaux & Forêts.*) est un espace de terre entourée d'eau.

Nous n'admettons pas, comme les Romains, les alluvions & les accroissemens au profit des propriétaires riverains, soit par les changemens qui peuvent survenir dans le lit des rivières, soit relativement aux *isles* & islots qui peuvent s'y former.

Chez eux le lit & les bords des fleuves & rivières étoient censés faire partie des héritages riverains; & par une suite de ces maximes, le terrein qu'un fleuve ajoutoit à ces héritages, appartenoit à ceux qui en étoient propriétaires; ils réunissoient de même à leurs possessions le lit que le fleuve abandonnoit; & lorsqu'il se formoit une *isle* dans le milieu de son lit, les riverains y avoient un droit égal, & en partageoient la propriété.

Suivant nos principes, les rivières navigables, leur lit, rives & tous les terreins qui peuvent s'y former, appartiennent au roi, à raison de sa souveraineté : c'est la disposition précise de l'article 41 du titre 27 de l'ordonnance des eaux & forêts de 1669, qui a dissipé tous les doutes que l'on cherchoit à faire naître dans plusieurs provinces, sur le fondement des énonciations qui se rencontroient dans les anciennes concessions.

Les rivières qui ne sont pas navigables, ou qui ne

le sont que par artifice, appartiennent aux seigneurs hauts-justiciers, dans le territoire desquels elles coulent; les *isles*, islots & atérissemens qui s'y forment, leur appartiennent également à raison de leur haute-justice, & les propriétaires riverains ne peuvent y rien prétendre.

Ces principes sont fondés sur ce que parmi nous les possessions sont limitées, & que le propriétaire possédant une terre dont la mesure est fixe & déterminée, ne peut prétendre d'accroissemens: c'est ce que nous indique cette règle de Loysel, dans ses *Institutes coutumières :* la rivière ôte & donne au haut-justicier; ce qui s'entend, la rivière ôte au propriétaire, & donne au haut-justicier.

Il est cependant des circonstances dans lesquelles le propriétaire ne peut être évincé, comme lorsque le terrein que l'eau a coupé n'est point absolument & entièrement détaché du corps de l'héritage, ou lorsqu'il est uniquement sujet à des inondations.

Dans ce cas, ni la forme, ni la substance du fonds ne sont point changées; le lit du fleuve est toujours de même; l'irruption des eaux n'opère point une cessation de propriété, mais une simple suspension de ce droit: suspension qui ne dure qu'autant que l'eau couvre la superficie du terrein.

Par des lettres-patentes de 1539, François I ordonna qu'il seroit procédé à la recherche des *isles* du Rhône.

En 1572, Charles IX établit des commissaires pour informer des entreprises sur les *isles* des rivières de Seine, Loire, Garonne, Marne, Dordogne & autres, avec ordre de les réunir au domaine, s'il n'y avoit titre au contraire, & ensuite de les donner à ferme, ou en faire des baux à cens & rentes, suivant qu'il seroit trouvé plus utile.

Une déclaration du mois de mars 1664 ordonna la recherche des détenteurs des *isles*, accroissemens, péages, moulins, *&c.*

Un édit du mois d'avril 1668 maintint dans ces différens droits ceux qui en jouissoient depuis plus de cent années, à la charge de payer au domaine, par forme de reconnoissance, une redevance annuelle, sur le pied de la valeur du vingtième du revenu.

Une déclaration du mois d'avril 1683 contient quatre dispositions principales.

La première confirme purement & simplement la propriété de ceux qui peuvent rapporter des titres authentiques antérieurs à 1566, tels que des inféodations, contrats d'aliénation, engagemens, aveux & dénombremens rendus au roi, & reçus sans blâme.

La seconde confirme les églises & monastères de fondation royale, auxquels les droits ont été donnés par cause de fondation & dotation.

La troisième confirme les possesseurs avant le premier avril 1566, dans leurs possessions, en payant annuellement le vingtième du revenu annuel, indépendamment des droits seigneuriaux, rentes & redevances dont ils peuvent se trouver chargés, tant envers le roi ou les engagistes de son domaine, qu'envers les seigneurs particuliers.

La quatrième réunit au domaine tous les droits de ceux qui ne sont pas dans le cas des trois articles précédens.

La plupart des possesseurs & détenteurs se trouvèrent dans l'impossibilité de rapporter des titres du genre de ceux qu'exigeoit la déclaration de 1683, & sur-tout ceux des provinces de Languedoc & de Bretagne.

Il intervint, sur leurs instances, deux déclarations des mois d'avril 1686 & août 1689, qui confirmèrent tous les possesseurs & détenteurs indistinctement des *isles* & crémens, à la charge de payer, par forme de deniers d'entrée, les sommes comprises dans les rôles arrêtés au conseil, & un droit de champart, sauf à ceux qui soutiendroient leurs titres valables, au terme de la déclaration de 1683, d'en faire leur déclaration, & que s'ils ne se trouvoient fondés, ces *isles* seroient réunies, & les possesseurs condamnés à la restitution des fruits depuis vingt-neuf années.

Les détenteurs des autres provinces du royaume n'étant pas plus en état que ceux de Bretagne & de Languedoc, de justifier de titres conformes à la déclaration de 1683, il intervint, en 1693, un édit général pour tout le royaume.

Cet édit maintint & confirma tous les détenteurs, propriétaires ou possesseurs qui pourroient rapporter des titres de propriété ou de possession antérieurs au premier avril 1566, dans la possession des *isles* & islots, même dans les crémens futurs, en payant une année de revenu, ou le vingtième de la valeur actuelle, à leur choix, avec les deux sous pour livre, & annuellement une redevance seigneuriale de cinq sous par arpent des *isles* & autres semblables biens, & pareille redevance sur chaque droit de pêche, péage, passage, *&c.* par forme de surcens, outre & par-dessus les censives & autres rentes & droits dont ils pourroient être chargés envers le domaine ou envers d'autres seigneurs.

Ceux qui n'avoient aucun titre de propriété ou de possession avant le premier avril 1566, furent maintenus en payant deux années de revenu, ou le dixième de la valeur actuelle des biens & droits à leur choix, avec les deux sous pour livre, & une pareille redevance annuelle de cinq sous.

Les seigneurs particuliers furent pareillement confirmés dans la perception des censives, portant lods & ventes, & des rentes seigneuriales ou foncières qu'ils avoient accoutumé de prendre & percevoir sur quelques-uns de ces droits & biens, en vertu de leurs aveux, dénombremens ou autres titres, en payant le dixième de la valeur en fonds des mêmes droits de censives, lods & ventes, & rentes seigneuriales ou foncières.

Les églises & monastères de fondation royale,

furent confirmées, sans payer aucune chose, dans la possession & jouissance de ce qui étoit compris dans le titre de leur fondation ou dotation; & à l'égard des objets qui n'y étoient pas compris, ou qui étoient sortis de leurs mains, même pour les crémens, ils furent dès-lors assujettis au paiement du vingtième ou dixième de la valeur, comme les autres possesseurs & détenteurs, & à la redevance annuelle de cinq sous.

On excepta les *isles* & crémens déjà compris dans les rôles arrêtés au conseil, en conséquence des déclarations de 1686 & 1689, & en même temps, pour rendre la condition des possesseurs égale à celle des autres détenteurs, & affranchir les biens des champarts & redevances imposés en conséquence de ces déclarations qui pourroient en empêcher la culture & le commerce, même de celles imposées en conséquence de la déclaration de 1683, le roi en quitta & déchargea les possesseurs, en payant le principal des champarts & redevances au denier dix-huit, & pareille redevance de cinq sous.

Il fut ordonné que ces taxes seroient payées suivant les rôles arrêtés au conseil, avec les deux sous pour livre, entre les mains du préposé; savoir, les sommes principales, sur les quittances du garde du trésor royal; le tiers, quinzaine après la signification de l'extrait des rôles, & les deux autres tiers en deux paiemens, de deux mois en deux mois, & les deux sous pour livre, sur les quittances du préposé au recouvrement.

Il n'avoit été fait aucune mention dans les édits que l'on vient de rappeller, des *isles*, islots, crémens & attérissemens formés par la mer, qui n'appartenoient pas moins au roi que ceux des fleuves & rivières navigables.

Un édit du mois de février 1710 maintint & confirma dans leur possession & jouissance les détenteurs, propriétaires & possesseurs de ces *isles* & islots, à la charge de payer au roi deux années du revenu, ou le dixième de la valeur, avec une redevance annuelle de cinq sous par arpent des *isles*, islots, crémens, attérissemens, lais & relais de la mer.

Les seules églises & monastères de fondation royale ont été exceptés de cette disposition, pour ce qui est compris dans leurs titres de fondations & dotations.

Enfin, par arrêt du 7 septembre 1722, rendu sur le dire de l'inspecteur du domaine, les fermiers ont été autorisés à se mettre en possession des *isles*, islots, attérissemens & droits qui avoient été formés ou établis depuis l'édit de 1693, ou dont les anciens propriétaires ou possesseurs n'avoient point satisfait au paiement des sommes portées par cet édit.

Par arrêt du 22 janvier 1726, rendu entre la ville d'Avignon, le syndic de la province de Languedoc & la communauté des Angles, il a été ordonné que le roi demeureroit maintenu, ainsi que les rois ses prédécesseurs l'avoient toujours été, comme rois de France, dans l'ancien droit & possession immémoriale de la souveraineté & de la propriété du fleuve du Rhône, d'un bord à l'autre, tant dans son ancien que nouveau lit, par tout son cours, & des *isles*, islots, crémens & attérissemens qui s'y forment, & qui font partie de la province de Languedoc.

Par un autre arrêt du 10 février 1728, le conseil confirma celui du 22 janvier 1726, & jugea que, lorsqu'un terrein avoit été inondé & avoit fait partie du lit de la rivière pendant plus de dix ans, il appartenoit au roi lorsque l'eau venoit à s'en retirer, sans que ceux qui prétendoient avoir été propriétaires avant l'inondation, pussent alléguer que la motte ferme qui n'avoit pas été inondée, leur avoit conservé la propriété de ce qui avoit été inondé pendant plus de dix ans. *Voyez* ALLUVION, ATTÉRISSEMENT.

ISSUE, s. f. (*Droit féodal.*) ce mot est synonyme de *sortie*. Il a plusieurs acceptions dans notre jurisprudence.

1°. On a donné ce nom aux revenus d'une terre. *Voyez* dom Carpentier au mot *Exitus* 1.

2°. On appelle ainsi le droit d'*écart* ou d'*écas*. *Voyez* le *Glossaire* de Ducange, au mot *Exitus villæ*, & l'*art.* ECART.

3°. La coutume de Hesdin, *art.* 4, & celle de Saint-Pol sous Artois, donnent ce nom à un droit fort approchant, qui appartient au seigneur haut-justicier sur les objets que l'on transporte de sa jurisdiction dans une autre. *Voyez* le *Glossaire du droit françois*, & ce que l'on dit du droit d'*issue d'herbage* au mot *Herbage*.

On peut voir des exemples d'autres droits de laydé, ou de marché, désignés par le même nom dans le *Glossarium novum* de dom Carpentier, au mot *Isshac*.

4°. On donne le nom d'*issue* à un droit de mutation dû, en cas de vente, au seigneur direct. La coutume d'Acs, *tit.* 9, *art.* 19 *& suiv.* & celle de Bayonne, *tit.* 5, *art.* 42, l'appellent *issue* & *entrée*. Cette dernière coutume le nomme aussi *saillie* & *entrée*, dans l'art. 9 du titre 8. L'*issue* ou *saillie* est proprement le droit dû par le vendeur, pour le délaissement de la possession; & l'*entrée*, le droit dû par l'acquéreur, pour sa prise de possession.

Il ne faut pas néanmoins confondre absolument ce droit d'*entrée & issue* avec ceux de lods & ventes. On voit dans la coutume d'Acs, qui entre, à cet égard, dans beaucoup de détails, que les différens cantons de cette sénéchaussée suivent des usages très-différens. Dans quelques-unes des seigneuries du roi, il n'est dû aucun droit de mutation, *tit.* 9, *art.* 23.

Il y a d'autres lieux où les seigneurs ne perçoivent non plus aucuns droits de mutation pour les ventes, au moyen des droits de queste & aubergarde, & de perprison, qui leur appartiennent, *ibid. art.* 18.

Ailleurs ils prennent seulement le droit d'entrée fixé à 11 s. 3 den. tournois, pour tout droit, *art. 23 & 24.*

Ailleurs encore ils prennent le droit d'entrée & d'*issue* seulement, & ces droits ne sont non plus que de 11 s. 3 den. tournois chacun, *art. 20 & 21.*

Dans la baronnie de Mayesc & dans d'autres seigneuries, le vendeur paie le vingtain du prix, & de plus 11 s. 3 den. tournois pour l'*issue*, & l'acheteur autant pour l'entrée, *art. 19 & 25.*

A Oyre-lez-Acs, le seigneur a pareilles entrées & *issues*, seulement lorsqu'on ne vend qu'une partie de l'héritage. Il a de plus le double de la rente due en argent à titre de lods & ventes, si la totalité de l'héritage est vendue, *art. 22.*

Dans d'autres seigneuries, le seigneur prend le vingtain, & de plus la valeur de la rente pour l'entrée, *art. 25.* On peut voir d'autres variétés dans les articles suivans de la même coutume.

5°. La coutume d'Anjou, *art. 156*, & celle du Maine, *art. 174*, se servent du mot *ventes & issue*, pour désigner le double droit de lods & ventes. L'article précédent des mêmes coutumes déclare que le droit de lods & ventes est dû en cas d'échange, comme en cas de vente, après quoi elles ajoutent immédiatement : « & dudit contrat d'é» change ou de vendition, les ventes se paient à » raison de vingt deniers tournois pour livre audit pays, *sinon en aucunes contrées & parties où » il y a ventes & issues*, c'est à savoir, trois sols » quatre deniers tournois pour livre ».

On voit que c'est là une coutume locale qui n'a lieu que dans une partie des provinces d'Anjou & du Maine. Cet usage local a fait naître deux questions très-importantes pour les seigneurs & les propriétaires.

La première est de savoir quelle espèce de preuves est nécessaire pour autoriser les seigneurs à percevoir ce double droit d'entrée & d'*issue*. On convient assez généralement qu'il faut avoir une possession ancienne & uniforme. Mais on a demandé s'il falloit justifier que l'on eût cette possession dès le temps de la réformation des coutumes où cet article a été nouvellement inséré, & dont les expressions sont conçues au temps présent. Mais, dit Pocquet de la Livonnière, « on a jugé qu'étant » difficile, & comme impossible de rapporter des » preuves si éloignées, il suffisoit de prouver une » possession immémoriale, qui étoit, en ce cas, » présumée avoir été telle dès avant la réforma» tion de la coutume, lorsqu'on n'opposoit rien » de contraire ».

Cette décision se trouve au *liv. 3, chap. 1* du *Traité des fiefs* de cet auteur. On peut la voir discutée avec plus d'étendue dans les remarques du même auteur sur du Pineau. Au surplus, la question a été jugée en faveur des seigneurs, par l'arrêt dont on rendra compte à la fin de cet article, & on peut tirer à-peu-près le même résultat de deux consultations que M. Olivier de Saint-Vast rapporte sur l'article 174 de la coutume du Maine.

La seconde question a beaucoup plus été controversée. Elle consiste à savoir si, pour être en droit d'exiger le droit d'*issue*, les seigneurs ont besoin de titres particuliers sur chaque fief ou héritage roturier qu'ils veulent asservir, ou si l'usage général de la seigneurie les autorise à percevoir ce droit sur tous les domaines qui en sont mouvans.

Brodeau, sur la coutume du Maine, Chopin & du Pineau, sur celle d'Anjou, pensent qu'il faut au seigneur un titre particulier sur chaque objet. Livonnière estime au contraire que l'usage général de la seigneurie est suffisant, & qu'on peut percevoir le double droit sur les objets même où l'on n'a ni possession, ni titre particulier. « Il n'est pas » nécessaire, dit-il en sa deuxième observation sur » ledit article 156 de la coutume, que les sei» gneurs qui prétendent être fondés à se faire payer » les ventes doubles dans leurs fiefs, justifient qu'ils » sont en cette possession contre chacun de leurs » sujets spécifiquement.

» La possession uniforme des seigneurs de pren» dre les ventes doubles dans la plus grande par» tie de leurs fiefs, assujettit à ce droit tous leurs » sujets indistinctement, lorsque ceux-ci n'ont ni » titre, ni possession contraire, parce que ce droit » de prendre les ventes & *issues*, n'est pas un droit » insolite & singulier, mais une espèce d'usage lo» cal, établi en certains cantons de la province, » *sinon en certaines contrées & parties où il y a ven» tes & issues.*

» Ces termes dénotent certain territoire & cer» taine étendue de pays, à l'égard duquel l'obli» gation de payer les ventes & *issues* tient lieu » de droit commun, & engage tous ceux qui sont » dans ce territoire. La possession établie sur le » plus grand nombre des sujets, justifie que le » fief est situé dans ces contrées & parties dont » parle la coutume, sur-tout lorsqu'on fait voir que » les seigneurs voisins sont dans la même posses» sion ».

Guyot, après avoir paru balancer sur cette question, finit pourtant par adopter la décision de Pocquet de Livonnière de la manière la plus positive, & il faut avouer que cette question n'auroit pas dû faire de difficulté. Le droit de ventes & *issues*, dit un autre jurisconsulte, est, comme celui de simples ventes, une coutume de plusieurs lieux des deux provinces, qui a la même autorité que la coutume des ventes simples. Ces deux coutumes ne diffèrent entre elles que par le plus ou le moins d'étendue de leur territoire. Il a toujours été vrai que dans la plus grande partie des deux provinces, les ventes se payoient au douzième. Il a été également vrai que, dans plusieurs cantons, on les payoit au sixième. Les coutumes ne disent pas qu'il y a des héritages chargés du droit de vente au sixième, où quelques seigneurs sont fondés à les percevoir, en vertu de titres particuliers, mais qu'il y a *aucunes contrées & parties*, où cela a lieu. Ces mots annoncent une loi générale, une coutume proprement dite de ces parties de la province. Pour réclamer le droit au sixième, le seigneur n'a donc à prouver qu'une seule chose, que sa seigneurie est située dans ces parties de l'Anjou où les ventes & *issues* forment le droit commun.

Exiger qu'un seigneur rapporte des titres particuliers pour chaque héritage, ce seroit rendre inutile la disposition des coutumes. Quand elles auroient dit simplement que, dans toute la province, les ventes & *issues* se paient au douzième, cela n'auroit porté aucun préjudice aux titres particuliers qui en auroient fixé la quotité d'une manière différente. Les coutumes même les plus générales reçoivent ces sortes d'exceptions, & les exemples en sont on ne peut plus communs. Les coutumes d'Anjou & du Maine ont donc eu un autre objet dans ce qu'elles disent du droit d'*issue*; elles ont voulu indiquer qu'il y avoit de grands territoires & des seigneuries considérables où l'on percevoit généralement le droit de vente au sixième.

La jurisprudence, après avoir varié, paroît aussi avoir adopté cette opinion dans les derniers temps. Deux arrêts des années 1530 & 1531 avoient jugé que l'usage général d'une seigneurie étoit un titre suffisant pour assujettir tous les vassaux au droit d'*issue*; en 1560, le parlement a jugé au contraire que nonobstant l'usage général, il falloit au seigneur un titre particulier. Mais par arrêt du 9 avril 1737, cette cour est revenue à son ancienne jurisprudence.

L'espèce s'est présentée dans la coutume du Maine. Les religieux de Fontaine-Daniel demandoient au nommé Touchard les ventes & *issues*, à raison de l'acquisition d'un fief, dans l'étendue de leur seigneurie.

Touchard avouoit les religieux pour seigneurs, il leur offroit les ventes ordinaires de 20 deniers pour livre, mais il soutenoit ne devoir point le droit de ventes & *issues*.

Les religieux prétendoient que dans l'étendue de la baronnie de Mayenne dont ils étoient membres, le droit de ventes & *issues* avoit cours, & étoit perçu de toutes les ventes & des échanges.

Par ses défenses, Touchard, en offrant les ventes ordinaires & l'amende, disoit que l'article 174 du Maine ne contenoit qu'une exception pour la baronnie de Mayenne, dont les religieux n'étoient pas lors de la réformation de cette coutume en 1508. Un premier jugement rendu en la jurisdiction des religieux, leur adjugea le droit d'entrée & d'*issue*. Mais il fut infirmé en la sénéchaussée de Château-Gonthier.

Les religieux de Fontaine-Daniel en interjettèrent appel au parlement.

Touchard y suivit un plan différent de celui qu'il avoit adopté en première instance.

Il y discuta deux questions; la première, si le droit de ventes & *issues* avoit été ajouté lors de la réformation; la seconde, si l'abbaye de Fontaine-Daniel étoit de la baronnie de Mayenne; en la cour il nia le droit de ventes & *issues*, pour le droit & la quotité, même dans la baronnie de Mayenne.

Les religieux établirent, 1°. que leur abbaye étoit un démembrement de la baronnie de Mayenne; que ce démembrement étant avant la réformation, on n'avoit pu introduire un droit nouveau en faveur de la baronnie de Mayenne à leur préjudice; 2°. que Touchard n'étoit pas fondé en la cour à rétracter l'aveu qu'il avoit fait, en leur jurisdiction, que ce droit avoit lieu dans la baronnie; enfin ils prouvèrent l'usage de la baronnie de percevoir ce droit en cas de vente & échange, & leur possession particulière de s'en faire payer dans l'étendue de leur seigneurie de Fontaine-Daniel; ils rapportèrent un acte de notoriété, signé de treize avocats de Mayenne, qui attestoient l'usage de payer les ventes & *issues* dans toute la baronnie, à raison de 3 s. 4 d. pour livre. Touchard se retranchoit dans l'arrêt de 1560, ci-dessus rapporté.

Sur le tout, il intervint un premier arrêt le 23 août 1735, qui ordonna, *avant faire droit, que l'on rapporteroit un acte de notoriété du siège de Mayenne, pour savoir si ce droit de ventes & issues introduit par l'article 174 du Maine, étoit d'usage & se percevoit dans l'étendue de la baronnie & duché de Mayenne, dans les fiefs appartenans aux religieux & notamment dans ceux des paroisse & contrée de Châtillon; comme aussi si dans les fiefs & seigneuries de Châtillon il étoit d'usage de percevoir ce droit.*

En exécution de cet arrêt les officiers de Mayenne donnèrent un acte de notoriété, par lequel *ils certifioient d'abord le droit de ventes & issues dans le duché de Mayenne, excepté dans deux châtellenies & partie d'une troisième.*

Ils ajoutoient « comme les actions & poursuites » concernant les droits des religieux ne sont ni intentées ni portées devant nous, attendu que conjointement avec l'abbé ils ont leur juge & leur » jurisdiction, de laquelle les appellations ressortissent au présidial de Château-Gontier, nous ne » pouvons certifier si lesdits religieux ont ou n'ont » pas l'usage & le droit de percevoir ventes & *issues* dans les mouvances de leurs fiefs, sis en la » paroisse de Châtillon ou autres où ils s'étendent: comme aussi nous certifions que dans les » fiefs & seigneurie de Châtillon & autres joignans » lesdits fiefs en la paroisse & contrée de Châtillon, appartenans aux religieux, le seigneur du » duché-pairie de Mayenne & autres ses vassaux, » sont en usage de percevoir les ventes & *issues*: » cependant la commanderie de Guitay, ordre de » de S. Jean de Jérusalem, a des fiefs dans la paroisse de Châtillon, ainsi que la châtellenie d'Assé » & Berenger dans la ville de Mayenne, lesquelles » deux seigneuries ne relèvent point de ce duché, » mais du présidial du Mans: nous ne pouvons » assurer si les seigneurs d'icelle ont ou n'ont pas » le droit de ventes & *issues*.

Cet acte de notoriété n'étoit pas absolument decisif pour les religieux, qui prétendirent que le siège de Mayenne étoit mal disposé en leur faveur, depuis un arrêt qu'ils avoient obtenu contre les officiers de ce siège, pour une apposition de scellé. Cependant l'arrêt définitif du 9 avril 1737, *infirma la sentence de Château-Gontier, & en confirmant celle du juge de Fontaine-Daniel, condamna Touchard à payer les ventes & issues sur le pied de 3 sols 4 deniers; en l'amende de 6 livres pour ventes recélées, aux intérêts desdites sommes & en tous les dépens, même en ceux réservés.*

Cette question & la précédente ont encore été jugées plus positivement par un arrêt postérieur.

En 1556 le marquis de Vibraye se rendit adjudicataire de la terre de la Roche-des-Aubiers, mouvante en partie du comté de Chemillé, appartenant au marquis de Marigny. Il ne vouloit payer que les ventes simples de son acquisition. Le marquis de Marigny soutint que le comté de Chemillé étoit une de ces *contrées & parties* de l'Anjou où se paient les ventes & *issues*; pour l'établir, il produisoit 11 contrats de vente avec des quittances de ventes & *issues*, dont le plus ancien étoit de 1595. Il produisoit encore une remembrance des assises de Chemillé commencée en 1692, & continuée jusqu'en 1717. On y voyoit un grand nombre de vassaux & censitaires, condamnés, suivant leurs offres ou malgré eux, à payer les ventes & *issues*.

Le marquis de Vibraye soutenoit ces preuves insuffisantes, parce qu'on ne représentoit aucun titre relatif à la seigneurie de la Roche-des-Aubiers en particulier, parce que le droit de ventes & *issues* n'avoit pas été compris dans les aveux de Chemillé, parce que la possession étoit de beaucoup postérieure à la réformation de la coutume.

Malgré ces raisons, l'arrêt rendu en la grand'chambre le 30 juillet 1763, au rapport de M. le Prestre de Lezonnet, condamna le marquis de Vibraye à payer les ventes & *issues*.

Cet arrêt & plusieurs des réflexions que l'on vient de faire sont tirées d'un traité manuscrit des fiefs, composé par un jurisconsulte qui a approfondi toutes les parties du droit civil & de la jurisprudence ecclésiastique, & qui s'est également distingué par l'étendue de ses connoissances dans notre droit public. (*M. Garran de Coulon, avocat au parlement.*)

I T

ITÉRATIF, adj. s'emploie en droit dans une signification générale, pour exprimer ce qui est réitéré. On appelle *itératif* commandement, celui qui est fait pour la seconde fois, & qui doit précéder la saisie réelle des biens immeubles d'un débiteur. Lorsque le juge renouvelle des défenses qu'il a déjà prononcées, il fait *itératives* inhibitions & défenses. On dit aussi d'*itératives* jussions, d'*itératives* remontrances. *Voyez* Commandement, Jussion, Remontrances. (*A*)

ITÉRATO, s. m. *terme de Pratique*, qu'on joint toujours avec celui d'arrêt ou de sentence. On appelle arrêt d'*itérato*, sentence d'*itérato*, un jugement qui se donne pour autoriser à user de la contrainte par corps, après les quatre mois, pour dépens excédens la somme de 200 liv. On lui donne ce nom, parce que le jugement porte qu'il sera fait itératif commandement à la partie de payer le contenu au premier jugement dans quinzaine, faute de quoi, elle y sera contrainte par emprisonnement de sa personne. Ce terme se trouve en ce sens dans l'édit de Charles VIII de 1493, *art. 104*; dans celui de Charles IX de l'an 1567, & de Henri III en 1582.

Ces anciennes ordonnances, conformes au dernier état de la Jurisprudence romaine, autorisoient l'usage des contraintes par corps, après les quatre mois, en vertu de toute espèce de condamnations de somme pécuniaire pour quelque cause que ce fût, jusqu'à la cession & abandonnement des biens du condamné. Mais par l'art. 1, tit. 34 de l'Ordonnance de 1667, la contrainte par corps, en vertu d'un arrêt d'*itérato*, n'a plus lieu en matière civile, que lorsque les dépens montent au moins à la somme de 200 liv.: mais en matière criminelle, il est indifférent qu'ils montent à cette somme. Lorsqu'ils tiennent lieu des dommages & intérêts, on peut poursuivre le paiement des uns & des autres, quelle que soit leur valeur, même avant l'expiration des quatre mois, parce que les dommages & intérêts, & les dépens qui en tiennent lieu sont la peine du délit.

Les formalités pour obtenir les jugemens d'*itérato*, sont: que le créancier fasse signifier le jugement à la personne ou domicile du débiteur, avec commandement de payer, & déclaration qu'il y sera contraint après les quatre mois; à l'expiration du délai, qui court du jour de la signification, le créancier lève au greffe un jugement, portant que dans quinzaine la partie sera contrainte par corps: cette quinzaine doit être franche, c'est-à-dire qu'elle ne comprend ni le jour de la signification ni celui de l'échéance.

Les jugemens d'*itérato* sont susceptibles d'opposition. Ils donnent lieu à la contrainte par corps contre toutes sortes de personnes, excepté les ecclésiastiques constitués dans les ordres sacrés, les mineurs, les femmes & filles, les septuagenaires, *&c.* Les tuteurs & curateurs des mineurs, les syndics des communautés d'habitans ne peuvent être contraints par corps, après les quatre mois, pour dépens faits dans les affaires qui concernent les pupilles, mineurs ou communautés: en plaidant dans leur qualité de tuteur, de curateur, ou de syndic, ils n'obligent ni leurs biens ni leur personne. *Voyez* Contrainte par corps, Dépens.

J

J, Dixième lettre de l'alphabet françois.

JA

JAFUPIÈRE, f. f. Il paroît par un texte cité par dom Carpentier, au mot *Jascheria*, que celui de *jafupière* a été employé autrefois pour désigner une terre en guérets ou en *jachère*. (*M. GARRAN DE COULON.*)

JALAGE *ou* JALLAGE, f. m. Il est bien certain que ce mot désigne un droit dû sur les boissons ou les vaisseaux qui les contiennent. Le mot *jallage* provient de ceux de *jale*, *jalée*, *jalon*, *jalaye*, *gallaye* ou *galon*, qui désignent un vaisseau à mettre les liquides, ou une mesure de ces sortes de denrées; mais la nature de ce droit n'est pas trop bien déterminée dans nos livres.

Ragueau dit, dans son *Indice*, que « c'est un droit » qui équipolle au droit de *forage*, quand le sei» gneur prend une, deux ou trois pintes de vin » *pour poinson vendu en détail* ».

Dom Carpentier dit au contraire que c'est un droit de *jaugeage*, c'est-à-dire dû pour le mesurage des vaisseaux vinaires. Les textes cités par cet auteur, au mot *Jalagium*, & dans le nouveau Ducange, au même mot sous *Galo*, favorisent cette interprétation. (*M. GARRAN DE COULON.*)

JARDINS *publics*, (*Droit public.*) Il est de la grandeur des rois & des princes d'ouvrir leurs palais au peuple, de permettre au public de venir admirer la beauté de leurs *jardins* & de s'y promener. C'est une espèce de bienfait qui se renouvelle à tous les instans, c'est une jouissance qui se communique à tous les citoyens. Cette magnificence est d'une grande utilité dans les villes dont les habitans sont nombreux. Elles les met à même d'aller respirer un air plus pur que celui qui se concentre au milieu de leurs demeures; elle leur procure le moyen de prendre un exercice salutaire & les détermine à quitter leurs foyers pour jouir de l'ouvrage de la nature dirigé & embelli par l'art.

Plus cette liberté accordée indistinctement à tous les citoyens qui se présentent sous des dehors honnêtes, est noble & généreuse, plus il seroit condamnable d'en abuser & de la rendre onéreuse au prince de qui on la tient, puisque par-là on commettroit non-seulement un acte d'ingratitude, mais qu'on exposeroit encore ceux qui profitent décemment de la même faveur à être enveloppés dans une exclusion générale.

Tous ceux qui entrent dans un *jardin public* pour s'y promener, ou pour le traverser, doivent respecter l'image du maître qui réside dans tous les lieux qu'il parcourt, & s'y conduire comme si le maître lui-même les y suivoit; ils peuvent jouir de tout; mais ils ne doivent rien gâter, rien dégrader. Cette fleur qui leur fait plaisir à voir un autre aura le même plaisir à l'observer; & comme elle est pour tous, aucun en particulier ne doit la cueillir. Ces arbres qui donnent un ombrage si frais, si salutaire, si quelqu'un se permet de les endommager, il attaque la propriété du maître, le plaisir & la jouissance de tous.

On est tenu de se comporter dans un *jardin public* vis-à-vis de ceux qui y sont, comme on se conduiroit dans l'appartement de celui auquel ce *jardin* appartient. La générosité de celui qui nous y admet sans intérêt & seulement pour nous procurer l'avantage de la promenade, fait de ce lieu un séjour infiniment plus respectable que les endroits publics où l'on est reçu pour de l'argent, ou par nécessité. Quand à cette puissante considération il s'en joint une autre telle que celle qui résulte du caractère auguste du maître, il est certain qu'à moins d'avoir perdu toute idée de décence & de respect, on ne peut blesser en aucune manière la délicatesse de qui que ce soit. On doit pousser l'attention jusqu'à réprimer tous ses mouvemens de haine, d'indignation; de dédain devant son plus mortel ennemi que l'on y rencontre.

Les femmes qui se promènent dans les *jardins publics* & qui en font souvent l'ornement, ont droit à nos égards, à nos hommages & même à notre admiration lorsqu'elles sont belles; l'attention que nous donnons aux charmes de leur figure, à l'élégance de leurs ajustemens, à la grace de leur marche, ne leur déplaît jamais; mais il ne faut pas que cette attention soit trop marquée, parce qu'elle les expose à être en butte à l'empressement de la foule qui les trouble, qui les embarrasse, & qui en alarmant leur timidité, les force de chercher un abri dans la fuite.

Cette excessive attention seroit encore plus répréhensible si elle avoit pour objet, de faire remarquer un ridicule & de livrer à la risée publique une femme mise extraordinairement, ou dont la physionomie seroit difforme. Il existe des ordonnances très-sévères contre ceux qui porteroient jusques là l'oubli du respect & de l'honnêteté.

Le 12 du mois de mars 1769 plusieurs particuliers s'attroupèrent pour regarder avec affectation une jeune personne qui étoit assise dans une des allées des tuileries & la forcèrent de sortir par une des portes de ce *jardin*.

Le procureur du roi de la prévôté de l'hôtel rendit plainte de cette scène. Sur sa remontrance il fut arrêté qu'il seroit procédé à la continuation de l'information commencée contre les auteurs du trouble. La même ordonnance porte « faisons défenses » de former aucun attroupement dans lesdits *jardins*, » sous telle prétexte que ce puisse être, sous peine

» d'être poursuivis extraordinairement suivant la rigueur des loix, comme perturbateurs de la liberté » & de la tranquillité publique ».

Les mêmes défenses ont été renouvellées en 1783 par une autre ordonnance qui fut rendue à l'occasion d'une jeune dame que la présence de son pere & celle de son mari ne purent préserver d'un affront public qui la força de sortir des tuileries. Cette derniere ordonnance porte la peine de prison & même menace d'une détention à Bicêtre, contre ceux qui en s'attroupant occasionneroient un semblable trouble. Elle a été affichée dans les *jardins* des Tuileries, du Luxembourg & des maisons royales.

On ne devroit pas se permettre de mener dans un *jardin public*, ces animaux domestiques, qui dans leur course rapide & par leurs mouvemens de joie dérangent la symmétrie des parterres, gâtent les plates-bandes, & augmentent les frais de l'entretien. Mais puisque par égard pour la foiblesse de ceux auxquels ces animaux appartiennent & qui se plaisent à s'en faire suivre on tolère qu'ils les y fassent entrer, au moins faut-il qu'ils aient sur eux un œil attentif, qu'ils les éloignent des endroits que leurs pas peuvent endommager.

Il n'arrive que trop souvent que nos *jardins publics* deviennent des lieux de prostitution. La nuit y prête souvent son voile à des amours mercenaires. Des beautés errantes y offrent des conquêtes faciles. Nous n'avons pas besoin de dire combien l'homme qui s'abandonne à cette débauche honteuse, manque tout à la fois aux mœurs publiques & à la majesté royale qui réside dans tout son palais.

La surveillance des gardiens, des condamnations sévères, ont intimidé les coupables, mais n'ont pas encore détruit cette prostitution scandaleuse qui renaît sans cesse du vice, & du plus vil intérêt.

Des ordonnances ont interdit aux gens du peuple & aux domestiques, l'entrée des *jardins publics*, qui par-là sont devenus le rendez-vous des citoyens honnêtes; & la preuve de la sagesse de ces ordonnances, c'est le dégât, le ravage, le tumulte que la populace y répand le seul jour de l'année où elle y est admise. Jusqu'à quel point la licence & la barbarie n'ont-elles pas été, de nos jours portées dans un des plus beaux *jardins* de l'univers! les statues, ces chefs-d'œuvre de la sculpture, qui animent & embellissent les charmans bosquets de Marly, ont été mutilés par des mains ennemies des arts. Certainement ceux qui ont commis ces attentats ont mérité une peine très-sévère. Et il auroit été au moins à souhaiter qu'en échappant à la rigueur des ordonnances, leur action, que l'ignorance la plus barbare ne peut rendre excusable, n'eût pas été tout-à-fait impunie.

Des *jardins* grandement dessinés & peignés avec soin, tels que ceux qui embellissent la capitale, sont précieux aux yeux de ceux qui ont le goût du beau, & auxquels l'habitude du luxe a rendu l'art nécessaire. Mais il ne faut au peuple que des bois, que des champs couverts de gazon, que des fleurs qui viennent sans culture. Ennemi de la gêne, de la contrainte, il faut qu'il puisse tout fouler, tout arracher; ses promenades ne doivent offrir à ses yeux ni statues, ni vases, ni fleurs précieuses, il ressemble aux enfans qui aiment à tout dénaturer & qui ne peuvent pas comprendre que ce qu'ils voient ne leur appartient pas. Ce n'est pas procurer aux gens du peuple une jouissance que de leur accorder la liberté de parcourir un *jardin* à la condition qu'il n'y toucheront à rien, qu'ils marcheront paisiblement sans incommoder, sans heurter personne : ils s'y regardent alors comme dans un séjour de contradiction; la présence des gardiens qui les observent, les importune, & ils ne tardent pas à s'y ennuyer, ou à transgresser la loi qui leur est imposée.

C'est donc avec raison qu'on écarte le peuple des *jardins* royaux, sur-tout dans les villes où il est nombreux, lorsqu'il existe des lieux de promenade moins susceptibles de dégradation, & où il peut prendre un exercice conforme à ses goûts; on ne lui ôte presque rien & l'on donne beaucoup aux gens d'un certain état en leur accordant l'agrément d'une promenade paisible, où regne la décence, l'honnêteté & la discrétion. Les enthousiastes d'une liberté illimitée qui ne veulent point de distinction, point d'exclusion, qui confondent l'ordre avec la servitude, ne seront point de notre avis & nous regarderont comme un ennemi du peuple & de la liberté; mais c'est au contraire parce que nous aimons le peuple & sa liberté que nous croyons qu'on ne doit le laisser entrer qu'où il peut être libre & heureux. (*Cet article est de M.* DELACROIX, *Avocat au Parlement.*)

JARRIGUE, f. m. Ce mot désigne, dans nos provinces méridionales, un pâturage, une terre inculte, une *garrigue*. *Voyez* le *Glossarium novum* de dom Carpentier, au mot *Garrigia*.

M. de Genssane, dans sa belle *Histoire naturelle du Languedoc*, dit que les *garrigues* sont des roches calcaires toutes nues, incapables d'aucun produit, si on en excepte quelques légers pâturages pour le menu bétail. *Voyez le tome I* in-12 *de la partie minéralogique & géoponique, p. 10.*

Il paroît néanmoins qu'on a aussi appellé *garrigue*, un terrein que l'on cultive, comme le prouve encore dom Carpentier. Mais les textes même de cet auteur semblent indiquer une terre en repos & destinée aux pâturages, comme les *garrigues*, plutôt qu'un champ couvert de fruits, comme le dit cet auteur. Le mot *garrigue* ou *jarrigue* pourroit fort bien avoir la même origine que celui de *guerets* ou *jachère*. (*M.* GARRAN DE COULON.)

JAVEAU, f. m. terme usité en matière d'eaux & forêts, pour exprimer une isle nouvellement formée au milieu d'une rivière par alluvion ou amas de limon & de sable. *Voyez l'ordonnance des eaux & forêts, tit. I, art. 4.* (*A*)

JE

JET, f. m. (*Code maritime.*) se dit de l'action de jetter dans la mer une partie de la charge d'un navire pour le soulager.

On entend aussi quelquefois par ce terme de *jet*, la contribution que chacun des intéressés au navire doit supporter pour le *jet* qui a été fait en mer.

Suivant l'ordonnance de la marine, *liv. 3*, *tit. 8*, si par tempête, ou par chasse d'ennemis ou de pirates, le maître du navire se croit obligé de jetter en mer une partie de son chargement, il doit prendre l'avis des marchands & principaux de son équipage; & si les avis sont partagés, celui du maître & de l'équipage doit être suivi.

Les ustensiles du vaisseau & autres choses les moins nécessaires, les plus pesantes & de moindre prix, doivent être jettées les premières, & ensuite les marchandises du premier pont; le tout cependant au choix du capitaine, & par l'avis de l'équipage.

L'écrivain doit tenir registre des choses jettées à la mer. Au premier port où le navire abordera, le maître doit déclarer devant le juge de l'amirauté, s'il y en a, sinon devant le juge ordinaire, la cause pour laquelle il aura fait le *jet*. Si c'est en pays étranger qu'il aborde, il doit faire sa déclaration devant le consul de la nation françoise.

Après l'estimation des marchandises sauvées & de celles qui ont été jettées, la répartition de la perte se fait sur les unes & sur les autres, & sur la moitié du navire & du fret au marc la livre.

Les munitions de guerre & de bouche, les loyers & hardes des matelots ne contribuent point au *jet*, & néanmoins ce qui en a été jetté est payé par contribution sur tous les autres effets.

On ne peut pas demander de contribution pour le paiement des effets qui étoient sur le tillac, s'ils sont jettés ou endommagés par le *jet*, sauf au propriétaire son recours contre le maître, & néanmoins ils contribuent s'ils sont sauvés.

On ne fait pas non plus de contribution, pour raison du dommage arrivé au bâtiment, s'il n'a été fait exprès pour faciliter le *jet*.

Si le *jet* ne sauve pas le navire, il n'y a lieu à aucune contribution, & les marchandises qui peuvent être sauvées du naufrage, ne sont point tenues du paiement ni du dédommagement de celles qui ont été jettées ou endommagées.

Mais si le navire ayant été sauvé par le *jet*, & continuant sa route vient à se perdre, les effets sauvés du naufrage contribuent au *jet* sur le pied de leur valeur, en l'état qu'ils se trouvent, déduction faite des frais du sauvement.

L'ordonnance de la marine contient encore plusieurs autres règles pour la contribution qui se fait à cause du *jet* : nous les avons détaillées sous les mots ASSURANCE, AVARIE, CONTRIBUTION.

JEU, f. m. (*Jurisprud. Police & Code crimin.*) Le mot de *jeu* est un terme générique qui exprime tout délassement, tout amusement. Il désigne plus particuliérement, & suivant l'acception la plus usitée, ces espèces de défis qui se font dans la société entre deux ou plusieurs personnes, soit aux *jeux* d'adresse, soit aux *jeux* de combinaison, soit aux *jeux* de hasard.

Le mot de *jeu*, considéré seulement comme expression générique, vient de *jocus*, suivant Ménage; mais Ducange prétend que *jeu de dés* vient de *juis de Dieu*, vieux mot françois, qui signifioit *jugement de Dieu*, parce que nos ancêtres mettoient les *jeux* de hasard au nombre des jugemens de Dieu.

L'origine des *jeux* se perd dans la nuit des temps; les Grecs en connoissoient plusieurs dès avant le siège de Troie, pendant lequel ils jouoient pour en tromper la longueur, & adoucir leurs fatigues.

« Les Lacédémoniens furent les seuls qui bannirent entiérement le *jeu* de leur république. » On raconte que Chilon, un de leurs citoyens, » ayant été envoyé pour conclure un traité d'alliance avec les Corinthiens, fut tellement indigné de trouver les magistrats, les femmes, les » vieux & les jeunes capitaines tous adonnés au » *jeu*, qu'il s'en retourna promptement, en leur disant que ce seroit ternir la gloire de Lacédémone qui venoit de fonder Byzance, que de » s'allier avec un peuple de joueurs ».

Une tradition antérieure, dit-on, aux temps fabuleux, & récemment publiée, prouve qu'il y avoit déjà des joueurs effrénés chez les *Gentoux*, ou habitans idolâtres de l'Indostan. Leur code que les Anglois ont fait traduire par les Bramines, & dont ils ont publié une traduction angloise en 1777, est de l'antiquité la plus reculée; on n'en sauroit fixer l'époque.

Les Romains eurent aussi leurs *jeux* à l'exemple des Grecs. Leur extrême simplicité indique assez que les joueurs n'y cherchoient pas un simple amusement, & que la soif du gain suppléoit à l'intérêt que leurs *jeux* ne présentoit pas. Le plus connu & le plus à la mode étoit celui qu'ils appelloient *par & impar*, pair ou non. Un autre *jeu* moins usité parmi eux, & qui avoit quelque analogie avec le précédent, étoit *la mourre*; c'est celui que Cicéron appelle *micare digitis*. Ce *jeu* consistoit en ce que l'un des joueurs cachant sa main derrière son dos, fermoit un certain nombre de doigts, & proposoit à l'autre de le deviner. Ce *jeu* n'étoit guère en usage que chez les habitans de la campagne.

Le *trochus* des Grecs avoit passé dans l'Italie, & la jeunesse romaine s'en amusoit avec fureur. Ce n'étoit, suivant l'auteur du *Dictionnaire des origines*, ni la toupie, ni le billard, comme quelques-uns l'ont cru, mais un cercle de fer de cinq à six pieds de diamètre, tout garni d'anneaux de fer par dedans; les jeunes gens le faisoient rouler & le conduisoient avec une verge de fer qui avoit une poignée de bois. Il falloit de la force & de l'adresse pour conduire ce cercle; les anneaux, par leur bruit, avertissoient le peuple de s'écarter pour laisser passer les joueurs, & contribuoient beaucoup à leur amusement.

...... Nescit equo rudis
Hærere ingenuus puer,
Venarique timet; ludere doctior
Seu græco jubeas trocho
Seu malis vetitâ legibus aleâ.

Hor. Od. 24, lib. 3.

On retrouve une image de ce *jeu* dans celui des enfans de nos jours, qui chassent devant eux un cerceau, & le maintiennent en équilibre à l'aide d'un bâton.

Nous ne suivrons ni Barbeyrac, ni M. Dussaulx, ni les autres auteurs qui avant eux ont écrit sur le *jeu*; il nous est impossible d'entrer dans tous les détails historiques qu'exigeoient d'eux des traités uniquement destinés à cette matière; nous ne pouvons que parcourir rapidement leurs savantes recherches, & les réduire dans l'espace où nous devons nous renfermer.

Tous les *jeux* de hasard que les Romains comprenoient sous le terme générique d'*alea*, étoient défendus par les loix, *malis vetitâ legibus aleâ*, dit Horace.

Les Romains, ainsi que les Grecs, n'avoient que deux sortes de *jeux* de hasard, les osselets & les dés.

La fureur des *jeux* de hasard étoit portée à l'excès au temps de l'empereur Domitien & de quelques-uns de ses successeurs. On peut s'en faire une idée par ces vers de Juvénal :

Et quando uberior vitiorum copia? quando
Major avaritiæ potuit sinus! alea quando
Hos animos! neque enim loculis comitantibus itur
Ad casum tabulæ, positâ sed luditur arcâ,
Prælia quanta illic dispensatore videbis
Armigero! simplex ne furor sextertia centum
Perdere, & horrenti tunicam nec reddere servo.

Juvenal. Satyr. 1.

Les loix firent d'inutiles efforts pour réprimer de tels excès. Le jurisconsulte Paul fait mention d'un sénatusconsulte qui défendoit de jouer de l'argent, à moins que ce ne fût à certains *jeux* qui avoient pour objet de fortifier le corps, & dont l'habitude pouvoit inspirer du courage. *Senatusconsultum vetuit in pecuniam ludere, præterquàm si quis certet hastâ, vel pilo jaciendo, vel currendo, saliendo, luctando, pugnando, quod virtutis causâ fit.* L. 2, ff. *de aleatoribus.*

On ne sait pas précisément l'époque où fut porté ce sénatusconsulte; on l'attribue à Septime Sévère ou à quelqu'un de ses prédécesseurs. Cette jurisprudence, au surplus, n'étoit pas nouvelle : la seconde Philippique de Cicéron annonce une procédure criminelle contre ceux qui jouoient aux *jeux* de hasard : ils n'étoient permis que pendant la fête des Saturnales.

Justinien ajouta aux loix qui avoient déjà été faites avant lui contre le *jeu*; il renouvella les prohibitions du sénatusconsulte dont nous venons de parler, & défendit de jouer plus d'un écu d'or par partie, même aux *jeux* dont il permettoit l'usage. Il renouvella la disposition de l'ancienne loi qui accordoit aux perdans une action en répétition des objets ou des sommes qu'ils avoient perdus; il ordonna de plus que cette action ne pourroit se prescrire par trente ans, & dureroit même cinquante ans, en passant de celui qui auroit perdu à ses héritiers; & il voulut que, dans le cas où le perdant garderoit le silence, les officiers municipaux de la ville pussent poursuivre en leur nom la répétition des sommes perdues au *jeu*, pour être employées à l'entretien & décoration des édifices publics. Mais l'avarice & la cupidité des joueurs trouva toujours les moyens d'éluder ces loix, ou de les enfreindre : vers le temps où Constantin abandonna Rome pour n'y plus revenir, tout le monde, dit Ammien Marcellin, jusqu'à la plus vile populace, étoit en proie à la fureur du *jeu*. *Ex turbâ verò imæ sortis & pauperrimæ*, &c. *aliqui pugnanter aleis certant.* Lib. 14, cap. 6.

Les Germains ne furent pas exempts de cette passion insensée, & ils la portoient à un tel point, qu'après avoir perdu tout ce qu'ils possédoient, ils se jouoient eux-mêmes. Celui qui avoit perdu se livroit à son adversaire, & de cette fidélité à des engagemens aussi absurdes, dérive sans doute ce principe si connu parmi nous dans la société, quoique proscrit par toutes les loix, qu'aucunes dettes ne sont plus sacrées que celles du *jeu*. *Aleam (quod mirere) sobrii inter seria exercent, tantâ lucrandi perdendive temeritate, ut cùm omnia defecerunt, extremo ac novissimo jactu de libertate & de corpore contendant. Victus voluntariam servitutem adit : quamvis junior, quamvis robustior, adligari se ac venire patitur : ea est in re prava pervicacia; ipsi fidem vocant. Servos conditionis hujus per commercia tradunt, ut se quoque pudore victoriæ exsolvant.* Tacit. *de moribus German.* lib. 24.

Nos annales ne nous offrent rien sur le *jeu* jusqu'au temps de Charlemagne. Ce prince paroît être le premier qui se soit occupé de cet objet de législation : on trouve dans ses *capitulaires*, une défense expresse de jouer aux *jeux* de hasard, à peine d'être privé de la communion des fidèles.

S. Louis, en 1254, défendit de jouer aux échecs, aux dés & au trictrac, qu'on appelloit alors le *jeu des tables*. Il interdit également les lieux publics où l'on donnoit à jouer, & jusqu'à la fabrication des dés. *Inhibemus districtè ut nullus omninò ad taxillos ludat, sive ad aleas & tharos, & scolas etiam deciorum prohibemus & prohiberi volumus omninò, & tenentes eas districtiùs puniantur, fabrica etiam deciorum prohibeatur.*

Ces défenses ont été renouvellées, & même

étendues à d'autres *jeux* qui paroissoient n'être dangereux que par l'abus qu'il étoit possible d'en faire, par Charles IV, dit *le Bel*, en 1319; & par Charles V, surnommé *le Sage*, en 1369.

Ces différentes loix ne font aucune mention du *jeu* de cartes. Un peintre, nommé *Jacques Gringonneur*, les inventa, en 1392, pour amuser le malheureux Charles VI pendant les intervalles de sa funeste maladie.

Selon le P. Ménestrier, le *jeu* de cartes a dû être peu commun avant l'invention de la gravure en bois; parce que la dépense d'un *jeu* de cartes que l'on étoit obligé de faire peindre, devoit être très-considérable. Les Allemands qui les premiers connurent la gravure en bois, furent aussi les premiers qui gravèrent des moules de cartes, & ils les chargèrent de figures bizarres & extravagantes.

« On a voulu par le *jeu* de cartes, dit le P. » Ménestrier, donner une image de la vie paisible, comme on avoit voulu par le *jeu* des échecs » en donner une de la guerre. On trouve dans » le *jeu* de cartes les quatre principaux états de » la vie. Le *cœur* représente le clergé ou les gens » de chœur (rébus assez mauvais, comme on peut » en juger); le *pique*, les gens de guerre; le » *trèfle*, les laboureurs; & les *carreaux*, les bourgeois, parce que leurs maisons sont ordinaire» ment carrelées; les quatre rois, *David*, *Alexandre*, *César*, *Charlemagne*, sont les emblêmes » des quatre grandes monarchies, juive, grecque, » romaine & allemande. L'anagramme d'*Arginé*, » nom de la dame de trèfle, est *regina*: c'étoit » la reine Marie d'Anjou, femme de Charles VII. » *Rachel*, dame de carreau, c'étoit la belle Agnès » Sorel: la pucelle d'Orléans étoit représentée par » la chaste & guerrière *Pallas*, dame de pique; » & Ysabeau de Bavière, par *Judith*, dame de » cœur. Ce n'est pas Judith de l'ancien testament, » mais l'impératrice Judith, femme de Louis le » Débonnaire, dont la conduite étoit plus que suspecte, & qui causa tant de troubles dans l'état; » ses mœurs étoient analogues à celles d'Ysabeau » de Bavière. Enfin les valets représentoient les » servans d'armes; le titre de *varlet* ou *valet*, qui » a été avili depuis en le donnant aux serviteurs » du plus mince bourgeois, ne s'appliquoit alors » qu'aux vassaux des grands seigneurs, ou à des » gentilshommes qui n'avoient pas encore été armés chevaliers. *Ogier* & *Lancelot* étoient deux » preux du temps de Charlemagne; *la Hire* & » *Hector*, deux capitaines distingués sous le règne » de Charles VII ». Ce fut ce même la Hire qui répondit au roi qui lui demandoit son avis sur les apprêts d'une fête qu'il ordonnoit au milieu des désastres de la France: *ma foi, sire, je pense qu'on ne sauroit perdre plus gaiement un royaume.*

Cette digression historique n'est point étrangère au sujet de cet article; elle ramenera naturellement tout lecteur un peu philosophe à une réflexion dont les annales de la plupart des gouvernemens offrent si souvent la matière. C'est dans les cours qu'on trouve la source & l'exemple de presque tous les abus que les souverains proscrivent par leurs loix. Ainsi, tandis qu'on défendoit en France tous les amusemens qui tendoient à détourner les guerriers des exercices militaires, on inventoit, pour le prince même, un *jeu* dont le goût se répandit bientôt dans toutes les villes, & qui devoit être le principe des plus grands désordres.

Ce n'est qu'au règne de Henri III qu'on peut faire remonter l'établissement de ces maisons infames, connues sous le nom d'*académies*, de ces gouffres où tant de fortunes ont été englouties. L'ordonnance de Henri III, donnée à Blois au mois de mars 1577, est la première loi qui en fasse mention. *Défendons très-expressément*, y lit-on, *aux hôteliers, cabaretiers & taverniers, de tenir ou permettre en leurs maisons, berlans*, jeux *de dés, cartes & autres débauchemens de jeunesse, ni enfans mineurs & autres gens débauchés*, &c.

Ces défenses ont été renouvellées par la déclaration du 30 mars 1611, par l'ordonnance de 1629, par l'arrêt du conseil & les lettres-patentes du 15 janvier 1691, & par l'ordonnance du roi du 21 avril 1665, où l'on trouve plus particuliérement le détail de tous les *jeux* défendus.

Ces *jeux* sont les *trois dés*, le *tope* & *quinte*, & le *passe-dix*, le *quinque nove*, la *dupe*, le *biribi*, la *roulette*, le *mormonique*, le *hoca*, la *bassette*, le *pharaon*, le *pair ou non*, le *quinze*, les *petits paquets & autres semblables, sous quelques noms & formes qu'ils puissent être déguisés.*

Un *jeu* ignoré par toutes les loix que nous venons de citer, ou peut-être présenté sous un nom différent, étoit venu de nos jours offrir à l'avarice de nouvelles ressources ou de nouveaux dangers. Ses ravages furent énormes, & le nombre de ses victimes effrayant: on le nommoit LA BELLE. Enfin, par un arrêt de réglement du 12 décembre 1777, le parlement a ordonné l'exécution des anciennes ordonnances & arrêts concernant les *jeux* de hasard; en conséquence, il a fait *très-expresses inhibitions & défenses à toutes personnes, de quelque qualité & condition qu'elles fussent, de tenir* jeux *de hasard, & notamment celui de* LA BELLE, *ou autres qui auroient pu s'introduire sous d'autres dénominations, & a enjoint au lieutenant-général de police de ne laisser établir à l'avenir aucun* jeu *de hasard dans la ville de Paris, & de rendre compte à la cour de ceux qui pourroient s'y introduire, aussitôt qu'il en auroit connoissance.*

Les peines que l'on prononce contre ceux qui donnent à jouer à des *jeux* défendus, doivent être plus graves que celles qu'on inflige à ceux qui y jouent. L'arrêt du conseil de 1691, revêtu de lettres-patentes, ordonne qu'ils seront condamnés, savoir les premiers, à une amende de 6000 liv., & les autres à une de 1000 liv. seulement. Néanmoins il paroît, d'après les exemples que nous en avons sous les yeux, & qu'il seroit trop long de

rapporter

rapporter ici ; qu'on se contente aujourd'hui de condamner les uns en une amende de 3000 liv. seulement, & les autres en une amende arbitraire.

Cependant ces peines, quoiqu'adoucies par la jurisprudence moderne, peuvent être aggravées en cas de récidive, ou en raison de leur nombre. Le commissaire Lamarre rapporte, *liv. 3, tit. 4, chap. 5*, une sentence de police du 20 novembre 1643, par laquelle un nommé *Maréchal* fut déclaré duement atteint & convaincu *d'avoir contrevenu aux défenses portées par les ordonnances du roi, arrêts de la cour*, &c. *touchant le fait des académies & jeux de brelans*, & un autre particulier nommé *Panouze d'avoir baillé à jouer & fourni des cartes & dés audit Maréchal*; pour réparation de quoi, ils furent condamnés, savoir Maréchal, *attendu ses répréhensions précédentes*, à être battu & fustigé nud de verges, au carrefour du châtelet & devant la porte de la foire S. Germain, & en outre en 400 liv. parisis d'amende, jusqu'au paiement de laquelle il garderoit prison ; & Panouze, à assister à l'exécution.

Un arrêt du 28 novembre 1664, arrêt qu'on peut regarder comme réglement, a prononcé, en pareil cas, 400 liv. parisis d'amende, & pour la seconde fois, le fouet & le carcan.

Il faut observer que nous n'avons point cité cette sentence de police & cet arrêt, comme exemples de la quotité de l'amende qui doit être prononcée. On a vu qu'en conséquence des nouvelles loix, elle ne peut être moindre de 3000 liv. contre ceux qui donnent à jouer : nous n'avons rapporté cette sentence & cet arrêt que comme exemples de la peine en cas de récidive.

Toutes promesses & obligations faites pour le *jeu*, soit qu'on en ait dissimulé les causes ou non, soit qu'elles aient été faites par des majeurs ou des mineurs, sont nulles aux termes des loix que nous avons citées, & notamment en vertu de l'édit de Henri III de 1577, de l'arrêt d'enregistrement de la déclaration de Louis XIII de 1611, & de l'ordonnance de 1629. Il faut même remarquer, d'après l'ordonnance de 1629, 1°. qu'en cette matière, la preuve par témoins est admise, quoique la somme soit au-dessus de 100 liv. ; 2°. qu'en cas d'aliénations d'immeubles pour dettes de *jeu*, les femmes & les créanciers des joueurs qui auroient aliéné, n'en conservent pas moins leurs hypothèques sur ces immeubles, malgré la délivrance faite sous les titres déguisés de *vente*, *échange*, ou autres.

Par arrêt du 14 juillet 1745, le parlement de Paris a déclaré nul un billet de 1200 liv. souscrit au profit d'un particulier, dont la veuve interrogée sur faits & articles, avoit reconnu que ce billet avoit pour cause de l'argent perdu au *jeu*.

Denisart, dans sa *Collection de jurisprudence*, rapporte un autre arrêt du 30 janvier 1764, conforme à cette jurisprudence.

Cependant le tribunal des maréchaux de France n'admet pas ces principes indistinctement. L'ordonnance qu'ils ont rendue le 6 mai 1760, sur la matière du *jeu*, permet entre gentilshommes & militaires, de se pourvoir pardevant eux pour toutes sommes perdues au *jeu*, qui n'excèdent pas la somme de 1000 liv., & cette ordonnance défend à tout gentilhomme ou militaire de jouer sur sa parole au-dessus de cette somme de 1000 liv., à peine de prison ou de telles autres peines qu'ils aviseront, en cas de contravention. *Voyez* les loix citées dans le cours de cette discussion, le *Répertoire universel de jurisprudence*, la *Collection* de Denisart, le *Dictionnaire des origines*, le *Traité du jeu* de Barbeyrac, l'ouvrage intitulé *de la passion du jeu*, par M. Dussaulx, les œuvres de Pothier, le *Code pénal*, les *loix criminelles de France*, & le *Traité de la police*. (*Article de M. BOUCHER D'ARGIS, conseiller au châtelet, de l'académie de Rouen*, &c.)

JEU *de fief*, on peut définir le jeu de fief : *la séparation du corps & du titre du fief, qui s'opère par l'aliénation de ce même fief, avec la réserve de la foi, & l'imposition d'un devoir domanial & seigneurial.*

Le *jeu de fief* se fait de deux manières; par la voie de la sous-inféodation, & par la voie du bail à cens.

La partie sous-inféodée relève en fief de l'ancien propriétaire. La partie aliénée par bail à cens n'est qu'une simple roture dans la main du preneur.

Dans les deux cas, il faut que celui qui s'est joué de son fief continue d'en faire hommage au seigneur dominant, & qu'il couvre sous cet hommage la partie aliénée.

Il faut, en outre, pour la régularité du *jeu de fief*, que le vassal se réserve sur la partie ainsi aliénée, quelques droits & devoirs seigneuriaux.

§. I. *De l'origine du jeu de fief.* Cet usage, né dans le berceau de la féodalité, existoit avant la patrimonialité des fiefs. Ces capitaines connus sous le nom de *leudes*, de *fidèles*, dans l'impuissance d'exploiter par eux-mêmes les territoires dont ils étoient investis à titre de bénéfices, en donnoient des parties à leurs soldats, à la charge de leurs rendre certains services, ou de leur payer telle ou telle redevance.

Ces aliénations ne portoient aucun préjudice au prince. A son égard le vassal étoit réputé possesseur de la totalité du bénéfice ; & lorsqu'il lui plaisoit d'en prononcer la révocation, tout rentroit dans la main du fisc.

Ainsi la loi qui déclaroit les bénéfices inaliénables devoit être sans influence sur ces sortes d'arrangemens. En effet, relativement au seigneur, il n'y avoit pas d'aliénation.

Si cet usage s'étoit établi pendant que les bénéfices étoient amovibles, combien la révolution qui les rendit héréditaires, ne dut-elle pas lui donner de faveur ?

Dans ce deuxième période, les vassaux étoient dans l'impuissance d'aliéner par vente ; mais la faculté de transmettre à leurs héritiers les rendoit propriétaires ; & cette qualité devoit naturellement ajouter à la liberté dont ils jouissoient déjà de sous-inféoder.

Aussi voyons-nous dans le livre des fiefs, *lib. 4, tit. 34*, à côté de la défense la plus absolue d'aliéner, la permission de sous-inféoder la plus illimitée. *Nec vassallus feudum sine voluntate domini alienabit, in feudum tamen rectè dabit.*

Rien n'étoit plus naturel, & en apparence plus juste, que de laisser aux vassaux, après l'établissement de l'hérédité des fiefs, une faculté dont ils avoient joui lors même que les bénéfices étoient amovibles. Cependant c'étoit une grande inconséquence de la part des seigneurs, & qui devoit avoir pour eux des suites très-préjudiciables.

Dans le temps de l'amovibilité le retour périodique du bénéfice dans la main du prince, ne laissoit pas le temps au sous-bénéficier ou arrière-vassal de méconnoître le véritable seigneur. Depuis l'établissement de l'hérédité l'habitude de vivre sous la dépendance immédiate du vassal, devoit naturellement faire perdre de vue le seigneur originaire, l'auteur de la concession primitive.

Dans le temps de l'amovibilité, le vassal, en sous-inféodant, procuroit un avantage réel au seigneur, puisqu'il multiplioit ses hommes de guerre, & que le service militaire étoit le seul devoir auquel les bénéfices fussent assujettis. L'hérédité ayant introduit les droits de relief, de garde & de mariage, les sous-inféodations diminuèrent la quotité de ces droits, & en rendirent la perception plus difficile.

Cependant les vassaux qui ne pouvoient aliéner que par la voie de la sous-inféodation, usoient, ou plutôt abusoient de cette liberté, de manière que bientôt les seigneurs dominans, au lieu des territoires dont ils les avoient investis, ne virent plus dans leurs mains que des droits incorporels.

Cet abus général, dans toute l'Europe, étoit trop sensible pour ne pas frapper les seigneurs, & trop préjudiciable pour que l'on n'y apportât pas un prompt remède.

Ce remède fut le même en Allemagne, en Italie, en Angleterre, & en Ecosse.

Une constitution de l'empereur Fréderic, transcrite dans le livre des fiefs, *lib. 4, ch. 54*, défend les sous-inféodations de la manière la plus prohibitive. *Callidis machinationibus quorumdam obviantes, qui pretio accepto, quasi sub colore investituræ, quam sibi licere dicunt, feudum vendunt & in alios transferunt; ne tale figmentum, vel aliud ulteriùs in fraudem hujùs nostræ constitutionis excogitetur modis omnibus prohibemus.*

Et ce qui est bien propre à nous faire connoître combien l'abus étoit criant, combien les plaintes des seigneurs étoient vives & fondées, ce sont les peines que la loi décerne contre les infracteurs; le vassal qui, au mépris de la loi nouvelle, se permettroit de sous-inféoder, devoit perdre son fief; & le notaire qui auroit l'imprudence d'écrire l'acte devoit être dépouillé de son office, noté d'infamie, & en outre avoir la main coupée. *Pœna autoritate nostra imminente, ut venditor & emptor qui tam illicitas alienationes reperti fuerint contraxisse, feudum amittant & ad dominum libere revertatur: scriba verò qui hoc instrumentum sciens conscripserit, post amissionem officii cum infamiæ periculo manum amittat.*

En Angleterre, le statut *quia emptores terrarum* de la 18e année du règne d'Edouard I, défend de même toute espèce de sous-inféodation. Mais moins sévère que la constitution de l'empereur Fréderic, il ne prononce d'autre peine que la nullité de la clause par laquelle le vassal s'est réservé la mouvance sur la partie aliénée, & la dévolution de cette mouvance au profit du seigneur dominant.

En Ecosse pareil statut dans les loix promulguées par Robert I.

C'étoit couper la racine du mal. En France, où l'on a toujours préféré les partis moyens, on prit un tempérament plus doux. On laissa subsister le *jeu de fief*, mais on l'assujettit à des règles qui concilient l'intérêt du seigneur & celui du vassal.

Le plus ancien de nos monumens, dépositaire de ces règles, c'est le livre connu sous le nom d'*assises de Jérusalem*.

On sait que le royaume de Jérusalem fut établi en 1099; que Godefroi de Bouillon en fut le premier roi, & qu'immédiatement après son élection il convoqua une assemblée générale de ses nouveaux états. Cette assemblée avoit pour objet de donner des loix au nouvel empire. C'est le recueil de ces loix que l'on appelle *les assises de Jérusalem*.

Ces assises, comme on le voit par un avertissement qui est à la fin, sont *les loix, statuts & coutumes accordées au royaume de Jérusalem par Godefroi de Bouillon, l'an 1099, par l'avis des patriarches & des barons.*

Comme ces barons étoient presque tous des chevaliers françois, & de toutes les provinces du royaume, il faut regarder ces assises comme le recueil des usages qui régnoient en France dès le commencement ou du moins vers le milieu du 11e siècle.

Ces assises portent, *chap. 192*: « nul ne peut démembrer par l'assise & usage de cetui royaume » fié, si le fié ne doit service de plus d'une chevalerie; & qui veut démembrer fié qui doit service de plusieurs chevaliers, il doit donner partie de son fié pour partie du service que le fié » doit, & enci (ensorte que) plus dou fié demeure » au seigneur qui le démembre: & en telle manière & persemblent de ce que il a deux mille » besans, & il doive le service de son cor, & » d'un autre chevalier ou de deux il peut donner » les neuf cens besans pour le service de un chevalier & que les mille & cent besans lui demeurent ».

Pour l'intelligence de ce texte il faut se rappeller qu'alors le mot *jeu de fief* n'étoit pas connu, mais que l'on distinguoit deux espèces de démembrement, l'un illicite, l'autre légal, ou selon l'assise.

On appelloit démembrement illicite cette division du titre du fief que les loix féodales proscrivent encore aujourd'hui. Le démembrement, selon l'assise, se faisoit lorsque le vassal aliénoit une partie de son fief à la charge de l'hommage ou d'un cens: c'est ce que nous appellons *jeu de fief*.

Le passage que nous venons de transcrire renferme donc les règles auxquelles le *jeu de fief* étoit alors assujetti; ces règles, les plus anciennes que nous connoissions, moins sévères que celles établies par l'empereur Fréderic, & les rois d'Angleterre & d'Ecosse, Edouard & Robert, permettent le *jeu de fief*, mais sous quatre modifications. 1°. Le vassal qui devoit le service de plusieurs chevaliers pouvoit seul sous-inféoder. 2°. Il ne lui étoit pas permis d'aliéner par cette voie la totalité de son fief. 3°. Il falloit qu'il grevât d'un service féodal la partie qu'il sous-inféodoit; *il doit donner partie dou fié pour partie dou service qüe le fief doit.* 4°. La partie inféodée devoit être inférieure à la moitié de la totalité, *de manière que plus dou fié de mort au seigneur qui le démembre.*

Ces modifications, beaucoup plus sages qu'une proscription absolue du *jeu de fief*, concilient, comme nous l'avons annoncé, l'intérêt du vassal & celui du seigneur.

L'intérêt du vassal, parce qu'elles lui laissent la liberté de disposer d'une partie de son fief, prérogative infiniment précieuse, sur-tout dans un temps où les propriétaires de fief ne pouvoient les aliéner par vente qu'avec la permission du seigneur.

L'intérêt du seigneur: parce que le vassal ne pouvant sous-inféoder qu'une partie de son fief; au moyen de la portion qui lui reste, il est toujours à même d'en faire le service.

Des quatre règles établies par l'assise, les trois dernières vivent encore, & forment, à quelques nuances près, notre droit commun actuel. La première qui ne permet la sous-inféodation que dans le cas où le fief doit le service de plus d'un chevalier, est tombée en désuétude, il paroît même qu'elle n'a pas été long-temps en vigueur. C'est du moins ce qui résulte des coutumes du Beauvoisis.

Beaumanoir qui écrivoit ces coutumes vers l'an 1270, dit: « selon la coutume de Beauvoisis, je » puis bien faire dou tiers de mon fié arrière fié, » & retenir homage; mais si je en ôte plus dou » tiers, si homage dou tiers & dou surplus vient » au seigneur ».

Tel étoit l'usage du treizième siècle, du moins dans une partie de la France; on voit qu'il diffère en deux points, de celui consigné dans les assises.

1°. Suivant l'assise, les fiefs qui devoient le service de plusieurs chevaliers pouvoient seuls être aliénés par la voie de la sous-inféodation; suivant Beaumanoir, point de distinction.

2°. Suivant l'assise le vassal pouvoit sous-inféoder à-peu-près moitié de son fief; suivant Beaumanoir, il ne peut en aliéner par cette voie que le tiers.

Ces deux règles, peut-être les plus sages possibles, forment encore aujourd'hui le droit municipal de plusieurs provinces, & il seroit à desirer que l'on n'en connût pas d'autres.

Mais dans un temps où tout étoit arbitraire, où chaque seigneur avoit dans sa terre une puissance presque illimitée, il étoit également impossible que les loix fussent uniformes, & qu'elles portassent sur des bases justes & bien calculées.

Aussi voyons-nous des règles différentes dans les anciennes coutumes de Champagne, le monument de notre jurisprudence le plus voisin des coutumes de Beauvoisis. Ces coutumes données par le comte Thibaut, portent: « coutume est en Cham» pagne que li châtelains & li barons donnent bien » en fié & en hommage de lor fié, aux gentils» hommes, & les en puent reprendre a hommes en » recompensation de lor services; & ainsi en ont» ils usé de tous jours, mais se ils lor vendoient » ou en prenoient argent, ils ne le pouroient faire. » *Item* le vavassor ne puet faire de fié, arrière fié, » se il n'est qu'ils marient de lor enfans, & que » lor donnent de lor héritage; de ce les puent » bien repenre à hommes, puisqu'ils tiennent en» core du domaine qui tient du seigneur ».

De ce texte résultent quatre conséquences; 1°. les châtelains & les barons pouvoient seuls sous-inféoder: 2°. ils ne pouvoient sous-inféoder que partie de leur fief, *donnent bien en fié de lor héritage:* 3°. ils ne pouvoient inféoder qu'à titre gratuit, *en recompensation de service, & sans en prendre argent:* 4°. les simples vassaux ne pouvoient donner en fief *qu'à leurs enfans & pour cause de mariage*, & ils étoient obligés de conserver une partie du fief, *puisqu'ils tiennent encore du domaine qui tient du seigneur.*

Ces quatre conséquences donnent lieu à deux observations importantes. 1°. C'est pour la première fois que nous voyons une défense de sous-inféoder à prix d'argent; & malheureusement cette défense, si nuisible à l'agriculture, & si préjudiciable au commerce, se trouve aujourd'hui dans dix-huit ou vingt coutumes.

Notre seconde observation, c'est que, semblables aux assises & aux coutumes de Beauvoisis, ces anciennes coutumes de Champagne prohibent le *jeu* de la totalité du fief, & imposent au vassal qui aliène par cette voie, l'obligation de conserver dans ses mains une partie du domaine.

L'article 12 du livre intitulé, *Anciennes constitutions du châtelet*, est rédigé dans le même esprit: « il puet bien être que un conte & un baron puet » tenir son fié du roi, nu à nu, ligement, & ice» lui bailler d'icelui fié à autre, s'il veut ».

De cette expression évidemment limitative, *bailler d'icelui fié*, il résulte qu'alors le vassal pouvoit bien se jouer de son fief, mais d'une partie seulement.

Même restriction dans la *Somme rurale* de Bouteiller. On y lit, *tit. 982* : « quand icelui qui tient » le fié en vend partie pour son profit, & pour » l'accroissement dudit fié ; arrenter un bonnier » ou deux, ou manoir, ou aucune chose, faire le » peut à vie ou à toujours, sous son scel tant seulement, & sans son seigneur de qui il tient le » fief, appeller ; & en ce faisant, il n'ébranche pas » le fié, mais il l'accroît ».

Cet auteur étoit, comme l'on voit, bien éloigné de penser que le vassal pût se jouer de la totalité de son fié, puisqu'il ne parle que d'aliéner *un bonnier ou deux, ou un manoir, ou aucune chose*.

Voilà le tableau de nos loix sur le *jeu de fief* jusqu'au 15e siècle. On y voit un systême raisonné, la liberté de sous-inféoder modifiée par des tempéramens très-sages, & les mesures les plus justes pour empêcher la conversion des fiefs réels en fiefs en l'air.

Ce quinzième siècle est l'époque de la plus grande confusion dans les loix des fiefs. Le temps qui s'étoit écoulé depuis l'établissement du régime féodal, avoit fait perdre de vue les notions puisées dans la nature & la constitution des fiefs ; l'ignorance & l'arbitraire, ces deux fléaux des sociétés, avoient pris la place des règles primitives, & Dumoulin n'existoit pas encore.

Aussi nous allons voir des usages nouveaux, & presque autant d'usages différens qu'il y a de provinces : nous allons voir renaître l'abus auquel les loix antérieures avoient si sagement remédié, en imposant aux vassaux l'obligation de conserver une partie de leurs fiefs.

La Bretagne paroît être la première de nos provinces dans laquelle on se soit permis de mettre de nouveau en problême cette question si solemnellement & depuis si long-temps décidée ; la question de savoir si le vassal peut sous-inféoder ou accenser la totalité de son fief ? Le duc Jean V décida cette question par une ordonnance de l'an 1420 ; & de tous les partis qui pouvoient se présenter à l'esprit, il adopta le plus contraire aux saines maximes & à l'intérêt des seigneurs dominans. Il permit indéfiniment le *jeu* de la totalité du fief. Après avoir exposé dans son ordonnance, qu'*en aucuns endroits de son duché*, on mettoit en doute si les vassaux pouvoient accenser la totalité de leur domaine, le duc ajoute : « voulons & nous plaît » que dore en avant chacun qui aura domaine noble, quiconque il soit, le pourra bailler par héritage, & en faire son fief à le tenir de lui roturiérement, & en retenir à soi l'obéissance ».

La Normandie adopta le même usage ; & l'auteur du *Grand coutumier* mit en maxime, que le vassal peut se jouer de son fief jusqu'à la démission de foi. « Un noble ou non noble vend son fief.... » Le seigneur de qui il est tenu ne peut rien demander jusqu'au demettre de la foi », *Liv. 2, ch. 29*. Voilà le *jeu de fief* indéfini.

A la vérité, cet auteur s'empresse d'ajouter : « mais qu'il n'y ait point de fraude contre le seigneur ». Ces derniers mots limitent sans doute la faculté de sous-inféoder : mais une restriction aussi vague ne donnant aucune borne sensible au *jeu de fief*, les vassaux, sur la foi de cet auteur, devoient naturellement se persuader qu'il étoit indéfiniment permis.

Voilà donc quelle étoit la situation des esprits au commencement du 16e siècle, époque à laquelle on procéda aux premières rédactions des coutumes. Il existoit des règles sages, &, à peu de chose près, uniformes, mais tombées dans l'oubli ; elles avoient fait place à des usages arbitraires, & presque différens dans chaque province ; il en existoit où la loi permettoit aux vassaux de se jouer de la totalité de leur fief ; dans d'autres, ils étoient en possession de cette prérogative, & dans toutes, les propriétaires de fief faisoient les plus grands efforts pour faire prévaloir cet usage.

Ainsi s'étoit régénéré l'abus que la constitution de l'empereur Frédéric & les loix d'Angleterre & d'Ecosse avoient proscrit, en rejettant absolument le *jeu de fief*, & auquel les assises de Jérusalem, beaucoup plus sages, avoient remédié, en imposant aux vassaux l'obligation de conserver plus de moitié du fief.

Il ne faudra donc pas nous étonner si nous trouvons cet abus érigé en loi dans plusieurs de nos coutumes ; la variété que nous allons remarquer entre elles n'a de même rien de surprenant.

Les regards se portent d'abord sur la coutume de Paris, qui, rédigée sous les yeux du premier sénat du royaume, auroit toujours dû renfermer les dispositions les plus sages, comme elle est la plus importante de toutes par le local qu'elle régit.

Voici cependant ce que nous lisons dans la rédaction de cette coutume, faite en l'année 1520. « Un vassal se peut jouer de son fief jusqu'à la » démission de foi, sans qu'on en puisse demander profit, *art. 41* ».

Rien de plus indéfini que la liberté accordée par cet article. On y porte même l'oubli des principes & des anciennes maximes jusqu'à laisser aux vassaux la faculté de ne grever d'aucune espèce de droit seigneurial le fief ainsi aliéné ; une rétention sèche de la foi suffit.

Cependant les assises exigent impérieusement que le vassal qui sous-inféode partie de son fief, *le donne pour partie du service*. Mais en 1510, ces anciens monumens, si précieux, si propres à nous éclairer, ensevelis dans la poussière de quelques bibliothèques, étoient absolument inconnus.

Cette faculté absolue de se jouer de son fief, une fois érigée en loi par la coutume de Paris, devint en quelque sorte le droit commun du royaume ; & sans autre examen, on transcrivoit cet article 41 dans quelques-unes des coutumes postérieurement rédigées.

Dans d'autres provinces, les réformateurs des coutumes, subjugués par l'opinion alors dominante, que le vassal avoit la faculté de sous-inféoder la totalité du fief, mais frappés du préjudice que portoit au seigneur la conversion d'un fief réel en fief en l'air, la subrogation de quelques deniers de cens au domaine le plus considérable, imaginèrent un parti, qui, quoique très-défectueux, étoit néanmoins le meilleur, vu la situation des esprits. Ils permirent le *jeu* de la totalité de fief, mais avec cette modification très-remarquable, que cette espèce d'aliénation ne pourroit se faire que par bail à cens & rente sans deniers d'entrée.

Ces coutumes conservent aux vassaux la faculté de se jouer de la totalité de leur fief; mais, dans l'impuissance de recevoir des deniers d'entrée, la rente qu'ils imposent aux preneurs, est nécessairement considérable; & si le seigneur ne voit plus dans leurs mains la glèbe dont il les a originairement investis, du moins il y retrouve un objet représentatif de cette glèbe, une rente qui en forme l'équivalent, puisqu'elle est à-peu-près égale au produit du domaine accensé.

Une rente de cette espèce, bien différente de quelques deniers de cens, est un objet palpable, sur lequel le seigneur peut avoir continuellement les yeux ouverts, dont il peut facilement suivre les mutations; un objet enfin, qui, commerçable, comme un domaine corporel, peut comme lui, & aussi fréquemment, donner ouverture au droit de quint & de lods & ventes.

Voilà les considérations qui sans doute ont fait introduire cette espèce de *jeu de fief*; mais, pour peu que l'on y eût réfléchi, on auroit bientôt reconnu que les inconvéniens l'emportent sur les avantages.

Effectivement cette défense de recevoir des deniers d'entrée, cette obligation d'imposer une rente qui doit nécessairement être à-peu-près équivalente au produit de l'héritage, rendent presque inutile pour les vassaux la faculté de se jouer de leurs fiefs, puisqu'en général on n'aliène que parce que l'on a besoin d'argent, & pour s'en procurer.

Cette forme d'aliénation peut également devenir préjudiciable au seigneur dominant; le débiteur de la rente peut l'amortir à son insu; il peut d'ailleurs en prescrire la libération, lorsque, jointe à un cens, elle ne forme pas la prestation récognitive du domaine direct.

Enfin l'obligation d'imposer une rente proportionnée au produit de l'héritage, est un obstacle au commerce, à la division des grands domaines, & à la multiplication des propriétés, par la répugnance que chacun éprouve à acquérir sous une charge aussi onéreuse.

Il est assez difficile de découvrir dans quelle source les réformateurs de ces coutumes ont puisé l'idée de cette espèce de *jeu de fief*, dont le germe ne se découvre dans aucun de nos anciens monumens, à moins que l'on ne veuille dire qu'ils l'ont empruntée des Ecossois qui, en effet, à-peu-près à la même époque, établirent les sous-inféodations par bail à rente, pour éluder la prohibition portée par le statut de Robert I; mais ce seroit sans doute tirer les choses de trop loin.

Quoi qu'il en soit, cette forme, bien préférable au *jeu de fief* indéfini, fut incontestablement la meilleure, jusqu'à la révolution qui s'opéra depuis 1550 jusqu'en 1580.

Cette révolution est l'ouvrage de Dumoulin qui écrivit son commentaire sur l'ancienne coutume de Paris, vers l'an 1540. Ce génie vigoureux, né pour appercevoir & réformer toutes les erreurs de notre jurisprudence, vit au premier coup-d'œil, & fit sentir par les raisons les plus fortes, le vice de l'article 41 de la coutume.

Dumoulin ne met pas d'abord en question, si, dans la coutume de Paris, le vassal peut se jouer de la totalité du domaine de son fief; c'eût été choquer trop ouvertement le texte de la loi. Mais, ce qui le conduisoit au même but, il demande si un *jeu* de cette espèce ne donne pas ouverture aux droits de quint ou de retrait, au profit du seigneur dominant.

Sa réponse est: *videtur quòd non per hunc textum, quia vassallus non abdicavit, sed expressè retinuit, fidem & clientelam; igitur patronus nullum jus, nullum commodum petere potest; quidquid fecerit vassallus, cui quidlibet licet, citrà dimissionem fidei.*

Après avoir ainsi rendu hommage à la letre de la loi, Dumoulin continue: *contrarium verum est, quia impossibile est esse vassallum absque feudo, nec potest feudum in totum separari à fidelitate, nec fieri ut unus sit vassallus, alter verò habeat feudum seu feudi dominium, & non sit vassallus, nec clientelari conditioni obnoxius; & esset essentialis dismembratio feudi, videlicet separatio formæ à materiâ, & qualitatis substantialis à subjecto.*

Plus bas Dumoulin s'exprime encore avec plus d'énergie. Aliéner ainsi la totalité du domaine, c'est, dit-il, se jouer non du fief, mais du seigneur. Une faculté de cette espèce est dérisoire, *nugatoria, elusoria & fraudulenta.* C'est un abus que l'on ne sauroit trop tôt proscrire; *alioquin esset fenestra aperta ad frustrandum & evitandum omnia jura dominicalia, quia in omnibus venditionibus rerum feudalium hujusmodi, clausula retentionis fidei apponeretur.*

Cette dissertation que nous abrégeons beaucoup, eût le succès que la raison & la vérité ne manqueront jamais d'obtenir. On ouvrit les yeux; on sentit que si les vassaux continuoient de jouir d'une liberté aussi indéfinie, chaque fief, pour nous servir des expressions de Brodeau, ne seroit bientôt plus *qu'un fantôme, une carcasse, une idée, une ombre, une chimère, une imagination*; & l'on s'occupa des moyens de donner des bornes au *jeu de fief*.

Mais la révolution ne fut consommée qu'en 1580; à cette époque on procéda à la réformation de la coutume de Paris. Les réformateurs, éclairés par le commentaire de Dumoulin, substituèrent à l'art. 41 de l'ancienne coutume, le 51e de la nouvelle, conçue en ces termes: « Le vassal se peut jouer, disposer & faire son profit » des héritages, rentes ou cens, étant dudit fief, » sans payer profit au seigneur dominant, pourvu » que l'aliénation n'excède les deux tiers, & qu'il » en retienne la foi entière, & quelque droit » seigneurial & domanial, sur ce qu'il aliène.

Cet article permet le *jeu de fief*, avec deniers d'entrée; c'est ce qui résulte de ces mots, *disposer & faire son profit.* Mais il restraint la liberté trop indéfinie de l'ancienne coutume; il impose aux vassaux l'obligation de conserver le tiers *des héritages, cens & rentes étant dudit fief.* C'est, à peu de chose près, la disposition des assises de Jérusalem; & c'est ainsi qu'après s'être long-temps égaré, on est revenu au point duquel on étoit parti.

Ces notions peuvent servir à faire connoître l'origine du *jeu de fief*, sa forme primitive, & les variations qu'il a éprouvées.

Si nous jettons les yeux sur ce tableau, nous voyons que dans l'état actuel, les différentes coutumes se partagent en quatre classes générales.

§. II. *Division des coutumes en quatre classes générales.* Les différentes dispositions des coutumes, sur le *jeu de fief*, les partagent en quatre classes générales.

Dans celles de la première classe, le vassal est libre de se jouer de son fief, par bail à cens, par vente, en un mot, comme il le juge à propos; mais il ne peut aliéner par cette voie, que telle ou telle partie de son domaine. Ce sont les deux tiers à Paris, c'est le tiers en Anjou, *&c.*

Les coutumes de la deuxième classe permettent d'aliéner la totalité du domaine; mais elles exig t que l'aliénation soit faite par la voie du bail à cens & rente, & sans deniers d'entrée.

D'autres, conformes à l'ancienne coutume de Paris, laissent au vassal la liberté la plus indéfinie; elles lui permettent de se jouer de la totalité du domaine & de le faire par vente ou par bail à cens & rentes, avec, ou sans deniers d'entrée, comme il le juge à propos.

Enfin il existe une quatrième classe de coutumes, qui n'ont aucune disposition sur le *jeu de fief.*

La jurisprudence a suppléé au silence de ces coutumes. On les range dans la première classe. Les vassaux y sont obligés de se conformer à la coutume de Paris, qui permet les deniers d'entrée; mais qui défend d'aliéner au-delà de deux tiers *des héritages, cens & rentes étant dudit fief.*

Les coutumes de la troisième classe sont faciles à distinguer. Elles disent vaguement: *le vassal se peut jouer de son fief jusqu'à démission de foi; .... peut faire de son fief son domaine.* Ou bien, comme l'art. 96 de la coutume de Clermont en Beauvoisis, *le bailler en tout ou en partie à rente ou gros cens, & autrement contracter, sans se démettre de la foi, & sans, pour ce, devoir aucun droit.*

Des dispositions aussi indéfinies ne laissent rien à desirer aux vassaux; elles leur permettent le *jeu de fief* le plus arbitraire; elles leur permettent de se jouer de la totalité de leur fief, & d'en recevoir en argent la véritable valeur.

Voilà précisément l'erreur qui s'étoit glissée dans la coutume de Paris, de la rédaction de 1510: les dispositions de ces coutumes ne sont donc autre chose que l'effet de la confusion qui régnoit dans cette matière à l'époque où elles ont été rédigées. Si l'on procédoit à leur réformation, sans doute on les rappelleroit au droit commun, & notamment à la coutume de Paris.

Quoi de plus contraire, en effet, à l'équité & aux loix constitutives des fiefs, que ce *jeu de fief* indéfini, qui, par la séparation totale du titre & du corps du fief, ne laisse entre les mains du vassal qu'une ombre, qu'une seigneurie purement idéale, qui n'est plus susceptible de circuler dans le commerce: n'est-ce pas bien plutôt, comme le dit Dumoulin, se jouer du seigneur que du fief?

Mais la loi est écrite, & tout doit céder à l'autorité de la loi, *non de legibus, sed secundùm leges.*

Les inconvéniens du *jeu de fief* indéfini, avec deniers d'entrée, sont, si l'on veut, très-propres à faire ordonner la réformation des coutumes qui le permettent; mais tout le temps qu'elles existeront, il faudra les suivre: les magistrats ne pourront ni s'en écarter, ni les modifier, parce qu'ils ne sont que les organes de la loi.

Tous les inconvéniens du *jeu de fief* indéfini se faisoient sentir avec autant de force qu'aujourd'hui, dans l'intervalle de la première à la seconde rédaction de la coutume de Paris. Cependant on jugeoit dans cette coutume, alors semblable à celle dont nous parlons, que le vassal pouvoit se jouer de la totalite de son domaine, même avec deniers d'entrée. Il y en a deux arrêts des 25 juin 1516 & 17 février 1537. Ces arrêts ont, pour la coutume de Clermont & ses semblables, la même autorité que pour l'ancienne de Paris, puisque cette ancienne coutume de Paris avoit la même disposition.

Les coutumes de la première classe ne présentent aucune difficulté, ni sur la quotité du domaine que le vassal peut aliéner, ni sur la faculté de recevoir des deniers d'entrée. Dans celles de la deuxième classe, il s'en est élevé une très-sérieuse sur le point de savoir si elle donne au vassal la liberté de se jouer de son fief à prix d'argent, ou si dans l'impuissance d'en recevoir, il ne peut aliéner que par la voie du bail à cens & rentes, c'est-à-dire, en se réservant une rente proportionnée au produit de l'héritage. Nous reviendrons dans un instant sur cette question.

Deux caractères principaux distinguent & séparent ces deux ordres de coutumes. *Premier caractère.* Celles de la première classe disent textuellement que le vassal ne peut aliéner que telle ou telle partie de son domaine; les coutumes de la seconde classe lui laissent à cet égard une liberté absolue: elles disent en termes généraux, qu'il peut se jouer de son domaine. *Deuxième caractère.* Les coutumes de la première classe, disent indéfiniment, que le vassal peut *se jouer de son fief*, *en faire son profit*, *en disposer*. Celles de la seconde classe se servent uniquement du mot *bailler*, d'où résulte la conséquence qu'elles ne permettent le *jeu de fief* que par bail à cens & rente; que dans ces coutumes, cette espèce d'aliénation est irrégulière toutes les fois qu'elle est faite par un acte équipollent à vente, c'est-à-dire, moyennant des deniers d'entrée à-peu-près égaux à la valeur de la chose.

Les coutumes de cette classe sont faciles à distinguer; il suffit d'en connoître une. Celle d'Orléans est conçue en ces termes: « le vassal peut » bailler à cens, rente, ferme ou pension, à vie, » à temps ou à toujours, son héritage, en retenant à lui la foi & l'hommage; & n'y a, en ce » faisant, le seigneur de fief, aucun profit ».

Les coutumes qui composent cette deuxième classe sont, Orléans, Mantes, Senlis, Châlons, Rheims, Saint-Quentin, Dourdan, Sens, Auxerre, Vitry, Amiens, Saint-Omer, Meaux, Péronne, Montargis, Berry, Sedan, Artois, Chartres, Nivernois.

§. III. *Division particulière aux coutumes de la seconde classe*. Ces coutumes reçoivent une division particulière; les unes prohibent expressément les deniers d'entrée, les autres sont muettes sur ce point.

Les coutumes qui proscrivent textuellement les deniers d'entrée sont, Nivernois, Châlons, Montreuil-sur-mer, Sedan, Vitry, Montargis, Cambrai.

Ces coutumes, toutes à-peu-près conçues dans les termes suivans, portent, comme celle de Montargis, *art. 4*. « Un vassal peut bailler à cens & » rente son domaine, retenir à lui la foi & hom» mage, & n'y a, en ce faisant, le seigneur de » fief, aucun profit. Toutefois, en faisant ledit » bail, ne pourra ledit vassal, prendre argent ni » autre chose, soit meuble ou immeuble du pre» neur sans profit, & s'il en prend, sera le pro» fit de quint & requint au seigneur de fief, comme » en vente pour argent baillé ou estimation de la » chose baillée ».

Ces coutumes rejettent si littéralement les deniers d'entrée, que dans leur territoire il n'a jamais été possible de mettre raisonnablement en question, si elles les tolèrent; mais les autres coutumes de la même classe étant muettes sur ce point, les vassaux se sont prévalus de leur silence, & ont prétendu qu'il leur étoit permis d'en recevoir.

Cette question, l'une des plus intéressantes de la matière féodale, a fait pendant deux siècles le sujet d'une guerre très-vive entre les jurisconsultes. Les uns admettoient les deniers d'entrée, les autres les rejettoient; les tribunaux des provinces régies par ces coutumes, s'étoient attachés à la première de ces deux opinions, & les arrêts des cours les avoient successivement adoptées. Enfin la dernière a prévalu: voici quelques détails sur cette importante révolution.

Il existoit, comme nous venons de le dire, des arrêts pour & contre, lorsqu'en 1774 la question s'éleva dans la coutume d'Orléans, entre M. le duc d'Orléans & M. le président Rolland, à l'occasion d'un bail à cens, avec deniers d'entrée, fait par ce dernier à la veuve de Lanoue.

M. le duc d'Orléans prétendit, qu'attendu les deniers d'entrée, ce bail à cens devoit être considéré comme une vente pure & simple, & qu'ainsi la veuve de Lanoue lui devoit l'hommage, le quint, *&c.*

M. le président Rolland soutenoit au contraire, que la coutume d'Orléans ne rejettant pas textuellement les deniers d'entrée, il étoit permis aux vassaux d'en recevoir.

Cette coutume, disoit M. le président Rolland, permet indéfiniment le *jeu de fief*; le texte de l'ancienne coutume, ce qui s'est passé lors de la réformation de la nouvelle, l'usage qui existoit avant cette réformation & qui subsiste encore, ne laissent aucun doute à cet égard.

L'arrêt rendu dans l'ancienne coutume, & rapporté par Dumoulin, est un témoin irrécusable de cet usage. Ce grand jurisconsulte, dans ses notes sur l'ancienne coutume, après avoir rapporté les termes de l'article 4, qui, comme l'article 7 de la nouvelle, permet le *jeu de fief* sans aucune restriction, ajoute ces paroles remarquables: *ETIAM MEDIANTE PECUNIA; ainsi a été jugé, suivant mon opinion, par sentence du bailliage d'Orléans..... Ce qui fut confirmé par arrêt du 5 février 1543.*

S'il y avoit eu, continuoit M. le président Rolland, le moindre doute sur le sens de l'art. 4 de l'ancienne coutume, sur l'usage alors existant, & sur l'arrêt de 1543, les commissaires & les députés des trois états, qui, 40 ans après travaillèrent à la réformation de la coutume, n'auroient pas manqué de s'expliquer sur ce point. Ils n'ignoroient certainement ni la note de Dumoulin, ni cet arrêt de 1543, ni l'usage consacré par ce jugement; cependant ils ont confirmé dans l'art. 7 de la nouvelle coutume, la disposition de l'article 4 de l'ancienne.

A ces motifs & beaucoup d'autres que nous supprimons, M. le président Rolland ajoutoit l'analyse des différens arrêts, qui, dans les coutumes de cette classe, ont déclaré réguliers des baux à cens avec deniers d'entrée. Ces arrêts, disoit-on enfin avec Guyot, dans son *traité des fiefs*, ces arrêts forment un corps de jurisprudence d'autant plus respectable, qu'ils sont rendus en différentes coutumes, qui toutes s'expliquent différemment sur le *jeu de fief*, mais qui n'excluant pas textuellement les deniers d'entrée, ont été jugés les avoir tacitement admis. *De-là*, ce sont les termes de Guyot; *de-là concluons que ce jeu avec deniers d'entrée a lieu dans toutes les coutumes qui ne l'excluent pas textuellement.*

Pour M. le duc d'Orléans, on répondoit: il est vrai que l'art. 7 de la coutume d'Orléans ne proscrit pas textuellement les deniers d'entrée, mais elle ne permet le *jeu de fief* que par *bail à cens, rente, ferme ou pension*. Et que signifient ces termes? Est-ce à dire que le vassal pourra se dessaisir de la totalité des domaines de son fief, & en recevoir la valeur en argent, en retenant simplement un cens modique, & frustrer par-là le seigneur des droits que la coutume lui accorde à chaque mutation? Mais cela répugne trop aux lumières de la raison, aux principes constitutifs des fiefs, & même aux dispositions de la coutume d'Orléans.

En effet, quel est le sens de ces expressions, *bailler à cens, rente, ferme ou pension?* On ne peut pas s'y méprendre. C'est abandonner l'exploitation ou les revenus de son domaine à un tiers, moyennant une rente annuelle; une pension annuelle, un cens ou un loyer annuel, toutes ces expressions sont synonymes. Or, le sens le plus naturel qu'on puisse leur donner, c'est qu'il faut que le cens, la rente ou la pension soient proportionnés au revenu du fief, & non dénaturés par le paiement d'un prix en denier égal à la valeur de ce même fief. Autrement ce n'est plus un bail à cens & rente, mais une vente; & toutes les ventes donnent ouverture aux droits seigneuriaux. A la vérité, la coutume n'a pas dit qu'une translation de propriété pour de l'argent, ne pourroit pas être regardée comme un bail à cens, mais elle a parlé suivant la notion commune du bail à cens & rente; & dans l'idiome commun, on appelle *bail à rente*, une aliénation moyennant une rente proportionnée au produit de l'héritage.

De toutes les coutumes qui permettent le *jeu de fief* indéfini, il n'y en a pas une seule qui autorise les vassaux à se faire payer en argent le prix de leurs fiefs, en se réservant seulement la foi & un cens modique; au contraire, dans le nombre de ces coutumes, il y en a plusieurs qui rejettent littéralement les deniers d'entrée.

Jamais la question n'avoit été discutée avec autant d'appareil & de solidité, jamais les arrêts pour & contre n'avoient été recueillis avec autant de soin. Le parlement sentit enfin combien il étoit important de fixer irrévocablement les idées sur un point d'un usage aussi journalier. En conséquence, il rendit son arrêt en forme de réglement; il en ordonna l'enregistrement & la publication au bailliage d'Orléans.

Cet arrêt du 14 juillet 1775, au rapport de M. Pasquier, porte: « notredite cour.... déclare la » terre, seigneurie & métairie de la grand-cour » d'Allaines & dépendances, sises en la paroisse » d'Allaines, être tenues en fief de la châtellenie » & domaine royal d'Yenville, membre du duché » d'Orléans, n'avoir point changé de nature, par » le contrat de vente qui en a été fait auxdites » veuve Lanoue & consorts, par acte passé devant » notaire, au châtelet de Paris, le 1 mars 1762 » (c'est le bail à cens avec deniers d'entrée), & » être demeurées sujettes aux droits & devoirs » féodaux portés par la coutume d'Orléans; en » conséquence, condamne ladite veuve Lanoue » & consorts, à payer audit Louis-Philippe, duc » d'Orléans, les droits de quint à lui dus, & » autres portés par la coutume, à raison de ladite » vente du 1 mars 1762.... faisant droit sur les » conclusions de notre procureur-général, ordonne » que le présent arrêt sera lu & publié, l'audience » tenante, au bailliage d'Orléans, & inscrit sur » les registres dudit bailliage ».

Un arrêt aussi solemnel sembloit devoir former une règle immuable pour toutes les coutumes pareilles à celle d'Orléans.

Cependant l'année suivante la question s'éleva dans la coutume de Péronne, entre le comte, aujourd'hui maréchal de Mailly, & le sieur Henon, seigneur du fief Duplessis-Gobert.

Par acte du 8 juillet 1775, le sieur Henon avoit concédé au sieur le Clerc 145 journaux de terres labourables, formant le domaine de son fief Duplessis-Gobert, à la charge d'un sol de cens par arpent, & moyennant la somme de 84000 liv.

Le comte de Mailly, seigneur dominant de ce fief Duplessis-Gobert, demanda le droit de quint & requint au sieur le Clerc, comme s'il eût acquis purement & simplement.

Le sieur le Clerc répondit: « qu'il avoit acquis en roture; qu'il possédoit non un fief, mais une censive sous la mouvance de son vendeur, conséquemment qu'il ne devoit au comte de Mailly, ni quint ni hommage ».

Sans égard pour ce genre de défense, pour la réserve de la foi & l'imposition d'un cens, le parlement déclara *le bail à cens vrai contrat de vente, les 145 journaux être demeurés en nature de fief, & condamna le sieur le Clerc à payer au comte de Mailly le droit de quint & requint.* Cet arrêt, rendu au rapport de M. l'abbé d'Espagnac, est du 22 juillet 1777.

Malgré la solemnité de ces arrêts, les officiers des bailliages régis par ces deux coutumes de Péronne & d'Orléans, ont cru avoir des raisons pour ne pas y déférer.

La question s'étant présentée de nouveau, ils ont continué de juger suivant leur ancien usage. Sur l'appel de leurs sentences, ils ont fait des représentations; le corps municipal de la ville d'Orléans s'est même rendu partie intervenante dans l'une de ces contestations. Mais le parlement est demeuré inébranlable, & ces nouveaux efforts n'ont servi qu'à affermir la nouvelle jurisprudence.

Il faut en convenir, malgré le préjudice qu'elle porte aux propriétaires de fief, malgré les entraves qu'elle donne à la division des propriétés & à la circulation des héritages, cette jurisprudence est la seule conforme à l'esprit & à la lettre des coutumes de cette seconde classe.

En effet, que l'on parcoure les coutumes qui permettent

permettent aux propriétaires de fief de se jouer de la totalité de leur domaine, on voit, & c'est une chose très-remarquable, on voit que toutes s'accordent à ne permettre le *jeu de fief* que par la voie du bail à cens & rente. Bien différentes de celles de Paris, elles ne disent pas, *le vassal peut se jouer & faire son profit*, expressions générales qui autorisent toutes les espèces d'aliénations; elles se contentent de dire, *le vassal peut donner à cens, rente, ferme ou pension*: ce qui est bien différent; ce qui est exclusivement limitatif à une seule espèce d'aliénation, *le bail à cens & rente*.

Ces coutumes, comme celles de la première classe, ont senti la nécessité de donner des bornes au *jeu de fief*; mais en tendant au même but, elles ont pris une route différente. Pour concilier l'intérêt du seigneur & celui du vassal, elles ont limité, quant à la nature de l'acte, le *jeu de fief* qu'elles permettoient indéfiniment quant à la quotité.

Ainsi dans ces différentes coutumes, les intérêts respectifs des seigneurs & des vassaux sont balancés. Dans les unes le vassal peut recevoir des deniers d'entrée, mais il ne peut aliéner que les deux tiers de son fief; dans les autres l'aliénation n'a point de bornes quant à la quotité, mais elle est restreinte quant à la forme de l'acte. Le vassal, dans l'impossibilité de recevoir des deniers d'entrée, ne peut se jouer de son fief que par bail à cens & rente.

Et cette rente nécessairement proportionnée au produit de l'immeuble, vu l'impuissance où est le vassal d'en recevoir le prix en argent, représente le fief; elle est comme lui susceptible d'être vendue, & par conséquent de donner ouverture aux droits seigneuriaux. En un mot cette rente est un fief commerçable.

§. IV. *Lettres-patentes pour les coutumes d'Orléans, Péronne & Senlis.* Le silence de ces différentes coutumes sur les deniers d'entrée avoit, comme nous venons de le dire, induit tous les jurisconsultes, tous les tribunaux des provinces qu'elles régissent, à penser qu'il étoit permis d'en recevoir, & les propriétaires de fief usoient, depuis des siècles, de cette liberté; de manière qu'il existoit une multitude de baux à cens avec deniers d'entrée dans les provinces régies par ces coutumes.

L'arrêt du 14 juillet 1775 fit ouvrir les yeux aux seigneurs, aux fermiers du droit de franc-fief; bientôt on ne vit plus que des propriétaires de fief. Presque tous les particuliers se trouvèrent posséder quelque portion de seigneurie, & les contraintes, les demandes, à fin d'hommage & de quint, multipliées à l'infini, jettèrent le trouble & la confusion dans l'Orléanois.

« Mais le parlement, ce sont les termes des lettres-patentes dont nous allons parler : mais le parlement ayant satisfait à ce que le maintien des règles exigeoit de lui, a pensé qu'il n'étoit pas moins obligé de porter ses regards sur le passé, afin que ce que les vassaux des provinces régies par cette coutume avoient pu faire de contraire à sa disposition, antérieurement à l'arrêt du 14 juillet 1775, ne pût jetter le trouble dans les familles de ceux qui auroient ainsi contracté, & que les uns & les autres ne pussent être troublés, ni dans les partages qu'ils auroient pu faire, ni par les demandes qui pourroient être formées, soit par ceux dans la mouvance desquels se trouveroient des biens féodaux ainsi donnés à cens, soit de la part des régisseurs des droits de franc-fief, lorsque lesdits domaines auroient passé entre les mains de personnes roturières ».

Les suites de la nouvelle jurisprudence ainsi portées au pied du trône par le parlement lui-même, le roi donna des lettres-patentes qui furent enregistrées le 27 mars 1781, par lesquelles il veut « que tous les héritages aliénés par baux à cens, même avec deniers d'entrée dans le ressort de la coutume d'Orléans, antérieurement à l'époque de l'arrêt de notre parlement à Paris, du 14 juillet 1775, & pour raison desquels il n'auroit été formé aucune demande antérieurement audit arrêt, soient réputés censuels dans les mains des preneurs, qu'ils soient tenus par eux en roture, & partagés comme tels dans leurs successions, sans que lesdits baux à cens puissent donner ouverture ni à nos droits ni à ceux des seigneurs particuliers ».

Les bailliages de Péronne, Montdidier & Roye ayant représenté que la nouvelle jurisprudence avoit pour leur province les mêmes inconvéniens que pour l'Orléanois, le roi leur accorda de semblables lettres-patentes qui portent de même « que tous les héritages aliénés par baux à cens, même avec deniers d'entrée, dans le ressort de la coutume de Péronne, Montdidier & Roye, antérieurement à l'époque de l'arrêt de notre parlement du 22 juillet 1777, & pour raison desquels il n'auroit été formé aucune demande antérieurement audit arrêt, seront réputés censuels dans la main des preneurs; qu'ils seront tenus par eux en roture, & partagés comme tels dans leurs successions, sans que lesdits baux puissent donner ouverture ni à nos droits ni à ceux des seigneurs particuliers ».

Ces lettres-patentes données à Versailles le 24 juin 1781, ont été enregistrées le 28 août suivant.

Enfin pareilles lettres-patentes pour la coutume de Senlis données à Versailles le 8 décembre 1782, & enregistrées le 20 du même mois. Ces lettres conçues dans les mêmes termes que les précédentes, n'en diffèrent qu'en ce qu'elles fixent au 18 août 1778, le terme au-delà duquel le fisc & les seigneurs ne pourront faire aucune recherche.

Ces lettres-patentes ont rétabli le calme dans ces trois provinces, & raffermi les fortunes que la nouvelle jurisprudence venoit d'ébranler. Mais il en est huit à dix autres où les mêmes inconvéniens se font sentir. Comment la sollicitude du gouvernement ne s'est-elle pas encore étendue jusques sur elles?

Le législateur s'est déterminé à donner les lettres-patentes que nous venons de transcrire, par l'unique considération que l'opinion régnante dans les coutumes d'Orléans, de Péronne & de Senlis réputoit légitimes les baux à cens avec deniers d'entrée; mais dans les autres provinces régies par les coutumes de la même classe, on étoit dans la même erreur, & cette erreur fondée sur les même motifs y étoit également excusable. Il seroit donc de la plus exacte justice d'étendre à toutes ces provinces la grace que le roi a bien voulu faire aux trois dont nous venons de parler.

Voilà le tableau général de nos loix coutumières sur le *jeu de fief*, l'ordre dans lequel on peut les classer, & les modifications qu'elles ont éprouvées. Cependant pour rendre cette théorie moins incomplette, nous ferons encore une observation.

§. V. *Exception à la règle qui veut que sur le jeu de fief on supplée au silence des coutumes muettes, par l'article 51 de la coutume de Paris.* Les coutumes de Troyes & de Chaumont en Bassigny sont muettes sur le jeu de fief. Comment suppléera-t-on au silence de ces coutumes? sera-ce par le texte de celle de Paris?

En général, comme nous l'avons dit plus haut, dans les coutumes qui n'ont pas de dispositions sur le *jeu de fief*, on est dans l'usage d'en régler la forme par l'art. 51 de la coutume de Paris.

Mais si les coutumes de Chaumont & de Troyes se taisent, celle de Vitry a une disposition très-claire, elle défend de la manière la plus précise, *art.* 23, « de recevoir aucuns deniers en public ou » secret pour faire tel accensement à plus petit cens ».

Ainsi cette coutume prohibe très-formellement les deniers d'entrée. Mais n'est-il pas plus naturel de suppléer par cette disposition au silence de celle de Chaumont & de Troyes, que de transporter dans ces dernières l'article 51 de la coutume de Paris?

Tout le monde sait que les trois coutumes de Champagne, Vitry, Chaumont & Troyes, ont entre elles la plus grande analogie. On les appelle *sœurs*, effectivement elles se ressemblent sur une infinité de points. Dictées par le même esprit général, faites pour régir la même province, émanées de la même source, les anciennes coutumes données à la Champagne par le comte Thiebaut, ne doit-on pas les regarder comme le supplément naturel l'une de l'autre? Pourquoi donc étendre dans leur territoire l'autorité de celle de Paris, coutume qui n'a avec elle aucune espèce d'affinité? Cette extension peut être raisonnable pour les questions sur lesquelles toutes trois sont muettes; mais lorsque l'une d'elles s'est expliquée, encore une fois n'est-il pas bien plus naturel de suppléer par sa disposition au silence des deux autres?

Les coutumes de Vermandois présentent la même difficulté. L'ancien bailliage de Vermandois est aujourd'hui partagé en cinq coutumes; savoir, Laon, Rheims, Châlons, Ribemont, & S. Quentin.

Ces cinq coutumes, comme celles de Champagne, ont la plus grande analogie, ont toutes le même esprit général.

De ces cinq coutumes, deux, Laon & Ribemont sont muettes sur le *jeu de fief;* mais trois, Rheims, Châlons, & S. Quentin, en règlent la forme: & ces trois coutumes proscrivent les deniers d'entrée.

N'est-il pas bien plus conséquent de suppléer par ces trois coutumes au silence des deux autres, que de les interpréter par celle de Paris, coutume éloignée, & qui n'a rien de commun avec le Vermandois?

Ce qui concerne la défense de recevoir des deniers d'entrée, & la quotité du domaine que le vassal est obligé de conserver dans les coutumes qui permettent d'en recevoir, donne encore lieu à deux questions intéressantes.

§. VI. *Du jeu de fief par échange, dans les coutumes qui exigent que le vassal conserve telle ou telle quotité du domaine.* Supposons un fief de 70 arpens de terre dans la coutume de Paris. Le propriétaire en échange 50 arpens, sans démission de foi, contre pareille quantité grevés de cens envers lui. Ce *jeu de fief* est-il régulier?

Le domaine du fief n'est composé que de 70 arpens. Le propriétaire en a aliéné 50. L'aliénation excède par conséquent les deux tiers. Le *jeu de fief* est donc excessif. Telle est la conséquence qui se présente d'abord à l'esprit. Mais la circonstance que l'aliénation s'est faite par la voie de l'échange, & pour des terres qui relevoient du seigneur conduit à une conséquence toute contraire.

Pour s'en convaincre il faut se rappeller deux choses; 1°. le motif de la prohibition de la coutume; 2°. ce qui s'opère lorsque le seigneur acquiert dans sa mouvance.

1°. Pourquoi la coutume de Paris exige-t-elle que le propriétaire qui se joue de son fief conserve le tiers du domaine? Nous l'avons déjà dit: cette restriction n'étoit pas dans l'ancienne coutume; elle permettoit au seigneur de se jouer de la totalité de son fief. Dumoulin s'éleva contre cette disposition, il fit voir qu'une séparation aussi absolue du titre & de la glèbe du fief choquoit les premières notions de la féodalité; que c'étoit bien moins se jouer de son fief que de son seigneur.

Frappés de ces considérations, les auteurs de la deuxième rédaction de la coutume de Paris ont pris un parti moyen. Ils n'ont pas proscrit le *jeu de fief*, mais ils en ont limité l'exercice en imposant aux vassaux l'obligation de conserver le tiers de leur domaine. Par ce tempérament ils ont concilié tous les intérêts; celui du vassal, puisqu'il peut se jouer de la partie la plus considérable de son fief; celui du seigneur, puisqu'au moyen du tiers réservé, le fief ne peut plus s'éclipser, & que ce tiers est un objet commerçable & d'une circulation souvent plus facile que la totalité.

Tels sont les motifs de notre art. 51. Son objet unique, en exigeant la réserve du tiers du domaine, est donc d'empêcher la conversion d'un fief réel en fief en l'air.

2°. Voyons maintenant ce qui s'opère lorsqu'un seigneur acquiert dans sa mouvance.

Lorsqu'un seigneur acquiert un héritage censuel de sa mouvance, à l'instant même la glèbe servante se réunit à la glèbe dominante; l'assujettissement, la servitude, l'impression de la censualité disparoissent, & la roture prend toutes les qualités de la partie à laquelle elle se réunit. *Protinus natura immutatur*, dit d'Argentré, « elle perd, ajoute Brodeau, le nom obscur & la qualité vile & abjecte » de roture ».

Cette réunion est l'effet de la règle si connue *res sua nemini servit*; c'est d'ailleurs la disposition textuelle de l'article 53 de la coutume de Paris.

Et ce qui est à observer, c'est que cette réunion s'opère sans le fait de l'homme, *ipso facto*, à l'instant même où le seigneur devient propriétaire, *protinus*, suivant l'expression de d'Argentré. « Dès l'instant » & le moment de l'acquisition, dit encore Brodeau, l'essence noble & féodale demeure infuse » & dilatée dans l'héritage roturier ».

Il n'y a qu'une exception à cette règle, c'est lorsque le seigneur a expressément déclaré qu'il n'entendoit pas réunir. Et dans notre hypothèse nous supposons que cette déclaration n'existe pas.

Dans le même moment, *protinus*, dans le même instant de raison où le seigneur a détaché 50 arpens de son domaine, il s'est donc fait à ce même domaine un accroissement de pareille quantité de 50 arpens, ces derniers aussi nobles que les autres, & de la même nature que ceux que le seigneur a détachés de son fief & donnés en échange.

Ainsi le fief est précisément, comme avant l'aliénation, composé de 70 arpens, & même il n'y a pas eu un seul instant où il ait été réduit à 20. Ainsi le seigneur n'a pas excédé les bornes du *jeu de fief*, l'aliénation qu'il a faite n'expose son dominant à aucun des inconvéniens que l'on a voulu prévenir par l'article 51 de la coutume. L'esprit & la lettre de cet article sont donc également remplis. Un pareil *jeu de fief* n'est donc pas irrégulier.

§. VII. *Du bail à cens & rente rachetable dans les coutumes qui rejettent les deniers d'entrée. Du cas où le seigneur a laissé écouler 30 ans sans réclamer.* Lorsque la rente foncière est stipulée rachetable moyennant un capital déterminé, ce capital est envisagé comme le véritable prix de la chose; & toutes les coutumes, tous les auteurs placent cette espèce de contrat dans la classe des actes équipollens à vente.

Lorsque la rente est rachetable, quoique foncière, le bail à cens est donc bien réellement une aliénation à prix d'argent. Un bail à cens de cette espèce est donc irrégulier dans les coutumes qui rejettent les deniers d'entrée.

Mais il est de principe que les rentes foncières rachetables deviennent perpétuelles, lorsque le débiteur a laissé écouler 30 ans sans user de la faculté de rachat. Cette faculté n'est autre chose qu'une action, & toute action se prescrit par 30 ans.

Ce laps de 30 ans, sans rachat de la part du débiteur, a donc l'efficacité de couvrir le vice originaire du bail à cens. En effet ce temps écoulé, tout est régulier, tout est conforme à la coutume, puisque la rente est devenue perpétuelle.

Le seigneur qui a négligé d'attaquer le bail à cens pendant les trente premières années, sera donc désormais non-recevable à le faire. Il ne pourra plus exiger du preneur, ni hommage, ni droits seigneuriaux.

Maintenant occupons-nous de la jurisprudence des parlemens de droit écrit.

§. VIII. *Du jeu de fief dans la Bourgogne.* La coutume de Bourgogne ne s'étant pas expliquée sur le *jeu de fief*, nous pensons ne pouvoir rien faire de mieux que de rapporter l'opinion de M. le président Bouhier, dans ses *Observations* sur cette coutume.

Ce magistrat pense que les fiefs de cette province étant purement d'honneur & sans profit, le *jeu de fief* doit y être admis avec la plus grande liberté.

« Cependant, ajoute-t-il, il me paroît, ainsi qu'à » Dumoulin, qu'il y auroit une espèce d'absur- » dité, qu'un vassal pût aliéner la totalité de son » fief, en se chargeant du devoir féodal; & par » conséquent qu'il demeurât vassal, sans avoir au- » cune partie du fief. M. Ducange a très-bien dé- » montré que, dans le temps de la plus grande li- » berté des vassaux, il ne leur étoit permis de faire » de ces sortes de démembremens qu'en retenant » *de quoi desservir le fief*: ce qui s'entendoit du » service militaire que le vassal devoit alors à son » seigneur; & quoique ce service ne soit plus au- » jourd'hui d'usage, toujours y a-t-il une espèce » de décence, que le vassal retienne toujours une » parcelle de son fief, & principalement le prin- » cipal manoir, auquel la féodalité semble sur-tout » inhérente ».

§. IX. *Du jeu de fief dans le Dauphiné.* Il paroît que, dans cette province, les propriétaires de fief ne peuvent s'en jouer que par bail à cens & rente, & que le *jeu de fief* est irrégulier, toutes les fois que le vassal a reçu des deniers d'entrée, du moins lorsque la somme est considérable.

§. X. *Du jeu de fief dans le ressort du parlement de Bordeaux.* Du temps de la Peyrère, le parlement de Bordeaux avoit adopté, pour les provinces de son ressort, la disposition de l'article 51 de la coutume de Paris. « Le vassal, dit cet auteur, » *litt. F. n. 34*, se peut jouer de son fief jusqu'à » démission de foi, à la charge que l'aliénation n'ex- » cède les deux tiers du fief ».

Cette décision est littéralement celle de l'article 51 de la coutume de Paris.

Il paroît par deux arrêts récens, que cette cour est dans l'intention de changer sa jurisprudence: ces arrêts sont du premier septembre 1764, & 11 mai 1777.

Ces arrêts jugent que, dans le ressort du parlement de Bordeaux, le vassal qui se joue de son fief peut recevoir des deniers d'entrée; jusques-là rien qui diffère de la coutume de Paris. Mais, suivant ces mêmes arrêts, le seigneur a les lods & ventes de la somme donnée à son vassal, & cela par forme d'indemnité; c'est-à-dire, qu'au moyen de ces lods & ventes, il n'a plus rien à prétendre sur le domaine ainsi aliéné; à la différence de la coutume de Paris, où le vassal, relativement au seigneur, est toujours réputé propriétaire des parties accensées.

Voilà les restrictions que les loix féodales ont cru devoir apporter à la faculté qu'elles accordent aux vassaux, de se jouer de leurs fiefs. A quelques nuances près, cela se réduit, comme l'on voit, à trois règles générales. Ici le vassal peut se jouer de la totalité de son fief, moyennant une rente ou une somme de deniers, comme il le juge à propos: ailleurs, il a la même liberté de se jouer de la totalité de son domaine; mais, dans l'impuissance de recevoir des deniers d'entrée, il doit stipuler une rente à-peu-près égale au produit de l'héritage. Enfin, dans d'autres provinces, le *jeu de fief*, moyennant un prix en argent, est permis; mais le vassal doit conserver telle ou telle quotité du domaine de son fief.

Cependant, pour la régularité du *jeu de fief*, il ne suffit pas que le vassal se soit conformé sur ce point à la loi qui régit son fief; il faut encore l'accomplissement de deux autres conditions. Il faut premièrement *qu'il retienne la foi entière*; secondement *quelque droit domanial & seigneurial sur ce qu'il aliène*: c'est la disposition de la coutume de Paris.

Et relativement à cette double formalité, point de variété dans les coutumes; toutes exigent la réserve de la foi & d'un droit domanial & seigneurial.

§. XI. *De la réserve de la foi.* Qu'est-ce que réserver la foi? de quelle manière cette réserve doit-elle être conçue? est-il toujours nécessaire de la stipuler expressément? c'est ce que nous allons examiner.

Quoique l'on confonde ordinairement la foi & l'hommage, cependant ces deux expressions ne sont rien moins que synonymes; elles expriment au contraire des choses tout-à-fait distinctes.

La foi, que les auteurs latins appellent *fidelitas*, est un lien moral, une relation de devoirs entre le seigneur & le vassal; en un mot, c'est ce qui constitue la dépendance féodale. L'hommage au contraire n'est autre chose que la promesse authentique & solemnelle de remplir les devoirs de la féodalité: c'est la définition de M. le président Bouhier. Ainsi la foi est ce qui constitue le fief; l'hommage n'est que le garant, le signe extérieur de la fidélité.

Aussi tous les feudistes sont-ils d'accord que l'hommage n'est pas de la substance du fief; qu'un fief peut subsister sans cette espèce de servitude; en un mot, que la fidélité est la seule chose qui soit de l'essence du fief. C'est ce que Dumoulin a exprimé par cette maxime connue de tout le monde, *feudum in solâ fidelitate consistit*; & en effet il y a des fiefs affranchis de l'obligation de porter l'hommage. D'Argentré les appelle *feuda injurata.*

Il existe donc une très-grande différence entre la foi & l'hommage; l'hommage n'est que le signe extérieur de la fidélité, n'est qu'une charge accidentelle du fief; mais la foi est bien différente.

La foi, la fidélité est, comme on vient de le dire, ce qui constitue l'essence du fief, ce qui imprime à la glèbe ce caractère de nobilité qui l'élève au-dessus des terres censuelles & roturières. Enfin c'est une qualité réelle, inhérente au fief, qui en pénètre toutes les parties, & qui les suit en quelques mains qu'il passe, jusqu'à ce qu'une stipulation formelle & régulière en ait opéré la séparation.

Conséquemment un fief demeure fief, un domaine féodal conserve sa nobilité tout le temps que la fidélité y demeure attachée; c'est-à-dire, jusqu'à ce que l'un soit propriétaire du domaine, & qu'un autre soit grevé de l'obligation d'être fidèle au seigneur dominant.

A l'égard de l'obligation de porter l'hommage, elle est sans influence sur la nature du fief, puisque sans elle un fief peut exister comme tel. Peu importe donc qu'elle passe ou non avec le domaine aliéné, que le bailleur en charge ou non l'acquéreur. S'il se réserve le droit de la porter sans avoir préalablement séparé la fidélité de la glèbe, cette glèbe n'en conserve pas moins sa nobilité.

Dans le *jeu de fief* ou bail à cens, ce n'est donc pas la réserve que peut faire le bailleur, de porter l'hommage, qui arroture le domaine. Cet arroturement ne s'opère, ne peut s'opérer que par la séparation de la glèbe & de la foi, que lorsque le bailleur *retient à lui la foi.*

Cependant il est d'usage, dans les contrats de cette espèce, que le bailleur déclare que l'hommage demeure à sa charge; mais cette déclaration étrangère au fief & au seigneur dominant, est uniquement relative au preneur. Son effet unique est de mettre le preneur à cens à l'abri de toute inquiétude à cet égard.

Ainsi la clause de rétention de foi, pour être régulière, pour désannoblir le domaine aliéné, pour opérer un véritable *jeu de fief*, doit avoir deux parties; l'une, qui est la plus essentielle, relative à la foi; l'autre, qui est plus de précaution & de style, relative à l'hommage.

Par la première, le vassal doit déclarer qu'il *retient à lui la foi*; ce qui opère la séparation de la glèbe & de la fidélité; il doit ajouter par la deuxième, qu'il demeurera chargé de l'obligation de porter l'hommage; ce qui en affranchit le preneur.

Cette distinction, puisée dans la nature des choſes, dans des principes que perſonne n'a jamais conteſtés, a de plus en ſa faveur l'autorité de Dumoulin. Voici ſes termes ſur l'article 41 de l'ancienne coutume de Paris : *habet hæc clauſula retentionis fidei duplex caput; unum reſpiciens patronum, & hoc reſpectu importat quòd concedens retineat* FIDELITATEM. *Alterum caput reſpiciens recipientem, & hoc reſpectu importat quòd concedens teneatur eum exonerare ergà patronum, & indemnem reddere ab omnibus juribus & oneribus feudalibus præteritis & futuris, & ab omni injectione manûs dominicæ ſuperioris patroni.*

Voilà bien diſertement la diſtinction que nous venons de préſenter ; pour opérer un véritable *jeu de fief*, il faut, dit Dumoulin, que la clauſe de rétention ait deux parties, *duplex caput*, la première, relative au ſeigneur, doit renfermer la réſerve, non de l'hommage, mais de la foi, de la fidélité, *retineat fidelitatem.* Par la deuxième, uniquement relative au preneur, le vaſſal doit ſe charger de l'affranchir de tous les droits & devoirs féodaux, *eum exonerare ab omnibus juribus & oneribus feudalibus.*

Mais eſt-il toujours indiſpenſablement néceſſaire que cette réſerve de la foi ſoit ſtipulée? Cela dépend de la nature du contrat.

Le propriétaire d'un domaine féodal peut également s'en jouer par bail à cens, ou par bail à rente ; dans les deux cas, le domaine eſt également arroturé, l'aliénation eſt également affranchie des droits ſeigneuriaux; cependant il y a cette différence entre ces deux eſpèces d'aliénations, que dans la première, l'impoſition du cens ſuffit ſans qu'il ſoit néceſſaire que le vaſſal ſtipule, qu'il retient la foi, parce que le cens emporte par lui-même la réſerve du domaine direct.

La choſe eſt bien différente, lorſque le vaſſal n'a pas donné la qualification de cens, à la preſtation qu'il a impoſée ſur la partie aliénée. Lorſqu'il s'eſt contenté de la grever d'une rente foncière.

Comme une rente de cette eſpèce n'a rien qui caractériſe la dépendance féodale, pour que le vaſſal conſerve la directe ſur le domaine aliéné, pour que le bail à rente forme l'équivalent d'un bail à cens, en un mot pour qu'il y ait un véritable *jeu de fief*, il faut une réſerve expreſſe de la foi ; à défaut de cette réſerve, l'aliénation ne peut être enviſagée que comme un bail à rente pure & ſimple.

Nous trouvons encore cette diſtinction dans le commentaire de Dumoulin, ſur l'art. 41 de l'ancienne coutume de Paris, n°. 28 & 29. *Adverte quod conceſſio ad reditum multùm differt à conceſſione in feudum vel in cenſum, in ſubinfeudatione vel conceſſione in cenſum, eo ipſo, ex naturâ actus, ineſt retentio dominii, & omnis dominicalis juris.... longè aliud in conceſſione ad reditum, quia ex ejus naturâ nullum dominium, nullum jus dominicale retinetur; niſi concedens penes ſe retinuerit fidelitatem, cujus expreſſa retentio requiritur hoc caſu.*

§. XII. *Du droit ſeigneurial & domanial que le vaſſal eſt obligé de réſerver.* On ſe rappelle que l'art. 51 de la coutume de Paris impoſe au vaſſal qui ſe joue de ſon fief, l'obligation de ſe réſerver *quelque droit ſeigneurial & domanial, ſur ce qu'il aliène.*

Cette diſpoſition n'étoit pas dans la première rédaction de la coutume; Dumoulin, dont le génie vigoureux précéda toujours ſon ſiècle, en faiſoit néanmoins la condition eſſentielle du *jeu de fief.* Voici comme il s'exprime à cet égard. *Dimiſſio fidei eſt quando vaſſallus verè deſinit eſſe dominus, & conſequenter vaſſallus feudi ; retentio autem eſt, quando retinet ſaltem aliquod jus, vel dominium in quo repreſentatur feudum ratione cujus remanet vaſſallus. Quando vaſſallus nullum dominium retinuit, commentilli fidei retentio non prodeſt.*

C'eſt d'après cette déciſion que les réformateurs de la coutume ont exigé la rétention d'un droit ſeigneurial & domanial ſur la partie aliénée. Mais que doit-on entendre par ces mots, *un droit ſeigneurial & domanial?*

Si le vaſſal s'eſt joué de ſon fief par la voie de la ſous-inféodation, la réſerve de l'hommage du relief du quint remplit le vœu de la coutume.

Si le *jeu de fief* eſt par bail à cens, le vaſſal peut indifféremment impoſer un cens, proprement dit, une rente foncière, un droit de champart de terrage, donner en bordelage ou en mainmorte.

§. XIII. *Des effets du jeu de fief.* Ces effets peuvent ſe reduire à quatre.

1°. L'aliénation ne donne ouverture à aucun droit au profit du dominant. Ce point ne ſouffre aucune difficulté lorſque le vaſſal ſe renferme exactement dans les bornes du *jeu de fief.*

2°. La partie aliénée par bail à cens perd ſa nature féodale; elle devient roturière à tous égards, *excepto patrono*, conſéquemment eſt exempte du droit de franc-fief, & ſe partage roturièrement.

» L'héritage baillé à cenſive, noble, & féodal à » l'égard du bailleur, eſt fait roturier pour le regard » du preneur ». Bacquet, *des droits de franc-fief, ch. 2, n. 11.*

» Aucuns eſtiment que la terre ainſi accenſée » ſans le conſentement du ſeigneur de fief demeure » toujours en ſa priſtine nature de fief, de ſorte » qu'elle doit être partagée féodalement, & eſt » toujours ſujette aux francs-fiefs & nouveaux ac» quêts. Néanmoins mon avis eſt, qu'à cauſe de » la règle générale, que le vaſſal ſe peut jouer de » ſon fief ſans démiſſion de foi, la terre ainſi ac» cenſivée devient roturière, *quoad omnes, excepto* » *patrono*, & principalement qu'au partage d'icelle » il faut conſidérer la condition ſelon laquelle elle » appartient à la ſucceſſion; autrement les pauvres » villageois qui font accenſiver les terres qu'ils ac» quièrent des gentilshommes, pour garder égalité

» entre leurs enfans, seroient bien trompés de leurs » prétentions, & l'ai toujours vu pratiquer ainsi sans » en faire difficulté ». Loiseau, *des seign. chap. 6, n. 28 & suiv.*

3°. La partie ainsi accensée doit être reportée par le nouveau censitaire au vassal aliénant, & non point au seigneur de ce vassal.

« Désormais cette partie relevera, non point du » seigneur, mais de son vassal, possesseur de la por» tion retenue; de sorte qu'à l'avenir les mutations » de cette portion démembrée ne seront plus con» sidérées envers le premier seigneur, mais seule» ment envers son vassal, qui en sera alors le sei» gneur direct, & les droits de mutation en seront » dus à ce dernier, comme ils sont réglés par la » coutume, s'il n'a été stipulé autrement par le con» trat ». Duplessis, *traité des fiefs, liv. 9, chap. 3.*

4°. La partie aliénée demeure sujette envers le seigneur, à tous les droits féodaux; ensorte qu'à son égard l'aliénation est absolument nulle, & ne lui porte aucune espèce de préjudice : c'est ce qui résulte de ces termes de l'art. 52 de la coutume de Paris; *& néanmoins s'il y a ouverture dudit fief, le seigneur peut exploiter tout ledit fief tant pour ce qui est retenu qu'aliéné.* De ce principe dérivent six conséquences.

1°. Toutes les fois que le vassal est dans le cas de porter la foi au seigneur, il doit la lui rendre pour la partie aliénée, comme pour celle qu'il s'est réservée, de la même manière qu'il l'auroit fait avant l'aliénation.

2°. Le vassal doit comprendre cette partie aliénée dans le dénombrement qu'il présente de son fief, non pas comme objet relevant de lui à telle ou telle condition, mais comme s'il en étoit encore le seul & unique propriétaire.

« Quand il baille son démembrement, il y doit » comprendre généralement tout le domaine de son » fief, comme s'il n'y en avoit rien de démem» bré, c'est-à-dire, tant la portion aliénée que re» tenue; & s'il y vouloit employer le droit sei» gneurial qu'il s'est réservé sur la portion démem» brée, il faut bien que le seigneur se donne de » garde de l'accepter en cette forme ». Duplessis, *traité des fiefs, liv. 9, chap. 3.*

3°. Lorsque le vassal vend son fief, le quint est dû au seigneur, non-seulement du prix de l'objet vendu, mais encore relativement à la valeur de la partie aliénée à titre de *jeu de fief.*

« Si le vassal qui a baillé à cens sous des rentes » non inféodées, son fief, le corps & dépendances » duquel consistent en cent arpens de terres la» bourables, vend ledit fief la somme de 500 liv. » tournois ou autre somme; le seigneur féodal ne » sera payé du quint du fief qui lui est dû, à cause » de la vendition dudit fief, selon le prix du con» trat de vendition; mais il aura le quint denier » de l'estimation qui sera faite par prud-hommes, » du total du fief ou bien du corps & dépendances » du fief : duquel l'acheteur sera tenu entrer en » foi & bailler par aveu & dénombrement les » cent arpens de terres labourables dépendans dudit » fief ». Bacquet, *des droits de francs-fiefs, chap. 2, n. 9.*

4°. Lorsqu'il arrive, de la part du vassal, une mutation qui donne ouverture au relief, le seigneur le perçoit sur la partie aliénée aussi bien que sur celle que le vassal s'est réservée.

« Lorsqu'il arrive une mutation sur la portion re» tenue, pour laquelle mutation est dû droit de » relief, ce droit est dû pour tout le fief, c'est» à-dire, tant de la partie retenue que de la por» tion démembrée ». Bourjon, *droit commun du démembrement, n. 3.*

5°. Si le vassal néglige de présenter la foi, & que le seigneur saisisse féodalement, la saisie s'étend sur la totalité du fief, sur la partie aliénée, comme sur celle qui ne l'est pas.

« La partie aliénée demeurera toujours sujette à » l'avenir aux droits du seigneur dominant, comme » si elle n'avoit pas été séparée du fief même pour » la saisie féodale ». Lacombe, *collect. de jurisprud. verb. Démembrement.*

Mais sur qui tombera la perte des fruits, soit dans le cas du relief, soit dans celui de la saisie? Loiseau répond à cette question : « aux héritages » féodaux, dit-il, si la mutation de la rente fon» cière non-inféodée donne lieu au rachat, comme » quand l'ancien vassal s'est joué de son fief & l'a » baillé à rente sans démission de foi; alors c'est » à lui à payer le rachat & en acquitter le déten» teur de l'héritage féodal, si le seigneur se prend » à lui ou s'il saisit le fief ». Loiseau, *du déguerpissement, liv. 1, chap. 10, n. dern.*

6°. Lorsque le vassal vend la portion qu'il s'est réservée, si le seigneur veut exercer le retrait, il peut retirer non-seulement cette portion réservée & vendue, mais encore celle dont son vassal s'est joué. Ce n'est même que lors de cette ouverture que le seigneur peut exercer son droit; il seroit non-recevable, si lors du *jeu de fief* il vouloit retenir la portion aliénée par cette voie.

« La décision de cet article a lieu, non-seule» ment pour l'exploitation du fief qui concerne » les profits & droits utiles à la jouissance des » fruits en cas de saisie féodale, mais aussi pour » le retrait féodal qui ne peut pas être demandé » par le seigneur, auparavant l'investiture du fief, » parce qu'il n'y a point de véritable aliénation.... » Donc l'ouverture arrivant par la vente du fief, » il y a lieu au retrait féodal, tant de ce qui a » été réservé, que du domaine vendu ou baillé » à cens ou rente avec rétention de fief, par quel» que temps que l'acheteur ou preneur ait joui, » en remboursant les deniers d'entrée & autres » par lui baillés, & les impenses & améliorations » utiles & nécessaires qu'il a faites de bonne foi, » avec les frais & loyaux coûts, & le déchargeant » du cens & de la rente à la charge de laquelle

» les domaines lui ont été baillés ». Brodeau, *sur l'art. 52 de Paris*, *n. 3 & 4*.

« Si le fief baillé à cens & rentes non-inféo» dées est vendu, il peut être retiré par retrait » féodal, & le seigneur retrayant rentrera en tout » son fief & dépendances d'icelui, en rembour» sant les deniers d'acquisition & les deniers baillés » au vassal lors du bail fait à cens & rentes avec » les bâtimens, améliorations, frais & loyaux » coûts ». Bacquet, *des droits de francs-fiefs*, *chap. 2*, *n. 10*.

Voyez les arrêts rapportés par Levest, en ses arrêts, *chap. 16*, par M. Louet, *litt. R. somm. 36*.

Quelque espace de temps qui se soit écoulé entre le *jeu* fait par le vassal & le retrait exercé par le seigneur, le propriétaire de la partie aliénée ne peut opposer à la demande en retrait aucune espèce de prescription; c'est une conséquence de la règle *contra non valentem agere*, *&c.* c'est la décision de Brodeau, *loco citato*.

L'acquéreur de cette partie aliénée par la voie du *jeu de fief*, ainsi évincé par le retrait du seigneur, a-t-il quelque recours à exercer contre le vassal? Peut-il lui demander quelque indemnité? Non, répond Brodeau, parce qu'il a dû savoir la nature des fiefs lorsqu'il a fait une acquisition de cette qualité, *sur l'art. 52 de Paris*, *n. 4*.

« Sans que le propriétaire ait aucun recours con» tre le vassal bailleur, d'autant qu'il devoit savoir » la nature des fiefs ». Bacquet, *du droit de francs-fiefs*, *chap. 2*, *n. 10*.

Si le vassal vend, non pas ce qu'il a retenu, mais les droits qu'il s'est réservés sur la partie dont il s'est joué, cette vente donne ouverture à tous les droits féodaux; ensorte que l'acquéreur est obligé de porter au seigneur la foi & de payer le quint, non pas à raison des droits qu'il a acquis, mais comme propriétaire des héritages sur lesquels ces droits sont assis. C'est la décision de Chopin, *in consuet. aud. part. 2*, *chap. 2*, *tit. 2*, *n. 7*; de Bacquet, *du droit de francs-fiefs*, *chap. 2*, *n. 9*; de Brodeau, *sur l'art. 52 de Paris*, *n. 6*.

« Ce qui a été ainsi jugé par arrêt du 15 avril » 1581, en la coutume de Senlis, qui n'en parle » pas ». *Ferrière*, *sur l'art. 52 de Paris*, *glos. 1*, *num. 13*.

Cet arrêt dont parle Ferrière, est rapporté par M. Louet, *litt. R. n. 29*, Brodeau, *idem*, nous apprend que cet arrêt a été rendu *consultis classibus*; il est transcrit en entier dans les notes de Chenu, sur Papon, *liv. 13*, *tit. 1*, *arrêt 4*.

Sinon que le seigneur féodal eût inféodé le droit domanial retenu, en faisant ladite aliénation, ou bien qu'il l'eût reçu par aveu. Cette disposition de l'article 52 apporte une restriction bien notable à toutes les décisions précédentes. Il en résulte que le seigneur perd tous ses droits sur la partie dont son vassal s'est joué, s'il a inféodé ou permis qu'on lui reportât par aveu, le cens dont cette partie est grevée. S'il a eu cette facilité, les héritages ainsi aliénés sont sortis de sa mouvance immédiate; ils ne tomberont plus à l'avenir, ni dans le relief ni dans la saisie féodale, & il ne pourra plus exercer sur eux que les droits appartenans au suzerain sur ses arrière-vassaux, ou sur les censitaires de son vassal.

A ces mots, *ou reçu par aveu*, Brodeau ajoute, ou donné son consentement pur & simple lors de l'aliénation, ou auparavant, ce qui fait cesser l'indemnité qu'il pourroit prétendre..... & au cas du consentement ou de l'approbation par l'inféodation & réception par aveu, qui d'un droit foncier & roturier en fait un féodal & noble; le seigneur, arrivant ouverture de fief, n'est pas recevable à demander de nouveaux droits de ce qui a été aliéné & par lui agréé & inféodé, encore moins à vouloir user du droit de retenue féodale, en venant contre son propre fait. Brodeau, *sur l'art. 52 de Paris*, *n. 7*.

« Si le vassal vouloit employer dans son aveu » le droit seigneurial qu'il s'est constitué sur la » partie démembrée, il faut bien que le seigneur se » donne de garde de l'accepter en cette forme; » car par-là il l'inféoderoit ». Duplessis, *des fiefs*, *liv. 9*, *chap. 3*.

Cette disposition de la coutume de Paris doit avoir lieu dans les coutumes muettes.

La question que nous allons examiner est peut-être la plus intéressante de toutes celles que cette matière présente; d'ailleurs elle doit renaître très-souvent, elle mérite par conséquent la plus grande attention: il s'agit de savoir si, lorsque après avoir exercé le retrait féodal sur le fief mouvant de lui, le seigneur étend cette action rigoureuse jusques sur les parties du même fief aliénées par la voie du bail à cens, sur quel pied doit se faire le remboursement du preneur? Le seigneur en est-il quitte en lui rendant les deniers d'entrée, ou en le déchargeant de la rente à laquelle il s'est assujetti? ou doit-il lui rembourser la véritable valeur de la chose, sur le pied d'une juste estimation?

Cette espèce d'aliénation, si commune aujourd'hui, l'étoit encore bien davantage dans ces temps qui ne sont que trop voisins du nôtre, où la terre manquoit de cultivateurs. Alors les seigneurs surchargés de domaines inutiles, s'empressoient de les donner sous des redevances qui ne pouvoient qu'être modiques, parce que les frais de défrichemens formoient à-peu-près le juste prix de la chose. Si quelquefois il y avoit des deniers d'entrée, ils étoient très-peu considérables, vu le peu de valeur des héritages. On n'exagère certainement pas, en disant que ces sortes de propriétés forment le patrimoine de moitié des habitans de la campagne.

Cependant la plupart de ces aliénations ne sont pas inféodées, c'est-à-dire, approuvées par les seigneurs dominans; & toutes les fois que le cens est vendu, il y a lieu au retrait féodal, non seulement du cens, mais des terres qui en sont grevées. Telle est du moins l'opinion qui règne aujourd'hui.

On voit maintenant de quelle importance est la question du remboursement. De ces aliénations, les unes, comme on vient de le dire, ont été faites moyennant une simple rente ; d'autres pour des deniers d'entrée, qui, proportionnés alors à la valeur de la chose, lui sont aujourd'hui infiniment inférieurs ; &, nous le répétons, les objets ainsi aliénés forment le patrimoine de la majeure partie des laboureurs, des habitans de la campagne. Lorsque le seigneur retire le cens, & par suite les terres accensées, s'il en est quitte en déchargeant les propriétaires de la rente, ou en leur rendant ce que leurs auteurs ont déboursé il y a 20, 40, 60, même 100 ans, voilà ces malheureux réduits à l'indigence. Ces terres sont entrées dans les partages, ont été vendues sur le pied de leur juste valeur ; combien d'actions en garantie! quel désordre dans le commerce, dans les familles, ajoutons quelle injustice! un seigneur jouiroit gratuitement d'une fertilité qui ne seroit pas son ouvrage. Les propriétaires verroient passer en d'autres mains le produit de leur industrie, de leurs travaux ; & combien n'en a-t-il pas fallu pour arracher des fruits à ces landes, à ces bruyères que la nature sembloit avoir condamnées à une stérilité perpétuelle? Telles seroient les suites d'un arrêt qui autoriseroit les seigneurs à retirer les objets accensés, en rendant seulement les deniers d'entrée, ou en déchargeant les preneurs du cens réservé : au contraire, en ordonnant l'estimation de l'héritage, tout est dans l'ordre, les seigneurs n'éprouvent aucune espèce de lésion ; & si le propriétaire se voit forcé d'abandonner son héritage, au moins il en a l'équivalent. Telle est notre opinion particulière.

Nous estimons que le seigneur n'en est pas quitte pour rembourser les deniers d'entrée, qu'il doit rendre la juste valeur de la chose à dire d'experts.

Aucun auteur n'a discuté cette question : une pareille lacune dans notre jurisprudence a sans doute quelque chose d'étonnant ; quel peut donc en être le motif? C'est que la question est subordonnée à un point plus intéressant encore, celui de savoir si le dominant qui exerce le retrait sur le fief mouvant de lui, peut retirer pareillement les parties du même fief aliénées par la voie du bail à cens. Il y a plus de trois siècles que ce point divise les jurisconsultes : aujourd'hui même, quoiqu'il soit décidé par la jurisprudence, peut-être n'est-il pas sans difficultés ; voici le progrès des idées à cet égard.

Les anciens docteurs, qui, comme on le sait, vouloient tout décider par les loix romaines, appliquoient à cette question le brocard de droit tiré de la célèbre loi *vectigali resoluto jure dantis, resolvitur jus accipientis*. Ils décidoient en conséquence, que l'éviction de l'acquéreur d'un fief par le retrait féodal, annulloit tous les baux à cens faits antérieurement par le vassal, sans l'approbation du seigneur,

Cette opinion régnoit lorsque Dumoulin parut : ce grand homme étoit né pour éclaircir toutes les difficultés, comme pour rectifier toutes les erreurs ; n'osant néanmoins heurter de front un sentiment appuyé sur des autorités aussi nombreuses, il parut d'abord y déférer, cependant sous différentes restrictions : voici comme il s'exprime à cet égard : IN VETERIBUS REJESTIS MEIS NON AUDENS TANTORUM PATRUM *sententiam convellere, limitabam eam*.

Des études mieux approfondies lui montrent enfin l'insuffisance de ces correctifs ; il rejette l'opinion de ceux qui l'avoient précédé, & décide de la manière la plus tranchante, que le retrait féodal ne doit pas avoir plus de privilège que le retrait lignager, & que le seigneur qui exerce cette action, est tenu de toutes les charges auxquelles l'acquéreur qu'il évince étoit lui-même assujetti. *Maturiùs cogitans existimo .... Quòd quantum ad onera non sit differentia, an patronus tanquàm privatus, an jure dominico feudum emat, sed omninò extraneo emptori, vel consanguineo retrahenti equiparandus sit.*

D'Argentré écrivit sur cette question en 1566. Cet auteur, si souvent en contradiction avec Dumoulin, adopte néanmoins les mêmes principes à cet égard.

Ces deux oracles de la jurisprudence françoise avoient subjugué tous les esprits, lorsqu'en 1581 la cour eut à juger cette même difficulté : il s'agissoit du retrait féodal d'un fief dont partie avoit été accensée trois ans auparavant, par des baux à cens non inféodés.

La brièveté de cet intervalle entre l'accensement & la vente du cens réservé fit appercevoir, dans cet arrangement, ce que nous avons appellé depuis *la fraude normande*. Le seigneur ne manqua pas de relever cette circonstance ; en conséquence, la cour l'admit au retrait du cens & des parties accensées.

On ne fit pas d'abord assez d'attention à la circonstance des trois années ; la plupart des auteurs crurent voir dans l'arrêt une décision absolue, & cette autorité reporta les esprits à l'opinion qu'ils venoient d'abandonner.

Cependant la défection ne fut pas générale : M. Duval, qui examina la difficulté quelque temps après, dans son traité *de rebus dubiis*, finit par dire *maturiùs deliberandum*. D'autres jurisconsultes n'ont pas cru qu'il y eût matière à délibérer, & se sont invariablement attachés aux principes de Dumoulin. Sur ces mots de l'article 72 de la coutume de Péronne, *n'est tenu le seigneur supérieur d'entretenir lesdits baux*, le commentateur dit : « cela est vrai, » en cas de saisie à faute d'hommes, mais non quand » le fief revient au seigneur, *tanquam ad privatum*, à titre de donation, ni même quand il revient *ut ad patronum*, par droit de retenue féodale ». Suivant ce jurisconsulte, le seigneur qui retire le fief ne peut pas, comme l'on voit, user de cette faculté sur les parties accensées.

Que

Que l'on cesse donc de s'étonner du peu de lumière que l'on trouve dans les jurisconsultes, sur la question du remboursement ; celle du retrait n'étant pas même encore sans difficulté, toutes les vues se sont concentrées sur cet objet principal. Ceux qui tiennent l'opinion de Dumoulin, n'avoient aucun motif de discuter la quotité d'un remboursement, qui, suivant eux, ne pouvoit avoir lieu; & les autres se sont bien moins occupés des suites de leur systême, que des moyens d'ajouter à sa solidité.

Cependant si ces derniers avoient voulu suivre les conséquences de leurs principes, ils en auroient nécessairement conclu que le remboursement du preneur doit se faire sur le pied de la valeur actuelle de l'héritage, & qu'il ne suffit pas de lui rendre les deniers d'entrée portés par le bail à cens.

Sur quels motifs en effet les auteurs se fondent-ils pour admettre le seigneur au retrait des parties accensées? « Toutes les fois, disent-ils, que les » conditions requises par les coutumes pour la va» lidité du *jeu de fief* ou bail à cens, ont été rem» plies, la loi ferme les yeux au seigneur ; elle » lui défend de s'appercevoir des arrangemens que » prend son vassal; elle lui interdit toute espèce » de réclamation à cet égard. En effet, que lui » importe cette aliénation? La partie aliénée n'est » point sortie de sa mouvance, elle continuera de » lui être reportée comme auparavant ». *Cet héritage*, dit Guyot, *du démembrement*, *relativement aux dominans*, *est toujours resté féodal*. Ainsi l'acte qui renferme le *jeu de fief* est absolument étranger au seigneur, & comme tel, il ne peut lui apporter ni avantage, ni préjudice. C'est ce que la coutume de Péronne a décidé. On lit dans l'article 72 déjà cité : *mais ledit bail fait par ledit vassal ne préjudicie au seigneur supérieur*. Et l'article 73 ajoute : *pour ledit bail à cens ou à rente*, *il n'est dû aucun profit au seigneur féodal*. Ce bail à cens, encore une fois, est donc absolument nul à l'égard du dominant.

De ce principe, que le bail à cens est absolument étranger au seigneur, qu'il n'existe pas à son égard, dérivent toutes les règles de cette matière ; c'est parce que ces sortes d'actes ne peuvent ni profiter, ni préjudicier au dominant, qu'ils sont permis. C'est par le même motif que le vassal est obligé de reporter dans ses aveux les parties aliénées; c'est encore par la même raison que ces sortes d'actes ne donnent ouverture à aucun droit utile. C'est de même, en conséquence de ce principe, que le seigneur jouissant de la partie réservée à titre de saisie féodale ou de relief, exploite en même temps les parties dont son vassal s'est joué, à quelque époque que remonte l'aliénation, pourvu qu'elle ne soit pas inféodée. Enfin si le retrait féodal a lieu dans cette espèce, c'est encore en vertu de ce même principe : en effet, les auteurs qui tiennent pour le retrait se sont tous déterminés sur cette considération unique, que l'aliénation est étrangère au seigneur, & que, puisqu'elle ne peut pas lui profiter, elle ne doit pas lui nuire.

Mais si tel est le principe, si l'acte est nul relativement au seigneur, s'il est censé ne pas exister pour lui, comment se pourroit-il qu'il lui servît de règle pour le remboursement qu'il est tenu de faire au preneur? Il faudroit que la loi recréât ce bail à cens à l'instant même où elle l'anéantit; que dans le même moment elle le déclarât nul & lui rendît l'existence, pour en faire un instrument de vexation contre le propriétaire de l'héritage. Quelle contradiction !

En un mot, si le seigneur est admis au retrait des parties accensées, c'est uniquement parce qu'à son égard il est vrai de dire qu'il n'y a pas de bail à cens, qu'il n'y a pas d'aliénation. De ce principe résulte nécessairement la conséquence, que l'on ne peut pas invoquer le bail pour en faire la mesure du remboursement ; que ce remboursement ne peut être fait que sur le pied de la valeur actuelle de l'héritage. On trouveroit cette décision dans tous les auteurs, s'ils avoient voulu être conséquens.

Examinons maintenant la question sous un autre point de vue ; rapprochons-la des loix qui peuvent avoir trait à la matière.

Les coutumes gardent le silence sur notre difficulté, sur la question de savoir comment doit se faire le remboursement du preneur, dans le cas dont il s'agit. On ne peut expliquer un pareil silence qu'en supposant que les réformateurs pensoient que le retrait des terres accensées ne pouvoit jamais avoir lieu. Cependant ces mêmes réformateurs nous ont laissé un témoignage non équivoque de la manière dont ils auroient décidé la question, s'ils s'en fussent occupés ; nous le trouvons ce témoignage dans la coutume d'Orléans, sans contredit l'une des mieux rédigées du royaume.

A la vérité, les magistrats qui ont présidé à cette rédaction ne nous ont pas laissé de règle pour décider de quelle manière doit se faire le remboursement du preneur, en cas de retrait, lors de l'aliénation du cens réservé ; mais ils ont pris soin de déterminer sur quel pied, lors de cette même aliénation, le seigneur doit prendre le quint qui lui est dû.

Tout le monde sait que le quint & le retrait féodal se règlent par les mêmes principes. Dumoulin le dit en différens endroits de ses ouvrages : cela doit être ainsi, puisque ces deux droits s'ouvrent toujours ensemble, & que le seigneur ne peut exercer l'un d'eux que dans le cas où il peut exiger l'autre. Ainsi la décision de la coutume d'Orléans sur le quint, doit s'appliquer également au retrait.

L'article neuvième de cette coutume porte que, *si vente étoit faite du cens ou rente, à quoi auroit été baillé l'héritage, en ce cas l'acquéreur sera tenu payer quint denier au seigneur du fief, à cause de l'ac-*

quisition, selon l'estimation du total du fief par prud'hommes.

Brodeau, sur l'article 52e de la coutume de Paris, *n°. 2*, dit, *que cette décision étant très-juridique & conforme au sentiment des docteurs françois & à la doctrine des arrêts, doit avoir lieu en toutes les coutumes qui ne disposent point du contraire.* Choppin, au *liv. 2* de la coutume d'Anjou, *part. 2, ch. 2, tit. 2, n°. 7*, confirme encore cette jurisprudence, dont la raison est, dit cet auteur, *qu'en même temps que le vassal aliène le cens seigneurial, il est présumé aliéner les immeubles baillés à cens.* Cette décision est, comme l'on voit, consacrée par le suffrage des jurisconsultes; & si l'on fait attention au motif sur lequel elle est fondée, il est impossible de ne pas l'étendre au cas où le seigneur exerce le retrait. Ce motif, suivant Choppin & Guyot, « c'est que » le vassal n'est présumé aliéner les immeubles don» nés à cens, qu'à l'instant où il aliène le cens » qu'il s'est réservé »; mais cette présomption milite également, dans le cas où le seigneur exerce le retrait.

Or, la coutume d'Orléans décide de la manière la plus précise, que, pour déterminer la quotité du droit de quint dû au seigneur, l'on doit faire *l'estimation du fief par prud'hommes.* Lorsque ce même seigneur juge à propos de retirer la partie accensée, l'on doit donc suivre la même règle, recourir à la même estimation pour fixer le taux du remboursement dû au preneur.

S'il en étoit autrement, si l'on refusoit d'étendre au retrait la disposition de la coutume d'Orléans, il en résulteroit les conséquences les plus bizarres. Le même héritage auroit tout-à-la-fois & très-réellement deux valeurs différentes, relativement à la même personne: ainsi un immeuble accensé 50 ans auparavant, moyennant 1000 liv. de deniers d'entrée, ne vaudroit que cette somme, si le seigneur jugeoit à propos d'user de la faculté de retirer; & s'il choisissoit le quint, l'estimation qu'il exigeroit porteroit ce même objet à 10000 liv., & peut-être beaucoup au-dessus. Cependant il ne peut pas y avoir deux poids & deux balances; il faut donc, de toute nécessité, appliquer au retrait, comme au quint, la disposition de la coutume d'Orléans; l'analogie y conduit, & l'équité l'exige.

Ce motif d'équité est encore plus sensible, dans le cas où le bail à cens est fait de terres incultes, moyennant une simple rente sans deniers d'entrée. Quelle injustice, si le seigneur qui a acquis le cens réservé moyennant une modique somme, pouvoit rentrer dans des terres que le défrichement, la culture, l'amélioration, le laps de temps & le progrès naturel des choses auroient portées à une valeur très-considérable, & cela en déchargeant simplement le propriétaire du cens réservé par le bail! Il faut donc, de toute nécessité, en revenir à l'estimation ordonnée par la coutume d'Orléans.

Le retrait féodal est bien moins utile qu'honorifique; c'est un droit de prééminence établi, non pour enrichir les seigneurs, mais uniquement pour les mettre à portée d'écarter un vassal qui pourroit leur déplaire: l'attention qu'ont eue les loix d'obliger les seigneurs de renvoyer l'acquéreur parfaitement indemne, prouve bien qu'elles n'ont pas regardé la faculté de retirer comme un droit profitable, comme une occasion de bénéficier.

Cependant quel bénéfice ne feroit pas le seigneur, s'il lui suffisoit de rendre les deniers d'entrée? Mais les loix ne veulent pas qu'un citoyen puisse s'enrichir aux dépens d'un autre.

Occupons-nous maintenant des autorités que l'on oppose à notre opinion; elles sont de deux espèces, des arrêts & des auteurs.

Trois arrêts & leurs gloses remplissent la première de ces deux divisions. Ces arrêts, dit-on, jugent que, dans l'espèce, le seigneur en est quitte en remboursant les deniers d'entrée. Le respect dû aux décisions de la cour nous impose la loi d'examiner avec attention cette jurisprudence.

Le plus ancien des arrêts connus sur cette question, est celui de 1581, dont nous avons déjà parlé; on le cite comme ayant jugé la question *in terminis*: mais elle ne fut pas même agitée. Il ne faut, pour s'en convaincre, que lire M. Louet, qui nous a transmis les détails de cet arrêt; il n'y a pas un mot qui ait trait à la quotité du remboursement. Le censitaire soutenoit que l'acquéreur n'étoit pas en droit de retirer les parties accensées; & plein de confiance dans son systême, il s'arrêtoit là: il auroit cru compromettre ses droits, s'il s'étoit occupé d'un remboursement qui, suivant lui, ne pouvoit jamais avoir lieu. Si l'on se rappelle la situation des esprits à cette époque, on sera convaincu qu'il n'est pas possible que les choses se soient passées autrement. Dumoulin & d'Argentré venoient de décider que les parties aliénées par le *jeu de fief*, étoient à l'abri du retrait féodal. Des autorités aussi graves devoient bannir de l'esprit de l'acquéreur jusqu'au doute le plus léger. La question de savoir sur quel pied il seroit remboursé, devoit donc lui paroître absolument indifférente.

On n'en peut pas douter, l'autorité de Dumoulin & de d'Argentré agissoit très-puissamment sur l'esprit des juges, il est plus que vraisemblable qu'ils l'auroient suivie; mais une circonstance soigneusement observée par les anciens arrêtistes, fit pencher la balance en faveur du retrait. La vente du fief n'étoit postérieure au bail à cens, que de trois années. La brièveté de cet intervalle fit appercevoir aux magistrats une fraude pratiquée dans la vue d'éluder le retrait seigneurial, & c'est cette fraude qu'ils ont punie par l'arrêt de 1581.

Qu'importe après cela que la cour n'ait ordonné le remboursement que sur le pied des deniers d'entrée? Pouvoit-elle faire autrement, puisque le censitaire n'en demandoit pas davantage? Tout le monde sait que les tribunaux ne peuvent pas juger *ultrà petita.*

Au surplus, le récit de M. Louet est-il à l'abri de toute critique? Ce que nous allons dire à cet égard mérite attention.

Les auteurs qui favorisent la prétention des seigneurs, indiquent cet arrêt comme la base de leur opinion: ainsi rien de plus intéressant que d'en bien connoître le dispositif.

Les détails de cet arrêt nous ont été transmis par deux auteurs contemporains, MM. Louet & Choppin: ceux qui en ont parlé depuis, n'ont été que leurs copistes. A l'époque de cet arrêt, M. Louet exerçoit les fonctions de la magistrature, & Choppin celles d'avocat en la cour: l'un & l'autre se distinguoient par de rares talens. Voici comme chacun d'eux rapporte l'espèce de cet arrêt: M. Louet ne nous instruit pas du nom du bailleur à cens, Choppin nous apprend qu'il se nommoit *Desains*. Le premier ne parle pas de l'intervalle qui se trouvoit entre le bail à cens & l'aliénation du fief; le second remarque avec soin, que cet intervalle étoit de trois ans, *& triennio post*.

M. Louet dit que le bail à cens étoit avec deniers d'entrée; Choppin, au contraire, dit seulement que ce bail avoit été fait moyennant un cens. *Cùm Valeranus Desains, cliens sub annuum vectigal dedisset res suas beneficiarias.* Enfin nous lisons dans M. Louet, *que le seigneur de fief fut admis au retrait de la moitié des choses acquises, en rendant, par ledit seigneur, le prix principal dudit contrat.* Au contraire, dans Choppin on ne voit pas un mot qui ait trait à cette restitution du prix porté au bail à cens. Cet auteur se contente de dire, que le seigneur dominant fut admis au retrait des choses accensées. *Placuit senatui patronos dominio retractu uti posse, non modo solarii alienati, sed & fundorum quos sub ejus solarii onere venditor antea plebeiis mancipâssit.* L'auteur n'en dit pas davantage.

Voilà deux éditions du même arrêt bien différentes; elles sont absolument contradictoires sur la question du remboursement. Suivant Choppin, l'arrêt n'a pas prononcé sur cette question.

M. Louet étoit conseiller en la cour. Choppin étoit un avocat distingué. Né en 1537, il avoit 44 ans à l'époque de l'arrêt; il étoit par conséquent à même d'être instruit des événemens du palais & de les juger sainement. On ne peut pas douter qu'il n'ait pris des renseignemens très-exacts sur l'arrêt dont il s'agit, puisqu'il rapporte des circonstances qui ont échappé à M. Louet: laquelle des deux éditions fera-t-on prévaloir sur l'autre?

Avant de se décider, il étoit un préalable nécessaire; c'étoit de vérifier l'arrêt sur les registres. Nous avons fait faire les recherches nécessaires, elles ont été vaines; le registre des arrêts sur rapport de l'année 1581, n'existe plus au dépôt.

Dans cette position, le parti le plus sage n'est-il pas de laisser cet arrêt à l'écart pour s'en tenir aux principes de la matière?

Mais si cela est, toutes les autorités dont les seigneurs échafaudent leur systême, disparoîtront, parce que les auteurs qu'ils citent nous donnent tous, pour garant de leur opinion, cet arrêt de 1581: c'est une remarque que nous avons déjà faite.

On prétend que la question a été jugée par un arrêt du 12 juillet 1729. Il paroît en effet, qu'en admettant le seigneur au retrait des parties accensées, cet arrêt ne le condamne à rembourser le preneur que sur le pied du bail à cens. Mais la vérité est, que la question de savoir sur quel pied se feroit le remboursement, ne fut pas même élevée.

Nous avons sous les yeux copie d'une consultation de MM. Rotrou & d'Audibert, dans laquelle ces jurisconsultes remarquent que l'on voit par le mémoire qui fut fait pour le retrayant, que les tenanciers se bornèrent à contester le retrait, & que leur moyen se réduisoit à dire que l'action du seigneur étoit prescrite, parce qu'il auroit dû l'exercer lors du bail à cens: genre de défense absolument insoutenable. Il est donc vrai de dire que cet arrêt n'a pas jugé la question.

Les partisans de l'opinion contraire invoquent enfin un arrêt du 19 février 1762, confirmatif d'une sentence du 16 avril 1760. On convient que cette sentence autorise le seigneur à rentrer dans les héritages accensés, en rendant les deniers d'entrée; mais il est facile d'écarter les conséquences que l'on voudroit tirer de cette disposition. Il ne fut pas dit un mot au procès de la quotité du remboursement; la question ne fut pas même élevée. Pour s'en convaincre, il ne faut que parcourir les mémoires de l'affaire. On voit par celui du comte de Mailli, en réponse à celui d'Elizabeth Guyot, que la défense de cette dernière consistoit en six moyens, tous tendans à établir la nullité du retrait exercé par le comte de Mailli. La veuve Guyot se renfermoit exclusivement dnns cette prétendue nullité, se bornoit absolument à repousser l'action du seigneur. Dans cette position, que pouvoient faire les magistrats? pouvoient-ils ordonner une estimation? Non, sans doute. C'eût été prononcer sur des choses non contestées; c'eût été donner *ultrà petita*, puisqu'il n'y avoit pas de conclusions sur cet objet.

Cet arrêt ne peut donc avoir aucune influence sur le point que nous examinons, puisqu'il ne l'a pas jugé, puisqu'il ne pouvoit pas le juger; il en est de même des deux précédens: ainsi point de jurisprudence sur la question. Voyons maintenant ce qu'en ont pensé les auteurs.

Ils se divisent en trois classes. Les premiers rejettent absolument le retrait des parties accensées. Dans leur systême, point de remboursement. Mais s'ils avoient eu à s'expliquer sur cette question, on n'en peut pas douter, ils l'auroient décidée contre les seigneurs. Quel est, en effet, le motif de leur décision? C'est que le retrait est toujours une action odieuse que l'on ne sauroit restreindre dans des bornes trop étroites, & que le seigneur qui exerce cette action, n'est autre chose à cet égard, qu'un simple acquéreur qui ne mérite aucune faveur particulière. *Omnino*, dit Dumoulin, *extraneo emptori vel consanguineo æquiparandus.* La conséquence de ce principe est facile à suivre. Si, dans cette espèce, le dominant doit être assimilé à un simple acquéreur, *extraneo emptori*, il doit donc rembourser le prix de la chose sur le pied de sa valeur réelle. Voilà ce que nous lirions dans les ouvrages de ces jurisconsultes, s'ils avoient écrit de nos jours, où le retrait des parties accensées est autorisé par la jurisprudence. On doit donc regarder ces mêmes jurisconsultes comme ayant décidé la question en faveur des preneurs à cens, & Dumoulin & d'Argentré sont à la tête de cette première classe.

La seconde est composée de ceux qui admettent le retrait de la totalité du fief; mais sans s'occuper du remboursement des preneurs, Guyot est de ce nombre. Après avoir décidé que le retrait a lieu dans l'espèce dont il s'agit, il s'arrête, & pas un mot de la quotité du remboursement: cependant il n'est pas difficile de deviner son opinion à cet égard, du moins s'il eût été conséquent. Dans le passage que nous avons transcrit plus haut, cet auteur établit pour principe, qu'à l'égard du dominant qui n'a point inféodé l'aliénation du cens, cet héritage, dont le cens retenu vient d'être aliéné, est réputé aliéné, HIC ET NUNC, relativement au dominant.... *C'est la première fois, relativement au dominant, que l'héritage se trouve réellement aliéné.* Si cela est, si l'acte par lequel le cens est vendu est réellement le véritable contrat de vente de l'héritage, relativement au seigneur, il n'y a aucun motif de se référer au bail à cens, d'en faire la mesure du remboursement; il faut s'en tenir au dernier contrat; & comme nous l'avons déjà dit tant de fois, puisque le prix de l'héritage n'y est pas inséré, il faut nécessairement suppléer à son silence par une estimation. Cette conséquence sort immédiatement des principes de Guyot: on doit donc mettre encore cet auteur au nombre de ceux qui favorisent la prétention du preneur à cens.

Enfin il existe des auteurs qui disent en effet que le seigneur peut retirer, en remboursant les deniers d'entrée. Mais comment ont-ils décidé cette importante question? Sans discussion, sans examen, sans même la proposer; tous se contentent de mettre en maxime le prétendu dispositif de l'arrêt de 1581; aucun n'a pris la peine de relever la contradiction qui se trouve, à cet égard, entre M. Louet & Choppin: aucun n'a voulu voir que, lors de cet arrêt, la question n'avoit pas même été proposée. Tant de légéreté dans des écrivains, d'ailleurs si estimables, a sans doute de quoi surprendre; il faut en citer des exemples: en voici.

« L'ouverture arrivant par la vente du fief, il » y a lieu au retrait féodal, tant de ce qui a été » réservé que du domaine vendu ou baillé à cens » ou rente, *en remboursant les deniers d'entrée* ». Brodeau, *sur l'article 52 de Paris*, n°. 3.

« Si le fief baillé à cens ou rentes non inféodées est vendu, il peut être retiré par retrait » féodal, & le seigneur retrayant rentrera en tout » son fief, *en remboursant les deniers d'acquisition* » & les deniers baillés au vassal lors du bail à » cens & rente ». Bacquet, *des droits de francs-fiefs, chap. 11, n°. 10.*

Nous nous bornons à ces deux auteurs; ce sont les plus notables de ceux qui paroissent favoriser la prétention des seigneurs. Nous assurons d'ailleurs qu'on retrouve dans tous les autres le même défaut d'attention, de critique & d'examen.

De quel poids peut donc être l'assertion de ces auteurs? Ce mot échappé à leur plume peut-il être regardé comme leur véritable opinion, comme une décision de leur part? Non, sans doute; ils n'ont pas discuté la question, ils n'ont pas même pris la peine de la proposer; il ne l'ont donc pas décidée.

Nous le répétons, on ne peut qu'être surpris de voir des auteurs trancher aussi légérement sur un point de cette importance. Ce que nous allons dire est plus surprenant encore. On ne peut du moins reprocher que de la légéreté aux écrivains que nous venons de citer. D'autres sont tombés dans des contradictions si choquantes, que l'on refuseroit d'y croire, si nous n'en rapportions pas des preuves. On trouve la première dans le traité des fiefs de Claude de Ferrière, imprimé en 1680; on y lit, *page 46*: « le seigneur ne peut pas user du » retrait féodal, sur ce qui aura été aliéné en premier lieu; mais seulement sur le tiers que le » vassal aura aliéné le dernier, quoique l'Hommeau » remarque un arrêt du 15 avril 1681, par lequel » le total auroit été adjugé au seigneur ». Et dans le même ouvrage, *page 489*, on lit: « au cas que » le vassal vienne à vendre la partie qu'il s'étoit » réservée, il y a lieu au retrait, tant de ce qui » a été réservé, que pour le domaine vendu ou » baillé à cens ou à rente, avec rétention de » foi, par quelque temps que l'acheteur en ait joui; » en ce cas, le seigneur doit rembourser l'acquéreur du prix qu'il a payé pour son acquisition, » avec les impenses utiles & nécessaires qu'il a » faites de bonne foi ».

Le traité des fiefs de Poquet de Livonière nous offre les mêmes inconséquences: on y voit, *page 66*, « que le seigneur exercera le quint, *le retrait féodal*, sur la partie aliénée, ainsi que » sur le reste, toutes les fois que le vassal donnera ouverture à ces droits par son fait ». Plus bas, l'auteur oubliant une décision aussi formelle, tient au contraire que, dans ce cas, il n'y a pas lieu au retrait. Voici comme il s'exprime, *page 454*: « lorsque le seigneur fait de son domaine son » fief, à la charge de relever de lui censivement, » jusqu'à concurrence de ce qu'il lui est permis de » démembrer par les coutumes, *il n'y a point* » *ouverture au retrait féodal* au profit du seigneur » suzerain, ni d'aucun autre..... Il est vrai que

» M. Louet rapporte un arrêt du 15 avril 1581, » qui paroît contraire..... Le motif de cet arrêt » fut que la censive retenue par le contrat d'ac- » censement, avoit été aliénée trois ans après..... » Le peu de temps qui s'étoit écoulé entre ces deux » aliénations, fit juger que l'une n'avoit été faite que » pour parvenir à l'autre ».

M. Pothier, dans son introduction à la coutume d'Orléans, dit, n°. 283 : « la vente du » cens *doit donner ouverture au retrait féodal*, non » du cens seulement, *mais de l'héritage* ». Nous lisons dans le traité des fiefs du même auteur : « lorsque le vassal qui s'est joué de son fief, en » le donnant à cens ou rente, vend son droit » de cens ou rente, *le seigneur ne peut retirer féo-* » *dalement que le droit de cens ou rente* ». *Tom. 2, page 300.*

Ce jurisconsulte décide, comme l'on voit, de la manière la plus formelle, que le seigneur *peut & ne peut pas* retirer les parties accensées. Lorsqu'ensuite il ajoute que le remboursement des preneurs doit se faire sur le pied des baux à cens, de quel poids doit être son autorité? Est-il possible de croire qu'il ait apporté plus d'attention à la question secondaire qu'à la question principale?

Tels sont les arrêts & les auteurs que l'on oppose au preneur à cens, qui demande son remboursement sur le pied de la juste valeur de son héritage. Il s'en faut bien, comme l'on voit, que ces autorités balancent cette règle immuable, qui ne veut pas qu'un citoyen puisse s'enrichir aux dépens d'un autre. On doit donc tenir comme une maxime certaine, que le seigneur n'en est pas quitte, en rendant au preneur à cens les deniers d'entrée qu'il a fournis, ou, en le déchargeant du cens & de la rente; qu'il doit le rembourser sur le pied de la juste valeur de l'héritage sur lequel il exerce le retrait.

Le premier juillet 1779, la grand'chambre du parlement a jugé une question qui n'a pas moins d'intérêt que la précédente. Plaidée, approfondie par deux avocats très-habiles, MM. Moricaut & Lacroix de Frainville, l'affaire a été décidée en parfaite connoissance de cause. Il s'agissoit du point de savoir si le seigneur qui a reçu le quint, & agréé pour vassal l'acquéreur de la partie réservée, peut ensuite retirer les parties accensées par la voie du *jeu de fief*, ou ce qui est la même chose, céder son droit de retrait à cet acquéreur. Voici l'espèce & les moyens respectifs.

Le propriétaire du fief d'Herchies (dans la coutume de Clermont en Beauvoisis) en avoit successivement aliéné plusieurs parties par bail à cens; enfin il se détermina à vendre le surplus.

Le marquis de Siry se proposa pour acquérir; mais ne voulant pas s'exposer au retrait féodal, il se retira d'abord pardevers les marquis de Saisseval & de Causans, propriétaires par indivis de la seigneurie de la Cour d'Auneuil, de laquelle seigneurie relevoit la terre d'Herchies.

Les deux seigneurs de la Cour d'Auneuil répondirent au marquis de Siry, qu'ils renonceroient volontiers en sa faveur au retrait féodal; mais à la condition qu'il retireroit lui-même les parties accensées pour les réunir au corps du fief. En conséquence, par acte du 5 octobre 1778, les seigneurs de la Cour d'Auneuil renoncèrent au retrait féodal sur la partie acquise par le marquis de Siry; mais à la condition expresse, & non autrement, qu'il retireroit les objets accensés, *lui faisant, lesdits seigneurs, cession de leur droit de retrait, &c.*

Le marquis de Siry étoit allé plus loin avec le marquis de Saisseval, il lui avoit payé le droit de quint, résultant de son acquisition future.

Le marquis de Siry, devenu bientôt après acquéreur de ce fief d'Herchies, se mit en devoir d'exercer le retrait sur les différens détenteurs des objets donnés à cens par son vendeur; il dirigea d'abord cette action contre le sieur d'Hervilly, acquéreur d'une portion du domaine d'Herchies, moyennant 20 sous par mine de cens annuel, & la somme de 16900 liv. de deniers d'entrée. Sur le refus du sieur d'Hervilly, procès.

La défense du marquis de Siry étoit infiniment simple; il disoit: l'immeuble aliéné par la voie du bail à cens, est tout à la fois féodal & roturier. Il conserve la première de ces deux qualités dans son rapport avec le seigneur dominant. A son égard, tout est nul, il n'y a pas d'accensement, il n'y a pas même d'aliénation. Les parties ainsi détachées du domaine féodal, sont toujours sous le même titre de fief; & lorsque ce titre est aliéné, tout est censé vendu par le même acte; de là ces deux maximes : 1°. le *jeu de fief* ou bail à cens ne donne ouverture à aucun profit en faveur du dominant : 2°. par une juste compensation, il ne peut pas lui nuire; en conséquence lorsque le fief éprouve quelque mutation, il exige la foi, prend le relief, le quint, ou exerce le retrait à raison de la totalité, & cela jusqu'à ce qu'il ait inféodé, c'est-à-dire, approuvé l'accensement.

C'est encore un principe de cette matière, que le retrait féodal est cessible, que les seigneurs peuvent indifféremment l'exercer par eux-mêmes ou par un cessionnaire.

Où peut donc être la difficulté de cette affaire, puisque le marquis de Siry est bien certainement aux droits des seigneurs de la cour d'Auneuil?

Le sieur d'Hervilly divisoit sa défense en trois moyens. La cession du retrait féodal sur la portion du domaine que je possède est nulle, disoit-il: 1°. parce que le marquis de Siry est acquéreur de ce même fief d'Herchies; 2°. parce que cet acquéreur a payé les droits de quint & requint résultans de son acquisition; 3°. parce que les seigneurs de la Cour d'Auneuil l'ayant agréé pour vassal, à raison d'une partie du fief, ils en ont couvert la totalité.

Au premier moyen du sieur d'Hervilly, qui consistoit à dire que la qualité d'acquéreur est incompatible avec celle de cessionnaire du retrait, on répondoit : quel peut être le motif de cette incompatibilité ? On convient que les seigneurs ont la faculté de céder le retrait féodal. Il faut également convenir que l'on ne connoît pas de bornes à cette faculté ; que les seigneurs peuvent faire cette cession à qui bon leur semble : pourquoi ne pourroient-ils pas faire tomber leur choix sur l'acquéreur du fief, comme sur un tiers ? Cela se voit tous les jours, singuliérement dans les mouvances de la couronne. Lorsque l'acquéreur d'un fief dans cette mouvance craint que le roi ne cède le retrait féodal, il en demande la cession pour lui-même ; presque toujours elle lui est accordée, & personne ne s'est encore avisé de lui opposer sa qualité d'acquéreur.

Dans notre espèce, la cession du retrait est, s'il est possible, encore plus régulière, puisque la glèbe du fief d'Herchies se trouve entre les mains de plusieurs personnes. En effet, le marquis de Siry & le sieur d'Hervilly sont bien réellement co-détenteurs de cette terre, & pour des parties distinctes & séparées. Ces parties n'ayant absolument rien de commun, pourquoi le propriétaire de l'une ne pourroit-il pas être cessionnaire du retrait féodal sur l'autre ? Qu'y a-t-il d'incompatible entre ces deux qualités, puisqu'elles sont parfaitement indépendantes ? Que fait d'ailleurs au sieur d'Hervilly la personne du cessionnaire ? C'est le seigneur lui-même qui exerce le retrait ; le cessionnaire n'est que le mobile qui met en activité la puissance féodale. En un mot, le marquis de Siry a deux qualités bien distinctes, celle d'acquéreur & celle de cessionnaire ; & c'est en vertu de la dernière seule qu'il agit.

2°. Le deuxième moyen du sieur d'Hervilly résulte de la circonstance, que lors de la cession du retrait, le marquis de Siry avoit payé les droits de quint & requint, auxquels l'acquisition qu'il se proposoit de faire devoit donner ouverture. Le quint & le retrait, disoit le sieur d'Hervilly, sont deux droits alternatifs qui s'excluent réciproquement. Le seigneur, après avoir perçu l'un, ne peut donc plus ni exercer ni céder l'autre.

Ce principe est vrai ; le quint & le retrait sont des droits alternatifs, c'est-à-dire, que le seigneur ne peut plus retirer sur celui des mains duquel il a perçu le quint. Voilà le sens de cette maxime ; quel en est le motif ? C'est que le seigneur qui consent à recevoir les droits utiles, agrée pour vassal la personne qui les lui paie. Ce n'est donc pas le paiement qui opère l'extinction du retrait, c'est l'agrément qu'il suppose. Cet agrément peut être conditionnel, comme il peut être pur & simple. Dans le premier cas, sa validité est subordonnée à l'accomplissement de la condition ; jusques-là point d'agrément. Celui que le marquis de Saisseval a donné au marquis de Siry, est de cette espèce. Il n'a consenti à recevoir le quint qu'à la charge de retirer les parties du fief qui se trouvoient entre les mains des tiers-détenteurs. Il ne sera donc vrai de dire que le marquis de Saisseval a reconnu pour vassal le marquis de Siry, qu'après que le retrait sera effectué. Ainsi, quant à présent, nulle conséquence à tirer du paiement des droits de quint & requint.

Mais où le sieur d'Hervilly a-t-il puisé cette maxime, que le paiement du quint, fait par le cessionnaire, annulle la cession du retrait ? Au contraire, il arrive presque toujours que le cessionnaire du retrait paie tout-à-la-fois le prix de la cession & les droits résultans de la vente sur laquelle il se propose de retirer ; droits qui deviennent à sa charge par la transmission du fief dans sa main, & jusqu'à présent personne ne s'est encore avisé d'en faire résulter une fin de non-recevoir.

3°. Le sieur d'Hervilly opposoit enfin, que les seigneurs de la Cour d'Auneuil ayant agréé le marquis de Siry pour vassal, tout le fief est couvert. Il n'existe, disoit-il, qu'un seul titre féodal sur un seul fief. Ce titre, qui reposoit tout entier sur la partie réservée, est passé dans les mains du marquis de Siry ; les seigneurs d'Auneuil l'ont ensaisiné ; ils ont donc renoncé au retrait sur la totalité de la glèbe.

On répondoit : le sieur d'Hervilly généralise trop ses idées. Cette prétendue maxime que le titre du fief repose en entier sur le domaine réservé, n'est vraie qu'entre le propriétaire de ce domaine & le preneur à cens. A l'égard du seigneur dominant, il n'y a rien d'innové. Le titre féodal couvre la totalité de la glèbe, comme avant le bail à cens : il repose sur la partie accensée, comme sur le surplus du fief. Il faut bien que cela soit ainsi, puisque, encore une fois, tout est noble & féodal ; en un mot, ce titre essentiellement indivisible *est totus in toto, totus in quâlibet parte.*

Ainsi le domaine d'Herchies n'a pas cessé d'être féodal relativement au seigneur de la Cour d'Auneuil. A la vérité, la loi lui fermoit les yeux sur les aliénations qualifiées de baux à cens, elle lui défendoit de s'en appercevoir, elle tenoit tous ses droits suspendus jusqu'à la vente de la partie réservée. Mais cet événement arrivé, la loi s'empresse de réparer le préjudice qu'elle avoit fait au seigneur. Jusqu'alors elle avoit supposé qu'il n'y avoit pas d'aliénations ; par une fiction contraire, tout est réputé aliéné par le dernier contrat, &, par une suite nécessaire, la totalité du fief est assujettie à tous les droits résultans des mutations par vente.

Ces droits sont connus ; c'est le quint ou le retrait. Pour savoir de quelle manière le seigneur doit en user, il ne faut que déterminer le point où la fiction s'est arrêtée. On a bien pu supposer qu'il n'y avoit point d'aliénation même après les baux à cens ; on a pu supposer également que la totalité de la glèbe étoit aliénée par le dernier contrat; mais il n'est pas possible d'aller jusqu'à feindre que la totalité du domaine est dans les mains de l'acquéreur de la partie réservée: ce seroit cumuler trop de fictions à la fois. D'ailleurs, cette dernière n'auroit aucune espèce d'objet; elle seroit même contraire à l'esprit de la loi, puisque à l'instant de l'aliénation du domaine réservé, elle soumet également toutes les parties du fief aux droits féodaux. Il existe donc aujourd'hui plusieurs détenteurs de la glèbe du fief d'Herchies; cette glèbe est féodale entre les mains de chacun d'eux, & le titre du fief, puisqu'il est indivisible, repose en totalité sur chaque partie.

Maintenant, ajoutoit le marquis de Siry, rien de plus palpable que le vice du raisonnement que l'on oppose. Il est bien vrai qu'à la portion acquise par le marquis de Siry, est attachée la totalité du titre féodal d'Herchies; mais la partie de ce même fief, qui est entre les mains du sieur d'Hervilly, jouit de la même prérogative. Pourquoi donc l'ensaisinement de l'une emporteroit-elle la déchéance du retrait sur l'autre? Ne voyons-nous pas tous les jours, lorsqu'un fief appartient à plusieurs co-détenteurs, le seigneur retirer sur l'un & agréer les autres pour vassaux? & cet usage est parfaitement d'accord avec les principes, par la raison que l'ensaisinement de chaque partie d'un fief, quoique l'on puisse toujours dire qu'il embrasse la totalité du titre, n'a d'efficacité que pour la partie de la glèbe couverte par ce même titre.

Nonobstant toutes ces raisons, l'arrêt ci-dessus déclare le marquis de Siry non-recevable dans sa demande.

§. XIV. *De l'inféodation des baux à cens.* Les loix féodales permettent le *jeu de fief.* C'est une condescendance qu'elles veulent bien avoir pour les vassaux. Mais il étoit juste que l'on prît des mesures pour que ces aliénations portassent aux vassaux le moindre préjudice possible. C'est aussi ce qu'elles ont fait. Elles veulent que le vassal qui s'est joué de son fief, en tout ou en partie, reporte ce même fief dans ses aveux, comme avant l'aliénation, comme s'il étoit encore dans ses mains. A l'égard du cens & des droits réservés, ils sont absolument étrangers au seigneur; il ne les connoît pas.

C'est donc la glèbe même du fief que le vassal doit reporter dans ses aveux; & s'il parle du cens imposé sur les parties aliénées, ce ne doit être que par forme d'indication; & afin que le seigneur connoisse le véritable état du fief mouvant de lui. Par exemple: « je tiens telle métairie, composée » de tant d'arpens, de laquelle Pierre est actuellement détenteur & propriétaire, en vertu » d'un bail à cens, du, *&c.* ».

Tout le temps que les aveux sont conçus de cette manière, le *jeu de fief* ne porte aucun préjudice au seigneur dominant, & lorsque le cens réservé change de main, il prend sur la glèbe accensée les mêmes droits de relief, de quint, *&c.* qu'il percevoit avec le bail à cens.

Mais, si au lieu de la clause dont nous venons de présenter le modèle, l'aveu porte: « il est » deux sols de cens à prendre sur telle métairie, » accensée à Pierre, par acte du, &c. », la chose est bien différente. Comme alors ce n'est pas la glèbe, mais le cens qui est reporté au seigneur; s'il néglige de blâmer cette énonciation, il est censé inféoder le bail à cens, & désormais, il n'aura plus rien à prétendre sur la glèbe.

§. XV. *De la peine du jeu de fief irrégulier.* Le vassal qui, en se jouant de son fief, ne se conforme pas exactement aux conditions prescrites par la coutume, dans le territoire de laquelle ce fief est situé, excède les bornes du *jeu de fief*: ainsi, dans la coutume de Paris, s'il aliène plus des deux tiers du fief, ou s'il néglige de se réserver la *foi entière*, ou enfin s'il omet de retenir un droit seigneurial & domanial sur la partie aliénée; dans chacun de ces trois cas, il excède les bornes du *jeu de fief*: il en est de même dans les coutumes que nous avons placées dans la deuxième classe; s'il donne autrement que par bail à cens & rente, s'il prend des deniers d'entrée, dans tous ces cas, le *jeu de fief* est irrégulier. Quelle est la peine de cette irrégularité?

Lorsque le vassal refuse de se soumettre aux conditions que la coutume lui impose, il est indigne du bénéfice qu'elle lui accorde. Ce bénéfice, lorsque le *jeu de fief* est régulier, consiste dans l'exemption des droits & devoirs seigneuriaux pour la partie ainsi aliénée. La privation de ce bénéfice emporte donc la nécessité de la prestation de ces mêmes droits & devoirs.

Ainsi, toutes les fois que le vassal n'a pas littéralement rempli les formes prescrites par la coutume, l'acte dégénère en contrat de vente pur & simple; la partie aliénée ne change pas de nature, n'est pas arroturée, elle demeure féodale, & l'acquéreur en doit l'hommage & les droits de mutation au seigneur dominant.

Les loix primitives étoient bien plus rigoureuses: elles prononçoient la confiscation de la partie aliénée. C'est ce que nous apprennent les assises de Jérusalem, *qui aliène son fié ou partie sans l'otroi dou segnor, & autrement que par l'usage dou royaume, & le met en main d'yglyse, ou de religion, ou commune; ou d'autres; le segnor de qui il tient cil fié, peut prendre ce que il a aliéné, & tenir & user comme la soue chose. Car le segnor dou fié par le fet qu'il a fait, en échet vers son segnor, de perdre à tos jors, lui & ses hors, ce qu'il a doudit fié aliéné, & retorne au segnor principal.*

Aujourd'hui, comme nous venons de le dire, la confiscation n'a plus lieu; l'acquéreur en est quitte pour rendre l'hommage & payer les droits féodaux.

Mais cet acquéreur, qui avoit pris par bail à

cens, comptoit posséder un héritage roturier, exempt de l'hommage du quint, du relief, du droit de franc-fief, un héritage susceptible d'un partage égal entre ses enfans. Toutes ces vues sont trompées; c'est un fief qu'il possède; l'aîné de ses fils en emportera la majeure partie, & tous paieront le droit de franc-fief, s'ils sont roturiers: a-t-il au moins une indemnité à prétendre contre son vendeur?

La question n'est pas nouvelle; elle est décidée dans les anciennes constitutions du châtelet de Paris. L'article 22 porte: « il puet bien estre que » un conte ou un chevalier puet tenir son fié du » roi, nu à nu ligement, & icestui puet bailler de » celui fié à un autre se il veut, & se cestui se- » cond s'il bailloit à cens d'icelui fié, il amenui- » seroit le fié & avilaineroit & porroit dire le » premier ou le secont à celui qui derrenière- » ment auroit baillé & accensé son fié, vous » m'avez mon fié amenisé & accensé & à vi- » laini, sachiez que je veuil en mon fié assener, » & il le puet faire de droit: mes celui qui l'a » pris *puet semoudre son garantisseur* devant celi » de qui il tient celi fié, & ce il li fait droit, » il le preigne; & se non, il en puet souploier » au roi, & requérir que celi li baille ses dommages » ou droits, & le doit celi qui li bailla deédom- » mager envers le roi & envers celi de qui il » tient son fié ».

Ce droit primitif est encore en vigueur. Lorsqu'un preneur à cens est condamné à payer les droits féodaux, on l'autorise à demander des dommages & intérêts à son vendeur. L'arrêt du 26 mai 1764, rendu en faveur de M. le duc de Penthièvre, le juge expressément. Cet arrêt est rapporté plus haut. On retrouve la même disposition dans l'arrêt en faveur de M. le comte de Mailly, dont l'espèce est détaillée dans l'addition au mot *Franc-fief*. Cet arrêt déclare irrégulier un bail à cens fait par le sieur Hénon au sieur le Clerc, condamne le sieur le Clerc à porter l'hommage & payer les droits de quint & requint à M. le comte de Mailly, *& ledit Hénon à garantir & indemniser ledit le Clerc*.

Cette jurisprudence est fondée sur le motif principal, que le propriétaire du fief doit connoître les loix qui lui permettent de l'aliéner, & les obligations que ces loix lui imposent.

Le bail à cens une fois jugé irrégulier, le preneur est obligé non seulement de payer les droits de mutation, mais encore le franc-fief, s'il n'est pas noble; & l'indemnité qui lui est due doit embrasser les deux objets.

§. XVI. *De l'approbation donnée par le seigneur dominant, à un jeu de fief irrégulier.* Les entraves que les loix féodales donnent au *jeu de fief*, sont purement relatives aux seigneurs dominans: c'est uniquement pour la conservation de leurs droits, qu'elles gênent de tant de manières la liberté des propriétaires de fief: or, chacun est le maître de faire le sacrifice de ses avantages; de quelque manière que le vassal dispose de son fief, quelque bizarre, quelque irrégulière que soit la convention, elle devient donc légitime, dès qu'elle est revêtue de l'approbation du seigneur dominant; dès qu'il parle, la loi se tait. Elle veilloit sur ses droits, lorsqu'il paroissoit lui en avoir confié la garde; sitôt qu'il en dispose, elle détourne ses regards & l'abandonne à lui-même: en conséquence, il est de principe que par le titre d'investiture, ou ceux qui le représentent, le seigneur peut déroger à toutes les loix féodales, même changer, altérer la nature du fief. *Tenor investituræ omni feudorum naturæ derogat.* Ainsi par l'acte d'inféodation, ou par des conventions postérieures, on peut affranchir un fief de tous les droits seigneuriaux, même de l'hommage; ainsi, un *jeu de fief*, de plus des deux tiers du domaine, dans la coutume de Paris, ou avec des deniers d'entrée, dans les coutumes qui les prohibent, devient légitime sitôt qu'il est revêtu de l'approbation du seigneur dominant. Et cette approbation une fois donnée, tout est consommé; le seigneur, ou ses représentans, sont à jamais dans l'impuissance de la rétracter. (*Article de M.* HENRION, *avocat au parlement.*)

JEU *de quintaine. Voyez* QUINTAINE.

J O

JOINDRE, v. a. JONCTION, s. f. *termes de Procédure*, qui signifient l'union d'une cause, instance ou procès à un autre, pour les juger conjointement par un seul & même jugement.

Cette *jonction* ne se fait quelquefois que sauf à disjoindre, c'est-à-dire que, si on reconnoît dans la suite qu'il y ait lieu de juger une affaire avant l'autre, on les disjoint pour les juger séparément.

Appointement de *jonction*, est le réglement qui unit ainsi deux instances ou procès qui étoient auparavant séparés.

Dans les instances ou procès appointés, on appointe en droit & *joint* les nouvelles demandes qui sont incidentes au fond.

On *joint* même quelquefois au fond des requêtes contenant demande provisoire, lorsqu'on ne trouve pas qu'il y ait lieu de statuer sur le provisoire.

Quand on *joint* simplement la requête, il n'y a point d'instruction à faire; on statue sur la requête en jugeant le fond.

Mais quand on appointe en droit & *joint*, il faut écrire & produire en exécution de ce réglement.

On dit encore au palais, qu'une affaire se poursuit à la *jonction* du procureur-général, ou du procureur du roi, ou du ministère public en général, lorsque dans une affaire criminelle où il y a une partie civile, le ministère public intervient pour conclure à la vengeance & punition du délit. Cette intervention

intervention s'appelle *jonction*, parce que le ministère public se *joint* à l'accusateur qui la requiert, & qu'en France les particuliers ne peuvent conclure qu'aux intérêts civils; le droit de poursuivre la punition du crime, & la vindicte publique, réside en la personne du ministère public. (*A*)

JOUER, (*se*) se dit, *en Droit*, dans deux significations différentes.

On dit *se jouer* de son fief, pour signifier qu'on en vend une partie sans démission de foi. *Voyez* JEU DE FIEF.

On dit qu'on *se joue* de ses qualités, lorsque l'on en change selon l'occurrence. Un mineur peut *se jouer* de ses qualités, c'est-à-dire, que, quoiqu'il se soit d'abord porté héritier, il peut ensuite se porter douairier ou donataire. (*A*)

JOUISSANCE, s. f. *en Droit*, est ordinairement synonyme de *possession*; c'est pourquoi l'on dit communément *possession* & *jouissance* : cependant l'on peut avoir la possession d'un bien sans en jouir. Ainsi la partie saisie possède jusqu'à l'adjudication, mais elle ne jouit plus depuis qu'il y a un bail judiciaire exécuté.

Jouissance se prend donc quelquefois pour la perception des fruits.

Rapporter les *jouissances*, c'est rapporter les fruits. Ceux qui rapportent des biens à une succession, sont obligés de rapporter aussi les *jouissances* du jour de l'ouverture de la succession; le possesseur de mauvaise foi est tenu de rapporter toutes les *jouissances* qu'il a eues. *Voyez* FRUITS, POSSESSEUR, POSSESSION, RESTITUTION. (*A*)

JOUR, s. m. (*Droit civil. Commerce.*) c'est l'espace de temps par lequel on divise les mois & les années. Il y a deux sortes de *jours*, l'artificiel & le naturel.

Le *jour* artificiel, qui est le premier qu'il semble qu'on ait appellé simplement *jour*, est le temps de la lumière qui est déterminé par le lever & le coucher du soleil.

On le définit proprement le séjour du soleil sur l'horizon, pour le distinguer du temps de l'obscurité ou du séjour du soleil sous l'horizon, qui est appellé *nuit*.

Le *jour* naturel, appellé aussi *jour civil*, est l'espace de temps que le soleil met à faire une révolution autour de la terre, ou, pour parler plus juste, c'est le temps que la terre emploie à faire une révolution autour de son axe; ainsi le *jour* naturel ou civil comprend le *jour* & la nuit.

Lorsqu'il a été convenu qu'une dette se paieroit à un *jour* déterminé, elle ne peut être exigée qu'après que ce *jour* est écoulé.

Dans les délais des assignations & des procédures, on ne doit pas compter les *jours* des significations des exploits & actes, ni les *jours* auxquels échoient les assignations : mais on compte tous les autres *jours*, même les dimanches & les fêtes solemnelles. C'est ce qui résulte des articles 6 & 7 du titre 3 de l'ordonnance du mois d'avril 1667.

A moins qu'il ne soit question d'un cas qui requiert célérité, toute assignation doit être donnée de *jour* & avant le coucher du soleil, & l'on ne peut en donner aucune les *jours* de fêtes ou de dimanche, si ce n'est dans les cas dont nous avons parlé sous les mots ASSIGNATION & AJOURNEMENT.

On a agité la question de savoir s'il étoit nécessaire, à peine de nullité, que l'exploit de demande en retrait lignager exprimât précisément le *jour* auquel le défendeur est assigné à comparoir, surtout dans les coutumes telles que celle de Paris, qui exigent que le *jour* de l'échéance de l'assignation tombe dans l'an & *jour* accordé par le retrait : mais par arrêt du 26 juillet 1745, le parlement de Paris a jugé que cela n'étoit pas nécessaire. Cette décision est fondée sur ce que les délais de l'ordonnance étant par eux-mêmes certains, le défendeur qui est assigné à comparoir dans ces délais, est suffisamment averti du *jour* auquel il doit se présenter.

Dans le commerce, on appelle *jours de faveur* ou *jours de grace* un nombre de *jours* accordés par l'usage pour le paiement d'une lettre-de-change, lorsqu'elle est due, c'est-à-dire, lorsque le temps pour lequel elle a été acceptée, est expiré.

En Angleterre, on accorde trois *jours* de grace; ensorte qu'une lettre-de-change acceptée pour être payée, par exemple, dans six *jours* à vue, peut n'être payée que dans treize *jours*. Par toute la France, on accorde dix *jours* de grace, autant à Dantzick, huit à Naples, six à Venise, à Amsterdam, à Rotterdam, à Anvers, quatre à Francfort, cinq à Leipsick, douze à Hambourg, six en Portugal, quatorze en Espagne, trente à Gênes, &c. Remarquez que les dimanches & les fêtes sont compris dans le nombre des *jours* de grace.

On dit qu'une lettre-de-change est payable à *jour* préfix, à *jour* nommé, lorsque le *jour* qu'elle doit être payée est exprimé & fixé dans la lettre-de-change. Les lettres à *jour* préfix ne jouissent point du bénéfice des dix *jours* de faveur ou de grace.

C'est conformément à cette décision que par arrêt de réglement du 2 juillet 1777, le parlement de Paris a ordonné que les porteurs de lettres-de-change, dont le paiement écherroit à *jour* certain, & dans lesquelles le mot *préfix* se trouveroit ajouté à la date de l'échéance, seroient tenus d'en faire la demande, & à défaut de paiement, de les faire protester le *jour* même de l'échéance, sinon qu'ils seroient non-recevables dans leurs actions en garantie, & en toute autre demande contre les tireurs & endosseurs.

On appelle *jour de planche*, le séjour que le maître d'un bâtiment freté par des marchands, est obligé de faire dans le lieu de son arrivée, sans qu'il lui soit rien dû au-delà du fret. On convient ordinairement de ces *jours* de planche par la charte-partie, à moins qu'ils ne soient fixés ou par l'usage ou par des réglemens.

On appelle *jour de coutume*, un *jour*, une se-

nêtre, que le propriétaire d'une maison fait ouvrir dans un mur, contre lequel son voisin n'a pas de bâtiment adossé. Et l'on appelle *jour de servitude*, une ouverture ou fenêtre faite dans un mur, en vertu d'un titre, d'une convention particulière. *Voyez* VUE & SERVITUDE.

JOURNAL, s. m. (*Jurispr. Commerce.*) on appelle dans le commerce, *livre journal*, un livre sur lequel un marchand inscrit jour par jour les marchandises qu'il vend aux particuliers.

Comme on ne peut point se faire de titre à soi-même, il faut en conclure que les livres *journaux* des marchands ne font pas une preuve pleine & entière contre les personnes à qui ils prétendent avoir vendu leurs marchandises. Cependant la faveur du commerce a établi que quand ces livres *journaux* sont en bon ordre, qu'ils sont écrits de jour à jour sans aucun blanc, que le marchand jouit d'une réputation de probité, & que sa demande est formée dans l'année de la fourniture, ils forment une sémi-preuve; & pour suppléer à ce qui manque à la preuve de la fourniture, les juges prennent souvent le serment du marchand. C'est ainsi que Dumoulin pense qu'il faut en user. Mais cela ne doit en général avoir lieu que de marchand à marchand: car pour déférer l'affirmation à un marchand contre des bourgeois, sur la vérité des fournitures inscrites sur son livre *journal*, il faudroit qu'elles ne montassent pas à une somme considérable, & qu'elles n'eussent rien que de vraisemblable, relativement aux besoins qu'auroient pu en avoir les défendeurs.

Au reste, ce qu'on vient de dire ne s'applique pas aux petits marchands qui sont dans la classe du bas peuple. Boiceau pense fort bien que leurs livres ne doivent pas faire foi.

Quant à la preuve que les *journaux* d'un marchand font contre lui relativement aux marchés qu'il a faits, aux sommes qui lui ont été payées & aux marchandises qui lui ont été livrées, elle est complette, quand même tout cela auroit été écrit d'une autre main que celle du marchand, pourvu qu'il conste que le *journal* est celui dont le marchand a coutume de se servir. Cette décision de Dumoulin est fondée sur ce que le *journal* étant en la possession du marchand, on doit présumer que tout ce qui y est écrit l'a été de son consentement. *Voyez* LIVRE & JUSTICE.

JOURNAL, se dit, dans plusieurs provinces, d'une certaine quantité de terres, de vignes, de prés, moins considérable que celle qui est désignée sous le nom d'*arpens*. Dans la propriété du terme, le *journal* est la quantité de terre qu'un homme peut travailler dans l'espace d'un jour, mais tout cela dépend de l'usage des lieux, ensorte que le *journal* a plus ou moins d'étendue dans les différentes provinces.

JOURNÉE, s. f. c'est le travail d'un ouvrier pendant un jour.

On appelle *gens de journée*, les ouvriers qui se louent pour travailler le long du jour, depuis le matin jusqu'au soir.

On dit parmi les ouvriers & artisans, *travailler à la journée*, par opposition à travailler à la tâche & à la pièce. Le premier signifie travailler pour un certain prix & à certaines conditions de nourriture ou autrement, depuis le matin jusqu'au soir, sans obligation de rendre l'ouvrage parfait: le second s'entend du marché que l'on fait de finir un ouvrage pour un certain prix, quelque temps qu'il faille employer pour l'achever.

Dans la plupart des communautés des arts & métiers, on met aussi de la différence entre travailler à la *journée*, & travailler à l'année. Les compagnons qui travaillent à l'année, ne peuvent quitter leurs maîtres sans permission, que leur temps ne soit achevé; & les compagnons qui sont simplement à la journée, peuvent se retirer à la fin de chaque jour.

Quant à ceux qui sont à la tâche, il leur est défendu de quitter sans congé, que l'ouvrage entrepris ne soit livré.

En termes de palais, on appelle *journées de cause*, les *journées* d'audience, les expéditions, les appointemens, les actes préparatoires & instructifs qui se prononcent par sentence, & non ce qui se fait extrajudiciairement, & par une signification.

JOURS, GRANDS-JOURS, *ou* HAUTS-JOURS, (*Droit public.*) étoient une espèce d'assise extraordinaire, ou plutôt une commission pour tenir les plaids généraux du roi dans les provinces les plus éloignées.

Il ne faut pas s'imaginer que ces sortes d'assises aient été ainsi nommées parce qu'on les tenoit dans les plus longs *jours* de l'année, car on les tenoit plusieurs fois l'année & en différens temps; on les appella *grands jours*, pour dire que c'étoit une assise extraordinaire où se traitoient les grandes affaires.

Les *grands jours royaux* furent établis pour juger en dernier ressort les affaires des provinces les plus éloignées, & principalement pour informer des délits de ceux que l'éloignement rendoit plus hardis & plus entreprenans; on les tenoit ordinairement de deux ans en deux ans.

Ils étoient composés de personnes choisies & députées par le roi à cet effet, tels que les commissaires appellés *missi dominici*, que nos rois de la première & de la seconde race envoyoient dans les provinces pour informer de la conduite des ducs & des comtes, & des abus qui pouvoient se glisser dans l'administration de la justice & des finances contre l'ordre public & général.

Les *grands-jours* les plus anciens qui aient porté ce nom, sont ceux que les comtes de Champagne tenoient à Troyes; & ce fut à l'instar de ceux-ci que les assemblées pareilles qui se tenoient au nom du roi furent aussi nommées *grands-jours*.

La séance même du parlement, lorsqu'il étoit encore ambulatoire, étoit nommée *grands-jours*.

Les parlemens de Toulouse, Bordeaux, Bretagne, & quelques autres tenoient aussi leurs *grands-jours*.

Depuis que les parlemens ont été rendus sédentaires, les *grands-jours* n'ont plus été qu'une commission d'un certain nombre des juges tirés du parlement pour juger en dernier ressort toutes affaires civiles & criminelles par appel des juges ordinaires des lieux, même les affaires criminelles en première instance.

Les derniers *grands-jours royaux* sont ceux qui furent tenus en 1666 à Clermont en Auvergne, & au Puy en Velai pour le Languedoc.

Nos rois accordèrent aux princes de leur sang le droit de faire tenir des *grands-jours* dans leurs apanages & pairies; mais l'appel de ces *grands-jours* ressortissoit au parlement, à moins que le roi ne leur eût octroyé spécialement le droit de juger en dernier ressort.

Plusieurs seigneurs avoient aussi droit de *grands-jours*, où l'on jugeoit les appellations interjettées des juges ordinaires, des crimes qui se commettoient par les baillifs & sénéchaux & autres juges dépendans du seigneur. Ces *grands-jours* seigneuriaux ont été abolis par l'ordonnance de Roussillon, qui défend à tout seigneur d'avoir deux degrés de jurisdiction en un même lieu : quelques pairs en font cependant encore assembler, mais ils ne jugent pas en dernier ressort.

Nous allons donner quelques notions sommaires des *grands-jours* dont il est le plus souvent fait mention dans les ordonnances & dans les histoires particulières.

Grands-jours d'Angers ou *du duc d'Anjou*, étoient pour l'apanage du duc d'Anjou; ils furent accordés par Charles V, à Louis son frère, duc de Tours & d'Anjou, avec faculté de les tenir, soit à Paris ou dans telle ville de ses duchés qu'il voudroit. Louise de Savoye, mere du roi François I, fit en 1516 ériger des *grands-jours* en la ville d'Angers ; on en tint aussi pour le roi dans cette ville en 1339.

Grands-jours d'Angoulême étoient ceux des comtes d'Angoulême. *Voyez le recueil de* Blanchard *à la table.*

Grands-jours de l'archevêque de Rouen, ou *hauts-jours*, étoient une assise majeure qui se tenoit en son nom. Un arrêt du parlement de Rouen du 2 juillet 1515 ordonna qu'ils se serviroient du terme de *hauts-jours*, & non *d'échiquier*. Voyez *le recueil d'arrêts de* M. Froland, *pag. 34, & le mot* ÉCHIQUIER.

Grands-jours d'Auvergne, sont ceux qui se tinrent dans cette province, tant à Clermont & Montferrand, qu'à Riom. Il y en eut à Montferrand en 1454, & sous Louis XI, en 1481, tant pour l'Auvergne que pour le Bourbonnois, Nivernois, Lyonnois, Forez, Beaujolois & la Marche ; ils s'ouvrirent à Montferrand : on les y tint encore en 1520, & à Riom en 1542 & 1546. *Voyez grands-jours de Berry.*

Grands-jours de Beaumont : il est parlé des *grands-jours* de ce comté dans des lettres de Charles VI du 6 mai 1403.

Grands-jours de Beaune ou *de Bourgogne*, étoient ceux qui se tenoient pour la province de Bourgogne avant l'érection du parlement de Dijon : ils jugeoient sans appel.

Grands-jours de Berry ou *du duc de Berry*. Jean I, duc de Berry, eut le droit de faire tenir les *grands-jours* pour juger les appellations que l'on interjettoit du sénéchal de Poitou & d'Auvergne, du bailli de Berry & de ses autres juges inférieurs dont il est parlé dans *Joannes Galli*, *quest.* 250, & dans les anciennes ordonnances.

Grands-jours de Bourbonnois, voyez *Grands-jours d'Auvergne* & *Grands-jours de Moulins*.

Grands-jours de Bourgogne, voyez *Grands-jours de Beaune*.

Grands-jours du duc de Bretagne ; on donnoit quelquefois ce nom au parlement de cette province avant qu'il fût sédentaire, comme on peut voir par l'ordonnance de Charles VIII de l'an 1495.

Grands-jours de Champagne, voyez *Grands-jours de Troyes*.

Grands-jours de Brie : le duc d'Orléans, frère de Charles VI, y en faisoit tenir. Voyez *les lettres de 1403*.

Grands-jours de Châtelleraut, voyez *le recueil de* Blanchard.

Grands-jours de Clermont en Auvergne, voyez *Grands-jours d'Auvergne*.

Grands-jours de Clermont en Beauvoisis, voyez *le recueil de* Blanchard.

Grands-jours de Dombes : le parlement de cette principauté, qui tenoit anciennement ses séances à Lyon par emprunt de territoire, devoit aller tenir ses *grands-jours* en Dombes deux fois l'année, suivant un édit de Louis III, prince souverain de Dombes, du mois de septembre 1571.

Grands-jours de Limoges, voyez *le recueil de* Blanchard.

Grands-jours de Lyon furent tenus en 1596.

Grands-jours du comté du Maine, étoient ceux qu'y faisoit tenir le duc d'Anjou, comte du Maine, auquel ils avoient été accordés par des lettres de 1371.

La cour des *grands-jours* de la ville de S. Michel en Lorraine étoit déja établie en 1380. Il y a sur ce tribunal une ordonnance de René d'Anjou, duc de Lorraine, du 4 mars 1449. Le duc Charles III en confirma l'établissement sous le titre de *cour de parlement & grands-jours* de saint Michel, le 8 octobre 1571. Le 3 décembre 1573, il en régla les fonctions. Il y a une ordonnance du même prince touchant l'appel des sentences de la cour des *grands-jours* de S. Michel, du 8 octobre 1607. Louis XIII supprima ces *grands-jours* en 1635, temps auquel il occupoit la Lorraine par ses armes.

Grands-jours de Montferrand, voyez *Grands-jours d'Auvergne*.

Grands-jours du duché de Montmorency, c'étoient ceux que les seigneurs de Montmorency faisoient tenir dans leur pairie. *Voyez les lettres-patentes citées par* Blanchard *à la table.*

Grands-jours de Moulins furent tenus en 1534, 1540 & 1550.

Grands-jours de Normandie : les ducs de cette province en faisoient tenir, soit à Rouen, ou même quelquefois à Paris ; on les appelloit les *hauts-jours*. Voyez *le recueil d'arrêts de* M. Froland, *pag. 74.*

Grands-jours d'Orléans : c'étoit le duc d'Orléans qui les faisoit tenir dans son apanage : il en est parlé dans des lettres de Charles VI du 6 mai 1403.

Grands-jours de Paris : Charles le Bel ordonna que l'on en tînt dans cette ville, & que l'on y fît la recherche des criminels.

Grands-jours de Poitiers ou *des comtes de Poitou*, furent tenus en 1454, 1531, 1541, 1567, 1579 & 1634.

Grands-jours des reines, étoient ceux qui leur étoient accordés dans les terres qu'on leur donnoit pour leur douaire : il en est fait mention dans l'ancien style du parlement, *chap. 23.*

Grands-jours de Riom, voyez *Grands-jours d'Auvergne.*

Grands-jours de Soissons, étoient ceux du comte de Soissons. *Voyez le recueil de* Blanchard *à la table.*

Grands-jours de Tours, le parlement de Paris en tint dans cette ville en 1519, 1533, 1547.

Grands-jours de Troyes, appellés aussi *la cour de Champagne*, étoient des assises publiques & générales que les comtes de Champagne tenoient à Troyes, pour juger en dernier ressort les affaires majeures & celles qui étoient dévolues par appel des assises des bailliages, & principalement les causes des barons de Champagne, lesquels relevoient immédiatement du comté. Cette prérogative fut accordée aux comtes de Champagne à cause de leur dignité de palatins. Leurs *grands-jours* se tenoient trois ou quatre fois l'année ; ils étoient composés d'un certain nombre de juges choisis dans l'ordre de la noblesse ; on y appelloit les causes selon le rang des bailliages ; on y observoit les formes judiciaires, c'est-à-dire qu'on les jugeoit par enquêtes ou par plaids, selon la nature de l'affaire. Quand ces jugemens pouvoient servir de réglemens, on les inséroit dans le recueil des coutumes de Champagne. Depuis que Philippe le Bel eut réuni cette province à la couronne, les *grands-jours* de Troyes se tenoient en son nom, comme comte de Champagne ; il ordonna en 1302 que ces *grands-jours* se tiendroient deux fois l'année : le roi y envoyoit huit députés du parlement, entre lesquels étoient plusieurs prélats ; ils renvoyoient au parlement de Paris les affaires dont la connoissance pouvoit l'intéresser. *Voyez les mémoires de* Pithou.

Grands-jours de Valois : le duc d'Orléans y en faisoit tenir, suivant ce qui est dit dans des lettres de Charles VI du 6 mai 1403.

Grands-jours de Vertus : Charles VI, par des lettres du 6 mai 1403, accorda au duc d'Orléans son frere le droit d'y faire tenir des *grands jours.*

Grands-jours d'Yvetot ou *hauts-jours d'Yvetot*, ce droit fut confirmé aux seigneurs d'Yvetot par des lettres de Louis XI de 1464. *Voyez la dissertation de* l'abbé de Vertot *sur le royaume d'Yvetot, & les glossaires de* Lauriere *& de* Ducange. (*A*)

JOUXTE, du latin *juxtà*, terme usité dans les anciens titres, & singuliérement dans les terriers, reconnoissances & déclarations, pour désigner les confins ou terreins d'un héritage. On dit *jouxte* la maison, terre, pré ou vigne, *&c.* d'un tel. (*A*)

JOYAUX, *voyez* BAGUES ET JOYAUX.

JOYEUX AVÉNEMENT, (*Droit public. Droit canonique.*) on donne ce nom à certains droits utiles & honorifiques, dont le roi jouit à son avénement à la couronne.

Entre ces droits, on remarque principalement celui par lequel le roi peut nommer un clerc, pour être pourvu de la premiere prébende qui vaque dans les églises cathédrales & collégiales. Nous en avons parlé sous le mot BREVET, *matiere bénéficiale.* C'est pourquoi nous nous bornerons à traiter des autres droits, dont le roi jouit à son avénement à la couronne, & qu'on désigne par l'expression de *joyeux avénement.*

Ces droits sont de deux sortes ; les uns utiles, les autres honorifiques.

Les droits utiles sont des sommes de deniers que le roi leve sur certains corps & autres personnes.

Cet usage est fort ancien, puisqu'on voit qu'en 1383 les habitans de Cambrai offrirent à Charles VI 6000 liv. lors de son *joyeux avénement* dans cette ville. En 1484 les états généraux assemblés à Tours accorderent à Charles VIII deux millions cinq cens mille livres, & 300 mille livres pour son *joyeux avénement*, ce qui fut réparti sur la noblesse, le clergé & le peuple.

Le droit de confirmation des offices & des priviléges accordés soit à des particuliers, soit aux communautés des villes & bourgs du royaume, aux corps des marchands, arts & métiers où il y a jurande, maîtrise & privilége, est un des plus anciens droits de la couronne, & a été payé dans tous les temps, à l'avénement des nouveaux rois.

François I par différentes déclarations & lettres-patentes de l'année 1514, Henri II par des lettres de 1546 & 1547, François II par celles de 1559 & 1560, Charles IX par l'édit du mois de décembre 1560, ont confirmé tous les officiers du royaume dans l'exercice de leurs fonctions. Henri III ordonna par des lettres-patentes du dernier juillet 1574, à toutes personnes de demander la confirmation de leurs charges, offices, états & priviléges. Par une déclaration du 25 décembre 1581, Henri IV enjoignit à tous les officiers du royaume, de prendre des lettres pour être confirmés dans leurs offices. Louis XIII par différentes lettres-patentes des années 1610 & 1611, confirma les officiers dans leurs fonctions & droits, & accorda la confirmation des privilèges des villes & communautés, & des différens arts & métiers du royaume. Louis XIV par deux édits du mois de juillet 1643, & par déclaration du 28 octobre audit an, confirma dans leurs fonctions & privilèges, tous les officiers de judicature, police & finance, les communautés des villes, bourgs & bourgades, les arts, métiers & privilèges, ensemble les hôteliers, cabaretiers & autres, à condition de lui payer le droit qui lui étoit dû à cause de son heureux avénement.

La perception du droit de *joyeux avénement* fut différée par Louis XV, jusqu'en 1723, qu'elle fut ordonnée par une déclaration du 23 septembre, publiée au sceau le 30.

Suivant l'instruction en forme de tarif, qui fut faite pour la perception de ce droit, les offices de finance & ceux qui donnent la noblesse, devoient payer sur le pied du denier 30 de leur valeur, les offices de justice & police sur le pied du denier 60; les vétérans des offices qui donnent la noblesse, sont taxés à la moitié des titulaires des moindres offices jouissans desdits privilèges, les veuves au quart, les vétérans des autres offices au quart, leurs veuves au huitième.

On excepta les présidens, conseillers, procureurs & avocats du roi, leurs substituts & les greffiers en chef, & premiers huissiers des cours supérieures.

La noblesse acquise par lettres depuis 1643, par prévôté des marchands, mairie & échevinage, jurats, consulats, capitouls & autres offices que ceux de secrétaires du roi, fut taxée sur le pied de 2000 l. par tête, tant pour les personnes vivantes que pour leurs ancêtres.

Les octrois & deniers patrimoniaux ou subventions des villes, furent taxés sur le pied d'un quart du revenu, les foires & marchés sur le pied d'une demi-année de revenu, les usages & communes sur le pied d'une année.

Les privilèges, statuts & jurandes des différentes communautés des marchands & artisans, ainsi que des cabaretiers & hôteliers, furent taxés selon leurs facultés.

Le franc-salé par toutes personnes, y compris les communautés ecclésiastiques, excepté les hôpitaux, payèrent sur le pied de la valeur d'une année dudit franc-salé, telle que le sel se vend dans les lieux où le privilégié le lève.

Pour confirmation des lettres de légitimation & de naturalité, chacun des impétrans paie 1000 liv.

Les domaines engagés & aliénés avant 1643, payèrent le quart du revenu, & ceux engagés depuis, la moitié; les dons, concessions, privilèges, aubaines & confiscations, une année de revenu; les droits de moulins, forges, venneries, péages, bacs, passages, pêches & écluses, une demi-année.

Louis XVI, actuellement régnant, a fait remise, par son édit du mois de mai 1774, du droit de *joyeux avénement* qui lui étoit dû, en réservant néanmoins pour ses successeurs le fonds du droit, pour en être usé par eux ainsi qu'ils le jugeront convenable: cette réserve étoit naturelle, parce que ce droit en lui-même est regardé comme domanial & incessible.

Les droits honorifiques dont nos rois jouissent à leur avénement consistent; 1°. dans les nouvelles fois & hommages qui leur sont dues; 2°. dans l'usage où ils sont d'accorder des lettres de grace à des criminels; 3°. dans le droit de disposer d'une prébende dans chaque église cathédrale & collégiale. *Voyez* COMMISSION DE GRACE.

J U

JUBILÉ, s. m. (*Droit ecclésiastique.*) c'est ainsi qu'on appelloit chez les Juifs l'année qui suivoit la révolution de sept semaines d'années, c'est-à-dire chaque cinquantième. A cette époque tous les esclaves devenoient libres, les héritages aliénés retournoient en la possession de leurs premiers maîtres.

A l'imitation des Juifs, Boniface VIII, en 1300, établit un *jubilé*, mais qui ne regarde que la rémission des péchés, & l'indulgence que l'église peut accorder aux pécheurs, suivant le pouvoir de lier & de délier qu'elle a reçu de Jesus-Christ. *Voyez le Dictionnaire de théologie.*

Du mot *jubilé* on a fait le nom de *jubilaire*, que l'on donne à un ecclésiastique, qui a desservi une église pendant cinquante ans, à un chanoine qui a cinquante ans de possession, à un religieux qui a cinquante ans de profession, à un docteur en théologie qui a cinquante ans de doctorat. Ces *jubilaires* jouissent ordinairement de tous les droits & émolumens de leurs places, sans être astreints à l'exercice exact des fonctions attachées à leur état.

JUDICATURE, s. f. (*Droit public.*) est l'état de ceux qui sont employés à l'administration de la justice.

On appelle *offices de judicature*, ceux qui ont pour objet l'administration de la justice, tels que les offices de présidens, conseillers, baillis, prévôts, *&c.* Les offices de greffiers, huissiers, procureurs, notaires, sont aussi compris dans cette même classe.

Le terme de *judicature* est quelquefois pris pour tribunal; on dit la *judicature* d'un tel endroit, comme qui diroit le corps des juges.

Quelquefois aussi par *judicature* on entend l'étendue de la jurisdiction, ou le ressort d'un juge.

JUDICIAIRE, adj. se dit, *en terme de Pratique*, de ce qui se fait en jugement, ou par autorité de justice, ou qui appartient à la justice; ainsi une requête *judiciaire* est celle qui se fait sur le barreau.

Un bail *judiciaire* est celui qui se fait par autorité de justice.

La pratique *judiciaire* ou les formes *judiciaires*, sont le style usité dans les tribunaux pour les procédures & pour les jugemens. (*A*)

JUGE, s. m. (*Droit public.*) c'est un homme

préposé par l'autorité publique pour administrer la justice.

Une de plus importantes & des plus honorables fonctions dont l'homme puisse être chargé, c'est celle de rendre la justice à ses semblables, de terminer leurs différends, de venger les opprimés, d'être l'organe de la loi, de voir les grandeurs, les puissances, s'abaisser devant lui, pour entendre sortir de sa bouche des décisions dictées par une sage & profonde équité.

Les jugemens ont tant d'influence sur le bonheur & la tranquillité de ceux qui les sollicitent, que les magistrats ne peuvent être ni trop justes, ni trop éclairés. Un mauvais jugement est une source de peines & d'iniquités. Il encourage ceux qui l'ont obtenu ou qui en ont connoissance, à élever d'injustes prétentions, dans l'espérance d'en faire prononcer encore un semblable. S'il est rendu par des juges inférieurs, c'est une calamité pour celui en faveur duquel il a été dicté, puisqu'il l'expose à succomber sur l'appel interjetté par son adversaire, & à payer des frais qui le ruineront.

Il y a en France différentes sortes de *juges*, comme il y a différentes espèces de jurisdiction.

Il y a des *juges* ecclésiastiques & des *juges* laïques. Parmi ceux-ci il en existe que l'on nomme *juges royaux* & *juges des seigneurs*. Comme il doit être question de ces derniers dans un article particulier, nous n'en parlerons pas ici.

Le roi, en sa qualité de seigneur de son empire, doit la justice à tous ses sujets; mais il lui est impossible de prendre connoissance de toutes les contestations qui les divisent, ni de constater tous les délits qui se commettent dans l'étendue de sa domination: il a donc fallu qu'il se déchargeât, sur des sujets choisis, de ce soin important, en se réservant la faculté d'annuller à son conseil les jugemens qui seroient contraires à ses ordonnances, & celle de faire grace aux coupables que la loi auroit condamnés.

Nul homme ne peut rendre la justice au nom du roi qu'il n'y soit autorisé par le prince, & cette autorisation se manifeste par des provisions de la chancellerie, qui assignent à celui qui les a obtenues le tribunal où il doit juger, & la place qu'il y occupera.

Avant que les offices de judicature fussent érigés en charge, ces provisions s'accordoient au mérite, à l'expérience, & à une grande réputation de lumières & de sagesse. Aujourd'hui, il faut, avant de les obtenir, avoir traité du prix de la charge avec le titulaire, ou avec ceux qui ont passé à ses droits, ce qui exclut absolument de la magistrature le savoir & la vertu, si la fortune ne les précède pas. De nouveaux réglemens, arrêtés dans le sein des cours, ont élevé un obstacle plus insurmontable encore pour le mérite, en exigeant que la noblesse le décorât; ce qui ne paroît pas s'accorder avec l'intention du souverain, qui en attachant la noblesse à l'exercice des charges de magistrats, sembloit vouloir qu'elle en fût la récompense.

Tout *juge* royal, avant de remplir les fonctions de sa charge, est tenu de se faire recevoir dans la cour d'où relève sa jurisdiction; & il doit y subir un examen sur les loix & sur les ordonnances.

Depuis que la religion catholique est la religion dominante en France, & que les autres ne sont tout au plus que tolérées, il n'est plus permis de posséder aucune charge de judicature sans être catholique. La déclaration du 13 décembre 1698 en fait une loi expresse.

Il est nécessaire, pour être *juge*, d'être licencié en droit, & reçu au serment d'avocat, ce qui ne suppose pas toujours une parfaite connoissance des loix. L'intention du législateur étoit, non-seulement que l'homme qui doit rendre la justice eût fait une étude particulière du droit, mais qu'il eût encore exercé la profession d'avocat; car la vaine formalité de la réception au serment ne lui donne ni plus de lumière, ni plus d'expérience.

On ne pouvoit pas autrefois être reçu *juge* avant l'âge de 25 ans; mais depuis que les charges sont devenues dans les familles de robe une espèce de patrimoine, on accorde facilement des dispenses d'âge, qui à la vérité ne donnent pas pour cela voix délibérative. Il étoit juste que la faveur du souverain pour un de ses sujets ne tournât pas au préjudice des autres, en les exposant à être victimes de l'ignorance ou des passions d'un jeune homme porté sur le siège avant sa majorité. Ainsi le *juge* qui n'a pas 25 ans ne peut qu'assister au rapport sans opiner. Et quoique ce temps lui paroisse souvent un temps d'oisiveté, il peut en tirer un grand parti en pesant intérieurement les motifs qui déterminent les juges à adopter ou à rejetter les opinions contraires. Il disposeroit ainsi son jugement à être sain, & le préserveroit des erreurs qu'il entendroit combattre & qu'il verroit rectifier. Il est reçu que le juge qui n'a pas l'âge requis peut cependant opiner lorsqu'il est lui-même rapporteur, parce qu'on suppose alors qu'il a une parfaite connoissance de l'affaire qu'il présente, & que son suffrage est le résultat d'une lecture attentive des pièces du procès, dont il fait le rapport.

Les *juges* royaux n'ont pas tous les mêmes pouvoirs ni la même compétence; les uns ne connoissent que de certaines affaires en première instance; les autres ont une plus grande attribution & reçoivent l'appel des sentences rendues par les premiers; d'autres enfin jugent souverainement jusqu'à concurrence d'une certaine somme. Ainsi, par exemple, les jurisdictions inférieures ne peuvent pas prendre connoissance de ce que l'on nomme *cas royaux*, parce que cette connoissance appartient exclusivement aux baillis & sénéchaux. Suivant l'article 11 du titre 1 de l'ordonnance criminelle, elles ne connoissent point non plus des affaires que l'on nomme *personnelles*, *réelles* & *mixtes* entre les nobles. Pour s'assurer parfaitement des limites de ces jurisdictions, on peut consulter l'édit de Cremieu, & la déclaration rendue en interprétation de cet édit.

La confusion & la diversité qui obscurcissent notre législation, se sont étendues même sur la dénomination des *juges* inférieurs, qui, dans certaines provinces sont appellés *prévôts*, *châtelains*, *vicomtes* & *viguiers*.

Les baillis & les sénéchaux les dominent, puisqu'ils composent le second degré de jurisdictions, & réforment leurs jugemens. Malheureusement pour les plaideurs, les sentences de ces juges supérieurs sont encore susceptibles d'être annullées dans les cours souveraines, telles que les parlemens.

Mais la réunion d'une jurisdiction présidiale aux tribunaux du second ordre accroît leur supériorité, puisque cette jurisdiction prononce souverainement sur les affaires de son ressort jusqu'à concurrence de la somme de 2000 livres.

Les juges doivent toujours se renfermer dans les limites de leurs pouvoirs, & par conséquent avoir égard aux moyens d'incompétence qu'on leur propose lorsqu'ils sont valables; sans cela ils s'exposent à faire une procédure nulle, & dont les frais retombent sur l'une des parties.

Il est de principe que le domicile du défendeur fixe la compétence du juge, suivant cet axiôme *actor sequitur forum rei*; mais cette règle souffre des exceptions. Il y a plusieurs jurisdictions qui ont le privilège de connoître des affaires dont les actes ont été passés sous leur scel; telles que le châtelet de Paris, celui d'Orléans, de Montpellier.

Encore est-il des jurisdictions qui résistent à cette exception, comme le bailliage du palais, ainsi qu'il a été jugé par arrêt du 10 juillet 1734, en faveur d'un particulier résidant dans l'enclos du palais.

En matière criminelle, le lieu du délit fixe la compétence du *juge*. L'article 1 de l'ordonnance de 1670 le déclare formellement. Mais si le *juge* du territoire n'use pas de son privilège & ne requiert pas le renvoi, tous les juges ordinaires sont autorisés à faire saisir le coupable, & à instruire son procès. Et l'accusé ne peut récuser le juge qui le poursuit, à moins qu'il n'ait un privilège particulier, tel que l'ecclésiastique qui peut demander son renvoi devant l'official, ou le noble qui a la faculté de requérir le sien devant la sénéchaussée ou le bailliage le plus proche.

Outre les juges permanens, il en est que le roi nomme quelquefois par commission pour prendre connoissance d'une affaire particulière. Ces commissions sont révocables à la volonté du prince, mais il est à désirer qu'elles s'accordent très-rarement, parce qu'elles intervertissent l'ordre des tribunaux, & que l'expérience nous a appris qu'elles avoient plus d'une fois été créées pour faire plier la loi, servir des vengeances particulières, & porter des coups plus sûrs à des citoyens qui auroient trouvé un abri dans l'équité de leurs juges naturels.

Les commissions dont nous venons de parler ne doivent pas être confondues avec celles qui sont adressées, par des cours souveraines, à des juges inférieurs ou à des avocats, soit pour faire une enquête, soit pour juger une affaire civile, ou pour terminer une difficulté de procédure. Ces commissions n'ont pour objet que le bien des parties auxquelles elles procurent une décision plus prompte.

Il existe en France des *juges* permanens auxquels il a été déféré des commissions expresses & circonscrites, tels que les juges-consuls institués pour accélérer les affaires de commerce, ceux des eaux & forêts pour la conservation des bois, l'exécution des ordonnances relatives à la chasse & à la pêche; les capitaineries pour la conservation du gibier dans l'étendue des menus plaisirs du roi; les *juges* de la monnoie pour vérifier la qualité des métaux, prévenir l'altération des espèces frappées au coin du prince; la connétablie pour éclaircir les affaires d'honneur qui exigent une instruction, & juger les discussions militaires; les élections & les cours des aides pour maintenir les ordonnances qui concernent les fermiers, les contributions & les droits du roi; la chambre des comptes pour rectifier, approuver les comptes des receveurs, des trésoriers, & empêcher que les deniers de l'état ne se perdent dans de faux ou doubles emplois.

Les fonctions du *juge* civil sont très-distinctes de celles du lieutenant-criminel, qui doit se renfermer dans l'instruction des procès relatifs à son institution; mais les conseillers ou assesseurs assistent également & aux jugemens des affaires civiles, & à ceux des affaires criminelles. Dans les matières civiles le juge qui préside peut, sans l'assistance d'aucun autre juge, rendre une sentence.

Mais lorsque dans une affaire criminelle le ministère public a pris contre l'accusé des conclusions qui tendent à peine afflictive ou infamante, le *juge* est obligé, avant de prononcer, de se faire assister au moins de deux officiers de judicature, qui sont présens au dernier interrogatoire. Si ces deux officiers ne se trouvent pas dans son tribunal, il doit y appeller deux gradués. Cette distinction prescrite par l'ordonnance de 1670, est très-sage; car quoiqu'il soit ici seulement question d'une sentence sujette à l'appel, un premier jugement dans une affaire criminelle est trop important, tire trop à conséquence, pour devoir être prononcé par un seul juge & sans contradicteurs. Et en effet, que cet accusé soit à tort condamné à une peine afflictive, ou infamante, il demeure privé de sa liberté jusqu'à ce que la sentence dont il a interjetté appel soit réformée.

Lorsqu'il s'agit d'un jugement en dernier ressort pour des cas prévôtaux, l'article 11 de l'ordonnance de 1670 exige qu'il soit rendu *par sept juges au moins*, & ce n'est pas trop sans doute pour décider de l'honneur ou de la vie d'un homme, qui peut mourir victime de l'erreur ou de la prévention.

Le *juge* civil a besoin de connoître parfaitement la coutume dans laquelle sa jurisdiction est située, ou le droit romain si elle se trouve placée dans le pays de droit écrit, & les ordonnances pour en faire une juste application aux questions qui sont soumises à sa décision. Mais le *juge* criminel doit avoir, outre la connoissance de l'ordonnance relative à l'instruction des procès qu'il suit, une perception juste dans les idées pour interroger méthodiquement, pour discerner les probabilités d'avec les preuves.

Le *juge* civil n'est pas responsable des erreurs de ses jugemens, & il n'en est pas autrement puni que par leur anéantissement lorsqu'ils sont susceptibles d'appel. La raison de cette impunité est fondée sur la diversité de sentimens attachés à l'espèce humaine, & sur ce qu'on ne présume pas qu'un *juge* qui a mal opiné, ait eu l'intention de rendre un jugement contraire à l'équité.

Mais le lieutenant-criminel qui ne s'est pas conformé scrupuleusement aux ordonnances dans le cours de son instruction, s'expose à la prise à partie, & à une condamnation de dommages & intérêts, même à une interdiction s'il avoit commis une irrégularité grave & funeste.

Il arrive souvent que sa procédure, lorsqu'elle est vicieuse, est annullée & recommencée à ses frais par un autre *juge*. Cette sévérité contre le *juge* dont les prévarications exposent un citoyen honnête à être humilié, troublé dans son état par des décrets légérement lancés, ne peut être trop maintenue, & prouve que notre procédure criminelle, quoique imparfaite encore, a été conçue dans un esprit de justice & d'humanité.

Nos rois ont pensé qu'après avoir donné pour juges à leurs sujets des hommes dignes d'exercer la plus belle des fonctions, ils devoient les rendre stables dans les tribunaux où ils les avoient placés, & qu'ils ne devoient pas être destitués ni privés de leurs charges *que pour forfaiture préalablement jugée & déclarée judiciairement selon les termes de justice par juge compétent*: ce sont là les expressions d'une déclaration célèbre donnée par Louis XI le 21 octobre 1567, qui a été depuis confirmée par une déclaration de Louis XIV du 22 octobre 1648. Nous avons vu en 1774, le souverain, sous l'empire duquel nous vivons, rendre hommage à ces sages ordonnances, en rappellant dans leurs tribunaux les magistrats que l'autorité de son aïeul en avoient exilés.

Ce seroit peut-être ici le lieu d'approfondir ce que c'est que la forfaiture qui doit entraîner la destitution d'un *juge*. Mais, sans entrer dans l'examen d'une question qui n'est pas encore suffisamment éclaircie; nous croyons pouvoir dire qu'un *juge* qui commettroit des abus très-graves, tels que ceux de vendre la justice & de la refuser obstinément à ceux qui n'alimenteroient pas sa corruption, ou qui se rendroit coupable d'infidélité dans ses fonctions, auroit certainement forfait, & s'exposeroit à ce qu'on fît juger contre lui la forfaiture. On peut voir au surplus ce qui est dit sur ce sujet à l'article PRÉVARICATION.

Tant qu'un *juge* est sous le poids d'une interdiction ou dans les liens d'un décret d'ajournement personnel & à plus forte raison d'un décret de prise de corps, il doit s'abstenir de toutes fonctions & même d'assister à aucun acte de justice, à peine de nullité de la procédure, & des dommages & intérêts envers les parties. Les juges même qui ayant connoissance des décrets ou de l'interdiction de leur confrère, souffriroient qu'il opinât avec eux, seroient responsables des dommages-intérêts résultans de la nullité de cette procédure & de leur jugement.

Une des qualités les plus nécessaires à un *juge*, c'est l'impartialité. Avant d'opiner dans une affaire quelconque, il doit être assuré qu'il n'existe au fond de son cœur, ni passion ni affection particulière pour aucune des parties. Les anciens, en représentant Thémis un bandeau sur les yeux, & une balance à la main, nous ont donné une belle idée du véritable caractère d'un *juge*. C'est pour prévenir les effets de la haine ou de l'amitié, qui ne manqueroient pas de faire pencher cette balance, que la récusation a lieu.

Un *juge* équitable ne doit donc pas attendre pour s'abstenir d'opiner dans une affaire, qu'on lui ait proposé de se récuser, parce qu'il peut y avoir plusieurs moyens de récusation contre lui, inconnus à l'une des parties intéressées; personne ne sait mieux que lui s'il est plus disposé en faveur de l'une d'elles, s'il n'a pas conservé contre l'autre quelque ressentiment ancien. On est si porté à trouver bonne la cause de celui qu'on affectionne; on a tant de penchant à croire injuste ou coupable celui pour lequel on a de l'aversion, qu'en prenant sur soi de les juger, on court souvent le risque de commettre une injustice, même sans le vouloir.

On ne peut pas trop rappeller aux magistrats ce qui leur a été prescrit par le plus sage des législateurs, qui a exigé qu'ils s'engageassent par serment à rendre la même justice à tous les sujets indistinctement. *Jurabunt omnes tam majoribus quàm mediocribus, tam advenis quàm indigenis sine ullâ acceptione personarum jus secundùm leges regni reddere.*

« Défendons à tous *juges*, porte l'article 147 » de l'ordonnance de Blois, pardevant lesquels les » parties tiendront afin de non-procéder, de se dé- » clarer compétens & dénier le renvoi des causes » dont la connoissance ne leur appartient par nos » édits & ordonnances, sous peine d'être pris à » partie au cas qu'ils aient ainsi jugé par dol, fraude » ou concussion, ou que nos cours trouvent qu'il » y ait faute manifeste du *juge* pour laquelle il doive » être condamné en son nom ».

Sous le mot *concussion* on comprend toute taxe injuste, tous droits illégitimes, toutes vexations, enfin toutes exactions que les *juges* peuvent faire directement ou indirectement, & qui déshonorent

autant

autant les ministres de la justice qu'elles sont onéreuses à ceux qui en supportent le poids.

Plus la prise à partie a paru un moyen rigoureux & inquiétant contre les juges, plus on a cru devoir opposer d'obstacles à l'injuste ressentiment des plaideurs qui se proposeroient de l'employer, pour satisfaire leur vengeance. Il faut, dit Mornac sur la loi 2 *de origine juris*, que le crime des *juges*, que leur iniquité soient évidens.

Provocandos nunquàm esse ad curiam judices, nisi manifestissimæ eorum sordes fuerint, & nisi non imago sceleris, sed scelus ipsum excipiatur oculis.

Aussi, non-seulement faut-il être en état de présenter l'évidence du crime d'un *juge*, avant de demander la prise à partie contre lui, il faut encore en avoir requis & obtenu la permission, sur les conclusions des gens du roi; c'est ce que prescrit le réglement du 4 juin 1699, rendu sur les conclusions de M. l'avocat-général d'Aguesseau.

Nous croyons devoir en rapporter les termes. « Les *juges* ne pourront être pris à partie avant la » commission expressément obtenue par arrêt de » la cour, à peine de nullité de la procédure & » de telle amende qu'il conviendra. Enjoint à tous » ceux qui croiront devoir prendre les *juges* à par- » tie, de se contenter d'expliquer simplement & » avec la modération convenable les faits & les » moyens qu'ils estimeront nécessaires à la déci- » sion de leur cause, sans se servir de termes in- » jurieux à l'honneur & à la dignité des *juges*, à » peine de punition exemplaire ».

Tous les *juges* doivent, dans quelque jurisdiction qu'ils soient placés, se pénétrer de l'objet de leur office, en faire leur étude principale, & surtout montrer le plus grand respect, la plus aveugle soumission pour les ordonnances, quand elles sont revêtues de formalités qui leur donnent force de loi. Le *juge* doit être le premier esclave de la loi, parce que cet esclavage vaut mieux que l'arbitraire. Si la loi lui paroit défectueuse, il faut qu'il commence par la faire exécuter, & ensuite qu'il adresse ses observations au chef de la magistrature, pour obtenir du législateur une réforme salutaire. Malheur aux *juges* qui prennent sur eux de corriger la loi! il ne leur est pas permis de faire mieux qu'elle, tant qu'elle existe.

Maintenir les propriétés, ordonner l'exécution des contrats, servir d'appui aux mineurs, écarter la fraude, empêcher que d'avides praticiens ne dévorent le bien de la veuve & de l'orphelin, accorder la justice la plus prompte possible (sans pourtant y mettre une célérité imprudente), afin que les plaideurs ne se consument pas en frais, & ne laissent pas à leurs héritiers que des procès à terminer, faire exécuter les volontés dernières de l'homme, lorsqu'elles sont légitimes, voilà l'emploi honorable d'un *juge* civil; ne pas souffrir qu'aucun délit grave se commette impunément dans l'étendue de son ressort, effrayer les oppresseurs par une sévérité inflexible, ne laisser perdre aucune preuve par une lenteur funeste, avoir la plus grande aversion pour le crime, & la plus grande douceur pour l'accusé, recevoir, rechercher tous ses moyens de justification; voilà ce qui caractérise un bon *juge* criminel.

Les *juges* qui siègent dans les élections doivent avoir sans cesse les yeux attachés sur les agens de la ferme, afin de les contenir dans les limites de l'impôt, & d'empêcher les extensions qui font l'opulence du fermier & le malheur du peuple.

Les magistrats qui composent les cours souveraines ont à remplir une fonction plus sublime encore. Elevés au-dessus des simples jurisdictions, ils ne sont pas seulement revêtus de la haute magistrature, pour réformer les jugemens contraires à l'équité, pour faire respecter dans les tribunaux inférieurs les ordonnances, & veiller à ce que les *juges* qui leur sont soumis ne commettent aucun abus d'autorité, ils ont à répandre la lumière autour du trône, & les intérêts de la nation à défendre par de sages & respectueuses remontrances. C'est cette illustre fonction qui exige de leur part autant de savoir que de vertu, autant de grandeur d'ame que de fermeté.

Nous ne dirons qu'un mot des fonctions & des privilèges des *juges* ecclésiastiques. Dans les premiers siècles de l'église, les évêques, assistés de leur clergé, jugeoient en personne les affaires qui étoient de la compétence de leur jurisdiction. Leurs décisions n'en devoient être que plus majestueuses & plus imposantes, lorsqu'on les voyoit sortir de la bouche d'un pontife & d'un prince de l'église. Depuis le douzième siècle, soit que ces affaires se soient trop multipliées, soit que les évêques n'aient pas voulu s'assujettir à une résidence nécessaire, ils ont confié l'administration de leur justice à un prêtre que l'on nomme *official*, & qui prononce ordinairement d'après le rapport d'un autre officier de la même jurisdiction, qui y remplit les fonctions du ministère public sous le titre de *promoteur*.

Toutes les affaires qui ont rapport aux sacremens, aux vœux de religion, au service divin, & à la discipline ecclésiastique, sont de la compétence de l'officialité.

Comme il est très-intéressant pour la dignité de la religion que ses ministres aient des mœurs pures, & donnent l'exemple de la régularité au peuple, le promoteur est spécialement chargé de dénoncer à l'official tous ceux qui s'écartent des devoirs de leur état. Nous n'avons bas besoin de dire qu'un ecclésiastique constitué pour veiller sur les mœurs, pour exercer le rigoureux ministère de censeur, est lui-même obligé d'avoir une conduite irréprochable.

Nous ne terminerons point cet article sans jetter quelques idées sur la vénalité des charges. Sous Louis XII, dit l'abbé Milot, dans son abrégé de l'histoire de France, « les dignités de la robe ne » se donnoient qu'au mérite. C'étoit l'usage que les » parlemens présentassent trois sujets pour une

» place vacante, & que le roi en nommât un. » Choisis entre les plus célèbres avocats, ils avoient » en quelque sorte acquis le droit de juger, en se » distinguant par leurs lumières & leurs vertus ».

On ne peut révoquer en doute que nos rois n'aient rendu les charges vénales, & ne les aient multipliées dans des momens de crise & d'épuisement de leur finance. Ce qui a, pour ainsi dire, concentré les offices de judicature dans les familles de robe, & n'a pas peu contribué à y enraciner cet esprit de corps, qui oppose une barrière salutaire à l'extension d'une autorité illégitime; c'est une vérité qui a été fortement exprimée par Montesquieu, trop au-dessus de l'intérêt personnel pour qu'elle paroisse suspecte; quoique émanée d'un magistrat lui-même.

Tout homme qui proposeroit de convertir les charges des cours souveraines en simples commissions, dépendantes seulement de l'agrément du prince, présenteroit un projet aussi difficile que dangereux dans son exécution. Mais si d'un côté il est important pour la nation de ne pas avoir, pour protecteurs de ses privilèges, de simples mercenaires, que des bassesses, que de viles intrigues, auroient portés aux fonctions élevées de la magistrature, il seroit avantageux que cette même nation ne fût pas, dans l'ordre de la justice, privée des hommes éclairés qui pourroient être de dignes arbitres de ses intérêts particuliers.

Si les dehors d'une fastueuse représentation sont nécessaires à l'administration de la justice, si ses ministres ne peuvent être purs qu'autant que l'opulence les mettra à l'abri de la séduction, il faut bien se garder de revêtir de ses pouvoirs des hommes qui ne seroient pas riches; mais, si au contraire, comme l'expérience nous le prouve tous les jours, c'est dans la modestie, dans la médiocrité de la fortune que se rencontrent le plus souvent la vertu austère, le désintéressement, il ne faut pas exclure de ses fonctions les hommes accoutumés à vivre dans la simplicité, & auxquels l'estime publique & l'amour de l'étude tiennent lieu de représentation.

Nous ne verrions pas d'autres moyens de détruire légitimement la vénalité des charges que de rembourser, à mesure qu'un magistrat abdiqueroit ses fonctions ou viendroit à mourir, le prix de la finance de sa charge, & de donner la place qu'il laisseroit vacante à l'homme de loix, qui, dans un long exercice de sa profession, auroit fourni des preuves de lumières, d'intégrité, de désintéressement & de bonnes mœurs. Par la suite la magistrature se trouveroit entiérement composée d'hommes vertueux. Tous ceux qui embrasseroient la profession d'avocat, sentant qu'ils ne pourroient parvenir aux places de magistrats qu'après avoir acquis la considération publique, ne négligeroient rien pour l'obtenir, & contracteroient dans un long exercice de vertus, l'habitude d'un devoir rigoureux & d'une conduite irréprochable.

A Dieu ne plaise que nous voulions qu'on n'ait point d'égard aux services des pères, aux avantages qui résultent d'une illustre origine, & même à une fortune légitimement acquise; mais pourquoi éclipseroient-elles toujours le mérite personnel? Pourquoi faut-il enfin que la noblesse, payée depuis vingt ans, ait des préférences sur la vertu exercée depuis nombre d'années?

Lorsqu'un semblable système s'établit dans un gouvernement, n'est-il pas à craindre que tous les esprits ne se dirigent vers l'intrigue, & l'amour des richesses; & que la stérile probité ne soit abandonnée de tous ceux dont le cœur seroit animé d'une noble ambition?

Nous nous sommes peut-être trop laissé entraîner par l'importance du sujet que nous traitons. Mais, avant de nous arrêter, nous recommanderons aux jeunes magistrats de lire ce que le sage Domat a écrit sur leurs fonctions. Ils y verront toute l'étendue de leurs devoirs, toute la dignité de leur ministère; combien il est nécessaire qu'ils s'appliquent à l'étude des loix, afin de n'être pas un jour responsables des erreurs dans lesquelles ils ne sont tombés que par ignorance; combien il est essentiel qu'ils soient assidus, parce que leur suffrage de plus, en faveur de la bonne cause, auroit peut-être prévenu une injustice qui s'est commise en leur absence. (*Cet article est de M.* DE LACROIX, *avocat au parlement.*)

On entend quelquefois par le terme de *juge* une puissance supérieure qui a le pouvoir de rendre à chacun ce qui lui appartient: on dit, par exemple, en ce sens, que Dieu est le souverain *juge* des vivans & des morts; l'église est *juge* des articles de la foi; les souverains sont les premiers *juges* de leurs sujets, c'est-à-dire, qu'ils leur doivent la justice, mais ils se déchargent d'une partie de ce soin sur d'autres personnes.

On donne le titre de *juges* à ceux qui sont établis par les souverains pour rendre la justice, ou par ceux auxquels ils en ont concédé quelque portion pour la faire exercer, tels que les évêques, les autres seigneurs ecclésiastiques & laïques, & les villes & communautés qui ont quelque part en l'administration de la justice.

Dans le premier âge du monde les pères faisoient chacun la fonction de *juges* dans leur famille; lorsque l'on eut établi une puissance souveraine sur chaque nation, les rois & autres princes souverains furent chargés de rendre la justice, ils la rendent encore en personne dans leurs conseils & dans leurs parlemens; mais ne pouvant expédier par eux-mêmes toutes les affaires, ils ont établi des *juges*, sur lesquels ils se sont déchargés d'une partie de ce soin.

Chez les Romains, & autrefois en France, ceux qui avoient le gouvernement militaire d'une province ou d'une ville, y remplissoient en même temps la fonction de *juges* avec quelques assesseurs dont ils prenoient conseil.

La fonction de *juge* dans le premier tribunal de

la nation, a toujours été attachée aux premiers & aux grands de l'état.

En France, elle n'étoit autrefois remplie au parlement que par les barons ou grands du royaume, auxquels ont succédé les pairs, & par les prélats; pour y être admis en qualité de sénateur, il falloit être chevalier. *Voyez* PARLEMENT.

Du temps de saint Louis, il falloit en général être noble ou du moins franc, c'est-à-dire, libre, pour faire la fonction de *juge*: aucun homme coutumier ou vilain ne pouvoit rendre la justice; car dans les lieux où elle se rendoit par pair, il falloit nécessairement être pair pour être du nombre des *juges*, & dans les lieux où elle se rendoit par des baillis, ceux-ci ne devoient appeller pour juger avec eux que des gentilshommes ou des hommes francs, c'est-à-dire, des seigneurs de fief, & quelquefois des bourgeois.

Il y a différens ordres de *juges* qui sont élevés plus ou moins en dignité, selon le tribunal où ils exercent leurs fonctions; mais le moindre *juge* est respectable dans ses fonctions, étant à cet égard dépositaire d'une partie de l'autorité du souverain.

L'insulte qui est faite au *juge* dans ses fonctions & dans l'auditoire même, est beaucoup plus grave que celle qui lui est faite ailleurs.

Le *juge* doit aussi, pour se faire connoître & se faire respecter, porter les marques de son état, tellement que si le *juge* n'étoit pas revêtu de l'habillement qu'il doit avoir, ce qu'il auroit fait seroit nul, comme étant réputé fait par quelqu'un sans caractère; hors leurs fonctions & les cérémonies publiques, ils ne sont pas obligés de porter la robe & autres marques de leur état, mais ils ne doivent toujours paroître en public qu'en habit décent, & tel qu'il convient à la gravité de leur caractère.

Les magistrats romains étoient précédés d'un certain nombre de licteurs; en France plusieurs *juges* ont obtenu la prérogative d'avoir des gardes; le prevôt de Paris a douze huissiers armés de pertuisanes; Louis XI avoit aussi donné vingt-cinq gardes au prévôt de Bourges, à cause qu'il y étoit né.

Tous les *juges* ont des huissiers & sergens qui les précèdent lorsqu'ils entrent au tribunal ou qu'ils en sortent, pour leur faire faire place & leur faire porter honneur & respect; ces huissiers battent ordinairement de la baguette devant le tribunal en corps, ou devant une députation, ou devant les premiers magistrats du tribunal, pour annoncer la présence de ces *juges* & en signe de leur autorité.

La fonction des *juges* est de rendre la justice à ceux qui sont soumis à leur jurisdiction. Ils rendent des ordonnances sur les requêtes qui leur sont présentées, & rendent des sentences; ou, si ce sont des *juges* souverains, des arrêts sur les contestations instruites devant eux.

Ils font aussi des enquêtes, informations, procès-verbaux, descentes sur les lieux, & autres actes, lorsque le cas y échet.

Leurs jugemens & procès-verbaux sont rédigés & expédiés par leur greffier, & leurs commissions & mandemens sont exécutés par les huissiers ou sergens de leur tribunal, ou autres qui en sont requis.

Le pouvoir de chaque *juge* est limité à son territoire, ou à la matière dont la connoissance lui a été attribuée, ou aux personnes qui sont soumises à sa jurisdiction; lorsqu'il excède les bornes de son pouvoir, il est à cet égard sans caractère.

Il doit rendre la justice dans l'auditoire ou autre lieu destiné à cet usage, il peut seulement faire en son hôtel certains actes tels que les tutèles, curatèles, référés, &c. (*A*)

Des différentes dénominations qu'on joint au mot JUGE.

JUGE *d'appeaux* ou *d'appel*, est celui devant lequel ressortit l'appel d'un *juge* inférieur. On disoit autrefois *juge d'appeaux*; on dit présentement *juge d'appel*. On l'appelle aussi *juge ad quem*. Au reste, cette qualité n'est pas absolue pour les *juges* inférieurs, mais seulement relative; car le même *juge* qui est qualifié *juge d'appel*, par rapport à celui qui y ressortit, est lui-même qualifié de *juge à quoi*, relativement à un autre *juge* qui est son supérieur, & auquel ressortit l'appel de ses jugemens. *Voyez* JUGE *à quoi*. (*A*)

JUGE *d'appel*, est celui qui connoît par appel de la sentence d'un *juge* inférieur; au lieu que le *juge* dont est appel, est le *juge* inférieur dont l'appel ressortit au *juge* d'appel, qui est son supérieur. *Voyez* APPEL. (*A*)

JUGE *dont est appel*, ne signifie pas simplement celui des jugemens duquel on peut appeller, mais celui dont la sentence fait actuellement la matière d'un appel. *Voyez* JUGE *d'appel* & JUGE *à quo*. (*A*)

JUGE *d'armes*, est un officier royal établi pour connoître de toutes les contestations & différends qui arrivent à l'occasion des armoiries, circonstances & dépendances, & pour dresser des registres dans lesquels il emploie le nom & les armes des personnes nobles & autres, qui ont droit d'avoir des armoiries.

Cet officier a succédé au maréchal d'armes, qui fut établi par Charles VIII en 1487, pour écrire, peindre & blasonner dans les registres publics, le nom & les armes de toutes les personnes qui avoient droit d'en porter.

La noblesse de France, animée du même esprit, supplia le roi Louis XIII de créer un *juge d'armes*, ce qu'il fit par édit de janvier 1615, qui donne à cet officier plein pouvoir de juger des blasons, fautes & méséances des armoiries, & de ceux qui en peuvent & doivent porter, & des différends à ce sujet, à l'exclusion de tous autres *juges*; voulant S. M. que les sentences & jugemens de ce *juge* ressortissent nuement devant les maréchaux de France.

L'office de *juge d'armes* fut supprimé en 1696, & en sa place on créa un grand-maître de l'armoirie général, pour juger en dernier ressort l'appel des maîtres particuliers, qui furent aussi créés dans chaque province; mais ces officiers furent eux-mêmes supprimés en 1700; & par édit du mois d'août 1707, celui de *juge d'armes* fut rétabli. *Voyez* ARMOIRIES. (*A*)

JUGE *d'attribution*, est un *juge* extraordinaire, auquel le roi a attribué la connoissance de toutes les affaires d'une certaine nature; tels sont les chambres des comptes, cours des aides, cours des monnoies, les élections, greniers à sel, les *juges* d'eaux & forêts, & autres semblables.

Il y a aussi des *juges* ordinaires qui deviennent *juges d'attribution*, pour certaines affaires qui leur sont renvoyées en vertu de lettres-patentes.

L'établissement des *juges d'attribution* est fort ancien; car il y en avoit déjà chez les Romains. Outre le *juge* ordinaire appellé *prætor urbanus*, il y avoit d'autres préteurs, l'un appellé *prætor peregrinus*, qui connoissoit des causes des étrangers; un autre qui connoissoit des fidéicommis; un autre, du crime de faux; & en France la plupart des grands officiers de la couronne avoient chacun leur jurisdiction particulière pour la manutention de leurs droits, tels que le connétable, l'amiral, le grand forestier, & autres, d'où sont venues plusieurs jurisdictions d'*attributions*, qui subsistent encore présentement. (*A*)

JUGE *banneret*, est le nom que l'on donne, en certains pays, aux *juges* des seigneurs, comme dans le ressort du parlement de Toulouse. M. d'Olive, en ses *actions forenses, troisième partie, actions*, rapporte un arrêt de son parlement, du 29 août 1614, qui adjuge la préséance au *juge banneret* sur le *juge* royal de la plus prochaine ville, parce que l'église étoit dans la justice du *juge banneret*.

On donne aussi ce même nom aux *juges* des seigneurs dans la principauté souveraine de Dombes.

Ce nom peut venir de ce que ces *juges* ont été créés à l'instar des douze bannerets qui étoient établis à Rome, pour avoir chacun l'inspection sur leur quartier; ou bien ce nom vient de ce que chaque *juge* a son ban ou territoire. (*A*)

JUGE *bas-justicier*, est celui qui exerce la basse-justice. *Voyez* JUSTICE *basse*. (*A*)

JUGES *bottés*: quelques personnes entendent par-là des *juges* qui rendent la justice sans aucun appareil, & pour ainsi dire militairement; mais dans la vérité, ce sont les officiers de cavalerie & de dragons, qui assistent aux conseils de guerre, & qui, suivant l'ordonnance du 25 juillet 1665, doivent avoir leurs bottes ou bottines pour marque de leur état, comme les officiers d'infanterie doivent avoir leur hausse-col. (*A*)

JUGE *cartulaire* ou *chartulaire*: on donne ce titre à certains *juges* établis pour connoître de l'exécution des actes passés sous leur scel & sous les rigueurs de leur cour.

Par exemple, selon le style nouveau, imprimé à Nîmes en 1659, *fol.* 180, le *juge des conventions* de Nîmes, établi par Philippe III en 1272, est *juge chartulaire*, ayant scel royal, authentique & rigoureux, comme celui du petit-scel de Montpellier, scel-mage de Carcassonne, siège de Saint-Marcellin en Dauphiné. Il connoît seulement *des exécutions faites en vertu des obligations passées aux forces & rigueurs de sa cour, & aux sens de contraindre les débiteurs à payer & satisfaire ce à quoi ils sont obligés, par saisie & vente de leurs biens, capture & détention de leurs personnes, (si à ce se trouvent soumis)*. *Voyez* le *recueil des ordonnances de la troisième race*, tom. 2, pag. 232, aux notes.

On donne aussi quelquefois le titre de *juge cartulaire* aux notaires, parce qu'en effet leurs fonctions participent en quelque chose de celles du *juge*: ils reçoivent les affirmations des parties, & leur donnent acte de leurs dires & requisitions; il est même d'usage en quelques provinces, dans les actes passés devant notaire, de dire en parlant des obligations consenties par les parties, *dont nous les avons jugés & condamnés de leur consentement*; mais alors c'est moins le notaire qui parle que le *juge*, dont le nom est intitulé au commencement de l'acte, les notaires n'étant, dans leur origine, que les greffiers des *juges*. *Voyez* Loyseau, *des offices, liv.* 1, *chap.* 4, *n.* 24; *le jurisconsulte cartulaire*, & *au mot* NOTAIRE. (*A*)

JUGE *civil*, est celui qui connoît des matières civiles, à la différence des *juges* criminels, qui ne connoissent que des matières criminelles. Il y a des *juges* qui sont tout à la fois *juges* civils & criminels; dans d'autres tribunaux, ces deux fonctions sont séparées. *Voyez* JUGE *criminel*. (*A*)

JUGE *commis*, est celui qui n'a pas la jurisdiction ordinaire, mais qui est seulement commis pour juger certaines personnes ou certains cas privilégiés, tels que les requêtes de l'hôtel ou du palais, pour les commensaux de la maison du roi & autres personnes qui jouissent du droit de committimus. *Voyez* COMMENSAUX, COMMITTIMUS, PRIVILÉGIÉS, REQUÊTES *de l'hôtel & du palais*. (*A*)

JUGE *compétent*, est celui qui a qualité & pouvoir pour connoître d'une affaire. *Voyez* COMPÉTENCE & INCOMPÉTENCE. (*A*)

JUGE *comtal*, est celui qui rend la justice attachée à un comté. (*A*)

JUGE *conservateur*. *Voyez* CONSERVATEUR & CONSERVATION.

JUGE *consul*. *Voyez* CONSULS.

JUGE *criminel*, est celui qui est établi singuliérement pour connoître des matières criminelles; tels sont les présidens & conseillers qui sont de service à la tournelle ou chambre criminelle, dans les cours & autres tribunaux, les lieutenans-criminels & les lieutenans-criminels de robe-courte, les prévôts des maréchaux, leurs assesseurs. *Voyez ci-devant* JUGE *civil*. (*A*)

JUGE *délégué*, est celui qui est commis par le prince, ou par une cour souveraine, pour instruire & juger un différend.

Les *juges* inférieurs ne peuvent pas déléguer à d'autres leur jurisdiction; ils peuvent seulement commettre un d'entr'eux pour entendre des témoins, ou pour faire une descente, un procès-verbal, *&c.*

Le *juge délégué* ne peut pas subdéléguer, à moins qu'on ne lui en ait donné le pouvoir, comme les commissaires départis par le roi dans les provinces, lesquels sont proprement des *juges délégués* pour certains objets, avec pouvoir de subdéléguer. *Voyez* DÉLÉGATION & JURISDICTION.

En matière ecclésiastique, le pape & les évêques délèguent, en certains cas, des *juges*. Le pape en commet, en cas d'appel au saint siège. On les appelle *juges délégués in partibus*, parce que ce sont des commissaires que le pape délègue dans le royaume, & spécialement dans le diocèse d'où l'on a interjetté appel au saint siège; car c'est une de nos libertés, que de n'être pas obligé d'aller plaider hors le royaume.

Il y a aussi des *juges délégués* par le pape, pour fulminer des rescrits, ou donner des *visa*. Ceux-ci ne dépendent pas du choix du pape, il doit toujours commettre l'évêque du lieu ou son official.

On peut appeller de nouveau au saint siège de la sentence des *juges délégués* par le pape. *Voyez* aux décrétales, le tit. *de officio & potestate judicis delegati.*

Les évêques sont aussi obligés de déléguer des *juges* en certain cas, comme quand ils donnent des lettres de vicariat à un conseiller-clerc du parlement, pour juger, conjointement avec la cour, certaines causes où il peut y avoir quelque chose appartenant à la jurisdiction ecclésiastique. *Voyez* Févret, *traité de l'abus*, *liv. 4*, *chap. 2*; d'Héricourt, en ses *loix ecclésiastiques*, *part. 1*, *chap. 9*. (*A*)

JUGE *du délit*, est celui qui a droit de prendre connoissance d'un délit ou affaire criminelle, soit comme *juge* ordinaire du lieu où le délit a été commis, soit comme *juge* de la personne, en conséquence de quelque privilège, soit enfin à cause d'une attribution particulière qui est faite à ce *juge*, de certaines matières. *Voyez* CRIME, DÉLIT. (*A*)

JUGE *en dernier ressort*, est celui des jugemens duquel on ne peut pas appeller à un *juge* supérieur. Tels sont les présidiaux au premier chef de l'édit, & plusieurs autres *juges* royaux auxquels les ordonnances attribuent le droit de juger certaines causes en dernier ressort; comme les consuls, jusqu'à 500 francs. Les cours souveraines sont aussi des *juges en dernier ressort*: mais tous les *juges en dernier ressort* n'ont pas le titre éminent de cours souveraines. *Voyez* COUR & RESSORT. (*A*)

JUGE *du domicile*, est le *juge* ordinaire du lieu où le défendeur a son domicile. (*A*)

JUGE *ducal*, est celui qui rend la justice pour un duc, tels que les *juges* de la barre ducale de Mayenne. (*A*)

JUGE *d'église*, est celui qui exerce la jurisdiction ecclésiastique contentieuse de quelque église, monastère ou bénéficier.

Les officiaux sont des *juges d'église*. *Voyez* JURISDICTION *ecclésiastique* & OFFICIAL. (*A*)

JUGE *d'épée*, est celui qui siège l'épée au côté, lorsqu'il rend la justice. Anciennement ceux qui rendoient la justice étoient tous gens d'épée, & siégeoient l'épée au côté: mais vers l'an 1288, ou au plus tard en 1312, on quitta l'épée au parlement &, par-tout ailleurs; de manière que les chevaliers, les barons, les pairs, les princes même, siégeoient au parlement sans épée; le roi étoit le seul qui ne quittât jamais la sienne. Mais depuis 1551, on commença à se relâcher de ce réglement, le roi ayant voulu que les princes du sang & les pairs, le connétable, les maréchaux de France & l'amiral, pussent, en son absence, porter l'épée au parlement.

Les maréchaux de France siègent aussi l'épée au côté, dans leur tribunal du point-d'honneur & dans celui de la connétablie.

Les autres *juges d'épée* sont les officiers tenant conseil de guerre, les chevaliers d'honneur, le prévôt de Paris & les baillis d'épée, les grands-maîtres des eaux & forêts & les maîtres particuliers, & quelques autres officiers auxquels on a accordé le droit de siéger l'épée au côté. (*A*)

JUGE *des exempts*, est le nom qui fut donné à certains officiers établis dans les apanages des princes, pour y connoître, au nom du roi, des cas royaux, des causes des églises de fondation royale, des affaires des privilégiés, & de tous les cas dont les officiers royaux connoissent par prévention, dans les terres & provinces données en apanage. On en trouve un exemple dans les lettres-patentes de Charles IX, de l'an 1566, pour les apanages des ducs d'Anjou & d'Alençon ses frères. La même chose fut pratiquée pour Montargis, lorsque le duché d'Orléans fut donné en apanage, & encore en d'autres occasions. *Voyez* EXEMPTS & JURISDICTION *des exempts*. (*A*)

JUGE *extraordinaire*, *seu quasi extra ordinem naturalem*, est celui qui n'a pas la jurisdiction ordinaire, mais seulement une jurisdiction d'attribution, tel que les cours des aides, élections, greniers à sel, tables de marbre, maîtrises, les consuls; ou comme les *juges* de privilège, tels que les requêtes de l'hôtel & du palais, le prévôt de l'hôtel, les *juges* conservateurs des privilèges des foires, & ceux des universités. *Voyez* JUGE D'ATTRIBUTION, JUGE ORDINAIRE & JUGE DE PRIVILÈGE. (*A*)

JUGE *fiscal*, appellé *judex fiscalis*, & quelquefois *fiscalis* simplement, étoit un *juge* royal, mais d'un ordre inférieur. On l'appelloit *fiscalis*, parce qu'il exerçoit sa jurisdiction dans les terres fiscales & appartenantes au roi en propriété; ou, comme dit Loyseau, parce qu'il étoit établi, non par le peuple, mais par le roi, qui a vraiment seul le droit de fisc. Il en est parlé dans la loi des Ripuariens, *tit. 32*, *§. 3*, *tit. 51*, *§. 1*, & *tit. 53*, *§. 1*. Il paroît que l'on donnoit ce titre aux comtes particuliers des villes, pour les distinguer des grands du royaume, qui étoient *juges* dans un ordre plus éminent. Ces *juges fiscaux* tenoient probablement la place des *juges* pédanées. *Voyez* le *Glossaire* de

Ducange, au mot *Judex fiscalis*; & Loyseau, *des Seig. chap. 16, n. 55.* (*A*)

JUGE *gruyer*. *Voyez* GRUYER & GRUERIE.

JUGE *haut-justicier*, est celui qui exerce la haute-justice. On entend quelquefois par-là un *juge haut*, moyen & bas *justicier*, suivant la maxime que *in majori minus inest*; quelquefois aussi ces termes s'entendent strictement d'un *juge* qui n'a que la haute-justice seulement, la moyenne & la basse étant exercées par un autre *juge*. *Voyez* HAUTE-JUSTICE. (*A*)

JUGE *haut, moyen & bas-justicier*, est celui qui réunit en lui le pouvoir de la haute, moyenne & basse-justice. (*A*)

JUGE *immédiat*, est celui qui a droit de connoître directement d'une affaire, sans qu'elle vienne par appel d'un autre tribunal. On ne peut appeller d'un *juge* à un autre *omisso medio*, si ce n'est en matière criminelle, ou en cas d'appel comme de *juge* incompétent & déni de renvoi. (*A*)

JUGE *incompétent*, est celui qui ne peut connoître d'une affaire, soit parce qu'il n'est pas le *juge* des parties, ou parce que l'affaire est de nature à être attribuée spécialement à quelque autre *juge*. *Voyez* COMPÉTENCE, JUGE COMPÉTENT & INCOMPÉTENCE. (*A*)

JUGE *inférieur*, est celui qui en a un autre au-dessus de lui. Cette qualité est relative; car le même *juge* peut être inférieur à l'égard de l'un, & supérieur à l'égard de l'autre : ainsi les baillis & sénéchaux sont *juges* supérieurs à l'égard des *juges* de seigneurs, & ils sont *juges inférieurs* à l'égard du parlement. (*A*)

JUGE *laïque* ou *séculier*, est celui qui exerce la jurisdiction séculière. Il y a des clercs admis dans les tribunaux séculiers, qui néanmoins sont considérés comme *juges laïques*, en tant qu'ils sont membres d'un tribunal séculier. On comprend sous ce terme de *juge laïque* tous les *juges* royaux, municipaux & seigneuriaux.

La qualité de *juge laïque* est opposée à celle de *juge* d'église. *Voyez* JUGE D'EGLISE & JUGE ROYAL.

JUGE *des lieux*, est celui qui a la justice ordinaire dans le lieu du domicile des parties, ou dans le lieu où sont les choses dont il s'agit, ou dans lequel s'est passé le fait qui donne lieu à la contestation. *Voyez* JUGE DU DOMICILE & JUGE DU DÉLIT. (*A*)

JUGE-MAGE *ou* MAJE, *quasi judex major*, & qu'en effet on appelle en quelques endroits *grand juge*, signifie naturellement le premier *juge* du tribunal. Néanmoins, dans le Languedoc, on donne ce nom au lieutenant des sénéchaux. Dans quelques villes il y a un *juge-maje*, qui est le premier officier de la jurisdiction, comme à Cluny. (*A*)

JUGE *moyen-justicier*, est celui qui n'exerce que la moyenne-justice. *Voyez* JUSTICE MOYENNE. (*A*)

JUGE *moyen & bas-justicier*, est celui qui réunit en lui le pouvoir de la moyenne & de la basse-justice. *Voyez* BASSE-JUSTICE & MOYENNE-JUSTICE. (*A*)

JUGE *sans moyen*, est celui qui a droit de connoître d'une affaire en première instance, ou qui en connoît par appel, sans qu'il y ait entre lui & le *juge à quo* aucun autre *juge* intermédiaire. (*A*)

JUGE *municipal*, est celui qui exerce la justice ou quelque partie d'icelle dont l'administration est confiée aux corps de ville. On a appellé ces *juges*, *municipaux*, du latin *municipium*, qui étoit le nom que les Romains donnoient aux villes qui avoient le privilège de n'avoir d'autres *juges* & magistrats que de leurs corps; & comme par succession de temps, le peuple, & ensuite les empereurs, accordèrent la même prérogative à presque toutes les villes, ce nom de *municipium* fut aussi donné à toutes les villes, & tous leurs officiers furent appellés *municipaux*.

Chaque ville, à l'imitation de la république romaine, formoit une espèce de petite république particulière, qui avoit son fisc & son conseil, ou sénat, qu'on appelloit *curiam* ou *senatum minorem*, lequel étoit composé des plus notables citoyens. On les appelloit quelquefois *patres civitatum*, & plus ordinairement *curiales* ou *curiones*, *seu decuriones*, parce qu'ils étoient chefs chacun d'une dixaine d'habitans. Le conseil des villes étoit probablement composé des chefs de chaque dixaine. Cette qualité de décurion devint dans la suite très-onéreuse, sur-tout à cause qu'on les rendit responsables des deniers publics. Il ne leur étoit pas permis de quitter pour prendre un autre état, & l'on contraignoit leurs enfans à remplir la même fonction : on la regarda même enfin comme une peine à laquelle on condamnoit les délinquans. L'empereur Léon supprima les décurions & les conseils de ville.

Les décurions n'étoient pas tous *juges* ni magistrats; mais on choisissoit entre eux ceux qui devoient remplir cette fonction.

Dans les villes libres, appellées *municipia*, & dans celles que l'on appelloit *coloniæ*, c'est-à-dire, où le peuple romain avoit envoyé des colonies, lesquelles furent dans la suite confondues avec celles appellées *municipia*, ceux qui étoient chargés de l'administration de la justice étoient appellés *duumviri*, parce qu'ils étoient au nombre de deux. Ceux qui étoient chargés des affaires communes étoient nommés *ædiles*. Les duumvirs avoient d'abord toute la jurisdiction ordinaire indéfiniment; mais dans la suite ils furent restreints à ne juger que jusqu'à une certaine somme, & il ne leur étoit pas permis de prononcer des peines contre ceux qui n'auroient pas déféré à leurs jugemens.

Les villes d'Italie qui avoient été rebelles au peuple romain, n'avoient point de justice propre; on y envoyoit des magistrats de Rome appellés *præfecti*; elles avoient seulement des officiers de leur corps, appellés *ædiles*. Ces officiers exerçoient la menue police, & pouvoient infliger aux contrevenans de légeres corrections & punitions, mais c'étoit sans figure de procès.

Enfin, dans toutes les villes des provinces non libres ni privilégiées, il y avoit un officier appellé *defensor civitatis*, dont l'office duroit cinq ans. Ces défenseurs des cités étoient chargés de veiller aux intérêts du peuple, & de diverses autres loix. Mais au commencement ils n'avoient point de jurisdiction : cependant, en l'absence des présidens des provinces, ils s'ingérerent peu-à-peu de connoître des causes légeres, sur-tout *inter volentes* : ce qui ayant paru utile, & même nécessaire pour maintenir la tranquillité parmi le peuple, les empereurs leur attribuerent une jurisdiction contentieuse jusqu'à 50 sols.

Les gouverneurs de provinces, pour diminuer l'autorité de ces défenseurs des cités, firent si bien qu'on ne choisissoit plus, pour remplir cette place, que des gens de basse condition, & même en quelques endroits, ils mirent en leur place des *juges* pédanées. Ce qui fut réformé par Justinien, qui ordonna, par sa *novelle 15*, que les plus notables des villes seroient choisis tour-à-tour pour leurs défenseurs, sans que les gouverneurs pussent commettre quelqu'un de leur part à cette place; & pour la rendre encore plus honorable, il augmenta leur jurisdiction jusqu'à 300 sols, & ordonna qu'au-dessous de cette somme on ne pourroit s'adresser aux gouverneurs, sous peine de perdre sa cause, quoiqu'auparavant les défenseurs des cités ne jugeassent que concurremment avec eux ; il leur attribua même le pouvoir de faire mettre leurs sentences à exécution : ce qu'ils n'avoient pas eu jusqu'alors, non plus que les *juges* pédanées. Mais il réduisit le temps de leur exercice à deux années au lieu de cinq.

Il n'y eut donc, par l'événement, d'autre différence entre les duumvirs & les défenseurs des cités, sinon que les premiers étoient établis dans les villes privilégiées & choisis dans leur conseil; au lieu que les défenseurs des cités étoient préposés dans toutes les villes de province où il n'y avoit point d'autres officiers de justice populaire, & étoient choisis indifféremment dans tout le peuple.

Les *juges municipaux* avoient le titre de *magistrats*; leurs fonctions étoient annales, ou pour un autre temps limité : ceux qui sortoient de charge nommoient leurs successeurs, desquels ils étoient garans.

César & Strabon remarquent que les Gaulois & les Allemands s'assembloient tous les ans pour élire les principaux des villes pour y rendre la justice.

C'est de-là que plusieurs villes de la Gaule belgique ont conservé la justice ordinaire jusqu'à l'ordonnance de Moulins, laquelle, *art. 71*, a ôté aux villes la justice civile, & leur a seulement laissé la connoissance de la police & du criminel; ce qui n'a cependant point été exécuté par-tout, y ayant encore plusieurs villes, sur-tout dans la Gaule belgique, où les maires & échevins ont la justice ordinaire. *Voyez* au mot ECHEVINS & ECHEVINAGE.

Sous Charlemagne & ses successeurs, les comtes établis par le roi dans chaque ville, jugeoient avec les échevins, qui étoient toujours *juges municipaux*.

Présentement, dans la plupart des villes, les *juges municipaux* ont pour chef l'un d'entre eux, qu'on appelle *prévôt des marchands*, *maire*, *bayle* : ailleurs ils sont tous compris sous un même titre, comme *les capitouls de Toulouse*, *les jurats de Bordeaux*.

Dans toute la France celtique & aquitanique, les *juges municipaux* ne tiennent leur justice que par concession ou privilege; ils n'ont communément que la basse-justice : en quelques endroits, on leur a attribué la police ; en d'autres, ils n'en ont qu'une partie, comme à Paris, où ils n'ont la police que de la riviere & des ports, & la connoissance de tout ce qui concerne l'approvisionnement de Paris par eau.

Quoique les consuls prennent le titre de *juges & consuls* établis par le roi, ils ne sont en effet que des *juges municipaux*, étant élus par les marchands entre eux, & non pas nommés par le roi. *Voyez* CONSULS.

Les élus ou personnes qui étoient choisies par le peuple pour connoître des aides, tailles & autres subsides, étoient aussi, dans leur origine, des officiers municipaux ; mais, depuis qu'ils ont été créés en titre d'office, ils sont devenus *juges* royaux. *Voyez* Loyseau, *traité des seigneuries*, *chap. 16*. (*A*)

JUGES *des nobles* : ce sont les baillis & sénéchaux, & autres *juges* royaux, ressortissans sans moyen au parlement, lesquels connoissent en premiere instance des causes des nobles & de leurs tutèles, curatèles, scellés & inventaires, &c. Voyez *l'édit de Cremieu*, *art. 6*. (*A*)

JUGE *ordinaire*, est celui qui est le *juge* naturel du lieu, & qui a le plein exercice de la jurisdiction, sauf ce qui peut en être distrait par attribution ou privilege, à la différence des *juges* d'attribution ou de privilege, & des commissaires établis pour juger certaines contestations, lesquels sont seulement *juges* extraordinaires. *Voyez ci-devant* JUGE EXTRAORDINAIRE. (*A*)

JUGES *sous l'orme*, sont ceux qui n'ayant point d'auditoire fermé, rendent la justice dans un carrefour public sous un orme. Cette coutume vient des Gaulois, chez lesquels les druides rendoient la justice dans les champs, & particuliérement sous quelque gros chêne, arbre qui étoit chez eux en grande vénération. Dans une ancienne comédie gauloise latine, intitulée *Querolus*, il est dit, en parlant des Gaulois qui habitoient vers la riviere de Loire, *ibi sententiæ capitales de robore proferuntur*; les François en usoient autrefois communément de même; une vieille chartre de l'abbaye de S. Martin de Pontoise, anciennement dite S. Germain, qui est la 131e de leur chartulaire, dit, *hæc omnia renovata sunt sub ulmo ante ecclesiam beatæ*

Germani, ipso Hugone & filio suo Roberto majore audientibus. Joinville, en la première partie de son histoire, dit que le roi S. Louis alloit souvent au bois de Vincennes, où il rendoit la justice, étant assis au pied d'un chêne. La coutume de rendre la justice sous l'orme dans les villages, vient de ce que l'on plante ordinairement un orme dans le carrefour où le peuple s'assemble. Il y a encore plusieurs justices seigneuriales où le *juge* donne son audience sous l'orme.

Dans le village de la Bresse en Lorraine, bailliage de Remiremont, la justice se rend sommairement sous l'orme, par le maire & les élus; cette justice doit être sommaire: en effet, l'art. 32 des formes anciennes de la Bresse, porte qu'il n'est loisible à personne plaider pardevant ladite justice, former ou chercher incident frivole & superflu, ains faut plaider au principal, ou proposer autres fins pertinentes, afin que la justice ne soit prolongée. La défense de former des incidens frivoles & superflus doit être commune à tous les tribunaux, même du premier ordre, où la justice est mieux administrée que dans les petites jurisdictions. Il seroit même à souhaiter que dans tous les tribunaux on pût rendre la justice aussi sommairement qu'on la rend dans ces justices sous l'orme; mais cela n'est pas praticable dans toutes sortes d'affaires. *Voyez les Opuscules* de Loisel; Bruneau, *traité des Criées*; & les *Mémoires sur la Lorraine.* (*A*)

JUGE *de pairie*, est celui qui rend la justice dans un duché ou comté-pairie, ou dans quelque autre terre érigée à l'instar des pairies; ces sortes de *juges* ne sont pas *juges* royaux, mais seulement *juges* de seigneuries, ayant le titre de pairie; la principale prérogative de ces justices est de ressortir sans moyen au parlement. *Voyez* PAIRIE. (*A*)

JUGES *in partibus*, sont la même chose que commissaires *ad partes*: ce sont des *juges* que le pape est obligé de déléguer en France, lorsqu'il y a appel du primat au saint siège; une des libertés de l'église gallicane étant que les sujets du roi ne sont point obligés d'aller plaider hors le royaume. *Voyez ci-devant* JUGE DÉLÉGUÉ. (*A*)

JUGE *pédanée, judex pedaneus*, étoit le nom que l'on donnoit chez les Romains à tous les *juges* des petites villes, lesquels n'étoient point magistrats, & conséquemment n'avoient point de tribunal ou prétoire: quelques-uns croient qu'ils furent ainsi appellés, parce qu'ils alloient de chez eux à pied au lieu destiné pour rendre la justice, au lieu que les magistrats alloient dans un charriot; d'autres croient qu'on les appella *juges pédanées*, *quasi stantes pedibus*, parce qu'ils rendoient la justice debout; mais c'est une erreur, car ils étoient assis; toute la différence est qu'ils n'étoient point sur des sièges élevés, comme les magistrats; mais *in subselliis*, c'est-à-dire, sur de bas sieges; de maniere qu'ils rendoient la justice *de plano*, *seu de plano pede*, c'est-à-dire, que leurs pieds touchoient à terre; c'est pourquoi on les appelloit *pedanei*, *quasi humi judicantes.*

On ne doit pas confondre avec les *juges pédanées* les sénateurs pédaniens; on donnoit ce nom aux sénateurs qui n'opinoient que *pedibus*, c'est-à-dire en se rangeant du côté de celui à l'avis duquel ils adhéroient.

Les empereurs ayant défendu aux magistrats de renvoyer aux *juges* délégués autre chose que la connoissance des affaires légères, ces *juges* délégués furent nommés *juges pédanées.*

L'empereur Zénon établit des *juges pédanées* dans chaque siège de province, comme il est dit en la *novelle 82, chap. 1*; & Justinien, à son imitation, par cette même novelle, érigea en titre d'office dans Constantinople, sept *juges pédanées*, à l'instar des défenseurs des cités qui étoient dans les autres villes; & au lieu qu'ils n'avoient coutume de connoître que jusqu'à 50 sols (qui valoient 50 écus), il leur attribua la connoissance jusqu'à 300.

L'appel de leurs jugemens ressortissoit au magistrat qui les avoit délégués.

Parmi nous on qualifie quelquefois les *juges* de seigneurs & autres *juges* inférieurs, de *juges pédanées*. La coutume d'Acqs, *tit. 9, art. 43*, parle des bayles royaux pédaniens, *quasi pedanei.*

Voyez Aulu-Gelle & Festus; Cujas, *sur la novelle 82*; Loyseau, *des offices, liv. I, chap. 5, n. 52 & suiv.* (*A*)

JUGE *de police*, est celui qui est chargé en particulier de l'exercice de la police; tels sont les lieutenans de police: en quelques endroits, cette fonction est unie à celle de lieutenant-général, ou autre principal *juge* civil & criminel; dans d'autres, elle est séparée & exercée par le lieutenant de police seul: en quelques villes, ce sont les maires & échevins qui ont la police. *Voyez* ECHEVIN & LIEUTENANT DE POLICE, MAIRIE & POLICE. (*A*)

JUGE *premier*, n'est pas celui qui occupe la première place du tribunal, ni qui remplit le degré supérieur de jurisdiction; c'est au contraire celui devant lequel l'affaire a été traitée, ou dû l'être en première instance avant d'être portée au *juge* supérieur. Ce n'est pas toujours celui qui remplit le dernier degré de jurisdiction, tel que le bas-justicier, qu'on appelle le *premier juge*. Un *juge* royal, & même un bailli ou sénéchal, est aussi qualifié de *premier juge* pour les affaires qui y devoient être jugées avant d'être portées au parlement ou autre cour supérieure. *Voyez* APPEL, JUGE D'APPEL, JUGE *A QUO*. (*A*)

JUGES *présidiaux*, sont ceux qui composent un présidial & qui jugent présidialement, c'est-à-dire conformément au pouvoir que leur donne l'édit des présidiaux, soit au premier ou au second chef. *Voyez* PRÉSIDIAL. (*A*)

JUGE *de privilège*, est celui auquel appartient la connoissance des causes de certaines personnes privilégiées; tels sont les requêtes de l'hôtel & du palais,

palais, qui connoissent des causes de ceux qui ont droit de *committimus*. Tel est aussi le grand-prévôt de l'hôtel, qui connoît des causes de ceux qui suivent la cour : tels sont encore les *juges* conservateurs des privilèges des universités, & quelques autres *juges* semblables. *Voyez* PRIVILÈGE.

Les *juges de privilège* sont différens des *juges* d'attribution. *Voyez ci-devant* JUGES D'ATTRIBUTION. (*A*)

JUGE *privé*, est opposé à *juge* public : on entend par-là celui qui n'a qu'une jurisdiction domestique, familière ou économique ; les arbitres sont aussi des *juges privés* ; on comprenoit aussi sous le terme de *juges privés*, tous les *juges* des seigneurs, pour les distinguer des *juges* royaux, que l'on appelloit *juges publics*. *Voyez ci-après* JUGE PUBLIC. (*A*)

JUGE *public*, *judex publicus* : on donnoit autrefois ce titre aux ducs & aux comtes, pour les distinguer des *juges* séculiers des évêques. *Lettr. hist. sur le parlement*, *page 125*. (*A*)

JUGE *ad quem* : on se sert quelquefois de cette expression par opposition à celle de *juge à quo*, pour signifier le *juge* auquel l'appel doit être porté, au lieu que le *juge à quo* est celui dont est appel. (*A*)

JUGE *à quo* : on sous-entend *à quo appellatur*, ou *appellatum est*, est celui dont l'appel ressortit à un *juge* supérieur. On entend aussi par-là singulièrement le *juge* dont la sentence fait actuellement la matière d'un appel. *Voyez* JUGE D'APPEL, JUGE DONT EST APPEL, JUGE *AD QUEM*. (*A*)

JUGES *de la retenue*, ou *juges-conseillers de la retenue*, (*Comm. Jurispr.*) marchands choisis & reconnus par les prieurs & consuls de la bourse commune de Toulouse, pour les assister aux jugemens des affaires de commerce qui sont de la compétence de cette jurisdiction. (+)

JUGES *de robe-courte*, sont ainsi appellés par opposition à ceux qui portent la robe longue, ils siègent l'épée au côté, & néanmoins ne sont pas considérés comme *juges* d'épée, mais comme *juges de robe*, parce qu'ils portent en même temps une robe dont les manches sont fort courtes, & qui ne leur descend que jusqu'aux genoux ; telles sont les lieutenans criminels de robe-courte. *Voyez* LIEUTENANS-CRIMINELS, *& au mot* ROBE-COURTE.

L'ordonnance d'Orléans porte que les baillis & sénéchaux seront de *robe-courte* ; néanmoins dans l'usage, on ne les appelle pas des *juges de robe-courte*, mais des *juges* d'épée, attendu qu'ils ne portent point de *robe-courte*, comme les lieutenans-criminels de *robe-courte*, mais seulement le manteau avec l'épée & la toque garnie de plumes. (*A*)

JUGES *de robe-longue*, sont tous ceux qui portent la robe ordinaire, à la différence des *juges* d'épée & des *juges* de robe-courte. *Voyez ci-devant* JUGES D'ÉPÉE & JUGES DE ROBE-COURTE. (*A*).

JUGE ROYAL, est celui qui est établi & pourvu par le roi & qui rend la justice en son nom.

Toute justice en France est émanée du roi, soit qu'elle soit exercée par ses officiers ou par d'autres personnes qui en jouissent par privilège ou concession.

On distingue cependant plusieurs sortes de *juges*, savoir les *juges royaux*, les *juges* d'église, les *juges* de seigneur, & les *juges* municipaux.

L'établissement des *juges royaux* est aussi ancien que la monarchie.

Il y avoit aussi dès-lors des *juges* d'église & des *juges* municipaux dans quelques villes, principalement de la Gaule belgique ; pour ce qui est des *juges* de seigneurs, leur première origine remonte jusqu'au temps que les offices & bénéfices furent institués, c'est-à-dire, lorsque nos rois distribuèrent à leurs officiers les terres qu'ils avoient conquises ; mais ces officiers furent d'abord *juges royaux* ; ils ne devinrent *juges* de seigneurs, que lors de l'établissement des fiefs.

Les premiers *juges royaux* en France, furent donc les ducs & les comtes, tant du premier que du second ordre, qui avoient été établis par les Romains dans les provinces & dans les villes ; les grands officiers auxquels nos rois distribuèrent ces gouvernemens prirent les mêmes titres ; ils étoient chargés de l'administration de la justice.

Mais les capitaines, lieutenans, & sous-lieutenans, auxquels on distribua le gouvernement des petites villes, bourgs, & villages, ne trouvant pas assez de dignité dans les titres que les Romains donnoient aux *juges* de ces lieux, *de judices ordinarii*, *judices pedanei*, *magistri pagorum*, conservèrent les noms de *centeniers*, *cinquantainiers*, & *dixainiers*, qu'ils portoient dans les armées, & sous ces noms rendoient la justice. On croit que c'est de-là que sont venus les trois degrés de haute, moyenne & basse justice, qui sont encore en usage dans les jurisdictions seigneuriales : cependant ces *juges* inférieurs étoient aussi d'abord *juges royaux*, de même que les ducs & les comtes.

Vers la fin de la seconde race, & au commencement de la troisième race, les ducs, comtes, & autres officiers, se rendirent chacun propriétaires des gouvernemens qu'ils n'avoient qu'à titre d'office & de bénéfice. Ils se déchargèrent alors d'une partie de l'administration de la justice sur des officiers qu'ils établirent en leurs noms, & qui prirent indifféremment, selon l'usage de chaque lieu, les noms de *vicomtes*, *prévôts*, ou *viguiers* ; ceux des bourgs fermés, ou qui avoient un château, prirent le nom de *châtelains*, ceux des autres lieux prirent le nom de *maires*.

Les ducs & les comtes jugeoient avec leurs pairs l'appel des *juges* inférieurs, & les affaires de grand-criminel ; mais dans la suite ils se déchargèrent encore de ce soin sur des officiers que l'on appella *baillis*, & en d'autres endroits, *sénéchaux* : mais ces baillis & sénéchaux n'étoient d'abord que des *juges* de seigneurs.

A Paris, & dans les autres villes du domaine,

qui étoient alors en très-petit nombre, le roi établissoit un prévôt royal pour rendre la justice en son nom. Ces prévôts royaux avoient d'abord la même autorité que les comtes & vicomtes qui les avoient précédés.

Le parlement, qui étoit encore ambulatoire, avoit l'inspection sur tous ces *juges ;* nos rois des deux premières races envoyoient en outre dans les provinces éloignées des commissaires appellés *missi dominici*, pour recevoir les plaintes que l'on pouvoit avoir à faire contre les seigneurs ou leurs officiers.

Les seigneurs se plaignant de cette inspection, qui les ramenoit à leur devoir, on cessa pour un temps d'envoyer de ces commissaires; mais au lieu de ces officiers ambulatoires, le roi créa quatre baillis royaux permanens, dont le siège fut établi à Vermand, aujourd'hui Saint-Quentin, à Sens, à Mâcon, & à Saint-Pierre-le-Moutier.

Le nombre de ces baillis fut augmenté à mesure que l'autorité royale s'affermit. Philippe-Auguste, en 1190, en établit dans toutes les principales villes de son domaine, & tous ces anciens duchés & comtés ayant été peu-à-peu réunis à la couronne, les baillis & sénéchaux, prévôts, & autres officiers qui avoient été établis par les ducs & comtes, devinrent *juges royaux.*

Il y eut cependant quelques seigneurs qui donnèrent à leurs *juges* le titre de baillis; & pour les distinguer des baillis royaux, ceux-ci furent appellés *baillivi majores*, & ceux des seigneurs *baillivi minores.*

Le dernier degré des *juges royaux*, est celui des prévôts, châtelains, viguiers, maires, *&c.* dont l'appel ressortit aux bailliages & sénéchaussées.

Quelques bailliages & sénéchaussées ont été érigés en présidiaux, ce qui leur donne un pouvoir plus étendu qu'aux autres.

L'appel des bailliages & sénéchaussées ressortit au parlement.

Outre les parlemens, qui sont sans contredit le premier ordre des *juges royaux*, nos rois ont établi encore d'autres cours supérieures, telles que le grand-conseil, les chambres des comptes, les cours des aides, qui sont aussi des *juges royaux.*

Il y a des *juges royaux* ordinaires, d'autres d'attribution, & d'autres de privilège. *Voyez* JUGE D'ATTRIBUTION, JUGE ORDINAIRE, JUGE DE PRIVILÈGE.

Tous *juges royaux* rendent la justice au nom du roi; il n'y a cependant guère que les arrêts des cours qui soient intitulés du nom du roi; les jugemens des autres sièges royaux sont intitulés du nom du bailli ou sénéchal de la province.

La connoissance des cas appellés *royaux*, appartient aux *juges royaux*, privativement à ceux des seigneurs.

Ils précèdent en toutes occasions les officiers des seigneurs, excepté lorsque ceux-ci sont dans leurs fonctions.

Ils ne peuvent posséder aucun office dans la justice des seigneurs, à moins qu'ils n'aient obtenu du roi des lettres de compatibilité à cet effet. *Voyez* BAILLIS, COMTE, COUR, PRÉSIDIAUX, PRÉVÔT ROYAL, SÉNÉCHAL, VICOMTÉ, VIGUIER. *(A)*

JUGE *séculier*, est celui qui est établi par le roi ou par quelque autre seigneur. Cette qualification est opposée à celle de *juge* d'église ou ecclésiastique. *Voyez* JUGE D'ÉGLISE. *(A)*

JUGES *des seigneurs :* autrefois les seigneurs jugeoient eux-mêmes.

Combattre & juger, servir son seigneur à la guerre & dans sa cour, telles étoient les occupations & les devoirs de notre ancienne noblesse.

Lorsque la procédure devint un art, & la connoissance des loix une science compliquée, les seigneurs abandonnèrent les nobles & pénibles fonctions de la magistrature. Ils nommèrent des juges pour les exercer en leur place.

M. de Montesquieu remarque avec sa justesse ordinaire, que ce n'est pas une loi qui a enlevé cette prérogative aux seigneurs. En effet, l'ordonnance de 1287, la plus ancienne sur cette matière, dit, & rien de plus, que les seigneurs seront obligés de choisir leurs juges parmi les laïques. Ce changement, comme tant d'autres, s'est fait insensiblement à mesure que les combats judiciaires ont fait place à la raison & aux principes, & la révolution s'est consommée lorsque l'administration de la justice n'a plus rien eu de militaire.

§. I. *Des qualités que doivent avoir les juges des seigneurs.* L'ordonnance de 1287 exige, comme nous venons de le dire, que les *juges des seigneurs* soient choisis parmi les laïques, *& nullatenus clericos instituant.* Elle ne demande pas autre chose.

Il faut avoir 25 ans pour exercer les fonctions de *juges*, même dans une justice seigneuriale. Ainsi jugé par arrêt du 9 juillet 1658, rapporté au journal des audiences. Il s'agissoit de la validité des provisions de juge, donnée par le marquis de Saint-Prieux au sieur Jolli, qui n'avoit alors que 21 ans. *La cour, faisant droit sur les conclusions du procureur général, a ordonné que ledit Jolli ne pourroit exercer la charge qu'il n'eût atteint l'âge de 25 ans.* Ce sont les termes de l'arrêtiste.

Il n'est pas nécessaire que les *juges des seigneurs* soient gradués, à l'exception des premiers officiers des justices dont les appels ressortissent nuement aux cours de parlement. La déclaration du 26 novembre 1680 porte: « voulons qu'à l'avenir, & » vacation arrivant des charges de bailli, sénéchal, » prévôt, châtelain & autres chefs des justices » seigneuriales de notre royaume, qui sont tenus » en pairie, & dont l'appel ressortit nuement à nos » cours de parlement en matière civile, nul ne » puisse être pourvu desdites charges, s'il n'est li- » cencié & n'a fait le serment d'avocat, dont il » sera tenu rapporter la matricule ».

Il est sans doute inutile d'ajouter qu'il faut que les *juges des seigneurs*, comme ceux du roi, soient de bonne vie & mœurs, de la religion catholique, *&c.*

Le *juge* d'une seigneurie ne peut pas être le receveur, le fermier, l'agent du seigneur. *Ordonnance de Blois, art. 112.*

§. II. *De la réception des juges des seigneurs par les juges royaux.* Nul doute qu'un *juge* ne peut pas exercer sans préalablement s'être fait recevoir dans son office.

Le seigneur propriétaire de l'office peut bien en conférer, & en confère effectivement le titre par les provisions qu'il en donne.

Mais il n'en est pas de même de l'exercice: le seigneur, comme le remarque très-bien Loiseau, *n'ayant l'exercice d'aucune puissance publique, ne la peut par conséquent bailler & attribuer de lui-même à ses officiers.* Des offices des seigneurs, *liv. 5, ch. 2, n. 77.*

Ainsi point encore de difficulté sur la question de savoir:

Si avant de pouvoir exercer son office, le *juge* seigneurial est obligé de s'y faire installer par un *juge* supérieur.

Si le *juge* seigneurial est sous le ressort d'un *juge* royal, c'est par ce *juge* qu'il doit se faire recevoir. Cela n'est encore susceptible d'aucun doute.

Mais si le *juge de seigneur* est sous le ressort d'un autre *juge* également seigneurial, se fera-t-il recevoir par ce dernier ou par le *juge* royal de l'arrondissement? Voilà le point problématique.

L'ordonnance d'Orléans est la première loi qui impose aux *juges des seigneurs* la nécessité de se faire recevoir par un *juge* supérieur.

L'art. 55 porte: « tous officiers des justices ou » jurisdictions subalternes, ou hautes justices ressor- » tissans pardevant nos baillis & sénéchaux, seront » examinés avant d'être reçus par l'un de nos lieu- » tenans ou plus ancien conseiller du siège, après » sommaire information de leur bonne vie & » mœurs ».

Cet article, comme l'on voit, ne parle que des *juges* royaux; c'est aux seuls *juges* royaux qu'il confie le soin d'examiner, & l'autorité de recevoir les *juges des seigneurs.*

Mais il faut reconnoître également que cet article n'enveloppe pas indistinctement tous les *juges des seigneurs;* qu'elle ne frappe directement que sur ceux qui ressortissent pardevant les baillis & sénéchaux du roi.

Ainsi, dans cette loi, point de disposition directement relative aux *juges* seigneuriaux, qui ressortissent à des justices seigneuriales.

Quel est le motif de cette espèce d'omission? Il s'en présente deux. On peut dire que le législateur a pensé qu'il lui suffisoit de disposer pour la majeure partie des justices seigneuriales, & que la règle, une fois établie, seroit nécessairement regardée comme une règle générale pour toutes ces sortes de justice. D'un autre côté, on peut dire, & avec autant de fondement, que la loi n'ayant parlé que des justices ressortissantes aux bailliages royaux, a entendu conférer à tous les *juges* d'appel le droit de recevoir les *juges* de leur ressort.

De ces deux interprétations, Loiseau adopte la dernière. Voici ces termes: *loco citato. L'ordonnance d'Orléans ne parle que des juges des justices seigneuriales ressortissantes, & royales... C'est par deux raisons. L'une, que le roi n'approuve point le ressort & second degré des justices seigneuriales. L'autre, que cet article ne parle que de ce qui est de la charge des juges royaux.*

Or est-il, continue Loiseau, *que ce n'est à eux à recevoir les officiers qui ne ressortissent pas directement devant eux;* AINS AU JUGE DU RESSORT IMMÉDIAT.

Loiseau pense donc, 1°. que l'ordonnance d'Orléans est absolument sans application aux officiers des justices seigneuriales, qui ressortissent à d'autres *juges* seigneuriaux; 2°. que c'est à ces derniers qu'il appartient de recevoir les *juges* de leur ressort.

Tout le monde sait combien est grave en cette matière l'autorité de Loiseau. Il a presque l'autorité de la loi, dans les points sur lesquels la loi ne s'est pas expliquée.

L'ordonnance d'Orléans n'ayant pas porté ses vues jusques sur les officiers des justices seigneuriales qui ressortissent à d'autres *juges* seigneuriaux; & Loiseau s'étant déclaré pour ces derniers, il y auroit donc un très-grand motif de juger en leur faveur, si depuis, & postérieurement au décès de Loiseau, le législateur ne s'étoit pas expliqué.

L'art. 55 de l'ordonnance d'Orléans, malgré la justice & la sagesse de sa disposition, étoit tombé en désuétude. Les *juges des seigneurs* avoient repris, comme avant l'ordonnance, l'usage de s'installer eux-mêmes. Les inconvéniens de cet abus se firent de nouveau sentir. Louis XIV le réprima par deux édits des années 1673 & 1704.

Ces deux loix, conçues en termes beaucoup plus généraux que la première, ne parlent pas seulement des *juges des seigneurs* qui ressortissent aux bailliages & sénéchaussées; elles embrassent dans leurs dispositions tous les *juges* seigneuriaux indistinctement, & leur enjoignent à tous, sans exception, de se faire recevoir par les *juges* royaux.

Voici les termes de l'édit du mois de mars 1693: *nous avons par le présent édit perpétuel & irrévocable, dit & ordonné... que tous les particuliers qui seront ci-après pourvus par les seigneurs, tant ecclésiastiques que séculiers dans l'étendue de notre royaume, pour exercer les offices de judicature de leurs justices, soient tenus, avant d'en faire aucune fonction, de se faire recevoir par les officiers de nos cours ou jurisdictions royales, à leur choix, dans l'étendue desquelles lesdites justices seigneuriales sont situées... nonobstant tous édits & autres choses à ce contraires, auxquels nous dérogeons,* &c.

Rien, comme l'on voit, de plus général que la disposition de cet édit. Elle impose l'obligation de se faire recevoir par les juges royaux, non-seulement aux *juges des seigneurs* qui ressortissent aux bailliages & sénéchaussées, mais à tous les *juges* de toutes les seigneuries, dans toute l'étendue du royaume.

Ces dispositions ne concernent que les *juges*, à l'égard des procureurs fiscaux, greffiers, notaires, procureurs & huissiers : ils se font installer & recevoir par le *juge* de leur justice.

L'édit de 1693 leur avoit imposé l'obligation *de se faire immatriculer aux greffes des justices royales, où les appellations desdites justices des seigneurs se relèvent.* Mais un édit du mois de juillet 1704, les dispense de cette formalité, moyennant une finance.

Il paroît résulter d'un arrêt du 24 juillet 1732, sur les conclusions de M. l'avocat-général Gilbert, en faveur de Me Corsembleu, bailli du duché-pairie de Sully, qu'il y a une exception à ces règles pour les baillis des pairies, & que ces officiers ont le privilège de se faire recevoir dans leur propre justice. Cette exception a pour motif que les baillis des pairies ne ressortissant pas aux bailliages royaux, ne doivent pas s'y faire recevoir, & que d'un autre côté le parlement ne connoît que les provisions données par le roi.

§. III. *Des titres & qualifications que les juges des seigneurs peuvent prendre.* Toute innovation leur est défendue. Celui qui de temps immémorial n'a d'autre qualification que celle de *juge*, ne peut pas se qualifier bailli. Il est encore moins permis au lieutenant & même au chef de la justice, de prendre la qualification de lieutenant-général. « Par les » arrêts de la cour il leur est défendu de se quali- » fier lieutenans-généraux, parce que les seigneurs » ne peuvent avoir de lieutenans particuliers, & » si quelques-uns des plus grands seigneurs en ont, » c'est par abus qui ne seroit toléré à mon avis, » si on en faisoit plainte au parlement ». Loiseau, *des seigneuries, ch. 10, n. 69.*

Ce principe vient de recevoir la dernière sanction, par un arrêt, au rapport de M. d'Amécour, du 29 décembre 1783.

Par un arrêt du 7 mai précédent, le parlement avoit ordonné que *le juge de la justice de Beauvais ne pourroit prendre la qualité de juge général des manufactures, ni autres qualités que celles de tout temps accoutumées, & celle de juge de police, dans les sentences qu'il rendroit, & autres actes de son ministère.*

Malgré ces défenses, le procureur-fiscal de la justice de Beauvais avoit, le 13 septembre suivant, fait afficher dans les rues de la ville, une ordonnance du *juge*, commençant par ces mots : « de par M. le bailli de la ville, bailliage, & comté- » pairie de Beauvais, *juge* général de police de la- » dite ville ».

Cette contravention déférée au parlement, second arrêt qui porte : « la cour ordonne que l'arrêt » du 17 mai dernier sera exécuté selon sa forme & » teneur ; en conséquence, fait défenses au procu- » reur d'office en la justice de Beauvais, de faire im- » primer, publier & afficher aucuns jugemens ni or- » donnances antérieurs au 17 mai dernier, dans les- » quels jugemens & ordonnances seroient insérées » les qualités qu'il a été défendu au *juge* de la jus- » tice de Beauvais de prendre par l'arrêt dudit jour » 17 mai, sous telles peines qu'il appartiendra con- » tre le procureur d'office de ladite justice ; fait pa- » reillement défenses à tous huissiers de faire les- » dites affiches & publications, sous peine d'inter- » diction ; ordonne que le présent arrêt sera signi- » fié, à la requête du procureur général du roi, aux » officiers de la justice de Beauvais, à ce qu'ils » aient à s'y conformer, & qu'il sera imprimé, » publié & affiché par-tout où besoin sera, notam- » ment en la ville & fauxbourgs de Beauvais ».

§. IV. *Les seigneurs ont-ils la faculté de multiplier arbitrairement les officiers de leurs justices?* 1°. De droit commun le nombre des officiers des justices seigneuriales est borné à un *juge*, un lieutenant, un procureur-fiscal, un greffier, & des huissiers ou sergens.

2°. Ces officiers, comme essentiels à l'administration de la justice, sont les seuls que le seigneur ait droit d'instituer en vertu de sa seule qualité de seigneur : s'il entreprend d'en créer d'autres, c'est un abus, à moins qu'il n'y soit autorisé par des titres formels ou une possession immémoriale.

Nous avons pour garant de ces principes la jurisprudence, une loi précise & l'autorité de Loiseau, qui après l'énumération de ces cinq officiers, ajoute : « les seigneurs ne peuvent mettre des con- » seillers ou assesseurs en leurs justices, ni en un » mot créer aucuns officiers nouveaux & non né- » cessaires ; car c'est une chose assez exorbitante » qu'ils en puissent mettre de nécessaires comme » j'ai prouvé ailleurs ». *Des seigneuries, ch. 10, n. 70.*

Loiseau interdit, comme l'on voit, aux seigneurs toute espèce de création d'officiers nouveaux ; & même telle est à cet égard la sévérité des règles, que si le seigneur n'est pas dans l'usage d'avoir un lieutenant, il ne peut pas en instituer, quoique Loiseau place cet officier dans le nombre des ministres nécessaires à l'administration de la justice.

Cette question s'est présentée entre le chapitre de saint-Marcel, & le bailli de la justice de saint-Marcel & du Mont-saint-Hilaire ; le chapitre, contre l'ancien usage, avoit nommé un lieutenant : le bailli se pourvut au parlement & demanda à être reçu opposant à la réception de cet officier, & à ses lettres de provision. Par arrêt de la grand'chambre le bailli fut reçu opposant, & défenses au chapitre de nommer un lieutenant. Cet arrêt rapporté au *Journal des audiences*, est du 19 juin 1652.

On trouve, dans le plaidoyer de M. l'avocat général Talon, qui porta la parole dans cette affaire, des principes & des faits qu'il ne sera pas inutile de rappeller ici : « si l'entreprise faite par les chanoi- » nes avoit lieu, ils s'arrogeroient plus d'autorité » que le roi même, puisqu'il s'est tellement lié les » mains pour ce regard, qu'il ne peut créer & éri- » ger aucun office de si petite conséquence qu'il » puisse être, sans édit & déclaration vérifiée en la

» cour: aussi n'a-t-on jamais souffert qu'aucun seigneur l'ait entrepris..... Le sieur duc de Nemours ayant voulu créer un sergent dans son duché, les gens du roi s'y sont opposés.... si dans l'établissement de la justice la charge de lieutenant avoit été érigée, il faudroit que les seigneurs en rendissent aveu au roi, lesquels se trouveroient en la chambre des comptes, *&c.* ».

Ce plaidoyer de M. Talon est dans le *Journal des audiences;* on y remarque sur-tout cette grande maxime, que le roi ne peut créer un office *de si petite conséquence qu'il puisse être*, sans un édit vérifié; cette assertion que l'on n'a jamais souffert qu'aucun seigneur l'ait entrepris, & le fait que les gens du roi ont réclamé contre l'érection d'un nouvel office de sergent faite par le duc de Nemours.

Avant cet arrêt de 1652, le législateur avoit prononcé: l'ordonnance de 1629 défend à tous seigneurs de faire création nouvelle d'officiers en leurs terres.

Ces règles s'appliquent indistinctement à tous les offices qui ne sont pas essentiels à l'administration de la justice, tels que les lieutenans, les assesseurs, les substituts du procureur-fiscal, & les notaires. Relativement aux procureurs, il y a un motif particulier de se prêter difficilement à la supposition que les seigneurs ont été investis de la faculté d'en instituer. C'est qu'à l'époque à laquelle il faut référer la très-majeure partie des inféodations, ces officiers tels qu'ils existent aujourd'hui, n'étoient pas connus.

Pour la première fois, en 1572, Charles IX érigea en titre d'office l'état de procureur; mais seulement dans les justices royales.

L'article 241 de l'ordonnance de Blois remit les choses sur l'ancien pied.

Enfin Louis XIII fit, en 1620, revivre l'édit de 1572.

Ainsi dans l'origine, & jusqu'à des temps qui ne sont pas éloignés, les parties avoient le droit de présenter elles-mêmes leur défense aux tribunaux, ou d'en confier le soin à qui bon leur sembloit; depuis elles ont perdu cette prérogative, mais les édits qui les en privent ne parlent que des justices du roi, elles l'ont donc conservée dans celles des seigneurs.

Deux arrêts fort récens, des 27 mai 1758 & 26 décembre 1768, fixent à cet égard la jurisprudence d'une manière irrévocable.

M. de Saint-Fargeau, qui portoit la parole lors du premier de ces deux arrêts, établit en principe: « qu'un seigneur ne pouvoit pas disposer des places de procureurs, & en accorder des provisions, parce qu'en général ce ne sont pas des offices, & que cette profession s'exerçoit autrefois comme elle s'exerce encore aujourd'hui dans la plupart des justices seigneuriales sur simples matricules... que les avocats peuvent exercer les deux fonctions & postuler dans les justices seigneuriales... que sans une concession particulière du roi & sans une possession très-ancienne qui fasse présumer un titre légitime, un seigneur ne peut pas, disposer des places de procureur & en accorder des provisions, parce qu'en général ce ne sont pas des offices, que cette profession s'exerçoit autrefois comme elle s'exerce encore aujourd'hui sur simples matricules dans la plupart des justices seigneuriales ».

Les deux arrêts ont jugé conformément à ces principes; ils sont dans la collection de Denisart.

Ainsi telle est la règle: les seigneurs hauts-justiciers ne peuvent établir des procureurs dans leurs justices que lorsqu'ils y sont fondés en titre, ou qu'ils sont en possession immémoriale d'en instituer.

Mais quel caractère doit avoir cette possession, & de quelle manière le seigneur doit-il la prouver?

Le fait que depuis très-long-temps il est dans l'usage d'instituer des procureurs, forme-t-il une preuve suffisante? Nous aurions beaucoup de peine à le croire.

Le droit d'instituer des officiers est un droit vraiment régalien. Cette éminente prérogative ne peut donc appartenir à des particuliers qu'en vertu d'une concession du prince. Ainsi point de justice patrimoniale sans une inféodation au moins présumée.

Mais une inféodation pure & simple ne suffit pas lorsqu'il s'agit du droit d'instituer des officiers non-essentiels, tels que des procureurs: comme la propriété de la justice ne peut exister dans les mains des particuliers que par privilège, par exception à la loi générale, & que la règle est de réduire les privilèges au moins possible, pour qu'un seigneur puisse prétendre cette prérogative, il faut qu'il prouve qu'il en a été investi par le prince, ou du moins qu'il rapporte des actes qui le fassent présumer; autrement on doit juger qu'il n'a qu'une justice ordinaire, que le prince ne lui a donné d'autre privilège que celui d'instituer les officiers essentiels, dont on a vu plus haut l'énumération.

Ainsi, pour avoir le droit de donner des provisions de procureur, il faut que l'acte d'inféodation de la justice renferme une cession très-expresse de cette prérogative; & à défaut de l'inféodation originaire, il faut au moins, comme nous l'avons déjà dit, des actes tels qu'ils la fassent présumer.

Mais quels sont les actes capables de faire présumer une inféodation? Il est bien difficile de ne pas concentrer cette efficacité dans les actes que l'on nomme féodaux, c'est-à-dire, dans les aveux & dénombremens de la seigneurie.

Lorsque le titre originaire n'existe plus, ce sont les aveux qui le représentent; on les regarde comme la copie, l'image de l'inféodation. Voilà la règle.

§. V. *Les seigneurs ont-ils le droit de destituer arbitrairement leurs officiers, même ceux pourvus à titres onéreux.* En 1487 les officiers royaux furent rendus, pour la première fois, inamovibles & perpétuels; mais ni la déclaration du 21 octobre de cette année, ni les loix postérieures, n'ont compris dans l'inamovibilité les offices des seigneurs; &

cela par une raison fort simple, c'est qu'alors les seigneurs étoient garans du fait de leurs officiers.

On a senti qu'il étoit de la justice de leur laisser la faculté de se mettre à l'abri des inconvéniens auxquels auroit pu les exposer un choix trop précipité, en leur conservant le droit de révoquer leurs officiers.

Ce n'est donc pas un droit nouveau qu'introduit l'ordonnance de Roussillon, lorsque par l'article 27, *elle réserve aux seigneurs la faculté de révoquer & destituer, à leur volonté & plaisir, leurs officiers de leurs charges & offices.*

Elle a ajouté, il est vrai, *sinon qu'ils aient été pourvus à titre onéreux, ou pour récompense de services.* Mais prenons garde que cette disposition n'est point prohibitive, mais seulement limitative; qu'elle a eu plutôt pour objet de prévenir les abus que les seigneurs pourroient se permettre dans l'exercice de leurs droits, que de les anéantir: d'où il semble résulter que la véritable intention du législateur n'a été que d'obliger les seigneurs qui auroient reçu une finance, ou à qui leurs officiers auroient rendu des services, en considération desquels ils auroient été institués, à rembourser les uns, & à récompenser les autres; & en ce sens, il est vrai de dire que les seigneurs ne peuvent pas révoquer à leur *plaisir & volonté*, puisqu'elle seroit subordonnée à des conditions sans lesquelles elle ne peut s'effectuer.

Comment ne pas adopter cette manière d'interpréter la loi? Comment seroit-il possible de se prêter à aucune espèce de distinction? Le motif de l'ordonnance est général & milite également contre les officiers pourvus à titre gratuit. Ce motif consigné dans ce même article 27, est que les hauts-justiciers ressortissant nuement aux cours de parlement, sont condamnés en 60 liv. *parisis* pour le mal jugé de leurs *juges.*

Aussi lorsque le roi, après avoir imposé, par l'édit du mois de septembre 1645, des taxes sur les officiers des seigneurs pour les autoriser à percevoir des épices, permit ensuite aux seigneurs de les acquitter pour eux, moyennant quoi il leur seroit loisible de les destituer à volonté, n'a fait aucune différence entre ceux qui avoient été pourvus à titre onéreux & ceux qui l'auroient été à titre gratuit. *Permettons auxdits seigneurs*, y est-il dit, *de payer lesdites taxes au lieu de leurs officiers, moyennant quoi il leur sera loisible de les déposséder & en établir d'autres au lieu de ceux qui exercent à présent, avec les mêmes dispenses & facultés ci-dessus, quoique lesdits offices aient été donnés pour des causes onéreuses, ou récompenses de services, en les remboursant de la finance qu'ils en auroient reçue, ou de l'évaluation desdites récompenses.*

« On a long-temps douté, dit Bruneau, dans son » *traité des criées*, si un seigneur pouvoit destituer *ad* » *nutum*, un officier par lui pourvu à titre onéreux; » mais la plus grande partie des arrêts, & sur-tout » les quatre derniers que je rapporte, sont entié» rement en faveur des seigneurs hauts-justiciers; » & ont jugé qu'ils ne pouvoient être contraints » ni forcés d'avoir un *juge* contre leur volonté, & » qu'ils pouvoient en tout temps le destituer en » le remboursant, lorsqu'il étoit pourvu à titre oné» reux; entre autres arrêts rendus à leur profit sont » ceux des 2 juin 1692, pour madame la prin» cesse de Carignan, un autre pour M. le duc de » Mazarin, un autre pour M. le duc de Nevers; » mais singuliérement quatre autres des 13 février, » 19 mars, 25 mai 1693 & 16 janvier 1702, inter» venus, le premier au profit de M. le duc de la » Trémouille; le second, de M. l'évêque de Soissons; le troisième de M. le grand-prieur de » France, & le quatrième d'un seigneur haut-jus» ticier de la province d'Artois ».

Page 481, il ajoute: « que Me Charles Loiseau, » dans son *traité des offices*, Julien Brodeau sur » M. Louet, Claude Henrys, *&c.* avoient cherché » à prouver le contraire par de belles dissertations » qu'ils avoient faites sur l'origine des offices; » mais que tout cela étoit inutile, parce que les » choses avoient changé, & que le plus assuré & » certain étoit de s'en tenir à la jurisprudence éta» blie par les derniers arrêts qui ont ordonné la » destitution d'officiers ».

Telle est aussi l'opinion de Dufresne, dans son *journal des audiences*, où, après avoir rapporté, comme des cas d'exception, deux arrêts des 7 juillets 1663 & 4 août 1691, il en cite trois autres des 5 juillet, 2 août 1689, & 25 mai 1693, d'après lesquels il pose pour règle générale que les officiers des seigneurs, même pourvus à titre onéreux, sont révocables en les remboursant.

Aux arrêts cités par les auteurs, & que l'on peut consulter dans leurs ouvrages, nous en ajouterons cinq plus récens. Le premier est intervenu contre un sieur Marquis, conseiller au bailliage de Nevers, qui avoit été pourvu *par survivance* de cet office, à titre onéreux, sous la clause *tant qu'il nous plaira.*

Le sieur Marquis ayant été révoqué, se pourvut au parlement, où il obtint un arrêt le 14 juillet 1718, en vertu duquel il y fit assigner M. le duc de Nevers, pour voir dire qu'attendu qu'il avoit été institué moyennant finance, sa destitution seroit déclarée nulle, & qu'il seroit maintenu dans son office, avec défenses de l'y troubler, *sinon pour forfaiture préalablement jugée*; il y eut même cela de remarquable qu'à l'appui de sa résistance intervinrent en corps les officiers du bailliage de Nevers, dont la réclamation commune avec la sienne, ne pouvoit que rendre la discussion plus intéressante. Aussi donna-t-elle lieu à une instruction par écrit, dans le cours de laquelle la question fut approfondie; mais quel en fut le résultat? C'est que par arrêt rendu sur productions respectives des parties, le 23 février 1722, *M. le duc de Nevers fut reçu opposant à l'exécution de l'arrêt du 14 juillet 1718, & sans s'arrêter ni à l'intervention des officiers du bail-*

liage de Nevers, ni à la requête du sieur Marquis, insérée audit arrêt, dont ils furent, chacun à leur égard, déboutés, la destitution & révocation faites de sa personne, furent déclarées bonnes & valables, en remboursant néanmoins.

M. le duc d'Orléans, duc de Montpensier, ayant destitué le sieur Grimaut de deux offices, l'un de lieutenant-général du bailliage, l'autre de maître particulier des eaux & forêts du duché, ce dernier office lui ayant été conféré moyennant des finances considérables, le sieur Grimaut soutint sa destitution nulle, non pas précisément parce qu'il en avoit payé une finance; il savoit qu'à cet égard l'arrêt de 1722, rendu pour le duché de Nivernois, avoit entièrement fixé la décision contre lui; *mais parce que ses officiers avoient été en outre assujettis à un droit de prêt d'annuel & d'hérédité, dont la perception les rendoit patrimoniaux & héréditaires.* Il présenta même le 15 juillet 1749 une requête, par laquelle il demanda qu'il lui fût donné acte *de ce qu'il articuloit, posoit, mettoit en fait & se soumettoit de prouver, en cas de déni, que les officiers du bailliage de Nevers n'avoient jamais payé à MM. les ducs de Nevers, ni prêt, ni annuel, ni droit d'hérédité, mais seulement le droit de quint pour conserver la seule finance de leur office à leur veuve, ou héritiers; au moyen de quoi l'arrêt du 23 février 1722 ne pouvoit lui être opposé, ni servir de préjugé en faveur de M. le duc d'Orléans.*

Mais ce prince lui a repliqué que, sans recourir à l'arrêt de 1722, il suffisoit d'opposer au sieur Grimaut ses propres provisions, aux termes desquelles il n'avoit été institué que sous la clause, *& ce tant qu'il nous plaira;* que cette clause n'y ayant été apposée que pour réserver au prince une faculté dont il lui avoit paru essentiel de ne pas se départir, le paiement de la finance & du droit de prêt annuel & hérédité, malgré lequel elle avoit été souscrite, ne devoit point l'empêcher de l'exercer, & que tout ce que pouvoit exiger le sieur Grimaut étoit la restitution de toutes les sommes par lui payées, soit à titre de finance, soit à titre de prêt annuel & hérédité. Ces raisons prévalurent; & le 30 juillet 1749, il intervint, après quatre audiences, sur les conclusions de M. l'avocat général d'Ormesson, arrêt par lequel *l'acte de révocation ou remerciment du sieur Grimaut fut déclaré bon & valable, & acte fut donné à M. le duc d'Orléans de ses offres de rembourser le principal des offices & loyaux coûts.*

Au sieur Grimaut succéda le sieur le Glaive, qui, instruit par l'exemple de son prédécesseur, auroit dû y déférer. Mais il y avoit cette circonstance singulière en sa faveur, qu'antérieurement à la quittance de finance qui lui avoit été donnée, & aux provisions expédiées en conséquence, il lui avoit été passé un contrat de vente pure & simple de l'office, le 23 décembre 1753. De-là il inféroit que l'aliénation étant irrévocable dans son principe, M. le duc d'Orléans n'avoit pu faire d'une clause de style & d'imitation, une clause résolutoire que ne renfermoit point la convention primitive. Mais on répondit encore au sieur le Glaive, que ses provisions, dans lesquelles avoit été insérée la clause *& ce tant qu'il nous plaira*, étant le seul & le véritable titre d'institution de son office, c'étoit à cet acte qu'il falloit rapporter tous ceux qui l'avoient précédé; que M. le duc d'Orléans n'ayant consenti, malgré la vente de 1753, à pourvoir le sieur le Glaive de son office, que sous la condition acceptée par ce dernier, de ne l'exercer que *tant qu'il plairoit au prince*, on ne pouvoit y contrevenir ni forcer M. le duc d'Orléans à lui en proroger l'exercice au-delà de sa volonté; & c'est ce qui fut effectivement jugé par arrêt du 20 mars 1765, aussi rendu après quatre audiences solemnelles, sur les conclusions de M. l'avocat-général Joly de Fleury. On n'eut aucun égard à la demande formée par le sieur le Glaive, en exécution du contrat de vente du 23 décembre 1753; & sans s'y arrêter, on donna acte de la révocation qui fut déclarée bonne & valable.

Deux arrêts encore plus récens ont prononcé de même en faveur de M. le duc de Nivernois, contre M. Graffet, *juge* de la ville & châtellenie de Clamecy, & M. Maillot, avocat-fiscal du bailliage de Nevers.

Il ne sera pas inutile de connoître, du moins en partie, les moyens employés par ces deux officiers. On verra que rien n'a manqué à leur défense, & que la question conséquemment a été jugée en très-grande connoissance de cause. Ces moyens, les voici:

La faculté de révoquer arbitrairement un *juge* a toujours été regardée & par les législateurs & par les jurisconsultes, comme l'abus le plus contraire au bien public; & on ne peut trop s'étonner de voir que les seigneurs aient obtenu cette faculté dangereuse, tandis que les rois se sont, dans tous les temps, fait une règle de la détruire, & de consacrer, dans les termes les plus formels & par les raisons le plus puissantes, l'irrévocabilité des offices.

Charles-le-Chauve dit, dans un capitulaire, *volumus ut omnes fideles nostri certissimum teneant neminem cujuslibet ordinis vel dignitatis, deinceps inconvenienti libitu, aut alterius calliditate, vel injustâ cupiditate* PROMERITO HONORE *debere privari, nisi justitiâ, judicio & ratione atque æquitate dictante.* Capitul. tom. 1, p. 5.

Les états de Tours demandèrent à Charles VIII la confirmation de l'irrévocabilité des offices, & ils l'obtinrent. Voici les termes de cet article: « Pour ce qu'il n'est rien, disent les états, qui » tenteroit un officier à bien loyaument & dili» gemment servant, que d'être assuré de son état » & de la vie, en bien & loyaument servir son » maître & exerçant son office; semble auxdits » états être bien raisonnable chose que, suivant

» les ordonnances royaux sur ce faites, un officier royal & bien exerçant son office, soit assuré de la vie & d'être continué en icelui, & s'il ne fait faute, il ne doit être privé ne débouté..... car autrement il ne seroit vertueux ne si hardi de garder & bien défendre les droits du royaume, & si seroit plus argut & plus inventif de trouver exaction & pratique, pour ce qu'il seroit tous les jours en doute de perdre son office ».

Le roi trouva raisonnable que nul office & état ne pût vaquer que par mort, résignation ou forfaiture préalablement jugée par *juge* compétent, l'officier duement appellé; il accorda l'article, & voulut qu'il fût entretenu & observé dorénavant. *Etats généraux de Tours*, p. 107, édit. de Paris.

Il est vrai cependant que jusqu'au siècle dernier, il y a eu un prétexte pour refuser aux *juges des seigneurs* l'inamovibilité qu'ont toujours eue les *juges* royaux. Les seigneurs étoient garans des faits de leurs *juges*, on les condamnoit en l'amende du mal-jugé, & dès-lors il sembloit juste de leur ermettre de destituer des officiers qui pouvoient, sans leur participation, compromettre leurs intérêts. Ce fut le fondement de l'ordonnance de Roussillon: elle veut, *art. 27*, que les hauts-justiciers soient condamnés en l'amende pour le mal-jugé de leurs *juges*, lesquels, ajoute-t-elle, ils pourront aussi, à leur volonté, révoquer & destituer.

Mais on voit que la faculté de révoquer n'est accordée aux seigneurs que comme un moyen de prévenir le danger auquel l'ordonnance les expose. Si donc ce danger n'existe plus, si la raison qui a fait introduire la faculté de révoquer a cessé, il faut que la faculté, qui est l'effet de cette cause, cesse en même temps. Or, il est constant que les seigneurs ne sont plus condamnés en l'amende pour le mal-jugé de leurs *juges*; il n'y a donc plus de fondement à l'exception établie par l'ordonnance de Roussillon. Les officiers des seigneurs doivent être mis, à cet égard, au même rang que les officiers royaux, par conséquent, ils ne doivent pas être destituables à volonté.

Ainsi, on a donné des armes contre M. le duc de Nivernois, en disant que la révocabilité des *juges* n'a pour principe que la nécessité où sont les seigneurs de les garantir. Cette proposition est très-vraie, & il s'ensuit évidemment que les seigneurs étant aujourd'hui affranchis de cette nécessité de garantir leurs *juges*, le principe unique de la révocabilité est détruit, & entraîne avec lui la révocabilité elle-même.

Quand on tient une route que n'indique point la raison, on court risque de faire plus d'un faux pas, & celui qu'on vient de relever n'est pas le seul dans lequel on engage M. le duc de Nivernois. On lui fait dire que l'irrévocabilité a été attachée aux offices royaux pour en faciliter l'aliénation; ainsi on a conçu qu'il falloit que les offices fussent irrévocables pour être aliénables. L'aliénabilité marche donc de pair avec l'irrévocabilité. Un office ne peut plus être révoqué, dès qu'on l'aliène; & celui qui l'achète, paie par cela seul le droit de ne pouvoir plus être destitué arbitrairement.

Cette conséquence, outre qu'elle est tirée de la proposition même de M. le duc de Nivernois, est de plus conforme au texte de l'ordonnance de Roussillon. En même temps que cette loi accorde aux seigneurs la faculté de révoquer leurs *juges* pour les mettre à l'abri des condamnations d'amende, elle excepte nommément le cas où les officiers ont été pourvus à titre onéreux. A la suite des termes rapportés plus haut, il est dit: *sinon au cas que leursdits officiers aient été pourvus pour récompense de services, ou à autre titre onéreux.* Dans ce cas donc l'ordonnance entend que les officiers ne puissent être révoqués *ad nutum*, & c'est ce qui a engagé tous les auteurs qui ont traité cette matière, à regarder comme une maxime certaine, que tout officier pourvu pour récompense de services, ou moyennant finance, ne pouvoit être révoqué, même en le remboursant ou l'indemnisant de ses services; & que, *bref*, dit Loiseau, *la destitution n'a lieu qu'en provisions pures gratuites.*

Les provisions de ces deux officiers, MM. Grasset & Maillot, renfermoient la clause *tant qu'il nous plaira*, & on leur opposoit cette clause. Ils répondoient: si nous ne nous sommes point opposés à ce que l'on insérât cette formule dans nos provisions, c'est que nous avons pensé, d'après des auteurs très-graves & un arrêt de la cour, que cette clause n'étoit que de style; c'est que nous avons pensé que la finance que nous payons auroit plus de force pour les rendre irrévocables, que ces mots pour opérer notre destitution; c'est enfin que nous avons cru devoir assez de déférence à M. le duc de Nevers, pour ne pas lui demander la suppression de ces termes auxquels, tout vuides de sens qu'ils sont, les seigneurs sont encore attachés, comme à un ancien vestige d'une autorité qui approchoit de celle des rois.

Et c'est précisément l'enflure de cette phrase, qui, en la conservant, en a anéanti l'impression. Loiseau l'appelle une clause de puissance absolue. M. l'avocat-général Bignon la trouve despotique, & la regarde comme un droit usurpé sur la souveraineté; malgré cela on la tolère, parce qu'elle vise trop haut pour être dangereuse: aussi Loiseau & M. Bignon soutiennent-ils qu'elle ne doit produire aucun effet dans les provisions des seigneurs, ou qu'en tout cas elle n'en doit produire qu'autant que la sagesse & la raison en dirigeront l'usage, *arbitrio boni viri*, dit Loiseau, & non pas pour opérer une destitution sans cause. Et la cour, par son arrêt de 1663, conforme aux conclusions de M. Bignon, malgré la phrase *tant qu'il nous plaira*, insérée dans les provisions, a rejetté la destitution du sénéchal du Blanc, en Berry, faite par M. le président le Coigneux. C'est ainsi

ainsi qu'on laisse à cette phrase toute sa jactance pour la satisfaction de ceux qui l'emploient, & qu'on lui ôte absolument tout effet pour la tranquillité des officiers.

En vain cherche-t-on à donner quelque crédit à cette phrase, en l'assimilant à une faculté de réméré insérée dans le contrat de vente d'un bien; un office n'est pas comparable à un bien ordinaire, un fonds de terre ou une rente; il peut & doit être assez indifférent à un particulier d'avoir un bien de cette nature ou d'en avoir le prix, & on consent volontiers que celui qui l'a vendu, puisse le reprendre en remboursant. Mais un office de judicature est d'un tout autre ordre, il intéresse plus par l'honneur qui y est attaché que par le produit qu'on en retire; il donne un titre à un citoyen, un rang dans le lieu qu'il habite, il constitue un état; & quand on en est une fois revêtu, on consent d'autant moins de s'en voir dépouiller, qu'on fait plus d'état des biens moraux & politiques qu'il procure, que de ceux de la fortune. La faculté de réméré ne doit donc pas être aussi facilement supposée dans la vente d'un office, que dans la vente d'un fonds de terre.

A ces moyens employés par Mes Graffet & Maillot, pour rendre inefficace la clause *tant qu'il nous plaira*, M. le duc de Nivernois répondoit:

Dans des provisions d'offices royaux, cette clause ne seroit considérée que comme étant de style, parce que l'inamovibilité légale qui y est inhérente, exclut toute idée de réméré, avec l'exercice duquel elle seroit incompatible; mais il n'existe certainement aucune loi qui en ait étendu la prérogative à ceux des seigneurs. Les justices, comme les fiefs auxquels elles sont attachées, sont des objets de propriété & de patrimonialité dont ils peuvent disposer comme de tous les autres biens. Il est donc juste que lorsqu'ils ne l'ont fait qu'à la charge d'un réméré, & sous la condition d'y rentrer *quand il leur plaira*, cette clause ait sa pleine & entière exécution, à la volonté du seigneur, qui ne l'ayant stipulée que pour conserver à l'institution, ou, si l'on veut, à la vente de son office, le caractère de révocabilité qui lui est propre, en a fait une condition résolutoire, du bénéfice de laquelle il ne doit pas être privé, contre les termes même de son engagement.

On nous oppose l'autorité de M. l'avocat général Bignon, & l'arrêt intervenu sur ses conclusions le 2 juillet 1663. Mais si on avoit lu avec attention le plaidoyer de ce magistrat, on y auroit vu qu'une des principales raisons par lesquelles il se détermina à rejetter la destitution du sénéchal du Blanc, c'est que l'enquête qui avoit été faite pour prouver le remboursement de la finance, ne pouvoit être considérée ni en la forme ni au fond: en la forme, parce qu'elle avoit été faite contre l'ordonnance & les règles judiciaires; au fond, parce qu'il en résultoit que les deniers que le seigneur disoit avoir donnés pour le remboursement, n'avoient été donnés que pour demeurer quitte de plusieurs sommes qui avoient été mises & employées par son ordre, & comme en ayant donné charge; mais la destitution en soi parut si peu impraticable à M. Bignon, qu'après avoir conclu à ce qu'elle fût déclarée nulle, comme n'ayant point été faite dans les règles, il termina par laisser au seigneur l'alternative du remboursement, *si mieux n'aimoient les héritiers du marquis de Rochefort donner* à leur officier, pour son dédommagement, une somme de 10,000 liv., ou telle autre qu'il plairoit à la cour fixer.

L'arrêt, nous dira-t-on, n'a point réservé cette alternative, la raison en est simple; c'est qu'aucune des parties n'ayant pris de conclusions à cet égard, la cour ne crut pas devoir y suppléer d'office, & peut-être même préjuger une question qu'elles n'avoient pas agitée.

D'après cette discussion, & malgré tous les efforts de ces deux officiers pour conserver leur état, leurs destitutions ont été déclarées bonnes & valables; savoir, celle de Me Graffet, par arrêt du 24 février 1781, & celle de Me Maillot, par arrêt du mois de juillet 1783.

§. VI. *De ceux qui ont le droit de nommer les juges seigneuriaux, & notamment de ce qui concerne les abbayes.* C'est le propriétaire de la seigneurie qui a seul le droit d'en nommer les officiers.

Mais comme il n'y a pas de règle sans exceptions, celle-ci en reçoit plusieurs, le mari, le tuteur, *&c.*, a le droit de nommer les officiers des seigneuries de sa femme & du mineur.

Cela est écrit dans tous les livres sur cette matière. Mais il y a une question qui paroît avoir échappé aux auteurs; c'est la question de savoir si l'abbé commendataire a le droit de nommer les juges des seigneuries qui sont dans le lot des religieux; & à qui appartient ce droit lorsque la mense abbatiale est réunie à un autre bénéfice, par exemple, à un évêché.

Une maison religieuse dont le chef a le titre d'abbé, se nomme *abbaye*.

Les abbayes sont de deux sortes; en règle ou en commende.

Dans les premières, l'abbé & les religieux, pris collectivement, composent ce que l'on nomme le monastère; on désigne sous le nom de *couvent* les religieux seuls, abstraction faite de l'abbé.

Les droits spirituels, comme les droits temporels, les droits honorifiques, comme les droits utiles, la jurisdiction, comme les biens de la dotation, tout appartient au monastère; tout est commun entre l'abbé & le couvent, c'est-à-dire, les religieux.

Cependant la condition n'est pas égale. La jurisdiction spirituelle, les droits honorifiques, l'administration du temporel appartiennent à l'abbé, mais à des titres & avec des modifications qu'il est important de remarquer.

La jurisdiction intérieure sort de la nature des choses, dérive de la constitution des corps réguliers qui ne peuvent subsister sans une autorité toujours active qui maintienne l'ordre, la dépendance, l'exécution de la règle. Une pareille autorité attachée au monastère à l'instant même de sa fondation, lui appartient essentiellement, & doit nécessairement résider dans la main du premier de ses membres.

Les droits honorifiques appartiennent également à l'abbé & aux religieux, mais ne dérivent pas, comme la jurisdiction, de l'essence des choses; ils peuvent plus facilement être séparés du monastère pour être attachés au titre d'abbé ou au couvent. Et comme ces droits, du moins pour la plupart, ne peuvent être exercés que par un seul, il étoit tout naturel qu'on les attribuât au chef de la corporation, c'est-à-dire, à l'abbé.

Quant à l'administration des biens, elle est comme la propriété commune au monastère; l'abbé & les religieux doivent également y concourir, néanmoins avec cette modification, que l'abbé, en sa qualité de chef de la famille & de premier copropriétaire, peut faire seul les actes journaliers de simple administration. Mais il ne peut pas aller au-delà; il ne peut pas faire un échange, pas même passer un bail au-dessus de neuf années, sans l'approbation du couvent.

De ces notions, si toutefois elles sont justes, il résulte que la jurisdiction appartient au monastère, ce que l'on nomme droits honorifiques au titre d'abbé, du moins par convention tacite entre lui & ses religieux, & l'administration des biens à la qualité de père de la famille & de premier copropriétaire.

Ainsi dans la jouissance des prérogatives honoraires & dans l'administration des biens, on peut dire que l'abbé exerce des droits qui lui sont personnels. Mais lorsqu'il fait un acte de jurisdiction, ce sont les droits, c'est la jurisdiction du monastère qu'il exerce, c'est comme représentant le monastère, c'est comme le premier de ses membres qu'il agit.

Telle est, dans les abbayes en règle, la distribution des droits & des pouvoirs; lorsqu'il plaît au roi de substituer un commendataire à un abbé régulier, qu'arrive-t-il? d'abord, qu'est-ce que la commende? un dépôt, une garde. *Commenda nihil aliud est quàm custodia*, disent tous les canonistes.

La commende, comme l'on voit, n'éteint pas le titre d'abbé; au contraire elle le conserve. Cependant elle ne le confère pas au commendataire, elle le met seulement en dépôt entre ses mains. Il y reste avec tous ses attributs, toutes les prérogatives qui lui appartiennent naturellement, jusqu'à ce qu'il plaise au roi de rétablir ces choses dans leur état primitif.

Le commendataire n'est donc pas le propre abbé du monastère & même le monastère n'existe plus, puisque la corporation qui le constituoit, est dissoute par le défaut d'abbé; en un mot, l'abbaye n'est plus que ce que l'on nomme, un couvent.

Si le pourvu en commende n'est pas membre du monastère, s'il n'en est pas le propre abbé, la jurisdiction intérieure ne doit pas passer entre ses mains, puisqu'essentiellement attachée au monastère, elle en est inséparable. Cette jurisdiction, par l'effet naturel de la dévolution, doit donc appartenir au couvent; & c'est ce que nous voyons dans l'usage.

A l'égard des droits honorifiques, les notions que nous venons de présenter, conduisent à un résultat différent. Ces droits, avons-nous dit, n'étant pas essentiellement unis au monastère, ne dérivant pas de sa constitution & pouvant en être séparés, appartiennent plus spécialement au titre d'abbé, titre sur lequel réside la dignité, l'honorifique de la communauté; mais si le pourvu en commende n'est pas le véritable abbé, il est le gardien du titre. Ce titre, avec tous ses attributs naturels, repose entre ses mains; il doit donc jouir seul des droits honorifiques dont l'abbé régulier étoit en possession en vertu de son titre d'abbé. Comme le régulier, le commendataire doit donc avoir la première place dans le chœur, il doit donc instituer les officiers de justice, *&c.*

Quant à l'administration de l'universalité des biens, elle appartient à l'abbé régulier, à deux titres, comme propriétaire par indivis & comme chef de la famille. Cette dernière prérogative manque au commendataire, puisqu'il n'est pas même l'un des membres de cette famille. Il ne lui reste donc que la qualité de propriétaire par indivis avec le couvent. Mais de deux propriétaires dont les droits sont égaux, l'un n'est pas obligé de souffrir que l'autre administre pour lui. Il devoit donc s'opérer entre le commendataire & les religieux un partage de jouissance & d'administration, & c'est effectivement ce qui est arrivé par l'établissement des menses abbatiales & conventuelles.

Maintenant nous voyons quels sont les droits des réguliers & des commendataires, & à quels titres ils en jouissent. L'abbé régulier exerce la jurisdiction intérieure, comme premier membre du monastère, il a les droits honorifiques, en vertu de son titre d'abbé. Il administre le temporel comme propriétaire par indivis, il en administre l'universalité comme chef de la famille. Le pourvu en commende n'a pas la jurisdiction, parce qu'il n'est pas membre du monastère. Parce qu'il n'est pas le chef de la famille, il n'a pas l'administration de l'universalité des biens, il est réduit à la portion de jouissance que lui donne sa qualité de propriétaire par indivis. Mais il a les droits honorifiques, la première stale dans le chœur, l'institution des officiers, *&c.* parce que ces prérogatives sont attachées au titre d'abbé, & qu'il est le gardien, le dépositaire, le conservateur de ce titre & de tous ses attributs.

Cette première décision nous conduit d'une manière très-directe à la solution de notre seconde difficulté.

L'union d'un bénéfice à un autre bénéfice peut se faire de deux manières principales ; en laissant subsister le titre du bénéfice uni, en éteignant ce même titre.

Lorsque le titre subsiste, le pourvu du bénéfice au profit duquel s'est fait l'union, également titulaire des deux églises, jouit de tous les droits qui appartenoient à son prédécesseur dans le bénéfice uni ; mais la chose est bien différente, lorsque l'union se fait par la voie de l'extinction du titre.

Ce titre une fois supprimé, il n'a plus de bénéfice, & le patrimoine qui en formoit la dotation, reste seul.

Qu'arrive-t-il donc lorsque l'on réunit par la voie de l'extinction du titre, une abbaye à un autre bénéfice, par exemple, à un évêché ?

D'abord & avant de faire l'union, on commence par éteindre & supprimer le titre d'abbé & d'abbaye, il est donc très-clair que ce n'est pas une abbaye que l'on réunit à l'évêché. Ce qui n'existe pas, n'est susceptible d'aucune modification, *non entis nulla proprietas*. L'évêque ne devient donc pas l'abbé du monastère. Il n'est pas même, comme le pourvu en commende, le gardien, le conservateur du titre d'abbé, puisque ce titre n'existe plus. Mais une fois supprimé, que reste-t-il? des domaines, des droits réels. Et ces droits, ces domaines sont les seules choses que reçoit l'église au profit de laquelle se fait la réunion.

Lorsque le titre d'abbé reposoit sur ces biens, celui qui en jouissoit avoit les différentes prérogatives personnelles; mais ne perdons pas de vue qu'il existoit sous deux rapports comme propriétaire & comme abbé; que les prérogatives personnelles étoient attachées à cette seconde qualification; & que la première ne lui donnoit que la perception des fruits & la jouissance des droits réels inséparables de la glèbe. Or, cette qualité de propriétaire est la seule que l'union ait transmise à l'évêché. L'évêque est donc absolument sans titre pour prétendre aux prérogatives personnelles de l'abbé.

Ces conséquences sortent de la nature même des choses, & nous avons encore l'avantage de les retrouver dans les écrits des canonistes. La Combe, dans son recueil de jurisprudence canonique, s'exprime en ces termes *verbo union* : « la seconde se » fait par la suppression totale du titre du bénéfice » dont on unit les revenus à un autre, ce qui n'est » pas tant une union qu'une extinction & suppres» sion de bénéfice, comme quand on supprime » un canonicat & qu'on en joint le revenu ou » la prébende à une dignité qu'on a érigée; alors » le revenu ou prébende du canonicat est in» corporé à la dignité sans canonicat, & sans les » droits, prérogatives du canonicat éteint ».

Si l'union consommée, le titre d'abbé n'existe plus, il ne reste donc à l'évêque au profit duquel l'union s'est faite, d'autre prérogative que celles attachées à la propriété; en un mot, il n'est pas l'abbé du monastère, il n'est que propriétaire de la mense abbatiale.

Ce propriétaire est-il fondé à dire aux religieux : j'entends exercer indéfiniment tous les droits dont jouissoit mon prédécesseur?

Observons d'abord que ce raisonnement présenteroit un abus, un équivoque de mots qui ne doit pas nous échapper. Puisque l'union n'a pas transmis le titre d'abbé à l'évêque, il n'est pas le successeur du dernier abbé, il est purement & simplement son ayant cause. Il se trouve propriétaire d'une mense abbatiale qui lui appartenoit. Voilà l'unique rapport entre eux.

Quels sont donc les droits attachés à cette qualité d'ayant cause du dernier abbé, de propriétaire de la mense abbatiale?

Rappellons-nous les distinctions établies plus haut. Lorsque l'abbaye étoit en règle, l'abbé jouissoit de trois prérogatives très-éminentes, mais à des titres différens. Il avoit la jurisdiction intérieure comme premier membre du monastère, les droits honorifiques comme abbé, & l'administration de l'universalité ou patrimoine, comme chef de la famille. De ces trois qualifications, deux, la première & la dernière, manquèrent absolument aux commendataires. Ils ont senti que l'effet ne pouvoit pas être séparé de la cause ; en conséquence, ils n'ont réclamé ni l'administration universelle ni la jurisdiction intérieure. Tout le monde est d'accord sur ces deux points. La difficulté se concentre donc sur les droits honorifiques.

Le commendataire en jouissoit, mais par quel motif? parce que s'il n'étoit pas le propre abbé du monastère, il étoit le gardien du titre qui résidoit entre ses mains avec tous ses attributs. Or l'évêque, au profit duquel, dans notre supposition, l'union s'est opérée, n'est ni le titulaire ni le gardien du titre d'abbé; il est donc absolument sans droit pour réclamer les prérogatives attachées à ce même titre.

Les commendataires se sont fait justice relativement à l'administration & à la jurisdiction, parce qu'ils n'étoient ni membres du monastère ni pères de la famille. Par le même principe, dans le cas de l'union à un évêché, l'évêque doit donc renoncer aux droits honorifiques, parce qu'il n'est ni l'abbé ni le dépositaire du titre de l'abbaye.

Cette conséquence est de toute certitude, s'il est vrai que le commendataire tenoit les droits honorifiques du titre de l'abbaye. Nous l'avons déjà dit plusieurs fois; mais peut-être ne l'avons-nous pas établi avec toute la solidité que l'on pourroit desirer, & nous revenons sur ce point.

Le pourvu en commende ne tient à l'abbaye que par deux rapports : comme gardien du titre & comme ayant droit à la jouissance d'une portion des fruits. Les droits qu'il exerce, soit utiles, soit honorifiques, dérivent nécessairement de l'une de ces deux causes, & conséquemment de la première, si ce n'est de la seconde.

Ces droits honorifiques appartenans à une abbaye sont de deux sortes, spirituels, tels que la première place dans le chœur & autres de cette espèce, temporels, tels que l'institution des officiers de justice, *&c.*

Les premiers appartiennent nécessairement au titre d'abbé; attacher des droits de cette espèce à la jouissance d'un domaine tel qu'il soit, ce seroit choquer les notions les plus élémentaires.

Les droits honorifiques que nous nommons temporels, exigent plus de développement.

Ces droits sont réels, inhérens à la glèbe, & même dans la rigueur des principes, inséparables de la seigneurie à laquelle ils sont attachés. C'est à la terre qu'ils appartiennent & non au seigneur; lorsqu'il les met en activité, ce n'est pas son droit propre qu'il exerce, c'est celui de sa seigneurie, c'est comme mandataire, comme procureur légal de cette seigneurie qu'il agit.

Si plusieurs fiefs se trouvent réunis dans la main du même propriétaire, cette circonstance n'opère aucune espèce de confusion entre eux, n'altère en aucune façon leurs droits respectifs; chacun d'eux conserve ceux qui lui sont propres: & si l'évêque, le seigneur exerce les prérogatives de ces fiefs, c'est uniquement comme propriétaire de ces fiefs; les autres sont comptés pour rien. En un mot, excepté dans le cas de la réunion féodale, ces différentes seigneuries conservent leur indépendance réciproque, aucune ne s'élève au-dessus des autres, les moindres ne sont pas subalternées aux plus considérables; & lorsqu'enfin, soit par vente, soit par un partage, l'une d'elles passe en d'autres mains, le nouveau propriétaire la reçoit avec tous les droits, toutes les prérogatives qui lui sont propres.

Ainsi, pour nous renfermer dans ce qui concerne l'institution des officiers de justice, disons donc que, lorsque d'ancienneté la justice est unie au fief, elle forme un droit réel, inhérent à la glèbe. Ce droit de justice, ou ce qui est la même chose, celui d'instituer des officiers appartient à la seigneurie, & le seigneur peut seul l'exercer. S'il en acquiert un autre ayant la même prérogative, il aura le même droit d'y nommer des officiers. Mais cette rencontre dans la même main n'a pas changé l'état primitif de ces deux seigneuries, n'a pas rendu la seconde dépendante de la première. Lorsque le seigneur institue des officiers dans l'une, ce ne peut donc pas être comme propriétaire de l'autre; dans chacune il agit donc en vertu d'un droit singulier, en vertu du titre qui lui en a conféré soit la propriété, soit la jouissance.

Ainsi, lorsque par des donations successives une abbaye est devenue propriétaire de plusieurs fiefs, ces différentes seigneuries, quoique formant un seul & même patrimoine, conservent leur titre, leurs droits, notamment leur indépendance réciproque, & c'est comme propriétaire de chacune en particulier que l'abbaye exerce les prérogatives qui leur sont attachées, & institue des officiers dans chacune d'elles. Voilà les principes; on ne voit pas qu'il soit possible d'en contester la certitude.

Il en résulte que lorsqu'ensuite, par l'effet de la commende, le patrimoine de cette église vient à être divisé des deux tiers au tiers, il n'est pas possible que le droit de nommer les officiers de justice, appartienne à l'une de ces portions exclusivement aux deux autres. En effet, supposons trois seigneuries égales en valeur & chacune d'elles composant un lot; comment concevoir qu'à l'un de ces lots appartient le droit d'instituer les officiers des seigneuries qui forment les deux autres. Pour attribuer cette prérogative à la mense abbatiale, il faudroit une séparation, une translation du droit de justice annexé aux seigneuries qui forment le lot des religieux, translation qui ne pourroit s'opérer que de l'autorité du roi en vertu de lettres-patentes.

Ce n'est donc pas à la mense abbatiale qu'est annexé le droit d'instituer les officiers de justice dans toutes les terres qui composent le patrimoine de l'abbaye. Cependant le commendataire ne pouvoit jouir de cette prérogative qu'à deux titres, comme gardien du titre d'abbé, comme propriétaire, ou, si l'on veut, comme usufruitier de la mense abbatiale. Puisque son droit ne pouvoit pas être une suite de cet usufruit, il dérivoit donc nécessairement du titre d'abbé.

Or, ce titre n'a pas été réuni à l'évêché, au contraire, il est supprimé, anéanti. L'évêque n'a donc pas la cause productive du droit de nommer des officiers dans toutes les terres de l'abbaye. Il est donc absolument sans titre pour réclamer cette prérogative.

Ce droit d'instituer les officiers, inhérent, comme on vient de le dire, à la glèbe de chaque seigneurie qui formoit les deux manses, avoit en quelque sorte perdu sa réalité, ou plutôt les effets en étoient suspendus par un privilège personnel au commendataire & à l'abbé régulier; maintenant plus de privilège, plus de personnalité, puisqu'il n'y a plus ni abbé, ni titre abbatial. La réalité doit donc recouvrer toute sa force, tous ses effets. Ainsi désormais chaque seigneurie, sans distinction de lots, de menses, de propriétaires, jouira des prérogatives qui lui appartiennent.

Tel est donc le résultat de cette longue discussion: l'évêque doit nommer les officiers des seigneuries ou portions des seigneuries unies à son évêché, & les religieux doivent avoir la même prérogative dans celles dont la propriété leur est demeurée.

§. VII. *De la prévention.* Les justices des seigneurs sont patrimoniales, par conséquent il faut les respecter & les maintenir.

Mais il faut également reconnoître que le droit de rendre la justice est un attribut essentiel de la souveraineté ; & de-là, trois conséquences qui sont autant de maximes incontestables.

La première, que les justices des seigneurs émanent toutes du roi ; qu'il leur en a fait la concession, ou qu'ils les ont usurpées sur lui.

La deuxième, que si le roi peut communiquer cette éminente prérogative, il n'est pas le maître de l'abdiquer entiérement ; & que, quelque étendue que soit la concession, il demeure toujours le *juge* primitif, naturel & ordinaire de tous ses sujets.

La troisième enfin, que l'étendue, les bornes & les prérogatives de chaque justice seigneuriale doivent être déterminées par le diplôme de concession, s'il existe ; ou à son défaut, par la possession & les actes possessoires. Le roi, maître de refuser telle justice, a pu ne l'accorder que sous telles ou telles modifications ; ou si cette justice n'existe que par la seule force de la possession, d'après la règle, *tantum prescriptum, quantum possessum*, il est clair que le seigneur ne peut rien prétendre au-delà des bornes de sa possession. En un mot, il en est des justices seigneuriales comme des fiefs ; susceptibles de toutes les modifications possibles, le diplôme de l'inféodation, les actes récognitifs & la possession forment la loi réciproque du seigneur & du vassal.

D'Argentré a consigné ces trois maximes dans son commentaire sur l'art. 28 de la coutume de Bretagne. Voici ses termes : *Rectè dicitur imperium & jurisdictionem, naturâ, origine, materiâ in solo principe esse suo quidem & proprio jure..... in cæteris ut in rivis non sua vi. Unde fit ut solus princeps, & qui ejus vices funguntur judices regii, & præsides provinciarum solos se possint dicere verè & materialiter ordinarios & fundatos de jure in universali jurisdictione & imperio in toto regno & in quâlibet ejus parte etiam jurisdictione immediatâ & proximâ....... & subditos in jus ad regia tribunalia vocari tam est assuetum, ut ne remitti quidem ad suos judices petere possint, nisi adjuncto Domino feudi & ope & advocatione ejus. Sed in talibus spectanda lex præcipuè feudi ex investituris si appareat, sin minus ex possessionibus in quibus quisquam reperitur.*

De ces principes, derive toute la théorie des préventions en matière de jugement.

Puisque le droit de rendre la justice demeure entiérement dans la main du roi, quelque concession qu'il en ait faite, il faut donc considérer ses *juges*, sinon comme ayant par-tout ce que l'on appelle proprement droit de territoire, *jus territorii*, du moins comme les *juges* naturels & immédiats de tous les citoyens. En conséquence, quiconque est conduit devant leur tribunal doit y comparoître & y défendre sans pouvoir lui-même décliner sa jurisdiction.

Puisque dans les inféodations des justices, comme dans celles des fiefs, le seigneur inféodant peut modifier sa concession comme il le juge à propos, toutes les fois qu'il s'agit des prérogatives & de l'étendue d'une justice seigneuriale, il faut donc se décider par le titre originaire, s'il existe, ou à son défaut, par les actes récognitifs & les faits possessoires, & en conséquence juger que le roi s'est réservé la connoissance des objets qui ne sont pas compris dans l'acte d'inféodation, ou dont ses *juges* sont en possession immémoriale de connoître.

Aussi voyons-nous que quiconque est assigné devant le juge royal de l'arrondissement, doit comparoître ; qu'il seroit non-recevable à décliner lui-même la jurisdiction, & qu'il faut que son seigneur, ou un fondé de procuration de sa part, le revendique. Ainsi le *juge* royal a la prévention sur tous les *juges* des seigneurs. Le plus souvent, à la vérité, il est obligé de déférer à la revendication ; c'est ce qu'on appelle *prévention imparfaite.*

Mais s'il y a des cas où le *juge* royal est obligé de renvoyer les justiciables des seigneurs, il y en a d'autres, il y a des matières, des provinces, où le *juge* royal, une fois saisi, retient la connoissance de l'affaire malgré la revendication du seigneur ; c'est ce qu'on appelle la *prévention parfaite.*

Suivant l'art. 28 de la coutume de Bretagne, *en cause de douaires ou d'officiers délinquans en leurs offices, n'y a retrait à cour inférieure.*

Dans le Boulonnois, *de toutes matières de puits, rivières & autres lieux dangereux, réfections de chemins, ponts & passages ; & toutes matières concernant les veuves, services, salaires & loyers, mineurs d'ans, insensés, orphelins & autres gens misérables, en appartient la connoissance, par prééminence & prérogative, au* juge *royal, sans être soumis à aucun renvoi.* Cout. de Boulonnois, *tit. 29. art. 153.*

En Anjou & au Maine, en toutes matières criminelles, le *juge* supérieur a la prévention, *& jamais le vassal n'en aura la court ou renvoi, mais en aura la punition celui qui a prévenu en la connoissance.* Anjou, *art. 71 ; idem* Maine, *art. 81 & 82.*

Enfin plusieurs coutumes donnent au roi & aux *juges* supérieurs la prévention parfaite dans tous les cas civils & criminels.

Article 183 de la coutume de Ponthieu : « l'usage & le style de ladite comté est, si on se » trait premiérement par-devers l'un desdits baillis, » de matière sujette à son office, en lui baillant » la connoissance en matière & cas de prévention, » les cas sur ce intentés à son siège y doivent » demeurer, sans en faire aucun renvoi ». (*V.* aussi l'article 105.)

Article 6 de la coutume locale de la châtellenie de Montreau : « sont tenus tous les demeurans » en ladite châtellenie par prévention répondre » par-devant ledit prévôt dudit Montreau, sans » leur bailler aucun renvoi ». (*V.* aussi l'article suivant.)

Article premier de la coutume de Laon : « au » roi appartient la connoissance, en primitive ins-

» tance, par prévention & concurrence avec les » seigneurs hauts-justiciers de la prévôté foraine » de Laon, de toutes matières possessoires, *&c,* »

Article 39 de la coutume de la prévôté de Noyon : « si maintient le roi la connoissance, par » prévention, de toutes matières civiles & cri- » minelles, sur les sujets des hauts-justiciers ».

Article premier de la coutume de Ribemont : « le roi notre sire, son prévôt, ses officiers audit » lieu, ont droit de prévention sur tous les seigneurs » & sujets de ladite prévôté ».

Avant l'édit de février 1674, qui a supprimé les hautes justices établies dans Paris, le châtelet étoit en possession de la prévention parfaite sur tous les *juges* de ces différens seigneurs, & trente arrêts, sur la seule autorité de sa possession, l'avoient maintenu dans l'exercice de cette prérogative.

Tant de variétés dans les coutumes & les usages justifient bien ce que nous venons de dire, que dans cette matière tout dépend du titre d'inféodation, ou à son défaut, des actes récognitifs & possessoires qui le suppléent & en tiennent lieu.

Quant aux ordonnances générales, il n'en existe pas sur la prévention en matière civile, & nous n'en avons qu'une seule en matière criminelle. C'est l'article 9 du titre premier de l'ordonnance de 1670. Cet article étoit d'abord conçu en ces termes : *nos juges préviendront les juges subalternes & non royaux de leur ressort, s'ils ont informé & décrété en même jour.*

Dans les conférences tenues chez M. le premier président, on observa que cette prévention accordée aux *juges* royaux ruinoit les justices subalternes.

M. Pussort répondit « que cette prévention ab- » solue est autorisée par plusieurs coutumes ; sa- » voir, les coutumes de Vermandois, Senlis, Com- » piegne & autres.... & que la justice est incom- » parablement mieux rendue, avec plus de sévé- » rité & de décence par les *juges* royaux.... qu'il » y a une grande distinction entre la justice civile & » la justice criminelle ; que la propriété de cette jus- » tice, qui s'appelle *jus gladii*, est un droit de sang » sur les sujets du roi, résidant, à proprement par- » ler, dans les mains du roi, qui le communique à » ses officiers ».

M. Talon ajouta « que la prévention n'étant ac- » cordée qu'aux baillis & sénéchaux, les seigneurs » n'avoient pas droit de s'en plaindre.... qu'il est » vrai qu'il y a des coutumes qui permettent de re- » vendiquer les affaires criminelles, quand le *juge* » royal a prévenu ; mais l'on peut dire que l'usage » les a réformées, & que les *juges* royaux jouissent » de la prévention sans jamais renvoyer les affaires » criminelles dont ils sont une fois saisis.... & » qu'il y a peu de lieutenans-criminels qui n'en » soient en possession paisible, quelques-uns ayant » obtenu des arrêts par lesquels ce droit leur est » confirmé ».

D'après ces observations, l'article présenté tel que nous l'avons transcrit plus haut, fut modifié, & il est aujourd'hui dans l'ordonnance conçu en ces termes : *nos baillis & sénéchaux ne pourront prévenir les juges subalternes & non royaux de leur ressort, s'ils ont informé & décrété dans les 24 heures après le crime commis. N'entendons néanmoins déroger aux coutumes à ce contraires, ni à l'usage de notre châtelet de Paris.*

On voit, 1°. que cet article donne la prévention aux baillis, toutes les fois que le *juge* seigneurial n'a pas informé & décrété 24 heures après le crime commis ; 2°. qu'elle conserve aux différentes coutumes qui admettent la prévention, toute leur autorité ; 3°. qu'elle maintient également l'usage du châtelet de Paris.

Non-seulement le châtelet de Paris, mais tous les *juges* auxquels les coutumes donnent la prévention absolue en matière criminelle, peuvent donc l'exercer comme avant l'ordonnance de 1670. Ce n'est pas aller assez loin en disant qu'elle n'entend pas déroger aux coutumes. Cette loi ne dit pas qu'elle déroge à tous les autres titres, & que les *juges* auxquels les coutumes donnent textuellement la prévention pourront seuls en user. S'il étoit prouvé, soit par le titre d'inféodation, soit par des actes qui le représentent, que telle seigneurie est assujettie à la prévention parfaite, il faudroit donc maintenir le *juge* royal dans cette prérogative, quand même la coutume seroit muette sur ce point ; il en seroit de même de ces lieutenans-criminels dont parle M. Talon, qui, sur l'autorité d'une possession immémoriale, ont obtenu des arrêts qui les ont confirmés dans le droit de prévenir les *juges des seigneurs.*

M. Jousse, dans son commentaire sur l'ordonnance de 1670, pense que la prévention que cette ordonnance donne aux *juges* royaux après les 24 heures, n'a lieu que pour les crimes & délits poursuivis à la requête du ministère public, « mais qu'à » l'égard de ceux qui se poursuivent seulement par » une partie privée, la prévention du *juge* supé- » rieur n'a pas lieu ; & que le *juge* inférieur est tou- » jours en état de requérir le renvoi : ainsi jugé » par arrêt du 5 juin 1659 ».

Mais cette distinction n'est établie par aucune loi. Et l'ordonnance de 1670 est conçue en termes dont la généralité embrasse tous les cas, ceux où le délit est poursuivi à la requête du ministère public, comme ceux dont une partie privée demande la réparation.

Il en est de même des coutumes ; plusieurs, comme on vient de le voir, admettent la prévention en matière de délits, & aucune ne distingue le grand du petit criminel.

Quant à l'arrêt de 1659, l'unique autorité sur laquelle Jousse fonde son opinion, un arrêt solitaire, quelque juste qu'il soit pour les circonstances dans lesquelles il a été rendu, ne peut ni déroger aux coutumes précédemment rédigées, ni modifier une ordonnance qui n'existoit pas encore.

Au surplus, cet arrêt de 1659 étoit dès-lors si peu regardé comme faisant jurisprudence, qu'il ne fut pas même question de la distinction qu'il établit dans les conférences tenues chez M. le premier président. Enfin eût-il existé sur ce point une jurisprudence formée, elle seroit abrogée par l'ordonnance de 1670, ordonnance conçue dans les termes les plus indéfinis & qui n'admet aucune distinction.

Laissant à l'écart l'opinion de Jousse, & tous les raisonnemens, toutes les fois qu'il s'agit de décider si la prévention a lieu dans telles circonstances & sur tel *juge*, il faut donc, indépendamment du cas prévu par notre ordonnance criminelle, recourir à la coutume de chaque province, & aux titres de chaque seigneurie.

Ainsi point de règle générale en cette matière, ainsi tel ou tel seigneur ne peut pas dire : j'ai la justice dans ma seigneurie, donc la connoissance de tels cas m'appartient, donc je suis à l'abri de la prévention. Il faut suspendre son jugement jusqu'à ce que l'on ait examiné la coutume de la province, & les titres du *juge* royal. (*Article de M. Henrion, avocat au parlement.*)

Juge *souverain*, est celui qui est dépositaire de l'autorité souveraine pour juger en dernier ressort les contestations qui sont portées devant lui.

Les magistrats qui composent les cours sont des *juges souverains*.

Quelques tribunaux ont le même caractère à certains égards seulement, comme les maîtres des requêtes de l'hôtel, qui dans les affaires qu'ils ont droit de juger souverainement, prennent le titre de *juges souverains en cette partie*.

Le caractère des *juges souverains* est plus éminent, & leur pouvoir plus étendu que celui des *juges* en dernier ressort; les *juges souverains* étant les seuls qui puissent, selon les circonstances, faire céder la rigueur de la loi à un motif d'équité. *Voyez* Cour & Juge en dernier ressort. (*A*)

Juge *subalterne*, signifie en général un *juge* inférieur qui en a un autre au-dessus de lui; mais on donne ce nom plus communément aux *juges* des seigneurs relativement aux *juges* royaux qui sont au-dessus d'eux. *Voyez* Justice seigneuriale. (*A*)

Juge *subdélégué*, est celui qui est commis par un *juge* qui est lui-même délégué. *Voyez* Juge délégué & subdélégué. (*A*)

Juge *supérieur*, se dit quelquefois d'une cour souveraine, ou d'un magistrat qui en est membre.

Mais on entend aussi plus souvent par-là tout *juge* qui est au-dessus d'un autre. Ainsi le *juge* haut-justicier est le *juge supérieur* du bas & du moyen justicier; le bailli royal est le *juge supérieur* du *juge* seigneurial, de même que le parlement est le *juge supérieur* du bailli royal. Le terme de *juge supérieur* est opposé en ce sens à celui de *juge* inférieur. *Voyez ci-devant* Juge inférieur. (*A*)

Juge *des traites* ou *des traites foraines*, qu'on appelle aussi *maîtres des ports*, sont des *juges* royaux d'attribution, qui connoissent en première instance, tant au civil qu'au criminel, des contestations qui surviennent pour les droits qui se perçoivent sur les marchandises qui entrent ou qui sortent du royaume; ils connoissent encore, suivant leur établissement, des marchandises de contrebande & de beaucoup de matières qui regardent l'entrée & la sortie des personnes & des choses hors du royaume.

Henri II, par des lettres-patentes en forme d'édit, du mois de septembre 1549, créa des *maîtres des ports*, lieutenans, & autres officiers, auxquels il attribua, privativement à tous autres *juges*, la connoissance & jurisdiction en première instance, non-seulement des droits anciens d'imposition foraine ou domaine forain, qui faisoient partie de l'apanage des rois & de la couronne, mais encore des droits qu'il établit nouvellement, aussi appellés droits d'imposition foraine sur les choses qui entrent & sortent, & même sur les personnes qui pourroient également entrer ou sortir du royaume. L'article 15 de cet édit enjoint aux officiers desdits *maîtres des ports*, chacun en droit soi respectivement, d'envoyer de quartier en quartier, les états signés au vrai de leurs mains aux trésoriers de France, de ce qu'auront valu les droits de domaine forain & haut passage; & à l'égard de l'imposition foraine, aux généraux des finances.

Cet édit fut adressé & vérifié au parlement; mais comme les droits de l'imposition n'étoient point de sa compétence, l'arrêt d'enregistrement, porte, *lectâ, publicatâ & registratâ, in quantum tetigit domanium domini nostri regis audito procuratore generali.*

Cette réserve ou forme d'enregistrement, se trouve dans plusieurs arrêts de vérification de cette cour; ce qui prouve l'union & la fraternité qui régnoit entre deux cours également souveraines.

Le même roi Henri II ayant institué en 1551 de nouveaux officiers & *maîtres des ports*, pour éviter la confusion dans la perception des droits de domaine forain & d'imposition foraine, établit des bureaux dans les différentes provinces du royaume.

Ces bureaux, dont le plus grand nombre tirent leur origine de cet édit, si l'on excepte celui de Paris, furent successivement connus sous le nom de *bureaux des traites*, à la réserve des trois qui sont connus par distinction sous le nom de *douane*, soit par leur situation ou leur ancienneté, qui sont les bureaux des douanes de Paris, Lyon & Valence.

L'on prétend que le nom de *douane* vient d'un terme bas-breton *doen*, qui signifie *porter*, parce que l'on transporte dans ces bureaux toutes sortes de marchandises.

Les *maîtres des ports* furent confirmés dans leurs fonctions & établissemens sous Louis XIV, par un édit du mois de mars 1667, & furent indistinctement dénommés *maîtres des ports*, ou *juges des traites*.

Mais ce même prince, après avoir établi par ses ordonnances de 1680 & 1687, une jurisprudence certaine pour la perception des droits qui composent les fermes générales des gabelles, aides, entrées, & autres y jointes, dont la connoissance appartient aux élus en première instance, & par appel à la cour des aides, fixa & détermina pareillement des maximes concernant la perception des droits de sortie & d'entrée sur les marchandises & denrées ; par son ordonnance du mois de février 1687, contenant 13 titres, dont le douzième attribue la compétence & la connoissance de tous différends civils & criminels, concernant les droits de sortie & d'entrée, & ceux qui pourroient naître en exécution de ladite ordonnance, aux *maîtres des ports & juges des traites* en première instance, & par appel aux cours des aides de leur ressort.

Cette même ordonnance prescrit aux *juges* la forme de procéder tant en première instance que sur l'appel. (*A*)

JUGEMENT, s. m. (*Jurisprudence civile & crimin.*) Tout acte émané d'un juge, n'est point, à proprement parler, un *jugement*, quoique le mot paroisse l'annoncer ; on ne donne cette qualification qu'aux sentences ou arrêts rendus sur une contestation civile, ou ensuite d'une instruction criminelle.

Cette expression se prend quelquefois pour la justice, non pas la justice, vertu morale, mais la justice civile ; c'est-à-dire, les tribunaux. On dit en style de palais, *ester en jugement*, pour exprimer l'action de comparoître en justice devant un tribunal quelconque.

Il y a quelques juges qui, dans certains cas, emploient le mot de *jugement* pour exprimer la tenue de l'audience. Au châtelet, par exemple, toutes les sentences rendues à l'audience commencent par ces mots : *Sur la requête faite en jugement devant nous*, c'est à-peu-près comme si les juges disoient : *sur les conclusions qui ont été prises à l'audience*, &c.

Tout *jugement* n'étant, comme nous venons de l'établir, qu'une décision du juge sur une contestation portée devant lui, doit être précédé d'une demande, si c'est en matière civile, ou d'une plainte si c'est en matiere criminelle.

Quoique le mot de *jugement* ne soit que la qualification d'une décision du juge, les *jugemens* reçoivent eux-mêmes des qualifications particulières qui résultent de leur nature & des circonstances dans lesquelles ils sont rendus.

Les *jugemens* se divisent d'abord en *jugemens* civils & *jugemens* criminels : ils se divisent ensuite en *jugemens* par défaut & *jugemens* contradictoires.

Enfin en *jugemens* interlocutoires, provisionnels & définitifs.

Les *jugemens* civils sont ceux qui sont rendus en matière civile.

Les *jugemens* criminels sont ceux qui sont rendus en matière criminelle.

Un *jugement* est *par défaut* s'il est rendu sur les conclusions d'une seule partie.

Il est contradictoire si le juge a prononcé sur les demandes & les défenses respectives des parties.

Dans les procès par écrit, les sentences par défaut sont appellées *jugemens par forclusion*.

En matière criminelle on les appelle *jugemens* de contumace. Cependant cette qualification n'a lieu que dans les procès réglés à l'extraordinaire, car on les appelle *jugemens* par défaut, lorsque les parties ont été renvoyées à l'audience.

Le *jugement* interlocutoire est celui qui ne statue pas sur le fond de la contestation, mais qui ordonne une instruction nécessaire pour y parvenir. Ainsi quand le juge prononce que, dans un délai qu'il fixe, le demandeur ou le défendeur justifiera d'un fait par lui allégué, ou d'une piece par lui annoncée, il ne rend qu'un *jugement* interlocutoire. Il en est de même lorsque dans l'incertitude où le laissent les pièces de la cause, sur une question de fait, il admet l'une ou l'autre des parties à la preuve, sauf à l'adversaire la preuve contraire.

Le *jugement* interlocutoire en matière criminelle est celui qui ordonne une instruction quelconque, comme une addition d'information, le récolement & la confrontation des témoins, &c. même un plus amplement informé après le rapport & la visite du procès.

Le *jugement* provisionnel est celui qui, sur un droit apparent, mais non encore reconnu, en attendant la décision des contestations au fond & sans préjudicier aux droits des parties, accorde à l'une d'elles une somme de deniers à titre de provision, soit pour sa subsistance, soit pour les frais du procès : ces sortes de provisions ne s'accordent guère que dans trois cas : 1°. lorsqu'une femme plaide en séparation contre son mari ; 2°. lorsqu'une partie demande à une autre, le compte d'une administration pupillaire ou autre ; 3°. lorsqu'un débiteur dont tous les biens sont saisis, demande à ses créanciers de quoi pourvoir à ses premiers besoins.

On peut encore ranger dans la classe des *jugemens* provisionnels, celui qui autorise une femme demanderesse en séparation de corps & d'habitation à se retirer dans un couvent, ou chez ses père & mère, en attendant le *jugement* du fond.

En matière criminelle, la sentence ou l'ordonnance du juge qui ordonne la liberté provisoire d'un accusé, à la charge de se représenter, soit en état d'ajournement personnel, soit en état d'assigné pour être ouï, est encore un *jugement* provisionnel.

Le *jugement* définitif, en matière civile, est celui qui prononce sur toutes les contestations des parties. En matière criminelle c'est celui qui condamne l'accusé ou le décharge de l'accusation, ou le renvoie hors de cour.

Pour qu'un *jugement* soit rendu régulièrement, il faut :

1°. Qu'il soit rendu par un juge compétent.

2°. Qu'il soit rendu entre personnes capables d'ester en *jugement*.

3°. Qu'il soit rendu dans les formes prescrites par les ordonnances.

Un *jugement* est irrégulier à raison de l'incompétence du juge, soit en matière civile lorsque le juge n'étoit pas celui du domicile du défendeur, soit,

soit en matière criminelle, lorsqu'il n'étoit pas celui du lieu du délit.

On sent bien que ces règles sont susceptibles de plusieurs exceptions, & qu'un privilège ou une attribution peuvent déranger l'ordre des jurisdictions; mais nous ne devons pas entrer ici dans toutes les distinctions particulières où cette matière pourroit nous entraîner. *Voyez* COMPÉTENCE.

Un *jugement* est irrégulier, lorsqu'il n'a pas été rendu entre personnes capables d'ester en *jugement*, c'est-à-dire lorsque les parties, ou l'une d'elles ne pouvoient par elles-mêmes ni former de demandes, ni se défendre; tels sont les interdits & les mineurs, qui ne peuvent plaider sans l'assistance de leurs tuteurs ou curateurs, les femmes en puissance de maris, les communautés d'habitans.

Ces principes généraux reçoivent cependant aussi quelques exceptions.

Le mineur émancipé par lettres du prince ou par mariage peut poursuivre en justice le paiement des sommes mobiliaires qui lui sont dues.

Le négociant & le bénéficier, quoique mineurs, sont néanmoins réputés majeurs & admis à ester en *jugement*, l'un pour le fait de son commerce, & l'autre pour tous les droits dépendans de son bénéfice.

La femme mariée peut ester en *jugement*, lorsqu'elle est autorisée par son mari, ou, à son refus, par le juge.

Les communautés d'habitans peuvent attaquer ou se défendre après une délibération régulière, & s'être fait autoriser par écrit par l'intendant de la province.

Pour qu'un *jugement* soit régulier, il faut, ainsi que nous l'avons dit ci-dessus, qu'il soit rendu dans les formes prescrites par les ordonnances. Nous ne parlerons pas ici des vices du fond qui ne fournissent que des moyens d'appel, mais des vices de forme qui entraînent la nullité d'un jugement.

Tout *jugement* doit être rendu dans le lieu des séances de la jurisdiction, & non pas dans une maison privée. Le magistrat ne peut connoître en son hôtel, que des nominations de tuteurs, curateurs, des contestations qui s'élèvent aux scellés & inventaires, & de quelques autres matières provisoires.

L'édit du mois de janvier 1685, portant réglement pour l'administration de la justice au châtelet de Paris, a consacré quelques usages & distinctions qui sont propres à ce tribunal, l'article 6, entre autres, déroge expressément au principe général que nous venons de poser. Il est ainsi conçu: « quand il » s'agira de la liberté des personnes qualifiées ou » constituées en charge, de celle des marchands & » négocians emprisonnés à la veille de plusieurs » fêtes consécutives, ou des jours auxquels on » n'entre pas au châtelet; lorsqu'on demande la main-» levée des marchandises prêtes à être envoyées, » & dont les ouvriers seront chargés ou qui peuvent » dépérir, du paiement que des hôteliers ou des » ouvriers demandent à des étrangers, pour des » nourritures & fournitures d'habits, ou autres » choses nécessaires; lorsque l'on réclamera des » dépôts, gages, papiers, ou autres effets divertis; » si le lieutenant-civil le juge ainsi à propos pour » le bien de la justice, il pourra ordonner que les » parties comparoîtront le jour même, dans son » hôtel, pour y être entendues & être par lui or-» donné ce qu'il estimera juste ».

Tous *jugemens* doivent être rendus par un certain nombre de juges déterminé par les loix du royaume.

L'article 91 de l'ordonnance de 1453 veut qu'au parlement de Paris, il y ait au moins dix conseillers & un président pour rendre un arrêt.

Les juges présidiaux doivent être au nombre de sept, pour prononcer en dernier ressort.

Dans les procès criminels en première instance, & lorsqu'il y a des conclusions à peine afflictive, il faut trois juges, au moins, pour la régularité de la sentence, tant dans les sièges royaux, que dans les justices des seigneurs. Comme il est extrêmement rare qu'il y ait trois juges dans une même justice seigneuriale, alors le bailli ou prévôt doit appeller des gradués. Dans les siéges royaux & autres, tous les juges doivent être présens au dernier interrogatoire.

Les prévôts des maréchaux ne peuvent juger une accusation de duel, même à la charge de l'appel, s'ils ne sont au moins cinq.

Il arrive quelquefois que le roi nomme des commissaires pour le *jugement* d'une affaire. Si les lettres patentes, ou l'arrêt du conseil, portant établissement de la commission, désignent nominativement les commissaires qui doivent la composer, aucun d'eux ne peut se dispenser d'assister au *jugement*, à moins que la commission ne porte expressément qu'ils pourront juger en cas d'absence ou de mort de l'un des commissaires; il faudroit attendre la volonté du roi; il faudroit attendre qu'il eût remplacé le défunt, ou l'absent, ou que sa majesté se fût expliquée. Si la commission étoit générale & portoit attribution d'une affaire à telle ou telle chambre d'un parlement, ou d'un autre tribunal, alors l'absence ou la mort d'un des membres de la chambre ne doit point retarder le jugement, qui peut être délibéré entre ceux qui sont présens.

Quoique, dans le cours des opinions, chaque juge puisse avoir la sienne, néanmoins il est de principe en matière criminelle, qu'il ne peut y en avoir que deux, & les *jugemens* sont arrêtés à la pluralité des voix.

Pour qu'une opinion prévaille en général, il suffit d'une voix; cependant, en cour souveraine & dans les procès par écrit, il faut deux voix de plus; car s'il n'y en avoit qu'une, il y auroit partage, comme s'il y avoit autant de juges pour un avis que pour l'autre, & alors il faut que le procès soit rapporté devant une autre chambre, où le rapporteur va faire l'exposé de l'affaire; celui des juges qui le premier a ouvert l'avis contraire, s'y, rend également pour déduire les motifs de l'opinion opposée; c'est ce qu'on nomme dans les tribunaux, le compartiteur. *Voyez* PARTAGE, COMPARTITEUR.

L'humanité a donné lieu à une disposition de l'ordonnance de 1670, *tit. 25*, *art. 12*, qui porte, que les *jugemens* définitifs ou d'instruction passeront à l'avis le plus doux, si le plus sévère ne prévaut d'une voix dans les procès qui se jugeront à la charge de l'appel, & de deux dans ceux qui se jugeront en dernier ressort : la même chose s'observe dans les conseils de guerre, aux termes de l'article 34 du titre 26 de l'ordonnance de 1768.

Le partage d'opinions en matière civile, est une espèce de *jugement* préliminaire, qui fixe l'état du procès, de manière qu'aucune des parties n'est plus recevable à produire de nouvelles pièces, ni fournir de nouveaux moyens; l'affaire doit être décidée, conformément à l'un des deux avis qui se balancent; ce n'est qu'un choix que l'on propose aux nouveaux juges, qui doivent départager les premiers.

Dans les tribunaux qui ne sont point composés de plusieurs chambres, & où par conséquent on ne peut en choisir une pour départager les juges, on appelle un ou plusieurs gradués, mais toujours en nombre impair, afin d'éviter l'inconvénient d'un nouveau partage.

Il est d'usage, dans les cours souveraines, de prendre les avis trois fois de suite, lorsque l'arrêt condamne un accusé à la mort. La même chose s'observe dans les présidiaux, lorsqu'en matière criminelle ils sont dans le cas de condamner au dernier supplice, par un *jugement* présidial ou prévôtal.

En matière criminelle, tous *jugemens*, soit qu'ils soient rendus à la charge de l'appel ou en dernier ressort, doivent être signés par tous les juges qui y ont assisté, à peine d'interdiction, des dommages & intérêts des parties, & de 500 livres d'amende. Telle est la disposition de l'article 14 du titre 25 de l'ordonnance de 1670. Les cours souveraines sont dispensées de cette formalité; leurs arrêts ne sont signés que par le rapporteur & par le président.

L'article 15 du même titre présente une autre disposition importante. « Tous *jugemens*, en matière criminelle, qui gisent en exécution, seront exécutés pour ce qui regarde la peine, en tous lieux, sans *visa* ni *pareatis* ».

Il y a quelques juges dont les décisions ne sont jamais qualifiées de sentences ni d'arrêts, mais toujours de *jugemens*. Tels sont les présidiaux, les prévôts des maréchaux, les conseils de guerre, les officiers de la connétablie, les commissaires du conseil, &c. (*Cet article est de M.* BOUCHER D'ARGIS, *conseiller au châtelet, de l'académie de Rouen*, &c.)

JUGEMENT *de la croix* étoit une de ces épreuves que l'on faisoit anciennement dans l'espérance de découvrir la vérité. Ce *jugement* consistoit à donner gain de cause à celui des deux partis qui tenoit le plus long-temps ses bras élevés en croix. *Voyez* M. le Président Hénault, à l'année 848. (*A*)

JUGEMENT *de Dieu*: on appelloit ainsi autrefois les épreuves qui se faisoient par l'eau bouillante, & autres semblables, dont l'usage a duré jusqu'à Charlemagne.

On donnoit aussi le même nom à l'épreuve qui se faisoit par le duel, dont l'usage ne fut aboli que par Henri II.

Le nom de *jugement de Dieu* que l'on donnoit à ces différentes sortes d'épreuves, vient de ce que l'on étoit alors persuadé que le bon ou mauvais succès que l'on avoit dans ces sortes d'épreuves, étoit un *jugement de Dieu*, qui se déclaroit toujours pour l'innocent. *Voyez* DUEL, ÉPREUVE & PURGATION VULGAIRE. (*A*)

JUGEMENT *de loi*, se dit en Hainaut de tous les *jugemens* rendus en matière de police, par le corps échevinal.

Cette expression vient de ce que dans les chartres générales & particulières de cette province, le mot *loi* signifie *amende*, & que toutes les loix se jugent par échevins.

Pour rendre un *jugement de loi*, il n'est pas nécessaire d'assigner ni d'entendre la partie contre laquelle on le prononce. Un arrêt rapporté par M. Desessarts, *tom. 11 des Causes célèbres*, a confirmé une sentence de police rendue par le juge de Chauni, sans avoir entendu ni même appellé la partie.

JUGER, v. a. (*Droit public.*) c'est rendre la justice, & décider par sentence ou arrêt les contestations des citoyens.

Le droit de *juger* les hommes est le premier & le plus bel apanage de la royauté, & on voit par l'histoire de toutes les nations, entre autres par celle des Juifs, que ceux qui les gouvernèrent ne portèrent pendant long-temps que le titre de juges. Lorsque ces derniers demandèrent un roi au prophète Samuel, ils ajoutèrent *pour nous juger comme les autres peuples.*

Mais de-là devons-nous en conclure que les souverains sont établis pour *juger* par eux-mêmes tous leurs sujets? Si c'est la première institution des rois, s'ils sont choisis comme arbitres de la nation, il semble qu'ils sont obligés de remplir cette fonction par eux-mêmes. Ils ont été élus pour *juger* & non pour donner des juges. L'union, la bienveillance réciproque des princes & des peuples ne peuvent être entretenues sans une communication des uns aux autres; elle se perd, lorsque le souverain fait tout par ses officiers; il semble qu'il dédaigne ses sujets.

On ne peut révoquer en doute que la vraie justice pourroit être mieux rendue par le prince que par ceux qu'il a commis. Outre que le danger de la corruption ne seroit plus à craindre, il est la loi vivante.

La Bruyere a très-judicieusement remarqué qu'une maxime excellente seroit l'opposé de celle qui veut que *la forme emporte le fonds.* Le prince est au-dessus des formalités qui nuisent à l'équité & qui éternisent les procédures. Leur durée ruine les citoyens, elle amène souvent l'aigreur & l'animosité personnelles. La longueur du temps irrite la patience; les occasions réitérées font naître des querelles quelquefois sanglantes: le prince auroit tout terminé par un de ses regards.

Le souverain qui rend la justice à ses sujets, s'accoutume à être juste pour lui-même : l'habitude nous conduit autant que la nature; c'est un avantage inestimable pour lui & pour son état.

Les armes conviennent entre les mains du prince dans les occasions; mais la balance de la justice y sied dans tous les temps & dans tous les lieux. Lorsque Salomon demanda la sagesse : *ce fut*, dit-il, *pour bien juger son peuple*. Ses jugemens étoient publiés par toute la terre, & lui acquirent autant de réputation qu'auroient pu faire des conquêtes. Auguste ne discontinua jamais de rendre la justice; & Adrien refusant de répondre à la requête d'une femme sur ce qu'il n'en avoit pas le loisir: *quittez donc*, lui dit-elle, *la charge que vous avez*. L'empereur s'arrêta pour l'écouter.

Ces raisons & ces exemples ont quelque chose de plausible; mais l'étendue du pouvoir n'étend pas les facultés naturelles au-delà des bornes imposées à l'humanité. Si chaque ville composoit un royaume, il seroit possible absolument qu'un roi, assisté de son conseil, rendît la justice à tous: mais pour peu que l'on éloigne au-delà les limites de l'état, on sort de la possibilité.

Les hommes doivent commencer par vaincre leur esprit de division & d'intérêt; ils doivent se rendre à eux-mêmes cette justice qu'ils attendent d'autrui, s'ils veulent la recevoir de la bouche du prince, lorsque quelquefois ils ne pourront s'accorder.

Quand les rois étoient dans l'usage de *juger*, ils jugeoient ce qui étoit autour d'eux. On n'a jamais pratiqué de faire venir des sujets du fond des provinces pour languir à la suite de la cour. *Juger*, étoit alors une chose facile; il y avoit peu ou point de loix. La volonté du prince seule formoit la décision. Aujourd'hui la quantité de loix, & la cupidité des hommes en ont fait une science subtile, indigne des rois.

On doit dire encore que quelque borné que l'on suppose un état, il ne convient pas que le prince y soit le seul juge. Si, comme on ne peut le répéter trop souvent, l'impunité est la source de la corruption & du désordre, il n'est pas de l'intérêt public que le prince soit le juge des crimes. La compassion si naturelle à une ame bien née, le spectacle attendrissant d'un coupable qui avoue sa faute, qui en demande le pardon avec larmes, la réputation de clémence avec laquelle on pense attirer les cœurs, sont autant de piéges dont le souverain auroit trop de peine à se défendre. Il convient que les crimes soient jugés par des juges dont le pouvoir ne s'étend pas jusques à les pardonner.

Le prince se trouve lui-même partie dans une infinité de causes criminelles, comme sont les trahisons formées contre l'état, & autres crimes de lèse-majesté. Aussi, dans les temps où les rois jugeoient, on les a vu s'abstenir de la connoissance de ces causes. Les arrêts ne sont seulement pas donnés en leur nom; entre plusieurs exemples, je citerai un arrêt donné en France contre Robert, comte de Flandres. Il commence ainsi: *nos patres Franciæ ad requestam & mandatum regis venimus in suam curiam Parisiis, & tenuimus curiam cum duodecim aliis personis, &c.*

Il est peu de matières dans lesquelles on ne trouve des milieux. Le prince ne peut juger le détail, mais il peut rendre la justice par la législation. Il peut ne se point reposer aveuglément sur ses ministres pour faire les loix. Il peut se rendre capable de *juger* du bien & du mal qui en résultent, & écouter sur cet objet la voix de ses peuples.

Le souverain qui s'attache à donner de bons réglemens, qui porte une attention sévère à leur observation, qui veille avec soin sur ceux auxquels il confie l'administration de la justice; qui, par des exemples de ceux qui prévariquent dans cet auguste ministère, en arrête la contagion, remplit l'obligation qu'il a de rendre la justice autant que l'on peut le demander.

S'il pouvoit encore dérober quelques momens aux affaires d'état pour s'asseoir en public, quoique rarement, à la tête d'un de ses tribunaux; combien le spectacle d'un roi qui juge, seroit-il satisfaisant? Combien redoubleroit-il le respect pour la justice, & la vigilance dans les magistrats?

L'empereur Claude vouloit toujours juger, & il n'avoit aucune aptitude à remplir cette fonction. La nature n'est pas toujours d'accord avec la fortune pour donner tous les talens à ceux que celle-ci destine au trône. Le prince ne doit montrer au public que ses perfections.

Examinons de nouveau la question de savoir si le souverain doit juger lui-même. Voici comment elle est discutée dans les institutions politiques du baron de Bielfeld.

« Tant de grands hommes ont posé pour principe, & tout le monde dit depuis si long-temps, » que *le prince est le premier juge, le juge souverain,* » *le juge né de ses peuples*, qu'on n'ose être d'un » avis différent; mais quand cela seroit vrai, selon le droit rigide de la nature & des gens, c'est » un droit que le prince ne sauroit exercer, & qui » par conséquent devient égal à zéro. Tous mes » lecteurs ont le droit de semer & de recueillir » dans les terres australes qui sont dévolues au premier occupant; mais personne ne peut exercer » ce droit, qui est nul par-là. D'abord un prince » ne sauroit acquérir la science d'un jurisconsulte » consommé, sans négliger d'autres connoissances » politiques, beaucoup plus nécessaires à l'emploi » du souverain. S'il possède de vastes états, comment seroit-il possible que toutes les affaires litigieuses fussent rapportées à son trône? C'est vouloir compter les étoiles, que prétendre *juger* tous les différends de détail d'une nation; & quand la chose seroit possible, tous les sujets seroient ruinés par la lenteur inévitable de l'expédition. En troisième lieu, dans tous les cas où les amendes pécuniaires, la confiscation, la condamnation aux travaux publics auroient lieu, le souverain seroit juge & partie, puisque ces peines tournent à son profit. Voilà donc un principe du droit naturel & des gens, qui est dangereux, d'une exécution impossible, & contraire à l'équité. Mais autre chose est d'avoir le *droit de la législation*, & celui d'établir des magistrats, ou de juger soi-même. Le souverain possède incontestablement les deux premiers, mais le dernier paroît sujet à bien des contradictions. Il est vrai [illegible] dans les cas importans, tout sujet a le droit [illegible]el au souverain; mais celui-ci fait très-sa[illegible]ent, s'il ne décide pas, même en dernier ressort, de son propre chef; ce qui le mettroit à tout moment en risque de faire une injustice, & réduiroit à rien l'autorité de tous les autres tribunaux. Il doit au contraire établir une cour de justice composée des plus respectables personnages de la magistrature pour *juger* les affaires qui sont portées devant son trône; & c'est dans ce sénat qu'il peut, tout au plus, présider. Rien n'est si affreux que quand un prince renverse de sa propre autorité les jugemens uniformes de toutes les instances par lesquelles un procès aura passé, & qu'il en décide d'une manière opposée. Une pareille décision est toujours une injustice manifeste, & la marque certaine d'un despotisme outrageant pour les loix & pour les juges ». (Exceptez seulement le cas où ces jugemens uniformes seroient injustes & contraires aux loix. Mais alors même le prince ne jugeroit pas, il annulleroit l'injustice des magistrats, & feroit parler les loix contre leurs jugemens.)

M. de Montesquieu a traité la même question avec cette force de jugement qui lui étoit propre. Il examine dans quels gouvernemens le souverain peut être juge.

« Machiavel (dit-il) attribue la perte de la liberté de Florence à ce que le peuple ne jugeoit pas en corps, comme à Rome, des crimes de lèse-majesté commis contre lui. Il y avoit pour cela huit juges établis. *Mais*, dit Machiavel, *peu sont corrompus par peu.* J'adopterois bien la maxime de ce grand homme: mais comme dans ces cas l'intérêt politique force, pour ainsi dire, l'intérêt civil (car c'est toujours un inconvénient que le peuple juge lui-même ses offenses;) il faut, pour y remédier, que les loix pourvoient, autant qu'il est en elles, à la sûreté des particuliers.

» Dans cette idée, les législateurs de Rome firent deux choses; ils permirent aux accusés de s'exiler avant le jugement: & ils voulurent que les biens des condamnés fussent consacrés, pour que le peuple n'en eût pas la confiscation.....

» Solon sut bien prévenir l'abus que le peuple pourroit faire de sa puissance dans le jugement des crimes: il voulut que l'aréopage revît l'affaire; que s'il croyoit l'accusé injustement absous, il l'accusât de nouveau devant le peuple; que s'il le croyoit injustement condamné, il arrêtât l'exécution, & lui fît rejuger l'affaire: loi admirable qui soumettoit le peuple à la censure de la magistrature qu'il respectoit le plus, & à la sienne même!

» Il sera bon de mettre quelque lenteur dans des affaires pareilles, sur-tout du moment que l'accusé sera prisonnier, afin que le peuple puisse se calmer & juger de sang-froid.

» Dans les états despotiques le prince peut *juger* lui-même. Il ne le peut dans les monarchies: la constitution seroit détruite, les pouvoirs intermédiaires dépendans anéantis; on verroit cesser toutes les formalités des jugemens; la crainte s'empareroit de tous les esprits; on verroit la pâleur sur tous les visages; plus de confiance, plus d'honneur, plus d'amour, plus de sûreté, plus de monarchie.

» Voici d'autres réflexions. Dans les états monarchiques, le prince est la partie qui poursuit les accusés, & les fait punir ou absoudre; s'il jugeoit lui-même, il seroit le juge & la partie.

» Dans ces mêmes états, le prince a souvent les confiscations; s'il jugeoit les crimes, il seroit encore le juge & la partie.

» De plus, il perdroit le plus bel attribut de sa souveraineté, qui est celui de faire grace: il seroit insensé qu'il fît & défît ses jugemens: il ne voudroit pas être en contradiction avec lui-même.

» Outre que cela confondroit toutes les idées, on ne sauroit si un homme seroit absous, ou s'il recevroit sa grace.

» Lorsque Louis XIII voulut être juge dans le procès du duc de la Valette, & qu'il appella pour cela dans son cabinet quelques officiers du parlement & quelques conseillers d'état, le roi les ayant forcés d'opiner sur le décret de prise de corps, le président de Belièvre dit, *qu'il voyoit dans cette affaire une chose étrange, un prince opiner au procès d'un de ses sujets; que les rois ne s'étoient réservé que les graces, & qu'ils renvoyoient les condamnations vers les officiers. Et votre majesté voudroit bien voir sur la sellette un homme devant elle, qui par son jugement iroit dans une heure à la mort? Que la face du prince qui porte les graces ne peut soutenir cela; que sa vue seule levoit les interdits des églises; qu'on ne devoit sortir que content de devant le prince* ». Lorsqu'on jugea le fonds, le même président dit dans son avis: « *Cela est un jugement sans exemple, voire contre tous les exemples du passé jusqu'à lui, qu'un roi de France ait condamné en qualité de juge, par son avis, un gentilhomme à mort.*

» Les jugemens rendus par le prince feroient » une fource intariffable d'injuftices & d'abus ; les » courtifans extorqueroient, par leur importunité, » fes jugemens. Quelques empereurs Romains eu- » rent la fureur de juger ; nuls règnes n'étonnè- » rent plus l'univers par leurs injuftices.

» Claude, dit Tacite, ayant attiré à lui le juge- » ment des affaires & les fonctions des magiftrats, » donna occafion à toutes fortes de rapines. *Annal.* » *lib. 11.* Auffi Néron parvenant à l'empire après » Claude, voulant fe concilier les efprits, déclara- » t-il qu'il fe garderoit bien d'être le juge de toutes » les affaires, pour que les accufateurs & les ac- » cufés, dans les murs d'un palais, ne fuffent pas » expofés à l'inique pouvoir de quelques affran- » chis. *Ibid. lib. 13.*

» Sous le règne d'Arcadius, dit Zozime, *Hift.* » *liv. 5*, la nation des calomniateurs fe répandit, » entoura la cour & l'infecta. Lorfqu'un homme » étoit mort, on fuppofoit qu'il n'avoit point laiffé » d'enfans; on donnoit fes biens par un refcript. » Car comme le prince étoit étrangement ftupide, » & l'impératrice entreprenante à l'excès, elle fer- » voit l'infatiable avarice de fes domeftiques & » de fes confidentes; de forte que, pour les gens » modérés, il n'y avoit rien de plus defirable que » la mort.

» Il y avoit autrefois, dit Procope, *Hift. fe-* » *crète*, fort peu de gens à la cour ; mais fous » Juftinien, comme les juges n'avoient plus la li- » berté de rendre juftice, leurs tribunaux étoient » déferts, tandis que le palais du prince retentif- » foit des clameurs des parties qui y follicitoient » leurs affaires. Tout le monde fait comme on y » vendoit les jugemens & même les loix.

» Les loix font les yeux du prince; il voit par » elles ce qu'il ne pourroit pas voir fans elles. » Veut-il faire la fonction des tribunaux, il tra- » vaille non pour lui, mais pour fes féducteurs, » contre lui ». *De l'Efprit des loix*, *liv. 6*, *ch. 5.*

JUGEUR, f. m. (*Droit public.*) étoit le nom que l'on donnoit anciennement à ceux des confeillers au parlement qui étoient diftribués dans les chambres des enquêtes pour y juger les enquêtes, c'eft-à-dire les procès par écrit, dont la décifion dépendoit d'enquêtes ou autres preuves littérales. Les confeillers des enquêtes étoient de deux fortes, les uns *jugeurs*, les autres rapporteurs : cette diftinction fubfifta jufqu'à l'ordonnance du 10 avril 1344, qui incorpora les rapporteurs avec les *jugeurs*.

On parlera plus amplement ci-après, au mot PARLEMENT, de ce qui concerne les enquêtes & les confeillers *jugeurs* & rapporteurs. (*A*)

JUGEURS *ou* HOMMES *jugeurs*, *jugeans* ou *hommes jugeans*, étoient ceux qui rendoient la juftice à leurs égaux, ou que les prévôts ou baillis appelloient avec eux pour juger ; enforte qu'ils étoient comme les affeffeurs & confeillers du juge qui leur faifoit le rapport de l'affaire, & fur fon rapport ils décidoient. Ils font ainfi nommés dans quelques anciennes ordonnances. Dans les lieux où la juftice étoit rendue par des pairs ou hommes de fief, on ne les qualifioit pas de *jugeurs*, mais de *pairs* ou *hommes de fief*. (*A*)

JUGLE, (*taille.*) *Voyez* TAILLE.

JUIF, f. m. (*Droit public.*) eft le nom qu'on a donné aux Ifraélites depuis leur retour de la captivité de Babylone, & fous lequel font connus les reftes de cette nation, difperfée parmi tous les peuples de la terre, depuis la deftruction du temple de Jérufalem, fous les empereurs Tite & Vefpafien.

Nous inférons ce mot dans notre collection de jurifprudence, parce que les *Juifs* réfidans en France font affujettis à quelques réglemens particuliers.

Anciennement les *Juifs* ont prefque par[illegible] déclarés incapables de poffèder des bien[illegible] on ne leur a laiffé de reffources pour fu[illegible], que le commerce, profeffion long-temps méprifée par la plupart des peuples de l'Europe ; c'eft pourquoi on la leur abandonna dans les fiècles barbares ; & comme ils s'y enrichirent néceffairement, on les traita d'infames ufuriers. Les rois ne pouvant fouiller dans la bourfe de leurs fujets, mirent à la torture les *Juifs*, qu'ils ne regardoient pas comme des citoyens. Ce qui fe paffa en Angleterre à leur égard, peut donner une idée de ce qu'on exécuta contre eux dans les autres pays. Le roi Jean, ayant befoin d'argent, fit emprifonner les riches *Juifs* de fon royaume, pour en extorquer de leurs mains ; il y en eut peu qui échappèrent aux pourfuites de fa chambre de juftice. Un d'eux à qui on arracha fept dents l'une après l'autre, donna mille marcs d'argent à la huitième. Henri III tira d'Aaron, *Juif* d'Yorck, quatre mille marcs d'argent, & deux mille pour la reine. Il vendit les autres *Juifs* de fon pays à Richard fon frère, pour un certain nombre d'années, *ut quos rex excoriaverat, comes evifceraret*, dit Mathieu Pâris.

On n'oublia pas d'employer en France les mêmes traitemens contre les *Juifs* ; on les mettoit en prifon, on les pilloit, on les vendoit, on les accufoit de magie, de facrifier des enfans, d'empoifonner les fontaines ; on les chaffoit du royaume, on les y laiffoit rentrer pour de l'argent ; & dans le temps même qu'on les toléroit, on les diftinguoit des autres habitans par des marques infamantes.

Il y a plus, la coutume s'introduifit dans ce royaume, de confifquer tous les biens des *Juifs* qui embraffoient le chriftianifme. Cette coutume fi bizarre, nous la favons par la loi qui l'abroge ; c'eft l'édit du roi donné à Bafville le 4 avril 1392. La vraie raifon de cette confifcation, que l'auteur de *l'Efprit des loix* a fi bien développée, étoit une efpèce de droit d'amortiffement pour le prince ou pour les feigneurs, des taxes qu'ils levoient fur les *Juifs* comme ferfs main-mortables auxquels ils succédoient : or, ils étoient privés de ce bénéfice, lorsque ceux-ci embrassoient le christianisme.

En un mot, on ne peut dire combien en tout lieu on s'est joué de cette nation d'un siècle à l'autre. On a confisqué leurs biens, lorsqu'ils recevoient le christianisme ; & bientôt après, on les a fait brûler, lorsqu'ils ne vouloient pas le recevoir.

Enfin, proscrits sans cesse de chaque pays, ils trouvèrent ingénieusement le moyen de sauver leurs fortunes, & de rendre pour jamais leurs retraites assurées. Bannis de France sous Philippe-le-long, en 1318, ils se refugièrent en Lombardie, y donnèrent aux négocians des lettres sur ceux à qui ils avoient confié leurs effets en partant, & ces lettres furent acquittées. L'invention admirable des lettres-de-change sortit du sein du désespoir ; & pour lors seulement le commerce put éluder la violence & se maintenir par tout le monde.

Depuis ce temps-là, les princes ont ouvert les yeux sur leurs propres intérêts, & ont traité les *Juifs* avec plus de modération.

Ils sont aujourd'hui tolérés en France, dans la province d'Alsace, dans la ville de Metz & en Lorraine.

De l'état des Juifs en Alsace. Il faut, relativement aux *Juifs*, diviser cette province en trois parties : la première contient la ville de Strasbourg, les terres de l'évêché, celles du comté de Hanau ; enfin, celles de tous les gentilshommes dont les fiefs relevoient autrefois immédiatement de l'empire.

La seconde comprend les dix villes autrefois impériales, de la préfecture de Haguenau.

La troisième est la haute Alsace, qui reconnoissoit, avant le traité de Munster, la souveraineté particulière de la maison d'Autriche.

Dans la première partie, les seigneurs se sont conservé la faculté de recevoir des *Juifs* & de les congédier, ainsi que le droit de leur accorder telle liberté, & de leur imposer telles conditions qu'ils jugent à propos. Il paroît néanmoins que l'évêque de Strasbourg & le comte de Hanau n'ont pas cru qu'il leur fût inutile d'avoir recours à l'autorité du roi, pour être maintenus dans le droit de recevoir des *Juifs* : il en est fait mention dans les lettres-patentes que sa majesté leur a accordées : elle a fixé en faveur de l'un & de l'autre, à douze écus par an, le droit qu'ils peuvent lever sur chaque famille juive, & à pareille somme, la première permission accordée à une famille de s'établir dans leurs terres.

A l'égard de la ville de Strasbourg, les *Juifs* y furent anciennement accusés d'en avoir empoisonné les puits & les fontaines : on instruisit contre eux une procédure, en conséquence de laquelle on prétend qu'ils furent brûlés au nombre de deux mille dans leur propre cimetière, où la populace les avoit enfermés. Quoi qu'il en soit, depuis ce temps les magistrats de Strasbourg n'ont plus souffert qu'aucun *Juif* s'établît dans cette ville.

Les *Juifs* ont quatre rabbins pour la basse Alsace ; l'un, pour les terres de l'évêché de Strasbourg, qui est pourvu par l'évêque ; le second, pour les terres de la maison de Hanau, qui est pourvu par le seigneur ; le troisième, pour les terres de la noblesse immatriculée de la basse Alsace, qui est pourvu par le directoire ou présidial de cette même noblesse ; & le quatrième, pour la ville de Haguenau, les villages en dépendans, & les villes de Landau & de Wissembourg, & leurs territoires. Ce dernier exerce sur une simple ordonnance rendue par M. de la Grange, intendant d'Alsace, en 1697, portant qu'il approuve l'élection faite d'un rabbin, par la communauté des *Juifs*. A chaque nouvelle élection de rabbin, l'ordonnance de M. de la Grange est visée par l'intendant de la province.

Dans les dix villes de la préfecture de Haguenau, il y a beaucoup de familles juives qui y ont été introduites par la seule permission des magistrats, lesquels ont continué d'en user à cet égard, comme ils faisoient avant le traité de Munster, lorsqu'ils exerçoient les droits régaliens, sous la dépendance immédiate de l'empire.

On trouve cependant qu'à Landau il n'y en avoit aucun, lorsque cette place a été cédée au roi en 1648 : le premier *Juif* y parut en 1680, sur une permission que lui donna M. de Montclar, commandant dans la province, qui faisoit les fonctions de grand-bailli de Haguenau. Cette permission porte seulement que ce *Juif* ne pourra se mêler d'autre commerce que de celui des bestiaux, de vendre des habits faits, & de prêter de l'argent à intérêt. Il fut donné dans la suite, par le même, plusieurs semblables permissions pour les villes de Landau, Wissembourg & autres lieux.

A l'égard de la Haute-Alsace, où la souveraineté particulière de la maison d'Autriche a toujours été reconnue, le droit d'y recevoir des *Juifs* n'appartenoit qu'aux archiducs, comme souverains, ou, pour mieux dire, comme exerçant les droits de la supériorité territoriale, à laquelle les gentilshommes, possesseurs des terres, étoient eux-mêmes sujets.

Il est vrai cependant que depuis long-temps ces seigneurs particuliers, quoique non immédiats de l'empire, se sont attribué le pouvoir d'admettre des *Juifs* dans leurs terres, ce qui s'observe encore actuellement.

Depuis que la province d'Alsace a passé sous la domination du roi, on ne voit pas qu'il soit rien intervenu à l'égard des *Juifs*, jusqu'en 1672. Le fermier du domaine exposa alors à M. Poncet, qui étoit intendant, qu'il avoit appris que les seigneurs des terres de la Haute-Alsace exigeoient des *Juifs* une espèce de taille ou redevance annuelle, qui n'appartenoit qu'au souverain, & ne pouvoit être levée sans concussion, par d'autres que ceux qui avoient charge de lui; sur quoi il en demanda la restitution à son profit. Les seigneurs répondirent que ce droit leur appartenoit; qu'ils en avoient toujours joui sous la domination de la maison d'Autriche, & même sous celle du roi, depuis la paix de Munster; qu'il étoit vrai que du temps des archiducs, les *Juifs* payoient à la régence d'Ensisheim dix florins & demi par famille, pour le droit de protection; mais que c'étoit indépendamment de ce que les seigneurs étoient en droit de lever.

Sur cette question, M. Poncet prononça, par une ordonnance contradictoire du 19 août 1672, que chaque famille juive paieroit à l'avenir aux fêtes de Noël, aux fermiers du domaine, dix florins & demi pour le droit de protection, sans préjudice du droit des seigneurs, qu'il taxa à dix florins, tant pour le droit d'habitation, que celui des pâturés, corvées, chauffages, & autres généralement quelconques.

En 1677, le fermier du domaine prétendit que le droit que les *Juifs* payoient en exécution de cette ordonnance, ne concernoit uniquement que la liberté qui leur étoit donnée de rester dans la province, & d'aller d'un lieu à un autre; mais qu'ils n'en devoient pas moins être assujettis à payer un péage corporel à raison de quarante sous par homme à cheval, & de vingt sous par homme à pied, toutes les fois qu'ils entroient dans la province ou en sortoient, suivant un tarif arrêté par M. Colbert, intendant, le 12 janvier 1663. Les *Juifs* soutinrent, au contraire, qu'ils étoient quittes de tout, au moyen du droit de protection; que le tarif de 1663 étoit relatif à un précédent de 1652, dans lequel il étoit porté que le péage corporel ne seroit levé que sur les *Juifs* étrangers & autres que ceux qui étoient sous la protection du gouvernement d'Alsace. M. de la Grange le décida de cette manière, par une ordonnance du 2 mars 1674; il l'a depuis encore confirmé par une seconde ordonnance du 24 août 1681, portant que les *Juifs* sujets au droit de protection, seroient exempts de tout péage corporel pour leurs personnes.

Il faut observer ici, que quand ces ordonnances ont été rendues, le roi n'étoit en possession que de la Haute-Alsace & des dix villes de la préfecture d'Haguenau; aussi n'ont-elles lieu encore aujourd'hui que dans la même étendue. Les *Juifs* y paient annuellement dix florins & demi par chaque famille aux fermiers du domaine, & dix florins aux seigneurs ou magistrats; au moyen de quoi ils sortent de la province & y entrent sans être assujettis à aucun péage corporel.

Dans les terres de l'évêché de Strasbourg, celles du comté de Hanau & autres, autrefois immédiates, les *Juifs* qui y résident ne paient point le droit de protection au roi, mais ils sont assujettis au péage corporel; & à l'égard des seigneurs, les *Juifs* sont, en quelque façon, à leur discrétion, comme il a déjà été observé.

Dans la Haute-Alsace, le florin est évalué trente-trois sous quatre deniers; à Wissembourg & à Landau, il vaut quarante sous: c'est ce qui fait que le fermier du domaine perçoit, pour le droit de protection en Haute-Alsace, dix-sept livres treize sous; & à Wissembourg & Landau, vingt-une livres. On pourroit peut-être faire quelque incident là-dessus au fermier, & dire que les ordonnances par lesquelles le droit de protection a été réglé à dix florins & demi, étant datées de Brisach, où le florin ne vaut que trente-trois sous, comme en Haute-Alsace, il ne devroit percevoir à Wissembourg & à Landau, que dix-sept livres treize sous.

Le premier juillet 1686, M. de la Grange rendit une ordonnance entre les marchands des villages d'Alsace, & les *Juifs*, portant défenses à ces derniers, sous peine arbitraire, d'exposer leurs marchandises en vente dans aucun lieu de la province, hors les jours de foires & marchés.

Cette question s'étant renouvellée en 1700, M. de la Fond, alors intendant, défendit, par une ordonnance contradictoire, aux *Juifs* de tenir boutiques ouvertes, sinon dans les foires & marchés; & leur permit néanmoins, pour les autres temps, de faire leur commerce dans leurs maisons. Il y a encore une ordonnance de M. de la Houssaye, du 18 juin 1700, portant confirmation des précédentes rendues sur cette matière.

Quant aux exemptions des *Juifs*, ils ont obtenu une ordonnance de M. de la Grange le 8 mai 1680, par laquelle il est défendu à tous les magistrats de la province d'Alsace, de tirer aucun billet de logement de gens de guerre sur les *Juifs*, qui doivent seulement être tenus de fournir, par chaque famille, un lit garni pour les troupes.

Pour ne rien omettre, il existe encore une lettre écrite par M. le chancelier le 13 juin 1713, dans laquelle il est dit que, « sur le rapport qui » a été fait à sa majesté des titres & concessions en » conséquence desquels les *Juifs* sont établis en » Alsace, elle n'a pas jugé à propos d'y rien changer, ni de les inquiéter, pour les obliger d'en » sortir ».

Au surplus, il y a en Haute-Alsace un rabbin qui a des provisions du roi, adressées & enregistrées au conseil souverain de Colmar. Ce rabbin & les autres dans la Basse-Alsace, exercent les fonctions de juge en première instance, de toutes les contestations qui naissent de *Juif* à *Juif* au civil, en toutes matières. Les appellations des jugemens du rabbin de la Haute-Alsace, ressortissent nuement au conseil souverain. Dans la Basse-Alsace, les appellations des sentences des rabbins sont portées devant les magistrats dans les villes, & devant les baillis dans les terres des seigneurs. Les rabbins font encore les fonctions de notaires pour les actes que les *Juifs* passent entre eux. Quant au spirituel & aux cérémonies relatives à leur religion, ils les décident en dernier ressort; du moins ils prétendent qu'on ne doit pas recevoir l'appel de ce qui a été par eux statué en cette matière; & il n'y a point en Alsace d'exemple du contraire.

En 1733, le gouvernement crut devoir mettre un frein à l'usure des *Juifs*, par une déclaration du 24 mars, portant que « les *Juifs* qui feront des » prêts, affirmeront devant les notaires, que les » prêts ne renferment, même secrétement, aucune » convention usuraire, de laquelle affirmation sera » fait mention dans les contrats, à peine de nul- » lité contre les actes, & de faux contre les *Juifs*: » que ceux de cette nation qui se trouveront avoir » commis quelque dol, fraude, surprise ou usure, » ou qui auront accumulé les intérêts avec les ca- » pitaux, outre la nullité des actes & la perte de » leurs créances, dont les débiteurs seront déchar- » gés par la seule vérification du fait, seront con- » damnés à payer aux parties plaignantes le dou- » ble des sommes portées dans lesdits actes, & à une » amende de 500 livres, à quoi ils pourront être » contraints par corps; le tout sans préjudice de » l'action criminelle ».

Au mois de septembre de la même année, les *Juifs* obtinrent un sursis à l'exécution de cette déclaration; surséance qui n'a pas été levée jusqu'à ce jour. Il est dit, dans le préambule des lettres-patentes du 12 septembre 1733, qui portent cette surséance, « que sa majesté a trouvé nécessaire de » s'occuper de l'examen des lettres-patentes des 24 » mars 1603, 13 novembre 1605, 24 janvier » 1632, & 24 septembre 1657, rendues en fa- » veur des *Juifs* établis à Metz, ainsi que de nou- » veaux éclaircissemens à prendre, tant sur les dis- » positions contenues esdites lettres-patentes & ar- » rêts de réglemens intervenus en conséquence, » que sur le commerce des *Juifs* établis en la ville » & généralité de Metz, & en la province d'Al- » sace ».

Il paroît par-là, que les réglemens faits pour les *Juifs* de Metz qu'on va faire connoître, doivent être communs à ceux d'Alsace; & en effet, l'ordonnance de M. de la Grange, intendant d'Alsace, du 2 mars 1674, qui décharge les *Juifs*, demeurans sous la protection du roi en Alsace, de tous péages corporels, ordonne qu'ils jouiront, dans cette province, des mêmes privilèges dont jouissent ceux de la généralité de Metz.

De l'état des Juifs à Metz. Le premier établissement des *Juifs* à Metz, paroît s'être fait en l'année 1567, en vertu d'une ordonnance du maréchal de la Vieuville, alors gouverneur de Metz, qui permit à quatre familles juives de s'y établir, & de s'employer au prêt d'argent sur gages. Ces quatre familles se multiplièrent jusqu'au nombre de vingt-quatre; elles obtinrent, le 20 mars 1603, du roi Henri IV, sur l'avis du duc d'Epernon, gouverneur de Metz, des lettres-patentes, portant que *ce prince prend sous sa protection & sauve-garde, les vingt-quatre ménages juifs, descendus dès huit premiers établis à Metz sous le règne de son prédécesseur; qu'ils y continueront leur demeure & résidence, & qu'ils pourront trafiquer & négocier suivant leurs franchises, libertés & coutumes anciennes, prêter argent sur gages & sans gages.*

En 1632, le nombre des *Juifs* s'étant accrû à Metz, ils s'adressèrent au roi Louis XIII, qui, par ses lettres-patentes du 24 janvier de cette année, confirma les dispositions contenues dans celles de son prédécesseur.

Le 23 mai 1634, intervint un arrêt en forme de réglement au parlement de Metz, à la suite d'une instance entre les corps de métiers & les *Juifs*, qui permit à ceux-ci le commerce des marchandises d'orfévrerie, d'argenterie & de fripperie, avec défenses à eux de faire le commerce de marchandises neuves. La disposition de cet arrêt, rendu avec les corps de métiers & de marchands, prouve que dans ce temps-là les *Juifs* étoient en usage de ne faire venir, vendre & débiter à Metz, que des marchandises vieilles.

Le 25 septembre 1657, les *Juifs* obtinrent de nouvelles lettres-patentes confirmatives des précédentes, avec pouvoir de commercer toutes sortes de marchandises, suivant leurs libertés, franchises & coutumes.

Sur le fondement de la généralité de cette disposition, ils étendirent leur commerce de vieilles marchandises à celui des marchandises neuves; entreprise qui excita de nouveau la réclamation du corps des marchands, lesquels s'opposèrent à l'enregistrement des lettres-patentes dont il s'agit.

Les *Juifs* représentèrent, que s'étant établis à Metz par la bonté des rois, il falloit leur donner moyen d'y subsister; que supportant les charges publiques, ils ne devroient pas être traités moins favorablement que les étrangers non naturalisés, qui avoient la liberté de vendre des marchandises étrangères de toute espèce; ils distinguèrent aussi dans les marchandises neuves, celles qui étoient fabriquées chez l'étranger, & celles du crû du pays; ils demandèrent acte de ce qu'ils n'entendoient faire le commerce de marchandises neuves, que comme marchands forains, c'est-à-dire, en magasin, sans exposition ni boutique ouverte.

Le parlement de Metz saisit l'affaire sous ce point de vue, & donna un arrêt contradictoire le 21 janvier 1658, par lequel les marchands & autres furent déboutés de leur opposition, & les *Juifs* maintenus & gardés en la possession de commercer des marchandises étrangères, comme faisoient les marchands forains.

Les marchands se pourvurent par requête civile contre cet arrêt, sur le fondement qu'il étoit contraire à celui de l'année 1634; mais par autre arrêt du mois de juillet 1658, ils furent encore déboutés de leur requête civile.

En 1694, les marchands tentèrent de faire restreindre la liberté accordée aux *Juifs*, de faire commerce de marchandises étrangères, à de certains temps de l'année, sur le fondement de prétendus statuts anciens du corps des marchands, qui avoient été

été perdus & recouvrés; mais le parlement de Metz, invariable à cet égard, rendit un troisième arrêt contradictoire le 16 juillet 1695, par lequel il maintint la communauté des *Juifs* dans la possession de vendre, en tout temps de l'année, des marchandises étrangères.

Les marchands se pourvurent en cassation contre cet arrêt; & le 11 juillet 1696, il intervint au conseil d'état un autre arrêt, par lequel les marchands furent déboutés de leur demande en cassation.

Le 31 décembre 1715, le roi jugea à propos d'imposer, par des lettres-patentes, une redevance annuelle de 40 livres par chaque famille juive, établie dans la ville & généralité de Metz: par les mêmes lettres-patentes, le roi fit don de cette redevance annuelle, pour 30 ans, à M. le duc de Brancas, & à la comtesse de Fontaine, à leurs hoirs, successeurs ou ayans cause, à la charge qu'au cas que la comtesse de Fontaine vînt à décéder avant le comte de Fontaine son mari, & avant l'expiration des 30 ans, sans avoir disposé de ce qui lui en revenoit, sa part seroit dévolue à son mari préférablement à leurs enfans, ou à leur défaut, aux successeurs ou ayans cause de cette dame, lesquels ne jouiroient que de ce qui pourroit rester des 30 ans, après le décès du comte de Fontaine.

En 1718, les différens corps des marchands de la ville de Metz se réunirent pour demander à sa majesté, que le nombre des *Juifs* fût réduit, comme étant à charge au public; & qu'il leur fût fait défenses de faire aucun commerce ni trafic, que celui du prêt d'argent à honnête intérêt.

Par arrêt contradictoire rendu au conseil d'état le 9 juillet 1718, sa majesté, de l'avis de M. le duc d'Orléans, régent, faisant droit sur le tout, & ayant aucunement égard aux requêtes & mémoires des différens corps de marchands de la ville de Metz, & voulant néanmoins traiter favorablement les *Juifs* établis dans cette ville, ordonna que les lettres-patentes des rois ses prédécesseurs seroient exécutées selon leur forme & teneur; & en conséquence permit aux *Juifs* établis à Metz d'y continuer leur demeure au nombre de quatre cens quatre-vingts familles seulement, & leurs descendans, aux conditions suivantes:

Qu'à la diligence de M. le procureur-général, ou de son substitut au bailliage de la ville de Metz, il seroit dressé par les élus ou chefs de la communauté des *Juifs*, sans frais, un état de ces quatre cens quatre-vingts familles, & de toutes les personnes de l'un & de l'autre sexe dont elles seroient composées, lequel état seroit déposé au greffe dudit bailliage, pour y avoir recours quand besoin seroit.

Que chacun des pères & des mères de famille seroit tenu de faire enregistrer au greffe du bailliage tous les enfans qui leur naîtroient de l'un & de l'autre sexe; pour raison de quoi il ne seroit payé que cinq sous, pour tous droits, au greffier.

Que les filles ou veuves juives ne pourroient à l'avenir attirer à Metz aucun *Juif* étranger par mariage.

Que les *Juifs* seroient tous obligés de demeurer dans le quartier de Saint-Ferron, sans qu'ils pussent posséder ni louer maisons, magasins, écuries, granges, caves ou greniers dans les autres quartiers de la ville, à peine, contre les contrevenans, d'amende, qui ne pourroit être au-dessous de 3000 livres contre le *Juif* contrevenant, & de 1000 livres contre le propriétaire.

Qu'ils seroient tenus de payer annuellement, ainsi que par le passé, à l'hôpital de Saint-Nicolas, la somme de 450 livres, à quoi avoient été commués les 200 francs messins d'ancien droit, établi le 6 août 1567; plus, 175 livres à la ville, à quoi avoit été évalué le droit d'entrée & de sortie, qui se levoit anciennement sur chaque *Juif*, & 200 livres pour le logement du vicaire de la paroisse de sainte Ségolène.

Qu'ils ne pourroient choisir un rabbin, sans la permission & l'approbation de sa majesté.

Qu'ils ne pourroient aller par la ville, ni travailler en public, les jours de dimanche & de fête, sinon par l'ordre des commandans, de l'intendant ou des magistrats de Metz, ou dans un cas de nécessité urgente.

Qu'ils se conformeroient, pour le prêt d'argent, aux lettres-patentes des rois prédécesseurs de sa majesté, & aux réglemens faits sur cette matière, & ne pourroient garder les gages qui leur auroient été remis au-delà du terme d'une année, ou de quinze mois au plus; après lequel temps ils seroient tenus de les faire vendre, à peine de perdre les sommes qu'ils auroient prêtées.

Qu'ils ne pourroient prêter sur gages aux femmes en puissance de maris, aux enfans de famille, ni aux domestiques, à peine de perdre ce qu'ils auroient prêté, & de plus grande peine s'il y échéoit.

Qu'ils ne pourroient acheter, troquer, ni prendre pour gages aucune arme de soldats ni de bourgeois.

Qu'ils ne pourroient pareillement recevoir pour gages les outils des artisans, ouvriers, laboureurs & journaliers.

Que leurs droits & hypothèques leur seroient conservés sur les immeubles de leurs débiteurs, selon les règles de la justice, conformément aux ordonnances, loix, usages & coutumes du pays.

Qu'ils seroient obligés de procéder devant les juges & consuls de Metz, dans les matières consulaires, pour les contestations qu'ils auroient avec les chrétiens, sauf l'appel au parlement, dans les cas qui y sont sujets, sa majesté leur réservant, pour les contestations de *Juif* à *Juif*, la liberté de se pourvoir devant leur rabbin, & aux chefs de leur communauté, la connoissance de leur police, religion, coutumes, cérémonies & impositions.

Qu'il leur seroit permis d'avoir des boucheries particulières pour la nourriture de leurs familles, avec défenses aux bouchers *juifs* de tuer un plus grand nombre de bestiaux, que ce qui est absolument nécessaire pour la subsistance des mêmes familles, ni de vendre aux chrétiens d'autre viande que celle des quartiers de derrière des animaux, & les chairs de ceux qui auroient été reconnus viciés des vices qui empêchent les *Juifs* d'en manger, suivant leur loi, à peine de 1000 livres d'amende contre les contrevenans.

Qu'ils seroient tenus de commettre deux *Juifs* experts, pour visiter tous les animaux qui seroient tués dans leurs boucheries, & reconnoître ces vices, lesquels experts seroient obligés de tenir un registre fidèle de la quantité de bœufs, veaux & moutons qui auroient été trouvés viciés de ces sortes de vices; & de ceux qui ne seroient point viciés, avec mention du nom des bouchers *juifs* qui les auroient tués & les débiteroient; & prêteroient serment devant l'un des conseillers du parlement de Metz, qui seroit commis pour cet effet, de bien & duement s'acquitter de cette visite, d'avertir le procureur-général du roi, des contraventions qui pourroient arriver, pour les amendes encourues être par lui poursuivies, & de remettre entre ses mains le registre dont il s'agit de six mois en six mois; à la charge en outre que les jurés bouchers de Metz continueroient leurs visites & inspections sur les boucheries des *Juifs*, ainsi qu'ils avoient droit de faire sur les autres boucheries, & qu'il s'étoit observé par le passé.

Qu'en cas de contravention à aucun de ces articles, les pères & les mères seroient responsables de leurs enfans; & les maîtres, de leurs domestiques, pour le paiement des amendes qui auroient été encourues.

Et afin d'assurer d'une part la condition des donataires, & de l'autre, épargner aux *Juifs* les frais & les inconvéniens d'un recouvrement à faire en détail sur chacune de leurs familles, par des commis préposés qui ne seroient point de leur nation, le montant de la redevance annuelle de 40 livres, établie par les lettres-patentes du 31 décembre 1715, fut fixée à la somme de 20000 livres, pour être payée, savoir, au duc de Brancas 15000 livres, & à la comtesse de Fontaine 5000 livres; à l'effet de quoi les élus & syndics de la communauté furent tenus d'en faire l'assiette & le recouvrement sur chacune des familles juives, tant de la ville que de la généralité de Metz, pour en faire le paiement de quartier en quartier.

De l'état des Juifs en Lorraine. L'état des *Juifs* dans cette province a d'abord été fixé par une déclaration du duc Léopold, du 20 octobre 1721. Cette loi a permis à 180 familles juives de continuer leur résidence dans les états de ce prince, d'y exercer leur religion, & de tenir leur synagogue sans bruit ni scandale, dans une de leurs maisons, sous la dépendance de la synagogue principale de Boulai, avec défense de reconnoître aucune synagogue étrangère, en quelque manière que ce fût: il a en même temps été permis à ces *Juifs* de commercer, en se conformant aux ordonnances, usages, statuts & réglemens des lieux où ils seroient domiciliés.

Par arrêt du 11 juin 1726, le conseil du duc Léopold ordonna aux *Juifs* établis dans les états de ce prince, qui tiendront des maisons à titre de propriété ou de location, dans l'intérieur des villes, bourgs ou villages, & qui se trouveroient mêlées avec celles des catholiques, de se défaire de ces mêmes maisons par vente ou autrement, & d'en sortir dans le mois, à peine contre les propriétaires *juifs* de confiscation de leurs maisons, & contre ceux qui ne seroient que locataires, de deux mille livres d'amende. Il fut d'ailleurs réglé que les *Juifs* qui avoient droit de résider en Lorraine, seroient tenus de s'adresser dans les villes aux officiers de police, & dans les villages aux maires & gens de justice, pour que ceux-ci leur désignent à l'écart, dans les endroits les moins fréquentés, des terreins ou maisons pour leurs habitations; en sorte que parmi leurs maisons il ne pût y en avoir d'intermédiaire appartenantes aux sujets catholiques du duc.

Les usures que les *Juifs* exerçoient en Lorraine, sur-tout dans les campagnes, donnèrent lieu à un édit remarquable du 30 décembre 1728, qui fut enregistré à la cour souveraine le même jour. Cette loi déclara nuls tous les billets & actes sous seing-privé, qui seroient faits avec les *Juifs*, tant pour argent prêté, que pour vente de marchandise ou autre engagement: mais les lettres-de-change, les billets à ordre, & les autres qui sont usités dans le commerce, furent exceptés de la prohibition.

Il fut en outre ordonné que dans le cas où des *Juifs* se seroient rendus coupables de dol ou d'usure envers quelque sujet catholique, ils seroient punis par la perte de leurs créances, & tenus de payer le double de ces créances au débiteur, outre une amende de cinq cens francs, sans que ces peines pussent être remises ni modérées par les juges.

Enfin, un arrêt rendu au conseil d'état du feu roi Stanislas le 26 janvier 1753, forme le dernier état de la jurisprudence relativement aux *Juifs* de Lorraine. Voici ce qu'il porte:

« Le roi s'étant fait représenter l'arrêt du conseil d'état du 29 décembre 1733, donné sur la » requête du chef de la communauté des *Juifs* résidans dans ses états, par lequel il a été permis » à toutes les familles juives comprises dans la répartition qui avoit été faite, en exécution d'un » arrêt du 26 juillet précédent, & montant à cent » quatre-vingts, de continuer leur résidence dans » ses états, jusqu'à son bon plaisir; & les impositions sur les *Juifs* ayant depuis continué d'être » faites sur le pied desdites cent quatre-vingts fa-

» milles, sa majesté ne croit pas devoir déranger » leurs établissemens, ni les frustrer du bénéfice » de ces arrêts: étant aussi informée des différens » abus & inconvéniens qui naissent de l'exécution » de l'ordonnance donnée par le duc Léopold le » 3 décembre 1728, concernant les actes qui se » passent avec les *Juifs*, elle trouve à propos d'en » suspendre l'exécution. Ouï sur ce le rapport » du sieur Rouot, conseiller, secrétaire d'état or- » dinaire, commissaire à ce député, & tout con- » sidéré.

» Sa majesté, en son conseil, a ordonné & » ordonne :

» 1°. Que le nombre des *Juifs* qui seront ad- » mis dans ses états, demeurera fixé jusqu'à son » bon plaisir, à cent quatre-vingts familles, & que » sous le nom de famille seront compris le chef » & tous ses enfans & descendans des mâles, de- » meurans dans une seule & même maison, sans » préjudice aux acquisitions faites jusqu'à ce jour » par aucun d'eux, en vertu de permission, & aux » désignations faites dans quelques-uns des lieux » de leur résidence, de rues ou terreins pour y » former des habitations, dans lesquelles ils seront » maintenus.

» 2°. Que les syndics desdits *Juifs* déposeront » dans le mois, au greffe de son conseil, un rôle » ou état exact de tous les *Juifs* chefs de famille » qui sont actuellement dans ses états, contenant » leurs noms & le lieu de la résidence actuelle de » chacun d'eux, pour être faite & arrêtée en son- » dit conseil la liste de ceux qu'elle jugera à pro- » pos de tolérer en chacun lieu, jusques audit nom- » bre de cent quatre-vingts familles, & de suite » envoyée & publiée par-tout où besoin sera.

» 3°. Que lesdits *Juifs* résidans dans ses états » composeront une seule communauté, de laquelle » sa majesté a nommé & établi pour syndics, » Salomon Alcan, Isaac Behr, & Michel Gode- » chaux, demeurant à Nancy.

» 4°. Ceux qui dans la suite pourroient obtenir » de sa majesté permission de s'établir dans ses » états, pour remplacer des familles actuelles qui » seroient éteintes, seront tenus de faire registrer » ladite permission au greffe du bailliage de la ré- » sidence, & de la communiquer au premier offi- » cier du lieu, à peine de privation de la grace.

» 5°. Ordonne au surplus sa majesté, que les » édits, ordonnances, déclarations & arrêts de ré- » glemens donnés, tant au sujet de l'exercice de » leur religion, que de la police, commerce & au- » trement, seront suivis & exécutés, à la réserve » néanmoins de l'ordonnance du 30 décembre » 1728, concernant les actes qui se passent avec » les *Juifs*, dont sa majesté a suspendu & suspend » l'effet & l'exécution, jusqu'à ce qu'elle en ait » autrement ordonné ».

Cet arrêt a été revêtu de lettres-patentes, & enregistré au parlement de Lorraine le 5 avril 1753.

Le 22 avril 1762, cette cour a rendu sur le requisitoire du procureur-général, un arrêt, par lequel elle a ordonné que les premier, second, troisième & quatrième chefs de l'arrêt du conseil du 26 janvier 1753, & le rôle arrêté le 26 avril suivant, seroient exécutés selon leur forme & teneur; en conséquence, que toutes les familles juives qui étoient établies en d'autres lieux du ressort que ceux que spécifioit ce rôle, seroient tenues de sortir des états dans le mois, sinon qu'elles en seroient expulsées, & leurs effets confisqués au profit du domaine du roi.

Décisions particulières concernant les Juifs. Une ancienne ordonnance de l'an 1280 a fait défense aux *Juifs* d'avoir des domestiques chrétiens de l'un ou de l'autre sexe. On ne sait pas par qui ce réglement a été fait; il se trouve au registre *Olim*, feuillet 50.

Le conseil souverain de Colmar a renouvellé cette loi pour son ressort, par arrêt du 19 janvier 1717.

L'article premier de l'édit du mois de mars 1685, concernant la police des îles françoises de l'Amérique, a enjoint aux officiers royaux de chasser de ces îles tous les *Juifs*, & à ceux-ci d'en sortir dans l'espace de trois mois, sous peine de confiscation de corps & de biens.

Par arrêt du 20 février 1731, le conseil a cassé deux arrêts rendus au parlement de Dijon les 22 juin 1724 & 29 juillet 1730, qui avoient autorisé quelques *Juifs* établis à Bordeaux, à trafiquer pendant un mois de chaque saison de l'année, dans toutes les villes & autres lieux du ressort de ce parlement; & il a été fait défense à tout *Juif* de trafiquer, vendre ou débiter des marchandises dans aucun lieu du royaume, autre que celui où il auroit son domicile.

On trouve dans le recueil de Mathieu Augeard un arrêt du 10 février 1691, par lequel le parlement de Metz, en infirmant une sentence du bailliage de cette ville, a jugé en faveur de Christophe Mouzin, que deux *Juifs* ne pouvoient pas être entendus en témoignage pour un autre *Juif* contre un chrétien.

Un *Juif* qui embrasse la religion catholique ne peut pas pour cela renoncer à sa femme & en épouser une autre: le parlement de Paris l'a ainsi jugé par arrêt du 2 janvier 1758, en déclarant abusive une sentence de l'official de Strasbourg, qui avoit permis à Borack Lévi de se pourvoir par mariage en face d'église, avec une autre femme que Mandel Cerf, & avoit laissé à celle-ci la liberté d'épouser un autre *Juif*, si elle le jugeoit à propos.

JUIGNEUR, ce mot dérivé du latin *junior* a été autrefois employé pour désigner cette espèce de puînés, ou de parageurs que la coutume de Bretagne appelle des *juveigneurs*. *Voyez le* Glossarium novum *de dom Carpentier*, *à la fin du mot* Jundragium *sous* Junior, *& les articles* JOINDRAGE & JU-

VEIGNEURIE. (*M. GARRAN DE COULON, avocat au parlement.*)

JUINDRAGE ou JOINDRAGE, en latin barbare *juindragium.* Dom Carpentier dit que c'eſt la redevance due pour le droit de faire paître des jeunes animaux. Cet auteur cite au mot *Junior* de ſon Gloſſaire l'extrait ſuivant d'une chartre de 1342. *Item les joindrages des herbages des fros de la paroiſſe de Beaufort dès la mi-août juſqu'à noël.*

Le même auteur ou les autres additionnaires de Ducange, au mot *Junioratus* ſous *Juniores*, citent, d'après le ſecond volume des ordonnances du Louvre, des lettres de l'an 1290, qui ſont, comme les premières, relatives à la province d'Anjou, & où il eſt dit: « & que en la terre n'euſt point de *juin-* » *drage* ne choſe qui la vaille par fraude ne par » boidiſe ».

Au reſte, il ne faut pas confondre ces *joindrages* avec ce qu'on appeloit en latin *juindragium*, qui étoit une ſorte de vicariat, ou de bénéfice dépendant d'une cure.

Ce terme peut avoir la même origine que celui de *juveigneur. Voyez ce mot.* (*M. GARRAN DE COULON, avocat au parlement.*)

JURABLE, (*Fief*) Comme le ſerment de fidélité ou l'obligation de porter la foi n'eſt point de l'eſſence des fiefs, il y en a eu qui ont été diſpenſés de cette obligation. On en trouve un grand nombre en Italie & en Allemagne. On y a donc appellé *fiefs jurables* ceux qui devoient le ſerment de fidélité, & *fiefs non-jurables* ceux qui ne le devoient pas.

En France on a ſouvent confondu les fiefs *jurables* avec les fiefs rendables: on peut en voir divers exemples dans Ducange & dom Carpentier aux mots *Feudum jurabile & rendabile;* Laurière dit dans ſon Gloſſaire, au mot *Fief jurable*, que « le fief » *rendable* eſt celui que le vaſſal eſt obligé de li- » vrer à ſon ſeigneur, pour s'en ſervir dans ſes » guerres, & le fief *jurable & rendable* celui que » le vaſſal étoit obligé par ſerment de livrer à ſon » ſeigneur ». Cela réſulte, ajoute-t-il, de l'art. 1 de la coutume de Bar; mais cet article ne parle que des fiefs ſimplement rendables. Il ne dit rien des fiefs *jurables.*

Le même auteur dit avec plus de fondement au mot *Rendable*, que les fiefs furent nommés *jurables*, non-ſeulement parce que les vaſſaux devoient jurer qu'ils les livreroient quand ils en ſeroient requis, mais encore parce que les vaſſaux ne les livroient à leurs ſeigneurs, qu'après que les ſeigneurs avoient fait ſerment de les leur rendre & reſtituer en auſſi bon état qu'ils avoient été livrés. Ce juriſconſulte prouve la juſteſſe de cette explication par une chartre de l'an 1297 qu'il rapporte en entier. (*M. GARRAN DE COULON, avocat au parlement.*)

JURANDE, ſ. f. (*Police. Arts & Métiers.*) eſt la charge ou fonction de juré d'une communauté de marchands ou artiſans. Les *jurandes* furent établies en même temps que les arts & métiers furent mis en communauté par S. Louis: on établit, dans chaque communauté, des prépoſés, *ſuprapoſiti*, pour avoir l'inſpection ſur les autres maîtres du même état. Une ordonnance du roi Jean porte, qu'en tous les métiers & toutes les marchandiſes qui ſont & ſe vendent à Paris, il y aura viſiteurs, regardeurs & maîtres, qui regarderont par leſdits métiers & marchandiſes, les viſiteront & rapporteront les défauts qu'ils trouveront, aux commiſſaires, au prévôt de Paris ou aux auditeurs du châtelet. Dans la ſuite, ces prépoſés ont été nommés *jurés*, parce qu'ils ont ſerment à juſtice. Dans les ſix corps de marchands, & dans quelques autres communautés, on les appelle *gardes*, dans d'autres, *jurés-gardes.*

Cette charge ſe donne par élection à deux ou quatre anciens, pour préſider aux aſſemblées & avoir ſoin des affaires de la communauté, faire recevoir les apprentifs & les maîtres, & faire obſerver les ſtatuts & réglemens: les jurés n'ont cependant aucune juriſdiction; ils ne peuvent même faire aucuns procès-verbaux ſans être aſſiſtés d'un huiſſier ou d'un commiſſaire.

Le temps de la *jurande* ne dure qu'un an ou deux. Par un édit du mois de février 1776, le roi ſupprima tous les corps & communautés de marchands & artiſans, les maîtriſes & *jurandes*, & abrogea tous les ſtatuts, réglemens & privilèges donnés à ces corps; en ſorte qu'il fut permis à toutes ſortes de perſonnes d'exercer tel commerce ou métier qu'elles jugeroient à propos, à l'exception néanmoins des profeſſions de pharmacie, d'orfévrerie, d'imprimerie & de librairie, à l'égard deſquelles il ne fut rien innové.

Mais par un autre édit du mois d'août de la même année, le roi rétablit à Paris les ſix corps de marchands, & quarante-quatre communautés d'arts & métiers.

Il a été ordonné par cette dernière loi, qu'il ſeroit fait de nouveaux ſtatuts & réglemens pour chacun de ces corps & communautés.

JURAT, ſ. m. (*Droit public.*) le nom de *jurat* ſe donne aux officiers municipaux de la ville de Bordeaux.

Les *jurats* de Bordeaux ont un pouvoir beaucoup plus étendu que celui des échevins de Paris. Non ſeulement ils ont la police de la ville, comme l'ont à Lyon les échevins avec le prévôt des marchands, ils ont encore la juſtice criminelle, concurremment & même par prévention avec le lieutenant-criminel; ce qui réduit à bien peu de choſe les fonctions & le pouvoir de cet officier. Ils intitulent ainſi leur ordonnance: « de par meſſieurs » les maire & *jurats*, gouverneurs de Bordeaux, » juges criminels & de police ».

Les *jurats* ont toujours été des citoyens conſidérables de la ville. On exige de celui qui ſe préſente pour être *jurat*, une réputation de probité & une profeſſion honorable. Pour conſtater davan tage le titre de citoyen de Bordeaux, on demandoit autrefois qu'un *jurat* fût propriétaire d'une maison située dans la ville. Ferron, dans son commentaire sur Bordeaux, rapporte un exemple qui prouve combien cette possession paroissoit nécessaire. Un *jurat* ayant, depuis son élection, vendu la maison qu'il habitoit, & s'étant logé dans une autre qu'il avoit prise à loyer, il fut destitué. Le tems a sans doute fait sentir aux habitans de Bordeaux qu'il étoit ridicule de tenir à ce point que l'on regardoit comme capital, & qui pouvoit écarter de la place de *jurat* un homme qui avoit des possessions bien plus essentielles à sa charge, l'honneur, la justice & l'intelligence. Depuis plusieurs années, on a revêtu du titre de *jurat* différens citoyens qui n'avoient point de maison à eux, & qui n'occupoient qu'un appartement à loyer.

L'article 5 du titre 9 de l'ordonnance de 1673, qui exclut « de toutes les charges municipales les » négocians qui auroient obtenu des lettres de » répi ou des défenses générales », élève une barrière contre les prétentions au titre de *jurat*, de tous les marchands qui auroient déshonoré leur profession, en sollicitant ce secours contre leurs engagemens.

Un *jurat* qui, étant en charge, auroit eu recours à ce moyen honteux, seroit dans le cas d'être destitué. Il devroit d'autant plus s'attendre à cet acte de sévérité, que non seulement l'article 5 du titre 9 de l'ordonnance de 1673 y est précis, mais encore qu'il existe un arrêt du parlement de Bordeaux du 28 février 1680, qui fait défenses aux négocians qui ont fait faillite ou obtenu des lettres de répi, *de fréquenter la place des marchands*, « & » permet aux juges-consuls de les en exclure jus» qu'à ce qu'ils aient justifié de leur bonne-foi, » & satisfait leurs créanciers ».

Il est certain que, dans des villes de commerce, on ne peut pas trop apporter de soin à établir une ligne de démarcation entre les habitans qui ont toujours fait preuve de bonne-foi, de scrupule pour leurs engagemens, & ceux qui n'ont pas craint de hasarder la fortune des autres pour augmenter la leur.

Ce fut sous Henri III, le 13 juillet 1235, que l'hôtel-de-ville de Bordeaux fut rétabli. Alors on vit renaître l'état de citoyen & l'ancien gouvernement municipal. Depuis cette époque, les *jurats* ont donné en plusieurs circonstances des preuves de zèle & de courage que l'histoire nous ont transmises, & qui ont mérité des lettres de noblesse à ceux qui les ont fait éclater. Les guerres de religion, qui ont excité tant de fois le trouble & la sédition dans la ville de Bordeaux, ont fourni aux *jurats* des occasions de développer leur patriotisme & leur attachement pour la personne du roi.

En 1568, ils adressèrent au ministre un écrit en forme de remontrances, déposé dans les archives de la ville, par lequel on voit qu'ils avoient levé une flotte à leurs dépens pour le service de sa majesté, & pour résister aux ennemis qui s'étoient déjà emparé du pays de Saintonge, d'Angoumois, de Mairan, de la ville & du château de Blaye, de Boury & de Cusac ; de sorte que la ville de Bordeaux s'en trouvoit environnée & comme bloquée ; ils offroient, par ce même écrit, au roi, toute leur fortune, celle de leurs enfans, leur personne, & indiquoient des moyens de remédier aux maux dont les habitans de Bordeaux étoient menacés. Une conduite aussi généreuse leur attira les plus grands éloges de la part du roi & les témoignages de la plus vive affection. Ils furent autorisés à mettre un impôt sur ceux qui jusques alors en avoient été exempts.

Dans la même année, un soldat de la compagnie de Montferran, se fiant sur le crédit de son capitaine, s'oublia au point de donner un soufflet à un *jurat*. L'arrêt qui fut rendu contre cet audacieux, prouve combien le parlement de Bordeaux vouloit inspirer au peuple de respect pour la personne des officiers municipaux.

Par son arrêt du 13 mai, il condamna le coupable à être traîné sur la claie dans tous les carrefours de la ville, à faire amende-honorable nuds pieds, en chemise, tenant une torche ardente à la main, à demander pardon à Dieu, au roi, à la justice, au maire & aux *jurats*, devant l'hôtel-de-ville, à être ensuite conduit devant la maison du *jurat* qu'il avoit maltraité, pour y avoir le poing coupé, & de-là conduit à une potence dressée devant l'hôtel-de-ville.

Quoique le gouvernement de la ville de Bordeaux réside dans la personne des maire & *jurats* qui sont chargés de veiller à sa sûreté, à sa tranquillité, l'histoire nous apprend qu'il y a eu des gouverneurs particuliers, entre autres Montferran, qui fut tué au siège de Gensac, en portant des secours au maréchal de Monluc. Cette mort, dit l'historien de Bordeaux, décida le différend que les *jurats* avoient avec les gouverneurs de Bordeaux, & qu'il n'étoit pas possible de terminer à l'amiable, puisque ces magistrats portant cette qualité, on n'avoit pu nommer un gouverneur particulier de sa ville, sans leur enlever les plus beaux droits de leur place & leurs fonctions les plus essentielles. Ce fut, ajoute le même auteur, principalement à la sollicitation de Merville, que le roi ne nomma pas un nouveau gouverneur à la place de Montferran.

Ce sénéchal ayant écrit les raisons qui devoient engager la cour à ne plus donner de gouverneurs particuliers, Henri III adressa une lettre de cachet aux *jurats*, par laquelle il leur remettoit le gouvernement de la ville, en les exhortant à s'y bien comporter, & à rendre au lieutenant de roi l'obéissance qu'ils lui devoient.

Le même roi, content des services que lui avoient rendus les *jurats*, crut devoir leur marquer sa satisfaction, en leur accordant des lettres de noblesse. Ces lettres sont du mois de février 1577: elles furent enregiſtrées au parlement; elles ſont conçues dans les termes les plus honorables, & s'étendent en faveur de la poſtérité des *jurats* alors en place, mais non pas en faveur de ceux qui leur ſuccéderoient.

Les *jurats* ont ſoutenu dans différentes circonſtances leurs privilèges contre le parlement de Bordeaux. En 1649, la conſtruction d'une citadelle à Libourne ayant excité de vives alarmes dans la ville & dans le parlement, qui s'oppoſoit à cette innovation, cette cour ordonna qu'il ſeroit convoqué une aſſemblée de bourgeois à l'hôtel-de-ville. Les *jurats* la convoquèrent, & le plus grand concours de citoyens de tous états, de tous ordres, s'y porta. Le préſident Daflir, qui avoit été député par ordre du parlement pour aſſiſter à cette aſſemblée, après avoir fait un long diſcours dans lequel il avoit expoſé l'objet de la convocation, voulut prendre les voix; mais les *jurats* qui avoient le peuple contre eux dans cette circonſtance, par la raiſon qu'il les ſoupçonnoit d'être d'intelligence avec le duc d'Epernon, leur ennemi & leur oppreſſeur, repréſentèrent qu'il étoit d'uſage que dans les aſſemblées de ville ils propoſaſſent les matières qui devoient s'y traiter, & qu'ils n'opinoient jamais qu'en corps. Le préſident demanda l'avis des bourgeois ſur cet incident; tous dirent qu'il falloit que les *jurats* opinaſſent les premiers, & chacun à ſon tour. Les *jurats* proteſtèrent contre cette innovation, ſoutinrent que le parlement n'avoit pas le droit de rien propoſer aux aſſemblées de la bourgeoiſie, mais ſeulement d'y aſſiſter, pour voir s'il ne s'y paſſoit rien de contraire au ſervice du roi.

Le préſident répondit, qu'il n'entendoit nullement enfreindre les privilèges de la ville ni de ſes magiſtrats; qu'il n'avoit fait la propoſition que parce que ceux qui étoient préſens avoient paru la déſirer, & non à deſſein d'entreprendre ſur la charge des *jurats;* qu'il les interpelloit de nouveau de dire leurs avis ſéparément, attendu l'importance de la matière, ſans préjudice de leurs droits & privilèges, & ſans tirer à conſéquence: ce qui étoit en quelque façon reconnoître la prétention des *jurats* & acquieſcer à leur obſervation.

Les *jurats* qui étoient à cette époque en charge, ſoit par crainte du duc d'Epernon qui avoit un pouvoir effrayant, ſoit dans le deſſein de lui faire leur cour, s'étoient montrés ſi peu dignes de défendre les intérêts de la ville confiés à leur vigilance, qu'il fut nommé d'autres gardiens pour prévenir les intelligences qu'ils pouvoient avoir avec le gouverneur, conſidéré comme l'ennemi public.

L'hiſtorien de la ville de Bordeaux rapporte dans ſon dixième livre un acte de fermeté & de courage qui fait honneur aux *jurats* qui étoient en charge en 1675.

Les dépenſes qu'entraînoit la guerre de 1672, ayant mis Louis XIV dans la néceſſité de charger ſon peuple de nouveaux impôts, les commis prépoſés pour les percevoir devinrent ſi odieux, que leur vue ſeule diſpoſoit à la révolte. La marque de l'étain & le papier timbré avoient ſur-tout occaſionné un ſoulévement général à Bordeaux.

Le 26 mars 1675, quelques commis étoient occupés à poſer dans la boutique d'un marchand la marque de l'étain; tout à coup des femmes du peuple s'attroupent contre eux, leur lancent des pierres, & appellent bientôt la foule: l'émeute augmente, & les commis qui ſe trouvent dans le plus grand danger, ſont obligés de prendre la fuite. Les *jurats* avertis accourent, écartent la populace, l'obligent de ſe retirer, vont chercher les commis, les ramènent eux-mêmes dans la boutique où ils avoient commencé leur travail, & les reconduiſent dans leur auberge, en les protégeant de leur préſence contre la fureur du peuple: malheureuſement pour les *jurats*, quelques jours après, l'eſprit de ſédition échauffa tellement le peuple, qu'ils ſe trouvèrent expoſés à un danger plus preſſant.

Le *jurat* Fontenel, obligé par ſa place de faire exécuter les ordres du roi, conduiſit dans différentes boutiques de potier d'étain le traitant & les commis qui avoient demandé ſon aſſiſtance; le *jurat* n'étoit ſoutenu que d'un capitaine & de quatre ſoldats. Tout-à-coup il vit ſortir d'une petite rue quantité de gens avec des bâtons & des pierres, criant: *vive le roi ſans gabelle!* Ils dirent au *jurat* que leur deſſein étoit d'aſſommer les commis, & qu'on le prioit de ſe retirer. Fontenel prit auſſi-tôt ſa livrée, & remontra à cette populace qu'il étoit revêtu de l'autorité du roi, & magiſtrat de la ville; qu'il ne faiſoit qu'exécuter les ordres de ſa majeſté & ceux du gouverneur. Les ſéditieux, dont le nombre augmentoit à chaque inſtant, n'ayant pu faire retirer le *jurat*, perdirent tout reſpect pour ſa perſonne, & commencèrent à jetter des pierres contre les commis, qui, s'étant couverts de la robe de Fontenel, lui occaſionnèrent pluſieurs bleſſures.

Il envoya auſſi-tôt avertir ſes collègues de venir à ſon ſecours, fit entrer les commis dans une maiſon, & s'étant mis ſur la porte, il dit aux ſéditieux, en étendant les bras & déployant ſa robe, qu'il étoit réſolu de s'expoſer à toute leur fureur plutôt que de ſouffrir qu'ils miſſent la main ſur des gens qui étoient ſous ſa ſauve-garde, & qu'il falloit qu'ils commençaſſent par lui paſſer ſur le corps avant de pénétrer juſqu'à eux. Cette intrépidité arrêta pendant quelques inſtans la furie du peuple, & donna le temps à trois autres *jurats* de l'écarter & de venir au ſecours de leur collègue. On fit ſortir les commis de la maiſon où ils étoient, & on leur fit prendre le chemin de l'hôtel-de-ville; chaque *jurat* en mit un à côté de lui, afin de courir les mêmes riſques, & s'expoſa avec courage à une grêle de pierres lancées indiſtinctement contre lui & contre les commis.

Ce trait eſt un des plus beaux que l'hiſtoire nous fourniſſe, & peut être placé à côté de ce que les ſénateurs Romains ont fait de plus courageux pour le maintien des loix & & de la puissance qui les dictoit.

La jurande ne donne pas la noblesse comme le capitoulat à Toulouse, ou l'échevinage à Lyon & à Paris; mais le roi accorde presque toujours la noblesse aux *jurats* dans toutes les circonstances qui intéressent beaucoup le royaume ou la ville de Bordeaux, telles que le changement de règne, la naissance d'un dauphin, la publication d'une paix, l'érection de monumens qui servent au besoin ou à la décoration de la ville.

Les fonctions de *jurat* sont si belles, elles donnent aux citoyens qui les exercent une existence si honorable, que les nobles ont desiré d'en être revêtus. En conséquence on a établi deux classes de *jurats*, dont l'une est distinguée sous le titre de *jurats gentilshommes*. Quoiqu'ils aient également la police des spectacles, on a restreint, par une ordonnance rendue depuis quelques années, en faveur du maire & des seuls *jurats gentilhommes* en exercice, le privilège de prendre place sur le théâtre. Il est à desirer que cette distinction, qui a déjà eu des suites fâcheuses, n'établisse pas la division parmi des officiers qui doivent être également animés de l'amour de l'ordre & du bien public, & s'estimer mutuellement, puisque si la noblesse conduit les uns au grade de *jurats gentilshommes*, les autres sont portés à celui qu'ils occupent par une profession utile & exercée avec honneur. (*M.* DE LA CROIX, *avocat au parlement.*)

JURATOIRE, adj. se dit, *en Droit*, de ce qui est accompagné du serment. La caution *juratoire* est une soumission que l'on fait à l'audience ou au greffe, de se représenter, ou quelques deniers ou effets, toutes fois & quantes que par justice sera ordonné. *Voyez* CAUTION *&* SERMENT. (*A*)

JURÉE, (*droit de*) on a ainsi nommé, dans la Champagne & dans les pays voisins, une espèce de taille qui étoit due au roi ou à un seigneur particulier, par ceux qui se soumettoient à sa jurisdiction, en se rendant ses bourgeois. On appelloit, par la même raison cette espèce de bourgeoisie, *bourgeoisie de jurée*.

Il est fait mention de ce droit dans les coutumes d'Auxerre, de Chaumont, de Meaux, de Sens, de Troye & de Vitry; mais les commentateurs de ces coutumes ne donnent que des notions fort confuses des *jurées* & des bourgeoisies.

Pasquier, qui en a parlé avec assez d'étendue, convient qu'il n'a jamais entendu le premier & le second articles de la coutume de Troye qui en font mention, & il ajoute que « si ceux qui les dressèrent revenoient en vie, ils seroient grandement empêchés de nous les déchiffrer ». *Recherche de la France, liv. 4, chap. 7.*

Brussel qui a fait une fort longue dissertation & recueilli des monumens curieux à ce sujet, n'a dissipé qu'une partie de ces obscurités. Dans la définition qu'il donne du droit de *jurée* au liv. 3, chap. 15, pag. 921, il dit, avec beaucoup d'auteurs, que c'étoit un droit annuel dû *au roi, ou à un seigneur jouissant des droits royaux*. Cependant il paroît, par ce que dit cet auteur même, que la *jurée* n'appartient au roi que comme comte de Champagne. Ce droit est établi pour la ville de Troye par la chartre d'affranchissement accordée aux habitans de cette ville en 1230 par Thibaut, comte de Champagne, & renouvellée en 1242, 1270 & 1274. Pithou, *sur l'art. 2 de la coutume de Troye.*

Les comtes & ducs de Bar avoient de pareils droits connus sous le nom de *bourgeoisie*, d'*assise*, de *bichet* & *charruage*, suivant différens titres qui m'ont passé par les mains.

Lauriere, qui a si bien éclairci tant d'autres points de notre droit françois, n'a pas jetté la même lumière dans ce qu'il a dit des bourgeoisies.

Ragueau dit que c'est un droit *pour la jurisdiction & connoissance en la châtellenie de Coulommiers en Brie;* on peut conclure de-là que cet auteur dérive le mot de *jurée* de celui de *jurisdiction;* mais il est plus naturel d'en trouver l'origine dans le mot *jurer*, « parce » que ceux qui se rendoient justiciables & bour» geois du comte faisoient un nouveau serment » pardevant les juges du comte, & même étoient » tenus d'affirmer, d'an en an, la valeur de leurs » biens, afin de savoir la somme qui devoit être » par eux payée à raison de leursdits biens, qui » pouvoient augmenter, ou diminuer d'année en » année ». Le Grand, *sur Troye, art. 2, glose 2, n°. 5.*

Quoi qu'il en soit, l'influence que ces bourgeoisies ont eue sur notre droit public, & les dispositions que l'on trouve à cet égard dans nos anciennes ordonnances & dans nos coutumes même, paroissent exiger que l'on entre dans quelques détails à ce sujet.

On ne craint pas de dire que ces bourgeoisies & l'établissement des communes avec lesquelles elles ont tant de rapport, sont les institutions qui ont le plus contribué à tirer le peuple de l'état d'avilissement où il se trouvoit sous la jurisdiction des seigneurs dans les premiers siècles de la troisième race de nos rois.

Non-seulement la majeure partie du tiers-état étoit alors serve, ou main-mortable, soit relativement à sa personne, soit relativement à ses biens; mais lorsqu'un grand nombre de seigneurs particuliers eurent affranchi leurs sujets, en leur accordant le droit de commune, à l'exemple de nos rois & des grands vassaux, plusieurs d'entre eux continuèrent de traiter leurs affranchis avec autant de dureté que s'ils n'avoient point cessé d'être serfs. Ils faisoient disparoître les chartres d'affranchissement, ou exigeoient d'eux, sous différens prétextes, des tailles & des charges plus fortes qu'ils n'en pouvoient porter. Il n'y a point de jurisconsulte qui n'ait vu des transactions faites entre ces seigneurs & leurs sujets pour soustraire ces derniers à des charges dont ils avoient été déjà délivrés par plusieurs chartres précédentes.

Ces vexations continuelles rendirent les bourgeoisies du roi & des grands vassaux infiniment précieuses; & ces princes, en profitant de l'empressement du peuple à se soustraire à la tyrannie des seigneurs, surent tout à la fois augmenter leur puissance & leur revenu.

De même qu'on devenoit serf, en restant dans une terre de servitude un an & un jour, on établit aussi qu'on devenoit bourgeois dans les villes franches par la résidence d'an & jour, de la part même des serfs, parce que la saisine s'acquiert par cet espace de temps.

Ce droit ne subsistoit pas seulement en France; c'étoit, à ce qu'il paroît, le droit commun de l'Europe. On en trouve une décision précise pour l'Ecosse dans plusieurs des anciennes loix de ce royaume, & particuliérement dans le chap. 17 des *leges Burgorum. Si homo comitis* (y est-il dit), *vel baronis seu cujuscumque servus fuerit & emerit sibi burgagium & manserit in eodem burgagio per annum & diem, sine calomnia domini sui, vel ejus baillivi, semper erit liber, & libertate burgi gaudebit, nisi sit servus domini regis.*

La même règle se trouve dans la loi des Bourguignons, *tit.* 6, § 2.

Indépendamment de cette résidence d'an & jour, il paroît que toutes les personnes serves que les seigneurs affranchissoient, pouvoient s'avouer bourgeois de qui ils jugeoient à propos. Pithou & le Grand, *loco citato*.

On pouvoit aussi acquérir le droit de bourgeoisie dès l'instant même de son arrivée dans un lieu, en faisant aveu de bourgeoisie; les personnes franches pouvoient même, par ce moyen, conserver leur liberté, en allant demeurer dans les pays de main-morte. Lauriere sur Loisel, *liv.* 1, *tit.* 1, §. 21.

Il est vrai que ces aveux de bourgeoisie ne devoient avoir lieu, suivant la rigueur des règles, qu'en faveur des personnes franches. Mais les serfs en profitoient aussi bien souvent pour se soustraire à la main-morte. Leur seigneur ne pouvoit les réclamer que pendant un an, & cette réclamation étoit sujette à beaucoup de difficultés. Il falloit que le seigneur se pourvût devant le juge du roi ou du grand vassal, dont on s'étoit fait bourgeois; la personne poursuivie jouissoit de sa liberté par provision durant le procès. Si cette personne étoit mineure, il falloit même attendre sa majorité pour agir. Enfin, si elle étoit déclarée franche par le jugement, le seigneur encouroit la peine d'une amende, *à la volonté de la cour*. On exigeoit que le seigneur se soumît à cette amende avant que d'être admis à faire sa preuve. Tout cela est expliqué bien au long, avec les formalités que l'on observoit en ces sortes de causes, dans les chapitres 2 & 29 du livre 1 des établissemens de S. Louis.

Il falloit bien que ces bourgeoisies eussent des avantages très-précieux, puisqu'on les achetoit fort cher par le paiement des droits de *jurée*. Plusieurs monumens rapportés par Pithou & le Grand, sur l'art. 2 de la coutume de Champagne; par Brussel & Pasquier, dans le chapitre qu'ils ont consacré à cet objet, prouvent que le droit de *jurée* étoit ordinairement de deux deniers pour livre des immeubles, & de six deniers pour livre des meubles, à moins qu'on ne fût, dès le commencement, abonné à une certaine somme avec le comte. Toutefois, dit Pasquier, il y avoit une maxime générale, que nul ne payoit plus de 20 liv. par an, à quelque valeur que se montassent les meubles & immeubles. Il pouvoit bien payer au-dessous, mais non pas au-dessus.

On trouve même divers exemples de bourgeois qui avoient obtenu l'affranchissement des droits de *jurée*. Les clercs & les nobles en étoient exempts de plein droit.

Le droit de bourgeoisie n'étoit pas moins avantageux pour le roi, ou pour les autres grands vassaux auxquels on en faisoit aveu. Outre le droit de *jurée*, cet aveu assuroit au seigneur la succession du bourgeois qui ne laissoit pas d'héritier dans la seigneurie. Lorsqu'on étoit bourgeois du roi, il suffisoit d'avoir des héritiers dans les lieux soumis à sa jurisdiction, pour qu'ils pussent succéder à ce bourgeois. *Voyez l'article* ENTRECOURS, n°. 2.

Un établissement si défavorable aux seigneurs particuliers, excita les réclamations les plus vives de leur part. Philippe-le-Bel qui sut si bien accroître son autorité des débris de celle des seigneurs, parut vouloir se rendre à leurs plaintes par une ordonnance de l'année 1287, qui fut suivie de plusieurs autres. Mais toute la conduite de ce prince, & ces ordonnances même prouvent qu'il n'avoit guère d'autre objet que de prévenir les excès où le mécontentement des seigneurs auroit pu les porter.

Dans le préambule de l'ordonnance de 1287, Philippe-le-Bel dit qu'il l'a faite « pour oster les » fraudes & les malices qui se faisoient par occasion » d'icelles bourgeoisies, dont *ses sujets* étoient du- » rement grevés & durement plaignans ». Mais par *ses sujets*, on ne doit entendre ici que les seigneurs particuliers.

Quoi qu'il en soit, les articles 1 & 2 de cette ordonnance portent qu'on ne sera réputé bourgeois du roi qu'en faisant les soumissions requises, qui étoient de se présenter devant le prévôt du lieu, ou son lieutenant, ou devant le maire dans les villes de commune, & là de promettre, en présence de deux ou trois notables bourgeois, d'acheter une maison en la ville dans l'an & jour. On devoit donner caution à cet égard, & faire un acte du tout, dont on remettoit copie à un sergent qui la signifioit au seigneur de la jurisdiction duquel ce nouveau bourgeois vouloit s'exempter.

Suivant les articles 3, 4 & 5, il falloit que le bourgeois ou sa femme, ou ses serviteurs, pour ceux qui n'avoient pas de femme, & celles qui n'avoient pas de mari, résidassent en la bourgeoisie, depuis la veille

veille de la Toussaint, jusques à la S. Jean (1), sauf le cas de maladie d'eux & de leurs proches, de mariage, de pélerinage, ou *de semblables cas, sans fraude.*

Les articles suivans portent que le bourgeois & la bourgeoise paieront la taille du lieu qu'ils quittent, jusqu'à leur entrée en bourgeoisie; qu'ils seront justiciables de corps & de meubles du seigneur auquel ils auront fait nouvel aveu, & que le précédent seigneur n'aura que trois mois pour les poursuivre, à raison des délits notoires ou connus, ou de ceux qu'il pourra prouver par témoins suffisans devant la justice de la bourgeoisie.

Que quant aux héritages, les bourgeois & les bourgeoises seront justiciables des seigneurs où les héritages sont situés.

Que cette ordonnance ne donnera aucune atteinte aux chartres accordées par les rois, & n'empêchera pas que les seigneurs ne puissent suivre leurs serfs dans les lieux de franchise.

Ce réglement s'observa si mal, que Brussel rapporte un arrêt des grands jours de Troye de cette même année 1287, par lequel on refusa au comte de Bar le renvoi d'une contestation purement réelle (quoique le défendeur fût son justiciable), sur le fondement que le demandeur se disoit bourgeois du roi, comte de Champagne; souvent même on accordoit des dispenses d'observer la loi aux seigneurs que le roi favorisoit.

Le même Brussel rapporte un autre arrêt de 1288, qui permit aux religieux de Saint-Memer de Châlons, de jouir de leurs bourgeoisies comme par le passé, nonobstant la constitution que le roi venoit de faire, & dont l'observation étoit invoquée par l'évêque de Châlons & le bailli de Vitry. Les religieux payoient annuellement 40 liv. tournois au roi, comte de Champagne, pour jouir, dans leurs terres, du droit d'y recevoir bourgeois ceux qui venoient s'y établir.

Lauriere cite même une note mise au pied de l'ordonnance de 1287 dans le trésor des chartres, où il est dit que le roi avoit ordonné qu'on n'observât point cette loi dans les marches du côté de l'Allemagne.

Une autre ordonnance de 1302, contient littéralement les mêmes choses que celle de 1287, avec cette seule différence qu'elle est conçue en latin, tandis que la première est en françois. Mais elle s'observa si mal encore, qu'on en ordonna de nouveau l'exécution par les art. 8 & 9 de l'ordonnance que Louis X (le Hutin,) fit au mois de mars 1315, à la supplication des nobles de Champagne, sur ce qu'ils se plaignoient qu'ils étoient grevés & dommagés pour cause des bourgeoisies, *qui n'ont mie été gardées suivant les ordonnances qui ont été faites de nos prédécesseurs au temps passé.*

(1) C'est par erreur que le sommaire de l'art. 3, dans les ordonnances du Louvre, porte *depuis la S. Jean, jusques à la Toussaint.*

Cette ordonnance ne fut pas mieux exécutée que les autres. Le roi & les grands vassaux reconnoissoient pour leurs bourgeois ceux qui s'avouoient tels, lors même qu'ils résidoient dans les justices des seigneurs. Brussel parle de bourgeois des comtes de Champagne, qui ne l'étoient même d'aucune ville. Les aubains & les bâtards étoient réputés bourgeois de plein droit où qu'ils demeurassent; toutes les coutumes de Champagne supposent encore aujourd'hui que les droits de *jurée* & de bourgeoisie ont lieu au profit du roi dans les terres des seigneurs justiciers. Loiseau a fort bien prouvé, au chap. 13 de son traité des seigneuries, que ces bourgeoisies étoient une absurdité, & que c'étoient autant d'entreprises sur la propriété des seigneurs. Mais elles étoient tout à la fois utiles au roi & au peuple. Il n'est pas étonnant qu'elles aient eu la plus grande faveur.

On n'exigea même plus dans la suite que les sujets des seigneurs fissent dresser un acte d'aveu de bourgeoisie du roi, & désavouassent leur seigneur pour se soustraire à sa jurisdiction. Il suffisoit de déclarer d'une manière ou d'autre que l'on s'avouoit bourgeois du roi, lorsqu'on étoit assigné devant les juges des seigneurs. Cette faveur de bourgeoisie royale fut portée si loin, que dans un grand nombre de seigneuries de Champagne, on regarda que les seigneurs n'avoient plus de jurisdiction sur la personne de leurs sujets, & qu'ils n'avoient que la jurisdiction foncière, ou la justice sur les fonds de terre. Par cette raison, on appella les seigneurs même hauts-justiciers, *seigneurs fonciers. Voyez* le Grand, *sur l'article 2 de la coutume de Troye, glose 3, n°. 18 & l'article* JUSTICE *foncière.*

Plusieurs seigneurs, pour retenir la jurisdiction qui leur échappoit sur leurs propres sujets, imaginèrent d'acquérir *les droits royaux*, non-seulement dans les lieux soumis à leur jurisdiction immédiate, mais aussi dans les terres de leurs vassaux. Au moyen de ces acquisitions ils perçurent eux-mêmes les droits de *jurée* que les bourgeois du roi s'étoient soumis à lui payer, & ils eurent, comme autrefois, toute jurisdiction sur ces mêmes bourgeois. Ils eurent de plus le droit de *jurée*, & la jurisdiction royale dans les domaines de leurs vassaux. Des vues fiscales firent adopter aux administrateurs des revenus royaux, ces étranges traités dans un temps où les seigneurs particuliers ne pouvoient plus guère être redoutables.

D'après les détails où l'on vient d'entrer, on trouvera fort clair ces articles 1 & 2 de la coutume de Troye, que Pasquier trouve si inintelligibles.

L'article premier déclare nobles tous ceux qui sont nés de père ou mère nobles, suivant l'ancien privilège de la Champagne.

L'article second ajoute : « les non nobles sont » en deux manières : car les aucuns sont franches » personnes, & les autres de serve condition : » lesquelles franches personnes, tant comme ils » demeurent sous le roi, ou ès ressort du bailliage,

» ou de la prévôté de Troye, sous aucun haut-» justicier, *non ayant en sa terre les droits royaux*, » *sont appellés bourgeois du roi*, & sont ses justi-» ciables ordinairement en tout cas, personnels, » criminels & civils, *& redevables de jurée*, s'ils ne » sont clercs ou autrement privilégiés. Et si lesdites » personnes sont demeurans sous aucun seigneur » *qui ait les droits royaux en sa terre & seigneurie*, » ils sont ses bourgeois, redevables de *jurée*, & » ses justiciables, comme dessus, tant comme ils » demeurent sous lui ».

Le Grand s'est récrié avec raison contre l'injustice de ces aliénations des droits de bourgeoisie & de *jurée* faites aux seigneurs même, dont on avoit eu pour objet d'éviter la jurisdiction, en s'assujettissant au droit de *jurée*.

Cependant cet abus fut porté bien plus loin dans les temps malheureux qui ont terminé le seizième siècle.

Suivant le même auteur, « les partisans firent » alors créer & ériger en titre d'office un juge » majeur royal, & greffier, pour exercer & admi-» nistrer la justice royale, par un édit de l'an » 1577, & du depuis exposé ces droits en vente, » en l'année 1594, lorsqu'on a procédé à la vente » & revente des terres du domaine du roi, dont » quelques particuliers se sont rendus adjudicataires » à sommes fort modiques, & presque pour rien; » & en vertu de l'adjudication de ces droits appellés » *royaux*, on établit des officiers dans les terres » des seigneurs, quoique ces seigneurs y aient » toute sorte de justice, haute, moyenne & basse: » lesquels officiers ainsi institués par les acquéreurs » desdits droits, connoissent des causes desdits ha-» bitans, lorsqu'ils s'avouent *bourgeois du roi*. Si » bien que quand un particulier, autre que le » seigneur du lieu, a acquis les droits royaux en » la justice & seigneurie d'autrui, cette acquisition » lui attribue un droit d'établir un juge, pardevant » lequel les habitans du lieu peuvent demander » leur renvoi, & s'avouer bourgeois du roi; & » quand nous disons qu'un seigneur a les droits » royaux en sa terre, nous n'entendons autre » chose qu'un droit d'exclure ses habitans de s'a-» vouer bourgeois du roi, & les contraindre de » reconnoître ses officiers. D'où l'on voit que l'aveu » de bourgeoisie a maintenant un effet contraire à » la cause & faveur qui l'a introduit, qui étoit » de pouvoir, par les habitans du ressort du bail-» liage & prévôté de Troye, décliner la jurisdic-» tion du seigneur de leur domicile, & demander » le renvoi pardevant M. le bailli de Troye ou » son lieutenant, ou pardevant M. le prévôt de » ladite ville, pour ce qui étoit des villages dé-» pendans de ladite prévôté. Car par le moyen » de ladite vente, l'habitant est exclu de ce droit; » puisque son aveu n'a point d'autre effet que » d'être renvoyé pardevant le juge d'un autre sei-» gneur particulier, acquéreur dudit droit, lequel » il est tenu de reconnoître : ce qui est injuste; » & de plus, on établit par ce moyen de nouveaux » officiers en une même seigneurie & justice, ce » qui est préjudiciable au public; mais il n'y a rien » de si saint qui ne soit violé par les partisans ».

Le parlement a cru qu'il étoit de sa justice de resserrer les aveux de bourgeoisie dans de plus étroites bornes dans ces derniers temps. Par deux arrêts des 30 mai 1609, & 6 mai 1610, il a jugé qu'il falloit s'avouer précisément bourgeois du roi pour éluder la jurisdiction seigneuriale où l'on avoit son domicile. Un troisième arrêt du 9 mai 1611, rendu, en interprétation du premier, entre le chapitre de Troye & le maïeur royal, juge des quatre portes de la même ville, que l'on avoit pris à partie, ordonne « que s'avouant bourgeois » du roi pardevant un notaire, ou sergent, autre » que des sergens & notaires du bailli, maïeur » des quatre portes & fauxbourgs, dont sera fait » acte duement signifié au juge du chapitre, en » ce cas la connoissance sera renvoyée pardevant » le juge royal ». Ces arrêts sont rapportés par le Grand, sur l'article 8 de la coutume de Troye.

Un dernier arrêt du 24 juillet 1632, donné en forme de réglement, a aussi jugé que les seigneurs qui avoient acquis les droits royaux, tant dans leurs terres que dans celles de leurs vassaux, ne pouvoient réclamer la jurisdiction que des *vrais bourgeois du roi*, qui s'étoient avoués tels par acte authentique; cet arrêt, qui est rapporté dans le coutumier général de Richebourg, sur l'art. 2 de la même coutume, a été rendu entre la dame d'Aurent & M. le duc de Nevers, qui avoit acquis les droits royaux, en sa qualité de baron d'Ervy; par cet arrêt, défenses furent faites au bailli d'Ervy, d'empêcher l'exercice de la justice d'Aurent, & d'entreprendre aucune jurisdiction en première instance sur les bourgeois d'Aurent, s'ils n'étoient *vrais bourgeois du roi*, *s'ils ne s'étoient avoués & déclarés tels par acte* passé pardevant notaire ou sergent, autres que du bailliage d'Ervy, & duement signifié au juge dudit Aurent; & si en cette qualité de *vrais bourgeois du roi*, lesdits habitans ne demandoient leur renvoi, auquel cas seulement la cause seroit renvoyée pardevant le bailli d'Ervy, *&c.*

Laurière qui rapporte aussi cet arrêt dans ses notes sur Loisel, *liv. 1, tit. 1, §. 21*, ne l'a point entendu. Il dit « que l'arrêt a jugé que M. le duc de Nevers, » qui avoit les droits royaux dans sa baronnie, » pouvoit connoître en première instance de toutes » *actions personnelles*, civiles, & criminelles *de toutes* » *les personnes franches, personnes domiciliées dans* » *les hautes justices de ses vassaux* enclavées dans » sa baronnie, *à l'exception des causes personnelles,* » *civiles & criminelles des vrais bourgeois du roi,* » *ayant fait aveu de bourgeoisie, qui demanderoient leur* » *renvoi*, les autres franches personnes n'étant pas » réputées bourgeois du roi, contre les seigneurs » qui avoient les droits du roi ».

Tout au contraire, l'arrêt a jugé que le duc de

Nevers ne pouvoit connoître que des causes des vrais bourgeois du roi qui auroient fait aveu en bonne forme, & que la jurisdiction des autres franches personnes qui n'avoient point fait cet aveu en forme, devoit rester aux vassaux de la baronnie.

C'est dans le même esprit & d'après cette distinction des bourgeois par lettres, qu'on doit entendre les art. 9 & 10 de la coutume de Troye, que les commentateurs n'ont point expliqués & qui établissent un usage particulier pour le comté de Joigny. L'article 9 porte : les bourgeois du roi se peuvent avouer bourgeois du roi par simple aveu, sans montrer par écrit leur bourgeoisie, excepté au comté de Joigny, ainsi que dit sera ci-après.

L'article 10 ajoute : un bourgeois du roi demeurant au comté de Joigny, doit avoir lettres de bourgeoisies de M. le bailli de Troye, ou son lieutenant; & par vertu d'icelles, soi faire advouer bourgeois du roi, par un sergent royal; & désavouer de tels seigneurs que bon lui semble : & après ledit désaveu, si le corps ou les biens du dict bourgeois, sont arrêtés ou empêchés, le sergent fera commandement aux officiers de la justice du lieu, qui auront fait ou fait faire l'exploit, qu'ils mettent à pleine délivrance lesdits corps & biens: & en cas d'opposition, en fera récréance audit bourgeois à caution, si pour cas criminel n'est tenu, auquel cas le sergent l'amenera ou fera amener ès prisons du roi.

Il est sensible que ces droits de bourgeoisie ne sont plus des objets si importans depuis que l'autorité des seigneurs particuliers n'est plus redoutable, & qu'on en a fait l'aliénation au profit de ces seigneurs ou des tiers. Les tailles générales que le roi lève ont rendu d'ailleurs la perception du droit de *jurée* assez inutile pour lui. La règle, l'*aveu emporte l'homme*, a perdu son plus grand avantage depuis que l'article 35 de l'ordonnance de Moulins, de 1566, a réglé que la connoissance des délais appartiendroit aux juges des lieux où ils auront été commis, & que le juge du domicile est tenu de renvoyer le délinquant au lieu du délit.

Les dernières ordonnances ont adopté la même règle. Mais il ne faut pas dire, avec beaucoup d'auteurs, que les droits de bourgeoisie & de *jurée* n'ont plus absolument d'objet depuis l'ordonnance de Moulins. Les arrêts que l'on vient de citer établissent suffisamment le contraire. (*Article de M. Garran de Coulon, Avocat au Parlement.*)

JUREMENT. s. m. (*Droit civil & criminel,*) ce mot se prend quelquefois pour le serment, l'affirmation que l'on prête en justice. *Voyez* Affirmation, Serment.

Mais ce mot employé au pluriel signifie ordinairement blasphêmes, imprécations & exécrations, que l'on prononce dans la colère & dans les passions.

Saint Louis fit des réglemens sévères contre les *juremens* & les blasphêmes; les ordonnances postérieures ont aussi établi des peines contre ceux qui profèrent des *juremens* en vain. L'article 86 de l'ordonnance de Moulins défend tous blasphêmes & *juremens* du nom de Dieu, sous peine d'amende, & même de punition corporelle, s'il y échet. *Voyez* Blasphême. (*A*)

JURÉS, s. m. (*Droit publ. Police. Arts & Métiers.*) à Paris, & dans la plupart des villes du royaume, on entend par *jurés*, ceux qui sont préposés dans les corps & métiers, pour veiller à l'exécution des réglemens qui leur ont été donnés. *Voyez* Jurande.

Mais dans les anciennes chartres & dans quelques coutumes, on donne le nom de *jurés* aux officiers qu'on appelle ailleurs *consuls*, *échevins*, *conseillers de ville*, &c.

On voit dans les antiquités de Caen par Huet, qu'on nommoit autrefois les échevins de cette ville, *bourgeois-jurés;* que depuis on les qualifia de *jurés* & commis au gouvernement de la ville, conseillers *jurés* au gouvernement de Caen, conseillers & gouverneurs de la ville, & enfin échevins.

Une chartre de commune de l'an 1227, rapportée au tome 4 des ordonnances des rois de France, porte : *in primis ut eligant quatuor homines qui jurent fidelitatem castri & habitantium in eo; & talem habeant potestatem & jurisdictionem in castro sancti Joannis & in appendiciis suis, qualem habent apud Divionem major & jurati communiæ Divionensis. ..... Et illi quatuor jurati possint mutari per singulos annos.* Un peu après, la chartre appelle *scabini*, ceux qu'elle avoit auparavant qualifiés de *jurati*.

L'usage d'appeller *jurés* les juges municipaux des villes, n'étoit pas particulier à la France. C'est ce qu'attestent ces termes d'une ordonnance de Jacques II, roi de Majorque : *item quandò scribemus consulibus vel juratis alicujus universitatis nobis subditæ, scribetur sic : Jacobus .... Fidelibus nostris juratis civitatis Majoricensis, vel consulibus villæ nostræ de Perpiano, salutem & gratiam.*

On lit aussi dans une chartre de Wenceslas, duc de Brabant, de l'an 1378, rapportée par Miræus, *tome 2, page 1027 : concessimus eis* (aux habitans de Louvain), *& dedimus quòd 21 juratis de consilio prædicti oppidi nostri, nunc & in posterùm singulis annis erunt undecim jurati ex bonis nostris hominibus patriciis Lovaniensibus, & decem jurati ex bonis nostris hominibus opificum.*

Quelquefois on employoit indistinctement le mot *jurés* pour désigner les officiers municipaux & les simples bourgeois. C'est ce que nous remarquons particuliérement dans une chartre de commune de l'an 1331, rapportée au tome 5 des ordonnances des rois de France, *page 676. Lesdits maire & jurés*, porte l'article 2 de cette chartre, *ont la prinse, détention & cognoissance de tous leurs jurés.*

Dans l'usage actuel, les mots *jurés* & *échevins* ne sont plus synonymes que relativement à un petit nombre de coutumes, parmi lesquelles on remarque principalement celle de Binche en Hainaut, dont le premier article ordonne que le prévôt de la ville *conduira les bourgeois par loi & par le dit des jurés*.

A Valenciennes, les juges municipaux sont tout-à-la-fois *jurés* & *échevins*. La coutume leur donne cette double qualité, & ils la prennent dans toutes leurs sentences. On prétend que c'est comme *jurés* qu'ils exercent la haute justice, & que c'est comme *échevins* qu'ils exercent la moyenne & la basse. Comme *jurés*, dit l'auteur anonyme de quelques observations manuscrites sur la coutume de cette ville, ils ont le droit de punir les crimes, & le pouvoir de faire des réglemens de police à la semonce du prévôt-le-comte, ou de son lieutenant: comme *échevins*, ils jugent à la semonce du maïeur toutes les matieres de succession, toutes les actions réelles, toutes les amendes, & généralement tous les autres cas de moyenne & de basse justice.

La coutume de Bruxelles donne une signification particuliere au mot *jurés*. On voit par les articles 32, 33, 34 & suivans du titre 1 de cette loi municipale, qu'elle entend par doyens ou *jurés*, des personnes choisies par les échevins dans chaque corps de métiers, pour faire partie du troisieme membre des états de la ville.

A Fumay, bourg du pays de Liège appartenant à la France, les *jurés* sont des officiers chargés de l'administration des affaires communes; ils n'ont rien de commun avec les échevins, qui sont les juges ordinaires de l'endroit. *Voyez* ECHEVINS, JURAT, CONSULS, *&c.*

JURÉS *de cattel* est le nom qu'on donne, dans le Hainaut, à des officiers sermentés pour des objets relatifs aux meubles & droits mobiliers. La coutume de Valenciennes, *art.* 5, porte: que les échevins, durant le temps de leur échevinage, peuvent recevoir tous contrats & conventions mobiliaires; & que leur échevinage expiré, ils demeurent *jurés de cattel*, & qu'en cette qualité ils peuvent recevoir & passer tous contrats & reconnoissances mobiliaires seulement, pourvu qu'il y ait au moins deux *jurés* à ce faire.

Après la conquête d'une partie du Hainaut, Louis XIV, par un édit du mois d'avril 1675, créa dans cette province des notaires & tabellions, & défendit à tous autres qu'aux notaires & hommes de fief, d'instrumenter dans cette province. Néanmoins les *jurés de cattel* se sont maintenus dans l'usage d'assister les notaires dans tous les contrats qui se passent, soit à Valenciennes, soit dans le chef-lieu de ce nom. Ensorte que si le notaire n'est point lui-même *juré-cattel*, il se fait assister de deux personnes de cette qualité, & d'une seule lorsqu'il la réunit à celle de notaire. *Voyez* CONVENT, ÉCHEVINAGE, TENUE PAR LOI.

JURIDIQUE, adj. se dit, en *Droit*, de tout ce qui est régulier & conforme soit à la justice, soit à l'ordre judiciaire. L'on dit d'un jugement qu'il n'est pas *juridique*, lorsqu'il est contraire aux regles du droit & de l'équité; & d'une procédure, qu'elle n'est pas *juridique*, lorsqu'elle n'est pas réguliere, & qu'on n'y a pas suivi les formalités prescrites par les loix.

JURISCONSULTE, s. m. (*Droit public & civil.*) est un homme versé dans la jurisprudence, c'est-à-dire dans la science des loix, coutumes & usages, & de tout ce qui a rapport au droit & à l'équité.

Les anciens donnoient à leurs *jurisconsultes* le nom de *sages* & de *philosophes*, parce que la philosophie renferme les premiers principes des loix, que son objet est de nous empêcher de faire ce qui est contre les loix de la nature, & que la philosophie & la jurisprudence ont également pour objet l'amour & la pratique de la justice. Aussi Cassiodore donne-t-il de la philosophie la même définition que les loix nous donnent de la jurisprudence. *Philosophia*, dit-il en son livre de la Dialectique, *est divinarum humanarumque rerum, in quantum homini possibile est, probabilis sententia.* Pithagore, Dracon, Solon, Lycurgue, & plusieurs autres, ne devinrent législateurs de la Grèce, que parce qu'ils étoient philosophes.

Tout *jurisconsulte* cependant n'est pas législateur; quelques-uns qui avoient part au gouvernement d'une nation, ont fait des loix pour lui servir de règle; d'autres se sont seulement appliqués à la connoissance des loix qu'ils ont trouvé établies.

On ne doit pas non plus prodiguer le titre de *jurisconsulte* à ceux qui n'ont qu'une connoissance superficielle de l'usage qui s'observe actuellement; on peut être un bon praticien sans être un habile *jurisconsulte*; pour mériter ce dernier titre, il faut joindre à la connoissance du droit celle de la philosophie, & particuliérement celle de la logique, de la morale & de la politique; il faut posséder la chronologie & l'histoire, l'intelligence, & la juste application des loix dépendant souvent de la connoissance des temps & des mœurs des peuples; il faut sur-tout allier la théorie du droit avec la pratique, être profond dans la science des loix, en savoir l'origine & les circonstances qui y ont donné lieu, les conjonctures dans lesquelles elles ont été faites, en pénétrer le sens & l'esprit, connoître les progrès de la jurisprudence, les révolutions qu'elle a éprouvées; il faudroit enfin avoir des connoissances suffisantes de toutes les choses qui peuvent faire l'objet de la jurisprudence, *divinarum atque humanarum rerum scientiam*; & conséquemment il faudroit posséder toutes les sciences & tous les arts: mais j'appliquerois volontiers à la jurisprudence la restriction que Cassiodore met par rapport aux connoissances que doit avoir un philosophe, *in quantum homini possibile est;* car il est bien difficile, pour ne pas dire impossible, qu'un seul homme réunisse parfaitement toutes les connoissances nécessaires pour faire un grand *jurisconsulte*.

On conçoit par-là combien il est difficile de parvenir à mériter ce titre; nous avons cependant plusieurs auteurs qui se le sont eux-mêmes attribué, tel que Dumolin, qui prenoit le titre de *jurisconsulte* de France & de Germanie, & qui le méritoit sans contredit : mais il ne sied pas à tous ceux qui ont quelque connoissance du droit, de s'ériger en *jurisconsultes ;* c'est au public éclairé à déférer ce titre à ceux qu'il en juge dignes.

Le premier & le plus célèbre de tous les *jurisconsultes*, fut Moïse envoyé de Dieu, pour conduire son peuple, & pour lui transmettre ses loix.

Les Egyptiens eurent pour *jurisconsultes* & législateurs trois de leurs princes, savoir les deux Mercures & Amasis.

Minos donna des loix dans l'île de Crète ; mais s'il est glorieux de voir des rois au nombre des *jurisconsultes*, il ne l'est pas moins de voir des princes renoncer au trône pour se consacrer entièrement à l'étude de la jurisprudence, comme fit Lycurgue, lequel, quoique fils d'un des deux rois de Sparte, préféra de réformer, comme concitoyen, ceux qu'il auroit pu gouverner comme roi. Il alla, pour cet effet, s'instruire des loix en Crète, parcourut l'Asie & l'Egypte, & revint à Lacédémone, où il s'acquit une estime si générale, que les principaux de la ville lui aidèrent à faire recevoir ses loix.

Zoroastre, si fameux chez les Perses, leur donna des loix qui se répandirent chez plusieurs autres peuples. Pithagore qui s'en étoit instruit dans ses voyages, les porta chez les Crotoniates : deux de ses disciples, Charondas & Zaleucus, les portèrent l'un chez les Thuriens, l'autre chez les Locriens ; Zamolxis qui avoit aussi suivi Pithagore, porta ces loix chez les Scythes.

Athènes eut deux fameux philosophes, Dracon & Solon, qui lui donnèrent pareillement des loix.

Chez les Romains, la qualité de législateur fut distinguée de celle de *jurisconsulte :* le pouvoir de faire des loix appartenoit à ceux qui avoient part à la puissance publique ; la fonction des *jurisconsultes* se borna à étudier les loix & à les interpréter. On les appelloit *prudentes*, & leurs réponses étoient appellées par excellence *responsa prudentum.* On leur donnoit aussi le titre de *juris autores*, & ils se qualifioient de prêtres de la justice, *justitiæ sacerdotes.*

Les *jurisconsultes* romains tiroient leur origine du droit de patronage établi par Romulus. Chaque plébéien se choisissoit parmi les patriciens un patron qui l'aidoit de ses conseils, & se chargeoit de sa défense : les cliens faisoient à leurs patrons des présens appellés *honoraires.*

La connoissance du droit romain étant devenue difficile par la multiplicité & les variations des loix, on choisit un certain nombre de personnes sages & éclairées, qui faisoient leur unique occupation des loix, pour être en état de les interpréter : on donna à ces interprètes le nom de *patrons*, & à ceux qui les consultoient, le nom de *cliens.*

Ces interprètes n'étoient pas d'abord en grand nombre ; mais dans la suite ils se multiplièrent tellement, que le peuple trouvant chez eux toutes les ressources pour la conduite de leurs affaires, le crédit des anciens patrons diminua peu-à-peu.

Depuis que Cnæus Flavius, & Sextus Ælius eurent publié les formules des procédures, plusieurs *jurisconsultes* composèrent des commentaires sur les loix : ces commentaires furent toujours d'un grand poids ; mais ils ne commencèrent à faire véritablement partie du droit écrit, que lorsque Théodose le jeune donna force de loi aux écrits de plusieurs anciens *jurisconsultes.*

Outre ces commentaires, les *jurisconsultes* donnoient aussi des réponses à ceux qui les venoient consulter ; ces réponses étoient verbales ou par écrit, selon la nature de l'affaire, ou le lieu dans lequel elles se donnoient ; car les *jurisconsultes* se promenoient quelquefois dans la place publique pour être plus à portée de donner conseil à ceux qui en avoient besoin ; ces sortes de consultations n'étoient que verbales ; mais pour l'ordinaire ils se tenoient dans leurs maisons.

Il y avoit des termes consacrés par l'usage pour ces consultations ; le client demandoit au *jurisconsulte*, *licet consulere ;* si le *jurisconsulte* y consentoit, il répondoit *consule.* Le client, après avoir expliqué son affaire, finissoit en disant, *quæro an existimes*, ou bien *id jus est nec ne*, &c. La réponse du *jurisconsulte* étoit : *secundùm ea quæ proponuntur existimo, placet, puto.*

Lorsqu'il se présentoit de grandes questions, plusieurs *jurisconsultes* se réunissoient & les discutoient en présence du peuple, ce qu'on appelloit *disputatio fori*, parce que cette dispute se faisoit dans une place publique : la question se décidoit à la pluralité des voix. Ces décisions n'avoient pas à la vérité d'abord force de loi, mais elles étoient confirmées par l'usage ; quelques auteurs tiennent que le titre *de regulis juris*, n'est qu'un recueil des principales de ces décisions. Cette manière de traiter le droit sans écrit, cette autorité que les *jurisconsultes* s'acquirent en l'interprétant, produisirent le droit qu'on appelle *non écrit.* On rédigea dans la suite les décisions émanées de la dispute du barreau.

Les plus célèbres *jurisconsultes* depuis le commencement de la république romaine jusqu'à sa fin, furent Sextus Papyrius, Appius-Claudius Sempronius surnommé le *sage*, Tiberius Coruncanus, les deux Catons, Junius Brutus, Publius-Nucius, Quintus-Mucius-Scevola, Publius-Rutilius-Rufus, Aquilius-Gallus, Lucilius-Balbus, Caïus-Juventius, Servius-Sulpitius, Caïus-Trébatius, Offilus, Aulus-Cascellius, Q. Ætius-Tubero, Alfenus-Varus, Aufridius-Tuca, & Aufridius-Namusa, Lucius-Cornelius-Silla, Cneïus-Pompeïus, & plusieurs autres moins connus.

Les *jurisconsultes* de Rome étoient ce que sont parmi nous les avocats consultans. On ne donnoit sa confiance pour cet objet, qu'à ceux qui s'étoient acquis de l'autorité par une grande réputation de savoir & de vertu. Ils se chargeoient généreusement du travail, sans autre vue que celle d'être utiles à leurs concitoyens.

Il est vrai que dans le commencement de la république, on donnoit par mépris aux *jurisconsultes* les noms de *formularii*, *legulei*, parce qu'ils avoient inventé certaines formules, pour répondre plus gravement & plus mystérieusement. Mais dans la suite, ils se rendirent si recommandables, qu'on les nomma *prudentes* & *sapientes*. Nous voyons par les ouvrages de Cicéron, que cette occupation étoit si estimée, que les plus nobles ne dédaignèrent pas de s'y livrer. Ils se prêtoient même à tout ce qui, chez les Grecs, n'étoit que du ressort des praticiens.

L'étude du droit civil frayoit aux *jurisconsultes*, comme aux généraux & aux orateurs, le chemin aux premières dignités de la république. Les citoyens les plus illustres, & qui avoient le plus de génie, joignoient la jurisprudence à l'éloquence. Si l'amour du repos dans la jeunesse, le dégoût des affaires dans la vieillesse les faisoit renoncer aux clameurs du barreau, ils cherchoient pour ainsi dire un asyle dans l'étude des loix, qui renferme deux choses qui ont beaucoup de poids dans les républiques, la gloire du génie & la réputation de sagesse.

A Rome, les *jurisconsultes* avoient à-peu-près la même autorité que les magistrats dans les affaires publiques. Ils aidèrent les citoyens de leurs conseils, dans leurs testamens, leurs procès, & généralement tous leurs accords; soit en les mettant à l'abri des surprises, soit en dictant eux-mêmes les accords, soit en décidant leurs différends. Ils accouroient avec ardeur au secours de ceux de leurs amis que la nécessité obligeoit de se défendre en justice.

Au commencement la confiance & ses propres forces suffisoient à un citoyen, pour offrir au peuple ses réponses sur le droit. Auguste fut le premier qui donna aux *jurisconsultes* une autorité publique, & qui voulut qu'on ne tînt plus que du prince la faculté d'interpréter les loix. Leur autorité acquit alors tant de force, qu'elle régloit les sentences des juges, qui ne pouvoient s'écarter d'une opinion unanimement approuvée, ni de celle d'un *jurisconsulte* qu'aucun autre n'avoit ouvertement combattu.

L'interprétation du droit s'écrivit, lorsque l'amour des lettres passa de Grèce en Italie. Cela se faisoit cependant sans ordre & sans art, selon le peu de culture de ces temps-là. On couchoit chaque affaire avec le nom du particulier qu'elle regardoit, & de la façon dont elle avoit été proposée & agitée pour lui; sans la rapporter à un certain genre de cause, & à une question générale; sans en indiquer l'espèce; sans en donner une définition déterminée; sans diviser les matières par parties; sans rien faire, en un mot, de ce qui pouvoit aider à suivre une règle uniforme dans la façon de rendre la justice.

Tiberius Coruncanus passe pour avoir été le premier qui ait donné des consultations publiques. On dit qu'il eut des disciples, & qu'ils recueilloient ses réponses. Depuis lui jusqu'à Servius Sulpicius, le droit civil fut écrit, mais sans art. Ce dernier mit de l'ordre dans la jurisprudence, selon les préceptes de la dialectique. Il réduisit les matières à certains genres, distingua les parties, donna des définitions, rassembla des règles. Ainsi toute la philosophie passa dans le droit civil: les disputes des philosophes pénétrèrent dans une science auparavant tranquille. Les *jurisconsultes* stoïciens étoient opposés d'avis aux péripatéticiens; les uns & les autres l'étoient aux épicuriens; & tous répandoient dans la jurisprudence, le lait qu'ils avoient sucé dans leur secte.

Quoi qu'il en soit, les interprétations des *jurisconsultes*, adoucissant avec réserve la rigueur des loix, donnèrent naissance aux règles de droit tempérées par l'équité. Celles-ci passèrent depuis dans les édits des magistrats, & dans les ordonnances des empereurs. De ce nombre sont les codicilles, l'action du dol, & presque toutes les actions, que nous appellons *utiles*, parce qu'elles procèdent, non du droit écrit, mais de l'interprétation équitable des *jurisconsultes*. De ce genre sont encore, l'exhérédation du posthume; la différence de l'exhérédation des garçons de celle des filles & des petits-fils; les stipulations aquiliennes, & les diverses sortes de successions; la règle catonienne & la substitution du pupille; la défense de donation entre le mari & la femme; le droit de donner une jurisdiction, dévolu aux seuls magistrats, comme leur appartenant en propre & ne leur venant point du bienfait d'autrui; la règle qui veut que le pupille ne puisse s'obliger que du consentement de son tuteur. Il faut ajouter les jugemens de bonne-foi, l'action concernant les mariages, la plainte du testament inofficieux, en un mot tout ce que les *jurisconsultes* entendent par les termes de mœurs, de coutume, de droit reçu.

Certains particuliers donnèrent lieu à des réglemens, qui s'étendirent sur les citoyens en général. Ils furent recueillis par les *jurisconsultes*, & devinrent fixes par la façon uniforme de juger les affaires. Enfin, on est redevable aux *jurisconsultes*, des formules, précautions ou actions de la loi.

La philosophie des Grecs se joignit, comme nous avons dit, à la jurisprudence des Romains. On trouve en conséquence, dans le droit civil, plusieurs dogmes qui sentent l'école des philosophes, sur-tout celle des stoïciens. La doctrine de ceux-ci est la doctrine qui y domine le plus; parce que Zénon ne défendoit point, comme les autres chefs de sectes, de s'appliquer aux affaires. Chrysippe, l'un de ses disciples, vouloit même que le sage s'y adonnât, à moins qu'il ne trouvât des obstacles. Par ce moyen, les *jurisconsultes* empruntèrent bien des choses de la façon de penser des stoïciens. A leur exemple, ils cherchoient l'origine & la propriété des termes; & ils renfermoient d'ordinaire leurs avis dans ceux qui étoient courts & concis. On trouve encore dans notre droit quantité d'expressions, de règles, de principes, tirés de ceux des stoïciens.

Tout de même que les stoïciens se disoient prêtres de la vertu, les *jurisconsultes* se disoient prêtres de la justice. Ceux-ci définirent la jurisprudence, comme ceux-là définirent la sagesse, c'est-à-dire, la science des choses divines & humaines.

Selon les stoïciens, la loi est la recommandation suprême de l'humanité, & une bienveillance mutuelle, qui nous porte à nous secourir les uns les autres. Ils disoient en effet, qu'il y avoit une recommandation commune & naturelle entre un homme & un autre. Un d'entre eux ajoute que nous sommes parens par la nature.

Selon les *jurisconsultes* aussi, la nature a établi entre nous une certaine parenté. Il n'est pas par conséquent permis à l'homme de tendre des pièges à son semblable. Un des plus célèbres de ces *jurisconsultes* dit que le bienfait qu'un homme reçoit, en intéresse un autre.

Les *jurisconsultes* ont dit encore, que l'homme n'étoit point du nombre des fruits. Quelle raison peut les avoir portés à parler ainsi, sinon parce que la nature a apprêté, pour nous, toutes les sortes de productions? C'étoit le sentiment des stoïciens, qui déclaroient que tout étoit né pour l'homme.

Les uns & les autres ont la même façon de penser sur l'usure. Les *jurisconsultes* la définissent *nom de la cupidité humaine, imaginé contre nature.* Les stoïciens disent qu'elle ne provient pas de la nature, mais qu'on la reçoit uniquement par le droit établi.

Les uns & les autres distinguent aussi le cours de la vie par des espaces de sept ans. Ils observent qu'à chaque septième année, il arrive dans l'homme quelque changement; qu'il change de dents à sept ans; que sept ans après, il est dans l'âge de puberté; & qu'après un temps pareil, il a de la barbe. Ils ont pensé à-peu-près de la même manière sur le fétus ou embryon. La plupart ne l'ont pas regardé comme vivipare, mais comme ovipare.

Les réponses des *jurisconsultes* acquirent une grande autorité depuis qu'Auguste eut accordé à un certain nombre de personnes illustres le droit exclusif d'interpréter les loix, & de donner des décisions auxquelles les juges seroient obligés de se conformer; il donna même à ces *jurisconsultes* des lettres, en sorte qu'ils étoient regardés comme officiers de l'empereur.

Caligula au contraire menaça de détruire l'ordre entier des *jurisconsultes*; mais cela ne fut pas exécuté, & Tibère & Adrien confirmèrent les *jurisconsultes* dans les privilèges qui leur avoient été accordés par Auguste.

Théodose le jeune & Valentinien III, pour ôter l'incertitude qui naît du grand nombre d'opinions différentes, ordonnèrent que les ouvrages de Papinien, de Caïus, de Paul, d'Ulpien, & de Modestin, auroient seuls force de loi, & que quand les *jurisconsultes* seroient partagés, le sentiment de Papinien prévaudroit.

Ceux qui travaillèrent sous les ordres de Justinien à la composition du digeste, firent cependant aussi usage des ouvrages des autres *jurisconsultes*.

Depuis Auguste jusqu'à Adrien, les *jurisconsultes* commencèrent à se partager en plusieurs sectes; Antistius-Labeo & Arterius-Capito furent les auteurs de la première; l'un se livrant à son génie, donna dans les opinions nouvelles, & ses sectateurs s'attachèrent plus à l'esprit de la loi & à l'équité, qu'aux termes même de la loi; l'autre, au contraire, se tint attaché strictement à la lettre de la loi, & aux anciennes maximes. Le parti de Labeo fut soutenu par Proculus & Pégasus ses disciples, d'où cette secte prit le nom de *Proculéienne* & de *Pégasienne*, de même que celle de Capito fut appellée successivement *Sabinienne* & *Cassienne*, du nom de deux disciples de Capito.

Les disciples de Labeo furent Nerva père & fils, Proculus, Pégasus, Celsus père & fils, & Neratius-Priscus; ceux de Capito furent Massurius-Sabinus, Cassius-Longinus, Cælius-Sabinus, Priscus-Javolenus, Alburnius-Valens, Tuscianus & Salvius-Julianus. Ce dernier, après avoir réuni les différentes sectes qui divisoient la jurisprudence, composa l'édit perpétuel.

Les plus célèbres *jurisconsultes*, depuis Adrien jusqu'à Constantin, furent Gaïus ou Caïus, Scævola, Sextus-Pomponius, Papinien, Ulpien, Paulus, Modestinus & plusieurs autres.

Depuis Constantin, on trouve Grégorien & Hermogénien, auteurs des deux codes ou compilations qui portent leur nom.

La direction de celles que Justinien fit faire, fut confiée à Tribonien, qui associa à ses travaux Théophile, Dorothée, Léontius, Anatolius & Cratinus, le patrice Jean Phocas, Basilide, Thomas, deux Constantins, Dioscore, Præsentinus, Etienne, Menna, Prosdocius, Eutolmius, Thimothée, Léonides, Platon, Jacques.

Pour la confection du digeste, Tribonien choisit seize d'entre ceux qui avoient travaillé avec lui au code; on sait que le digeste fut composé de ce qu'il y avoit de meilleur dans les livres des *jurisconsultes*; leurs ouvrages s'étoient multipliés jusqu'à plus de 2000 volumes, & plus de 300000 vers. On marque au haut de chaque loi le nom du *jurisconsulte*, & le titre de l'ouvrage dont elle a été tirée; on prétend qu'après la confection du digeste, Justinien fit supprimer tous les livres des *jurisconsultes* ; quoi qu'il en soit, il ne nous en reste que quelques fragmens.

Quelques auteurs ont entrepris de rassembler ces fragmens de chaque ouvrage, qui sont à part dans le digeste & ailleurs ; mais il en manque encore une grande partie, qui seroit nécessaire pour bien connoître les principes de chaque *jurisconsulte*.

Les *jurisconsultes* les plus célèbres que l'Allemagne a produits, sont Irnerius, Haloander, Ulric Zazius, Fichard Ferrier, Sichard, Mudée, Oldendorp, Damhouden Rœvard, Hopper, Zuichem, Ramus, Cisner, Giffanius, Volfanghus, Freymonius, Dasius, Vander-Anus, Deima, Wesembeck, Leunclavius, Vander-Bier, Drederode, Borcholten, Lectius, Ritterehusius, Treutler, Grotius, Godefroy, Matthæus, Conringius, Pufendorf, Cocceius, Leibnitz, Gerard Noodt, Van-Espen, Heineccius, Vinnius, *&c.*

L'Italie a pareillement produit un grand nombre de savans *jurisconsultes*, tels que Martin & Bulgare son antagoniste, Accurse, Azon, Bartole, Ferrarius, Fulgose, Caccialupi, Paul de Castres, François Aretin, Alexandre Tartagni, les trois Sorin, Cæpola, les Riminaldi, Jason, Decius, Ruinus, Alciat, Nevizan, Pancirolle, Matthæus *de afflictis*, Peregrinus, Julius Clarus, Lancelot, les deux Gentilis, Pacius, Menochius, Mantica, Farinacius, Gravina, *&c.*

Il n'y a eu guère moins de grands *jurisconsultes* en Espagne ; on y trouve un Govea, Antoine-Augustin Covaruvias, Vasquez, Gomez, Pinellus, Garcias, Alvares, Pierre & Emmanuel Barbosa, Veneusa, Amaia Caldas de Peirera, Caldera, Castilla-Soto-Major, Carranza, Perezius, *&c.*

La France n'a pas été moins féconde en *jurisconsultes* ; le nombre en est si grand, que nous ne rappellerons ici que les plus célèbres, tels sont Guillaume Durand, surnommé le *spéculateur*, Guy Foucaut, qui fut depuis pape sous le nom de Clément IV, Jean Faber, Celse Hugues, Descousu, Guillaume Budée, Eginard Baron, Duaren, Tiraqueau, Charles Dumoulin, Jean de Coras, François Baudouin ou Balduin, Berenger Fernand, Contius, Hotman, Jacques Cujas, Pierre Faber, Barnabé Brisson, Charles Loiseau, Chenu, Loisel, *Petrus Gregorius*, Eveillon, Pierre Pithou, Bouchelle, Coquille, Pasquier, Pierre Ayrault, Charles Labbé, Maran, Leschassier, Brodeau, Antoine Faber, Janus Acosta, Didier Héraultd ; *Heraldus*, Edmon, Merille, Charles-Annibal Fabrot.

On doit aussi compter entre les modernes Jean Doujat, Jean Domat, Henrys, Corbin, Baluze, Pinson, Bengy, Gerbais, Ferret, Grimaudet, de Lauriere, de la Marre, Pierre le Merre, Dupuy, Bardet, le Prêtre, Dupinau, Boucheul, Ricard, le Brun, le Grand, Hevin, Pocquet de Livonieres, Claude de Ferrieres, de Boutarie, Bouhier, Cochin, de Hericourt, M. le P.P. de Lamoignon, & plusieurs autres, dont l'énumération seroit trop longue.

Nous ne parlons point ici des *jurisconsultes* vivans, dans la crainte d'ometre quelqu'un de ceux qui mériteroient d'être nommés ; mais on nous reprocheroit d'oublier deux des plus savans que nous avons perdu de nos jours ; M. le chancelier d'Aguesseau, & M. Pothier, conseiller au présidial, & professeur du droit françois dans l'université d'Orléans.

Les *jurisconsultes* romains, françois, & autres, ont toujours été en grande considération ; plusieurs ont été honorés des titres de chevalier, de comte, de patrice, & élevés aux premières dignités de l'état.

Bernardin Rectilius de Vicenze a écrit les vies des anciens *jurisconsultes* qui ont paru depuis 2000 ans. Guy Pancirol a écrit quatre livres des illustres interprètes des loix. Taisand a aussi écrit les vies des *jurisconsultes* anciens & modernes ; on trouve aussi dans l'histoire de la Jurisprudence romaine de M. Terrasson, une très-bonne notice de ceux qui ont écrit sur le droit romain.

JURISDICTION, s. f. (*Droit public, civil & ecclésiastique*,) *jurisdictio*, *quasi potestas jus dicendi*, est le droit de rendre la justice à quelqu'un.

Quelquefois le terme de *jurisdiction* est pris pour le tribunal où se rend la justice, ou pour les officiers qui la composent.

Quelquefois aussi ce terme signifie le territoire qui dépend du tribunal, ou bien l'étendue de sa compétence.

La *jurisdiction*, prise en tant que le droit de rendre la justice, est de plusieurs sortes ; sçavoir, séculière ou ecclésiastique, volontaire ou contentieuse, ordinaire ou extraordinaire, royale ou seigneuriale, supérieure ou inférieure ou subalterne. Nous expliquerons ci-après ce qui concerne chacune de ces espèces de *jurisdictions*, & plusieurs autres qui ont encore d'autres dénominations particulières.

Faire acte de *jurisdiction*, c'est user du pouvoir jurisdictionnel.

On appelle *degrés de jurisdiction* les différens tribunaux dans lesquels on peut plaider successivement pour la même affaire, & l'ordre qui est établi pour procéder dans une *jurisdiction* inférieure avant de pouvoir porter l'affaire à une *jurisdiction* supérieure.

Les Romains entendoient par le mot *jurisdiction*, le droit propre à chaque magistrat de connoître des affaires de sa compétence, & de prononcer des sentences sur celles qui étoient portées devant lui. La *jurisdiction* étoit bornée à la simple connoissance & au jugement de la contestation ; mais l'exécution de la sentence étoit remise aux magistrats qui avoient, outre la *jurisdiction*, l'exercice du pouvoir, soit pur, soit mixte.

La *jurisdiction* différoit du pouvoir, que les jurisconsultes définissent la puissance armée, dont ils distinguoient deux espèces. Le pouvoir pur consistoit dans le droit de glaive, accordé par une loi spéciale pour punir les coupables. Le pouvoir

mixte

mixte consistoit dans le droit de contraindre à l'exécution des jugemens rendus, par la prise d'un gage, par amende, par l'interdiction du barreau, par l'envoi en possession des biens du coutumace, quelquefois même par la détention de la personne.

Les Romains avoient donc trois ordres de magistrats: ceux du premier qui avoient *merum & mixtum imperium*, c'est-à-dire, l'entière *jurisdiction*, ou, comme on diroit parmi nous, *haute, moyenne & basse justice*: ceux d'un ordre inférieur, qui n'avoient que le *mixtum imperium*, dont le pouvoir étoit moins étendu, & ressembloit à-peu-près à la *moyenne justice*: ceux enfin qui n'avoient que la simple *jurisdiction*, & qui ressembloient assez à nos *basses justices*. Mais ces divers magistrats, quoique de pouvoir différent, ne formoient pas trois degrés de *jurisdiction* pour l'appel, ils avoient seulement un pouvoir plus ou moins étendu. On se formera une idée plus nette & plus précise de la différence que les loix romaines mettent entre les mots *jurisdiction* & *pouvoir*: en jettant les yeux sur la différence qui existe parmi nous entre les juges ecclésiastiques & les juges royaux.

Les officiaux n'ont précisément que la *jurisdiction* prise dans le sens des loix romaines, c'est-à-dire, qu'ils n'ont que le droit de connoître des matières qui sont de leur compétence; leur pouvoir finit avec le jugement, & ils n'en ont aucun pour forcer les réfractaires à les exécuter. Il faut pour cet effet avoir recours au juge royal, qui, outre la *jurisdiction*, proprement dite, possède encore la puissance de contraindre à l'exécution de ses jugemens, même par le glaive dont il est armé pour le soutien de la justice.

Mais dans nos usages, ainsi que nous l'avons dit au commencement de cet article, nous nous servons du terme *jurisdiction* pour signifier, soit le droit de rendre la justice, soit le territoire qui est soumis à un tribunal.

Anciennement en France, quoiqu'il y eût différens magistrats qui avoient plus ou moins de pouvoir, on ne distinguoit point les degrés de *jurisdiction*; cependant du temps de Charlemagne le comte de chaque province connoissoit d'affaires graves, privativement aux premiers juges appellés *centenarii*, *scabini*, *racemburgi*. Dès le temps de Pepin, il n'étoit pas permis d'aller au roi avant d'avoir plaidé devant le comte & devant les juges qui étoient sous lui; autrement si c'étoit un homme du commun, on le battoit de verges, si c'étoit un homme qualifié, il étoit puni à l'arbitrage du roi.

Dans les *jurisdictions* séculières, il se trouvoit en quelques endroits jusqu'à cinq degrés de *jurisdiction*. Le premier degré, c'est-à-dire, l'ordre le plus inférieur, est celui de la basse ou de la moyenne justice: on peut appeller de ces justices à la haute qui fait le second degré; de la haute justice on peut appeller à la justice royale, qui fait le troisième degré; & si c'est une prévôté ou autre justice du même ordre, on peut en appeller au bailliage ou sénéchaussée, qui fait en ce cas le quatrième degré. Enfin, du bailliage ou sénéchaussée, on appelle au parlement, qui fait le cinquième degré.

Pour diminuer le nombre des degrés de *jurisdictions*, l'ordonnance d'Orléans, *art. 54*, & celle de Roussillon, *art. 24*, avoient ordonné que toutes prévôtés, vigueries ou autres *jurisdictions* royales & subalternes qui étoient établies dans les villes où il y a bailliage ou sénéchaussée auxquels elles ressortissoient, seroient supprimées.

Mais comme cela ne devoit avoir lieu qu'à mesure que les offices vaqueroient, l'exécution en fut par-là si long-temps différée, que Henri III, par son ordonnance de Blois, *art. 288*, se contenta d'ordonner que les offices de ces sièges subalternes seroient réduits au même nombre où ils étoient suivant la première création.

Cette loi n'ayant pas été mieux exécutée, le feu roi, après avoir supprimé par différens édits particuliers plusieurs prévôtés, ordonna par celui du mois d'avril 1749, que toutes les prévôtés, châtellenies, prévôtés foraines, vicomtés, vigueries, & toutes autres *jurisdictions* royales établies, sous quelque dénomination que ce fût, dans les villes où il y a bailliage ou sénéchaussée auxquels elles étoient ressortissantes, ensemble tous les offices créés & établis pour servir à l'administration de la justice dans ces *jurisdictions*, demeureroient supprimées.

Cet édit a laissé subsister les *jurisdictions* royales ressortissantes aux bailliages & sénéchaussées, lorsqu'elles ne sont pas dans la même ville.

En quelques endroits l'appel de la haute-justice est porté directement au bailliage ou sénéchaussée, auquel cas il n'y a que trois degrés de *jurisdictions*.

Dans les affaires qui sont portées *rectâ* au bailliage royal, il ne peut y avoir que deux degrés de *jurisdiction*.

Il en est de même des affaires qui sont du ressort des cours des aides, il n'y a jamais que deux degrés de *jurisdictions*. En effet, des élections, greniers à sel & juges des traites, on va directement par appel à la cour des aides.

En matière d'eaux & forêts, il y a ordinairement trois degrés, savoir, les grueries & maîtrises, la table de marbre & le parlement.

L'ordre des *jurisdictions* est de droit public, tellement qu'il n'est permis à personne de l'intervertir.

Il est défendu en conséquence aux juges d'entreprendre sur la *jurisdiction* les uns des autres.

Il n'y a que le prince ou les cours souveraines dépositaires de son autorité, qui puissent distraire quelqu'un de la *jurisdiction* à laquelle il est naturellement soumis.

Une partie qui n'est pas assignée devant son juge naturel, ou autre juge compétent, peut décliner la *jurisdiction*. *Voyez* COMPÉTENCE & DÉCLINATOIRE.

Les particuliers ne peuvent pas non plus déroger à l'ordre naturel des *jurisdictions* ni l'intervertir; quelque soumission qui ait été faite à une *jurisdic-*

tion à l'exclusion d'une autre, quand même cette soumission seroit une des clauses du contrat; il n'est pas permis aux parties, même d'un commun accord, de porter une affaire à un autre juge que celui auquel la connoissance en appartient naturellement; autrement le ministère public peut revendiquer l'affaire pour le juge qui en doit être saisi.

Il n'est pas non plus permis en matière civile d'intervertir l'ordre des *jurisdictions* pour porter l'appel d'une sentence à un autre juge que celui qui est le supérieur immédiat du juge dont est appel, si ce n'est dans les appels comme de deni de renvoi; ou comme de juge incompétent, dans lesquels l'appel est porté *rectà* au parlement.

En matière criminelle, l'appel va aussi toujours au parlement, *omisso medio*.

Dans la *jurisdiction* ecclésiastique, il n'y a que quatre degrés.

L'official de l'évêque est le premier degré; on appelle de-là à l'official du métropolitain, qui est le second degré; de celui-ci, au primat qui fait le troisième degré, & du primat au pape qui est le quatrième.

Quand l'évêque ou l'archevêque est soumis immédiatement au saint-siège, il n'y a que deux ou trois degrés de *jurisdiction*.

Il peut arriver, dans la *jurisdiction* ecclésiastique, que l'on soit obligé d'essuyer cinq ou six degrés de *jurisdiction*, parce que le pape étant tenu de déléguer des commissaires sur les lieux, on peut encore appeller de ces commissaires au pape, lequel commet de nouveaux commissaires jusqu'à ce qu'il y ait trois sentences conformes, ainsi que cela a été limité par le concordat.

On ne doit pas confondre le détroit, district ou territoire d'une *jurisdiction* inférieure avec son ressort; le détroit ou territoire d'une *jurisdiction* inférieure est le territoire qui est soumis immédiatement à cette *jurisdiction*, au lieu que le ressort de cette même *jurisdiction* est le territoire de celles qui y viennent par appel.

Ainsi la *jurisdiction* des premiers juges, qui n'ont point d'autres juges au-dessous d'eux, n'a point de ressort, mais seulement un détroit ou territoire; cependant on confond quelquefois ces termes dans l'usage, sur-tout en parlant des cours souveraines, dont le territoire & le ressort sont de la même étendue. (*A*)

JURISDICTION DES ABBÉS est le pouvoir que les abbés réguliers ont d'ordonner le service divin, & de donner la bénédiction dans leurs églises. Ils ont droit de correction sur leurs religieux en ce qui regarde la discipline intérieure & les fautes par eux commises dans le cloître; car la punition & correction de celles qu'ils commettent au dehors appartiennent à l'évêque pour le délit commun, & au juge royal pour les cas privilégiés. Quelques abbés ont aussi le pouvoir de donner à leurs religieux la tonsure & les ordres mineurs. Les abbés commendataires exercent la *jurisdiction* spirituelle de même que les réguliers, mais ils n'ont pas la *jurisdiction* correctionnelle sur les religieux; car ce n'est pas à eux à faire observer une règle qu'ils ne professent pas: le droit de correction, en ce cas, est dévolu au prieur claustral. *Voyez le traité des matières bénéf. de* Fuet, *liv. 2, chap. 1, des abbés.* (*A*)

JURISDICTION BASSE *ou plutôt* BASSE JURISDICTION, comme elle est appellée dans la coutume de Poitou, *art. 21*, qui la qualifie aussi de *jurisdiction foncière*, est une espèce particulière de basse justice qui ne donne pas connoissance de toutes les matières réelles & personnelles qui sont de la compétence du bas-justicier, mais seulement la connoissance du fonds qui relève du fief ou de l'*étroit fonds*, comme dit l'art. 18 de la coutume de Poitou, c'est-à-dire, des causes réelles qui regardent le fonds du fief & les droits qui peuvent en venir au seigneur; comme le paiement des lods & ventes, la notification & exhibition des contrats & autres causes concernant son fief. *Voyez* Boucheul *sur l'art. 18 de la coutume de Poitou, & ci-après au mot* JUSTICE FONCIÈRE. (*A*)

JURISDICTION DU PREMIER CHIRURGIEN DU ROI, est une espèce de *jurisdiction* économique que le premier chirurgien du roi, en sa qualité de chef de la chirurgie & garde des chartres, statuts & privilèges de cet art, exerce sur tous les chirurgiens, sages-femmes, & autres exerçans quelque partie que ce soit de la chirurgie ou de la barberie.

Elle consiste dans le droit d'inspection & visitation sur toutes les personnes soumises à sa *jurisdiction*, de faire assembler les communautés de chirurgiens & de perruquiers pour leurs affaires & autres nécessaires à la réception des aspirans, de présider dans ces assemblées, d'y porter le premier la parole, de recueillir les voix, de prononcer les délibérations, recevoir les sermens, entendre & arrêter définitivement les comptes, & enfin de faire observer la discipline, le bon ordre & les statuts & réglemens donnés sur le fait de la chirurgie & barberie, & de prendre toute connoissance de ce qui concerne ces professions. *Voyez le Dictionnaire de Chirurgie.*

JURISDICTION CIVILE. *Voyez* JUSTICE CIVILE.

JURISDICTION COACTIVE est celle qui a le pouvoir de faire exécuter ses jugemens. Les arbitres n'ont point de *jurisdiction coactive;* leur pouvoir se borne à juger. On dit aussi que l'église n'a point par elle-même de *jurisdiction coactive*, c'est-à-dire, qu'en vertu de la *jurisdiction* spirituelle qu'elle tient de droit divin, elle ne peut se faire obéir que par des censures, sans pouvoir exercer aucune contrainte extérieure sur les personnes ni sur les biens; elle ne peut même, pour la *jurisdiction* qu'elle tient du prince, mettre ses jugemens à exécution; il faut qu'elle implore l'aide du bras séculier, parce qu'elle n'a point de territoire. *Voyez* JURISDICTION ECCLÉSIASTIQUE. (*A*)

JURISDICTION COMMISE est celle dont le magistrat commet l'exercice à une autre personnne.

On confond souvent la *jurisdiction commise* avec

la *jurisdiction* déléguée ; on faisoit cependant une différence chez les Romains, *inter eum cui mandata erat jurisdictio*, celui auquel la *jurisdiction* étoit entièrement *commise*, & *judicem datum* qui n'étoit qu'un délégué spécial, & souvent qu'un subdélégué pour le jugement d'une certaine affaire.

Celui auquel la *jurisdiction* étoit *commise*, avoit toute l'autorité de la justice ; il prononçoit lui-même ses sentences, & avoit le pouvoir de les faire exécuter, au lieu que le simple délégué ou subdélégué n'avoit simplement que le pouvoir de juger. Sa sentence n'étoit que comme un avis, jusqu'à ce que le magistrat l'eût approuvée, soit en la prononçant lui-même, *pro tribunali*, soit en décernant la commission pour l'exécuter.

Parmi nous il n'est pas permis aux magistrats de commettre entièrement à d'autres personnes la *jurisdiction* qui leur est confiée ; ils peuvent seulement commettre l'un d'entre eux pour certaines fonctions qui concernent l'instruction des affaires, mais non pas pour les décider : s'ils renvoient quelquefois devant des avocats, ou devant d'autres personnes, pour en passer par leur avis, ce n'est que sous la condition que ces avis seront homologués, sans quoi on ne peut les mettre à exécution.

Mais les cours supérieures peuvent commettre un juge inférieur au lieu d'un autre, pour connoître de quelque affaire, lorsqu'il y a quelque raison pour en user ainsi. *Voyez* JURISDICTION DÉLÉGUÉE.

On entend ordinairement par *jurisdiction commise* celle qui n'est pas ordinaire, mais qui est seulement attribuée par le prince pour certaines matières ou sur certaines personnes, ou pour certaines affaires seulement. *Voyez* ATTRIBUTION, COMMISSAIRE, COMMISSION. (*A*)

JURISDICTION *consulaire* est celle qui est exercée par des consuls & autres juges établis pour connoître des affaires de commerce, tels que la conservation de Lyon. *Voyez* CONSERVATION & CONSULS. (*A*)

JURISDICTION *contentieuse* est celle qui connoît des contestations mues entre les parties ; elle est ainsi appellée pour la distinguer de la *jurisdiction* volontaire qui ne s'étend point aux affaires *contentieuses*. *Voyez* JURISDICTION *volontaire*. (*A*)

JURISDICTION *correctionnelle* est celle que les supérieurs des monastères ont sur les religieux, & que quelques chapitres ont sur leurs membres. Cette espèce de *jurisdiction* n'est autre chose que le droit de correction modérée, que l'on a improprement appellé *jurisdiction* ; en tout cas ce n'est qu'une *jurisdiction* domestique. *Voyez* CORRECTION & JURISDICTION *des Abbés*. (*A*)

JURISDICTION *criminelle*. *Voyez* JUSTICE *criminelle*.

JURISDICTION *des Curés*, on entend par ce terme la puissance qu'ils ont pour le spirituel ; & dans ce sens ont dit que leur *jurisdiction* est émanée immédiatement de J. C. qui donna lui-même la mission aux 72 disciples qu'il avoit choisis, aussi bien qu'à ses apôtres. (*A*)

JURISDICTION *déléguée* est celle qui est commise à quelqu'un par le prince ou par une cour souveraine, pour instruire & juger quelque différend. *Voyez* COMMISSION. (*A*)

JURISDICTION *ecclésiastique*, considérée en général, est le pouvoir qui appartient à l'église, d'ordonner ce qu'elle trouve de plus convenable sur les choses qui sont de sa compétence, & de faire exécuter ses loix & ses jugemens.

L'église a présentement deux sortes de *jurisdictions*, qui sont regardées l'une & l'autre comme ecclésiastiques ; l'une qui lui est propre & essentielle, l'autre qui est de droit humain & positif.

La *jurisdiction* qui est propre & essentielle à l'église, est toute spirituelle ; elle tire son origine du pouvoir que J. C. a laissé à son église, de faire exécuter les loix qu'il avoit prescrites, d'en établir de nouvelles quand elles seroient nécessaires, & de punir ceux qui les enfreindroient.

Cette puissance & *jurisdiction* qui appartiennent à l'église sont de droit divin : elles ne s'exercent que sur le spirituel ; elles ne consistent que dans le pouvoir d'enseigner tout ce que J. C. a ordonné de croire & de pratiquer, d'interpréter sa doctrine, de réprimer ceux qui voudroient enseigner quelque chose de contraire, d'assembler les fidèles pour la prière & l'instruction, de leur donner des pasteurs de différens ordres pour les conduire, & de déposer ces pasteurs, s'ils se rendent indignes de leur ministère.

J. C. a encore dit à ses apôtres : « recevez le » S. Esprit ; ceux dont vous remettrez les péchés, » ils leur seront remis, & ceux dont vous les rétiendrez, ils leur seront retenus ». Il leur a dit encore : « si votre frère a péché contre vous, » reprenez-le seul à seul ; s'il ne vous écoute pas, » appellez un ou deux témoins ; s'il ne les écoute » pas, dites-le à l'église ; s'il n'écoute pas l'église, » qu'il soit regardé comme un païen & un publi- » cain. Tout ce que vous aurez lié sur la terre, » sera lié dans le ciel ; & tout ce que vous aurez » délié sur la terre, sera délié dans le ciel ». L'église a donc reçu de J. C. le pouvoir de juger les pécheurs, de distinguer ceux qui doivent être absous, de ceux qui ne sont pas en état de recevoir l'absolution, & de retrancher de l'église les pécheurs rebelles & incorrigibles.

Enfin l'église a pareillement le pouvoir d'assembler le clergé d'une ou de plusieurs églises, pour ordonner conjointement ce qui est nécessaire par rapport au spirituel.

* Ce pouvoir de l'église de s'assembler est cependant subordonné, quant à son exercice, à la volonté des princes dans les états desquels la religion a été reçue*.

La *jurisdiction* de l'église étoit, dans son origine, bornée à ces seuls objets ; & pour contraindre les réfractaires à exécuter ses loix & ses jugemens, elle n'avoit d'autres armes que les peines spirituelles.

Mais on lui a attribué peu-à-peu une autre espèce de *jurisdiction* qui est de droit humain & positif. On l'a aussi comprise sous le terme de *jurisdiction ecclésiastique*, soit parce qu'elle a été attribuée à l'église, soit parce qu'elle s'exerce principalement sur des matières ecclésiastiques : elle a néanmoins été aussi étendue à des matières purement temporelles, lorsqu'elles intéressent des ecclésiastiques, ainsi qu'on l'expliquera dans la suite.

Cette partie de la *jurisdiction ecclésiastique*, qui est de droit humain & positif, lui a été attribuée à l'occasion de la puissance spirituelle.

L'église ayant droit de retrancher de son sein ceux qui ne rendoient pas justice à leurs frères, les apôtres défendoient aux chrétiens de plaider devant les magistrats infidèles, & leur ordonnoient de prendre des arbitres d'entre eux-mêmes.

Les jugemens que rendoient ces arbitres n'étoient que des jugemens de charité, dont personne ne pouvoit se plaindre, parce qu'ils n'étoient exécutés que par la soumission du condamné.

On trouve encore, du temps de S. Cyprien, que l'évêque, avec tout son clergé, jugeoient de tous les différends des fidèles avec tant d'équité, que les assemblées de l'église étant devenues plus difficiles dans la suite à cause des persécutions, c'étoit ordinairement l'évêque seul qui prononçoit, & l'on s'y soumettoit presque toujours.

On étoit si content de ces jugemens, que, lors même que les princes & les magistrats furent devenus chrétiens, & que l'on n'eut plus les mêmes raisons pour éviter leurs tribunaux, plusieurs continuèrent à se soumettre par préférence à l'arbitrage des évêques.

L'église avoit donc alors la connoissance des différends concernant la religion, l'arbitrage des causes qui lui étoient déférées volontairement, & la censure & correction des mœurs, que Tertullien appelle *exhortationes*, *castigationes & censura divina ;* mais elle n'avoit pas cet exercice parfait de la justice, qui est appellé en droit *jurisdictio*. Tertullien appelle la justice des évêques, *notionem*, *judicium*, *audientiam*, & jamais *jurisdictionem*. Ainsi M. Cujas observe que le titre du code qui traite de la justice des évêques, est intitulé *de episcopali audientiâ*, & non pas *de episcopali jurisdictione*, parce que les juges d'église ont seulement le pouvoir d'ouir les parties & de décider de leurs différends, mais non pas de leur faire droit pleinement, ne pouvant mettre leurs jugemens à exécution, parce qu'ils n'ont point de tribunaux proprement dits, mais une simple audience, comme l'observe M. le premier président de Lamoignon, sur l'art. 1 du tit. 15 de l'ordonnance de 1667, & que d'ailleurs l'église n'a point la force extérieure en main pour mettre ses jugemens à effet, & qu'elle n'a point de territoire.

Cependant les princes séculiers, par respect pour l'église, & pour honorer les pasteurs, favorisèrent les jugemens rendus par les évêques, en ordonnant qu'ils pourroient juger les affaires civiles comme arbitres, du consentement des parties. Constantin ordonna que leurs jugemens seroient exécutés sans appel, & que les juges séculiers les feroient exécuter par leurs officiers.

* Cet empereur fut plus loin. Il fit une loi par laquelle il donnoit pouvoir à l'une des parties, soit au défendeur, soit au demandeur, en quelque cause que ce fût, en quelque état que fût le procès, avant ou après contestation en cause, même au moment du jugement, de faire évoquer pardevant l'évêque, quoique la partie adverse s'y refusât, & cela pour faire juger sans appel. Cette loi, selon plusieurs auteurs, n'a jamais reçu son entière exécution, & il faut avouer qu'elle tendoit à détruire absolument les tribunaux séculiers, puisqu'il eût été au pouvoir de chaque particulier de les reconnoître pour juges, ou de décliner leur *jurisdiction*.

Les premiers successeurs de Constantin mirent des bornes à cette faculté indéfinie de décliner les tribunaux séculiers pour recourir aux jugemens des évêques. On vit paroître la loi, *si qui ex consensu apud sacræ legis antistitem litigare voluerint, non vetabuntur, sed experientur illius in civili duntaxat negotio, more arbitri spontè residentis judicium.* On voit ici trois modifications à la constitution de Constantin : la première, le consentement de toutes les parties, *ex consensu;* la seconde, que le jugement de l'évêque sera rendu par forme d'arbitrage, *more arbitri spontè residentis;* la dernière, que ce ne fût qu'en matière civile, & non pas criminelle, *in civili duntaxat negotio.* Il paroît qu'on faisoit même alors une différence entre les causes civiles & les criminelles; mais la législation des empereurs, à ce sujet, éprouva plusieurs variations *.

Arcadius & Honorius s'étant apperçu que quelques évêques cherchoient à étendre trop loin la puissance qui leur avoit été accordée, les réduisirent à juger seulement des affaires de religion. Ce réglement fut confirmé par Valentinien II, en sa *novelle 12*, où il déclare formellement que les évêques & les prêtres, *forum legibus non habere*, *nec de aliis causis*, *præter religionem posse cognoscere.* Il leur permit seulement de connoître des causes entre clercs, ou entre laïques, mais seulement du consentement des parties, & en vertu d'un compromis.

Ainsi, lorsqu'il s'agissoit de religion, le pape & les évêques étoient juges, & dans ces matières, l'appel du jugement de l'évêque étoit porté au métropolitain, de celui-ci au primat ou au patriarche, suivant les différens lieux; dans l'occident on appelloit du primat au pape; & dans l'Orient, des exarques ou primats au patriarche de Constantinople : on ne voulut pas permettre l'appel du patriarche au pape.

Mais lorsqu'il s'agissoit de procès, les évêques n'en connoissoient que par compromis : ce fut là première cause pour laquelle il n'y avoit pas d'appel de leurs sentences.

Justinien en ajouta ensuite une autre, en ordonnant que les jugemens des évêques seroient respectés comme ceux des préfets du prétoire, dont il n'y avoit pas d'appel. Il rendit aux évêques toute l'autorité que ses prédécesseurs leur avoient ôtée; il leur établit même une audience publique, & donna aussi aux clercs & aux moines le privilège de ne pouvoir être obligés de plaider hors de leurs provinces, & de n'avoir que leur évêque pour juge en matière civile, & pour les crimes ecclésiastiques.

Ce même empereur connoissant la probité & la charité des évêques, & suivant en cela l'exemple de plusieurs de ses prédécesseurs, leur donna beaucoup d'autorité dans certaines affaires temporelles, comme dans la nomination des tuteurs & des curateurs, dans les comptes des deniers communs des villes, les marchés & réceptions d'ouvrages publics, la visite des prisons, & pour la protection des esclaves, des enfans exposés, des personnes misérables, enfin pour la police contre les jeux de hasard & contre la prostitution : mais leur autorité, par rapport à ces différentes choses, ne consistoit qu'à veiller à l'exécution des réglemens concernant la piété & les bonnes mœurs, sans qu'ils eussent, à cet égard, aucune *jurisdiction* coactive.

* Quelque étendus que fussent les privilèges accordés ou rétablis par Justinien en faveur des évêques, on voit cependant qu'il y met des bornes, même pour les procès des clercs. *Si propter naturam causæ, aut quamdam fortè difficultatem non fuerit possibile Deo amabili episcopo decidere negotium, tunc licentiam esse ad civiles judices pergere.* Le législateur indique deux cas où les clercs pourront & même devront procéder devant les juges séculiers; l'un, si l'affaire est de nature à ne pouvoir être décidée par l'évêque, *causæ naturam*; l'autre, si l'évêque n'a pas le loisir ou éprouve quelque autre empêchement, *aut propter quandam difficultatem.*

Quant aux affaires criminelles, Justinien met une grande différence entre les crimes civils & les crimes ecclésiastiques. *Si ecclesiasticum sit delictum egens castigatione ecclesiasticâ & mulctâ, Deo amabilis episcopus hoc discernat nihil communicantibus charissimis provinciæ judicibus; in criminibus autem civilibus provinciarum præsides sint judices.* On donne cet authentique de Justinien pour l'origine de la distinction que l'on a faite par rapport aux ecclésiastiques, entre le délit commun & le délit privilégié *.

Les loix civiles qui autorisoient les évêques à connoître des différends des clercs, entroient dans les vues de l'église, qui étoient d'empêcher ses ministres de plaider, ou du moins qu'ils ne parussent devant les juges laïques, dans la crainte que cela ne tournât au mépris du ministère ecclésiastique: c'est pourquoi le troisième concile de Carthage avoit ordonné que si un évêque, ou prêtre, ou un autre clerc poursuivoit une cause dans un tribunal public, que si c'étoit en matière criminelle il seroit déposé; que si c'étoit en matière civile, il perdroit le profit du jugement s'il ne vouloit pas s'exposer à être déposé.

Le concile de Chalcédoine ordonne qu'un clerc qui a une affaire contre un autre clerc, commence par le déclarer à son évêque pour l'en faire juge, ou prendre des arbitres, du consentement de l'évêque.

Quelques autres conciles postérieurs ne défendent pas absolument aux clercs d'agir devant les juges séculiers, mais de s'y adresser ou d'y répondre sans la permission de l'évêque.

La *jurisdiction ecclésiastique* s'accrut encore tellement, qu'en 886, le pape Nicolas premier, dans ses réponses aux Bulgares, dit qu'ils ne doivent point juger les clercs, maxime fondée principalement sur les fausses décrétales, comme l'on voit dans le décret de Gratien.

* On citera ici une loi du code Théodosien, dont Gratien a fait usage dans son décret, en retranchant des mots essentiels. *Continuâ lege sancimus, nomen episcoporum, vel eorum qui ecclesiæ necessitatibus serviunt ne ad judicia sive ordinariorum sive extraordinariorum judicium pertrahantur, habent illi suos judices, nec quicquam his publicis commune cum legibus*, QUANTUM AD CAUSAS TAMEN ECCLESIASTICAS PERTINET, *quas decet episcopali autoritate decidi. Quibuscumque igitur mota fuerit quæstio, quæ ad christianam pertineat sanctitatem eos decebit sub eo judice litigare, qui præsul est in suis partibus omnium sacerdotum.* Gratien au canon *continua*, tiré de cette loi, a retranché ces mots, *quantum ad causas tamen ecclesiasticas pertinet*, & par ce moyen si facile, a soustrait d'un coup de plume, à la *jurisdiction* séculière, toutes les causes des ecclésiastiques, de quelque nature qu'elles fussent. Arcadius & Honorius s'étoient expliqués d'une manière à ne laisser aucun doute à ce sujet. *Quoties de religione agitur, episcopos convenit agitare, cæteras verò causas quæ ad ordinarios cognitores, vel ad usum publici juris pertinent legibus, opportet audiri* *.

Le pouvoir des évêques augmenta encore de beaucoup, tant par rapport au respect dû à la sainteté de leur ministère, que par la piété des princes chrétiens qui leur donnèrent de grands biens, & par la considération due à leur savoir, sur-tout dans les temps où les laïques étoient plongés dans une ignorance profonde : on leur confia une partie du gouvernement politique; & cette *jurisdiction* qui n'étoit au commencement qu'extraordinaire, fut ensuite rendue ordinaire en quelques lieux avec plus ou moins d'étendue, selon les talens de l'évêque & l'incapacité du comte qui étoit préposé sur la province.

Il n'y eut point de pays où les évêques acquirent plus d'autorité qu'en France : quelques-uns prétendent que leur *jurisdiction*, par rapport aux matières temporelles, vient du commandement militaire que les évêques & les abbés avoient sur leurs hommes qu'ils menoient à la guerre: que cela entraîna depuis la *jurisdiction* civile sur ceux qui étoient soumis à leur conduite.

* La possession des fiefs, auxquels la justice fut souvent réunie, fut peut-être une des occasions d'étendre la *jurisdiction ecclésiastique*, même sur les matières civiles. On confondit peut-être le caractère épiscopal & la qualité d'abbé, avec la seigneurie temporelle; cependant on ne voit point le clergé défendre, sous ce point de vue, sa *jurisdiction* lorsqu'elle fut attaquée. Et aujourd'hui la *jurisdiction* temporelle des ecclésiastiques, comme seigneurs de fiefs, n'a aucune espèce de rapport avec ce que l'on appelle la *jurisdiction ecclésiastique* *.

Ce qu'il y a de certain, c'est que le grand crédit que les évêques & les ecclésiastiques en général eurent sous les deux premières races; la part qu'ils eurent à l'élection de Pepin, la considération que Charlemagne eut pour eux, fit que ce prince leur accorda, comme un droit de l'épiscopat, & sous le titre de *jurisdiction ecclésiastique*, une *jurisdiction* qu'ils ne tenoient auparavant que du consentement des parties & de la permission du prince.

On persuada à Charlemagne dans sa vieillesse, qu'il y avoit dans le code Théodosien une loi de Constantin, portant, que si de deux séculiers en procès, l'un prenoit un évêque pour juge, l'autre étoit obligé de se soumettre à son jugement, sans pouvoir en appeller. Cette loi qui s'est trouvée insérée au code Théodosien, *liv. 16*, *tit. 10*, *de episcop. audient.* passe chez tous les critiques pour supposée.

* C'est cette loi dont nous avons parlé ci-dessus. On ne l'a point omise dans la compilation de Gratien; on en a fait deux chapitres ou canons. *Can. 35 quicumque* & *can. 36 omnes itaque 11*, *quæst. 1.* Nous avons sous les yeux un traité du délit commun & cas privilégié, imprimé à Paris en 1611, dans lequel l'auteur qui traite savamment cette question, suppose l'authenticité de la loi de Constantin *.

Quoi qu'il en soit, elle n'a point été insérée dans le code de Justinien: elle n'avoit jamais été exécutée jusqu'au temps de Charlemagne (du moins elle avoit été modifiée par les successeurs de Constantin) lequel l'adopta dans ses capitulaires, *liv. 6*, *chap. 326*. Louis-le-Débonnaire, son fils, en fut une des premières victimes.

Le troisième concile de Latran poussa les choses jusqu'à défendre aux laïques, sous peine d'excommunication, d'obliger les clercs à comparoître devant eux, & Innocent III décida que les clercs ne pouvoient pas renoncer à ce privilège, comme étant de droit public.

La *jurisdiction* des évêques se trouva pourtant fort restreinte dès le dixième siècle pour les matières spirituelles, par l'extension qui fut donnée à l'autorité du pape au préjudice des évêques, & par la *jurisdiction* des légats qui furent envoyés fréquemment dans le onzième siècle.

Les évêques cherchèrent à s'en dédommager en étendant, sous différens prétextes, leur *jurisdiction* sur les matières temporelles.

Non-seulement les clercs étoient alors totalement exempts de la *jurisdiction* séculière, mais les évêques exerçoient même leur *jurisdiction* sur les séculiers dans la plupart des affaires: ils prenoient connoissance des causes réelles & mixtes où les clercs avoient intérêt; & trouvoient toujours moyen de les attirer sous prétexte de connexité ou par reconvention: ils revendiquoient les criminels qui se disoient clercs, quoiqu'ils ne portassent ni l'habit ni la tonsure: ils donnoient la tonsure à tous ceux qui se présentoient, pour augmenter le nombre de leurs justiciables, & mettoient au nombre des clercs tous ceux qui avoient la tonsure, quoiqu'ils fussent mariés. Les meubles des clercs étoient sujets à la *jurisdiction ecclésiastique*, sous prétexte que les meubles suivent la personne.

Ils connoissoient de l'exécution des contrats auxquels on avoit apposé la clause du serment, clause qui étoit devenue de style; & en général toutes les fois qu'il pouvoit y avoir du péché ou de la mauvaise foi dans l'inexécution de quelque acte, c'en étoit assez pour attirer la cause devant les juges d'église, au moyen de quoi ils connoissoient de tous les contrats.

L'exécution des testamens étoit aussi de leur compétence, à cause des legs pieux, ce qui entraînoit les scellés & les inventaires.

Ils connoissoient aussi des conventions matrimoniales, parce que le douaire se constituoit en face de l'église, *à la porte du moustiers.*

Les veuves, les orphelins, les mineurs, les pauvres étoient sous leur protection, & partant leurs justiciables.

Ils excommunioient ceux qui étoient en demeure de payer les sommes par eux dues, & obligeoient les juges laïques de contraindre les excommuniés à se faire absoudre, sous peine d'être eux-mêmes excommuniés, défendant de rien vendre aux excommuniés, ni de travailler pour eux, mettant les lieux en interdit quand les juges ne leur obéissoient pas: ils joignoient même aux censures des amendes pécuniaires, ce que dans l'origine les juges d'église n'avoient pas le pouvoir de faire, ne pouvant, selon leur pouvoir, imposer que des peines spirituelles.

Ils prétendoient aussi que c'étoit à eux à suppléer la justice séculière lorsqu'elle étoit suspecte aux parties, ou qu'elle tardoit un peu à faire droit.

Selon eux, dans les causes difficiles, sur-tout par rapport au point de droit, & quand il y avoit partage d'opinion entre les juges, c'étoit à l'église à décider, ce qu'ils appuyoient sur ce passage du Deuteronome. *Si difficile & ambiguum apud te judicium esse perspexeris, & judicium intrà partes videris variari; venies ad sacerdotes levitici generis & ad judicem qui fuerit illo tempore: qui indicabunt tibi veritatem & facies quæcumque dixerint qui præsunt in loco quem elegerit dominus*; appliquant ainsi une loi de politique de l'ancien testament, qui ne convenoit plus au temps présent.

Enfin ils qualifioient de crimes ecclésiastiques, même à l'égard des laïques, la plupart des crimes, tels que le concubinage, l'usure, le parjure; ensorte qu'ils s'arrogeoient la connoissance de toutes les affaires criminelles, aussi bien que des affaires civiles. Il ne restoit presque plus rien aux *jurisdictions* séculières.

Ces entreprises de la *jurisdiction ecclésiastique* sur la *jurisdiction* séculière, firent le sujet de la fameuse dispute entre Pierre de Cugneres, avocat du roi, & Pierre Bertrandi, évêque d'Autun, devant Philippe de Valois, à Vincennes en 1329.

Pierre de Cugneres soutint que l'église n'avoit que la *jurisdiction* purement spirituelle, & qu'elle n'avoit pas droit de juger des choses temporelles. Il cita soixante-six chefs, sur lesquels il soutint que les ecclésiastiques excédoient leurs pouvoirs, notamment dans les affaires temporelles, dont on a vu ci-devant que les juges d'église s'étoient attribué la connoissance.

Bertrandi prétendit au contraire, que les ecclésiastiques étoient capables de la *jurisdiction* temporelle, aussi bien que de la spirituelle; il répondit à chacun de soixante & six chefs, & en abandonna quelques-uns que l'église désavouoit comme des abus: mais il en défendit la plus grande partie, alléguant la coutume, la possession & les concessions expresses ou tacites des princes qui avoient cru ne pouvoir mieux faire que de confier l'exercice de cette portion de la justice aux juges d'église: il exhorta le roi à ne rien innover, & la chose en demeura là pour lors.

Mais ce qu'il est important d'observer, c'est que Pierre de Cugneres qualifia d'abus les entreprises des ecclésiastiques sur la *jurisdiction* temporelle, & c'est à cette qualification que l'on rapporte l'origine des appels comme d'abus, dont l'objet est de contenir les juges d'église dans les bornes de leur pouvoir, & de les obliger de se conformer aux anciens canons, aux loix & aux ordonnances du royaume, dans l'exercice de la *jurisdiction* qui leur est confiée.

On a encore apporté deux tempéramens pour limiter la *jurisdiction ecclésiastique*.

L'un est la distinction du délit commun d'avec le délit privilégié.

L'autre est la distinction que l'on a faite dans les matières ecclésiastiques, du pétitoire d'avec le possessoire: le juge d'église connoît du pétitoire, mais le juge royal connoît seul du possessoire.

Ce fut principalement l'ordonnance de 1539 qui commença à renfermer la *jurisdiction ecclésiastique* dans les justes bornes. François premier défendit à tous ses sujets de faire citer les laïques devant les juges d'église dans les actions pures personnelles, sous peine de perdre leur cause & d'amende arbitraire. Cette même ordonnance porte que c'est sans préjudice de la *jurisdiction ecclésiastique* dans les matières de sacremens & autres purement spirituelles & ecclésiastiques, dont ils peuvent connoître contre les laïques, selon la forme de droit, & aussi sans préjudice de la *jurisdiction* temporelle & séculière contre les clercs mariés & non mariés, faisant & exerçant états & négociations, pour raison desquels ils sont tenus & accoutumés de répondre en cour séculière, pour lesquels ils continueront d'y procéder tant en matière civile que criminelle.

Il est aussi ordonné que les appels comme d'abus, interjettés par les prêtres & autres personnes ecclésiastiques dans les matières de discipline & autres pures personnelles, & non dépendantes de réalité, n'auroient aucun effet suspensif.

L'ordonnance d'Orléans régla que les prélats & leurs officiers n'useroient de censures ecclésiastiques que pour des crimes scandaleux & publics: mais comme cette disposition donnoit lieu à beaucoup de difficultés, Charles IX, par ses lettres-patentes de 1571, régla que les prélats pourroient user de censures dans les cas qui leur sont permis par les saints décrets & conciles.

L'édit de 1695, concernant la jurisdiction ecclésiastique, ordonne que les ordonnances, édits & déclarations rendus en faveur des ecclésiastiques, concernant leur *jurisdiction* volontaire & contentieuse, seront exécutés.

Les principales dispositions de cet édit sont que la connoissance & le jugement de la doctrine concernant la religion, appartiendront aux archevêques & évêques. Il est enjoint aux cours de parlement & à tous autres juges séculiers de la renvoyer aux prélats; de leur donner l'aide dont ils ont besoin pour l'exécution des censures, & de procéder à la punition des coupables, sans préjudice à ces mêmes cours & juges de pourvoir, par les autres voies qu'ils estimeront convenables, à la réparation du scandale & trouble de l'ordre & tranquillité publique, & contraventions aux ordonnances que la publication de la doctrine auroit pu causer.

La connoissance des causes concernant les sacremens, les vœux de religion, l'office divin, la discipline ecclésiastique, & autres purement spirituelles, est déclarée appartenir aux juges d'église, & il est enjoint aux cours & autres juges de leur en laisser, & même de leur en renvoyer la connoissance, sans prendre aucune *jurisdiction* ni connoissance des affaires de cette nature, à moins qu'il n'y eût appel comme d'abus de quelques jugemens, ordonnances ou procédures émanées des juges d'église, ou qu'il fût question d'une succession, ou autres effets civils.

Les cours ne peuvent connoître, ni recevoir d'autres appellations des ordonnances & jugemens des juges d'église, que celles qui sont qualifiées comme d'abus.

Les procès criminels qu'il est nécessaire de faire à des prêtres, diacres, sous-diacres, ou clercs vivans cléricalement, résidans & servans aux offices, ou aux ministères & bénéfices qu'ils tiennent en l'église, & qui sont accusés des cas que l'on appelle *privilégiés*, doivent être instruits conjointement par les juges d'église, & par les baillis & sénéchaux, ou leurs lieutenans en la forme prescrite par les ordonnances, & particuliérement par l'article 22 de l'édit de Melun, & par la déclaration du mois de janvier 1684.

Les archevêques & évêques ne sont obligés de donner des vicariats pour l'instruction & jugement des procès criminels, à moins que les cours ne l'aient ordonné, pour éviter la recousse des accusés durant leur translation, & pour quelque raison importante à l'ordre & au bien de la justice dans les procès qui s'y instruisent: & en ce cas les prélats choisissent tels conseillers-clercs desdites cours qu'ils jugent à propos, pour instruire & juger le procès pour le délit commun.

La *jurisdiction* ecclésiastique est de deux sortes: savoir, volontaire & contentieuse.

La *jurisdiction* volontaire est ainsi appellée, non parce qu'elle s'exerce toujours *inter volentes*, mais parce qu'elle s'exerce ordinairement sans qu'il y ait aucune contestation des parties: ou s'il y a quelque contestation entre les parties, l'évêque n'en connoît que sommairement & *de plano*, comme il arrive dans le cours des visites, & autres occasions semblables. Elle s'exerce au for intérieur & au for extérieur. Celle qui s'exerce au for intérieur & de conscience, s'appelle *pénitencielle*, & regarde particuliérement le sacrement de pénitence; elle est exercée par les évêques même, par leurs pénitenciers, par les curés & par les confesseurs.

* La *jurisdiction* volontaire qui s'exerce au for extérieur, consiste à donner des dimissoires pour chacun des ordres, des permissions de prêcher & de confesser; à approuver les vicaires qui servent dans les paroisses, & les maîtres & maîtresses des petites écoles; à donner aux prêtres étrangers la permission de célébrer dans le diocèse; donner la permission de faire des annexes; conférer les bénéfices qui sont à la collation de l'évêque, dans les mois libres & sans charge de patronage; à ériger, unir, diviser des cures & autres bénéfices. Dans toutes ces matières, la *jurisdiction* volontaire de l'évêque est aussi qualifiée de jurisdiction gracieuse, parce que l'exercice dépend de sa seule prudence, & que ceux qu'il a refusés ne peuvent pas se plaindre de son refus, & qu'il n'est pas tenu d'en exprimer les motifs.

Il y a encore d'autres actes qui appartiennent à la *jurisdiction* volontaire, mais qui ne sont pas de la *jurisdiction* gracieuse, comme la collation des bénéfices à des pourvus de cour de Rome, à des présentés par des patrons, à des gradués & autres expectans auxquels il est obligé de conférer, à moins qu'il n'y ait des causes légitimes pour les refuser: c'est pourquoi dans ce cas, il est obligé d'exprimer les causes du refus, afin que le supérieur puisse connoître si le refus est bien ou mal fondé.

La *jurisdiction* contentieuse qui s'exerce toujours au for extérieur, est celle qui s'exerce avec solemnité, & avec les formes prescrites par le droit pour terminer les différends des parties, ou pour punir les crimes qui sont de la compétence des juges d'église, suivant ce qui a été expliqué précédemment; telles sont les causes concernant les sacremens, les vœux de religion, l'office divin, la discipline ecclésiastique, & autres purement spirituelles. Telles sont aussi les causes personnelles entre les clercs ou dans lesquelles le défendeur est clerc, les causes de réclamation contre les ordres sacrés, la fulmination des bulles, & autres signatures & rescrits de Rome dont l'exécution est adressée à l'official de l'évêque.

Au reste le privilège des clercs pour la *jurisdiction* ecclésiastique, est restreint à ceux qui sont actuellement au service de quelque église, ou qui étudient dans quelque université, ou qui sont pourvus de bénéfices.

Les réguliers sont soumis à la *jurisdiction* de l'évêque, par rapport à la prédication & à la confession, & pour les fonctions curiales à l'égard de ceux qui possèdent des cures, pour la réclamation de leurs vœux, & la translation à un autre ordre.

Les laïques même sont en certains cas soumis à la *jurisdiction* contentieuse de l'évêque: savoir, pour les demandes en accomplissement ou en nullité des promesses de mariage *quoad fœdus*, pour celles en dissolution de mariage, pour cause d'impuissance ou autres, pour l'entérinement des dispenses que l'on obtient en cour de Rome sur les empêchemens de mariage.

L'évêque peut commettre à des grands-vicaires l'exercice de sa *jurisdiction* volontaire & gracieuse, en tout ou en partie. Il lui est libre aussi de l'exercer par lui-même.

Pour ce qui est de la *jurisdiction* contentieuse, les évêques l'exerçoient aussi autrefois en personne; présentement ils ne peuvent juger par eux-mêmes les affaires contentieuses, à moins que ce ne soit *de plano* & dans le cours de leurs visites, ils doivent renvoyer à leurs officiaux les affaires qui méritent d'être instruites dans les formes.

Il est néanmoins d'usage en quelques diocèses, que le nouvel évêque est installé à l'officialité, & y juge ce jour-là les causes qui se présentent, avec l'avis du doyen & du chapitre: cela fut pratiqué le 2 juin 1746 pour M. de Bellefonds, archevêque de Paris. Ses successeurs se sont maintenus dans cet usage.

L'évêque ne peut pas commettre une autre personne que son official ordinaire, pour juger les affaires contentieuses.

La *jurisdiction ecclésiastique* n'a point de territoire; c'est pourquoi la reconnoissance d'une promesse ou billet, faite devant le juge d'église, n'emporte point d'hypothèque.

Avant l'édit de 1695, le juge d'église ne pouvoit mettre à exécution ses jugemens, que par exécution de meubles, & non par saisie réelle.

Le juge d'église pouvoit décréter même de prise de

de corps: mais il ne pouvoit faire arrêter ni emprisonner, sans implorer l'aide du bras séculier: il pouvoit seulement faire emprisonner ceux qui se trouvoient dans son auditoire, lorsqu'il y avoit lieu de le faire. Mais, par l'article 24 de l'édit de 1695, il est dit que les sentences & jugemens sujets à exécution, & les décrets décernés par les juges d'église, seront exécutés en vertu de cette nouvelle ordonnance, sans qu'il soit besoin de prendre aucun *pareatis* des juges royaux, ni de ceux des seigneurs, & il est enjoint à tout juge de donner main-forte, & toute aide & secours dont ils seront requis, sans prendre aucune connoissance des jugemens ecclésiastiques.

Il a toujours été d'usage de condamner aux dépens dans les tribunaux ecclésiastiques, lors même que l'on n'en adjugeoit pas encore en cour laie; mais le juge d'église ne pouvoit autrefois condamner en l'amende, à cause qu'il n'avoit point de territoire: présentement il peut prononcer une amende, laquelle ne peut être appliquée au profit de l'évêque, parce que l'église n'a point de fisc: il faut qu'elle soit appliquée à de pieux usages, & que l'application en soit déterminée par la sentence.

Les autres peines auxquelles le juge d'église peut condamner, sont la suspense, l'interdit, l'excommunication, les jeûnes, les prières; la privation, pour un temps, du rang dans l'église, de la voix délibérative dans le chapitre, des distributions ou d'une partie des gros fruits, la privation des bénéfices, la prison pour un temps, & la prison perpétuelle, l'amende honorable dans l'auditoire, nue tête & à genoux.

L'église ne peut pas prononcer de peines plus graves: ainsi elle ne peut condamner à mort, ni à aucune peine qui emporte effusion de sang, ni à être fouetté publiquement, ni à la question, ni aux galères: elle ne peut pas même condamner au bannissement, mais seulement ordonner à un prêtre étranger de se retirer dans son diocèse.

La justice ecclésiastique se rendoit autrefois aux portes des églises; c'est pourquoi on y représentoit Moïse, législateur des Hébreux; Aaron, leur grand-prêtre; Melchisedech, qui unit le sacerdoce à la royauté; Salomon, que la sagesse de ses jugemens a rendu célèbre; Jesus-Christ, auteur de la nouvelle loi; saint Pierre & saint Paul, principaux instrumens de son divin ministère, & la reine de Saba à côté de Salomon, dont l'évangile a dit, *sedet in judicio*. Cette reine a été regardée par les anciens commentateurs de l'écriture, comme une figure de l'église: on représentoit aussi aux portes des églises David & Bethsabé.

Lorsque les justices ecclésiastiques se tenoient aux portes des églises, on y représentoit ordinairement deux lions en signe de force, à l'imitation du tribunal de Salomon qui étoit *inter duos leones*. Le curé de saint Jean au Puy en Velai, avoit autrefois une *jurisdiction*, qu'il tenoit sur le perron de cette église, dont on trouve des jugemens datés *inter duos leones*. L'archiprêtre de saint-Severin à Paris, avoit aussi une *jurisdiction*, qu'il tenoit sur le perron de son église, entre les deux lions qui sont au devant de la grande porte. C'est pourquoi on a eu soin de conserver ces figures de lions, en mémoire de cette ancienne jurisdiction que l'archiprêtre a perdue.

En quelques endroits les archidiacres se sont emparés d'une partie de la *jurisdiction* épiscopale, tant volontaire que contentieuse, & ont même des officiaux, ce qui dépend des titres, de la possession & des usages de chaque diocèse.

Les chapitres des cathédrales jouissent aussi, en quelques endroits, d'une *jurisdiction* quasi-épiscopale, & ont des officiaux.

Les évêques, abbés, chapitres & autres bénéficiers, ont aussi, à cause de leurs fiefs, des justices temporelles, qui sont des justices séculières & seigneuriales, pour les affaires temporelles de leurs seigneuries. On ne doit pas confondre ces *jurisdictions* avec la *jurisdiction ecclésiastique*. *Voyez* Archidiacre, Cas privilégié, Délit commun, Evêque, Official, Promoteur, Vice-gérent. (*A*)

Jurisdiction *entière*, ou, comme on dit plus communément, *entière* Jurisdiction, est celle qui appartient pleinement à un juge sans aucune exception; c'est ce que l'on appelloit chez les Romains *merum imperium*, qui comprenoit aussi le mixte & la *jurisdiction* simple; parmi nous, c'est lorsque le juge exerce la haute, moyenne & basse justice; car s'il n'avoit que la basse ou la moyenne ou même la haute, supposé qu'un autre eût la moyenne ou la basse, il n'auroit pas l'*entière jurisdiction*. (*A*)

Jurisdiction *épiscopale*, est celle qui appartient à l'évêque, tant pour le spirituel, que pour les autres matières qui ont été attribuées à la *jurisdiction* ecclésiastique. *Voyez* Jurisdiction ecclésiastique. (*A*)

Jurisdiction *quasi-épiscopale*, est celle qui appartient à quelques abbés ou chapitres qui exercent quelques-uns des droits épiscopaux. *Voyez* Abbé, Chapitre. (*A*)

Jurisdiction *des exempts*, est celle qui est établie pour connoître des causes de ceux qui ne sont pas sujets à la justice ordinaire, soit en matière civile, soit en matière ecclésiastique.

Il y a eu des juges des exempts dans les apanages des princes.

Les abbayes & chapitres qui sont exempts de la *jurisdiction* de l'ordinaire, ont la *jurisdiction* sur leurs membres. (*A*)

Jurisdiction *extérieure*, est celle où la justice se rend publiquement, & avec les formalités établies à cet effet, & qui s'exerce sur les personnes & sur les biens, à la différence de la *jurisdiction* intérieure, qui ne s'exerce que sur les ames, & qui n'a pour objet que le spirituel. (*A*)

Jurisdictions *extraordinaires*, sont celles *quæ extra ordinem utilitatis causâ sunt constitutæ*; telles sont les *jurisdictions* d'attribution & de privilège, les commissions particulières. *Voyez* ATTRIBUTION, PRIVILEGE. (*A*)

JURISDICTIONS *extravagantes*, sont la même chose que les justices extraordinaires; on les appelle ainsi, *quia extra territorium vagantur.* Voyez Loyseau, *des offices, liv. 1, ch. 6, & n. 49*, & ci-après JUSTICES *extraordinaires.* (*A*)

JURISDICTION *féodale*, est celle qui est attachée à un fief. *Voyez* BASSE-JUSTICE & JUSTICE *seigneuriale.* (*A*)

JURISDICTION *gracieuse*, est une partie de la *jurisdiction* volontaire de l'évêque, qui consiste à accorder ou refuser certaines graces, sans que l'on puisse se plaindre d'un refus, & sans que l'évêque soit tenu d'en exprimer les motifs: ainsi la collation libre des bénéfices, l'érection des cures & autres bénéfices, sont des actes appartenans à la *jurisdiction gracieuse.* *Voyez ci-devant*; JURISDICTION ECCLÉSIASTIQUE. (*A*)

JURISDICTION *inférieure*, est celle qui en a quelques autres au-dessus d'elle; ainsi les justices seigneuriales sont des *jurisdictions inférieures* par rapport aux bailliages royaux, & ceux-ci sont des *jurisdictions inférieures* par rapport aux parlemens, *&c.* (*A*)

JURISDICTION *intérieure*, est celle qui s'exerce au for intérieur seulement. *Voyez* JURISDICTION *extérieure.* (*A*)

JURISDICTION *de la Maçonnerie*; *voyez* BATIMENS & MAÇONNERIE.

JURISDICTION *de la Marée*; *voyez* CHAMBRE *de la Marée.*

JURISDICTION *métropolitaine*, c'est le droit de ressort qui appartient à l'archevêque sur ses suffragans: l'appel de l'officialité ordinaire va à l'officialité métropolitaine. Les archevêques ont deux sortes de *jurisdictions*: savoir, une à l'officialité ordinaire pour leur diocèse, & une à l'officialité métropolitaine pour juger les appels des officiaux de leurs suffragans.

Le primat a encore une troisième officialité, qu'on appelle *primatiale*, pour juger les appels interjettés des sentences des officiaux des métropolitains qui ressortissent à la primatie. (*A*)

Outre la *jurisdiction* contentieuse, les métropolitains & les primats ont encore une *jurisdiction* volontaire, en vertu de laquelle ils sont juges de certains actes de la *jurisdiction* volontaire, des ordinaires & des métropolitains qui ressortissent à la métropole ou à la primatie. Les refus *de visa* aux pourvus de cour de Rome, de collation aux présentés par les patrons, aux gradués & autres expectans, sont dans ce cas; on peut en appeller au métropolitain & au primat, en suivant les degrés de la hiérarchie ecclésiastique.

JURISDICTION *militaire. Voyez* JUSTICE *militaire.*

JURISDICTION *municipale*, est celle qui appartient à une ville, & qui est exercée par des personnes élues par les citoyens entre eux. *Voyez* HÔTEL-DE-VILLE, JUGE *municipal*, JUSTICE *municipale.* (*A*)

JURISDICTION *économique*, est une *jurisdiction* privée & intérieure, une espèce de *jurisdiction* volontaire qui s'exerce dans certains corps sur les membres qui le composent, sans user néanmoins d'aucun appareil de *jurisdiction* & sans pouvoir coactif.

On peut mettre dans cette classe la *jurisdiction* du premier chirurgien du roi. (*A*)

JURISDICTION *ordinaire*, est celle qui a, de droit commun, la connoissance de toutes les affaires qui ne sont pas attribuées à quelque autre tribunal par quelque réglement particulier.

La *jurisdiction ordinaire* est opposée à la *jurisdiction* déléguée, à celle d'attribution & de privilège. (*A*)

JURISDICTION *de l'ordinaire* est celle que l'évêque a droit d'exercer pour le spirituel dans toute l'étendue de son diocèse, sur tous ceux qui ne sont pas exempts de sa *jurisdiction* par quelque privilège particulier. Les chapitres & monastères qui sont soumis immédiatement au saint siège, sont exempts de la *jurisdiction de l'ordinaire.* *Voyez* EVÊQUE, EXEMPT, ORDINAIRE. (*A*)

JURISDICTION *pénitentielle*, est le pouvoir d'administrer le sacrement de pénitence, de confesser les fidèles, de leur donner ou refuser l'absolution, de leur imposer des pénitences convenables, de leur interdire la participation aux sacremens, lorsqu'il y a lieu de le faire.

Cette *jurisdiction* appartient à l'évêque & au grand pénitencier, aux curés, vicaires & autres prêtres approuvés pour la confession. Les cas réservés sont une partie de la *jurisdiction pénitentielle*, réservée à l'évêque & au grand pénitencier.

Les supérieurs réguliers ont la *jurisdiction pénitentielle* sur leurs religieux. *Voyez* CAS *réservés*, CONFESSION, PÉNITENCE, PÉNITENCIER, SACREMENS. (*A*)

JURISDICTION *personnelle*, est celle qui ne s'étend que sur les personnes & non sur les biens; telle est la *jurisdiction* ecclésiastique. On peut aussi regarder comme personnelle la *jurisdiction* des juges de privilège, avec cette différence néanmoins que leurs jugemens s'exécutent sur les biens, sans qu'il soit besoin d'implorer l'assistance d'aucun autre juge. *Voyez* JURISDICTION *réelle.* (*A*)

JURISDICTION *primatiale*, est celle que le primat a sur les métropolitains qui lui sont soumis. *Voyez* JURISDICTION *métropolitaine.* (*A*)

JURISDICTION *privée*, est celle qui ne s'exerce qu'*intra privatos parietes*; c'est plutôt une police domestique qu'une *jurisdiction* proprement dite; telles sont les *jurisdictions* domestiques, ou familières & économiques.

Le terme de *jurisdiction privée* est quelquefois opposé à celui de *jurisdiction* publique ou *jurisdiction* royale. *Voyez* JUGE *privé*, JUGE *public.* (*A*)

JURISDICTION *de privilège*, est celle qui est établie pour connoître des causes de certaines personnes privilégiées. *Voyez* JUGE *de privilège.* (*A*)

JURISDICTION *propre*, est celle que le juge a de son chef, à la différence de celle qui lui est commise ou déléguée. *Voyez* JURISDICTION *déléguée.* (*A*)

JURISDICTION *prorogée*, est celle qui, par le consentement des parties, est étendue sur des personnes ou des biens qui autrement ne seroient pas soumis au juge que les parties adoptent. *Voyez* PROROGATION *de jurisdiction.* (*A*)

JURISDICTIONS *réelles*, sont les justices féodales qui sont attachées aux fiefs, à la différence des justices royales qui ne sont point attachées singuliérement à une glèbe, & des *jurisdictions* personnelles ou de privilèges qui n'ont point de territoire, mais s'étendent seulement sur les personnes qui leur sont soumises. (*A*)

JURISDICTION *royale*, est un tribunal où la justice est rendue par des officiers commis à cet effet par le roi, à la différence des *jurisdictions* seigneuriales qui sont exercées par les officiers des seigneurs, des *jurisdictions* municipales qui sont exercées par des personnes choisies par les citoyens entre eux, & des *jurisdictions* ecclésiastiques qui sont exercées par les officiers des ecclésiastiques ayant droit de justice.

Il y a différens ordres de *jurisdictions royales*, dont le premier est composé des parlemens, du grand-conseil & autres conseils souverains, des chambres des comptes, cours des aides, cours des monnoies & autres cours souveraines.

Le second ordre est composé des bailliages & sénéchaussées, & siéges présidiaux.

Le troisième & dernier ordre est composé des prévôtés, mairies, vigueries, vicomtés & autres *jurisdictions* semblables.

Les bureaux des finances, amirautés, élections, greniers à sel, & autres juges d'attribution & de privilège, sont aussi des *jurisdictions royales* qui ressortissent nuement aux cours souveraines; les grueries royales ressortissent aux maîtrises; celles-ci à la table de marbre, & celles-ci au parlement.

Les *jurisdictions royales* ordinaires connoissent de plusieurs matières, à l'exclusion des *jurisdictions* seigneuriales, comme des dixmes, des cas royaux, des substitutions, &c. *Voyez* JUSTICE *royale.* (*A*)

JURISDICTION *séculière* ou *temporelle*; on comprend sous ce terme toutes les *jurisdictions* royales, seigneuriales & municipales. On les appelle *séculières*, pour les distinguer des *jurisdictions* spirituelles ou ecclésiastiques.

Il n'appartient qu'à la *jurisdiction séculière* d'user de contrainte extérieure, & de procéder par exécution des personnes & des biens. *Voyez* JURISDICTION *ecclésiastique.* (*A*)

JURISDICTION *seigneuriale*, est celle qui appartient à un seigneur de fief ayant droit de justice, & qui est exercée par son juge. *Voyez* JUSTICE *seigneuriale.* (*A*)

JURISDICTION *spirituelle*, est celle qui appartient à l'église de droit divin, pour ordonner de tout ce qui concerne la foi & les sacremens, & pour ramener les fidèles à leur devoir par la crainte des peines spirituelles. Cette *jurisdiction* ne s'étend que sur les ames, & non sur les corps ni sur les biens: elle ne peut user d'aucune contrainte extérieure. *Voyez* JURISDICTION *ecclésiastique.* (*A*)

JURISDICTION *subalterne*, est celle qui est inférieure à une autre; mais on entend singuliérement par ce terme les justices seigneuriales. *Voyez* JUSTICE *seigneuriale.* (*A*)

JURISDICTION *supérieure*, est celle qui est établie au-dessus d'une autre pour réformer ses jugemens, lorsqu'il y échet. *Voyez* JURISDICTION *inférieure*, JUSTICE *supérieure.* (*A*)

JURISDICTION *temporelle*, signifie quelquefois la justice séculière en général, ou une *jurisdiction* séculière; quelquefois aussi l'on entend par-là une justice seigneuriale qui appartient à des ecclésiastiques; non pas pour connoître des matières ecclésiastiques, mais pour connoître des affaires profanes qui s'élèvent au-dedans de la justice qu'ils ont, à cause de quelque fief. *Voyez* JUSTICE *temporelle.* (*A*)

JURISDICTION *volontaire*, est celle qui s'exerce sur des objets pour lesquels il n'y a pas de contestation entre les parties, comme pour les tutèles & curatèles, garde noble & bourgeoise; pour les adoptions, les émancipations, les affranchissemens, les inventaires. On appelle cette *jurisdiction volontaire*, pour la distinguer de la contentieuse qui ne s'exerce que sur des objets contestés entre les parties.

Les notaires exercent une partie de la *jurisdiction volontaire*, en recevant les contrats & testamens; mais ils ne le font qu'au nom d'un juge, dont ils sont en cette partie comme les greffiers.

Il y a aussi une partie de la *jurisdiction* ecclésiastique que l'on appelle *jurisdiction volontaire*, dont l'objet est la collation libre des bénéfices, l'érection des nouvelles églises, les permissions de prêcher, de confesser, & autres actes semblables. *Voyez* JURISDICTION *ecclésiastique.* (*A*)

JURISPRUDENCE, s. f. est la science du droit, tant public que privé, c'est-à-dire, la connoissance de tout ce qui est juste ou injuste.

On entend aussi par le terme de *jurisprudence*, les principes que l'on suit en matière de droit, dans chaque pays ou dans chaque tribunal; l'habitude où l'on est de juger de telle ou telle manière une question, & une suite de jugemens uniformes sur une même question qui forment un usage.

La *jurisprudence* a donc proprement deux objets, l'un qui a rapport à la connoissance du droit, l'autre qui consiste à en faire l'application.

Justinien la définit, *divinarum atque humanarum rerum notitia, justi atque injusti scientia*: il nous enseigne par-là que la science parfaite du droit ne consiste pas seulement dans la connoissance des loix, coutumes & usages, qu'elle demande aussi une connoissance générale de toutes les choses, tant sacrées que profanes, auxquelles les règles de la justice & de l'équité peuvent s'appliquer.

Ainsi la *jurisprudence* embrasse nécessairement la connoissance de tout ce qui appartient à la religion, parce qu'un des premiers devoirs de la justice est de lui servir d'appui, d'en favoriser l'exercice & d'écarter les erreurs qui pourroient la troubler, de s'opposer à tout ce qui pourroit tourner au mépris de la religion & de ses ministres.

Elle exige pareillement la connoissance de la géographie, de la chronologie & de l'histoire; car on ne peut bien entendre le droit des gens & la politique, sans distinguer les pays & les temps, sans connoître les mœurs de chaque nation & les révolutions qui sont arrivées dans leur gouvernement; & l'on ne peut bien connoître l'esprit d'une loi, sans savoir ce qui y a donné lieu, & les changemens qui y ont été faits.

La connoissance de toutes les autres sciences & de tous les arts & métiers, du commerce & de la navigation, entre pareillement dans la *jurisprudence*, n'y ayant aucune profession qui ne soit assujettie à une certaine police qui dépend des règles de la justice & de l'équité.

Tout ce qui regarde l'état des personnes, les biens, les contrats, les obligations, les actions & les jugemens, est aussi du ressort de la *jurisprudence*.

Les règles qui forment le fond de la *jurisprudence*, se puisent dans trois sources différentes, le droit naturel, le droit des gens & le droit civil.

La *jurisprudence* tirée du droit naturel, qui est la plus ancienne, est fixe & invariable; elle est uniforme chez toutes les nations.

Le droit des gens forme aussi une *jurisprudence* commune à tous les peuples, mais elle n'a pas toujours été la même, & est sujette à quelques changemens.

La partie la plus étendue de la *jurisprudence*, est sans contredit le droit civil; en effet, elle embrasse le droit particulier de chaque peuple, tant public que privé, les loix générales de chaque nation, telles que les ordonnances, édits & déclarations, & les loix particulières, comme sont quelques édits & déclarations, les coutumes des provinces & autres coutumes locales, les privilèges & statuts particuliers, les réglemens faits dans chaque tribunal, & les usages non écrits, enfin tout ce que les commentateurs ont écrit pour interpréter les loix & les coutumes.

Encore si les loix de chaque pays étoient fixes & immuables, la *jurisprudence* ne seroit pas si immense qu'elle est; mais il n'y a presque point de nation, point de province dont les loix & les coutumes n'aient éprouvé plusieurs variations; & ce qui est encore plus pénible à supporter, c'est l'incertitude de la *jurisprudence* sur la plupart des questions, soit par la contradiction apparente ou effective des loix, soit par la diversité d'opinions des auteurs, ou par la diversité qui se trouve entre les jugemens des différens tribunaux, & souvent entre les jugemens d'un même tribunal.

L'ingénieux auteur de l'esprit des loix dit à ce propos qu'à mesure que les jugemens se multiplient dans les monarchies, la *jurisprudence* se charge de décisions, qui quelquefois se contredisent, ou parce que les juges qui se succèdent pensent différemment, ou parce que les mêmes affaires sont tantôt bien, tantôt mal défendues, ou enfin par une infinité d'abus qui se glissent dans tout ce qui passe par la main des hommes. C'est, ajoute-t-il, un mal nécessaire que le législateur corrige de temps en temps comme contraire même à l'esprit des gouvernemens modérés.

On conçoit par-là combien il est difficile, pour ne pas dire impossible, d'acquérir une connoissance parfaite de la *jurisprudence*; c'est pourquoi je croirois que dans la définition qu'on en donne, on devroit ajouter *in quantum homini possibile est*, comme Cassiodore le disoit de la philosophie, laquelle n'étant autre chose qu'une étude de la sagesse, & supposant aussi une profonde connoissance de toutes les choses divines & humaines, a conséquemment beaucoup de rapport avec la *jurisprudence*.

Les difficultés que nous venons de faire envisager, ne doivent cependant pas rebuter ceux qui se consacrent à l'étude de la *jurisprudence*. L'esprit humain a ses bornes: un seul homme ne peut donc embrasser toutes les parties d'une science aussi vaste; il vaut mieux en bien approfondir une partie que de les effleurer toutes. Il n'y en a guère qui ne soit seule capable d'occuper un jurisconsulte.

L'un fait une étude du droit naturel & du droit public des gens.

D'autres s'appliquent au droit particulier de leur pays, & ceux-ci trouvent encore abondamment de quoi se partager; l'un s'attache aux loix générales & au droit commun, telles que les loix romaines; un autre fait son étude du droit coutumier; quelques-uns même s'attachent seulement à la coutume de leur province, d'autres à certaines matières, telles que les matières canoniques ou les matières criminelles, les matières féodales & autres semblables.

Ces divers objets qu'embrasse la *jurisprudence*, ont aussi donné lieu d'établir des tribunaux particuliers pour connoître chacun de certaines matières, afin que les juges dont ces tribunaux sont composés, étant toujours occupés des mêmes objets, soient plus versés dans les principes qui y ont rapport.

Quoique le dernier état de la *jurisprudence* soit ordinairement ce qui sert de règle, il est bon néanmoins de connoître l'ancienne *jurisprudence* & les changemens qu'elle a éprouvés; car pour bien pénétrer l'esprit d'un usage, il faut en connoître l'origine & les progrès; il arrive même quelquefois que l'on revient à l'ancienne *jurisprudence*, à cause des inconvéniens que l'on a reconnus dans la nouvelle.

L'étude de la *jurisprudence* a toujours été en honneur chez toutes les nations policées, comme étant une science étroitement liée avec le gouvernement politique.

Chez les Romains, ceux qui se consacroient à la *jurisprudence* étoient gratifiés de pensions considérables. Ils furent même honorés par les empereurs du titre de comtes de l'empire. Les souverains pontifes, les consuls, les dictateurs, les généraux d'armées, les empereurs même se firent honneur de cultiver cette science, comme on le peut voir dans l'histoire de la *Jurisprudence* romaine que nous a donnée M. Terrasson, ouvrage rempli d'érudition, & également curieux & utile.

La *jurisprudence* n'est pas moins en recommandation parmi nous, puisque nos rois ont honoré de la pourpre tous ceux qui se sont consacrés à la *jurisprudence*, tels que les magistrats & les avocats, & ceux qui professent publiquement cette science dans les universités; & avant la vénalité des charges, les premières places de la magistrature étoient la récompense des plus savans jurisconsultes. *Voyez* DROIT, JURISCONSULTE, JUSTICE, LOI. (*A*)

On assure que le célebre Guillaume Penn, en établissant sa république américaine, n'y voulut point admettre de médecins ni de gens de loi: apparemment qu'il avoit le secret de changer la nature des hommes, pour faire ensorte qu'ils n'eussent besoin ni de l'art de la médecine, ni de l'administration de la justice civile. Mais tant que le tien & le mien auront de l'empire sur le cœur des hommes, ils feront la source d'une infinité de procès. Le mal est inévitable, il en faut chercher le remède. On le trouve dans la justice civile bien administrée. Que de choses sont requises pour cette bonne administration!

La *jurisprudence* peut être définie l'art d'appliquer les loix aux actions des hommes, ou les actions des hommes aux loix, ou autrement, l'art de juger des actions des hommes suivant les loix. *Jurisprudentia est habitus praticus rectè judicandi de actionibus hominum secundùm leges.* Les loix facilitent beaucoup la pratique de cet art, lorsqu'elles sont claires, simples, décisives, & qu'elles embrassent un plus grand nombre de cas. Est-il utile ou dangereux de commenter les loix? La raison dit que ce n'est pas à un petit jurisconsulte de gloser sur les intentions du législateur. L'expérience apprend que les sentimens contradictoires des commentateurs causent bien des incertitudes dans les tribunaux, & font de l'administration de la justice un jeu de hasard, ou au moins une science embrouillée & fort équivoque.

La longueur des procès en fait le vrai malheur: c'est la ruine des familles; c'est la cause qui engage souvent le bon droit à céder pour ne pas perdre davantage en formalités & en procédures. Car la fraude égare souvent le bon droit dans le labyrinthe de la chicane, & si elle ne l'égare pas, elle le fatigue en le harcelant de détours en détours? On ne sauroit trop abréger & simplifier la conduite d'un procès. Le grand point c'est de faire ensorte que les procureurs, avocats & juges soient aussi intéressés à ce qu'il soit terminé promptement, que les parties même qui plaident. C'est donc une ordonnance admirable du roi de Prusse, qu'un avocat n'ose demander ni avance ni salaire à son client, avant que le procès soit entièrement terminé. C'est une disposition encore plus louable, d'avoir tellement réglé la conduite des procès, que le plus long ne puisse pas être prolongé au-delà de deux ans.

On appelle *jurisprudence des arrêts*, un usage formé par une suite d'arrêts uniformes intervenus sur une même question.

Dans les matieres sur lesquelles il n'y a point de loi précise, on a recours à la *jurisprudence* des arrêts: & il n'y auroit point de meilleur guide si l'on étoit toujours bien instruit des véritables circonstances dans lesquelles les arrêts sont intervenus, & des motifs qui ont déterminé les juges: mais les arrêts sont le plus souvent rapportés peu exactement par les arrêtistes, & mal appliqués par ceux qui les citent. On ne doit donc pas toujours accuser de variation la *jurisprudence*.

On donne le nom de *jurisprudence bénéficiale*, à l'usage que l'on suit dans la décision des questions qui se présentent au sujet des bénéfices ecclésiastiques; & celui de *jurisprudence canonique*, aux règles contenues dans les canons & autres loix ecclésiastiques. Il en est de même des loix & usages qu'on suit en matière de fief, & qu'on désigne par la dénomination de *jurisprudence féodale;* du style & des règles qu'on suit pour l'instruction soit des affaires civiles, soit des affaires criminelles, dont les premières s'appellent *jurisprudence civile*, & les autres *jurisprudence criminelle*.

JURISTE, s. m. *ou* LÉGISTE, signifie en général quelqu'un versé dans la science du droit & des loix; mais présentement on n'applique plus guère cette dénomination qu'aux étudians en droit. *Voyez* JURISCONSULTE, LÉGISTE. (*A*)

JUSSION, s. f. (*terme de Chancellerie & de Palais.*) signifie *ordre*, *commandement*. Ce terme n'est guère usité qu'en parlant de certaines lettres du prince, qu'on appelle *lettres de jussion*, par lesquelles il enjoint très-étroitement à une cour de procéder à l'enregistrement de quelque ordonnance, édit, déclaration, ou autres lettres-patentes. Quand les premières lettres de *jussion* n'ont pas eu leur effet, le prince en donne des secondes, qu'on appelle *itérative jussion*, ou *secondes lettres de jussion*. (*A*)

JUSTE, adj. pris aussi subst. (*Droit naturel & civil.*) se dit dans un sens fort vague de tout ce qui se rapporte aux notions naturelles que nous avons de nos devoirs envers le prochain. On en détermine davantage la signification, en disant que le *juste* est ce qui est conforme aux loix civiles. Il est alors opposé à l'*équitable*, qui consiste dans la seule convenance avec les loix naturelles. Enfin le dernier degré de précision va à n'appeller *juste* que ce qui se fait en vertu du droit parfait d'autrui, réservant le nom d'*équitable* pour ce qui se fait eu égard au droit imparfait. On appelle *droit parfait* celui qui est accompagné du pouvoir de contraindre. Le contrat de louage donne au propriétaire le droit parfait d'exiger du locataire le paiement du loyer; & si ce dernier élude le paiement, on dit qu'il commet une injustice. Au contraire, le pauvre n'a qu'un droit imparfait à l'aumône qu'il demande : le riche qui la lui refuse pèche donc contre la seule équité, & ne sauroit, dans le sens propre, être qualifié d'injuste. Les noms de *juste* & d'*injuste*, d'*équitable* & d'*inique*, donnés aux actions, portent par conséquent sur leur rapport aux droits d'autrui : au lieu qu'en les considérant relativement à l'obligation ou à la loi, dont l'obligation est l'ame, les actions sont dites *dues* ou *illicites;* car une même action peut être appellée *bonne*, *due*, *licite*, *honnête*, suivant les différens points de vue sous lesquels on l'envisage.

Ces distinctions posées, il paroît assez aisé de résoudre la fameuse question, s'il y a quelque chose de *juste* ou d'injuste avant la loi.

Faute de fixer le sens des termes, les plus fameux moralistes ont échoué ici. Si l'on entend par le *juste* & l'injuste les qualités morales des actions qui lui servent de fondement, la convenance des choses, les loix naturelles, sans contredit toutes ces idées sont fort antérieures à la loi, puisque la loi bâtit sur elles, & ne sauroit leur contredire : mais si vous prenez le *juste* & l'injuste pour l'obligation parfaite & positive de régler votre conduite, & de déterminer vos actions suivant ces principes, cette obligation est postérieure à la promulgation de la loi, & ne sauroit exister qu'après la loi. Grotius, d'après les scholastiques, & la plupart des anciens philosophes, avoit affirmé qu'en faisant abstraction de toutes sortes de loix, il se trouve des principes sûrs, des vérités qui servent à démêler le *juste* d'avec l'injuste. Cela est vrai, mais cela n'est pas exactement exprimé : s'il n'y avoit point de loix, il n'y auroit ni *juste* ni injuste, ces dénominations survenant aux actions par l'effet de la loi : mais il y auroit toujours dans la nature des principes d'équité & de convenance, sur lesquels il faudroit régler les loix, & qui, munis une fois de l'autorité des loix, deviendroient le *juste* & l'injuste. Les maximes gravées, pour ainsi dire, sur les tables de l'humanité, sont aussi anciennes que l'homme, & ont précédé les loix auxquelles elles doivent servir de principes; mais ce sont les loix qui, en ratifiant ces maximes, & en leur imprimant la force de l'autorité & des sanctions, ont produit les droits parfaits, dont l'observation est appellée *justice*, la violation *injustice*. Puffendorff en voulant critiquer Grotius, qui n'a erré que dans l'expression, tombe dans un sentiment réellement insoutenable, & prétend qu'il faut absolument des loix pour fonder les qualités morales des actions. *Droit naturel, Liv. I. c. 11, n. 6.* Il est pourtant constant que la première chose à quoi l'on fait attention dans une loi, c'est si ce qu'elle porte est fondé en raison. On dit vulgairement qu'une loi est *juste;* mais c'est une suite de l'impropriété que j'ai déja combattue. La loi fait le *juste;* ainsi il faut demander si elle est raisonnable, équitable; & si elle est telle, ses arrêts ajouteront aux caractères de raison & d'équité, celui de justice. Car si elle est en opposition avec ces notions primitives, elle ne sauroit rendre *juste* ce qu'elle ordonne. Le fonds fourni par la nature est une base sans laquelle il n'y a point d'édifice, une toile sans laquelle les couleurs ne sauroient être appliquées. Ne résulte-t-il donc pas évidemment de ce premier *requisitum* de la loi, qu'aucune loi n'est par elle-même la source des qualités morales des actions, du bon, du droit, de l'honnête; mais que ces qualités morales sont fondées sur quelque autre chose que le bon plaisir du législateur, & qu'on peut les découvrir sans lui? En effet, le bon ou le mauvais en morale, comme partout ailleurs, se fonde sur le rapport essentiel ou la disconvenance essentielle d'une chose avec une autre. Car si l'on suppose des êtres créés, de façon qu'ils ne puissent subsister qu'en se soutenant les uns les autres, il est clair que leurs actions sont convenables ou ne le sont pas, à proportion qu'elles s'approchent ou qu'elles s'éloignent de ce but; & que ce rapport avec notre conservation fonde les qualités de bon & de droit, de mauvais & de pervers, qui ne dépendent par conséquent d'aucune disposition arbitraire, & existent non-seulement avant la loi, mais même quand la loi n'existeroit point. « La nature universelle, dit l'empereur philosophe, *liv. X. art. 1*, » ayant créé les hommes les uns pour les autres, » afin qu'ils se donnent des secours mutels, celui » qui viole cette loi commet une impiété envers » la divinité la plus ancienne : car la nature universelle est la mère de tous les êtres, & par » conséquent tous les êtres ont une liaison naturelle » entre eux. On l'appelle aussi la *vérité*, parce qu'elle » est la première cause de toutes les vérités ». S'il arrivoit donc qu'un législateur s'avisât de déclarer injustes les actions qui servent naturellement à nous conserver, il ne feroit que d'impuissans efforts : s'il vouloit, au moyen de ces loix, faire passer pour *justes* celles qui tendent à nous détruire, on le regarderoit lui-même avec raison comme un tyran, & ces actions étant condamnées par la nature, ne pourroient être justifiées par les loix; *si quæ sint tyrannorum leges, si triginta illi Athenis leges imponere voluissent, aut si omnes Athenienses delectarentur tyrannicis legibus, num idcirco hæ leges justæ haberentur? Quod si principum decretis, si sententiis judicum jura constituerentur, jus esset latrocinari; jus ipsum adulterare.* Cicero, *lib. X, de legibus.* Grotius a donc été très-fondé à soutenir que la loi ne sert & ne tend en effet qu'à faire connoître, qu'à marquer les actions qui conviennent ou qui ne conviennent pas à la nature humaine; & rien n'est plus aisé que de faire sentir le foible des raisons dont Puffendorff, & quelques autres jurisconsultes, se sont servis pour combattre ce sentiment.

On objecte, par exemple, que ceux qui admetsent pour fondemens de la moralité de nos actions, je ne sais quelle règle éternelle indépendante de l'institution divine, associent manifestement à Dieu un principe extérieur & co-éternel, qu'il a dû suivre nécessairement dans la détermination des qualités essentielles & distinctives de chaque chose. Ce raisonnement étant fondé sur un faux principe, croule avec lui : le principe dont je veux parler, c'est celui de la liberté d'indifférence de Dieu, & du prétendu pouvoir qu'on lui attribue de disposer à son gré des essences. Cette supposition est contradictoire : la liberté du grand auteur de toutes choses consiste à pouvoir créer ou ne pas créer; mais dès-là qu'il se propose de créer certains êtres, il implique qu'il les crée autres que leur essence & ses propres idées les lui représentent. S'il eût donc donné aux créatures qui portent le nom d'*hommes*, une autre nature, un autre être que celui qu'ils ont reçu, elles n'eussent pas été ce qu'elles sont actuellement; & les actions qui leur conviennent entant qu'hommes, ne s'accorderoient plus avec leur nature.

C'est donc proprement de cette nature que résultent les propriétés de nos actions, lesquelles en ce sens ne souffrent point de variation; & c'est cette immutabilité des essences qui forme la raison & la vérité éternelle, dont Dieu, en qualité d'être souverainement parfait, ne sauroit se départir. Mais la vérité, pour être invariable, pour être conforme à la nature & à l'essence des choses, ne forme pas un principe extérieur par rapport à Dieu. Elle est fondée sur ses propres idées, dont on peut dire en un sens, que découle l'essence & la nature des choses, puisqu'elles sont éternelles, & que hors d'elles rien n'est vrai ni possible. Concluons donc qu'une action qui convient ou qui ne convient pas à la nature de l'être qui l'a produit, est moralement bonne ou mauvaise, non parce qu'elle est conforme ou contraire à la loi, mais parce qu'elle s'accorde avec l'essence de l'être qui la produit, ou qu'elle y répugne : ensuite de quoi, la loi survenant, & bâtissant sur les fondemens posés par la nature, rend *juste* ce qu'elle ordonne ou permet, & injuste ce qu'elle défend.

De tout ce que nous venons de dire, il suit que le *juste* absolu peut être défini, un ordre de devoirs & de droits qui sont d'une nécessité physique, & par conséquent absolue. Ainsi l'injuste absolu est tout ce qui se trouve contraire à cet ordre. Le terme d'*absolu* n'est point ici employé par opposition à celui de *relatif*; car ce n'est que dans le relatif que le *juste* & l'injuste peuvent avoir lieu; mais ce qui, rigoureusement parlant, n'est qu'un *juste* relatif, devient cependant un *juste* absolu, par rapport à la nécessité absolue où nous sommes de vivre en société.

Quoiqu'il soit vrai de dire que chaque homme naisse en société, cependant dans l'ordre des idées, le besoin que les hommes ont de la société, doit se placer avant l'existence de la société. Ce n'est pas parce que les hommes se sont réunis en société, qu'ils ont entre eux des devoirs & des droits réciproques, mais c'est parce qu'ils avoient naturellement & nécessairement entre eux des devoirs & des droits réciproques, qu'ils vivent naturellement & nécessairement en société. Or ces devoirs & ces droits, qui dans l'ordre physique, sont d'une nécessité absolue, constituent le *juste* absolu.

Je ne crois pas qu'on veuille refuser à un homme le droit naturel de pourvoir à sa conservation : ce premier droit n'est même en lui que le résultat d'un premier devoir qui lui est imposé sous peine de douleur & même de mort. Sans ce droit, sa condition seroit pire que celle des animaux; car ils en ont tous un semblable. Or, il est évident que le droit de pourvoir à sa conservation renferme le droit d'acquérir, par ses recherches & ses travaux, les choses utiles à son existence, & celui de les conserver après les avoir acquises. Il est évident que ce second droit n'est qu'une branche du premier : on ne peut pas dire avoir acquis ce qu'on n'a pas le droit de conserver; ainsi le droit d'acquérir & le droit de conserver ne forment ensemble qu'un seul & même droit, mais considéré dans des temps différens.

C'est donc de la nature même que chaque homme tient la propriété exclusive de sa personne, & celle des choses acquises par ses recherches & ses travaux. Je dis la propriété exclusive, parce que si elle n'étoit pas exclusive, elle ne seroit pas un droit de propriété.

Si chaque homme n'étoit pas, exclusivement à tous les autres hommes, propriétaire de sa personne, il faudroit que les autres hommes eussent sur lui-même des droits semblables aux siens : dans ce cas on ne pourroit plus dire qu'un homme a le droit naturel de pourvoir à sa conservation; lorsqu'il voudroit user d'un tel droit, les autres auroient aussi le droit de l'en empêcher; son prétendu droit seroit donc nul; car un droit n'est plus un droit, dès que les droits des autres ne nous laissent pas la liberté d'en jouir.

Il y a long-temps que nous avons adopté l'axiome du droit romain, *jus constituit necessitas*, & que sans connoître la force & la justice de cette façon de parler, nous disons que la nécessité fait la loi. Cet axiome cependant renferme une grande vérité; il nous apprend que ce qui est d'une nécessité absolue, est aussi d'une justice absolue; & d'après cette même vérité, nous devons faire le raisonnement que voici : pour que chaque homme puisse remplir le premier devoir auquel il est assujetti par la nature; pour qu'il puisse subsister enfin, il est d'une nécessité absolue qu'il ait le droit de pourvoir à sa conservation; pour qu'il puisse jouir de ce droit, il est d'une nécessité absolue que les autres n'aient pas le droit de l'en empêcher; la propriété exclusive de sa personne, que désormais j'appellerai *propriété personnelle*, est donc pour chaque homme un droit d'une nécessité absolue; & comme cette propriété personnelle exclusive seroit nulle sans la propriété exclusive des choses acquises par ses recherches & ses travaux, cette seconde propriété exclusive à laquelle je donnerai, dans la suite, le nom de *propriété mobiliaire*, est d'une nécessité absolue comme la première dont elle émane.

Nous voici déjà bien avancés dans la connoissance du *juste* & de l'injuste absolus : une fois que nous voyons qu'il est d'une nécessité absolue que dans chaque homme sa propriété personnelle & sa propriété mobiliaire soient exclusives, nous sommes forcés de reconnoître aussi, dans chaque homme, des devoirs d'une nécessité absolue : ces devoirs consistent à ne point blesser les droits de propriété des autres hommes ; car il est évident que, sans les devoirs, les droits cesseroient d'exister.

L'homme, considéré par rapport aux animaux, n'a point de droits, parce qu'entre eux & lui c'est le pouvoir physique qui décide de tout. L'idée qu'on doit se former d'un droit ne peut s'appliquer qu'aux rapports que les hommes ont nécessairement entre eux ; & dans ce point de vue, qui dit un droit, dit une prérogative établie sur un devoir, & dont on jouit librement, sans le secours de la supériorité des forces, parce que toute force étrangère, quoique supérieure, est obligée de la respecter. Sans cette obligation rigoureuse, l'homme endormi n'auroit aucun des droits de l'homme éveillé, ou plutôt personne n'auroit de droits, qu'en raison de son pouvoir physique, & la société ne subsisteroit pas plus entre les hommes qu'elle subsiste entre eux & les bêtes féroces.

Le voilà donc ce *juste* absolu, le voilà qui s'offre à nous dans toute sa simplicité : une fois que nous reconnoissons la nécessité physique dont il est que nous vivions en société, nous voyons évidemment qu'il est d'une nécessité, & conséquemment d'une justice absolues, que chaque homme soit exclusivement propriétaire de sa personne & des choses qu'il acquiert par ses recherches & ses travaux ; nous voyons évidemment qu'il est d'une nécessité & d'une justice absolues que chaque homme se fasse un devoir de respecter les droits de propriété des autres hommes ; qu'ainsi parmi eux il n'est point de droits sans devoirs. J'ai même déjà fait observer que cette règle est l'ordre primitif de la nature ; car dans cet ordre primitif, le droit de pourvoir nous-mêmes à notre conservation, si-tôt que nos forces nous le permettent, est établi sur un devoir absolu, sur un devoir dont nous ne pouvons nous affranchir, que nous n'en soyons punis par la douleur & la destruction de notre individu.

Cette dernière maxime du *juste* absolu nous montre encore qu'il n'est point de devoirs sans droits ; que ceux-là sont le principe & la mesure de ceux-ci ; que les devoirs enfin ne peuvent être établis dans la société, que sur la nécessité dont ils sont à la conservation des droits qui en résultent.

Si quelqu'un révoquoit en doute cette vérité, il ne me seroit pas difficile de l'en convaincre : un devoir, quel qu'il soit, prend sur la propriété personnelle qui doit être exclusive ; il est donc, par essence, incompatible avec cette propriété, à moins qu'il ne lui soit utile. Il est évident que si ce devoir lui étoit onéreux sans lui être d'aucune utilité, celui qui seroit grevé de ce devoir, ne seroit plus exclusivement propriétaire de sa personne : ainsi ce devoir, qui offenseroit un droit naturel & conforme à la justice par essence, ne pourroit être rempli qu'autant qu'on y seroit contraint par une force supérieure : dans cet état, tout se rameneroit au pouvoir physique, désordre destructif de toute société.

L'idée d'un devoir qui ne seroit absolument qu'onéreux, présente une contradiction bien frappante ; car d'un côté elle suppose un devoir, & de l'autre côté nul droit pour l'exiger. En effet, un droit que la force seule établit, & qu'une autre force détruit, n'en est point un parmi les hommes. Tel seroit cependant le titre de ceux qui voudroient assujettir un homme à des devoirs qui ne seroient pour lui d'aucune utilité, & qui par conséquent détruiroient en lui ses droits de propriété.

Revenons donc à l'ordre de la nature : là, nous trouvons que les devoirs sont nécessairement utiles ; qu'ils sont la source & le fondement des devoirs qui nous sont acquis, & qu'il nous importe de conserver ; que ces droits sont des propriétés exclusives par essence ; que leur imposer un devoir quelconque qui n'eût rien d'avantageux pour elles, ce seroit les partager & par conséquent les détruire ; qu'ainsi elles ne peuvent se concilier avec d'autres devoirs que ceux qui sont conformes & nécessaires aux intérêts de ces mêmes propriétés exclusives. Nous pouvons donc renfermer tout le *juste* absolu dans un seul & unique axiome : *point de droits sans devoirs, & point de devoirs sans droits.*

Je terminerai cet article par une observation sur l'inégalité des conditions parmi les hommes : ceux qui s'en plaignent ne voyent pas qu'elle est dans l'ordre de la justice par essence : une fois que j'ai acquis la propriété exclusive d'une chose, un autre ne peut pas en être propriétaire comme moi & en même temps. La loi de la propriété est bien la même pour tous les hommes ; les droits qu'elle donne sont tous d'une égale justice, mais ils ne sont pas d'une égale valeur, parce que leur valeur est totalement indépendante de la loi. Chacun acquiert en raison des facultés qui lui donnent les moyens d'acquérir ; or, la mesure de ces facultés n'est pas la même chez tous les hommes.

Indépendamment des nuances prodigieuses qui se trouvent entre les facultés nécessaires pour acquérir, il y aura toujours dans le tourbillon des hasards, des rencontres plus heureuses les unes que les autres : ainsi par une double raison, il doit s'introduire de grandes différences dans les états des hommes réunis en société. Il ne faut donc point regarder l'inégalité des conditions comme un abus qui prend naissance dans les sociétés : quand vous parviendriez à dissoudre celles-ci, je vous défie

défie de faire cesser cette inégalité; elle a sa source dans l'inégalité des pouvoirs physiques, & dans une multitude d'événemens accidentels dont le cours est indépendant de nos volontés; ainsi dans quelque situation que vous supposiez les hommes, vous ne pourrez jamais rendre leurs conditions égales, à moins que changeant les loix de la nature, vous ne rendiez égaux pour chacun d'eux, les pouvoirs physiques, & les accidens.

Je conviens cependant que dans une société particulière, ces différences dans les états des hommes peuvent tenir à de grands désordres qui les augmentent au-delà de leur proportion naturelle & nécessaire; mais qu'en résulte-t-il? Qu'il faut se proposer d'établir l'égalité des conditions? Non; car il faudroit détruire toute propriété, & par conséquent toute société; mais qu'il faut corriger les désordres qui font que ce qui n'est point un mal en devient un, en ce qu'ils disposent les choses de manière que la force place d'un côté tous les droits, & de l'autre tous les devoirs.

Justes et Mesures. Cette expression a été employée autrefois pour désigner le droit qu'un seigneur a de donner des mesures en sa terre. *Voyez la fin du commentaire de Boisseau & Constant, sur l'article 99 de la coutume de Poitou.*

Ce terme se trouve encore dans la coutume de Troye. L'article 123 de cette coutume dit: « qu'avoir » *justes* & *mesures* est espèce de moyenne justice ».

Mais, suivant le droit commun, ce droit de *mesures* appartient au seigneur haut-justicier, ou même au seigneur châtelain. (*M. Garran de Coulon, avocat au parlement.*)

JUSTICE, s. f. (*Droit naturel & civil.*) est en général une vertu qui nous fait rendre à Dieu & aux autres hommes ce qui est dû à chacun; elle comprend tous nos devoirs, & être juste de cette manière ou être vertueux, ne sont qu'une même chose.

Les jurisconsultes, par rapport au droit, définissent la *justice*, une volonté ferme & constante, de rendre à chacun ce qui lui appartient.

Le terme de *justice* se prend aussi pour la pratique de cette vertu; quelquefois il signifie bon droit & raison; en d'autres occasions, il signifie le pouvoir de faire droit à chacun, ou l'administration de ce pouvoir.

Quelquefois encore justice signifie le tribunal où l'on juge les parties, & souvent la *justice* est prise pour les officiers qui la rendent.

On trouve aussi dans quelques anciennes chartres, & dans l'auteur du grand coutumier de Normandie, le mot *justice* employé pour signifier l'officier qui représentoit le propriétaire de la *justice* dans sa cour, & qui par sa conjure, imprimoit aux hommes jugeans le pouvoir dont ils avoient besoin pour l'exercice de leurs fonctions. *Voyez* Conjure.

Dans les siècles les moins éclairés & les plus corrompus, il y a toujours eu des hommes vertueux qui ont conservé dans leur cœur l'amour de la *justice*, & qui ont pratiqué cette vertu. Les sages & les philosophes en ont donné des préceptes & des exemples.

Mais soit que les lumières de la raison ne soient pas également étendues dans tous les hommes, soit que la pente naturelle qu'ils ont pour la plupart au vice, étouffe en eux la voix de la raison, il a fallu employer l'autorité & la force pour les obliger de vivre honnêtement, de n'offenser personne, & de rendre à chacun ce qui lui appartient.

Section première.

Des personnes chargées de l'administration de la justice.

Dans le premier âge du monde, avant l'établissement des sociétés politiques, dans ces premiers temps qu'on pourroit appeller les temps de la loi naturelle, la *justice* étoit exercée sans aucun appareil par chaque père de famille sur ses femmes, enfans & petits-enfans, & sur ses serviteurs. Lui seul avoit sur eux le droit de correction: sa puissance alloit jusqu'au droit de vie & de mort; chaque famille formoit comme un peuple séparé, dont le chef étoit tout-à-la-fois le père, le roi & le juge.

Mais bientôt, chez plusieurs nations, on éleva une puissance souveraine au-dessus de celle des pères; alors ceux-ci cessèrent d'être juges absolus, comme ils l'étoient auparavant à tous égards: mais il leur resta toujours une espèce de *justice* domestique, bornée au droit de correction plus ou moins étendue, selon l'usage de chaque peuple.

Pour ce qui est de la *justice* publique, elle a toujours été regardée comme un attribut du souverain; il doit la *justice* à ses sujets, & elle ne peut être rendue que par le prince même, ou par ceux sur lesquels il se décharge d'une partie de cette noble & pénible fonction.

L'administration de la *justice* a toujours paru un objet si important, que dès le temps de Jacob, le gouvernement de chaque peuple étoit considéré comme une judicature. *Dan judicabit populum suum*, dit la Genèse, *ch. xlix.*

Moïse, que Dieu donna aux Hébreux pour conducteur & pour juge, entreprit d'abord de remplir seul cette fonction pénible; il donnoit audience certains jours de la semaine, depuis le matin jusqu'au soir, pour entendre tous ceux qui avoient recours à lui; mais la seconde année se trouvant accablé par le grand nombre des affaires, il établit, par le conseil de Jethro, un certain nombre d'hommes sages & craignant Dieu, d'une probité connue, & sur-tout ennemis du mensonge & de l'avarice, auxquels il confia une partie de son autorité.

Entre ceux qu'il choisit pour juges, les uns étoient appellés *centurions*, parce qu'ils étoient préposés sur cent familles; d'autres *quinquagenarii*, parce qu'ils n'étoient préposés qu'à cinquante; d'autres *decani*; qui n'étoient que sur dix familles. Ils jugeoient les moindres affaires, & devoient lui référer de celles qui étoient plus importantes, qu'il décidoit avec son conseil, composé de soixante-dix des plus anciens, appellés *seniores & magistri populi*.

Lorsque les Juifs furent établis dans la Palestine, les tribunaux ne furent plus réglés par familles : on établit dans chaque ville un tribunal supérieur composé de sept juges, entre lesquels il y avoit toujours deux lévites; les juges inférieurs, au lieu d'être préposés, comme auparavant, sur un certain nombre de familles, eurent chacun l'intendance d'un quartier de la ville.

Depuis Josué jusqu'à l'établissement des rois, le peuple juif fut gouverné par des personnages illustres, que l'Ecriture-sainte appelle *juges*. Ceux-ci n'étoient pas des magistrats ordinaires, mais des magistrats extraordinaires, que Dieu envoyoit, quand il lui plaisoit, à son peuple, pour le délivrer de ses ennemis, commander les armées, & en général pour le gouverner. Leur autorité étoit en quelque chose semblable à celle des rois, en ce qu'elle leur étoit donnée à vie, & non pas seulement pour un temps. Ils gouvernoient seuls & sans dépendance, mais ils n'étoient point héréditaires; ils n'avoient point droit absolu de vie & de mort comme les rois, mais seulement selon les loix. Ils ne pouvoient entreprendre la guerre que quand Dieu les envoyoit pour la faire, ou que le peuple le desiroit. Ils n'exigeoient point de tributs & ne se succédoient pas immédiatement. Quand un juge étoit mort, il étoit libre au peuple de lui donner aussi-tôt un successeur; mais on laissoit souvent plusieurs années d'intervalle. Ils ne portoient point les marques de sceptre ni de diadême, & ne pouvoient faire de nouvelles loix, mais seulement faire observer celles de Moïse : ensorte que ces juges n'avoient point de pouvoir arbitraire.

On les appella *juges*, apparemment parce qu'alors *juger* ou *gouverner* selon les loix étoit réputé la même chose. Le peuple hébreu fut gouverné par quinze juges, depuis Othoniel, qui fut le premier, jusqu'à Héli, pendant l'espace de trois cens quarante années, entre lesquelles quelques-uns distinguent les années des juges, c'est-à dire, de leur judicature ou gouvernement, & les années où le peuple fut en servitude.

Le livre des juges est un des livres de l'Ecriture-sainte qui contient l'histoire de ces juges. On n'est pas certain de l'auteur; on croit que c'est une collection tirée de différens mémoires ou annales par Esdras ou Samuel.

Les Espagnols donnoient aussi anciennement le titre de juges à leurs gouverneurs, & appelloient leur gouvernement *judicature*.

On s'exprimoit de même en Sardaigne pour désigner les gouverneurs de Cagliari & d'Oristagne.

Ménés, premier roi d'Egypte, voulant policer ce pays, le divisa en trois parties, & subdivisa chacune en dix provinces ou dynasties, & chaque dynastie en trois jurisdictions ou *nomos*, en latin *præfecturæ* : chacun de ces siéges étoit composé de dix juges, qui étoient présidés par leur doyen. Ils étoient tous choisis entre les prêtres, qui formoient le premier ordre du royaume. Ils connoissoient en première instance de tout ce qui concernoit la religion, & de toutes autres affaires civiles ou criminelles. L'appel de leurs jugemens étoit porté à celle de trois *nomos* ou jurisdictions supérieures de Thèbes, Memphis ou Héliopolis, dont ils relevoient.

Chez les Grecs les juges ou magistrats avoient en même tems le gouvernement. Les Athéniens choisissoient tous les ans cinq cens de leurs principaux citoyens dont ils formoient le sénat qui devoit gouverner la république. Ces cinq cens sénateurs étoient divisés en dix classes de cinquante chacune, qu'ils nommoient *prytanes;* chaque prytane gouvernoit pendant un dixième de l'année.

Pour l'administration de la justice, ils choisissoient au commencement de chaque mois, dans les neuf autres prytanes, neuf magistrats qu'ils nommoient *archontes :* on en tiroit trois au sort pour administrer la *justice* pendant le mois; l'un pour présider aux affaires ordinaires des citoyens, & pour tenir la main à l'exécution des loix concernant la police & le bien public; l'autre avoit l'intendance sur tout ce qui concernoit la religion; le troisième avoit l'intendance de la guerre, connoissoit de toutes les affaires militaires & de celles qui survenoient à cette occasion entre les citoyens & les étrangers. Les six autres archontes servoient de conseil à ces premiers.

Il y avoit d'autres juges inférieurs qui connoissoient de différentes matières, tant civiles que criminelles.

Le tribunal souverain établi au-dessus de tous ces juges, étoit l'aréopage : il étoit composé des archontes sortis de charge : ces juges étoient perpétuels : leur salaire étoit égal & payé des deniers de la république. On donnoit à chacun d'eux, trois oboles pour une cause. Ils ne jugeoient que la nuit, afin d'être plus recueillis, & qu'aucun objet de haine ou de pitié ne pût surprendre leur religion.

Les juges ou magistrats de Lacédémone étoient tous appellés νομοφύλαχες, *dépositaires & gardiens de l'exécution des loix*. Ils étoient divisés en deux ordres; l'un supérieur, qui avoit inspection sur les autres, & les juges inférieurs, qui étoient seulement préposés sur le peuple pour le contenir dans son devoir par l'exécution des loix. Quelques-uns des juges inférieurs avoient chacun la police d'un quartier de la ville. On commit aussi à quelques-uns en particulier certains objets; par exemple, l'un avoit l'inspection sur la religion & les mœurs; un autre étoit chargé de faire observer les loix somptuaires sur le luxe des habits & des meubles, sur les mœurs des femmes, pour leur faire observer la modestie & réprimer leurs débauches; d'autres avoient inspection sur les festins & sur les assemblées; d'autres, sur la sûreté & la tranquillité publique, sur les émotions populaires, les vices, assemblées illicites, incendies, maisons qui menaçoient mine & ce qui pouvoit causer des maladies populaires; d'autres visitoient les marchés publics, étoient chargés de procurer l'abondance, d'entretenir la bonne-foi dans le commerce; d'autres enfin, avoient inspection sur les poids & mesures. On peut tirer de-là l'origine des juges d'attribution, c'est-à-dire, de ceux auxquels la connoissance de certaines matières est attribuée.

Les premiers juges ou magistrats des Romains furent les sénateurs qui rendirent la justice avec les rois, & ensuite avec les consuls qui succédèrent aux rois. Ils ne connoissoient point des matières criminelles; le roi ou les consuls les renvoyoient au peuple, qui les jugeoit dans ses assemblées. On les renvoyoit à des commissaires; le préfet de la ville rendoit la justice en l'absence du roi ou des consuls.

On établit ensuite deux questeurs pour tenir la main à l'exécution des loix, faire la recherche des crimes, & toutes les instructions nécessaires pour les faire punir; & le peuple ayant demandé qu'il y eût aussi des magistrats de son ordre, on créa les tribuns & les édiles, qui furent chargés chacun de certaine partie de la police. *Voyez* EDILES & TRIBUNS.

Quelque temps après on créa deux censeurs; mais tous ces officiers n'étoient point juges : le pouvoir de juger n'appartenoit qu'aux consuls, aux sénateurs, au peuple, & à ceux qui étoient commis à cet effet.

Vers l'an 388 de Rome, les consuls firent créer un préteur pour rendre en leur place la justice dans la ville. Ce préteur connoissoit des affaires civiles & de police. Il commettoit quelquefois les édiles & autres personnes pour l'aider dans l'instruction ou dans le jugement; mais c'étoit toujours lui qui le prononçoit & au nom duquel on le faisoit exécuter.

Quelque temps après, le préteur, pour être plus en état de juger les questions de droit, choisit dans chacune des trente-cinq tribus cinq hommes des plus versés dans l'étude des loix, ce qui fit en tout cent soixante-quinze personnes, qui néanmoins pour une plus facile prononciation, furent nommés *centumviri*, centumvirs, entre lesquels il prenoit des assesseurs ou conseillers pour les questions de droit, au lieu que pour les questions de fait, il en choisissoit indifféremment dans tous les ordres.

L'an 604 le peuple remit au préteur le soin de punir les crimes; & les questeurs, qui furent rendus perpétuels, continuèrent leurs fonctions sous les ordres du préteur.

Les édiles, dont le nombre fut augmenté, exerçoient aussi en son nom certaines parties de la police.

Il y avoit aussi un préteur dans chaque province, lequel avoit ses aides comme celui de Rome.

Sur la fin de la république, les tribuns & les édiles curules s'attribuèrent une jurisdiction contentieuse, indépendante de celle du préteur.

L'autorité de celui-ci avoit déjà été diminuée en lui donnant un collègue pour connoître des causes des étrangers, sous le titre de *prætor peregrinus;* on lui adjoignit encore six autres préteurs pour les causes capitales. Les préteurs provinciaux prenoient aussi séance avec eux pendant un an, avant que de partir pour leurs provinces, sous prétexte de les instruire des affaires publiques. On institua aussi deux préteurs pour la police des vivres en particulier. Enfin, sous le triumvirat il y avoit jusqu'à soixante-quatre préteurs dans Rome qui avoient tous leurs tribunaux particuliers, de même que les tribuns & les édiles.

Un des premiers soins d'Auguste, lorsqu'il se vit paisible possesseur de l'empire, fut de réformer la *justice*. Il réduisit d'abord le nombre des préteurs de la ville à seize, & établit au-dessus d'eux le préfet de la ville, dont la jurisdiction fut étendue jusqu'à cinquante stades autour de la ville. Il connoissoit seul des affaires où quelque sénateur se trouvoit intéressé, & des crimes commis dans toute l'étendue de sa province. Il avoit seul la police dans la ville, & l'appel des sentences des préteurs se relevoit par-devant lui.

Les édiles furent d'abord réduits à six : on leur ôta la police & tout ce qu'ils avoient usurpé de jurisdiction sur le préteur; & dans la suite Constantin les supprima totalement; on donna au préfet de la ville d'autres aides au nombre de quatorze, qui furent nommés *curatores urbis*, ou *adjutores præfecti urbis*. Ils étoient magistrats du second ordre, *magistratus minores*. La ville fut divisée en autant de quartiers qu'il y avoit de curateurs, & chacun d'eux fut chargé de faire la police dans son quartier. On leur donna à chacun deux licteurs pour marcher devant eux, & faire exécuter leurs ordres. L'empereur Sévère créa encore quatorze autres curateurs; & pour les faire considérer davantage, il voulut qu'ils fussent choisis dans les familles consulaires.

Le préfet de la ville ne pouvant connoître par lui-même de toutes choses, on lui donna deux subdélégués, l'un appellé *præfectus annonæ*, qui avoit la police des vivres; l'autre appellé *præfectus vigilum*, qui commandoit le guet. Celui-ci avoit une espèce de jurisdiction sur les voleurs, filoux, malfaiteurs, & gens suspects qui commettoient quelque désordre pendant la nuit; il pouvoit les faire arrêter & constituer prisonniers, même les faire punir sur-le-champ s'il s'agissoit d'une faute légère; mais si le délit étoit grave ou que l'accusé fût une personne de quelque considération, il devoit en référer au préfet de la ville.

Chaque province étoit gouvernée par un président ou proconsul, selon qu'elle étoit du département de l'empereur ou de celui du sénat. Ce magistrat étoit chargé de l'administration de la justice; les proconsuls avoient chacun près d'eux plusieurs subdélégués qu'on appelloit *legati proconsulum*, parce qu'ils les envoyoient dans les différens lieux de leurs gouvernemens. Ces subdélégués ayant été distribués dans les principales villes & y étant devenus sédentaires, furent appellés *senatores loci*, ou *judices ordinarii*, & quelquefois simplement *ordinarii*. Ceux des villes moins considérables furent nommés *judices pedanei*; & enfin les juges des bourgs & villages furent nommés *magistri pagorum*.

L'appel des juges des petites villes & des bourgs & villages, étoit porté au tribunal de la ville capitale de la province, de la capitale à la métropole, de la métropole à la primatie, d'où l'on pouvoit encore en certains cas appeller à l'empereur; mais comme cela engageoit dans des dépenses excessives pour ceux qui demeuroient dans les Gaules, Constantin y établit un préfet du prétoire pour juger en dernier ressort les affaires que l'on portoit auparavant à l'empereur.

Sous l'empire d'Adrien les magistrats romains qui étoient envoyés dans les provinces, furent appellés *comites quasi de comitatu principis*, parce qu'on les choisissoit ordinairement dans le conseil du prince. Ceux qui avoient le gouvernement des provinces frontières furent nommés *duces*, parce qu'ils avoient le commandement des armées.

Lorsque les Francs eurent conquis les Gaules, ils y conservèrent le même ordre que les Romains y avoient établi pour la division des gouvernemens & pour l'administration de la *justice*. Les officiers François prirent les titres de ducs & de comtes attachés aux gouvernemens qui leur furent distribués; mais les officiers d'un rang inférieur ne trouvant pas assez de dignité dans les titres de juges *pedanei vel magistri pagorum*, qui étoient usités chez les Romains, conservèrent leurs titres de centeniers, de cinquanteniers & dixainiers, & sous ces mêmes titres ils rendoient la *justice* dans les petites villes, bourgs & villages. Quelques-uns croient que c'est de-là qu'est venu la distinction des trois degrés de haute, moyenne & basse justices.

Les centeniers auxquels étoient subordonnés les cinquanteniers & dixainiers, relevoient des comtes des villes capitales. Ces comtes relevoient eux-mêmes des comtes ou ducs des provinces ou villes métropolitaines; ceux-ci des patrices qui présidoient dans les villes primatiales, & les patrices relevoient du roi, lequel jugeoit souverainement & en dernier ressort les grandes affaires, soit dans son conseil particulier avec le comte ou maire du palais, qui prit la place du préfet du prétoire des Gaules, ou en public à la tête de son parlement, lorsqu'il étoit assemblé.

Les comtes avoient des vicaires ou vicomtes qui étoient comme leurs lieutenans.

Pour contenir tous ces officiers dans leur devoir, le roi envoyoit dans les provinces des commissaires appellés *missi dominici*, pour recevoir les plaintes que l'on avoit à faire contre les juges ordinaires des lieux.

Outre les juges royaux, il y avoit dès-lors deux autres sortes de *justice* en France; savoir, les *justices* ecclésiastiques & les *justices* seigneuriales; la jurisdiction ecclésiastique étoit exercée par les évêques & les abbés, qui connoissoient, chacun dans leur territoire, des matières spirituelles, des affaires ecclésiastiques & de celles qui étoient alors réputées telles. *Voyez ci-devant* JURISDICTION ECCLÉSIASTIQUE.

Les vassaux & arrière-vassaux des comtes & des évêques & abbés rendoient aussi la *justice* dans les terres qui leur étoient données à titre de bénéfice; ce qui fut le commencement des *justices* seigneuriales.

Quelque temps après, tous les bénéfices des laïques ayant été transformés en fiefs, les *justices* des comtes & des ducs devinrent elles-mêmes des *justices* seigneuriales: & il n'y avoit alors de *justices* royales que celles qui étoient exercées par les officiers du roi dans les terres de son domaine.

Lorsque les comtes & les ducs changèrent leurs gouvernemens en seigneuries héréditaires, ils se déchargèrent du soin de rendre la *justice* sur des vicomtes, viguiers ou prévôts; dans les lieux où il y avoit un château, leurs lieutenans furent nommés *châtelains*; dans les simples bourgs & villages, les juges qui prirent la place des centeniers, furent appellés *majores villarum*, maires ou principaux des villages; titre qui revenoit assez à celui de *magistri pagorum*, qui étoit usité chez les Romains.

Les ducs & les comtes s'étoient néanmoins réservé une jurisdiction supérieure au-dessus de toutes ces *justices*, qu'ils continuèrent encore pendant quelque temps d'exercer avec leurs pairs ou principaux vassaux qui étoient *pares inter se*: ils tenoient leurs audiences ou assises avec eux quatre fois l'année & même plus souvent, lorsque cela étoit nécessaire; on y traitoit des affaires concernant le domaine & autres droits du seigneur; de celles où quelque noble ou ecclésiastique étoit intéressé; de crimes qui méritoient la mort naturelle ou civile; enfin des appellations des juges inférieurs.

Cette portion de jurisdiction que les ducs & les comtes s'étoient réservée, fut encore abandonnée par eux à des officiers qu'on nomma *baillis*, & en d'autres endroits *sénéchaux*.

Les prélats, les chapitres & les abbayes de fondation royale s'étant plaint des entreprises que les juges royaux faisoient sur leurs privilèges, nos rois les mirent sous leur protection & sauve-garde, leur donnant pour juge le prévôt de Paris; c'est ce que l'on appelle *le droit de garde gardienne*.

D'un autre côté, les seigneurs supportant impatiemment l'inspection des commissaires du roi, appellés *missi dominici*, qui les rappelloient à leur devoir, on cessa, pendant quelque temps, d'en envoyer; mais au lieu de ces commissaires, le roi établit quatre baillis pour juger les appellations des juges royaux inférieurs; le siège de ces bailliages fut placé à Vermand, aujourd'hui Saint-Quentin, à Sens, à Mâcon & à Saint-Pierre-le-Moutier.

Philippe-Auguſte établit en 1190 de ſemblables bailliages dans toutes les principales villes de ſon domaine, & dans la ſuite les anciens duchés & comtés ayant été réunis par diverſes voies à la couronne, les prévôtés, bailliages, ſénéchauſſées & autres *juſtices*, qui étoient établies dans ces ſeigneuries, devinrent toutes des *juſtices* royales.

Les ſimples *juſtices* ſeigneuriales ſont demeurées ſubordonnées aux prévôtés & autres *juſtices* royales du premier degré; elles ont auſſi été appellées en quelques endroits *prévôtés*, & *châtellenies* en d'autres *bailliages*; mais pour diſtinguer les juges de ces bailliages ſeigneuriaux de ceux des bailliages royaux, ces derniers furent appellés *baillivi majores*, & les autres *baillivi minores*.

Les *juſtices* royales inférieures ſont ſubordonnées aux bailliages & ſénéchauſſées, & ces tribunaux, de leur part, reſſortiſſent par appel au parlement, dont l'origine remonte juſqu'au commencement de la monarchie, ainſi qu'on le dira ci-après *au mot* PARLEMENT.

Sous les deux premières races de nos rois, & encore aſſez avant ſous la troiſième, il ne connoiſſoit que des affaires d'état & autres affaires majeures; la voie d'appel au parlement ne devint guère uſitée que depuis que cette cour eut été rendue ſédentaire à Paris.

Les autres parlemens ont été établis peu-à-peu à meſure que les affaires ſe ſont multipliées.

Pour décharger les parlemens de pluſieurs petites affaires, on a établi les préſidiaux qui jugèrent d'abord en dernier reſſort juſqu'à 250 liv. de principal ou 10 liv. de rente, & dont le pouvoir a été étendu par un édit de 1774, & une déclaration de 1777 juſqu'à 2000 liv. *Voyez* PRÉSIDIAL.

Outre les juriſdictions ordinaires, nos rois en ont établi pluſieurs autres extraordinaires, les unes qu'on appelle *juriſdictions d'attribution*, les autres *juriſdictions de privilège*; quelques-unes de ces juriſdictions reſſortiſſent par appel au parlement, comme les requêtes de l'hôtel & du palais, les tables de marbre; d'autres reſſortiſſent aux cours des aides, telles que les élections & greniers à ſel, *&c.*

Quant à la manière de rendre la *juſtice* dans les tribunaux de France, anciennement il n'étoit pas permis de plaider par procureur; il falloit ſe préſenter en perſonne, même dans les affaires civiles, à moins d'en avoir obtenu diſpenſe; mais depuis longtemps les parties ont été admiſes à ſe ſervir du miniſtère des procureurs, il eſt même devenu néceſſaire, excepté dans les petites *juſtices* où les parties peuvent défendre elles-mêmes leur cauſe.

On dit néanmoins encore qu'il n'y a que le roi & la reine qui plaident par procureur; mais cela veut dire qu'ils ne plaident pas en leur nom, & que c'eſt leur procureur-général qui eſt en qualité pour eux; à quoi il faut ajouter les ſeigneurs qui plaident dans leur *juſtice* ſous le nom de leur procureur-fiſcal.

Les affaires civiles s'intentent par une demande: & ſur les exceptions, défenſes & autres procédures, on en vient à l'audience, où la cauſe ſe juge ſur la plaidoierie des avocats ou des procureurs des parties; lorſqu'il s'agit d'un appel ou de queſtions de droit, la cauſe doit être plaidée par des avocats.

Quand l'affaire ne peut être vuidée à l'audience, on appointe les parties, c'eſt-à-dire, que les parties doivent produire leurs pièces & fournir des écritures pour inſtruire l'affaire plus amplement.

En matière criminelle, l'affaire commence par une plainte ou par une dénonciation; on informe contre l'accuſé, & ſur l'information on décrète l'accuſé, s'il y a lieu: &, en ce cas, il doit ſe repréſenter & répondre en perſonne; quand l'affaire eſt légère, on la renvoie à l'audience.

Les queſtions de droit doivent être décidées par les loix, & celles de fait par les titres & par les preuves. Dans les premiers temps de la monarchie, les François étoient gouvernés par différentes loix, ſelon celle ſous laquelle ils étoient nés ou qu'ils avoient choiſie; car alors ce choix étoit libre. Les Francs ſuivoient communément la loi ſalique; les Bourguignons, la loi gombette: les Goths, qui étoient reſtés en grand nombre dans les provinces d'outre la Loire, ſuivoient les loix des Viſigoths. Tous les autres ſujets du roi ſuivoient la loi romaine qui étoit le code théodoſien; les eccléſiaſtiques la ſuivoient auſſi tous, & en outre le droit canonique.

Aux anciennes loix des Francs ont ſuccédé les capitulaires, qui ſont auſſi tombés en non-uſage.

Les provinces les plus voiſines de l'Italie ont continué de ſe régir par le droit romain; les autres provinces ſont régies par des coutumes générales & particulières. *Voyez* COUTUME.

Outre le droit romain & les coutumes, on ſe règle par les ordonnances, édits & déclarations de nos rois, & par la juriſprudence des arrêts.

Les premiers juges doivent toujours juger à la rigueur & ſuivant la lettre de la loi; il n'appartient qu'au roi & aux cours ſouveraines, dépoſitaires de ſon autorité, d'interpréter les loix.

Les formalités de la *juſtice* ont été établies pour inſtruire la religion des juges; mais comme on abuſe des meilleures choſes, il arrive ſouvent que les plaideurs multiplient les procédures ſans néceſſité.

Dans les pays où la *juſtice* ſe rend ſans formalités, comme chez les Turcs, les juges peuvent ſouvent être ſurpris. La partie qui parle avec le plus d'aſſurance, eſt ordinairement celle qui a raiſon; il eſt auſſi très-dangereux qu'un juge ſoit le maître du ſort des hommes, ſans craindre que perſonne puiſſe le réformer.

La *juſtice* ſe rendoit autrefois gratuitement dans toutes ſortes d'affaires; elle ſe rend encore de même de la part des juges pour les affaires qui ſe jugent à l'audience; mais par ſucceſſion de temps on a permis aux greffiers de ſe faire payer l'expédition du jugement; on a auſſi autoriſé les juges à recevoir de ceux qui gagnoient leur procès de menus préſens de dragées & de confitures, qu'on appelloit alors *épices*, & dans la ſuite ces épices ont été converties en argent; les juges n'en prennent que dans les procès par écrit; il y a aussi des cas où ils ont des vacations. *Voyez* ÉPICES, VACATIONS. (*A*)

SECTION II.

De la nécessité de la justice dans les gouvernemens.

S'IL est vrai que le bonheur des hommes soit le seul point de vue qui les ait portés à composer des sociétés civiles, comme seules capables de leur procurer des secours dans leurs besoins, il est évident que la *justice* est la première chose qui leur est due par ceux qui les gouvernent : elle est l'échange de leur soumission.

La *justice* est le seul lien qui puisse former l'union du genre humain & entretenir ses sociétés particulières. Si on veut s'en former des idées nettes, on ne la regardera point comme arbitraire, & on appercevra qu'elle est la même considérée entre les citoyens, ou appliquée aux nations.

La *justice* avoit ses droits avant que la terre appartînt à personne en détail : elle n'a point pris son origine dans les conventions; elle n'en dérive pas. Elle a dû être connue & respectée au même instant qui a vu naître les propriétés; & cet instant est le premier auquel l'homme a pu se saisir du fruit qui pendoit à l'arbre. Il a été dès-lors injuste de l'arracher de ses mains; il avoit, outre le droit de s'emparer, commun à tous, celui que donne la possession effective. Le raisonnement abstrait qui veut pénétrer au-delà, s'expose à devenir dangereux, & ne peut jamais être utile.

Ces idées ne supposent point l'opinion des idées innées; il suffit, pour les concevoir & les adopter, de la faculté d'appercevoir les rapports, les comparer & les combiner. Elles sont du nombre de ces vérités naturelles, semblables aux axiomes de géométrie, qui frappent par leur évidence.

La cause qui jette dans l'erreur opposée, est peut-être la méprise entre la *justice* & les loix. Ce sont deux choses que l'on ne doit pas confondre. La *justice* est un être purement intellectuel, tel que la raison; ou plutôt elle est l'expression même de la raison; elle est immuable : les loix sont périssables & passagères.

Lorsqu'on dit qu'une chose étoit juste dans un temps & ne l'est plus dans un autre, ce n'est pas la *justice* qui a varié, c'est la chose, ce sont les circonstances. Cet ouvrage n'admet point les discussions métaphysiques; il lui convient d'éclaircir & justifier ce sentiment par des exemples.

La raison veut que chaque membre d'un corps politique contribue, lorsqu'il le peut, aux frais nécessaires à la conservation générale; ce principe est de toute *justice* : en conséquence, chaque Romain payoit un tribut à la république; rien de plus juste que cette loi. Après la conquête de la Macédoine ajoutée à quelques autres dans l'Asie, le trésor public se trouva assez riche pour fournir aux besoins & se passer du secours des citoyens : on abolit la loi du cens. Mais ce changement équitable n'altère en rien le principe posé; il demeure toujours dans sa vérité : seulement les conjonctures différentes rendent inutile son application.

Dans le contrat, *do ut des*, *facio ut facias*, il paroît au premier coup-d'œil que la *justice* dérive de la convention; mais si on élève ses idées, on apperçoit, avec un peu de réflexion, que ce sont uniquement les actions stipulées qui deviennent des obligations. Le traité est fondé lui-même sur la *justice* de la réciprocité : le principe en est invariable.

Une suite de la même erreur est de penser que le juste & le permis ne different point entre eux. Le vol étoit permis à Lacédémone; mais cent permissions de cette espèce ne prouveront pas qu'il est juste de voler. Que l'on remarque les limites & les restrictions que Lycurgue y avoit posées, on sera convaincu qu'il ne le pensoit pas lui-même. C'est un législateur qui tolère une injustice, à laquelle ses précautions & l'ensemble de ses statuts ne laissent qu'une existence légère : il en rend le préjudice comme imperceptible à chaque citoyen, dans l'espérance d'en retirer un avantage essentiel pour l'intérêt général.

A Rome il étoit permis de tuer son esclave; au Japon l'offenseur est obligé de s'ouvrir le ventre, lorsque l'offensé aura ouvert le sien; ces exemples, ni un nombre d'autres coutumes extravagantes, ne prouvent pas, comme on le veut, que la *justice* ou la probité soient arbitraires; ils prouvent seulement que l'homme se fait souvent de fausses idées de la *justice* & de la probité.

On pourroit même inférer de ce qui se pratique au Japon, que le législateur a eu une grande idée de la véritable *justice* & de sa nécessité. Il a voulu, par la terreur d'une loi atroce, éviter qu'aucun citoyen ne fût offensé.

Je sais que l'on donne, quoiqu'improprement, le nom de *justice* à ce qui résulte des réglemens d'un état. C'est dans ce sens que l'on peut dire que ce qui est juste dans un lieu, est injuste dans un autre; que la *justice* est variable, & qu'elle n'a point de réalité déterminée. Mais on prend pour la *justice*, l'image que quelques fondateurs en ont tracée avec de mauvais crayons. Cette *justice* n'a que l'écorce de celle que la raison enseigne à qui sait penser : elle est à celle-ci ce que le singe est à l'homme.

Après donc le soin de la religion, un des principaux devoirs d'une nation concerne la *justice*. Elle doit mettre tous ses soins à la faire régner dans l'état, prendre de justes mesures pour qu'elle soit rendue à tout le monde de la manière la plus sûre, la plus prompte & la moins onéreuse. Cette obligation découle de la fin & du pacte même de la société civile. Les hommes ne se sont liés par les engagemens de la société, & n'ont consenti à se dépouiller en sa faveur d'une partie de leur liberté naturelle, que dans la vue de jouir tranquillement de ce qui leur appartient, & d'obtenir *justice* avec sûreté. La nation se manqueroit donc à elle-même & trompéroit les particuliers, si elle ne s'appliquoit pas sérieusement à faire régner une exacte *justice*. Elle doit cette attention à son bonheur, à son repos & à sa prospérité. La confusion, le désordre, le découragement naissent bientôt dans l'état, lorsque les citoyens ne sont pas assurés d'obtenir promptement & facilement *justice* dans tous leurs différends; les vertus civiles s'éteignent, & la société s'affoiblit.

La *justice* règne par deux moyens; par de bonnes loix, & par l'attention des supérieurs à les faire observer. Si les hommes étoient toujours également justes, équitables, éclairés, les loix naturelles suffiroient sans doute à la société. Mais l'ignorance, les illusions de l'amour-propre, les passions rendent trop souvent impuissantes ces loix sacrées. Aussi voyons-nous que tous les peuples policés ont senti la nécessité de faire des loix positives. Il est besoin de règles générales & formelles, pour que chacun connoisse clairement son droit, sans se faire illusion; il faut même quelquefois s'écarter de l'équité naturelle pour prévenir l'abus & la fraude, pour s'accommoder aux circonstances, & puisque le sentiment du devoir est si souvent impuissant dans le cœur de l'homme, il est nécessaire qu'une sanction pénale donne aux loix toute leur efficacité. Voilà comment la loi naturelle se change en loi civile. Il seroit dangereux de commettre les intérêts des citoyens au pur arbitre de ceux qui doivent rendre la *justice*; le législateur doit aider l'entendement des juges, forcer leurs préjugés & leurs penchans, assujettir leur volonté par des règles simples, fixes & certaines: & voilà encore les loix civiles.

Les meilleures loix sont inutiles, si on ne les observe pas. La nation doit donc s'attacher à les maintenir, à les faire respecter & exécuter ponctuellement; elle ne sauroit prendre à cet égard des mesures trop justes, trop étendues & trop efficaces. De-là dépendent en grande partie son bonheur, sa gloire & sa tranquillité.

Le souverain, le conducteur qui représente une nation, qui est revêtu de son autorité, est aussi chargé de ses devoirs. Le soin de faire régner la *justice* sera donc l'une des principales fonctions du prince. Rien n'est plus digne de la majesté souveraine. L'empereur Justinien commence ainsi le livre des *Institutes: Imperatoriam majestatem non solùm armis decoratam, sed etiam legibus oportet esse armatam: ut utrumque tempus, & bellorum, & pacis, rectè possit gubernari*. Le degré de puissance, confié par la nation au chef de l'état, sera aussi la règle de ses devoirs & de ses fonctions dans l'administration de la *justice*. De même que la nation peut se réserver le pouvoir législatif ou le confier à un corps choisi, elle est aussi en droit d'établir, si elle le juge à propos, un tribunal suprême pour juger de toutes les contestations, indépendamment du prince. Mais le conducteur de l'état doit naturellement avoir une part considérable à la législation: il peut même en être seul dépositaire. En ce dernier cas, ce sera à lui d'établir des loix salutaires, dictées par la sagesse & l'équité. Dans tous les cas, il doit protéger les loix, veiller sur ceux qui sont revêtus d'autorité, & contenir chacun dans le devoir.

La puissance exécutrice appartient naturellement au souverain, à tout conducteur de la société; & il en est censé revêtu dans toute son étendue, quand les loix fondamentales ne la restreignent pas. Lors donc que les loix sont établies, c'est au prince de les faire exécuter: les maintenir en vigueur, en faire une juste application à tous les cas qui se présentent; c'est ce qu'on appelle *rendre la justice*: c'est le devoir du souverain; il est naturellement le juge de son peuple. On a vu les chefs de quelques petits états en faire eux-mêmes les fonctions: mais cet usage devient peu convenable, impossible même dans un grand royaume.

Le meilleur & le plus sûr moyen de distribuer la *justice*, c'est d'établir des juges intègres & éclairés, pour connoître de tous les différends qui peuvent s'élever entre les citoyens. Il est impossible que le prince se charge lui-même de ce pénible travail; il n'auroit ni le temps nécessaire pour s'instruire à fond de toutes les causes, ni même les connoissances requises pour en juger. Le souverain ne pouvant s'acquitter en personne de toutes les fonctions du gouvernement, il doit retenir à lui, avec un juste discernement, celles qu'il peut remplir avec succès, & qui sont les plus importantes, & confier les autres à des officiers, à des magistrats qui les exercent sous son autorité. Il n'y a aucun inconvénient à confier le jugement des procès à une compagnie de gens sages, intègres & éclairés; au contraire, c'est tout ce que le prince peut faire de mieux; & il a rempli à cet égard tout ce qu'il doit à son peuple, quand il lui a donné des juges ornés de toutes les qualités convenables aux ministres de la *justice*: il ne lui reste qu'à veiller sur leur conduite, afin qu'ils ne se relâchent point.

L'établissement de tribunaux de *justice* est particuliérement nécessaire pour juger les causes du fisc, c'est-à-dire, toutes les questions qui peuvent s'élever entre ceux qui exercent les droits utiles du prince, & les sujets. Il seroit mal-séant & peu convenable qu'un prince voulût être juge dans sa propre cause; il ne sauroit être trop en garde contre les illusions de l'intérêt & de l'amour-propre: & quand il pourroit s'en garantir, il ne doit pas exposer sa gloire aux sinistres jugemens de la multitude. Ces raisons importantes doivent même l'empêcher d'attribuer le jugement des causes qui l'intéressent, aux ministres & aux conseillers particuliérement attachés à sa personne. Dans tous les états bien réglés, dans les pays qui sont un état véritable & non le domaine d'un despote, les tribunaux ordinaires jugent le procès du prince avec autant de liberté que ceux des particuliers.

Le but des jugemens est de terminer avec *justice* les différends qui s'élèvent entre les citoyens. Si donc les causes s'instruisent devant un juge de première instance, qui en approfondit tous les détails,

& vérifie les preuves; il est bien convenable, pour plus grande sûreté, que la partie, condamnée par ce premier juge, puisse en appeller à un tribunal supérieur qui examine la sentence, & qui la réforme, s'il la trouve mal-fondée : mais il faut que ce tribunal suprême ait l'autorité de prononcer définitivement & sans retour; autrement toute la procédure sera vaine, & le différend ne pourra se terminer.

La pratique de recourir au prince même, en portant sa plainte au pied du trône, quand la cause a été jugée en dernier ressort, paroît sujette à de grands inconvéniens. Il est plus aisé de surprendre le prince par des raisons spécieuses, qu'une compagnie de magistrats versés dans la connoissance du droit; & l'expérience ne montre que trop qu'elles sont, dans une cour, les ressources de la faveur & de l'intrigue. Si cette pratique est autorisée par les loix de l'état, le prince doit toujours craindre que les plaintes ne soient formées dans la vue de traîner un procès en longueur & d'éloigner une juste condamnation. Un souverain juste & sage ne les admettra qu'avec de grandes précautions; & s'il casse l'arrêt dont on se plaint, il ne doit point juger lui-même la cause, mais comme il se pratique en France, en commettre la connoissance à un autre tribunal. Les longueurs ruineuses de cette procédure nous autorisent à dire qu'il est plus convenable & plus avantageux à l'état d'établir un tribunal souverain, dont les arrêts définitifs ne puissent être infirmés par le prince lui-même. C'est assez, pour la sûreté de la *justice*, que le souverain veille sur la conduite des juges & des magistrats, comme il doit veiller sur celle de tous les officiers de l'état, & qu'il ait le pouvoir de rechercher & de punir les prévaricateurs.

Dès que ce tribunal souverain est établi, le prince ne peut toucher à ses arrêts, & en général il est absolument obligé de garder & maintenir les formes de la *justice*. Entreprendre de les violer, c'est tomber dans la domination arbitraire à laquelle on ne peut jamais présumer qu'aucune nation ait voulu se soumettre.

Lorsque les formes sont vicieuses, il appartient au législateur de les réformer. Cette opération, faite ou procurée suivant les loix fondamentales, sera l'un des plus salutaires bienfaits que le souverain puisse répandre sur son peuple. Garantir les citoyens du danger de se ruiner pour la défense de leurs droits, réprimer, étouffer le monstre de la chicane, c'est une action plus glorieuse aux yeux du sage, que tous les exploits d'un conquérant.

La *justice* se rend au nom du souverain : le prince s'en rapporte au jugement des tribunaux, & il prend avec raison ce qu'ils ont prononcé, pour le droit & la *justice*. Sa partie, dans cette branche du gouvernement, est donc de maintenir l'autorité des juges & de faire exécuter leurs sentences; sans quoi elles seroient vaines & illusoires : la *justice* ne seroit point rendue aux citoyens.

Il est une autre espèce de *justice*, que l'on nomme *attributive* ou *distributive*. Elle consiste en général à traiter un chacun suivant ses mérites. Cette vertu doit régler dans un état la distribution des emplois publics, des honneurs & des récompenses. Une nation se doit premiérement à elle-même d'encourager les bons citoyens, d'exciter tout le monde à la vertu, par les honneurs & les récompenses, & de ne confier les emplois qu'à des sujets capables de les bien desservir. Elle doit aussi aux particuliers la juste attention de récompenser & d'honorer le mérite. Bien qu'un souverain soit le maître de distribuer ses graces & les emplois à qui il lui plaît, & que personne n'ait un droit parfait à aucune charge ou dignité; cependant, un homme qui, par une grande application, s'est mis en état de servir utilement la patrie, celui qui a rendu quelque service signalé à l'état, de pareils citoyens, dis-je, peuvent se plaindre avec *justice*, si le prince les laisse dans l'oubli, pour avancer des gens inutiles & sans mérite. C'est user envers eux d'une ingratitude condamnable & bien propre à éteindre l'émulation. Il n'est guère de faute plus pernicieuse, à la longue, dans un état : elle y introduit un relâchement général, & les affaires conduites par des mains mal-habiles, ne peuvent manquer d'avoir un mauvais succès. Un état puissant se soutient quelque temps par son propre poids; mais enfin il tombe dans la décadence, & c'est peut-être ici l'une des principales causes de ces révolutions, que l'on remarque dans les grands empires. Le souverain est attentif au choix de ceux qu'il emploie, tant qu'il se sent obligé de veiller à sa conservation & d'être sur ses gardes : dès qu'il se croit élevé à un point de grandeur & de puissance, qui ne lui laisse plus rien à craindre, il se livre à son caprice, & la faveur distribue toutes les places.

La *justice* est la base de toute société, le lien assuré de tout commerce. La société humaine, bien loin d'être une communication de secours & de bons offices, ne sera plus qu'un vaste brigandage, si l'on n'y respecte pas cette vertu qui rend à chacun le sien. Elle est plus nécessaire encore entre les nations qu'entre les particuliers, parce que l'injustice a des suites plus terribles dans les démêlés de ces puissans corps politiques, & qu'il est plus difficile d'en avoir raison. L'obligation imposée à tous les hommes d'être justes, se démontre aisément en droit naturel : nous la supposons ici comme assez connue, & nous nous contentons d'observer que non seulement les nations n'en peuvent être exemptes, mais qu'elle est plus sacrée encore pour elles, par l'importance de ses suites.

Toutes les nations sont donc étroitement obligées à cultiver la *justice* entre elles, à l'observer scrupuleusement, à s'abstenir avec soin de tout ce qui peut y donner atteinte. Chacune doit rendre aux autres ce qui leur appartient, respecter leurs droits & leur en laisser la paisible jouissance.

De cette obligation indispensable, que la nature impose aux nations, aussi bien que de celles dont chacune

chacune est liée envers elle-même, il résulte pour tout état le droit de ne pas souffrir qu'on lui enlève aucun de ses droits, rien de ce qui lui appartient légitimement ; car en s'y opposant, il ne fait rien que de conforme à tous ses devoirs, & c'est en quoi consiste le droit.

Ce droit est parfait, c'est-à-dire, accompagné de celui d'user de force pour le faire valoir. En vain la nature nous donneroit-elle le droit de ne pas souffrir l'injustice ; en vain obligeroit-elle les autres à être justes à notre égard, si nous ne pouvions légitimement user de contrainte, quand ils refusent de s'acquitter de ce devoir. Le juste se verroit à la merci de la cupidité & de l'injustice ; tous ses droits lui deviendroient bientôt inutiles.

De-là naissent, comme autant de branches, 1°. le droit d'une juste défense, qui appartient à toute nation, ou le droit d'opposer la force à quiconque l'attaque elle & ses droits. C'est le fondement de la guerre défensive.

2°. Le droit de se faire rendre *justice* par la force, si on ne peut l'obtenir autrement, ou de poursuivre son droit à main armée. C'est le fondement de la guerre offensive.

Si rien n'est plus conforme à la raison que de juger les hommes dans leurs intérêts civils par les règles de l'équité, de corriger les défauts qui se glissent dans les loix, d'éclaircir leur obscurité, d'expliquer leur équivoque, on doit dire qu'il est absurde de ne pas suivre cette méthode, & de les assujettir au texte de la loi dans les affaires criminelles.

On est surpris de trouver dans l'*Esprit des loix*, *liv. 11*, *ch. 6*, « que si les tribunaux ne doivent » pas être fixés, les jugemens doivent l'être à » tel point qu'ils ne soient jamais qu'un texte » précis de la loi ; & un peu plus bas, les juges » ne sont que la bouche qui prononce les paroles » de la loi, des êtres inanimés, *&c.* ». C'est l'usage en Angleterre, & c'est, je pense, l'unique raison qui a déterminé le sentiment de l'auteur.

Si la loi pouvoit tout prévoir, si, comme je l'ai déjà dit, son expression pouvoit renfermer toute la *justice*, il seroit beau de ne juger que par la loi ; mais c'est supposer l'impossible. On peut compter plusieurs vérités de théorie qu'on doit mettre au rang des belles chimères, & n'y plus penser. Dans ce qu'on appelle les *actions criminelles*, le texte de la loi juge les actions machinales des hommes, l'équité juge leurs intentions. Ce sont celles-ci qui forment le mérite & le démérite, & leurs degrés. Asservir les jugemens à la lettre, c'est en bannir la *justice*.

La loi prononce indistinctement que l'homicide sera puni de mort, cependant, ou nous n'avons que des idées fausses de la *justice*, ou tout homicide ne mérite pas le même châtiment. Celui qui a voulu tuer, & qui n'a pas réussi, est plus coupable que celui qui a tué sans dessein de le faire. Celui qui n'a que blessé avec une arme à feu, mérite mieux la mort que celui qui, luttant contre son adversaire, l'aura renversé sur une pierre que le hasard a fait trouver, & qui lui aura brisé la tête. Le médecin qui empoisonnera son malade de dessein prémédité, doit être puni d'une mort cruelle : s'il procure sa mort par des remèdes ordonnés mal à propos, il ne mérite que la peine de l'ignorance, & non celle de l'homicide.

L'âge, le sexe, les degrés de proximité, le temps, le lieu, l'état des personnes aggravent ou diminuent la faute du criminel : ces différences sont encore plus sensibles dans de moindres crimes, & différencient à l'infini les peines des délits qui ne méritent pas la mort.

Si le détail des circonstances & de leurs combinaisons est immense, s'il est plus étendu que l'imagination ne peut les présenter, la loi n'a pu les prévoir. Est-il juste qu'un être inanimé prononce des paroles qui n'auront pas été faites pour le degré du crime à punir, tandis que l'on peut, au moyen des êtres pensans, proportionner la peine au démérite ?

On peut admirer avec *justice*, les loix & les usages de l'Angléterre ; mais l'admiration a ses bornes, elles ne s'étendent pas jusqu'à permettre d'encenser ce que les Anglois les plus sensés désapprouvent. Leur fameux chancelier Thomas Morus, nourri dans l'exercice de la *justice*, connoissoit l'abus de cette méthode. Il veut que l'on laisse la punition des crimes à la discrétion des juges ; il n'en excepte que l'adultère. Ce grand homme s'est-il déterminé sur ce qu'il a cru qu'aucune circonstance ne pouvoit le faire excuser ? C'est encore un problême de savoir si on doit avoir quelque indulgence pour les fautes vers lesquelles la nature nous porte avec empire, ou si, par cette même raison, il faut les punir avec plus de sévérité.

Neratius, riche Romain, donnoit des soufflets à tous ceux qu'il rencontroit, & qui avoient le malheur de lui déplaire. Il étoit suivi par un esclave qui comptoit vingt-cinq sols à l'offensé ; c'étoit la peine portée par la loi. On ne connoissoit pas à Rome l'extravagance barbare qui assujettit à tuer ou à mourir pour un coup, & même pour la seule menace. Ce qui ne fut d'abord qu'une saillie effrontée, fit appercevoir les Romains du ridicule & de l'injuste qui resserroit le magistrat dans les termes de la loi. Outre le soufflet donné, Neratius étoit coupable d'impudence. Il en est de même dans la plupart des occasions ; les circonstances sont un second crime dont la loi n'a pas parlé. On supprima la loi, & dès-lors il fut permis à chacun d'estimer l'injure qui lui étoit faite, & au magistrat de borner l'estimation.

Les différens états demandent des distinctions dans les peines communes ou les délits simples, suivant les différences des gouvernemens. La démocratie, où tout est égal, ne devroit pas en admettre ; l'injure est toujours faite à quelqu'un qui a part à la souveraineté. Mais dans l'aristocratie & la monarchie royale, on doit regarder la qualité de l'offensé & celle de l'offenseur. Celui qui a fait une injure à un homme noble, & plus encore à une personne publique, mérite un châtiment sévère. Il doit être moindre, si l'offense pareille est faite à un homme du commun, & moindre encore, si c'est à quelqu'un de la lie du peuple. Ordonner des peines égales, dans les délits simples, à tous les ordres ; soumettre les hommes, dans toutes sortes de circonstances, aux mêmes loix ; c'est donner, dans la même maladie, un remède d'égale force, dans tous ses degrés, à tous les âges, à tous les tempéramens.

Les dernières loix romaines étoient défectueuses ; elles portoient leur attention sur la qualité des coupables, dans les crimes publics. Le mari, meurtrier de sa femme trouvée en adultère, n'étoit banni que pour un temps, lorsqu'il étoit constitué en dignité ; il étoit banni à perpétuité, s'il étoit de basse condition. Lorsque l'offense est faite au public, lorsque la société en est troublée à un certain excès, la grandeur de l'état de l'offensé fait disparoître celui de l'offenseur ; tous les rangs sont mis au même niveau. L'assassin d'un souverain est puni du même supplice, quelle que soit sa condition. La plus illustre naissance, les alliances les plus respectables ne purent garantir le comte d'Horn de la mort qu'il avoit méritée.

Les Toretans, seigneurs de Milan, publièrent un édit qui n'imposoit qu'une amende pour le meurtre d'un roturier. Le peuple se mutina, chassa la noblesse, & s'empara de la souveraineté.

Lorsque le crime mérite la mort, toute la distinction que l'on peut accorder au rang du coupable, doit consister dans la manière de faire subir le supplice, si on excepte le crime de lèse-majesté divine ou humaine.

Platon disoit avec raison, que l'homme de quelque état, devoit être puni plus rigoureusement, à cause qu'il avoit eu plus d'éducation. Si les raisons pour punir un noble comme un roturier, dans les crimes graves, ne persuadent pas, c'est qu'elles combattent un préjugé, & la vanité de la noblesse.

Je ne désapprouverois point que l'on eût égard, pour diminuer la peine ou pardonner, aux grands services rendus à la patrie.

Il n'est rien qui prouve avec plus d'évidence que, dans le criminel sur-tout, l'équité doit être préférée au texte précis des loix, que l'obligation dans laquelle on a été très-souvent de les changer. Il résulte de cette obligation, que la *justice* n'étoit pas dans la loi ; que c'étoit une *justice* d'opinion, & le fantôme de la véritable.

Les peines de l'homicide & du vol n'étoient autrefois que pécuniaires, dans la plus grande partie de l'Europe. On ne doit pas penser que l'on soit devenu moins humain, pour les avoir commuées en peines capitales. L'amende étoit égale, les châtimens étoient inégaux. L'homme borné dans sa fortune, perdoit tout son bien. Celui dont la situation étoit un peu plus opulente, perdoit moins ; pour le riche, le crime n'étoit qu'un jeu.

Lorsque l'or & l'argent devinrent plus communs, les crimes le furent de même. Si on s'étoit contenté de grossir l'amende dans la proportion de la valeur des espèces, ou les indigens auroient pu commettre des crimes impunément, ou il auroit fallu leur infliger une peine corporelle, tandis qu'il n'en coûtoit aux autres que de l'argent. L'injustice étoit trop manifeste, elle frappa les yeux ; on conçut que la proportion étoit fausse, entre le crime & le châtiment. La loi n'avoit pourvu qu'au dédommagement de la personne lésée, ou de ses héritiers ; elle ne vengeoit pas l'injure faite au public. Le crime n'étoit pas puni comme crime.

Être obligé de changer les loix, est par soi-même un inconvénient ; les jugemens d'équité en dispensent souvent. Ils sont d'autant plus nécessaires au bien de la société, que s'il est vrai, comme on ne peut le nier, que les circonstances changent souvent la nature du crime, il faut que toute loi qui porte une peine certaine, soit injuste dans quelque cas. Comment appliquer une loi fixe & immobile à une perpétuelle variation ? Certains crimes méritent une peine plus sévère pour être nocturnes, d'autres pour être commis aux yeux du public. Le même crime est tantôt la faute du hasard, tantôt l'effet de la noirceur la plus condamnable.

Il me semble que l'on n'appuie pas l'avis de juger selon la lettre de la loi, en disant : « qu'autrement on vit dans la société sans connoître les » engagemens qu'on y contracte ». *Esprit des loix*, *liv. 11*, *ch. 6*. Il est bien triste de savoir que l'on sera condamné sur l'action, & non sur l'intention ; & qui pourra penser que la liberté réside où le fait involontaire est soumis à la même peine que la volonté dénaturée ? Si personne ne peut prévoir ni empêcher les événemens qui dépendent de la fatalité du sort ; personne ne peut s'assurer sur son innocence. Ce n'est pas connoître ses engagemens, c'est trembler dans une continuelle incertitude.

Celui qui sait, au contraire, qu'il ne sera puni qu'autant qu'il sera coupable, que le châtiment sera proportionné au degré de l'abus qu'il aura fait de sa liberté d'exercer le bien ou le mal, sera dans un état d'assurance & de pleine liberté.

Le juge astreint à la loi n'a d'autre fonction que d'examiner le fait. Celui qui juge d'équité, outre le fait, examine le mérite de la cause. Quel est l'homme qui ne préfère pas d'être jugé par des êtres pensans, plutôt que par des automates ?

Pourquoi faut-il « que l'accusé puisse choisir ses » juges, ou en récuser un si grand nombre, que » ceux qui restent soient censés être de son choix » ? *Esprit des loix*, *liv. 11*, *ch. 6*. Aucune maxime ne peut être plus contraire à la liberté politique, tandis que l'on prétend l'établir par-là. Il est juste de veiller à la liberté des accusés ; mais on ne doit point porter ce soin dans un excès qui préjudicie à celle de la société générale. Ramenons ce principe à la pratique. Si l'accusé peut choisir ses juges, quelle quantité de criminels n'échapperoit pas à la peine? Le point le plus essentiel à la liberté publique, est le châtiment de ceux qui la troublent. Le crime mérite-t-il des privilèges exorbitans? Dans tous les crimes, l'accusé est partie d'un côté & le public l'est de l'autre. Si on permet de récuser les juges au point que le reste paroisse être de choix, on fait au public une injustice égale à celle que l'on feroit à l'accusé, si on lui défendoit d'en récuser aucun. La compassion d'un particulier pour un accusé, est un sentiment très-louable, mais il est bien éloigné d'être une vertu d'état.

Le milieu juste & raisonnable est de permettre à l'accusé de récuser les juges qui peuvent être légitimement suspects, & d'avoir sur cet objet, comme sur les autres, des loix conduites par l'équité.

Heureuses les nations chez qui la *justice* est si bien administrée, que les étrangers viennent s'y soumettre!

Frédéric II soumit au jugement du roi de France & de son parlement, la décision de plusieurs différends qu'il avoit avec le pape Innocent IV. Le roi d'Angleterre choisit les mêmes juges pour terminer ses différends avec ses barons. Du temps de Philippe-le-Bel, le comte de Namur en fit autant, encore qu'il eût pour partie Charles de Valois, frère du roi. Philippe, prince de Tarente, accepta pour juge, le roi séant au parlement, sur le différend qu'il avoit avec le duc de Bourgogne, pour certains frais qu'il falloit faire pour le recouvrement de l'empire de Constantinople.

En l'an 1402, les rois de Castille & de Portugal envoyèrent un accord fait entre eux, pour le faire publier & homologuer en la cour de parlement, afin qu'il eût plus d'autorité.

JUSTICE *d'apanage*, est une *justice* royale qui se trouve dans l'étendue de l'apanage d'un fils ou petit-fils de France. Cette *justice* est exercée au nom du roi & du prince apanagiste, lequel a la nomination & provision des offices, à la différence du seigneur engagiste qui a seulement la nomination des offices des *justices* royales qui se trouvent dans le domaine engagé. (*A*)

JUSTICE *d'attribution*, est celle qui n'est établie que pour connoître d'une certaine affaire, comme les commissions du conseil, les renvois d'une affaire à une chambre du parlement, ou bien pour connoître de toutes les affaires d'une certaine nature, comme les cours des aides, les élections, les greniers à sel, les tables de marbre & autres semblables. *Voyez* JUGE *d'attribution*. (*A*)

JUSTICES *bailliagères*, on entend ordinairement par-là celles qui ont un territoire fixe comme les bailliages; c'est en ce sens que l'on dit que les maîtrises des eaux & forêts sont *bailliagères*, pour dire que les officiers de ces jurisdictions ne peuvent anticiper sur le territoire les uns des autres, & que celui de chaque maîtrise est déterminé par celui des bailliages sur lesquels elle exerce la jurisdiction qui lui est propre.

En Lorraine on appelle *justices bailliagères* des *justices* seigneuriales qui ressortissent directement à la cour souveraine, sans passer par le degré des bailliages royaux, lesquels n'y connoissent que des cas royaux & privilèges; il y a une vingtaine de prévôtés & autres *justices* seigneuriales qui sont *bailliagères*. *Voyez les Mém. sur la Lorraine, pag. 76.* (*A*)

JUSTICE *basse*. *Voyez* BASSE-JUSTICE, JUSTICE *des seigneurs*, & JUSTICE *foncière*. (*M.* GARRAN DE COULON, *avocat au parlement.*)

JUSTICE *capitale*, est la principale jurisdiction d'une province, la *justice* supérieure; c'est ainsi que Richard, roi d'Angleterre, duc de Normandie & d'Aquitaine, & comte d'Anjou, qualifioit sa cour dans des lettres du mois de septembre 1352, *nisi coram nobis aut capitali justitiâ nostrâ.* (*A*)

JUSTICE *de censier*, est la même chose que *justice censière* ou *censuelle* : on l'appelle plus communément *justice censière* ou *foncière*. *Voyez* JUSTICE *censière & foncière*. (*A*)

JUSTICE *censière* ou *censuelle*, est une basse-*justice* qui appartient, dans quelques coutumes, aux seigneurs de fiefs, pour contraindre leurs censitaires au paiement des cens & rentes seigneuriales & autres droits. *Voyez ci-après* JUSTICE *foncière*. (*A*)

JUSTICE *censuelle*, *censière* ou *foncière*, est celle qui appartient à un seigneur censier, pour raison de ses cens seulement; on l'appelle aussi *justice de censier*. *Voyez* les coutumes de Meaux, *art. 203.* Auxerre, *art. 20.* Orléans, *art. 105.* & JUSTICE *foncière*. (*A*)

JUSTICE *civile*, est celle qui prend connoissance des affaires civiles, telles que les demandes à fin de paiement de dette, afin de partage d'une succession.

La *justice civile* est ainsi appellée pour la distinguer de la *justice* criminelle qui prend connoissance des crimes & délits. *Voyez* JUSTICE *criminelle*, & PROCÉDURE *criminelle*. (*A*)

JUSTICE *commutative*, est cette vertu & cette partie de l'administration de la *justice*, qui a pour objet de rendre à chacun ce qui lui appartient dans une proportion arithmétique, c'est-à-dire, le plus exactement que faire se peut.

C'est principalement dans les affaires d'intérêt, où cette *justice* s'observe, comme quand il s'agit du partage d'une succession ou d'une société, de payer la valeur d'une chose qui a été fournie, ou d'une somme qui est due, avec les fruits, arrérages, intérêts, frais & dépens, dommages & intérêts.

La *justice commutative* est opposée à la *justice* distributive, c'est-à-dire, qu'elles ont chacune leur objet. *Voyez ci-après* JUSTICE *distributive*. (*A*)

JUSTICE *contentieuse*, est la même chose que

jurisdiction contentieuse. *Voyez ci-devant* JURISDICTION *contentieuse.* (*A*)

JUSTICE *cottière* ou *foncière*, est la jurisdiction du seigneur, qui n'a dans sa mouvance que des rotures, à la différence de celui qui a dans sa mouvance quelque fief, dont la *justice* s'appelle *hommagère.*

Ces sortes de *justices cottières* ne sont connues qu'en Artois, & quelques autres coutumes des Pays-Bas. *Voyez* l'annotateur de la coutume d'Artois. *art. 1.* (*A*)

On a parlé de ce qui concerne les *justices cottières*, au mot HOMMES-COTTIERS, & aux articles où ce mot renvoie. (*M. GARRAN DE COULON, avocat au parlement.*)

JUSTICE *criminelle*, s'entend quelquefois d'une jurisdiction qui a la connoissance des affaires criminelles, comme la chambre de la tournelle au parlement, la chambre criminelle du châtelet, les prévôts des maréchaux, *&c.*

On entend aussi quelquefois par-là l'ordre judiciaire qui s'observe dans l'instruction des affaires criminelles, ou les loix qui s'observent pour la punition des crimes & délits. *Voyez* JUSTICE *civile.* (*A*)

JUSTICE *distributive*, signifie quelquefois cette vertu dont l'objet est de distribuer à chacun selon ses mérites, les graces & les peines, en y observant la proportion géométrique, c'est-à-dire, par comparaison d'une personne & d'un fait avec une autre.

On entend aussi quelquefois par le terme de *justice distributive*, l'administration de la *justice* qui est confiée par le roi à ses juges ou à ceux des seigneurs. Le roi ni son conseil ne s'occupent pas ordinairement de la *justice distributive*, si ce n'est pour la manutention de l'ordre établi pour la rendre; mais le roi exerce seul la *justice distributive*, entant qu'elle a pour objet de donner des récompenses; il laisse aux juges le soin de punir les crimes, & ne se réserve que le droit d'accorder grace aux criminels, lorsqu'il le juge à propos. *Voyez* JUSTICE *commutative.* (*A*)

JUSTICE *domaniale*, on entend quelquefois par-là une *justice* seigneuriale, laquelle est toujours du domaine du seigneur, & que l'on appelle aussi *patrimoniale*; quelquefois aussi ce terme de *justice domaniale* est synonyme de *justice foncière*, comme dans la coutume de Rheims, *art. 144.*

Enfin, on entend aussi quelquefois par *justice domaniale*, une *justice* royale attachée à un domaine engagé, laquelle s'exerce, tant au nom du roi, que du seigneur engagiste. On l'appelle cependant plus communément *justice* royale, parce qu'en effet, elle en conserve toujours le caractère. (*A*)

JUSTICE *domestique*, *familière* ou *économique*, n'est autre chose que la puissance & le droit de correction que les maris ont sur leurs femmes, les pères sur leurs enfans, les maîtres sur leurs esclaves & domestiques, & que les supérieurs de certains corps exercent sur ceux qui en sont les membres. Cette espèce de jurisdiction privée étoit autrefois fort étendue chez les Romains, de même que chez les Germains & les Gaulois; car les uns & les autres avoient droit de vie & de mort sur leurs femmes, sur leurs enfans, & sur leurs esclaves; mais dans la suite leur puissance fut réduite à une correction modérée. Du temps de Justinien, les maîtres exerçoient encore une espèce de *justice familière* sur leurs colons qui étoient alors demi-serfs: c'est de cette *justice* qu'il est parlé en la novelle 80, *cap. 2*, où il dit, *si agricolæ constituti sub dominis litigent, debent possessores citius eas decernere pro quibus venerunt causas, & postquam jus eis reddiderint, mox eos domum remittere*; & au chapitre suivant, il dit que *agricolarum domini eorum judices à se sunt statuti. Voyez* Loiseau, *traité des seigneuries, chap. 10, n. 48.* (*A*)

JUSTICE *ecclésiastique* ou *d'église*, est la même chose que jurisdiction ecclésiastique. *Voyez au mot* JURISDICTION. (*A*)

JUSTICE *engagée*, est une *justice* royale attachée à quelque terre domaniale, & qui est donnée avec cette même terre à titre d'engagement à quelque particulier : ces sortes de *justices* sont exercées, tant au nom du roi, qu'en celui du seigneur engagiste. *Voyez* DOMAINE & JUSTICE *royale.* (*A*)

JUSTICE *extraordinaire* ou *extravagante*, est la même chose que *jurisdiction* extraordinaire. *Voyez au mot* JURISDICTION. (*A*)

JUSTICE *féodale*, est celle qui est attachée à un fief; c'est la même chose que *justice* seigneuriale. Il y a cependant des *justices* seigneuriales qui ne sont pas annexées à un fief, telles que les *justices* dépendantes d'un franc-aleu noble. *Voyez* JUSTICE *seigneuriale.* (*A*)

JUSTICE *foncière*, c'est, dans le sens le plus littéral, la jurisdiction qui a pour objet les *fonds* de terre. Quelle est l'origine de cette jurisdiction singulière; quel est notre droit actuel à cet égard; c'est ce qu'il faut d'abord expliquer ici. On parlera ensuite d'une espèce particulière de jurisdiction foncière.

§. I. *Quelle est l'origine de la jurisdiction foncière?* Les jurisdictions foncières tiennent au plus ancien droit de la nation. Dès avant la conquête des Gaules, beaucoup de fonds étoient cultivés par des serfs qui dépendoient du même domaine que ces fonds, & qui n'étoient obligés de rendre qu'une certaine portion des fruits au propriétaire; quoique la condition de ces serfs fût un peu plus supportable que celle des esclaves qui étoient simplement attachés à la personne de leur maître, ils étoient néanmoins dans une dépendance presque absolue du propriétaire de ce domaine. Voilà la première origine des jurisdictions foncières. Les difficultés qui s'élevoient sur la culture des terres & sur le service qui étoit dû par les serfs, étoient jugées par le propriétaire.

La conquête des Francs & les guerres qui la suivirent, multiplièrent le nombre des serfs & des domaines ainsi cultivés. Cette première sorte de jurisdiction foncière s'étendit donc de plus en plus. Mais plusieurs autres causes la rendirent générale; & quoique cela puisse paroître un paradoxe, la principale de ces causes fut l'extrême liberté de la nation même.

Chez ce peuple, à peine sorti des mains de la nature, tout homme en valoit un autre. Il y avoit plutôt des associations que de la subordination, ou du moins la volonté particulière n'étoit subordonnée qu'à la volonté générale, & la loi n'étoit rien autre chose que l'expression de cette volonté générale, suivant la définition qui en est donnée dans la préface d'un exemplaire de la loi salique, trouvé dans l'abbaye de Saint-Maixent. (1)

L'un des plus grands pas vers la civilisation fut le classement que Childebert II & Clotaire II firent de toute la nation. L'état fut divisé en comtés, chaque comté en centaines ou centuries, & chaque centurie en dixaines de chefs de famille. Les affaires les plus générales qui intéressoient tous les Francs se jugeoient dans les champs de Mars où ils étoient convoqués. Celles qui n'intéressoient qu'un comté, une centurie, ou une dixaine, étoient jugées dans les assemblées particulières de chaque subdivision. Pour prévenir les querelles d'où naissoient presque tous les procès de ce temps-là, on rendit tous les membres de ces divisions, graduellement responsables de tout ce qui pouvoit se commettre d'injuste dans leur district, & en suivant le même plan, chaque chef de famille fut rendu garant envers sa dixaine de tout ce qui se passoit sur sa propriété.

Le comte du Buat a fort bien conclu de-là, que tout propriétaire avoit une jurisdiction inférieure dans son domaine. *Voyez les origines, ou l'ancien gouvernement. liv. II, chap. 3.*

On suivit les mêmes règles dans les concessions des bénéfices, comme on l'a fait voir au mot JUSTICE *seigneuriale*. Le vassal, ou bénéficier fut soumis à la jurisdiction de son seigneur, tant pour sa personne que pour les fonds de son bénéfice, & il avoit lui-même une jurisdiction semblable sur ses propres vassaux, lorsqu'il en avoit, & sur les colons de son bénéfice. Ces bénéfices ont depuis formé ce que nous appellons des fiefs, ou leur ont servi de modèle; & l'hérédité de ces sortes de biens en ayant précédé de beaucoup la disponibilité, cette jurisdiction, de personnelle qu'elle étoit, devint bientôt réelle, c'est-à-dire, qu'on la regarda comme attachée au chef-lieu du fief, plutôt qu'à la personne de celui qui en jouissoit.

(1) Voici cette définition telle qu'elle est rapportée par Rat, dans son commentaire sur l'art. 1 de l'ancienne coutume de Poitou : *lex est constitutio populi quam majores natu cum plebibus sanxerunt, statuerunt, judicaverunt, vel stabilierunt ad discernendum rectum.*

Cette jurisdiction foncière n'étoit donc originairement que le droit de propriété dans sa plus grande intensité.

Aussi s'exerçoit-elle, non par le ministère d'officiers de justice, mais par celui du seigneur même, ou de ses domestiques, sans aucune forme de procès, quand elle n'avoit pour objet que les serfs qui cultivoient la terre, & même dans bien des pays, quoiqu'elle eût pour objet des colons libres. Lorsqu'il s'agissoit d'exercer cette jurisdiction contre un vassal, le seigneur en agissoit à-peu-près de la même manière; mais les contestations que l'exercice en faisoit naître ne pouvoient se décider, que dans la cour féodale.

Il en fut ainsi lorsque la contestation s'élevoit entre le seigneur & ses tenanciers roturiers, dans les pays où les moindres personnes libres se maintinrent dans l'usage d'être jugées par leurs pairs; c'est de cette manière que se sont formées les jurisdictions cottières & les cours féodales de Flandre & des provinces voisines.

Dans le surplus du royaume, diverses causes que l'on a expliquées au §. I des mots DÉMEMBREMENT DE JUSTICE & JUSTICE *seigneuriale*, opérèrent la séparation du fief & de la jurisdiction contentieuse, & l'on établit cet axiome de notre nouveau droit françois, *fief & justice n'ont rien de commun.* Mais on fut long-temps partagé sur le point de savoir si cette règle devoit s'appliquer à la *justice foncière.* Cette question faisoit d'autant plus de difficultés, qu'on n'étoit pas bien d'accord sur la nature de cette jurisdiction. Plusieurs praticiens la confondoient avec le dernier degré de la jurisdiction contentieuse. Aussi y a-t-il un assez grand nombre de coutumes où le seigneur de fief a, de plein droit, la basse-*justice*, comme étant la même chose que la jurisdiction foncière.

Dans le plus grand nombre des coutumes au contraire, le seigneur de fief n'a ni l'une ni l'autre.

§. II. *De notre droit actuel sur la justice foncière.* La plupart des coutumes qui parlent de la *justice foncière*, la confondent avec la basse-*justice.* C'est ce que l'on voit particulièrement dans les coutumes suivantes.

Anjou & Maine, art. 1. « Pour la déclaration & » entendement des justices, degrés & prérogati» ves des seigneurs, selon l'usage, coutume & » observance du pays, sera traité en premier lieu » des droits & connoissance qu'ont les seigneurs, » ayant seulement basse-*justice*, *justice foncière* & » simple voirie qui est tout un ».

Artois, art. 1. « Le seigneur foncier, à cause » de sa seigneurie qui est basse-*justice*, a connois» sance & judicature, par ses hommes cottiers, de » tout ce qui concerne la dessaisine & saisine des » héritages de lui tenus & mouvans ».

Bar, art. 56. « La coutume ne fait différence » entre *justice* basse & foncière ».

Grand-perche, art. 24. « Aux seigneurs bas-jus» ticiers appartient la connoissance des choses d'entre

» eux & leurs sujets, pour leurs devoirs féodaux » & seigneuriaux ».

Poitou, *art.* 17. « Celui qui tient en fief noblement & par hommage, en parage & part-prenant, ou part-mettant, est fondé par la coutume » d'avoir, en sondit fief, basse-jurisdiction, & a, » ledit bas-justicier, jurisdiction & contrainte, » jusques à amende de 7 sols 6 deniers seulement, » & peut connoître sur ses hommes, en actions » personnelles & en actions réelles, des choses » immeubles étant en sondit fief & en sa jurisdiction; aussi peut connoître entre ses hommes » de causes d'injures, dont l'amende n'excéderoit » 7 sols 6 deniers, *&c.* ».

Saint-Omer, *art.* 12. « Un seigneur foncier n'a » jurisdiction, ni seigneurie, au-dehors de ses » bornes & limites, *&c.* ».

Saint-Riquier, *art.* 2. « Vassaux tenant noblement & en fief, par 60 sols de relief & 20 s. » parisis de chambellage, n'ont telle & semblable » seigneurie que le seigneur dont ils relèvent leurs » fiefs; ains ont les aucuns moïenne *justice*, que » l'on dit vicomtière, & les autres basse-*justice*, » que l'on dit foncière, selon leurs anciens aveux, » dénombremens, ou registres faisant mention des » droits desdits fiefs ».

Fabert, dans sa préface, sur le titre 8 de la coutume de Lorraine, & dans son commentaire sur l'art. 5 de ce même titre, dit aussi que la basse-*justice* comprend la *justice foncière*, & réciproquement dans sa coutume. On voit en effet que les articles qui parlent de la *justice foncière*, sont placés sous le titre de la basse-*justice*. Il paroît néanmoins que cette coutume a eu intention de les distinguer. Les quatre premiers articles du titre 8 donnent avec beaucoup de soin, le détail des choses qui sont de la compétence de la basse-*justice*. C'est après cela que l'article 5 ajoute : « le seigneur foncier est capable de création de porteurs de paus » à recevoir dîmes (1) & des droits d'attronchement de bois & de fourrage, rouage, chommage, » & adjustement de poids & mesures, mesme de » pouvoir ériger pressoirs & moulins à son usage, » sous sa seigneurie; ne peut toutefois les rendre » bannaux au préjudice du seigneur haut-justicier ».

L'article suivant confirme cette distinction de la basse-*justice* & de la *justice foncière*, en disant que « tous seigneurs fonciers n'ont toutes fois indistinctement lesdits droits, bien sont-ils capables » d'en jouyr & les avoir, s'il n'y a contre eux » possession contraire ».

Fabert lui-même, semble reconnoître cette distinction dans son commentaire sur l'article dernier de ce même titre.

(1) C'est ce que l'on appelle aussi des *pauliers*. Ils sont chargés de recueillir les dîmes, & leur affirmation fait foi en *justice*, relativement à cette perception. *Voyez* l'art. 210 de la coutume de Bar & le commentaire de le Paige.

Quoi qu'il en soit, les titres 3 & 4 de la coutume de Sens, distinguent très-précisément la basse-*justice* d'avec la *justice foncière*.

Le titre 3 règle la compétence du seigneur bas-justicier, & dit qu'il peut avoir siège notable, maire, sergens & prisons pour garder ses prisonniers. Le titre 4 règle la compétence de la *justice foncière*.

Il y est dit, dans l'article 20 : « celui qui a » *justice foncière*, soit de menu cens ou de gros » cens, qui est dit chef-cens, peut lever & percevoir amende de cinq sols tournois par faute » de cens, non payé au jour & lieu accoutumés. » Toutefois en aucuns lieux particuliers dudit » bailliage, y a autre amende que de cinq sols ».

L'art. 21 attribue de même à celui qui a *justice foncière*, les lods & ventes, & l'amende à défaut de paiement dans la quinzaine. L'article 22 ajoute: « qu'il peut avoir siège d'une forme, ou d'une » table, pour recevoir ses cens au jour & lieu » accoutumés ».

Enfin l'article suivant assure au seigneur foncier le droit de contraindre, par la *justice* du seigneur haut-justicier, les gens de main-morte, à mettre hors de leurs mains les héritages acquis en sa censive.

La coutume d'Auxerre, *art.* 20, celle de Meaux, *art.* 203, ont les mêmes dispositions, avec cette différence qu'elles qualifient la *justice foncière* de *justice censuelle*, elles en font dépendre le droit de saisie censuelle.

Le plus grand nombre de celles des autres coutumes qui ont parlé des droits de justice, n'admettent que trois degrés de jurisdiction, la haute, la moyenne & la basse, sans rien dire de la *justice foncière*, & la plupart de nos coutumes, comme celle de Paris même, n'ont aucunement réglé le droit de *justice*. Mais cette coutume, comme presque toutes les autres, attribue le droit de saisie féodale ou censuelle au seigneur de fief ou de censive.

Plusieurs auteurs ont conclu de-là, que dans cette coutume & dans le droit commun, le seigneur féodal ou censuel avoit la *justice foncière* dans son acception la plus restreinte, c'est-à-dire, qu'il pouvoit faire ces saisies de son autorité privée, ou du moins par le ministère des officiers qu'il se pouvoit nommer. Dumoulin lui-même attribue cette jurisdiction foncière au seigneur féodal; & il faut avouer que cela est conséquent, non-seulement aux principes de notre plus ancien droit, mais aussi aux expressions de la coutume de Paris, & que ce privilège paroît attribué au seigneur censier, du moins autant qu'au seigneur féodal. « Le » seigneur féodal, dit l'article 1, peut mettre en » sa main le fief mouvant de lui, & icelui fief » exploiter en pure perte. Un seigneur censier, » dit aussi l'art. 74, peut *procéder*, ou faire procéder par voie d'arrêt ou brandon sur les fruits » pendans en l'héritage à lui redevable d'aucun

» cens ou fonds de terre, pour les arrérages qui » lui sont dus ».

Aussi Laurière observe-t-il, sur l'article 73 de la même coutume, « qu'anciennement à Paris tout » seigneur censier avoit *justice foncière* ». Il en trouve la preuve dans un passage du grand coutumier *liv.* 4, *chap.* 5, *pag.* 328, & dans un ancien arrêt rapporté par du Luc, *liv.* 7, *tit.* 5.

Dumoulin enseigne du moins, que cette saisie peut se faire sans l'autorité du juge, en vertu de la coutume. Cependant on tient habituellement l'opinion contraire, comme on peut le voir dans Brodeau, sur l'art. 74, *n°.* 30, de la coutume de Paris, & dans le traité des droits de justice de Bacquet, *chap.* 3, *n.* 27.

Il faut avouer au surplus que les articles relatifs au droit de justice qui furent dressés par les officiers du châtelet, lors de la réformation de la coutume de Paris, & que le même Bacquet a rapportés aux chapitres 1 & 2 de son traité, ne disent rien de cette *justice foncière*. L'article 3 du chapitre *de basse-justice* n'en attribue les droits qu'au seigneur bas-justicier. Cet article porte que « le bas-justicier » peut mesurer & mettre bornes entre privés ses » sujets, de leur consentement, *connoître de sa cen-* » *sive, & condamner ses sujets en amende par faute* » *de cens non-payé* ».

L'acte de notoriété donné par M. le Camus, le 29 avril 1702, dit la même chose.

Ainsi, suivant notre droit commun actuel, le seigneur féodal ou censuel n'a aucune jurisdiction, en vertu du fief, ou de la censive seule.

Quelques coutumes en ont une décision expresse. Celle de Saintonge, *tit.* 4, *art.* 26, porte : « le sei- » gneur foncier qui n'a exercice de jurisdiction doit » poursuivre les amendes par défaut de cens, » rentes, ventes & honneurs, & autres devoirs » non payés, & contrats recélés & non exhibés » à lui échus pardevant le sénéchal ou juge du » seigneur duquel il tient à hommage, lesquelles » amendes lui doivent être adjugées toutes & » quantes fois qu'il le requiert & le cas y échet ».

Celle de Valois, *titre* 1, *art.* 6, dit aussi : « les » seigneurs fonciers non ayant justice, n'ont point » de cognoissance de cause n'officiers : mais pour- » suivent leurs droits seigneuriaux pardevant les » juges des parties, ausquels la cognoissance en » appartient, & ausdits seigneurs fonciers appar- » tiennent les amendes des cens non payés & des » droits seigneuriaux recélés ».

§. III. *D'une espèce particulière de justice foncière.* On a vu au mot JURÉE, que l'extension qu'on donna au droit de bourgeoisie dans une grande partie de la Champagne, porta les plus grandes atteintes à la jurisdiction des seigneurs particuliers. Au moyen de la facilité qu'eurent leurs sujets de se soustraire à leur jurisdiction en s'avouant bourgeois du roi par simple aveu, lors même qu'ils conservoient leur domicile dans la seigneurie, la jurisdiction des seigneurs fut réduite à la connoissance des causes réelles, sans en excepter les seigneurs hauts-justiciers. La connoissance des matières personnelles appartenoit aux officiers du roi. On se mit donc sur le pied de qualifier la jurisdiction des seigneurs de *justice foncière*, parce qu'elle ne s'étendoit guère que sur les fonds, quoique d'ailleurs elle ne fût pas réduite dans les bornes étroites de ce que l'on appelle dans les autres provinces *justice basse, ou foncière.*

C'est à quoi il faut bien faire attention lorsqu'il s'agit de fixer les droits des *justices* seigneuriales de cette province ; plusieurs de ces seigneurs fonciers y sont de véritables seigneurs, hauts, moyens & bas-justiciers.

« Nous devons observer (dit le Grand, sur la » coutume de Troye, *art.* 2, *glose* 3, *n°.* 18 & 19) » que la haute-*justice*, qu'ont les seigneurs hauts- » justiciers qui n'ont pas les droits royaux, s'ap- » pelle, en cette coutume, *justice foncière*, & les » seigneurs hauts-justiciers qui n'ont pas les droits » royaux s'appellent seulement *seigneurs fonciers* ; » quoiqu'en vertu de leur haute-*justice*, tous les » habitans & domiciliés, au-dedans de leur haute- » *justice*, qui ne s'avouent pas bourgeois du roi, » doivent répondre en tous cas civils & criminels » pardevant leurs juges, & que les amendes & » confiscations qui sont fruits & profits de haute » jurisdiction leur appartient, *ut sup. glos.* 1. *num.* 3. » Mais toutefois, en s'avouant par lesdits ha- » bitans & domiciliés bourgeois du roi (lequel » aveu est nécessaire comme nous avons dit *glos.* 2, » *nomb.* 13), ils s'exemptent de la jurisdiction des » seigneurs fonciers auxquels il ne reste plus que » la jurisdiction qui concerne la police, & la » réalité, & de contraindre ensuite leurs habitans » de répondre pardevant leurs juges, pour ce qui » concerne les droits seigneuriaux qui leur sont » dus : qui est l'opinion de Dumoulin, en ses » notes sur le présent article, comme nous avons » déjà dit, *sup. num.* 12, & suivant ce que dessus, » par arrêt du dernier août 1613, rendu entre » M. Odard Hennequin, trésorier de l'église » S. Étienne de Troye, & à cause de ladite tré- » sorerie, seigneur foncier de Bouranton, appel- » lant, & intimé ; contre Jean-Baptiste de Longe- » ville, qui avoit acquis les droits royaux en ladite » terre de Bouranton, aussi intimé, & appellant ; » il a été jugé que ledit Hennequin, seigneur fon- » cier, se pourroit nommer & qualifier seigneur » de Bouranton, avec défense audit de Longeville » de se qualifier seigneur de Bouranton, mais seu- » lement prendre qualité de *ayant acquis les droits* » *royaux*, & défenses faites aux officiers de la » justice de Bouranton, de faire proclamations, » ny donner congé de faire la fête, sans la per- » mission dudit Hennequin, à peine de l'amende ; » lequel arrêt a aussi été ajouté aux notes de M. » Pithou ».

On doit faire la même remarque pour le Barrois ; les anciens ducs & comtes de cette province ont insensiblement acquis, dans beaucoup de seigneuries, la jurisdiction personnelle, par l'établissement de ces bourgeoisies pour lesquelles on leur payoit des droits connus sous le nom *d'assises*, *bichet*, *charruage*, *&c.* (*Art. de M.* GARRAN DE COULON, *avocat au parlement.*)

JUSTICES *en garde.* On appella ainsi anciennement celles que le roi donnoit simplement à exercer par commission, au lieu qu'auparavant elles étoient vendues ou données à ferme. Philippe de Valois ordonna en 1347 que les prévôtés royales seroient données en *garde* : depuis ce temps toutes les *justices* ne se donnent plus à ferme, mais en titre d'office ou par commission.

Ce que l'on entend présentement par *justice en garde*, est une *justice* royale, qui n'est point actuellement remplie par le chef ordinaire, & qui est exercée par *interim* au nom de quelque autre magistrat. Par exemple, le procureur-général du parlement est garde de la prévôté & vicomté de Paris, le siège vacant; & pendant ce temps, les sentences sont intitulées de son nom. (*A*)

JUSTICE *du glaive;* on appelle ainsi dans quelques provinces la jurisdiction ecclésiastique que quelques chapitres ont sur leurs membres, & sur tout le clergé qui compose leur église : telle est celle du chapitre de l'église de Lyon, & celle du chapitre de S. Just en la même ville. Ces *justices* ont été surnommées *du glaive* pour les distinguer des *justices* ordinaires temporelles, qui appartiennent à ces mêmes chapitres.

Il ne faut pas s'imaginer que par le terme de *glaive* on entende en cet endroit le droit de vie & de mort, appellé en droit *jus gladii;* car aucune *justice* ecclésiastique n'a ce pouvoir : on n'entend donc ici autre chose par le terme de *glaive*, que le *glaive* spirituel; c'est-à-dire, le *glaive* de l'excommunication, par lequel ceux qui désobéissent à l'église sont retranchés de la communion des fidèles, le pouvoir des jurisdictions ecclésiastiques se bornant à infliger des peines spirituelles, telles que les censures. (*A*)

JUSTICE *grande*, ou plutôt, comme on disoit, la GRANDE JUSTICE, *magna justitia;* on l'appelloit aussi indifféremment *plaît de l'épée*, comme il est dit dans des lettres de Philippe III, du mois de juin 1280, confirmées par Charles V, au mois de janvier 1378, pour l'abbaye de Bernay, *& justitia magna quæ dicitur placitum ensis.* Toutes ces dénominations ne signifient autre chose que la haute-*justice*, à laquelle est attaché le droit de vie & de mort, *potestas gladii seu jus gladii.* *Voyez* JUSTICE HAUTE *ou* HAUTE JUSTICE. (*A*)

JUSTICE HAUTE. *Voyez* JUSTICE HOMMAGÈRE.

JUSTICE HOMMAGÈRE est celle qui est exercée par les hommes féodaux, ou de fief dans les bailliages & dans toutes les *justices seigneuriales* qui sont au moins vicomtières. Elle est opposée à la *justice cottière*, qui est exercée par les hommes cottiers. *Voyez* JUSTICE COTTIÈRE. (*A*)

Voyez aussi l'article HOMME DE FIEF & les articles auxquels on renvoie sous ce mot. On y trouvera tout ce qui concerne les cours féodales des Pays-Bas & de l'Artois, qui sont à-peu-près les seuls pays où l'on appelle *justice hommagère* la jurisdiction du seigneur féodal. (*M.* GARRAN DE COULON.)

JUSTICE SOUS LATTE, se dit en quelques provinces pour exprimer celle qui s'exerce seulement sous le couvert de la maison du seigneur. (*A*)

JUSTICE *manuelle:* suivant le style de procéder au pays de Normandie, c'est lorsque le seigneur, pour avoir paiement des arrérages de sa rente ou charge, prend de sa main sur l'héritage de son débiteur & en la présence du sergent, des namps; c'est-à-dire, des meubles saisis, & qu'il les délivre au sergent pour les discuter, c'est-à-dire, pour les vendre.

JUSTICE *militaire* est une jurisdiction qui est exercée au nom du roi dans le conseil de guerre par les officiers qui le composent.

Cette jurisdiction connoît de tous les délits militaires qui sont commis par les gendarmes, cavaliers, dragons, soldats.

Pour entendre de quelle maniere s'exerce *la justice militaire*, tant dans les places qu'à l'armée, il faut observer ce qui suit.

Tout gouverneur ou commandant d'une place peut faire arrêter & constituer prisonnier tout soldat prévenu de crime, de quelque corps & compagnie qu'il soit, en faisant avertir dans vingt-quatre heures de l'emprisonnement le capitaine ou officier commandant la compagnie dont il est le soldat.

Il peut aussi faire arrêter les officiers qui seroient tombés en griève faute, à la charge d'en donner aussi-tôt avis à S. M. pour recevoir ses ordres.

Les chefs & officiers des troupes peuvent aussi faire arrêter & emprisonner les soldats de leurs corps & compagnies qui auront commis quelque excès ou désordre; mais ils ne peuvent les élargir sans la permission du gouverneur, ou qu'ils n'aient été jugés au conseil de guerre, si le cas le requiert.

Le sergent-major de la place, &, en sa place, celui qui en fait les fonctions, doit faire faire le procès aux soldats ainsi arrêtés.

Les juges ordinaires des lieux où les troupes tiennent garnison, connoissent de tous crimes & délits qui peuvent être commis dans ces lieux par les gens de guerre, de quelque qualité & nation qu'ils soient, lorsque les habitans des lieux ou autres sujets du roi y ont intérêt, nonobstant tous privilèges à ce contraires, sans que les officiers des troupes en puissent connoître en aucune manière. Les juges ordinaires sont seulement tenus d'appeller le prévôt des bandes ou du régiment, en cas qu'il y en ait, pour assister à l'instruction

&

& au jugement de tout crime de soldat à habitant ; & s'il n'y a point de prévôt, ils doivent appeller le sergent-major, ou l'aide-major, ou l'officier commandant le corps de la troupe.

Les officiers des troupes du roi connoissent seulement des crimes ou délits qui sont commis de soldat à soldat : ils ne peuvent cependant, sous prétexte qu'ils auroient droit de connoître de ces crimes, retirer ou faire retirer leurs soldats des prisons où ils auroient été mis de l'autorité des juges ordinaires, mais seulement requérir ces juges de les leur remettre ; & en cas de refus, se pourvoir pardevers le roi.

Les chefs & officiers ne peuvent s'assembler pour tenir conseil de guerre ou autrement, sans la permission expresse du gouverneur ou commandant.

La forme que l'on doit observer pour tenir le conseil de guerre a été expliquée ci-devant au mot CONSEIL DE GUERRE.

La *justice militaire* peut condamner à mort ou à d'autres peines plus légères, selon la nature du délit. Ses jugemens n'emportent point mort civile ni confiscation quand ils sont émanés du conseil de guerre : il n'en est pas de même quand ils sont émanés du prévôt de l'armée ou autres juges ayant caractère public pour juger selon les formes judiciaires.

Lorsque le condamné, après avoir subi quelque peine légère, a passé sous le drapeau, & est admis à rester dans le corps, le jugement rendu contre lui n'emporte point d'infamie.

La *justice* qui est exercée par le prévôt de l'armée sur les maraudeurs, & pour la police du camp, est aussi une *justice militaire* qui se rend sommairement.

On appelle aussi *justice militaire*, dans un sens figuré, une jurisdiction où la *justice* se rend sommairement & presque sans figure de procès, ou bien une exécution faite militairement & sans observer aucune formalité. (*A*)

JUSTICE *moyenne*. *Voyez* MOYENNE JUSTICE.

JUSTICE *municipale* est celle qui appartient à une ville, & qui est exercée par les maire & échevins ou autres officiers qui font les mêmes fonctions. On appelle aussi *justices municipales* celles qui sont exercées par des personnes élues par les citoyens entre eux, telles que les jurisdictions consulaires. Les élections étoient aussi autrefois des *justices municipales*. *Voyez* Loiseau, *traité des seigneuries*, *chap.* 16, & JUGE *municipal* (*A*).

JUSTICE *en nuesse*. *Voyez* NUESSE.

JUSTICE *ordinaire* est celle qu'exercent les juges ordinaires ; c'est-à-dire, une jurisdiction qui est stable & permanente ; & qui est naturellement compétente pour connoître de toutes sortes de matières, à la différence des *justices* d'attribution & de privilège, & des commissions particulières, qui sont des *justices* ou jurisdictions extraordinaires. *Voyez* JURISDICTION *extraordinaire* & JURISDICTION *ordinaire*. (*A*)

JUSTICE-*Pairie* est celle qui est attachée à une pairie, c'est-à-dire, à un duché ou comté-pairie. On comprend aussi quelquefois sous ces titres d'autres *justices* attachées à des marquisats, comtés & baronnies qui ont été érigées à l'instar des pairies.

Toutes ces *justices-pairies* ou à l'*instar* des pairies, ne sont que des *justices seigneuriales* attachées à des terres plus ou moins titrées. L'appel de leurs sentences relève directement au parlement. *Voyez* PAIRIE. (*A*)

JUSTICE en *parage*. *Voyez le* §. 3 *de l'article* JUSTICE & *l'article* PARAGE.

JUSTICE *patibulaire*, c'est le signe extérieur de la *justice* ; ce sont les piliers ou fourches patibulaires, le gibet où l'on expose les criminels qui ont été mis à mort.

Le haut-justicier a droit d'avoir une *justice* à deux piliers, le châtelain à trois, le baron à quatre, le comte à six.

Les dispositions des coutumes ne sont pourtant pas absolument uniformes à ce sujet, ainsi cela dépend de la coutume, & aussi des titres & de la possession. *Voyez* les coutumes de Tours, *art.* 58, 64, 72 & 74 ; Loudunois, *chap.* 4, *art.* 3, & *chap.* 5, *art.* 6 ; Anjou, *art.* 43. *Voyez* aussi *au mot* FOURCHES *patibulaires*. (*A*)

JUSTICE *personnelle*, signifie celle qui s'étend aux causes personnelles, à la différence de la *justice* foncière, qui n'a pour objet que la perception des droits dus au seigneur.

On entend aussi quelquefois par *justice personnelle* celle qui a droit de suite sur les justiciables sans être restrainte aux personnes domiciliées dans un certain territoire. L'exercice de chaque *justice* n'a pas toujours été limité à un certain territoire ; il y a encore en France, & singuliérement en Bourgogne, en Bresse & dans le Bugey de ces *justices personnelles* qui s'étendent sur certains hommes & sur leurs descendans, le seigneur les suit par-tout ; tels sont les main-mortables dans les pays de main-morte, lesquels en plusieurs lieux sont appellés *gens de suite* & *fiefs de suite*. Il y en a aussi dans la principauté souveraine de Dombes, & en Allemagne. *Voyez* MAIN-MORTABLE. (*A*)

JUSTICE *populaire*, on appelle ainsi celle qui est exercée par des personnes élues par le peuple, telles sont les *justices* appartenantes aux villes, les *justices* consulaires, telles étoient aussi anciennement les *justices* des élus. *Voyez* CONSULS, ÉCHEVINS, MAIRIE, JUGE MUNICIPAL. (*A*)

JUSTICE *de privilège*, est celle qui est établie pour connoître des causes de certaines personnes privilégiées, telles sont les jurisdictions des requêtes de l'hôtel du palais, celle du prévôt de l'hôtel, celles des juges conservateurs des privilèges des universités, *&c.* (*A*)

JUSTICE *réglée*, c'est un tribunal qui a droit de contraindre. On emploie quelquefois pour obtenir ce que l'on demande, la médiation ou l'autorité de personnes qualifiées qui peuvent en imposer; on leur porte ses plaintes & on leur donne des mémoires; mais ce sont-là des voies de conciliation ou d'autorité, au lieu que de se pourvoir en *justice réglée*, c'est prendre les voies judiciaires, c'est-à-dire, procéder par assignation, si c'est au civil, & par plainte, si c'est au criminel.

Le terme de *justice réglée* signifie aussi quelquefois les tribunaux ordinaires où les affaires s'instruisent avec toutes les formes de la procédure, à la différence des arbitrages & de certaines commissions du conseil où les affaires s'instruisent par de simples mémoires sans autres procédures. (*A*)

JUSTICE *de ressort*, signifie le droit de ressort, c'est-à-dire, le droit qui appartient à un juge supérieur, de connoître par voie d'appel, du bien ou mal jugé des sentences rendues par les juges inférieurs de son ressort ou territoire. Saint Louis fut le premier qui établit la *justice de ressort;* les sujets opprimés par les sentences arbitraires des juges des baronnies commencèrent à pouvoir porter leurs plaintes aux quatre grands bailliages royaux qui furent établis pour les écouter. *Voyez les établissemens de Saint Louis, liv. 1, chap. 80, & liv. 2, chap. 15.*

JUSTICE *du ressort*, se dit de celle qui est enclavée dans le ressort d'une autre *justice* supérieure, & qui y ressortit par appel. (*A*)

JUSTICE *royale*, est celle qui appartient au roi & qui est exercée en son nom.

Il y a aussi des *justices* dans les apanages & dans les terres engagées qui ne laissent pas d'être toujours *justices royales* & de s'exercer au nom du roi, quoiqu'elles s'exercent aussi au nom de l'apanagiste ou de l'engagiste. *Voyez* JURISDICTION ROYALE. (*A*)

JUSTICE *à sang*, c'est la connoissance des rixes qui vont jusqu'à effusion de sang, & des délits dont la peine peut aussi aller jusqu'à effusion de sang.

Ce droit n'appartient communément qu'à la haute-*justice*, qui comprend en entier la *justice* criminelle, & qui peut infliger des peines jusqu'à effusion de sang.

Il y a néanmoins quelques coutumes telles que celles d'Anjou, du Maine & de Tours, où la moyenne *justice* est appellée *justice à sang;* ces termes y sont synonymes de moyenne *justice*, parce qu'elles attribuent au moyen-justicier la connoissance du *sang;* aussi donnent-elles à ce juge le droit d'avoir des fourches patibulaires. *Voyez* JUSTICE DU SANG & DU LARRON. (*A*)

JUSTICE *du sang* & *du larron*, est le pouvoir de connoître du *sang* & du *larron;* il y a plusieurs anciennes concessions de *justice* faites avec cette clause *cum sanguine & latrone;* d'autres au contraire qui ne sont faites qu'*excepto sanguine & latrone*.

Les coutumes de Picardie & de Flandre attribuent au moyen-justicier la connoissance du *sang & du larron.*

On entend par *justice de sang* la connoissance des battures ou batteries & rixes qui vont jusqu'à effusion de sang, & se font de poing garni de quelque arme offensive, pourvu que ce soit de *chaude colère*, comme l'interprète la coutume de Senlis, *art. 110*, c'est-à-dire, dans le premier mouvement & non pas de guet-à-pens.

La *justice du larron*, est la connoissance du simple larcin non qualifié & capital.

Ces deux sortes de délits, *le sang & le larron*, ont été désignées comme étant plus fréquentes que les autres.

Loiseau, en son *traité des seigneuries, chap. 10, n. 26*, dit que suivant le droit commun de la France, le moyen-justicier n'a pas la connoissance *du sang & du larron;* & en effet, Quenois, en *sa conférence des coutumes*, rapporte un arrêt du 14 novembre 1551, qui jugea que depuis qu'en batterie il y a effusion de sang, c'est un cas de haute-*justice*. (*A*)

JUSTICE *séculière*, est un tribunal où la *justice* est rendue par des juges laïques, ou du moins dont le plus grand nombre est composé de laïques; le tribunal est toujours réputé séculier, quand même il y auroit quelques ecclésiastiques, & même quelques places affectées singuliérement à des ecclésiastiques. *Voyez* JURISDICTION & JUSTICE ECCLÉSIASTIQUE. (*A*)

JUSTICE *seigneuriale*: on appelle ainsi le droit de jurisdiction patrimoniale, qui appartient aux seigneurs dans leurs terres, ou plutôt qui dépend de ces terres même: ce droit extraordinaire, qui met une partie de la puissance publique dans la main des particuliers, & qui le rend héréditaire & même disponible comme toute autre propriété, mérite bien, par son influence sur notre droit public & notre droit privé, qu'on s'y arrête avec quelque attention.

On ne discutera pas néanmoins dans cet article tout ce qui concerne les droits des jurisdictions seigneuriales. On renvoie tout ce qui concerne la personne des juges & des autres officiers des jurisdictions seigneuriales *aux articles* JUGES DES SEIGNEURS & OFFICES DES SEIGNEURS.

Ce qui concerne les bornes de leur compétence *aux mots* CAS ROYAUX, EXEMPTION PAR APPEL, & PRÉVENTION.

Et enfin ce qui est relatif aux droits particuliers & à la compétence de chacun des degrés de jurisdiction seigneuriale, *aux articles* HAUTE-JUSTICE, MOYENNE-JUSTICE, BASSE-JUSTICE, & JUSTICE FONCIÈRE.

On se contentera donc de parler ici, 1°. de l'histoire des *justices* des seigneurs; 2°. de cette maxime de notre droit, *fief & justice n'ont rien de commun;* 3°. de la concession du droit de justice; 4°. des preuves de ce même droit; 5°. de la compétence des *justices seigneuriales* en général; 6°. de leur exercice; 7°. des autres droits qui dépendent des *justices seigneuriales;* 8°. des charges qui y sont attachées.

§. I. *Histoire des justices des seigneurs.* Les jurisdictions seigneuriales, sont, pour ainsi dire, nées dans le berceau de la monarchie françoise. Elles subsistent avec plus ou moins d'autorité dans tous les états de l'Europe : on ne les retrouve point ailleurs, & elles paroissent avoir été inconnues à toute l'antiquité. Quelles sont les causes de leur établissement? Comment leur autorité, après avoir pris un accroissement prodigieux, se trouve-t-elle resserrée parmi nous dans des bornes assez étroites? Ce sont-là des problêmes dont il faut chercher la solution dans notre histoire civile.

Si l'on excepte l'administration intérieure de quelques cités, le gouvernement des Gaules paroît avoir été tout-à-fait militaire, dans le temps où ces vastes provinces furent détachées de l'empire romain. Il n'y avoit plus ni préfet du prétoire, ni vicaires, ni présidens, ni aucuns officiers civils pour le gouvernement général, ni même pour le gouvernement particulier de bien des contrées. Les tribunaux des ducs, des comtes, des centeniers, *&c.* étoient les seuls que les Romains y eussent encore, & ces officiers étoient tous militaires. Les empereurs avoient bien aussi établi des officiers civils, sous le nom de comtes; mais il n'y en avoit plus, ou presque plus, dans les Gaules. *Voyez le Traité du gouvernement françois par* Garnier.

La concession des terres faites à ces troupes, sans parler des autres causes, dut accroître l'autorité de ces tribunaux militaires, & cette concession précéda l'établissement des Francs dans les Gaules.

« Alexandre Sevère, dit Lampridius, donna aux » ducs & aux soldats de frontière, les terres prises » sur les ennemis, stipulant qu'elles ne passeroient » à leurs héritiers qu'au cas qu'ils fussent eux-mê- » mes soldats, & qu'elles ne pourroient jamais ap- » partenir à des personnes privées; car il disoit » qu'ils seroient plus assidus au service, ayant à » défendre leur propre bien. Il ajouta au don de » ces terres, des serfs & des bestiaux, afin qu'ils » cultivassent ce qu'ils avoient reçu, & que les » campagnes voisines des pays barbares ne restas- » sent point en friche par la pauvreté, ou par la » vieillesse des cultivateurs; ce qu'il croyoit très- » honteux pour l'état ».

Cette institution d'Alexandre Sévère fut suivie par ses successeurs, qui y donnèrent beaucoup plus d'étendue. On voit plusieurs loix dans le code Théodosien, & dans celui de Justinien même, pour assurer ces terres aux soldats exclusivement. On préféroit, pour ces sortes de bénéfices, les Barbares qui vouloient se mettre au service de l'empire, soit parce qu'ils étoient de meilleurs soldats, soit parce que c'étoient autant d'hommes arrachés au service des ennemis, & qu'on espéroit qu'ils répareroient la dépopulation prodigieuse de toutes ces provinces. Mais ces avantages même, assurés aux Barbares, furent de nouveaux appâts pour les attirer dans l'empire. Plus leurs incursions furent multipliées, plus on multiplia ces soldats de frontière. Il y en avoit dans presque toutes les parties de la Gaule, quand elle fut conquise. Comme chaque soldat possédoit des champs, des serfs & du bétail, ces propriétés produisirent nécessairement des contestations qui dûrent être jugées par les officiers de milice. Ils réunissoient donc à cet égard la jurisdiction civile à l'autorité militaire, & cette jurisdiction dut connoître de tout depuis la suppression des officiers civils.

Les mœurs des Germains même avoient des rapports assez marqués avec cette espèce de gouvernement. Les chefs de ces peuples n'avoient presque point d'autorité sur eux pendant la paix. Comme on n'y cultivoit pas la terre, ces chefs n'avoient pas de territoire, & les soldats de propriété immobiliaire. Mais lorsqu'un chef proposoit quelque expédition, ceux qui l'approuvoient & qui vouloient en être, s'engageoient à le suivre. Ils auroient été infâmes pour toute leur vie, s'ils eussent manqué à cet engagement.

Tacite confirme ces observations tirées des commentaires de César. Il ajoute que ces volontaires, qu'on appelloit *compagnons*, étoient dès-lors attachés au chef pour sa vie, qu'ils lui servoient de rempart dans la guerre & d'ornement dans la paix, & que c'eût été pour eux une honte éternelle de lui survivre dans un combat. Ils n'avoient pour solde que des repas peu délicats, mais abondans, des armes & des chevaux de bataille.

Voilà tout-à-la-fois l'origine des fiefs, des recommandations qui en ont produit un si grand nombre & des *justices seigneuriales.* On a beaucoup disputé si ces institutions procédoient de la police des Romains ou des mœurs des Barbares, & si les fiefs étoient la même chose que les bénéfices, ou les honneurs connus sous nos rois de la première race, ou s'ils en différoient. Les savans, après s'être partagés sur ces questions, paroissent s'être réunis dans ces derniers temps, pour attribuer l'origine du systême féodal aux Barbares, & pour distinguer les fiefs des bénéfices. *Voyez*, outre l'Esprit des loix & les observations de l'abbé de Mably sur l'histoire de France, deux dissertations de Boehmer *de beneficiis romanis*, & *de feudis ex veterum Francorum beneficiis enatis.*

On eût peut-être dû ici, comme dans tant d'autres cas, s'écarter des extrêmes. Les Germains ont pris dans leurs propres mœurs cet attachement personnel, cette fidélité qu'ils promettoient, non pas à l'état, mais au chef qu'ils adoptoient librement. Mais ces chefs eux-mêmes ont trouvé dans la police de l'empire l'idée de distribuer à leurs compagnons des possessions territoriales au lieu de chevaux, des armes & des repas qui tenoient lieu de paie autrefois. Ils auront sans doute suivi l'exemple des Romains, en rendant ces possessions héréditaires, si peu de temps après la conquête. Et c'est de la combinaison de tous ces usages qu'est né le systême féodal, d'où les jurisdictions seigneuriales dérivent principalement.

On ne voit ni fiefs ni *justices* dans les états que les Barbares ont fondés hors de l'empire, ou sans communication avec les Francs. Cette république des Islandois, qui a fait quelque temps la gloire du Nord, n'en présente aucune trace, quoiqu'elle ne remonte qu'au dixième siècle, & qu'on y retrouve d'ailleurs cette hiérarchie de jurisdiction particulière aux peuples septentrionaux, qui, mettant dans les mêmes mains le droit de faire les loix & de les faire observer, fait monter ces deux pouvoirs comme par autant de degrés des cours territoriales aux assemblées de la province, & de celles-ci aux états généraux de la nation. *Resenii leges antiquæ aulicæ Norvagorum & Danorum. pag.* 724.

Le gouvernement que les Saxons avoient fondé en Angleterre, avant la conquête des Normands, approche plus du système féodal. On y trouve déjà des tenures (1), des droits seigneuriaux (2), des cours foncières (3). *Voyez* Lambard, Wilkins, Spelmann & Ducange.

Mais c'est sur-tout dans les Gaules, où l'établissement des Francs fut bien une conquête, mais non pas la destruction de cette grande province, que le germe de la féodalité se développa avec le plus de force, & couvrit tout de son ombre; c'est de-là que le règne glorieux de Charlemagne & les malheurs même de ses successeurs en étendirent les rameaux plus ou moins vigoureux dans les autres états de l'Europe.

Il est bien certain que les bénéfices établis par Charles Martel & ses successeurs, ont été réglés d'une autre manière que ne l'étoient alors ceux qui avoient été créés précédemment. Ces derniers étoient déjà devenus héréditaires, sans être sujets à la foi & hommage. Mais ils avoient aussi été amovibles, ou simplement viagers dans les premiers temps, & les bénéfices de la seconde race devinrent également héréditaires dans la suite. Quant à la formalité de la foi & hommage, elle n'est point de l'essence des fiefs, & les bénéfices même de la seconde race ne paroissent pas non plus y avoir été sujets originairement.

Mais l'édit de Paris de 615 porte que les fidèles ou leudes, qui auront perdu leurs bénéfices, sans avoir violé leur *foi*, y seront réintégrés. La fidélité formoit donc bien dès-lors l'obligation la plus essentielle de ceux qui possédoient des bénéfices.

Il est vrai que les propriétaires des aleux étoient obligés au service militaire, comme ceux qui avoient des bénéfices, & il n'est pas douteux qu'ils ne dussent tous être fidèles à la patrie. Mais il y avoit cette différence entre les propriétaires & les bénéficiaires, que les uns devoient leur service & leur fidélité à la patrie, & que les autres ne les devoient qu'au chef même dont ils tenoient leurs bénéfices. C'étoient là deux choses fort différentes. Cette distinction qui résulte de tous nos anciens monumens, est la seule qui puisse expliquer cette prodigalité avec laquelle nos rois se dépouilloient de leurs domaines pour en former des bénéfices. Thomasius a fort bien observé que l'établissement des fiefs (ou bénéfices) avoit été une amorce dont les rois francs s'étoient servis pour façonner au joug une nation extrêmement jalouse de sa liberté. *De origin. feud.* §. 13.

Cette remarque peut s'appliquer aux bénéfices de la première race, comme à ceux de la seconde; si ces derniers furent nommés *fiefs* dans la suite, ils portèrent aussi long-temps le nom de *bénéfice*. La différence de noms ne forme donc pas la moindre présomption d'une différence dans les choses.

Des auteurs très-éclairés prétendent même que le nom de *fief*, ou ses correlatifs, dans les diverses langues de l'Europe, & en latin barbare, n'ont été connus qu'à la fin du dixième siècle, c'est-à-dire, plus de deux siècles après la création des bénéfices de la seconde race. On a bien un petit nombre de pièces d'une date antérieure, où se trouve le mot *feudum*. Mais des critiques habiles en ont contesté l'authenticité, &, pour ainsi dire même, prouvé la fausseté. Voyez en particulier dans le premier tome du *thesaurus feudalis* de Jenichen, la dissertation d'Heumann, qui porte pour titre *Explicatio diplomatum quorumdam antiquorum quæ feudi vocis primam mentionem facere perhibentur.*

Il est temps d'expliquer comment les *justices seigneuriales* se trouvent liées à ces institutions, & comment leur jurisdiction s'étendit même sur ce qui n'étoit pas fief. L'amovibilité des bénéfices, dans leur origine, laissoit nécessairement ceux qui en possédoient dans la dépendance de ceux qui les leur donnoient, soit que le donateur fût roi, duc, ou comte; c'étoit un assujettissement honorable, mais c'en étoit toujours un. Comme l'état n'entroit pour rien dans ces sortes de contrats, il n'appartenoit qu'au donateur de déterminer les limites & l'étendue de sa donation; mais comme il lui importoit de conserver la bienveillance de ses fidèles, & que, suivant les mœurs de la nation, chacun étoit jugé par ses pairs (*Voyez* OFFICES *seigneuriaux*), ces difficultés devoient être jugées dans l'assemblée de tous les fidèles. Lorsque dans la suite les fiefs devinrent héréditaires, ce fut encore dans ces assemblées qu'on porta les contestations qui pouvoient s'élever sur l'ordre de la succession, & généralement sur tout ce qui intéressoit la propriété du bénéfice, & l'accomplissement des obligations contractées par les bénéficiaires.

Mais de même que le fidèle étoit sujet à la jurisdiction de son seigneur, il avoit aussi une jurisdiction plus ou moins étendue dans son bénéfice, & sur-tout cette jurisdiction que nous appellons *justice foncière*. Ces fiers bénéficiaires méprisant également les arts sédentaires de la ville & les travaux de la campagne, avoient peu besoin d'esclaves pour leurs personnes; mais il leur en falloit pour cultiver leurs domaines. Ils avoient trouvé dans la Gaule la servitude de la glèbe, qui y étoit déjà éta-

(1) *Boclands* & *Foclands.*
(2) *Hereots* ou *Hériots.*
(3) *Haligemots* & *Infangenthefes.*

blie dès la conquête de César, & quoique cette servitude fût un peu moins dure que l'esclavage personnel, les serfs n'en étoient pas moins sous la puissance, & même sous la puissance presque absolue de ceux dont ils cultivoient les terres, soit que ce fussent des bénéfices, soit que ce fussent des aleux. Si l'on pouvoit avoir des doutes sur ce point de fait, on en verroit des preuves sans nombre dans tous nos livres, & sur-tout dans les savans commentaires des Potgiesser, *de statu servorum*. Cette autorité des seigneurs sur leurs serfs s'est conservée sans aucune borne jusqu'à nos jours dans la Pologne, la Hongrie, la Russie, & dans une partie de l'Allemagne.

On voit d'ailleurs dans les capitulaires, tirés de la loi des Lombards, que les maîtres répondoient pour leurs serfs.

On voit dans d'autres loix que les propriétaires étoient garans de tout ce qui se passoit sur leur propriété, & qu'on pouvoit intenter directement une action contre eux à cet égard. Le comte du Buat a fort bien conclu de-là que le suzerain avoit jurisdiction sur son vassal, & que le vassal en avoit aussi une sur tout ce qui dépendoit de son bénéfice, & sur ceux qui y résidoient. *Les Origines de l'ancien gouvernement de la France*, &c. *liv. 11, chap. 1 & 2.*

Aussi le §. 14 du titre 52 de cette même loi des Lombards autorise-t-il le juge ordinaire à saisir le bénéfice de celui qui ne voudra pas *faire justice*, c'est-à-dire, qui ne voudra pas la rendre. Plusieurs capitulaires décident la même chose, & l'article 23 de celui de 819 autorise les *missi dominici* à vivre aux dépens du bénéficiaire, qui sera dans le même cas. Baluze, *tom. 1, pag. 617.*

Il est bien vrai néanmoins qu'il y avoit des propriétaires libres, non-seulement dans les villes de Gaules, mais aussi dans la campagne, au temps de l'établissement des Francs, & que le changement de domination ne changea pas leur état; mais les guerres terribles que le partage de la monarchie, & l'ambition des chefs faisoient naître sans cesse, en diminuèrent beaucoup le nombre; & l'affermissement même du régime féodal nécessita bientôt ceux qui restoient de chercher dans une soumission particulière à quelque seigneur, la protection que l'état ne pouvoit plus leur donner. Cette recommandation étoit d'ailleurs encore presque l'unique route des honneurs & de la fortune, comme elle l'étoit du temps de Tacite. On ne pouvoit rien acquérir, ni rien conserver, sans s'attacher à quelqu'un.

Nos rois avoient bien établi des magistrats civils dans les Gaules. Nous avons les décrets de Childebert II & de Clotaire II, qui divisèrent chaque comté en centaines, & chaque centaine en dixaines de famille, en établissant des juges subordonnés les uns aux autres dans chaque division. Les Saxons firent des distributions à-peu-près semblables en Angleterre; mais à mesure que le systême féodal prit de nouvelles forces, on forma des fiefs de presque tous ces cantons; les duchés, les comtés, les vicariats, vigueries ou vicomtés, devinrent héréditaires, & formèrent elles-même de véritables seigneuries. Les avantages attachés à la qualité de bénéficiaires ayant fait convertir la plupart des aleux en bénéfice, le régime féodal fut le seul ordre d'administration que l'on conserva. Il n'y eut plus d'autres magistrats que les seigneurs, à l'exception de quelques cités, qui conservèrent leurs privilèges & le droit de se juger elles-mêmes.

L'état primitif des loix, dans la nation, tendoit au même but. Les individus jouissoient d'une liberté presque illimitée, & les contestations produisoient plutôt des querelles communes à toute la famille, que des procès personnels. Pour mettre une espèce de police dans cet état de désordre, on imagina d'obliger la personne insultée, ou ses parens, à se contenter d'une composition pour l'outrage qu'elle avoit reçu, & d'attribuer aux magistrats une amende pour chacune de ces contraventions à la paix publique. Ceux qui ne se soumettoient pas au paiement de la composition & de l'amende, étoient bannis & privés de la protection des loix.

Ces amendes que l'on appelloit *fredes* (*freda*) étoient réglées par des tarifs, comme les compositions même. Plus ou moins fortes, suivant la nature de l'outrage ou du crime, elles formoient un revenu très-considérable. Les formules de Marculphe & d'autres monumens prouvent que ces *fredes* étoient compris dans les inféodations. On y voit encore qu'il étoit défendu aux comtes, aux centeniers, & aux autres juges royaux d'entrer dans les bénéfices pour y exercer la justice, ou en recueillir les profits. Ces profits appartenoient donc aux seigneurs, chacun dans son territoire; ils leur appartenoient même dans l'étendue des propriétés allodiales, parce que les inféodations comprenoient tous les droits fiscaux d'un territoire, & que les frèdes sur les aleux étoient au nombre de ces droits. D'ailleurs, la multiplication des fiefs, en réduisant presque à rien les fonctions des anciens juges, en anéantit bientôt le titre même, & il fallut bien recourir au seigneur voisin pour obtenir *justice* dans tous les cas, quand il n'y eut plus d'autres juges.

Lorsque les fiefs devinrent disponibles & aliénables, après avoir été long-temps héréditaires, on avoit contracté l'habitude de considérer la *justice* comme une dépendance de la seigneurie même, parce que c'étoit au seigneur, comme propriétaire de cette seigneurie, que l'on s'adressoit, pour se recommander, pour obtenir *justice*, pour faire hommage de son fief, & que c'étoit aussi à raison de cette terre que le seigneur faisoit hommage au roi ou à un autre seigneur. Le royaume même n'étoit que le premier de tous les fiefs, & comme il y eut des seigneurs de villages, de villes, ou de provinces, il y eut un roi de France au lieu du roi des Francs, qu'on avoit connu jusqu'alors.

Il ne paroît pas néanmoins que ces *justices* des seigneurs s'étendissent à toutes sortes de causes, &

qu'ils y jugeassent sans appel, du moins dans l'origine & dans la plupart des seigneuries. Dès les premiers temps il y avoit des causes importantes dont les juges inférieurs ne pouvoient connoître, & qui ont quelques rapports à nos cas royaux. Divers capitulaires distinguent les causes majeures des causes mineures; suivant le comte du Buat, ces causes majeures étoient à-peu-près la même chose que les huit grands chapitres, ou bans du roi, dont les centeniers ne pouvoient pas connoître & dont il avoit été concédé aux comtes de punir l'infraction par 60 sols d'amende. Les causes majeures étoient l'homicide, le rapt, l'incendie, la déprédation, la mutilation, le vol, le larcin, & l'invasion du bien d'autrui. Les huit grands chapitres avoient pour objet la paix des églises, des veuves, des orphelins, des foibles, le rapt, la violence, les incendies, & le défaut de comparution à l'armée après le ban du roi. *Les origines*, *liv.* II, *chap.* 6, §. 1 & 2.

Il est remarquable que cette amende de 60 sols a été depuis l'un des caractères qui distingue la moyenne ou la haute *justice* (suivant les coutumes) de la basse-*justice*. Mais il paroît que les comtes même n'avoient pas toute jurisdiction relativement à ces huit grands chapitres. Il y avoit des causes réservées au maire du palais, au roi lui-même, & à l'assemblée de la nation. Enfin on sait que les rois envoyoient des commissaires (*missi dominici*) pour surveiller les comtes & les autres officiers chargés de rendre la *justice*, & réformer leurs jugemens en cas de plainte légitime.

Le comte, dit encore M. du Buat, avoit une prison & n'avoit point de gibet; & le centenier n'avoit ni prisons ni gibet, parce que les cantonniers ne pouvoient être mis en prison que par l'ordre du comte & en exécution de son forban, & qu'ils ne pouvoient être condamnés à mort ni par l'un ni par l'autre; les vicaires, au contraire, & les juges (fiscaux ou municipaux) avoient des gibets, parce qu'on leur renvoyoit la punition des gens de leur ressort, qui avoient été condamnés à mort après avoir appellé du premier juge; ce qui leur étoit toujours permis. Or, il n'y avoit que les sujets romains & domaniaux qui fussent punissables par la perte de la vie. Lorsque les voleurs étoient condamnés à la même peine, la perte de leurs biens & la dégradation les avoient déjà mis au rang des provinciaux; car du reste lorsqu'un homme de *bonne race* & de lieu honnête méritoit d'être puni par l'exil & par la prison, on le renvoyoit pardevant le roi. *Ibid. chap.* 5, §. 5.

Nous avons, dit toujours le comte du Buat, deux chartres accordées à un même fidèle, l'une par Charlemagne, & l'autre par Louis-le-Débonnaire. Elles s'accordent sur l'étendue des biens dont ce fidèle avoit obtenu la propriété & dont il avoit fait son *pourpris*; mais il y a cette différence entre l'une & l'autre, que dans la première, Charlemagne ne fait aucune mention de jurisdiction, ce qui suppose que ce fidèle n'en eut point d'abord d'autre que celle qui étoit alors inséparable de la propriété: Louis-le-Débonnaire au contraire s'étend beaucoup sur celle dont il veut que ce propriétaire jouisse, aussi bien que ses fils & sa postérité, sur tous leurs hommes libres & sujets. Il fait défenses aux comtes, à leurs vicaires & autres subalternes, & à tout juge public, d'entrer dans tout ce qu'il possède par concession royale, ou dans son propre, pour contraindre ses hommes & les juges. Il attribue à son fidèle & à ses fils, le droit exclusif de juger leurs hommes, & de les contraindre. Il veut que toutes leurs sentences, quand elles se trouveront conformes aux loix, sortent un plein & entier effet, & qu'ils amendent les autres selon la loi. *Ibid. chap.* 3, §. 2.

Les dévastations des Normands, & les troubles qui les suivirent, en forçant tout le monde de se refugier dans les châteaux, donnèrent un nouvel accroissement à l'autorité des seigneuries, & bientôt tous ceux qui ne possédoient pas des fiefs furent dans la dépendance la plus absolue de leur seigneur. De-là cet axiome terrible de notre ancien droit: *entre le seigneur & son vilain, il n'y a d'autre juge que Dieu.* (*Conseil à la reine Blanche, par Desfontaines, chap. 2, art. 8.*)

Sans parler des serfs de Pologne, de Russie & d'Allemagne, il paroît que dans la Flandre autrichienne, les seigneurs conservent la partie la plus redoutable de cette prérogative exorbitante. Encore aujourd'hui les sentences de leurs juges rendues dans les causes criminelles, instruites à la requête de la personne publique, ne sont point sujettes à l'appel ni à la réformation; les magistrats des villes y ont la même prérogative. Cet usage n'a été aboli dans la partie qui est soumise à la domination françoise, que par l'ordonnance de 1670, adressée au conseil souverain de Tournai en 1679.

C'est du moins là ce que dit Dumées à la page 19 de son traité des jurisdictions, imprimé en 1762. J'ignore si cet usage a depuis été réformé.

Dans la majeure partie de la France, les hommes libres & les vassaux même ne pouvoient attaquer le jugement rendu en première instance qu'en faussant ce jugement, c'est-à-dire, en accusant les juges qui l'avoient rendu d'avoir jugé faussement & méchamment, & en les défiant au combat.

S. Louis introduisit le premier l'usage des appels purs & simples sous un autre nom, en permettant de juger *par droit* les appels de faux jugement. Cet usage, qui n'avoit lieu d'abord que dans certain cas & dans certaines seigneuries seulement, devint bientôt général par les soins que se donnèrent les baillis royaux & les parlemens. Quand ces appels furent plus communs, & suivant Brussel ils paroissent l'avoir été dès le règne de Philippe-le-Hardi, on reçut aussi ceux des serfs qui ne pouvoient pas même autrefois fausser le jugement, parce qu'ils ne pouvoient pas défier au combat les personnes libres qui les jugeoient.

Ces mêmes baillis royaux s'attribuèrent encore

la connoissance exclusive d'un grand nombre d'affaires. Ils ne firent pas seulement ces conquêtes sur la jurisdiction des seigneurs, mais aussi sur celle des ecclésiastiques, qui avoit elle-même menacé d'envahir la connoissance de toute sorte de matières; ces affaires furent ce qu'on appella les *cas royaux*. On en trouve la réserve jusques dans les lettres du premier apanage d'Anjou & du Maine, que S. Louis donna à Charles son frère. Chopin *de domanio, lib. 2, cap. 6.*

Enfin l'établissement des communes & des bourgeoisies acheva de soustraire les principales villes & même beaucoup de particuliers qui se trouvoient dans les limites d'une seigneurie à la jurisdiction des seigneurs territoriaux. *Voyez les articles* COMMUNE & JURÉE.

Indépendamment de l'accroissement de l'autorité du roi, qui lui donnoit le pouvoir de faire valoir ces prétentions, la connoissance du droit romain & les usurpations de la jurisdiction ecclésiastique, obligèrent les seigneurs à abandonner l'usage de juger par eux-mêmes. Il leur fallut des légistes pour tenir leurs tribunaux, & ces légistes élevés dans les mêmes principes que les juges royaux, plus ou moins dépendans de ces derniers devant lesquels même ils remplissoient souvent, comme ils le font encore, les fonctions d'avocat & de procureur, facilitèrent aussi cet accroissement de la prérogative royale. *Voyez les articles* APPEL, BAILLI, CAS ROYAUX, EXEMPTION PAR APPEL, JUGES DES SEIGNEURS, OFFICES SEIGNEURIAUX, *&c.*

Telles sont les causes qui ont contribué à l'affoiblissement des jurisdictions seigneuriales. On connoissoit déjà beaucoup de fiefs sans justice; plusieurs motifs ont probablement concouru à les introduire. Avant l'établissement des juges de robe-longue, chacun étant jugé par ses pairs, il falloit un certain nombre de vassaux ou de tenanciers pour rendre la *justice*. Le seigneur qui n'avoit pas ce nombre n'avoit donc pas l'exercice de la *justice*. Il pouvoit seulement l'acquérir, s'il se procuroit un certain nombre de vassaux ou de tenanciers, en donnant une partie de son fief à titre de sous-inféodation ou d'accensement. Ce droit subsiste encore dans quelques coutumes de Picardie, & d'Artois, où les jugemens par pairs se sont conservés. L'article 17 de celle de Boulonnois porte, « qu'un seigneur » ayant trois hommes de fief a commencement » de cour & peut exercer sa *justice* ès mètes de son » fief, en empruntant de son seigneur supérieur » deux hommes de fief, en demandant lesquels il » est tenu lui bailler, & peut, ajoute l'article 18, » ledit seigneur bailler de sa terre en fief pour » augmenter ses hommes & cour ». *Voyez aussi les articles 32 & 33 de la coutume d'Artois, avec la conférence de* Maillard.

Beaucoup autres causes ont contribué à distinguer les *justices seigneuriales* d'avec les fiefs. On peut en voir le développement au §. I *du mot* DÉMEMBREMENT DE JUSTICE.

§. II. *De cette maxime : fief & justice n'ont rien de commun.* On vient de voir qu'il s'en faut de beaucoup que cette règle ait toujours été admise dans notre droit françois, quoiqu'elle forme aujourd'hui le droit commun des pays coutumiers & des pays de droit écrit. Plusieurs coutumes en ont des dispositions expresses. Il suffira d'en citer ici deux ou trois.

« Le fief n'argue la *justice* ou ressort, ne la *justice* ou ressort le fief, & n'ont rien de commun ». *Coutume de Berri, tit. 5, art. 57.*

« Jurisdiction & ressort d'icelle & fief n'ont rien » de commun, & peut être jurisdiction & ressort » à un & le fief à un autre ». *Bourbonnois, chap. 1, art. 1.*

« Fief & ressort & directe seigneurie n'ont rien » de commun, & peut être le fief & foi & hom- » mage à une personne, & la jurisdiction de la » chose féodale & directe à une autre ». *la Marche, art. 1, chap. 5.*

Cette règle s'observe même en Provence, quoiqu'on n'y répute nobles que les biens auxquels une portion de la jurisdiction est attachée. Cette noblesse des fonds est purement relative à l'affranchissement de la taille qui est réelle dans ce pays-là. On ne doit pas la confondre avec la qualité féodale, qui peut exister sans *justice*. « Ceux, dit » la Touloubre, qui croient qu'en Provence il n'y a » point de fief sans *justice*, parce qu'on ne peut » y posséder des biens nobles sans avoir une por- » tion de la jurisdiction, se trompent. Ce ne sont » pas les biens nobles ou exempts de tailles qui » constituent le fief; il peut n'être composé que » de biens roturiers, & taillables. Qu'un seigneur » aliène seulement la *justice*, & retienne tous les » domaines de son fief, ils deviendront dès-lors » sujets au paiement des tailles : mais le possesseur » n'en sera pas moins seigneur féodataire, il n'en » sera pas moins soumis à la foi & hommage en- » vers le roi, à fournir son dénombrement où il » ne comprendra plus la *justice*. Enfin il n'en jouira » pas moins de tous les droits qui sont une dé- » pendance du fief ». *Jurisprudence féodale, part. 1, tit. 1, §. 3.*

Il ne faut pas conclure de-là néanmoins que le fief & la *justice* soient absolument étrangers l'un à l'autre. Souvent, & l'on peut même dire le plus souvent, du moins dans les grandes seigneuries, le fief accompagne la *justice*, & la jurisdiction seule forme une présomption de directe. Cette vérité a été reconnue par Loiseau lui-même, qui a combattu plus que personne pour la maxime, *fief & justice n'ont rien de commun*. Ce jurisconsulte n'en a pas moins enseigné que le seigneur haut-justicier est présumé le seigneur direct de tout le territoire, parce que *du commencement les justices & seigneuries directes ont été concédées à mêmes seigneurs*. « Les coutumes, » ajoute-t-il, ne disent pas que *justice* & fief, ains » que *fief & justice n'ont rien de commun*, c'est-à- » dire, que la féodalité ou seigneurie directe ne

» porte nulle conséquence à la *justice*, ne pouvant » la *justice*, qui est plus noble, être attirée par la » directe, qui est ce que nous avons dit ci-devant, » qu'il ne s'ensuit pas que celui qui est reconnu » pour seigneur censier ou féodal d'un héritage, en » soit pourtant seigneur justicier,..... mais la *justice* étant plus digne que la directe, il n'est point » inconvénient qu'elle l'attire quelquefois.

» Partant, dit Loiseau, je conclus que si celui » qui débat la directe d'un héritage contre le haut-» justicier du territoire, ne fait apparoir d'aucuns » aveux ni d'autres titres vérificatifs de son droit » ou possession, le haut-justicier doit gagner sa » cause contre lui, tant à cause de cette présomp-» tion dont il est assisté, qu'à cause aussi que tout » ce qui est vacant en son territoire lui appartient ».

Quelques coutumes favorisent particuliérement cette décision en attribuant la basse-*justice*, ou *justice* foncière, à celui qui a le fief, & la directe à celui qui a la *justice* foncière. La coutume de Poitou dit expressément dans l'art. 17, « que celui qui tient fief » noblement....est fondé par la coutume d'avoir en » sondit fief basse jurisdiction ». Les articles 21 & 22 disent également que le droit de ventes & honneurs & de retrait seigneurial, (& par conséquent la directe) appartiennent à celui qui a *jurisdiction basse & foncière*.

La même règle subsiste à-peu-près dans les coutumes d'Anjou, du Maine & de Bretagne, & l'on doit en dire autant de la coutume générale de Touraine, quoique Pallu ait enseigné le contraire. Plusieurs des coutumes locales de cette province disent à la vérité que *fief & justice n'ont rien de commun*. Mais ces coutumes locales n'étant que des exceptions à la coutume générale, elles supposent bien que la coutume générale attribue de plein droit la jurisdiction basse ou foncière au seigneur de fief, & ces exceptions même ne paroissent y avoir lieu que parce que les lieux régis par ces coutumes locales font partie du Berry, du moins quant au spirituel. *Voyez le procès-verbal de la coutume de Touraine*.

On trouve même encore aujourd'hui un petit nombre de coutumes où le fief attribue de plein droit la *justice* haute, moyenne & basse, du moins quand le seigneur a un nombre suffisant de vassaux pour tenir sa cour; lors même qu'il n'a pas assez de vassaux pour cela, il peut, comme on l'a vû à la fin du §. précédent, se procurer la jurisdiction en inféodant une partie de son fief; les coutumes de Boulogne & d'Artois sont dans ce cas.

Enfin dans tout le reste de la France, & dans les coutumes même qui distinguent le plus expressément le fief & la *justice*, la jurisdiction est toujours une dépendance des fiefs de dignité, tels que les châtellenies, les baronnies, & les autres seigneuries supérieures. Toutes les coutumes qui font mention de ces fiefs de dignité leur attribuent les trois degrés de jurisdiction. Mais cette jurisdiction est souvent bornée au simple ressort, c'est-à-dire, à la *justice* d'appel, parce que les vassaux de ces seigneuries peuvent avoir de leur côté la jurisdiction & la directe, soit conjointement, soit séparément, sur une grande partie du territoire, que comprend le fief de dignité.

Enfin il y a tant d'analogie entre le fief & la *justice*, qu'il n'y a pas une jurisdiction allodiale. Non-seulement toutes ressortissent médiatement ou immédiatement aux tribunaux royaux, mais la plupart des jurisconsultes enseignent que les propriétaires des jurisdictions, lors même qu'il n'y a pas d'ailleurs d'autre fief qui y soit attaché, sont obligés d'en faire l'hommage au roi, ou à quelque seigneur. « On tient en France, dit Bacquet, que le droit de » *justice* ne peut pas être tenu en franc-aleu, parce » qu'il est nécessaire, pour raison d'icelui, recon-» noître le roi, duquel il est procédé & lui en » faire foi & hommage ». *Des droits de justice, chap. 4, n°. 8.*

« Le possesseur d'un franc-aleu noble ayant *justice*, doit pour raison du droit de *justice*, faire la » foi & hommage au roi, duquel émanent toutes les » *justices*, n'y en ayant aucune en franc-aleu, & » la *justice* annexée au franc-aleu ne juge pas en » dernier ressort, mais à la charge de l'appel à » l'ordinaire pardevant le juge supérieur». *Traité des fiefs sur la coutume de Poitou, chap. 1, sect. 1, §. 15.*

Il faut remarquer néanmoins que le président Bouhier est d'une opinion contraire dans ses observations sur la coutume de Bourgogne, *chap. 49, nos. 2 & 4*. Il y convient bien que toutes les *justices* dépendent du roi quant au ressort, & qu'elles sont toutes présumées provenir de sa concession. Mais il soutient qu'on ne peut tirer aucune induction de-là quant à la mouvance, & que ces *justices*, quoique sujettes au droit de ressort, peuvent cependant être tenues en aleu.

§. III. *De la concession du droit de justice.* Le roi seul peut aujourd'hui concéder le droit de *justice*, quoique les seigneurs des fiefs de dignité se soient très-long-temps maintenu dans l'usage de faire ces sortes de concessions à leurs vassaux, & que quelques coutumes, telles que celles d'Anjou & du Maine, leur en attribuent expressément le droit. Ces coutumes sont sans force à cet égard. *Voyez le §. 1 de l'article* DÉMEMBREMENT DE JUSTICE.

On ne peut pas dire aussi précisément la même chose des coutumes qui attribuent un droit de jurisdiction aux parageurs dans leur portion de fief, après le parage fini. Ce n'est point le chémier, ni aucune espèce de seigneur qui concède le droit de *justice* dans ce cas. C'est la coutume elle-même qui l'établit de plein droit, comme la coutume de Boulonnois attribue la jurisdiction au seigneur qui ne l'avoit jamais eu, lorsqu'il s'est procuré par des sous-inféodations le nombre suffisant d'hommes de fief, pour tenir sa cour. Constant paroît ne pas révoquer en doute la légitimité de ces *justices* établies par les parages, lorsqu'il dit: *omnes hujus modi erectiones voluntarias feudorum in jus castellaniæ, quæ non processissent à paragio, seu jure paragii, non posse legitimè fieri in hâc pictonum provinciâ, nisi virtute litterarum regiarum*, &c. (*Ad conf. pict.* §. 1, *gloss.* 3.)

Mais quoique cette dernière prérogative des seigneurs du Boulonnois subsiste encore aujourd'hui, il est très-douteux que le privilège des parageurs fût autorisé. *Voyez l'article* PARAGE.

Au surplus, Loiseau enseigne, d'après nos anciens usages, que quand un seigneur a concédé la *justice* à son vassal, il peut la faire exercer sans s'exposer aux peines que le droit romain impose aux usurpateurs de la puissance publique, « & que cette *justice* » subsiste licitement & n'est point nulle, tant » qu'elle est tolérée par le roi, ses officiers, le » seigneur immédiat, si aucun y en a, & le peu» ple du territoire qui tous ont intérêt de l'em» pêcher; mais que cette tolérance n'a effet que » tant qu'elle dure, & ne l'établit pas incontesta» blement & à toujours, s'il n'y a expresse confir» mation du roi ». *Des seigneuries*, *chap.* 4, *n°.* 60.

Quoi qu'il en soit, il faut tenir en général que la concession de la *justice* doit être expresse dans l'acte d'où l'on prétend la faire résulter, sans en excepter les inféodations faites par le roi. C'est la suite du principe que *fief & justice n'ont rien de commun*. Lors même que le titre porte expressément la concession de la jurisdiction, cela ne doit pas s'entendre de la haute-*justice*. La Touloubre observe que cela a été ainsi décidé par deux anciens arrêts du parlement de Paris, déposés dans des mémoires conservés dans les archives de la chambre des comptes d'Aix. *In generali concessione quâcumque non intelligimus nec intelligi volumus altam justitiam*, est-il dit, dans le premier de ces deux arrêts; & dans le second, *in dono à rege facto cujuscumque jurisdictionis altam justitiam non comprehendi*.

Loiseau, *des seigneuries*, *chap.* 10, dit aussi que s'il est seulement mention de la *justice*, ce terme ne peut s'appliquer qu'à la basse-*justice*.

Lors néanmoins qu'il s'agit de la vente, échange, ou donation d'un fief formé, où le souverain faisoit exercer une *justice* particulière indépendante de celle qui lui appartient par droit de souveraineté, la cession de ce fief avec tous ses droits & appartenances, renferme le transport de toute la *justice* que le souverain y possédoit. La Touloubre, *part.* 2, *tit.* 2, §. 2.

Ce dernier auteur ajoute que la haute-*justice* est désignée dans les inféodations des anciens comtes de Provence par cette qualification, *merum & mixtum imperium*; & quelquefois on ajoutoit, *quod delinquentibus seu mutilationem membrorum & quacumque pœnam sanguinis irrogat.* Mais ces expressions ont beaucoup varié suivant les lieux & suivant les temps.

Les règles que l'on vient d'exposer sur la concession du droit de *justice* reçoivent une exception, lorsqu'il s'agit d'un fief de dignité, tel qu'une châtellenie, baronnie, vicomté & comté; toutes les coutumes qui font mention de ces sortes de seigneuries leur attribuent éminemment le droit de *justice*, & même un double degré de jurisdiction. Les ordonnances qui ont supprimé ces doubles degrés de jurisdiction, dans un même lieu, n'ont rien changé d'ailleurs à la disposition des coutumes qui attribuent toute *justice* aux seigneurs châtelains & aux seigneurs supérieurs.

Aussi Dumoulin, après avoir prouvé que la concession de la jurisdiction ne se suppose pas, ajoute-t-il la limitation suivante: *& hoc nisi expressim concedatur, vel sit de naturâ & conditione rei concessæ ut quandò conceditur castrum in castellaniam, vel cum jure castellaniæ, quod secundùm communem usum & consuetudinem hujus regni importat plenam jurisdictionem in primâ instantiâ & unum ressortum tantum.* (*Ad consuet. Paris.* §. 1, *gloss.* 5, *n°.* 51.)

On ne peut pas appliquer ce que l'on vient de dire des fiefs de dignité, aux châtelains du Dauphiné. Salvaing nous apprend que ces seigneurs n'y ont l'exercice que de la basse-*justice* qui leur attribue cependant la jurisdiction jusqu'à la somme de 60 sols. *Voyez l'usage des fiefs*, *chap.* 65.

Il en est de même des vicomtés dans plusieurs provinces; cette qualification n'y indique rien autre chose que le droit de moyenne-*justice*, qui néanmoins y a presque autant d'étendue que la haute-*justice* en a suivant le droit commun. *Voyez l'article* VICOMTÉ.

La décision de la plupart de nos coutumes sur le droit de *justice* appartenant au seigneur châtelain, sembleroit devoir terminer une question bien controversée, celle de savoir si la jurisdiction est une suite du droit de château concédé au vassal ou énoncé dans ses aveux. La raison qui pourroit faire pencher vers l'affirmative est que le seigneur châtelain ou le seigneur d'une qualité supérieure sont les seuls qui aient le droit d'avoir un château. La plupart des anciens jurisconsultes & sur-tout ceux qui ont travaillé sur les livres des fiefs, dont on peut voir la citation dans les conclusions de Ranchin, lettre *C*, au mot *Castrum*, ont suivi cette opinion. Ils ont tiré de-là deux conséquences, la première que quand on voit dans un titre qu'un château a été concédé ou donné en fief, il faut dire que celui qui a fait cette concession possédoit la *justice* du lieu & qu'il l'a transmise; la seconde que quand quelqu'un a fait hommage du château, le seigneur dominant à qui cet hommage a été prêté est en droit de prétendre que la *justice* du lieu relève de lui.

Les jurisconsultes françois ont généralement suivi, depuis près de deux siècles, le sentiment contraire, que la facilité avec laquelle on donne parmi nous des noms distingués aux moindres objets semble justifier. Il y a incontestablement beaucoup de châteaux & de maisons fortes qui n'ont d'ailleurs aucune des qualités requises pour former une châtellenie, pas même la jurisdiction. Dans une partie de la France, & particulièrement en Provence, le seigneur moyen-justicier a même le droit d'avoir un pilori, ou carcan, & il peut bâtir château, tours, murs avec creneaux dans son fief. La Touloubre, *part.* 2, *tit.* 2, §. 14.

Je ne sais néanmoins si l'on peut argumenter pour cette distinction du château & de la *justice*, de la remarque de M. de Clapiers, quoiqu'elle ait été adoptée par la Touloubre. Le premier de ces deux auteurs observe, *cause 50*, *quest.* 2, que la clause *de castro, ejus territorio, jurisdictione, districtu, dominio, possessionibus, nemoribus*, &c. étoit communément employée dans les inféodations des anciens comtes de Provence; d'où il conclut qu'on ne regardoit pas alors les termes, *castrum, districtus & territorium*, comme renfermant implicitement la *justice*, puisque l'on en faisoit expressément mention.

C'est au contraire un axiôme du droit & de la raison naturelle, que ce qui abonde ne vicie pas, & rien n'est plus commun dans les anciennes chartres que de voir la même chose énoncée dans des termes différens; on trouve, par exemple, dans les titres où il est fait mention de *justice*, les termes suivans: *mere & mixte impere*, après ceux-ci, *haute & moyenne justice*, quoique les uns & les autres désignassent la même chose, du moins dans le langage de ce temps-là.

Au surplus, l'annotateur de Boutaric qui a fort bien traité cette question, ajoute avec raison, que toute cette discussion est aujourd'hui beaucoup plus curieuse qu'elle n'est utile, parce que s'il s'agit d'un titre ancien & éloigné, l'exécution dont il a été suivi, doit servir à trancher toute la difficulté, & que dans les actes que l'on passe aujourd'hui, l'on ne manque guère d'ajouter un détail qui ne laisse plus lieu à cette question.

On observera, en finissant, que le roi ne peut pas, en *justice* réglée, ériger de nouvelles *justices* dans l'étendue de celles des seigneurs sans leur consentement, & sans lettres-patentes duement vérifiées, après une information *de commodo & incommodo*. Cela est une suite de la patrimonialité des *justices*, qui les met au rang de toutes les autres propriétés auxquelles nos rois eux-mêmes ont souvent reconnu qu'ils étoient dans l'impuissance de porter atteinte.

Il ne faut pas néanmoins dire avec Boucheul, sur *l'art. 14 de la coutume de Poitou*, n°. 2, que c'est un point jugé par l'arrêt de Bonnivet, du 7 septembre 1637, rapporté par Constant, sur *l'art.* 1, n°. 3, de la même coutume, & par Brodeau sur *l'art.* 51, n°. 16 de la coutume de Paris.

Cet arrêt a seulement jugé que M. l'évêque de Poitiers avoit le droit de faire exercer la haute-*justice* au-dedans des fiefs de Bonnivet, la Vaugouffier, & la Rochebœuf, mouvant de la châtellenie de Vandeuvre, qui dépend de cet évêché, quoique Claude de Tonnerre, évêque de cette ville, les eût réunis pour les ériger en châtellenie plus de cent ans auparavant, que les seigneurs de Bonnivet y eussent toujours fait exercer depuis la *justice*, qu'ils en eussent constamment porté le droit dans leurs actes d'hommage, & dans des aveux qui avoient été reçus, & que leur qualité de seigneurs châtelains eût passé sans contradiction dans le procès-verbal de la coutume de Poitou, réformée en 1559.

L'arrêt entérina les lettres de rescision prises par l'évêque de Poitiers contre cette concession, le maintint dans le droit exclusif de jurisdiction, avec défenses à son vassal de l'y troubler, ce faisant déclara éteinte & amortie la rente de 15 livres, qui étoit le prix de la concession, « sans néanmoins » que ledit sieur évêque, *suivant ses offres*, pût » faire rompre ni démolir les châteaux bâtis sous » la foi & assurance de la concession & érection, » & qui ne pouvoient pas subsister sans le droit » de châtellenie ». Ce sont les expressions de Brodeau, qui avoit défendu l'évêque de Poitiers dans cette instance.

Ainsi cet arrêt a seulement jugé que les seigneurs ne pouvoient pas concéder le droit de *justice* à leurs vassaux, & que la longue possession ne pouvoit pas valider ces concessions, lorsqu'on en connoissoit le vice.

§. IV. *Des preuves du droit de justice.* Comme la plupart des *justices seigneuriales* sont d'un établissement très-ancien, on n'exige pas même pour celles qui sont attachées à de simples fiefs, le rapport du titre de concession, qui a pu se perdre par le laps de plusieurs siècles. La possession immémoriale, & caractérisée du droit de *justice*, en fait présumer la concession, suivant nos coutumes & nos ordonnances même.

On dit la *possession* immémoriale. Car la possession même centenaire ne suffiroit pas, si l'on en connoissoit l'origine, & que cette origine fût vicieuse, par exemple, si la concession avoit été faite par un seigneur particulier. Brodeau, *sur l'art. 51 de la coutume de Paris*, n°. 14 & 16, rapporte divers arrêts qui l'ont ainsi jugé, & particuliérement celui de Bonnivet dont on a parlé à la fin du §. précédent.

Cette décision seroit néanmoins trop rigoureuse, s'il s'agissoit d'une jurisdiction concédée, il y a plusieurs siècles, par un grand vassal dans le temps où ils jouissoient de presque tous les droits régaliens. Il n'est pas douteux qu'ils ne pussent alors créer des *justices* dans les pays qui leur étoient soumis. La validité des concessions, comme celle de tous les autres actes, doit être jugée suivant le droit qui s'observoit au temps où elles ont été faites.

Hors ce cas-là, on doit tenir avec l'auteur du code rural, « que pour qu'un seigneur ait droit de » *justice*, il faut qu'il ait une concession du roi, » *ou une longue possession soutenue d'aveux & dénombremens rendus au roi*, qui fassent présumer le » titre ».

Bacquet qui s'est expliqué à cet égard avec beaucoup de confusion, paroît bien croire que les actes d'hommages, ou les aveux & dénombremens rendus au roi ou aux seigneurs particuliers, font foi contre eux de l'existence de la jurisdiction, lorsqu'ils sont rendus uniquement & précisément pour cet objet. Mais il veut du moins pour cela qu'il y ait plusieurs de ces actes qui aient été reçus, & il ne manque pas d'observer que les aveux qui auroient été rendus au roi lui-même pour un fief en général, ne seroient aucune preuve de la jurisdiction qu'on y auroit énoncée comme dépendante du fief.

Le même Bacquet paroît croire que la possession immémoriale de la jurisdiction haute, moyenne & basse, peut valablement être prouvée par témoins. Mais il veut du moins que cette possession soit immémoriale & bien constatée, & son opinion est au surplus réfutée de la manière la plus victorieuse par le jurisconsulte qui a le mieux connu, parmi nous, le droit des seigneuries. La fin de cette réfutation indique l'espèce de preuves qui peuvent être admises à cet égard. « Comment, » dit Loiseau, en une matière odieuse, recevra-t-on » la preuve par témoins pour une *justice* toute » entière, *& pour l'exercice d'icelle pendant plus » de cent ans*, vu que si la *justice* a été exercée » tant de temps, on ne peut manquer d'en avoir » *quelques registres du greffe*, que l'ordonnance » enjoint étroitement de garder, des grosses de sen» tences ou actes, *des aveux ou réceptions de foi*, des » extraits des assises du juge supérieur où cette *justice* » a été appellée, bref, des appellations reçues d'icelles; » *& si on manque de pièces pour prouver cent années d'e» xercice continuel & public d'une justice, qu'est ce » qu'on pourra au monde prouver par écrit?*

» Aussi Bacquet rapporte-t-il un bel arrêt à ce » propos, de l'an 1588, que l'information de » témoins touchant la *justice* prétendue par le prieur » de Notre-Dame-des-champs-lès-Paris, ne suffit pas, » s'il n'y a titre. Que s'il se trouve quelques arrêts » qui aient admis en ce cas la preuve testimo» niale, j'estime que ç'a été après la représentation » ou production de titres, pour suppléer à la » preuve vocale, ce qui se défailloit à la litté» rale, *& sur-tout pour vérifier la continuité* ». *Des seigneuries*, *chap.* 4, *n°. 66.*

M. de Catelan rapporte un arrêt du 18 juillet 1652, qui l'a ainsi jugé.

Il est même à remarquer, ajoute ce magistrat, que les seuls actes de foi & hommage ne font pas une preuve de la *justice* contre le roi, comme il fut jugé en faveur du roi contre le sieur Rodat, conseiller au sénéchal de Rhodez, quoique Bacquet dise le contraire. Le sieur Rodat pour prouver contre le roi que la *justice* d'un certain lieu lui appartenoit, remettoit divers hommages par lui faits au roi de cette *justice*; on trouva que cela ne suffisoit pas, & il fut ordonné qu'il rapporteroit de plus suffisans titres. Il faut donc que ces hommages aient été suivis d'aveux & dénombremens reçus par le roi ou ses officiers, & sans opposition; ces hommages suivis de ces dénombremens prouvent la *justice* contre le roi même, comme il fut jugé en la grand'chambre le 26 février 1677, vuidant l'interlocutoire en faveur du même sieur Rodat, lequel ayant remis des aveux & dénombremens en forme, faits en conséquence des hommages, fut maintenu contre le roi en la *justice* moyenne & basse dont étoit question, quoiqu'il n'y eût point d'acte possessoire de la part du sieur Rodat; qu'il n'eût jamais établi de juges, ni lui, ni ses auteurs, & que l'entière *justice* eût été toujours rendue par les juges royaux au siège de Rhodez, & par ceux du comte de Rhodez avant la réunion, auquel temps les auteurs du sieur Rodat avoient fait hommage de cette *justice*, moyenne & basse, aux comtes de Rhodez. *Arrêts remarquables du P. de Toulouse*, *liv.* 3, *chap.* 2.

Graverol, sur la Roche-Flavin, assure néanmoins que la prestation de divers hommages, énonçant qu'ils sont faits pour la *justice* d'un lieu, l'établissent, *pourvu qu'ils soient fort anciens*, & toujours renouvellés sous la même énonciation.

« Ainsi, dit-il, par arrêt contradictoire de ce par» lement du 30 août 1645, le feu seigneur mar» quis de Calvisson fut maintenu en la haute-*jus» tice* du lieu de Clarensac, en conséquence des » hommages que ses devanciers avoient souvent » rendu depuis le 17 juillet 1400, à plusieurs de » nos rois ». *Des droits seigneuriaux*, *chap.* 36, *n.* 1.

Comme dans toutes ces questions on ne se détermine que sur des présomptions, on sent que les circonstances qui semblent indiquer plus ou moins de fondement à la possession du seigneur, doivent influer sur le jugement.

§. V. *De la compétence des justices seigneuriales en général.* Les *justices* des seigneurs sont les jurisdictions ordinaires des lieux, comme on le verra au mot OFFICES *des seigneurs*. Il résulte de-là que leurs juges peuvent connoître de toutes les matières qui ne sont pas exclues de leur compétence par une loi expresse, ou du moins par un usage constant fondé sur la jurisprudence des arrêts.

Mais indépendamment de certaines espèces d'affaires qui sont attribuées à des tribunaux particuliers, telles que les matières d'aides, & dont les juges royaux ordinaires eux-mêmes ne peuvent pas connoître, il y en a plusieurs autres qui sont expressément réservées à ces juges royaux ordinaires, à l'exclusion des juges des seigneurs, & que l'on appelle par cette raison *cas royaux*. *Voyez ce mot*, & CAS PRÉVOTAUX.

On se contentera d'établir ici la compétence des *justices seigneuriales* sur certaines espèces de causes, que des auteurs ont mal-à-propos voulu mettre au nombre des cas royaux.

On pensoit autrefois que les juges des seigneurs ne pouvoient pas connoître de l'entérinement des lettres royaux, & effectivement les chancelleries n'adressoient ces lettres qu'aux juges royaux. Mais cet ancien usage ne subsiste plus, & rien n'est plus commun à présent que d'y voir des lettres de rescision expédiées pour les jurisdictions subalternes; on a seulement le soin de ne pas adresser directement ces lettres aux juges de seigneurs, mais à un huissier, ou sergent royal, avec mandement de les signifier au juge, afin qu'il procède en conséquence. Il y a même beaucoup d'exemples de lettres de chancelleries adressées directement aux juges des seigneurs, & c'est le parti que l'on doit prendre, lorsque les chancelleries ignorent, si le juge du lieu, que les lettres ont pour objet, est juge royal ou seigneurial. Un juge royal refuseroit des lettres qui, au lieu de lui être adressées directement, contiendroient le mandement fait à un huissier de les lui signifier. Mais on sent bien qu'un juge seigneurial n'est pas choqué de ce qu'on s'adresse à lui directement, & une partie ne seroit pas recevable à proposer cette espèce d'inexactitude; je ne connois point de loi qui prescrive cette différence d'adresse.

Il y a néanmoins certaines espèces de lettres, telles que celles de grace, dont les juges royaux, & même ceux qui ressortissent nuement aux cours souveraines, peuvent seuls connoître.

Il paroît que c'est sur cette ancienne prétention de connoître exclusivement de l'entérinement des lettres du prince, que les juges royaux se fondoient autrefois pour revendiquer la connoissance des émancipations des mineurs, des causes de ces mêmes mineurs où ils avoient obtenu des lettres de rescision, & même des matières de complainte. On obtenoit souvent autrefois des lettres royaux, sous le nom de mandemens de garde, de nouvelleté & de récréance, qui mettoient en la main du roi la chose contentieuse, ou ordonnoient de la délivrer à celui dont le droit paroissoit le mieux fondé. C'étoit-là ce qu'on appelloit *ramener la complainte à effet sur le lieu.* C'est sans doute par ce motif qu'un arrêt du 2 décembre 1516, rapporté par Guenois, décida que le juge royal avoit la prévention de la complainte, sans être obligé d'en faire le renvoi. *Conférence des ordonnances, liv. 1, tit. 23*, §. *80.*

Aujourd'hui l'on n'obtient plus des lettres de chancellerie en matière de complainte, & l'on vient de voir que les juges des seigneurs pouvoient entériner des lettres royaux.

Il n'est donc pas douteux que ces juges des seigneurs ne puissent connoître des complaintes. Divers arrêts l'ont ainsi jugé. On en trouve deux des 31 juillet & 18 août 1628. Bardet & Berroyer, *tom. 1, liv. 3, chap. 13. Voyez aussi l'art. 2 de l'édit de juin 1532*, &c.

Il faut néanmoins observer que les juges des seigneurs ne peuvent pas connoître de la complainte en matière bénéficiale, & même de toutes les contestations relatives aux bénéfices, suivant plusieurs auteurs. On argumente pour cette dernière décision de l'article 9 de l'édit de Crémieu, par lequel le roi attribue à ses baillis & sénéchaux les causes des bénéfices de fondation royale, & celles d'autre fondation, à ses prévôts & autres juges subalternes. Mais cet édit n'a pour objet que de fixer la compétence des juges royaux entre eux, sans parler de celle des juges des seigneurs. L'art. 8 attribue aussi aux prévôts royaux la compétence *des matières réelles pour raison d'héritages roturiers & non nobles*, qui appartient néanmoins incontestablement aux juges des seigneurs dans leur jurisdiction. « Aussi Néron » dit-il que l'art. 9 de l'édit de Crémieu s'en» tend pour le corps des églises, & non pour les » simples curés pour leurs droits, comme fut jugé » par arrêt du parlement contre le curé de Beau» lieu, près de Noyon, pour le marquis de Nesle, » renvoi ayant été fait pardevant son bailli, le 21 » novembre 1575 ».

La compétence des juges des seigneurs sur les gentilshommes a fait aussi de la difficulté autrefois. Pierre Desfontaines nous apprend bien, dans le chap. 3 de son conseil à la reine Blanche, que les gentilshommes domiciliés dans les jurisdictions seigneuriales, *quoique couchans & levans en villenage*, étoient menés par la loi de franchise pour leur personne & leur mobilier (*ses corps & catel*), lorsque ce villenage étoit mouvant d'un seigneur autre que celui dont ils étoient les francs-hommes (1). Mais il ne s'ensuit pas pour cela qu'ils ne fussent pas justiciables des seigneurs dans ce cas-là même.

Cependant l'auteur du grand coutumier, *liv. 2, chap. 16*, & Bouteillier, dans sa somme rurale, *liv. 2, tit. 1*, disent que les nobles sont proprement sujets du roi, & concluent de-là qu'ils ne sont justiciables que de lui seul en cas personnel; mais l'auteur du grand coutumier de France convient lui-même que *d'usage & de coutume*, plusieurs seigneurs avoient la connoissance des causes personnelles des nobles, comme monseigneur de Montmorency, le comte de Dammartin, & plusieurs autres.

Dans plusieurs provinces, les gentilshommes avoient seulement le privilège de plaider en première instance devant le bailli, c'est-à-dire, devant le juge d'appel du seigneur, au lieu que les roturiers étoient obligés de plaider devant le prévôt ou le juge de première instance. Ce privilège est expressément établi dans quelques coutumes, telles sont en particulier celle de Bar, *art. 43*; de Châlons, *art. 6*; de Meaux, *art. 142*; de Saint-Mihiel, *tit. 2, art. 2*; de Vermandois, *art. 2*; & de Vitry, *art. 2.* Il paroît tirer son origine de l'art. 10 de la

(1) C'est par erreur que le savant Lauriere, si versé d'ailleurs dans notre ancien droit, enseigne indistinctement dans ses notes sur Loisel, que, suivant Pierre Desfontaines, « les gentilshommes étoient démenés » comme vilains, *s'ils étoient couchans & levans sur leurs* » *héritages en roture* ». Desfontaines ne dit cela que des gentilshommes de lignage couchans dans le villenage du seigneur dont ils étoient les francs-hommes. Car lorsqu'ils couchoient dans le villenage d'un seigneur autre que celui dont ils étoient les francs-hommes, *ses corps & catel étoient menés par la loi de franchise*, & il en étoit de même, si, sans être le franc-homme d'un autre seigneur, le gentilhomme tenoit du seigneur sous lequel il couchoit, une maison à cens hors la communauté des vilains.

charte accordée aux nobles de Champagne par le comte Thibault.

Cette incompétence des prévôts dans les causes des nobles avoit lieu pour ceux du roi, comme pour ceux des seigneurs. C'est ce que l'on voit encore dans l'art. 2 de la coutume de Vermandois, qui porte: « que *le bailli* de Vermandois est tenu » & réputé de tout temps & ancienneté capitaine » & juge des nobles, tant pour le regard du ban » & arrière-ban *que de la justice* ordinaire, &c. ».

L'art. 5 de l'édit de Crémieu ne paroît pas avoir eu d'autre objet, lorsqu'il a ordonné, « que les juges » royaux, baillis & sénéchaux ressortissans en la » cour de parlement, sans moyen, connoîtroient » de toutes les causes & matières civiles personnelles & possessoires des nobles vivans noblement, tant en demandant qu'en défendant, & » où lesdits nobles seroient parties ou joints, » comme ayant intérêt & sans fraude: & des causes criminelles, èsquelles lesdits nobles seroient » poursuivis & accusés, sans que les prévôts, châtelains & autres juges royaux en pussent prendre connoissance ».

Les seigneurs justiciers ayant formé opposition à cette ordonnance, il y eut une déclaration en date du 4 février 1537, par laquelle le roi dit que, « par l'ordre & réglement qu'il avoit établi entre » ses juges présidiaux & subalternes, il n'avoit aucunement compris, en son ordonnance, ses vassaux, ayant en leurs terres & seigneuries, jurisdictions & *justices*, mais seulement ses justiciables qui auroient à subir jugement pardevant » ses juges; & qu'il veut & lui plaît que tous & » chacun ses vassaux ayant *justice*, l'exercent & » fassent exercer entre toutes personnes nobles & » plebées, & de toutes causes & matières dont » la connoissance leur avoit appartenu & appartenoit, *&c.* ».

Depuis cette déclaration, les nobles résidans dans les *justices* de seigneurs, y ont toujours plaidé; savoir, d'abord dans les bailliages, lorsque les seigneurs avoient ressort, du moins dans plusieurs coutumes. Mais depuis les ordonnances qui ont supprimé les doubles degrés de jurisdiction dans le même lieu, ce privilège n'a plus guère d'usage.

On a aussi beaucoup disputé pour savoir si le juge du seigneur pouvoit connoître des contestations qui s'élèvent entre le seigneur & ses justiciables; l'ordonnance de 1667, au titre *des récusations des juges*, a fait une distinction entre les contestations relatives au domaine de la seigneurie, & celles qui ont pour objet la personne même du seigneur. « N'entendons, y est-il dit, exclure » les juges des seigneurs de connoître *de tout ce* » *qui concerne les domaines*, droits & revenus ordinaires ou casuels, tant en fief que roture, de la » terre, même des baux, sous-baux & jouissances, » circonstances & dépendances, soit que l'affaire » soit poursuivie sous le nom du procureur-fiscal » ou du seigneur, *& à l'égard des autres actions où* » *le seigneur sera partie ou intéressé, le juge n'en* » *pourra connoître* ».

On a conclu de ces mots de l'ordonnance, *de tout ce qui concerne les domaines*, que le juge du seigneur étoit incompétent lorsque la qualité de vassal ou d'emphytéote est contestée.

Boutaric assure qu'il en est de même si la propriété de la chose est contestée, ou si la contestation est à raison de droits plus ou moins forts, lors, par exemple, que le seigneur demande une certaine quantité de rente, & que l'emphytéote prétend au contraire que c'est une surcharge. Cet auteur ajoute que les arrêts le jugent ainsi tous les jours, & que la plupart des coutumes l'ont ainsi décidé. *Voyez* dans le traité des droits seigneuriaux, *le chap. 1 de l'administration de la justice, p. 509.*

Il est certain que la coutume de Bretagne, qui fait d'ailleurs la même distinction que l'ordonnance de 1667, dit expressément dans *l'art. 28*, « que si » le seigneur veut prétendre plus grand devoir lui » être dû par son sujet, que le sujet n'avoue & » reconnoît, icelui sujet peut décliner la jurisdiction de sondit seigneur, à la jurisdiction suzeraine ».

Mais cette coutume est peut-être la seule qui s'exprime de cette manière, & lorsqu'il ne s'agit que du plus ou du moins d'une redevance, il n'en est pas moins vrai que la contestation a pour objet *le domaine du seigneur.*

Il en est de même à plus forte raison lorsqu'il s'agit seulement de la propriété des fonds.

Bretonnier sur Henrys a conclu de l'ordonnance de 1667, avec plus de fondement, que le seigneur insulté par un de ses tenanciers ne peut pas en demander la réparation en sa *justice*. Un arrêt du 8 août 1712, donné à la tournelle, a fait réglement sur ce point; cet arrêt déclare toute la procédure extraordinaire (faite en la *justice* de Lenty en Champagne), ensemble les sentences nulles, renvoie les parties pardevant le lieutenant-criminel de Langres.

Fait défenses au sieur de Lenty de former en son nom aucune accusation en sa *justice*, ni d'y intenter aucunes actions qui lui soient personnelles, & de les y poursuivre comme partie ou intéressé, sous son nom & celui de son procureur-fiscal; & à ses officiers, d'en connoître en qualité de juges, à peine de nullité, & de tous dépens, dommages & intérêts, & de plus grande peine s'il y échet; sans préjudice néanmoins à sesdits officiers, de prendre connoissance de tout ce qui concerne les domaines, droits & revenus ordinaires, casuels, tant en fief qu'en roture de la terre de Lenty, pourvu que le fonds du droit dudit sieur de Lenty ne soit point contesté, même des baux, sous-baux, & jouissances, circonstances & dépendances, soit que l'affaire fût poursuivie sous le nom du sieur de Lenty ou du procureur-fiscal, suivant l'art 11 du tit. 24 de l'ordonnance du mois d'avril 1667.

Cet arrêt est rapporté au tom. 6 du journal des

audiences. On trouve d'autres décisions du même genre dans le recueil de Denisart, au mot *Juges*.

Il faut remarquer au surplus que la loi qui enlève aux juges seigneuriaux la connoissance des contestations, qui intéressent le seigneur à raison de ses intérêts particuliers & non pas de ceux de sa seigneurie, ne fait pas pour cela de ces contestations un cas royal. Il semble donc que le juge d'appel de celui du seigneur peut en connoître, quoiqu'il soit lui-même un juge seigneurial.

Cependant Guyot pense que le seigneur ne peut pas plaider même dans la *justice* du seigneur dominant pour les droits qui lui sont contestés, & qu'il doit nécessairement se pourvoir devant le juge royal, parce que le seigneur dominant a lui-même intérêt à soutenir & à augmenter les droits de son vassal. *Traité des fiefs, tom. 5, p. 107.*

Cette décision peut souffrir beaucoup de difficultés.

Les juges des seigneurs peuvent connoître des matières d'eaux & forêts; l'édit du mois de mars 1707, qui créoit des offices de juges gruyers pour être établis dans les *justices* des seigneurs, n'étoit qu'un édit bursal. Ces offices ont été réunis aux *justices* des seigneurs, moyennant finance, par une déclaration du 1 mai 1708.

Dès auparavant, plusieurs seigneurs étoient en possession d'avoir pour les eaux & forêts un juge particulier, qu'on appelle *juge gruyer*. Lors même que les seigneurs n'ont qu'un seul juge, il est d'usage dans la plupart des seigneuries de le qualifier de *juge gruyer* dans les matières dépendantes de la gruerie. Mais il n'y a point d'ordonnance, ni de réglement, qui rende cette expression nécessaire à peine de nullité. Au contraire, on doit supposer que quand on se pourvoit devant un juge, on s'adresse à lui sous la qualité en laquelle il a droit de juger. Les offices des juges gruyers ayant été réunis aux *justices* des seigneurs, la qualité de juge gruyer est inhérente à celle de juge du seigneur, & l'on s'adresse au juge gruyer en s'adressant aux officiers du seigneur. Cela fut ainsi jugé le 7 juin 1715, par arrêt de la chambre des eaux & forêts du parlement d'Aix, prononcé par M. le président de Piolenc, en la cause de Barthelemy, du lieu de Rians, & d'Honoré Roux, du lieu de Pourrières. On peut en voir le détail dans le commentaire de Julien sur les statuts de Provence, *tome 2, tit. 1, n°. 46.*

Au reste, cette jurisdiction des juges des seigneurs, en matière d'eaux & forêts, a reçu quelques restrictions par l'édit du mois de janvier 1715. Le roi y a ordonné qu'à l'avenir les officiers des maîtrises exerceroient sur les eaux & forêts des ecclésiastiques, & autres gens de main-morte, la même jurisdiction que sur les forêts du roi; qu'à l'égard des eaux & forêts appartenans aux seigneurs laïques, les officiers des maîtrises en connoîtroient pareillement, sans qu'ils en eussent été requis, ou qu'ils eussent prévenu, lorsque les propriétaires desdites eaux & forêts auroient eux-mêmes commis les délits: mais que les maîtrises n'en pourroient prendre aucune connoissance, quand les délits auroient été commis par d'autres, à moins qu'elles n'en eussent été requises, ou qu'elles n'eussent prévenu les juges des seigneurs, dont les jugemens sur le fait des eaux & forêts releveroient directement aux sièges des tables de marbre.

Les juges des seigneurs peuvent également connoître des matières de police, & de tout ce qui en dépend, comme des mesures, de la voirie, *&c.* Il paroît que la compétence leur en étoit contestée autrefois. On trouvera beaucoup de détails à ce sujet dans le grand traité de la police de la Marre, *liv. 1, tit. 1.*

Mais cela ne fait plus de difficultés aujourd'hui. Voyez néanmoins comment cette police doit être exercée, *au mot* SEIGNEUR.

Un arrêt de réglement du 24 mars 1688, rapporté au tome 4 du journal des audiences, a aussi jugé que les saisies-réelles & adjudications par décret des biens situés dans l'étendue d'une *justice seigneuriale* pouvoient y être faites, lorsqu'il y a un nombre suffisant de juges & de praticiens pour faire les certifications des criées. On peut voir dans cet ouvrage combien la question fut approfondie. L'arrêt fut rendu sur les conclusions de M. le procureur-général, entre le chapitre de Brioude d'une part, & la sénéchaussée de Riom, qui est, comme on le sait, l'une des premières du royaume.

On doit au surplus observer que les matières connues sous le nom de cas royaux ne sont pas tellement excluses de la compétence des jurisdictions seigneuriales, que les juges des seigneurs ne puissent informer, décréter, & faire subir interrogatoire aux accusés, des crimes que l'ordonnance de 1670 met au nombre des cas royaux & prévôtaux, quand ces accusés sont pris en flagrant délit. *Voyez l'art. 16 du tit. 1 de cette ordonnance.*

Il y a même dans le royaume quelques seigneuries où les juges des seigneurs connoissent aussi pleinement de ces sortes de cas que les juges royaux.

« L'évêque de S. Claude, dit Dunod de Charnage, n°. 13, & l'abbé de Luxeul, ont au comté » de Bourgogne de vastes terres, dans lesquelles » ils font seuls exercer la *justice*, en toutes matières civiles & criminelles, comme le souverain dans ses bailliages, & les sentences de leurs » juges ne ressortissent qu'au parlement de la province. Il en est de même de quelques autres » terres, dont la souveraineté contestée entre le » duc de Lorraine & le comte de Bourgogne, » a été mise en dépôt entre les mains des seigneurs des lieux, dont les juges ont conservé, » après le partage de ces terres, le droit de ressort » au parlement ».

Suivant le même auteur, ce privilège du juge de S. Claude est fondé sur un diplôme de Fréderic I, empereur & comte de Bourgogne, de l'an 1184, & sur des lettres-patentes de Philippe-le-Bon, duc & comte de Bourgogne, datées de Lille, du 9 mars 1436, enregistrées au parlement & à la chambre des comptes, & confirmées par plusieurs successeurs de ce prince. Enfin il a été reconnu dans la demande que le roi a formée au pape, pour la sécularisation de l'abbaye & l'érection de l'évêché de S. Claude.

Le privilège de l'abbaye de Luxeul est aussi énoncé dans les anciennes ordonnances du comté de Bourgogne, *tit. 13 & 14*. Observations sur la coutume du comté de Bourgogne, *chap. 1, n. 13 & 34*.

Les seigneurs ont la même prétention dans d'autres provinces. Il y a en Provence, dit la Touloubre, plusieurs seigneurs qui ont des juges d'appeaux, dont la jurisdiction de ressort a été démembrée de celles des sénéchaussées, & la question qui consiste à savoir s'ils peuvent connoître des cas royaux, civils & criminels, a été souvent agitée. Il y a des arrêts pour & contre. *Part. II, tit. 1, n°. 5*.

Dans le ressort même du parlement de Paris, il y a des coutumes, telles que Touraine, Loudunois, Anjou & Maine, qui attribuent aux *justices* des barons ou des châtelains, la connoissance de certains crimes que nos ordonnances mettent au nombre des cas royaux, tels que le rapt, l'encis, le guet-à-pens, les vols de grands chemins, *&c.*

Cette dernière exception subsiste aussi dans le ressort du parlement de Provence. Julien, *tit. 1, n°. 33*, rapporte un arrêt du 10 juin 1740, qui l'a ainsi jugé d'après plusieurs autres arrêts.

§. VI. *De l'exercice de la justice des seigneurs.* Plusieurs coutumes, telles que celles d'Amiens, Anjou, Angoumois, grand-Perche, la Rochelle, Loudunois, Maine, Poitou, Touraine, *&c.* règlent le nombre des séances que les juges des seigneurs doivent tenir suivant la qualité de la seigneurie & de la *justice* qui y est attachée. Il y a, à cet égard, beaucoup de variétés dans nos coutumes, & plus encore dans les usages de chaque seigneurie. Il seroit absolument impossible de donner à cet égard des règles générales.

Plusieurs de ces mêmes coutumes attribuent double degré de jurisdiction, c'est-à-dire, un juge de première instance & un juge d'appel, aux seigneurs des fiefs de dignité, tels que les châtellenies, baronnies & comtés. Mais comme la multiplicité de ces degrés de jurisdiction étoit onéreuse au peuple, ils ont été supprimés par l'ordonnance de Roussillon de 1563, *art. 24*. L'article 50 de l'ordonnance d'Orléans de 1560, avoit réglé la même chose pour les jurisdictions royales non souveraines, telles que les prévôtés & bailliages qui se trouveroient dans la même ville, & cette réunion a été confirmée par l'édit du mois d'avril 1749. Cependant il y a encore en Dauphiné des bourgs & villages où les seigneurs ont double degré de jurisdiction & plusieurs juges du même degré dans le même lieu. Le Bourg-lès-Valence appartient à deux seigneurs, qui, outre les châtelains, ont chacun un avocat pour premier juge, & le seigneur supérieur a un autre avocat pour juge d'appel, dont les appellations se portent en la sénéchaussée. Jacquet, *traité des justices, liv. I, chap. 5, n°. 54*.

Les seigneurs ne pouvant pas changer l'ordre & l'état de leurs jurisdictions, qui tient essentiellement au droit public, il ne dépend d'eux ni d'en diviser une en deux, ni d'en réunir une en plusieurs autres, & c'est mal-à-propos que l'annotateur de Boutaric, *p. 205*, critique cette doctrine : « C'est toujours, dit-il, la même *justice*, il n'y » a point d'érection nouvelle, & je ne vois point » à cela d'inconvénient quant au public, puisqu'il » importe peu aux sujets, de plaider dans un tri» bunal ou dans un autre ».

Il est plus sûr de dire avec Loiseau, qu'il importe au peuple comme au roi lui-même, que les jurisdictions ne soient point multipliées, « parce » que la *justice* demeurant en son intégrité & pre» mière amplitude, il s'y peut trouver un juge » plus capable & de meilleur conseil, & les su» jets plaideront à moindre frais que quand elle » est démembrée, qui est la résolution de Du» moulin sur le 10e article de la coutume...... » & de fait par l'édit de Roussillon, *art. 25*, il » est ordonné que les *justices* communes seront » exercées par un seul & même juge, qui sera » commis alternativement par ceux qui ont part » en icelles ». *De l'abus des justices de village, p. 32 & 33 de l'édition in-8°. de 1628.*

Un arrêt du 28 juillet 1729 l'a ainsi jugé pour la coutume de la Rochelle. On peut en voir l'espèce très-détaillée, dans le commentaire de Vaslin, *art. 2, n°. 25 & suiv.*

Quant à la réunion de plusieurs *justices* en une, nous avons à cet égard une loi expresse dans l'art. 21 du chapitre 12 de l'ordonnance de 1535, qui défend de *travailler les sujets*, en les tirant d'une jurisdiction en une autre, quoique elles appartiennent toutes deux au même seigneur.

Il est vrai que cette ordonnance est particulière à la Provence, & cette réunion des jurisdictions est aujourd'hui vue d'un œil assez favorable, parce qu'elle tend à rendre l'exercice de la *justice* plus régulier, en en multipliant les ministres inférieurs dans le même lieu, & en y attirant plus de justiciables. Il est certain néanmoins que le seigneur ne peut pas faire cette réunion de son chef. Il faut des lettres-patentes, que les tribunaux n'enregistrent qu'après une information *de commodo & incommodo*, pour savoir si les habitans du lieu où l'exercice de la jurisdiction sera supprimé, ou même si d'autres personnes n'en souffrent point quelque inconvénient.

§. VII. *De quelques droits attachés à celui de justice.* Outre la jurisdiction proprement dite, les seigneurs à qui elle appartient ont divers droits honorables ou utiles. Les uns sont des déférences payées à la puissance publique que donne la jurisdiction; les autres résultent du droit de fisc qui attribue au possesseur de cette puissance publique toutes les choses qui n'appartiennent à personne. C'est ce qui fait dire à Loiseau que tous les droits de *justice* peuvent se rapporter à trois chefs, la puissance, l'honneur, & le profit. *Des seigneuries*, *chap.* 5, *n°.* 1.

Les droits de la première classe sont proprement ceux qui forment la jurisdiction. On comprend tous ceux de la seconde classe sous le nom de *droits honorifiques*. Les autres consistent principalement dans les droits de *chasse*, de *pêche*, de *rivière*, *îles* & *atterissemens*, d'*épaves*, de *propriété des biens vacans*, de *triage*, de *varech*, de *confiscation*, de *déshérence*, de *bâtardise*, d'*aubenage*, d'*amendes*, de *colombier*, de *scel aux contrats*, ou *tabellionage*, de *greffe*, de *hallage*, ou de *marché*, de *péage*, de *bannalité*, de *corvée*, de *ban-vin*, &c.

On parle de chacun de ces droits dans leur article particulier.

On se contentera d'observer ici qu'il y a une variété presque infinie à cet égard dans nos coutumes, & même dans les titres de chaque seigneurie; les unes attribuant tous, ou presque tous ces droits aux hauts-justiciers qui sont revêtus de la puissance publique dans un degré éminent; les autres en attribuant une partie plus ou moins considérable aux moyens, ou même aux bas-justiciers.

Il y a même des coutumes qui accordent quelques-uns de ces droits aux simples seigneurs de fief, & quelques autres, tels que le *scel aux contrats*, ou droit de *tabellionage*, n'appartiennent qu'aux seigneurs titrés, dans presque toute la France.

§. VIII. *Des charges attachées au droit de justice.* L'article 45 de l'ordonnance d'Orléans « enjoint à » tous haut-justiciers de salarier leurs officiers » de gages honnêtes, de faire administrer la *jus-* » *tice* en lieu certain, & d'avoir prisons sûres, les- » quelles, d'autant qu'elles ne doivent servir que » pour la garde des prisonniers, le roi défend être » plus basses que le rez-de-chaussée ».

C'est donc une obligation commune à tous les seigneurs, ayant *justice* haute, moyenne & basse, de la faire exercer *à leurs frais*. Cette obligation est une suite de leur pouvoir & des profits qui sont attachés à la *justice*. *Voyez* Loisel, *liv.* 2, *tit.* 2, *reg.* 43, & l'Hommeau, *liv.* 2, *n°.* 2. Mais cela ne s'entend que de ce qui doit être jugé gratuitement, suivant les ordonnances, en matière civile & en matière criminelle, lorsqu'il n'y a point de partie civile. Les obligations des seigneurs sont à cet égard les mêmes que celles du roi & de ses juges. Il seroit donc inutile de s'étendre à ce sujet. *Voyez le tit.* 17 *des matières sommaires de l'ordonnance de* 1667, *les art.* 1 & 6 *du tit.* 1 *de l'ordonnance de* 1670, *les art.* 16 & 17 *du tit.* 25 *de la même ordonnance*, & *l'art.* 9 *de l'édit du mois d'août* 1708.

L'arrêt des grands-jours de Clermont, du 10 décembre 1665, enjoint aux seigneurs « de fournir » un auditoire certain pour rendre la *justice* & dans » icelui un lieu sûr pour servir au dépôt du greffe, » dans lequel toutes les minutes, expéditions & » registres, tant de l'audience que des procès ci- » vils & criminels demeureront, à peine de priva- » tion de la *justice* ».

M. le président Bouhier dit que cet auditoire doit être en lieu public & libre & non dans la maison seigneuriale; la Touloubre en dit autant dans sa jurisprudence féodale: cet auteur cite deux arrêts des 4 mars 1646 & 2 juin 1656, l'article 11 du réglement général de 1678, titre des *instances criminelles*, *art.* 11 & l'arrêt rendu le 11 avril 1711 par des commissaires délégués, entre le seigneur & la communauté de Rougiers, qui dit expressément: « ordonnons que ledit de Valbelle donnera » un auditoire convenable pour l'exercice de la *jus-* » *tice*, autre que la maison seigneuriale par lui ha- » bitée » *part.* 1, *tit.* 3, §. 22.

Cependant cela ne s'observe pas par-tout; & la puissance des seigneurs n'est pas assez redoutable pour qu'il en résulte de grands inconvéniens aujourd'hui.

Il seroit à desirer que les *justices seigneuriales* fussent exercées sur les lieux. Plusieurs arrêts de réglement des différentes cours du royaume l'ordonnent ainsi. Mais le défaut de praticiens dans la plupart des villages a fait introduire dans bien des pays un usage contraire. Beaucoup des *justices seigneuriales* ne s'exercent que dans le palais, où le juge royal auquel elles ressortissent, tient lui-même son tribunal.

Enfin l'obligation de nourrir les enfans exposés, est, suivant le droit commun, une des charges de la jurisdiction, ou, si l'on veut, une des suites du droit d'*épaves*. Il y a néanmoins des pays où les communautés seules ont cette charge, chacune dans son territoire. (*M.* GARRAN DE COULON, *avocat au parlement.*)

JUSTICE *sommaire*, est celle qui ne s'étend qu'à des affaires légères, & dont l'instruction se fait briévement & en forme sommaire. Elle revient à celle des juges pédanées du droit, dont la *justice* étoit *sommaire*, c'est-à-dire, s'exerçoit seulement *per annotationem*, suivant ce que dit la novelle 82, *chap.* 5, pour plus de briéveté & de célérité; à la différence de la *justice* ordinaire qui se rendoit plus solemnellement, & *per plenam cognitionem*; la jurisdiction des défenseurs des cités étoit aussi une *justice sommaire*.

En France, la *justice* des bas-justiciers est *sommaire* dans son objet & dans sa forme.

L'article 153 de l'ordonnance de Blois veut que tous juges soient tenus d'expédier *sommairement* & sur le champ les causes personnelles non excédentes la valeur de trois écus un tiers, sans appointer les parties à écrire ni à informer.

Les jurisdictions des maîtrises particulières, connétablies, élections, greniers à sel, traites foraines, conservations des privilèges des foires, les consuls, les *justices* & maisons-de ville, & autres jurisdictions inférieures, sont toutes *justices sommaires*: vingt-quatre heures

heures après l'échéance de l'assignation, les parties peuvent être ouïes en l'audience & jugées sur le champ, sans qu'elles soient obligées de se servir du ministère des procureurs. *Voyez* l'ordonnance de 1667, *tit. 14, art. 14 & 15.*

Dans tous les tribunaux, les matières *sommaires*, c'est-à-dire, légères, se jugent aussi plus sommairement que les autres. *Voyez* MATIÈRES SOMMAIRES. *Voyez aussi l'édit portant établissement des consuls, de l'an 1563, & l'édit de 1577* pour les bourgeois policiers, & autres édits concernant les villes. (*A*)

JUSTICE *souveraine*, est celle qui est rendue par le souverain même ou en son nom, par ceux qui sont à cet effet dépositaires de son autorité souveraine, tels que les parlemens, conseils supérieurs & autres cours souveraines. *Voyez* COURS, JUGES *en dernier ressort*, PARLEMENT. (*A*)

JUSTICE *subalterne*, se prend quelquefois en général pour toute *justice* qui est subordonnée à une autre; mais dans le sens le plus ordinaire, on entend par-là une *justice* seigneuriale. (*A*)

JUSTICE *supérieure*, signifie en général toute *justice* préposée sur une autre *justice* qui lui est subordonnée, à l'effet de réformer ses jugemens lorsqu'il y a lieu. Ainsi, les bailliages & sénéchaussées sont des *justices supérieures*, par rapport aux prévôtés; mais par le terme de *justices supérieures*, on entend ordinairement les jurisdictions souveraines, telles que les cours & conseils supérieurs. (*A*)

JUSTICE *temporelle* ou *du temporel*, est une *justice* seigneuriale appartenant à quelque prélat ou autre ecclésiastique, chapitre ou communauté, & attachée à quelque fief dépendant de leurs bénéfices.

Ces sortes de *justices temporelles* sont exercées par des officiers séculiers, & ne connoissent point des matières ecclésiastiques, mais seulement des affaires de la même nature que celles dont connoissent les *justices* seigneuriales appartenantes à des seigneurs laïques.

On ne suit pas en France le chapitre *quod clericis, extra de foro competenti*, qui veut que dans ces jurisdictions temporelles on juge les causes suivant le droit canon, à l'exclusion des coutumes des lieux; on y suit au contraire les ordonnances de nos rois & les coutumes des lieux.

L'appel des sentences de ces sortes de jurisdictions se relève pardevant les juges royaux, de même qu'il s'observe pour les autres *justices* seigneuriales, à quoi est conforme le chap. *si duobus* §. *ult. extra de appellationibus*; quoique le contraire soit pratiqué dans la plupart des autres états chrétiens, suivant le chap. *Romana*, §. *debet autem de appellat. in sexto*, qui n'est point observé en France, comme il est noté en la glose de ce chapitre, & que l'auteur du *speculum* l'a remarqué, *tit. de appellat.* §. *nunc tractemus*, nonobstant que ce dernier texte ait été fait pour la France, étant adressé à l'archevêque de Reims. *Voyez* Loiseau, *traité des seigneuries, chap. 15, n. 33 & suiv.* (*A*)

JUSTICE *vicomtière*, dans quelques coutumes, comme en Artois & en Picardie, est la moyenne *justice* qui appartient de droit à tout seigneur, dès qu'il a un homme de fief, c'est-à-dire, qu'il a un fief dans sa mouvance.

Elle a été ainsi appellée, parce que les vicomtes, dans leur première institution, n'avoient que la moyenne *justice*.

Il appartient à la *justice vicomtière* de connoître de toutes les actions pures, personnelles, civiles; le vicomtier peut aussi donner poids & mesures, tuteurs & curateurs, faire inventaire; il a la police & la voirie. *Voyez* l'annotateur de la coutume d'Artois, sur l'art. 5 & l'art. 16; les anciennes coutumes de Beauquesne, *art. 1, 2, 3 & 4*; Montreuil, *art. 18, 19, 21, 29, 40, 41*; Amiens, *art. 114*; S. Riquier, *art. 5*; Saint-Omer, *art. 10*.

En Normandie, les vicomtes sont les juges des roturiers. *Voyez* VICOMTES. (*A*)

JUSTICIABLE, adj. se dit en droit, de celui qui est soumis à la jurisdiction d'un juge. Chacun en général est *justiciable* du juge de son domicile; c'est pourquoi dans les anciennes reconnoissances concernant le droit de justice du seigneur, on voit que le reconnoissant *confitetur se esse hominem levantem, & cubantem, & justiciabilem*, &c. ce qui dénote que ce n'est pas le lieu où l'on passe la journée, mais le lieu où l'on couche qui rend *justiciable* du juge de ce lieu; cependant, en matière de police, chacun est *justiciable* du juge du lieu où il a commis quelque contravention aux réglemens de police, quand même il n'y auroit qu'une demeure de fait & non un vrai domicile, & même quand il n'y seroit pas levant & couchant: en matière criminelle, on est *justiciable* du juge du lieu où le délit a été commis. On peut aussi, en matière civile, devenir *justiciable* d'un juge autre que celui du domicile, comme quand il s'agit d'une matière attribuée à un certain juge; ainsi, pour raison d'une lettre-de-change, on devient *justiciable* des consuls; en matière des eaux & forêts, on est *justiciable* des juges des eaux & forêts, *&c.* On devient aussi *justiciable* d'un juge de privilège, lorsqu'on est assigné devant lui par un privilégié, c'est-à-dire, qui a ses causes commises devant lui; enfin on peut devenir *justiciable* d'un juge autre que son juge naturel, lorsqu'une affaire est évoquée pour cause de connexité ou litispendance. (*A*)

JUSTICIEMENT, s. m. terme usité en Normandie, pour exprimer une exécution de justice. (*A*)

JUSTICIER, s. m. (*Droit public.*) est celui qui a droit de justice.

Haut-*justicier*, est le seigneur qui a le droit de haute-justice, ou le juge qui l'exerce pour lui.

Moyen *justicier*, est celui qui a droit de moyenne justice.

Bas-justicier, est celui qui a droit de basse-justice seulement. *Voyez* JUSTICE & SEIGNEUR. (*A*)

JUSTICIER, v. act. (*terme de Palais.*) en matière criminelle signifie *exécuter* contre quelqu'un un jugement qui prononce une peine corporelle. (*A*)

JUSTIFICATIF, adj. est ce qui sert à la justification d'un accusé. Ce terme est principalement usité en parlant des faits *justificatifs*, à la preuve desquels un accusé peut être admis après la visite du procès. *Voyez* FAITS JUSTIFICATIFS. (*A*)

JUSTIFICATION, s. f. en matière civile signifie *preuve* pour la *justification* d'un fait. Pour opérer la *justification*, on produit des pièces, on fait entendre des témoins.

En matière criminelle on entend par *justification*, ce qui tend à la décharge de l'accusé. *Voyez* ABSOLUTION & FAITS JUSTIFICATIFS. (*A*)

JUVEIGNEUR, s. m. JUVEIGNEURIE, s. f. (*Jurisp.*) du latin *junior*, termes usités dans la coutume de Bretagne en matière féodale, pour désigner les puînés relativement à leur aîné. *Voyez* JUIGNEUR.

Les *juveigneurs* ou puînés succédoient anciennement aux fiefs de Bretagne avec l'aîné; mais comme le partage des fiefs préjudicioit au seigneur dominant, le comte Geoffroi, du consentement de ses barons, fit en 1185 une assise ou ordonnance portant qu'à l'avenir il ne seroit fait aucun partage des baronnies & des chevaleries; que l'aîné auroit seul ces seigneuries, & feroit seulement une provision sortable aux puînés, *& junioribus majores providerent.* Il permit cependant aux aînés, quand il y auroit d'autres terres, d'en donner quelques-unes aux puînés au lieu d'une provision; mais avec cette différence que, si l'aîné donnoit une terre à son puîné à la charge de la tenir de lui à la foi & hommage ou comme *juveigneur* d'aîné, si le puîné décédoit sans enfans & sans avoir disposé de la terre, elle retourneroit, non pas à l'aîné qui l'avoit donnée, mais au chef-seigneur qui avoit la *ligence*; au lieu que la terre retournoit à l'aîné, quand il l'avoit donnée simplement sans la charge d'hommage, ou de la tenir en *juveigneurie*; ce qui fut corrigé par Jean I, en ordonnant que, dans le premier cas, l'aîné succéderoit de même que dans le second.

Le duc Jean II ordonna que le père pourroit diviser les baronnies entre ses enfans, mais qu'il ne pourroit donner à ses enfans puînés plus du tiers de sa terre. Suivant cette ordonnance, les puînés paroissoient avoir la propriété de leurs tiers; cependant les articles 547 & 563 de l'ancienne coutume décidèrent que ce tiers n'étoit qu'en viage. (*A*)

Cette disposition, conforme à celle des coutumes voisines d'Anjou & du Maine, fut changée par la nouvelle coutume, qui donne les deux tiers à l'aîné, « & l'autre tiers aux puînés *par héritage*, tant fils » que filles, pour être partagés par l'aîné entre eux » par égales portions, & le tenir chacun desdits » puînés, comme *juveigneur* d'aîné en parage & » ramage dudit aîné ».

Au reste, on distingue deux sortes de *juveigneuries*, la *juveigneurie* en parage & la *juveigneurie* sans parage.

La *juveigneurie en parage*, qu'on appelle aussi *juveigneurie en parage & ramage*, est celle que la parenté établit entre l'aîné & les puînés, lorsqu'un fief est partagé entre eux. On l'appelle *juveigneurie en parage & ramage*, parce que les puînés sont *pairs* & co-teneurs avec leurs aînés, & que cette espèce de *juveigneurie* procède de la parenté collatérale, que l'on désignoit autrefois sous le nom de *ramage & branchage*, attendu que chacun des frères commence une branche ou rameau différent dans l'arbre généalogique.

L'autre espèce de *juveigneurie*, qu'on appelle *juveigneurie sans parage* par la raison contraire, est celle qui s'établit « quand le fief (ou plutôt la portion de fief) baillé au *juveigneur* vient à la main » d'un étranger qui n'est du ramage »; lors, par exemple, que le puîné ou son héritier en fait l'aliénation à titre de vente, de legs ou de donation. On l'appelle aussi *juveigneurie simple*, *art.* 331 & 342. M. de Perchambault de la Bigottière dit que le parage cesse aussi lorsque la parenté est arrivée au neuvième degré. Mais quoique cela soit assez conforme aux règles ordinaires du parage, on ne trouve rien de semblable dans la coutume de Bretagne: & l'acte de notoriété dont on parlera à la fin de cet article, suppose le contraire.

Il est certain du moins que, dans la coutume de Bretagne, la *juveigneurie* ne finit pas par la cessation même de la parenté, comme le parage dans les coutumes voisines. Cette *juveigneurie* reçoit seulement quelques modifications; elle devient *juveigneurie* simple ou *juveigneurie* sans parage. Il y a quelque apparence que des usages à-peu-près semblables subsistoient autrefois dans le Poitou, & que c'est à la première origine de toutes ces tenures en part prenant, part mettant, & autres tenures en gariment, qu'il a été depuis permis d'établir par convention sous le nom de *parages conventionnels*.

Quoi qu'il en soit, il y a des rapports & des différences entre les *juveigneuries* en parage & les *juveigneuries* sans parage. Dans les unes & les autres, le *juveigneur* tient en même temps du seigneur de l'aîné que la coutume appelle *seigneur supérieur*, & de l'aîné ou son représentant qu'elle appelle *seigneur proche.* Il tient en ligence du seigneur supérieur; il tient en *juveigneurie* de l'aîné ou du seigneur proche. Il doit hommage à l'un & à l'autre; mais l'hommage qu'il rend au seigneur supérieur, est un hommage-lige, tel que tous les vassaux le doivent en Bretagne à leur seigneur. Il doit se faire l'épée & éperons ôtés, tête nue, en ayant les mains entre celles de son seigneur, & s'inclinant. L'hommage dû à l'aîné ou seigneur proche est moins solemnel. Enfin les ventes, rachats & haute-justice restent au seigneur supérieur & non pas à l'aîné, *art.* 72, 330, 331, 333 & 341.

L'hommage que le *juveigneur* sans parage fait à son seigneur proche, ne diffère de celui qu'il fait à son seigneur supérieur qu'en ce qu'il y déclare le faire comme *juveigneur* d'aîné; au lieu que l'hommage-lige se fait en qualité d'*homme-lige*. Le *juveigneur* en parage fait l'hommage « sans ôter l'épée ni éperons, ni mettre les mains entre celles de son aîné; mais doit l'aîné baiser le *juveigneur* ». *Art.* 334 & 335.

La sœur même de l'aîné est exempte de tout hommage durant sa vie. Mais, après sa mort, l'aîné peut exiger cet hommage de son héritier ou ayant cause, quelque temps qu'on ait été sans le lui faire : & lorsqu'on ne lui rend pas cet hommage, il peut saisir & faire les fruits siens jusqu'à ce que la foi soit faite. Mais la saisie du seigneur-lige passe avant celle de l'aîné, & le *juveigneur* n'est même tenu de lui montrer sa tenure que quand le seigneur supérieur exige cette montrée de l'aîné. Le délai est d'ailleurs le même pour faire hommage à l'aîné que pour le faire au seigneur supérieur : le *juveigneur* n'a que quarante jours pour cela. Cependant lorsqu'il n'y a pas eu d'hommage précédent, il faut que l'aîné en fasse réquisition aux *juveigneurs*. Cette demande doit être libellée, comme toutes celles que l'aîné fait à ses puînés à raison du fief. La coutume accorde à ce sujet aux *juveigneurs* divers autres privilèges qui, comme les précédens, n'ont plus ou presque plus d'objet depuis la procédure établie par l'ordonnance de 1667. *Art.* 134, 336, 337, 338, 340, 341, 342, 343, 344 & 345.

La plus grande prérogative des *juveigneurs* en parage est qu'ils se peuvent seoir en jugement à côté de leur aîné ou de son juge; ils ne sont tenus de lui faire obéissance qu'autant que l'aîné déclare qu'il les reconnoît pour ses *juveigneurs*. *Art.* 339, 134, 340 & 349.

Suivant l'art. 541 de la nouvelle coutume de Bretagne, la *juveigneurie* doit être l'une des conditions du partage des fiefs, fait dans une succession. D'Argentré lui-même en convient dans son Aitiologie sur cet article, quoiqu'il eût fait tous ses efforts pour faire décider le contraire, & il annonce que cela réduira tous les fiefs de la province en *juveigneurie*. Cependant les derniers commentateurs de la coutume de Bretagne disent que cette tenure n'a lieu qu'en vertu d'une convention expresse à laquelle l'aîné & les puînés peuvent s'opposer.

Il paroît même que cette tenure est tombée en désuétude en Bretagne, sans doute parce qu'elle n'apportoit que de l'embarras, sans être utile ni à l'aîné ni aux puînés. « Comme les fiefs en *juveigneurie*, » dit M. de Perchambault sur l'art. 330, ne sont » que de vieilles reliques de l'antiquité, & que ces » droits étoient de pure imagination, & ne sont » plus d'aucun usage, nous n'en parlerons pas » davantage ».

Ce magistrat répète la même chose sur l'art. 334 de la coutume. Mais quel que soit l'usage actuel, la connoissance des tenures en *juveigneurie* est absolument indispensable pour régler les droits des seigneuries, pour lesquelles on est souvent obligé de se référer à de très-anciens partages. Cette connoissance peut aussi servir à constater la parenté de plusieurs familles. Un acte de notoriété, donné par les avocats du parlement de Bretagne le 16 décembre 1756, atteste « que l'homme noble qui tient sa terre en parage » & ramage, comme *juveigneur*, qui s'est inféodé » ainsi d'après ses ancêtres successivement, est réputé » issu du même tronc & du même sang que l'ancien » seigneur dont ses ancêtres ont reçu la terre qu'il » possède; sans que le parage & le ramage finissent, » pour devenir *juveigneur* simple, qu'au cas que sa » terre soit transportée en main étrangère, suivant » l'art. 331 de la même coutume; & qu'il est indifférent qu'il ne porte pas le même nom ni les » mêmes armes de l'ancien aîné de la maison dont il » est issu, parce qu'il est d'une vérité constante dans » l'histoire, que, dans les douzième & treizième » siècles, les puînés prenoient de nouveaux noms » & de nouvelles armes, suivant les terres qu'ils » recevoient en partage ».

Cet acte de notoriété est le quarante-deuxième de ceux qui sont imprimés à la fin du tome III du journal du parlement de Bretagne. (*M.* GARRAN DE COULON, *avocat au parlement.*)

K

K, Dixieme lettre de notre alphabeth : elle est la marque distinctive des monnoies qui se fabriquent à Bordeaux.

K A

KARION *ou* CARION, ce mot paroît synonyme de *chariage*, que l'on prononce en picard ou flamand *cariage*. On a ainsi nommé une portion de la dîme que l'on donnoit à celui qui se chargeoit de la voiturer chez le décimateur. On a dans la suite fait de cette fonction une espèce d'office inféodé, dont le *karion* étoit le produit. *Voyez le Glossaire de* Ducange, *aux mots* Redecima *&* Cario, *& celui de* dom Carpentier *sous ce dernier mot & aux mots* Crientia *&* Menagium 2. (*Article de M.* GARRAN DE COULON.)

KAUWELERIE, ce mot se trouve dans une chartre de l'an 1286, tirée d'un cartulaire de Namur. « Les *kauweleries*, y est-il dit, les soumeleries, » les baresceps dont je avoie les reliés & les quatre » deniers de orloefs ».

Dom Carpentier qui rapporte cet extrait au mot *Kavallus*, dit que la *kauwelerie* est une redevance pour le rachat du service, qu'on doit à son seigneur avec des chevaux. (*Article de M.* GARRAN DE COULON.)

KAYAGE, CAYAGE, *ou* QUAÏAGE, c'est un droit qu'on paie pour charger, ou décharger sur un *kay*, ou quai. Une chartre de l'an 1360 porte, « lesquielz kais de la Rochelle furent de feu Guiart » de la Gravelle, & à lui appartiegne & doie ap- » partenir le droit de prendre le *kayage* & le proffit » desd. kays & de la vase ». *Voyez les Glossaires de* Ducange *&* dom Carpentier, *aux mots* Caiagium *sous* Caya *&* Kaasgium. (*Article de M.* GARRAN DE COULON.)

K E

KEURE, *terme particulier de la Flandre flamande*, qu'on trouve fréquemment employé dans les coutumes & les chartres de cette province. Il dérive du verbe flamand *keuren*, qui signifie statuer, juger, approuver publiquement, & par cette raison, il désigne un statut, une loi, un réglement. On le trouve dans cette signification, dans l'article 5 de la coutume du pays de Langle en Artois.

A Berg-saint-Winox, on appelle *keure*, le

territoire sur lequel s'étend immédiatement la jurisdiction échevinale de cette ville.

KEUR-FRÈRE, KEUR-SŒUR, signifient littéralement *frère & sœur de loi*. On se sert de cette expression en Flandre, pour désigner les bourgeois d'une même ville, parce qu'ils vivent sous une loi commune. *Voyez* CONFRATERNITÉ *de coutume*.

KEUR-HEERS, sont dans la même province des officiers municipaux, chargés de faire exécuter les keures. Il y a des endroits où les *keur-heers* sont tout-à-la-fois échevins : par exemple, à Berg-saint-Winox, ces deux mots sont depuis un temps immémorial, employés conjointement pour désigner les officiers qui exercent la justice haute, moyenne & basse, qui maintiennent la police, & administrent les affaires communes de la ville & de la châtellenie.

Dans d'autres endroits, les *keur-heers* forment un tribunal séparé des échevins. Ceux du bourg d'Arkes sont bornés à l'administration de la police & de la justice criminelle ; ils n'exercent même leurs fonctions, qu'en vertu de la conjure du représentant du seigneur.

Les *keur-heers* de Gand forment le premier ordre de la jurisdiction municipale de cette ville ; on les appelle les *échevins de la keure* ou *du haut-banc*, à la différence du second ordre des officiers municipaux, qu'on nomme des *parchons* ou du *bas banc*. Les échevins de la keure ont la connoissance de toutes les actions personnelles, réelles & mixtes ; en matière soit civile, soit criminelle.

Une singularité remarquable dans l'échevinage de cette ville, c'est que l'on peut appeller, soit du banc de la keure, soit de celui des parchons, aux deux bancs réunis, qui forment alors ce qu'on appelle *la vierschare*. *Voyez* VIERSCHARE.

La coutume de Bailleul donne le nom de *keur-heers* à des officiers préposés par les échevins pour avoir inspection sur les denrées.

K I

KIENERIE *ou* CHIENNERIE. Dans les temps de la barbarie féodale les seigneurs obligeoient leurs sujets à loger & à nourrir leurs chiens de chasse. Ils les déchargèrent ensuite de cette corvée avilissante moyennant une redevance qu'on appella *kienerie*, ou *chiennerie*. *Voyez le* Glossarium novum *de* dom Carpentier, *au mot* Chenaria, *& l'article* Past de chiens. (*Article de M.* GARRAN DE COULON.)

L

L, Onzième lettre de l'alphabet, qu'on trouve employée dans les monnoies de France, pour désigner celles qui ont été fabriquées à Bayonne.

L A

LABIAL, adj. signifie ce qui se dit de bouche seulement; on appelle offres *labiales* celles qui ne sont faites que de bouche, ou même par écrit, mais sans exhiber la somme que l'on offre de payer, à la différence des offres réelles qui se font à deniers découverts. *Voyez* OFFRES. (*A*)

LABOURAGE, s. m. (*droit de*) on a ainsi nommé un droit appartenant à l'évêché de Lisieux, sur les vins déchargés à Pont-l'Evêque. Une chartre de l'an 1408, donnée par le roi Charles VI, & dont l'extrait est rapporté par dom Carpentier, au mot *Laboragium 2*, en donne l'explication suivante: « tantôt que les vins amenés par lad. rivière & » arrivés audit port (du Pont-l'Evêque), sont tirés » & mis hors des nefs ou des bateaulx, & assis » à terre sur ledit port, notredit conseiller doit » avoir & a accoutumé recevoir, pour chacune » pièce de vin, trois poitevines de *labourage* ». (M. GARRAN DE COULON.)

LABOUREUR, s. m. (*Droit politique & civil.*) par ce mot, on entend désigner l'homme utile & laborieux, dont l'habitation est dans les campagnes, qui ouvre & déchire le sein de la terre, qui l'ensemence & recueille la principale nourriture de ses semblables. Il tire son origine du mot *laborare*, qui signifie *travailler*; & comme son travail est, à raison de son objet, le travail par excellence, on a nommé l'homme qui s'y consacre *laboureur*, c'est-à-dire, le travailleur.

Il ne faut au *laboureur* ni patentes, ni titres; tout homme robuste & courageux peut cultiver l'héritage que ses pères lui ont laissé, qu'il a acheté de ses épargnes, ou qu'il a affermé. Depuis un arrêt du conseil rendu en 1766, il peut, à l'aspect d'une terre en friche, armer ses mains d'un fer, pour l'ouvrir, la remuer & la rendre fertile; il peut, sur ce sol délaissé, se construire une cabane, une grange, pour y recevoir le fruit de ses sueurs.

Tous les législateurs qui ont senti combien il étoit intéressant d'encourager l'homme naturellement ennemi de la gêne & de la fatigue, à la culture de la terre, ont eu grand soin de l'y exciter par des privilèges & des distinctions. Tous les peuples chez lesquels l'état de cultivateur a été honoré, ont toujours été riches & puissans. On est disposé à aimer, à défendre un sol qui nous nourrit; on y tient. Le mot de *patrie* devroit être inconnu dans un pays où il n'y a pas de campagnes fertiles, car on ne peut regarder comme patrie, qu'une région qui est pour ses habitans ce qu'une mère est pour ses enfans.

Aux yeux de la raison, l'emploi de *laboureur* est le premier de tous; celui qui l'a choisi ne doit la conservation de son existence qu'à lui-même; il ne vit que par lui, & fait encore vivre les oisifs qui lui achètent son superflu.

Dans les siècles d'ignorance & de barbarie, où l'on ne trouvoit rien de plus noble que de ne pas savoir lire, & que d'être toujours armé pour défendre ses torts ou pour en commettre de nouveaux, on dédaignoit l'emploi de *laboureur*; mais à mesure que nous nous sommes avancés vers la lumière de la saine raison, nous avons senti tout le prix d'un travail qui écartoit la famine, qui amenoit l'abondance. Jamais on n'a plus écrit en faveur de l'agriculture que dans ce siècle-ci; jamais les *laboureurs* n'ont eu de plus zélés défenseurs & de plus illustres imitateurs. Les déclarations du roi sont venues à leur secours; les unes pour les autoriser à vendre leurs denrées librement dans toute l'étendue du royaume, & même à les exporter chez l'étranger; les autres pour les déterminer à entreprendre de nouveaux défrichemens.

Avant de rendre compte de ces diverses déclarations, voyons quelles sont les obligations du *laboureur* qui cultive des héritages anciens. Nous connoissons principalement deux espèces de *laboureurs*, celui qui cultive son champ, & celui qui fait valoir le champ d'un autre: le premier s'appelle *propriétaire de terre*, le second se nomme *fermier*. Il y a des coutumes où tout propriétaire de terres a un seigneur: dans ces coutumes, la maxime *nulle terre sans seigneur*, est la maxime générale. Elle n'est pas aussi belle & aussi juste que celle qui est adoptée dans d'autres coutumes, *nul seigneur sans titre*, car certainement les titres ne sont venus que bien long-temps après la possession des terres. Les premiers cultivateurs n'avoient d'autre seigneur que Dieu même, qui a donné à l'homme les champs: *divina natura dedit agros*.

Les conquérans sont venus depuis, qui ont pillé, ravagé les terres cultivées, qui ont exterminé les anciens propriétaires, ou les ont mis en fuite, & ont ensuite accordé aux compagnons de leurs exploits, plus ou moins de terrein, en proportion de leurs grades & de leur valeur.

Ces différens compagnons gardèrent leurs portions de terrein, ou les affermèrent. Mais soit qu'ils les fissent valoir par eux-mêmes, soit que l'esprit militaire les détournât de l'assujettissement de la culture, & qu'ils en rejettassent la fatigue sur quelque autre, ils furent toujours tenus à des droits ou à des devoirs envers le chef qui les leur avoit distribuées. Ces droits ou ces devoirs furent de différente nature : les uns étoient purement nobles, & n'engageoient celui qui y étoit assujetti, qu'à rester fidellement attaché à son chef, à lui prêter foi & hommage, à l'aider de ses forces, de son courage, dans les circonstances où il pouvoit en avoir besoin.

Les autres droits & les autres devoirs roturiers & absolument asservissans, étoient de payer en argent ou en denrées une certaine redevance que l'on a depuis appellée *cens*, *censives*, *champarts*, *dixmes*, *lods & ventes*, *&c.* & de faire certains travaux, tels que ceux d'entretenir les chemins de celui de qui on relevoit, de faire sa récolte, de lui donner tant de journées dans le cours de l'année.

Ces droits ont eu aussi quelquefois pour origine & pour cause, de simples concessions de terrein, que le propriétaire ou le seigneur n'auroit pu cultiver & qu'il abandonnoit à la charge de lui payer en argent, en denrée ou en service telle ou telle chose. Bien peu de ces conventions étoient écrites. L'ignorance & la barbarie ne savoient pas fixer leur droit passif ou actif d'une manière aussi claire que par l'écriture ; l'usage étoit le titre général. Tant d'arpens, tant de redevance ; tant d'hommes, tant de corvéables. Les seigneurs qui naissoient, recueilloient, en recevant le jour, la domination & la faculté de percevoir tel ou tel droit sur les serfs qui avoient le malheur de naître dans l'étendue de leur territoire. C'est ce défaut de titres qui a établi la maxime presque générale, *nulle terre sans seigneur.*

Cette maxime n'a point pris naissance & n'est point encore adoptée dans les pays de droit écrit, parce qu'elle est trop contraire à l'esprit de liberté qui animoit les Romains, lors même qu'ils n'étoient plus que des sujets. Nous avons même encore des coutumes, telles que celles de Troyes, de Chaumont, de Nivernois, qui lui sont absolument opposées, & où une terre est de sa nature présumée libre & franche, à moins qu'il n'existe un titre bien clair, qui constate qu'elle a un seigneur envers lequel elle est assujettie à tel ou tel droit.

Il résulte de ces principes, que le *laboureur* qui se fixe dans un pays où la terre est soumise, soit par l'usage, soit par le titre exprès du seigneur, à un droit quelconque, ne peut se soustraire à la nécessité d'acquitter ce droit, à moins qu'un édit, qu'une déclaration du roi, qui est le seigneur des seigneurs de son empire, ne l'en affranchisse.

La coutume locale des terres & châtellenies de Lépenoux & Bouge, s'exprime ainsi : *si aucun ayant terres à terrage, cesse par trois ans & un mois de labourer & enfruiter lesdites terres, il est permis au premier laboureur de les prendre & labourer, & n'est dû aucun profit au seigneur, sinon qu'il a douze gerbes de bled crues en icelles.*

La coutume de Nevers permet à qui le veut, de cultiver & de labourer les terres ou vignes que les particuliers laissent en friche, sans autre requisition, en payant *les droits de champart ou partie, selon la coutume & usage du lieu où l'héritage est assis, jusqu'à ce que par le propriétaire lui soit défendu.*

Ces réglemens sont sages & ont été dictés par l'intérêt public ; car comme la terre appartient encore plus aux hommes en général qu'à un propriétaire particulier, il n'est pas juste que l'indolence de ce particulier prive la société d'une portion de richesse, & qu'il puisse, en ne cultivant pas sa terre, se nuire à lui-même & nuire aux autres.

Le droit de champart auquel l'article de la coutume que nous venons de citer, assujettit le *laboureur* qui cultive le champ d'un autre, n'est pas le même que celui qui se paie au seigneur : c'est un droit qui appartient au propriétaire du champ pour gage de sa propriété, *campi partus.* Dans quelques endroits de cette province, le propriétaire peut demander la troisième gerbe ; dans d'autres, il ne peut exiger que la quatrième, la cinquième, la sixième & même la septième.

Cependant, comme le propriétaire d'un champ peut avoir de bonnes raisons pour le laisser en friche, la coutume lui permet de défendre de le labourer ; mais il faut que sa défense soit faite avant la culture : elle viendroit trop tard, *si la première façon étoit achevée. Il y a même cela de particulier*, observe le commentateur de la coutume ; *c'est que si l'usage du lieu est que celui qui a fait les gros bleds & fumé la terre, doive l'année suivante faire les petits bleds, ce laboureur ne pourra être empêché de faire l'année suivante les petits bleds ; car c'est comme une seule culture de deux années.*

Par la même coutume, le *laboureur* qui a ainsi cultivé le champ d'un autre, est obligé de porter dans la grange du propriétaire le champart qu'il lui doit, à moins qu'elle ne soit éloignée à plus d'une demi-lieue de l'endroit qu'il a labouré.

Il résulte de ces articles, que le propriétaire que la pauvreté, le découragement ou la paresse ont dégoûté de la culture, tire encore un grand avantage de sa propriété, & que l'homme actif qui n'en a point, trouve le moyen d'exercer son industrie laborieuse.

L'art. 3 de la même coutume ne veut pas que le *laboureur* qui a travaillé ainsi, puisse, même par la plus longue possession, acquérir la propriété du champ qu'il cultive : cela est fondé sur une conséquence très-raisonnable. Le propriétaire qui reçoit à chaque récolte un droit pour la terre qu'il avoit laissée en friche, n'est plus censé la délaisser ; il paroît au contraire exercer sur elle plus que jamais son droit de propriété. Celui qui la cultive est considéré comme son fermier, qui ne seroit pas propriétaire de cette terre, quand même depuis cinquante ans il n'auroit pas discontinué de la mettre en valeur.

Comme il n'y a pas un chemin pratiqué pour conduire à toutes les portions de terrein, à tous les héritages labourables, la règle est que tout *laboureur* peut passer sur l'héritage voisin pour arriver au sien, quand aucun chemin n'y conduit: « non-seulement alors, comme l'observe l'auteur » de la collection de jurisprudence, il doit passer » par l'endroit le moins incommode en dédommageant le voisin, il doit encore passer de la manière qui peut lui causer le moins de dommage ». Cela a été ainsi jugé par arrêt du 3 avril 1756, au parlement de Paris.

Lorsqu'il se trouve dans une pièce de terre un ravin ou une rigole qui servent à l'écoulement des eaux qui tombent du ciel, il n'est pas permis à un propriétaire de les changer de lieu, à moins que le changement ne puisse se faire sans porter le moindre préjudice aux autres propriétaires. Cela a été jugé ainsi par arrêt du 26 juin 1751, rendu au rapport de M. Sévert.

L'état du cultivateur est toujours le même, soit qu'il laboure mille arpens, soit qu'il n'en cultive qu'un; soit qu'il ait cent serviteurs à ses gages & vingt charrues en action pour lui, ou soit que, courbé vers la terre, il ne se serve que de ses bras pour la fertiliser. Néanmoins, comme celui qui a une plus grande possession ouvre à l'humanité une plus grande source de richesses, il jouit de quelques privilèges que les autres n'ont pas. Ainsi, par exemple, celui qui a cinquante arpens de terres labourables situées aux environs de son manoir, peut avoir non pas un colombier, mais une volière de cinq cens paniers.

C'est par une suite de cette faveur accordée à l'étendue de la culture, qu'il existe des réglemens portant exemption de milice pour le *laboureur* qui a tant d'arpens labourables, & pour son premier valet de charrue.

Les arrêts du conseil qui viennent de mettre en pays d'états les provinces du Dauphiné & de Montauban, ont accordé aux cultivateurs une distinction qu'ils ne se flattoient pas d'obtenir, en admettant dans les assemblées qui forment l'administration provinciale, les propriétaires, & en leur donnant voix délibérative concurremment avec les membres du clergé & les gentilshommes de leur province.

Ces prérogatives doivent encourager le zèle du grand cultivateur, sans humilier le pauvre qui remplit la tâche que lui a imposée la nature, lorsqu'il consacre toutes ses facultés physiques à la fertilité du champ qu'il a affermé ou qu'il tient de ses pères.

Un des plus grands fléaux que le cultivateur ait à craindre dans les pays où la chasse n'est pas permise à tous les habitans, c'est le gibier. A peine la terre a-t-elle reçu la semence qu'il lui a confiée, que des voleurs aîlés viennent fondre sur son champ, & dévorent une partie de ses espérances. L'épi naissant semble ne se montrer que pour nourrir le lièvre, le lapin, qui parcourent avec sécurité les campagnes sous les yeux du cultivateur qui n'ose pas donner la mort à ses ennemis. Dans les grandes capitaineries, dans les plaisirs des princes, il ne lui est pas permis d'enclorre son champ, d'opposer des obstacles à la biche, au sanglier; il faut qu'il souffre sans murmurer les incursions de ces bêtes dévastantes: il n'a que la foible & presque inutile ressource de les épouvanter par des cris, par un vain bruit auquel elles sont bientôt accoutumées. On croiroit, à la lenteur avec laquelle elles s'éloignent, qu'elles devinent l'impuissance de celui qui les menace.

L'article 23 du titre 30 de l'ordonnance des eaux & forêts défend à tous sujets ayant *des îles, prés & bourgogne* sans clôture dans l'étendue des capitaineries de Saint-Germain-en-Laye, Fontainebleau, Vincennes, Livry, Compiegne, Chambort & Varenne-du-Louvre, de les faire faucher avant le jour de S. Jean-Baptiste, à peine de confiscation & d'amende arbitraire.

L'article suivant fait défenses à toutes personnes de faire à l'avenir aucun parc & clôtures d'héritages en maçonnerie dans l'étendue des plaines des maisons royales, sans une permission expresse.

L'article 25 déclare ne pas entendre assujettir les sujets à demander permission d'enclorre les héritages qu'ils ont derrière leurs maisons situées dans les bourgs, villages & hameaux hors des plaines, lesquels ils peuvent faire fermer de murs si bon leur semble, sans que les capitaines des chasses puissent en empêcher.

Il ne suffit pas, pour rendre la terre fertile, de la remuer, de l'ensemencer; il faut qu'elle soit fumée, engraissée. Le cultivateur qui veut qu'elle le récompense amplement de ses soins, est donc obligé d'avoir des bestiaux qui lui fournissent du fumier & qui séjournent dans ses champs. Il y a des cantons où il existe des communes, dont les terres sont destinées à faire paître tous les troupeaux des habitans; mais il y en a d'autres où ce secours si avantageux pour les *laboureurs* n'existe pas, & il faut alors qu'ils divisent leurs terres en terres labourables & en prés. Un arrêt de réglement du 23 juillet 1721, pour faciliter le pâturage, enjoint aux habitans de Nogent « d'ensemencer leurs terres » par soles une année en bled, la deuxième en » orge, avoine ou autres menus grains, & la troisième année de les laisser en *jachères* pour le pâturage des bêtes à laine ».

Le *laboureur* est obligé de souffrir que tous les bestiaux paissent dans ses prés & dans ses champs, après que les dernières récoltes ont été enlevées; il est même d'usage dans plusieurs paroisses, qu'il ne pourroit s'y opposer après la Saint-Remi, si à cette époque il avoit négligé de faucher.

Il est permis à tous habitans des campagnes d'avoir autant de troupeaux qu'ils le veulent chez eux pour les nourrir & les engraisser: mais plusieurs arrêts de réglement, & entre autres celui du 13 août 1661, exigent que quand ces habitans les envoient dans les pâturages ordinaires, ils n'aient qu'une bête à laine par arpent.

Il y a beaucoup de provinces, telles que la Normandie, l'Auvergne, où il est d'usage de labourer avec des bœufs. Il est malheureux que cet usage ne s'étende pas davantage. Quoique le bœuf laboure plus lentement que le cheval, il est préférable à bien des égards à cet animal pour le cultivateur : premièrement dans les terres qui exigent un fort labour, le bœuf forme un sillon plus profond; il supporte plus long-temps le travail ; il se nourrit à moins de frais ; & lorsque les années ont affoibli ses forces & le mettent hors d'état de porter le joug, le repos l'engraisse, & sa vente rend ce qu'il a coûté.

L'article 16 du titre 33 de l'ordonnance de 1667 veut « que les chevaux, bœufs & autres bêtes de » labourage, charrue, charrette & ustensiles servans » à labourer & cultiver les terres, vignes & prés, » ne puissent être saisis, à peine de nullité, de tous » dépens, dommages & intérêts, & de 50 liv. » d'amende contre le créancier & le sergent solidairement ».

Le législateur fait même par cet article, à l'intérêt public, le sacrifice de ses droits particuliers; car il est dit, *même pour nos propres deniers*.

L'édit du mois de janvier 1634, servant de réglement général pour les tailles, défend au sergent des tailles de faire aucune exécution sur le pain, le lit, les chevaux & autres bêtes de labour. L'édit du mois d'octobre 1713, qui établit un nouveau réglement pour les tailles, porte que dans les saisies des meubles qui seront faites sur les contribuables, on leur laissera toujours ceux qui sont réservés par les ordonnances, ensemble les outils & ustensiles servant au labourage.

L'article 16 du titre 33 de l'ordonnance de 1667 met une juste restriction à cette faveur : « n'entendons toutefois, est-il dit, comprendre les sommes dues au vendeur ou à celui qui a prêté l'argent pour l'achat des mêmes bestiaux & ustensiles, ni ce qui sera dû pour fermages des terres » où seront les bestiaux & ustensiles ». Et en effet il ne seroit pas équitable qu'un *laboureur* abusant de son titre, pût acheter des bœufs, des moutons à crédit, sans avoir à craindre que le vendeur pût les saisir faute de paiement.

Une déclaration du 12 septembre 1742, renouvellée en 1749 pour la province de Languedoc, « fait défenses aux créanciers des communautés & » à ceux des particuliers qui contribuent aux impositions de cette province, même aux collecteurs, de saisir & faire saisir les bestiaux de toute » qualité ».

Ces déclarations annoncent une administration prudente : car il vaut bien mieux que l'état perde quelques parcelles de l'impôt, que d'enlever au cultivateur les moyens de continuer son utile travail. Un cultivateur dont on a saisi les troupeaux, les bœufs, ne labourera, ne fumera point ses terres l'année suivante; il sera donc encore plus pauvre, & la société aura perdu le produit des peines qu'il se seroit données : car plus les cultivateurs sont misérables, moins ils travaillent; moins il vient de bled, & plus il est cher; de sorte que la misère amène nécessairement une plus grande misère : & voilà comme il arrive qu'un peuple nombreux & puissant passe quelquefois, par la faute de l'administration, en moins d'un siècle, de la richesse, de la population, à la pauvreté, à l'épuisement & à la foiblesse. On ne peut pas se dissimuler que les campagnes ne soient les véritables sources de l'abondance; que les *laboureurs* ne soient les abeilles qui forment le miel qui nous nourrit nous autres habitans des villes; que la destruction d'une grange remplie de bled, ou d'une étable, d'une bergerie, dans lesquelles étoit renfermé un riche troupeau, ne soient une calamité pour l'espèce humaine, plus forte que le renversement d'un édifice de luxe. La première perte est irréparable, car le bled qui viendra l'année d'après, ou les animaux qui naîtront, seroient toujours venus, & même en plus grande quantité, quand même cette perte qui afflige & ruine celui qui l'a éprouvée ne se seroit pas fait sentir. Le malheur existe donc toujours, au lieu que la reconstruction de l'édifice abattu tourne presque toujours au profit des arts, & à l'avantage de ceux qui en sont les agens. L'aspect d'un plus beau monument console de la destruction de celui qu'il remplace.

On a mis en question, si ceux qui ont prêté des grains au *laboureur* fermier pour ensemencer ses terres, ont sur la récolte un privilège plus favorable que celui du propriétaire de la ferme. Cette question qui a été portée au parlement de Dijon, a été jugée en faveur du propriétaire, par la raison que tout ce qui se trouvoit sur ses héritages lui appartenoit exclusivement, en vertu de la loi & de la stipulation faite avec le fermier.

Je pense, malgré cet arrêt, que s'il étoit bien prouvé qu'un créancier eût fourni la semence d'une terre, il auroit sur la récolte un droit égal à celui du propriétaire; car sans sa semence la terre n'auroit rien produit. Cette semence est donc la cause première de la récolte, ou du moins une cause égale à celle de la terre qui l'a reçue? Les articles 5 & 6 du chapitre 5 de la coutume de Douai, portent que les créanciers, pour labourer & ensemencer, seront préférés sur l'année courante du fermage.

Plusieurs auteurs, tels que Louet, la Peyrere & Mornac, mettent en principe, que les moissonneurs ont un privilège supérieur à celui du propriétaire : par la même raison, l'ouvrier qui a labouré & le créancier qui a fourni sa semence devroient aussi être préférés; mais il seroit à craindre que la mauvaise foi d'un fermier ne fît paroître une multitude d'ouvriers & de créanciers de cette nature, pour disputer

disputer au propriétaire le gage de son bail, lorsqu'il se verroit saisi.

En 1709, il y eut une si grande calamité répandue sur les campagnes, la terre fut tellement ravagée, que les fermiers se trouvèrent pour la plupart dans l'impossibilité d'ensemencer leurs terres pour l'année suivante. Il étoit à craindre que personne ne voulût leur prêter de quoi faire les premières avances, si le propriétaire eût dû avoir un privilège exclusif sur la récolte. Pour parer à cet inconvénient & déterminer la confiance, il fut rendu une déclaration le 11 juin 1709, enregistrée le même mois, par laquelle il fut arrêté « que ceux » qui auroient prêté de l'argent ou des grains au » propriétaire ou à ses fermiers, pour la culture des » terres & semences de l'année 1709, auroient, » sur les fruits qui proviendroient de la culture & » semence desdites terres, un privilège spécial & » préférable à tout autre, même aux propres de- » niers du roi ».

Cet arrêt ne fait pas loi générale, & paroît même n'avoir été rendu que pour une circonstance malheureuse & particulière.

L'article 4 de l'arrêt de réglement rendu le 6 mars 1723, a défendu à toutes personnes de lier les gerbes avec des liens pris dans les bois taillis.

L'article 176 de l'édit de Blois de 1579, porte que nul *laboureur* ne pourra être établi commissaire des biens du seigneur duquel il est sujet.

Tout ce que nous avons dit du propriétaire cultivateur peut s'appliquer au fermier; mais les devoirs de celui-ci sont différens de ceux du *laboureur* propriétaire, parce que l'un est le maître de sa chose; sa possession est durable, au lieu que la possession de l'autre n'est que passagère. Le fermier ne doit pas risquer, en se livrant à des systêmes d'agriculture, ou à des spéculations hasardées, de détériorer le domaine qu'il afferme; il doit le tenir en bon état, le rendre tel qu'il l'a reçu du maître qui le lui a confié. Mais il n'est pas obligé de faire les avances d'améliorations, dont un autre recueillera seul le fruit. La principale obligation du fermier, c'est de faire tous ses efforts pour payer au propriétaire le prix convenu & aux époques fixées. Celle du cultivateur propriétaire, c'est de bonifier sans cesse sa possession, de faire produire à la terre tout ce qu'elle peut rapporter, afin que la denrée qui nourrit les hommes soit aussi abondante qu'il peut dépendre de lui. Il peut se regarder, avec une noble fierté, comme le père des citadins; & s'il arrive à ceux-ci de mépriser sa rusticité, il peut leur reprocher, à juste titre, d'être des fils ingrats. Mais pour acquérir des droits à leur reconnoissance, il ne faut pas qu'un intérêt meurtrier le tourmente, qu'il entasse impitoyablement ses grains; qu'il tienne toujours ses greniers fermés dans l'attente d'un prix plus fort: il est obligé, sous peine de répondre à Dieu & aux hommes de la vie de tous ceux que son avarice aura fait périr de misère, de concourir de toutes ses facultés à entretenir le bled à un prix qui soit à la portée du pauvre, les sacrifices ne doivent lui rien coûter dans des momens de disette.

Personne n'a plus besoin d'être aimé de ses semblables que le cultivateur. Si les malheureux ne regardent pas ses greniers comme des sources où ils pourront aller puiser dans leurs besoins, l'envie les aigrit & souvent les égare au point de mettre le feu à des trésors qui leur paroissent étrangers. Les *laboureurs* impitoyables ont souvent occasionné des séditions, des crimes qui n'auroient jamais eu lieu sans leur avarice barbare. On en a vu risquer de perdre leur bled, de le laisser gâter & dévorer par les insectes, pour profiter d'une disette qu'ils espéroient. On ne peut pas les plaindre lorsque leurs granges, leurs greniers sont ouverts par la populace indignée, qui ne connoît plus de loi, plus de propriété, lorsque la faim lui donne le mouvement.

On a cherché à remédier aux inconvéniens qui peuvent naître, ou de la connivence cruelle qui pourroit régner entre des riches propriétaires pour faire monter le prix du bled plus haut que son cours naturel, ou de la rigueur du ciel à l'égard d'une province. Le meilleur remède est celui qui a été apporté en 1774, par un arrêt du conseil qui établit la liberté du commerce des grains & farines dans l'intérieur du royaume. Le comble du malheur & de l'injustice étoit qu'un même peuple, qui ne forme qu'une même famille, ne pût s'entr'aider dans ses besoins; qu'une partie regorgeât de vivres, & que l'autre pérît de misère, faute de pouvoir recevoir des secours de celle qui nageoit dans l'abondance.

Aujourd'hui que la Beauce peut aller nourrir l'Auvergne, que la Normandie peut alimenter la Champagne, les *laboureurs* avares & les acapareurs d'une province sont en défaut; car tandis que les uns tiennent leurs greniers fermés, pour mettre à une plus forte contribution le besoin de première nécessité, d'autres arrivent suivis de voitures, qui ramènent la joie & la vie dans les marchés, & rendent ainsi les spéculations & les projets des acapareurs funestes à ceux qui les ont conçues. *Voyez au surplus*, GRAINS, DÉFRICHEMENT, MOUTON. (*Cet article est de M.* DE LA CROIX, *avocat au parlement.*)

LAC, s. m. (*Droit public.*) est un amas d'eau considérable. La propriété & la jurisdiction sur les *lacs* suit en France les mêmes règles que la propriété & la jurisdiction sur les rivières. Les *lacs* qui peuvent servir à la navigation appartiennent au roi, parce qu'en vertu du titre de sa souveraineté, il possède de plein droit tout ce qui appartient au public, c'est-à-dire, à la nation en corps. Mais les *lacs* qui se trouvent renfermés entre les héritages des particuliers, & qui sont inutiles à la navigation, appartiennent à ceux qui en ont acquis la propriété & la possession.

Les *lacs*, ainsi que les rivières, fournissent des poissons pour la pêche, & donnent lieu à des alluvions, des atterrissemens & des inondations. Ces objets peuvent occasionner des contestations, & faire naître des questions, dont on trouvera la discussion sous les mots, ACCROISSEMENS, ACCRUE, ALLUVION, ATTERRISSEMENT, FLEUVE, ISLE, PÊCHE; *&c.* C'est pourquoi nous y renvoyons.

LACÉRATION, s. f. (*Code criminel.*) en termes de palais, signifie *le déchirement* de quelque écrit ou imprimé. Quand on déclare nulles des pièces qui sont reconnues fausses, on ordonne qu'elles seront lacérées par le greffier: quand on supprime quelque écrit ou imprimé scandaleux ou injurieux à quelque personne ou compagnie constituée en dignité, on ordonne qu'il sera lacéré par l'exécuteur de la haute-justice, & ensuite brûlé. (*A*)

LACS, (*Eaux & Forêts.*) est le nom qu'on donne à certains pièges, faits avec du crin, de la ficelle, du laiton, & autres matières semblables, & formés en nœuds coulans.

Ces sortes de pièges présentent une méthode sourde, mais presque toujours infaillible pour détruire le gibier. C'est par cette raison que l'ordonnance de 1669, conforme à celles de 1600 & 1601, en a interdit l'usage à peine du fouet & de trente livres d'amende pour la première fois, de flétrissure & de bannissement en cas de récidive.

Ces peines rigoureuses n'ont pour objet que les braconniers, & ceux à qui la chasse est interdite, elles ne regardent pas les seigneurs de fief ou de hautes-justices, parce que pouvant disposer du gibier de leur terre, & cette liberté étant attachée au droit de chasse qu'ils tiennent de leur qualité, il est à présumer, que s'ils font usage des *lacs*, c'est moins pour détruire le gibier, que pour se procurer un amusement plus vif.

D'ailleurs, en rapprochant cette disposition de l'ordonnance, de l'article 2 des anciennes instructions sur le fait des chasses, & de l'article 16 de l'ordonnance du mois de mars 1515, on verra clairement que l'intention du législateur en 1669 a été de n'interdire la chasse avec filets & *lacs*, qu'à ceux à qui elle étoit déjà défendue par ces anciens réglemens, & qu'il a cherché seulement à en assurer l'exécution par la rigueur des peines infligées aux contrevenans.

LAEDER, on a ainsi nommé le receveur du droit de Leyde. *Voyez le Glossaire françois* de dom Carpentier, *& celui de* Ducange *au mot* Lesdarii *sous* Leudis. (*Article de M. GARRAN DE COULON.*)

LAGAN, s. m. (*Droit marit.*) terme ancien & hors d'usage; il désignoit le droit que plusieurs nations s'arrogeoient autrefois sur les hommes, les vaisseaux & les marchandises qui avoient fait naufrage, & dont la mer jettoit les personnes ou les débris sur la côte.

S'il en faut croire quelques historiens, les peuples habitans du comté de Ponthieu ne se faisoient point de scrupule, dans le dixième & onzième siècle, de déclarer prisonniers tous ceux que le malheur faisoit échouer sur leurs côtes, & d'exiger d'eux une grosse rançon. Mais ce droit barbare, qui s'appelloit en France le *lagan* (*laga maris*), loi de mer, étoit reçu chez la plupart des peuples européens.

Ce fut à Amiens que, l'an 1191, le roi Philippe Auguste, le comte de Flandres, Philippe d'Alsace, Jean, comte de Ponthieu, Ide, comtesse de Boulogne, Bernard, seigneur de S. Valery, & Guillaume de Caveu, consentirent conjointement d'abolir cet usage, que d'ailleurs la religion & l'humanité ont abrogé dans toute l'Europe. Il n'en reste, à proprement parler, que ce qu'on appelle en françois le *jet;* ce sont les marchandises que le maître d'un vaisseau qui se trouve en danger, *jette* à la mer pour alléger son bâtiment, & que la mer renvoie à terre. Les princes, seigneurs, ou peuples qui les recueillent, se les approprient. (*D. J.*)

On trouve dans le Glossaire de Ducange, une dissertation savante sur ce droit de *lagan.*

LAI, adj. (*Droit canon.*) on donne ce nom chez les religieux, 1°. à des hommes pieux & non lettrés, qui se donnent à quelque monastère, pour y servir les religieux; 2°. à une espèce inférieure de religieux non lettrés, qui ont soin du temporel, de la cuisine, du jardin, & généralement de l'extérieur du couvent. *Voyez* CONVERS, CAPUCIN, CHARTREUX.

On appelloit autrefois *moines lais*, les soldats estropiés qui, sur la nomination du roi, étoient nourris & entretenus aux dépens des abbayes & monastères. *Voyez* OBLAT.

LAIDANGER, v. act. (*Jurisprud.*) signifioit anciennement *injurier. Voyez ci-après* LAIDANGES. (*A*)

LAIDANGES, s. f. (*Jurisprud.*) dans l'ancien style de pratique, signifioit *vilaines paroles*, *injures verbales.* Celui qui injurioit ainsi un autre à tort, devoit se dédire en justice en se prenant par le bout du nez; c'est sans doute de-là que quand un homme paroît peu assuré de ce qu'il avance, on lui dit en riant: *votre nez branle. Voyez* l'ancienne coutume de Normandie, *chap. 51*, *59* & *86;* le style de juge, *chap. 15*, *art. 14*; Monstrelet, en *son hist.*, *chap. 40*, *du I. vol.* (*A*)

LAIDE, *Voyez* LEIDE.

LAIDER, *ou* LAIDEUR. *Voyez* LEIDER.

LAIE, s. f. qu'on disoit autrefois *lée*, *en termes d'eaux & forêts*, est une route pratiquée par l'arpenteur, autour d'un canton de bois destiné à être vendu.

Ces *laies* ou routes sont destinées à faciliter à l'arpenteur le moyen de porter sa chaîne, quand il en a besoin pour arpenter & pour marquer les coupes. Il n'est pas permis de leur donner plus de trois pieds de large, & en cas de contravention à cet égard de la part de l'arpenteur, l'ordonnance de 1669 veut qu'il soit condamné en une amende de cent livres, & à la restitution du double de la valeur du bois abattu.

La même loi veut que les bois abattus dans les

laies appartiennent aux adjudicataires, sans que ni les arpenteurs ni les sergens à garde puissent en rien enlever, à peine d'amende & d'interdiction.

Laie se prend aussi quelquefois pour une certaine étendue de bois.

Dans quelques coutumes on donne le nom de *laies à cens*, aux baux à rente perpétuelle ou à longues années.

LAIE, (*Cour.*) se disoit anciennement pour jurisdiction séculière, par opposition aux mots *cour d'église*, qui désignoient la justice ecclésiastique.

LAIGNIER *ou* LIGNIER, ce mot, dérivé du latin *lignum*, désigne dans les anciennes chartres, tantôt le droit de prendre du bois dans une forêt, tantôt ce bois lui-même, tantôt enfin la corvée que les sujets devoient faire pour voiturer celui de leur seigneur. *Voyez le Glossaire de* Ducange *au mot* Lignagium, *celui de* dom Carpentier *au même mot, & au mot* Laiguerium. (*M. GARRAN DE COULON.*)

LAIS, s. m. (*termes d'Eaux & Forêts.*) signifie *un jeune baliveau* de l'âge du bois, qu'on laisse quand on coupe le taillis, afin qu'il revienne en haute futaie.

Lais, dans quelques coutumes, signifie ce que la rivière donne par alluvion au seigneur haut-justicier. *Coutume de Bourbonnois, art. 340.*

Lais se dit aussi quelquefois au lieu de *laie à cens* ou bail à rente, ou emphytéotique. *Voyez* LAIE.

Tous ces termes viennent de *laisser*. (*A*)

LAIS, 1°. ce mot a signifié autrefois un legs & même un testament. *Voyez le Glossaire de* Ducange *au mot* Divisa 1.

2°. D'anciens titres & l'article 340 de la coutume de Bourbonnois entendent par-là les atterrissemens faits par les rivières. « La rivière, y est-il » dit, tolt & donne au seigneur haut-justicier, & » *ne donne aucunement au seigneur tréfoncier* & pro-» priétaire qui n'a point ladite justice, & sera la » croissance que la rivière donne vrai domaine au » seigneur haut-justicier qui s'appelle communément » *laiz* ».

C'est une suite du droit de fisc, qui donne au dépositaire de la puissance publique tout ce qui n'appartient à personne. *Voyez le* §. 7 *de l'article* JUSTICE SEIGNEURIALE. (*Article de M. GARRAN DE COULON.*)

LAMANEUR, s. m. (*Code maritime.*) est un pilote destiné à conduire les vaisseaux étrangers dans les rades & ports, dont l'accès est dangereux & inconnu à ceux qui y abordent.

Suivant l'ordonnance de la marine, *liv. 4, tit. 3*, le nombre des pilotes *lamaneurs* doit être réglé par les officiers de l'amirauté, de l'avis des échevins & des notables bourgeois.

Nul ne peut être reçu *lamaneur* avant l'âge de 25 ans, & doit subir devant les officiers de l'amirauté, deux échevins ou notables bourgeois du lieu, deux anciens *lamaneurs*, & deux anciens maîtres de navire, un examen sur la fabrique & les manœuvres des vaisseaux, les marées, les bancs, les courans, écueils & autres empêchemens, qui rendent difficiles l'entrée & la sortie des rades, ports & hâvres du lieu de leur établissement.

Les *lamaneurs* sont obligés de tenir leurs chaloupes garnies d'ancres & d'avirons, & d'être en état d'aller au secours des vaisseaux, au premier ordre ou signal. Il leur est enjoint de piloter les bâtimens qui se présentent les premiers, sans préférer les plus éloignés aux plus proches. Il leur est défendu de monter dans les navires contre le gré des maîtres, & de quitter les bâtimens entrans avant de les avoir ancrés ou amarrés au port, & ceux qui sortent, avant qu'ils soient en pleine mer.

Tout *lamaneur* qui, étant ivre, entreprend de piloter un vaisseau, doit être condamné à une amende de cent sous, & interdit du pilotage pour un mois. Celui qui par ignorance fait échouer un bâtiment, est condamné au fouet, & privé pour jamais du pilotage. On punit du dernier supplice celui qui jette malicieusement un navire sur un banc ou sur un rocher.

Les *lamaneurs* ne peuvent exiger de plus grandes sommes, que celles qui ont été fixées par le réglement dressé dans chaque port par le lieutenant de l'amirauté, à la diligence du procureur du roi, & de l'avis des échevins, ou de deux notables bourgeois. Ce réglement doit être inscrit dans un tableau, mis au greffe, & affiché sur le quai. L'ordonnance déclare nulles toutes les promesses faites aux *lamaneurs* dans le danger d'un naufrage.

Les *lamaneurs* sont obligés de visiter journellement les rades des lieux où ils sont établis, de lever les ancres qui y ont été laissées, d'en faire dans les vingt-quatre heures leur déclaration au greffe de l'amirauté, & d'avertir les officiers du même siège des changemens qui arrivent dans les fonds & passages des vaisseaux, ou de ceux qui sont nécessaires dans le placement des tonnes & balises.

LANCIERE, s. f. (*terme de Coutume.*) qui signifie l'ouverture ou passage par où l'eau s'écoule, quand les moulins ne travaillent pas. *Voyez* ABBÉE DE MOULIN.

LANGE-MARS, expression particulière de la coutume de Nivernois, *chap. 17, art. 19*, dont elle se sert en parlant des porcs que les usagers ont le droit de mettre pacager dans les temps de paisson & de garde. Elle exige qu'ils ne mettent autres pourceaux que de leur nourriture & de *lange-mars*, c'est-à-dire, que ceux qui étoient à eux, avant la Notre-Dame de mars qui précède la paisson, & ceux qui depuis en sont procréés.

LANGUEDOC, (*Droit public.*) province considérable de France, composée des deux généralités de Toulouse & Montpellier, réunies néanmoins sous un seul intendant. Elle est régie par le droit romain. Nous n'entrerons dans aucun détail ſur cette province, on les trouvera dans le *Dictionnaire diplom. écon. & politiq.* & dans *celui des finances.*

LAPIN, ſ. m. (*Eaux & Forêts.*) animal quadrupède, qui a beaucoup de rapport avec le lièvre dans la conformation du corps.

L'ordonnance de 1669 avoit ordonné la fouille & le renverſement des terriers, & la deſtruction des *lapins*, parce que cet animal occaſionne des dommages conſidérables dans les terres auprès deſquelles il eſt multiplié. Cependant cette loi utile aux peuples n'avoit point reçu d'exécution, & les *lapins* détruiſoient dans beaucoup d'endroits les eſpérances des laboureurs; c'eſt ce qui a engagé le roi régnant à ordonner la deſtruction de ces animaux, par un arrêt de ſon conſeil du 21 janvier 1776.

Aux termes de ce réglement, les habitans des villages & communautés, même ſitués dans l'étendue des capitaineries, qui éprouvent dans leurs récoltes des dégâts par les *lapins*, ſont autoriſés à s'adreſſer à l'intendant de la province, par une requête ſignée du ſyndic & des principaux habitans, qui contienne l'étendue & l'évaluation du dommage.

L'intendant, après avoir vérifié ou fait vérifier les faits contenus dans la requête, doit en donner ſon certificat au ſyndic, qui en conſéquence peut demander aux officiers de la capitainerie la permiſſion de procéder à la deſtruction des *lapins*, & au renverſement des terriers. Cette permiſſion ne peut leur être refuſée.

LAPS, ſ. m. ſignifie *en droit*, celui *qui eſt tombé.* On ne ſe ſert de ce terme qu'en parlant d'un hérétique. On dit *laps* & *relaps* pour dire qui eſt tombé & retombé dans les erreurs. *Voyez le. Dictionnaire de théologie.*

Laps de temps ſignifie *l'écoulement du temps.* On ne preſcrit point contre le droit naturel par quelque *laps de temps* que ce ſoit. Il y a des cas où on obtient en chancellerie des lettres de relief de *laps de temps* pour parer à une fin de non-recevoir, qui, ſans ces lettres, ſeroit acquiſe. *Voyez* LETTRES DE RELIEF DE LAPS DE TEMPS. (*A*)

LAR, (*la*) ce terme particulier à la coutume de Bayonne, *tit. 11, art. 7*, ſignifie la principale maiſon, dont les père & mère ne peuvent diſpoſer par teſtament au préjudice de l'aîné, en faveur d'un autre enfant, parce que la coutume veut qu'elle demeure au premier mâle, & s'il n'y a mâle, à la première fille.

C'eſt ce qui réſulte des articles 35 & 36 du titre 12 de cette coutume, « par *la lar* due, pour » raiſon du droit d'aîneſſe, y eſt-il dit, eſt en» tendu par la coutume, la maiſon principale pro» venue de l'aïeul de degré en degré; c'eſt à » ſavoir que le père du neveu en droite ligne » (ou petit-fils) ait ſurvécu à ſon père & aïeul » dudit neveu, & tenu par ſucceſſion la maiſon » provenue dudit aïeul. Et quand il eſt dit en la » coutume de pluſieurs *lars* principaux, s'entend » de pluſieurs maiſons nommées de divers noms, » provenues d'aïeul en la façon que deſſus, ou de » plus haut branchage, en droite ligne ».

Il y a tout lieu de croire que le mot *lar* provient du latin *lares*, qui déſignoit également les dieux pénates & les foyers qui leur étoient conſacrés. *Voyez le teſoro de la lengua Caſtellana*, de Covarruvias.

Quoi qu'il en ſoit, dans la coutume de Bayonne, les père & mère peuvent diſpoſer entre leurs enfans & non pour d'autres, de leurs biens papoaux & avitins, & laiſſer le tout à l'un, ſauf que les autres enfans y peuvent demander la moitié de ce que pourroit monter leur légitime, ſuivant le droit civil. Mais *la lar* n'eſt point compriſe dans ces diſpoſitions, elle doit toujours reſter à l'aîné, lorſqu'on a diſpoſé de ſes biens en faveur des puînés, *tit. 11, art. 6, 7, 9 & 10.*

Il en eſt de même du cas où le défunt ne laiſſe pas d'héritiers en ligne directe. Ils peuvent faire les mêmes avantages à tels de leurs héritiers qu'ils jugent à propos, mais ſans toucher au droit que l'aîné a ſur *la lar.* La même prérogative a lieu en faveur de l'aîné, dans les ſucceſſions ouvertes *ab inteſtat.* Elles ſe partagent d'ailleurs également entre les divers héritiers, *tit. 11, art. 12 & tit. 12, art. 2 & 3.*

A défaut de mâles, l'aînée des filles a le même avantage, & s'il y a pluſieurs *lars* ou maiſons principales, l'aîné ou l'aînée en choiſira une à ſon choix, *tit. 11, art. 8 & tit. 12, art. 3 & 4.*

Cela n'a lieu néanmoins qu'autant que ces maiſons principales *obviennent toutes d'un côté.* « Si » elles ſont obvenues de divers côtés des aſcen» dans en droite ligne, l'aîné ou l'aînée, reſpecti» vement en la ſucceſſion de chacun des aſcen» dans, a une maiſon principale par préciput en la » façon que deſſus », *tit. 12, art. 5 & 6.*

La coutume tient tant à cette prérogative de l'aîné, qui paroît avoir lieu, ſans diſtinction de nobles & de roturiers, que *la lar* eſt due à l'aîné mâle ou femelle, quand bien même il n'y auroit dans la ſucceſſion aucun « autre bien que *la lar* » & maiſon obvenue de ligne. Les autres enfans » puînés n'y peuvent rien *quereller*, *ſoit par légi*» *time ou autrement*, en quelque façon que ce ſoit». *Ibid. art. 7.*

On peut trouver quelques rapports entre ces *lars* & ceux des majorats d'Eſpagne, que l'uſage ſeul a établis, & dont Molina parle dans ſon beau traité *de Hiſpanis primogeniis, lib. 2, cap. 2 & 6.* (*M. GARRAN DE COULON, avocat au parlement.*)

LARCIN, ſ. m. (*Code criminel.*) eſt un vol qui ſe commet par adreſſe, & non à force ouverte, ni avec effraction. Le *larcin* a quelque rapport avec ce que les Romains appelloient *furtum nec manifeſtum*, vol caché; par lequel ils entendoient celui où le voleur n'avoit pas été pris dans le lieu du délit, ni ſaiſi de la choſe volée, avant qu'il l'eût portée où il avoit deſſein: mais comme cette définition pouvoit auſſi convenir à un vol fait à force ouverte, ou avec effraction, lorsque le voleur n'avoit pas été pris en flagrant délit, il s'ensuit que ce que nous entendons par *larcin* n'est précisément la même chose que le *furtum nec manifestum*. *Voyez* VOL. (*A*)

LARDAGE *ou* LARDIER, c'est un droit de laide dû à quelques seigneurs sur le lard qu'on vend au marché. *Voyez le Glossaire de* Ducange *& celui de* dom Carpentier, *au mot* Lardarium. (*M. GARRAN DE COULON, avocat au parlement.*)

LARRIS, s. f. on a ainsi nommé autrefois les friches ou terres incultes. *Voyez le Glossaire de* Ducange, *au mot* Larricium. (*M. GARRAN DE COULON, avocat au parlement.*)

LATENT, adj. signifie *occulte*, & qui n'est pas apparent: on appelle *vice latent* celui qui n'est pas extérieur, & ne se connoît que par l'usage: par exemple, en fait de chevaux, la pousse, la morve, & la courbature sont des vices *latens* dont le vendeur doit la garantie pendant neuf jours.

Les servitudes latentes sont celles qui ne sont pas en évidence, comme un droit de passage. Il n'est pas nécessaire de s'opposer au décret pour des servitudes apparentes, telles que des vues & égouts, mais bien pour les servitudes latentes. *Voyez* DECRET *&* SERVITUDE. (*A*)

LATITER, v. a. dont on se sert encore quelquefois au palais pour signifier *cacher* & *receler* une personne ou quelques effets: on dit d'un débiteur qu'il *se latite*, lorsqu'il se cache de crainte d'être arrêté; on dit aussi d'une veuve ou d'un héritier, qu'ils ont caché & *latité* quelques effets de la communauté ou succession du défunt, lorsqu'ils ont commis quelque recelé. *Voyez* DIVERTISSEMENT *&* RECELÉ. (*A*)

LAUDE, c'est la même chose que le droit de *leide*, & l'on a appellé *laudaire*, par cette raison, le registre des impôts dus sur les marchandises. *Voyez le Glossaire de* Ducange *au mot* Leuda *sous* Leudis, *& celui de* dom Carpentier *au mot* Leuderium. (*Article de M. GARRAN DE COULON.*)

LAUDIME *ou* LAUDISME, en latin barbare, *laudimia*. Ce mot a la même signification que celui de *lods*. Il désigne le droit que l'on paie au seigneur pour avoir son consentement à l'aliénation d'un fonds. *Voyez le Glossaire de* Ducange *au mot* Laudimia *sous* Laudare 4, *& l'article* LODS *&* VENTES.

Cet auteur dit que le mot *laudisme* se trouve dans les fors de Béarn. (*Article de M. GARRAN DE COULON.*)

LAUDUMENIES, ce mot se trouve dans des lettres de l'an 1368, qui sont rapportées à la *pag.* 104, *du tom. 6* des ordonnances du Louvre. Il paroît signifier la même chose que celui de *lods*. *Voyez les articles* LAUDISME *&* LODS *&* VENTES. (*Article de M. GARRAN DE COULON.*)

LAUSE, Galland, dans le Glossaire du droit françois, dit que c'est ainsi qu'en Languedoc on nomme le *cens*. La chartre de fondation de Montauban, de l'an 1144, porte, *Corbonellus faber habeat de laboratoribus suum censum qui vulgò vocatur* lause. *Voyez l'histoire de Languedoc par* Catel, *pag.* 324. (*Article de M. GARRAN DE COULON.*)

LAUSIME & LAUSISME, c'est le droit de lods dû au seigneur pour son consentement à la mutation des fonds. On a quelquefois aussi employé le même mot pour désigner ce consentement. *Voyez le Glossarium novum de* dom Carpentier *aux mots* Laudes *&* Laus *sous* Laudare 4. *Voyez aussi les articles* LAUDIME *&* LODS *&* VENTES. (*Article de M. GARRAN DE COULON.*)

LAUZEME, c'est l'un des noms qu'on a donnés au droit de lods dû au seigneur, pour la mutation des fonds. *Voyez le Glossarium novum de* dom Carpentier, *au mot* Laudes *sous* Laudare 4. (*Article de M. GARRAN DE COULON.*)

LAYDE, c'est un droit seigneurial dû pour l'exposition ou la vente des marchandises, & principalement des grains, faite dans un marché, ou dans une foire. *Voyez les articles* HALLAGE, LEYDE *&* MINAGE. (*Article de M. GARRAN DE COULON.*)

LAYER, v. a. (*terme d'Eaux & Forêts, & de Coutume.*) selon Lalande, c'est marquer les bois qui doivent être laissés dans l'abattis des bois de haute futaie ou dans la coupe des taillis, soit baliveaux, soit pieds cormiers, *&c.* qu'on laisse croître ensuite en haute-futaie. Présentement on entend l'article 75 de la coutume d'Orléans, qui déclare « que le seigneur de fief emmeublit & fait les fruits » siens quand ils seront en coupe, mesurés, arpen» tés, layés, criés, *&c.* ». Je ne dis point que la coutume d'Orléans décide bien; j'explique seulement le terme *layer*, & l'on n'en trouve que trop de semblables, qui sont des restes de notre barbarie. (*D. J.*)

LAYNAGE, on a ainsi nommé le droit de prendre dans une forêt le bois nécessaire à son usage, & la redevance qu'on payoit au seigneur pour ce droit. *Voyez le Glossarium novum de* dom Carpentier, *au mot* Laynagium. (*Article de M. GARRAN DE COULON.*)

L E

LÉAGE, c'est un droit de police ou d'inspection sur la construction des moulins qu'on bâtit, ou que l'on réédifie. Telle est l'idée qu'en donne l'extrait suivant d'un aveu rendu pour la châtellenie de Bury en 1366: « item le *léage* & la ripvière de » la Cisse..... lequel *léage* est tel, que chascun » molin nouvellement fait rediffié ou jasoit ce que » icelui molin autres foiz ait esté, cil ou ceulx qui » faire ou rediffier le font, ne doivent & ne peu» vent mettre le sust granier esditz molins ne en » aucun sans appeller nos gents & officiers ».

Dom Carpentier, qui rapporte cet extrait au mot *Leagium* de son *Glossarium novum*, observe que ce dernier mot a été pris dans un autre sens. Il signifie, dit-il, le droit de marquer les arbres que l'on doit couper, ou qui servent de bornes; mais le texte qu'il rapporte ne justifie point assez cette interprétation, & ne paroît pas même suffisant pour déterminer le sens du mot *leagium*. Il y est dit qu'un certain Albric a donné à l'église de Sainte-Marie de Cheminon, *quidquid habebat in forestâ de Luirz, tàm in nemore quàm in plano & in leagio sive in alio jure.* (*Article de M.* GARRAN DE COULON.)

LECTURE *& publication des contrats d'acquisition d'immeubles*, c'est une formalité prescrite par la coutume de Normandie pour assurer la propriété incommutable à un acquéreur, après l'expiration de l'année du retrait.

Cette *lecture*, porte l'article 455, se doit faire publiquement & à haute voix, à jour de dimanche, issue de la messe paroissiale du lieu où les héritages sont assis, en la présence de quatre témoins pour le moins, qui seront à ce appellés, & signeront l'acte de la publication sur le dos du contrat, dont le curé ou vicaire, sergent ou tabellion du lieu qui aura fait ladite *lecture*, est tenu faire registre, & n'est reçu aucun à faire preuve de ladite *lecture* par témoins; pourront néanmoins les contractans, pour leur sûreté, faire enregistrer ladite *lecture* au greffe de la jurisdiction ordinaire.

Cette loi semble désigner quatre sortes de personnes pour procéder à la *lecture* dont il s'agit; mais par un édit du mois d'avril 1694, le roi a attribué aux notaires garde-notes créés dans la province de Normandie, par les édits des mois de juillet 1677 & 16 juin 1685, le droit de faire *lecture* des contrats de vente & de tous autres contrats ou actes translatifs de propriété de biens sujets à retrait, à l'exclusion des curés, vicaires, sergens, tabellions des hauts-justiciers & de tous autres.

Et par une déclaration du 14 septembre 1720, sa majesté a validé les *lectures* faites jusqu'alors par d'autres que par des notaires, dérogeant à cet égard, & pour le passé seulement, à l'édit du mois d'avril 1694.

Par arrêt du 16 mars 1618, rendu contre le nommé Yvelin, le parlement de Rouen a déclaré nulle une *lecture*, parce qu'elle portoit simplement qu'elle avoit été faite un jour de dimanche, sans exprimer que ç'avoit été à l'issue de la messe paroissiale.

Lorsque la formalité dont il s'agit n'a pas été remplie, l'article 463 veut que le retrait des héritages vendus puisse être exercé pendant trente ans.

Si les héritages acquis en Normandie dépendent d'une église qui soit située hors du ressort de cette province, la *lecture* ordonnée par la coutume peut se faire *au prochain marché des choses vendues, ou en la jurisdiction ordinaire dont les terres & héritages vendus sont dépendans*. Telles sont les dispositions de l'article 456.

On ne peut faire la *lecture* & publication des contrats, s'ils ne sont préalablement insinués: le temps du retrait ne pouvant courir qu'après l'insinuation, suivant l'édit de 1703, elle est de l'essence du contrat; c'en est la principale formalité: ainsi la *lecture* doit être faite, tant du contrat que de l'insinuation.

C'est en conformité de cette règle que, par arrêt du 10 mai 1749, le conseil a confirmé une ordonnance de l'intendant de Rouen, portant condamnation d'amende contre le sieur Morel, notaire, pour avoir fait la *lecture* d'un contrat avant qu'il fût insinué.

LÉGAL, adj. se dit de ce qui dérive de la loi, ou de ce qui y est conforme. On appelle *augment* ou *douaire légal*, celui qui est fixé par la loi, par opposition à l'augment, ou douaire conventionnel, qui tire son origine de la volonté des parties. *Voyez* AUGMENT & DOUAIRE. Il y a des peines légales, c'est-à-dire, qui sont fixées par les loix, & d'autres qui sont arbitraires.

LÉGALISATION, s. f. (*terme de Pratique.*) *littera testimonialis*, est un certificat donné par un officier public, & par lui muni du sceau dont il a coutume d'user, par lequel il atteste que l'acte au bas duquel il donne ce certificat est authentique dans le lieu où il a été passé, & qu'on doit y ajouter foi dans un autre pays.

L'effet de la *légalisation* est, comme l'on voit, d'étendre l'authenticité d'un acte d'un lieu dans un autre, où elle ne seroit pas connue sans cette formalité. Elle tient lieu d'une enquête, que l'on feroit pour constater la qualité & la signature de l'officier public qui a reçu ou délivré l'acte, parce que le caractère public des notaires & autres n'est censé connu que dans l'endroit où ils ont leur résidence.

L'idée que présente naturellement le terme de *légalisation*, est qu'il doit tirer son étymologie de *loi* & de *légal*, & que légaliser, c'est rendre un acte conforme à la loi; ce n'est cependant pas-là ce que l'on entend communément par *légalisation*: ce terme peut venir plutôt de ce que cette attestation est communément donnée par des officiers de justice, que dans quelques provinces on appelle *gens de loi*, de sorte que *légalisation* seroit l'attestation des gens de loi.

Nous trouvons dans quelques dictionnaires & dans quelques livres de pratique, que la *légalisation* est un certificat donné par autorité de justice, ou par une personne publique, & confirmé par l'attestation, la signature & le sceau du magistrat, afin qu'on y ajoute foi par-tout, *testimonium autoritate publicâ firmatum*; que légaliser c'est rendre un acte authentique, afin que par tout pays on y ajoute foi, *autoritate publicâ firmare.*

Ces définitions pourroient peut-être convenir à certaines *légalisations* particulières, mais elles ne donnent pas une notion exacte des *légalisations* en général, & sont défectueuses en plusieurs points.

1°. On ne devroit pas omettre d'y observer que les *légalisations* ne s'appliquent qu'à des actes émanés d'officiers publics; actes qui par conséquent sont originairement authentiques & dont la *légalisation* ne fait, comme on l'a dit, qu'étendre l'authenticité dans un autre lieu où elle ne seroit pas connue autrement.

2°. La *légalisation* n'est pas toujours donnée par un officier de justice, ni munie de l'attestation & de la signature du magistrat; car il y a d'autres officiers publics qui en donnent aussi en certains cas, quoiqu'ils ne soient ni magistrats ni officiers de justice, tels que les ambassadeurs, envoyés, résidens, agens, consuls, vice-consuls, chanceliers, & vice-chanceliers, & autres ministres du prince dans les cours étrangères.

Les officiers publics de finance, tels que les trésoriers, receveurs & fermiers-généraux, légalisent pareillement certains actes qui sont de leur compétence; savoir, les actes émanés de leurs directeurs, préposés & commis.

Il y a aussi quelques officiers militaires qui légalisent certains actes, comme les officiers-généraux des armées de terre & navales, les gouverneurs & lieutenans-généraux des provinces, villes & places, les lieutenans de roi, majors, & autres premiers officiers qui commandent dans les citadelles, lesquels légalisent, tant les actes émanés des officiers militaires qui leur sont inférieurs, que ceux des autres officiers qui leur sont subordonnés, & qui exercent un ministère public, tels que les aumôniers d'armées, des places, des hôpitaux, les écrivains des vaisseaux, *&c.*

3°. Il n'est pas de l'essence de la *légalisation* qu'elle soit munie du sceau du magistrat; on y appose au contraire ordinairement le sceau du prince, ou celui de la ville où se fait la *légalisation.*

Enfin la *légalisation* ne rend point un acte tellement authentique, que l'on y ajoute foi par tout pays; car si l'acte qu'on légalise n'étoit pas déjà par lui-même authentique dans le lieu où il a été reçu, la *légalisation* ne le rendroit authentique dans aucun endroit, son effet n'étant que d'étendre l'authenticité de l'acte d'un lieu dans un autre, & non pas de la lui donner: d'ailleurs, la *légalisation* n'est pas toujours faite pour que l'on ajoute foi par tout pays à l'acte légalisé; elle n'a souvent pour objet que d'étendre l'authenticité de l'acte d'une jurisdiction dans une autre; & il n'y a même point de *légalisation* qui puisse rendre un acte authentique par tout pays; parce que dans chaque état où on veut le faire valoir comme tel, il faut qu'à la relation des officiers du pays dont il est émané, il soit attesté authentique par les officiers du pays où l'on veut s'en servir; ensorte qu'il faut autant de *légalisations* particulières que de pays où l'on veut faire valoir l'acte comme authentique.

Les loix romaines ne parlent en aucun endroit des *légalisations*, ni d'aucune autre formalité qui y ait rapport; ce qui fait présumer qu'elles n'étoient point alors en usage, & que les actes reçus par des officiers publics étoient reçus par-tout pour authentiques, jusqu'à ce qu'ils fussent argués de faux. Cependant chez les Romains, l'authenticité des actes reçus par leurs officiers publics ne pouvoit pas être par tout pays aussi notoire qu'elle le seroit parmi nous, parce que les officiers publics, ni les parties contractantes, ni les témoins ne mettoient aucune signature manuelle au bas de l'acte; ils y apposoient seulement l'empreinte de leur cachet: chacun avoit alors son sceau ou cachet particulier, appellé *signum*, *sigillum* ou *annulus signatorius.* Mais l'apposition de ces sceaux particuliers étoit peu utile pour prouver l'authenticité de l'acte; car outre que c'étoient des sceaux particuliers qui pouvoient être peu connus même dans le lieu où se passoit l'acte, on pouvoit sceller un acte avec le cachet d'autrui, & tous les témoins pouvoient sceller avec le même cachet, suivant ce que dit Justinien aux *Institutes*, *lib. II, tit. 10*, §. *5*, ensorte que les différens cachets apposés sur un acte, ne dénotoient point d'une manière certaine quelles étoient les personnes qui avoient eu part à cet acte, & sur-tout n'y ayant alors aucun sceau public chez les Romains, ainsi que l'observe M. Charles Loyseau, en son *traité des Offices*, *chap. 4.*

Les *légalisations* auroient donc été alors plus nécessaires que jamais pour constater l'authenticité des actes, puisqu'il n'y avoit aucune formalité qui en fît connoître l'auteur d'une manière certaine; mais encore une fois, on ne trouve rien dans le droit romain d'où l'on puisse induire que l'on pratiquât alors aucune espèce de *légalisation.*

Il n'est point parlé non plus des *légalisations* dans le droit canon, quoique la plupart des loix dont il est composé, aient été faites dans un temps où les *légalisations* étoient déjà en usage. En effet, le décret de Gratien parut en 1151; les décrétales de Grégoire IX, l'an 1230; le sexte, en 1298; les clémentines, en 1317, & les extravagantes de Jean XXII, en 1334: or, je trouve que les *légalisations* étoient dès-lors en usage.

Comme il n'y a aucune loi qui ait établi la formalité des *légalisations*, on ne sait pas précisément en quel temps on a commencé à légaliser. Mais il y a au trésor des chartres, *registre 80*, *pour les an. 1350, 1351*, une copie des statuts des tailleurs de Montpellier, délivrée par deux notaires royaux de la même ville, au bas de laquelle sont deux *légalisations* datées de l'année 1353; la première donnée par le juge royal de Montpellier, la seconde par l'official de Maguelonne.

Il paroît même que l'usage des *légalisations* étoit déjà fréquent, car on en trouve plusieurs de toute espèce, données dans les années 1330 & suivantes, qui sont aussi au trésor des chartres; ce qui fait présumer que celles données en 1353, n'étoient pas les premières, & que l'usage en étoit déjà ancien.

Quelques docteurs ultramontains ont parlé des *légalisations*, à l'occasion de ce qui est dit dans les loix romaines, des tabellions & de la foi due aux actes publics; tels sont Ange Balde, sur la novelle 44 *de tabellionibus*; Paul de Castro, en son *conseil 394*; Felin, sur le chap. *coram. versic. dubium*, *de officio delegati*; Mathœus, *de afflictis in decision. napolit. 251*; & Alberic, sur le titre du code *de fide instrum.* Ces auteurs proposent l'espèce d'un testament reçu dans un pays éloigné, par un notaire dont on révoque en doute la qualité dans le lieu où le testament est présenté; ils demandent si la *légalisation*, qu'ils nomment *litteram testimonialem*, donnée par l'official ou par le juge, qui atteste que celui qui a reçu l'acte est réellement notaire, est suffisante pour prouver sa qualité, & ils décident pour l'affirmative.

Alberic de Rosate, jurisconsulte de Bergame, dans le Milanois, qui vivoit au commencement du onzième siècle, dit au même endroit, qu'il a toujours vu pratiquer en justice qu'on n'ajoutoit pas foi par provision à un acte passé dans un endroit éloigné; mais que l'on s'adresse au juge du lieu où le tabellion qui a reçu l'acte exerce les fonctions, pour qu'il atteste si celui qui a reçu l'acte est réellement tabellion, ou bien que l'on prouve sa qualité de tabellion, en représentant d'autres actes émanés de lui.

Pour prévenir l'embarras d'une *légalisation*, Balde, au même endroit, conseille à ceux qui passent des actes qu'ils doivent envoyer dans des endroits éloignés, de les faire écrire par un notaire, & de les faire signer par trois notaires, gens de probité, afin qu'en quelque endroit que l'on présente ces actes, on ne puisse point révoquer en doute qu'ils ont été reçus par un notaire.

Felin, sur le chap. *post cessionem de probationibus*, & Cæpola Verone *cautelâ 54*, proposent le même expédient, lequel, suivant Felin, est conforme à la 152e des nouvelles décisions de la Rote; mais Cæpola indique aussi la voie de prendre une attestation du juge du lieu où l'acte a été passé, que celui qui l'a reçu étoit réellement notaire; & M. Boyer, dans sa *décision 154*, dit que cette voie est la plus sûre.

Voilà tout ce que ces docteurs ont dit des *légalisations*, dont ils n'ont parlé qu'en passant, & fort légérement: nos auteurs françois n'en ont parlé en aucune manière.

Il ne faut pas confondre les *légalisations* avec les lettres de *vidimus*, qui étoient anciennement usitées en France; ces sortes de lettres n'étoient autre chose que des expéditions authentiques tirées sur l'original d'un acte, ou des copies collationnées sur une expédition : on les appelloit *lettres de vidimus*, parce qu'elles commençoient ordinairement par ces termes, *vidimus quasdam litteras integras & non cancellatas*, *quarum tenor sequitur*, ensuite on transcrivoit l'acte : tel étoit alors le style des expéditions & copies collationnées, & c'est de-là qu'en quelques provinces on dit encore *copie vidimée* pour *copie collationnée*; on sent assez la différence qu'il y a entre ces lettres de *vidimus* & les *légalisations*, puisque ces sortes de lettres n'étoient autre chose qu'une collation des expéditions ou copies avec l'original, laquelle collation se pouvoit faire par le même officier qui avoit reçu l'acte & qui l'expédioit, ce qui par conséquent n'ajoutoit rien à l'authenticité de l'acte original ni de la copie; au lieu que les *légalisations* ont pour objet de faire mieux connoître l'authenticité de l'expédition ou copie qui en a été tirée, en la munissant du témoignage & du sceau de quelque officier, qui, par son caractère, soit plus connu que celui qui a reçu ou expédié l'acte.

Lorsqu'il s'agit de constater la vérité des faits contenus dans les actes, on distingue les actes qui sont d'écriture privée, de ceux qui sont émanés de quelque officier public.

Pour ce qui est des actes d'écriture privée, comme l'auteur n'en est pas certain, on n'y a point d'égard, jusqu'à ce que l'écriture en soit reconnue, ou tenue pour telle avec celui contre lequel on veut s'en servir.

Quoique ces sortes d'actes ne forment qu'une preuve peu certaine des faits qui y sont mentionnés, néanmoins on ne les légalise point, parce que l'effet de la *légalisation* n'étant pas de donner l'authenticité à un acte, mais seulement de faire connoître qu'il est authentique, &, pour ainsi dire, d'étendre son authenticité d'un lieu dans un autre, elle seroit inutile aux écritures privées, lesquelles, dans leur principe, ne sont point authentiques.

A l'égard des actes émanés des officiers publics, on les a appellés *authentiques*, du mot grec αὐθεντικός, qui veut dire, *dont l'auteur est connu*; parce qu'en effet la signature de l'officier public est plus connue que celle des particuliers, & que son témoignage constate quelle est la personne qui a passé l'acte: c'est pour cela que l'on ajoute foi par provision à ces sortes d'actes, jusqu'à ce qu'ils soient argués de faux, & c'est en quoi consiste l'effet de l'authenticité.

Mais les actes émanés des officiers publics, tels que les notaires, greffiers, procureurs, huissiers ne sont par eux-mêmes authentiques que dans le lieu où ces officiers ont leur résidence, parce que l'authenticité des actes n'est fondée que sur ce que l'auteur en est connu, & que le caractère public de ces sortes d'officiers n'est censé connu que dans le lieu où ils ont leur résidence.

C'est pour remédier à cet inconvénient, que l'on a introduit les *légalisations*, & afin d'étendre l'authenticité d'un acte d'un lieu dans un autre; car les *légalisations* sont une preuve de l'authenticité des actes & tiennent lieu d'une enquête sommaire que l'on feroit pour constater la qualité & la signature de l'officier public qui a reçu l'acte dans les lieux où son authenticité ne seroit pas connue sans cette formalité.

Par exemple, un acte reçu par un notaire au châtelet de Paris, n'est par lui-même authentique que dans le ressort du châtelet, parce que la signature de ce notaire n'est pas censée connue hors des lieux où il exerce ses fonctions; mais si le juge royal auquel ce notaire est soumis, légalise l'acte, en attestant que celui qui l'a reçu est réellement notaire au châtelet de Paris, que la signature apposée à l'acte est la sienne, & que l'on ajoute foi aux actes émanés de lui, alors la qualité de l'acte étant constatée par le certificat du juge royal, l'acte sera authentique par tout le royaume, & même dans les pays étrangers, parce que le sceau des juges royaux est censé connu par tout pays.

La *légalisation* ne donne à l'acte aucun droit d'hypothèque ni d'exécution parée, s'il ne l'a par lui-même; elle ne sert, comme on l'a dit, qu'à faire connoître son authenticité.

L'acte de *légalisation* est lui-même authentique en ce qu'il contient, dans le pays où le caractère de l'officier qui l'a donné, est connu; & cet acte fait foi par provision, jusqu'à ce qu'il soit argué de faux.

Ce n'est pas seulement en France que les *légalisations* sont en usage; elle le sont pareillement chez toutes les nations policées; mais elles s'y pratiquent diversement.

Dans toute l'Italie, l'Allemagne, la Hollande, l'Angleterre & l'Espagne, un acte reçu par un notaire devient authentique à l'égard de tous les pays de leur domination, par le certificat & la signature de trois autres notaires qui attestent la signature & la qualité du premier: j'ai vu quelques *légalisations* de cette espèce, à la suite desquelles étoit une seconde *légalisation* donnée par les officiers municipaux des villes, & munies de leur sceau, lesquels attestoient la signature & la qualité des trois notaires qui avoient donné la première *légalisation*; mais cette seconde *légalisation* n'avoit été ajoutée que pour faire valoir l'acte en France, où l'on n'étoit pas obligé de connoître la signature ni la qualité des trois notaires qui avoient donné la première *légalisation*.

J'ai vu pareillement plusieurs actes passés en Pologne, & que l'on faisoit valoir en France comme authentiques, lesquels n'étoient munis que d'une seule *légalisation*, quelques-uns légalisés par les officiers municipaux des villes, d'autres par les officiers de la chancellerie du prince: je n'en ai vu aucun qui fût légalisé par des notaires, & je ne crois pas que cela y soit en usage.

En France on pratique diverses *légalisations*, & il y a plusieurs sortes d'officiers publics qui ont le pouvoir de légaliser, selon la qualité des actes; mais les notaires n'en légalisent aucun.

Il seroit trop long d'entrer dans le détail de tous les actes qui peuvent être légalisés; & des cas dans lesquels la *légalisation* est nécessaire; il suffit d'observer en général qu'à la rigueur tous actes émanés d'un officier public, tel qu'un notaire, commissaire, huissier, *&c.* quand on les produit hors du lieu où l'officier qui les a reçus fait ses fonctions, ne sont point authentiques s'ils ne sont légalisés.

On exige sur-tout que les procurations soient légalisées, lorsque l'on s'en sert hors du lieu de l'exercice des notaires qui les ont reçues: cette formalité est expressément ordonnée par tous les édits & déclarations rendus au sujet des rentes viagères, qui portent que les procurations passées en province par les rentiers, seront légalisées par le juge royal du lieu de leur résidence; & ce sont-là les seules loix qui parlent des *légalisations*: encore n'est-ce qu'en passant, & en les supposant déjà usitées.

Les officiers qui ont caractère pour légaliser, ne doivent faire aucune *légalisation*, qu'ils ne connoissent la qualité de l'officier qui a reçu l'acte, sa signature, & le sceau qu'il avoit coutume d'apposer aux actes qui se passoient pardevant lui: s'ils n'en ont pas une connoissance personnelle, ils peuvent légaliser l'acte suivant ce qu'ils tiennent par tradition, ou à la relation d'autrui, pourvu qu'ils s'informent des faits qu'il s'agit d'attester, à des témoins dignes de foi.

De-là il suit naturellement, que l'on peut légaliser non-seulement les actes expédiés par les officiers qui sont encore vivans, mais aussi ceux qui ont été expédiés anciennement par des officiers qui sont morts au temps de la *légalisation*, pourvu que la qualité, la signature & le sceau de ces officiers soient connus par tradition ou autrement.

Pour connoître plus particuliérement par quels officiers chaque espèce d'actes doit être légalisée, il faut d'abord distinguer les actes émanés des officiers publics ecclésiastiques, d'avec ceux émanés des officiers publics séculiers.

Les actes émanés d'officiers publics ecclésiastiques, tels que les curés, vicaires desservans, les vice-gérens, promoteurs, greffiers, notaires, & procureurs apostoliques, appariteurs, & autres officiers de cette qualité, peuvent être légalisés par les supérieurs ecclésiastiques de ces officiers, soit l'évêque ou archevêque, ou l'un de ses grands-vicaires, ou son official; & une telle *légalisation* est valable non-seulement à l'égard des autres supérieurs ou officiers ecclésiastiques, mais aussi à l'égard de tous officiers séculiers royaux ou autres, parce que l'évêque & ses préposés sont compétens pour attester à toutes sortes de personnes l'authenticité des actes émanés des officiers ecclésiastiques, que personne ne peut mieux connoître que l'évêque, son official, ou ses grands-vicaires.

Il faut seulement observer que si c'est l'official qui a fait la *légalisation*, & que l'on veuille la faire sceller pour plus grande authenticité, comme cela se pratique ordinairement, il faut la faire sceller ou par l'évêque ou par celui qui est préposé par lui pour apposer son sceau; car ordinairement les officiaux n'ont point de sceau, même pour sceller leurs jugemens.

On peut aussi faire légaliser des actes émanés des officiers ecclésiastiques, par le juge royal du lieu de leur résidence, & sur-tout lorsqu'on veut produire ces actes en cour laie, ou devant des officiers séculiers, royaux ou autres, parce que le juge royal est présumé connoître tous les officiers qui exercent un ministère public dans son ressort ; & une telle *légalisation* est valable, même à l'égard des officiers ecclésiastiques auprès desquels on veut faire valoir l'acte, parce qu'ils ne peuvent méconnoître la *légalisation* du juge royal, dont le sceau est connu par-tout.

A l'égard des actes émanés d'officiers publics seculiers, anciennement lorsqu'on vouloit les faire légaliser, on s'adressoit à l'évêque, son official ou ses grands-vicaires, plutôt qu'au juge royal ; ou si l'on faisoit d'abord légaliser l'acte par le juge royal du lieu, on y ajoutoit, pour plus grande authenticité, la *légalisation* de l'évêque, ou de son official ou grand-vicaire.

C'est ainsi, par exemple, que sont légalisés les statuts des tailleurs de Montpellier, dont j'ai déja parlé ; ces statuts sont d'abord légalisés par le juge royal de Montpellier, & ensuite est une seconde *légalisation* donnée par l'official de Maguelone (à présent Mauguio), ville où étoit autrefois le siège des évêques du bas Languedoc, qui est présentement à Montpellier, cette *légalisation* est conçue en ces termes : *& ad majorem omnem firmitatem ; videlicet perdictus magister Simon de Tornaforti, sit notarius publicus regius pro ut se subscripsit, & instrumentis per eum confectis plena fides adhibeatur in judicio & extra, & ad ipsum recurratur, pro conficiendis publicis instrumentis tanquam ad personam publicam : nos Hugo Augerius, juris utriusque professor, officialis Magalonensis, sigillum authenticum nostræ officialitatis huic instrumento publico duximus apponendum, anno domini 1323, quarto nonas augusti.*

Ce qui avoit introduit l'usage de faire ainsi légaliser par les officiaux ou autres officiers ecclésiastiques, toutes sortes d'actes, même ceux reçus par des officiers royaux, c'est que les ecclésiastiques, profitant de l'ignorance de ces tems-là, s'étoient attribué la connoissance de presque toutes sortes d'affaires civiles, sous prétexte que la religion ou l'église y étoit intéressée, soit par la qualité des personnes ou des choses dont elles disposoient, soit par la solemnité du serment que l'on inséroit dans tous les actes ; ensorte que la signature & le sceau des évêques, leurs grands-vicaires ou official étoient réellement plus connus & plus authentiques que ceux des officiers royaux, parce que le pouvoir des premiers étoit plus étendu.

Mais depuis que les choses ont été rétablies en France dans leur ordre naturel par l'article 2 de l'ordonnance de 1539, les évêques, leurs grands-vicaires ou official ne légalisent plus que les actes reçus par des officiers ecclésiastiques, encore ces mêmes actes peuvent-ils aussi être légalisés par le juge royal, & l'on a le choix de s'adresser à l'un ou à l'autre ; & même leurs *légalisations* ne servent point en cour laie, si elles ne sont attestées par les juges laïques ordinaires.

Pour ce qui est des actes émnés d'officiers publics séculiers, il faut distinguer ceux qui sont reçus par des officiers des seigneurs, de ceux qui sont reçus par des officiers royaux.

Les actes reçus par des officiers de justices seigneuriales, tels que les greffiers, notaires, procureurs, huissiers & autres officiers fiscaux, peuvent être légalisés par le juge seigneurial de la justice en laquelle ces officiers sont immatriculés, & cette *légalisation* est suffisante pour étendre l'authenticité de l'acte dans le ressort de la justice supérieure, soit royale ou seigneuriale, du moins à l'égard du juge supérieur qui doit connoître la signature & le sceau des juges de son ressort ; mais s'il s'agit de faire valoir l'acte auprès d'autres officiers que le juge supérieur, en ce cas il faut une seconde *légalisation* donnée par le juge supérieur, qui atteste que le juge inférieur qui a légalisé est réellement juge, & que ce sont sa signature & son sceau qui sont apposés à la première *légalisation*.

Si cette seconde *légalisation* n'est donnée que par un juge de seigneur, elle ne rend l'acte authentique que dans son ressort, parce que l'on n'est pas obligé ailleurs de connoître la signature ni le sceau de tous les juges de seigneurs ; mais si cette seconde *légalisation* est donnée par un juge royal, l'acte devient authentique dans tout le royaume, & même dans les pays étrangers, parce que le sceau royal est connu par-tout.

Quant aux actes émanés d'officiers publics royaux, lorsqu'on veut les rendre authentiques hors du lieu de la résidence des officiers qui les ont reçus, on les fait légaliser par le juge royal du lieu où ces officiers font leur résidence, lequel y appose le sceau de la jurisdiction.

On peut aussi les faire légaliser par les officiers municipaux des villes où ces officiers royaux font leur résidence, auquel cas ces officiers municipaux apposent le sceau de la ville & non le sceau royal ; ces sortes de *légalisations* sont les plus authentiques, sur-tout pour faire valoir un acte en pays étranger, parce que les sceaux des villes ne changeant jamais, sont plus connus que les sceaux particuliers de chaque jurisdiction ; & que d'ailleurs le sceau de la ville est en quelque sorte plus général & plus étendu que celui de la jurisdiction, puisque la jurisdiction est dans la ville, & même qu'il y a souvent plusieurs jurisdictions royales dans une même ville.

L'ordonnance de Léopold I, duc de Lorraine, du mois de novembre 1707, (réglement touchant les officiers, *article 20*) dit que la *légalisation* des actes des notaires & tabellions sera faite par le lieutenant général seul qui y apposera le petit sceau des sentences dont il a la garde ; que dans les lieux où il y aura prévôté ayant jurisdiction avec le bailliage, le droit de *légalisation* appartiendra au prévôt, à l'égard des actes des notaires & tabellions établis dans l'étendue de sa prévôté, & qui auront été reçus devant lui ; à la réserve néanmoins de ceux qui seront résidans dans le lieu de l'établissement du bailliage dont la *légalisation* appartiendra au lieutenant-général, quoiqu'il y ait un prévôt établi; l'article 23 ajoute que la *légalisation* des actes des greffiers appartiendra au chef de la compagnie où servira le greffier dont l'acte devra être légalisé.

Les actes émanés d'officiers publics des finances, comme les certificats, quittances, procès-verbaux des commis, receveurs, directeurs & préposés dans les bureaux du roi, doivent être légalisés par les officiers supérieurs des finances, tels que les receveurs généraux, trésoriers généraux, payeurs des rentes & autres semblables officiers, selon la nature des actes qu'il s'agit de rendre authentiques hors du lieu de la résidence des officiers qui les ont reçus.

Les actes émanés des officiers militaires, comme les quittances, congés, *&c.* donnés par les capitaines, lieutenans, majors, doivent, pour faire foi, être légalisés par les officiers généraux leurs supérieurs, & ensuite l'on fait légaliser par le ministre de la guerre la *légalisation* donnée par ces officiers supérieurs.

Il en est de même pour ce qui concerne la marine, le commerce, les universités, & toutes les autres affaires civiles: ce sont les officiers supérieurs qui légalisent les actes émanés des officiers subalternes.

Lorsqu'on veut faire connoître l'authenticité d'un acte dans les pays étrangers, outre les *légalisations* ordinaires que l'on y appose pour le rendre authentique par tout le royaume, on le fait encore légaliser, pour plus grande sûreté, par l'ambassadeur, envoyé, consul, résident, agent ou autre ministre de l'état dans lequel on veut faire valoir l'acte.

L'ordonnance de la marine, *titre des consuls*, *article 23*, porte que tous actes expédiés dans les pays étrangers où il y aura des consuls, ne feront aucune foi en France s'ils ne sont par eux légalisés.

Lorsqu'on produit en France des actes reçus en pays étrangers par des officiers publics, & légalisés dans le pays par l'ambassadeur ou autre ministre de France, on légalise au bureau des affaires étrangères la *légalisation* donnée par l'ambassadeur envoyé ou autre personne ayant caractère public. Le ministre du roi qui a le département des affaires étrangères, atteste que celui qui a légalisé l'acte en pays étranger a réellement le caractère mentionné en la *légalisation*, que c'est sa signature & le sceau dont il a coutume d'user.

Quand on veut faire valoir en France un acte reçu dans certains pays étrangers où le roi n'a point de ministres, on peut le faire légaliser par quelque françois qui s'y rencontre fortuitement, pourvu que ce soit une personne attachée à la France par quelque dignité connue, auquel cas cette personne, à défaut de ministre de France, a caractère représentatif pour légaliser; il y en a un exemple récent. Un françois étant dans les états de Moscovie sur les côtes de la mer de Lenskogo, y passa une procuration pour toucher des rentes à lui dues sur l'hôtel-de-ville de Paris. N'y ayant point de ministre du roi dans ces pays si éloignés, il fit légaliser sa procuration par un chef d'escadre des vaisseaux du roi qui se rencontra sur les côtes de cette mer. La *légalisation* fut faite dans le bord de cet officier; lorsqu'on la présenta au payeur, il fit d'abord difficulté de déférer à une telle *légalisation*, néanmoins il fut décidé par les officiers supérieurs qu'elle étoit valable.

Tout ce que l'on vient de dire des *légalisations* ne doit s'appliquer qu'aux actes extrajudiciaires: car ordinairement on ne légalise point les jugemens quand il s'agit de les mettre à exécution hors du ressort de la jurisdiction de laquelle ils sont émanés, mais dans l'intérieur du royaume; le juge qui les a rendus délivre une commission rogatoire adressée au juge du lieu où on veut faire l'exécution, lequel délivre de sa part un paréatis ou commission exécutoire en vertu de laquelle on met le jugement à exécution.

Ces paréatis ne sont pas proprement des *légalisations*, mais ils équivalent à une *légalisation*, puisqu'ils mettent en état d'exécuter le jugement dans un pays où son authenticité ne seroit pas connue sans paréatis, & ils renferment une *légalisation* tacite en ce qu'ordinairement le juge à qui l'on s'adresse pour les obtenir, ne les accorde qu'autant qu'il reconnoît pour authentiques la signature & le sceau dont le jugement est revêtu.

A l'égard des jugemens rendus dans une souveraineté étrangère, que l'on veut faire valoir dans une autre souveraineté, on ne prend ni commission rogatoire, ni paréatis, parce qu'on ne peut pas les mettre à exécution; ils ne produisent que l'action personnelle *ex judicato*, en vertu de laquelle il faut obtenir un jugement dans le lieu où on veut faire l'exécution; & dans ce cas je crois que dans la règle les jugemens auroient besoin d'être *légalisés* comme les actes extrajudiciaires, pour devenir authentiques dans le lieu, où l'on s'en sert comme d'un titre pour se pourvoir par action *ex judicato*; mais je n'ai point vu de telles *légalisations*.

Il y a quelques états, tels que les Pays-Bas, & autrefois la Lorraine, & la principauté souveraine de Dombes, qui ont avec la France un droit réciproque d'entre-cours de jurisdiction, c'est-à-dire que les jugemens émanés de ces états étant revêtus d'une commission rogatoire du juge qui les a rendus, s'exécutent dans les autres états où ce droit d'entre-cours a lieu, pourvu qu'ils soient revêtus d'un paréatis du juge du lieu où on veut mettre le jugement à exécution.

Comme les paréatis qui s'obtiennent, soit dans le royaume, soit dans les pays étrangers, n'ont été introduits que pour pouvoir mettre le jugement à exécution, je crois que lorsqu'on les produit, soit dans le royaume, soit ailleurs, non pas pour les mettre à exécution, mais seulement pour la preuve de certains faits qui en résultent, ce seroit plutôt le cas de les faire légaliser que de prendre un paréatis.

En effet, outre que le paréatis n'est pas une véritable attestation de l'authenticité du jugement, il peut arriver que l'on ne puisse pas accorder de paréatis, soit parce que le jugement dont il s'agit auroit déjà été exécuté & qu'on ne le produit que pour la preuve de certains faits qui en résultent, soit parce qu'il ne seroit pas exécutoire au profit de la personne qui le produit, soit enfin parce que l'expédition que l'on en représente n'est pas dans une forme exécutoire : dans tous ces cas où il s'agit de faire connoître l'authenticité du jugement, & où l'on ne peut pas prendre de paréatis, la *légalisation* me paroîtroit nécessaire, soit à l'égard des jugemens rendus dans les justices seigneuriales lorsqu'on veut qu'ils fassent foi hors de leur ressort, parce que le sceau du seigneur justicier n'est pas censé connu hors de son ressort, soit à l'égard des jugemens émanés de juges royaux pour en constater l'authenticité dans les pays étrangers ; j'avoue néanmoins que je n'ai point vu de telles *légalisations*. (*A*)

LÉGAT, s. m. (*Droit public & canonique.*) formé du latin *legatus*, qui signifie *représentant*, *ambassadeur*, *envoyé*, est un ecclésiastique qui fait les fonctions de vicaire du pape, & qui exerce sa jurisdiction dans les lieux où il ne peut se trouver.

Quoique les *légats* exercent une jurisdiction véritable, nous n'en traiterons pas ici, parce qu'on trouvera les détails qui les concernent dans le *Dictionnaire diplom. économ. polit.*

LÉGAT, s. m. du latin *legatum*, (*Droit civil.*) est la même chose que *legs*; ce terme n'est usité que dans les pays de droit écrit. *Voyez* LEGS. (*A*)

LÉGATAIRE, s. m. (*Jurisprud.*) est celui auquel on a laissé quelque chose par testament ou codicille.

Le *légataire* universel est, ou celui auquel le testateur a légué tous ses biens, ce qui est néanmoins toujours restraint aux biens disponibles; ou celui à qui il en laisse une portion par quotité, comme la moitié, le tiers, le quart, *&c.*

Le *légataire* particulier est celui auquel on a fait un simple legs, soit d'un corps certain, soit d'une certaine somme ou quantité de meubles, d'argent ou autres choses.

En pays coutumier les *légataires* universels tiennent lieu d'héritiers, cependant ils ne sont pas saisis par la loi ni par le testament, tout legs étant sujet à délivrance.

Le *légataire* universel n'est tenu des dettes du défunt que jusqu'à concurrence des biens légués, pourvu qu'il en ait fait faire inventaire; il ne peut pas être témoin dans le testament qui le nomme, à la différence du *légataire* particulier qui peut être témoin.

Plusieurs coutumes, comme celles de Paris, défendent d'être héritier & *légataire* d'une même personne. *Voyez ci-après* LEGS.

LÉGATION, s. f. (*Droit public & canonique.*) est la charge ou fonction, ou dignité d'un légat du saint siège. On entend aussi quelquefois par-là son tribunal, sa jurisdiction; quelquefois enfin le terme de *légation* est pris pour le territoire où s'étend son pouvoir. Il y a des *légations* ordinaires, qui sont proprement des vicariats apostoliques, comme la *légation* d'Avignon, en laquelle on obtient toutes les graces & expéditions bénéficiales pour la Provence, le Dauphiné, une partie du Lyonnois & du Languedoc; ce qu'on appelle les trois provinces: la *vice-légation* est la charge du vice-légat. Les *légations* extraordinaires sont celles des légats que le pape envoie pour traiter quelque affaire particulière. *Voyez le Dictionnaire diplom. économ. polit.* (*A*)

LÉGÉE, *voyez* LIGÉE.

LÉGISLATEUR, s. m. (*Droit politiq.*) est celui qui a le pouvoir de donner ou abroger les loix. En France, le roi est le *législateur*; à Genève, c'est le peuple; à Venise, à Gènes, c'est la noblesse; en Angleterre, ce sont le roi & les deux chambres du parlement. *Voyez ce mot dans le dictionnaire diplom. économ. politiq.*

LÉGISLATION, s. f. (*Gram. & Politiq.*) l'art de donner des loix aux peuples. La meilleure *législation* est celle qui est la plus simple & la plus conforme à la nature; il ne s'agit pas de s'opposer aux passions des hommes, mais au contraire de les encourager en les appliquant à l'intérêt public & particulier. Par ce moyen, on diminuera le nombre des crimes & des criminels, & l'on réduira les loix à un très-petit nombre. *Voyez l'article* législateur *du dictionnaire diplom. économ. politiq. & ci-dessous le mot* LOI.

LÉGITIMATION, s. f. (*Droit civil.*) est l'acte par lequel un bâtard est réputé enfant légitime, & jouit des mêmes privilèges.

Les enfans nés en légitime mariage ont toujours été distingués des bâtards, & ceux-ci au contraire ont toujours été regardés comme des personnes défavorables.

Chez les Hébreux, les bâtards n'héritoient point avec les enfans légitimes: ils n'étoient point admis dans l'église jusqu'à la dixième génération; & l'on ne voit point qu'il y eût aucun remède pour effacer le vice de leur naissance.

Les bâtards étoient pareillement incapables de succéder chez les Perses & les Grecs.

Pour ce qui est des Romains, dans tous les livres du digeste, il se trouve beaucoup de loix pour délivrer les esclaves de la servitude, & pour donner aux libertins ou affranchis la qualité d'ingénus; c'est à quoi se rapportent le titre *de jure aureorum annulorum*, & celui *de natalibus restituendis*; mais on n'y trouve aucune loi qui donne le moyen de légitimer les bâtards ni de les rendre habiles à succéder comme les enfans.

Il n'y avoit alors qu'un seul moyen de légitimer les bâtards & de les rendre habiles à succéder, c'étoit par la voie de l'espèce d'adoption que l'on appelloit *adrogation*, qui avoit lieu à l'égard des personnes qui n'étoient pas soumises à la puissance paternelle. Un romain qui adoptoit ainsi un enfant, l'enveloppoit de son manteau : & l'on tient que c'est de-là qu'a été imitée la coutume qui s'observe parmi nous de mettre sous le poêle les enfans nés avant le mariage. Cependant il n'est pas inutile d'observer que cette formalité, utile pour la reconnoissance des enfans dont elle assure l'état, n'est pas nécessaire pour les légitimer. Cette reconnoissance peut être faite de plusieurs manières; par exemple, en les rappellant, soit dans le contrat de mariage, soit dans l'acte de célébration, soit même dans un acte séparé.

L'empereur Anastase, craignant que la facilité de légitimer ainsi ses bâtards ne fût une voie ouverte à la licence, ordonna qu'à l'avenir elle n'auroit lieu que quand il n'y auroit point d'enfans légitimes vivans, nés avant l'adoption des bâtards. L. 6, c. *de naturalibus liberis.*

Cette première forme de *légitimation* fut depuis abrogée par l'empereur Justinien : ce qui se voit dans sa novelle 89.

Mais Constantin le grand & ses successeurs introduisirent plusieurs autres manières de légitimer les bâtards.

On voit par la loi première, au code *de naturalibus liberis*, qui est de l'empereur Constantin, & par la loi 5 du même titre, qu'il y avoit, du temps de cet empereur, trois autres formes de *légitimation*; la loi première en indique deux.

L'une qui étoit faite, *proprio judicio*, du père naturel, c'est-à-dire, lorsque, dans quelque acte public ou écrit de sa main, & muni de la signature de trois témoins dignes de foi, ou dans un testament ou dans quelque acte judiciaire, il traitoit son bâtard d'enfant légitime ou de son enfant simplement, sans ajouter la qualité d'enfant naturel, comme il est dit dans la novelle 117, *chap. 2;* on supposoit, dans ce cas, qu'il y avoit eu un mariage valable; & l'on n'en exigeoit pas d'autre preuve. Cette *légitimation* donnoit aux enfans naturels tous les droits des enfans légitimes; il suffisoit même que le père eût rendu ce témoignage à un de ses enfans naturels, pour légitimer aussi tous les autres enfans qu'il avoit eus de la même femme; le tout, pourvu que ce fût une personne libre, & avec laquelle le père auroit pu contracter mariage. Cette manière de légitimer n'a point lieu parmi nous; la déclaration du père feroit bien une présomption pour l'état de l'enfant, mais il faut d'autres preuves du mariage, ou que l'enfant soit en possession d'être reconnu pour légitime.

L'autre sorte de *légitimation* dont la même loi fait mention, est celle qui se fait *per rescriptum principis*, c'est-à-dire, par lettres du prince, comme cela se pratique encore parmi nous.

La loi 5 qui est de l'empereur Zenon, en renouvellant une constitution de l'empereur Constantin, ordonne que si un homme, n'ayant point de femme légitime, ni d'enfans nés en légitime mariage, épouse sa concubine *ingénue*, dont il a eu des enfans avant le mariage, ces enfans seront légitimés par le mariage subséquent; mais que ceux qui n'auroient point d'enfans de leur concubine, nés avant la publication de cette loi, ne jouiront pas du même privilège, leur étant libre de commencer par épouser leur concubine, & par ce moyen d'avoir des enfans légitimes.

Cette forme *de légitimation* ne devoit, comme on voit, avoir lieu qu'en faveur des enfans nés avant la publication de cette loi; mais Justinien lui donna plus d'étendue par sa novelle 89, *chap. 2*, où il semble annoncer cette forme de *légitimation* par mariage subséquent, comme s'il en étoit l'auteur, quoique, dans la vérité, elle eût été introduite par l'empereur Constantin; mais Justinien y fit plusieurs changemens; c'est pourquoi il regardoit cette forme comme étant de son invention.

Cette forme de *légitimation* est celle qu'il appelle *per dotalia instrumenta*, parce que, dans ce cas, le seul consentement n'étoit pas suffisant pour la validité du mariage; il falloit qu'il y eût un contrat rédigé par écrit, & des pactes dotaux.

Il ordonna donc que, quand un homme épouseroit une femme libre ou affranchie qu'il pouvoit avoir pour concubine, soit qu'il eût déjà des enfans légitimes, ou qu'il eût seulement des enfans naturels de cette femme, que ces enfans naturels deviendroient légitimes par le mariage subséquent.

La même chose a lieu parmi nous : & comme, pour opérer cette *légitimation*, il faut que le père naturel puisse contracter mariage avec la personne dont il a eu des enfans; les bâtards adultérins & incestueux ne peuvent être légitimés par ce moyen, mais seulement par lettres du prince.

Néanmoins si un homme marié épousoit encore une femme, & que celle-ci fût dans la bonne-foi, les enfans seroient légitimes, chap. *ex tenore extra qui filii sint legitimi.*

Il y avoit chez les Romains une cinquième forme de *légitimation;* c'étoit celle qui se faisoit *per oblationem curiæ;* c'est-à-dire, lorsque le bâtard étoit agrégé à l'ordre des décurions ou conseillers des villes, dont l'état devint si pénible que, pour les encourager, on leur accorda divers privilèges, du nombre desquels étoit celui-ci : ce privilège s'étendoit aussi aux filles naturelles qui épousoient des décurions. Cette manière de légitimer fut introduite par Théodose-le-grand, ainsi que le remarque Justinien dans sa novelle 89; elle n'est point en usage parmi nous.

La *légitimation* par mariage subséquent a été admise par le droit canon; elle n'est pas de droit divin, n'ayant été admise que par le droit positif des décrétales, suivant un rescrit d'Alexandre III, de l'an 1181, au titre des décrétales, *qui filii sint legitimi.*

Cet usage n'a même pas été reçu dans toute l'église; Dumoulin, Fleta, Selden & autres auteurs assurent que la *légitimation* par mariage subséquent n'a point d'effet en Angleterre par rapport aux successions, mais seulement pour la capacité d'être promu aux ordres sacrés.

Quelque dispense que la cour de Rome accorde pour les mariages entre ceux qui ont commis incestes ou adultères, & quelque clause qui se trouve dans ces dispenses pour la *légitimation* des enfans nés de telles conjonctions, ces clauses de *légitimation* sont toujours regardées comme abusives; elles sont contraires à la disposition du concile de Trente, & ne peuvent opérer qu'une simple dispense *quoad spiritualia*, à l'effet seulement de rendre ces enfans capables des ministères de l'église. *Voyez les mém. du clergé, tom. V, pag. 858 & suiv.*

Les empereurs d'Allemagne, voulant gratifier certaines familles, leur ont accordé la faculté de légitimer tous bâtards, & de les rendre capables de successions, en dérogeant aux loix de l'empire & à toutes ses constitutions comprises dans le corps des authentiques. Il y en a un exemple sous Louis de Bavière, quatrième du nom, qui, par des lettres données à Trente le 20 janvier 1330, donna pouvoir à nobles hommes Tentalde, fils de Gauthier, Suard & Maffée, fils d'Odaxes de Forêts de Bergame, & à leurs héritiers & successeurs en ligne masculine, de légitimer dans toute l'Italie toutes sortes de bâtards, même ceux descendus d'incestes; ensorte qu'ils pussent être appellés aux successions, être constitués héritiers & rendus capables de donation, nonobstant les loix contraires, contenues aux authentiques.

Il y a dans l'empire un titre de comte palatin, qui n'a rien de commun avec celui des princes palatins du Rhin; c'est une dignité dont l'empereur décore quelquefois des gens de lettres. L'empereur leur donne ordinairement le pouvoir de faire des docteurs, de créer des notaires, de *légitimer des bâtards*; & un auteur qui a écrit sur les affaires d'Allemagne dit que, comme on ne respecte pas beaucoup ces comtes, on fait encore moins de cas de leurs productions, qui sont souvent vénales, aussi-bien que la dignité même.

On voit dans les arrêts de Papon, qu'un de ces comtes, nommé *Jean Navar*, chevalier & comte palatin, fut condamné par arrêt du parlement de Toulouse, prononcé le 25 mai 1462, à faire amende honorable, à demander pardon au roi pour les abus par lui commis en octroyant en France *légitimation*, notariats & autres choses, dont il avoit puissance du pape contre l'autorité du roi; & que le tout fut déclaré nul & abusif.

En France, on ne connoit que deux manières de légitimer les bâtards, l'une de droit, qui est par mariage subséquent; l'autre de grace, qui est par lettres du prince.

Le mariage subséquent efface le vice de la naissance, & met les bâtards au rang des enfans légitimes. Ceux qui sont ainsi légitimés, jouissent des mêmes droits que s'ils étoient nés légitimes; conséquemment ils succèdent à tous leurs parens indistinctement, & sont considérés en toute occasion comme les autres enfans légitimes.

Le bâtard légitimé par mariage jouit même du droit d'aînesse, à l'exclusion des autres enfans qui sont nés *constante matrimonio*, depuis sa *légitimation*; mais non pas à l'exclusion de ceux qui sont nés auparavant, parce qu'on ne peut enlever à ces derniers le droit qui leur est acquis.

La *légitimation* par mariage subséquent requiert deux conditions.

La première, que le père & la mère fussent libres de se marier au temps de la conception de l'enfant, au temps de sa naissance, & dans le temps intermédiaire.

La seconde, que le mariage ait été célébré en face d'église avec les formalités ordinaires.

Il suit de la première, qu'il faut qu'il n'y ait point eu d'empêchement dirimant entre les père & mère de l'enfant, au temps du commerce illicite qu'ils ont eu ensemble; qu'un enfant conçu par adultère ne peut être légitimé par le mariage subséquent de ses père & père, quoique né dans un moment où ils étoient libres; qu'il est encore nécessaire que les père & mère fussent habiles à contracter mariage entre eux, dans le temps du commerce qui a donné naissance à l'enfant.

Ainsi les enfans, nés d'une personne engagée dans les ordres sacrés ou dans l'état religieux, ne seroient pas légitimés par un mariage subséquent, contracté avec dispense, parce qu'elle peut bien rendre habile au mariage celui auquel elle est accordée, mais elle ne peut effacer le vice de la naissance des enfans conçus auparavant. Il n'en est pas de même des enfans nés d'un clerc tonsuré, même possédant un bénéfice, s'il vient à en épouser la mère avant d'être engagé dans les ordres sacrés, par la raison que la tonsure & la possession d'un bénéfice ne forment pas un engagement indissoluble, & que le mariage contracté par un clerc n'est pas nul par ce motif, mais qu'il donne lieu seulement à la privation des bénéfices qu'il possède.

Les enfans incestueux, c'est-à-dire, ceux qui sont nés de père & mère dont l'union étoit prohibée par la loi pour cause de parenté, sont légitimés par le mariage subséquent, lorsque l'empêchement de parenté est du nombre de ceux dont il est facile d'obtenir la dispense. C'est le motif de plusieurs arrêts rapportés par Bourjon & Denisart, qui ont déclaré légitimes les enfans des cousins-germains mariés ensuite avec dispenses.

Le mariage intermédiaire de l'une des parties avec une autre n'empêche pas la *légitimation* des enfans nés d'un commerce illicite avant le premier mariage, lorsque les père & mère se remarient après la dissolution du premier mariage; parce que, comme le dit très-bien M. Pothier, la fiction de la rétrogradation n'est pas absolument nécessaire pour la *légitimation*, & qu'il suffit qu'au temps du commerce illicite, on puisse supposer que les père & mère se proposoient de contracter mariage, & que c'étoit le but de leur commerce.

La seconde condition, que nous avons dit ci-dessus être nécessaire pour opérer la *légitimation* des bâtards par mariage subséquent, nous apprend, 1°. que de simples fiançailles ne peuvent produire cet effet; 2°. qu'il en est de même d'un mariage qui ne produiroit pas d'effets civils, tel que celui qui est contracté *in extremis*; 3°. qu'il n'est pas nécessaire que le mariage soit précédé d'un contrat, parce que, si cette condition étoit requise par les loix du code

& des novelles, elle devient inutile parmi nous, qui ne tirons pas-la preuve du mariage des conventions matrimoniales, mais seulement des solemnités introduites par nos loix, pour le contracter valablement; solemnités qui consistent dans la publication des bans, dans la présence du propre prêtre des contractans & de quatre témoins, & dans la rédaction de l'acte de célébration sur les registres publics, tenus à cet effet dans chaque paroisse.

La *légitimation* qui se fait par lettres du prince, est un droit de souveraineté, ainsi qu'il est dit dans une instruction faite par Charles V, le 8 mai 1372.

Nos rois ont cependant quelquefois permis à certaines personnes de légitimer les bâtards. Le roi Jean, par exemple, par des lettres du 26 février 1361, permet à trois réformateurs généraux qu'il envoyoit dans le bailliage de Mâcon & dans les sénéchaussées de Toulouse, de Beaucaire & de Carcassonne, de donner des lettres de *légitimation*, soit avec finance, ou sans finance, comme ils jugeroient à propos.

De même Charles VI, en établissant le duc de Berry son frère, pour son lieutenant dans le Languedoc, par des lettres du 19 novembre 1380, lui donna le pouvoir, entre autres choses, d'accorder des lettres de *légitimation*, & de faire payer finance aux légitimés.

Les lettres de *légitimation* portent qu'en tous actes en jugement & dehors, l'impétrant sera tenu censé & réputé légitime; qu'il jouira des mêmes franchises, honneurs, privilèges & libertés que les autres sujets du roi; qu'il pourra tenir & posséder tous biens, meubles & immeubles qui lui appartiendront par dons ou acquêts, & qu'il pourra acquérir dans la suite; recueillir toutes successions & donations soit entre-vifs, à cause de mort ou autrement, pourvu toutefois, quant aux successions, que ce soit du consentement de ses parens; de manière que ces lettres n'habilitent à succéder qu'aux parens qui ont consenti à leur enregistrement, & que la *légitimation* par lettres du prince a bien moins d'effet que celle qui a lieu par mariage subséquent. Elle efface, à la vérité, la tache que la naissance avoit imprimée au bâtard, elle lève l'incapacité de recevoir des dispositions universelles de ses père & mère, elle le rend capable de posséder des offices, mais elle ne lui donne la capacité de succéder *ab intestat*, que pour les parens qui ont consenti à sa *légitimation*.

Les bâtards légitimés par lettres du prince acquièrent le droit de porter le nom & les armes de leur père; ils sont seulement obligés de mettre dans leurs armes une barre, pour les distinguer des enfans légitimes.

On a quelquefois accordé des lettres de *légitimation* à des bâtards adultérins, on a même commencé par le chevalier de Longueville, à en légitimer, sans nommer leur mère; mais ces exemples sont rares, & doivent l'être, afin de maintenir les bonnes mœurs & la sainteté de l'union conjugale, d'où dépend en grande partie la conservation des sociétés politiques.

Tous les auteurs conviennent que la qualité des enfans adultérins doit être clairement expliquée dans la supplique, afin que les lettres de *légitimation* ne soient pas regardées comme subreptices; on doit même y expliquer s'ils sont nés d'un double adultère, c'est-à-dire, s'ils doivent le jour à deux personnes mariées.

Les lettres de *légitimation* doivent être enregistrées au parlement, pour l'intérêt des familles, & en la chambre des comptes, pour celui du roi, ensorte que le défaut d'enregistrement dans le premier de ces tribunaux, rend sans effet la clause insérée dans les lettres, *de pouvoir succéder au préjudice des héritiers collatéraux*, & le défaut d'enregistrement dans le second, laisse au roi la faculté d'exercer son droit de bâtardise dans la succession de l'enfant naturel.

A l'égard des lettres de dispense, accordées par la cour de Rome, pour habiliter les bâtards à recevoir les ordres & à posséder des bénéfices, comme ces lettres sont une espèce de *légitimation*, elles doivent être fulminées par l'official du diocèse de l'impétrant.

Suivant la novelle 89, la *légitimation* par lettres, n'avoit lieu que dans le cas où le père ne pouvoit épouser la mère de ses enfans naturels, & que cette impossibilité étoit ou physique, comme dans le cas de sa mort, ou morale, comme si elle s'étoit rendue indigne de la qualité d'épouse, ou légale, comme si depuis la naissance du bâtard, il étoit survenu un empêchement dirimant entre les parties. Mais, dans nos mœurs, la *légitimation* par lettres opère son effet, soit que la mère des bâtards soit morte ou en vie, soit que le père puisse ou ne puisse pas l'épouser, pourvu que la demande de la *légitimation* soit formée par le père, & qu'elle soit enregistrée de son consentement exprès: telle est la disposition d'une ordonnance de Henri III, enregistrée en la chambre des comptes, le 14 novembre 1579, & de deux arrêts du parlement de Paris, rapportés par Louet.

Le consentement du père n'est requis que pour donner au légitimé la capacité de succéder, il en est autrement pour obtenir dignités & honneurs. Mais si le père étoit décédé avant d'avoir fait légitimer son bâtard, il pourroit l'être sur la demande de son aïeul, & alors la *légitimation* opéreroit le même effet à l'égard de l'aïeul, qu'elle auroit produit relativement au père.

La *légitimation* par lettres ne révoque pas la donation faite antérieurement à un étranger, elle ne fait pas cesser aussi la condition *si sine liberis*, apposée à une substitution. C'est la disposition des ordonnances de 1731, *art. 39*, & de 1747, *tit. 1*, *art. 23*. Elle ne confère pas au bâtard d'un père noble, le privilège de la noblesse, s'il n'y en est fait une mention expresse. *Voy.* BATARD, SUCCESSION.

LÉGITIME, s. f. (*Droit naturel & civil.*) formé du mot latin, *legitima*, *seu portio lege debita*, est une portion assurée par la loi à certains héritiers présomptifs, sur la part héréditaire qu'ils auroient eue, sans les dispositions entre-vifs ou testamentaires qui ont donné atteinte à cette part.

La loi regardant cette portion comme un secours nécessité par la nature, ne l'accorde qu'à l'héritier présomptif, auquel le défunt étoit naturellement obligé de laisser la subsistance, & qui pourroit intenter la querelle d'inofficiosité.

§. I. *Origine & nature de la légitime.* On peut dire avec raison que la loi civile, qui enjoint aux pères de laisser une *légitime* à leurs enfans, tient à la loi naturelle, n'en est qu'une conséquence & une émanation. On sent en effet, que nourrir l'enfant auquel on a donné le jour, & lui laisser de quoi se procurer à lui-même des alimens, lorsqu'on ne pourra plus lui en fournir, sont deux devoirs liés intimément entre eux, ou, pour mieux dire, un seul & même devoir, gravé par la nature dans le cœur de tous les pères. Cependant il a été un temps où les Romains ont paru méconnoître cette sainte obligation; la loi des douze tables permettoit aux pères de disposer par testament de tout leur patrimoine, de préférer des étrangers à leur propre sang, d'exclure leurs enfans de leur succession, sans cause & sans motif.

Mais bientôt cette rigueur de la loi fut adoucie; on permit d'abord aux enfans, lorsque le père avoit abusé de la liberté de tester, d'attaquer le testament par la querelle d'inofficiosité. *Voyez ce mot.* Ces plaintes devenant trop fréquentes par la suite, on accorda aux enfans une certaine portion des biens de leur père, indépendante de sa volonté, & déférée uniquement par la loi, comme on avoit accordé aux héritiers étrangers la falcidie & la trebellanique. On ne sait pas précisément qui a été l'auteur de cette limitation mise au pouvoir de tester.

Quelques auteurs, tels que le Brun en son *traité des successions*, attribuent l'origine de la *légitime* à la loi *glicia;* nous ne savons pas précisément en quel temps cette loi fut faite, comme il sera dit ci-après au mot LOI, à l'article *loi glicia.* On voit seulement que le jurisconsulte Caïus, qui vivoit sous l'empire de Marc-Aurele, fit un commentaire sur cette loi; mais il paroît que l'on a confondu la querelle d'inofficiosité avec la *légitime*, que la loi *glicia* n'introduisit que la querelle d'inofficiosité, & que le droit de *légitime* étoit déjà établi.

Papinien dit que la *légitime* est *quarta legitimæ partis*, ce qui nous indique l'origine de la *légitime.* Cujas avoue cependant en plusieurs endroits de ses observations, qu'il n'a pu la découvrir; mais Janus Acosta, *ad princ. institut. de inoff. testam.* & d'après lui Antoine Schultingius, *in Jurisprud. antejustinianæa, p. 381*, prétendent avec assez de fondement que la *légitime* tire son origine de la loi *falcidia*, faite sous le triumvirat d'Auguste, laquelle permet à l'héritier de retenir le quart de l'hérédité, quelque disposition que le testateur ait pu faire au contraire.

Et en effet, le jurisconsulte Paulus, *liv. 4, recept. sentent. tit. 5*, & Ulpien dans la loi *8*, §. *9* & *14*, *ff. de inoff. testam.* disent positivement que la quarte falcidie est due aux héritiers qui pourroient intenter la plainte d'inofficiosité, d'où il paroît qu'anciennement la *légitime* & la falcidie étoient la même chose. *Voyez* QUARTE FALCIDIE.

Mais on cessa de les confondre ensemble depuis que Justinien eut ordonné par ses novelles 18 & 92, que dorénavant la *légitime* seroit du tiers, s'il y avoit quatre enfans ou moins, & de la moitié, s'il y avoit cinq enfans ou davantage.

C'est de ces novelles qu'a été tirée l'authentique *de triente & de semisse*, qui dit que cette portion est un bienfait de la loi & non pas du père.

Les dispositions de ces novelles ont été reçues & adoptées par presque toutes les nations de l'Europe. Mais pour nous renfermer dans ce qui concerne la France, la *légitime* a toujours été admise dans celles de ses provinces qui sont régies par le droit romain. La plupart des coutumes la reconnoissent expressément, même celle de Normandie; car le tiers coutumier & le mariage advenant dont elle parle, *art. 399*, sont une *légitime* véritable & proprement dite. La jurisprudence des arrêts l'a introduite dans les coutumes muettes sur cette matière.

La *légitime* a lieu, quand il y a des donations entre-vifs ou testamentaires, si excessives que l'héritier est obligé d'en demander la réduction, pour avoir la portion que la loi lui assure.

En pays coutumier, où l'institution n'a pas lieu, & où les testamens ne sont proprement que des codicilles, la querelle d'inofficiosité n'est ordinairement qu'une simple demande en *légitime.*

Celui qui est donataire ou légataire, & qui ne se trouve pas rempli de sa *légitime*, a l'action en supplément.

Le donataire contre lequel le légitimaire demande la réduction de la donation, pour avoir sa *légitime*, a une exception pour retenir sur sa donation, autant qu'il lui seroit dû à lui-même pour sa *légitime.*

La *légitime* est un droit qui n'est ouvert qu'à la mort de celui sur les biens duquel elle est due; un enfant ne peut, sous quelque prétexte que ce soit, en demander une à son père de son vivant, même sous prétexte que le père auroit marié & doté, ou établi autrement quelques autres enfans.

Pour être légitimaire, il faut être héritier, c'est-à-dire, qu'il n'y a que celui qui peut être héritier, qui a le droit de demander la *légitime:* il faut aussi que le légitimaire n'ait pas renoncé à la succession. Il est vrai cependant que les loix romaines veulent que la *légitime* soit laissée, non pas *quocumque titulo*, mais à titre d'institution.

Mais cette disposition de la novelle 115 n'est qu'un avantage introduit par Justinien, en faveur des légitimaires, & il ne s'ensuit pas qu'ils soient héritiers dans l'acception que nous donnons à ce terme. En effet, l'héritier est tenu indéfiniment & sur

ſur ſes propres biens des dettes du défunt, au lieu que le légitimaire ne prenant ſa *légitime* qu'après le paiement des dettes, ne peut être pourſuivi ſur ſon propre patrimoine, par les créanciers de ſon père.

On peut dire néanmoins que le légitimaire eſt, dans un ſens, héritier; car en pays coutumier, il eſt ſaiſi de plein droit & peut demander partage; l'on traite avec lui de même qu'avec un héritier, comme il paroît, par l'imputation qui ſe fait ſur la *légitime*, imputation qui eſt un véritable rapport: par l'obligation de fournir des corps héréditaires pour la *légitime:* par le jet des lots qui ſe pratique avec le légitimaire, & la garantie active & paſſive qui a lieu entre lui & les autres héritiers.

Cependant lorſque tous les biens de la ſucceſſion ne ſuffiſent pas pour payer les dettes, l'enfant qui veut avoir ſa *légitime*, peut, ſans ſe porter héritier, la demander au dernier donataire.

Le fils aîné prend non-ſeulement ſa *légitime* naturelle, mais il la prend avec le préciput que la loi accorde aux aînés.

La *légitime* eſt quelquefois qualifiée de créance, ce qui s'entend ſelon le droit naturel; car ſelon le droit civil, elle ne paſſe qu'après toutes les dettes, ſoit chirographaires ou hypothécaires; elle a néanmoins cet avantage qu'elle ſe prend ſur les immeubles qui ont été donnés, avant que les dettes fuſſent conſtatées, & ſur les meubles que le défunt a donnés de ſon vivant, au lieu que les créanciers n'ont aucun droit ſur ces biens.

Toute renonciation à une ſucceſſion, ſoit échue ou future, lorſqu'elle eſt faite *aliquo dato*, exclut les enfans du renonçant de demander aucune part en la ſucceſſion, même à titre de *légitime.*

Une renonciation gratuite exclut pareillement les enfans du renonçant, de pouvoir demander une *légitime*, à moins que le renonçant ne fût fils unique, parce qu'en ce cas ſes enfans viennent de leur chef, & non par repréſentation.

Une fille qui auroit renoncé par contrat de mariage, pourroit néanmoins revenir pour ſa *légitime*, ſuppoſé qu'elle fût mineure lors de ſa renonciation, qu'elle ſouffrît une léſion énorme, & qu'elle prît des lettres de reſciſion dans les dix ans de ſa majorité.

Un fils majeur qui auroit accepté purement & ſimplement le legs à lui fait pour lui tenir lieu de *légitime*, ne ſeroit pas recevable à revenir pour ſa *légitime:* on le juge pourtant autrement dans les parlemens de droit écrit, où d'après le §. 3, *inſt. de inoffic.* il eſt permis à l'héritier de faire ajouter à la diſpoſition du teſtateur, ce qui manque pour completter ſa *légitime.*

§. II. *Des perſonnes à qui la légitime eſt due.* Les enfans tiennent ſans contredit le premier rang dans l'ordre des légitimaires, & ſous le nom d'*enfans* on doit entendre les enfans poſthumes, & les petits-enfans dont le père eſt décédé avant leur aïeul, & qui viennent à la ſucceſſion de ce dernier par repréſentation de leur père. Cette diſpoſition néanmoins n'a pas lieu dans les coutumes, telles que celles du Boulenois, de Ponthieu, & de la gouvernance de Douai, qui excluent la repréſentation en ligne directe.

Ce principe eſt obſervé également dans les pays de droit écrit, & dans le pays coutumier. En effet nous ne voyons point de coutumes qui privent abſolument les enfans de toute *légitime;* les plus dures ſont celles qui excluent de la ſucceſſion les filles mariées, quand même elles n'auroient eu qu'un chapeau de roſes en mariage, ou mariage avenant, lequel tient lieu de *légitime.*

Suivant le droit romain, les enfans naturels n'ont point droit de *légitime* dans la ſucceſſion de leur père, quoiqu'ils ſoient appellés pour deux onces à ſa ſucceſſion, lorſqu'il ne laiſſe point de femme ni d'enfans légitimes.

A l'égard de la ſucceſſion de la mère, le droit romain y donne une *légitime* aux bâtards, quand même la mère ſeroit de condition illuſtre, pourvu qu'elle n'ait point d'enfans légitimes; mais les bâtards inceſtueux ou adultérins, ou qu'elle auroit eu pendant ſa viduité, lorſqu'elle eſt de condition illuſtre, n'ont point de *légitime.*

Le droit françois ne diſtingue point & ne donne aucune *légitime* aux bâtards, mais ſimplement des alimens.

Néanmoins dans quelques coutumes ſingulières, telles que S. Omer, Valenciennes, & quelques autres du Hainaut & de la Flandre où les bâtards ſuccèdent à leur mère concurremment avec les enfans *légitimes*, ils ont auſſi droit de *légitime.*

Les enfans légitimés par mariage ſubſéquent ont pareillement droit de *légitime*, quand même il y auroit des enfans d'un mariage intermédiaire entre leur naiſſance & leur légitimation, & on ne peut même par le contrat de mariage ſubſéquent qui opère cette légitimation, déroger au droit que les légitimés ont pour la *légitime;* car cette dérogation à la *légitime* ſeroit elle-même un avantage ſujet à la *légitime. Voyez* Légitimation.

Nous venons de dire que tous les enfans avoient droit de demander une *légitime:* mais ce principe reçoit une exception dans les coutumes qui admettent la ſervitude perſonnelle. Dans ces provinces les enfans des ſerfs & main-mortables ne peuvent exiger de *légitime*, lorſqu'ils ne ſont pas en communion avec leur père ou mère au moment de leur décès. Le parlement de Beſançon a ſouvent rejetté les demandes en diſtraction de *légitime*, formées contre les ſeigneurs par des enfans hors de la communauté.

La *légitime* n'eſt pas due auſſi aux enfans qui ont fait profeſſion dans un monaſtère approuvé, ni à ceux qui ſont devenus étrangers au royaume, ou qui ſont morts civilement par une condamnation judiciaire.

La loi *fratres*, au code *de inoff. teſtam.* donne auſſi une *légitime* aux frères germains ou conſanguins, lorsque le défunt a disposé de ses biens par testament au profit d'une personne infame d'une infamie de droit; l'usage a même étendu cette querelle d'inofficiosité aux donations entre-vifs; & dans les pays coutumiers l'infamie de droit est un moyen pour faire anéantir toute la disposition.

En pays de droit écrit, & dans quelques coutumes, comme Bordeaux, Acs & Bueil, les ascendans ont droit de *légitime* dans la succession de leurs enfans décédés sans postérité *légitime*. Les arrêts ont admis la même jurisprudence dans toutes les coutumes des Pays-Bas, parce qu'elles suivent les dispositions du droit romain dans tous les cas où leurs statuts municipaux gardent le silence. Il en est de même dans la coutume de Vermandois, suivant un arrêt du 2 février 1586, rapporté par Brodeau; à l'égard des autres coutumes, la jurisprudence constante des arrêts refuse toute *légitime* aux ascendans.

Lorsque le père a réduit son fils à un simple usufruit, dans les cas de la loi *si furioso*, les créanciers du fils peuvent demander la distraction de la *légitime*: & dans cette partie la jurisprudence françoise leur est plus favorable, que ne l'étoient les loix romaines; il n'y a que le parlement de Flandre qui ne se soit pas écarté, sur cette matière, de leurs dispositions. *Voyez* EXHÉRÉDATION, SUBSTITUTION.

§. III. *De la quotité de la légitime, & de la manière dont elle est payée.* La *légitime* des enfans par le droit du digeste, étoit la quatrième partie de la succession; mais par la novelle 18, d'où est tirée l'authentique *novissima*, les enfans ont le tiers lorsqu'ils ne sont que quatre ou un moindre nombre, & la moitié s'ils sont cinq ou plus; la novelle 18 a réglé pareillement la *légitime* des ascendans au tiers.

Quelques coutumes ont réglé la *légitime*, conformément au droit écrit, comme Rheims, Melun, Bourgogne & Berri.

D'autres, comme Paris, Orléans, Calais, Chaune, Saint-Omer & la châtellenie d'Aire, ont réglé la *légitime* à la moitié de ce que les enfans auroient eu si les père & mère n'eussent pas disposé à leur préjudice.

Quelques autres, comme Bordeaux, Montpellier & Normandie, ont diminué la quotité réglée par la novelle 18. Celles de Bordeaux & de Normandie l'ont fixé au tiers des biens de la succession, partageable entre tous les légitimaires. L'article 50 du statut local de Montpellier la laissoit à l'arbitrage du testateur, ensorte que le légitimaire étoit obligé de se contenter de ce qui lui avoit été donné ou légué, sans pouvoir demander un supplément de *légitime*. Mais ce droit rigoureux avoit été interprété par la jurisprudence du parlement de Toulouse, qui admettoit la demande de la *légitime* entière, lorsqu'on en avoit laissé aux enfans moins de moitié: & il a été entièrement abrogé par l'article 52 de l'ordonnance de 1735, qui autorise pour l'avenir la demande en supplément de *légitime*, dans les pays dans lesquels ou elle n'avoit pas été admise, ou elle avoit été prohibée en certains cas.

Plusieurs coutumes enfin ne règlent rien sur la quotité de la *légitime*, & dans celles-ci on se conforme à la coutume de Paris, si ce n'est dans quelques-unes voisines des pays de droit écrit, où l'on suit l'esprit du droit romain.

La *légitime* de droit, qui est celle dont on parle ici, est différente de la *légitime* coutumière, qui n'est autre chose que ce que les coutumes réservent aux héritiers présomptifs, soit directs ou collatéraux.

La *légitime* doit être laissée librement, & ne peut être grevée d'aucune charge, pas même de substitution & de fidéicommis; ensorte qu'une pareille disposition est toujours déclarée nulle sur la demande du légitimaire, s'il n'en a consenti formellement l'exécution. Il faut néanmoins excepter le cas où un père déshérite un enfant prodigue en faveur de ses petits-enfans, & lui laisse une pension alimentaire suffisante, parce qu'alors il satisfait à tout ce que demande de lui & la voix de la nature, & la prévoyance paternelle sur le sort de ses petits-enfans: les créanciers du légitimaire seroient même dans ce cas mal fondés à demander la distraction de la *légitime*.

Pour fixer sa quotité, on fait une masse de toutes les donations & de tous les biens délaissés au temps du décès de celui *de cujus*.

On compte ensuite le nombre de ceux qui font part dans la supputation de la *légitime*. Dans ce nombre ne sont point compris ceux qui ont renoncé à la succession tout-à-fait gratuitement; mais on compte ceux qui n'ont renoncé qu'*aliquo dato vel retento*.

Pour le paiement de la *légitime* on épuise d'abord les biens extans dans la succession; ensuite toutes les dispositions gratuites, en commençant par les dispositions testamentaires, & premièrement les institutions d'héritier, & les legs universels; ensuite les legs particuliers, même les legs pieux.

Si ces objets ne suffisent pas, le légitimaire est en droit de se pourvoir contre les donataires entre-vifs, en s'adressant d'abord aux derniers, & remontant de l'un à l'autre, suivant l'ordre des donations, jusqu'à ce que le légitimaire soit rempli; bien entendu que chaque donataire est lui-même en droit de retenir sa *légitime*.

La dot, même celle qui a été fournie en deniers, est sujette au retranchement pour la *légitime*, dans le même ordre que les autres donations, soit que la *légitime* soit demandée pendant la vie du mari, ou qu'elle ne le soit qu'après sa mort; & quand il auroit joui de la dot pendant plus de 30 ans, ou même quand la fille dotée auroit renoncé à la succession par son contrat de mariage ou autrement, ou qu'elle en seroit excluse de droit, suivant la disposition des loix, coutumes, ou usages.

La *légitime* se règle eu égard au temps de la mort, tant par rapport aux biens que l'on doit faire rentrer dans la masse, que par rapport au nombre des personnes que l'on doit considérer pour fixer la quotité de la *légitime*.

On impute sur la *légitime* tout ce que le légitimaire a reçu à titre de libéralité de ceux sur les biens desquels il demande la *légitime*, tel que les donations entre-vifs, les prélegs, tout ce qui a été donné au légitimaire pour lui former un établissement, comme un office, un titre clérical, une bibliothèque, des frais & habits de noces, & généralement tout ce qui est sujet à rapport. D'où il suit qu'il n'est pas tenu d'imputer ce qu'il tient de la loi, & qu'il auroit pu avoir *ab intestat* sans se rendre héritier.

La *légitime* doit être fournie en corps héréditaires; cependant le légitimaire ne peut pas demander que l'on morcelle les biens, s'ils ne peuvent pas se partager commodément. Cette règle reçoit encore quelques exceptions. Elle n'a pas lieu, 1°. à l'égard des duchés-pairies, qui sont indivisibles; 2°. à l'égard des fiefs, lorsque la coutume du lieu de leur situation ne permet pas de les diviser, même entre cohéritiers; 3°. un statut particulier de la Provence permet à l'héritier de payer la *légitime* en nature, ou en argent, à son choix; 4°. la coutume de Normandie, lorsque les enfans demandent leur *légitime* aux acquéreurs des biens de leur père, autorise ceux-ci à la fournir par estimation.

Les fruits & intérêts de la *légitime* courent du jour de la mort.

§. IV. *Des actions qui concernent la légitime.* L'action que le légitimaire a contre les héritiers & donataires, dure pendant 30 ans, à compter du décès de celui qui donne ouverture à la *légitime*; car pendant sa vie elle n'est pas sujette à prescription, & ne peut être purgée par décret, attendu que le droit n'est pas encore ouvert.

Le légitimaire a trois actions; la première pour demander la fixation de sa *légitime*, la seconde pour en obtenir le paiement, la troisième pour s'en assurer la garantie lorsqu'elle est payée.

La fixation de la *légitime* dépend de trois choses, de la vérification du patrimoine du défunt, de l'estimation qui en est faite, du partage qui s'opère entre le légitimaire & les autres héritiers.

La quotité des biens du défunt se constate par un inventaire loyal & fidèle; mais lorsque l'héritier n'a pas rempli cette formalité, le légitimaire est en droit d'exiger de lui l'exhibition de tous les titres & papiers de la succession, ou de faire faire une enquête par commune renommée de la fortune du défunt.

L'estimation des biens se fait par des experts, & l'on suit pour leur partage les règles que nous expliquerons sous ces mots. *Voyez* ESTIMATION, PARTAGE.

Lorsque la *légitime* a été payée, & que le légitimaire vient à être évincé des choses assignées pour la remplir, il peut se pourvoir en garantie contre les héritiers ou les donataires; & réciproquement si les héritiers ou les donataires souffrent quelque éviction dans ce qui leur est resté, ils ont une action contre le légitimaire pour lui faire rendre ce qu'ils lui ont payé au-delà de sa portion, eu égard à l'objet de l'éviction depuis qu'ils en ont fait la délivrance.

Voici comme Pothier développe l'effet de ces garanties respectives: « si le légitimaire souffre éviction de quelqu'une des choses échues en son lot, » n'ayant pas, au moyen de cette éviction, sa *légitime* complette, il a recours contre le donataire » sur les biens qui lui sont restés, & subsidiairement sur le donataire précédent, pour répéter la » valeur de la chose qui lui a été évincée; il ne » la répétera néanmoins que sous la déduction » d'une part pareille à celle qu'il avoit droit de prendre pour sa *légitime* dans la masse qu'on dresse » pour en faire la fixation: par exemple, si ce qui » lui a été évincé vaut 800 livres & que le défunt » eût quatre enfans, sa *légitime* étant le huitième » de cette masse, il ne répétera que 700 livres; car » la masse des biens dans laquelle il doit prendre » un huitième pour sa *légitime*, se trouvant par cette » éviction diminuée de 800 livres, sa *légitime* qui » est un huitième de cette masse, doit diminuer » dans la même proportion, & par conséquent de » 100 livres. *Vice versâ*, & par la même raison, si » c'est le donataire qui a souffert éviction de quelqu'une des choses qui lui étoient restées, il a » droit de répéter contre le légitimaire une portion » de la valeur de la chose évincée, pareille à celle » que le légitimaire a droit de prendre dans la masse » universelle des biens: par exemple, dans la » même supposition qu'il y eût quatre enfans, & » que la chose évincée au donataire fût de la valeur de 800 livres, il répétera 100 livres contre » le légitimaire ».

Y a-t-il ouverture à l'action en garantie de la part du légitimaire, lorsque le débiteur d'une rente qui lui a été donnée en paiement devient insolvable? Régulièrement la garantie en matière des dettes actives n'a point d'autre fin que d'en assurer l'existence & la loyauté; il n'y a que la clause de *fournir & faire valoir*, qui oblige le garant à répondre de l'insolvabilité du débiteur, & cette clause ne se supplée jamais. Cependant on trouve dans le journal du palais de Toulouse, *tome 3*, *pag. 353*, un arrêt du 12 septembre 1710, qui, en condamnant un légitimaire à accepter un paiement des contrats de rente, lui a réservé un recours contre l'héritier, au cas que le débiteur devînt insolvable: mais cette décision paroît contraire à la loi 77, §. 18, *ff. de legatis 2°*.

LÉGITIME *des ascendans* est celle que le droit romain donne aux père, mère, & à leur défaut, à l'aïeul & aïeule, sur les biens de leurs enfans ou petits-enfans décédés sans postérité. *Voyez* ce qui est dit ci-devant au mot LÉGITIME. (*A*)

LÉGITIME *des collatéraux* est celle que le droit donne aux frères-germains ou consanguins, lorsque le défunt a disposé de ses biens par testament, au profit d'une personne infame. *Voyez la loi* fratres, *au code de inoff. testam.* (*A*)

LÉGITIME *coutumière*, est la portion des propres

ou autres biens que les coutumes réservent à l'héritier, nonobstant toutes dispositions testamentaires qui seroient faites : on l'appelle *coutumière*, parce qu'elle est opposée à la *légitime* de droit ; c'est la même chose que ce que l'on appelle *les réserves coutumières*. *Voyez* RÉSERVES. (*A*)

LÉGITIME *de droit*, est celle qui est établie par le droit romain, à la différence des réserves coutumières, qu'on appelle *légitime coutumière*.

LÉGITIME *de grace*, est celle dont la quotité dépend de l'arbitrage du juge, c'est-à-dire, celle que le juge accorde aux enfans sur les biens que leurs ancêtres ont substitués, & dont les père & mère décédés sans autres biens, n'étoient que fidéi-commissaires ; cette *légitime* a lieu sur les biens substitués au défaut de biens libres ; les petits-enfans ne la peuvent obtenir sur les biens de leur aïeul, que quand ils n'ont pas d'ailleurs d'établissement suffisant pour leur condition ; on la règle ordinairement à la moitié de la *légitime* de droit. (*A*)

LÉGITIME *statuaire*, est celle qui est réglée par le statut ou la coutume de chaque province ; c'est la même chose que ce que l'on appelle *légitime coutumière*, ou *réserves coutumières*. (*A*)

LÉGITIME ADMINISTRATION, ou *loyale administration*, expression particulière dont se servent les coutumes de Nivernois, Berry, Bourbonnois, Auvergne, duché de Bourgogne & Poitou, pour désigner l'effet de la puissance paternelle, en vertu duquel le père jouit, suivant les loix romaines, de l'usufruit des biens de ses enfans. Mais elles n'y attachent pas toutes le même sens, & ne lui donnent pas la même étendue.

La coutume de Nivernois se sert de ces termes dans la signification de ceux de tutèle ou curatelle *légitime*, elle n'attache à ce droit aucun émolument, & elle l'étend d'ailleurs à la mère & aux aïeux, contre le texte du droit romain, qui n'accorde qu'au père la puissance paternelle avec tous les droits qui en dérivent.

La coutume de Berry nomme indifféremment cet effet de la puissance paternelle, *bail* ou *administration légitime*, & elle l'accorde au père avec gain des fruits des biens maternels & autres adventifs appartenant à ses enfans étant en sa puissance. Elle étend ce droit à la mère, aux aïeux & aïeules, & même aux collatéraux, ensorte qu'il n'est presque pas différent de la garde noble & bourgeoise.

La coutume de Bourbonnois, ainsi que celle de Nivernois, confond la *légitime administration* avec la tutèle *légitime* des père & mère. Mais elle en diffère en ce qu'elle donne au père, en cette qualité, l'usufruit des biens de ses enfans ; usufruit qui est plutôt une suite du droit de garde, qu'une conséquence de la puissance paternelle établie par le droit romain. En effet, il cesse par le second mariage du père, par le mariage des enfans, & par leur mort, mais dans ce dernier cas, à l'égard seulement de la portion des biens du décédé, qui appartient à ses frères & sœurs émancipés.

La coutume d'Auvergne est presque semblable à celle de Bourbonnois, elle confond les termes d'*administration* & de *tutèle légitime*, en accordant au père l'usufruit des biens adventifs de ses enfans : elle en diffère en ce qu'elle le prive de cet usufruit, lorsqu'il passe à de secondes noces sans faire inventaire, & lorsqu'il marie ses enfans sans en stipuler une réserve expresse en sa faveur, mais elle le fait durer après le décès d'un des enfans, sur les biens de la succession qu'il laisse à ses frères & sœurs.

La coutume de Bourgogne admet à la fois & le droit de garde-noble, sous le nom de *baillisterie*, & l'usufruit que le droit civil assure au père sur les biens de ses enfans non émancipés, en qualité de *légitime administrateur*. La baillisterie a lieu entre gens nobles, avec les charges semblables à celles que le droit commun impose à la garde noble. La *légitime administration* s'accorde, entre les non nobles, au père, sur les biens meubles & immeubles de ses enfans, jusqu'à leur émancipation ou leur majorité, & elle lui donne le droit de jouir des uns & des autres, à la charge d'en faire inventaire, de maintenir les héritages en convenable état, & d'alimenter ses enfans. Cependant le défaut d'inventaire n'emporte pas la privation de l'usufruit, quoique cette peine puisse être prononcée suivant les circonstances.

La coutume de Poitou ne donne qu'au père seul les droits de *légitime administration*, mais elle a à cet égard des dispositions singulières.

D'abord elle n'oblige le père à faire inventaire des meubles, qu'à la poursuite des proches parens des mineurs, qu'on n'admet même que lorsque le père est suspect de dissipation ou extrêmement pauvre. Lorsque le père a négligé de faire inventaire, les enfans ont droit de demander la continuation de la communauté, si bon leur semble, à moins que la femme, en mourant la première, n'ait donné les meubles à son mari ; car s'ils n'ont aucuns meubles de leur mère, ils ne peuvent continuer la communauté.

Dans cette coutume, le père jouit de l'usufruit de tous les biens immeubles de ses enfans : cet usufruit cesse par l'émancipation des enfans, mais cependant avec des modifications singulières.

Il cesse entiérement, suivant la disposition du droit commun, par l'émancipation expresse. A l'égard de l'émancipation tacite qui a lieu par le mariage d'un enfant, il faut distinguer entre les garçons & les filles, les nobles & les roturiers. Pour les filles, l'usufruit du père cesse dès l'instant de leur mariage ; pour les mâles roturiers, lorsque le mariage a été suivi d'une habitation séparée pendant an & jour ; pour les nobles, ni le mariage, ni l'habitation séparée n'en opèrent la cessation. Au reste, l'usage commun de la province est de regarder le roturier comme tacitement émancipé par le seul fait de sa majorité.

L'usufruit cesse aussi en faveur du père, par le

décès des enfans; ensorte que les fruits pendans par les racines se divisent entre le père & les héritiers des enfans, à proportion du temps de la durée de l'usufruit.

Dans toutes les coutumes qui admettent le droit de *légitime administration* en faveur du père, l'usufruit dont il jouit sur les biens de ses enfans, est modifié par toutes les espèces de pécules, admis soit par les loix romaines, soit par notre jurisprudence.

Lorsque les créanciers du père saisissent l'usufruit dont il jouit en qualité de *légitime* administrateur, les enfans peuvent user d'opposition & de rétention, jusqu'à concurrence des alimens, si le père n'a d'ailleurs moyen de les nourrir; & sous le nom d'*alimens*, on doit comprendre tout ce qui est nécessaire à leur entretien, & à leur éducation dans le sens le plus étendu; mais les créanciers du père ne peuvent l'empêcher d'émanciper ses enfans, sans aucune réserve d'usufruit.

LÉGITIMER, v. act. c'est faire un acte de légitimation, c'est donner à un bâtard l'état d'enfant légitime. *Voyez* LÉGITIMATION. (*A*)

LÉGITIMITÉ, s. f. (*Droit public & civil.*) se dit en général de tout ce qui est conforme aux loix; ainsi la *légitimité* d'une action désigne le rapport & la conformité de cette action, avec ce qui est prescrit par la loi, soit naturelle soit civile.

Mais on entend plus particuliérement par ce mot l'état d'un enfant dont la naissance est approuvée par la loi.

Le mariage, parmi toutes les nations policées, est la source unique de la *légitimité* des enfans, & les qualités de mari & de femme sont absolument nécessaires pour donner à un enfant la qualité de légitime: *filium eum definimus qui ex viro & uxore ejus nascitur*, dit la loi 6, *ff. de his qui sui vel alieni juris sunt.* Ainsi tout enfant, né hors d'un mariage légitime entre ses père & mère, est réputé bâtard, & ne participe à aucuns des droits accordés par les loix civiles & politiques à ceux qui naissent d'une union approuvée par la loi & la religion.

Cette règle néanmoins reçoit deux exceptions; 1°. les enfans nés dans le concubinage deviennent légitimes par le mariage que leurs père & mère contractent dans la suite. *Voyez* LÉGITIMATION. 2°. On regarde comme légitimes, les enfans nés d'un mariage nul, mais contracté de bonne foi, & revêtu de toutes les formes & solemnités prescrites par les loix de l'église & de l'état. Cette jurisprudence est confirmée par plusieurs arrêts, qu'il est inutile de rapporter.

Quoique réguliérement on ne dût reconnoître que deux espèces d'enfans, les légitimes & les bâtards, nous en admettons cependant une troisième, dont la naissance est regardée comme légitime, mais à qui on refuse la participation aux effets civils que la *légitimité* accorde à tous les autres.

1°. Les enfans nés du mariage putatif d'un religieux profès, quoique légitimes, ne peuvent succéder à leurs aïeux & parens collatéraux paternels, parce que leur père ayant perdu entiérement la faculté de leur succéder au temps de son mariage, il est impossible qu'ils l'exercent eux-mêmes, sans donner plus d'effet à la fiction qu'à la vérité, ce qui seroit absurde.

2°. Les enfans issus d'un mariage clandestin, ou contracté *in extremis*, sont censés légitimes, mais ils sont en même temps privés des autres effets civils du mariage de leurs père & mère, & ne peuvent succéder soit à eux, soit à leurs parens collatéraux; on se contente de leur adjuger une partie des biens de leurs père & mère, non à titre de portion héréditaire, mais par forme d'aliment.

3°. Les enfans nés de personnes condamnées à mort civile, depuis leur condamnation, sont légitimes, & il importe peu que le mariage dont ils sont issus ait été célébré avant ou depuis la condamnation; mais ils sont incapables de succéder à leurs parens, parce que, disent les auteurs, un tronc mort ne peut pas produire des branches vives. C'est ce qui a été jugé par plusieurs arrêts rapportés dans le journal des audiences & dans Denisard.

La *légitimité* des enfans ne pouvant avoir lieu que par le mariage légitime de leurs père & mère, il en résulte nécessairement, que celui qui se prétend légitime, doit prouver qu'il a reçu la naissance de personnes mariées.

Cette preuve doit être claire & précise, & elle n'est telle en France, que par la représentation de l'acte de célébration de mariage. Les ordonnances de Blois & de Moulins ont rejetté toutes autres preuves, en adoptant la disposition du concile de Trente, qui impose la nécessité de tenir, dans toutes les paroisses, des registres des mariages, & d'en faire signer l'acte par le propre curé des parties & quatre témoins. La déclaration de 1639 a même passé plus avant, & a défendu absolument la preuve testimoniale, qui paroît souvent suspecte & toujours défectueuse.

Néanmoins comme cette rigueur réduisoit quelquefois les enfans à l'impossibilité de prouver leur état, on en a modéré la sévérité, & l'ordonnance de 1667 a admis la preuve par témoins, lorsque la perte des registres est articulée & prouvée. On l'admet également lorsque le mariage a été célébré en pays étranger, & qu'il seroit difficile d'en produire la preuve par écrit.

Dans ces deux circonstances, la cohabitation publique des père & mère, & la possession d'état suffisent pour assurer la *légitimité* des enfans, parce que, comme le dit fort bien M. d'Aguesseau dans son plaidoyer pour Jeanne Billon en 1692, lorsqu'il s'agit de l'état des enfans, on doit observer à la vérité les maximes de l'église & de l'état, mais on peut s'attacher moins rigoureusement aux formalités, pour prononcer en faveur de la possession, qui est la loi la plus sûre & la plus inviolable, quand il s'agit de régler l'état des parties.

Les déclarations & reconnoissances des père &

mère, & sur-tout celle du père, soit expresse soit tacite, suppléent encore la perte des registres publics, qui pourroient constater & la célébration du mariage entre les père & mère, & la naissance de l'enfant; cette maxime a été établie par la loi 1, §. 12, *de agnoscend. lib.*, & elle a servi de base à un arrêt du 18 juin 1648, rapporté par Soëfve, qui déclare les héritiers d'une femme non-recevables à accuser sa mémoire de supposition de part, tandis que le mari étoit vivant, & reconnoissoit l'enfant.

Nous venons de dire que le mariage étoit l'unique source de la *légitimité* des enfans, mais s'ensuit-il de-là que tous les enfans nés pendant le mariage doivent être réputés légitimes?

La naissance & l'origine de l'homme, la qualité de fils & de fils légitime sont autant de mystères que la nature couvre d'un voile impénétrable, & dont on ne peut donner des preuves claires & démonstratives; c'est pourquoi l'on se contente de présomptions autorisées par la loi.

Il en est une consacrée par le droit romain, dictée par la religion, la dignité du mariage, l'honnêteté publique, qu'on doit regarder comme le fondement le plus solide de l'état des hommes. Elle est consignée dans la loi 5, *ff. de in jus vocando;* elle est conçue en ces termes: *pater est quem nuptiæ demonstrant.* Le mari d'une femme est réputé le père des enfans qu'elle met au monde.

Cette présomption est du nombre de celles que les jurisconsultes appellent *juris & de jure*, c'est-à-dire, qu'elle exclut toute preuve contraire, parce qu'elle est considérée comme la vérité même; & cela par deux raisons, la première qu'elle a été introduite par la loi, la seconde que cette même loi a établi une liaison nécessaire & infaillible entre le fait que l'on connoît, & celui que l'on veut prouver.

Cependant la règle, *pater est quem nuptiæ demonstrant*, souffre quelques exceptions, mais on peut dire que ces exceptions sont fondées elles-mêmes sur la règle, car on n'en admet que dans les cas où il n'y a aucun rapport entre la naissance d'un enfant & sa *légitimité.*

Nous avons parlé au mot ACCOUCHEMENT, des circonstances qui font connoître la *légitimité* d'un enfant né soit au commencement du mariage, soit après sa dissolution; c'est pourquoi il ne nous reste à traiter ici que de celles qui font déclarer illégitime un enfant conçu & né pendant le mariage.

On ne trouve dans tout le corps du droit que deux exceptions à la règle générale, & toutes deux sont fondées sur une impossibilité physique & certaine d'admettre la présomption: elles sont proposées dans la loi 6, *ff. de his qui sui vel alieni juris sunt*, qui définit ainsi un fils légitime.

Filium eum definimus qui ex viro & uxore ejus nascitur: sed si fingamus abfuisse maritum, verbi gratiâ, per decennium, reversum anniculum invenisse in domo suâ, placet nobis Juliani sententia hunc non esse mariti filium.... sed mihi videtur, quod & Scævola probat, si constet maritum aliquandiù cum uxore non concubuisse, infirmitate interveniente, vel aliâ causâ, vel si eâ valetudine paterfamilias fuit ut generare non possit, hunc qui in domo natus est, licet vicinis scientibus, filium non esse.

Il n'y a donc, suivant cette loi, que deux preuves contraires qui puissent être opposées à la présomption si favorable & si puissante, tirée du mariage. La longue absence du mari est la première; son impuissance, soit perpétuelle ou passagère, est la seconde: la loi n'en écoute point d'autre, & il est évident qu'il est même impossible d'en feindre d'autre, puisque tant que l'absence ni aucun autre obstacle n'aura point séparé ceux que le mariage unit, on ne présumera jamais que celui qui est le mari, ne soit pas le véritable père. C'est ce que décide encore la loi déjà citée: *non tamen ferendum, Julianus ait, eum qui cum uxore suâ assiduè moratus, nolit filium agnoscere quasi non suum.*

Toute absence du mari ne fait pas cesser la présomption de la paternité: elle ne peut produire un pareil effet, à moins qu'elle ne réunisse trois caractères, savoir, la longueur, la certitude, & la continuité. C'est même l'esprit de la loi que nous venons de rapporter.

1°. Il faut qu'elle soit longue, c'est-à-dire, qu'elle ait trop duré pour que la conception de l'enfant puisse se référer à un temps qui lui soit antérieur. Par exemple, un homme quitte sa femme & s'en va dans un pays éloigné; au bout de dix ans il revient, & trouve dans sa maison un enfant âgé d'un an; il est certain qu'il ne sera point obligé de reconnoître cet enfant; c'est l'espèce de la loi que nous venons de citer.

2°. Il faut que l'absence soit certaine: en effet, pour peu qu'il y eût de doute sur ce point, on devroit présumer que la mère est innocente, & par conséquent que le fils est légitime. *In favorem prolis potiùs declinamus;* c'étoit la maxime d'Innocent III, dans le chapitre *ex tenore*, aux décrétales *qui filii sint legitimi.*

3°. Il faut que l'absence soit continuelle; car si le mari étoit revenu de temps à autre en sa maison, il est clair, par ce que nous venons de dire, qu'il n'en faudroit pas davantage pour rendre toute sa force à la règle *pater is est quem nuptiæ demonstrant.*

Par la même raison, si la continuité n'étoit pas physiquement certaine, c'est-à-dire, si le mari avoit pu franchir en peu de temps la distance qui le séparoit de sa femme, & retourner avec la même promptitude dans l'endroit où il a vécu pendant son absence, les témoignages que l'on rapporteroit de la continuité de son séjour en cet endroit ne formeroit pas une preuve de l'illégitimité de l'enfant conçu ou né pendant l'époque de l'absence.

Il y a encore une espèce d'absence qui ne consiste pas tant dans la distance des lieux, que dans l'éloignement des esprits, & qui néanmoins produit le même effet que l'absence proprement dite,

& qui réunit les trois caractères dont nous avons parlé; c'est la séparation prononcée juridiquement entre deux conjoints pour cause d'adultère, & qui n'a point été suivie de réconciliation. Le journal des audiences nous fournit deux arrêts des 9 mai 1693 & premier décembre 1701, qui déclarent bâtards adultérins des enfans conçus depuis la séparation pour cause d'adultère, & leur fait défenses de prendre les noms des maris de leurs mères. Ils sont rapportés au *tome 5, livre 1, chapitre 48, édition de 1734*.

Si cependant la femme prouvoit que son mari lui a rendu visite pendant leur séparation, on déclareroit légitime l'enfant qu'elle mettroit au monde. « C'est, dit le Brun, ce que j'ai vu juger à l'occasion d'une femme accusée d'adultère, qui devint grosse pendant sa prison, & cela sur le simple certificat d'un garçon geolier, qui attestoit que le mari lui avoit rendu visite ».

Nous avons dit que l'impuissance du mari fait cesser la présomption de paternité qui résulte du mariage. Mais il faut pour cela, dit le Brun, « que la maladie soit telle, qu'elle produise une impossibilité physique & morale: car autrement l'on présume volontiers pour l'honneur des femmes, & l'on présuppose que la nature a fait un effort en la personne du mari malade..... J'ai vu, ajoute le même auteur, rendre sur ces principes un arrêt à la tournelle, le samedi 26 janvier 1664, par lequel, sans avoir égard à l'interrogatoire d'une mère, dans lequel elle avoit reconnu son adultère, & que l'enfant dont il étoit question n'étoit pas de son mari, qui d'ailleurs étoit un vieillard de soixante-dix ans, accablé de maladies, l'on confirma l'état de l'enfant ».

Il ne suffit pas d'alléguer l'impuissance du mari pour faire déclarer un enfant illégitime, il faut la constater juridiquement: & comme cela n'est plus possible après la mort du mari, il est clair que ses héritiers ne peuvent attaquer de ce chef l'état d'un enfant né pendant son mariage; c'est aussi ce qu'ont jugé plusieurs arrêts rapportés dans le dictionnaire de Brillon, au mot *Impuissant*. On en trouve encore un très-remarquable dans le journal des audiences, du 5 juillet 1655.

L'accusation & la preuve même de l'adultère de la femme ne forment pas un obstacle à la *légitimité* de l'enfant, parce qu'il se peut faire qu'il doive sa naissance à l'union de la femme avec son mari. C'est ce que décide la *loi 11, §. 7, ff. ad leg. jul. de adult. non utique crimen adulterii, quod mulieri objicitur, infanti præjudiciat: cum possit, & illa esse adultera, & impubes defunctum patrem habuisse.* C'est sur ce fondement que l'arrêt du 15 juin 1693, rendu sur les conclusions de M. d'Aguesseau, maintint en la qualité de fils légitime, l'enfant du sieur Vinantes, dont la mère, pour cause d'adultère, avoit été condamnée à la peine de l'authentique.

Il y a long-temps, dit M. d'Aguesseau, qu'on a demandé si l'on devoit regarder la déclaration du père ou de la mère comme un jugement domestique toujours également décisif, soit qu'il fût contraire ou favorable aux enfans. Le nom sacré de père & de mère, & la tendresse que la nature leur inspire pour leur propre sang, ne sembloient pas pouvoir permettre que l'on doutât de la vérité de leur suffrage.

Aussi voyons-nous que chez les Grecs, suivant le témoignage d'Aristote, la déclaration de la mère étoit toujours suivie par les sentences des juges: arbitre de la destinée de ses enfans, elle décidoit souverainement de leur sort; & quoique chez eux l'autorité du père ne fût pas si grande, il paroît néanmoins qu'on y a aussi déféré plusieurs fois.

Les législateurs romains, ou plus sages ou plus instruits par l'expérience de plusieurs siècles, ont établi une maxime contraire; & si nous voyons dans leurs loix que la reconnoissance du père est un grand préjugé pour assurer l'état de son fils, nous y voyons en même temps que, quelque déclaration que la mère ait faite contre l'état de ses enfans, la vérité conserve toujours ses droits, & on la cherche par toutes sortes de voies, même après le serment de la mère.

C'est ce qui est décidé par la loi 29, §. 1, D. *de probationibus & præsumptionibus*, où l'on demande au jurisconsulte Scævola, si une déclaration faite par une mère irritée peut nuire à ses enfans, *an... obsit professio à matre iratâ facta?* Il répond en ces termes, *veritati locum superfore.*

C'est ce qui est encore établi par la loi 14, C. *de probationibus. Non nudis asseverationibus, nec ementitiâ professione (licet utrique consentiant) sed matrimonio legitimè concepti, vel adoptione solemni filii civili jure patri constituuntur.*

Tous les docteurs ont suivi unanimement cette disposition. Bartole & Menochius blâment même d'ignorance deux princes d'Italie, qui, par un excès de déférence pour la déclaration de leur mère, renoncèrent à leurs états, parce qu'elle les avoit assurés en mourant, qu'ils n'étoient pas fils de son mari.

Enfin, les arrêts ont tant de fois décidé cette question, qu'on peut dire que ce n'en est plus une aujourd'hui.

La *légitimité* d'un enfant peut être contestée soit par une action directe, soit par forme d'exception, par tous ceux qui y ont un intérêt présent & actuel, mais celui qui n'y a qu'un intérêt douteux & incertain n'est point recevable. Dans le cas où elle est contestée par forme d'exception, elle doit être discutée & jugée avant de passer aux causes qui en dépendent, & sur lesquelles elle doit avoir une influence nécessaire. C'est la décision de la loi 5, §. 8, *ff. de agnosc. lib.* que nous avons adoptée.

Peut-on agiter la question de la *légitimité* après la mort de celui qu'elle concerne? On répond qu'en général, l'état d'une personne décédée ne peut faire la matière d'une action principale, mais qu'elle peut être l'objet d'une action incidente, soit pour régler à qui doivent appartenir ses biens, soit pour décider les questions qui retombent indirectement sur son état. Il faut néanmoins en excepter le cas où celui dont l'état est attaqué, a obtenu avant sa mort un jugement qui le confirmoit dans sa qualité d'enfant légitime. C'est la disposition des loix, *2 c. de assert. toll. 13, c. de liber. causâ, 3. c. ne de statu defunc. post quinq. quæratur, 1 ff. eod.* que nous suivons dans notre jurisprudence.

Il est cependant un terme après lequel cette faculté cesse. Un édit de l'empereur Nerva a mis en principe, qu'il n'est plus permis, après cinq ans depuis la mort d'une personne, d'élever des contestations sur l'état dont elle jouissoit publiquement & paisiblement au moment de son décès.

Cette défense ne concerne pas seulement les contestations principales, que la mort éteint toujours nécessairement, elle tombe encore sur les contestations incidentes. Ainsi le laps de cinq ans forme une fin de non recevoir, même contre une prétention pécuniaire, dont la décision dépend de l'état qu'avoit le défunt.

Par la même raison, on ne peut pas attaquer l'état d'une personne vivante ni même celui d'une personne morte depuis un temps au-dessus de cinq ans; si cette contestation doit retomber indirectement & par conséquence sur l'état d'un défunt dont la mémoire a acquis la prescription quinquennale.

Cette prescription court contre le fisc & même contre les impuberes destitués de tuteurs, sans aucune espérance de restitution en entier.

Mais elle ne peut avoir lieu, comme nous l'avons déjà dit, qu'en faveur de celui qui est mort dans une possession publique & paisible de l'état que l'on voudroit impugner. Ainsi l'on peut encore, après les cinq ans du décès, faire décider ce point de fait par le juge.

Il faut cependant observer qu'un procès que l'on auroit fait au défunt pendant sa vie, & qui auroit été périmé avant sa mort, n'apporteroit aucun obstacle à la prescription dont il s'agit.

Il en seroit de même d'une contestation que l'on auroit portée devant un juge compétent.

Cette prescription est reçue dans nos mœurs. On peut en voir les preuves dans Henrys, *tome 2, liv. 4, question 28;* dans Dunod, traité des prescriptions, *partie 2, chap. 8;* dans le code criminel de Serpillon, *page 966.*

Mais parmi nous, comme chez les Romains, elle n'a lieu qu'en faveur du défunt, & jamais à son préjudice. Ainsi lorsqu'une personne est morte dans l'état de bâtardise, on peut faire juger après les cinq ans qu'elle étoit légitime. *Voyez* le titre du digeste *ne de statu defunctorum,* &c.

La question de la *légitimité* se portoit autrefois devant les juges ecclésiastiques, lorsqu'elle étoit attaquée sur le fondement que les père & mère n'avoient pas été mariés valablement, & devant les juges laïques, lorsqu'on se bornoit à soutenir que l'enfant n'avoit pas reçu le jour de ceux qu'il appelloit ses père & mère. Mais aujourd'hui c'est une maxime constante dans le royaume, que, dans tous les cas, cette question est du ressort du juge laïque : c'est la remarque de Dumoulin, sur le chap. 5, X, *qui filii sint legitimi.*

Lorsqu'elle a lieu sur le fondement d'un défaut radical dans le mariage des père & mère, l'appel comme d'abus étant la seule voie qu'on puisse prendre, elle est de la compétence des cours souveraines, qui seules ont droit de connoître de ces sortes d'appel. Ce qui a lieu, quand bien même la contestation s'éleveroit incidemment à ce sujet, dans un autre tribunal, parce que dans ces sortes de matières, l'incident se transforme en principal.

Mais si la *légitimité* est combattue par d'autres moyens, elle se porte devant le juge du domicile de la personne qui en est l'objet, lorsqu'elle est proposée principalement; si au contraire elle ne l'est qu'incidemment, elle doit être jugée dans le tribunal saisi de la cause principale, à moins qu'elle ne fût agitée pardevant des juges d'attribution, qui ne peuvent connoître des questions d'état, quoique purement incidentes, ainsi que le prescrit nommément pour les juges-consuls l'ordonnance de 1673, *tit. 12, art. 9.*

Un arrêt du 12 janvier 1686, rapporté au journal des audiences, paroît déclarer les lieutenans-criminels, incompétens pour connoître, même incidemment, des questions d'état. Mais cependant, d'après le texte précis de l'ordonnance de 1670, *tit. 14, art. 8*, ils en peuvent prendre connoissance, lorsqu'elles présentent un crime susceptible d'une instruction extraordinaire.

LEGS, f. m. (*Droit civil.*) ce mot désignoit anciennement toutes les espèces de dispositions testamentaires; c'est ainsi qu'il est employé dans un passage du prophète Ezéchiel, *chap. 46, ℣. 17,* & dans la loi des douze tables, dont nous rapporterons le texte. Mais dans le dernier état de la jurisprudence romaine, comme dans nos mœurs, il est restraint à certaines espèces de donations faites par testament ou par tout autre acte de dernière volonté.

Justinien définit le *legs*, une espèce de donation faite par un défunt, dont l'héritier doit faire la délivrance. Cette définition renferme toute la nature du *legs*. C'est effectivement une libéralité & une donation du défunt, elle peut se faire, soit par testament, soit par codicille; elle est acquittée non par le défunt, mais par celui qui recueille sa succession, soit comme héritier institué, soit comme héritier *ab intestat*, soit comme légataire universel.

L'usage de faire des *legs* est probablement aussi ancien que celui des testamens. Dès que les hommes eurent inventé une manière de régler leurs biens après leur mort, ils pratiquèrent aussi l'usage des *legs* particuliers en faveur de leurs parens, amis ou autres personnes auxquelles ils vouloient faire quelque libéralité, sans néanmoins leur donner la totalité de leurs biens.

Dans

Dans la Genèse, *liv. I, chap. 25, v. 5 & 6*, il est fait mention de *legs* particuliers faits par Abraham à ses enfans naturels : *deditque Abraham cuncta quæ possiderat Isaac, filiis autem concubinarum largitus est munera.*

On trouve encore quelque chose de plus précis pour l'usage des *legs*, dans le prophète Ezéchiel, *ch. 46, v. 17 & 18*, où, en parlant du pouvoir que le prince avoit de disposer de ses biens, il prévoit le cas où il auroit fait un *legs* à un de ses serviteurs : *si autem dederit legatum de hæreditate suâ uni servorum suorum, erit illius usque ad annum remissionis, & revertetur ad principem ; hæreditas autem ejus filius ejus erit*, &c.

Ce même texte nous fait connoître que chez les Hébreux, il étoit permis de faire des *legs* à des étrangers, mais que les biens légués ne pouvoient être possédés par les légataires étrangers ou par leurs héritiers que jusqu'à l'année du jubilé ; après quoi, les biens devoient revenir aux héritiers des enfans du testateur. La liberté de disposer de ses biens par testament, n'étoit pas non plus indéfinie : ceux qui avoient des enfans ne pouvoient disposer de leurs immeubles à titre perpétuel, qu'en faveur de leurs enfans.

Ces usages furent transmis par les Hébreux aux Egyptiens, & de ceux-ci aux Grecs, dont les Romains empruntèrent, comme on sait, une partie de leurs loix.

La fameuse loi des douze tables qui fut dressée sur les mémoires que les députés des Romains avoient rapportés d'Athènes, parle de testament & de *legs* : *pater-familias, uti legassit super familiâ pecuniâve suâ, ita jus esto.*

L'usage des testamens & des *legs* s'introduisit aussi dans les Gaules ; & depuis que les Romains en eurent fait la conquête, il fut réglé en partie par les loix romaines, & en partie par les coutumes de chaque pays.

Il y avoit anciennement chez les Romains quatre sortes de *legs* ; savoir, *per vindicationem, damnationem, sinendi modum & per præceptionem* : chacune de ces différentes espèces de *legs* différoit des autres par la matière, par la forme & par l'effet.

Léguer *per vindicationem*, c'étoit quand le testateur donnoit directement au légataire, & en termes qui l'autorisoient à prendre lui-même la chose léguée, par exemple, *do illi solidos centum*, ou *do, lego, capito, sumito, habeto* : on appelloit ce *legs per vindicationem*, parce que le légataire étoit en droit de revendiquer la chose léguée contre toutes sortes de personnes, dès que l'héritier avoit accepté la succession.

Le *legs per damnationem* se faisoit en ces termes : *damno te hæres illi dare solidos centum*, ou *hæres meus damnas esto dare, dato, facito, hæredem meum dare jubeo*. Ce *legs* produisoit contre l'héritier en faveur du légataire, une action *in personam ex testamento.*

On léguoit *sinendi modo*, en disant *damno te hæres ut illi permittas illam rem accipere*, ou bien *hæres meus damnas esto sinere Lucium Titium sumere illam rem, sibique habere*. Cette espèce de *legs* produisoit aussi une action *in personam ex testamento.*

Le *legs per præceptionem*, ne se pouvoit faire qu'aux héritiers qui étoient institués pour partie. C'étoit une espèce de libation ou prélegs ; il se faisoit en ces termes : *præcipuam ille ex parte hæres rem illam accipito* ; ou bien *Lucius Titius illam rem præcipito* : ce qui étoit légué à ce titre, ne pouvoit être recouvré que par l'action appellée *familiæ erciscundæ.*

Dans la suite, les empereurs Constantin, Constantius & Constans, supprimèrent toutes ces différentes formes de *legs*, & Justinien acheva de perfectionner cette jurisprudence, en ordonnant que tous les *legs* seroient de même nature, & qu'en quelques termes qu'ils fussent conçus, le légataire pourroit agir, soit par action personnelle ou réelle, soit par action hypothécaire.

Avant l'empereur Auguste, on ne pouvoit léguer que par un testament solemnel ; mais ce prince ayant introduit les codicilles, on s'est habitué insensiblement à regarder comme valables les *legs* consignés dans ces actes. Mais pour léguer valablement par testament ou par codicille, il faut que l'un ou l'autre soit revêtu de toutes les formes requises par les loix.

Ainsi, en pays de droit écrit, où l'institution d'héritier est indispensable par la validité d'un testament, il est nécessaire que le testateur qui choisit cette manière de disposer de ses biens, institue un héritier, s'il veut assurer l'exécution des *legs* : il faut aussi que l'institution ne soit pas nulle, soit par un vice de forme, soit par l'incapacité de l'institué. *Voyez* INSTITUTION *d'héritier.*

Puisque la nullité des testamens & codicilles emporte celle des *legs* qu'ils contiennent, il s'ensuit que, si après avoir acquitté un *legs*, on vient à découvrir qu'il a été fait par un acte nul ou révoqué, on est admis à le répéter, à moins que l'héritier ne l'ait payé volontairement, ou par une erreur inexcusable, parce qu'en général, lorsqu'il se trouve des nullités dans un testament ou codicille qui renferme des *legs*, elles peuvent être effacées par l'approbation des parties intéressées.

Les *legs* pieux ne sont point exceptés de cette loi générale. Nous n'ignorons pas qu'on trouve dans les arrêtistes plusieurs arrêts qui ont confirmé de pareils *legs* insérés dans des testamens informes : mais ils ne doivent faire aucune impression, car ils se trouvent contredits par un grand nombre d'autres qui ont décidé le contraire ; d'ailleurs, l'ordonnance de 1735, *art. 78*, porte expressément, que toutes ses dispositions, soit sur la forme, soit sur le fond des testamens, codicilles ou autres actes de dernière volonté, seront exécutées, encore que les dispositions du testateur, de quelque espèce qu'elles soient, eussent une cause pie pour objet.

Au reste, les *legs* n'exigent aucune forme particulière; ils reçoivent leur exécution sans difficulté, dès que l'acte qui les contient est valable, & qu'ils portent évidemment l'empreinte de la volonté du testateur. Cependant il arrive quelquefois qu'il les rédige d'une manière qui peut en empêcher l'effet, & les rendre nuls.

Les *legs* captatoires, & ceux que le testateur commet à la volonté d'autrui, sont proscrits par les loix. On regarde encore comme nuls, ceux qui ne désignent les personnes auxquelles ils sont laissés, que par des notes injurieuses. *Voyez* INSTITUTION D'HÉRITIER.

Mais il n'en est pas de même de la fausse démonstration du légataire ou de la chose léguée. *Voyez* DÉMONSTRATION.

La fausseté des causes ajoutées aux *legs* n'en opèrent point la nullité, à moins qu'elles ne soient énoncées en termes conditionnels, ou qu'il ne soit prouvé que le testateur n'auroit pas disposé ainsi, s'il en eût été instruit. Il seroit difficile de donner des règles certaines à cet égard, car ce sont les circonstances qui doivent décider.

On peut léguer en général toutes les choses dont on peut disposer par testament, suivant la loi du lieu où elles sont situées, soit meubles meublans ou autres effets mobiliers, immeubles réels ou fictifs, droits & actions, servitudes, même les choses qui n'existent pas encore, telles que les fruits qui naîtront sur un héritage, pourvu que ce soient des choses dans le commerce, & à l'égard des choses futures, qu'elles soient possibles, & qu'elles aient coutume d'exister suivant le cours ordinaire de la nature.

On peut même léguer la chose de l'héritier, parce que l'héritier, en acceptant la succession, semble confondre son patrimoine avec celui du défunt, & se soumettre aux charges qui lui sont imposées. Mais on lègue inutilement la propre chose du légataire, à moins que le testateur ou un tiers n'y eût quelque droit, qui est censé remis lorsqu'il appartient au testateur, & qui doit être acquis par l'héritier, & livré au légataire, s'il appartient à une tierce personne.

Si le testateur lègue sciemment la chose d'autrui, l'héritier est tenu de l'acheter pour la livrer au légataire, ou s'il ne peut pas l'avoir, de lui en payer la valeur; mais s'il a légué la chose d'autrui croyant qu'elle lui appartenoit, le *legs* est caduc, parce que dans ce cas on présume que la volonté du testateur n'eût pas été de léguer la chose d'autrui. Cette faculté est accordée au testateur, par la raison qu'elle ne porte aucun préjudice au propriétaire de la chose; elle lie seulement ses héritiers, par l'obligation qu'elle leur impose d'acquitter le *legs* en nature ou en estimation.

Le *legs* de la chose d'autrui n'impose pas à l'héritier la nécessité de l'acquérir, ou d'en payer la valeur, lorsque la chose n'est pas dans le commerce, tels que sont les objets qui appartiennent au public, ou lorsque l'aliénation en est prohibée par les loix, tels que les biens du domaine, de l'église, des hôpitaux, des communautés laïques ou ecclésiastiques.

L'aliénation de la chose léguée, faite par le testateur depuis la confection du testament, n'en rend pas le *legs* caduc, pourvu que son intention n'ait point été de priver le légataire de la disposition faite en sa faveur: ce qui se présume, lorsque l'aliénation a été forcée.

Lorsque le légataire a acquis du vivant du testateur, la chose léguée, le *legs* n'en est inutile que dans le cas où il l'a acquis à titre lucratif, & que sa propriété est incommutable. Ainsi, si elle lui appartient à titre onéreux, il peut en demander la valeur en vertu du testament; s'il n'en a acquis que la propriété ou l'usufruit, l'héritier est tenu de lui fournir ce qui manque à la perfection de sa propriété; s'il l'a eue par donation, & qu'elle soit sujette à révocation, soit pour cause de légitime, ou de survenance d'enfant, l'héritier est obligé de le maintenir dans la possession de la chose, ou de lui en payer la valeur.

On peut léguer valablement un fait, pourvu qu'il soit utile & licite. Ainsi le testateur peut charger son héritier de faire construire un ouvrage public, de faire bâtir une maison, de faire faire une statue pour le légataire, de lui vendre un effet qui lui convient, ou d'acheter de lui une chose dont il est intéressé à se défaire.

Il est quelquefois difficile de déterminer ce qui est compris dans un *legs*. En général il faut tenir comme certain, que dans tous les cas où la volonté du testateur est claire, il faut la suivre, sans faire attention aux paroles dont il s'est servi pour l'exprimer. Mais lorsqu'elle est embarrassée de quelques nuages, il faut, dans l'examen des termes qu'il a employés, ne pas s'attacher scrupuleusement à une interprétation rigoureuse & grammaticale, mais à l'usage & à la signification ordinaires des mots dans l'endroit où le testateur étoit domicilié, ou de ceux qui lui étoient particuliers.

Il se rencontre peu de difficultés à cet égard dans les *legs* universels; elles sont presque toujours écartées par la nature de cette disposition. Mais il n'en est pas de même des *legs* particuliers; la multiplicité & la variété des questions de volonté dont ils sont comme le siège, donnent lieu à un grand nombre de contestations. La nature de cet ouvrage nous interdit la faculté d'entrer dans le détail des espèces qui peuvent se présenter. Il faudroit un volume entier pour rendre compte des dispositions des loix romaines sur cet objet. Nous nous contenterons d'exhorter les jurisconsultes à les consulter dans le besoin.

Les *legs*, comme les donations, doivent être acceptés par les légataires, avec cette différence néanmoins que l'acceptation tacite d'un *legs* suffit. Mais cette nécessité de l'acceptation n'empêche pas que la propriété d'un *legs* fait purement & sans condition, ne passe au légataire, du moment même de la mort du testateur, parce que dès l'instant qu'elle a lieu, elle a un effet rétroactif à celui de la mort du testateur, de la même manière que l'acceptation d'une succession par l'héritier, l'en suppose saisi dès le décès de celui à qui il succède.

Cette propriété ne lui donne pas le droit de s'emparer de la chose léguée, il faut qu'il en demande la délivrance à l'héritier qui est saisi de plein droit de tous les biens qui composent une succession. Ce principe est conforme aux loix romaines, à la disposition des coutumes, & a été consacré par l'ordonnance de 1735. Il renferme non-seulement les *legs* ordinaires, mais même les *legs* pieux, & les *prélegs* faits à quelqu'un des héritiers. Il a même lieu dans le cas où le légataire se trouve avoir en sa possession la chose léguée, à moins qu'elle n'ait été remise entre ses mains par le testateur même, ou que celui-ci ne l'ait autorisé à en prendre possession de son autorité privée. Cependant les *legs* qui contiennent la libération d'une dette appartenante au testateur, n'exigent pas une délivrance, parce qu'un pareil *legs* n'aboutit pas à quelque chose de réel qui puisse être délivré, qu'il opère seulement l'extinction d'un droit, & que la volonté seule du créancier suffit pour éteindre une dette.

Ce que nous venons de dire à l'égard de la délivrance des *legs*, n'a entièrement lieu qu'à l'égard des immeubles; quant aux meubles, celle qui est faite aux légataires par l'exécuteur testamentaire suffit pour les mettre à l'abri des poursuites de l'héritier: quelques coutumes en ont une disposition expresse, ainsi qu'on le voit par l'article 430 de celle de Normandie, 291 d'Orléans, 62 de Chauny.

Celles de Vermandois, Amiens & Calais permettent à l'exécuteur testamentaire, de retenir lui-même le *legs* mobilier qui lui est fait par le testateur. Cette faculté est même de droit commun; elle dérive de la saisine mobilière que nos usages accordent à l'exécuteur testamentaire.

Un *legs* peut être universel ou particulier, pur & simple ou conditionnel, ou fait pour avoir lieu dans un certain temps seulement. *Voyez* CONDITION.

Le *legs* fait *sub modo*, est celui qui est fait en vue de quelque chose; par exemple, je lègue à Titius une somme pour se marier ou pour se mettre en charge.

Le *legs* fait pour cause est, par exemple, lorsque le testateur dit, *je lègue* à un tel, parce qu'il a bien géré mes affaires. Si la cause se trouve fausse, elle ne vicie pas le *legs*: il en est de même d'une fausse démonstration, soit du légataire, soit de la chose léguée, pourvu que la volonté du testateur soit constante. *Voyez* DÉMONSTRATION.

Le droit d'accroissement n'a point lieu entre co-légataires, s'ils ne sont conjoints que par les termes de la disposition, mais seulement s'ils sont conjoints par la chose & par les paroles, ou du moins par la chose; c'est-à-dire, lorsqu'une même chose est léguée à plusieurs. *Voyez* ACCROISSEMENT.

Le *legs* étoit réputé fait par forme de fidéicommis, lorsque le testateur prioit ou chargeoit son héritier de remettre telle chose au légataire; ce qui revenoit à la formule des *legs per damnationem*; mais Justinien rendit tous les *legs* semblables aux fidéicommis particuliers.

Plusieurs personnes sont incapables de recevoir des *legs*; de ce nombre, sont, 1°. ceux qui ont perdu les effets civils, soit par une condamnation qui emporte mort civile, soit par l'émission des vœux solemnels dans un ordre de religieux approuvés par l'église & l'état.

2°. Les corps & communautés non approuvés par le prince, & même l'église & les communautés approuvées, ne peuvent plus rien recevoir que conformément à l'édit du mois d'août 1749. A l'égard des fabriques, hôpitaux & autres établissemens de charité, ils peuvent recevoir des *legs* sous les conditions portées dans les déclarations des 20 juillet 1762, & 26 mai 1774.

3°. Les bâtards, adultérins & incestueux, sont incapables de *legs*, excepté de simples alimens. *Voyez* BATARD.

4°. On ne pouvoit autrefois léguer à un posthume; mais par le nouveau droit, cela est permis, de même qu'on peut léguer en général à des enfans à naître.

5°. Dans une grande partie de nos coutumes, les témoins appellés pour être présens & signer un testament, sont inhabiles à recevoir des *legs*, quoique le droit romain leur en eût accordé la capacité. Mais la raison de cette différence vient de ce que le droit romain exigeoit pour la validité d'un testament, la présence de sept, & même huit témoins, tandis que nos loix se contentent de deux ou trois.

6°. Le légataire, qui a écrit lui-même la disposition faite en sa faveur, est incapable de la recueillir, d'après la règle générale établie par le senatus-consulte Libonien; il suffit même que le *legs* puisse profiter d'une manière indirecte à celui qui en a écrit la disposition. Ainsi une femme ne peut recevoir un *legs* écrit par son mari, un père celui écrit par son fils soumis à sa puissance. L'ordonnance de Blois va beaucoup plus loin, car elle annulle toutes les libéralités écrites par les curés, ou les notaires, en faveur de leurs parens.

Mais il est constant que les personnes étrangères, & même inconnues au testateur, ne sont pas mises au rang de ceux qui sont incapables de recevoir ses libéralités.

En général un *legs* peut être caduc par le défaut de capacité du testateur, par la qualité de la chose qui n'est pas disponible, ou par l'incapacité du légataire qui ne peut recevoir de libéralité.

Les *legs* peuvent être ôtés de plusieurs manières; savoir, par la volonté expresse ou tacite du testateur, s'il révoque le *legs*, s'il aliène sans nécessité la chose léguée, s'il la donne de son vivant à une autre personne, s'il survient des inimitiés capitales entre le testateur & le légataire.

Le fait du légataire peut aussi donner lieu d'annuller les *legs*; comme s'il s'en rend indigne, s'il cache le testament du défunt, s'il refuse la tutèle dont le testateur l'a chargé par son testament, s'il accuse le testament d'être faux ou inofficieux.

En pays de droit écrit, l'héritier est en droit de retenir la quarte falcidie sur les *legs*, & la quarte trébellianique sur les fidéicommis.

En pays coutumier, il n'est permis de léguer qu'une certaine quotité de ses biens; à Paris il est permis de léguer tous ses meubles & acquêts, & le quint de ses propres; ailleurs cela est réglé différemment.

Dans la plupart des coutumes, les qualités d'héritier & de légataire sont incompatibles, ce qui s'entend sur les biens d'une même coutume; mais on peut être héritier dans une coutume, & légataire dans une autre où l'on n'est pas habile à succéder. *Voyez* SUCCESSION.

Un *legs* pur & simple est dû au légataire dès l'instant de la mort du testateur, ensorte que le légataire qui lui survit, en transmet la propriété à ses héritiers. Mais, suivant le droit romain, le paiement n'en étoit exigible qu'à l'époque de l'addition de l'hérédité. Dans nos usages, la maxime, *le mort saisit le vif*, fait qu'à certains égards, tout héritier présomptif est censé prendre qualité au moment même du décès, ensorte que le légataire n'est point obligé d'attendre qu'il ait accepté la succession, pour agir contre lui en délivrance du *legs*; il suffit qu'il soit saisi de la chose léguée, pour que l'on soit fondé à lui en faire la demande.

Les *legs* conditionnels ne sont dus qu'après l'accomplissement de la condition, à moins qu'elle ne soit du nombre de celles que la loi déclare nulles, ou qu'elle dispense le légataire de remplir. Car dans ce cas le *legs* est réputé pur & simple, & est dû du jour du décès du testateur. *Voyez* CONDITION.

Les *legs* à temps sont dus dès le moment de la mort du testateur, lorsque le temps est certain. Mais s'il est incertain, ils sont réputés conditionnels, & par une conséquence nécessaire, ils ne peuvent être dus avant que le temps soit arrivé. Il faut néanmoins remarquer qu'un temps incertain n'est pas toujours regardé comme condition, & que souvent il est seulement un délai accordé à l'héritier pour le paiement du *legs*. C'est ainsi qu'un *legs* fait à Titius, *lorsqu'il mourra*, est un *legs* pur & simple, dont il transmet la propriété à ses héritiers, mais qui ne sera payé qu'après son décès. Il en est de même lorsque le temps est séparé de la disposition, & que ces deux objets forment deux clauses distinctes comme dans cet exemple : je laisse à Marie cent écus, qu'elle recevra lorsqu'elle aura atteint l'âge de vingt-cinq ans.

Tout *legs* doit être acquitté en nature, & il n'est pas au pouvoir de l'héritier de substituer le paiement d'une valeur numéraire, à la livraison d'une espèce léguée par le défunt. Cette maxime est si constante, que l'affection particulière de l'héritier pour une chose qui vient de ses ancêtres, n'est pas un motif suffisant pour l'autoriser à la retenir, & à en donner la valeur au légataire. La coutume d'Amiens, *art. 64*, est la seule qui déroge à cette rigueur à l'égard d'un meuble précieux, qui est depuis longtemps dans la famille.

Cette règle néanmoins reçoit quelques exceptions. 1°. Lorsque le testateur a légué une partie aliquote de ses biens, l'héritier n'est pas tenu de donner au légataire une portion de chaque objet de la succession, il est seulement obligé de fournir la valeur des choses indivisibles, ou qui ne peuvent se diviser sans détérioration; 2°. il en est de même lorsque la chose léguée ne se trouve pas dans le patrimoine du défunt, & que l'étranger à qui elle appartient, ne veut pas la vendre à l'héritier à un prix raisonnable; 3°. lorsque le légataire, sans être privé du commerce de la chose léguée, ne peut pas néanmoins la posséder; 4°. lorsqu'il l'a acquis à titre onéreux du vivant du testateur; 5°. lorsque l'héritier l'a laissé périr par sa faute ou sa négligence.

Un *legs* valable en lui-même, peut devenir inutile par la suite. On peut compter six causes qui produisent ordinairement cet effet: la révocation expresse ou présumée du testateur, l'indignité du légataire, sa mort, le défaut d'accomplissement de la condition ou du mode apposé au *legs*, le laps de temps fixé à la durée du *legs*, la prescription. *Voyez* CONDITION, MODE, INDIGNITÉ, RÉVOCATION.

Le légataire peut mourir avant ou après le testateur. Dans l'un & l'autre cas, sa mort produit, par rapport à la libéralité dont il est honoré, des effets qu'il est important de connoître.

Le décès du légataire arrivé avant celui du testateur, anéantit le *legs*: c'est ce que décident une foule de textes, & entre autres la loi unique, *C. de caducis tollendis*.

Si cependant le légataire étoit désigné dans le testament sous le nom de sa dignité, & que le *legs* ne fût pas laissé à sa personne, mais à sa place, son prédécès ne porteroit aucune atteinte à la disposition du testateur. Il en seroit de même si le testateur avoit témoigné que les héritiers du légataire profiteroient de sa libéralité, en cas qu'il survécût à celui-ci. Mais il faut pour cela des signes certains de la volonté du testateur; une simple conjecture ne suffiroit pas.

On a aussi prétendu exempter de la caducité pour cause de prédécès, un *legs* fait à un domestique, sous prétexte qu'une telle disposition étant censée rémunératoire, on devoit présumer que le testateur avoit eu l'intention d'étendre les effets de sa reconnoissance jusqu'aux enfans du légataire. Mais ce systême a été proscrit par arrêt du 5 juin 1631, inséré dans le recueil de Bardet.

Lorsque le légataire décède après le testateur, sans avoir obtenu la délivrance de son *legs*, il faut, pour savoir s'il le transmet à ses héritiers, distinguer le cas où ce *legs* lui a été dû, d'avec celui où il n'y a eu aucun droit. Dans la première hypothèse, ses héritiers succèdent à son action : dans la seconde il ne leur transmet rien.

Lorsque le testateur a limité à un certain temps la jouissance que le légataire doit avoir de la chose léguée, il est clair que le laps de ce temps opère de plein droit l'extinction du *legs*. Il n'est même pas toujours nécessaire que la limitation soit expresse ; il y a certains cas où elle résulte de la nature de la disposition du défunt. Ainsi un *legs* annuel est censé borné à la vie de celui à qui il est fait. Il faut cependant remarquer, d'après ces mêmes loix, comme l'a jugé un arrêt du parlement de Paris du 7 septembre 1622, rapporté par M. Bouguier, que le *legs* d'une pension annuelle écheoit le premier jour de chaque année, & que par conséquent le légataire qui meurt avant la fin, transmet à son héritier le droit de demander l'année entière.

Lorsque le testateur a laissé une pension annuelle *à un tel & à ses héritiers*, le *legs* n'est pas borné à la vie du légataire, ni même à celle de ses héritiers immédiats ; la loi 22, C. *de legatis*, le déclare perpétuel, & conséquemment transmissible aux héritiers des héritiers à l'infini.

La perpétuité forme pareillement le caractère des *legs* annuels faits au profit des établissemens ou corps de main-mortes ; la loi 6, la loi 20, § 1 ; la loi 23, *ff. de annuis legatis ;* la loi 46, §. 9, & la loi dernière, C. *de episcopis & clericis*, en fournissent la preuve & l'exemple ; & c'est sur ce fondement qu'un arrêt du parlement de Grenoble, du 10 décembre 1612, rapporté par Basset, a jugé perpétuelle la fondation ordonnée par un testateur d'une messe chaque jour de la semaine.

Un testateur avoit laissé un *legs* annuel *à un tel étudiant*. Le légataire ayant fini ses études, l'héritier prétendit que le *legs* étoit éteint par le laps du temps que le testateur avoit, suivant lui, apposé à sa disposition par le mot *étudiant ;* mais ce terme n'étoit évidemment que démonstratif ; aussi l'héritier a-t-il été condamné par arrêt du parlement d'Aix, du 19 novembre 1643, à continuer le paiement du *legs* pendant toute la vie de celui que le défunt en avoit gratifié : cette décision est rapportée par Boniface.

Nous avons mis la prescription au nombre des causes extinctives des *legs ;* & en effet, il est certain que quand un légataire a laissé passer, sans agir en délivrance, un temps suffisant pour la prescription d'une action personnelle hypothécaire, on doit regarder ses droits comme non avenus.

Justinien a établi deux exceptions à cette règle. 1°. Il a voulu par la loi 23, C. *de sacro sanctis ecclesiis*, que l'action en paiement de *legs* fait pour le rachat des captifs, ne pût être prescrite que par cent ans.

2°. Il a ordonné la même chose à l'égard des *legs* faits aux églises & aux cités. La loi que nous venons d'indiquer en contient une disposition expresse. Néanmoins, quoique ce législateur ne l'ait pas révoquée nommément à l'égard des cités, mais seulement par rapport aux églises, il y a bien des auteurs, qui, par identité de raison, la regardent comme entiérement abrogée, & leur opinion a prévalu dans l'usage. *Voyez* PRESCRIPTION.

On peut imposer une peine à l'héritier pour l'obliger d'accomplir les *legs ;* d'ailleurs les légataires ont contre lui une action réelle, personnelle & hypothécaire.

L'action personnelle est fondée sur le quasi-contrat, par lequel celui qui doit payer le *legs* s'oblige, en acceptant la qualité d'héritier, envers tous ceux à qui le testament donne des droits à exercer contre lui. L'effet de cette action est de le faire condamner à délivrer la chose léguée si elle existe, & qu'il l'ait en sa disposition, sinon à en payer la valeur. Elle a lieu contre l'héritier *ab intestat*, de même qu'envers l'héritier institué.

L'action réelle résulte de la propriété qui passe immédiatement de la tête du défunt sur celle du légataire : celui-ci peut l'intenter contre un tiers-possesseur, aussi-bien que contre l'héritier ou autre chargé par le testateur de la prestation du *legs*, parce qu'en matière de revendication, on ne considère pas si l'assigné est personnellement débiteur du demandeur, mais seulement si celui-ci est propriétaire de la chose que celui-là possède. De-là vient que si de plusieurs héritiers grevés également par le testateur, le légataire en attaque un réellement, il doit obtenir à sa charge une condamnation solidaire, ou du moins jusqu'à concurrence de ce qu'il possède de la chose léguée, sauf son recours contre ses cohéritiers.

Comme les corps certains & déterminés sont les seuls objets susceptibles de revendication, ce sont aussi les seuls qu'un légataire puisse demander par cette voie. Ainsi on ne peut agir réellement pour un *legs* de quantité, d'une certaine somme, d'une dette active, d'une prestation personnelle, ni même d'un fonds ou d'un corps quelconque à choisir par l'héritier parmi d'autres du même genre.

L'action réelle cesseroit encore dans le cas où le testateur auroit légué un corps certain & déterminé qui ne lui appartiendroit point ; la raison en est évidente : pour être en droit de revendiquer, il faut être propriétaire : or, un légataire ne peut acquérir de plein droit la propriété d'un bien, si le testateur ne l'avoit pas lui-même.

L'action hypothécaire que Justinien accorde aux légataires, affecte généralement tous les biens qui ont été dévolus, par la mort du testateur, à ceux qu'il a chargés du paiement des *legs*.

Mais cette hypothèque n'attribue point aux légataires une préférence sur les créanciers du défunt : il est certain au contraire que ceux-ci doivent toujours être payés les premiers.

Ils en tirent cependant deux grands avantages ; le premier d'être mis en ordre avant les propres créanciers de celui qui est chargé de payer leurs *legs*, préférence qui a lieu, soit que les dettes contractées par ce dernier soient antérieures à la mort du testateur, soit qu'elles n'aient été créées qu'après, parce que, n'ayant recueilli les biens du défunt qu'à la charge de l'hypothèque dont la loi les avoit frappés, il n'a pas été en son pouvoir de les charger au préjudice des légataires. Le second est qu'un légataire peut agir hypothécairement contre les tiers-acquéreurs des biens recueillis par la personne obligée au paiement de son *legs*.

L'hypothèque dont il s'agit ici est admise dans nos mœurs, à l'exception des coutumes de nantissement, qui rejettent absolument toute hypothèque, si elle n'a été acquise par cette voie. Mais dans ces coutumes, si le légataire ne peut jouir du droit d'hypothèque légale, il jouit du privilège que l'ancien droit romain lui accordoit contre les créanciers de l'héritier, par l'effet de la séparation des biens. Ainsi, tant que les biens du testateur ne sont pas sortis des mains de l'héritier, le légataire a dans ces coutumes le même avantage que s'il pouvoit agir hypothécairement.

Le Hainaut a sur ce point une jurisprudence particulière. Non-seulement les légataires n'y ont pas d'hypothèque tacite, ils n'y jouissent pas même du moindre privilège contre les créanciers de l'héritier, parce que la séparation des biens n'a pas lieu en cette province.

C'est une question fort controversée, si l'action hypothécaire dans les endroits où elle n'est pas hors d'usage en matière de *legs*, peut être exercée solidairement contre chacun des héritiers. Il est certain dans la thèse générale, que l'action hypothécaire est individue & indivisible, *est tota in toto, & tota in quâlibet parte;* ensorte que celui d'entre plusieurs coobligés qui ne seroit tenu que pour sa portion virile, s'il étoit attaqué personnellement, est obligé à toute la dette lorsqu'il est poursuivi hypothécairement. La jurisprudence des arrêts a fixé les opinions différentes des jurisconsultes à cet égard, & a rendu l'action hypothécaire indivisible à l'égard de chaque héritier; ensorte que l'un d'eux poursuivi pour le paiement d'un *legs*, est condamné seulement pour sa part & portion, & hypothécairement pour le tout.

Dans les principes du droit romain, l'hypothèque des légataires n'affectoit point les biens particuliers des héritiers; elle étoit bornée à ceux du testateur. Mais dans nos mœurs, comme elle naît non d'une stipulation particulière, mais des actes même qui la contiennent, il est certain que les biens propres de l'héritier en sont chargés dès l'instant qu'il a accepté la succession.

LEIDER, *ou* LEIDIER, c'est celui qui perçoit le droit de *leide* ou *laide*. *Voyez le chapitre 43 des anciennes coutumes de Berry* par la Thaumassiere, *p. 59*.

On a écrit aussi *laider* & *laideur*, dans le même sens. (*M. Garran de Coulon.*)

LEIGNIER, ce mot dérivé du latin *lignum*, a signifié autrefois une provision de bois, l'obligation de voiturer celui du seigneur, & le droit de chauffage que quelqu'un a dans une forêt. *Voyez les articles* LAIGNIER & USAGE. (*Article de M. Garran de Coulon.*)

LENDIT, on a ainsi nommé autrefois un droit de péage. Une chartre de Philippe VI donnée en 1340, porte: « notre *lendit* ou païage & bastage, de » Saint-Julien en Minerbois, en la sénéchaussée de » Carcassonne ».

Il y a apparence que ce mot dérive du latin *indictum*, & que le nom de *landit* donné à une foire de Saint-Denis a la même origine. *Voyez le Glossarium novum* de dom Carpentier, *aux mots* Indictum 2 & 3, & Landicum. (*Article de M. Garran de Coulon.*)

LENGNIER *Voyez* LEIGNIER.

LÉPREUX, f. m. la lèpre est une maladie contagieuse de la peau, qui a régné en Europe à la suite des croisades. La crainte que cette maladie inspiroit à tout le monde, avoit fait établir un grand nombre d'hôpitaux pour y renfermer ceux qui en étoient atteints, afin de les séparer du commerce des autres citoyens. La coutume de Hainaut contient à leur égard une multitude de dispositions, parmi lesquelles on en remarque de fort singulières.

Suivant l'article 1 du chapitre 135 de ces loix, lorsque quelqu'un est soupçonné d'être infecté de la lèpre, les échevins du lieu de sa résidence sont tenus de *le mener aux épreuves, aux dépens des paroissiens.*

S'il est jugé *lépreux*, la table des pauvres, ou, à son défaut, la communauté des paroissiens doit lui fournir *un chapeau, manteau gris, cliquottes & besace*, & célébrer ses funérailles comme s'il étoit mort. C'est la disposition de l'article 2.

L'article 3 ajoute, que la ville sera tenue faire à la personne lépreuse une maison *sur quatre estacques*, à charge d'être brûlée après sa mort, avec le lit & habillemens ayant servi à son corps.

Suivant l'article 12, il faut qu'il y ait entre cette maison & le chemin le plus proche, une distance d'au moins vingt pieds.

L'article 14, en ordonnant au seigneur haut-justicier de la faire brûler avec tout ce qui s'y trouve après la mort du *lépreux*, lui permet de *réserver l'étain, plomb, fer, chaudrelage, & autres semblables biens non infectés.*

Lorsque la personne jugée lépreuse n'est point native de la paroisse dans laquelle elle fait sa résidence, les échevins du lieu, dit l'article 8, seront tenus de la mener au bout & extrémité de ladite seigneurie au lez vers le lieu de sa naissance, & l'y renvoyer lui administrant & fournissant les parties ci-devant déclarées, recommandant sur peine de ban de ne retourner en la seigneurie dont elle est partie: & si telle personne est native d'autre pays que du Hainaut, on la devra mener au bout & extrémité de notredit pays de Hainaut, du côté de sadite naissance; & si elle y retournoit, la bannir sur peine de sa vie.

Lorsqu'un *lépreux* a reçu le jour dans un endroit, & le baptême dans un autre, c'est le lieu de sa naissance qui doit en être chargé, à quoi devront contribuer tous les manans des villages sortissans en une paroisse, lorsqu'à ladite paroisse il y aura plusieurs seigneuries & jugemens appendans. Ce sont les termes de l'article 9.

S'il s'élève des contestations entre différentes paroisses sur le fait de la naissance du *lépreux*, le grand bailli de Hainaut doit en connoître sommairement, & condamner par provision la paroisse dans laquelle le *bruit & renommée commune* attestent que le *lépreux* est né. L'article 18 s'explique là-dessus de la manière la plus formelle.

L'article 19 défend aux cabaretiers, aubergistes, & autres de pareille profession, de recevoir des *lépreux* en leur maison *pour boire & manger*, à peine de correction arbitraire.

L'article 20 défend aux *lépreux* d'aller en la ville de Mons *pour faire leurs quêtes*, si ce n'est les jours de pâques, de pentecôte, de noël, de la toussaint, de l'assomption, & les veilles de la fête de la ville, de saint Martin, des rois & du dimanche gras, *se gardant lors de converser entre les gens, & de n'uriner sinon arrière d'iceux & hors rues publiques.*

L'article 7 porte que la personne jugée lépreuse doit le meilleur cattel à son seigneur, comme si elle étoit morte, à la charge néanmoins de le reprendre en cas de guérison.

On croiroit, d'après une telle disposition, que les *lépreux* sont regardés par les loix du Hainaut comme morts civilement, mais l'article 6 prouve le contraire. Il déclare que le *lépreux* pourra succéder comme une autre personne, & les hoirs dudit *lépreux* à lui, & se peut aider de son héritage comme un autre.

LÈSE-MAJESTÉ, s. m. (*Droit canonique. Code criminel.*) on trouvera dans le *Dictionnaire écon. polit. diplom.* ce qui concerne ce crime, considéré par rapport au droit politique; c'est pourquoi nous nous bornerons à en indiquer les différentes espèces dans l'ordre judiciaire criminel.

On en distingue deux principales, le crime de *lèse-majesté divine*, & de *lèse-majesté humaine.*

Le crime de *lèse-majesté divine* est une offense commise directement contre Dieu, telles que l'apostasie, l'hérésie, le sortilège, la simonie, le sacrilège & le blasphême.

Ce crime est certainement des plus détestables, aussi est-il puni grièvement, & même quelquefois de mort, ce qui dépend des circonstances. Quelques-uns ont pensé que ce n'étoit pas un crime public, & conséquemment que les juges de seigneurs en pouvoient connoître; mais le bien de l'état demandant que le culte divin ne soit point troublé, on doit regarder ce crime de *lèse-majesté divine* comme un cas royal.

Le crime de *lèse-majesté humaine* est une offense commise contre un roi ou autre souverain: ce crime est aussi très-grave, attendu que les souverains sont les images de Dieu sur terre, & que toute puissance vient de Dieu.

En Angleterre on appelle *crime de haute-trahison* ce que nous appellons crime de *lèse-majesté humaine.*

On distingue, par rapport au crime de *lèse-majesté humaine*, plusieurs chefs ou degrés différens qui rendent le crime plus ou moins grave.

Le premier chef, qui est le plus grave, est la conspiration ou conjuration formée contre l'état ou contre la personne du souverain pour le faire mourir, soit par le fer ou par le feu, par le poison ou autrement.

Le deuxième chef est lorsque quelqu'un a composé & semé des libelles & placards diffamatoires contre l'honneur du roi, ou pour exciter le peuple à sédition ou rébellion.

La fabrication de fausse-monnoie, le duel, l'infraction des saufs-conduits donnés par le prince à l'ennemi, à ses ambassadeurs ou otages, sont aussi considérés comme des crimes de *lèse-majesté.*

Quelques auteurs distinguent trois ou quatre chefs du crime de *lèse-majesté*, d'autres jusqu'à huit chefs, qui sont autant de cas différens où la majesté du prince est offensée; mais en fait de crime de *lèse-majesté* proprement dit, on ne distingue que deux chefs, ainsi qu'on vient de l'expliquer.

Toutes sortes de personnes sont reçues pour accusateurs en fait de ce crime, & il peut être dénoncé & poursuivi par toutes sortes de personnes, quand même elles seroient notées d'infamie; le fils même peut accuser son père, & le père accuser son fils.

On admet aussi pour la preuve de ce crime le témoignage de toutes sortes de personnes, même de celles qui seroient ennemies déclarées de l'accusé; mais dans ce cas on n'a égard à leurs dépositions qu'autant que la raison & la justice le permettent: la confession ou déclaration d'un accusé est suffisante dans cette matière pour emporter condamnation.

Tous ceux qui ont trempé dans le crime de *lèse-majesté* sont punis; & même, ceux qui en ayant connoissance ne l'ont pas révélé, sont également coupables du crime de *lèse-majesté.*

Celui qui ose attenter sur la personne du roi est traité de parricide, parce que les rois sont considérés comme les pères communs de leurs peuples.

Le seul dessein d'attenter quelque chose contre l'état ou contre le prince, est puni de mort lorsqu'il y en a preuve.

On tient communément que la connoissance du crime de *lèse-majesté* au premier chef appartient au parlement, les autres chefs sont seulement réputés cas royaux.

Le crime de *lèse-majesté* au premier chef est puni de la mort la plus rigoureuse, qui est d'être tiré & démembré à quatre chevaux.

L'arrêt du 29 septembre 1595, rendu contre Jean Chastel, qui avoit blessé Henri IV d'un coup de couteau au visage, le déclara atteint & convaincu du crime de *lèse-majesté divine & humaine* au premier chef, pour le très-méchant & très-cruel parricide attenté sur la personne du roi. Il fut condamné à faire amende honorable & de dire à genoux que malheueusement & proditoirement il avoit attenté cet inhumain & très-abominable parricide, & blessé le roi d'un couteau en la face; & par de fausses & damnables instructions, il avoit dit être permis de tuer les rois; & que le roi Henri IV lors régnant, n'étoit point en l'église jusqu'à ce qu'il eût l'approbation du pape. De-là on le conduisit en un tombereau en la place de Grève, où il fut tenaillé aux bras & aux cuisses, & sa main droite tenant le couteau dont il s'étoit efforcé de commettre ce parricide, coupée, & après son corps tiré & démembré avec quatre chevaux & ses membres & corps jettés au feu & consommés en cendres, & les cendres jettées au vent; ses biens acquis & confisqués au roi. Avant l'exécution il fut appliqué à la question ordinaire & extraordinaire, pour avoir révélation de ses complices. La cour fit aussi défenses à toutes personnes de proférer en aucun lieu de semblables propos, lesquels elle déclara scandaleux, séditieux, contraires à la parole de Dieu, & condamnés comme hérétiques par les saints décrets.

La maison de Jean Chastel, qui étoit devant la porte des Barnabites, fut rasée; & dans la place où elle étoit on éleva une pyramide avec des inscriptions: elle fut abattue en 1606.

L'arrêt rendu le 27 mars 1610 contre Ravaillac, pour le parricide par lui commis en la personne du roi Henri IV, fut donné les grand'chambre, tournelle & chambre de l'édit assemblées. La peine à laquelle Jean Chastel avoit été condamné fut encore aggravée contre Ravaillac, parce que celui-ci avoit fait mourir le roi. Il fut ordonné que sa main droite seroit brûlée de feu de soufre, & que sur les endroits où il seroit tenaillé il seroit jetté du plomb fondu, de l'huile bouillante, de la poix-résine bouillante, de la cire & soufre fondus ensemble; il fut aussi ordonné que la maison où il étoit né seroit démolie, le propriétaire préalablement indemnisé, sans que sur le fond il pût être à l'avenir construit aucun autre bâtiment; & que dans quinzaine après la publication de l'arrêt à son de trompe & cri public en la ville d'Angoulême (lieu de sa naissance), son père & sa mère vuideroient le royaume, avec défenses d'y jamais revenir, à peine d'être pendus & étranglés sans autre forme ni figure de procès. Enfin il fut défendu à ses frères & sœurs, oncles & autres de porter ci-après le nom de Ravaillac, & il leur fut enjoint de le changer sous les mêmes peines; & au substitut du procureur-général du roi de faire publier & exécuter ledit arrêt, à peine de s'en prendre à lui.

« Le 26 mars 1757, la cour, garnie de princes » & de pairs, faisant droit sur l'accusation contre » Robert-François Damiens, déclare ledit Robert-François Damiens duement atteint & convaincu du crime de *lèse-majesté* divine & humaine » au premier chef, pour le très-méchant, très-abominable & très-détestable parricide commis sur la » personne du roi; & pour réparation, condamne » ledit Damiens à faire amende honorable devant » la principale porte de l'église de Paris, où il sera » mené & conduit dans un tombereau, nud en » chemise, tenant une torche de cire ardente du » poids de deux livres; & là, à genoux, dire & » déclarer, que méchamment & proditoirement il » a commis ledit très-méchant, très-abominable & » très-détestable parricide, & blessé le roi d'un » coup de couteau dans le côté droit, dont il se repent, & demande pardon à Dieu, au roi, & à » la justice; ce fait, mené & conduit dans ledit » tombereau à la place de Grève, & sur un échafaud qui y sera dressé, tenaillé aux mamelles, » bras, cuisses & gras de jambes, sa main droite tenant en icelle le couteau dont il a commis ledit » parricide, brûlée de feu de soufre; & sur les endroits où il sera tenaillé, jetté du plomb fondu, » de l'huile bouillante, de la poix-résine brûlante, » de la cire & soufre, fondus ensemble; & ensuite son corps tiré & démembré à quatre chevaux, & ses membres & corps consumés au feu, » réduits en cendres, & ses cendres jettées au vent: » déclare tous ses biens, meubles & immeubles, » en quelques lieux qu'ils soient situés, confisqués » au roi: ordonne qu'avant ladite exécution, ledit » Damiens sera appliqué à la question ordinaire & » extraordinaire, pour avoir révélation de ses complices: ordonne que la maison où il est né sera » démolie; celui à qui elle appartient préalablement indemnisé, sans que sur le fond de ladite » maison puisse à l'avenir être fait autre bâtiment ».

Par un autre arrêt du 29 du même mois, le père, la mère & la fille de Damiens ont été bannis à perpétuité du royaume, avec défense à eux d'y revenir, sous peine d'être pendus sans autre forme de procès, & il a été enjoint aux frères & aux sœurs du même criminel, de changer le nom de Damiens.

Quand une femme se rend coupable du crime de *lèse-majesté* au premier chef, on la condamne à être brûlée vive. Au mois de juin de l'année 1600, le parlement fit subir ce supplice à Nicole Mignon, convaincue d'avoir conspiré contre la vie de Henri IV.

On punit aussi de la peine du crime de *lèse-majesté* au premier chef, ceux qui attentent à la vie des enfans de France. Sébastien de Montecuculli, accusé en 1536 d'avoir empoisonné François, dauphin de France, fut tiré à quatre chevaux à Lyon.

Salcede, qui avoit conspiré contre la vie du duc d'Alençon, frère de Henri III, fut condamné, par arrêt du parlement de Paris du 26 octobre 1582, à être tiré à quatre chevaux; ce qui fut exécuté en place de Grève.

On punit encore du même supplice ceux qui conspirent contre l'état, qui entrent dans des ligues contre le souverain, qui lui font la guerre, ou livrent aux ennemis quelque place du royaume. C'est ce qu'éprouva en 796, sous Charlemagne, un gentilhomme qui fut condamné à être tiré à quatre chevaux, pour avoir trahi l'état & occasionné la déroute de l'armée françoise.

En

En 1548, François de Lavergne, l'un des principaux chefs de la conjuration de Bordeaux, fut condamné par arrêt du parlement de cette ville, à être tiré à quatre chevaux.

En 1602, Fontanelles, complice de la conjuration du maréchal de Biron, accusé d'avoir traité avec l'Espagne pour lui livrer l'isle de Trestan en Bretagne, fut condamné, par arrêt du grand-conseil, à avoir les quatre membres rompus en place de Grève.

La confiscation pour crime de *lèse-majesté* au premier chef appartient au roi seul, privativement à tous seigneurs hauts-justiciers; le roi prend ces biens comme premier créancier privilégié à l'exclusion de tous autres créanciers; il les prend même sans être tenu d'aucunes charges ou hypothèques, ni même des substitutions.

On observe pour la punition du crime de *lèse-majesté* différentes règles qui n'ont pas lieu dans la punition des autres crimes.

Outre la confiscation au profit du roi, dont nous venons de parler, on supprime le nom & les armes de ceux qui sont coupables du crime de *lèse-majesté* au premier chef, & l'on ordonne que leur maison sera rasée, leurs bois de haute-futaie coupés jusqu'à une certaine hauteur, leurs armes brisées, & leur nom supprimé.

Quoiqu'en matière de crime on tienne pour principe, qu'il n'y a que celui qui l'a commis que l'on puisse punir, on étend néanmoins, en matière de crime de *lèse-majesté* au premier chef, la punition aux ascendans & aux descendans du coupable, afin d'inspirer plus d'horreur d'un tel crime. C'est ainsi qu'on en a usé envers les ascendans & la postérité de Ravaillac & de Damiens.

La punition du crime de *lèse-majesté* au premier chef, a lieu contre les coupables, même après leur mort, & elle s'exécute contre leur cadavre & contre leur mémoire, par la suppression de leurs noms & de leurs armes, en les traînant sur la claie, *&c.*

Nicolas l'Hôte, commis d'un secrétaire d'état, ayant trahi le roi Henri IV, en donnant avis au roi d'Espagne de toutes les délibérations du conseil de France, fut averti que son crime étoit découvert, & voulant se sauver lorsqu'on le poursuivoit, il se noya dans la Marne: son cadavre fut amené à Paris, où on lui fit son procès: & ayant été déclaré atteint & convaincu du crime de *lèse-majesté* au premier chef, par arrêt du 15 mai 1604, il fut ordonné que, pour réparation, son cadavre seroit traîné sur une claie, ensuite tiré à quatre chevaux, & les quartiers mis sur quatre roues aux quatre principales avenues de la ville.

Non-seulement on punit les complices du crime de *lèse-majesté* au premier chef, de la même manière que les principaux auteurs, mais encore ceux qui ont approuvé ce crime. C'est ainsi que par arrêt du 26 juin 1590, Edmond Bourgoin, prieur des Jacobins de Paris, fut condamné à être tiré à quatre chevaux, pour avoir loué publiquement Jacques Clément, assassin de Henri III.

Suivant l'ordonnance du 22 décembre 1477, & l'article 2 de l'assemblée de novembre 1583, on doit punir de mort ceux qui, ayant eu connoissance d'une conspiration contre l'état ou contre la personne du roi, ne l'ont point révélée. C'est ainsi qu'en 1523 le parlement de Paris condamna le sieur de Saint-Vallier à avoir la tête tranchée, parce que, ayant su l'entreprise de Charles de Bourbon lorsqu'il quitta la France, il ne l'avoit point révélée.

Par un autre arrêt du mois d'octobre 1603, un jardinier de Henri IV, à qui un gentilhomme du Dauphiné avoit proposé de l'argent pour empoisonner ce prince, fut condamné à être pendu pour n'avoir point révélé cette proposition.

Par un autre arrêt du 12 septembre 1642, M. de Thou fut condamné à avoir la tête tranchée, pour avoir su la conspiration de M. de Cinqmars, son ami, & ne l'avoir point révélée.

On punit pareillement de mort ceux qui ont eu la pensée de commettre le crime de *lèse-majesté* au premier chef, quoique cette pensée n'ait produit aucun effet: il suffit pour cela qu'elle soit justifiée par témoins ou par l'aveu de celui qui l'a eue. C'est ainsi qu'un gentilhomme revenu d'une maladie dangereuse, durant laquelle il s'étoit confessé d'avoir eu la pensée de tuer le roi Henri II, fut, sur cette confession dont le confesseur avoit donné avis au procureur-général, condamné à être décapité aux halles; ce qui fut exécuté.

Par un autre arrêt du 11 janvier 1595, un vicaire de S. Nicolas-des-champs fut condamné à être pendu, pour avoir dit qu'*il se trouveroit quelqu'un de bien, comme le frère Jacques Clément, pour tuer Henri IV, ne fût-ce que lui.*

Par un autre arrêt du mois de novembre 1591, le grand-conseil condamna à mort un jeune novice carme, âgé à peine de douze ans, pour avoir dit, en tenant un couteau, qu'*il pourroit bien un jour être un autre Jacques Clément.*

Mais s'il ne s'agissoit que d'un crime de *lèse-majesté* au second chef, on ne puniroit pas la pensée qui n'auroit été suivie d'aucun effet.

Il n'y a, suivant l'article 11 du titre I de l'ordonnance du mois d'août 1670, que les baillis & sénéchaux royaux qui puissent connoître du crime de *lèse-majesté* humaine en tous ses chefs.

Observez néanmoins que cette règle reçoit une exception à l'égard du crime de *lèse-majesté* au premier chef: le parlement en connoît seul, la grand'chambre assemblée. Cet usage est fondé sur l'ordonnance de Charles VIII, du mois de juillet 1493, qui a permis à cette cour de connoître immédiatement, en première instance, des faits graves qui intéressent l'ordre public & la police générale. Ce même usage se trouve confirmé par plusieurs exemples. En effet, c'est la grand'chambre du parlement qui a jugé Jean Châtel, Guignard, Ravaillac, Damiens, *&c.*

Si les dénonciateurs viennent à succomber faute de preuves, on ne doit point prononcer de dommages & intérêts contre eux : cette règle a été établie, afin que la crainte de payer des dommages & intérêts ne pût pas être un obstacle à la découverte d'un crime tel que celui dont il s'agit. Cependant si la calomnie étoit évidente ou prouvée, on puniroit de mort le dénonciateur. C'est ainsi qu'en 1617, le sieur de Gignié fut condamné à avoir la tête tranchée, pour avoir dit faussement que le duc de Vendôme vouloit attenter à la personne du roi.

Par un autre arrêt du 14 mai 1585, le grand-conseil condamna le sieur Montaud à être décapité, pour avoir dit faussement que le duc d'Elbeuf lui avoit fait offrir dix mille écus pour faire mourir le roi.

On punit aussi de mort ceux qui donnent de faux avis en matière de crime de *lèse-majesté* au premier chef. C'est ainsi que par jugement souverain rendu au présidial d'Orléans, le 23 novembre 1669, Anne Tavernier fut condamnée à être pendue, pour avoir donné avis par écrit que le sieur Rossignol & le sieur Morry, habitans de Châteaudun, avoient formé le projet d'attenter à la personne du roi.

Par arrêt du premier février 1762, le parlement de Paris condamna un garde du roi à être pendu, pour avoir faussement assuré qu'on vouloit attenter à la personne de Louis XV.

Le crime de *lèse-majesté* ne se prescrit par aucun laps de temps, quel qu'il soit.

LÉSION, s. f. (*en terme de Jurisprud.*) est le préjudice ou la perte que l'on souffre par le fait d'autrui, ou par quelque acte que l'on a passé, soit inconsidérément, soit par force ou dol.

Quoique toute espèce de *lésion* procure à l'un des contractans, aux dépens de l'autre, un avantage que les règles de la justice & de l'équité semblent devoir faire rejetter suivant cet axiome de droit, *nemo cum alterius damno locupletari potest*, cependant la *lésion* n'emporte pas toujours la rescision des actes qui sont infectés de ce vice.

Un mineur, lésé par trop de facilité ou par le dol de celui avec lequel il a contracté, peut être restitué à cause de la *lésion*, si légère qu'elle soit. La *lésion* d'affection suffit même seule, lorsqu'il s'agit de la vente d'un immeuble appartenant à un mineur, c'est-à-dire, qu'il suffit que cet immeuble ait été vendu sans formalités & sans nécessité pour que le mineur puisse demander la nullité de la vente, quand même elle n'auroit pas été faite à vil prix.

Il n'en est pas de même à l'égard des majeurs : la *lésion* seule ne suffit pas pour les autoriser à revenir contre toutes sortes d'engagemens ; ainsi elle ne fait pas un moyen suffisant pour revenir contre les baux à loyer ou à ferme au-dessus de dix ans, ni contre les ventes de meubles, les ventes d'offices & de droits successifs, les échanges d'héritage contre un héritage, contre les transactions, les créations de rentes viagères ; ce qui a lieu quand même la *lésion* seroit d'outre-moitié du juste prix, ce qu'on appelle une *lésion énorme*.

Cependant lorsque la *lésion* est très-énorme, & ce que l'on appelle *dolo proxima*, on accorde quelquefois, dans ces cas, la restitution : ce qui dépend des circonstances.

On appelle *lésion du tout au tout*, celle par laquelle une des parties contractantes perd tout ce qu'elle devoit retirer de son bien ou de ses droits.

La *lésion* d'outre-moitié du juste prix est un moyen de restitution contre la vente d'un immeuble entre majeurs, *l. 2, cod. de rescind. vendit.* mais le vendeur est le seul qui puisse faire valoir ce moyen : l'acheteur n'est jamais écouté à se plaindre de la *lésion*, à moins que l'on n'ait usé de dol pour le surprendre.

La *lésion* d'outre moitié du juste prix, ainsi que le disent les coutumes d'Auvergne & de la Marche, qui forment le droit commun, ne donne point lieu à la restitution dans les ventes faites par autorité de justice, parce que, 1°. dans le cas du décret d'un immeuble, il est présumable qu'il a été porté à sa juste valeur, par les enchères auxquelles les juges ont admis quiconque s'est présenté ; 2°. on ne peut pas dire que le propriétaire ait été trompé par l'adjudicataire ; 3°. la foi publique sous laquelle se font ces sortes de ventes, doit les mettre hors de toute atteinte & de tout reproche.

Dans les partages entre cohéritiers majeurs, la *lésion* du tiers au quart suffit pour donner lieu à la restitution : on entend par *lésion* du tiers au quart, qu'il faut que celui qui se prétend lésé, soit en perte d'une portion qui soit entre le quart & le tiers de ce qui devoit lui revenir : il n'est pas nécessaire qu'il s'en faille d'un tiers entier, mais il faut que la *lésion* soit de plus d'un quart : par exemple, s'il devoit revenir à l'héritier 12000 liv. pour sa part, & qu'il n'ait eu que 8500 liv., la *lésion* n'est pas d'un tiers, lequel seroit 4000 liv., mais elle est de plus d'un quart, puisque le quart ne feroit que 3000 liv., & qu'elle se trouve de 3500 liv. ; ainsi, dans ce cas, elle est du tiers au quart.

L'action qui résulte de la *lésion* d'outre-moitié du juste prix, doit être exercée dans les dix ans, à compter du jour de la vente ; & pour cet effet, il faut prendre des lettres dans les petites chancelleries, parce qu'en France les personnes capables de contracter ne sont admises à revenir contre les contrats qu'elles ont passés, que par l'autorité du souverain. Mais ce délai de dix ans, qui est de rigueur entre les majeurs, ne court pas contre les mineurs pendant tout le temps que dure leur minorité.

La renonciation au bénéfice de restitution, accordé par la loi dans le cas de *lésion* d'outre-moitié, insérée, même stipulée expressément dans un contrat de vente, n'en empêche pas la rescision, parce que l'erreur dans laquelle étoit le vendeur sur la véritable valeur de l'héritage vendu, ou les circonstances qui l'ont obligé de vendre à vil prix, l'auroient pareillement déterminé à faire cette renonciation. Il ne doit donc pas moins être restitué contre cette renonciation que contre le contrat même : autrement la loi qui a voulu réprimer la cupidité de ceux qui profitent du besoin des autres pour les dépouiller de leurs biens, en les achetant de beaucoup au-dessous de leur valeur réelle, seroit illusoire ; car on ne manqueroit jamais à faire insérer dans le contrat une pareille renonciation.

Lorsque la rescision n'est fondée que sur la *lésion*, & que le contrat n'est point infecté de dol ou de violence, l'acheteur peut faire cesser la demande du vendeur, en offrant de suppléer le juste prix de l'héritage au temps de la vente. La raison en est que ces offres font cesser le préjudice que souffre le vendeur, & que c'est le seul motif & le seul fondement de la rescision du contrat. Mais il n'est pas tenu d'offrir en même temps les intérêts de ce supplément, parce qu'il est présumé n'avoir pas connu la *lésion*, tant que le vendeur ne s'en est pas plaint & ne la lui a pas fait connoître.

L'estimation du juste prix de l'héritage doit être faite relativement au temps du contrat de vente ; ensorte qu'on ne doit avoir aucun égard à la valeur qu'il peut avoir acquise depuis, soit par la révolution ordinaire qui arrive dans le prix des biens-fonds, soit par quelque cause accidentelle, telle que la découverte d'un trésor ou d'une mine depuis l'instant de la vente. On estime encore en faveur de l'acquéreur les risques dont il s'est chargé par le contrat, & dont le vendeur auroit été tenu, s'il eût conservé l'héritage; tel seroit, par exemple, le risque par lequel l'acquéreur auroit pris à sa charge une certaine espèce d'éviction ou la revendication d'une partie de la chose vendue, dont un usurpateur se seroit emparé.

L'acheteur, obligé de rendre l'héritage à cause de la *lésion* d'outre-moitié du juste prix, doit faire raison des dégradations dont il a profité. Ainsi, s'il a vendu un bois de haute futaie ou les matériaux d'un édifice, il est tenu à la restitution du prix qu'il en a reçu; mais si les dégradations n'ont pour cause que sa négligence, il n'est pas obligé d'en faire raison. Par une raison contraire, il a le droit de retenir les impenses nécessaires qu'il a faites pour la conservation de l'héritage, quand bien même elles ne subsisteroient plus ; telle, par exemple, qu'une digue qu'il auroit fait construire, & qu'une inondation auroit emportée depuis. A l'égard des impenses utiles, il ne peut exiger le remboursement que de celles qui existent au moment de la rescision du contrat, & jusqu'à concurrence de la valeur dont elles ont augmenté l'héritage. Mais ils n'est pas fondé à répéter le prix des impenses purement voluptuaires. *Voyez* DÉGRADATION, IMPENSES.

Lorsque le vendeur rentre dans son héritage pour cause de *lésion*, il le reprend tel qu'il étoit avant la vente, c'est-à-dire, exempt des hypothèques, servitudes & autres charges ou droits réels que l'acquéreur ou ses successeurs y auroient imposés.

LESTAGE, *voyez* LÉTAIGE.

LESTAIGE, *voyez* LÉTAIGE.

LESTINGE, *voyez* LÉTAIGE.

LÉTAIGE, LESTAIGE, LESTAGES, LIESTAGES & LESTINGE. On a désigné par-là non-seulement le lest d'un navire, mais aussi un droit dû sur les marchandises qu'on amenoit dans les foires & marchés, ou qu'on en tiroit, & même l'affranchissement de ce droit. *Voyez le Glossaire de Ducange au mot* Lastigium, *& celui de dom Carpentier au mot* Lastingha. (*M. GARRAN DE COULON.*)

LETTRE, s. f. (*Droit public & civil.*) on entend communément par ce mot une épître écrite par quelqu'un à une autre personne, & les dépêches données par les ministres au nom du roi.

Il est de principe qu'en général une *lettre* missive n'est pas obligatoire, par la raison qu'une *lettre* ne contient que le consentement de celui qui l'écrit, qu'elle n'oblige pas celui à qui elle est adressée, & qu'une obligation ne peut résulter que du consentement des deux parties. Ce principe a été confirmé par un arrêt du parlement de Paris, du 6 juin 1755, rapporté dans la collection de jurisprudence.

Une *lettre* ne fournit pas toujours une preuve suffisante de l'obligation contractée par la personne qui l'écrit. Ainsi la *lettre* par laquelle je vous prie de me prêter une certaine somme, ne suffit pas pour prouver que vous avez fait le prêt; mais si j'ajoute que ma *lettre* vous servira de reconnoissance, comme elle paroît indiquer une obligation déjà contractée, elle vous donne un titre pour exiger le paiement de la somme qui y est énoncée. Cependant, comme la preuve qui en résulte, n'est pas complète, je peux exiger de vous le serment qui affirme que vous répétez ce qui vous est dû légitimement.

On n'est pas toujours autorisé à se servir des *lettres* missives dans les affaires : elles ne sont sur-tout d'aucune considération pour établir une preuve, lorsqu'elles renferment quelque confidence, & que la personne à qui on les a écrites, n'a pu les mettre au jour sans manquer à la bonne-foi. Les juges ont coutume d'ordonner, en cas pareil, que les *lettres* seront rendues, nonobstant le rapport qu'elles peuvent avoir avec l'affaire au sujet de laquelle elles ont été produites. C'est ainsi que, par arrêt du 24 juillet 1717, le parlement de Paris a renvoyé un curé d'Orléans de l'accusation qu'avoit formée contre lui l'évêque de cette ville sur le fondement d'une *lettre* que ce curé lui avoit écrite sur des difficultés relatives à la bulle *unigenitus*.

M. Catelan rapporte un autre arrêt du même genre, rendu au sujet d'une accusation de simonie. La partie, chargée d'en faire la preuve, la trouva complète dans une *lettre* dont elle s'étoit saisie, & qui avoit été écrite à son procureur avant le procès : mais le parlement de Toulouse rejetta cette preuve ; il lui parut trop dangereux d'asseoir un jugement sur une *lettre* qui n'avoit pas été adressée à celui qui vouloit s'en prévaloir.

Cependant les personnes à qui l'on écrit des *lettres*

injurieuses, sont fondées à s'en plaindre, & elles peuvent même demander, selon les circonstances, la jonction du ministère public.

Outre cette première signification du mot *lettre* dont nous venons de parler, il y en a plusieurs autres dans le droit & dans la pratique de la chancellerie.

Au châtelet de Paris & dans plusieurs autres tribunaux, il signifie souvent un acte rédigé par écrit. On y dit aussi donner *lettres* à une partie d'une déclaration faite par son adversaire, c'est-à-dire, lui en donner acte; ou, pour parler plus clairement, c'est lui donner un écrit authentique, qui constate ce que l'autre partie a dit ou fait.

Quelquefois *lettre* signifie un *contrat*.

LETTRES *d'abolition*, sont des *lettres* de chancellerie scellées du grand sceau, par lesquelles le roi, par la plénitude de sa puissance, abolit le crime commis par l'impétrant; sa majesté déclare être bien informée du fait dont il s'agit, sans même qu'il soit énoncé dans les *lettres;* qu'elle entend que le crime soit entièrement aboli & éteint, & en accorde le pardon, de quelque manière que le fait soit arrivé, sans que l'impétrant puisse être inquiété à ce sujet. *Voyez* ABOLITION.

LETTRES *d'abréviation d'assises, voyez* ABRÉVIATION.

LETTRES *d'acquitpatent, voyez* ACQUITPATENT.

LETTRES *d'affranchissement*, sont des *lettres* du grand sceau, par lesquelles le roi, pour des causes particulières, affranchit & exempte les habitans d'une ville, bourg ou village, des tailles ou autres impositions & contributions auxquelles ils étoient naturellement sujets. (*A*)

LETTRES *d'amortissement*, sont des *lettres* du grand sceau, par lesquelles le roi, moyennant une certaine finance, accorde à des gens de main-morte la permission d'acquérir, ou conserver & posséder des héritages sans qu'ils soient obligés d'en vuider leurs mains, les gens de main-morte ne pouvant posséder aucuns héritages sans ces *lettres. Voyez* AMORTISSEMENT & MAIN-MORTE. (*A*)

LETTRES *d'amnistie*, sont des *lettres*-patentes qui contiennent un pardon général, accordé par le roi à des peuples qui ont exercé des actes d'hostilité, ou qui se sont révoltés. *Voyez* AMNISTIE. (*A*)

LETTRES *d'ampliation de rémission*, sont des *lettres* de chancellerie que l'on accorde à celui qui a déja obtenu des *lettres* de rémission pour un crime, lorsque dans ces premières il a omis quelque circonstance qui pourroit causer la nullité des premières *lettres*. Par les *lettres d'ampliation* on rappelle ce qui avoit été omis, & le roi ordonne que les premières *lettres* aient leur effet, nonobstant les circonstances qui avoient été oubliées. (*A*)

LETTRES *d'annoblissement* ou LETTRES *de noblesse*, sont des *lettres* du grand sceau, par lesquelles le roi, de sa grace spéciale, annoblit un roturier & toute sa postérité, à l'effet de jouir, par l'impétrant & ses descendans, des droits, privilèges, exemptions & prérogatives des nobles.

Ces sortes de *lettres* sont expédiées par un secrétaire d'état, & scellées de cire verte.

Elles doivent être registrées au parlement, à la chambre des comptes & à la cour des aides. *Voyez* NOBLESSE. (*A*)

LETTRES *d'anticipation*, sont des lettres du petit sceau, qui portent commandement au premier huissier ou sergent d'ajourner ou anticiper l'appellant sur son appel. *Voyez* ANTICIPATION & ANTICIPER. (*A*)

LETTRES *d'appel*, qu'on appelle plus communément *relief d'appel*, sont des *lettres* de petit sceau, portant mandement au premier huissier ou sergent sur ce requis, d'ajourner à certain & compétent jour en la cour un tel, pour procéder sur l'appel que l'impétrant a interjetté ou qu'il interjette par lesdites *lettres*, de la sentence rendue avec celui qu'il fait ajourner pour procéder sur son appel. *Voyez* APPEL & RELIEF D'APPEL. (*A*)

LETTRES *apostoliques*, sont les *lettres* des papes; on les appelle plus communément, depuis plusieurs siècles, *rescrits*, *bulles*, *brefs*. *Voyez* BREFS, BULLES, DÉCRÉTALES, RESCRITS. (*A*)

LETTRES *d'appel comme d'abus*, sont des *lettres* du petit sceau, qui portent commandement au premier huissier ou sergent d'assigner au parlement sur un appel comme d'abus. Elles doivent être libellées & contenir sommairement les moyens d'abus, avec le nom des trois avocats qui ont donné leur consultation pour interjetter cet appel, & la consultation doit être attachée aux *lettres*. *Voyez* ABUS & APPEL COMME D'ABUS. (*A*)

LETTRES *pour articuler faits nouveaux*. Avant l'ordonnance de 1667, l'on ne recevoit point de faits nouveaux, soit d'un appellant en cause d'appel, ou en première instance, sans *lettres* royaux, comme en fait de rescision & restitution en entier; mais, par l'*art. 26 du tit. 11* de cette ordonnance, il est dit qu'il ne sera expédié à l'avenir aucunes *lettres pour articuler nouveaux faits*, mais que les faits seront posés par une simple requête, qui sera signifiée & jointe au procès, sauf au défenseur à y répondre par une autre requête. (*A*)

LETTRES *d'assiette*, sont des *lettres* de chancellerie, qui ordonnent aux trésoriers de France d'asseoir & imposer sur chaque habitant la part qu'il doit supporter d'une somme qui est due par la communauté. On lève de cette manière les dépenses faites pour la communauté, pour des réparations & autres dépenses publiques, & les condamnations de dépens, dommages & intérêts, obtenues contre une communauté d'habitans.

Les commissaires départis par le roi dans les provinces peuvent, en vertu de leur ordonnance seule, faire l'assiette des sommes qui n'excèdent pas 150 liv.; mais au-dessus de cette somme, il faut des *lettres* de chancellerie ou un arrêt du conseil pour faire l'assiette. *Voyez* ASSIETTE, LETTRE D'. (*A*)

LETTRES *d'attache*, sont des lettres qui sont jointes & attachées à d'autres pour les faire mettre à exécution. Ces *lettres* sont de plusieurs sortes. *Voyez* ATTACHE, (LETTRE D'.)

LETTRES *d'attribution*, sont des *lettres*-patentes du grand sceau, qui attribuent à un tribunal la connoissance de certaines contestations qui, sans ces *lettres*, auroient dû être portées devant d'autres juges.

On appelle aussi *lettres d'attribution* de jurisdiction, des *lettres* du petit sceau, qui s'obtiennent par un poursuivant criées, lorsqu'il y a des héritages saisis réellement, situés en différentes jurisdictions du ressort d'un même parlement. Ces *lettres*, dont l'objet est d'éviter à frais, s'accordent après que les criées des biens saisis ont été vérifiées par les juges des lieux. Elles autorisent le juge du lieu où la plus grande partie des héritages est située, à procéder à la vente & adjudication par décret de la totalité des biens saisis. *Voyez* CRIÉES, DÉCRET, SAISIE-RÉELLE. (*A*)

LETTRES *avocatoires*, sont une ordonnance par laquelle le souverain d'un état rappelle les naturels du pays de chez l'étranger où ils servent. *Voyez le traité du droit de la nature par* Puffendorf, *tom. 3, liv. 8, chap. 11.* (*A*)

LETTRES *de baccalauréat*, sont des *lettres* expédiées par le greffier d'une des facultés d'une université, qui attestent que celui auquel ces *lettres* ont été accordées, après avoir soutenu les actes probatoires nécessaires, a été décoré du grade de bachelier dans cette faculté. *Voyez* BACHELIER, DOCTEUR, LICENCIÉ, LETTRES DE LICENCE. (*A*)

LETTRES *de bénéfice d'âge* ou *d'émancipation*, sont des *lettres* du petit sceau, que l'on accorde à un mineur qui demande à être émancipé: elles sont adressées au juge ordinaire du domicile, auquel elles enjoignent de permettre à l'impétrant de jouir de ses meubles & du revenu de ses immeubles.

Ces *lettres* n'ont point d'effet qu'elles ne soient entérinées par le juge, lequel ne procède à cet entérinement que sur un avis des parens & amis du mineur, au cas qu'ils estiment le mineur capable de gouverner ses biens.

On n'accorde guère ces *lettres* qu'à des mineurs qui ont atteint la pleine puberté; cependant on en accorde quelquefois plutôt, cela dépend des circonstances & de la capacité du mineur. *Voyez* BÉNÉFICE D'AGE, EMANCIPATION. (*A*)

LETTRES *de bénéfice d'inventaire*, sont des *lettres* du petit sceau, par lesquelles le roi permet à un héritier présomptif de se porter héritier par bénéfice d'inventaire, à l'effet de ne point confondre ses créances, & de n'être tenu des dettes que jusqu'à concurrence de ce qu'il amende de la succession.

Ces *lettres* se peuvent obtenir en tout temps, même jusqu'à l'expiration des trente années depuis l'ouverture de la succession, pourvu qu'on n'ait point fait acte d'héritier pur & simple; & si c'est un collatéral, il faut qu'il n'y ait point d'autre héritier.

En pays de droit écrit, il n'est pas besoin de *lettres* pour jouir du bénéfice d'inventaire. *Voyez* BÉNÉFICE D'INVENTAIRE, HÉRITIER BÉNÉFICIAIRE & INVENTAIRE. (*A*)

LETTRES *de bourgeoisie*; c'étoit un acte dressé par le juge royal ou seigneurial, par lequel un particulier non noble, non clerc & non bâtard, qui vouloit jouir des privilèges accordés aux personnes libres & de franche condition, étoit reconnu pour bourgeois du roi ou d'un autre seigneur, selon qu'il s'adressoit pour cet effet à l'un ou à l'autre.

L'ordonnance de Philippe-le-Bel, donnée au parlement, de la pentecôte 1287, touchant les bourgeoisies, explique ainsi la forme d'obtenir les *lettres de bourgeoisie*. Quand aucun vouloit entrer en aucune bourgeoisie, il devoit aller au lieu dont il requéroit être bourgeois, & devoit venir au prevôt du lieu, ou à son lieutenant, ou au maire des lieux, qui reçoivent des bourgeois sans prévôt, & dire à cet officier: « sire, je vous requiere la bourgeoisie » de cette ville, & suis appareillé de faire ce que » je dois ». Alors le prévôt, ou le maire, ou leur lieutenant, en la présence de deux ou de trois bourgeois de la ville, du nom desquels les *lettres* devoient faire mention, recevoit sûreté de l'entrée de la bourgeoisie, & que le récipiendaire feroit ou acheteroit, pour raison de la bourgeoisie, une maison, dans l'an & jour, de la valeur de 60 sols parisis au moins. Cela fait & registré, le prévôt ou le maire donnoit à l'impétrant un sergent pour aller avec lui pardevers le seigneur sous lequel il étoit départi, ou devant son lieutenant, pour lui faire savoir que l'impétrant étoit entré en bourgeoisie de telle ville à tel jour & en tel an, ainsi qu'il étoit contenu dans les *lettres de bourgeoisie*. (*A*)

LETTRES *de cachet*, appellées aussi autrefois *lettres closes* ou *clauses*, *lettres du petit cachet* ou *du petit signet du roi*, sont des *lettres* émanées du souverain, signées de lui, & contre-signées d'un secrétaire d'état, écrites sur simple papier, & pliées de manière qu'on ne peut les lire sans rompre le cachet dont elles sont fermées; à la différence des *lettres* appellées *lettres-patentes* qui sont toutes ouvertes, n'ayant qu'un seul repli au-dessous de l'écriture, qui n'empêche point de lire ce qu'elles contiennent.

On tient communément que Louis-le-jeune fut le premier qui, outre le grand sceau royal dont on scelloit dès-lors toutes les *lettres*-patentes, eut un autre scel plus petit, appellé *scel du secret*, dont il scelloit certaines *lettres* particulières qui n'étoient point publiques, comme les *lettres*-patentes. Les *lettres* scellées de ce scel secret, étoient appellées *lettres closes* ou *encloses* dudit scel: il est parlé de ces *lettres* closes dans des *lettres* de Charles V, alors lieutenant du roi Jean son père, du 10 avril 1357. Ce scel secret étoit porté par le grand chambellan, & l'on s'en servoit en l'absence du grand sceau, pour sceller les *lettres*-patentes.

Il y eut même un temps où l'on ne devoit apposer le grand sceau à aucunes *lettres*-patentes, qu'elles n'eussent été envoyées au chancelier, étant closes de ce scel secret, comme il est dit dans une ordonnance de Philippe V, du 16 novembre 1318. Ce scel secret s'apposoit aussi au revers du grand scel, d'où il fut appelle *contre-scel*, & de-là est venu l'usage des contre-sceaux que l'on appose présentement à la gauche du grand scel; mais Charles V, dont on a déjà parlé, étant régent du royaume, fit le 14 mai 1358, une ordonnance portant, entre autres choses, que plusieurs *lettres*-patentes avoient été au temps passé scellées du scel secret, sans qu'elles eussent été vues ni examinées en la chancellerie: il ordonna en conséquence que dorénavant nulles *lettres*-patentes ne seroient scellées pour quelconque cause de ce scel secret, mais seulement les *lettres* closes. Ce même prince, étant encore régent du royaume, fit une autre ordonnance le 27 janvier 1359, portant que l'on ne scelleroit nulles *lettres* ou cédules ouvertes du scel secret, à moins que ce ne fussent des *lettres* très-hâtives touchant *Monsieur ou Nous*, & en l'absence du grand scel & du scel du châtelet, & non autrement, ni en autre cas; & que si quelques-unes étoient scellées autrement, l'on n'y obéiroit pas.

Le roi Jean donna, le 3 novembre 1361, des *lettres* ou mandement pour faire exécuter les ordonnances qui avoient fixé le prix des monnoies. Ces *lettres* scellées du grand scel du roi furent envoyées à tous les baillis & sénéchaux, dans une boîte scellée du contre-scel du châtelet de Paris, avec des *lettres* closes du 6 du même mois, scellées du scel secret du roi, par lesquelles il leur étoit ordonné de n'ouvrir la boîte que le 15 novembre, & de ne publier que ce jour-là les *lettres* qu'ils y trouveroient. La forme de ces *lettres* closes étoit telle:

De par le roi..... bailli de..... nous vous envoyons certaines lettres *ouvertes scellées de notre grand scel, encloses en une boîte scellée du contre-scel de la prévôté de Paris: si vous mandons que le contenu d'icelles vous fassiez tenir & garder plus diligemment que vous n'avez fait au temps passé, & bien vous gardez que icelle boîte ne soit ouverte, & que lesdites* lettres *vous ne véez jusqu'au quinzième jour de ce présent mois de novembre, auquel jour nous voulons que le contenu d'icelles vous fassiez crier & publier par tout votre bailliage & ressort d'icelui, & non avant. Si gardez si cher comme vous doutez encourre en notre indignation que de ce faire n'ait aucun défaut. Donné à Paris le 6 novembre 1361. Ainsi signé* Collors.

Il y avoit pourtant dès-lors, outre le scel secret, un autre cachet ou petit cachet du roi, qui est celui dont ces sortes de *lettres* sont présentement fermées; c'est pourquoi on les a appellées *lettres de cachet* ou de *petit cachet*. Ce cachet du roi étoit autrefois appellé *le petit signet*: le roi le portoit sur soi, à la différence du scel secret, qui étoit porté par un des chambellans. Le roi appliquoit quelquefois ce petit signet aux *lettres*-patentes, pour faire connoître qu'elles étoient scellées de sa volonté. C'est ce que l'on voit dans des *lettres* de Philippe VI, du 16 juin 1349, adressées à la chambre des comptes, à la fin desquelles il est dit: *& ce voulons être tenu & gardé....* sans rien faire au contraire pour quelques prières que ce soit, ne par *lettres*, *se notre petit signet que nous portons n'y étoit plaqué & apparent.* On trouve dans les ordonnances de la troisième race, deux *lettres* closes ou de *cachet*, du 19 juillet 1367, l'une adressée au parlement, l'autre aux avocat & procureur général du roi, pour l'exécution de *lettres*-patentes du même mois. Ces *lettres de cachet* qui sont visées dans d'autres *lettres*-patentes du 27 du même mois, sont dites signées de la propre main du roi, *sub signeto annuli nostri secreto.* Ainsi le petit signet ou cachet, ou petit cachet du roi, étoit alors l'anneau qu'il portoit à son doigt.

L'ordonnance de Charles V du dernier février 1378, porte que le roi aura un signet pour mettre ès-*lettres*, sans lequel nul denier du domaine ne sera payé.

Il est aussi ordonné que les assignations d'arrérages, dons, transports, aliénations, changemens de terre, ventes & compositions de ventes à temps, à vie, à héritage ou à volonté, seront signées de ce signet, & autrement n'auront point d'effet.

Que les gages des gens des comptes seront renouvellés par chacun an par mandement & *lettres* du roi, signées de ce signet, & ainsi seront payés & non autrement.

Les *lettres* que le roi adresse à ses cours concernant l'administration de la justice, sont toujours des *lettres*-patentes & non des *lettres closes* ou de *cachet*, parce que ce qui a rapport à la justice, doit être public & connu de tous, & doit porter la marque la plus authentique & la plus solemnelle de l'autorité du roi.

Du Tillet, en *son recueil des ord. des rois de France, part. I, p. 416*, parle d'une ordonnance de Philippe-le-Long, alors régent du royaume, faite à S. Germain-en-Laie au mois de juin 1316, (cette ordonnance ne se trouve pourtant pas dans le recueil de celles de la troisième race) après avoir rapporté ce qui est dit par cette ordonnance sur l'ordre que l'on devoit observer pour l'expédition, signature, & sceau des *lettres* de justice: il dit que « de » cette ordonnance est tirée la maxime reçue, qu'en » fait de justice on n'a regard à *lettres* missives, & » que le grand scel du roi y est nécessaire non sans » grande raison; car les chanceliers de France & » maîtres des requêtes sont institués à la suite du » roi, pour avoir le premier œil à la justice de laquelle le roi est débiteur; & l'autre œil est aux » officiers ordonnés par les provinces pour l'administration de ladite justice mêmement souveraine, » & faut pour en acquitter la conscience du roi & » des officiers de ladite justice, tant près la personne dudit roi, que par ses provinces, qu'ils y » apportent tous une volonté conforme à l'intégrité de ladite justice, sans contention d'autorité, ne passion particulière qui engendrent in-

» justice, provoquent & attirent l'ire de Dieu sur » l'universel. Ladite ordonnance, ajoute du Tillet, » étoit sainte; & par icelle les rois ont montré la » crainte qu'ils avoient qu'aucune injustice se fît » en leur royaume, y mettant l'ordre susdit pour » se garder de surprise en cet endroit, qui est leur » principale charge ».

Il y a même plusieurs ordonnances qui ont expressément défendu à tous juges d'avoir aucun égard aux *lettres closes* ou de *cachet* qui seroient accordées sur le fait de la justice.

La première est l'ordonnance d'Orléans, *art. 3.*

La seconde est l'ordonnance de Blois, *art. 281.*

La troisième est l'ordonnance de Moulins, qui est encore plus générale & plus précise sur ce sujet; sur quoi on peut voir dans Néron les remarques tirées de M. Pardoux du Prat, savoir que pour le fait de la justice, les *lettres* doivent absolument être patentes, & que l'on ne doit avoir en cela aucun égard aux *lettres closes. Voyez aussi* Thevenеau, *liv. 3, tit. 15, article 2.*

On trouve néanmoins quelques *lettres de cachet* registrées au parlement; mais il s'agissoit de *lettres* qui ne contenoient que des ordres particuliers & non de nouveaux réglemens. On peut mettre dans cette classe celle de Henri II, du 3 décembre 1551, qui fut registrée au parlement le lendemain, & dont il est fait mention dans le traité de la police, *tom. 1, liv. 1, chap. 2, pag. 133, col. première.* Le roi dit dans cette *lettre*, qu'ayant fait examiner en son conseil les ordonnances sur le fait de la police, il n'avoit rien trouvé à y ajouter; il mande au parlement d'y tenir la main, *&c.*

La déclaration du roi, du 24 février 1673, porte que les ordonnances, édits, déclarations, & *lettres-patentes* concernant les affaires publiques, soit de justice ou de finances, émanées de la seule autorité & propre mouvement du roi, sans parties, qui seront envoyées à son procureur-général avec ses *lettres de cachet* portant ses ordres pour l'enregistrement, seront présentées par le procureur-général en l'assemblée des chambres avec lesdites *lettres de cachet.*

On donne aujourd'hui plus particuliérement le nom de *lettres de cachet*, à certaines *lettres* qui contiennent quelque ordre, commandement ou avis du prince. Nous en avons parlé sous le mot CACHET. (*A*)

LETTRES *canoniques*, étoient la même chose que les *lettres* commendatrices ou pacifiques. *Voyez ci-après ces deux articles.* (*A*)

LETTRES *de cession*, sont celles qu'un débiteur obtient en chancellerie pour être reçu à faire cession & abandonnement de biens à ses créanciers; & par ce moyen se mettre à couvert de leurs poursuites. *Voyez* ABANDONNEMENT, BÉNÉFICE DE CESSION, CESSION. (*A*)

LETTRES *de chancellerie*, qu'on appelle aussi *lettres royaux*, sont toutes les *lettres* émanées du souverain, & qui s'expédient en la chancellerie en France: il y en a de plusieurs sortes; les unes qui s'expédient en la grande chancellerie de France, & que l'on appelle par cette raison *lettres de grande chancellerie*, ou *lettres du grand sceau*; les autres qu'on appelle *lettres de petite chancellerie*, ou *du petit sceau*, lesquelles s'expédient dans les chancelleries établies près les cours ou près les présidiaux.

Toutes les *lettres* de grande ou de petite chancellerie, sont de justice ou de grace. Elles sont réputées surannées un an après la date de leur expédition. *Voyez* SURANNATION. (*A*)

LETTRE-*de-change*, est une espèce de mandement qu'un banquier, marchand ou négociant donne à quelqu'un pour faire payer dans une autre ville à celui qui sera porteur de ce mandement la somme qui y est exprimée.

Pour former une *lettre-de-change*, il faut que trois choses concourent.

1°. Que le change soit réel & effectif, c'est-à-dire, que la *lettre* soit tirée d'une place pour être payée dans une autre. Ainsi une *lettre* tirée de Paris sur Paris, n'est qu'un mandement ordinaire & non une véritable *lettre-de-change.*

2°. Il faut que le tireur, c'est-à-dire, celui qui donne cette *lettre*, ait une somme pareille à celle qu'il reçoit entre les mains de la personne sur laquelle il tire ce mandement, ou bien qu'il le tire sur son crédit; autrement ce ne seroit qu'un simple mandement ou rescription.

3°. Il faut que la *lettre-de-change* soit faite dans la forme prescrite par l'article premier du tit. 5 de l'ordonnance du mois de mars 1673, qu'elle porte valeur reçue soit en deniers, marchandises, ou autres effets. C'est ce qui distingue les *lettres-de-change* des billets de change qui ne sont point pour valeur fournie en deniers, marchandises, ou autres effets, mais pour *lettres-de change* fournies ou à fournir.

La forme la plus ordinaire d'une *lettre-de-change* est telle.

» A Paris, ce premier janvier 1756.

» Monsieur,

» A vue il vous plaira payer par cette première » de change à M. Siméon ou à son ordre, la somme » de deux mille livres, valeur reçue comptant du- » dit sieur, ou d'un autre dont on exprime le nom, » & mettez à compte, comme par l'avis, *&c.* ».

A Monsieur Hilaire, à Lyon. — Votre très-humble serviteur, Lucien.

Le contrat qui se forme par ces *lettres* entre les différentes personnes qui y ont part, n'a pas été connu des anciens; car ce qui est dit au digeste *de eo quod certo loco dari oportet*, & dans plusieurs loix au sujet de ceux que l'on appelloit *numularii, argentarii, & trapesitæ*, n'a point de rapport avec le change de place en place par *lettres*, tel qu'il se pratique présentement.

Les anciens ne connoissoient d'autre change que celui d'une monnoie contre une autre; ils ignoroient l'usage de changer de l'argent contre des *lettres.*

On est fort incertain du temps où cette manière de

commercer a commencé, aussi bien que de ceux qui en ont été les inventeurs.

Quelques auteurs, tel que Giovan Villani, en son histoire universelle, & Savary dans son parfait négociant, attribuent l'invention des *lettres-de-change* aux Juifs qui furent bannis du royaume.

Sous le règne de Dagobert I en 640, sous Philippe-Auguste, en 1181, & sous Philippe-le-Long, en 1316, ils tiennent que ces Juifs s'étant retirés en Lombardie, pour y toucher l'argent qu'ils avoient déposé en sortant de France entre les mains de leurs amis, ils se servirent de l'entremise des voyageurs & marchands étrangers qui venoient en France, auxquels ils donnèrent des *lettres* en style concis, à l'effet de toucher ces deniers.

Cette opinion est réfutée par de la Serra, tant parce qu'elle laisse dans l'incertitude de savoir si l'usage des *lettres-de-change* a été inventé dès l'an 640 ou seulement en 1316, ce qui fait une différence de plus de 600 ans, qu'à cause que le bannissement des Juifs étant la punition de leurs rapines & de leurs malversations, qui leur avoit attiré la haine publique, cet auteur ne présume pas que quelqu'un voulût se charger de leur argent en dépôt, les assister & avoir commerce avec eux, au préjudice des défenses portées par les ordonnances.

Il est cependant difficile de penser que les Juifs n'aient pas pris des mesures pour récupérer en Lombardie la valeur de leurs biens ; ce qui ne se pouvoit faire que par le moyen des *lettres-de-change*. Ainsi il y a assez d'apparence qu'ils en furent les premiers inventeurs.

Les Italiens Lombards qui commerçoient en France, ayant trouvé cette invention propre à couvrir leurs usures, introduisirent aussi en France l'usage des *lettres-de-change*.

De Rubys, en son *Histoire de la ville de Lyon*, *page 289*, attribue cette invention aux Florentins spécialement, lesquels, dit-il, ayant été chassés de leur pays par les Gibelins, se retirèrent en France, où ils commencèrent selon lui, le commerce des *lettres-de-change*, pour tirer de leur pays, soit le principal, soit le revenu de leurs biens. Cette opinion est même celle qui paroît la plus probable à de la Serra, auteur du traité des *lettres-de-change*.

Il est à croire que cet usage commença dans la ville de Lyon, qui est la ville de commerce la plus proche de l'Italie: & en effet, la place où les marchands s'assemblent dans cette ville pour y faire leurs négociations de *lettres-de-change*, & autres semblables, s'appelle encore *la place du change*.

Les Gibelins chassés d'Italie par la faction des Guelphes, s'étant retirés à Amsterdam, se servirent aussi de la voie des *lettres-de-change* pour retirer les effets qu'ils avoient en Italie ; ils établirent donc à Amsterdam le commerce des *lettres-de-change*, qu'ils appellèrent *polizza di cambio*. Ce furent eux pareillement qui inventèrent le rechange, quand les *lettres* qui leur étoient fournies revenoient à protêt, prenant ce droit par forme de dommages & intérêts. La place des marchands, à Amsterdam, est encore appellée aujourd'hui *la place Lombarde*, à cause que les Gibelins s'assembloient en ce lieu pour y exercer le change: les négocians d'Amsterdam répandirent dans toute l'Europe le commerce des *lettres-de-change* par le moyen de leurs correspondans, & particuliérement en France.

Ainsi les Juifs retirés en Lombardie, ont probablement inventé l'usage des *lettres-de-change*, & les Italiens & négocians d'Amsterdam en ont établi l'usage en France.

Ce qui est certain, c'est que les Italiens, & particuliérement les Génois & les Florentins, étoient dans l'habitude, dès le commencement du treizième siècle, de commercer en France, & de fréquenter les foires de Champagne & de Lyon, tellement que Philippe-le-Bel fit, en 1294, une convention avec le capitaine & les corps de ces marchands & changeurs Italiens, contenant que de toutes les marchandises qu'ils acheteroient & vendroient dans les foires & ailleurs, il seroit payé au roi un denier par le vendeur & un par l'acheteur ; & que pour chaque livre de petits tournois, à quoi monteroient les contrats de change qu'ils feroient dans les foires de Champagne & de Brie, & dans les villes de Paris & de Nismes, ils paieroient une pite. Cette convention fut confirmée par les rois Louis Hutin, Philippe de Valois, Charles V & Charles VI.

On voit aussi que dès le commencement du quatorzième siècle il s'étoit introduit dans le royaume beaucoup de florins, qui étoient la monnoie de Florence; ce qui provenoit sans doute du commerce que les Florentins & autres Italiens faisoient dans le royaume.

Mais comme il n'étoit pas facile aux Florentins & autres Italiens de transporter de l'argent en France pour payer les marchandises qu'ils y achetoient, ni aux François d'en envoyer en Italie pour payer les marchandises qu'ils tiroient d'Italie, ce fut ce qui donna lieu aux Florentins, & autres Italiens d'inventer les *lettres-de-change*, par le moyen desquelles on fit tenir de l'argent d'un lieu dans un autre sans le transporter.

Les anciennes ordonnances font bien quelque mention de *lettres-de-change*, mais elles n'entendent par-là que les *lettres* que le roi accordoit à certaines personnes pour tenir publiquement le change des monnoies; & dans les *lettres*-patentes de Philippe de Valois, du 6 août 1349, concernant les privilèges des foires de Brie & de Champagne, ce qui est dit des *lettres* passées dans ces foires ne doit s'entendre que des obligations & contrats qui étoient passés sous le scel de ces foires, soit pour prêt d'argent, soit pour vente de marchandises, mais on n'y trouve rien qui dénote qu'il fût question de *lettres* tirées de place en place, qui est ce qui caractérise essentiellement les *lettres-de-change*.

La plus ancienne ordonnance que j'aie trouvé où il soit véritablement parlé de ces sortes de *lettres*, c'est c'est l'édit du roi Louis XI, du mois de mars 1462, portant confirmation des foires de Lyon. L'article 7 ordonne que comme dans les foires les marchands ont accoutumé user de changes, arrière-changes & intérêts, toutes personnes, de quelque état, nation ou condition qu'elles soient, puissent donner, prendre & remettre leur argent par *lettres-de-change*, en quelque pays que ce soit, touchant le fait de marchandise, excepté la nation d'Angleterre, *&c.*

L'article suivant ajoute que si à l'occasion de quelques *lettres* touchant les changes faits ès foires de Lyon pour payer & rendre argent autre part, ou des *lettres* qui seroient faites ailleurs pour rendre de l'argent auxdites foires de Lyon, lequel argent ne seroit pas payé selon lesdites *lettres*, en faisant aucune protestation ainsi qu'ont accoutumé de faire les marchands fréquentant les foires, tant dans le royaume qu'ailleurs, qu'en ce cas ceux qui seront tenus de payer ledit argent tant pour le principal que pour les dommages & intérêts, y seront contraints, tant à cause des changes, arrière-changes, qu'autrement, ainsi qu'on a coutume de faire ès foires de Pezenas, Montignac, Bourges, Genève, & autres foires du royaume.

On voit par ces dispositions, que les *lettres-de-change* tirées de place en place étoient déjà en usage, non-seulement à Lyon, mais aussi dans les autres foires & ailleurs.

La jurisdiction consulaire de Toulouse, établie en 1549, celle de Paris établie en 1563, & les autres qui ont été ensuite établies dans plusieurs autres villes du royaume, ont entre autres choses pour objet de connoître du fait des *lettres-de-change* entre marchands.

L'ordonnance de 1673 pour le commerce, est la première qui ait établi des règles fixes & invariables pour l'usage des *lettres-de-change*; c'est ce qui fait l'objet du titre 5, intitulé des *lettres & billets de change* & des promesses d'en fournir; & du titre 6, des intérêts du change & rechange.

L'usage des *lettres-de-change* n'a d'abord été introduit que parmi les marchands, banquiers & négocians, pour la facilité du commerce qu'ils font, soit avec les provinces, soit dans les pays étrangers. Il a été ensuite étendu aux receveurs des tailles, receveurs-généraux des finances, fermiers du roi, traitans, & autres gens d'affaire & de finance, à cause du rapport qu'il y a entre eux & les marchands & négocians pour retirer des provinces les deniers de leur recette, au lieu de les faire voiturer; & comme ces sortes de personnes négocient leur argent & leurs *lettres-de-change*, ils deviennent à cet égard justiciables de la jurisdiction consulaire.

Les personnes d'une autre profession qui tirent, endossent ou acceptent des *lettres-de-change*, deviennent pareillement justiciables de la jurisdiction consulaire, & même soumis à la contrainte par corps; c'est pourquoi il ne convient point à ceux qui ont des bienséances à garder dans leur état, de tirer, endosser ou accepter des *lettres-de-change*; mais toutes sortes de personnes peuvent, sans aucun inconvénient, être porteurs d'une *lettre-de-change* tirée à leur profit.

Les ecclésiastiques ne peuvent se mêler du commerce des *lettres-de-change*: les lettres qu'ils adressent à leurs fermiers ou receveurs ne sont que de simples rescriptions ou mandemens qui n'emportent point de contrainte par corps, quoique ces mandemens aient été négociés.

Il se forme, par le moyen d'une *lettre-de-change* un contrat entre le tireur & celui qui donne la valeur; le tireur s'oblige de faire payer le montant de la *lettre-de-change*.

Il entre même dans ce contrat jusqu'à quatre personnes ou du moins trois; savoir, celui qui en fournit la valeur, le tireur, celui sur qui la *lettre-de-change* est tirée & qui doit l'acquittement, & celui à qui elle est payable; mais ces deux derniers ne contractent aucune obligation envers le tireur, & n'entrent dans le contrat que pour l'exécution, quoique, suivant les cas, ils puissent avoir des actions pour l'exécution de la convention.

Le contrat qui se forme par le moyen d'une *lettre-de-change* n'est point un prêt, c'est un contrat du droit des gens & de bonne-foi, un contrat nommé *contrat-de-change*: c'est une espèce d'achat & vente de même que les cessions & transports; car celui qui tire la *lettre-de-change*, vend, cède & transporte la créance qu'il a sur celui qui la doit payer.

Ce contrat est parfait par le seul consentement, comme l'achat & la vente; tellement que lorsqu'on traite d'un change pour quelque paiement ou foire dont l'échéance est éloignée, il peut arriver que l'on ne délivre pas pour lors la *lettre-de-change*; mais pour la preuve de la convention, il faut qu'il y ait un billet portant promesse de fournir la *lettre-de-change*: ce billet est ce que l'on appelle *billet de change*, lequel, comme l'on voit, est totalement différent de la *lettre* même; & si la valeur de la *lettre-de-change* n'a pas non plus été fournie, le billet de change doit être fait double, afin de pouvoir prouver respectivement le consentement.

Les termes ou échanges de paiemens des *lettres-de-change*, sont de cinq sortes.

La première est des *lettres* payables à vue ou à volonté: celles-ci doivent être payées aussi-tôt qu'elles sont présentées.

La seconde est des *lettres* payables à tant de jours de vue: en ce cas le délai ne commence à courir que du jour que la *lettre* a été présentée.

La troisième est des *lettres* payables à tant de jours d'un tel mois, & alors l'échéance est déterminée par la *lettre* même.

La quatrième est à une ou plusieurs usances, qui est un terme déterminé par l'usage du lieu où la *lettre-de-change* doit être payée, & qui commence à courir, ou du jour de la date de la *lettre-de-change*, ou du jour de l'acceptation; il est plus long ou plus court, suivant l'usage de chaque place. En France les usances sont fixées à trente jours par l'ordonnance du commerce, *titre 5*, ce qui a toujours lieu, encore que les mois aient plus ou moins de trente jours; mais dans les places étrangères il y a beaucoup de diversité. A Londres, par exemple, l'usance des *lettres* de France est du mois de la date; en Espagne deux mois; à Venise, Gènes & Livourne trois mois, & ainsi des autres pays: on peut voir à ce sujet le *Parfait Négociant* de Savary.

La cinquième espèce de terme pour les *lettres-de-change* est en paiemens à faire dans le temps des foires, ce qui n'a lieu que pour les places où il y a des foires établies, comme à Lyon, Francfort & autres endroits, & ce temps est déterminé par les réglemens & statuts de ces foires.

Les *lettres-de-change* doivent contenir sommairement le nom de ceux auxquels le contenu doit en être payé, le temps du paiement, le nom de celui qui en a donné la valeur, & expliquer si cette valeur a été fournie en deniers, marchandises ou autres effets.

Toutes *lettres-de-change* doivent être acceptées par écrit purement & simplement; les acceptations verbales & celles qui se faisoient en ces termes, *vu sans accepter*, ou *accepté pour répondre à temps*, & toutes autres acceptations sous conditions, ont été abrogées par l'ordonnance du commerce, & passent présentement pour des refus, en conséquence desquels on peut faire protester les *lettres*. *Voyez* ACCEPTEUR.

En cas de protêt d'une *lettre-de-change*, elle peut être acquittée par tout autre que celui sur qui elle a été tirée, & au moyen du paiement il demeurera subrogé en tous les droits du porteur de la *lettre*, quoiqu'il n'en ait point de transport, subrogation ni ordre.

Les porteurs de *lettres-de-change* qui ont été acceptées, ou dont le paiement échet à jour certain, sont tenus, suivant l'ordonnance, de les faire payer ou protester dans dix jours après celui de l'échéance; mais la déclaration du 10 mai 1686 a réglé que les dix jours accordés pour le protêt des *lettres* & *billets de change* ne seront comptés que du lendemain de l'échéance des *lettres* & billets, sans que le jour de l'échéance y puisse être compris, mais seulement celui du protêt, des dimanches & des fêtes, même solemnelles, qui y seront compris.

La ville de Lyon a sur cette matière un réglement particulier du 2 juin 1667, auquel l'ordonnance n'a point dérogé.

Après le protêt, celui qui a accepté la *lettre* peut être poursuivi à la requête de celui qui en est le porteur.

Les porteurs peuvent aussi, par la permission du juge, saisir les effets de ceux qui ont tiré ou endossé les *lettres*, encore qu'elles aient été acceptées, même les effets de ceux sur lesquels elles ont été tirées, en cas qu'ils les aient acceptées.

Ceux qui ont tiré ou endossé des *lettres* doivent être poursuivis en garantie dans la quinzaine, s'ils sont domiciliés dans la distance de dix lieues, & au-delà, à raison d'un jour pour cinq lieues, sans distinction du ressort des parlemens, pour les personnes domiciliées dans le royaume; & hors d'icelui, les délais sont de deux mois pour les personnes domiciliées en Angleterre, Flandre ou Hollande; de trois mois pour l'Italie, l'Allemagne & les Cantons Suisses; quatre mois pour l'Espagne, six pour le Portugal, la Suède & le Danemarck.

Faute par les porteurs des *lettres-de-change* d'avoir fait leurs diligences dans ces délais, ils sont non-recevables dans toute action en garantie contre les tireurs & endosseurs.

En cas de dénégation, les tireurs & endosseurs sont tenus de prouver que ceux sur qui elles étoient tirées leur étoient redevables ou avoient provision au temps qu'elles ont dû être protestées, sinon ils seront tenus de les garantir.

Si depuis le temps réglé pour les protêts les tireurs ou endosseurs ont reçu la valeur en argent ou marchandises, par compte, compensation ou autrement, ils sont aussi tenus de la garantie.

Si la *lettre-de-change*, payable à un tel particulier, se trouve adirée, le paiement peut en être fait en vertu d'une seconde *lettre* sans donner caution, en faisant mention que c'est une seconde *lettre*, & que la première ou autre précédente demeurera nulle. Un arrêt de réglement du 30 août 1714 décide qu'en ce cas celui qui est porteur de la *lettre-de-change* doit s'adresser au dernier endosseur de la *lettre* adirée pour en avoir une autre de la même valeur & qualité que la première, & que le dernier endosseur, sur la requisition qui lui en sera faite par écrit, doit prêter ses offres auprès du précédent endosseur, & ainsi en remontant d'un endosseur à un autre jusqu'au tireur, *&c.*

Si la *lettre* adirée est payable au porteur ou à ordre, le paiement n'en sera fait que par ordonnance du juge & en donnant caution.

Au bout de trois ans, les cautions sont déchargées lorsqu'il n'y a point de poursuites.

Les *lettres* ou *billets de change* sont réputés acquittés après cinq ans de cessation de demande & poursuite, à compter du lendemain de l'échéance ou du protêt, ou dernière poursuite, en affirmant néanmoins, par ceux que l'on prétend en être débiteurs, qu'ils ne sont plus redevables.

Les deux fins de non-recevoir dont on vient de parler ont lieu même contre les mineurs & les absens.

Les signatures au dos des *lettres-de-change* ne servent que d'endossement & non d'ordre, si elles ne sont datées & ne contiennent le nom de celui qui a payé la valeur en argent, marchandise ou autrement.

Les *lettres-de-change* endossées dans la forme qui vient d'être dite, appartiennent à celui du nom duquel l'ordre est rempli, sans qu'il ait besoin de transport ni signification.

Au cas que l'endossement ne soit pas dans la forme qui vient d'être expliquée, les *lettres* sont réputées appartenir à celui qui les a endossées, & peuvent être saisies par ses créanciers, & compensées par ses débiteurs.

Il est défendu d'antidater les ordres, à peine de faux.

Ceux qui ont mis leur aval sur des *lettres-de-change*, sur des promesses d'en fournir, sur des ordres ou des acceptations, sur des *billets de change* ou autres actes de pareille qualité concernant le commerce, sont tenus solidairement avec les tireurs, prometteurs, endosseurs & accepteurs, encore qu'il n'en soit pas fait mention dans l'aval. *Voyez* BILLET DE CHANGE A ORDRE AU PORTEUR, CHANGE, ENDOSSEMENT, PROTÊT, RECHANGE. (*A*)

LETTRES *de chartre*, ou en forme de *chartre*, sont des *lettres* de grande chancellerie, qui ordonnent quelque chose pour toujours. *Voyez au mot* CHARTRE (*lettre de*).

LETTRES *closes*, c'est ainsi que l'on appelloit anciennement ce que nous nommons aujourd'hui *lettre de cachet*. *Voyez* LETTRE DE CACHET.

LETTRES *en commandement*, sont des *lettres* de faveur expédiées en grande chancellerie, qui sont contre-signées par un secrétaire d'état; elles sont de deux sortes, les unes, que le secrétaire d'état de la province donne toutes signées, & que l'on scelle ensuite; d'autres qui sont du ressort ou du chancelier ou du garde-des-sceaux, & qui sont scellées avant d'être signées par le secrétaire d'état. (*A*)

LETTRES *commendatices*, *litteræ commendatitiæ*, c'est ainsi que dans la pratique de cour d'église, on appelle les *lettres* de recommandation qu'un supérieur ecclésiastique donne à quelqu'un, adressantes aux évêques voisins, ou autres supérieurs ecclésiastiques. Les réguliers ne peuvent donner des *lettres commendatices* ni testimoniale, à des séculiers, ni même à des réguliers qui ne sont pas de leur ordre. *Mémoires du clergé, tom. 6, pag. 1177.* (*A*)

LETTRES *de commission*, sont une commission que l'on prend en chancellerie pour faire assigner quelqu'un à comparoître dans une cour souveraine, en conséquence de quelque instance qui y est pendante entre d'autres parties, ou pour constituer nouveau procureur, ou reprendre une instance ou procès, ou pour faire déclarer un arrêt exécutoire contre des héritiers.

On entend aussi par *lettres de commission*, un paréatis ou le mandement qui est donné à un juge royal de faire procéder à l'exécution de quelque arrêt, à la fin duquel mandement il est enjoint au premier huissier ou sergent de mettre à exécution cet arrêt.

LETTRES *de committimus*, sont celles que le roi accorde à ses commensaux & autres privilégiés, en vertu desquelles ils peuvent faire renvoyer toutes leurs causes civiles, possessoires & mixtes, devant le juge de leur privilège.

Ces *lettres* s'obtiennent au grand sceau ou au petit sceau, selon le droit du privilégié. *Voyez* COMMITTIMUS.

LETTRES *communicatoires*, étoient la même chose que les *lettres* commendatices. *Voyez* LETTRES COMMENDATICES & LETTRES PACIFIQUES.

LETTRES *de commutation de peine*, sont des *lettres* de grande chancellerie, par lesquelles le roi commue la peine à laquelle l'accusé étoit condamné, en une autre peine plus douce, comme lorsque la peine de mort est commuée en un bannissement ou en un certain temps de prison.

LETTRES *de compensation*, étoient des *lettres* de chancellerie, que l'on obtenoit autrefois dans les pays coutumiers, pour pouvoir opposer la compensation; présentement il n'est plus d'usage d'en prendre. *Voyez* COMPENSATION.

LETTRES *de compulsoire*, sont des *lettres* de chancellerie que l'on obtient pour contraindre le dépositaire d'une pièce, de la représenter à l'effet d'en tirer une expédition ou de faire collation d'une expédition ou copie à l'original. *Voyez* COMPULSOIRE.

LETTRES *de confirmation*, sont celles par lesquelles le roi confirme l'impétrant dans la jouissance de quelque droit ou privilège qui lui avoit été accordé précédemment.

LETTRES *de confortemain*, *voyez* CONFORTEMAIN.

LETTRES *de créance*, sont des *lettres* émanées du souverain ou de quelque autre personne constituée en dignité, portant que l'on peut ajouter foi à ce que dira celui qui est muni de ces *lettres*. Les ambassadeurs plénipotentiaires les envoyés, & autres ministres qui vont dans une cour étrangère, ne partent point sans avoir des *lettres de créance*; & la première chose qu'ils font, lorsqu'on leur donne audience, est de présenter leurs *lettres de créance*.

On entend aussi quelquefois par *lettre de créance*, la même chose que par *lettre* de crédit. *Voyez* CRÉANCE.

LETTRES *de crédit*, *voyez* CRÉDIT.

LETTRES *pour cumuler le pétitoire avec le possessoire*; c'étoient des *lettres* que l'on obtenoit en chancellerie pour pouvoir cumuler le pétitoire, quoiqu'on ne fût poursuivi qu'au possessoire; mais l'usage de ces *lettres* fut défendu par l'ordonnance de Charles VII, en 1453, *art. 8*; par celles de Louis XII, en 1507, *art. 41*; & de François I, en 1535, *chap. 9*, *art. 1*. Cette défense a été renouvellée par l'ordonnance de 1667, *tit. 18*, *art. 5*.

LETTRES *de debitis*, *voyez* DEBITIS.

LETTRES *de déclaration* ou *en forme de déclaration*; sont des *lettres*-patentes du grand sceau, signées en commandement, par lesquelles le roi explique ses intentions sur l'interprétation de quelque ordonnance ou édit.

On appelle aussi *lettres de déclaration*, celles que le roi donne à des regnicoles qui, ayant été longtemps absens, étoient réputés avoir abdiqué leur patrie, & néanmoins sont revenus en France; ils n'ont pas besoin de *lettres* de naturalité, parce qu'ils ne sont pas étrangers; mais il leur faut des *lettres de déclaration*, pour purger le vice de leur longue absence. On appelle de même *lettres de déclaration*, celles par lesquelles quelqu'un qui est déjà noble, est déclaré tel par le roi, pour prévenir les difficultés qu'on auroit pu lui faire. Ce sont proprement des *lettres* de confirmation de noblesse. *Voyez* DÉCLARATION, EDIT, & *ci-après* LETTRES-PATENTES & ORDONNANCE.

LETTRES *de dénication*, sont des espèces de *lettres* de naturalité que les étrangers obtiennent en Angleterre, à l'effet seulement de posséder des bénéfices. *Voyez* Basnage, sur l'*art.* 235 de la coutume de Normandie.

LETTRES *de déprécation*, sont des *lettres* par lesquelles quelqu'un, en vertu d'un privilège particulier, présente un accusé au prince, à l'effet d'obtenir de lui des *lettres* de grace, s'il y échet.

Ce terme paroît emprunté des Romains, chez lesquels la déprécation étoit la supplication qu'une personne, accusée d'homicide involontaire, faisoit au sénat, lequel avoit, en ce cas, le pouvoir d'accorder à l'accusé sa grace.

L'édit du mois de novembre 1753, qui a réglé l'étendue du privilège dont les évêques d'Orléans jouissent à leur avénement, de faire grace à certains criminels, a réglé que, dans les cas où ce privilège peut avoir lieu, l'évêque donnera au criminel des *lettres* d'intercession & de déprécation, sur lesquelles le roi fera expédier des *lettres* de grace.

LETTRES *de désertion*, sont des *lettres* de chancellerie, que l'intimé obtient, à l'effet d'assigner l'appellant, pour voir déclarer son appel désert, faute par lui de l'avoir relevé dans le temps de l'ordonnance. *Voyez* APPEL, DÉSERTION & RELIEF D'APPEL.

LETTRES *de diaconat*, sont l'acte par lequel un évêque confère à un sous-diacre l'ordre de diaconat. *Voyez* DIACONAT & DIACRE.

LETTRES *de dispense*, sont celles par lesquelles l'impétrant est déchargé de satisfaire à quelque chose que la règle exige.

Le roi accorde en chancellerie des dispenses d'âge, de temps d'étude, & autres semblables.

Le pape, les archevêques & évêques en accordent pour le spirituel, comme des dispenses de ban, de parenté pour les mariages, d'interstice pour les ordres, *&c. Voyez* DISPENSE.

LETTRE *de docteur* ou *de doctorat*, sont des *lettres* accordées dans quelque faculté d'une université, qui confèrent à un licencié le grade de docteur. *Voyez* DOCTEUR.

LETTRES *de don gratuit*, sont des *lettres* du grand sceau, par lesquelles le roi permet aux états d'une province de faire don d'une somme au gouverneur, lieutenant de roi, ou autre officier à qui sa majesté permet de l'accepter. Les ordonnances défendent de faire ni de recevoir ces sortes de dons sans la permission du prince.

LETTRES *ecclésiastiques*, étoient la même chose que les *lettres* canoniques ou pacifiques. *Voyez ces différens articles.* (*A*)

LETTRES *d'écolier juré*, sont la même chose que *lettres* de scholarité. *Voyez* ECOLIER, GARDE GARDIENNE, LETTRES DE SCHOLARITÉ & SCHOLARITÉ. (*A*)

LETTRES *d'émancipation* ou *de bénéfice d'âge*. *Voyez ci-devant* LETTRES DE BÉNÉFICE D'AGE.

LETTRES *pour ester à droit*, sont des *lettres* de grande chancellerie que le roi accorde à ceux qui, étant *in reatu*, ont laissé écouler les cinq années sans se présenter & purger leur contumace. Le roi, par le bénéfice de ces *lettres*, les relève du temps qui s'est passé, & les reçoit à ester à droit & à se purger des cas à eux imposés, quoiqu'il y ait plus de cinq ans passés, tout ainsi qu'ils auroient pu faire avant le jugement de contumace, à la charge de se mettre en état dans trois mois du jour de l'obtention, lors de la présentation des *lettres*, de refondre les frais de contumace, de consigner les amendes & les sommes, si aucunes ont été adjugées aux parties civiles; & à la charge que foi sera ajoutée aux témoins récolés & décédés, ou morts civilement pendant la contumace.

Le roi dispense quelquefois par les *lettres* de consigner les amendes, soit à cause de la pauvreté de l'impétrant, ou par quelque autre considération.

On obtient quelquefois des *lettres* de cette espèce même dans les cinq années de la contumace, à l'effet d'être reçu à ester à droit, sans consigner les amendes adjugées au roi. (*A*)

LETTRES *d'état*, sont des *lettres* de grande chancellerie contre-signées d'un secrétaire d'état, que le roi accorde aux ambassadeurs, aux officiers de guerre & autres personnes qui sont absentes pour le service de l'état, par lesquelles le roi ordonne de surseoir toutes les poursuites qui pourroient être faites en justice contre eux, en matière civile, durant le temps porté par ces *lettres*.

Quelques-uns ont prétendu trouver l'origine des *lettres d'état* jusques dans la loi des douze tables, *art.* 40 & 41, où il est dit : *si judex vel alter ex litigatoribus morbo sontico impediatur judicii dies diffusus esto.*

Ulpien, dans *la loi* 2, §. 3. *ff*, *si quis caution.*, dit que toute sorte de maladies ou d'infirmités qui empêchent l'une des parties de poursuivre, arrêtent aussi le cours des poursuites contre cette même partie.

Mais ce qui est dit à ce sujet, soit dans cette loi ou dans celle des douze tables, fait proprement la matière des délais & surséances que le juge peut accorder, selon le mérite du procès, l'excuse des parties, ou autres causes légitimes.

Ce que dit Tite-Live, *liv.* 2 de son histoire romaine, a plus de rapport aux *lettres d'état*. Il parle d'un édit de Pub. Servilius & d'Appius Claudius, consuls : *ne quis militis, donec in castris esset, bona possideret aut venderet.*

Le jurisconsulte Callistrate en parle aussi fort clairement en la loi 36, au digest. *de judiciis. Ex justis causis*, dit-il, *& certis personis sustinendæ sunt cognitiones, veluti si instrumenta litis apud eos esse dicantur qui reipublicæ causâ absunt.*

Ce même privilège est établi par la 140e règle de droit : *absentia ejus qui reipublicæ causâ abest, neque ei, neque alii damnosa esse debet.*

Dans les anciennes ordonnances, les *lettres d'état* sont appellées *lettres de surséance ;* il en est parlé dans celles de Philippe-le-Bel, en 1316, sur le fait des aides, *art. 8 ;* de Philippe VI, en 1358; du roi Jean, en 1364; de Charles VII, en 1453, *articles 55, 56 & 57.*

Mais anciennement, pour jouir de ce bénéfice, il falloit que l'absent ne fût pas salarié de son absence, autrement elle étoit regardée comme affectée, comme il fut jugé au parlement de Paris, en 1391, contre le bailli d'Auxerre, étant en Bourgogne pour une enquête, en une cause concernant le roi, sur les deniers duquel il étoit payé chaque jour.

L'ordonnance de 1669, *tit. des lettres d'état*, veut qu'on n'en accorde qu'aux personnes employées aux affaires importantes pour le service du roi ; ce qui s'applique à tous les officiers actuellement employés à quelque expédition militaire. Pour obtenir des *lettres d'état*, il faut qu'ils rapportent un certificat du secrétaire d'état ayant le département de la guerre, de leur service actuel, à peine de nullité.

Autrefois les lieutenans du roi dans les armées royales avoient le pouvoir d'accorder de ces sortes de *lettres ;* mais elles furent rejettées par un arrêt du parlement, de l'an 1393, & depuis ce droit a été réservé au roi seul.

Ces sortes de *lettres* ne s'accordent ordinairement que pour six mois, à compter du jour de l'impétration, & ne peuvent être renouvellées que quinze jours avant l'expiration des précédentes ; & il faut que ce soit pour de justes considérations qui soient exprimées dans les *lettres.*

Quand les *lettres* sont débattues d'obreption ou de subreption, les parties doivent se retirer pardevant le roi pour leur être pourvu ; les juges ne peuvent passer outre à l'instruction & jugement des procès, au préjudice de la signification des *lettres.*

Elles n'empêchent pas néanmoins les créanciers de faire saisir réellement les immeubles de leur débiteur, & de faire registrer la saisie ; mais on ne peut procéder au bail judiciaire ; & si les *lettres* ont été signifiées depuis le bail, les criées peuvent être continuées jusqu'au congé d'adjuger inclusivement. Les opposans au décret ne peuvent se servir de telles *lettres* pour arrêter la poursuite, ni le bail ou l'adjudication.

Les opposans à une saisie mobiliaire ne peuvent pas non plus s'en servir pour retarder la vente des meubles saisis.

Les *lettres d'état* n'ont point d'effet dans les affaires où le roi a intérêt, ni dans les affaires criminelles ; ce qui comprend le faux tant principal qu'incident.

Celui qui a obtenu des *lettres d'état*, ne peut s'en servir que dans les affaires où il a personnellement intérêt, sans que ses père & mère ou autres parens, ni ses coobligés, cautions & certificateurs, puissent s'aider de ces mêmes *lettres.*

Néanmoins les femmes, quoique séparées de biens, peuvent se servir des *lettres d'état* de leurs maris dans les procès qu'elles ont de leur chef, contre d'autres personnes que leurs maris.

Les tuteurs honoraires & onéraires, & les curateurs, ne peuvent se servir pour eux des *lettres* qu'ils ont obtenues pour ceux qui sont sous leur tutèle & curatèle.

Les *lettres d'état* ne peuvent empêcher qu'il soit passé outre au jugement d'un procès ou instance, lorsque les juges ont commencé à opiner avant la signification des *lettres.*

On ne peut, à la faveur des *lettres d'état*, se dispenser de payer le prix d'une charge, ni le prix d'un bien adjugé par justice, ni pour se dispenser de consigner ou de rembourser l'acquéreur en matière de retrait féodal ou lignager, ni de rendre compte, ni pour arrêter un partage.

Elles n'ont pas lieu non plus en matière de restitution de dot, paiement de douaire & conventions matrimoniales, paiement de légitime, alimens, médicamens, loyers de maison, gages de domestiques, journées d'artisans, reliquats de compte de tutèle, dépôt nécessaire & maniement de deniers publics, *lettres* & billets de change, exécution de sociétés de commerce, caution judiciaire, frais funéraires, arrérages de rentes seigneuriales & foncières, & redevances de baux emphytéotiques.

Ceux qui interviennent dans un procès, ne peuvent faire signifier des *lettres d'état* pour arrêter le jugement, que leur intervention n'ait été reçue ; & s'ils interviennent comme donataires ou cessionnaires, autrement que par contrat de mariage ou partage de famille, ils ne peuvent faire signifier de *lettres* que six mois après, à compter du jour que la donation aura été insinuée, ou que le transport aura été signifié : & si le titre de créance est sous seing-privé, ils ne pourront se servir de *lettres d'état* qu'un an après que le titre aura été produit & reconnu en justice.

Les *lettres d'état* ne peuvent être opposées à l'hôtel-dieu, ni à l'hôpital général, ni à celui des enfans-trouvés de Paris. *Voyez la déclaration du 23 mars 1680, celle du 23 décembre 1702.*

Le roi a quelquefois accordé une surséance générale à tous les officiers qui servoient dans ses armées. Par la déclaration du premier février 1698, il leur en accorda une pour trois ans.

Cette surséance fut prorogée pendant une année par une autre déclaration du 15 février 1701.

Il y eut encore une surséance de trois ans, accordée par déclaration du 24 juillet 1714. (*A*)

LETTRES *d'état* ou *de contre-état*, étoient des *lettres* de provision, c'est-à-dire, provisoires, que les parties obtenoient autrefois en chancellerie avant le jugement, qui maintenoient ou changeoient l'état des choses contestées ; les jugemens définitifs faisoient toujours mention de ces *lettres.* (*A*)

Lettres *d'évocation*, sont des *lettres* de grande chancellerie, par lesquelles le roi, pour des considérations particulieres, évoque à soi une affaire pendante devant quelque juge, & en attribue la connoissance à son conseil, ou la renvoie devant un autre tribunal. *Voyez* Evocation. (*A*)

Lettres *d'exeat*, *voyez Exeat*.

Lettres *exécutoires*; ce terme est quelquefois employé pour signifier des *lettres* apostoliques dont les papes usoient pour la collation des bénéfices, comme il sera expliqué *ci-après à l'article* Lettres monitoires. (*A*)

Lettres exécutoires, en Normandie & dans quelques autres coutumes, signifient des titres authentiques, tels que contrats & obligations, sentences, arrêts & jugemens qui sont en forme exécutoire, & deviennent par ce moyen des titres parés, *quod paratam habent executionem. Voyez* les art. 546, 560 & 561 de la coutume de Normandie. (*A*)

Lettres *en ferme*, on appelle ainsi dans le Cambrésis, le double des actes authentiques qui est déposé dans l'hôtel-de-ville; il en est parlé dans la coutume de Cambray, *tit.* 5, *art.* 5. Comme dans ce pays il n'y a point de garde-notes publics & en titre d'office, ainsi que le remarque M. Pinault sur l'article que l'on vient de citer, on y a suppléé en établissant dans chaque hôtel-de-ville une chambre où chacun a la liberté de mettre un double authentique des *lettres* ou actes qu'il a passés devant notaire; & comme cette chambre est appellée *ferme*, *quasi firmitas*, sûreté, assurance, les actes qui s'y conservent sont appellés *lettres en ferme*, pour que le double des *lettres* qu'on met dans ce dépôt ne puisse être changé, & qu'on puisse être certain de l'identité de celui qui y a été mis; le notaire qui doit écrire les deux doubles, fait d'abord, au milieu d'une grande peau de parchemin, de gros caracteres; il coupe ensuite la peau & les caracteres par le milieu, & sur chaque partie de la peau, où il y a la moitié des caracteres coupés, il transcrit le contrat selon l'intention des parties; on dépose un des doubles à l'hôtel-de-ville, & l'on donne l'autre à celui qui doit avoir le titre en main; cette peau ainsi coupée en deux, est ce que l'on appelle *charta partita*, d'où est venu le mot de charte partie, usité sur mer. *Voyez* Amans, Arches *d'amans*, Charte partie, & l'art. 47 des coutumes de Mons. (*A*)

Lettres *en forme de requête civile. Voyez* Lettres *de requête civile*, & Requête *civile*. (*A*)

Lettres *formées*, dans la coutume d'Anjou, *art.* 471 & 509, & dans celle de Tours, *art.* 369, sont les actes authentiques qui sont en forme exécutoire.

On appelle *requête de lettre formée*, lorsque le juge rend son ordonnance sur requête, portant mandement au sergent de saisir les biens du débiteur & de les mettre en la main de justice, s'il ne paie, ce qui ne s'accorde par le juge, que quand il lui appert d'un acte authentique & exécutoire; que la coutume appelle *lettre formée. Voyez* Dupineau, sur l'art. 471 de la coutume d'Anjou. (*A*)

On entendoit aussi autrefois par *lettres formées*, des *lettres* de recommandation qu'un évêque donnoit à un clerc pour un autre évêque; on les appelloit *formées*, *formatæ*, à cause de toutes les figures d'abréviation dont elles étoient remplies. *Voyez l'histoire de Verdun, p.* 144. (*A*)

Lettres *de France*; on appelloit autrefois ainsi, en style de chancellerie, les *lettres* qui s'expédioient pour les provinces de l'ancien patrimoine de la couronne, à la différence de celles qui s'expédioient pour la Champagne ou pour le royaume de Navarre, que l'on appelloit *lettres de Champagne*, *lettres de Navarre*. (*A*)

Lettres *de garde-gardienne*, sont des *lettres* du grand sceau, que le roi accorde à des abbayes & autres églises, universités, colleges & communautés, par lesquelles il les prend sous sa protection spéciale, & leur assigne des juges devant lesquels toutes leurs causes sont commises. *Voyez* Conservateur & Garde-gardienne. (*A*)

Lettres *de grace*, sont des *lettres* de chancellerie que le prince accorde par faveur à qui bon lui semble, sans y être obligé par aucun motif de justice, ni d'équité, tellement qu'il peut les refuser quand il le juge à propos; telles sont en général les *lettres* de don & autres qui contiennent quelque libéralité ou quelque dispense, telles que les *lettres* de bénéfice d'âge & d'inventaire, les *lettres* de terriers, de *committimus*, les séparations de biens, en la coutume d'Auvergne, les attributions de jurisdiction pour criées; les validations & autorisations de criées, en la coutume de Vitry; les abréviations d'assises, en la coutume d'Anjou; les *lettres* de subrogation au lieu & place, en la coutume de Normandie; *lettres* de main souveraine, les *lettres* de permission de vendre du bien substitué, au pays d'Artois; autres *lettres* de permission pour autoriser une veuve à vendre du bien propre à ses enfans, dans la même province, & les *lettres* de permission de produire, qu'on obtient pour le même pays, les rémissions & pardons; les *lettres* d'assiettes; les *lettres* de naturalité, de légitimation, de noblesse, de réhabilitation, *&c.*

Ces *lettres* sont opposées à celles qu'on appelle *lettres de justice. Voyez* Lettres *de justice*. (*A*)

Lettres de grace, en matiere criminelle, est un nom commun à plusieurs sortes de *lettres* de chancellerie, telles que les *lettres* d'abolition, de rémission & pardon, par lesquelles le roi décharge un accusé de toutes poursuites que l'on auroit pu faire contre lui, & lui remet la peine que méritoit son crime.

On comprend quelquefois aussi sous ce terme de *lettres de grace*, les *lettres* pour ester à droit, celles de rappel de ban ou de galeres, de commutation de peine, de réhabilitation & revision de procès.

Comme ces *lettres* ont chacune leurs règles particulières, on renvoie le lecteur à ce qui est dit sur chacune de ces *lettres* en son lieu, & au mot GRACE. (*A*)

Lettres de grace, on donnoit aussi autrefois ce nom à certaines *lettres* par lesquelles on fondoit remise de l'argent qui étoit dû au roi; lorsque ces *lettres* étoient données par des lieutenans du roi, elles devoient être confirmées par lui & passées à la chambre des comptes, ainsi qu'il est dit dans des *lettres* du roi Jean, du 2 octobre 1354. Charles V, étant régent du royaume, fit une ordonnance le 19 mars 1359, portant défenses aux présidens du parlement, commis pour rendre la justice, le parlement non séant, d'obéir à ces *lettres*, lorsqu'elles seroient contre le bien de la justice, quand elles auroient été accordées par le régent même ou par le connétable, les maréchaux de France, le maître des arbalêtriers, ou par des capitaines: cette défense ne concernoit pas seulement les *lettres* de don, mais aussi celles de rémission & pardon. (*A*)

LETTRES *d'honoraire*, sont des *lettres* de grande chancellerie, par lesquelles le roi accorde les honneurs & privilèges de vétéran à quelque magistrat.

Celles que l'on accorde à d'autres officiers inférieurs, s'appellent simplement *lettres de vétérance*.

On ne les accorde ordinairement qu'au bout de vingt années de service, à moins que le roi, par des considérations particulières, ne dispense l'officier d'une partie de ce temps.

Elles sont nécessaires pour jouir des honneurs & privilèges, & doivent être registrées.

On n'en donne point aux chefs de compagnies, parce qu'ils ne peuvent, après leur démission, conserver la même place.

Ceux qui ont obtenu des *lettres d'honoraire* n'ont point de part aux émolumens; cependant en 1513, la chambre des comptes, en enregistrant celles d'un auditeur, ordonna qu'il jouiroit de ses gages ordinaires pendant deux ans, en se rendant sujet au service comme les autres & à la résidence, & sans tirer à conséquence, & on lui fit prêter un nouveau serment contre lequel les auditeurs protestèrent.

On trouve un exemple de *lettres d'honoraire*, accordées à une personne décédée; savoir, celles qui furent accordées le 18 septembre 1671, pour feu messire Charles de la Vieuville, surintendant des finances. *Voyez* Tessereau, *histoire de la chancellerie*, & les *mémoires de la chambre des comptes*. (*A*)

LETTRES *d'hypothèque*, c'est un écrit, contrat ou jugement, portant reconnoissance de l'hypothèque ou droit réel qu'un créancier ou bailleur de fonds a sur un bien possédé par celui qui donne cette reconnoissance. On demande à chaque nouveau détenteur de nouvelles *lettres d'hypothèque*. (*A*)

LETTRES *d'innocence* ou *de pardon*, on les appelle plus communément de ce dernier nom. *Voyez* LETTRES *de pardon*. (*A*)

LETTRES *d'intercession*. *Voyez* LETTRES *de déprécation*.

LETTRES *de jussion*, sont des *lettres* du grand sceau, par lesquelles le roi ordonne à ses cours de procéder à l'enregistrement de quelque ordonnance, édit ou déclaration que les cours n'ont pas cru devoir enregistrer sans faire auparavant de très-humbles remontrances au roi.

Lorsque le roi ne juge pas à propos d'y déférer, il donne des *lettres de jussion* sur lesquelles les cours font encore quelquefois de très-humbles représentations; & si le roi n'y défère pas, il donne de secondes *lettres de jussion* sur lesquelles les cours ordonnent encore quelquefois d'itératives représentations.

Il y a eu dans certaines occasions jusqu'à quatre *lettres de jussion* données successivement pour le même enregistrement, comme il arriva par rapport à l'édit du mois de juin 1635, portant création de plusieurs offices en la cour des monnoies.

Lorsque les cours enregistrent en conséquence de *lettres de jussion*, elles ajoutent ordinairement dans leur arrêt d'enregistrement *du très-exprès commandement de S. M.*

Il est parlé de jussion dans deux novelles de Justinien; l'une est la novelle 125, qui porte pour titre, *ut judices non expectent sacras jussiones sed quas videntur eis decernant*; l'autre est la 113e, qui porte *ne ex divinis jussionibus à principe impetratis sed antiquis legibus lites dirimantur*; mais le terme de jussion n'est pas pris dans ces endroits dans le même sens que nous entendons les *lettres de jussion*; ces novelles ne veulent dire autre chose, sinon que les juges ne doivent point attendre des ordres particuliers du prince pour juger, mais qu'ils doivent juger selon les anciennes loix, & ce qui leur paroîtra juste. *Voyez* PARLEMENT & REMONTRANCES. (*A*)

LETTRES *de justice*, sont des *lettres* de chancellerie qui sont fondées sur le droit commun, ou qui portent mandement de rendre la justice, & que le roi accorde moins par faveur que pour subvenir au besoin de ses sujets, suivant la justice & l'équité. Tels sont les reliefs d'appel simple ou comme d'abus, les anticipations, désertions, compulsoires, *debitis*, commission pour assigner, les paréatis sur sentence ou arrêt, les rescisions, les requêtes civiles & autres semblables, &c.

Ces sortes de *lettres* sont ainsi appellées par opposition à celles qu'on nomme *lettres de grace*. *Voyez* LETTRES *de grace*. (*A*)

LETTRES *de légitimation*, sont des *lettres* du grand sceau, par lesquelles le roi légitime un bâtard, & veut que dans tous les actes il soit réputé légitime, & jouisse de tous les privilèges accordés à ses autres sujets nés en légitime mariage. *Voyez* LÉGITIMATION. (*A*)

LETTRES *de licence*, sont des *lettres* expédiées par le greffier d'une des facultés d'une université, qui attestent qu'un tel, bachelier de cette faculté, après avoir soutenu les actes nécessaires, a été décoré du titre de licencié. *Voyez* BACHELIER, DOCTEUR & LICENCIÉ. (*A*)

LETTRES *lombardes*, on donnoit ce nom anciennement aux *lettres de chancellerie* qui s'expédioient en faveur des Lombards, Italiens & autres étrangers qui vouloient trafiquer ou tenir banque en France; on comprenoit même sous ce terme de *lettres lombardes*, toutes celles qui s'expédioient pour tous changeurs, banquiers, revendeurs & usuriers, que l'on appelloit tous *lombards*, de quelque nation qu'ils fussent; on les taxoit au double des autres, en haine des usures que commettoient les Lombards. (*A*)

LETTRE *lue*, en Normandie, signifie *un contrat de vente* ou *de fief* à rente rachetable qui a été lecturé, c'est-à-dire, publié en la forme prescrite par l'article 455 de la coutume. *Voyez* CLAMEUR *à droit de lettre lue*, & LECTURE. (*A*)

LETTRES *de majorité*, on appelle ainsi dans quelques provinces & notamment en Bourbonnois, les *lettres* d'émancipation, ce qui vient de ce que l'émancipation donne au mineur la même capacité que la loi donne à celui qui est majeur de majorité coutumière. (*A*)

LETTRES *de main souveraine*, sont des *lettres* qui s'obtiennent en la petite chancellerie, par un vassal, lorsqu'il y a combat de fief entre deux seigneurs pour la mouvance, à l'effet de se faire recevoir en foi par main souveraine, & d'avoir mainlevée de la saisie féodale. *Voyez* FOI & HOMMAGE, & RÉCEPTION *en foi par main souveraine*. (*A*)

LETTRES *de maître ès-arts*, sont des *lettres* accordées à quelqu'un par une université, pour pouvoir enseigner la grammaire, la rhétorique, la philosophie & autres arts libéraux. *Voyez* MAÎTRE *ès-arts*. (*A*)

LETTRES *de maîtrise*, sont des *lettres* de privilège que le roi accorde à quelques marchands ou artisans, pour les autoriser à exercer un certain commerce ou métier, sans qu'ils aient fait leur apprentissage & chef-d'œuvre, ni été reçus maîtres par les autres maîtres du même commerce ou métier.

Les communautés donnent aussi des *lettres de maîtrise* à ceux qui ont passé par les épreuves nécessaires. *Voyez* MAÎTRE & MAÎTRISE. (*A*)

LETTRES *de maîtrise*, (*Police.*) on nomme ainsi, dans ce royaume, des actes en forme que les maîtres & gardes, & maîtres-jurés délivrent à ceux qu'ils ont admis à la maîtrise, après examen, chef-d'œuvre ou expérience qu'ils ont fait; c'est en vertu de ces *lettres* qu'ils ont droit de tenir magasin, ouvrir boutique, exercer le négoce ou métier, soit du corps, soit de la communauté dans laquelle ils ont été reçus; mais on ne leur expédie ces *lettres* qu'après qu'ils ont prêté serment & payé les droits de confrairie.

Exposons ici les réflexions d'un auteur moderne, à qui l'Encyclopédie doit beaucoup, & qui a joint à de grandes connoissances du commerce & des finances, les vues désintéressées d'un bon citoyen.

Il est parlé dans les anciens capitulaires de chef-d'œuvre d'ouvriers, mais nulle part de *lettres de maîtrise*; la raison ne favorise en aucune manière l'idée d'obliger les artisans, de prendre de telles *lettres*, & de payer, tant au roi qu'aux communautés, un droit de réception. Le monarque n'est pas fait pour accepter en tribut le fruit du labeur d'un malheureux artisan, ni pour vouloir astreindre ses sujets à un seul genre d'industrie, lorsqu'ils sont en état d'en professer plusieurs. L'origine des communautés est due vraisemblablement au soutien que les particuliers industrieux cherchèrent contre la violence des autres. Les rois prirent ces communautés sous leur protection, & leur accordèrent des privilèges. Dans les villes où l'on eut besoin d'établir certains métiers, l'entrée en fut accordée libéralement, en faisant épreuve, & en payant seulement une légère rétribution pour les frais communs.

Henri III voulant combattre le parti de la ligue, & étant trompé par ce même parti, ordonna le premier, en 1581, que tous négocians, marchands, artisans, gens de métier résidans dans les bourgs & villes du royaume, seroient établis en corps, maîtrise & jurande, sans qu'aucun pût s'en dispenser. Les motifs d'ordre & de règle ne furent point oubliés dans cet édit; mais un second qui suivit en 1583, dévoila le mystère. Le roi déclara que la permission de travailler étoit un droit royal & domanial; en conséquence, il prescrivit les sommes qui seroient payées par les aspirans, tant au domaine qu'aux jurés & communautés.

Pour dédommager les artisans de cette nouvelle taxe, on leur accorda la permission de limiter leur nombre, c'est-à-dire, d'exercer des monopoles. Enfin, l'on vendit des *lettres de maîtrise*, sans que les titulaires fussent tenus à faire épreuve ni apprentissage; il falloit de l'argent pour les mignons.

Cependant le peuple en corps ne cessa de réclamer la liberté de l'industrie. « Nous vous supplions, sire, dit le tiers-état dans ses placets, » que toutes maîtrises de métiers soient à jamais » éteintes; que les exercices desdits métiers soient » laissés libres à vos pauvres sujets, sous visite » de leurs ouvrages & marchandises par experts » & prud'hommes, qui à ce seront commis par » les juges de la police: nous vous supplions, » sire, que tous édits d'arts & métiers, accordés » en faveur d'entrées, mariages, naissances ou » d'autres causes, soient révoqués; que les marchands & artisans ne paient rien pour leur réception, levement de boutique, salaire, droits » de confrairie, & ne fassent banquets ou autres » frais quelconques à ce sujet, dont la dépense » ne tend qu'à la ruine de l'état, *&c* ».

Malgré ces humbles & justes supplications, il continua toujours d'être défendu de travailler à ceux

ceux qui n'avoient point d'argent pour en acheter la permission, ou que les communautés ne vouloient pas recevoir, pour s'épargner de nouveaux concurrens.

M. le duc de Sully modéra bien certains abus éclatans des *lettres de maîtrise*; mais il confirma l'invention, n'appercevant que de l'ordre dans un établissement dont les gênes & les contraintes, si nuisibles au bien politique, sautent aux yeux.

Sous Louis XIV, on continua de créer de nouvelles places de maîtres dans chaque communauté, & ces créations devinrent si communes, qu'il en fut accordé quelques-unes en pur don, indépendamment de celles qu'on vendit par brigue.

Tout cela cependant ne présente que d'onéreuses taxes sur l'industrie & sur le commerce. De-là sont venues les permissions accordées aux communautés d'emprunter, de lever sur les récipiendaires & les marchandises, les sommes nécessaires pour rembourser ou payer les intérêts.

Les seuls inconvéniens qui sont émanés de ces permissions d'emprunter, méritent la réforme du gouvernement. Il est telle communauté à Paris, qui doit quatre à cinq cens mille livres, dont la rente est une charge sur le public, & une occasion de rapines; car chaque communauté endettée obtient la permission de lever un droit, dont le produit excédant la rente, tourne au profit des gardes. Ces sortes d'abus règnent également dans les provinces, excepté que les emprunts & les droits n'y sont pas si considérables, mais la proportion est la même; ne doutons point que la multiplicité des débiteurs ne soit une des causes qui tiennent l'argent cher en France au milieu de la paix.

Ce qui doit paroître encore plus extraordinaire, c'est qu'une partie de ces sommes ait été & soit journellement consommée en procès & en frais de justice. Les communautés de Paris, grace aux *lettres de maîtrise*, dépensent annuellement près d'un million de cette manière; c'est un fait avéré par leur registre. A ne compter dans le royaume que vingt mille corps de jurande ou de communautés d'artisans, & dans chacun une dette de cinq mille livres, l'un portant l'autre; si l'on faisoit ce dépouillement, on trouveroit beaucoup au-delà; ce sont cent millions de dettes, dont l'intérêt à cinq pour cent se lève sur les marchandises consommées, tant au-dedans qu'au dehors; c'est donc une imposition réelle dont l'état ne profite point.

Si l'on daigne approfondir ce sujet, comme on le fera sans doute un jour, on trouvera que la plupart des autres statuts de M. Colbert, concernant les *lettres de maîtrise* & les corps de métiers, favorisent les monopoles, au lieu de les extirper, détruisent la concurrence, & fomentent la discorde & les procès entre les classes du peuple, dont il est le plus important de réunir les affections du côté du travail, & de ménager le temps & la bourse.

Enfin, l'on y trouvera des bizarreries, dont les raisons sont inconcevables. Pourquoi, par exemple, un teinturier en fil n'a-t-il pas la permission de teindre ses étoffes? Pourquoi est-il défendu aux teinturiers d'avoir plus de deux apprentifs? Pourquoi leurs veuves sont-elles dépouillées de ce droit? Pourquoi les chapeliers sont-ils privés en même temps de faire le commerce de la bonneterie? La liste des pourquoi seroit grande, si je voulois la continuer; on ne peut donner à ces sortes de questions d'autre réponse, sinon que les statuts le règlent ainsi; mais d'autres statuts plus éclairés réformeroient ceux des temps d'ignorance, & feroient fleurir l'industrie. *Voyez* MAITRISE. (*D. J.*)

LETTRES *de marque* ou *de représailles*, sont des *lettres* qu'un souverain accorde pour reprendre sur les ennemis l'équivalent de ce qu'ils ont pris à ses sujets, & dont le souverain ennemi n'a pas voulu faire justice; elles sont appellées *lettres de marques* ou plutôt *de marche*, *quasi jus concessum in alterius principis marchas seu limites transeundi sibique jus faciendi*.

Il fut ordonné en 1443, que ces sortes de *lettres* ne seroient accordées qu'à ceux à qui le prince étranger auroit refusé la justice par trois fois; c'est principalement pour les prises sur mer que ces sortes de *lettres* s'accordent. *Voyez* REPRÉSAILLES. (*A*)

LETTRES *de mer*, sont des *lettres*-patentes qu'on obtient pour naviguer sur mer. (*A*)

LETTRE *missive*, on appelle ainsi les *lettres* privées que l'on envoie d'un lieu dans un autre, soit par le courier ou par voie d'ami, ou que l'on fait porter à quelqu'un dans le même lieu par une autre personne.

On ne doit point abuser de ces sortes de *lettres* pour rendre public ce qui a été écrit confidemment; il est sur-tout odieux de les remettre à un tiers qui peut en abuser; c'est un abus de confiance.

Une reconnoissance d'une dette faite par une *lettre missive*, est valable; il en seroit autrement s'il s'agissoit d'un acte qui de sa nature dût être synallagmatique, & conséquemment fait double, à moins qu'il ne soit passé pardevant notaire.

L'ordonnance des testamens déclare nulles les dispositions faites par des *lettres missives*. *Voyez* Cicéron. *Philipp.* 2, & *le Journal des audiences*, au 9 mars 1645. (*A*)

LETTRES *de mixtion*, la coutume de Normandie, *art.* 4, appelle ainsi les *lettres* de chancellerie, que l'on appelle communément *lettres d'attribution de jurisdiction pour criées*, lesquelles s'accordent quand il y a des héritages saisis réellement en différentes jurisdictions du ressort d'un même parlement, pour attribuer au juge, dans le ressort duquel est la plus grande partie des héritages, le droit de procéder à l'adjudication du total après que les criées ont été certifiées par les juges des lieux. La coutume de Normandie, en parlant du bailli ou de son lieutenant, dit qu'il a aussi la connoissance des *lettres de mixtion*, quand les terres contentieuses sont assises en deux vicomtés royales, en cas que l'une soit dans le ressort d'un haut-justicier: on obtient aussi des *lettres de mixtion* pour attribuer au vicomte le droit de vendre par décret les biens roturiers situés en diverses sergenteries ou en une ou plusieurs hautes-justices de la vicomté. *Voyez les articles 4 & 8 de la coutume.* (*A*)

LETTRES *monitoires* ou *monitoriales*, étoient des *lettres* par lesquelles le pape prioit autrefois les ordinaires de ne pas conférer certains bénéfices; ils envoyèrent ensuite des *lettres* préceptoriales, pour les obliger, sous quelque peine, à obéir; & comme ces *lettres* ne suffisoient pas pour rendre la collation des ordinaires nulle, ils renvoyoient des *lettres* exécutoires, non-seulement pour punir la coutumace de l'ordinaire, mais encore pour annuller sa collation.

LETTRES *de naturalité*, sont des *lettres* du grand sceau, par lesquelles le roi ordonne qu'un étranger sera réputé naturel, sujet & régnicole, à l'effet de jouir de tous les droits, privilèges, franchises & libertés dont jouissent les vrais originaires françois, & qu'il soit capable d'aspirer à tous les honneurs civils. *Voyez* NATURALITÉ.

LETTRES *de noblesse*, sont la même chose que *les lettres* d'annoblissement. *Voyez ci-devant* LETTRES *d'annoblissement*.

LETTRES *pacifiques*: on appelloit ainsi autrefois des *lettres* que les évêques ou les chorévêques donnoient aux prêtres qui étoient obligés de faire quelques voyages: c'étoient proprement des *lettres* de recommandation, ou, comme on dit aujourd'hui, des *lettres testimoniales*, par lesquelles on attestoit que celui auquel on les donnoit, étoit catholique & uni avec le chef de l'église; on les nommoit aussi *lettres canoniques*, *lettres communicatoires*, *lettres ecclésiastiques*, & *lettres formées*. La vie du pape Sixte I tirée du pontifical du pape Damase, dit que ce fut ce saint pontife qui établit l'usage de ces *lettres*. *Voyez les remarques* de Dinius *sur cette vie*, *tome i*, *des conciles*, *édit. du* P. Labbé, *pag. 553 & 554*.

Le concile d'Antioche de l'an 341 défend de recevoir aucun étranger, s'il n'a des *lettres pacifiques*; il défend aussi aux prêtres de la campagne d'en donner, ni d'autres *lettres* canoniques, sinon aux évêques voisins; mais il permet aux évêques de donner des *lettres pacifiques*. *Voyez* LETTRES *commendatices*, LETTRES *formées* & LETTRES *testimoniales*.

LETTRES *de pardon*, sont une espèce de *lettres* de grace que l'on obtient en chancellerie dans les cas où il n'échet pas peine de mort naturelle ou civile, ni aucune autre peine corporelle, & qui néanmoins ne peuvent être excusés.

Elles ont beaucoup de rapport avec ce que les Romains appelloient *purgation*, laquelle s'obtenoit de l'autorité des magistrats & juges inférieurs.

On les intitule *à tous ceux qui ces présentes lettres verront*, & on les date du jour de l'expédition, & elles sont scellées en cire jaune, au lieu que celles de rémission se datent du mois seulement, & sont scellées en cire verte, & intitulées *à tous présens & à venir*, parce qu'elles sont *ad perpetuam rei memoriam*. *Voyez* GRACE, LETTRES *d'abolition* & *de grace*, & ci-après LETTRES *de rémission*, & au mot RÉMISSION

LETTRES *de paréatis* sont des *lettres* du grand ou du petit sceau, qui ont pour objet de faire mettre un jugement à exécution. *Voyez* PARÉATIS.

LETTRES-*patentes*, sont des *lettres* émanées du roi, scellées du grand sceau & contre-signées par un secrétaire d'état.

On les appelle *patentes*, parce qu'elles sont toutes ouvertes, n'ayant qu'un simple repli au bas, lequel n'empêche pas de lire ce qui est contenu dans ces *lettres*, à la différence des *lettres* closes ou de cachet, que l'on ne peut lire sans les ouvrir.

On comprend en général sous le terme de *lettres-patentes* toutes les *lettres* scellées du grand sceau, telles que les ordonnances, édits & déclarations, qui forment des loix générales; mais on entend plus ordinairement par le terme de *lettres-patentes* celles qui sont données à une province, ville ou communauté, ou à quelque particulier, à l'effet de leur accorder quelque grace, privilège ou autre droit.

Ces sortes de *lettres* n'étoient désignées anciennement que sous le terme de *lettres royaux*; ce qui peut venir de ce qu'alors l'usage des *lettres* closes ou de cachet étoit plus rare, & aussi de ce qu'il n'y avoit point alors de petites chancelleries.

Présentement le terme des *lettres royaux* comprend toutes sortes de *lettres*, soit de grande ou de petites chancelleries; toutes *lettres* de chancellerie en général sont des *lettres* royaux, mais toutes ne sont pas des *lettres-patentes*; car quoique les *lettres* qu'on expédie dans les petites chancelleries soient ouvertes, de même que celles du grand sceau, il n'est pas d'usage de les appeller *lettres-patentes*.

On appelloit anciennement *charte* ce que nous appellons présentement *lettres-patentes*, & les premières *lettres* qui soient ainsi qualifiées dans la table des ordonnances par Blanchard, sont des *lettres* de l'an 993, portant confirmation de l'abbaye de Saint-Pierre de Bourgueil, données à Paris la huitième année du règne de Hugues & de Robert, rois de France.

Mais le plus ancien exemple que j'ai trouvé dans les ordonnances même de la dénomination de *lettres-patentes*, & de la distinction de ces sortes de *lettres* d'avec les *lettres* closes ou de cachet, est dans des *lettres* de Charles V, alors lieutenant du roi Jean, datées le 10 avril 1357, par lesquelles il défend de payer aucune des dettes du roi, *nonobstant quelconques* lettres-patentes *ou* closes *de monsieur*, *de nous*, *des lieutenans de monsieur & de nous*, &c.

Ce même prince, par une ordonnance du 14 mai 1358, défendit de sceller aucunes *lettres-patentes* du scel secret du roi, mais seulement les *lettres* closes, à moins que ce ne fût en cas de nécessité.

Ainsi, lorsque nos rois commencèrent à user de différens sceaux ou cachets, le grand sceau fut réservé pour les *lettres-patentes*, & l'on ne se servit du scel secret, qui depuis est appellé *contre-scel*, qu'au défaut du grand sceau, & même en l'absence de celui-ci au défaut du scel du châtelet; c'est ce que nous apprend une ordonnance du 27 janvier 1359, donnée par Charles V, alors régent du royaume, dans laquelle on peut aussi remarquer que les *lettres-patentes* étoient aussi appellées *cédules ouvertes*; il ordonne en effet que l'on ne scellera nulles *lettres* ou cédules ouvertes de notre scel secret, si ce ne sont *lettres* très-hâtives touchant monsieur ou nous, & en l'absence du grand scel & du scel du châtelet, non autrement, ni en autre cas, & que si aucunes sont autrement scellées, l'on n'y obéira pas.

Les *lettres-patentes* commencent par ces mots: « à tous présens & à venir, parce qu'elles sont *ad perpetuam rei memoriam* »; elles sont signées du roi, & en commandement par un secrétaire d'état; elles sont scellées du grand sceau de cire verte.

Aucunes *lettres-patentes* n'ont leur effet qu'elles n'aient été enregistrées au parlement. *Voyez* ENREGISTREMENT.

Celles qui sont accordées à des corps ou particuliers sont susceptibles d'opposition, lorsqu'elles préjudicient à un tiers. *Voyez ci-devant* LETTRE DE CACHET.

LETTRES *de la pénitencerie de Rome*, sont celles qu'on obtient du tribunal de la pénitencerie, dans le cas où l'on doit s'adresser à ce tribunal pour des dispenses sur les empêchemens de mariage, pour des absolutions de censures, *&c.*

LETTRES *perpétuelles*: la coutume de Bourbonnois, *art. 78*, appelle ainsi les testamens, contrats de mariage, constitutions de rente foncière, ventes, donations, échanges, & autres actes translatifs de propriété, & qui sont faits pour avoir lieu à perpétuité, à la différence des obligations, quittances, baux & autres actes semblables, dont l'effet n'est nécessaire que pour un certain temps, & desquels par cette raison on ne garde souvent point de minute.

LETTRES *préceptoriales*: ce mot est expliqué ci-devant à l'*article* LETTRES *monitoires*.

LETTRES *de prêtrise* sont l'acte par lequel un évêque confère à un diacre l'ordre de prêtrise. *Voyez* PRÊTRE & PRÊTRISE.

LETTRES *de privilège*, sont des *lettres*-patentes du grand sceau, qui accordent à l'impétrant quelque droit, comme de faire imprimer un ouvrage, d'établir un coche, une manufacture, *&c. Voyez* PRIVILÈGE.

LETTRES *de rappel de ban*, appellées en droit *remeatus*, comme on voit à la loi *relegati*, *ff. de pœnis*, sont parmi nous des *lettres* de grande chancellerie, par lesquelles le roi rappelle & décharge celui qui avoit été condamné au bannissement à temps ou perpétuel, du bannissement perpétuel, ou pour le temps qui restoit à écouler, & remet & restitue l'impétrant en sa bonne renommée & en ses biens qui ne sont pas d'ailleurs confisqués; à la charge par lui de satisfaire aux autres condamnations portées par le jugement. Ces *lettres* doivent être entérinées par les juges à qui l'adresse en est faite, sans examiner si elles sont conformes aux charges & informations, sauf à faire des remontrances, suivant l'article 7 du titre 16 de l'ordonnance de 1670. *Voyez* BAN *de rappel*.

LETTRES *de rappel des galères*, sont des *lettres* de grande chancellerie, par lesquelles le roi rappelle & décharge des galères celui qui y est, ou de la peine des galères, à laquelle il avoit été condamné, s'il n'y est pas effectivement, & le remet & restitue en sa bonne renommée. Ces *lettres* sont sujettes aux mêmes règles que celles de rappel de ban. *Voyez ci-devant* LETTRES *de rappel de ban*.

LETTRES *de ratification*, sont des *lettres* du grand sceau que l'acquéreur d'un contrat de rente constitué sur le domaine du roi, sur les tailles, sur les aides & gabelles, & sur le clergé, obtient à l'effet de purger les hypothèques qui pourroient procéder du chef de son vendeur. *Voyez ci-devant* CONSERVATEUR *des hypothèques* & RATIFICATION.

LETTRES *de recommandation*, sont des *lettres* missives, ou *lettres* écrites par un particulier à un autre en faveur d'un tiers, par lesquelles celui qui écrit recommande à l'autre celui dont il lui parle, prie de lui faire plaisir & de lui rendre service: ces sortes de *lettres* ne produisent aucune obligation de la part de celui qui les a écrites, quand même il assureroit que celui dont il parle est homme d'honneur & de probité, qu'il est bon & solvable, ou en état de s'acquitter d'un tel emploi; il en seroit autrement, si celui qui écrit ces *lettres* marquoit qu'il répond des faits de celui qu'il recommande, & des sommes qu'on pourroit lui confier. Alors ce n'est plus une simple recommandation, mais un cautionnement.

LETTRES *en réglement de juges*, sont des *lettres* du grand sceau, par lesquelles le roi règle en laquelle de deux jurisdictions l'on doit procéder, lorsqu'il y a conflit entre deux cours, ou autres jurisdictions inférieures indépendantes l'une de l'autre. *Voyez* CONFLIT & RÉGLEMENT *de juges*.

LETTRES *de réhabilitation du condamné*, s'obtiennent en la grande chancellerie, pour remettre le *condamné* en sa bonne renommée, & biens non d'ailleurs confisqués. *Voyez l'ordonnance de 1670, tit. 16, art. 5*, & RÉHABILITATION.

On obtient aussi des *lettres de réhabilitation de noblesse*. *Voyez* NOBLESSE.

Enfin il y a des *lettres de réhabilitation de cession*, que l'on accorde à celui qui a fait cession, lorsqu'il a entiérement payé ses créanciers, ou qu'il s'est accordé avec eux: ces *lettres* le rétablissent en sa bonne renommée. *Voyez* CESSION.

LETTRES *de relief de laps de temps*, sont des *lettres* de grande chancellerie, par lesquelles l'impétrant est relevé du temps qu'il a laissé écouler à son préjudice, à l'effet de pouvoir obtenir des *lettres* de requête civile, quoique le délai prescrit par l'ordonnance soit écoulé. *Voyez* RELIEF *de laps de temps.* (*A*)

LETTRES *de rémission*, sont des *lettres* de grace qui s'obtiennent au grand ou au petit sceau pour les homicides involontaires, ou commis dans la nécessité d'une légitime défense: c'est ce que l'on appelloit chez les Romains *déprécation. Voyez ci-devant* LETTRES *de déprécation*, LETTRES *d'abolition*, LETTRES *de grace*, LETTRES *de pardon*, & au mot RÉMISSION. (*A*)

LETTRES *de répit*, que l'on devroit écrire *respit*, étant ainsi appellées *à respirando*, sont des *lettres* du grand sceau, par lesquelles un débiteur obtient surséance ou délai de payer ses créanciers. *Voyez* RÉPIT. (*A*)

LETTRES *de représailles. Voyez* LETTRES *de marque.*

LETTRES *de reprise*, sont une commission que l'on prend en chancellerie pour faire assigner quelqu'un en reprise d'une cause, instance ou procès. *Voyez* REPRISE. (*A*)

LETTRES *de requête civile*, ou, comme il est dit dans les ordonnances, *en forme de requête civile*, sont des *lettres* du petit sceau, tendantes à faire rétracter quelque arrêt ou jugement en dernier ressort, au cas que quelqu'une des ouvertures ou moyens de requête civile exprimées dans ces *lettres* se trouve vérifiée. *Voyez* REQUÊTE *civile.* (*A*)

LETTRES *de rescision*, sont des *lettres* de chancellerie que l'on obtient ordinairement au petit sceau pour se faire relever de quelque acte que l'on a passé à son préjudice, & auquel on a été induit, soit par force ou par dol, ou qui cause une lésion considérable à celui qui obtient ces *lettres.*

On en accorde aux majeurs aussi bien qu'aux mineurs : elles doivent être obtenues dans les dix ans, à compter de l'acte ou du jour de la majorité, si l'acte a été passé par un mineur. *Voyez* LÉSION, MINEUR, RESCISION & RESTITUTION *en entier.* (*A*)

LETTRES *de rétablissement*, sont des *lettres* du grand sceau, par lesquelles le roi établit un office, une rente, ou autre chose qui avoit été supprimée, ou remet une personne dans le même état qu'elle étoit avant ces *lettres*: elles operent à l'égard des personnes qui n'étoient pas *integri status*, le même effet que les *lettres* de réhabilitation.

On obtient aussi des *lettres de rétablissement* pour avoir la permission de rétablir une justice, un poteau ou pilori, des fourches patibulaires, une maison rasée pour crime. (*A*)

LETTRES *de revision*, sont des *lettres* que l'on obtient en grande chancellerie dans les matieres criminelles, lorsque celui qui a été jugé par arrêt ou autre jugement en dernier ressort, prétend qu'il a été injustement condamné; ces *lettres* autorisent les juges auxquels elles sont adressées, à revoir de nouveau le procès: on les adresse ordinairement à la même chambre, à moins qu'il n'y ait quelque raison pour en user autrement. *Voyez* REVISION. (*A*)

LETTRES *rogatoires*, sont la même chose que *commission rogatoire*: on se sert même ordinairement du terme de *commission. Voyez* COMMISSION *rogatoire.* (*A*)

LETTRES *royaux* se dit, en style de chancellerie, pour exprimer toutes sortes de *lettres* émanées du roi, & scellées du grand ou du petit sceau.

Ces *lettres* sont toujours intitulées du nom du roi; & lorsqu'elles sont destinées pour le Dauphiné ou pour la Provence, on ajoute, après ses qualités de roi de France & de Navarre, celles de dauphin de Viennois, comte de Valentinois & Diois, ou bien comte de Provence, Forcalquier & terres adjacentes.

L'adresse de ces sortes de *lettres* ne se fait jamais qu'aux juges royaux, ou à des huissiers ou sergens royaux; de sorte que quand il est nécessaire d'avoir des *lettres royaux* en quelque procès pendant devant un juge non royal, le roi adresse ses *lettres*, non pas au juge, mais au premier huissier ou sergent royal sur ce requis, auquel il mande de faire commandement au juge de faire telle chose s'il lui appert, *&c.*

Ces sortes de *lettres* ne sont jamais censées être accordées au préjudice des droits du roi ni de ceux d'un tiers; c'est pourquoi la clause, *sauf le droit du roi & celui d'autrui*, y est toujours sous-entendue.

La minute de ces *lettres* est en papier, mais l'expédition se fait en parchemin; il faut qu'elle soit lisible, sans ratures ni interlignes, renvois ni apostilles.

Les *lettres* de grande chancellerie sont signées en cette forme: *par le roi en son conseil*; si c'est pour le Dauphiné, on met *par le roi, dauphin*; si c'est pour la Provence, on met *par le roi, comte de Provence.* Celles du petit sceau sont signées par le conseil.

Toutes les *lettres royaux* sont de grace ou de justice. *Voyez* LETTRES *de grace* & LETTRES *de justice.* (*A*)

LETTRES *de sang*, ou LETTRES *de grace en matiere criminelle*: il en est parlé dans le *sciendum* de la chancellerie & dans l'ordonnance de Charles V, alors régent du royaume, du 27 janvier 1539, *art.* 22. (*A*)

LETTRES *de santé*, sont des certificats délivrés par les officiers de ville ou par le juge du lieu, que l'on donne à ceux qui voyagent sur terre ou sur mer lorsque la peste est en quelque pays, pour montrer qu'ils ne viennent pas des lieux qui en sont infectés. (*A*)

LETTRES *du grand sceau*, sont des *lettres* qui s'expédient en la grande chancellerie, & qui sont scellées du grand sceau du roi.

L'avantage que ces sortes de *lettres* ont sur celles qui ne sont expédiées qu'au petit sceau, est qu'elles sont exécutoires dans toute l'étendue du royaume sans *visa* ni *paréatis*; au lieu que celles du petit sceau ne peuvent s'exécuter que dans le ressort de la petite chancellerie où elles ont été obtenues, à moins que l'on n'obtienne un *paréatis* du juge en la jurisdiction duquel on veut s'en servir, lorsqu'elle est hors le ressort de la chancellerie dont les *lettres* sont émanées.

Il y a des *lettres* que l'on peut obtenir indifféremment au grand ou au petit sceau; mais il y en a d'autres qui ne peuvent être expédiées qu'au grand sceau, en présence de M. le garde-des-sceaux qui y préside.

Telles sont les *lettres* de rémission, d'annoblissement, de légitimation, de naturalité, de réhabilitation, amortissemens, privilèges, évocations, exemptions, dons & autres semblables.

Ces sortes de *lettres* ne peuvent être expédiées que par les secrétaires du roi servant près la grande chancellerie. *Voyez ci-après* LETTRES *du petit sceau.* (*A*)

LETTRES *du petit sceau*, sont celles qui s'expédient dans les petites chancelleries établies près les cours & présidiaux, & qui sont scellées du petit sceau, à la différence des *lettres* de grande chancellerie, qui sont scellées du grand sceau.

Telles sont les émancipations ou bénéfice d'âge, les *lettres* de bénéfice d'inventaire, *lettres* de terriers, d'attribution de jurisdiction pour criées, les *committimus* au petit sceau, les *lettres* de main-souveraine, les *lettres* d'assiette, les reliefs d'appel simple ou comme d'abus, les anticipations, désertions, compulsoires, rescisions, requêtes civiles & autres, dont la plupart ne concernent que l'instruction & la procédure.

Quelques-unes de ces *lettres* ne peuvent être dressées que par les secrétaires du roi; d'autres peuvent l'être aussi par les référendaires concurremment avec eux.

Ces *lettres* ne sont exécutoires que dans le ressort de la chancellerie où elles ont été obtenues.

On obtient quelquefois au grand sceau des *lettres* que l'on auroit pu aussi obtenir au petit sceau: on le fait alors pour qu'elles puissent être exécutées dans tout le royaume sans *visa* ni *pareatis*. Voyez *ci-devant* LETTRES *du grand sceau.* (*A*)

LETTRES *de scholarité*, sont des *lettres* testimoniales ou attestations qu'un tel est écolier juré de l'université qui lui a accordé ces *lettres*. *Voyez* GARDE *gardienne* & SCHOLARITÉ. (*A*)

LETTRES *de séparation*, sont des *lettres* du petit sceau, que l'on obtient dans les provinces d'Auvergne, Artois, Saint-Omer & quelques autres pays, pour autoriser la femme à former sa demande en séparation de biens. (*A*)

LETTRES *simples*, en style de chancellerie, sont celles qui paient le simple droit, lequel est moindre que celui qui est dû pour les *lettres* appellées *doubles*.

On met dans la classe des *lettres simples* tous arrêts, tant du conseil que des cours souveraines, qui portent seulement assigné & défenses de poursuites, *paréatis* sur lesdits arrêts & sentences, relief d'adresse, surannation & autres *lettres*, selon que les droits en sont réglés en connoissance de cause.

Les *lettres simples* civiles sont ordinaires ou extraordinaires; les premières sont celles dont on parle d'abord; on appelle *simples*, *civiles*, *extraordinaires* les réglemens de juges & toutes autres commissions pour assigner au conseil. En matière criminelle, il y a de même deux sortes de *lettres simples*, les unes ordinaires & les autres extraordinaires.

LETTRES *de souffrance*, sont la même chose que les *lettres* de main-souveraine: elles sont plus connues sous ce dernier nom. *Voyez ci-devant* LETTRES *de main-souveraine.* (*A*)

LETTRES *de sous-diaconat*, sont l'acte par lequel un évêque confère à un clerc l'ordre de sous-diacre. *Voyez* DIACONAT & SOUS-DIACONAT. (*A*)

LETTRES *de subrogation*, sont des *lettres* du petit sceau usitées pour la province de Normandie; elles s'accordent au créancier lorsque son débiteur est absent depuis long-temps, & qu'il a laissé des héritages vacans & abandonnés par ses héritiers présomptifs. Lorsque ces héritages ne peuvent supporter les frais d'un décret, le créancier est recevable à prendre des *lettres* portant *subrogation* à son profit au lieu & place de l'absent, pour jouir par lui de ces héritages & autres biens de son débiteur, à la charge néanmoins par lui de rendre bon & fidèle compte des jouissances au débiteur au cas qu'il revienne. L'adresse de ces *lettres* se fait au juge royal dans la jurisdiction duquel les biens sont situés. (*A*)

LETTRES *de surannation* s'obtiennent en grande ou petite chancellerie, selon que les *lettres* auxquelles elles doivent être adaptées sont émanées de l'une ou de l'autre. L'objet de ces *lettres* est d'en valider de précédentes, nonobstant qu'elles soient surannées; car toutes *lettres* de chancellerie ne sont valables que pour un an. Les *lettres de surannation* s'attachent sur les anciennes. (*A*)

LETTRES *de surséance* signifient souvent la même chose que les *lettres* d'état; cependant par *lettres de surséance* on peut entendre plus particulièrement une surséance générale que l'on accorde en certains cas à tous les officiers, à la différence des *lettres* d'état, qui se donnent à chaque particulier séparément.

Le premier exemple que l'on trouve de ces surséances générales est sous Charles VI, en 1383. Ce prince, averti de l'arrivée des Anglois en Flandre, assembla promptement sa noblesse; elle se rendit à ses ordres au nombre de 1600 hommes d'armes, & lui demanda en grace, que tant qu'elle seroit occupée au service, on ne pût faire contre elle aucunes procédures de justice; ce que Charles VI lui accorda. Daniel, *Hist. de France*, *tom. 2*, *p. 768. Voyez ci-devant* LETTRES *d'état*, & ci-après LETTRES *de répit*, & au mot RÉPIT. (*A*)

LETTRES *de terrier*, sont une commission générale qui s'obtient en chancellerie par les seigneurs qui ont de grands territoires & beaucoup de redevances seigneuriales, pour faire appeller pardevant un ou deux notaires à ce commis, tous les débiteurs de ces redevances, afin de les reconnoître, exhiber leurs titres, payer les arrérages qui sont dus, & passer des déclarations en forme authentique. *Voyez* TERRIER. (*A*)

LETTRES *testimoniales*, en cour d'église sont celles qu'un supérieur ecclésiastique donne à quelqu'un de ceux qui lui sont subordonnés; telles sont les *lettres* que l'évêque donne à des clercs pour attester qu'ils ont reçu la tonsure, les quatre mineurs ou les ordres sacrés; telles sont aussi les *lettres* qu'un supérieur régulier donne à quelqu'un de ses religieux pour attester ses bonne vie & mœurs, ou le congé qu'on lui a donné, *&c.*

Les *lettres* de scholarité sont aussi des *lettres testimoniales*. *Voyez* SCHOLARITÉ, *& ci-devant* LETTRES *commendatices*. (*A*)

LETTRES *de validation de criées;* il est d'usage dans les coutumes de Vitry, Château-Neuf & quelques autres, avant de *certifier les criées*, d'obtenir en la petite chancellerie des *lettres de validation* ou autorisation de criées, dont l'objet est de couvrir les défauts qui pourroient se trouver dans la signification des criées, en ce qu'elles n'auroient pas été toutes signifiées en parlant à la personne du saisi, comme l'exigent ces coutumes. Ces *lettres* s'adressent au juge du siège où les *criées* sont pendantes. (*A*)

LETTRES *de vétérance* sont des *lettres* du grand sceau, par lesquelles le roi conserve à un ancien officier de sa maison ou de justice qui a servi 20 ans, les mêmes honneurs & privilèges que s'il possédoit encore son office. *Voyez* VÉTÉRANCE. (*A*)

LETTRES *de vicariat général* sont de trois sortes; savoir, celles que les évêques donnent à quelques ecclésiastiques pour exercer, en leur nom & à leur décharge, la jurisdiction volontaire dans leur diocèse. *Voyez* GRANDS VICAIRES.

On appelle de même celles qu'un évêque donne à un conseiller-clerc du parlement pour instruire, conjointement avec l'official, le procès à un ecclésiastique, accusé de cas privilégié. *Voyez* CAS *privilégié* & DÉLIT *commun*.

Enfin on appelle encore *lettres de vicariat général* celles qu'un curé donne à son vicaire. *Voyez* VICAIRE. (*A*)

LETTRE *de voiture* est une lettre ouverte que l'on adresse à celui auquel on envoie, par des rouliers & autres voituriers, quelques marchandises sujettes aux droits du roi; elle contient le nom du voiturier, la qualité & la quantité des marchandises, leur destination, & l'adresse de celui auquel elles sont destinées, & est signée de celui qui fait l'envoi.

L'ordonnance des aides veut que les *lettres de voiture* que l'on donne pour conduire du vin, soient passées devant notaire. *Voyez* le *Dictionnaire du commerce*. (*A*)

LETTRE *à usances*, ou *à une*, *deux* ou *trois usances*, est une *lettre*-de-change qui n'est payable qu'au bout d'un, deux ou trois mois; car en style de change, une *usance* signifie le délai d'un mois composé de trente jours, encore que le mois fût plus ou moins long. *Voyez* l'ordonnance du commerce, *tit. 5, art. 5*, & *ci-devant* LETTRES-*de-change*. (*A*)

LETTRE *à vue* est une *lettre*-de-change qui est payable aussi-tôt qu'elle est présentée à celui sur lequel elle est tirée, à la différence de celles qui ne sont exigibles qu'après un certain délai. Quand les *lettres* sont payables à tant de jours de vue, le délai ne court que du jour que la *lettre* a été présentée. *Voyez* LETTRE-*de-change*. (*A*)

LEUDAIRE, on a donné ce nom à un registre des droits qu'on lève sur les marchandises. Ce mot provient du mot *leude*, *layde*, ou *leyde*, qui sert à désigner ces sortes de droits. *Voyez* le *Glossarium novum* de dom Carpentier, *au mot* Leudarium, *& les articles* LEUDE, LEUDERIE *&* LEYDE.

LEUDE, on a donné ce nom comme celui de *layde* ou *leyde*, aux droits qu'on lève sur les marchandises. *Voyez* le *Glossarium novum* de dom Carpentier, *au mot* Leuda, *sous* Leudis, *& l'art.* LEYDE.

LEUDERIE, on a ainsi nommé le bureau où l'on percevoit les droits de *leude* ou *leyde*. *Voyez* le *Glossarium novum* de dom Carpentier, *au mot* Leudarium 2, *& les articles* LEUDE, LEUDAIRE *&* LEYDE.

LEVÉE, s. f. se dit en droit d'un acte par lequel on ôte quelque empêchement. Ce terme s'applique à plusieurs objets, on dit la levée des défenses, d'une opposition, d'un scellé. *Voyez* ces différens mots.

LEVÉE *de gens de guerre*, (*Code crimin.*) ces mots expriment l'action d'enrôler des hommes pour en former des compagnies militaires.

Ceux qui font des enrôlemens, lèvent des troupes, & qui font des approvisionnemens d'armes sans la permission du roi, doivent être punis comme criminels de lèse-majesté, aux termes des édits & ordonnances de Louis XIII, en 1615 & 1629.

Rarement les tribunaux ont-ils à prononcer sur des délits de ce genre, qui ne peuvent être que le signal ou la conséquence d'une révolte déclarée contre l'autorité royale.

Nous n'avons rien à dire ici sur la forme & la police des enrôlemens qui se font de l'ordre du roi ou avec sa permission. Ces détails sont du ressort de la partie de cet ouvrage destinée à traiter de l'art militaire, nous y renvoyons nos lecteurs.

La *levée des gens de guerre* sans commission du roi est un crime de la compétence de la jurisdiction prévôtale; aux termes de l'*article 12 du titre premier* de l'ordonnance de 1670. (*Article de M* BOUCHER D'ARGIS, *conseiller au châtelet, de l'académie de Rouen, &c.*)

LEVER, v. a. ce mot a en droit différentes significations. Quelquefois il signifie *ôter* un empêchement, comme *lever* des défenses, *lever* une opposition.

Lever des scellés, c'est ôter juridiquement les sceaux qui avoient été apposés sur quelque chose. *Voyez* SCELLÉ.

Lever un acte, c'est s'en faire délivrer une expédition.

Lever la main, c'est lorsqu'on élève la main pour donner la solemnité ordinaire à une affirmation que l'on fait. *Voyez* AFFIRMATION.

Lever une charge aux parties casuelles, c'est acheter une charge qui étoit tombée aux parties casuelles. *Voyez* OFFICE & PARTIES *casuelles*.

Lever un corps mort, quand on parle d'officiers de justice, signifie faire le procès-verbal de l'état auquel on a trouvé un cadavre, & le faire transporter dans quelque autre endroit; quand on parle d'un corps levé par un curé, vicaire, ou autre ecclésiastique faisant fonction curiale, signifie faire enlever le corps d'un défunt pour lui donner la sépulture.

LEURMEL, c'est un droit de hallage ou de petite leyde, que le comte de Champagne levoit sur les toiles. Un compte des revenus du domaine de Champagne cité par dom Carpentier sous ce mot, en donne l'explication suivante. « Il (le comte) » a marché pour raison duquel le sire prend le » rouitz des toiles & pois, & se appelle *leurmel*, » car il se prend devant la maison de Lormel ».

LEYDE, LAYDE *ou* LEIDE, c'est à-peu-près la même chose que les droits de hallage, c'est-à-dire, un droit dû pour la vente ou l'exposition des marchandises. On donne plus particuliérement ce nom aux droits qui se paient pour la vente des grains.

Quelques auteurs distinguent entre la grande & la petite *leyde*. La grande *leyde* se perçoit sur les grains; les droits de petite *leyde* sont ceux que les seigneurs lèvent sur tous les marchands qui étalent les jours de foire & de marché, soit sous les halles, soit dans les places, soit dans les rues publiques, c'est ce qu'on appelle *droit de placage*, *d'étau*, *de banc*. *Voyez le traité des droits seigneuriaux* de Renauldon, *liv. 5, ch. 2, quest. 11*, & l'art. HALLAGE.

L I

LIASSE, s. f. se dit de plusieurs pièces & procédures enfilées & attachées ensemble par le moyen d'un lacet ou d'un tiret.

Lorsqu'il y a plusieurs *liasses* de papiers dans un inventaire, on les cotte ordinairement par première, seconde, troisième, *&c.* afin de les distinguer & de les reconnoître. (*A*)

LIANCE, ce mot a été employé comme synonyme de *ligence*, c'est-à-dire, pour désigner le devoir de fidélité dont les vassaux liges étoient tenus envers leurs seigneurs. *Voyez* Ducange *au mot* Ligeancia, *sous* Ligius.

LIBELLE, s. m. (*Droit civil & criminel.*) le mot de *libelle* suivant sa définition grammaticale, n'exprime qu'un petit livre; mais il reçoit différentes interprétations, suivant les circonstances dans lesquelles il est employé.

On appelle *libelle* de divorce, *libellus repudii*, l'acte par lequel un mari notifie à sa femme qu'il la répudie. *Si acceperit homo uxorem & habuerit eam, & non invenerit gratiam ante oculos ejus propter aliquam fœditatem, scribet* LIBELLUM *repudii & dabit in manum illius, & dimittet eam de domo suâ.* Deutéronome, chap. 24. *Voyez* DIVORCE & RÉPUDIATION.

Le *libelle* d'un exploit ou d'une demande est la portion de l'acte qui renferme sommairement les moyens du demandeur. L'article premier du titre 2 de l'ordonnance de 1667 porte : *que les ajournemens & citations en toutes matières & en toutes jurisdictions, seront libellées, contiendront les conclusions & sommairement les moyens de la demande à peine de nullité, &c.*

Quelquefois ce *libelle* consiste dans la transcription du titre sur lequel la demande est fondée, transcription qui précède l'exploit, quelquefois aussi ce *libelle* est inséré dans l'exploit même. L'usage de chaque pays détermine la forme à laquelle l'huissier doit s'assujettir : dans l'un comme dans l'autre cas, le vœu de l'ordonnance est rempli.

Le mot de *libelle* est plus connu par l'emploi qu'on en fait pour qualifier les écrits qui ont pour objet de flétrir l'honneur & la réputation de quelqu'un. Aussi les ouvrages de ce genre sont-ils appellés *libelles diffamatoires*.

LIBELLES *diffamatoires*, (*Cod. crimin.*) on comprend sous la double qualification de *libelles diffamatoires*, non-seulement ces productions obscures qui se vendent ou se distribuent clandestinement & sans noms d'auteurs, mais encore tous écrits signés qui attaquent l'honneur & la réputation d'autrui, tels que lettres, billets, mémoires imprimés ou non. On y comprend également tous les emblêmes injurieux, gravures, peintures, dessins, *&c.*

Parmi tous ces délits, que les criminalistes placent sous la dénomination générique d'injures, il n'en est point de plus grave, il n'en est point aussi contre qui les loix aient déployé plus de sévérité.

En remontant jusqu'aux loix romaines, nous en trouvons plusieurs qui ont eu pour objet de réprimer & de punir les crimes de cette espèce; celui qui avoit été convaincu de la composition ou distribution d'un libelle étoit incapable de tester, *si quis librum ad infamiam alicujus pertinentem scripserit, composuerit, ediderit, dolove malo fecerit, quo quid eorum fieret, etiam si alterius nomine ediderit, vel sine nomine uti de eâ re agere liceret, & si condemnatus sit, qui id fecit, intestatibilis ex lege esse jubetur. L. 5, §. 9, ff. de injur. & fam. libell.*

Si quis publicè aliquem difamuerit, porte une autre loi, *eique convicium fecerit; vel carmen famosum condiderit, ad alterius injuriam; fustibus feriatur.*

La loi première au code *de fam. libell.* est encore plus sévère que les précédentes. Celui que l'intérêt de l'état ou du prince engageoit à dénoncer un citoyen devoit se faire connoître, son zèle & sa fidélité étoient récompensés; mais le libelliste obscur qui n'étoit animé que par la haine ou la vengeance, devoit être puni de mort s'il ne parvenoit à prouver son accusation. *Si quis famosum libellum sive domi, sive in publico, vel quocumque loco ignarus repererit, aut corrumpat priusquam alter inveniat, aut nulli confiteatur inventum ! si verò non statim easdem chartulas, vel corruperit, vel igni consumpserit, sed vim earum manifestaverit, sciat se quasi auctorem hujusmodi delicti, capitali sententiæ subjugendum ! sanè si quis devotionis suæ, ac salutis publicæ custodiam gerit : nomen suum profiteatur & quæ per famosum* (*libellum*) *persequenda putaverit, ore proprio edicat: ita ut absque ullâ trepidatione accedat, sciens, quidem, quod si adsertionibus suis veri fides fuerit opitulata, laudem maximam, & præmium à nostrâ clementiâ consequetur, sin verò minimè hæc vera ostenderit capitali pœnâ plectitur. Hujusmodi autem libellus alterius opinionem non lædat.*

Les *libelles* furent vraisemblablement inconnus sous la première, sous la seconde race de nos rois, & même au commencement de la troisième; car on ne trouve aucune loi sur cette matière avant le seizième siècle. L'ignorance de nos aïeux rendoit cette arme inutile dans leurs mains; leur bravoure l'eût méprisée, quand même ils en auroient connu l'usage, & ce n'étoit que dans les combats publics ou privés qu'ils cherchoient à se venger de leurs ennemis.

L'article 13 de la déclaration du 17 janvier 1561 est la première loi qui présente des dispositions contre les auteurs des *libelles* & ceux qui les distribuent: il veut que les *imprimeurs, semeurs, & vendeurs de placards & libelles diffamatoires, soient punis du fouet pour la première fois, & de mort en cas de récidive.*

Les lettres-patentes du 10 septembre 1563 défendent, à peine de confiscation de corps & de biens, *de faire ni semer libelles diffamatoires, attacher placards ni mettre en évidence aucune autre composition, de quelque chose qu'elle traite, sans permission du grand sceau, & à tous libraires d'en imprimer aucuns, à peine d'être pendus & étranglés.*

L'article 77 de l'ordonnance de Moulins (1566) défend très étroitement.... *d'écrire, imprimer, & exposer en vente aucuns livres, libelles, ou écrits diffamatoires & convicieux contre l'honneur & renommée des personnes, sous quelque prétexte que ce soit.* Le législateur ajoute: *déclarons dès à présent tels scripteurs, imprimeurs & vendeurs, & chacun d'eux infracteurs de paix & perturbateurs du repos public, & comme tels voulons être punis des peines contenues en nos édits; enjoignons à nos sujets qui ont tels livres ou écrits, de les brûler dedans trois mois sur les peines de nosdits édits.*

L'article 10 de la déclaration du 16 avril 1571 défend, à peine de punition corporelle, *tous libelles, livres, placards & portraits diffamatoires, & veut qu'il soit procédé extraordinairement tant contre les auteurs, compositeurs & imprimeurs, que contre ceux qui les publieront à la diffamation d'autrui.*

Le même article défend l'impression de tous nouveaux livres, sans la permission du grand sceau auquel sera attachée *la certification de ceux qui auront vu ou visité le livre*, & ordonne que le nom de l'auteur & celui de l'imprimeur seront toujours à la première page.

Pour ne point accumuler les citations, nous nous contenterons d'indiquer comme uniformes & conformes aux dispositions des loix précédentes, l'article 14 de l'édit du mois de septembre 1577, l'article 179 de l'ordonnance de 1629, l'édit de 1686, le réglement du conseil du 28 février 1723, *art. 99*; la déclaration du roi de 1728, *art. 10*, & celle de 1757, *art. 1* & 2.

Ces différentes loix cependant ne sont point exécutées dans toute leur rigueur, & nous ne connoissons point de jugemens qui aient condamné à mort l'auteur d'un *libelle* quelconque.

Il faut d'abord distinguer entre les écrits qui attaquent le souverain ou le gouvernement, & ceux qui n'offensent que de simples citoyens.

A l'égard de la première classe de *libelle*, quoiqu'Auguste, Tibere & nos souverains eux-mêmes y aient attaché la peine du crime de lèse-majesté, on ne peut, suivant l'opinion de Montesquieu, en considérer les auteurs comme coupables de lèse-majesté, qu'autant que leurs écrits *préparent ce crime.*

Dans une monarchie, dit-il, *on les défend, mais on en fait plutôt un sujet de police que de crime. Ils peuvent amuser la malignité générale, consoler les mécontens, diminuer l'envie contre les places, donner au peuple la patience de souffrir & le faire rire de ses souffrances.*

Il est de la grandeur des souverains de mépriser les *libelles* que l'humeur & la passion peuvent enfanter contre eux, trop de distance les sépare de leurs sujets pour que les traits d'un satyrique obscur puissent atteindre jusqu'à eux, celui qui a l'ame vraiment élevée dédaigne les injures du foible & lui pardonne. Adrien rencontre un homme qui l'avoit offensé avant qu'il parvint à l'empire, ce malheureux s'éloigne & veut éviter les regards de son maître: *approche*, lui dit Adrien, *tu n'as plus rien à craindre depuis que je suis parvenu à l'empire.*

Des courtisans de Philippe-le-Bel excitent ce prince à sévir contre un prélat qui l'avoit offensé: *je sais*, leur répond-il, *que je puis me venger, mais il est beau de le pouvoir & de ne le pas faire.*

Plusieurs ministres ont eux-mêmes donné l'exemple de cette modération, lorsqu'on vint dire au grand Colbert que le poëte Hénault avoit fait contre lui un sonnet qui commençoit par ces mots: *ministre lâche, &c.* il refusa de le lire, & demanda seulement si le roi y étoit attaqué; on lui répondit que non: *en ce cas*, reprit Colbert, *laissez l'auteur tranquille.*

Mais de simples citoyens ne peuvent pas toujours faire ainsi le sacrifice de leur vengeance: la satyre dont les efforts sont vains contre un souverain ou un ministre, assez grands par eux-mêmes pour se faire respecter & craindre, assez puissans pour manifester leur justice, leur bienfaisance, leurs vertus, leurs talens méconnus; la satyre écrase un homme dont toute l'existence morale est fondée sur l'estime des autres. La religion, l'honneur, l'exercice fidèle de l'état qu'on a choisi dans la société, la soumission aux loix, le respect pour le souverain, les services rendus à la patrie, voilà les modifications de l'existence morale & de la vie civile, & sans elles qu'est-ce que la vie physique que l'homme partage avec les plus vils animaux? Il est donc important qu'un citoyen conserve l'une & l'autre dans toute leur intégrité; la calomnie & le ridicule sont les plus subtils de tous les poisons, d'autant plus dangereux, qu'un homme calomnié ne l'est jamais à demi, & qu'un outrage en amène toujours un autre.

autre. Il est donc important que les tribunaux lui ouvrent un asyle & qu'il y trouve des vengeurs; nous avons vu quelles sont les différentes loix qui ont été faites contre les *libelles:* nous allons rapporter sommairement quelques jugemens rendus dans cette matière.

Par arrêt du 16 décembre 1628, un maître d'école convaincu d'avoir composé, distribué & fait chanter une chanson diffamatoire contre un mari & une femme, fut condamné à déclarer *nue tête, à genoux & les mains jointes*, en présence des offensés & autres qui voudroient s'y trouver, *qu'indiscrètement à tort & comme mal avisé, il avoit composé ladite chanson & en avoit distribué des copies; & qu'il tenoit lesdits offensés pour gens de bien & d'honneur;* il fut en outre condamné en 100 liv. d'amende, 100 liv. de dommages & intérêts, aux dépens; il lui a été fait défenses de récidiver.

Par un autre arrêt du 18 août 1678, le parlement de Paris supprima un *factum* ou *libelle* que le sieur de Chauvigny, procureur du roi dans les commissions extraordinaires de Provence, avoit fait imprimer & débiter contre le nom, les armes & la noblesse du sieur de Vienne, lieutenant-particulier au châtelet, & condamna le sieur de Chauvigny à déclarer en la chambre de la tournelle, en présence du sieur de Vienne & de quatre de ses parens ou amis, à son choix, *que témérairement & sans aucun sujet, il avoit fait imprimer le factum ou libelle dont il s'agissoit, qu'il s'en repentoit & prioit le sieur de Vienne de l'excuser;* le sieur de Chauvigny fut en outre condamné en 12 livres d'aumône & aux dépens, avec défenses de récidiver.

Jean Dufour, auteur d'une lettre en forme de *libelle*, contre la demoiselle Richaudeau, fut condamné par arrêt en 1712 à comparoître devant ses juges nue tête & à genoux, & à déclarer que témérairement il avoit proféré les injures & fait les *libelles* mentionnés au procès; il fut aussi condamné en 10 liv. d'aumône, en 150 liv. de dommages & intérêts, & aux dépens.

Le prieur de Cinqmars en Touraine, convaincu en 1716 d'avoir composé un *libelle* contre l'archevêque de Tours & ses officiers, fut condamné à comparoître en la tournelle, les deux chambres assemblées, en présence des offensés & de douze personnes à leur choix, pour déclarer qu'il s'en repentoit, & en demandoit pardon à Dieu, au roi & à la justice. Il fut en outre banni pour cinq ans de Paris & de la province de Touraine, condamné en 10 livres d'amende, & en 300 livres de dommages & intérêts.

Jean-Baptiste Rousseau lui-même, le plus grand de nos poëtes, n'a pu échapper à la sévérité de nos loix. Convaincu d'être auteur des couplets diffamatoires, qu'il désavoua inutilement, il fut condamné à un bannissement perpétuel. Quelques écrivains ont voulu le venger de ce jugement rigoureux, & laver sa mémoire, & de l'ignominie du crime, & de celle de la peine prononcée contre lui. Nous n'entrerons point dans l'examen des charges qui existoient dans ce fameux procès, cette discussion seroit étrangère à notre objet. Nous ne citons cet exemple de rigueur que comme une preuve que les condamnations en matière de *libelle* sont quelquefois aggravées en raison des personnes & des circonstances.

Voltaire, l'honneur & la gloire de la littérature françoise, Voltaire si souvent attaqué pendant sa vie, si lâchement outragé après sa mort, Voltaire toujours supérieur à ses rivaux ainsi qu'à ses ennemis, ne crut pas au-dessous de lui de poursuivre dans les tribunaux les auteurs & colporteurs de *libelles* qui se distribuoient contre lui. Une critique amère de sa personne & de ses ouvrages fut trouvée chez le nommé Travenol, qui, par sentence du châtelet du 1743, fut condamné en 300 livres de dommages & intérêts & aux dépens. Il lui fut fait défenses de débiter des *libelles* contre l'honneur & la réputation de M. de Voltaire: le *libelle* fut supprimé & lacéré, & le mémoire que Travenol avoit fait imprimer pour sa défense fut également supprimé.

Il est un genre particulier de *libelles*, dont l'usage étoit presque inconnu jusqu'à nos jours, mais dont l'abus est tellement multiplié qu'il nous est impossible, à nous ministres de la justice & de la vérité, de ne pas provoquer contre eux & leurs auteurs, la vigilance des magistrats & la rigueur des loix.

La défense des parties, dans les contestations qui sont soumises au jugement des tribunaux, ne se borne plus aujourd'hui à l'exposition des faits & des moyens tirés uniquement de la cause, malgré les exemples de sagesse que donnent encore au barreau un grand nombre de jurisconsultes, qui, pour être modérés, n'en sont pas moins éloquens; la soif indiscrète d'une réputation rapide, le desir d'être lu par cette portion du public, qui, sans intérêt sur le fond des causes & sans lumières pour apprécier les prétentions des parties, ne cherche qu'à satisfaire une vaine curiosité, produisent sous le titre spécieux de mémoires à consulter & consultations, une foule de *libelles* où l'on chercheroit inutilement les objets de la contestation & la discussion des principes. Leur but n'est pas de convaincre, mais de diffamer. Ce titre de consultation apposé en tête de la seconde partie de ces ouvrages scandaleux, n'est même souvent que le véhicule des calomnies répandues dans la première, & des hommes qui s'honorent de la qualité d'avocat, ne rougissent pas de dégrader leur ministère au point d'autoriser par leur signature la publicité d'écrits révoltans par leur audace & leur imposture, publicité qu'ils ne pourroient avoir sans cette formalité dont ils abusent; on en a même vu s'avilir jusqu'à citer leurs parties adverses devant un tribunal domestique; & là, effrayant des hommes & plus encore des femmes timides par les menaces d'une calomnie toujours dangereuse, même encore après avoir été reconnue, leur arracher des sacrifices auxquels ils n'eussent jamais consenti sans cette crainte.

Lorsque nos rois ont affranchi les ouvrages des jurisconsultes de cette censure à laquelle sont assujettis tous les autres écrits, lorsque les législateurs ont assez présumé de leur prudence pour croire que chaque avocat seroit à lui-même son juge le plus rigide, ils étoient loin de prévoir, sans doute, que cette liberté précieuse deviendroit un jour dans ses mains l'arme la plus terrible & la plus meurtrière. L'illustre d'Aguesseau a traité de cette matière dans deux différentes parties de ses ouvrages; dans l'une (*tom. 5, pag. 633*) il retrace sommairement, & d'après les ordonnances du royaume, les devoirs des avocats *envers les parties qu'ils attaquent.*

Modestie & sagesse. Ne point user de paroles injurieuses & contumélieuses à l'encontre de leurs parties adverses, leurs avocats ou procureurs, & qu'ils ne disent, allèguent, & proposent aucune chose en opprobre d'autrui, & qui ne soit nécessaire & ne serve à la cause qu'ils plaident. Peine, privation de postuler, & amende arbitraire.

Ne vous flattez jamais, dit ailleurs ce grand homme (discours sur l'indépendance de l'avocat, *tome premier, pag. 10*), *du malheureux honneur d'avoir obscurci la vérité; & plus sensibles aux intérêts de la justice qu'au desir d'une vaine réputation, cherchez plutôt à faire paroître la bonté de votre cause que la grandeur de votre esprit.*

Que le zèle que vous apporterez à la défense de vos cliens, ne soit pas capable de vous rendre les ministres de leurs passions & les organes de leur malignité secrète, qui aime mieux nuire aux autres que d'être utile à soi-même, & qui est plus occupée du desir de se venger que du soin de se défendre.

Quel caractère peut être plus indigne de la gloire d'un ordre qui met tout son bonheur dans son indépendance, que celui d'un homme qui est toujours agité par les mouvemens empruntés d'une passion étrangère, qui s'appaise & s'irrite au gré de sa partie, & dont l'éloquence est esclave d'une expression satyrique, qui le rend toujours odieux & souvent méprisable à ceux même qui lui applaudissent.

Refusez à vos parties, refusez à vous-mêmes le plaisir inhumain d'une déclamation injurieuse, bien loin de vous servir des armes du mensonge & de la calomnie, que votre délicatesse aille jusqu'à supprimer même les reproches véritables lorsqu'ils ne font que blesser vos adversaires sans être utiles à vos parties; ou si leur intérêt vous force à les expliquer, que la retenue avec laquelle vous les proposerez, soit une preuve de leur vérité, & qu'il paroisse au public que la nécessité de votre devoir vous arrache avec peine ce que la modération de votre esprit souhaiteroit de pouvoir dissimuler.

C'étoit ainsi que pensoit l'immortel d'Aguesseau sur l'indépendance de l'avocat, & les bornes qu'un jurisconsulte sage devoit mettre à cette liberté de tout dire & de tout publier. Telle étoit sa propre délicatesse, qu'il assimiloit à la calomnie, le narré des faits étrangers à la cause lorsqu'ils n'avoient pour objet que d'offenser un adversaire.

Rendons cependant justice à l'ordre des avocats, ce corps si fécond en vertus comme en talens, désavoue hautement les erreurs de quelques-uns de ses membres; & son empressement à les punir lorsque les occasions se présentent, atteste son attachement aux principes & à la morale de M. d'Aguesseau: nous ne rappellerons pas des anecdotes douloureuses pour des citoyens privés de leur état, cette peine grave suffit à l'expiation de leurs imprudences, & nous ne croyons pas devoir les imiter en donnant trop de publicité à leur punition.

Quoique les tribunaux aient en quelque sorte confié à l'ordre des avocats la police & la correction de ses membres, il est des cas néanmoins, il est des circonstances où la justice croit devoir prendre connoissance par elle-même d'un délit qui intéresse l'ordre public & l'honneur des citoyens, nous ne nous permettrons d'en citer qu'un seul exemple récent.

Me *****, avocat au parlement, ayant signé & fait imprimer une consultation pour le baron & la baronne de Bagges, mais y ayant insulté la magistrature en général, les ministres de l'église, & plus particuliérement encore un magistrat du parlement, le bâtonnier de l'ordre des avocats a dénoncé cette consultation, & M. le procureur-général en a rendu plainte; & le 7 janvier 1778 il est intervenu arrêt qui, faisant droit sur la dénonciation du bâtonnier des avocats, ensemble sur les conclusions du procureur-général, a ordonné que Me ***** seroit rayé du tableau des avocats; faisant pareillement droit sur les conclusions du procureur-général, lui a donné acte de la plainte par lui rendue de la composition & distribution dudit imprimé, ayant pour titre *consultation pour le baron & la baronne de Bagges*, comme contenant les injures les plus graves contre la magistrature & les ministres de l'église, tendant à une diffamation publique contre un des membres de la cour, & comme contraire au respect dû aux arrêts de ladite cour; en conséquence a ordonné qu'il en seroit informé pardevant M. Lefebvre d'Ammecourt, & néanmoins ordonné que Me ***** seroit pris au corps & constitué prisonnier ès prisons de la conciergerie, *&c.* *Voyez* le mercure de France du mois de juillet 1748, les différentes ordonnances citées dans cet article, les œuvres du chancelier d'Aguesseau. (*Article de M. Boucher d'Argis, conseiller au châtelet, de l'académie de Rouen.*)

LIBELLÉ, adj. dont on se sert au palais pour signifier ce qui est motivé & appuyé.

L'ordonnance de 1667 veut que tous les ajournemens soient *libellés*, & contiennent sommairement les moyens de la demande. *Voyez* AJOURNEMENT.

LIBÉRATION, s. f. se dit en droit, de la décharge d'une dette, d'une poursuite, d'une servitude, ou de quelque autre charge ou droit.

Les loix romaines appellent *legs de libération*, la disposition par laquelle un testateur accorde à son débiteur la remise de ce qu'il lui doit.

Cette espèce de legs a lieu toutes les fois qu'il paroît que la volonté du testateur est que son héritier ne puisse exiger la dette, qui fait l'objet du legs de *libération*. Ce legs peut se faire d'une manière directe & expresse, ou indirecte & tacite. On le présume également de la disposition par laquelle le testateur légueroit à son débiteur l'écrit qui contient son obligation. Mais on ne peut pas l'inférer lorsque la volonté du défunt empèche seulement l'héritier d'agir pendant un certain temps.

Cette espèce de legs ne libère pas de plein droit le débiteur, & ne détruit pas son obligation. Son effet consiste à fournir au légataire, 1°. une exception pour faire rejetter la demande que l'héritier voudroit intenter contre lui, 2°. le droit d'actionner l'héritier pour lui donner sa décharge, lui rendre son obligation, & les gages qu'il auroit pu donner pour sûreté de la dette.

LIBERTÉ, s. f. (*Droit naturel, politique, civil & canonique.*) les jurisconsultes romains la définissent une faculté naturelle de faire ce que l'on veut, à moins qu'on n'en soit empêché par la loi ou par la force.

La *liberté* n'est que le droit accordé par la nature à tous les hommes de disposer de leurs personnes & de leurs biens, de la manière qu'ils jugent la plus convenable à leur bonheur, sous la restriction qu'ils le fassent dans les termes de la loi naturelle, & qu'ils n'en abusent pas au préjudice des autres hommes. Par la loi de nature, tout homme est maître de faire ce qu'il veut, pourvu qu'il ne veuille rien que de juste: car faire quelque chose d'injuste, c'est licence, & la licence est destructive de la *liberté*.

L'homme qui obéit à la raison, n'en est pas moins libre, il n'est même libre qu'autant qu'il obéit à la raison. De même l'homme qui obéit à la loi est libre, & n'est libre qu'autant qu'il obéit à la loi. N'obéir qu'à la raison, c'est la *liberté* naturelle. N'obéir qu'à la raison & à la loi, c'est la *liberté* civile. La *liberté* naturelle laisse à la volonté toute son inconstance. La *liberté* civile la fixe, & oblige l'homme à vouloir toujours ce qu'il a voulu une fois. C'est par un acte de *liberté* naturelle, que les hommes se sont unis, & se sont assujettis à de certaines loix. C'est dans la continuation de cette volonté que consiste la *liberté* civile, qui à tout autre égard, laisse dans son entier la *liberté* naturelle.

A considérer l'homme dans son état primitif, il n'y a qu'une seule espèce de *liberté*, celle qu'il tient de la nature, & qui le rend maître de sa personne, de ses actions & de ses biens. Mais si on le regarde dans l'état des sociétés civiles & politiques, on distingue nécessairement la *liberté*, en naturelle, sociale, politique & civile.

Nous ne traiterons pas ici de la *liberté* considérée sous ces différens points de vue, on trouvera tout ce qui concerne ces objets dans le *Dictionnaire écon. diplom. polit.*

Nous nous contenterons de remarquer que chez les Romains un homme perdoit sa *liberté* naturelle, lorsqu'il étoit pris par l'ennemi dans une guerre ouverte, ou que pour le punir de quelque crime, on le réduisoit à la condition d'esclave. Mais les chrétiens ont aboli la servitude en paix & en guerre, jusques-là, que les prisonniers qu'ils font à la guerre sur les infidèles, sont censés des hommes libres; de manière que celui qui tueroit un de ces prisonniers, seroit regardé & puni comme homicide.

De plus, toutes les puissances chrétiennes ont jugé qu'une servitude qui donneroit au maître un droit de vie & de mort sur ses esclaves, étoit incompatible avec la perfection à laquelle la religion chrétienne appelle les hommes. Mais comment les puissances chrétiennes n'ont-elles pas jugé que cette même religion, indépendamment du droit naturel, réclamoit contre l'esclavage des Nègres?

LIBERTÉS *de l'église gallicane*, sont la possession dans laquelle s'est maintenue l'église de France, de conserver ses anciennes coutumes, la plupart fondées sur les canons & sur la discipline des premiers siècles; & de ne point souffrir qu'on y donne atteinte en introduisant une nouvelle discipline. Ainsi les libertés de l'église de France ne consistent que dans l'observation de son ancien droit.

C'est l'idée que nous en donne M. Pithou lorsqu'il dit: « ce que nos pères ont appellé *libertés de* » *l'église gallicane* & dont ils ont été si fort jaloux, » ne sont pas passe-droits ou privilèges exorbitans; » mais plutôt franchises naturelles & ingénuités, ou » droits communs, *quibus* (comme parlent les pré- » lats du grand concile d'Afrique écrivant sur pa- » reil sujet au pape Célestin) *nulla patrum defini-* » *tione derogatum est ecclesiæ gallicanæ*; esquelles nos » ancêtres se sont constamment maintenus, & des- » quelles partant n'est besoin montrer autres titres » que la retenue & la naturelle puissance ».

Il doit paroître étonnant que l'on appelle *libertés* ce qui n'est que le droit commun & le droit ancien. Mais les papes ayant voulu nous assujettir, comme les autres nations, aux nouveaux décrets & aux nouvelles constitutions, nos pères répondirent qu'étant nés libres, on ne pouvoit les asservir à un droit nouveau, n'ayant jamais eu d'autre règle de conduite que les anciens canons. C'est pourquoi on disoit autrefois *libertés canoniques*, *anciennes libertés de nos églises*, par opposition aux loix nouvelles que l'on vouloit introduire, & l'usage a prévalu d'appeller l'observation de l'ancien droit, *libertés de l'église gallicane*.

« Le mot de *liberté*, dit M. l'Echassier dans son » traité de la *liberté* ancienne & canonique de l'église » gallicane, n'est point de récent usage, puisqu'il est » du troisième des quatre conciles œcuméniques, » qui le répète deux fois & le dit consister, au » droit apostolique, aux statuts des pères & cou-

» tume ancienne de l'église. Depuis ce tems l'église » gallicane a d'âge en âge mis la défense de sa *liberté* si constamment & avec tant de persévé» rance en ces droits anciens, qu'enfin ils ont été » appellés du nom même de la *liberté de l'église*; » l'usage plus fréquent & plus ordinaire de ce mot » a été pratiqué par l'église gallicane, du temps de » Charles VI, aux conciles qui furent tenus sous lui » en l'an 1406 & en l'an 1408, & a été continué » depuis. On rend aujourd'hui la signification de ce » mot douteuse & incertaine, pour ce que par brié» veté de langage, nous disons simplement la *li*» *berté de l'église gallicane*, qui néanmoins n'auroit » nul doute, si, comme l'église gallicane faisoit » alors, nous lui ajoutions ses épithètes perpé» tuels, en disant l'ancienne & canonique *liberté de* » *l'église*, qu'ils disoient être le droit commun & » ancien, lequel ils appelloient alors du nom de » *liberté ancienne & canonique*, pour l'opposer à » la servitude dont les évêques & le clergé étoient » alors oppressés ».

Nos *libertés* ne sont donc point un privilège, dans ce sens qu'elles soient une grace particulière accordée à l'église gallicane, contre le droit commun: elles ne sont un privilège qu'en ce que nous avons conservé des droits & des usages fondés sur les anciens canons, droits & usages que les autres églises ont laissé perdre.

Les canons sur lesquels sont fondées les *libertés de l'église gallicane* ne sont point ceux qui sont compris dans le décret de Gratien, dans les collections de Burchard & d'Yves de Chartres, dans les compilations de Grégoire IX & des papes ses successeurs. Ces recueils contiennent une infinité de décrets auxquelles l'église de France ne s'est jamais soumise. Elle n'a jamais, à proprement parler, reconnu pour sa loi, que la compilation qui étoit suivie sous la première race de nos rois, & qui comprenoit quelques épîtres décrétales des papes, les canons des premiers conciles généraux, & ceux de quelques conciles particuliers. Ce sont ces premiers canons qui forment parmi nous un droit commun tel qu'il étoit observé pendant les premiers siècles dans toute l'église. Les autres nations ont changé leur droit & nous avons conservé en plus de points qu'elles, l'ancienne discipline; c'est ce qui fait la différence entre la jurisprudence de l'église gallicane, & celle des autres églises.

Il est cependant parmi nous des usages qui ne sont point fondés sur ces anciens canons & qui y sont même contraires; telles sont les résignations en faveur, la prévention, les vacances en cour de Rome, les annates, *&c.* nos libertés qui paroissent avoir succombé dans ces matières & dans plusieurs autres de même nature, produisent cependant un effet qui est précieux; elles empêchent qu'on ne puisse ajouter de nouvelles servitudes, à celles qu'une possession immémoriale a introduites parmi nous, & forcent le pape à n'user de ces droits par rapport aux François, que de la même manière dont il en a usé depuis long-tems, & sans innover de son autorité privée. Cette modification est un exercice de notre *liberté* primitive; ce n'est qu'à cette condition que nous avons consenti qu'il y fût porté atteinte dans ces matières.

Nos *libertés* nous autorisent non-seulement à conserver l'ancien droit, mais même à empêcher toute dérogation au nouveau lorsqu'il a été reçu & adopté par l'église & par le prince, & quoique le droit nouveau prenne son origine dans des graces spéciales accordées par les papes. La raison en est, qu'il fait alors partie des loix ou des coutumes du royaume, sur lesquelles les papes n'ont aucun pouvoir. On peut citer pour exemple d'un droit nouveau de cette nature, *l'indult du parlement de Paris.*

Les papes eux-mêmes ont reconnu en différentes occasions la justice qu'il y a de conserver à chaque église ses *libertés*, & singuliérement celles de l'église gallicane. *Voyez* les chap. *licet extra de frigidis*, & *in genesi extra de elect.* Il y a cependant long-temps qu'ils n'ont donné de semblables reconnoissances.

Nos rois ont publié plusieurs ordonnances, édits & déclarations pour maintenir ces précieuses *libertés*; les plus remarquables de ces loix sont la pragmatique de S. Louis en 1268, la pragmatique faite sous Charles VII en 1437, l'édit de 1535, contre les petites dates, l'édit de Moulins en 1580, & plusieurs autres plus récens. *Voyez les articles* DROIT *canonique*, DROIT *public ecclésiastique françois.*

Les parlemens ont toujours été très-soigneux de veiller à la conservation de nos *libertés*: on en peut juger par les arrêts qui ont été rendus dans différentes occasions & par les remontrances faites à ce sujet à nos rois. Les plus célèbres sont celles du parlement de Paris à Louis XI en 1461. Elles forment une des principales pièces qui ont été recueillies dans le traité des *libertés de l'église gallicane* par Pierre Pithou.

Personne n'ignore les tentatives multipliées des papes pour tout soumettre à l'empire des clefs. La France ne fut point à l'abri de leurs entreprises: elle les repoussa toujours avec fermeté. Mais peut-être eût-elle enfin succombé, si l'excès du mal même n'en eût pas procuré le remède. L'ignorance des princes & du clergé, & la superstition des peuples, étoient le plus fort appui des prétentions de la cour de Rome; & si elle n'eût pas porté l'oppression à son comble, les uns & les autres se feroient peut-être accoutumés insensiblement au joug. Le clergé, que Rome devoit, à ce qu'il semble, ménager, fut au contraire vexé & écrasé. Les papes ne respectèrent ni ses droits temporels, ni ses droits spirituels; ils voulurent tout envahir. L'église de France eut alors recours aux rois, qui, par de sages ordonnances, mirent un frein aux entreprises ultramontaines; ce fut dans ce dessein que S. Louis fit publier sa pragmatique sanction.

Nos rois, à leur tour, se trouvèrent en butte à l'ambition des pontifes de Rome, qui osèrent attenter à leur couronne. On connoît le trop fameux démêlé de Philippe-le-bel avec Boniface VIII. L'église de France soutint d'une manière digne d'elle, les droits du trône; elle établit solemnellement l'indépendance des rois: elle déclara que la nation n'étoit soumise en aucune chose concernant le temporel, à la domination du pape; elle interjetta, ainsi que les états généraux & les différentes compagnies du royaume, appel au futur concile de la sentence d'excommunication lancée contre le roi, & de la bulle *omnem sanctam*, qui le déposoit & le privoit de son royaume. Ainsi, nos rois trouvèrent dans leur clergé des défenseurs, comme le clergé avoit trouvé des protecteurs dans ses rois. Au milieu de ces querelles, les esprits échauffés s'éclairèrent. On approfondit des questions que depuis long-temps l'ignorance avoit permis à la superstition de couvrir d'un voile qui paroissoit sacré aux yeux du vulgaire.

Si les papes avoient porté beaucoup trop loin leur autorité, les évêques, qui, dans certains cas, savoient leur résister, avoient aussi profité des circonstances pour s'arroger des droits qui ne leur appartenoient pas, & avoient prodigieusement empiété sur la jurisdiction civile. Déjà les seigneurs & les officiers royaux réclamoient contre ces usurpations. Leurs plaintes donnèrent lieu à la mémorable conférence qui se tint en 1329, devant Philippe de Valois, entre Pierre de Cugnieres d'un côté, & l'archevêque de Sens & l'évêque d'Autun de l'autre. Cette conférence produisit le même effet que toutes les disputes publiques; il n'y eut rien de décidé: mais les principes avancés par Pierre de Cugnieres furent une semence qui germa dans la suite.

Le grand schisme d'Occident fut une nouvelle occasion pour l'église de France, de connoître & mieux faire valoir que jamais ses précieuses *libertés*. L'université de Paris se distingua sur-tout par son zèle & ses lumières. Le desir bien naturel de soustraire la nation aux vexations des papes d'Avignon, & le desir encore plus respectable de procurer à l'église universelle une paix après laquelle on soupiroit depuis trente ans, lui fit faire des efforts prodigieux. Elle fut alors le flambeau de toute l'Europe, & l'on peut dire que c'est à ses travaux & à ses soins qu'on doit la convocation du concile de Constance, qui s'assembla en 1414.

Ce concile établit la supériorité des conciles généraux sur les papes, & mit cette maxime fondamentale à exécution, en les déposant. Le concile de Bâle suivit les mêmes traces, & ses décisions modifiées & acceptées par la nation françoise, formèrent notre fameuse pragmatique sanction. Le concordat de François I & de Léon X n'y porta atteinte qu'en ce qui concernoit la disposition des bénéfices. L'autorité des papes, tant sur le temporel que sur le spirituel, paroissoit restreinte pour toujours dans de justes bornes. Cependant des événemens malheureux, dont la politique & la superstition voulurent également profiter, menacèrent nos *libertés* d'un renversement total. Au milieu des désordres & des fureurs de la ligue, on entendit le fanatisme s'écrier que le pape pouvoit disposer des couronnes & en dépouiller des princes hérétiques. A ces cris séditieux, Rome reprit courage, elle s'arma de ses foudres, & osa proscrire un de nos plus grands rois, l'honneur & l'amour de la monarchie. Dans cet état de crise, les véritables François ne s'oublièrent point, & l'église gallicane se montra ce qu'elle avoit toujours été, le plus ferme appui du trône, & le défenseur le plus zélé de son indépendance.

Il faut avouer que les esprits fermentèrent beaucoup alors. Il étoit nécessaire de ramener aux véritables principes ceux qui s'en étoient écartés. Des théologiens & des jurisconsultes donnèrent au public des ouvrages où nos *libertés* furent prouvées de la manière la plus solide & la plus convaincante; & parmi ceux qui parurent au commencement du dix-septième siècle, on distingua sur-tout un petit traité de Pierre Pithou. L'auteur le dédia au roi, & le fit imprimer avec privilège en 1709. Quoique cet opuscule ne contienne que huit ou dix pages d'impression, il a acquis parmi nous une telle autorité, qu'on a distingué les *alinea* qui sont au nombre de 83, comme autant d'articles & de maximes; on les cite avec la même vénération que si c'étoient autant de loix, & la jurisprudence des arrêts semble leur en avoir donné l'autorité.

Après la publication du traité de Pierre Pithou, la chambre du tiers-état, dans les états-généraux tenus en 1615, demanda en tête de ses cahiers, « que l'on déclarât que le roi est reconnu souverain dans son état, ne tenant sa couronne que de Dieu seul, qu'il n'y a nulle puissance sur la terre, quelle qu'elle soit, spirituelle ou temporelle, qui ait aucun droit sur son royaume, pour en priver les personnes sacrées de nos rois, ni dispenser & absoudre leurs sujets de la fidélité & obéissance qu'ils lui doivent, pour quelque chose ou prétexte que ce soit ».

La chambre ecclésiastique crut que ses prérogatives étoient lésées par la chambre du tiers, en ce qu'elle s'arrogeoit le droit de prononcer sur la doctrine; elle en témoigna son mécontentement. Le cardinal du Perron fut plus loin qu'il ne le devoit, & passa les pouvoirs que lui avoit donnés la chambre ecclésiastique, au nom de laquelle il parla. Il osa traiter la maxime insérée dans les cahiers du tiers-état, de question problématique.

Des auteurs récens ont pris occasion de ce discours du cardinal du Perron, pour jetter des nuages sur les véritables sentimens de l'église gallicane: mais il est certain que l'opinion du cardinal du Perron n'étoit point celle du corps au nom duquel il parla.

M. l'évêque de Tournai, chargé du rapport

dans l'assemblée du clergé de 1682, disoit à cette occasion : « la doctrine de l'indépendance de nos » rois a toujours été enseignée par nos prédécesseurs avec une fermeté merveilleuse, & rien n'a » jamais tant obscurci leurs sentimens, que ce que » M. le cardinal du Perron prononça dans les états-» généraux du royaume, de l'année 1615 ; mais » ceux qui savent l'histoire de ces états, n'ont » garde de rien imputer à l'église gallicane..... Si » ces harangues avoient été prononcées simplement par ce cardinal, pour témoigner son opi-» nion particulière, elles ne seroient pas d'une » assez grande autorité pour nous en mettre beau-» coup en peine ; mais comme il fit entendre qu'il » parloit au nom de tout le clergé de France, » cela a frappé l'esprit de plusieurs : il est juste » que l'on connoisse la vérité..... La chambre du » tiers-état avoit dressé des cahiers dans lesquels » étoit la proposition de l'indépendance des rois. » La chambre ecclésiastique trouva mauvais que » le tiers-état entreprît de faire un article d'une » matière purement spirituelle, & en cela elle avoit » raison : c'étoit à l'église à expliquer & à soutenir » cette vérité...... Mais M. le cardinal du Perron » (traitant cette question de problématique), alla » trop loin pour un prélat éclairé, savant, élevé » dans nos maximes. Plût à Dieu, messeigneurs, » que cette pièce, qui ne corrompra jamais la pu-» reté de votre doctrine, mais qui la contredit, » ne parût plus dans nos mémoires. Nous vous » supplions au moins, d'ordonner qu'on joigne » un avertissement qui, en disant la vérité de » l'histoire, puisse guérir les esprits du soupçon » qu'elle laisse, que ce cardinal avoit exposé les » sentimens de l'église de France. Le clergé ne » lui avoit pas donné charge de s'expliquer de la » manière qu'il fit : nous ne voyons pas qu'il en » ait approuvé la doctrine ; c'est assurément l'ou-» vrage pur de M. du Perron, & non celui de » nos prédécesseurs ».

Quand on veut juger des sentimens d'un corps, c'est à l'ensemble de son histoire & non à quelques faits isolés, qu'il faut s'attacher. La vérité & la justice exigent encore que l'on n'impute point au corps, l'opinion de quelques particuliers. L'auteur de l'article *Libertés de l'église gallicane*, de la première édition du nouveau *Répertoire de jurisprudence*, n'a point observé ces règles d'une sage critique. Il ne balance point à dire, qu'en 1615, le clergé soutint que l'indépendance de nos rois étoit une question problématique, & il en donne en preuve le discours du cardinal du Perron. Mais il falloit ajouter que ce discours a été désavoué par la clergé lui-même, & que ce désaveu formel se trouve dans le rapport de l'assemblée de 1682. Si l'on veut examiner avec impartialité la conduite du corps des évêques françois, à partir de l'époque où la cour de Rome voulut se mêler de nos affaires publiques & politiques, on verra que depuis Hincmar, qui disoit à Grégoire IV, *si excommunicaturus veneris, excommunicatus ibis*, l'église gallicane n'a jamais eu sur l'indépendance de nos rois, d'autre doctrine que celle qu'elle se fait un devoir & une gloire de professer aujourd'hui.

Pour ne laisser aucun doute dans une matière aussi importante, nous dirons hautement que le clergé de France n'étoit point fondé à s'opposer en 1615, à la proposition insérée dans les cahiers du tiers-état, sous prétexte que c'étoit un point de doctrine qui ne concernoit que l'église. L'indépendance de nos rois de toute puissance humaine, pour le temporel, est une maxime qui dérive de l'essence même des choses, & de la constitution de notre monarchie. Jamais elle n'a pu être soumise à la décision de l'église, & si quelqu'un a tout à la fois & droit & intérêt à la défendre, c'est certainement le corps représentatif de la nation ; le tiers-état en forme une partie notable. Il pouvoit donc, sur-tout après des temps orageux, demander qu'elle fût déclarée être une loi fondamentale du royaume. Le clergé, qui ne la contestoit point dans le fond, erroit en 1615, en la considérant comme un point de dogme sur lequel lui seul pouvoit statuer. Jésus-Christ a dit que son royaume n'étoit pas de ce monde. S. Paul a établi en précepte que tout chrétien devoit être soumis aux puissances supérieures. D'après la décision du divin législateur, & des hommes qu'il a inspirés pour expliquer & publier sa doctrine, l'église a mis au nombre de ses loix, la soumission aux princes & à l'autorité publique. Mais cette loi que le christianisme n'a fait que corroborer, ne lui doit point son existence ; elle lui est antérieure, & la religion embrassée par les peuples n'a pu les priver du droit de soutenir & de défendre ce qui fait la base de toute législation civile.

Le parlement de Paris, toujours attentif à la conservation de ces maximes, rendit, le 2 janvier 1615, un arrêt par lequel, sans nommer le cardinal du Perron, & sur ce que le procureur-général avoit averti la cour que, par plusieurs discours tant en particulier qu'en public, plusieurs personnes se donnent la licence de révoquer en doute telles maximes, disputer d'icelles & les tenir pour problématiques, dont peuvent arriver de très-grands inconvéniens auxquels il est nécessaire de pourvoir promptement, il fut ordonné que les arrêts précédens seroient gardés & observés selon leur forme & teneur ; & défenses faites à toutes personnes, de quelle qualité & condition qu'elles soient, d'y contrevenir sous les peines y portées. Ces arrêts, dont l'exécution est ordonnée, avoient déclaré « que le » roi ne reconnoît aucun supérieur au temporel de » son royaume, sinon Dieu seul ; & que nulle puis-» sance n'a droit ni pouvoir de dispenser ses sujets » du serment de fidélité & obéissance qu'ils lui » doivent, ni les suspendre, priver ou déposer de » sondit royaume, & moins d'attenter ou faire at-» tenter par autorité publique ou privée sur les » personnes sacrées des rois ».

Le traité de Pierre Pithou, sur les *libertés gallicanes*, ne faisoit que développer ces principes que le parlement consacroit par ses arrêts. Il n'étoit point entré dans le plan de l'auteur d'y ajouter les preuves tirées des monumens de notre histoire & de celle de l'église. M. Dupuy entreprit ce grand ouvrage, qui parut en 1639. Quelques prélats qui étoient alors à Paris, s'opposèrent à la publication de ce recueil; le roi en ordonna la suppression. Cet orage élevé contre une des productions les plus intéressantes de notre droit public ecclésiastique, cessa en 1651. Alors M. Dupuy eut la satisfaction de voir paroître à la fois deux éditions de son ouvrage, une à Rouen & l'autre à Paris. Celle de Paris fut accompagnée d'un privilège du roi bien remarquable. Il porte que le sieur Cramoisi ayant fait dire & remontrer à sa majesté, « qu'il auroit recouvré le livre intitulé : *Preuves » des libertés de l'église gallicane*, imprimé dès l'an» née 1639, augmenté de grand nombre d'actes » & de titres fort considérables, & de plusieurs » illustrations servant à l'éclaircissement des droits » de notre couronne & à la preuve entière des» dites *libertés*, ensorte que ces beaux droits, si » augustes & si illustres, se trouvent tellement » justifiés, que ceux qui les avoient estimés vains » & sans fondement, pour n'avoir pas pénétré » jusques dans leur source, sont obligés, par la » force de la vérité, de les reconnoître aussi an» ciens que notre monarchie, & qu'ils ont été » pratiqués de temps en temps jusqu'à présent. » Ayant donc égard à la supplication dudit Cra» moisi, & voulant favoriser un ouvrage de si » grande importance pour les droits de notre cou» ronne, pour le bien de notre état & pour l'in» térêt de l'église de notre royaume, de laquelle » nous sommes premier & universel patron & » protecteur, nous lui avons ordonné & ordon» nons, permis & permettons d'imprimer ou faire » imprimer, *&c* ».

Ce privilège si honorable n'est point dans l'édition de Rouen. Celle de Paris contient plusieurs traités particuliers qui ne se trouvent point dans celle de Rouen, & celle-ci renferme un plus grand nombre de preuves que celle de Paris; de manière que pour avoir un tout complet, il faudroit avoir les deux éditions.

M. Dupuy voyant que tous les recueils péchoient par la méthode, jugea à propos de faire un commentaire particulier sur les articles du traité de M. Pithou, à chacun desquels il eut l'attention de mettre en marge les citations des preuves qui le justifient.

Ce commentaire ne fut imprimé qu'après la mort de M. Dupuy. L'ouvrage fut reçu avec empressement, & l'édition en fut bientôt épuisée. Le savant abbé Lenglet Dufresnoy en donna une seconde en 1715, avec les mêmes citations & quelques notes qu'il a tirées du recueil même des preuves. Il y a joint une suite d'ordonnances qui ont formé, avec le reste, deux volumes in-4°, devenus rares & chers.

En 1731, on a réimprimé la collection des preuves. On y a ajouté le volume des traités, & le songe du Vergier, avec quelques autres pièces qui ne sont point dans les anciennes éditions de Rouen & de Paris, ce qui forme quatre volumes *in-folio*.

Cette dernière édition est plus complète que celles de 1639 & 1651; mais il est assez difficile de se la procurer. On a d'ailleurs beaucoup de peine à trouver les citations marquées dans le commentaire de M. Dupuy. Pour éviter tous ces inconvéniens, M. Durand de Maillanne a donné au public en 1771, *les libertés de l'église gallicane, prouvées & commentées, suivant l'ordre & la disposition des articles dressés par M. Pierre Pithou, & sur les recueils de M. Pierre Dupuy, conseiller d'état.* Cet ouvrage en cinq volumes in-4°, fait avec la plus grande méthode, peut être utile à ceux qui ont les anciens recueils, en ce qu'il leur indique sur chaque article de M. Pithou, le chapitre des preuves, selon les trois éditions de 1639, 1651 & 1731. Il peut, en outre, dispenser d'avoir ces recueils, parce qu'il en rapporte, soit par extrait, soit en entier, les pièces les plus essentielles, à chacun des articles de M. Pithou. L'auteur a ajouté beaucoup de pièces très-importantes depuis 1651, où finissoient celles recueillies par M. Dupuy. Il a encore enrichi la nouvelle collection de manuscrits de MM. Gibert & Prévôt, & l'on peut dire que M. Durand de Maillanne mérite la reconnoissance du public, pour les peines & les soins qu'il a pris à recueillir avec ordre & méthode les pièces les plus importantes de notre droit public ecclésiastique. On doit aussi lui savoir gré du nouveau commentaire qu'il a joint à celui de M. Dupuy.

Après avoir donné l'historique abrégé de nos *libertés* & du principal ouvrage fait pour les prouver, il ne nous reste plus qu'à présenter à nos lecteurs, une analyse du traité de M. Pithou. Cette analyse est indispensable dans l'Encyclopédie, destinée à tenir lieu d'une bibliothèque entière.

M. Pithou établit toutes nos *libertés* sur deux maximes fondamentales.

La première est, que les papes ne peuvent rien commander, ni ordonner, soit en général, soit en particulier, de ce qui concerne les choses temporelles, ès pays & terres de l'obéissance & souveraineté du roi très-chrétien; & s'ils y commandent ou statuent quelque chose, les sujets du roi, encore qu'ils fussent clercs, ne sont tenus leur obéir pour ce regard.

La seconde, qu'encore que le pape soit reconnu pour suzerain ès choses spirituelles, toutefois en France, sa puissance absolue & infinie n'a point lieu, mais est retenue & bornée par les canons & règles des anciens conciles de l'église, reçus en ce royaume, *& in hoc maximè consistit libertas* *ecclesiæ gallicanæ*, comme en propres termes l'université de Paris (qui garde, comme dit l'ancien roman françois, la clef de notre chrétienté, & qui a été jusqu'ici très-soigneuse promotrice & conservatrice de ces droits) fit dire & proposer en pleine cour de parlement, lorsqu'elle s'opposa à la vérification des bulles du cardinal d'Amboise.

De ces deux maximes, continue M. Pithou, dépendent, conjointement ou séparément, plusieurs autres particulières, qui ont été plutôt pratiquées & exécutées qu'écrites par nos ancêtres, selon les occurrences & sujets qui se sont présentés.

M. Pithou développe la première maxime, ou pour mieux dire, en tire les conséquences ou corollaires jusqu'au 39ᵉ article inclusivement, & les 43 autres sont employés au développement & aux conséquences de la seconde.

De la première, il suit que nos rois ne prêtent qu'une obéissance filiale & spirituelle, aux papes, à leur avénement à la chaire de S. Pierre, *& que seulement ils se recommandent, & le royaume que Dieu leur a commis en souveraineté, ensemble l'église gallicane, aux faveurs de sa sainteté.* Obéissance qui n'est point servile, &, comme disoient les anciens Romains, en chose non du tout dissemblable, *sanctitatem apostolicæ sedis, Dei comiter conservantes, quemadmodum principes liberos; si non æquo jure, certè non ut dedititios, aut fundos.* Art. 7 & 8.

Les rois de France ont de tout temps eu le droit d'assembler les conciles provinciaux ou nationaux, pour y traiter les affaires concernant l'ordre & discipline ecclésiastique de leur pays, dont ils ont fait faire règles, chapitres, loix, ordonnances & pragmatiques sanctions, sous leur nom & autorité. Le pape ne peut envoyer en France de légats *à latere* avec faculté de réformer, juger, conférer, dispenser, & telles autres qui ont accoutumé d'être spécifiées par les bulles de leur pouvoir, qu'à la demande du roi de France, sous la condition de n'user de leur pouvoir que pendant le temps qu'il le jugera à propos, & ce conformément à nos *libertés*, & après avoir fait représenter leurs facultés à la cour de parlement, où elles sont vues, examinées, vérifiées, publiées & registrées, sous telles modifications que la cour croit être à faire pour le bien du royaume. Il en est de même pour le légat d'Avignon, pour les pays & terres de l'obéissance & souveraineté du roi; ses facultés & celles de ses vice-légats doivent être vérifiées en la cour de parlement de Dauphiné, & autres respectivement pour ce qui est de leur ressort. Les prélats de l'église gallicane, quoique mandés par le pape, pour quelque cause que ce soit, ne peuvent sortir du royaume, sans commandement ou licence & congé du roi. *Art. 10, 11, 12, 13.*

Le pape ne peut lever aucune chose sur les revenus du temporel des bénéfices du royaume, sous quelque prétexte que ce soit, sans l'autorité du roi & le consentement du clergé. Il ne peut exposer en proie ou donner le royaume de France; ou en disposer en quelque façon que ce soit; & quelques monitions, excommunications ou interdictions qu'il puisse faire, les sujets ne doivent laisser de rendre au roi l'obéissance due pour le temporel, & ne peuvent être dispensés ni absous par le pape; les officiers du roi pour ce qui regarde l'exercice de leurs charges, ne peuvent être excommuniés; & si le pape le fait, celui qui l'a poursuivi est contraint par peines ou amendes, & par saisie de son temporel, or qu'il fût ecclésiastique, de faire révoquer telles censures. (Aujourd'hui on feroit déclarer une pareille excommunication, abusive, & elle seroit, sans autre poursuite, censée non avenue). Les clauses insérées dans la bulle *in cœna Domini* n'ont pas lieu en France. Le pape ne peut juger ni déléguer pour connoître ce qui concerne les droits de la couronne de France, & ne plaide jamais le roi de ses droits & prétentions qu'en sa cour propre. *Art. 14, 15, 16, 17 & 18.*

Les comtes palatins, de la création du pape, ne sont point reconnus en France. Les notaires apostoliques ne peuvent y recevoir contrats des choses temporelles, & ne portent les contrats par eux reçus aucune hypothèque. *Art. 19 & 20.*

Le pape ne peut légitimer les bâtards & illégitimes, pour les rendre capables de succéder, ou leur être succédé, ni pour obtenir états ou offices séculiers; mais seulement pour être pourvus aux ordres sacrés & bénéfices. Il ne peut restituer les lais contre l'infamie par eux encourue, ni les clercs, sinon aux fins d'être reçus aux ordres, offices & actes ecclésiastiques & non autrement. (*Voyez* INDIGNE, INDIGNITÉ). Il ne peut non plus remettre l'amende honorable adjugée à un laïque, encore que la condamnation fût de juge ecclésiastique & contre un clerc, comme faisant telle condamnation partie de la réparation civile. Il peut encore moins proroger le temps donné aux exécuteurs testamentaires, au préjudice des héritiers, légataires, *&c.* ni convertir aucun legs, or qu'ils fussent pitoyables en autres usages contre la volonté des défunts, sinon ès cas où cette volonté ne pourroit être accomplie, (cette dernière exception n'est pas même admise parmi nous, toute cause concernant la validité ou l'exécution des testamens est de la jurisdiction du juge séculier & non du juge d'église). *Art. 21, 22, 23, 24 & 25.*

Le pape ne peut permettre aux gens d'église de tester, au préjudice des ordonnances & droits du roi, & aux religieux profès, de disposer par testament; empêcher que les biens des ecclésiastiques décédés ne passent à leurs héritiers testamentaires ou *ab intestat*, & que les parens des religieux ne leur succèdent d'abord après leur profession. Il ne peut permettre de posséder & tenir des biens en ce royaume contre les loix ou coutumes des lieux sans licence du roi, ni aux ecclésiastiques d'aliéner les biens immeubles des bénéfices, quand même ils seroient exempts & soumis immédiatement au saint

saint-siège, encore moins peut-il ordonner ou permettre aucune aliénation de ces biens avec la clause *invitis clericis*, *art.* 26, 27, 28 & 29.

Il ne peut déroger ni préjudicier par provisions bénéficiales ou autrement aux fondations laïcales & droits des patrons lais de ce royaume, ni exercer jurisdiction sur les sujets du roi, même de leur consentement, ès matières de pétition de dot, séparation de mariés quant aux biens, crime d'adultère, de faux, de parjure, sacrilège, usure, perturbation de repos public par l'introduction de nouvelles sectes séditieuses ou hérétiques; quand il n'est question que de fait il ne peut user en France de séquestrations réelles en matière bénéficiale ou autre ecclésiastique. Ne peut connoître des crimes qui ne sont pas ecclésiastiques, & non mixtes à l'encontre de purs lais; mais bien à l'encontre de gens d'église seulement, contre lesquels il peut user de condamnations selon les sanctions canoniques; & quant aux lais pour les crimes purs ecclésiastiques, ne peut user contre eux de condamnation d'amende pécuniaire ou autres, concernant directement le temporel. (Ceci n'est pas infiniment clair. *Voyez* JURISDICTION ECCLÉSIASTIQUE & l'*art.* 45. Quant aux peines que peuvent imposer les juges d'église, il ne faut jamais perdre de vue les principes posés par M. de Marca en son traité *de Concord. sacerd. & imperii*, liv. II, ch. 16, n°. 2, *ecclesia non infligit pœnam ut mulctet, sed ut pœnitentis salutem conciliet; alia igitur ratio est legum regiarum & canonum, illæ severas pœnas à reis exigunt, hi autem errantes in viam reducere & ægris remedia parare conantur quando peccatum est in leges ecclesiasticas*). Quoique les religieux mendians ou autres ne puissent s'adresser aux juges séculiers, sans enfreindre l'obédience, toutefois, en cas de sédition ou de tumulte ou grand scandale, ils peuvent y avoir recours, & pareillement à la cour de parlement, quand il y a abus clair & évident, *art.* 30, 31, 32, 33 & 34.

Monitoires ou excommunications, avec clause satisfactoire, qu'on appelloit *super obligationem de nisi*, ou *significari*, & dont l'absolution est réservée *superiori usque ad satisfactionem*, ou qui sont pour choses immeubles; celles qui contiennent clauses imprécatoires, contre la forme prescrite par les conciles; celles dont l'absolution est réservée au pape, & qui emportent distraction de jurisdiction ordinaire, ou qui sont contre les ordonnances du roi ou arrêts de ses cours, sont censées abusives. Mais est permis de se pourvoir pardevant l'ordinaire par monition générale *in formâ malefactorum, pro rebus occultis mobilibus & usque ad revelationem dumtaxat*; & si le laïque s'y oppose, la connoissance de son opposition appartient au juge laïque & non à l'ecclésiastique. Pendant l'appel comme d'abus, de l'octroi ou publication d'une monition, la cour du roi peut ordonner que, sans préjudice du droit des parties, le bénéfice d'absolution *à cautelâ* sera imparti à l'appellant, & qu'à ce faire, l'évêque sera contraint par saisie de son temporel (*Voyez* MONITOIRE, ABSOLUTION *à cautela*; l'ordonnance d'Orléans, *art.* 18; l'édit de 1695, *art.* 26); & l'ordonnance de 1670, *tit.* 7.

Il y a long-temps qu'on n'use point en France des monitoires ou excommunications dont parle ici M. Pithou, de ces monitoires qu'un créancier faisoit signifier à son débiteur par contrat, ou condamné par jugement, avec la clause, *nisi causam se habere pretenderet vel donec veniret ad debitam satisfactionem*, & qu'on appelloit par cette raison, *super obligatione de nisi ac significari usque ad debitam satisfactionem*, &c. On ne s'y est jamais servi de monitoires pour les choses immeubles, parce que, *rei immobilis furtum non fit; immobilia patent & possessor debet conveniri.* Nous n'avons jamais souffert non plus, qu'on fulminât l'excommunication en conséquence d'un monitoire publié *ad fines revelationis*, avec aucune cérémonie extraordinaire, ou clauses imprécatoires. C'est ce qu'atteste Imbert en ses Institutions, *lib.* 1, *cap.* 62, *curandum maximè ne execrationum clausulæ monitionibus inferantur, veluti quod nolis pulsatis, in terramque projectis cereis ardentibus, devoveantur qui monitis non paruerint, simileque luant supplicium ac Chore, Dathan & Abyron: ab hujusmodi enim imprecationibus, procurator regius rectè provocaret ab abusu*). *Art.* 34 & 35.

On sera peut-être étonné de voir que par son article 37, M. Pithou dit qu'un inquisiteur de la foi n'a capture ou arrêt en ce royaume, sinon par aide & autorité du bras séculier. Mais il ne parle point de l'inquisition telle qu'elle est établie en Espagne & en Italie. Il étoit trop instruit pour ne pas savoir qu'un pareil tribunal seroit absolument contraire à nos libertés. Il ne faut donc entendre ici par inquisiteur de la foi, que ceux qui furent établis au commencement des dernières hérésies, & cela en vertu même des arrêts du parlement, qui ordonnèrent à plusieurs prélats de bailler des lettres de vicariat à des conseillers-clercs de son corps, & nomma même d'office des commissaires, qui furent appellés *inquisiteurs* & confirmés dans leurs titres & dans leurs fonctions par un bref de Clément VII, de l'an 1525. Ces inquisiteurs ne subsistèrent pas long-tems. Il n'en reste dans tout le royaume, d'autre trace que le nom d'inquisiteur que porte encore l'évêque de Perpignan, & un religieux de l'ordre des frères prêcheurs à Toulouse, sans en faire aucune fonction, mais qui touche cependant une modique pension du roi. Les inquisiteurs de Rome n'ont aucun droit ni autorité parmi nous. Les papes ont cependant persisté pendant long-tems de vouloir les introduire en France. On en peut juger par les bulles de sécularisation des chapitres de Montpellier & de Nîmes, par lesquelles ils ont eu grand soin de réserver une prébende pour un théologal qui seroit en même tems *deputandus inquisitor hæreticæ pravitatis autoritate apostolicâ, cum omnibus privilegiis & indultis aliis inquisitoribus hæreticæ pravitatis, in illis partibus concessis.* Il n'est pas besoin de dire qu'une pareille clause est restée sans exécution.

Le roi peut justicier ses officiers-clercs pour quelque faute que ce soit, commise en l'exercice de leurs charges, nonobstant le privilège de cléricature. *Art. 38.*

Nul, de quelque qualité qu'il soit, ne peut tenir aucun bénéfice en ce royaume, s'il n'en est natif ou s'il n'a des lettres de naturalité, & de dispense expresse du roi, & que ces lettres aient été vérifiées où il appartient. *Art. 39. Voyez* ETRANGERS, *par rapport aux bénéfices.*

Tous les articles dont on vient de rendre compte, dérivent, d'une manière plus ou moins prochaine, de la première maxime fondamentale, que les papes n'ont aucun pouvoir sur le temporel du royaume, en ce qui concerne soit le souverain, soit les sujets. Passons actuellement à la seconde maxime & à ses conséquences.

De la deuxième maxime dépend que, quoique les conciles généraux ne se doivent assembler sans le pape, réconnu pour chef de l'église militante, & qu'il ne s'y doive rien conclure sans lui, toutefois il n'est estimé être pardessus le concile universel, mais tenu aux décrets d'icelui, comme aux commandemens de l'église représentée par cette assemblée. (Sur quoi il est indispensable d'observer que par rapport à la France, il est très-indifférent que le concile soit au-dessus du pape, ou le pape au-dessus du concile. Nous usons de nos libertés de la même manière, tant pour les décrets émanés d'un concile général, que pour ceux émanés du saint-siège. Que le pape publie un décret qui fasse quelque changement dans nos usages, il dépendra de nous de l'accepter ou de le rejetter. Si nous l'acceptons, il fera dès-lors partie de notre droit commun, & un décret contraire, quel que soit son auteur, ne sauroit y donner atteinte. De même si un concile général fait des réglemens pour la réformation de la discipline, il dépendra également de nous de les admettre ou de les refuser. Si nous les admettons, il ne dépendra ni du pape ni d'un autre concile général d'y faire aucun changement sans notre consentement. La question de la supériorité du pape dans les conciles, ou de son infaillibilité, est donc étrangère à nos *libertés*, & ne peut nous intéresser que lorsqu'il s'agit du dogme ou de la foi). *Art. 40.*

L'église gallicane n'a pas reçu indifféremment tous les canons & épîtres décrétales, se tenant principalement à ce qui est contenu en l'ancienne collection appellée *Corpus canonum. Voyez* DROIT *Canonique* (Notre droit commun est composé de l'ancien & du nouveau droit. Mais il faut distinguer soigneusement dans le nouveau, ce que nous avons reçu & ce que nous avons rejetté). Le pape ne peut dispenser, pour quelque cause que ce soit, de ce qui est de droit divin & naturel, ni de ce dont les canons ne lui permettent de faire grace. Les règles de chancellerie romaine ne lient l'église gallicane sinon en ce qu'elle en reçoit la pratique, comme elle a fait des trois qu'on appelle, *de publicandis resignationibus*, *de verisimili notitiâ obitûs & de infirmis resignantibus*, auxquelles le pape ne peut déroger, qu'hors à celle *de infirmis resignantibus*, de laquelle on reçoit la dispense même au préjudice des gradués. (Il faut ajouter celle *de annali possessore*). *Art. 41, 42 & 43.*

Bulles ou lettres apostoliques ne s'exécutent en France sans paréatis du roi ou de ses officiers. (Il faut excepter les brefs de la pénitencerie). Le pape ne peut connoître les causes ecclésiastiques en première instance, ni exercer jurisdiction sur les sujets du roi, soit par collation, délégation ou autrement, quoi qu'il y ait consentement du sujet, ni entre ceux même qui se disent exempts & immédiatement sujets au saint siège, pour le regard desquels, il peut seulement bailler juges délégués *in partibus*, semblablement pour les appellations des primats & métropolitains ès causes spirituelles qui vont au pape, il est tenu bailler juges *in partibus & intra eamdem diœcesim*; *art.* 44, 45 & 46. *Voyez le Concordat*, tit. *de causis*, & *de frivolis appell.*

Quand un François demande au pape un bénéfice assis en France, vacant par quelque sorte de vacation que ce soit, le pape est tenu de lui en faire expédier la signature du jour que la réquisition & supplication lui en est faite: & en cas de refus, peut, celui qui y prend intérêt, présenter sa requête en la cour, laquelle ordonne, que l'évêque diocésain ou autre, en donnera sa provision, pour être de même effet qu'eût été la date prise en cour de Rome, si elle n'eût été refusée. Ne peut augmenter la taxe des provisions qui se font en cour de Rome des bénéfices de France sans le consentement du roi & de l'église (On voit que M. Pithou suppose ici dans le pape des pouvoirs qu'il n'exerce que depuis l'introduction du droit nouveau, qui est censé par-là même reçu en France. Ces articles y apportent seulement des modifications; il en est de même de la plupart des suivans). *Art.* 47 & 48.

Le pape ne peut faire aucunes unions de bénéfices dans ce royaume à la vie des bénéficiers: mais bien peut bailler rescrits délégatoires à l'effet des unions qu'on entendra faire selon la forme prescrite par le concile de Constance, & ce avec le consentement du patron & de ceux qui y ont intérêt. (*Voyez* UNION). Ne peut créer pension sur les bénéfices du royaume, sinon conformément aux saints décrets & canoniques sanctions, au profit des résignans, quand ils ont résigné à cette charge expresse, ou bien pour pacifier des bénéfices litigieux, & ne peut permettre que celui qui a pension créée, la puisse transférer à d'autres personnes, ni qu'aucun résignant retienne au lieu de pension tous les fruits du bénéfice, ou autre quantité excédant la tierce partie (On ne connoît point qu'elles sont les constitutions canoniques dont parle ici M. Pithou, & selon lesquelles il dit que les pensions sur les bénéfices ne peuvent être réservées que pour cause de résignation. Le droit canonique ne fait aucune mention des résignations en faveur, & par conséquent des pensions réservées par les résignans. On trouve seulement au ch. *nisi essent extr. de præbend.* un texte qui tolère les pensions personnelles & non réelles, en faveur d'un des co-litigans. Malgré cela la maxime de M. Pithou est suivie dans l'usage avec les modifications apportées par l'édit de 1671 & la déclaration de 1673, au sujet des bénéfices à charge d'ames ou exigeant résidence. *Voyez* PENSION). *Art. 49 & 50.*

Ne peut composer avec ceux qui auroient été vrais intrus aux bénéfices du royaume sur les fruits mal pris par eux, ni les leur remettre pour le tout au profit de sa chambre, ni au préjudice des églises ou personnes, au profit desquelles tels fruits doivent être convertis (Ces espèces de componandes nulles pour le for extérieur, sont encore quelquefois d'usage pour le for intérieur; mais alors tout s'expédie à la pénitencerie & dans le secret). *Art. 51.*

Les collations & provisions des bénéfices résignés ès mains du pape & de ses légats, ne peuvent porter la clause qui dispense d'exhiber les procurations en vertu desquelles les résignations sont faites, ou de faire aucune preuve valable de la procuration au préjudice du résignant, s'il dénie ou contredit la résignation : aussi ne peut mettre aux collations & provisions des bénéfices, la clause *anteferri*, ni autre semblable, au préjudice de ceux auxquels par avant & lors de telles provisions, seroit acquis droit pour obtenir le bénéfice. Les mandats *de providendo*, graces expectatives générales ou spéciales, réservations, regrès, translations même des prélatures, à la nomination du roi ou présentation des patrons laïques, & telles autres usances de la cour de Rome, sont déclarées abusives & n'ont lieu en France. (Le concordat avoit conservé à chaque pape, pendant sa vie, une grace expectative sur les collateurs ayant dix bénéfices à leur disposition, & deux sur ceux qui en avoient cinquante. Mais le concile de Trente ordonna que ces sortes de graces demeureroient entièrement abolies. Son décret a été reçu parmi nous, & M. Pithou paroît n'avoir pas donné assez d'étendue à cet article, qu'il semble restreindre aux bénéfices de nomination royale ou de patronage laïque). *Art. 52, 53 & 54.*

Quant à la prévention, le pape n'en use que par souffrance au moyen du concordat publié du très-exprès commandement du roi. Et si l'a-t-on restreinte tant qu'on a pu, jusqu'à juger que la collation nulle de l'ordinaire, empêche telles préventions (il faut que la collation de l'ordinaire ne soit nulle que d'une nullité relative; car si elle l'étoit radicalement, elle ne feroit point obstacle à la prévention). Les résignations en faveur ne peuvent être admises que par le pape, & non par ses légats (les bulles de légations contiennent ordinairement la faculté de recevoir les résignations en faveur; on en a quelquefois toléré l'exercice en France, *per conniventiam aut ordinariorum ignaviam*, dit Dumoulin; il en est de même de la prévention. Mais on ne l'y a jamais admise de leur part au préjudice des gradués). *Article 55 & 56.*

Le pape ne peut dispenser les gradués du temps & cours de leurs études, ni autrement pour les rendre capables des nominations des bénéfices (C'est une suite nécessaire du concordat qui est un véritable contrat synallagmatique entre le roi & le pape. L'obligation de la part des parties contractantes, de l'observer, ne devroit pas être mise au nombre de nos *libertés*). *Art. 57.*

Le légat *à latere* ne peut subdéléguer pour l'exercice de sa légation sans le consentement du roi, ne peut user de son pouvoir en pays hors l'obéissance du roi, & à son départ, est tenu de laisser en France les registres des expéditions faites du temps de sa légation, ensemble les sceaux d'icelles (Ces articles ne sont pas d'un grand usage. Il semble que M. Pithou les auroit placés plus naturellement après l'article 11, où il parle des légats *à latere* & des conditions sous lesquelles on leur permet seulement en France d'exercer leurs pouvoirs & leurs facultés). *Art. 58, 59 & 60.*

Le pape ne peut conférer ni unir hôpitaux de ce royaume. Ne peut créer chanoines d'église cathédrale ou collégiale *sub expectatione futuræ prebendæ*; mais afin seulement de pouvoir retenir en icelle dignité, personnat, ou office (C'est ce qu'on appelle canonicats *ad effectum*). Il ne peut conférer les dignités des églises cathédrales *post pontificalem majores*, ni les premières dignités des églises collégiales, auxquelles se garde la forme de l'élection prescrite par le concile de Latran (Cette dernière proposition n'est pas exacte; il n'y a que les bénéfices vraiment électifs-confirmatifs que le pape ne puisse pas conférer sur tous genres de vacance. Mais il le peut pour les premières dignités des cathédrales & des collégiales, quoiqu'on observe dans leur élection la forme du chapitre *quia propter*. Ce n'est pas cette forme qui rend un bénéfice électif-confirmatif. Il faut de plus que le décès du titulaire rende l'église veuve. *Quorum vacatione ecclesia dicitur viduata pastore. Voyez* Dumoulin, *reg. de infir. resig.* n°. 60. L'usage est contraire à l'opinion de M. Pithou). Le pape ne peut pas non plus déroger aux louables coutumes des églises, ni aux statuts anciens & autorisés. *Art. 61, 62, 63 & 64.*

On peut en France prendre possession d'un bénéfice en vertu d'une simple signature, sans bulles expédiées sous plomb (Les officiers de cour de Rome ont grand soin de n'expédier que par bulles, les provisions des premières dignités des cathédrales *post pontificalem majores*, des premières des collégiales, & des prieurés conventuels *actu*. Nous tolérons cet usage). *Art. 63.*

L'article 66 est employé à donner la définition, les effets & les privilèges du droit de régale. M. Pithou le regarde comme dépendant de la première maxime générale qu'il a établie. Selon lui, ce n'est point un droit de rachat ou relief, mais plutôt de garde, protection ou patronage, qui emporte la collation des prébendes, dignités & bénéfices non cures, vacans de fait & de droit ensemble, ou de fait, ou de droit, tant seulement, comme faisant cette collation partie des fruits de l'évêché ou archevêché, lesquels se partagent entre les héritiers du défunt prélat au prorata de l'année. Ce droit dure 30 ans; s'ouvre par la promotion au cardinalat ou patriarchat; ne se ferme par souffrance ou autrement, jusqu'à ce que le successeur évêque ou archevêque ait fait & prêté au roi le serment de fidélité en personne, & ait fait enregistrer les lettres d'icelui en la chambre des comptes après avoir baillé les siennes adressantes au roi, & que le receveur ou commissaire de la régale ait reçu mandement de ladite chambre pour lui délaisser la pleine jouissance de son bénéfice. La régale a cette prééminence, de ne pouvoir concourir avec les droits de qui que ce soit, pas même du pape; de ne pouvoir être sujette à la jurisdiction & connoissance d'autre que du roi & de sa cour de parlement, ni pareillement aux règles de la chancellerie de Rome, même à celle *de verisimili notitiâ obitûs*, ni encore à celle *de pacificis*, sinon quand le différend est entre deux régalistes qui s'aident de leur possession. Elle n'est pas non plus sujette aux facultés des légats, dispenses, dévoluts, nominations & autres subtilités de droit canon. (Cet article est un résumé précieux de tout un traité du droit de régale. *Voyez cependant* RÉGALE.)

Le roi donne permission de s'assembler pour procéder aux élections (Depuis le concordat il ne reste plus de vestiges de ce droit, que pour les abbayes, chefs d'ordre, & les premières filles de Cîteaux qui ont été conservées dans le droit d'élire leurs abbés. Les commissaires du roi assistent à ces élections). *Art. 67.*

On pourroit douter si le droit de nomination du roi aux bénéfices consistoriaux doit être mis entre les *libertés* plutôt qu'entre les privilèges. (Ici M. Pithou semble douter si les droits de nos rois de nommer aux prélatures du royaume, ne tire pas son origine d'une concession ou d'un privilège. Cette question a été savamment discutée dans la célèbre cause des abbayes de Chezal-Benoît. On y établit contre les bénédictins, que le droit qu'ont nos rois de nommer aux évêchés & abbayes de leur royaume, n'est point un privilège ou une manière de passe-droit, comme en a douté M. Pithou, mais un point constant de nos *libertés*. « Un droit inné de la couronne ; » un des attributs essentiels de la souveraineté; un » droit enfin dont le souverain n'a jamais pu être » dépouillé, & dans lequel il peut rentrer, quelque » dérogation qui ait été surprise à la bonté des rois » ses prédécesseurs........ Il faut donc bannir à » jamais cette idée étrange, que le droit du roi n'est » qu'un privilège ; que c'est une concession du pape; qu'il est contraire au droit commun de l'église. » Il n'est permis qu'à des docteurs ultramontains de » soutenir de pareilles maximes. Les rois nomment » à toutes les prélatures de leurs états à cause de » leur couronne.... Le concordat pourroit donc » être aboli, sans que le droit du roi en reçût aucune atteinte. Ce traité n'est point la source de » ce droit éminent; dès les premiers temps de la » monarchie, nos rois en ont été en possession: » c'est l'apanage essentiel de leur couronne. Les » rois nomment aux prélatures de leur royaume, » parce qu'ils sont rois: voilà leur titre ». L'arrêt du premier septembre 1764, rendu contre les Bénédictins, a consacré ces principes, qui ont été soutenus par M. Dupui, le président Hénault, l'abbé de Vertot & une foule d'autres auteurs respectables. Il paroît bien difficile de prouver que les élections soient de droit divin. *Voyez* CONCORDAT). *Art. 68.*

On peut compter plutôt entre les privilèges les indults d'aucunes cours souveraines, encore qu'ils soient plus anciens qu'aucuns ne pensent, & pareillement plusieurs autres privilèges octroyés particuliérement aux rois, reines de France, *&c.* dont le rapport n'a semblé être de ce mémoire, mais plutôt appartenir à un autre traité. (Ici M. Pithou veut parler de l'indult du parlement de Paris, des brevets de joyeux avénement & de serment de fidélité. S'il les regardoit comme des concessions & des privilèges dans leur origine, ce dont tout le monde ne convient pas pour le joyeux avénement & le serment de fidélité, il falloit au moins ajouter, qu'ils forment aujourd'hui une partie de notre droit commun auquel le pape ne peut pas déroger; & sous ce point de vue, ils tiennent à nos *libertés*). *Art. 69 & 70.*

Pour ce qui regarde les exemptions, on peut dire avec vérité que nul monastère, église, collège ou autre corps ecclésiastique ne peut être exempté de son ordinaire pour se dire dépendre immédiatement du saint-siège, sans licence & permission du roi (Cette proposition ne peut être contredite. Elle est fondée sur ce que le roi est intéressé à maintenir la police & la discipline de l'église dont il est protecteur; mais une partie plus intéressée encore est sans contredit l'évêque diocésain, à la jurisdiction duquel on cherche à se soustraire par l'exemption. Il semble que M. Pithou auroit dû dire que son consentement est aussi nécessaire que celui du roi. C'est une suite de sa seconde maxime fondamentale, qu'en France la puissance des papes n'est point absolue & indéfinie). *Art. 71.*

On ne sait pas pourquoi M. Pithou a mis au nombre des *libertés de l'église gallicane*, la faculté de pouvoir tenir ensemble plusieurs bénéfices. Alexandre III a fait mention de cette coutume dans une de ses épîtres ; ce qu'il dit toutefois être contre les anciennes règles ecclésiastiques, notamment pour les bénéfices qui requièrent charge d'ame & résidence personnelle & actuelle. La pluralité des bénéfices même simples, est un abus, & non pas une de nos *libertés*, puisqu'elle est contraire aux anciens canons reçus dans la royaume. L'article suivant porte ; « néanmoins on peut dire avec vérité que la même église gallicane a tenu, & la cour de France jugé, que le pape ne peut conférer à une même personne plusieurs bénéfices *sub eodem tecto* soit à vie ou à certain temps, même quand ils sont uniformes, comme deux chanoinies, ou prébendes, ou dignités, en même église cathédrale ou collégiale. Cette proposition est mal énoncée, ou elle est fausse. *Voyez* INCOMPATIBILITÉ *des bénéfices*, *sub eodem tecto*. *Art.* 72 & 73.

Parmi nos privilèges, mais non ecclésiastiques, est le droit de tenir dîmes en fief par gens purs laïques. Ce qu'on ne peut nier avoir pris son origine d'une licence & abus commencé sous Charles Martel, maire du palais, & continué principalement sous les rois de sa race, & néanmoins toléré pour aucune considération: mais avec tel tempérament sous les derniers, que le lai peut rendre ou donner tels fiefs à l'église, & l'église les recevoir, & retenir sans permission du prince: & qu'étant retournés en main ecclésiastique, ils ne sont sujets à retrait de personne laic, sous prétexte de lignage, féodalité ni autrement; & dès-lors en appartient la connoissance au juge ecclésiastique pour le regard du pétitoire (Il faut lire cet article avec précaution, tout ce qu'il contient, n'est pas généralement adopté. Plusieurs de nos auteurs ne donnent pas aux dîmes inféodées la même origine que leur donne ici M. Pithou, & ne les regardent point comme ayant été primitivement une usurpation sur l'église. On conteste également l'exemption du droit d'amortissement lorsqu'elles retournent en main ecclésiastique. Enfin M. Pithou suppose qu'après le possessoire jugé, les tribunaux d'église peuvent connoître du pétitoire; ce qui n'est plus pratiqué parmi nous, & avoit cessé de l'être lorsque M. Pithou écrivoit. L'origine des dîmes inféodées est une question problématique, que nos législateurs n'ont jamais décidée formellement. Lorsqu'elles reviennent à l'église *cum onere feudi*, elles restent inféodées & continuent à être un bien purement temporel comme dans les mains des laïques, & alors l'amortissement est dû; mais *voyez* DIMES *inféodées*; en renvoyant à cet article, nous n'adoptons pas tous les principes qui y sont exposés, quoique nous reconnoissions qu'il a été rédigé par une main habile). *Art.* 74.

Après avoir détaillé les principaux articles de nos *libertés*, que nos rois jurent solemnellement à leur sacre, de garder, M. Pithou indique les moyens que nos ancêtres ont pratiqués, selon les occurrences, pour leur conservation. Ces moyens sont au nombre de quatre; 1°. les conférences amiables avec le saint-père ou en personne ou par ambassadeurs; 2°. l'examen des bulles & expéditions de cour de Rome avant leur exécution; 3°. l'appel au futur concile; 4°. l'appel comme d'abus, que nos pères ont dit être quand il y a entreprise de jurisdiction ou attentat contre les saints décrets ou canons reçus en ce royaume, *droits & libertés de l'église gallicane*, concordats, édits & ordonnances du roi, arrêts de son parlement, *&c.* Cette voie est également ouverte aux ecclésiastiques pour la conservation de leur autorité ou jurisdiction, le promoteur ou autre ayant intérêt peut aussi appeller comme d'abus de l'entreprise ou attentat fait par le juge lai, sur ce qui lui appartient. Nos ancêtres ont donné une preuve singulière de leur prudence, en ce que ces appellations se jugent par la grand'chambre du parlement, qui est le lit & siège de justice du royaume, composée de personnes tant ecclésiastiques que non ecclésiastiques: ce qui est un sage tempérament pour servir comme de lien & entretien commun des deux puissances; & est préférable aux inhibitions & autres moyens qui se pratiquent ailleurs, même par ceux qui se vantent d'extrême obéissance, plus de parole que de fait. *Art.* 75, 76, 77, 78, 79, 80, 81 & 82.

Enfin M. Pithou termine son traité de nos *libertés* par la nécessité & les avantages de la concorde entre les deux puissances. Tous ceux, dit-il, qui jugent droitement des choses, peuvent assez reconnoître de quelle importance a été & est encore autant & plus que jamais, la bonne & entière intelligence entre notre saint-père le pape & le roi de France, lequel pour très-justes causes & très-grands mérites, a emporté sur tous autres le titre de très-chrétien, & premier fils & protecteur de l'église (L'église & l'état sont également intéressés à l'union des deux puissances. *Sacerdotium & imperium*, dit Justinien, *ex uno & ex eodem principio procedunt & humanam exornant vitam*, elles ont été établies pour faire le bonheur des hommes; mais elles ne le sont & ne peuvent le faire qu'autant qu'elles se contiennent l'une & l'autre dans les bornes qui leur sont prescrites, qu'autant qu'elles savent dans l'exercice de leur autorité se donner un mutuel secours, qu'autant que ceux qui les exercent veulent bien se soumettre les uns aux autres, sans confondre & sans entreprendre réciproquement sur leurs droits. Ces sages réflexions de Boutaric terminent son petit commentaire sur nos *libertés*). *Art.* 83.

M. Dupui observe que M. Pithou a omis deux articles essentiels de nos *libertés*; la première que les évêques sont juges en première instance des matières de la foi, & qu'il n'y a que l'autorité infaillible de l'église qui puisse les engager à une soumission aveugle: aussi dans toutes les contestations dogmatiques qui se jugent dans des conciles provinciaux ou en d'autres tribunaux, ils acceptent par voie de jugement: ils témoignent donc qu'après avoir discuté eux-mêmes les matières contestées, ils déclarent qu'ils ont trouvé la décision conforme à la tradition & à l'esprit de l'église, & qu'ainsi ils jugent avec le concile ou les supérieurs ecclésiastiques, que les fidèles doivent s'y soumettre.

La seconde des *libertés* omises, ajoute M. Dupui, a été heureusement rétablie par la savante & pieuse déclaration du 26 avril 1657, où le roi veut & déclare que, conformément aux anciens canons & aux premières loix du royaume, les cardinaux, archevêques & évêques ne puissent être jugés que par leurs confrères, même pour crime de lèse-majesté. Cette seconde omission n'est peut-être pas une faute dans le traité de M. Pithou. La déclaration de 1657 n'a été enregistrée dans aucune cour souveraine, & les principes que le prince y a adoptés, sont bien loin d'être reconnus par nos jurisconsultes & par nos tribunaux. *Voyez* ÉVÊQUES.

Pour compléter le traité de M. Pithou sur nos libertés, il faut y joindre les quatre articles du clergé de France dans son assemblée de 1682. Nous les avons rapportés au mot DROIT *public ecclésiastique françois* ; & pour ne pas faire de double emploi, nous y renvoyons nos lecteurs.

Nos *libertés* sont tellement liées avec notre constitution politique, qu'elles forment des loix de l'état. Elles devroient donc être également observées dans toutes les provinces qui font partie du royaume. Cependant il en est qui ont encore conservé quelques-uns des usages de l'Allemagne, de l'Espagne & de l'Italie dont ils dépendoient autrefois. Mais ce ne peut être que pour ce qui n'est point directement opposé aux deux maximes fondamentales établies par M. Pithou, & sur-tout à la première : dès qu'on devient François on ne reconnoît plus, dans le temporel, de puissance supérieure au souverain qui régit l'empire des lys. (*Article de M. l'abbé* BERTOLIO, *avocat au parlement.*)

LIBERTÉS *particulières à certaines églises catholiques.* Avant d'entrer dans le détail des *libertés* dans lesquelles les différentes églises de l'Europe se sont maintenues à l'imitation de celle de France, nous croyons utile de traiter ici une question qui intéresse les églises catholiques du monde entier, & & dont la solution en faveur de la cour de Rome entraîneroit nécessairement la perte de toutes leurs *libertés.*

Les docteurs ultramontains ont voulu introduire l'opinion monstrueuse, qu'il suffit que les bulles & les rescrits du pape soient publiés à Rome, & que dès qu'ils l'ont été dans cette capitale du monde catholique, ils sont obligatoires pour toutes les églises, & pour tous les fidèles. On trouve à l'appui de cette opinion un grand nombre de décrétales & de bulles, avec la clause qu'elles obligeront en vertu de la seule publication faite à Rome.

En France nous méprisons cette clause, & nous n'observons aucune de ces bulles, & avec raison, parce que le pape n'a point de jurisdiction immédiate hors le diocèse de Rome. Mais en doit-il être de même des pays que la cour de Rome regarde comme pays d'obédience, & sur lesquels elle a conservé une plus grande influence, & une autorité plus directe ? Nous ne pensons pas que la négative puisse souffrir de difficulté.

Une loi ne sauroit être exécutée, si elle n'est connue, & les loix civiles même ne lient les sujets qu'autant qu'elles parviennent à leur connoissance. C'est une vérité que les empereurs romains, ces monarques si absolus, ont reconnue. Ils ont ordonné que leurs loix fussent publiées dans toutes les provinces de leur empire, & il n'est point de lieu policé sur la terre, où l'usage de publier des loix ne soit établi. Et en effet, quelle barbarie ne seroit-ce pas de punir l'infraction d'une ordonnance qui n'auroit pas été exécutée, parce qu'elle n'auroit pas été connue ?

Les réglemens ecclésiastiques ont besoin d'être publiés par-tout, comme les loix civiles. Il faut de plus qu'ils soient acceptés pour être exécutés, parce qu'ils émanent d'une puissance qui n'est pas absolue. Trois conditions sont requises pour leur donner la perfection nécessaire ; 1°. l'autorité de celui qui fait la loi ; 2°. la publication de la loi ; 3°. l'acceptation des peuples. C'est de ce principe que tous les canonistes tirent la raison de la non-observation d'une infinité de réglemens ecclésiastiques.

Il est de l'équité naturelle, que les réglemens ecclésiastiques soient publiés dans les provinces, & que cette publication se fasse par le ministère des supérieurs immédiats. La prétention contraire est autant opposée au droit des souverains, à la jurisdiction des évêques, & à l'ordre des sociétés policées, qu'à la douceur du gouvernement ecclésiastique.

Ou le rescrit de Rome regarde la foi, ou il n'intéresse que la discipline. S'il regarde la foi, les évêques en sont juges comme le pape, & ils jugent après lui & avec lui. S'il n'intéresse que la discipline, chaque église a droit de régler la sienne, & l'autorité du pape est impuissante pour la changer.

Lorsqu'il s'est élevé quelque difficulté sur les dogmes, l'église s'est assemblée, non pour décider la question selon qu'il plairoit aux personnes assemblées, ensorte qu'on ait pu décider le contraire de ce qu'on a décidé, mais afin que chacun rendît compte de la foi de son église sur le point contesté, & qu'ainsi on pût démêler avec plus de facilité ce qui avoit été révélé dès le commencement, & former une décision, en ne déclarant ce qu'on devoit croire, qu'après avoir reconnu ce qu'on avoit cru.

Les réglemens de discipline ne sont faits que pour l'utilité des peuples : or il est impossible que ni les papes, ni même les conciles, puissent parfaitement connoître ce qui sera propre à chaque pays en particulier, & il l'est encore plus qu'ils puissent faire une loi générale qui s'accommode aux mœurs des divers peuples.

Ce sont-là les maximes que l'ancienne église a suivies, & que l'église de France suit encore. On pense dans ce royaume, & qui ne voit pas que c'est avec raison, 1°. que les évêques ont droit, par institution divine, de juger des matières de doctrine ; 2°. que les constitutions des papes obligent toute l'église, lorsqu'elles ont été acceptées par le corps des pasteurs ; 3°. que cette acceptation se doit faire par voie de jugement. Ajoutons que les constitutions des papes ne doivent être & ne sont reçues en France que par l'ordre du roi qui, par des lettres-patentes, en ordonne l'exécution, lorsqu'il n'y a rien de contraire aux droits de sa couronne & aux *libertés* de son église. D'abord le nonce présente la bulle au roi, le roi ordonne aux agens généraux du clergé d'avertir de sa part les évêques de s'assembler, pour délibérer sur l'acceptation de la bulle. Si elle est acceptée par les évêques, & que la cour approuve leur jugement, le roi fait expédier des lettres-patentes qu'il adresse à tous les parlemens du royaume, auxquels il ordonne de faire enregistrer la bulle, après avoir examiné s'il n'y a rien de contraire aux droits du roi & à ceux de l'église.

Les personnes instruites ne demanderont pas pourquoi les réglemens ecclésiastiques ont besoin d'acceptation, quoique les loix civiles soient obligatoires, indépendamment de toute acceptation. La raison en est évidente, c'est que le pouvoir législatif qui est dans l'église, ne réside pas dans un seul. Le gouvernement spirituel est un gouvernement de douceur, qui ne règle les actions extérieures que par rapport aux intérieures; au lieu que le gouvernement temporel règle les actions extérieures, sans entreprendre d'exercer son autorité sur les mouvemens de l'ame. Les règles ecclésiastiques tendent à gagner les cœurs qu'on ne peut contraindre par la force, au lieu que la puissance souveraine, agissant sur le corps, est principalement fondée sur la crainte des châtimens. Le commandement est réservé au monarque; il tient le glaive dans ses mains pour défendre les bons & pour inspirer de la terreur aux méchans; son empire sur ses sujets est absolu & s'étend sur leurs personnes comme sur leurs biens, mais les évêques ne font que montrer la voie où les fidèles doivent marcher.

Les conciles généraux eux-mêmes ont été bien éloignés de penser que leurs réglemens n'eussent pas besoin d'être publiés. Le concile de Nicée fit part à l'église d'Alexandrie, de ce qu'il avoit fait contre l'hérésie d'Arius. Le concile de Sardique pria le pape Jules de faire publier ses réglemens dans la Sicile, dans la Sardaigne, & en Italie. Le concile d'Ephèse veut que ses décrets soient publiés dans toutes les provinces & dans toutes les villes; le concile de Latran, tenu sous Innocent III, reconnoît la nécessité de cette promulgation. Enfin le dernier concile de Trente a ordonné que son décret sur la réformation du mariage, seroit publié dans chaque église.

Les trois derniers conciles généraux sont une preuve que les conciles doivent être acceptés des nations pour être exécutés. Les conciles de Constance & de Basle n'ont été reçus en France qu'avec des modifications, & le concile de Trente n'y a pas été reçu.

Le concile national de Bourges où fut faite la pragmatique sanction, reconnut le concile de Basle pour œcuménique; mais il ne le reçut qu'avec plusieurs modifications, pour en rendre les décrets conformes à nos mœurs & à notre usage.

Le concile de Trente qui fut reçu dans les Pays-Bas, pendant qu'ils étoient sous la domination des rois d'Espagne, ne le fut qu'avec des modifications qui mettoient également à couvert & les droits du souverain, & ceux des sujets. C'est ce qu'on voit dans deux lettres écrites par Marguerite d'Autriche, duchesse de Parme & gouvernante de ces provinces, pour la publication de ce concile. On lit dans ces lettres ces mots: « & pour ce qu'entre autres » articles dudit saint concile, il y a aussi aucuns concernant les régales, droits, hauteurs, & prééminences de sadite majesté, les vassaux, états & » sujets, lesquels, pour le bien & repos du pays, » & non pour reculer ou retarder le fait de la sainte » religion, & éviter tout débat, contradiction & » opposition, ne conviendroit changer ni immuer, » sadite majesté entend qu'en ce regard l'on se conduise comme jusques ores a été fait, sans, comme » dit est, rien y changer ou innover, & spécialement en l'endroit de la jurisdiction locale jusques à ores usitée, ensemble du droit de patronage lai, avec indult & droit de nomination & » connoissance de cause en matière possessoire des » bénéfices, aussi des dîmes possédées ou prétendues des gens séculiers, y joint la surintendance » & administration des choses jusqu'à ores usitées » par loix, magistrats, & autres gens lais sur hôpitaux & autres fondations pieuses; à tous lesquels droits & autres semblables que par ci-après » nous seront, si besoin est, touchés plus particuliérement, sa majesté n'entend être dérogé par » ledit saint concile, ni que l'on doive changer aucune chose, non point en intention de contrevenir audit concile, mais pour tant mieux l'effectuer & le mettre à due exécution, selon les qualités & natures d'un chacun pays & provinces, » à laquelle l'exécution doit être accommodée ».

Distinguons encore ici dans les conciles ce qui appartient à la foi d'avec ce qui n'est que de discipline, & disons encore un mot sur l'un & sur l'autre, quoique je me sois déjà expliqué sur un sujet si important.

Quant à la foi, on ne peut être fidèle & révoquer en doute les points dogmatiques définis par les conciles. Leurs décisions obligent dans le for intérieur; mais aucune loi de l'église ne peut devenir loi de l'état, sans le concours de l'autorité du souverain, auquel seul il appartient de revêtir une loi de l'église d'une force extérieure. Elle n'est exécutoire, qu'autant qu'elle est revêtue du sceau de la puissance souveraine.

Pour la discipline, tous les docteurs conviennent que les peuples peuvent abroger une règle ecclésiastique, en ne l'observant pas & en introduisant un usage contraire à cette règle. Delà il suit que le consentement des peuples donne la force aux réglemens ecclésiastiques; car s'il ne la leur donnoit, il ne pourroit la leur ôter. Qui pourroit croire qu'une loi à laquelle tout un peuple s'oppose puisse lui être salutaire?

Les droits incontestables des souverains consistent en ce que, même en matière spirituelle, on ne peut rien innover dans leurs états, sans leur permission; en ce qu'aucun réglement n'y peut être fait sans leur participation; en ce qu'une loi n'y a de pouvoir sans leur confirmation, & n'y est promulguée que par leur ordre & sous leur autorité.

Tous les souverains de l'Europe ont usé du droit d'examiner les règles ecclésiastiques, & la France ne s'en est jamais départie.

Marculphe, qui vivoit vers le septième siècle, & qui a recueilli les formules ou lettres de nos rois, en rapporte des preuves. On y voit la formule de confirmation des exemptions qui dans ce temps-là étoient accordées aux monastères par les évêques.

Un arrêt du parlement de Languedoc du quinzième siècle, ordonna à Bernard, archevêque de Toulouse, de révoquer ou faire révoquer l'exécution des monitoires obtenus en cour de Rome, au sujet des biens du défunt archevêque, parce que, dit l'ancienne glose, il falloit avoir obtenu la permission du parlement.

Louis XI, roi de France, commit autrefois le *sire de Gaucourt*, pour voir toutes les lettres, closes ou patentes, bulles, & autres écritures venant de la cour de Rome. Il lui parle ainsi: & au cas qu'en » trouverez aucunes qui fussent préjudiciables à nous » & à ladite église gallicane, prenez-les & retenez-» les pardevers vous, & les porteurs arrêtés & cons-» titués prisonniers, si vous voyez que la matière » y soit sujette ». Ce prince ajoute que son intention est d'établir des commissaires avec les mêmes fonctions dans plusieurs autres villes du royaume.

C'est-là ce que nous avons de plus ancien, parce que la plus grande partie des ordonnances de nos rois se sont perdues; mais depuis ce temps-là, on trouve mille & mille défenses que les rois de France ou leurs officiers ont faites, de ne recevoir ni bulles ni brefs de Rome sans une permission expresse du roi vérifiée dans les parlemens.

L'empereur Maximilien fit un édit par lequel il défendit de recevoir dans ses états aucuns indults, rescrits, ou graces expectatives, jusqu'à ce qu'on eût remédié à l'abus qui se commettoit à Rome dans la distribution de ces sortes de graces, qu'on accordoit à tous indifféremment, & souvent même à deux personnes. Un autre édit de l'empereur Rodolphe II fit défenses de recevoir, de publier, ou exécuter aucunes bulles sans son approbation.

En Espagne, on porte les lettres au conseil du roi pour y être examinées.

La Pologne est dans le même usage.

Naples y est pareillement. On y défend d'avoir égard à la publication faite à Rome d'une bulle, à moins qu'elle ne soit accompagnée de l'*exequatur regium*. Philippe II, roi d'Espagne, fit autrefois une bulle expresse à ce sujet, elle n'a pas toujours été exécutée à la rigueur; mais les rois d'Espagne l'ont opposée comme subsistante, toutes les fois qu'ils l'ont cru nécessaire, pour arrêter les entreprises de la cour de Rome. Pie V ayant envoyé à Naples un évêque pour faire la visite des églises du royaume, jamais ce prélat ne voulut demander l'*exequatur regium* au vice-roi. Il y eut de grands débats à ce sujet, & le pape ne put jamais être porté à se relâcher. Le roi catholique ne voulut pas résister à un pape dont il respectoit la bonne vie & les saintes intentions: ensorte que l'évêque fit sa visite, sans s'être soumis à l'*exequatur;* mais après la mort de Pie V, les ministres d'Espagne remirent l'*exequatur* en vigueur. L'empereur Charles VI, lorsqu'il possédoit Naples, renouvella la loi de l'*exequatur*, & elle s'exécute aujourd'hui sous le roi des deux Siciles. Aucune bulle, aucun bref, même d'excommunication, aucun jugement rendu à Rome, n'a ni force ni exécution dans le royaume, à moins que le roi, de l'avis de son conseil, n'ordonne l'*exequatur*.

La Flandre autrichienne est aussi dans le même usage. Tous les rescrits de Rome, même les expéditions & les provisions accordées aux particuliers en matière bénéficiale, doivent être présentés au conseil, pour être examinés, avant que d'être mis à exécution.

Dans les états du roi de Sardaigne, on est pareillement dans cet usage. Le code Victorien contient des loix expresses sur ce point. Le roi, auteur de ce code, en a même fait une particulière pour le duché de Savoie, qui défend, sous de grandes peines, qu'aucunes bulles, brefs, lettres, provisions, mandats, soient exécutés sans une permission expresse du sénat, soit qu'elles viennent de la cour de Rome, de quelque autre cour ecclésiastique étrangère, ou de tout autre cour hors du ressort du sénat de Savoie.

La Sicile est aussi dans cet usage.

La république de Luques y est aussi.

Disons-le, en un mot, tous les états catholiques sont dans cet usage. C'est un droit de la souveraineté que tous les souverains font valoir, à moins que des conjonctures violentes ne les obligent de fléchir le genou, & de plier sous les volontés de la cour de Rome.

De-là le recours de l'église au prince temporel; elle implore sa protection, & le prince lui accorde ou lui refuse, au gré de sa prudence, cette protection qu'on désigne par les noms de *puissance séculière*, de *secours public*, de *glaive impérial*, & le plus souvent par celui de *bras royal* ou *séculier*. Les empereurs Arcadius, Honorius & Théodose sont les premiers souverains qui aient réglé par leurs loix, la manière dont le bras royal doit être prêté à l'église, en ordonnant aux juges de mettre en exécution les sentences des évêques, sans lequel secours leurs jugemens demeureroient inutiles. C'est sur ce fondement, que s'est établi dans toutes les souverainetés du monde catholique l'usage de prêter ou de refuser à l'église le bras séculier. Comme les coutumes de chaque pays sont différentes dans les affaires de discipline, & sur-tout dans celle de jurisdiction, elles diffèrent aussi dans l'usage du bras séculier. En France, le roi accorde des

des lettres-patentes pour l'exécution. Dans le royaume de Naples, ce sont les magistrats qui la permettent, & c'est ce qu'on appelle l'*exequatur regium.* Il y a dans les autres pays d'autres formes qui répondent à celle-là.

Delà aussi dans les divers états, les différentes voies de rejetter les bulles des papes, quand elles sont contraires aux coutumes des pays. Quelques peuples, par des appels comme d'abus devant les officiers royaux, ou par des appels simples au concile général ou au pape mieux informé, comme les François : quelques autres, en retenant simplement les bulles pour empêcher qu'elles ne soient exécutées, comme les Espagnols; d'autres en ne souffrant pas qu'elles soient exécutées, qu'elles n'aient été visées par le sécrétaire d'état, ou autorisées par le prince ou par les magistrats, comme les Allemands, les Flamands, les Portugais, les Napolitains, les Milanois, les Florentins.

La cour de Rome prétend que les ordonnances des princes pour l'exécution des bulles des papes sont des formalités inutiles; que ces formalités sont injurieuses au saint-siège, parce que c'est rendre les princes juges de la foi & supérieurs au pape même en matière de doctrine; & que c'est un nouvel usage inconnu à l'antiquité. L'objection est aisée à détruire dans toutes ses parties.

La formalité est utile & nécessaire. Rien n'est si important que les diverses voies pratiquées dans les différens états, pour conserver les droits des souverains & des églises dont ils sont les protecteurs. Il n'y a en cela aucun sujet de doute. Mille monumens historiques n'apprennent que trop la nécessité de cette précaution.

Examiner une bulle dogmatique pour juger du fond du dogme, n'est pas la même chose qu'examiner si, sous prétexte du dogme, elle ne contient rien qui soit capable de troubler la tranquillité publique. Le premier examen n'appartient qu'à l'autorité ecclésiastique. Le second est du ressort de la seule puissance séculière. Tout souverain est chargé de procurer & de conserver la paix dans ses états. C'est aux souverains à voir si, dans la bulle dogmatique, il n'y a rien qui déroge à leurs droits, rien qui soit contraire aux justes *libertés* & aux louables coutumes des pays de leur domination. Ils ne se rendent pas juges de la foi, ils ne décident rien de nouveau, lorsqu'ils refusent leur autorité pour l'exécution des nouvelles décisions; ils ne font que maintenir les anciennes loix de l'église dont ils sont les protecteurs; ils ôtent simplement toute autorité & toute force extérieure à des décrets dont leurs propres lumières & celles de leur conseil leur découvrent l'abus.

Cet usage n'est pas nouveau. A le considérer par rapport à ce qu'il a d'essentiel, il est aussi ancien que le christianisme.

On ne demandera pas sans doute la preuve que les princes païens aient jamais autorisé les réglemens ecclésiastiques. Ils n'avoient garde de les autoriser, puisqu'ils persécutoient les chrétiens, dans un temps où ces chrétiens & ceux qui les conduisoient dans les voies du ciel étoient les sujets les plus fidèles des princes, & prêchoient l'obéissance qui leur est due. Foible & timide dans les commencemens, le christianisme ne cherchoit qu'à se dérober à la persécution, & les princes, loin de s'intéresser à son gouvernement, sembloient faire leur unique occupation du soin d'arrêter ses progrès. Ce ne fut qu'après que, par sa patience & par ses travaux infinis, il se fut peu-à-peu établi sur les ruines de l'idolâtrie, que son gouvernement parut aux souverains digne de leur attention.

Aussi depuis Constantin, les empereurs firent-ils des ordonnances pour la publication & pour l'exécution des réglemens des conciles généraux; ils se mêlèrent du gouvernement extérieur. Ce n'est que par ces ordonnances que ces réglemens devinrent des loix de l'état.

Nos rois, depuis Clovis, ont pris des précautions pour ne laisser publier & exécuter que les réglemens qui n'étoient point contraires à leurs droits & à ceux de leurs églises & de leurs peuples. Dans tous les temps & dans tous les pays, les souverains, justement jaloux du pouvoir qu'ils ont sur leurs sujets, & qu'ils ne doivent partager avec personne, ont toujours empêché que les ordres des autres princes ne parvinssent dans leurs états, & si les monarques que la religion unit au saint-siège, ont permis la publication des décrets émanés de la cour de Rome, ce n'a été qu'après avoir prescrit la manière de les recevoir. Dès que les souverains ont eu embrassé le christianisme, leur consentement à la publication des décrets ecclésiastiques a été nécessaire, quoique peut-être il n'ait pas toujours été marqué par écrit. Que si, dans ces derniers temps, les souverains n'ont pas voulu qu'un consentement verbal pût suffire, s'ils ont exigé qu'un examen exact & une permission écrite précédassent l'exécution, la cour de Rome n'en doit chercher la raison que dans sa propre conduite. Si tous les papes avoient imité les saints exemples de leurs prédécesseurs des premiers siècles, les princes, tranquilles sur les lumières & sur la sainteté des pontifes, n'auroient pas appréhendé que les successeurs de Pierre eussent rien entrepris contre les droits des souverains; mais les nouvelles prétentions de la cour romaine ont dû réveiller leur attention. Il a fallu prendre de nouvelles précautions contre de nouveaux abus, & il a été nécessaire que le remède commençât où a commencé le mal.

Chaque état a ses loix particulières, selon la forme de son gouvernement & selon les mœurs de ses peuples. Les réglemens ecclésiastiques sur la discipline ont été accommodés à ces loix, d'où il a résulté un droit que chaque nation a appellé ses *libertés.* Dès-là que ce droit n'a rien de contraire à l'essence de la religion, qu'il n'est ni contre l'évangile ni contre les bonnes mœurs, il est légitime, puisqu'il est une émanation du droit naturel qui permet aux hommes nés libres de se faire des règles, conformes à leur caractère, & proportionnées au gouvernement politique sous lequel ils vivent. Le droit naturel est aussi divin dans son principe que la religion même; il ne la combat jamais, il l'établit au contraire; & la religion ne détruit pas non plus la *liberté* naturelle; c'est un principe reçu, que chaque nation a un droit inné de se gouverner comme elle juge à propos. L'établissement de la religion n'a pas détruit les loix des états qui ont embrassé le christianisme, dans les points qui n'intéressent pas le dogme. Le droit ecclésiastique ne doit tendre qu'à la paix & à la tranquillité des peuples, il doit conserver à chaque nation ses droits, & il ne peut subsister dès qu'on cherche à le mettre en opposition avec les loix fondamentales des états.

Le droit canonique approuve manifestement qu'on résiste à la cour de Rome, lorsqu'il met entre les conditions nécessaires à une loi, qu'elle n'ait rien de contraire à la coutume du pays, & qu'elle soit accommodée au temps & au lieu.

Saint Augustin enseigne que toutes les coutumes qui ne sont pas contraires aux écritures, doivent être tolérées dans l'église, & qu'il vaut bien mieux les laisser subsister que de donner lieu à des disputes scandaleuses. Saint Jerôme s'explique à-peu-près comme saint Augustin. Ces pères ne pensoient donc pas qu'il fût nécessaire que les coutumes des autres églises dussent être réglées sur celles de Rome. Les grandes églises ont toujours eu en effet des usages particuliers.

Les papes eux-mêmes ont reconnu qu'on ne devoit pas détruire, par de nouvelles loix, les coutumes locales, à moins qu'elles ne fussent contre les règles de l'évangile. Saint Grégoire enseigne clairement cette doctrine. Chaque pape doit dire ce que disoit autrefois ce saint: *comme nous exigeons des autres les droits qui nous sont dus, nous rendons à chacun ceux qui lui appartiennent.* Alexandre III étoit si bien dans cette pensée, que sur un point qui semble n'être pas d'une discipline si libre, savoir dans le cas de la validité ou de l'invalidité d'un mariage, il avoue que les règles de l'église de Rome doivent céder aux coutumes de l'église de France. La glose sur le chapitre *pastoralis* d'Innocent III, dit formellement, que si quelque décrétale est contraire à la coutume du pays, la coutume doit prévaloir.

Tel est le fondement des différens usages des églises; mais les papes se sont acquis des droits par la coutume. On distingue deux sortes de pays dans la chrétienté, en les considérant par rapport au siège de Rome. Il y en a qu'on appelle *d'obédience*, il en est qu'on appelle *de liberté*.

Dans les pays d'obédience, c'est-à-dire, dans ceux qui, par leur foiblesse, n'ont pu se garantir des entreprises de la cour de Rome, la puissance du pape est le principe qui autorise les loix qu'on y fait.

Dans les pays de *liberté*, on n'est tenu que de rendre au saint-siège & à chaque pasteur en particulier, une obéissance filiale & canonique, bornée aux affaires de la religion, conforme à l'esprit de Jesus-Christ, réglée par les saints canons, par les usages & par les coutumes reçues dans l'église & dans l'état.

Les droits nouveaux de la cour de Rome sont infiniment odieux, parce qu'ils violent le droit commun. S'ils ne sont pas bien établis, les princes doivent les anéantir; s'ils sont équivoques, les princes doivent les restreindre autant qu'il est possible. Mais si ces droits sont acquis à cette cour par un usage de plusieurs siècles toujours uniforme, jamais interrompu, il faut respecter en ceci la possession des papes, comme on respecte en autre chose la possession des souverains.

Il n'y a point d'église nationale qui n'ait ses *libertés* particulières, parce qu'il n'y en a point qui n'ait ses loix, ses maximes, ses usages propres, conformes au caractère & aux mœurs de la nation. Parcourons donc les diverses églises des pays catholiques.

Des libertés de l'église d'Allemagne. *Voyez* CONCORDAT GERMANIQUE.

Des libertés de l'église d'Espagne. L'Espagne qui paroît si soumise au siège apostolique, & qui semble même reconnoître l'infaillibilité du pape, quant au dogme, conserve précieusement l'indépendance de ses rois, les libertés du royaume, & les droits des peuples. Tous les auteurs Espagnols pensent que, dans le gouvernement de leurs états, les rois d'Espagne ne reconnoissent point de supérieur, & qu'ils pourvoient au temporel, par la puissance souveraine qu'ils tiennent immédiatement de Dieu.

On a une attention extrême en Espagne, à empêcher que la jurisdiction royale ne soit affoiblie par les tribunaux ecclésiastiques. J'ai fait voir ci-devant, que les bulles & les décrets de Rome sont arrêtés, dès qu'ils ne sont pas réguliers. Les Espagnols ordonnent que *se ricoja la bulla*, c'est-à-dire, que la bulle sera repliée ou ramassée, & qu'elle demeurera au conseil, jusqu'à ce que le pape soit mieux informé, pour être ensuite ordonné ce qu'il appartiendra. Les décrets romains ne sont jamais exécutés en Espagne, sans avoir préalablement été examinés par les conseils dans les ressorts desquels ils sont envoyés. La jurisprudence d'Espagne est en cela conforme à celle de France.

Quoique le nonce du pape ait en Espagne une jurisdiction contentieuse, elle est établie avec cette précaution, que si le nonce entreprend quelque chose qui blesse les loix & les usages du pays, on en appelle au conseil du roi établi pour connoître de ces sortes de matières. Si le conseil trouve que le nonce ait outre-passé son pouvoir, le conseil prononce: *videri vim fieri.* Le recours au prince qui est en usage, revient précisément à l'appel comme d'abus pratiqué en France, où, en cas d'entreprise de la part de l'autorité ecclésiastique, les parlemens prononcent qu'il y a abus.

Les officiers du temporel des évêques d'Espagne doivent être laïques.

Les juges royaux y connoissent du possessoire des bénéfices & du patronage laïque.

Les rois y sont protecteurs de la police extérieure de l'église, & y font des loix pour en maintenir l'ordre & la décence.

Les évêques y sont obligés d'établir des officiaux dans les parties de leurs diocèses qui s'étendent en diverses provinces.

Des libertés de l'église de Naples. Dans le royaume de Naples, aucune bulle, aucun bref, aucun jugement rendu à Rome n'a ni force, ni exécution, à moins que le roi n'accorde la permission qu'on appelle l'*exequatur regium*, c'est-à-dire, la permission de l'exécuter.

L'inquisition introduite dans le royaume de Naples en divers temps, & à la faveur de diverses circonstances, y a fait les mêmes maux que dans tous les lieux qui ont eu le malheur de la recevoir. Le peuple Napolitain est très-bon catholique, mais il a trop d'horreur de la contrainte, pour avoir subi long-temps & tranquillement un joug si pesant. Ce tribunal formidable, après avoir reçu de grandes atteintes sous divers règnes, a été enfin totalement extirpé du royaume de Naples, dans le commencement de ce siècle.

La daterie de Rome nomme aux évêchés, aux abbayes, & autres bénéfices appellés *simples*, si l'on en excepte un certain nombre dont la nomination appartient au souverain, en conséquence d'un concordat que les rois de Naples ont fait avec les papes. Ce n'est que de ce règne que les étrangers ne sont pas admis à posséder des bénéfices dans le royaume. Un tribunal veille à ce qu'ils n'obtiennent point l'*exequatur*, à moins qu'ils ne veuillent prendre & que les rois ne veuillent leur accorder des lettres de naturalité.

Il y a un très-grand nombre de moines dans le royaume de Naples, & ils sont si riches qu'ils ont ruiné l'état. Ils ont toujours eu le droit d'acquérir sans rien payer au fisc, & le privilège d'affranchir de toutes taxes les biens qu'ils acquéroient. Le roi régnant a mis un empêchement à leurs acquisitions pour l'avenir.

Les évêques sont les seuls juges des ecclésiastiques; les crimes de ceux-ci sont fréquens & rarement punis.

Il y a des clercs mariés dans le royaume qui s'appellent *diaconi sylvatici*. Ils sont exempts de la jurisdiction séculière quand il s'agit de crimes, & jouissent de certaines franchises, pourvu qu'en public ils paroissent habillés en ecclésiastiques.

L'archevêque de Naples & le nonce ont chacun une nombreuse famille, comme on parle en Italie, c'est-à-dire, beaucoup de domestiques. L'archevêque peut faire arrêter les ecclésiastiques; le nonce peut faire emprisonner les moines. Les deux familles de ces prélats sont composées de brigands armés, qui, sous le titre de sbires, vivent de contrebande aux dépens du roi, & de rapines aux dépens du peuple.

Enfin, comme si le royaume de Naples devoit fournir des exemples de tous les abus auxquels la religion mal entendue peut conduire, non-seulement une église, mais la moindre chapelle est un asyle inviolable. Il est bien vrai que les bulles des papes ont excepté certains crimes de cette odieuse exemption; mais les évêques prétendent que c'est à eux à décider si le crime est tel qu'il rende le coupable indigne de l'asyle, par où ils exerceroient leur jurisdiction sur les séculiers qui doivent rendre témoignage du crime. Tout cela embarrasse si fort la puissance séculière, qu'elle a souvent pris le parti d'envoyer des personnes masquées égorger dans les églises les auteurs de certains crimes atroces. L'autorité ecclésiastique a alors publié des censures *contrà incertos filios iniquitatis.*

Le cardinal Cienfuegos, archevêque de Montréal, étoit chargé à Rome des affaires de l'empereur Charles VI, lorsque les Espagnols firent sur ce prince la conquête des royaumes de Naples & de Sicile. Le nouveau roi don Carlos fit sequestrer les revenus de l'église de Montréal. La main-levée de ces revenus fut accordée aussi-tôt que la paix eut réconcilié les puissances en guerre; les ministres du roi des deux Siciles demandèrent à Cienfuegos deux choses fort raisonnables. La première, qu'il prêtât serment de fidélité au roi; la seconde, qu'il mît sur son palais à Rome les armes du roi. Le cardinal refusa l'une & l'autre de ces conditions, & son refus obligea la cour de Naples de faire encore sequestrer les revenus de l'archevêque de Montréal. Ce nouveau sequestre, tout juste qu'il étoit, irrita Cienfuegos au point qu'il signa à Rome, & fit afficher à Montréal une excommunication contre les officiers du roi des deux Siciles, & nommément contre le marquis de Montalegre, secrétaire d'état, qui avoit expédié les ordres pour le sequestre. Cette excommunication fut déclarée nulle par les officiers royaux.

Des libertés de l'église des Pays-Bas. Les provinces des Pays-Bas qui ont reconnu tant de différens souverains, ont conservé leurs anciennes *libertés*.

Philippe d'Autriche fit une déclaration par laquelle il est défendu de citer qui que ce soit en justice, en vertu des lettres apostoliques, hors de la Hollande, de la Zélande, & de la Frise, comme aussi de passer ou contracter aucune obligation, sous les peines de la chambre: manière de s'engager qui se trouve défendue par les loix & par l'usage de la Frise, aussi-bien que de plaider hors de son pays.

Maximilien I soutint avec vigueur les droits de sa couronne.

Charles-Quint défendit aux officiaux de Flandres d'employer la voie des censures contre ses officiers.

Les souverains des Pays-Bas ne souffroient pas que, sans leur permission, on publiât dans ces provinces aucun décret de Rome, & ils ont mis des restrictions au concile de Trente, comme je l'ai fait voir ci-dessus.

Des libertés de l'église de Pologne. Le roi de Pologne a le droit de nommer aux évêchés, abbayes, & autres bénéfices. D'anciens statuts ont décerné les peines les plus sévères, pour conserver ce pouvoir en son entier. Jean-Albert fit régler par la diète de Pétricow, que ceux qui, pour quelque cause que ce fût, dérogeroient au droit de patronage en obtenant des bénéfices, seroient punis par l'exil & la confiscation de leurs biens; & Alexandre obtint la confirmation de cette peine, par une nouvelle loi, émanée de l'assemblée de Radom. Sigismond-Auguste ne voulut pas non plus permettre qu'on donnât aucune atteinte à ce droit, ni Vladislas, & qu'aucun autre en fût rendu participant. Cependant la chose fut mise en question, du temps de Michel, les religieux voulant s'arroger la libre élection de leurs abbés, & ayant porté cette cause devant le pape. Jean III fut le premier qui promit dans ses *pacta*, « qu'il maintiendroit les droits de patronage sur les » évêchés, abbayes, & sur tous les bénéfices, & » qu'à l'exemple des rois ses prédécesseurs, il s'opposeroit à tous ceux qui, de quelque manière » que ce fût, oseroient envahir ces bénéfices sans » la nomination royale ». Le même prince déclara, dans une autre occasion, qu'il aimeroit mieux se voir dépouillé de tous ses autres droits que de celui de patronage; mais rien ne montra mieux combien il avoit ce droit à cœur & avec quelle peine il le voyoit enfreindre en plus d'une manière, qu'une lettre qu'il écrivit au cardinal Altieri: « nous » ne saurions assez nous étonner (lui dit ce prince) » & nous plaindre de ce que le droit de patronage » des rois de Pologne, qui jusqu'ici n'avoit point » été troublé, & qui a toujours passé pour incontestable, soit enfreint pour la première fois sous » le pontificat présent, & que des abbés titulaires » soient intrus, sans que nous les ayions nommés » & présentés, tandis qu'au contraire ceux que » nous avons nommés aux abbayes, suivant la coutume & l'ancien droit, sont harcelés en mille » manières, d'une façon indigne & préjudiciable, » par toutes sortes de frais & de chicanes, jusqu'à » ce qu'à la fin ils sont frustrés des bénéfices que » nous leur avions conférés, au mépris de notre » autorité & recommandation royale. Nous déclarons donc que notre ferme & constante résolution, est de ne jamais souffrir que nos droits de » patronage nous soient arrachés, & de ne permettre en aucune manière que quelqu'un soit mis » en possession des abbayes du royaume de Pologne sans notre nomination. Nous avons reçu » cette autorité de Dieu en même temps que le » sceptre, & nous sommes engagés (tant par » l'exemple des rois nos prédécesseurs, que par la » capitulation faite avec les ordres du royaume, » après notre élévation au trône, & confirmée par un » serment solemnel) à maintenir nos droits de patronage contre quiconque voudroit nous les ravir ».

Entre les choses qu'Auguste II promit à la république, lorsqu'il demanda le royaume, & qui furent ajoutées aux *pacta conventa*, on lit les mêmes termes par lesquels Jean III avoit promis de défendre les droits de patronage; & de plus, il s'engage à avoir soin que les abbés nommés par le roi défunt arrivent à la possession de leurs abbayes. Dans le traité de Varsovie le soin de ce droit est recommandé aux chanceliers. Enfin, on résolut à la diète de Grodno « de demander au pape, par » un ambassadeur, qu'il ne permît point que les » droits cardinaux de la majesté, de la république, » & du patronage fussent lésés, mais qu'il lui plût » d'appaiser les griefs & de réparer les préjudices » causés tant par les religieux qui s'emparoient des » abbayes, que par les autres ecclésiastiques qui » usurpoient les bénéfices sans la présentation du » roi ». On rapporte ensuite les anciennes loix sur lesquelles le droit de patronage est fondé, & l'on ajoute « que la peine devroit être infligée aux violateurs sans rémission; qu'il ne seroit permis à » personne d'occuper les abbayes & les autres bénéfices auxquels le roi a droit de présentation, » sans avoir pardevers soi cette présentation ou nomination; que les ministres d'état & les généraux » d'armée seroient tenus d'y avoir l'œil & de fournir main-forte, s'il étoit nécessaire, pour chasser » les usurpateurs, réprimer tous les réfractaires aux » anciennes loix & à la constitution présente, & reprendre tous les biens usurpés au préjudice du » patronage du roi, en opposant voie de fait à » voie de fait ».

Cette constitution exprime ces griefs. La république s'y plaint des exactions commises dans le palatinat de Cracovie & dans d'autres, pour extorquer des sommes à titre de rachat; des causes civiles évoquées aux consistoires & à la nonciature, par voie d'appel & d'inhibition; & des abus de la jurisdiction des nonces, qui troubloient le repos intérieur du royaume. Ensuite la république demande que le tribunal de la nonciature soit resserré dans les mêmes limites que dans les autres états des princes catholiques où il est établi, & qu'on abroge tous ces abus & toutes ces exorbitances qui tournoient au grand préjudice & dommage de l'état séculier & ecclésiastique, & en particulier des prérogatives du légat né du saint-siège. On finissoit par demander que le nonce apostolique fût révoqué.

Cette diète de Grodno avoit résolu d'envoyer à Rome une ambassade pour déterminer cette affaire; mais elle n'eut pas lieu, le pape ayant déclaré qu'il ne la recevroit pas, qu'on n'eût préalablement abrogé la constitution faite contre lui. Le saint père fut fort sensible à ces constitutions, & fit des grandes plaintes dans deux brefs adressés au roi de Pologne, & dans un autre aux évêques, de l'injure qu'il prétendoit lui avoir été faite, demandant avec instance que cette constitution fût entiérement abolie. Quoiqu'on ne manquât pas de bonnes raisons pour défendre l'équité du décret de la diète, le roi permit que la jurisdiction de la nonciature interdite recommençât. Mais l'on n'a pu encore modifier la diète de Grodno par une loi publique, les diètes tenues depuis l'an 1726 ayant toutes été nulles.

Auguste III s'est obligé, par l'un des articles de ses *pacta conventa*, d'ajuster ce différend avec le pape en modifiant la diète de Grodno.

Des libertés de Portugal. L'ancienne coutume de Portugal étoit, que le grand chancelier du royaume vît & censurât les bulles & les rescrits du pape, sans qu'il fût permis de les exécuter auparavant. Le roi de Portugal ayant renoncé à cet usage en faveur d'Innocent VIII, les jurisconsultes du royaume déclarèrent que cela ne dépendoit pas de lui, & que ce n'est pas manquer à l'obéissance due au chef des fidèles, que d'examiner les bulles avant que de les exécuter, parce que cela ne regarde que le temporel.

La nomination aux bénéfices n'appartient pas au roi de Portugal, mais aux capitulaires. Le clergé est fort riche, il possède les deux tiers du royaume; mais le roi tire le tiers des revenus des évêchés dont il fait des pensions.

Des libertés des églises de Savoie & de Piémont. A peine Amedée de Savoie, VIII du nom, avoit-il été élu pape, qu'il renonça à la thiare; mais en l'abdiquant, il conserva la légation des états de Louis, duc de Savoie son fils. Il l'exerça toute sa vie; & après sa mort Nicolas V, qui, au moyen de l'abdication, étoit resté seul assis sur la chaire de S. Pierre, promit, par un bref, de faire tout ce qui lui seroit possible *pour honorer la mémoire d'Amedée VIII, & pour les intérêts de son fils Louis & de leur illustre maison.* Un an ne s'étoit pas encore écoulé depuis ce bref, que le pontife accorda en effet à ce même duc de Savoie un indult, par lequel il promit que tant que lui & ses sujets persévéreroient dans l'obéissance que ce prince avoit témoignée jusqu'alors à la personne du pontife & au saint-siège, lui pontife ne pourvoiroit à aucune église métropolitaine ou cathédrale, ni à aucune dignité abbatiale réservée à la disposition du pape dans les états du duc, sans être premiérement informé de l'intention du duc & avoir son consentement, soit par rapport aux personnes propres à remplir ces places ou ces dignités, soit par rapport à la personne qu'on en devroit pourvoir; qu'il ne confèreroit aucune des dignités les plus considérables après les épiscopales, ni les prieurés conventuels réservés à sa disposition, qu'à des personnes capables des états du duc qui lui seront agréables, & qu'il agréera, si elles sont originaires de quelque autre état; & qu'il ne confèreroit plus les prieurés de Talloire, Ripaille, & Novalese, & la prévôté de S. Bernard situés sur les frontières des états du duc, qu'après avoir su de même auparavant l'intention du duc, par rapport aux personnes à qui ils devront être donnés. La raison qu'en donne l'indult, c'est afin que la promotion d'aucune personne au gouvernement de quelque église ou monastère, & aucune provision de quelque dignité que ce soit, ne puisse causer de préjudice aux états du duc, & qu'il n'ait à craindre par cet endroit aucun trouble dans ses états. L'indult annulle toutes provisions qui pourroient y être contraires; sous quelque prétexte qu'elles fussent fondées, & déclare de nul effet toutes les censures par lesquelles on voudroit donner atteinte à ses dispositions.

Cet indult de Nicolas V a été contredit, expliqué & amplifié sous divers pontificats. Léon X le renouvella par une bulle, par laquelle ce pape déclare qu'il le fait, à cause que la maison royale de Savoie a bien mérité du siège apostolique, & statue qu'il ne pourra jamais en aucun temps y être dérogé, non pas même par le saint-siège, à moins qu'il n'en soit fait une pleine & spéciale mention, & que le duc Charles, alors régnant ou ses successeurs n'y consentent expressément.

Clément VII ajouta à la confirmation de Léon X, qu'on ne pourroit déroger à l'indult de Nicolas V par quelques clauses ou lettres apostoliques que ce fût, que du consentement du duc qui régneroit, & pour cause urgente ou suffisante & expresse. Il déclara, faute de ce, toutes les dérogations ou provisions apostoliques nulles; permettant aux ducs de Savoie, non-seulement de ne pas obéir à tout ce qu'on attenteroit contre cette disposition, mais encore d'y résister avec fermeté, & d'en empêcher l'exécution, sans qu'ils pussent encourir aucune censure par cette résistance.

Les rois de France s'étant mis par les armes en possession de l'état de Savoie & de la plus grande partie du Piémont, & voulant se prévaloir de l'indult de Nicolas V, la daterie leur opposa que cet indult étoit purement personnel au duc Louis; mais le roi Henri II en obtint la confirmation de Jules III. Si l'on n'a pas la bulle de ce pape, le fait est prouvé d'ailleurs par trois déclarations de Henri II, enregistrées par les parlemens de Nice, de Savoie & de Piémont, & par une lettre du cardinal Dossat.

Le duc de Savoie, Emmanuel-Philibert, demanda aussi la confirmation de l'indult, & l'obtint de Jules III, sur le pied que Clément VII l'avoit accordé. Ce même prince, rentré en possession de ses états par la paix de Câteau-Cambrésis, obtint de Grégoire XIII une pareille confirmation. Ce pape enjoignit par sa bulle aux évêques de Turin, d'Aoste, & de Nice, de la mettre à exécution, toutes fois & quantes qu'ils en seroient requis par le duc Emmanuel-Philibert ou par ses successeurs.

Sixte V prétendit néanmoins que l'indult étoit personnel, & refusa au duc Emmanuel premier, de le renouveller; mais Clément VIII approuva & confirma l'indult de Nicolas V, & tout ce qui y avoit été ajouté par ses successeurs, en faveur de la maison de Savoie.

La daterie ne pouvant plus faire passer l'indult de Nicolas V pour personnel, voulut en borner l'étendue. Elle soutint qu'il étoit restreint au seul duché de Savoie & ne regardoit pas le Piémont. On disputa plus d'un siècle sur cette question; & Innocent XII déclara enfin que les états de Piémont étoient compris dans l'indult.

De nouvelles difficultés furent élevées sous Clément XI. Ce pape refusa de mettre, dans la confirmation qu'on lui demandoit, une clause essentielle qui étoit dans l'indult de Nicolas V, & dans les confirmations que ses successeurs en avoient faites. C'est la clause par laquelle les papes promettent de ne donner les bénéfices qu'aux personnes nommées ou approuvées par les ducs de Savoie. D'ailleurs, la daterie prétendit d'un côté, que le pape étoit en droit d'imposer telles pensions qu'il lui plairoit sur les bénéfices compris dans l'indult, de quoi la cour de Turin ne convenoit pas; & de l'autre, que la chambre apostolique devoit jouir des fruits des bénéfices vacans: au lieu que la cour de Turin soutenoit que ces fruits étoient dévolus à l'économat du prince, pour être employés à l'avantage des églises & tourner au profit des successeurs aux bénéfices. A ces questions se joignit celle de l'immunité royale. Clément XI mourut sans avoir vu finir ces contestations, & plusieurs églises demeurèrent sans pasteurs.

Benoît XIII étant monté sur le siège pontifical, mit en négociation, avec Victor-Amedée, duc de Savoie & roi de Sardaigne, tous les différends des deux cours touchant la nomination aux évêchés & aux abbayes, les pensions dont on pourroit les charger, les dépouilles & les fruits de ces mêmes bénéfices vacans, quelques articles de prétendues lésions de l'immunité ecclésiastique, & enfin celles qu'on disoit qui avoient été faites à la jurisdiction de la cour de Rome, dans l'abbaye de Saint Bénigne, & dans les fiefs prétendus dépendans de la seigneurie directe de cette même abbaye. Ces difficultés furent enfin terminées par deux conventions, la première sur l'immunité, & la seconde sur les matières bénéficiales. Il faut les voir en entier.

Toutes les nations reconnoissent le domaine éminent des princes sur tous les biens de leurs états, non par droit de propriété, ils le laissent entier aux possesseurs, mais par droit de protection & de souveraineté. Cette seigneurie éminente, source de tous les droits régaliens, fut reconnue dans l'assemblée impériale de Roncaille, à laquelle assistèrent deux cardinaux légats du saint-siège, & les évêques du Piémont. L'archevêque de Milan, au nom de tous les évêques, y fit hommage à l'empereur, & reconnut aussi conséquemment l'obligation où ils étoient de lui payer des contributions.

Depuis la décadence de l'empire d'Occident & l'établissement des monarchies & des républiques que nous y voyons, tous les princes du monde catholique ont usé du droit qui appartient essentiellement à la souveraineté. On en trouve mille & mille exemples dans les histoires de France, de Flandres, d'Espagne, d'Angleterre, de Sicile, de Naples, d'Allemagne & d'Italie.

Un édit publié sur ce sujet dans ces derniers temps pour le Piémont, à l'exemple des autres états, fut généralement observé par les ecclésiastiques même, pendant vingt-quatre ans. Alors, à la faveur de la guerre & de la contagion, ils voulurent s'en exempter. Les magistrats appuyèrent l'autorité de l'édit. Cela engagea la cour de Rome & celle de Turin dans une négociation qui dura jusques sous le pontificat de Benoît XIII, tantôt par les difficultés de la cour de Rome, tantôt par celles de Turin, quelquefois, parce que les guerres ou d'autres accidens suspendoient les traités; quelquefois, parce que les contestations qui s'élevoient sur d'autres matières arrêtoient l'accommodement sur celle-là; mais enfin l'affaire fut terminée à la satisfaction de la cour de Turin, par une convention du 24 mai 1727, sur l'immunité & la *liberté* ecclésiastique, qui fut suivie d'une bulle confirmative de l'indult, & d'un concordat sur les matières bénéficiales.

Cette convention & ce concordat ont été cassés par Clément XIII, dans le temps de la querelle survenue entre la cour de Rome & celle de Turin, au sujet de certains fiefs, que la première soutenoit être fiefs de l'église, & dont elle contestoit la souveraineté à celle de Turin. Mais la fermeté du roi de Sardaigne a empêché que son indult & son concordat ne reçussent la moindre atteinte, & en 1740 il a obtenu ce point important de Benoît XIV.

Des libertés de l'église de Sicile, connues sous le nom de monarchie de Sicile. La Sicile possède non-seulement les *libertés* des autres pays, mais elle a un privilège dont aucun autre état ne jouit.

Le comte Roger, seigneur Normand, qui conquit la Sicile sur les Sarrasins, eut dans cette île une autorité absolue, & il y disposa de tout en conquérant & en maître. Il y rétablit le christianisme, y érigea des évêchés, y fonda des églises, les combla de richesses, & fit fleurir la religion de l'église romaine. Tant que les Sarrasins furent possesseurs de la Sicile, les chrétiens & les évêques qui étoient dans l'île, reconnurent l'évêque de Constantinople pour leur patriarche; mais Roger les soumit à l'évêque de Rome. Le pape, sans le consentement duquel il ne fit aucun changement considérable, lui attribua verbalement plusieurs privilèges, & ces privilèges furent dans la suite écrits. Urbain II accorda trois choses, par une bulle, à Roger pour tout le temps de sa vie, de celle de son fils Simon, & de tout autre qui seroit l'héritier légitime de Roger. La première, que les papes n'enverroient point de légats en Sicile, sans son consentement. La seconde, que le comte de Sicile exécuteroit ce que le pape auroit pu y faire exécuter par ses légats, & qu'il auroit lui-même la qualité de légat *à latere*. La troisième, que lorsque le pape assembleroit un concile, Roger n'y enverroit que les évêques & les abbés qu'il jugeroit à propos, en tel nombre qu'il voudroit, & qu'il auroit la *liberté* de retenir les autres pour le service & pour la défense des églises de l'île.

La première de ces choses est de droit commun; elle étoit dans ce temps-là d'un usage reçu dans presque tous les royaumes chrétiens, & elle se pratique encore aujourd'hui en France. La troisième est un droit attaché à la souveraineté, droit que les papes ni aucune puissance sur la terre ne peuvent lui enlever. Il n'y a donc que la seconde qui soit une grace accordée pour les grands services que Roger avoit rendus à l'église en général, & au siège de Rome en particulier.

La jurisdiction ecclésiastique du roi de Sicile est absolue & indépendante. Ce prince nomme un juge ecclésiastique, avec un avocat & un procureur-fiscal séculier, qui composent ce qu'on appelle le *tribunal de la monarchie.* Dans les commencemens, ce juge étoit séculier, & ce ne fut que long-temps après que les rois de Sicile mirent à cette place un ecclésiastique. Il étoit regnicole, mais les rois d'Espagne, possesseurs de la Sicile, y mirent des Espagnols. L'avocat & le procureur-fiscal ont toujours été & sont encore séculiers; & ce qui est digne de remarque, du tribunal de la monarchie, on appelle à celui du consistoire qui est tout séculier.

Un savant cardinal, zélé défenseur des prétentions de la cour de Rome, révoque en doute ces privilèges de la monarchie de Sicile. Selon lui, Guiscard & les princes Normands, comtes, ducs, & enfin rois de Sicile, & leurs successeurs, avoient reçu des papes l'investiture de cet état, dont ils leur avoient fait hommage-lige, avec promesse de ne lever aucuns droits sur les biens de l'église, *&c.* Un Sicilien nommé Luc Barberius, entreprit de troubler les souverains pontifes dans leur ancienne possession. Pour cela, il fit paroître un recueil des titres inconnus jusqu'alors, parmi lesquels il y en avoit un que l'on supposoit être d'Urbain II en faveur de Roger, comte de Sicile & de Calabre. Par ce diplôme, Urbain confirme à Roger ce qu'il lui avoit promis verbalement; savoir, 1°. que pendant sa vie & celle de ses enfans & héritiers légitimes, le pape n'établira dans ses états aucuns légats de l'église romaine, sans son consentement; 2°. que le souverain fera ce qui pourroit être fait par le ministère d'un légat; 3°. que lorsqu'on tiendra des conciles, il n'y enverra que le nombre de prélats & d'abbés qu'il jugera convenable; retenant les autres pour le service & la défense de l'église. Ferdinand, roi d'Aragon, fit peu de cas de ce recueil, lorsqu'il parut, soit parce que l'auteur n'en avoit jamais produit l'original, soit parce qu'on ne peut pas faire grand fond sur ces sortes de pièces que l'on fabrique au besoin, & auxquelles l'art fait donner en un jour les couleurs & les traits de la vieillesse. Il n'en fut pas de même de Charles-Quint, son petit-fils: ce prince fit valoir le titre, & c'est à lui qu'on doit l'érection du tribunal de la monarchie de Sicile.

Les Espagnols firent grand bruit de ces remarques critiques de Baronius, après la mort de Clément VIII, sur le point que les cardinaux alloient entrer au conclave, sans doute pour lui donner l'exclusion, comme ils firent en effet. Ils recommencèrent leurs plaintes après la mort de Léon XI qui suivit de près son élection; & Baronius prit alors le parti d'écrire à Philippe III, roi d'Espagne. Il lui marqua qu'il n'avoit pas voulu le faire plutôt, pour ne pas donner lieu de croire qu'il briguât la faveur du roi catholique, dans la vue de s'ouvrir le chemin au pontificat; qu'il n'avoit rien avancé dans ses annales à dessein de porter préjudice à l'Espagne ou à la Sicile; rien qui n'eût été vu par trois cardinaux nommés à cet effet, qui n'eût été approuvé par Clément VIII, & qui conséquemment ne fût fondé sur cette pierre, qui ne peut manquer de briser ceux qui la heurteroient inconsidérément ou sur qui elle tomberoit; qu'il ne convenoit point aux laïques de s'attribuer la clef de la science qui n'a été donnée qu'à Pierre, pour recevoir ou rejetter ce que le souverain pontife approuve ou condamne; & qu'ainsi le roi devoit suspendre son jugement, & ne pas fermer les oreilles aux avertissemens des prêtres, sur-tout de ceux qui sont à la tête de l'église universelle.

Cette lettre étoit assurément trop forte, & il n'étoit pas difficile de réfuter la conséquence que Baronius tiroit de l'approbation donnée à l'ouvrage par le souverain pontife, sur-tout dans une matière qui ne regardoit point la foi, & où tout homme est en droit de prendre le parti qu'il juge le plus juste. Philippe III n'y fit point d'attention alors; mais après la mort du cardinal, il fit un édit qui défendit à tous ses sujets de vendre ou de retenir l'onzième tome des annales ecclésiastiques de Baronius, à cause d'un traité sur la monarchie de Sicile, dans lequel ce cardinal appuie les prétentions des papes sur ce royaume. Le roi d'Espagne y dit que la dissertation de Baronius est plutôt une invective qu'un récit historique, & que l'auteur s'y est laissé aller à des exclamations capables d'ébranler la fidélité des sujets, avec une ignorance affectée de la vérité de l'histoire.

Cet édit de Philippe III n'empêcha pas qu'on ne publiât, à Anvers, une édition des annales ecclésiastiques; mais on retrancha de l'onzième tome tout l'endroit qui l'avoit fait proscrire en Espagne, quoiqu'on fasse profession à la tête de l'ouvrage, de le donner tel que l'auteur l'avoit laissé, après l'avoir revu & augmenté.

La dissertation de Baronius étoit demeurée sans réponse; mais dans ces derniers temps, un docteur de Sorbonne l'a réfutée, par un livre composé à l'occasion des troubles qu'il y eut en Sicile dans le commencement de ce siècle.

Trois souverains qui ont possédé la Sicile depuis le commencement de ce siècle, Philippe V, roi d'Espagne, Victor-Amédée, duc de Savoie, & Charles VI, empereur d'Allemagne, ont eu tous trois des différends avec la cour de Rome, au sujet de la monarchie de Sicile ; & ce débat a été porté fort loin, pendant dix-sept ans.

La cour de Naples prétend que son titre a toujours été incontestable ; que non-seulement Roger, mais les rois Normands, ceux de la maison de Suabe, Charles d'Anjou, les rois de la maison d'Aragon, & généralement tous les successeurs de Roger pendant 600 ans, ont joui de tous les droits & de la jurisdiction attachée à la qualité de légat *à latere ;* & qu'ils ont exercé cette jurisdiction par eux ou par leurs officiers, avec les fonctions du gouvernement temporel. Il est en effet certain que les rois de Sicile ont joui de ce privilège. Paul de Foix, ambassadeur de France sous Henri IV, en parle ainsi : « & a le roi d'Espagne (la Sicile appartenoit alors » à ce prince) un certain officier auquel on appelle » monarchie, auquel séant en son trône, on donne » *del beatissimo e santissimo padre*, & lui parle-t-on » comme l'on feroit au pape même ».

La cour de Rome, fondée sur la dissertation critique de Baronius, prétendoit que la bulle d'Urbain II avoit été ou supposée ou falsifiée ; qu'on n'en avoit point entendu parler avant le seizième siècle ; que le tribunal de la monarchie avoit pu être toléré, mais qu'il n'avoit jamais été approuvé par les papes ; qu'en supposant même la bulle véritable, les privilèges qu'elle contient étoient attachés à la personne du comte Roger & de son héritier immédiat ; & qu'en tout cas le pape étoit toujours le maître de les révoquer.

Les rois de Sicile ont soutenu, au contraire, que la bulle n'avoit été ni supposée, ni falsifiée ; qu'elle avoit toujours eu son exécution, malgré les efforts que les papes avoient faits en divers temps pour y donner atteinte ; qu'elle avoit été accordée à Roger en tant que souverain de Sicile, & à ses successeurs en la souveraineté ; & qu'accordée dans les circonstances où elle l'avoit été & en forme de convention & de concordat, elle étoit irrévocable.

Un événement extrêmement bizarre mit les deux cours aux mains.

L'évêque de Lipari donna des pois chiches à vendre à un grainetier. Les magistrats surent bientôt que le prélat faisoit grand bruit de ce qu'on avoit pris le droit ordinaire, faute d'avoir su qu'il étoit le premier vendeur, & firent rendre ce qu'on avoit exigé. Cela ne calma pas l'évêque qui, nonobstant les civilités que lui firent les juges & le gouverneur, excommunia ceux qui avoient levé le droit. Les magistrats s'adressèrent aussi-tôt au tribunal de la monarchie qui leur donna l'absolution *cum reincidentiâ* ou *ad cautelam*, ainsi que l'appellent les canonistes. L'évêque de Lipari s'étant rendu à Rome, y obtint de la congrégation de l'immunité, deux lettres ; une adressée à lui ; l'autre à tous les évêques de Sicile, dans lesquelles la congrégation déclaroit que ni les cardinaux, ni les légats *à latere* n'avoient l'autorité de donner l'absolution *cum reincidentiâ*, ou de connoître des censures décernées par les ordinaires, ce droit étant réservé au pape. L'archevêque de Palerme, l'évêque de Bari, & le vicaire-général de Montréal, envoyèrent la lettre circulaire au ministre royal ; l'archevêque de Messine & les évêques de Syracuse & de Cephalie représentèrent en même temps à Rome les suites que pouvoit avoir la déclaration ; mais les évêques de Mazzara, de Catane & d'Agrigente jugèrent à propos de la publier, prétendant que les deux lettres, traitant d'une matière dogmatique, elles n'étoient point sujettes au *pareatis* royal. Le viceroi, convaincu que cette conduite tendoit à abolir les privilèges de la monarchie de Sicile, ordonna aux prélats de révoquer la publication qu'ils avoient faite de la lettre ; & sur leurs refus il déclara la lettre & toute autre qui pourroit être publiée à l'avenir nul & de nul effet ; cette déclaration ayant été publiée à Catane, l'évêque du lieu en donna une toute contraire, ce qui lui attira un ordre de sortir du royaume. Il obéit ; mais en partant, il interdit son diocèse, & excommunia les deux officiers qui lui avoient signifié l'ordre du viceroi. L'archevêque de Messine & l'évêque d'Agrigente furent aussi obligés peu après de se retirer ; le dernier fit en sortant ce qu'avoit fait l'évêque de Catane ; & l'on emprisonna les trois vicaires-généraux qu'il avoit nommés pour gouverner le diocèse, en son absence, parce qu'ils paroissoient bien plus disposés à suivre ses intentions que les vues des officiers royaux. Les affaires en étoient là, lorsque le duc de Savoie, Victor-Amédée, prit possession de la Sicile. Le pape voulant profiter de la conjoncture pour abolir, s'il pouvoit, le tribunal de la monarchie de Sicile, fit publier une bulle contre l'ordonnance qui avoit déclaré nul l'interdit fulminé par l'évêque de Catane, & trouva moyen de la faire afficher à Catane même, peu après l'arrivée de Victor-Amédée en Sicile. On vit paroître à Palerme deux monitoires de l'auditeur de la chambre apostolique ; un contre ceux qui avoient porté l'ordre à l'archevêque de Messine & à l'évêque d'Agrigente de sortir du royaume ; l'autre, contre le juge de la monarchie. Le secrétaire de la congrégation de l'immunité fit appeller les procureurs-généraux des ordres religieux pour leur enjoindre d'écrire à ceux de leur institut, qu'ils eussent à observer l'interdit, sous peine de suspension *à divinis* & de privation de toute dignité. Un grand nombre pensa devoir obéir, & passa en Italie où le pape pourvut à leur subsistance : d'autres crurent pouvoir en conscience rester dans leur pays en se conformant aux édits du prince. On publia un édit du conseil souverain de Sicile qui défendoit d'exécuter aucun rescrit étranger, sans la permission des officiers préposés pour les examiner. Enfin Clément XI donna une bulle contre l'édit du conseil souverain de Sicile, dans laquelle il établit pour maxime : que les décrets du saint-siège doivent être exécutés sans aucun examen. Il en publia une autre pour abolir le droit de légation du roi de Sicile & le tribunal de la monarchie ; puis il excommunia

le

le juge, les officiers de ce tribunal & les ecclésiastiques séculiers & réguliers qui ne s'étoient pas soumis à l'interdit. Le procureur-général du roi de Sicile interjetta appel de tout ce qui s'étoit fait, du souverain pontife mal informé au souverain pontife mieux informé, au saint-siège apostolique, & à tous ceux à qui on peut recourir suivant la disposition des canons. Il parut alors une foule d'écrits sur cette contestation, l'une des plus grandes qui se soient élevées depuis plusieurs siècles entre le pape & les souverains, & qui n'a servi qu'à affermir les droits & les privilèges de la monarchie de Sicile que Rome avoit voulu détruire. L'empereur Charles VI, dernier possesseur de la Sicile, obtint du pape Benoît XIII une bulle qui le maintint en possession de tous ses droits. Les deux cardinaux dataires refusèrent de la signer. Elle fut signée par les deux sous-dataires.

Le pape les autorisa à cet effet; & afin que les affaires de Sicile ne fussent plus sujettes à de pareils retardemens, le pontife nomma deux prélats pour signifier dans la suite toutes les bulles, brefs & autres actes qui auroient rapport au royaume de Sicile.

Il ne faut pas croire, après tout, qu'on n'ait jamais pu voir d'autre légation du saint-siège entre les mains d'un laïque que celle du comte Roger, qui a passé à tous ses successeurs. Sylvestre II, conférant ou confirmant le titre de roi de Hongrie à Etienne, premier roi de cette nation, lui accorda le privilège de faire porter la croix devant lui, & de régler toutes les affaires des églises de son royaume, *comme tenant sa place & celle de ses successeurs.* Ce fut la récompense de son zèle pour la prédication de l'évangile & la conversion de ses sujets à la foi de *Jesus-Christ*. Le roi d'Angleterre, Henri II, eût été légat du saint-siège, s'il eût voulu; Alexandre III lui donna cette qualité, mais elle fut refusée par le prince anglois, à cause des restrictions que le pontife avoit mises à la légation.

Le roi de Sicile nomme à tous les bénéfices de fondation royale, tant évêchés, qu'archevêchés, abbayes & autres. Le siège de Montréal, qui étoit vacant depuis la mort du cardinal Cienfuegos, ne fut rempli qu'en 1748. Le pape y pourvut alors en choisissant l'un des trois sujets siciliens que le roi avoit présentés au mois de janvier de la même année pour être promus à cet archevêché.

Des libertés de l'église de Venise. Autrefois le sénat de Venise avoit, ou au moins prétendoit avoir la nomination des évêchés & des abbayes de son état; mais il y renonça tout-à-fait par le traité de paix qu'il fit avec Jules II, pour le détacher de la ligue de Cambrai, qui pouvoit être fatale à la république. C'est le pape qui y nomme aujourd'hui.

Sous le pontificat d'Urbain VIII, il y eut une contestation entre la cour de Rome & le sénat, sur la proposition des évêchés de l'état de Venise, au consistoire. Le sénat vouloit que cette fonction se fît seulement par les cardinaux Vénitiens; mais l'on convint que le cardinal Vénitien qui la feroit seroit toujours assisté du cardinal patron.

La république laisse très-peu d'autorité aux évêques de ses états.

Venise est gouvernée pour le spirituel par un patriarche, qui est primat de Dalmatie & métropolitain des archevêques de Candie & de Corfou. Ce patriarche est élu par le sénat, & choisi parmi les nobles Vénitiens. Il ne met point dans ses titres la marque de dépendance de Rome, qui avilit les évêques du reste de la chrétienté. Il met dans ses mandemens & ordonnances: *miseratione divinâ*, sans ajouter, *& sanctæ sedis apostolicæ gratiâ*.

Ce qu'il y a d'étrange, c'est le peu d'autorité que ce prélat a sur les prêtres & sur les moines qui mènent presque tous une vie scandaleuse. Un auteur bien instruit assure que c'est l'effet de la jalousie de la république, qui, pour empêcher que la jurisdiction épiscopale ne soit en crédit, s'oppose tous les jours, par ses magistrats, à l'exécution des sentences rendues par les juges ecclésiastiques, & protège ouvertement des prêtres convaincus de crimes abominables.

Il y a dans l'état de Venise un autre patriarche appellé *le patriarche d'Aquilée*, qui étoit autrefois le métropolitain de la province de Venise & de toute l'Istrie, mais qui est aujourd'hui bien déchu de son ancienne grandeur, & dont le patriarchat est beaucoup moins considérable que celui de Venise. Il est encore primat d'Istrie, & choisit lui-même son coadjuteur, lequel est confirmé par le sénat. Il fait sa résidence à Udine, dans le Frioul.

Les souverains de la maison d'Autriche ont prétendu nommer au patriarchat d'Aquilée; mais la seigneurie de Venise a trouvé l'expédient de ne jamais laisser le siège vacant, en donnant à chaque patriarche un coadjuteur, ce qui a toujours fait une chaîne de succession du côté des Vénitiens: la cour de Vienne, qui croit ses droits blessés par cette disposition, a fait des remontrances au saint-siège, pour le porter à s'opposer à ces arrangemens, & en faire qui ne fussent point contraires à l'esprit des conventions qui subsistent entre Vienne & Venise, & suivant lesquelles la nomination de ce patriarchat doit être alternative. On a long-temps négocié là-dessus; & à la fin, Benoît XIV, par une suite de son penchant à entretenir la concorde entre ses enfans communs, a proposé de nommer un vicaire apostolique, qui auroit la jurisdiction ecclésiastique dans les pays appartenans à la maison d'Autriche & qui sont sujets pour le spirituel au patriarche d'Aquilée, dont la nomination seroit assurée à perpétuité à la république de Venise. Mais le sénat de Venise n'a point goûté cet expédient. Le pape l'a néanmoins employé, & le sénat en a été blessé au point qu'il a retiré son ambassadeur de Rome, & qu'il a ordonné au nonce du pape de vuider Venise & les états de la république. Nous n'apprendrons que du temps comment cette querelle entre Rome, Vienne & Venise, se terminera.

Une inquisition séculière fut établie à Venise, à l'occasion des guerres entre le pape Innocent IV & l'empereur Frédéric. Elle étoit composée de laïques qui étoient juges, & d'ecclésiastiques qui n'étoient qu'assistans. Les ecclésiastiques étoient seulement occupés du soin d'examiner les opinions de ceux qu'on accusoit d'hérésie; après quoi, le duc & les conseillers condamnoient les accusés au feu, si les évêques les trouvoient coupables. Cette inquisition séculière a subsisté jusqu'à l'établissement de l'inquisition ecclésiastique.

Cette inquisition ecclésiastique n'a été établie à Venise, ni par un commandement du pape, ni par aucune constitution pontificale. Les bulles d'Innocent IV, d'Alexandre IV, de Clément IV, & de sept autres papes, ne purent obliger les Vénitiens à recevoir l'inquisition ecclésiastique, comme faisoient les principales villes d'Italie. Cet établissement dut la naissance à une délibération du grand-conseil, à laquelle Nicolas IV donna son consentement par une bulle où il inséra les clauses de cette délibération, dont l'une porte: « que la seigneurie assigneroit un fonds pour les dépenses » qu'il faudroit faire au saint-office, & toucheroit » pareillement tous les deniers qui en proviendroient par amendes ou autrement, nommant » pour cela un administrateur qui lui en rendroit » compte ». On peut remarquer d'abord combien cet usage est différent de celui des inquisitions des autres états, où tout l'argent va aux inquisiteurs.

Dans le commencement du seizième siècle, le sénat de Venise fit sur l'inquisition, une ordonnance que le progrès du luthéranisme en Italie l'obligea de renouveller vers le milieu de ce même siècle, à la prière des légats du pape. Cette ordonnance portoit que, dans le terme de huit jours, tous les livres défendus seroient portés à des commissaires nommés pour cet effet, & elle établissoit des peines rigoureuses contre ceux qui, après une exacte perquisition, se trouveroient réfractaires aux ordres de la république. Le sénat promit aux délateurs & le secret & une grande récompense, mais il mit à son ordonnance cette sage restriction: que les prélats & les inquisiteurs ne pourroient jamais connoître seuls de cette sorte de crime, & que le jugement ne pourroit se rendre qu'en présence des juges des lieux & des gouverneurs, qui examineroient les informations, & prendroient garde sur-tout que la religion ne servît de prétexte à l'iniquité ou à l'avarice, pour opprimer les sujets de la république.

Cette louable coutume s'est toujours conservée depuis dans l'inquisition ecclésiastique de Venise. Elle est aussi composée d'ecclésiastiques & de laïques; mais ce sont les ecclésiastiques qui sont juges, & les laïques ne sont qu'assistans. Cette inquisition est donc mixte, contre l'usage des autres pays où le saint-office est établi. On ne trouva pas à Venise, qu'il fût raisonnable que les nouveaux inquisiteurs, qui se recevoient par grace, chassassent les anciens, qui étoient les véritables maîtres. Trois sénateurs assistent toujours, au nom du prince, à toutes les procédures & à toutes les délibérations de l'inquisition; & il ne s'y passe rien dont le prince ne soit bien averti. Les ecclésiastiques ne peuvent pas ouïr un témoin, citer, ni interroger un accusé sans l'assistance de ces trois nobles. S'ils avoient fait la moindre chose à l'insu des assistans, tout seroit nul, & il faudroit instruire tout de nouveau le procès depuis le commencement jusqu'à la fin.

Les inquisiteurs disent que du moins les séculiers ne devroient pas assister aux procès des ecclésiastiques, & ils supposent faussement que l'assistance séculière n'a été introduite que pour ce qui regarde les laïques. Les Vénitiens décident le contraire, & répondent que l'assistance n'est point affectée aux personnes, mais aux causes; que l'hérésie est un crime ecclésiastique & séculier, puisque si d'un côté elle attaque la foi, de l'autre elle trouble la tranquillité publique; qu'ainsi il faut que toutes les causes d'hérésie soient jugées par les ecclésiastiques, avec l'intervention des séculiers, sans considérer si les accusés sont gens d'église ou laïques; que s'il en devoit être autrement, il faudroit que l'ecclésiastique ne jugeât que les prêtres; & le séculier, les séculiers; que cela seroit contre la coutume de tous les pays où le séculier est jugé par l'ecclésiastique si la cause est spirituelle, & l'ecclésiastique par le séculier si l'affaire est temporelle; que si la prétention des inquisiteurs avoit lieu, la cause d'un prêtre ou d'un moine hérétique, qui auroit des complices séculiers, devroit être jugée sans les assistans, parce qu'elle seroit ecclésiastique; & que cela ouvriroit une porte par où les inquisiteurs chasseroient bientôt les assistans.

Les assistans qui demandent quelque grace au pape, ou qui ont quelque affaire avec la cour de Rome, ne peuvent plus se trouver au saint-office, leur intérêt rendant leur fidélité suspecte à la république qui en met d'autres à leur place.

Ces sénateurs, assistans de l'inquisition, sont chargés d'empêcher les inquisiteurs de publier aucune bulle ancienne ou nouvelle, sans en avoir la permission de la république. Au rapport d'Amelot de la Houssaye, les Vénitiens donnent de cet usage deux raisons très-solides.

La première, c'est qu'un concordat n'existant que par le consentement des parties qui ont contracté, il ne peut être changé que de commun accord: or, l'inquisition étant établie à Venise par un concordat, aucune loi nouvelle n'y doit être reçue, que les deux parties qui ont traité n'en conviennent, l'accessoire se devant régler sur le principal. Les bulles & les décrets de la cour de Rome, faits depuis ce concordat, n'ont point en effet obligé la république.

La seconde, c'est que la cour de Rome, faisant

des réglemens selon ses vues particulières, il n'est pas juste que la république reçoive ces nouveaux réglemens, sans examiner auparavant s'ils conviennent à ses affaires. Chaque prince connoît les besoins de son état; les papes ne se mettent pas en peine de l'intérêt des princes séculiers; c'est donc à ceux-ci de prendre garde qu'il ne se glisse quelques nouveautés dangereuses dans leurs états, par le moyen des ordonnances papales. La voie de recourir aux papes s'il en arrive quelque désordre, & la promesse qu'ils font d'y pourvoir, seroit un remède pire que le mal, parce qu'ils se rendroient par ce moyen les juges & les arbitres de toute la police civile.

Il n'y a point de prince dans l'Europe, (dit le même auteur) qui ait pénétré mieux que la seigneurie de Venise dans tous les desseins de la cour de Rome, ni qui s'y soit opposé avec plus de vigueur & de succès. Elle ne permet jamais la publication d'aucune bulle qu'après une longue & mûre délibération, jusques-là même que si le pape fait une bulle commune pour envoyer à plusieurs princes, les Vénitiens sont toujours les derniers à la recevoir. Le motif de cette conduite (dit cet écrivain) n'est pas tant pour se régler sur l'exemple des autres, que pour avoir le temps de découvrir les vues de la cour de Rome, dont toutes les intentions sont couvertes du grand manteau de la religion. Comme les papes (ajoute-t-il) appliquent tous leurs soins à augmenter la puissance ecclésiastique & à s'assujettir la séculière, le sénat apporte de son côté tant de précaution à la réception de ses bulles, qu'il ne peut jamais être surpris; car, elles ne peuvent être présentées au collège qu'après avoir été examinées & signées par deux docteurs, que le public entretient pour cela, & qui ne manquent point aussi d'avertir le prince si elles contiennent quelque abus ou quelque nouveauté préjudiciable.

La juste fermeté de la république de Venise à défendre les droits du souverain, lui a fait bien des querelles avec Rome, & c'est ce qui reste à expliquer.

La réputation d'Hermolaüs Barbarus, Vénitien de naissance, savant de profession, devint si grande, que le pape Innocent VIII, apprenant un jour que le patriarchat d'Aquilée venoit de vaquer, le lui conféra de plein droit. Le pontife paroissoit n'avoir d'autre intention que de récompenser le mérite extraordinaire d'Hermolaüs; mais le sénat de Venise étoit trop en garde contre les innovations de la cour de Rome, pour ne s'appercevoir pas que le pape en avoit fait une en conférant le patriarchat d'Aquilée.

Quoique les souverains pontifes prétendissent qu'ils y pouvoient mettre qui ils vouloient, ils n'en usoient pourtant jamais avec cette autorité absolue, & ils ne donnoient des bulles qu'à celui qui leur étoit nommé par l'ambassadeur de la république. Innocent VIII s'étoit dispensé de garder cette formalité dans l'affaire dont il s'agissoit, & ne donnoit que trop lieu de soupçonner à des gens naturellement défians, qu'il avoit pris son temps pour créer patriarche d'Aquilée un homme si célèbre, qu'on n'auroit garde de s'opposer à son installation, afin que la cour de Rome pût y mettre dans la suite qui elle jugeroit à propos, sans que son choix pût être contredit par la république.

Hermolaüs étoit un des plus illustres gentilshommes de Venise, & possédoit d'ailleurs toutes les autres qualités qui, dans une autre conjoncture, auroit dû l'élever au patriarchat. Le sénat agit néanmoins avec autant de rigueur que s'il l'en eût tout-à-fait jugé indigne. D'un autre côté, le pape étoit résolu de maintenir ce qu'il avoit fait & de porter les choses à l'extrêmité, plutôt que de souffrir qu'Hermolaüs ne jouît pas de la grace qu'il lui avoit faite.

Hermolaüs fit justice à sa république contre ses propres intérêts, & avoua qu'elle avoit raison de lui être contraire. Il conjura le pape de conférer le bénéfice à celui qui lui seroit présenté par l'ambassadeur de Venise, & déclara formellement qu'il n'en vouloit point, s'il falloit encourir à ce prix l'envie de ses concitoyens. Le pape fut si touché de sa modération, qu'il promit de le faire cardinal à la première promotion; mais peu de jours après, Hermolaüs tomba malade d'une fièvre pestilentielle, qui termina le différend.

Il y eut un autre grand démêlé entre Clément VIII & le sénat de Venise, à l'occasion du patriarche de cette ville. Ce pape vouloit que le patriarche fût soumis à l'examen, comme le sont les autres prélats d'Italie, avant que d'être confirmés par le pape. Le sénat comprit que, par cet examen, le pape auroit droit d'admettre ou de rejetter les sujets proposés par le sénat, & que ceux qui obtiendroient l'approbation du pape seroient plus redevables de leur dignité au saint-siège qu'à la république. Il ne voulut jamais permettre que son patriarche fût soumis à cet examen. La dispute dura deux ans, & fut enfin terminée à l'avantage de la république. Le patriarche fut sacré par le pape, sans subir aucun examen.

Cinq fois l'état de Venise a été soumis par les papes à la rigueur de l'interdit.

La première, à cause de l'église de saint Germinien, que les Vénitiens firent abattre sans la permission du pape pour agrandir la place de saint Marc. « Je n'ai pu, dit un auteur, en savoir précisément le temps; mais il est constant que c'est » pour ce sujet que le sénat va tous les ans, le di» manche d'après pâques, visiter l'église de ce saint » que l'on a rebâtie tout à l'extrémité de la place, » & renouvellant chaque fois la promesse de la re» mettre en son premier lieu. Ce qui n'est qu'une » pure formalité ».

La seconde, sous Clément V, au sujet de l'invasion que les Vénitiens avoient faite de Ferrare, ville sur laquelle le pape prétendoit avoir des droits. François Dandole, ambassadeur de Venise, fut obligé, afin d'obtenir l'absolution pour sa républi-que, d'aller se jetter aux pieds du pape chargé de fers & de chaînes.

La troisième par Sixte IV, qui se ligua avec les autres princes d'Italie, pour faire abandonner aux Vénitiens le siège de Ferrare.

La quatrième, par Jules II, pour faire restituer au saint-siège les villes de Rimini & de Fayence, en conséquence de la ligue de Cambrai, où les princes ligués avoient stipulé que le pape fulmineroit une sentence d'interdit. Il fallut encore cette fois-ci, que les Vénitiens pliassent. Ils n'obtinrent l'absolution qu'aux conditions que la cour de Rome jugea à propos de leur imposer.

La dernière par Paul V. Ce dernier interdit a fait beaucoup de bruit. L'on en voit tous les détails dans les historiens du temps; ce qui nous dispense d'entrer dans une longue discussion à cet égard. Nous nous contenterons de dire que l'usage fréquent de ces censures abusives avoit donné lieu aux Vénitiens de s'instruire de leurs droits; ils avoient compris que l'abus de l'autorité ne doit pas produire le même effet qu'un usage légitime. Ainsi, lorsque la cour de Rome s'avisa de publier ce dernier interdit, elle trouva dans le sénat de Venise une généreuse résistance, à laquelle elle fut enfin obligée de céder. Aussi ce célèbre différend de Paul V & des Vénitiens fut-il terminé à la plus grande satisfaction de la république.

LIBERTIN, s. m. en latin *Libertinus*, terme de jurisprudence romaine, qui désigne spécialement les enfans des affranchis. Les esclaves affranchis étoient appellés *liberti*, *quasi liberati*, & leurs enfans *libertini*, c'est-à-dire, issus de ceux que l'on appelloit *liberti*. Néanmoins les jurisconsultes & les écrivains de Rome ont employé indifféremment l'un & l'autre terme, pour signifier un affranchi, & on en trouve un exemple dans la dernière des verrines.

LIBRAIRE, s. m. LIBRAIRIE, s. f. (*Arts & Métiers.*) Le *libraire* est celui qui vend des livres; la *librairie* est l'art ou la profession du *libraire*.

Cette profession doit être regardée comme une des plus nobles & des plus distinguées. Le commerce des livres est un des plus anciens qu'on connoisse. C'est peut-être celui qui intéresse le plus un état. Il est aisé de s'en convaincre, si l'on fait attention qu'il est la base de plusieurs fabriques, qu'il enrichit, ou qui lui doivent leur existence; qu'il est nécessaire aux progrès des connoissances humaines & des arts, qui lui sont dus; aux agrémens de la société, même à ceux de la solitude; aux mœurs enfin, qui en ont reçu & en reçoivent tous les jours la plus forte impression.

Avant que l'art de l'imprimerie fût inventé, les *libraires* jurés de l'université faisoient transcrire les manuscrits, & en apportoient les copies aux députés des facultés de chaque science dans un ouvrage transcrit, afin qu'ils revissent & approuvassent ces copies avant que la vente en fût affichée. Ces *libraires* étoient des hommes instruits, & portoient le titre de *clercs libraires*.

On a un contrat passé devant notaires en 1332, par lequel Geoffroy de Saint-Léger, l'un de ces *clercs libraires*, & qualifié tel, reconnoît avoir vendu, sous l'hypothèque de tous ses biens & *garantie de son corps même*, à un noble homme messire Gérard de Montagu, avocat du roi au parlement, un livre intitulé : *Speculum historiale in consuetudines Parisienses*, divisé & relié en quatre tomes couverts de cuir rouge, moyennant la somme de 40 livres parisis.

A Paris, les *libraires* sont, comme les imprimeurs, du nombre des suppôts de l'université, & jouissent en conséquence des droits, franchises, immunités, prérogatives & privilèges rappellés dans l'article premier du réglement du 28 février 1723.

Les formalités qui doivent être observées pour la réception des *libraires* ont été réglées par un arrêt du conseil du 30 août 1777. Les *libraires* & les imprimeurs sont assujettis à des obligations communes aux uns & aux autres.

Pour établir l'uniformité dans les opérations qu'exige la manutention de la *librairie* & imprimerie, l'arrêt du 30 août 1777 a supprimé quelques anciennes chambres syndicales de *librairie* & en a créé plusieurs autres, qui forment autant de chefs-lieux dont dépendent tous les *libraires* & imprimeurs établis dans les villes moins considérables.

LICENCE, s. f. LICENCIÉ, s. m. (*Droit public.*) *Licence* en général signifie *congé* ou *permission* accordée par un supérieur; mais dans une signification plus particulière, il désigne un degré qu'on acquiert dans les universités, & qu'on prend dans les facultés de théologie, droits & médecine.

Le terme de *licence* signifie quelquefois le cours d'étude au bout duquel on parvient au degré de licencié; quelquefois par ce terme on entend le degré même de *licence*. L'empereur Justinien avoit ordonné que l'on passeroit quatre ans dans l'étude des loix. Ceux qui avoient satisfait à cette obligation étoient dits avoir *licence* & permission de se retirer des études : c'est de-là que ce terme est usité en ce sens.

Le degré de *licence* est aussi appellé de cette manière, parce qu'on donne à celui qui l'obtient, la *licence* de lire & enseigner publiquement, ce que n'a pas un simple bachelier.

On appelle *licencié* celui qui après avoir obtenu le degré de bachelier, est admis au second, qui lui donne le pouvoir d'enseigner.

Ce degré de *licence* revient à-peu-près au titre de προλύται que du temps de Justinien les étudians en droit prenoient à la fin de la cinquième & dernière année de leur cours d'étude; ce titre signifiant des gens qui sont capables d'enseigner les autres.

L'édit du mois d'avril 1679, portant réglement pour le temps des études en droit, ordonne, entre autres choses, que nul ne pourra prendre aucuns degrés ni lettres de *licence* en droit canonique ou civil dans aucune des facultés du royaume, qu'il n'ait étudié trois années entières à compter du jour qu'il sera inscrit sur le registre de l'une desdites facultés; qu'après avoir été reçu bachelier, pour obtenir des lettres de *licence*, on subira un second examen à la fin de ces trois années d'étude, après lequel le récipiendaire soutiendra un acte public. Avant cet édit, le degré de *licence* ne s'obtenoit qu'après cinq ans d'étude.

Ceux qui ont atteint leur vingt-cinquième année peuvent, dans l'espace de six mois, soutenir les examens & actes publics, & obtenir les degrés de bachelier & de *licencié* à trois mois l'un de l'autre.

Les *licenciés* ont le droit de se faire recevoir avocats dans tous les parlemens du royaume; mais leurs lettres de *licence* doivent être visées par le premier avocat-général du parlement, dans le ressort duquel est située l'université qui a accordé les lettres de *licence*.

Dans quelques universités, le degré de *licencié* se confond avec celui de docteur; cela a lieu sur-tout en Espagne & dans quelques universités de France, qui avoisinent ce même pays. *Voyez* BACHELIER, DROIT, DOCTEUR, FACULTÉ DE DROIT.

LICITATION, s. f. (*terme de Pratique*) est l'acte par lequel un immeuble commun à plusieurs personnes, & qui ne peut se partager commodément, est adjugé à l'un d'entre eux, ou même à un étranger.

L'usage de la *licitation* a été emprunté des Romains; il remonte jusqu'à la loi des douze tables, qui porte que les biens sujets à *licitation*, sont ceux qui ne peuvent se partager commodément, ou que l'on n'a pas voulu partager.

Cette loi met dans la même classe les associés & les co-héritiers.

L'édit perpétuel s'en explique de même, *liv. 10.*

Le principe de la *licitation* se trouve dans la loi 5, au cod. *communi dividundo*, qui est que *in communione vel societate nemo compellitur invitus detineri.*

Cette même loi décide qu'il n'importe à quel titre la chose soit commune entre les copropriétaires, soit *cum societate vel sine societate.* Ainsi la *licitation* a lieu non-seulement entre co-héritiers, mais encore entre colégataires, codonataires, & en général entre tous copropriétaires & associés, de quelque maniere que la société ou communion de biens ait commencé, ou ait eu lieu.

Pour être en droit de provoquer la *licitation* d'un héritage ou autre immeuble, il n'est pas nécessaire qu'il y ait impossibilité physique de le partager; il suffit que l'on soit convenu de ne point partager la chose, ou qu'en la partageant, il y eût de l'incommodité ou de la perte pour quelqu'un des co-propriétaires.

La *licitation* est toujours sous-entendue dans la demande à fin de partage, c'est-à-dire, que si le partage ne peut se faire commodément, ce sera une suite nécessaire d'ordonner la *licitation.*

Dès que les copropriétaires ont choisi cette voie, on présume qu'il y auroit eu pour eux de l'inconvénient d'en user autrement, attendu que chacun aime assez ordinairement à prendre sa part en nature.

La *licitation* n'est pas une vente, mais une maniere de partager, un des effets de l'action *communi dividundo*, le complément du partage.

Chez les Romains, on ne pouvoit liciter sans une estimation préalable, comme il résulte des termes de l'édit perpétuel & de la loi 3, *communi dividundo.*

Pour faire un partage ou une *licitation*, il falloit se pourvoir devant le juge qui donnoit des arbitres ou experts, & qui adjugeoit sur leur avis.

Les notaires, c'est-à-dire, les officiers publics chargés à Rome de recevoir les contrats entre les parties, ne pouvoient pas faire de *licitations*, parce qu'ils n'avoient pas la jurisdiction volontaire comme ils l'ont parmi nous, & que les partages ou *licitations*, se faisoient par adjudication de portion: or, il n'y avoit que le magistrat qui pût se servir de ces termes, *do*, *addico*; & pour la *licitation*, il disoit *ad talem summam condemno.*

Les étrangers n'étoient admis aux enchères, que quand les copropriétaires déclaroient n'être pas en état de porter la *licitation* au prix où elle devoit monter, ce que l'on n'exige point parmi nous; il suffit que les propriétaires y consentent.

On a aussi retranché dans notre usage à l'égard des majeurs, l'obligation de liciter devant le juge. La *licitation* peut se faire à l'amiable devant un notaire, si les parties y consentent; & on n'a recours à l'autorité judiciaire que lorsque l'un des copropriétaires s'y refuse.

Il n'est plus pareillement besoin d'un rapport préalable, pour savoir si la chose est partageable ou non, ni d'une estimation; tout cela ne s'observe plus que pour les *licitations* des biens des mineurs, qui ne peuvent être faites qu'en justice; & en ce cas, on y admet toujours les étrangers afin de faire le profit du mineur.

La *licitation* faite sans fraude entre plusieurs copropriétaires qui sont unis par un titre commun, tels que cohéritiers, colégataires, codonataires, associés, coacquéreurs, ne produit point de droits seigneuriaux, quand même les étrangers auroient été admis aux enchères, à moins que ce ne soit un étranger à qui l'adjudication ait été faite, parce qu'à son égard, c'est une acquisition qu'il fait, & dont il doit les lods & ventes, comme de toute autre acquisition.

Mais les acquéreurs intermédiaires, c'est-à-dire, ceux qui achetent d'un des cohéritiers, colégataires, ou autres copropriétaires, & qui demeurent adjudicataires de la totalité par *licitation*, doivent des droits seigneuriaux pour les portions qu'ils acquierent par la voie de la *licitation.*

La raison de cette différence est fondée sur ce qu'ils ne se trouvent propriétaires en ce cas par aucune association ou communauté introduite, par la disposition de la loi ou de l'homme, qui ait été forcée dans son origine. C'est par le même motif que si dans ce cas l'héritage indivis est adjugé au cohéritier resté propriétaire d'une partie, il doit les lods & ventes de la portion acquise par l'étranger.

L'héritage échu par *licitation* à un des co-héritiers, lui est propre pour le tout, quoiqu'il soit chargé d'une soute ou retour de partage. Cette jurisprudence, qu'ont adoptée Dumoulin, Lebrun, Brodeau & Pothier, a été confirmée par un arrêt du parlement de Paris, du 3 mai 1743, entre le sieur Jacquesson, la veuve Bunot, & les créanciers de Jacquesson.

Il suit de cette jurisprudence, 1°. que les créanciers particuliers de chacune des parties licitantes n'ont aucune hypothèque sur la chose licitée, & qu'ils peuvent seulement intervenir à la *licitation* & saisir le droit de leur débiteur à l'effet de toucher sa part dans le prix de la *licitation* : mais lorsqu'ils l'ont laissé toucher à leur débiteur, ils ne peuvent rien demander à l'adjudicataire, attendu qu'il n'est pas censé avoir acquis de ses colicitans.

2°. Les colicitans de l'adjudicataire n'étant pas proprement vendeurs de leurs parts, ils ne sont pas tenus de la même garantie que celle dont un vendeur est tenu envers un acheteur; mais ils sont tenus de celle qui a lieu entre des copartageans, laquelle consiste seulement dans la restitution de ce que chacun des colicitans a touché du prix de la *licitation*, soit pour le total, si l'adjudicataire a souffert l'éviction du tout, soit pour partie, s'il n'a souffert éviction que d'une partie.

Les demandes en *licitation* doivent être formées devant le juge du domicile des défendeurs, quand ils résident dans une même jurisdiction : mais quand l'héritage à liciter appartient à plusieurs propriétaires domiciliés sous différentes jurisdictions, la *licitation* doit être poursuivie devant le juge du lieu où l'héritage est situé, sauf aux propriétaires leur droit de *committimus*, de bourgeoisie, & autres, s'ils en ont. C'est ainsi qu'on a coutume d'en user au châtelet de Paris & aux requêtes du palais, où les *licitations* sont très-communes.

LICITATION, s. f. (*Droits seigneuriaux.*) §. I. *Notions générales.* Les Romains, presque en tout nos modèles & nos maîtres, nous ont donné les principes sur les *licitations*; il est vraisemblable qu'ils les tenoient eux-mêmes des Grecs : on les trouve dans la loi des douze tables, dans l'édit perpétuel, liv. 10, & dans les titres du digeste & du code, *fam. ercifcundæ & communi divid.* Ces principes peuvent se réduire à six : 1°. la *licitation* n'est point une vente, mais une manière de partager un des effets de l'action *communi divid.*; c'est, en un mot, le complément du partage : *communi dividundo judicio consiste; & eâ actione universum prædium, si licitatione viceris, consequeris, quòd si divisio prædii, sine cujusquam injuriâ, commodè fieri potuerit, portionem suis finibus tibi adjudicatam possidebis.* L'action *communi divid.* a, comme l'on voit, deux fins, la division & la *licitation*; l'une & l'autre, étant également l'effet de l'action en partage, sont donc également deux manières de partager. 2°. La *licitation* a lieu non-seulement entre cohéritiers, mais entre colégataires, codonataires, en un mot, entre tous les associés, de quelque manière que la société ait commencé. *Inter coheredes & socios*, porte la loi des douze tables, *nil interest cum societate vel sine societate, res inter aliquos communis sit; societate res communis est, veluti inter eos qui pariter eamdem rem emerunt; sine societate communis est, veluti inter eos quibus eadem res testamento legata est.* 3°. La *licitation* peut avoir lieu toutes les fois que la chose ne se peut commodément partager; il n'est pas nécessaire que le partage soit d'une impossibilité physique. *Cùm commodè dividi aliquis ager inter socios non potest.* Et même cette manière de partager est remise à la volonté des parties par la loi des douze tables, *quæ neque divisit, neque dividi voluit.* 4°. La *licitation* doit toujours être précédée d'une estimation de l'objet licité, *præstationum ratione habitâ*, porte l'édit perpétuel, liv. 10; *estimatione justâ factâ*, liv. III, chap. *comm. divid.* 5°. La *licitation* ne peut se faire que pardevant des juges délégués par le préteur, *prætor arbitres tres dato*, édit perpétuel. 6°. Les étrangers, aussi-bien que les associés, peuvent être admis à sur-enchérir, *ad licitationem non nunquam extraneo emptore admisso.*

Tels sont les principes que les Romains nous ont laissés sur cette matière : voyons comme ils ont passé dans nos mœurs, & quelles modifications ils y ont éprouvées.

Leur usage parmi nous paroît être fort ancien : on les appliqua d'abord aux partages ordinaires, sans qu'il en résultât aucun inconvénient. Il n'en fut pas de même dans les partages des fiefs. Comme cette matière a des principes qui lui sont particuliers; comme elle étoit inconnue aux Romains, il nous fallut marcher sans lisière, & nous fîmes bien des faux-pas.

Il paroît que les *licitations* des fiefs ne donnèrent d'abord aucun ombrage aux seigneurs : mais, vers le commencement du seizième siècle, ils crurent y voir une fraude à leurs droits; ils crurent y voir une véritable vente, & voulurent en exiger le quint & les lods. *La bonté & simplicité de nos prédécesseurs*, dit d'Argentré, *ne s'en étoit beaucoup éveillée, souffrant en bonne paix que chacun se dépêchât en cela par grace & concorde à titre de partage..... jusqu'à ce que aucuns, par aventure plus avisés que prud'hommes, ont voulu profiter parmi les affaires de leurs voisins, & ont commencé à tirer cela à titre & autres conséquences de vente.* Partages des nobles, *quest.* 40.

Cette prétention des seigneurs a donné lieu à une multitude de procès qui, après bien des variations, des incertitudes, ont enfin conduit à la jurisprudence qui existe aujourd'hui.

On voit par le commentaire de Dumoulin, que l'on tenoit alors communément, que la *licitation*, quel que fût l'adjudicataire, donnoit ouverture aux droits féodaux. Cet auteur s'éleva avec la plus grande force contre cette opinion; il établit que la *licitation* n'étoit qu'une manière de partager, conséquemment qu'elle devoit avoir les mêmes prérogatives que le partage; mais comme il voyoit beaucoup d'opposition dans les esprits, il n'osa aller jusqu'à dire que cette exemption devoit avoir lieu, lors même que des étrangers avoient été admis à sur-enchérir. Au contraire, dans son traité des fiefs, il décide qu'en ce cas, le parent adjudicataire doit au seigneur les droits féodaux. Les efforts de Dumoulin contre l'ancienne opinion ne tardèrent pas à produire quelques effets. En 1538, on jugea que le cohéritier adjudicataire ne devoit point les lods & ventes, pour sa part, dans la chose licitée, mais seulement pour les portions de ses cohéritiers. Cette jurisprudence étoit encore bien loin de la perfection; mais c'étoit toujours un premier pas. Quelque temps après, Dumoulin écrivit son traité des censives; encouragé par le succès, il crut pouvoir aller plus loin; il décida que la circonstance qu'un étranger avoit été admis à sur-enchérir, étoit indifférente. *Nec obstat quòd extraneus licitator fuit admissus, quia victus fuit & repulsus, ex quo res remansit socio, & sic idem est, ac si solùm inter socios fuisset licitatio.*

En 1580, on procéda à une nouvelle réformation de la coutume de Paris; on sentoit le besoin d'une loi concernant les *licitations*, & les réformateurs ajoutèrent l'article 80, qui porte : « si l'héritage » ne se peut partir entre cohéritiers, & se licite par » justice sans fraude, ne sont dues aucunes ventes » pour l'adjudication faite à l'un d'eux; mais s'il » est adjugé à un étranger, l'acquéreur en doit » vente ».

Cet article, calqué sur les loix romaines, mais bien moins sage, bien moins étendu qu'elles, loin de trancher la difficulté, donna lieu à de nouvelles contestations. Les loix romaines exigent à la vérité que l'héritage ne puisse se partager; mais elles ajoutent commodément, *cùm commodè aliquis ager dividi non potest.* Les rédacteurs de l'article 80 ayant oublié cette modification importante, ce fut un beau prétexte pour l'avarice des seigneurs; ils prétendirent que les termes de l'article, *ne se peut*, étant absolus, il falloit, pour affranchir l'adjudicataire du quint & des lods, que le partage de l'objet licité fût physiquement impossible. Après bien des débats, les idées se sont enfin fixées, & la jurisprudence françoise s'est conformée à celle des Romains : « les arrêts ont jugé qu'il n'étoit pas juste de donner au seigneur, encore moins à son fermier, sous prétexte de la prétention d'un droit de vente qui doit être levé avec civilité, de pénétrer dans le secret des familles, & d'empêcher les accommodemens entre les cohéritiers. Par arrêt rendu contre l'abbesse de Gomarre le 17 mai 1634, il a été jugé qu'une impossibilité morale suffisoit, c'est-à-dire, le peu de commodité ». *M. le Camus, en ses observat. sur l'art. 80.*

Par une omission aussi impardonnable, les rédacteurs de cet article 80 oublièrent encore de déclarer s'ils assimiloient les associés, les légataires, *&c.* aux cohéritiers. Il étoit tout simple de se référer aux loix romaines, qui les rangent tous dans la même classe; l'on aima mieux disputer, & ce n'est qu'après bien des contestations que la jurisprudence s'est fixée. On jugea d'abord, par une sorte d'identité, que la *licitation* d'un conquêt de communauté entre le survivant & les héritiers du prédécédé ne donnoit ouverture ni aux lods ni au quint : il y en a deux arrêts rapportés par Brodeau sur M. Louet, *litt. l, chap. 9.* Le premier est du 11 janvier 1607; le second, du 19 août 1643.

La chose souffrit beaucoup de difficultés à l'égard des autres associés; la femme, disoit-on, n'est rien moins qu'étrangère à la famille de son mari, puisqu'il y a des cas où la loi l'appelle à en recueillir la succession; l'application qu'on lui fait de l'article 80 ne doit donc point tirer à conséquence en faveur des autres associés : sur ce principe, on jugea, le 9 janvier 1593, que l'objet commun à plusieurs associés, étant vendu par *licitation*, l'adjudicataire, quoique l'un des associés, devoit les droits seigneuriaux, sa portion contingente déduite : cet arrêt est rapporté par Bacquet, *des francs-fiefs, ch. 7.* Cet arrêt choquoit directement les loix romaines; aussi n'eut-il point d'influence. L'opinion contraire prévalut peu-à-peu : & ces associés jouissent aujourd'hui de l'exemption que l'article 80 accorde aux cohéritiers.

« Je n'ai jamais mis de différence entre les titres » *fam. ercis. & comm. divid.*, ensorte que la chose » soit commune à titre universel ou singulier; je » crois qu'il n'est point dû de lods & ventes de » la *licitation* faite par un des consorts ». *Laperière, litt. v. n. 9.*

« Il doit aussi avoir lieu entre les autres associés » ou copropriétaires en un droit universel, soit par » le fait de la coutume ou de l'homme ». Duplessis, *sur le tit. des censives de la coutume de Paris, liv. II, chap. 2, sect. 1.*

Les deux imperfections que nous venons de faire voir dans notre article 80, proviennent du défaut de conformité de cet article avec les loix romaines. Pour s'y être conformés trop scrupuleusement sur un autre point, les rédacteurs ont inséré dans le même article un troisième vice dont nous allons parler. *Si l'héritage se licite par justice sans fraude;* de ces expressions il résulte clairement que la *licitation* ne peut affranchir l'adjudicataire, que lorsqu'elle est faite en justice : une décision aussi précise ne pouvoit manquer de subjuguer les commentateurs : aussi Duplessis dit-il bien formellement : *il faut que cette licitation soit faite en justice.* Telle est en effet la disposition des loix romaines : mais quelle différence entre les usages des Romains & les nôtres sur les partages? Chez eux, les notaires n'avoient point la jurisdiction volontaire, telle que les nôtres l'exercent : tous les partages se faisoient en présence du juge ou des arbitres par lui délégués, & la forme des adjudications étoit *ad talem summam condemno;* il n'étoit pas même donné à tous les juges de proférer ces paroles. Les notaires ne pouvoient donc prononcer un pareil jugement; ils ne pouvoient donc faire l'adjudication de l'immeuble licité. Les fonctions des notaires & la forme des jugemens étant tout-à-fait différentes parmi nous, les réformateurs n'avoient aucun motif raisonnable de faire passer dans nos mœurs un usage uniquement fondé chez les Romains sur des circonstances particulières. Aussi cette disposition a-t-elle été rejettée par les auteurs & la jurisprudence modernes : *la licitation en justice ne se fait plus nécessairement que pour les mineurs.... & même les arrêts ont ôté la nécessité d'un rapport préalable, pour savoir si la chose pouvoit commodément se partager*. Guyot, de la *licitation*, *chap. 2.*

Une déférence trop aveugle pour l'autorité des loix romaines a encore jetté les jurisconsultes françois dans une autre erreur : comme, suivant ces loix, la nécessité de vendre est le motif de la *licitation*, nos anciens auteurs, même les plus célèbres, Dumoulin, d'Argentré, Coquille, nous ont présenté cette nécessité comme étant la cause de l'exemption des droits seigneuriaux ; puisque la vente est nécessaire, ont-ils dit, elle ne doit donc donner ouverture ni aux quints ni aux lods. Mais si la nécessité de la vente est une cause suffisante pour affranchir l'acquéreur des droits seigneuriaux, pourquoi n'est-on pas allé jusqu'à dire qu'il en étoit exempt dans les adjudications par décret ? Pourquoi n'en a-t-on pas exempté pareillement l'étranger adjudicataire de l'objet licité ? En effet, que la chose ait été adjugée à un étranger ou à un cohéritier, la vente n'en étoit pas moins nécessaire.

La nécessité de vendre ne peut donc pas être le motif de l'exemption des droits seigneuriaux. Quelle est la véritable cause de cet affranchissement ? C'est que l'objet licité étant adjugé à un associé, à un cohéritier, il n'y a pas changement de main, il n'y a pas mutation de propriétaire, parce qu'avant l'adjudication, la propriété de cet adjudicataire étoit répandue sur toute l'étendue du fief, & en affectoit toutes les parties ; parce qu'il avoit dès-lors un droit indivis, un droit universel sur la chose, *conjunctum dominium*, *conjunctam possessionem* ; parce qu'enfin ce n'est pas précisément la chose qu'il a acquise, mais la faculté d'en disposer à son gré, & l'extinction des droits de ses copropriétaires.

De ces notions générales résultent quatre principes que l'on peut regarder comme les bases de cette importante matière.

1°. Tous les actes dont l'objet est de faire cesser l'indivision moyennant une somme d'argent, quelles que soient la forme & dénomination de ces actes, sont envisagés comme des *licitations*, & en ont les privilèges.

2°. L'un de ces privilèges est d'affranchir cette espèce d'aliénation des droits seigneuriaux.

3°. Cependant, pour que cet affranchissement ait lieu, il faut que l'objet commun demeure entre les mains de l'un des copropriétaires ; un étranger admis à la *licitation* paieroit les droits seigneuriaux, si l'immeuble lui étoit adjugé.

4°. Autre modification à la règle qui affranchit les *licitations* des droits seigneuriaux ; il ne suffit pas que l'immeuble soit adjugé ou cédé à l'un de ceux qui possédoient par indivis ; il faut en outre, pour l'exemption du quint ou des lods & ventes, que les colicitans soient propriétaires en vertu d'un titre commun *ab initio*.

On appelle *titre commun ab initio*, le titre originaire de l'indivision, celui par lequel les auteurs & colicitans ont commencé de posséder par indivis, enfin l'acte par lequel la communauté s'est formée. Par exemple, la qualité d'héritiers de la même personne ; le testament qui appelle plusieurs à recueillir une succession ; le contrat en vertu duquel deux ou plusieurs ont acquis le même objet pour le posséder indivisément : ces cohéritiers, colégataires, coacquéreurs possèdent en vertu d'un titre commun *ab initio* ; leurs héritiers & représentans à titre universel possèdent de même, parce qu'en effet ils n'ont pas d'autre titre de leur propriété que la qualité d'héritiers, le testament ou le contrat d'acquisition de leur auteur.

Mais la chose est bien différente, lorsque l'un de ces copropriétaires *ab initio* vend ou donne à un tiers sa portion dans l'indivis. A la vérité l'indivision subsiste toujours ; mais le titre n'est plus commun. En effet, ce tiers, quoique coassocié comme les autres, ne possède pas en vertu du titre qui a formé la communion ; son titre, c'est son contrat d'acquêt : il n'en a pas d'autre.

Ce tiers copropriétaire par indivis, mais en vertu d'un titre qui lui est particulier, s'il se rend adjudicataire de l'objet commun, ou s'il acquiert les portions de ses associés, ne jouit pas du privilège attaché à la *licitation* ; assujetti à la loi générale, il doit le quint ou les lods & ventes pour les portions par lui acquises.

Cette dérogation au principe qui affranchit la *licitation* des droits seigneuriaux, est juste autant que nécessaire.

Elle est juste. Pourquoi cet affranchissement entre les communs *ab initio* ? c'est que, lorsque l'indivision s'est formée, lors de l'addition de l'hérédité, ou de l'acquisition en commun, chacun d'eux a été ensaisiné par le seigneur, chacun a payé le quint & les lods en totalité. En effet, on ne peut pas dire que tel des coacquéreurs a payé pour telle portion plutôt que pour telle autre, & la quittance est au nom de tous. Lorsque l'un d'eux acquiert les portions des autres, l'assujettir aux droits de quint ou de lods, ce seroit donc les lui faire payer deux fois pour le même objet ; & sur quel prétexte ? les droits sont le prix de l'ensaisinement, & en sa qualité de propriétaire par indivis, il est ensaisiné pour la totalité de l'immeuble commun.

Il n'en est pas de même, à beaucoup près, de l'acquéreur de l'un des copropriétaires *ab initio* ; s'il n'a acquis qu'un tiers dans l'indivis, il n'est ensaisiné que pour ce tiers, il n'a payé les droits que pour ce tiers ; il est donc juste que le seigneur puisse les exiger de lui pour le surplus, lorsqu'il en devient propriétaire moyennant un prix.

Cette

Cette modification, avons-nous dit plus haut, est non-seulement juste, mais nécessaire; autrement rien de plus facile que de frauder les droits seigneuriaux. Toutes les fois que l'on se proposeroit d'acquérir un fief, une seigneurie possédée indivisément par plusieurs, on commenceroit par en acquérir un vingtième, un trentième, & encore moins; ensuite on provoqueroit la *licitation*, & l'on échapperoit aux droits seigneuriaux en disant, je possédois indivisément, & c'est une *licitation* qui m'a rendu propriétaire.

Aussi voyons-nous la jurisprudence & les plus habiles jurisconsultes se réunir pour assujettir au quint & aux lods, comme ventes pures & simples, toutes les *licitations* de cette espèce.

Ce développement suffit pour l'intelligence du quatrième principe : le second & le troisième n'exigent pas de commentaire; mais le premier peut en avoir besoin.

En effet, on peut être surpris, du moins au premier coup-d'œil, de voir dans la classe des *licitations* un acte par lequel un copropriétaire transporte sa portion à son associé moyennant un prix en argent, dans la forme d'une vente pure & simple, & sans que le mot *licitation* soit même une seule fois employé dans l'acte. Certainement les notions ordinaires conduisent à décider qu'un pareil contrat n'est autre chose qu'une véritable vente.

Mais en y regardant de plus près, on apperçoit dans ces actes les principaux traits qui caractérisent les *licitations*.

Qu'est-ce que la *licitation*, quelle est la forme de cette espèce de contrat, quels sont ses effets?

La *licitation* n'est autre chose qu'une manière de partager, *modus divisionis*, tel est le langage de tous les auteurs; ils ne disent pas que la *licitation* est un partage, mais qu'elle *est réputée partage*; qu'elle est une espèce de partage. *Le premier principe général*, dit Guyot, *est que la licitation est modus divisionis* : premier trait de ressemblance avec les ventes dont il s'agit. Ces ventes n'étant pas de véritables partages, on ne peut leur donner d'autre qualification que celle que les auteurs assignent à la *licitation*, *modus divisionis*.

Nous trouvons dans la forme de ces deux espèces de contrat un second trait de ressemblance : *uni rem adjudicare certâ pecuniâ alteri condemnando*. Voilà la forme des *licitations* chez les Romains. Suivant Dumoulin, il y a *licitation*, lorsque *res ipsa in se non dividitur, sed tota assignatur uni, qui alios recompensat in pecuniâ*.

N'est-ce pas précisément de la même manière que contractent les cohéritiers dans les ventes dont nous nous occupons? Dans ces ventes comme dans les *licitations*, *res ipsa non dividitur, sed tota assignatur uni, qui alios recompensat in pecuniâ*.

Enfin l'effet, le résultat de ces ventes est absolument le même que celui des *licitations*. Dans les deux cas, on évite les embarras & les inconvéniens d'un partage, & l'immeuble commun reste en entier à l'un des héritiers, moyennant une somme qu'il donne à son copropriétaire.

En un mot, il faut convenir qu'une vente de cette espèce seroit une véritable *licitation*, si les cohéritiers avoient jugé à propos de consigner cette expression dans l'acte. La seule différence entre cet acte & la *licitation* proprement dite résideroit donc uniquement dans les mots. Mais les mots sont indifférens à la nature des choses : il faut juger les actes par leur objet & par l'intention des parties contractantes; & sortir de l'indivision moyennant un prix; voilà, dans les ventes dont il s'agit, comme dans les *licitations*, l'objet & l'intention des parties.

§. II. *Du désistement volontaire & gratuit de l'un des copropriétaires.* Il en est du désistement volontaire d'un associé comme de la vente que l'un des copropriétaires fait aux autres. Le désistement, comme la vente, est affranchi des droits seigneuriaux : ainsi jugé par arrêt de la première des enquêtes; en voici l'espèce que Guyot dit avoir prise dans les mémoires imprimés pour la défense des parties.

Les sieurs Barangues, le Normand & Montmarquet, architectes à Paris, avoient acquis en commun des terreins propres à bâtir.

Chaque associé devoit mettre une mise égale dans la société, & les maisons étoient construites que le sieur le Normand n'avoit pas encore fait ses fonds. Sommé par ses deux associés de fournir une somme de 50981 liv., il aima mieux se désister de la société : les sieurs Montmarquet & Barangues y consentirent.

En conséquence, le 5 juin 1700, acte par lequel le Normand renonce au bénéfice de la société, consent qu'elle se continue entre Barangues & Montmarquet, comme si jamais il n'y fût entré, & leur fait abandon & transport de tous les droits & prétentions qu'il pouvoit avoir sur les terreins acquis en commun; & au moyen de ladite cession, les sieurs Barangues & Montmarquet le déchargent de tous ses engagemens, promettent l'en garantir & l'en indemniser.

Le chapitre de Sainte-Opportune, seigneur dominant des terreins acquis par les trois associés, prétendit que ce désistement donnoit ouverture au droit de lods. L'affaire portée à la première des enquêtes, arrêt du 29 mars 1730, qui déboute le chapitre de sa prétention.

Le défenseur des sieurs Barangues & Montmarquet se fondoit principalement sur trois moyens.

1°. Le seigneur ne peut prétendre de droits de lods & ventes que pour contrat de vente, ou équipollent à vente; or, ce n'est ici ni contrat de vente, ni équipollent à vente; c'est une renonciation à une société contractée.

2°. Tout acte qui ne cause point de mutation dans la personne de ceux qui étoient les anciens possesseurs, & qui, anciennement, habituellement & par leur qualité, avoient capacité de posséder la totalité, ne donne point ouverture aux lods : tel est l'acte en question; le changement de propriétaire peut seul donner ouverture aux droits : ici point de changement dans les propriétaires ; retranchement du nombre & rien de plus.

3°. Un ancien propriétaire qui n'acquiert rien de nouveau, qui est déjà l'homme du seigneur, qui a payé les droits lors de l'acquisition, ne peut être obligé de payer les lods & ventes, sur le motif qu'il continue de posséder. Tels sont les sieurs Barangues & Montmarquet. Par exemple, un héritier bénéficiaire ne doit point les droits de l'héritage qu'il se fait adjuger, parce qu'en qualité d'héritier, il en étoit saisi avant l'adjudication. La renonciation de la femme à la communauté, qui fait passer tous ses droits aux héritiers du mari, n'ouvre pas les droits, même quand en renonçant elle prendroit des conquêts de la communauté, tout cela à cause de la propriété habituelle qu'elle y avoit.

Dans l'espèce, trois personnes acquièrent des places ; ils paient les droits ; par-là toutes trois ont acquis la propriété habituelle de toutes ces places ; ils n'acquièrent rien de nouveau par le désistement de l'un d'eux au profit des autres coassociés.

§. III. *Lorsque de deux cohéritiers l'un vend ou cède sa portion indivise à un tiers, & que l'immeuble commun, ensuite licité entre ce tiers & l'héritier, demeure, par l'événement de la licitation, à ce dernier, y a-t-il ouverture aux droits seigneuriaux?* Il y a pour l'affirmative un arrêt que Duplessis rapporte sous la date de 1639, mais qui est de 1640; un second arrêt beaucoup plus récent du 22 août 1749, imprimé sous ce titre : « Arrêt qui, en expliquant l'article 80 de la coutume de Paris, juge que les *licitations* faites entre » un héritier & un étranger, ayant acquis les droits » d'un autre héritier, sont sujettes aux droits seigneuriaux, dans le cas où l'héritier demeure, par l'événement de la *licitation*, propriétaire de la portion » qui avoit été acquise par l'étranger ».

Enfin, à ces autorités se joint celle de Duplessis, qui dit très-affirmativement dans son commentaire sur l'article 80 de la coutume de Paris : « quand » l'un des cohéritiers vend sa part indivise de l'héritage à un étranger qui provoque ensuite la *licitation*, en ce cas, les droits seigneuriaux en sont » dus de la moitié, soit que l'étranger s'y rende » adjudicataire, *soit le cohéritier licitant avec lui* ».

On peut justifier ces décisions par un motif qui se présente très-naturellement : la règle est que la *licitation* n'est affranchie des droits que lorsque les colicitans sont propriétaires *ab initio* & en vertu d'un titre commun. Ici point de titre commun : & l'étranger acquéreur ou cessionnaire des droits de l'un des héritiers n'est pas copropriétaire *ab initio* avec les autres.

Mais cette raison, très-spécieuse à la vérité, n'est que spécieuse ; & malgré l'autorité de Duplessis & des deux arrêts de 1640 & 1749, nous pensons que c'est l'opinion contraire qui doit prévaloir.

C'est la décision des annotateurs de Duplessis, plus grands jurisconsultes que lui ; voici comme ils s'expriment dans leurs notes sur le passage que nous venons de transcrire : « Il faut décider le contraire » de l'arrêt de 1639 cité par l'auteur, parce que » l'un des anciens propriétaires, étant adjudicataire » par la *licitation* qui a été faite avec l'étranger acquéreur d'une portion indivise, ne doit pas être de » pire condition que le seroit un cohéritier adjudicataire qui ne doit point de droits, quoique l'on » ait admis des étrangers à enchérir ».

M. Sudre, jurisconsulte du parlement de Toulouse, très-versé dans la jurisprudence féodale, est de même avis dans ses notes sur Boutaric, *tit. des lods*, *n°. 16*. « Dans ce cas, dit-il, l'ancien propriétaire ne doit rien ».

Enfin même décision dans le traité des fiefs de Guyot, *tom. I*, *pag. 29*. Voici ses termes : « quand » même un cohéritier se trouveroit vis-à-vis d'un » étranger qui avoit la part de l'autre cohéritier, » si l'héritier est adjudicataire, il ne doit rien ». Cet auteur nous atteste ensuite que tel est l'usage: « On ne suit plus l'arrêt du 13 décembre 1640 ».

Cette opinion, que nous croyons préférable à celle qui, dans cette espèce, assujettit l'héritier aux droits seigneuriaux, est également fondée sur les principes & sur l'équité.

Quel est le principe en cette matière, & pourquoi entre copropriétaires *ab initio* la *licitation* est-elle affranchie ? cela est connu de tout le monde. Avant la *licitation*, l'adjudicataire étoit propriétaire de la totalité de l'immeuble, puisqu'il avoit *totum in toto*, *totum in quâlibet parte*.

Ce n'est donc pas l'adjudication qui lui donne la propriété de cet immeuble, elle ne fait qu'anéantir & refondre les droits de ses copropriétaires; & depuis, comme avant cette adjudication, c'est toujours en vertu du titre primordial qu'il possède. Mais le seigneur a ensaisiné ce titre : & s'il étoit productif de droits seigneuriaux, il les a reçus ou dû recevoir. Or, un titre unique ne peut être assujetti qu'à un seul ensaisinement, ne peut produire qu'un seul droit de mutation.

Ainsi le motif, ou du moins l'un des principaux motifs de l'affranchissement, lorsque l'objet est licité entre copropriétaires *ab initio*, c'est qu'avant la *licitation*, l'adjudicataire étoit ensaisiné pour la totalité de l'immeuble, & qu'il avoit rendu au seigneur tous les devoirs que lui imposoit son véritable titre de propriété.

Il est clair que ce motif d'affranchissement milite avec la même force dans l'espèce que nous examinons. En effet, que l'héritier licite avec son cohéritier ou avec un étranger, il est tout aussi vrai de dire qu'avant l'adjudication, il étoit propriétaire de tout l'immeuble, qu'il étoit ensaisiné, & qu'il avoit payé les droits à raison de la totalité de cet immeuble. *Ubi eadem ratio, idem jus.*

Nulle conséquence à tirer du fait que l'étranger auroit payé les droits, si l'adjudication lui fût demeurée. Quelle différence! Cet étranger avoit bien, comme l'héritier, *totum in toto*, mais il n'étoit ensaisiné, mais il n'avoit payé les droits de mutation que pour la portion qu'il en avoit acquise, & non pour l'immeuble en entier.

Quant au motif d'équité, il saute aux yeux. Lorsqu'un immeuble appartient à plusieurs, lorsqu'après la mort des premiers propriétaires, il se trouve dans les mains de vingt, de trente héritiers, il dépendroit donc de l'un d'eux, propriétaire d'un centième, de priver tous les autres du bénéfice de liciter avec affranchissement des droits seigneuriaux; ainsi le sort de tous seroit entre les mains d'un seul.

§. IV. *Les lods sont-ils dus lorsque le légataire universel licite avec l'héritier du sang un immeuble faisant partie de la succession?* A la vérité, l'article 80 de la coutume de Paris n'affranchit du droit de lods que les *licitations* entre cohéritiers; mais la jurisprudence des arrêts a étendu la disposition de cette coutume: & c'est aujourd'hui un principe certain, que cet affranchissement doit avoir lieu lorsque la *licitation* se fait *entre tous autres associés ou copropriétaires en un droit universel, soit par le fait de la coutume ou de l'homme.* Ce sont les termes de Duplessis. Cette maxime forme la treizième règle du titre des cens des institutes de Loisel; *de partage, licitation & adjudication entre cohéritiers* ou coparsonniers *ne sont dus lods ni ventes.* On retrouve la même décision dans Brodeau sur M. Louet, *lett. L, n°. 9.* Voici les termes de cet auteur: *je passe plus outre, & je dis que cet article doit être aussi étendu à tous autres associés coparsonniers ou copropriétaires d'un droit universel, soit par le fait de la coutume, soit par le fait de l'homme.*

Ainsi, règle générale, il n'est pas nécessaire pour l'affranchissement des lods, que la *licitation* soit faite entre cohéritiers; elle a la même efficacité toutes les fois que les colicitans sont copropriétaires ou coparsonniers d'un droit universel, c'est-à-dire, qu'ils ont tous ensemble *conjunctum dominium, conjunctam possessionem.*

A la vérité, cette règle reçoit une modification. On exige, pour l'affranchissement des lods, *que l'association ou communauté soit introduite par la disposition de la loi ou de l'homme, ou du moins qu'elle ait été formée ab initio.* Ce sont encore les termes de Duplessis. Cette restriction a pour objet de prévenir les fraudes que l'on ne manqueroit pas de pratiquer au préjudice des seigneurs, en vendant une petite portion de l'objet commun à un étranger auquel on feroit ensuite tomber l'adjudication; mais, hors ce cas, tous les propriétaires *ab initio*, comme dit Duplessis avec tous les auteurs, peuvent liciter l'objet commun, sans être assujettis à aucun droit au profit du seigneur.

Or le légataire universel a un droit universel sur tous les immeubles qui composent cette succession; & s'il n'est pas du nombre des héritiers, il est du moins leur copropriétaire par indivis & *ab initio.* Les uns & les autres tiennent de la même personne.

Quoique l'héritier du sang ait sa vocation dans la loi, il n'en est pas moins vrai qu'il prend de la main du défunt. *Le mort saisit le vif.* C'est pareillement du défunt que le légataire tient son droit. Il est donc vrai de dire que leur titre est commun; de plus, leurs droits se sont ouverts à la même époque. L'héritier, le légataire, sont donc copropriétaires *ab initio.* Les loix n'en demandent pas davantage pour affranchir la *licitation* du droit des lods.

Si plusieurs légataires du quint disponible licitent ce qui est entre eux, l'adjudicataire est incontestablement affranchi des lods; & pourquoi? parce qu'il avoit avec ses colégataires un titre commun *ab initio.* Mais ce motif doit également affranchir les quatre autres quints, lorsqu'ils sont adjugés au légataire universel: car, relativement au seigneur, il n'y a pas de différence entre le titre d'héritier & celui de légataire.

Aussi Guyot, qui a examiné cette matière sous toutes ses faces, dit-il que, dans cette espèce, la *licitation* entre le légataire & l'héritier est affranchie du droit de lods. « Tous les copropriétaires *sine*
» *societate*, tels sont les cohéritiers, colégataires,
» codonataires, conjoints partageans ou licitans avec
» les cohéritiers du prédécédé, ne doivent aucuns
» droits seigneuriaux ». *Traité des fiefs, Tome I, page 28.*

Enfin la question a été jugée *in terminis*, par arrêt du parlement de Bordeaux, du 29 mai 1699: cet arrêt jugea qu'il n'étoit point dû de droits seigneuriaux pour une *licitation* volontaire entre M. Descan, légataire de sa femme, & Jeanne Jeannet, héritière naturelle. L'annotateur de la Peyrere, qui rapporte cet arrêt, *lett. V, n°. 5*, ajoute que la difficulté consistoit en deux points; 1°. l'acte étoit fait par contrat volontaire, & non par autorité de justice; 2°. *ledit Descan étoit étranger à sa femme, à quoi la cour n'eut point d'égard.*

§. V. *La licitation est-elle affranchie des droits seigneuriaux, lorsqu'elle se fait, non entre les premiers copropriétaires, mais entre leurs héritiers?* Oui, à quelque époque que la *licitation* se fasse & à quelque degré que soient les héritiers des premiers associés, l'affranchissement est le même. Brodeau le dit expressément sur l'article 80 de la coutume de Paris. Voici ses termes:

« Il y a des seigneurs & des fermiers fiscaux qui
» ont voulu restraindre la décision du présent article
» au premier degré de succession & de partage; sa-
» voir, quand la *licitation* se fait entre les cohéritiers
» auxquels l'héritage indivisible est échu...... à
» quoi la réponse est prompte, que la coutume est
» conçue en termes généraux & indéfinis, & ne
» distingue point les cohéritiers d'un second ou troi-
» sième degré de succession avec ceux du premier,
» la raison étant générale, semblable & perpétuelle.
» Et comme le partage se peut demander en quelque
» temps que ce soit, parce que c'est une chose de
» pure faculté, la *licitation* qui succède au défaut &
» à la difficulté ou impossibilité du partage, ne peut,

» en quelque temps qu'elle soit faite au profit de » l'un des cohéritiers, donner ouverture aux droits » seigneuriaux, non plus que le partage ».

On lit de même dans les notes sur Boutaric, « que la faveur, accordée à ceux en qui la copro» priété a commencé, est continuée en leurs suc» cesseurs, soit particuliers, soit universels ». *Traité des droits seigneuriaux de Boutaric, tit. des lods*, §. *IX*, *n°. 9*.

§. VI. *De la licitation des seigneuries, dont plusieurs propriétaires jouissent indivisément.* Une seigneurie est un tout, un *complexum feudale*, composé de différentes parties; 1°. le domaine; 2°. la justice; 3°. les cens, droits & devoirs; 4°. la chasse & la pêche; 5°. des fours, des moulins & des pressoirs.

Le domaine corporel est susceptible de division; cela ne peut pas faire la moindre difficulté.

A la vérité, la justice est de sa nature indivisible. Mais rien de plus facile que d'en diviser l'exercice, en convenant que chaque propriétaire nommera successivement des officiers; ou conformément à l'ordonnance de Roussillon, que les juges institués par chacun d'eux, exerceront alternativement, & pendant un temps proportionnel à la portion qui leur appartient dans la justice.

Dictum est plures dominos utiles ejusdem feudi, posse inter se feudum dividere non ut feudum, sed ut fundum remanente eâdem formâ, titulo & denominatione unius ejusdem feudi, quamvis in plures fundos vel regiones tanquam partes integrales distincti. Quemadmodum etiam diximus jurisdictionem posse dividi simplici divisione juris pro indiviso, & similiter redditus illius & proventus quoquo modo dividi & distribui; sed jurisdictio in se non potest à subdito, cui fortè infeudata est, vel hæredibus ejus dividi nec secari nec multiplicari; nisi tamen expresso consensu vel tacito superioris, longissimo usu confirmato. Dumoulin, *sur l'art. 78 de la coutume de Paris, gl. 4, n°. 27.*

Il en est de même des cens, des droits de quint, de lods, & autres de cette espèce. Ces droits, comme la justice, sont indivisibles, c'est-à-dire, qu'annexés à la seigneurie, il n'est pas au pouvoir du seigneur de les attacher exclusivement à telle ou telle partie de son domaine; mais comme l'exercice de la justice est divisible, on peut également diviser la perception de ces droits de cens, de quint & de lods. Ecoutons encore Dumoulin.

Quemadmodum domini directi possunt dividere feuda à se moventia, simul cum curiâ, idest cum loco ipso dominanti, per quotas indivisas vel etiam per regiones pro diviso . . . . . ita & census inde dependentes dividere possunt, imò ipso facto dividuntur cum divisione loci dominantis cui accendunt, sed pro indiviso dumtaxat, non autem pro diviso; quia esset sectio & alteratio dependentis feudorum vel census. Dumoulin, *loco citato*, *n°. 25.*

Quant à la chasse & à la pêche, ces droits, sur-tout celui de chasse, sont de même inséparables de la seigneurie, & par conséquent indivisibles; mais rien encore de plus facile que d'en diviser l'exercice. Celui des coseigneurs qui trouve de l'inconvénient à jouir en commun de ces prérogatives, peut demander le cantonnement.

Les droits de moulin, de pressoir & de four, sur-tout lorsqu'ils sont bannaux, sont de même annexés à la seigneurie, & l'on peut de même en partager les profits; mais cette division n'est pas, à beaucoup près, aussi facile. Les réparations de l'édifice, l'impossibilité où sont les seigneurs de jouir par eux-mêmes, la difficulté de convenir d'un fermier commun, tout concourt à rendre la jouissance indivise de ces droits sujette à quantité d'inconvéniens.

Ces notions générales répondent à la question de savoir: si l'un de plusieurs copropriétaires d'une seigneurie peut en provoquer la licitation.

Nous pensons qu'il le peut, à l'égard des moulins, fours & pressoirs. Outre les inconvéniens que nous venons de faire appercevoir, l'art. 14 de la coutume de Paris favorise cette opinion, en disant que l'aîné pourra demeurer seul propriétaire du moulin de la seigneurie, s'il juge à propos de donner à ses puînés la valeur de leur portion.

Mais quant à la justice, aux cens & autres droits de cette espèce, la chose est bien différente: comme l'exercice & la jouissance de ces prérogatives sont susceptibles d'une division facile & sans inconvéniens, cette division est tout ce que les différens coseigneurs peuvent exiger; & l'un d'eux ne pourroit pas forcer les autres à sortir de l'indivis par une *licitation* de la totalité de la terre.

Nous avons pour garant de cette décision, un arrêt rendu en très-grande connoissance de cause: en voici l'espèce.

M. de Vandiere, conseiller au parlement de Metz, étoit propriétaire, conjointement avec madame de Sugné & M. de Ville-Longue, de la seigneurie de Vouziere, coutume de Vitry. La portion de madame de Sugné & de M. de Ville-Longue se réduisoit à très-peu de chose, chacun d'eux n'avoit qu'un trois cent soixantième dans la seigneurie.

Madame de Sugné jouissoit divisément de sa portion dans le domaine. Tout étoit indivis entre MM. de Vandieres & de Ville-Longue.

M. de Vandieres voulant sortir de cette indivision, crut pouvoir former une demande en licitation, non du domaine corporel, qu'il reconnoissoit être divisible, mais de la justice, de la chasse, de la pêche, & des droits honorifiques qu'il croyoit n'être pas susceptibles de division.

Cette prétention a été rejettée par arrêt du 25 juin 1761, au rapport de M. de la Guillaumie.

Indépendamment des moyens de droit, cet arrêt est fondé sur de très-grandes considérations. Autoriser le propriétaire d'une portion de seigneurie, à provoquer la licitation de la totalité, ce seroit mettre dans les mains des capitalistes un moyen infaillible de vexer une foule de pauvres gentilshommes, de les dépouiller de leur patrimoine, &

de les expulser du domicile de leurs aïeuls, le seul asyle souvent qu'ils aient sur la terre.

§. VII. *De la licitation dans les coutumes qui assujettissent les soultes de partage aux droits seigneuriaux.* La soulte étant de la nature du partage, ne transforme pas cet acte en contrat de vente; & quelque récompense que l'un des cohéritiers puisse donner aux autres, il n'en résulte aucun droit au profit du seigneur : voilà le droit commun.

Mais dans le nombre des coutumes, il y en a dix-huit ou vingt qui, par une dérogation à cette règle générale, assujettissent au quint, ou aux lods & ventes, les partages avec soulte.

Ces coutumes sont, Étampes, Dunois, Tours, Nivernois, Auxerre, Montargis, Blois, Loudun, Troye, Vermandois, *&c.*

Ces coutumes, en établissant par des dispositions expresses, que le quint est dû à raison des soultes de partage, ont négligé de s'expliquer sur les *licitations;* & de cette circonstance naît la question que nous nous proposons d'examiner.

Cette question se réduit au point de savoir si la *licitation* donne ouverture aux droits seigneuriaux, dans les coutumes qui assujettissent à ces mêmes droits les partages avec soulte.

Les anciens auteurs ont cru devoir se déterminer pour la négative; Bacquet, Legrand, sur la coutume de Troye; Pontanus, sur celle de Blois; Pallu, sur celle de Tours; la Thaumassière & l'Hoste, sur celle de Montargis, décident que la *licitation* est affranchie des droits, quoique les soultes de partage en soient grevées. Leur motif, c'est que *la licitation étant un cas omis par ces coutumes, il faut recourir au droit commun ;* ils disent encore que les dispositions de ces coutumes étant exorbitantes, il faut les restreindre, autant qu'il est possible, suivant cette maxime : *statuta in quantum sunt exorbitantia, non extenduntur de uno casu ad alterum, etiam ex majori ate rationis.*

Tel est l'avis des auteurs que l'on vient de citer; on voit qu'ils ne se fondent que sur des raisons générales; les principes particuliers à la matière, & les derniers arrêts conduisent peut-être à une solution toute différente.

On vient de dire que la *licitation* n'est autre chose qu'un mode ou manière de partage; cela est écrit par-tout; c'est même de son identité avec le partage qu'elle tire l'exemption que le droit commun lui accorde. Si cela est, comme il n'est pas possible d'en douter, la *licitation* doit donc suivre par-tout le sort des partages; exempte des droits dans les coutumes où le partage en est affranchi, elle doit y être assujettie dans celles où le partage en est grevé.

On ne peut refuser à la *licitation* le caractère d'un partage, qu'en la plaçant dans la classe des contrats de vente : de-là, la conséquence nécessaire, que dans les coutumes qui autorisent le seigneur à percevoir les droits de vente, 1°. sur ce que l'on appelle proprement ventes; 2°. sur les partages avec soulte, la *licitation* ne peut jamais être affranchie des droits, puisque appartenant nécessairement à l'une ou à l'autre de ces deux classes, elle ne peut être tirée de l'une que pour retomber dans l'autre.

Admettre l'opinion contraire, c'est anéantir d'un trait de plume les dispositions des dix-huit à vingt coutumes; en effet, inutilement ces coutumes auroient-elles assujetti les soultes de partage aux droits seigneuriaux, si les *licitations* en étoient exemptes; comme les cohéritiers sont toujours les maîtres de donner au partage la forme extérieure d'une *licitation*, ils ne manqueroient jamais de prendre cette voie.

Les autorités qui établissent que la *licitation* n'est autre chose qu'un partage, sont aussi nombreuses que respectables; c'est l'idée que nous en donnent les Romains & les jurisconsultes des pays de droit écrit. *In judicio familiæ erciscundæ receptum est, ut uni res adjudicari possit ; imò licitationem lex admittit inter cohæredes, ita ut non tam vendant quàm dividant.* Guypape, *quest. 48.*

C'est également l'idée & la définition qu'en donnent les auteurs du droit coutumier, notamment Dumoulin sur Paris, *art. 22 de l'ancienne coutume, & 33 de la nouvelle, gloss. 1, liv. 73,* & d'Argentré sur Bretagne, *art. 73, not. 4, n. 3.*

De-là cette décision unanime, que la *licitation* n'est point sujette aux droits de vente dans les coutumes où les partages, même avec soulte, en sont affranchis.

Par une réciprocité nécessaire, la *licitation* entre cohéritiers est donc sujette aux droits dans les coutumes qui autorisent le seigneur à les percevoir, non-seulement sur les ventes proprement dites, mais encore sur les partages avec soulte.

Guyot a fait sur ce point une dissertation fort étendue, dans laquelle il réfute très-solidement les motifs de ceux qui estiment que, dans les coutumes dont nous parlons, la *licitation* doit être affranchie des droits seigneuriaux.

À la vérité, Guyot ne décide pas la question d'une manière absolument affirmative; mais il ne connoissoit pas les derniers arrêts : certainement aujourd'hui il parleroit d'une manière beaucoup plus tranchante : ces arrêts, les voici, ils sont au nombre de deux, l'un & l'autre dans la coutume de Vermandois, & au profit de madame la duchesse de Mazarin. L'article 260 porte : *pour partage n'est dû au seigneur féodal aucun profit, pourvu qu'audit partage ne se fasse aucune soulte.*

Le sieur Lamiraut étoit devenu propriétaire, par la voie de la *licitation*, d'un fief indivis entre lui & ses frères & sœurs, comme cohéritiers en directe. Ce fief est sous la mouvance de madame la duchesse de Mazarin; elle demande le quint à raison de l'argent donné par le sieur Lamiraut à ses cohéritiers : celui-ci se défend avec la plus grande chaleur, invoque toutes les autorités connues. Par un avant faire droit, la cour demande des actes de notoriété des différens bailliages de Vermandois.

Ces actes, tous en faveur de l'affranchissement, si l'on en excepte celui du bailliage de Soissons, remplissoient parfaitement les vues du sieur Lamiraut, mais non celles de l'arrêt. Les officiers de ces bailliages, sans doute dans l'impuissance de rapporter des jugemens, des actes juridiques, s'étoient contentés de donner leur opinion & celle des avocats de leur siège. La cour n'y eut aucun égard, & nonobstant ce concours de suffrages, nonobstant l'autorité de l'usage que l'on disoit être observé dans la province, elle déféra au principe qui identifie la *licitation* avec le partage : & le sieur Lamiraut fut condamné au droit de quint d'une voix unanime, dit Denisart. Cet arrêt est du 8 juillet 1761.

Enfin, la question s'étant présentée de nouveau dans cette même coutume de Vermandois, elle a reçu la même décision, par arrêt rendu au rapport de M. Lefevre d'Amecourt le 18 janvier 1780.

La véritable & peut-être la seule difficulté de cette question, est de déterminer le motif du silence des coutumes sur ce point. Si l'on peut supposer que l'intention des réformateurs a été que la *licitation* fût soumise aux règles du droit commun coutumier, il est clair qu'elle est affranchie : au contraire, elle est incontestablement assujettie au quint, si ces mêmes réformateurs n'ont omis de statuer sur ce cas particulier, que parce qu'ils ont pensé qu'il se trouvoit réglé par les articles relatifs, soit au partage, soit au contrat de vente.

Quelle a donc été l'intention des réformateurs? Pour la découvrir, il ne faut que se rappeller la manière dont on envisageoit la *licitation* pendant les cinquante ou soixante premières années du seizième siècle, époque de la rédaction de ces différentes coutumes.

Alors la *licitation*, même entre cohéritiers, étoit universellement placée dans la classe des contrats de vente, & comme telle, assujettie au quint & aux lods; le cohéritier adjudicataire les devoit au commencement du seizième siècle, même pour la portion qui lui appartenoit dans l'immeuble indivis. Pocquet de Livonniere, qui n'est sur ce point que l'écho des anciens auteurs, le dit dans les termes les plus formels. « Avant la réformation de la cou» tume de Paris & au commencement du seizième » siècle, les lods & ventes étoient dus pour la *lici-* » *tation* par les cohéritiers-adjudicataires, non-seu» lement pour la part de ses cohéritiers, mais pour » la sienne..... C'étoit du moins l'opinion com» mune du barreau; traité des fiefs, *liv. 3, chap. 6,* » *sect. 5* ».

On ne peut rien de plus positif; mais c'est surtout dans le traité des fiefs & des censives de Dumoulin, imprimé, comme l'on sait, en 1540, qu'il faut chercher & que l'on trouve la preuve & les motifs de cette ancienne jurisprudence.

Sur l'article 55 de cette ancienne coutume, cet auteur rend compte du fait suivant.

« Trois cohéritiers, nommés Bucquet, possé» doient indivisément une maison sise à Paris dans » la censive du roi : *licitation.* Agnès Bucquet se » rend adjudicataire, conformément à l'usage & à » la jurisprudence; elle paie au receveur des do» maines les lods des deux portions appartenantes » à ses deux cohéritiers. Quelque temps après, le » procureur du roi au bureau des finances la fait » assigner, pour voir dire qu'elle sera tenue de payer » également pour la portion qui lui appartenoit » comme héritière. Les officiers du bureau des » finances, pour ajouter à la solemnité de leur » jugement, invitent Dumoulin & plusieurs autres » avocats de monter sur le siège avec eux; tous, » d'une voix unanime, sont d'avis que la prétention » du procureur du roi doit être accueillie, & que » Agnès Bucquet doit les lods, non-seulement pour » les portions de ses cohéritiers, mais même pour » la sienne propre. Dumoulin est seul pour affran» chir cette portion : il veut motiver son opinion; » mais elle paroît si nouvelle, que ses collègues » refusent de l'entendre. *Omnibus pro actore conten-* » *dentibus, ego solus reum absolvendum censui.......* » *analisim meam explicare volui..... sed illis audire* » *non libuit* ».

Ce qui est très-remarquable dans le récit de Dumoulin, c'est le motif sur lequel se fondoit le procureur du roi. Une *licitation*, disoit-il, est une vente : or, l'article 55 de la coutume assujettit les ventes au droit de lods pour la totalité du prix. Agnès Bucquet doit donc payer, même pour sa portion, puisqu'elle est comprise dans l'adjudication. *Consuetudo statuit simpliciter laudimia deberi de re venditâ, sed tota domus fuit adjudicata; ergo pro ratione totius domûs debentur.*

Sur l'appel, cette sentence fut infirmée par arrêt de 1538; il fut jugé que le cohéritier-adjudicataire, débiteur des lods pour les portions de ses cohéritiers, en étoit affranchi pour lui-même. C'est le premier pas de la jurisprudence vers l'affranchissement.

Dumoulin continue, & rend compte des motifs de cet arrêt. Il est juste, dit-il; car il est clair, *exploratissimum est*, que les lods ne sont dus que dans le cas de vente : or, dans cette *licitation*, point de véritable vente que pour les portions des deux cohéritiers d'Agnès Bucquet; ces portions seules avoient été vendues, on ne pouvoit pas dire que l'adjudicataire avoit acheté celle qui lui appartenoit; *hic non fuit in veritate & in effectu venditio, nisi pro duabus partibus cohæredum, non autem pro parte Agnetis.*

Il étoit donc alors universellement reçu que la *licitation*, du moins pour les portions qui n'appartenoient pas à l'adjudicataire, étoit une véritable vente. Si Dumoulin avoit ce préjugé, combien n'étoit-il pas enraciné chez les autres?

Il n'est pas possible d'en douter. Telle étoit la manière de voir des magistrats qui ont présidé à la rédaction de ces différentes coutumes. S'ils ont négligé de statuer, par une disposition précise, sur le droit de quint en matière de *licitation*, on ne peut donc pas supposer qu'ils ont entendu se référer au droit commun coutumier; il faut tenir au contraire que, persuadés que la *licitation* n'étoit autre chose qu'une vente, ils ont pensé qu'ayant, par un article formel, assujetti la vente au droit de quint, il ne leur restoit plus rien à dire sur la *licitation*.

Au lieu de recourir au droit commun, il paroît donc bien plus naturel de chercher dans ces coutumes même la solution de notre difficulté, & de la puiser dans les articles relatifs aux partages, puisque la *licitation* n'est autre qu'une manière de partager; ou dans ceux relatifs aux ventes, puisque l'opinion, régnante à l'époque de la rédaction de ces coutumes, assimiloit les *licitations* aux ventes proprement dites, & que la *licitation* ne peut sortir de la classe des partages que pour retomber dans celle des ventes.

Cependant peut-être y a-t-il une distinction à faire entre ces différentes coutumes.

Dans la contestation jugée en faveur de madame la duchesse Mazarin, dont nous avons rapporté plus haut l'espèce & la décision, le parlement, avant de rendre un arrêt définitif, avoit cru devoir interroger les différens bailliages qui partagent le Vermandois; & par un premier arrêt, il avoit ordonné « que les parties se retireroient pardevers les officiers des bailliages de Laon, Soissons & Noyon, » à l'effet d'en obtenir des actes de notoriété qui » constatent l'usage qui peut avoir lieu dans leurs » sièges, sur la question qui divise les parties, qui » est de savoir si, dans la coutume de Vermandois » qui, par l'article 160, assujettit au paiement des » droits féodaux lorsque les partages se font avec » soultes entre frères & sœurs, il n'est pas dû également des droits, dans le cas de la *licitation* » comme équipollente à partage avec soulte ».

Le sieur Lamiraut s'empressa d'exécuter cet arrêt, & rapporta des actes de notoriété, non-seulement des bailliages de Laon, de Noyon & de Soissons, mais en outre des bailliages de Saint-Quentin & de Guise, qui tous, excepté celui de Soissons, attestoient que, dans le Vermandois, les *licitations* étoient affranchies des droits seigneuriaux; que s'il n'existoit aucun jugement sur ce point, c'est que les seigneurs, éclairés par l'usage & par les jurisconsultes, ne s'étoient jamais permis d'élever la question; mais que, s'ils eussent réclamé, leur prétention auroit été rejettée par tous les tribunaux de la province.

Tels étoient en substance les actes de notoriété des quatre bailliages de Laon, Noyon, Guise & Saint-Quentin.

Le défenseur de madame la duchesse Mazarin répondit « que ces actes de notoriété ne remplissoient point le vœu de l'arrêt; que ce n'étoit » point un avis que l'on avoit demandé aux officiers de ces différens bailliages, mais un témoignage de l'*usage*; que pour qu'un usage pût déroger » à un texte de loi, ou du moins l'interpréter, il » falloit qu'il fût fondé sur une jurisprudence suivie, » *series rerum judicatarum*; que les cinq bailliages » n'avoient pas pu citer un seul jugement sur la » question; qu'ils ne partoient que de leur opinion » & de celle des praticiens; que ces opinions ne » pouvoient pas faire la règle d'une cour souveraine; & qu'il falloit juger la coutume par elle-même dès-lors qu'il n'y avoit point d'usage autorisé par la jurisprudence ».

Ce moyen prévalut sur les actes de notoriété, & le sieur Lamiraut fut condamné à payer le droit de quint.

Quoique les cours ne soient pas astreintes à juger conformément aux actes de notoriété, lors même qu'elles les demandent, cependant on peut raisonnablement conjecturer que, si ceux des bailliages de Vermandois eussent rempli le vœu de l'arrêt; que si, au lieu de raisonnemens vagues, ces actes eussent présenté une suite de jugemens uniformes, le parlement en auroit fait la règle de sa décision. Et de-là naît la distinction que nous venons d'annoncer.

S'il y a des coutumes semblables à celles de Vermandois avant l'arrêt de 1761, dans lesquelles il n'existe aucun préjugé sur la question, il y en a d'autres où cette question s'est élevée; où il a été jugé, & même plus d'une fois, que la *licitation* est affranchie des droits seigneuriaux, malgré la disposition qui assujettit au quint ou aux lods & ventes les soultes de partage.

On pourroit donc établir une distinction entre ces différentes coutumes, & dire, dans les premières, comme l'application des principes n'est gênée par aucun préjugé, & puisqu'une *licitation* est nécessairement une vente ou un partage, dans les *licitations*, comme dans les ventes & les partages, il y a ouverture aux droits seigneuriaux.

Mais toutes les fois que, dans l'une de ces coutumes, il aura été jugé par plusieurs arrêts uniformes, que la *licitation* est affranchie des droits seigneuriaux, ces préjugés, joints à la faveur de la libération, doivent prévaloir sur la rigueur des principes, & faire décider que les *licitations* ne sont productives d'aucun droit au profit des seigneurs.

Dans le nombre des coutumes qui grèvent du droit de quint les soultes de partages, on en trouve en effet quelques-unes où la question a été décidée contre les seigneurs, où le parlement a jugé que les *licitations* étoient affranchies des droits seigneuriaux. Il y en a deux arrêts dans la coutume de Montargis; le premier, du 9 janvier 1593, qui a condamné un associé adjudicataire par *licitation* aux droits seigneuriaux, *comme n'ayant la licitation été faite entre cohéritiers*. Ces mots sont dans l'arrêt; je l'ai vérifié à la tour. Il en résulte que, si l'adjudication avoit été faite entre cohéritiers, le parlement auroit jugé que le quint n'étoit pas dû. Autre arrêt du 11 juin 1743, rapporté par Denisart, *verbo Lods & ventes*.

On remarque une variété dans ces coutumes; les unes assujettissent textuellement aux droits seigneuriaux les soultes de partage des fiefs & des rotures; les autres, après avoir grevé les fiefs de cette charge, ont omis de s'expliquer sur ce point dans le titre des censives & biens roturiers. Telle est la coutume du Vermandois. Et dans cette coutume on a jugé que le partage d'un bien roturier, quoiqu'avec soulte, étoit affranchi des lods. L'arrêt, rapporté par Denisart au mot *Soulte de partage*, est du 17 juillet 1765. Cet arrêt est de la grand'chambre. On auroit jugé de même s'il se fût agi d'une *licitation*. (*Article de M.* HENRION, *avocat au Parlement.*)

LICITE, adj. se dit en droit de tout ce qui n'est point défendu par les loix; celui qui fait une chose *licite* ne commet point de mal, & conséquemment ne peut être puni; cependant *non omne quod licet honestum est*, & celui qui fait quelque chose de *licite*, mais qui est contraire à quelque bienséance, perd du côté de la confiance & de la considération; cela est même quelquefois capable de le faire exclure de certains honneurs. Ce qui est illicite est opposé à *licite*. *Voyez* ILLICITE. (*A*)

LICITER, v. act. signifie poursuivre la vente & adjudication d'un bien qui est possédé par indivis entre plusieurs copropriétaires, & qui ne peut sans inconvénient se partager. *Voyez ci-devant* LICITATION. (*A*)

LIÉGETÉ. *Voyez* LIGENCE. (*M.* GARRAN DE COULON, *avocat au parlement.*)

LIÈVE, ce mot est en usage dans l'Auvergne, le Bourbonnois, le Berry & les pays voisins, pour désigner un livre de recette ou papier cueilleret. Il se trouve dans l'art. 34 des coutumes locales de Château-neuf, que la Thaumassiere a recueillies parmi ses anciennes coutumes de Berry. Mais le texte de cet article n'en dit rien. Il porte que « les » cens sont payés aux seigneurs, leurs receveurs, » ou commis, en présence de notaires, lesquels » notaires ont accoutumés signer lesdits rôles faisant » foi du droit de censive, & c'est le droit du cens » imprescriptible. » *Voyez au surplus l'art.* PAPIER CUEILLERET. (*M.* GARRAN DE COULON.)

LIEUTENANT, s. m. (*Droit public.*) est un officier de judicature qui tient la place du premier officier de la jurisdiction en son absence.

Un magistrat ou un autre juge ne peut régulièrement se créer à lui-même un *lieutenant;* car la puissance publique que donne l'office est un caractère imprimé dans la personne qui est pourvue de l'office, & qu'elle ne peut transmettre, soit à une personne privée, soit même à quelqu'un qui auroit pareil serment à justice; le pouvoir de chaque officier étant limité au fait de sa charge, hors laquelle il n'est plus qu'homme privé, à moins que par le titre de son office il n'ait aussi le pouvoir de faire les fonctions d'un autre officier en son absence.

Chez les Romains, les magistrats, même ceux qui avoient l'administration de la justice, avoient liberté de commettre en tout ou en partie, à une ou plusieurs personnes, les fonctions dépendantes de leur office.

Les proconsuls qui avoient le gouvernement des provinces, tant pour les armes que pour la justice & les finances, avoient ordinairement des espèces de *lieutenans* distincts pour chacune de ces trois fonctions; savoir, pour les armes, *legatum*, c'est-à-dire, un député ou commis, lequel ne se mêloit point de la justice, à moins que le proconsul ne le lui eût mandé expressément. Pour la justice, ils avoient un assesseur, *assessorem;* & pour les finances, un questeur. Quelquefois pour ces trois fonctions ils n'avoient qu'un même *lieutenant*, lequel, sous les derniers empereurs, s'appelloit ἐκπρόσωπου & quelquefois *vicarius;* mais ce dernier titre se donnoit plus ordinairement à ceux que l'empereur envoyoit dans les provinces où il n'y avoit point de gouverneur, qui, en ce cas, en étoient gouverneurs en chef, étant vicaires, non du gouverneur, mais de l'empereur même.

Les légats des proconsuls étoient choisis par le sénat, mais les assesseurs étoient choisis par les gouverneurs de provinces; & lorsque les légats avoient, outre les armes, l'administration de la justice, ils tenoient cette dernière fonction de la volonté du gouverneur.

Les gouverneurs des provinces & plusieurs autres des principaux officiers de l'empire, avoient aussi coutume d'envoyer par les villes de leur département des commis appellés τοποτηρῆται, ce que Julian, interprète des novelles, traduit par *locum tenentes*, d'où nous avons sans doute tiré le terme de *lieutenant.* Mais Justinien, en sa novelle 134, supprima ces sortes d'officiers, voulant que les défenseurs des cités, choisis par les habitans, fissent la charge des gouverneurs des provinces en leur absence.

Mais cela n'empêcha pas qu'il ne fût toujours libre à l'officier de commettre & déléguer quelqu'un pour faire sa charge; les fonctions même de la justice, quoique les plus importantes & les plus difficiles, pouvoient presque toutes être déléguées même à des personnes privées.

D'abord, pour ce qui est de la simple jurisdiction, il est certain qu'elle pouvoit être déléguée, celui auquel elle étoit entiérement commise pouvoit même subdéléguer & commettre à diverses personnes des procès à juger.

L'appel du commis ou délégué général se relevoit devant le supérieur du magistrat qui l'avoit commis, parce que ce délégué étoit comme nos *lieutenans;* il n'exerçoit d'autre jurisdiction que celle de son commettant & en son nom. Il y a même lieu de croire que les sentences de ce délégué général étoient intitulées du nom du magistrat qui l'avoit commis, de même qu'en France les sentences rendues par le *lieutenant* ne laissent pas d'être intitulées du nom du bailli.

Il y avoit pourtant un cas où l'on appelloit du légat au proconsul; mais apparemment que dans ce ce cas le légat avoit quelque jurisdiction qui lui étoit propre.

Du simple juge délégué on se pourvoyoit devant le délégué général qui l'avoit commis, mais ce n'étoit pas par voie d'appel proprement dit; car le simple délégué n'avoit pas proprement de jurisdiction; il ne donnoit qu'un avis, lequel n'avoit de soi aucune autorité jusqu'à ce que le déléguant l'eût approuvé.

Le pouvoir appellé chez les Romains *mixtum imperium*, ne pouvoit pas être délégué indistinctement, car il comprenoit deux parties.

L'une attachée à la jurisdiction, & pour la manutention d'icelle, qui emportoit seulement droit de légère correction : cette première partie étoit toujours censée déléguée à celui auquel on commettoit l'entière jurisdiction, mais non pas au délégué particulier.

La seconde partie du *mixtum imperium*, qui consistoit à décerner des décrets, à accorder des restitutions en entier, recevoir des adoptions, manumissions, faire des émancipations, mises en possession & autres actes semblables, n'étoit pas transférée à celui auquel la jurisdiction étoit commise, parce que ces actes légitimes tenoient plus du commandement que de la jurisdiction; le mandataire de jurisdiction ou délégué général n'avoit pas droit de monter au tribunal & d'occuper le siège du magistrat, comme font présentement les *lieutenans* en l'absence du premier officier du siège; & c'est encore une raison pour laquelle le délégué général ne pouvoit faire les actes qui devoient être faits *pro tribunali*. On pouvoit néanmoins déléguer quelques-uns de ces actes légitimes, pourvu que ce fût par une commission expresse & spéciale.

L'usage de ces commissions ou délégations avoit commencé à Rome pendant l'état populaire; les magistrats étant en petit nombre & le peuple ne pouvant s'assembler aussi souvent qu'il auroit fallu pour donner lui-même toutes les commissions nécessaires, il falloit nécessairement que les magistrats substituassent des personnes pour exercer en leur place les moindres fonctions de leur charge. Les grands officiers avoient même le pouvoir d'en instituer d'autres au-dessous d'eux.

Mais toutes ces délégations & commissions étant abusives, furent peu-à-peu supprimées sous les empereurs. Le titre du code *de officio ejus qui vice præsidis administrat*, ne doit pas s'entendre d'un juge délégué ou commis par le président, mais de celui qui étoit envoyé au lieu du président pour gouverner la province, soit par l'empereur ou par le préfet du prétoire.

Il fut donc défendu, par le droit du code, de commettre l'entière jurisdiction, du moins à d'autres qu'aux légats ou aux *lieutenans* en titre d'office; il fut même défendu aux magistrats de commettre les procès à juger, à moins que ce ne fussent des affaires légères. C'est pourquoi les juges délégués n'étant plus mandataires de jurisdiction, furent appellés *juges pédanées*, comme on appelloit auparavant tous ceux qui n'avoient point de tribunal ou prétoire; & qui jugeoient *de plano*.

En France, sous la première & la seconde race, temps auquel les ducs & les comtes avoient dans les provinces & villes de leur département l'administration de la justice aussi bien que le commandement des armes & le gouvernement des finances; comme ils étoient plus gens d'épée que de lettres, ils commettoient l'exercice de la justice à des clercs ou lettrés qui rendoient la justice en leur nom, & que l'on appelloit en quelques endroits *vicarii*, d'où est venu le titre de *viguier*; en d'autres, *vice-comites*, vicomtes; & en d'autres, prévôts, *quasi præpositi juridicundo*; & ailleurs, châtelains, *quasi castrorum custodes*.

Les vicomtes tenoient un rang plus distingué que les simples viguiers & prévôts, parce qu'ils étoient au lieu des comtes, soit que les villes où ils étoient établis n'eussent point de comte, ou que le comte n'y fît pas sa résidence, soit qu'ils y fussent mis par les ducs ou comtes, soit qu'ils fussent établis par le roi même comme gardiens des comtés, en attendant qu'il y eût mis un comte en titre.

Les vicomtes & les autres *lieutenans* des ducs n'avoient au commencement que l'administration de la justice civile & l'instruction des affaires criminelles; ils ne pouvoient condamner à aucune peine capitale.

Lorsque Hugues-Capet parvint à la couronne, la plupart des vicomtes & autres *lieutenans* des ducs & comtes qui étoient établis hors des villes, usurpèrent la propriété de leurs charges, à l'exemple des ducs & des comtes, ce que ne purent faire ceux des villes, qui administroient la justice sous les yeux d'un duc ou d'un comte. En Normandie, ils sont aussi demeurés simples officiers.

Les ducs & les comtes s'étant rendus propriétaires de leurs gouvernemens, cessèrent de rendre la justice & en commirent le soin à des baillis : le roi fit la même chose dans les villes de son domaine.

Ces baillis, qui étoient d'épée, étoient néanmoins tenus de rendre la justice en personne; il ne leur étoit pas permis d'avoir un *lieutenant* ordinaire. Philippe-le-Bel, par son ordonnance du mois de novembre 1302, régla que le prévôt de Paris n'auroit point de *lieutenant* certain résidant; mais que s'il étoit absent par nécessité, il pourroit laisser un prud'homme pour lui tant qu'il seroit nécessaire.

Il enjoignit de même, en 1302, à tous baillis, sénéchaux & autres juges, de desservir leur charge en personne; & Philippe V, en 1318, leur défendit nommément de faire desservir leurs offices par leurs *lieutenans*, à moins que ce ne fût par congé spécial du roi, à peine de perdre leurs gages.

Les choses étoient encore au même état en 1327 : le prévôt de Paris avoit un *lieutenant*; mais celui-ci ne siégeoit qu'en son absence.

Les auditeurs étoient aussi obligés d'exercer en personne; & en cas d'exoine seulement, le prévôt de Paris devoit les pourvoir de *lieutenans*.

Il y avoit aussi à-peu-près dans le même temps, un *lieutenant*-criminel au châtelet, ce qui fit surnommer l'autre *lieutenant-civil.*

Philippe de Valois, dans une ordonnance du mois de juillet 1344, fait mention d'un *lieutenant* des gardes des foires de Champagne, qu'il avoit institué. Le chancelier & garde-scel de ces foires avoit aussi son *lieutenant;* mais ces *lieutenans* n'avoient de fonction qu'en l'absence de l'officier qu'ils représentoient.

Ce même prince défendit, en 1346, aux verdiers, châtelains & maîtres sergens, d'avoir des *lieutenans*, à moins que ce ne fût pour recevoir l'argent de leur recette; & en cas de contravention, les maîtres des eaux & forêts les pouvoient ôter & punir. Il excepta seulement de cette règle ceux qui demeuroient en son hôtel ou en ceux de ses enfans, encore ne fut-ce qu'à condition qu'ils répondroient du fait de leurs *lieutenans* s'il avenoit aucune méprise, comme si c'étoit leur propre fait. Ce réglement fut renouvellé par Charles V en 1376, & par Charles VI en 1402.

Le roi Jean défendit encore, en 1351, à tous sénéchaux, baillis, vicomtes, viguiers & autres ses juges, de se donner des *lieutenans*, *substitutos aut locum tenentes*, sinon en cas de nécessité, comme de maladie ou autre cas semblable.

Il y avoit cependant dès-lors quelques juges qui avoient des *lieutenans*, soit par nécessité ou permission du roi; car dans les lettres de 1354 il est parlé des *lieutenans* des maîtres particuliers des monnoies.

Le connétable & les maréchaux de France ou leurs *lieutenans*, connoissoient des actions personnelles entre ceux qui étoient à la guerre; il est parlé de ces *lieutenans* dans une ordonnance du roi Jean du 28 décembre 1355, suivant laquelle il semble que l'amiral, le maître des arbalêtriers & le maître des eaux & forêts, eussent aussi des *lieutenans*, quoique cela ne soit pas dit de chacun d'eux spécialement; il est seulement parlé de leurs *lieutenans in globo.*

Le concierge du palais, appellé depuis *bailli*, avoit aussi, dès 1358, son *lieutenant* ou garde de sa justice.

Il paroît même que depuis quelque temps il arrivoit assez fréquemment que les juges royaux ordinaires avoient des *lieutenans;* car Charles V, en qualité de *lieutenant* du roi Jean, défendit en 1356 aux sénéchaux, baillis ou autres officiers exerçans jurisdiction, de ne point prendre pour leurs *lieutenans* les avocats, procureurs ou conseillers communs & publics de leur cour, ou d'aucun autre seigneur, à peine, par ceux qui auroient accepté ces places de *lieutenans*, d'être privés des offices qu'ils auroient ainsi pris par leur convoitise, & d'être encore punis autrement.

Le roi Jean, à son retour de l'Angleterre, ordonna aux baillis & sénéchaux de résider dans leurs baillies & sénéchaussées, spécialement dans les guerres, sans avoir de *lieutenans*, excepté lorsqu'ils iroient à leurs besognes hors de leur baillie; ce qui ne leur étoit permis qu'une fois chaque année, & pendant un mois ou cinq semaines au plus.

Il défendit aussi, par la même ordonnance, aux baillis & à leurs *lieutenans*, de s'attribuer aucune jurisdiction appartenante aux prévôts de leurs bailliages.

Le bailli de Vermandois avoit pourtant, dès 1354, un *lieutenant* à Chauny; mais c'étoit dans une ville autre que celle de sa résidence.

Le bailli de Lille avoit aussi un *lieutenant* en 1365, suivant des lettres de Charles V, qui font aussi mention du *lieutenant* du procureur du roi de cette ville, qui est ce que l'on a depuis appellé *substitut.*

Le bailli de Rouen avoit, en 1377, un *lieutenant*, auquel on donnoit le titre de *lieutenant-général* du bailliage.

On trouve des provisions de *lieutenant* données dans la même année par le sénéchal de Toulouse, à vénérable & discrète personne Pierre de Montrevel, docteur ès loix, & juge-mage de Toulouse. Le motif de cette nomination fut que le bailli étoit obligé d'aller souvent en Aquitaine; mais il le nomme pour tenir sa place, soit qu'il fût dans ladite sénéchaussée ou absent, *toties quoties nos in dictâ senescalliâ adesse vel abesse contigerit;* il ordonne que l'on obéisse à ce *lieutenant* comme à lui-même, & déclare que par cette institution il n'a point entendu révoquer ses autres *lieutenans*, mais plutôt les confirmer; ce qui fait connoître qu'il en avoit apparemment dans d'autres villes de son ressort.

Ordinairement, dès que le juge étoit de retour & présent en son siège, le *lieutenant* ne pouvoit plus faire de fonction; c'est pourquoi dans la confirmation des privilèges de la ville de Lille en Flandres, faite par Charles VI, au mois de janvier 1392, il est dit que les *lieutenans* qui avoient été nommés par le bailli ou par le prévôt de cette ville, lorsque ceux-ci devoient s'absenter, ou qu'ils ne pouvoient vaquer à leurs fonctions, ne pouvoient exercer cet office lorsque le bailli ou le prévôt étoit présent; mais que si le titre de *lieutenant* leur avoit été conféré par des lettres de provision, ils le conservoient jusqu'à ce qu'elles eussent été révoquées.

Quelque considérables que soient les places de *lieutenans* dans les principaux sièges royaux, le bailli ou autre premier officier a toujours la supériorité & la prééminence sur le *lieutenant;* c'est en ce sens que dans des lettres de 1394, le *lieutenant* du bailli de Meaux, en parlant de ce bailli, le nomme *son seigneur & maître.*

Le roi ordonnoit quelquefois lui-même à certains juges d'établir un *lieutenant* lorsque cela paroissoit nécessaire; c'est ainsi que Charles VI, en 1397, ordonna qu'il seroit établi à Condom un *lieutenant* du sénéchal d'Agen, par lequel il seroit institué; que ce *lieutenant* devoit résider continuellement dans la ville, & connoître des causes d'appel.

Charles VII, voyant que les baillis & sénéchaux n'étoient point idoines au fait de judicature, leur ordonna, en 1453, d'établir de bons *lieutenans*, sages, clercs & prud'hommes qui seroient choisis par délibération du conseil, & sans exiger d'eux aucune somme d'or ou d'argent, ou autre chose; que ces *lieutenans* ne prendront ni gages ni pensions d'aucuns de leurs justiciables; mais qu'ils seront salariés & auront gages; qu'ils ne pourront être destitués sans cause raisonnable; qu'à chaque bailliage il n'y aura qu'un *lieutenant*-général & qu'un *lieutenant*-particulier, & que ce dernier n'aura de puissance au siège qu'en l'absence du *lieutenant*-général.

Le parlement avoit rendu, dès l'année 1438, un arrêt pour la réformation des abus de ce royaume, & notamment par rapport aux baillis; en conséquence de quoi, & de l'ordre de Charles VII, Regnaud de Chartres, archevêque de Rheims & chancelier de France, fut commis & député pour aller par toute la France mettre & instituer des *lieutenans*, des baillis & sénéchaux, gens versés au fait de judicature.

Quelque temps après, Charles VII & Charles VIII ôtèrent aux baillis & sénéchaux le pouvoir de commettre eux-mêmes leurs *lieutenans*, & nos rois commencèrent dès-lors à ériger en titre formé des offices de *lieutenans* des baillis & sénéchaux.

Il y eut pourtant quelque variation à ce sujet; car Louis XII en 1499, ordonna que l'élection de ces *lieutenans* se feroit en l'auditoire des bailliages & sénéchaussées, en y appellant les baillis & sénéchaux, & autres officiers royaux, & ce quinzaine après la vacance des offices de *lieutenant*. Ce fut lui aussi qui ordonna que les *lieutenans*-généraux des baillis seroient docteurs ou licenciés en une université fameuse.

Chenu, dans son *Traité des offices*, dit avoir vu des élections faites en la forme qui vient d'être dite du temps de Louis XII pour les places de *lieutenant*-général, de *lieutenant*-particulier au bailliage de Berri, & de *lieutenant* en la conservation.

Depuis ce temps, il a été fait diverses créations de *lieutenans*-généraux & particuliers, de *lieutenans*-civils & de *lieutenans*-criminels, & de *lieutenans*-criminels de robe-courte, tant dans les sièges royaux ordinaires, que dans les sièges d'attribution; quelques-uns ont été supprimés ou réunis à d'autres, lorsque le siège ne pouvoit pas comporter tant d'officiers.

L'édit de 1597, fait en l'assemblée de Rouen, ordonnoit que nul ne seroit reçu *lieutenant*-général de province qu'il ne fût âgé de trente-deux ans complets, & n'eût été conseiller pendant six ans dans un parlement. Les ordonnances de François I, & celle de Blois, ne requièrent que trente ans, ce que la cour, par un arrêt de 1602, a étendu à tous les *lieutenans*-généraux & particuliers des bailliages grands & petits. (*A*)

Divers seigneurs se sont anciennement attribué le droit de nommer des *lieutenans* dans leurs justices: mais ils ne jouissent aujourd'hui de cette faculté, qu'autant qu'ils en ont une possession immémoriale, ou qu'elle est suffisamment établie par les aveux & dénombremens de leurs terres, ou par d'autres titres équivalens. C'est ce qui résulte d'un arrêt du mois d'août 1702 rapporté au journal des audiences.

La coutume de Poitou établit à cet égard un droit particulier dans les justices de son ressort. Elle veut que les seigneurs aient des juges résidans sur les lieux, ou un commis pour eux. Ce terme de commis a reçu par les arrêts la signification de *lieutenant*. S'il n'y a ni juge ni commis ou *lieutenant* sur les lieux, on doit s'adresser au juge supérieur. C'est ce que décident les commentateurs de cette coutume.

Le droit de nommer un *lieutenant* pour rendre la justice, appartient aussi aux seigneurs qui ont des terres seigneuriales dans le ressort du parlement de Toulouse. C'est ce que prouve un arrêt donné par cette cour le 25 janvier 1730.

Le même droit a lieu en Provence en faveur des seigneurs. Ils peuvent avoir un juge & un *lieutenant* de juge qui est tenu de résider dans la justice, conformément à deux arrêts du parlement d'Aix des 21 octobre 1680, & 11 avril 1711.

Loiseau observe, dans son *Traité des seigneuries*, que divers arrêts ont défendu aux *lieutenans* des justices seigneuriales de prendre la qualité de *lieutenant-général*. Le parlement de Rouen a jugé de même par arrêt rendu le 23 juillet 1748.

Nous allons parler dans les articles suivans, des différentes espèces de *lieutenans*, qui ont rapport à l'ordre judiciaire, sous les dénominations qui leur sont propres, & nous suivrons à cet égard l'ordre alphabétique.

LIEUTENANT-CIVIL, est un magistrat de robe longue qui tient le second rang entre les officiers du châtelet de Paris; il a le titre de *lieutenant-général civil*, parce qu'il étoit autrefois le seul *lieutenant* du prévôt de Paris. Présentement il prend le titre de *lieutenant-civil* de la prévôté & vicomté de Paris.

Anciennement le prévôt de Paris jugeoit seul en personne au châtelet toutes les affaires civiles, criminelles & de police; il ne lui étoit pas permis d'avoir aucun *lieutenant* ordinaire en titre.

Suivant l'article 11 de l'ordonnance de 1254, il devoit exercer personnellement son office, & ne pouvoit commettre de *lieutenant* que dans le cas de maladie ou autre légitime empêchement, & pour ledit temps seulement.

Cette ordonnance fut renouvellée par celle de Philippe-le-Bel, du mois de novembre 1302, qui porte, *art.* 7, que le prévôt n'aura point de *lieutenant certain résident*; mais que s'il est absent par nécessité, il pourra laisser un prud'homme pour lui tant qu'il retournera ou que nécessité sera.

Le prévôt de Paris choisissoit à sa volonté ce *lieutenant* & pouvoit le destituer de même.

Les registres du châtelet, & autres actes publics, nous ont conservé les noms de ceux qui ont rempli la place de *lieutenant-civil;* le plus ancien que l'on trouve est Jean Poitaut, qui est qualifié *lieutenant* du prévôt de Paris en 1321.

Il est parlé de ces *lieutenans* dans plusieurs articles de l'ordonnance de Philippe de Valois, du mois de février 1327, par lesquels il paroît que le prévôt de Paris n'avoit alors qu'un seul *lieutenant* qui expédioit, en l'absence du prévôt, toutes les causes, tant civiles que criminelles. Les auditeurs du châtelet avoient aussi déjà des *lieutenans*, mais ils n'étoient pas qualifiés *lieutenans* du prévôt de Paris.

Ce premier office de *lieutenant* du prévôt de Paris est celui qui s'est perpétué en la personne du *lieutenant civil*. Il fut le seul *lieutenant* du prévôt de Paris jusques vers l'an 1337 que le prévôt de Paris nomma un autre *lieutenant* pour le criminel.

En effet, on trouve qu'en 1337 Pierre de Thuilliers qui étoit examinateur, étoit en même temps *lieutenant-civil;* & il est évident qu'il ne fut nommé *civil* que pour le distinguer du *lieutenant-criminel;* aussi les monumens publics font-ils mention de ce dernier à-peu-près dans le même temps.

Il y avoit un *lieutenant-civil* en 1346, en 1360, & en 1366.

Il y a eu plusieurs fois dans le même temps deux *lieutenans-civils*, qui exerçoient alternativement; en 1369, c'étoient deux avocats du châtelet qui faisoient alternativement la fonction de *lieutenant-civil*. Ils la remplissoient encore de même en 1372; en 1404 & en 1408, c'étoient deux examinateurs qui étoient *lieutenans-civils*.

Dans la suite, quelques-uns de ceux qui remplirent cette place, ne furent pas toujours attentifs à prendre le titre de *lieutenant-civil;* c'est ainsi qu'en 1479 Charles Dubus, sieur de Lardy, est qualifié simplement *lieutenant* du prévôt de Paris; & en 1481 Nicolas Chapelle, examinateur, se disoit *commis* du prévôt de Paris à tenir le siège de l'audience.

Les noms de ceux que l'on trouve avoir rempli cette place en 1378, 1392, 1407, 1413, 1417, 1421, 1427, 1432 & 1433, prouvent qu'insensiblement les *lieutenans* du prévôt de Paris étoient devenus ordinaires, & que l'on reconnut la nécessité de les rendre tels pour l'expédition des affaires qui se multiplioient de jour en jour.

Ce fut par ce motif que l'ordonnance du mois d'avril 1454, *art. 57*, permit au prévôt de Paris de commettre des *lieutenans*, non plus à temps seulement comme autrefois, mais indéfiniment, pourvu que ce fût par le conseil des officiers de son siège.

Ce pouvoir donné au prévôt de Paris, fut confirmé par l'ordonnance du mois de juillet 1493, *art. 73*, laquelle défend en même temps au prévôt de Paris de révoquer ses *lieutenans* après qu'ils auront été une fois commis, sauf, au cas qu'il y eût cause raisonnable, à la remontrer au roi, qui s'en est réservé la connoissance.

Cette ordonnance doit être regardée comme l'époque de l'érection des *lieutenans* en titre d'office, au lieu de simples commissions qu'ils étoient auparavant.

La disposition de l'ordonnance de 1493 fut renouvellée par celle du mois de mars 1498, *art. 47*.

Le pouvoir d'élire & commettre des *lieutenans* fut ôté au prévôt de Paris par l'ordonnance de 1510, *art. 41*, & il ne lui resta plus que celui de choisir & nommer au roi, par forme d'élection, trois sujets suffisans & capables, pour être l'un d'eux pourvu par S. M. vacation avenant de cet office.

Enfin, le prévôt de Paris a perdu jusqu'à ce droit de nomination par la vénalité des charges qui a été introduite sous François I.

Jean Alligret fut le premier *lieutenant-civil* élu en titre, en conséquence de l'ordonnance de 1493. Il fut reçu au châtelet le 6 mai 1496.

Cette place reçut alors un nouvel éclat; & depuis ce temps a toujours été remplie par des personnes également distinguées par leur naissance & par leurs vertus, tels que les de Mesmes, les Miron, les Seguier, les le Jay, les Bailleul, les le Camus & les d'Argouges.

L'office de *lieutenant-civil* souffrit pendant quelque temps un démembrement par l'érection qui fut faite en 1522 d'un bailliage à Paris, ou conservation des privilèges royaux de l'université, composé entre autres officiers d'un *lieutenant-général;* mais ce nouveau tribunal ayant été supprimé en 1526, & réuni à la prévôté de Paris, l'office de *lieutenant-général* de la conservation fut depuis éteint & réuni à celui de *lieutenant-civil* par édit du mois de juillet 1564.

Sous François I, cet office eut le même sort que tous les autres par rapport à la vénalité; on faisoit cependant encore prêter serment aux officiers à leur réception, de n'avoir rien donné pour leur office. Le parlement en usa ainsi à la réception de Jacques Aubery, *lieutenant-civil*, le 28 août 1551.

Mais bientôt après, dans des lettres de jussion qui furent données en 1556 pour la réception de Jean Moulnier ou Mesnier, il est dit qu'il avoit payé 10000 écus d'or sol au roi pour l'office de *lieutenant-civil;* ce qui, en évaluant l'écu à 46 sols, feroit 23000 livres, somme considérable pour ce temps-là.

L'office de président au présidial qui avoit été créé au mois de juin 1557, fut réuni à celui de *lieutenant-civil* par lettres-patentes & édit des 14 & 22 juillet 1558.

Ceux qui remplirent la place de *lieutenant-civil* depuis 1596 jusqu'en 1609, & depuis 1613 jusqu'en 1637, furent en même temps prévôts des marchands.

Après la mort du dernier, le roi donna le 9 novembre 1637 une déclaration portant que dorénavant la charge de *lieutenant-civil* ne seroit plus exercée que par commission de trois ans, sauf à proroger, & qu'elle ne pourroit plus être exercée avec celle de prévôt des marchands par une seule & même personne. La veuve du dernier titulaire reçut du roi 360000 livres pour le remboursement de cet office.

Le 10 novembre 1637, Isaac de l'Affermes, maître des requêtes, fut commis à l'exercice de la charge de *lieutenant-civil* pour trois ans; sa commission étant finie, fut renouvellée d'abord pour deux ans, ensuite pour deux autres années, puis pour trois ans, mais le 8 d'avril 1643 la commission fut révoquée.

Dès le mois de janvier 1643, le roi avoit, par un édit, rétabli la charge de *lieutenant-civil;* Dreux d'Aubray, maître des requêtes, y fut reçu le 8 mai suivant, & l'exerça jusqu'à sa mort arrivée le 12 septembre 1666; le prix de sa charge fut de 550000 livres.

Au mois de mars 1667, l'office de *lieutenant-civil* fut de nouveau supprimé, & en son lieu & place furent créés deux autres offices, l'un de *lieutenant-civil*, & l'autre de *lieutenant* de police.

Le roi ayant, par édit du mois de mars 1674, créé un nouveau châtelet qu'il démembra de l'ancien, y créa un *lieutenant-civil;* mais ce nouveau châtelet ayant été supprimé au mois de septembre 1684, l'office de *lieutenant-civil* du nouveau châtelet fut aussi supprimé & réuni à celui de l'ancien châtelet. Pour jouir du bénéfice de cette réunion, le roi, par arrêt de son conseil du 14 octobre 1684, ordonna que Jean le Camus, resté seul *lieutenant-civil*, paieroit au trésorier des revenus casuels une somme de 100000 livres, au moyen de quoi la charge de *lieutenant-civil* demeureroit fixée à 400000 liv. En 1710 elle a été fixée à 500000 livres. M. d'Argouges, maître des requêtes honoraire, a rempli dignement cette charge jusqu'en 1762, que M. d'Argouges son fils, maître des requêtes, qui en avoit déjà la survivance, lui a succédé.

Le *lieutenant-civil* est donc le second officier du châtelet, & le premier des *lieutenans* de la prévôté & vicomté de Paris. C'est lui qui préside à toutes les assemblées du châtelet, soit pour réceptions d'officiers, enregistrement, & autres affaires de la compagnie.

C'est lui qui préside à l'audience du parc civil, qui recueille les opinions, & prononce les jugemens, lors même que le prévôt de Paris y vient prendre place.

Il donne aussi audience les mercredi & samedi en la chambre civile, où il n'est assisté que du plus ancien des avocats du roi.

Toutes les requêtes en matières civiles sont adressées au prévôt de Paris ou au *lieutenant-civil.*

Il répond en son hôtel sur les requêtes à fin de permission d'assigner dans un délai plus bref que celui de l'ordonnance, ou à fin de permission de saisir, & autres semblables, ou pour être reçu appellant desdites sentences des juges ressortissans au présidial; c'est aussi lui qui fait les rôles des causes d'appel qui se plaident le jeudi au présidial.

Il règle pareillement en son hôtel les contestations qui s'élèvent à l'occasion des scellés, inventaires; & le rapport qui lui en est fait par les officiers, s'appelle *référé.*

Les procès-verbaux d'assemblée de parens pour les affaires des mineurs, ou de ceux que l'on fait interdire, & les procès-verbaux tendans au jugement d'une demande en séparation se font aussi en son hôtel.

On lui porte aussi en son hôtel les testamens trouvés cachetés après la mort des testateurs, à l'effet d'être ouverts en sa présence, & en celle des parties intéressées, pour être ensuite le testament déposé chez le notaire qui l'avoit en dépôt, ou au cas qu'il n'y en eût point, chez le notaire qu'il lui plaît de commettre. (*A*)

Lieutenant-criminel, est un magistrat établi dans un siège royal pour connoître de toutes les affaires criminelles.

Le premier *lieutenant-criminel* fut établi au châtelet de Paris.

On a déjà observé dans l'article précédent, qu'anciennement le prévôt de Paris n'avoit point de *lieutenant;* que cela lui étoit défendu, sinon en cas d'absence, de maladie, ou autre empêchement, & que dans ces cas même, il n'en pouvoit commettre que pour le temps où cela étoit nécessaire.

Il ne commettoit d'abord qu'un seul *lieutenant* qui expédioit en son absence toutes les affaires tant civiles que criminelles. Dans la suite il en commit un pour le civil, & un pour le criminel. Il paroît que cela se pratiquoit déjà ainsi dès 1337, puisque l'on trouve dès-lors un *lieutenant* du prévôt de Paris, distingué par le titre de *lieutenant-civil.*

Le premier *lieutenant-criminel* connu est Pierre de Lieuvits en 1343. Il y en avoit en 1366, 1395, 1405, 1407, 1418; celui qui l'étoit en 1432, l'étoit encore en 1436, ce qui fait connoître que ces *lieutenans* étoient devenus ordinaires, de même que les *lieutenans*-civils.

L'ordonnance de 1454, *art. 87*, ayant permis au prévôt de Paris de commettre des *lieutenans* indéfiniment, pourvu que ce fût par le conseil de son siège, il est à croire que cela fut observé ainsi pour l'office de *lieutenant-criminel.*

Il fut ensuite défendu au prévôt de Paris, par l'ordonnance de 1493, *art. 73*, de révoquer ses *lieutenans* sans cause raisonnable, dont le roi se réserva la connoissance, au moyen de quoi depuis ce temps ces *lieutenans* du prévôt de Paris ne furent plus de simples commis du prévôt, mais des officiers en titre.

Le premier *lieutenant-criminel* qui fut pourvu en titre, en conséquence de ce réglement, fut Jean de la Porte, en 1494.

En 1529, Jean Morin, qui possédoit l'office de *lieutenant*-général en la conservation, fut pourvu de la charge de *lieutenant-criminel*, & obtint des lettres de compatibilité.

La chambre ordonnée par François I, en 1533, pour la police de Paris, & obvier au danger de la peste, consulta entre autres personnes le *lieu-*

tenant-criminel de la prévôté de Paris, pour faire un réglement.

Jacques Tardieu, dont l'histoire est connue, fut reçu *lieutenant-criminel* le 31 mars 1635, & exerça jusqu'au 24 août 1665, que ce magistrat & sa femme furent assassinés dans leur hôtel, rue de Harlay, par deux voleurs.

Le roi, ayant par édit du mois de février 1674, divisé le châtelet en deux siéges différens, l'un appellé l'ancien châtelet, l'autre le nouveau, il créa pour le nouveau châtelet un office de *lieutenant-criminel* qui subsista jusqu'au mois de septembre 1684, que le nouveau châtelet ayant été supprimé & incorporé à l'ancien, l'office de *lieutenant-criminel* du nouveau châtelet fut aussi réuni à l'ancien, moyennant une finance de 50000 liv. au moyen de quoi l'office de *lieutenant-criminel* fut fixé à 200000 liv. par arrêt du conseil du 14 octobre 1684 : il avoit depuis été fixé à 250000 liv. par un autre arrêt du conseil, du 24 novembre 1699, & lettres sur ledit arrêt, en forme d'édit, des mêmes mois & an, registrées au parlement le 25 décembre suivant ; & en conséquence MM. le Conte & Negre l'avoient acquis sur le pied de 250000 liv. mais par arrêt du conseil du 18 mars 1755, revêtu depuis de lettres-patentes du 29 novembre 1756, le roi, pour faciliter l'acquisition de cette charge à M. de Sartine, depuis *lieutenant*-général de police, & maître des requêtes, a réduit & modéré à la somme de 100000 liv. toutes les finances qui pouvoient en avoir été payées ci-devant, & s'est chargé de rembourser le surplus montant à 150000 liv.

Le *lieutenant-criminel* du châtelet est le juge de tous les crimes & délits qui se commettent dans la ville & fauxbourgs, prévôté & vicomté de Paris.

Dans le cas où le *lieutenant criminel* est juge en dernier ressort, il doit avant de procéder à l'instruction, faire juger sa compétence en la chambre du conseil.

Il donne audience deux fois la semaine, les mardi & vendredi, dans la chambre criminelle, où il n'est assisté d'aucuns conseillers, mais seulement d'un des avocats du roi ; on y plaide les matières de petit criminel, c'est-à-dire, celles où il s'agit seulement d'injures, rixes & autres matières légères qui ne méritent pas d'instruction.

Il préside aussi en la chambre criminelle au rapport des procès criminels, qui y sont jugés avec les conseillers de la colonne qui est de service au criminel.

Le *lieutenant-criminel* a toujours un exempt de la compagnie de robe-courte, avec 10 archers qui font le service auprès de lui en habit d'ordonnance, dans l'intérieur de la jurisdiction, pour être à portée d'exécuter sur le champ ses ordres, cet exempt ne devant point quitter le magistrat. Il y en a un autre aussi à ses ordres, pour exécuter les décrets ; ce dernier exempt réunit ordinairement la qualité d'huissier, afin de pouvoir écrouer.

Outre l'huissier audiencier qui est de service auprès du *lieutenant-criminel*, ce magistrat a encore trois autres huissiers, l'un à cheval, & les deux autres à verge, qui dans l'institution devoient le venir prendre en son hôtel, l'accompagner au châtelet & ensuite le reconduire en son hôtel; mais dans l'usage présent ils se trouvent seulement à l'entrée du tribunal où ils accompagnent le *lieutenant-criminel* jusqu'à son cabinet, & restent auprès de lui pour prendre ses ordres.

Il paroît par l'édit de François I, du 14 janvier 1522, portant création des *lieutenans criminels*, en titre d'office, qu'avant cette création il y avoit déjà des *lieutenans-criminels* dans quelques siéges autres que la prévôté de Paris ; le motif que cet édit donne de la création des *lieutenans-criminels*, est que le roi avoit reçu de grandes plaintes du défaut d'expédition des procès criminels : l'édit créa donc un *lieutenant-criminel* dans chaque bailliage, sénéchaussée, prévôté & baillie, & autres jurisdictions du royaume, pour connoître de tous cas, crimes, délits & offenses qui seroient commis dans le siége où il seroit établi, & dans son ressort. Cet édit n'eut pas d'abord sa pleine & entière exécution; plusieurs *lieutenans*-généraux trouvèrent le moyen de se faire pourvoir de l'office de *lieutenant-criminel*, pour l'exercer avec leur office de *lieutenant*-général, civil & particulier, & obtinrent des dispenses à cet effet : d'autres firent supprimer pour leur siége l'office de *lieutenant-criminel*, pour connoître de toutes matières civiles & criminelles ; il intervint à ce sujet plusieurs jugemens & déclarations pour la compatibilité de ces offices, ou des fonctions civiles & criminelles.

Henri II trouvant qu'il y avoit en cela de grands inconvéniens, par un édit du mois de mai 1552, ordonna que l'édit de 1522 seroit exécuté selon sa forme & teneur, en conséquence que dans chaque bailliage, sénéchaussée, prévôté & jurisdiction présidiale, il y auroit un juge & magistrat criminel, qui, avec le *lieutenant*-particulier & les conseillers établis en chaque présidial, qu'il appelleroit selon la gravité & poids des matières, connoîtroit, privativement à tous autres juges, de toutes affaires criminelles, sans qu'il puisse tenir aucun office de *lieutenant*-général, civil ni particulier, ni assister au jugement d'aucun procès civil; cependant depuis on a encore uni dans quelques siéges les fonctions de *lieutenant-criminel* à celles de *lieutenant*-général. Dans tous les bailliages de la Lorraine, le *lieutenant*-général est en même temps *lieutenant*-civil & criminel.

L'édit de 1552 déclare que le roi n'entend pas priver les prévôts étant ès villes où sont établis les siéges présidiaux, de l'exercice & autorité de la justice civile & criminelle qui leur appartient audedans des limites de leur prévôté.

Henri II fit le même établissement pour la Bretagne, par un autre édit daté du même temps.

La déclaration du mois de mai 1553, portant

réglement sur les différends d'entre les *lieutenans-criminels* & les autres officiers des présidiaux, leur attribue privativement à tous autres, la connoissance des lettres de rémission & pardon, des appellations en matière criminelle interjettées des juges subalternes, des procès criminels où les parties sont reçues en procès ordinaire, ce qui a été confirmé par plusieurs autres déclarations.

Lorsque les prévôts des maréchaux provinciaux furent supprimés par l'édit de novembre 1544, on attribua aux *lieutenans-criminels* établis dans les présidiaux, & aux *lieutenans*-particuliers des autres sièges, la connoissance des délits dont connoissoient auparavant ces prévôts des maréchaux.

Le même édit ordonne que les *lieutenans-criminels* feront tous les ans des chevauchées avec leurs *lieutenans* de robe-courte, archers & sergens extraordinaires, pour la recherche des malfaiteurs. (*A*)

Toute action qui commence par une plainte doit être portée devant le *lieutenant-criminel*; mais il doit la renvoyer à la jurisdiction civile, lorsqu'il juge qu'elle doit être traitée civilement. Pareillement, lorsque dans une affaire introduite par la voie civile, il intervient un jugement à l'extraordinaire, elle doit être renvoyée devant le *lieutenant-criminel*. Les *lieutenans-criminels* des bailliages ou sénéchaussées devoient connoître des rebellions relatives à l'exécution des jugemens civils, quoique rendus par le *lieutenant*-général. Mais cette décision ne doit s'appliquer qu'aux cas où il y a des voies de fait ou excès poursuivis extraordinairement: car le *lieutenant*-général peut connoître des rebellions à l'exécution de ses jugemens, lorsqu'il ne s'agit que d'injures légères qui n'exigent que de simples réparations pécuniaires.

Lorsque, dans les causes soumises à la décision des *lieutenans*-généraux civils, il survient une affaire criminelle incidente qui entraîne un réglement à l'extraordinaire, c'est au *lieutenant*-criminel à en connoître. Cette règle n'a cependant pas lieu pour certaines affaires, telles que les banqueroutes & les inscriptions de faux incidentes. Celles-ci peuvent être jugées par les *lieutenans*-généraux civils, avec les autres officiers du siège.

Par un arrêt du 18 juillet 1667, portant réglement entre les officiers du présidial de Tours, le conseil a ordonné que l'instruction de toutes les instances criminelles incidentes aux affaires civiles non distribuées, comme inscriptions de faux, subornation de témoins, faillites, banqueroutes, rebellions, abus, malversations, & faussetés commises par les procureurs, notaires, greffiers, sergens & autres, appartiendroit au *lieutenant*-général, qui pourroit décréter seul ces sortes d'affaires, à l'exception néanmoins des inscriptions de faux, dont les informations faites seroient par lui rapportées & décrétées à la chambre du conseil; & qu'après que ces instances criminelles incidentes auroient été instruites & décrétées, elles seroient jointes au principal, pour le tout être jugé à l'audience ou appointé en droit, & le procès distribué.

L'édit du mois de septembre 1697, servant de réglement pour les présidiaux du comté de Bourgogne, contient des dispositions semblables.

Et, suivant un acte de notoriété du châtelet de Paris, du 20 avril 1694, la connoissance du crime de banqueroute appartient au *lieutenant*-civil, lorsqu'en vertu de son ordonnance le scellé a été apposé sur les effets du banqueroutier.

Les *lieutenans-criminels* connoissent des contraventions à la police, même dans les villes où il y a des *lieutenans* de police, lorsque ces contraventions sont poursuivies extraordinairement. Cette décision est fondée sur les édits de janvier 1522, mars 1554, & janvier 1572.

Cependant la connoissance du crime de maquerellage appartient à Paris au *lieutenant* de police, concurrement avec le *lieutenant-criminel* du châtelet, & même par prévention au *lieutenant-criminel*, lorsqu'il a informé & décrété avant ce dernier ou le même jour. C'est ce qui résulte d'une déclaration du 26 juillet 1713.

Quoique dans les villes la police des prisons appartienne aux *lieutenans*-généraux civils, les crimes & délits commis dans ces prisons doivent néanmoins être poursuivis devant le *lieutenant-criminel*.

Suivant la déclaration du 9 avril 1736, les cadavres trouvés dans les rues & lieux publics ne peuvent être inhumés qu'en vertu d'une ordonnance rendue par le *lieutenant-criminel*.

Ce magistrat ne peut casser ni annuller aucun jugement rendu par les assesseurs ou conseillers, ni condamner à l'amende les parties au profit desquelles ces jugemens ont été rendus, ni les sergens qui les ont mis à exécution, sauf à lui à se pourvoir au parlement, s'il s'y croit fondé.

Lorsqu'un procès criminel est de nature à être jugé présidialement & en dernier ressort, le *lieutenant-criminel* doit faire juger sa compétence; mais il peut assister au jugement.

Les édits d'août 1669 & de février 1672, veulent que les *lieutenans-criminels* des bailliages & sièges présidiaux soient âgés de trente ans, avant qu'ils puissent exercer leurs offices. A l'égard des *lieutenans criminels* des sièges qui ne ressortissent pas nuement au parlement, il suffit, suivant l'édit de novembre 1683, qu'ils soient âgés de 27 ans.

Par l'édit d'établissement des offices de *lieutenans-criminels*, le roi leur a attribué la place la plus honorable après les *lieutenans*-généraux. Ainsi ils doivent précéder les *lieutenans*-particuliers dans toutes les assemblées, processions ou cérémonies publiques. Mais ils cèdent le pas aux *lieutenans* de police depuis leur établissement, à l'exception néanmoins des cas où le *lieutenant-criminel* doit présider en l'absence du *lieutenant-général*.

Par deux arrêts des 28 juin 1618 & 28 mars 1646, le grand-conseil a jugé que les *lieutenans-criminels* des présidiaux devoient avoir le pas sur les secrétaires du roi, & les précéder en toute assemblée publique ou particulière. Ces *lieutenans-criminels* ont pareillement la préséance sur les prévôts & châtelains royaux. Mais deux arrêts du conseil, des 16 avril 1680 & 11 octobre 1684, ont jugé que les trésoriers de France devoient précéder le *lieutenant-criminel* dans les assemblées particulieres où le présidial n'étoit point en corps.

Les *lieutenans-criminels* peuvent assister aux audiences des procès civils, tant du bailliage que du présidial, & ils y ont séance après le *lieutenant-général*; mais ils ne peuvent y présider, ni assister en la chambre du conseil au jugement des procès civils. Cependant un édit du mois de février 1661 leur avoit attribué le droit d'assister aux procès civils qui se jugent à la chambre du conseil; mais comme il n'a point été enregistré, il ne s'exécute pas.

Plusieurs ordonnances ont déclaré les *lieutenans-criminels* exempts de logement de gens de guerre, ainsi que de guet & de garde.

LIEUTENANT-CRIMINEL *de robe-courte*. L'état de cet officier a éprouvé tant de variations depuis la création de son office, que nous sommes obligés d'entrer dans quelques détails, pour faire connoître ce qu'il fut autrefois & ce qu'il est aujourd'hui.

Le grand nombre de gens sans aveu & des malfaiteurs qui infestoient Paris au commencement du seizième siècle, avoit déterminé le parlement à supplier le roi d'y pourvoir, *& sur les remontrances réitérées de cette compagnie, François I avoit commis un gentilhomme fort expert au fait des armes, pour faire, tant dans Paris qu'au dehors, la recherche & la capture des meurtriers vagabonds & gens de mauvaise vie. Voyez l'Histoire de Paris, par dom Felibien, tome I, p. 977.*

Ce gentilhomme étant mort, le roi donna, le 7 mai 1526, des lettres-patentes qui furent enregistrées au parlement le 20 décembre suivant, par lesquelles il permit à Jean de la Barre, comte d'Estampes, bailli & prévôt de Paris, de nommer un *lieutenant de robe-courte*. On y trouve l'exposé des motifs qui déterminèrent cet établissement.

Ce prince annonce dans le préambule de ses lettres, qu'il étoit informé que dans la ville, fauxbourgs & banlieue de Paris, il se retiroit chaque jour un grand nombre d'aventuriers & de vagabonds, oisifs & mal vivans, d'où procédoient plusieurs larcins & pilleries, plusieurs meurtres & forcemens de filles & autres grandes insolences, *&c. &c. &c.* Qu'il étoit donc très-utile & nécessaire pour entretenir, préserver & garder les bourgeois, échevins, manans & habitans de Paris, à la meilleure sûreté & repos, de donner pouvoir & autorité au bailli de Paris lors en place & à ses successeurs, prévôts dudit lieu, de commettre & instituer un *lieutenant* lai avec certain nombre d'archers pour l'accompagner, qui ne s'entremettroient du fait de la justice, mais seulement de visiter par jour les lieux & places de ladite ville, carrefours, cabarets, maisons, tavernes & autres endroits dissolus, où tels gens mal vivans, vagabonds & sans aveu ont accoutumé converser & eux retirer, lesquels archers seroient ordonnés audit bailli & prévôt pour ordinairement l'accompagner, & en son absence ledit *lieutenant lai de robe-courte*, montés & armés d'arquebuses, javelines, brigandines, & autres harnois à la discrétion & ordonnance dudit bailli & prévôt pour avec ledit *lieutenant lai* vaquer & entendre ordinairement aux choses dessus dites selon le vouloir & intention de sa majesté.

Le roi desirant donc que la ville, cité, fauxbourgs & banlieue de Paris & les environs d'icelles soient & demeurent en bonne sûreté, repos & pacification & la soulager du travail, ennui & sujétion qui, chaque jour, pouvoient venir & procéder de ces aventuriers, vagabonds, mal-vivans, pour ces considérations & autres, donne plein pouvoir au comte d'Etampes, bailli & prévôt de Paris, & à ses successeurs prévôts dudit lieu, de députer un *lieutenant lai de robe-courte*, vertueux & bon personnage, nourri & expérimenté au fait de la guerre & des armes, pour visiter chaque jour, accompagné de vingt archers commis à cet effet, les rues, carrefours, tavernes, cabarets & autres maisons dissolues, où ont accoutumé de se retirer iceux vagabonds, oisifs, mal-vivans, gens sans aveu, joueurs de cartes & de dés, quilles & autres jeux prohibés & défendus, blasphémateurs du nom de Dieu, ruffiens, mendians valides de leur corps, pouvant autrement gagner leur vie, & gens qui seront trouvés méfaire, &c. les prendre au corps, les mener & faire mettre dans les prisons du grand-châtelet de Paris, POUR EN ÊTRE FAIT JUSTICE ET PUNITION PAR LE PRÉVÔT DE PARIS OU SON LIEUTENANT-CRIMINEL (*de robe-longue*).

Le *lieutenant lai de robe-courte* n'étoit donc à cette époque qu'un homme d'armes, un homme de main-forte préposé par le prévôt de Paris à la recherche des malfaiteurs & perturbateurs de la tranquillité publique; il n'avoit aucune jurisdiction, puisque les coupables qu'il arrêtoit étoient traduits devant le *lieutenant-criminel de robe-longue*, qui en faisoit justice.

Les lettres-patentes que nous venons d'extraire ne furent enregistrées que le 20 décembre 1526; mais dès le 14 mai il intervint un arrêt, par lequel en attendant que la cour eût vérifié les lettres, il fut réglé par provision que le prévôt de Paris pourroit commettre ledit *lieutenant lai*, pour exécuter les mandemens de la cour, ceux de la chancellerie & ce qui lui étoit enjoint par lesdites lettres-patentes.

Les choses sont demeurées en cet état jusques en novembre 1554, époque à laquelle Henri II jugea à propos d'ériger en titre d'office la commission de *lieutenant lai* du prévôt de Paris, il en créa de semblables pour les principales villes du royaume, & il imprima à ces nouveaux officiers un caractère de magistrature en leur attribuant telle & semblable jurisdiction qu'aux prévôts des maréchaux de France, si ce n'est que pour le crime d'hérésie, ils seroient tenus de déférer à l'appel.

Le *lieutenant lai de robe-courte* érigé en titre d'office ne sortit pas néanmoins de la dépendance primitive

&

& immédiate où il étoit du prévôt de Paris. Quoique pourvu par les lettres du grand sceau, il continua d'être reçu au châtelet.

Peu de temps après cette création de *lieutenans-criminels de robe-courte*, Henri II se détermina à les supprimer dans plusieurs villes du royaume; & pour les remplacer, il créa ou rétablit des prévôts criminels ou provinciaux avec le nombre d'archers nécessaire. Paris & Orléans sont les seules villes où il existe aujourd'hui un *lieutenant-criminel de robe-courte*.

Dans une déclaration du 2 septembre 1555, le roi, après avoir rappellé l'élection ou rétablissement qu'il venoit de faire en certains lieux des prévôts provinciaux, au lieu des *lieutenans-criminels de robe-courte*, dit, « qu'ayant examiné la commodité ou incommodité qui pouvoit provenir de l'un ou de l'autre, il avoit reconnu qu'on ne pouvoit en faire une loi universelle & générale, notamment pour la ville de Paris, capitale du royaume, n'y ayant dans cette ville aucun prévôt provincial qui fût tenu à résidence particulière; que s'il y en avoit un pour l'Isle de France, le pourvu dudit état ne pourroit, pour l'étendue & la grandeur de sa charge, satisfaire comme le *lieutenant-criminel de robe-courte* y créé, vu même que Paris, pour l'affluence des personnes qui s'y retirent, ou comme au lieu qu'ils jugent leur être propre, soit pour y vivre & profiter, ou pour sinistre & mauvaise intention, comme en lieu auquel ils pensent être couverts & cachés pour le bien ou pour le mal, requiert l'homme entier & qu'il ne le peut trouver si bon zélateur du public, si vigilant ou diligent, qui ne soit plus que trop occupé en ladite charge, *&c.* »

Ces considérations déterminèrent Henri II à conserver le *lieutenant-criminel de robe-courte* de Paris.

Par cette déclaration, le *lieutenant-criminel de robe courte* parut avoir acquis le droit qu'il n'avoit pas eu jusqu'alors de recevoir & instituer ses archers. Mais il s'éleva différentes contestations sur la question de savoir par qui, ou de lui ou des autres magistrats du châtelet, il seroit procédé à l'information de vie & mœurs de ces mêmes archers, & à la réception de leur serment, qu'ils n'avoient donné aucune somme d'argent pour être commis à leurs offices. L'édit de 1579 termina toutes ces difficultés en maintenant, savoir, par l'article 33, le *lieutenant-criminel de robe-courte* dans le droit d'instituer ses archers, & en ordonnant, par l'article 188, que l'information & réception de serment dont est parlé ci-dessus seroient faites par les *lieutenans* des baillis & sénéchaux. Cet article est conçu en ces termes:

« Seront tenus (les *lieutenans-criminels de robe-courte*) avant de les recevoir (les archers), de les présenter à nos baillis, sénéchaux ou leurs *lieutenans* pour être informé d'office, à la requête des substituts de nos procureurs-généraux, des qualités, vie & mœurs de ceux qu'ils voudront commettre auxdites places d'archers, & s'il y a aucuns deniers déboursés pour y parvenir, dont lesdits archers seront tenus se purger par serment avant que d'être reçus à l'exercice desdites charges.

Il paroît que ce n'a été que long-temps après leur érection en titre d'office que les *lieutenans-criminels de robe-courte* ont commencé à jouir de l'honneur d'être reçus au parlement; au moins ne voit-on rien qui l'annonce avant un arrêt de 1571, par lequel le parlement, en enregistrant les provisions accordées à Nicolas Tranchot, en survivance de Jean Tranchot son père, y imposa la condition de prestation de serment à la cour.

Par une conséquence nécessaire, il faut rapporter à la même époque l'honneur dont ils ont joui jusqu'en 1783, d'être installés au châtelet par le doyen des conseillers de la grand-chambre.

C'est à la même époque aussi qu'il faut vraisemblablement reporter l'usage de la toge, de la cravate & autres signes de magistrature dont étoit décoré le *lieutenant-criminel de robe-courte*; car on trouve dans un édit de Charles IX de 1571, que son habillement & celui de ses archers ne devoient consister qu'en *corcelets, jacques de mailles, javelines, épées, dagues, hallebardes & non autres*.

Nous ne nous étendrons pas ici sur la compétence du *lieutenant-criminel de robe-courte*; sa jurisdiction ayant été supprimée par l'édit dont nous allons rendre compte. *Voyez* la déclaration du 30 mai 1731, registrée au parlement le 28 juin de la même année. Lors du jugement des procès de sa compétence, il avoit séance & voix délibérative en la chambre criminelle; mais il ne pouvoit, aux termes de l'article 17 de l'édit de 1554, y prendre place qu'après tous les juges. C'est en dire assez pour faire connoître que son office n'étoit pas & n'a jamais été de la même nature que ceux des autres *lieutenans* du prévôt de Paris. Un autre exemple de cette différence résulte encore de ce que lors des séances du parlement au châtelet, il ne prenoit point place à la suite des autres *lieutenans*, mais seulement après le procureur du roi.

Par un édit du mois de juillet 1783, registré au parlement le 22 août suivant, le roi a jugé à propos de rappeller le *lieutenant-criminel de robe-courte* à ses anciennes fonctions & de lui retirer sa portion de jurisdiction qui lui avoit été confiée depuis 1554, en voici les dispositions:

Art. I. Nous avons révoqué & révoquons, par notre présent édit, l'attribution de jurisdiction accordée par les précédens édits, déclarations & lettres-patentes, à l'office de *lieutenant-criminel de robe-courte* créé dans le siège de notre châtelet de Paris, & aux officiers de sa compagnie, dérogeant à cet effet auxdits édits, déclarations & lettres-patentes attributives de ladite jurisdiction, nous réservant de pourvoir à l'indemnité telle que de droit en faveur du *lieutenant-criminel de robe-courte*, à raison des dispositions de notre présent édit.

Art. II. L'instruction & la connoissance de tous les crimes & délits mentionnés dans la déclaration du 30 mai 1731, registrée en notre cour de parlement le 28 juin de la même année, attribués ci-devant audit *lieutenant-criminel de robe-courte*, appartiendront à l'avenir, comme par le passé, au *lieutenant-criminel* de notre châtelet de Paris, à la charge par lui d'instruire lesdits crimes & délits, & de juger ceux qui en seroient prévenus, en se conformant pour les cas du dernier ressort à ce qui a été prescrit par la déclaration du 5 février 1731, registrée en notre cour de parlement, le 16 des mêmes mois & an.

Art. III. Maintenons & gardons ledit *lieutenant-criminel de robe-courte* dans tous les autres droits, honneurs, privilèges & prérogatives appartenans à son office dans la ville de Paris & fauxbourgs d'icelle seulement. Confirmons pareillement les privilèges accordés aux officiers & archers de la compagnie, à l'égard de laquelle nous n'entendons rien innover, sauf qu'elle ne pourra être composée à l'avenir que des officiers & archers créés en titre d'office; abrogeons le droit ou l'usage de délivrer aucunes commissions d'officiers ou archers de ladite compagnie, à compter du jour de l'enregistrement de notre présent édit. Voulons néanmoins que ceux qui auroient été ci-devant commis continuent de jouir des privilèges seulement accordés auxdites commissions & sans aucun exercice.

Art. IV. Les *lieutenans*, guidons, exempts & tous les autres officiers, ainsi que les archers & cavaliers de ladite compagnie du *lieutenant-criminel de robe courte* continueront, sous ses ordres, de faire le service ordinaire près notre parlement & notredit châtelet de Paris, comme ci-devant; d'exécuter tous mandemens de justice; d'assister & donner main-forte aux exécutions; d'arrêter les vagabonds, repris de justice & autres délinquans en flagrant délit, ou à la clameur publique; & auxdits cas seront tenus, conformément aux ordonnances, réglemens & arrêts, de les conduire pardevant le commissaire le plus prochain, lequel dressera son procès-verbal en la forme ordinaire, dont expédition sera déposée au greffe de notre châtelet, à l'effet d'en être pris communication par le substitut de notre procureur-général & être sur icelui fait telle poursuite qu'il appartiendra suivant l'exigence des cas.

Art. V. La garde extérieure des prisons sera faite par la compagnie dudit *lieutenant-criminel*, sous l'autorité de notre parlement & l'inspection des officiers de notre châtelet de Paris; la même compagnie aura la garde de l'intérieur des cours de notre parlement & de notre châtelet.

Art. VI. Dans le cas où les commissaires ordonneroient l'emprisonnement d'aucuns de ceux mentionnés en l'art. IV ci-dessus ou de tous autres délinquans & accusés qui seroient conduits pardevant eux, ils seront remis au corps-de-garde étant dans la cour du grand-châtelet, entre les mains du détachement de la compagnie de robe-courte, pour être sur le champ conduit ès prisons dudit châtelet, & être écroués sur le registre desdites prisons par l'officier commandant ledit détachement; le tout en la forme ordinaire & accoutumée.

Art. VII. Il sera par nous pourvu de tels appointemens & salaires qu'il appartiendra envers lesdits officiers, cavaliers & archers de ladite compagnie de robe-courte, & ce, pour raison du service qu'ils feront en conséquence des articles précédens, sans préjudice des gages attribués à leurs offices, & sans que, pour raison des captures, emprisonnemens ou autres services faits par lesdits officiers de robe-courte, il puisse en aucun cas leur être délivré exécutoire.

Art. VIII. Nous avons éteint & supprimé, éteignons & supprimons l'office de greffier de la jurisdiction, ci-devant attribuée audit *lieutenant-criminel de robe-courte*: celui qui en étoit pourvu sera tenu de remettre ses titres en la manière accoutumée, pour être procédé à la liquidation & remboursement de la finance dudit office & à l'indemnité, telle que de droit: ces minutes étant entre ses mains seront déposées au greffe criminel de notre châtelet de Paris, procès-verbal de la remise d'icelles préalablement dressé.

Art. IX. N'entendons toutefois préjudicier à l'exercice des hautes-justices particulières situées dans l'enceinte de notre bonne ville de Paris, fauxbourgs & banlieue d'icelle; n'entendons pareillement rien innover aux droits, services & fonctions de la compagnie du guet auprès de notre châtelet de Paris. Voulons au surplus que tous les réglemens faits pour l'entretien du bon ordre & de la tranquillité publique continuent d'être exécutés selon leur forme & teneur. Si donnons en mandement; *&c. &c.*

On voit, d'après cette loi, que le *lieutenant-criminel de robe-courte* est redevenu ce qu'il étoit avant 1554, le *lieutenant lai*, l'homme de main-forte du prévôt de Paris & le préposé à l'exécution des mandemens de la justice; aussi quoique l'article 3 de l'édit garde & maintienne cet officier *dans tous les autres droits, honneurs, privilèges & prérogatives appartenans à son office*, il ne peut plus prétendre à aucune séance au châtelet, ni y être installé lors de sa réception, attendu que l'honneur d'une installation ne peut appartenir qu'aux offices de magistrature & qu'il n'est pas d'usage qu'un membre de la cour aille présenter un commandant de main-forte, à sa troupe. Vraisemblablement il en sera usé à l'avenir pour sa réception comme pour celle du chevalier du guet.

Le *lieutenant de robe-courte* n'ayant plus de jurisdiction, n'assiste plus aujourd'hui aux séances que le parlement vient tenir au châtelet.

On peut également le regarder comme dépouillé des signes extérieurs de son ancienne magistrature; ils doivent naturellement disparoître avec elle, quoique le législateur ait négligé de s'expliquer à cet égard.

La compagnie de robe-courte est aujourd'hui composée du *lieutenant-criminel de robe-courte* qui en est le chef & le commandant, de quatre *lieutenans*, d'un guidon qui commande en l'absence des *lieutenans* & jouit des mêmes droits, de douze exempts, d'un commissaire & d'un contrôleur des guerres, d'un fourrier premier brigadier, d'un premier archer-garde ayant droit d'exploiter par tout le royaume, & de soixante autres archers, dont vingt seulement sont de la première institution, mais qui ont tous été successivement créés ou restés en titre d'office. (*Article de M.* Boucher d'Argis, *conseiller au châtelet, de l'académie royale des sciences, belles-lettres & arts de Rouen.*)

Lieutenant-général, est un magistrat de robe-longue, qui, dans les bailliages ou sénéchaussées, préside, en l'absence du bailli ou sénéchal, aux audiences & à la chambre du conseil du bailliage civil : mais il ne peut connoître, au préjudice du *lieutenant*-criminel, des affaires criminelles, si ce n'est dans les présidiaux & bailliages où la charge de *lieutenant*-criminel est la même que celle de *lieutenant-général*, comme en Lorraine.

Les *lieutenans-généraux* sont très-anciens. L'ordonnance de Blois veut qu'ils soient âgés de trente ans accomplis pour pouvoir exercer leurs fonctions; & suivant l'ordonnance de Moulins, ils doivent être reçus au parlement.

Un *lieutenant-général* ne peut régulièrement faire en son hôtel aucun acte de jurisdiction contentieuse, ni y donner pour cet effet des audiences extraordinaires, si ce n'est toutefois lorsqu'il s'agit d'affaires provisoires, & qui requièrent célérité. Telles sont les causes concernant l'élargissement des personnes emprisonnées pour dettes; les main-levées d'effets mobiliers saisis; le paiement que les ouvriers ou les aubergistes demandent à des étrangers, pour leur avoir fourni des habits, de la nourriture, *&c.*; & en général, lorsqu'il y a du péril en la demeure. Il peut juger seul ces sortes de causes, sans l'assistance des autres officiers, les jours que la compagnie ne s'assemble pas.

Lors d'une apposition ou levée de scellé, ou d'une confection d'inventaire, si les parties forment des contestations, les commissaires, les notaires & les procureurs qui y assistent, peuvent, si les parties le demandent, se transporter à l'hôtel du *lieutenant-général* ou autre premier juge, pour y faire décider ces contestations : mais il lui est défendu de se taxer pour son jugement aucune vacation, quand même il se seroit rendu sur les lieux où les scellés sont apposés, & où l'on travaille aux inventaires.

Il y a plusieurs actes de jurisdiction volontaire que le *lieutenant-général* peut faire seul en son hôtel : telles sont les élections de tuteur & de curateur, les émancipations, les réceptions de cautions, les informations de vie & de mœurs, les prestations de serment en exécution de sentences, les enquêtes, les interrogatoires sur faits & articles, les taxes de dépens, *&c.*

En cas d'absence du *lieutenant-général*, c'est au *lieutenant*-particulier ou autres juges, suivant l'ordre du tableau, à faire les actes de jurisdiction volontaire; mais ils ne peuvent y vaquer qu'après trois jours d'absence du *lieutenant-général*, & après vingt-quatre heures, si la matière est provisoire.

Dans les assemblées qui se tiennent au palais épiscopal, relativement à la subsistance des pauvres, le *lieutenant-général* y doit présider avant les grands vicaires, & immédiatement après l'évêque; & la même règle doit être observée dans les assemblées relatives à l'administration des hôpitaux.

Quand le *lieutenant-général* va au palais, les huissiers sont obligés d'aller le chercher au bas de l'escalier intérieur, & de le conduire à la sortie jusqu'au même endroit.

Plusieurs ordonnances, entre autres celle du 25 août 1750, ont déclaré les *lieutenans-généraux* exempts du logement de gens de guerre. Les arrêts du conseil des 16 avril 1680, 11 avril 1684, leur donnent le droit de précéder les présidens & trésoriers de France, dans toutes les assemblées publiques & particulières.

[Un prêtre peut être reçu *lieutenant-général civil*: il y en a plusieurs exemples, & même un conseiller de cour souveraine peut exercer cet office avec des lettres de compatibilité. M. l'abbé de Canchi qui vient de mourir depuis peu, en est une double preuve, étant mort revêtu des offices de conseiller au parlement de Rouen & de *lieutenant-général* de Caën, dont il exerçoit plus exactement les fonctions que celle de conseiller au parlement, attendu la résidence continuelle qu'exige la première charge de la justice ordinaire dans une ville telle que Caën. Plusieurs magistrats des autres cours souveraines, même de Paris, sont aussi pourvus de ces offices tel que M. Borel, auditeur des comptes à Paris, *lieutenant-général* de Beauvais.

Mais un prêtre ou clerc ne peut être reçu *lieutenant-criminel*; les réglemens leur défendent d'être présens, tant dans les cours, que dans les bailliages & autres sièges, au rapport & jugement des matières criminelles, dont ils sont obligés de s'abstenir en se retirant, même dès qu'il s'agit dans un procès, de passer de la voie civile à la voie extraordinaire, attendu la maxime, *ecclesia abhoret à sanguine.*

Les *lieutenans-généraux*, comme chefs de compagnie, peuvent, après dix ans d'exercice, ainsi que les avocats qui ont plaidé avec réputation pendant vingt ans dans une cour souveraine, être reçus maîtres des requêtes, office qu'on ne peut posséder sans cette condition ou sans avoir été magistrat de cour souveraine; savoir, pendant trois ans pour les fils de magistrats esdites cours, & pendant six ans pour tous les autres, ainsi qu'il est prescrit par un édit de février 1672, publié le sceau tenant, & par un autre édit de novembre 1683, regîstré au parlement le 3 décembre, qui fixe à trente-un ans l'âge compétent pour être reçu maître des requêtes. *Voyez le recueil chronologique de Jousse, t. 1, p. 298.*

Suivant l'ordonnance de Blois, de Henri III, de 1579, *art. 106*, nul ne peut être reçu président de cour souveraine qu'il n'ait été conseiller dans une cour ou compagnie supérieure pendant dix ans, ou *lieutenant-général* pendant le même temps.

L'importance de ces offices a, dans tous les

temps, mérité la protection de nos rois, & leur a fait accorder plusieurs privilèges & exemptions, notamment celle de la taille. Aux termes de la déclaration du roi Louis XV, du 16 juillet 1764, & de l'édit de juillet 1766, tous les officiers des bailliages & sénéchaussées sont compris au nombre de ceux qui doivent jouir de ce privilège.

Par arrêt du conseil du 2 juillet 1770, pour l'ouverture du prêt & annuel des offices y sujets, le roi avoit ordonné que ceux des bailliages & sénéchaussées seroient reçus au paiement dudit droit sur le pied de la moitié de l'évaluation de leurs offices seulement; mais par l'édit de février 1771, concernant l'évaluation de tous les offices & l'établissement du centième denier, aucuns officiers de ces sièges, n'ont été compris dans le nombre de ceux qui ont été exceptés dudit droit par cet édit & autres réglemens postérieurs.

Enfin, Louis XVI, jaloux de répandre d'une main le bonheur sur tous les peuples de l'Europe en leur procurant la paix, & d'encourager de l'autre tous les arts & tous les ordres de l'état, a cru devoir donner aussi aux *lieutenans-généraux* des marques particulières de sa protection en accordant, depuis quelques années, à plusieurs d'entre eux un brevet de conseiller d'état, MM. de Pouilly, *lieutenant-général* de Reims, Borel, *lieutenant-général* de Beauvais, & autres, sont redevables de ce titre honorifique à l'ancienneté de leurs services, ainsi qu'à la médiation de M. le garde-des-sceaux, toujours zélé pour ce qui intéresse l'honneur & les avantages de la magistrature.] (*Ce qui est entre deux parenthèses appartient à M. le président* DE LA CHENAYE, *lieutenant-général honoraire de Mortagne, de plusieurs académies, & du musée de Paris.*)

LIEUTENANT-GÉNÉRAL *d'épée*, se dit de certains officiers dont les charges ont été créées dans les bailliages & sénéchaussées ou autres justices ressortissantes nuement aux parlemens par édit du mois d'octobre 1703, registré le 23 novembre suivant.

La fonction principale de ces *lieutenans* est de commander en l'absence & sous l'autorité des baillis le ban & arrière-ban. Ils ont entrée & séance l'épée au côté, tant à l'audience, qu'en la chambre du conseil du siège de leur établissement, immédiatement après les *lieutenans-généraux* des bailliages, avec voix délibérative dans toutes les causes civiles, même criminelles, quand ils sont gradués.

Ils ont le même rang dans les cérémonies publiques où les présidiaux, bailliages ou sénéchaussées sont assemblés en corps de compagnie; par-tout ailleurs, singuliérement dans les assemblées générales & particulières, ils précèdent tous les officiers desdites justices, & même tous les gentilshommes; l'édit de leur création leur accorde, *en ce cas, rang immédiatement après les baillis & sénéchaux.*

Mais pour que les *lieutenans-généraux d'épée* jouissent de ces prérogatives, ils doivent être en manteau, cravate ou rabat plissé, cheveux ou perruque longue sans bourses, ni queue, *&c.* à l'instar de M. le prévôt de Paris: c'est aussi ce qui résulte d'un jugement de la commission tenant le parlement, rendu au mois de juin 1772, contre le sieur Brulé de Blaru, chevalier de S. Louis, *lieutenant-général d'épée* au bailliage de Mortagne au Perche. C'est aussi dans cet habillement qu'ils étoient reçus à la grand'chambre des parlemens.

Les officies de *lieutenans-généraux d'épée* & conseillers d'honneur dans lesdits sièges, vacans aux parties casuelles & qui vaqueront par la suite, ont été éteints & supprimés par édit de février 1753, registré le 12 mars 1755, qui permet en outre aux officiers des sièges où ces offices sont encore subsistans, de les réunir au corps de la jurisdiction quand ils vaqueront par mort, démission ou résignation, en remboursant aux propriétaires le prix porté par les derniers contrats d'acquisition, pour jouir par eux, au moyen du remboursement, des gages & droits attribués à ces offices supprimés. (*Article de M. le président* DE LA CHENAYE, *lieutenant-général honoraire de Mortagne, de plusieurs académies, & du musée de Paris.*)

LIEUTENANT-GÉNÉRAL DE POLICE *ou* LIEUTENANT DE POLICE, est un magistrat établi à Paris & dans les principales villes du royaume, pour veiller au bon ordre, & faire exécuter les réglemens de police; il a même le pouvoir de rendre des ordonnances, portant réglement dans les matières de police qui ne sont pas prévues par les ordonnances, édits & déclarations du roi, ni par les arrêts & réglemens des cours, ou pour ordonner l'exécution de ces divers réglemens relativement à la police. C'est à lui qu'est attribuée la connoissance de tous les quasi-délits en matière de police, & de toutes les contestations entre particuliers pour des faits qui touchent la police.

Le premier *lieutenant de police* est celui qui fut établi à Paris en 1667; les autres ont été établis à l'instar de celui de Paris en 1669.

Anciennement le prévôt de Paris rendoit la justice en personne avec ses conseillers, tant au civil qu'au criminel; il régloit aussi de même tout ce qui regardoit la police.

Il lui étoit d'abord défendu d'avoir des *lieutenans*, sinon en cas de maladie ou autre empêchement, & dans ce cas il ne commettoit qu'un seul *lieutenant*, qui régloit avec les conseillers tout ce qui regardoit la police.

Lorsque le prévôt de Paris commit un second *lieutenant* pour le criminel, cela ne fit aucun changement par rapport à la police, attendu que ces *lieutenans* civils & criminels n'étoient point d'abord ordinaires (ils ne le devinrent qu'en 1454); d'ailleurs le prévôt de Paris jugeoit en personne avec eux toutes les causes de police, soit au parc civil ou en la chambre criminelle, suivant que cela se rencontroit.

L'édit de 1493 qui créa en titre d'office les *lieutenans* du prévôt de Paris, fit naître peu de temps après une contestation entre le *lieutenant*-civil & le *lieutenant*-criminel pour l'exercice de la police; car comme cette partie de l'administration de la justice est mixte, c'est-à-dire, qu'elle tient du civil & du criminel, le *lieutenant*-civil & le *lieutenant*-criminel prétendoient chacun qu'elle leur appartenoit.

Cette contestation importante demeura indécise entre eux, depuis 1500 jusqu'en 1630; & pendant tout ce temps ils exercèrent la police par concurrence, ainsi que cela avoit été ordonné par provision, par un arrêt du 18 février 1515, d'où s'ensuivirent de grands inconvéniens.

Le 12 mars 1630 le parlement ordonna que le *lieutenant*-civil tiendroit la police deux fois la semaine; qu'en cas d'empêchement de sa part, elle seroit tenue par le *lieutenant*-criminel, ou par le *lieutenant*-particulier.

Les droits & prérogatives, attachés au magistrat de police de la ville de Paris, furent réglés par un édit du mois de décembre de l'année 1666, qui fut donné à l'occasion des plaintes qui avoient été faites du peu d'ordre qui étoit dans la police de la ville & fauxbourgs de Paris. Le roi ayant fait rechercher les causes d'où ces défauts pouvoient procéder, & ayant fait examiner en son conseil les anciennes ordonnances & réglemens de police, ils se trouvèrent si prudemment concertés, que l'on crut qu'en apportant l'application & les soins nécessaires pour leur exécution, la police pourroit être aisément rétablie.

Le préambule de cet édit annonce aussi que par les ordres qui avoient été donnés, le nettoiement des rues avoit été fait avec exactitude; que comme le défaut de la sûreté publique exposeroit les habitans de Paris à une infinité d'accidens, S. M. avoit donné ses soins pour la rétablir, & pour qu'elle fût entière, S. M. venoit de redoubler la garde; qu'il falloit aussi pour cet effet régler le port d'armes, & prévenir la continuation des meurtres, assassinats, & violences qui se commettoient journellement, par la licence que des personnes de toute qualité se donnoient de porter des armes, même de celles qui sont le plus étroitement défendues; qu'il étoit aussi nécessaire de donner aux officiers de police un pouvoir plus absolu sur les vagabonds & gens sans aveu, que celui qui est porté par les anciennes ordonnances.

Cet édit ordonne ensuite l'exécution des anciennes ordonnances & arrêts de réglement touchant le nettoiement des rues; il enjoint au prévôt de Paris, ses *lieutenans*, commissaires du châtelet, & à tous autres officiers qu'il appartiendra d'y tenir la main.

L'édit défend la fabrication & le port des armes prohibées dont il fait l'énumération. Il est enjoint à ceux qui en auront à Paris de les remettre entre les mains du commissaire du quartier, & dans les provinces, entre les mains des officiers de police.

Il y est dit que les soldats des gardes françoises & suisses ne pourront vaguer la nuit hors de leur quartier ou corps-de-garde, s'ils sont en garde, à six heures du soir depuis la Toussaint, & à neuf heures du soir depuis Pâques, avec épées ou autres armes, s'ils n'ont ordre par écrit de leur capitaine, à peine des galères; à l'effet de quoi leur procès leur sera fait & parfait par les juges de police; & que pendant le jour ces soldats ne pourront marcher en troupe ni être ensemble hors de leur quartier en plus grand nombre que quatre avec leurs épées.

Les Bohémiens ou Egyptiens, & autres de leur suite, doivent être arrêtés prisonniers, attachés à la chaîne, être conduits aux galères pour y servir comme forçats, sans autre forme ni figure de procès; & à l'égard des femmes & filles qui les accompagnent & vaguent avec eux, elles doivent être fouettées, flétries & bannies hors du royaume; & l'édit porte que ce qui sera ordonné à cet égard par les officiers de police, sera exécuté comme jugement rendu en dernier ressort.

Il enjoint aussi aux officiers de police d'arrêter ou faire arrêter tous vagabonds, filoux & gens sans aveu, & de leur faire & parfaire le procès en dernier ressort, l'édit leur attribuant toute cour, jurisdiction & pouvoir à ce nécessaires, nonobstant tous édits, déclarations, arrêts & réglemens à ce contraires, auxquels il est dérogé par cet édit; & il est dit qu'on réputera gens vagabonds & sans aveu ceux qui n'auront aucune profession ni métier, ni aucuns biens pour subsister, qui ne pourront faire certifier de leurs bonne vie & mœurs par personnes de probité connues & dignes de foi, & qui soient de condition honnête.

La déclaration du 27 août 1701 a confirmé le *lieutenant-général de police* dans le droit de juger en dernier ressort les mendians, vagabonds & gens sans aveu; mais il ne peut les juger qu'avec les officiers du châtelet au nombre de sept.

L'édit de 1666 règle aussi l'heure à laquelle les collèges, académies, cabarets & lieux où la bière se vend à pot, doivent être fermés.

Il y est dit que les ordonnances de police pour chasser ceux chez lesquels se prend & consomme le tabac, qui tiennent académies, brelans, jeux de hasard, & autres lieux défendus, seront exécutés; & qu'à cet effet la publication en sera renouvellée.

Défenses sont faites à tous princes, seigneurs & autres personnes, de donner retraite aux prévenus de crimes, vagabonds & gens sans aveu.

L'édit veut que la police générale soit faite par les officiers ordinaires du châtelet en tous les lieux prétendus privilégiés, ainsi que dans les autres quartiers de la ville, sans aucune différence ni distinction; & qu'à cet effet le libre accès leur y soit donné: qu'à l'égard de la police particulière, elle sera faite par les officiers qui auront prévenu; & qu'en cas de concurrence, la préférence appartiendra au prévôt de Paris. Il fut néanmoins ajouté par l'arrêt d'enregistrement, qu'à l'égard de la police, la concurrence ni la prévention n'auroit pas lieu dans l'étendue de la jurisdiction du bailliage du palais.

Enfin, il est encore enjoint par le même édit à tous compagnons chirurgiens, qui travaillent en chambre, de se retirer chez les maîtres, & aux maîtres, de tenir boutique ouverte; comme aussi de déclarer au commissaire du quartier les blessés qu'ils auront pansés chez eux ou ailleurs, pour en être fait par le commissaire son rapport à la police, le tout sous les peines portées par cet édit, ce qui doit aussi être observé à l'égard des hôpitaux, dont l'infirmier ou administrateur qui a le soin des malades doit faire sa déclaration au commissaire du quartier.

C'est ainsi que la compétence des officiers de police étoit déjà réglée, lorsque par édit du mois de mars 1667, Louis XIV supprima l'office de *lieutenant*-civil qui existoit alors, & créa deux nouveaux offices, l'un de *lieutenant*-civil, l'autre de *lieutenant de police*, pour être remplis par deux différens officiers. Il régla par ce même édit la compétence de chacun de ces deux officiers.

Suivant cet édit, le *lieutenant de police* connoît de la sûreté de la ville, prévôté & vicomté de Paris, du port d'armes prohibées par les ordonnances, du nettoiement des rues & places publiques, circonstances & dépendances; c'est lui qui donne les ordres nécessaires en cas d'incendie & inondation; il connoît pareillement de toutes les provisions nécessaires pour la subsistance de la ville, amas & magasins qui en peuvent être faits, de leur taux & prix, de l'envoi des commissaires & autres personnes nécessaires sur les rivières pour le fait des amas de foin, botelage, conduite & arrivée à Paris. Il règle les étaux des boucheries & leur adjudication; il a la visite des halles, foires & marchés, des hôtelleries, auberges, maisons garnies, brelans, tabacs, & lieux mal-famés; il connoît aussi des assemblées illicites; tumultes, séditions & désordres qui arrivent à cette occasion, des manufactures & de leur dépendance, des élections des maîtres & des gardes des six corps des marchands, des brevets d'apprentissages, réception des maîtres, de la réception des rapports, des visites, faites par les gardes des marchands & artisans, de l'exécution de leurs statuts & réglemens, des renvois des jugemens ou avis du procureur du roi du châtelet sur le fait des arts & métiers: il a le droit d'étalonner tous les poids & balances de toutes les communautés de la ville & fauxbourgs de Paris, à l'exclusion de tous autres juges; il connoît des contraventions commises aux ordonnances, statuts & réglemens qui concernent l'imprimerie, soit par les imprimeurs en l'impression des livres & libelles défendus, soit par les colporteurs qui les distribuent; les chirurgiens sont tenus de lui déclarer les noms & qualités des blessés; il peut aussi connoître de tous les délinquans trouvés en flagrant délit en fait de police, faire leur procès sommairement & les juger seul, à moins qu'il n'y ait lieu à peine afflictive, auquel cas il en fait son rapport au présidial; enfin c'est à lui qu'appartient l'exécution de toutes les ordonnances, arrêts & réglemens concernant la police.

Au mois de mars 1674, le roi créa un nouveau châtelet, composé entre autres officiers d'un *lieutenant de police*, aux mêmes droits & fonctions que celui de l'ancien châtelet; mais attendu l'inconvénient qu'il y avoit à établir deux *lieutenans de police* dans Paris, le nouvel office fut réuni à l'ancien par déclaration du 18 avril de la même année, pour être exercé sous le titre de *lieutenant-général de police*.

Comme il arrivoit fréquemment des conflits de jurisdiction entre le *lieutenant-général de police* & les prévôt des marchands & échevins de Paris, leur jurisdiction fut réglée par un édit du mois de juin 1700.

Cet édit ordonne que le *lieutenant-général de police* & les prévôt des marchands & échevins exerceront, chacun en droit soi, la jurisdiction qui leur est attribuée par les ordonnances sur le commerce des bleds & autres grains; qu'ils les feront exécuter à cet égard, ensemble les réglemens de police, comme ils avoient bien & duement fait jusqu'alors; savoir, que le *lieutenant-général de police* connoîtra dans toute l'étendue de la prévôté & vicomté de Paris, & même dans les huit lieues aux environs de la ville, de tout ce qui regarde la vente, livraison & voiture des grains que l'on y amène par terre, quand même ils auroient été chargés sur la rivière, pourvu qu'ils en aient été déchargés par la suite sur la terre, à quelque distance que ce puisse être de la ville; comme aussi de toutes les contraventions qui pourroient être faites aux ordonnances & réglemens, quand même on prétendroit que les grains auroient été destinés pour cette ville, & qu'ils devroient y être amenés par eau, & ce jusqu'à ce qu'ils soient arrivés au lieu où on les doit décharger sur les rivières qui y affluent. Les prévôt des marchands & échevins connoîtront, dans les autres cas, de la vente, livraison & voiture des grains qui viennent par eau.

Ils ont aussi la connoissance de ce qui regarde la vente des vins qui viennent par eau; mais le *lieutenant-général de police* a toute jurisdiction, police & connoissance de la vente & commerce qui se fait des vins lorsqu'on les amène par terre à Paris, & des contraventions qui peuvent être faites aux ordonnances & réglemens de police, même sur ceux qui y ont été amenés par les rivières, aussi-tôt qu'ils sont transportés des bateaux sur lesquels ils ont été amenés, ou des ports & étapes de ville, dans les maisons & caves des marchands de vin, & sans que les officiers de la ville puissent y faire aucunes visites, ni en prendre depuis aucune connoissance, sous prétexte de mesures ou sous quelque autre que ce puisse être.

Les prévôt des marchands & échevins connoissent de la voiture qui se fait par eau des bois de mairain & de charronnage, & règlent les ports de la ville où ils doivent être amenés & déchargés; le *lieutenant de police* connoît de sa part de tout ce qui regarde l'ordre qui doit être observé entre les charrons & autres personnes qui peuvent employer lesdits bois de mairain & de charronnage que l'on amène en la ville de Paris.

De même, quoique le bureau de la ville connoisse de tout ce qui regarde les conduites des eaux & entretien des fontaires publiques, le *lieutenant-général de police* connoît de l'ordre qui doit être observé entre les porteurs d'eau, pour la puiser & pour la distribuer à ceux qui en ont besoin, ensemble de toutes les contraventions qu'ils pourroient faire aux réglemens de police; il peut aussi leur défendre d'en puiser en certains temps & en certains endroits de la rivière lorsqu'il le juge à propos.

Par rapport aux quais, le bureau de la ville y a jurisdiction, pour empêcher que l'on n'y mette aucunes choses qui puissent empêcher la navigation sur la rivière, ou occasionner le dépérissement des quais dont la ville est chargée : du reste, le *lieutenant-général de police* exerce sur les quais toute la jurisdiction qui lui est attribuée dans le reste de la ville, & peut même y faire porter les neiges lorsqu'il le juge absolument nécessaire pour le nettoiement de la ville & pour la liberté du passage dans les rues.

La publication des traités de paix se fait en présence des officiers du châtelet, & des prévôt des marchands & échevins, suivant les ordres que le roi leur en donne, & en la forme en laquelle elle a été faite à l'occasion des traités de paix conclus à Riswik.

Lorsqu'on fait des échafauds pour des cérémonies ou des spectacles que l'on donne, au sujet des fêtes & des réjouissances publiques, les officiers, tant du châtelet, que de l'hôtel-de-ville, exécutent chacun les ordres particuliers qu'il plaît au roi de leur donner à ce sujet; & lorsqu'ils n'en ont point reçu, le *lieutenant-général de police* a de droit l'inspection sur les échafauds, & donne les ordres qu'il juge nécessaires pour la solidité de ceux qui sont faits dans les rues & même sur les quais, & pour empêcher que les passages nécessaires dans la ville n'en soient embarrassés; les prévôt des marchands & échevins prennent le même soin; & ont la même connoissance sur ceux qui peuvent être faits sur le bord & dans le lit de la rivière, & dans la place de grève.

Lorsqu'il arrive un débordement d'eau, qui fait craindre que les ponts sur lesquels il y a des maisons bâties, ne soient emportés, & que l'on ne puisse passer sûrement sur ces ponts, le *lieutenant-général de police* & les prévôt des marchands & échevins donnent conjointement, concurremment, par prévention, tous les ordres nécessaires pour faire déloger ceux qui demeurent sur ces ponts & pour en fermer les passages; & en cas de diversité de sentimens, ils doivent se retirer sur le champ vers le parlement pour y être pourvu; & en cas que le parlement ne fût pas assemblé, ils doivent s'adresser à celui qui y préside pour être réglés par son avis.

Les teinturiers, dégraisseurs & autres ouvriers qui sont obligés de se servir de l'eau de la rivière pour leurs ouvrages, doivent se pourvoir pardevers les prévôt des marchands & échevins pour en obtenir la permission d'avoir des bateaux; mais lorsqu'ils n'ont pas besoin de bateaux, ils doivent se pourvoir seulement pardevers le *lieutenant-général de police*.

Ce magistrat connoît, à l'exclusion des prévôt des marchands & échevins, de ce qui regarde la vente & le débit des huîtres, soit qu'elles soient amenées en cette ville par eau, ou par terre, sans préjudice néanmoins de la jurisdiction des commissaires du parlement, sur le fait de la marée.

Cet édit porte aussi, qu'il connoîtra de tout ce qui regarde l'ordre & la police, concernant la vente & le commerce du poisson d'eau-douce, que l'on amenera à Paris.

Il est enjoint au surplus par ce même édit de 1700 au *lieutenant-général de police*, & aux prévôt des marchands & échevins, d'éviter, autant qu'il leur est possible, toutes sortes de conflits de jurisdiction, de régler, s'il se peut, à l'amiable & par des conférences entre eux, ceux qui seroient formés, & de les faire enfin régler au parlement le plus sommairement qu'il se pourra, sans qu'ils puissent rendre des ordonnances, ni faire de part & d'autre aucuns réglemens au sujet de ces sortes de contestations, ni sous aucun prétexte que ce puisse être.

Le *lieutenant-général de police* a encore la connoissance & jurisdiction sur les recommandaresses & nourrices dans la ville & fauxbourgs de Paris: le préambule de la déclaration du 29 janvier 1715 porte, que l'exécution du réglement que S. M. avoit fait sur cette matière, regardoit naturellement le magistrat qui est chargé du soin de la police dans Paris, & que S. M. avoit jugé à propos de réformer l'ancien usage, qui, sans autre titre que la possession, avoit attribué au *lieutenant*-criminel du châtelet, la connoissance de ce qui concerne les fonctions des recommandaresses, pour réunir à la police une inspection qui en fait véritablement partie & qui a beaucoup plus de rapport à la jurisdiction du *lieutenant général de police*, qu'à celle du *lieutenant*-criminel.

Le dispositif de cette déclaration porte entre autres choses, que dans chacun des quatre bureaux de recommandaresses, il y aura un registre qui sera paraphé par le *lieutenant-général de police*; que chacun de ces quatre bureaux sera sous l'inspection d'un des commissaires du châtelet, qui examinera & visera tous les mois les registres, & qu'en cas de contravention à cette déclaration, il en référera au *lieutenant-général de police* pour y être par lui pourvu, ainsi qu'il appartiendra; & que chacun de ces registres lui sera représenté quatre fois l'année, même plus souvent, s'il le juge à propos, pour l'arrêter & viser pareillement.

Les certificats que les recommandaresses donnent aux nourrices doivent être représentés par celles-ci à leur curé, qui leur en donne un certificat, & elles doivent l'envoyer au *lieutenant-général de police*, lequel le fait remettre aux recommandaresses.

En cas que les pères & mères manquent à payer

les mois dus aux nourrices, & de répondre à l'avis qui leur en a été donné, les nourrices doivent en informer, ou par elles-mêmes, ou par l'entremise du curé de leur paroisse, le *lieutenant-général de police*, qui y pourvoit sur le champ.

Les condamnations qu'il prononce contre les pères & mères, sont exécutées par toutes voies dues & raisonnables, même par corps, s'il est ainsi ordonné par ce magistrat, ce qu'il peut faire en tout autre cas que celui d'une impuissance connue & effective; la déclaration du premier mars 1727 ordonne la même chose; cette dernière déclaration qui concerne les recommandaresses, nourrices, & les meneurs ou meneuses, rappelle aussi ce qui est dit dans celle de 1715, concernant la jurisdiction du *lieutenant-général de police* sur les recommandaresses, & ajoute que les abus qui s'étoient glissés dans leur fonction ont été réprimés, par les soins que ce magistrat s'étoit donnés pour faire exécuter la déclaration de 1715.

Il est enjoint par celle de 1727, aux meneurs ou meneuses, de rapporter un certificat de leur curé. Ces certificats doivent être enregistrés par les recommandaresses, & mis en liasse pour être visés par le *lieutenant-général de police*, ou d'un commissaire au châtelet par lui commis.

Les meneurs ou meneuses de nourrices sont aussi tenus, aux termes de cette même déclaration, d'avoir un registre paraphé du *lieutenant-général de police*, ou d'un commissaire au châtelet par lui commis, pour y écrire les sommes qu'ils reçoivent pour les nourrices.

La déclaration du 23 mars 1728 enjoint aux ouvriers qui fabriquent des bayonnettes à ressort, d'en faire leur déclaration au juge de police du lieu, & veut que ces ouvriers tiennent un registre de vente qui soit paraphé par le juge de police.

Cette déclaration a été suivie d'une autre du 25 août 1737, qui est aussi intitulée comme concernant le port d'armes, mais qui comprend de plus tout ce qui concerne la police de Paris, par rapport aux soldats qui s'y trouvent, l'heure de leur retraite, les armes qu'ils peuvent porter, la manière dont ils peuvent faire des recrues dans Paris; il est enjoint à cette occasion aux officiers, sergens, cavaliers, dragons & soldats, & à tous autres particuliers qui auront commission de faire des recrues à Paris, d'en faire préalablement leur déclaration au *lieutenant-général de police*, à peine de nullité des engagemens; enfin, il est dit que la connoissance de l'exécution de cette déclaration & des contraventions qui pourroient y être faites, appartiendra au *lieutenant-général de police* de la ville de Paris, sauf l'appel au parlement.

C'est par une suite & en vertu de cette déclaration, que le *lieutenant-général de police* connoît de tout ce qui concerne le racolage & les engagemens forcés.

Ce magistrat a aussi concurremment avec les trésoriers de France, l'inspection & jurisdiction à l'occasion des maisons & bâtimens de la ville de Paris qui sont en péril imminent; celui de ces deux tribunaux qui a prévenu demeure saisi de la contestation, & si les assignations sont du même jour, la préférence demeure au *lieutenant-général de police*; c'est ce qui résulte de deux déclarations du roi, l'une & l'autre du 18 juillet 1729.

Toutes les contestations qui surviennent à l'occasion des bestiaux vendus dans les marchés de Sceaux & de Poissy, soit entre les fermiers & les marchands forains, & les bouchers & chaircuitiers, même des uns contre les autres, pour raison de l'exécution des marchés entre les forains & les bouchers, même pour cause des refus que pourroit faire le fermier, de faire crédit à quelques-uns des bouchers, sont portées devant le *lieutenant-général de police*, pour y être par lui statué sommairement, & ses ordonnances & jugemens sont exécutés par provision, sauf l'appel en la cour; telle est la disposition de l'édit du mois de janvier 1707, de la déclaration du 16 mars 1755, & de l'arrêt d'enregistrement du 18 août suivant.

Lorsque des gens sont arrêtés pour quelque léger délit qui ne mérite pas une instruction extraordinaire, & que le commissaire juge cependant à-propos de les envoyer en prison par forme de correction, c'est le *lieutenant-général de police* qui décide du temps que doit durer leur détention.

On porte aussi devant lui les contestations sur les saisies que les gardes des corps & communautés font sur ceux qui, sans qualités, se mêlent du commerce & de la fabrication des choses dont ils ont le privilège, les discussions entre les différens corps & communautés pour raison de ces mêmes privilèges.

Les commissaires reçoivent ses ordres pour l'exécution des réglemens de police; & lui font le rapport des contraventions qu'ils ont constatées, & en général de l'exécution de leurs commissions; ces rapports se font en l'audience de la chambre de police, où il juge seul toutes les causes de sa compétence.

A l'audience de la grande police, qui se tient au parc civil, il juge sur le rapport des commissaires, les femmes & les filles débauchées.

Enfin pour résumer ce qui est de la compétence de ce magistrat, il connoît de tout ce qui regarde le bon ordre & la sûreté de la ville de Paris, de toutes les provisions nécessaires pour la subsistance de cette ville, du prix, taux, qualités, poids, balances & mesures, des marchandises, magasins & amas qui en sont faits; il règle les étaux des bouchers, les adjudications qui en sont faites; il a la visite des halles, foires, marchés, hôtelleries, brelands, tabagies, lieux mal-famés; il connoît des différends qui surviennent entre les arts & métiers, de l'exécution de leurs statuts & réglemens, des manufactures, de l'élection des maîtres & gardes des marchands, communautés d'artisans, brevets d'apprentissage, du fait de l'imprimerie, des libelles &

& livres défendus, des crimes commis en fait de police, & il peut juger seul les coupables, lorsqu'il n'échet pas de peine afflictive; enfin, il a l'exécution des ordonnances, arrêts & réglemens.

Les appellations de ses sentences se relèvent au parlement, & s'exécutent provisoirement, nonobstant opposition ou appellation.

Le procureur du roi du châtelet a une chambre particulière, où il connoît de tout ce qui concerne les corps des marchands, arts & métiers, maîtrises, réceptions des maîtres & jurandes; il donne ses jugemens qu'il qualifie d'avis, parce qu'ils ne sont exécutoires qu'après avoir été confirmés par sentence du *lieutenant-général de police*, qui a le pouvoir de les confirmer ou infirmer; mais s'il y a appel d'un avis, il faut relever l'appel au parlement.

Le *lieutenant-général de police* est commissaire du roi pour la capitation & autres impositions des corps d'arts & métiers, & il fait en cette partie, comme dans bien d'autres, les fonctions d'intendant pour la ville de Paris.

Le roi commet aussi souvent le *lieutenant-général de police* pour d'autres affaires qui ne sont pas de sa compétence ordinaire; de ces sortes d'affaires, les unes lui sont renvoyées pour les juger souverainement & en dernier ressort à la bastille, avec d'autres juges commis; d'autres, pour les juger au châtelet avec le présidial. Quelques-unes, mais en très-petit nombre, sont jugées par lui seul en dernier ressort, & la plus grande partie est à la charge de l'appel au conseil.

Les fonctions des *lieutenans-généraux de police*, établis dans les différentes villes du royaume, sont à-peu-près les mêmes, mais cependant d'une manière moins étendue que celle du *lieutenant-général de police* de Paris. Elles ont été réglées, ainsi que leurs droits, par un édit de 1699. Une déclaration du 22 décembre de la même année fixe à vingt-cinq ans l'âge auquel on peut posséder un office de *lieutenant-général*. (*A*)

LIEUTENANT-GÉNÉRAL *des violons*: on appelloit ainsi des *lieutenans*-généraux & particuliers que la communauté des maîtres à danser, connue sous le nom de *confrérie de S. Julien*, se prétendoit en droit de nommer dans différentes provinces du royaume, d'après des statuts confirmés par édit du mois d'octobre 1658, abrogés par des loix postérieures, notamment par la déclaration du 2 novembre 1692, & par les lettres-patentes du 25 juin 1700. Mais sur les droits exercés par ces *lieutenans*-généraux & particuliers du roi & maître des ménétriers, dont l'office a été supprimé par édit de mars 1773, regîstré en parlement le 31 du même mois, & d'après les vexations de ces *lieutenans* commises envers les musiciens, même envers ceux des églises cathédrales, sa majesté pour prévenir tous ces abus qui troubloient le bon ordre, a, par arrêt de son conseil du 13 février 1773, revêtu de lettres-patentes régistrées au parlement le 24 du même mois, cassé & annullé la vente ou concession faite par la confrérie de S. Julien des ménétriers, de toutes les charges de *lieutenans*-généraux & particuliers du roi des violons dans toute l'étendue du royaume. Sa majesté leur interdisant toutes fonctions & faisant défenses à tous musiciens & autres de les reconnoître; pourquoi il est ordonné que, tant ladite confrérie de S. Julien des ménétriers, que tous ceux qui la composent, seront tenus de se conformer à l'édit de mars 1767, concernant les arts & métiers, & de se retirer pardevant le bureau établi à cet effet pour y faire régler leurs prétentions. (*Article de M. le président* DE LA CHENAYE, *lieutenant-général honoraire de Mortagne, de plusieurs académies, & du musée de Paris.*)

LIEUTENANT *des maîtrises des eaux & forêts*, est un officier gradué, & de robe-longue, établi dans les maîtrises pour y remplir les fonctions du maître particulier, en son absence.

Anciennement le ressort des maîtres des eaux & forêts s'étendoit dans plusieurs bailliages, sénéchaussées & jurisdictions: la difficulté de pourvoir à l'expédition des affaires força ces maîtres à se donner des *lieutenans* pour y vaquer. Ils donnèrent aux uns le titre de *lieutenant-général*, pour toute l'étendue de leur ressort, & il en est fait mention dans les ordonnances de 1493 & 1507, & dans des lettres-patentes du mois de janvier 1566: aux autres ils n'accordèrent que le titre de *lieutenant-particulier des forêts*. Mais cette faculté leur fut ôtée par les ordonnances de 1313 & de 1318; l'édit du mois de février 1345 n'excepta de cette défense que les maîtres actuellement officiers, & demeurans dans les maisons royales, ou des princes du sang, à qui il fut permis d'avoir des *lieutenans*.

Dans la suite, le roi ayant été informé que c'étoit un bien pour l'administration de la jurisdiction contentieuse, que les maîtres des eaux & forêts, qui, de tout temps, ont été gens d'épée, eussent des *lieutenans*, il leur fut permis par les ordonnances de juillet 1376, mars 1388, septembre 1402, & mars 1515, de s'en choisir, à la charge par eux d'en être civilement responsables. Peu de temps après, non-seulement il leur fut permis d'en nommer, mais il leur fut même enjoint de commettre *lieutenans* & greffiers, aux sièges prochains des forêts de leur ressort, où ils seroient tenus de faire actuelle résidence. C'est ce qui résulte de deux arrêts de la chambre de réformation pour les forêts de Normandie, des 23 janvier & 17 décembre 1534.

Henri II, par édit de février 1554, créa les *lieutenans des maîtrises*, en titre d'office formé & héréditaire, pour être à l'avenir à sa disposition & nomination, & pour y être pourvu, quand vacation écherroit par mort, forfaiture, résignation ou autrement.

Henri III, par un autre édit de 1583, en créa dans les lieux où il n'en avoit pas été établi par le précédent; deux édits des mois de décembre 1635 & mai 1645 en créèrent d'alternatifs & de triennaux. Il y en eut même de quadriennaux, créés pour la province de Normandie seulement, par un édit du mois de septembre 1645.

Tous ces offices ont été supprimés par les édits de décembre 1663, & avril 1667. Les besoins de l'état en firent encore créer d'alternatifs, par édit du mois de mars 1706, qui ont été réunis aux anciens, moyennant finance.

L'ordonnance du mois d'août 1669, appellée communément l'*ordonnance des eaux & forêts*, contient un titre particulier des *lieutenans*, qui est le cinquième. Les devoirs & les fonctions de ces officiers y sont déterminés.

Suivant cette loi, les *lieutenans* doivent être pourvus & reçus comme tous les autres officiers. Il faut d'ailleurs qu'ils soient gradués, parce que leurs fonctions ordinaires regardent l'administration de la justice contentieuse, au lieu que les principales fonctions du maître particulier sont de la jurisdiction volontaire, qui consiste à visiter les bois, faire l'assiette des ventes, les récolemens, & autres pareilles procédures, pour lesquelles il ne faut pas des connoissances si particulières que pour l'administration de la justice.

Il résulte de cette disposition de l'ordonnance, que le *lieutenant* n'a de fonctions propres, que celles de rendre la justice, soit à l'audience, soit à la chambre du conseil, lorsque le maître particulier est présent. Mais dans les cas d'absence de cet officier, il en remplit toutes les fonctions, même celles de jurisdiction volontaire, soit dans les bois, soit à l'audience & en la chambre du conseil, & par-tout ailleurs.

Dans les affaires qui intéressent le roi, il ne peut être taxé qu'aux deux tiers des droits, taxations & émolumens, que percevroit le maître s'il étoit présent. Mais dans les affaires des particuliers, il peut se faire payer suivant les réglemens, & à proportion du travail.

Lorsque le maître particulier n'est pas gradué, le *lieutenant* a préférablement toute l'instruction des affaires, tant civiles que criminelles, soit entre particuliers de partie à partie, soit à la requête du procureur du roi. Le maître dans ce cas n'a que le droit de délibérer & de prononcer. Mais si celui-ci est gradué, le *lieutenant* n'a que le droit de rapporter & d'opiner l'instruction, le jugement & la prononciation, suivant la pluralité des voix, demeurant au maître tant à l'audience, qu'en la chambre du conseil.

Les sentences rendues par les *lieutenans*, doivent être intitulées des noms & qualités des maîtres, sauf aux *lieutenans* à marquer à la fin, qu'elles ont été rendues par eux.

Le *lieutenant* est tenu, sous peine de privation de ses gages, de demeurer dans la ville où est le siège de la maîtrise, sans en pouvoir désemparer, particuliérement aux jours & heures des audiences, qu'après avoir averti le maître, ou le garde-marteau, afin qu'ils le suppléent pour l'administration de la justice.

Il est autorisé à faire la visite générale des eaux & forêts de la maîtrise, assisté des autres officiers, lorsque le maître particulier a négligé de faire celle qui lui est prescrite de six mois en six mois. Cependant il doit attendre un mois après l'expiration du délai fixé pour la visite du maître. Ces visites sont jugées si nécessaires pour la conservation des bois, & l'entretien de la navigation, que le *lieutenant* est indispensablement obligé à faire la visite générale au défaut du maître particulier, sous peine de cinq cens livres d'amende.

Les *lieutenans* peuvent, quand bon leur semble, assister aux visites faites par les maîtres de six mois en six mois, dans les bois & rivières de leurs maîtrises, ainsi qu'aux récolemens des ventes, mais sans pouvoir prétendre aucun droit ou taxation, lorsque les maîtres sont présens.

Il leur est défendu d'exercer en titre, ou par commission, aucun office dans les jurisdictions seigneuriales, de recevoir des pensions, de tenir des fermes des seigneurs, communautés ou particuliers, directement ou indirectement, à peine de privation de leurs offices. Ils ne peuvent également posséder deux charges dans les eaux & forêts, mais ils ont la liberté d'exercer un autre office royal, soit de judicature, soit de finance.

Lieutenant *des maréchaussées*, c'est après le prévôt-général le principal officier d'une compagnie de gens à cheval, créée par édit du mois de mars 1720, pour veiller, sous les ordres des maréchaux de France, à la sûreté publique, tant dans les villes & bourgs, que dans les foires, marchés & chemins publics de leur arrondissement. Le titre 2 de l'ordonnance criminelle de 1670 contient dans un grand détail, ainsi que la déclaration du 5 février 1731, & autres réglemens postérieurs à l'ordonnance de 1670, tous les devoirs & fonctions des différens officiers de la maréchaussée.

Quoique par l'article 15 du titre 2 ci-dessus cité, il soit dit que les officiers de maréchaussée seroient tenus de faire juger leur compétence au présidial dans le ressort duquel la capture aura été faite, ou le délit commis, suivant un édit du mois de décembre 1680, une déclaration du roi du 30 avril 1772, registrée en la commission du parlement le 13 mai suivant, néanmoins un arrêt du conseil du 26 février 1774 ordonne que les officiers de maréchaussée à la résidence de Sainte-Menehould, Gien, Chinon, Châteauroux, Saint-Brice & Avesnes, feront juger leur compétence en la sénéchaussée ou bailliage royal établi dans chacune desdites villes, sa majesté attribuant à ces sièges toute cour, jurisdiction & connoissance, à la charge par lesdits sièges de se conformer pour lesdits jugemens de compétence aux dispositions de l'ordonnance de 1670, & de la déclaration de 1731; ordonne pareillement sa majesté que la déclaration du 30 avril 1772 sera exécutée selon sa forme & teneur, touchant les jugemens interlocutoires & définitifs qui doivent être rendus par lesdits officiers de maréchaussées avec les officiers desdits sièges royaux.

Suivant un réglement des requêtes de l'hôtel rendu au souverain, le 9 janvier 1637, entre les officiers du présidial de Limoges & de la maréchaussée, il est dit que le vice-sénéchal, ses *lieutenans*, & assesseur du vice-sénéchal, auront séance à la chambre du conseil, aux jugemens des procès prévôtaux, aux lieux & sièges accoutumés, sans y avoir voix délibérative. Mais par une déclaration du 30 octobre 1720, le roi a ordonné que les prévôts-généraux auront rang & séance en la chambre du conseil après celui qui présidera, & leurs *lieutenans* après le doyen des conseillers, sans que lesdits *lieutenans* puissent avoir voix délibérative lorsque les prévôts-généraux assisteront aux jugemens prévôtaux. Dans tous les cas, d'après une lettre écrite au procureur du roi de la maréchaussée d'Autun, le 12 mars 1738, de la part de M. le chancelier, & rapportée par M. Serpillon en son commentaire criminel, « lesdits prévôts, *lieutenans* & » assesseurs de la maréchaussée ne peuvent être » rapporteurs des affaires prévôtales par eux ins» truites, de même que les officiers des cours sont » exclus par les ordonnances du rapport des affai» res dont ils ont fait l'instruction. D'où il résulte » que l'assesseur en la maréchaussée d'Autun n'au» roit pas dû rapporter le procès de Claude Cler» get », ce qui est conforme à un arrêt de réglement du grand-conseil du 30 octobre 1699, visé dans un autre du 25 octobre 1702, également cité par M. Serpillon sur l'article 16 du titre 2 de l'ordonnance de 1670: cet arrêt ordonne que les procès prévôtaux à juger dans le présidial d'Autun seront distribués par le président, & que le prévôt ne pourra être rapporteur; il n'en est pas ainsi dans les affaires civiles & criminelles instruites dans les bailliages: le *lieutenant*-général, civil ou criminel à qui seuls l'instruction appartient, peuvent être rapporteurs des mêmes affaires, même avec droit de préciput ou de choix d'un procès sur trois tombans dans la distribution qu'ils en font tous les mois ou plus souvent, suivant les réglemens des sièges. *Voyez* PRÉCIPUT. A l'égard de la discipline, subordination, & service des maréchaussées du royaume, & des devoirs des cavaliers, brigadiers, *&c.* envers les prévôts & leurs *lieutenans* (*voyez une ordonnance du roi du 19 avril 1760*), elle règle aussi les honneurs dus par les maréchaussées au roi, à la famille royale, aux princes & aux maréchaux de France, *&c.* On peut voir aussi un réglement du tribunal du 10 novembre 1723, qui prescrit la conduite à tenir par les prévôts, *lieutenans*, gardes & archers, envers les *lieutenans* des maréchaux de France, après toutefois que ceux-ci auront donné avis de leur réception par une lettre d'honnêteté au prévôt-général du département, qui, suivant l'article 3 de ce réglement, est obligé d'exécuter sans délai, ainsi que ses *lieutenans* & archers, tant les ordres à eux adressés par le tribunal, que les ordonnances des *lieutenans* des maréchaux de France.

D'après un arrêt du conseil du 28 janvier 1724, rendu sur les mémoires de différentes cours, le roi a ordonné que les prévôts des maréchaux & leurs *lieutenans* seront reçus à la connétablie, suivant l'article 4 de l'édit de mars 1710, & qu'après leur réception ils seront tenus de se présenter aux parlemens ou cours supérieures, pour y prêter serment & être leurs provisions enregistrées au greffe desdites cours, sans frais, sans que pour raison de ce, ils puissent être soumis à leur jurisdiction, sauf aux chefs & aux procureurs-généraux des compagnies à informer le chef de la justice & le ministre de la guerre de leur prévarication dans leurs fonctions, & l'exécution des mandemens de justice pour lesquels il est dit qu'ils prêteront main-forte, à peine d'interdiction. Le même arrêt ordonne qu'à la rentrée des cours & aux cérémonies publiques, le prévôt ou le commandant, en cas d'absence, y fera trouver, à l'heure fixée par le président, un *lieutenant* avec un nombre d'archers convenable pour les cours, & obvier à tous désordres.

Par une ordonnance du tribunal du 21 avril 1745, portant réglement pour les droits des officiers des maréchaussées, employés à l'exécution de ses ordres, il est accordé par jour au *lieutenant* 7 livres 10 sols, à raison de 10 lieues par jour d'été, & de huit lieues en hiver.

Les prévôts, *lieutenans*, ainsi que les cavaliers de maréchaussée, depuis un arrêt du conseil du 5 décembre 1773, jouissent dans l'exercice de leurs fonctions de tous droits de bacs sur toutes les rivières du royaume, comme toutes les troupes du roi. Sa majesté défendant à tous propriétaires ou fermiers desdits droits de rien exiger, tant pour les cavaliers que pour les chevaux, qu'ils seront tenus de laisser passer aussi souvent que le service l'exigera, avec injonction aux intendans de tenir la main à l'exécution de cet arrêt, dont la publication a été ordonnée.

Les *lieutenans de maréchaussée* ont, ainsi que les prévôts, leurs causes commises de la même manière que les commensaux de la maison du roi, c'est-à-dire, aux requêtes de l'hôtel ou du palais. A l'égard des autres officiers, ils ont leurs causes commises tant au civil qu'au criminel, au plus prochain présidial du lieu de leur résidence, conformément à une déclaration du roi du 6 mai 1692, rapporté au journal des audiences, & à un arrêt du conseil du 25 février 1730, revêtu de lettres-patentes du 20 mars suivant, rapportées au code Louis XV. *Voyez* au surplus pour les autres droits, fonctions & privilèges des divers officiers de cette compagnie, *les mots* ASSESSEUR, MARÉCHAUSSÉES, PRÉVÔT-GÉNÉRAL, CONNÉTABLIE, *&c.* (*Article de M.* DE LA CHENAYE, *lieutenant-général honoraire de Mortagne, de plusieurs académies, & du musée de Paris.*)

LIEUTENANT *des maréchaux de France*, c'est le titre d'un officier de justice militaire pourvu, soit par une commission particulière des maréchaux de France, soit par des provisions du roi sur leur nomination, pour, aux termes de l'édit du mois d'août 1679, & des édits des mois de mars 1693, & octobre 1702, portant création d'un *lieutenant* dans chacun des bailliages & sièges ressortissans nuement aux cours souveraines du royaume, connoître & juger des différends & contestations à naître entre les gentilshommes ou autres, faisant profession des armes, tant à cause des chasses, droits honorifiques des églises, prééminences des fiefs & seigneuries, que des autres querelles mêlées avec le point d'honneur: c'est par cette raison que les *lieutenans des maréchaux de France*, comme juges des militaires & des nobles, sont appellés *juges du point d'honneur*, le point d'honneur ayant un caractère plus marqué chez les gens de guerre que dans les autres professions; aussi, suivant l'auteur de l'esprit des loix, c'est le point d'honneur par excellence; il seroit difficile de le peindre, car les règles & les maximes qui le constituent sont variables: autrefois la noblesse suivoit en ce genre d'autres loix qu'aujourd'hui, & ces loix étoient si sévères qu'on ne pouvoit, sans une peine plus cruelle que la mort, non-seulement les enfreindre, mais en éluder même la plus petite disposition.

On voit par l'édit de création de ces offices en 1693, que Louis XIV s'est proposé de maintenir ses sujets dans une union parfaite, d'abolir entièrement les duels, & d'entretenir parmi la noblesse la concorde si nécessaire au repos de l'état & au bonheur des particuliers, en conservant à cette noblesse un sang qu'elle se fait gloire de répandre pour le service de ses maîtres, & qui n'avoit jusqu'alors été que trop souvent prodigué pour des querelles particulières. Il étoit réservé à Louis-le-Grand de les prévenir & de les arrêter dans leur source par des loix sages & sévères. Voici les dispositions principales de cet édit contenant 16 articles.

Article premier. S'il survient quelques querelles qui requièrent célérité, nous voulons que les *lieutenans* de nos cousins les maréchaux de France y pourvoient sur le champ, ainsi qu'il est ordonné par notre édit d'août 1679, & qu'ils en donnent avis à nos cousins les maréchaux de France pour travailler incessamment aux accommodemens.

Art. 2. Lorsque lesdits *lieutenans* auront eu avis de quelque différend entre les gentilshommes ou entre ceux qui font profession des armes dans leurs départemens, lequel procédant des paroles outrageuses ou autres causes touchant l'honneur, semblera devoir les porter à quelque ressentiment extraordinaire, ils enverront aussi-tôt aux parties des défenses de se rien demander directement ou indirectement par les voies de fait, & les feront assigner pardevant eux pour y être réglés.

Art. 3. S'ils appréhendent que les parties soient tellement animées qu'elles n'aient pas tout le respect qu'elles doivent à leurs ordonnances, ils leur enverront incontinent des archers & gardes de la connétablie & maréchaussée de France, pour se tenir auprès des parties, à leurs frais, jusqu'à ce qu'elles se soient rendues pardevant eux.

Art. 4. Si les parties sont de différens départemens, celui des *lieutenans* qui aura pris le premier connoissance de l'affaire en demeurera juge exclusivement aux autres.

Art. 5. En cas d'absence d'aucuns desdits *lieutenans*, celui du département le plus proche qui en sera le premier informé, connoîtra des différends qui surviendront, exclusivement aux autres.

Art. 6. Lesdits *lieutenans* auront rang dans les cérémonies publiques immédiatement après les gouverneurs, *lieutenans*-généraux & *lieutenans* de nos provinces.

Art. 10. La présence desdits *lieutenans* étant nécessaire dans les provinces, nous voulons qu'ils soient exempts du service du ban & arrière-ban, & leur accordons droit de committimus, ainsi qu'en jouissent les officiers de nos cours supérieures, & l'exemption de tutèle, curatèle & nomination d'icelle.

Art. 11. Ceux d'entre notre noblesse qui voudront se faire pourvoir desdits offices, pourront en posséder plus d'un sans incompatibilité & les diviser quand il leur plaira; lesdits *lieutenans* seront reçus par nos cousins les maréchaux de France, & prêteront serment en leurs mains après avoir pris, dit le huitième article, leur nomination sur laquelle toutes lettres de provision seront expédiées en la grande chancellerie; pourquoi les pourvus & leurs premiers résignataires seront, suivant l'art. 7, exempts de tous droits de marc d'or.

L'article 12 porte création d'un archer-garde de la connétablie, pour servir près desdits *lieutenans* & être reçus au bailliage de l'établissement desdits *lieutenans*.

Depuis il est intervenu une déclaration du 20 juillet 1694, registrée au parlement le 4 août suivant, interprétative de l'édit de 1693, pour ordonner l'enregistrement sans frais au greffe des cours souveraines, présidiaux, bailliages & sénéchaussées, des provisions & prestations de serment desdits *lieutenans* sur leur simple requête, qui doit être communiquée aux procureurs-généraux ou leurs substituts. Cette déclaration contient aussi plus au long que dans l'édit de 1693 les droits honorifiques accordés à ces *lieutenans*, & ordonne, entre autres choses, que les prévôts avec leurs officiers iront au-devant desdits *lieutenans* hors des villes & fauxbourgs de leur résidence, la première fois qu'ils y entreront, & les conduiront à leur logis, où le jour d'après ils iront à la tête de leur compagnie le bâton de commandant à la main, pour les complimenter.

Par un autre édit du mois d'octobre 1704, le roi a pareillement créé en titre d'office, dans chacun des bailliages & autres justices ressortissantes aux cours supérieures, un conseiller-rapporteur du point d'honneur pour instruire toutes les affaires & différends détaillés par l'édit de 1693, & en faire le rapport avec voix délibérative pardevant lesdits *lieutenans*. Le même édit contient aussi la création d'un secrétaire-greffier du point d'honneur dans lesdites justices, pour tenir la plume sous lesdits *lieutenans* & conseillers-rapporteurs, & écrire sous eux les informations, procès-verbaux & autres actes; en délivrer des expéditions moyennant salaire, le tout sur papier non marqué. Enfin par le même édit il a été de même créé en titre d'office un archer-garde de la connétablie & maréchaussée pour, avec celui créé par l'édit de 1693, résider & servir près lesdits *lieutenans* & conseillers-rapporteurs, & jouir tant par lesdits conseillers-rapporteurs qu'archers-gardes, des droits, vacations & exemptions portés par ledit édit de 1704.

Il a été rendu par les maréchaux de France différens réglemens, concernant la forme à suivre par leurs *lieutenans* dans l'instruction des affaires portées devant eux, notamment un du 5 août 1762, touchant la présentation & communication des requêtes présentées pour raison des billets faits par les nobles ou officiers, & la signification des ordonnances. L'article 2 de ce réglement prescrit qu'elles seront communiquées, dans le mois du jour de l'ordonnance, aux débiteurs demeurans à la distance de 10 lieues, ou dans trois mois hors la distance de 10 lieues, soit qu'ils soient à l'armée, soit qu'ils soient ailleurs; suivant les articles 3, 4 & 5, la réponse des débiteurs doit être signée d'eux, à la suite de l'ordonnance, & remise dans le mois ès mains du rapporteur, dont l'ordonnance doit être signifiée par un garde de la connétablie, ou par un cavalier de maréchaussée, pour être exécutée, à moins qu'il n'en ait été autrement ordonné.

Outre les réglemens ci-dessus cités & ceux rendus au lit de justice le 22 février 1723 contre les duels & celui rendu le 10 novembre 1723, entre les *lieutenans* des maréchaussées, & des maréchaux de France, rapporté au mot LIEUTENANT *des maréchaussées*, il faut lire les articles imprimés pour servir d'instruction & de règle aux *lieutenans* touchant leur compétence & leurs fonctions.

Les principaux de ces articles portent que les *lieutenans* résideront dans leur département, & qu'ils informeront le tribunal quand ils s'absenteront, afin qu'il puisse adresser à d'autres ses ordres & être assuré de leur exécution.

Les *lieutenans* peuvent connoître, comme il a été dit ci-dessus, de toutes contestations entre gentilshommes & officiers concernant le point d'honneur, même entre gens faisant profession des armes, & gens vivans noblement, ce qui pourtant ne doit être admis qu'avec prudence & après avoir pris, dans l'occasion, les avis & les ordres du tribunal, pour ne pas donner trop d'extension à cet article.

Les veuves ou femmes de tous ces justiciables peuvent, comme leurs maris, se pourvoir devant les *lieutenans*; mais elles ne peuvent y être traduites en défendant: c'est à la justice ordinaire de connoître des plaintes ou autres demandes portées contre elles; il en est de même à l'égard des ecclésiastiques nobles, dont l'usage a prévalu d'admettre les requêtes en demandant.

Mais les gens de robe, quoique gentilshommes, ne sont reçus ni en demandant ni en défendant; l'édit de décembre 1704, enregistré dans les parlemens, fixe les peines à prononcer contre les officiers de magistrature coupables de voies de fait ou outrages contre les gentilshommes, militaires & autres; le privilège d'ailleurs de ne pouvoir être jugés que par leur compagnie a paru jusqu'à présent un obstacle au pouvoir du tribunal jusqu'à ce qu'il en ait été autrement ordonné sur cette partie, pour laquelle il a été remis différens mémoires.

Les marchands & ouvriers ne peuvent jamais être justiciables du tribunal, quand même ils seroient porteurs de billets d'honneur, lesquels engagemens ne peuvent y être portés que par les justiciables. Mais les billets à ordre au porteur, ainsi que les actes & obligations passées devant notaire, ne sont point non plus de leur compétence.

Nous observerons à cet égard avec M. le président Hénault, que le tribunal des maréchaux de France, sagement établi pour juger la noblesse sur les procédés, ne pourroit connoître des matières féodales, des engagemens civils, *&c.* Il étoit de la justice, comme de la prudence d'un roi qui s'est immortalisé par tant d'actions & d'établissemens mémorables, de donner des juges à la noblesse de son royaume, puisque le clergé par la création des officialités, les marchands par celle de la jurisdiction consulaire, & les magistrats étoient assurés de trouver dans leurs corps des juges expérimentés sur leurs contestations, ainsi que sur leurs droits & privilèges.

Les *lieutenans* étant établis pour maintenir la concorde, doivent s'étudier à concilier les gentilshommes, prévenir des procès ruineux, les faire venir devant eux, les faire embrasser si le sujet est léger, & leur défendre les voies de fait; ou si l'affaire est grave, les engager à prendre des arbitres; sinon, après les avoir entendus séparément, prononcer la peine que les cas exigeront; ou s'ils sont contraires en faits, il doit être fait par un officier de maréchaussée ou conseiller-rapporteur une information sur laquelle les *lieutenans* doivent juger après avoir défendu les voies de fait ou mis des gardes près de leurs personnes pour les prévenir pendant l'instruction, & si une partie citée devant eux, ou mandée par eux, refusoit de comparoître sans de très-bonnes raisons, dont doit être justifié, ils peuvent l'envoyer en prison; mais en ce cas, le prisonnier, sans être ni lié, ni garroté, ni confondu avec les criminels, doit être dans une chambre particulière & convenable, après que le garde lui aura demandé son épée ou autres armes; cependant en cas de résistance il prendra les mesures nécessaires & indispensables, dont sera dressé procès-verbal pour en rendre compte: si le garde chargé de l'emprisonnement ne peut l'exécuter, il en doit rendre compte sans pouvoir, en cas d'absence de la partie, s'établir garnison dans sa maison ou cabaret voisin, comme il a été fait quelquefois par abus : indépendamment des témoins fournis par les parties, le conseiller-rapporteur ou autre officier commis pour faire l'information, peut faire d'office assigner les témoins qu'il jugera nécessaires & qu'il découvrira.

Dans le cours des informations les formalités prescrites par les ordonnances doivent être exécutées, mais dans tous les cas les procédures faites par ordonnance des *lieutenans*, ainsi que toutes expéditions délivrées par le secrétaire-greffier du point d'honneur, sont sur papier non timbré pour éviter les frais aux parties.

Ils doivent encore agir suivant le cas, & donner des gardes aux frais des parties jusqu'à leur destination, lorsqu'il survient à la connoissance des *lieutenans* du lieu, quelques querelles entre voyageurs, & qu'ils ne se contentent pas de leur parole d'honneur.

Lorsque la nature de l'affaire n'est pas de leur compétence, l'expérience confirme que la clause d'un dédit, en les engageant à choisir des arbitres, étoit pour retenir les parties un frein plus fort qu'une simple parole d'honneur d'où il ne résulte aucune crainte de paiement.

Par conséquent quand il s'agit de droits de chasse, pêche, droits honorifiques, banc à l'église, procession, *&c.* le fond de ces matières appartenant à la justice ordinaire, les *lieutenans* peuvent en connoître par provision & faire des défenses provisoires de chasser, de pêcher, de déplacer un banc, faire cesser le trouble, *&c.* Alors leurs jugemens doivent être exécutés jusqu'à ce que les juges ordinaires aient statué soit sur le provisoire, soit sur le fonds; dans tous ces cas ils peuvent ajouter les défenses de voies de fait, donner des gardes, *&c.* Dans tous les cas les jugemens des *lieutenans* sont susceptibles d'appel, lequel se porte au tribunal des maréchaux de France.

Un des objets les plus dignes de la vigilance & de l'attention des *lieutenans des maréchaux*, c'est de faire exécuter non-seulement les ordonnances de nos rois contre le jeu, mais encore celles rendues dans différentes occasions par le tribunal, entre autres celle du 6 mai 1760, où les maréchaux de France déclarent qu'ils n'auront point d'égard aux demandes portées devant eux pour raison des créances provenant des pertes faites au jeu au-dessus de 1000 livres, & où il est défendu aux gentilshommes & militaires de jouer sur leur parole au-delà de ladite somme, à peine de prison contre l'une & l'autre des deux parties contrevenantes à cette défense; en conséquence il est enjoint à ceux qui formeront des demandes pour raison des billets faits à leur profit, sous parole d'honneur, de déclarer dans leur requête la véritable cause de ces engagemens, à défaut de laquelle déclaration leur demande ne doit pas être reçue; & si les parties étoient en contestation sur la cause de la dette, celle qui aura parlé contre la vérité doit être punie de telle peine qu'il appartiendra, suivant les circonstances.

D'après un autre réglement du même tribunal, du 20 février 1748, tout gentilhomme ou officier qui fera un billet d'honneur à un marchand ou autre non-justiciable de cette jurisdiction, pour quelque cause que ce soit, & qui n'aura pas satisfait à son engagement d'honneur, sera puni par un mois de prison, & le marchand renvoyé devant les juges ordinaires.

Lorsqu'un gentilhomme ou officier consentira qu'un billet d'honneur soit fait en sa faveur en prêtant son nom aux marchands qui en seront les vrais créanciers, celui qui aura prêté son nom sera puni de trois mois de prison, & celui qui l'aura fait sera puni d'un mois de prison, & l'un ou l'autre seront punis d'une plus longue prison, selon l'exigence du cas.

Quoique les maréchaux de France soient les juges supérieurs, les parties ont néanmoins la liberté de s'adresser directement & de porter leurs plaintes au tribunal sans se pourvoir devant le *lieutenant* de leur domicile; mais ordinairement ces plaintes sont renvoyées sur les lieux au *lieutenant* qui en prend connoissance, concilie, s'il peut, les parties, sinon les renvoie au tribunal avec son avis touchant la contestation.

De tout ce que nous venons de dire il résulte, 1°. que ces *lieutenans* ne deviennent juges que quand ils ne peuvent remplir une fonction plus douce & non moins précieuse, c'est-à-dire, celle de conciliateurs; 2°. que leur jurisdiction est dégagée de toutes les entraves & formalités qui retardent forcément les jugemens dans les autres jurisdictions; 3°. que la procédure usitée au tribunal est toute sommaire & sans frais, excepté ceux dus aux cavaliers, gardes & autres employés pour l'exécution de leurs jugemens, & sans aucun ministère d'avocats ou procureurs qui ne peuvent faire d'autre office que celui d'arbitres; 4°. enfin que comme ces *lieutenans* ne sont point dans le cas de se conformer, pour l'instruction & pour leurs jugemens, aux ordonnances, si ce n'est lors des informations, il paroît qu'ils pourroient connoître des contestations entre leurs parens au degré prohibé par l'ordonnance de 1667: cependant, plusieurs de ces *lieutenans*, entre autres M. Aprix de Bonnières, mestre-de-camp de cavalerie, & *lieutenant*, par commission, du tribunal au bailliage de Verneuil, de qui nous avons reçu différens mémoires intéressans sur cet article, sont dans l'usage de s'abstenir des causes & contestations où leurs parens au degré prohibé se trouvent parties, tant en demandant que défendant, à moins qu'il ne fût nécessaire de faire par provision des défenses de voies de fait, & de donner des gardes dans des circonstances qui requerroient célérité, & avant de pouvoir s'adresser au *lieutenant* plus prochain.

A l'égard du paiement dû aux officiers & cavaliers de maréchaussée employés par les *lieutenans*, ils doivent se conformer au réglement du tribunal, du 21 avril 1735, & 21 avril 1745, & autres postérieurs.

Malgré l'utilité des juges du point d'honneur, ces offices n'étant pas remplis depuis long-temps par des personnes d'une qualité requise, ou se trouvant vacans dans plusieurs provinces, Louis XV a rendu, le 23 janvier 1771, une déclaration enregistrée à Paris en la chambre des comptes le 18 février, & en la connétablie le 15 mars de la même année, portant réglement sur les offices de *lieutenans des maréchaux*, qui, aux termes de cette déclaration, ne peuvent plus être possédés qu'à vie par ceux qui s'en feront pourvoir en exécution d'icelle, sur la nomination des maréchaux de France, pour par eux jouir de ces offices, & les exercer aux droits, honneurs & fonctions déterminées par les édits de mars 1693, octobre 1702 & 1704, & novembre 1707.

« Quoique lesdits offices de *lieutenans*, dit sa » majesté dans le préambule de cette déclaration, » n'eussent dû être remplis que par des gentilshom» mes & militaires de poids & d'une prudence » éprouvée, nous avons été informés que par une » suite de la faculté accordée aux pourvus & à leurs » héritiers d'en disposer par vente ou autrement » & par l'arbitraire du prix qu'ils y mettent, plu» sieurs desdits offices se trouvent vacans & nom» bre d'autres remplis par des titulaires qui n'en » auroient pas été susceptibles, ce qui met souvent » les maréchaux de France dans la nécessité de re» courir à des commissions particulières, & pour» roit, dans l'intervalle, donner lieu à des suites fu» nestes pour des querelles qu'il eût été possible d'as» soupir dans leur source; & sa majesté voulant pré» venir ces inconvéniens, a ordonné le rembourse» ment desdits offices, voulant que vacation arrivant » il ne puisse être pourvu qu'à vie auxdits offices, » afin que les maréchaux de France n'étant plus » gênés dans la liberté du choix, puissent le faire » tomber sur des personnes dont la condition, » l'état & les qualités répondent à la dignité, à » l'importance & à la délicatesse des fonctions qui » leur sont confiées ».

La même déclaration porte aussi création à vie, dans chacun des bailliages & sièges ressortissans aux cours souveraines, d'un conseiller - rapporteur & d'un secrétaire - greffier du point d'honneur. La finance des offices de *lieutenant* est fixée par cette déclaration à 6000 livres, produisant 540 livres, à raison de 9 pour cent. Sur cette somme, les *lieutenans* jouissent de 400 livres d'appointemens annuels, non saisissables & sans retenue; les 140 livres de surplus sont mis en masse pour former sept pensions de 400 livres chacune, dont quatre sont accordées aux plus anciens *lieutenans* en réception, & les trois autres données à ceux que le tribunal en juge les plus dignes.

La finance des offices de conseiller - rapporteur est fixée à 4000 livres, produisant 300 livres d'appointement, le surplus étant réservé, comme à l'égard des *lieutenans*, pour former également des pensions dans la même proportion.

Tous ceux qui sont pourvus de ces offices militaires, conservent le rang qu'ils ont eu dans les troupes ou qu'ils ont acquis par le brevet à eux accordé, pour être compris dans les promotions d'officiers-généraux. Ils peuvent porter sur leurs uniformes les épaulettes du grade qu'ils ont eu étant au service. Ceux qui n'ont pas servi ne peuvent avoir de prétention à la croix de S. Louis; mais ceux qui ont un certain temps de service, ainsi qu'il est fixé par différens réglemens, soit en se faisant pourvoir de ces offices, ou en obtenant une commission particulière du tribunal, font revivre leur service pour parvenir à la croix, après avoir completté, tant dans les troupes que dans l'exercice des offices de *lieutenant*, le temps requis par les réglemens.

Il a été depuis rendu un arrêt du conseil le 21 mars 1771, qui exempte du droit de marc d'or ceux qui seront pourvus pour la première fois des offices de *lieutenans des maréchaux*, de conseillers-rapporteurs, & de secrétaires - greffiers du point d'honneur, & qui ordonne qu'à l'avenir ceux qui en seront pourvus vacation arrivant, ne paieront que le tiers dudit droit, & qui modère à moitié les droits de sceau & autres.

Enfin, par un autre arrêt du conseil du 3 mai 1771, sa majesté conserve aux *lieutenans des maréchaux de France*, aux conseillers - rapporteurs, & aux secrétaires-greffiers du point d'honneur pourvus par commission des maréchaux de France, & qui se feront pourvoir desdits offices en exécution de la déclaration du 23 janvier 1771, leur rang d'ancienneté pour parvenir à la pension à compter du jour de leurs commissions.

D'après les termes de cet arrêt, il résulte que les maréchaux de France ont toujours conservé la faculté de donner des commissions à ceux qu'ils jugent dignes de leur confiance, & qu'alors ils peuvent refuser leur agrément pour l'acquisition de ces offices dans les lieux où ils ont des *lieutenans* par commission, tels qu'à Verneuil, où M. Aprix de Bonniere exerce, comme nous venons de le dire, sur une simple commission du tribunal qui n'a pas permis que cet office fût acquis par d'autres que par cet ancien militaire, qui, après avoir bien mérité de l'état par 50 ans de service, ne s'est pas cru quitte envers sa patrie, où il ne cesse de consacrer ses veilles au repos de la noblesse.

Il résulte encore de cet arrêt, que les *lieutenans* par commission doivent, comme les pourvus de ces offices, parvenir aux pensions fixées par la déclaration du 23 janvier 1771, suivant leur rang d'ancienneté. *Voyez ce mot au Dictionnaire militaire; voyez aussi* CONNÉTABLIE, MARÉCHAUX DE FRANCE, JEU, POINT D'HONNEUR. (*Article de M.* DE LA CHENAYE, *lieutenant - général honoraire de Mortagne, de plusieurs académies, & du musée de Paris.*)

LIEUTENANT-*particulier*, est un magistrat établi dans certains siéges royaux, qui a rang après le *lieutenant*-général; on l'appelle *particulier* pour le distinguer du *lieutenant*-général, qui, par le titre de son office, a droit de présider par-tout où il se trouve, au lieu que le *lieutenant-particulier* préside seulement à certaines audiences, ou en l'absence du *lieutenant*-général.

Au châtelet de Paris, il y a deux offices de *lieutenant-particulier*, l'un créé par édit du mois de mai 1544, l'autre qui fut créé pour le nouveau châtelet en 1674, & qui a été conservé, nonobstant la réunion faite des deux châtelets en 1684.

Jusqu'en 1586, les *lieutenans-particuliers* avoient été également assesseurs civils & criminels, & en cette qualité ils substituoient & remplaçoient les *lieutenans*-criminels, aussi-bien que les *lieutenans*-civils. Au mois de juin 1586, Henri III donna un édit par lequel il démembra des offices de *lieutenans-particuliers*, la connoissance des matières criminelles, & créa des assesseurs criminels pour connoître des crimes, & substituer & remplacer les *lieutenans*-criminels: on attribua aussi à ces offices d'assesseurs criminels le titre de *premier conseiller au civil*, pour, en l'absence des *lieutenans*-civils & particuliers, & de l'assesseur civil, les remplacer & substituer.

Ces offices d'assesseurs criminels furent depuis supprimés par déclaration du 23 mars 1588, & ensuite rétablis par édit du mois de juin 1596; ce dernier édit ne parle que des fonctions d'assesseurs criminels, & non de premier conseiller en la prévôté.

Depuis, suivant un accord fait entre les conseillers du châtelet, le 26 novembre 1604, & deux arrêts du conseil, des 27 novembre 1604 & 29 novembre 1605, l'office d'assesseur criminel fut uni à celui de *lieutenant-particulier* de la prévôté.

Les *lieutenans-particuliers* président alternativement de mois en mois, l'un à l'audience du présidial, l'autre en la chambre du conseil; & en l'absence des *lieutenans*-civil, de police & criminel, ils les remplacent dans leurs fonctions.

Celui qui préside à la chambre du conseil, tient tous les mercredis & samedis, à la fin du parc civil, l'audience de l'ordinaire, & ensuite celle des criées.

Ils peuvent, avant l'audience, rapporter en la chambre du conseil, & en la chambre criminelle, les procès qui leur ont été distribués.

Il y a un semblable office de *lieutenant-particulier* dans chaque bailliage ou sénéchaussée, & dans plusieurs autres jurisdictions royales, ordinaires, qui préside en l'absence du *lieutenant*-général.

Il y a aussi un *lieutenant-particulier* en la table de marbre. (*A*)

Les *lieutenans-particuliers* établis dans les autres siéges, sont très-anciens. L'édit d'ampliation des présidiaux, du mois de mars 1551, la déclaration du 15 septembre 1572, & l'arrêt du parlement de Paris, rendu pour le présidial d'Angoulême, le 30 juin 1689, ont attribué aux *lieutenans-particuliers* la présidence aux jugemens des matières civiles, en l'absence du *lieutenant*-général, & aux jugemens des affaires criminelles, en l'absence de l'assesseur criminel, tant à l'audience qu'à la chambre du conseil.

Deux arrêts des 12 février 1600 & 8 juin 1619, ont ordonné qu'en cas d'absence, de maladie ou autre empêchement du *lieutenant*-général, les *lieutenans-particuliers* jouiroient de tous les droits, émolumens, prérogatives & prééminences des *lieutenans*-généraux, excepté dans les cas qui ne sont pas de jurisdiction contentieuse, & dans lesquels les *lieutenans*-criminels ont le droit de présider en l'absence du *lieutenant*-général.

Suivant les édits d'août 1669, février 1672 & décembre 1679, les *lieutenans-particuliers* des siéges qui ressortissent nuement aux parlemens doivent être âgés de trente ans, & ceux des autres siéges de vingt-sept ans.

Les *lieutenans-particuliers* sont exempts de taille, d'ustensile, de guet & de garde, & des autres charges publiques.

LIEUTENANT *du premier chirurgien du roi*, *en la communauté des maîtres en chirurgie*: on entend par ces mots un maître en chirurgie, qui, suivant l'article 3 des statuts & réglemens arrêtés pour les communautés de chirurgiens de province, registrés au parlement le 13 août 1731, & dans tous les parlemens en l'année 1752, en exécution d'un édit du mois de septembre 1723, registré dans tous les parlemens, & aux conseils supérieurs de Roussillon & d'Alsace, portant rétablissement des *lieutenans* & greffiers du premier chirurgien du roi, doit être choisi par le premier chirurgien dans le nombre de trois maîtres de la communauté ou agrégés à icelle.

Avant cet édit, il existoit dans chaque communauté des villes de parlement, évêché, bailliage & présidial, deux jurés, & un seul dans chacune des autres villes, bourgs & lieux du royaume, pour jouir des mêmes fonctions & droits utiles que les *lieutenans* & greffiers commis par le premier chirurgien; mais le roi informé, dit le préambule de cet édit, de tous les abus résultans de l'établissement de ces offices créés à titre d'hérédité par les édits de mars 1691, & février 1692, a désuni desdits offices, tous les droits, fonctions & émolumens dont jouissoient ci-devant les *lieutenans* & greffiers, pour être à l'avenir nommés & commis par le premier chirurgien de sa majesté dans les communautés des maîtres chirurgiens de chaque ville du royaume où il y a évêque, cour souveraine, présidial, bailliage & sénéchaussée ressortissante nuement ésdites cours.

Depuis l'édit de 1723, il est intervenu différentes déclarations, dont les principales sont celles du 24 février 1730, 29 mars 1760, & autres, lesquelles ordonnent l'exécution des statuts ci-devant dates, lèvent plusieurs difficultés survenues à l'occasion de ces statuts, & interprètent différens articles susceptibles d'explication; comme ces statuts contiennent 98 articles, nous ne pouvons en rendre compte; suivant l'article 60 il est dit qu'après la réception de l'aspirant à la maitrise le *lieutenant* lui fera prêter serment entre ses mains, duquel il lui fera délivrer par le greffier une expédition, ainsi que de sa réception, pour lui servir de lettres de maîtrise, & qu'il signera ces lettres avec son greffier.

Après leur admission, les nouveaux maîtres peuvent faire enregistrer leur acte de réception au greffe de la police des lieux, sans y devoir de nouveau serment, cet enregistrement ne devant servir qu'à constater à la police la qualité du maître. Il s'est souvent élevé des difficultés à ce sujet surtout dans la communauté des maîtres perruquiers, où la jurisdiction du premier chirurgien est la même que dans celle des chirurgiens, notamment à Poitiers où les officiers de police prétendoient, en vertu de différens arrêts particuliers, pouvoir exiger un nouveau serment des prévôts de la communauté des perruquiers & des nouveaux maîtres; mais le conseil, par arrêt contradictoire du premier avril 1743, reçut le premier chirurgien du roi opposant à ces arrêts, en ce qu'ils pouvoient avoir de contraire à sa jurisdiction; en conséquence, « a maintenu le sieur de la Peyronie dans le droit exclusif de recevoir par son *lieutenant*, dans la communauté des barbiers-perruquiers de Poitiers, le serment des maîtres après leur réception, & celui des syndics après leur élection, & de leur en faire délivrer l'acte par son greffier, sauf auxdits maîtres & syndics de faire enregistrer lesdits actes de prestation de serment, si bon leur semble, au greffe de la police, pour lequel enregistrement il ne pourra être pris à quelque titre & sous quelque prétexte que ce soit, plus de trois livres pour tous frais ».

Cet arrêt détruit tous les prétendus droits d'ouvertures de boutique & autres que quelques officiers de police vouloient s'attribuer sur les communautés des chirurgiens & des perruquiers, quoiqu'il n'en soit nullement question à Paris; il a été aussi ordonné dans de pareilles circonstances, par arrêt du parlement de Paris le 18 juin 1749 contre les officiers de police de Dieppe, que les chirurgiens & les prévôts ne paieroient à la police que 3 livres pour l'enregistrement des commissions de prévôts & pour celui des lettres de maîtrise.

Il ne peut plus s'élever de difficultés à cet égard depuis les lettres-patentes du 31 décembre 1750, qui, par l'article 9, ordonnent qu'après la réception à la maîtrise, soit pour les villes, soit pour les bourgs & villages, le maître ne pourra exercer, qu'après avoir fait enregistrer ses lettres de maîtrise ou d'aggrégation au greffe du bailliage royal du lieu, & ce en vertu de l'ordonnance du juge sur les conclusions du procureur du roi, « ce qui sera fait sans aucuns frais ».

Par l'article 4 des statuts généraux de 1730, il est dit que le *lieutenant* aura inspection sur tous les chirurgiens établis dans l'étendue de la jurisdiction; & l'article suivant ordonne que les contestations au sujet des droits utiles & honorifiques du premier chirurgien du roi, de ses *lieutenans*, greffiers & commis seront portées directement en la grand'chambre du parlement de Paris, mais non celles qui ne concerneront que la police ou l'exécution des statuts quand elles n'auront point de rapport à leurs droits & privilèges. C'est ce qui résulte de l'article 10 des lettres-patentes du 31 décembre 1750, contenant aussi la même disposition.

Les titres 6, 7 & 8 des mêmes statuts prescrivent les droits à payer pour les réceptions dans les villes où il y aura communauté, les formalités à remplir par les aspirans à la maîtrise, tant dans les villes où il y a communauté que dans les lieux où il n'y en a point, & ce qui doit être observé pour les aggrégations, sur lesquelles il faut voir les lettres-patentes de 1750, ci-devant citées. L'article 9 concerne la réception des sages-femmes, & l'article 10 & dernier traite de la police de la chirurgie.

Outre les réglemens ci-dessus, plusieurs arrêts du conseil des 25 octobre 1738, 28 septembre 1749 & autres, ont fait défenses aux chirurgiens de la marine, & aux chirurgiens-majors des hôpitaux militaires, de faire aucuns pansemens ni autres opérations de chirurgie sur les habitans des villes où ils sont établis, à peine de 500 livres d'amende pour la première fois, à moins qu'ils ne se soient fait aggréger dans les communautés de chirurgiens dans la forme prescrite par lesdits arrêts.

Différens arrêts tant du conseil que du parlement des 10 septembre 1754, 15 juillet 1755, & autres postérieurs, renferment aussi des défenses expresses à tous empyriques, charlatans, vendeurs d'orviétan & autres particuliers, d'exercer la chirurgie, sous quelque prétexte que ce soit, comme aussi de vendre & distribuer aucuns remèdes sans être pourvus de brevets dans les formes prescrites par les ordonnances, & qui se trouvent détaillées dans l'arrêt du conseil du 10 septembre 1754, ainsi que dans d'autres subséquens.

D'après ces réglemens sages il est facile aux officiers de police de se tenir en garde contre les surprises d'une foule de charlatans, qui viennent tous les jours se présenter devant eux avec des brevets supposés, surannés, ou infectés de quelque autre irrégularité pour abuser de la crédulité populaire.

Les *lieutenans* & greffiers du premier chirurgien, en conséquence de l'édit ci-dessus du mois de septembre 1723, & du premier mars 1768, ont toujours joui des exemptions y portées, notamment de celle du logement des gens de guerre. Ils doivent prêter serment entre les mains du premier chirurgien du roi, ou en cas d'absence, ès mains du doyen de la communauté ou autre commis à cet effet par le premier chirurgien, ainsi qu'il est prescrit par l'article 2 de la déclaration du 24 février 1730. Ils doivent faire enregistrer leur réception au greffe de la police des lieux. *Voyez* CHIRURGIEN. (*Article de M.* DE LA CHENAYE, *lieutenant-général honoraire de Mortagne, de plusieurs académies, & du musée de Paris*).

LIEUTENANT *du premier chirurgien du roi en la communauté des maîtres perruquiers*: on désigne ainsi un autre *lieutenant du premier chirurgien*, qui en cette qualité est le chef de tous les chirurgiens, ainsi que des barbiers-perruquiers du royaume. Ces derniers ont, comme les chirurgiens, leurs statuts & réglemens particuliers, tant pour les aspirans aux réceptions que pour leur prestation de serment & enregistrement au greffe de la police des lieux, que pour tout ce qui regarde l'ordre & la police à exercer dans la communauté des perruquiers. Ces *lieutenans*, ainsi que les greffiers, jouissent comme ceux des chirurgiens, en vertu de l'ordonnance du premier mars 1768, de l'exemption du logement des gens de guerre.

Il ne suffit pas aux perruquiers d'avoir fait un apprentissage pendant le temps prescrit, ils ne peuvent travailler sans être pourvus d'une charge, ou locataires d'un privilège: ces charges pouvant leur être louées, soit par les pourvus même, soit par les veuves, enfans ou héritiers. Comme ces charges sont héréditaires, elles ont été assujetties, ainsi que les autres offices, par un arrêt du conseil du 28 mars 1774, aux déclarations & évaluations ordonnées par édit du mois de février 1771, ainsi qu'au paiement des droits d'évaluation & de centième denier portés par cet édit, où il n'avoit pas été fait mention de cette communauté.

Ces droits d'évaluation, centième denier & autres de cette nature, font partie des revenus casuels de Monsieur, frère du roi, & des princes apanagés dans les villes & lieux de leur apanage, en exécution de leurs lettres d'apanage & autres réglemens rendus tant par le conseil du roi que par les arrêts du conseil des princes.

Sur différentes contraventions aux statuts des perruquiers, commises par les prévôts & syndics de la communauté de Bordeaux, il a été rendu le 30 juillet 1774, un arrêt du conseil qui ordonne l'exécution des édits, arrêts, statuts & réglemens donnés pour les communautés des perruquiers du royaume, ainsi que les droits, privilèges & prérogatives attribués au premier chirurgien du roi, ses *lieutenans*, greffiers & commis en sa qualité d'inspecteur-général de la barberie & de la profession de perruquier; en conséquence ordonne que toutes les assemblées ordinaires ou extraordinaires desdites communautés pour les affaires communes, élection des prévôts-syndics, reddition de compte, réception des maîtres & autres généralement quelconques, ne puissent être convoquées que sur les mandemens ou billets desdits *lieutenans* dans les communautés qui auront seules le droit d'y recevoir le serment après leur réception. Faisant sa majesté défenses, tant auxdits prévôts-syndics qu'à tous autres, de convoquer aucune assemblée de leur autorité; comme aussi de procéder à la réception d'aucun maître ou de recevoir leur serment, cassant & annullant les assemblées convoquées, au préjudice des dispositions ci-dessus, par lesdits prévôts-syndics des perruquiers de Bordeaux. *Voyez* BARBIER, PERRUQUIER, & LIEUTENANT *du premier chirurgien*. (*Article de M.* DE LA CHENAYE, *lieutenant-général honoraire de Mortagne, de plusieurs académies, & du musée de Paris.*)

LIEUTENANT *de robe-courte*, est un officier qui porte une robe plus courte que les autres, & qui siège l'épée au côté.

Au bailliage & capitainerie royale des chasses de la varenne du Louvre, grande venerie & fauconnerie de France, il y a un *lieutenant de robe-courte* qui siège après le *lieutenant*-général en charge. (*A*)

Il y a aussi des *lieutenans-criminels de robe-courte*. *Voyez* LIEUTENANT-CRIMINEL *de robe-courte*.

LIGE, se dit de ce qui lie plus étroitement que les autres.

Fief-lige est celui pour lequel le vassal s'oblige de servir son seigneur envers & contre tous. *Vassal lige* est celui qui possède un *fief-lige*; hommage *lige* est l'hommage dû pour un tel *fief*. *Voyez* FIEF-LIGE & HOMMAGE-LIGE. (*A*)

On doit ajouter ici qu'on a aussi quelquefois appelé *fiefs* & *vassaux liges*, ceux qui n'avoient point de seigneur suzerain, & dont le seigneur tenoit en aleu. (Schilter, *Commentaria*, *ad Cap. 36*, *juris feudalis Alamannici*, §. 2.) *Voyez au surplus l'article* LIGE-ÉTAGE. (*M.* GARRAN DE COULON).

LIGE-ETAGE, c'est un droit seigneurial qui a beaucoup de rapport avec celui de *guet* & *garde*, & que l'on appelle aussi simplement *estage*, ou *étage*, *estagerie*, & quelquefois *ligence*. Il y a lieu de croire que la dénomination de *lige-estage*, ou de *ligence*, provient de ce que ce devoir étoit dû par les vassaux liges.

Le devoir de *lige-étage*, dit Lauriere dans son Glossaire, n'est autre chose que l'obligation des vassaux de résider dans la terre de leur seigneur pour garder son château en temps de guerre.

Cet étage devoit se faire en personne par les vassaux huit jours après qu'ils en avoient été sommés, & ils devoient amener leurs femmes avec leurs familles, & leur famille seule, s'ils n'avoient point de femme; & s'ils faisoient défaut, le seigneur pouvoit saisir leur terre jusqu'à ce qu'ils eussent obéi.

Ils ne pouvoient s'en retourner chez eux pendant la ligence sans permission : s'ils devoient la ligence en même temps à plusieurs seigneurs, ils la faisoient successivement aux premiers requérans & au prince avant tout autre; & pendant qu'ils étoient au stage d'un côté, ils devoient fournir de l'autre des gens suffisans aux seigneurs. S'ils n'avoient point de maisons dans le lieu, le seigneur leur en devoit fournir.

Ces décisions se retrouvent encore aujourd'hui dans la coutume d'Anjou, *art. 135, 136, 137, 138,*

174, & dans les articles correspondans de la coutume du Maine.

Pocquet de Livonniere observe dans son *Traité des fiefs*, *liv.* 2, *ch.* 8, *sect.* 1, que la saisie à défaut de *lige-étage* est plus rigoureuse que celle à défaut d'aveu, puisqu'elle emporte perte de fruits dans tous les cas.

Guyot, dans ses observations, *tome* 4, *p.* 357, dit même que cette saisie est plus privilégiée que celle à défaut d'homme, puisque le seigneur gagne tous les fruits à défaut de *lige-étage*, tandis qu'il ne gagne que les fruits qu'il a consommés à défaut d'homme. Il faut avouer que cette interprétation est conforme à la lettre des *art.* 105 & 135 de la coutume d'Anjou.

Au reste, le *lige-étage* n'a pas été toujours considéré comme une charge de la vassalité. C'étoit quelquefois un droit appartenant au vassal; & comme il avoit été introduit en sa faveur, il pouvoit n'en faire aucun usage: mais, suivant le droit commun, le *lige-étage* étoit une charge dont le vassal étoit tenu de s'acquitter, à peine d'amende & de saisie.

On doit ajouter que cette obligation de résider sur les fiefs n'a pas été seulement imposée aux vassaux en France, mais dans toute, ou dans presque toute l'Europe. Il en est question dans le for d'Aragon, *liv.* 9, *fol.* 165, & dans les commentateurs des livres des fiefs.

On voit dans le *Glossarium novum* de dom Carpentier, que ces sortes de fiefs se nommoient *fiefs habitables*. Il ne faut pas les confondre avec les *fiefs d'habitation*, qui étoient ceux qui donnoient le droit au vassal d'habiter dans tel ou tel château durant sa vie. *Voyez* Struvius, *cap.* 4, *aphorism.* 18.

Cependant Odefroy, l'un des plus anciens commentateurs du droit romain, dit que les fiefs d'habitation sont ceux qui doivent être habités à peine de commise. On trouvera beaucoup d'exemples du droit d'étage dans le Glossaire de Ducange & dans celui de dom Carpentier, au mot *Stagium*. Il en est aussi fait mention dans les établissemens de S. Louis, *liv.* 1, *ch.* 53. Ducange & Lauriere sont entrés dans divers détails à ce sujet dans leurs commentaires.

Dans la plupart des seigneuries, le devoir de *lige-étage* est abonné à une somme modique en argent; & il semble même qu'on doit comprendre le *lige-étage* dans l'abonnement général prononcé pour le droit de guet & garde, par les ordonnances. *Voyez l'art.* Guet, (*Droit de*).

Les droits de chassipolerie, de quailanie, sauvement & vingtain, ont encore beaucoup de rapport avec celui de *lige-étage*. Des tenures roturières ont aussi été concédées à la charge d'y résider. *Voyez l'article* Etager.

Dans quelques coutumes le *lige-étage* n'est point une obligation du vassal ou du censitaire; mais ceux qui résident sur le lieu ont quelques privilèges sur les étrangers. Suivant la coutume de Bretagne, par exemple, le seigneur ne peut saisir les fruits pour les redevances qui lui sont dues, que quand le détenteur n'est pas domiciliaire ou étager; mais d'un autre côté le gentilhomme étager ne peut être témoin pour son seigneur, que dans certain cas, & il en est de même du roturier étager ou non. *Voyez les articles* 122, 150 & 250 *de cette coutume. Voyez* aussi *les articles* 7, 49, 50, 77 & 368 *de la coutume de Tours & les coutumes voisines.* (*M.* Garran de Coulon, *avocat au parlement.*)

LIGÉE *ou* Legée: on a ainsi nommé autrefois le serment de fidélité que le vassal lige faisoit à son seigneur. *Voyez* dom Carpentier *au mot* Ligascia, & *les articles* Lige & Ligence. (*M.* Garran de Coulon.)

LIGEITÉ. *Voyez* Ligence.

LIGEMENT, cet adverbe dérivé du mot *lige*, a la même signification. Tenir *ligement* est donc tenir à hommage lige. (*M.* Garran de Coulon).

LIGENCE, LIEGECE, LIGÉE, LIGEITÉ, LIGET & LIGESSE. Tous ces mots qui sont synonymes désignent le lien de fidélité qui lie le vassal & sur-tout le vassal *lige* à son seigneur. Le mot de *ligence* est le plus usité. On peut voir des exemples des autres mots dans les Glossaires de dom Carpentier.

La coutume de Bretagne appelle aussi *tenure lige* ou *à ligence*, la tenure immédiate qui a pour cause la concession du fief, à la différence de la tenure *en juveigneurie*, qui procède du parage. *Voyez l'article* Juveigneurie.

Enfin on a aussi donné le nom de *ligence* au devoir de lige-étage. *Voyez* ce dernier mot. (*M.* Garran de Coulon.)

LIGESSE. *Voyez* Ligence.

LIGET. *Voyez* Ligence.

LIGETE, c'est une sorte de redevance qui n'est connue que par l'extrait suivant d'une chartre rapportée par dom Carpentier sous ce mot: *magister Petrus de Reclosis..... recognovit se dedisse in puram & perpetuam eleemosinam ecclesiæ sacri portus redditum qui vocatur* la ligete... *apud Reclosas.* (*M.* Garran de Coulon).

LIGNAGE, s. m. terme de pratique, qui signifie en général *parenté*, *cognation*, & dont on se sert principalement en matière de succession des propres, ou de retrait lignager, pour désigner ceux qui sont de la même ligne, c'est-à-dire, qui sont d'un même ordre ou suite de personnes, & qui, par cette raison, sont appellées à la succession d'une espèce de biens, & à qui il est permis d'exercer le retrait d'un héritage aliéné. *Voyez* Ligne, Retrait *lignager*.

LIGNAGER. *Voyez* Retrait.

LIGNE, s. f. terme de généalogie, dont on se sert en droit, pour désigner la suite des descendans d'une race, d'une famille, & l'ordre dans lequel des personnes se trouvent disposées de suite relativement à la parenté ou affinité qui est entre elles. Ce qu'on appelle *ligne*, est donc la suite indéfinie de personnes descendantes les unes des autres; l'assemblage des personnes du même sang; le lien qui unit les ascendans & les descendans, par une continuité non interrompue de personnes issues successivement les unes des autres ; le cours & la continuation du même sang, qui réunit les collatéraux qui ont une source commune.

Le mot *ligne* a la même étendue que celui de *descendance*, & comprend également les filles & les mâles. C'est ce qui a été jugé contre le roi, en faveur de M. le prince de Soubise, le 27 juillet 1779, au sujet de la baronnie d'Avaujour.

On distingue plusieurs sortes de *lignes*. La *ligne ascendante* est celle qui comprend les ascendans, soit en directe, comme le fils, le père, l'aïeul, bisaïeul, & toujours en remontant ; ou en collatérale, comme le neveu, l'oncle, le grand-oncle, *&c.*

La *ligne collatérale* est celle qui comprend les parens, lesquels ne descendent pas les uns des autres, mais qui sont joints *à latere*, comme les frères & sœurs, les cousins & cousines, les oncles, neveux & nièces ; & la *ligne collatérale* est ascendante ou descendante.

On appelle *ligne défaillante* ou *éteinte*, lorsqu'il ne se trouve plus de parens de la *ligne* dont procède un héritage.

Dans ce cas, les coutumes de Bourbonnois, Anjou, Maine & Normandie, font succéder le seigneur, à l'exclusion des parens d'une autre *ligne*. Mais la coutume de Paris, *art. 30*, & la plupart des autres coutumes, font succéder une *ligne* au défaut de l'autre par préférence au seigneur.

La *ligne descendante*, est celle où l'on considère les parens en descendant, comme en directe, le père, le fils, le petit-fils, *&c.* & en collatérale, l'oncle, le neveu, le petit-neveu, *&c.*

La *ligne directe*, est celle qui comprend les parens ou alliés qui sont joints ensemble en droite *ligne*, & qui descendent les uns des autres, comme le trisaïeul, le bisaïeul, l'aïeul, le père, le fils, le petit-fils, *&c.*

La *ligne directe* est ascendante ou descendante, c'est-à-dire, qu'on considère la *ligne directe* en remontant ou descendant; en remontant, c'est le fils, le père, l'aïeul; en descendant, c'est tout le contraire, l'aïeul, le père, le fils, *&c.*

La *ligne égale*, c'est lorsque deux parens collatéraux sont éloignés chacun d'un même nombre de degrés de la souche commune.

La *ligne franche*, dans la coutume de Sens, *art. 30*, s'entend de la *ligne* de celui des conjoints qui étoit légitime.

La *ligne inégale*, c'est lorsque de deux parens collatéraux l'un est plus éloigné que l'autre de la souche commune, comme l'oncle & le neveu, le cousin-germain & le cousin issu de germain.

La *ligne maternelle*, est le côté des parens maternels.

La *ligne paternelle*, est le côté des parens paternels.

La *ligne transversale*, est la même chose que la *ligne* collatérale.

LIGNIER. Ce mot dérivé du latin *lignum*, a désigné autrefois un fagot, un bûcher, une provision de bois, & même l'obligation de la voiturer.

On donnoit aussi ce nom ou celui de *lignarium* en latin-barbare, au droit d'usage dans un bois; & l'on appelloit *lignarii*, ceux qui étoient dans l'obligation de faire les corvées dont on vient de parler. *Voyez le Glossaire de Ducange au mot* Lignarium, *& celui de dom Carpentier au même mot & aux mots* Laignerium, Ligneria & Lignerii. (*M.* GARRAN DE COULON).

LIMITATIF, adj. dont on se sert, en terme de pratique, pour signifier ce qui restraint l'exercice d'un droit sur un certain objet seulement, à la différence de ce qui est simplement démonstratif, & qui indique bien que l'on peut exercer son droit sur un certain objet, sans néanmoins que cette indication empêche d'exercer ce même droit sur quelque autre chose; c'est ainsi que l'on distingue l'assignat *limitatif* de celui qui n'est que démonstratif. *Voyez* ASSIGNAT. (*A*)

LIMITES, s.f. plur. (*Droit public & civil.*) sont les bornes qui divisent & séparent un territoire, une province, un état, une jurisdiction d'avec une autre, ou l'héritage d'un particulier d'avec celui de son voisin. On appelle *limites* des deux puissances, spirituelle & temporelle, ce qui appartient à chacune d'elle.

Solon avoit fait une loi par laquelle les *limites* des héritages étoient distinguées par un espace de cinq pieds qu'on laissoit entre-deux pour passer la charrue ; & afin que l'on ne pût se méprendre sur la propriété des territoires: cet espace de cinq pieds étoit imprescriptible.

Cette disposition fut d'abord adoptée chez les Romains par la loi des douze tables. La loi *Manilia* avoit pareillement ordonné qu'il y auroit un espace de cinq ou six pieds entre les fonds voisins. Dans la suite on cessa de laisser cet espace, & il fut permis d'agir pour la moindre anticipation qui se faisoit sur les *limites*. C'est ce que l'on induit ordinairement de la loi *quinque pedum*, au code *finium regundorum*, laquelle n'est pourtant pas fort claire.

Depuis que l'on eut cessé de laisser un espace entre les héritages voisins, on marqua les *limites* par des bornes ou des pierres, & quelquefois par des terres. *Voyez* BORNAGE, BORNE.

LINÉAL, adj. signifie en droit ce qui est dans l'ordre d'une ligne de parenté. Une substitution est graduelle & *linéale*, lorsque sa progression suit l'ordre des lignes de degré en degré. (*A*)

LINOTTE, (*Droit de*) terme particulier des coutumes locales de Ham, Aire & Langle, qui signifie une espèce de douaire accordé au mari sur les héritages de sa femme prédécédée.

Suivant celles de Ham & Aire, il n'a lieu que sur les biens cotiers de la femme, & il consiste dans la possession & jouissance de la moitié d'iceux, pendant le cours de la vie du mari, aux mêmes charges & devoirs que la veuve douairière. Celle de Langle ajoute aux biens cotiers, la jouissance de la moitié des fiefs de la femme, le survivant n'a pas besoin d'appréhender ce droit par mise de fait, parce qu'il en est saisi dès l'instant de la mort du prédécédé.

LIQUIDATION, s. f. (*Jurisprud. & Com.*) est la fixation qui se fait à une certaine somme ou quantité, d'une chose dont la valeur ou la quantité n'étoit pas déterminée. Par exemple, lorsqu'il est dû plusieurs années de cens & rentes en grain ou en argent, on en fait la *liquidation* en fixant la quantité de grain qui est due, ou en les évaluant à une certaine somme d'argent.

La *liquidation* des fruits naturels, dont la restitution est ordonnée, se fait sur les mercuriales ou registres des gros fruits. *Voyez* FRUITS & MERCURIALES.

Ce terme est beaucoup usité dans les partages entre cohéritiers, pour signifier en même temps la fixation des parts qui reviennent à chacun d'eux, l'acte qui contient cette fixation, & la description & la tradition des objets qui sont assignés pour composer chaque portion héréditaire.

LIQUIDE, adj. se dit en droit, d'une chose qui est claire, & dont la quantité ou la valeur est déterminée; une créance peut être certaine sans être *liquide*: par exemple, un ouvrier qui a fait des ouvrages, est sans contredit créancier du prix; mais s'il n'y a pas eu de marché fait à une certaine somme, ou que la quantité des ouvrages ne soit pas constatée, sa créance n'est pas *liquide*, jusqu'à ce qu'il y ait eu un toisé, ou état des ouvrages & une estimation.

On entend aussi quelquefois par *liquide* ce qui est actuellement exigible; c'est pourquoi, quand on dit que la compensation n'a lieu que de *liquide à liquide*, on entend non-seulement qu'elle ne peut se faire qu'avec des sommes ou quantités fixes & déterminées, mais aussi qu'il faut que les choses soient exigibles, au tems où l'on veut en faire la compensation. *Voyez* COMPENSATION. (*A*)

LIT, s. m. se prend en droit pour *mariage*; ainsi l'on dit les enfans du premier, du second *lit*, &c. pour désigner les enfans d'un premier, ou d'un second mariage.

Lit se prend aussi quelquefois pour *cohabitation*; c'est pourquoi la séparation de corps prononcée entre deux conjoints par mariage, est appellée dans les canons *separatio à toro*. *Voyez* MARIAGE & SÉPARATION. (*A*)

LIT DE JUSTICE, (*Droit public.*) ce terme pris dans le sens littéral signifie le trône où le roi est assis lorsqu'il siège solemnellement ou en son parlement.

Anciennement lorsque les parlemens ou assemblées de la nation se tenoient en pleine campagne, le roi y siégeoit sur un trône d'or, comme il est dit dans Sigebert & Aimoin; mais depuis que le parlement a tenu ses séances dans l'intérieur d'un palais, on a substitué à ce trône d'or un dais & des coussins; & comme dans l'ancien langage un siège couvert d'un dais se nommoit un *lit*, on a appellé *lit de justice* le trône où le roi siège au parlement; cinq coussins forment le siège de ce *lit*; le roi est assis sur l'un; un autre tient lieu de dossier; deux autres servent comme de bras, & soutiennent les coudes du monarque; le cinquième est sous ses pieds. Charles V renouvella cet ornement; dans la suite Louis XII le fit refaire à neuf, & l'on croit que c'est encore le même qui subsiste présentement.

On entend aussi par *lit de justice* une séance solemnelle du roi au parlement, pour y délibérer sur les affaires importantes de son état.

Toute séance du roi en son parlement, n'étoit pas qualifiée de *lit de justice*; car anciennement les rois honoroient souvent le parlement de leur présence, sans y venir avec l'appareil d'un *lit de justice*: ils assistoient au plaidoyer & au conseil; cela fut fréquent sous Philippe-le-Bel & ses trois fils, & depuis sous Charles V, Charles VI & Louis XII.

On ne qualifie donc de *lit de justice* que les séances solemnelles où le roi est assis dans son *lit de justice*; & ces assemblées ne se tiennent, comme on l'a dit, que pour des affaires d'état.

Anciennement le *lit de justice* étoit aussi qualifié de *trône royal*, comme on le peut voir dans du Tillet: présentement on ne se sert plus que du terme de *lit de justice*, pour désigner le siège où le roi est assis dans ces séances solemnelles, & pour désigner la séance même.

Les *lits de justice* ont succédé à ces anciennes assemblées générales qui se tenoient autrefois au mois de mars, & depuis au mois de mai, & que l'on nommoit *champ de mars* ou *de mai*, & qui furent dans la suite nommées *placités généraux*, *cours plénières*, *plein parlement*, *grand-conseil*.

M. Talon, dans un discours qu'il fit en un *lit de justice* tenu en 1649, dit que ces séances n'avoient commencé qu'en 1369, lorsqu'il fut question d'y faire le procès à Édouard, prince de Galles, fils du roi d'Angleterre; que ces séances étoient alors desirées des peuples, parce que les rois n'y venoient que pour délibérer avec le parlement de quelques affaires importantes à leur état, soit qu'il fût question de déclarer la guerre aux ennemis de la couronne, soit qu'il fût à propos de conclure la paix pour le soulagement des peuples.

Je trouve néanmoins qu'il est déjà parlé *du lit de justice* du roi, dans une ordonnance de Philippe-le-Long, du 17 novembre 1318. Cette ordonnance veut d'abord que le jour que le roi viendra à Paris pour ouir les causes qu'il aura réservées, le parlement cessera toutes autres affaires.

Un autre article porte que quand le roi viendra au parlement, le parc sera tout uni, & qu'on laissera vuide toute la place qui est devant son siège, afin qu'il puisse parler secrétement à ceux qu'il appellera.

Enfin il est dit que personne ne partira de son siège, & ne viendra s'asseoir de lez le *lit* du roi, les chambellans exceptés, & que nul ne vienne se conseiller à lui, s'il ne l'appelle.

La même chose est rappellée dans un réglement fait par le parlement en 1344.

Le 21 mai 1375, le roi Charles V assista au parlement, à l'enregistrement de l'édit du mois d'août précédent, sur la majorité des rois de France: il est dit que cette loi fut publiée au parlement du roi, en sa présence, de par lui, tenant sa justice en sondit parlement, en sa magnificence ou majesté royale: l'on trouve différens arrêts où la présence du roi est énoncée à-peu-près dans les mêmes termes. A ce *lit de justice* assistèrent le dauphin, fils aîné du roi, le duc d'Anjou, frère du roi, le patriarche d'Alexandrie, quatre archevêques, sept évêques, six abbés, le recteur & plusieurs membres de l'université de Paris, le chancelier de France, quatre princes du sang, plusieurs comtes & seigneurs, le prévôt des marchands, & les échevins de la ville de Paris, plusieurs autres gens sages & notables, & une grande affluence de peuple.

Il y eut un semblable *lit de justice* tenu par Charles VI en 1386, & un autre en 1392, qui, dans l'arrêt d'enregistrement, est appellé *lectum justitiæ*.

Du Tillet fait mention d'un autre *lit de justice* tenu le 10 avril 1396, pour la grace de messire Pierre de Craon, où étoient les princes du sang, messire Pierre de Navarre, le fils du duc de Bourbonnois, le comte de la Marche, le connétable, le chancelier, le sire d'Albret, les deux maréchaux, l'amiral, plusieurs autres seigneurs, l'archevêque de Lyon, les évêques de Laon, de Noyon, de Paris & de Poitiers; les présidens du parlement, les maîtres des requêtes, messieurs des enquêtes & les gens du roi.

L'ordonnance du même prince, du 26 décembre 1407, portant que quand le roi décédera avant que son fils aîné soit majeur, le royaume ne sera point gouverné par un régent, mais au nom du nouveau roi, par un conseil dans lequel les affaires seroient décidées à la pluralité des voix, fut lue publiquement & à haute voix, en la grand'chambre, où étoit dressé le *lit de justice*, présens les roi de Sicile, les ducs de Guienne, de Berry, de Bourbonnois & de Baviere; les comtes de Mortaing, de Nevers, d'Alençon, de Clermont, de Vendôme, de Saint-Pol, de Tancarville, & plusieurs autres comtes, barons, & seigneurs du sang royal & autres, le connétable, plusieurs archevêques & évêques, grand nombre d'abbés & autres gens d'église, le grand-maître d'hôtel, le premier & les autres présidens du parlement, le premier & plusieurs autres chambellans, grande quantité de chevaliers & autres nobles, de conseillers tant du grand-conseil & du parlement, que de la chambre des comptes, des requêtes de l'hôtel, des enquêtes & requêtes du palais, des aides, du trésor & autres officiers & gens de justice, & d'autres notables personnages en grande multitude.

Juvenal des Ursins, dans son histoire de Charles VI, en parlant de cette cérémonie, dit qu'il y eut une manière de *lit de justice*, &c. C'est apparemment à cause que le roi étoit fort infirme d'esprit, qu'il regardoit ce *lit de justice* comme n'en ayant que la forme & non l'autorité.

Il y en eut un autre en 1413, sous la faction du duc de Bourgogne, & ce fut alors que la voie d'autorité commença d'être introduite dans ces sortes de séances où les suffrages étoient auparavant libres; cependant le 5 septembre de la même année il y eut un autre *lit de justice*, où l'on déclara nul tout ce qui avoit été fait dans le précédent, comme fait sans autorité due, & forme gardée, sans aviser & lire les lettres au roi & en son conseil, ni être avisé par la cour de parlement.

On tint un *lit de justice* en 1458, à Vendôme, pour le procès de M. d'Alençon.

François I tint souvent son *lit de justice*: il y en eut jusqu'à quatre dans une année, savoir, les 24, 26, 27 juillet, & 16 décembre 1527.

Dans le dernier siècle il y en eut un le 18 mai 1643, pour la régence, un en 1654, pour le procès de M. le prince; un en 1663, pour la réception de plusieurs pairs; il y en eut encore d'autres, pour des édits bursaux.

Il s'en est tenu plusieurs sous le règne de Louis XV & sous le règne actuel. Nous allons donner le précis des cérémonies qui s'observent dans ces séances.

Lorsque le roi arrive au parlement, le grand maître vient avertir lorsqu'il est à la Sainte-Chapelle, & quatre présidens-à-mortier, avec six conseillers laïques, & deux clercs, vont le recevoir, & le saluer au nom de la compagnie; ils le conduisent en la grand'chambre, les présidens marchant à ses côtés, les conseillers derrière lui, le premier huissier entre les deux huissiers-massiers du roi.

Le dais & *lit de justice* du roi est placé dans l'angle de la grand'chambre; sur les hauts sièges, à la droite du roi, sont les princes du sang, les pairs laïques; au bout du dernier banc se met le gouverneur de Paris.

A sa gauche aux hauts sièges sont les pairs ecclésiastiques, & les maréchaux de France venus avec le roi.

Aux pieds du roi est le grand-chambellan.

A droite sur un tabouret, au bas des degrés du siège royal, le grand écuyer de France, portant au col l'épée de parement du roi.

A gauche sur un banc, au-dessous des pairs ecclésiastiques, sont les quatre capitaines des gardes du corps du roi, & le commandant des cent-suisses de la garde.

Plus bas, sur le petit degré par lequel on descend dans le parquet, est assis le prévôt de Paris, tenant un bâton blanc en sa main.

En une chaire à bras, couverte de l'extrémité du tapis de velours violet semé de fleurs-de-lis, servant de drap de pied au roi, au lieu où est le greffier en chef aux audiences publiques, se met présentement M. le chancelier lorsqu'il arrive avec le roi, ou à son défaut M. le garde-des-sceaux.

Sur le banc ordinaire des présidens à mortier, lorsqu'ils sont au conseil, sont le premier président & les autres présidens à mortier revêtus de leur épitoge. Avant François I, M. le chancelier se plaçoit aussi sur ce banc au-dessus du premier président; il s'y place même encore, lorsqu'il arrive avant le roi, & jusqu'à son arrivée qu'il va se mettre aux pieds du trône. On tient que ce fut le chancelier du Prat qui introduisit pour lui cette distinction de siéger seul, il le fit en 1527; cependant en cette même année, & encore en 1536, on retrouve le chancelier sur le banc des présidens.

Sur les trois bancs ordinaires, couverts de fleurs-de-lis, formant l'enceinte du parquet, & sur le banc du premier & du second barreau du côté de la cheminée, sont les conseillers d'honneur, les quatre maîtres des requêtes en robe rouge, les conseillers de la grand'chambre, les présidens des enquêtes & requêtes, tous en robe rouge, de même que les autres conseillers au parlement.

Dans le parquet, sur deux tabourets, au-devant de la chaire de M. le chancelier, sont le grand-maître & le maître de cérémonies.

Dans le même parquet, à genoux devant le roi, deux huissiers-massiers du roi, tenant leurs masses d'argent doré, & six hérauts d'armes.

A droite sur deux bancs couverts de tapis de fleurs-de-lis, les conseillers d'état, & les maîtres des requêtes venus avec M. le chancelier, en robe de satin noir.

Sur un banc en entrant dans le parquet, sont les quatre secrétaires d'état.

Sur trois autres bancs à gauche dans le parquet, vis-à-vis les conseillers d'état, sont les chevaliers & officiers de l'ordre du Saint-Esprit, les gouverneurs & lieutenans-généraux de provinces, & les baillis d'épée que le roi amène à sa suite.

Sur un siège à part, le bailli du palais.

A côté de la forme où sont les secrétaires d'état, le greffier en chef, revêtu de son épitoge, un bureau devant lui, couvert de fleurs-de-lis; à sa gauche, l'un des principaux commis au greffe de la cour, servant en la grand'chambre, en robe noire, un bureau devant lui.

Sur une forme derriere eux, les quatre secrétaires de la cour.

Sur une autre forme derrière les secrétaires d'état, le grand-prévôt de l'hôtel, le premier écuyer du roi, & quelques autres principaux officiers de la maison du roi.

Le premier huissier est en robe rouge, assis en sa chaire, à l'entrée du parquet.

En leurs places ordinaires, les chambres assemblées au bout du premier barreau, jusqu'à la lanterne du côté de la cheminée; avec les conseillers de la grand'chambre & les présidens des enquêtes & requêtes, sont les trois avocats du roi, & le procureur-général placé après le premier d'entre eux.

Dans le surplus des barreaux, des deux côtés, & sur quatre bancs que l'on ajoute derrière le dernier barreau du côté de la cheminée, se mettent les conseillers des enquêtes & requêtes, qui sont tous en robe rouge.

Lorsque le roi est assis & couvert, le chancelier commande par son ordre, que l'on prenne séance; ensuite le roi ayant ôté & remis son chapeau, prend la parole.

Anciennement le roi proposoit souvent lui-même les matières sur lesquelles il s'agissoit de délibérer. Henri III le faisoit presque toujours; mais plus ordinairement le roi ne dit que quelques mots, & c'est le chancelier, ou, à son défaut, le garde-des-sceaux, lorsqu'il y en a un, qui propose.

Lorsque le roi a cessé de parler, le chancelier monte vers lui, s'agenouille pour recevoir ses ordres; puis étant descendu, remis en sa place, assis & couvert, & après avoir dit que le roi permet que l'on se couvre, il fait un discours sur ce qui fait l'objet de la séance, & invite les gens du roi à prendre les conclusions qu'ils croiront convenables pour l'intérêt du roi & le bien de l'état.

Le premier président, tous les présidens & conseillers mettent un genou en terre, & le chancelier leur ayant dit, le roi ordonne que vous vous leviez, ils se lèvent & restent debout & découverts; le premier président parle, & son discours fini, le chancelier monte vers le roi, prend ses ordres le genou en terre; & descendu & remis en sa place, il dit que l'intention du roi est que l'on fasse la lecture des lettres dont il s'agit; puis s'adressant au greffier en chef, ou au secrétaire de la cour qui, en son absence, fait ses fonctions, il lui ordonne de lire les pièces; ce que le greffier fait étant debout & découvert.

La lecture finie, les gens du roi se mettent à genoux, M. le chancelier leur dit que le roi leur ordonne de se lever; ils se lèvent, & restent debout & découverts, le premier avocat-général porte la parole, & requiert selon l'exigence des cas.

Ensuite M. le chancelier remonte vers le roi, &, le genou en terre, prend ses ordres, ou, comme on disoit autrefois, son avis, & va aux opinions à MM. les princes & aux pairs laïques; puis revient passer devant le roi, & lui fait une profonde révérence, & va aux opinions aux pairs ecclésiastiques & maréchaux de France.

Puis descendant dans le parquet, il prend les opinions de MM. les présidens (autrefois il prenoit leur avis après celui du roi); ensuite il va à ceux qui sont sur les bancs & formes du parquet, & qui ont voix délibérative en la cour, de-là il passe à ceux qui sont dans les barreaux, & enfin il prend l'avis des conseillers des enquêtes & requêtes.

Chacun opine à voix basse, à moins d'avoir obtenu du roi la permission de parler à haute voix.

Enfin, après avoir remonté vers le roi, & étant redescendu, remis en sa place, assis & couvert, il prononce: le roi en son *lit de justice* a ordonné & ordonne qu'il sera procédé à l'enregistrement des lettres sur lesquelles on a délibéré; & à la fin de l'arrêt, il est dit, fait en parlement, le roi y séant en son *lit de justice*.

Anciennement le chancelier prenoit deux fois les opinions: il les demandoit d'abord de sa place, & chacun opinoit à haute voix; c'est pourquoi lorsque le conseil s'ouvroit, il ne demeuroit en la chambre que ceux qui avoient droit d'y opiner; on en faisoit sortir tous les autres, & les prélats eux-mêmes, quoiqu'ils eussent accompagné le roi, ne rentroient que lors de la prononciation de l'arrêt; cela se pratiquoit encore sous François I & sous Henri II, comme on le voit par les registres de 1514, 1516, 1521, 1527. On croit que c'est du temps de Henri II que l'on a cessé d'opiner à haute voix; cela s'est pourtant encore pratiqué trois fois sous Louis XIV, savoir, en 1643, en 1654 & 1663.

Présentement, comme on opine à voix basse, ceux qui ont quelque chose de particulier à dire, le disent tout haut.

Après la résolution prise, on ouvroit les portes de la grand'chambre au public, pour entendre la prononciation de l'arrêt. C'est ainsi que l'on en usa en 1610 & en 1643, & même encore en 1725. Après l'ouverture des portes, le greffier faisoit une nouvelle lecture des lettres qu'il s'agissoit d'enregistrer; les gens du roi donnoient de nouveau leurs conclusions, qu'ils faisoient précéder d'un discours destiné à instruire le public des motifs qui avoient déterminé; ensuite le chancelier reprenoit les avis pour la forme, mais à voix basse, allant de rang en rang, comme on le fait à l'audience au parlement, lorsqu'il s'agit de prononcer un délibéré, & ensuite il prononçoit l'arrêt.

Présentement, soit qu'on ouvre les portes, ou que l'on opine à huit clos, M. le chancelier ne va aux opinions qu'une seule fois.

La séance finie, le roi sort dans le même ordre qu'il est entré.

Les *lits de justice* se tiennent quelquefois ailleurs qu'au parlement. Il s'en est tenu au château des Tuileries, tels que celui du 26 août 1718, d'autres à Versailles, comme ceux des 3 septembre 1732 & 21 août 1756, & sous le règne actuel, le 5 mai 1775 & le 12 mars 1776. Il y en eut un en 1720 au grand-conseil, où les princes & les pairs assistèrent. Nos rois en ont aussi tenu quelquefois dans d'autres parlemens. François I tint le sien à Rouen, en 1517, il y fut accompagné du chancelier du Prat, & de quelques officiers de sa cour. Charles IX y en tint aussi un, pour déclarer sa majorité.

Lorsque les *lits de justice* se tiennent à Versailles, la séance y est disposée dans la grande salle des gardes-du-corps, en la même forme qu'elle l'eût été dans la grand'chambre du parlement. (*A*)

LITIGANT, adj. *terme de pratique*, qui signifie celui qui conteste en justice. On dit les *parties litigantes*, en parlant de ceux qui plaident ensemble, & on appelle *collitigans*, ceux qui sont unis d'intérêts, & qui plaident conjointement.

LITIGE, s. m. (*Droit canon.*) vient du mot latin *lis*, qui signifie *procès*. On ne s'en sert dans notre langue, que pour exprimer les contestations qui s'élèvent entre des prétendans à un même bénéfice. C'est suivant cette seule acception qu'on en traitera dans cet article.

Le *litige* peut se considérer par rapport à celui qui succède à un des prétendans au bénéfice, par rapport à la régale, & enfin par rapport à un droit particulier dont le roi jouit en Normandie. C'est sous ces trois points de vue différens que nous allons considérer le *litige*.

Jusqu'à Boniface VIII, on ne voit rien dans le corps du droit canon touchant le *litige* en matière bénéficiale. On trouve dans le sexte, titre *ut lite pendente nihil innovetur*, deux décisions de ce pape. La première porte que quand de deux élus, l'un vient à décéder pendant le procès, les électeurs de celui qui est décédé, ne pourront procéder à une nouvelle élection avant que le droit du survivant n'ait été jugé, *aliàs attentata contra hoc electio, ipso jure viribus non subsistat*. La seconde veut que si un bénéficier décède ou se démet, après avoir été attaqué à raison du bénéfice dont il est en possession, personne ne puisse lui être subrogé jusqu'à ce qu'il ait été prononcé sur le droit du survivant, sauf à ceux qui ont intérêt dans la cause, à y intervenir. *Si ii, contra quos super dignitatibus, personatibus vel aliis ecclesiasticis beneficiis quæ possident, litigatur, lite pendente cedant, vel forte decedant: ne propter novos adversarios, qui malitiosè interdum petitoribus subrogantur, litigia in ecclesiarum dispendium prorogari contingat: statuimus, ut dignitates, personatus & beneficia hujusmodi, donec contra superstites lis finita fuerit, aliis nullatenus conferantur, nec ad ea eligatur quispiam, vel etiam præsentetur. Quod si secus actum fuerit, eo ipso irritum habeatur. Sane si ad deffensionem ipsius litis aliqui quorum interrerit petierint se admitti, eos in illo statu, in quo ipsam invenerint, statuimus admittendos.*

C'est ce chapitre *si ii contra quos*, qui a donné naissance à la règle de chancellerie, *de subrogandis collitigantibus*; elle a pour but, ainsi que les deux décrétales de Boniface VIII, *litium succidere anfractus, & ne novi collitigantibus adversarii dentur providere*. Quelque sage que soit cette règle, elle est devenue presque inutile, par les dérogations que les papes sont dans l'usage d'y faire par cette clause

clause qui est insérée dans presque toutes les signatures, *litigiosi cujus litis status*, &c. & qui est ainsi étendue dans les bulles, *etiamsi super eo seu illis inter aliquos lis, cujus statum præsentibus haberi volumus pro expresso, pendeat indecisa.*

Rebuffe nous apprend que le chapitre *si ii contra quos* de Boniface VIII, n'est pas suivi en France, & que par la mort d'un des collitigans, le collateur peut user de son droit & conférer le bénéfice à un autre, sans attendre la fin du procès. Dumoulin a dit aussi, *istud capitulum non servatur nec in foro ecclesiastico, nec in seculari.* L'ancien usage du royaume étoit, que quand un impétrant avoit obtenu du pape la subrogation aux droits d'un collitigant décédé, il prenoit en conséquence possession, s'il ne l'avoit déjà prise, & obtenoit ensuite des lettres royaux, pour être reçu à la place du défunt, partie intervenante dans l'instance.

L'article 16 du titre 16 de l'ordonnance de 1667, a abrogé cet usage: « pourra le résignataire se faire subroger aux droits de son résignant, & continuer la procédure sur une requête verbale faite judiciairement, sans appeller parties & sans obtenir lettres de subrogation, que nous défendons aux officiers de nos chancelleries de présenter, signer & sceller à l'avenir ». Ainsi, parmi nous, les subrogations se font par simple requête. Le pourvu par résignation, collation ou autrement, n'a qu'à rapporter ses provisions, & présenter sa requête, il est admis en cause; mais jusqu'à ce moment, si le nouveau pourvu est un résignataire, la procédure peut être continuée contre le résignant. C'est la disposition de l'article 15 du même titre de l'ordonnance de 1667. « Si avant le jugement de la complainte, l'une des parties résigne son droit purement & simplement, ou en faveur, la procédure pourra être continuée contre le résignant jusqu'à ce que le résignataire ait paru en cause ».

La règle *de subrogandis collitigantibus*, n'est pas plus admise parmi nous que le chapitre *si ii contra quos.* Le droit du collitigant décédé passe tout entier à son résignataire, &, à défaut de résignation, au pourvu par l'ordinaire ou par le pape, sans autre préférence que la priorité des provisions ou des dates. L'avantage que retire le survivant est d'obtenir l'état & la main-levée des fruits. « Si durant le cours de la procédure, celui qui avoit la possession actuelle du bénéfice décède, l'état & la main-levée des fruits sera donné à l'autre partie, sur une simple requête qui sera faite judiciairement à l'audience, en rapportant l'extrait du registre mortuaire & les pièces justificatives de la litispendance, sans autres procédures ». *Art. 11 du titre 15 de l'ordonnance de 1667.* Sur quoi, Jousse observe qu'ici, *état* & *récréance* sont synonymes; que s'il y avoit plusieurs contendans au bénéfice, la main-levée des fruits ne pourroit être donnée à celui qui la requiert, qu'en la faisant juger avec les autres contendans, & que lorsque le successeur par mort a pris possession, l'autre contendant ne peut plus demander l'état & la main-levée des fruits.

Cependant, comme l'esprit de l'ordonnance est de procurer la desserte des bénéfices, & non pas uniquement de favoriser le survivant des collitigans, on a jugé que le pourvu par la mort du collitigant en possession, ou sur sa résignation, devoit être préféré au survivant, pour la récréance, quand même on lui reprocheroit de n'avoir pas les qualités requises pour posséder le bénéfice. Ainsi jugé par arrêt du 21 février 1729, rendu en la troisième des enquêtes du parlement de Paris, sur les conclusions de M. d'Aguesseau, avocat-général, en faveur du sieur Barbier, pourvu de la cure d'Epernon, ville murée, quoiqu'on lui reprochât de n'être gradué que *per saltum.* *Voyez* COMPLAINTE, POSSESSION.

Le *litige* a cela de particulier en France, que lorsqu'il existe au moment où la régale s'ouvre, il fait vaquer le bénéfice en régale, c'est-à-dire, que le roi a le droit de le conférer. C'est une ancienne jurisprudence fondée sur ce que, suivant les ordonnances, il est nécessaire, pour que le bénéfice ne soit pas estimé vaquer en régale, qu'il soit rempli de fait & de droit, lorsqu'elle vient à s'ouvrir. Or, on suppose qu'il n'est point rempli de fait & de droit, tant que dure le *litige*.

La première difficulté qui se présente, est de déterminer précisément ce qui forme le *litige*. On convient généralement qu'une simple assignation ne suffit pas: il faut qu'il y ait contestation en cause. Mais on demande quelle est la qualité de la procédure qu'on appelle *contestation en cause?*

Selon l'article 104 de la coutume de Paris, « contestation en cause est quand il y a réglement sur les demandes & défenses des parties; ou bien, quand le défendeur est défaillant & débouté de défenses ».

L'ordonnance de 1667, *titre 14, art. 13*, porte: « la cause sera tenue pour contestée par le premier réglement, appointement ou jugement qui interviendra après les défenses fournies, encore qu'il n'ait pas été signifié ». La coutume de Paris & l'ordonnance ne peuvent s'appliquer qu'aux matières civiles; car, en matière criminelle, la contestation en cause se forme autrement.

Par rapport aux bénéfices, il a été jugé par arrêt du parlement de Paris, du 19 janvier 1725, que la plaidoirie contradictoire des contendans tient lieu de défenses & opère une véritable contestation en cause, capable de former un *litige.* Il s'agissoit du prieuré simple de S. Benoît de Cleville, diocèse de Rouen, dépendant de l'abbaye de S. Etienne de Caen. Un autre arrêt du 11 avril 1726, rendu sur les conclusions de M. l'avocat-général d'Aguesseau, le décide de même pour le simple avenir donné de procureur à procureur, & pour la sommation de produire, en exécution d'un arrêt qui nomme le rapporteur, quoiqu'il n'y eût aucunes défenses fournies. Ne pourroit-on pas établir qu'il y a contestation en cause & par conséquent *litige*, toutes les fois que le contrat judiciaire est formé ?

Nos anciens auteurs exigeoient deux conditions, pour que le *litige* opérât la vacance d'un bénéfice en régale : 1°. que le procès fût sérieux & de bonne-foi ; 2°. qu'il ne fût pas manifestement injuste. Anne Robert en ajoute une troisième, il veut que celui dont le droit est évident, soit en possession.

Il est facile de concevoir que ces conditions fournissoient ample matière à discussion. Il n'étoit pas facile de déterminer quand le procès étoit *manifestement* injuste. Il en étoit à-peu-près de même de la bonne-foi ; il y avoit cependant des circonstances capables de la caractériser. Il étoit évident que les procès étoient de mauvaise foi, lorsqu'ils étoient intentés pendant la maladie & peu de jours avant le décès de l'évêque. Il étoit visible dans ce cas que l'intention du demandeur étoit de dépouiller un titulaire qui possédoit justement, en faisant vaquer son bénéfice en régale. Les exemples de cet abus n'étoient pas rares. C'est ce qui arriva dans l'affaire jugée le 17 août 1672, pour un canonicat de l'église de Paris. Le sieur Denis avoit donné son assignation au sieur Boucher, la surveille de la mort de M. de Perefixe, archevêque de Paris, & après qu'il eut reçu publiquement le viatique.

La déclaration du 10 février 1673 a eu pour objet de terminer toutes ces difficultés & de prévenir ces inconvéniens. Elle veut que le *litige* ne puisse à l'avenir donner ouverture à la régale, s'il n'est formé & s'il n'y a entre les parties contestation en cause six mois auparavant le décès des archevêques & évêques.

Depuis cette loi, le *litige* est toujours censé sérieux & de bonne-foi, lorsqu'il est formé six mois avant l'ouverture de la régale. On n'examine plus si le procès est injuste ou non, & encore moins, si celui des deux collitigans qui a droit, est en possession.

Comme le but de la déclaration de 1673 n'a été que d'arrêter l'avidité & la malice de ceux qui, voyant un archevêque ou évêque prêt à mourir, intentoient des procès aux titulaires les mieux fondés, afin de leur nuire ou de s'en faire un titre contre eux, en obtenant ensuite un brevet de régale, le parlement de Paris ne s'astreint pas scrupuleusement au terme de six mois prescrit par la loi, lorsque d'ailleurs le *litige* lui paroît sérieux & bien fondé. C'est ce qui fut observé par M. de Lamoignon, lors de l'arrêt du 15 janvier 1696, pour un canonicat de Laon, qui fut adjugé à un régaliste, quoique les six mois, depuis le commencement du procès jusqu'à la mort de l'évêque, ne fussent pas écoulés. Ce magistrat avoit déjà établi le même principe en 1682, au sujet de la dignité de sacristain de l'église de S. André de Bordeaux.

Lorsqu'un des deux contendans a obtenu une sentence de pleine maintenue dont il n'y a point appel, & que la régale vient à s'ouvrir, on demande si ce bénéfice vaquera en régale pendant le temps que la partie condamnée peut appeller de cette sentence ? Il paroît que si celui en faveur duquel la sentence a été rendue est en possession actuelle & réelle, il ne peut y avoir lieu à la vacance en régale, puisque le bénéfice est rempli de droit & de fait, & qu'il n'y a point de *litige*. C'est l'opinion de l'auteur des mémoires du clergé, de Gohard & de Lacombe.

Si, pendant l'appel d'une sentence définitive, la régale vient à s'ouvrir, le bénéfice vaquera-t-il en régale ? Les auteurs que l'on vient de citer, disent que le droit du roi, dans ce cas, dépend de l'événement du procès. Si la sentence est infirmée, le bénéfice aura vaqué en régale. Si au contraire elle est confirmée, la régale ne peut avoir lieu. Ils raisonnent de même pour une sentence de simple récréance : ils citent à l'appui de leur opinion, un arrêt de 1590.

L'auteur des mémoires du clergé est obligé de convenir que d'autres arrêts plus récens ont jugé le contraire, arrivant ouverture après même une sentence définitive, & sans examiner le bien ou mal jugé de cette sentence. Ces arrêts sont fondés sur ce que le droit de celui qui a obtenu une sentence à son profit, dont il y a appel, est toujours douteux, & qu'un droit douteux n'empêche point l'effet de la régale, parce qu'il est de l'intérêt de l'église que le bénéfice soit rempli par un titulaire qui ait un titre certain.

L'auteur des mémoires cherche à affoiblir l'autorité de ces arrêts, en disant que n'ayant point été rendus en forme de réglement pour fixer une jurisprudence générale, il peut y avoir fondement de présumer que des circonstances particulières y ont donné lieu.

Mais d'après la faveur dont jouit aujourd'hui la régale, il est à présumer que l'on continueroit à la juger ouverte dans le cas d'une sentence de récréance, & même d'une définitive dont il y auroit appel, sans avoir égard au bien ou mal jugé de ces sentences. En effet, selon l'axiome *appellatio extinguit judicatum*, aucun des deux prétendans n'a plus de droit après qu'avant la sentence. L'incertitude de l'événement empêche la double possession de fait & de droit nécessaire pour faire obstacle à la régale. Le *litige* existe toujours & doit toujours produire le même effet, dès qu'il a les caractères exigés par la déclaration de 1673. Cette loi ne fait aucune distinction entre le *litige* avant ou après une sentence. Une fois qu'il est formé six mois avant la mort des archevêques ou évêques, il fera toujours vaquer le bénéfice. La régale est un droit trop éminent, pour qu'on puisse lui opposer une fiction de droit, & c'en est une de dire qu'un arrêt qui confirme une sentence a un effet rétroactif au jour de cette sentence, & n'est que déclaratif du droit de celui qui l'a obtenu. Avec un pareil principe, on pourroit aller jusqu'à soutenir que le *litige* ne doit donner lieu à la vacance en régale que lorsque aucun des collitigans n'a droit au bénéfice ; car une sentence, comme un arrêt, n'est que déclarative du droit de celui en faveur de qui elle prononce. Ce n'est point le défaut de droit au bénéfice qui, dans cette occasion, le rend vacant ; ce n'est donc point ce qu'il faut examiner ; peu importe donc que la sentence dont est appel soit infirmée ou confirmée. *Voyez* RÉGALE.

Le roi, dit l'article 73 de la coutume de Normandie, par privilège spécial, a la présentation du bénéfice qui échet vacant pendant le *litige*, par la mort de l'un des présentés & collitigans, à raison desquels ledit brief a été intenté, & y présentera à chaque échéance jusqu'à ce que le brief soit vuidé.

Quoique cet article semble limiter les droits du roi à la simple présentation des bénéfices, les commentateurs de la coutume soutiennent que le roi doit succéder, non-seulement au droit de présentation, mais à tout autre droit appartenant aux seigneurs, à cause de leurs fiefs ; & les cours séculières de la province de Normandie n'ont jamais douté que les droits du roi ne s'étendissent à la collation, lorsque le droit de conférer est en *litige*. C'est également l'opinion de Pinson, dans son *traité singulier des régales*, *chap. 9*.

Toutes sortes de contestations sur le patronage d'un bénéfice ne donnent point ouverture au droit du roi. L'article 70 de la coutume prescrit les conditions nécessaires à ce *litige*. « Le patronage » n'est tenu pour litigieux, s'il n'y a brief de pa» tronage obtenu, signifié, assignation donnée & » contestation en cause ».

Josias Berault, dans son commentaire sur cet article, assure qu'il a été réglé par arrêts, que pour rendre le patronage litigieux, il faut qu'il y ait brief de patronage obtenu ; de-là il suit, dit cet auteur, que le discord qui seroit entre plusieurs présentés pour le possessoire d'un bénéfice, ne rendroit pas le patronage litigieux, combien que les patrons se joignissent avec leurs présentés, déclarassent soutenir leurs présentations, & entendissent faire le patronage litigieux ; il faut qu'il y ait action intentée pour cet effet pardevant le juge, contestation en cause & procès actuellement formé, comme il fut jugé par arrêt du 10 mai 1531, entre de Chaumont & Sabini, se disant patrons.

Il est donc nécessaire que quatre choses concourent pour donner ouverture à la nomination du roi, à titre de *litige*, pour le droit de patronage ; 1°. que celui qui prétend être patron ait obtenu brief de patronage pour faire régler sa prétention ; 2°. que le prétendant ait fait signifier le brief à ceux qui lui contestent ce droit ; 3°. qu'en conséquence il leur ait fait donner assignation ; 4°. qu'ensuite de cette assignation, il y ait contestation en cause.

La mort d'un des présentés & collitigans donne ouverture au droit du roi ; l'article 73 de la coutume ne désigne point d'autre genre de vacance. Mais, dit Godefroi sur cet article, la disposition de notre coutume a lieu en toutes sortes de vacations de fait & de droit, comme si le pourvu se marie ou fait profession de religion : si le bénéfice est résigné, ou que l'impétrant ne se fasse promouvoir aux ordres sacrés dans le temps préfix, ou si le possesseur obtient un bénéfice incompatible & autres moyens.

Ainsi le droit de *litige* s'exerce dans toute espèce de vacance. C'est l'opinion de Pinson, & la jurisprudence du parlement de Rouen y est conforme.

La coutume de Normandie, par son article 72, détermine ce qui est nécessaire pour faire cesser le *litige*. « Le *litige* n'est fini sinon après qu'il y a ju» gement définitif, & l'amende payée ».

Suivant cet article deux conditions sont nécessaires pour faire finir le *litige* ; 1°. qu'il y ait un jugement définitif ; 2°. que l'amende soit payée. Il est en outre nécessaire que le jugement définitif soit rendu avec le procureur du roi, qui est la partie publique & la principale dans les procès où il s'agit des droits du prince. Les transactions sont même nulles, s'il n'y intervient & n'y donne son consentement. Pinson cite un arrêt du 29 mai 1506 qui confirme ce principe. Les religieux de Treport & le sieur de Boé étant en procès au sujet d'un patronage attaché au fief de Villy, le terminèrent par une transaction, sans y appeller le procureur du roi. Le bénéfice ayant vaqué, le roi y présenta comme étant toujours en *litige*. Son présenté fut maintenu en possession & jouissance du bénéfice, & néanmoins la transaction confirmée pour l'avenir, sur les conclusions du procureur du roi.

Basnage en rapporte un qui paroît bien plus fort. En 1484 il y avoit eu *litige* formé entre les religieux de S. Sauveur & le sieur de Siqueville, pour un patronage. Ce procès avoit été terminé par une transaction, en exécution de laquelle les religieux avoient toujours présenté ; cent cinquante ans après cette transaction, le bénéfice ayant vaqué, le roi, les religieux & ce patron, présentèrent chacun un sujet. On disoit contre le présenté par le roi, que le *litige* ayant été formé il y avoit cent cinquante ans, & terminé par une transaction, il y avoit une possession plus que centenaire, *quæ vim rei judicatæ habebat*. M. l'avocat-général du Viquet soutint que, suivant l'article 72 de la coutume, le *litige* n'étoit point fini, n'y ayant pas eu un jugement définitif ; que la possession ne pouvoit pas servir, n'étant pas reçue contre le roi au droit duquel il y avoit eu ouverture, & que la transaction n'étoit point considérable, ayant été passée en l'absence du procureur du roi. Par arrêt du 13 avril 1630, la récréance fut adjugée au présenté par le roi. Cet arrêt n'a pas jugé le fond même de la question, puisqu'il n'a prononcé que sur la récréance. Mais il nous apprend au moins, que ceux qui transigent sur un patronage après le *litige* formé, doivent faire homologuer la transaction, avec le procureur du roi. L'arrêt d'homologation, rendu avec le ministère public, sera le jugement définitif que prescrit la coutume pour faire cesser le *litige*.

La requête civile obtenue contre l'arrêt qui a jugé le brief de patronage, n'en perpétue ni l'action, ni la nomination royale au titre & au droit de *litige*. Ainsi jugé par arrêt du grand-conseil rendu le 7 juillet 1640. On ne trouve point sur cette question de préjugé du parlement de Normandie. Les commentateurs de la coutume de cette province ne l'ont pas traitée, à l'exception de Godefroi dont l'opinion est contraire à la décision du grand-conseil.

La péremption d'instance n'est point un moyen suffisant pour terminer le procès du patronage de manière à faire cesser le droit de nomination royale. Cette question a été ainsi décidée par plusieurs arrêts rapportés par Godefroi sur l'article 72 de la coutume de Normandie, & par Lefevre, en son *Traité de la péremption d'instance*.

L'appel interjetté par le patron qui a succombé, perpétue l'ouverture du droit de nomination à titre de *litige*, jusqu'à ce que cet appel ait été jugé. Tous les commentateurs de la coutume de Normandie conviennent que le jugement définitif pour faire cesser l'exercice du droit du roi, doit être de nature à passer en force de chose jugée & à ne pouvoir être rétracté.

L'article 74 de la coutume de Normandie porte: « le brief de patronage est introduit non-seulement » pour la possession, mais pour la propriété du pa- » tronage ». C'est ce qui a fait dire à Basnage, que le roi, par un privilège spécial, a la présentation du bénéfice qui vaque pendant le *litige* formé pour le possessoire ou pour le pétitoire, & qu'on n'admettroit point cette distinction au préjudice du roi.

Le droit de *litige* est assimilé à la régale. Tous nos auteurs assurent qu'il est un droit purement & simplement royal, tellement uni à la couronne, qu'il en est inséparable, & que sur ce fondement on l'appelle communément *le droit de régale du pays & duché de Normandie*. De-là il suit que le roi, pendant que l'exercice de ce droit est en ses mains, jouit des mêmes prérogatives que pour la disposition des bénéfices qu'il confère en régale, ou en qualité de fondateur & plein collateur. Et que par conséquent il n'est point astreint à nommer dans les quatre ou dans les six mois donnés aux patrons, & qu'il n'est point sujet à la prévention du pape, ni aux règles canoniques pour la collation ou la présentation des bénéfices, privilèges qui s'étendent jusqu'à ceux qui sont porteurs de sa nomination.

On ne suit plus, même en Normandie, les formes prescrites par l'ancienne coutume pour la poursuite des briefs de patronage. On s'y conforme à l'ordonnance de 1539 & à celle de 1667, *titre des ajournemens & des procédures sur le possessoire des bénéfices*. Il y a long-temps que ce changement s'est opéré. Godefroi, sur l'article 70 de la coutume de Normandie, s'exprime ainsi. « Toutes les forma- » lités prescrites par la vieille coutume, pour l'ob- » tention du brief de patronage ne sont plus né- » cessaires, ains suffit que par mandement libellé, » celui qui prétend le faire litigieux, dénonce le » trouble à lui donné & convienne la partie pour » être ouïe, & faire droit sur les titres & posses- » sions plus apparentes, suivant la forme prescrite » en tous ajournemens par l'ordonnance de 1539; » sans qu'il soit besoin de faire défenses à l'évêque, » ni de faire citer les assises & observer les autres » circonstances dont il est fait mention en ce cha- » pitre ».

Henri II, par son édit de 1552, avoit attribué au grand-conseil tous les procès mus pour bénéfices de la nomination du roi, à l'exception de ceux qui vaquent en régale: en exécution de cette loi, on évoquoit au grand-conseil les causes bénéficiales qui se présentoient en Normandie à raison des nominations du roi à titre de patronage en *litige*. En 1554 le parlement de Rouen obtint une déclaration qui porte que l'intention du roi n'étoit pas de comprendre dans l'édit de 1552, les bénéfices auxquels il a droit de nommer à droit de *litige* & de garde-noble.

Malgré cette déclaration on voit encore des contestations à raison du droit de *litige*, évoquées au grand-conseil. On en a un exemple en 1723, au sujet de la cure de Hattanville. (*Article de M. l'abbé* BERTOLIO, *avocat au parlement.*)

LITIGIEUX, adj. se dit en droit, de tout ce qui est en litige, comme un héritage, un office, un bénéfice. On appelle *droits litigieux*, tous droits & actions qui ne sont pas liquides, & qui souffrent quelques difficultés. *Voyez* DROITS *litigieux*. (*A*)

LITISPENDANCE, s. f. *terme de pratique*, qui désigne le temps durant lequel un procès est pendant & indécis avec quelqu'un.

La *litispendance* est un moyen d'évocation, c'est-à-dire, que quand on est déjà en procès avec quelqu'un dans une jurisdiction, on peut évoquer une demande qui est formée devant un autre juge, si cette demande est connexe avec le premier procès.

Pour que la *litispendance* puisse autoriser l'évocation, il faut que ce soit entre les mêmes personnes, pour le même objet, & en vertu de la même cause.

Les déclinatoires proposés pour cause de *litispendance*, doivent être jugés sommairement à l'audience, suivant l'article 3 du titre 6 de l'ordonnance de 1667. (*A*)

LITRE, *ou* LISTRE, *ou Ceinture funèbre*, est un lé de velours noir sur lequel on pose les écussons des armes des princes & autres seigneurs lors de leurs obsèques.

On entend aussi par le terme de *litre*, une bande noire peinte en forme de lé de velours sur les murs d'une église en dedans & en dehors, sur laquelle on peint les armoiries des patrons & des seigneurs hauts-justiciers après leur décès.

Le terme de *litre* vient du latin *litura*, à cause que l'on noircit la muraille de l'église.

On l'appelle aussi *ceinture funèbre*, parce qu'elle ne s'appose qu'après le décès des personnes qui sont en droit d'en avoir.

Le droit de *litres* est un des principaux droits honorifiques, ou grands honneurs de l'église; & en conséquence il n'appartient qu'aux patrons & aux seigneurs hauts-justiciers du lieu où l'église est bâtie. (*A*)

On trouvera les règles que notre jurisprudence suit sur cette espèce de droit, au mot DROITS *honorifiques*, *tome 4*, *p. 120 & suivantes*. (*M. GARRAN DE COULON*)

LIVRAISON, s. f. c'est la tradition d'une chose dont on met en possession celui à qui on la livre. Ce terme est, comme l'on voit, synonyme de celui de *tradition*.

Mais il ne s'applique communément qu'aux choses qui se doivent livrer par poids ou par mesure: pour les autres choses mobiliaires & pour les immeubles, on dit ordinairement *tradition*.

La vente des choses qui doivent se livrer par poids & par mesure, n'est point parfaite jusqu'à la *livraison*; tellement que le bénéfice & la perte qui surviennent aux marchandises avant la *livraison*, ne concernent que le vendeur & non l'acheteur. *Voyez* TRADITION. (*A*)

LIVRE, s. m. & f. (*Droit civil. Monnoie. Commerce. Police. Arts & Métiers.*) ce mot a, dans notre langue, plusieurs significations différentes.

On appelle *livre*, 1°. un écrit d'une assez grande étendue, composé sur quelque point d'art ou de science; 2°. les différens registres ou journaux, sur lesquels les marchands, négocians & banquiers écrivent par ordre, toutes les affaires de leur commerce; 3°. le poids d'un certain rapport, qui sert de modèle d'évaluation pour déterminer dans le commerce la pesanteur ou la qualité des corps; 4°. une monnoie imaginaire, dont on se sert pour les comptes, & qui vaut plus ou moins suivant le nom qu'on y ajoute, ou suivant le pays où elle est en usage.

Dans les deux premières significations, *livre* est du masculin, & féminin dans les deux dernières. Nous ne nous étendrons sur aucune des divisions de ce mot, on les trouvera traitées dans d'autres parties de cet ouvrage. *Voyez* les *Dictionnaires des Arts & Métiers*, *du Commerce*, *Diplom. économ. & politiq. & des Finances*.

LIVRÉE, s. f. est le nom qu'on donne aux habits de couleurs, que les maîtres font porter à leurs cochers, laquais, domestiques & serviteurs. Les *livrées* sont arbitraires; chacun peut les composer à sa fantaisie, & les faire porter à ses gens. Les ordonnances des 10 février 1704, 6 février 1753, 16 avril 1762 & 4 novembre 1776, défendent néanmoins, sous peine de 500 liv. d'amende, à toutes personnes de donner à leurs domestiques la *livrée* du roi, à moins qu'elles n'en aient le droit par leurs charges, ou par une concession particulière.

L O

LOCAL, adj. pris quelquefois subst. se dit, en droit, de ce qui concerne spécialement un lieu.

On appelle le *local*, ce qui concerne la disposition des lieux. Ce terme est usité principalement dans les cas de visite & de descente sur les lieux, pour en faire connoître la situation, le plan & généralement toutes les dispositions. *Voyez* DESCENTE *du juge*.

On appelle *coutume locale*, celle qui est particulière à une seule ville, ou à une seule seigneurie. *Voyez* COUTUME.

LOCATAIRE, s. m. est celui qui tient quelque chose à loyer, comme une maison ou autre héritage, ou même quelque chose mobiliaire.

Dans tous baux à loyer ou à ferme, le *locataire* est appellé *preneur*; mais dans le discours ordinaire, le *locataire* d'une ferme est plus communément appellé *fermier*, & le terme de *locataire* s'entend plus particulièrement du preneur à bail d'une maison de ville.

Pour les règles des fermes & des louages, *voyez* BAIL, FERME, LOUAGE, LOYER. (*A*)

LOCATION, s. f. signifie l'acte par lequel le propriétaire d'une chose la donne à un autre à titre de louage ou de bail. Ce terme est relatif à celui de *conduction*, qui signifie l'acte par lequel quelqu'un prend une chose à bail ou à louage. *Voyez* BAIL, LOUAGE, LOYER.

LODE. Dom Carpentier dit, dans son Glossaire François, que c'est une espèce d'impôt. Cet auteur renvoie, pour preuve, au mot *Laudaticum* du Glossaire de Ducange, qui dit effectivement que le mot *lode* se trouve dans la coutume de Bretagne, *art.* 317, & dans celle de Sens, *art.* 20. Mais on n'y trouve que le mot *Lods* ou *Lots*, qui est une signification très-différente de celle du mot *laudaticum*.

Le lods ou les lots, sont un droit de mutation qu'on appelle plus communément *lods & ventes*.

Le *laudaticum* désigne au contraire un droit de péage qui se percevoit sur eau, mais dont les bateaux de plusieurs monastères étoient exempts. C'est là tout ce qui résulte des autorités citées par Ducange. (*M. GARRAN DE COULON.*)

LODS, s. m. ce mot désigne le droit de mutation dû au seigneur pour les aliénations des domaines qui sont dans sa mouvance. Il est, comme on le voit, à-peu-près synonyme de celui de *lods & ventes*, qui en est dérivé. Il y a néanmoins cette différence, que le mot de *lods* est plus communément en usage dans les pays de droit écrit, tandis que celui de *lods & ventes* est plus connu dans les pays coutumiers. Le premier désigne d'ailleurs également le droit de mutation dû pour les fiefs & pour les rotures, tandis que le dernier ne s'applique, du moins dans beaucoup de provinces & dans la coutume de Paris même, qu'au droit dû par les rotures seules. Le droit dû pour les fiefs s'y nomme *quint*. *Voyez* LODS & VENTES, MI-LODS, MUTATION, QUINT, REQUINT, TREIZIÈME, *&c.* (*M. GARRAN DE COULON, avocat.*)

LODS ET VENTES, (*Droits féodaux.*) droit pécuniaire qui appartient au seigneur sur le prix des héritages censuels de sa mouvance, lorsqu'ils changent de mains par vente ou par acte équipollent à vente.

Lorsque nous disons que les *lods* & *ventes* se perçoivent sur les héritages censuels, nous parlons suivant le droit commun coutumier; il y a des provinces entières où l'on nomme indistinctement *lods*, les droits de vente que perçoivent les seigneurs sur les fiefs & sur les rotures.

C'est également d'après les règles du droit commun que nous disons que le droit de *lods* s'ouvre lorsque l'héritage change de mains par vente ou acte équipollent à vente. Il y a des coutumes qui assujettissent à cette prestation les donations aussi bien que les ventes.

Il y a des provinces entières où le quint & les *lods* sont inconnus, où les seigneurs ne peuvent les exiger qu'en vertu de titres formels. Mais comme cet affranchissement est contraire au droit commun, il faut qu'il soit établi par un texte de coutume, ou par une jurisprudence bien constante.

Quant à la quotité de cette prestation, en général, elle est du douzième pour les rotures. Mais à l'égard des fiefs, elle est bien plus variée. C'est le quint à Paris, le quint & le requint en Champagne & en Picardie, le quart en Nivernois, le sixte en Poitou, le douzième au Maine, le treizième en Normandie, *&c.*

On a beaucoup disserté sur le point de savoir si le droit de *lods* est odieux, s'il doit être placé dans la classe des servitudes; nous n'entrerons pas dans l'examen de cette question: nous remplirons beaucoup mieux l'objet de cet ouvrage, en parcourant les différens cas où ce droit peut être exigé. Nous ne dirons pas même tout ce qu'il est important de savoir; cependant cet article sera très-long.

Commençons par donner quelques notions générales.

§. I. *Origine du droit de lods & ventes.* Le relief est aussi ancien que l'hérédité des fiefs. Le quint pour les fiefs remonte à l'époque de leur aliénation; il en est de même des *lods* pour les rotures. Comment en seroit-il autrement? Ce droit n'est autre chose que le prix du consentement que le seigneur donne à l'aliénation. Il devoit donc s'exiger d'autant plus rigoureusement, que l'on étoit plus voisin du temps où toute espèce de disposition du fief étoit prohibée: aussi quoique nous ayons très-peu d'actes du onzième siècle, nous en reste-t-il néanmoins qui prouvent que dès-lors le quint & les *lods* se payoient au seigneur. Ducange en rapporte plusieurs au mot *Venda. Percipit banna, vendas & laudimia*, acte de l'an 1041. Ce droit étoit dû au seigneur, même en cas d'échange, & il étoit déjà si général, que nous voyons dans les ordonnances du Louvre, *tome IV, page 45*, qu'en 1079 il fut fixé pour l'avenir au vingtième denier du prix de la chose. *Si quis emerit vel permutaverit domum vel possessiones, vicarius vel bajulus loci teneatur laudare.... Nec recipiat pro laudimiis ultra vicesimam partem pretii, & semper emptor laudimia solvere teneatur.*

Si les *lods* se payoient généralement au onzième siècle, cet usage étoit sans doute encore plus universel pendant le cours du treizième; aussi en existe-t-il des preuves sans nombre. On pourroit rapporter des chartres, année par année, depuis 1200 jusqu'en 1300, qui attestent que pendant le cours de ce siècle, le quint & les *lods* se payoient au seigneur, de toutes les mutations, singuliérement par ventes. Le détail de ces chartres nous meneroit trop loin. Nous nous contenterons de rapporter deux autorités faites pour tenir lieu de toutes les autres. *Quand l'héritage est vendu, se il est fief, le sire a le quint denier du prix de la vente; c'est à savoir de 100 livres, 20 livres & de 10 livres 40 sols, & du plus plus & du moins moins*: Beaumanoir, *chap. 27.* Les établissemens renferment la même décision: *si aucun achète & il ne rend les ventes dedans sept jours & sept nuits, & il n'en ait pris repit à la justice, il amendera le gage de la loi; & s'il passe l'an & jour qu'il ne les rende, ou qu'il n'en preigne repit à la justice, il payera 60 sols d'amende: chap. 158.* Le chapitre 150 des mêmes établissemens prouve que sur la fin du treizième siècle, comme dans le onzième, le droit de vente étoit dû pour échange comme pour vente. *Si aucunes gens faisoient échange de terres les uns à autres, & elles n'étoient pas d'un fief ne d'une seigneurie, le sire feroit les terres prisier par prud'hommes, & tant comme elles seroient prisiées en auroit le sire ses ventes.*

Dans le treizième siècle, le droit commun du royaume assujettissoit donc au droit de quint, de *lods*, & les aliénations par ventes, & les simples échanges. On alloit même beaucoup plus loin. Il y avoit ouverture aux *lods* toutes les fois qu'un héritage féodal ou censuel étoit hypothéqué au paiement d'une rente constituée.

§. II. *Des aliénations qui donnent ouverture aux lods & ventes.* De droit commun la vente proprement dite donne seule ouverture au droit de *lods*; mais qu'est-ce qu'un contrat de vente? Dans quelques coutumes les donations sont également productives de ce droit de *lods*, de quelles modifications les dispositions de ces coutumes sont-elles susceptibles? Ce droit est aussi dû pour les échanges; comment & depuis quel temps? Il y a des contrats mi-partis, & d'autres que l'on nomme à deux-faces; quelles règles faut-il suivre à l'égard des contrats de cette espèce? Un acte de vente d'échange peut être résilié pour plusieurs causes, les unes volontaires, les autres indépendantes de la volonté des parties; dans l'un ou l'autre cas, quel droit le seigneur peut-il prétendre ? Tous les jours un contrat renferme l'aliénation de plusieurs objets ; comment distinguer ceux qui sont assujettis aux *lods*, de ceux qui en sont affranchis ? D'autres fois le vendeur ou le donateur se réservent l'usufruit de l'objet vendu ou donné, le seigneur ne prendra-t-il ses droits que sur le prix écrit dans le contrat & sur la valeur de la nue propriété ? Outre le droit de vente & de quint, il y a des coutumes qui donnent au seigneur des droits de requint & d'issue ; quelles sont ces coutumes & de quelles observations sont-elles susceptibles ?

Voilà les aliénations qui donnent ouverture aux *lods*, & les principales difficultés dont cette importante matière est susceptible. Nous allons les parcourir successivement.

§. III. *Des caractères que doit avoir un contrat de vente pour donner ouverture aux lods.* Ecoutons Dumoulin : le mot *vente* a trois acceptions. L'une générale qui comprend tous les actes translatifs de propriété ; l'autre moins étendue, qui ne s'applique qu'aux aliénations à titre onéreux, mais s'applique à toutes, par exemple aux échanges ; enfin une troisième encore plus resserrée qui ne renferme que la vente proprement dite, *propriè & specificè*, c'est-à-dire, les contrats dans lesquels se trouvent réunis *res*, *pretium & consensus*.

C'est la vente, dans cette dernière acception, qui seule est grevée du droit de *lods*. Un acte qui ne seroit pas marqué à ce triple caractère en seroit affranchi, quand même les parties contractantes lui auroient donné la dénomination de vente, *tunc enim mentio venditionis non censetur fieri nisi exemplariter* : Dumoulin, sur l'*art. Hodie*, *78*, *n. 3*.

Cependant ce seroit s'attacher trop judaïquement à la lettre de cette définition, que de refuser de voir une vente, toutes les fois que l'acte ne porte pas la stipulation d'un prix en deniers. Si l'aliénant reçoit des meubles, si l'aliénataire constitue une rente rachetable, s'il donne quittance d'une somme qui lui étoit due, c'est une véritable vente, *venditionis loco habetur datio in solutum pro pecunia, vel cessio, aut datio pro rebus aut juribus pro pecunia æstimatis, vel, pro mobilibus non preciosis, vel in quibus non cadit affectio, imo etiamsi præciosæ sint, vel cadat affectio, vel pro reditu redimibili, & generaliter in omni contractu qui in venditionem tendit, n. 8.*

Il y a une observation à faire sur ces mots du texte que nous venons de transcrire : *prorebus & juribus certâ pecuniâ estimatis*. L'auteur a trop généralisé cette idée. Combien de contrats qui diffèrent essentiellement du contrat de vente, & qui néanmoins renferment l'estimation de l'objet aliéné. Par exemple, un père dote sa fille, & la dot est estimée ; voilà une fixation de valeur, un prix déterminé, & cependant il n'y a pas de vente.

Cette observation est importante sur-tout aujourd'hui que, depuis l'établissement du centième denier, tous les actes translatifs de propriété, les donations comme les ventes doivent renfermer l'estimation de l'objet aliéné, sinon le préposé au recouvrement est en droit d'estimer lui-même.

§. IV. *Des promesses de vendre. Quando omnia substantialia venditionis de præsenti interveniunt, tunc pactum de vendendo transit in venditionem de præsenti, & est actualis venditio* Dumoulin, *Consil. 30.*

Toute la théorie de ce que l'on appelle promesse de vendre est renfermée dans ce texte.

La dénomination qu'il plaît aux parties de donner à un acte n'en change pas la nature ; c'est par les clauses qu'il renferme que l'on doit en juger.

Lorsqu'il s'agit de décider si une promesse de vendre est productive du droit de *lods*, il faut donc préalablement examiner ce que les parties ont fait.

Si la promesse de vendre n'est en effet qu'une simple promesse, sans convention sur le prix, sans délaissement actuel de l'immeuble, alors point de *lods*, parce qu'il n'y a pas de vente ; c'est à ces sortes de promesses qu'il faut appliquer ces mots de d'Argentré, *aliud rem vendere, aliud promittere de vendendo.*

Mais lorsque la promesse de vendre renferme ce que Dumoulin appelle *omnia substantialia venditionis*, c'est-à-dire, *res*, *pretium & consensus* ; lorsque l'acte que l'on qualifie de promesse de vendre exproprie en effet le vendeur, & transmet à l'acquéreur la propriété de l'immeuble moyennant un prix déterminé, un acte de cette espèce est une véritable vente, & le seigneur est en droit d'en exiger les *lods : & est actualis venditio.*

On a mis en question, si dans le cas où l'acte renferme une convention de passer contrat pardevant notaire, l'action du seigneur n'est pas au moins suspendue jusqu'après l'accomplissement de cette formalité.

Non, répond Henrys, la promesse de *passer contrat n'est que pour plus d'assurance.* Cette décision est juste. La promesse de passer contrat n'est rien moins qu'une condition suspensive.

Nous savons, comme tout le monde, que nos loix exigent que tous les actes translatifs de propriété soient passés pardevant notaires. Mais ces loix modernes sont sans influence sur les droits seigneuriaux. Une vente sous signature privée & même une vente verbale, si les parties en conviennent, sont, comme le contrat le plus authentique, productives du droit de *lods*.

Cela résulte bien clairement de l'art. 20 de la coutume de Paris, qui porte que le seigneur qui a droit d'user du retrait féodal doit l'exercer *dans quarante jours après qu'on lui a notifié la vente & exhibé les contrats*, SI AUCUN Y EN A PAR ÉCRIT.

Il est bien clair que cet article suppose que le retrait peut avoir lieu sur des ventes non écrites, & le droit de *lods* est l'alternatif du retrait.

Cela devient encore plus clair, s'il est possible, par le commentaire de Dumoulin, sur cet article 20. On y voit qu'il règle avec beaucoup de soin les formalités du retrait sur les ventes faites *cessante scripturâ*.

§. V. *La vente seule donne-t-elle ouverture aux lods*,

ou bien le seigneur ne peut-il les exiger qu'après la tradition réelle de l'objet vendu? Cette question n'a échappé à aucun de ceux qui ont écrit sur la jurisprudence féodale. Tous la discutent & la décident, mais bien différemment.

D'Argentré pense que le seigneur ne peut exiger le droit de *lods* qu'après la tradition réelle; & l'avis de Dumoulin est au contraire que ce droit s'ouvre à l'instant même de la signature du contrat, *in venditione statim contractu concluso acquisitum est jus quinti denarii.*

Tous les jurisconsultes se sont partagés entre ces deux oracles de la matière féodale. Guyot, Pithou, *&c.* se sont rangés du parti de Dumoulin; mais Boutaric, Despeisses, Henrys & beaucoup d'autres adoptent la décision de d'Argentré.

Voilà les plus grands noms de la jurisprudence. Comment faire un choix? Voici nos idées.

D'abord nous distinguons les provinces coutumières de celles régies par le droit écrit. Dans les premières, nous ouvrons la coutume territoriale, nous en pesons les termes; si elle dit que les *lods* sont dus lorsque le fief change de main par vente, il nous semble que dans une coutume de cette espèce le seigneur ne peut exiger les *lods* qu'après la tradition réelle de l'immeuble aliéné. En effet ces expressions *change de main*, ou autres équivalentes indiquent que ce n'est pas à l'existence d'un contrat de vente que la coutume attache le droit de *lods*, mais à la mutation du fief, au changement de vassal; changement qui ne s'opère que par le délaissement effectif de l'immeuble.

Mais si la coutume se contente de dire que toutes les fois que le fief *est vendu*, il y a ouverture aux *lods;* comme alors c'est la vente qui est grevée, que la loi s'arrête à l'existence du contrat, & qu'elle ne porte pas ses vues jusques sur le changement de vassal, nous croyons que le fait seul, qu'il y a un contrat de vente, suffit pour autoriser le seigneur à demander les *lods*.

Nous plaçons la coutume de Paris dans cette seconde classe, & son intention nous paroît très-bien marquée dans les articles 23 & 24. Le dernier porte *en toutes mutations est dû relief.* Et le 23 *quand un fief est vendu, quint*, &c. Relativement au relief, la coutume, comme l'on voit, exige qu'il y ait mutation de vassal; mais à l'égard du quint elle s'exprime bien différemment: il n'est question dans l'article 23, ni de mutation ni de changement de vassal, mais seulement de vente: c'est donc le contrat de vente en lui-même que la coutume grève du droit de quint. Même précision dans l'art. 78. *Si aucun achète à prix d'argent héritage étant en la censive du seigneur,.... est tenu payer audit seigneur les ventes dudit achat.* Ici, comme dans l'article 23, c'est au fait, & au fait seul qu'il existe une vente, que la coutume attache le droit de *lods*.

Ainsi deux espèces de coutumes: dans les unes, c'est la mutation qui est grevée; dans les autres, c'est le contrat de vente. Dans les premières, le seigneur ne peut demander les *lods* qu'après la tradition réelle; dans les autres il est en droit de les exiger à l'instant même de la signature de l'acte.

Nous ne connoissons que Basnage qui ait marqué cette distinction d'une manière bien sensible. Voici ses termes: « pour décider exactement cette » question il faut considérer la disposition de chaque » coutume. Lorsque les *lods & ventes* sont dus » à cause de la mutation du vassal, il est sans doute » qu'ils ne peuvent être demandés d'une simple » vente qui n'a point eu d'effet. Si au contraire la » coutume dispose que les *lods & ventes* soient acquis » par la seule vente, cela suffit pour autoriser » l'action du seigneur ». *Sur l'article 169 de la coutume de Normandie.*

Quant aux provinces régies par le droit écrit, à défaut de loix positives, que peut-on faire de mieux que de se conformer à la jurisprudence reçue dans chaque parlement?

§. VI. *Les ventes pour cause d'utilité publique donnent-elles ouverture au droit de lods?* Il y a sur ce point beaucoup de variété dans les opinions, par conséquent grande matière à disserter. Mais quelques réflexions très-simples nous paroissent décider la question pour les seigneurs.

Sans doute chaque citoyen doit le sacrifice de sa propriété privée à l'intérêt public. Et si tous les propriétaires doivent pour une cause aussi favorable abandonner leur patrimoine, le patrimoine qu'ils ont reçu de leurs pères, comment les seigneurs pourroient-ils se refuser à l'abdication de leurs droits de directe & de mouvance?

Mais de quelle manière & à quelles conditions? A l'égard des particuliers, la règle est de les indemniser, de leur donner le prix, l'équivalent de ce qu'ils abandonnent au public; & l'espèce de violence que leur fait la loi est le seul préjudice qu'ils éprouvent.

Les droits seigneuriaux sont également le patrimoine des seigneurs; ce sont les fruits du domaine direct demeuré dans leurs mains lors de l'aliénation du domaine utile: pourquoi ce domaine utile auroit-il plus de faveur que le domaine direct? L'un & l'autre ne sont-ils pas aussi sacrés? ne constituent-ils pas de même la fortune des citoyens? La règle doit donc être la même: il faut donc que le seigneur, comme le vassal ou le censitaire, reçoive le juste équivalent de ce qu'il perd, & que le public lui donne tout ce qu'il auroit eu, tout ce qu'il auroit conservé si l'immeuble de sa mouvance fût resté dans le commerce.

En un mot, la nécessité est la mesure des droits du public sur les propriétés privées; & la seule chose qui puisse être nécessaire au public, c'est que le propriétaire lui abandonne son héritage, c'est que le seigneur consente à l'extinction de sa mouvance; mais ce double sacrifice consommé, l'empire de la nécessité fait place à celui de la loi, & la

loi

loi veut qu'un acquéreur, tel qu'il soit, paie le prix de son acquisition.

La loi veut encore que, dans chaque société, les mises soient égales, que l'un des associés ne soit pas plus grevé que l'autre. Et combien cette égalité ne seroit-elle pas blessée, si les seigneurs, outre leur portion dans les charges publiques, étoient encore obligés de sacrifier leur patrimoine & la partie la plus noble & la plus précieuse de leur patrimoine à l'intérêt général ?

Toutes les fois qu'un immeuble est consacré à un usage public, le public doit donc, outre le prix au propriétaire, outre une indemnité au seigneur, les *lods & ventes* de l'acquisition.

§. VII. *Les lods sont-ils dus par l'héritier bénéficiaire à raison des immeubles de la succession vendus en justice, dont il se rend adjudicataire?* Il y a deux manières d'accepter les successions, purement & simplement, & par bénéfice d'inventaire; mais il n'y a pas deux espèces d'héritiers, l'héritier bénéficiaire est héritier, comme l'héritier pur & simple. S'il existe entre eux quelque différence, ce n'est pas relativement au titre, mais seulement quant à la manière d'administrer les biens, & de payer les dettes de la succession.

A cette différence près, différence très-accidentelle, tout est égal entre l'héritier pur & simple & l'héritier bénéficiaire: ce dernier est, comme l'autre, propriétaire des biens de la succession.

Hæres sub beneficio inventarii, dit Dumoulin, *est verus hæres, quamvis sub certis modificationibus, & est verus dominus rerum hæreditariarum, verus vassallus.*

Même décision dans le traité du déguerpissement de Loiseau, *liv. 2, chap. 3.* « L'héritier par bénéfice d'inventaire est un vrai seigneur propriétaire des biens de la succession; car on ne peut pas dire qu'ils soient à autre qu'à lui, ni qu'autre en soit possesseur ».

Lorsque l'héritier bénéficiaire paie les dettes de la succession, si ce ne sont pas ses dettes qu'il acquitte, c'est donc au moins son patrimoine, son propre patrimoine qu'il libère. Ainsi l'acquit des dettes ne lui donne pas la propriété des immeubles de la succession, tout ce qu'il lui procure c'est une jouissance paisible par l'extinction des hypothèques.

La circonstance que le fief a été mis à l'enchère, très-importante pour en déterminer le véritable prix, est sans influence sur la propriété, toutes les fois que l'adjudication est faite à l'héritier. Cette adjudication n'est qu'une confirmation de son droit de propriété. Elle ne lui transfère pas le fief, puisque précédemment il lui appartenoit. Par conséquent point de vente; point de changement de propriétaire. Par conséquent point de *lods*, puisque ce droit ne s'ouvre que lorsqu'il y a ou mutation de vassal, ou du moins un contrat de vente.

§. VIII. *Des transactions.* Tous les auteurs conviennent que, lorsque par l'effet d'une transaction sur la propriété d'un fief, ce fief demeure à celui qui en étoit en possession, il n'y a ouverture à aucun droit seigneurial; alors le possesseur est censé avoir été propriétaire du fief avant la transaction, & n'avoir donné une somme au demandeur que pour se libérer des soins, des embarras, & des frais extraordinaires d'un procès. On juge que c'est son repos qu'il a acheté & non le fief.

Quelques auteurs pensent que, lorsque le possesseur abandonne par la transaction l'objet en litige, il y a ouverture aux droits seigneuriaux, parce que, disent-ils, il y a changement de main; mais Dumoulin décide, & c'est le bon avis, qu'il n'est rien dû au seigneur, à moins qu'il ne prouve que le fief ainsi cédé par le possesseur lui appartenoit incontestablement, *cum quis transigit restituendo rem actori, adhuc idem puto, si sola transactio attendatur, non erit fundata intentio patroni suprà quinto, etiamsi mediante pecuniâ transactum sit, nisi probet dominus, eum qui restituit, revera fuisse dominum.* Sur la coutume de Paris, *art. 23, gl. 1, n. 64 & 68.*

§. IX. *Des contrats à deux faces.* On doit juger de la nature des contrats non par la dénomination qu'il plaît aux parties de leur donner, mais par les stipulations qu'ils renferment. Ainsi, quoique qualifié donation, un acte peut appartenir à la classe des contrats de vente. Cela arrive toutes les fois que le donataire est grevé de charges appréciables & réductibles en argent. Voilà la règle: elle est générale pour tous les cas où les charges sont imposées au profit du donateur. Mais elle reçoit une exception, lorsque c'est au profit d'un tiers que la donation est grevée.

Alors on distingue. Le donateur profite, quoique indirectement & seulement par réflexion, des charges qu'il impose au profit du tiers, ou bien il n'en tire aucun avantage.

Le premier cas rentre dans la règle générale, & quoique le donateur ne tire qu'un avantage indirect des charges dont il a grevé le donataire, cependant la donation est réputée vente jusqu'à la concurrence de ces charges.

Mais la chose est différente, lorsque l'acte est absolument gratuit de la part du donateur, & qu'il n'en retire aucun profit; alors l'acte n'est, à proprement parler, ni vente, ni donation; ou, si l'on veut, il est l'un & l'autre: en conséquence, on a formé une classe particulière des contrats de cette espèce, on les nomme *contrats à deux faces*. Cette dénomination est juste, parce qu'en effet ils sont gratuits de la part du donateur & onéreux pour le donataire.

Je donne tel immeuble à Pierre à condition qu'il donnera 10,000 livres à Paul, à qui je ne dois rien, à qui je ne demande rien. Voilà ce que l'on nomme un contrat à deux faces. Ce contrat est de ma part une pure libéralité, mais il est onéreux à Pierre.

Qu'est-ce qu'un pareil contrat? Il est clair que c'est bien moins une *vente* qu'une double donation, l'une à Pierre de l'immeuble moins 10,000 livres, l'autre à Paul de cette somme de 10,000 livres.

Or, les donations proprement dites, celles que l'on ne peut pas assimiler à un contrat nommé *datio in solutum*, sont affranchies des droits seigneuriaux.

Lorsqu'une donation est purement gratuite de la part du donateur, peu importent donc les charges dont le donataire peut être grevé envers des tiers; quelles que soient ces charges, le seigneur n'a rien à prétendre.

Dumoulin, qui établit ce principe comme une des règles générales de cette matière, en donne la raison en ces termes: *quia causam & speciem mutationis & translationis feudi metiri debemus ex parte transferentis, non ex parte recipientis, sive ex causa quæ est in tradente, quia est causa activa & effectiva translationis; quod autem recipiens recipiat ex aliâ causâ, illud est per accidens, quod non attenditur, cùm originalis & effectiva causa potior sit accidentali*: sur l'article 23 de l'ancienne coutume de Paris, *gl.* 2, *n°.* 37.

« C'est, dit Guyot, traité des fiefs, *tom.* 3, *p.* 400, » c'est le dernier vassal, quand il quitte volontairement son fief, qui donne la forme & la nature » à la mutation; c'est la façon dont il se démet qui » caractérise l'acte..... Lorsque cette remise ne lui » profite point, qu'il ne lui en revient rien, il ne » peut être réputé ni vendeur ni donnant *in solutum*. De-là point de droit.

Même décision dans l'introduction au traité des fiefs de la coutume d'Orléans, par Pothier, *ch.* 5, §. IV.

Enfin M. de Fonmaur, jurisconsulte très-instruit, adopte la même opinion. Voici ses termes: nous transcrirons le passage en entier, parce qu'il jette beaucoup de lumière sur la question. Traité des *lods & ventes*, n°. 463. « 1°. Si je donne à quelqu'un un héritage à charge par lui de remettre » sa créance à son débiteur, que je veux gratifier, » c'est un contrat mixte, puisque de mon côté c'est » un pur acte de libéralité envers le débiteur que » je veux gratifier, quoique du côté du donataire » ce soit un achat dont la remise de sa créance est » le prix.

» Mais pour fixer le caractère propre à ce contrat, relativement à la question des *lods*, on doit » considérer la personne du donateur, qui transfère la propriété, & qui donne la forme & imprime le caractère à la mutation, en imposant » la loi au bail de son bien; & non celle du donataire, qui souscrit à la loi imposée, & à l'égard » duquel le contrat est un achat, & l'exemption » des *lods* a lieu par cette raison, quand même la » créance du donataire équipolleroit la valeur du » bien donné; parce qu'à l'égard de celui qui fait » l'aliénation, le contrat est un don, conséquemment exempt de *lods*, quoiqu'à l'égard du donataire ce soit un achat. C'est Dumoulin à qui » nous devons la découverte de ces principes lumineux qui éclairent l'homme de loix dans la » carrière du droit féodal: celui-ci dérive de cet » autre que nous avons expliqué au n°. 18; savoir; que les *lods* sont attachés au fait du vendeur, & non au fait de l'acheteur; c'est ainsi » qu'on considère en droit la personne du demandeur, & non celle du défendeur, pour savoir si » l'action est ouverte ou non lors de la contestation en cause.

» 2°. Au reste, ce contrat seroit sujet au relief, » comme toute autre donation ».

§. X. *De la vente des droits successifs.* La réponse à la question de savoir si la vente des droits successifs donne ouverture aux *lods*, est renfermée dans ces mots de Dargentré, *si prædia in hæreditate emptor consecutus sit, laudimia debebuntur.*

Quoique l'hérédité soit métaphysiquement distincte des corps qui la composent, néanmoins lorsqu'elle renferme des immeubles féodaux & censuels, ces immeubles sont bien réellement vendus. Il y a conséquemment ouverture aux *lods*.

§. XI. *Des partages; & notamment du premier acte entre cohéritiers, conçu en termes de vente & moyennant un prix en argent.* De droit commun le partage même avec soutes est affranchi des *lods*.

Mais on a mis en problême le point de savoir si le seigneur n'est pas en droit de les exiger d'un premier acte entre cohéritiers, lorsqu'il est conçu en termes de vente & moyennant un prix payé comptant.

La négative est sans difficulté. Quoique revêtu des caractères extérieurs de la *vente*, un acte de cette espèce n'en est pas moins un véritable partage; puisque son objet est de mettre fin à l'indivision, & qu'effectivement il la fait cesser.

On ne voit à la vérité dans un acte de cette espèce, ni estimation, ni division de lots, ni jet au sort; mais aucune loi ne prescrit ces préliminaires aux héritiers majeurs, aucune loi n'en fait la condition essentielle des partages.

La règle qui affranchit des *lods* les soutes de partage, ne calcule pas leur quotité; plus ou moins considérables, n'importe, toutes sont également exemptes; mais lors même que l'un des héritiers donne à l'autre une somme égale à la valeur de l'immeuble commun, ce n'est toujours qu'une soute qu'il donne.

Enfin cette décision réunit au suffrage unanime des auteurs la sanction de la jurisprudence. Il y en a plusieurs arrêts, un entre autres du 16 septembre 1648, rendu sur les conclusions de M. l'avocat-général Talon, & rapporté dans le premier tome du journal des audiences.

§. XII. *Exception à la règle qui affranchit des lods les soutes de partage.* La règle qui affranchit les soutes de partage du droit de *lods*, n'est pas à beaucoup près sans exception. Dans le nombre des coutumes, on en remarque 18 ou 20 qui disent textuellement que les lods sont dus lorsque le partage est fait avec soute.

Ces coutumes se partagent en trois classes.

Les unes, telle que la coutume générale du Vermandois, autorisent le seigneur à percevoir les droits de *ventes*, sur la soute de partage, quelles que soient la proportion de la soute avec l'immeuble dont elle est le prix, & la nature des effets mobiliers dans laquelle elle doit être payée. D'autres coutumes, sans rechercher quelle est la proportion de la soute avec l'immeuble dont elle est le prix, mais prenant en considération la nature des effets mobiliers dans lesquels elle se trouve payée, la rendent stérile pour le seigneur, lorsqu'elle se paie en deniers ou effets communs, & lui font produire des droits de vente dans le cas opposé. D'autres, au contraire, sans rechercher comme la soute se paie, veulent qu'on examine si l'opération d'où elle résulte est *vendition plus que partage, ou partage plus que vendition*; & pour vuider cette question, elles renvoient à la proportion qui se trouve entre la soute & la moitié de la valeur de l'immeuble dont elle est le prix; de manière que si la soute excède cette proportion, le traité est regardé comme vendition; que si au contraire la soute est plus foible, le traité est regardé comme partage, & il ne produit point de droits.

Sans prétendre épuiser tous les exemples de ces trois classes de coutumes, on se contentera d'indiquer, *dans la première classe*, les coutumes d'Etampes, *art. 57;* de Dunois, *art. 44: dans la seconde classe*, les coutumes de Tours, *art. 157;* Nivernois, *art. 24;* Auxerre, *art. 87;* Montargis, *art. 51 des fiefs;* Loudun, *art. 28 du titre 14: dans la troisième classe*, Blois, *art. 88;* Troies, *art. 57.*

§. XIII. *Y a-t-il ouverture aux lods lorsque le père donne un immeuble à son fils pour l'acquit d'une somme qu'il lui avoit promise par son contrat de mariage?* Cette question est si savamment discutée par les jurisconsultes; elle a tant de fois été décidée, qu'il n'est plus possible de la remettre en problême.

Brodeau, sur l'art. 26 de la coutume de Paris, n°. 15; Charondas, *liv. 7* de ses réponses, & sur cet article, & sur l'article 6; Chopin, sur la coutume de Paris, *lib. 1, tit. 3, num. 8;* Tronçon, sur l'article 73 *verbo* droits de *vente*, rapportent des arrêts rendus en l'ancienne coutume des 25 avril 1572, 23 août 1576, & premier août 1579, qui ont jugé que les droits n'étoient point dus au seigneur pour héritages donnés en paiement de la somme promise, par contrat de mariage, par les pères & mères.

« Quand les pères ou mères, dit Guyot, ont » promis à leur fille une dot en argent, & qu'en» suite ils lui donnent un immeuble, ce n'est pas » là *datio in solutum* équipollente à *vente*.... Le » père subrogeant un immeuble aux deniers pro» mis en dot, il n'est point dû de droits seigneu» riaux de *vente*, *id est* quint ou *lods* ». Traité des fiefs, *tom. 3, pag. 388.*

Cet auteur rapporte plusieurs arrêts conformes à sa décision.

Le dernier des auteurs qui a écrit sur cette matière, Prudhome, dans son traité des droits appartenans au seigneur, *pag. 276*, pense absolument de même. « Les droits ne sont point dus pour un héritage » qui a été donné en paiement d'une somme pro» mise en mariage par un père ou une mère, à son » fils ou à sa fille ».

L'annotateur de Boutaric, après avoir examiné les arrêts rendus sur cette question, & pesé les motifs de part & d'autres avec beaucoup d'attention & de sagacité, continue: « rien de plus exact que » la jurisprudence dont nous venons de parler, » lorsque la dotation en paiement a été faite à un » mâle pour une dation ou pour une légitime » qui auroit été d'abord établie en argent, & rien » n'est encore plus régulier, même à l'égard des » filles, lorsqu'en donnant des fonds en paiement » pour les dots qui leur ont été constituées, on a » eu le soin de stipuler que le fonds leur seroit ac» quis & non au mari ».

Les auteurs & la jurisprudence vont encore plus loin. « Le même, dit Brodeau, doit avoir lieu » quand les père & mère ou l'un d'eux baille pour » la dot de leur fille en religion un héritage féo» dal ou roturier en paiement de la somme pro» mise à cet effet, étant une véritable donation en » directe & en faveur d'un mariage spirituel ». *Sur l'article 26 de la coutume de Paris, n°. 15.*

C'est donc un point de jurisprudence, aujourd'hui supérieur à toute critique, qu'il n'est dû aucun droit au seigneur, lorsque le père donne un immeuble à son fils en paiement d'une somme qu'il lui avoit promise par son contrat de mariage.

§. XIV. *Des négoces entre le père & le fils.* Sur les négoces entre les pères & les enfans il y a, relativement aux droits seigneuriaux, des questions sur lesquelles la jurisprudence est constante; mais malheureusement il y en a d'autres sur lesquelles elle paroît n'être pas encore irrévocablement fixée. Cependant c'est un grand avantage d'avoir, sur des points analogues, des maximes certaines; ce sont autant de bases: commençons donc par rappeller ces maximes.

Premier principe. Toute donation par le père au fils est affranchie des droits seigneuriaux, soit que la donation soit pure & simple, soit qu'elle ait pour objet de remplir le fils d'une somme à lui promise par son contrat de mariage.

2°. Toutes les fois que le père vend à son fils, cette mutation, comme toutes les *ventes*, donne ouverture aux droits seigneuriaux.

Le motif de l'affranchissement quant aux donations, c'est que le père & le fils étant considérés comme une seule & même personne, on pense qu'il ne s'est fait aucun changement de main; & d'un autre côté, tout ce qui est donné par père ou mère, ou autre ascendant, est réputé avancement d'hoirie, de quelque façon qu'il soit donné: or ce qui est donné en avancement d'hoirie ne doit rien, si ce n'est dans les coutumes de relief à toute main, où le relief seroit dû. Les successions & donations en directe marchent de pas égal & ont les mêmes prérogatives; du père à l'enfant, il n'y a point, à proprement parler, de mutation & de changement de personne; il ne paroît qu'une suite & continuation de domaine & seigneurie, & un avant-partage que les loix & la nature autorisent : il n'est pas même besoin alors que la clause d'avancement d'hoirie soit exprimée; elle est perpétuellement suppléée & sous-entendue, soit que le donataire soit héritier présomptif, prochain & immédiat ou non; que la donation soit faite en faveur du mariage & par le contrat même ou par un autre acte postérieur au contrat; qu'elle soit moindre ou plus considérable que la portion héréditaire contingente que le donataire, en se portant héritier, pourroit attendre de la succession du donateur; enfin que l'immeuble ait été donné par le contrat de mariage, ou en paiement d'une somme promise par ce contrat. On ne distingue point encore si, après le décès du donateur, le donataire accepte la succession & rapporte ou prend moins, ou s'il renonce & s'en tient à son don, parce que la donation lui a été faite comme à un fils habile à succéder & non comme à un étranger; en conséquence on présume qu'il n'y a point eu de véritable mutation; la donation a été parfaite dès le commencement, ainsi la renonciation que le donataire fait après coup à la succession du donateur ne donne ouverture à aucun droit seigneurial.

Au contraire, on assujettit les contrats de *vente* aux droits seigneuriaux, parce qu'il résulte de la forme du contrat, que le père & le fils ont contracté comme étrangers, & que dans cette négociation ils se sont regardés comme tels. En les considérant de même, relativement aux droits de mutation, on ne fait que suivre l'indication qu'ils ont eux-mêmes donnée: ils ne peuvent donc pas s'en plaindre.

Ainsi point de difficulté lorsqu'il s'agit d'une donation ou d'une *vente*. Mais souvent l'acte porte le double caractère d'une *vente* & d'une donation. Et c'est ce double visage, si l'on peut parler ainsi, qui rend la question problématique; par exemple, le père cède un immeuble à son fils à la charge de le nourrir, de payer ses dettes, ou à la condition de demeurer quitte envers lui d'un reliquat de compte de tutèle, *&c.*

Un acte de cette espèce renferme ce qui constitue le contrat de *vente : res, pretium & consensus*. Ce que le père a fait avec son fils il auroit pu le faire de même avec un étranger; cependant il ne dit pas qu'il vend, mais qu'il donne, & l'acte a la forme extérieure d'une donation.

En général les choses prévalent sur les mots; *plus valet quod agitur quàm quod simulatè concipitur.* Mais d'un autre côté les négoces entre les pères & les enfans jouissent d'une faveur toute particulière.

Il ne seroit donc pas étonnant que l'on se fût successivement décidé pour & contre les droits seigneuriaux, suivant que l'on étoit plus ou moins frappé de la nature du contrat, ou de la faveur de la ligne directe.

C'est aussi ce qui est arrivé, & l'on trouve sur ce point beaucoup de contradiction entre les auteurs & des arrêts discordans.

Brodeau, sur l'article 26 de la coutume de Paris, *n°. 18*, pense que la donation est assujettie au droit de *lods lorsqu'elle est faite par le* père au fils, *pour demeurer quitte d'une somme qu'il lui doit, ou quand le fils, en considération de la donation, baille une somme à son père;* à plus forte raison le droit est-il dû, suivant cet auteur, lorsque le fils est chargé par la donation de payer les dettes de son père.

Mais Poquet de Livonière, dans son traité des fiefs, *liv. 3, chap. 5, sect. 2;* & Guyot, *du quint & des lods, chap. 4, n°. 31*, tiennent l'opinion contraire.

« Cette opinion, dit Livonière, me paroît plus » juste & plus équitable; & lorsqu'un père donne » un héritage à son fils pour demeurer quitte de » ce qu'il lui doit, ou à la charge de payer d'autres » dettes qu'il lui délègue, cela doit toujours passer » pour avancement d'hoirie & pour accommodement de famille.

» Il ne se fait rien en cela qui n'arrivât naturellement après la mort du père, car le fils deviendroit comme son héritier, seigneur & principal » propriétaire des héritages de sa succession, &, » dans la même qualité, tenu du paiement de ses » dettes ».

Denisart, *verbo lods & ventes, n°. 50*, rapporte un arrêt fort récent conforme à cette décision. En voici l'espèce. « Le sieur Edouard Gascoing, en mariant sa fille avec le sieur Jave Dougny, lui » constitua en dot une somme de 15,000 livres à » prendre sur les biens-fonds & bestiaux à lui appartenans, situés à Premery en Nivernois ».

Le contrat de mariage portoit, « & attendu que » les biens ci-dessus sont de la valeur de 30,000 » livres, & que par conséquent, outre la dot, il » reste lesdits biens pour 15,000 livres, ledit sieur » Gascoing a délaissé aux futurs le surplus desdits » biens, comme ils sont énoncés, en pleine propriété, à la charge de lui payer la somme de » 15,000 livres qu'ils s'obligent de lui remettre » quand ils seront en état. . . . & jusqu'au remboursement l'intérêt ».

Peu de mois après ce contrat, le sieur Gascoing céda différentes sommes, montantes à 13,500 liv., qu'il devoit pour retour de partage & autres dettes, à prendre sur les 15,000 livres.

Les fermiers du comté de Premeri ont prétendu que la clause du contrat de mariage donnoit ouverture à des droits de *lods & ventes*; mais par sentence rendue au bailliage de Saint-Pierre-le-Moutier le 12 mars 1749, le sieur Jave Dougny & sa fille ont été renvoyés de la demande en paiement de *lods & ventes*.

Cette sentence a été confirmée par arrêt rendu au rapport de Me Cochin, en la première chambre des enquêtes, le 31 août 1758. Me Bret de la Bussière, qui a écrit dans cette affaire pour les sieur & dame Jave Dougny, m'a dit, continue Denisart, que la cour ne s'étoit pas déterminée à confirmer la sentence par les motifs qui y sont exprimés, mais bien parce que le délaissement étoit une donation en ligne directe.

A ne considérer les autorités que matériellement & par leur date, on voit que les auteurs modernes & le dernier arrêt intervenu sur cette matière, sont pour l'affranchissement du droit de *lods*.

L'affranchissement forme donc le dernier état de la jurisprudence, & c'est déjà un grand préjugé.

Mais nous allons plus loin, & nous pensons que cette dernière jurisprudence a pour elle des motifs qui paroissent devoir lui assurer la préférence sur l'ancienne.

Ces motifs sont au nombre de trois.

1°. Toutes les donations du père au fils sont réputées en avancement d'hoirie; d'un autre côté tout ce que l'on possède en avancement d'hoirie on le possède comme héritier, & la transmission à titre d'hérédité en ligne directe est incontestablement affranchie des droits seigneuriaux.

2°. En se chargeant par l'acte de donation de payer les dettes de son père, le fils ne fait que ce qu'il auroit été obligé de faire à l'ouverture de la succession, si le père fût mort sans avoir disposé. Ainsi l'on peut dire que la condition de payer les dettes est moins une charge du contrat qu'une obligation attachée à la qualité personnelle du donataire.

3°. De la faculté qu'a le fils de rapporter l'objet donné & de le replacer dans la masse commune à l'ouverture de la succession, il résulte que jusques-là on ne peut pas le regarder comme propriétaire incommutable, & il n'y a qu'une transmission absolue de la propriété qui donne ouverture aux *lods & ventes*.

§. XV. *Y a-t-il ouverture aux lods, lorsque la femme qui renonce prend un conquêt de la communauté en remploi de ses propres?* Autrefois la question a souffert de la difficulté. Il y a deux arrêts contradictoires dans l'espace de deux années; le premier, de 1621, pour l'affranchissement; le deuxième, de 1623, qui condamne la femme au paiement des droits seigneuriaux.

Les esprits ne demeurèrent pas long-temps dans cette incertitude; on remonta au principe, & la matière fut bientôt éclaircie.

Pourquoi la femme qui accepte la communauté est-elle affranchie des droits seigneuriaux? La principale raison est que, lors de l'acquisition, elle a payé les droits, elle a été ensaisinée, reconnue pour vassale conjointement avec son mari.

Or, cette raison subsiste également, soit que la femme renonce, soit qu'elle accepte la communauté. Dans les deux cas, il est pareillement vrai de dire que la femme a payé, que le seigneur est satisfait de ses droits.

On oppose en vain, que par la renonciation la femme est devenue étrangère aux conquêts de la communauté. Ricard, Livonnière & Guyot répondent très-bien à cette difficulté.

Les propres de la femme, dit Ricard sur l'article de Paris, ayant été aliénés pendant la communauté, les conquêts qui se trouvent sont présumés acquis de ses deniers, & dès-là subrogés à ses propres.

Ainsi, d'après cet auteur, la femme, malgré sa renonciation, n'est pas moins présumée avoir payé de ses deniers non-seulement les droits seigneuriaux, mais le fief lui-même.

Livonnière ajoute: *la femme même renonçante n'est point étrangère aux conquêts; elle ne renonce que pour n'être pas tenue des dettes.*

« Il suffit, dit enfin Guyot, des *lods & ventes*, » *chap. 4*, pour exempter la femme des droits sei- » gneuriaux, qu'elle fût commune lorsqu'elle a ac- » quis avec son mari, ou que la communauté ne » fût pas réellement dissoute lorsque le mari a acquis » l'héritage donné en remploi, & qu'alors les de- » niers pris dans la communauté lui appartinssent » habituellement par moitié ».

Tels sont les motifs qui ont enfin déterminé la jurisprudence. On les trouve dans tous les auteurs, ainsi que les arrêts intervenus sur la question. S'étant présentée en 1641, on abandonna le parti adopté par celui de 1623, pour se référer au précédent de 1621; & depuis, vingt arrêts ont jugé de même, ont affranchi les femmes des droits seigneuriaux, lors même qu'elles avoient renoncé à la communauté. On trouve ces arrêts dans Desmaisons, Fortin, Ricard, Duplessis, Guyot, *&c.*

§. XVI. *Les lods sont ils dus lorsqu'après avoir renoncé à la communauté, la femme prend un conquêt en indemnité des dettes qu'elle a contractées conjointement avec son mari?* C'est, comme on vient de le voir, un principe aujourd'hui certain, que la femme qui prend, en remploi de ses propres, un conquêt de la communauté, est affranchie des droits seigneuriaux, lors même qu'elle renonce à cette communauté. Mais en doit-elle lorsqu'elle prend ces conquêts en indemnité des dettes qu'elle a contractées conjointement avec son mari?

Cette difficulté est très-sérieuse; la meilleure manière de la résoudre paroît être d'examiner les motifs qui ont déterminé la jurisprudence dans le premier cas, & de voir si ces motifs peuvent s'appliquer au second.

Ces motifs sont au nombre de trois. La femme qui prend un conquêt en remploi de ses propres, lors même qu'elle renonce à la communauté, est affranchie des droits seigneuriaux.

1°. Parce qu'étant commune lors de l'acquisition de l'immeuble, & par conséquent propriétaire, du moins habituellement, de cet immeuble; il est vrai de dire que son mari en a payé le droit en son nom & pour elle, qu'elle en a été ensaisinée conjointement avec son mari.

2°. Parce que la renonciation de la femme ne la rend pas étrangère aux conquêts; elle ne renonce que pour n'être pas tenue des dettes. Ce motif est de Poquet de Livonnière. Pothier, dans son introduction, au titre des fiefs de la coutume d'Orléans, ajoute : « la renonciation de la femme à la communauté, n'empêche pas qu'il y ait eu une communauté dans laquelle elle avoit une part *habitualiter ;* » en renonçant à la communauté, elle ne renonce » qu'à ce qui pourroit rester après le prélevement » de ses reprises, qui sont à exercer sur les biens de » la communauté ; elle ne renonce pas à ce qu'elle » a droit d'en prélever pour ses reprises ; c'est pourquoi, lorsqu'on lui donne pour ses reprises un conquêt de la communauté, ce n'est pas tant une acquisition qu'elle fait, que son droit habituel dans » les biens de la communauté qui se réalise & se » détermine à ce conquêt ».

3°. Enfin, le troisième motif, c'est que malgré la renonciation de la femme, les droits seigneuriaux & le fief lui-même ne sont pas moins présumés payés des deniers provenus de la vente de ses propres.

Le premier de ces trois motifs est évidemment le plus considérable, & même c'est le seul qui soit puisé dans les loix féodales, & l'on peut dire qu'il est très-juste.

Quoique le mari soit le maître de la communauté, cependant il n'est pas possible de refuser à la femme la qualité de copropriétaire des objets qui la composent.

Lorsque le seigneur a ensaisiné le mari pour la totalité de l'immeuble, il a donc aussi investi la femme ; cela est si vrai que l'art. V de la coutume de Paris, porte : *n'est dû foi & hommage ni profit féodal par la femme acceptant communauté pour le fief acquis par le mari durant ladite communauté.*

Pourquoi la coutume affranchit-elle la femme qui accepte, *&c.* Il ne peut pas y en avoir d'autre raison que celle que nous venons de remarquer. C'est qu'en recevant l'hommage du mari, le seigneur est censé avoir également reconnu la femme pour vassale, l'avoir également investie du fief.

Mais le principe une fois admis, il faut nécessairement aller plus loin que la coutume : elle ne parle que de l'acceptation de la communauté ; mais que la femme accepte ou qu'elle renonce, il n'en est pas moins vrai que précédemment elle a été ensaisinée ; elle a été investie du fief.

Même raisonnement à l'égard de la jurisprudence : les auteurs ne parlent que des remplois & des reprises de la femme ; mais si l'investiture qu'elle a reçu conjointement avec son mari l'affranchit des droits seigneuriaux, ne doit-elle pas jouir de la même franchise lorsqu'elle prend l'immeuble en indemnité des obligations que son mari lui a fait souscrire. En effet, à quelque titre qu'elle prenne le conquêt, il est également vrai de dire qu'elle en étoit précédemment investie.

Poquet de Livonniere continue : « il est toujours » vrai de dire que ce délaissement se fait entre le » mari & la femme par une espèce de partage de la » communauté de division & de discussion de leurs » droits respectifs, ce qui est un accommodement » de famille, & non pas une vente qui puisse pro» duire des droits.

§. XVII. *Le fief n'étoit pas entièrement payé, & la femme qui le prend en remploi se charge d'en parfaire le paiement, doit-elle les lods, à raison de la somme qu'elle donne au vendeur ?* D'un côté le motif d'affranchissement résultant de la circonstance que la femme est ensaisinée conjointement avec son mari, milite en faveur de l'affranchissement ; mais par la renonciation de la femme à la communauté, cette dette lui étoit devenue absolument étrangère ; c'étoit la dette personnelle du mari. A cet égard, impossible de dire comme dans le cas du remploi, & celui de l'indemnité, que c'est un arrangement domestique, une espèce de partage : on ne peut en disconvenir ; ce n'est autre chose qu'une vente à la charge d'acquitter le vendeur d'une somme par lui due : or, en général, une vente de cette espèce donne incontestablement ouverture aux *lods.* Cependant reste toujours le fait très-important, que lors de l'acquisition, la femme a été ensaisinée, a payé les droits conjointement avec son mari.

Sur une question de cette espèce, qui n'est prévue par aucun auteur, qui n'est décidée par aucun arrêt (du moins nous n'en connoissons pas), & que l'on peut défendre de part & d'autre par des raisons très-solides, il est bien difficile de donner une décision affirmative.

§. XVIII. *Des donations.* Les coutumes de Péronne, d'Amiens, d'Artois, de Tournai & de Nivernois assujettissent les donations aux *lods & ventes*, mais avec des nuances & des exceptions qu'il est important de connoître.

Des donations dans la coutume de Péronne. Suivant l'art. XLII, *pour donation entre-vifs ou par testament faits à personne étrange....... est dû par le donataire le quint denier de la valeur du fief.*

L'art. XLI adoucit la sévérité de cette règle en faveur des héritiers, *pour donation de fief faite entre-vifs ou par testament à parens de ligne collatérale, héritier présomptif en avancement de succession ou autrement, est du droit de chambellage avec le revenu de l'année.*

Enfin, l'art. XL porte : *pour donation de fief entre-vifs ou disposition testamentaire faite par forme de partage ou autrement en avancement d'hoirie, par père, mère, aïeul ou aïeule à leurs enfans, &c. n'est dû au seigneur que droit de chambellage.*

Tel est donc l'esprit de cette coutume. Règle générale, toute donation entre-vifs est assujettie au droit de quint.

Deux restrictions à cette règle : 1°. la donation à un parent collatéral *héritier présomptif*, n'est assujettie qu'au relief & chambellage : 2°. ni relief, ni quint pour les donations faites par les pères & mères à leurs enfans *en avancement d'hoirie.*

De ces expressions de l'art. 41, *héritier présomptif en avancement d'hoirie*, il nous semble qu'il résulte que la coutume attache l'affranchissement du quint, non à la parenté, non à la qualité d'héritier du donateur, mais uniquement à la qualité d'héritier, appellé à succéder à l'objet de la donation.

Ces expressions de l'art. XL, *en avancement d'hoirie*, paroissent mériter une attention toute particulière.

Les donations des pères aux enfans sont toujours en avancement d'hoirie, du moins on les présume telles. Pourquoi donc ces expressions dans l'art. XL? Pourquoi les réformateurs paroissent-ils exiger que l'acte de donation renferme cette formule *en avancement d'hoirie?* on ne peut guère en douter ; cette espèce d'affectation prouve que les réformateurs de la coutume entendoient attacher l'affranchissement des droits seigneuriaux, moins à la qualité d'enfans qu'à celle d'héritiers naturels & présomptifs.

En un mot, en rapprochant les art. XL & XLI, on voit que la coutume se réfère entiérement à la loi des successions.

Le donataire eût-il pris le fief dans la succession du donateur, s'il fût décédé avant la donation, il est affranchi du quint. Au contraire, il y est assujetti, si la loi ne lui déféroit pas ce même fief à l'instant de la passation de l'acte.

Quant au relief, la coutume distingue la ligne directe de la collatérale. En directe, l'héritier présomptif ne doit que le chambellage; en collatérale, il doit le relief.

Mais en directe comme en collatérale, pour l'affranchissement du quint, il faut toujours que cette qualité d'héritier présomptif se rencontre dans la personne du donataire.

Des donations dans la coutume d'Artois. Les articles XXVIII & LXXIX renferment toute l'économie de cette coutume sur ce point.

Le premier porte, que pour fief, don, échange ou transport est dû le quint denier du prix de la vente, ou de l'estimation du fief.

Ainsi la donation, dans cette coutume, est assujettie au quint. Voilà la règle générale. Maintenant voici l'exception. « Chacun peut valablement donner » *en avancement d'hoirie & de succession à son héritier* » *apparent*, ses fiefs, terres & héritages patrimo» niaux & d'acquêt; & les seigneurs dont tels fiefs » & héritages sont tenus ne peuvent demander » pour l'appréhension de tel don que double relief » selon la nature du fief & héritages, & un cham» bellage s'ils sont appréhendés du vivant du dona» teur; autrement si le donataire attend à les appré» hender jusqu'après le trépas d'icelui donateur, il ne » doit que simple relief & chambellage.

Cette coutume a, comme l'on voit, le même esprit que la précédente; elle n'affranchit que les donations faites, non-seulement en avancement d'hoirie, mais à l'héritier apparent.

Des donations dans la coutume d'Amiens. « Cha» cun peut donner par donation entre-vifs à son » plus prochain héritier apparent, ses acquêts & » aussi son héritage à lui venu & échu de ses pré» décesseurs, soit féodal ou roturier; & si le don » est ainsi fait audit héritier apparent, & en avan» cement d'hoirie & de succession, le donataire » en ce cas peut entrer en la jouissance de l'héritage » à lui donné par un simple relief & chambellage, » selon la nature du fief, sans qu'il soit tenu payer » au seigneur dont est tenu ledit héritage, aucun » droit de quint denier, ni autres droits de relief » & chambellage : mais si tel don se faisoit en » avancement de mariage ou pour autres causes, » ou que ce fût à l'héritier apparent, sans que » ladite donation fût faite en avancement d'hoi» rie & de succession, en ce cas, les seigneurs » dont les héritages donnés sont tenus, peuvent » demander & eux faire payer de leurs droits de » quint ou autres, selon la nature des héritages » donnés & transportés ». *Art. 47.*

« Toutefois pour donation faite de père à fils, » en quelque manière qu'elle soit faite, ne sont » dus pour icelle aucuns droits seigneuriaux ». *Art. 48.*

La disposition de l'article 47 a fait naître une question très-long-temps controversée dans le bailliage d'Amiens; celle de savoir si, lorsque le donateur a des frères & des sœurs, & qu'il donne un fief à l'une d'elles, cette donation donne ouverture au droit de quint. A la vérité, la sœur donataire est l'héritière la plus prochaine; mais le doute résulte de la circonstance que dans la coutume d'Amiens, le mâle en collatérale exclut les filles. Ainsi, dans l'espèce, si le donateur fût mort *intestat*, la sœur n'auroit pas succédé au fief qui fait l'objet de la donation. Sous ce point de vue, ne peut-on pas dire que la sœur n'est pas héritière apparente de son frère, du moins quant à sa succession féodale? Elle ne remplit donc pas le vœu de la loi.

Depuis très-long-temps le bailliage d'Amiens jugeoit cette question contre les seigneurs; les requêtes du palais avoient jugé de même en 1718, & cette jurisprudence formoit tellement le droit commun de la province, que les seigneurs ne croyoient plus devoir élever la question : elle vient cependant de renaître, &, après la plus ample discussion, la grand'chambre du parlement l'a jugée de manière à fixer irrévocablement le véritable sens de la coutume. Voici d'abord le fait sur lequel cet arrêt célèbre est intervenu.

Le sieur de Freschencourt avoit fait à la dame de Moyenneville, sa sœur, une donation entre-vifs de la châtellenie de Dours & de la seigneurie de Becquemont, qui lui étoient propres. Ces deux terres sont situées sous l'empire de la coutume d'Amiens : la première relève de la dame de Wargemont, à cause de sa seigneurie de la Ferté; la deuxième, de M. le duc de Chaulnes, à cause de sa châtellenie de Vinacourt.

La dame de Moyenneville s'étoit d'abord présentée à M. le duc de Chaulnes, qui n'avoit fait aucune difficulté de déférer à la jurisprudence établie, & s'étoit contenté d'un simple droit de relief. La dame de Wargemont refuse le relief &

demande le quint ; son moyen se réduisoit à dire: la dame de Moyenneville ayant deux frères, & deux neveux, fils de l'une de ses sœurs, ne peut être héritière présomptive & apparente du donateur que quant aux rotures. A l'égard des fiefs, il y a quatre têtes entre elle & le donateur ; elle n'est donc pas, relativement aux fiefs, *in gradu succedendi ;* elle n'est donc pas, relativement aux objets donnés, héritière apparente du donateur ; c'est donc une dérision de voir cette donation comme faite en avancement d'hoirie, & une illusion de se flatter de la croire, par cette tournure, affranchie du quint.

La dame de Moyenneville, par le ministère de M. Mouricault, déploya la défense la plus énergique & la plus savante. En voici la substance.

Observons d'abord que la disposition de la coutume d'Amiens, qui soumet les donations au droit de quint, est un statut contraire au droit commun, & qu'il se concentre à-peu-près dans la Picardie. S'il faut même en croire les auteurs, c'est par l'abus d'un mot que cette disposition s'est introduite & maintenue : comme en général la donation ne transmet que des *acquêts*, ainsi que la vente & les autres contrats, on en a conclu qu'elle devoit, comme eux, donner ouverture au droit de quint (Voyez Guyot). Toute la faveur doit donc être pour l'*exception*, par laquelle la coutume elle-même restreint sa disposition.

C'est cette exception dont la dame de Moyenneville réclame l'effet. Voici les termes de l'article 47 qui l'expriment : « Chacun peut donner, par » donation entre-vifs, à son *plus prochain héritier* » *apparent*, ses acquêts & aussi son héritage à lui » venant & échu de ses prédécesseurs, soit féo- » dal ou roturier ; *& si le don est ainsi fait audit* » *héritier apparent & en avancement d'hoirie & de* » *succession, le donataire, en ce cas, peut entrer en* » *la jouissance de l'héritage à lui donné par un* » *simple droit de relief & de chambellage* ». Voyez sur ce droit, l'article 7.

On ne voit pas dans ces dispositions, que l'affranchissement du quint ne soit accordé qu'au donataire héritier apparent *de la chose donnée ;* l'article ne parle que de l'héritier apparent du donateur : *chacun peut donner à son plus prochain héritier apparent..... & si le don est ainsi fait audit héritier apparent, &c.* Ce n'est point l'héritier apparent de telle ou telle qualité de biens, c'est indistinctement l'héritier *le plus prochain du donateur* que l'article désigne.

La suite de ces dispositions en est la preuve. Après ces mots, *chacun peut donner à son plus prochain héritier apparent ses acquêts*, il ajoute ceux-ci, *& aussi son héritage à lui venu & échu de ses prédécesseurs, soit féodal ou roturier.*

Le plus prochain héritier en collatérale (ligne pour laquelle cet article est fait) n'est pas toujours héritier des propres ; c'est cependant après avoir autorisé cette donation d'un propre à l'héritier des acquêts, que l'article affranchit du quint la donation ainsi faite *audit héritier apparent.* Il affranchit donc, sans égard à la nature des biens ni à la manière dont ils seroient recueillis *ab intestat, tous ceux qui sont donnés au plus prochain héritier du donateur.*

Or, la dame de Moyenneville étant sœur du sieur de Freschencourt, qui n'a point d'enfans, n'a personne qui la prime ; elle est dans le degré le plus prochain ; ses frères ne sont que dans le même degré ; ils peuvent avoir, à titre de portion avantageuse, un genre de biens ; mais ils ne sont pas pour cela *plus prochains du donateur.* La succession à laquelle ils sont appellés ne forme qu'une masse commune entre eux & leur sœur ; la preuve en est, que toutes les dettes personnelles sont payables par tous, *pro modo emolumenti*, & que chacun en est même tenu pour le tout, sauf son recours contre ses cohéritiers (*art. 90 & 91*) ; tous sont donc également héritiers, & tous sont en même temps héritiers en égal degré, puisque tous sont au second.

En vain a-t-on prétendu que la coutume, en affranchissant les donations faites au plus prochain héritier *en avancement d'hoirie*, ne peut avoir eu en vue que celles d'objets auxquels le donataire succéderoit *ab intestat*, & que l'on ne peut recevoir en avancement de succession que les biens à la succession desquels on est appellé. Ce n'est-là qu'une équivoque : on peut recevoir en avancement de succession tout ce qu'il plaît à celui auquel on succéderoit comme plus proche héritier, de donner à ce titre ; & de fait, on reçoit de cette manière tout ce qu'on est obligé de rapporter à la succession, si l'on y vient après le décès du donateur : c'est même précisément à ce rapport que la clause d'*avancement d'hoirie* soumet le plus prochain héritier donataire. Sans doute celui qui ne seroit héritier présomptif à aucun titre, ne pourroit être donataire en avancement d'hoirie, parce qu'il n'y a point pour lui d'hoirie à laquelle il puisse rapporter ou moins prendre ; mais l'héritier présomptif plus prochain, en faveur duquel la coutume a établi l'affranchissement du quint, peut recevoir quelque objet que ce soit en avancement d'hoirie, puisqu'il y a pour lui une succession sur laquelle il peut imputer la valeur de la donation.

Ainsi, donataire en avancement d'hoirie, la dame de Moyenneville seroit tenue de rapporter le don, si le donateur venoit à décéder, & si elle vouloit venir à partage dans les rotures & le mobilier, comme elle en a le droit en qualité de plus proche héritière (Deheu, sur l'*art. 52, n°. 2*) ; de même les objets qui lui sont donnés de cette manière lui sont propres, *art. 51.*

Enfin, elle est tenue des dettes & obligations que le donateur peut avoir contractées avant la donation *article 52.*

Voilà

Voilà l'objet & l'effet, aux termes de la coutume elle-même, de cette clause par laquelle la donation d'un immeuble quelconque, *faite au plus prochain héritier*, est stipulée en *avancement d'hoirie;* & pour qu'elle produise cet effet, on voit qu'il n'est pas nécessaire que le donataire soit appellé à recueillir dans la succession *ab intestat* l'objet donné; il suffit qu'il soit appellé à recueillir un genre ou une portion de biens, lors du partage desquels le rapport puisse avoir lieu. Or, certainement le plus prochain héritier apparent, quel qu'il soit, du donateur, est dans ce cas, au moins quant aux meubles & quant aux acquêts en rotures. *Art. 84 & 85.*

Revenons-en donc à la lettre de la coutume qui affranchit, non pas seulement le donataire héritier plus prochain apparent de la chose donnée, mais en général le donataire *héritier plus prochain apparent du donateur.* Si la coutume eût prétendu n'affranchir du quint que le donataire héritier apparent *de la chose donnée*, elle n'eût pas manqué de l'exprimer. D'une part, ces expressions n'étoient pas inutiles; d'autre, elle avoit exemple dans la coutume de Ponthieu, qui les contient, *art. 42*, qui est voisine, & après laquelle celle d'Amiens a été rédigée.

Cette défense, la meilleure possible, a échoué contre la lettre de la coutume. On a jugé que la dame de Moyenneville, quoique l'héritière la plus prochaine du donateur, n'étant pas son héritière apparente, quant aux fiefs, la donation étoit assujettie au droit de quint.

Cet arrêt est du 22 mars 1779.

Des donations dans la coutume de Tournay. L'intention de ces coutumes de n'affranchir que les donations, non-seulement à l'héritier le plus prochain, mais à l'héritier le plus prochain de l'objet donné, est marquée d'une manière encore plus précise dans la coutume de Tournay.

L'article 20 porte, que tous possesseurs de fiefs patrimoniaux, *peuvent iceux franchement vendre, donner & aliéner, sans requérir le consentement du seigneur.*

L'article 21 interdit cette faculté d'aliéner à la femme mariée sans le consentement de son mari.

Enfin, l'article 22 règle les droits du seigneur en cas de vente, don ou transport, & ces droits sont le dixième denier du prix de la vente, & en cas de donation, de l'estimation de la valeur du fief.

Telle est donc la règle générale dans cette coutume, comme dans celles dont nous venons de parler, les donations y sont assujetties aux mêmes droits que les aliénations par vente. Maintenant cherchons l'exception.

Nous n'en trouvons qu'une seule; cette coutume, encore plus précise que celle de Péronne, n'affranchit pas indistinctement toutes les donations faites à l'héritier le plus prochain, mais uniquement celles du père à son fils aîné : c'est la disposition de l'*article 27*. Il porte : « *est permis aux père & mère* » *de donner au fils aîné, ou à défaut de fils, à leur* » *fille aînée, & non autres de leurs enfans, leurs* » *fiefs, comparant pour ce pardevant lesdits prévôts* » *& hommes de fief, & eux se feignant morts* ».

Pourquoi cette restriction *au fils aîné & non autres?* on ne peut pas s'y méprendre, c'est que l'aîné, dans cette coutume, étant seul héritier du fief, lorsqu'il n'y en a qu'un, ayant le choix dans tous lorsqu'il s'en trouve plusieurs dans la succession, est regardé par la loi comme étant le seul héritier féodal de ses père & mère; encore une fois, c'est donc à la qualité d'héritier, & non à celle de fils, qu'est attaché l'affranchissement.

Cela seul suffiroit pour fixer le véritable sens de la coutume; mais la précaution qu'elle prend d'ajouter ces mots si énergiques, *en se feignant morts*, achève la démonstration.

Puisque pour affranchir la donation au fils aîné, il faut, nonobstant sa qualité d'héritier féodal, que les père & mère *se feignent morts* pardevant le prévôt & les hommes de fief, il paroît clair que la coutume n'accorde cet affranchissement que parce que l'opération du père n'a fait que prévenir la sienne, que parce qu'elle voit dans le fils donataire un véritable héritier; enfin, que parce qu'elle regarde la succession comme déjà ouverte, & que l'acte de donation se convertit à ses yeux en titre successif.

Des donations dans la coutume de Nivernois; & notamment de celles entre mari & femme par contrat de mariage. La coutume de Nivernois donne, comme les précédentes, le quint au seigneur toutes les fois que le fief change de main, soit que la transmission se fasse par vente, soit qu'elle s'opère par la voie de la donation : dans ce dernier cas, on évalue le fief donné, & le seigneur prend le quint sur le taux de l'estimation.

Ainsi, dans cette coutume, la règle générale est que toute donation donne ouverture au droit de quint; il n'y a que deux exceptions à cette règle : la première, lorsque la donation est d'un parent à un parent du côté & ligne d'où procède le fief donné : la seconde, lorsque la donation est faite par contrat de mariage, il faut de même, pour l'affranchissement du droit, que le donateur & le donataire soient parens; mais dans ce cas la parenté suffit sans distinction de ligne.

Telle est l'économie de la coutume de Nivernois sur le droit seigneurial auquel les donations donnent ouverture; c'est ce qui résulte des *articles 31 & 33* du titre des fiefs; ces articles portent :

« 1°. Si la chose féodale est donnée à étranger » par quelque donation que ce soit, il y a quint » pour le seigneur.

» 2°. Si c'est de parent à parent, n'en est dû » aucun quint.

» 3°. Si un fief est donné purement & simplement » en mariage par parent à autre parent, il n'en est » dû aucun quint au seigneur féodal, posé que le

» donataire ne soit de l'estoc d'où ledit fief procède ».

Coquille développe parfaitement bien l'esprit de ces dispositions. Après avoir établi, dans ses institutes, *pag. 41*, comme maxime générale, que *la coutume de Nivernois donne les* lods & ventes *pour donations à étrangers*, il s'occupe des deux exceptions à cette règle dans son commentaire sur les articles 31 & 33. *Le trente-unième*, dit-il, *parle de donation faite en faveur de mariage à son parent qui est d'autre ligne que celle d'où le fief procède. Le trente-troisième article se doit entendre quand la donation hors de faveur de mariage est faite à parent de la même ligne dont est le fief donné, afin que la faveur du mariage dont est parlé au trente-unième article, soit censée opérer quelque chose de spécial.*

Il nous semble que de ces différens textes on doit conclure que les donations entre mari & femme, par contrat de mariage, sont assujetties aux *lods*.

En effet, la règle générale est que le quint est dû *pour quelque donation que ce soit*. Deux exceptions à cette règle; lorsque la donation est d'un parent à un autre parent de la ligne d'où procède le fief donné; cette première dérogation à la loi générale n'est pas appliquable à l'espèce : la deuxième, relative aux donations par contrat de mariage, est la seule dont le mari donataire de sa femme puisse argumenter.

Mais l'*article 31* exige, pour l'affranchissement des donations portées par contrat de mariage, le concours de deux circonstances : 1°. que le fief *soit donné en mariage*, c'est-à-dire, à l'un des futurs conjoints, pour lui tenir lieu de constitution dotale ou autrement, *ad sustinenda onera matrimonii.*

2°. La loi veut en outre que le donateur & le donataire soient parens; c'est ce qui est bien textuellement écrit dans l'*article 31* : *si un fief est donné en mariage par parent à parent.* A la vérité, cet article n'exige pas que la parenté soit du côté & ligne d'où procède le fief; mais cette condescendance est la seule faveur que la loi ait cru devoir accorder aux contrats de mariage, & il est absolument nécessaire que le donataire & le donateur soient unis par les liens du sang, soit d'un côté, soit d'un autre. Si au contraire il n'existe entre eux aucune parenté; en un mot, s'ils sont étrangers l'un à l'autre, quoique la donation soit faite par contrat de mariage, c'est le cas d'appliquer la règle générale de l'*article 33* : *si la chose féodale est donnée à étranger par quelque donation que ce soit, il y a quint pour le seigneur.*

On ne peut rien de plus général que ces expressions, *quelque donation que ce soit*; elles répondent très-directement à l'un des moyens sur lesquels se fondent les partisans de l'opinion contraire : ce moyen est puisé dans la faveur que méritent les contrats de mariage.

Ces contrats sont en effet très-favorables; mais lorsque la loi a prononcé, il n'y a plus à raisonner : or, la coutume ne fait à la règle générale qu'une seule exception; elle concentre toute la faveur qu'elle accorde aux contrats de mariage, dans un seul cas, celui où le donateur & le donataire sont parens.

D'ailleurs, dans la majeure partie des coutumes, les donations à des étrangers, quoique faites par contrat de mariage, sont sujettes au droit de relief comme les donations ordinaires. Ainsi, l'on voit qu'en matière de droits seigneuriaux la faveur des contrats de mariage est de bien peu de considération.

Cependant, ajoute-t-on, on ne voit nulle part, dans la coutume de Nivernois, que le mari ou la femme, en cas de pareille donation, soient assujettis au quint : on ne voit pas non plus qu'ils en soient affranchis, cela suffit pour qu'ils soient obligés de payer le droit. Mais ces mots si généraux de l'*art. 33*, *quelque donation que ce soit*, n'embrassent-ils pas celles que les futurs conjoints peuvent se faire l'un à l'autre par leur contrat de mariage? Il n'est donc pas exact de dire que la coutume ne les assujettit pas au droit de quint.

Mais pour éloigner absolument toute idée de parenté entre le mari & la femme, il suffit de jetter les yeux sur la loi qui les habilite à succéder l'un à l'autre; c'est la loi *undè vir & uxor*; elle porte : *nempè ut maritus & uxor ab intestato invicem sibi in solidum succedant quoties deficit omnis parentum, liberorumve seu propinquorum, legitima vel naturalis successio.*

Ce texte, comme l'on voit, est bien éloigné de supposer qu'il existe de la parenté entre le mari & la femme; au contraire, son objet est de statuer sur le cas où le prédécédé ne laisse aucuns parens.

Enfin le roi, le seigneur haut-justicier, succèdent également dans certaines circonstances : qui jamais a imaginé d'en conclure que la loi établit une espèce de parenté entre eux & celui auquel ils succèdent?

Ainsi le mariage ne forme aucune espèce de parenté entre le mari & la femme. La circonstance que dans certains cas ils sont appellés à succéder l'un à l'autre, ne les rend pas, ne les suppose pas même parens.

§. XIX. *Lorsque, profitant de la faculté qui lui est accordée par l'article 295 de la coutume de Paris, l'héritier naturel abandonne les meubles, les effets mobiliers, & le quint des propres, à des légataires de sommes de deniers, ces légataires doivent-ils au seigneur des droits de quint ou de* lods?

On peut dire pour l'affirmative, que cette opération de l'héritier en renferme deux; une première par laquelle il fait à chaque légataire la délivrance de son legs; une seconde par laquelle il lui donne en paiement les acquêts & le quint des propres de la succession; ce qui forme le contrat que l'on appelle *datio in solutum*, contrat bien certainement productif du droit de quint ou de *lods*.

Mais ce raisonnement n'est que spécieux, & c'est le contraire qu'il faut décider.

1°. Nulle trace dans la coutume de cette double opération; c'est donc bien gratuitement qu'on la suppose.

2°. Le contrat *datio in solutum*, comme tous les contrats, ne peut se former que par un consentement réciproque, *contractus est duorum in idem placitum consensus;* si vous me devez 10000 liv., vous ne pouvez me donner malgré moi en paiement ni un immeuble, ni aucun autre effet: ce sont des deniers qui me sont dus: j'ai droit d'exiger ces deniers; & quand même l'immeuble que vous m'offrez vaudroit évidemment beaucoup plus que les 10000 liv. vous n'êtes point libéré, à moins que je ne l'accepte & ne consente à cet arrangement. Jusques-là je puis toujours diriger mon action contre vous, & si je n'ai d'autre ressource que de saisir l'immeuble, c'est sur vous que la saisie & la vente seront faites; ainsi le concours de ma volonté est indispensable pour former le contrat *datio in solutum* & opérer votre libération.

Mais dans l'espèce de l'art. 295, les légataires n'ont aucun consentement à donner. C'est malgré eux, par la seule déclaration de l'héritier & par l'autorité de la coutume, qu'ils cessent d'être créanciers de sommes de deniers, & que la propriété des biens disponibles leur est transférée: inutilement voudroient-ils conserver leur créance dans sa nature primitive. L'héritier est libéré envers eux sans aucun concours de leur part. Toute action leur est interdite contre lui, & quand ils prendroient le parti de l'aliénation des effets qui leur sont déférés, il faudroit qu'ils les vendissent en leur propre nom & comme en étant propriétaires; car sur qui la vente seroit-elle faite: seroit-ce sur l'héritier? il n'est plus saisi que de ses quatre quints, & conséquemment il ne peut être réputé propriétaire du surplus. Seroit-ce sur un curateur à la succession vacante, mais la succession ne vaque pas réellement, puisqu'il existe un héritier qui l'a acceptée. C'est donc la coutume, qui, de son autorité seule, convertit ces legs de sommes exigibles, en un legs en nature, en un droit de propriété sur les immeubles de la succession. Ainsi, point de convention entre l'héritier & les légataires; conséquemment impossible de voir dans cette opération ni le contrat, *datio in solutum*, ni aucune autre espèce de contrat équipollent à vente: par conséquent cet abandon de la part de l'héritier ne donne ouverture ni au quint, ni aux *lods & ventes*.

§. XX. *La cession, à la charge d'améliorer, même de bâtir & de remettre l'immeuble au bailleur, à une époque déterminée, donne-t-elle ouverture aux lods?* Où il n'y a pas de prix, il n'y a pas de *vente*, & le seigneur n'a le droit d'exiger les *lods* qu'aux mutations par *vente*.

A la vérité, cette règle reçoit une exception lorsque le cessionnaire est grevé de charges réductibles en argent; ces charges tiennent lieu de prix, & les *lods* sont dus.

Mais tous les auteurs s'accordent pour excepter du nombre des charges qui donnent ouverture aux *lods*, l'obligation d'améliorer, même celle de bâtir, & cela, quand même le prix que le cessionnaire doit employer à la construction de l'édifice seroit fixé par le contrat.

Dumoulin, l'oracle de la jurisprudence féodale, nous apprend qu'il fut consulté sur cette question. Voici l'espèce telle qu'il la rapporte.

Des moines avoient une maison tombée en ruine, ils la donnèrent à Titius pour la durée de sa vie & celle de ses enfans, & à la charge de la reconstruire; Titius employa à cette reconstruction plus de 50 liv. (somme alors considérable); le seigneur, duquel cette maison relevoit en censive, forme contre Titius une demande afin de paiement de *lods & ventes*. Dumoulin continue: *consultus respondi; Titium absolvendum esse, & valde iniquam esse illam actionem. Deberet enim actor potiùs gratias agere tam magnificè & utiliter edificanti, & meliorem domini directi conditionem facienti, futura laudimia magno opere augendo, quando continget rem sic auctam vendi.* Dumoulin va plus loin encore. J'aurois décidé de même, ajoute-t-il, *etiamsi ab initio conventum sit de certâ summâ per Titium erogandâ in constructione aut refectione veteris aut novi ædificii.* Sur l'article 78 de la coutume de Paris, gl. 1, n°. 180.

§. XXI. *Le bail emphytéotique, avec deniers d'entrée, est-il productif du droit de lods?* Trois principes également certains donnent la solution de cette difficulté; 1°. le seigneur direct est fondé à exiger les *lods & ventes* toutes les fois que l'immeuble change de main par *vente* ou acte équipollent à *vente;* 2°. la quotité des *lods & ventes* se règle, non-seulement sur le prix stipulé en deniers, mais encore sur toutes les charges imposées à l'acquéreur & qui sont réductibles en argent; 3°. le bail emphytéotique est une véritable aliénation. C'est un acte de *vente* ou équipollent à *vente* lorsque le preneur, au lieu d'une simple rente foncière, ou bien outre la rente convenue, donne des deniers d'entrée.

De ces trois principes, les deux premiers sont consignés dans le Traité des fiefs de Dumoulin, voici ses termes; nous les transcrirons, parce que la jurisprudence & les jurisconsultes ont donné à la décision qu'ils renferment l'autorité d'une loi écrite. *Quintum pretii debetur patrono, nedum in verâ & propriâ venditione feudi, sed etiam in quâvis alienatione quæ fit mediante pretio in pecuniâ numeratâ, licet non sit propriè venditio, sed contractus innominatus do ut des, ut si conventum sit feudum dari pro mille. Idem si absque peccuniâ numeratâ, sed mediante aliâ re estimatâ, vel mobilibus in quibus non cadit affectio ità quòd alienatio æquipollet venditioni.* Sur l'art. 23, *hodie 33*, de la coutume de Paris *gl. 2, n°. 1.*

Tous les auteurs, tous les arrêts ont, comme on vient de le dire, adopté cette décision de Dumoulin; pour s'en convaincre, il ne faut que lire.

Telle eſt donc notre juriſprudence; pour donner ouverture aux *lods*, il n'eſt pas néceſſaire que l'acte d'aliénation porte la dénomination de *vente* proprement dite „ il ſuffit que l'on y remarque les caractères de la *vente*, c'eſt-à-dire, que l'on y trouve, *res*, *pretium & conſenſus*; & quant au prix, on doit regarder comme tel, non-ſeulement la ſomme ſtipulée par le contrat, mais toutes les charges qu'il impoſe à l'acquéreur, toutes les fois que ces charges ſont réductibles en argent.

A l'égard de notre troiſième principe, il a deux parties que nous diſtinguerons; la première de ces deux parties conſiſte dans cette aſſertion : le bail emphytéotique eſt une véritable aliénation, lors même qu'il eſt pour un temps limité; la preuve de cette vérité réſulte des effets de cette eſpèce de contrat, & de différentes diſpoſitions de coutume.

Le bail emphytéotique, bien différent du bail à ferme, donne à l'emphytéote le droit de tranſmettre à ſes ſucceſſeurs, de vendre, de donner, d'aliéner de la manière & aux charges qu'il juge à propos, de planter, de bâtir & de faire tous les changemens qui lui conviennent; voilà, ſans doute, tous les effets du contrat de *vente* & tous les caractères d'une véritable propriété.

Si le bailleur eſt encore propriétaire, c'eſt une ſimple propriété directe qui demeure entre ſes mains, ſemblable à celle du ſeigneur ſur les héritages de ſa mouvance; or, perſonne ne s'eſt jamais aviſé de dire que le bail à fief ou à cens ne fait pas une véritable aliénation.

La réverſion ſtipulée dans l'emphytéoſe à temps, n'eſt pas un obſtacle à la tranſmiſſion de la propriété, de même que dans les *ventes* à faculté de réméré, la propriété, quoique réſoluble, n'en eſt pas moins une propriété pure & ſimple.

Auſſi l'ordonnance de Blois défend-elle aux principaux de collèges de faire des baux au-delà de neuf ans; de même les biens de l'égliſe ne peuvent pas être donnés à ferme au-delà de ce terme; par la même raiſon, les fonds dépendant du domaine ne peuvent pas être affermés pour un temps excédant neuf années, & l'art. 227 de la coutume de Paris défend au mari d'affermer les immeubles appartenans à ſa femme pour un temps plus long. Enfin l'immeuble emphytéotique peut être décrété ſur le preneur, eſt ſuſceptible de la qualité de propre & ſujet au retrait lignager, l'art. 147 de la coutume de Paris porte : baux à quatre-vingt-dix-neuf ans ou longues années, ſont ſujet à retrait.

Ecoutons encore les juriſconſultes : après avoir parlé du bail de neuf ans, d'Argentré ajoute : *ſed ejus quæ in longum tempus conceditur & decennium excedit, alia eſtimatio eſt, nam ex eâ utile dominium transferri putant juriſconſulti, & jus id retribui, & idem cenſeri quod de alienationibus formalibus. De laudimiis*, §. 42.

Quant à la deuxième partie de notre troiſième principe, qui conſiſte à dire qu'un bail emphytéotique avec deniers d'entrée, eſt un véritable contrat de vente, du moins juſqu'à la concurrence des deniers d'entrée, il ſeroit ſans doute très-ſuperflu de prouver une pareille propoſition.

Un bail emphytéotique eſt, comme on vient de le voir, une aliénation qui emporte la tranſmiſſion de la propriété; or, une aliénation de cette eſpèce faite moyennant un prix, eſt néceſſairement un contrat de *vente*, & ne peut pas être autre choſe; on y trouve en effet ces trois circonſtances que nous avons annoncées plus haut comme eſſentiellement caractériſtiques du contrat de vente, *res, pretium & conſenſus*.

Si cela eſt, comme il n'eſt pas poſſible d'en douter, ſi le bail emphytéotique, avec deniers d'entrée, eſt un véritable contrat de *vente* juſqu'à la concurrence de l'argent déboursé, le ſeigneur direct eſt inconteſtablement fondé à exiger les *lods & ventes*, & du bail emphytéotique & des différentes ceſſions que le preneur peut en faire, toutes les fois que les rétroceſſions & le bail ſont faits moyennant une ſomme d'argent.

Cette déciſion ſort ſi immédiatement des principes & de la nature des choſes, que la queſtion ne pouvoit pas partager les juriſconſultes; auſſi voyons-nous qu'ils ſont tous unanimes.

D'Argentré, après en avoir cité pluſieurs & du plus grand poids, tels que Alexandre, Décius, Tiraqueau, *&c.* ajoute; *ex tali contractu decennium exſuperante, laudimia deberi volunt*; on a vu plus haut que cet auteur, parlant des baux au-deſſus de neuf ans, dit qu'il faut en juger comme des *ventes* proprement dites, *idem cenſeri quod de alienationibus formalibus*. Ferriere, ſur l'*art. 78 de la coutume de Paris*, dit : « pour baux emphytéotiques à vie ou à longues » années d'héritages en roture, il n'eſt dû ni quint, » ni vente, *quand il n'y a point d'argent déburſé* ».

Suivant Ferriere, le bail emphytéotique n'eſt donc affranchi du quint ou des *lods*, que dans le cas où il eſt fait moyennant une rente foncière & rien de plus; il eſt donc aſſujetti à ces preſtations toutes les fois que le preneur a reçu des deniers d'entrée.

Guyot, *Traité des fiefs*, *tom. 3*, *pag.* 424, s'exprime ſur ce point d'une manière, s'il eſt poſſible, encore plus préciſe; voici ſes termes : « Quant aux droits ſeigneuriaux, les auteurs s'accordent aſſez pour conclure qu'il n'eſt dû quint » en fiefs, ni *lods* en roture pour bail emphytéotique à 99 ans, ou à vie; j'ajoute même, pour » l'emphytéoſe perpétuelle, *limita*, ſi dans ces baux » il n'y a pas deniers débourſés, auquel cas les » droits ſont dus au *prorata*. Arrêt du 29 février » 1607, Dupl. éd. 1702, titre des cenſives, *liv. 2*, » *chap. 2*, *ſect. 1*. C'eſt auſſi la diſpoſition des coutumes d'Anjou & du Maine, *ſuprà*, qui décident » auſſi que le retrait y a lieu ».

Des différens arrêts que nous pourrions citer en très-grand nombre, nous n'en rapporterons qu'un ſeul : on le trouve dans le Traité des droits de juſtice de Bacquet, *chap. 12*, *n°. 21*, en ces termes : « pluſieurs diſent que quand un héritage

» baillé en emphytéose à longues années ou à vie » est vendu, l'acheteur doit *lods & ventes*, comme » il a été jugé par arrêt donné au profit des chévecier, chanoines & chapitre de Sainte Opportune, » contre Nicolas Patrouillart, le 15 décembre 1571; » & conformément audit arrêt, les manans & » habitans du village de Putaux ayant vendu, par » autorité de justice la dépouille de leurs prés » pour le temps de 30 ans, afin de satisfaire aux » frais de la clôture de leur village, l'acheteur » & adjudicataire de ladite jouissance a été con» damné à payer les *lods & ventes* de son acqui» sition au seigneur censier desdits prés, suivant la » loi finale. *Cod. de jure emphyt.* ».

Enfin, cette jurisprudence est consacrée par l'autorité des coutumes : celle de Reims, *art. 153*, & celle de Meaux, *art. 210*, portent : « pour héri» tages pris à titre de surcens, emphytéose ou » louage à plus de 30 ans, ne sont dues *ventes* » s'il n'y a bourse déliée, auquel cas seront » dues *ventes* au seigneur censuel par le preneur » jusqu'à la concurrence des deniers par lui dé» boursés ».

En voilà beaucoup plus qu'il n'en faut pour établir que le bail emphytéotique, avec deniers d'entrée, donne ouverture aux *lods & ventes*.

Maintenant, voyons s'il en est de même de la cession du bail emphytéotique lorsqu'elle est également faite moyennant un prix : où pourroit être le doute? si dans ce cas le bail est assujetti aux *lods*, à plus forte raison la *revente* de ce même bail.

« Le preneur, dit Guyot, peut céder son bail » à un autre, il peut, avant l'expiration, le ren» dre au seigneur; si c'est un fief, & qu'il n'y » ait argent baillé, relief sera dû pour la cession » à un autre que le seigneur; s'il y a deniers dé» boursés, quint est dû; si c'est une roture, n'est » rien dû, s'il n'y a argent, auquel cas *lods* sont » dus au *prorata* ». *Traité des fiefs, tom. 3, pag. 424.*

§. XXII. *Des rentes.* Les rentes foncières sont de deux sortes : non rachetables, & rachetables à la volonté des preneurs.

Chacune de ces deux espèces de rente exige une décision particulière.

Des rentes foncières non rachetables. La rente foncière non rachetable diminue la valeur de l'héritage sur lequel elle est assise. Désormais cet immeuble se vendra moins souvent & moins bien; par conséquent diminution dans le quint & les *lods*.

D'un autre côté, la perpétuité des rentes foncières les a fait considérer, moins comme des charges du fonds grevé, que comme une partie de ce même fonds. De manière que l'on regarde le créancier comme propriétaire jusqu'à concurrence de l'immeuble assujetti ; ainsi la rente, dans ses mains, représente une portion de cet immeuble.

Ces deux considérations ont conduit à la conséquence très-juste, que le seigneur du fief, sur lequel la rente est assise, peut exiger du créancier, non-seulement une reconnoissance, mais le relief, toutes les fois que cette rente change de mains par succession, & le quint ou les *lods* aux aliénations par vente.

Ces droits lui appartiennent en effet, & par forme d'indemnité, & par la raison que la rente foncière se confond avec l'héritage sur lequel elle est assise, s'imprègne de toutes ses qualités, & représente dans la main du créancier une partie de ce même héritage.

Cela est écrit dans l'art. 87 de la coutume de Paris. « De toutes rentes foncières non racheta» bles, vendues à autres, ou délaissées par rachat, » d'icelles rentes sont dues ventes, tout ainsi que si » l'héritage ou partie d'icelui avoit été vendu ».

Tel est donc le principe; lors de la cession d'un héritage moyennant une rente foncière non rachetable, point de *lods*; lors de l'aliénation de ce même héritage, uniquement à la charge de continuer la rente, point de *lods*; mais il en est dû toutes les fois que la rente est vendue ou lorsqu'elle est rachetée.

Des rentes foncières rachetables. Les rentes non rachetables forment, comme nous venons de le dire, une partie même du fonds grevé. Les rentes stipulées rachetables sont bien différentes; il existe entre elles & les rentes constituées la plus grande analogie; en effet elles ont un capital en deniers, & ce capital est réellement le prix du fonds grevé de la rente.

Aussi toutes les fois qu'un immeuble est aliéné moyennant une rente de cette espèce, y a-t-il ouverture au droit de *lods*. La coutume de Paris le dit expressément, & tel est le droit commun.

Il y a cependant une variété dans les coutumes. Les unes autorisent le seigneur à demander le droit de *lods* à l'instant même du bail à rente; les autres exigent qu'il attende que la rente soit rachetée.

Anciennement on plaçoit la coutume d'Anjou dans cette seconde classe; & très-récemment encore celle du Maine. On pensoit que, dans ces deux coutumes, le droit de *lods* ne s'ouvroit qu'au moment du rachat de la rente. Cette opinion a été proscrite pour l'Anjou par un arrêt du 17 avril 1601, dit *l'arrêt du Belloy*. Il est rapporté par M. Louet, *litt. L. somm. 18*.

Pocquet de Livonniere, *traité des fiefs*, *liv. 3, chap. 3*, dit que cet arrêt n'ayant pas été publié au Maine, on y est resté dans l'ancien usage : cet usage vient enfin d'être aboli pour cette province du Maine, comme pour l'Anjou, par un arrêt en forme de réglement du 6 avril 1775. Cet arrêt juge que, dans la coutume du Maine, les baux à rente foncière stipulée rachetable en deniers par le contrat, sont sujets aux droits de *lods & ventes*, du jour du contrat, & avant le rachat effectif de la rente.

Il existe, comme l'on voit, une différence très-notable relativement aux *lods & ventes*, entre les rentes dont le rachat est stipulé, & celles qui sont non rachetables. Ce qui est singuliérement à remarquer, c'eſt que les premières prennent la nature des ſecondes par le laps de 30 ans, c'eſt-à-dire, que ſi le débiteur néglige pendant trente années d'uſer de la faculté de rachat, cette faculté s'éteint comme toutes les actions perſonnelles, la rente devient non rachetable, & en acquiert toutes les charges comme toutes les prérogatives. Guyot s'élève contre cette juriſprudence; mais la loi eſt écrite, c'eſt la diſpoſition expreſſe de la coutume 120 de la coutume de Paris, article dont l'autorité eſt d'autant plus conſidérable, qu'il eſt de nouvelle réformation; en voici les termes : *la faculté donnée par contrat, de racheter l'héritage ou rente de bail d'héritage à toujours, ſe preſcrit par trente ans entre âgés & non privilégiés.*

Dans les coutumes dont nous venons de parler, où le ſeigneur ne peut exiger les *lods* que lorſque le débiteur de la rente rachetable a uſé de la faculté de rachat, on demande ſi le ſeigneur eſt fondé à demander que le détenteur de l'héritage grevé de cette rente ſoit tenu de communiquer ſon contrat, & de prouver que la rente ſubſiſte? La queſtion s'eſt élevée dans la coutume de Melun; elle a été jugée au profit du ſeigneur par arrêt du 14 avril 1708. Deniſart rapporte cet arrêt aux mots *lods & ventes.*

Les rentes foncières rachetables ſe diviſent en deux claſſes, celles qui ſont rachetables par la convention, & celles qui ſont rachetables par l'autorité de la loi. Nous n'avons plus rien à dire ſur les premières; les ſecondes exigent quelques développemens.

Il exiſte en effet des ordonnances qui permettent de racheter les rentes foncières aſſiſes ſur les maiſons des villes murées, nonobſtant toutes ſtipulations contraires, c'eſt-à-dire, quand même ces rentes ſeroient ſtipulées non rachetables; ces ordonnances ſont des années 1441, 1539 & 1551.

Ces ordonnances parlent en général des rentes foncières ſans diſtinction. Lorſque poſtérieurement on rédigea la coutume de Paris, en 1580, on modifia leurs diſpoſitions par l'article 121, qui porte: *ce que deſſus n'a lieu ès rentes de bail d'héritages ſur maiſons aſſiſes en la ville & fauxbourgs de Paris, leſquelles rentes ſont à toujours rachetables, ſi elles ne ſont les premières après le cens & fonds de terre.*

Nul doute que ces rentes rachetables par l'autorité de la loi ſont ſoumiſes aux mêmes règles que celles dont le rachat a été ſtipulé par les parties : ainſi, toutes les fois que le propriétaire d'une maiſon de ville l'aliène moyennant une rente foncière, le ſeigneur a le droit d'exiger les *lods & ventes*, quand même la faculté de racheter cette rente ne ſeroit pas ſtipulée dans le contrat. Il y en a pluſieurs arrêts, & c'eſt la déciſion de Pothier, dans ſon introduction au titre des fiefs de la coutume d'Orléans, *n.* 150. Il n'importe, dit cet auteur, que la rente ſoit rachetable par la convention portée au bail ou par la loi, telles que ſont les rentes créées par baux de maiſons de ville; car ſi dans ces baux la faculté de racheter la rente n'eſt pas expreſſément ſtipulée, c'eſt qu'il eſt inutile de ſtipuler ce que la loi permet; mais la volonté de libérer ſon bien, lorſqu'on en aura la commodité, étant naturelle & devant toujours ſe préſumer, ces baux ne doivent pas moins être cenſés des aliénations à prix d'argent, à raiſon de la ſomme pour laquelle la rente eſt rachetable, tels que le ſont les baux faits avec la convention expreſſe de racheter la rente; on peut même dire qu'ils ſont, en plus forts termes, baux à rente rachetable, puiſque la faculté de racheter ces rentes ne ſe peut preſcrire; néanmoins Livonniere eſt d'avis contraire. *Voyez ſon traité des fiefs, liv. 3, chap. 3.*

Cette juriſprudence qui donne les *lods* au ſeigneur toutes les fois qu'une maiſon de ville eſt aliénée moyennant une rente foncière, quand même cette rente ne ſeroit pas ſtipulée rachetable, a fait naître deux queſtions très-intéreſſantes.

1°. Les ſeigneurs ont prétendu que la modification portée en l'article 121 de la coutume de Paris, n'avoit lieu que pour les rentes foncières ſeigneuriales, c'eſt-à-dire, pour le ſurcens dû au ſeigneur; de manière qu'une rente foncière, lors même qu'elle eſt la première après le cens, donne ouverture aux *lods*, toutes les fois qu'elle n'appartient pas au ſeigneur direct de l'héritage.

2°. De leur côté, les propriétaires de maiſons prétendent que cette même modification portée en l'article 121 de la coutume de Paris, doit être regardée comme une dérogation aux ordonnances antérieures, & comme formant le droit commun du royaume. Suivant eux, non-ſeulement dans la ville de Paris, mais dans toutes les autres, la rente première après le cens eſt affranchie des *lods.*

De ces deux queſtions, la première long-temps controverſée, a partagé les plus célèbres juriſconſultes. Enfin le problême a été réſolu par un arrêt du 18 janvier 1737, au rapport de M. de Champeron. Voici l'eſpèce:

Par contrat du 22 mars 1711, Charles Raiſin, maître ſerrurier, avoit acquis moyennant 1500 liv. de rente foncière non rachetable, une maiſon ſiſe à Paris grande rue du fauxbourg S. Antoine & dans la cenſive du roi.

Raiſin aſſigné à la requête du receveur-général du domaine, à l'effet de payer les *lods*, à raiſon du capital de la rente, y fut en effet condamné par ſentence de la chambre du domaine, du 19 mars 1733, ſur l'appel appointement au conſeil, au rapport de M. de Champeron.

Le receveur-général du domaine déploya la défenſe la plus ſavante & la plus étendue pour établir que c'eſt aux rentes ſeigneuriales ſeulement, c'eſt-à-dire, à celles qui ſont dues au ſeigneur de l'héritage grevé, qu'il faut appliquer ces derniers mots de l'art. 121, *ſi elles ne ſont les premières après le cens & fonds de terre.* Or, continuoit le receveur-général, ce n'eſt pas au roi, ſeigneur de la maiſon, mais au vendeur qu'eſt due la rente dont il s'agit. Cette rente n'est donc pas seigneuriale, c'est donc, & rien de plus, une simple rente foncière, quoique stipulée perpétuelle; elle est donc rachetable à la volonté du débiteur; conséquemment ouverture aux *lods*.

La défense de Raisin étoit aussi simple que frappante. J'ouvre, disoit-il, la coutume; & j'y lis: « rentes de bail d'héritage sur maisons assises en » la ville & fauxbourgs de Paris, sont à toujours » rachetables *si elles ne sont les premières après le cens » & fonds de terre* ».

Cette disposition, continuoit Raisin, est rédigée dans les termes les plus indéfinis, point de distinction. Elle embrasse donc toutes les espèces de rentes; elle affranchit donc du rachat les rentes purement foncières, aussi bien que les rentes seigneuriales; en un mot, la coutume ne subordonne l'exception qu'elle établit qu'à une seule & unique condition; c'est que la rente soit *la première après le cens & fonds de terre*. Dans l'espèce, disoit enfin le défenseur du sieur Raisin, la rente dont il s'agit est la seule dont la maison soit grevée, elle est conséquemment la première après le cens, par conséquent elle est non rachetable; ainsi point de *lods* & *ventes*.

Cette défense a prévalu, & le receveur-général a été débouté de sa demande. Au conseil, où il s'étoit pourvu en cassation, sa prétention a éprouvé le même sort.

On trouvera, dans le traité des fiefs de Guyot, l'extrait des mémoires imprimés dans cette affaire.

Sur la deuxième question annoncée plus haut, les opinions n'ont pas été, à beaucoup près, aussi long-temps suspendues.

Cette question, comme nous l'avons dit, a pour objet le point de savoir, si cette modification de l'art. 121, qui affranchit du rachat *les rentes premières après le cens & fonds de terre*, forme un droit local pour la ville de Paris, ou bien s'il ne faut pas l'étendre, non-seulement aux autres villes régies par cette coutume, mais à toutes les villes du royaume.

De ces deux alternatives c'est la première qui a prévalu. C'est aujourd'hui un principe incontestable que dans toutes les villes du royaume, à l'exception de celle de Paris, toutes les rentes foncières indistinctement les premières comme les secondes après le cens, quoique stipulées perpétuelles, sont néanmoins rachetables à la volonté des preneurs.

Nous ne pouvons mieux éclaircir ce point de notre jurisprudence, qu'en rapportant le passage suivant de Pocquet de Livonnière sur l'art. 154 de la coutume d'Anjou, *observation* 2.

« La première question, si toutes les rentes foncières sur les maisons de villes sont rachetables, » semble être hors de doute, parce qu'elle est décidée par un grand nombre d'ordonnances, entre » autres, par celle de François I, de 1539, & » par celles de Henri II, de 1553, qui déclarent » toutes les rentes assignées sur les maisons & places de villes & fauxbourgs, rachetables au denier » quinze ou au denier vingt.

» Cependant, continue Pocquet, parce que la » coutume de Paris, *article 121*, & celle d'Orléans, » *article 270*, exceptent de cette règle les rentes » de bail d'héritages sur les maisons de villes, qui » sont les premières après le cens, il y a plusieurs » personnes en cette ville (d'Angers) qui soutiennent qu'il y faut garder le même tempérament; qu'il n'y a que les secondes, troisièmes » & autres rentes, qui soient rachetables, & que » les premières ne le sont pas.

» Mais, décide Pocquet, l'opinion contraire est » plus véritable, *& toutes rentes foncières sur places » & maisons des villes & fauxbourgs du royaume, » même celles qui sont les premières créées par bail » d'héritages*, sont rachetables à perpétuité, nonobstant qu'elles y eussent été stipulées non rachetables.

» L'ordonnance de 1539 est générale, & comprend les rentes foncières créées par bail d'héritages aussi bien que celles constituées à prix » d'argent; elle se sert de ces termes généraux, » *toutes rentes, &c.* » Ne peut-on pas même ajouter, qu'il n'auroit point fallu d'ordonnance pour admettre la faculté de rachat des rentes constituées, qui, de tout temps, ont été rachetables par essence?

» Les ordonnances de 1553 sont pareillement » générales, & comprennent toutes les rentes foncières, *les premières comme les secondes & autres*; » avec cette seule distinction, que par la déclaration du 7 janvier, Henri II a déclaré n'avoir » entendu comprendre, dans son édit des rentes » rachetables, de mai 1553, les rentes qui consistent en grain, vin & autres choses, mais seulement celles qui sont payables en argent: mais » celle du dernier février suivant porte encore, » que *toutes rentes sur maisons*, c'est-à-dire, toutes » celles qui sont dues *en argent*, *seront rachetables » à perpétuité*.

» Enfin, dit encore Pocquet, ces ordonnances » ont été confirmées par l'usage & par les arrêts » de la cour; & comme elles ont pour motif la » décoration & l'augmentation des villes qui sont » de tous les temps, leur exécution doit être perpétuelles; ce qui a été soutenu par M. Talon, » lors de l'arrêt du 18 juin 1658, au journal des » audiences ». Il y fronda aussi avec raison le reproche de bursalité, fait par Loiseau à ces ordonnances, qui, tendant au bien public & à la libération des peuples, sans le moindre impôt au profit de l'état, ne méritèrent jamais cette odieuse qualification.

« La pratique de cette province d'Anjou (c'est » toujours Pocquet qui parle) est conforme; & M. » Verdier, qui étoit un bon juge du point de droit, » & un bon témoin de l'usage, rapporte dans ses » mémoires, qu'il y a plusieurs sentences, tant de » la prévôté que du présidial de cette ville (d'Angers), qui *ont reçu les propriétaires des maisons de*

» *cette ville à faire l'amortissement des premières rentes* » *foncières*, suivant les ordonnances ci-dessus ci- » tées, & contre les coutumes de Paris & d'Or- » léans, dont la disposition doit être renfermée » dans son territoire ».

Ce point d'usage que Pocquet atteste ainsi pour sa province d'Anjou, Lelet & Fileau le certifient de même pour celle de Poitou, sur l'article 439 de leur coutume, où ils rapportent différens jugemens du présidial de Poitiers, qui ont admis le rachat de toutes rentes foncières sur les maisons de la ville, sans distinction des premières d'avec les rentes subséquentes.

Enfin, les arrêts de la cour n'y permettent plus de doute depuis long-temps pour toutes les autres provinces & coutumes du royaume.

Premier arrêt sur procès par écrit du 23 juillet 1639, confirmatif de sentence du châtelet, par laquelle le débiteur d'une rente foncière de 75 liv. sur la maison du *Cheval blanc*, sise en la ville de Poissy, quoique régie par la coutume de Paris, & stipulée non rachetable, a été reçu au rachat à raison du denier vingt.

Arrêt semblable du 6 mai 1648, pour rente de bail d'héritage sur maison de la ville de Péthiviers, stipulée non rachetable, & au rachat de laquelle le débiteur fut cependant reçu en infirmant la sentence du bailli d'Orléans.

Le troisième arrêt est celui du 18 juin 1658, rendu sur un bail d'héritage d'une maison de la ville d'Amboise, coutume de Touraine.

L'arrêt du 15 juin 1744, donné au rapport de M. Tubœuf, pour rente foncière sur maison de la petite ville de Beaugé, coutume d'Anjou, est le quatrième arrêt conforme.

Dans tous ces arrêts, la cour n'a point distingué les rentes foncières premières & créées avec le cens, d'avec les secondes ou autres subséquentes, pour exempter les premières de la faculté du rachat à volonté, & n'y assujettir que les autres.

Ainsi, dans toutes les villes du royaume, à l'exception de celle de Paris, toutes les rentes foncières, autres que le cens, donnent ouverture aux *lods* & *ventes*, au profit du seigneur, à l'instant même de leur établissement.

§. XXIII. *Lorsqu'un immeuble a été aliéné moyennant une rente qui depuis a été rachetée, les lods appartiennent-ils au fermier du temps de l'aliénation, ou à celui qui avoit la ferme à l'époque du rachat?* Cette question peut se présenter dans quatre circonstances différentes.

L'aliénation peut être faite, 1°. moyennant une rente constituée; 2°. moyennant une rente foncière, mais stipulée rachetable à telle époque; 3°. moyennant une rente foncière rachetable à la volonté du preneur; 4°. enfin, moyennant une rente foncière perpétuelle & non rachetable.

De ces quatre espèces, il en est trois qui ne sont susceptibles d'aucune difficulté.

Lorsque l'aliénation est faite pour un prix déterminé, à raison duquel l'acquéreur constitue une rente au vendeur, c'est une vente pure & simple; les *lods* sont dus à l'instant même du contrat, & par conséquent ils appartiennent à celui qui étoit fermier le jour de la passation de l'acte.

Il en est de même dans le cas d'un bail à rente foncière; mais avec stipulation que le preneur sera tenu de racheter la rente à une époque déterminée. Dans toutes les coutumes les *lods* appartiennent à celui qui étoit fermier dans le temps du contrat; ainsi jugé pour la coutume de Poitou, par arrêt du 10 décembre 1621, rapporté par Brodeau sur M. Louet, *lett. L.* & par Lelet, *sur l'art. 27 de la coutume de Poitou.*

Mais si la rente est stipulée foncière, perpétuelle & non rachetable, & qu'ensuite elle soit rachetée, c'est incontestablement au fermier, du temps du rachat, que les *lods* appartiennent. Il n'y a sur ce point ni doute dans les auteurs, ni variété dans les coutumes.

Des quatre espèces dans lesquelles la difficulté peut se présenter, reste donc uniquement la troisième, c'est-à-dire, le cas où la rente est stipulée foncière; mais rachetable à la volonté du preneur.

La coutume de Paris, la majeure partie des autres, envisagent les baux de cette espèce comme des ventes pures & simples; & en conséquence elles autorisent le seigneur à exiger les *lods* à l'instant même du contrat.

Mais d'autres coutumes voient ces aliénations d'un œil tout différent. Elles portent que les *lods* ne sont dus qu'après le rachat de la rente.

Dans la coutume de Paris, dans celles qui ont des dispositions semblables, les *lods* appartiennent au fermier du temps du bail à rente. Point de doute à cet égard, puisque le droit s'ouvre à l'instant même de la passation de l'acte.

La difficulté se concentre donc dans les coutumes qui portent que le seigneur ne pourra exiger le droit de *lods* qu'après le rachat de la rente.

Cette difficulté, très-sérieuse par elle-même, est d'une solution d'autant plus difficile, que nous ne connoissons aucun auteur, aucun arrêt qui la décident.

A la vérité, Guyot & Pocquet de Livonniere élèvent la question, & citent des arrêts qui la décident en faveur du fermier, du temps du bail; mais c'est dans des coutumes qui donnent les *lods* au seigneur à l'instant de la confection de l'acte; &, comme nous venons de le dire, dans les coutumes de cette espèce, la question n'est susceptible d'aucune difficulté. L'arrêt de 1621, que ces auteurs citent également, est pour la coutume de Poitou. Mais dans l'espèce jugée par cet arrêt, le preneur étoit obligé de racheter la rente à une époque déterminée; & c'est encore un point sur lequel il n'y a pas le moindre doute.

On peut donc regarder comme une question neuve & sur laquelle il n'existe aucun préjugé (du moins nous

nous n'en connoissons pas), la question de savoir auquel des deux fermiers appartiennent les *lods & ventes* dans le cas d'un bail à rente foncière & rachetable à la volonté des preneurs, & dans les coutumes qui ne donnent le droit au seigneur qu'après le rachat effectué. Ainsi nous en sommes réduits à donner nos propres idées & notre sentiment particulier.

Quels sont les contrats productifs du droit de *lods*? pourquoi des quatre circonstances dans lesquelles la question peut se présenter, & que nous avons remarquées plus haut, cette question est-elle résolue, dans les deux premières au profit du fermier à l'époque de l'aliénation, & dans la quatrième en faveur de celui qui a la ferme au temps du rachat de la rente? Voilà d'abord ce qui se présente à l'esprit.

Ce n'est pas le changement de propriétaire qui donne ouverture aux *lods*, *mutatio manus & relevium*; c'est le contrat de vente, le seul contrat de vente, *venditio & quintùm pretii*.

C'est parce que l'aliénation, pour un prix converti en rente constituée, & celle moyennant une rente foncière, mais dont le rachat est nécessaire à une époque fixée par le contrat, sont de véritables ventes, que le seigneur peut exiger les *lods* à l'instant de la confection de l'acte, & par conséquent qu'ils appartiennent à celui qui tenoit à cette époque la seigneurie dominante à titre de ferme.

Et c'est parce que le bail à rente foncière non rachetable n'est pas une vente, qu'il n'est productif d'aucun droit; & que si par une convention postérieure la rente est rachetée, c'est au seigneur, ou au fermier, du temps du rachat, que les *lods* appartiennent.

La question relative aux baux à rente foncière rachetable est donc subordonnée au point de savoir, si dès l'instant du contrat les aliénations de cette espèce sont de véritables ventes, ou si elles ne deviennent telles que lorsqu'il plaît au preneur d'effectuer la faculté de rachat que le contrat lui donne.

Dans le premier cas, le droit est dû à l'instant du contrat; cependant il n'est pas encore exigible *dies cedit & nondum venit;* mais par cela seul qu'il est dû, il appartient au fermier du temps du contrat. Dans le second cas, *dies nec cedit nec venit:* lorsque le rachat aura transformé le bail en contrat de vente, alors seulement il y aura ouverture au droit de *lods*. Ce droit par conséquent sera dû au fermier de cette seconde époque.

Qu'est-ce donc qu'un bail à rente foncière rachetable? Est-ce dès l'instant même de l'acte une véritable vente? N'appartient-il pas plutôt à la classe des baux à rentes foncières non rachetables?

Trois choses caractérisent la vente *res*, *pretium & consensus*, le bail à rente foncière rachetable ne renferme point de prix; il n'y en a point de donné, peut-être n'y en aura-t-il jamais; ce n'est donc pas une véritable vente.

Il se peut, à la vérité, que le bail soit quelque jour transformé en contrat de vente par le paiement d'un prix; mais l'événement n'est pas arrivé, il n'est que possible, & le rachat n'est que facultatif. *On juge de la qualité des actes sur ce qui est de l'obligation entre les parties, & non sur ce qui est de pure faculté; or ici c'est la rente même qui est dans l'obligation, & le rachat n'est qu'une faculté;* (M. Sudre, notes sur Boutaric, *tit. des lods*, *n. 18*). *L'obligation de la rente foncière constitue l'essence même du traité, au lieu que le rachat est purement éventuel, & dépendant d'une faculté que le preneur peut ne pas exercer: donc jusqu'à son exercice effectif il n'y a ni vente, ni assujettissement au droit de vente.* (M. de Fonmaur, traité des *lods*, *n. 543*).

Avant ces auteurs, Dumoulin avoit discuté la question & même plus d'une fois, tant dans son traité des fiefs, que dans celui des censives, & par-tout il la décide conformément à ces principes; par-tout, il dit que le bail à rente foncière, rachetable malgré la faculté du rachat, appartient non à la classe des contrats de vente, mais à celle des baux à rente foncière perpétuelle. La faculté de rachat, dit-il, *non immutat naturam actus* (art. 23 de l'anc. cout. n. 66), n'empêche pas que la rente soit, de sa nature, perpétuelle, *quia sufficit vi ipsa & habitu perpetuum esse, licet habeat incertum resolutionis statum, nihilominus enim perpetuum dicitur;* (sur l'art. 57 de l'anc. cout. tit. 21).

Voilà des notions puisées dans la nature des conventions, & des autorités graves; mais une autorité encore plus imposante, c'est celle de ces mêmes coutumes, qui veulent que le seigneur ne puisse rien exiger avant le rachat effectué.

Pourquoi cette disposition? On ne peut lui assigner qu'un seul motif qui soit raisonnable. C'est que les réformateurs de ces coutumes voyoient les baux à rente rachetable du même œil que Dumoulin, pensoient, comme lui, que la faculté de racheter ne changeoit pas la nature du bail à rente, ne le transformoit pas en contrat de vente, enfin que le rachat effectif de la rente pouvoit seul donner à cette espèce d'aliénation le caractère d'une véritable vente.

Nous disons que ce motif est le seul raisonnable que l'on puisse donner à ces coutumes. En effet, si elles eussent regardé le bail à rente rachetable comme une véritable vente, pourquoi refuseroient-elles les *lods* au seigneur à l'instant de la passation de l'acte? Pourquoi le forceroient-elles d'attendre le rachat de la rente? Dans ces mêmes coutumes la vente donne ouverture aux *lods;* le seigneur peut les exiger à l'instant que le contrat est parfait, quand même le prix ne seroit pas payé. Puisque dans les baux à rente rachetable elles ne donnent ce droit de *lods* aux seigneurs que lorsque la rente est rachetée, elles jugent donc qu'un bail de cette espèce n'est pas une vente, & qu'il n'en prend le caractère qu'à l'instant du rachat de la rente.

Ceux qui ont présidé à la rédaction de ces coutumes, connoissoient les inconvéniens de la règle qu'ils établissoient; ils savoient à combien de fraudes elle pouvoit donner lieu; cependant ils ont passé par-dessus cette considération. Ils avoient donc de fortes raisons de faire ce qu'ils ont fait; & quelle raison peut-on leur supposer, si ce n'est la conviction où ils étoient, que les baux à rentes rachetables n'appartiennent pas à la classe des contrats de vente?

On peut donc mettre dans la bouche des fermiers, du temps du rachat, ce raisonnement-ci: qu'importe que la question puisse présenter des doutes? qu'importe que les coutumes la décident diversement? Celle qui nous régit s'est expliquée, & sa décision est que c'est le rachat qui transforme le bail à rente en contrat de vente, & que, jusqu'à ce que le rachat soit effectué, le bail à rente, malgré la faculté de racheter, n'est autre chose qu'un bail à rente.

Mais, si telle est la manière de voir de ces coutumes, si jusqu'au rachat il n'y a point de vente, si c'est uniquement par le rachat que le bail est transformé en contrat de vente, ce n'est que de cet instant que le *lods* peut être dû; alors seulement on peut dire *dies cedit*, autrement l'effet seroit antérieur à la cause, puisque le droit de *lods* ne peut résulter que d'une vente parfaite.

Dans ces coutumes, lorsque le fermier du temps du bail à rente demande le droit de *lods* auquel un rachat postérieur à l'expiration de son bail à ferme a donné lieu, il demande donc un droit qui ne s'est pas ouvert pendant la durée de sa jouissance; & la règle est qu'un fermier ne peut prétendre que les profits échus pendant le cours de son bail.

Inutilement voudroit-on argumenter des coutumes qui décident que les *lods* sont dus à l'instant du bail à rente. Tout ce que l'on peut conclure de la variété des coutumes sur ce point, c'est qu'à l'époque de leur rédaction, la question étoit problématique; que les unes ont regardé le bail à rente rachetable comme un contrat de vente, & les autres comme un simple bail à rente foncière qui n'est productif d'aucun droit au profit du seigneur; & comme chacune est souveraine dans son territoire, il faut plier sous leur autorité, & dire de leurs décisions comme des jugemens souverains, *res judicata pro veritate est.*

Il est vrai que le rachat a son principe dans le bail à rente, & qu'en général il faut juger de l'effet des actes par les clauses qu'ils renferment, & non par leur exécution.

Mais cette règle ne paroît pas applicable à la question qui nous occupe.

Ce n'est pas assez, pour donner ouverture au droit de *lods*, qu'il existe un principe de vente; il faut une vente parfaite. Tout le temps qu'un acte n'a pas ce caractère, quelque clause qu'il renferme, il n'est pas productif du droit de *lods*. Le seigneur ne seroit pas recevable à dire je demande les *lods* de tel acte, parce qu'il est possible qu'il soit converti en un contrat de vente: on lui répondroit ce n'est pas d'une vente possible que la coutume vous donne le droit de *lods*; mais d'une véritable vente.

Toutes les fois qu'il est question d'un droit de *lods*, de savoir s'il est ouvert & à quelle époque il s'est ouvert, il faut donc s'arrêter à l'instant où le contrat acquiert le caractère d'un contrat de vente. Remonter plus haut, référer l'ouverture du droit à des conventions antérieures à la vente, ce seroit, comme nous l'avons déjà dit, supposer que l'effet a existé avant la cause.

§. XXIV. *Dans les coutumes qui, comme celle d'Anjou*, art. 362, *disent que dans les ventes à faculté de réméré, le seigneur ne peut exiger les lods qu'après l'expiration du délai fixé pour le rachat; à qui du fermier du temps de la vente ou de celui du temps de l'expiration de la grace appartient le droit de lods?* Cette question s'est présentée au parlement. Plaidée, ensuite appointée, elle a été jugée au profit de celui qui étoit fermier à l'époque du contrat de vente.

Cet arrêt est du 22 décembre 1584. Anne Robert qui le cite dans ses arrêts, *liv. 3, chap. 18*, & qui plaidoit pour l'un des deux fermiers, rapporte, fort au long, les moyens des parties. Voici les principaux puisés dans les loix romaines.

In omnibus, in quibus ex contractu agitur, id unum tempus inspiciendum est quo contractus initus fuit.

Licet executio contractus ex eventu pendeat & ipsum petitionis tempus dilationem quamdam, & incertitudinem contineat, non tamen ideo minùs stipulatio pura dicitur.

Laudimiorum petitio ex ipsâ venditione nascitur; sed tempus quo laudimia deberi & peti potuerunt, pendebat ex incertâ redhibitionis & redemptionis executione.

§. XXV. *Lorsque le seigneur après avoir fait saisir par faute d'homme, droits & devoirs, a fait assigner l'acquéreur du fief pour se voir condamner à lui payer le droit de quint avec les intérêts du jour de la demande, doit-il avoir cumulativement les intérêts & les fruits du fief pendant la durée de la saisie.* Il y a des raisons pour la négative, pour décider que la perte des fruits cesse à l'instant où les intérêts du droit de quint commencent à courir.

A l'instant où le vassal cesse de l'être, le fief est ouvert; il n'y a mutation qu'au moment où le nouveau propriétaire devient vassal.

L'ouverture du fief donne le droit de saisir, & rien de plus; le changement de vassal est seul productif des droits seigneuriaux; il faut être vassal pour les devoir. Il suffit d'être propriétaire pour être exposé aux effets de la saisie féodale.

Lorsque le seigneur, non content de percevoir les fruits en vertu de la saisie féodale, forme une demande pure & simple à raison du relief ou du quint, il reconnoît donc le propriétaire pour vassal, puisque ces droits ne sont dus que par le vassal, l'homme du fief; à l'instant de cette demande l'acquéreur devient donc l'homme du fief; conséquemment plus de saisie féodale, puisqu'elle ne peut frapper que sur les fiefs ouverts.

Les fiefs étant patrimoniaux, l'acquéreur, en vertu de son contrat seul, peut se dire propriétaire du fief; il l'eſt effectivement: mais il n'eſt pas encore l'homme du fief, il ne peut tenir cette qualité que de l'agrément du ſeigneur; juſqu'à cet agrément, le fief reſte ouvert. Il n'y a plus d'homme, comme diſent les coutumes, puiſque l'ancien propriétaire ne l'eſt plus, & que le nouveau ne l'eſt pas encore.

Ce défaut d'homme eſt le ſeul, l'unique fondement de la ſaiſie féodale; elle ne peut donc avoir lieu que de la date du contrat de vente, à l'époque où le dominant reconnoît l'acquéreur pour ſon vaſſal.

Comme cette reconnoiſſance eſt un acte de pure volonté, le ſeigneur eſt le maître de manifeſter ſon intention de la manière qu'il juge à propos; & cette intention eſt ſuffiſamment manifeſtée par la demande afin de paiement du droit de quint.

Si l'on ne veut pas que la demande du droit de quint ſuſpende l'effet de la ſaiſie féodale, au moins faudroit-il reconnoître qu'elle ne fait pas courir les intérêts.

Pourquoi la ſaiſie féodale emporte-t-elle la perte des fruits? C'eſt uniquement pour indemniſer le ſeigneur du préjudice qu'il éprouve de n'être pas ſervi des droits qui lui ſont dus. Ces fruits lui tiennent donc lieu, non-ſeulement des intérêts, mais du capital de ces mêmes droits. Il n'eſt donc pas poſſible de donner au ſeigneur, par le même fief, les fruits & l'intérêt du quint. En effet, l'un eſt la repréſentation, la compenſation de l'autre; d'ailleurs ce ſeroit faire concourir deux cauſes lucratives pour le même objet, & qui plus eſt, deux cauſes alternatives & qui s'excluent réciproquement, puiſque l'un procède de l'ouverture du fief, & l'autre du changement de vaſſal, & qu'il n'eſt pas poſſible qu'un fief ſoit & ne ſoit pas ouvert dans le même temps.

L'effet de la ſaiſie féodale eſt d'opérer une eſpèce de réunion de la propriété ſervante à la propriété dominante. C'eſt une réſolution momentanée du contrat primitif, du titre d'inféodation; & tout le temps qu'elle dure, le ſeigneur dominant eſt en quelque ſorte propriétaire du fief; il ne reſte plus au vaſſal qu'une action en revendication, ou, ſi l'on veut, une propriété ſtérile. Il n'eſt plus poſſible de dire qu'il poſſède un fief, puiſqu'il n'a plus ni vaſſaux, ni cenſitaires, ni l'exercice d'aucun des droits dépendans de la féodalité.

Mais celui qui n'a point de fief ne peut pas devoir les droits féodaux, ſoit en capital, ſoit en intérêt.

Cette queſtion s'eſt préſentée récemment en la grand'chambre, entre le ſieur Calmer, acquéreur de la baronnie de Picquigny, & MM. les évêque d'Amiens & abbé de Corbie, qui avoient ſaiſi féodalement la baronnie, & quelque temps après formé une demande afin de paiement du droit de quint, avec les intérêts.

Un premier arrêt du 24 mars 1780 avoit déclaré la ſaiſie régulière & condamné le ſieur Calmer au paiement du quint. Mais avec cette double particularité, qu'en déclarant la perte des fruits encourue du jour de la ſaiſie, l'arrêt n'avoit pas déterminé l'époque à laquelle cette perte devoit ceſſer; & que d'un autre côté, en condamnant au paiement du quint & des intérêts, elle avoit prononcé que ces intérêts commenceroient à courir du jour de la demande.

De cette dernière diſpoſition rapprochée du ſilence de l'arrêt ſur l'époque à laquelle a dû finir la perte des fruits, il réſulte très-clairement, diſoit le ſieur Calmer, que l'intention de la cour a été d'arrêter les effets de la ſaiſie féodale, à l'inſtant où les intérêts du quint ont commencé à courir.

Je ſoutiens, continuoit le ſieur Calmer, que la perte des fruits n'eſt encourue que pour le temps qui s'eſt écoulé depuis la ſaiſie juſqu'à la demande afin de paiement du quint & des intérêts; & qu'à l'inſtant où cette demande a été formée, la ſaiſie féodale exiſtante ſur la baronnie de Picquigny a ceſſé d'emporter la perte des fruits.

Par arrêt du premier mars 1780, au rapport de M. Paſquier père, la prétention du ſieur Calmer a été rejettée, il a été jugé que les deux prélats auroient cumulativement, & juſqu'au paiement effectif du droit du quint, les fruits du fief du jour de la ſaiſie, & les intérêts du quint du jour de la demande.

Le motif de cet arrêt ſe préſente très-naturellement. C'eſt le défaut d'homme qui donne lieu à la ſaiſie féodale. C'eſt la *vente* qui donne ouverture au quint; ainſi le quint & la ſaiſie procèdent de deux cauſes bien diſtinctes & tout-à-fait différentes. Où pourroit donc être la difficulté de faire concourir deux cauſes de cette eſpèce, & pour quelle raiſon s'excluroient-elles réciproquement?

Le ſeigneur qui n'eſt pas ſervi par ſon vaſſal, & qui ſe trouve en même temps créancier d'un profit pécuniaire, peut donc tout à la fois ſaiſir féodalement & avec perte de fruits, & demander le paiement du profit avec les intérêts.

Dans le mémoire imprimé pour les prélats, on citoit un arrêt conforme du 3 juin 1778, rendu ſur la plaidoirie de MM. Collet & Martineau.

§. XXVI. *Tout ce qui eſt uni au ſol, eſt, comme le ſol lui-même, aſſujetti aux lods & ventes.* Le droit de *lods* eſt une charge réelle qui affecte non-ſeulement l'immeuble féodal ou cenſuel, mais tout ce qui en fait partie, tout ce qui fait corps avec lui: on ne remonte pas à l'état primitif de cet immeuble, à la valeur qu'il pouvoit avoir lorſqu'il eſt ſorti des mains du ſeigneur direct, ce n'étoit alors qu'une terre inculte & ſtérile, les tenanciers l'ont couverte d'édifices, ont décoré ces édifices des ornemens les plus précieux, dont la valeur eſt infiniment ſupérieure à celle du ſol; cependant lorſqu'il eſt aliéné par *vente*, le ſeigneur prend les *lods* non-ſeulement à raiſon du local, le ſeul objet qui provient de lui, mais ſur la totalité du prix de la maiſon, des ornemens, *&c.*

Cette règle est si générale, il est si certain que tout ce qui fait corps avec la maison doit les *lods*, que les meubles eux-mêmes y sont assujettis, lorsque par la manière dont ils sont placés, on peut présumer que l'intention du propriétaire a été de les incorporer à l'édifice.

Mobilium pretium deducendum est de contractu, nisi quidem cum naturam mutant & affixa aut annexa sunt immobilibus; ut in alienam naturam transeant, & fiant pars rei immobilis ut ostia, fenestræ, & impacta in parietes. D'Argentré, *de laudimiis, chap. 33.*

Ainsi, c'est moins la nature des choses qui les assujettit aux *lods* que la manière dont elles sont disposées, que leur plus ou moins d'adhésion à l'objet censuel, si elles sont engagées dans les murs de l'édifice, *impacta in parietes*, par cela seul leur nature change, *in alienam naturam transeunt*, & ce qui appartenoit auparavant à la classe des meubles devient par cela seul assujetti à toutes les règles qui régissent les immeubles, & par conséquent aux *lods & ventes.*

On va même plus loin, on tient qu'une servitude, un droit de pure faculté acquise par le tenancier, & annexé par lui à son héritage, augmente le droit de *lods*: la question s'est présentée au parlement de Toulouse le 22 septembre 1690, dans la cause d'un tenancier qui avoit rendu l'héritage de plus grande valeur par une faculté de dépaissance qu'il avoit acquise, & par une faculté de prendre de la marne à une minière voisine. On jugea que les facultés devenoient des accidens & des accessoires du fonds, de la même manière qu'un bâtiment qui y a été construit, en sorte qu'il n'y avoit pas de ventilation à faire, & que les *lods* étoient dus du prix entier de la *vente.*

Cet arrêt est rapporté par l'annotateur de Boutaric, *chap. 4, n°. 14.*

En vain les parties auroient-elles pris la précaution d'évaluer séparément le sol & les accessoires, « on décide, dit l'auteur que nous venons de citer, » qu'il ne faut point avoir d'égard à cette séparation affectée; qu'un tel contrat n'étant que la » vente totale de la chose dans l'état où elle étoit » lors du contrat, le seigneur doit recevoir les *lods* » du prix entier ».

§. XXVII. *Des servitudes.* Les fiefs sont patrimoniaux, les héritages censuels le sont également; conséquemment le vassal & le censitaire peuvent en disposer comme ils le jugent à propos; conséquemment il leur est libre de les grever de telle ou telle servitude.

Mais qu'arrive-t-il lorsque le propriétaire a consenti à l'établissement d'une servitude sur son héritage, & sur-tout moyennant une somme de deniers? Le seigneur est-il en droit d'exiger les *lods* à raison de la valeur de cette servitude?

Non: & cela par une raison très-simple. C'est que la *vente* de l'héritage donne seule ouverture aux *lods*, qu'une servitude n'est qu'un droit sur la chose, & qu'après avoir vendu un droit de cette espèce sur son fonds, le propriétaire n'en est pas moins propriétaire de ce même fonds. Ainsi dans ces sortes d'aliénations, point de *vente*, point de changement de censitaire; par conséquent point de *lods.*

Ce motif ne pouvoit pas manquer de frapper les auteurs; aussi voyons-nous Dumoulin, d'Argentré, Livonnière, *&c.* en reconnoître la solidité & en tirer la même conséquence. Ecoutons d'abord Dumoulin.

Quero, quid si censuarius non vendat rem censuariam, sed jus in re, puta servitutem prædialem? Viderentur laudimia deberi quia hæc perpetua jura sunt pars rei. Breviter quanquam sint vera onera tamen non sunt pars rei, nisi fictè; aliud enim fundus, aliud servitus vel jus super fundo.... nulla ergo laudimia oriri possunt nec de constitutione dicti juris in re, etiam numis facta, nec de ejus venditione aut mutatione in posterum. Dumoulin, *coutume de Paris, sur l'art. hodie 78, gl. 3, n°. 3.*

Non debentur laudimia de constitutione servitutis realis super fundo, quamvis pecunia facta sit; quia licet servitus super fundo fiat, tamen nec solum est nec soli pars. D'Argentré, sur l'art. 59 de la coutume de Bretagne, *note 2.*

Ainsi point de *lods*, ni lorsque la servitude est établie, ni lorsqu'après son établissement elle est vendue.

Cependant cette servitude a dégradé l'héritage, désormais cet héritage se vendra moins cher, par conséquent les lods seront moins considérables. Il faut donc indemniser le seigneur, mais de quelle manière?

Rien de plus simple. Une servitude est un droit attaché à l'héritage au profit duquel elle est établie; le propriétaire de cet héritage est donc, à raison de la servitude, le vassal ou le censitaire du seigneur auquel appartient la mouvance du fonds grevé; c'est donc sur ce propriétaire que le seigneur doit porter ses regards.

Lorsque les deux immeubles, l'immeuble grevé & celui auquel la servitude est attachée, sont sous la même mouvance, aucune espèce de difficulté; le seigneur retrouve précisément d'un côté ce qu'il perd de l'autre. Si la servitude diminue les *lods* de l'un des deux héritages, elle augmente celle de l'autre dans la même proportion. Dans le cas où le seigneur juge à propos de retirer le fonds grevé, il est obligé de souffrir l'exercice de la servitude, mais il en eût eu le bénéfice s'il eût retiré le fonds auquel cette servitude est due.

Lorsque les deux héritages sont sous deux mouvances différentes, la chose, du moins au premier coup-d'œil, présente plus de difficulté. Dumoulin donnoit au seigneur du fonds grevé une indemnité pécuniaire. Mais cette opinion est depuis long-temps abandonnée, & voici ce qu'on lui a substitué.

On regarde comme le vassal, ou le censitaire du seigneur de l'héritage assujetti, le propriétaire de l'immeuble auquel la servitude est due, & cela à raison de la servitude, & lorsque cet immeuble est vendu, les deux seigneurs partagent les *lods;* celui du fonds grevé en prend une quotité proportionnée à la valeur de la servitude.

Cela est juste, & concilie très-bien tous les intérêts. Puisque la servitude est attachée à l'héritage auquel elle appartient, c'est avec justice que l'on regarde le propriétaire de cet héritage comme le censitaire de celui qui a la mouvance du fonds sur lequel la servitude s'exerce. D'un autre côté, ce partage du droit de *lods*, cette espèce de coseigneurie ne porte aucun préjudice à l'ancien seigneur: en effet, cette prérogative augmente le prix de l'héritage: & le seigneur du fonds grevé retrouve dans ce droit de *lods* ce qu'il perd lorsque ce fonds est aliéné.

Aussi voyons-nous cette décision consacrée par le suffrage des meilleurs jurisconsultes modernes. « L'avis commun des docteurs, dit Pocquet de » Livonnière, *Traité des fiefs*, *liv. 3*, *chap. 6*, » *sect. 6*, est qu'il n'est point dû de *lods & ventes* » pour la constitution d'une servitude sur son fonds, » quoique faite à prix d'argent: par la raison qu'une » servitude, quoique réelle, bien qu'elle soit inhé- » rente sur le fonds, ne fait point partie du fonds, » selon ce principe de droit, *res sua nemini servit.*

» Le seigneur de fief est suffisamment indem- » nisé en ce qu'au lieu d'un sujet ou d'un vassal » il en a deux, celui à qui est dû une servitude » considérable sur un fonds qui relève de lui, » étant obligé de le reconnoître & de tenir de lui » cette servitude ».

Même décision dans un traité sur les *lods & ventes*, qu'un jurisconsulte très-instruit, du parlement de Toulouse, vient de donner au public. « Si j'impose sur mon fonds, dit M. de Fonmaur, » une servitude, la *vente* du fonds auquel sera at- » tachée la servitude active sera sujette aux *lods* » au seigneur de mon fonds, à concurrence de la- » dite servitude, & à titre d'indemnité de son » établissement ».

§. XXVIII. *De la vente de l'usufruit.* La vente d'un simple usufruit ne donne ouverture à aucun droit au profit du seigneur. *Si quis vendit vel donat usumfructum feudi sui, certum est ex hoc nullum deberi relevium nec aliud jus feudale, nec hoc quæritur.* Dumoulin, sur l'*art. 33 de la coutume de Paris*, *gl. 1*, *n°. 158*. Voilà le droit commun. La coutume d'Anjou, *art. 402*, en a une disposition expresse, *en vendition...... de baillées à viage ou autre usufruit, n'y a ventes, ni retraits:* ce sont-là les termes de cet *article 402*, & l'on ne peut rien de plus formel.

« J'estime, dit Dupineau, sur cet article, que » l'intention de notre coutume est que si quelqu'un » vend un viage, ou en usufruit sur un fonds » dont la propriété lui demeure, il n'en est point » dû de *ventes*, & qu'il faut dire la même chose » quand l'usufruitier qui n'a aucune part dans la » propriété du fonds, vend l'usufruit qu'il a sur le » fonds ».

Il y a cependant des circonstances où de pareils actes sont présumés faits en fraude du seigneur, & en conséquence assujettis aux *lods;* par exemple, lorsqu'après avoir vendu la propriété avec réserve d'usufruit, l'ancien propriétaire vend cet usufruit dans un bref intervalle à l'acquéreur de la nue propriété.

On peut aussi présumer la fraude, lorsque peu de temps après avoir vendu l'usufruit, le propriétaire & l'usufruitier se réunissent pour vendre à la même personne, & l'usufruit & la nue propriété. Cette réunion de l'usufruit & de la propriété dans la même main, ainsi faite de concert & dans le même temps, est un puissant adminicule de fraude.

Mais ce n'est pas le fait de la réunion de la nue propriété & de l'usufruit, qui donne ouverture au droit; c'est la fraude que cette réunion fait présumer lorsqu'elle est accompagnée de certaines circonstances, lorsqu'il paroît par la qualité des personnes, & par la date des actes que l'on n'a séparé l'usufruit de la propriété que pour frauder le seigneur, & que la consolidation de ces deux objets n'est que l'effet d'une convention antécédente.

La règle qui affranchit les *ventes* d'usufruit, n'est pas sans exceptions. Il y a des coutumes qui les assujettissent aux *lods.* Bretagne, *&c.*

§. XXIX. *De la résolution volontaire des contrats.* Ce qui concerne la résolution volontaire des contrats, & les droits qui en résultent, est peut-être la partie de la jurisprudence féodale sur laquelle on a le plus écrit. Tous les auteurs s'en sont occupés, & c'est ce qui en rend l'intelligence encore plus difficile par les diverses opinions qu'ils ont cru devoir embrasser. Cependant, si on examine avec attention ce qu'ils ont dit, on voit que cette théorie se réduit à des idées fort simples, & notamment à trois points que l'on peut regarder comme les principes de cette matière.

1°. Lorsque le contrat est résolu purement & simplement avant la tradition dans un bref intervalle comme de huit ou quinze jours, il n'est dû aucun droit au seigneur, ni pour la *vente* ni pour sa résolution.

2°. Si la tradition a suivi la *vente*, si l'acquéreur a joui pendant plusieurs années, & que faute par lui de payer le prix convenu, la *vente* soit résiliée, il est dû au seigneur un droit de quint ou de *lods*, à raison de la *vente;* mais il n'a rien à prétendre pour sa résolution pure & simple.

3°. Dans le même cas, c'est-à-dire, si faute de paiement, la *vente* est résolue après plusieurs années de jouissance, mais de manière que la résolution forme un nouveau contrat; par exemple, si le vendeur s'est fait donner une indemnité, s'il a repris l'immeuble pour un prix inférieur au prix originaire, alors il est dû double droit au seigneur, un premier pour la *vente*, un deuxième pour la résolution.

Ainsi, trois gradations dans cette théorie; il est des cas où la résolution ne donne ouverture à aucun droit au profit du seigneur, d'autres où il peut en demander un, d'autres enfin où il est en droit d'en exiger deux.

De ces trois décisions, la dernière n'a jamais fait aucune difficulté; tous les auteurs sont d'accord que lorsque la résolution du contrat ne se fait pas *mero distractu*, pour nous servir de leurs expressions, c'est-à-dire, purement & simplement, il est dû au seigneur deux droits de quint ou de *lods*, l'un pour la *vente*, l'autre pour la rétrocession.

La question de savoir si, lorsque la résolution est faite avant la tradition & dans un bref délai, il n'est dû aucun droit au seigneur, a fait autrefois quelques difficultés; mais aujourd'hui tout le monde est d'accord que le seigneur n'a rien à prétendre, ni pour la *vente*, ni pour la résolution.

Le cas où cette résolution ne s'opère qu'après une jouissance de plusieurs années de la part de l'acquéreur, mais cependant *mero distractu*, c'est-à-dire, purement & simplement, & sans convention nouvelle; ce cas, disons-nous, peut être regardé comme plus problématique.

Non pas que l'on ait jamais mis en question si le seigneur est fondé à exiger les *lods* à raison du contrat; tous les auteurs conviennent qu'il en a le droit: mais peut-il également les exiger pour la résolution? voilà le point de discordance: il y a des auteurs qui lui donnent cette double prérogative, qui prétendent que les *lods* sont dus & pour le contrat, & pour la résolution; mais il y en a d'autres, & ce sont les plus célèbres, qui soutiennent que le contrat seul est assujetti aux *lods*, & que la résolution en est affranchie.

M. Berroyer, dans ses notes sur Bardet, *tome 1, liv. 2, chap. 96*, nous assure qu'il n'existe ni texte de coutume ni arrêt contraire à cette décision, & nous trouvons en sa faveur une coutume qui décide précisement la question, & un arrêt qui, au jugement des auteurs, a fixé la jurisprudence sur ce point. « Si l'acheteur d'un héritage censuel, » porte l'art. 112 de la coutume d'Orléans, qui n'a » payé le prix de la vente, se déporte de son » achat, & le vendeur reprend ledit héritage par » lui vendu en acquit dudit prix, au seigneur censier en sont dues les *ventes* de la première vendition seulement ».

A l'égard de l'arrêt que nous avons annoncé ci-dessus, il est rapporté par Bardet, Brodeau & plusieurs autres.

Les partisans de l'opinion contraire n'ont en leur faveur qu'un arrêt de 1672, qui, effectivement, a condamné un vendeur qui, faute de paiement du prix, étoit rentré dans un immeuble par lui précédemment vendu, à payer un deuxième droit de *lods* & *ventes*: mais l'espèce jugée par cet arrêt est bien différente de celle que nous examinons dans la première; le vendeur avoit souffert que l'immeuble fût saisi réellement, il s'étoit rendu adjudicataire, &, ce qui est très-remarquable, il avoit acquis à un prix inférieur à celui pour lequel il avoit originairement vendu.

Ainsi, comme le remarque très-bien Berroyer *loco citato*, « il ne rentroit pas dans son héritage » *per viam distractus*, en déchargeant l'acquéreur » du prix & se contentant de reprendre la chose » en l'état qu'elle étoit; mais il se présentoit comme » étranger & se rendoit adjudicataire à une somme, » bien entendu qu'il se réservoit son action pour » l'excédant du prix de la *vente* contre son acquéreur » & sur ses autres biens ».

Enfin, sur l'*art. 22, num. 20* de la coutume de Paris, Dumoulin pense de même que la résolution du contrat, faute du paiement du prix, ne donne pas ouverture à un second droit de *lods* & *ventes*. *Quamvis*, dit-il, *non possint pœnitere, nec distrahere etiam per actus retro similes in prejudicium juris jam formati & acquisiti patrono, tamen respectu juris futuri, & quærendi ex novo contractu possunt pœnitere, non de novo contrahendo, sed distrahendo & recedendo à primâ venditione, quia actus ultimus non est novus contractus, sed discessio à primo contractu à jure permissa.*

§. XXX. *De la fraude normande.* Voici en quoi consistoit cette fraude. L'*art. 204* de la coutume de Normandie permet au vassal de se jouer des terres, rentes & autres appartenances de son fief sans payer treizième à son seigneur féodal, jusques à démission de foi & hommage exclusivement, pourvu qu'il demeure assez pour satisfaire aux rentes & redevances dues au seigneur; c'est ce que la coutume appelle *se jouir* (c'est-à-dire, se jouer *de son fief*).

On abusoit de cette disposition pour priver le seigneur & les parens lignagers de leurs droits, en acquérant d'abord la propriété utile du fief, sans la directe, que l'on acquéroit aussi peu de temps après par un acte séparé.

Cet usage, fondé sur le texte même de la coutume, étoit en vigueur de temps immémorial dans toute la Normandie. Les commentateurs & les arrêts l'avoient accueilli; mais la fraude étoit trop évidente. Enfin, elle a été réprimée par une déclaration du 22 juin 1731.

Lorsque la propriété du fief & celle du domaine utile ou non fieffé de la même terre, ayant été transférée par des actes séparés, auront passé, de quelque manière que ce soit, à l'exception des cas ci-après marqués, entre les mains du même propriétaire, dans l'espace de dix années, à compter du jour de la première desdites aliénations séparées: l'article premier de cette déclaration accorde *aux parens le retrait lignager, & aux seigneurs le retrait féodal, ou les droits de treizième & autres portés par la coutume de Normandie, sur le même pied qu'ils auroient été dus si le tout avoit été aliéné par un seul acte.*

Telle étoit la fraude Normande: elle consistoit, comme l'on voit, à vendre un fief à la même personne par deux contrats séparés; savoir, par le premier, le domaine avec réserve d'un cens, & par le second, le cens & la directe réservés.

Dans ce cas, la loi veut que lorsque ces deux

aliénations sont faites dans l'espace de dix ans, la fraude est présumée de plein droit, & conséquemment elle donne les droits seigneuriaux sur le prix porté dans les deux contrats.

§. XXXI. *Du droit d'échange.* On appelle droit d'échange une espèce d'impôt mis vers la fin du dernier siècle sur les terres féodales & censuelles dans le cas où elles changent de main par la voie de l'échange.

Quant à la forme de cette perception, elle est si clairement déterminée par la déclaration de 1696, qu'il ne faut que transcrire : « voulons que les » mêmes droits qui sont établis par les coutumes » pour les mutations qui se font par contrat de » *vente* soient payés à l'avenir aux mutations qui » se font par contrat d'échange, d'héritages ou au- » tres immeubles dans l'étendue de nos directes » & celles de seigneurs particuliers . . . . soit » qu'il y ait soute ou non, & ce, même dans » les coutumes, lesquelles attribuent aux seigneurs » un droit de relief, ou autre droit aux mutations » par échange, pourvu néanmoins qu'il soit » moindre que celui qui seroit dû en cas de *vente*, » auquel cas nous voulons que le surplus nous » soit payé ou à ceux qui acquerrons de nous » lesdits droits d'échange. Dérogeons à cet effet » à toutes coutumes & usages à ce contraires ».

Tel est donc le vœu du législateur; il assujettit aux *lods & ventes* tous les contrats d'échange; cependant il ne veut pas préjudicier aux seigneurs; pour concilier ces deux dispositions, il ordonne 1°. que dans les coutumes qui affranchissent les échanges des droits seigneuriaux indéfiniment ou dans certaines circonstances il percevra les *lods* en entier : 2°. que dans celles qui donnent au seigneur un relief ou un droit quelconque, moindre que les *lods* établis par la coutume, il prendra l'excédant : 3°. qu'il n'aura rien à prétendre dans des lieux où les échanges sont grevés au profit des seigneurs des mêmes droits que les contrats de *vente*.

Un impôt ne peut pas être aliéné, mais il peut être engagé : pour tirer un parti plus avantageux de cette nouvelle imposition, l'on crut devoir la donner en engagement, & même par la voie de l'inféodation, dans l'espérance de multiplier les acquéreurs, & sur-tout d'engager les différens seigneurs à faire l'acquisition de ces nouveaux fiefs, chacun dans leur seigneurie.

Les droits d'échange n'ont donc, par eux-mêmes, rien de féodal; c'est, comme nous venons de le dire, un impôt qu'il a plu au roi de mettre sur les terres nobles & censuelles : si ceux qui les ont acquis les tiennent à titre de fief, c'est uniquement parce qu'on les leur a vendus par la voie de l'inféodation & à la charge d'en rendre hommage.

Ainsi, lorsqu'un seigneur a acquis les droits d'échange sur les terres de sa mouvance, cette prérogative ne devient point une dépendance de sa seigneurie; elle n'a même rien de commun avec elle, c'est un fief qui en est tout-à-fait distinct & séparé.

Aussi voyons-nous que l'hommage de ces droits d'échange se porte toujours au roi, quel que soit le seigneur dominant de celui qui en a fait l'acquisition : c'est la disposition textuelle de la déclaration du 4 septembre 1696, à laquelle les édits postérieurs sont conformes ; cette déclaration porte : *pour lesdits acquéreurs posséder lesdits droits à titre de fief mouvant de nous à cause de notre domaine le plus prochain.*

§. XXXII. *Les frais ordinaires des criées entrent-ils dans le calcul des lods & ventes?* Avant 1551, date de l'édit des criées, les frais ordinaires de la saisie, *&c.* se prenoient sur le prix, de manière qu'il étoit vrai de dire, sous tous les points de vue, que ces frais étoient payés par la partie saisie, ou, ce qui est la même chose, par ses créanciers. Ces frais conséquemment faisoient partie du prix.

Alors, on pouvoit soutenir avec beaucoup de fondement, que les frais ordinaires de la saisie entroient dans le calcul des *lods & ventes*, puisque les *lods* se prennent sur la totalité du prix.

Mais, comme le disoit, en 1614, M. l'avocat-général le Bret, dans une cause dont nous allons rapporter l'arrêt, *depuis l'édit des criées qui a voulu que l'adjudicataire payât les frais des criées, les frais n'ont plus fait partie du prix.*

Cette nouvelle manière d'envisager les frais de saisie devoit naturellement conduire à la conséquence qu'ils n'entrent pas dans le calcul des *lods & ventes.* On devoit dire, les frais sont comptés pour rien relativement à la quotité des *lods*, puisqu'ils ne font pas partie du prix, & que les *lods* ne font autre chose qu'une espèce de prélévement sur le prix.

C'est à cette manière de raisonner que l'on s'est arrêté, &, suivant le témoignage de Brodeau qui écrivoit vers le milieu du dernier siècle, tel étoit l'usage *de toute la France.* Voici ses termes : sur l'art. 76 de la coutume de Paris, n°. 27.

« En matière d'adjudications par décret, les » *ventes* ne sont point dues des frais ordinaires du » décret, quoique l'adjudicataire en soit tenu, & » que toutes les adjudications se fassent à cette » charge, suivant l'ordonnance du roi Henri II, » de l'an 1551, sur le fait des criées, *art. 12*, » avant laquelle ordonnance les frais ordinaires » se prenoient sur le prix, aussi bien que les ex- » traordinaires; cette charge de l'adjudication n'é- » tant pas pour enfler & augmenter le droit de » *ventes*, parce que le saisi n'en profite aucune- » ment, & ne lui en revient rien, ni à ses créan- » ciers. C'est l'usage notoire de toute la France, » & a ainsi été jugé en la coutume de Poitou, » nonobstant l'usage allégué au contraire par arrêt » du mardi de relevée 25 février 1614 ».

La Thaumassière, auteur distingué, rapporte dans sa deuxième centurie, que la question s'étant élevée, il fut appellé pour départager les avocats à la division desquels on s'en étoit rapporté, & voici comme il s'exprime.

« Sur quoi ayant été appellé pour les départir, » je fus d'avis que les *lods & ventes* ne peuvent » être demandés pour les frais de criées, & con- » firmai mon sentiment par les arrêts de la cour » & l'usage de cette province, & remarquai deux » arrêts, le premier rapporté par l'Hoste sur Lorris, » titre de cens, *art. 5*, en date du 21 février 1614, » sans faire mention du nom des parties entre » lesquelles il a été rendu; mais ayant eu la curiosité » de le lever au greffe de la cour, j'ai reconnu » qu'il a été rendu entre Jean Guerry, loyal ad- » ministrateur de sa fille, appellant d'une sentence » donnée par le sénéchal de Poitou, ou son lieu- » tenant à Niort, & Me Jean Parthenay, intimé, » par lequel arrêt la cour, après avoir oui Doublet » pour l'appellant, Rambouillet pour l'intimé, & » M. l'avocat-général le Bret, qui dit: que depuis » l'édit des criées, qui a voulu que l'adjudicataire » payât les frais des criées, ils n'ont plus fait » partie du prix, *pour en prendre* lods & ventes. La » cour mit l'appellation & ce dont avoit été ap- » pellé au néant; émendant, le jugement, renvoya » l'appellant absous de la demande de *lods & ventes*, » pour la somme payée pour les frais de criée, » & sans dépens. Le second arrêt qui a jugé la » même question, est du 19 mars 1622, au rap- » port de M. de Berzian, entre Marie Negrier, » veuve de Simon Livault, & Nicolas Fleurie, » fermier de la terre de Rouvre, par lequel la » sentence des présidiaux, qui avoit adjugé les » *lods & ventes* pour les frais de criées, fut in- » firmée; lequel arrêt est rapporté par M^e le » Prêtre ès arrêts de la cinquième. Pallu, sur Tours, » *art. 147*; Filleau sur l'article dernier de la cou- » tume de Poitou, 445, *in verbo*, ventes & hon- » neurs ».

Nous avons rapporté ce passage, quoique un peu long, parce qu'il présente tout à la fois le motif qui décide, & les arrêts qui ont décidé.

Enfin, nous avons, dans le traité des fiefs de Guyot, un garant que la jurisprudence est la même aujourd'hui que dans le dernier siècle. « Dans les » adjudications par décret, dit cet auteur, les frais » ordinaires des criées qui sont à la charge de » l'adjudicataire, n'augmentent point les *lods* ou le » quint, *c'est l'avis des docteurs. Voyez* Pocquet de » Livonniere, en ses observations sur du Pineau, » *art. 156* d'Anjou: il rapporte *plusieurs arrêts* qui » l'ont décidé. *Des lods & ventes, chap. 2, n°. 7*.

§. XXXIII. *Lorsque le contrat porte que le vendeur paiera le quint, ce droit doit-il être de la cinquième partie du prix, comme dans le cas où l'acquéreur en est chargé.* Autrefois & jusqu'en 1580 le quint étoit à la charge du vendeur; la coutume de Paris le disoit expressément, & c'étoit le droit commun du royaume. Ainsi lorsque le vendeur contractoit quelque obligation, telle que celle de payer des frais de justice ou ceux du contrat, ou bien lorsque pour parvenir à la consommation de la vente il avoit donné des sommes notables à des proxenettes, alors s'élevoit une question assez analogue à celle qui nous occupe, la question de savoir si l'on devoit déduire ces sommes sur le prix écrit dans le contrat, pour diminuer d'autant la quotité du droit de quint.

Dumoulin, sur l'article 23 de l'ancienne coutume de Paris, discute & décide cette question. *Quæro an debeant deduci de pretio, & jus quinto sumptus facti tam pro præparandâ quàm pro perficiendâ venditione puta sumptus subhastationum si res subhastetur vel sumptus cartharum, proxenetarum, tabellionum & hujusmodi.*

Dumoulin répond, *videtur quod sic.* Ensuite il donne les motifs qui militent pour cette décision; le principal est que le vrai, le seul prix de la chose vendue est ce qui tourne au profit du vendeur, déduction faite de tous les frais, de toutes les charges qu'il supporte à raison de la *vente. Intelligitur de prætio quod in effectu remanet penes venditorem deductis omnibus præfatis impensis.* Et de-là notre jurisconsulte tire la conséquence que le seigneur dominant ne peut exiger le quint que sur la somme qui reste entre les mains du vendeur, déduction faite de toutes les impenses.

Après avoir présenté ce motif de décider, Dumoulin en discute la solidité; il seroit juste, dit-il, si la coutume calculoit le quint sur la somme qui tourne au profit du vendeur. Mais ce n'est pas là ce qu'elle dit. Elle porte en termes absolus que ce droit de quint est la cinquième partie du prix, *allegata pro parte affirmativâ haberent locum si consuetudo diceret quintum esse solvendum de eo quod venditor recepit; secùs, quando verba statuti vel consuetudinis precisè se referunt ad pretium conventum pro quo venditio facta est; quia tunc standum est verbis & non est facienda prædicta deductio.*

Dumoulin, comme l'on voit, décide très-affirmativement que le vendeur chargé du paiement des droits de la mutation n'est pas fondé à dire au seigneur: à la vérité j'ai vendu 100,000 livres, mais je me suis chargé des frais du contrat, *&c.* ces frais montent à 100 pistoles, par conséquent il ne reste dans mes mains que 99,000 livres, ainsi je ne vous dois pour le droit de quint, que la cinquième partie de cette somme.

On sent l'analogie de cette espèce avec celle que nous examinons. En effet de quoi s'agit-il? Le vendeur s'est chargé d'acquitter le droit de quint, & l'on demande s'il doit le cinquième de la somme entière écrite dans le contrat, ou seulement le cinquième, ce droit de quint préalablement déduit.

Ainsi dans les deux cas, un droit de quint qui doit être acquitté par le vendeur; & dans l'une comme dans l'autre, des sommes que le vendeur est obligé de prélever sur le prix du fief. Où pourroit donc être la difficulté d'appliquer à notre espèce la décision de Dumoulin?

Sans doute, il y a de la différence entre les droits seigneuriaux & les charges dont parle Dumoulin.

Mais sa raison de décider est une raison générale, & qui s'applique au quint comme aux frais du contrat. Il rejette la prétention du vendeur, parce que la coutume ne dit pas que le quint sera la cinquième partie des sommes qui tourneront à son profit, mais indéfiniment & en termes absolus, *la cinquième partie du prix.*

Or, la nouvelle coutume de Paris est à cet égard conçue dans les mêmes termes que l'ancienne, sur laquelle Dumoulin écrivoit. Comme cette ancienne coutume, elle dit, *art. 23, doit payer le quint denier du prix.*

Il ne peut donc y avoir qu'une seule manière de déterminer la quotité du quint, c'est de prendre la cinquième partie du prix écrit dans le contrat. Ce prix est la seule chose qu'il importe de connoître, toutes les autres stipulations du contrat sont étrangères au seigneur.

Cependant la circonstance, que ce n'est pas précisément notre question que Dumoulin décide, diminue de beaucoup ici le poids de sa décision. Et d'un autre côté, on peut soutenir par des motifs au moins très-apparens, que lorsque le vendeur s'est chargé des droits de la mutation, le seigneur ne peut demander que le cinquième de la somme écrite dans le contrat, déduction préalablement faite du quint.

Avant la réformation de la coutume de Paris, en 1580, le droit de quint, comme nous l'avons déjà dit, étoit à la charge du vendeur; & lorsque le contrat étoit fait *francs deniers*, c'est-à-dire, lorsqu'il étoit stipulé que l'acquéreur seroit tenu d'en acquitter le vendeur, alors, outre le quint, il étoit dû au seigneur un droit de requint qui consistoit dans la cinquième partie du quint.

Et quel étoit le motif de cette surcharge? C'est, disoit-on, parce que l'acquéreur a nécessairement acheté moins cher. Par exemple, ce fief abandonné pour 80,000 livres, sous la condition que l'acquéreur paieroit le quint, sans cette convention auroit été vendu 100,000 francs. Mais le quint de 100 est de 20, & le quint de 80 n'est que de 16. Pour que cette convention ne préjudicie pas au seigneur, il faut donc ajouter au droit de quint un cinquième de ce même quint, & obliger l'acquéreur à payer 20,000 l., somme à laquelle le droit de quint seroit effectivement monté, si le vendeur n'en avoit pas chargé l'acquéreur.

D'après la règle *eadem ratio idem jus*, aujourd'hui que c'est l'acheteur qui doit le quint, n'est-il pas juste, n'est-il pas au moins de toute équité de diminuer cette prestation d'un cinquième lorsque c'est le vendeur qui s'en charge?

En effet, si le fief est vendu 100,000 liv. sous la condition que le vendeur paiera le quint, il est clair que l'acquéreur n'en eût donné que 80, s'il eût été grevé de cette charge. Dans ce cas il faut donc diminuer le cinquième du quint, c'est-à-dire, réduire les 20,000 liv. à 16, ce qui forme précisément la cinquième partie.

Il est clair qu'il existe entre ces deux espèces la plus parfaite identité, & que l'une n'est que l'inverse de l'autre. Ainsi même raison de décider; par conséquent même décision.

On peut ajouter: lorsque l'article 23 de la coutume de Paris dit, *l'acheteur doit payer le quint denier du prix*, quel sens donne-t-elle à ce mot *prix?* sans doute c'est le prix de l'acquéreur: or, toutes les fois que le vendeur se charge du paiement du quint, on ne peut pas dire que la somme entière payée par l'acquéreur forme le prix qu'il met au fief; dans cette somme il en est une qui, dans son intention, représente les droits seigneuriaux, & qu'il donne, non pour le fief, mais pour que le vendeur acquitte à sa décharge, & en quelque sorte comme son mandataire, le droit ouvert par son acquisition.

Mais ces raisons ne sont pas sans replique; on répondra à ce dernier raisonnement: le prix d'une chose, c'est ce que l'acquéreur donne au vendeur: voilà le sens naturel de cette expression. Il faut donc croire que c'est de cette manière que les rédacteurs des coutumes l'ont employée.

Et quant à ce qui se passoit avant la réformation de la coutume de Paris, la réponse est encore plus tranchante. Alors, il est vrai, toutes les fois que l'acquéreur se chargeoit des droits de la mutation, on ajoutoit un cinquième au quint. Mais cela étoit réglé par une loi précise. L'article 24 de l'ancienne coutume l'ordonnoit ainsi. Mais en abrogeant l'ancien droit, & transportant du vendeur à l'acquéreur l'obligation de payer le quint, les réformateurs n'ont pas dit que, dans le cas où le vendeur s'en chargeroit, il lui seroit fait aucune espèce de déduction sur le prix. (*Article de M.* HENRION, *avocat au parlement*)

Lods & ventes. Nous ajouterons, d'après M. le président de la Chenaye, lieutenant-général de Mortagne, *&c.* que par l'article 86 de la coutume du grand-Perche, rédigée en 1558, il n'est dû en la ville & châtellenie de Mortagne, aucuns droits de *lods & ventes*, pour raison des acquisitions faites dans l'étendue de la châtellenie. Ce privilège, peut-être unique en France, est dû à une concession faite en 1140, par Rotrou, comte de Belleme; deuxième comte du Perche, & gendre de Henri I, roi d'Angleterre & duc de Normandie.

LOER, v. a. terme particulier des chartres générales du Hainaut & de la coutume du chef-lieu de Mons, qui signifie *consentir.* Il y est spécialement employé en parlant du consentement donné par les héritiers présomptifs à l'aliénation des biens-fonds, qui, par la loi coutumière, doivent leur revenir après la mort du possesseur.

Nous avons dit, sous les mots CONDITIONNER & DÉVOLUTION (*Droit de*), que, suivant la disposition des coutumes des Pays-Bas, les conjoints par mariage & les personnes veuves ne pouvoient aliéner certaines espèces de biens au préjudice de leurs héritiers. Les chartres générales du Hainaut & la coutume de Mons leur permettent de le faire avec le consentement de ces mêmes héritiers.

Mais pour qu'un héritier présomptif puisse *loer*, il faut, suivant la coutume de Mons, qu'il soit mis hors de pain, ou marié, qu'il ait atteint l'âge auquel elle fixe la capacité d'aliéner, c'est-à-dire, vingt-un ans pour les mâles, & dix-huit pour les filles. S'il est mineur, la coutume exige le su & consentement de deux de ses plus proches parens, du côté dont les biens à aliéner viennent, & une autorisation judiciaire, donnée en connoissance de cause.

C'est par cette disposition de la coutume, qu'on donne le sens du proverbe usité dans le pays de Mons, *que deux impuissans font un puissant.* En effet, le propriétaire d'un héritage affecté à ses héritiers présomptifs, ne peut l'aliéner; cette faculté est encore moins au pouvoir de l'héritier, qui n'a sur ce même héritage qu'une espérance, & cependant par la réunion de leurs volontés respectives, le propriétaire actuel acquiert le pouvoir d'aliéner, qu'il n'avoit pas par lui-même.

Lorsque l'héritier présomptif refuse de *loer*, c'est-à-dire, de consentir à la vente que veut faire le propriétaire, pour satisfaire à des besoins urgens, celui-ci doit s'adresser aux mayeur & échevins du lieu; & en justifiant de la nécessité où il se trouve, il en obtient une autorisation qui supplée au consentement de l'héritier présomptif. Au reste, le mayeur ne doit donner cette autorisation qu'après avoir pris charge d'enquête, & il est encore nécessaire que le propriétaire, en procédant aux devoirs de loi, affirme, à peine de nullité, qu'il fait la vente à bonne intention *pour mieux faire que laisser.*

LOGEMENT *des curés. Voyez* CURE, CURÉ, PRESBYTÈRE, RÉPARATIONS *des biens d'église.*

LOGES, (*Droit de*) Ragueau dit que « c'est un » droit qui appartient par chacun an à un seigneur » pour les *loges* que les sujets tiennent au dedans » de l'enclos, pour s'y retirer en temps de guerre, » dont Chassanée fait mention sur la coutume de » Bourgogne, au titre *des main-mortes*, *art. 8.* ».

On voit effectivement dans ce dernier auteur, que le seigneur de l'*Espinasse* prétendoit une redevance de 10 sous par an sur les habitans du lieu qui avoient des *loges* dans son château. Mais Chassanée ajoute qu'il leur conseilla de déguerpir les *loges*, & qu'il soutint qu'ils y devoient être admis, pour se décharger de la redevance, à laquelle ils n'avoient été assujettis que par violence. Il y avoit, dit-il, d'autant plus de raison d'autoriser ce déguerpissement que le fondement du droit étoit cessé, puisqu'il n'y avoit plus de guerre, & que le château étoit tombé en ruine.

Ce procès n'étoit point encore terminé lors de l'impression du commentaire de Chassaneuz. Mais cet auteur observe que le seigneur ayant demandé la jouissance provisoire durant le procès, elle lui fut refusée par sentence du bailliage d'Autun, *Voyez les articles* GUET & GARDE, & LIGE ÉTAGE. (*Article de M.* GARRAN DE COULON.)

LOGIES, c'est, suivant Ragueau, dans le glossaire du droit françois, un droit que le roi prend en Poitou par chacun an sur chacune prévôté de la sénéchaussée & comté de Poitou, à savoir, 8 liv. 5 s. outre le prix auquel ont été mis à ferme lesdites prévôtés, & 15 s. pour le droit des gens des comptes. (*Article de M.* GARRAN DE COULON, *avocat au parlement.*)

LOGRES, on appelle ainsi le gain nuptial, dans la coutume de la Marche, suivant l'article 306, qui porte que ce droit *ne gît point en restitution.*

Couturier de Fournolie, dans son commentaire sur cet article, dit que « dans l'usage ordinaire le » gain nuptial accordé par le futur à la future, est » une somme au double de ce que la future accorde au futur; ce n'est cependant, ajoute-t-il, » qu'un usage, & la liberté n'est point contrainte, » du plus ou moins, d'autant que notre article ci-» dessus 294 de la coutume, autorise en contrat de » mariage les dispositions entre les conjoints, soit » égales ou non. Il est cependant encore d'usage » par un sentiment de bienséance & convenance » dans les contrats de mariage, de stipuler une ré-» duction du gain nuptial, ou au tiers ou à la moitié » plus ou moins, selon qu'on avise dans le cas où » il surviendra des enfans descendans du mariage, » traité par le contrat, & ce en faveur desdits en-» fans, & de stipuler aussi que ledit gain nuptial » n'aura aucun effet, en cas de convol de la part » du mari ou de la femme, si pour lors ils ont des » enfans de leur mariage. Par une même raison & » faveur envers lesdits enfans ». (*Article de M.* GARRAN DE COULON, *avocat au parlement.*)

LOGUES, c'est, suivant Ragueau, un droit qui est dû au sous-cellérier de l'abbaye de Deols en Berry sur certaines dîmes de l'abbaye.

Renauldon & l'annotateur de Boutaric disent la même chose, sans entrer dans d'autres détails. (*Article de M.* GARRAN DE COULON, *avocat au parlement.*)

LOI, s. f. (*Droit divin, naturel, polit. civil & canon.*) est en général une règle établie par l'autorité divine ou humaine, pour imposer aux hommes l'obligation de faire ou de ne pas faire certaines actions, sous la menace de quelque peine. Cette définition comprend toutes les espèces de *loix* qui gouvernent les hommes.

Mais si on veut définir la *loi* par rapport aux hommes établis en société, on peut dire que c'est une règle prescrite par le souverain à ses sujets, soit pour leur imposer l'obligation de faire ou de ne pas faire certaines choses, sous la menace de quelque peine, soit pour leur laisser la liberté d'agir, ou de ne pas agir en d'autres choses, comme ils le trouveront à propos, & leur assurer une pleine jouissance de leur droit à cet égard.

§. I. *Division des loix.* Les hommes, dit M. de Montesquieu, sont gouvernés par diverses sortes de *loix*, ils sont gouvernés par le droit naturel; par le droit divin, qui est celui de la religion; par le droit ecclésiastique, autrement appellé *canonique*, qui est celui de la police de la religion; par le droit des gens, qu'on peut considérer comme le droit civil de l'univers, dans le sens que chaque peuple en est un citoyen; par le droit politique général, qui a pour objet cette sagesse humaine, qui a fondé toutes les sociétés; par le droit politique particulier, qui concerne chaque société; par le droit de conquête, fondé sur ce qu'un peuple a voulu, a pu ou dû faire violence à un autre; par le droit civil de chaque société, par lequel un citoyen peut défendre ses biens & sa vie contre tout autre citoyen; enfin, par le droit domestique, qui vient de ce qu'une société est divisée en diverses familles qui ont besoin d'un gouvernement particulier. Il y a donc différens ordres de *loix*, & la sublimité de la raison humaine consiste à savoir bien auquel de ces ordres se rapportent principalement les choses sur lesquelles on doit statuer, & à ne point mettre de confusion dans les principes qui doivent gouverner les hommes.

Mais toutes les différentes idées qu'on peut concevoir des diverses *loix* qui s'expriment par les noms des *loix* divines & humaines, naturelles & positives, de la religion & de la police, du droit des gens & du droit civil, ou par tout les autres noms qu'on peut leur donner, se réduisent à deux espèces, qui comprennent toutes les *loix*, de quelque nature qu'elles soient: l'une des *loix* qui sont immuables, & l'autre des *loix* qui sont arbitraires. Car il n'y en a aucune qui n'ait l'un ou l'autre de ces deux caractères, qu'il est important de considérer, non-seulement pour avoir une idée de cette première distinction générale des *loix*; mais encore parce que ces deux caractères font dans toutes les *loix* ce qu'elles ont de plus essentiel; ainsi la connoissance en est nécessaire & d'un grand usage, sur-tout dans les *loix* civiles.

Les *loix* immuables s'appellent ainsi, parce qu'elles sont naturelles & tellement justes toujours & par-tout, qu'aucune autorité ne peut ni les changer, ni les abolir; & les *loix* arbitraires sont celles qu'une autorité légitime peut établir, changer & abolir, selon le besoin.

Ces *loix* immuables ou naturelles sont toutes celles qui sont des suites nécessaires des deux premières, c'est-à-dire, l'amour de Dieu & celui du prochain, & qui sont tellement essentielles aux engagemens qui forment l'ordre de la société, qu'on ne sauroit les changer sans ruiner les fondemens de cet ordre; & les *loix* arbitraires sont celles qui peuvent être différemment établies, changées, & même abolies, sans violer l'esprit des premières *loix*, sans blesser les principes de l'ordre de la société. Ainsi, comme c'est une suite de la première *loi*, qu'il faut obéir aux puissances, parce que c'est Dieu qui les a établies, & que c'est une suite de la seconde *loi* qu'il ne faut faire tort à personne, & qu'il faut rendre à chacun ce qui lui appartient, & que toutes ces règles sont essentielles à l'ordre de la société, elles sont par cette raison des *loix* immuables. Il en est de même de toutes les règles particulières, qui sont essentielles à ce même ordre & aux engagemens qui suivent des premières *loix*. Ainsi c'est une règle essentielle à l'engagement d'un tuteur, que tenant lieu de père à l'orphelin qui est sous sa charge, il doit veiller à la conduite de la personne & des biens de cet orphelin: & c'est aussi une *loi* immuable, que le tuteur doit prendre ce soin. Ainsi c'est une règle essentielle à l'engagement de celui qui emprunte quelque chose d'un autre, qu'il doit la conserver: c'est aussi une *loi* immuable, qu'il doit répondre des fautes qu'il aura faites contre ce devoir.

Mais les *loix* qui sont indifférentes aux deux premières, & aux engagemens qui en sont les suites, sont des *loix* arbitraires. Ainsi, comme il est indifférent à ces deux *loix*, & à l'ordre des engagemens, qu'il y ait ou cinq, ou six, ou sept témoins dans un testament; que la prescription s'acquière par vingt, par trente, ou par quarante ans; que la monnoie vaille plus ou moins: ce sont des *loix* arbitraires qui règlent ces sortes de choses, & on les règle différemment, selon le temps & selon les lieux.

On voit par cette première idée de la nature des *loix* immuables, qu'elles ont leur origine dans les deux premières *loix*, dont elles ne sont qu'une extension; & que par exemple, ces règles naturelles de l'équité qui ont été remarquées, & les autres semblables, ne sont autre chose que ce que l'esprit de la seconde *loi* demande en chaque engagement, & ce qu'il y manque d'essentiel & de nécessaire.

Pour les *loix* arbitraires, on peut remarquer deux différentes causes qui en ont rendu l'usage nécessaire dans la société, & qui ont été les sources de cette multitude infinie de *loix* arbitraires qu'on voit dans le monde.

La première de ces deux causes est la nécessité de régler certaines difficultés qui naissent dans l'application des *loix* immuables, lorsque ces difficultés sont telles, que les *loix* immuables ne les règlent point & qu'il ne peut y être pourvu que par des *loix* positives. On jugera de ces sortes de difficultés par un exemple dont nous nous contenterons. C'est une *loi* naturelle & immuable que les pères doivent laisser leurs biens à leurs enfans après leur mort: & c'est aussi une autre *loi* qu'on met communément au nombre des *loix* naturelles, qu'on puisse disposer de ses biens par un testament. Si on donne à la première de ces deux *loix* une étendue sans bornes, un père ne pourra disposer de rien; & si on étend la seconde à une liberté indéfinie de disposer de tout, comme faisoit l'ancien droit romain, un père pourra priver ses enfans de toute part en sa succession, & donner tous ses biens à des étrangers.

On voit par ces conséquences si opposées qui suivent de ces deux *loix* étendues indéfiniment, qu'il est nécessaire de donner à l'une & à l'autre quelques bornes qui les concilient. Et si tous les hommes se conduisoient par la prudence & par l'esprit des premières *loix*, chacun seroit un juste interprête de ce que demanderoit de lui la *loi* qui veut que les enfans succèdent aux biens des pères, & de ce que demanderoit aussi celle qui permet d'en disposer par un testament. Car il sauroit proportionner ses dispositions à l'état de ses biens & de sa famille, & à ses devoirs envers ses enfans & envers les autres personnes, selon qu'il pourroit être obligé ou à quelque reconnoissance, ou à quelque libéralité. Mais parce que tous ne se conduisent pas par cet esprit des premières *loix*, ni par la prudence, & que quelques-uns abusant de la liberté de disposer de leurs biens, ou même ignorant l'état de leurs biens & de leurs affaires, pourroient blesser leurs devoirs envers leurs enfans, il a été nécessaire de concilier ces deux *loix*, & de les réduire en règles communes pour tous, en faisant une *loi* arbitraire, qui bornât la liberté des pères de disposer de leurs biens au préjudice des enfans, & qui conservât à ceux-ci une certaine portion des biens de leurs parens, dont ils ne pussent être privés; & c'est cette portion fixée par une *loi* arbitraire, qu'on appelle la *légitime*.

La seconde cause des *loix* arbitraires a été l'invention de certains usages qu'on a cru utiles dans la société. Ainsi, par exemple, on a inventé les fiefs, les cens, les rentes constituées à prix d'argent, les retraits lignagers, les substitutions, & autres semblables usages, dont l'établissement étoit arbitraire. Et ces objets qui sont de l'invention des hommes, & qu'on pourroit appeller par cette raison des objets arbitraires, sont réglés par un vaste détail de *loix* de même nature. Ainsi, l'on voit dans la société l'usage de deux sortes de ces objets que j'appelle *arbitraires*. Plusieurs sont si naturels, & si essentiels aux besoins les plus fréquens, qu'ils ont été toujours admis, dans tous les lieux, comme sont l'échange, le louage, le dépôt, le prêt à usage, & plusieurs autres conventions; les tutèles, les successions, & plusieurs autres pratiques. Mais il faut remarquer que ces articles même, qui sont d'institution humaine, ont toujours leur fondement, non-seulement sur la liberté générale de faire toute sorte de conventions, mais aussi sur l'utilité publique. C'est ainsi que l'avantage commun a obligé au service militaire ceux à qui les fiefs & les arrière-fiefs ont été donnés, & leurs successeurs. De même les substitutions ont pour fondement la liberté générale de disposer de ses biens, la vue de conserver les biens dans les familles, l'utilité d'ôter à de certains héritiers ou légataires, la liberté de disposer, dont ils pourroient faire un mauvais usage, & d'autres motifs semblables.

Il faut remarquer aussi sur ces articles imaginés, qu'encore qu'il semble qu'ils ne doivent être réglés que par des *loix* arbitraires, ils ont néanmoins plusieurs *loix* immuables : de même qu'on voit que les autres objets qu'on peut appeller *naturels*, ne sont pas seulement réglés par des *loix* naturelles & immuables, mais aussi par des *loix* arbitraires. Par exemple, c'est une *loi* immuable, dans la matière des fiefs, qu'on doit y garder les conditions réglées par le titre de la concession du fief. De même, dans la matière naturelle des tutèles, c'est par une *loi* arbitraire qu'on a réglé le nombre des enfans qui exempte de cette charge. Ces exemples montrent que dans toutes les matières, & naturelles & autres, l'usage y a mêlé des *loix* immuables & des *loix* arbitraires; mais avec cette différence, que dans les matières naturelles il y a peu de *loix* arbitraires, & que la plupart y sont des *loix* immuables; & qu'au contraire il y a une infinité de *loix* arbitraires dans ces autres matières qui ont été inventées. Ainsi on voit dans le droit romain que comme la plupart des matières qui s'y trouvent de notre usage, sont des matières naturelles, les règles en sont aussi presque toutes des *loix* naturelles; & qu'au contraire comme la plupart des matières de nos coutumes sont de ces matières arbitraires, la plus grande partie de leurs règles sont arbitraires aussi, & différentes en divers lieux; & on voit de même dans les matières arbitraires qui sont réglées par les ordonnances, que presque toutes leurs règles sont aussi arbitraires.

Les *loix* arbitraires sont donc de deux sortes, selon les deux causes qui les ont établies. La première est de ces *loix* arbitraires qui ont été des suites des *loix* naturelles, comme celles qui règlent la légitime des enfans, l'âge de majorité, & les autres semblables; & la seconde est de celles qui ont été inventées pour régler les matières arbitraires, comme sont les *loix* qui règlent les degrés de substitution, les droits de relief dans les fiefs, *&c.*

La distinction que nous venons de faire des *loix* immuables & des *loix* arbitraires, renferme celle des *loix* naturelles & des *loix* positives, ou plutôt ces trois distinctions n'en font qu'une seule; car il n'y a de *loix* naturelles & immuables que celles qui, fondées sur la nature des choses, viennent de Dieu: & les *loix* humaines sont des *loix* positives & arbitraires, parce que les hommes peuvent les établir, les changer & les abolir.

On pourra penser que les *loix* divines ne sont pas toutes immuables, puisque Dieu a lui-même aboli plusieurs de celles qu'il avoit données aux Juifs, parce qu'elles ne convenoient pas à l'état de la *loi* nouvelle. Mais il est toujours vrai que ces *loix* même étoient immuables à l'égard des hommes, & que les *loix* divines qui règlent notre état présent, ne sont plus susceptibles d'aucun changement. Sur quoi il faut remarquer qu'on réserve la dignité de ce nom de *loix divines* à celles qui regardent les devoirs de la religion, comme sont les deux premières *loix*, le décalogue, & tout ce qu'il y a de préceptes dans les livres saints sur la foi & les mœurs. Et que pour le détail des règles immuables de l'équité, qui regardent les matières des contrats, des testamens, des prescriptions, & des autres matières des *loix* civiles, quoique ces règles aient leur justice dans la *loi* divine qui en est la source, on ne leur donne que le nom de *loix* naturelles, ou du droit naturel, parce que Dieu les a gravées dans notre nature, & qu'elles ont une telle convenance avec la raison, qu'elle suffit pour les connoître, & que ceux même qui ignorent les premiers préceptes & l'esprit de la *loi* divine, connoissent ces règles, & s'en font des *loix*.

A cette première distinction, j'en ajoute une seconde qui comprend aussi toutes les *loix*, mais sous deux autres points de vue; savoir, en *loix* de la religion & en *loix* de la police. Ce sont-là deux distinctions qu'il ne faut pas confondre, comme si toutes les *loix* de la religion étoient des *loix* immuables, & que toutes les *loix* de la police fussent seulement des *loix* arbitraires. Car il y a dans la religion plusieurs *loix* arbitraires, & la police a beaucoup de *loix* immuables. Ainsi il y a dans la religion des *loix* qui règlent certaines cérémonies, l'extérieur du culte divin, ou quelques points de la discipline ecclésiastique, qui sont des *loix* arbitraires établies par l'autorité des puissances spirituelles; & il y a dans la police des *loix* immuables, telles que sont celles qui commandent l'obéissance aux puissances, celles qui ordonnent de rendre à chacun ce qui lui appartient, & de ne faire tort à personne: celles qui commandent la bonne-foi, la sincérité, la fidélité, & qui condamnent le dol & les tromperies; & celles qui prescrivent une infinité de règles particulières qui dépendent de ces premières. De sorte qu'il est commun à la religion & à la police d'avoir tout ensemble l'usage des *loix* immuables, & celui des *loix* arbitraires, & qu'il faut par conséquent distinguer par d'autres vues les *loix* de la religion, & celles de la police.

Les *loix* de la religion sont celles qui règlent la conduite de l'homme par l'esprit des deux premières *loix*, & par les dispositions intérieures qui le portent à tous ses devoirs, & envers Dieu, & envers soi-même, & envers les autres, soit dans le particulier, ou en ce qui regarde l'ordre public. Ce qui comprend toutes les règles de la foi & des mœurs, & aussi toutes celles de l'extérieur du culte divin, & de la discipline ecclésiastique.

Les *loix* de la police sont celles qui règlent l'ordre extérieur de la société entre tous les hommes, soit qu'ils connoissent, ou qu'ils ignorent la religion, soit qu'ils en observent les *loix*, ou qu'ils les méprisent.

On peut juger par ces premières remarques que nous faisons sur les *loix* de la religion & sur celles de la police, qu'elles ont des règles qui leur sont communes, & que l'une & l'autre en ont qui leur sont propres. Ainsi les *loix* qui commandent la soumission à la puissance naturelle des parens, & à l'autorité des puissances civiles; celles qui ordonnent la sincérité & la fidélité dans le commerce; celles qui défendent l'homicide, le larcin, l'usure, le dol & les autres semblables, sont des *loix* de la religion, parce qu'elles sont essentielles aux deux premières *loix*; mais elles sont aussi des *loix* de la police, parce qu'elles sont essentielles à l'ordre de la société; elles sont donc communes à la religion & à la police. Mais les *loix* qui regardent la foi, l'intérieur des mœurs, & celles qui règlent les cérémonies du culte divin & la discipline ecclésiastique, sont des *loix* propres à la religion: & les *loix* qui règlent les formalités des testamens, le temps des prescriptions, la valeur de la monnoie publique, & autres semblables, sont des *loix* propres à la police.

Mais il faut remarquer, à l'égard des *loix* qui sont communes à la religion & à la police, qu'elles ont chacune un usage différent de celui qu'elles ont dans l'autre. Dans la religion ces *loix* obligent à une intention droite dans le cœur, qui n'en accomplisse pas seulement la lettre dans l'extérieur, mais qui en observe l'esprit dans l'intérieur. Au lieu que dans la police, on y satisfait en les observant dans l'extérieur, & en n'entreprenant rien contre leurs défenses. De sorte qu'encore que la religion & la police aient leur principe commun dans l'ordre divin, & leur fin commune de régler les hommes, elles sont distinguées par leur influence, en ce que la religion règle l'intérieur & les mœurs de l'homme pour le porter à tous ses devoirs, & que la police n'exerce son ministère que sur l'extérieur indépendamment de l'intérieur.

Il faut aussi remarquer cette différence, entre les *loix* arbitraires de la religion, & les *loix* arbitraires de la police, que celles-ci s'appellent communément des *loix* humaines, parce que ce sont des *loix* que les hommes ont établies, & que c'est la raison humaine qui en est le principe; mais qu'encore que les *loix* arbitraires de la religion soient établies aussi par des hommes, on ne les appelle pas des *loix* humaines, mais des constitutions canoniques, ou des *loix* de l'église, parce qu'elles ont leur principe dans la conduite de l'esprit divin qui règle l'église.

§. II. *De la nature différente des loix & des divisions qui en résultent.* Les *loix* sont des rapports & des effets nécessaires résultans de la nature des choses: ainsi chaque chose, chaque être a ses *loix*, parce qu'il y a toujours quelques rapports, quelques effets qui résultent nécessairement de sa nature. Il faut donc, pour connoître la différence essentielle des *loix*, & leurs différentes classes, considérer la nature & l'essence de l'homme en elles-mêmes, & la nature & l'essence des sociétés civiles & politiques.

On peut considérer l'homme sous trois aspects; 1°. on peut l'envisager comme un être purement corporel & dans l'ordre de cette innombrable quantité d'êtres corporels, qui sont dans l'univers; 2°. comme un être composé de corps & d'esprit; 3°. comme étant purement spirituel ou comme un être raisonnable.

L'homme, en tant que corporel, est soumis à certaines *loix;* car ses différentes parties ont des rapports & des effets les unes à l'égard des autres, auxquels son ame ou sa partie raisonnable ne participe point. Tels sont les mouvemens intérieurs du corps, la circulation du sang, la chilification, & quantité d'autres opérations semblables, qui se font dans le corps sans la coopération de notre esprit.

Comme ces mouvemens intérieurs & ces rapports résultent de la nature du corps, & qu'ils existent indépendamment de notre volonté & de notre coopération, & même souvent sans que nous en ayons connoissance, ces *loix* du corps ne sont point sous notre pouvoir, & à leur égard nous ne pouvons être soumis à aucunes loix étrangères.

On ne peut pas non plus nous demander compte des prétendues fautes que nous pouvons faire contre l'honnêteté, & contre le respect, par des mouvemens corporels, qui se font sans la coopération de notre volonté; ce seroit, par exemple, un ordre tyrannique & contraire à la nature & aux *loix* du corps, que de défendre de tousser ou de cracher en présence des princes, parce que ce sont des actions du corps auxquelles l'entendement n'a point de part; mais comme il dépend de notre volonté de jetter cette mal-propreté par terre ou de la garder dans le mouchoir, un prince peut, absolument parlant, défendre qu'on ne gâte pas ses appartemens.

Nous pouvons considérer l'homme comme une créature composée de corps & d'esprit, & sous ce point de vue, nous trouvons dans la nature de l'homme certains mouvemens & certaines sensations que l'entendement partage, & par lesquels il est entraîné, sans pourtant qu'elles dépendent de ses résolutions. Il est à croire que ses mouvemens & ses sensations résultent de la nature du corps & de la qualité du lien par lequel l'ame lui est attachée: comme nous ne connoissons point assez la manière dont l'ame est unie au corps, & le moyen par lequel elle l'est, & que les trois systêmes que l'on connoît de nos jours sur ce sujet ne sont point satisfaisans, & ne lèvent aucun doute, nous ne pouvons pas connoître non plus les principes immédiats d'où ses sensations & ses mouvemens découlent. C'est assez pour nous de savoir que la nature les a mis en nous, & que notre esprit & notre corps les éprouvent.

On appelle ces mouvemens, *penchans naturels.* Les principaux d'entre eux sont l'amour de sa conservation, l'amour-propre, le penchant d'un sexe pour l'autre, l'amour de nos enfans, l'envie d'éprouver des sensations agréables, l'horreur des sensations désagréables & douloureuses, & l'amitié pour ceux qui nous font éprouver du plaisir, que nous remarquons déjà dans les enfans à l'égard de leur nourrice.

Ces penchans de la nature forment les premières *loix*, & suivant les jurisconsultes romains, qui définissoient le droit naturel, *quod natura omnia animalia docuit*, ils sont la première, ou même l'unique source du droit naturel, qu'ils distinguoient du droit de la raison.

Le troisième point de vue sous lequel on peut envisager l'homme, c'est du côté de son esprit: à le considérer purement comme une créature intelligente, on trouve qu'il n'a aucune autre *loi* que celle qu'il veut se donner à lui-même; la nature & le caractère propre d'une créature intelligente est de se conduire elle-même; c'est-là ce qui la distingue de toutes les autres; c'est dans cette vue que l'esprit a été donné à l'homme, & sans cela il lui seroit inutile.

Il suit de-là, que dans l'état de nature, l'homme n'a d'autres *loix* que celles de sa volonté: s'il avoit été une créature parfaitement intelligente, il auroit toujours resté dans cet état, & il ne se seroit jamais soumis aux *loix* qu'exigent les constitutions sociales. Mais comme l'homme ne naît pas intelligent, mais seulement avec la faculté de le devenir; comme son entendement ne se développe que peu-à-peu, & que ses desirs qui s'augmentent avec ce développement le conduisent à mille écarts & à mille fautes; comme son entendement est très-borné & très-sujet à l'erreur, & qu'en outre il est sujet à mille mouvemens déréglés à cause du lien qui l'attache au corps, il n'a pu rester dans l'état de nature, & il s'est vu contraint de se soumettre aux *loix* civiles. Cependant, comme il est dans la classe des créatures intelligentes, c'est principalement sous ce point de vue qu'il faut considérer sa nature; & si nous examinons la chose de près, nous trouverons qu'en étant soumis aux *loix* civiles, il n'est soumis qu'aux *loix* qu'il s'est données lui-même.

C'est la réunion des volontés qui a formé les républiques. Conséquemment c'est par un mouvement de sa volonté que les *loix* civiles ont eu lieu à son égard. C'est la réunion des volontés & des forces qui a produit la puissance fondamentale du peuple, & c'est de cette puissance qu'a résulté l'autorité souveraine, d'où émanent non-seulement les *loix* fondamentales, mais encore toutes les autres quelles qu'elles soient. Ainsi, qu'on envisage la chose de tel côté que l'on voudra, on trouvera par-tout que les *loix* civiles & toutes les autres auxquelles les hommes sont soumis, ne sont que les *loix* qu'ils se sont données à eux-mêmes.

Toutes les *loix* que l'homme a pu se donner dans l'état de nature, en qualité de créature intelligente, sont les *loix* de la raison; c'étoit alors son unique guide, ou plutôt son unique législateur. Les *loix* de la raison sont de différentes sortes, & celles de la religion doivent, avec justice, tenir le premier rang parmi elles. Dès que l'entendement de l'homme eut pris un accroissement suffisant, il dut sentir qu'il étoit une créature bornée & dépendante; & sa raison dut lui dire qu'il devoit rester à l'égard de l'être supérieur qui l'avoit créé, dans la même dépendance où il étoit avant que de sortir du néant; ainsi sa raison dut lui faire une *loi* d'adorer un être suprême. C'est la première révélation naturelle d'accord avec la révélation surnaturelle.

L'adoration de Dieu est donc la plus grande & la plus sacrée des *loix* de la raison, quoiqu'elle ne soit pas la première dans l'ordre des connoissances humaines; car il est indubitable que l'homme, livré à lui-même, auroit eu une grande quantité d'idées avant que sa raison fût parvenue à connoître la dépendance où il est à l'égard de son créateur, & l'obligation qu'il a de l'adorer.

Dès que la raison a montré à l'homme la grande *loi* de l'adoration de Dieu, elle doit chercher la manière de l'adorer qui lui est la plus agréable, & faire à l'homme une *loi* de suivre ce qu'elle imagine à ce sujet: elle découvre donc un service divin, ou, si l'on veut, une religion; mais elle peut se méprendre, & sur l'objet de son adoration, & dans la manière de l'adorer: ce qui prouve la nécessité de la révélation.

La vraie religion, quoiqu'elle soit révélée, n'en est pas moins un ouvrage de la raison. Quand Dieu se montre aux hommes, il se sert de certains moyens, & ces moyens doivent être accompagnés de signes qui prouvent nettement que c'est Dieu qui s'est montré. La raison est celle qui doit juger si les signes de manifestation emportent avec eux la certitude & la conviction que c'est Dieu qui s'est montré: la conviction est purement un ouvrage de la raison.

La raison se conduit à cet égard avec une parfaite liberté; elle se refuseroit à la croyance de la vraie religion, si les principes de la manifestation de Dieu, ou la base des vérités de cette religion n'étoit pas claire & persuasive! ainsi à l'égard de la vraie religion même, la conviction de l'esprit dépend de la raison.

La seconde espèce de *loix* que donne la raison, sont celles qui concernent le droit des gens. Quand différentes familles qui sont dans l'état de nature demeurent à portée les unes des autres, sans former de sociétés & sans s'unir d'aucune manière, elles ont beaucoup d'affaires & de démêlés à arranger entre elles; il leur est donc nécessaire d'adopter certains principes & certaines maximes sur la manière de se comporter les unes à l'égard des autres; c'est à la raison à les leur indiquer.

Lorsqu'une famille dans différens événemens s'est conduite d'une certaine manière à l'égard des autres familles, elle a droit d'exiger de celles-ci qu'elles se conduisent à son égard de la même façon, dans les événemens semblables qui pourront se rencontrer; & s'il y en a qui ne veulent pas reconnoître cette *loi*, & qui manquent au rapport d'égalité qui est entre les familles libres, on doit les regarder comme les ennemis décidés de tout le genre humain.

Il y a le même rapport & la même *loi* entre les différentes sociétés qui s'avoisinent & qui jouissent de toute la liberté naturelle, soit qu'elles se soient érigées en corps politiques, soit qu'elles ne forment que de simples associations de familles libres; car les premières ont tous les droits de la liberté naturelle à l'égard des autres peuples. Toutes ces nations ou toutes ces sociétés ont besoin de se former certaines maximes & certains principes de conduite, les uns à l'égard des autres peuples. C'est la raison qui les leur prescrira.

La manière dont il est d'usage de se comporter dans les différens événemens, forme ce qu'on appelle *le droit des gens*. Ce droit ne consiste que dans les maximes que les nations ont adoptées par l'usage ou par un accord tacite à l'égard des différens événemens. Que ces maximes soient bonnes ou qu'elles soient l'ouvrage d'une raison égarée, elles ont toujours également force de *loi*. Les nations barbares, les antropophages même ont leur droit des gens, quelque éloigné qu'il soit des règles de la justice & d'une raison éclairée.

Si une nation qui est dans l'usage de manger ses prisonniers, vouloit les enterrer tout vifs, elle violeroit le droit des gens; & les nations voisines la contraindroient de se désister de ce procédé sous peine de traiter ses prisonniers de même. Toute la force & l'efficacité du droit des gens ne vient que de la crainte des représailles, & l'on peut aisément connoître par-là quelle est l'essence de ce droit.

Le droit des gens consiste donc dans les principes & les règles qui sont établis sur les rapports & la conduite des états libres les uns à l'égard des autres; dans ceux qu'une raison saine ou égarée a prescrits, & dans ceux qui se sont introduits par l'usage & par un consentement tacite. *Voyez* Droit *des gens*.

La troisième espèce de *loix* de la raison sont celles qui concernent les mœurs & les affaires domestiques. Ceux qui composent la même famille, ou les différentes familles qui se sont associées & unies par des conventions, ont certains devoirs & certaines règles de conduite les uns à l'égard des autres, qui ont pour objet le bien général de la famille ou de la société; ces devoirs sont de se prêter un secours mutuel, & de se procurer les uns aux autres les commodités de la vie; c'est encore à la raison à enseigner ces devoirs & ces maximes. Plus elle sera éclairée, plus les *loix* qui fixent ces devoirs, à l'égard des mœurs & des affaires domestiques, seront parfaites.

Les mœurs & le gouvernement domestique ont le rapport le plus intime avec l'accroissement de la raison, & il est à remarquer que les *loix* qui concernent les mœurs & l'intérieur des maisons, ont beaucoup plus d'étendue dans l'état de la liberté naturelle, que dans les républiques. Tout ce qui est déterminé par les *loix* civiles dans les corps politiques, doit l'être par les *loix* que la raison a établies, à l'égard des mœurs & du gouvernement domestique, dans l'état de nature.

Les vertus morales & les bonnes mœurs ne sont que ce qui peut produire le bon ordre & le repos. Ces deux choses sont très-peu éloignées l'une de l'autre, même dans les corps politiques, & il faut que les *loix* civiles y soient toujours faites de manière qu'elles tendent à conserver les mœurs.

L'on voit que les *loix* de l'homme, dans l'état de nature, consistent toutes, ou dans les *loix* nécessaires qui résultent de la nature de son corps, ou dans les penchans que Dieu & la nature lui ont donnés, ou dans celles qu'il se donne à lui-même par sa raison.

La nature veut la conservation de l'homme; c'est également là le but des *loix* qu'elle a données à son corps & des penchans qu'elle lui a imprimés. L'homme d'autre côté veut son bonheur; ce desir vient lui-même de la nature; puisqu'elle lui a imprimé le desir de sa conservation & l'amour de lui-même, au moyen desquels sa conservation & sa prospérité particulière l'affectent plus sensiblement que la conservation & la prospérité d'aucune autre créature.

La conservation & la félicité sont conséquemment les deux grands objets de toutes les *loix* humaines. La raison doit toujours tendre vers ces objets, & faire tous ses efforts pour y parvenir, soit lorsqu'elle se sert des *loix* de la nature, soit lorsqu'elle en donne d'autres à l'homme.

Nous devons aussi toujours retourner à cet objet, lorsque nous cherchons à établir les premiers principes de chaque espèce de *loi*, & les maximes sur lesquelles on doit les régler.

Mais les hommes n'ont-ils pas pu reconnoître d'autres *loix* dans l'état de nature? Ils étoient alors les uns à l'égard des autres dans la même situation où sont les différens états libres, c'est-à-dire, toujours dans le cas d'opprimer ou d'être opprimés. Ainsi il a pu arriver qu'ils fussent contraints par la force à se soumettre à des *loix* étrangères. Il est certain que le penchant que la nature leur donna pour leur conservation, & la connoissance qu'ils avoient, que de deux maux il faut choisir le moindre, obligèrent quelquefois un homme à céder à la violence d'un autre; & que, comme il n'existoit point alors d'autorité supérieure, il n'y avoit point d'autres moyens que la force pour contraindre un homme à se conformer aux *loix* de la nature, à l'équité, à la raison, lorsqu'il s'en écartoit; mais la contrainte n'est point une *loi* proprement dite, & en y cédant, ce n'étoit pas précisément se soumettre à des *loix*.

Dans le principe on n'a pu contraindre les hommes qu'à des accords, & aucun d'eux n'a eu droit de contraindre les autres à autre chose qu'à observer les *loix* de la nature & de l'équité, lorsqu'ils s'en écartoient. En exigeant davantage, l'emploi de sa force auroit été hors des principes de la raison. Mais les hommes ne se sont pas toujours contenus dans des bornes aussi équitables: non-seulement en poussant trop loin une attaque équitable dans son principe, ils l'ont rendue souvent injuste, mais ils ont souvent contraint les autres de se conformer à leurs vues, sans avoir aucune raison. On demande à ce sujet, quelle valeur pouvoient avoir les traités faits entre l'opprimé & l'oppresseur, ou jusqu'à quel point les *loix* de la nature & de la raison obligeoient l'opprimé à les observer.

Suivant moi, il faut ici en distinguer de deux espèces; ou l'on obligeoit l'opprimé à un simple accord, ou l'on exigeoit qu'il se soumît à l'autorité & aux ordres de l'oppresseur; & on le réduisoit à une vraie servitude. Lorsque quelqu'un étoit contraint de faire un accord qui n'étoit pas évidemment contraire au droit naturel, il étoit incontestablement tenu de l'observer; une volonté contrainte est toujours une volonté qui se manifeste en choisissant le moindre des deux maux, lorsqu'on ne peut éviter l'un & l'autre; & la contrainte est d'autant moins une cause qui puisse rendre nul un accord fait dans l'état de nature, que dans cet état, l'homme est toujours dans le cas d'opprimer ou d'être opprimé. Se plaindre de la contrainte dans l'état de nature, c'est se plaindre de la situation naturelle qui, comme on le voit, est désordonnée. Si les conventions qu'on fait dans l'état de nature étoient nulles, lorsque la contrainte y a eu part, on ne pourroit jamais en faire de valable dans cet état, parce qu'à parler généralement, c'est un état de contrainte, & qu'on ne manqueroit jamais d'avoir cette raison à opposer à la validité de tous les accords. On ne pourroit jamais conséquemment faire de paix, ce qui est directement contraire à la raison & à la félicité que les hommes se proposent tous. Il n'y a qu'entre les membres d'un corps politique que la violence peut annuller une convention, parce que la contrainte est directement opposée aux constitutions civiles, & qu'il n'y a dans l'état que le souverain & les *loix* qui puissent contraindre quelque particulier que ce soit. Les états libres qui sont les uns à l'égard des autres dans l'état de la liberté naturelle, ne peuvent donc point regarder comme nulles les conventions qu'ils ont faites par contrainte; ce seroit combattre contre la nature de la chose même. Il n'en faut excepter que les conventions qui sont évidemment contraires au droit naturel, parce que ce droit est la *loi* suprême dans l'état de nature & qu'on ne peut le blesser, sans se déclarer l'ennemi du genre humain. Mais les conventions qui y sont contraires, seroient également de nulle valeur, soit qu'on les eût faites d'une volonté libre, soit qu'on eût été obligé de les accepter par la force.

Il en est tout autrement lorsqu'un homme a été contraint de se soumettre aux ordres d'un autre, ou à une vraie servitude: une pareille contrainte est évidemment contraire au droit naturel dont l'égalité & la liberté de tous les hommes sont la base. La nature a montré ses vues assez nettement à cet égard, en donnant à tous les hommes la faculté du raisonnement, au moyen duquel ils peuvent se conduire par eux-mêmes. Une contrainte poussée aussi loin n'est justifiée par aucun des motifs pour lesquels la raison permet la contrainte dans l'état de nature; elle ne permet jamais qu'on la porte au-delà de ce qui est nécessaire pour sa propre défense, pour

pour assurer son repos, & pour contenir dans les bornes de l'équité ceux qui s'en écartent. Elle permet bien qu'on se saisisse de son ennemi, & qu'on le garde jusqu'à ce qu'on n'ait plus rien à appréhender de lui; mais elle ne permet pas qu'on en fasse un esclave: si la raison qui conseille à l'homme de choisir le moindre des deux maux, lorsqu'il ne peut éviter tous les deux, peut le porter par-là à se soumettre à l'autorité d'un autre en certains cas, cette sujétion ne peut durer qu'autant que le mal, plus grand qu'on a voulu éviter par-là, reste imminent. Dès que la crainte qu'on en avoit a cessé, il n'y a plus lieu à la sujétion.

Après avoir montré la nature & la diversité des *loix* par rapport à la nature & à l'essence de l'homme, nous allons passer à la seconde classe principale des *loix*, qui comprend celle des corps politiques.

Elles sont, comme les *loix* de l'homme, des rapports & des effets résultans de la nature des choses; ainsi elles doivent se rapporter à la nature particulière de chaque état, à la forme du gouvernement qui détermine cette nature particulière, & au but de l'état qui consiste dans la félicité générale, & en ce que chacune des familles qui le composent, trouve son bien-être dans sa prospérité.

Ces *loix*, dans chaque état, sont de deux espèces: les politiques, qui se rapportent à sa nature particulière, & à sa forme de gouvernement, & qui fixent les rapports des sujets au souverain. Les civiles, qui naissent de la nature générale de tout état, & qui ont un rapport immédiat à la félicité générale, qui en est le grand objet.

Les *loix* politiques sont celles qui résultent de la nature particulière de chaque état. Un état ou une république, en prenant ce dernier terme dans une acception générale, est formé par la réunion des forces & des volontés de plusieurs hommes; mais comme il y a plusieurs sortes d'états, cette réunion ne détermine pas encore leur nature particulière. Cette nature n'est déterminée que par la manière dont le peuple ordonne, au moyen de sa majesté, ou de sa puissance suprême, que les forces réunies seront employées, & par la manière dont la puissance suprême sera administrée par ceux à qui on en confie l'usage.

Les *loix* qu'on fait sur cet objet s'appellent *loix fondamentales*, & sont les premières des *loix* politiques, puisque ce sont celles qui déterminent la nature particulière de l'état.

Toutes les autres *loix* qui fixent les rapports des sujets au souverain ou des différentes classes des sujets entre elles, les droits que certains ordres auront sur les autres ordres, & autres choses semblables, appartiennent aussi à la classe des *loix* politiques, parce que si elles ne déterminent pas la nature de l'état, & la dépendance mutuelle de ses différentes parties, elles ont du moins la plus grande influence sur ces objets.

On appelle *servitude politique*, la dépendance des différentes parties de l'état, à cause de l'influence qu'elle a sur sa nature. Cette dépendance est un des plus malheureux effets des gouvernemens, & tous les politiques se sont efforcés de l'affoiblir par tous les moyens imaginables; on comprend ordinairement toutes ces espèces de *loix* politiques, sous le nom de *droit politique*.

Les *loix* qui concernent la levée des impôts, leur administration & leur distribution sur les différentes classes des citoyens, appartiennent aussi à la classe des *loix* politiques, parce qu'elles ont rapport à la conservation de l'état & à la liaison de ses diverses parties. Ces *loix* se nomment *loix de finances*; ainsi les *loix* politiques se subdivisent en deux classes, dont l'une comprend les *loix* de finance, l'autre celles qui appartiennent au droit public.

La seconde espèce principale des *loix* de l'état sont les *loix* civiles. Ces *loix* sont celles qui déterminent les rapports des particuliers entre eux, dans la vue de les conduire au grand but de la félicité générale. Il faut encore les subdiviser en deux parties, en *loix* civiles proprement dites, & en *loix* de police.

Les *loix* civiles proprement dites, parmi lesquelles il faut comprendre les *loix* pénales, quoique celles-ci diffèrent du reste des autres à plusieurs égards, sont celles qui déterminent le rapport des citoyens entre eux, par la considération de leurs richesses & de leurs privilèges, & dans la vue de procurer leur liberté & leur sûreté.

Les loix de police ont pour principal objet de procurer le bien-être de chaque famille, par le bien-être général, & sur-tout de veiller à la subsistance des peuples; ainsi ces deux sortes de *loix* découlent de l'essence & de la nature de tous les états.

Il est nécessaire de bien distinguer toutes ces différentes classes & toutes ces différentes espèces de *loix*, on tombe dans l'erreur dès qu'on les confond. Chacune de ces espèces a ses principes & ses règles particulières, qu'il faut puiser dans la nature & dans l'objet de la chose. Elle a encore une étendue propre, qui détermine l'espèce des affaires qui doivent être décidées par ses principes. Dès qu'on ne sent pas avec précision leurs différences, dès qu'on se sert des principes de l'une pour décider des affaires, qui par leur nature doivent être décidées par les principes de l'autre, non-seulement on ouvre une large porte à toutes sortes de confusions, mais on fait perdre aux *loix* l'utilité dont elles devoient être à la félicité des hommes, conformément à leur but.

Je conviens qu'il faut avoir le génie très-fort & très-étendu, pour bien juger à laquelle de ces espèces de *loix* se rapporte chaque événement qui se présente, & qu'il faut s'y être trompé mille fois avant que d'être parvenu à ne plus s'y tromper; mais on peut être assuré que plus l'esprit de l'homme s'éclairera, plus on approchera de la justesse dans cette distribution, & que la perfection des constitutions civiles dépend en grande partie de cet objet.

Les *loix* de la raison sont par elles-mêmes immuables, puisqu'elles ont des rapports & des effets résultans nécessairement de la nature des choses; mais cette immutabilité ne doit s'entendre que des premiers principes & des *loix* qui peuvent en être tirées par une saine raison.

Comme les raisons & les vues de l'homme sont toujours foibles & imparfaites, & qu'il y a mille circonstances qui changent la situation des hommes & des états auxquels la raison est obligée d'accommoder ses *loix*, il en résulte, que dans le fait, rien n'est dans le monde plus sujet au changement, que les différentes *loix* qu'elle donne.

Les *loix* du corps, qui ont peu de rapport au sujet que je traite, sont les seules *loix* des hommes & des états qui soient absolument invariables, parce que la nature se conduit d'une manière constante & invariable envers tous les hommes à cet égard.

Il faut donc nécessairement distinguer ces *loix* de toutes les autres.

Les *loix* des états doivent les avoir pour base, & elles doivent les respecter inviolablement. Elles ne peuvent rien ordonner qui leur soit contraire: si le législateur d'un état ne considéroit pas d'abord ses citoyens comme des hommes, s'il ne regardoit pas les *loix* de la nature comme le principe de celles qu'il donne, il ne pourroit faire que des *loix* cruelles, tyranniques & dénaturées. Ce respect inviolable pour les *loix* de la nature, a également lieu à l'égard des *loix* politiques, & à l'égard des *loix* civiles.

Le despote, qui porte une *loi* qui condamne au dernier supplice la totalité des familles, dont un des membres aura eu connoissance d'une conjuration contre lui sans l'avoir révélée, quoique les autres membres n'aient aucune part à sa faute, viole tous les droits de la nature, & fait une *loi* tyrannique & cruelle.

Un juge viole de même le droit naturel, & se conduit contre l'équité, lorsqu'il fait punir de mort un misérable qui a volé un pain ou un autre aliment de cette nature, pour prolonger sa vie après s'être forcé inutilement de la soutenir par des moyens permis, parce que l'amour de sa propre conservation est au-dessus de toutes les *loix* civiles.

S'il fut jamais nécessaire de distinguer les différentes espèces de *loix* les unes des autres, c'est surtout lorsqu'il s'agit des *loix* de la religion. La religion a son district à part, & toutes les affaires qui la concernent doivent se juger d'après ses propres *loix*; & jamais par des *loix* qui lui sont étrangères.

Il faut de même bien se garder de confondre le droit des gens avec les autres droits, & de décider les affaires qui le concernent par les principes du droit politique ou du droit civil. Ce droit est aussi distinct des deux autres, que l'état de nature l'est de celui de citoyen. Le but unique de toutes les *loix* des corps politiques, c'est de procurer la félicité de chaque citoyen, c'est-là leur premier principe & la suprême *loi*; une parfaite égalité entre les peuples libres, est le premier principe du droit des gens, & l'on voit aisément combien ces deux principes sont différens.

Lorsqu'on voudra appliquer les principes & les *loix* des états aux affaires qui concernent le droit des gens, il n'en résultera que des prétentions déraisonnables, des principes injustes, une impossibilité à terminer les différends à l'amiable, & par-là des guerres cruelles & multipliées. Ainsi, dès qu'un peuple veut se servir des *loix* civiles, quelles qu'elles soient, pour terminer ses différends avec d'autres peuples, il blesse leur droit, & viole le lien sacré qui doit les unir tous.

La reine Elisabeth donna un exemple remarquable de ce violement, ou du moins ses ministres le donnèrent, s'il est vrai que la chose ait été faite à son insu, lorsqu'ils firent juger & conduire au supplice Marie, reine d'Ecosse. On auroit pu garder étroitement cette reine, si on la regardoit comme ennemie; on auroit même pu la tuer si on s'en étoit saisi dans le moment où elle faisoit l'action d'un ennemi; mais en la faisant conduire au supplice, c'étoit violer de la manière la plus cruelle le droit des gens, & cette action fait peu d'honneur au gouvernement d'Elisabeth.

Il arrive plus souvent qu'on ne croit, de confondre le droit des gens avec le droit civil. C'est confondre ces deux droits l'un avec l'autre que de se régler, à l'égard de la succession au trône, par les mêmes *loix* qui déterminent la succession aux biens des particuliers; cet abus a eu plus souvent lieu dans les temps d'ignorance que dans le nôtre.

Rien n'est plus déraisonnable que de prétendre qu'on doit entrer en possession de la souveraine puissance, par les mêmes rapports qu'on entreroit en possession d'un arpent de terre, & de juger des droits d'une nation par les mêmes *loix* d'après lesquelles on juge des droits des paysans.

Il faut aussi distinguer les *loix* qui regardent les mœurs & le gouvernement domestique de celles qui appartiennent à tous les autres droits, & ne pas décider les affaires qui les concernent par des *loix* prises dans un droit différent. Ce principe tire encore sa justesse de la constitution des états. Tous les membres qui composent une famille forment un corps unique, après s'être soumis aux constitutions civiles, comme ils le formoient auparavant; & leurs chefs doivent avoir de la considération & l'autorité sur leurs membres, sans quoi ils ne pourroient pas les gouverner. Si les *loix* civiles leur ôtent cette autorité & cette considération, elles leur ôtent en même temps le moyen de les diriger & de procurer leur félicité.

Les *loix* domestiques, dans la plupart des pays, paroissent n'avoir pas eu assez d'égard à cet objet; elles défendent au maître de punir ses domestiques; il y en a même qui vont jusqu'à le punir, s'il lui échappe envers ces derniers des paroles injurieuses; elles ôtent au maître le droit de les renvoyer, avant de leur avoir payé les gages qu'ils leur doivent; elles le privent par-là de toute autorité & de tout moyen de contenir ses domestiques dans leurs devoirs; il ne reste donc plus au chef de famille que le moyen de traduire ses domestiques en justice, lorsqu'ils sont paresseux, négligens, désobéissans, & qu'ils lui font essuyer des pertes de mille manières.

Des *loix* semblables paroissent considérer le maître & le valet comme deux citoyens; & c'est une étrange confusion de droit, & une supposition bien erronée & bien absurde.

Quoique de nos jours les domestiques soient des hommes libres, ils n'en appartiennent pas moins à la famille dans laquelle ils servent pendant tout le temps de leurs services, & ils ne sont alors rien moins que citoyens & membres de la société civile; ils ne commenceront à l'être que quand ils seront établis & qu'ils gouverneront leurs maisons.

C'est bouleverser l'ordre & la nature des choses que de regarder les domestiques comme des citoyens, & de vouloir que les démêlés qui arrivent dans l'intérieur des maisons soient décidés par les juges civils. Nous ne trouverions pas dans notre droit, tant d'ordonnances souvent inutiles, & souvent même contraires au but qu'elles se proposent, qui doit consister dans la tranquillité des familles, si la justice civile ne s'étoit pas attribué la connoissance de pareils objets.

Un gouvernement qui est vraiment bon & sage, doit toujours remonter à l'objet que les hommes ont eu en se rassemblant pour former les corps politiques. Quand un chef de famille consentit à renoncer à l'état de nature, pour se faire citoyen, il n'a pu, sans être le plus insensé des hommes, avoir l'intention d'abandonner l'autorité & le droit qu'il avoit sur sa famille, il n'a indubitablement jamais prétendu céder les droits qu'il avoit auparavant, qu'autant qu'il étoit nécessaire pour la stabilité de l'état & pour le bien-être général. Ainsi un sage gouvernement ne doit prendre sur l'autorité & sur les droits des chefs de famille que ce qui est nécessaire à la conservation de l'état & à sa prospérité. Il doit réprimer & punir les abus évidens de l'autorité domestique, mais il ne doit pas la détruire.

La situation de l'état dépend de la situation des familles particulières dont il est composé, & le gouvernement des familles, ainsi que leurs qualités morales & physiques, ont une très-grande influence sur la prospérité de l'état. Ce principe est d'une grande considération par rapport à l'état. Si la situation des familles n'est pas bonne, & qu'elles éprouvent toutes sortes de maux intérieurs, l'état en ressentira du dommage.

La destruction du gouvernement des familles, en ce qui concerne les domestiques, n'est pas la seule entreprise que les *loix* civiles aient fait contre les *loix* qui concernent les mœurs & le gouvernement domestique; elles l'ont détruit aussi en ce qui regarde les femmes & les enfans. Les entreprises du droit civil, à cet égard, ont presque toujours été aussi hors de sens que la première dont j'ai parlé.

Telle étoit cette *loi* qu'on vient d'abolir en Angleterre, qui permettoit à une fille de se marier sans le consentement de ses parens, dès qu'elle avoit sept ans: cette *loi* étoit aussi contraire à la nature de l'homme qu'au droit des chefs de familles, puisqu'elle n'avoit eu égard ni à la foiblesse du corps, ni à celle de l'esprit.

Les *loix* politiques & civiles, quoiqu'elles soient les *loix* propres de l'état, doivent aussi être distinguées des autres, & être distinguées entre elles. On ne doit en faire usage que dans les cas qui sont de leur ressort. Les *loix* civiles maintiennent la valeur des conventions que les citoyens font entre eux, lorsqu'ils ont l'âge & la capacité requise pour gérer leurs affaires, & que ces conventions ne blessent personne.

Prenons pour exemple la succession au trône. Il est sans aucun doute que les affaires qui la concernent, regardent le droit politique. Lorsqu'il arrive des cas à ce sujet que les *loix* politiques n'ont pas prévus, il seroit ridicule de recourir aux *loix* civiles pour les décider à leur défaut, & de statuer sur la succession à l'autorité souveraine, par les règles qui fixent l'ordre de succession à l'égard des particuliers. C'est au peuple assemblé à statuer sur ce sujet au défaut des *loix* politiques, & à faire de nouvelles *loix*. Il est beaucoup d'autres cas où l'on confond le droit politique avec le droit civil.

Les *loix* de police & les *loix* de finance se confondent aussi très-souvent. En général, il faut avoir soigneusement attention à distinguer chaque espèce de droit, & chaque espèce de *loi*, & à ne jamais les employer dans des cas qui sont hors du ressort.

§. III. *Fin & caractère des loix.* La fin des *loix* peut être considérée par rapport au souverain, ou par rapport aux sujets. La fin de la *loi* à l'égard des sujets, c'est qu'ils y conforment leurs actions, & que par-là ils se rendent heureux. Pour ce qui est du souverain, le but qu'il a pour lui-même, en donnant des *loix* à ses sujets, c'est la satisfaction & la gloire qui lui reviennent quand il peut remplir les sages vues qu'il se propose, pour la conservation & le bonheur de ceux qui lui sont soumis. Ainsi, ces deux fins de la *loi* ne doivent point être séparées. L'une est naturellement liée à l'autre; ce n'est que le bonheur des sujets qui fait la satisfaction & la gloire du souverain.

Que l'on se garde donc bien de penser que les *loix* soient faites proprement pour imposer un joug aux hommes. Une fin si peu raisonnable seroit indigne d'un souverain, qui par sa nature ne doit pas être moins bon que puissant & sage, & qui agit toujours selon ses perfections. Disons plutôt que les *loix* sont faites pour obliger les sujets à agir selon leurs véritables intérêts, & à entrer dans le chemin le plus sûr & le meilleur, pour les conduire à leur destination, qui est la félicité. C'est dans cette vue, que le souverain veut les diriger mieux qu'ils ne sauroient le faire eux-mêmes, & qu'il met un frein à leur liberté, de peur qu'ils n'en abusent contre leur propre bien & contre le bien public. En un mot, le souverain commande à des êtres raisonnables; c'est sur ce pied-là qu'il traite avec eux; toutes ses ordonnances ont le sceau de la raison, il veut régner sur les cœurs; & s'il emploie quelquefois la force, c'est pour ramener à la raison même ceux qui s'égarent contre leur propre bien & contre celui de la société.

La nature & la fin des *loix* fait connoître quelle en est la matière ou l'objet. L'on peut dire en général, que ce sont toutes les actions humaines, les intérieures aussi bien que les extérieures; les pensées & les paroles aussi bien que les actions; celles qui se rapportent à autrui, & celles qui se terminent à la personne même; autant du moins que la direction de ces actions peut essentiellement contribuer au bien particulier de chacun, à celui de la société en général, & à la gloire du souverain.

Cela suppose naturellement ces trois conditions: 1°. que les choses ordonnées par la *loi* soient possibles dans leur exécution; car ce seroit folie, & même cruauté, d'exiger de quelqu'un, sous la moindre peine, ce qui est & qui a toujours été au-dessus de ses forces; 2°. Il faut que la *loi* soit de quelque utilité: car la raison ne permet pas que l'on gêne la liberté des sujets, uniquement pour la gêner, & sans qu'il leur en revienne aucun bien; 3°. enfin, il faut que la *loi* soit juste en elle-même, c'est-à-dire, conforme à l'ordre, à la nature des choses & à la constitution de l'homme: c'est ce que demande l'idée de règle, qui, comme nous l'avons vu, est la même que celle de *loi*.

A ces trois conditions qu'on peut appeller les caractères internes de la *loi*, savoir, qu'elle soit possible, juste & utile, on peut ajouter deux autres conditions en quelque sorte externes, l'une, que la *loi* soit suffisamment notifiée; l'autre, qu'elle soit accompagnée d'une sanction convenable.

1°. Il est nécessaire que les *loix* soient notifiées aux sujets. Car comment pourroient-elles actuellement régler leurs actions & leurs mouvemens, si elles ne leur étoient pas connues? Le souverain doit donc publier ses *loix* d'une manière solemnelle, claire & distincte. Mais après cela, c'est aux sujets à s'instruire de la volonté du souverain, & l'ignorance ou l'erreur où ils peuvent rester à cet égard, ne sauroit, à parler en général, faire une excuse légitime en leur faveur. C'est ce que veulent dire les jurisconsultes, quand ils posent pour maxime, que l'ignorance & l'erreur du droit est préjudiciable & condamnable. Autrement l'effet des *loix* se réduiroit à rien, & l'on pourroit toujours les éluder impunément, sous prétexte qu'on les ignoroit.

Dans les premiers temps, avant l'invention de l'écriture, les *loix* étoient mises en vers, que l'on chantoit de temps en temps, pour les bien retenir. C'est ce qui fit donner le même nom aux *loix* & aux chansons, Νόμος. Aristote dans ses *problêmes*, recherchant la raison de cette conformité de nom entre deux objets si différens, c'est, dit-il, qu'avant la connoissance de l'écriture, on chantoit les *loix* pour ne les point oublier. Cet usage gagna tellement dans la Grèce, qu'il continua même après que l'écriture y fut introduite. Le crieur qui publioit les *loix* de la plupart des villes grecques, étoit assujetti à des tons réglés, & à une déclamation mesurée. La proclamation en étoit accompagnée du son de la lyre, comme un acteur sur la scène.

2°. Il faut ensuite que la *loi* soit accompagnée d'une sanction convenable. *Voyez* SANCTION.

Toute *loi* a donc deux parties essentielles: la première c'est la disposition de la *loi*, qui exprime le commandement ou la défense: la seconde, est la sanction, qui prononce le châtiment; & c'est la sanction qui fait la force propre & particulière de la *loi*. Car si le souverain se contentoit d'ordonner simplement ou de défendre certaines choses, sans y joindre aucune menace, ce ne seroit plus une *loi* prescrite avec autorité; ce ne seroit qu'un sage conseil; & reconnoître une *loi*, sans convenir de sa sanction, c'est recevoir un ordre sans se croire obligé à y obéir; ce n'est proprement qu'être instruit d'un sage conseil. Car si la puissance législative ne faisoit qu'ordonner ou défendre simplement certaines choses sans y joindre aucune menace, ce ne seroit plus une *loi* prescrite avec autorité, ce ne seroit tout au plus qu'un avis salutaire, qui obligeroit suivant la conformité qu'il auroit avec la raison, ou suivant le rapport à nos intérêts. Toute *loi* doit être accompagnée d'une sanction convenable, sans quoi elle cesse d'être *loi*. Je n'ignore pas que les jurisconsultes romains font mention de certaines *loix* qu'ils appellent *imparfaites*, parce qu'elles ne contiennent aucune sanction. Mais cette distinction me paroît frivole, au moins à en juger par les exemples qu'on cite des *loix* de ce genre. L'on prétend que la *loi* Cincia en est une; elle défendoit aux avocats de recevoir des présens ou de l'argent, ce qui a donné occasion à Plaute de la nommer *lex muneralis*. Elle reçut son premier nom de M. Cincius, tribun du peuple, qui la porta l'an de Rome 549; & l'on prétend qu'elle l'a été sans clause pénale. Cependant elle avoit celle-ci: *quiconque y contreviendra sera réputé coupable d'une mauvaise action*. Or je demande, si une *loi* qui attache à sa transgression une espèce d'infamie, ou une diminution de la considération publique, peut être censée n'avoir aucune menace? En un mot, une *loi* sans sanction, n'est pas une *loi*.

Dans une *loi* rapportée par Cicéron, il est dit, que « la peine du parjure, devant le tribunal de Dieu, » c'est la mort: mais devant le tribunal des hom» mes, l'infamie seule dont on charge le coupable ». *Perjurii pœna divina, exitium: humanæ, dedecus. De Leg. lib. 2, c. 9.* « La *loi* valérienne défendoit de » fouetter ou de faire mourir ceux qui en appelle» roient au peuple, sans établir d'autre peine pour » les contrevenans que celle de déclarer qu'ils au» roient mal fait ». Sur quoi Tite Live, *lib. 10, c. 9*, qui la rapporte, ajoute cette réflexion: « les sen-

» timens de l'honneur avoient seuls tant de pou» voir sur les esprits, qu'on regardoit une simple » déclaration de cette nature comme un motif assez » fort pour engager les hommes à la pratique de » la *loi*. Mais aujourd'hui on ne s'aviseroit guère » de faire sérieusement une *loi* accompagnée de si » foibles menaces». *Nunc vix serio ita minetur quisquam.* L'on voit donc par ces *loix* & d'autres encore qu'on appelle *imparfaites*, qu'elles étoient de véritables *loix* accompagnées d'une sanction fort assortie aux temps, aux mœurs & aux autres circonstances des personnes qu'elles regardoient.

Au reste, il n'est pas absolument nécessaire que la nature ou la qualité de la peine soit formellement spécifiée dans la *loi* : il suffit que le souverain déclare qu'il punira, en se réservant de déterminer l'espèce & le degré du châtiment suivant sa prudence.

Remarquez encore, que le mal qui constitue la peine proprement dite, ne doit point être une production naturelle ou une suite nécessaire de l'action même que l'on veut punir. Il faut que ce soit un mal, pour ainsi dire, accidentel, & infligé par la volonté du souverain. Car tout ce que l'action peut avoir par elle-même de mauvais & de dangereux dans ses effets & dans ses suites inévitables, ne sauroit être compté comme provenant de la *loi*, puisque tout cela arriveroit également sans elle. Il faut donc que les menaces du souverain, pour être de quelque poids, prononcent des peines différentes du mal qui résulte nécessairement de la nature de la chose.

L'on demande enfin si la sanction des *loix* ne peut pas consister aussi-bien dans la promesse d'une récompense, que dans la menace de quelque peine ? Je réponds, qu'en général, cela dépend absolument de la volonté du souverain, qui peut, suivant sa prudence, prendre l'une ou l'autre de ces voies, ou même les employer toutes deux. Mais comme il s'agit ici de savoir quel est le moyen le plus efficace dont le souverain se puisse servir pour procurer l'observation de ses *loix*; & qu'il est certain que l'homme est naturellement plus sensible au mal qu'au bien, il paroît aussi plus convenable d'établir la sanction de la *loi* dans la menace de quelque peine, que dans la promesse d'une récompense. L'on ne se porte guère à violer les *loix*, que dans l'espérance de se procurer quelque bien apparent, qui nous séduit. Ainsi le meilleur moyen d'empêcher la séduction, c'est d'ôter cette amorce, & d'attacher au contraire à la désobéissance un mal réel & inévitable. Si l'on suppose donc que deux législateurs voulant établir une même *loi*, proposent, l'un de grandes récompenses, & l'autre de rigoureuses peines; il est certain que le dernier portera plus efficacement les hommes à l'obéissance, que ne feroit le premier. Les plus belles promesses ne déterminent pas toujours la volonté : mais la vue d'un supplice rigoureux ébranle & intimide.

§. IV. *Des raisons d'établir ou d'abroger les loix.* Ceux qui veulent acquérir une connoissance exacte de la manière dont il faut établir ou abroger les *loix*, ne la peuvent puiser que dans l'histoire. Nous y voyons que toutes les nations ont eu des *loix* particulières; que ces *loix* ont été établies successivement; qu'il a fallu beaucoup de temps aux hommes, pour parvenir à quelque chose de raisonnable; que les législateurs, dont les *loix* ont subsisté le plus long-temps, ont été ceux qui ont eu pour but le bonheur public, & qui ont mieux connu le génie du peuple dont ils régloient le gouvernement.

Ces considérations nous obligent d'entrer ici dans quelques détails sur l'histoire même des *loix*, & sur la manière dont elles se sont établies dans les pays les plus policés.

Nous ne parlerons pas de la *loi* de Moïse, donnée par Dieu même à son peuple, par la bouche de son prophète, ni de la *loi* chrétienne, qui nous a été apportée par Jesus-Christ, & qui est la plus parfaite de toutes. Nous nous bornerons aux *loix* établies par les hommes.

Pour ce qui est de ces *loix*, il est probable que les premières furent les *loix* domestiques que chaque père de famille fit pour établir l'ordre dans sa maison; ces *loix* ne laissoient pas d'être importantes, vu que dans les premiers temps, les familles formoient comme autant de peuples particuliers.

Mais lorsque les hommes commencèrent à se rassembler dans des villes, ces *loix* privées se trouvèrent insuffisantes pour contenir une société plus nombreuse : il fallut une autorité plus forte que la puissance paternelle, pour s'opposer au débordement des désordres & des vices, que la malice du cœur humain, qui semble engourdie dans la solitude, fait éclorre & germer dans le grand nombre & le commerce des hommes.

De l'union de plusieurs villes & pays, il se forma divers états que l'on soumit au gouvernement d'une puissance soit monarchique, ou aristocratique, ou démocratique; dès-lors ceux qui furent revêtus de la puissance souveraine donnèrent des *loix* aux peuples qui leur étoient soumis, & créèrent des magistrats pour les faire observer. On voit que chez les anciens peuples, les sages & les philosophes furent les premiers auteurs des *loix*.

Les premières ne pourvurent qu'aux grands inconvéniens; les *loix* civiles régloient le culte des dieux, le partage des terres, les mariages, les successions; les *loix* criminelles n'étoient rigoureuses que pour les crimes que l'on redoutoit le plus; & à mesure qu'il survint de nouveaux désordres, on tâcha d'y remédier par de nouvelles *loix*.

Osiris est le premier législateur dont l'histoire profane fait mention : il étoit roi d'Egypte, & il y établit ses *loix* : les souverains même y étoient soumis : leur nourriture, leurs occupations étoient réglées, & ils ne pouvoient s'en écarter sans être sujets aux peines qu'elles prononçoient. Ces *loix*, en réglant le gouvernement du royaume, s'étendoient sur la conduite des particuliers.

Osiris régla le culte des dieux, le partage des terres, la distinction des conditions. Il défendit d'user de prise de corps contre le débiteur, la rhétorique fut bannie des plaidoyers pour prévenir la séduction : les Egyptiens engageoient les cadavres de leurs pères, ils les donnoient à leurs créanciers en nantissement, & c'étoit une infamie à eux que de ne les pas dégager avant leur mort ; il y avoit même un tribunal où l'on jugeoit les hommes après leur mort, afin que la crainte d'une telle flétrissure portât les hommes à la vertu.

Amasis prononça la peine de mort contre le meurtrier volontaire, le parjure, le calomniateur, & contre ceux qui pouvant secourir un homme le laissoient assassiner.

Après les *loix* des Egyptiens, celles des Crétois sont les plus anciennes. Minos fut leur législateur, il se disoit fils de Jupiter ; & afin de rendre ses *loix* plus respectables, il assuroit les avoir reçues de son père. Il établit la communauté des tables & des repas : il voulut que les enfans fussent élevés ensemble : il écarta l'oisiveté & le luxe, fit observer un grand respect pour la divinité & pour les maximes fondamentales de l'état.

Lycurgue qui donna des *loix* à Lacédémone, institua aussi, à l'imitation de Minos, les tables communes & l'éducation publique de la jeunesse ; il consentit à l'établissement d'un sénat qui tempérât la puissance trop absolue des rois par une autorité au moins égale à la leur ; il bannit l'or & l'argent, & les arts superflus, & ordonna que les terres fussent partagées également entre tous les citoyens ; que les Ilotes, espèce d'esclaves, cultiveroient les terres, & que les Spartiates ne s'occuperoient qu'aux exercices qui les rendroient propres à la guerre.

Il permit la communauté des femmes, voulant par ce moyen peupler l'état, sans que le courage des hommes fût amolli par des engagemens trop tendres.

Lorsque les parens pouvoient prouver que leurs enfans étoient mal-sains, il leur étoit permis de les tuer. Lycurgue pensoit qu'un homme incapable de porter les armes ne méritoit pas de vivre.

La jeunesse des deux sexes luttoit ensemble ; ils faisoient leurs exercices tous nuds en la place publique.

On ne punissoit que les voleurs mal-adroits, afin de rendre les Spartiates vifs, subtils & défians.

Il étoit défendu aux étrangers de s'arrêter à Sparte, de crainte que leurs mœurs ne corrompissent celles que Lycurgue avoit introduites.

Dracon, premier législateur d'Athènes, fit des *loix* si rigoureuses, qu'on disoit qu'elles étoient écrites plutôt avec du sang qu'avec de l'encre. Il punissoit de mort les plus petites fautes, & alla jusqu'à faire le procès aux choses inanimées ; une statue, par exemple, qui en tombant avoit écrasé quelqu'un, étoit bannie de la ville.

Mais, comme les pauvres souffroient beaucoup des vexations de leurs créanciers, Solon fut choisi pour réformer les abus & déchargea les débiteurs.

Il accorda aux citoyens la liberté de tester, permit aux femmes qui avoient des maris impuissans, d'en choisir d'autres parmi leurs parens.

Ces *loix* prononçoient des peines contre l'oisiveté, & déchargeoient ceux qui tuoient un adultère. Elles défendoient de confier la tutèle d'un enfant à son proche héritier.

Celui qui avoit crevé l'œil à un borgne étoit condamné à perdre les deux yeux.

Il étoit interdit aux débauchés de parler dans les assemblées publiques.

Solon ne fit point de *loix* contre le parricide, ce crime lui paroissoit inoui ; il craignit même en le défendant d'en donner l'idée.

Il voulut que ces *loix* fussent déposées dans l'aréopage.

Les *loix* d'Athènes passèrent dans la suite à Rome : mais comme les *loix* de cet empire devinrent celles de tous les peuples qu'il a conquis, il est nécessaire de nous étendre davantage sur leur sujet.

Romulus fut le fondateur & le premier législateur de Rome ; voici le peu qui nous reste des *loix* de ce prince.

Il vouloit que les rois eussent une autorité souveraine dans les affaires de justice & de religion ; qu'on n'ajoutât point foi aux fables qu'on rapportoit des dieux ; qu'on eût d'eux des sentimens saints & religieux, en n'attribuant rien de déshonnête à des natures bienheureuses. Plutarque ajoute que c'est une impiété de croire que la divinité prenne plaisir aux attraits d'une beauté mortelle. Ce roi si peu superstitieux ordonna cependant qu'on n'entreprît rien, sans avoir préalablement consulté les augures.

Romulus plaça les patriciens dans le sénat, les plébéiens dans les tribus, & il ne comptoit pour rien les esclaves dans sa république.

Les maris avoient le droit de punir de mort leurs femmes, lorsqu'elles étoient convaincues d'adultere, ou d'ivrognerie.

La puissance des pères sur leurs enfans n'avoit point de bornes ; il leur étoit permis de les faire mourir lorsqu'ils naissoient monstrueux. On punissoit les parricides de mort. Un patron, qui fraudoit son client, étoit en abomination ; une belle-fille qui battoit son père, étoit abandonnée à la vengeance des dieux Pénates. Romulus voulut que les murailles des villes fussent sacrées ; & tua son frere Remus, pour avoir transgressé cette *loix* en sautant par-dessus les murs de la ville qu'il élevoit.

Ce prince établit des asyles : il y en avoit entre autres auprès de la roche Tarpéienne.

A ces *loix* de Romulus, Numa en ajouta de nouvelles : comme ce prince étoit fort pieux, & que sa religion étoit épurée, il défendit que personne donnât aux dieux la figure humaine, ou celle de quelque bête. De-là vint que les cent-soixante premières années depuis la fondation de Rome, il n'y eut point d'images dans les temples.

Tullus Hostilius, afin d'exciter le peuple à la multiplication de l'espèce, voulut que, lorsqu'une femme accoucheroit de trois enfans à la fois, ils fussent nourris aux dépens du public, jusqu'à l'âge de puberté.

Nous remarquons parmi les *loix* de Tarquin, qu'il obligea chaque citoyen de donner au roi le dénombrement de tous ses biens, au risque d'être puni s'il y manquoit; qu'il régla les dons que chacun devoit faire aux temples; & qu'entre autres il permit que les esclaves mis en liberté pussent être reçus dans les tribus de la ville; les *loix* de ce prince furent favorables aux débiteurs.

Telles sont les principales *loix* que les Romains reçurent de leurs rois; Sextus Papirius les recueillit toutes, & elles prirent de lui le nom de *code Papirien*.

La plupart de ces *loix*, faites pour un état monarchique, furent abolies par l'expulsion des rois.

Valerius Publicola, collègue de Brutus dans le consulat, un des instrumens de la liberté dont Rome jouissoit, ce consul, si favorable au peuple, publia de nouvelles *loix*, propre au genre du gouvernement qu'il venoit d'établir.

Ces *loix* permettoient d'appeller au peuple des jugemens des magistrats, & défendoient, sous peine de mort, d'accepter des charges sans son aveu. Publicola diminua les tailles, & autorisa le meurtre des citoyens qui aspiroient à la tyrannie.

Ce ne fut qu'après lui que s'établirent les usures; les grands de Rome les portèrent jusqu'au denier huit. Si le débiteur ne pouvoit acquitter sa dette, il étoit traîné en prison, & réduit à l'esclavage, lui & toute sa famille. La dureté de cette *loi* parut insupportable aux Plébéiens, qui en étoient souvent les victimes: ils murmurerent contre les consuls; le sénat se montra inflexible; & le peuple, irrité de plus en plus, se retira au Mont sacré. De-là il traita d'égal avec les sénateurs; & il ne rentra à Rome, qu'à condition qu'on abolît ses dettes, & que l'on créât des magistrats, qui, sous le nom de tribuns seroient autorisés à soutenir ses droits; ces tribuns réduisirent l'usure au denier seize: & enfin elle fut tout-à-fait abolie pour un temps.

Les deux ordres qui composoient la république romaine, formoient sans cesse des desseins ambitieux pour s'élever les uns aux dépens des autres: de-là naquirent les défiances & les jalousies. Quelques séditieux, qui flattoient le peuple, outroient ses prétentions; & quelques jeunes sénateurs, nés avec des passions vives, & avec beaucoup d'orgueil, rendoient les résolutions du sénat souvent trop sévères.

La *loi* agraire, sur le partage des terres conquises, divisa plus d'une fois la république; il en fut question l'année 267 de sa fondation. Ces dissentions, auxquelles le sénat faisoit diversion par quelques guerres, mais qui se réveilloient toujours, continuèrent jusqu'en l'année 300. Rome reconnut enfin la nécessité d'avoir recours à des *loix* qui pussent satisfaire les deux partis: on envoya à Athènes, Posthumius Albus, Antonius Manlius & Sulpitius Camerinus, pour y compiler les *loix* de Solon. Ces ambassadeurs à leur retour, furent mis au nombre des décemvirs: ils rédigèrent ces *loix*, qui furent approuvées du sénat par un arrêt, & du peuple par un plébiscite; on les fit graver sur dix tables de cuivre; & l'année d'après on y en ajouta encore deux autres: ce qui forma un corps de *loix* si connu sous le nom de celui des douze tables.

Ces *loix* limitoient la puissance paternelle; elles infligeoient des punitions aux tuteurs qui fraudoient leurs pupilles; elles permettoient de léguer son bien à qui l'on voudroit. Les triumvirs ordonnèrent depuis que les testateurs seroient obligés de laisser le quart de leur bien à leurs héritiers; & c'est l'origine de ce que nous appellons la *légitime*.

Les enfans posthumes, nés dix mois après la mort de leurs pères, étoient déclarés légitimes; l'empereur Adrien étendit ce privilège jusqu'à l'onzième mois.

Le divorce, jusqu'alors inconnu des Romains, n'eut force de *loi* que par celle des douze tables; il y avoit des peines infligées contre les injures d'effets, de paroles & par écrit.

L'intention seule du parricide étoit punie de mort.

Les citoyens étoient autorisés à tuer les voleurs armés, ou qui entroient de nuit dans leur maison.

Tout faux témoin devoit être précipité de la roche Tarpéienne. En matière criminelle, l'accusateur avoit deux jours, dans lesquels il formoit l'accusation, qu'il signifioit; & l'accusé avoit trois jours pour y répondre. S'il se trouvoit que l'accusateur eût calomnié l'accusé, il étoit puni des mêmes peines que méritoit le crime dont il l'avoit chargé.

Voilà en substance ce que contenoient les *loix* des douze tables, dont Tacite dit qu'elles furent la fin des bonnes *loix*: l'Egypte, la Grece, & tout ce qu'elle connoissoit de plus parfait, y avoient contribué. Ces *loix*, si équitables & si justes, ne resserroient la liberté des citoyens, que dans le cas où l'abus qu'ils en pouvoient faire, auroit nui au repos des familles & à la sûreté de la république.

L'autorité du sénat sans cesse en opposition avec celle du peuple, l'ambition outrée des grands, les prétentions des plébéïens, qui s'accroissoient chaque jour; & beaucoup d'autres raisons qui sont proprement du ressort de l'histoire, causèrent de nouveau des orages violens. Les Gracchus & les Saturninus publièrent quelques *loix* séditieuses. Pendant les troubles des guerres civiles, on vit un nombre d'ordonnances que les événemens faisoient paroître & disparoître. Sylla abolit les anciennes *loix*, & en établit de nouvelles, que Lépidus détruisit. La corruption des mœurs, qui augmentoit avec ces dissentions domestiques, donna lieu à la multiplication des *loix* à l'infini. Pompée, élu pour réformer ces *loix*, en publia quelques-unes, qui périrent avec lui. Pendant vingt-cinq ans de guerres civiles & de troubles, il n'y eut ni droits, ni coutumes, ni justice, & on demeura dans cette confusion jusqu'au règne d'Auguste, qui, sous son sixième consulat, rétablit les anciennes *loix*, & annulla toutes celles qui avoient pris naissance pendant les désordres de la république.

L'empereur Justinien remédia enfin à la confusion que la multiplicité des *loix* apportoit à la jurisprudence; & il ordonna à son chancelier Tribonien de composer un corps de droit parfait : celui-ci le réduisit en trois volumes, qui nous sont restés; savoir, le digeste, qui contient les opinions des plus célèbres jurisconsultes; le code, qui renferme les constitutions des empereurs; & les instituts, qui forment un abrégé du droit romain.

Ces *loix* se sont trouvées si admirables, qu'après la destruction de l'empire, elles ont été embrassées par les peuples les plus policés, qui en ont fait la base de leur jurisprudence.

Les Romains avoient apporté leurs *loix* dans les pays de leurs conquêtes : les Gaules les reçurent, lorsque Jules César, qui les subjugua, en fit une province de l'empire.

Pendant le cinquième siècle, après le démembrement de la monarchie romaine, les peuples du Nord inondèrent une partie de l'Europe; ces différentes nations barbares introduisirent chez leurs ennemis vaincus, leurs *loix* & leurs coutumes; les Gaules furent envahies par les Visigoths, les Bourguignons & les Francs.

Clovis crut faire grace à ses nouveaux sujets, en leur laissant l'option des *loix* du vainqueur, ou de celles du vaincu; il publia la *loi* salique, & sous les règnes de ses successeurs, on créa souvent de nouvelles *loix*. Gondebaud, roi de Bourgogne, fit une ordonnance par laquelle il défère le duel à ceux qui ne voudront pas s'en tenir au serment.

Anciennement les seigneurs avoient le droit de juger souverainement & sans appel.

Sous le règne de Louis-le-gros, s'établit la justice supérieure & royale en France : nous voyons depuis, que Charles IX avoit intention de réformer la justice, & d'abréger les procédures; c'est ce qui paroît par l'ordonnance de Moulins. Il est à remarquer que des *loix* si sages furent publiées dans des temps de troubles : mais, dit le président Hénault, le chancelier de l'Hôpital veilloit pour le salut de la patrie. Ce fut enfin Louis XIV qui commença à réunir dans un seul corps, toutes les *loix* depuis Clovis jusques à lui, en faisant publier plusieurs ordonnances sur la procédure civile & criminelle, sur le commerce, *&c*, qu'il voulut être observées dans tout le royaume. Son exemple a été suivi par Louis XV, dans ses ordonnances sur les donations, les testamens, les substitutions, *&c.*

Les Bretons que les Romains subjuguèrent, de même que les Gaulois, reçurent également des *loix* de leurs conquérans.

Avant d'être assujettis, ces peuples étoient gouvernés par des druides, dont les maximes avoient force de *loix*.

Les pères de familles, chez ces peuples, avoient droit de vie & de mort sur leurs femmes & leurs enfans : tout commerce étranger leur étoit défendu; ils égorgeoient les prisonniers de guerre, & en faisoient un sacrifice aux dieux.

Les Romains maintinrent leur puissance & leurs *loix*, chez ces insulaires, jusqu'à l'empire d'Honorius, qui rendit aux Anglois leur liberté, l'an 410, par un acte solemnel.

Les Pictes, alliés avec les Ecossois, les attaquèrent ensuite; les Bretons foiblement secourus des Romains, & toujours battus par leurs ennemis, eurent recours aux Saxons : ceux-ci subjuguèrent toute l'isle après une guerre de 150 ans; & de leurs auxiliaires ils devinrent leurs maîtres.

Les Anglo-Saxons introduisirent dans la Grande-Bretagne leurs *loix*, les mêmes qui étoient en usage anciennement en Allemagne : ils partagèrent l'Angleterre en sept royaumes, qui se gouvernoient séparément; ils avoient tous des assemblées générales, composées des grands du peuple & de l'ordre des paysans. La forme de ce gouvernement, qui étoit ensemble monarchique, aristocratique & démocratique, s'est conservée jusqu'à nos jours; l'autorité se trouve encore partagée entre le roi, la chambre des seigneurs, & celle des communes.

Alfred-le-grand donna à l'Angleterre les premières *loix* réduites en corps. Quoiqu'elles fussent douces, ce prince fut inexorable envers les magistrats convaincus de corruption : l'histoire remarque qu'en une année, il fit pendre quarante-quatre juges qui avoient prévariqué.

Selon le code d'Alfred-le-grand, tout Anglois, accusé de quelque crime, devoit être jugé par ses pairs; & la nation conserve encore ce privilège.

L'Angleterre prit une nouvelle forme par la conquête qu'en fit Guillaume, duc de Normandie : ce conquérant érigea de nouvelles cours souveraines, dont celle de l'échiquier subsiste encore; ces tribunaux suivoient la personne du roi. Il sépara la jurisdiction ecclésiastique de la civile; & de ses *loix*, qu'il fit publier en langue normande, la plus sévère étoit l'interdiction de la chasse, sous peine de mutilation ou de mort même.

Depuis Guillaume-le-conquérant, les rois ses successeurs firent différentes chartres.

Henri I, dit Beauclerc, permit aux héritiers nobles de prendre possession des successions qui leur retomboient sans rien payer au souverain; il permit même à la noblesse de se marier, sans le consentement du prince.

Nous voyons encore que le roi Etienne donna une chartre, par laquelle il reconnoît tenir son pouvoir du peuple & du clergé, qui confirme les prérogatives

prérogatives de l'église, & abolit les *loix* rigoureuses de Guillaume-le-conquérant.

Ensuite Jean-sans-terre accorda à ses sujets la chartre, dite la grande-chartre : elle consiste en soixante-deux articles. *Voyez l'article* CHARTRE.

Les articles principaux règlent la façon de relever les fiefs ; le partage des veuves défendant de les contraindre à convoler en secondes noces : elle les oblige sous caution à ne se point remarier sans la permission de leur seigneur suzerain. Ces *loix* établissent les cours de justice dans des lieux stables ; elles défendent au parlement de lever des impôts, sans le consentement des communes, à moins que ce ne soit pour racheter la personne du roi, ou pour faire son fils chevalier, ou pour doter sa fille : elles ordonnent de n'emprisonner, de ne déposséder, ni de ne faire mourir personne, sans que ses pairs l'aient jugé selon les *loix* du royaume ; & de plus, le roi s'engage à ne vendre, ni refuser la justice à personne.

Les *loix* de Westminster, qu'Edouard I publia, n'étoient qu'un renouvellement de la grande-chartre, excepté qu'il défendit l'acquisition des terres aux gens de main-morte, & qu'il bannit les Juifs du royaume.

Quoique l'Angleterre ait beaucoup de sages *loix*, c'est peut-être le pays de l'Europe où elles sont le moins en vigueur. Rapin Thoyras remarque très-bien que, par un vice du gouvernement, le pouvoir du roi se trouve sans cesse en opposition avec celui du parlement ; qu'ils s'observent mutuellement, soit pour conserver leur autorité, soit pour l'étendre ; ce qui distrait & le roi & les représentans de la nation du soin qu'ils devroient employer au maintien de la justice ; & ce gouvernement turbulent & orageux change sans cesse ses *loix* par acte de parlement, selon que les conjonctures & les événemens l'y obligent ; d'où il s'ensuit, que l'Angleterre est dans le cas d'avoir plus besoin de réforme dans sa jurisprudence qu'aucun autre royaume.

Il ne nous reste qu'à dire deux mots de l'Allemagne. Elle a reçu les *loix* romaines, lorsque ces peuples conquirent la Germanie ; & elle les a conservées, parce que les empereurs abandonnant l'Italie, y transportèrent le siége de leur empire ; cependant il n'est aucun cercle, aucune principauté, quelque petite qu'elle soit, qui n'ait un droit coutumier différent ; & ces droits, par longueur du temps, se sont acquis force de *loix*.

Après avoir exposé la manière dont les *loix* se sont établies chez la plupart des peuples policés, nous remarquerons que dans tous les pays où elles ont été introduites du consentement des citoyens, ce fut le besoin qui les y fit recevoir : & que dans les pays subjugués, les *loix* des conquérans y devenoient celles des conquis ; mais qu'également partout elles ont été augmentées successivement. Si l'on est étonné de voir, au premier coup-d'œil, que les peuples puissent être gouvernés par tant de *loix* différentes, on peut revenir de sa surprise, en observant que, pour l'essentiel des *loix*, elles se trouvent à-peu-près les mêmes ; j'entends celles qui, pour le maintien de la société, punissent les crimes.

Nous observons encore, en examinant la conduite des plus sages législateurs, que les *loix* doivent être adaptées au genre du gouvernement & au génie de la nation qui les doit recevoir ; que les meilleurs législateurs ont eu pour but la félicité publique ; & qu'en général toutes les *loix* qui sont les plus conformes à l'équité naturelle, à quelques exceptions près, sont les meilleures.

Comme Lycurgue trouva un peuple ambitieux, il lui donna des *loix* plus propres à faire des guerriers que des citoyens ; & s'il bannit l'or de sa république, c'étoit parce que l'intérêt est de tous les vices celui qui est le plus opposé à la gloire.

Solon disoit de lui-même, qu'il n'avoit pas donné aux Athéniens les *loix* les plus parfaites, mais les meilleures qu'ils fussent capables de recevoir. Ce législateur considéra non-seulement le génie de ce peuple, mais aussi la situation d'Athènes qui étoit aux bords de la mer : par cette raison, il infligea des peines pour l'oisiveté ; il encouragea l'industrie, & il ne défendit point l'or & l'argent, prévoyant que sa république ne pouvoit devenir grande ni puissante que par un commerce florissant.

Il faut bien que les *loix* s'accordent avec le génie des nations, ou il ne faut point espérer qu'elles subsistent. Le peuple romain vouloit la démocratie ; tout ce qui pouvoit altérer cette forme de gouvernement, lui étoit odieux : de-là vint qu'il y eut tant de séditions pour faire passer la *loi* agraire ; le peuple se flattant que, par le partage des terres, il rétabliroit une sorte d'égalité dans les fortunes des citoyens ; de-là vint qu'il y eut tant de fréquentes émeutes pour l'abolition des dettes, parce que les créanciers, qui étoient les grands, traitoient leurs débiteurs, qui étoient les plébéiens, avec inhumanité ; & que rien ne rend plus odieuse la différence des conditions, que la tyrannie que les riches exercent impunément sur les misérables.

On trouve trois sortes de *loix* dans tous les pays ; à savoir, celles qui tiennent à la politique & qui établissent le gouvernement, celles qui tiennent aux mœurs, & qui punissent les criminels ; & enfin les *loix* civiles, qui règlent les successions, les tutèles, les usures & les contrats. Les législateurs, qui établissent les *loix* dans les monarchies, sont ordinairement eux-mêmes souverains : si leurs *loix* sont douces & équitables, elles se soutiennent d'elles-mêmes ; tous les particuliers y trouvent leur avantage : si elles sont dures & tyranniques, elles seront bientôt abolies, parce qu'il faut les maintenir par la violence, & que le tyran est seul contre tout un peuple, qui n'a de desir que celui de les supprimer.

Dans plusieurs républiques, où des particuliers ont été législateurs, leurs *loix* n'ont réussi qu'autant qu'elles ont pu établir un juste équilibre entre le pouvoir du gouvernement & la liberté des citoyens.

Il n'est que les *loix* qui regardent les mœurs,

sur lesquelles les législateurs conviennent en général du même principe, excepté qu'ils se sont plus roidis contre un crime que contre un autre; & cela sans doute pour avoir connu les vices auxquels la nation avoit le plus de penchant.

Comme les *loix* sont des digues qu'on oppose au débordement des vices, il faut qu'elles se fassent respecter par la terreur des peines; mais il n'en est pas moins vrai que les législateurs qui ont le moins aggravé les châtimens, sont au moins les plus humains, s'ils ne sont pas les plus rigides.

Les *loix* civiles sont celles qui diffèrent le plus entre elles : ceux qui les ont établies ont trouvé certains usages introduits généralement avant eux, qu'ils n'ont osé abolir sans choquer les préjugés de la nation; ils ont respecté la coutume, qui les fait regarder comme bonnes; & ils ont adopté ces usages, quoiqu'ils ne soient pas équitables, purement en faveur de leur antiquité.

Quiconque se donne la peine d'examiner les *loix* avec un esprit philosophique, en aura, sans doute, trouvé beaucoup, qui d'abord paroissent contraires à l'équité naturelle, & qui cependant ne le sont pas. Je me contente de citer le droit de primogéniture. Il paroît que rien n'est plus juste que de partager la succession paternelle en portions égales entre tous les enfans. Cependant l'expérience prouve que les puissans héritages, subdivisés en beaucoup de parties, réduisent, avec le temps, des familles opulentes à l'indigence; ce qui a fait que des pères ont mieux aimé déshériter leurs cadets, que de préparer à leur maison une décadence certaine. Et par la même raison, des *loix* qui paroissent gênantes & dures à quelques particuliers, n'en sont pas moins sages, dès qu'elles tendent à l'avantage de la société entière; c'est un tout auquel un législateur éclairé sacrifiera constamment les parties.

Les *loix* qui regardent les débiteurs sont, sans contredit, celles qui exigent le plus de circonspection & de prudence de la part de ceux qui les publient. Si ces *loix* favorisent les créanciers, la condition des débiteurs devient trop dure, un malheureux hasard peut ruiner à jamais leur fortune. Si au contraire cette *loi* leur est plus avantageuse, elle altère la confiance publique, en infirmant des contrats qui sont fondés sur la bonne-foi.

Ce juste milieu, qui en maintenant la validité des contrats, n'opprime pas les débiteurs insolvables, me paroît la pierre philosophale de la jurisprudence.

Nous ne nous étendrons pas davantage sur cet article : la nature de cet ouvrage ne nous permet point d'entrer dans un plus grand détail; nous nous bornons à quelques réflexions générales sur les *loix*.

§. V. *Réflexions générales sur les loix.* La force d'obliger qu'ont les *loix* inférieures, découle de celle des *loix* supérieures. Ainsi dans les familles on ne peut rien prescrire de contraire aux *loix* de l'état dont elles font partie. Dans chaque état civil on ne peut rien ordonner de contraire aux *loix* qui obligent tous les peuples, telles que sont celles qui prescrivent de ne point prendre le bien d'autrui, de réparer les dommages qu'on a fait, de tenir sa parole, *&c.* & ces *loix* communes à toutes les nations, ne doivent renfermer rien de contraire au domaine suprême de Dieu sur ses créatures. Ainsi dès qu'il y a dans les *loix* inférieures des choses contraires aux *loix* supérieures, elles n'ont plus force de *loix*.

Il faut un code de *loix* plus étendu pour un peuple qui s'attache au commerce, que pour un peuple qui se contente de cultiver ses terres. Il en faut un plus grand pour celui-ci, que pour un peuple qui vit de ses troupeaux. Il en faut un plus grand pour ce dernier, que pour un peuple qui vit de sa chasse. Ainsi les *loix* doivent avoir un grand rapport avec la façon dont les divers peuples se procurent leur subsistance.

Dans les gouvernemens despotiques, le despote est le prince, l'état & les *loix*. Dans les gouvernemens monarchiques il y a une *loi*; & là où elle est précise, le juge la suit; là où elle ne l'est pas, il en cherche l'esprit. Dans les gouvernemens républicains, il est de la nature de leur constitution que les juges suivent la lettre de la *loi*; il n'y a point de citoyen contre qui on puisse interpréter une *loi*, quand il s'agit de ses biens, de son honneur ou de sa vie. En Angleterre les jurés décident du fait, le juge prononce la peine que la *loi* inflige; & pour cela il ne lui faut que des yeux.

Ceux qui ont dans leurs mains les *loix* pour gouverner les peuples, doivent toujours se laisser gouverner eux-mêmes par les *loix*. C'est la *loi*, & non pas l'homme qui doit régner. La *loi*, dit Plutarque, est la reine de tous les mortels & immortels. Le seul édit de 1499, donné par Louis XII, fait chérir sa mémoire de tous ceux qui rendent la justice dans ce royaume, & de tous ceux qui l'aiment. Il ordonne par cet édit mémorable « qu'on » suive toujours la *loi*, malgré les ordres contraires » à la *loi*, que l'importunité pourroit arracher du » monarque ».

Le motif & l'effet des *loix* doit être la prospérité des citoyens. Elle résulte de l'intégrité des mœurs, du maintien de la police, de l'uniformité dans la distribution de la justice, de la force & de l'opulence de l'état, & les *loix* sont les nerfs d'une bonne administration. Quelqu'un ayant demandé à Anaxidame, roi de Lacédémone, qui avoit l'autorité dans Sparte, il répondit que c'étoient les *loix*; il pouvoit ajouter, avec les mœurs sur lesquels elles influent, & dont elles tirent leur force. En effet, chez les Spartiates, les *loix* & les mœurs intimement unies dans le cœur des citoyens, n'y faisoient, pour ainsi dire, qu'un même corps. Mais ne nous flattons pas de voir Sparte renaître au sein du commerce & de l'amour du gain.

« La grande différence que Lycurgue a mise entre » Lacédémone & les autres cités, dit Xénophon, » consiste en ce qu'il a sur-tout fait, que les ci- » toyens obéissent aux *loix*. Ils courent lorsque le

» magiſtrat les appelle: mais à Athènes, un homme » riche ſeroit au déſeſpoir que l'on penſât qu'il » dépendît du magiſtrat ».

Il y a plus; la première fonction des éphores de Lacédémone, en entrant en charge, étoit une proclamation publique, par laquelle ils enjoignoient aux citoyens, non pas d'obſerver les *loix*, mais de les aimer, afin que l'obſervation ne leur en fût point dure.

Rien ne doit être ſi cher aux hommes que les *loix* deſtinées à les rendre bons, ſages & heureux. Les *loix* ſeront précieuſes au peuple, tant qu'il les regardera comme un rempart contre le deſpotiſme, & comme la ſauve-garde d'une juſte liberté.

Parmi les *loix*, il y en a d'excellentes, de vicieuſes & d'inutiles. Toute bonne *loi* doit être juſte, facile à exécuter, particuliérement propre au gouvernement & au peuple qui la reçoit.

Toute *loi* équivoque eſt injuſte, parce qu'elle frappe ſans avertir. Toute *loi* qui n'eſt pas claire, nette, préciſe, eſt vicieuſe.

Les *loix* doivent commencer directement par les termes de juſſion. Les préambules qu'on y met ordinairement ſont conſtamment ſuperflus, quoiqu'ils aient été inventés pour la juſtification du légiſlateur, & pour la ſatisfaction du peuple. Si la *loi* eſt mauvaiſe, contraire au bien public, le légiſlateur doit bien ſe garder de la donner; ſi elle eſt néceſſaire, eſſentielle, indiſpenſable, il n'a pas beſoin d'en faire l'apologie.

Les *loix* peuvent changer, mais leur ſtyle doit toujours être le même, c'eſt-à-dire, ſimple, précis, reſſentant toujours l'antiquité de leur origine comme un texte ſacré & inaltérable.

Que les *loix* reſpirent toujours la candeur: faites pour prévenir ou pour punir la méchanceté des hommes, elles doivent avoir la plus grande innocence.

Des *loix* qui choqueroient les principes de la nature, de la morale ou de la religion, inſpireroient de l'horreur. Dans la proſcription du prince d'Orange, par Philippe II, ce prince promet à celui qui le tuera, ou à ſes héritiers, vingt mille écus & la nobleſſe, & cela en parole de roi, & comme ſerviteur de Dieu. La nobleſſe promiſe pour une telle action! une telle action ordonnée comme ſerviteur de Dieu! tout cela renverſe également les idées de l'honneur, de la morale & de la religion.

Lorſqu'on fait tant que de rendre raiſon d'une *loi*, il faut que cette raiſon ſoit 1°. digne d'elle. Une *loi* romaine décide qu'un aveugle ne peut plaider, parce qu'il ne voit pas les ornemens de la magiſtrature. Il eſt pitoyable de donner une ſi mauvaiſe raiſon, quand il s'en préſente tant de bonnes. 2°. Il faut que la raiſon alléguée ſoit vraie; Charles IX fut déclaré majeur à 14 ans commencés, parce que, dit le chancelier de l'Hôpital, les *loix* regardent l'année commencée, lorſqu'il s'agit d'acquérir des honneurs; mais le gouvernement des peuples n'eſt-il qu'un honneur? 3°. Il faut, dans les *loix*, raiſonner de la réalité à la réalité, & non de la réalité à la figure, ou de la figure à la réalité. La *loi* des Lombards, *l. 2, tit. 37*, défend à une femme qui a pris l'habit de religieuſe, de ſe marier. « Car, dit cette *loi*, ſi un époux qui » a engagé à lui une femme par un anneau, ne » peut pas ſans crime en épouſer une autre, à » plus forte raiſon, l'épouſe de Dieu ou de la ſainte » Vierge ».

Enfin, dès que dans une *loi* on a fixé l'état des choſes, il ne faut point y ajouter des expreſſions vagues. Dans une ordonnance criminelle de Louis XIV, après l'énumération des cas royaux, on ajoute: « Et ceux dont de tous temps les juges » royaux ont décidé »: cette addition fait rentrer dans l'arbitraire que la *loi* venoit d'éviter.

Les *loix* ne ſont pas règle de droit. Les règles ſont générales, les *loix* ne le ſont pas: les règles dirigent, les *loix* commandent: la règle ſert de bouſſole, & les *loix* de compas.

Il faut impoſer au peuple, à l'exemple de Solon, moins les meilleures *loix* en elles-mêmes, que les meilleures que ce peuple puiſſe comporter dans ſa ſituation. Autrement il vaut mieux laiſſer ſubſiſter les déſordres, que de prétendre y pourvoir par des *loix* qui ne ſeront point obſervées; car, ſans remédier au mal, c'eſt encore avilir les *loix*.

Il n'y a rien de ſi beau qu'un état où l'on a des *loix* convenables, & où on les obſerve par raiſon, par paſſion, comme on le fit à Rome dans les premiers temps de la république; car pour lors il ſe joint à la ſageſſe du gouvernement toute la force que pourroit avoir une faction.

Il eſt vrai que les *loix* de Rome devinrent impuiſſantes à ſa conſervation; mais c'eſt une choſe ordinaire que de bonnes *loix*, qui ont fait qu'une petite république s'agrandit, lui deviennent à charge, lorſqu'elle s'eſt agrandie, parce qu'elles n'étoient faites que pour opérer ſon agrandiſſement.

Il y a bien de la différence entre les *loix* qui font qu'un peuple ſe rend maître des autres, & celles qui maintiennent ſa puiſſance, lorſqu'il l'a acquiſe.

Les *loix* qui font regarder comme néceſſaire ce qui eſt indifférent, ne ſont pas ſenſées, & ont encore cet inconvénient qu'elles font conſidérer comme indifférent ce qui eſt néceſſaire; ainſi les *loix* ne doivent ſtatuer que ſur des choſes eſſentielles.

Si les *loix* indifférentes ne ſont pas bonnes, les inutiles le ſont encore moins, parce qu'elles affoibliſſent les *loix* néceſſaires; celles qu'on peut éluder affoibliſſent auſſi la légiſlation. Une *loi* doit avoir ſon effet, & il ne faut pas permettre d'y déroger par une convention particulière.

Pluſieurs *loix* paroiſſent les mêmes qui ſont fort différentes. Par exemple, les *loix* grecques & romaines puniſſoient le receleur du vol comme le voleur ; la *loi* françoise en use ainsi. Celles-là étoient raisonnables, celle-ci ne l'est point. Chez les Grecs & les Romains, le voleur étoit condamné à une peine pécuniaire, il falloit bien punir le receleur de la même peine ; car tout homme qui contribue, de quelque façon que ce soit, à un dommage, doit le réparer. Mais en France, la peine du vol étant capitale, on n'a pu, sans outrer les choses, punir le receleur comme le voleur. Celui qui reçoit le vol, peut en mille occasions le recevoir innocemment ; celui qui vole est toujours coupable. Le receleur empêche, à la vérité, la conviction d'un crime déjà commis, mais l'autre commet le crime ; tout est passif dans le receleur, il y a une action dans le voleur. Il faut que le voleur surmonte plus d'obstacles, & que son ame se roidisse plus long-temps contre les *loix*.

Comme elles ne peuvent prévoir ni marquer tous les cas, c'est à la raison de comparer les faits omis avec les faits indiqués. Le bien public doit décider, quand la *loi* se trouve muette ; la coutume ne peut rien alors, parce qu'il est dangereux qu'on ne l'applique mal, & qu'on ne veuille la diriger, au lieu de la suivre.

Mais la coutume affermie par une chaîne & une succession d'exemples, supplée au défaut de la *loi*, tient sa place, a la même autorité, & devient une *loi* tacite ou de prescription.

Les cas qui dérogent au droit commun, doivent être exprimés par la *loi* ; cette exception est un hommage qui confirme son autorité ; mais rien ne lui porte atteinte, comme l'extension arbitraire & indéterminée d'un cas à l'autre. Il vaut mieux attendre une nouvelle *loi* pour un cas nouveau, que de franchir les bornes de l'exception déjà faite.

C'est sur-tout dans les cas de rigueur qu'il faut être sobre à multiplier les cas cités par la *loi*. Cette subtilité d'esprit qui va tirer des conséquences, est contraire aux sentimens de l'humanité & aux vues du législateur.

Les *loix* occasionnées par l'altération des choses & des temps, doivent cesser avec les raisons qui les ont fait naître, loin de revivre dans les conjectures ressemblantes, parce qu'elles ne sont presque jamais les mêmes, & que toute comparaison est suspecte, dangereuse, capable d'égarer.

On établit des *loix* nouvelles, ou pour confirmer les anciennes, ou pour les réformer, ou pour les abolir. Toutes les additions ne font que charger & embrouiller le corps des *loix*. Il vaudroit mieux, à l'exemple des Athéniens, recueillir de temps en temps les *loix* surannées, contradictoires, inutiles & abusives, pour épurer & diminuer le code de la nation.

Quand donc on dit que personne ne doit s'estimer plus prudent que la *loi*, c'est des *loix* vivantes qu'il s'agit, & non pas des *loix* endormies.

Il faut se hâter d'abroger les *loix* usées par le temps, de peur que le mépris des *loix* mortes ne retombe sur les *loix* vivantes, & que cette gangrène ne gagne tout le corps de droit.

Mais s'il est nécessaire de changer les *loix*, apportez-y tant de solemnités & de précautions, que le peuple en conclue naturellement que les *loix* sont bien saintes, puisqu'il faut tant de formalités pour les abroger.

Ne changez pas les usages & les manières par les *loix*, ce seroit une tyrannie. Les choses indifférentes ne sont pas de leur ressort ; il faut changer les usages & les manières par d'autres usages & d'autres manières. Si les *loix* gênoient en France les manières, elles gêneroient peut-être les vertus. Laissez faire à ce peuple léger les choses frivoles sérieusement, & gaiement les choses sérieuses. Cependant les *loix* peuvent contribuer à former les mœurs, les manières & le caractère d'une nation ; l'Angleterre en est un exemple.

Tout ce qui regarde les règles de la modestie, de la pudeur, de la décence, ne peut guère être compris sous un code de *loix*. Il est aisé de régler par les *loix*, ce qu'on doit aux autres ; il est difficile d'y comprendre tout ce qu'on se doit à soi-même.

La multiplicité des *loix* prouve, toutes choses égales, la mauvaise constitution d'un gouvernement ; car, comme on ne les fait que pour réprimer les injustices & les désordres, il faut de nécessité que, dans l'état où il y a le plus de *loix*, il y ait aussi le plus de déréglement.

L'incertitude & l'inefficacité des *loix* procède de leur multiplicité, de leurs vices dans la composition, dans le style & dans la sanction, du partage des interprètes, de la contradiction des jugemens, *&c.*

Les *loix* sont comme au pillage, entre les mains de ce cortège nombreux de jurisconsultes qui les commentent. La seule vue de leurs compilations a de quoi terrasser l'esprit le plus infatigable. Leurs gloses & leurs subtilités sont les lacets de la chicane. Toutes les citations, si ce n'est celles de la *loi*, devroient être interdites au barreau. Ce ne sont que des hommes que l'on montre à d'autres hommes, & c'est par des raisons, & non par des autorités, qu'il faut décider les cas douteux.

Il y a des *loix* rétroactives qui viennent au secours des *loix* antérieures, & qui en étendent l'effet sur les cas qu'elles n'avoient pas prévus. Il faut très-rarement de ces *loix* à deux fins, qui portent sur le passé & sur l'avenir.

Une *loi* rétroactive doit confirmer, & non pas réformer celle qui la précède ; la réforme cause toujours des mouvemens de trouble, au lieu que les *loix* en confirmation affermissent l'ordre & la tranquillité.

Dans un état où il n'y a point de *loix* fondamentales, la succession à l'empire ne sauroit être fixe, puisque le successeur est déclaré par le prince, par ses ministres, ou par une guerre civile ; que de désordres & de maux en résultent !

Les *loix* ont sagement établi des formalités dans l'administration de la justice, parce que ces formalités sont le *palladium* de la liberté. Mais le nombre des formalités pourroit être si grand, qu'il choqueroit le but des *loix* même qui les auroient établies : alors les affaires n'auroient point de fin, la propriété des biens resteroit incertaine, on ruineroit les parties à force de les examiner. Il y a des pays en Europe où les sujets sont dans ce cas-là.

Les princes ont donné de bonnes *loix*, mais quelquefois si mal à propos, qu'elles n'ont produit que de fâcheux effets. Louis-le-débonnaire révolta contre lui les évêques, par les *loix* rigides qu'il leur prescrivit, & qui alloient au-delà du but qu'il devoit se proposer dans la conjoncture des temps.

Pour connoître, pour peindre le génie des nations & des rois, il faut éclairer leur histoire par leurs *loix*, & leurs *loix* par leur histoire. Les *loix* de Charlemagne montrent un prince qui comprend tout par son esprit de prévoyance, unit tout par la force de son génie. Par ses *loix*, les prétextes pour éluder les devoirs sont ôtés, les négligences corrigées, les abus réformés ou prévenus. Un père de famille pourroit y apprendre à gouverner sa maison : il ordonnoit qu'on vendît les œufs des basses-cours de son domaine, & les herbes inutiles de son jardin ; & l'on sait par l'histoire, qu'il avoit distribué à ses peuples toutes les richesses des Lombards, & les immenses trésors de ces Huns qui avoient ravagé l'univers.

Dans toute société, c'est la force ou la *loi* qui domine. Tantôt la force se couvre de la *loi*, tantôt la *loi* s'appuie de la force. De-là trois sortes d'injustices, la violence ouverte, celle qui marche à l'ombre de la *loi*, & celle qui naît de la rigueur de la *loi*.

Les passions & les préjugés des législateurs passent quelquefois au travers de leurs *loix*, & s'y teignent ; quelquefois elles y restent & s'y incorporent.

Justinien s'avisa dans un temps de décadence, de réformer la jurisprudence des siècles éclairés. Mais c'est dans des jours de lumières qu'il convient de corriger les jours de ténèbres.

Toutes les *loix* sont fondées sur deux principes, la raison & la religion : ces principes étoient inconnus aux païens, tellement que leurs plus grands législateurs s'en sont écartés en plusieurs points ; ainsi, les Romains, qui ont fait beaucoup de bonnes *loix*, s'étoient donné, comme les autres peuples, la licence d'ôter la vie à leurs propres enfans & à leurs esclaves.

La religion peut être regardée comme l'assemblage de toutes les *loix* ; car, outre qu'elle commande à l'homme la recherche du souverain bien, elle oblige les hommes à s'unir & à s'aimer, elle défend de faire aucun tort à autrui.

Les engagemens de la société sont de trois espèces, les uns qui ont rapport au mariage, à la naissance des enfans & aux successions ; les autres qui regardent les conventions, d'autres enfin qui sont involontaires, tels que l'obligation de remplir les charges publiques. De-là les différentes *loix* qui concernent chacun de ces objets.

On trouve communément, dans tous les pays, trois sortes de *loix* ; savoir, celles qui tiennent à la politique, & qui règlent le gouvernement ; celles qui tiennent aux mœurs & qui punissent les criminels ; enfin les *loix* civiles, qui règlent les mariages, les successions, les tutèles, les contrats, *&c.*

Toutes les *loix* divines & humaines, naturelles & positives de la religion & de la police, du droit des gens ou du droit civil, sont immuables ou arbitraires, ainsi que nous l'avons dit ci-dessus, §. I.

Les *loix* immuables ou naturelles, sont celles qui sont tellement essentielles pour l'ordre de la société, qu'on ne pourroit y rien changer sans blesser cet ordre si nécessaire ; telles sont les *loix* qui veulent que chacun soit soumis aux puissances, & qui défendent de faire tort à autrui.

Les *loix* arbitraires, sont celles qui ont été faites, selon les temps & les circonstances, sur des matières qui ne sont pas essentielles pour l'ordre de la société ; celles-ci n'ont d'effet que pour l'avenir.

Un long usage acquiert force de *loi*, le non-usage abolit aussi les *loix* ; les magistrats sont les interprètes des *loix* : pour en pénétrer le sens, il faut comparer les nouvelles aux anciennes, recourir aux *loix* des lieux voisins, juger du sens & de l'esprit d'une *loi* par toute sa teneur, s'attacher plutôt à l'esprit de la *loi* qu'aux termes, suppléer au défaut d'expression par l'esprit de la *loi*.

Lorsque la *loi* ne distingue point, on ne doit pas non plus distinguer : néanmoins dans les matières favorables, la *loi* peut être étendue d'un cas à un autre ; au lieu que dans les matières de rigueur, on doit la renfermer dans son cas précis.

§. VI. *De la composition des loix.* Les *loix* éprouvent ce caractère d'incertitude & d'instabilité qui est presque inséparable de tous les ouvrages humains. L'inconstance naturelle & une espèce de lassitude & d'assoupissement qui ne sont que trop ordinaires aux hommes, sont d'autant plus funestes qu'elles n'attaquent pas ouvertement les *loix* ; mais que, les laissant tomber peu-à-peu dans l'oubli, elles commencent par en diminuer la force, & les abrogent enfin entièrement, sans qu'on puisse assigner l'époque de leur chûte. Les hommes sont moins corrompus dans un âge avancé que dans leur jeunesse. Il en est tout autrement des *loix*, elles se gâtent en vieillissant, & elles périssent, si l'on ne tient la main à leur exécution. L'état florissant d'un code est celui de l'enfance ; & quelqu'un a bien osé comparer la durée des *loix*, à celle du pain, qui n'est que d'un jour, & même à celle des œufs, qui n'est que d'une heure.

La raison en est évidente. Les princes se portent aisément à faire des réglemens généraux pour le bien de leurs états, parce qu'en les faisant, ils n'ont devant les yeux que la raison & la justice, qu'on embrasse volontiers, lorsqu'on ne trouve point d'obstacle qui détourne de la bonne voie. Mais ils ne les font pas toujours exécuter ces réglemens, parce que les intérêts des particuliers, la faveur, la compassion, les importunités sollicitent les princes & s'opposent à l'exécution des établissemens salutaires qu'ils ont faits, & parce qu'ils n'ont pas toujours la fermeté nécessaire pour mépriser des considérations particulières, qui doivent perpétuellement céder au bien public.

L'une des règles de la politique, & peut être la plus importante, c'est de n'employer jamais l'autorité en vain. Il ne faut interposer le pouvoir suprême que lorsque la raison l'exige, & il est inutile de faire des *loix*, si on ne les fait exécuter. Le souverain ne doit rien faire qui ne soit raisonnable & juste; mais aussi il ne doit rien vouloir de raisonnable & de juste, qu'il ne le fasse exécuter. Tel est le danger des premiers exemples qui tempèrent l'austérité de la règle, que presque toujours ils ouvrent des voies pour la renverser insensiblement. Ce que le souverain a résolu par des motifs justes & raisonnables, il doit le vouloir fortement, c'est-à-dire, avec une telle résolution, qu'il le veuille toujours, & qu'après en avoir commandé l'exécution, il fasse punir sévérement ceux qui n'obéissent pas à ses ordres.

Le souverain doit agir en maître. Les sujets sont toujours religieux à obéir, lorsque les princes sont fermes à commander, & la difficulté de l'obéissance vient moins des choses commandées que de l'indifférence avec laquelle il semble que le prince les veuille & les ordonne. Cette difficulté a sa source dans la foiblesse du souverain; car il n'y a presque point de différence dans un prince qui a de la fermeté, entre vouloir fortement & voir exécuter ce qu'il veut qui le soit; & il n'y en a presque point aussi dans un prince foible, entre vouloir foiblement & ne vouloir pas.

Il n'est point de plus grand inconvénient que celui de laisser sans punition la désobéissance aux *loix*. La populace se fait craindre, si elle ne craint pas, & les plus lâches deviennent hardis, s'ils apperçoivent qu'on les craigne. Les *loix* ne sont pas *loix*, si elles ne sont inviolables. C'est des *loix*, qu'il est écrit qu'en les violant on ébranle tous les fondemens de la terre; après quoi, il ne reste plus que la croûte des empires. L'attachement aux *loix* & aux anciennes maximes rend les états immortels.

L'Athénien Dioclés fit une *loi*, par laquelle il étoit défendu, à peine de la vie, de paroître armé dans la place publique; mais, marchant un jour contre les ennemis qui faisoient quelque acte d'hostilité sur la frontière, & entendant le bruit d'une querelle qu'il y avoit sur la place, il s'en approcha, sans faire attention qu'il étoit armé. Interrogé pourquoi il violoit la *loi* que lui-même avoit faite, *je vais la confirmer*, répondit-il; & tirant son épée, il se donna la mort.

Charondas, législateur de Thurium, donna un pareil exemple en une semblable occasion.

Le consul Junius-Brutus fit mourir ses deux fils, pour avoir conspiré en faveur de Tarquin-le-superbe, contre la république naissante.

Le consul Titus-Manlius-Torquatus fit publier un ban, qui défendoit aux Romains d'accepter aucun combat particulier avec les Latins. Son fils tua Geminius-Metius, dans un combat où ce Latin l'avoit appellé. Le père punit de mort, dans son propre fils, la contravention au ban. L'historien rapporte qu'après ce sanglant exemple, l'obéissance, l'exactitude & la vigilance furent plus grandes dans l'armée romaine.

Le dictateur Posthumius-Tiburtus fit aussi mourir son propre fils Aulus-Posthumius, parce que, contre l'ordre qu'il avoit donné de ne pas combattre, il avoit livré bataille aux ennemis qu'il défit.

Le censeur Fulvius-Flaccus priva de la dignité de sénateur son propre frère, pour avoir congédié, sans l'aveu du consul, une cohorte ou compagnie de six cens hommes, dont il étoit le chef en qualité de tribun militaire.

Epaminondas, capitaine Thébain, en usa de la même sorte à l'égard de son fils Stesimbrote. Il le fit mourir, tout vainqueur qu'il étoit des Spartiates.

Par l'une des *loix* que fit Zaleucus, législateur des Locriens, il étoit porté que celui qui seroit coupable d'adultère auroit les yeux arrachés. Son fils ayant enfreint la *loi*, les citoyens demandèrent à haute voix qu'on lui pardonnât; mais le père faisant réflexion que la *loi* perdroit sa force par cet acte de clémence, s'arracha un œil, & en fit arracher un autre à son fils.

Si nos mœurs ne sont pas si austères que celles des Grecs & des Romains, si les exemples qu'on vient de rapporter ne peuvent aujourd'hui être proposés à l'imitation de personne, toujours nous font-ils voir combien l'antiquité a cru qu'il étoit important de tenir la main à l'exécution des *loix*.

Mais il ne faut pas vouloir serrer les liens de la soumission au-delà de ses véritables bornes. L'obéissance est presque toujours imparfaite, lorsqu'elle est forcée; & elle n'est jamais volontaire, si elle n'est soutenue par quelque motif qui la rende agréable. L'autorité toute seule ne forme jamais bien les sujets à la soumission, & une politique trop rigoureuse fait peu de bons sujets, comme une philosophie trop austère fait peu de sages. L'ordre nous contraint & nous gêne; le réformateur trop opiniâtre à nous y rappeller, nous révolte quelquefois, & l'austérité trop inflexible, loin de rendre de bons offices à la règle, ne sert souvent qu'à mieux établir les désordres qu'elle s'efforce de proscrire. C'est par où Caton, avec les meilleures intentions du monde, avec une constance singulière, avec une fidélité inviolable, priva sa patrie du principal fruit de ses vertus, & eut le malheur de lui nuire plus d'une fois, faute de distinguer les facilités de la spéculation d'avec les impossibilités de la pratique.

Il faut gagner les cœurs, pour soumettre les volontés; mener, tant qu'il est possible, les hommes sans contrainte, par le bon ordre & par la récompense, & leur inspirer naturellement cet esprit de dépendance & cette parfaite soumission qui font le salut des états, comme l'indocilité y produit toutes les misères.

Il y a moins d'inconvénient à tolérer un petit mal, qu'à s'exposer à n'être pas obéi, en ordonnant quelque chose de bien qu'il est trop difficile de faire. Y auroit-il du sens, pour éviter un léger désordre, de se mettre dans l'engagement d'en venir à de sanglans châtimens? Les médecins habiles adoucissent leurs remèdes, & tâchent d'en épargner l'amertume à ceux qui les prennent; ils ménagent les forces de leurs malades, & se gardent bien de recourir sans cesse aux remèdes violens; ils adoucissent, ils appaisent à propos les humeurs vicieuses, au lieu de les aigrir & de les irriter. L'habile politique sonde les plaies de l'état, il n'ordonne que ce qu'il peut faire exécuter avec une attention raisonnable, & il ne se résout à couper les parties gangrénées que lorsqu'il désespère de les guérir.

Il n'y a peut-être point de *loix* plus nuisibles que celles qui prescrivent ce qui tend à la dernière perfection. Elles deviennent inutiles par la trop grande difficulté qu'il y a de les observer, & l'autorité se trouve compromise. Il est de la sagesse du souverain, de se soustraire à lui-même les occasions de s'irriter; & de l'intérêt de son état, de prévenir, autant qu'il est possible, l'indiscrétion, la foiblesse ou l'aveuglement des sujets.

L'histoire nous apprend qu'on présenta un jour à un roi de Thrace des vases de terre d'un ouvrage merveilleux, mais fort minces & fort fragiles; ce prince les admira & les reçut avec de grandes démonstrations de joie, il donna même une riche récompense à son hôte qui lui faisoit un présent si rare; mais sur l'heure, aux yeux de toute sa cour, il mit en pièces tous ces chefs-d'œuvre si précieux. On s'étonna d'une action en apparence si farouche. *Je les brise*, dit-il, *de crainte de m'emporter scandaleusement, si quelqu'un par imprudence ou par malheur venoit à les casser ou à les corrompre.* Paroles dignes de la mémoire de tous les siècles.

Le plus politique des historiens romains, parlant du doute où Tibère étoit, s'il feroit publier une certaine *loi* contre les désordres d'un trop grand faste, dit que ce prince examinoit si cette *loi* pourroit guérir le mal qu'il vouloit détruire, si la réforme qu'il pensoit à établir ne pourroit pas tourner au préjudice de la république, quelle seroit la honte de n'y pas réussir, & combien il seroit fâcheux de n'en pouvoir venir à bout que par un sévère châtiment contre ceux qui transgresseroient la *loi*.

Tout n'est pas bon à tout. Il faut proportionner les *loix* au naturel des peuples dont elles doivent faire la destinée.

On a dit de Philippe de Macédoine, qu'il s'accommodoit aux mœurs des peuples parmi lesquels il se trouvoit; de l'empereur Charles-Quint, qu'il vivoit en Espagnol avec les Espagnols, en Allemand avec les Allemands, en Flamand avec les Flamands; & de Philippe II, que ce qui dégoûta le plus les Espagnols de son gouvernement, ce fut le mépris qu'il témoigna pour les manières du pays.

Les législateurs qui ne sont pas instruits suffisamment des mœurs de la nation, tombent dans de grands inconvéniens. Ils supposent le peuple tout autrement disposé qu'il ne l'est, & lui donnent des *loix* qu'il ne sauroit observer. De-là il arrive qu'il faut ou punir un nombre presque infini de citoyens, sans qu'il en résulte aucun avantage général pour l'état, ou voir l'autorité publique méprisée, c'est-à-dire, l'état sur le penchant de sa ruine. Au contraire, si les *loix* sont proportionnées à la capacité des peuples, elles sont observées, il est rarement nécessaire d'employer la voie des supplices, & la nation jouit de la tranquillité que le législateur a voulu lui procurer.

On peut appliquer ici, dans un certain sens, la maxime de Platon, de n'entreprendre dans une république, que ce que l'on peut faire accepter aux citoyens par la voie de la persuasion, sans jamais employer celle de la violence.

Ces mêmes *loix*, qui doivent être accommodées aux mœurs des peuples, doivent aussi former les peuples aux bonnes mœurs.

L'établissement des censeurs chez les Romains, fut infiniment utile. Ils faisoient le dénombrement du peuple, & Rome connoissoit son état & sa puissance. Ils corrigeoient les abus que la *loi* n'avoit pas prévus ou que le magistrat ordinaire ne pouvoit punir. Tout ce qui pouvoit introduire des nouveautés dangereuses, changer le cœur ou l'esprit du citoyen, les désordres domestiques ou publics, étoit réformé par les censeurs. Ils pouvoient chasser du sénat qui ils vouloient; ôter à un chevalier le cheval que le public lui entretenoit; réduire un citoyen au nombre de ceux qui paient les charges de la ville, sans avoir part à ses privilèges. Enfin, ils jettoient les yeux sur la situation actuelle de la république, & distribuoient de manière le peuple dans ses différentes tribus, que les tribuns & les ambitieux ne pussent pas se rendre maîtres des suffrages, & que le peuple ne pût pas abuser de son pouvoir.

Il est des exemples pires que les crimes, & plus d'états ont péri parce qu'on a violé les mœurs, que parce qu'on a violé les *loix*.

Le législateur doit prescrire aux citoyens, des *loix* qui les mettent dans les circonstances où il est à desirer qu'ils soient pour le bien public. Il doit établir un si bon ordre, que les sujets se conforment aux *loix* par raison & par habitude, plutôt que par la crainte des peines.

Ces *loix* doivent sur-tout former les enfans aux bonnes mœurs ; ils appartiennent moins à leurs pères qu'à la république, ils sont les enfans de l'état, ils en sont l'espérance, & ils en doivent être un jour la force. Ce seroit peu de les exclure, dans la suite, des emplois publics dont ils ne seroient pas dignes ; il n'est pas temps de les corriger, quand ils sont corrompus, & il vaut bien mieux prévenir le mal que d'être réduit à le punir. Parmi nous, on punit les mauvaises actions avec rigueur, & on néglige les moyens de les prévenir ; au lieu d'en retrancher la source, on multiplie les expédiens qui ne font qu'augmenter le mal.

C'est une maxime certaine que les bonnes mœurs valent souvent plus que les bonnes *loix*. Les hommes sont persuadés par l'instruction de ceux qui les élèvent, & par les conseils de leurs parens & de leurs amis. Ils sont touchés de leurs véritables intérêts qu'on leur représente, & de l'exemple que leur donnent les personnes vertueuses. Ils ne se portent pas facilement à commettre une action qui leur feroit perdre l'estime & l'amitié de tous ceux qu'ils chérissent & dont le préjudice seroit extrême ; mais ils ne sont ni persuadés ni touchés par les *loix* dont ils ne connoissent pas les raisons, & qui ne font qu'imprimer dans leur esprit & dans leur cœur la crainte d'un mal éloigné dont ils savent se garantir de plusieurs manières.

Il faut faire peu de *loix*, il n'en faut faire que de nécessaires, il en faut faire sur ce qui arrive le plus ordinairement & sur les cas qui se présentent le plus souvent ; mais des *loix* justes, équitables, claires, sans ambiguité, sans contrariété.

Les plus sages *loix*, le décalogue, par exemple, & même les *loix* des douze tables, ne contiennent que des décisions générales dont chacune peut s'appliquer à mille & mille espèces. Si l'on entreprenoit de parler sur chaque cas en particulier, le nombre des *loix*, qui n'est déjà que trop grand, deviendroit prodigieux & presque infini ; c'est tenter l'impossible que de vouloir entrer dans toutes les combinaisons des actions des hommes. Les législateurs ne peuvent pas faire des *loix* sur tous les cas possibles ; les moindres circonstances changent les espèces. C'est assez que les *loix* décident une seule question, pour nous apprendre à décider de la même manière toutes les questions semblables ; il suffit qu'elles donnent des règles générales, & il est nécessaire que le législateur laisse à la sagesse & à l'intégrité des juges le soin de les appliquer & d'en tirer des conséquences.

En faisant beaucoup de *loix*, le législateur risque de ne pas trouver une obéissance exacte ; dans l'examen de ce qu'ils doivent faire ou ne pas faire, les hommes se déterminent plus souvent par les lumières de la raison que par la connoissance des *loix*. Si les *loix* sont en si grand nombre que les citoyens ne puissent pas les retenir, ou si elles ne sont pas conformes à l'équité naturelle & qu'elles condamnent des choses que la raison ne condamne pas, les citoyens y contreviendroient infailliblement, & quelquefois sans avoir dessein de violer une *loi* que quelquefois ils ignorent.

Le droit romain règne presque par-tout. Quelle irrégularité n'est-ce pas que les *loix* d'un pays soient écrites en une langue étrangère, qui n'est pas entendue de la plupart de ceux qui doivent s'y conformer ! & que leur interprétation dépende du caprice d'un nombre presque infini de jurisconsultes toujours opposés les uns aux autres, & non du prince qui donne la force à ces *loix* étrangères !

Ne seroit-il pas plus naturel que chaque état se fût fait des *loix* particulières & nationales, qu'il fût gouverné par ses propres *loix*, & qu'il n'y eût dans toute une monarchie qu'une règle uniforme ?

Il y a trop peu & trop de *loix* en France. Il y en a trop peu, parce que les François se servent de *loix* étrangères en plusieurs cas. Il y en a trop, parce que chaque province, chaque canton, & souvent chaque ville a ses usages particuliers ; chaque coutume a ses commentateurs, & chaque livre de droit ses gloses.

Cette abondance de *loix* est si grande, qu'elle accable également la justice & les juges. Mais ces volumes de *loix* ne sont rien en comparaison de cette armée effroyable de glossateurs, de commentateurs, de compilateurs. Tout le savoir ne consiste qu'à entendre les savans, & l'on a plus de peine à comprendre les interprètes des *loix* que les *loix* elles-mêmes. La justice gémit sous un amas de formalités embarrassantes que les *loix* ont introduites, & qui sont la honte de la raison humaine. On s'est fait un art de se ruiner les uns les autres par la chicane.

Une province de France est régie par la coutume, une autre par le droit romain ; quelques-unes par l'un & par l'autre. Il n'est point de tribunal qui n'ait des maximes, lesquelles ne sont pas observées dans les autres tribunaux ; & l'on voit quelquefois, dans le même parlement, une chambre avoir des principes de décision différens de ceux que suivent les autres chambres. On en peut donner pour exemple, la grand'chambre & les chambres des enquêtes du parlement de Paris.

Qu'est-ce qu'une *loi* dont la justice locale & dont l'autorité bornée, tantôt par une montagne, tantôt par un ruisseau, s'évanouit parmi les sujets d'un même état, pour quiconque passe le ruisseau ou la montagne ? « On ne voit presque rien, dit un » homme de génie (Paschal, dans ses *Pensées*), » de juste ou d'injuste, qui ne change de qualité » en changeant de climat ; trois degrés d'élévation » du pole renversent toute la jurisprudence, & » un méridien décide de la vérité ». Cette observation est judicieuse, renfermée dans certaines bornes.

bornes. Si l'auteur a voulu dire qu'un même peuple doit avoir une même *loi*, la conséquence est bonne ; mais il faut bien se garder d'en conclure que les *loix* civiles doivent être les mêmes dans tous les états. Elles doivent nécessairement être accommodées aux mœurs & à la situation des pays, & elles dépendent d'ailleurs de la volonté de chaque législateur. Chaque nation a ses caractères particuliers; & cette différence dans le naturel des peuples, entraîne nécessairement avec soi la diversité des *loix*.

Chaque peuple doit avoir des *loix* qui lui soient propres, & une nation ne doit pas attendre pour se gouverner, que le bon sens lui vienne d'ailleurs; mais la multiplicité des *loix* dans un même pays, est un mal presque aussi grand que la fréquence des crimes. Cette diversité est une marque aussi évidente de la corruption d'un état, que la diversité des remèdes en est une des maladies du corps.

Il suffiroit d'avoir dans un état, quelque grand qu'il soit, un petit nombre de *loix* claires, qui fussent les maximes générales & uniformes de l'état, lesquelles les juges appliqueroient, selon leur prudence, aux cas particuliers. L'unité amène l'ordre & le maintient, la règle paroît inséparable de l'uniformité, & il conviendroit que des peuples qui n'ont qu'un même roi & une même foi, n'eussent qu'une même *loi* & une même coutume, un même poids & une même mesure.

C'est un dessein qui fut autrefois exécuté dans toutes les villes de l'Achaïe & du Péloponèse. L'un de nos rois, Philippe V, l'avoit aussi conçu; mais son règne, qui ne dura que cinq ans, fut trop court pour voir l'exécution de son projet. Louis XI, plus propre que personne à l'exécuter, le forma aussi; mais ce dessein ne sauroit être exécuté que par un roi pacifique. Le règne de ce prince fut toujours agité de guerres, ou civiles ou étrangères, & la mort prévint l'exécution de son projet. Louis XIV avoit fait revivre ce projet, & un grand magistrat, le premier président de Lamoignon, s'appliqua, par ses ordres, à ce travail, avec plusieurs autres officiers & jurisconsultes; mais il l'abandonna après quelques conférences. Il s'y trouve en effet des difficultés assez considérables : elles ne sont pourtant pas insurmontables, & elles ne doivent pas entrer en comparaison avec l'avantage qui résulteroit de l'exécution de ce dessein.

Les travaux entrepris par l'immortel chancelier d'Aguesseau, sous le règne & par les ordres du feu roi, prouvent que si la réunion des *loix* & des coutumes françoises en une seule, est un ouvrage long & difficile, il n'est pas néanmoins impossible. Louis XV a donné à ses peuples les prémices du fruit qu'ils recueilleroient d'un corps de droit unique, en faisant cesser la diversité de la jurisprudence & des procédures entre les différens tribunaux du royaume, par la décision des questions qui regardent le rapt de séduction (*déclaration du 22 novembre 1730*); la nature, la forme, les charges & les conditions essentielles des donations & des testamens (*ordonn. de février 1731, & août 1735*); l'accusation & la poursuite du crime du faux principal & incident, *ordonn. de juillet 1737*.

On trouve trois difficultés au projet d'une *loi* générale. La première, c'est que plusieurs provinces ont été réunies à la couronne, à condition qu'elles seroient maintenues dans l'usage de leurs *loix* & de leurs coutumes particulières. Les privilèges des peuples n'ont-ils pas reçu d'atteinte en des points plus considérables, par la révolution des siècles? Cette considération peut-elle tenir contre l'intérêt général de l'état, & contre l'avantage que ce changement même apporteroit aux provinces particulières dont on changeroit les *loix?*

La seconde consiste en ce que les habitans de chaque bailliage, de chaque sénéchaussée, de chaque gouvernement, sont dans une prévention favorable à leurs coutumes & à leurs *loix* particulières. Le préjugé de la naissance & la force de l'habitude les leur rendent respectables. Cette seconde difficulté n'est, comme on voit, qu'une suite de la première. Un simple mémoire distribué par ordre de la cour dans toutes les provinces, où l'on expliqueroit d'un côté les inconvéniens de cette multiplicité, & de cette différence de *loix* sous laquelle la *loi* elle-même est comme cachée; & de l'autre les avantages du nouveau code, ne dissiperoit-il pas l'illusion? En tout cas, le nouveau code n'acquerroit-il pas peu à peu dans l'esprit des peuples la même estime qu'ils ont pour des *loix* moins utiles & plus incertaines? Et ne seroit-il pas de la bonté & de la grandeur du souverain d'employer son autorité à vaincre une répugnance mal fondée, & à établir le repos des familles sur des fondemens solides?

La troisième résulte de ce que, dans toutes les provinces, les contrats de mariage, les substitutions, les partages, & quelques autres actes ont été faits suivant les *loix* & les usages particuliers des lieux: ensorte que de changer ces *loix* & ces usages, ce seroit changer l'ordre des successions, & jetter le trouble dans une infinité de familles. On ne peut dissimuler que cette difficulté ne soit considérable. Mais est-elle insoluble? Il est un expédient certain pour ne pas priver une femme, un fils, un frere, un substitué, des droits que la coutume & la *loi* du pays lui déférent, en conséquence de son contrat de mariage, de sa naissance, de son état. On pourroit ordonner que la nouvelle *loi* ne seroit appliquée, dans différens cas qui y seroient marqués, qu'aux contrats & aux actes qui se feroient à l'avenir, & que l'ancienne *loi*, l'ancienne coutume, l'ancien usage seroient encore observés pendant un espace de temps considérable, comme de trente, quarante, cinquante ans, en sorte que la nouvelle *loi* ne changeant point les règles, dans ces cas-là, pour le passé, ne priveroit personne que d'un avenir dont les avantages sont très-éloignés, très-incertains, & même inconnus. Après tout, un inconvénient qui ne regarderoit que quelques particuliers, devroit-il empêcher l'avantage essentiel qui résulteroit pour tout le royaume de la promulgation d'une *loi* générale & commune? Le roi pourroit même permettre à ses sujets de traiter entre eux & de faire des dispositions, pendant quelques années, sur le pied ou des anciennes ou de la nouvelle *loi*, avec cette même condition qu'après ce temps-là, la nouvelle auroit seule son exécution.

Ces considérations déterminent à penser qu'un code de *loix*, domestique, général, exclusif de toute différence & de toute *loi* étrangère, seroit à la vérité un ouvrage très-long & très-difficile, mais néanmoins possible à un grand roi dont le règne seroit long & pacifique, & qui auroit mis de bonne heure la main à l'œuvre. Quarante ou cinquante jurisconsultes, magistrats ou avocats, choisis des différentes provinces du royaume, aidés des mémoires que la cour se feroit envoyer de tous les tribunaux, en pourroient venir à bout par un travail de quelques années. Ce travail seroit utile au royaume, & glorieux au prince sous le règne duquel il auroit été fait.

Sans citer la coutume des orientaux, qui perd de son poids parmi nous, parce que nous les regardons comme des barbares quoiqu'ils le soient moins que nous, à plusieurs égards, la forme de justice qu'on observe dans les troupes de France, donne-t-elle lieu aux subterfuges qu'on voit dans les tribunaux ordinaires de judicature? Les procès y sont décidés avec autant de promptitude que d'équité, parce que la chicane en est bannie. On dira que dans ces jugemens il ne s'agit que de quelques différends légers, & qu'une question sur une succession, sur un partage, sur un testament, sur une donation, est tout autrement importante. Mais pourquoi toutes ces choses sont-elles embrouillées; si ce n'est parce que la *loi* n'est ni claire, ni simple, ni une, & que les ministres subalternes de la justice accablent la justice elle-même sous un amas infini de détours & de chicanes? On plaidoit autrefois aussi long-temps & aussi obscurément en Danemarck qu'ailleurs; aujourd'hui, c'est le lieu de l'Europe où la justice est plutôt & plus équitablement rendue.

L'exécution d'un tel projet ne peut guère être l'ouvrage que d'un seul règne; mais on ne s'avise de former ces sortes de desseins, que lorsqu'on a acquis une grande expérience dans l'art de régner; on n'a pu auparavant en sentir l'utilité, & alors il ne reste plus assez de temps pour l'exécuter. Ce n'est pas que l'exécution de ce projet ne pût être l'ouvrage de plusieurs princes, & que l'un ayant entrepris d'établir une jurisprudence uniforme sur certains points, son successeur ne pût faire la même chose sur d'autres; mais il faudroit pour cela que, pendant plusieurs règnes, les princes fussent animés du même esprit. Tout cela dépend de tant de circonstances, que le défaut du concours d'une seule renverseroit tout l'édifice.

L'attachement aux anciens usages, fortifié de la crainte du travail, fera sans doute, que le remède proposé demeurera dans le terme d'un simple projet. Une telle entreprise demanderoit trop de courage & trop d'application.

L'uniformité des jugemens n'est pas moins à desirer que l'uniformité des *loix*. La justice doit être uniforme dans ses jugemens, comme la *loi* doit être une dans ses dispositions : elle qui fait gloire d'ignorer la différence des personnes, ne doit pas dépendre de celle des temps & des lieux. Tel a été l'esprit de tous les législateurs, & il n'est point de *loi* qui ne renferme le vœu de la perpétuité & de l'uniformité. Son principal objet est de prévenir les procès encore plus que de les terminer; & la route la plus sûre pour y parvenir, est de faire régner une telle conformité dans les décisions, que si les plaideurs ne sont pas assez sages pour être leurs premiers juges, ils sachent au moins que dans tous les tribunaux, ils trouveront une justice toujours semblable à elle-même, par l'observation constante de ces mêmes règles.

En France, il est arrivé quelquefois que, soit par un défaut d'expression, soit par différentes manières d'envisager les mêmes objets, la variété des jugemens a formé d'une seule *loi*, comme autant de *loix* différentes, dont la diversité & souvent l'opposition, contraires à l'honneur de la justice, le sont encore plus au bien public. De-là est née dans ce royaume cette multitude de conflits de jurisdictions, qui ne sont formées par un plaideur trop habile, que pour éviter la jurisprudence qui lui est contraire, & s'assurer de celle qui lui est favorable : en sorte que le fonds même de la contestation se trouve décidé par le seul jugement qui regarde la compétence du tribunal.

Il en est des *loix* pénales comme de toutes les autres, elles doivent être proportionnées aux mœurs du peuple. Les peines plus ou moins sévères ne font pas qu'on obéisse mieux aux *loix*; & dans les pays où les châtimens sont modérés, on les craint comme dans ceux où ils sont affreux. Que le gouvernement soit doux, qu'il soit sévère, on punit toujours par degrés, on inflige un châtiment plus ou moins considérable à un crime plus ou moins grand. L'imagination se plie d'elle-même aux mœurs du pays où l'on vit; les hommes attachent un certain degré de crainte à un certain degré de peine; & chacun le partage à sa façon. Huit jours de prison ou une légère amende frappent autant l'esprit d'un Européen nourri dans un pays où les hommes sont gouvernés doucement, que la perte d'un bras intimide un Asiatique toujours traité comme un esclave. La honte de l'infamie désole un François condamné à une peine, qui n'ôteroit pas un quart d'heure de sommeil à un Turc. Cette considération a déterminé le roi de Prusse à abolir l'usage de la question.

Mais dès que les *loix* pénales sont établies, quelles

qu'elles soient, le souverain doit les faire exécuter au pied de la lettre. Les hommes perdent facilement la mémoire des bienfaits, & la raison manque de force sur beaucoup d'esprits, au lieu que les châtimens font impression sur les sens, & contiennent chacun dans son devoir. Les chrétiens doivent pardonner les offenses qui leur sont faites; mais les princes sont obligés de punir celles qui intéressent le public, selon la qualité des fautes, & conformément aux *loix*.

Les punitions, en tant qu'elles intéressent le repos public, sont si nécessaires, qu'il n'est pas convenable d'user d'indulgence, lors même que celui qui a commis le crime a bien servi l'état en quelque autre occasion. Si le bien est digne d'une récompense, le mal mérite un châtiment, & tous deux doivent recevoir leur prix dans le temps où ils arrivent.

Les bienfaits & les peines regardent l'avenir plutôt que le passé. Le prince doit faire du bien à ceux qui se rendent utiles au public, pour les engager à continuer de le servir, & pour animer les autres hommes par la vue des récompenses réservées aux talens; mais il doit aussi punir les crimes qui troublent l'ordre public, pour détourner les maux auxquels l'espérance d'obtenir grace engageroit. L'un & l'autre sont également nécessaires pour porter les hommes, par l'un aux actions vertueuses, & pour les détourner par l'autre des actions criminelles.

L'indulgence du prince n'est légitime, absolument parlant, qu'autant qu'elle est fondée sur les circonstances de l'action qu'il pardonne. Lorsque le citoyen est tombé dans une faute, par un effet du hasard & par un malheur auquel la volonté n'a pas concouru, il est juste que le prince remette la peine. Alors c'est moins une grace qu'il accorde, qu'un jugement qu'il porte qu'il n'y a point eu de crime dans l'intention de celui qui en est accusé.

La clémence encourage au crime ceux qui ne sont retenus que par la crainte des supplices. Il importe à la sûreté d'un état que les crimes soient punis sévérement.

Un ancien a eu raison de dire que les forfaits se fraient un chemin assuré par les forfaits. On ne passe pas d'une longue habitude d'innocence aux grands crimes, mais un premier crime impuni est un degré pour en commettre un autre.

Laisser impunies les offenses qui intéressent le public, c'est ouvrir la porte à la licence, c'est inviter à la désobéissance, c'est moins les pardonner que les commettre de nouveau, c'est moins accorder la grace du crime qu'en devenir le complice.

Punir un crime, c'est moins le punir qu'empêcher que d'autres citoyens ne le commettent. La sévérité pour les criminels est clémence pour les autres citoyens. Être rigoureux envers les particuliers qui méprisent les *loix* d'un état, c'est être bon pour le public. Oter la vie à un scélérat, c'est la donner à mille personnes d'honneur.

L'histoire d'Angleterre rapporte avec éloge cette belle sentence de Guillaume-le-Roux. « Quiconque » fait grace aux parjures, aux voleurs, aux traîtres, » fait perdre aux honnêtes gens les avantages de » la paix & de la tranquillité. Il pose les fondemens » d'une infinité de crimes, & il prépare mille maux » à l'innocence & à la vertu ».

§. VII. *A qui appartient le pouvoir de faire des loix ?* Les hommes réunis en société forment un corps moral, qui n'a qu'une volonté; il est par conséquent nécessaire qu'il y ait des marques certaines à quoi les êtres physiques, qui composent ce corps moral, qui sont partagés en divers sentimens, qui ont des inclinations différentes, puissent reconnoître la volonté suprême du corps, à laquelle ils doivent réunir la leur.

L'intérêt commun exige que cette volonté suprême soit celle du souverain, qu'il ait seul le pouvoir de régler ce que chaque citoyen doit regarder comme sien, ou comme appartenant à autrui, ce qu'il doit tenir pour juste ou injuste, jusqu'à quel point il conserve sa liberté naturelle, & comment il doit user de ses droits pour ne pas troubler l'ordre public.

Il ne suffit pas que le prince, ou les magistrats qu'il établit, décident les affaires selon l'usage, il faut encore que l'état ait des règles générales de conduite, afin que le gouvernement soit constant & uniforme. La majesté souveraine, dit Justinien, *præm. inst.* doit être non-seulement ornée de la puissance des armes, mais armée de la justice des *loix*, afin que dans l'un & l'autre temps, de la guerre & de la paix, l'état soit maintenu dans sa splendeur.

Telle est l'origine du pouvoir législatif qui ne peut exister que dans la puissance souveraine; car ce doit être une de ses propriétés essentielles, de faire des *loix* nouvelles, ou d'abroger les anciennes. En effet, il est juste & nécessaire que le souverain soit le maître de cet objet, comme le pilote l'est du gouvernail, qui deviendroit entiérement inutile, s'il ne lui étoit permis de le tourner suivant la disposition des vents, & s'il falloit à chaque fois demander les avis de tous ceux qui sont dans le vaisseau.

De-là il suit que les coutumes, qui s'établissent insensiblement dans les différentes parties d'un état, ne peuvent être regardées comme des *loix*, que parce que la perpétuité de leur observation fait présumer qu'elles sont connues du souverain, & que n'en ayant pas arrêté le cours, il est censé leur avoir imprimé l'autorité de la *loi*, par un consentement tacite.

Mais le terme de *souverain* ou de *prince*, dont nous nous servons ici pour désigner la partie de la société politique à qui est confié le soin de faire connoître la volonté suprême du corps, ne doit pas s'entendre strictement du chef ou premier magistrat d'un peuple. Nous entendons par ce mot tout ce qui représente la majesté & la souveraineté de la société. Ainsi dans les états monarchiques, le souverain est le roi; dans l'aristocratie, c'est le sénat; dans la démocratie, c'est le peuple entier.

Le pouvoir législatif réside donc dans une, ou plusieurs personnes, ou même dans tous les membres de l'état, suivant la constitution & le gouvernement particulier de chaque nation. Mais de quelque manière qu'ils existent, la *loi*, c'est-à-dire, le résultat de la volonté suprême, est l'expression du chef, des sénateurs, ou du peuple assemblé, parce que c'est dans l'un ou dans les autres que réside la souveraineté & la puissance de l'état.

Nous n'entrerons pas dans le détail des différentes personnes dans lesquelles réside parmi les nations policées, le pouvoir législatif, nous nous bornerons à remarquer seulement qu'en France il n'appartient qu'au roi seul. Ainsi, quand les cours délibèrent sur l'enregistrement de quelque nouvelle *loi*, ce n'est pas par une autorité qui leur soit propre, mais seulement en vertu d'un pouvoir émané du roi même, & des ordonnances qui leur permettent de vérifier s'il n'y a point d'inconvénient dans la nouvelle *loi* qui est présentée. Les cours ont la liberté de faire des remontrances, & quand le roi ne juge pas à propos d'y avoir égard, les cours procèdent à l'enregistrement.

Les magistrats sont établis pour faire observer les *loix* : ils peuvent, sous le bon plaisir du roi, les interpréter, lorsqu'il s'agit de quelque cas qu'elles n'ont pas prévu ; mais il ne leur est pas permis de s'en écarter.

Les réglemens que les cours & autres tribunaux font sur les matières de leur compétence, ne sont point des *loix* proprement dites, ce ne sont que des explications qu'ils donnent pour l'exécution de *loix* ; & ces réglemens sont toujours censés faits sous le bon plaisir du roi, & en attendant qu'il lui plaise manifester sa volonté. *Voyez* ABROGATION, CODE, DROIT, DISPENSE, ENREGISTREMENT, PROMULGATION, SANCTION, *&c.*

Après avoir traité des *loix* en général, nous allons expliquer, sous des mots particuliers, les différentes sortes de *loix* qu'on distingue par un nom propre.

LOI ACILIA est une de celles qui furent faites contre le crime de concussion. Manius Acilius Glabrio en fut l'auteur, elle étoit très-sévère ; il en est parlé dans la seconde Verrine. Il y avoit déjà eu d'autres *loix de pecuniis repetundis*, ou *repetundarum*, c'est-à-dire, contre le crime de concussion. *Voyez* LOI CALPHURNIA. (*A*)

LOI ÆBUTIA eut pour auteur un certain tribun *nommé L. Æbutius*, qui présenta au peuple cette *loi*, dont l'objet étoit d'abroger plusieurs formules inutiles établies par la *loi* des douze tables, pour la recherche des choses volées. Elle essuya beaucoup de contradiction, & néanmoins fut adoptée, il en est parlé dans Aulu-Gelle. *Voyez aussi* Zazius. (*A*)

LOI ÆLIA FUSIA fut faite par Ælius & Fusius, tribuns du peuple, à l'occasion de ce qu'anciennement les tribuns du peuple, qui faisoient des *loix* dans les comices, n'étoient point astreints aux égards que la religion obligeoit d'avoir pour les auspices. Il fut donc ordonné par cette *loi*, que tout magistrat qui porteroit une *loi*, seroit obligé de garder le droit des prières & des auspices, & que chacun auroit la liberté de venir donner avis des présages sinistres qui se présenteroient, par exemple, si l'on entendoit le tonnerre ; de sorte que quand le collège des augures, un consul ou le préteur annonçoit quelque chose de semblable, l'assemblée du peuple devoit se séparer, & il ne lui étoit pas permis de rien entreprendre ce jour-là. On croit que cette *loi* fut faite sous le consulat de Gabinius & de Pison, quelque temps avant la troisième guerre punique, & qu'elle fut en vigueur pendant cent ans, ayant été abrogée par P. Clodius. Cicéron en fait mention dans plusieurs de ses ouvrages.

LOI ÆLIA SENTIA ou SEXTIA fut faite du temps d'Auguste par les consuls Ælius Sextius Catulus & C. Sentius Saturninus. Elle régloit plusieurs choses concernant les successions, & entre autres, que chacun ne pouvoit avoir qu'un héritier nécessaire. Elle défendoit d'affranchir les esclaves par testament, ou de les instituer héritiers en fraude des créanciers ; mais que pour que l'on pût accuser le testament de fraude, il falloit qu'il y eût *consilium & eventus*. Elle avoit aussi réglé que les mineurs de 25 ans ne pourroient affranchir leurs esclaves qu'en présence du magistrat, en la forme appellée *vindicta*, c'est-à-dire, celle qui se faisoit en donnant deux ou trois coups de baguette sur la tête de l'esclave, & que ces manumissions ne seroient autorisées qu'en connoissance de cause ; ce qui fut ainsi ordonné dans la crainte que les mineurs ne fussent séduits par les caresses de leurs esclaves. Mais Justinien corrigea ce dernier chapitre de la *loi Ælia Sentia*, du moins quant aux dernières volontés, ayant ordonné par ses institutes que le maître âgé de 17 ans, pourroit affranchir ses esclaves par testament ; ce qu'il fixa depuis par sa novelle 119 au même âge auquel il est permis de tester. Il étoit encore ordonné par cette *loi*, par rapport aux donations entre mari & femme, que si la chose n'avoit pas été livrée, & que le mari eût gardé le silence jusqu'à sa mort, la femme n'auroit pas la vendication de la chose après la mort de son mari ; mais seulement une exception, si elle la possédoit. Cicéron, dans ses Topiques, nomme cette *loi Ælia Sentia* ; mais Charondas en ses notes sur Zazius, fait voir que ces deux *loix* étoient différentes. (*A*)

LOI ÆMILIA étoit une *loi* somptuaire qui fut faite par M. Æmilius Scaurus, consul. Il en est parlé dans Pline, *lib. 8*. Son objet fut de réprimer le luxe de ceux qui faisoient venir à grands frais des coquillages & des oiseaux étrangers pour servir sur leur table. *Voyez* Zazius.

Il ne faut pas confondre cette *loi* avec le senatusconsulte Æmilien, qui déclaroit valables les donations faites entre mari & femme, lorsque le donateur y avoit persévéré jusqu'à la mort. (*A*)

LOI AGRAIRE, *voyez* AGRAIRE. Nous avons en France plusieurs *loix* qu'on peut appeller *loix agraires*, parce qu'elles règlent la police des champs. Telles sont celles qui concernent les pâturages, le nombre des bestiaux, le temps de la récolte des fruits de la terre, &c. *Voyez* CODE RURAL, sous le mot CODE, *sect.* 2.

LOI DES ALLEMANDS, *voyez* DROIT ALLEMAND.

LOI D'AMIENS, dans les anciens auteurs, signifie les *coutumes d'Amiens*. On appelle de même celle des autres villes, comme *loi de Tournai*, *loi de Vervins*, *loi de Bastie*, &c. (*A*)

LOI DES ANGLES, ANGLIENS *ou* THURINGIENS, étoit la *loi* des anciens Angles, peuples de la Germanie, qui habitoient le long de l'Elbe. Elle fut confirmée par Charlemagne. *Voyez* le Glossaire de Ducange, au mot *Loix*. (*A*)

LOI DES ANGLOIS. *Voyez* DROIT ANGLOIS.

LOI ANNAIRE *ou* ANNALE, comme qui diroit *loix des années*, étoit le nom qu'on donnoit à Rome à différentes *loix* qui régloient l'âge auquel on parvenoit aux magistratures. La première de ce nom fut la *loi junia*. Cicéron, *de oratore*, fait mention d'une autre portée par Pinarius Rusca. *Voyez* LOI JUNIA.

LOI ANNONAIRE, est celle qui pourvoit à ce que les vivres n'enchérissent pas, & qui rend sujets à accusation & punition publiques ceux qui sont cause de la cherté par leurs monopoles. On a fait beaucoup de ces *loix* en France. *Voyez* ACCAPAREMENT, APPROVISIONNEMENT, MONOPOLE.

LOI ANTIA étoit une *loi* somptuaire chez les Romains, dont le principal but étoit de régler en général la dépense des festins : elle défend aussi à tout magistrat ou à celui qui aspiroit à la magistrature, d'aller manger indifféremment chez tout le monde, afin qu'ils ne fussent pas si familiers avec les autres, & que les magistrats ne pussent aller manger que chez certaines personnes qualifiées; mais peu après elle fut rejettée. Il est fait mention de cette *loi* par Cicéron dans le *liv.* 7 *de ses épîtres famil.* & dans le *catalogue des loix antiques* par Zazius. Gosson en parle aussi dans son *commentaire sur la coutume d'Artois*, *article* 12, où il dit que les magistrats doivent être leurs propres juges sur ce qui convient à leur dignité. Parmi nous il n'y a d'autre *loi* sur cette matière que celle de la bienséance. (*A*)

LOIX ANTIQUES, *ou* LOIX BARBARES, sont les *loix* des Goths, Visigoths, Bourguignons, Francs, Lombards, Bavarois, Anglois & Saxons, qui ont été recueillies par Lindenbrog, en douze livres, intitulés *Codex legum antiquarum*. *Voyez chacune de ces loix sous son article particulier.*

LOI ANTONIA JUDICIARIA, c'étoit un projet de *loi* que le consul Marc-Antoine tâcha de faire passer après la mort de César, par laquelle il rejettoit dans la troisième décurie qui étoit celle des questeurs ou financiers appellés *tribuni ærarii*, les centurions & les gens de la légion des Alandes. Cicéron en parle dans sa première Philippique; mais Antoine fut déclaré ennemi de la république avant que cette *loi* fût reçue.

Appien fait aussi Antoine auteur d'une *loi dictatura*, & Macrobe rapporte qu'il en fit une *de nomine mensis Julii*, par laquelle il ordonna que le mois qui avoit été appellé jusqu'alors *Quintilis*, seroit nommé *Julius* du nom de Jules-César qui étoit né dans ce mois. *Voyez* Zazius & l'*Hist. de la Jurispr. rom.* de M. Terrasson. (*A*)

LOI D'AOUT; la *loi d'août* étoit ce qu'on appelle plus communément aujourd'hui *ban d'août*. Le mot *loi d'août* se trouve dans des titres cités par dom Carpentier au mot *lex Augusti*. Celui de ban d'août se trouve dans l'art. 48 de la coutume d'Artois, & dans quelques coutumes de Flandre.

« Les bans d'août, dit Maillard sur cette première » coutume, sont des ordonnances faites à cri pu» blic, au nom du vicomtier, par ses officiers, » portant défense de charrier sans permission, du» rant les jours de dimanche & de fête, ni de » couper les bleds en verd, de charrier avant le » soleil levé ni après le soleil couché. Ce ban » d'août est nommé *Nagdeden* dans la chartre ac» cordée par Baudouin, comte de Guine & châ» telain de Bourgbourg à l'abbaye de S. Bertin, » le 9 avril 1228.

» Mais, sous prétexte que la rosée peut corrom» pre les grains enlevés, avant soleil levant, & » après soleil couchant, le vicomtier ne peut pas » en Artois défendre de charrier avant le lever du » soleil ou après le coucher du soleil, parce que » par lettres du mois d'octobre 1414, le roi Charles » VI a permis de charrier avant le lever & après » le coucher du soleil, en évoquant les champar» teurs, s'il y en avoit, & par identité de raison, » les décimateurs ».

Ces prohibitions subsistent néanmoins encore dans la Flandre, suivant le commentaire anonyme du tit. 1 de la coutume de la châtellenie de Lille, imprimé en 1774, qui nous retrace la teneur ordinaire de ces proclamations. On y voit qu'elles comprennent aussi des réglemens de police, sur le glanage & sur le temps où l'on peut mettre les bestiaux dans les chaumes ou nouvelles éteules. *Voyez* MARS (*ban de*). (*Art. de M.* GARRAN DE COULON, *Avocat en Parlement.*)

LOI APERTE, *ou* LOI SIMPLE, *ou* SIMPLE LOI, termes synonymes qui signifient en Normandie la manière de juger les actions simples, par lesquelles on défend quelque chose, sans qu'il soit besoin des formalités requises pour les autres actions. Il est dit dans le *chap.* 87 de l'ancienne coutume, que toute querelle de meuble au-dessous de dix sols est simple, ou terminée par *simple loi*; & au-dessus, est apparissant, ou terminée par *loi* apparissant. *Voyez le Gloss.* de M. de Lauriere, *au mot* LOI APPARISSANT, *& ci-après* LOI APPARENTE.

LOI APPARENTE *ou* APPAROISSANT, qui dans l'ancienne coutume de Normandie est aussi appellée *loi apparissant*, est un bref ou lettres royaux qu'on obtient en chancellerie à l'effet de recouvrer la possession d'un héritage dont on est propriétaire, & que l'on a perdu.

Cette forme de revendication est particulière à la coutume de Normandie.

Pour pouvoir agir par *loi apparente*, il faut que trois choses concourent.

1°. Que le demandeur justifie de son droit de propriété, & qu'il a perdu la possession depuis moins de quarante ans.

2°. Que celui contre qui la demande est faite soit possesseur de l'héritage, qu'il n'ait aucun droit à la propriété.

3°. Que l'héritage contentieux soit désigné clairement dans les lettres par sa situation & par ses confins.

Pendant cette instance de revendication, le défendeur demeure toujours en possession de l'héritage; mais si par l'événement il succombe, il est condamné à la restitution des fruits par lui perçus depuis la demande en *loi apparente*.

Il y avoit dans l'ancienne coutume plusieurs sortes de *loi apparoissant*, savoir, l'enquête de droit & de coutume, le duel ou bataille, & le *reconnoissant* ou enquête d'établissement. *Voyez l'anc. cout. chap.* 87, & le *Glossaire* de M. de Lauriere, *au mot* LOI APPAROISSANT. *Voyez* Basnage, *sur les art. 60, 61 & 62 de la cout. de Normandie.* (*A*)

LOI APULEIA, fut faite par le consul Apuleïus Saturninus, lequel voulant gratifier Marius dont le crédit égaloit l'ambition, ordonna que dans chaque colonie latine Marius pourroit faire trois citoyens romains; mais cela n'eut point d'exécution. Cicéron fait mention de cette *loi* dans son oraison *pro Cornelio Balbo. Voyez aussi* Zazius.

Il y eut une autre *loi* du même nom, surnommée *lex apuleïa majestatis*, ou *de majestate*, qui fut faite à l'occasion d'un certain M. Norbanus, homme méchant & séditieux, lequel avoit condamné injustement Q. Cepion en excitant contre lui une émotion populaire. Norbanus fut accusé du crime de lèse-majesté pour avoir ainsi ameuté le peuple. Ce fut Sulpitius qui l'accusa, & Antoine qui le défendit. Cicéron parle de cette affaire dans son second livre *de oratore.* (*A*)

LOI AQUILIA. *Voyez* AQUILIENNE. (*loi*).

LOI ATERINA, que d'autres appellent aussi *loi Tarpeïa*, fut faite sous les consuls Tarpeïus Capitolinus & A. Aterinus Fontinalis; elle fixoit les peines & amendes à un certain nombre de brebis ou de bœufs: mais comme tous les bestiaux ne sont pas de même prix, & que d'ailleurs leur valeur varie, il arrivoit de-là que la peine du même crime n'étoit pas toujours égale; c'est pourquoi la *loi Aterina* fixa dix deniers pour la valeur d'une brebis, & cent deniers pour un bœuf. Denis d'Halicarnasse remarque aussi que cette *loi* donna à tous les magistrats le droit de prononcer des amendes, ce qui n'appartenoit auparavant qu'aux consuls. *Voyez* ZAZIUS. (*A*)

LOI ATINIA, fut faite pour confirmer ce que la *loi* des douze tables avoit ordonné au sujet de la prescription, ou plutôt usucapion des choses volées; savoir, que ces sortes de choses ne pouvoient être prescrites à moins qu'elles ne revinssent entre les mains du légitime propriétaire. On ne sait pas au juste l'époque de cette *loi*. Cicéron observe seulement qu'elle fut faite dans des temps antérieurs à ceux de Scévola, Brutus, Manlius. Pighius, *en ses annales, tom. 2, pag.* 255, pense qu'elle fut faite l'an de Rome 556, par C. Atinius Labeo, qui étoit tribun du peuple sous le consulat de Cornelius Cethegus, & de Q. Mucius Rufus, ce qui est assez vraisemblable: Cicéron en parle dans *sa troisième Verrine. Voyez aussi* Zazius. (*A*)

LOI ATTILIA, *Voyez* ATTILIA.

LOI AURELIA, surnommée *judiciaria*, fut faite par M. Aurelius Cotta, homme très-qualifié, & qui étoit prêteur; ce fut à l'occasion des abus qui s'étoient ensuivis de la *loi Cornelia judiciaria*. Depuis dix ans le sénat se laissoit gagner par argent pour absoudre les coupables, ce qui fit que Cotta commit le pouvoir de juger aux trois ordres, c'est-à-dire des sénateurs, des chevaliers, & des tribuns du peuple romain, qui étoient eux-mêmes du corps des chevaliers romains. Cette *loi* fut observée pendant environ seize ans, jusqu'à ce que la *loi Pompeia* réglât d'une autre manière la forme des jugemens. *Voyez* Velleius Paterculus, *lib.* 2, & ZAZIUS. (*A*)

LOI AURELIA DE TRIBUNIS, eut pour auteur C. Aurelius Cotta, qui fut consul avec L. Manlius Torquatus; il fut dit par cette *loi*, que les tribuns du peuple pourroient parvenir aux autres magistratures dont ils avoient été exclus par une *loi* que Sylla fit pendant sa dictature. *Voyez* Appien, *lib.* 1 *Belli civ.*, & Ascanius *in Cornelianàm leg.* (*A*)

LOIX BARBARES. *Voyez* BARBARES (*loix.*)

LOI DE BATAILLE, signifioit autrefois les règles que l'on observoit pour le duel lorsqu'il étoit autorisé & même permis. Il en est parlé dans l'ancienne coutume de Normandie, *chap.* 118, 120, *& ailleurs. Voyez* COMBAT *judiciaire.* (*A*)

LOI DES BAVAROIS, *lex Bawariorum.* La préface de cette *loi* nous apprend que Théodoric ou Thierry, roi d'Austrasie, étant à Châlons-sur-Marne, fit assembler les gens de son royaume les plus versés dans les sciences des anciennes *loix*, & que par son ordre ils réformèrent & mirent par écrit la *loi* des Francs, celle des Allemands & des Bavarois qui étoient tous soumis à sa puissance; il y fit les additions & retranchemens qui parurent nécessaires, & ce qui étoit réglé selon les mœurs des païens fut rendu conforme aux *loix* du christianisme: ce qu'une coutume trop invétérée l'empêcha alors de changer, fut ensuite revu par Childebert & achevé par Clotaire. Le roi Dagobert fit remettre cette *loi* en meilleur style par quatre personnages distingués, nommés Claude, Chaude, Indomagne & Agilulfe. La préface de cette dernière réformation porte que cette *loi* est l'ouvrage du roi, de ses princes, & de tout le peuple chrétien qui compose le royaume des Mérovingiens. On a ajouté depuis à ces *loix* un décret de Tassilon, duc de Bavière. *Voyez l'histoire du droit françois*, par M. l'abbé Fleury. (*A*)

Loi de Beaumont. Sur la fin du douzième siècle parut dans la Champagne une chartre qui fut regardée comme une espèce de météore, parce que les hommes y sont comptés pour quelque chose. La liberté & la propriété, ces deux divinités tutélaires de l'espèce humaine, présidèrent à la rédaction de cette *loi*: elle est de Guillaume aux blanches mains, archevêque de Reims, & cardinal du titre de Sainte-Sabine. Ce prélat, fondateur de la ville de Beaumont-lès-Argonne, donna ce diplôme à sa nouvelle colonie, en 1182.

Cette chartre, connue sous la dénomination de *loi de Beaumont*, fut publiée en latin & en françois; elle contient 54 articles: on en trouve le texte françois dans l'histoire de Lorraine, par dom Calmet, *tome II*, *aux preuves*, *page 537*; le texte latin se trouve dans le dépôt de la chambre des comptes de Bar. Les articles 1, 3, 4, 5 & 6, déclarent les droits que le fondateur réservoit à son domaine. L'article 5 établit le droit de bannalité des fours au vingt-quatrième; l'article 6, celui des moulins au vingtième.

L'article 8 porte: *à ces choses, nous vous octroyons l'usance des eaux & des bois*; & dans le texte latin: *ad hæc concedimus vobis usum aquæ & nemoris liberum*; ce qui signifie que la concession des droits & de la rivière avoit son prix dans la redevance des cens & des charges imposées, & notamment dans la soumission à la bannalité des fours & des moulins.

Le surplus de la *loi de Beaumont* contient l'établissement d'une commune, d'une justice, composée des membres de la communauté pour la régir, & des réglemens contre les délits & les crimes.

La sagesse de cette *loi* opéra une révolution, non-seulement dans le petit pays d'Argonne où elle se trouvoit établie, mais encore dans toutes les provinces qui l'entouroient ou qui l'approchoient: la Lorraine, le Barrois, le Verdunois, la Champagne, accoururent à la *loi de Beaumont*. Les choses en vinrent au point, que les seigneurs ne se tenoient plus assurés de conserver leurs hommes, s'ils ne consentoient à leur jurer la *loi de Beaumont*; ainsi la publication de cette *loi* fut pour l'humanité une époque mémorable.

Le Clermontois, qui, dans la plus grande portion, fait partie du pays d'Argonne, marqua bientôt aux seigneurs qui le gouvernoient, le desir le plus vif d'être régi par la *loi de Beaumont*: elle fut accordée à la plupart, & peut-être à tous les lieux qui composent le Clermontois. Plusieurs en ont conservé les chartres particulières; celle de la ville de Varennes, donnée par Thibaut, comte de Bar, est de 1243, au mois de novembre; celle de la ville de Stenay fut antérieure, puisqu'on la trouve rappellée dans une chartre du même prince, du mois de février 1243. Stenay n'est qu'à deux lieues de Beaumont; c'est la même forêt de Dieutet qui donne des bois à la ville de Beaumont & à celle de Stenay. On reconnoît, au reste, l'effet de cette *loi*, à des signes certains, dans les lieux où elle a été établie, & qui ont su en conserver la possession. Quand on trouve dans les lieux du Clermontois des fours & des moulins bannaux au profit du seigneur, & en faveur des habitans une justice municipale, des bois communaux chargés du chauffage des fours, & la possession de pêcher en la rivière, on peut se tenir assuré que ces lieux ont été jurés à la *loi de Beaumont*: voici les principaux articles de cette *loi*.

Article I. « Que chaque bourgeois qui aura » maison dans la ville de Beaumont, paiera au » seigneur douze deniers par chacun an, à peine » de deux sous d'amende.

» II. Qu'il sera loisible aux bourgeois de vendre » & acheter dans la ville de Beaumont, sans vi» naige & sans tonnelieu payer.

» III. Que chaque fauchée de prés paiera quatre » deniers le jour de la fête de saint Remi.

» IV. En la terre qui est cultivée, vous paie» rez de douze gerbes, deux; & en la terre qui » sera mise de bois à champs, vous paierez de » quatorze gerbes, deux.

» V. Nous ferons fours en la ville de Beau» mont, qui nôtres seront, auxquels vous appor» terez votre pain à cuir par ban, & de vingt» quatre pains, vous paierez ung.

» VI. Nous y ferons aussi moulins, où vous ven» rés moudre par ban, ou au moulin de l'estagne, » & de vingt septiers vous paierez ung.

» VII. Si aucun homme est accusé de ses dîmes » ou de ses terraiges, ou dou ban des moulins, » ou du fond brisié, qu'il s'en purgera par son » serment seul.

» VIII. A ces choses, nous vous octroyons » l'usance des eaux & des bois, si comme entre » vous & les hommes de Lestague, & les hom» mes d'Oüe, & les frères de Belvat, divisé sera.

» IX. En la ville de Beaumont, li jurés seront » établis, & li maires aussi, qui nous jurera feauté, » & répondra à nos menistres des rentes & des » issues de la ville, maire ni les mairiers, ni les » jurés, ne demorront en leurs offices que par » un an, si ce n'est par le consentement de tous.

» XXVIII. Ce qui sera fait devant les jurés sera » séant & stable, sans contredire.

» LIV. Li archevêque donnera procuration pour » le plaids général, trois fois l'an, au mayeur & » aux jurés, pour chacune fois cinq sous, & li » maire & jurés, tant qu'ils seront en leurs offi» ces, seront quittes chacun de la rente d'une » mesure & d'un courtis ».

Nous n'avons rapporté de cette chartre que les principaux articles; quant au surplus, les uns concernent l'établissement & la jurisdiction des maire & échevins dans la ville de Beaumont, & les autres concernent la propriété des bois des habitans de ce lieu.

Il a été jugé par un arrêt du conseil d'état du

roi, du 9 mai 1769, que l'usage des bois accordés aux habitans de Beaumont, par la chartre de 1182, emportoit la pleine propriété de ces bois, & que, d'un autre côté, la concession en avoit été faite à titre onéreux, parce que Guillaume, archevêque de Reims, avoit établi des cens sur les prés des habitans, un droit de terrage sur leurs terres, & la bannalité des fours & moulins. Et en conséquence, sa majesté permet aux habitans de la ville de Beaumont, de vendre à leur profit cent soixante-dix arpens de bois de réserve, à l'effet d'en employer le prix aux besoins exprimés dans l'arrêt, sans la retenue, au profit de sa majesté, ni du tiers-denier, ni du triage.

Quant à la jurisdiction des maire & échevins de la ville de Beaumont, sur les bois de la communauté & sur les bourgeois de cette ville, dans les cas ordinaires, ils l'ont toujours exercée en vertu de la chartre de 1182, ainsi qu'il est justifié par un acte de notoriété des maire & gens de justice de la ville de Beaumont, du 4 janvier 1746.

Voilà donc, par cet arrêt de 1769, le sens de la *loi de Beaumont* bien déterminé dans la concession qu'elle porte de la rivière & des bois. Ce qui a été déclaré n'être que pour l'usage des membres, étoit une véritable propriété pour le corps de la communauté des habitans.

Le sens de la *loi* étant une fois bien déterminé dans le lieu de son application originaire & principale, que de conséquences doivent en descendre!

1°. Les bois & les eaux concédés à des communautés, suivant la *loi de Beaumont*, sont possédés par elles à titre onéreux, puisque, à raison de cette concession, elles sont soumises à la bannalité & au chauffage des fours, & à la bannalité des moulins; aussi n'y a-t-il point eu de triage revendiqué pour le roi dans les bois communs de Beaumont.

2°. Puisque la bannalité des fours & celle des moulins font le prix de la concession des eaux & des bois, il doit s'ensuivre que ceux qui ne prennent aucune part dans les profits de la commune, quant aux bois ou à la rivière, ne sont pas tenus d'en payer le prix.

LOI DES BOURGUIGNONS, *Voyez* LOI *gombette*.

LOI BURSALE, est celle dont le principal objet est de procurer au souverain quelque finance pour fournir aux besoins de l'état. Ainsi toutes *loix* qui ordonnent quelque imposition, sont des *loix bursales*: on comprend même dans cette classe celles qui établissent quelque formalité pour les actes, lorsque la finance qui en revient au prince est le principal objet qui a fait établir ces formalités. Tels sont les édits & déclarations qui ont établi la formalité du papier & du parchemin timbré, & celle de l'insinuation laïque. Il y a quelques-unes de ces *loix* qui ne sont pas purement *bursales*, savoir, celles qui en procurant au roi une finance, établissent une formalité qui est réellement utile pour assurer la vérité & la date des actes: tels sont les édits du contrôle tant pour les actes des notaires que pour les billets & promesses sous signature privée. Les *loix* purement *bursales* ne s'observent pas avec la même rigueur que les autres. Ainsi, lorsqu'un nouveau propriétaire n'a pas fait insinuer son titre dans le temps porté par les édits & déclarations, le titre n'est pas pour cela nul; l'acquéreur encourt seulement la peine du double ou du triple droit, & il dépend du fermier des insinuations d'admettre l'acquéreur à faire insinuer son contrat, & de lui faire remise du double ou triple droit. (*A*)

LOI CADUCAIRE, *caducaria lex*, surnommée aussi *Julia*, fut une *loi* d'Auguste, par laquelle il ordonna que les biens qui n'appartiendroient à personne, ou qui auroient appartenu à des propriétaires qui auroient perdu le droit qu'ils pouvoient y avoir, seroient distribués au peuple.

On comprit aussi sous le nom de *loix caducaires* plusieurs autres *loix* faites par le même empereur pour augmenter le trésor qui avoit été épuisé par les guerres civiles. Telles étoient les *loix* portant que toute personne qui vivoit dans le célibat, ne pourroit acquérir aucun legs ou libéralité testamentaire, & que tout ce qui lui auroit ainsi été laissé, appartiendroit au fisc, s'il ne se marioit dans le temps préfini par la *loi*.

Ceux qui étoient mariés & n'avoient point d'enfans, perdoient la moitié de ce qui leur étoit laissé par testament ou codicille: cela s'appelloit en droit *pœna orbitatis*. De même tout ce qui étoit laissé par testament à des personnes qui décédoient du vivant du testateur, ou après son décès, avant l'ouverture du testament, devenoit caduc, & appartenoit au fisc.

Justinien abolit toutes ces *loix* pénales. *Voyez* au *code* le titre *de caducis tollendis*, & la *Jurisprudence rom.* de Colombet. (*A*)

LOI CALPHURNIA ou CALPURNIA *de ambitu*, c'est-à-dire, contre ceux qui briguoient les magistratures par des voies illicites. Elle fut faite par le tribun L. Calphurnius Piso. *Voyez* ce qui est dit de lui dans l'article suivant. Zazius fait mention de cette *loi* en son catalogue. (*A*)

LOI CALPHURNIA *repetundarum* eut pour auteur le même tribun qui fit la *loi* précédente. Ce fut la première *loi* faite contre le crime de concussion. C'étoit sous le consulat de L. Marcius Censorinus & M. Manilius, & du temps de la troisième guerre punique: Cicéron en fait mention *in Bruto*, & dans son *second livre des offices*. *Voyez aussi* Zazius. (*A*)

LOI CAMPANA, ainsi appellée *à Campis*, parce qu'elle concernoit les terres. C'est sous ce nom que Cicéron désigne la *loi julia agraria*, dans une de ses lettres à Atticus.

LOI CANONIQUE est une disposition qui fait partie du droit canonique romain, ou du droit ecclésiastique en général. *Voyez* DROIT *canonique*. (*A*)

LOI CANULEIA: c'étoit un plébiscite qui fut ainsi nommé de C. Canuleius, tribun du peuple, qui le proposa,

proposa. Les décemvirs, dans les deux dernières tables de la *loi* qu'ils rédigèrent, avoient ordonné, entre autres choses, que les patriciens ne pourroient s'allier aux plébéïens : ce qui porta les décemvirs à faire cette *loi*, fut qu'ils étoient eux-mêmes tous patriciens, & que, suivant la coutume ancienne, aucun plébéïen ne pouvoit entrer dans le collège des augures, Romulus ayant réservé cet honneur aux seuls patriciens; d'où il seroit arrivé que, si l'on n'empêchoit pas les mésalliances des patriciens avec les plébéïens, le droit exclusif des patriciens pour la fonction d'augures auroit été troublé par une nouvelle race, que l'on n'auroit su si l'on devoit regarder comme patricienne ou comme plébéïenne. Mais pour abolir cette *loi* qui excluoit les plébeïens, Canuleius proposa le plébiscite dont on vient de parler, portant que les patriciens & les plébeïens pourroient s'allier les uns aux autres indifféremment : car il ne paroissoit pas convenable que dans une ville libre, la plus grande partie des citoyens fussent regardés comme indignes que l'on prît alliance avec eux. Les patriciens s'opposèrent fortement à cette *loi*, disant que c'étoit souiller leur sang, que c'étoit confondre le droit des différentes races, & que cela troubleroit les auspices publics & privés. Mais comme dans le même temps d'autres tribuns publièrent aussi une *loi*, portant que l'un des deux consuls seroit choisi entre les plébéïens, les patriciens prévoyant que s'ils s'opposoient à la *loi canuleia*, ils seroient obligés de consentir à l'autre, ils aimèrent mieux donner les mains à la première concernant les mariages. Cela se passa sous le consulat de M. Genutius & de P. Curiatus. *Voyez* Tit. Liv. *lib.* 4, & Zazius. (*A*)

LOI CARBONIENNE : elle défendoit de consacrer une maison, un autel, sans la permission du peuple.

Il y eut aussi une *loi* de Sylla & de Carbon, qui donna le droit de cité à ceux qui étoient aggrégés aux villes alliées, pourvu qu'au temps où cette *loi* fut publiée, ils eussent leur domicile en Italie, ou qu'ils eussent demeuré soixante jours auprès du préteur. *Voyez* Cicéron *pro Archia poëta*. (*A*)

Il ne faut pas confondre ces *loix carboniennes*, avec l'édit carbonnien dont nous avons parlé sous le mot CARBONNIEN.

LOI CASSIA. Il y a eu trois *loix* de ce nom.

La première est la *loi cassia agraria*, dont on a parlé à l'article AGRAIRES.

La seconde est la *loi cassia de judiciis*, qui fut faite par L. Cassius Longinus, tribun du peuple, sous le consulat de C. Marius & de C. Flavius Fimbria. Cette *loi*, dont le but étoit de diminuer le pouvoir des grands, ordonne que quiconque auroit été condamné par le peuple ou destitué de la magistrature, n'auroit plus entrée dans le sénat.

La troisième *loi cassia* est une des *loix* appellées *tabellaires*, c'est-à-dire, qui régloient que l'on opineroit par écrit, au lieu de le faire de vive voix. *Voyez* LOIX *tabellaires*. (*A*)

LOI DE CENS signifie amende de cens non payé : c'est de-là qu'on trouve dans les anciens dénombremens *cens à loi & amende*, ou bien *cens & loi*, qui, en défaut de paiement, peuvent écheoir. *Voyez le contrat de 1477* pour la fondation de la messe, dite *de Mouy*, en l'église de S. Quentin. Lafont, sur Vermandois, *art. 135*. (*A*)

LOI CINCIA, étoit un plébiscite qui fut proposé par le tribun M. Cincius, sous le consulat de M. Cethegus & de P. Sempronius Tuditanus; pour réprimer la cupidité des avocats. Il le fit à la persuasion du dictateur Fabius, qui sut, en temporisant, rétablir les affaires de la république.

Dans les premiers siècles de Rome, les avocats plaidoient gratuitement, le peuple leur faisoit des présens. Dans la suite, comme on leur marquoit moins de reconnoissance, ils exigèrent de leurs cliens des présens, qui étoient d'abord volontaires. C'est pourquoi il fut ordonné, par la *loi cincia*, aux avocats de prêter gratuitement leur ministère au menu peuple.

La *loi cincia* avoit encore deux autres chefs. L'un cassoit les donations faites aux avocats, lorsqu'elles excédoient une certaine somme; l'autre concernoit la forme de ces donations. Le jurisconsulte Paulus avoit fait un livre sur la *loi cincia*, mais qui est perdu : nous avons un commentaire sur cette même *loi* par Frédéric Brummerus.

Il y a plusieurs autres *loix* qui ont quelque rapport avec la *loi cincia*, telle que la *loi Titia* dont il sera parlé en son lieu. Il faut voir le surplus de ce qui concerne les avocats & leurs honoraires, *au mot* AVOCAT. (*A*)

LOI CIVILE, est tout réglement émané du souverain, pour procurer le bien commun de ses sujets.

Pour pourvoir, d'une manière stable, au bonheur des hommes & à leur tranquillité, il a fallu établir des *loix* fixes & déterminées, qui, éclairées par la raison humaine, tendissent à perfectionner & à modifier utilement la *loi* naturelle.

Ainsi les *loix civiles* servent, 1°. à faire connoître plus particuliérement les *loix* naturelles elles-mêmes; 2°. à leur donner un nouveau degré de force, par les peines que le souverain inflige à ceux qui les méprisent & qui les violent; 3°. à expliquer ce qu'il peut y avoir d'obscur dans les maximes du droit naturel; 4°. à modifier en diverses manières l'usage des droits que chacun a naturellement; 5°. à déterminer les formalités que l'on doit suivre, les précautions que l'on doit prendre pour rendre efficaces & valables les divers engagemens que les hommes contractent entre eux, & de quelle manière chacun doit poursuivre son droit devant les tribunaux.

Les bonnes *loix civiles* ne sont autre chose que les *loix* naturelles elles-mêmes perfectionnées & modifiées par l'autorité souveraine, d'une manière convenable à l'état de la société qu'elle gouverne & à ses avantages.

Toute la force des *loix civiles* consiste dans leur *justice* & dans leur *autorité*, qui sont deux caractères essentiels à leur nature, & au défaut desquels elles ne sauroient produire une véritable obligation.

L'autorité des *loix civiles* consiste dans la force que leur donne la puissance de celui qui, étant revêtu du pouvoir législatif, a droit de faire ces *loix*, & dans les maximes de la droite raison, qui veulent qu'on lui obéisse.

Leur justice dépend de leur rapport à l'ordre de la société dont elles sont les règles, & de leur convenance avec l'utilité particulière qui se trouve à les établir, selon que le temps & les lieux le demandent.

La puissance du souverain constitue l'autorité de ces *loix*, & sa bénéficence ne lui permet pas d'en faire d'injustes.

S'il y en avoit qui renversassent les principes fondamentaux des *loix* naturelles & des devoirs qu'elles imposent, les sujets seroient en droit & même dans l'obligation de refuser d'obéir à des *loix* de cette nature.

Il convient absolument que les sujets aient connoissance des *loix* du souverain: il doit par conséquent les publier, les bien établir & les notifier. Il est encore absolument essentiel qu'elles soient écrites de la manière la plus claire, & dans la langue du pays, comme ont été écrites toutes les *loix* des anciens peuples.

Quand les *loix civiles* sont accompagnées des conditions dont on vient de parler, elles ont sans contredit la force d'obliger les sujets à leur observation, non-seulement par la crainte des peines qui sont attachées à leur violation, mais encore par principe de conscience, & en vertu d'une maxime même du droit naturel, qui ordonne d'obéir au souverain en tout ce qu'on peut faire sans crime.

Le souverain, dans l'établissement des *loix civiles*, doit donner sa principale attention à faire en sorte, 1°. qu'elles soient justes, équitables, conformes au droit naturel, claires, sans ambiguité & sans contradiction, utiles, nécessaires, accommodées à la nature & au principe du gouvernement qui est établi ou qu'on veut établir, à l'état & au génie du peuple pour lequel elles sont faites; relatives au physique du pays, au climat, au terroir, à sa situation, à sa grandeur, au genre de vie des habitans, à leurs inclinations, à leurs richesses, à leur nombre, à leur commerce, à leurs mœurs, & à leurs coutumes.

2°. De nature à pouvoir être observées avec facilité; dans le plus petit nombre, & le moins multipliées qu'il soit possible; suffisantes pour terminer les affaires qui se trouvent le plus communément entre les citoyens; expéditives dans les formalités & les procédures de la justice; tempérées par une juste sévérité proportionnée à ce que requiert le bien public.

Les *loix civiles* demandent encore essentiellement & nécessairement, 1°. un style précis & concis; les *loix* des douze tables en sont un modèle simple; l'expression directe s'entend toujours mieux que l'expression réfléchie.

2°. Elles veulent être sans subtilités, parce qu'elles ne sont point un art de logique: sans ornemens, ni comparaison tirée de la réalité à la figure, ou de la figure à la réalité; sans détails d'exceptions, limitations, modifications; excepté que la nécessité ne l'exige, parce que lorsque la *loi* présume, elle donne aux juges une règle fixe, & qu'en fait de présomption, celle de la *loi* vaut mieux que celle de l'homme, dont elle évite les jugemens arbitraires: sans artifice, parce qu'étant établies pour le bien des hommes, ou pour punir leurs fautes, elles doivent être pleines de candeur: sans contrariété avec les *loix* politiques du même peuple, parce que c'est toujours pour une même société qu'elles sont faites. Enfin, sans effet rétroactif, à moins qu'elles ne regardent des choses d'elles-mêmes illicites par le droit naturel, comme le dit Cicéron.

Voilà quelles doivent être les *loix civiles* des états, & c'est dans toutes ces conditions réunies que consiste leur excellence. Les envisager ensuite sous toutes leurs faces, relativement les unes aux autres, de peuples à peuples, dans tous les temps & dans tous les lieux, c'est former en grand l'esprit des *loix*, sur lequel nous avons un ouvrage immortel, fait pour éclairer les nations & tracer le plan de la félicité publique.

LOI CLAUDIA: on connoît deux *loix* de ce nom, l'une surnommée *de jure civitatis*, c'est-à-dire, au sujet du droit de citoyen romain, fut faite par Claudius, consul, l'an 577 de Rome, sur les instances des habitans du pays latin, lesquels voyant que ce pays se dépeuploit par le grand nombre de ceux qui passoient à Rome, & qu'il ne pouvoit plus facilement fournir le même nombre de soldats, obtinrent du sénat que le consul Claudius feroit une *loi* portant que tous ceux qui étoient associés au nom latin, seroient tenus de se rendre chacun dans leur ville avant les calendes de novembre.

Il y eut une autre *loi claudia* faite par le tribun Claudius, appuyé de C. Flaminius, l'un des patriciens. Cette loi défendoit à tout sénateur, & aux pères des sénateurs, d'avoir aucun navire maritime qui fût du port de plus de 300 amphores, qui étoit une mesure usitée chez les Romains. Cela parut suffisant pour donner moyen aux sénateurs de faire venir les provisions de leurs maisons des champs; car du reste on ne vouloit pas qu'ils fissent aucun commerce. *Voyez* Livius, *lib. 31*; Cicéron, *actione in Verrem sept.* Cette *loi* fut dans la suite reprise par César, dans la *loi julia de repetundis.*

LOI CLODIA. Il y a diverses *loix* de ce nom; savoir,

La *loi clodia monetaria*, étoit celle en vertu de laquelle on frappa des pièces de monnoie marquées du signe de la victoire, au lieu qu'auparavant elles représentoient seulement un char à deux ou à quatre chevaux. *Voyez* Pline, *lib. 33, cap. 2.*

Claudius, surnommé *pulcher*, ennemi de Cicéron, fit aussi pendant son tribunat quatre *loix* qui furent surnommées de son nom, & qui furent très-préjudiciables à la république.

La première, surnommée *annonaire* ou *frumentaire*, ordonna que le bled qui se distribuoit aux citoyens, moyennant un certain prix, se donneroit à l'avenir gratis. *Voyez ci-après.* LOI FRUMENTAIRE.

La seconde fut pour défendre de consulter les auspices pendant les jours auxquels il étoit permis de traiter avec le peuple, ce qui ôta le moyen que l'on avoit de s'opposer aux mauvaises *loix per obnuntiationem*. *Voyez* LOI ŒLIA FUSIA.

La troisième *loi* fut pour le rétablissement des différens collèges ou corps que Numa avoit institués pour distinguer les personnes de chaque art & métier. La plupart de ces différens collèges avoient été supprimés sous le consulat de Marius; mais Clodius les rétablit, & en ajouta même de nouveaux. Toutes ces associations furent depuis défendues, sous le consulat de Lentulus & de Metellus.

La quatrième *loi clodia*, surnommée *de censoribus*, défendit aux censeurs d'omettre personne lorsqu'ils liroient leurs dénombremens dans le sénat, & de noter personne d'aucune ignominie, à moins qu'il n'eût été accusé devant eux, & condamné par le jugement des deux censeurs; car auparavant les censeurs se donnoient la liberté de noter publiquement qui bon leur sembloit, même ceux qui n'étoient point accusés; & quand un des deux censeurs avoit noté quelqu'un, c'étoit la même chose que si tous deux l'avoient condamné, à moins que l'autre n'intervînt, & n'eût déchargé formellement de la note qui avoit été imprimée par son collègue. *Voyez* Zazius.

LOI CÆCILIA & DIDIA, fut faite par Q. Cæcilius Metellus, & T. Didius, consuls l'an de Rome 656. Ce fut à l'occasion de ce que les tribuns du peuple & autres auxquels il étoit permis de proposer des *loix*, engloboient plusieurs objets dans une même demande, & souvent y mêloient des choses injustes, d'où il arrivoit que le peuple qui étoit frappé principalement de ce qu'il y avoit de juste, ordonnoit également ce qu'il y avoit d'injuste compris dans la demande; c'est pourquoi par cette *loi*, il fut ordonné que chaque réglement seroit proposé séparément, & en outre, que la demande en seroit faite pendant trois jours de marché, afin que rien ne fût adopté par précipitation ni par surprise. Cicéron en parle dans la cinquième Philippique, & en plusieurs autres endroits. *Voyez* aussi Zazius.

LOI CÆCILIA REPETUNDARUM, fut une des *loix* qui furent faites pour réprimer le crime de concussion. L. Lentulus, homme consulaire, fut poursuivi en vertu de cette *loi*, ce qui fait juger qu'elle fut faite depuis la *loi Calphurnia repetundarum*. *Voyez* LOI CALPHURNIA, & Zazius.

LOI CÆLIA, étoit une des *loix* tabellaires qui fut faite par Cælius, pour abolir entièrement l'usage de donner les suffrages de vive voix. *Voyez* LOIX TABELLAIRES.

LOI COMMISSOIRE, ou *pacte de la loi commissoire*, est une convention qui se fait entre le vendeur & l'acheteur, que si le prix de la chose vendue n'est pas payé en entier dans un certain temps, la vente sera nulle, s'il plaît au vendeur.

Ce pacte est appellé *loi*, parce que les conventions sont les *loix* des contrats; on l'appelle *commissoire*, parce que le cas de ce pacte étant arrivé, la chose est rendue au vendeur, *res venditori committitur*; le vendeur rentre dans la propriété de sa chose, comme si elle n'avoit point été vendue. Il peut même en répéter les fruits, à moins que l'acheteur n'ait payé des arrhes ou une partie du prix, auquel cas l'acheteur peut retenir les fruits pour se récompenser de la perte de ses arrhes, ou de la portion qu'il a payée du prix.

La *loi commissoire* a son effet, quoique le vendeur n'ait pas mis l'acheteur en demeure de payer; car le contrat l'avertit suffisamment, *dies interpellat pro homine*.

La peine de la *loi commissoire* n'a pas lieu, lorsque dans le temps convenu l'acheteur a offert le prix au vendeur, & qu'il l'a consigné; autrement les offres pourroient être réputées illusoires. Elle n'a pas lieu non plus, lorsque le paiement du prix ou de partie d'icelui, a été retardé pour quelque cause légitime.

Quand on n'auroit pas apposé dans le contrat de vente, le pacte de la *loi commissoire*, il est toujours au pouvoir du vendeur de poursuivre l'acheteur, pour le paiement du prix convenu; & à faute de ce, il peut faire déclarer la vente nulle, & rentrer dans le bien par lui vendu; mais avec cette différence, que, dans ce cas, l'acheteur, en payant même après le temps convenu, demeure propriétaire de la chose à lui vendue; au lieu que quand le pacte de la *loi commissoire* a été apposé dans le contrat, & que l'acheteur n'a pas payé dans le temps convenu, le vendeur peut faire résoudre la vente, quand même l'acheteur offriroit alors de payer.

Mais soit qu'il y ait pacte ou non, il faut toujours un jugement pour résoudre la vente, sans quoi le vendeur ne peut, de son autorité privée, rentrer en possession de la chose vendue.

Le pacte de la *loi commissoire* n'a pas lieu en fait de prêt sur gage, c'est-à-dire, que l'on ne peut pas stipuler que si le débiteur ne satisfait pas dans le temps convenu, la chose engagée sera acquise au créancier; un tel pacte est réputé usuraire, à-moins que le créancier n'achetât le gage pour son juste prix. *Voyez* GAGE, VENTE.

LOIX CONSULAIRES, étoient chez les Romains celles qui étoient faites par les consuls, comme les *loix* tribunitiennes étoient faites par les tribuns. Dans nos mœurs, nous donnons le nom de *loix consulaires* à celles qui regardent le commerce & la jurisdiction des juges-consuls.

LOI CORNELIA ; il y a eu plusieurs *loix* de ce nom, savoir :

La *loi Cornelia* & *Gellia* qui donna le pouvoir à Cn. Pompée, proconsul en Espagne, d'accorder le droit de cité à ceux qui auroient bien mérité de la république ; elle fut faite par Lucius Gellius Publicola, & par Cn. Cornelius Lentulus.

La *loi Cornelia agraria* fut faite par le dictateur Sylla, pour adjuger & partager aux soldats beaucoup de terres, & sur-tout en Toscane : les soldats rendirent cette *loi* odieuse, soit en perpétuant leur possession, soit en s'emparant des terres qu'ils trouvoient à leur bienséance. Cicéron en parle dans une de ses oraisons.

La *loi Cornelia de falso* ou *de falsis*, fut faite par Cornelius Sylla, à l'occasion des testamens ; c'est pourquoi elle fut aussi surnommée *testamentaire ;* elle confirmoit les testamens de ceux qui sont en la puissance des ennemis, & pourvoyoit à toutes les faussetés & altérations qui pouvoient être faites dans un testament ; elle statuoit aussi sur les faussetés des autres écritures, des monnoies, des poids & mesures.

La *loi Cornelia de injuriis*, faite par le même Sylla, concernoit ceux qui se plaignoient d'avoir reçu quelque injure, comme d'avoir été poussés, battus, ou leur maison forcée. Cette *loi* excluoit tous les proches parens & alliés du plaignant, d'être juges de l'action.

La *loi Cornelia judiciaria.* Par cette *loi*, Sylla rendit tous les jugemens au sénat, & retrancha les chevaliers du nombre des juges ; il abrogea les *loix* Semproniennes, dont il adopta pourtant quelque chose dans la sienne ; elle ordonnoit encore que l'on ne pourroit pas récuser plus de trois juges.

La *loi Cornelia majestatis*, fut faite par Sylla, pour régler le jugement du crime de lèse-majesté. *Voyez* LOI JULIA.

La *loi Cornelia de parricidio*, qui étoit du même Sylla, fut ensuite réformée par le grand Pompée dont elle prit le nom. *Voyez* LOI POMPEIA.

La *loi cornelia de proscriptione*, dont parle Cicéron dans sa *troisieme Verrine*, fut faite par Valerius Flaccus ; elle est nommée ailleurs *loi Valeria ;* elle donnoit à Sylla droit de vie & de mort sur les citoyens.

La *loi Cornelia repetundarum*, avoit pour objet de réprimer les concussions des magistrats qui gouvernoient les provinces. *Voyez* Cicéron, épître à Appius.

La *loi Cornelia de sicariis & veneficis*, fut aussi faite par Sylla ; elle concernoit ceux qui avoient tué quelqu'un, ou qui l'avoient attendu dans ce dessein, ou qui avoient préparé, gardé ou vendu du poison, ceux qui par un faux témoignage avoient fait condamner quelqu'un publiquement, les magistrats qui recevoient de l'argent pour quelque affaire capitale, ceux qui par volupté ou pour un commerce infame auroient fait des eunuques.

La *loi Cornelia sumptuaria*, fut encore une *loi* de Sylla, par laquelle il régla la dépense que l'on pourroit faire les jours ordinaires, & celle que l'on pourroit faire les jours solemnels qui étoient ceux des calendes, des ides, des nones & des jeux ; il diminua aussi par cette *loi* le prix des denrées.

Le tribun Cornelius fit aussi deux *loix* qui portèrent son nom, l'une appellée,

Loi Cornelia de iis qui legibus solvuntur, défendoit d'accorder aucune grace ou privilège contre les *loix*, qu'il n'y eût au moins 200 personnes dans le sénat ; & à celui qui auroit obtenu quelque grace, d'être présent lorsque l'affaire seroit portée devant le peuple.

La *loi Cornelia de jure dicendo*, du même tribun, ordonna que les préteurs seroient tenus de juger suivant l'édit perpétuel, au lieu qu'auparavant leurs jugemens étoient arbitraires. Il y avoit encore une autre *loi* surnommée *Cornelia*, savoir ;

La *loi Cornelia* & *Titia*, suivant laquelle on pouvoit faire des conventions ou gageures pour les jeux où l'adresse & le courage ont part. Le jurisconsulte Martianus parle de cette *loi*. Sur ces différentes *loix*, *voyez* Zazius.

LOI DE CRÉDENCE : c'est ainsi que l'on appelloit anciennement les enquêtes, lorsque les témoins déposoient seulement qu'ils croyoient tel & tel fait, à la différence du témoignage positif & certain, où le témoin dit qu'il a vu ou qu'il fait telle chose ; il en est parlé *au style du pays de Normandie.* François I, par son ordonnance de 1539, *article 36*, ordonna qu'il n'y auroit plus de réponses par *crédit*, *&c.* (*A*)

LOI CRIMINELLE, est celle qui statue les peines des divers crimes & délits dans la société civile.

Les *loix criminelles*, dit M. de Montesquieu, n'ont pas été perfectionnées tout d'un coup. Dans les lieux même où l'on a le plus cherché à maintenir la liberté, on n'en a pas toujours trouvé les moyens. Aristote nous dit qu'à Cumes, les parens pouvoient être témoins dans les affaires criminelles. Sous les rois de Rome, la *loi* étoit si imparfaite, que Servius Tullius prononça la sentence contre les enfans d'Ancus Martius, accusés d'avoir assassiné le roi son beau-père. Sous les premiers rois de France, Clotaire fit une *loi* en 560, pour qu'un accusé ne pût être condamné sans être oui ; ce qui prouve qu'il régnoit une pratique contraire dans quelques cas particuliers. Ce fut Charondas qui introduisit les jugemens contre les faux témoignages. Quand l'innocence des citoyens n'est pas assurée, la liberté des citoyens ne l'est pas non plus.

Les connoissances que l'on a acquises dans plusieurs pays, & que l'on acquerra dans d'autres, sur les règles les plus sûres que l'on puisse tenir dans les jugemens criminels, intéressent le genre humain plus qu'aucune chose qu'il y ait au monde ; car c'est sur la pratique de ces connoissances que sont fondés l'honneur, la sûreté & la liberté des hommes.

La *loi* de mort contre un assassin paroît très

juste, parce que cette *loi* qui le condamne à périr, a été faite en sa faveur; elle lui a conservé la vie à tous les instans, il ne peut donc pas réclamer contre elle. *Voyez* MORT (*peine de*).

Mais toutes les *loix criminelles* ne portent pas ce caractère de justice. Il n'y en a que trop qui révoltent l'humanité, & trop d'autres qui sont contraires à la raison, à l'équité, & au but qu'on doit se proposer dans la sanction des *loix*.

La *loi* de Henri II, qui condamnoit à mort une fille dont l'enfant avoit péri, au cas qu'elle n'eût point déclaré sa grossesse au magistrat, blessoit la nature. Ne suffisoit-il pas d'obliger cette fille d'instruire de son état une amie, une proche parente, qui veillât à la conservation de l'enfant? Quel aveu pourroit-elle faire au fort du supplice de sa pudeur? L'éducation a augmenté en elle l'idée de la conservation de cette pudeur, & à peine dans ces momens reste-t-il dans son ame une idée de la perte de la vie.

La *loi* qui prescrit dans plusieurs états, sous peine de mort, de révéler les conspirations auxquelles même on n'a pas trempé, est bien dure, du moins ne doit-elle être appliquée dans les états monarchiques, qu'au seul crime de lèse-majesté au premier chef, parce qu'il est très-important de ne pas confondre les différens chefs de ce crime.

Nos *loix* ont puni de la peine du feu la magie, l'hérésie & le crime contre nature, trois crimes dont on pourroit prouver du premier qu'il n'existe pas; du second, qu'il est susceptible d'une infinité de distinctions, interprétations, limitations; & du troisième, qu'il est dangereux d'en répandre la connoissance, & qu'il convient mieux de le proscrire sévèrement par une police exacte, comme une infame violation des mœurs.

Mais sans perdre de temps à rassembler des exemples puisés dans les erreurs des hommes, nous avons un principe lumineux pour juger des *loix criminelles* de chaque peuple. Leur bonté consiste à tirer chaque peine de la nature particulière du crime, & leur vice à s'en écarter plus ou moins. C'est d'après ce principe, que l'auteur de l'*Esprit des loix* a fait lui-même un code criminel: je le nomme *code Montesquieu*, & je le trouve trop beau, pour ne pas le transcrire ici, puisque d'ailleurs sa briéveté me le permet.

Il y a, dit-il, quatre sortes de crimes. Ceux de la première espèce choquent la religion; ceux de la seconde, les mœurs; ceux de la troisième, la tranquillité; ceux de la quatrième, la sûreté des citoyens. Les peines doivent dériver de la nature de chacune de ces espèces.

Il ne faut mettre dans la classe des crimes qui intéressent la religion, que ceux qui l'attaquent directement, comme sont tous les sacrilèges simples; car les crimes qui en troublent l'exercice, sont de la nature de ceux qui choquent la tranquillité des citoyens ou leur sûreté, & doivent être renvoyés à ces classes.

Pour que la peine des sacrilèges simples soit tirée de la nature de la chose, elle doit consister dans la privation de tous les avantages que donne la religion; telles sont l'expulsion hors des temples, la privation de la société des fidèles pour un temps ou pour toujours, la fuite de leur présence, les exécrations, les détestations, les conjurations.

Dans les choses qui troublent la tranquillité ou la sûreté de l'état, les actions cachées sont du ressort de la justice humaine. Mais, dans celles qui blessent la divinité, là où il n'y a point d'action publique, il n'y a point de matière de crime, tout s'y passe entre l'homme & Dieu, qui sait la mesure & le temps de ses vengeances. Que si, confondant les choses, le magistrat recherche aussi le sacrilège caché, il porte une inquisition sur un genre d'action où elle n'est point nécessaire; il détruit la liberté des citoyens, en armant contre eux le zèle des consciences timides & celui des consciences hardies. Le mal est venu de cette idée, qu'il faut venger la divinité; mais il faut faire honorer la divinité, & ne la venger jamais. Si l'on se conduisoit par cette dernière idée, quelle seroit la fin des supplices? Si les *loix* des hommes ont à venger un être infini, elles se régleront sur son infinité, & non pas sur les foiblesses, sur les ignorances, sur les caprices de la nature humaine.

La seconde classe des crimes, est de ceux qui sont contre les mœurs; telles sont la violation de la continence publique ou particulière, c'est-à-dire, de la police, sur la manière dont on doit jouir des plaisirs attachés à l'usage des sens, & à l'union des corps. Les peines de ces crimes doivent être tirées de la nature de la chose. La privation des avantages que la société a attachés à la pureté des mœurs, les amendes, la honte de se cacher, l'infamie publique, l'expulsion hors de la ville & de la société, enfin toutes les peines qui sont de la jurisdiction correctionnelle, suffisent pour réprimer la témérité des deux sexes. En effet, ces choses sont moins fondées sur la méchanceté que sur l'oubli ou le mépris de soi-même.

Il n'est ici question que de crimes qui intéressent uniquement les mœurs, non de ceux qui choquent aussi la sûreté publique, tels que l'enlèvement & le viol, qui sont de la quatrième espèce.

Les crimes de la troisième classe, sont ceux qui choquent la tranquillité. Les peines doivent donc se rapporter à cette tranquillité, comme la privation, l'exil, les corrections & autres peines qui ramènent les esprits inquiets, & les font rentrer dans l'ordre établi.

Il faut restreindre les crimes contre la tranquillité, aux choses qui contiennent une simple lésion de police: car celles qui, troublant la tranquillité, attaquent en même temps la sûreté, doivent être mises dans la quatrième classe.

Les peines de ces derniers crimes sont ce qu'on

appelle des *supplices*. C'est une espèce de talion, qui fait que la société refuse la sûreté à un citoyen qui en a privé ou qui a voulu en priver un autre. Cette peine est tirée de la nature de la chose, puisée dans la raison & dans les sources du bien & du mal. Un citoyen mérite la mort, lorsqu'il a violé la sûreté, au point qu'il a ôté la vie. Cette peine de mort est comme le remède de la société malade.

Lorsqu'on viole la sûreté à l'égard des biens, il peut y avoir des raisons pour que la peine soit capitale; mais il vaudroit peut-être mieux, & il seroit plus de la nature, que la peine des crimes contre la sûreté des biens fût punie par la perte des biens; & cela devroit être ainsi, si les fortunes étoient communes ou égales; mais comme ce sont ceux qui n'ont point de biens qui attaquent plus volontiers celui des autres, il a fallu que la peine corporelle suppléât à la pécuniaire, du moins on a cru dans quelque pays qu'il le falloit.

S'il vaut mieux ne point ôter la vie à un homme pour un crime, lorsqu'il ne s'est pas exposé à la perdre par son attentat, il y auroit de la cruauté à punir de mort le projet d'un crime; mais il est de la clémence d'en prévenir la consommation, & c'est ce qu'on fait en infligeant des peines modérées pour un crime consommé. (*D. J.*)

Loi de desrenne, étoit une manière de procéder usitée dans l'ancienne coutume de Normandie, pour les matières qui se terminent par *desrenne* ou *simple loi*; elle y fut abolie. Desfontaines en fait mention, *chap. 34*, *n°. 2*. *Voyez* Loi simple. (*A*)

Loi Didia, étoit une des *loix* somptuaires des Romains; elle fut ainsi nommée de Didius, tribun du peuple. C'étoit une extension de la *loi Orchia* & *Fannia*, qui régloit la dépense des repas. Elle ordonna que ceux qui invitoient & ceux qui seroient invités, encouroient également la peine portée par la *loi*, en cas de contravention. *Voyez* Loi Fannia, Loi Orchia, Loix somptuaires, & le *catalogue* de Zazius. (*A*)

Loi Domitia, étoit la même que la *loi Licinia*, qui régloit que les prêtres ne seroient plus choisis par les colléges, mais par le peuple. Le préteur Lælius ayant fait abroger cette *loi*, elle fut remise en vigueur par Domitius Ænobarbus, tribun du peuple, d'où elle prit alors le nom de *Domitia*. Il apporta seulement un tempérament à la *loi Licinia*, en ce qu'il ordonna que l'on appelleroit le peuple en moindre nombre, & que celui qui seroit ainsi proposé seroit confirmé par le collège des prêtres. Ce qui donna lieu à Domitius de rétablir en partie la *loi* Licinia, fut le ressentiment qu'il eut de ce que les prêtres ne l'avoient point admis au sacerdoce en la place de son père. *Voyez* Suétone *in Nerone*, Cicéron *pro Rullo*, & dans *ses épîtres à Brutus*. (*A*)

Loi dorée, *lex aurea*: on a donné ce surnom à une disposition de la novelle 149 de Justinien, où cet empereur veut que le salut du peuple soit la premiere *loi*, *salus populi suprema lex esto*.

Loi Duellia; il y en a deux de ce nom; l'une appellée aussi *duellia mænia*, fut la première *loi* que l'on fit pour réprimer les usures excessives. Cette *loi* fut ainsi nommée de M. Duellio, d'autres disent Duellius, & de Menenius ou Mænius, tribuns du peuple, qui en furent les auteurs; elle défendoit d'exiger plus d'une once ou douzième partie de la somme à titre d'usure, c'est-à-dire, un pour cent; cela arriva l'an 398 de Rome. *Voyez* Tite-Live, *lib. 7*.

L'autre *loi* appellée aussi *duellia*, fut faite l'an 306 de Rome par le tribun M. Duellius: elle ordonnoit que celui qui laisseroit le peuple sans tribuns, ou qui créeroit des magistrats sans convoquer le peuple, seroit frappé de verges & décapité. *Voyez* Denys d'Halicarnasse, *lib. 13*.

Loi Ebutia, *ou* Æbutia. *Voyez* ci-après Loi Licinia & Ebutia.

Loi ecclésiastique, en général est toute *loi* qui concerne l'église ou ses ministres, & les matières qui ont rapport à l'église, telles que les bénéfices, les dîmes.

Quelquefois par le terme de *loix ecclésiastiques*, on entend spécialement celles qui sont faites par les prélats; elles sont générales pour toute l'église, ou particulières à une nation, à une province, ou à un seul diocèse, suivant le pouvoir de ceux dont elles sont émanées.

Quiconque veut voir les *loix ecclésiastiques* digérées dans un ordre méthodique, doit consulter l'excellent ouvrage de M. de Héricourt, qui a pour titre *les loix ecclésiastiques*.

Loix échevinales, c'est la jurisdiction des échevins de certaines villes des Pays-Bas: le magistrat est pris en cette occasion pour la *loi* même, *quia magistratus est lex loquens*, la *loi* vivante. Il est parlé du devoir des *loix échevinales*, dans les coutumes de Hainaut, *chap. 3*; Mons, *chap. 37, 38 & 39*; Valenciennes, *art. 160*. *Voyez* Echevinage.

Loi écrite: on entend quelquefois par ce terme la *loi de Moïse*, & aussi le temps qui s'est écoulé depuis ce prophète jusqu'à Jésus Christ, pour le distinguer du temps qui a précédé, qu'on appelle *le temps de la loi de nature*, où les hommes n'avoient pour se gouverner que la raison naturelle & les traditions de leurs ancêtres. *Voyez* Loi de Moïse.

En France, dans les commencemens de la troisième race, on entendoit par *loi écrite*, le droit romain, qui étoit ainsi appellé par opposition aux coutumes qui commencèrent alors à se former, & qui n'étoient point encore rédigées par écrit. *Voyez* Droit écrit, Droit romain.

Loi de l'Église, est une règle reçue par toute l'église, telles que sont les règles de foi. Il y a des *loix* qui ne concernent que la discipline, & qui peuvent être reçues dans une église, & ne l'être pas dans une autre.

Loi d'émende, dans les anciennes coutumes,

signifie un réglement qui prononce quelque amende. On entend aussi quelquefois par-là l'amende même qui est prononcée par la coutume. *Voyez* la coutume d'Anjou, *art. 146, 150 & 250;* celle du Maine, *art. 161, 163, 182 & 458.*

LOI DE L'ÉTAT, est toute règle qui est reçue dans l'état, & qui y a force de *loi*, soit qu'elle ait rapport au gouvernement général, ou au droit des particuliers.

Quelquefois par la *loi de l'état*, on entend seulement une règle que l'on suit dans le gouvernement politique de l'état. En France, par exemple, on appelle *loix de l'état*, celles qui excluent les femelles de la couronne, & qui empêchent le partage du royaume; celle qui déclare les rois majeurs à 14 ans, & qui rend les apanages réversibles à la couronne à défaut d'hoirs mâles, & ainsi des autres. Quelques-unes de ces règles sont écrites dans les ordonnances de nos rois; d'autres ne sont fondées que sur d'anciens usages non écrits qui ont acquis force de *loi.*

On appelle *loi fondamentale de l'état*, celle qui touche sa constitution, comme en France l'exclusion des femelles de la succession au trône. *Voyez* LOI FONDAMENTALE.

LOI FABIA, fut faite par Fabius, pour restreindre le nombre des sectateurs. On appelloit ainsi ceux qui accompagnoient les candidats : le peuple se mit peu en peine de faire observer cette *loi. Voyez* Cicéron, *pro Murena.*

LOI FALCIDIA, défendit de léguer plus des trois quarts de son bien. *Voyez* QUARTE FALCIDIE.

LOI FANNIA, ainsi nommée de Fannius. Strabon, qui fut consul onze ans avant la troisième guerre punique, la croit la seconde *loi* somptuaire qui fut faite à Rome; elle fixa la dépense qu'il seroit permis de faire; elle défendit de s'assembler plus de trois, outre les personnes de la famille, les jours ordinaires, & plus de cinq les jours des nones ou des foires; la dépense fut fixée à cent sols chaque repas les jours des jeux & des fêtes publiques, 30 sols les jours des nones ou des foires, & 10 sols les autres jours; les légumes & les herbes n'y étoient point comprises; & pour maintenir cette frugalité, la même *loi* défendit de servir dans un repas d'autre volaille qu'une poule non engraissée. *Voyez* Zazius; *le traité de police, titre des festins, page 461, & ci-après* LOIX SOMPTUAIRES.

LOI FAVIA que d'autres appellent aussi *Fabia*, d'autres *Flavia*, & dont l'auteur est incertain, fut faite contre les plagiaires : elle ordonnoit que celui ou ceux qui auroient celé un homme ingénu, c'est-à-dire, de condition libre, ou un affranchi, ou qui l'auroient tenu dans les liens, ou l'auroit acheté sciemment & de mauvaise foi; ceux qui auroient persuadé à l'esclave d'autrui de se sauver, ou qui l'auroient celé, l'auroient tenu dans les fers, ou l'auroient acheté sciemment; enfin, ceux qui seroient complices de ces diverses sortes de plagiat, seroient punis suivant la *loi* : cette peine n'étoit d'abord que pécuniaire; dans la suite, on prononça des peines afflictives, même la peine de mort, ou la condamnation aux mines. *Voy.* Cicéron, *pro Rabirio.*

LOI FLAVIA : c'est ainsi que quelques-uns nomment la *loi* précédente : il y eut aussi une autre *loi Flavia*, du nombre des *loix* agraires, qui fut faite par Flavius Canuleius, tribun du peuple, laquelle n'avoit rien de populaire que son auteur. *Voyez* AGRAIRES. (*A*)

LOI FONDAMENTALE, est toute *loi* primordiale de la constitution d'un gouvernement.

Les *loix fondamentales* d'un état, prises dans toute leur étendue, sont non-seulement des ordonnances par lesquelles le corps entier de la nation détermine quelle doit être la forme du gouvernement, & comment on succédera à la couronne; mais encore ce sont des conventions entre le peuple, & celui ou ceux à qui il défère la souveraineté; lesquelles conventions règlent la manière dont on doit gouverner, & prescrivent des bornes à l'autorité souveraine.

Ces réglemens sont appellés *loix fondamentales*, parce qu'ils sont la base & le fondement de l'état, sur lesquels l'édifice du gouvernement est élevé, & que les peuples les considèrent comme ce qui en fait toute la sûreté & la force.

Ce n'est pourtant que d'une manière, pour ainsi dire abusive, qu'on leur donne le nom de *loix*; car, à proprement parler, ce sont de véritables conventions; mais ces conventions étant obligatoires entre les parties contractantes, elles ont la force des *loix* même.

Toutefois pour en assurer le succès dans une monarchie limitée, le corps entier de la nation peut se réserver le pouvoir législatif, la nomination de ses magistrats, confier à un sénat, à un parlement, le pouvoir judiciaire, celui d'établir des subsides, & donner au monarque, entre autres prérogatives, le pouvoir militaire & exécutif. Si le gouvernement est fondé sur ce pied-là par l'acte primordial d'association, cet acte primordial porte le nom de *loix fondamentales* de l'état, parce qu'elles en constituent la sûreté & la liberté. Au reste, de telles *loix* ne rendent point la souveraineté imparfaite; mais au contraire elles la perfectionnent, & réduisent le souverain à la nécessité de bien faire, en le mettant pour ainsi dire dans l'impuissance de faillir.

Ajoutons encore, qu'il y a une espèce de *loix fondamentales* de droit & de nécessité essentielles à tous les gouvernemens, même dans les états où la souveraineté est, pour ainsi dire absolue; & cette *loi* est celle du bien public, dont le souverain ne peut s'écarter sans manquer plus ou moins à son devoir. (*D. J.*)

LOIX FORESTIÈRES, sont les réglemens qui concernent la police des eaux & forêts. M. Becquet, grand-maître des eaux & forêts au département de Berry, a donné au public en 1753 les *loix forestières*, en deux vol. *in*-4°. C'est un commentaire historique & raisonné sur l'ordonnance des eaux

& forêts, & sur les réglemens qui ont précédé & suivi.

Il y a en Angleterre les *loix forestières*, concernant la chasse & les crimes qui se commettent dans les bois. Il y a sur cette matière des ordonnances d'Edouard III, & le recueil appellé *charta de forestâ. Voyez* EAUX & FORÊTS, MAITRES DES EAUX & FORÊTS.

LOI DES FRANCS, *lex Francorum*, *seu Francica*, appellée plus communément *loi salique. Voyez* LOI SALIQUE.

LOI DES FRISONS, est une des *loix* apportées dans les Gaules par les peuples du Nord, & qui se trouve dans le code des *loix* antiques. (*A*)

LOIX FRUMENTAIRES, chez les Romains, étoient des *loix* faites pour régler la distribution du bled que l'on faisoit d'abord aux troupes & aux officiers du palais, & enfin que l'on étendit aussi aux citoyens, & même à tout le peuple. Chaque chef de famille recevoit tous les mois une certaine quantité de froment des greniers publics. Cet usage, à l'égard du peuple, fut établi par le moyen des largesses que les grands de Rome faisoient au menu peuple pour gagner ses bonnes graces; ils lui faisoient délivrer du bled, d'abord c'étoit seulement à bas prix, ensuite ce fut tout-à-fait gratuitement. On fit diverses *loix* à ce sujet; savoir, les *loix Sempronia*, *Livia*, *Terentia*, *Cassia*, *Clodia* & *Roscia*, qui furent appellées d'un nom commun, *loix frumentaires*; elles sont expliquées par Lipse, *cap. 8 electorum*; & par Rosinus, *antiquit. roman. lib. 8*, *cap.* 12. Ces distributions continuèrent sous les empereurs, & se pratiquoient encore du temps de Justinien. *Voyez* Loiseau, *des offices*, *liv. I*, *chap.* 1, *n°. 59 & suiv.*

LOI FURIA, fut faite par Furius, tribun du peuple. Elle défendoit à tout testateur de léguer à quelqu'un plus de mille écus, à peine de restitution du quadruple, pour empêcher que les héritiers institués n'abdicassent l'hérédité, qui se trouvoit épuisée par des legs excessifs. *Voyez* Théophile, dans *ses institutions grecques*; & Cicéron, *pro Cornelio Balbo*.

LOI FUSIA CANINIA, fut faite pour limiter le pouvoir d'affranchir ses esclaves par testament; d'un côté, elle régla le nombre des esclaves que l'on pourroit ainsi affranchir; savoir, que celui qui en auroit deux, pourroit les affranchir tous deux; que celui qui en auroit trois, n'en pourroit affranchir que deux, depuis trois jusqu'à dix la moitié, depuis dix jusqu'à trente le tiers, depuis trente jusqu'à cent le quart, depuis cent jusqu'à cinq cens la cinquième partie, & que l'on ne pourroit en affranchir un plus grand nombre que cent. Cette même *loi* ordonnoit que les esclaves ne pourroient être affranchis par le testament qu'en les appellant par leur nom propre. Dans la suite, le jurisconsulte Orphitien permit de les affranchir aussi en les désignant par le nom de leur emploi.

Cette *loi Fusia* fut abrogée par Justinien, comme peu favorable à la liberté. *Voyez* le *titre 7*, *liv. I des institutes.*

LOI GABINIA, il y en eut trois de ce nom.

La première fut une des *loix* tabellaires. *Voyez ci-après* LOIX TABELLAIRES.

La seconde fut faite par A. Gabinius, tribun du peuple, pour envoyer Pompée faire la guerre aux pirates, avec un pouvoir égal à celui des proconsuls, dans toutes les provinces jusqu'à cinquante milles de la mer. *Voyez* Paterculus, *lib. 2*; Plutarque, *en la vie de Pompée.*

La troisième *loi* de ce nom fut faite par le même Gabinius, pour réprimer les usures énormes que les receveurs publics commettoient dans les provinces. *Voyez* Cicéron, *lib. 6*, *ad Atticum*, & Zazius.

LOI GELLIA. *Voyez ci-devant* LOI CORNELIA, *à l'article premier.*

LOI GÉNÉRALE est celle qui est observée dans tous les pays d'une même domination, ou du moins dans toute une province. Telles sont les *loix* romaines, les ordonnances, édits & déclarations, les coutumes générales de chaque province, à la différence des *loix* particulières, telles que sont les coutumes locales & statuts particuliers de certaines villes, cantons ou communautés.

LOI GENUTIA, fut un plébiscite proposé par Genutius, tribun du peuple, par lequel les intérêts furent entiérement proscrits, comme nous l'apprenons de Tite-Live, *lib. 7*. Ce plébiscite fut reçu à Rome, mais il n'étoit pas d'abord observé chez les autres peuples du pays latin, de sorte qu'un Romain qui avoit prêté de l'argent à un de ses concitoyens, transportoit sa dette à un latin, parce que celui-ci pouvoit en exiger l'intérêt; & comme, par ce moyen, la *loi* étoit éludée, le tribun Sempronius fit une *loi*, appellée *sempronia*, portant que les Latins & autres alliés du peuple romain seroient sujets à la *loi genutia*.

LOI GLAUCIA fut faite par C. Servilius Glaucia, pour rendre à l'ordre des chevaliers romains le pouvoir de juger avec le sénat, qui lui avoit été ôté. *Voyez* Cicéron, *in Bruto*, & *ci-après* LOIX JUDICIAIRES.

LOI GLICIA, ainsi nommée, parce qu'elle fut faite, à ce que l'on croit, par quelqu'un de la famille *Glicia*, qui étoit une des plus célèbres de la ville de Rome. Tacite, Suétone, Florus & Tite-Live ont parlé de cette famille, & les marbres capitolins en ont conservé la mémoire : ce fut cette *loi* qui introduisit la querelle ou plainte d'inofficiosité en faveur des enfans qui étoient prétérits ou exhérédés par le testament de leur père; nous devons à Cujas la découverte de cette *loi*. Hotman a pourtant nié qu'il y ait jamais eu une *loi* de ce nom; mais les auteurs les plus accrédités attribuent, comme Cujas, à cette *loi* l'origine de la querelle d'inofficiosité; & la preuve que cette *loi* a existé, se trouve encore dans l'intitulé de la *loi non est* au digeste *de inoffic. testam.* lequel nous apprend que le le jurisconsulte Caïus avoit fait un traité sous le titre de *liber singularis ad legem Gliciam. Voyez l'histoire de la jurispr. rom.* par M. Terrasson, *p. 125.*

Loi Godefroy : c'est ainsi que l'on appelle la deuxième *loi* écrite qui a été donnée à la ville de Cambrai & au comté de Cambresis. Cette dénomination lui vient de l'évêque Godefroy, qui l'a portée en 1227.

Les évêques, & après eux les archevêques de Cambrai avoient autrefois la supériorité territoriale, & ils en exerçoient tous les droits sous le ressort de l'empire d'Allemagne. Les contestations fréquentes qu'ils essuyoient à ce sujet de la part des bourgeois de Cambrai, qui tendoient toujours à l'indépendance, les obligeoient de temps en temps de recourir à l'empereur. C'est à cette occasion qu'en 1184, Frédéric I donna à cette ville & à tout le Cambresis la première *loi* écrite qui y ait paru.

De nouvelles dissensions la mirent presque en oubli. L'évêque Godefroy se vit obligé, trente-trois ans après la promulgation qui en avoit été faite, de la renouveller, de l'étendre. Il la divisa en soixante-trois articles, &, pour la mettre à la portée de tout le monde, il la publia en deux langues, en latin & en françois.

Cette *loi* règle tout ce qui concerne l'institution des prévôt & échevins de Cambrai, l'administration de la justice civile & criminelle, la forme & l'usage des duels, les peines qu'on doit infliger aux homicides, les réparations d'injures, & d'autres objets semblables. Les dispositions qu'elle renferme sur tous ces points sont presque toutes tombées en désuétude ; elles ne peuvent plus servir qu'à nous faire connoître l'ancienne jurisprudence de cette province. C'est dans la coutume rédigée en 1574, & homologuée par l'archevêque Louis de Bertaymont, qu'il faut en chercher les *loix* & les usages actuels. M. Desjaunaux a commenté cette coutume; mais son ouvrage est très-imparfait : on assure même qu'il a fait des vœux sur la fin de ses jours pour en supprimer jusqu'au dernier exemplaire.

Loi Gombette *ou* Loi des Bourguignons, *lex Gundebada seu Burgundionum*, étoit la *loi* des peuples du royaume de Bourgogne ; elle fut réformée par Gondebaud, l'un de leurs derniers rois, qui la publia à Lyon le 29 mars de la seconde année de son règne, c'est-à-dire, en 501 ; c'est du nom de ce roi que les *loix des Bourguignons* furent depuis nommées *gombettes*, quoiqu'il n'en fût pas le premier auteur. Il le reconnoît lui-même, & Grégoire de Tours le témoigne, lorsqu'il dit que Gondebaud donna aux Bourguignons des *loix* plus douces pour les empêcher de maltraiter les Romains : elle porte les souscriptions de trente comtes, qui promettent de l'observer, eux & leurs descendans. Il y a quelques additions qui vont jusqu'en l'an 520, c'est-à-dire, dix ou douze ans avant la ruine du royaume des Bourguignons ; elle fait mention de la *loi* romaine, & l'on y voit clairement que le nom *barbare* n'étoit point une injure, puisque les Bourguignons même, pour qui elle est faite, y sont nommés *barbares* pour les distinguer des Romains. Comme ce qui obéissoit aux Bourguignons forme environ le quart de notre France, on ne peut douter que cette *loi* ne soit entrée dans la composition du droit françois. Elle se trouve dans le code des *loix* antiques sous ce titre : *Liber constitutionum de præteritis & præsentibus atque in perpetuo conservandis, editus sub die 4 kal. April. Lugduni.* Il en est parlé dans la *loi* des Lombards, dans les capitulaires & dans plusieurs auteurs. Ce qui nous reste de cette *loi* fait connoître que les Bourguignons en avoient plusieurs autres, ainsi que l'observe M. le président Bouhier sur la coutume de Bourgogne, *chap. 9*, §. *14*. Cette *loi* défère le duel à ceux qui ne voudroient pas s'en tenir au serment; c'étoit une coutume barbare venue du Nord, & qui étoit usitée alors chez tous les nouveaux peuples qui s'étoient établis dans les Gaules. (*A*)

Loi Gothique *ou* Loi des Visigoths. *Voyez* Code, *sect. 2.*

Loi de grace *ou* Loi chrétienne, Loi évangélique, est celle qui nous a été apportée par Jesus-Christ. *V.* Evangile, *dans le Dict. de Théol.*

Loix de grands six sols, c'est l'amende de quatre francs bordelois, & au-dessus.

Loi de petits six sols, c'est l'amende qui est au-dessous des quatre francs; il en est parlé dans la coutume de Labourd, *tit. 6*, *art. 6.*

Loi de sept sols six deniers, c'est aussi une amende; il en est parlé dans la coutume de Loudunois, *chap. 37*, *art. 5.* Celle de S. Sever, *tit. 8*, *art. 8*, parle de la *loi de treize sols six deniers.*

On voit par ces différens textes, & autres qu'on pourroit rapporter, que nos anciennes coutumes se servoient du mot *loi* dans la même signification que celui d'*amende*.

Loix des Gracques, c'étoient les *loix agraires*, & autres *loix* qui furent faites ou renouvellées du temps de Tiberius & Caïus Gracchus freres, qui furent tous deux successivement tribuns du peuple. *Voyez* Agraires.

Loix de la Guerre, *jus belli :* ce sont certaines maximes du droit des gens, que toutes les nations conviennent d'observer même en se faisant la guerre, comme la suspension des hostilités pour enterrer les morts; la sûreté que l'on donne à ceux qui viennent pour porter quelque parole; de ne point empoisonner les armes, ni les eaux, *&c. Voyez* Droit de la Guerre, *dans le Dictionnaire econom. diplom. polit.*

Loi *habeas corpus*, est un usage observé en Angleterre, suivant lequel un accusé est élargi en donnant caution de se représenter lorsqu'il ne s'agit point de vol, homicide ni trahison.

Loi Hieronica fut donnée aux Siciliens par le tyran Hiéron; elle régloit la manière de payer les dîmes au receveur public, la quantité de froment, le prix, & le temps du paiement. Les choses étoient réglées de manière que le laboureur ne pouvoit frauder le receveur public, ni le receveur exiger du laboureur plus du dixième ; le rôle des laboureurs devoit être souscrit tous les ans par le magistrat. Cette *loi* parut si équitable aux Romains, lorsqu'ils se rendirent maîtres de la Sicile, qu'ils laissèrent les choses sur le même pied. *Voyez* Zazius.

LOI HIRTIA fut faite par Hirtius, ami de César, pour exclure de la magistrature tous ceux qui avoient suivi le parti de Pompée. *Voyez la 13e Philippique* de Cicéron.

LOI HORATIA fut l'ouvrage de M. Horatius, surnommé *Barbatus*, lequel voulut signaler son consulat par la publication de cette *loi ;* elle ordonnoit que tout ce que le peuple séparé du sénat ordonneroit, auroit la même force que si les patriciens & le sénat l'eussent décidé dans une assemblée générale. Cette *loi* fut dans la suite renouvellée par plusieurs autres, qui furent de-là surnommées *loix horatiennes. Voyez* Zazius, & l'*Hist. de la jurisprud. romaine* de M. Terrasson, *p. 207.*

LOI HORTENSIA fut faite par Qu. Hortensius, dictateur, lequel ramena le peuple dans Rome ; elle portoit que les plébiscites obligeroient tout le monde, de même que les autres *loix. Voyez* les *institutes* de Justinien, *tit. de jure nat. gent. & civ.*

LOI HOSTILIA permit d'intenter l'action pour vol au nom de ceux qui étoient prisonniers chez les ennemis, *apud hostes*, d'où elle prit son nom. Elle ordonna la même chose à l'égard de ceux qui étoient absens pour le service de l'état, ou qui étoient sous la tutele de quelque personne semblable. *Voyez* aux *instit.* le titre *per quos agere possumus.* (*A*)

LOI HUMAINE, les *loix humaines* sont toutes celles que les hommes font en divers temps, lieux & gouvernemens. Leur nature est d'être soumises à tous les accidens qui arrivent, & de varier à mesure que les volontés des hommes changent, au lieu que les *loix* naturelles sont invariables. Il y a même des états où les *loix humaines* ne sont qu'une volonté capricieuse & transitoire du souverain. La force des *loix humaines* vient de ce qu'on les craint ; mais elles tirent un grand avantage de leur justice, & de l'attention particulière & actuelle du législateur à les faire observer.

Toutes les *loix humaines* considérées comme procédant originairement d'un souverain qui commande dans la société, sont toutes *positives ;* car, quoiqu'il y ait des *loix* naturelles qui font la matière des *loix humaines*, ce n'est point du législateur humain qu'elles tirent leur force obligatoire, elles obligeroient également sans son intervention, puisqu'elles émanent du souverain maître de la nature.

Il ne faut point faire des conseils de la religion, la matière des *loix humaines.* La religion parle du meilleur & du parfait ; mais la perfection ne regardant pas l'universalité des hommes ni des choses, elle ne doit pas être l'objet des *loix* des mortels. Le célibat étoit un conseil du christianisme pour quelques êtres privilégiés. Lorsqu'on en fit une *loi* pour un certain ordre de gens, il en fallut chaque jour de nouvelles pour réduire les hommes qu'on vouloit forcer à l'observation de celle-ci. Le législateur demandoit plus que ce que la nature humaine comportoit ; il se fatigua, il fatigua la société pour faire exécuter à tous les hommes par précepte, par jussion, ce que plusieurs d'entre eux auroient exécuté comme un conseil de perfection. (*D. J.*)

LOI ICILIA fut faite par L. Icilius, tribun du peuple, cinq années avant la création des décemvirs ; c'étoit une des *loix* qu'on appella *sacrées ;* elle comprenoit tous les droits du peuple & ceux des tribuns, peut-être fut-elle surnommée *sacrée*, parce qu'elle fut faite sur le mont Aventin, qui étoit un mont sacré, sur lequel le peuple s'étoit retiré par mécontentement contre les grands ; & il se peut faire que par imitation, on appelle aussi *sacrées* les autres *loix* du même genre ; cependant *voyez* ce qui est dit *au mot* LOIX SACRÉES. Tite-Live, *lib. 3*, fait mention de cette *loi.*

LOI IMMUABLE, est celle qui ne peut être changée ; telles sont celles qui dérivent du droit naturel & du droit divin, & des règles de la justice & de l'équité, qui sont les mêmes dans tous les temps & dans tous les pays, au lieu qu'il y a des *loix* arbitraires qui sont muables, parce qu'elles dépendent de la volonté du législateur, ou des temps & autres conjonctures. (*A*)

LOIX JUDICIAIRES *ou* JUDICIELLES, on appelloit ainsi chez les Romains celles qui concernoient les jugemens.

Au commencement, les sénateurs jugeoient seuls avec les consuls & les préteurs, jusqu'à ce que C. Sempronius Gracchus fit une *loi* appellée de son nom *sempronia*, qui ordonna que l'on adjoindroit aux trois cens sénateurs six cens chevaliers. Après la mort de Gracchus, Servilius Cæpio tâcha de rétablir le sénat dans son autorité. Servilius Glaucia fit ensuite une *loi* appellée de son nom *glaucia*, qui restitua aux chevaliers le pouvoir de juger. Plautius Silvanus en fit une autre appellée *plautia*, qui ordonna que chaque tribu choisiroit dans son corps cinquante personnes, qui seroient juges pendant l'année. Mais L. Cornélius Sylla fit la *loi cornelia*, qui rendit toute l'autorité des jugemens au sénat, & en exclut les chevaliers. Le préteur M. Aurelius Cotta fit la *loi aurelia*, qui commit le droit de juger aux trois ordres, c'est-à-dire, aux sénateurs, aux chevaliers & aux tribuns, appellés *ærarii.* La *loi pompeia* que fit environ 16 ans après M. Pompeius, laissa bien aux trois ordres le pouvoir de juger, mais elle régla différemment l'ordre des procédures. Enfin vint la *loi julia*, que fit César étant alors dictateur, par laquelle il retrancha des jugemens les tribuns, & fit plusieurs autres réglemens, tant sur l'âge & la dignité des juges, que sur la forme des jugemens publics & privés. Sur ces différentes *loix*, *voyez* Zazius. (*A*)

LOI DES JUIFS. *Voyez* LOI DE MOÏSE.

LOI JULIA, on a donné ce nom à plusieurs *loix* différentes ; savoir, la *loi julia agraria*, faite par

Jules César, pour la distribution des terres. *Voyez* AGRAIRES.

Loi *julia de ambitu*, pour réprimer les cabales criminelles que quelques-uns employoient pour parvenir à la magistrature.

Loi *julia de adulteriis*, faite par le même prince, pour infliger des peines à ceux qui seroient coupables d'adultère.

Loi *julia de annonâ*, qui est aussi du même empereur, prononçoit des peines contre ceux qui étoient coupables de monopole pour le fait des bleds.

Loi *julia caducaria. Voyez* LOI CADUCARIA.

Loi *julia de civitate*, fut faite par Livius Drusus, tribun du peuple, pour attribuer à tout le pays latin droit de cité.

Loi *julia de fœnore*, faite par Jules-César, régla la manière dont les débiteurs satisferoient leurs créanciers.

Loi *julia de fundo dotali*, défendit aux maris d'aliéner les biens dotaux de leurs femmes malgré elles, ou de les hypothéquer quand même elles y consentiroient. Cette *loi*, qui ne s'appliquoit qu'aux biens d'Italie, fut étendue par Justinien à tous les fonds en général. *Voyez* la *loi* unique au code *de rei uxoriæ actione*.

Loi *julia judiciaria*, du même prince que la précédente, renferma le pouvoir de juger dans l'ordre des sénateurs & celui des chevaliers, & en exclut les tribuns du peuple.

Loi *julia de libertatibus*, contenoit un réglement par rapport à ceux qui étoient affranchis de la servitude.

Loi *julia de maritandis ordinibus*, fut faite par Auguste pour obliger les grands de se marier; elle décernoit des honneurs & des récompenses à ceux qui avoient femme & enfans, & des peines contre les célibataires & ceux qui n'avoient point d'enfans.

Loi *julia miscella*, fut faite par Julius Miscellus pour favoriser les mariages. Elle permit pour cet effet à une femme veuve de se remarier, & de prendre ce que son mari lui avoit laissé à condition de ne se point marier, pourvu qu'elle jurât dans l'année qu'elle se remarioit pour procréer des enfans.

Loi *julia de majestate*, qui étoit de Jules-César, régloit le jugement & les peines du crime de lèse-majesté; elle abolit l'appel au peuple qui étoit auparavant usité dans cette matière.

Loi *julia norbana*, faite la cinquième année du règne de Tibere, régloit la condition des affranchis. D'autres l'appellent *junia norbana. Voyez* LOI JUNIA.

Loi *julia peculatus*, faite par le même prince, prononçoit des peines contre ceux qui détournoient les deniers publics, ou l'argent destiné aux sacrifices, ou à la construction d'un édifice sacré.

Loi *julia de pecuniis mutuis*, étoit la même que l'on connoît sous le nom de *loi julia de fœnore*.

Loi *julia repetundarum*, dont Jules-César fut aussi l'auteur, avoit pour objet de réprimer les concussions des magistrats.

Loi *julia de sacerdotiis*, faite par le même prince, étoit une de celles qui régloient la maniere de conférer le sacerdoce.

Loi *julia sumptuaria*, qui étoit aussi de Jules-César, avoit pour objet de réprimer le luxe. *Voyez ci-après* LOIX SOMPTUAIRES.

Loi *julia testamentaria*, qui est de l'empereur Auguste, avoit pour objet la publicité des testamens & la reconnoissance de la signature des témoins.

Loi *julia théatrale*, fut un adoucissement que fit Jules-César de la *loi roscia*, en faveur des pauvres chevaliers, dont il régla la séance au théatre avec plus de bénignité.

Loi *julia de vi*, étoit une de celles qui défendoient d'user d'aucune violence, soit pour s'emparer de quelque chose, soit pour empêcher le cours de la justice.

Sur ces différentes *loix*, surnommées *julia*, on peut voir Zazius, & les auteurs qu'il indique sur chacune.

LOI JUNIA, l'on en connoît quatre de ce nom; savoir, la *loi junia & licinia*, qui fut faite l'an 690 de Rome, par Junius Sillanus, & Licinius Murena, consuls, pour prescrire plus étroitement l'observation des fêtes, & empêcher que ces jours-là, on ne traitât d'aucune affaire avec le peuple, ou qu'on ne fît quelque *loi*. Cic. *Philipp. 5, & lib. 4 epist. ad Atticum.*

Loi *julia annale*, *annalis*, fut ainsi appellée, parce qu'elle régloit le nombre d'années qu'il falloit avoir pour chaque degré de magistrature; elle fut faite sous le consulat de L. Manlius Acidinus, & de Qu. Fulvius Flaccus.

Loi *junia norbana*, ainsi nommée de Junius Silanus & de L. Norbanus Balbus, sous le consulat desquels elle fut faite l'an de grace 21, régloit l'état des affranchis. Elle établit une sorte d'affranchis, appellés *latini*, qui vivoient libres; mais qui en mourant retomboient dans la condition servile, & leurs biens retournoient au patron, comme par droit de pécule, ces affranchis n'ayant ni la capacité de tester, ni les autres droits de tester. Il fut dérogé à cette *loi* d'abord parle S. C. Largien, ensuite par un édit de Trajan. Enfin la *loi* fut entiérement abrogée par Justinien, qui ordonna que tous les affranchis seroient réputés citoyens romains. *Voyez* aux *instit.* le tit. de *succ. libert.*

Loi *junia velleia*, ordonna à tout testateur d'instituer tous ceux qui étoient ses héritiers *siens*, *sui*, présomptifs, & que si quelqu'un de ses héritiers cessoit d'être *sien*, il institueroit ses enfans. Elle régloit encore plusieurs autres choses concernant les testamens; quelques-uns croient que cette *loi* fut faite par Velleius, le même qui fut auteur du S. C. Velleïen. *Voyez* Zazius & la *note* de Charondas.

LOI LÆTORIA, défendoit de prêter à usure aux fils de famille; cette prohibition fut encore portée plus loin par le sénatusconsulte macédonien, qui annulla indistinctement toutes les obligations des fils de famille pour cause de prêt. *Voyez* MACÉDONIEN.

LOI DE LAYRON, *voyez* LOIX D'OLERON.

LOI LECTORIA, *ou* LÆTORIA fut faite par Qu. Lectorius, pour empêcher les mineurs & les personnes en démence d'être trompés; & pour cet effet, elle ordonna qu'on leur donneroit des curateurs. Cicéron fait mention de cette *loi*, *lib. 3, de nat. Deor.* & *lib. 3 offic.*

LOI LICINIA : il y eut diverses *loix* de ce nom, savoir, la *loi junia* & *licinia*, dont on a parlé ci-devant à l'*article* LOI JUNIA.

Loi *licinia* & *æbutia ;* ces deux *loix* furent faites par deux tribuns du peuple pour empêcher les magistrats de s'enrichir aux dépens du public, eux & leur famille. On ne sait pas précisément le temps où ces *loix* furent publiées. Il en est parlé dans Cicéron, *de lege agrariâ.*

Loi *licinia de communi dividundo*, avoit pour objet les partages. Il en est parlé dans Marcien, *l. fin. ff. de alienat.*

Loi *licinia* & *mucia*, fut faite par les consuls L. Licinius Crassus & Mucius Scævola, pour empêcher ceux qui n'étoient pas citoyens romains de demeurer à Rome. Il en est parlé dans Cicéron, *lib. 3 offic.*

Loi *licinia agraria*, pour le partage des terres. *Voyez* AGRAIRES.

Loi *licinia de consulibus*, fut faite par le tribun Licinius Stolo, pour établir que l'un des consuls seroit choisi entre les plébéïens.

Loi *licinia de ære minuendo*, qui étoit du même tribun, fut faite pour le soulagement des débiteurs; elle ordonnoit qu'en déduisant sur le capital ce qui avoit été payé pour les intérêts, le surplus seroit payé en trois ans & trois paiemens égaux.

Loi *licinia de sacerdotiis*, faite par M. Licinius Crassus, ordonnoit que les prêtres ne seroient plus choisis par leurs collèges, mais par le peuple.

Loi *licinia de sodalitiis*, qui étoit du même auteur, avoit pour objet de défendre toutes les associations qui pouvoient être faites dans la vue de gagner les suffrages pour parvenir aux honneurs. Cicéron, *pro Plantio*, en fait mention.

Loi *licinia sumptuaria*, fut faite pour réprimer le luxe. *Voyez* LOIX SOMPTUAIRES.

Sur ces différentes *loix*, *voyez* Zazius & l'*Histoire de la jurisprud. rom.* par M. Terrasson.

LOI DES LOMBARDS, *lex Longobardorum*, fut d'abord mise en ordre par leur roi Rotharis, & se trouve sous ce titre dans Heroldus : *incipiunt leges Longobardorum, quas Rotharis rex solâ memoriâ & usu retinebat & composuit, jussitque edictum appellari, anno 707 ex quo Longobardi in Italiam venerant.* La même chose a été observée par Herman, moine de saint Gal, sous l'an 637; dans ces temps, dit-il, Rotharis roi des Lombards, amateur de la justice, quoiqu'il fût arien, écrivit les *loix des Lombards ;* dans la suite les rois Grimoald, la sixième année de son règne; & Luitprand la première année, Ratchis & Aistulphe, réformèrent cette *loi*, & y ajoutèrent de nouvelles dispositions, qui sont distinguées en leur lieu dans l'édition d'Heroldus. Enfin Charlemagne, Louis le Débonnaire, Lothaire, Pepin, Guy, Othon, Henri & Conrard, empereurs, y firent encore quelques additions, & le tout fut distribué en trois livres, sans néanmoins que l'on sache précisément dans quel temps elle a été mise dans cet ordre; dans cette dernière rédaction, il se trouve plusieurs choses tirées des capitulaires de Charlemagne, comme on le voit par l'édition qu'en a donnée le docte M. Baluze.

LOI LURCONIENNE, *lurconis de ambitu*, fut faite par Lurcon, tribun du peuple; elle avoit pour objet de prévenir les brigues que l'on faisoit pour parvenir à la magistrature. Elle ordonnoit que celui qui, dans cette vue, auroit répandu de l'argent dans sa tribu, seroit obligé, tant qu'il vivroit, de payer une somme considérable à chaque tribu. Cicéron, *lib. 1 epist. ad Atticum.*

LOI MÆNIA, fut faite par le tribun Mænius, pour diminuer l'autorité du sénat; avant cette *loi*, lorsque le peuple avoit donné son suffrage, le sénat interposoit son autorité; au lieu que, suivant cette *loi*, le sénat étoit réputé auteur de ce qui se proposoit, même avant que le peuple eût donné son suffrage; de manière que tout ce que le peuple ordonnoit, paroissoit fait de l'autorité du sénat. Tite-Live, *lib. 1.*

LOI MAMILIA, est la même que la *loi manilia*, dont il est parlé ci-après; quelques-uns appellent son auteur *Mamilius*, mais on l'appelle plus communément *Manilius*.

LOI MANILIA : il y en eut trois de ce nom; savoir, la *loi manilia*, faite par le tribun Manilius Limitanus, pour la recherche de tous ceux qui avoient malversé dans la guerre jugurthine, soit en négligeant les décrets du sénat, soit en recevant de l'argent.

Loi *manilia*, faite par le tribun Manilius, pour commettre au grand Pompée la direction de la guerre contre Mithridate.

Loi *manilia de suffragiis libertinorum*, fut proposée par le même Manilius, pour accorder à tous les affranchis droit de suffrage dans toutes les tribus; ce qui ne fut tenté qu'à la faveur d'une émotion populaire; mais ce trouble ayant été appaisé par le questeur Domitius Ænobarbus, le projet de Manilius fut rejetté. *Voyez* Cicéron, *pro Milone.*

LOI MANLIA, fut faite par le consul M. Manlius Capitolin; elle ordonnoit que l'on paieroit au trésor public le vingtième de ceux qui seroient affranchis. *Voyez* Tite-Live, *lib. 7;* & Cicéron, *ad Atticum*, *lib. 2.*

LOI MARIA : il y eut deux *loix* de ce nom, l'une surnommée de *pontibus;* cette *loi*, pour dissiper les brigues, ordonna que les ponts construits dans le champ de Mars, par lesquels on devoit aller au scrutin, seroient rendus si étroits qu'il n'y pourroit passer qu'une personne à la fois. On ne sait si cette *loi* est du préteur Marius, ou du consul de ce nom.

L'autre *loi* appellée *maria de moneta*, parce qu'elle eut pour objet de fixer le prix des monnoies, qui étoit alors si incertain, que chacun ne pouvoit savoir la valeur de ce qu'il avoit en espèce ; elle fut faite par le préteur Marius Gratidianus, dont Catilina porta la tête par toute la ville. *Voyez* Cicéron, *lib. 3, de offic.*

LOI MEMNIA, établit des peines contre les calomniateurs; elle dispensoit aussi ceux qui étoient absens pour le service de l'état de comparoître en jugement. *Voyez* Zazius.

LOI MENSIA, régloit que l'enfant né d'un père ou d'une mère étrangers, suivroit la condition de celui qui étoit étranger. *Voyez* Charondas en sa *note* sur Zazius à la fin.

LOI METELLA, fut présentée au peuple par le consul Metellus, de l'ordre des censeurs Flaminius & Æmilius: elle concernoit la police du métier de foulon. *Voyez* Pline, *lib. 35, cap. 17.*

LOIX DE LA MER. *Voyez ci-après* LOIX D'OLERON.

LOI DE MELÉE, c'est l'amende due pour une rixe. *Voyez* la coutume de Mons, *chap. 49 & 50.*

LOI MOLMUTINE, *lex molmutina, seu molmucina, vel mulmutina;* ce sont les *loix* faites en Angleterre par Dunwallo Molmutius, fils de Clothon, roi de Cornouaille, lequel succéda à son père. Ces *loix* furent célèbres en Angleterre jusqu'au temps d'Edouard, surnommé le Confesseur, c'est-à-dire, jusques dans le onzième siècle. *Voyez* le *Glossaire* de Ducange, au mot *Lex molmutina.*

LOI MONDAINE, *lex mundana seu terrena;* sous la première & la seconde race de nos rois, on appelloit ainsi les *loix* civiles par opposition au droit canonique; elle étoit composée du code théodosien pour les Romains, & des codes nationaux des Barbares, suivant lesquels ces derniers étoient jugés, tels que les *loix* saliques & ripuaires pour les Francs, les *loix* gombettes pour les Bourguignons, *&c.* Dans les capitulaires & écrits des sept, huit, neuf & dixième siècles, le terme de *loi mondaine* signifie les *loix* propres de chaque peuple, & désigne presque toujours les capitulaires. *Voyez* M. le président Henault sous Clovis, & *les recherches sur le droit françois*, p. 162.

LOI MUNICIPALE, est celle qui est propre à une ville ou à une province : ce nom vient du latin *municipium*, lequel chez les Romains signifioit une ville qui se gouvernoit par ses propres *loix*, & qui avoit ses magistrats particuliers.

Les *loix municipales* sont opposées aux *loix* générales, qui sont communes à toutes les provinces d'un même état, telles que les ordonnances, édits & déclarations qui sont ordinairement des *loix* générales; au lieu que les coutumes des provinces & des villes & autres lieux sont des *loix municipales.* (*A*)

LOI NUMMARIA, défendit à tout particulier de fabriquer des pièces de monnoie. *Voyez* Zazius *sur la loi Cornelia de falso.* (*A*)

LOI OGULNIA, fut faite l'an de Rome 453 par les deux tribuns Quintus & M. Ogulnius ; elle portoit, que quand il y auroit quatre augures & quatre pontifes, & que l'on voudroit augmenter le nombre des prêtres, on choisiroit quatre pontifes & cinq augures, tous parmi les plébéïens, au lieu qu'auparavant le ministère du sacerdoce étoit affecté aux seuls patriciens. *Voyez* Zazius *sur la loi julia de sacerdotiis.* (*A*)

LOIX D'OLERON, appellées quelquefois par corruption *loix de Layron* ou *droits de Layron*, & connues aussi sous le titre *de coutumes de la mer*, sont des *loix* faites pour les habitans de l'isle d'Oleron, lesquels depuis 6 à 7 cens ans ont toujours passé pour bons hommes de mer; de sorte que les *loix* particulières qui avoient été faites pour eux, par rapport à la navigation, furent regardées comme les coutumes de la mer, sans doute parce qu'il n'y en avoit point d'autres alors, la première ordonnance de la marine n'étant que de 1681. Selden, dans *sa dissertation sur fleta*, *p. 532 & 539*, tient que Richard I, roi d'Angleterre, fut l'auteur de ces *loix;* mais ce sentiment est réfuté par Denis Morisot & par Cleyrac, lequel fit imprimer ces *loix* à Rouen, & ensuite à Bordeaux l'an 1647; ceux-ci assurent que ces *loix* furent faites par Eléonore, duchesse d'Aquitaine, à son retour de Syrie, & qu'on les appella *le rouleau d'Oleron*, qu'elles furent ensuites augmentées par Richard I, fils d'Eléonore. M. Ducange croit que ces additions ne différoient point de la chartre du même Richard, intitulée *Statuta illorum qui per mare ituri erunt.*

Ces *loix* ont été traduites en Anglois, ce qui fait voir combien on en faisoit de cas & d'usage. (*A*)

LOI OPPIA, dont Oppius, tribun du peuple, fut l'auteur du temps de la seconde guerre punique, fut faite pour réprimer le luxe des dames romaines; elle défendit qu'aucune femme portât plus d'une demi-once d'or, & qu'elle eût un habit de diverses couleurs, ou qu'elle se fit voiturer dans un char par la ville ou à mille pas de distance, à moins que ce ne fût pour aller aux sacrifices publics. Dans la suite les tribuns Valérius & Fundanius demandèrent l'abrogation de cette *loi;* le consul Portius Caton parla pour maintenir la *loi;* le tribun Valérius insista; enfin au bout de vingt ans cette *loi* fut abrogée par ordre du peuple, à la grande satisfaction des dames. *Voyez* Tite-Live, *lib. 37.* (*A*)

LOI ORCHIA, ainsi nommée du tribun Orchius, fut la première *loi* somptuaire des Romains; elle limita le nombre des convives, mais ne fixa rien pour la dépense. *Voyez* LOI DIDIA, LOI FANNIA, LOIX SOMPTUAIRES. (*A*)

LOI DE L'OSTRACISME, c'est-à-dire, la peine de l'ostracisme ou bannissement que l'on prononçoit à Athènes contre ceux dont la fortune ou le crédit donnoit de l'ombrage aux autres citoyens. *Voyez* OSTRACISME.

LOI OUTRÉE, dans l'ancienne coutume de Normandie, étoit lorsque quelque différend étoit terminé par enquête ou brief. Quelques-uns ont cru que *loi outrée* étoit la même chose que *loi de bataille* ou *duel*, appellé *combat à outrance ;* mais cette explication ne peut s'accorder avec ce qui est dit dans le *chap. 43* de l'ancienne coutume de Normandie, où il est parlé de *loi outrée* pour les mineurs, puisque ceux-ci avoient terme jusqu'à vingt-un ans pour les querelles qui se terminoient par bataille ; ainsi, par *loi outrée*, on doit entendre, comme Terrien, les brefs & enquêtes en matière possessoire, de sorte que *loi outrée* n'est proprement autre chose qu'une *loi* apparoissant. *Voyez le glossaire* de M. de Lauriere ; au mot *Loi. Voyez* LOI APPARENTE. (*A*)

LOI PAPIA, il y en eut deux de ce nom ; savoir, la

Loi Papia de jure civitatis, ainsi nommée d'un certain Papius qui en fut l'auteur un peu avant le temps des Gracques ; elle concernoit les étrangers qui usurpoient les droits de cité. *Voyez* Cicéron, *lib. 3 officior.*

Loi Papia poppæa de maritandis ordinibus, qui fut aussi appellée *loi julia*, fut faite par Papius Poppæus, consul, sous l'autorité d'Auguste. *Voyez* LOI JULIA *de maritandis ordinibus*, & Zazius. (*A*)

LOI PAPIRIA, il y eut cinq différentes *loix* de ce nom, qui furent faites par différens tribuns ou consuls surnommés *Papirius ;* savoir, la

Loi Papiria de sacrandis agris, fut faite par Papirius, qui défendoit de consacrer aucune maison, terre ou autel, sans le consentement du peuple.

Loi Papiria de nexis, dont L. Papirius, consul, fut l'auteur, défendit aux créanciers de tenir chez eux leurs débiteurs liés & enchaînés, comme cela étoit permis par la *loi* des douze tables.

Loi Papiria de refectione Trib. pleb. fut faite par Papirius Carbon, tribun, homme séditieux, pour autoriser à créer tribun la même personne autant de fois qu'elle le voudroit bien, ce qui étoit auparavant défendu par plusieurs *loix*.

Loi Papiria monetaria, fut publiée après la seconde guerre punique, pour la fabrication des sols appellés *semiunciales ;* ce fut un nommé *Papirius* qui en fut l'auteur, mais on ne sait quel est celui de la race papirienne qui eut part à cette *loi*.

Loi Papiria tabellaria, qui étoit du même auteur, régloit la manière de donner les suffrages. *Voyez* LOIX TABELLAIRES. (*A*)

LOI PARTICULIÈRE, est opposée à *loi* générale ; mais ce terme se prend en deux sens différens : une coutume locale, un statut d'une ville ou d'une communauté, sont des *loix particulières* en tant qu'elles sont des exceptions à la coutume générale de la province ; on entend aussi par *loi particulière*, celle qui est faite précisément pour un certain cas, à la différence des autres *loix*, qui contiennent seulement des règles générales que l'on applique, par interprétation aux divers cas qui y ont rapport. (*A*)

LOI PEDIA, fut faite par le consul Pedius, contre les meurtriers de César : elle prononça contre eux la peine du bannissement. *Voyez* Suétone, *in Nerone*.

LOI PÉNALE, se dit de toute *loi* faite pour prévenir les délits & les crimes, & les punir.

Les *loix pénales* ne sont pas seulement celles qui sont accompagnées de menaces expresses d'une certaine punition, mais encore celles qui laissent quelquefois à la prudence des juges, le soin de déterminer la nature, & le degré de la peine sur laquelle ils doivent prononcer.

Comme il est impossible que les *loix* écrites aient prévu tous les cas de délits, les maximes de la raison, la *loi* naturelle, le climat, les circonstances & l'esprit de modération serviront de boussole & de supplément à la *loi* civile ; mais on ne sauroit trop restraindre la rigueur des peines, sur-tout capitales, il faut que la *loi* prononce.

Lors même que les *loix pénales* sont positives sur la punition des crimes, il est des cas où le souverain est le maître de suspendre l'exécution de ces *loix*, sur-tout lorsqu'en le faisant, il peut procurer autant ou plus d'utilité qu'en punissant.

S'il se trouve d'autres voies plus commodes d'obtenir le but qu'on se propose, tout dicte qu'il faut les suivre.

Ce n'est pas tout, les *loix pénales* doivent avoir de l'harmonie, de la proportion entre elles, parce qu'il importe d'éviter plutôt un grand crime qu'un moindre, ce qui attaque plus la société que ce qui la choque le moins. C'est un grand mal en France, de faire subir à celui qui vole sur un grand chemin la même peine qu'à celui qui vole & assassine ; on assassine toujours, car les morts, disent ces brigands, ne racontent rien. En Angleterre, on n'assassine point, parce que les voleurs peuvent espérer d'être transportés dans des colonies, & jamais les assassins.

Je n'ai pas besoin de remarquer que les *loix pénales*, en fait de religion, sont non-seulement contraires à son esprit, mais de plus elles n'ont jamais eu d'effet que comme destruction.

Enfin, la première intention des *loix pénales* est de prévenir le crime, & non pas de le punir. Si on les exécute à la rigueur, si l'on emploie la moindre subtilité d'esprit pour tirer des conséquences, ce seront autant de fléaux qui tomberont sur la tête du peuple. Laissez donc les *loix pénales*, je ne dirai pas dormir tout-à-fait, mais reposer très-souvent. S'il est permis aux juges, dit Bacon, de montrer quelque foiblesse, c'est en faveur de la pitié. *Voyez* PEINE. (*D. J.*)

LOI PESULANIA, que quelques-uns ont appellée par corruption *pesolonia*, & Cujas *loi solonia*, mais sans fondement, fut faite probablement par quelque tribun du peuple, nommé *Pesulanus* ou *Pesulanius ;* elle avoit établi, au sujet des chiens en particulier, ce que la *loi* des douze tables avoit réglé pour le dommage causé par toutes sortes de bêtes en général, c'est-à-dire, que si le chien avoit causé du dommage dans un chemin ou lieu public, le maître du chien étoit tenu du dédommagement, sinon de livrer le chien ; mais par l'édit des édiles dont Justinien fait mention en ses institutes, le maître de l'animal fut astreint à réparer le dommage, en payant une somme plus ou moins forte, selon le délit. *Voyez* le jurisconsulte Paulus, *recept. sentent. lib. 1, tit. 15, §. 1.*

LOI PETILIA *de ambitu*, fut faite par le tribun Petilius, vers l'an de Rome 397, ce fut la première *loi* que l'on fit pour réprimer les brigues que l'on employoit pour parvenir à la magistrature. *Voyez* Tite-Live, *lib. 7.*

Loi Petilia de peculatu, fut faite contre ceux qui s'étoient rendus coupables de péculat, lors de la guerre que l'on avoit faite en Asie contre le roi Antiochus. *Voyez* Tite-Live, *lib. 38.*

LOI PETRONIA, fut faite par un tribun du peuple, nommé *Petronius ;* on ignore quel étoit son principal objet, tout ce que l'on en sait, est qu'elle défendoit aux maîtres de livrer arbitrairement leurs esclaves pour combattre avec les bêtes, & qu'elle ordonnoit que celui qui n'auroit pas prouvé l'adultère qu'il avoit mis en avant, ne pourroit plus intenter cette accusation. *Voyez* Zazius.

LOI DE PHILIPPE, *lex Philippi ;* on appella de ce nom une *loi* agraire faite par un certain Philippus, tribun du peuple. *Voyez* Valere-Maxime, & AGRAIRES.

LOI PLAUTIA, déclaroit que les choses usurpées par force n'étoient pas sujettes à l'usucapion ; on croit qu'elle fut faite sous le consulat de Lepidus & de Catulus. *Voyez* LOI PLOTIA *de judiciis.*

LOI PLOTIA, il y en eut deux de ce nom, savoir ;

Loi Plotia agraria, qui fut une des *loix* faites pour le partage des terres. *Voyez* Zazius, sur les *loix agraires.*

Loi Plotia de judiciis, étoit une des *loix* qui déféroient le pouvoir judiciaire aux sénateurs conjointement avec les chevaliers ; d'autres écrivent *loi Plautia ;* & en effet, on tient qu'elle fut faite par Plautius Silvanus, tribun du peuple. *Voyez* Zazius.

LOI PLÉNIÈRE, *lex plenaria*, étoit la même chose en Normandie que *loi* apparoissant ; les *loix* de Guillaume-le-conquérant, disent *plener lei.*

LOIX POLITIQUES, sont celles qui forment le gouvernement qu'on veut établir. Elles ont pour objet le bien & la conservation de l'état, considéré politiquement en lui-même, & abstraction faite des sociétés qui y sont renfermées. *Voyez ci-dessus* LOI, §. 2, & le *Dictionnaire diplom. éconon. & politiq.*

LOI POMPEIA : il y en eut six de ce nom qui furent faites par les Pompeius ; savoir, la

Loi Pompeia de ambitu, fut faite pour éloigner les brigues que l'on employoit pour s'élever à la magistrature.

Loi Pompeia judiciaria : cette *loi* ordonna que les juges seroient choisis également dans les trois ordres qui composoient le peuple romain.

Loi Pompeia de coloniis, qui étoit de Cneius Pompeius Strabon, attribua aux Latins la capacité de parvenir à la magistrature, & de jouir de tous les autres droits de cité.

Loi Pompeia parricidii, dont le grand Pompée, fils du précédent, fut l'auteur, régla la peine du parricide.

Il y eut une autre *loi* du même Pompée, qu'il donna en Bithynie, qui régloit, entre autres choses, l'âge auquel on pourroit être admis à la magistrature. Sur toutes ces *loix*, *voyez* Zazius.

LOI PORCIA, fut une de celles que l'on fit pour maintenir les privilèges des citoyens romains : celle-ci prononçoit des peines graves contre ceux qui auroient tué, ou même seulement frappé un citoyen romain. *Voyez* Cicéron, *pro Rabirio.*

LOI PORTATIVE, est une expression dont on se sert dans le Cambresis, pour signifier un corps de jurisdiction exploitant hors du territoire du seigneur qui l'a créé.

Pour comprendre le sens de ces mots, il faut observer que dans les coutumes de nantissement, on ne peut aliéner valablement un héritage, sans en faire la dessaisine entre les mains du seigneur dont il relève immédiatement : celle de Cambrai exige absolument que cette dessaisine soit faite par le propriétaire en personne, sans que, dans aucun cas, il puisse se faire représenter par procureur.

Lors donc que par maladie ou autre empêchement légitime, il ne peut se transporter en la justice du seigneur, ou que les officiers du seigneur ne peuvent ou ne veulent pas se rendre au domicile du propriétaire, pour y recevoir sa dessaisine, on établit sur les lieux un nouveau corps de jurisdiction, auquel l'usage de la province a donné le nom de *loi portative.*

Pour cet effet, le seigneur dont relève le fief aliéné, nomme, pour en recevoir les devoirs de *loi*, un bailli sur les lieux, & engage quatre de ses vassaux à commettre un pareil nombre d'hommes de fief, de l'endroit où doit se faire la dessaisine, pour y intervenir comme leurs desservans, pour cette fois seulement.

Si le bien dont on veut faire passer les devoirs de *loi*, est tenu en roture, le seigneur ou son bailli indifféremment, compose la *loi portative*, en commettant par acte des personnes qu'on lui indique sur les lieux, pour y faire les fonctions de mayeur & d'échevins. *Voyez* ECHEVINAGE, DEVOIRS *de loi.*

LOI POSITIVE, est celle qui a été faite ; elle est opposée à la *loi* naturelle qui n'est point proprement une *loi* en forme, & qui n'est autre chose que la droite raison. La *loi positive* se sous-divise en *loi* divine & *loi* humaine. *Voyez* DROIT *positif.*

LOI PRÉDIALE, le terme de *loi* est pris ici pour condition, ou bien c'est l'acte par lequel on a imposé & imprimé quelque qualité & condition à un héritage, qui l'affectent en lui-même & lui demeurent, en quelques mains qu'il passe; par exemple, *ut ager sit vectigalis vel emphyteuticus vel censualis. Voyez* Loyseau, *du déguerpissement, liv. 10, ch. 3, n°. 2.*

Loi probable & monstrable : on appelloit ainsi anciennement celle qui étoit appuyée du serment d'une ou de plusieurs personnes.

Loix Publiliennes, on appella ainsi trois *loix* que fit le dictateur Q. Publilius, l'une pour ordonner que les plébiscites obligeroient tous les Romains; l'autre portant que le sénat seroit réputé le seul auteur de toutes les *loix* qui se feroient dans les comices avant que l'on eût pris les suffrages. La première portoit, que l'un des censeurs pourroit être pris entre les plébéïens; ces *loix* furent depuis englobées dans d'autres. *Voyez* Tite-Live, *liv. 8.*

Loi Pupia, que l'on croit de Pupius Pison, tribun du peuple, régla le temps où le sénat devoit tenir ses séances. *Voyez* Zazius & Charondas, en *sa note*, au même endroit.

Loi quintia, *agraria*, étoit une des *loix* agraires. *Voyez* Loix agraires.

Loi regia, est celle par laquelle le peuple romain accorda à Auguste, au commencement de son empire, le droit de législation. Ulpien fait mention de cette *loi* en ces termes : *quod principi placuit legis habet vigorem*, & ajoute que cela eut lieu en conséquence de la *loi regia*, par laquelle le peuple lui remit tout le pouvoir qu'il avoit : quelques auteurs ont prétendu que cette *loi* n'avoit jamais existé, & qu'elle étoit de l'invention de Tribonien; mais il faudroit donc dire aussi qu'il a supposé le passage d'Ulpien qui en fait mention.

Il est vrai néanmoins que le sénat & le peuple romain n'ont pas donné à Auguste toutes les prérogatives du pouvoir souverain, par une *loi* nommée la *loi regia*. Ce premier empereur étoit trop politique pour se servir d'un nom plein d'horreur pour les Romains, & il eut toujours un soin extrême de leur cacher que la puissance qu'il exerçoit étoit royale. Mais il vint à bout, en différens temps & sous différens titres de magistratures connues, de faire réunir sur sa tête les attributs essentiels de la souveraineté.

Ses premiers successeurs suivirent son exemple, & reçurent l'autorité royale par un sénatus-consulte, sans qu'on trouve une *loi* formelle sur cet objet, ensorte que la chose a subsisté long-temps avant que d'avoir reçu le nom qui lui étoit propre. A chaque renouvellement de règne, le sénat accordoit au nouvel empereur, à quelques légères différences près, les prérogatives royales que César & Auguste avoient obtenues.

Ce sont ces prérogatives, contenues dans les décrets du sénat, accordées à chaque empereur, que les jurisconsultes romains cités par Tribonien, ont appellées la *loi royale*.

On a retrouvé à Rome, dans l'endroit où étoit autrefois le capitole, une table de cuivre, qu'on conserve aujourd'hui dans la basilique de S. Jean de Latran, & sur laquelle on lit un très-long fragment de la *loi regia*, donnée en faveur de Vespasien.

Elle donnoit à l'empereur le droit de faire des traités & des alliances avec les ennemis & avec les peuples dépendans & indépendans de l'empire; il pouvoit, suivant cette même *loi*, assembler & congédier le sénat à sa volonté, & faire des *loix* qui auroient la même autorité que si elles étoient émanées du sénat & du peuple; il avoit tout pouvoir d'affranchir, sans observer les anciennes formalités; la nomination aux emplois & aux charges lui étoit dévolue, & il lui étoit libre d'étendre ou de resserrer les limites de l'empire, enfin de régler tout ce qui regardoit le bien public & les intérêts des particuliers; ce pouvoir ne différant en rien de celui qu'avoient eu les rois de Rome.

Loi Rhodia de jactu, est une *loi* du digeste qui décide qu'en cas de péril imminent sur mer, s'il est nécessaire de jetter quelques marchandises pour alléger le vaisseau, la perte des marchandises doit être supportée par tous ceux dont les marchandises ont été conservées.

Cette *loi* fut nommée *rhodia*, parce que les Romains l'empruntèrent des Rhodiens, qui étoient fort expérimentés dans tout ce qui a rapport à la navigation.

Elle fut confirmée par Auguste & ensuite par Antonin, à la réserve de ce qui pouvoit être contraire à quelque *loi* romaine. On retrouve un grand nombre de ses dispositions dans l'ordonnance de la marine. *Voyez* au digeste le titre *de lege Rhodiâ de jactu.* (*A*)

Loi des Ripuariens *ou* Ripuaires, *lex Ripuariorum*, n'est quasi qu'une répétition de la *loi* salique, aussi l'une & l'autre étoient-elles pour les Francs : on croit que la *loi* salique étoit pour ceux qui habitoient entre la Meuse & la Loire, & la *loi ripuaire* pour ceux qui habitoient entre la Meuse & le Rhin; elle fut rédigée sous le roi Théodoric, étant à Châlons-sur-Marne, avec celles des Allemands & des Bavarois; il y avoit fait plusieurs corrections, principalement de ce qui n'étoit pas conforme au christianisme. Childebert, & ensuite Clotaire II la corrigèrent, & enfin Dagobert la renouvella & la mit dans sa perfection, comme il a été dit en parlant de la *loi* des Bavarois. Pour juger du génie de cette *loi*, nous en citerons seulement deux dispositions : il en coûtoit cent sols pour avoir coupé une oreille à un homme, & si la surdité ne suivoit pas, on en étoit quitte pour cinquante sols. Le chapitre 3 de cette *loi* permet au meurtrier d'un évêque de racheter son crime avec autant d'or que pesoit une tunique de plomb de la hauteur du coupable, & d'une épaisseur déterminée : ainsi, ce n'étoit pas tant

tant la qualité des personnes, ni les autres circonstances du délit qui régloient la peine, c'étoit la taille du coupable ; quelle ineptie ! Il est parlé de la *loi des ripuariens*, dans les *loix* de Henri, roi d'Angleterre. (*A*)

LOI ROMAINE, on donna ce nom à un abrégé du code Théodosien, qui fut fait par l'ordre d'Alaric, roi des Goths, qui occupoient l'Espagne & une grande partie de l'Aquitaine ; il fit faire cet abrégé par Anien, son chancelier, qui le publia en la ville d'Aire en Gascogne : cette *loi* n'étoit pas pour les Goths, mais pour les Romains.

On entend aussi par *loix romaines* en général, toutes les *loix* faites pour les Romains, & qui sont renfermées dans le corps de droit civil. *Voyez* DROIT ROMAIN & CODE.

LOI ROMULEIA, fut faite par un des triumvirs nommé *Romuleius* : elle institua le collège des ministres & des sacrifices, appellés *epulones*, & déféra cet emploi aux triumvirs. *Voyez* Tite-Live, *lib. 3*, *décad. 4*.

LOI ROSCIA, il y en eut deux de ce nom, savoir la *loi roscia*, qui étoit une des *loix* frumentaires, dont Cicéron fait mention dans son *livre 2* à Atticus.

Loi Roscia théatrale, dont L. Roscius, tribun du peuple, fut l'auteur, pour donner aux chevaliers les quatorze premiers rangs au théatre. *V.* Cicéron, *pro Murenâ. Voyez aussi* LOIX THÉATRALES.

LOI ROYALE, en Danemarck, est une *loi* faite en 1660, qui confirme la nouvelle puissance qui fut alors déférée à Charles-Gustave, puissance bien plus étendue que celle qu'avoient eue jusqu'alors les rois ses prédécesseurs. Avant la révolution arrivée en 1660, le gouvernement de Danemarck, semblable en ce point à tous les gouvernemens gothiques, étoit partagé entre un roi électif, les grands de la nation ou le sénat, & les états. Le roi n'avoit presque point d'autre droit que celui de présider au sénat & de commander les armées : les rois qui précédèrent Frédéric III avoient souscrit à des capitulations qui limitoient leur pouvoir ; mais Charles-Gustave, roi de Suède, entra en Danemarck, sous prétexte de secourir le roi contre le sénat, & la nation blessée de la supériorité que s'attribuoit la noblesse, se réunit pour déférer au roi une puissance absolue & héréditaire : on rendit au roi les capitulations qui limitoient son pouvoir, & l'on s'obligea par serment de maintenir la nouvelle puissance que l'on venoit de lui déférer.

La *loi* qui la confirme, & qu'on appelle la *loi royale*, contient quarante articles, dont les principaux sont, que les rois héréditaires de Danemarck & de Norwege seront regardés par leurs sujets comme les seuls chefs suprêmes qu'ils aient sur la terre ; qu'ils seront au-dessus de toutes les *loix* humaines, & ne reconnoîtront dans les affaires civiles & ecclésiastiques d'autre supérieur que Dieu seul ; qu'ils jouiront du droit suprême de faire & d'interpréter les *loix*, de les abroger, d'y ajouter ou d'y déroger ; de donner ou d'ôter les emplois à leur volonté ; de nommer les ministres & tous les officiers de l'état ; de disposer & des forces & des places du royaume ; de faire la guerre avec qui & quand ils jugeront à propos ; de faire des traités ; d'imposer des tributs ; de déterminer & régler les cérémonies de l'office divin ; de convoquer des conciles ; & enfin, suivant cette *loi*, le roi réunit en sa personne tous les droits éminens de la souveraineté tels qu'ils puissent être, & les exerce en vertu de sa propre autorité. La *loi* le déclare majeur dès qu'il est entré dans sa quatorzième année ; dès ce moment, il déclare publiquement lui-même qu'il est son maître, & qu'il ne veut plus se servir de tuteur ni de curateur ; il n'est tenu ni à prêter serment, ni à prendre aucun engagement, sous quelque nom ou titre que ce puisse être, soit de bouche ou par écrit, envers qui que ce soit. Le même pouvoir doit appartenir à la reine héréditaire, si dans la suite des temps la couronne passoit à quelque princesse du sang royal ; si quelqu'un, de quelque rang qu'il fût, osoit faire ou obtenir quelque chose qui fût contraire à cette autorité absolue, tout ce qui aura été ainsi accordé & obtenu sera nul & de nul effet, & ceux qui auroient obtenu de pareilles choses seront punis comme coupables du crime de lèse-majesté. Tel est le précis de cette *loi*, la seule à laquelle il ne soit pas permis au roi lui-même de déroger. (*A*)

LOI RUPILIA, fut donnée aux Siciliens par P. Rupilius, lequel après avoir été employé à la recette des revenus publics, fut fait consul, & délivra la Sicile de la guerre des brigands & des transfuges ; elle régloit la forme des jugemens & la compétence des juges. *Voyez* Cicéron, *Verrinâ quartâ*.

LOI SACRÉE, en latin *lex sacrata* ; les Romains appelloient *loix sacrées*, dit Grotius, les *loix* à l'observation desquelles le peuple romain s'étoit lui-même astreint par la religion du serment. Il falloit, à la vérité, que l'autorité du peuple intervînt pour faire une *loi sacrée* ; mais toute *loi* dans l'établissement de laquelle le peuple étoit intervenu, n'étoit pas pour cela sacrée, à moins qu'elle ne portât expressément que la tête de quiconque la violeroit seroit dévouée aux dieux, ensorte qu'il pourroit être impunément tué par toute autre personne ; car c'est ce qu'on entendoit par *caput sacrum sancire* ou *consecrare. Voyez* Paul Manuce, dans son traité *de legibus* ; Festus, au mot *sacratæ leges*, & Perizonii *animadversiones*. (*D. J.*)

Loix sacrées, on donna ce nom à certaines *loix*, qui, pour peine des contraventions que l'on y commettroit, ordonnoient que le contrevenant & toute sa famille & son argent, seroient consacrés à quelqu'un des dieux. *Voyez* Cicéron, *pro Cornelio Balbo*.

La qualité de *sacrée*, que l'on donnoit à ces *loix*, étoit différente de ce qu'on entend par *loix saintes*. *Voyez* LOIX SAINTES. (*A*)

Loix sacrées des mariages, *leges sacratæ nuptiarum*: c'est une sorte d'hypallage, pour dire, *loix des mariages sacrés*.

Par les mariages sacrés des Romains, il faut entendre, ou les mariages qui se pratiquoient par la confarréation, laquelle se faisoit avec un gâteau de froment, en présence de dix témoins, & avec certains sacrifices & des formules de prières; d'où vient que les enfans qui naissoient de ce mariage s'appelloient, *confarreatis parentibus geniti*: ou bien il faut entendre par mariages sacrés, ceux qui se faisoient *ex coemtione*, par un achat mutuel, d'où les femmes étoient nommées *matres familias*, mères de famille. Ces deux sortes de mariages sont également appellés par les anciens jurisconsultes, *justæ nuptiæ*, pour les distinguer d'une troisième sorte de mariage, qui s'appelloit *matrimonium ex usu*, *concubinage*.

Les *loix des mariages sacrés* portoient que la femme ainsi mariée, entreroit en communauté de sacrifices & de biens avec son mari, *sacrorum*, *fortunarumque esset socia*; qu'elle seroit la maîtresse de la famille, comme lui en étoit le maître; qu'elle seroit héritière de ses biens en portion égale comme un de ses enfans, s'ils en avoient de leur mariage, sinon qu'elle hériteroit de tout, *ex asse verò*, *si minùs*.

Cette communauté, cette société de sacrifices & de biens, dans laquelle la femme entroit avec son mari, doit s'entendre des sacrifices privés de certaines familles qui étoient en usage parmi les Romains, comme du jour de la naissance, des expiations & des funérailles, à quoi même étoient tenus les héritiers & les descendans des mêmes familles. De-là vient que Plaute a dit qu'il lui étoit échu un grand héritage, sans être obligé à aucun sacrifice de famille, *se hereditatem adeptum esse*, *sine sacris*, *effertissimam*.

La femme unie *juxtà sacratas leges*, ou pour m'exprimer avec les jurisconsultes, *justis nuptiis*, devenoit maîtresse de la famille, comme le mari en étoit le maître.

On sait qu'après la conclusion du mariage, la mariée se présentoit sur le seuil de la porte, & qu'alors on lui demandoit qui elle étoit; elle répondoit à cette question, *ego sum Caïa*, je suis Caïa, parce que Caïa Cecilia, femme de Tarquin l'ancien, avoit été fort attachée à son mari & à filer; ensuite, on lui présentoit le feu & l'eau, pour lui marquer qu'elle devoit avoir part à toute la fortune de son mari. Plutarque nous apprend encore, dans la troisième question romaine, que le mari disoit à son épouse, lorsqu'elle le recevoit à son tour chez elle, *ego sum Caïus*, je suis Caïus, & qu'elle lui repliquoit de nouveau, *ego Caïa*, & moi je suis Caïa. Ces sortes d'usages peignent les mœurs, ils se sont perdus avec elles. (*D. J.*)

LOIX SAINTES. Les *loix* sont ainsi appellées, parce que le respect leur est dû, *sub sanctione pœnæ*; c'est pourquoi elles sont mises au nombre des choses que l'on appelle en droit *res sanctæ*. *Voyez* aux *instit.* le tit. *de rer. divis.* & *les annotateurs*. (*A*)

LOI DE SAINT BENOÎT, c'est ainsi que l'on appelle vulgairement dans le pays de Labourd, le droit que les habitans de chaque paroisse ont de s'assembler pour leurs affaires communes, & de faire des statuts particuliers pour leurs bois, padouans & pâturages, pourvu que leurs délibérations ne soient pas préjudiciables au bien public & aux ordonnances du roi. Ce droit est ainsi appellé dans les coutumes de Labourd, *tit. 20*, *art. 4 & 5*. *Voyez* aussi celle de Sole, *tit. 1*, *art. 4 & 5*; & *la conférence des eaux & forêts*, *tit. 25*, *art. 7*. (*A*)

LOI SALIQUE, *lex salica* ou plutôt *pactum legis salicæ*, appellée aussi *lex Francorum seu francica*, étoit la *loi* particulière des Francs qui habitoient entre la Meuse & le Rhin, comme la *loi* des Ripuaires étoit celle des Francs qui habitoient entre la Loire & la Meuse.

Il y a beaucoup d'opinions diverses sur l'origine & l'étymologie de la *loi salique*; nous ne rapporterons ici que les plus plausibles.

Quelques-uns ont prétendu que cette *loi* avoit été nommée *salica*, parce qu'elle avoit été faite en Lorraine sur la petite rivière de Seille, appellée en latin *Salia*, laquelle se jette dans la Moselle.

Mais cette étymologie ne peut s'accorder avec la préface de la *loi salique*, qui porte qu'elle avoit été écrite avant que les Francs eussent passé le Rhin.

Ceux qui l'attribuent à Pharamond, disent qu'elle fut nommée *salique* de Salogast, l'un des principaux conseillers de ce prince, ou plutôt duc; mais du Tillet remarque que Salogast n'étoit pas un nom propre, que ce mot signifioit *gouverneur des pays saliens*. On tient donc que cette *loi* fut d'abord rédigée l'an 422, en langue germanique, avant que les Francs eussent passé le Rhin; mais cette première rédaction ne se trouve plus.

D'autres veulent que le mot *salica* viennent de *sala*, qui signifie *maison*, d'où l'on appella *terre salique* celle qui étoit autour de la maison, & que la *loi* dont nous parlons ait pris le surnom de *salica*, à cause de la disposition fameuse qu'elle contient au sujet de la terre salique, & qui est regardée comme le titre qui assure aux mâles la couronne à l'exclusion des femelles.

D'autres encore tiennent, & avec plus de raison, que la *loi salique* a été ainsi nommée, comme étant la *loi* des Francs Saliens, c'est-à-dire, de ceux qui habitoient le long de la rivière de Sala, fleuve de l'ancienne Germanie.

D'autres enfin croient que les François Saliens, du nom desquels fut surnommée la *loi salique*, étoient une milice ou faction de Francs qui furent appellés *Saliens à saliendo*, parce que cette milice ou nation faisoit des courses imprévues hors de l'ancienne France sur la Gaule. Et en effet, les François Saliens étoient cités par excellence, comme les peuples les plus légers à la course, suivant ce que dit Sidon Apollinaire, *sauromata clypeo, salius pede, falce gelonus.*

Quoi qu'il en soit de l'étymologie du nom des Saliens, il paroît certain que la *loi salique* étoit la *loi* de ce peuple, & que son nom est dérivé de celui des Saliens; c'étoient les plus nobles des Francs, qui firent la conquête d'une partie des Gaules sur les Romains.

Au surplus, telle que soit aussi l'étymologie du surnom de *salique* donné à cette *loi*, on entend par *loi salique*, la *loi* des Francs ou premiers François, ce qui se prend en deux sens, c'est-à-dire, ou pour le droit public de la nation qui comprend, comme disent les jurisconsultes, tout ce qui sert à conserver la religion & l'état; ou le droit des particuliers, qui sert à régler leurs droits & leurs différends les uns par rapport aux autres.

Nous avons un recueil des *loix* de nos premiers ancêtres: il y en a deux textes assez différens pour les termes, quoique à peu de chose près les mêmes pour le fond; l'un, encore à moitié barbare, est celui dont on se servoit sous la première race, l'autre réformé & publié par Charlemagne en 798.

Le premier texte est celui qui nous a d'abord été donné, en 1557, par Herold, sur un manuscrit de la bibliothèque de Fulde, qui, au jugement d'Herold, avoit 700 ans d'antiquité; ensuite en 1720, par M. Eccard, sur un manuscrit de la bibliothèque du duc de Volfembutel, écrit au commencement de la seconde race. Enfin, en 1727, par Schelter, sur un manuscrit de la bibliothèque du roi, nº. 5189. Ce texte a 80 articles, ou plutôt 80 titres dans le manuscrit de Fulde, 94 dans le manuscrit de Volfembutel, 100 dans le manuscrit du roi.

Le second texte est celui que nous ont donné du Tillet, Pithou, Goldast, Lindenbrog, le célèbre Bignon & Baluse, qui l'avoit revu sur onze manuscrits. Il n'a que 71 articles, mais avec une remarque que ce nombre varie beaucoup dans divers exemplaires.

Goldast a attribué ce recueil à Pharamond, & a supposé en conséquence le titre qu'il lui a donné dans son édition. M. Eccard rejette avec raison cette opinion, qui n'est fondée sur aucune autorité: car l'auteur même des Gestes, qui parle de l'établissement de cette *loi*, après avoir rapporté l'élection de Pharamond, ne la lui attribue pas, mais aux chefs de la noblesse & premiers de la nation. *Quæ consiliarii eorum priores gentiles*, ou, suivant une autre leçon, *quæ eorum priores gentiles tractaverunt*; & de la façon dont sa narration est disposée, il fait entendre que l'élection de Pharamond & l'institution des *loix* se firent en même temps. *Après la mort de Sunnon*, dit-il, *ils résolurent de se réunir sous le gouvernement d'un seul roi, comme étoient les autres nations; ce fut aussi l'avis de Marcomir, & ils choisirent Pharamond son fils. C'est aussi alors qu'ils commencèrent à avoir des loix qui furent dressées par leurs chefs & les premiers de la nation, Salogan, Bodogan & Widogan, au-delà du Rhin à Salehaim, Bodehaim & Widehaim.* Cette *loi* fut dressée dans l'assemblée des états de chacune de ces provinces, c'est pourquoi elle n'est pas intitulée *lex* simplement, mais *pactum legis salicæ.*

L'ancienne préface du recueil, écrite, à ce qu'il paroît, sous Dagobert, ne reconnoît point non plus d'autre auteur de ces *loix* que ces mêmes seigneurs, & on ne peut raisonnablement aujourd'hui proposer une autre opinion, sans quelque autorité nouvelle.

Une note qui est à la fin du manuscrit de Wolfembutel, dit que le premier roi des François n'autorisa que 52 titres, *statuit, disposuit judicare*; qu'ensuite, de l'avis de ses seigneurs, *cum optimatis suis*, il ajouta les titres 63 & suivans, jusques & compris le 78ᵉ; que long-temps après, Childebrand (c'est Childebert) y en ajouta 5 autres, qu'il fit agréer facilement à Clotaire, son frère cadet, qui lui-même en ajouta 10 nouveaux, c'est-à-dire, jusqu'au 93, qu'il fit réciproquement approuver par son frère.

L'ancienne préface dit en général que ces *loix* furent successivement corrigées & publiées par Clovis, Thierry, Childebert & Clotaire, & enfin par Dagobert, dont l'édition paroît s'être maintenue jusqu'à Charlemagne.

Clovis, Childebert & Clotaire firent traduire cette *loi* en langue latine, & en même temps la firent réformer & amplifier. Il est dit aussi que Clovis étoit convenu avec les Francs de faire quelques additions à cette *loi.*

Elle ne paroît même qu'un composé d'articles faits successivement dans les parlemens généraux ou assemblées de la nation; car son texte le plus ancien porte presque à chaque article des noms barbares, qui sont sans doute les lieux de ces parlemens.

Childebert & Clotaire, fils de Clovis, firent un traité de paix, & dans ce traité, de nouvelles additions à la *loi salique*. Il y est dit que ces résolutions furent prises de concert avec les Francs; & l'on regarde cela comme un parlement.

Cette *loi* contient un grand nombre d'articles; mais le plus célèbre est celui qui se trouve au titre 62 *de alode*, où se trouve prononcée l'exclusion des femelles en faveur des mâles, dans la succession de la terre salique, *de terrâ verò salicâ nulla portio hereditatis mulieri veniat, sed ad virilem sexum tota terræ hereditas perveniat.*

Il s'agit ici en général de toute terre salique, dont les filles étoient exclues, à la différence des autres aleux non saliques auxquels elles succédoient.

M. Eccard prétend que le mot *salique* vient de

ſala, qui ſignifie *maiſon* : qu'ainſi la terre ſalique étoit un morceau de terre autour de la maiſon.

Ducange croit que la terre ſalique étoit toute terre qui avoit été donnée à un Franc lors du partage des conquêtes, pour la poſſéder librement, à la charge ſeulement du ſervice militaire ; & que comme les filles étoient incapables de ce ſervice, elles étoient auſſi exclues de la ſucceſſion de ces terres. Le même uſage avoit été ſuivi par les Ripuariens & par les Anglois de ce temps, & non pas par les Saxons, ni par les Bourguignons.

L'opinion qui paroît la mieux établie ſur le véritable ſens de ce mot *alode*, eſt qu'il ſignifioit *hæreditas aviatica*, c'eſt-à-dire, un propre ancien. Ainſi, les filles ne ſuccédoient point aux propres : elles n'étoient pourtant exclues des terres ſaliques que par des mâles du même degré.

Au reſte, dans les pays même où la *loi ſalique* étoit obſervée, il étoit permis d'y déroger & de rappeller les filles à la ſucceſſion des terres ſaliques, & cela étoit d'un uſage aſſez commun. C'eſt ce que l'on voit dans le livre 2 *des formules* de Marculphe. Le père amenoit ſa fille devant le comte ou le commiſſaire, & diſoit : « ma chère » fille, un uſage ancien & impie ôte parmi nous » toute portion paternelle aux filles ; mais ayant » conſidéré cette impiété, j'ai vu que, comme » vous m'avez été donnés tous de Dieu également, je dois vous aimer de même. Ainſi, ma » chère fille, je veux que vous héritiez par portion égale avec vos frères, dans toutes mes » terres, *&c* ».

La *loi ſalique* a toujours été regardée comme une des *loix* fondamentales du royaume, pour l'ordre de ſuccéder à la couronne, à laquelle l'héritier mâle le plus proche eſt appellé à l'excluſion des filles, en quelque degré qu'elles ſoient.

Cette coutume nous eſt venue de Germanie, où elle s'obſervoit déjà avant Clovis. Tacite dit que chez ces peuples, les mâles avoient ſeuls droit à la couronne ; il remarque comme une ſingularité que les Germains appellés *Sitones*, étoient les ſeuls chez leſquels les femmes euſſent droit au trône.

Cette *loi* fut obſervée en France ſous la première race, après le décès de Childebert, de Cherebert & de Gontran, dont les filles furent exclues de la couronne.

Mais la première occaſion où l'on conteſta l'application de la *loi ſalique*, fut en 1316, après la mort de Louis Hutin. Jeanne ſa fille, qui prétendoit à la couronne, en fut exclue par Philippe V ſon oncle.

Cette *loi* fut encore réclamée avec le même ſuccès en 1328, par Philippe de Valois, contre Edouard III, qui prétendoit à la couronne de France, comme étant fils d'Iſabelle de France, ſœur de Louis-Hutin, par Philippe-le-long & Charles IV, qui régnèrent ſucceſſivement & moururent ſans enfans mâles.

Enfin, le 28 juin 1593, Jean le Maiſtre, petit-fils de Gilles le Maiſtre, premier préſident, prononça le célèbre arrêt par lequel la cour déclara nuls tous traités faits & à faire pour transférer la couronne en maiſon étrangère, comme étant contraires à la *loi ſalique* & autres *loix* fondamentales de ce royaume, ce qui écarta toutes les prétentions de la ligue.

La *loi ſalique* écrite contient encore une choſe remarquable, ſavoir, que les Francs ſeroient juges les uns des autres avec le prince, & qu'ils décerneroient enſemble les *loix* de l'avenir, ſelon les occaſions qui ſe préſenteroient, ſoit qu'il fallût garder en entier ou réformer les anciennes coutumes qui venoient d'Allemagne.

Nous avons trois éditions différentes de la *loi ſalique*.

La première & la plus ancienne eſt celle qui a été tirée d'un manuſcrit de l'abbaye de Fulde, & publiée par Heroldus, ſur laquelle Wendelinus a fait un commentaire.

La ſeconde, eſt celle qui fut réformée & remiſe en vigueur par Charlemagne ; elle a été publiée par Pithou & Lindenbrog : on y a ajouté pluſieurs capitulaires de Charlemagne & de Louis-le-débonnaire. C'eſt celle qui ſe trouve dans le code des *loix* antiques.

La troiſième, eſt un manuſcrit qu'un Allemand, nommé *Eccard*, prétend avoir recouvré, beaucoup plus ample que les autres exemplaires, & qui contient la troiſième partie de cette *loi*, avec une chronologie de la même *loi*.

Au reſte, la *loi ſalique* eſt bien moins un code de *loix* civiles qu'une ordonnance criminelle. Elle deſcend dans les derniers détails ſur le meurtre, le viol, le larcin, tandis qu'elle ne ſtatue rien ſur les contrats, ni ſur l'état des perſonnes & les droits des mariages, à peine effleure-t-elle la matière des ſucceſſions ; mais, ce qui eſt de plus étrange, c'eſt qu'elle ne prononce la peine de mort contre aucun des crimes dont elle parle ; elle n'aſſujettit les coupables qu'à des compoſitions : les vengeances privées y ſont même expreſſément autoriſées ; car elle défend d'ôter les têtes de deſſus les pieux ſans le conſentement du juge ou ſans l'agrément de ceux qui les y avoient expoſées.

Cependant, ſous Childebert, on inſéra par addition, dans la *loi ſalique*, la peine de mort pour l'inceſte, le rapt, l'aſſaſſinat & le vol : on y défendit toute compoſition pour les crimes, & les juges devoient en connoître hors du parlement.

Cette *loi*, de même que les autres *loix* des Barbares, étoit perſonnelle & non territoriale, c'eſt-à-dire, qu'elle n'étoit que pour les Francs ; elle les ſuivoit dans tous les pays où ils étoient établis ; & hors les Francs, elle n'étoit *loi* que pour ceux qui l'adoptoient formellement par acte ou déclaration juridique.

On ſuivoit encore en France la *loi ſalique* pour

les Francs, du temps de Charlemagne; puisque ce prince prit soin de la réformer; mais il paroît que depuis ce temps, sans avoir jamais été abrogée, elle tomba dans l'oubli, si ce n'est la disposition que l'on applique à la succession à la couronne; car par rapport à toutes les autres dispositions qui ne concernoient que les particuliers, les capitulaires qui étoient des *loix* plus récentes, fixèrent davantage l'attention. On fut sans doute aussi bien aise de quitter la *loi salique*, à cause de la barbarie qu'elle marquoit de nos ancêtres, tant pour la langue que pour les mœurs: de sorte que présentement on ne cite plus cette *loi* qu'historiquement, ou lorsqu'il s'agit de l'ordre de succéder à la couronne.

Un grand nombre d'auteurs ont écrit sur la *loi salique*; on peut voir Wendelinus, du Tillet, Pithou, Lindenbrog, Chiffler, Boulainvilliers, en son *traité de la pairie*, &c. (*A*)

LOI DES SAXONS, *lex Saxonum*, étoit la loi des peuples de Germanie ainsi appellés; cette *loi* succéda au code théodosien, & devint insensiblement le droit commun de toute l'Allemagne. L'édition de cette *loi* se trouve dans le code des *loix* antiques; c'est le droit que Charlemagne permit à ces peuples de suivre après les avoir soumis. (*A*)

LOI SCANTINIA, que l'on attribue à C. Scantinius, tribun du peuple, fut publiée contre ceux qui se prostituoient publiquement, qui débauchoient les autres. La peine de ce crime étoit d'abord pécuniaire; les empereurs chrétiens prononcèrent ensuite la peine de mort. *Voyez* Zazius. (*A*)

LOI SEMPRONIA; il y a eu un grand nombre de *loix* de ce nom, faites par Sempronius Gracchus, savoir:

Loi Sempronia agraria. Voyez AGRAIRES.

Loi Sempronia de ætate militari, qui défendoit de forcer au service militaire ceux qui étoient au-dessous de 17 ans.

Loi Sempronia de coloniis, ordonna d'envoyer des colonies romaines dans toutes les parties du monde.

Loi Sempronia de fenore, que l'on croit de M. Sempronius, tribun du peuple, ordonna que les intérêts de l'argent prêté aux Latins & aux autres alliés du nom romain, se régleroient de même qu'à l'égard des Romains.

Loi Sempronia de libertate civium; elle défendit de décider du sort d'un citoyen romain sans le consentement du peuple.

Loi Sempronia de locatione agri Attalici & Asiæ, fut faite pour ordonner aux censeurs de louer chaque année les terres léguées au peuple romain par Attalus, roi de Pergame.

Loi Sempronia de suffragiis, régle que les centuries auroient un nombre de voix, à proportion du cens qu'elles payoient.

Loi Sempronia de provinciis, régla que le sénat déféreroit le gouvernement des provinces.

Loi Sempronia de veste militari, ordonna que l'habit des soldats leur seroit donné gratuitement.

Loi Sempronia frumentaria, ordonne que le bled seroit distribué au peuple pour un certain prix.

Loi Sempronia judiciaria, fut celle qui ôta au sénat le pouvoir de juger, & le transmit aux chevaliers. *Voyez* Plutarque *en la vie des Gracques.*

Sur toutes ces *loix* en général, *Voyez* Zazius & les auteurs qu'il cite. (*A*)

LOI SERVILIA; on en connoît trois de ce nom, savoir la

Loi Servilia agraria. Voyez AGRAIRES.

Loi Servilia judiciaria, faite par le consul Servilius Cæpio, rendit au sénat le droit de participer aux jugemens avec les chevaliers, dont il avoit été privé par la *loi Sempronia.*

Loi Servilia repetundarum, fut faite par C. Servilius Glaucia, pour régler le jugement de ceux qui avoient commis des concussions dans la guerre d'Asie. *Voyez* Zazius. (*A*)

LOI SIMPLE. *Voyez ci-devant* LOI APERTE.

LOIX SOMPTUAIRES, sont celles qui ont pour objet de réprimer le luxe, soit dans la table ou dans les habits, ameublemens, équipages, *&c.*

Les *loix somptuaires* de Zaleucus, ancien législateur des Locriens, sont fameuses. Elles ordonnoient qu'une femme ne seroit accompagnée dans les rues que par un domestique, à moins qu'elle ne fût ivre; qu'elle ne porteroit ni or ni broderie sur ses habits, à moins qu'elle ne se proposât d'être courtisanne publique; que les hommes ne porteroient ni franges ni galons, excepté lorsqu'ils iroient dans de mauvais lieux.

Lycurgue a fait aussi des *loix somptuaires* pour réprimer l'excès du vivre & des habits. Il ordonna le partage égal des terres, défendit l'usage de la monnoie d'or & d'argent.

Chez les Romains ce fut le tribun Orchius qui fit la première *loi somptuaire*; elle fut appellée de son nom *Orchia*, de même que les suivantes prirent le nom de leurs auteurs. Elle régloit le nombre des convives, mais elle ne fixa point la dépense. Elle défendit seulement de manger les portes ouvertes, afin que l'on ne fît point de superfluités par ostentation: il est parlé de cette *loi* dans Aulugelle, *lib. 2, cap. 24*; & dans Macrobe, *lib. 2, cap. 27.*

Cette *loi* défendoit aussi à toutes les femmes, sans distinction de condition, de porter des habits d'étoffes de différentes couleurs, & des ornemens qui excédassent le poids d'une demi-once. Elle leur défendoit pareillement d'aller en voiture, à moins que ce ne fût pour assister à une cérémonie publique, ou pour un voyage éloigné au moins d'une demi-lieue de la ville, ou du bourg de leur demeure.

Les dames romaines murmurèrent de cette *loi*, & vingt ans après l'affaire fut mise en délibération dans les comices ou assemblées générales. Les tribuns demandèrent que la liberté fût rétablie; Caton fut d'avis contraire, & parla fortement en faveur de la *loi*; mais l'avis des tribuns prévalut, & la *loi* fut révoquée.

Le luxe augmenta beaucoup, lorsque les Romains furent de retour de leurs expéditions en Asie ; ce qui engagea Jules-Cesar, lorsqu'il fut parvenu à l'empire, à donner un édit, par lequel il défendit l'usage des habits de pourpre & de perles, à l'exception des personnes d'une certaine qualité, auxquelles il permit d'en porter les jours de cérémonie seulement. Il défendit aussi de se faire porter en litière, dont la coutume avoit été apportée d'Asie.

Auguste voulut réprimer le luxe des habits; mais il trouva tant de résistance, qu'il se réduisit à défendre de paroître au barreau ou au cirque sans habit long.

Tibere défendit aux hommes l'usage des habits de soie.

Néron défendit à toutes personnes l'usage de la pourpre.

Alexandre Severe eut dessein de régler les habits selon les conditions; mais Ulpien & Paul, deux de ses conseillers, l'en détournèrent, lui observant que ces distinctions feroient beaucoup de mécontens; que ce seroit une semence de jalousie & de division; que les habits uniformes seroient un signal pour se connoître & s'assembler, ce qui étoit dangereux par rapport aux gens de certaines conditions, naturellement séditieux, tels que les esclaves. L'empereur se contenta donc d'établir quelque distinction entre les habits des sénateurs & ceux des chevaliers.

Le luxe croissant toujours malgré les précautions que l'on avoit prises pour le réprimer, les empereurs Valentinien & Valens défendirent en 367 à toutes personnes privées, hommes & femmes, de faire broder aucun vêtement; les princes furent seuls exceptés de cette *loi*. Mais l'usage de la pourpre devint si commun, que les empereurs, pour arrêter cet abus, se réservèrent à eux seuls le droit d'envoyer à la pêche du poisson qui servoit à teindre la pourpre: ils firent faire cet ouvrage dans leur palais, & prirent des précautions pour empêcher que l'on n'en vendît de contrebande.

L'usage des étoffes d'or fut totalement interdit aux hommes par les empereurs Gratien, Valentinien & Théodose, à l'exception de ceux qui auroient obtenu permission d'en porter. Il arriva de-là que chacun prit l'habit militaire; les sénateurs même affectoient de paroître en public dans cet habit. C'est pourquoi les mêmes empereurs ordonnèrent aux sénateurs, greffiers & huissiers, lorsqu'ils alloient en quelque endroit pour remplir leurs fonctions, de porter l'habit de leur état; & aux esclaves de ne porter d'autres habits que les chausses & la cape.

Les irruptions fréquentes que diverses nations firent dans l'empire sur la fin du quatrième siècle, & au commencement du cinquième, y ayant introduit plusieurs modes étrangères, cela donna lieu de faire trois *loix* différentes, dans les années 397, 399 & 416, qui défendirent de porter dans les villes voisines de Rome & à Constantinople, & dans la province voisine, des cheveux longs, des hauts-de-chausse & des bottines de cuir, à peine contre les personnes libres, de bannissement & de confiscation de tous biens, & pour les esclaves, d'être condamnés aux ouvrages publics.

L'empereur Théodose défendit en 424, à toutes personnes sans exception, de porter des habits de soie, & des étoffes teintes en pourpre, ou mêlées de pourpre, soit vraie ou contrefaite: il défendit d'en receler, sous peine d'être traité comme criminel de lèse-majesté.

Le même prince & Honorius défendirent, sous la même peine, de contrefaire la teinture de couleur de pourpre.

Enfin, la dernière *loi* romaine *somptuaire* qui est de l'empereur Léon en 460, défendit à toutes personnes d'enrichir de perles, d'émeraudes ou d'hyacinthes, leurs baudriers, le frein des brides, ou les selles de leurs chevaux. La *loi* permit seulement d'y employer toutes autres sortes de pierreries, excepté aux mords de brides; les hommes pouvoient avoir des agraffes d'or à leurs casaques, mais sans autres ornemens, le tout sous peine d'une amende de 50 livres d'or.

La même *loi* défendit à toutes personnes, autres que ceux qui étoient employés par le prince dans son palais, de faire aucuns ouvrages d'or ou de pierres précieuses, à l'exception des ornemens permis aux dames, & des anneaux que les hommes & les femmes avoient droit de porter. Ceux qui contrevenoient à cette partie de la *loi*, étoient condamnés en une amende de 100 livres d'or, & punis du dernier supplice.

En France, le luxe ne commença à paroître que sous Charlemagne, au retour de ses conquêtes d'Italie. L'exemple de la modestie qu'il donnoit à ses sujets n'étant pas assez fort pour les contenir, il fut obligé de faire une ordonnance en 808, qui défendit à toutes personnes de vendre ou acheter le meilleur sayon ou robe de dessous, plus cher que 20 sols pour le double, 10 sols le simple, & les autres à proportion, & le rochet qui étoit la robe de dessus, étant fourré de martre ou de loutre, 30 sols, & de peau de chat, 10 sols, le tout sous peine de 40 sols d'amende.

Il n'y eut point d'autres *loix somptuaires* en France jusqu'à Philippe-le-Bel, qui, en 1294, défendit aux bourgeois d'avoir des chars, & à tous bourgeois de porter aucune fourrure, or, ni pierres précieuses, & aux clercs de porter fourrure ailleurs qu'à leur chaperon, à moins qu'ils ne fussent constitués en dignité.

La quantité d'habits que chacun pouvoit avoir par an, est réglée par cette ordonnance; savoir, pour les ducs, comtes, barons, de 6000 livres de rente, & leurs femmes, quatre robes; les prélats, deux robes, & une à leurs compagnons, & deux chapes par an; les chevaliers de 3000 livres de rente, & les bannerets, trois paires de robes par an, y compris une robe pour l'été, & les autres personnes à proportion.

Il est défendu aux bourgeois, & même aux écuyers

& aux clercs, s'ils ne sont constitués en dignité, de brûler des torches de cire.

Le prix des étoffes est réglé selon les conditions; les plus chères pour les prélats & les barons, sont de 25 sols l'aune, & pour les autres états à proportion.

Sous le même règne s'introduisit l'usage des souliers à la poulaine, qui étoient une espèce de chaussure fort longue, & qui occasionnoit beaucoup de superfluités. L'église cria beaucoup contre cette mode; elle fut même défendue par deux conciles, l'un tenu à Paris en 1212, l'autre à Angers en 1365, & enfin abolie par des lettres de Charles V en 1368.

Les ouvrages d'orfévrerie au-dessus de trois marcs, furent défendus par Louis XII en 1506; cela fut néanmoins révoqué quatre ans après, sous prétexte que cela nuisoit au commerce.

Charles VIII, en 1485, défendit à tous ses sujets de porter aucuns draps d'or, d'argent ou de soie, soit en robes ou doublures, à peine de confiscation des habits, & d'amende arbitraire. Il permit cependant aux chevaliers ayant 2000 livres de rente, de se vêtir de toutes sortes d'étoffes de soie, & aux écuyers ayant pareil revenu, de se vêtir de damas ou satin figuré; il leur défendit, sous les mêmes peines, le velours & autres étoffes de cette qualité.

Le luxe ne laissant pas de faire toujours des progrès, François I par une déclaration de 1543, défendit à tous princes, seigneurs, gentilshommes, & autres sujets du roi, de quelque état qu'ils fussent, à l'exception des deux princes enfans de France, du dauphin & du duc d'Orléans, de se vêtir d'aucun drap, ou toile d'or ou d'argent, & de porter aucunes préfilures, broderies, passemens d'or ou d'argent, velours, ou autres étoffes de soie barrées d'or ou d'argent, soit en robes, saies, pourpoints, chausses, bordure d'habillement, ou autrement, en quelque sorte ou manière que ce soit, sinon sur les harnois, à peine de mille écus d'or d'amende, de confiscation, & d'être punis comme infracteurs des ordonnances. Il donna néanmoins trois mois à ceux qui avoient de ces habillemens, pour les porter ou pour s'en défaire.

Les mêmes défenses furent renouvellées par Henri II en 1547, & étendues aux femmes, à l'exception des princesses & dames, & demoiselles qui étoient à la suite de la reine, & de madame, sœur du roi.

Ce prince fut obligé de donner en 1549 une déclaration plus ample que la première; l'or & l'argent furent de nouveau défendus sur les habits, excepté les boutons d'orfévrerie.

Les habits de soie cramoisi ne furent permis qu'aux princes & princesses.

Le velours fut défendu aux femmes de justice & des autres habitans des villes, & aux gens d'église, à moins qu'ils ne fussent princes.

Il ne fut permis qu'aux gentilshommes de porter soie sur soie.

On régla aussi la dorure que l'on pourroit mettre sur les harnois.

Il fut dit que les pages ne seroient habillés que de drap, avec une bande de broderie en soie ou velours.

Les bourgeoises ne devoient point prendre le titre de damoiselles, à moins que leurs maris ne fussent gentilshommes.

Enfin il fut défendu à tous artisans, & gens de pareil état ou au-dessous, de porter des habillemens de soie.

Il y eut des explications données sur plusieurs articles de cette déclaration, sur lesquels il y avoit des doutes.

L'article 145 de l'ordonnance d'Orléans, qui paroît être une suite des remontrances que les députés de la noblesse & du tiers-état avoient faites sur le luxe, défendit à tous les habitans des villes d'avoir des dorures sur du plomb, du fer, ou du bois, & de se servir des parfums des pays étrangers, à peine d'amende arbitraire, & de confiscation des marchandises.

Cette disposition qui étoit fort abrégée, fut étendue à tous les autres cas du luxe par des lettres-patentes du 22 avril 1561, qui règlent les habillemens selon les conditions.

Cette ordonnance n'ayant point eu d'exécution, fut renouvellée par une déclaration du 17 janvier 1563, qui défendit encore de nouveaux abus qui s'étoient introduits, entre autres, de porter des vertugadins de plus d'une aune & demie de tour.

Cependant par une autre déclaration de 1565, le roi permit aux dames d'en porter à leur commodité, mais avec modestie.

Ceux qui n'avoient pas la liberté de porter de l'or & de l'argent, s'en dédommageoient en portant des étoffes de soie figurée, qui coûtoient aussi cher que les étoffes mêlées d'or ou d'argent, desorte qu'on fut obligé de défendre cette contravention.

Henri III ordonna en 1576, que les *loix somptuaires* de ses prédécesseurs seroient exécutées: il en fit lui-même de nouvelles en 1577 & 1583.

Il y en eut de semblables sous Henri IV en 1599, 1601 & 1606.

Louis XIII en fit aussi plusieurs en 1613, 1633, 1634, 1636 & 1640.

Louis XIV prit aussi grand soin de réformer le luxe des meubles, habits & des équipages, comme il paroît par ses ordonnances, édits & déclarations de 1644, 1656, 1660, 1661, 1663, 1664, 1667, 1672, 1687, 1689, 1700, 1704.

La multiplicité de ces *loix* fait voir combien on a eu de peine à les faire observer.

Quant aux *loix* faites pour réprimer le luxe de la table, il y en eut chez les Lacédémoniens, & chez les Athéniens. Les premiers étoient obligés de manger ensemble tous les jours à frais communs; les tables étoient pour quinze personnes; les autres mangeoient aussi ensemble tour-à-tour dans le prytanée, mais aux dépens du public.

Chez les Romains, après la seconde guerre punique, les tables étant devenues trop nombreuses, le tribun Orchius régla que le nombre des conviés ne seroit pas de plus de neuf.

Quelque temps après le sénat défendit à tous magistrats & principaux citoyens de dépenser plus de 120 sols pour chaque repas, qui se donneroit après les jeux mégalésiens, & d'y servir d'autre vin que celui du pays.

Le consul Fannius fit étendre cette *loi* à tous les festins, & la *loi* fut appellée de son nom *Fannia*. Il fut défendu de s'assembler plus de trois, outre les personnes de la famille, les jours ordinaires, & plus de cinq les jours des nones ou des foires. La dépense fut fixée à cent sols par repas, les jours de jeux & fêtes publiques; 30 sols, les jours des nones ou des foires, & 10 sols les autres jours. Il fut défendu de servir des volailles engraissées, parce que cette préparation coûtoit beaucoup.

La *loi Didia*, en renouvellant les défenses précédentes, ajouta que non-seulement ceux qui inviteroient, mais encore ceux qui se trouveroient à un repas contraire aux *loix*, seroient punis comme prévaricateurs.

La dépense des repas fut encore réglée selon les jours & les occasions, par la *loi Licinia*. Mais comme elle permettoit de servir à discrétion tout ce que la terre produisoit, on inventa des ragoûts de légumes si délicats, que Cicéron dit les avoir préférés aux huitres & aux lamproies qu'il aimoit beaucoup.

La *loi Cornelia* renouvella toutes les précédentes, & régla le prix des vivres.

Jules César fit aussi une *loi somptuaire;* mais tout ce que l'on en sait, est qu'il établit des gardes dans les marchés, pour enlever ce qui y étoit exposé en contravention, & des huissiers qui avoient ordre de saisir jusque sur les tables, ce qui étoit échappé à ces gardes.

Auguste mitigea les *loix somptuaires*, dans l'espérance qu'elles seroient mieux observées. Il permit de s'assembler jusqu'à douze; d'employer aux repas des jours ordinaires 200 sols; à ceux des calendes, ides, nones, & autres fêtes 300; & aux jours des noces & du lendemain, jusqu'à 1000 sesterces.

Tibere permit de dépenser depuis 300 sesterces jusqu'à 2000, selon les différentes solemnités.

Le luxe des tables augmenta encore sous Caligula, Claude & Néron. Les *loix somptuaires* étoient si mal observées, que l'on cessa d'en faire.

En France, les capitulaires de la deuxième race & les ordonnances de S. Louis défendent l'ébriété, ce qui concernoit plutôt l'intempérance que le luxe.

Philippe-le-Bel, par un édit de l'an 1294, défendit de donner dans un grand repas plus de deux mets & un potage au lard; & dans un repas ordinaire, un mets & un entremets. Il permit les jours de jeûne seulement de servir deux potages aux harengs, & deux mets, ou un seul potage & trois mets. Il défendit de servir dans un plat plus d'une pièce de viande, ou d'une seule sorte de poisson; enfin il déclara que toute grosse viande seroit comptée pour un mets, & que le fromage ne passeroit pas pour un mets, s'il n'étoit en pâte ou cuit dans l'eau.

François I fit un édit contre l'ivrognerie; du reste il ne régla rien pour la table.

Mais, par un édit du 20 janvier 1563, Charles IX mit un taux aux vivres, & régla les repas. Il porte qu'en quelques noces, festins ou tables particulières que ce soit, il n'y aura que trois services; savoir, les entrées, la viande ou le poisson, & le dessert; qu'en toute sorte d'entrées, soit en potage, fricassée ou pâtisserie, il n'y aura au plus que six plats, & autant pour la viande ou le poisson, & dans chaque plat une seule sorte de viande; que ces viandes ne seront point mises doubles, comme deux chapons, deux lapins, deux perdrix pour un plat; que l'on pourra servir jusqu'à trois poulets ou pigeonneaux; les grives, becassines, & autres oiseaux semblables, jusqu'à quatre, & les alouettes & autres espèces semblables, jusqu'à une douzaine; qu'au dessert, soit fruits, pâtisserie, fromage ou autre chose, il ne pourra non plus être servi que six plats, le tout sous peine de 200 livres d'amende pour la première fois, & 400 livres pour la seconde.

Il ordonne que ceux qui se trouveront à un festin où l'on contreviendra à cette *loi*, le dénonceront dans le jour, à peine de 40 livres d'amende; & si ce sont des officiers de justice qui se trouvent à de pareils festins, qu'ils aient à se retirer aussi-tôt, & procéder contre les contrevenans.

Que les cuisiniers qui auroient servi à ces repas, seront condamnés pour la première fois en 10 liv. d'amende, à tenir prison 15 jours au pain & à l'eau; pour la seconde fois, au double de l'amende & du temps de la prison, & pour la troisième, au quadruple, au fouet & au bannissement du lieu.

Enfin il défend de servir chair & poisson en un même repas.

La disette qui se fit sentir en 1573, donna lieu à une déclaration du 20 octobre, par laquelle le roi mande aux gens tenans la police générale de Paris, que pour faire cesser les grandes & excessives dépenses qui se faisoient en habits & en festins, ils fissent de nouveau publier & garder inviolablement toutes ses ordonnances *somptuaires;* & afin que l'on pût être averti des contraventions qui se commettroient à cet égard, que les commissaires de Paris pourroient aller & assister aux banquets qui se feroient. Une autre déclaration du 18 novembre suivant, enjoignit aux commissaires du châtelet & juges des lieux, chacun en droit soi, de faire les perquisitions nécessaires pour la découverte des contraventions.

La ville de Paris étant bloquée en 1591, les magistrats, dans une assemblée générale de police, rendirent une ordonnance portant défense de faire aucuns festins ou banquets en salles publiques, soit pour noces ou autrement, jusqu'à ce que par justice il en eût été autrement ordonné; & à l'égard des maisons

maisons particulières, il fut défendu d'y traiter plus de douze personnes.

La dernière *loi* touchant les repas, est l'ordonnance de 1629, dont quelques articles concernent la réformation du luxe des tables. Il y est dit qu'il n'y aura que trois services d'un simple rang chacun, & de six pièces au plus dans chaque plat. Tous les repas de réception sont abolis; enfin il est défendu aux traiteurs de prendre plus d'un écu par tête, pour les noces & festins.

Il seroit à souhaiter que toutes ces *loix somptuaires* fussent observées pour réprimer le luxe, tant des tables, que celui des meubles, habits & équipages. *Voyez le traité de la police de la Marre, tome I, liv. 3, tit. 2.* (*A*)

LOIX SULPITIENNES, *leges Sulpitiæ*, furent l'ouvrage de P. Sulpitius, homme qui fut d'abord cher à tous les gens de bien, & célèbre par son éloquence; mais étant devenu tribun du peuple, l'ambition & l'esprit de parti l'aveuglèrent tellement, qu'il perdit l'estime des grands, & que son éloquence même lui devint pernicieuse par le mauvais usage qu'il en fit. Lorsque Sylla voulut de la place d'édile s'élever à celle de consul sans passer par la préture, ce qui étoit défendu par les *loix* annales, Sulpitius s'y opposa comme les autres tribuns du peuple; il le fit d'abord avec modération, mais bientôt il en vint aux armes; il fit quelques *loix*, une entre autres contre le sénat, portant qu'un sénateur ne pouvoit emprunter plus de 2000 drachmes; une autre pour rappeller les exilés, une portant que les affranchis & nouveaux citoyens seroient distribués dans les tribus; la dernière *loi* fut pour destituer Sylla du commandement que le sénat lui avoit décerné pour la guerre contre Mithridate: cette *loi* fut une des causes de la guerre civile qui s'éleva, Sylla disant publiquement qu'il n'étoit pas tenu de se soumettre aux *loix* de Sulpitius, qui n'avoient été établies que par force; & s'étant mis à la tête de l'armée, il prit Capoue, chassa Marius son compétiteur, tua Sulpitius, & révoqua tous ses décrets. *Voyez* Cicéron, *Philip. 8, & de resp. arusp.* Appien, *lib. I;* Florus, *&c.*

LOIX TABELLAIRES étoient celles qui autorisèrent à donner les suffrages sur des tablettes enduites de cire, dans lesquelles on marquoit un point pour exprimer son avis.

Le peuple romain donnoit d'abord son avis de vive voix, soit pour le choix des magistrats, soit pour le jugement des coupables, soit pour la réformation ou abrogation des *loix*.

Mais comme cette manière d'opiner exposoit le peuple au ressentiment des grands, cela fit que l'on donna au peuple une table ou tablette pour marquer les suffrages comme on vient de le dire.

Il y eut quatre différentes *loix* surnommées *tabellaires*, parce qu'elles établirent ou confirmèrent cette manière d'opiner.

La première fut la *loi Gabinia*, promulguée sous le consulat de Calphurnius Pison & de Popilius Lænas; par Gabinius, homme de néant & peu connu, elle portoit que dans les comices où les magistrats seroient élus, le peuple n'opineroit point de vive voix, mais donneroit son suffrage sur une tablette; & afin qu'il y eût plus de liberté, il fut défendu de regarder cette tablette, ni de prier ou appeller quelqu'un pour donner son suffrage.

Deux ans après vint une seconde *loi tabellaire*, appellée *Cassia*, de L. Cassius qui la proposa: celui-ci étoit de famille patricienne; il fit ordonner que, dans le jugement des accusés, on opineroit de même que pour l'élection des magistrats: cette *loi* passa contre l'avis de tous les gens de bien, pour prévenir jusqu'au moindre bruit que le peuple faisoit courir.

La troisième *loi tabellaire* fut la *loi Papiria*, que proposa Carbon, homme séditieux & méchant, pour étendre l'usage des tablettes aux délibérations qui concernoient la démission ou réprobation des *loix*.

Cassius ayant excepté de sa *loi* le crime de trahison contre l'état, cela donna lieu à Cælius de faire une quatrième *loi tabellaire*, appellée de son nom *Cælia*, par laquelle l'usage des tablettes fut aussi admis dans cette matière, au moyen de quoi tout suffrage de vive voix fut aboli.

Dans la suite, le droit de suffrage & de créer des magistrats ayant été ôté au peuple, soit par Jules-César, ou selon d'autres, par Tibere, & transféré au sénat, celui-ci qui usoit comme auparavant des suffrages vocaux, changea de manière du temps de Trajan, & se servit aussi des tablettes pour l'élection des magistrats; avec cette différence néanmoins que dans ces tablettes les sénateurs ne marquoient pas des points, mais les noms même des candidats. Cette méthode ne dura pas non plus long-temps dans le sénat, à cause de l'impudence & de la pétulance de quelques-uns. *Voyez* Pline, *lib. 4 epist. & 5, ad Maximum; voyez* aussi Zazius.

LOI DES DOUZE TABLES, est celle qui fut faite pour les Romains par les décemvirs.

Les *loix* faites par les rois de Rome & par les premiers consuls, n'ayant pas pourvu à tout & n'étant pas suffisantes pour en composer un corps de *loix*, on envoya trois députés à Athènes & dans d'autres villes grecques, pour y recueillir ce qu'il y avoit de meilleur dans les *loix* de Solon & de plusieurs autres législateurs. On nomma dix personnes qu'on appella *les décemvirs*, pour en composer un corps de *loix*; ils y joignirent plusieurs dispositions tirées des usages non écrits des Romains.

A peine la première année du décemvirat étoit finie, que chacun des décemvirs présenta au peuple la portion des *loix* dont la rédaction lui avoit été confiée. Le peuple reçut ces *loix* avec applaudissement; on les fit d'abord graver sur des tables de chêne, & non pas d'ivoire, comme quelques-uns ont cru. Chacun eut la liberté de proposer ses réflexions; & cette critique ayant produit plusieurs changemens & augmentations, le sénat s'assembla pour examiner de nouveau ces *loix*; & après que tous les ordres furent demeurés d'accord de les accepter, le sénat les approuva par un arrêt; & pour les faire recevoir dans les comices assemblés par centuries, en ordonna des comices pendant trois jours de marché : & enfin les dix tables ayant été reçues solemnellement par le peuple, on les grava sur des colonnes d'airain, arrangées par ordre dans la place publique, & elles servirent de fondement à toutes les décisions.

Depuis que ces dix tables furent ainsi exposées en public, on trouva qu'il y manquoit beaucoup de choses nécessaires à la religion & à la société; on résolut d'y suppléer par deux autres tables, & les décemvirs prirent de-là occasion de prolonger encore leur administration pendant une troisième année; les onzième & douzième tables furent donc présentées au peuple, aux ides de mai de l'année suivante; on les grava pareillement sur des tables d'airain que l'on mit à côté des premières; & Diodore de Sicile dit que chaque table fut attachée à un des éperons de navire, dont le frontispice du sénat étoit orné.

Ces premières tables furent consumées peu de temps après dans l'incendie de Rome par les Gaulois, mais elles furent rétablies, tant sur les fragmens qui en restoient, que sur les copies qui en avoient été tirées; & pour en mieux conserver la teneur, on les fit apprendre par cœur aux enfans. Rittershusius, dans *ses Commentaires* sur cette *loi*, prétend que les douze tables périrent encore lors de l'irruption des Goths. Ce qu'il y a de certain, c'est qu'elles subsistoient encore peu de temps avant Justinien, puisqu'on lit dans le digeste que Caïus les avoit toutes commentées, & en avoit rapporté tous les textes, dont la plus grande partie se trouve aujourd'hui perdue; & il y a apparence que ce fut du temps de Justinien que les exemplaires de cette *loi* furent détruits, de même que les livres des jurisconsultes dont il composa le digeste.

Plusieurs auteurs ont travaillé à rassembler dans les écrivains de l'ancienne Rome les fragmens de la *loi des douze tables*, dont il nous reste encore cent cinq *loix*; les unes, dont le texte s'est conservé en partie; les autres, dont on ne sait que la substance.

Suivant les différentes inductions que l'on a tirées des auteurs qui ont parlé de cette *loi*, on tient que la première table traitoit des procédures civiles; la seconde, des jugemens & des vols; la troisième, des dettes; la quatrième, de la puissance paternelle; la cinquième, des successions & des tutèles; la sixième, de la possession des biens & du divorce; la septième, des crimes; la huitième, des métiers, des biens de ville & de campagne, & des servitudes; la neuvième, du droit public; la dixième, des cérémonies funèbres; les onzième & douzième, servant de supplément aux dix autres, traitoient de diverses matières.

Pour donner une idée de l'esprit de cette *loi*, nous remarquerons que quand le débiteur refusoit de payer ou de donner caution, le créancier pouvoit l'emmener chez lui, le lier par le col, lui mettre les fers aux pieds, pourvu que la chaîne ne pesât que 15 livres : & quand le débiteur étoit insolvable à plusieurs créanciers, ils pouvoient l'exposer pendant trois jours de marché, & après le troisième jour, mettre son corps en pièces, & le partager en plus ou moins de parties, ou bien le vendre à des étrangers.

Un père auquel il naissoit un enfant difforme, devoit le tuer aussi-tôt. Il avoit en général le droit de vie & de mort sur ses enfans, & pouvoit les vendre quand il vouloit : quand le fils avoit été vendu trois fois, il cessoit d'être sous la puissance paternelle.

Il y est dit que quand une femme libre avoit demeuré pendant un an entier dans la maison d'un homme, sans s'être absentée pendant trois nuits, elle étoit réputée son épouse, par l'usage & la cohabitation seulement.

La *loi* prononce des peines contre ceux que l'on disoit jetter des sorts sur les moissons, ou qui se servoient de paroles magiques pour nuire à quelqu'un.

Le latin de la *loi des douze tables* est aussi barbare que le sont la plupart de ses dispositions.

Au surplus, on y découvre l'origine de plusieurs usages qui ont passé de cette *loi* dans les livres de Justinien, & qui sont observés parmi nous, en quoi les fragmens de cette *loi* ne laissent pas d'être curieux & utiles. *Voyez* le *Commentaire* de Rittershusius, les trois *Dissertations* de M. Bonamy, & le *Commentaire* de M. Terrasson *inséré dans son Hist. de la Jurisprud. rom.*

Loi du Talion est celle qui veut que l'on inflige au coupable une peine toute semblable au mal qu'il a fait à un autre; c'est ce que l'on appelle aussi *la peine du talion.*

Cette *loi* est une des plus anciennes, puisqu'elle tire son origine des *loix* des Hébreux. Il est dit en la Genèse, *chap. 9, v. 6* : « qui aura répandu » le sang de l'homme, son sang sera répandu »; & dans l'Exode, *chap. 21*, en parlant de celui qui a maltraité un autre, il est dit qu'il « rendra vie » pour vie, œil pour œil, dent pour dent, main » pour main, pied pour pied, brûlure pour brû» lure, plaie pour plaie, meurtrissure pour meur» trissure »; & dans le Lévitique, *chap. 24*, il est dit pareillement « que celui qui aura frappé & occis » un homme, mourra de mort; que celui qui aura » occis la bête, rendra le pareil », c'est-à-dire, bête pour bête; que quand quelqu'un aura fait outrage à un de ses parens, il lui sera fait de même, fracture pour fracture, œil pour œil, dent pour dent, *&c.*

Il paroît que les Grecs adoptèrent cette *loi*; car, selon les *loix* de Solon, la *peine du talion* avoit lieu contre celui qui avoit arraché le second œil à un homme qui étoit déja privé de l'usage du premier, & le coupable étoit condamné à perdre les deux yeux.

Entre les *loix* que les Romains empruntèrent des Grecs, & dont ils formèrent une espèce de code, que l'on appella *la loi des douze tables*, fut comprise la *loi du talion*; il étoit dit que tout homme qui auroit rendu un autre impotent d'un membre, seroit puni par la *loi du talion*, s'il ne faisoit pas un accommodement avec sa partie.

La *loi du talion* fut encore en usage long-tems après les douze tables; car Caton, cité par Priscien, *liv. 6*, parloit encore de son temps de la *loi du talion*, comme d'une *loi* qui étoit actuellement en vigueur, & qui donnoit même au plus proche parent du blessé le droit de poursuivre la vengeance: *talione proximus cognatus ulciscitur*.

La *loi* des douze tables n'étendoit pas ainsi le droit de vengeance jusqu'au parent du lésé; ce qui a fait croire à quelques-uns que Caton avoit parlé de la *loi du talion* relativement à quelque autre peuple.

Il n'y a même pas d'apparence que la *loi du talion* ait guère eu lieu chez les Romains, le coupable ayant le choix de racheter la peine en argent; elle n'auroit pu avoir lieu qu'à l'égard des misérables qui n'avoient pas le moyen de se racheter, encore n'en trouve-t-on pas d'exemple; & il y a lieu de penser que, dans les temps polis de Rome, on n'a jamais mis en usage cette *loi*.

Il est du moins certain que long-temps avant Justinien, la *loi du talion* étoit abolie, puisque le droit du préteur, appellé *jus honorarium*, avoit établi que les personnes lésées feroient procéder à l'estimation du mal pardevant le juge; c'est ce que nous apprend Justinien dans ses institutes, *liv. 4*, *tit. 4*, où il dit que, suivant la *loi* des douze tables, la peine pour un membre rompu étoit *le talion*, que pour un os cassé il y avoit une peine pécuniaire; cela fait voir que *le talion* n'avoit pas lieu dans tous les cas. Justinien ajoute que la peine des injures introduite par la *loi* des douze tables, est tombée en désuétude, qu'on pratique dans les jugemens celles que les préteurs ont introduites.

Jesus-Christ, dans saint Matthieu, *chap. 5*, condamne la *loi du talion*: « vous avez entendu, dit-il, » que l'on vous a dit, œil pour œil, dent pour » dent; mais moi je vous dis de ne point vous dé» fendre du mal qu'on veut vous faire, & si quel» qu'un vous frappe sur la joue droite, tendez-lui » la gauche ». Cette *loi* qui enseigne le pardon des injures est une doctrine bien plus pure que celle du *talion*.

Les meilleurs jurisconsultes ont même regardé la *loi du talion* comme une *loi* barbare, contraire au droit naturel. Grotius, *de jure belli & pacis*, *l. 3*, *c. 2*, dit qu'elle ne doit avoir lieu ni entre particuliers, ni d'un peuple à un autre: il tire sa décision de ces belles paroles d'Aristide: « ne seroit-il pas » absurde de justifier & d'imiter ce que l'on con» damne en autrui comme une mauvaise action »?

Il faut cependant convenir que le droit de représailles, dont on use en temps de guerre envers les ennemis, approche beaucoup de la *loi du talion*. *Voyez* le jurisconsulte Paul, *lib. sentent. 5*, *tit. 4*, Aulu-Gell. *liv. 2*, *cap. 1*, *institut. de injur.* §. 7. *Jurisprud. rom.* de Terrasson, *part. 2*, §. 9.

LOI TARPEIA. *Voyez ci-devant* LOI ATERINA.

LOI TERENTIA & CASSIA, fut une des *loix* frumentaires; elle fut faite sous le consulat de M. Terentius & de Cassius Varus; elle ordonna que l'on acheteroit du bled pour le distribuer au peuple dans les temps de disette, ce qui devint très-préjudiciable à la république. Le bled de Sicile devoit être distribué également à toutes les villes; mais Verrès, gouverneur de cette province, fut plus occupé de son intérêt particulier que de celui du public, comme Cicéron le lui reproche.

LOI TERENTILLA, fut faite par Terentius Arsa, tribun du peuple, à l'occasion des mécontentemens du peuple romain qui se plaignoit de ce qu'il n'y avoit aucun droit certain, & que le sénat jugeoit tout arbitrairement; elle ordonnoit que le peuple, après avoir assemblé légitimement des comices, choisiroit dix hommes d'un âge mûr, d'une sagesse consommée, & d'une réputation saine pour composer un corps de *loix*, tant pour l'administration publique que pour la décision des affaires particulières, & que ces *loix* seroient affichées dans la place publique, afin que chacun pût en dire son avis. Cette *loi* excita de nouvelles divisions entre le sénat & le peuple; enfin après cinq années de contestations au sujet de l'acceptation de la *loi Terentilla*, les Plébéïens l'emportèrent; & ce qu'il y a de singulier, c'est que ce fut Romilius, homme consulaire, qui poursuivit l'exécution de la *loi Terentilla*. On envoya donc trois députés en Grèce pour y rassembler les meilleures *loix*, dont les décemvirs formèrent ensuite la *loi* des douze tables. *Voyez le catalogue* de Zazius, & *ci-devant au mot* LOI DES DOUZE TABLES. (*A*)

LOIX TESTAMENTAIRES, on appelle ainsi les *loix* romaines qui concernent la matière & la forme des testamens.

LOIX THÉATRALES, chez les Romains étoient celles qui régloient les places que chacun devoit occuper au théatre & dans les jeux publics, selon son rang & sa condition.

La première *loi* qui régla ainsi les places ne fut faite par Valere que 656 ans après la fondation de Rome; jusques-là personne ne s'étoit avisé de prendre place devant les sénateurs. Cependant, au rapport de Tite-Live, le peuple s'offensa de cette *loi*; & lorsque Roscius eut fait faire la *loi* qui donna rang à part aux chevaliers dans le théatre, ce qui arriva sous le consulat de Cicéron, cela occasionna au théatre une grande sédition que Cicéron appaisa promptement par son éloquence, dont Plutarque le loue grandement. Auguste fit aussi quelques années après une *loi théatrale* surnommée de son nom *Julia*. *Voyez* Tite-Live, *liv. 3*; Loiseau, *des ordres*, *c. j. n. 29*.

LOI THORIA AGRARIA, fut faite par le tribun

Sp. Thorius, qui déchargea les terres du fisc de toute redevance, au moyen de quoi le peuple fut privé de ce revenu qu'on lui distribuoit auparavant.

Loi Titia, il y en a eu plusieurs de ce nom; savoir, la

Loi Titia agraria, qui fut une des *loix* agraires, faite par Sextus Titius. *Voyez* Valere Maxime.

Loi Titia de donis & muneribus, défendoit de rien recevoir pour plaider une cause. *Voyez* Tacite, *liv. 6.* Quelques-uns croient que c'est la même que la *loi Cincia;* cependant Ausone en fait mention. *Voyez* Zazius.

Loi Titia & Cornelia, défendit de jouer de l'argent à moins que ce ne fût pour prix de quelque exercice dont l'adresse, le courage ou la vertu fissent l'objet; il en est parlé par le jurisconsulte Martien, *ff. de aleat.*

Loi Titia de provinciis quæstoriis, régla le pouvoir des questeurs dans les provinces où ils étoient envoyés.

Loi Titia de vocatione consulatus, fut faite par P. Titius, tribun du peuple du temps des triumvirs, pour ordonner que le consulat finiroit au bout de cinq ans. *Voyez* Appien, *liv. 4. Sur toutes ces* loix, *voyez* Zazius. (*A*)

Loi Tribunitia prima, étoit celle par laquelle le sénat de Rome consentit, en faveur du peuple, à la création de cinq tribuns, dont la personne seroit sacrée; c'est pourquoi cette *loi* fut nommée *sacrata;* il étoit défendu de rien attenter sur leur personne. Elle fut surnommée *prima*, parce qu'il y eut dans la suite d'autres *loix* faites en faveur des tribuns, entre autres celle qui défendoit de les interrompre lorsqu'ils haranguoient le peuple. La *loi Tribunitia* défendoit aussi de consacrer une maison ou un autel sans la permission du peuple. *Voyez* Fulvius Ursinus dans *ses notes sur le livre d'*Antoine Augustin, & *la Jurisprud. rom.* de M. Terrasson, *pag. 75.*

Loix tribunitiennes, c'étoient les plébiscites qui étoient proposés par les tribuns & faits de l'autorité du peuple.

Loi Tullia, de ambitu, fut faite sous le consulat de M. Tullius Cicéron; c'étoit un sénatus-consulte, portant que celui qui aspireroit à la magistrature ne pourroit, dans les deux années qui précéderoient son élévation, donner au peuple des jeux ni des repas, ni se faire précéder ou accompagner des gens gagés, sous peine d'exil. *Voyez* Cicéron, *pro Murena.*

Loi Valeria; on en connoît plusieurs de ce nom; savoir, la

Loi Valeria, faite par M. Valerius, consul, collègue d'Apuleius; elle défendoit de condamner à mort un citoyen romain, même de le faire battre de verges.

Loi Valeria de provocatione, étoit de P. Valerius, surnommé *Publicola*, lequel pendant son consulat fit plusieurs réglemens utiles à la république & favorables à la liberté du peuple; une de ces *loix* entre autres fut que l'on pouvoit appeller de tous les magistrats au peuple.

Le même Valerius fit encore d'autres *loix*, portant que personne n'auroit de commandement à Rome, à moins qu'il ne lui eût été déféré par le peuple; que l'on consacreroit aux dieux la personne & les biens de celui qui auroit conspiré contre l'état: il déchargea aussi le menu peuple des impôts, pensant que de tels gens sont assez chargés de leur famille qu'ils ont à élever.

Loi Valeria de ære alieno, étoit de Valerius Flaccus, lequel succéda, pour le consulat, à Marius; elle autorisoit les débiteurs à ne payer que le quart de ce qu'ils devoient. Ce Valerius fit une fin digne de son injustice; car il fut tué dans une sédition excitée par les troupes d'Asie où il commandoit. *Voyez* Zazius.

Loi Valeria, de proscriptione, étoit de L. Valerius Flaccus; il ordonna que Sylla seroit créé dictateur, & qu'il auroit droit de vie & de mort sur tous les citoyens. *Voyez aussi* Zazius. (*A*)

Loi Varia, ainsi nommée de Qu. Varius tribun du peuple, ordonna d'informer contre ceux par le fait ou conseil desquels les alliés auroient pris les armes contre les Romains. *Voyez* Zazius.

Loi Vatinia, fut faite par Vatinius pour déférer à César le gouvernement des Gaules & de l'Illyrie, avec le commandement de dix légions pendant cinq ans. *Voyez* l'*Oraison* de Cicéron *contre Vatinius.*

Loi viaire, *lex viaria*, faite par Curion, tribun du peuple, par laquelle il se fit attribuer l'inspection & la police des chemins. Appian, *liv. 2.*

Loi viscellia *ou* visellia, défendit aux affranchis d'aspirer aux charges qui étoient destinées aux ingénus ou personnes de condition libre; mais cette *loi* fut abrogée lorsqu'on supprima la distinction des affranchis & des ingénus. *Voyez* Bugnion, *des loix abrogées*, *liv. II*, *n. 190.*

Loi Voconia, faite par le tribun Voconius, contenoit plusieurs dispositions dont l'objet étoit de limiter la faculté de léguer par testament.

L'une défendoit à un homme riche de cent mille sesterces, de laisser à des étrangers plus qu'il ne laissoit à son héritier. Un autre chapitre de cette *loi* excluoit toutes les femmes & filles de pouvoir être instituées héritières, & d'autres disent que les sœurs étoient exceptées; d'autres encore prétendent qu'il n'y avoit que la femme & la fille unique du testateur qui étoient comprises dans la prohibition; d'autres enfin soutiennent que la *loi* défendoit seulement de léguer à sa femme plus du quart de son bien.

L'exclusion des filles fut dans la suite révoquée par Justinien, mais elle continua d'avoir lieu pour les successions qui ne venoient pas de la famille.

Le jurisconsulte Paulus fait mention que cette *loi* défendoit aussi d'acquérir par usucapion des servitudes. *Voyez la Dissertation* de Perizonius *sur la loi Voconia.* (*A*)

Loi du vicomte, c'est le droit & l'usance du

vicomté; il en est parlé dans la coutume de Boulenois, *art. 180*, & dans celle de Monstreuil, *art. 1*.

LOI VILLAINE, *lex villana*, c'est le nom qu'on donnoit autrefois aux *loix* des villageois, ou plutôt aux *loix* qui concernoient les gens de la campagne.

LOI VOLERONIA, fut faite par P. Volero, tribun du peuple; elle portoit que les magistrats plébéïens seroient nommés dans les comices assemblés par tribus, dans lesquelles assemblées on ne s'arrêtoit point aux auspices, & l'autorité du sénat n'étoit point nécessaire; cela arriva sous le consulat de T. Quintius & d'Appius Claudius. *Voyez le catalogue* de Zazius.

LOIGNER, LOIGNIER *ou* LOINGNIER, ces trois mots qui n'en font qu'un seul écrit de diverses manières, ont eu deux significations différentes.

1°. Ils ont désigné une provision de bois, *lignum*, & l'obligation de la voiturer.

2°. Ils ont été employés au lieu des mots *éloigner*, *séparer*, *bannir*, *&c.* C'est dans cette dernière acception, que l'on a dit *loignier d'un fief*, pour *sous-inféoder*, parce que la sous-inféodation, ainsi que l'accensement, éloignent d'un degré la mouvance du seigneur dominant.

Dom Carpentier cite une chartre de l'évêché de Langres, qui contient cette prohibition, dès l'an 1281. *Voyez* le *glossarium novum* de cet auteur, aux mots *Laignerium* & *Longinquare*, & l'article MOUVANCE. (*M. GARRAN DE COULON, avocat au parlement.*)

LOMBARDS, s. m. (*Arts & Métiers.*) on donne en France ce nom aux particuliers nés dans certains cantons de l'Italie. Des lettres-patentes des 18 janvier 1635, 11 janvier 1645, & 18 juin 1716, leur accordent le privilège de vendre & colporter dans toutes les villes du royaume, même à Paris, du crystal taillé, de la clincaillerie, & d'autres menues marchandises mêlées, mais sans pouvoir étaler en boutique. Les merciers & les orfèvres ont plusieurs fois attaqué le privilège des *Lombards*, mais leurs tentatives ont toujours été inutiles: ils y ont été confirmés par plusieurs arrêts du parlement de Paris, & par deux du conseil, des 27 septembre 1696, & 17 février 1756, rendus contre les merciers de Bayeux, & contre les orfèvres du Havre-de-Grace.

LONDE, en latin barbare *londa*. Un jugement à l'échiquier de la S. Michel 1212, porte: *judicatum est quod decima terræ quæ est infra metas londæ..... donetur ecclesiæ cujus londa illa dignoscitur pertinere.*

Brussel, qui rapporte ce jugement dans son usage général des fiefs, traduit le mot *londa* par celui de *londe;* mais il n'explique point ce que c'est qu'une *londe*. Les additionnaires de Ducange soupçonnent qu'on doit lire *landa* & non pas *londa*, dans ce jugement. Dom Carpentier se récrie contre cette correction, dont rien n'indique effectivement la nécessité. Il observe qu'il y a encore aujourd'hui en Normandie une famille noble qui s'appelle *de la Londe*, & qui tire sans doute son nom d'une *londe* ou *lande*. (*M. GARRAN DE COULON, avocat au parlement.*)

LONGUE-TENUE, expression de la coutume de Bretagne, *art. 294*, qui signifie la même chose que le terme *prescription*. Entre le seigneur & l'homme de foi, dit-elle, *longue-tenue* ne nuit ni ne porte préjudice audit seigneur.

LORD-MAIRE, (*Jurisprudence angloise.*) est le premier magistrat de la ville de Londres. *Voyez* le *Dictionnaire écon. diplom. polit.*

LORRAINE, (*Droit public.*) province de France depuis le traité de Vienne du 3 octobre 1735, entre l'empereur & le roi de France, ratifié le 31 décembre 1736, par François-Etienne, fils du duc Léopold & d'Elisabeth-Charlotte d'Orléans, dernier duc souverain de ce pays.

Sur les révolutions de cette province & les conditions de sa réunion à la couronne de France, on doit consulter le *Dictionnaire écon. polit. diplom.*

Nous nous bornons à donner une courte notice de sa législation particulière en matière civile & bénéficiale.

Cette province est régie par des loix de deux espèces, des ordonnances & des coutumes.

Dans tous les temps ses souverains ont apporté une attention toute particulière à la législation; mais elle doit sur-tout au duc Léopold les loix générales qui la régissent.

Ce prince rendu à ses états par la paix de Riswik, employa ses jours à les régénérer, & il porta ses soins paternels sur la législation, l'agriculture, les arts, les sciences, les campagnes, les villes & les tribunaux.

Il signala son avénement au trône par le rétablissement de sa cour souveraine de Nancy. Quelque temps après, pour donner à l'ordre des avocats un témoignage de sa bienfaisance & de sa considération, il ordonna, par arrêt de son conseil, du 28 novembre 1698, *que les six plus anciens avocats suivant l'ordre du tableau, suivans & étant près de la cour souveraine, seront francs & exempts de toutes charges, impositions, logèmens, fournitures de gens de guerre & autres prestations pendant leur vie, avec défenses aux officiers de l'hôtel-de-ville de Nanci, & à tous autres de les cotiser ou de les comprendre dans les rôles & jets, à peine de désobéissance.* La cour souveraine s'empressa d'imprimer à cet arrêt du conseil la sanction de son autorité.

Après avoir pourvu, par des loix particulières, aux objets de l'administration qui requéroient le plus de célérité, Léopold sentit la nécessité d'une loi générale sur la forme des procédures civiles & criminelles, & sur le fait des eaux & forêts: cette loi parut en 1701; elle a beaucoup d'analogie avec les ordonnances de France de 1667, 1669 & 1780; mais, plus étendue, elle est aussi plus sage; on voit que l'on a profité des fautes échappées aux rédacteurs de la loi françoise.

Cette ordonnance, dont on admire encore la

sagesse, donna lieu à un événement très-extraordinaire; on aura peine à croire qu'il soit arrivé dans le dix-huitième siècle. On ne peut trop en rappeller les détails, c'est une grande leçon pour tous les princes.

Cette ordonnance étoit à peine publiée en Lorraine, que le pape, sans aucune forme de procès, sans avertissement préalable, fait placarder dans tous les carrefours de la ville de Rome, un décret par lequel, *de son autorité pontificale*, il la déclare nulle & défend aux tribunaux de s'y conformer, aux jurisconsultes d'y avoir recours, & à tous les individus de la chrétienté de la lire.

Léopold se conduisit avec la dignité d'un souverain. Il fit défense de publier le décret de Rome dans ses états; ordonna que ses loix seroient suivies, & son procureur-général interjetta appel au pape mieux informé.

Outre ces loix générales, Léopold en a donné une quantité de particulières sur les donations, les testamens, &c. A l'instant où un abus se faisoit sentir, il étoit réformé par une ordonnance; il en existe pour l'encouragement & la perfection de tous les arts, singuliérement pour le premier de tous, l'agriculture. On ne peut pas lire sans attendrissement celles faites pour le soulagement des pauvres; c'est-là qu'il faut apprendre à détruire la mendicité.

Dans plusieurs seigneuries, sur-tout dans celles du domaine, les habitans étoient main-mortables. Par un édit d'avril 1711, Léopold abolit *ce reste odieux de l'ancienne servitude*. Ce sont les termes de la loi. Mais comme l'humanité ne faisoit pas taire en lui la justice, il subrogea, par forme d'indemnité, une redevance annuelle en grains aux droits & profits résultans de la main-morte, exemple que notre gouvernement n'a imité que long-temps après.

Une chose que l'on aura peine à croire, les main-mortes refusèrent d'abord le bienfait du prince. Deux ans après, par une ordonnance du 3 septembre 1713, il fut obligé de suspendre l'exécution de l'édit, attendu, porte cette ordonnance, *que toutes les communautés nous ont fait tant de remontrances sur les dommages & les oppressions qu'elles souffriroient de l'exécution de notre édit, nous suppliant de remettre les choses au même état qu'elles étoient auparavant.*

L'humanité de Léopold se fait encore appercevoir d'une manière bien sensible dans une déclaration du 30 juin 1711, par laquelle il permet aux curés de la campagne, « qui sont en possession paisible d'avoir des volières sous le toit dans les maisons dépendantes de leur presbytère, de les y conserver & entretenir, à condition néanmoins qu'ils ne seront composés que de cent ou cent vingt boulins au plus, & qu'il ne leur sera loisible de se servir des profits qu'ils en pourront tirer que pour leur secours, *& celui de leurs paroissiens dans le cas de maladie, & pour exercer le droit d'hospitalité auquel ils sont engagés par leur état*; sans qu'il leur soit permis d'en faire aucune vente ni commerce, à peine de privation de la grace que nous leur accordons par ces présentes, pour en jouir à notre bon plaisir, & sans tirer à conséquence ».

Une déclaration du 15 février 1725, porte, « que toutes personnes capables de tester, qui feront leur testament olographe ou authentique, dans toutes les villes, bourgs & lieux où il y a des hôpitaux, seront obligés de faire un legs *tel que leur piété leur suggérera à l'hôpital du lieu* de leur résidence ordinaire; à faute de quoi, nous voulons que la dixième partie des meubles meublans, délaissés par lesdits testateurs qui n'auront fait lesdits legs, appartiennent de plein droit auxdits hôpitaux ».

Il n'y a pas une année du règne de Léopold qui ne soit marquée par quelque loi de cette espèce.

Il existe dans cette province une coutume générale, & plusieurs particulières.

La générale, rédigée en 1594, est intitulée: *Coutumes générales des trois bailliages de Lorraine, Nanci, Vosges & Allemagne.*

Cette coutume divise les personnes en deux classes générales, les clercs & les laïques.

Entre les clercs, *aucuns sont mariés, aucuns non.*

Les laïques sont de trois sortes, les gentilshommes, les ennoblis & les roturiers.

Les gentilshommes se partagent en deux ordres; *les anciens sont de l'ancienne chevalerie, les autres non.* Les quatre premiers sont juges souverains dans certains cas déterminés par l'article 5.

Entre les roturiers, les uns sont francs, les autres affranchis; d'autres enfin sujets envers leur seigneur à certaines servitudes réelles ou personnelles.

Les femmes mariées, de quelque qualité qu'elles soient, suivent la condition de leur mari, noble ou roturier, libre ou serf, pendant leur mariage *& durant leur viduité*, art. 12.

Cette coutume fait encore une distinction entre les légitimes & les bâtards.

Les bâtards *avoués* par les gentilshommes *sont de condition des ennoblis, pourvu qu'ils suivent l'état de noblesse, & porteront tels noms & titres que leur père voudra leur donner*, à la charge toutefois *de barrer* les armes de leur père, *& ne leur sera loisible, ni à leurs descendans, d'ôter les barres*, article 13.

Les bâtards des ennoblis sont roturiers.

Les uns sont sous leur puissance, les autres sous celle d'autrui. Les premiers sont *les pères, les femmes veuves, les fils mariés, les mineurs ou majeurs de vingt ans, & autres étant en âge de vingt ans accomplis.*

Les femmes mariées ne peuvent disposer, *même par testament*, sans l'autorisation de leur mari.

Tel est, suivant la coutume, l'état des personnes dans cette province.

A l'égard des héritages, les uns sont de franc-aleu, les autres féodaux, les autres censuels.

Les fiefs sont purement d'honneur. Les roturiers ne peuvent en posséder, & les gens d'église doivent en acquitter les charges, à moins qu'ils n'en aient obtenu l'amortissement.

La commise par désaveu n'a pas lieu dans cette province; le vassal qui déclare par serment qu'il croit tenir son héritage en aleu, *il ne le commet encore que par après & se trouve être fief*.

L'hommage est imprescriptible; mais le cens se prescrit par trente ans, sans distinguer si le détenteur représente le preneur à cens à titre universel ou à titre singulier, si par son contrat d'acquisition l'héritage lui a été déclaré censuel ou allodial; disposition très-exorbitante du droit commun, de laquelle il résulte, ainsi que de plusieurs autres, que la maxime *nulle terre sans seigneur* n'est pas connue dans cette province; que les terres y ont conservé leur franchise primitive.

Quant à la justice seigneuriale, la coutume a cette particularité, *que droits de bannalités, four, moulins & pressoirs appartiennent réguliérement au haut-justicier, si par usage ou droits particuliers il n'appert du contraire*. Les coutumes d'Anjou & du Maine ont à-peu-près la même disposition.

Encore une autre particularité, c'est que les terres féodales, censuelles ou de main-morte, ne tombent pas dans la confiscation au profit du seigneur justicier, *ains retournent à celui à qui appartient la main-morte, ou au seigneur censier ou féodal de la chose*. Il a été un temps où cette disposition formoit le droit commun de l'Europe.

Enfin les sujets d'un seigneur ayant haute-justice, ne peuvent s'assembler en communauté, sans le signifier aux officiers de la seigneurie, qui peuvent se trouver à l'assemblée, s'ils le jugent à propos. On pourroit inférer de cette disposition, qu'autrefois tous les habitans de cette province étoient *hommes de poëte*.

Les rentes constituées sont réputées meubles.

Cette coutume diffère du droit commun dans les successions, en ce *qu'en successions directes de gentilshommes, tant qu'il y a fils ou descendant, ils excluent les filles. En collatérale, si avant qu'il y a frères ou descendans d'iceux, leurs sœurs ne succèdent aucunement; ains par toute succession, soit mobilière, soit immobilière, ont indistinctement somme de deniers, selon l'ordonnance du père, s'il en a précisément ordonné; & s'il n'en a ainsi ordonné, telle que les qualités, moyens & facultés de leur maison la peuvent donner, outre & pardessus les habillemens convenables à la décence de leur état, & frais de festin de noces, le tout, à l'arbitrage des parens; & où ils ne tomberoient d'accord, ou en sourderoient difficultés entre les parties, à ce qui en sera arbitré ou jugé*.

Cet article de la coutume de *Lorraine*, conforme au droit primitif des fiefs, paroît formé de deux textes, l'un du livre des fiefs, l'autre de l'assise du comte Geoffroi pour la Bretagne. *Si quis decesserit filiis & filiabus superstitibus, succedunt tantùm filii æqualiter*, lib. feud. lib. 1, ch. 8. *Majores natu integrum dominium habeant, & junioribus pro posse suo provideant de necessariis ut honestè viverent*. Assise du comte Geoffroi, de l'an 1185.

Sur le préciput de l'aîné, la coutume est très-analogue à celle de Champagne; elle est calquée sur celle de Paris, relativement aux moulins & pressoirs qui peuvent se trouver dans l'enclos de la maison que l'aîné prend pour son préciput.

C'est dans la coutume de *Lorraine* que l'on a puisé cette espèce d'axiome: *mariage, mort & vendage défait tout louage*. M. Pithou, & après lui Brodeau, prétendent qu'il y a dans la coutume une faute d'impression; qu'au lieu de *louage*, il faut lire *liage*; ce qui signifie que par le mariage, les enfans sortent de dessous la puissance de leur père, &c. *Voyez* le glossaire du droit françois de Raymon, avec les notes de Lauriere, au mot *Louage*.

Les récompenses faites aux serviteurs sont censées legs pieux, & en ont les prérogatives.

Biens vendus par autorité de justice, peuvent être rachetés *par le débiteur dans la quinzaine*.

Les fruits sauvages *assis en lieux ou champs ouverts*, appartiennent à tous les habitans. Les arbres ne peuvent être coupés sans la permission du seigneur haut-justicier.

Le droit de pêche est prescriptible.

Tels sont les points qui caractérisent la coutume de *Lorraine*, & sur lesquels elle s'écarte le plus du droit commun.

En général, cette coutume est très-sage, & beaucoup mieux rédigée que quantité d'autres.

Il y a deux commentaires de cette coutume; le premier, par Canon, assesseur au bailliage de Vosges, in-4°, à Epinal, chez Ambroise Ambroise, 1634.

Le deuxième, par Abraham Fabert, échevin de la ville de Metz, *in-fol.* à Metz, chez Claude Bouchere, 1657.

Ces deux commentaires sont médiocres: il seroit bien à desirer que quelque avocat au parlement de Nanci voulût se donner la peine d'en faire un nouveau; c'est le vœu de toute la province. Dans le nombre des jurisconsultes qui composent le barreau de Nanci, il en est plusieurs d'un très-grand mérite, & capables d'exécuter cette entreprise de la manière la plus distinguée.

Passons aux loix canoniques & bénéficiales.

Le vaste pays des Gaules comprenoit différens corps qualifiés de Gaule Belgique, Gaule Celtique & d'Aquitaine, dont les bornes étoient les monts Pyrénées, la mer septentrionale, le Rhin & les Alpes.

La *Lorraine* & le Barrois, compris dans la Gaule Belgique, étoient gouvernés pour la plus grande partie, au civil, par les loix de la ville de Trèves, qui en étoit la métropole.

Lorsque la foi éclaira successivement les diverses

provinces des Gaules, on suivit dans l'église l'ordre qui étoit établi dans l'état.

La ville de Trèves étant la plus considérable de la Gaule Belgique, elle y fut, pour l'ecclésiastique, tout ce qu'elle y étoit pour le civil, & les villes de Metz, Toul & Verdun, qui en dépendoient, subirent le même sort; ainsi, la *Lorraine* & le Barrois, qui sont principalement dans ces trois diocèses, furent assujettis, pour l'ecclésiastique, à la métropole de Trèves.

Il y a néanmoins, dans ces deux provinces, certains petits districts qui font partie des archevêchés de Mayence, Besançon, Reims, & des évêchés de Strasbourg, Basle, Châlons-sur-Marne & Langres, qui en sont les suffragans; mais nous n'en faisons mention que pour l'exactitude. Il est aisé de juger en effet, que les concordats & les usages de ces églises n'ont pu faire règle dans le corps de deux états principalement soumis à la métropole de Trèves & aux évêchés qui en relèvent.

Des différentes provinces du royaume, il n'en est point qui ait eu plus à lutter contre les entreprises de la cour de Rome, que les duchés de *Lorraine* & de Bar; mais, dans tous les temps, les ducs ont opposé à ces entreprises la résistance la plus ferme.

Le duc Charles, dont le règne fut heureux, long & paisible, se montra singulièrement attentif à maintenir les anciens usages de la province; il paroît que tout ce qui intéressoit l'église l'occupoit particuliérement.

Par cinq ordonnances des 9 janvier 1571, 10 janvier 1572, 15 avril 1576, 18 juillet, 12 mai 1595, il défendit aux gens d'église & aux hôpitaux d'aliéner leurs biens-meubles & immeubles, sans son consentement formel, à peine de nullité.

Il régla, dans trois ordonnances des 26 juin 1563, 27 juin 1567 & 14 septembre 1572, la manière de percevoir les dixmes, prémices, terrages, & d'empêcher toutes fraudes à cet égard, sous les peines qu'il prononça.

Il renouvella par deux déclarations des 18 juin 1568 & 4 août 1570, les ordonnances des ducs ses prédécesseurs, portant défenses de posséder aucun bénéfice dans ses états sans sa permission.

Il statua dans une autre ordonnance du 12 janvier 1583, que les comptes des fabriques se rendroient pardevant les prévôts, maires & gens de justice des lieux, à la participation des parties publiques, & en présence des curés & vicaires.

Protecteur des dogmes de l'église, il défendit la polygamie, sous peine de mort, dans une ordonnance du 5 avril 1582; &, par une autre ordonnance du 12 janvier 1573, il ordonna l'observation des dimanches & des fêtes, sans pouvoir s'occuper aux œuvres serviles & manuelles, sous peine de certaines amendes, jusqu'à trois fois, & de punition corporelle pour la quatrième.

Il condamna toutes lettres d'expectatives & de coadjutoreries de bénéfices de son patronage ducal, par deux ordonnances des 29 août 1588 & 16 octobre 1604, & il obligea les bénéficiers de résider dans leurs bénéfices, sous les peines de droit, par une autre ordonnance du mois d'août 1588.

Enfin, pour exciter l'émulation parmi les ecclésiastiques, il affecta, dans une ordonnance du 23 décembre 1596, toutes les dignités, prébendes & chanoinies de sa collation qui viendroient à vaquer au mois d'août de chaque année, aux gradués de l'université de Pont-à-Mousson, pour en être pourvus par lui, suivant l'ordre des temps & prééminence des degrés, en préférant les docteurs aux licenciés, ceux-ci aux bacheliers, & les premiers reçus aux derniers, sans que cette disposition fût un obstacle à l'admission des résignations qui se feroient entre ses mains, pour en pourvoir d'autres que les gradués.

Le règne du duc Henri II, son successeur en 1608, ne fut pas de longue durée; mais il fit exécuter toutes les ordonnances des ducs ses prédécesseurs, & renouvella celle du duc Charles III son père, contre les blasphémateurs.

Le duc Charles IV, qui succéda au duc Henri en 1624, ne fut pas moins jaloux de la conservation des anciens usages. Il fit en conséquence plusieurs ordonnances pour le culte extérieur de l'église, touchant les matières qui étoient du ressort de la jurisdiction laïque.

La première année de son règne, le 9 septembre 1624, il ordonna que toutes personnes malades, alitées, se confesseroient le troisième jour, & si la maladie étoit violente, & qu'il y eût danger de mort, qu'on appelleroit le curé ou autre confesseur aussi-tôt, sous peine de vingt francs d'amende contre les père & mère, chefs de famille & autres attachés aux malades, avec injonction aux médecins, chirurgiens & apothicaires, de les avertir de leur état jusqu'à trois fois, passé lesquelles ils ne les visiteroient qu'après que les malades auroient été confessés.

Par une ordonnance du même jour, il renouvella ses défenses de blasphémer, sous peine d'amende les deux premières fois, du carcan ou pilori pour la troisième fois, d'exil pendant deux ans pour la quatrième, d'avoir la langue percée d'un fer chaud avec bannissement de quatre ans pour la cinquième, & la langue entiérement coupée pour la sixième.

Par édit du 21 avril 1629, il défendit de se pourvoir contre des partages faits depuis cinq ans, même sur le fondement des dispenses de vœux & de professions, sauf à être adjugé des pensions viagères aux religieux & religieuses relevés de leurs vœux.

Par une ordonnance du 5 mai 1629, il enjoignit aux officiers des lieux de pourvoir à la garde des cures vacantes & des biens laissés par les curés décédés, pour les conserver à leurs héritiers, & fixa le commencement de l'année ecclésiastique au premier janvier, entre les successeurs

aux

aux bénéfices & les héritiers des prédécesseurs, pour en partager les fruits à proportion du temps de la jouissance de ceux-ci; il ordonna encore que les parens des prêtres & ecclésiastiques séculiers leur succéderoient *ab intestat*, conformément à la coutume de *Lorraine*, dans tous leurs biens, meubles & immeubles, à la charge néanmoins de payer à leurs évêques un marc d'argent évalué à dix francs barrois, par forme de reconnoissance, pour être par eux appliqué à l'usage qui étoit le motif de leurs prétentions à la succession des prêtres de leur diocèse: cette disposition est tombée dans le non-usage; mais, pour s'en dédommager, les évêques de Toul prétendent un droit de joyeux avénement, que plusieurs curés n'ont pas refusé de payer.

Par les articles 1, 3, 5 & 7 d'une autre ordonnance du même jour 5 mai 1629, il fut statué que, pour l'exécution de toutes commissions ou jugemens des juges d'église, on seroit tenu de prendre *pareatis* des juges ordinaires; que pour irrévérence commise à l'église, les ecclésiastiques pourroient punir les scandaleux à une aumône ou à une quantité de cire, jusqu'à concurrence de cinq francs, sauf aux juges temporels à procéder autrement contre les coupables; que les salaires, rétributions & autres droits pour le service de l'église, comme la célébration de la sainte messe, obsèques, enterremens, baptêmes & administration de sacremens, seroient payés conformément au réglement de l'évêque, à la charge qu'il seroit approuvé par le souverain; enfin que, conformément à l'indult du pape Léon X, nul ecclésiastique ne pourroit être attiré à Rome en première instance, à peine de punition exemplaire, tant contre les exécuteurs des mandemens, citations & commissions, que contre ceux qui les auroient obtenus.

Le duc Charles IV, frappé de l'abus des dots dans les couvens des religieuses, les proscrivit formellement dans deux autres ordonnances des 5 mai 1629 & 28 septembre 1641, nonobstant lesquelles & les saints canons, dont elles ne sont qu'une confirmation, cet abus a continué de régner avec un tel excès, qu'on ne peut entrer dans les couvens les plus riches, qu'en y portant des dots plus considérables que dans ceux qui sont moins aisés.

Par une ordonnance du 28 septembre 1664, la recherche de toutes les fondations de bénéfices, tant royales que particulières, de leurs titres constitutifs, des services & prières qui y étoient attachés, & des causes de leur cessation, fut ordonnée à la diligence des procureurs-généraux, pour ensuite les revenus des bénéfices être saisis & appliqués à l'usage qui seroit fixé par le saint-siège; il ne paroît pas que cet article ait été exécuté.

Le 15 novembre 1579, le duc Charles III donna un édit portant que, dans ses états, on se conformera à l'avenir au calendrier grégorien, de manière que dès *le premier janvier prochainement venant, l'on dira l'an 1580 pour être continué dès-lors à l'avenir pour toujours*, &c.

On trouve dans un édit du même prince, de l'an 1572, la disposition de notre fameux édit de 1695, concernant la possession des ecclésiastiques; cet édit de 1572 porte: « & voulons que, pour » recueillir les dîmes des vins, les propriétaires » à qui ils appartiennent puissent aussi commettre » gens durant les vendanges pour recueillir leurs » dîmes aux champs ès lieux où l'on a accoutumé » les y prendre & recevoir, sinon pour visiter les » caves & voir s'il aura été mal ou bien dîmé; & » si aucuns sont trouvés mésusans, seront amendables d'une amende de dix francs; & quant à » la perception d'autres rentes & profits appartenans » aux gens dudit état ecclésiastique, d'autant que » plusieurs refusent de payer icelles, si donc on » ne leur fait apparoir de titres, voulons & ordonnons aux justices de nosdits pays, qu'en faisant » apparoir par les demandeurs & poursuivans qu'ils » sont en la possession & jouissance de recevoir » lesdites rentes par trois années continuelles & » immédiates auparavant leur plainte & doléance » formées, sur lesdits refus ils aient à les maintenir » & conserver en leurdite possession & jouissance, » sans autrement les contraindre de faire preuve » ni exhibition de leurs titres; & pour ôter plus » grande liberté de plaider, ordonnons auxdits juges » que, tant sur lesdites matières de dîmes que refus » de payer lesdits cens, rentes & revenus, ils procèdent à l'adjudication sommairement & de plein » droit, & aux fins de dépens, dommages & intérêts, s'ils y échéent, nonobstant oppositions ou » appellations que nous voulons n'avoir lieu en ce » cas ».

Une ordonnance du 5 mai 1629, contraire en ce point au droit commun du royaume & à la saine jurisprudence, affranchit les curés des bannalités de fours, moulins & pressoirs. L'article 1 de cette ordonnance est conçu en ces termes: « que les » curés & vicaires faisant la fonction de curé, en » quelque lieu que ce soit de nos pays & terres » de notre obéissance, & leurs domestiques ordinaires & nécessaires à leur service, ne pourront » être contraints d'envoyer moudre leurs grains ès » moulins bannaux, auxquels nos autres sujets & » ceux des seigneurs hauts-justiciers, tant ecclésiastiques que nos vassaux, sont tenus envoyer les » leurs, ni même d'envoyer leurs raisins aux pressoirs bannaux, ou cuire aux fours bannaux, & » de laquelle bannalité nous les avons déclarés & » déclarons exempts, à charge néanmoins qu'ils ne » pourront envoyer moudre leursdits grains en » autres moulins, ni leurs raisins en autres pressoirs, ou cuire en autres fours situés hors nosdites terres, à peine de confiscation desdits grains, » raisins & pains par eux envoyés hors d'icelles ».

Nous avons un monument très-précieux de la jurisprudence du parlement de *Lorraine*, sur les portions congrues, les charges des dîmes, *&c.* dans une réponse faite par MM. les avocats de cette cour à M. de la Galaiziere, alors chancelier de Stanislas.

Les décimateurs, y est-il dit, sont chargés de payer aux curés ou vicaires perpétuels la portion congrue, s'il en a fait l'option : & s'il a fait choix du fixe de la cure, lequel est plus ou moins considérable, suivant les titres & l'usage des paroissiens, ils doivent l'en laisser jouir.

Si les décimateurs sont obligés de faire réédifier ou réparer l'église, il faut distinguer les dîmes ecclésiastiques d'avec les inféodées, & épuiser les premières avant de retomber sur les secondes.

Cet épuisement se fait par le produit des dîmes ecclésiastiques pendant dix années, & le surplus est à la charge des dîmes inféodées; mais s'il n'y en a point, & en cas d'insuffisance du rapport des dîmes ecclésiastiques pendant dix années, les paroissiens sont obligés de suppléer; & dans tous les cas on commence par les revenus de la fabrique, s'il y en a une.

Si un curé ou vicaire perpétuel a fait choix de la portion congrue, suivant qu'elle est réglée par les ordonnances, le décimateur doit la lui payer en faisant état du produit de son bouverot; & si l'évêque a trouvé nécessaire d'établir un vicaire résidant dans l'un des villages de la paroisse, les décimateurs paient encore la pension du vicaire.

Dans les succursales, les habitans paient la pension du vicaire, à moins que l'ordinaire, en connoissance de cause & après information *de commodo & incommodo*, n'ait jugé nécessaire l'établissement d'un vicaire résidant; auquel cas le curé paie la pension de son vicaire, s'il a opté le fixe de sa cure; & le décimateur, si le curé est à portion congrue.

Les paroissiens des annexes & succursales logent leur vicaire ou prêtre desservant leur église, & au par-delà ils sont encore obligés de contribuer au logement de leur curé, à proportion du nombre; le tout, s'il n'y a titre ou possession contraire.

Délibéré par le bâtonnier & conseil de MM. les avocats à la cour, dont copie a été délivrée à M. Durival, secrétaire de M. le chancelier, le 2 septembre 1741, signé du Mauduy de Baucharmois.

La question de savoir si la *Lorraine* est un pays d'obédience est traitée avec toute l'étendue & la profondeur qu'elle mérite, par M. Thiebaut, procureur-général de la chambre des comptes de Nanci: ce magistrat, aussi bon citoyen que jurisconsulte éclairé, établit de la manière la plus solide la négative, & prouve, par des raisons supérieures à toute critique, que cette province est un pays non d'obédience, mais d'usage.

Si l'on entend par pays d'obédience, dit ce savant magistrat, ceux qui sont soumis à toutes les constitutions des papes, conciles, règles de chancellerie, & bulles généralement quelconques, rien ne prouve mieux que la *Lorraine* n'est pas de cette nature, que l'inégalité & l'interruption de l'exercice de la plupart de ces réserves apostoliques, le manque d'acceptation de plusieurs, & le refus que firent toujours les ducs de *Lorraine* & la nation, d'admettre la bulle *in cœnâ domini*, certains articles du concile de Trente, & même différens canons répandus dans les décrétales & dans le sexte.

Si au contraire, par la qualification de pays d'obédience, on conçoit un état qui n'a ni concordat, ni indult, & où quelques chapitres, monastères & collateurs ont souffert des atteintes à leur droit d'élection & de collation, par la puissance des papes qui leur ont fait souffrir quelquefois, & non pas sans interruption, le joug de quelques règles de la chancellerie romaine, la qualification de pays d'obédience nous doit d'autant moins effaroucher, qu'étant devenus pays d'indult, le roi y est subrogé dans les droits de la cour de Rome, & une partie de nos collateurs sont rentrés dans les leurs. Développons ces deux vérités.

La *Lorraine*, dans sa courte étendue, renferme beaucoup d'abbayes de différens ordres, & l'on ne peut nier que la cour de Rome n'en ait conféré plusieurs en titre & en commende dans les seizième & dix-septième siècles; mais elle n'a point usé de ce droit sur quantité d'autres qui ont joui perpétuellement du droit d'élire leurs abbés; telles sont en particulier celle de Freistrof, ordre de Cîteaux; celle de sainte Marie majeure, ordre de Prémontré; celle de Domevre, ordre de saint Augustin, congrégation de chanoines réguliers de saint Sauveur; celle de Longueville, ordre de saint Benoît; il y en a même plusieurs autres; mais nous nous contentons d'en rapporter une de chaque ordre; ce qui suffira pour faire connoître que les papes n'ont usé que d'un pouvoir limité & restreint sur certains monastères de la *Lorraine*, & non sur tous. C'est ce que nous avons appellé *inégalité d'exercice*, dans les réserves apostoliques.

L'interruption de cet exercice est aussi constante que son inégalité; à l'abbaye près de saint Mihiel, ordre de saint Benoît, qui ne cessa d'être possédée en commende, pendant deux siècles, sur des collations pontificales, tous les autres monastères de la *Lorraine* rentrèrent en règle, & élurent leurs abbés, à l'assistance d'un commissaire, sous le règne du duc Léopold. La deuxième règle de chancellerie cessa par conséquent d'y avoir tout son effet. Le retour de la liberté est favorable, & sans l'indult, plusieurs monastères seroient fondés à secouer le joug de cette réserve apostolique.

J'ai dit, ajoute M. Thiebaut, que plusieurs règles de la chancellerie n'ont point été acceptées en *Lorraine*; & de soixante-onze, on n'y a reçu en effet comme loi sage, dans la discipline ecclésiastique, que la règle dix-neuvième, *de viginti diebus*, *sive de infirmis resignantibus*; la règle vingtième, *de idiomate*; la règle vingt-unième, *de non impetrando beneficia viventium*; la règle vingt-deuxième, *de subrogandis colligantibus*; la règle trentième, *de verisimili notitiâ obitus*; la règle trente-sixième, *de triennali possessore ;* & la règle trente-septième du pape Innocent VIII, *de publicandis resignationibus.*

Des soixante-quatre autres règles, la plupart ne concernent que la forme des expéditions, à la réserve de dix, comme nous l'avons dit, touchant la disposition des bénéfices, entre lesquelles les seconde, quatrième & neuvième ont fait le motif des plaintes du clergé séculier & régulier de la *Lorraine*, parce que c'est en vertu de ces règles que les papes ont conféré de temps à autre les abbayes, les premières dignités des chapitres, les prieurés *omni die & mense*, & les canonicats & cures du patronage ecclésiastique, par alternative de huit ou de six mois.

Mais la troisième règle qui fait vaquer en cour de Rome un bénéfice résigné par le pourvu d'un autre bénéfice incompatible, sur-tout en fait de patronage laïque, n'eut jamais lieu. Elle n'eut pas plus d'effet, lorsqu'au mépris d'une assignation le patron ecclésiastique usa de son droit, lequel fut toujours préféré à celui du saint siège.

Le pape Clément XII accorda au roi, le 15 janvier 1740, un indult ou bref apostolique, concernant la disposition des bénéfices consistoriaux & autres y mentionnés, situés dans la *Lorraine* & Barrois. En conséquence, le roi fit expédier des lettres-patentes, au mois d'août de ladite année; l'indult & les lettres-patentes ont été enregistrées au parlement de Paris & au parlement de Nanci, sans approbation de ce qui y est contenu au sujet de l'abbaye de Moyen-Moustier, ni des clauses contraires aux maximes du royaume, aux libertés de l'église gallicane, déclarations du roi & arrêts de la cour. *Mém. du clergé, tom. 2, pag. 1073 & suiv.*

M. Thiebaut nous apprend, *page 191*, que l'indult cité de Clément XII, n'a été exécuté jusqu'à présent que conformément au concordat & aux usages & maximes de France, à tel point, que, quoique cet indult donne au roi la disposition des bénéfices ou prieurés collatifs, sa majesté, non plus que le roi de Pologne, n'en ont point voulu user, parce que ce droit ne leur est pas donné par le concordat : il faut voir, dans le chapitre suivant, la savante explication que l'auteur a donnée dudit indult de Clément XII; il s'y propose la question de savoir, si la *Lorraine*, par sa réunion à la France, jouira des droits ou des effets des libertés de l'église gallicane, & prouve l'affirmative, qui semble d'elle-même incontestable, d'après les principes établis dans le nouveau commentaire de l'article premier des libertés de l'église gallicane; il nous dit aussi que l'édit de 1695, concernant la jurisdiction ecclésiastique, étoit comme reçu & exécuté d'avance sous le règne de Stanislas, & que la bulle *in cœnâ Domini* n'a trouvé que des oppositions en *Lorraine.*

Il n'y a que deux tribunaux souverains en *Lorraine*, le parlement de Nanci & la chambre des comptes. *Voyez* CHAMBRE DES COMPTES, PARLEMENT.

L'article 8 de l'édit de novembre 1728, portant réglement pour la jurisdiction dans le Barrois non mouvant, entre la chambre des comptes & le parlement, avoit ordonné que les domaines aliénés du duché de *Lorraine* ne seroient susceptibles d'aucunes charges & hypothèques, & ne pourroient être décrétés. Mais cette disposition a été abrogée, par un édit du mois de février 1779, à la charge que les décrets, ou les lettres de ratification ne pourront nuire ni préjudicier au droit de réversion & de réunion à la couronne, qui demeure conservé.

Les bois communaux sont assujettis à un droit inconnu dans les autres provinces du royaume : nous en parlerons sous le mot TIERS-DENIER.

LORRIS, (*coutumes de*) Ces coutumes passent pour les plus anciennes du royaume, suivant lesquelles une grande partie de la France étoit régie, notamment les duchés d'Orléans & de Nemours, les bailliages de Montargis, Crepy, & les ressorts & exemptions d'iceux; les comtés de Guienne & de Sancerre; les baronnies de Beaugency, Sully, Montfaucon, Aubigny, Meun; le pays & seigneurie de Gâtinois, jusqu'à la rivière d'Yonne, de Beausse, de Sologne, de Courtenay, de Puysaye; pays & duché de Berry sous le ressort de Concresault, & partie de celui de Bourges, Châtillon, Saint-Brisson, Chaumont en Bassigny, & plusieurs autres.

Elles ont tiré leur nom de la châtellenie de *Lorris* en Gâtinois, & leur origine, des coutumes & privilèges que le roi Louis VI, dit *le Gros*, accorda aux habitans de *Lorris*, Courpatel & Chantelou, dont la chartre originale ayant été consumée dans l'incendie de partie de la ville de *Lorris*, lorsque le roi Philippe-Auguste y étoit; ce prince, par chartre donnée à Bourges l'an 1187, reconnoît la perte de leurs titres par l'accident du feu, & confirme les coutumes que le roi Louis-le-Gros, son aïeul, leur avoit octroyées, & le roi Louis-le-Jeune continuées, en tant que besoin seroit, les accorde de nouveau. Quelques-uns ont même cru que les coutumes de *Lorris* étoient en usage dès le temps du roi Philippe I, en conséquence du passage d'Aimoin, *liv. 5, chap. 45* de son histoire, où, parlant du délaissement fait par Foulques Réchin, du comté de Gâtinois, au roi Philippe I, il dit : *rex autem juravit se servaturum consuetudines terræ illius, aliter enim nolebant milites ei facere sua hominia.*

Le même roi Louis-le-Gros, à la prière de Blanchard, sieur du Moulinet, accorda les coutumes de *Lorris* aux habitans de la paroisse & seigneurie du Moulinet; & depuis, Louis VII, son fils, ayant acquis cette terre à titre d'échange, de Robert fils de Blanchard, il en donna la moitié aux abbé & religieux de Saint-Benoît-sur-Loire, & à leur prière, confirma aux habitans de ce lieu les coutumes de *Lorris*, par chartre donnée à *Lorris* l'an 1159.

Elles furent depuis communiquées à plusieurs lieux; le roi Philippe-Auguste les donna aux habitans de Voisines, dépendans de Saint-Benoît-sur-Loire, par chartre donnée à Sens en 1187.

Le roi Louis-le-Jeune ayant été associé en pariage en la ville de Lorèis, ce fut à condition que le prévôt royal ne pourroit être établi sans le consentement des abbé & religieux de Bonneval, qui faisoient le pariage, & qu'il prêteroit le serment de garder les coutumes du pays. Par titre de l'an 1159, confirmé par autre du roi Philippe-Auguste à Paris, l'an 1195, Pierre de France, seigneur de Montargis, fils du roi Louis-le-Gros, accorda les mêmes coutumes aux habitans de Montargis, par titre de l'an 1170, confirmé par le roi Philippe V, dit *le Long*, par lettres-patentes données à Châteauneuf-sur-Loire. En avril 1320, Pierre de France donna les mêmes coutumes aux habitans de Bois-le-Roi.

Le roi Philippe-Auguste concéda ces mêmes privilèges & coutumes aux habitans de Dimont, par chartre donnée à Fontainebleau l'an 1199, confirmée par Charles VI en 1408.

A l'imitation des rois & enfans de France, les grands du royaume accordèrent les mêmes coutumes aux habitans de leurs terres. Etienne, premier du nom, comte de Sancerre, les donna aux habitans de sa ville de Sancerre & aux habitans de Barlien; le titre pour Barlien est de l'an 1190, dans lequel il qualifie les coutumes de *Lorris*, *regias & liberas consuetudines quas Lorriaci habitatoribus rex Ludovicus instituit.* Le même les concéda aux habitans de Saint-Brisson; & Etienne de Sancerre, seigneur de Châtillon, les confirma par titre l'an 1210. *Libertates illas & consuetudines quas ipsis firmaverat comes Stephanus pater meus, videlicet usus & consuetudines Lorriaci.*

Le comte Guillaume, fils d'Etienne, les donna aux habitans de l'Etang de *Lorris*, l'an 1190.

Thibault-le-Bon, comte de Blois & de Troyes, les octroya aux habitans de Chaumont en Bassigny, par acte passé à Troyes l'an 1190; ce que confirma Thibault, roi de Navarre, comte Palatin de Champagne & de Brie, au mois de mars 1228; & après lui Thibault son fils, aussi roi de Navarre & comte des mêmes comtés, l'an 1259, & le roi Philippe-le-Bel, l'an 1292; comme aussi le roi Philippe-de-Valois, l'an 1332.

Robert de Courtenay & Mahaud, dame de Meun, sa femme, accordèrent les mêmes coutumes aux habitans des châtellenies de Meun & de Saint-Laurent sur Baranjon, ès années 1209 & 1234.

Ces coutumes ne contenoient dans l'origine que trente-six à trente-sept articles, dont les principaux avoient pour objet le cens dû pour les maisons & héritages, les droits de péage, tontine, forage, banvin, les gages de bataille, *&c.* l'amende due par les plèges du vaincu; d'où vient le proverbe: *en la coutume de Lorris le battu paie l'amende.*

Voici l'article de ces anciennes coutumes relatif au cens; nous allons le transcrire, parce qu'il sert à prouver que la maxime, *nulle terre sans seigneur*, étoit dès-lors admise & reçue dans cette province. *Quicumque in Lorriaci parochiâ domum habebit, & pro cumque aripenno terræ, si in eâdem parochiâ habuerit, sex denarios census tantùm persolvat.*

Cette coutume a été successivement augmentée des différens titres qui la composent aujourd'hui. Elle fut compilée & rédigée par écrit en 1330; &, à ce que l'on prétend, sous les yeux & du consentement de Philippe-de-Valois.

En 1494, nouvelle rédaction de cette coutume dans la ville de Montargis, pour les bailliages d'Orléans & Montargis, en vertu de lettres-patentes de Charles VIII du 28 janvier 1493.

Il n'existoit, comme l'on voit, à cette époque, qu'une seule coutume pour Orléans & Montargis. Ces deux bailliages suivoient également la coutume de *Lorris*. Dumoulin rend témoignage de cette vérité en ces termes: *consuetudines Lorricenses & Aurélianenses assines esse quippe cùm fuerint ab initio una consuetudo.* Sur l'ancienne coutume de Paris, §. 1, gl. 4.

En 1497, le duché d'Orléans ayant été réuni à la couronne, Louis, duc d'Orléans, depuis appellé Louis XII, ayant succédé au roi Charles VIII, donna des lettres-patentes l'an 1509, pour la rédaction des coutumes du bailliage & duché d'Orléans; ce qui fut exécuté, & ces coutumes qualifiées, les coutumes du bailliage & prévôté d'Orléans, lesquelles d'ancienneté avoient été vulgairement appellées *les coutumes de Lorris*, pour ce que Lorris est l'une des châtellenies dudit bailliage où elles furent rédigées par écrit.

A la rédaction, ceux de Montargis, & la plupart de ceux qui étoient régis par les anciennes coutumes de *Lorris*, furent appellés, & n'y comparurent pas; au contraire, les officiers de Montargis, en l'an 1530, obtinrent lettres du roi François premier, pour la rédaction & publication des coutumes de *Lorris*, selon qu'elles avoient été auparavant commencées au lieu de Montargis, où furent appellés & comparurent tous ceux du bailliage de Montargis & des terres de Gien, Nemours, Sancerre, Beausse, Sologne, Gâtinois & autres lieux. Les officiers d'Orléans y formèrent opposition, soutenant que ceux de Montargis étoient du bailliage d'Orléans; que Montargis n'avoit été qu'un siège des cas royaux, des exempts & privilégiés pendant l'apanage d'Orléans, lequel étant fini, les choses retournoient à leur premier état, & ceux de Montargis étoient sujets à la coutume de *Lorris*, rédigée à Orléans en l'an 1509, qui n'étoit que la même qui avoit été autrefois rédigée à Lorris, l'une des châtellenies du duché d'Orléans au temps du roi Philippe. Sur cette opposition dont ceux de Montargis empêchèrent l'effet, les parties furent renvoyées en la cour, & cependant passé outre à la rédaction, comme du tout le procès-verbal fait foi.

Depuis ce temps, les coutumes de *Lorris* ont été divisées en deux, les unes ayant été appellées de *Lorris*-Orléans, & les autres de *Lorris*-Montargis. Par les premières sont régis le duché & bailliage d'Orléans & siéges qui y ressortissent, & ceux dont les seigneurs ou officiers ont comparu à la rédaction faite en la ville d'Orléans, en l'an 1509, & à la réformation de l'an 1583, à laquelle ont assisté ceux de la ville de Lorris, siége particulier du bailliage d'Orléans, auxquels les anciennes coutumes de *Lorris* ont été premiérement accordées, & qui ont tiré leur nom de la ville de Lorris. Les coutumes de *Lorris*-Montargis sont gardées en la ville, prévôté, bailliage & ressort de Montargis & autres lieux de Gâtinois, Beausse, Sologne, Sens, Melun, Auxerrois, & autres dénommés au procès-verbal d'icelles.

Nous venons de parler du proverbe, *dans la coutume de Lorris le battu paie l'amende.* Pasquier en développe le sens & l'origine, *liv. 8, chap. 29 de ses recherches.* Comme ce passage renferme aussi des notions sur l'antiquité de cette coutume, nous allons le transcrire.

« Quand un homme, qui, au jugement du peuple, avoit bonne cause, toutefois par malheur a été maltraité en justice, on dit en commun proverbe, *qu'il est des hommes de Lorris, où le battu paie l'amende.* Lisez la coutume que nous appellons de *Lorry*, vous n'y trouvez point cet article, lequel toutefois a été autrefois en usage; au moins trouvai-je que le roi Louis leur ayant accordé plusieurs priviléges, depuis, Philippe son petit-fils les leur confirma. La confirmation se trouve au mémorial de la chambre des comptes, qui traite des années 1448, jusqu'en l'an 1468, encore que ce titre soit âgé de huit vingt ans plus que ce mémorial. Mais il faut que par occasion qui se présenta lors, il y ait été inséré & porté entre autres articles cestui particuliérement. *Si homines de Loriaco vadis duelli temerè dederint, & præpositi assensu antequàm obsides dederint, concordaverint, duos solidos & sex denarios uterque persolvat. Si de legitimis hominibus duellum factum fuerit, obsides devincti centum & duodecim solidos persolvent.* Il y a plusieurs autres articles; & pour vous montrer la longue ancienneté de ce titre, il y a au bout de ces mots : *sic signatum regni nostri octavo, adstantibus in palatio nostro quorum nomina supposita sunt & signa. S. comitis Theobaldi dapiferi nostri, S. Guidonis buticularii, S. Guidonis camerarii, S. Radalphi constabularii. Data, vacante cancellariâ;* qui est à dire, que si aucuns habitans de Lorry follement jettent leur gage de bataille, & que puis après, du consentement du prévôt, ils accordent, l'un & l'autre sera condamné en l'amende de deux sous six deniers; & s'ils combattent, les plèges de celui qui aura été vaincu seront tenus de payer cent douze sous; aux autres gages de bataille, le vaincu perdroit bien sa cause, mais je ne vois point qu'il fût tenu de payer aucune amende; & par aventure, de-là vint en usage, quand un homme maltraité paie l'amende, on dit qu'il est de la coutume de Lorry, où le battu paie l'amende ».

Il y a dans la province de Berry plusieurs seigneuries & contrées qui se gouvernent par la coutume de *Lorris*.

Lorsque l'on procéda à la rédaction de la coutume de Berry en 1539, tous les seigneurs de la province furent assignés en vertu de lettres-patentes décernées à cet effet. Parmi les nobles comparans, l'on voit d'abord le comte de Famerre, puis François de Chasseron, seigneur de Montfaucon, en personnes, sous protestation, disent-ils, que leur comparution ne préjudiciera point à la déclaration qu'ils entendent faire que leurs terres sont régies par la coutume de *Lorris*.

Viennent ensuite les seigneurs de Marmagne, Cru, Vauvrilles, Berlieres, Verrieres, Cresancy, Chassy, Nuisement, grand & petit Manay, Avor, Farges & Boisboulon, en personnes, & les seigneurs de la Motte-Couchon, Douay & la Garde, par procureurs, tous vassaux de la baronnie de Montfaucon.

Entre les opposans pour la coutume de *Lorris*, on trouve le baron de Montfaucon en personne, qui déclare, tant pour lui que pour ses vassaux, manans & habitans de sa baronnie, ses sujets, qu'ils étoient tous régis & gouvernés selon les coutumes de *Lorris*, rédigées l'an 1531, à raison de quoi n'avoient dû ni pu être appellés à la rédaction des coutumes de Berry, èsquelles ils n'entendoient aucunement, eux, leurs terres & seigneuries, être compris, régis & gouvernés.

Le bailliage de Bourges prétendit qu'à cause que ces seigneurs étoient dans son ressort, ils devoient suivre la coutume de Berry. Mais les commissaires se contentèrent d'appointer les parties respectives, sans toutefois préjudicier au droit des seigneurs opposans. Les oppositions sont demeurées indécises, & ces seigneurs ont toujours continué de suivre universellement la coutume de *Lorris*.

Les coutumes de Berry furent homologuées par arrêt de la cour du 8 juin 1540, à la charge de toutes les oppositions formées singuliérement par le comte de Sancerre & le baron de Montfaucon, tant pour eux que pour leurs vassaux. Trente-neuf ans après, en 1579, parut le premier commentaire de ces coutumes, fait par Labbé de Montveron, avocat du roi au bailliage de Bourges, & qui pouvoit avoir assisté lui-même à la rédaction, ou du moins apprendre de la bouche même de ceux qui s'y étoient trouvés, tous les détails de cette grande affaire.

« Plusieurs seigneurs, dit-il, sont fondés à demander les droits seigneuriaux à eux dus, leur être payés suivant la coutume de *Lorris*, selon laquelle ils mettent en fait avoir été servis desdits droits, quoiqu'ils ne se soient opposés à la rédaction des présentes coutumes pour être régis & gouvernés, soit pour le regard desdits droits, soit en autre cas, suivant la coutumes de *Lorris*, comme ont fait quelques seigneurs ayant terre au dedans du pays de Berry, ainsi qu'il appert par le procès-verbal ».

Que conclut Labbé de ce que ces seigneurs n'ont formé nulle opposition, & de ce qu'ils n'ont point expressément réclamé la coutume de *Lorris* ?

« Et par-tout l'argument des droits seigneuriaux aux autres cas n'est valable, de manière qu'il ne faut faire conséquence, si l'on jouit de la coutume de *Lorris* pour les droits seigneuriaux, que l'on doive aussi être régi par icelle en autres affaires ».

« Depuis, ajoute Labbé, c'est-à-dire, depuis l'homologation, les coutumes de Berry & *Lorris* ont été réglées par cinq arrêts; à savoir, qu'en successions & autres matières où il est question de partage, droits seigneuriaux, criées & autres différends entre les sujets des comtes, barons & seigneurs qui se sont opposés, tant pour eux que pour leurs sujets, à la rédaction desdites coutumes de Berry, & avec lesquels avoient été homologuées les coutumes de *Lorris*, ils se doivent arrêter, payer, faire & parfaire selon lesdites coutumes de *Lorris*, nonobstant que les comtés, baronnies & seigneuries soient au dedans du duché de Berry, & nonobstant l'arrêt d'appointement intervenu à la rédaction desdites coutumes de Berry ».

Labbé rapporte ensuite les espèces de ces cinq arrêts de réglement des .... février 1517, 18 janvier 1555, 11 mars 1558, 8 mars 1560, & du.... 1572.

Les cantons de la province de Berry qui suivent la coutume de *Lorris*, doivent-ils, sur les points omis par cette coutume, recourir à celle de Berry ou au droit romain ?

Cette question renaît fréquemment; la Thaumassière, *dans ses questions sur la coutume de Berry, seconde centurie, chap. 100*, la discute avec beaucoup de soin; voici de quelle manière il s'exprime.

La coutume de *Lorris* est observée en plusieurs justices du ressort du duché & bailliage de Berry, comme au comté de Sancerre, & en la baronnie de Montfaucon; néanmoins ce n'est que comme coutume locale, la coutume de Berry demeurant toujours pour générale, & faisant loi dans toute l'étendue du pays & duché de Berry, ès cas qui ne sont exprimés par celle de *Lorris*, qui y est locale ; d'où vient que s'il se présente quelque question qui ne soit terminée par la coutume de *Lorris* èsdites terres où elle est locale, il faut avoir recours à ces coutumes, plutôt qu'à celles de Paris ou au droit romain. Conformément à cette maxime, l'an 1653 fut jugé en la prévôté de cette ville, qu'au comté de Sancerre qui est régi par la coutume de *Lorris*, qui n'a déterminé l'âge requis pour faire testament, on devoit recourir à celle de Berry, comme générale, qui permet de tester à 18 ans, & non au droit romain, ainsi que les arrêts ont jugé entre personnes de Montargis où ladite coutume est générale, parce que, comme nous avons dit en notre *centurie 1, quest. 1*, on ne doit avoir recours au droit romain qu'à défaut de la coutume, & celle de Berry fait loi par toute la province ès cas omis par les coutumes locales, & partant elle doit plutôt être suivie que la disposition des loix romaines, quoique pour lors maître Robert, chevalier, doyen des avocats, qui plaidoit en la cause, soutînt, suivant l'opinion de l'Hoste, sur l'art. 5, tit. des droits des gens mariés de la coutume de *Lorris*, qu'en ladite coutume on devoit se conformer à celle de Paris, *art. 293*, qui permet de tester des meubles & conquêts à vingt ans, mais pour disposer des propres, desire l'âge de vingt-cinq ans accomplis; le sentiment duquel ne fut suivi en Berry ; & ne doit pas même être gardé à Montargis, comme contraire aux arrêts de la cour, qui, en semblables rencontres, nous renvoient au droit romain plutôt qu'à la coutume de Paris, comme nous avons dit ci-devant. Je plaidois en cette cause, ajoute la Thaumassière, pour Anne Daulny, héritière instituée par Romble Daulny, âgé de dix-huit ans seulement, le testament duquel fut confirmé, nonobstant les raisons alléguées par Jean Moreau, qui débattoit le testament, & qui acquiesça à la sentence du prévôt de Bourges, ayant appris en consultation des plus fameux avocats, qu'elle étoit très-juridique.

Pour la même raison il a été jugé au comté de Sancerre, que la femme succède au mari, à l'exclusion du seigneur haut-justicier, par arrêt du 7 septembre 1600, au profit de Marin Moulier & Anne Ducarroy sa femme, auparavant veuve de Jean Migourdin, contre le seigneur comte de Sancerre, quoique la coutume de *Lorris*, observée audit comté de Sancerre, ne décide la question, la cour ayant jugé qu'il falloit avoir recours à la coutume de Berry, qui est générale en tout le duché, sauf ès cas décidés particuliérement par la coutume de *Lorris*, gardée par forme de coutume locale; ce qui se peut remarquer par le titre de ces coutumes qui ont été qualifiées générales par MM. les commissaires en leur procès-verbal de rédaction d'icelles, & par la cour en son arrêt d'homologation. L'arrêt est au long rapporté par Chenu, *cent. 1, quest. 79.*; par Montholon, *arrêt 92*; Bougier, *lettre S., nomb. 12*; Brodeau, sur Louet, *lettre E, nomb. 12.*

Suivant la même maxime, quoique la coutume de *Lorris* ne parle du droit de suite de dîmes, l'on pratique en toute la province de Berry la disposition de l'article 18, titre *des droits pred.* en cette coutume générale, & ainsi aux autres cas qui ne sont particuliérement décidés par la coutume de *Lorris*.

LOS ET VENTES *ou* LOTS ET VENTES, le mot *lots & ventes* se trouve écrit de ces deux manières, dans d'anciens titres & dans quelques coutumes. (*M. GARRAN DE COULON, avocat au parlement.*)

LOT, s. m. signifie en droit, portion d'une chose divisée en plusieurs parties pour la partager & distribuer entre plusieurs personnes. Il est principalement usité en matière d'hérédité.

Dans les successions, quand l'aîné fait les *lots*, c'est ordinairement le cadet qui choisit.

Quelquefois on les fait tirer au sort par un enfant, ou bien la distribution s'en fait par convention.

Entre cohéritiers, les *lots* sont garans les uns des autres. *Voyez* HÉRITIER, PARTAGE, SUCCESSION.

Tiers-lots, en matière bénéficiale, est celui qui est destiné à acquitter les charges, les deux autres étant l'un pour l'abbé commendataire, l'autre pour les religieux. *Voyez* ABBÉ, BÉNÉFICE, RELIGIEUX, RÉPARATION. (*A*)

LOTERIE, s. f. espèce de jeu de hasard, dans lequel différens lots de marchandises, ou différentes sommes d'argent sont déposées, pour en former des prix & des bénéfices à ceux à qui les billets favorables échoient. *Voyez* le *Dictionnaire économ. diplom. polit.*

LOTS ET RETENUE, l'art. 236 de la coutume de Sedan paroît entendre par-là, non pas le droit de *lots*, comme Ragueau le fait entendre dans son indice, mais celui de retrait seigneurial. Cet article porte « que le parent lignager en re» trait, est préféré au seigneur féodal ou seigneur » foncier & censuel, qui veut retirer lesdits hé» ritages par puissance de fief, *droit de lots & re» tenue* ou autrement ». (*M. GARRAN DE COULON, avocat au parlement.*)

LOUADE. Ducange, au mot *Leuda* sous *Leudis*, dit qu'on a donné ce nom au droit de leide, c'est-à-dire, à une espèce d'impôt qu'on lève sur les marchandises. *Voyez* LEIDE. (*M. GARRAN DE COULON, avocat au parlement.*)

LOUAGE, s. m. (*Droit des gens & civil.*) qu'on appelle aussi *location*, est un contrat du droit des gens, par lequel deux ou plusieurs personnes conviennent d'un prix déterminé, soit pour l'usage d'une chose mobiliaire ou immobiliaire, pendant un certain temps, soit pour le salaire d'ouvrages à faire par l'une d'icelles.

On entend par ce terme de *louage* l'action de celui qui loue, & celle de celui qui prend à titre de *loyer*; dans certaines provinces, on entend aussi par-là l'acte qui contient cette convention.

Le terme de *louage* est générique, & comprend deux espèces de contrats : l'un des choses qui se donnent à ferme ou à loyer; l'autre des faits & des ouvrages qui peuvent s'estimer à prix d'argent, tels par exemple, que ceux de construire une maison, de peindre un tableau, *&c.*

Celui qui donne à *louage* ou *loyer* est appellé dans les baux le *bailleur*, & celui qui prend à loyer ou ferme, est appellé *preneur*, c'est-à-dire, *locataire* ou *fermier*.

Le *louage* est un contrat obligatoire synallagmatique, c'est-à-dire qui oblige les deux parties, & par cette raison il produit une action, tant en faveur du bailleur, qu'en faveur du preneur.

L'action du bailleur a pour objet d'obliger le preneur à payer les loyers ou fermages, & à remplir les autres engagemens, comme de ne point dégrader la chose qui lui a été louée, d'y faire les réparations locatives si c'est une maison.

Celui qui loue doit avoir le même soin de la chose louée que si c'étoit la sienne propre; il ne doit point s'en servir à d'autres usages que ceux auxquels elle est destinée, & doit se conformer en tout à son bail. Mais on n'exige pas de lui une exactitude aussi scrupuleuse que si la chose lui avoit été prêtée gratuitement, desorte que quand la chose louée vient à périr, si c'est par un cas fortuit ou par une faute très-légère du preneur, la perte tombe sur le propriétaire; car, dans ce contrat, le preneur n'est tenu que de ce qu'on appelle en droit *lata aut levis culpa.*

L'action du preneur contre le bailleur est pour obliger celui-ci à faire jouir le preneur; le bailleur n'est pas non plus tenu de *levissimâ culpâ*, mais il est responsable du dommage qui arrive en la chose louée par sa faute, *latâ aut levi.*

Il y a un vieux axiome qui dit que morts & mariages rompent tous baux & *louages*, ce qui ne doit pas être pris à la lettre; car il est certain que la mort ni le mariage, soit du bailleur ou du preneur, ne rompent point les baux, les héritiers des uns & des autres sont obligés de les tenir; mais ce que l'on a voulu dire par cet axiome, est que, comme la mort & le mariage amènent du changement, il arrive ordinairement dans ces cas que le propriétaire demande à occuper sa maison en personne.

Nous avons traité du contrat de *louage* des choses, sous le mot BAIL; c'est pourquoi nous ne parlerons ici que du *louage* des ouvrages.

Le contrat de *louage d'ouvrage* est une convention par laquelle l'un des contractans s'oblige de payer à l'autre une certaine somme pour un ouvrage que ce dernier s'oblige de faire.

Le contrat de *louage* d'une chose diffère principalement du contrat de *louage* d'ouvrage, en ce que dans le premier il s'agit de l'usage d'une chose accordée pour un certain prix au preneur, & que dans le second c'est un ouvrage à faire qui en est l'objet. Dans celui-là, c'est le preneur qui est tenu de payer le prix du *louage* au bailleur; dans celui-ci, au contraire, c'est le bailleur qui doit payer le prix du *louage.*

Le contrat de *louage* d'ouvrage est un contrat synallagmatique, qui forme des obligations réciproques; il a d'ailleurs beaucoup d'analogie avec le contrat de vente. Justinien, dans ses institutes, dit qu'on doute si certains contrats sont contrats de vente ou contrats de *louage*, & voici la règle que cet empereur donne pour les discerner. Quand c'est l'ouvrier qui a fourni la matière, c'est un contrat de vente: si au contraire, on a fourni à l'ouvrier la matière de l'ouvrage dont on l'a chargé, c'est un contrat de *louage*. Si, par exemple, je fais marché avec un tailleur pour qu'il me fasse un habit, & qu'il m'en fournisse l'étoffe, c'eſt un contrat de vente; mais ſi je lui fournis l'étoffe, c'eſt un contrat de *louage*.

Il faut remarquer que, pour que le contrat ſoit contrat de *louage*, il ſuffit qu'on fourniſſe à l'ouvrier la principale matière qu'il doit employer pour faire l'ouvrage: ainſi, lorſque je remets des diamans à un bijoutier pour m'en faire une bague, l'or ou l'argent qu'il fournit pour la monture de la bague, n'empêche pas que le contrat ne ſoit un contrat de *louage*, parce que les diamans qui m'appartiennent ſont ce qu'il y de principal dans la bague.

La principale obligation qui dérive du contrat de *louage* d'ouvrage, conſiſte à payer à l'ouvrier la ſomme convenue pour le prix de l'ouvrage.

L'ouvrier ne peut régulièrement demander cette ſomme qu'après qu'il a fait l'ouvrage & qu'il l'a fait recevoir, ou qu'il a mis le bailleur en demeure de le recevoir. Cependant, ſi les parties contractantes étoient convenues expreſſément ou tacitement que le prix ſeroit délivré en tout ou en partie avant que l'ouvrage fût fait, il faudroit exécuter la convention.

Indépendamment du prix convenu, le bailleur doit auſſi payer celui des augmentations qu'il a été néceſſaire de faire, & qui n'ont pas été prévues lors du marché. Par exemple, ſi dans l'endroit où je me ſuis chargé de conſtruire un mur pour vous, il s'eſt trouvé, au lieu d'un terrein ſolide ſur lequel je comptois, des terres rapportées qui m'ont aſſujetti à une augmentation d'ouvrage, vous devez me payer le prix de cette augmentation.

Quand le bailleur ſoutient que les augmentations qui ont eu lieu n'étoient pas néceſſaires, ou que les parties ne ſont pas d'accord ſur le prix, le juge doit nommer des experts pour examiner ſi ces réparations étoient néceſſaires, & pour en déterminer le prix.

Une autre obligation du bailleur conſiſte en ce qu'il doit faire ce qui dépend de lui pour mettre le preneur en état d'exécuter l'ouvrage convenu. Ainſi, en conſéquence du marché que vous avez fait avec un architecte pour vous conſtruire une maiſon dans un certain endroit, vous devez lui fournir & à ſes ouvriers, un paſſage pour aller dans cet endroit & pour y conduire les matériaux néceſſaires à la conſtruction dont il s'agit.

Vous êtes d'ailleurs tenu de faire conduire à temps, dans cet endroit, les matériaux que, par le marché, vous vous êtes obligé de fournir à vos frais.

Si vous négligez de ſatisfaire à cette obligation, le preneur peut vous faire condamner à ſes dommages & intérêts, & même faire prononcer la réſolution du marché, faute par vous de remplir votre engagement dans le délai que le juge aura fixé.

Il arrive quelquefois que dans un marché d'ouvrage à la journée, on ſtipule que le bailleur, après la perfection de l'ouvrage, donnera au preneur, outre le prix des journées, une certaine ſomme de gratification, *s'il eſt content de l'ouvrage.* Il faut prendre garde que ces termes, *ſi je ſuis content de l'ouvrage*, ne doivent pas être entendus en ce ſens, que le bailleur puiſſe ſelon ſa volonté être reçu à dire, *qu'il eſt mécontent de l'ouvrage*, pour ſe diſpenſer de payer la gratification promiſe: il eſt évident qu'une telle interprétation rendroit la clauſe inutile; c'eſt pourquoi le bailleur doit être tenu de payer la gratification, s'il ne juſtifie que l'ouvrage a quelque défaut conſidérable qui lui donne un juſte ſujet de mécontentement.

Quant aux obligations que contracte le preneur par le contrat de *louage* d'ouvrage, la principale conſiſte à exécuter l'ouvrage dont il s'eſt chargé. Mais doit-il exécuter cet ouvrage lui-même, ou peut-il le faire faire par une autre perſonne? Il faut diſtinguer: s'il s'agit d'un ouvrage ordinaire, le preneur peut le faire faire à ſa décharge par une autre perſonne; mais s'il eſt queſtion d'un ouvrage de génie, dans lequel on conſidère le talent perſonnel de celui qui s'eſt chargé de le faire, il faut qu'il exécute l'ouvrage lui-même. Tel ſeroit le cas où un peintre ſe ſeroit chargé d'orner de tableaux une galerie.

Il faut d'ailleurs que le preneur achève l'ouvrage dans le temps porté par le marché, ſinon il doit être tenu des dommages & intérêts qui réſultent du retard. Ainſi, dans le cas où j'aurois traité avec un architecte pour me conſtruire une maiſon & la rendre habitable avant le premier janvier de l'année ſuivante, il ſeroit tenu de m'indemniſer du loyer que j'aurois perçu, ſi la maiſon eût été achevée dans le temps fixé.

Le preneur ſeroit pareillement tenu des dommages & intérêts du bailleur, ſi l'ouvrage étoit défectueux, ſoit par le vice des matériaux, ſoit par l'impéritie du preneur ou des ouvriers qu'il auroit employés. La raiſon en eſt, que celui qui ſe charge d'un ouvrage, s'oblige de le faire conformément aux règles de l'art.

Si l'ouvrier ſoutient que l'ouvrage dont le bailleur ſe plaint eſt recevable & n'eſt pas défectueux, le juge doit en ordonner la viſite.

Lorſque l'ouvrier n'a pas employé convenablement les matières que le bailleur lui a fournies, & que par ſon impéritie il les a gâtées & miſes hors d'état d'être employées à l'ouvrage pour lequel elles étoient deſtinées, il faut qu'il en fourniſſe d'autres de pareille qualité, ou qu'il en paie la valeur au bailleur.

Par exemple, ſi j'ai fourni un bloc de marbre à un ſculpteur pour en faire une certaine ſtatue, & que ſon ouvrage ne ſoit pas recevable, il ſera obligé de le garder pour ſon compte & de me payer la valeur de mon marbre.

Obſervez néanmoins que ſi ce n'eſt pas par la faute de l'ouvrier que les choſes fournies ont été gâtées en les employant, mais par un vice propre à ces choſes, il ne doit point être tenu de cette perte,

perte, à moins que, par une clauſe particulière du marché, il ne ſe ſoit expreſſément chargé du riſque de ce cas fortuit.

Si les choſes fournies par le bailleur pour exécuter l'ouvrage, ſe ſont perdues ou ont été volées depuis qu'elles ont été remiſes à l'ouvrier pour les employer, celui-ci eſt tenu de les payer ou d'en fournir d'autres de pareille qualité.

Si, par quelque accident de force majeure, l'ouvrage vient à périr avant qu'il ſoit reçu ou même avant qu'il ſoit achevé, c'eſt au bailleur à ſupporter cette perte, & l'ouvrier doit être payé du travail fait juſqu'au moment où l'ouvrage eſt péri.

Suppoſez, par exemple, qu'un maître maçon ſe ſoit obligé à me conſtruire une maiſon dans mon jardin, & à fournir pour cet effet les matériaux néceſſaires, il eſt certain qu'à meſure que la maiſon s'élève, elle devient un acceſſoire du terrein ſur lequel on la bâtit; d'où il ſuit que ſi une inondation ou un tremblement de terre viennent à détruire l'ouvrage fait par le maître maçon, j'en dois ſupporter la perte, conformément à la règle *res perit domino*.

S'il n'étoit pas prouvé que l'ouvrage, avant d'avoir été reçu, eût péri par un accident de force majeure, on préſumeroit qu'il eſt péri par la faute de l'ouvrier; & en conſéquence, on rejetteroit la demande qu'il formeroit pour être payé de cet ouvrage.

Quand un ouvrage eſt achevé, le bailleur doit le recevoir, c'eſt-à-dire, l'approuver, s'il n'y trouve point de défectuoſité; ſi, au contraire, il trouve l'ouvrage défectueux, & qu'en conſéquence il ne veuille pas le recevoir, le juge doit en ordonner la viſite par experts.

L'ouvrage eſt préſumé reçu, quand le bailleur a laiſſé paſſer un certain temps ſans s'en plaindre, & ſur-tout lorſqu'il en a payé le prix ſans proteſtation.

Le contrat de *louage* d'ouvrage peut ſe réſoudre par le conſentement des parties; & ſi cette réſolution a lieu avant que l'ouvrage ait été commencé, elle n'occaſionne point de dommages & intérêts, à moins qu'il n'en ait été ſtipulé pour le cas où la convention ſeroit réſolue.

Si, au contraire, la réſolution du contrat n'a lieu que depuis l'ouvrage commencé, le bailleur eſt obligé de payer à l'ouvrier le prix de ce qui a été fait, à moins que les parties n'en ſoient convenues autrement.

Le contrat de *louage* d'ouvrage peut auſſi quelquefois ſe réſoudre par la volonté de l'une des parties. Ainſi, lorſque le bailleur ne juge plus à propos de faire faire l'ouvrage pour lequel il avoit traité, il peut réſoudre le marché, en avertiſſant l'ouvrier & en l'indemniſant.

Cette règle doit avoir lieu, quand même l'ouvrage ſeroit commencé. C'eſt pourquoi auſſi-tôt que le bailleur a ſignifié à l'ouvrier qu'il ne veut plus que l'ouvrage ſe continue, l'ouvrier doit diſcontinuer. Il faut ſeulement qu'en ce cas le bailleur paie le prix de ce que l'ouvrier a fait, indépendamment des dommages & intérêts qui peuvent réſulter de l'inexécution du marché.

Et ſi le bailleur avoit payé d'avance la totalité du prix de l'ouvrage, il ſeroit fondé à répéter ce prix, ſous la déduction de la valeur de ce que l'ouvrier auroit fait, & de ce qui lui ſeroit dû pour dommages & intérêts.

Quoique le bailleur puiſſe faire réſoudre le contrat de *louage* d'ouvrage, il en eſt autrement de l'ouvrier; celui-ci eſt obligé d'exécuter le marché tel qu'il a été conclu.

Mais le contrat dont il s'agit ſe réſout-il par la mort de l'ouvrier? Il faut, à cet égard, diſtinguer deux cas: le premier a lieu, quand l'ouvrage, qui eſt le ſujet de la convention, peut ſe faire par d'autres comme l'ouvrier contractant auroit pu le faire: par exemple, ſi j'ai traité avec un menuiſier pour rétablir les parquets d'un appartement, les héritiers de l'ouvrier ſont tenus d'exécuter le marché comme le défunt auroit été obligé de l'exécuter lui-même.

Le ſecond cas ſe rencontre quand l'ouvrage énoncé au contrat eſt tel, que l'on a conſidéré le talent perſonnel de l'artiſte avec lequel on a traité. Il eſt certain qu'alors la mort de l'artiſte réſout la convention, s'il eſt décédé avant d'avoir été mis en demeure de remplir ſon obligation: en effet, cette obligation étant un fait perſonnel à l'artiſte, il eſt clair qu'elle doit être éteinte par ſon décès, puiſque le talent qui en faiſoit l'objet n'exiſte plus.

Mais il en ſeroit différemment, ſi l'artiſte avoit été mis en demeure de faire l'ouvrage; dans ce cas-ci, ſes héritiers ſeroient tenus des dommages & intérêts occaſionnés par la négligence du défunt.

Enfin, le contrat de *louage* d'ouvrage ſe réſout lorſqu'une force majeure empêche l'exécution du marché; & en ce cas, l'ouvrier ne peut point exiger de dommages & intérêts. Tel ſeroit le cas où un fleuve, ayant changé ſon lit, l'auroit établi ſur un terrein où je devois, en ma qualité d'architecte, vous conſtruire la maiſon pour laquelle j'avois traité avec vous. Il eſt évident que le marché ne pouvant plus s'exécuter, il eſt néceſſairement annullé, ſans que je puiſſe vous demander des dommages & intérêts, puiſque ce n'eſt pas par votre fait que le marché ne s'eſt point exécuté. Cependant, ſi j'avois fait des dépenſes pour mettre des matériaux ſur place, il ſeroit juſte que j'en fuſſe rembourſé.

LOUANDIER, terme particulier de la coutume d'Auvergne, qui ſignifie un homme travaillant à la journée.

LOUCHE, ce mot a ſignifié autrefois une *cuiller*. On a dit auſſi *louſſe* dans le même ſens. Dom Carpentier ſoupçonne avec beaucoup de vraiſemblance que le droit de *louche*, qui ſe levoit ſur tous les grains vendus à la halle de Namur, tire de-là sa dénomination, sans doute parce qu'on le percevoit avec une cuiller. *Voyez* le *glossarium novum* de cet auteur, & celui de Ducange, au mot *Lochea*. (*M. GARRAN DE COULON, avocat au parlement.*)

LOUTRÉE, *voyez* OUTRÉE.

LOUX & LOUZ. On a dit autrefois ces deux mots, au lieu de celui de *lods*. Il paroît par ce que dit Ragueau, que le mot *loux* se trouve dans quelques éditions de la coutume de Bourgogne, puisque cet auteur renvoie aux articles 168 & 174 de cette coutume, où néanmoins ce mot ne se trouve pas dans plusieurs éditions. Celui de *louz* est indiqué par dom Carpentier, au mot *Laudes* sous *Laudare* 4. (*M. GARRAN DE COULON, avocat au parlement.*)

LOYAL, adj. se dit en droit de ce qui est légitime & conforme à la loi; il sembleroit par-là que légal & *loyal* seroient toujours la même chose, mais cependant on n'emploie pas ces deux mots indistinctement l'un pour l'autre: on dit un préciput légal, un augment légal, c'est-à-dire, fondé sur la loi, & non sur la convention: & on appelle du grain bon, *loyal* & marchand, lorsqu'il est tel que la loi veut qu'on le donne; néanmoins dans quelques coutumes, on dit *loyal* administrateur pour *légal*.

Loyal signifie aussi quelquefois *féal* ou *fidèle*; c'est en ce sens que l'on dit qu'un vassal doit être féal & *loyal* à son seigneur. (*A*)

LOYAUX-COUTS *ou* LOYAUX-COUTEMENS, (*termes de coutumes & de pratique.*) sont toutes les sommes que l'acquéreur a été obligé de payer outre le prix de son acquisition, tant pour les frais de son contrat que pour les proxénètes, pot-de-vin & épingles, pour les frais d'un décret volontaire, s'il en a fait un; pour les droits seigneuriaux & pour les réparations nécessaires, faites par autorité de justice; pour le paiement du droit de franc-fief.

Ce terme est usité en matière de retrait; l'acquéreur qui est évincé par retrait devant être indemne, le retrayant doit lui rembourser, outre le prix principal, tous les *loyaux-coûts* que nous venons de rapporter, en observant néanmoins à l'égard du droit de franc-fief, que, s'il n'est pas dû par le retrayant, il doit s'adresser au fermier pour en obtenir la restitution, s'il est encore dans un temps utile.

On les appelle *loyaux*, parce que le retrayant n'est tenu de rembourser que ce qui a été payé légitimement ou suivant la loi; de sorte que, si l'acquéreur a trop payé pour les frais du contrat ou pour ceux de son décret, ou s'il a fait des réparations inutiles, ou sans les avoir fait constater par justice, le retrayant n'est tenu de lui rembourser que ce qui pouvoit être dû légitimement.

Il en est parlé dans l'*art. 129* de la coutume de Paris, à l'occasion du retrait lignager. *Voyez* RETRAIT.

LOYER, s. m. se dit en droit de la somme que le locataire d'une chose donne pour le prix de la location. On se sert aussi quelquefois de ce terme dans la même signification que celui de *louage*.

On donne à *loyer* ou plutôt à louage des choses mobilières, comme un cheval, des meubles meublans, & des choses immobilières, telles qu'une maison, une terre, un héritage. Mais ce terme *loyer* se prend plus particuliérement pour le prix du louage.

Le propriétaire d'une maison a un privilège sur les meubles de ses locataires pour les trois derniers quartiers de *loyer* & le courant, à moins que le bail n'ait été passé devant notaire, auquel cas le privilège s'étend sur tous les *loyers* qui doivent échoir jusqu'à la fin du bail.

L'ordonnance de 1629, *art. 142*, dit que les *loyers* des maisons & prix des baux à ferme ne pourront être demandés cinq ans après les baux expirés. Cette décision paroît suivie au parlement de Paris. *Voyez* BAIL, LOUAGE.

LOZ, terme particulier qu'on trouve dans la coutume de Mons, *chap. 8*, & dont elle se sert pour signifier le consentement donné par les enfans ou autres héritiers présomptifs, à la vente des héritages qui leur sont affectés. *Voyez* LOER.

L U -

LUBECK, *le droit*, (*Droit Germaniq.*) c'est originairement le droit que *Lubeck* a établi dans son ressort pour le régir & le gouverner.

Comme autrefois cette ville avoit acquis une grande autorité par sa puissance & par son commerce maritime, il arriva que ses loix & ses statuts furent adoptés par la plupart des villes situées sur la mer du Nord. Stralsund, Rostock, & Wismar en particulier, obtinrent de leurs maîtres la liberté d'introduire ce droit chez elles, & d'autres villes le reçurent malgré leurs souverains.

Plusieurs auteurs placent les commencemens de ce droit sous Fréderic II, qui le premier accorda la liberté à la ville de *Lubeck*, & de plus confirma ses statuts & son pouvoir législatif; il y a néanmoins apparence que le droit qui la gouverne ne fut pas établi tout-à-la-fois, mais qu'on y joignit de nouveaux articles de temps à autre, selon les diverses conjonctures. Ce ne fut même qu'en 1582, que le sénat de *Lubeck* rangea tous ses statuts en un corps de loix, qui vit le jour en 1586. L'autorité de ce code est encore aujourd'hui fort considérée dans le Holstein, la Poméranie, le Mecklembourg, la Prusse & la Livonie. Quoique les villes de ces pays n'aient plus le privilège d'appeller à *Lubeck*, on juge néanmoins leurs procès selon le droit de cette ville; ce qui s'observe particuliérement au tribunal de Wismar.

On peut consulter l'ouvrage latin de Jean Sibrand, sur cette matière, & le savant commentaire, *commentarius ad jus Lubecense*, de David Mevius, qui fut d'abord professeur à Grypswald, & enfin vice-président de la chambre de Wismar. (*D. J.*)

LUCRATIF, adj. se dit de ce qui emporte le gain de quelque chose, comme un titre *lucratif*, ou une cause *lucrative* : les donations, les legs sont des titres *lucratifs* : deux causes *lucratives* ne peuvent pas concourir pour la même personne sur un même objet, c'est-à-dire, qu'elle ne peut pas avoir deux fois la même chose. *Voyez* TITRE LUCRATIF & TITRE ONÉREUX. (*A*)

LUETS, s. m. (*Droit féodal.*) Rагueau dit que le devoir des *luets* est un boisseau de seigle sur chacune tenue & chacun ménage tenant feu & fumée, & labourant terres en la paroisse, dont est fait mention au recueil des arrêts des chambre de Bretagne, du 16 octobre 1561 & du 20 ma 1564. (*M. GARRAN DE COULON, avocat au parlem.*)

LUMINIERS, s. m. pl. est le nom que l'on donne en quelques endroits aux marguilliers, à cause que ce sont eux qui prennent soin de l'entretien du luminaire de l'église. Ils sont ainsi nommés dans la coutume d'Auvergne, *chap. 2, art. 7. Voyez* MARGUILLIERS.

LUTHÉRANISME, *voyez* CALVINISME.

LUXE, *voyez* LOIX SOMPTUAIRES, & *le Dictionnaire diplom. économ. & politiq.*

M

M, Treizième lettre de l'alphabet françois, qui sert à distinguer les monnoies fabriquées à Toulouse.

M A

MAAISSE, *ou* MAASSE, f. m. (*Droit féodal.*) dom Carpentier dit, dans son glossaire latin, au mot *Massa 5*, qu'on nomme *maaisse* ou *maasse* le cens ou redevance qui est dû sur un mas, ou plutôt sur ces espèces de villages qu'on appelloit *massa*, en latin-barbare. (*M. GARRAN DE COULON, avocat au parlement.*)

MACÉDONIEN, terme de jurisprudence romaine, qui désigne un décret du sénat, par lequel les prêts faits à un enfant sous puissance paternelle sont déclarés nuls, tant à son égard, qu'à l'égard de son père.

Les auteurs ne sont pas d'accord sur le temps où ce décret a été rendu; Tacite l'attribue à l'empereur Claude, & Suétone à Vespasien. Mais il est probable qu'il a été rendu sous le règne de Claude, à la requisition de Vespasien, pour lors consul, ce qui a donné lieu de l'attribuer indifféremment à l'un ou à l'autre de ces empereurs.

Il est également incertain si le nom de *Macédonien* a été donné au sénatus-consulte dont nous parlons, par rapport au fils de famille, à l'occasion duquel il fut rendu, ou par rapport à l'usurier dont on voulut réprimer l'avidité. Les uns disent que Macédo étoit un fameux usurier, qui vint à Rome du temps de Vespasien, & qui, profitant du goût de débauche dans lequel étoit la jeunesse romaine, prêtoit de l'argent aux fils de famille qui étoient sous la puissance paternelle, en leur faisant reconnoître le double de ce qu'il leur avoit prêté; desorte que quand ils devenoient usans de leurs droits, la plus grande partie de leur bien se trouvoit absorbée par ces usures énormes. Les autres prétendent que Macédo étoit un fils de famille qui, trouvant facilement à emprunter à des usures énormes, s'abandonna au luxe, & se livra à toutes ses passions; que, ruiné par ce moyen & réduit au désespoir, il assassina son père.

Quoi qu'il en soit, les empereurs, pour tarir la source des crimes auxquels la facilité d'emprunter peut donner naissance, firent rendre ce sénatus-consulte appellé *macédonien*, qui déclare toutes les obligations faites par les fils de familles nulles, même après la mort de leur père.

La disposition du sénatus-consulte *macédonien* se trouve rappellée dans les capitulaires de Charlemagne : elle est observée dans tous les pays de droit écrit; mais elle n'a pas lieu dans les pays coutumiers : les défenses qui y ont été faites en divers temps de prêter aux enfans de famille, ne concernent que les mineurs, attendu que les enfans majeurs ne sont plus en la puissance de leurs père, mère, ni autres tuteurs ou curateurs.

Le sénatus-consulte *macédonien* ne concerne que les fils de famille, & l'argent qui leur est prêté sans le consentement de leur père, ou qui n'a point tourné au profit du père.

De-là il suit, 1°. que la prohibition de prêter aux enfans de famille, s'étend à tous les enfans sous puissance paternelle, sans distinction d'âge, de sexe, de grade, de dignité, à moins qu'ils ne jouissent d'un pécule castrense ou quasi-castrense, pour l'administration desquels ils sont réputés pères de famille.

2°. Que la prohibition ne s'étend qu'aux prêts faits en argent, en sorte qu'elle n'empêche pas de contracter avec un fils de famille de toute autre manière, comme par exemple, par vente, louage, donation, même par prêt d'autre chose que de l'argent, pourvu que ce ne soit pas en fraude de la loi, & qu'on ne déguise pas sous un autre nom un véritable prêt en argent, comme lorsqu'on vend à un fils de famille des marchandises, dont le prix qu'il reçoit par leur revente tient lieu d'argent prêté. La prohibition du sénatus-consulte regarde également les prêts faits sans usure ou avec usure.

3°. Que la prohibition cesse lorsque le fils de famille a emprunté par l'ordre de son père, ou que son père a ratifié l'emprunt par lui fait : lorsque le fils de famille est commis ou facteur de son père, & qu'il a emprunté pour la régie des objets confiés à son administration : lorsque l'argent emprunté a servi à l'acquit d'une dette légitime : lorsque l'emprunt a eu pour cause les frais de nourriture, d'études, d'obtention de degrés, de provisions de charges, & autres dépenses nécessaires pour l'entretien & l'éducation d'un fils de famille, & qu'il n'excède pas la somme que le père a coutume de fournir pour ces objets : lorsqu'enfin l'argent prêté a été employé utilement aux affaires du père.

Les défenses portées par le sénatus-consulte de prêter aux enfans de famille sont tellement expresses, que ni le père, ni le fils à qui on a prêté, ne peuvent jamais être contraints au paiement de la somme prêtée; que le prêteur ne peut revendiquer son argent, soit qu'il existe encore entre les mains du fils, soit qu'il ait été consommé; que quand bien même le fils auroit renoncé au bénéfice du sénatus-consulte, ni lui, ni son père, ni ses héritiers, ni ses cautions ne peuvent être contraints au paiement; que l'exception qui naît de ce sénatus-consulte peut être opposée avant ou après la contestation en cause, & même après un jugement portant condamnation de payer.

Cependant il est nécessaire d'observer que cette

exception ne peut être opposée à un pupille, ou à un mineur, ou à un créancier, qui a été induit en erreur par un fils de famille, qui s'est donné faussement pour père de famille; & que le fils de famille ne peut diriger aucune action pour répéter les paiemens qu'il auroit faits en conséquence de son obligation.

Papon rapporte un arrêt de 1526, qui fait défense à tout marchand de donner ou de vendre à crédit aucune marchandise aux fils de famille sans le consentemem de leurs pères, & aux mineurs sans le consentement de leurs tuteurs ou curateurs, à peine de perte de leurs marchandises & d'amende arbitraire. Mornac en rapporte un autre du 17 mars 1614, qui a condamné au bannissement perpétuel un nommé *Santeuil*, qui prêtoit de l'argent aux enfans de famille. Brodeau en rapporte un troisième, rendu, toutes les chambres assemblées, le 26 mars 1624, qui fait défenses à toutes personnes de prêter de l'argent aux enfans de famille, quand même ils se diroient majeurs, & qu'ils mettroient l'extrait de leur baptistaire entre les mains des prêteurs, à peine de nullité des promesses, de confiscation des choses prêtées, & de punition corporelle. *Voyez* USURE, USURIER.

MACHEURE, terme qu'on trouve dans la coutume de S. Sever, est une diction corrompue du *Machera*, qui signifie *glaive* ou *épée*. Suivant l'art. 16, tit. 18 de cette coutume, celui qui en blessoit un autre avec *macheure*, devoit payer au seigneur du lieu, pour toute réparation du crime, la loi & amende de sept livres huit sous six deniers tournois; mais dans le cas seulement, où pour guérir la blessure, il falloit faire au blessé une incision d'une once.

On sait que par l'ancien droit des nations qui s'emparèrent de l'empire Romain d'occident, tous les crimes étoient punis par une composition en argent, qui d'abord se donnoit à l'offensé, & dans la suite se partageoit entre le fisc du prince & le blessé. Mais au moins dans l'un ou l'autre cas, l'offensé recevoit la satisfaction qui lui étoit due, au lieu que par la coutume de S. Sever, la réparation d'un délit n'étoit accordée qu'au seigneur qui en prenoit l'amende.

Cette coutume injuste devoit occasionner un grand nombre de crimes, parce que d'une part celui qui vouloit du mal à un autre, ne craignoit point de lui tendre des embûches, & de le blesser jusqu'à mort exclusivement, sachant qu'il en seroit quitte pour une modique amende : d'un autre côté, le blessé qui ne recevoit aucun dédommagement, ne cherchoit qu'à se venger par toutes sortes de voies. Ces inconvéniens engagèrent les états du pays, lors de la rédaction de leurs coutumes en 1514, à réformer cet article, & à ordonner que par la suite les juges des seigneurs hauts-justiciers, outre les amendes taxées par la coutume & dues aux seigneurs, puniroient les délinquans arbitrairement, eu égard à la qualité du délit, aux personnes du délinquant & du blessé, au temps & lieu où le délit auroit été commis.

MACHINATION, s. f. (*Code criminel.*) est une action par laquelle on dresse une embûche à quelqu'un, pour le surprendre par adresse, ou par artifice : la *machination* est différente de l'attentat, qui est l'outrage & la violence qu'on fait à quelqu'un.

Suivant l'ordonnance de Blois, il falloit pour établir la peine de l'assassinat, réunir la *machination* & l'attentat; « nous voulons, y est-il dit, la seule *ma-* » *chination* & attentat, être punis de peine *de mort* » : or comme la conjonction *&* est copulative, il s'ensuit que la *machination* seule n'exposoit pas le coupable à la peine de mort. Mais, selon l'ordonnance criminelle de 1670, pour être puni de la peine de l'assassinat, la *machination* seule suffit, encore qu'il n'y ait eu que la seule *machination*, ou le seul attentat; ce qui suit de la conjonction *ou* employée par le législateur, qui est une conjonction disjonctive & alternative.

Suivant donc la jurisprudence actuelle, il n'est pas nécessaire que l'assassin ait attenté immédiatement à la vie de celui qui est l'objet de son dessein criminel, il suffit qu'il ait *machiné* l'assassinat. Par arrêt du parlement, un riche juif ayant engagé son valet à donner des coups de bâton à un joueur d'instrumens, amant de sa maîtresse, ils furent tous deux condamnés à être roués, ce qui fut exécuté réellement à l'égard du valet, & en effigie à l'égard du maître : on punit donc alors la *machination*, qui n'avoit été suivie d'aucun attentat. *Voyez* ASSASSINAT. M. de Montesquieu fait voir que cette loi est trop dure.

MAÇONNERIE, s. f. (*Droit public.*) ou CHAMBRE DES BATIMENS. On désigne par l'un ou l'autre de ces deux noms, une jurisdiction royale, qui ressortit nuement au parlement, établie à Paris dans l'enclos du palais, & créée dans l'origine pour connoître de tout ce qui a rapport à la construction, sûreté & police des bâtimens, recevoir les entrepreneurs, faire observer leurs statuts & les règles de leur art, décider toutes les contestations qui naissent pour raison de leurs ouvrages, soit entre eux, soit entre leurs fournisseurs & ouvriers, *&c.*

Par les mots *maçon* & *entrepreneur*, on entend en général l'architecte ou l'ouvrier qui conduit, dirige ou entreprend les constructions & les ouvrages en fait de bâtimens; & comme la maçonnerie en est la base & la principale partie, il est assez dans l'usage de confondre la dénomination générique de *maçon* avec celle d'*entrepreneur.*

La construction des bâtimens, leur solidité, les accidens qui peuvent résulter des défectuosités de la bâtisse, le rapport qu'ils ont non seulement avec la fortune & l'aisance des citoyens, mais encore avec la sûreté publique, ont dans tous les temps paru mériter la plus grande attention de la part des souverains; & le gouvernement a pris un soin particulier de tout ce qui pouvoit y avoir trait,

C'est par ces motifs que long-temps avant qu'il fût question de maîtrises, de jurandes, de communautés d'arts & métiers, nos rois avoient jugé nécessaire d'établir une jurisdiction particulière, soit pour leurs bâtimens, soit pour ceux des particuliers, & de créer un juge général des œuvres de maçonnerie, charpente & autres constructions en tout genre, chargé de la visite & police des bâtimens, de l'examen des entrepreneurs, de leur réception, de punir leurs malversations & malfaçons, & de procurer aux loix & règles des bâtimens leur pleine exécution.

Louis IX, non moins connu par les établissemens qu'ils a faits & par la sagesse de ses ordonnances, que par sa piété, crut devoir donner une jurisdiction fixe & sédentaire au général des bâtimens, & créa dans son palais une jurisdiction spécialement destinée à connoître de tout ce qui auroit rapport à la bâtisse, & à veiller aux abus qui peuvent en résulter.

Cette jurisdiction, la plus ancienne des tribunaux ordinaires de Paris, après le châtelet, existoit déjà en 1317, ainsi qu'on le voit par des anciennes ordonnances ou statuts, donnés le mardi d'après noël de la même année, & registrés depuis au parlement le 3 septembre 1574, en vertu de lettres-patentes confirmatives de Charles IX, du 9 avril précédent.

Aux termes de ces ordonnances, *article 4*, le juge général étoit ce qu'on appelloit alors le *maître maçon du roi*, charge à laquelle étoient attachés en ce temps, les droits, les pouvoirs & les fonctions attribués depuis au titre de surintendant des bâtimens, & ensuite au directeur général : c'étoit du nom de ce général des bâtimens qu'étoient intitulés tous les jugemens rendus en fait de bâtimens ou pour les entrepreneurs. Sa qualité, ainsi qu'on le voit par des provisions de cet office, données en 1573 & 1590, & par des lettres-patentes du 16 mai 1598, registrées le 12 mars 1601, étoit de *maître général des œuvres & bâtimens du roi, ponts & chaussées de France :* & encore aujourd'hui les provisions des trois juges généraux de cette jurisdiction leur donnent le titre de *conseillers du roi, maîtres généraux de ses œuvres & bâtimens, ponts & chaussées de France.*

C'est sans doute par ces motifs & d'après ces circonstances que le surintendant ou le directeur général des bâtimens, ayant succédé aux principales & premières prérogatives du maître général des bâtimens du roi, on a soutenu avec raison qu'ils étoient naturellement & éminemment les chefs de la chambre des bâtimens; qu'ils devoient y avoir la séance & présidence d'honneur, de même que le connétable à la connétablie, l'amiral à l'amirauté, le prévôt de Paris au châtelet; & que ce tribunal étoit le véritable siège des bâtimens, ponts & chaussées de France, & de tout ce qui est attribué aux places de surintendant & directeur général, ou de ce qui peut se référer aux constructions & ouvrages de bâtisse.

Une jurisdiction dont l'objet a été long-temps trop peu connu, à raison de son importance & des avantages que le public en retire, mérite un certain détail : pour le rendre de manière que l'on trouve facilement ce dont les justiciables de cette chambre ou les citoyens qui y ont des intérêts à discuter, auront besoin d'être instruits, soit sur son origine, ses droits, sa compétence, son autorité, ses fonctions & son utilité, soit sur les entrepreneurs & ouvriers, on suivra par ordre alphabétique ce qui a ou peut avoir trait au tribunal des bâtimens.

Après avoir ainsi présenté les objets relatifs à la jurisdiction, on rendra compte dans le même ordre de tout ce qui a rapport aux entrepreneurs qui en sont les principaux justiciables, en examinant leurs différentes qualités, leurs droits, leurs obligations, la garantie qu'ils doivent, le privilège qu'ils peuvent communiquer, & leur administration.

SECTION PREMIÈRE.

Sur la jurisdiction des juges généraux des bâtimens.

Cette juridiction rendue fixe & sédentaire au temps de saint Louis, dans l'ancien palais de nos rois à Paris, est composée de trois juges & maîtres généraux, d'un procureur du roi, un substitut, un greffier en chef, un principal commis du greffe, & trois huissiers. L'appel des sentences qui s'y rendent est relevé immédiatement au parlement; les audiences s'y tiennent le lundi & le vendredi matin : les avocats au parlement y plaident, & les procureurs y occupent, ainsi qu'aux autres tribunaux de l'enclos du palais.

C'est au parlement & en la grand'chambre que les trois juges & le procureur du roi sont examinés & reçus. Quant à leur installation, elle se fait par un conseiller de grand'chambre, lequel, en qualité de commissaire de la cour, se rend, avec l'un des greffiers de la grand'chambre & deux huissiers du parlement, en la chambre des bâtimens, où il est reçu par les maîtres généraux à l'entrée du parquet, &, prenant la place du président, il siège avec eux. Le procureur du roi portant la parole, & le greffier de la grand'chambre tenant la plume, on fait lecture des provisions & de l'arrêt de réception : sur les conclusions du procureur du roi, le commissaire du parlement installe le nouveau pourvu, & lui donne la place sur le même banc où il est assis; après quoi un des huissiers de la grand'chambre appelle une cause, qui est jugée par le commissaire & les généraux, ou remise.

Le commissaire se retire ensuite, reconduit jusqu'à l'issue du parquet par les généraux, & jusqu'à la dernière porte par le nouvel officier.

On ignore l'époque fixe de la création du maître

& juge général des œuvres & bâtimens du roi; tous les monumens attestent seulement que la jurisdiction devint sédentaire du temps de saint Louis.

Une ordonnance de 1317, confirmée par lettres-patentes de Charles IX, du 9 avril 1574, enregistrées le 3 septembre suivant, indique une partie des droits qu'il avoit à cette époque, & des fonctions dont il étoit tenu; elle est composée de dix-huit articles, dont voici les principaux.

Par l'article 4, le roi accorde *la maîtrise des maçons à son maître maçon, pour autant de temps qu'il lui plaira, & jurera de garder bien & loyaument le métier, tant pour le pauvre que pour le riche, le foible comme pour le fort.*

Suivant l'article 5, *le mortellier & le plâtrier sont de la même condition & établissement que les maçons*; c'est-à-dire, comme l'explique l'article 9, que *le mortellier & le plâtrier sont en la même jurisdiction du maître qui garde le métier de maçon*, & qu'ils sont tenus, aux termes des articles 10 & 11, de jurer devant le maître général auquel ils doivent *cinq sous parisis, qu'ils ne mettront rien avec le plâtre & le mortier*, & qu'ils en donneront *bonne & loyale mesure.*

En cas de contravention de la part des justiciables, ils doivent être punis par une amende, & même, s'ils sont *coutumiers*, le maître des œuvres *peut leur défendre le métier.* Cette peine peut également être prononcée, suivant l'article 13, toutes les fois que les maçons & autres justiciables refusent *d'obéir aux commandemens* du maître général.

Ces droits de jurisdiction & les fonctions du général des bâtimens ont été développés par la suite, à proportion que la capitale a augmenté, & que les bâtimens s'y sont multipliés. Nos rois ont chargé le maître général de faire visiter toutes les semaines les atteliers & bâtimens, vérifier les fautes & abus, en recevoir le rapport, juger & punir les délinquans, faire réparer les vices & malfaçons, & pourvoir à la sûreté publique.

Comme un seul ne pouvoit point suffire à tous ces devoirs, Louis XIV créa, par édit de 1645, deux autres juges généraux, sous le titre d'alternatif & triennal, avec les mêmes prérogatives qu'avoit l'ancien: on voit par le même édit, qu'il existoit aussi, à cette époque, un maître général ancien de charpenterie, & qu'il y eut pour cette partie une création de deux généraux alternatif & triennal, qui tous exerçoient leur jurisdiction & tenoient leurs audiences au palais dans la même chambre que les maîtres généraux des œuvres de maçonnerie; aussi, lorsqu'il a été établi dans cette chambre un procureur du roi, ses provisions ont-elles été données avec le titre de procureur du roi de la chambre de la maçonnerie & bâtimens, comme ayant un égal droit de veiller à la police des divers métiers relatifs aux bâtimens, & sur les maîtres de ces différentes professions.

Avant cet édit, le maître général avoit un lieutenant ou par commission émanée de lui, ou par provision du souverain. Ce lieutenant l'assistoit à l'audience, & le suppléoit en cas d'absence ou autre empêchement. Depuis l'édit, les deux généraux créés à l'instar de l'ancien, président à leur tour une année, & alors l'ancien & l'autre qui ne sont pas en exercice, siègent comme assesseurs & le suppléent au besoin.

Tous ces développemens & accroissemens de la jurisdiction des bâtimens vont être plus spécialement expliqués, en indiquant, par ordre alphabétique, les objets dont elle a la connoissance, la qualité des justiciables, la nature & le nombre des offices de la chambre.

Carrier, préaulliers & jardiniers. On entend par ces différens titres, les entrepreneurs & ouvriers qui travaillent à fouiller & extraire les pierres & terres, pratiquer galeries ou préaux dans les carrières, faire des terrasses extérieures ou intérieures.

Ces divers métiers sont soumis à la jurisdiction des généraux des bâtimens, ainsi que cela résulte des lettres-patentes de Henri IV du 17 mai 1595, registrées au parlement le 22 juin suivant, & du 16 mai 1598, registrées le 12 mars 1601.

La chambre des bâtimens, en exerçant sa jurisdiction à ce sujet, doit principalement veiller à ce que les excavations soient faites de manière qu'il n'en puisse résulter aucun accident, que les piliers laissés dans les masses & carrières soient assez fréquens & de force suffisante pour empêcher les éboulemens des terres; que les excavations ne soient point poussées jusques sous les bâtimens, cours & chemins: elle doit encore veiller, lorsque la pierre est arrivée sur les atteliers pour être mise en œuvre, qu'il ne soit point employé de grosses pierres défectueuses pour les coins & chaînes. Dans ce cas, les commissaires préposés pour la police sont obligés *de les faire casser pour être mises en moellon; & alors elles ne sont payées aux carriers que sur le pied de moellons.* Telle est la disposition d'une ordonnance imprimée, portant règlement, du 10 janvier 1738. *Voyez* CARRIERE.

Charpentiers. Quand, par sa destination & son emploi, la charpente ne seroit point une suite nécessaire de la maçonnerie, la connexité & l'identité de ces deux professions résulteroient d'une foule de circonstances tirées d'actes & titres communs aux deux communautés.

1°. Dans tous les temps elles ont été réunies sous le titre de *confrairie de saint Blaise*, dont l'administration dépendoit du juge général des bâtimens, & se faisoit sous son autorité.

2°. Des lettres-patentes de Charles VI, données à Paris au mois de février 1404, sur les représentations des maîtres & jurés *ordonnés sur le fait des métiers de maçonnerie & charpenterie à Paris*, annoncent que la visite des ouvrages de ces deux métiers se faisoit conjointement & par les mêmes personnes.

3°. L'hôtel-dieu ayant desiré, en 1714, d'acquérir la chapelle saint Blaise, qui étoit alors située rue Galande, & qui formoit le point de réunion des deux communautés, sous l'inspection des généraux des bâtimens, il y eut une délibération le 8 février 1714, pour autoriser les maçons & charpentiers à traiter *conjointement avec MM. les généraux*, sur la demande des administrateurs de l'hôtel-dieu.

4°. Il fut question, en 1740, de réparer la chapelle saint Blaise, commune aux maçons & aux charpentiers : le nommé la *Croix*, juré de la communauté des charpentiers, présenta à cet effet une requête en la chambre des bâtimens, où il fut rendu sur cette demande une sentence le 4 juin 1740.

5°. La police sur les ouvrages de maçonnerie & de charpente est presque indivisible : les rapports en sont continuels ; & un usage aussi ancien que la chambre, atteste que les jurés, en faisant les visites pour la police des bâtimens, réunissent leurs observations sur les deux parties, & que la chambre, en prononçant sur les procès-verbaux de ces visites, statue sur le tout, & ne sauroit faire autrement, puisque si tout ne concouroit pas ensemble, on ne pourroit point continuer les ouvrages.

6°. Enfin, aux termes de l'édit de 1645, le maître général des œuvres de maçonnerie & celui des œuvres de charpente, n'ont au palais qu'un même auditoire, & il a été confirmé pour les généraux alternatif & triennal, créés par cet édit. Il n'y a même qu'un seul procureur du roi établi pour la maçonnerie & pour les autres parties des bâtimens. Cet établissement de la partie publique est une preuve que les deux jurisdictions sont réunies & subsistent toujours.

S'il n'y a point en ce moment de titulaire particulier des offices créés plus spécialement pour la charpente, il suffit que ces offices aient été créés pour qu'il puisse y être pourvu, ou pour en ordonner la réunion aux généraux existans, à cause du rapport de tout ce qui regarde les bâtimens.

Chaux. Comme il n'est pas possible que la solidité se rencontre dans un ouvrage dont les matériaux n'ont pas la qualité requise, la chaux, dont l'emploi est si fréquent & si nécessaire, est un des objets qui, dans la visite des commissaires de police, doit fixer leur attention, & dont il est important qu'ils rendent compte aux juges des bâtimens, par le procès-verbal de visite. L'article 11 de l'ordonnance en forme de statuts de 1317, dont on a déjà parlé, veut que le maître général punisse par des amendes & interdictions les carriers & mortelliers qui se trouveront en contravention à cet égard.

Les généraux, sous l'autorité de qui cette police doit se faire, sont donc fondés & obligés à s'en occuper, & à arrêter les abus trop multipliés qui se commettent, soit dans la manipulation, soit dans le débit de la chaux.

Cette partie de commerce, pour ce qui regarde la conduite de la chaux sur les ports, appartient sur ce point au juge de l'hôtel-de-ville ; mais, une fois débitée aux constructeurs, c'est à la chambre des bâtimens à qui seule il appartient de connoître de la qualité de la chaux, de sa préparation & de son emploi, pour juger de la nature du mortier & de sa solidité. C'est ce qui résulte de deux sentences de 1736 & 1738, imprimées, publiées & affichées.

Commissaire de police pour la visite des bâtimens, matériaux, mal-façons & dangers. Dans le temps où le maître général des œuvres & bâtimens du roi a été créé, le petit nombre de bâtimens qui se construisoient dans la capitale, n'exigeoit que peu de visites, & le juge pouvoit par lui-même & sans le secours des maîtres de l'art, visiter les constructions vicieuses & les bâtimens en danger : mais cette possibilité cessant à mesure que Paris est devenu plus considérable, il a fallu redoubler de soins & de vigilance. Le général a donc été obligé de commettre des personnes de l'art pour visiter les atteliers & les dangers, & lui en faire rapport ; & les maîtres, obligés par les statuts de 1317 d'obéir à ses ordonnances, ont été nommés pour cette police & les vérifications.

Quelques maîtres se refusant à l'exécution de ces ordonnances, & la fortune des citoyens, ainsi que leur sûreté, se trouvant intéressées à ces visites, le souverain crut devoir munir du sceau de l'autorité royale, ce qui jusques-là n'avoit été, en quelque sorte, qu'une conséquence de la jurisdiction du maître général, & l'effet d'une précaution nécessaire.

Henri IV donna le 17 mai 1595, des lettres-patentes, où il exposa, « que par les ordonnances » anciennes faites par ses prédécesseurs rois sur le » fait des métiers des maîtres maçons, tailleurs de » pierre, plâtriers, mortelliers, préaulliers, & » autres ouvrans desdits métiers, *droit de justice* » *avoit été donné & attribué de tout temps & ancienneté aux maîtres généraux des œuvres, pour corriger, amender & réprimer les abus & malversations des maîtres & autres desdits métiers sujets à ladite justice*, même pour le plâtre, visitation » des œuvres, matières & autres concernant lesdites ordonnances, registrées en parlement.... » & d'autant que lors de cet établissement, il y » avoit peu d'œuvres dudit métier, à cause du peu » de bâtimens, l'autorité d'icelle justice auroit été » limitée selon le temps.... tellement qu'aucuns » des mésusans ne se corrigeant de leur entreprises » & mal-façons, dont proviennent les ruines des » bâtimens & édifices, au grand préjudice *de nos bâtimens*, & aussi de ceux de nos sujets ».

Sur cet exposé, le roi, par ses lettres-patentes, s'exprime ainsi : « Voulons & ordonnons que le » maître général de nos œuvres, ou son lieutenant » puisse & lui soit loisible juger & condamner les » mésusans & autres personnes sujettes à icelle » justice, à telles peines, réparations & amendes » qui se trouveront au cas appartenir, &c..... » Enjoignons aux maîtres dudit métier de faire les » recherches des malversations *en tous les atteliers* » &

» & autres lieux qu'il appartiendra, *suivant le règlement qui en sera fait par ledit maître général*, & » l'assister en son auditoire à l'exercice de ladite » justice au lieu accoutumé ».

Ces lettres-patentes furent enregistrées au parlement le 22 juin 1595.

Ces dispositions se trouvent répétées dans d'autres lettres-patentes de Henri IV, données à Rennes le 16 mai 1598, & registrées au parlement de Paris le 12 mars 1601. Ces secondes lettres furent occasionnées sur les difficultés élevées par le prévôt de Paris, qui prétendit que toutes les visites de police à faire dans la ville & fauxbourgs de Paris, ne devoient être faites que de son autorité, & qu'on devoit les rapporter à l'audience du châtelet. Henri IV ordonna de nouveau la visite des malfaçons, en contraignant à ce faire les ouvriers par toutes voies, *même par corps*, pour le rapport en être fait devant le général, & non pardevant le prévôt de Paris ou son lieutenant, attribuant, en tant que de besoin, toute cour & justice au maître général, pour être relevée immédiatement au parlement, & être ladite justice faite dans l'enclos du palais, & icelle interdite au prévôt de Paris ou son lieutenant.

Malgré l'enregistrement de cette loi, M. le prévôt de Paris éleva différentes difficultés qui furent jugées au parlement par arrêt sur productions respectives du 7 septembre 1616. Cet arrêt, en ce qui regarde la police & visite des bâtimens, ordonne que le maître général des œuvres & bâtimens du roi, *commettra seul des maîtres jurés maçons ou maçons non jurés pour faire la recherche des malversations ès atteliers & bâtimens, lesquels lui feront le rapport sans prendre aucun salaire.*

Il y a eu un semblable arrêt rendu le 2 septembre 1673, contradictoirement avec les officiers du châtelet; cet arrêt a terminé & mis fin à toutes les difficultés qui s'étoient élevées depuis près d'un siècle entre le châtelet & la chambre des bâtimens, tant au sujet de la police des bâtimens, qu'au sujet de la réception des maîtres & autres droits appartenans aux généraux des bâtimens, & dont on aura occasion de parler par la suite.

Aux termes des lettres-patentes de 1595 & 1598, les visites de police & les vérifications des mal-façons dans les bâtimens sembloient restreintes à la ville & fauxbourgs de Paris; l'utilité de ces visites ayant fait desirer que le maître général pût les étendre par-tout où la sûreté publique l'exigeroit, l'édit de 1645, en créant deux nouveaux généraux, ajouta qu'ils continueroient les mêmes visites, & qu'ils commettroient quelqu'un pour les lieux éloignés.

Enfin, l'édit du mois de mai 1690, en créant 50 experts jurés, dont 25 entrepreneurs, *ordonne que les jurés de la seconde colonne seront tenus de faire toutes les semaines, sans frais, la visite & police dans les atteliers & bâtimens qui se construiront dans la ville & fauxbourgs de Paris; & qu'à cet effet, deux d'entre eux seront pris successivement selon l'ordre de leur tableau, assistés de six maîtres maçons, pour faire leur rapport, en la manière accoutumée, des contraventions qui seront venues à leur connoissance.* L'édit fixe ensuite l'application des amendes, qui, sur les rapports, seront prononcées par le maître des œuvres des bâtimens du roi.

En conséquence de ces loix multipliées & des arrêts du parlement, la chambre des bâtimens, par différentes sentences des 16 juin 1690, 10 janvier 1738, 13 novembre 1752, & premier juin 1770, suivies pour la plupart d'impression, publication & affiche, ont réglé & déterminé les jours où les visites de police devoient être faites, le lieu où les jurés & maîtres devoient s'assembler, l'heure de leur départ, la durée de leurs visites, la forme des procès-verbaux, les objets & matières à vérifier, & ce qui devoit être fait après la rédaction des procès-verbaux: voici les principaux chefs de ces réglemens.

Les visites de police devant se faire *toutes les semaines*, & les jours n'en étant point déterminés, il dépend du juge général qui est en exercice pour présider, de régler un ou deux jours, suivant que l'exigent la multiplicité des constructions ou les avis que le procureur du roi peut avoir reçus pour raison de mal-façons ou dangers dans les constructions: c'est sur ces considérations que la sentence du 16 juin 1690, ordonne que les préposés *pour la police & la recherche des abus & mal-façons, conformément aux commissions à eux données par le général, seront tenus de vaquer aux visites, les samedis & mardis de chaque semaine*, à peine de 15 liv. d'amende contre chacun des défaillans.

Ainsi, lorsqu'il arrive qu'il n'y a qu'une visite par semaine, c'est parce que le général l'a ainsi réglé par l'ordonnance particulière qu'il donne à la fin de chaque mois pour indiquer les polices du mois suivant. Peut-être seroit-il à desirer, aujourd'hui sur-tout où de toutes parts on n'apperçoit que des constructions, & où malheureusement on s'occupe plus des beautés des coupes & dessins, que de leur solidité & de leurs proportions, que les visites se fissent exactement deux fois la semaine; il y auroit même un moyen en les rendant également utiles au public, qu'elles fussent moins à charge aux commissaires. La visite est faite par deux jurés & six maîtres, assistés d'un des huissiers de la chambre, qui, après avoir dressé l'intitulé du procès-verbal, reçoit les observations & remarques des commissaires, telles qu'elles lui sont dictées par un expert ou par l'ancien: on n'auroit qu'à diviser cette bande, peut-être trop nombreuse, en deux parties, dont l'une se transporteroit tel jour en tel quartier, & l'autre à un jour différent dans un quartier opposé; les jurés & maîtres semblent le desirer, & il dépend du juge général de le régler ainsi, puisque, pour ces fixations de pure convenance, & qui ne sont que des moyens pour faciliter l'exécution des loix subsistantes, on n'a pas besoin d'une nouvelle loi.

Suivant les sentences ci-dessus rapportées, les commissaires ainsi nommés pour faire la police pendant un mois, doivent, 1°. s'assembler au bureau de la communauté les jours indiqués par l'ordonnance du général, & s'y trouver au plus tard à huit heures du matin, pour y vaquer jusqu'à deux heures.

2°. L'huissier de service doit se rendre à la même heure au bureau, où, en rédigeant l'intitulé de son procès-verbal, comme fait à la requête du procureur du roi de la chambre, il énonce l'heure à laquelle les commissaires de police sont sortis du bureau, avec le nom de ceux qui se trouvent absens, & les causes de leur absence, s'ils les ont fait dire, ou si elles sont connues des autres commissaires.

3°. Les jurés & maîtres de police nommés par le juge sont tenus de vaquer, & ne peuvent s'en dispenser que pour motifs légitimes, dont ils doivent donner ou faire donner avis au procureur du roi de la chambre; sinon on substitue un autre commissaire aux frais de l'absent, qui est condamné en l'amende: si les causes de l'absence sont légitimes, le commissaire est nommé pour un des mois suivans.

4°. Avant de sortir du bureau, les commissaires doivent ouvrir la boîte qui y est placée, & où l'on met des avis relatifs aux lieux & atteliers où il y a des mal-façons, afin de s'y transporter, ainsi qu'aux endroits où l'huissier a reçu l'ordre du procureur du roi & des juges pour faire quelque vérification. Il est défendu à l'huissier de recevoir sur son procès-verbal la signature des commissaires nommés qui n'auront point assisté à la visite, ou qui l'auront quittée avant l'heure prescrite; l'huissier doit même en ce cas faire mention de ceux qui se retirent pendant la visite.

5°. Les commissaires, en visitant les bâtimens pour savoir s'ils sont conformes aux règles de l'art, & s'il n'y a rien de contraire à la sûreté publique, doivent également vérifier la qualité des matériaux & les mesures; & s'il se trouve des mortiers, des plâtres ou pierres défectueux, ils sont autorisés à faire casser les pierres pour être mises en moellons, & à faire jetter les plâtres & mortiers.

6°. Comme le plâtre est un des cimens & liaisons dont on fait le plus d'usage à Paris, le général nomme six maîtres pour faire une fois le mois au moins, dans les carrières, fours & cullées à plâtre des fauxbourgs & banlieue, les mêmes visites de police, avec un huissier de la chambre, qui reçoit le procès-verbal, à l'effet de visiter la pierre employée, la disposition & sûreté des carrières, examiner si les fours sont couverts, si les plâtriers ne mettent point des poussières, soit dans les fours, soit parmi le plâtre, si la cuisson a été faite à un degré suffisant; si on n'a pas mêlé de la marne avec des pierres à plâtre.

7°. Comme en fait de sûreté publique, il ne peut y avoir ni privilège ni exemption, les commissaires de police pour les bâtimens & plâtres sont autorisés à se transporter dans tous les bâtimens publics & privés, sans distinction du titre & de la qualité des propriétaires.

8°. Les commissaires doivent déclarer, dans le procès-verbal, la nature & la destination des ouvrages, la qualité des matériaux, l'état où est la construction, les mal-façons qu'ils ont apperçues, & le danger qui pourroit en résulter: ils doivent aussi déclarer le lieu, le nom du propriétaire, celui de l'entrepreneur, ou si l'ouvrage est fait par le propriétaire, par économie, à la simple journée des ouvriers, & en leur fournissant tous les matériaux, échafauds, cordages & équipages, sans marché avec eux, ni entreprise de leur part sur les droits des maîtres.

9°. Lorsque par la visite il se trouve des ouvrages contre les règles de l'art, ou que l'on rencontre quelque péril imminent ou prochain, les délinquans sont assignés par l'huissier qui a reçu le procès-verbal, & qui, la veille de l'audience, est tenu d'en remettre une copie signée au procureur du roi, à la requête duquel l'assignation a été donnée.

10°. Comme il arrive souvent que les délinquans assignés cherchent à atténuer leurs contraventions en proposant des réflexions, ou alléguant des faits contraires au contenu du procès-verbal de visite, les commissaires sont obligés de se trouver à l'audience, pour y entendre (ainsi que cela se pratique pour les commissaires au châtelet aux audiences de police) la lecture des procès-verbaux, & donner aux juges les éclaircissemens qui peuvent leur être demandés; & s'ils y manquent sans motif légitime, ils sont condamnés en l'amende.

C'est sur le rapport de ces procès-verbaux & sur les conclusions prises à l'audience par le procureur du roi, que les juges statuent sommairement, sans délais ni procédures, & par forme de police, sur ce qui résulte du rapport des commissaires.

Si l'ouvrage est défectueux, la chambre en ordonne la démolition & reconstruction, suivant les règles de l'art, *aux frais & dépens de l'entrepreneur, sans répétition contre le propriétaire*, & sous la conduite d'un expert ou entrepreneur nommé d'office au choix du président; ce commissaire doit rapporter le procès-verbal de rétablissement au greffe, & le dicter à celui des huissiers de la chambre auquel le procureur du roi a remis la sentence pour la faire exécuter, *le tout sans répétition de la part de l'entrepreneur contre les propriétaires.*

Souvent, lorsque les mal-façons sont considérables, & qu'il est important que le propriétaire veille par lui-même au rétablissement, conjointement avec le commissaire nommé à cet effet, la sentence, en condamnant l'entrepreneur, ordonne qu'elle sera notifiée au propriétaire, qui, dans ce cas peut intervenir & demander non-seulement l'entier & prompt rétablissement des ouvrages, mais encore les indemnités qui peuvent lui être dûes, par le défaut de perfection des ouvrages dans le temps convenu, & par le défaut de location & de jouissance.

118. Il arrive aussi que, dans de cas de dangers publics ou événemens extraordinaires, la chambre des bâtimens fait par elle-même des visites ou commet des maîtres.

Le débordement des eaux de la Seine ayant, sur la fin de 1740, submergé des bâtimens & maisons voisines de cette rivière, plusieurs de ces maisons ayant été entraînées avec des dommages considérables, il fut représenté à la chambre par les syndics des entrepreneurs, que les caves & souterreins des maisons avoient été & étoient encore remplis d'eaux, qui, par leur séjour, lavoient & détruisoient les fondations; ce qui pourroit occasionner une continuation de chûtes & d'accidens, s'il n'y étoit promptement pourvu.

Sur cette requisition, les juges généraux des bâtimens rendirent, le 2 janvier 1741, une sentence qui fut imprimée & affichée, qui ordonnoit la visite des caves, souterreins, fondations & autres parties des maisons submergées; de dresser état des dégradations causées par les eaux, & en cas de péril imminent, de faire faire les étaiemens nécessaires pour la conservation des bâtimens, de remettre sur le champ les procès-verbaux de visite au greffe de la chambre, sans aucun frais contre les propriétaires, pour y être pourvu. Cette sentence obligeoit les propriétaires ou principaux locataires des maisons à faire faire cette visite, soit par leurs architectes, ou par les jurés experts, ainsi qu'ils le jugeroient à propos.

La chambre des bâtimens prend la même précaution de se transporter sur les lieux & d'en faire la visite par elle-même, lorsque, par la négligence ou impéritie des entrepreneurs ou ouvriers, il arrive, à la suite des fouilles ou autres ouvrages, des chûtes & accidens auxquels il s'agit de remédier, ou dont il est essentiel d'arrêter les suites.

Un entrepreneur de Paris ayant fait faire inutilement pendant deux ans, dans une maison située rue du fauxbourg saint Jacques, différens ouvrages pour empêcher la filtration des eaux de la fosse d'aisance dans les caves voisines, il imagina de creuser dans une seconde cave pratiquée au-dessous de la première, une espèce de puisart où les eaux se réuniroient. Il établit pour cet ouvrage quatre compagnons auxquels il expliqua son idée. Les voûtes des deux caves étoient soutenues chacune par deux piliers: les piliers inférieurs portoient sur la terre ferme, & n'avoient que 3 à 4 pouces de fondation; il étoit par conséquent d'une nécessité indispensable de ne fouiller qu'à une certaine distance des piliers, & même de placer des étais. On ne prit aucune de ces précautions; la fouille du puisart fut faite le long d'un pilier jusqu'à la profondeur de plus de quatre pieds: le pilier ainsi découvert & poussant naturellement au vuide, s'écroula bientôt, & entraîna dans sa chûte celle de la voûte & avec elle le pilier supérieur & la voûte de la cave supérieure. Un des quatre ouvriers fut écrasé sous les décombres; un second eut la cuisse fracassée & beaucoup de contusions; les deux autres, se trouvant sous un angle qui n'écroula pas, ne reçurent que quelques blessures. A l'inspection du local, on avoit peine à concevoir comment le bâtiment élevé sur cette partie avoit résisté à l'ébranlement causé par cette chûte.

Cet événement arriva le 12 décembre 1771. Un commissaire du châtelet fit la levée du cadavre & donna les ordres nécessaires pour faire détourner les voitures qui auroient pu perpétuer l'ébranlement: d'un autre côté, deux des juges généraux de la chambre des bâtimens, sur le requisitoire & en présence du procureur du roi, se transportèrent sur le lieu, pour aviser à tout ce qui avoit rapport à la police particulière des bâtimens; malgré l'état continuel du danger où l'ébranlement avoit mis la maison, ils en vérifièrent l'état, &, par l'intelligence & l'activité de leurs soins, il fut dans le moment posé des étais suffisans pour prévenir tous les périls. On commit ensuite le sieur *Jacob*, architecte-expert, pour faire faire le rétablissement avec solidité & sous son inspection; & pour statuer sur la faute de l'entrepreneur, on renvoya à l'audience, où le 30 décembre 1771, contradictoirement avec l'entrepreneur qui s'en rapporta à la prudence des juges, il fut rendu une sentence conforme aux conclusions du procureur, qui ordonne que lesdits piliers & voûtes continueront d'être réédifiés sous la conduite de *Jacob*, expert à ce commis par l'ordonnance provisoire, laquelle à cet effet demeure définitive, *& ce aux frais de l'entrepreneur, sans répétition contre le propriétaire*: interdit ledit entrepreneur de sa profession de maître maçon & entrepreneur, pendant six mois, à compter de ce jour; lui fait défenses de récidiver & faire les fonctions de maître pendant le temps de son interdiction, à peine de déchéance de la maîtrise, & le condamne en 100 liv. d'amende, applicable conformément aux lettres-patentes, sur laquelle sera prélevé le droit de l'huissier chargé des significations; ordonne pareillement, pour prévenir les dégradations & les filtrations dans les caves, des eaux de la fosse d'aisance dont il s'agit, que, sous la conduite dudit Jacob, juré à ce commis, & aux frais & dépens des propriétaires, toutes les réparations nécessaires à ladite fosse seront faites: dont & du tout ledit Jacob sera tenu de mettre au greffe, dans un mois, son procès-verbal de rétablissement, assisté d'un des huissiers de la chambre à ce commis.

Enjoint aux syndic & adjoints de la communauté, & à tous architectes, jurés & maîtres maçons, entrepreneurs, conducteurs, compagnons & ouvriers, qui auront connoissance, soit par eux, soit autrement, des événemens, chûtes & accidens qui peuvent survenir, ou des ouvrages entrepris sans précaution & avec danger pour le public ou les ouvriers, d'en donner avis sur l'heure à un des juges généraux de la chambre, & au procureur du roi ou à son substitut, à peine de dix liv. d'amende contre les architectes, entrepreneurs & ouvriers, de tous dépens, dommages & intérêts, de déchéance de maîtrise contre les maîtres, d'incapacité d'y être admis contre les autres, & sous telle autre peine qu'il appartiendra, même d'être poursuivis extraordinairement, s'il y a lieu.

Ordonne que lorsque les architectes, entrepreneurs, experts, maîtres maçons & ouvriers, même les propriétaires faisant travailler à leur journée, voudront faire percer, démolir ou réédifier un mur mitoyen, ou démolir une maison adossée contre un mur mitoyen, ils seront tenus, avant d'y procéder, de faire faire, aux termes des loix, coutumes & réglemens, sommation aux propriétaires voisins, de se garantir & soutenir de leur côté; & dans le cas où lesdits voisins seroient négligens de le faire, lesdits architectes, entrepreneurs, maîtres maçons, ouvriers & propriétaires ne pourront passer outre auxdits percemens, démolitions & rétablissemens, sans avoir préalablement dénoncé lesdites significations au procureur du roi de la chambre, ou à son substitut, pour ce qui est de la ville, fauxbourgs & banlieue de Paris; & pour les autres villes & endroits, aux juges des lieux, pour lesquels, à cet effet, la présente sentence servira de commission rogatoire, pour être, sur lesdites dénonciations, ordonné par la chambre ou par les juges ce qu'il appartiendra; le tout à peine de demeurer garans & responsables de tous événemens, & de telle autre peine qu'il appartiendra, même d'être poursuivis extraordinairement, s'il y a lieu; ordonne que, dans le cas de chûte des bâtimens & autres événemens de cette espèce, tous ouvriers qui se trouveront aux environs, & qui seront appellés pour donner aide & secours, seront tenus de s'y rendre à quelque construction qu'ils puissent être employés, & de prêter leurs échafauds & équipages, à peine de cent livres d'amende, même d'être emprisonnés sur le champ.

Ordonne que le présent jugement sera imprimé au nombre de quatre cens exemplaires, publié l'audience tenant, & affiché en cette ville de Paris & par-tout où besoin sera, & inscrit sur le registre des déclarations de la communauté, à la première assemblée, à la diligence du syndic de la communauté, *&c.*

Le procureur du roi avoit observé dans son requisitoire, que, pour mieux remplir les vues d'intérêt public dont on devoit être animé dans le cas d'événemens aussi funestes, c'étoit le cas d'ordonner qu'un exemplaire de la sentence dont il requéroit l'impression, fût envoyé à chacun des commissaires au châtelet, non que par-là on entendît toucher à aucun de leurs droits, mais uniquement afin de les mettre à portée, s'ils étoient prévenus de quelque accident, de vouloir bien donner au procureur du roi de la chambre des bâtimens un avis qui ne tend qu'à la sûreté publique, en lui procurant le moyen de veiller à la police particulière dont les généraux des bâtimens sont plus spécialement occupés. C'est en conséquence de cette observation que la sentence du 30 décembre 1771 porte, par une dernière disposition, « qu'il en sera envoyé un exemplaire » à chacun des commissaires du châtelet, aux » fins des conclusions du procureur du roi, dont » le requisitoire sera à cet effet transcrit dans la » sentence ».

Cette explication sur les objets des visites de police que les juges des bâtimens font faire par des experts & entrepreneurs, ou qu'ils font par eux-mêmes, quand le cas le requiert, & sur les avantages qui en résultent pour l'intérêt, la fortune & la sûreté des citoyens, est une preuve de l'utilité & de la nécessité de la jurisdiction des bâtimens.

Compétence & droits de la chambre des bâtimens. Ce que l'on vient de rapporter des édits, lettres-patentes & arrêts donnés sur le fait des bâtimens, donne déjà une idée des principaux objets dont la connoissance lui est attribuée: mais il est plusieurs autres points qui lui appartiennent, & dont on trouve le détail dans une foule de monumens légaux & publics: on va les analyser par ordre de date.

Les statuts & ordonnances de 1317, les lettres-patentes de 1574 donnent au maître général des bâtimens, la réception des maçons, plâtriers & carriers, la recherche des abus que ces ouvriers peuvent commettre, la punition de leurs délits & la *garde* de tout ce qui a trait à ces métiers, voulant que, pour raison de leur métier, il ait sur eux toute jurisdiction.

Des premières lettres-patentes de Henri IV, du 17 mai 1595, registrées le 22 juin, confirment & assurent au maître général le droit, 1°. de juger & condamner les mésusans des métiers de maçon, tailleur de pierre, plâtrier, mortellier, préaullier & autres ouvrans.

2°. De recevoir les compagnons au degré de maître en la forme & manière que lui & ses prédécesseurs les ont reçus.

3°. De régler la forme en laquelle les maîtres par lui commis doivent faire les visites de police, & en dresser leur rapport pour en faire lecture à la première audience.

Par d'autres lettres-patentes de Henri IV, du 16 mai 1598, registrées le 12 mars 1601, il est dit, 1°. que les maîtres maçons ne pourront être reçus par le prévôt de Paris ou son lieutenant, ni exercer, qu'ils n'aient été interrogés & certifiés capables par le maître général des bâtimens.

2°. Qu'il procédera par les voies de droit pour la conviction des abus qui se commettent par les maîtres & autres quelconques desdits métiers, sans aucun excepter ni réserver.

3°. Que les rapports sur les abus des entrepreneurs & plâtriers seront faits devant le général, & non devant le prévôt de Paris.

4°. Que tous ces entrepreneurs & ouvriers seront contraints d'obéir aux ordonnances & mandemens dudit maître général, par toutes voies, & même par corps.

5°. Que toute cour & justice est attribuée au maître général, avec ressort immédiat au parlement, pour exercer icelle justice dans l'enclos du palais; icelle interdisant au prévôt de Paris ou son lieutenant, & aux parties, de faire poursuites & procédures ailleurs qu'en la jurisdiction du maître général.

6°. Que ses sentences seront exécutées nonobstant oppositions ou appellations, pour lesquelles ne sera différé, comme chose politique, concernant & dépendant du fait de police.

Un arrêt contradictoire du parlement, rendu le 7 septembre 1616, entre le juge général des bâtimens & les officiers du châtelet, d'une part, & les maçons & charpentiers jurés, d'autre part, ordonne, 1°. que le maître général commettra les jurés & non jurés pour faire la recherche des malversations des atteliers & bâtimens, lesquels lui en feront le rapport sans en prendre aucun salaire; 2°. que le maître des œuvres recevra au degré de maîtrise, par chef-d'œuvre, les compagnons dudit métier, & à cet effet, enverra la lettre du chef-d'œuvre cachetée aux maîtres jurés & non jurés, tels qu'il voudra choisir, pour voir faire aux compagnons le chef-d'œuvre, lesquels après lui certifieront la capacité ou incapacité, pour être reçus ou refusés par lui; & lequel ainsi reçu, fera derechef serment pardevant le substitut du procureur-général du châtelet, & sera enregistré sur les registres.

Ce second serment ne tient point à la qualité de maître, qui est pleinement acquise par la réception en la chambre des bâtimens; ce n'est que pour que le châtelet connoisse les entrepreneurs qui ont réellement, avec cette qualité, le droit d'opérer un privilège à ceux qui fournissent des deniers pour la bâtisse: on le voit par le dispositif de l'arrêt de 1616, qui, d'un côté, ordonne que le second serment sera enregistré au registre du procureur du roi du châtelet, & d'un autre côté, que dans le cas d'opposition des jurés ou autres, lors de la présentation & prestation du serment pardevant le procureur du roi au châtelet, les parties se pourvoiront pardevant ledit maître des œuvres, pour les faire visiter, & par appel en la cour.

Les difficultés élevées par le châtelet, ainsi terminées, il y en eut d'autres de la part du bailli du palais, qui prétendit pouvoir recevoir des maîtres & entrepreneurs pour l'enclos du bailliage, reçut en effet deux maîtres le 15 février 1654 & 9 juin 1643, & rendit même deux ordonnances, les 19 septembre & 19 octobre de la même année, pour le maintien de ces réceptions; mais par arrêt sur productions respectives, rendu au parlement le 4 septembre 1660, la cour, en infirmant les ordonnances du bailli du palais, & émendant, ordonna, contre le bailliage, l'exécution de l'arrêt du 7 septembre 1616, fit itératives défenses d'y contrevenir; ce faisant, que l'aspirant à la maîtrise du métier de *maçonnerie* dépendant du maître général des œuvres, ne pourra être reçu maître que conformément aux statuts & réglemens dudit métier.

Une procédure faite en la chambre des bâtimens, en 1672, pour raison des mal-façons commises par Quinchant, maître maçon, & la tentative que fit ce dernier pour attirer l'affaire au châtelet, sous prétexte qu'il y étoit en contestation avec les propriétaires, donnèrent lieu à une nouvelle difficulté entre le châtelet & les juges généraux des bâtimens, qui prétendirent qu'au lieu par le châtelet de pouvoir évoquer la contestation sur les mal-façons, pour la joindre à celle pendante entre le propriétaire & l'entrepreneur, pour le réglement & paiement des ouvrages, c'étoit au contraire en la chambre des bâtimens que tout devoit être réuni, le jugement de police qui seroit rendu par la chambre, devant servir de règle pour fixer & payer les ouvrages. D'un autre côté, M. le Camus, lieutenant-civil, sur le requisitoire de M. Brigallier, avocat du roi au châtelet, avoit, le 7 octobre 1672, rendu une sentence qui avoit cassé la procédure du maître & juge général des bâtimens, & icelle évoqué au châtelet, avec défenses d'en plus connoître.

On voit par un arrêt contradictoire du 2 septembre 1673, qui fut rendu sur ce démêlé, que François de Villedot, écuyer, seigneur de Clermont, conseiller du roi, maître général de ses bâtimens, juge & garde de la maîtrise des maçons, se rendit appellant de cette sentence, sur laquelle il fit intimer M. le Camus & l'avocat du roi; que MM. les officiers du châtelet donnèrent leur requête d'intervention; que l'on prit de part & d'autre différentes conclusions, & même que l'on renouvella des objets décidés par les précédens réglemens.

Sur ces contestations, l'arrêt de 1673 « mit l'appellation & la sentence du châtelet du 7 octobre 1672, dont il avoit été appellé, au néant; émendant, faisant droit sur toutes les demandes des parties, ordonna que les déclarations du roi, des 7 avril 1574, 17 mai 1595, 16 mai 1598, & arrêt de la cour du 7 septembre 1616, seroient exécutés selon leur forme & teneur; &, conformément à iceux, que les maîtres généraux exerceroient leur justice dans l'enclos du palais, ainsi qu'ils avoient accoutumé; *visiteront ou feront visiter* par des maîtres jurés & autres, les bâtimens & atteliers, pour connoître les abus & malversations qui pourroient être faits aux édifices & bâtimens qui se construisent en cette ville & faux-bourgs de Paris, *& autres lieux où ils ont droit de visiter*, punir les contrevenans, entreprenans & mésusans *dudit métier*, *tailleurs de pierre*, *plâtriers & autres sujets à leur jurisdiction*, *par condamnation de telles peines*, *réparations & amendes*, sur les rapports qui leur en seront faits, sans prétendre aucun salaire; que les mesureurs de plâtre seront tenus de faire rapport devant eux des fautes qui seront commises, tant en la mesure que façon du plâtre; *qu'ils recevront les compagnons dudit métier au degré de maîtrise par chef d'œuvre*, ainsi que leurs prédécesseurs les ont reçus & installés, pour ensuite faire derechef serment pardevant ledit substitut du procureur-général du roi au châtelet; *& en cas d'opposition* lors de la présentation ou prestation de serment pardevant ledit substitut, *se pourvoiront les parties pardevant le maître général en exercice pour les faire vuider*; & quant à ceux qui auront lettres du roi & devront être reçus par ledit substitut, ils seront, au préalable, certifiés par ledit maître général en exercice & deux maçons jurés ».

Quoique, aux termes de ces déclarations, arrêts & réglemens, les maîtres généraux aient *toute cour, justice & jurisdiction* sur les entrepreneurs & autres dénommés dans les loix, *ratione personæ & ratione materiæ*; quoiqu'ils soient sujets à cette justice pour leurs entreprises, fournitures & tout ce qui a rapport aux bâtimens, & même plus spécialement encore pour toutes entreprises relatives aux bâtimens du roi, il s'est élevé une foule de conflits, pour savoir en quelle jurisdiction on porteroit les contestations entre les entrepreneurs, leurs fournisseurs & ouvriers, & au sujet des marchés, accords & associations faits entre eux. Ce qui occasionnoit des doutes, provenoit de l'ordonnance du commerce de 1673, qui veut que pour les fournitures faites aux maçons & autres entrepreneurs, on puisse se pourvoir aux consuls: mais étant évident que les entrepreneurs des bâtimens, qui ont pour eux un tribunal particulier, n'avoient été compris dans l'ordonnance du commerce que par suite d'une phrase générale qui indiquoit les différens genres de marchands & fournissans, on n'a point balancé à mettre dans une exception les entrepreneurs des bâtimens. Ces conflits ont donné lieu à diverses contestations, jugées, les unes au conseil d'état, les autres au parlement, par différens arrêts, qui renvoient la connoissance de tout ce qui concerne les bâtimens, & toutes les contestations entre les entrepreneurs, leurs fournisseurs & ouvriers, pardevant le général des bâtimens, à l'exclusion de tous autres juges, même des juges-consuls & des juges de privilège.

Greffiers de la chambre des bâtimens. Il existe dans cette jurisdiction deux offices pour le greffe; l'un, donnant le titre de greffier en chef, avec droit de *committimus* & autres privilèges dont jouissent les juges généraux & le procureur du roi; l'autre, ayant le titre de principal commis du greffe.

Le titulaire actuel a fait réunir ces deux offices, avec la faculté de les désunir.

Huissiers. Ils sont au nombre de trois, dont le premier a toutes les prérogatives qui appartiennent aux premiers huissiers des sièges royaux qui ressortissent au parlement: tous les trois ont le droit d'exploiter par tout le royaume sans *visa* ni *pareatis*, de même que les huissiers des autres jurisdictions privilégiées de l'enclos du palais.

Ces huissiers sont tenus de recevoir les procès verbaux des visites de police; d'en remettre une expédition au procureur du roi la veille de l'audience, avec la note des assignations qu'ils ont données en conséquence; de se trouver à l'audience, tant pour le service du siège que pour faire la lecture des procès-verbaux, qu'ils remettent tout de suite au greffier; & de se rendre au palais avant les audiences, les jours ordinaires, ou autres qui leur sont indiqués par les juges & le procureur du roi.

Menuisiers. Quoique les maîtres de cette profession soient mis au nombre des entrepreneurs des bâtimens, ils ne sont point reçus par les généraux des bâtimens, & ne plaident point devant eux pour raison de leurs mal-façons & de leurs constructions.

La communauté des maîtres menuisiers, convaincue que si les ouvrages défectueux de la menuiserie donnent lieu à moins de dangers que la *maçonnerie* & la charpente, il en est cependant auxquels on ne sauroit donner trop d'attention, a présenté plusieurs mémoires au gouvernement, pour être réunie aux entrepreneurs principaux, & afin d'être autorisée à nommer des maîtres menuisiers *qui se joindroient avec la police* de la chambre des bâtimens, *pour, par le même procès verbal, être fait rapport des malversations, & le procès-verbal rapporté au maître général des bâtimens.*

Il paroît même qu'il y a eu dans la communauté des menuisiers une délibération à cet effet.

Plâtriers & fours à plâtre. On a rendu compte aux mots *commissaires & compétence* de la chambre, de ce qui regarde la jurisdiction sur les plâtriers & les fours à plâtre, & sur les visites qui se font à ce sujet. Les statuts & ordonnances de 1317 veulent que le plâtrier soit reçu: plusieurs d'entre eux négligeant cette formalité, la nécessité de la remplir a été renouvellée par une sentence de 1770. Les plâtriers sont, pour leurs mal-façons, leurs traités, entreprises & fournitures, justiciables de la chambre des bâtimens.

Réception des maîtres. On a vu par le détail des lettres-patentes de 1595, 1598; des arrêts de 1616, 1673, *&c.* que le droit de recevoir les maîtres & de leur donner le trait géométrique, appartient aux juges généraux des bâtimens, exclusivement à tous autres: il paroît même que les nouveaux édits donnés depuis 1776 pour les communautés d'arts & métiers, ne changeront point la forme des réceptions, & que, par les nouveaux réglemens dont les commissaires du roi s'occupent pour les maîtres maçons, les juges généraux, dont l'utilité est de plus en plus reconnue, seront maintenus dans leurs droits, auxquels ces édits ne dérogent point.

Statuts. L'entreprise des bâtimens est soumise à une foule de règles; on en trouve quelques-unes dans les statuts de 1317, qui n'ont que 18 articles: la coutume de Paris en indique quelques autres: on en voit également d'éparses dans différens jugemens de la chambre ou arrêts du parlement; mais il n'existe point un code général où l'on ait réuni tout ce qu'on appelle les règles de l'art, & où le citoyen & le maçon puissent chercher, l'un ce qu'il peut exiger de son entrepreneur, & celui-ci quels sont ses devoirs.

Il y a eu divers projets présentés par des maîtres zélés; mais leur travail n'ayant pas répondu à l'envie qu'ils avoient d'être utiles, ces projets n'ont point eu de suite: il seroit cependant bien essentiel qu'il fût dressé des statuts pour une communauté dont les objets ont de tout temps été assez importans pour exiger une jurisdiction spéciale. Cet objet est digne de l'attention du souverain & des magistrats supérieurs.

On peut y parvenir aisément, en obligeant la communauté des entrepreneurs & les experts à se réunir, & à choisir entre eux un nombre suffisant de personnes instruites, qui feroient leurs observations sur tous les points qui leur paroîtroient devoir entrer dans des statuts, & les remettroient au procureur du roi de la chambre des bâtimens.

Sur cette opération, le procureur du roi & les juges généraux rédigeroient un corps de statuts qu'ils présenteroient à M. le procureur-général pour être homologués au parlement.

Versailles. La quantité & l'importance des ouvrages qui ont été faits sous le règne de Louis XIV à Versailles, Marly & ès environs, déterminèrent ce monarque à placer au bâtiment de la surintendance une salle où les maîtres & juges généraux de la chambre établie à Paris alloient siéger tous les quinze jours ou tous les mois, pour juger le rapport des visites de police qu'ils faisoient faire à l'instar de Paris. C'est par cette raison que cette chambre, depuis le siècle dernier, est dite, dans l'intitulé des sentences, *établie au palais, à Paris & à Versailles.*

A la mort de Louis XIV, les ouvrages ayant cessé, & le transport des juges généraux devenant inutile, leur salle d'audience de Versailles a été appliquée à d'autres usages; mais leurs sentences ont conservé le même intitulé, afin sans doute de prouver au roi que les juges de ce tribunal sont toujours destinés & disposés à exercer leurs fonctions à Versailles, & dans tous les autres lieux qu'il plaira à sa majesté de leur prescrire.

Section II.

Sur les maîtres maçons & entrepreneurs de bâtimens.

Ce qui vient d'être exposé sur la jurisdiction royale, créée pour connoître de toutes les parties relatives à l'entreprise des bâtimens, fournit déjà une idée des devoirs & des obligations des entrepreneurs: mais cette profession est devenue aujourd'hui si intéressante, par les rapports qu'elle a avec une partie de la fortune des citoyens, qu'il ne peut être que très-utile pour le public, pour les tribunaux & pour les gens de loi, de développer tous ces rapports.

Apprentif. L'apprentissage ne suffisant point pour acquérir les connoissances qu'exige l'art de bâtir, les statuts & ordonnances de 1317, qui parlent des apprentifs, n'ont point eu à cet égard d'exécution. Le souverain, convaincu qu'on ne pouvoit être maçon & entrepreneur qu'après un examen, a confié ce soin aux juges-généraux de la chambre établie pour les bâtimens. Pour connoître la capacité des aspirans, le maître général ne s'est point borné à les interroger; il a indiqué des chefs-d'œuvre que l'aspirant doit exécuter, & en tracer le trait géométrique. Cette épreuve ayant paru un moyen sage & assuré pour s'instruire des talens du récipiendaire, elle a été adoptée tant par le réglement de 1616 & l'édit de création des experts de 1690, que par des lettres-patentes du 18 avril 1762. Depuis ces époques, le chef-d'œuvre & le trait à dessiner ont été donnés par le maître général pour être exécutés en présence des experts & maîtres désignés par une lettre cachetée que le greffier remet aux experts, & dans laquelle le chef-d'œuvre à faire est indiqué, afin que l'aspirant qui se trouve à l'assemblée ignore jusqu'à ce moment l'ouvrage qu'il doit exécuter.

Architecte. Comme la partie de l'architecte, en fait de bâtimens, consiste plus dans les dessins, coupes, profils & élévations de l'ouvrage à faire, que dans la solidité des bâtimens, l'entrepreneur qui manqueroit aux règles de la solidité & se croiroit exempt de la garantie, sous prétexte qu'il auroit bâti d'après les plans de l'architecte, seroit dans l'erreur, & le propriétaire auroit contre lui la même garantie: il y a plus, il l'auroit, quand le propriétaire lui-même auroit tracé le plan *& donné par écrit des ordres* pour ne bâtir que de telle ou telle façon, parce que la bâtisse intéressant la sûreté publique, & un entrepreneur ne pouvant point s'écarter des règles auxquelles cette sûreté est attachée, il n'a point d'excuse à proposer, & demeure toujours responsable des évènemens.

C'est une maxime attestée par Desgodets, dans ses *loix des bâtimens*; & telle est la jurisprudence de la chambre des bâtimens & de tous les tribunaux.

Bloc. Il a toujours été défendu aux maîtres maçons & entrepreneurs de Paris de faire des marchés en bloc, ou conventions de faire & livrer un bâtiment *la clef à la main*; un maître maçon, charpentier, menuisier ou autres, ne peut faire un pareil traité. Une des raisons de cette prohibition est la crainte qu'un entrepreneur, pour gagner davantage, ne se renferme point dans l'exercice du seul métier pour lequel il a été reçu maître, & qu'il ne s'ingère dans d'autres professions qui lui sont interdites, & dont il ne supporte pas les charges.

Il est encore une autre raison plus essentielle de cette prohibition, c'est la remarque que l'on a toujours faite & que l'expérience a confirmée, que dans le cas d'un marché en bloc, toutes les parties sont plus négligées & moins solides, l'entrepreneur général, dans la vue de multiplier ses profits, n'employant que les plus mauvais ouvriers & les matériaux de la plus médiocre qualité.

Compagnons. L'entreprise n'est permise qu'aux maîtres; les compagnons ne peuvent donc travailler qu'à la journée des maîtres ou des propriétaires qui font travailler par économie, sans pouvoir fournir les ustensiles, cordages & matériaux, & sans pouvoir faire aucun marché pour être payés à la toise.

Les charges multipliées imposées sur les communautés d'arts & métiers, & les secours que ces communautés ont fournis gratuitement pour les besoins de l'état, sont des motifs suffisans pour empêcher que ceux qui, sans supporter le poids de ces dépenses, voudroient avoir les mêmes profits, soient punis & réprimés, & qu'il leur soit défendu de travailler sans qualité.

Il est ordonné par les sentences de 1738 & 1752, dont on a parlé dans la première section, *verbo commissaire de police*, que les propriétaires déclareront comment ils font travailler; il est enjoint aux commissaires de constater, lors des visites, la manière dont se font les constructions; & dans le cas où on ne trouve que des compagnons, on les fait assigner, ainsi que les propriétaires; savoir, ceux-ci pour déclarer s'ils font travailler à leur journée, & les compagnons pour être condamnés en l'amende, soit faute de déclaration, soit pour avoir fait l'entreprise sans qualité.

Comme ces réglemens n'étoient que la conséquence des loix antérieures, la communauté des maîtres maçons & entrepreneurs éprouvoit journellement des difficultés préjudiciables, qui ont enfin été levées par des lettres-patentes de Louis XV, données à Bruxelles le 12 juin 1747, registrées au parlement de Paris le 10 juillet de la même année, & publiées en la chambre des bâtimens le 21 juillet.

Ces lettres portent, « que les compagnons qui travailleront sous le privilège des bourgeois, seroient tenus d'en faire la déclaration au bureau de la communauté, sur un registre qui sera tenu à cet effet, lesquelles déclarations contiendront la nature des ouvrages, le nom de celui qui les aura ordonnés, la désignation du lieu où sont les atteliers, & que, pour chacune desdites déclarations, il soit payé par lesdits compagnons la somme de trois livres, à peine contre les contrevenans de cent livres d'amende ».

Suivant le nouveau réglement, dont on s'occupe en conséquence de l'édit du mois d'août 1776, qui a rétabli les maîtres maçons en communauté, cette disposition des lettres-patentes de 1747 sera plus développée, & la déclaration sera différente. Il paroît que le bourgeois, en conservant sa liberté de faire travailler des compagnons à sa journée, pourvu qu'il fournisse les matériaux & équipages, sera tenu de faire préalablement au bureau de la communauté sa déclaration sur la qualité & quantité des ouvrages, & sur le nombre des compagnons, & de payer trois livres par chacun de ceux qu'il emploiera; duquel registre le syndic donnera tous les mois un extrait au procureur du roi de la chambre des bâtimens, afin qu'il puisse, quand il le jugera convenable, envoyer les commissaires de police pour visiter si la construction est régulière & solide: il y aura également la peine de confiscation des outils & matériaux, avec amende, en cas de fausse déclaration.

Election des syndics, adjoints & députés. Cette élection a toujours été faite en la chambre des bâtimens: un arrêt du parlement de Paris, du 30 août 1689, ordonne « qu'à l'avenir, & tous les ans, le syndic sortira d'exercice le lendemain de la S. Louis, auquel jour il sera fait en la chambre des bâtimens une assemblée générale de la communauté, à l'effet de procéder, à la pluralité des voix, à la nomination & élection d'un nouvel adjoint-syndic, au lieu & place du sortant, & de douze jurés & maîtres pour entendre les comptes, asseoir la capitation, & gérer avec les syndic & adjoints toutes les affaires de la communauté: les maîtres tenus de se trouver à l'élection, à peine de cinq livres d'amende ».

Ces dispositions sont rappellées dans deux sentences de la chambre, données les 25 octobre & 14 novembre 1737, qui ont été imprimées; elles le sont également dans une délibération de la communauté, du 5 mai 1759, homologuée par lettres-patentes du 18 avril 1762, registrées au parlement le 15 juillet de la même année, après avoir pris l'avis & consentement de M. le lieutenant-général de police.

Il paroît que le réglement fait par suite de l'édit d'août 1776, ne porte aucun changement à ces élections: il y aura seulement, aux termes de cet édit, deux syndics, deux adjoints & vingt-quatre députés; sur quoi on doit remarquer que la communauté des maîtres maçons étoit la seule dont les affaires fussent gérées par des députés, & que cette forme prescrite anciennement par les juges généraux, a paru si sage, qu'elle a été depuis appliquée, par l'édit de 1776, à toutes les autres communautés, parce qu'on a senti l'inconvénient qu'il y avoit de provoquer pour chaque affaire

une

une assemblée générale, où il règne presque toujours trop de confusion.

Experts. L'édit de 1690 & celui de 1691 ont créé soixante experts, dont trente bourgeois, auxquels il est défendu de faire aucune entreprise en fait de bâtimens, & trente qui sont entrepreneurs : à cela près, le rang, les privilèges & les fonctions sont les mêmes.

Les trente experts entrepreneurs, qui, en cette dernière qualité, sont justiciables de la jurisdiction des bâtimens, sont obligés, par l'édit de création, d'assister, au nombre de deux, chaque mois, aux visites de police : les juges généraux des bâtimens les commettent suivant l'ordre du tableau. Ce sont eux qui dictent le rapport des mal-façons ou contraventions à l'huissier de la chambre des bâtimens, chargé de recevoir le procès-verbal : ils doivent se trouver aux audiences & être présens à la lecture du rapport, afin de pouvoir répondre aux faits sur lesquels le procureur du roi ou les juges peuvent avoir besoin d'éclaircissemens.

L'édit de 1690 fixe & indique au surplus leurs droits & fonctions, dont les principaux sont la visite, l'estimation & le réglement des ouvrages. Ces mêmes droits ont appartenu de tout temps aux maîtres généraux, & sont la conséquence nécessaire de leur qualité, qui les constitue de droit architectes du roi.

Hôpital de la Trinité. Cet hôpital jouit du droit de procurer la maîtrise de maçon à six ouvriers qui, pendant six ans, travaillent dans cet hôpital, & montrent leur métier gratuitement à un orphelin.

Pendant ces six années, le maçon est dit être en bail à la Trinité; il doit faire enregistrer son bail au greffe de la chambre des bâtimens. Après l'expiration des six années, les administrateurs lui délivrent un certificat, sur lequel, sans payer aucuns droits de communauté, il est reçu par les juges généraux des bâtimens, en satisfaisant seulement aux droits de réception & de greffe.

Dès-lors il est inscrit sur la liste des maîtres maçons, & participe à tous leurs droits : il doit même toujours y avoir aux assemblées de la communauté un maître de la Trinité.

Si l'ouvrier, pendant les six années de son bail, commet des mal-façons, il est nécessaire d'appeler, pour la visite, les administrateurs, comme étant ses supérieurs & ses surveillans ou tuteurs nés.

Toutes ces règles sont consignées dans deux arrêts du parlement des 30 décembre 1672 & 3 février 1694.

Garantie due par les entrepreneurs. *Voyez* BATIMENT. Nous ajouterons ici qu'il est un cas où l'entrepreneur doit être regardé comme garant, quoique cela ne soit réglé ni prévu par aucune loi ou réglement, parce qu'il n'est pas arrivé aussi fréquemment qu'aujourd'hui.

On voit à Paris une foule d'entrepreneurs acquérir un terrein & y bâtir pour vendre : plus occupés d'en imposer à un acquéreur par des ornemens extérieurs, que de bâtir solidement, à peine la construction est-elle finie & la vente faite, que les défectuosités du bâtiment paroissent. L'acquéreur a recours à l'entrepreneur, son vendeur, qui lui répond qu'il n'est à son égard qu'un vendeur ordinaire, non soumis à la garantie.

Cette question s'étant présentée en la chambre des bâtimens, on l'a préjugée contre l'entrepreneur, en ordonnant, sur le requisitoire du procureur du roi, la visite du bâtiment & la vérification des mal-façons articulées : cette décision seroit sûrement confirmée au parlement; c'est une fraude de l'entrepreneur, qui ne peut lui profiter. Pour avoir été propriétaire du terrein, il n'a pas perdu la qualité d'entrepreneur, & n'a point cessé d'être soumis aux obligations qu'elle impose; l'acquéreur a dû présumer l'ouvrage conforme aux règles de l'art. S'il avoit acquis d'un autre propriétaire qui eût fait bâtir par un maître, l'acquéreur exerceroit pendant dix ans sa garantie contre l'ouvrier, comme subrogé aux droits du vendeur. Pourquoi, dans l'espèce indiquée, n'auroit-il pas la même faculté ?

Privilège sur le prix des bâtimens. Le privilège des entrepreneurs & ouvriers sur le prix des bâtimens qu'ils construisent ou rétablissent, est si équitable, si naturel, qu'il n'a jamais été révoqué en doute; il n'y a eu de difficultés que sur les conditions & formalités préalables, pour en assurer l'effet & pour prévenir les fraudes. On a vu quelquefois les ouvriers réclamer, par une connivence répréhensible avec le propriétaire, un privilège pour le montant d'ouvrage dont ils étoient déjà payés, & frustrer par-là des créanciers légitimes & anciens, ou leur faire préférer de nouveaux prêteurs par des emprunts que l'on supposoit employés à payer les entrepreneurs.

Ces craintes variant, suivant les circonstances, la jurisprudence a varié aussi; tantôt on a exigé, pour opérer le privilège des ouvriers, qu'il y eût des devis & marchés; tantôt on a admis le privilège sans ce préalable, qui n'a paru nécessaire que dans le cas de la subrogation d'un prêteur au privilège de ces mêmes entrepreneurs.

Il étoit donc du devoir des magistrats supérieurs de chercher quelque voie, qui, en empêchant la fraude ou la rendant moins praticable, ne mît pas cependant des entraves trop gênantes à l'exercice d'un privilège reconnu juste & digne d'être maintenu.

Après des conférences tenues à ce sujet, par MM. les commissaires du parlement, en 1766, la cour, toutes les chambres assemblées, a arrêté & ordonné que les architectes, entrepreneurs, maçons & autres ouvriers employés pour édifier, reconstruire ou réparer des bâtimens quelconques, ne pourront prétendre être payés, par privilège & préférence à d'autres créanciers, du prix de leurs ouvrages sur celui des bâtimens qu'ils auront édifiés, reconstruits ou réparés à l'avenir, à compter du jour de la publication du présent arrêt, qu'autant que, par un expert nommé d'office par le juge ordinaire, à la requête du propriétaire, il aura été préalablement dressé procès-verbal, à l'effet de constater l'état des lieux, relativement aux ouvrages que le propriétaire déclarera avoir dessein de faire, & que les ouvrages, après leur perfection & dans l'année de leur perfection, auront été reçus par un expert pareillement nommé d'office par ledit juge, à la requête, soit du propriétaire, soit des ouvriers, collectivement ou séparément, en présence les uns des autres, ou eux duement appellés par une simple sommation, desquels ouvrages ladite réception sera faite par ledit expert par un ou plusieurs procès-verbaux, suivant l'exigence des cas, lequel expert énoncera sommairement les différentes natures d'ouvrages qui auront été faits, & déclarera s'ils ont été bien faits & suivant les règles de l'art; permet au juge ordinaire de nommer, suivant sa prudence, pour ledit procès-verbal de réception, le même expert qui aura fait la première visite: ordonne pareillement qu'à l'avenir ceux qui auront prêté des deniers pour payer ou rembourser les ouvriers des constructions, reconstructions & réparations par eux faites, ne pourront prétendre à être payés par privilège & préférence à d'autres créanciers, qu'autant que, pour lesdites constructions, reconstructions & réparations, les formalités ci-dessus prescrites auront été observées; que les actes d'emprunts auront été passés pardevant notaires & avec minutes, & feront mention que les sommes prêtées sont pour être employées auxdites constructions, reconstructions & réparations, ou au remboursement des ouvriers qui les auront faites, & que les quittances des paiemens desdits ouvrages porteront déclaration & subrogation au profit de ceux qui auront prêté leurs deniers, lesquelles quittances seront passées pardevant notaires, & dont il y aura minutes, sans qu'il soit nécessaire de devis & marchés, ni autres formalités que celles ci-dessus prescrites.

Privilégiés. On entend par cette qualité, des entrepreneurs devenus maîtres en vertu de quelque privilège; tels sont les maçons ayant fait leur bail à l'hôpital de la Trinité, & dont on a déjà parlé; le maçon que le premier prince du sang est en droit de bréveter, pour être reçu sur ce brevet en la chambre des bâtimens, & sujet, comme les autres, à la visite & à la jurisdiction des juges généraux; les deux maçons auxquels le prévôt de l'hôtel donne également un brevet, & qu'il prétend être en droit de recevoir lui-même, sans cependant avoir ensuite sur eux aucune jurisdiction pour les abus qu'ils peuvent commettre, depuis que cet objet a été attribué, par l'arrêt contradictoire du conseil d'état du 10 juillet 1744, à la chambre des bâtimens.

Le privilège du prévôt de l'hôtel, quoique paroissant par sa nature restreint au droit de nommer deux maçons pour le service & la suite de la cour, n'a point été contesté par la communauté des maîtres maçons; mais on a douté qu'il pût nommer & recevoir lui-même, puisque le privilège du premier prince du sang & celui de l'hôpital de la Trinité, qui sont au moins aussi étendus & aussi favorables que celui de la prévôté, ne consistent qu'au droit d'accorder le brevet au privilégié, pour ensuite prêter serment & être reçu en la chambre des bâtimens; & ce doute, relativement aux privilégiés de la prévôté, subsiste encore, n'y ayant eu à ce sujet que des décisions particulières, provisoires & sur simple requête non communiquée.

Rétablissement de la communauté des maîtres maçons. Par un édit du mois de février 1776, les communautés d'arts & métiers de la capitale furent supprimées; mais le roi ayant reconnu par cet édit qu'il y avoit *diverses professions* « dont l'exercice pouvoit donner lieu à des abus qui intéressoient ou la foi publique, ou la police, *ou même la sûreté publique & la vie des hommes*, & que ces professions exigeoient une surveillance particulière, il fut ordonné par l'article 9, que les visites de police seroient continuées ».

Aussi les visites de police des bâtimens ont-elles continué d'être faites de l'autorité de la chambre des bâtimens, dont les droits n'ont souffert aucune atteinte.

Depuis, & par un édit du mois d'août 1776, il y a eu une nouvelle création des communautés, dont les membres seroient reçus devant les juges qui en avoient la possession, sur la commission & quittance de finance qui leur seroit délivrée au nom du roi: à cet article près, cette création équipolle à un rétablissement, puisque les anciens maîtres sont maintenus dans leur qualité, en payant une légère somme.

Le même édit annonce qu'il sera dressé des statuts pour l'administration de chaque communauté: celle des maîtres maçons est la première dont les commissaires du roi se soient occupés, comme celle dont l'objet intéresse le plus la fortune & la sûreté des citoyens: déjà, sur les réflexions de la chambre des bâtimens, à laquelle le projet des règles pour la réception des maîtres, l'administration & les visites, a été communiqué, on a arrêté la plupart des articles qui doivent former ces réglemens. Quoique les plus essentiels de ces articles soient connus en substance, on s'abstient d'en rendre compte en ce moment, & on réserve à le faire quand ils auront été revêtus des formes légales.

Veuves des maîtres maçons. Il est une foule de métiers dont le travail peu difficile ou ne présentant aucune suite dangereuse, peut être dirigé par des femmes & exécuté par des compagnons intelligens & bien conduits: dans ces communautés, les veuves sont admises à continuer l'état de leurs maris, & jouissent des privilèges de la maîtrise.

Il n'en est pas de même pour la profession de maçon: cet état touche de trop près à la sûreté publique, pour en confier l'exercice à toutes personnes indistinctement : on n'y a jamais permis qu'un fils de maître fût reçu sans examen & sans chef-d'œuvre ; à plus forte raison n'a-t-on jamais toléré que la veuve d'un maître exerçât cette profession, qui exige des connoissances & une longue expérience.

La seule grace qu'on peut leur accorder, & qu'on leur accorde suivant les circonstances, c'est de continuer pendant six mois ou un an au plus les ouvrages déjà commencés par leurs maris, parce qu'on suppose que ceux-ci ont laissé des plans généraux & détaillés du bâtiment, dont ils ont donné l'explication à un conducteur ou principal compagnon.

Encore seroit-il prudent de ne jamais accorder ces permissions, qui peuvent tirer à des conséquences infinies, sans obliger les veuves à prendre pour conducteur des ouvrages restans, ou un maître, ou un ouvrier habile qui seroit agréé par les juges.

Mais si un propriétaire qui auroit traité avec un maître maçon, s'opposoit à ce que la veuve de l'entrepreneur continuât le bâtiment, on ne doute point que dans ce cas, qui ne s'est point encore présenté, la veuve ne fût condamnée à discontinuer l'entreprise, le propriétaire n'ayant donné sa confiance qu'au mari personnellement, comme artiste dont il avoit jugé la capacité suffisante.

MADELAER, qu'on prononce *madelare*, terme usité en Flandre, qui signifie à-peu-près un *entremetteur.* Il est aussi connu dans le pays de Langle, qui a été détaché de la châtellenie de Bourbourg, pour être incorporé à la province d'Artois.

Les fonctions du *madelaer* sont presque conformes à celles des curateurs aux successions vacantes, avec cette différence néanmoins que les curateurs ne se donnent dans les autres provinces de France, qu'aux successions vacantes, & qu'on constitue un *madelaer* dans les successions recueillies.

Avant la clôture de leur partage, les partageurs sont tenus de faire établir & commettre, par le survivant de deux conjoints par mariage, ou s'il n'y a pas de survivant, par les héritiers du défunt, un *madelaer* qui, par cette nomination, devient l'agent & le procureur de la succession ouverte, pour en poursuivre les droits, & en acquitter les charges. Les héritiers lui assignent certains biens pour en faire la vente, & payer les dettes du défunt : les tuteurs des mineurs lui font également ces assignations. Sa commission dure un an, à l'expiration duquel, & après la clôture du partage, il est tenu de rendre compte de sa gestion pardevant les partageurs, en présence du survivant & des héritiers, & même en justice, s'il est besoin, par pièces justificatives, & d'en payer le reliquat. On peut consulter sur les fonctions & les obligations du *madelaer*, le tit. 19 de la coutume de Berg-saint-Winox, & l'article 17 de la coutume de Langle. *Voyez* PARTAGEUR.

MADRAGUE, s. f. (*Code maritime.*) est un très-grand filet, composé de cordes faites de spart, qui se place en pleine mer pour pêcher les thons. Ces filets occupent souvent l'étendue de plus d'un mille ; on les arrange de manière qu'ils forment un grand nombre de divisions en forme de cellules : le bas du filet s'assujettit sur les grèves avec des pierres, ou des baudes, qui sont des masses de fer ou de plomb.

L'ordonnance de la Marine de 1681, *liv.* 5, *tit.* 4, traite de cette espèce de pêche. Il en résulte qu'il est défendu à toutes personnes de poser en mer des *madragues* sans une permission expresse du roi, à peine de confiscation & de 3000 liv. d'amende : que cette permission doit être enregistrée au greffe de l'amirauté, dans le territoire de laquelle la pêche a lieu ; que les propriétaires des *madragues* sont tenus de mettre sur les extrémités les plus avancées en mer, des hoirins, bouées ou gaviteaux, pour avertir les navigateurs, à peine de répondre des dommages & intérêts auxquels ils auront donné lieu en y manquant, & de privation de leur droit de pêche ; qu'on ne peut placer aucune *madrague* dans les avenues des ports, dans tout endroit qui n'est pas éloigné de deux cens brasses du passage ordinaire des vaisseaux, & généralement dans tous les lieux où ces filets peuvent nuire à la navigation ; qu'on ne doit pas laisser, en levant les *madragues*, les pierres ou baudes qui y étoient attachées.

Les propriétaires des *madragues*, établies avec permission du roi, ne peuvent ôter aux autres pêcheurs la liberté de tendre des thonnaires ou combrières, & de pêcher dans le voisinage de la *madrague*, pourvu qu'ils ne l'approchent pas plus près que de deux milles du côté du Levant & de l'abord des thons.

La permission de pêcher avec *madrague*, quand bien même elle contiendroit la désignation de l'emplacement où elle doit être exercée, est toujours révocable, dès l'instant que la *madrague* nuit à la navigation, parce que alors on suppose qu'elle n'a été obtenue que par surprise.

On demande dans quelle classe de biens meubles ou immeubles, on doit ranger la faculté de pêcher avec *madrague ?* Quelques-uns prétendent qu'elle doit être comprise au rang des immeubles, & ils se fondent sur ce que le roi n'accorde ordinairement cette permission, ainsi que celle de poser des bordigues sur le bord de la mer, qu'à titre de cens, de rente ou d'inféodation envers le domaine ; sur ce que ordinairement elle est concédée à perpétuité, & pour être exercée dans un certain lieu. Cette opinion paroît être appuyée par un arrêt du conseil, qui a assujetti la translation de la propriété du droit de pêche avec *madrague*, au paiement du centième denier comme les immeubles.

Cependant, malgré ces motifs apparens, on doit mettre cette faculté au nombre des meubles, parce que, d'après la disposition des loix civiles & naturelles, elle est commune à tous les hommes, &

qu'elle ne s'exerce que sur un objet purement mobilier. Le souverain, déterminé par des motifs d'utilité & de bien public, peut bien restreindre cette faculté en tout ou en partie, indiquer les temps de certaines pêches, en prohiber même quelques-unes. Mais lorsqu'il fait cesser cette prohibition vis-à-vis un de ses sujets, il ne fait que le rétablir dans la liberté primitive de pêcher, qui appartient naturellement à tous.

Ce sentiment est appuyé d'ailleurs sur les dispositions de l'ordonnance de la Marine, & vient d'être confirmé par un arrêt du parlement de Provence, du 10 avril 1783, qui a jugé contre les habitans de Martigues, que les propriétaires de bordigues ne seroient imposés que pour moitié de leur valeur, parce que les bordigues ne sont que de simples engins de pêche, & que la permission de les poser sur les bords de la mer, ne met pas les concessionnaires dans la classe des propriétaires fonciers.

MAGE, *Juge*, (*Droit public.*) *quasi major judex*, est le titre que l'on donne à Toulouse & dans quelques autres villes du Languedoc, au lieutenant du sénéchal : les fonctions de cet officier sont à-peu-près les mêmes que celles des lieutenans-généraux des baillis royaux. *Voyez* SÉNÉCHAL.

MAGIE, s. f. science ou art occulte qui apprend à faire des choses qui paroissent au-dessus du pouvoir humain.

La *magie*, considérée comme la science des premiers mages, ne fut autre chose que l'étude de la sagesse : pour lors elle se prenoit en bonne part; mais il est rare que l'homme se renferme dans les bornes du vrai; il est trop simple pour lui. Il est presque impossible qu'un petit nombre de gens instruits, dans un siècle & dans un pays en proie à une crasse ignorance, ne succombent bientôt à la tentation de passer pour extraordinaires & plus qu'humains : ainsi, les mages de Chaldée & de tout l'Orient, ou plutôt leurs disciples (car c'est de ceux-ci que vient d'ordinaire la dépravation dans les idées), les mages, dis-je, s'attachèrent à l'astrologie, aux divinations, aux enchantemens, aux maléfices; & bientôt le terme de *magie* devint odieux, & ne servit plus dans la suite qu'à désigner une science également illusoire & méprisable : fille de l'ignorance & de l'orgueil, cette science a dû être des plus anciennes; il seroit difficile de déterminer le temps de son origine : ayant pour objet d'alléger les peines de l'humanité, elle a pris naissance avec nos misères. Comme c'est une science ténébreuse, elle est sur son trône dans les pays où règnent la barbarie & la grossièreté. Les Lapons, & en général les peuples sauvages, cultivent la *magie*, & en font grand cas.

Pour faire un traité complet de *magie*, à la considérer dans le sens le plus étendu, c'est-à-dire, dans tout ce qu'elle peut avoir de bon & de mauvais, on devroit la distinguer en *magie* divine, *magie* naturelle & *magie* surnaturelle.

1°. La *magie* divine n'est autre chose que cette connoissance particulière des plans, des vues de la souveraine sagesse, que Dieu, dans sa grace, revèle aux saints hommes animés de son esprit, ce pouvoir surnaturel qu'il leur accorde de prédire l'avenir, de faire des miracles, & de lire, pour ainsi dire, dans le cœur de ceux à qui ils ont à faire. Il fut de tels dons, nous devons le croire; si même la philosophie ne s'en fait aucune idée juste, éclairée par la foi, elle les révère dans le silence. Mais en est-il encore ? Je ne sais, & je crois qu'il est permis d'en douter. Il ne dépend pas de nous d'acquérir cette desirable *magie ; elle ne vient ni du courant ni du voulant ; c'est un don de Dieu.*

2°. Par la *magie* naturelle, on entend l'étude un peu approfondie de la nature, les admirables secrets qu'on y découvre, les avantages inestimables que cette étude a apportés à l'humanité dans presque tous les arts & toutes les sciences; physique, astronomie, médecine, agriculture, navigation, mécanique, je dirai même éloquence; car c'est à la connoissance de la nature, & de l'esprit humain en particulier, & des ressorts qui le remuent, que les grands maîtres sont redevables de l'impression qu'ils font sur leurs auditeurs, des passions qu'ils excitent chez eux, des larmes qu'ils leur arrachent, *&c. &c. &c.*

Cette *magie*, très-louable en elle-même, fut poussée assez loin dans l'antiquité : il paroît même par le feu grégeois, & quelques autres découvertes dont les auteurs nous parlent, qu'à divers égards les anciens nous ont surpassés dans cette espèce de *magie ;* mais les invasions des peuples du Nord lui firent éprouver les plus funestes révolutions, & la replongèrent dans cet affreux chaos dont les sciences & les beaux-arts avoient eu tant de peine à sortir dans notre Europe.

Ainsi, bien des siècles après la sphère de verre d'Archimède, la colombe de bois volante d'Architras, les oiseaux d'or de l'empereur Léon qui chantoient, les oiseaux d'airain de Boëce qui chantoient & qui voloient, les serpens de même matière qui siffloient, *&c.* il fut un pays en Europe (mais ce n'étoit ni le siècle ni la patrie de Vaucanson); il fut, dis-je, un pays dans lequel on fut sur le point de brûler Brioché & ses marionnettes. Un cavalier françois qui promenoit & qui faisoit voir dans les foires une jument qu'il avoit eu l'habileté de dresser à répondre exactement à des signes, comme nous en avons tant vus dans la suite, eut la douleur en Espagne de voir mettre à l'inquisition un animal qui faisoit toute sa ressource, & eut assez de peine à se tirer lui-même d'affaire. On pourroit multiplier sans nombre les exemples de choses toutes naturelles, que l'ignorance a voulu criminaliser & faire passer pour les actes d'une *magie* noire & diabolique : à quoi ne furent pas exposés ceux qui les premiers osèrent parler d'antipodes & d'un nouveau monde ?

Mais nous reprenons insensiblement le dessus, & l'on peut dire qu'aux yeux même de la multitude, les bornes de cette prétendue *magie* naturelle se rétrécissent tous les jours, parce que, éclairés du flambeau de la philosophie, nous faisons tous les jours d'heureuses découvertes dans les secrets de la nature ; & que de bons systêmes, soutenus par une multitude de belles expériences, annoncent à l'humanité de quoi elle peut être capable par elle-même & sans *magie*. Ainsi, la boussole, les télescopes, les microscopes, *&c.* & de nos jours, les polypes, l'électricité ; dans la chymie, dans la mécanique & la statique, les découvertes les plus belles & les plus utiles, vont immortaliser notre siècle ; & si l'Europe retomboit jamais dans la barbarie dont elle est enfin sortie, nous passerons chez de barbares successeurs pour autant de magiciens.

3°. La *magie* surnaturelle est la *magie* proprement dite, cette *magie* noire qui se prend toujours en mauvaise part, que produisent l'orgueil, l'ignorance & le manque de philosophie : c'est elle que Agrippa comprend sous les noms de *cœlestialis* & *ceremonialis ;* elle n'a de science que le nom, & n'est autre chose que l'amas confus de principes obscurs, incertains & non démontrés, de pratiques la plupart arbitraires, puériles, & dont l'inefficacité se prouve par la nature des choses.

Agrippa, aussi peu philosophe que magicien, entend par la *magie*, qu'il appelle *cœlestialis*, l'astrologie judiciaire qui attribue à des esprits une certaine domination sur les planètes, & aux planètes sur les hommes, & qui prétend que les diverses constellations influent sur les inclinations, le sort, la bonne ou mauvaise fortune des humains ; & sur ces foibles fondemens bâtit un systême ridicule, mais qui n'ose paroître aujourd'hui que dans l'almanach de Liège & autres livres semblables ; tristes dépôts des matériaux qui servent à nourrir des préjugés & des erreurs populaires.

La *magie ceremonialis*, suivant Agrippa, est bien sans contredit ce qu'il y a de plus odieux dans ces vaines sciences ; elle consiste dans l'invocation des démons, & s'arroge, ensuite d'un pacte exprès ou tacite fait avec les puissances infernales, le prétendu pouvoir de nuire à leurs ennemis, de produire des effets mauvais & pernicieux, que ne sauroient éviter les malheureuses victimes de leur fureur.

Elle se partage en plusieurs branches, suivant ses divers objets & opérations ; la cabale, le sortilège, l'enchantement, l'évocation des morts ou des malins esprits ; la découverte des plus grands secrets ; la divination, le don de prophétie, celui de guérir par des pratiques mystérieuses les maladies les plus opiniâtres ; la fréquentation du sabbat, *&c.* De quels travers n'est pas capable l'esprit humain ! On a donné dans toutes ces rêveries ; c'est le dernier effort de la philosophie d'avoir enfin désabusé l'humanité de ces humiliantes chimères ; elle a eu à combattre la superstition, & même la théologie qui ne fait que trop souvent cause commune avec elle. Mais enfin dans les pays où l'on sait penser, réfléchir & douter, le démon fait un petit rôle, & la *magie* diabolique reste sans estime & crédit.

Mais ne tirons pas vanité de notre façon de penser, nous y sommes venus un peu tard ; ouvrez les registres de la plus petite cour de justice, vous y trouverez d'immenses cahiers de procédures contre les sorciers, les magiciens & les enchanteurs. Les seigneurs de jurisdictions se sont enrichis de leurs dépouilles, & la confiscation des biens appartenans aux prétendus sorciers, a peut-être allumé plus d'un bûcher ; du moins est-il vrai que souvent la passion a su tirer un grand parti de la crédulité du peuple, & faire regarder comme un sorcier & docteur en *magie* celui qu'elle vouloit perdre, dans le temps même que, suivant la judicieuse remarque d'Apulée, accusé autrefois de *magie : ce crime*, dit-il, *n'est pas même cru par ceux qui en accusent les autres ; car si un homme étoit bien persuadé qu'un autre homme le pût faire mourir par magie, il appréhenderoit de l'irriter en l'accusant de ce crime abominable.*

Le fameux maréchal d'Ancre, Léonora Galigaï son épouse, sont des exemples mémorables de ce que peut la funeste accusation d'un crime chimérique, fomentée par une passion secrète & poussée par la dangereuse intrigue de cour. Mais il est peu d'exemples dans ce genre mieux constatés que celui du célebre Urbain Grandier, curé & chanoine de Loudun, brûlé vif comme magicien, l'an 1629. Qu'un philosophe ou seulement un ami de l'humanité souffre avec peine l'idée d'un malheureux immolé à la simplicité des uns & à la barbarie des autres ! Comment le voir de sang-froid condamné comme magicien à périr par les flammes, jugé sur la déposition d'Astaroth, diable de l'ordre des séraphins ; d'Easas, de Celsus, d'Acaos, de Cédon, d'Asmodée, diables de l'ordre des trônes ; d'Alex, de Zabulon, Nephtalim, de Cham, d'Uriel, d'Ahaz, de l'ordre des principautés ? Comment voir ce malheureux chanoine jugé impitoyablement sur la déposition de quelques religieuses qui disoient qu'il les avoit livrées à ces légions d'esprits infernaux ? Comment n'est-on pas mal à son aise, lorsqu'on le voit brûlé tout vif, avec des caractères prétendus magiques, poursuivi & noirci comme magicien jusques sur le bûcher même où une mouche noirâtre de l'ordre de celles qu'on appelle des *bourdons*, & qui rodoit autour de la tête de Grandier, fut prise par un moine qui, sans doute avoit lu dans le concile de Quieres, que les diables se trouvoient toujours à la mort des hommes pour les tenter, fut prise, dis-je, pour Béelzebuth, prince des mouches, qui voloit autour de Grandier pour emporter son ame en enfer ? Observation puérile, mais qui, dans la bouche de ce moine, fut peut-être l'un des moins mauvais argumens qu'une barbare politique sut mettre en usage pour justifier ses excès, & en imposer, par des contes absurdes, à la funeste crédulité des simples. Que d'horreurs! & où ne se porte pas l'esprit humain, lorsqu'il est aveuglé par les malheureuses passions de l'envie & de l'esprit de vengeance? L'on doit sans doute tenir compte à Gabriel Naudé, d'avoir pris généreusement la défense des grands hommes accusés de *magie*; mais je pense qu'ils ont plus d'obligation à ce goût de philosophie qui a fait sentir toute la vanité de cette accusation, qu'au zèle de leur avocat, qui a peut-être marqué plus de courage dans son entreprise que d'habilité dans l'exécution & de force dans les raisonnemens qu'il emploie; si Naudé a pu justifier bien de grands hommes d'une imputation qui, aux yeux du bon sens & de la raison, se détruit d'elle-même, malgré tout son zèle, il eût sans doute échoué, s'il eût entrepris d'innocenter entiérement à cet égard les sages de l'antiquité, puisque toute leur philosophie n'a pu les mettre à l'abri de cette grossière superstition que la *magie* tient par la main. Je n'en citerai d'autre exemple que Caton. Il étoit dans l'idée qu'on peut guérir les maladies les plus sérieuses par des paroles enchantées: voici les paroles barbares au moyen desquelles, suivant lui, on a une recette très-assurée pour remettre les membres démis: *Incipe cantare in alto S. F. motas danata dardaries astotaries, dic una parite usque dum coeant*, &c. C'est l'édition d'Alde Manuce que je lis; car celle de Henri Etienne, revue & corrigée par Victorius, a été fort changée sur un point où la grande obscurité du texte ouvre un vaste champ à la manie des critiques.

Chacun sait que les anciens avoient attaché les plus grandes vertus au mot magique *abracadabra*. Q. Serenus, célèbre médecin, prétend que ce mot vuide de sens, écrit sur du papier & pendu au cou, étoit un sûr reméde pour guérir la fièvre quarte; sans doute qu'avec de tels principes la superstition étoit toute sa pharmacie, & la foi du patient sa meilleure ressource.

C'est à cette foi qu'on peut & qu'on doit rapporter ces guérisons si extraordinaires dans le récit qu'elles semblent tenir de la *magie*, mais qui, approfondies, sont presque toujours des fraudes pieuses, ou les suites de cette superstition qui n'a que trop souvent triomphé du bon sens, de la raison & même de la philosophie. Nos préjugés, nos erreurs & nos folies se tiennent toutes par la main. La crainte est fille de l'ignorance; celle-ci a produit la superstition qui est à son tour la mère du fanatisme, source féconde d'erreurs, d'illusions, de fantômes d'une imagination échauffée qui change en lutins, en loups-garoux, en revenans, en démons même tout ce qui la heurte; comment dans cette disposition d'esprit, ne pas croire à tous les rêves de la *magie*? Si le fanatique est pieux & dévot (& c'est presque toujours ce ton sur lequel il est monté), il se croira magicien pour la gloire de Dieu; du moins s'attribuera-t-il l'important privilège de sauver & damner sans appel: il n'est pire *magie* que celle des faux dévots. Je finis par cette remarque; c'est qu'on pourroit appeller le sabbath, *l'empire des amazones souterraines*; du moins il y a toujours eu beaucoup plus de sorcières que de sorciers: nous l'attribuons bonnement à la foiblesse d'esprit ou à la trop grande curiosité des femmes: filles d'Eve, elles veulent se perdre comme elle pour tout savoir. Mais un anonyme (*voyez* Alector *ou* le Coq, *lib.* 2 *des adeptes*) qui voudroit persuader au public qu'il est un des premiers confidens de satan, prête aux démons un esprit de galanterie qui justifie leur prédilection pour le sexe, & les faveurs dont ils l'honorent: par-là même le juste retour de cette moitié du genre humain avec laquelle pour l'ordinaire on gagne plus qu'on ne perd.

Addition à l'article MAGIE. Cet article, tel qu'il a été inséré dans la première édition de l'Encyclopédie, est trop bien rédigé pour qu'on se permette d'y rien changer. Nous croyons cependant nécessaire d'y ajouter quelques réflexions importantes pour les tribunaux.

« La *magie*, dit un criminaliste moderne, est le crime de ceux qui emploient des illusions diaboliques, soit pour tromper par de fausses prédictions, soit pour causer du dommage à autrui: dans ce dernier cas, elle est connue plus particuliérement sous les noms de *maléfice* & *sortilège*; & dans le premier, sous le nom d'*astrologie judiciaire* & de *superstition* ».

N'est-il pas inconcevable qu'un jurisconsulte du dix-huitième siècle, définisse la *magie* du style d'un homme qui croit également aux sorciers & aux revenans? Osons dire plutôt qu'il n'est plus de sorciers ni de magiciens depuis qu'une saine philosophie, fondée sur les principes les plus solides de la religion, nous a appris qu'il ne pouvoit exister aucun pouvoir supérieur à celui de la divinité ou capable de le balancer. Les sorciers de nos jours ne sont que des fripons plus ou moins adroits, qui ne trouvent de dupes que parmi la populace. On ne punit donc plus aujourd'hui comme magiciens ceux qui cherchent à se faire passer pour tels: les loix & les magistrats ne voient en eux que des escrocs, & ne répriment que les effets de leur prétendue *magie*.

Laissons aux inquisitions espagnoles & portugaises la poursuite & la punition des magiciens & des sorciers. Moins cruelles cependant qu'elles ne furent jadis, on diroit qu'un rayon de notre philosophie a pénétré jusques dans ces redoutables tribunaux. Pendant que M. de Pages étoit à Mexico, l'inquisition se contenta de faire fouetter publiquement différentes personnes, entre lesquelles étoient deux femmes accusées de faire des plaies à leurs ennemis, par le moyen de certaines invocations, & en déchirant les parties correspondantes d'une espèce de poupée qu'elles avoient à cet effet. *Voyez les Voyages de M. de Pages, autour du monde*, imprimés à Paris en 1782.

« Il faut être très-circonspect, dit Montesquieu, dans son ouvrage immortel de *l'Esprit des loix*, *liv. 12*, *chap. 5*, dans la poursuite de la *magie* & de l'hérésie. L'accusation de ces deux crimes peut extrêmement choquer la liberté, & être la source d'une infinité de tyrannies, si le législateur ne sait la borner ; car comme elle ne porte pas directement sur les actions d'un citoyen, mais plutôt sur l'idée qu'on s'est faite de son caractère, elle devient dangereuse à proportion de l'ignorance du peuple ». (*Cette addition est de M.* BOUCHER D'ARGIS, *conseiller au châtelet, de l'académie royale des sciences, belles-lettres & arts de Rouen, &c.*)

MAGISTRAT, s. m. (*Droit public.*) Ce nom présente une grande idée, il a eu successivement plusieurs acceptions.

On l'a donné d'abord à tous ceux, qui, par l'exercice d'une autorité légitime, sont les défenseurs & les garans du bonheur public : & dans ce sens, il a été donné aux rois.

Dans la suite on l'a appliqué à tout officier revêtu de quelque portion de la puissance publique.

Présentement par ce terme on n'entend que les officiers qui tiennent un rang distingué dans l'administration de la justice ; & il ne signifie proprement dans notre langue, que ceux sur qui le souverain se repose, pour rendre la justice en son nom, conserver le dépôt sacré des loix, leur donner par l'enregistrement la notoriété nécessaire, & les faire exécuter.

Le premier homme en qui une société naissante eut assez de confiance pour remettre entre ses mains le pouvoir de la gouverner, de faire les *loix* qu'il jugeroit convenables au bien commun, d'assurer leur exécution, de réprimer les entreprises capables de troubler l'ordre public, enfin de protéger l'innocence contre la violence & l'injustice, fut le premier *magistrat*.

La vertu fut le fondement de cette autorité : un homme se distingua-t-il par cet amour du bien qui caractérise les hommes vraiment grands ; avoit-il sur ses concitoyens cet empire volontaire & flatteur, fruit du mérite & de la confiance que donne quelquefois la supériorité du génie, & toujours celle de la vertu, ce fut sans doute cet homme qui fut choisi pour gouverner les autres. Quand des raisons que nous laissons discuter à la philosophie, détruisirent l'état de nature, il fut nécessaire d'établir un pouvoir supérieur, maître des forces de tout le corps, à la faveur duquel celui qui en étoit revêtu fût en état de réprimer la témérité de ceux qui pourroient former quelque entreprise contre l'utilité commune & la sûreté publique, ou qui refuseroient de se conformer à ce que le desir de les maintenir auroit fait imaginer ; les hommes renoncèrent au nom de liberté pour en conserver la réalité. Ils firent plus : le droit de vie & de mort fut réuni à ce pouvoir suprême, droit terrible que la nature méconnut, & que la nécessité arracha. Ce chef de société reçut différentes dénominations, suivant les temps, les mœurs, & les différentes formes des gouvernemens ; il fut appellé *empereur*, *consul*, *dictateur*, *roi*, titres tous contenus sous celui de *magistrat*, pris dans le premier sens.

Les premiers *magistrats*, (en prenant ce terme dans l'acception d'officier revêtu d'une portion de la puissance publique) établis chez les Hébreux, furent ceux que Moïse choisit par le conseil de Jéthro son beau-père. Moïse lui ayant exposé qu'il ne pouvoit soutenir seul tout le poids des affaires, Jéthro lui dit de choisir dans tout le peuple des hommes sages & craignans Dieu, d'une probité connue, & surtout ennemis du mensonge & de l'avarice, pour leur confier une partie de son autorité ; de prendre parmi eux des tribuns, des centeniers, des cinquanteniers & dixainiers, ainsi qu'il est dit au *chap. 18 de l'Exode* : ceci donne une idée des qualités que doit avoir le *magistrat*.

Pour faire cet établissement, Moïse assembla tout le peuple ; & ayant choisi ceux qu'il crut les plus propres à gouverner, il leur ordonna d'agir toujours équitablement, sans nulle faveur ou affection des personnes, & de lui rendre compte des choses difficiles, afin qu'il pût les régler sur leur rapport.

Comme les Israélites n'avoient alors aucun territoire fixe, il divisa les douze tribus par les nombres de mille, de cent, de cinquante & de dix familles. Il établit un préfet ou intendant sur mille familles, & des officiers d'un moindre rang sur les subdivisions de cent, de cinquante & de dix.

Moïse choisit encore par l'ordre de Dieu même, avant la fin de l'année, soixante-dix autres officiers plus avancés en âge, dont il se forma un conseil, & ceux-ci furent nommés *seniores & magistri populi* ; d'où est sans doute venu dans la suite le terme de *magistrats*.

Tous ces officiers établis par Moïse dans le désert, subsistèrent de même dans la Palestine. Le sanhédrin ou grand conseil des soixante-dix, établit son siège à Jérusalem : ce tribunal souverain, auquel présidoit le grand-prêtre, connoissoit seul de toutes les affaires qui avoient rapport à la religion & à l'observation des loix, des crimes qui méritoient le dernier supplice ou du moins effusion de sang, & de l'appel des autres juges.

Il y eut aussi alors à Jérusalem deux autres tribunaux, & un dans les autres villes, pour connoître, en première instance, de toutes les affaires civiles, & de tous les délits autres que ceux dont on a parlé.

Les centeniers, cinquanteniers, dixainiers, eurent chacun l'intendance d'un certain quartier de la capitale.

Les Grecs qui ont paru immédiatement après les Hébreux, & qui avoient été long-temps leurs contemporains, eurent communément pour maxime de partager l'autorité du gouvernement & de la magistrature entre plusieurs personnes.

Les républiques prenoient de plus la précaution de changer souvent de *magistrats*, dans la crainte que s'ils restoient trop long-temps en place, ils ne se rendissent trop puissans & n'entreprissent sur la liberté publique.

Les Athéniens qui ont les premiers usé de cette politique, choisissoient tous les ans cinq cens de leurs principaux citoyens, dont ils formoient le sénat qui devoit gouverner la république pendant l'année.

Ces cinq cens sénateurs étoient distribués en dix classes de cinquante chacune, que l'on appelloit *prytanes*; chaque prytane gouvernoit l'état pendant trente-cinq jours.

Des cinquante qui gouvernoient pendant ce temps, on en tiroit toutes les semaines dix, qui étoient qualifiés de présidens; & de ces dix on en choisissoit sept qui partageoient entre eux les jours de la semaine, & tout cela se tiroit au sort. Celui qui étoit de jour, se nommoit *archi*, prince ou premier; les autres formoient son conseil.

Ils suivoient à-peu-près le même ordre pour l'administration de la justice: au commencement de chaque mois, lorsqu'on avoit choisi la cinquantaine qui devoit gouverner la république, on choisissoit ensuite un *magistrat* dans chaque autre cinquantaine. De ces neuf *magistrats* appellés *archontes*, trois étoient tirés au sort pour administrer la justice pendant le mois; l'un qu'on appelloit *préfet*, ou *gouverneur* de la ville, présidoit aux affaires des particuliers, & à l'exécution des loix pour la police & le bien public; l'autre nommé *βασιλεύς*, *roi*, avoit l'intendance & la jurisdiction sur tout ce qui avoit rapport à la religion; le troisième appellé *polemarchus*, connoissoit des affaires militaires & de celles qui survenoient entre les citoyens & les étrangers; les six autres archontes servoient de conseil aux trois premiers.

Il y avoit encore quelques autres tribunaux inférieurs pour différentes matières civiles & criminelles; ils changeoient aussi de juges les uns tous les mois, les autres tous les ans.

Tous ces tribunaux n'étoient chargés de la police que pour l'exécution; la connoissance principale en étoit réservée au sénat de l'aréopage, qui étoit le seul tribunal composé de juges fixes & perpétuels; on les choisissoit entre les principaux citoyens qui avoient exercé avec le plus d'applaudissement l'une des trois magistratures dont on vient de parler.

Pour ce qui est des Romains, lorsque Romulus eut fondé cet empire, il rendoit lui-même la justice avec ceux des principaux citoyens qu'il s'étoit choisis pour conseil, & qu'il nomma *sénateurs*. Il distingua le peuple en deux classes; les patriciens ou nobles, furent les seuls auxquels il permit d'aspirer aux charges de la magistrature; il accorda aux Plébéiens le droit de choisir eux-mêmes leurs *magistrats* dans l'ordre des patriciens.

Lorsque les rois furent chassés de Rome, la puissance du sénat s'accrut beaucoup; la république fut gouvernée par deux consuls qui étoient les chefs du sénat; ils l'étoient encore du temps d'Auguste; & néanmoins le sénat leur commandoit sur-tout dans la guerre; on leur donna pour collègue le censeur, dont la charge étoit de faire le dénombrement des citoyens, & d'imposer chacun aux subsides selon ses facultés; & comme les consuls étoient quelquefois obligés de commander dans les provinces, on nommoit, dans les temps de trouble, un souverain *magistrat*, qu'on appella *dictateur*.

Le préfet de la ville, qui avoit été institué dès le temps de Romulus pour commander en son absence, devint, sous Justinien, le chef du sénat, après lui les patrices, les consuls, ensuite les autres officiers, tels que ceux que l'on appelloit *préfets* & *mestres-de-camp*; enfin les sénateurs & les chevaliers, les tribuns du peuple, dont le pouvoir augmenta beaucoup dans les temps de la république; les édiles, les questeurs & autres officiers.

On créa aussi des tribuns des soldats, des édiles curules, des préteurs, des préfets du prétoire, un maître général de la cavalerie, un maître des offices, un préfet de l'épargne, *comes sacrarum largitionum*; un préfet particulier du domaine du prince, *comes rerum privatarum*; un maître de la milice, des proconsuls & des légats; un préfet d'Orient, un préfet d'Auguste, un préfet des provisions, *præfectus annonæ*; un préfet des gardes de nuit, *præfectus vigilum*.

Il y eut aussi des vicaires ou lieutenans donnés à divers *magistrats*, des assesseurs ou conseillers, des défenseurs des cités, des décurions, des décemvirs, & plusieurs autres officiers.

La fonction de tous ces *magistrats* n'étoit point érigée en office; ce n'étoient que des commissions annales qui étoient données par le sénat, ou par le peuple, ou en dernier lieu par les empereurs.

Aucune magistrature n'étoit vénale; mais comme il se glisse par-tout de l'abus, on fut obligé de défendre à ceux qui briguoient les charges, de venir aux assemblées avec une double robe sous laquelle ils pussent cacher de l'argent, comme ils avoient coutume de faire pour acheter le suffrage du peuple.

Tous ceux qui exerçoient quelque partie de la puissance publique, étoient appellés *magistrats*, soit qu'ils fussent simplement officiers de judicature, soit qu'ils eussent aussi le gouvernement civil & militaire, ou même qu'ils fussent simplement officiers militaires. Il y avoit des *magistrats* ordinaires, comme les consuls, les préteurs, *&c.* & d'autres extraordinaires, comme les dictateurs, le préfet des vivres, *&c.*

On distinguoit aussi les *magistrats* en deux classes, savoir, en grands & petits *magistrats*, *majores & minores magistratus*.

En France on ne donne le nom de *magistrats* qu'à ceux qui tiennent un certain rang dans l'administration de la justice, tels que le chancelier, qui est le chef de la magistrature, les conseillers d'état & maîtres des requêtes, les présidens & conseillers de de cour souveraine, les avocats & procureurs généraux.

Nous avons aussi pourtant des *magistrats* d'épée, tels que les pairs de France, les conseillers d'état d'épée, les chevaliers d'honneur, les baillis d'épée, les lieutenans-criminels de robe-courte, les prévôts des maréchaux.

Les juges des présidiaux, bailliages & sénéchaussées royales, sont aussi regardés comme *magistrats ;* ils en prennent même ordinairement le titre dans leurs jugemens.

Les prévôts des marchands, maires & échevins, & autres juges municipaux qui reçoivent divers noms en quelques provinces, sont aussi *magistrats.*

Loiseau prétend que la qualité de *magistrat* ne convient pas aux juges d'attribution, tels que ceux des eaux & forêts, élections, *&c.* Mais il semble qu'il s'est attaché trop strictement aux termes du droit romain, qui ne donnoient le nom de *magistrat* qu'aux officiers revêtus de l'autorité publique avec commandement & jurisdiction. Dans nos mœurs on doit convenir que tous ceux qui possèdent un office, dont les fonctions consistent à rendre la justice, sont également *magistrats*, sans distinction des juges ordinaires & des juges d'attribution, parce que ceux-ci ont pour les cas de leur compétence, la même autorité que les autres, c'est-à-dire, le droit de décider, de rendre des jugemens, & de les faire exécuter.

Nous ne donnerons pas ici une histoire de la magistrature françoise; les détails s'en trouvent sous les différens mots qui y ont rapport, tels que BAILLI, COMTE, DUC, COUR DES AIDES, CHAMBRE DES COMPTES, PARLEMENT, *&c.* Mais nous croyons devoir insérer ici la conclusion d'une histoire manuscrite de la magistrature françoise par M. le vicomte de Toustain, qui nous l'a communiquée en février 1785.

« Obscurcir ou cacher les vertus, dissimuler les abus & les écarts, insulter aux malheurs, exagérer les foiblesses, flatter le pouvoir, méconnoître les dignités, tels sont les défauts que nous croyons avoir évités en exposant la naissance, les progrès, les changemens, la composition, la formation, les fonctions, l'importance & la destination des cours souveraines. La plupart, & les parlemens sur-tout, furent dans l'origine le démembrement de la portion judiciaire de ces grands corps politiques, dont ils ont conservé le nom, de ces corps qui représentoient tous les ordres, discutoient toutes les affaires, & surveilloient tous les intérêts de la nation. Nous allons maintenant présenter, avec le plus de précision qu'il nous sera possible, le résultat moral & politique de nos recherches & de nos idées.

» Partant toujours de la forme & constitution du gouvernement françois, comme d'un point fixe & invariable, nous n'avons point dit avec Boulainvilliers, qu'il n'y a cœur de gentilhomme qui ne doive frémir du pouvoir que les parlemens se sont arrogé; nous n'avons point répété d'après Voltaire, que sous un gouvernement vigoureux le parlement n'est rien; mais nous avons cru devoir modifier l'un par l'autre les systêmes du comte du Buat & du président de Montesquieu; & sans adopter, à beaucoup près, toute l'extension que l'illustre M. Necker, né dans une république, donne au pouvoir des rois, nous avons pensé comme le président Hénault, que, puisque le droit, après tout, doit demeurer à quelqu'un, il faut bien que dans une vraie monarchie, la puissance exécutive le cède enfin à la puissance législative. Cette maxime a, nous l'avouons, ses inconvéniens. Mais en est-elle moins solide, moins incontestable, moins sacrée, puisque les principes contraires en auroient infiniment davantage ? Il n'appartient qu'à l'auteur de toute perfection de créer des ouvrages parfaits; & de tous les établissemens humains, le moins mauvais doit sans doute être réputé le meilleur.

» N'oubliez pas qu'en astreignant la puissance exécutive à céder, après une raisonnable résistance, à la puissance législative, nous conservons à la première le droit de tempérer, d'annoblir son obéissance par une continuité de remontrances & quelquefois de protestations les plus convenables : en sorte que sa soumission devient aussi légitime & pas plus servile que celle d'une macédonienne qui en appelloit de Philippe ivre à Philippe à jeun. Nous avons repris M. Moreau d'avoir involontairement prêté des armes au despotisme en négligeant ces nuances & distinctions non moins essentielles que délicates.

» Quelques fausses conséquences qu'on ait voulu tirer des exemples mal compris de 1380, 1558, 1596, &c. nous croyons avoir démontré jusqu'à l'évidence que la magistrature n'est point un ordre à part; qu'elle forme un mêlange ou composé de tous les ordres également propre à chacun d'eux; qu'étant pourvue par le souverain de l'autorité nécessaire pour rendre ses loix chères & respectables au même peuple dont elle doit aussi lui rappeller les droits & les besoins, en l'absence des congrès nationaux, il faut la regarder comme le lien salutaire qui resserre toutes les parties de l'état, comme le centre commun où viennent se réunir tous les intérêts & toutes les classes. Que le *magistrat*, que le citoyen de toute condition aient la plus haute opinion des charges de magistrature, en tant que cette opinion ne sera fondée que sur les sacrifices ou les services que la magistrature doit à la nation. Il ne faut épouser ici ni les préjugés de la noblesse, ni ceux de la roture : il faut avoir les principes d'homme & de citoyen juste & sensible.

» L'abbé de Condillac, & depuis lui le comte de Mirabeau, n'ont eu que trop raison d'avancer que le despotisme, cet abus de gouvernement aussi funeste aux princes qu'aux sujets, s'élève & s'affermit sur l'aveugle & destructive rivalité des ordres & des corps. Depuis le milieu du quatorzième siècle jusqu'au milieu du dix-septième, on s'est servi de légistes pour écraser la noblesse militaire. Depuis un siècle & demi ne semble-t-il pas que beaucoup de ministres se soient servis de celle-ci pour écraser à son tour les légistes, comme si depuis la séparation de ces deux états, jadis unis & jamais incompatibles, l'un avoit plus cessé que l'autre de convenir à l'ordre qui les avoit exercés à la fois.

» Ces emplois de légistes dans lesquels on comptoit un assez grand nombre de gentilshommes, dès le temps même de S. Louis, étant devenus les premiers ou plutôt les seuls de la magistrature depuis la retraite des juges-guerriers, c'est bien sagement que les nobles ont abjuré les préjugés gothiques qui les auroient empêché de servir la patrie comme plusieurs de leurs ancêtres, dans la distribution de la justice, s'ils eussent toujours dédaigné ces emplois qu'on a rendus malheureusement incompatibles avec la profession des armes. Cette incompatibilité ne nous a cependant pas semblé si funeste que la vénalité sur laquelle nous sommes entiérement de l'avis du marquis d'Argenson, malgré les sophismes rafinés du luxe & de la mollesse pour cet étrange & scandaleux accroissement du pouvoir envahi par l'opulence bien ou mal acquise. C'est vraisemblablement sur cette séparation des armes & sur cette finance des charges que M. Linguet a fondé sa distinction de la robe à la toge.

C'est bien encore une de nos inconséquences françoises d'avoir établi la vénalité des lieutenances du tribunal des maréchaux de France, ces espèces de magistratures de paix & du point d'honneur, à l'époque même où l'on sembloit vouloir extirper de la robe cette vénalité abusive.

» On a vu dans les charges du parlement de Paris, la branche aînée de la même famille dont les cadets y siégeoient en qualité de pairs du royaume; & l'on sait combien la pairie moderne est une ombre respectable de l'ancienne, à laquelle on ne peut cependant pas l'assimiler.

» Le militaire, auteur de cet écrit, a reçu des brevets contre-signés de ministres sortis par eux-mêmes ou par leurs pères, du sein de la judicature. Plusieurs fils de *magistrats* ont présidé tant par baronnie que par élection, la noblesse avec laquelle il a eu l'honneur de voter dans un pays d'états. Un des comtes de Lyon, commissaires qui ont admis les preuves de sa sœur au chapitre de Neuville, étoit aussi fils de *magistrat*. Plusieurs gentilshommes qui ont fait en même temps que lui leurs preuves devant M. Cherin, pour les honneurs de la cour, comptoient, ainsi que lui, dans leur filiation, quelques *magistrats* dont la plupart avoient été hommes d'armes. Par une autre particularité non moins remarquable, le major, le lieutenant-colonel, le colonel & l'inspecteur d'un régiment où il a été employé, étoient encore tous les quatre fils de *magistrats*, aussi bien que l'un des maréchaux de France sous lesquels il a servi. Ce même auteur n'ignoroit pas que la liste de certaines cours supérieures offre plus de noms de l'ancienne chevalerie que celle de certains corps militaires. Il n'avoit pas oublié non plus les réglemens de Moulins, *art.* 21, & de Blois, *art.* 263, concernant la naissance des baillis & sénéchaux; réglemens qui, pour la composition de la robe, sont aussi conformes à la constitution françoise, que la décision du 22 mai 1781, l'est pour la composition du service. On ne doit donc pas s'étonner que dans son *Précis historique, moral & politique sur la noblesse françoise*, in-12, Amsterdam, 1777, il ait imprimé ces mots : « il y a de » quoi rire comme Démocrite, ou gémir comme » Héraclite, à voir le dédain stupide de quelques » militaires pour la robe qu'ont portée leurs ancê» tres; & la morgue pédantesque avec laquelle des » justiciers, nés de gens de guerre, méprisent l'uni» forme & se pavanent dans leur simarre. Il semble » qu'on sacrifieroit à sa compagnie, à sa profession, » & pays & famille, tant l'esprit de corps (1), » qu'il ne faut pas confondre avec l'esprit de son » état, dégénère soit en faction, soit en détour ou » raffinement du plus insupportable égoïsme, » quand il n'est pas épuré par l'esprit de patrie. Rois » & ministres, législateurs & philosophes, maîtres » & précepteurs de la terre, sans confondre les » rangs établis pour le maintien de la société, occu» pez-vous de faire fraterniser les professions, si vous » voulez que les hommes fraternisent. *Voyez aussi* » *le mot* DEGRÉ DE NOBLESSE ».

Il ne suffit pas à un *magistrat* de remplir exactement les devoirs de son état, il doit aussi se comporter dans toutes ses actions avec une certaine dignité & bienséance pour faire respecter en lui l'autorité qui lui est confiée, & pour l'honneur de la magistrature en général.

Les fonctions des *magistrats* sont augustes & saintes, elles exigent de celui qui en est chargé les plus grandes qualités. Obligé seulement comme citoyen de n'avoir aucun intérêt si cher qui ne cède au bien public, il contracte par sa charge & son état un nouvel engagement plus étroit encore; il se dévoue à son roi & à sa patrie, & devient l'homme de l'état : passions, intérêts, préjugés, tout doit être sacrifié. L'intérêt général ressemble à ces courans rapides, qui reçoivent à la vérité dans leur sein les eaux de différens ruisseaux; mais ces eaux s'y perdent & s'y confondent, & forment en se réunissant un fleuve qu'elles grossissent sans en interrompre le cours.

(1) Voici ce que Richardson, ce grand peintre & scrutateur du cœur humain, pensoit à ce sujet. « Il est » bien triste, dit-il, de considérer qu'en général on » ne peut attendre que fort peu de bien des corps. » Observez les sociétés & les corporations grandes & » petites, & vous verrez, permettez-moi ce chétif » jeu de mots, qu'elles ne sont dans la réalité que des » corps, & qu'elles n'agissent que trop souvent comme » si elles n'avoient point d'ame ». Certes, je suis loin de pousser mes conséquences aussi loin que Richardson. Mais son autorité pourroit bien déterminer quelques censeurs à ne me reprocher que la bizarrerie d'avoir cité deux phrases de *Pamela*, dans un article de politique & de jurisprudence, comme si la verité ne se rencontroit pas quelquefois dans les romans, ainsi que le mensonge dans l'histoire.

Si l'on me demandoit quelles vertus sont nécessaires au *magistrat*, je ferois l'énumération de toutes : mais il en est d'essentielles à son état, & qui, pour ainsi dire, le caractérisent. Telles, par exemple, cet amour de la patrie, passion des grandes ames, ce desir d'être utile à ses semblables & de faire le bien, source intarissable des seuls plaisirs du cœur qui soient purs & exempts d'orages, desir dont la satisfaction fait goûter à un mortel une partie du bonheur de la divinité, dont le pouvoir de faire des heureux est sans doute le plus bel apanage.

Il est un temple, & c'est celui de mémoire, que la nature éleva de ses mains dans le cœur de tous les hommes; la reconnoissance y retrace d'âge en âge les grandes actions que l'amour de la patrie fit faire dans tous les temps. Vous y verrez le consul Brutus offrir à sa patrie d'une main encore fumante le sang de ses enfans versé par son ordre. Quelle est donc la force de cette vertu, qui pour soutenir les loix d'un état, a bien pu faire violer celles de la nature, & donner à la postérité un spectacle qu'elle admire en frémissant? Vous y verrez aussi Larcher, Brisson, Tardif, victimes de la cause publique & de leur amour pour leur roi légitime, dans ces temps malheureux de séditions & d'horreurs, où le fanatisme déchaîné contre l'état, se baignoit dans les flots du sang qu'il faisoit répandre, garder jusqu'au dernier moment de leur vie la fidélité due à leur souverain, & préférer la mort à la honte de trahir leurs sermens.

Les *magistrats* sont, après le souverain, les principales personnes dans le gouvernement civil du corps politique. C'est sur eux que la souveraineté se repose, elle leur communique son autorité & la force de commander; leur premier devoir, par conséquent, est de soumettre la portion qu'ils en exercent, au commandement de la souveraineté, puisqu'ils ne disposent que de ce qui lui appartient.

Le *magistrat* doit savoir obéir au prince, céder au pouvoir des *magistrats* ses supérieurs, honorer ses égaux, commander avec modestie à ses inférieurs.

Cependant l'obéissance du *magistrat* a ses degrés, elle a même ses bornes; si elle étoit aveugle & servile (ceci regarde principalement les monarchies), il seroit esclave & ne seroit pas *magistrat*. Il ignoreroit les devoirs qui lui sont tracés par la même main à laquelle il doit obéir. La même sagesse qui a imposé la soumission, en a dicté les règles par la bouche des souverains.

On divise les ordres qui partent de la souveraineté, en trois classes. Ou ce sont des lettres en forme de justice; ou bien ce sont des priviléges, des dispenses de quelques loix accordées à des particuliers, à des communautés; ou enfin ce sont des loix destinées à être perpétuelles & générales pour un état.

La première espèce laisse au *magistrat* son entière liberté. Les lettres en contiennent ordinairement la clause; elles n'obligent qu'autant que l'exposé se trouve conforme à la vérité des faits. C'est cette vérité qui détermine le juge; en rejettant les lettres du prince, il se conforme à sa volonté.

La seconde espèce n'oblige pas encore le *magistrat* étroitement, & l'on y peut faire plusieurs distinctions, si, comme dans les précédentes, le prince a été surpris dans ce qui lui a été exposé; si son ordonnance est appuyée sur des faits, la connoissance de ces faits appartient au juge. Le sort des rois seroit à plaindre, si ceux qu'ils honorent de leur confiance, les laissoient exposés à des méprises dans lesquelles il est facile de les engager.

Mais lorsque le *magistrat* n'auroit à exposer à la grace du prince que des faits que le prince ne peut ignorer; s'il lui a plu de donner, comme on l'a vu, les premières dignités de la justice à un homme élevé dans les finances, & la direction des finances à celui qui a été nourri dans la judicature; si encore le souverain motive son ordre par des raisons à lui connues, le *magistrat* ne doit point examiner les faits, ni s'informer quelles sont ses raisons & leur solidité: il ne peut dans ces cas, se refuser à l'obéissance.

Il n'en seroit pas de même, s'il résultoit du privilège ou de la dispense un préjudice gréveux à d'autres citoyens. Le *magistrat* alors n'est pas astreint à y avoir égard. Cette clause se voit souvent dans des patentes de cette nature; & si elle est omise, des loix générales y ont pourvu.

Lorsqu'on adresse au *magistrat* un ordre de la troisième espèce, son premier devoir est d'obéir. On ne peut cependant lui refuser la faculté d'examiner ce qui doit faire la règle de sa conduite à l'avenir, ce qu'il doit observer le premier pour le faire observer aux sujets soumis à son ressort. S'il s'apperçoit que l'édit contienne des choses contraires à la religion, aux loix de la nature, aux mœurs, le *magistrat* doit refuser son consentement, mais toujours avec respect. Il feroit une injure à son souverain, s'il pensoit que l'iniquité, l'injustice, fussent sa volonté. Plusieurs *magistrats* refusèrent d'obéir à l'ordre du fameux massacre de la saint Barthelemi; ils en seront à jamais loués.

Mais si un édit ne fait que changer les loix civiles, même un certain droit public, quand il révoqueroit une loi utile pour en substituer une autre qui le seroit moins, le *magistrat* ne peut que surseoir, représenter, & finir par se soumettre.

Le bon ordre exige que les jugemens du *magistrat*, lorsqu'ils sont devenus définitifs, attirent le respect & la soumission du citoyen. Il se peut cependant qu'il s'y sera glissé des inattentions, peut-être même quelque injustice. De même le *magistrat* doit respecter la volonté réitérée du souverain. S'il en échappe quelqu'une qui ne soit pas avantageuse à l'état, ce sont des inconvéniens inévitables, comme ceux des arrêts peu judicieux.

Une maxime contraire entraîneroit de plus grands maux. On ne doit rien souffrir qui puisse avoir l'ombre du mépris, lorsqu'il s'agit des ordres de la souveraineté & de la décision de ceux qui sont chargés de distribuer la justice : l'excès de l'abus pourroit seul faire excuser les refus.

On peut demander si le magistrat doit remettre sa charge, plutôt que de donner son consentement à un édit qu'il croiroit blesser sa conscience.

La décision seroit moins délicate pour le *magistrat* unique, que pour un collège. Un seul homme se peut remplacer; mais un sénat versé dans ses fonctions, causeroit des maux infinis à la république s'il l'abandonnoit. Avant qu'on eût rassemblé assez de membres pour former un nouveau corps, avant que ce corps enfant sût marcher & se conduire, bien des désordres affligeroient le public.

Si l'édit étoit véritablement contraire à l'honneur, à la religion, on pourroit décider dans le cas forcé, d'approuver ou de se démettre. Mais outre que le fait en lui-même & ses circonstances sont trop difficiles à présupposer, je sens qu'il est dangereux de donner des maximes dans des matières où l'arbitraire de l'opinion se peut introduire.

Tous les hommes sont sujets à se prévenir & se méprendre; la crainte de trahir l'honneur ou la religion est impérieuse, elle défigure les objets, elle porte dans l'ame un trouble qui offusque sa lumière, lorsqu'elle ne devroit marcher qu'avec l'évidence : le dirai-je? on y peut puiser des prétextes d'autant plus à craindre, qu'ils sont plus plausibles. Offrir une démission générale, est une menace; la donner, un abandon du bien public. Un corps doit attendre, enveloppé dans son devoir, qu'on la lui demande.

A plus forte raison, il ne seroit pas bien à quelques membres, dont l'opinion ne prévaudroit pas, de quitter les charges dont ils sont revêtus; leur conscience n'est point chargée d'un événement auquel ils ont opposé leur voix. Il y auroit un excès d'amour-propre, même de l'entêtement, à croire qu'ils auroient mieux pensé que le général.

Il se peut cependant que le petit nombre aura pour lui la vérité; il doit alors se conserver pour des temps plus favorables, & ne point abandonner la justice à ceux qui seroient dans l'erreur.

Il est des occasions où le *magistrat* doit savoir plier & céder pour éviter de plus grands maux. La gravité ou la légéreté de l'injustice doivent en régler les occasions. Cette maxime est encore plus forte pour le *magistrat* unique, le premier après le souverain, & lorsque le mal part de la propre volonté du prince, plutôt que de celle de son conseil.

Le fameux jurisconsulte Papinien ne suivit pas cette règle. Il avoit été nommé par l'empereur Sévère, tuteur des princes ses fils. Caracalla, ayant tué son frère Geta, il fit prier Papinien de colorer ce meurtre de quelque raison apparente devant le sénat; Papinien le refusa, & répondit qu'il n'étoit pas si facile d'excuser le crime que de le commettre. Cette réponse lui coûta la vie.

C'étoit peu de chose en soi; mais cette vie auroit pu être d'une grande utilité à l'état. Elle étoit le seul frein qui pût modérer le mauvais naturel de Caracalla.

La condescendance raisonnée peut adoucir; il est assuré que l'inflexibilité ne peut qu'aigrir. Papinien, louable pour sa vertu, peut être blâmé comme ayant le sort de la république confié à ses soins : il ne s'agissoit point d'empêcher une injustice, elle étoit faite : il falloit songer à l'avenir. Il n'appartient qu'aux grands génies de savoir quand il faut plier ou se roidir.

On demande encore si le *magistrat* ou le commissaire, qui ont commencé à exécuter les ordres qu'ils ont reçus, doivent en arrêter l'exécution, s'ils apprennent le changement de la volonté du souverain.

Il est des cas dans lesquels il sert le prince en ne lui obéissant pas. Si cette exécution commencée a donné aux choses un mouvement qu'il seroit dangereux d'arrêter; si le contre-ordre porte un préjudice réel à l'état dans les circonstances du temps, il doit juger qu'il vient du prince mal instruit.

C'est encore au *magistrat* qu'il est remis de discerner quel a été l'objet de la loi dans les peines qu'elle a établies. Il est à son arbitrage de diminuer les peines pécuniaires; il peut même en absoudre après les avoir prononcées, en les déclarant comminatoires; il est au-dessus de son pouvoir de les augmenter, lorsque la loi les a fixées.

Il juge encore si les peines corporelles sont de rigueur, ou si elles sont publiées seulement dans la vue de détourner du crime & de le prévenir. Un édit de Henri II prononce la peine de mort contre les filles qui n'auront pas déclaré leur propre honte au *magistrat*. Les juges auxquels cet édit a été envoyé, n'en ont exécuté la lettre, que lorsque le fruit a péri. Ce n'est pas se refuser à la loi, c'est connoître son esprit.

Le même esprit qui ne permet pas au *magistrat* de prononcer une amende plus forte que celle de la loi, lui défend d'aller plus loin que les ordres du souverain. Il est aussi coupable que celui qui désobéiroit. Cependant on a vu des ames assez corrompues, assez basses, pour lever sur les peuples des impôts plus forts que ceux qui leur étoient demandés. Tibère, quoique Tibère, reprit aigrement le préfet d'Egypte, coupable de cette indignité, il lui dit : « je veux bien que l'on tonde » mes brebis, je ne veux pas qu'on leur enlève » la peau ».

Il est naturel que celui qui exerce le commandement dans une république puisse contraindre & punir ceux qui voudroient désobéir à ses ordres ou à ses défenses : si les loix ont la force de commander, défendre, permettre & châtier, c'est par la bouche des *magistrats*. La loi est muette, le *magistrat* est la loi vivante; il doit parler pour elle, mais ne parler que par son esprit.

Le droit de commander du *magistrat* n'est point une autorité sur tout particulier indistinctement, ni pour toutes les choses : elle est divisée par les matières, les personnes & les lieux. Les fonctions des charges sont renfermées dans le territoire, le siège, le genre des faits & la classe des citoyens, pour lesquels la jurisdiction est donnée. Les édits qui créent les charges, expriment & règlent tous ces points.

Le pouvoir par conséquent n'est point inhérent à la personne du *magistrat*, mais à l'office suivant sa qualité : & le commandement peut appartenir à une charge seule, ou conjointement à plusieurs qui forment un corps.

Les moyens de contraindre, comme suite du droit de commander, consistent à prononcer des amendes & à saisir les biens, même les personnes, pour obliger à l'exécution de la chose commandée.

Quelques charges n'ont qu'une partie de ces pouvoirs, quelques autres ont tous les trois. Quelques-unes les possèdent définitivement; dans d'autres ils peuvent être suspendus par l'appel au supérieur. Ces divisions & ces gradations sont utiles au bien du public.

Il est encore avantageux pour les peuples que la réunion des pouvoirs en dernier ressort appartienne à un collège plutôt qu'à un seul individu : ils auroient, au lieu d'un *magistrat*, un maître superbe, peut-être corrompu.

Il est convenable cependant à leur intérêt, que quelquefois un seul exerce le pouvoir de tous, mais jamais dans toute son étendue, ni pour long-temps.

La magistrature est sacrée, & par conséquent la personne qui l'exerce l'est aussi dans le temple de son exercice. Si le *magistrat* use de violence dans cette qualité, il est défendu de lui opposer la résistance; si c'est hors de son siège, hors de ses fonctions, il n'a pas de loi particulière en sa faveur.

De même, s'il sort des bornes de son pouvoir, s'il ordonne des choses qui ne sont pas de sa compétence, ses ordres n'ont pas plus de force que ceux de tout autre citoyen. Il n'est *magistrat* que dans la partie confiée à son ministère.

C'est une conséquence du respect dû au *magistrat*, qu'il puisse lui-même venger les injures qui lui sont faites, lorsqu'il est dans ses fonctions. Ce n'est point le cas de la maxime qui défend de se faire justice à soi-même. Ce n'est pas l'offense faite à sa personne que le *magistrat* punit, c'est celle qui est faite à la souveraineté qui l'a chargé de son pouvoir, & qu'il représente dans ce moment & dans cette partie.

Mais comme l'homme pourroit agir sous le manteau du *magistrat*, la punition est bornée à une amende, & au plus fort à une prison momentanée. Si l'injure peut mériter une peine plus grave ou une autre satisfaction, il doit dépouiller la personne publique, & attendre la justice de ses collègues ou de ses supérieurs.

Mais quoique le *magistrat* ne fût point occupé dans l'exercice de ses fonctions, l'outrage qui lui seroit fait, est un délit plus grave que s'il étoit fait à un particulier. Les personnes publiques portent dans tous les temps un caractère qui les distingue du commun des hommes : *qui tribunis plebis, ædilibus, judicibus nocuerit, ejus caput Jovi sacrum est;* ainsi parloit la loi des Romains.

Il est du bon ordre que celui qui est nécessaire au public, qui s'expose tous les jours à des haines particulières pour le servir, ait une sauve-garde pour sa personne. Elle consiste dans un châtiment plus marqué des injures qui lui sont faites. Si les punitions étoient légères, les affronts deviendroient communs & les charges abandonnées.

Nous lisons que les censeurs dégradèrent un citoyen romain de son rang, pour avoir bâillé avec indécence à leur tribunal. Lorsque ces maximes ne sont plus respectées; lorsque les hiérarchies sont confondues, la subordination méprisée, ce seront autant de présages d'un changement inévitable & prochain dans un état.

On trouve ordinairement dans un corps politique bien réglé trois ordres principaux de *magistrats* : le premier est de ceux que l'on appelle improprement *souverains*. Ce terme, qu'un mauvais usage a établi, veut dire simplement ceux qui par leur rang sont au-dessus de tous les autres. Aucun *magistrat* ne leur commande, ils commandent à des *magistrats* au-dessous d'eux.

La seconde classe reçoit les ordres des premiers, & en donne à de plus subalternes. Enfin la troisième n'a point de *magistrats* au-dessous d'elle, & n'exerce son pouvoir que sur des particuliers sujets à son ressort.

On a vu le premier ordre des *magistrats* réduit à une seule tête. Sous les empereurs romains, le préfet du prétoire commandoit à tous. On appelloit devant lui des jugemens des gouverneurs des provinces; telle a été en France la dignité de maire du palais.

Jamais un corps politique ne doit donner un pouvoir aussi immense à un seul homme, qu'avec les précautions que l'on prenoit à Rome contre le dictateur : le prince doit toujours être lui-même le premier *magistrat* de son royaume, le *magistrat* des *magistrats*, celui qui commande seul à ceux qui commandent aux autres.

En cette qualité, il est dans l'ordre que le pouvoir des *magistrats* du premier rang s'éclipse par la présence du souverain. A Rome, les consuls baissoient les masses & les faisceaux devant le peuple, & lui parloient debout. En France, dans les lits de justice, celui qui parle aux pieds du roi & pour lui, prononce : *le roi vous dit;* on n'y dit pas *son procureur ce requérant;* mais *ouï sur ce, son procureur.* Personne ne requiert : le souverain, présent, fait entendre sa volonté.

Tel est l'effet de la présence de la majesté royale : on ne sauroit douter alors que ce ne soit sa véritable volonté qui est annoncée; on n'a pas le même degré de certitude dans son absence. Ce qu'un roi prononce a un poids, une autorité, qu'il n'appartient à personne de suppléer : un des chefs d'accusation contre le chancelier Poyet, fut de s'être servi dans d'autres occasions de ces termes : *le roi vous dit.*

La magistrature du souverain a par-tout ses distinctions & conserve un caractère qui ne se communique point. Ses ordres seuls expriment qu'ils émanent de sa volonté. Les ordonnances du reste des *magistrats* ne portent ni ces termes ni d'équivalens.

Elle exige encore de ceux-ci des égards qui ne sont que pour elle : il seroit trop long de détailler jusqu'où s'étend la déférence & le respect qui lui sont dus; j'en rapporterai seulement un exemple pour me faire entendre.

Le *magistrat* qui bannit un coupable de son ressort, le bannit de la cour du souverain, lorsque le territoire où il fait sa résidence ordinaire, est enclavé dans ce ressort. Mais il ne lui conviendroit pas de prononcer qu'il le bannit de la cour du prince; la faute ne seroit pas dans le fonds de la chose, elle seroit dans l'expression.

Cependant ces *magistrats* du second ordre sont les juges des intérêts civils du premier. Les souverains de l'Europe en général, animés d'un sentiment bien digne de leur gloire, ont voulu, par leur exemple, apprendre aux sujets qu'il n'appartient à personne de se juger soi-même.

Si celui d'entre eux, qui se rendroit juge dans ses causes, ne se condamnoit pas au moindre doute, on ne croiroit jamais qu'il exerce la justice, mais le pouvoir d'un despote intéressé; ils gagnent à se laisser juger.

Ils ne plaident pas en leur nom, mais par leur procureur. Ce sage tempérament conserve la grandeur de la majesté, & l'éclat du nom n'éblouit point le juge.

Il est mieux encore que le prince laisse la décision de son intérêt au corps de magistrature, juge naturel de la matière & du territoire, que s'il nommoit des commissaires. Choisir des juges pour le civil, est à-peu-près se faire justice à soi-même : dans le criminel, c'est montrer de la passion & dicter le jugement.

A l'exemple de ce qui se passe en présence du souverain, l'autorité du *magistrat* inférieur est suspendue par la présence du supérieur de la même classe & du même ressort. Le supérieur a le droit de prendre le siège du subalterne & de le présider : un moindre pouvoir est éclipsé par le plus grand dans la même jurisdiction.

Il faut supposer cependant que les deux pouvoirs partent de la même main. En France, un bailli ne pourroit prendre le siège d'un juge de seigneur.

En concours de puissance égale, le collègue peut arrêter son collègue, & l'un & l'autre pouvoir doit cesser : comme le choc de deux corps égaux à tous égards, & qui se rencontrent avec le même degré de vîtesse, les rendra tous les deux immobiles.

On peut donner pour règle certaine que dans tous les collèges des *magistrats*, le plus grand nombre a le pouvoir sur le moindre, & que l'avis de la pluralité forme une décision qui a la même force que si elle étoit unanime.

La circonstance de trois avis a donné bien de l'embarras & formé une infinité de questions. Il est étonnant de voir une loi du digeste qui décide que, lorsqu'un avis condamne à vingt écus, l'autre à dix, & un troisième à cinq, ce dernier doit prévaloir, parce que, dit le jurisconsulte Julianus, c'est la somme en laquelle ils sont tous trois d'accord; c'est un vrai sophisme.

Il est plus surprenant encore de voir Grotius & Puffendorff partagés sur cette loi, & raisonner longtemps sur le parti que l'on doit embrasser entre l'avis de dix & celui de cinq.

La règle de la pluralité n'étoit pas usitée à Rome parmi les tribuns; la volonté d'un seul arrêtoit les volontés de tous les autres : telle est la nature du droit d'empêcher, droit capable de gâter les constitutions qui d'ailleurs seroient les meilleures.

Je penserois que le sénat influa beaucoup dans cette irrégularité. Le peuple, toujours extrême & insensé, crut ne pouvoir donner trop d'étendue à l'autorité de ses tribuns; il pensa qu'un seul d'entre eux pourroit défendre sa liberté, si tous les autres venoient à l'abandonner. Il ne s'appercevoit pas qu'il ôtoit la la liberté d'agir à ses défenseurs. Quand on est préoccupé d'une grande passion, on ne voit qu'un écueil parmi plusieurs.

Le sénat approuva & se prêta à cette imprudence : il ne lui falloit qu'un tribun pour arrêter le pouvoir des tribuns qu'il accordoit au peuple avec tant de regret. Il étoit difficile que dans leur nombre il n'en trouvât un qu'il pût détacher des autres. Il se servoit souvent de cet expédient.

Le lieutenant, *locum tenens*, n'a pas autant de pouvoir que le *magistrat* dans son absence; il ne peut ordonner qu'au nom du *magistrat*. Quoique les choses aient souffert quelques changemens en France à l'égard des lieutenans des *magistrats*, les baillis & sénéchaux intitulent leurs jugemens du nom du grand bailli ou grand sénéchal.

Le lieutenant ne peut pas faire appeller devant lui toutes les mêmes personnes qui doivent se présenter devant le *magistrat*. Cette règle ne s'observe plus en France vis-à-vis des lieutenances qui ont été érigées en charges & vendues : mais encore aujourd'hui un évêque, quand il s'agit de la discipline ecclésiastique, n'est pas tenu de répondre devant l'official, ni les vicaires-généraux, mais seulement à la personne de l'archevêque. Ces déférences sont dues à la dignité du *magistrat* & au rang de la personne appellée devant lui.

Il est nécessaire qu'entre des *magistrats* d'égale puissance, l'un ait la préséance sur l'autre, autrement le temps se perdroit en disputes ou en civilités.

Rome a souvent varié là-dessus. Entre les consuls, le premier désigné fut pendant un temps le premier nommé dans les actes; quelquefois ce fut le plus âgé. La prérogative de l'honneur fut donnée par la loi *Pappia* au consul marié, & lorsqu'ils l'étoient tous les deux, à celui qui avoit le plus d'enfans. Il y a plusieurs manières de régler les rangs; elles sont assez indifférentes : le seul point essentiel est qu'ils soient réglés.

Dans nos mœurs, les *magistrats* précèdent tous ceux qui sont soumis à leur jurisdiction; mais il est difficile de distinguer le rang des différens *magistrats*, soit entre les différentes cours & jurisdictions, soit par rapport aux autres officiers. Il se règle ordinairement suivant l'importance ou la dignité des fonctions, ou suivant l'usage & la possession. Dans une même cour, les présidens précèdent les conseillers, les conseillers les gens du roi, les conseillers entre eux ont la préséance, suivant la priorité de leur réception. Dans les bailliages & sénéchaussées, le bailli d'épée précède le lieutenant-général, celui-ci précède les lieutenans-criminel, de police, & particuliers, qui précèdent également les conseillers.

Rien ne doit empêcher le *magistrat* inférieur de faire exécuter son jugement par sa propre autorité, lorsque personne n'en appelle. On ne blesse point l'autorité du supérieur, lorsqu'on exécute ce que les parties intéressées reconnoissent juste. Il faut excepter les jugemens où il s'agit de la vie ou de l'honneur.

Non-seulement les *magistrats* se doivent des égards d'une jurisdiction à l'autre, mais encore le lien universel qui doit unir tous les hommes, veut qu'on les observe entre les corps politiques.

Un marchand françois fut condamné à Venise dans une affaire civile & se retira en France. Le Vénitien qui avoit obtenu la condamnation, l'y suivit avec des lettres de sa république, que l'on appelle *rogatoires*. On ne voulut pas examiner si le François étoit bien ou mal condamné; on examina seulement s'il avoit contracté à Venise & s'il s'étoit soumis à la jurisdiction de la seigneurie, & on laissa exécuter le jugement.

On n'en use pas de même dans les affaires criminelles, par une maxime supérieure. Le seul souverain doit décider s'il veut livrer le coupable, ou que ses états lui servent d'asyle.

Il arrive rarement, dans des crimes importans, qu'un gouvernement se refuse aux prières d'un autre. Les nations les plus impérieuses & les moins policées ont donné des exemples de ce qu'exige le bien public. Le sultan Mahomet, surnommé le *Grand*, ayant appris que l'assassin de Julien de Médicis s'étoit retiré à Constantinople, le fit prendre & le renvoya à Florence. Tout doit se réunir pour purger la terre des scélérats.

Addition à l'article Magistrat. Les *magistrats* des cours souveraines, ainsi que des bailliages & sénéchaussées, sont assujettis à la résidence dans le lieu où ils doivent exercer leurs offices: c'est le vœu de l'ordonnance de 1539, *art. 129*, qui défend même aux cours souveraines de s'absenter desdites cours durant leurs séances, sans une permission expresse du roi. L'ordonnance de Blois, de 1579, *art. 137*, renouvelle les mêmes dispositions à l'égard tant des cours souveraines que des bailliages, avec cette modification, que le congé pourra être accordé par le roi ou par les cours où les juges inférieurs ressortissent. C'est en conséquence de ces différentes ordonnances portant privation d'office en cas d'absence sans permission du roi, que la cour a rendu différens réglemens, notamment le 24 mai 1603, pour Bourg en Bresse, 10 juillet 1665, pour les siéges de son ressort, & 13 mai 1681, pour Châteauneuf en Thimerais, portant défenses aux officiers desdits bailliages, de s'absenter sans congé de la compagnie. Un autre arrêt servant de réglement entre le lieutenant-général & le lieutenant-particulier de ce siége, rendu le 6 septembre 1766, a ordonné que le lieutenant-particulier & ses successeurs en cet office, seroient tenus d'avoir une habitation & de résider dans l'intérieur de la ville.

L'article 14 de la coutume du grand Perche rédigée en 1505, en parlant des juges des hautes-justices, leur fait une loi de résider au comté & bailliage du Perche; loi sage sans doute, mais qui est rarement exécutée avec exactitude par les juges seigneuriaux, tant dans cette coutume que dans les autres, la plupart de ces justices subalternes étant exercées par des avocats des bailliages & siéges royaux souvent fort éloignés de ces siéges, & par conséquent peu à portée de pourvoir au maintien du bon ordre, & de prévenir souvent bien des troubles irréparables.

Nous avons dit au mot Aveugle, que les juges étant obligés, par l'ordonnance de 1667, de signer leurs sentences, il s'ensuivoit qu'un aveugle ne pouvoit exercer de charge de magistrature; cependant on trouve dans le journal du palais, *in-fol. tome 1, p. 267*, un arrêt du parlement d'Aix, du 14 juin 1689, postérieur par conséquent à l'ordonnance de 1667, par lequel le lieutenant au siége de Brignoles, devenu aveugle après 30 ans d'exercice, fut maintenu dans l'exercice des fonctions de sa charge contre la prétention du doyen des conseillers, qui le soutenoit incapable de les exercer, sous prétexte qu'il ne pouvoit tenir l'audience avec dignité, aller d'un conseil à l'autre, recueillir les suffrages, sans s'exposer à la risée du public; que ne pouvant signer les sentences par lui prononcées, il seroit obligé de s'en rapporter à des yeux étrangers & infidèles, & qu'un chef de compagnie devoit voir plus clair que les autres, sans pouvoir se prévaloir de la loi 6, *ff. de judiciis*, qui dit, *cæcus fungitur officio*, cette loi en vigueur chez les Romains, où la magistrature, disoit-il, n'avoit que les honneurs & non les fonctions de la justice, ne pouvant avoir lieu & s'appliquer à la question dans la France.

Cependant, malgré cette autorité qui maintient un juge aveugle dans sa place, Papon rapporte un autre arrêt du 20 novembre 1437, qui juge qu'un particulier ne pourroit parvenir à cette dignité s'il étoit aveugle auparavant, c'est sans doute ce qui seroit encore décidé si la question se présentoit dans ces deux circonstances.

Mais il ne paroît pas douteux qu'un lieutenant-criminel ne fût obligé de se démettre. L'instruction criminelle exigeant tout à la fois les yeux du corps & de l'esprit subtils, soit à l'égard des témoins, soit à l'égard des accusés; c'est ce qu'a jugé un arrêt cité à la suite de celui de 1689; il n'est pas daté.

Les *magistrats* & officiers reçus dans une cour, & qui sont transférés dans une autre, ne sont plus sujets à l'examen; c'est ce que portent les ordonnances de 1546, de 1547 & 1548. Il en est de même à l'égard des officiers des bailliages & sénéchaussées, à moins qu'il ne s'agisse d'un office susceptible d'un examen plus rigoureux, comme d'un conseiller à la cour des aides qui voudroit passer au parlement. Mais l'information de vie & mœurs doit être réitérée pour chaque office, les mœurs d'un homme pouvant changer, dit Loyseau, au lieu qu'on oublie rarement ce qu'on fait.

Les ordonnances de 1446, 1453, 1560 & autres, enjoignent aux *magistrats* d'observer les ordonnances & les réglemens concernant le secret des cours & compagnies, sous peine de privation pour un an de leurs charges; elles enjoignent même aux présidens de veiller à l'exécution de ces réglemens, & de s'informer des infracteurs du secret pour les faire punir par les peines ci-dessus.

Les *magistrats*, comme les autres juges, ne peuvent rendre la justice que dans le ressort de leur jurisdiction; c'est par cette raison que les juges des seigneurs ne doivent jamais tenir l'audience ailleurs que dans un auditoire décent, situé dans l'étendue de la justice, & qui doit être fourni par le seigneur, hors le lieu de la demeure du juge & de ses fermiers, à peine de nullité, ainsi qu'il résulte d'un arrêt du 9 mars 1763, dans la cause de M. de la Riviere, seigneur de Chevigny, cité par Denisart, au mot AUDIENCE.

Ces juges ne peuvent par conséquent rendre la justice dans l'étendue de la jurisdiction d'un autre seigneur, suivant cette maxime de droit, *judex non potest extra territorium jus dicere. L. ult. de jurisdictione.* C'est encore ce qui a été jugé au grand-conseil par arrêt du 29 mars 1759, rapporté par Denisart, *loco citato*: dans l'espèce, les religieux de Notre-Dame de Ham firent assigner devant le bailli de leur justice, en l'auditoire de Ham, les sieurs Martine, possesseurs d'héritages relevans de la seigneurie de Pithou, & Aubigny ayant haute-justice. Les défendeurs déclinèrent, disant que les moines devoient faire tenir l'audience dans la seigneurie de Pithou; mais les moines, malgré la longue possession par eux alléguée de faire rendre la justice en l'auditoire de Ham, furent condamnés à fournir un auditoire à Pithou, à moins d'avoir des lettres-patentes du roi pour la réunion de cette justice à celle de Ham, dont les juges avoient en première instance rejetté le déclinatoire formé par les sieurs Martine, qui la firent infirmer au grand-conseil par l'arrêt susdaté, rendu avec l'abbé de Ham, évêque de Boulogne, à qui les religieux avoient dénoncé la contestation sur l'appel. *Voyez* AUDIENCE, AUDITOIRE.

Ces différens réglemens prouvent donc que la justice, tant pour l'audience que pour les actes involontaires & autres, doit être rendue dans l'auditoire & dans le ressort de chaque jurisdiction; & que quand plusieurs hautes-justices se trouvent possédées par les mêmes seigneurs, ceux-ci ne peuvent se dispenser de fournir autant d'auditoires qu'ils ont de jurisdictions, à moins qu'ils n'obtiennent des lettres de réunion registrées dans les cours supérieures, après avoir rempli préalablement les formalités requises par une information *de commodo & incommodo*, &c.

Il n'est pas inutile d'observer que si ces justices réunies & appartenantes au seul & même seigneur, passoient ensuite dans la main de divers propriétaires par vente ou autrement, ces lettres de réunion seroient comme non avenues, les seigneurs qui doivent ou confirmer ou nommer les juges des justices à eux appartenantes ne pouvant donner directement ou indirectement aucun pouvoir ni jurisdiction à d'autres juges pour exercer dans une justice qui n'est plus à eux. Cependant, malgré des principes aussi certains & aussi frappans, il se trouve encore, dans plusieurs provinces, des seigneurs qui, (sous prétexte que leurs prédécesseurs qu'ils ne représentent que pour une partie des domaines à eux appartenans, ont obtenu des lettres de réunion) s'imaginent avoir droit de faire tenir l'audience dans le même lieu que celui fixé par les lettres de réunion, & d'y traduire, comme auparavant, leurs justiciables, quoique ces nouveaux propriétaires de partie de ces domaines n'aient aucun droit de propriété ni de justice sur le lieu où est situé cet auditoire. Ce sont autant d'abus qu'il est de l'intérêt public de faire réformer, soit en ordonnant la réunion au juge supérieur, pour ces justices que les seigneurs négligent par avarice de pourvoir de juges d'auditoires & de prison, suivant les réglemens, soit en les obligeant d'y pourvoir dans un délai fixé, à peine de privation de leurs justices. Ce seroit le moyen d'assurer la tranquillité des familles, & de prévenir une foule de nullités dans les matières les plus importantes, telles que les retraits & autres actions dont les formalités strictes dépouillent tous les jours des parties de bonne-foi qu'un usage abusif induit souvent en erreur.

Nous terminerons cet article par une inscription qu'on lit sur la porte du palais de Ratisbonne, où se tiennent ordinairement les diètes de l'empire d'Allemagne.

« Toi, qui entres ici en qualité de sénateur, laisse devant la porte tout ce qui tient de la passion, ou qui l'est en effet; car en ce lieu sacré n'ont point d'entrée la colère, la violence & la haine, non plus que la faveur & la flatterie : soumets tes intérêts à ceux du public, & tiens pour certain que les jugemens que tu auras faits en ce monde, seront rendus en l'autre ». (*Cette addition est de M.* DE

LA

la Chenaye, *lieutenant-général honoraire de Mortagne, de plusieurs académies, & du musée de Paris.*)

MAGISTRATURE, s. f. (*Droit public.*) ce mot signifie l'exercice d'une des plus nobles fonctions de l'humanité : rendre la justice à ses semblables, & maintenir les loix, le fondement & le lien de la société, c'est sans doute un état dont rien n'égale l'importance, si ce n'est l'exactitude scrupuleuse avec laquelle on doit en remplir les obligations.

On peut entendre aussi par ce mot le corps des magistrats d'un état ; il signifie en France cette partie des citoyens, qui, divisée en différens tribunaux, veille au dépôt des loix & à leur exécution, semblables à ces mages dont les fonctions étoient de garder & d'entretenir le feu sacré dans la Perse.

Si l'on peut dire avec assurance, qu'un état n'est heureux qu'autant que par sa constitution toutes les parties qui le composent, tendent au bien général comme à un centre commun, il s'ensuit que le bonheur de celui dans lequel différens tribunaux sont dépositaires de la volonté du prince, dépend de l'harmonie & du parfait accord de tous ces tribunaux, sans lequel l'ordre politique ne pourroit subsister. Il en est des différens corps de *magistrature* dans un état, comme des astres dans le systême du monde, qui, par le rapport qu'ils ont entre eux & une attraction mutuelle, se contiennent l'un l'autre dans la place qui leur a été assignée par le créateur, & qui suivent, quoique renfermés chacun dans un tourbillon différent, le mouvement d'impulsion générale de toute la machine céleste. *Voyez* Magistrat.

MAIADE. *Voyez* Maïesque.

MAIENCQUE. *Voyez* Maïesque.

MAIESQUE, terme usité dans le Bearn pour exprimer le droit que quelqu'un a de vendre seul son vin pendant tout le mois de mai, à l'exclusion de toutes autres personnes : ce droit a pris sa dénomination du mois de mai, pendant lequel se fait cette vente ; il est nommé dans les anciens titres *maïade*, *maïencque* & *maïesque* ; c'est la même chose que ce qu'on appelle ailleurs *droit de ban-vin.*

Centule, comte de Bearn, se réserva le droit de vendre ses vins & ses pommades ou cidres, provenant de ses rentes ou devoirs pendant tout le mois. Ce droit est domanial ; il appartient au souverain dans les terres de son domaine, & aux seigneurs particuliers dans leurs villages ; mais présentement ce droit n'est presque plus usité, attendu que les seigneurs en ont traité avec les communautés, moyennant une petite redevance en argent qu'on appelle *maïade ;* on a aussi donné ce nom au contrat que les communautés, dépourvues de vin, passent avec un fermier pour en faire le fournissement nécessaire, aux conditions qui sont arrêtées entre eux ; & comme ces sortes de monopoles sont défendues, ces contrats de *maïesques* ne sont valables, qu'autant que le parlement en accorde la permission. *Voyez* M. de Marca, *hist. de Bearn*, *ch.* 17 & *le glossaire* de Laurière, au *mot Maïade.* (*A*)

Graverol parle aussi de ce droit & de quelques autres semblables dans ses additions sur *le traité des droits seigneuriaux* de la Roche-Flavin, *chap.* 14, *art.* 2. On a imprimé mal à propos *maïoncque* au lieu de *maïencque* dans le glossaire du droit françois. (*M.* Garran de Coulon, *avocat au parlement.*)

MAJEUR DES FIEFS, le style du pays de Liège, *ch.* 25 & 26, donne ce nom au principal juge qui rend la justice en la cour féodale avec les vassaux. Le mot de *majeur* se trouve dans plusieurs coutumes voisines pour désigner un chef de métier, &c. *Voyez le glossaire du droit françois & l'art.* Maire. (*M.* Garran de Coulon, *avocat au parlement.*)

MAILL, terme usité en quelques coutumes dans le même sens que *vendition. Voyez* Vendition.

MAILLE D'OR, c'est, dit Ragueau dans son indice, « un droit que le prieur de Saint-Privé » payoit au duc de Nivernois pour la garde d'une » foire, comme je lève à la foire de Rian, en » la châtellenie des Ays en Berry, la *maille-* » Billeron sur ses vendeurs ». (*M.* Garran de » Coulon, *avocat au parlement.*)

MAILLE noire, (*Jurisprud. angloise*) étoit une certaine quantité d'argent, de grains, ou de bestiaux, ou autre chose que payoient les habitans de Westmorland, Cumberland, Northumberland & Durham, à différentes personnes qui les avoisinoient & étoient à la vérité gens d'un rang distingué, ou bien alliés, mais grands voleurs, ne respirant que le pillage, & taxant ainsi le peuple, sous prétexte de protection. Cette sorte d'extorsion a été défendue & abolie par la reine Elisabeth.

MAIN, s. f. ce terme a en droit plusieurs acceptions. Quand il est employé seul, il signifie ordinairement *puissance*, *autorité*, *garde*, *conservation*, &c. comme dans ces phrases : *mettre en sa main*, en parlant du seigneur qui fait saisir féodalement le fief de son vassal : *mettre sous la main de justice*, lorsqu'on saisit judiciairement les meubles ou immeubles de quelqu'un.

Nous allons expliquer dans les divisions suivantes les autres significations de ce mot, lorsqu'il se trouve joint à un autre.

Main-assise *ou* main-mise, est une des trois voies usitées dans certaines coutumes, telles qu'Amiens, Artois & autres de Picardie & de Champagne, qu'on appelle *coutume de nantissement*, pour acquérir droit réel d'hypothèque sur un héritage. Le créancier auquel le débiteur a accordé le pouvoir d'user de cette voie, c'est-à-dire, de faire asseoir la *main* de justice sur l'héritage pour sûreté de sa créance, obtient une commission du juge immédiat ; ou, si les héritages sont situés sous différentes justices immédiates, il obtient une commission du juge supérieur ; en vertu de cette commission, l'huissier ou sergent qui exploite, déclare par son procès-verbal, qu'il asseoit la *main* de justice sur l'héritage, & en cas de contestation, il assigne le débiteur & le seigneur de l'héritage pour consentir & débattre la *main-assise* & voir ordonner qu'elle tiendra, sur quoi le créancier obtient sentence qui prononce la *main-assise*, s'il y échet.

On ne peut procéder par *main-assise* qu'en vertu de lettres authentiques, & néanmoins il faut une commission pour assigner ceux qui s'y opposent. Il ne faut pas confondre la *main-assise* avec la *main-mise* & la mise de fait. La *main-assise* & la *main-mise* diffèrent de la mise de fait, en ce qu'elles mettent l'héritage sur lequel elles sont exploitées, sous la main de la justice. Au lieu que la mise de fait le met sous celle du créancier qui en devient quasi-possesseur à titre d'hypothèque; & elles diffèrent entre elles, en ce que la *main-assise* imprime une hypothèque sur le bien qui en est l'objet, sans cependant en ôter la jouissance au débiteur saisi; au lieu que la main-mise ne produit pas d'hypothèque sur le fonds, mais seulement un droit sur les revenus dont elle transporte la régie entre les mains du commissaire aux saisies-réelles.

Ce que nous disons de la main-mise s'entend uniquement de la main-mise proprement dite, & dont nous parlerons à ce mot; car quelquefois on se sert de cette expression pour désigner l'exploitation d'une *main-assise* ou d'une mise de fait: c'est ce que prouve la coutume de la châtellenie de Lille, *chap. 19, art. 3, & chap. 20, art. 2.*

La *main-assise* n'est presque plus en usage dans cette coutume, depuis que le scel de la gouvernance de Lille engendre hypothèque de plein droit sur tous les biens que les parties contractantes possèdent dans le ressort de ce tribunal.

Les coutumes d'Amiens, de Boulenois, & plusieurs autres de la Picardie, parlent aussi de la *main-assise*, comme d'une formalité requise pour engendrer hypothèque; mais les dispositions qu'elles renferment à cet égard, ont été abrogées par l'article 35 de l'édit du mois de juin 1771, & par la déclaration du 23 juin 1772. *Voyez les articles* COLLOCATION, MAIN-MISE, MISE DE FAIT, DEVOIRS DE LOI, NANTISSEMENT, HYPOTHÈQUE, *&c.*

BASSE-MAIN. Gens de *basse-main* étoient les roturiers, & singuliérement le menu peuple. On distinguoit les bourgeois des gens de *basse-main. Voyez* les assises de Jérusalem, *chap. ij.* (*A*)

MAIN AU BATON OU A LA VERGE, *mettre la main au bâton*, &c. c'est se désaisir d'un héritage pardevant le seigneur féodal ou censuel dont il est tenu ou pardevant ses officiers. Cette expression vient de ce qu'anciennement le vest & dévest, la saisine & la désaisine se faisoient par la tradition d'un petit bâton, Amiens, *art. 33*; Laon, *art. 126*; Reims, *art. 165*; Chauny, *art. 30*; Lille, *art. 80. Voyez* Lauriere en son *glossaire*, au mot *main. Voyez* aussi les articles INFÉODATION, INVESTITURE, &c. (*A*)

MAIN & BOUCHE. *Voyez* BOUCHE & MAIN.

MAIN-BOURNIE signifie *garde*, *tutèle*, *administration*, & quelquefois aussi *puissance paternelle*, *protection*. Il en est parlé dans les loix ripuariennes, *tit. de tabulariis*, *art. 14*. La reine, ses enfans qui sont en sa *main-bournie*, c'est-à-dire, en sa garde. Ce terme est usité dans la même signification dans les ordonnances du pays Messin.

MAIN BRÈVE *ou* ABRÉGÉE, *brevis manus*, signifie en droit une *fiction*, par laquelle, pour éviter un circuit inutile de la tradition, on la suppose intervenue entre le vendeur & l'acquéreur. Cette espèce de tradition fictive a lieu, par exemple, dans la vente d'une chose que l'on tenoit déjà à titre de prêt.

On fait de même par *main brève* un paiement, lorsque le débiteur, au lieu de le faire directement à son créancier, le fait au créancier de son créancier. *Voyez* MAIN-LONGUE & TRADITION.

MAIN COMMUNE, est une expression particulière qu'on trouve dans la coutume de la Marche, *art. 54*, en parlant de l'amende de cour due en certains cas par l'une ou l'autre des parties plaidantes. Lorsque les parties déclarent être d'accord en matière pure civile, dans laquelle on a coutume d'avoir amende certaine, l'amende doit être déclarée par *main commune*, c'est-à-dire, qu'elle est payable par moitié, par le demandeur & le défendeur.

MAIN CONFORTATIVE. *Voyez* CONFORTE-MAIN.

MAIN DE LA COUR, expression de la coutume d'Anjou, qui signifie la même chose que *main de justice.*

MAIN-FERME, quoique ce mot se rencontre très-fréquemment dans les coutumes des Pays-Bas & d'Artois, & dans les anciens titres de presque toute la France, la véritable signification n'en est pas mieux connue.

Bouteiller, qui en a parlé le plus anciennement dans sa *somme rurale*, *liv. 1*, *tit. 84*, dit « que par » l'usage de commune locale, tenir en coterie, » c'est tenir toute terre en possession de *main-* » *ferme*, c'est-à-dire, qui n'est tenue en fief que » ruralement. On l'appelle (1) entre les coutu- » miers, terre vilaine, & ne doit hommage, ser- » vice, ost, ne chevauchée, fors la rente aux » seigneurs, aux termes accoutumés, & à la mort » double rente en plusieurs lieux; mais doivent » à leur seigneur service d'échevinage ».

D'après ce texte, la tenure en *main-ferme* n'est rien autre chose, que ce qu'on appelle une tenure censuelle dans le droit commun de France, ou une coterie dans les coutumes de Flandre.

De Ghewiet paroît de la même opinion « les » *mains-fermes*, dit-il, sont des terres qui doivent

(1) Le texte de Bouteiller, tel qu'il se trouve à la page 489 de l'édition in-4° de 1621, & page 838 de l'édition in-8° de la même année, porte, *qui n'est tenue en fief que ruralement on appelle.* Mais le sens indique qu'il faut un point après *ruralement*, & le pronom *l'* avant *appelle.*

» annuellement certaines redevances aux seigneurs » de qui elles sont tenues....... Lorsqu'on doute » de quelle nature est un bien immeuble, on pré- » sume qu'il est allodial & libre plutôt que *main-* » *ferme* ou fief. » *Institutions du droit Belgique*, *part.* 2, *tit.* 3, § 7.

Ragueau dit bien aussi d'abord dans le glossaire du droit françois « que les héritages ou terres » tenus en *main-ferme*, sont différens des fiefs & des » aleux, & sont héritages chargés des rentes qui » ne sont sujets à droit de retenue, comme les » fiefs ou héritages censuels ».

Ainsi, suivant ce passage, il n'y a d'autre différence entre les *mains-fermes* & les censives, si ce n'est que les premières sont exemptes du retrait seigneurial, auquel les dernières sont sujettes. Mais cela même n'est pas une différence bien réelle. Car les censives ne sont sujettes au retrait seigneurial que dans un certain nombre de coutumes. Elles en sont exemptes dans la coutume de Paris & suivant le droit commun.

Ragueau renvoie ensuite à ce que dit Bouteiller, & il ajoute : « aussi on baille un droit, un héri- » tage, ou autre chose à *main-ferme* sans tierce- » ment, doublement ou remise, quand on fait bail par » justice & estrousse au dernier metteur & enché- » risseur pour jouir de la chose pour le prix de » sa ferme ou achat, sans qu'aucun autre en après » soit reçu à offrir davantage, comme l'on fait » ès baux des aides, huitièmes, quatrièmes, » treizièmes, onzièmes du vin vendu en détail, » de l'imposition du vin entrant ou de glandée » & paissons des forêts du roi & autres qui se » font à la chandelle allumée & éteinte ».

Suivant cette dernière interprétation, la *main-ferme* ne seroit rien autre chose qu'une adjudication de bail faite en justice. Ducange, au mot *Manufirma*, paroît entendre par-là toute concession à vie ou héréditaire, faite à la charge d'un cens & sous certaines conditions. « *Manufirma est fundus con-* » *cessus alicui ad vitam & hæredum sub censu annuo*, » *certis conditionibus interpositis*, *proindè diversus* » *ab alodo qui erat hæreditarius* ».

Dumées qui a tant travaillé sur la jurisprudence du parlement de Flandre, dit au contraire que ce mot de *main-ferme* signifie « un immeuble ferme » & stable dans la main du vassal, & non amo- » vible ainsi qu'étoient les fiefs ». (*Histoire & Elemens du droit françois*, part. 2, tit. 2, sect. 3.)

Maillart concilie en quelque sorte ces diverses interprétations. « Les héritages de *main-ferme* étoient, » dit-il, proprement ce que l'on nomme à présent » des immeubles pris par des *baux à vie*, soit d'une, » soit de plusieurs personnes : aujourd'hui les *mains-* » *fermes* sont ou des emphytéoses ou des prises » à rente foncière seigneuriale ». (*Coutume d'Artois*, *art.* 314, *n°.* 16.)

Ailleurs le même auteur dit qu'on appelle *main-ferme* tous les héritages non féodaux. (*Ibid. art.* 20 & 136.)

Cela semble convenir aux aleux comme aux censives. La coutume de Cambresis confirme cette définition, dans l'art. 1 du tit. 2. « Tous héri- » tages, y est-il dit, & biens immeubles qui ne » sont fiefs, sont communément appellés, réputés » & tenus héritages *mains-fermes* ».

Cependant Pinault des Jauneaux, dans son commentaire sur cet article & sur le titre 1 de la même coutume, n'entend par *main-ferme* que les aleux, ou, comme il le dit, que les *aloëts*. Mais il faut observer, que dans cette coutume, tout ce qui n'est pas fief, est effectivement mis dans la classe des aleux, tandis que dans l'Artois tout ce qui n'est pas fief est censive. Les rotures, dans la coutume de Cambresis, sont elles-mêmes des fiefs que l'on appelle fiefs roturiers & cotiers, parce qu'ils sont sujets tout à la fois à l'hommage simple & à des corvées. On les appelle aussi quelquefois *aloëts*, à cause des privilèges dont ils jouissent.

Il paroît donc que, dans le Cambresis, le mot *main-ferme* a une signification très-différente de celle qu'on lui donne par-tout ailleurs. Suivant cette coutume la *main-ferme* est un aleu, tandis que dans la Flandre & l'Artois, c'est une véritable tenure censuelle. Les art. 20 & 136 de la coutume d'Artois disent indifféremment *coteries & mains-fermes*. Il en est de même de plusieurs coutumes voisines, & l'on peut dire que c'étoit le droit commun de France.

Le chapitre 17 d'un Cartulaire de Vendôme, cité par Ducange, oppose expressément la *main-ferme* à l'aleu. « *Cujus etiam manufirmæ censum de* » *meo jure in eorum jure transfero dominium*, *ut hæc* » *non manufirma sed alodus deinceps existat majoris* » *monasterii monachorum* ».

Il faut néanmoins observer qu'il y a des exemples, même hors du Cambresis, où le mot de *main-ferme* est pris pour celui de franc-aleu. Une chartre de l'an 1327, citée par dom *Carpentier*, porte : « *sunt* » *omnia prædicta moventia de franchisiâ vocata manu-* » *firma quod est idem quod* franc-aleu ».

Une chartre de l'an 1000 (1) par laquelle Guillaume, comte de Poitou, donne sans aucune charge à l'abbaye de Bourgueuil, un aleu (*alodum*), finit aussi par ces mots : « *data est hæc manufirma in* » *civitate Pictaviensi 4 Calend. maii*, *anno incar-* » *nationis domini 1000*, *indictione 13*, *regnante Roberto* » *piissimo rege anno 6* ».

Cette chartre se trouve dans les preuves de l'histoire des comtes de Poitou, par Besly, *p.* 355 & 356 ; elle est suivie d'une autre chartre du même prince & de la même année, qui se termine par une clause fort approchante : « *ut verò hæc auto-*

(1) Je dois observer ici que cette chartre paroît suspecte, comme tant d'autres. Robert n'avoit commencé à régner qu'en 996, l'année 1000 n'étoit donc pas la sixième année de son règne. La date de l'an 1019, qu'on trouve dans Ducange pour cette même chartre, est plus évidemment encore erronée.

» *ritas à nobis; facta esse credatur, manû propriâ*
» *eam firmavimus, manibusque fidelium nostrorum*
» *corroborari fideliter rogavimus* ».

Il résulte de cette chartre & de plusieurs autres semblables qui ont été recueillies par Ducange, que le mot *main-ferme* ou *manu-firma* a d'abord signifié toute espèce de transport *affirmé* par la signature du concédant, & qu'on a ensuite restreint ce nom aux domaines mouvans de quelques-uns, & sur-tout aux censives ou coteries.

Dans l'état présent des choses, les *mains-fermes* ne diffèrent donc plus des coteries, si ce n'est dans la coutume de Cambray, où ces deux espèces de biens ont même des rapports, quoiqu'on y entende par-là quelque chose de fort différent des coteries d'Artois & de Flandre.

Les coteries ou fiefs cotiers, qu'on y appelle aussi quelquefois *aloëts*, jouissent de plusieurs des priviléges des *mains-fermes*, & ces *mains-fermes* ne sont elles-mêmes que des aleux impropres, qui, comme ceux d'Anjou & du Maine, sont sujets à des droits de mutation en cas de vente.

L'art. 74 du tit. 1 de la coutume de Cambrai porte effectivement « que les fiefs cotiers tiennent » nature d'autres terres, que l'on dit *mains fermes*, » & se partissent entre cohéritiers, & ne doivent » reliefs ni droits seigneuriaux autres que les terres » de *main-ferme* de la seigneurie où ils sont situés ».

On voit dans le commentaire de des Jauneaux sur cet article, que ce droit de mutation est communément d'un centième pour les fiefs cotiers & les *mains-fermes*, tandis que c'est le quint pour les autres fiefs: mais qu'il est aussi du vingtième dans la plupart des seigneuries ecclésiastiques, & même du cinquième dans quelques seigneuries particulières.

Il y a d'ailleurs des différences très-marquées entre les fiefs cotiers & les *mains-fermes*, dans la coutume de Cambrai. Les fiefs cotiers sont sujets à l'hommage, & les *mains-fermes* n'en doivent pas, comme Pinault des Jauneaux l'indique dans sa préface, *sur le titre des fiefs*.

La forme des devoirs de loi est différente pour les uns & les autres; la *main-ferme* est sujette au droit de maineté, mais non pas le fief cotier. *Voyez les articles* Coterie & Maineté.

Au reste, il n'y a aucune prérogative entre les cohéritiers pour les biens de *main-ferme*. Les acquêts de ces sortes de biens tombent en communauté, tandis que les fiefs acquis durant le mariage appartiennent au mari seul & à ses héritiers, la veuve y a seulement le droit d'usufruit. On peut conditionner les *mains-fermes* en les acquérant, c'est-à-dire, en régler la succession d'une manière différente de celle qui est établie par la coutume, pourvu que cet arrangement soit fait d'un commun accord par le mari & la femme. Mais cette convention n'empêche pas qu'ils ne puissent dans la suite en disposer d'une manière contraire à la condition.

On peut voir d'autres détails à ce sujet dans le *tit. 2 de la coutume de Cambresis*. (*Art. de M.* Garran de Coulon, *avocat au parlement.*)

Main-forte, est le secours que l'on prête à la justice, afin que la force lui demeure & que ses ordres soient exécutés.

Quand les huissiers & sergens, chargés de mettre quelque jugement à exécution, éprouvent de la résistance, ils prennent *main-forte*, soit des records armés, soit quelque détachement de la garde établie pour empêcher le désordre.

La maréchaussée est obligée de prêter *main-forte* pour l'exécution des jugemens tant des juges ordinaires, que de ceux d'attribution & de privilège.

L'ordonnance de 1670, *tit. 10*, *art. 15*, enjoint aux gouverneurs, aux lieutenans-généraux des provinces, aux baillis, sénéchaux, maires, échevins, *&c.* de prêter *main-forte* pour l'exécution des ordonnances de justice.

Les juges d'église ne peuvent pas employer *main-forte* pour l'exécution de leurs jugemens, ils ne peuvent qu'implorer l'aide du bras séculier. *Voyez* Bras séculier.

Main forte se dit aussi des personnes puissantes qui possèdent quelque chose. (*A*)

Main garnie, signifie la *possession de la chose contestée*. Quand on fait une saisie de meubles, on dit qu'il faut *garnir la main* du roi ou de la justice, pour dire qu'il faut trouver un gardien qui s'en charge.

Le seigneur plaide contre son vassal *main-garnie*, c'est-à-dire, qu'ayant saisi le fief mouvant de lui, il fait les fruits siens pendant le procès, jusqu'à ce que le vassal ait fait son devoir.

On dit aussi que le roi plaide toujours *main-garnie*, ce qui n'a lieu néanmoins qu'en trois cas.

Le premier, est lorsqu'il a saisi féodalement, & dans ce cas, ce privilège lui est commun avec tous les seigneurs de fief.

Le second cas, est lorsqu'il s'agit de quelque bien ou droit notoirement domanial, comme justice, péage, tabellionage.

Le troisième est lorsque le roi est en possession du bien contesté; car comme il n'y a jamais de complainte contre le roi, il jouit par provision pendant le procès.

Mais, hors les cas que l'on vient d'expliquer, le roi ne peut pas, durant le procès, déposséder le possesseur d'un héritage; ainsi il n'est pas vrai indistinctement qu'il plaide toujours *main-garnie*. *Voyez* Bacquet, *traité du droit d'aubaine*, *ch. 36*, *art. 2*, & *traité des droits de justice*: Dumoulin, sur Paris, *art. 62*, *n. 27 & suivans*.

On appelle aussi *main-garnie* la saisie & arrêt que le créancier, fondé en cédule ou promesse, peut faire sur son débiteur, en vertu d'ordonnance de justice. Cela s'appelle *main-garnie*, parce que l'ordonnance qui permet de saisir, s'obtient sur simple requête, avant que le créancier ait obtenu une condamnation contre son débiteur. (*A*)

Grande-Main, c'est la main du roi en matière féodale, relativement aux autres seigneurs; lorsqu'il y a combat de fief entre deux seigneurs, le vassal se fait recevoir en foi par main souveraine, parce que le roi a la *grande-main*, c'est-à-dire, que tous les fiefs relèvent de lui médiatement ou immédiatement, & que tout est présumé relever de lui directement, s'il n'y a titre ou possession au contraire. (*A*)

Main de justice, on entend par ce terme l'autorité de la justice & la puissance qu'elle a de mettre à effet ce qu'elle ordonne en contraignant les personnes & procédant sur leurs biens. Cette puissance qui émane du prince, de même que le pouvoir de juger, est représentée par une *main* d'ivoire qui est au-dessus d'une verge. On représente ordinairement les princes souverains & la justice personnifiée sous la figure d'une femme tenant un sceptre d'une *main*, & de l'autre la *main de justice*, laquelle est une marque de puissance, comme le sceptre, la couronne & l'épée.

Les huissiers & sergens qui sont les ministres de la justice & chargés d'exécuter ses ordres, sont pour cet effet dépositaires d'une partie de son autorité, qui est le pouvoir de faire des commandemens, de saisir toutes sortes de biens, de vendre les meubles saisis, d'emprisonner les personnes quand le cas y échet; c'est pourquoi lorsque l'on fait la montre du prévôt de Paris, les huissiers & sergens, y portent entre autres attributs, la *main de justice*.

Mettre des biens sous la *main de justice*, c'est les saisir, les mettre en sequestre ou à bail judiciaire.

Cependant mettre en sequestre ou à bail judiciaire est plus que mettre simplement sous la *main de justice*; car le sequestre désaisit, au lieu qu'une saisie qui met simplement les biens sous la *main de justice*, ne désaisit pas.

Lorsque la justice met simplement la *main* sur quelque chose, c'est un acte conservatoire qui ne préjudicie à personne, comme dit Loisel en ses *Inst. liv. 5, tit. 4, règle 30. Voyez* Saisie. (*A*)

Main-levée, est un acte qui lève l'empêchement résultant d'une saisie ou d'une opposition. On l'appelle *main-levée*, parce que l'effet de cet acte est communément d'ôter la *main* de la justice de l'autorité de laquelle avoit été formé l'empêchement; on donne cependant aussi *main-levée* d'une opposition faite sans ordonnance de justice & sans titre paré.

On donne *main-levée* d'une saisie & arrêt, d'une saisie & exécution, d'une saisie réelle & d'une saisie féodale.

En fait de saisie réelle, la *main-levée* donnée par le poursuivant, ne préjudicie point aux opposans, parce que tout opposant est saisissant.

Lorsqu'on statue sur l'opposition formée à une sentence, ce n'est pas par forme de *main-levée*; on déclare non-recevable dans l'opposition ou bien l'on en déboute; & si c'est l'opposant qui abandonne son opposition, il se sert du terme de *désistement*.

Les oppositions que l'on efface par le moyen de la *main-levée* sont des oppositions extrajudiciaires, telle qu'une opposition à une publication de bans, à la célébration d'un mariage, à une saisie réelle, ou entre les mains de quelqu'un pour empêcher qu'il ne paie ce qu'il doit au débiteur de l'opposant.

La *main-levée* peut être ordonnée par un jugement, ou consentie par le saisissant ou opposant, soit en jugement ou dehors.

On distingue plusieurs sortes de *main-levées*, savoir :

Main-levée pure & simple, c'est-à-dire, celle qui est ordonnée ou consentie sans aucune restriction ni condition.

Main-levée en donnant caution; celle-ci s'ordonne en trois manières différentes; savoir, *en donnant caution* simplement, ce qui s'entend d'une caution resséante & solvable; ou *à la caution des fonds*, ou bien *à la caution juratoire*.

Main-levée provisoire, est celle qui est ordonnée ou consentie par provision seulement, & pour avoir son effet en attendant que les parties soient réglées sur le fond.

Main-levée définitive est celle qui est accordée sans aucune restriction ni retour. Lorsqu'il y a eu d'abord une *main-levée* provisoire, on ordonne, s'il y a lieu, qu'elle demeurera définitive.

Main-levée en payant, c'est lorsque les saisies sont valables, le juge ordonne que le débiteur en aura *main-levée* en payant. *Voyez* Empêchement, Opposition, Saisie. (*A*)

Main-levée de succession, est un acte judiciaire, usité seulement en Bretagne, par lequel les héritiers collatéraux sont mis en possession des successions qui leur sont échues.

Dans cette coutume, la règle *le mort saisit le vif*, n'a lieu que dans les successions en ligne directe. Lorsqu'il n'existe aucun descendant du défunt, la justice du lieu se saisit des effets qui composent son hérédité, & l'héritier collatéral qui a droit de la recueillir est obligé de prouver qu'il est habile à succéder, & qu'il est de la ligne d'où proviennent les biens. En conséquence de cette preuve, & après qu'il a fourni caution de rendre la succession quand & à qui faire se devra, il en obtient un acte de *main-levée*.

Main-liée, signifie l'état de celui qui est dans un empêchement de faire quelque chose; on a les *mains liées* par une saisie ou opposition, ou par un jugement qui défend de faire quelque chose. *Voyez* Main-levée. (*A*)

Main-longue, *fictio longæ manus*, en droit est une tradition feinte qui se fait en donnant la faculté d'appréhender une chose que l'on montre à quelqu'un; on use de cette fiction dans la tradition des biens-immeubles & dans celle des choses mobiliaires d'un poids considérable, & que l'on ne peut mettre dans la main. *Voyez* Tradition.

On entend aussi quelquefois par *main-longue* le pouvoir du prince ou de quelque autre personne puissante : on dit en ce sens que les rois & les ministres ont les *mains-longues*, pour dire qu'ils savent bien trouver les gens quelque part qu'ils soient. (*A*)

MAIN-METTRE, (*Jurisprudence.*) du latin *manumittere*, signifie *affranchir quelqu'un de la condition servile*.

On dit aussi *sans main-mettre*, pour dire *sans user de main-mise*. *Voyez* MAIN-MISE; ou bien pour signifier *sans frais ni dépenses*, comme quand on dit que les dîmes, champarts & droits seigneuriaux viennent sans *main-mettre*, c'est-à-dire, sans frais de culture. (*A*)

MAIN-MIS, *manu-missus*, signifie *celui qui est affranchi de servitude*. Coutume de la Ruë d'Indre, *art.* 19. *Voyez* AFFRANCHISSEMENT, MAIN-MORTE, SERF. (*A*)

MAIN-MISE, ce terme a en droit plusieurs significations. On appelloit autrefois *main-mise*, du latin *manu-missio*, l'affranchissement que les seigneurs faisoient de leurs serfs. *Voyez* MAIN-MIS.

Le mot *main-mise* se prend aussi quelquefois pour certaines voies de fait employées contre quelqu'un, en le frappant & le maltraitant. On dit en ce sens, qu'il n'est pas permis d'user de *main-mise*.

On l'emploie aussi quelquefois en Flandre, dans le même sens que *main-assise*. *Voyez* MAIN-ASSISE.

Mais en général, *main-mise* signifie toute saisie, & elle est ainsi appellée, parce que la justice met en sa main les choses saisies de son autorité. Ce terme est principalement usité dans le Hainaut, où il est synonyme avec *clain*, *saisie*, *arrêt*, *exécution*.

On y connoît trois sortes de *main-mises*, la mobilière, la réelle, & la personnelle. La première se pratique sur les meubles & effets mobiliers, la seconde sur les biens-fonds, la troisième sur les personnes même des débiteurs.

Ces trois espèces de *main-mises* peuvent se pratiquer, non-seulement à fin d'exécution, mais encore à fin de sûreté, dans les cas où le droit autorise les saisies conservatoires. Elles ont cela de commun, que l'on ne peut, hors les matières de bail & de louage, les exploiter sans titre exécutoire, si ce n'est à la charge des étrangers du Hainaut, ou même des habitans de cette province qui sont justement soupçonnés de préméditer la fuite. La *main-mise* personnelle ne peut même avoir lieu que lorsque le titre exécutoire du créancier porte expressément soumission à la contrainte par corps: cependant on peut saisir au corps pour dettes domaniales, & pour toutes sentences & actes du rôle.

L'article 4 du chapitre 69 des chartres générales du Hainaut exige la nécessité d'obtenir une permission de justice, pour exécuter par *main-mise* un titre authentique, & cette disposition n'a point été abrogée par l'établissement du tabellionage royal dans le Hainaut françois.

Mais faut-il absolument que cette permission soit revêtue de la forme d'une commission? L'article dont il s'agit ne paroît laisser aucun doute sur l'affirmative; cependant l'usage est contraire à cette opinion, & tous les jours on exploite des *main-mises* sur de simples permissions de juges, accordées en marge des requêtes qu'on leur présente à cet effet.

C'est même d'après cet usage qu'a été rendu au conseil un arrêt du 9 février 1685, portant réglement entre le parlement de Flandre & la chancellerie de cette cour. Il s'agissoit de savoir si les *main-mises* qui s'exploitoient de l'autorité du parlement, devoient être précédées d'une commission, ou si un simple arrêt en forme d'apostille suffisoit pour les autoriser. Le conseil a décidé, qu'à l'égard des *main-mises*, en ce qui regarde le pays d'Hainaut, on continueroit d'y procéder sans commission de la chancellerie; & qu'il seroit en la liberté des parties de se pourvoir par requête, ou de faire expédier une commission en la chancellerie, pour le sceau de laquelle il ne pourroit être taxé que dix-sept sols six deniers tournois.

On a demandé si le pouvoir d'autoriser l'exploitation d'une *main-mise* n'appartenoit qu'aux juges royaux, ou si les officiers des justices seigneuriales en jouissoient également. Plusieurs titres assurent à ces derniers le droit d'autoriser l'exploitation des *main-mises*, chacun dans leur territoire. Leur droit à cet égard est fondé sur la disposition du chapitre 2 & 69, *art.* 17, des chartres générales, sur un arrêt du conseil du 18 juin 1703, rendu contradictoirement entre le parlement de Flandre, les juges royaux de Bouchain & de Maubeuge, & les seigneurs du Hainaut, sur un arrêt du parlement de Flandre du 27 février 1739, qui a confirmé une sentence du bailli de Guatourbe, qui avoit donné commission de *main-mise* sur les biens que le prince de Ligne possédoit dans sa jurisdiction.

Il ne faut pourtant pas conclure de ce que nous venons de dire, que les officiers des seigneurs puissent décerner des *main-mises* dans les matières qui sont, par leur nature, réservées aux juges royaux. Le prévôt de Beaumont ayant connu par cette voie d'une demande en portion congrue formée par le vicaire de Froide-Chapelle, contre le décimateur du même lieu, le parlement de Flandre a déclaré, par arrêt du 28 juin 1690, inséré dans le recueil de M. Dubois d'Hermaville, qu'il avoit été nullement & incompétemment procédé & jugé, & a ordonné que le prévôt de Beaumont seroit assigné en la cour, pour répondre aux conclusions que le ministère public voudroit prendre contre lui.

En général, on peut dire que toute *main-mise* dont l'exploitation ne sert que d'ouverture à une instance, ne peut être accordée que par un juge compétent pour connoître de la cause qui en est l'objet.

Un arrêt du conseil souverain de Mons, du 19 avril 1708, a jugé que les commissions de *main-mise* ne se surannent point en Hainaut, & que l'on peut les mettre à exécution après l'année de leurs dates.

Une *main-mise* mobilière, pratiquée sur une seule pièce de meuble, embrasse toutes celles qui se trouvent dans la maison du débiteur. C'est la disposition de l'article 13 du chapitre 69 des chartres générales. Toutefois, ajoute le même texte, si les bestiaux étoient, au jour de l'arrêt, aux champs, & non au pourpris de la maison, le sergent qui voudra profiter, comme premier arrêtant, sera tenu d'aller faire l'arrêt sur lesdits bestiaux où ils seront, ou du moins sur l'un d'iceux.

Suivant l'article 12, les sergens ne peuvent saisir ni vendre bêtes chevalines, harnois servans à labour, les outils des gens de métiers, armures & bâtons des gens de guerre, ni autres meubles de semblable essence, si les débiteurs ont autres biens pour satisfaire, à peine de refondre tous dépens, dommages & intérêts.

Dès que la *main-mise* est pratiquée, l'huissier ou sergent exploiteur doit procéder à l'inventaire des meubles & effets. L'article 9 l'ordonne ainsi formellement, & veut que cet inventaire se fasse en présence de deux hommes de fief, ou de deux échevins avec le greffier. Mais lorsque l'huissier choisit des hommes de fief, au lieu d'échevins, il faut, en conséquence de l'édit du mois d'avril 1675, rapporté au mot HOMME DE FIEF, que l'un d'eux soit revêtu de la qualité de notaire.

L'obligation imposée à l'huissier d'inventorier les meubles compris dans une *main-mise*, emporte naturellement celle d'y établir des gardiens; cela résulte du principe, qu'une *main-mise* tend à déposséder le débiteur, & l'article cité en contient une disposition expresse. *Voyez le mot* GARDES-MANEURS.

Suivant l'article 14, l'huissier doit faire la vente des meubles & effets saisis, le cinquième jour après l'exploitation de la *main-mise*, en commençant premier aux biens périssables, & puis après aux autres. Cette vente doit être précédée d'affiches, & notifiée à la partie saisie. Le même article défend aux huissiers de rien acheter ni faire acheter pour eux des biens qu'ils vendront, ni anticiper l'heure ordinaire & destinée à semblable vente publique, à peine de dix florins d'amende, & pardessus ce, de punition arbitraire.

L'article 75 porte que la vente des bestiaux ne se pourra faire par lesdits sergens qu'à la plus prochaine ville ou marché public de la résidence des débiteurs, si ce n'est à la requête d'iceux pour leur plus grand profit, & le tout après les trois jours francs expirés, billets attachés & publication de vendage.

La matière des *main-mises* réelles offre plusieurs particularités remarquables.

L'article 17 du chapitre cité porte, que pour saisir un fief, l'huissier exploiteur doit se transporter sur ledit fief & en la présence d'hommes de fief de la seigneurie dont le fief sera tenu, ou par emprunt du grand bailli, ou à faute d'iceux, de la cour (de Mons), y lever herbe, terre ou gazon, & les mettre ès mains d'un autre pour morte-garde... & s'il y a concurrence d'arrêts entre lesdits créanciers, l'arrêt fait pardevant hommes de fief de la seigneurie dont le fief sera tenu, ou emprunté dudit grand bailli, sera préféré à celui qui sera fait devant hommes de fief de notredite cour.

Cette disposition, combinée avec les articles 1 & 2 du chapitre 4, a occasionné, touchant les *main-mises* sur fiefs tenus en pairies, quelques difficultés dont nous rendrons compte au mot PAIRS DE HAINAUT.

Les articles 18 & 19 ajoutent, que les *main-mises* sur francs-aleux doivent être pratiquées *pardevant deux alloëtiers*, celle de main-fermes *pardevant deux échevins*, & celles sur *biens amortis*, *présens deux hommes de fief de ladite cour*.

L'objet des *main-mises* réelles n'est point de faire décréter les fonds sur lesquels elles sont pratiquées, mais seulement de les tenir en régie & d'en faire appliquer les revenus annuels au paiement des créanciers saisissans. C'est ce que porte l'article 20 du même chapitre. Lesdits sergens ne pourront vendre fiefs, alloëts ou main-fermes, s'il n'y a déshéritance préalable par les *héritiers* à cet effet; mais les devront manier annuellement jusques au fournissement de leur traité. Cette disposition a été confirmée tout récemment par un arrêt du parlement de Flandres, du 12 juillet 1778.

Ces termes, *les devront manier annuellement jusques au fournissement de leur traité*, prouvent que les sergens exploiteurs sont établis, par les chartres générales, commissaires aux *main-mises* réelles qu'ils pratiquent; mais cette disposition n'est plus observée dans le Hainaut françois; elle y a été abrogée par une déclaration du 2 janvier 1694, rendue en faveur des commissaires aux saisies réelles, créés précédemment par un édit du mois de février 1692. *Voyez* CLAIN, MISE DE FAIT, NANTISSEMENT, SAISIE.

MAIN-MISE, (*Droit féodal.*) La coutume de Berry, *tit. 5, art. 10, 13, 14, 24 & 55*, & *tit. 9, art. 82*, appelle *main-mise feudale* la saisie féodale. *Voyez* SAISIE FÉODALE.

On appelloit aussi autrefois *main-mise*, l'affranchissement que les seigneurs faisoient de leurs serfs. *Voyez ci-devant* MAIN-MISE, *& ci-après* MAIN-MORTE, SERF. (*A*) *& M.* GARRAN DE COULON, *avocat au parlement.*

MAIN-MOLE, les additionnaires de Ducange au mot *Manus-mortua*, col. 483 & 484, paroissent prendre celui de *main-mole* pour un synonyme de *main-morte*. Ces auteurs n'en donnent pour preuve qu'une chartre de l'an 1282, qui porte les mots suivans; « & porroit avoir *main-mole* en ladite ma» sure se j'en wil ».

Ce texte ne paroît pas suffisant pour expliquer ce mot de *main-mole*. Mais on n'y voit rien qui soit relatif au droit de *main-morte*. (*M.* GARRAN DE COULON, *avocat au parlement.*)

MAIN-MORTE, (*Droit féodal.*) §. I. *Origine de la servitude.* Il n'y a point de crime dont l'homme n'ait à rougir; il n'y a point d'outrage qu'il n'ait fait à la nature; il n'y a point de maux qu'il n'ait fait à ses semblables. Le plus grand, sans doute, est d'avoir osé attenter à leur liberté. Ce bien, le seul que l'homme apporte en naissant, qui peut seul le consoler des maux attachés à sa pénible existence, ce bien si précieux lui est enlevé souvent même avant d'en avoir joui. A peine les sociétés sont-elles formées, que la terre n'est, pour ainsi dire, plus qu'une vaste prison; Sparte tient sous ses loix féroces un peuple entier de malheureux. Et les Romains, aussi cruels envers leurs esclaves que lâches sous leurs tyrans, insultoient depuis six cens ans à la nature, lorsqu'elle se vengea, en leur donnant les Néron & les Caligula. Braves, généreux & libres, les Francs n'eurent jamais d'esclaves, mais ils dédaignoient les paisibles travaux de l'agriculture; il leur falloit des cultivateurs, & ils eurent des serfs. Bientôt cette espèce de servitude couvrit l'Europe entière; moins dure que l'esclavage, elle devint pourtant aussi funeste, parce qu'elle fut plus universelle.

Les Gaulois avoient aussi des esclaves & des serfs, & même en très-grand nombre: César en parle dans ses commentaires, d'une manière qui inspire autant de pitié pour ces malheureux, que d'indignation contre leurs tirans.

Ainsi les Francs apportèrent & trouvèrent la servitude dans les Gaules.

Et combien la conquête, combien les désordres qui la suivirent n'augmentèrent-ils pas le nombre des serfs! Tel étoit le droit des gens de ce temps-là; tous les prisonniers étoient autant d'esclaves; & dans les guerres que les différens rois de la monarchie se faisoient entre eux, l'armée victorieuse enlevoit au pays vaincu, non-seulement son or, ses moissons & ses troupeaux, mais les hommes, les femmes & les enfans. Teuderic, marchant contre l'Auvergne, disoit à son armée: « suivez-moi, » je vous mène dans un pays où vous aurez de » l'or, de l'argent, des captifs, des vêtemens, » des troupeaux en abondance, & vous en trans- » férerez tous les hommes dans votre pays ».

Les hommes étoient depuis long-temps familiarisés avec ces horreurs; mais ce que l'on n'avoit pas encore vu, c'est l'espèce de délire qui porta une multitude d'hommes libres à se rendre serfs des églises.

On déposoit aux pieds de l'autel l'offrande de sa liberté, les moines la recevoient au nom du ciel, promettoient des prières, & usoient sur ces malheureux de tous les droits que donne la servitude.

On a peine à croire l'esprit humain capable d'un pareil écart: cependant rien n'étoit plus commun. Encore si l'on eût donné que sa personne! mais l'on sacrifioit toute sa postérité. Et l'église doit à cet aveuglement la plupart des mains mortables qui lui appartiennent encore aujourd'hui.

Cependant toutes les fois qu'il s'éleve des difficultés relativement aux servitudes, le seigneur aveuglé par l'intérêt personnel, s'enfonce dans l'antiquité, remue les monumens de la législation & de l'histoire, les loix romaines, les codes des Germains, pour prouver que la servitude n'est pas défavorable, que son origine n'a rien d'odieux, que ses effets n'ont rien de funeste. Ce genre de défense n'est pas adroit; il seroit plus sage de jetter un voile sur cette plaie faite à l'humanité, & se contenter de dire: *la loi existe*.

Quant aux loix des Romains sur l'esclavage, comment oser s'en prévaloir? Comme celles du premier législateur d'Athènes, elles sont écrites avec du sang; c'est l'ouvrage de la férocité, c'est l'opprobre de la raison. Dans un gouvernement pareil au nôtre, où règnent avec l'humanité, la justice & la paix, de quel poids peuvent être les maximes de ces hommes qui, pendant tant de siècles, ont tenu l'espèce humaine sous leurs pieds; qui dans le délire de leur ambition, croyoient que toutes les nations étoient faites pour servir, Rome seule pour commander; qui par un assemblage monstrueux des plus grands crimes & des plus sublimes vertus, ont inondé la terre de sang, écrasé tous les peuples, avili tous les rois, & dont toutes les nations ont été tour-à-tour les ennemies, les alliées & toujours les dupes & les victimes?

A l'égard des Germains, appartient-il à des nations plongées dans la fange de la barbarie de donner des loix au plus éclairé de tous les siècles?

§ II. *De la servitude en France dans les douzième & treizième siècles.* Nous avons esquissé le tableau de la servitude pendant les deux premières races, sous le mot HOMME. Ici nous ne remontons pas plus haut que les douzième & treizième siècles; cela suffit pour l'intelligence des coutumes & de notre jurisprudence actuelle.

Alors la servitude déjà très-adoucie dans quelques provinces, avoit encore dans beaucoup d'autres, presque tous les caractères de l'esclavage des Romains. Dans plusieurs provinces, le seigneur pouvoit s'emparer arbitrairement de tout ce qui appartenoit à son serf. *En mout de pays li seigneurs puent penre de leurs serfs & à la mort & à la vie toutes les fois qu'il leur plaît.* Beaumanoir, coutume de Beauvoisis, *ch. 45*.

Les serfs assimilés aux domaines de la seigneurie, &, si nous osons le dire, aux bestiaux des métairies, qui dans quelques provinces sont réputés immeubles, faisoient partie de la terre. *Le droit que j'ai sur mon serf est du droit de mon fief.* Idem.

Chaque seigneurie étoit pour les serfs autant de prisons. S'ils en sortoient, les seigneurs avoient le droit de les forcer d'y revenir. Et comme s'il se fût agi de la conservation du droit le plus favorable, la loi chargeoit tous les citoyens d'arrêter les serfs fugitifs, & de les renvoyer à leurs maîtres. *Si aucun vilain s'empart ou fuit de la terre de son seigneur, & va en autre terre, il doit retourner en la terre de son seigneur, si comme il le requerera.* Assises de Jerusalem, chap. 277. *Tous les vilains & vilaines étranges qui venront d'ici en avant, ou qui seront en la terre d'ou roi ou d'aucun homme lige, ou autre qui ait terre.... les doit-on enci mander as cités plus prochaines, au poir de ceux qui seront ordonnés.*

ordonnés. Idem, *chap. 312.* Ainsi tous les asyles étoient fermés à ces malheureux.

Il paroît cependant que, vers la fin du treizième siècle, déjà le droit de poursuite étoit aboli dans quelques seigneuries : *on les a*, dit Beaumanoir, *méné plus débonoirement en Beauvoisis, car puisqu'ils payent à leurs seigneurs, leurs rentes & leurs cavages* (*cens*) *tels qu'ils sont accoutumés ; pueent aller servir & manoir hors de la jurisdiction à leur seigneur*, ch. 45.

Mais, ajoute de suite Beaumanoir, *que ils ne desavouent pas de for mariage que leur sire a sur eux.*

C'étoit en effet le droit commun de ces temps-là, que le serf ou la femme serve ne pouvoient pas se marier à des personnes d'autre seigneurie, sous des peines très-graves, à moins qu'ils n'eussent préalablement obtenu le consentement du seigneur.

Quand ils se marient à franche femme, quanques ils ont échiet à leur seigneur meubles & héritages, car cil qui se formarient, il convient qu'ils finent (paient une amende) *à la volonté du seigneur leur ; & se il meurt, il n'a nul hoir que son seigneur, ne li enfans du serf n'en ont rien.* Beaumanoir, *ch. 45.*

De tous les effets de la servitude, voilà peut-être le plus arbitraire, celui dont il est le plus difficile de trouver, nous ne disons pas le motif, mais le prétexte. En effet, lorsqu'un serf épousoit, soit une personne franche, ou une serve d'une autre seigneurie, quel préjudice ce mariage faisoit-il au seigneur ? Au contraire, comme la femme prenoit le domicile & la condition de son mari, il est clair qu'il voyoit augmenter par-là le nombre des serfs de sa seigneurie. Si les seigneurs d'alors se fussent donné la peine de raisonner, ils auroient donc été réduits à dire qu'en se mariant ainsi sans leur consentement, le serf auroit manqué aux égards qui leur étoient dus. Voilà certes un beau motif pour dépouiller un homme de tous ses biens, & ses enfans de l'héritage de leur père.

Que le seigneur de la *villaine*, pour nous servir des expressions de ce temps-là, ait pris ses biens, il y auroit eu une espèce de raison, puisque cette femme, en prenant un mari dans une autre seigneurie, lui faisoit perdre les droits qu'il avoit sur elle. Mais que le seigneur du mari se soit cru fondé à le dépouiller, on ne conçoit pas comment cette idée a pu jamais se présenter à l'esprit.

Cela est d'autant plus étonnant, que l'on sentoit si bien que le seigneur de la femme perdoit seul, que lorsque le seigneur du mari avoit donné son consentement au mariage, il étoit obligé de donner au premier *une autre villaine en échange, de tel âge, à la connoissance des bonnes gens ; & se il ne trouve villaine qui la vaille, il lui donnera le meilleur villain qu'il aura d'âge à marier.* Assises de Jérusalem, *ch. 278.*

Cependant nous retrouverons cette servitude, aussi bizarre que gênante & ruineuse, dans quelques-unes de nos coutumes.

Les seigneurs avoient encore sur leurs serfs un autre droit à peu près de la même espèce, ils pouvoient les empêcher de prendre les ordres & d'entrer en religion. On disoit, la prêtrise affranchit, & mon serf est mon patrimoine : or, personne ne peut être dépouillé de son bien malgré lui : donc le serf ne peut pas entrer dans les ordres sans le consentement de son seigneur. Du moins il y avoit de la logique dans ce raisonnement, & ce droit étoit fondé sur un intérêt réel.

Que nul serf & nulle serve ne soit assez hardi, que il fasse de son fiex clerc, ne sa fille mettre en religion. S'ils le faisoient, il étoit enjoint à tous les serfs de la seigneurie qui pouvoient en avoir connoissance, d'avertir le seigneur, à peine d'amende arbitraire, & de *griève prison.*

Le seigneur instruit des projets de son serf, pouvoit le rappeller à la servitude, pourvu qu'il n'eût encore que les ordres inférieurs au sous-diaconat, & en outre faire signifier des défenses à l'évêque de lui donner les ordres supérieurs, *& se li évêque fait mon serf clerc contre ma volonté, je ai action contre lui de mon dommage.*

Cette condamnation de l'évêque à des dommages & intérêts, étoit l'effet naturel de la personnalité de la servitude ; effectivement, comme la prêtrise affranchissoit, en la donnant à un serf, l'évêque faisoit perdre au seigneur une partie de sa propriété.

Mais cette indemnité n'étoit pas la seule. Le seigneur avoit en outre les immeubles du *mainmortable* ordonné prêtre. *Des héritages d'ou clerc, n'est-il nul doute que je ne le puisse penre, & approprier à miens.* Beaumanoir, *idem.*

Dans quelques provinces le seigneur devenoit à l'instant propriétaire de tout ce que le serf acquéroit. Dans d'autres on avoit senti, comme le dit Beaumanoir, que celui *qui une fois écorche, ne deux, ne trois ne tond* ; qu'en accordant aux serfs la faculté d'acquérir, les échutes de mort & de formariage seroient beaucoup plus considérables ; & les seigneurs dans l'espérance d'un plus grand avantage, avoient renoncé à cette prétendue prérogative.

Mais au décès du serf tout appartenoit au seigneur. *Quand ils se muerent, tout ce qu'ils ont échiet à leur seigneur, meubles & héritages...... ne li enfans du serf n'en ont rien, se ils ne le rachettent au seigneur, comme feroit autre gent étrange.* Beaumoir, *idem.*

Quoique le père fût franc, si la mère étoit serve, l'enfant naissoit serf comme elle ; *servitude vient de par la mère.* Telle étoit la règle ; elle recevoit une exception, & toujours contre la raison & l'humanité. Dans quelque pays l'enfant suivoit la pire condition, & pour naître serf, il suffisoit que le père ou la mère fût dans la servitude.

Dans les actes les plus étrangers à l'intérêt du seigneur, une distance toujours considérable séparoit ces malheureux des hommes libres. Ceux-ci ne pouvoient être ajournés qu'à la quinzaine, &

le seigneur, comme le dit *des Fontaines*, pouvoit *sémonre son villain du matin aux vêpres, & des vêpres au matin*. Le même auteur propose la question de savoir, si le villain auquel on demande le paiement d'une dette, *doit avoir jour de conseil* : sa réponse est, *certes non*. Il continue ; *mais li franc homme doit avoir jour de conseil à quinzaine*, chap. 13.

En effet, qu'avoient-ils besoin de délais, de conseils, de défenseurs ? Leur seigneur, presque toujours leur seul adversaire, étoit leur juge souverain. *Par notre usage, n'a entre le seigneur & le villain, juge, fors Dieu*. Des Fontaines, *ch. 21*.

Encore un trait à ce tableau. *Aucuns sont si soujets à leur seigneur, qu'il peut penre quanques que ils ont à la mort & à la vie, & leur cors tenir en prison toutes les fois que il leurs plaît, soit à tort, soit à droit, que il nen est tenu à répondre fors à Dieu.*

Pousser vers le ciel des cris de désespoir, étoit donc l'unique ressource de ces malheureux.

On se doute bien que ces hommes, accablés du poids de tant de chaînes, n'avoient pas la faculté d'en secouer le joug. Cependant il ne leur étoit pas absolument impossible de les rompre. Le serf pouvoit désavouer son seigneur ; mais seulement dans quatre circonstances. S'il prouvoit, 1°. que sa mère avoit vécu & étoit morte dans l'état de franchise ; 2°. que sa mère ou son aïeule avoit été affranchie ; 3°. qu'il étoit bâtard ; 4°. s'il avoit vécu publiquement au vu de son seigneur, & pendant l'espace de dix années, dans l'état de la cléricature.

Quant aux affranchissemens, la loi y avoit mis des entraves qui devoient les rendre infiniment rares ; il falloit que chaque affranchissement fût confirmé par tous les seigneurs supérieurs, en remontant jusqu'au roi, & à défaut de la confirmation de l'un de ces différens seigneurs, le serf, malgré l'affranchissement de tous les autres, lui étoit dévolu. *Nul vavassor, ne gentilhomme ne peut franchir son homme de corps en nulle manière, sans l'assentement au baron, ou du chef-seigneur*. Etablissemens de S. Louis, *ch. 34*. *Si je les franchis sans l'autorité de monseigneur, je les perds, ... & ils deveront ses serfs*. Beaumanoir, *ch. 45*.

Voilà le tableau de la servitude en France, pendant les douzième & treizième siècles. Peut-être ne seroit-il pas inutile d'en rapprocher les traits, mais nous n'en avons pas le courage.

§. III. *De la servitude depuis le treizième siècle, jusqu'à l'époque de la rédaction des coutumes*. Nous aimons à croire que les seigneurs françois ne tardèrent pas à rougir de leur barbarie, & qu'ils s'empressèrent de réparer les outrages qu'ils faisoient depuis tant de siècles à l'humanité. Cependant la servitude conserve presque toute sa difformité, dans le petit nombre d'ouvrages coutumiers qui remplissent l'intervalle du treizième au seizième siècle.

Du temps de Masuer, l'homme de serve condition étoit encore assimilé aux immeubles, étoit encore regardé comme faisant partie de la terre. *Pour raison de personne de main-morte, ou de serve condition, on peut agir comme pour immeuble*. Pratique de Masuer, *tit. 11*.

Suivant Boutillier, conseiller au parlement de Paris, qui écrivoit sa *somme rurale* sous le règne de Charles VI, il falloit à l'homme de serve condition une autorisation expresse du prince pour traduire un homme franc dans les tribunaux. *Si est à savoir qu'en demandant en cour laye, n'est à recevoir homme de serve condition contre homme de franche condition, s'il n'étoit par adventure autorisé du prince*. Somme rurale, *liv. 1, tit. 9*.

Le même auteur ajoute, *liv. 2, tit. 8 : s'il arrivoit qu'un franc homme fît mariage avec une serve, lui ignorant qu'elle fût serve, sachez que le mariage ne vaudroit ne tiendroit*.

Dans le livre qui a pour titre *constitution du châtelet*, nous lisons que le serf étoit dans l'impuissance de contracter sans l'agrément de son seigneur. *Serf ne peut joir de marché, nul qu'il fasse, sans la volonté de son seigneur*, art. 75.

Enfin, dans le grand coutumier de France, ouvrage écrit sous le règne de Charles V, on retrouve les droits d'échutte, de taille & de formariage, *liv. 2, chap. 14*.

Mais nous commençons à respirer, & il nous semble voir poindre un nouveau jour sur l'horizon des loix féodales, lorsque nous entendons cet auteur ajouter, *que le seigneur ne peut tailler ses hommes qu'une fois l'an, qui est à entendre du quint de leur meuble, & qu'il ne leur succède que quand ils meurent sans hoirs procréés de leurs corps*.

Tout main-mortable est taillable. Tel étoit le droit commun, & cette taille purement arbitraire pour le temps, la forme & la quotité de la perception, livroit tous les serfs à la discrétion des seigneurs. Ce nouvel usage, qui déterminoit la quote annuelle de chaque serf à la valeur du cinquième de leurs meubles, étoit sans doute très-onéreux, mais il substituoit la règle au caprice ; du moins on voyoit le point où devoit s'arrêter la vexation, & c'est toujours un avantage.

Mais un avantage plus précieux encore, c'est la faculté accordée aux enfans de succéder à leur père. Du temps de Beaumanoir, la règle étoit : *li enfans du serf n'en ont rien, se ils ne rachètent au seigneur comme feroit autre gent étrange*. Du temps de Charles V, le seigneur n'excluoit plus que les collatéraux, & le patrimoine du père passoit à ses enfans. Ce premier pas vers la liberté annonçoit que la loi naturelle alloit reprendre au moins une partie de son empire.

Tandis que la servitude perdoit chaque jour de sa dureté originelle, il se faisoit dans la plupart des esprits une révolution encore plus heureuse ; la plupart des seigneurs enfin, plus dociles aux accens de l'humanité qu'aux conseils de l'intérêt, donnoient à leurs serfs un affranchissement absolu.

Philippe-le-bel donna l'exemple. En 1302, ce

prince envoya des commiſſaires dans le Languedoc, avec plein pouvoir d'affranchir les ſerfs en tel nombre qu'ils jugeroient à propos.

Quelques années après, Louis X alla beaucoup plus loin, il affranchit par une loi générale tous les ſerfs de ſes domaines. Cette ordonnance n'exiſte plus, il ne nous reſte que les commiſſions données pour l'exécuter. Rien de plus beau que le motif dont ce prince paroiſſoit animé. « Comme, ſelon » la droite nature, chacun doit naître franc, ... » nous, conſidérant que notre royaume eſt dit & » nommé le royaume de France, & voulant que » la choſe, en vérité, ſoit accordante au nom, » & que la condition des gens amende de nous, » en la venue de notre nouvel gouvernement ;... » avons ordonné ..... que généralement par tout » notre royaume ..... ſervitudes ſoient ramenées » à franchiſes, ... pour que les autres ſeigneurs » qui ont *hommes* de corps, prennent exemple à » nous, *&c* ». Mais ce motif apparent n'étoit qu'un prétexte pour voiler le vrai motif qu'on apperçoit aiſément ſous ces paroles adreſſées aux commiſſaires : « Vous mandons ..... que ..... à tous » les lieux, villes, communautés, ou perſonnes » ſingulières qui ladite franchiſe requerront, traitiez & accordiez de certaines compoſitions, par » leſquelles ſuffiſante récompenſation nous ſoit » faite des émolumens qui deſdites ſervitudes » pourroient venir à nous, *&c.* ».

A ces motifs d'humanité ſe joignoient malheureuſement des vues de finances. Louis X n'entendoit pas donner les affranchiſſemens, mais les vendre. Il étoit juſte en effet que, renonçant à cette branche des revenus de la couronne, il en reçût un dédommagement. Mais il devoit être modéré, & l'intention étoit de mettre les affranchiſſemens à un prix exceſſif. C'eſt ce qui réſulte d'un réglement donné deux jours après la commiſſion que nous venons de tranſcrire. Le roi parlant à ſes commiſſaires, s'exprime en ces termes : « Pourroit être que aucuns ..... cherroit » en deſconnoiſſance de ſi grand bénéfice, ... » que il voudroit mieux demourer en chetivité » de ſervitude, que venir à état de franchiſe, ... » vous mandons ..... que vous de telles per» ſonnes, pour l'aide de notre préſente guerre » conſidérée, la quantité de leurs biens & les » conditions de la ſervitude de chacun, vous en » leviez ſi ſuffiſamment & ſi grandement comme » la condition & la richeſſe des perſonnes pour» ront bonnement ſouffrir, & la néceſſité de notre » guerre le requiert ». Cette grace, qu'il n'étoit plus permis de refuſer, dit le ſavant auteur de la préface du tome 12 des *Ordonnances du Louvre*, n'étoit donc que le prétexte mal caché d'une taxe forcée, portée auſſi haut qu'il étoit poſſible, & qui parut à pluſieurs plus dure que la ſervitude même.

Quoi qu'il en ſoit, ce moyen, tout violent qu'il étoit, produiſit un heureux effet. Les eſprits ſe familiariſèrent avec les affranchiſſemens. Les ſeigneurs, à l'exemple du roi, en vendirent : quelques-uns plus humains, les donnèrent gratuitement. La règle qui exigeoit la confirmation de tous les dominans, perdit chaque jour de ſon autorité, & bientôt on vit des communautés, des villes, des contrées entières affranchies de toute eſpèce de ſervitude.

Cette impulſion une fois donnée aux eſprits, toutes les idées ſe dirigèrent vers la liberté. L'aviliſſement ſous lequel on tenoit depuis ſi longtemps l'eſpèce humaine, aviliſſement que l'on avoit regardé juſqu'alors comme une choſe toute naturelle ou plutôt auquel on n'avoit pas encore réfléchi, devint un objet de honte & de ſcandale ; & ſi la ſervitude reſta dans pluſieurs ſeigneuries, & même dans quelques provinces, elle fut au moins modifiée dans toutes.

Cette révolution eſt bien ſenſible dans cette diſpoſition des anciennes coutumes de Bourgogne, rédigées en 1459, *par la coutume nul ne eſt ſerf de corps en Bourgogne.*

Cette nouvelle manière de voir ſe propagea très-rapidement, & bientôt la ſervitude perſonnelle fut preſque entièrement abolie, non par les loix, mais par les mœurs.

Enfin cette heureuſe révolution fut conſommée par un changement dans les mots. A la dénomination dure & humiliante de *ſerf*, fut en général ſubſtituée celle de *main-mortable*, expreſſion beaucoup plus douce, & qui ſemble reculer juſqu'au décès de l'homme tous les effets de la ſervitude.

Ce changement dans les mots, & le nouvel axiome *nul n'eſt ſerf de corps*, changèrent tout le ſyſtême de la ſervitude. Auparavant elle étoit perſonnelle ; on diſoit : *perſonam afficit & inficit.* Depuis on la regarda comme réelle, du moins comme mixte, & plus attachée à la glèbe qu'au propriétaire.

On ſent que cette innovation dut être le germe d'une infinité d'autres ; & c'eſt effectivement ce qui eſt arrivé. Le ſerf, devenu homme & citoyen, ne fut plus le jouet des caprices du ſeigneur ; sûr de reſpirer en liberté, il ne craignit plus qu'un ordre arbitraire le précipitât dans les priſons, & les tribunaux lui furent ouverts comme à tous les autres citoyens.

Du nouveau principe que la ſervitude étoit plus attachée à la glèbe qu'à la perſonne, ſortoit une autre conſéquence. Il en réſultoit que le propriétaire pouvoit rompre tous les liens qui l'attachoient à ſon ſeigneur, en abandonnant tout ce qu'il poſſédoit dans la ſeigneurie. Cette conſéquence fut heureuſement adoptée, & le déſaveu devint une faculté de droit commun.

Enfin on ſentit combien étoit barbare l'uſage qui donnoit au ſeigneur le patrimoine du ſerf, à l'excluſion de ſes enfans ; & non-ſeulement les enfans, mais les collatéraux furent déclarés habiles à ſuccéder, à la vérité ſous certaines modifications.

Le changement qui avoit affranchi les perſonnes

& substitué la *main-morte* à la servitude, auroit dû porter son influeace encore plus loin. Mais si l'humanité crioit, l'intérêt personnel réclamoit aussi; & les seigneurs écoutant tout à la fois les conseils de l'un & de l'autre, ne vouloient faire que des sacrifices partiaires.

Tel étoit donc l'état des choses au commencement du seizième siècle, époque de la rédaction des coutumes. La servitude étoit abolie dans la majeure partie du royaume, & modifiée dans les provinces où elle subsistoit encore. Comme ces modifications étoient l'ouvrage non de la loi, mais des mœurs & de l'esprit général, & que cet esprit avoit agi plus ou moins fortement dans ces différentes provinces, il n'y avoit rien d'uniforme; & tel droit en vigueur dans une seigneurie, étoit abandonné dans une autre.

Cependant tout le monde étoit d'accord de regarder la servitude personnelle comme abolie; mais il n'en étoit pas de même quant aux effets de cette abolition. Les seigneurs convenoient bien que l'homme étoit libre, ils abdiquoient volontiers le pouvoir arbitraire qu'ils exerçoient sur sa personne; mais ils tenoient aux droits utiles attachés à la servitude personnelle. De-là ces dispositions bizarres, ces effets sans cause, ce mélange ridicule de personnalité & de réalité, de servitude & de *main-morte* que nous allons trouver dans les coutumes *main-mortables*, sur-tout dans les trois coutumes de Troyes, Chaumont & Vitry, qui rédigées les premières dès l'an 1509, ont conservé le plus de traces de l'ancienne jurisprudence, ou plutôt de l'ancienne barbarie, dans lesquelles même le mot *serf* est employé plus d'une fois.

§. IV *Des coutumes main-mortables. Observations générales sur ces coutumes.* On vient de voir qu'anciennement la servitude formoit l'état presque général des terres & des hommes du royaume, surtout des habitans des campagnes. Il doit donc rester, & en effet il reste des traces de servitude dans un assez grand nombre de coutumes; mais dans la plupart on ne trouve que des articles isolés. Neuf seulement renferment sur cet objet un corps de législation, & des dispositions combinées. Ces neuf coutumes sont: Bourgogne, Franche-Comté, Chaumont, Troyes, Vitry, Auvergne, la Marche, Bourbonnois & Nivernois.

Deux observations générales se présentent d'abord.

1°. De ces différentes coutumes, il n'en est aucune qui fasse de la condition *main-mortable*, la loi générale de son territoire. Dans toutes la servitude n'est qu'un état d'exception, elles n'en parlent que comme d'une chose possible. Il faut au seigneur des titres pour l'établir.

2°. La seconde observation, c'est que ces neuf coutumes sont ou allodiales ou réputées l'être. Comment l'extrême servitude a-t-elle pu s'allier ainsi avec l'extrême liberté? Comment les provinces où les terres ont le plus d'indépendance, sont-elles précisément celles où les personnes en ont le moins? C'est ce qu'il n'est pas facile de découvrir. Voici nos conjectures.

Originairement la servitude couvroit ces provinces comme le surplus du royaume. Lors des croisades, époque d'une multitude d'affranchissemens, & dans les temps postérieurs, la plupart des seigneurs vendirent ou donnèrent à leurs hommes l'exemption de la servitude. Ces exemptions étoient de deux sortes; les unes réservoient aux seigneurs des droits annuels sur les héritages; les autres renfermoient une clause portant que ces héritages seroient possédés librement avec franchise. Jusqu'ici rien de particulier aux coutumes dont nous parlons. Mais il est possible que dans ces coutumes la clause de franchise ait été plus commune que dans les autres, ce qui auroit transformé en aleu la majeure partie de leur territoire. Ainsi les terres grevées au profit des seigneurs se seroient trouvées en moindre quantité que les terres franches. En conséquence on s'est insensiblement accoutumé à regarder la dépendance féodale comme l'exception, & la franchise comme la loi générale, & de-là dans ces provinces: la maxime, *tout héritage est franc*, maxime déjà assez ancienne lors de la rédaction de leur coutume pour que le tiers-état la présentât comme formant le droit commun.

Au surplus, voyons ce que portent ces différentes coutumes.

Leurs dispositions ont trois objets principaux: la manière dont se contracte la *main-morte*, les charges qu'elle impose, & les moyens par lesquels le *main-mortable* peut s'affranchir. Nous présenterons ensuite l'état actuel de la *main-morte*, & nous finirons par l'examen des titres nécessaires pour l'établir.

§. V. *De la manière de contracter la main-morte.* La *main-morte* se contracte de cinq manières; par la naissance, par la convention, par la prise de *meix*, par la prescription & par le mariage.

De la naissance. Entre les rivières d'Aube & de Marne, le fruit ensuit le ventre & la condition d'icelui..... quand franche personne se joint par mariage à personne serve, les enfans qui sont nés de tel mariage entre les rivières de Seine, Aube & Yone, ensuivent la qualité des deux conditions que bon leur semble, en délaissant les biens & succession de celui dont ils délaissent la condition & servitude. Cout. de Troyes, *art.* 7 *&* 8.

Même disposition dans les art. 4 & 5 de la coutume de Chaumont: après avoir ainsi réglé l'usage entre les rivières de Seine, Marne, Aube & Yone, l'art. 5 ajoute, *& au surplus en tout ledit bailliage le fruit ensuit le ventre, excepté si l'un des deux conjoint est noble.* L'art. 8 de la coutume de Troyes est terminé par la même disposition, *excepté quand l'un desdits conjoints est noble, auquel cas le fruit ensuit le côté noble si faire le veut.*

Les enfans descendans en mariage d'un homme serf ou femme serve, ensuivent la condition de leurdit père & mère, tellement que si le père ou la mère sont serfs, ou l'un d'eux seulement, les enfans & les descendans de lui sont serfs; car par la coutume la pire condition emporte la meilleure. Cout. de Bourbonnois, *art.* 199.

En lieu & condition de main-morte, l'enfant ensuit la condition du père. Cout. de Franche-Comté, *art.* 10.

En lieu & condition de main-morte, l'enfant ensuit la condition du père & non pas de la mère. Cout. de Bourgogne, *art.* 89.

Si l'homme & femme sont enjoints par mariage, dont l'un est de condition servile & l'autre franc, soit l'homme ou la femme, les enfans qui naîtront dudit mariage sont & demeurent de la pire condition. Cout. de Nivernois, *chap.* 8, *art.* 22.

Coquille, dans sa question 279, essaie de justifier la dureté de cette disposition, en disant que dans d'autres coutumes la *main-morte* se contracte par la seule résidence dans un lieu *main-mortable*, *& qu'il en est autrement dans le pays de Nivernois. Car nul qui est né franc ne peut devenir serf par quelque moyen que ce soit, encore qu'il devienne propriétaire d'un tènement de main-morte & servitude; & sont les serfs par naissance.*

Une différence très-notable partage ces six coutumes en deux classes. Celles de Bourbonnois & de Nivernois subordonnent l'état de l'enfant à la condition du père ou de la mère, sans considérer le lieu de la naissance. Les autres semblent exiger cumulativement que le père ou la mère soient serfs, & que l'enfant soit né dans un lieu *main-mortable*.

C'est ainsi que M. de Chasseneuz, & après lui plusieurs commentateurs, ont entendu ces mots de la coutume de Bourgogne, *en lieu & condition de main-morte, l'enfant ensuit*, &c. expressions que l'on retrouve dans la coutume de Franche-Comté, & par équivalent dans celles de Troyes & de Chaumont.

Mais si la question peut paroître douteuse lorsque le père & la mère n'avoient qu'une résidence momentanée dans le lieu franc où l'enfant est né, au moins est-elle sans difficulté lorsque le lieu franc étoit leur véritable domicile. Cela est textuellement décidé pour la Bourgogne & pour toutes les provinces, par l'art. 6 du dernier édit sur la *main-morte*; édit dont nous parlerons dans un instant.

De la convention. Des différentes coutumes *main-mortables*, nous n'en voyons que quatre, la Marche, Franche-Comté, Bourgogne & Nivernois, qui parlent de l'assujettissement à la *main-morte* par convention. Voici comme elles s'expriment.

Audit pays se peuvent faire les héritages serfs & mortaillables, en autres deux manières, c'est à savoir quand aucun a reconnu être serf d'aucun homme laï, ou mortaillable d'aucune église, jure constituti, *en asservant quelque héritage.* La Marche, *art.* 127.

L'homme franc qui va demeurer en lieu de main-morte, s'il y prend meix, ou devient par convenance homme de ladite condition, il demeure homme main-mortable pour lui & sa postérité à naître. Franche-Comté, *titre de la main-morte, art.* 2.

L'homme franc qui va demeurer en lieu de main-morte, & il y prend meix, & devient par convention homme de ladite condition, il demeure incontinent homme de ladite condition pour lui & sa postérité à naître. Bourgogne, *art.* 91.

Sur l'art. 91 de la coutume de Bourgogne, M. le président Bouhier observe que dans cette coutume, la convention même la plus expresse ne suffit pas pour établir la *main-morte*, « & qu'il faut encore » deux choses pour devenir *main-mortable*. La pre» mière qu'on aille demeurer en lieu de *main-morte*; » & la seconde qu'on y prenne un *meix*..... » il faut donc dire que si l'une de ces deux choses » manque, savoir l'habitation en lieu de *main-morte* » & la possession d'un *meix*, la simple convention » ne seroit pas suffisante. Observation sur la cou» tume de Bourgogne, *chap.* 66, *tit.* 21 & 23 ».

De même, dans la coutume de la Marche, une convention pure & simple seroit insuffisante; il faut pour la légitimer qu'elle soit accompagnée de la tradition d'un immeuble. C'est ce qui résulte de ces expressions de l'art. 127, *en asservant quelque héritage*; ainsi non-seulement il faut un prix de la part du seigneur, mais la coutume exige que ce prix soit en immeuble.

La coutume de Franche-Comté est donc la seule qui attribue à la simple convention l'efficacité d'établir la *main-morte*. Mais dans cette coutume même si une pareille convention étoit attaquée par la voie des lettres de rescision, il seroit bien impossible de ne pas en prononcer le résiliement. Effectivement, cette obligation seroit un effet sans cause.

Outre la convention expresse, la coutume de Bourgogne admet une convention tacite en ces termes, art. 92 : *l'homme franc qui va demeurer en lieu de main-morte, & tient feu & lieu par an & jour continuellement, & paie en son chef au seigneur dudit lieu les devoirs, tels que font les autres hommes dudit lieu, demeure pour lui & sa postérité à naître, de la condition dudit lieu de main-morte.*

De la prise de meix. D'abord quel est le sens de cette expression *meix*? Comprend-elle indistinctement toutes sortes d'héritages? Peut-on dire que le propriétaire d'une vigne, d'un pré, d'une terre labourable, possède un *meix*? Non : il ne faut, pour s'en convaincre, que remonter à l'étymologie du mot *meix*, *mansus*, *maison*, *habitation*, *manoir*, *à mensione seu manendo*; *mansio*, *mansus*, dit Spelmen dans son glossaire, *habitatio vel sedes rustica*.

C'est aussi la définition de Dunod dans son traité de la *main-morte*, *page* 43; nous appellons, dit cet auteur, du nom de *meix*, les maisons d'un village avec leurs jardins, vergers & autres dépendances;...... lors donc qu'un homme franc va demeurer en lieu de *main-morte*, continue le même auteur, & y reçoit du seigneur ou acquiert d'une autre personne un *meix main-mortable*, quand ce ne seroit que la place pour bâtir, il devient *main-mortable*; je crois que c'est tout ce que notre coutume a voulu dire, quand elle a parlé de l'homme franc qui va demeurer dans le lieu de *main-morte*, & y prend *meix*.

Pourquoi l'acquisition d'un simple emplacement de maison rend-elle *main-mortable?* Le même auteur en rend la raison en ces termes, *parce qu'il est censé vouloir s'y établir*, y faire construire un édifice pour sa résidence; or, l'acquisition d'une vigne, d'une terre labourable, ne prête pas à la même conjecture : l'acquéreur d'un héritage de cette espèce n'est certainement pas censé *vouloir s'y établir.* Une pareille acquisition ne porte donc aucune atteinte à la franchise du propriétaire.

Suivant cet auteur, il faut donc, pour contracter la *main-morte*, que l'homme franc possède une maison *main-mortable*, ou du moins un emplacement destiné à l'habitation; autrement, s'il demeure en maison franche, il conserve la franchise, quelle que soit la condition des héritages qu'il possède.

Colombet, dans son traité de la *main-morte*, traduit le mot *meix*, par celui d'*her*, d'*heberge*, hébergement, ce qui ne peut s'adapter qu'à une maison; aussi toutes les coutumes de *main-morte*, tous les auteurs qui ont écrit sur cette matière, parlent-ils de l'homme franc qui possède des héritages de *main-morte.* On lit dans la coutume de Franche-Comté: *l'héritage de main-morte, soit qu'il appartienne à homme franc ou de main-morte, ne peut être vendu*, &c. Un homme franc peut donc posséder des héritages *main-mortables*; la possession d'un immeuble de cette espèce n'est donc pas incompatible avec la franchise.

Maintenant, voyons les coutumes dans lesquelles la *main-morte* se contracte par la prise de *meix.* Ces coutumes se réduisent à deux, Bourgogne & Franche-Comté.

L'homme franc qui va demeurer en lieu de main-morte, & y prend meix, & devient par convention homme de ladite condition, il demeure incontinent homme main-mortable pour lui & sa postérité à naître. Cout. de Bourgogne, *art. 91.*

L'homme franc qui va demeurer au lieu de main-morte, s'il y prend meix ...... il demeure homme main-mortable pour lui & sa postérité à naître. Cout. de Franche-Comté, *art. 2.*

On remarque entre ces deux coutumes une différence très-notable. Dans la première, pour devenir *main-mortable*, il ne suffit pas d'être propriétaire d'une maison tenue en *main-morte*, il ne suffit pas d'y demeurer, il faut encore une convention expresse ou tacite.

Au contraire, dans la coutume de Franche-Comté, le franc devient *main-mortable* par cela seul qu'il est propriétaire d'une maison tenue en *main-morte*, & qu'il y fait sa résidence.

Mais si la maison est en partie franche & en partie serve, que devient l'homme franc qui l'habite? Cela dépend de la pièce dans laquelle il fait son principal feu. Si cette pièce est franche, il conserve sa franchise, & il la perd si elle est *main-mortable.*

La règle qui déclare *main-mortable* le franc qui prend un *meix* en lieu de *main-morte*, n'a pas lieu à l'égard du curé, du vicaire, du maître d'école de la paroisse, des fermiers, *&c.* On peut voir ces détails, dans le traité de la *Main-morte* de Dunod, & dans les observations de M. le président Bouhier, sur la coutume de Bourgogne.

De la prescription. Audit pays se peuvent faire les héritages serfs & mortaillables de deux manières, c'est à savoir ...... quand aucun seigneur a possédé & joui des droits de servitude sur aucun, pour raison de l'héritage par lui tenu, par l'espace de 30 ans. La Marche, *art. 127.*

Y a plusieurs seigneurs audit pays d'Auvergne, qui ont plusieurs manoirs & ténemens tenus d'eux à condition de main-morte, & à cause de ce, par droit constitué, ou prescription, outre ce leur baille ladite coutume plusieurs autres droits, tant à ladite succession desdits conditionnés qu'autrement. Auvergne, *tit. 27, art. 10.*

Les gens de condition abonnés à certaine taille par composition convenante ou prescription suffisante, en useront selon leursdites compositions, convenances & prescriptions. Nivernois, *chap. 8, art. 5.*

De la main-morte par mariage. Si une femme franche se marie à un homme serf & de main-morte, vivant son mari, elle est tenue & réputée de main-morte. Cout. de Bourgogne, *art. 94.*

Si une femme franche se marie à un homme de main-morte, vivant son mari, elle est tenue & réputée de main-morte; & après le décès de sondit mari, elle se peut départir du lieu de main-morte, & aller demeurer en lieu franc si elle veut; & demeure franche comme elle étoit auparavant de venir demeurer au lieu de main-morte, en délaissant dans l'an & jour du trépas de sondit mari, ledit lieu de main-morte, le meix & tous les héritages d'icelui son mari étant audit lieu de main-morte; & si ladite femme y demeure plus d'an & jour, elle sera de la condition dudit meix main-mortable. Cout. de Franche-Comté, *art. 9.*

Ces deux coutumes sont les seules dans lesquelles le mariage asservit la femme franche. On peut voir dans leurs commentaires, & notamment dans le traité de la *Main-morte* de Dunod, la discussion des difficultés qui naissent de ces deux articles. Ces détails nous meneroient trop loin.

§. VI. *Des charges que la main-morte impose.* Les charges de la *main-morte* sont les droits de poursuite, de taille, de formariage, la défense d'aliéner, de tester, & le droit d'échutte.

Du droit de poursuite. Cette servitude, de toutes la plus dure, la plus contraire à la loi naturelle, étoit autrefois générale en France; tous les serfs y étoient assujettis; ce droit rigoureux étoit fondé sur les loix romaines, notamment sur le texte du code : *semper terræ inhæreant quam semel colendam patres eorum susceperunt. De agricolis & censit. L. 23*, §. *1.* De ce texte, nos pères, en bons logiciens, avoient conclu que si le serf quittoit le lieu de la *main-morte*, le seigneur pouvoit le forcer à y revenir.

Ce droit, pour le répéter encore, le plus odieux de tous ceux que la *main-morte* donne aux seigneurs, est établi par huit coutumes.

« Lesdits hommes de servitude sont tous régu» lièrement de poursuite. *Cout. de Troyes, art. 6.*

» Les aucuns sont taillables envers leur seigneur, » de taille à volonté raisonnable, & de poursuite, » quelque part qu'ils se transportent. *Chaumont, art. 3.*

» Tous hommes & femmes de corps sont audit » bailliage, de poursuite, en quelque lieu qu'ils aillent » demeurer, soit lieu franc ou non; & les peuvent » leurs seigneurs réclamer ou les faire réclamer si bon » leur semble: car tels hommes & femmes de corps, » sont censés & réputés du pied, & partie de la » terre, & se baillent en aveu & dénombrement « par les vassaux avec leurs autres terres. *Cout. de » Vitry, art. 145.*

» Le duc de Bar a retenue de ses hommes & » femmes demeurant audit bailliage, posé qu'ils » vinssent demeurer sous ses vassaux haut-justiciers; » & pareillement les vassaux dudit baillage ont » retenue de leurs hommes & femmes qui vont » demeurer ès villes & villages appartenans audit » seigneur duc, & où il est haut-justicier; & pa- » reillement les vassaux les uns sur les autres, » excepté en aucuns lieux qui sont chartrés & pri- » vilégiés au contraire. *Cout. de Bar, art. 19.*

» Au pays de Combraille y a aucuns de serve » condition de *main-morte* & de suite ». *Auvergne, tit. 27, art. 2.*

» Quiconque doit taille personnelle trois fois » l'an, c'est à savoir en août, à noël & pâques, » ès châtellenies de Murat, Hérisson, Moutluçon » & Chantelle, ladite taille est serve, & la per- » sonne qui la doit est serve & de serve condi- » tion, & tous les descendans de lui quelque part » qu'ils se transportent. *Cout. de Bourbonnois, art. 202.*

» Le seigneur peut contraindre son homme te- » nant héritage de lui servement ou taillablement, à » faire feu vif, & résidence sur l'héritage tenu de lui, » en l'une ou l'autre desdites conditions, si ledit hé- » ritage est suffisant pour y entretenir une paire » de bœufs, & à faute de ce faire, peut ledit sei- » gneur, moyen justicier, se faire emparer dudit » héritage, & le faire déclarer à lui acquis; & » s'il y a plusieurs personnes communes auxdits hé- » ritages, l'une pourra faire feu vif, & payer les » droits de servitude pour tous les autres ses con- » sorts. *La Marche, art. 144; voyez aussi l'art. 175.*

» Les hommes & femmes de condition servile » sont de poursuite, c'est-à-dire qu'ils peuvent être » poursuivis pour leur taille imposée ou abonnée, » quelque part qu'ils aillent demeurer. *Nivernois, » chap. 8, art. 6* ».

Autrefois les serfs & hommes de corps des deux Bourgognes étoient, comme dans ces huit coutumes, assujettis au droit de poursuite. Cela est prouvé par l'ancien usage dont nous avons parlé plus haut, & particuliérement par les anciennes coutumes de Bourgogne.

Cependant il n'en est pas question dans les dernières rédactions des coutumes de ces deux provinces; mais on a très-amplement pourvu à l'indemnité du seigneur, dont le *main-mortable* s'est absenté, par l'article 108 de la coutume de Bourgogne, & le onzième du tit. 15 de la coutume de Franche-Comté.

« Gens de *main-morte* qui s'absentent de la sei- » gneurie de *main-morte*, peuvent retourner dedans » dix ans; durant lequel temps de dix ans, le sei- » gneur peut mettre desserveurs esdits héritages, » & faire les fruits siens; & iceux dix ans passés, » lesdits héritages demeurent au seigneur, pour en » disposer dès-lors en avant, comme bon lui sem- » blera ». Bourgogne, *art. 108.*

Sur l'art. 202 de la coutume de Bourbonnois, transcrit plus haut, Dumoulin a mis cette note: *non potest imponere legem aliis regionibus ..... inhumanam & impiam censet dignissimus & æquissimus montis Brissonis præfectus, in suis annotationibus in has consuetudines cujus judicium laudo. Nec etiam hæc consuetudo extra territorium suum observatur, sed intra illud restringitur.*

De la taille. Le droit que plusieurs coutumes donnent aux seigneurs d'imposer une taille sur leurs *main-mortables*, est un reste de ce pouvoir illimité, que ces mêmes seigneurs exerçoient autrefois sur leurs serfs. *Tout main-mortable est taillable;* telle étoit la règle. Aujourd'hui ce droit est concentré dans quelques coutumes. Celles de Franche-Comté, Bourgogne, Bourbonnois, Nivernois, Troyes & Chaumont, sont les seules qui en parlent.

Gens de conditions main-mortables, taillables haut & bas, & justiciables en toute justice, ou des deux conditions de susdites, s'ils sont produits en témoignage en la cause de leur seigneur, pourront être valablement reprochés, &c. Franche-Comté, *art. 101.*

Même disposition dans la coutume de Bourgogne, *art. 104.*

Quiconque doit taille personnelle & sur le chef, soit taille franche, ou taille serve, ladite taille est à volonté raisonnable, & la peut le seigneur croître ou diminuer selon la faculté des biens de celui qui la doit. Bourbonnois, *art. 90.*

Homme & femme de condition servile sont taillables par le seigneur, à volonté raisonnable une fois l'an. Nivernois, *chap. 8, art. 1.*

Les aucuns sont taillables, envers leur seigneur, à volonté raisonnable. Chaumont, *art. 3.*

Les aucuns sont taillables, envers leur seigneur, de taille à volonté. Troyes, *art. 3.*

De ces six coutumes, trois seulement imposent au seigneur l'obligation de proportionner la cote de la taille aux facultés du taillable. Celle de Troyes lui donne à cet égard le pouvoir le plus illimité, & celles de Bourgogne & de Franche-Comté paroissent rédigées dans le même esprit. Cela résulte de ces mots, *taillables, haut & bas.*

Rien de plus tyrannique qu'une faculté aussi indéfinie. « Mais, comme le remarque très-bien M. le » président Bouhier, ce n'est pas ainsi que l'ont » entendu les rédacteurs des coutumes; ceux qui s'en » sont expliqués le plus exactement, ont ajouté la » restriction de volonté raisonnable, & elle est sup- » posée dans les autres coutumes, de l'aveu de tous

» les interprètes. *Observat. sur la cout. de Bourgo- » gne, chap. 59, n. 12* ».

Quant à la manière d'imposer cette taille, la coutume de Nivernois est la seule qui s'en soit occupée. Ce qu'elle dit est très-raisonnable; *& pour imposer la taille susdite, le seigneur ou ses commis doivent appeller deux autres prud'hommes, tels que bon leur semblera, de la paroisse ou village où sont demeurans lesdits hommes & femmes, pour entendre d'eux, & soi informer sommairement des facultés desdits hommes & femmes, pour, selon ce qui se trouvera, croître ou diminuer raisonnablement la taille desdits taillables.*

Quoique le seigneur ait rempli cette formalité, le taillable qui se croit surchargé a la voie des tribunaux, pour demander une modération.

On a plus d'une fois élevé la question de savoir si la taille seigneuriale n'étoit pas abolie par les ordonnances de Moulins & de Blois, qui défendent de lever aucuns deniers sur les peuples, sans un mandement exprès du roi.

Il faut reconnoître que la négative est sans difficulté. En effet, ces défenses sont faites au gouverneurs des provinces, aux officiers royaux & non aux seigneurs. Et quant à ces derniers, les ordonnances leur défendent seulement d'exiger d'autres prestations que celles dont leurs sujets *sont droit & auxquelles ils peuvent être contraints par justice.*

Aussi, depuis ces ordonnances, voyons-nous des arrêts, & plusieurs qui ont maintenu des seigneurs dans le droit d'imposer une taille sur leurs sujets. M. le président Bouhier, après en avoir rapporté plusieurs du parlement de Bourgogne, en cite un de celui de Paris, du 23 mai 1633.

On met encore en question, si la taille tombe en arrérage, si le seigneur qui a négligé de la demander chaque année, peut en exiger plusieurs.

On tient généralement la négative; & Loysel en a fait une des règles du Droit françois. *Corvées, tailles, guets, gardes & quêtes, n'ont point de suite & ne tombent en arrérages.*

Cette règle est écrite dans la coutume de la Marche, qui forme sur ce point le droit commun. *Si queste courant,* (taille haut & bas) *n'est imposée & demandée judiciairement dans l'an qu'elle doit être imposée, elle est prescrite, & ne se peut plus demander pour cette fois. Art. 159.*

Cette taille, personnelle dans quelques coutumes, mixte dans d'autres, n'est réelle dans aucune. En conséquence, les forains, quoique propriétaires dans la seigneurie, n'y sont pas assujetis.

Du droit de formariage. Le droit de formariage est un de ces restes de l'ancienne servitude personnelle, que nous avons annoncé plus haut subsister encore dans quelques coutumes. On le trouve dans quatre, Bourgogne, Vitry, Chaumont & Troyes.

Ès lieux où l'on a accoutumé prendre formariage, le seigneur de la main-morte prend pour le formariage de sa femme main-mortable, les héritages qu'elle a sous lui; & au lieu de la main-morte, ou autant valant qu'elle emporte en mariage, au choix de ladite femme. Cout. de Bourgogne, *art. 107.*

Aucuns sont de formariage quand ils se marient à personne d'autre condition. Chaumont, *art. 3.*

Est coutume notoire audit bailliage, qu'homme de corps ne peut prendre par mariage d'autre condition que de la sienne, sans le congé de son seigneur; & si tel homme prend femme d'autre condition que celle qu'il est sans le congé de sondit seigneur, il chet en amende envers sondit seigneur, pour le contemnement, qui est de 60 sols & 10 deniers..... il doit à sondit seigneur pour son indemnité, le tiers de ses biens-meubles, tels qu'il les a au jour & heure dudit mariage, où il est seulement de condition de main-morte de meubles; & s'il étoit avec ce de morte-main d'héritages, sondit seigneur prend avec le tiers desdits meubles, le tiers de ses héritages qu'il a pareillement audit jour, assis ès lieux où main-morte d'heritage a lieu. Cout. de Vitry, *art. 144.*

Aucuns sont de formariage quand ils se marient à personne franche ou d'autre condition que la leur. Cout. de Troyes, *art. 3.*

Ce qui frappe d'abord dans ces différens textes, c'est le motif de servitude exprimé dans la coutume de Vitry. Suivant cette coutume, le droit de formariage est l'indemnité du préjudice que le seigneur éprouve.

Mais auquel des deux seigneurs, de celui du mari ou de celui de la femme, un mariage de cette espèce fait-il préjudice? Ce n'est pas au seigneur du mari, puisque la femme prenant le domicile de son mari, il voit croître le nombre de ses *main-mortables;* ainsi loin de perdre, il gagne; c'est donc comme nous en avons fait l'observation plus haut, au seigneur de la femme seule que le mariage préjudicie; effectivement, il a une *main-mortable* de moins: lui seul par conséquent doit être indemnisé.

Cette conséquence, qui sortoit si naturellement du seul motif que l'on puisse donner à ce droit de formariage, on ne l'a pas sentie; & par une inconséquence aussi bizarre que le droit est odieux des quatre coutumes, deux, Chaumont & Troyes, donnent cette indemnité indistinctement au seigneur de l'homme & de la femme; & celle de Vitry, encore plus inconséquente, quoique moins dure, au seigneur du mari seulement. *Homme de corps ne peut prendre par mariage,* &c.

De ces quatre coutumes, celle de Bourgogne, qui ne donne le droit de formariage qu'au seigneur de la femme, est donc la seule qui ait une apparence de raison.

La coutume de Vitry est remarquable, en ce que des quatre elle est la seule qui grève de cette servitude tous les hommes de corps indistinctement; de manière que dans le territoire qu'elle régit, par cela seul qu'il est prouvé qu'un homme est *main-mortable, homme de corps,* il est assujetti au droit de formariage. Dans les trois autres, pour exiger ce droit, il faut au seigneur des titres qui le lui donnent; il ne lui suffit pas de prouver la *main-morte.*

Cependant, ces trois coutumes ne sont rien moins qu'uniformes, qu'uniformes, les termes dans lesquels elles sont conçues, établissent entre elles une différence très-notable. *Ès lieux*, dit la coutume de Bourgogne, *où l'on a accoutumé prendre formariage. Aucuns sont de formariage*, portent les coutumes de Chaumont & de Troyes. De ces expressions, il résulte que dans la Bourgogne, il suffit au seigneur de prouver que ce droit de formariage lui appartient sur la généralité de ses hommes; & que dans les coutumes de Chaumont & de Troyes, il lui faut des titres qui frappent sur chaque individu.

Une dernière observation sur ces coutumes, c'est qu'il en est deux, Troyes & Chaumont, qui n'infligent aucune peine au *main-mortable* qui se formarie. Cependant l'infraction d'une loi entraîne nécessairement une peine après elle. Il faut donc suppléer au silence de ces deux coutumes; mais de quelle manière?

D'abord, nul doute qu'il faudroit donner la préférence à la coutume de Vitry, qui, moins dure que celle de Bourgogne, ne donne au seigneur que le tiers des meubles ou des héritages.

Mais ne seroit-ce pas aller encore trop loin? Outre cette confiscation du tiers des meubles & des héritages, la coutume de Vitry inflige au *main-mortable* une amende de 60 sols, pour le *contemnement.* Cette amende suffit pour donner une sanction à la loi, pour que la défense qu'elle prononce ne soit pas illusoire; & d'un autre côté, dans le choix des peines, il faut toujours s'arrêter aux moindres. Il nous semble donc que dans ces deux coutumes de Chaumont & de Troyes, on ne peut exiger du *main-mortable* qui se formarie, que cette amende de 60 sols.

De la défense d'aliéner. La défense imposée au *main-mortable* d'aliéner ses biens, est encore une suite de la puissance illimitée que les seigneurs exerçoient autrefois sur le patrimoine, comme sur la personne de leurs serfs. On peut même dire que c'est une conséquence assez naturelle de la loi qui appelle le seigneur à leur succéder à défaut d'enfans & de parens communiers. Voici les coutumes dans lesquelles cette défense est écrite.

L'homme de main-morte ne peut vendre, aliéner, ni hypothéquer l'héritage de main-morte, sans le consentement du seigneur; & s'il est aliéné & la possession réelle prise sans ledit consentement, il est commis audit seigneur. Franche-Comté, *chap. de la main-morte, art. 13.*

L'homme de main-morte peut vendre & aliéner son héritage assis au lieu de la main-morte, aux gens de la seigneurie ou condition dont il est; & ne les peut vendre à homme de franche condition, ni d'autre seigneurie, si ce n'est du consentement du seigneur de la main-morte. Bourgogne, *art. 96.*

Si le serf vend ou aliène à personne franche ou homme d'autre servitude, son meix & tenement serf, le seigneur de la servitude peut lui faire commandement de le remettre hors de ses mains, & le remettre en main habile; & si l'acquéreur ne le fait dans l'an & jour, les choses vendues sont acquises au seigneur. Nivernois, *titre des Servitudes, art. 19.*

A gens de leur condition, qui sont hommes du même seigneur, ils peuvent vendre & aliéner meubles, héritages & autres biens quelconques, comme les hommes francs, & passer tous contrats sans congé de leur seigneur. Bourbonnois, *art. 204.*

L'homme qui tient héritage de serve condition, ne peut vendre, donner, surcharger, n'autrement aliéner sans le congé de son seigneur, l'éritage qu'il tient de lui en droit de servitude, par contrat entre-vifs ou par disposition ayant trait à mort, & s'il fait le contraire, ce qu'il en a aliéné doit être déclaré acquis au seigneur. La Marche, *art. 148.*

Ainsi, des neuf coutumes *main-mortables*, il en est trois, Chaumont, Troyes & Vitry, qui ne défendent pas au *main-mortable* l'aliénation de ses immeubles.

Doit-on transporter dans ces coutumes la disposition prohibitive des six autres? Non.

Cette décision peut n'être pas sans difficulté. Mais c'est la conséquence nécessaire de cette maxime si connue, si universellement respectée; maxime que les *main-mortables* ont droit d'invoquer comme tous les autres citoyens. *Tout ce qui n'est pas défendu est permis.*

En rapprochant les six textes que nous venons de transcrire, on voit que ces coutumes se partagent en deux classes; que deux, la Marche & Franche-Comté, renferment une prohibition absolue d'aliéner; & que les quatre autres ne défendent les aliénations qu'aux personnes franches & aux *main-mortables* des autres seigneuries.

Une nuance distingue encore la coutume de la Marche des cinq autres. Elle dit en termes absolus: *l'homme qui tient héritage de serve condition ne peut*, &c. Au contraire, dans les autres, la prohibition ne frappe que sur le serf, l'homme de *main-morte.* Ce sont en particulier les termes de la coutume de Franche-Comté. Mais un édit de 1616 l'a réformée en ce point. Cet édit porte: *que l'héritage de main-morte, soit qu'il appartienne à l'homme franc ou de main-morte, ne peut être vendu, aliéné ni hypothéqué sans le consentement du seigneur.*

Ainsi, dans les deux coutumes de la Marche & de Franche-Comté, la défense d'aliéner, d'hypothéquer, est générale pour tous les héritages *main-mortables*, sans égard pour la condition du propriétaire.

Une observation commune aux six coutumes, c'est que la prohibition est exclusivement concentrée sur les héritages *main-mortables*, & que l'homme de *main-morte* peut librement disposer des héritages qu'il possède en lieu franc.

Encore une remarque. Ces coutumes ne parlent que des héritages, que des meix & tenemens. Les immeubles seuls sont donc compris dans la prohibition. Il est donc libre au *main-mortable* de disposer de ses meubles comme il le juge à propos.

Le croiroit-on? Des auteurs ont mis en question si le partage, du moins avec soulte, n'est point une aliénation, & si le seigneur n'est pas le maître de l'empêcher.

Une chose encore plus étonnante ! suivant Dunod, la jurisprudence du parlement de Besançon, est que le père ne peut pas disposer sans le consentement du seigneur, même en faveur de son fils, & par son contrat de mariage : *si libertus filiam dotavit, hoc ipso quod dotavit, non videtur fraudere patronum, quia pietas patris non est reprehendenda.* Ainsi parlent les loix romaines. On a emprunté d'elles tant de textes contre la liberté ; devoit-on négliger celui-là ?

Cette défense des coutumes d'aliéner sans la permission du seigneur, fait naître la question de savoir si le titulaire d'un bénéfice ou le fermier de la seigneurie, peuvent donner une pareille permission.

Des testamens. De toutes les prérogatives de l'homme social, la plus éminente, c'est sans contredit le droit de disposer de ses biens par testament, & de commander lorsqu'il n'est plus. La privation de cette faculté étoit la conséquence naturelle de l'ancien état des serfs.

Cette conséquence n'a échappé ni aux seigneurs ni aux rédacteurs des coutumes. Ce point est celui de tous sur lequel la rigueur des anciennes loix s'est le moins adoucie ; & des neuf coutumes *main-mortables*, celle de Bourgogne est la seule qui ne défende pas aux serfs de tester. Cette prohibition est écrite dans toutes les autres en termes à-peu-près semblables, avec cette différence néanmoins que dans les unes la défense est absolue, & que les autres permettent les dispositions jusqu'à la somme de 5 sols & même de 60.

De l'échutte. On appelle *échutte*, le droit du seigneur de succéder à son *main-mortable* dans certaines circonstances.

Dans les douzième & treizième siècles, le seigneur étoit le seul héritier des serfs qui lui apparrenoient. Il excluoit même leurs enfans.

L'excessive rigueur de cet usage s'est graduellement adoucie. On voit par l'art. 145 des anciennes coutumes de Bourgogne, que vers le milieu du quinzième siècle, les enfans demeurans avec leur père au moment de son décès, donnoient l'exclusion au seigneur.

Mais le seigneur écartoit le frère, le neveu, en un mot tous les collatéraux. Les rédacteurs des coutumes ont encore modifié cet usage, & dans presque toutes, les parens étant en communion, sont préférés au seigneur.

Les coutumes varient encore sur un autre point non moins important. Les unes, à défaut de parens communiers, donnent au seigneur tous les biens du *main-mortable*, les biens francs comme ceux tenus en *main-morte.* Les autres concentrent dans ces derniers tout l'effet du droit d'échutte.

Ainsi deux différenecs dans les coutumes : dans les unes, le seigneur n'est exclu de la succession du *main-mortable* que par ses enfans ; dans d'autres, les collatéraux en communion l'écartent également ; ici tous les biens francs & *main-mortables* lui appartiennent, là il ne succède qu'aux héritages tenus de lui en *main-morte.*

Les autres sont, à cause de leur personne & condition servile, main-mortables envers leur seigneur, main-mortables en tous biens-meubles & héritages, quelque part qu'ils soient assis, supposé qu'ils soient assis en franc-aleu ou en censive, quand ils trépassent sans délaisser aucuns enfans nés en mariage, étant de leur condition & en leur celle ; laquelle est à entendre en leurs maisons & demeurances, sans avoir été séparés. Cout. de Chaumont, *art. 3.*

L'art. 5 de la coutume de Troyes est rédigé dans les mêmes termes.

Par la coutume dudit bailliage, les seigneurs qui ont gens de corps qui sont de main-morte, quand tels serfs vont de vie à trépas sans hoirs de leur corps de ladite condition, leurdit seigneur leur succède en meubles & héritages, selon la condition dont ils sont. Cout. de Vitry, *art. 141.*

C'est à savoir que si tel descendant étoit de main-morte de meubles & héritages, lesdits meubles & héritages appartiendroient audit seigneur, qui est à entendre des immeubles en quelque part qu'ils soient assis, & des meubles assis ès lieux où héritages chéent en main-morte. Vitry, *art. 142.*

Le seigneur direct qui a audit pays droit de condition de main-morte, succède à son emphytéote conditionné de ladite condition s'il est séparé & divis de ses parens ou lignagers, & qu'il trépasse sans descendans de son corps, en loyal mariage à l'héritage conditionné de ladite condition seulement. Cout. d'Auvergne, *chap. 17, art. 3.*

Le seigneur demeure saisi des biens de son homme main-mortable quand le cas de la main-morte avient. Le seigneur prend les meubles, immeubles & biens quelconques de la succession des prêtres & clercs, ses hommes de condition main-mortable, s'ils n'ont parens communs, &c. Cout. de Franche-Comté, *titre des Main-mortes, art. 6 & 7.* Voyez aussi *l'art. 12.*

Gens de main-morte ne peuvent succéder l'un à l'autre, sinon aux demeurans ensemble & étant en communion de biens. Cout. de Bourgogne, *art. 99.* Il résulte de l'art. 107, que le seigneur prend aussi les héritages en lieu franc.

Lesdits hommes & femmes serfs taillables à volonté, abonnés, quetables ou corvéables sont main-mortables ; & au moyen du droit de main-morte, s'ils décèdent sans hoirs communs, leur succession entièrement de meubles & immeubles, & autres espèces de biens quelque part qu'ils soient, soit en terre, main-mortable ou autre compète & appartient à leur seigneur qui s'en peut dire vêtu & saisi. Nivernois, *chap. 8, art. 7.*

Gens serfs & de serve condition, succèdent à leurs parens & aussi leurs parens de ladite condition leur succèdent s'ils sont communs en bien & demeurans avec eux. Mais s'ils sont séparés d'eux, ils ne leur succèdent point ; & appartiennent leurs biens & successions à leur seigneur par droit de mortaille, posé qu'ils aient enfans ou autres lignagers, qui soient séparés de biens d'avec eux. Cout. de Bourbonnois, *art. 207.*

Le seigneur succède à son homme, tenant son héritage, serf ou mortaillable qui décède sans hoirs descendans de lui, sinon que ledit homme qui tient ledit héritage serf ou mortaillable ait à l'heure de son décès aucuns parens qui soient communs avec lui en meubles & immeubles, lesquels en ce cas sont préférés au seigneur. Cout. de la Marche, *art. 154*.

On remarque dans ces différens textes, les différences que nous avons annoncées. On voit que dans les coutumes de Chaumont, Troyes & Vitry, les enfans seuls donnent l'exclusion au seigneur, encore faut-il qu'ils aient avec leur père un domicile commun.

On voit également que dans les coutumes d'Auvergne & de Vitry, le seigneur ne prend que ce qui est tenu de lui en *main-morte*, & que dans les autres il succède indistinctement à tous les biens du *main-mortable*.

Une nuance qui ne doit pas échapper, distingue encore les coutumes de la Marche & d'Auvergne des sept autres; dans ces deux coutumes, pour que les enfans succèdent à leur père & mère, il n'est pas nécessaire qu'ils vivent en communion avec eux. Le seigneur est exclu par cela seul que le *main-mortable* a des enfans.

Lorsqu'un héritage de *main-morte* se trouve entre les mains d'un homme franc, le seigneur peut l'obliger à le remettre dans celles d'un *main mortable*.

Ainsi, communément, les héritages de *main-morte* appartiennent à des hommes de la même condition; & on voit peu de francs qui en soient propriétaires. Cependant il y en a, & lorsqu'ils décèdent, s'élève la question de savoir s'il y a ouverture au droit d'échutte.

La négative est sans difficulté lorsque l'homme franc laisse des parens qui vivoient en communion avec lui. Mais lorsqu'il est décédé sans communiers, la question paroît plus difficile à résoudre.

Le franc ne peut posséder un bien de *main-morte* sans le consentement du seigneur. Ainsi le premier pas à faire est de voir si ce consentement existe, & dans quels termes il est conçu. Si en effet cet acte existe, & qu'il réserve au seigneur le droit d'échutte à défaut de parens communiers, il faut respecter cette convention, parce qu'elle est légitime. Effectivement, le seigneur, maître de refuser son consentement, pouvoit le modifier de telle ou telle manière, comme il étoit libre au tenancier de rejetter cette condition si elle lui paroissoit trop dure, & de revendre l'immeuble à un *main-mortable*.

Il n'y a donc de difficulté que lorsque le consentement du seigneur ne paroît pas, lorsqu'il est pur & simple, & lorsque l'immeuble est de temps immémorial dans la famille de l'homme franc.

Quel est le principe du droit d'échutte? Ce n'est pas la concession primitive des héritages, puisque l'échutte donne au seigneur, non-seulement les immeubles situés dans sa seigneurie, mais tout ce qui appartient au *main-mortable* en quelque lieu qu'il soit assis.

Mais si le droit d'échutte ne dérive pas uniquement de la concession des terres, ce n'est pas un droit purement réel; il est donc personnel; il a donc son principe dans la dépendance de la personne; c'est donc un reste de cette ancienne servitude, qui mettoit également & l'homme & l'héritage dans la dépendance du seigneur.

Or, le seigneur n'a aucune espèce de supériorité, aucune espèce de droit sur la personne de l'homme franc, propriétaire d'un héritage *main-mortable* dans sa seigneurie. Si l'échutte a pour principe la dépendance de la personne; si c'est un reste de l'ancienne servitude personnelle, le décès de l'homme franc ne peut donc jamais donner ouverture à ce droit.

Ainsi, l'héritage *main-mortable* doit passer non au seigneur, mais à son héritier naturel, quand même cet héritier n'auroit pas vécu en communion avec lui.

Nous avons Dumoulin pour garant de cette décision. Voici ses termes dans son conseil 17 : *in hæredibus liberis, etiam extraneis, nec communibus defuncto, nunquam fuit observatum jus manus mortuæ; sed in contrarium semper fuit practicatum, nullum jus competere dominis, per mortem hominis liberi; etiamsi constet prædia esse manus mortuæ.*

Ce texte nous apprend que du temps de Dumoulin, & même bien auparavant, tel étoit l'usage universel : *semper fuit practicatum.*

Grivel, dans sa décision 136, & Dunod, dans son traité de la *Main-morte*, *chap. 3*, *sect. 5*, rendent le même témoignage à cette vérité : après avoir parlé d'une ordonnance du 8 juin 1549, qui a changé cette ancienne jurisprudence, mais pour la Franche-Comté seule, Dunod continue : « cette ordonnance » introduit un droit nouveau, & avant qu'elle fût » faite, les personnes de franchise succédoient entre » elles dans le comté de Bourgogne aux biens de » *main-morte*, & en disposoient par des actes de dernière volonté, sans qu'il fût besoin de communion....... & si l'homme franc prouvoit que » l'héritage de *main-morte* est dans sa famille avant le » 8 juillet 1549, il pourroit en disposer librement » par des actes de dernière volonté, & ses parens » y succéderoient, quoiqu'ils ne fussent pas dans » sa communion ».

Nous avons insisté sur ce point, parce que M. le président Bouhier paroît avoir beaucoup de penchant pour l'opinion contraire.

Nous avons remarqué plus haut que les coutumes se partagent en deux classes; que les unes ne donnent au seigneur à titre d'échutte, que les biens situés dans sa seigneurie, & que dans les autres il prend tout ce qui appartient à son *main-mortable*.

Une observation importante nous ramène à cette distinction. Dans les coutumes de la première classe, le seigneur n'a qu'un droit de réversion; dans les autres; il est l'héritier, le successeur universel de son *main-mortable*.

Cette qualité d'héritier choque au premier coup-d'œil; mais en y réfléchissant, on se familiarise avec cette idée.

Ce n'est pas la nature qui fait les héritiers; la loi civile peut seule habiliter le propriétaire à transmettre, & le parent à recueillir; en général, la loi se fait un devoir de suivre l'indication de la nature; elle préfère à des étrangers ceux que les liens du sang attachoient au défunt; mais cette règle reçoit plusieurs exceptions. La qualité d'héritier n'est pas exclusivement déférée aux lignagers; il y a des cas où le seigneur la partage avec eux; & même préférablement à eux. Ils ne peuvent pas s'en plaindre, puisque ces concurrens leur sont donnés par la loi, & que l'autorité qui leur a communiqué l'aptitude à succéder, avoit incontestablement le droit de mettre des modifications à cette faveur. C'est ainsi que, dans la Normandie, la coutume, *article 146*, met le seigneur dans la classe des héritiers, & le place entre les septième & huitième degrés; de même, dans les coutumes de *main-morte*, le seigneur est au nombre des héritiers de son *main-mortable*; il n'y a qu'une différence entre ces coutumes & celle de Normandie. Dans cette dernière, le seigneur n'écarte que les parens au de-là du septième degré; dans les autres, il exclut même les plus prochains dans certaines circonstances; lorsque le *main-mortable* décède sans parens coutumiers, alors le seigneur est le seul, l'unique héritier de l'homme de *main-morte*; & il prend cette hérédité à *titre universel.*

Son droit, à cet égard, a le même fondement, dérive de la même source que celui des héritiers lignagers; c'est la même loi qui les appelle les uns & les autres; c'est la même autorité qui règle entre eux les préférences.

§. VII. *De l'affranchissement.* Il n'y a que trois manières d'acquérir la libération de la servitude *main-mortable.* L'affranchissement volontaire de la part du seigneur, la prescription, & le désaveu.

Nous n'avons rien à dire sur l'affranchissement volontaire; restent donc la prescription & le désaveu.

De la prescription. Coutume est audit bailliage que les hommes ou femmes de corps non réclamés ou poursuivis par leurs seigneurs, qui ont joui de franchise & liberté par 20 ans en la paroisse dont ils sont hommes & femmes de corps, tels hommes & femmes de corps ont acquis par droit de prescription, franchise & liberté contre leur seigneur, tellement que, lesdits 20 ans passés, se peuvent défendre contre leurdit seigneur par & au moyen de ladite prescription. Mais si tels hommes ou femmes de corps se déportoient furtivement pour aller demeurer hors ladite province, ils n'acquerroient en ce cas franchise par ledit laps de temps; mais seroient tenus & réputés serfs fugitifs. Coutume de Vitry, *art. 146.*

Cette coutume est la seule qui autorise le serf ou *main-mortable* à prescrire la libération de la servitude. Mais le dernier édit sur la *main-morte*, édit sur lequel nous reviendrons dans un instant, va beaucoup plus loin; l'article 6, général pour tout le royaume, déclare francs tous ceux qui ont acquis un véritable domicile dans un lieu de franchise.

Du désaveu. Le désaveu est une espèce de contrat entre le *main-mortable* & la loi, qui, au nom du seigneur, contracte pour lui & stipule l'affranchissement en son nom; & comme ce contrat a quelque chose de rigoureux, puisqu'il tend à dépouiller forcément un propriétaire, on a cru devoir assujettir le *main-mortable* à des conditions, & l'acte à des formes dont l'accomplissement est d'une nécessité indispensable.

Trois coutumes seulement, Bourgogne, Franche-Comté & la Marche, parlent du désaveu. Voici comme elles s'expriment:

« L'homme de *main-morte* peut désavouer son » seigneur, & soi avouer homme franc de mondit » seigneur le duc; & se doit faire ledit désaveu » par l'homme de *main-morte*, en sa personne & en » la personne de son seigneur, s'il le peut appréhender en quelque lieu que trouver le pourra, » & si appréhender ne peut sondit seigneur en » sa personne, il le fera au domicile de sondit » seigneur, ou à la personne du châtelain, ou » juge du seigneur du lieu dont il est *main-mortable* : & doit avoir ledit homme avec lui un » sergent de mondit seigneur le duc, garni de » mandement de désaveu, du bailli ou du bailliage auquel est assis ledit *main-mortable*, duquel » ledit homme est extrait; & en faisant ledit » désaveu, ledit homme doit renoncer à son meix » & autres biens meubles & héritages qu'il a » sous ledit seigneur au lieu de la *main-morte*; » lesquels en ce cas sont & demeurent au seigneur de la *main-morte* ». Coutume de Bourgogne, *tit. 9, art. 9.*

« L'homme de *main-morte*, pour lui & sa postérité à naître, pour ses enfans nés, étant en » communion avec lui tant seulement, peut délaisser & abandonner son seigneur, en renonçant audit seigneur, ses meix & héritages *main-mortables*, & la tierce partie de ses meubles » tant seulement, si c'est au tort dudit seigneur: » & si ce n'est au tort dudit seigneur, sera ledit » homme tenu de délaisser, avec lesdits meix & » héritages, les deux parts desdits meubles, quelque part qu'ils soient, & par cette manière acquerra ledit homme franchise & liberté pour » lui & sadite postérité dessus déclarée ». Coutume de Franche-Comté, *tit. 15, art. 4.*

« L'homme tenant héritage serf ou mortaillable, » & qui a payé ses droits & devoirs échus, doit » être reçu à guerpir & délaisser l'héritage qu'il » tient en l'une desdites conditions; & après » la guerpie ou quittance reçue par le seigneur, » il n'a aucune poursuite sur la personne dudit » homme, ses enfans & autres biens ». Coutume de la Marche, *art. 147.*

Occupons-nous d'abord de l'intelligence de ces trois coutumes, nous parlerons ensuite des coutumes muettes.

Des nuances bien sensibles distinguent ces trois coutumes. Dans celle de la Marche, l'abandon de l'héritage donne au tenancier l'affranchissement le plus absolu. Dans celle de Bourgogne, outre l'héritage tenu en *main-morte*, la loi exige le délaissement de tous les meubles qu'il possède dans la seigneurie *main-mortable*. Enfin, la coutume de Franche-Comté donne au seigneur les meubles, en quelque lieu qu'ils soient, même en lieu franc; mais elle l'oblige de se contenter du tiers ou de la moitié de ces meubles.

Les coutumes des deux Bourgognes sont plus conformes à l'ancien état de la *main-morte*, celle de la Marche à l'état actuel.

Autrefois la servitude étoit personnelle, & l'assujettissement des héritages n'étoit qu'une suite de la dépendance de la personne; & par-tout les meubles suivent la loi de la personne.

Aujourd'hui, quoiqu'il reste encore quelques traces de l'ancienne personnalité, telles que le droit de succéder dans certaines circonstances à tous les biens du *main-mortable*, cependant nous regardons la *main-morte* comme réelle, comme plus attachée à la glèbe qu'à la personne; par conséquent, il doit suffire, pour s'en affranchir, d'abandonner l'héritage *main-mortable*.

A l'égard des coutumes muettes, deux questions: 1°. le *main-mortable* s'affranchit-il en désavouant son seigneur? 2°. Doit-il déguerpir non-seulement l'héritage qu'il tient en *main-morte*, mais ses meubles, ou suffit-il de l'abandon de l'héritage *main-mortable*?

Ces deux questions ne paroissent pas difficiles à résoudre. Puisqu'en laissant subsister quelques traces de personnalité, cependant on est convenu de regarder la *main-morte* comme réelle; il faut, pour être conséquent, décider que dans toutes les coutumes le déguerpissement affranchit le *main-mortable*.

D'ailleurs, lorsque de plusieurs coutumes qui ont le même systême, le même esprit, les unes sont muettes & les autres disposent, la règle est de suppléer au silence des unes par les dispositions des autres.

Le premier de ces deux motifs décide également la deuxième question, puisque aujourd'hui la *main-morte* est regardée comme réelle, comme attachée à la glèbe bien plus qu'à la personne; il en doit être comme de toutes les charges réelles, le déguerpissement de l'objet grevé doit procurer au tenancier l'affranchissement le plus absolu.

Si des trois coutumes qui règlent la forme du désaveu, deux exigent l'abandon des meubles, il en est une qui se contente du déguerpissement de l'héritage; il y a donc un choix à faire entre ces coutumes. La question peut donc paroître problématique: or, tout le monde connoît la règle *in dubio pro libertate respondendum est.*

§. VIII. *Etat actuel de la main-morte.* Depuis la rédaction des coutumes jusqu'en 1779, le seul changement notable qu'ait éprouvé le régime de la *main morte*, c'est l'abolition du droit de poursuite, abolition qui s'est opérée, non par les loix, mais par les mœurs.

Au surplus, dans toutes les contestations relatives à la *main-morte*, les magistrats ont toujours su concilier le respect dû à l'humanité & la soumission qu'ils doivent aux loix. Ils ont déféré aux dispositions des coutumes, mais en les renfermant dans les bornes les plus étroites.

Enfin, par édit du mois d'août 1779, la bienfaisance de notre auguste monarque, éclairée par un ministre (M. Necker) dont les vues patriotiques seront à jamais chères à la nation, a supprimé la *main-morte* dans les seigneuries domaniales, & l'a modifiée dans toutes. Cet édit, l'un des plus beaux monumens de la sagesse de nos rois, mérite bien que nous le rapportions en entier.

« Louis, &c. A tous présens & à venir; salut: » Constamment occupés de tout ce qui peut intéresser le bonheur de nos peuples, & mettant notre principale gloire à commander une nation libre » & généreuse, nous n'avons pu voir sans peine » les restes de servitude qui subsistent dans plusieurs » de nos provinces; nous avons été affectés, en » considérant qu'un grand nombre de nos sujets, » servilement encore attachés à la glèbe, sont regardés comme en faisant partie, & confondus, » pour ainsi dire, avec elle; que, privés de la » liberté de leurs personnes & des prérogatives » de la propriété, ils sont mis eux-mêmes au » nombre des possessions féodales; qu'ils n'ont » pas la consolation de disposer de leurs biens » après eux; & qu'excepté dans certains cas rigidement circonscrits, ils ne peuvent pas même » transmettre à leurs propres enfans le fruit de » leurs travaux; que des dispositions pareilles ne » sont propres qu'à rendre l'industrie languissante, » & à priver la société des effets de cette énergie » dans le travail, que le sentiment de la propriété » la plus libre est seul capable d'inspirer.

» Justement touchés de ces considérations, nous » aurions voulu abolir sans distinction ces vestiges » d'une féodalité rigoureuse: mais nos finances ne » nous permettant pas de racheter ce droit des » mains des seigneurs, & retenus par les égards » que nous aurons dans tous les temps pour les » loix de la propriété, que nous considérons » comme le plus sûr fondement de l'ordre & de » la justice, nous avons vu avec satisfaction, qu'en » respectant ces principes, nous pouvions cependant effectuer une partie du bien que nous avions » en vue, en abolissant le droit de servitude, » non-seulement dans tous les domaines en nos » mains, mais encore dans tous ceux engagés » par nous & les rois nos prédécesseurs; autorisant à cet effet les engagistes qui se croiroient » lésés par cette disposition, à nous remettre les » domaines dont ils jouissent, & à réclamer de » nous les finances fournies par eux ou par leurs » auteurs.

» Nous voulons de plus, qu'en cas d'acquisition » ou de réunion à notre couronne, l'instant de » notre entrée en possession dans une nouvelle » terre ou seigneurie, soit l'époque de la liberté

» de tous les serfs ou *main-mortables* qui en relèvent; & pour encourager, en ce qui dépend » de nous, les seigneurs de fiefs & les communautés à suivre notre exemple; & considérant » bien moins ces affranchissemens comme une » aliénation, que comme un retour au droit naturel, nous avons exempté ces sortes d'actes » des formalités & des taxes auxquelles l'antique » sévérité des maximes féodales les avoit assujettis.

» Enfin, si les principes que nous avons développés nous empêchent d'abolir sans distinction » le droit de servitude, nous avons cru cependant qu'il étoit un excès dans l'exercice de ce » droit, que nous ne pouvions différer d'arrêter » & de prévenir; nous voulons parler du droit de » suite sur les serfs & *main-mortables*, droit en » vertu duquel des seigneurs de fiefs ont quelquefois poursuivi, dans les terres franches de notre » royaume & jusques dans notre capitale, les » biens & les acquêts des citoyens éloignés depuis » un grand nombre d'années du lieu de leur glèbe » & de leur servitude; droit excessif que les tribunaux ont hésité d'accueillir, & que les principes de justice sociale ne nous permettent plus » de laisser subsister. Enfin, nous verrons avec » satisfaction, que notre exemple, & cet amour » de l'humanité, si particulier à la nation françoise, amènent, sous notre règne, l'abolition » générale des droits de *main-morte* & de servitude, » & que nous serons ainsi témoins de l'entier affranchissement de nos sujets, qui, dans quelque » état que la providence les ait fait naître, occupent notre sollicitude & ont des droits égaux à » notre protection & à notre bienfaisance. A ces » causes & autres à ce nous mouvans, de l'avis » de notre conseil, & de notre certaine science, » pleine puissance & autorité royale, nous avons, » par notre présent édit perpétuel & irrévocable, » dit, statué & ordonné, disons, statuons & ordonnons, voulons & nous plaît ce qui suit:

» Article I. Nous éteignons & abolissons dans » toutes les terres & seigneuries de notre domaine la *main-morte* & condition servile, ensemble tous les droits qui en sont des suites & » des dépendances: voulons qu'à compter du jour » de la publication des présentes, ceux qui, dans » l'étendue desdites terres & seigneuries, sont » assujettis à cette condition, sous le nom d'*hommes de corps*, de *serfs*, de *main-mortables*, de *mortaillables*, de *taillables*, ou sous telle autre dénomination que ce puisse être, en soient pleinement & irrévocablement affranchis; & qu'à » l'égard de la liberté de leurs personnes, de la » faculté de se marier & de changer de domicile, » de la propriété de leurs biens, du pouvoir de » les aliéner ou hypothéquer, & d'en disposer » entre-vifs ou par testament, de la transmission » desdits biens à leurs enfans ou autres héritiers, » soit qu'ils vivent en commun avec eux, ou » qu'ils en soient séparés, & généralement en » toutes choses, sans aucune exception ni réserve, » ils jouissent des mêmes droits, facultés & prérogatives qui, suivant les loix & coutumes, » appartiennent aux personnes franches, notre intention étant que dans toutes lesdites terres & » seigneuries il n'y ait plus désormais que des » personnes & des biens de condition franche, » & qu'il n'y subsiste aucun vestige de la condition servile ou *main-mortable*.

» II. La disposition de l'article précédent sera » exécutée dans nos domaines engagés; & si » quelques-uns des engagistes se croient lésés, il » leur sera libre de nous remettre les domaines » par eux tenus à titre d'engagement, auquel cas » ils seront remboursés des finances qu'ils justifieront avoir été payées par eux ou par leurs » auteurs.

» III. Lorsque par la suite il sera acquis à notre » domaine, à quelque titre que ce soit, de nouvelles terres & seigneuries dans lesquelles le » droit de servitude ou *main-morte* aura lieu, ledit » droit sera éteint & supprimé, & les habitans & » tenanciers de ces terres en seront affranchis dès » l'instant que nous ou les rois nos successeurs » seront devenus propriétaires desdites terres & » seigneuries.

» IV. Les héritages *main-mortables* situés dans » nos terres & seigneuries, ou dans nos domaines » engagés & possédés par des personnes franches » ou *main-mortables* (lesquels héritages deviendront libres, en vertu de la disposition des articles 1, 2 & 3 ci-dessus), seront, à compter » de la même époque, chargés, envers nous & » notre domaine, d'*un sou* de cens par arpent seulement; ledit cens emportant lods & ventes, » conformément à la coutume de leur situation.

» V. Les seigneurs, même les ecclésiastiques & » les corps & communautés qui, à notre exemple, » se porteroient à affranchir de ladite condition » servile & *main-mortable*, telles personnes & tels » biens de leurs terres & seigneuries qu'ils jugeront à propos, seront dispensés d'obtenir de » nous aucune autorisation particulière, & de faire » homologuer les actes d'affranchissement en nos » chambres des comptes ou ailleurs, ou de nous » payer aucune taxe ni indemnité, à cause de » l'abrégement ou diminution que lesdits affranchissemens paroîtroient opérer dans les fiefs tenus » de nous; desquelles taxe ou indemnité nous faisons pleine & entière remise.

» VI. Nous ordonnons que le droit de suite » sur les *main-mortables* demeurera éteint & supprimé dans tout notre royaume, dès que le serf » ou *main-mortable* aura acquis un véritable domicile dans un lieu franc: voulons qu'alors il » devienne franc au regard de sa personne, de » ses meubles & même de ses immeubles qui ne » seroient pas *main-mortables* par leur situation ou » par des titres particuliers. Si donnons en mandement, *&c* ».

Tandis que les hommes travaillent avec une espèce de fureur à s'asservir les uns les autres, le beau spectacle qu'un monument élevé à la liberté par la main d'un roi !

Puisse cet exemple être imité par tous les seigneurs ! Puisse cette loi devenir la loi de l'Europe entière. *Les princes de l'Europe font tous des conventions inutiles, en feront-ils une enfin en faveur de la miséricorde & de la pitié!* Esprit des loix, *liv. 15, ch. 25.*

§. IX. *Des titres nécessaires pour établir la main-morte.* La *main-morte* est odieuse, il faut donc la resserrer dans les bornes les plus étroites : oui, dit Dunod, *traité de la main-morte, p. 15.* « car » les loix crient de toutes parts que la liberté est » d'un prix inestimable, *libertas inæstimabilis res est, & liberi hominis æstimatio præstari non potest;* » que les causes qui concernent la liberté méri» tent une faveur de préférence, *libertas omnibus* » *rebus favorabilior est;* qu'on doit juger pour elle » dans le doute, & lorsque les voix des juges » ou les témoignages se trouvent égaux ; qu'on » doit interpréter les actes en sa faveur, *quoties* » *dubia interpretatio libertatis, secundùm libertatem* » *respondendum erit, in obscurâ volontate manumit-* » *tentis favendum est libertati;* & l'on trouve plu» sieurs textes par lesquels le droit s'est écarté » des règles ordinaires, pour favoriser la liberté ; » nous voyons enfin que l'esprit général de la » nation est d'affoiblir la *main-morte*, même de la » bannir du royaume, & que, dans les provin» ces où elle s'est conservée, elle a beaucoup » été adoucie par la jurisprudence des arrêts & » par la réformation des coutumes ».

Puisque la nature & les loix nous crient de toute part qu'il faut favoriser la liberté, réprimer la servitude, la resserrer dans les bornes les plus étroites, pour déclarer un homme, un citoyen personnellement *main-mortable*, il faut donc les preuves les plus positives, les plus claires, les plus tranchantes ; il faut que la prétention du seigneur soit appuyée sur les titres les plus positifs, sur des titres à l'abri de toute espèce de critique. C'est encore le vœu de tous les jurisconsultes. Ecoutons d'abord un magistrat du parlement de Franche-Comté, qui, comme il le dit lui-même, *avoit des seigneuries en généralité de main-morte.* Voici ses termes : « plus j'examine la *main-morte* » établie en Franche-Comté, & les tristes effets » qui en résultent, plus je suis étonné du relâ» chement où l'on tombe sur le genre & la qua» lité des preuves que les règles exigent pour la » constater légalement.

» Ce n'est pas par des présomptions & des » conjectures, quelque sortes qu'elles soient, qu'on » doit enlever à l'homme un bien aussi précieux » que la liberté. Nos *main-mortables*, quoique d'une » condition meilleure que n'étoit celle des serfs » chez les Romains, sont néanmoins soumis à » des loix dures & fâcheuses..... L'homme franc » qui possède des fonds dans un territoire, est » souvent réduit à la dure alternative, ou d'avouer » ses biens de *main-morte*, ou d'essuyer un pro» cès avec un seigneur, qui n'a ordinairement » pour titres que des reconnoissances qu'il doit » presque toujours aux démarches criminelles de » ses agens, & quelquefois à un commissaire à » terrier vendu à ses intérêts. Je pense donc qu'on » ne sauroit trop examiner ces sortes de titres & » les autres preuves que les seigneurs mettent en » usage pour s'acquérir un droit de généralité.

» Il y a toujours lieu de juger contre le sei» gneur de la *main-morte*, dit Dunod, quand ses » titres sont en mauvais état ou conçus en termes » ambigus ».

Enfin, M. le président d'Oncieu, en son *traité des main-mortes*, recommande aux magistrats la plus grande circonspection dans l'examen des preuves d'un droit aussi exorbitant.

Quelles sont donc les preuves nécessaires pour établir un droit de cette espèce ? Quels doivent être la nature, la qualité, le nombre des titres que le seigneur est obligé de rapporter ? Consultons encore la jurisprudence & les jurisconsultes ; mais auparavant, que l'on nous permette une observation.

Des cinq cens coutumes qui surchargent notre législation, il n'en est aucune qui l'admette comme un droit commun & général ; toutes se contentent d'en reconnoître l'existence, d'en tolérer l'exercice. Dans ces coutumes, la *main-morte* ne forme pas l'état naturel des personnes & des terres, ce seroit en prendre une idée très-fausse ; elle n'y existe que par forme d'exception sur quelques territoires épars, & même, dans le petit nombre de ceux où elle est connue, il en est peu où elle soit générale, où elle embrasse l'universalité.

Une autre observation non moins importante, c'est que les coutumes qui parlent de la *main-morte* sont, pour la majeure partie, allodiales.

Mais, si les coutumes qui reconnoissent la *main-morte*, sont, du moins pour la majeure partie, allodiales, si les terres y sont naturellement franches & libres, quelle distance entre une tenure de cette espèce & un héritage *main-mortable?* Dans ces provinces, le simple cens n'est pas même de droit commun ; il faut des titres au seigneur pour l'exiger : comment donc parviendra-t-il à établir une surcharge aussi considérable, aussi exorbitante que la *main-morte?* Comment remplira-t-il l'intervalle qui sépare ces deux extrêmes, la liberté & la servitude, la *main-morte* & l'aleu ?

L'ordre & la progression naturelle des idées semblent exiger que nous examinions d'abord le point de savoir quels sont les titres nécessaires au seigneur, dans une province allodiale, pour établir une simple directe censuelle.

On trouve cette question discutée dans les écrits de tous les feudistes ; plusieurs soutiennent qu'il faut absolument deux reconnoissances qui s'appliquent bien directement à l'héritage que le seigneur veut assujettir. C'est l'avis de Papon: *il faut*, dit-il, *deux reconnoissances géminées*.

Tous les auteurs, il faut en convenir, ne sont pas aussi sévères. Il en est qui portent l'indulgence beaucoup plus loin; cependant il n'en est aucun qui se contente d'une seule reconnoissance; tous exigent qu'elle soit au moins accompagnée d'adminicules. C'est la décision de Dumoulin; *nisi essent plures confirmationes, vel etiam una antiqua, cum possessione, vel aliis adminiculis*.

On appelle *adminicules*, la mention d'une reconnoissance antérieure, les énonciations dans les contrats de vente, les manuels de recette, les comptes des revenus, les ensaisinemens, en un mot, tout ce qui établit l'exécution de la reconnoissance.

Mais si telle est la règle; si, pour établir une simple directe censuelle, dans un pays de francaleu, une seule reconnoissance ne suffit pas, à moins qu'elle ne soit accompagnée d'adminicules; à plus forte raison, une reconnoissance solitaire doit-elle être sans autorité pour établir un droit de *main-morte*.

Mais nous n'en sommes pas réduits à cette espèce d'induction; nous avons sur ce point les autorités les plus graves, & si nous nous sommes livrés à cette digression sur les censives, ce n'est que pour mieux faire sentir la sagesse des règles que nous allons présenter.

Ces règles, nous les puiserons dans les écrits des jurisconsultes les plus respectables.

Benedicti, conseiller au parlement de Toulouse, sous le règne de Louis XII, auquel M. le Bret donne la qualification de *très-grand personnage*, examine & discute cette matière avec la plus grande attention; sa décision est, qu'une seule reconnoissance, quelles qu'en soient la forme & la teneur, est insuffisante pour établir un droit de *main-morte*. *Simplex confessio, quomodocumque sit facta, non nocet confitenti.* Ce magistrat va beaucoup plus loin; il rejette même le titre constitutif, lorsqu'il n'est pas accompagné de preuves d'exécution. *Nec etiam sola constitutio, etiam per solemnem stipulationem dispositivè & principaliter facta, præjudicat.* Le motif de cette décision est aussi simple que sensible. *Quia tales confessiones sunt contra naturam & naturalem statum hominis.*

Cet auteur, en proscrivant une reconnoissance unique, ne va pas jusqu'à détailler les actes dont elle doit être appuyée. Une foule d'autres jurisconsultes suppléent à son silence. Tous sont d'accord que de simples énonciations, de simples adminicules ne sont d'aucune considération; qu'il faut deux reconnoissances directes, précises, & dans la meilleure forme.

« Il faut, dit Taisand sur la coutume de Bourgogne, *du moins* deux reconnoissances faites, non » pas dans un même temps, car cela sentiroit la » fraude, mais avec un intervalle légitime; & cela » a été justement établi en faveur de la liberté. Il » fut ainsi jugé en ce parlement ».

M. le président d'Oncieu exige de même deux reconnoissances. Ce magistrat observe ensuite, que, selon M. de Chasseneux, *les adminicules ne servent de rien, si les deux reconnoissances défaillent.*

Colombet veut de même *deux reconnoissances avec intervalle*, lorsque la *main-morte* affecte la personne.

« Pour prouver la taillabilité personnelle de » corps, il faut deux terriers & deux reconnois- » sances de divers temps..... ce que nous obser- » vons exactement ». Revel, *dans ses statuts;* Bresse, » *tome 1, pag. 124*.

Tels sont les principes sur le nombre & la nature des titres nécessaires pour établir un droit de *main-morte*.

Ces principes viennent d'être consacrés par un arrêt rendu en très-grande connoissance de cause, au rapport de M. l'abbé Farjonnel, le..... août 1779. Voici l'analyse des titres du seigneur; nous en garantissons l'exactitude.

Il s'agissoit de la succession d'un nommé Sir Henri, né à Châtillon, province de Franche-Comté, & mort à Fontainebleau sans parens communiers.

Le seigneur réclamoit cette succession à titre d'échute; il n'avoit point de reconnoissance particulière; mais il soutenoit que la terre de Châtillon étoit en généralité de *main-morte*. Les héritiers prétendoient que cette servitude ne frappoit pas sur l'universalité des habitans, & que Sir Henri étoit du nombre des hommes libres. Ainsi la question étoit de savoir, si en effet les titres rapportés par le seigneur prouvoient suffisamment que la terre étoit en généralité de *main-morte*. On va voir, par l'analyse de ces titres, jusqu'à quel point le parlement est attaché au principe, qu'il faut au seigneur deux reconnoissances, à l'abri de toute espèce de critique. Nous allons d'abord jetter un coup-d'œil sur tous ces actes; nous reviendrons ensuite sur les plus importans.

Le plus anciens de mes titres, disoit le seigneur, est de l'an 1572; il n'est pas possible de concevoir un titre plus respectable; c'est tout à la fois un acte judiciaire & une convention libre, un jugement & un contrat. Tous les habitans de Châtillon comparoissent devant le juge de la seigneurie, reconnoissent les droits généraux, & notamment, *qu'ils sont tous eux & leurs hoirs présens & à venir de* main-morte, *ensemble tous leurs meix & héritages étant sur le finage dudit Châtillon;* & d'après cette déclaration, de leur consentement, & sur la requisition du seigneur, le juge *condamne lesdits habitans & sujets, & chacun d'eux, à perpétuelle observance du contenu desdits articles.*

Il existe encore du même siècle quelques reconnoissances particulières; celle d'un nommé Jacques d'Atiq, qui se déclare *main-mortable* du seigneur dudit lieu, *&c.*

Dans

Dans le siècle suivant, les preuves s'accumulent; il n'y a presque pas une seule année qui n'en fournisse. Par acte du 18 mars 1610, Jean Perrigaut, notaire, désavoue le seigneur de Châtillon. Ce notaire achète la franchise; il avoit donc sous les yeux les preuves les plus positives de la *main-morte*. On lit dans cet acte en parchemin, dans la meilleure forme, reçu par le lieutenant-général du bailliage de Vesoul, *que le suppliant a remontré qu'à cause de son origine, il étoit sujet originel*, main-mortable *du seigneur de Châtillon*. On ne peut rien de plus tranchant. Il suffit donc, pour contracter la *main-morte*, d'avoir pris naissance dans cette seigneurie.

Le seigneur remplissoit l'intervalle de 1616 à 1634, par un cahier contenant l'extrait d'un très-grand nombre d'actes d'aliénation, tant sur le territoire de Châtillon, que sur les dépendances de la terre. Presque tous sont énonciatifs de la *main-morte*. Si ce mot ne se trouve pas dans quelques-uns, on y lit, ce qui revient à peu-près au même, « lesdits héritages chargés, comme il est porté par » les terriers ».

En 1624, le seigneur fait procéder à la renovation de son terrier. Les habitans de Châtillon, les propriétaires forains, formant ensemble trente tenanciers, comparoissent, & tous déclarent *qu'ils tiennent en* main-morte, *qu'ils tiennent sous la seigneurie* main-mortable *dudit Châtillon*. Ces reconnoissances sont produites; il n'y en a pas une seule qui ne renferme cette énonciation. Ceux qui résident dans la seigneurie vont plus loin; ils se reconnoissent *sujets* main-mortables *de ladite seigneurie*. Ajoutons que ces actes, reçus par deux notaires, sont dans la forme la plus authentique.

L'année 1653 fait époque dans cette affaire. Le terrier de Châtillon étoit terminé; tous les habitans, tous les propriétaires avoient déclaré tenir en *main morte*. Mais ces reconnoissances particulières pouvoient s'égarer; le seigneur prend le parti très-sage de demander une reconnoissance générale au corps de la communauté. Une demande aussi juste ne pouvoit éprouver aucune espèce de difficulté; tous les habitans venoient de se reconnoître *main-mortables* chacun en particulier; une reconnoissance en nom collectif ne devoit pas leur coûter davantage. Aussi la communauté s'empresse-t-elle de déférer à la volonté du seigneur; les deux échevins, douze autres habitans *représentant le corps de la communauté, & formant plus de cinq parts des six, assemblés en la place publique de Châtillon*, déclarent *qu'ils sont sujets* main-mortables, *taillables, censables, corvéables & justiciables, comme leurs prédécesseurs, de toute ancienneté ..... & leurs meix, maisons & héritages, y assis* (audit Châtillon), *&c.* Cette déclaration est consignée dans un acte souscrit de deux notaires & de deux témoins; ainsi rien de plus authentique.

Ce qui ajoute encore, s'il est possible, à son autorité, c'est qu'à l'instant même plusieurs habitans donnent au seigneur des reconnoissances particulières de leurs héritages. Cette reconnoissance générale est du 9 avril 1653; le 17 du même mois & le 9 mars de la même année, Éloi Datier, George & Hilaire Masson, déclarent tenir en *main-morte* tout ce qu'ils possèdent sur le territoire de Châtillon. Ces déclarations sont, de même que les précédentes, revêtues de toutes les formes légales.

Quelques années après, le 28 mars 1681, Marie Bodot meurt sans enfans & sans parens communiers; son mari, Louis Masson, traite de cette succession avec le seigneur, & lui en abandonne une partie, à titre d'échute. Ce traité, également en très-bonne forme, est produit.

Arrêtons-nous un instant pour tourner nos regards sur cette longue suite de reconnoissances, d'actes de toute espèce. Nous ne sommes pas au dix-huitième siècle, & nous avons déjà près de cent cinquante ans de possession paisible, publique, contradictoire avec tous les habitans; nous voyons les titres les plus authentiques couronner cette longue & tranquille possession.

Si le seigneur de Châtillon paroît environné d'un aussi grand nombre d'actes anciens, on se doute bien qu'il lui seroit facile d'en produire une quantité encore plus considérable de récens; mais il n'a pas cru qu'il fût nécessaire de faire transporter ses archives dans les greffes de la cour. En conséquence, nous nous contentons de produire trente à quarante contrats d'aliénation, tous énonciatifs de la *main-morte*. Dans tous, le vendeur déclare que les héritages qu'il aliène sont chargés de *main-morte*, le cas arrivant. De quel poids ne doit pas être cette reconnoissance! Ce sont les habitans eux-mêmes qui la consignent dans des actes qui leur sont personnels, dans des actes sur lesquels le seigneur ne peut avoir eu aucune espèce d'influence.

Nous pourrions rapporter un titre encore plus imposant; un terrier de la seigneurie de Châtillon, commencé vers l'an 1766. Déjà tous les habitans, tous les tenanciers ont consigné dans cet acte l'aveu que tout ce qu'ils possèdent dans l'enclave de cette seigneurie est en *main-morte*: mais le décès du seigneur ayant suspendu le cours de cette opération, ce terrier n'est pas encore revêtu de toutes ses formes, & le seigneur de Châtillon pense qu'il ne doit présenter à la justice que des actes dignes de ses regards.

Tels sont les titres de la seigneurie de Châtillon. Déployons encore une fois cette chaîne de preuves; elle embrasse, comme l'on voit, le laps de plus de deux siècles, &, pendant un espace de temps aussi long, pas la moindre lacune dans la possession, pas le moindre nuage, le moindre doute sur la vérité, la validité des titres. C'est aujourd'hui pour la première fois, que l'on met en problème si la seigneurie de Châtillon est en généralité de *main-morte*; mais quelle suite, quelle masse de titres! Désaveux, échute, énonciation dans les actes de vente, reconnoissances particulières, reconnoissances générales; en un mot, de tous les actes qui peuvent établir l'existence d'un droit de *main-morte*, il n'en est pas un seul qui manque au seigneur de Châtillon.

Le défenseur des héritiers a triomphé de *cette masse de titres.* Il a écarté les reconnoissances particulières, par le motif que ce ne sont que des reconnoissances particulières, & les deux reconnoissances générales de 1572 & 1624, en faisant observer que dans la première, les habitans ne parlent pas en corps de communauté ; & que dans la seconde, quoique la communauté paroisse en corps, néanmoins la totalité des habitans n'avoit pas concouru à la délibération.

Cet arrêt juge bien nettement que, pour établir un droit universel de *main-morte*, il faut non-seulement deux reconnoissances, mais que l'une & l'autre soient signées par tous les habitans sans exception.

Peut-être même n'est-ce pas aller assez loin ; peut-être est-on fondé à faire sur ce point quelque reproche à la jurisprudence & aux jurisconsultes. En effet, la liberté est une chose si précieuse, tout ce qui tend à la détruire ou à la modifier est si odieux, qu'il semble que l'on auroit dû faire encore un pas de plus, & exiger qu'aux deux reconnoissances souscrites par l'universalité des habitans, se joignît une possession publique & paisible de tous les effets de la *main-morte.* C'est l'avis de M. le président de Oncieux, *traité de la main-morte*, *chap.* 16. Nous allons le transcrire: on ne peut rien de plus sage.

« J'ai vu, dit ce magistrat, qu'à la deuxième » confession plusieurs se sont arrêtés à soutenir » le reconnoissant & les siens, années échues en » après, être suffisamment obligés ; comme si ce » reconnoissant eût acquis un jugement plus solide, » & qu'il y eût plus de raisons en l'une qu'en » l'autre. Si la première étant seule est tenue pour » nulle, & qu'il n'y ait rien de nouveau en la » seconde, comment en raison bien concluante, » peut-elle rien apporter de nouveau, pour obliger » ce pauvre homme..... en cet acte second, le » reconnoissant n'est pas plus en son pouvoir qu'au » premier, tant s'en faut..... la grandeur de celui » auquel il reconnoît la première fois, continue » de plus en la seconde confession, si que dès-lors, » & au partir de ce à l'infini, il a eu opinion pouvoir être contraint à ratifier tout autre contrat, par » opinion qui facilement occupera l'esprit d'un rustique, de mauvais traitement, soit en procès, soit » autrement ».

M. le président de Oncieux continue : « sur telles » considérations, je dis soutenable, que si l'on » tient la première reconnoissance pour nulle & » sans suite, de même doit être jugé de la seconde, laquelle sans autre adminicule que de » soi seulement, n'est plus favorable que la première, comme faite par celui qui est déjà lié & » estraint, & dont plus facilement il auroit eu quelque occasion de crainte de pouvoir être de rechef » asservi par son supérieur qui le tient par un bout » de l'attache ; & à cette cause que la suite & conséquence de continuations de paiement de devoirs, » avec le temps soient requis pour montrer d'une » intention & inclination sans doute, entière & nette » à la servitude ».

Ce passage est long & en vieux langage ; mais c'est la voix de l'humanité.

Dans la lettre imprimée à la suite du traité de la *main-morte* de Dunod, le magistrat, auteur de ce judicieux écrit, paroît être dans des principes encore plus sévères : « il faut, dit-il, que les titres du » seigneur soient au moins de nature à constater » l'existence de la première convention, & des » droits qu'elle contenoit ; or, il me paroît que » tout cela ne peut guère se faire que par des reconnoissances anciennes *& multipliées* ».

Il y a de la discordance entre les auteurs, sur le point de savoir si, pour assujettir une communauté à tel ou tel droit au profit du seigneur, il faut le concours de tous les individus qui la composent, ou si le consentement des deux tiers suffit. Lorsqu'il ne s'agit que des prestations purement réelles, le doute peut être fondé ; mais il n'y en a pas, il ne peut pas y en avoir, toutes les fois qu'il est question d'un droit qui affecte la personne, qui va jusqu'à priver l'homme de ses facultés naturelles. Alors, comme il s'agit d'un bien qui appartient exclusivement à chaque individu, qui ne peut être aliéné, altéré que par lui & par un consentement direct, on n'argumente ni par similitude, ni par conséquence, & si un habitant n'a pas personnellement reconnu, fût-il le seul du territoire, par cela seul il échappe à la servitude générale, & ses héritages conservent leur franchise originelle.

Si des vérités aussi palpables, qui sortent aussi immédiatement de la nature des choses, avoient besoin d'être appuyées d'autorités, il ne faudroit qu'ouvrir au hasard les auteurs qui ont écrit sur cette matière.

Omnium tamen consensus in re tanti momenti adhibendus, dit le docte Talbert dans ses thèses sur la *main-morte* de Franche-Comté, §. 2, *n.* 2, *aliàs*, continue cet illustre magistrat *soli consentientes obligantur, cùm quod omnes tangit, ab omnibus approbari debeat* ; d'où il conclut que les enfans des reconnoissans ne sont point liés par les aveux de leurs pères, non plus que ceux qui ne les ont point consentis ; *quare si quos habeat infantes aut similes non obligantur.*

M. le président Boivin, dans ses notes manuscrites sur la coutume de Franche-Comté, *titre* 15, §. 1, est de même avis, & c'est aussi celui du président Bouhier, dans ses nouvelles observations sur la coutume du Duché, *tom.* 2, *chap.* 65.

Dans cette matière on n'admet ni conjectures ni présomptions ; en conséquence, il est de maxime que la reconnoissance du père est sans autorité contre le fils, lorsque celui-ci, en état de reconnoître lui-même la servitude, ne l'a pas fait. C'est la décision du savant Benedicti que nous avons déjà cité. *Licet aliquis recognoscat se hominem alterius, non nocet filiis, si non faciunt similem recognitionem.*

Ce magistrat va beaucoup plus loin ; il décide que

tous les individus qui composent la famille, sont en droit de s'opposer à un acte de cette espèce, de même qu'un noble peut empêcher qu'un usurpateur ne prenne & ne déshonore son nom. *Imò impedire possent talem recognitionem, sicut impedire posset nobilis ne aliquis villanus nomen & arma suæ domus usurpet.* (*Article de M.* HENRION, *avocat au parlement.*)

MAIN-MORTE, (*Droit public & canon.*) on désigne par ce nom tous les corps & communautés, tant ecclésiastiques que laïques, qui sont perpétuels, & qui, par une subrogation de personnes, étant censés être toujours les mêmes, ne produisent aucune mutation par mort. On met aussi dans le même rang les personnes ecclésiastiques, par rapport aux bénéfices qu'elles possèdent.

Ainsi, on comprend sous le nom de *main-morte*, 1°. les archevêques & évêques, les abbés, prieurs, curés, chapelains, & autres bénéficiers; 2°. les communautés régulières, les chapitres, les religieux & couvens de l'un & de l'autre sexe, les commanderies conventuelles & autres gens d'église; 3°. les gouverneurs & administrateurs d'hôpitaux, d'hôtels-dieu, maladreries, léproseries, aumôneries, commanderies simples, fabriques, confrairies, marguilliers & autres semblables; 4°. les communautés séculières, comme celles des prévôts des marchands, maires & échevins, capitouls, jurats, & autres gouverneurs & officiers municipaux des villes & communautés d'habitans des bourgs & villages, les universités, collèges, boursiers, jurés de métier, communautés des marchands & autres de pareille qualité.

Les règles principales qui concernent la *main-morte* dont nous parlons, ont pour objet les défenses d'acquérir & d'aliéner : nous en avons traité sous les mots ACQUISITION, ALIÉNATION, AMORTISSEMENT, *&c.*

MAIN-MOYENNE, terme usité dans le Cambresis, dans la même signification que celui de *pareatis*.

L'article 14 du tit. 5 de cette coutume porte, « que pour faire & passer devoirs de loi de vest & devest, rapport ou hypothèques d'héritages en autrui seigneurie, il convient prendre *main-moyenne* de la justice du lieu, si n'étoient les bailli & hommes de fiefs du seigneur supérieur du lieu ou seigneurie en laquelle ils voudroient faire lesdits devoirs; car le seigneur supérieur ou ses officiers ne sont pour ce tenus de prendre *main-moyenne*, congé ou assistance, ès terres ou seigneuries de leurs inférieurs. »

Cette disposition s'applique incontestablement à tous les actes de procédure civile & criminelle. Cependant il est d'un usage immémorial en Cambresis, de regarder comme valables tous les devoirs de loi & toutes les procédures que les officiers des différens seigneurs de cette province font dans la ville de Cambrai, sans *main-moyenne* de ceux qui exercent la jurisdiction ordinaire. On dit, pour justifier cet usage, que l'archevêque de Cambrai est le suzerain universel de toute la province; que par conséquent on doit considérer Cambrai comme le chef-lieu de toutes les seigneuries qui relèvent de ce prélat, & que l'approbation tacite qu'il a toujours donnée à l'exercice que ses vassaux faisoient de leur jurisdiction dans son domaine, doit avoir l'effet d'une *main-moyenne* perpétuelle.

Quoi qu'il en soit, cet usage subsiste dans toute sa force, & l'on a toujours fait de vains efforts pour le faire réformer. Il a été confirmé par plusieurs arrêts du parlement de Flandre, même en matière criminelle. Un arrêt du 12 novembre 1778 a confirmé un décret de prise-de-corps décerné dans Cambrai même, par les bailli & hommes de fiefs du village de Saint-Aubert, contre un particulier accusé de rebellion à justice.

L'article 72 du titre 1 de la même coutume permet de faire la foi & hommage, hors de la seigneurie du fief & dedans, sans *main-moyenne* ou obéissance pour le faire en autre seigneurie.

MAIN-MUABLE, ce mot se trouve dans une chartre de l'an 1255, tirée d'un cartulaire de Laon, où il désigne une espèce de *main-mortable.* Dom Carpentier qui rapporte un extrait de cette chartre au mot *Manu-mutabilis*, dit que les *mains-muables* étoient ceux qui pouvoient changer de seigneur. (*M.* GARRAN DE COULON, *avocat au parlement.*)

MAIN AU PECT OU SUR LA POITRINE, se disoit anciennement par abréviation du latin *ad pectus.* Cette expression désigne la forme dans laquelle les ecclésiastiques constitués dans les ordres sacrés prêtent serment en justice; au lieu de lever la main, comme les laïques, ils le font en posant leur main sur l'estomac, *ad pectus.* *Voyez* AFFIRMATION, SERMENT.

MAIN-PLEINE, est la même chose que *main-garnie.* La coutume de Blois veut que dans le cas où un débiteur forme opposition à la saisie faite sur lui, en vertu de lettres obligatoires ou de condamnation, & lorsque l'huissier n'a pas pris des biens suffisans & valables pour la somme, le débiteur ne soit point oui en ses causes d'opposition, jusqu'à ce qu'il fasse rapporter *main-pleine.*

MAIN-PLEVIE, terme usité dans la coutume de Liège, pour signifier un droit particulier à cette province, en vertu duquel tous les biens de la femme tombent, au moment du mariage, dans le patrimoine & la libre disposition du mari, & qui par réciprocité fait passer à la femme, dès qu'elle est devenue veuve sans enfans, tous les biens de son mari, hors les fiefs.

Le terme de *main-plevie* vient des deux mots latins *manus plicata*, qui signifient mains jointes & serrées, & semble tirer son origine de la foi que les conjoints par mariage se jurent réciproquement, en se serrant la main.

Le droit de *main-plevie* paroît être une suite de l'ancienne jurisprudence romaine, suivant laquelle les conjoints qui se marioient par achat mutuel de leurs personnes, *per coemptionem*, se rendoient en ce moment héritiers siens l'un de l'autre. Le mari acquéroit une puissance absolue sur la personne & les biens de sa femme, & il en devenoit l'héritier en cas de survie, & réciproquement, lorsque le mari prédécédoit, sa femme étoit son héritière.

Voici comme s'exprime la coutume de Liège, sur la nature & l'étendue du droit de *main-plevie*.

« L'homme, par mariage, est fait maître & » seigneur absolu de tous biens, meubles & im» meubles, crédits & actions de sa femme, & » encore de tous biens obvenus & acquis durant » le mariage, & a puissance d'en disposer entre» vifs, comme du sien propre, sans aveu ni con» sentement de sa femme, & demeure maître » après la mort d'icelle sans enfans; le tout ne » fût qu'il y eût paction ou provision au con» traire.

» L'homme mourant sans laisser enfant de son » mariage, la femme survivante, cessantes conve» nances ou dispositions même pendant le ma» riage au contraire, emporte par droit de *main-» plevie* tous biens par son mari délaissés, de quelle » sorte & nature qu'ils soient, & de quel côté » qu'ils procèdent, hormis les cas réservés au » titre des successions des fiefs. Et ne lui peut » son mari ôter par testament tel droit ».

MAIN DU ROI, est la même chose que main de justice. Mettre & asseoir la *main du roi* sur un héritage, c'est le saisir. *Voyez* La coutume du Berri, *tit.* 5, *art.* 7, Ponthieu, *article* 120.

MAIN SOUVERAINE, f. f. (*Droit féodal.*) le seigneur, à défaut d'homme, *droits & devoirs non faits & non payés*, peut saisir féodalement, & les fruits du fief lui appartiennent jusqu'à la prestation effective des services qui lui sont dus. Voilà la règle: elle est juste autant que générale. Le seigneur n'a inféodé qu'à la charge de certains devoirs; toutes les fois qu'il n'en est pas servi, il doit rentrer dans la jouissance du fief.

Si le vassal est réclamé par un seigneur autre que le sien, cette circonstance, étrangère au véritable seigneur, le privera-t-elle du droit de saisir féodalement & avec perte de fruits? On sent que cela ne peut pas être. Le fait d'un tiers ne peut jamais nuire à un droit ouvert.

Cependant, le vassal lié par la réclamation de l'un des seigneurs, ne peut plus servir l'autre, & son fief est saisi. En perdra-t-il les fruits pendant toute la durée du procès? Cela a paru trop dur; en conséquence, on a imaginé un expédient qui concilie très-bien ces différens intérêts.

Cet expédient consiste à autoriser le vassal à déposer son hommage entre les mains du roi, qui le reçoit & le conserve pour le seigneur auquel la mouvance sera définitivement adjugée. Ainsi, à compter de ce moment, ces deux seigneurs sont également servis; par conséquent, plus de perte de fruits. C'est ce que l'on appelle *réception par main souveraine*.

Cet expédient est simple & facile; mais aussi c'est le seul qui puisse opérer la main-levée définitive de la saisie: si le vassal a négligé d'y recourir, & qu'en définitif la mouvance soit adjugée au seigneur saisissant, la saisie emporte la perte des fruits; il n'y a pas la plus légère difficulté, puisqu'il est également vrai, & que les fruits du fief tombent dans la saisie jusqu'à la prestation de l'hommage, & que l'hommage n'a pas été rendu au seigneur.

Il y a sur ce point des autorités sans nombre. Au surplus, il ne faut qu'ouvrir la coutume de Paris, qui forme à cet égard le droit commun. « Quand entre plusieurs seigneurs est question » d'aucun fief, que chacun d'iceux seigneurs dit » être mouvant de lui, le vassal doit être reçu par » *main souveraine* & jouir pendant le procès, *en » consignant par lui en justice les droits & devoirs » par lui dus* ». Art. 60.

« *En consignant*, dit Brodeau: *ce gérondif* en ce » lieu emporte une condition & une nécessité » précise ».

Precisè requiritur realis depositio & consignatio. Dumoulin, sur l'art. 42 de l'ancienne coutume de Paris.

Quand même le vassal auroit fait l'hommage à l'un des deux seigneurs, pour se mettre à l'abri de la saisie faite par l'autre, il n'en seroit pas moins obligé de se faire recevoir par *main souveraine*.

Il n'y a d'exception à cette règle que dans le cas où le combat du fief s'élève entre le roi & un seigneur particulier: l'hommage, quoique fait au roi comme seigneur de fief, est en général regardé comme tenant lieu de la réception par *main souveraine*.

Nous disons que l'accomplissement de cette formalité emporte la main-levée définitive de la saisie féodale. Cependant il y a une distinction à faire: cela n'est généralement vrai que dans les pays où les fiefs sont purement d'honneur, ou lorsque la mutation du fief servant n'a donné ouverture à aucun profit. Mais s'il étoit dû des droits de relief ou de quint, il ne suffiroit pas que le vassal déposât son hommage entre les mains du roi, la consignation des droits seroit absolument nécessaire; autrement, malgré la réception par *main souveraine*, la saisie continueroit d'emporter la perte des fruits.

Tous les auteurs sont d'accord sur la nécessité de cette consignation, il n'y en a pas un seul qui ne la regarde comme indispensable. Cessera-t-elle de l'être, si le vassal a payé les droits à l'un des deux seigneurs? Non. Pour obtenir la main-levée définitive de la saisie faite par l'autre, il n'en sera pas moins obligé de consigner la totalité des droits.

Et à cet égard, point de différence entre le roi & les seigneurs particuliers. Le paiement des droits utiles fait au roi, ne dispense pas de la consignation le vassal saisi par un autre seigneur.

Nous avons rapporté sous le mot COMBAT *de fief*, les autorités qui appuient cette décision. Un arrêt du 8 août 1780 vient de donner une nouvelle sanction à ces principes. En voici l'espèce :

Le sieur Duperron, acquéreur du fief de Savonieres, en avoit fait hommage au bureau des finances d'Orléans, le 19 janvier 1771.

Le 14 novembre 1772, le baron d'Espagnac avoit fait saisir féodalement ce même fief.

Cette saisie avoit engagé un combat de fief entre le roi & le baron d'Espagnac.

Pendant la durée de la contestation, le sieur Duperron avoit, suivant l'usage, perçu les fruits du fief.

Le baron d'Espagnac demandoit la mouvance du fief, & les fruits de ce même fief depuis le jour de sa saisie.

Le sieur Duperron soutenoit que quand même la mouvance de son fief seroit adjugée au baron d'Espagnac, il n'en seroit pas moins à l'abri de la perte des fruits. Mon hommage au roi équivaut, disoit-il, à une réception par *main souveraine ;* & quant au droit de quint, affranchi de ce droit dans les mouvances du domaine, par ma qualité de trésorier de France, il est vrai de dire que je l'ai payé. Ainsi, j'ai déposé, j'ai consigné & l'hommage & le quint dans les mains du roi.

Nous répondions, pour le baron d'Espagnac, au sieur Duperron : vous voulez que votre hommage au roi équivaille à la réception par *main souveraine*, nous y consentons. Vous prétendez que votre affranchissement doit être regardé comme un paiement effectif du droit de quint, on peut encore se prêter à cette idée. Mais à qui l'avez-vous fait ce paiement ? Il n'est pas possible de s'y méprendre : ce n'est pas au roi comme souverain, mais au roi comme seigneur de fief. Ainsi, des deux prestations, savoir, l'hommage & le quint, dont vous êtes débiteur envers le baron d'Espagnac, vous n'avez consigné que la première, & quant au droit de quint, si l'on peut dire que vous l'avez payé au roi, il est également vrai que ce paiement, étranger au baron d'Espagnac, ne forme pas à son égard l'équivalent d'une consignation, d'un dépôt entre les mains d'un receveur public.

L'arrêt, conformément à ces principes, en adjugeant au baron d'Espagnac la mouvance du fief de Savonieres, a condamné le sieur Duperron à lui tenir compte des fruits de ce fief depuis le jour de la saisie. Cet arrêt, au rapport de M. Titon de Villotran, est de la grand'chambre.

On a élevé dans ces derniers temps la question de savoir si l'hommage à un prince apanagé & à raison de son apanage, ne doit pas être regardé comme rendu au roi, &, en conséquence, comme équivalent à la réception par *main souveraine ?*

Cette question vient d'être jugée dans l'espèce suivante.

Le comte d'Ailly est propriétaire du fief de Job & Montrodez, sis en Auvergne, mouvant de la terre de Boutonnargues, appartenante au comte & la comtesse de Merle.

Le 5 février 1777, M. le comte d'Artois, alors duc d'Auvergne, ayant fait proclamer une sommation générale à tous ses vassaux de lui rendre hommage, le 21 mars suivant, le comte d'Ailly fit l'hommage de son fief de Job & Montrodez entre les mains de M. de Bastard, chancelier du prince.

Le comte & la comtesse de Merle, auxquels la mouvance de ce fief de Job & Montrodez appartient, après avoir attendu vainement que le comte d'Ailly remplît à leur égard les devoirs que la féodalité lui imposoit, prirent enfin le parti de faire saisir féodalement ce même fief par exploit du 2 janvier 1782.

Quant à la validité de cette saisie, le comte d'Ailly disoit : l'hommage à un prince apanagé équivaut à un hommage au roi, par conséquent à la réception par *main souveraine ;* & comme mon fief est purement d'honneur, sans aucun profit, cette réception par *main souveraine* m'acquitte de tous devoirs envers le comte de Merle.

Nous répondions pour le comte de Merle.

Un apanage existe sous deux rapports, comme domaine royal, & comme fief mouvant de la couronne.

Attendu la réversion éventuelle, toutes les fois qu'il s'agit d'aliénation, de prescription, en un mot, de disposition, l'apanage est regardé comme faisant encore partie du domaine, & sous ce point de vue, il obéit aux loix domaniales.

Mais, comme le prince apanagé est propriétaire, que l'apanage se constitue par la voie de l'inféodation & à la charge de l'hommage envers la couronne, un apanage n'est autre chose qu'un fief. C'est un très-grand fief, le plus éminent de tous, mais ce n'est qu'un fief particulier, & le prince si élevé par sa naissance au-dessus de tous les seigneurs de fief, n'est cependant, comme eux, qu'un seigneur de fief.

Ce n'est donc pas au duché d'Auvergne, comme partie du domaine, mais à un fief vassal de la couronne ; ce n'est pas au roi, mais au duc d'Auvergne, que le comte d'Ailly avoit porté son hommage, lorsque le comte de Merle a fait saisir féodalement son fief de Job.

La difficulté, disions-nous enfin, se réduit donc à la question de savoir ce que doit faire le vassal pour se mettre à l'abri de la perte des fruits, lorsqu'il est saisi féodalement par un seigneur, après avoir fait hommage à un autre.

Pour se soustraire à la perte des fruits, le comte d'Ailly invoquoit encore un autre moyen qu'il faisoit résulter des articles 10 & 11 de la coutume d'Auvergne. Ces deux articles, disoit-il, affranchissent de la formalité de la réception par *main souveraine*, le vassal qui a fait hommage à l'un des deux seigneurs réclamans.

Nous écartions ce deuxième moyen en disant :

Inutilement le comte d'Ailly cherche-t-il une ressource dans les articles 10 & 11 du titre des fiefs de la coutume d'Auvergne ; ces articles n'ont trait ni à la réception par *main souveraine*, ni à la saisie féodale faite pendant la durée d'un combat de fief, mais au desaveu.

En effet, le premier dit, & rien de plus, *que le nouveau tenancier peut faire foi & hommage à celui qui le somme de le faire, pour sauver les fruits, & protester de ne faire faux aveu, si le fief se trouvoit tenu d'ailleurs.*

Le sens de cet article est très-clair. La coutume suppose que le propriétaire d'un fief *nouveau tenancier*, est sommé par un seigneur de lui faire hommage; elle suppose que ce vassal craint une saisie féodale, s'il refuse de faire l'hommage qui lui est demandé; qu'il craint également que son véritable seigneur ne prenne cet hommage, s'il le fait, pour un désaveu, & qu'il ne demande la commise du fief; & elle veut bien le tirer de cette perplexité, en disant qu'il se mettra à l'abri de la saisie, en faisant l'hommage qui lui est demandé, & à l'abri de la commise, en protestant dans l'acte d'hommage de ne *faire faux aveu.*

Ainsi, dans cet article, deux dispositions bien distinctes; l'une qui regarde le seigneur qui a demandé l'hommage; l'autre, le véritable seigneur.

En faisant l'hommage au seigneur qui l'a demandé, le vassal se met à l'abri de la saisie féodale qu'il auroit pu faire; en protestant de ne faire faux aveu, il se met à l'abri de la commise, vis-à-vis du véritable seigneur.

Cela est encore plus clair, en rapprochant de l'article 10 l'article 11, qui dit: *laquelle protestation faite, comme dit est, lui sauvera la commise dudit fief, s'il étoit trouvé d'autrui fief.*

Tout l'effet de l'hommage, avec protestation de ne faire faux aveu, est donc de mettre le vassal à l'abri de la commise, à l'égard de son véritable seigneur; cet hommage, cette protestation ne dispensent donc pas le vassal, lorsqu'il est réclamé par lui, de le reconnoître, ou de se faire recevoir par *main souveraine.*

Ces moyens ont prévalu; & par arrêt de la grand'chambre, du 28 juin 1785, au rapport de M. l'abbé de l'Attaignant, en adjugeant au comte de Merle la mouvance du fief en litige, la cour a condamné le comte d'Ailly à lui restituer tous les fruits perçus depuis la saisie.

Quand il arrive une nouvelle ouverture au fief pendant le procès du combat de fief, le nouveau vassal doit encore consigner les nouveaux droits qu'il doit à cause de la mutation arrivée en sa personne.

« Si pendant le débat des seigneurs féodaux, y » a mutation du vassal reçu par *main souveraine*, » soit par vendition, donation, ou autrement, ou » bien par mort, & soit dû profit de fief, les sei» gneurs contendans feront saisir le fief pour la con» servation de leurs droits; & le nouveau vassal » se fera recevoir par *main souveraine*, comme son » prédécesseur, consignera les droits en justice, & » fera déclarer sa consignation bonne ». Bacquet, *du droit d'amort. chap. 59, n. 8*; Ferriere, *sur l'art. 60 de P. gl. 2.*

Le vassal qui se fait recevoir par *main souveraine* n'est pas obligé de consigner les droits antérieurement échus; il suffit qu'il consigne ceux qui sont ouverts par la mutation arrivée en sa personne; voici les autorités qui appuient cette décision.

« Mais ce qui est à remarquer, c'est lorsqu'il y » a un nouveau possesseur du fief pour raison du» quel il y a combat de fief entre deux seigneurs, » ce nouveau vassal n'est pas obligé de consigner » les anciens droits dus, mais seulement ceux de son » temps, c'est-à-dire, de la nouvelle mutation ». *Observation de M.* le Camus, *sur l'art. 60 de Paris.*

« Il n'est le vassal tenu de consigner d'autres droits » que ceux de la mutation qui a donné lieu à la » contestation ». Brodeau, *sur l'article 60 de la coutume de Paris.*

« Il faut consigner en justice les droits dus par » la mutation, c'est-à-dire, la dernière, & non ceux » des précédentes, qu'il suffira de consigner quand » le procès sera jugé ». Duplessis, *des fiefs, liv. 5, chap. 6.*

« S'il est dû des droits pour ouvertures précé» dentes, il n'est pas nécessaire de les consigner; » il suffit de les payer quand le procès sera jugé ». Billicoq, *des fiefs, liv. 9, chap. 6.*

Cependant, si à raison de ces anciens droits le fief étoit saisi, le vassal seroit obligé de les consigner.

M. le Maître, dans son traité des fiefs & hommages, *liv. 4*, rapporte un arrêt du 5 janvier 1534, « qui juge que pour obtenir par un vassal réception » par *main souveraine*, il n'est pas nécessaire qu'il » y ait concurrence d'actions de deux seigneurs féo» daux: *ce qui n'avoit encore été jugé* ».

Ce magistrat développe en ces termes le motif de cet arrêt, & les moyens sur lesquels il est intervenu: « au cas présent, la difficulté étoit qu'il n'y » avoit que l'un des seigneurs prétendans qui eût fait » saisir, l'autre venoit par action, au moyen de quoi » celui qui avoit fait saisir disoit qu'il devoit jouir, » au péril des dommages intérêts s'il succomboit, » & que le vassal ne devoit avoir main-levée, vu » qu'il n'y avoit concurrence de saisies: le vassal » au contraire disoit, qu'il suffit qu'il y ait con» currence de seigneurs féodaux, soit qu'ils y vien» nent par saisie féodale ou par action. Sur ce, la » cour dit par arrêt, qu'il a été bien jugé par les» dits gens des requêtes, jugeant par cet arrêt, » que quand il y a concurrence de seigneurs féo» daux par main-mise ou par action, il y a lieu à » réception par *main souveraine*. La raison est que » telle réception n'est fondée que sur le débat de » la tenue féodale entre les deux seigneurs, pen» dant lequel débat le vassal ne sait auquel des deux » obéir & faire l'hommage; & cependant justice » le reçoit sous la main du roi, qui est la *main sou» veraine*, duquel tous fiefs dépendent, *mediatè vel*

» *immédiate*, comme nous avons dit ci-dessus ».

Les auteurs ont fait de la disposition de cet arrêt une règle de droit commun : « laquelle réception » par *main souveraine*, dit Bacquet, *traité des amor-* » *tissemens*, chap. 57, a lieu non-seulement quand » il y a concurrence de saisies faites à la requête » de plusieurs seigneurs féodaux qui ont tous fait » saisir le fief appartenant à gens de main-morte, » prétendant qu'il soit solidairement & immédia- » tement tenu de chacun d'eux, mais aussi quand » l'un d'eux a procédé par saisie, & l'autre par » simple action, ou quand ils viennent tous par » action, ou bien quand ils sont en discord extra- » judiciaire ; & étant appellés en justice, ils pré- » tendent respectivement la tenue du fief apparte- » nant à gens de main-morte, ou à autre vassal » qui les a fait appeller ; & encore cette réception » par *main souveraine* a lieu, quand un seigneur » féodal a fait saisir un héritage comme mouvant » en fief, foi & hommage de lui, & qu'un autre » seigneur prétend qu'il est tenu en censive de » lui ; car tout seigneur censier est seigneur féo- » dal, & ne peut avoir censive sans qu'il y ait eu » fief, de partie duquel la censive ait été créée » originairement ; aussi le droit censuel est noble, » & se partit entre les héritiers noblement, & » non roturiérement, comme nous avons déclaré » au deuxième chapitre ».

Autrefois le vassal s'adressoit directement à son suzerain, à son défaut, à l'arrière-suzerain, & ainsi de suite jusqu'au roi. Aujourd'hui un usage contraire a prévalu ; le vassal qui veut se faire recevoir par *main souveraine* a recours directement au roi, & prend des lettres en chancellerie, portant commission à un juge royal de lui donner l'investiture ; cette manière, quoique la plus ordinaire, n'a point aboli l'ancienne ; & lorsque deux personnes se disputent la mouvance d'un fief, le propriétaire du fief en litige peut se faire investir par le suzerain, après avoir fait sommation aux deux contendans de s'y trouver.

Les anciens auteurs pensoient avec Dumoulin, que ces lettres n'étoient point nécessaires, & qu'il étoit au choix du vassal d'y recourir ou de se faire investir par le suzerain.

C'est l'avis de Coquille, en ses questions, *chap. 39* ; de d'Argentré, sur la coutume de Bretagne, *art. 112* ; de Baquet, au *traité des amortissemens*, chap. 59, n. 6. Tel étoit, dit-il, l'usage du châtelet, de son temps ; cet auteur ajoute, que le vassal peut se contenter de présenter requête au juge royal ou au juge du seigneur suzerain, laquelle il signifiera aux contendans, avec assignation pardevant ce juge, afin de faire ordonner avec eux la *main souveraine*.

La Landé, sur l'article 87 de la coutume d'Orléans, dit que, dans la plupart des auditoires de France, les vassaux sont reçus sans lettres de chancellerie, & que dans le châtelet d'Orléans on n'y a point recours.

« Pour moi, j'estime que le plus sûr est d'obtenir lettres, l'autorité & le sceau du souverain, qui est le roi, étant nécessaires, puisque le vassal jouit de son fief sous la main & la puissance du roi ». Brodeau, sur l'article 60 de la coutume de Paris, *n°. 12*.

« Le plus sûr est d'obtenir pour cet effet des lettres de *main souveraine* ». Duplessis, *des fiefs*, *liv. 5*, *chap. 6*.

Idem, Charondas, sur l'article 60 de la coutume de Paris.

« C'est l'usage du châtelet de Paris & des requêtes du palais, de se servir de ces lettres ; il semble que ce soit l'intention des coutumes qui se servent des termes *par main souveraine*, & je crois que la cour le jugeroit ainsi ». Ferriere, sur l'article 60 de Paris, *gloss. 1*.

« La note marginale sur Duplessis, *page 54*, porte, que les lettres pour ce, ne sont pas de nécessité ; si elles ne sont pas de nécessité, il est plus régulier & plus prudent de les obtenir que de les négliger, quand ce ne seroit que pour donner la compétence au juge, qui souvent sans elles ne pourroit l'avoir. Je pense ainsi. Bourgon, *droit commun des fiefs*, *partie 1*, *chap. 1*, *n°. 116*.

« Quand le vassal veut se faire recevoir par *main souveraine*, il doit obtenir des lettres de *main souveraine*.

« Ces lettres doivent être adressées aux baillis & sénéchaux, & non aux juges subalternes, parce que les juges subalternes ne peuvent pas connoître de l'exécution des lettres de *main souveraine* ; il n'y a que les baillis & sénéchaux qui en puissent connoître.

« Si le vassal n'avoit point obtenu de lettres de *main souveraine*, & que le fief fût saisi, il y auroit perte de fruits depuis la saisie, qui subsisteroit toujours, nonobstant la réception par *main souveraine* ». Billecoq, *des fiefs*, *liv. 9*, *chap. 4*.

Quant à la procédure nécessaire pour parvenir à la réception par *main souveraine*, le vassal doit, comme on vient de le dire, obtenir des lettres royaux, adressées au plus prochain juge royal de son fief, par lesquelles ce juge est autorisé à le recevoir en *main souveraine* ; telle est la première formalité de cette réception.

Il doit demander l'entérinement de ces lettres ; seconde formalité de cette réception, cet entérinement étant leur condition légale.

Par sa demande, il doit s'avouer vassal, & se soumettre de faire la foi & hommage à celui des deux contendans qui obtiendra gain de cause ; troisième formalité de cette réception, parce que sans cet aveu, ce ne seroit plus combat du fief, mais prétention du franc-aleu.

Pour obtenir l'entérinement de ces lettres, il faut qu'il assigne les deux seigneurs contendans pardevant le juge auquel les lettres sont adressées, qu'il consigne les droits, s'il en est dû, & qu'il fasse signifier aux deux seigneurs la quittance de consignation. (*Art. de M.* Henrion, *avocat au parlement.*)

Main-tierce, signifie une personne entre les mains de laquelle on dépose un écrit, une somme d'argent ou autre chose, pour la remettre à celui auquel elle appartiendra. *Voyez* Dépôt.

Un débiteur qui est en même temps créancier de son créancier pour quelque autre objet, fait lui-même une saisie entre ses mains, comme en *main-tierce*, c'est-à-dire, comme s'il saisissoit entre les mains d'un tiers. *Voyez* Tiers saisi. (*A*)

MAINÉ, Maint-nay, termes anciens, qu'on trouve employés dans plusieurs coutumes, pour signifier *puîné*, *cadet*.

MAINETÉ, s. f. (*Droit particulier à quelques cantons de la Flandre.*) Dans le chef-lieu de Valenciennes, le Cambresis, les châtellenies de Lille & de Cassel, la loi d'Arras, & quelques parties de l'Allemagne, on entend par droit de *maineté*, un avantage accordé au plus jeune des enfans dans les successions de ses père & mère.

On a beaucoup disputé sur l'origine de ce privilège. Les uns pensent que les coutumes l'ont établi par déférence pour la tendresse particulière que les pères & mères ont toujours pour leurs derniers enfans. Suivant les autres, elles n'ont eu en cela d'autre vue que de récompenser les puînés des avantages que les aînés ont sur eux, tant parce qu'ils prennent une part plus considérable dans les fiefs, que parce que le plus souvent ils sont élevés & établis aux frais de leurs pères & de leurs mères, au lieu que les puînés, devenant orphelins dans un âge encore tendre, sont obligés de prendre dans leurs propres bourses, de quoi fournir à leur éducation & à leur établissement.

Il y a du pour & du contre dans chacune de ces raisons; peut-être pourroit-on en faire une plausible des deux; mais la meilleure est de n'en donner aucune, & de dire, avec un jurisconsulte romain, *non omnium quæ à majoribus constituta sunt, ratio reddi potest.* l. 20, *de legibus*.

Les coutumes qui admettent le droit de *maineté* ne sont pas uniformes sur sa consistance.

Besoldus dit qu'en plusieurs endroits de la Saxe, le mainé a le droit de retenir tous les biens de la succession paternelle, en fournissant à ses aînés leur part en argent.

Dans la coutume de la châtellenie de Lille, *tit. 4, art. 1*, « quand père ou mère termine vie par mort, délaissant plusieurs enfans, & un lieu manoir & héritage cotier venant de son patrimoine (*c'est-à-dire, tenant nature de propre*), au fils mainé appartient droit de *maineté* audit lieu & héritage, pour lequel il peut prendre jusques à un quartier d'héritage seulement, ou moins, si tant ne contient ledit lieu, avec la maîtresse chambre, deux couples en la maison, la porte sur quatre esteulx, les porchil, carin, fournil & colombier, s'ils sont séparés, le burg du puich, & tous arbres portant fruits & renforcés, & autres choses réputées pour héritages, avec le surplus des édifices & bois étant sur ledit quartier de terre réputés pour meubles, si bon lui semble, pour tel prix qu'ils seront prisés à porter en voie, mettant en mont commun pour récompense un autre quartier de terre, ou autant qu'il en auroit pris & en à front de chemin de pareille tenue, & semblable rente ou moins. En laquelle récompense icelui mainé a sa portion à compte de tête; & s'il n'a tel héritage pour faire ladite récompense, le peut acheter ».

L'article 2 ajoute, que « s'il y a plusieurs lieux & héritages patrimoniaux délaissés par père & mère, ou l'un d'eux, ledit fils mainé ne peut avoir ledit droit de *maineté* qu'en l'un desdits lieux & héritages à son choix ».

Dans la châtellenie de Cassel, le mainé « tient la place du défunt, ce que l'on appelle *madelstade*, c'est à savoir, cinq quartiers de terre & au-dessous là où la maison ou le manoir est situé, ensemble le principal manoir, au cas qu'il puisse récompenser les autres avec de pareils héritages, s'il y en a, ou avec d'autres héritages ou autrement, à l'estimation des *partageurs* ». C'est ce que porte l'article 277 de la coutume de ce pays.

La coutume de la loi d'Arras dit, *art. 8*, « qu'au partage entre enfans des héritages délaissés par père & mère, les lots dressés le plus également que faire se peut, le mainé fils, ou en défaut de fils, la mainée fille a droit de prendre à son choix l'une des parts, sans pour ce donner aucune récompense à ses autres frères ou sœurs; ce qui s'entend pour terres & héritages situés en icelle seigneurie ou loi seulement ».

La coutume de Cambresis, *titre 8*, *article 1*, définit la *maineté* « un droit tant mobilier qu'héréditaire ».

L'article 5 porte, que « le droit de *maineté* mobilière se comprend en trois pièces de meubles, ustensiles de ménages de diverses sortes, ayant servi tant à l'usage de l'homme que de la femme, durant le temps de leur conjonction, au choix du *mainé* ».

L'article 8 ajoute : « *maineté* héréditaire se prend seulement en héritage de main-ferme ayant maison manable, appartenant auxdits conjoints prestement, tant en usufruit que propriété .... en laquelle lesdits conjoints tiennent leur domicile & résidence ordinaire au jour du trépas du premier décédant ».

Ces deux articles ont besoin de quelques explications. Fixons d'abord l'objet & l'étendue de la *maineté* mobilière.

Elle consiste, comme on l'a vu, *en trois pièces de meubles*, *ustensiles de ménage*; donc les rentes, quoique réputées meubles dans la coutume de Cambresis, ne sont pas sujettes à ce droit, parce que ce ne sont pas des ustensiles de ménage.

Les bestiaux ne servent pas non plus à ce qu'on appelle proprement *ménage*, & c'est pourquoi l'article 7 du titre cité, déclare que « pour ladite *maineté* mobilière ne se peuvent prendre chevaux, vaches, ni autres bestiaux quelconques ».

La

La coutume veut que les trois pièces de meubles choisies par le mainé soient *de diverses sortes*; donc il ne peut pas prendre trois effets semblables; c'est-à-dire, de la même espèce. Mais, dit M. Desjaunaux, « ce terme *de diverses sortes* n'empêche pas que le puîné ne puisse prendre trois vaisseaux ou pièces d'argenterie, pourvu qu'ils soient chacun d'espèce différente; car ce n'est pas dans la matière, mais dans l'espèce des meubles que la coutume demande de la différence. Aussi voyons-nous tous les jours un puîné prendre trois pièces de menuiserie pour son droit ». L'article 135 de la coutume de Valenciennes confirme cette interprétation.

Enfin, la coutume ne comprend dans la *maineté* mobilière que les effets *ayant servi tant à l'usage de l'homme que de la femme, durant leur conjonction*. Par conséquent, les meubles que le survivant peut avoir achetés depuis la dissolution du mariage, ne sont pas soumis à ce droit.

Quant à la *maineté héréditaire* ou immobilière, la première condition requise pour qu'elle ait lieu, est, que le père & la mère aient laissé une maison tenue en main-ferme ou censive. Ainsi, « *maineté* n'a point de lieu sur l'héritage de fief, combien qu'il soit amasé & édifié de maison manable, & qu'en icelle les deux conjoints, au temps du trépas du premier mourant d'iceux, y fassent leur demeure & résidence ordinaire ». Ce sont les termes de l'article 12 du titre 8. Il a même été jugé que les *fiefs cotiers*, espèce de biens particulière au Cambresis, ne sont pas sujets à ce droit.

La seconde condition est que la maison sur laquelle on veut exercer le droit de *maineté*, ait appartenu au père ou à la mère, *tant en usufruit qu'en propriété*, & qu'elle leur ait servi de demeure à l'un & à l'autre jusqu'à la dissolution du mariage. « Si donc, porte l'article 10, ladite maison étoit, par fureur de guerre ou autrement, au jour du trépas du premier décédant, toute brûlée & démolie, tellement qu'il n'y eût plus de demeure, ne seroit point *maineté* ».

» Toutefois, continue l'article 11, si depuis la *maineté* être engendrée par le trépas du premier décédant, tel brûlement ou démolissement avenoit devant le trépas du dernier décédant, ce n'empêche point la *maineté* ».

Par la même raison, quand un des conjoints viendroit à mourir par hasard hors de la maison, dans laquelle ils ont l'un & l'autre un domicile de droit & de fait, le plus jeune de leurs enfans ne laisseroit pas d'être fondé à demander cette maison par préciput. C'est ce qui résulte nettement de l'article 9: « si, par fortune de guerre ou autre cas fortuit, le premier décédant desdits conjoints mouroit hors de leur maison, en laquelle ils avoient & feroient, cessant la fortune & empêchement, leur résidence & domicile ordinaire, ce n'empêcheroit point que ce ne fût *maineté* ».

Du principe général, que l'on ne peut prendre le droit de *maineté* sur une maison, à moins qu'elle n'ait servi de demeure au père & à la mère, il résulte nécessairement que, si le père & la mère n'en occupoient qu'une partie au moment de la mort de l'un d'eux, cette partie est seule sujette au droit de *maineté*, & que le reste doit être partagé également entre les aînés & le cadet. C'est ce que décide l'article 17: « si de la maison & héritage où s'engendre le droit de *maineté* héréditaire à l'heure du trépas dudit premier mourant, aucune ou plusieurs parties sont baillées & occupées à louage par ains autres, telles parties ne tombent en *maineté*, viennent en parçon ».

Cependant, comme il est en quelque sorte de l'équité & de la bienséance que le cadet puisse retenir, moyennant une juste indemnité, la partie sur laquelle il ne peut exercer son préciput, l'article 18 a établi en sa faveur une espèce de retrait de convenance.

L'article 8 comprend dans le préciput de *maineté* toutes les *appendances* de la maison *joindant ensemble sans aucun moyen*. L'article 19 développe cette disposition: « si au jour du trépas du premier mourant lesdits conjoints tiennent & possèdent à leur propre usance & demeure deux ou plusieurs héritages à eux appartenans, joindans ensemble sans aucun moyen, tellement qu'on aille de l'un à l'autre par dedans, le tout est *maineté* ».

Les maisons bâties sur des emphytéoses limitées à la vie des preneurs ou à un certain temps, sont sujettes au droit de *maineté* lorsque les baux emphytéotiques ont été réalisés par devoirs de loi, parce que dans ce cas ils sont réputés immeubles, suivant l'article 6 du titre 16, & par la raison contraire, quand ils n'ont été revêtus d'aucune des formalités du nantissement, le droit de *maineté* n'a pas lieu. C'est ce qu'établit clairement l'article 20 du titre 8.

On ne distingue point, en matière de *maineté*, si la maison des père & mère étoit un conquêt de leur communauté, ou si elle étoit propre à l'un d'eux; dans un cas comme dans l'autre, elle est soumise au préciput du cadet. C'est la disposition expresse de l'article 8.

La coutume de Valenciennes convient avec celle du Cambresis, en ce qu'elle admet comme elle deux sortes de *mainetés*, l'une mobilière, l'autre immobilière; mais elle en diffère par rapport aux objets compris dans l'une & dans l'autre.

La première consiste, suivant l'article 134, en une pièce *de chacune diversité & sorte de ménage, que pour le mainé on voudra choisir*.

Ces termes sont remarquables: d'abord il en résulte que le choix des meubles soumis à la *maineté* doit être fait par le mainé, ou, s'il est mineur, par ceux qui sont chargés de stipuler ses intérêts. C'est ce qu'annoncent les mots *que pour lui on voudra choisir*. L'article 137 dit à ce sujet, que si le mainé est moindre d'ans, ledit droit de *maineté* sera levé par le mayeur au profit dudit mainé.

En second lieu, ces termes *de chacune diversité & sorte de ménage* signifient-ils que le mainé n'a droit de prendre qu'une pièce de tous les meubles d'une certaine manière, & que, par exemple, sur une vaisselle d'argenterie composée de services, de coupes, de plats, &c. il ne peut prélever qu'une seule pièce? Nous avons déjà répondu à cette question par rapport à la coutume de Cambresis; & la décision que nous en avons donnée s'adapte d'autant mieux à la coutume de Valenciennes, qu'elle y est consignée en termes exprès. « Et s'il y a vaisselle d'argent, porte l'article 135, de chacune qualité une pièce, si comme de tasses, une tasse; de gobelets, un gobelet; de salières, une salière; jaçoit qu'elles fussent de diverses sortes de façons, & ainsi de toutes autres pièces & ustensiles de ménage.

On voit, par cet article & par le précédent, que la coutume de Valenciennes, comme celle de Cambresis, n'affecte point à la *mainetê* toutes les espèces d'effets mobiliers, mais seulement ceux qui servent au ménage. Voilà-pourquoi l'article 140 déclare que *droit de mainetê n'aura lieu en marchandises.*

La *mainetê* immobilière est, dans la coutume de Valenciennes, le droit de choisir par préciput le meilleur des immeubles qui se trouvent dans la succession.

Dans le temps de la rédaction de cette coutume, on ne connoissoit que deux sortes d'immeubles; les héritages & les rentes hypothéquées. De-là naît la question de savoir si les offices, qui depuis sont devenus une troisième espèce d'immeubles, peuvent être sujets au droit de *mainetê?* Nous pouvons répondre pour la négative, d'après un arrêt du parlement de Flandre du 24 décembre 1703, rendu au sujet de l'office de prévôt de la ville de Lille, entre la veuve du sieur Vandermaer, qui en étoit pourvu, & ses enfans.

On ne peut prendre la *mainetê* immobilière que sur les biens-fonds ou rentes qui étoient dans le patrimoine des conjoints ou de l'un d'eux avant la mort du prédécédé. C'est ce que prouvent ces termes de l'article 140: « droit de *mainetê* n'aura lieu pour l'advenir ès héritages échus ou acquis après la dissolution dudit mariage ».

La coutume ne limite point l'étendue des héritages, ni le montant des rentes que le mainé peut prendre pour son préciput; il dépend de lui de choisir le bien le plus considérable de toute la succession, pourvu cependant que les père & mère l'aient possédé en un seul corps & sans aucune division; car s'ils avoient distingué un immeuble en plusieurs parties, soit en faisant deux maisons d'une, soit en coupant un fonds par un fossé ou une haie, le cadet ne pourroit en demander qu'une partie pour son droit de *mainetê.* L'article 138 ne laisse là-dessus aucun doute.

Après avoir montré en quoi consiste le droit de *mainetê*, il faut examiner à qui il appartient, c'est-à-dire, quel est celui que l'on entend en cette matière par enfant *mainé.*

Reprenons toutes les coutumes que nous venons de parcourir, chacune dans le même ordre.

La coutume de la châtellenie de Lille défère ce droit au plus jeune des enfans mâles; & lorsqu'il ne s'en trouve pas, à la cadette des filles. » Droit de *mainetê* n'est dû & ne peut succéder à filles, s'il y a fils; mais, en défaut de fils, la fille mainée a pareil droit ». Ce sont les termes de l'ar. 3 du tit. 4.

L'article 228 de la coutume de Cassel renferme la même disposition: « la plus jeune fille pourra avoir le droit de *madel-stede* contre sa sœur, au cas qu'il n'y ait point de fils; mais s'il y a un fils, la fille ne peut avoir ce droit ».

Il en est de même dans la coutume de la loi d'Arras, comme il résulte de ces termes de l'article 8, *le mainé fils, ou en défaut de fils la mainée fille a droit de prendre*, &c.

Les coutumes de Saint-Simon & Raisse de la Bouteillerie, locale de la châtellenie de Lille, & celles du Cambresis & du chef-lieu de Valenciennes accordent le droit de *mainetê* au plus jeune des enfans, sans distinguer si c'est un garçon ou une fille.

Que doit-on entendre en cette matière par *premier mariage?* Le sentiment le plus probable est, que l'on ne doit regarder comme tel que celui dont il est né des enfans, de sorte qu'un mariage antérieur qu'auroit contracté l'un des conjoints, mais dont il ne resteroit pas d'enfant, n'empêcheroit pas que le droit de *mainetê* n'eût lieu entre les fruits d'un second mariage. La raison en est, que la restriction de cet avantage aux premières noces, n'a été introduite que pour l'intérêt des enfans que l'un des conjoints pourroit avoir eus d'un mariage précédent. La coutume de Valenciennes fait entendre assez clairement que tel est son esprit, puisqu'à l'article 80, elle explique le mot *premier mariage*, par ceux-ci, *ou autre réputé tel dont y a enfant.*

Dans les coutumes dont nous parlons, il ne peut être pris qu'un droit de *mainetê* sur les deux successions du père & de la mère. Ainsi, pour savoir quel est celui d'entre les enfans du premier mariage à qui ce préciput appartient, il ne faut pas considérer quel est le mainé au temps du décès de celui des conjoints de qui vient le bien sujet à la *mainetê*; il ne faut faire attention, pour régler cette qualité, qu'au moment de la mort du dernier vivant. C'est ce que prouvent les derniers termes de l'article 1 du titre 8 de la coutume de Cambresis, rapporté ci-devant. L'article est encore plus formel: « & si après le trépas du premier décédant desdits conjoints, y a enfant mainé qui devant le trépas du dernier mourant d'iceux conjoints vînt à décéder, soit ayant enfans ou non, ledit droit de *mainetê* devra appartenir à icelui enfant qui sera trouvé mainé survivant du premier mariage à l'heure du trépas du dernier décédant ».

Le survivant des conjoints tire un grand avantage de l'incertitude dans laquelle on est pendant sa vie sur celui des enfans qui sera le mainé à sa mort: l'article 13 lui assure la jouissance de la totalité de l'héritage soumis à la *mainetê*, quoique ce soit un propre du prédécédé, & que, suivant l'article 2 du titre 10, il ne puisse jouir que de la moitié de ces sortes de biens à titre d'entravestissement de sang.

Mais s'il survenoit un événement qui dissipât cette incertitude, la jouissance du conjoint seroit restreinte à la moitié, à moins que son contrat de mariage ne lui donnât l'usufruit de tous les propres du premier mourant. C'est ce qu'enseigne M. Desjaunaux sur l'article que nous venons de citer. « La jouissance de l'héritage destiné au puîné pour son droit de *maineté*, n'étant accordée au survivant des conjoints, qu'à cause de l'incertitude où l'on est auquel des enfans ledit héritage pourra appartenir, si le puîné & les autres renonçoient audit droit, le survivant ne pourroit pour lors conserver la jouissance entière dudit héritage, si c'étoit un propre du prédécédé, mais n'en auroit que la moitié à titre de ravestissement de sang. « L'article 14 vient à l'appui de cette résolution ; il ne parle à la vérité que d'un cas particulier, mais la raison sur laquelle il est fondé est générale ; voici comme il est conçu : « mais si en après il advient qu'il ne reste plus que l'un d'iceux enfans, lors le survivant desdits conjoints ne doit plus jouir dudit héritage, sinon aussi avant que ravestissement de sang ou autre lui donneroit ».

Dans le cas de cet article, c'est-à-dire, lorsqu'il ne reste à la mort du dernier vivant des conjoints qu'un enfant du premier mariage, il ne peut y avoir lieu au droit de *maineté* en sa faveur, quand même il auroit des frères ou des sœurs d'un second mariage. C'est ce que décide l'article 2 : « un seul enfant du premier mariage survivant ses père & mère, ne peut demander droit de *maineté* contre ses frères & sœurs des autres mariages subséquens ». On trouve la même disposition dans l'article 2 de la coutume de Saint-Simon & Raiffe. « Droit de *maineté* est dû.... au mainé enfant.... supposé qu'il y eût fils ou fille mainé ». C'est aussi ce qui résulte de la coutume de la Boutellerie, article 4 « Après le décès & trépas de père ou mère délaissant aucuns héritages non procédans d'acquêts, & que division est faite entre *leurs enfans*, le mainé, soit fils ou fille, a le choix, si bon lui semble ». Enfin, l'article 1 du titre 4 de la coutume de la châtellenie de Lille, ne donne ouverture au droit de *maineté*, que « quand père ou mère termine vie par trépas, délaissant *plusieurs enfans* ».

On a demandé si ces dispositions devoient être étendues à la coutume du chef-lieu de Valenciennes. L'affirmative ne paroissoit susceptible d'aucune difficulté. Suivant l'article 132 de cette loi municipale, « le droit de *maineté* se prend préalablement & d'avant-part, & après prend le *mainé* au restant telles parts & portions qu'*autres ses frères & sœurs* ». On ne peut donc considérer le droit de *maineté* que comme la suite d'une qualité de comparaison. Car pour trouver un mainé parmi les enfans d'un premier mariage, il faut nécessairement comparer tous ces enfans entre eux, & savoir lequel est né le dernier : or, cette comparaison est impraticable, lorsqu'il ne se trouve qu'un enfant : par conséquent, il ne peut y avoir ni mainé ni droit de *maineté* dans cette hypothèse.

On a cependant été long-temps dans l'usage, à Valenciennes & dans tout le chef-lieu du même nom, d'accorder le droit de *maineté* à un seul enfant du premier mariage, tant contre les enfans d'un de ses frères germains, que contre ses frères ou sœurs d'un second mariage. Mais cet usage a été proscrit par deux arrêts du parlement de Flandre, des 9 août 1749, & 29 novembre 1752.

Le droit de *maineté*, dans tous les pays où ce préciput a lieu, ne peut appartenir qu'à un enfant du premier degré, ni être transmis aux héritiers & représentans du mainé, parce qu'il ne lui est pas dû comme héritier simple, mais comme fils mainé, & par conséquent il lui est personnel.

Cependant, comme ce droit est engendré à la mort du premier décédant, quoiqu'il n'échoie qu'à la mort du dernier, les effets & héritages qui y sont soumis, ne peuvent être aliénés par celui-ci. Par la même raison, celui des enfans qui en a l'expectative, peut faire tous les actes conservatoires qu'il juge à propos, pour empêcher le dépérissement des choses comprises dans son préciput.

Le droit de *maineté* qui est échu, se perd & s'anéantit par le laps du temps dans lequel l'appréhension doit en être faite.

La coutume de la châtellenie paroît accorder au mainé tout le temps de sa vie pour faire cette appréhension ; voici comme elle s'exprime à ce sujet, *titre 4*, *art. 4* : « ledit droit de *maineté* n'est dû, s'il n'est préjudiciairement appréhendé ou consenti par les héritiers ou les tuteurs d'iceux, s'ils sont en minorité d'âge. Et si ledit mainé ou mainée fine ses jours sans avoir fait ladite appréhension, ou lui ait été consenti, ledit droit, dès l'instant du trépas, est sopi & éteint ».

Dans la coutume de Cambresis, « si l'enfant mainé, après le trépas de ses père & mère, étant âgé (*majeur*), ne demande & appréhende ladite *maineté*, & que depuis icelle être échue, il ait, avec ses héritiers seulement, joui de sa part séparément ou par indivis, l'espace de dix ans, sans contredit, il ne la pourra plus, après ledit terme, appréhender ou demander ».

Il y a quelque chose de plus. La demande en délivrance du droit de *maineté* est tellement de rigueur, « que si entre héritiers âgés (*majeurs*), parçon (*partage*) se fait, en laquelle les meubles ou héritages sur lesquels la *maineté* se peut prendre, sont mis en parçon acceptée par les cohéritiers, après ce fait, l'enfant ne peut quereller ledit droit de *maineté* ».

La coutume de Valenciennes est encore plus rigoureuse. « Se prendra (dit-elle, *art. 136*) ledit droit de *maineté* (*mobilière*) en dedans six semaines par celui qui sera trouvé après le trépas du survivant des deux conjoints être mainé : & quant aux héritages ou rentes immobilières, il fera ladite option & choix en dedans l'an ».

Est-il au pouvoir des pères & mères de déroger au droit de *maineté?* Il est constant que cela dépend absolument d'eux dans les coutumes de la châtellenie de Lille, de Cassel, & de la loi d'Arras.

Dans les coutumes de Cambresis & du chef-lieu de Valenciennes, ils peuvent déroger à ce droit, lorsqu'ils sont tous deux en vie; mais dès que l'un est mort, la *maineté* est irrévocablement acquise à celui des enfans qui sera le plus jeune au décès de l'autre. C'est pourquoi, la première des coutumes dont il s'agit, déclare que le droit de *maineté* est engendré à la mort du premier décédant de tels conjoints; & la seconde défend au survivant de disposer au préjudice du droit de *maineté* des effets mobiliers du prédécédé, dont cependant elle lui accorde la propriété pleine & incommutable.

L'article 59 de cette même coutume interdit au survivant avec enfans, toute aliénation *des héritages patrimoniaux, soit qu'ils procèdent de son côté ou du côté du trépassé*, à moins qu'elle ne soit ou nécessitée par des besoins urgens & constatés par un jugement en bonne forme, ou autorisée par le consentement des enfans majeurs, ou faite à la charge de remploi, *sans néanmoins pouvoir aliéner la maineté, sinon en défaut d'autres biens.*

Les articles 157 & 158 déclarent les choses comprises dans la *maineté*, insaisissables pour les dettes contractées par le survivant depuis la dissolution du mariage, & ne permet de les saisir pour les dettes créées pendant la communauté, qu'au défaut d'autres meubles, s'il s'agit de la *maineté* mobilière, & d'autres immeubles, s'il est question de la *maineté* immobilière.

Les pères & mères peuvent à leur choix, exercer, par une disposition entre vifs ou par un acte de dernière volonté, le pouvoir qu'ils ont dans les deux coutumes dont nous parlons, de déroger au droit de *maineté*, du vivant l'un de l'autre; mais il y a cela de particulier dans la coutume de Cambresis, que lorsqu'ils emploient pour cette dérogation un acte de dernière volonté, ils ne peuvent remplir efficacement leur objet, par rapport à la *maineté* immobilière, qu'en se déshéritant de leur maison entre les mains des officiers de la justice d'où elle relève immédiatement. C'est ce qui résulte de l'article 1 du titre 13, portant que « nul ne peut par testament disposer de ses héritages, si ce n'est en faisant les devoirs duement pardevant loi du lieu ou des lieux esquels les héritages sont situés ».

Il ne suffit même pas que les conjoints se soient ainsi déshérités, il faut encore que dans l'année du décès du dernier vivant, les aînés, au profit desquels a été faite la dérogation au droit de *maineté*, se fassent adhériter de la maison par les officiers qui en ont reçu la déshéritance. Cela est ainsi réglé par l'article 1 du titre 20, conçu en ces termes: si un simple rapport d'héritage est fait en main de loi, pour, après le décès des rapportans, appartenir à quelqu'un, icelui ou iceux au profit de qui est fait ledit rapport, doit en dedans l'an, après le décès des rapportans, demander l'adhéritance & saisine de tel héritage à la loi; autrement, après ledit terme passé, tel rapport cesse & ne porte plus effet. Cette disposition a été confirmée par un arrêt du parlement de Flandre, du 7 avril 1769.

Pour que la dérogation au droit de *maineté* soit efficace, faut-il qu'elle soit expresse & spéciale? La coutume de Cambresis exige ces deux conditions, par rapport à la *maineté* mobilière; voici ce qu'elle dit à ce sujet, *titre 8, art. 21:* « testament ou autre disposition de tous les biens meubles n'empêche point le droit de *maineté* mobilière, s'il n'y est spécialement & par exprès dérogé par les deux conjoints ». Il résulte de-là, que la *maineté* immobilière peut être rompue par une disposition générale: c'est la conséquence que tire M. Desjaunaux de cet article: « il n'en est pas de même, dit-il, du droit de *maineté* héréditaire, pour lequel détruire il suffit aux conjoints de disposer autrement par clause de contrat nuptial de leurs propres, ou de leurs acquêts par condition générale, ainsi qu'il a été jugé par le magistrat de Cambrai ».

Les autres coutumes, telles que le chef-lieu de Valenciennes, la châtellenie de Lille, Cassel, *&c.* n'ont pas de disposition sur ce point, & l'on y tient pour constant, qu'une simple cause d'égalité entre tous les enfans, ne suffit pas pour déroger au droit de *maineté*, parce qu'elle ne s'entend point d'une égalité parfaite, mais d'une égalité coutumière.

Il ne faut cependant pas toujours que la dérogation au droit de *maineté* soit expresse & spéciale; & l'on peut dire en général que toute disposition qui est absolument incompatible avec ce droit, suffit pour en opérer l'extinction.

Ainsi, lorsque les père & mère ont assigné tous leurs biens en détail à chacun de leurs enfans, il ne peut plus y avoir lieu au droit de *maineté*, parce qu'il ne reste plus de matière sur laquelle on puisse l'exercer. C'est ce qui a été jugé dans la coutume du chef-lieu de Valenciennes, par sentence du bailliage du Quesnoy, du 18 décembre 1752.

On a déjà fait entendre que le mainé peut renoncer à l'avantage que lui donne la loi, & cela ne souffre aucune difficulté, pas même dans les coutumes qui ne font consister la *maineté* que dans le droit de prendre le manoir du défunt, à la charge de récompenser les aînés en autres immeubles, ou, faute d'immeubles, en deniers. C'est la décision textuelle de l'article 279 de la coutume de Cassel: « nul n'est obligé de prendre le droit » de *madel-stede*, s'il ne veut ».

Lorsque le mainé renonce, son droit ne passe pas à l'enfant qui est immédiatement moins âgé que lui; il s'éteint absolument.

Nous avons vu que la coutume du chef-lieu de Valenciennes défend de saisir les choses sujettes à la *maineté*, tant qu'il y ait dans la succession assez d'autres biens pour en acquitter les dettes. Il suit de-là, que le mainé ne contribue pas aux dettes à raison de son préciput, mais seulement comme chacun de ses frères & sœurs.

Il a même été jugé par arrêt du parlement de Flandre, rapporté dans le recueil de M. Desjaunaux, sous la date du 24 décembre 1712, que « quand à Cambrai le plus jeune des enfans appréhende par droit de *maineté* héréditaire la maison de ses père & mère, les héritiers mobiliers sont tenus de décharger les rentes constituées avec hypothèque sur ladite maison, soit qu'elles aient été constituées pour l'acquisition d'icelles, ou qu'elles soient antérieures à ladite acquisition ».

MAINS (*livrer ses*), c'est faire hommage en mettant ses *mains* entre celles de son seigneur. *Voyez* le glossaire de Ducange, au mot *Manus*. (*M. Garran de Coulon, avocat au parlement.*)

Mains (*terrage à deux*). Ragueau remarque dans son indice, qu'on appelle ainsi le terrage au six, quand il se confond avec la dîme, & que le seigneur lève d'une *main* la dîme & de l'autre le terrage, à raison de douze gerbes l'une pour la dîme, & une autre gerbe pour le terrage.

Ce terrage au six est fort commun en Poitou. Mais il ne faut pas en conclure qu'il suppose nécessairement la réunion du droit de dîme & de celui de terrage.

L'article 3 des lettres-patentes du mois de mai 1771, dont on a parlé au mot Boisselage, paroissoit à la vérité le décider de cette manière, en assujettissant les seigneurs du terrage au six à contribuer au supplément des portions congrues, à raison de la moitié du terrage, dans les parties de cette province où le droit de boisselage a lieu. Mais cette disposition a été révoquée par l'art. 2 de l'édit du mois d'août 1777. (*M. Garran de Coulon, avocat au parlement.*)

MAINTENUE, s. f. (*terme de pratique.*) est un jugement qui conserve à quelqu'un la possession d'un héritage ou d'un bénéfice.

Ces sortes de jugemens interviennent sur le possessoire; le juge maintient & garde en possession celui qui a le droit le plus apparent.

Lorsque la possession n'est adjugée que provisoirement, & pendant le procès, cette simple *maintenue* s'appelle *récréance*.

Mais lorsque la possession est adjugée définitivement à celui qui a le meilleur droit, cela s'appelle *la pleine maintenue*.

Avant de procéder sur la pleine *maintenue*, le jugement de récréance doit être entièrement exécuté.

L'appel d'une sentence de pleine *maintenue*, n'en suspend pas l'exécution.

En matière bénéficiale, quand le juge royal a adjugé la pleine *maintenue* d'un bénéfice sur le vu des titres, on ne peut plus aller devant le juge d'église pour le pétitoire. *Voyez* Récréance, Possession, Pétitoire. (*A*)

MAIRE, s. m. (*Droit public.*) signifie chef ou premier d'un tribunal ou autre corps politique. Les uns dérivent ce titre de l'allemand *meyer*, qui veut dire *chef* ou *surintendant*; d'autres du latin *major*; quelques-uns veulent qu'il ait été formé par abbréviation du mot *maître*. Quoi qu'il en soit de toutes ces étymologies peu intéressantes en elles-mêmes, ce mot s'applique à plusieurs espèces d'offices, que nous allons faire connoître par ordre alphabétique.

Maire *de châtel, de gibet, de justice. Voyez* Mere *de châtel, de gibet, de justice.*

Maire *ou* Prévôt. *Voyez* Mairie, (*Droit féodal.*)

Maire *du palais*, étoit le titre du premier & principal officier, qui, sous nos rois de la première race, possédoit la première dignité du royaume, & avoit la disposition de toutes les affaires de l'état, sous le nom du souverain.

Les *maires du palais* dans leur origine, représentoient ce qu'est aujourd'hui le grand-maître, & celui qui étoit revêtu de cette dignité se nommoit *major domus regiæ*, *palatii gubernator*, *præfectus*, &c. Ainsi, lorsque Chilpéric envoya Waddon pour accompagner sa fille en Espagne où elle alloit épouser Recarède, il lui donna le titre de *maire du palais* de la princesse; & c'est-là l'idée qu'on doit avoir de tous les maires du palais qui se trouvent nommés dans l'histoire avant la mort de Dagobert I, arrivée en 638. La puissance des *maires* s'accrut par la mort de ce prince, époque de la décadence de l'autorité royale. Leur emploi ne leur fut d'abord donné que pour un temps, ensuite à vie, puis ils le rendirent héréditaire; ils ne commandoient que dans le palais du roi, ils devinrent leurs ministres, & on les vit à la tête des armées; aussi changèrent-ils leurs qualités, & le *maire* prit dans la suite le titre de *dux francorum*, *dux & princeps*, *subregulus*. Ce fut Grimoald qui commença à porter cette dignité au plus haut point, sous le règne de Sigebert II, roi d'Austrasie.

Le pouvoir des *maires* fut tel qu'ils déposèrent souvent les rois & en mirent d'autres en leur place.

Lorsque le royaume fut divisé en différentes monarchies, de France, Austrasie, Bourgogne & Aquitaine, il y eut des *maires du palais* dans chacun de ces royaumes.

Pepin, fils de Charles Martel, lequel fut, après son père, *maire du palais*, étant parvenu à la couronne en 752, mit fin au gouvernement des *maires du palais*.

Lorsque le *maire du palais* commandoit dans le palais du roi, le comte du palais en jugeoit les officiers; le référendaire signoit les chartres royales & diplômes, & les scelloit avec l'anneau du prince; le connétable, c'est-à-dire, le comte de l'étable, avoit seulement l'intendance de l'écurie: toutes ces charges étoient établies à l'imitation de celles des Romains.

Tous les ans, au mois de mars, les troupes s'assembloient sous les ordres de leurs chefs, &

se présentoient aux yeux du roi, c'est-ce qu'on appelloit *champ de mars;* on y régloit les intérêts de la monarchie, le roi ou le *maire* de son palais proposoit les questions qu'on devoit examiner, l'assemblée délibéroit : la pluralité des voix emportoit la décision, & ce que la diète avoit prononcé, devenoit loi de l'état.

Pour avoir une idée des autres charges dont il est question dans cet article, il suffit de se rappeller que la charge de grand référendaire répondoit à celle de chancelier d'aujourd'hui. Cette charge, devenue encore plus considérable sous la deuxième race, est à présent la première de l'état, depuis la suppression de celle de connétable, par Louis XIII, en 1627. Le comte du palais étoit bien inférieur au *maire*, il étoit cependant le juge de tous les officiers de la maison du roi, & confondoit dans sa personne tous les autres officiers qu'on a vus depuis, tels que le bouteiller, chambrier, &c. Cette charge subsista sous la deuxième race, tandis que celle de *maire* fut anéantie : sous les rois de la troisième, celle de sénéchal anéantit celle du comte, dont l'idée nous est restée dans le grand prévôt de l'hôtel. Le connétable, qui ne marchoit qu'après le comte du palais, sous la deuxième race, devint le premier homme de l'état sous la troisième, & la charge de sénéchal finit en 1191.

Il y avoit, outre le référendaire, qui se nommoit *grand référendaire*, des officiers qui lui étoient subordonnés, mais qui portoient, comme lui, le nom de *référendaires ;* ils étoient chargés de dresser & rédiger les lettres royaux, & exerçoient même quelquefois les fonctions du grand référendaire. Les noms de ces différens référendaires, qui étoient les plus considérables des magistrats de la première race, sont peu intéressans, & ce qu'on pourroit ajouter est si incertain, que ce que nous venons d'en dire doit suffire pour avoir des notions justes, quoique succintes, sur ce point de notre histoire.

Afin de ne rien laisser à desirer de plus curieux touchant cet article, nous allons donner la liste chronologique des *maires du palais*, rangés selon l'ordre des règnes.

Règne de Clovis I, mort en 511.
Lando.

Règne de Clotaire I, mort en 562.
Théodoric.
Badegisile.
Gondoland.
Landregesile.

Règnes de Caribert, mort en 566, & de Chilperic, mort en 584.
Landregesile.
Cuppa.
Landri.
Chrodin.
Gogon.
Radon.

Règne de Clotaire II, mort en 628.
Landri.
Florentian.
Wlfoad.
Warnachaire.
Berthoald.
Protadius.
Clodius.
Licin.
Gondebaud.
Waraton.
Carloman.
Gondoald.

Règne de Dagobert I, mort en 638.
Gondoald.
Sadregesile.
Arnoul.
Archambaud.
Pepin l'ancien.
Cogon Noran.
Ega.

Règne de Clovis II, mort en 660.
Archambaud.
Bertinoald.
Ebroin.
Almaric.
Flaochal.
Martin.
Grimoald.
Adalgise.

Règne de Childeric II, mort en 673.
Ebroin.
Robert.
Wlfoald.
S. Léger.

Règne de Thierry III, mort en 690.
Ebroin.
Lendesile.
Waraton.
Gilimer.
Bertaire.

Règne de Clovis III, mort en 695.
Pepin Heristel.

Règne de Childebert III, mort en 711.
Pepin Heristel.
Dreux.
Grimoald.
Nordebert.

Règnes de Dagobert III, mort en 715, & de Chilperic II, mort en 720.
Grimoald.
Théodebalde.
Rainfroi.
Charles Martel.

Règne de Thierry IV, mort en 736.
Charles Martel.

Règne de Childeric III, rasé & déposé en 750 ou 752, mort en 754.

Pepin-le-Bref.

Voyez RÉFÉRENDAIRE, COMTE *du palais.* (*Cet article est de M.* DE LA CHENAYE, *lieutenant-général honoraire de Mortagne, de plusieurs académies, & du musée de Paris.*)

MAIRE *de religieux*, *major*, on appelloit ainsi, dans quelques monastères, celui qui étoit le premier entre les religieux, qu'on appelle à présent *prieur.* La fondation faite à S. Martin-des-champs, par Philippe de Morvilliers, porte que le *maire des religieux* de ce couvent présentera deux bonnets, & au premier huissier des gants & une écritoire. *Voyez* Ducange, au mot *Major*, & l'éloge du parlement, par de la Baune.

MAIRE *royal*, est le juge d'une jurisdiction royale qui a titre de *mairie* ou *prévôté.*

MAIRE *de ville*, est le titre du premier officier municipal d'une ville, bourg ou communauté : à Paris, à Lyon, on l'appelle *prévôt des marchands ;* à Toulouse, le chef des capitouls, qui est capitoul lui-même, est nommé *chef du consistoire ;* dans d'autres villes, ce premier officier a le titre de *maïeur.* Les *maires* & échevins sont parmi nous ce qu'étoient chez les Romains les officiers appellés *defensores civitatum.* Ce fut vers le règne de Louis VII, que les villes achetèrent des seigneurs le droit d'élire un *maire* pour les gouverner.

La nomination des *maires* & la forme de leur élection a souvent varié. Il y a des villes qui ont droit de mairie par chartres, c'est-à-dire, le privilège de se choisir un *maire.* Chaumont, Pontoise, Meulan, Mantes, Eu & autres, ont des chartres de Philippe-Auguste, qui leur accorda ce droit de mairie en 1182 & 1188.

On trouve aussi un mandement de ce prince, adressé au *maire* de Sens & autres *maires* & communes, parce que dans ce temps-là la justice temporelle étoit exercée dans les villes par les communes, dont les *maires* étoient les chefs ; en quelques endroits, ils ont retenu l'administration de la justice ; en d'autres, ils n'ont que la justice foncière ou basse-justice, comme dans quelques cantons de la Picardie. Les *maires*, dans les Pays-bas & dans le Cambresis, jugent de ce qui concerne la moyenne & basse justice. *Voyez* Pinaut des Jauneaux, sur les mairies, en son commentaire de la coutume de Cambrai, *titre 22.* Il y a aussi des lieux où les officiers municipaux exercent la police, dont ils ont réuni à leurs corps les offices lors de la création de ces charges, faite en 1699, dans les différentes villes du royaume. *Voyez* POLICE, LIEUTENANS DE POLICE.

S. Louis fit deux ordonnances en 1256, touchant les *maires.* Il régla, par la première, que l'élection des *maires* seroit faite le lendemain de S. Martin & S. Jude, que les nouveaux *maires* & les anciens, & quatre prudhommes de la ville viendroient à Paris, aux octaves de S. Martin, pour rendre compte de leur recette & dépense ; qu'il n'y auroit que le *maire* ou celui qui tient sa place qui pourroit aller en cour ou ailleurs pour les affaires de la ville, & qu'il ne pourroit avoir avec lui que deux personnes, avec le clerc & le greffier, & celui qui porteroit la parole.

L'autre ordonnance qui concerne l'élection des *maires* dans les bonnes villes de Normandie, ne diffère de la précédente, qu'en ce qu'elle porte, « que le lendemain de la S. Simon, celui qui aura » été *maire* & les notables de la ville choisiront » trois prudhommes qu'ils présenteront au roi, à » Paris, aux octaves de la S. Martin, dont le roi » choisira un pour être *maire* ».

Les *maires* ont été électifs, & leur exercice borné à un temps jusqu'à l'édit d'août 1692, par lequel le roi créa des *maires* perpétuels en titre d'office, dans chaque ville & communauté du royaume, avec le titre de *conseiller du roi*, excepté Paris & Lyon, où l'usage de nommer un prévôt des marchands fut conservé.

Il fut ordonné que ces *maires* en titre, jouiroient des mêmes honneurs, droits, émolumens & privilèges, prérogatives, rang & séance dont jouissoient auparavant les *maires* électifs ou autres premiers officiers municipaux.

Il fut encore dit que ces *maires* convoqueroient les assemblées générales & particulières ès hôtels-de-ville, où il s'agiroit de l'utilité publique, du bien du service du roi, & des affaires de la communauté, qu'ils recevroient le serment des échevins ou autres officiers de ville, pour celles où il n'y a point de parlement.

L'édit leur donne le droit de présider à l'examen, audition & clôture des comptes des deniers patrimoniaux, & autres appartenans aux villes & communautés.

Le secrétaire des maisons ou hôtels-de-ville ne doit signer aucun mandement ou ordre concernant le paiement des dettes & charges desdites villes & communautés, sans avoir été d'abord signé par le *maire* ou autre après lui, en cas d'absence.

Les officiers de ville ne peuvent faire l'ouverture des lettres & ordres à eux adressés qu'en présence du *maire*, s'il est sur les lieux.

Le *maire* a une clef des archives de la ville.

C'est lui qui allume les feux de joie, soit seul, soit concurremment avec le lieutenant-général de police ; c'est l'usage ou la possession qu'il faut suivre, quand il n'y a point de réglement à cet égard.

La robe de cérémonie des *maires* & échevins varie suivant les lieux ; il y a des villes, telles qu'à Mortagne, où ils ne portent dans ce cas que l'habit noir ; dans d'autres, ils portent la robe & autres ornemens accoutumés ; enfin il y a des villes où le *maire* prétend avoir droit de porter la robe rouge, quand elles sont le siège d'un présidial. Ce qu'il y a de certain, c'est qu'à Paris, où les chefs & gens du roi du châtelet, qui est en même temps présidial, portent la robe rouge, les prévôt des marchands, échevins, conseillers & autres, portent une robe différente. Dans les cérémonies publiques, les maire & échevins marchent à gauche des officiers des bailliages & présidiaux, & occupent dans les églises les mêmes stales que ces jurisdictions, du côté gauche; suivant différens édits même, ils ont droit de précéder les juges ordinaires non royaux.

Dans les pays d'états, le maire a entrée & séance aux états, comme député né de la communauté.

Le privilège de la noblesse fut attribué aux *maires* en titre d'office, dans les villes où il avoit été rétabli & confirmé, comme à Poitiers; mais ce privilège a été depuis restreint, & aujourd'hui même il n'y a guère que le corps de ville de Paris & de Toulouse à qui il ait été conservé. *Voyez* PRÉVÔT DES MARCHANDS, CAPITOULS.

On accorda aussi au *maire* l'exemption de tutèle, curatèle, de la taille personnelle dans les villes taillables, de guet & de garde, du service de ban & arrière-ban, du logement des gens de guerre & autres charges & contributions, même des droits de tarif qui se lèvent dans les villes abonnées, & des octrois dans toutes les villes, pour les denrées de leurs provisions.

Ces privilèges ont encore éprouvé bien des restrictions, le fermier s'étant occupé dans tous les temps à les faire restreindre, ainsi que le nombre des privilégiés; aussi les *maires* & officiers municipaux sont-ils compris à présent au rôle des taillables, & assujettis à payer les droits ordinaires pour leurs denrées & provisions. *Voyez* TAILLE.

Les *maires* & échevins ont cependant été maintenus dans l'exemption du logement des gens de guerre, par les dernières ordonnances, notamment par celle du premier mars 1768, avec d'autant plus de raison que ces logemens sont assignés par eux, & sont actuellement une des principales parties de leurs fonctions.

On leur donna aussi la connoissance de l'exécution du réglement de 1669, concernant les manufactures, & de toutes les autres matières dont les *maires* & échevins avoient connu jusqu'alors; mais ils ne connoissent plus de ces matières, à moins qu'ils n'aient acheté & réuni à leurs corps, comme nous avons dit ci-dessus, l'office de lieutenant-général de police, auquel seul la connoissance des manufactures & fabriques du royaume est attribuée, sauf l'appel aux parlemens, par des lettres-patentes de 1738 & 1749.

Il fut créé aussi par le même édit de 1692, des offices d'assesseurs de *maires*, & par édit de 1702, on leur donna des lieutenans; mais un édit du mois de décembre 1706, créa des *maires* & lieutenans alternatifs & triennaux.

Dans plusieurs endroits, tous ces offices furent levés par les provinces, villes & communautés, & réunis aux corps de ville. Il fut même permis aux seigneurs de les acquérir, soit pour les réunir, soit pour les faire exercer. Tous ces offices furent supprimés depuis, savoir, les lieutenans de *maires* alternatifs & triennaux en 1708, & en 1714, tous les offices de *maires* & lieutenans, qui restoient à vendre.

En 1717, il intervint une suppression de tous les offices de *maires*, lieutenans & assesseurs, à l'exception des provinces où ces offices étoient remis aux états, & il fut ordonné qu'à l'avenir les élections de *maires* & autres officiers municipaux se feroient dans la forme usitée avant la création desdits offices supprimés.

Ces offices de *maire* en titre furent rétablis en 1722, & supprimés de nouveau en 1724, à l'exception de quelques lieux où ils furent conservés. Ces mêmes offices, rétablis en 1733, ont encore été supprimés par les édits d'août 1764 & mai 1765, & enfin rétablis en titre d'office par édit de novembre 1771, registré le 15 janvier 1772, ainsi que ceux de lieutenans de *maires*, secrétaires, greffiers, conseillers, échevins, jurats, consuls, capitouls & assesseurs, le tout au nombre fixé pour chacune des villes & bourgs où cette création doit avoir lieu, avec un procureur pour sa majesté dans les lieux où les fonctions n'en ont point été réunies par les procureurs des jurisdictions ordinaires, en vertu de l'édit de juillet 1758.

Suivant ce dernier édit, toutes personnes graduées & non graduées, officiers ou autres, sont déclarées susceptibles de ces offices sans incompatibilité, après avoir obtenu l'agrément de sa majesté, qui permet aux acquéreurs de payer la finance de ces offices non assujettis au paiement du centième denier, établi en février 1771, ès mains du trésorier des revenus casuels, moitié en argent, moitié en contrats ou quittances de finance, & ce pendant trois mois seulement, du jour de la publication dudit édit.

Par l'article 5 de ce dernier édit, les *maires* des villes où il y a cour souveraine, évêché ou présidial, doivent être reçus & prêter serment aux parlemens, en payant 60 liv. pour tous droits, & dans les autres villes, ils peuvent se faire recevoir dans lesdites cours ou devant le plus prochain juge royal, à leur choix, en payant seulement 30 liv.

L'article 7 leur accorde & aux autres officiers, les droits, fonctions & prérogatives dont les pourvus de pareils offices jouissoient en vertu de l'édit de novembre 1706, dont l'exécution a été prescrite, en tout ce qui n'étoit pas contraire à celui dont il s'agit.

Par le même édit, le roi ordonne aussi que ceux qui ont été élus pour remplir les offices municipaux desdites villes, bourgs & communautés, en exécution des édits de 1764 & 1765, en continueront l'exercice jusqu'à ce qu'il y ait été pourvu par sa majesté.

L'arrêt d'enregistrement porte que, sous quelque prétexte que ce soit, les villes & bourgs ne pourront être forcés d'acquérir lesdits offices, & que

que les droits d'octrois ne pourront être augmentés, même sur la demande desdites villes, sous prétexte d'insuffisance des revenus, après leurs dépenses prélevées, pour payer les gages desdits officiers.

« Nous avions lieu d'espérer, dit sa majesté dans le préambule de cet édit, qu'en rendant, par les édits de 1764 & 1765, aux villes & communautés, la liberté de choisir & nommer leurs officiers municipaux, & d'après les mesures qui avoient été prises, les citoyens de tous les ordres se réunissant pour l'avantage commun, dépouilleroient tout autre intérêt pour concourir au bien de la communauté ; mais au lieu de ces avantages, il en a résulté des troubles, des cabales & des brigues dans les élections, qui ont souvent occasionné des procès ruineux pour les villes, & retardé l'expédition des affaires, à quoi, continue sa majesté, nous avons cru ne pouvoir mieux remédier, qu'en créant des officiers municipaux qui, après avoir obtenu notre agrément, n'étant plus redevables de leurs charges aux suffrages des particuliers, & n'ayant plus rien à craindre de leurs successeurs, en exerceront les fonctions sans passion & avec la liberté nécessaire à la distribution des charges publiques, & seront plus en état, étant perpétuels, d'acquérir une connoissance plus entière des affaires concernant le service des villes ».

Comme, d'après cet édit, l'exécution de ceux de 1764 & 1765 est ordonnée jusqu'à ce qu'il ait été pourvu à l'égard des officiers lors en exercice, nous croyons devoir rendre compte des principales dispositions de ces deux édits, attendu, surtout, la connoissance qui paroît restée aux bailliages sur différentes matières.

Les *maires* ne peuvent être choisis que parmi ceux qui l'ont été déjà, ou qui auront été ou seroient actuellement échevins, & ils n'exerceront cet office de *maire* que pendant trois ans. Cette élection doit être faite, ainsi que celle des autres officiers municipaux, par la voie du scrutin, dans une assemblée de notables, présidée par le lieutenant-général, en présence du procureur du roi des bailliages, avec cette différence que pour cette place de *maire*, il doit être élu trois sujets sur lesquels le roi s'est réservé le droit du choix, d'après le compte qui lui en sera rendu par le secrétaire d'état ayant le département de la province, à qui le procès-verbal d'élection doit être envoyé aussi-tôt.

Les échevins ne peuvent être pris que dans la classe de ceux qui auront été conseillers, de manière que parmi ces échevins, il y ait toujours au moins un gradué. Quant aux conseillers, ils doivent être pris dans la classe des notables.

Le *maire* doit exercer trois ans, après avoir prêté serment ès mains du lieutenant-général; les échevins deux ans, de manière qu'il y en ait toujours deux anciens & deux nouveaux, & les conseillers six années. A l'égard du secrétaire-greffier, il peut être nommé pour trois ans, même plus long-temps & sans interruption, s'il est ainsi arrêté dans l'assemblée des notables, de même que le syndic-receveur. Les échevins, conseillers, greffiers & syndics doivent prêter serment ès mains du *maire*, le tout sans frais.

L'assemblée des notables doit être composée des officiers municipaux ci-dessus, & de quatorze notables qui doivent être choisis suivant l'article 32 de l'édit de 1765, à raison d'un dans le chapitre principal du lieu, un dans l'ordre ecclésiastique, un parmi les nobles & militaires, un dans le bailliage, autre que le lieutenant-général, nommé président de l'assemblée & juge des contestations à naître au sujet desdits édits, un dans le bureau des finances, un dans les autres jurisdictions, en quelque nombre qu'elles soient dans le lieu, deux parmi les commensaux, les avocats, médecins & bourgeois vivant noblement, un parmi les notaires & procureurs, trois parmi les négocians en gros, marchands, chirurgiens & autres exerçant les arts libéraux, & deux parmi les artisans.

Selon les deux articles suivans, il doit être nommé un député par chacun des différens corps ci-dessus, & dans une assemblée que ces corps sont autorisés à tenir, laquelle doit être présidée par les chefs & en la manière ordinaire, à l'exception de celle des nobles & militaires, qui, en l'absence du bailli d'épée, doit être convoquée & tenue par le lieutenant-général, & de celle des marchands & artisans qui doit être tenue par le lieutenant de police.

Tous ces députés sont tenus de s'assembler à l'hôtel-de-ville, la veille de l'élection des officiers municipaux, pour élire par scrutin les notables à la pluralité des suffrages, laquelle assemblée en ce cas doit être présidée par le *maire*, qui est tenu, ainsi que lesdits officiers municipaux, de convoquer lesdits notables par billets signés du secrétaire-greffier, toutes les fois qu'il sera nécessaire de les assembler.

Ces notables ainsi élus seront au moins âgés de 30 ans, domiciliés depuis dix ans dans lesdites villes, sans être assujettis par d'autres fonctions à résider ailleurs, & pourront exercer pendant quatre ans, sauf à être continué autant de temps qu'il conviendra. La présidence de l'assemblée desdits notables est attribuée au lieutenant-général ou premier officier de la justice ordinaire, en présence du procureur du roi ou fiscal, sans qu'ils puissent y donner leur voix, réservée pour leur siège.

L'article 41 du même édit fait défense de refuser aucune des places ci-dessus, sous prétexte de privilèges attachés à des charges ou emplois, sa majesté attribuant en ce cas la connoissance de toutes les contestations à naître, tant sur cet objet que sur le surplus du contenu auxdits édits, aux juges royaux, même aux juges subalternes ressortissant aux parlemens, sauf l'appel à la grand'chambre.

Les dispositions ci-dessus rapportées ne regardent que les villes composées de 4500 habitans & plus ; à l'égard des villes moindres, le nombre des échevins, des conseillers & des notables est proportionné par ces édits à l'étendue & à la population desdites villes & bourgs.

Dans tous les cas & dans toutes les villes, la convocation & tenue des assemblées ordinaires du corps de ville, appartient au *maire*.

Suivant l'article 32 de l'édit d'août 1764, les receveurs des villes & bourgs sont tenus de remettre aux officiers municipaux, dans les premiers jours de chaque mois, un bref état de compte de leur recette & dépense, visé par l'un d'eux, & de rendre tous les ans un compte en règle de la recette & dépense de l'année précédente, à quoi, dit l'article 34, ils pourront être contraints par corps sur la simple ordonnance du juge, desquels comptes extrait doit être envoyé au contrôleur-général, pour faire connoître annuellement l'état des villes, après avoir été préalablement vérifiés & arrêtés dans une assemblée de notables, & ensuite rendus en forme par lesdits receveurs devant les officiers des bailliages, le tout sans droits ni frais, un mois au plus tard après la vérification faite par les notables.

Une expédition des comptes ainsi rendus & clos, doit être envoyée par le procureur du roi au procureur-général, qui se pourvoira en la grand'chambre, si le cas le requiert, pour la réformation des articles qui ne seroient pas en règle.

Les articles 14 & 15 fixent les cas où il sera à propos de convoquer les notables, & les dépenses que le corps de ville ordinaire peut faire sans les assembler.

Les contestations relatives aux biens patrimoniaux & communaux, sont également attribuées aux juges ordinaires, sauf l'appel en la grand'chambre des parlemens, lorsqu'elles excéderont 300 liv. A l'égard des sommes au-dessous, les juges en doivent connoître souverainement en première instance, pourvu que les sentences soient rendues par cinq juges, dont du tout sera fait mention dans les jugemens, avec défenses aux procureurs de signer dans ces cas aucune requête d'appel, à peine de 200 liv. d'amende.

L'article 50 du même édit de 1764, porte que les contestations sur la levée des droits d'octrois, même pour la portion accordée aux villes, seront jugées par les officiers qui connoissent des droits du roi en première instance, & par appel en la cour des aides, le tout sur délibéré comme celles ci-dessus, sans pouvoir être appointées, lesquelles contestations, quand elles n'excéderont pas 30 liv. & qu'il ne s'agira pas du fond du droit, seront, aux termes de l'article 51, jugées en première instance par jugement en dernier ressort, dans la forme prescrite ci-devant pour les biens communaux, sans toutefois, ajoute l'article 52, préjudicier, par les articles 46 & 47 dudit édit, aux droits de jurisdiction attachés aux corps municipaux qui seroient en possession de connoître desdites matières ou d'aucune d'icelles.

Par lettres-patentes du 13 février 1768, adressées à la chambre des comptes, où est insérée une déclaration du 27 juillet 1766, le roi a ordonné que les receveurs des biens patrimoniaux & d'octrois des villes & bourgs, rendront tous les ans leurs comptes devant les officiers municipaux, & tous les trois ans à la chambre des comptes.

Il ne paroît pas que l'édit de 1771 ait rien changé touchant l'obligation & la forme de ces différens comptes.

Enfin l'article 53 ordonne l'exécution de la déclaration du 21 novembre 1764, concernant les dettes de l'état en ce qui regarde la liquidation & remboursement des dettes desdites villes & communautés.

Dans plusieurs villes, comme à Mortagne au Perche, les *maires* & échevins, en vertu des lettres-patentes du premier octobre 1766, registrées à la chambre des comptes & cour des aides de Rouen, sont autorisés à faire la répartition & arrêter le rôle des tailles de la ville, & ce rôle doit être rendu exécutoire par les officiers de l'élection.

Comme il s'est élevé souvent des contestations entre les officiers municipaux, & les officiers de police & autres juges, touchant la publication des déclarations de guerre & de paix, il a été rendu différens réglemens au conseil, notamment le 3 janvier 1679, par lequel le roi a ordonné, contradictoirement avec le lieutenant-civil du châtelet de Paris, que les ordres pour ces publications seroient adressés au lieutenant-général de police. Pareils arrêts sont intervenus contradictoirement en faveur des lieutenans de police de Soissons, Laon & de Chauny, contre les juges civils ou officiers municipaux qui leur contestoient ce droit. *Voyez* dans Brillon, ces arrêts des 8 & 29 août 1713 & 1714. La même contestation a aussi été jugée contre les officiers municipaux, en faveur du lieutenant-général de police de Saumur, par arrêt du conseil du 14 janvier 1715. *Voyez* CAPITOULS, ÉCHEVINS, PRÉVÔT DES MARCHANDS, OFFICIERS MUNICIPAUX, LIEUTENANT DE POLICE, BAILLIS, SÉNÉCHAUX, JUGES, *&c.* (*Cet article est de M.* DE LA CHENAYE, *lieutenant-général honoraire de Mortagne, de plusieurs académies, & du musée de Paris.*)

MAIRIE, s. f. (*Droit public.*) signifie principalement la dignité ou fonction de maire, ou principal officier des villes, bourgs & communautés d'habitans. *Voyez* MAIRE. Ce mot se prend aussi en matière féodale pour signifier les droits de justice, c'est ce que nous allons développer dans les mots suivans.

MAIRIE, (*droit féodal.*) On donne ce nom dans

plusieurs provinces aux justices subalternes, & l'on appelle *maire* le juge de ces justices. Leur jurisdiction est très-différente suivant les lieux.

En Lorraine, par exemple, les maires sont des juges hauts-justiciers. *Voyez* les articles 2, 3, 4, & 5 du titre 6 de cette coutume, ou les §. 95, 96, 97 & 98 de l'édition de Fabert, avec les commentaires de cet auteur.

Il en est à peu près de même des maires d'Angy & de Brenouille, dont parlent les articles 19 & 20 de la coutume de Senlis. Mais ces maires ne connoissent point des causes des nobles & des ecclésiastiques. Ils ne peuvent d'ailleurs tenir un criminel plus de 24 heures dans leurs prisons, s'ils n'ont des causes raisonnables pour le retenir plus long-temps. Ils sont obligés de l'envoyer aux prisons ordinaires de la châtellenie, de lui faire là son procès, & de le faire exécuter à Senlis comme justice de la châtellenie. *Voyez* les articles 22 & 23 de la même coutume.

Au contraire les articles 56 & 72 de cette même coutume appellent *prévôt-maire*, un juge moyen justicier, dont l'office a été supprimé & réuni au siège de la châtellenie par un édit de 1740, confirmé depuis par l'édit du mois d'avril 1749, portant suppression générale des prévôtés qui existoient dans les villes où il y avoit une autre jurisdiction ordinaire. La coutume de Rebetz, locale de Meaux, confond aussi la qualification de maire & prévôt. *Voyez* l'article 4.

Enfin, il y a quelques lieux où l'office de maire n'a pour objet que la basse-justice, ou même la jurisdiction foncière. Cela subsiste ainsi particulièrement dans le Barrois; on peut consulter sur l'état ancien des *mairies* seigneuriales, *le liv.* 2, *chap.* 12 *de l'usage des fiefs*, de Brussel. *Voyez* au surplus l'article MAIRIES ET FIEFS BOURSIERS. (*M. GARRAN DE COULON, avocat au parlement.*)

MAIRIE FONCIÈRE. *Voyez* MAIRIE, (*droit féodal.*)

MAIRIES ET FIEFS BOURSIERS. Ces mots se trouvent dans l'article 17 de la coutume de Chartres. Ceux de *fiefs boursiers*, *boursaux* ou *bursaux* sont aussi dans la coutume du Maine & dans celle du Grand-Perche. Le peu de lumières & la confusion qu'on trouve dans nos livres à ce sujet, exigent qu'on donne à cet article des développemens assez étendus.

La plupart des auteurs qui ont parlé des *mairies* de la coutume de Chartres & des fiefs boursiers, ont cru que c'étoient-là des expressions synonymes. Mais il s'en faut de beaucoup qu'ils soient d'accord sur la manière de les entendre.

Ragueau dit simplement, d'après la coutume même de Chartres, que les *mairies* & *fiefs boursiers* appartiennent aux doyen & chapitre de l'église de Chartres, & sont tenus d'eux en foi & hommage.

Du Cange, dans son glossaire, & Hevin sur Frain, *p.* 525, enseignent que d'après cette même coutume & celle du Grand-Perche, les fiefs boursiers sont des rentes féodales que l'aîné constituoit à ses puînés, sur le fief trouvé dans la succession commune, pour les remplir de leurs droits sans démembrer le fief.

Loiseau qui étoit bailli de Châteaudun, ville de l'Orléanois, voisine du siège des coutumes dont on vient de parler, dit dans son *Traité des offices*, *liv.* 2, *ch.* 2, *n°.* 55 & *suivans*, que les fiefs appellés *mairies* en l'article 17 de la coutume de Chartres & dans l'article 4 de la coutume de Valenciennes, sont tantôt inhérentes à certaines terres, & tantôt des fiefs sans domaine, consistans en menus émolumens qui entrent en la bourse, ce qui les a fait nommer *fiefs boursiers* dans ce dernier cas. Cet auteur les compare aux fiefs *de camerâ* & *de cavenâ*, dont parle le second livre des fiefs. Mais il est certain du moins que le maïeur boursier, dont parle la coutume de Valenciennes, n'a aucun rapport aux fiefs boursiers; c'est un des membres du tribunal particulier, qui a été érigé en cette ville pour le commerce de la draperie. *Voyez les art.* 4, 6, 7 & 8 de la coutume de Valenciennes.

Pocquet de Livonnière, dans son *traité des fiefs*, *liv.* 1, *chap.* 3, *pag.* 10, se contente de dire que la coutume de Chartres appelle les fiefs en l'air, *fiefs boursiers*.

L'article 282 de la coutume du Maine, après avoir dit que si l'aîné de plusieurs cohéritiers roturiers possède les deux tiers d'un fief, il pourra porter la foi du tout, & garantir ainsi ses cohéritiers, en y retenant devoir, ajoute qu'on gardera *la coutume locale de la Ferté-Bernard, touchant le fief boursal.*

Chopin dit à cette occasion sur la coutume d'Anjou, *tit. de redemptionalibus feudi*, que le fief boursal au Maine, est celui qui se relève à toutes mutations. Guyot, qui s'est exprimé d'une manière très-confuse à ce sujet, paroît avoir la même opinion. (*tome* 2, *du relief*, *chap.* 15, *distinction* 24, *n°.* 12.)

Chopin ajoute que le profit du fief boursal au Maine, se partage entre le seigneur direct & le suzerain; Bodreau dit à-peu-près la même chose.

Suivant Lauriere, dans son glossaire au mot *boursier*, les fiefs échus à des roturiers sont nommés *boursiers* ou *bursaux*, parce qu'après le partage qu'on en fait dans une succession, tous les puînés ont l'option de relever leur portion du seigneur commun, ou de leur aîné, & que dans ce dernier cas, ils sont obligés de tirer de leur bourse une somme proportionnée à leur tenure pour contribuer aux rachats qui doivent être néanmoins présentés au seigneur féodal par l'aîné, ou par celui qui est le possesseur du chef-lieu du fief.

Lauriere fonde cette interprétation sur plusieurs articles de la coutume du Grand-Perche, qui, comme plusieurs autres coutumes voisines, admet des règles différentes pour le partage des fiefs entre nobles & entre roturiers. Quand les fiefs se partagent entre nobles, l'aîné a seul le principal manoir avec un enclos déterminé par la coutume & la moitié du surplus des héritages. Les puînés partagent entre eux l'autre moitié de tous les héritages & du fief ; mais cette moitié de fief est à l'avenir dans la mouvance de l'aîné, à moins que les puînés ne déclarent expressément par l'acte de partage, qu'ils entendent la tenir du seigneur supérieur. S'ils ne font pas cette déclaration, l'aîné, pour dédommager le seigneur de cette perte de mouvance, rachetera désormais *chacun des puînés pour un vassal, estimé chacun vassal & rachat soixante sous tournois*, sauf que pour la première fois, *tout ledit fief se rachète entièrement & pleinement par la mort du prédécesseur desdits cohéritiers.* (*Art.* 141 & *suivans*, 62 & 63.)

Quand les fiefs se partagent entre roturiers, l'aîné n'a que le principal manoir & l'enclos réglé par la coutume pour tout avantage ; mais il n'en est pas moins tenu « *en prenant ledit préciput*, faire & » porter la foi & hommage pour lui & pour ses » puînés, & où il n'y aura foi & hommage à porter, ledit préciput n'aura lieu ». (*Art.* 158 & 159.)

Dans les deux espèces de successions nobles & roturières, l'aîné *est tenu bailler par déclaration les biens immeubles qui* sont à partager entre lui & ses puînés. Il est de plein droit *homme de foi*, même avant partage ; mais le puîné le devient, si par le partage le principal manoir lui est attribué. Dans tous les cas, c'est du chef de cet aîné, ou du détenteur du principal manoir que se comptent les mutations. C'est par son trépas qu'il y a lieu au rachat, soit qu'il fût en foi ou non. (*Art.* 160, 59 & 60.)

« Si le vassal qui doit porter la foi pour ses puînés » ou boursaux vend sa portion de fief sujette à » ladite foi, l'acheteur est tenu acquitter lesdits » puînés ou boursaux des rachats dus à cause de » ladite mutation envers le seigneur dominant, & » faire ôter les empêchemens & saisies faites par » ledit seigneur dominant ». (*Art.* 78.)

C'est de tous ces articles & de l'usage où sont les puînés de contribuer au rachat, que Lauriere fait dériver la dénomination des fiefs boursaux.

Gilles Bry de la Clergerie, dans sa note sur l'art. 60, tire les mêmes conséquences de ce qui est dit sur les mutations de l'aîné : « *& hoc speciale*, dit-il, » en cette coutume & autres où sont introduits » les fiefs boursaux; car il n'y a jamais que l'aîné ou » celui qui entre les boursaux, c'est-à-dire, les codétenteurs des choses sujettes à l'hommage, est élu » homme de foi, qui rend ladite foi & hommage, » tant pour lui que pour ses boursaux, lesquels, » en cas de mutation, contribuent *en mise de bourse* » pour composer le rachat, & baillent chacun » leur tenement audit aîné ou homme de foi, pour » dresser l'aveu qu'il faut bailler au seigneur, & » lui est laissé préciput d'un demi-arpent de terre » par la coutume avec la maison tenue en foi pour » icelle charge ».

Ainsi les fiefs boursiers sont des espèces de tenures en gariment comme les aînesses de Normandie, & les part-prenans, part-mettans, ou tenures en gariment du Poitou. Il y a néanmoins cette différence entre les uns & les autres, que les aînesses de Normandie sont incontestablement des rotures, & que les tenures en part-prenant du Poitou sont des biens généralement reconnus pour nobles, tandis que les fiefs bursaux du Perche sont, pour ainsi dire, des tenures intermédiaires entre la roture & le fief, comme on le verra bientôt.

Cette opinion de Lauriere & de Bry sur l'origine & la dénomination des fiefs boursiers, paroît la plus fondée. Mais on peut la concilier en partie avec le sentiment de Loiseau & de Livonniere, en distinguant deux espèces de fiefs boursiers. La première est celle que la coutume établit de plein droit dans le partage des fiefs entre roturiers, & celle-là paroît toujours laisser au fief sa qualité de noble. La seconde espèce, dont la coutume ne dit rien, a été introduite par imitation de la première, lors des accensemens que les vassaux ont faits du domaine de leur fief.

On a déjà dit aux mots DEPIÉ DE FIEF, *sect.* 1, & EMPIREMENT DE FIEF, §. 1, que les parages sont l'origine de nos loix sur les diminutions de fief dans les coutumes où le parage a lieu. On en verra la preuve par les détails historiques que l'on donnera au mot PARAGE. La même chose a eu lieu dans la coutume du Perche. La manière de partager les fiefs entre roturiers, a donné l'idée d'en disposer de la même manière par aliénation.

Les vassaux qui faisoient ces aliénations, s'engageoient de servir la totalité du fief au seigneur dominant, afin qu'il n'en souffrît pas, ou qu'il ne parût pas en souffrir de préjudice. Cette manière de disposer de son fief étoit si avantageuse aux vassaux, qu'un très-grand nombre d'entre eux aliénèrent ainsi la totalité du domaine de leur fief, qu'ils possédoient avec faculté de le diviser, mais sous la condition qu'un seul des détenteurs feroit le service du fief; les autres contribuoient seulement avec lui *en mise de bourse*.

La nature des devoirs retenus par le vassal, qui, le plus souvent consistoient dans une redevance annuelle à titre d'abonnement, & la qualité des personnes en faveur de qui ces aliénations se faisoient ordinairement, les firent bientôt considérer comme une dégradation ou un *dépareillement de fief.* On regarda le fief lui-même dans la main des roturiers, comme une tenure non noble, quoiqu'il fût toujours sujet à la foi & hommage, à l'aveu & dénombrement & au droit de relief, que dans les aveux du seigneur dominant, les détenteurs y fussent portés pour un *vassal*, ou *vasseur*, & que souvent même dans ceux qui sont rendus pour les *fiefs bursaux*, on ne trouve pas cette dénomination. On les y qualifie communément de *fiefs & hommages*, à la différence des fiefs ordinaires, qui y sont simplement nommés *fiefs*.

Un grand nombre de ces sortes de tenures sont expressément assujetties par leurs aveux aux droits de cens, de corvée, de bannalité, de taille seigneuriale, *&c.* Ceux même qui ne sont pas sujets à ces devoirs si évidemment roturiers, n'ont jamais joui des droits de pêche & de chasse, ni de la faculté de sous-inféoder ou d'accenser, qui appartient aux fiefs nobles. Ainsi les fiefs bursaux n'étoient regardés que comme des fiefs roturiers.

On sent bien que cette manière de considérer les fiefs bursaux les fit multiplier de plus en plus, parce qu'elle paroissoit assurer aux détenteurs roturiers l'exemption du droit de francs-fiefs; ils forment aujourd'hui la tenure la plus commune de la province.

Cette exemption a fait depuis près de deux siècles la matière d'une contestation très-importante entre l'administration des domaines & la province du Perche. La province avoit même consenti, vers le commencement du siècle dernier, à une espèce d'abonnement pour le droit de franc-fief, & cet abonnement avoit été exécuté malgré quelques interruptions jusqu'en 1781.

A cette époque, de nouvelles poursuites fondées sur la déclaration de 1771, qui révoquoit tous les abonnemens du droit de franc-fief, allumèrent un incendie véritablement alarmant pour la province; enfin une déclaration du 23 septembre 1784, que les représentations des députés du Perche ont obtenue, a pris un tempérament bien équitable. Cette loi fixe d'une manière irrévocable la nature & l'état des fiefs bursaux, en prescrivant de nouvelles règles pour l'avenir.

L'article 1 déclare « de nature purement roturière, les tenures hommagées, connues sous la » dénomination de *fiefs bursaux*, dans toute l'étendue du pays régi & gouverné par la coutume » du Grand-Perche, encore qu'elles ne soient » grevées d'aucunes prestations annuelles, & que » sur quelques-unes d'icelles il se trouve des moulins à vent ou à eau, lesquels moulins, pourvu » toutefois qu'ils ne soient bannaux, ne sont » que roturiers, ainsi que les tenemens sur lesquels ils sont assis ».

L'article 2 autorise également les fuyes ou colombiers précédemment construits sur ces sortes de fief.

L'article 3 déclare tenures bursales « toutes celles » qui par les titres communs aux tenanciers & aux » seigneurs & à leurs suzerains, sont désignées » sous les qualifications réunies de fiefs & hommages, dont les possesseurs sont qualifiés aînés » ou hommes de foi, & pour lesquels, en cas » de division ou partage, un seul est autorisé à » faire les devoirs pour tous, comme aussi celles » desdites tenures, dont l'aînesse ou préciput » étant rentré dans la main du seigneur, sont » desservies séparément par chacun des codétenteurs, par la voie d'une déclaration bursale, » faute par ledit seigneur d'avoir fait nommer à ses » frais, homme vivant & mourant en la manière » accoutumée ».

L'article 4 déclare que les détenteurs de ces sortes de tenures continueront, comme par le passé, d'être privés de toutes les prérogatives attachées aux fiefs, notamment des droits de chasse & de pêche, quand même il seroit fait mention dans leurs reconnoissances du droit de garenne, qui dans ce cas seulement ne sera censé représenter que la propriété d'un bois.

L'article 5 exempte, pour l'avenir, ces tenures du droit de franc-fief à perpétuité, & de toute autre imposition représentative dudit droit.

Les articles 6 & 7 valident toutes les baillées faites de cette manière, & généralement toutes les aliénations par baux à cens ou rentes, même avec deniers d'entrée, faites jusqu'au jour de la publication de cette loi, encore que les preneurs eussent aliéné par cette voie la totalité du domaine corporel de leur fief.

L'article 8 soumet à l'avenir les fiefs régis par la coutume du grand-Perche aux règles prescrites par la coutume de Paris, *relativement au démembrement, jeu & disposition des fiefs*, dans le cas même où les portions qu'on voudroit aliéner proviendroient d'une réunion féodale.

Enfin, l'article 9 veut que les tenures bursales qu'il autorise pour le passé, & celles qu'on pourroit créer à l'avenir à ce titre, ou à celui de bail à cens ou rente, en se conformant aux règles prescrites par la coutume de Paris pour le jeu de fief, « soient réputées roturières ou bursales dans la main » des preneurs & possesseurs d'iceux, & partagées » comme par le passé, dans leurs successions, » n'entendant rien innover à cet égard, & sans » que les aliénations faites ou à faire puissent donner ouverture, ni à nos droits, ni à ceux » des seigneurs particuliers, en se conformant » toutefois à l'avenir pour les aliénations à ce » qui est prescrit par l'article 8 de notre présente » déclaration ».

Voilà toutes les lumières qu'on a pu recueillir sur la nature des fiefs bursaux. Ils ne seroit pas impossible qu'ils eussent été nommés ainsi, parce que ce sont des *acquêts* faits *de bourse coutumière*. La coutume du Maine & quelques autres donnent ce dernier nom aux acquisitions faites par les roturiers, parce qu'autrefois sur-tout, plusieurs familles roturières vivoient ensemble en communauté.

Quoi qu'il en soit, si l'on vouloit confondre les fiefs boursiers avec les *mairies* dont parle l'art. 17 de la coutume de Chartres, on pourroit croire que les *mairies* sont les portions principales ou *majeures* que les aînés ont dans ces sortes de fiefs. Mais la coutume de Chartres n'indique point cette identité; aussi Merville se contente-t-il de dire, dans son commentaire, que les fiefs boursiers sont *les fiefs situés dans les mairies* du chapitre de cette ville, qui produisent des profits à toute mutation,

& qui s'appellent *bourſiers* à cauſe de ces profits qui entrent dans la bourſe du ſeigneur.

L'article 17 de la coutume de Chartres déclare d'abord que, par la coutume locale des cinq baronnies du Perche-Gouet, il y a rachat à toute mutation de vaſſal, même par ſucceſſion en ligne directe; cet article réſerve enſuite tous les droits de l'évêque de Chartres, à cauſe de ſa châtellenie de Pont-Going & terre épiſcopale, ainſi que ceux des ſeigneurs féodaux du Perche-Gouet, qui ſoutiennent avoir un pareil droit ſur leurs vaſſaux, *quelque part que leſdits fiefs ainſi tenus d'eux ſoient ſitués & aſſis* (1), ſauf à leurs vaſſaux & arrière-vaſſaux leurs défenſes au contraire.

L'article ajoute enfin: « & auſſi au doyen & » chapitre de l'égliſe de Chartres, qui pareillement » prétendent avoir droit de rachat de toutes morts & » mutations, en toutes leurs *mairies & fiefs bourſiers* » tenus d'eux en foi & hommage, quelque part » qu'icelles *mairies & fiefs bourſiers* ſoient ſitués » & aſſis, eſt faite à eux & à leurſdits vaſſaux » ſemblable réſervation que deſſus ».

On a vu au mot MAIRIE (*Droit féodal*), qu'on avoit donné ce nom à des juriſdictions inférieures, & particuliérement à celles des ſeigneurs. Dans le pays chartrain, il y a beaucoup de juſtices & de ſeigneuries qui portent le même nom. La ville de Chartres contient quatre de ces *mairies*, & l'on en trouve dans toute la Beauce, ſur-tout dans les terres qui appartiennent aux égliſes.

Le domaine même de ces terres a été aliéné pour établir les fiefs bourſiers; mais il paroît que les *mairies* n'étoient dans l'origine, & ne ſont encore dans bien des lieux, que des eſpèces de ſergenteries féodales, telles que celles de Normandies, & de pluſieurs autres provinces. On ſait que les fonctions attachées à ces ſortes d'offices, étoient autrefois, comme celles des baillis d'Angleterre, de faire la recette des revenus du ſeigneur, & tous les exploits néceſſaires contre les ſujets de la ſeigneurie; les capitulaires de la ſeconde race donnent les mêmes fonctions à des eſpèces de ſerfs, qu'on appelloit *majores villarum*. Ces *maires* ou ſergens-fieffés ont uſurpé la juriſdiction dans pluſieurs endroits.

On voit dans Bruſſel deux ordonnances faites aux grands jours de Champagne, en 1287, qui ſont relatives aux *mairies*. La première défend aux baillis & prévôts de vendre ou de laiſſer vendre *les ſergenteries ou mairies* étant dans leurs juriſdictions; la ſeconde charge chaque bailli de mettre dans tous les lieux de ſon bailliage, où il devoit être établi des *maires*, un prud'homme pour garder & maintenir la *mairie*, à la charge qu'il ne reſteroit dans ces *mairies* aucun autre officier, & que le *maire* ne pourroit ſe mêler d'autre choſe que des affaires qui toucheroient la *mairie*, pour rendre raiſon deſquelles, il ſeroit tenu de ſe rendre aux aſſiſes du bailli du lieu. (*Uſage des fiefs*, *liv.* 2, *chap.* 12.)

Dès avant ce temps, il y avoit déjà des *mairies* tenues en fiefs héréditaires, dont les poſſeſſeurs uſurpoient beaucoup d'autorité. Suger parle dans ſa quatre-vingt-dix-neuvième lettre, du *maire* de Sainte-Colombe, & quoiqu'il le nomme un payſan, *ruſticum*, il ſe plaint beaucoup de ſes entrepriſes, » *& ſub quâdam iniquâ hæreditate majoriæ*, dit-il, » *ſervitii & ſervitutis ſuæ oblitus adverſùs monachos* » *ſe erexit & tanquam dominum terræ eorum ſe* » *facit* ».

Enfin, dom Charpentier rapporte dans ſon gloſſaire, deux extraits curieux qui concernent cette ſorte d'office dans l'étendue de l'évêché de Chartres. Le premier contient le ſerment que les *maires* doivent prêter; le *maire* s'y engage à percevoir fidellement les revenus de cette égliſe, à ne faire aucune eſpèce d'exaction ſur les redevables, & ce qu'il y a de remarquable, à ne pas les faire plaider devant lui: *neque tenebo placita eorum antè me neque ſubmonebo eos ſinè juſſu præpoſiti*.

Le ſecond extrait tiré d'un manuſcrit de cette égliſe, qui a plus de quatre ſiècles, a pour objet les fonctions des *maires*. Il y eſt dit qu'il leur appartient de donner les ajournemens, de faire la recette des revenus, la capture des malfaiteurs & les autres exploits de juſtice. On les déſigne ſous le nom de *officiarios*, *ſeu ſervientes qui majores vocantur*, & ce qui ſe rapporte bien à l'art. 17 de la coutume de Chartres, on ajoute: « *qui omnes* » *habent albergamenta*, *terras*, *reddibentias & redditus* » *ad ſuas majorias pertinentes*, *quas tenent à capitulo* » *in feodum*, *& rachata ſolvunt*, *videlicet filius patre* » *mortuo*, *vel aliqualitercumque mutetur homo* ».

Loiſeau ne s'écarte pas beaucoup de ces idées dans ce qu'il dit des *mairies* de village: il obſerve qu'en pluſieurs pays, « & notamment en Beauce » où il y en a grand nombre, ils ſont tenus à » certains jours porter la verge, & ſervir de bedeaux & apariteurs aux proceſſions des égliſes, » dont ordinairement ils relèvent, & non pas des » ſeigneurs temporels.

» Toutesfois il y a d'autres pays où ces *maires* » de village ont baſſe-juſtice, ainſi que les *maires* » des villes l'ont en quelques villes; c'eſt pourquoi en aucuns lieux ils ſont appellés *prévôts* » *héréditaires*, & ont ordinairement pluſieurs » menus droits en leur village, comme de mener » les mariées au mouſtier, & à cauſe de ce ont » droit de mets, qui eſt un plat du feſtin des » noces; ont auſſi droit d'avoir la première peinte » de vin qui ſe débite au village, un jambon de » chaque porc qui s'y tue, & pluſieurs autres » telles menues coutumes, ainſi appellées, pour

(1) Ce qui faiſoit de la difficulté lors de la rédaction de cet article, c'eſt que, ſuivant le droit commun, on ſuit, pour la perception des profits de fief, la coutume où le fief ſervant eſt aſſis, & non pas celle du fief dominant. *Voyez* l'art. DROITS SEIGNEURIAUX, *tome* 4, *p.* 130 & 191.

» ce qu'on a tourné la coutume en droit, & la » courtoisie en obligation ». (*Traité des offices, liv. 2, chap. 2, n°. 51 & 52.*)

Dom Carpentier parle aussi au mot *majoria* 2 & 3, d'un droit de *mairie*, qui consistoit dans une maille que le maire héréditaire de Mont-Brehaing percevoit sur chaque charretée de bois vendu dans le bois de Forestel, & d'une *mairie de condition* qui étoit aussi tenue en fief en 1374, dans la ville de Saumorey. *Voyez* au surplus l'art. MAIRIE, (*droit féodal.*) (*Art. de M.* GARRAN DE COULON, *avocat au parlement.*)

MAIRIE ET PRÉVOTÉ. *Voyez* MAIRIE (*droit féodal.*) & l'article précédent.

MAIS, ce mot comme ceux de *mas* & de *meix*, est un dérivé du latin barbare *mansus*. Il désigne, dans les anciens titres, un petit domaine, composé d'une habitation & de terres qui y sont contiguës. (*M.* GARRAN DE COULON, *avocat au parlement.*)

MAISNIL, *ou* MESNIL, en latin barbare *mansionile*. Ce mot, qui a donné le nom à plusieurs terres & à quelques villages, a désigné autrefois une ferme, une métairie, littéralement une habitation, *mansionem*. *Voyez le glossaire de* du Cange *au mot* MANSIONILE & *les articles* MAIS, MAS, MEIX. (*M.* GARRAN DE COULON, *avocat au parlement.*)

MAISON, s. f. signifie tout bâtiment destiné à l'habitation; ce mot pourroit servir de fondement à un traité très-étendu où l'on rassembleroit grand nombre de questions intéressantes du droit. On trouvera les règles qui concernent la construction des *maisons*, sous les mots BATIMENS, MAÇONNERIE, RÉPARATION; leur location, sous ceux de BAIL & LOUAGE; les objets qui en font partie, sous ceux d'ACCESSION, LEGS, VENTE; les servitudes qu'on peut y imposer, sous celui de SERVITUDE. Nous nous bornerons à donner ici le détail des réglemens de police, qui concernent les habitans des *maisons* de ville, & le droit de construire des *maisons* dans les environs des forêts du roi.

Celui qui habite une *maison* est tenu de réparer le dommage causé par ce qui a été jetté de quelque endroit de cette *maison*, soit de jour ou de nuit, quand même le dommage auroit été fait en son absence & à son insu.

Indépendamment de la réparation du dommage, celui qui occupe la *maison* peut encore être condamné à l'amende réglée par la police.

Lorsque plusieurs personnes habitent la *maison* dont on a jetté ce qui a causé du dommage, chacune est tenue solidairement de la réparation de ce dommage, à moins que l'on ne connoisse l'auteur du délit: mais si elles ont leur habitation séparée l'une de l'autre, il n'y a que la personne qui habite le lieu d'où l'on a causé du dommage, qui doive en répondre.

Quoique le propriétaire ou principal locataire d'une *maison* n'en occupe que la moindre partie, il est tenu des faits de ceux qu'il reçoit dans cette *maison*: c'est pourquoi la personne à qui l'on a causé du dommage, en jettant quelque chose d'un appartement, peut agir contre celui qui occupe cet appartement ou contre celui qui tient la *maison*, & ce dernier, en ce cas-ci, peut exercer son recours contre l'autre.

Lorsqu'au toit ou aux fenêtres d'une *maison* se trouve suspendue une chose dont la chûte pourroit causer du dommage, celui qui tient cette *maison* peut être condamné à une amende, quand même cette chose n'auroit causé aucun dommage. La raison en est, qu'on ne doit point souffrir que les passans soient exposés à aucun danger dans la voie publique.

Quand on veut démolir une *maison* adossée contre un mur mitoyen, ou percer ce mur pour y placer quelque pièce de bois, ou bâtir à neuf une *maison* contre le même mur, le maçon doit préalablement le signifier aux voisins intéressés, au domicile de chacun d'eux, sous peine de tous dépens, dommages & intérêts. C'est ce qui résulte de l'article 203 de la coutume de Paris.

Lorsque cette signification a eu lieu, c'est aux voisins à se garantir du dommage qu'on peut leur causer en travaillant au mur mitoyen ou en le perçant.

La raison pour laquelle les maçons sont responsables des dommages & intérêts, occasionnés par le travail qu'ils font au mur mitoyen, est fondée sur ce qu'ils doivent savoir ce qui concerne leur profession, & que c'est par conséquent à eux à avertir des risques qui peuvent avoir lieu: mais après la simple signification qu'ils ont faite aux voisins, ils ne sont obligés à aucune poursuite ni procédure, relativement aux contestations qui peuvent survenir entre ces voisins & le propriétaire par lequel ils sont employés. C'est à ce dernier à faire les diligences nécessaires concernant les ouvrages qu'il veut faire faire.

Suivant l'article 30 du titre 27 de l'ordonnance des eaux & forêts du mois d'août 1669, ceux qui habitent des *maisons* aux rives des forêts du roi, ne peuvent faire commerce de bois, ni même en amasser plus qu'il n'en faut pour leur chauffage, à peine de confiscation, d'amende arbitraire, & de démolition de leurs *maisons*.

L'article 7 du titre 32 veut que ceux qui habitent des *maisons* dans l'enclos ou à deux lieues des forêts du roi, soient civilement responsables des faits de leurs domestiques.

Saint-Yon rapporte deux arrêts, par lesquels il a été ordonné que ceux qui loueroient des *maisons* voisines des forêts à des vagabonds qui n'auroient pas moyen de répondre des délits qu'ils y auroient commis, seroient tenus de représenter en justice ces vagabonds, sinon qu'ils demeureroient responsables des amendes prononcées contre eux.

L'article 18 du titre 27 déjà cité, a défendu de faire construire à l'avenir aucune *maison* ni château dans l'enclos, aux rives & à une demi-lieue des forêts du roi, sous peine d'amende & de confiscation du fonds.

Cette disposition n'a pas toujours été observée exactement, & le roi y a quelquefois dérogé par des permissions particulières qu'il a données pour construire des *maisons* ou châteaux dans la distance prohibée.

MAISON *canoniale*. On appelle ainsi les logemens destinés aux chanoines.

La plupart des églises cathédrales ou collégiales sont environnées de cloîtres dans lesquels sont bâties des *maisons* qui doivent être occupées par les chanoines & autres clercs attachés au service divin. Cet usage vient de ce qu'autrefois les chanoines formoient des communautés où la vie commune étoit observée. Il y a des chapitres qui ne sont que des monastères qui ont été sécularisés, & ils ont conservé les bâtimens & autres logemens des religieux.

Depuis que la vie commune a été abandonnée, ou depuis les sécularisations des monastères changés en chapitres, les chanoines ont partagé les cloîtres, pour en former des *maisons* particulières & séparées. Ce partage ne s'est pas fait par-tout de la même manière. Ici l'on a affecté des *maisons* à chaque prébende, & là les *maisons* ont continué à appartenir aux chapitres en corps.

La manière de disposer des *maisons* appartenant aux chapitres en corps, varie beaucoup. Dans quelques-uns, les chanoines, suivant leur rang d'ancienneté, les choisissent ou optent à mesure qu'elles viennent à vaquer; dans d'autres, les chanoines les mettent aux enchères entre eux, & elles s'adjugent au plus offrant & dernier enchérisseur. Quelquefois c'est une somme que l'on paie pour en jouir sa vie durant, souvent ce n'est qu'une redevance annuelle qui tient lieu de loyer, & sous ce dernier point de vue, on peut les considérer comme des baux à vie. Mais dans l'un & l'autre cas, la somme payée & la redevance tournent au profit du chapitre.

Les suppôts de la ferme générale ont prétendu que les adjudications au plus offrant & dernier enchérisseur, ou les baux à vie des *maisons canoniales*, devoient être assujettis au centième denier. Leur prétention a été proscrite par un arrêt du conseil d'état du 22 mai 1713, rendu contradictoirement entre eux & les chapitres de Metz, Toul & Verdun. Mais ce même arrêt a assujetti au centième denier, les ventes, démissions & abandonnemens que les particuliers font de leurs droits sur leurs *maisons*, soit à leurs confrères, soit à des laïques, pour tout le temps de leur vie.

Les *maisons canoniales* étant destinées aux chanoines, il est naturel que ce soient eux qui les habitent; étant d'ailleurs logés à la proximité de leur église, ils sont plus à portée de se rendre exactement aux offices. Mais quelques chanoines sans doute pour se livrer plus aisément à la société, donnoient leurs *maisons* à loyer à des étrangers, & se logeoient dans la ville. D'autres ne s'y réservant qu'un appartement, cédoient le reste à ceux qui vouloient l'habiter. Les conciles ont cru que ces usages étoient abusifs : ils les ont défendus. Nous nous contenterons de citer ici le concile de Bourges, tenu en 1584. *Canonicis non liceat in domibus suis extraneos & laïcos etiam cognatos, præsertim mulieres recipere, aut iis domos quas in claustris suarum ecclesiarum habent, locare, neque etiam extra claustra, præsertim in domibus laïcorum habitare.*

Les cours souveraines, protectrices des canons & de la discipline ecclésiastique, ont toujours ordonné l'exécution des dispositions des conciles au sujet des *maisons canoniales*. Pour l'église de Paris, il fut jugé, par arrêt du 20 avril 1655, que les séculiers autres que les pères & mères, frères & sœurs des chanoines, ne pourroient avoir leur habitation dans les *maisons* du cloître. Mais le chapitre ayant depuis représenté au parlement, que les *maisons* du cloître n'étant point habitées, dépérissoient & tomboient en ruine, la cour leur a permis d'y loger des séculiers, personnes sages & de bon exemple.

Un arrêt du 30 avril 1622, ordonne au prévôt & chanoines de S. Thomas-du-Louvre, de faire résidence actuelle en leurs *maisons canoniales*, & icelles entretenir à leurs dépens, sans qu'aucun chanoine puisse prendre aucune *maison* à louage dudit chapitre, pour relouer la sienne & en tirer meilleure condition. Pourront néanmoins, dit l'arrêt, habiter par eux leurs *maisons canoniales*, & relouer portions d'icelles à personnes de bonne vie, mœurs & réputation. Les modifications portées dans ces deux derniers arrêts, paroissent de toute justice, parce que dans les grandes villes, les *maisons canoniales* font souvent partie des revenus des prébendes: ce seroit en diminuer la valeur, que de défendre d'en louer des portions à des laïques.

De quelque manière que les *maisons canoniales* appartiennent aux chanoines, ils n'en sont jamais que les usufruitiers. Ils sont tenus des réparations d'usufruit. Le chapitre peut prendre connoissance de leur état, & même faire saisir les distributions ordinaires du chanoine, pour les réparations. Tournet rapporte un arrêt du parlement de Rennes, du 17 février 1615, qui confirme ce principe, fondé d'ailleurs sur ce qu'un propriétaire a toujours droit de veiller à la conservation de sa chose. Dans l'espèce de l'arrêt de 1615, le chapitre de Rennes étant instruit qu'une muraille qui faisoit la séparation de deux *maisons canoniales*, menaçoit ruine, arrêta que la visite en seroit faite. La muraille fut rétablie, le receveur du chapitre qui avoit avancé les frais de la bâtisse, fut autorisé, par délibération du chapitre, à s'en faire rembourser d'un tiers par le doyen, auquel une des deux *maisons* appartenoit, & du surplus par le

chanoine

chanoine qui jouissoit de l'autre *maison*. Celui-ci interjetta appel comme d'abus de l'ordonnance ou délibération capitulaire. Sur cet appel, l'arrêt susdaté mit les parties hors de cour. Tournet observe que ce qu'avoient fait les chanoines, n'étoit que pour une nécessité urgente, & pour l'utilité de l'église, & que leur devoir les obligeoit à avoir l'œil à la conservation de leurs *maisons* prébendales. Ces mêmes principes ont encore été consacrés par un arrêt du parlement de Rouen, du 13 février 1608, qui confirme un mandement du chapitre d'Evreux & la sentence du bailli, en vertu desquels on avoit saisi entre les mains du receveur du chapitre, les distributions ordinaires d'un chanoine, pour l'obliger à faire les réparations nécessaires à une *maison canoniale* dont il s'étoit rendu adjudicataire. Il est à observer qu'il y avoit des réparations anciennes, & que le chapitre venoit de faire un statut par lequel il avoit réglé que les *maisons canoniales* seroient baillées à louage aux particuliers chanoines, plus offrans & derniers enchérisseurs : duquel louage deux tiers seroient distribués, au marc la livre, à chacun desdits chanoines, & l'autre tiers employé pour l'avenir aux réparations desdites *maisons*, à l'effet de quoi le tiers du prix du fermage demeureroit entre les mains des locataires. Ce statut fut en vain attaqué, sous prétexte que l'évêque n'y avoit pas concouru; & par l'arrêt susdaté, rendu sur appointement au conseil, au rapport de M. Turgot, le statut & le mandement ou sentence du bailli, furent confirmés.

Non-seulement les arrêts ont maintenu les statuts des chapitres qui tendoient à faire faire les réparations des *maisons canoniales* par les chanoines qui les occupoient, mais encore ils ont jugé que les ornemens faits & apposés dans une *maison canoniale* appartiennent aux chapitres, à l'exclusion des héritiers. Dufresne, dans son journal des audiences, en rapporte un du 2 juillet 1629, qui a jugé que douze statues de marbre, qu'un chanoine de Mâcon avoit fait dresser dans une galerie de son jardin sur des bases de pierre, faisoient partie de la *maison*, quoique non enclavées dans le mur. Cet arrêt paroît contraire aux loix civiles, selon lesquelles *statuæ affixæ basibus structilibus, non sunt ædium: ornatûs enim causa parantur non quo ædes perficiantur..... quæ voluptatis vel ornamenti ædium causa parantur, non esse ædium & ob id multum interesse inter instrumentum & ornamentum.* Ce qui paroît avoir été le motif de l'arrêt, c'est que celui qui avoit fait la dépense des statues, l'avoit vraisemblablement voulu faire pour améliorer la condition de sa *maison canoniale*, en reconnoissance de la longue demeure qu'il y avoit faite & des revenus de sa chanoinie dont il avoit long-temps joui; cessant quoi, dit l'arrêtiste, il en eût disposé particuliérement en faveur de ses héritiers, ou autrement déclaré sa volonté, d'où il sembleroit que ce n'est qu'une donation présumée de la part du chanoine en faveur de sa *maison*, qui a fait rejetter la demande des héritiers qui furent condamnés sans dépens; & il paroît qu'en thèse générale, un chanoine pourroit disposer des objets de pur ornement qu'il auroit placés dans sa *maison*, si d'ailleurs ils n'étoient point placés de manière à être regardés comme devenus inhérens à la *maison*, conformément aux loix des bâtimens. *Voyez* RÉPARATIONS *des biens d'église*. (*Article de M. l'abbé* BERTOLIO, *avocat au parlement.*)

MAISON *curiale*. *Voyez* CURÉ, PRESBYTÈRE, RÉPARATIONS *des biens d'église*.

MAISON *de doublier*, c'est le nom que la coutume de Tours, *art. 212*, donne aux *maisons* qui n'ont pas de gouttière, & dont les eaux pluviales dégouttent à terre par toute l'étendue du toît. Suivant la disposition de cet article, le propriétaire d'une *maison* construite de cette manière, ne peut acquérir, même par une possession centenaire, le droit de laisser ainsi couler ses eaux sur l'héritage de son voisin. *Voyez* SERVITUDE.

MAISON *mortuaire*, expression usitée dans les Pays-Bas, en matière de succession, qui désigne littéralement la *maison d'un mort*. On l'emploie sur-tout pour désigner la compétence & la jurisdiction du juge qui doit connoître des contestations qu'une succession peut occasionner, ensorte que les mots *juge de la maison mortuaire*, & *juge du lieu où la succession est ouverte*, sont parfaitement synonymes.

Les inconvéniens qu'il y auroit à plaider en différens tribunaux, sur chacune des difficultés qui s'élèvent dans une succession, ont fait admettre pour principe, dans une grande partie de cette province, que la connoissance de ces sortes de contestations appartiendroit aux juges de la *maison mortuaire*, privativement à tous autres. Ce principe est si simple dans la pratique, & d'une exécution si facile, qu'il pourroit être admis par-tout.

Néanmoins, quoique les contestations relatives à une succession, soient attribuées en première instance aux juges immédiats de la *maison mortuaire*, il est cependant d'usage dans les endroits où les juges royaux ont la prévention sur ceux des municipalités ou des seigneurs, que ces contestations soient soumises à ce droit comme les autres affaires. C'est par cette raison, qu'il est très-commun de voir porter directement au conseil provincial d'Artois, des demandes en délivrance de legs ordonnés par un testament, qui contient une soumission à sa jurisdiction. En effet, ce tribunal a la prévention sur tous les juges de son ressort, lorsqu'il a été accepté à juge, par un acte passé devant notaires.

MAISON DU ROI, on entend par cette expression non-seulement les officiers de la bouche, de la chambre, de la garderobe, & autres de la *maison* domestique du roi, mais encore les troupes destinées pour sa garde. Nous ne donnerons ici aucun détail sur ces objets, dont les uns seront traités dans *le Dictionnaire de l'art militaire*, les autres dans celui de *diplomatique*, *économie & politique*.

MAISON ROTURIÈRE : c'est ainsi qu'on nomme, dans la coutume de Saint-Jean-d'Angely, le manoir roturier que l'aîné *entre nobles & successions nobles* peut prendre au lieu du manoir noble, avec ses préclôtures anciennes & le quint desdites successions par préciput & avantage, suivant l'art. 91 de cette coutume. L'art. 75 excepte aussi cette maison du douaire de la veuve entre personnes nobles.

Ce privilège est absolument contraire au droit commun. Aussi n'a-t-il pas lieu entre roturiers, lors même qu'il y a eu trois mutations, quoique dans ce cas l'aîné des roturiers jouisse pour les fiefs du même droit d'aînesse que les nobles, suivant l'article 93.

On a douté par la même raison si l'aîné entre nobles pouvoit jouir de cette prérogative sur les biens roturiers, lorsqu'il n'y a pas de fief, ni de maison noble. Desvignes sur l'art. 91, pense qu'on doit se décider contre l'aîné, parce que, dit-il, la coutume parle de successions nobles & du pouvoir d'élire l'une des maisons nobles ou roturières; d'où il suit que, s'il n'y a point de succession noble, ni de pouvoir de choisir, l'aîné ne peut pas prendre une maison roturière.

Cet auteur ajoute que la question s'étant présentée au parlement de Bordeaux, un arrêt ordonna une enquête par turbes pour constater l'usage. Mais il ne dit point ce que devint la contestation après cet interlocutoire.

Beschet, qui est un de nos commentateurs les plus judicieux, & qui d'ailleurs est rarement d'accord avec Desvignes, convient ici que *son raisonnement semble sans difficulté*; il ajoute seulement qu'il faudroit suivre l'usage contraire, s'il étoit constaté par une enquête.

Il me paroît néanmoins que ces auteurs n'ont pas saisi le sens de l'article 91; en voici le texte: « entre nobles & successions nobles, tant de père » que de mère, au fils aîné ou qui le représente, » & en chacune desdits successions, appartient » avoir & prendre pour son droit d'aînesse le » principal hôtel ou manoir noble ou roturier, » tel qu'il lui plaira élire avec ses préclôtures ».

Ces mots *successions nobles tant de père que de mère*, ne se rapportent évidemment qu'à la personne de celui dont on partage la succession. Ils décident la question agitée dans plusieurs coutumes voisines, si pour partager noblement, il faut que le défunt soit noble, ainsi que ses héritiers. Ces autres mots, *le principal manoir noble ou roturier, tel qu'il lui plaira élire*, se rapportent évidemment à tous les manoirs de la succession. Cette élection peut avoir lieu, quand il n'y a que des manoirs roturiers, comme quand il y a des manoirs nobles, & des manoirs roturiers, ou quand il y a seulement des manoirs nobles. Aussi l'article 75 en assurant au manoir l'exemption du douaire, se sert de ces mots génériques : *excepté la maison principale, ou autre à élire par l'aîné.*

Il est de même certain que dans les coutumes qui accordent un pareil choix à l'aîné dans les maisons nobles; le préciput n'a pas moins lieu, quand bien même il n'y auroit qu'une seule maison noble, parce que cette élection est une faculté accordée à l'aîné, qu'on ne peut pas tourner à son préjudice. (*Art. de M.* GARRAN DE COULON, *avocat au parlement.*)

MAISONS ROYALES. On entend sous le nom de *maisons royales*, tous les châteaux, tous les palais que le roi ou ses prédécesseurs ont habités. Il n'y a point de souverain en Europe qui en possède autant que le roi de France. La grandeur de Louis XIV les a multipliés à un point auquel nul autre monarque n'est parvenu : les arts, si perfectionnés sous son règne, les ont décorés & enrichis de leurs chefs-d'œuvre. L'entretien, l'achevement de ces superbes édifices, & le desir d'en construire de nouveaux, ont mis dans la nécessité d'établir des réglemens & de créer des officiers attachés au service des bâtimens du roi, afin de mettre de l'ordre & de l'économie dans la dépense.

Il y a tant de *maisons royales*, qu'il est impossible que le souverain & sa famille les occupent, à moins qu'il ne change à chaque instant de séjour. Le goût & les circonstances ont forcé souvent les rois de France d'abandonner un palais où leurs aïeux avoient fixé leur principale résidence; mais, en les quittant, le maître, soit par respect pour la demeure de ses prédécesseurs, soit par un naturel éloignement pour la destruction d'un ancien & bel édifice, a voulu qu'ils fussent conservés, comme autant de signes de grandeur & de puissance.

On ne peut pas se dissimuler que les réparations continuelles de tous ces palais, les gages des serviteurs qui y sont attachés, & les frais qu'entraînent la décoration des jardins qui en dépendent, n'occasionnent beaucoup de dépenses onéreuses à l'état: mais, d'un autre côté, la bonté du souverain qui en forme divers asyles pour de pauvres gentilshommes, pour des familles étrangères que le fanatisme a chassés de leur patrie, rend ces monumens si avantageux & si nécessaires à tant d'individus, qu'on n'ose pas desirer la réforme que l'intérêt général semble solliciter. Si l'on avoit un souhait à faire, ce seroit que la véritable intention du roi fût suivie, que le crédit & le luxe ne réussissent pas aussi souvent qu'ils le font à enlever à d'anciens serviteurs de l'état ou à des persécutés, une demeure que la faveur leur doit, & que leur indigence leur rendroit si précieuse.

Outre ces palais attachés, pour ainsi dire, à l'existence du monarque françois, il y a encore plusieurs *maisons* particulières que le roi a acquises pour le logement de ses ministres & pour celui de différens artistes qui lui consacrent leurs talens. L'entretien de ces *maisons* a été aussi l'objet des réglemens relatifs aux bâtimens du roi.

L'article premier du titre 4 de l'édit enregistré en la chambre des comptes le 19 septembre 1776, fait défenses à toutes personnes, de quelque qualité & condition qu'elles soient, qui jouissent de logemens dans les châteaux ou *maisons* du roi, relativement à leurs places & états dans le service de sa majesté, ou en vertu d'un brevet, d'en changer l'ordonnance & la constitution ancienne, & de se faire un droit pour cela de ce qu'elles subviendroient à la dépense : « voulons, est-il dit, que les concessionnaires & brévetaires jouissent, chacun à son égard, des objets en l'état où ils leur seront donnés, sauf l'entretien & les réparations qui seront jugés nécessaires, & qui, à l'égard des simples logemens assignés dans un corps quelconque d'édifices, devront être bornés aux simples travaux qui, en rendant les lieux suffisamment habitables, intéresseront d'ailleurs la conservation de nosdits édifices, sans jamais subordonner en aucuns cas les distributions d'un logement aux besoins particuliers de celui qui en sera concessionnaire, les besoins réels de notre service devant être la règle sur ce point ».

Quant aux *maisons* particulières qui sont affectées à des usufruits pour la vie des concessionnaires, ou dont il plaît au roi de disposer à titre de récompense, en faveur de ceux qui ont mérité cette faveur; sa majesté déclare ne vouloir être tenue que des travaux qui intéressent la propriété, tels que les gros murs, les poutres & les couvertures, & que chaque concessionnaire demeure chargé, aux termes de droit, de tout ce qui est réparation usufruitaire, & qu'en cas d'omission ou de négligence, il soit & demeure déchu de plein droit du bénéfice de son brevet, & qu'il soit tenu de vider les lieux au premier ordre qui lui en sera intimé par le directeur général des bâtimens du roi, auquel il est enjoint formellement de ne jamais accorder, dans lesdites *maisons* tenues à vie, aucuns travaux au-delà de ceux que comporte la nue propriété.

Par l'article 41 du titre 2, le roi défend expressément à tous les officiers & employés supérieurs & inférieurs de ses bâtimens, de faire dans les *maisons* qui leur auront été assignées pour logement, aucune construction nouvelle, même sous le prétexte de réparations, à moins de l'autorisation précise & formelle du directeur général, qui ne devra l'accorder qu'à des considérations absolues, même dans le cas où celui qui la requerroit offriroit de construire à ses dépens. La raison principale de cette prohibition est la crainte que le roi ne soit par la suite chargé de bâtimens considérables & superflus pour son service.

Pour que le directeur-général puisse avoir une connoissance toujours suivie de l'exactitude ou de l'inexactitude avec laquelle les concessionnaires ou habitans des châteaux & *maisons royales* rempliroient les charges à eux imposées, il est ordonné aux inspecteurs de faire aussi souvent que besoin sera, & au moins une fois par chaque semestre, la visite de tous les logemens & *maisons* tenus du roi, & dont l'entrée ne pourra leur être refusée par quelque personne & sous quelque prétexte que ce puisse être, afin de reconnoître, soit les besoins, soit les innovations, & en rendre compte au directeur-général, qui pourvoira aux réparations, & prendra les ordres du roi sur les innovations faites ou entamées en contravention. Pour prévenir toutes atteintes à ces dispositions & suivre exactement l'esprit des arrêts du conseil de 1672, 1757 & 1774, il est fait défenses à tous gouverneurs, capitaines, concierges, à tous officiers employés dans les bâtimens, pour tous les cas non autorisés par le directeur général, de faire, ni souffrir qu'il soit fait aucun changement dans les logemens, *maisons* & lieux tenus du roi; & dans le cas où le concessionnaire auroit été admis à en faire la dépense, ils ne doivent pas permettre qu'il emploie d'autres ouvriers que ceux du département, ni que ces changemens soient conduits ou dirigés par d'autres que les officiers des bâtimens. Le même article défend à tous architectes, entrepreneurs & ouvriers étrangers au département des bâtimens du roi, de commander, exécuter ou faire exécuter aucuns travaux dans ses châteaux & *maisons*, à peine d'être tenus du rétablissement des lieux, & d'y être contraints par emprisonnement de leurs personnes, & en outre, à peine de trois cens livres d'amende applicable aux pauvres des paroisses & aux hôpitaux des lieux dans lesquels les contraventions auront été commises.

L'article 2 du même titre 4, après avoir dit qu'il sera procédé, d'après les anciens plans de tous les châteaux & *maisons* du roi, à une reconnoissance de l'état actuel des lieux, & pourvu à la réformation de toutes entreprises faites, & que l'état dans lequel les choses seront rétablies ou pourront rester, sera constaté par des plans positifs qui seront déposés dans les bureaux de la direction générale des bâtimens du roi, déclare que le secrétaire d'état chargé du département, ne pourra expédier aucun brevet ou lettres de don & concession de logemens, pour quelque temps que ce soit, dans les châteaux & *maisons* du roi, sur les propositions & demandes des gouverneurs ou capitaines, concierges desdits châteaux & *maisons*, qu'après en avoir communiqué l'objet au directeur-général, avoir reçu ses observations & une copie exacte sur les plans généraux, des détails de la consistance du logement demandé. Si le roi juge à propos d'accorder les demandes, le concessionnaire sera mis en possession de l'appartement conforme au plan joint au brevet, tant par le gouverneur ou capitaine concierge, pour ce qui concerne sa charge, que par l'inspecteur préposé sur le lieu pour l'administration des bâtimens, auquel inspecteur le concessionnaire est obligé de délivrer soumission expresse de jouir conformément aux brevets & plans, pour remettre le tout, à l'expiration de la jouissance, dans le même état qu'il l'aura reçu, sauf les changemens que les circonstances auroient pu faire autoriser par le directeur-général.

& qui alors feront conftatés par un nouveau plan.

Comme ce réglement ne pouvoit pas convenir aux châteaux dans lefquels le roi fait fa réfidence en perfonne, tels que ceux de Verfailles, de Marli, Fontainebleau, Compiegne, Choifi, Saint-Hubert, la Muette, *&c.* où l'on n'affigne de logement durable à perfonne, il eft dit au même article, que l'on excepte des difpofitions que l'on vient de lire, les châteaux de Verfailles & ceux de même claffe dans lefquels le roi fait des réfidences plus ou moins fuivies. Néanmoins il eft ajouté, que pour déterminer le vrai fens de l'exception, & pour prévenir déformais des dépenfes qui ont été jufqu'à préfent trop multipliées au très-grand préjudice de fes finances & de la folidité de fes édifices, le roi entend que toutes les perfonnes auxquelles il pourra donner un logement à fa fuite dans fes châteaux & *maifons* de réfidence, foit à raifon de leur rang ou de leur charge & offices, foient tenues de fe contenter des appartemens tels qu'ils fe trouveront formés, fauf les réparations de véritable néceffité, qui feront alors ordonnées par le directeur-général des bâtimens, auquel il eft expreffément interdit de rien permettre de furplus, fans qu'il en ait rendu compte au roi, & ait reçu les ordres de fa majefté, qui déclare, par fon édit, être réfolue de n'accorder qu'à la néceffité vraiment prouvée.

L'article 3 de l'édit des bâtimens permet à ceux auxquels il a été accordé des logemens à temps ou à vie dans les châteaux de réfidence, *maifons* employées pour le fervice du roi, & autres *maifons royales*, de les décorer, à leurs frais, de glaces, & par ajuftemens en boiferie ou cheminées de marbre, pourvu que ces décorations ne foient exécutées que fous la conduite & infpection des prépofés, & les autorife, à l'expiration de la jouiffance, à retirer ou faire retirer les glaces par celui qui les aura pofées: mais à l'égard des boiferies & des cheminées qui auront été établies, il eft dit qu'elles demeureront & appartiendront au lieu dans lequel elles auront été placées, fans que celui qui en aura fait les frais ou les réparations, puiffe prétendre les enlever, ni les vendre au nouveau conceffionnaire de l'habitation ou logement; & pour empêcher qu'on ne puiffe emporter aucun de ces ornemens qui doivent refter adhérens au local, il eft enjoint aux concierges des châteaux & *maifons* de ne laiffer exécuter aucun déménagement, qu'après que les prépofés des bâtimens auront fait leur infpection.

La pofe des fonnettes, qui étoit autrefois pour tous les logemens à la charge du roi, n'y eft plus que pour les logemens des miniftres. L'article 4 du même édit, porte que toutes autres perfonnes logées dans les *maifons royales* feront les frais relatifs à cet objet, mais fans fe difpenfer pour cela d'appeller les prépofés des bâtimens du roi, pour veiller fur les percemens des murs en pareils cas.

L'entretien & le nettoyage des vitres dans les bâtimens du roi, faifoient un objet de dépenfe fi confidérable, qu'il a été néceffaire de faire des réformes & des diftinctions économiques fur ce point. Auffi l'article 5 de l'édit des bâtimens porte, que pour ramener à une jufte mefure la dépenfe que le temps a rendue exceffive, en ce qui concerne la vitrerie des bâtimens du roi, fes acceffoires en nettoyage & calfeutrage, le directeur-général fera former & arrêter un état de tout ce qui peut être légitimement à la charge du roi en ce genre, dans lequel état le roi entend qu'il ne puiffe être compris d'autre entretien que celui qui eft propre à fon fervice & à celui de fa famille, ou qui y devient propre par la nature de l'état & des fonctions des différens ordres attachés à fa fuite ou à fon fervice, & qui en conféquence ont droit à ce qu'on appelle *logement de place*, & qu'au-delà, tout conceffionnaire de logement, en quelque château ou *maifon* particulière que ce foit, demeurera chargé des gros & menus entretiens de vitrage, & qu'en cas de réparation reconnue néceffaire à l'expiration de fa jouiffance, lui ou fes repréfentans pourront être contraints à y fuppléer, foit par les officiers & employés du département, foit par celui qui fuccédera à ladite jouiffance.

Quant aux moyens économiques de réparer les bâtimens ou d'ajouter de nouveaux corps aux anciens, le roi laiffe, par l'article 24 du même titre, à la prudence de l'adminiftrateur général de fuivre l'ancien ufage des devis généraux, combinés fur la pofition des divers départemens, relativement aux prix des matériaux & de la main-d'œuvre, pour en être fait adjudication au rabais aux entrepreneurs qui fe préfenteront, ou d'appliquer des devis particuliers à chaque entreprife dont le cours du fervice fera naître l'objet. Le roi ajoute ne vouloir qu'aucune partie des travaux de fes bâtimens, qui, par fa nature de conftruction neuve ou de groffes réparations, fortira de la claffe des travaux courans en entretien & réparations, ne foit entreprife que d'après des devis généraux ou particuliers qui auront précifément déterminé la nature des matériaux, celle des ouvrages, les prix qui y feront appliqués, & toutes les autres conditions qui y feront jugées convenables aux intérêts du roi.

Il eft dit par l'article 25 du titre 2, que dans le cas où l'adminiftrateur général eftimera devoir opérer par adjudication générale ou particulière fur quelque partie que ce foit des travaux de fes bâtimens, l'ufage d'y procéder à l'extinction des feux fera abrogé, comme plus nuifible qu'utile en pareille matière. Pour y fuppléer, le roi veut qu'après que le bureau conftitué pour fes bâtimens aura formé les plans & devis, & après que ces mêmes plans & devis auront été approuvés & vifés par l'adminiftrateur général, tous les entrepreneurs & ouvriers foient avertis par affiches, des objets qui feront à traiter, afin qu'ils puiffent prendre communication des devis & projets, & présenter ensuite directement à l'administrateur général les soumissions des prix qu'ils auront à proposer, lesquelles soumissions seront communiquées respectivement à tous ceux qui en auront donné, afin qu'ils puissent, s'ils le jugent à propos, réformer leurs premières propositions, & en produire de définitives, sur lesquelles, si l'administrateur les trouve admissibles, il passera avec les entrepreneurs agréés, & par acte en bonne forme, tel marché que de droit, en exigeant caution suffisante de l'exécution; pour la plus grande authenticité desquels marchés, le directeur-général se fera assister dans la passation des actes qui les concerneront, par les officiers du bureau, au nombre de deux au moins, qui signeront lesdits actes.

Quant aux travaux qui ne comportent que des réparations usuelles & courantes, & dont les espèces n'exigent pas la formalité d'un devis ou d'une adjudication, l'administrateur général est le maître d'en ordonner de la manière la plus convenable aux intérêts du roi, après avoir fait examiner les objets par le bureau, s'il juge cette précaution nécessaire.

Après que les ouvrages qui ont été traités sur devis & marchés, ont été achevés, il doit être dressé procès-verbal du toisé & de la réception par trois membres du bureau, dont les fonctions sont égales & concurrentes sur ce point, d'après le travail préparatoire fait par les employés vérificateurs; ce travail est rapporté au bureau pour y être examiné d'après les devis & marchés, & reçoit ensuite l'arrêté définitif & le visa du directeur-général.

Il est ordonné par l'article 30 du même titre, que tous les travaux & dépenses de chaque département soient toisés, reconnus & constatés dans l'année qui suivra celle de l'exécution, excepté néanmoins les grands édifices, sur lesquels on ne peut opérer utilement que quand ils sont terminés; ensorte qu'en attendant ce moment, il suffit pour ceux-là de prendre, avec les entrepreneurs, les mesures convenables, pour que l'administration ne soit point exposée à excéder une juste proportion dans la distribution des à-comptes.

Outre la dépense qu'entraînent la réparation & augmentation des bâtimens du roi, & qui est plus ou moins forte, il en est une fixe & presque invariable, c'est celle qui se fait par abonnement avec des ouvriers chargés de l'entretien des bâtimens, par des marchés annuels.

Voici ce que porte l'article 36 du titre 4, à ce sujet: « les officiers du bureau procéderont, sous » les ordres du directeur-général, à la préparation » de tous les marchés d'entretien fixes, propres » à différentes parties du service; & ces marchés » seront accordés par le directeur-général à ceux » qui feront la condition meilleure pour le roi, » soit par adjudication publique au rabais, soit » par la voie des soumissions indiquées pour l'entreprise des travaux de construction, par l'article » 25 du titre 4. Il se fera assister dans la passation » desdits marchés, pour leur plus grande authen» ticité, par les officiers du bureau, au nombre » de deux au moins ». Le roi ajoute, que pour parer aux inconvéniens que le temps a entraînés sur cette partie, il veut & entend que chaque marché d'entretien soit désormais déterminé pour une révolution de temps, sur la durée de laquelle sa majesté s'en remet à la prudence de l'administrateur général, & qu'à l'expiration desdits marchés, ils soient renouvellés par acte en bonne forme; qu'ils soient souscrits par ceux qui les obtiendront, & qu'ils ne soient plus considérés, comme ils semblent l'avoir été, sous l'aspect d'emplois que le temps a, dans bien des circonstances, rendus héréditaires. Le roi fait une exception pour ce qui concerne les marchés qu'exige la culture des orangeries & jardins d'utilité ou d'agrément, & permet qu'ils soient accordés, si le directeur-général le trouve convenable, pour la vie de ceux qui seront dans le cas de les obtenir. La raison de cette exception est, qu'il sera toujours loisible à l'administrateur-général de les révoquer, dès qu'il sera dans le cas de se plaindre de leur exécution. Il est dit que si cette circonstance de révocation n'a pas lieu pendant la vie de l'entrepreneur, ses enfans ou autres représentans ne pourront être admis à lui succéder, qu'en souscrivant un marché personnel, tel qu'il sera convenable alors de le former.

Il ne faut pas confondre & considérer indistinctement comme possessions domaniales, toutes les *maisons* qui appartiennent au roi. Il s'est réservé par l'article 5 du titre premier de l'édit de réglement des bâtimens de 1776, la faculté de vendre, d'échanger les *maisons* qui n'appartiennent pas essentiellement à la couronne. Comme c'est de ce point de législation que dépend la sûreté des acquisitions, des ventes & des échanges que peuvent faire les particuliers qui contracteroient avec le roi, il est nécessaire de rapporter les dispositions de l'article qui le renferme. Le roi confirme, par cet article, en la personne du directeur-général de ses bâtimens, le pouvoir qu'il lui a donné par l'article 5 des lettres-patentes du 27 mai 1770, enregistrées en la chambre des comptes le 30 juin suivant, à l'effet de traiter pour sa majesté, & en son nom, des acquisitions, échanges ou autres arrangemens qu'elle sera dans le cas d'ordonner pour la rendre propriétaire des *maisons* ou terreins nécessaires à ses bâtimens & jardins, ainsi qu'aux plantations d'avenues & remises de chasse que les circonstances la porteront à établir. Le roi ajoute, que, comme la succession des temps & des besoins peut le conduire à mettre hors de ses mains des possessions que le changement de ses projets, la difficulté de leur exécution ou d'autres considérations rendroient inutiles, il croit devoir se réserver à perpétuité l'entière & libre disposition des objets ainsi entrés en ses mains, & qui ne peuvent y rester sans un désavantage notable par la nullité inévitable de leur produit. Le roi déclare que c'est pourquoi, en adoptant les principes qui ont déterminé les rois ses predécesseurs, lorsque par lettres-patentes de l'année 1698, enregistrées au parlement le 6 mai de la même année, pour l'aliénation des terreins qui avoient été acquis par le sieur intendant de ses bâtimens, à l'effet de former dans Paris la place de Vendôme, il a été déclaré que lesdits terreins ne pourroient jamais être censés ni réputés du domaine; & lorsque par lettres-patentes du 27 mai 1770, il a été dit qu'il n'y avoit point eu d'incorporation au domaine de Versailles & de Marly pour les acquisitions destinées aux bâtimens, jardins & capitaineries de sa majesté, il statue définitivement qu'on ne pourra jamais censer ni réputer *possessions domaniales & inaliénables*, les *maisons* particulières, les terreins & jardins, avenues ou remises dépendans actuellement de l'administration de ses bâtimens, & restes d'acquisitions anciennement faites pour sa majesté par les ordonnateurs de ses bâtimens, en vue de projets dont les uns ont été exécutés, & les autres ne l'ont été qu'en partie. Il veut qu'il en soit de même de toutes les acquisitions qu'il pourra faire à l'avenir dans le même genre, en raison du service de ses bâtimens & par le canal de l'ordonnateur, ensorte que, sans égard au temps plus ou moins long pendant lequel toutes ces sortes de possessions anciennes ou futures auront reposé dans ses mains, & auront été régies comme les autres objets de ses bâtimens, elles puissent être revendues, aliénées, mises hors de ses mains, & transmises au plus offrant & dernier enchérisseur, sur trois publications & affiches; à l'effet desquelles ventes & pour la passation des contrats qui devront les consommer, le roi confère plein pouvoir & autorité, commission & mandement au directeur-général de ses bâtimens, à la charge par lui de ne procéder, en pareil cas, qu'en présence & de l'avis des trois intendans généraux, & de faire verser le produit des ventes entre les mains du trésorier de ses bâtimens. Le roi ajoute, qu'il entend que ceux qui se seront rendus adjudicataires, soient & demeurent propriétaires incommutables comme de vrai & loyal acquêt, sans pouvoir jamais être évincés, troublés ni inquiétés dans leur possession, pour quelque cause & sous quelque prétexte que ce soit. Pour faciliter ces ventes, quand elles auront lieu, le roi autorise le directeur-général de ses bâtimens à stipuler en faveur des premiers acquéreurs seulement, & sans tirer à conséquence pour leurs successeurs, la pleine & entière franchise envers sa majesté & ses fermiers, de tous droits de contrôle, insinuation, centième denier & lods & vente; de tous lesquels droits le roi consent la remise sur la première vente seulement, sauf, au surplus, le droit d'autrui, s'il en existe, & à la charge par lesdits acquéreurs de se faire ensaisiner, aux termes des réglemens, par les receveurs généraux des domaines & bois, en les satisfaisant de leurs droits. Le roi déclare en même temps que les dispositions de l'article 5 que nous venons d'analyser, ne pourront être étendues à aucun de ses châteaux, *maisons royales*, proprement dits, dont sa majesté entend jouir tels qu'ils lui ont été transmis.

Il résulte de tout ce que l'on vient de voir, qu'il y a des *maisons royales* de trois différentes espèces: celles de la première sont des palais que le roi habite en personne avec sa suite, plus ou moins de temps, dans le cours de l'année. Celles de la seconde sont les châteaux où le roi de France régnant ne fait plus de séjour, mais où ses prédécesseurs ont fixé leur cour, tels que le château de Chambor, le château de S. Germain-en-laye, celui de Vincennes, *&c.* Les *maisons royales* de la troisième espèce sont des *maisons* que les rois n'ont jamais habitées, mais qu'ils ont fait bâtir, soit à Versailles, soit à Paris, soit à la proximité des autres palais où ils vont résider, pour loger les ministres & leurs suites. Il faut conclure de ces différences, que les délits que l'on peut commettre dans ces diverses *maisons*, ne sont pas punissables de la même manière; que le trouble que l'on exciteroit dans l'une où le roi ne réside jamais, ne blesseroit pas la majesté royale au même degré que si sa personne l'habitoit. Il faut aussi en conclure que celles de la seconde classe n'ayant plus d'autre utilité que celle de donner un asyle à de pauvres gentilshommes, ou à quelques refugiés qui ont suivi la destinée du roi Jacques & du prétendant, ou à des artistes célèbres qui ont consacré leurs talens au roi, elles ne sont pas tellement essentielles à la gloire & au service du monarque françois, qu'elles doivent éternellement subsister pour être transmises comme une possession domaniale & inaliénable aux successeurs du roi de France, & qu'elles peuvent subir le sort qu'a éprouvé le château neuf de S. Germain, qui vient d'être rasé, pour voir élever sur ses fondemens un autre palais destiné à un des frères du roi.

Tous ceux auxquels le roi veut bien accorder des logemens dans ses châteaux abandonnés, doivent aussi jouir de ce bienfait avec reconnoissance, tant que sa majesté daigne le leur continuer; mais ils ne doivent pas croire avoir acquis un droit de propriété sur l'appartement qu'ils occupent, parce qu'il ne leur a jamais été assuré; parce que, d'un instant à l'autre, le maître peut, sans injustice, le leur retirer, pour en disposer à son gré. Cependant il n'arrive que trop souvent que les possesseurs de ces logemens, lorsqu'ils s'en dégoûtent, se permettent de les vendre, comme s'ils en étoient les propriétaires. Les acquéreurs téméraires se font illusion jusqu'au point de se persuader qu'ils ont un droit légal sur l'objet de leur acquisition imprudente, & ils se plaignent de l'expulsion dont ils sont menacés, comme d'une injustice.

Un devoir de ceux qui occupent ces logemens, c'est d'en respecter la distribution, de ne point les dégrader, de faire faire avec exactitude les réparations dont ils sont tenus, & de ne pas rendre le bienfait onéreux au bienfaiteur.

Les personnes auxquelles le roi accorde des logemens dans ses châteaux éloignés de la capitale, sont exemptes de plusieurs charges que supportent les habitans des villes où ces châteaux sont situés, telles que la taille, l'industrie, les logemens de gens de guerre. Ces avantages font regretter qu'ils ne tombent pas seulement sur des personnes auxquelles la modicité de leurs revenus ou la nature de leur service donneroient des droits particuliers. Elles sont presque à l'abri de la saisie de leurs meubles, lorsqu'elles ont des créanciers, par les obstacles qui sont opposés aux huissiers, qui, avant de parvenir jusqu'à elles, sont obligés d'obtenir l'agrément du gouverneur ou du capitaine-concierge, qui ne l'accorde qu'avec des difficultés & à des conditions qui rendent les recherches infructueuses. Nous n'avons pas besoin de dire qu'il répugne à l'honnêteté d'abuser du respect dû aux *maisons royales*, pour retarder l'exécution des engagemens qu'on a contractés. *Voyez* JARDINS PUBLICS. (*Cet article est de M.* DE LA CROIX, *avocat au parlement.*)

MAISONNAGE, Ragueau dit que ce mot désigne, dans la coutume d'Anjou, le bois de futaie qu'on coupe pour bâtir. Mais il paroît qu'on doit seulement entendre par-là l'usage dont ces bois peuvent être pour les bâtimens (*les maisons*). L'article 497 de cette coutume porte effectivement qu'en matière de partage, les bois marmantaux « se doivent priser & estimer à la raison de ce » qu'ordinairement ils ont accoutumé, & peuvent » valoir par an en glandée, parnages, pâturages, » chauffages, chasses, *maisonnages* & autres com» modités, en usant d'iceux comme un bon père » de famille .... mais qu'en matière d'assiette de » rentes, le tout doit estimer à quelque raison» nable prix, en ayant égard tant au bois qu'au » fonds ». *Voyez aussi le glossaire de* du Cange *au mot* MANSIONARE. (*M.* GARRAN DE COULON, *avocat au parlement.*)

MAISONNIER, le glossaire du droit françois suppose que ce mot est synonyme d'*estager*, puisqu'il renvoie de l'un à l'autre. Mais je ne sais si celui de *maisonnier* se trouve employé dans ce sens, dans nos coutumes ou dans d'autres monumens de notre droit. L'article 78 de la coutume de Blois s'en sert pour désigner une espèce de fermier ou de colon. *Voyez néanmoins l'article* MANSIONNIER. (*M.* GARRAN DE COULON, *avocat au parlement.*)

MAITRE, s. m. mot qui vient du latin *magister*, dont la racine ou l'étymologie est formée du mot grec μεγιστος, superlatif de μεγας *magnus*. Il a dans notre langue plusieurs significations.

Ce terme présente d'abord une idée de puissance & d'autorité; on le trouve aussi employé pour *doctor*, *præfectus*, dans Hesyche, grammairien grec, mort en 609, & que quelques auteurs placent au rang des patriarches de Jerusalem.

C'est sans doute sous cette double signification qu'il faut entendre le nom de *maître*, donné à J. C. par ses apôtres, qui l'appelloient indistinctement, *magister*, *præceptor*, *dominus*.

Lorsque les ambassadeurs, en parlant des souverains qu'ils représentent, les appellent leurs *maîtres*, ce terme désigne alors la puissance & l'autorité.

Il signifie encore parmi nous la *dignité*, *l'office* ou le *grade* dont quelqu'un est revêtu, & alors il est joint à un second mot qui en désigne la nature & la qualité; c'est dans ce sens qu'on appelle *maîtres*, les *maîtres-ès-arts*, les *maîtres* des comptes, les *maîtres* des requêtes, &c.

Nous traiterons d'abord des principales acceptions du terme *maître*, employé seul, nous expliquerons ensuite par ordre alphabétique les différens grades & offices auxquels est attaché le titre de *maître*.

MAITRE, *dans le sens de* dominus, *qui a des sujets, des domestiques.*

Le *maître* est tenu des dommages causés par son domestique, dans le service seulement où il l'emploie. *Voyez* DÉLIT, DOMESTIQUE.

L'article 6 de l'arrêt rendu en forme de réglement par le parlement de Dauphiné, le 6 mars 1723, déclare même les chefs de famille & les *maîtres*, responsables des dégâts & contraventions qui se feront par leurs femmes, enfans & domestiques dans les bois, conformément à un autre réglement de la même cour de 1682.

Sur le fondement de cette garantie par les *maîtres* du fait de leurs domestiques, un hôtelier de Pont-à-Bussy, près la Fere, a été condamné, par un arrêt de la grand'chambre du 28 avril 1761, à payer à un voiturier le prix de quatre chevaux qu'un garçon d'écurie avoit conduits dans une rivière pour les y abreuver, & où ils s'étoient noyés.

C'est encore d'après ce principe, que par différens réglemens du conseil de l'année 1783, tous fermiers, laboureurs, charretiers, voituriers & autres, conduisant pour leur compte, ou faisant conduire des voitures, sont obligés à présent d'inscrire leur nom sur des plaques de fer blanc, & d'appliquer ces plaques sur le collier d'un de leurs chevaux, ou sur un des brancards de leurs voitures, à peine d'amende pour la première fois, & de plus grande peine suivant les cas, dont la connoissance est attribuée aux commissaires départis, chargés de veiller à cette nouvelle ordonnance, chacun dans son département.

On sent bien que le sage législateur de qui cette ordonnance est émanée, s'est proposé de prévenir les accidens & malheurs fréquens, occasionnés soit par l'impéritie, soit par la négligence ou intempérance d'une foule de charretiers, qui, hors d'état de conduire leurs voitures, ont été la cause d'une infinité de désordres & d'accidens restés impunis, attendu qu'on ignoroit leurs noms & ceux de leurs *maîtres*.

Par un arrêt de la cour du 23 janvier 1679, & autres rendus depuis sur la requête du procureur-général, & dont la lecture a été ordonnée au prône des messes paroissiales, dans tous les lieux du ressort, il est fait défenses à tous propriétaires, fermiers, journaliers & autres de mener paître en aucun temps les vaches, moutons & brebis dans les vignes, bois, buissons ni aux environs des haies, & dans les jardins, prés & vergers, à moins que lesdits jardins, prairies & vergers ne soient enclos de murs ou de haies appartenans aux propriétaires des moutons, brebis & vaches, le tout à peine de 3 liv. d'amende par chaque bête, & des dommages-intérêts envers ceux qui en auront souffert des dommages, même du double de l'amende & de confiscation des animaux, & d'être les contrevenans poursuivis extraordinairement suivant l'exigence des cas, desquelles amendes & dommages-intérêts, les pères & mères à l'égard de leurs enfans, & les *maîtres* & *maîtresses*, à l'égard de leurs domestiques seront garans & responsables.

Le même arrêt enjoint aux syndics, gardes & messiers des paroisses, de dénoncer les contrevenans, & aux officiers & cavaliers de maréchaussée de prêter main-forte pour son exécution. *Voyez* PRISE *ou* PRINSE DE BÊTES.

Les *maîtres* cependant ne sont point obligés de payer les crédits faits à leurs domestiques sans leur ordre; & si des marchands ou fournisseurs de bouche demandent aux *maîtres* le paiement des crédits faits aux domestiques, les *maîtres* sont ordinairement déchargés de ces demandes, en affirmant avoir donné aux domestiques l'argent pour payer cette dépense: il y a à ce sujet un arrêt du 26 mai 1691, rapporté au journal des audiences.

Des sentences des consuls ayant condamné les nommés d'Angimont & Mouton, *maîtres* d'hôtel des ambassadeurs d'Espagne, à payer à la veuve Aveline le montant des fournitures arrêtées par eux au bas des mémoires, il a été question sur l'appel de savoir, si ces arrêtés étoient obligatoires.

D'Angimont & Mouton soutenoient que n'ayant pas promis de payer, leurs arrêtés ne devoient être regardés que comme certificats de fourniture, & que la veuve Aveline devoit s'imputer à elle-même d'avoir laissé partir les ambassadeurs sans leur demander son paiement; en conséquence l'arrêt du 7 juillet 1738 infirma les sentences consulaires, & condamna la veuve Aveline aux dépens.

Mais par arrêt du 15 juillet 1761, la cour, en infirmant une sentence du bailliage de Tours, a déchargé le comte de Castelane de Villandry, des demandes formées contre lui par la veuve le Blanc, pour raison de fournitures de fer, clous, *&c.* employées au château de Villandry, détaillées au mémoire arrêté par un nommé *Jaquiau*, receveur de cette terre, par la raison que le comte disoit avoir payé à Jaquiau toutes les fournitures faites à celui-ci par la veuve le Blanc. On a pensé que le *maître* ne pouvoit pas être obligé à son insu, par un domestique infidèle, & que le serment du *maître* étoit inutile.

Quoique l'ordonnance de 1670, *tit.* 2, *art.* 10, défende les chartes privées, ainsi que l'arrêt du conseil de 1608, cité au mot CHARTE PRIVÉE; cependant, suivant Bruneau, *tit.* 15, *maxime* 4, il faut excepter les cas permis de droit, comme les corrections d'un supérieur sur son religieux, d'un père sur son fils, d'un *maître* sur son domestique, & d'un voleur pris en flagrant délit, tous lesquels peuvent être retenus jusqu'à ce qu'ils soient remis ès mains de la justice; il appuie son opinion sur celle de Rebuffe, *tit.* 52, *des geoliers*; de Papon, *liv.* 23, & de Farinac, *n°.* 28, *question* 27; l'art. 8 du tit. 10 de la même ordonnance permet de décréter les domestiques de prise-de-corps sur la simple plainte des *maîtres* sans autre preuve, pourvu sans doute qu'ils soient majeurs.

Du Rousseau de la Combe, en sa jurisprudence au mot *délit*, dit qu'un cocher ni son *maître* par conséquent n'est pas responsable des dommages qu'il cause avec une des roues de devant de son carosse; il assure que c'est un usage constant de la police de Paris; les *maîtres* ne sont pas garans non plus d'un vol de fruits fait par leurs domestiques dans le jardin d'un voisin, c'est ce qui a été jugé par arrêt du 2 mars 1663, cité au journal des audiences. Mais par un arrêt du parlement de Dijon du 18 juillet 1618, rapporté par M. le président Bouhier, *tom.* 1, *pag.* 583, il a été ordonné aux pères & mères de retenir leurs enfans, de sorte qu'ils ne commettent aucuns dégâts dans les jardins & vergers, à peine de répondre des dommages par eux causés. Raviot, dans ses additions, *pag.* 13, ajoute que ce réglement comprend aussi les *maîtres* à l'égard de leurs domestiques, & qu'il en doit être de même, si les enfans, clercs, écoliers & laquais se battent, & qu'il en résulte des dommages; cette prétention de Raviot paroît exorbitante à l'égard des clercs & domestiques, l'autorité des *maîtres* dans ce cas étant bien inférieure à celle des pères sur leurs enfans.

Si cette jurisprudence a lieu pour les fruits, les fleurs & arbres des jardins, ainsi que pour les chevaux & charrettes quand il peut résulter des dommages, pour négligence notoire des *maîtres*, elle doit par conséquent s'appliquer à toutes sortes d'animaux, tels que les chiens enragés, vaches, bœufs, tigres, ours & autres. Raviot qui cite à ce sujet différens arrêts, dit avec raison que l'action *noxalis* tombe sur le *maître* de l'esclave ou de l'animal qui a causé le dommage, & qu'en ce cas, non-seulement il ne doit pas garder ces animaux quand ils sont mauvais, tels qu'un chien accoutumé à mordre les passans, un bœuf *qui cornu petat*, un cheval sujet au même défaut ou fougueux, *&c.* mais encore qu'il est garant des dommages-intérêts, & qu'on peut même diriger contre lui l'action, soit par la voie

voie civile, soit par la voie extraordinaire, sans toutefois décréter le *maître*, à moins que celui-ci n'eût excité son chien, négligé de retenir ses chevaux, tigres, ours, & commis d'autres délits dans des circonstances semblables où la négligence du *maître* ne peut être excusable; ce qui dépend de là prudence des juges, qui, ordinairement civilisent l'affaire & la renvoient à l'audience après les informations & réponses du *maître*.

Par déclaration du 8 janvier 1719, le roi défend aux *maîtres* de faire porter par leurs domestiques une livrée que d'autres sont en possession de faire porter à leurs gens, avec défenses aux domestiques, autres que les Suisses des églises & des maisons, de paroître avec cannes, bâtons, épées ou autres armes, sous les peines y portées.

Une autre ordonnance du 6 février 1753, fait défenses à toutes personnes de faire porter par leurs gens une livrée de couleur bleue, encore que le galon soit différent de celui de la livrée de sa majesté; & par une autre ordonnance de la même date, il est défendu à toutes personnes, même à tous officiers commensaux & autres de faire porter par leurs domestiques la livrée du roi, sans une permission par écrit du grand écuyer, le tout sous les peines y portées. *Voyez* DOMESTIQUE, POLICE, SERVITEURS, SERFS, ESCLAVES. (*Cet article est de M.* DE LA CHENAYE, *lieutenant-général honoraire de Mortagne, de plusieurs académies & du musée de Paris*).

MAITRE, *en terme d'Arts & Métiers*, est la qualité qu'acquiert celui qui, après avoir fait son chef-d'œuvre & subi un examen, est reçu dans quelque corps ou communauté.

Par les édits de février & août 1776, suivis d'une déclaration du 19 décembre de la même année, le roi a cru qu'il étoit de sa bonté, & même de sa justice, de venir aux secours de ceux de ses sujets qui voudront être reçus dans les corps & communautés des marchands & artisans, en écartant les entraves, les difficultés & les formalités longues & trop dispendieuses, qui empêchoient souvent les sujets les plus capables de parvenir aux *maîtrises* d'arts & métiers, supprimées par ces nouveaux réglemens.

Par ces réglemens, & notamment par celui de février, monument précieux de sa sagesse, le roi voulant assurer à tous ses sujets la jouissance pleine & entière de leurs droits, & voyant avec peine les atteintes multipliées qu'ont données à ce droit naturel & commun des institutions anciennes à la vérité, mais que ni le temps, ni l'opinion, ni les actes émanés de l'autorité qui sembloient les avoir consacrés, n'ont pu légitimer, s'est hâté de rejetter la maxime que le droit de travailler étoit un droit royal que le prince pouvoit vendre, & que ses sujets devoient acheter.

Pour connoître plus particuliérement l'état actuel des nouvelles communautés & jurandes établies par les édits de février & août, dont le dernier supprime en même temps les lettres domaniales ci-devant accordées au nom du roi pour la vente en regrats des marchandises de fruiterie, bière, eau-de-vie & autres menues denrées; il faut voir ces loix nouvelles, dont la longueur ne nous permet pas de donner ici la copie, on les trouvera d'ailleurs dans le *Dictionnaire de manufactures & arts, tome 2*; on doit consulter aussi les articles particuliers de chacun de ces corps & communautés, soit dans notre Dictionnaire, soit dans celui des arts & métiers, où il est fait mention des réglemens qui les concernent. *Voyez* aussi les mots ARTS & MÉTIERS.

MAITRE, (*en matière canonique*) est le nom qu'on donne à différentes personnes qui jouissent d'une espèce d'autorité sur les autres. On appelle entre autres *père-maître*, ou *maître des novices*, celui qui dans un monastère a le soin des novices, & qui leur enseigne les pratiques & les règles de la vie religieuse. *Voyez* le *Dictionnaire de théologie*. (*Art. de M.* DE LA CHENAYE, *lieutenant-général honoraire de Mortagne, &c.*)

MAITRE, (*en terme de Marine.*) se dit du premier officier marinier qui commande toute la manœuvre, & qui est chargé de tout le détail d'un bâtiment marchand; on l'appelle aussi *capitaine*, ou *patron* sur la Méditerranée; c'est à lui qu'il appartient de choisir les pilotes, contre-maîtres, matelots & compagnons, ce qu'il doit néanmoins faire de concert avec les propriétaires, quand il est dans le lieu de leur demeure.

On donne aussi le nom de *maître* à plusieurs autres personnes employées au service de la marine. On appelle *maître de chaloupe*, celui qui conduit la chaloupe, & a en garde tous les agrêts du vaisseau auquel elle est destinée; *maître d'équipage*, celui qui est établi dans un arsenal pour avoir soin de tout ce qui concerne l'équipage, l'armement & le desarmement des vaisseaux; *maître de hache*, le *maître* charpentier d'un vaisseau, *&c. Voyez* le *dictionnaire de la marine*. (*Art. de M.* DE LA CHENAYE, *lieutenant-général honoraire de Mortagne, &c.*)

MAITRE, (*en terme de palais & de pratique*,) employé seul devant un nom propre, est un titre particulier aux jurisconsultes, ce qui ne doit comprendre que les juges, avocats, greffiers, commissaires, procureurs, notaires, docteurs & gradués dans une des quatre facultés, & autres d'un état à peu près semblable. Ce titre ne peut par conséquent être prétendu par des huissiers & sergens qui ne sont que des ministres subalternes de la justice, créés seulement pour instrumenter & exécuter les mandemens qui leur sont donnés; ils ne peuvent se dire jurisconsultes, puisqu'ils ne doivent pas être dans le cas, ni d'être consultés, ni de faire un cours d'étude comme ceux que nous venons de citer.

C'est d'après ce principe que, par sentence de police rendue sur le requisitoire du procureur du roi, par l'auteur du présent article, au mois d'octobre 1772, il a été enjoint à Ruette des Vaux, premier huissier-audiencier de la *maîtrise* & eaux & forêts de la même ville, de supprimer & rayer la qualité de *maître* par lui employée devant son nom sur un écriteau servant d'enseigne, qu'il avoit fait appliquer sur le mur de la rue au-dessus de la porte de sa maison à Mortagne; ce qui a été sur le champ exécuté par cet huissier.

Il peut en être autrement à l'égard du premier huissier du parlement à qui la noblesse est accordée, ainsi que des premiers huissiers des autres cours souveraines, des huissiers du conseil, autrement appellés huissiers de la chaîne & des huissiers priseurs du châtelet, soit à cause de l'importance de ces offices, soit à cause des qualités requises particuliérement pour les posséder & exercer.

Quoique le titre de *maître* soit propre aux jurisconsultes, & que les cours ne donnent que cette qualité, même à leurs membres, dans les arrêts rendus à leur rapport, néanmoins l'usage est que les magistrats & juges royaux ordinaires prennent dans les actes la qualité de M. M^{e} .... lorsque par une dignité supérieure, ou par leur naissance, ils ne sont pas en droit de prendre le titre de messire, *&c.* On appelle encore au palais *maître* ou *premier clerc*, celui qui est le premier des jeunes gens qui travaillent dans une étude de notaire ou de procureur. (*Art. de M.* DE LA CHENAYE, *lieutenant-général honoraire de Mortagne*, *&c.*)

MAITRE DE LA CHANCELLERIE, c'est le titre de certains officiers d'Angleterre qui ont séance à la chancellerie, ou au greffe, ou au bureau des rôles & registres, comme assistans du lord chancelier, ou *maître* des rôles; on leur renvoie les rapports interlocutoires, les réglemens ou arrêts de comptes, les taxations de frais, *&c.* on leur donne quelquefois, par voie de référé, le pouvoir de terminer entiérement les affaires; ils ont eu de temps immémorial l'honneur de s'asseoir dans la chambre des lords, quoiqu'ils n'aient aucun titre ou lettres-patentes pour ce droit, mais seulement en qualité d'assistans du lord chancelier ou *maître* des rôles; ils étoient autrefois chargés de l'inspection sur tous les écrits, sommations, assignations; ce que fait maintenant le clerc du petit sceau. Lorsque les lords envoient quelques messages aux communes, ils sont portés par ces *maîtres* de la chancellerie, devant qui se font les déclarations par serment, & reconnoissances d'actes publics. Outre ces *maîtres*, qui sont au nombre de douze & dont le *maître* des rôles est réputé le chef, il y a aussi des *maîtres* de chancellerie extraordinaires dont les fonctions sont de recevoir les déclarations par serment, & les reconnoissances dans les provinces à dix milles de Londres, & par de-là, pour la commodité des plaideurs. (*Art. de M.* DE LA CHENAYE, *lieutenant-général honoraire de Mortagne*, *&c.*)

MAITRE DES COMPTES, officiers de justice qui après les présidens, sont les premiers membres des compagnies souveraines, établies dans différentes villes principales du royaume, sous le titre de *chambre des comptes*, parmi lesquelles celle de Paris est sans contredit la première & la plus ancienne, son origine, antérieure même à celle du parlement, remontant à l'année 1256 sous saint Louis.

Nous ne répéterons pas ici ce qui a été dit des *maîtres des comptes* en parlant de cette cour, ainsi que des fonctions, droits & prérogatives des différentes classes d'offices qui la composent. *Voyez* CHAMBRE DES COMPTES.

Nous ajouterons seulement que les conseillers *maîtres des comptes* sont les vrais conseillers de cette compagnie, étant chargés exclusivement de l'instruction & du rapport de toutes les affaires, apposition de scellés, inventaires chez les comptables, & que ce sont en conséquence ordinairement les *maîtres des comptes*, entre autres, qui sont choisis pour commissaires du conseil dans les opérations intéressantes, relatives à la comptabilité, & où le ministère de la chambre des comptes est jugé utile ou nécessaire : il y en a plusieurs exemples; les plus récens résultent des lettres-patentes du 17 mai 1765, pour procéder avec les présidens de cette compagnie, ainsi qu'avec les présidens & conseillers du parlement, à la liquidation des dettes de l'état, ordonnée par édit de décembre 1764; & d'un édit de janvier 1780 portant suppression de la chambre aux deniers, avec création d'un bureau général des dépenses de la maison du roi, présidé par le ministre ayant ce département, & par le ministre des finances, & composé en outre de *maîtres des comptes* & d'officiers supprimés par cet édit, le tout au nombre de sept, non compris les deux présidens ci-dessus nommés.

On dit communément que les chambres des comptes n'ont point de jurisdiction criminelle; cependant s'il survient quelques incidens dans ces chambres, donnant ouverture à la procédure criminelle, on assemble pour juger, un président & des conseillers au parlement, avec un président & des *maîtres des comptes*, conformément à l'ordonnance de 1566; alors M. le procureur-général de la chambre des comptes fait informer devant un *maître*, décréter & instruire tout le procès par récolement & confrontation; il donne ensuite ses conclusions, après quoi un président & six conseillers de la grand'chambre du parlement se transportent en celle des comptes, où avec un président & six *maîtres* ils jugent le procès; & l'arrêt est intitulé, *extrait des registres de la chambre des comptes*, comme émané de son autorité; M. le procureur-général du parlement donne aussi ses conclusions. *Voyez* les *Loix criminelles*, *tom. 1*, *ch. 20*, *pag. 148*, *&* la Combe, *part. 2*, *chap. 2*, *n°. 21.*

Un arrêt du conseil du 7 août 1727 a maintenu la chambre des comptes de Dijon dans les droits de procéder en dernier ressort par informations, décrets, récolemens & confrontations contre les officiers de sa compagnie par voie de correction & de discipline, *ou pour faute commise dans l'exercice de leur état*, sauf néanmoins la révision en la chambre neutre, dans le cas seulement où ladite chambre aura procédé par voie d'information, pour laquelle révision il y aura deux commissaires du parlement de plus que de la part de la chambre des comptes.

Les chambres des comptes cependant n'ont pas droit d'entériner des lettres de grace suivant un ancien arrêt du 29 octobre 1401 qui leur fait des défenses d'en connoître ; il se trouve dans les conférences des ordonnances par Guenois, *liv. 9*, *tit. 19*, §. *6*, *tom. 2*, *pag. 866.* Idem dans l'ancien recueil des ordonnances par Néron, *édition de 1666*, *pag. 43*, *& dans* Brillon, au mot *Lettre*, *n°. 32.*

Les officiers des chambres des comptes, ainsi que ceux des jurisdictions extraordinaires, telles que les élections, greniers à sel, eaux & forêts, ne sont pas obligés de prendre des degrés dans les universités, & d'avoir le titre d'avocat pour posséder leurs offices, ne devant être examinés que sur les ordonnances & sur la pratique, mais non sur la loi, comme les juges ordinaires. *Voyez* Loiseau, *traité des offices, liv. 1*, *chap. 4*, *n°. 42.*

Outre les privilèges accordés aux chambres des comptes, notamment à celle de Paris, dont nous avons rendu compte à leur article, celle de Paris a, par arrêt du conseil du 7 janvier 1775, été maintenue dans la jouissance, particulière à cette cour, du franc-salé, qui lui avoit été accordé par des lettres-patentes de Charles VI du 18 septembre 1405, & autres des années 1517, 1654, & dont elle étoit restée en possession, même depuis l'ordonnance des gabelles de 1680, sans que ce sel entrât dans le grenier, en payant seulement le droit du marchand, pour raison des 2165 minots deux quarts & un huitième qui lui étoient distribués par avance, en présence de ses commissaires sur un bateau à ce destiné ; sa majesté ayant révoqué à cet égard les dispositions des arrêts du conseil des 24 février & 18 juillet 1773, concernant différens droits à payer pour la jouissance du franc-salé accordé ci-devant aux autres privilégiés.

Les *maîtres des comptes* se qualifient de conseillers du roi en ses conseils.

Nul ne peut être pourvu ni même traiter d'aucun office de la chambre des comptes de Paris, sans un agrément particulier du premier président, qui est dans une possession longue de choisir en quelque sorte à son gré les membres de sa compagnie ; il tient cependant à cet égard un registre, où sont inscrits tous ceux qu'il juge faits pour aspirer à ces offices, & qui y sont admis à leur tour, à moins que l'ordre ne se trouve interverti par la préférence due aux enfans de la chambre, ou donnée à d'autres en vertu de quelque considération ou recommandation puissante.

Dans tous les cas le prix de ces offices est tellement fixé, que par un arrêté suivi strictement dans cette compagnie, il n'est pas permis de les vendre ni acheter au-delà de leur fixation. (*Art. de M.* DE LA CHENAYE, *lieutenant-général honor. de Mortagne, &c.*)

MAITRE-ÈS-ARTS, (*Droit public.*) ce titre est particulier à tout homme qui a reçu dans une université les degrés qui donnent le pouvoir d'enseigner les lettres humaines, ou l'humanité & la philosophie.

Autrefois dans l'université de Paris le degré de *maître-ès-arts* étoit donné par le recteur, à la suite d'une thèse de philosophie que le candidat soutenoit au bout de son cours. A présent ceux qui aspirent à ce degré après leurs deux ans de philosophie, doivent subir deux examens ; un devant leur nation, l'autre devant quatre examinateurs, tirés des quatre nations, & le chancelier ou sous-chancelier de Notre-Dame ou celui de Sainte-Genevieve ; s'ils sont trouvés capables, le chancelier ou sous-chancelier leur donne le bonnet de *maître-ès-arts*, & l'université leur en fait expédier des lettres. *Voyez* UNIVERSITÉ, où il est traité de tous les membres qui la composent, & des réglemens à observer par chacun d'eux pour y acquérir les différens degrés. (*Art. de M.* DE LA CHENAYE, *lieutenant-général honoraire de Mortagne, &c.*

MAITRE (*grand*) il y a en France plusieurs offices & dignités, auxquels on donne le titre de *grands-maîtres* ; tels sont entre autres le *grand-maître* de la maison du roi, le *grand-maître* des cerémonies, le *grand-maître* de la garde-robe, *&c.* Nous ne traiterons d'aucun de ces articles, quoiqu'ils appartiennent essentiellement au droit & à la jurisprudence ; on les trouvera, ainsi que les détails qui les concernent, dans le *Dictionnaire diplom. économ.* & *polit.* nous parlerons seulement des *grands-maîtres* des eaux & forêts, qui sont à la tête des officiers royaux, chargés de la police, de l'inspection, de la conservation & jurisdiction des eaux & forêts du roi, des communautés ecclésiastiques & séculières, & de tous les particuliers.

GRAND-MAITRE DES EAUX ET FORÊTS, est le titre qu'on donne à l'officier chargé en chef de l'inspection & jurisdiction sur les eaux & forêts ; les *maîtres* particuliers (nous en parlerons dans un article suivant) exercent la même jurisdiction chacun dans leur district.

Pour bien développer l'origine de ces sortes d'officiers, il faut observer que tous les peuples policés ont toujours eu des officiers pour la conservation des forêts. Les Romains apprirent cet ordre des Grecs ; ils tenoient cette fonction à grand honneur, puisque l'on en chargeoit le plus souvent les nouveaux consuls, comme l'on fit à l'égard de Bibulus & de Jules-César ; ces magistrats avoient sous eux d'autres officiers pour la garde des forêts.

En France un des premiers soins de nos rois fut aussi d'établir des officiers qui eussent l'inspection sur les eaux & forêts ; mais c'étoit principalement pour la conservation de la chasse & de la pêche, plutôt que pour la conservation du bois, qui étoit alors si commun, que l'on s'attachoit plutôt à en défricher qu'à en planter ou à le conserver.

Sous la première & la seconde race de nos rois on les appelloit forestiers, *forestarii*, non pas qu'ils n'eussent inspection que sur les forêts seulement, ils l'avoient également sur les eaux ; le terme de forêt qui vient de l'allemand, signifioit dans son origine *défends*, *garde* ou *réserve*, ce qui convenoit aux fleuves, rivières, étangs & autres eaux que l'on tenoit en défense, aussi-bien qu'aux bois qu'on vouloit conserver ; ainsi *forestier* signifioit *gouverneur* & *gardien* des forêts & des eaux.

Grégoire de Tours, *liv. 10*, *chap. 10*, rapporte que la quinzième année du règne de Childebert, roi de France, vers l'an 729, ce prince chassant dans la forêt de Vosac, y découvrit la trace d'un buffle qui avoit été tué, & contraignit le forestier de lui déclarer celui qui avoit été si hardi de commettre un tel acte, ce qui occasionna un duel entre le forestier & un nommé *Chandon*, soupçonné d'avoir tué le buffle.

Il est aussi parlé des forestiers dans un *capitulaire* de Charlemagne de l'an 823, *art. 18*, *de forestis*, où il est dit que les forestiers, *forestarii*, doivent bien défendre les forêts, & conserver soigneusement les poissons.

On donna aussi le nom de *forestiers* aux gouverneurs de Flandre, ce qui vient peut-être de ce que ce pays étoit alors presque entièrement couvert de la forêt Charbonière, & que la conservation de cette forêt étoit le principal objet des soins du gouverneur, ou plutôt parce que le terme de *forestier* signifioit *gardien* & *gouverneur*, comme on l'a déjà remarqué. Quelques historiens tiennent que le premier de ces *forestiers* de Flandre fut Lideric I, fils unique de Salvart, prince de Dijon, que Clotaire II éleva à cette dignité vers l'an 621, qu'il y eut consécutivement six gouverneurs appellés *forestiers*, jusqu'à Baudoin, surnommé *Bras-de-Fer*, en faveur duquel Charles-le-Chauve érigea la Flandre en comté.

Nos rois avoient cependant toujours leur *forestier*, que l'on appelloit le *forestier* du roi, *forestarius regis*, ou *regius*, lequel faisoit alors la même fonction que fait aujourdhui le grand-véneur, & avoit en même temps inspection sur toutes les eaux & forêts du roi.

Le moine Aymoin, en son *Histoire des gestes des François*, *liv. 5*, *chap. 47*, rapporte que du temps du roi Robert, l'an 1004, Thibaut, surnommé *File-Etoupe*, son *forestier*, fortifia Montlhéry.

Il ne faut pas confondre ces *forestiers* du roi, ou *grands-forestiers*, avec les juges simples *forestiers*, ni avec les gardes-bois, tels que ceux que nous avons encore, que l'on appelle *sergens forestiers*.

Il paroît que le titre de *grand-forestier* du roi fut depuis changé en celui de *maître véneur* du roi, *quasi magister venatorum*, appellé depuis *grand-véneur*.

Le *maître véneur* du roi avoit de même que le *grand-forestier*, l'intendance des eaux & forêts, pour la chasse & la pêche.

Il étoit aussi ordinairement *maître des eaux & forêts* du roi, pour la police & conservation de cette partie du domaine qui étoit autrefois une des plus considérables.

Jean Leveneur, chevalier, qui étoit *maître veneur* du roi dès l'an 1289, étoit aussi *maître des eaux & forêts* ; il alla deux fois, en 1298, pour faire des informations sur les forêts de Normandie, & au mois de juin 1300, sur celles du bailliage de Coutance : il mourut en 1302.

Robert Leveneur son fils, chevalier, étoit veneur dès 1308, & le fut jusqu'en 1312, qu'il se démit de cette charge en faveur de son frère ; il prit possession de la charge de *maître des eaux & forêts* du roi le 4 février 1312, au lieu d'Etienne Bienfait, & exerçoit encore cette charge en 1330 : il est qualifié de *maître enquêteur des eaux & forêts* du roi, dans un mandement du 11 avril 1326 ; c'est la première fois que l'on trouve la qualité d'enquêteur donnée aux *maîtres des eaux & forêts*. Il y en avoit alors plusieurs, puisque par une déclaration de 1317, le nombre en fut réduit à deux.

Jean Leveneur, frère de Robert, & veneur depuis 1312, fut aussi *maître enquêteur des eaux & forêts* ès années 1303, 1313, 1328 & 1329 ; il paroît par-là qu'il fit cette fonction dans le même temps que Robert Leveneur son frère.

Henri de Meudon, reçu maître de la vénerie du roi en 1321, fut institué *maître des eaux & forêts* de France, le 24 septembre 1335, & reçut, en cette qualité, une gratification sur le domaine de Rouen, en considération de ses services : il est qualifié *maître enquêteur des eaux & forêts* du roi partout son royaume, & de celles du duc de Normandie, dans un ordre daté de S. Germain-en-Laye, le premier août 1339, adressé au receveur de Dromfront, auquel il mande de payer la dépense que Huart Picart avoit faite en apportant des éperviers au roi.

Après la mort de Henri de Meudon, arrivée en 1344, Renaud de Giry fut maître de la vénerie du roi, *maître des eaux & forêts*, & de celles des ducs de Normandie & d'Orléans en 1347 ; il étoit aussi en même temps verdier de la forêt de Breteuil, & exerça ces charges jusqu'à sa mort, arrivée en 1355.

Il eut pour successeur dans ces deux charges de maître de la vénerie du roi & de *maître des eaux & forêts*, Jean de Meudon, fils de Henri, dont on a parlé ci-devant ; l'histoire des grands officiers de la couronne le qualifie de *maître des eaux & forêts*, & dans un autre endroit, *premier maître des eaux & forêts*, ce qui suppose qu'il y en avoit alors plusieurs, & qu'il avoit la primauté.

Jean de Corguilleray, qui étoit maître véneur du duc de Normandie, régent du royaume, & *maître enquêteur des eaux & forêts* du même prince, fut aussi *maître enquêteur des eaux & forêts* du roi.

Jean de Thubeauville, maître de la vénerie du roi, fut aussi *maître enquêteur des eaux & forêts* du roi en 1372 ; il l'étoit encore en 1377 & en 1379 : de son temps fut faite une ordonnance, le 22 août 1375, qui réduisoit les *maîtres des eaux & forêts* au nombre de six, y compris le maître de la vénerie, qui par le droit de cette charge, devoit être aussi *maître des eaux & forêts*.

Philippe de Corguilleray, qui étoit maître de la vénerie du roi dès 1377, succéda à Jean de Thubeauville en l'office de *maître enquêteur des eaux & forêts* du roi, qu'il exerça jusqu'au 22 août 1399 qu'il en fut déchargé.

Ce fut Robert de Franconville qui lui succéda dans ces deux offices. Il se démit en 1410 de l'office de maître de la vénerie en faveur de Guillaume de Gamaches.

Celui-ci en fut deux fois désappointé; & en 1424 Charles VII, pour le dédommager des pertes qu'il avoit souffertes, lui donna la charge de *grand-maître & souverain réformateur des eaux & forêts* du royaume, qu'il exerçoit encore en 1428.

Depuis ce temps on ne voit pas qu'aucun grand-véneur ait été *grand-maître général de toutes les eaux & forêts* de France, on en trouve seulement quelques-uns qui furent *grands-maîtres des eaux & forêts* d'une province ou deux; tel fut Yves Duson, qui dans une quittance du 16 novembre 1478, prend la qualité de *général réformateur des eaux & forêts.*

Tel fut aussi Louis, seigneur de Rouville, que François I institua *grand-maître enquêteur & réformateur des eaux & forêts* de Normandie & de Picardie, en 1519.

Louis de Brezé, grand-véneur, dans une quittance du 9 novembre 1490, est qualifié *réformateur général* du pays & duché de Normandie; mais il n'est pas dit que ce fut singuliérement pour les eaux & forêts.

Le grand-véneur étoit donc anciennement, par le droit de sa charge, seul *maître des eaux & forêts* du roi: & depuis, lorsqu'on eut multiplié le nombre de *maîtres des eaux & forêts*, il étoit ordinairement de ce nombre, & même le premier; on a même vu que quelques-uns des grands-véneurs avoient le titre de *grand-maître & souverain réformateur des eaux & forêts* du royaume; mais cette fonction n'étoit pas alors un office permanent, ce n'étoit qu'une commission momentanée que le roi donnoit au grand-véneur, & aussi à d'autres personnes.

Les *maîtres des eaux & forêts*, autres que les grands-véneurs, sont nommés *magistri forestarum & aquarum*: dans une ordonnance de Philippe-le-Bel, de l'an 1291, ils sont nommés avant les gruyers & les forestiers; ils avoient pourtant aussi des supérieurs, car cette ordonnance dit qu'ils prêteront serment entre les mains de leur supérieur: c'étoit apparemment le grand-véneur qui avoit alors seul l'inspection en chef sur les autres *maîtres des eaux & forêts.*

Quelque temps après on lui donna des collègues pour les eaux & forêts: le nombre en fut réglé différemment en divers temps.

Le plus ancien *maître* ordinaire *des eaux & forêts* qui soit connu entre ceux qui n'étoient pas grands-véneurs, est Etienne Bienfait, chevalier, qui étoit *maître des eaux & forêts* en l'année 1294, & exerça cet office jusqu'en 1312. Jean Leveneur, maître de la vénerie du roi, exerçoit aussi dans le même temps l'office de *maître des eaux & forêts.*

Jean Leveneur, second du nom, maître de la vénerie du roi, avoit pour collègue en la charge de *maître des eaux & forêts*, Philippe de Villepreux, dit *Leconvers*, clerc du roi, chanoine de l'église de Tournay, puis de celle de Paris, & archidiacre de Brie en l'église de Meaux. Celui-ci exerça la fonction de *maître des eaux & forêts* du roi en plusieurs occasions, & fut député commissaire avec Jean Leveneur, sur le fait des forêts de Normandie, au mois de décembre 1300. Le roi le commit aussi en 1310, pour régler aux habitans de Gaillefontaine leur droit d'usage aux bois de la Cauchié & autres; & en 1314, pour vendre certains bois, tant pour les religieuses de Poissy, que pour les bâtimens que le roi y avoit ordonnés.

Le grand-véneur n'étoit donc plus, comme auparavant, seul *maître des eaux & forêts*; il paroît même qu'il n'avoit pas plusieurs collègues pour cette fonction.

En effet, suivant un mandement de Philippe-V, du 12 avril 1317, adressé aux gens des comptes, il est dit, qu'il avoit ordonné par délibération de son conseil, que dorénavant il n'auroit que deux *maîtres de ses forêts & de ses eaux*, savoir, Robert Leveneur, chevalier, & Oudart de Cros, Doucreux, ou du Cros, & que tous les autres étoient ôtés de leur office, non pas pour nul méfait, car il pensoit, disoit-il, à les pourvoir d'une autre maniére; & en conséquence il mande à ses gens des comptes, que pour cause de l'office de *maître de ses eaux & forêts*, ils ne comptent gages à nul autre qu'aux deux susnommés, & que nul autre ne s'entremette des enquêtes desdites forêts.

Le nombre en fut depuis augmenté; car suivant une ordonnance de Philippe de Valois, du 29 mai 1346, il y en avoit alors dix qui étoient tous égaux en pouvoirs, savoir deux en Normandie, un pour la vicomté de Paris, deux en Yveline, Senlis, Valois, Vermandois, Amiénois; deux pour l'Orléanois, Sens, Champagne & Mâcon, & trois en Touraine, Anjou, Maine, Xaintonge, Berry, Auvergne: tous les autres maîtres & gruyers furent ôtés. La suite de cette ordonnance fait connoître que les autres maîtres qui furent supprimés, étoient des maîtres particuliers. Il y en eut pourtant de rétablis peu de temps après, car dans les lettres du roi Jean, du 2 octobre 1354, il est parlé des *maîtres des eaux & forêts* de la sénéchaussée de Toulouse; & dans d'autres lettres de Jean, comte d'Armagnac, du 9 février 1355, il est parlé des *maîtres des forêts* du roi, de la sénéchaussée de Carcassonne & de Beziers.

Les dix *maîtres enquêteurs des eaux & forêts* qui étoient au-dessus de ces maîtres particuliers, étoient égaux en pouvoirs comme sont aujourd'hui les grands-maîtres. En 1356, un nommé Encirus Dol, ou Even de Dol, fut pourvu de l'office de *maître général enquêteur des eaux & forêts* dans tout le royaume, & sur sa requisition donnée dans la même année, Robert de Coetelez fut pourvu du même office; mais nonobstant le titre d'enquêteur général qui leur est donné, il ne paroît pas qu'ils eussent aucune supériorité sur les autres & qu'ils fussent seuls; car

Charles, régent du royaume, ordonne qu'ils auront les mêmes gages que les autres *maîtres enquêteurs des eaux & forêts*; il paroît que depuis ce temps ils prirent tous le titre de *maître enquêteur général.*

Pendant la prison du roi Jean, Charles V, qui étoit alors régent du royaume, fit en cette qualité une ordonnance le 27 janvier 1359, portant entre autres choses, qu'en l'office de la maîtrise des eaux & forêts, il y en auroit dorénavant quatre pour le Languedouil (ou pays coutumier) & un pour le Languedoc (ou pays de droit écrit) tant seulement : ainsi par cette ordonnance ils furent réduits à moitié de ce qu'ils étoient auparavant.

Jean de Melun, comte de Tancarville, fut institué souverain *maître & réformateur des eaux & forêts* de France, par des lettres du premier décembre 1360, & exerça cette charge jusqu'au premier novembre 1362.

Néanmoins, dans le même temps qu'il exerçoit cet office, le roi Jean envoya en 1361 dans le bailliage de Mâcon & dans les sénéchaussées de Toulouse, Beaucaire & Carcassonne, trois réformateurs généraux; savoir, l'évêque de Meaux, le comte de la Marche, & Pierre Scatisse, trésorier du roi, pour réformer tous les abus qui pouvoient avoir été commis de la part des officiers, & nommément des *maîtres des eaux & forêts*, gruyers & autres.

Robert, comte de Roucy, succéda en 1362 à Jean de Melun, en l'office de souverain *maître & réformateur des eaux & forêts*, qu'il exerça jusqu'à son décès arrivé deux années après.

Cet office fut ensuite donné à Gaucher de Châtillon, qui l'exerça jusqu'à sa mort, arrivée en 1377.

Le souverain *maître & réformateur des eaux & forêts* étoit le supérieur des autres *maîtres généraux des eaux & forêts*, qui avoient sous eux les *maîtres* particuliers, gruyers, verdiers.

Charles V ordonna le dernier février 1378, que pour le gouvernement de ses eaux & forêts il y auroit pour le tout six *maîtres* seulement, dont quatre seroient ordonnés *maîtres des forêts*, qui visiteroient par-tout le royaume, tant en Languedoc qu'ailleurs, & que les deux autres seroient *maîtres des eaux.*

Il ne paroît point qu'il y eût alors de souverain *maître* réformateur général au-dessus des autres *maîtres des eaux & forêts*; mais en 1384, Charles VI établit Charles de Châtillon souverain & réformateur général des eaux & forêts de France, par des lettres du 4 juillet. Il en fit le serment le 15 du même mois, & donna quittance sur les gages de cet office le 24 mai 1387. Il mourut en 1401; mais il paroît que depuis 1387, il n'exerçoit plus l'office de souverain & réformateur général des eaux & forêts. C'est ce que l'on voit par des lettres du 9 février de ladite année, où Charles VI réglant le nombre des *maîtres des eaux & forêts* & garennes, ordonne que le sire de Châtillon sera sur le fait de ses garennes seulement; que pour les forêts de Champagne, Brie, France & Picardie, il y auroit deux *maîtres* : qu'il nomme deux autres pour la Normandie, deux pour l'Orléanois & la Touraine; & un pour les terres que le roi de Navarre avoit coutume de tenir en France & en Normandie.

Guillaume IV du nom, vicomte de Melun, comte de Tancarville, fut institué souverain *maître & général réformateur des eaux & forêts* de France, par lettres du premier juillet 1394, ce qui n'étoit probablement qu'une commission passagère, ayant encore obtenu de semblables lettres le 23 janvier 1395, suivant un compte du trésor.

Valeran de Luxembourg III du nom, comte de Saint-Pol & de Ligny, fut institué au même titre en l'année 1402; il l'étoit encore en 1410, suivant des lettres du 24 juillet de ladite année, qui lui sont adressées en cette qualité.

Cependant le comte de Tancarville qui avoit déjà eu cet office en 1394 & 1395, l'exerçoit encore en 1407, suivant une ordonnance du 7 janvier de ladite année, par laquelle on voit que le nombre des *maîtres des eaux & forêts* étoit toujours le même. Charles VI ordonne que le nombre des *maîtres des eaux & forêts* dont le comte de Tancarville est souverain *maître*, demeure ainsi qu'il étoit auparavant, savoir, en Picardie & Normandie, trois; en France, Champagne, Brie & Touraine, deux; & un en Saintonge.

On tient aussi que Guillaume d'Estouteville fut *grand-maître & général réformateur des eaux & forêts* de France; il est nommé dans deux arrêts du parlement, des années 1406 & 1408.

Pierre des Essarts, qui fut prévôt de Paris, fut institué souverain *maître & réformateur des eaux & forêts* de France, le 5 mars 1411.

Sur la résignation de celui-ci, cet office fut donné par lettres du 19 septembre 1412, à Charles, baron d'Yvry, lequel en fut destitué peu de temps après, & sa place donnée d'abord à Robert d'Aunoy, par lettres du 12 mai 1413, & ensuite à Georges, sire de la Trémoille, par d'autres lettres du 18 du même mois. La charge fut même supprimée par les nouvelles ordonnances, nonobstant lesquelles, Charles, baron d'Yvry, y fut rétabli le 17 août 1413, & donna quittance des gages de cet office, le 7 avril 1415, après Pâques. Il eut procès au parlement au sujet de cet office, avec le comte de Tancarville & le sieur de Graville, les 19 novembre & 4 janvier 1415, 18 mai & 14 août 1416. Du Tillet rapporte que le procureur-général soutint que ce n'étoit point un office, & qu'il n'en falloit point.

Cependant Charles VII n'étant encore que régent du royaume, institua Guillaume de Chaumont *maître* enquêteur & général réformateur des *eaux & forêts* de France, par lettres du 20 septembre 1418; il paroît qu'il tint cet office jusqu'en 1424.

Dans la même année, Guillaume de Gamaches fut institué *grand-maître* & souverain réformateur *des eaux & forêts* de France : c'est la première fois que l'on trouve le titre de *grand maître des eaux & forêts*; on disoit auparavant *maître général* ou *souverain maître*. Il exerçoit encore cette fonction en 1428.

Charles de la Riviere fut nommé au lieu & place de Guillaume de Gamaches, par lettres-patentes du 21 mai 1428, sous le titre de *grand-maître & général réformateur des eaux & forêts*; il n'en fit pas long-temps les fonctions, étant mort l'année suivante.

Christophe & Guillaume de Harcourt, qui tinrent ensuite successivement cet office, prenoient le titre de *souverain maître & général réformateur des eaux & forêts.* Leurs successeurs prirent celui de *grand-maître, enquêteur & général réformateur des eaux & forêts de France.*

Cet office, qui étoit unique, subsista ainsi jusqu'au temps de Henri Clause, sieur de Fleury, conseiller d'état & gentilhomme ordinaire de la chambre du roi, qui en fut pourvu en 1567, & il l'exerçoit encore en 1570; mais il fut supprimé par un édit du mois de mai 1575. (*A*)

Le roi créa alors six offices de *grands-maîtres enquêteurs généraux & réformateurs des eaux & forêts de France*, qui furent répartis dans six départemens, pour y faire chaque année les ventes ordinaires, visites générales & réformations des délits, abus & malversations de toutes les *eaux & forêts*, chacun dans leur département, avec l'attribution des mêmes droits, autorité, prééminence & privilèges dont jouissoit Henri de Fleury, souverain *maître.*

Les départemens établis par cet édit étoient fort étendus, & il étoit assez difficile que chaque *grand-maître* pût, dans le sien, se livrer avec l'activité convenable au détail des fonctions qui étoient attachées à cette place : ces motifs portèrent Henri III à créer au mois de janvier 1586, six autres charges de *grands-maîtres* alternatifs, avec pareille prérogative & droits que les six anciens. Enfin, en 1587 & en 1589, il fut créé cinq autres offices de *grands-maîtres*, en sorte qu'à cette époque, il y avoit en France dix-sept grands-*maîtres des eaux & forêts.*

Au mois de décembre 1635, Louis XIII créa des *grands-maîtres* triennaux, & par édit de septembre 1645, Louis XIV en créa de quatriennaux. Tous en général furent supprimés au mois d'avril 1667, à la réserve des deux *grands-maîtres* de l'apanage de M. le duc d'Orléans. Lors de cette suppression, le royaume fut partagé en huit départemens, pour lesquels on nomma huit commissaires, à qui l'on donna des commissions de *grands-maîtres.*

Ces commissions subsistèrent jusqu'au mois de février 1689, que le roi créa seize offices de *grands-maîtres* enquêteurs généraux, & réformateurs des eaux & forêst. En 1706, le roi avoit encore créé seize offices de *grands-maîtres* alternatifs & triennaux; mais ils furent supprimés par l'arrêt du conseil du 29 novembre 1719, & réunis aux charges anciennes.

Depuis ce temps, les *grands-maîtres* sont au nombre de dix-neuf, par la réunion de la Lorraine à la France, & par le démembrement que l'on a fait en Normandie des généralités d'Alençon & de Caen, où l'on a établi deux *grands-maîtres.* A quoi l'on peut ajouter un vingtième département, qui est celui du Clermontois, créé par lettres-patentes du mois de janvier 1677.

Ces vingt départemens sont, 1°. Paris, qui contient dix maîtrises particulières des eaux & forêts.

2°. Soissons, où il y a onze maîtrises & deux grueries.

3°. La Picardie, l'Artois & la Flandre, qui comprennent huit maîtrises.

4°. Le Hainaut, qui a trois maîtrises.

5°. La Champagne, qui comprend huit maîtrises.

6°. Les trois évêchés de Metz, Toul & Verdun, qui renferment six maîtrises & deux grueries.

7°. Le duché de Bourgogne, la Franche-Comté & l'Alsace, qui contiennent seize maîtrises.

8°. Le Lyonnois, le Dauphiné, la Provence & l'Auvergne, où il y a neuf maîtrises.

9°. Le Languedoc & le Roussillon, qui comprennent six maîtrises & deux grueries.

10°. La Guienne, où il y a sept maîtrises & cinq grueries.

11°. Le Poitou, l'Aunis, la Saintonge, l'Angoumois, le Haut & le Bas-Limosin, la Haute & Basse-Marche, le Bourbonnois & le Nivernois, qui comprennent quatorze maîtrises & deux grueries.

12°. La Touraine, l'Anjou & le Maine, qui contiennent neuf maîtrises & une gruerie.

13°. La Bretagne, qui renferme sept maîtrises & deux grueries.

14°. Rouen, qui comprend huit maîtrises.

15°. Caen, qui en contient cinq.

16°. Alençon, qui en a cinq & deux grueries.

17°. Le Berry, le Blézois, & le Haut & Bas-Vendomois, qui comprennent huit maîtrises & deux grueries.

18°. La Lorraine & le Barrois, qui renferment seize maîtrises.

19°. L'Orléanois, le Gâtinois & le comté de Beaugency, qui ont trois maîtrises.

20°. Enfin, le Clermontois, qui est composé de six maîtrises.

Ce dernier département appartient à M. le prince de Condé, par la donation que Louis XIV en a faite au grand Condé, en 1648. Suivant cette donation & les lettres-patentes du mois de janvier 1677, ce prince a droit d'y nommer un grand-*maître* qui jouit de la même autorité, des mêmes droits, & prérogatives que les grands-*maîtres* de France; ainsi que cela a été jugé par un arrêt du parlement, du premier juillet 1729, rendu contradictoirement entre M. le prince de Condé, & les abbesse & religieuses de Juvigny, qui vouloient méconnoître l'autorité du grand-*maître* du Clermontois, sur leurs bois.

Addition à l'article GRAND-MAÎTRE. Les fonctions des *grands-maîtres* sont réglées par l'ordonnance de 1669, ils peuvent connoître en première instance, à la charge de l'appel, de toutes actions intentées devant eux dans le cours de leurs visites, ventes & réformations, entre quelques personnes, & pour quelque cause que ce soit.

Ce pouvoir est confirmé par arrêt du conseil du 17 juin 1673, qui ordonne que le sieur de Mascrany, *grand-maître des eaux & forêts* de Normandie, connoîtra en première instance de toutes actions, *&c.* qu'à cet effet il pourra tenir l'audience dans les sièges des maitrises de son département toutes les fois que bon lui semblera, fait défenses aux *maîtres* particuliers & autres officiers de le troubler, à peine d'interdiction & de 3000 liv. d'amende pour la première fois, & de plus grande peine s'il y échoit, interdit le sieur le Comte pour s'être opposé, *&c.*

Sur quoi il faut remarquer 1°. que ce droit n'est attribué aux *grands-maîtres*, qu'à la charge de juger avec les officiers de la maîtrise du ressort.

2°. Que ce pouvoir ne dure absolument que pendant le cours de leurs visites, ventes & réformations, ainsi qu'il paroît par les termes des arrêts du conseil des 21 juin 1704, 20 juillet 1709, 6 mai 1710 & 6 juillet 1716, qui font défenses aux *grands-maîtres* de rendre aucunes ordonnances & jugemens dans leurs hôtels & hors de leurs visites, à peine de nullité & de 1000 liv. d'amende, ce qui ne doit s'entendre que des affaires contentieuses & non des ordonnances qui regardent la police générale, ou la préparation des matières que ces officiers ont à traiter dans leurs visites.

3°. Que les *grands-maîtres* ne peuvent connoître de ce qui a été jugé par les officiers des maîtrises, ni évoquer les procès qui sont pendans auxdits sièges, comme l'ont décidé plusieurs arrêts du conseils, notamment celui du 30 juillet 1695.

Les *grands-maîtres* peuvent, en procédant à leurs visites, faire toutes sortes de réformations, & connoître de tout abus & délit commis dans leur département, soit par les officiers, soit par les particuliers.

Ils ont plein pouvoir de faire & parfaire le procès en dernier ressort aux bûcherons, charretiers, pâtres, gardes-bêtes & autres employés à l'exploitation & voiture de bois, pour raison des abus & malversations commis au fait & à l'occasion des eaux & forêts; mais ils ne peuvent les juger définitivement qu'avec les présidiaux du lieu du délit, au nombre de sept gradués.

Lorsque les *grands-maîtres* jugent avec les prédiaux dans le cas de l'article précédent, ils doivent avoir la première place avec voix délibérative, & opiner les derniers, soit qu'ils soient gradués ou non. Ils ont le droit aussi d'indiquer le jour & l'heure de l'assemblée; mais le président, lieutenant-général ou autre officier qui préside, doit proposer & demander les avis, recueillir les voix, & en tout diriger l'action, ainsi qu'il est accoutumé dans les affaires ordinaires.

Les *grands-maîtres* peuvent seuls, & sans appel, destituer les gardes; pour toute autre personne ils ne peuvent rien faire ni juger qu'à la charge de l'appel.

Tous les jugemens interlocutoires rendus par le *grand-maître*, doivent être exécutés, sans préjudice de l'appel, en matière tant civile que criminelle, nonobstant qu'il fût qualifié de juge incompétent, pourvu toutefois que le cas soit réparable en définitif.

Les jugemens définitifs des *grands-maîtres* non excédans 200 liv. de principal ou 20 liv. de rente, doivent être exécutés par provision, nonobstant & sans préjudice de l'appel; mais ils ne peuvent l'être par corps qu'après l'appel jugé.

Les appellations des jugemens des *grands-maîtres* ou de leurs lieutenans ne peuvent être portées ailleurs qu'aux parlemens : elles doivent être relevées & jugées dans les mêmes délais que les appellations des maîtrises.

Il appartient aux *grands-maîtres*, par privilège & prérogative spéciale, sur tous autres officiers, de mettre à exécution les letres-patentes, ordres & mandemens du roi sur le fait des eaux & forêts, soit pour la vente des bois du roi, des ecclésiastiques & communautés laïques, soit pour toute autre cause.

Les *grands-maîtres* par conséquent ne peuvent empêcher directement ni indirectement l'exécution des arrêts du conseil du roi, de monsieur, frère du roi, & autres princes apanagés, ni faire sur les registres des maîtrises de leur département ou ailleurs aucunes oppositions ou protestations contre ces arrêts, sous quelque prétexte que ce soit; c'est ce qui résulte d'un arrêt du conseil d'état du roi, du 5 janvier 1777, qui casse & annulle, comme attentatoires à l'autorité du roi, contraires à l'obéissance qui lui est due, & au respect dû à monsieur, des protestations faites par le sieur Geoffroy, *grand-maître des eaux & forêts* de la généralité d'Alençon, contre des lettres-patentes du roi du 17 juin 1774, confirmatives d'un réglement fait par monsieur sur les chasses de son apanage, & fait très-expresses défenses audit sieur Geoffroy de faire à l'avenir, de pareilles protestations sous peine de désobéissance, *&c.*

En exécution de cet arrêt, les protestations y mentionnées ont été rayées tant à Mortagne qu'à Belleme, en présence du sieur Querbeuf, conseiller de l'apanage, nommé par arrêt du conseil du 18 janvier 1777.

Dans le fait il avoit été établi par le réglement rendu par monsieur le 15 janvier 1774 sur les chasses de son apanage, des conservateurs généraux & particuliers, avec des lieutenans & gardes pour ses chasses dans ses forêts & dans ses plaines & domaines, avec dispense de prendre l'attache des *grands-maîtres*, suivant un réglement du 8 mai 1750, pour les chasses de la province de Normandie; & du 16 septembre 1770 pour celles de la province de Champagne; il étoit aussi par ce réglement fait défenses aux officiers des maîtrises & à tous autres, excepté auxdits conservateurs généraux, capitaines, conservateurs particuliers & lieutenans, de chasser dans lesdites forêts & plaines sous

ſans la permiſſion deſdits conſervateurs donnée par écrit, & pour un lieu limité.

Par ce réglement qui permet aux capitaines conſervateurs & lieutenans de porte, l'habit uniforme des chaſſes de l'apanage, il eſt encore dit que les gardes ſeront aux ordres ſeuls des conſervateurs & lieutenans qui pourront les deſtituer, & que les officiers des maîtriſes ſeront obligés de prononcer ſuivant la rigueur des ordonnances contre les délinquans pour fait de chaſſe, notamment contre ceux qui, par les réglemens, ſont exclus de porter les armes. Au ſurplus, les lettres-patentes du roi, en confirmant le réglement de monſieur, avoient ſuppléé au ſilence de l'arrêt du conſeil de ce prince, en y ajoutant que les conſervateurs & lieutenans chargés de veiller à la conſervation des chaſſes, en ſe conformant aux ordonnances, « ne pourront empêcher les ſeigneurs hauts-» juſticiers ou ſeigneurs de fiefs ayant cenſive, » de chaſſer, eux, leurs enfans & amis, dans » l'étendue de leurs fiefs & hautes-juſtices, ainſi » que les ſeigneurs eccléſiaſtiques, par telle per-» ſonne qu'ils commettront, à la charge de faire » enregiſtrer leur commiſſion au greffe des maî-» triſes, & à condition encore qu'il ne ſeroit point » empêché, ni défendu aux particuliers d'arracher » les mauvaiſes herbes, ni de moiſſonner les foins » & autres choſes quand bon leur ſemblera ». Ces lettres-patentes, arrêt & réglement ont été imprimés & affichés.

En conſéquence des proteſtations dont il vient d'être rendu compte, le réglement & arrêt du conſeil de monſieur étoient reſtés comme non avenus & ſans exécution de la part des officiers de la maîtriſe de Mortagne & de Bellême, fondés ſans doute ſur la loi faite aux officiers de ne mettre à exécution aucunes lettres-patentes ſans l'attache des *grands-maîtres*, &c. quand même elles auroient été enregiſtrées dans toutes les cours, & que l'adreſſe leur en eût été expreſſément faite.

C'eſt aux *grands-maîtres* à déſigner les lieux & triages où doivent être aſſiſes les ventes ordinaires, de faire les ventes & adjudications des bois du roi, de faire les triages des bois qui doivent être mis en réſerve, de juger les conteſtations qui peuvent naître entre les habitans au ſujet de la diſtribution des bois communaux, & de régler les partages des bois, prés & pâtis communaux, entre les ſeigneurs & les habitans.

Ils doivent faire chaque année la viſite de deux maîtriſes au moins, s'informer de la conduite des officiers, arpenteurs, gardes, uſagers, riverains, marchands ventiers, & des gardes prépoſés au ſoin des eaux, rivières, canaux, foſſés publics, watrégans, ſe faire repréſenter les procès-verbaux, rapports, informations & autres actes concernant les délits, abus, malverſations & contraventions, pour connoître ſi les gardes ont fait leur rapport, les procureurs du roi leurs diligences, & les officiers rendu la juſtice, afin d'y pourvoir à leur défaut; à l'effet de quoi les ſergens, gardes-marteaux & procureurs du roi ſont tenus de repréſenter leurs regiſtres ſur le lieu du délit, pour juſtifier de leur diligence, ſans quoi ils doivent être condamnés comme s'ils avoient eux-mêmes commis le délit.

Ils ſont également obligés de viſiter les bois tenus en gruerie, grairie, tiers & dangers & autres dans leſquels ſa majeſté a intérêt, de même que les rivières navigables & flottables, les routes, pêcheries & moulins, pour connoître s'il y a été fait des entrepriſes qui puiſſent empêcher la navigation & le flottage, & y pourvoir inceſſamment en faiſant rendre le cours des eaux libre & facile.

Ils peuvent viſiter, quand bon leur ſemble, les bois des gens de main-morte, pour connoître s'il a été commis des délits dans les futaies ou dans les coupes des taillis, ſi les réſerves ont été faites, ſi les bois ont été coupés ſuivant les ordonnances, & pour y pourvoir ſelon l'exigence des cas.

Il leur eſt enjoint de faire, le plus ſouvent qu'il ſera poſſible, les récolemens par information, ou pour connoître ſi les officiers ont remis, diſſimulé les délits, ou trop légérement condamné les marchands pour abus & malverſations par eux commis, auquel cas ils peuvent condamner les officiers aux peines que les marchands auroient légitimement encourues.

L'article 16 du titre 3 de l'ordonnance des eaux & forêts du mois d'août 1669, porte que ſi les *grands-maîtres*, en procédant à leurs viſites & réformations dans les bois du roi, reconnoiſſent des places vagues & des bois abroutis, ils pourront les faire ſemer & repeupler pour les mettre en valeur, même faire des foſſés, pour la conſervation du jeune recru, où beſoin ſera; le tout aux frais de ſa majeſté, par adjudication au rabais. Mais ce pouvoir a été limité par l'article 57 de l'édit de mai 1716, qui enjoint aux *grands-maîtres* d'envoyer tous les ans au conſeil un état des ſommes qu'ils croiront devoir être employées à l'aménagement des forêts, avec les procès-verbaux & pièces qui en juſtifient la néceſſité. Ainſi les *grands-maîtres* ne peuvent plus ordonner le repeuplement des forêts, ni le paiement d'aucunes ſommes, pour y être employées ſans ordre exprès de ſa majeſté.

Les *grands-maîtres* doivent tenir un regiſtre de leurs procès-verbaux de vente & de viſite, des proviſions, commiſſions, inſtitutions & deſtitutions d'officiers, des inſtructions, jugemens & ordonnances par eux rendus dans le cours de leurs viſites, & en remettre un double à leur retour au greffe de la table de marbre.

Tous les jugemens rendus par les *grands-maîtres* dans le cours de leurs viſites, doivent être mis au greffe des maîtriſes, & ceux faits au lieu de l'établiſſement de la table de marbre au greffe du ſiège, pour être délivrés par les greffiers, ainſi que les autres expéditions. A l'égard des ordonnances de délivrance de chauffage & autres actes faits en réformation, ils doivent être délivrés par les greffiers commis par sa majesté, dans chaque département, sans frais ni droits, à peine de concussion. Il est enjoint aux prévôts généraux, provinciaux, *&c.* de prêter main-forte à l'exécution des ordonnances & jugemens des *grands-maîtres*.

Au surplus, les *grands-maîtres*, comme les officiers des maîtrises, sont tenus de se conformer en tout aux ordonnances & réglemens, & ne peuvent s'en écarter, sous quelque prétexte que ce soit: c'est la disposition de l'article 9 du titre 6 de l'ordonnance de 1669.

Ils ne peuvent, de leur autorité privée, augmenter ni diminuer les ventes, les charges d'aucun usage, chauffage, droit ou servitude, *&c.*

Ils ne peuvent ordonner le paiement d'aucune somme sur les deniers provenans des amendes, à peine d'interdiction & de restitution du quadruple, nonobstant toutes ordonnances & réglemens contraires.

Les *grands-maîtres* doivent se faire fournir par les collecteurs, les états des sommes provenantes des amendes, confiscations, restitutions, *&c.* adjugées au roi pour délits commis dans ses forêts, & autres où sa majesté a intérêt, & en faire l'examen sur les rôles, & des diligences qui ont été faites pour parvenir au recouvrement des sommes y contenues, & pourvoir sur le tout, & pour le bien du service.

Ils sont tenus de faire tous les ans un état du *debet*, tant des comptes des amendes, arrêtés aux siéges des maîtrises, que de ceux arrêtés aux tables de marbre, & des amendes prononcées dans le cours de leurs visites, avec les dates des présentations & des arrêtés desdits comptes, pour l'envoyer au conseil en même temps que l'état des ventes des bois du roi.

Ils doivent également envoyer avec lesdits états celui des procès-verbaux par eux dressés dans le cours de leurs visites, ou un certificat portant qu'ils n'en ont dressé aucun.

Les *grands-maîtres*, comme chefs de la jurisdiction, jouissent de très-grands privilèges, outre ceux accordés aux autres officiers des maîtrises. Ils peuvent prendre la qualité de *conseillers du roi en ses conseils*, *grands maîtres*, *enquêteurs & généraux réformateurs des eaux & forêts de France*; ils ont le droit de committimus au grand sceau, ont séance aux chambres souveraines des eaux & forêts, & aux parlemens auxquels ces chambres ont été réunies, avec voix délibérative, tant aux audiences que chambre du conseil, l'article 3 du titre 3 de l'ordonnance de 1669, leur donnant rang à main gauche après le doyen de la chambre des juges en dernier ressort, & de droit présider aux siéges de la table de marbre, quand ils ne jugent pas au souverain, suivant l'article 6 du titre 13 de la même ordonnance; mais l'article 4 de l'édit de mai 1704, qui rétablit la table de marbre de Paris, ne leur donne séance au souverain, qu'après le dernier des conseillers de la grand'chambre: dans tous les cas, ils ne peuvent siéger qu'en habit noir, avec manteau & épée, comme les baillis & lieutenans-généraux d'épée. *Voyez* entre autres ce dernier mot. Les jugemens rendus à la table de marbre doivent, suivant l'article 7 du titre 13 de l'ordonnance, être intitulés en leur nom, comme ceux rendus aux maîtrises, quand ils y ont présidé, instruit & jugé: seulement, dans les autres cas, il est défendu aux maîtrises d'intituler de leur nom les sentences. Suivant un arrêt du 11 juin 1725, leurs veuves doivent jouir de toutes les exemptions attribuées à leurs offices, en restant en viduité.

L'article 27 du titre 3 de l'ordonnance de 1669, défend aux *grands-maîtres* de prendre aucun droit, épices, journées, salaires & vacations, de tout ce qui sera par eux fait pour raison des eaux, rivières, forêts, bois, buissons, bois tenus en gruerie, grairie, tiers & dangers, apanage, engagement, usufruit & par indivis, même pour ceux des ecclésiastiques, communautés & gens de main-morte, à peine d'exaction & de restitution du quadruple.

Par édit donné à Marly, en mai 1693, sa majesté leur attribue des droits de journée & vacation, pour les visites, désignations, placemens, adjudications & récollemens par réformation de ses bois, dont le nombre seroit fixé par les rôles qui seroient arrêtés au conseil, à raison de 30 liv. par jour pour eux, & 10 liv. pour leur secrétaire, & pareils droits pour l'exécution des lettres-patentes, arrêts du conseil, & autres commissions concernant les bois des ecclésiastiques & autres gens de main-morte.

Les *grands-maîtres* sont reçus au parlement avec l'habit dont il vient d'être parlé. Dans les requêtes qu'on leur présente, il est d'usage dans quelques départemens, comme à Alençon, de les qualifier de *monseigneur*.

Les officiers qui leur sont subordonnés ne peuvent être reçus qu'après une information faite sur les lieux par eux, ou autre officier des eaux & forêts par eux commis. *Voyez l'art. 11 du titre 13 de l'ordonnance.*

Touchant les privilèges des *grands-maîtres*, il faut voir la déclaration du roi du 24 juillet 1745. *Voyez* MAITRISE *des eaux & forêts*, EAUX ET FORÊTS, TABLE DE MARBRE, *&c.* (*Cet article est de* M. DE LA CHENAYE, *lieutenant-général honoraire de Mortagne, de plusieurs académies, & du musée de Paris.*)

MAITRE *des menus plaisirs*, (*Droit public, diplom.*) est en Angleterre le titre d'un des grands officiers qui a l'intendance surtout ce qui regarde les spectacles, comédies, bals, mascarades, *&c.* à la cour. Il avoit autrefois le droit de donner des permissions à tous les comédiens forains & aux joueurs de marionnettes, *&c.* On ne pouvoit même jouer aucune pièce aux deux salles de Londres, qu'il ne l'eût vue & approuvée. Mais le dernier réglement rendu sur cette matière, a presque aboli son autorité. On donne encore le nom de *maître des joyaux* à un officier de la même cour, chargé de toute la vaisselle d'or & d'argent, tant de la maison du roi que des officiers de la cour, & de celle déposée à la tour de Londres, comme aussi des chaînes & joyaux qui ne sont pas montés ou attachés aux ornemens royaux. *Voyez le Dictionnaire économ. polit. & diplom.* (*Article de M.* DE LA CHENAYE, *lieutenant-général honoraire de Mortagne, de plusieurs académies, & du musée de Paris.*)

MAITRE *œcuménique*, (*Droit public.*) s'est dit dans l'empire Grec, du directeur d'un fameux collège, fondé par Constantin, vers l'an 280, dans la ville de Constantinople. On lui donne ce titre, qui signifie *universel*; ou parce qu'on ne confioit cette place qu'à un homme d'un rare mérite, & dont les connoissances en tous genres étoient très-étendues, ou parce que son autorité s'étendoit universellement sur tout ce qui concernoit l'administration de ce collège. Il avoit inspection sur douze autres *maîtres* ou docteurs, qui instruisoient la jeunesse dans toutes les sciences divines & humaines. Les empereurs honoroient ces *maîtres œcuméniques* & ces professeurs d'une grande considération, & les consultoient même dans les affaires importantes. Leur collège étoit riche, & sur-tout orné d'une bibliothèque de 600000 volumes. L'empereur Léon l'Isaurien, irrité de ce que le *maître œcuménique* & ses docteurs soutenoient le culte des images, les fit enfermer dans leur collège; & y ayant fait mettre le feu pendant la nuit, livra aux flammes la bibliothèque, le collège & les savans, exerçant ainsi sa rage contre les lettres aussi bien que contre la religion. Cet incendie arriva l'an 726. (*Article de M.* DE LA CHENAYE, *lieutenant-général honoraire de Mortagne, de plusieurs académies, & du musée de Paris.*).

MAITRE *de l'Oratoire*, (*Droit public & canon.*) est le nom qu'on donne dans la chapelle de la maison du roi, & dans les communautés d'hommes & de filles, à celui ou celle qui est chargé de parer la chapelle, & d'avoir soin des vases & ornemens servans à l'oratoire, *&c.* Cette fonction approche, à quelques égards, de celle de sacristain dans les églises & paroisses. *Voyez* AUMONIER, GRAND AUMONIER, ORATOIRE. (*Article de M.* DE LA CHENAYE, *lieutenant-général honoraire de Mortagne, de plusieurs académies, & du musée de Paris.*)

MAITRE *particulier des eaux & forêts*, est le premier officier, après le grand-*maître*, dans une jurisdiction royale appellée *maîtrise*, qui connoît en première instance des matières d'eaux & forêts.

Autrefois les neuf *maîtres particuliers* avoient tous les pouvoirs qu'ont aujourd'hui les grands-*maîtres*; mais, aux termes de la nouvelle ordonnance de 1669, ils ne peuvent mettre à exécution les lettres-patentes, ordres & mandemens du roi, sur le fait des eaux & forêts; ils ne peuvent régler les bois des ecclésiastiques, ni faire le partage des communes sans commission des grands-*maîtres*.

Les *maîtres particuliers* ont succédé aux officiers qui, sous la seconde race, avoient l'administration des forêts sous le titre *de juges* ou *forestiers*.

Ces juges n'étoient en quelque sorte que de simples administrateurs des domaines du prince, dont l'objet principal étoit les forêts, ce qui comprenoit les bois & les eaux; ils étoient chargés de garder les bêtes & les poissons, d'avoir soin de vendre le poisson, & de repeupler les viviers.

Dans la suite, on donna à ces juges des espèces de lieutenans, sous le titre de vicaires, & à ces derniers succédèrent d'autres officiers appellés *baillis*. Ceux-ci connoissoient de certains faits d'eaux & forêts, comme le prouvent des actes de 1283; mais à mesure que la jurisdiction particulière des eaux & forêts s'est formée, la connoissance de ces matières a été ôtée aux baillis, & attribuée aux *maîtres* des eaux & forêts.

Ces officiers étoient, dans l'origine, ce que sont aujourd'hui les grands-*maîtres* des eaux & forêts; il y en avoit déjà en 1318, dont les fonctions étoient distinguées de celles des *maîtres* généraux des eaux & forêts; & dès l'an 1364, on les qualifioit de *maître particulier*, comme le prouvent les lettres de Charles V, de cette année.

Il n'y eut d'abord qu'un seul *maître particulier* dans chaque bailliage ou sénéchaussée; mais dans la suite le nombre en fut beaucoup multiplié, parce que les maîtrises furent diminuées, & que d'une on en forma quatre à cinq.

Ces *maîtres particuliers* n'exerçoient qu'en vertu d'une commission à eux donnée par le grand-*maître* des eaux & forêts de tout le royaume; mais par un édit de février 1554, tous les officiers des maîtrises ont été créés en titre d'office.

On prétend que les *maîtres particuliers* & leurs lieutenans ont séance à la table de marbre après leur réception, & peuvent assister, quand bon leur semble, aux audiences, sans néanmoins y avoir voix délibérative.

L'article 3 du titre premier de l'ordonnance citée attribue aux *maîtres particuliers* la connoissance de toutes les actions concernant les entreprises ou prétentions sur les rivières navigables & flottables, tant pour raison de la navigation & flottage, que des droits de pêche, passage, pontonage & autres, soit en espèce, soit en deniers, conduite, rupture & loyers de flettes, bacs & bateaux, épaves sur l'eau, constructions & démolitions d'écluses, gords, pêcheries & moulins assis sur les rivières, visitation de poissons, tant ès bateaux que boutiques & réservoirs, & des filets, engins & autres instrumens servant à la pêche, & généralement de tout ce qui peut préjudicier à la navigation, charroi & flottage des bois du roi; le tout néanmoins sans préjudice de la jurisdiction des prévôt des marchands & échevins des villes où ils sont en possession de connoître de tout ou de partie de ces matières, ou de celles des officiers des turciès & levées, &

autres qui peuvent avoir titre & possession pour en connoître.

L'article 7 du même titre attribue aux *maîtres particuliers* la connoissance de toutes causes, instances & procès sur le fait de la chasse ou de la pêche, prises de bêtes dans les forêts, vols de poissons sur l'eau, & le droit d'informer des querelles, excès, assassinats ou meurtres commis à l'occasion de ces choses, d'instruire & juger les procès à cet égard, soit entre gentilshommes, officiers, marchands, bourgeois, ouvriers, bateliers, pêcheurs & autres indistinctement; mais sans préjudice de la jurisdiction des capitaines des chasses.

L'article 10 leur attribue la connoissance de tous les différends de partie à partie, concernant la matière des eaux & forêts, pêche & chasse, circonstances & dépendances; mais il leur défend de connoître de la propriété des eaux & forêts appartenante aux communautés ou particuliers, à moins qu'elle ne fût nécessairement connexe à un fait de réformation & visitation, ou qu'elle fût incidente, ou proposée pour défense contre une poursuite.

L'ordonnance en général leur attribue la même jurisdiction sur les eaux & forêts des particuliers, que sur celles du roi, en ce qui concerne le fait des usages, délits, abus & malversations, pourvu qu'ils aient été requis par l'une des parties, ou qu'ils aient prévenu les officiers des seigneurs.

Le *maître particulier* a sous lui un lieutenant de robe-longue, & un garde-marteau. Il doit avoir une clef du coffre dans lequel on enferme le marteau de la maîtrise. Les deux autres clefs doivent être remises au procureur du roi & au garde-marteau.

Lorsqu'il n'est pas gradué, le lieutenant fait l'instruction & le rapport en toutes affaires civiles & criminelles, attendu que l'article premier du titre 5 de l'ordonnance exige que le lieutenant soit gradué.

Dans ce cas, le *maître* a cependant toujours la voix délibérative & la prononciation; mais quand il est gradué, le lieutenant n'a que le rapport & son suffrage, l'instruction alors, le jugement & la prononciation, suivant la pluralité des voix, demeurant au *maître*, tant à l'audience qu'à la chambre du conseil.

Quoique les *maîtres particuliers* puissent être reçus sans être gradués, ce qui est indifférent pour ce qui n'est pas de la jurisdiction contentieuse; cependant il leur est avantageux de l'être à l'égard des fonctions contentieuses, ne pouvant faire, comme on vient de dire, ni l'instruction, ni le rapport des affaires civiles & criminelles, ce qui diminue d'autant leur pouvoir, leurs fonctions, & même les droits utiles de leurs offices.

Ils doivent donner audience, au moins une fois la semaine, au lieu accoutumé; coter & parapher les registres du procureur du roi, du garde-marteau & des gruyers, greffiers, sergens & gardes des bois & forêts du roi, & des biens tenus en gruerie, grairie, tiers & danger, possédés en apanage, engagemens ou en usufruit.

Tous les six mois ils doivent faire une visite générale de ces mêmes bois & des rivières navigables & flottables de leurs maîtrises, assistés du garde-marteau & des sergens, sans en exclure le lieutenant & le procureur du roi, s'ils veulent y assister. S'ils manquent à faire cette visite, ils encourent une amende de 500 liv. & la suspension de leurs charges, même plus grande peine en cas de récidive.

Le procès-verbal de visite doit être signé du *maître particulier* & autres officiers présens. Il doit contenir les ventes ordinaires & extraordinaires de futaies ou de taillis faites dans l'année, l'état, âge & qualité des bois de chaque garde & triage, le nombre & l'essence des arbres, chablis, l'état des fossés, chemins royaux, bornes & séparations, pour y mettre ordre le plus promptement qu'il sera possible.

Ces visites générales ne les dispensent pas d'en faire souvent de particulières, dont ils doivent aussi dresser des procès-verbaux.

Ils doivent représenter tous ces procès-verbaux aux grands-*maîtres*, pour les instruire de la conduite des riverains, gardes, sergens des forêts, marchands ventiers & voituriers, & généralement de toutes choses concernant la police & conservation des eaux & forêts du roi.

Les amendes des délits contenus dans les procès-verbaux de visite, doivent être jugées par eux dans la quinzaine, à peine d'en répondre en leur propre & privé nom.

Il leur est aussi ordonné d'arrêter & signer, en présence du procureur du roi, quinzaine après chaque quartier échu, le rôle des amendes, restitutions & confiscations qui ont été jugées en la maîtrise, & de les faire délivrer au sergent-collecteur, à peine d'en demeurer responsable.

C'est à eux aussi de faire les adjudications des bois taillis qui sont en gruerie, grairie, tiers & danger par indivis, apanage, engagement & usufruit, chablis, arbres de délits, menus marchés, panages & glandées.

Par un arrêt du conseil du premier mars 1757, il a été ordonné pour la maîtrise d'Avalon, qu'en cas d'absence des officiers, le siège de la maîtrise ne peut être tenu par un avocat, à peine de nullité. Ce qui est une exception singulière à la règle générale établie pour les jurisdictions de première instance, où le ministère des avocats ou gradués, appellés comme juges, en cas d'absence ou d'empêchement, est d'autant plus nécessaire, qu'il y a peu de juges dans la plupart des bailliages, maîtrises & autres sièges de première instance.

Les *maîtres* ne peuvent juger à l'audience & chambre du conseil, ni donner aucun élargissement de prisonniers, & main-levée de bestiaux saisis, que sur les conclusions du procureur du roi, & de l'avis du lieutenant & garde-marteau, s'ils sont présens à la séance.

Les jugemens interlocutoires, rendus par les *maîtres particuliers*, doivent être exécutés par provision, sans préjudice de l'appel, tant en matière civile que criminelle, nonobstant que l'appel fût qualifié de juge incompétent, pourvu toutefois que le cas soit réparable en définitif.

Les sentences définitives des *maîtres particuliers*, qui n'excèdent pas la somme de 100 liv. ou de 10 liv. de rente, doivent être exécutées par provision, & sans préjudice de l'appel.

Le *maître particulier*, comme le garde-marteau & même le greffier, peuvent siéger en épée; dans plusieurs villes, notamment celles de l'apanage de MONSIEUR, telles que Mortagne au Perche, ces officiers portent l'habit uniforme des chasses du prince. *Voyez* EAUX ET FORÊTS, GARDE-MARTEAU, GRAND-MAITRE, GRUERIE, HAUTE-JUSTICE, LIEUTENANT DES MAITRISES & MAITRISE. (*Article de M.* DE LA CHENAYE, *lieutenant-général honoraire de Mortagne, de plusieurs académies, & du musée de Paris.*)

MAITRE *des ponts & pertuis*. On donne ce nom à des particuliers préposés sur les rivières pour conduire les bateaux au passage des *ponts & pertuis*, qui est ordinairement dangereux.

L'ordonnance de la ville, du mois de décembre 1672, leur enjoint, & aux chableurs qui sont sous leur commandement, de faire résidence sur les lieux de leur établissement, & de travailler en personne, d'avoir à cet effet, flettes, cordes & autres équipages nécessaires pour passer les bateaux avec la diligence requise; faute de quoi, & en cas de retard, ils sont responsables de tous les événemens.

L'article 3 défend aux *maîtres* & chableurs, de faire commerce sur la rivière, de tenir cabaret ou hôtellerie sur les lieux, à peine d'amende arbitraire, & d'interdiction en cas de récidive.

L'article 4 porte que les droits à eux attribués seront inscrits sur une plaque de fer-blanc, posée au lieu le plus apparent des *ports* & garres.

L'article 46 du titre 27 de l'ordonnance de 1669 porte que les différends, pour raison de leurs salaires, & de ceux des gardes, des portiers, portés & écluses des rivières navigables & flottables, seront réglés par les grands-*maîtres* ou officiers des maîtrises, les marchands & autres, préalablement ouis, si besoin est. *Voyez*, pour la fixation de leurs salaires, l'arrêt du conseil du 24 novembre 1705, une ordonnance du bureau des finances de Paris, du 29 mai 1767, touchant la manœuvre à observer pour le pont de Mantes. *Voyez aussi le Dictionnaire maritime.* (*Article de M.* DE LA CHENAYE, *lieutenant-général honoraire de Mortagne, de plusieurs académies, & du musée de Paris.*)

MAITRE *des ports*, c'est un inspecteur qui fait ranger les vaisseaux pour qu'ils ne causent nul dommage les uns aux autres. *Voyez le Dictionnaire maritime.* (*Article de M.* DE LA CHENAYE, *lieutenant-général honoraire de Mortagne, de plusieurs académies, & du du musée de Paris.*)

MAITRE *des quais*, c'est un officier qui fait les fonctions de capitaine de port dans un havre; il est chargé de veiller à tout ce qui concerne la police des quais, ports & havres, d'empêcher que de nuit on ne fasse du feu dans les navires, barques & bateaux; d'indiquer les lieux propres pour goudronner les cordages, travailler aux radoubs & calfats, & pour lester & délester les vaisseaux; de faire poser & entretenir les fanaux, les balises, tonnes & bouées aux endroits nécessaires, de visiter une fois le mois & après la tempête, les passages ordinaires des vaisseaux, pour reconnoître si les fonds n'ont point changé, enfin, de couper, en cas de nécessité, les amarres que les *maîtres* de vaisseau refuseroient de larguer.

C'est l'amiral qui donne la commission de *maître*, ainsi que toutes celles qui concernent la marine dans les ports de commerce; cependant, au Havre-de-Grace, cette commission de *maître* est donnée par le gouverneur, suivant une ancienne possession, confirmée par arrêt du 5 septembre 1686; à Bayonne, elle est donnée par les maires-échevins, suivant un arrêt du conseil du 7 juillet 1687. *Voyez* au surplus le *Dictionnaire maritime*, à qui il appartient de traiter de pareils articles, avec l'étendue dont ils sont susceptibles. (*Article de M.* DE LA CHENAYE, *lieutenant-général honoraire de Mortagne, de plusieurs académies, & du musée de Paris.*)

MAITRE *des requêtes, ou maître des requêtes de l'hôtel du roi, libellorum supplicum magister*, & anciennement, *requestarum magister*, est le nom qu'on donne aux magistrats chargés, aux conseils du roi, du rapport des requêtes qui y sont présentées.

Ces magistrats prennent le titre de *maîtres des requêtes ordinaires*, parce qu'on en a créé en certains temps quelques-uns extraordinaires qui n'avoient point de gages: quelquefois ceux-ci y remplaçoient un ordinaire à sa mort: quelquefois ils étoient sans fonctions.

Il est difficile de fixer l'époque de leur établissement; leur origine se perd dans l'antiquité de la monarchie. Quelques auteurs les font remonter jusqu'au règne de Charlemagne, & l'on cite des capitulaires de ce prince, où se trouvent les termes de *missi dominici*; dénomination qui ne peut s'appliquer qu'aux magistrats connus depuis sous le nom de *maîtres des requêtes*. Ce qu'il y a de certain, c'est qu'ils existoient long-temps avant que les parlemens fussent devenus sédentaires, & qu'ils étoient chargés par les rois, des fonctions les plus augustes & les plus importantes.

Ces magistrats portoient autrefois le nom de *poursuivans* ou de *missi dominici*, noms qui leur avoient été donnés par rapport à l'une de leurs principales fonctions.

En effet, plusieurs d'entre eux étoient chargés de parcourir les provinces pour y écouter les plaintes des peuples, veiller à la conservation des domaines, à la perception & répartition des impôts; avoir inspection sur les juges ordinaires, recevoir les requêtes qui leur étoient présentées; les expédier sur le champ, quand elles ne portoient que sur des objets de peu de conséquence, & les renvoyer au roi lorsque l'importance de la matière l'exigeoit.

D'autres *maîtres des requêtes*, dans le même temps, suivoient toujours la cour; partie d'entre eux servoit en parlement, tandis que les parlemens étoient assemblés; & dans l'intervalle d'un parlement à l'autre, expédioient les affaires qui requéroient célérité : partie répondoit les requêtes à la porte du palais, & c'est pour cela qu'on les a souvent appellés *juges de la porte*, ou *des plaids de la porte*. En effet, dans ces temps reculés, les rois étoient dans l'usage d'envoyer quelques personnes de leur conseil, recevoir & expédier les requêtes à la porte de leur palais; souvent même ils s'y rendoient avec eux pour rendre justice à leurs sujets. On voit dans Joinville, que cette coutume étoit en vigueur du temps de S. Louis, & que ce prince ne dédaignoit pas d'exercer lui-même cette auguste fonction de la royauté : *souventes fois*, dit cet auteur, *le roi nous envoyoit les sieurs de Nesle, de Soissons & moi, ouir les plaids de la porte, & puis il nous envoyoit querir, & nous demandoit comme tout se portoit; & s'il y avoit aucuns qu'on ne pût dépêcher sans lui, plusieurs fois, suivant notre rapport, il envoyoit querir les plaidoyans, & les contentoit, les mettant en raison & en droiture*. On voit dans ce passage que Joinville lui-même étoit juge de la porte, ou du moins qu'il en faisoit les fonctions; fonctions qui, étant souvent honorées de la présence du prince, n'étoient point au-dessous de la dignité des noms les plus respectables.

Enfin, sous Philippe de Valois, le nom de *maître des requêtes* leur est seul demeuré, tant parce qu'ils connoissoient spécialement des causes des domestiques & commensaux de la maison du roi, que parce que c'étoit dans le palais même qu'ils exerçoient leur jurisdiction. Le premier monument où on les trouve ainsi qualifiés, est une ordonnance de 1345.

Le nombre des *maîtres des requêtes* a fort varié. Il paroît par une ordonnance de 1285, qu'ils n'étoient pour lors que trois.

Philippe-le-Bel, par une ordonnance de 1289, porta leur nombre jusqu'à six, dont deux seulement devoient suivre la cour, & les quatre autres servir en parlement. Au commencement du règne de François I, ils n'étoient que huit, & ce prince eut bien de la peine à en faire recevoir un neuvième en 1522, mais dès l'année suivante, il créa trois charges nouvelles. Ce n'a plus été depuis qu'une suite continuelle de créations & de suppressions, dont il seroit inutile de suivre ici le détail. Il suffit de savoir que, malgré les représentations du corps, & les remontrances des parlemens qui se sont toujours opposés aux nouvelles créations, les charges de *maître des requêtes* s'étoient multipliées jusqu'à quatre-vingt-huit, & que par la dernière suppression de 1751, elles ont été réduites à quatre-vingt.

Il paroît que l'état des *maîtres des requêtes* étoit de la plus grande distinction, & qu'étant attachés à la cour, on les regardoit autant comme des courtisans, que comme des magistrats; il y a même lieu de penser qu'ils n'ont pas toujours été de robe longue.

Indépendamment des grands noms que l'on trouve dans le passage de Joinville, ci-dessus rapporté, ainsi que dans l'ordonnance de 1289, & plusieurs autres monumens, les registres du parlement en fournissent des preuves plus récentes. On y voit qu'en 1406, un *maître des requêtes* fut bailli de Rouen; deux autres furent prévôts de Paris en 1321 & en 1512 : or, il est certain que la charge de prévôt de Paris, & celles de baillis & sénéchaux, ne se donnoient pour lors qu'à la plus haute noblesse, & qu'il falloit avoir servi pour les remplir. D'ailleurs, le titre de *sieur* ou de *messire*, qui leur est donné dans les anciennes ordonnances, & notamment dans celle de 1289, ne s'accordoit qu'aux personnes les plus qualifiées. C'est par un reste de cette ancienne splendeur que les *maîtres des requêtes* ont conservé le privilège de se présenter devant le roi & la famille royale dans les cérémonies, non pas par députés, ni en corps de compagnie, comme les cours souveraines, mais séparément, comme les autres courtisans.

Les prérogatives des *maîtres des requêtes* étoient proportionnées à la considération attachée à leur état. Du temps de François I & de Henri II, ils avoient leur entrée au lever du roi, en même temps que le grand-aumônier. Ils ont toujours été regardés comme commensaux de la maison du roi, & c'est en cette qualité, qu'aux obsèques des rois, ils ont une place marquée sur le même banc que les évêques; ils en ont encore une aux représentations des pièces de théâtre.

Nous avons déjà remarqué que dès les temps les plus reculés, ils avoient seuls le privilège de recevoir les placets présentés au roi, & de lui en rendre compte. M. le duc d'Orléans les en avoit remis en possession au commencement de sa régence; mais comme il falloit les remettre au secrétaire d'état, l'usage s'est rétabli de les donner au capitaine des gardes, qui les met sur un banc dans l'anti-chambre du roi, sur lequel les secrétaires du roi les prennent; de sorte que les *maîtres des requêtes* ne jouissent actuellement que du droit de suivre le roi à sa messe & d'y assister, & de le conduire jusqu'à son cabinet, comme ils le faisoient lorsqu'il leur remettoit les placets. Il y en a toujours deux nommés par semaine pour cette fonction, qu'ils ne remplissent plus que les dimanches & fêtes. Ils sont en robe lorsque le roi entend la messe en cérémonie à son prie-dieu, & leur place est auprès du garde de la manche, du côté du fauteuil du roi, & sur le bord de son tapis. Lorsqu'il entend la messe en sa tribune, ils sont en manteau court, & se placent auprès du fauteuil : ils ont la même fonction lorsque le roi va à des *Te Deum*, ou à d'autres cérémonies dans les églises.

L'établissement des intendans a succédé à l'usage d'envoyer les *maîtres les requêtes* dans les provinces. L'objet de leur mission y est toujours à-peu-près le même, à cette différence qu'ils sont aujourd'hui attachés d'une manière fixe à une province particulière; au lieu qu'autrefois leur commission embrassoit tout le royaume, & n'étoit que passagère.

Les fonctions des *maîtres des requêtes* se rapportent à trois objets principaux; le service du conseil, celui des requêtes de l'hôtel, & les commissions extraordinaires du conseil.

Ils forment avec les conseillers d'état, le conseil privé de S. M. que tient M. le chancelier. Ils y sont chargés de l'instruction & du rapport de toutes les affaires qui y sont portées; ils y assistent & y rapportent debout, à l'exception du doyen seul qui est assis & qui rapporte couvert.

Ils sont au contraire tous assis à la direction des finances; la raison de cette différence vient de ce que le roi est réputé présent au conseil, & non à la direction. Ils entrent aussi au conseil des dépêches & à celui des finances, lorsqu'ils se trouvent chargés d'affaires de nature à être rapportées devant le roi, & ils y rapportent debout à côté du roi.

Le service des *maîtres des requêtes* au conseil, étoit divisé par trimestres; mais depuis le réglement de 1671, ils y servent également toute l'année: cependant, à l'exception des requêtes en cassation & des redistributions, ils n'ont part à la distribution des instances que pendant leur quartier. Cette distinction de quartiers s'est conservée aux requêtes de l'hôtel. Ce tribunal composé de *maîtres des requêtes*, connoît en dernier ressort de l'exécution des arrêts du conseil, & jugemens émanés de commissions du conseil, des taxes de dépens du conseil, du faux incident, & autres poursuites criminelles incidentes aux instances pendantes au conseil ou dans les commissions, & à charge d'appel au parlement des affaires que ceux qui ont droit de *committimus* au grand sceau peuvent y porter. Il y a un avocat & un procureur général dans cette jurisdiction.

Ils servent aussi dans les commissions qu'il plaît au roi d'établir à la suite de son conseil, & ce sont eux qui y instruisent & rapportent les affaires.

L'assistance au sceau fait encore partie des fonctions des *maîtres des requêtes*. Il y en a toujours deux qui y sont de service pendant leur quartier aux requêtes de l'hôtel; mais quand S. M. le tient en personne, elle en nomme six au commencement de chaque quartier pour le tenir pendant ce quartier, conjointement avec les six conseillers, qui forment avec eux un conseil pour le sceau. Ils y assistent en robe, debout aux deux côtés du fauteuil du roi; & ils sont pareillement de l'assemblée qui se tient alors chez l'ancien des conseillers d'état, pour l'examen des lettres de graces & autres expéditions qui doivent être présentées au sceau.

La garde des sceaux de toutes les chancelleries de France leur appartient de droit. Celui de la chancellerie de Paris est tenu aux requêtes de l'hôtel par le doyen des *maîtres des requêtes*, le premier mois de chaque quartier, & le reste de l'année par les doyens des quartiers, chacun pendant les deux derniers mois de son trimestre.

Les *maîtres des requêtes* sont membres du parlement, & ils y sont reçus; c'est en cette qualité qu'ils ont le droit de ne pouvoir être jugés que par les chambres assemblées, & ils ne peuvent l'être, ni même décrétés par un autre parlement que celui de Paris. En 1517, le parlement de Rouen ayant décrété un *maître des requêtes*, l'arrêt fut cassé & lacéré, & le premier président décrété. Autrefois, les *maîtres des requêtes* siégeoient au parlement sans limitation de nombre; mais depuis, les charges s'étant fort multipliées, le parlement demanda que le nombre de ceux qui pourroient y avoir entrée à la fois fût fixé. Ces remontrances eurent leur effet vers 1600; il fut réglé qu'il ne pourroit y avoir que quatre *maîtres des requêtes* à la fois au parlement; & cet usage a toujours été observé depuis.

Ils ont pareillement séance dans les autres parlemens du royaume; leur place est au-dessus du doyen de la compagnie. Depuis l'établissement des présidiaux, les *maîtres des requêtes* les président, & ont le droit de les précéder. On prétend même que ce droit est attribué aux intendans des provinces par leur commission. Au reste, nous ne connoissons aucun réglement sur ces prérogatives des *maîtres des requêtes*, non plus que sur l'usage où sont les officiers des bailliages & présidiaux, lorsqu'ils se trouvent dans d'autres villes, de prendre dans ces sièges étrangers la même séance qu'ils occupent dans leur propre siège.

Les *maîtres des requêtes* sont pareillement membres du grand-conseil & présidens-nés de cette compagnie. Ce droit, dont l'exercice avoit été suspendu quelque temps, par la création d'un premier président, & de huit autres offices de présidens, en 1690, leur a été rendu en 1738 par la suppression de ces charges. Depuis cette année, ils en ont fait les fonctions par commission au nombre de huit, quatre par semestre: ces commissions se renouvelloient de quatre ans en quatre ans, ce qui a duré jusqu'en 1771, époque à laquelle le grand-conseil a été supprimé. Mais lors de son rétablissement en 1774, les offices de premier & autres présidens ont été également rétablis sur le pied fixé par l'édit de 1690.

Dans les cérémonies publiques, telles que les *Te Deum*, les *maîtres des requêtes* n'assistent point en corps de cour, mais quatre d'entre eux y vont avec le parlement, & deux y sont à côté du prie-dieu du roi, lorsqu'il y vient; d'autres enfin y accompagnent le chancelier & le garde des sceaux, suivant qu'ils y sont invités par eux, & ordinairement au nombre de huit; ils y prennent place après les conseillers d'état.

Le doyen des *maîtres des requêtes* est conseiller d'état ordinaire né, il en a les appointemens, & siège en cette qualité au conseil toute l'année; les doyens des quartiers jouissent de la même prérogative, mais pendant leur trimestre seulement.

Les *maîtres des requêtes*, en qualité de membres

du parlement, ont le droit d'indult. De tout temps, nos rois leur ont accordé les privilèges & les immunités les plus étendues. Ils jouissent notamment de l'exemption de tous droits féodaux, lorsqu'ils acquièrent des biens dans la mouvance du roi.

Leur habit de cérémonie est une robe de soie, avec le rabat plissé; à la cour, ils portent un petit manteau, ou le grand, lorsque le roi reçoit des révérences de la cour, pour les pertes qui lui sont arrivées. Ils ne prennent la robe que pour entrer au conseil, ou pour le service des requêtes de l'hôtel ou du palais. *Voyez* INTENDANT. (*A*)

MAITRES *des requêtes de l'hôtel des enfans du roi*, sont des officiers établis pour rapporter les requêtes au conseil des enfans de France; il en est parlé dans une ordonnance de Philippe de Valois, du 15 février 1345, par laquelle il semble qu'ils connoissoient des causes personnelles des gens du roi: ce qui ne subsiste plus : ils jouissent des privilèges des commensaux, & sont seulement chargés du rapport des affaires qui doivent se traiter dans les conseils des princes.

MAITRE *des requêtes de l'hôtel de la reine*, sont des officiers établis pour faire le rapport des requêtes & mémoires qui sont présentés au conseil de la reine; il en est parlé dans une ordonnance de Philippe de Valois, du 15 février 1345, suivant laquelle il paroît qu'ils connoissoient des causes personnelles des gens de l'hôtel du roi. Présentement ces sortes d'offices sont presque sans fonction. Ils sont au nombre de quatre; ils jouissent de tous les privilèges des commensaux. (*A*)

MAÎTRE *des requêtes du palais*. *Voyez* PARLEMENT.

MAITRE *du sacré palais*, (*Droit public.*) c'est le nom d'un officier du pape, établi pour examiner, corriger & approuver ou rejetter tout ce qui doit s'imprimer à Rome. On doit lui en laisser une copie; & après qu'on a obtenu une permission du vicegérent pour imprimer sous le bon plaisir du *maître du sacré palais*, cet officier, ou deux de ses adjoints (car il a sous lui deux religieux pour l'aider) en donne la permission; & quand l'ouvrage est imprimé & trouvé conforme à la copie qui lui est restée entre les mains, il en permet la publication & la lecture : c'est ce qu'on appelle le *publicetur*. Tous les libraires & imprimeurs sont sous sa jurisdiction; il doit voir & approuver les images, gravures, sculptures, &c. avant qu'on puisse les vendre & les exposer en public. On ne peut prêcher un sermon devant le pape, que le *maître du sacré palais* ne l'ait examiné; il a rang & entrée dans la congrégation de l'Indice, & séance, quand le pape tient chapelle, immédiatement après le doyen de la Rote. Cet office a toujours été rempli par des religieux dominicains, qui sont logés au Vatican, ont bouche à la cour, un carrosse, & des domestiques entretenus aux dépens du pape.

Les fonctions de cet office répondent assez, comme on voit, à celles de nos lieutenaux généraux de police & des censeurs royaux. (*Article de M.* DE LA CHENAYE, *lieutenant-général honoraire de Mortagne, de plusieurs académies, & du musée de Paris.*)

MAITRISE, f. f. (*Arts & Métiers. Police.*) C'est la qualité qu'on acquiert, lorsqu'après avoir fait un chef-d'œuvre, on est reçu maître dans quelque corps ou communauté.

Les *maîtrises* & *jurandes* étoient une belle invention de police, quand elles ont été établies par François premier; mais l'ordonnance de ce prince n'ayant pas toujours produit le bien qu'il s'en étoit promis, le roi régnant, par ses sages édits de février & août 1776, a pris les mesures nécessaires pour ramener les corps & communautés au point d'utilité & de discipline qu'avoit eu en vue le monarque restaurateur des lettres.

Comme il a été question des corps & communauté dans plusieurs articles aux mots ARTISANS, ARTS ET MÉTIERS, COMMUNAUTÉS, JURANDES, &c. il est inutile de rappeller ici ce qui en a déjà été dit; pour ne pas tomber dans des répétitions, il faut consulter ces mots & ce qui est dit en outre sur chaque corps en particulier, où on rend compte des réglemens anciens & nouveaux qui le concernent. *Voyez le Dictionnaire des Arts & Métiers & celui des Manufactures.* (*Cet article est de M.* DE LA CHENAYE, *lieutenant-général honoraire de Mortagne, de plusieurs académies, & du musée de Paris.*)

MAITRISE DES EAUX ET FORÊTS, (*Droit public.*) est un certain département ou jurisdiction pour les eaux & forêts. On en distingue deux espèces, les *grandes maîtrises* & les *maîtrises particulières*.

On appelle *grandes maîtrises* les départemens de chaque grand-maître : les *maîtrises particulières* sont le territoire sur lequel chaque maître-particulier exerce sa jurisdiction.

On peut définir les *maîtrises particulières*, une jurisdiction royale inférieure, établie à Paris & dans différentes villes du royaume, pour connoître en première instance, tant au civil qu'au criminel, de toutes matières d'eaux & forêts, pêche & chasse dans l'étendue de son ressort; c'est à ce siège que les appellations des grueries royales du ressort doivent être portées; tous les gardes bois, pêches & chasses, tant du roi que des communautés & seigneurs particuliers, y doivent être reçus, y faire leurs rapports à peine de nullité, & ce à l'exclusion de tous autres juges; ils est défendu aux parties & à leurs procureurs de se pourvoir ailleurs en première instance, à peine de nullité & d'amende contre les procureurs: c'est au siège de la table de marble que se relèvent les appellations des *maîtrises particulières*. Ces appellations doivent y être relevées dans le mois.

On dit communément que les *maîtrises* sont bailliagères; c'est-à-dire que ce ne sont pas des justices personnelles, mais territoriales, & que l'une ne peut empiéter sur le territoire de l'autre, non plus que les bailliages. Cependant cette définition de *maîtrises bailliagères* n'est pas toujours exacte, & ne peut être admise que dans la thèse générale,

générale, car il est des villes, telles que Chartres, siège d'un bailliage & présidial, où il n'y a point de *maîtrise*, & sur lesquelles par conséquent les *maîtrises* qui ne sont plus en ce cas bailliagères, doivent étendre leur ressort; c'est par cette raison que la *maîtrise* de Châteauneuf en Thimerais, siège en même temps d'un bailliage royal, relevant du présidial de Chartres, étend son ressort sur cette dernière ville & autres lieux compris dans son district, nécessairement plus considérable que celui du bailliage de son établissement; il y a d'autres villes où il y a *maîtrise* sans justice royale, notamment à Dreux, dont le bailliage a été supprimé par édit de juillet 1771, avec attribution des cas royaux à celui de Monfort-l'Amauri, quoique bien plus éloigné que celui de Chartres & de Châteauneuf en Thimerais. Dans ce dernier cas, le ressort de la *maîtrise* peut être encore plus étendu que celui de la justice seigneuriale.

Au surplus, les officiers des *maîtrises* ont succédé, pour les cas à eux attribués, aux baillis & sénéchaux; ils ne doit plus être prononcé contre eux de *veniat* par les officiers des tables de marbre, suivant un arrêt de la cour du 7 septembre 1737, qui a jugé que ce droit étoit réservé aux cours souveraines. Par l'article 13 du titre 2 de l'ordonnance de 1669, & par le réglement du premier mars 1768, ils sont exempts du logement des gens de guerre.

Les anciennes ordonnances défendoient de vendre ces places; mais par édit de février 1544, elles ont été érigées en titre d'offices, & rendues vénales.

Le nombre des officiers des *maîtrises* ayant été trop multiplié, il fut réduit par édit d'avril 1667, pour chaque *maîtrise*, à un maître particulier, un lieutenant, un procureur du roi, un garde-marteau & un greffier, qui, après information de vie & mœurs faite par le grand-maître ou autre officier du siège par lui commis, doivent être reçus à la table de marbre s'ils ont au mois vingt-cinq ans, excepté les greffiers qui ne peuvent être reçus que dans leurs *maîtrises*. Les officiers gradués doivent être interrogés sur la loi, les autres non gradués sur l'ordonnance, les lieutenans & procureurs du roi doivent être gradués: ces sièges ont été composés en outre par cet édit, d'un arpenteur & d'un certain nombre de sergens à garde.

Il y a eu en différens temps beaucoup d'autres officiers créés pour les *maîtrises*, comme des maîtres-lieutenans alternatifs & triennaux, des conseillers-rapporteurs des défauts, des commissaires enquêteurs examinateurs, des gardes-scels, des inspecteurs des eaux & forêts, des avocats du roi, *&c.* mais tous ces officiers ont depuis été supprimés ou réunis, soit au corps de chaque *maîtrise*, soit à quelqu'un des offices subsistans actuellement.

Il y a, dans quelques grandes terres du royaume, des jurisdictions particulières pour les eaux & forêts, que les rois, par considération pour les seigneurs, ont bien voulu décorer du nom de *maîtrises particulières*, telles que la *maîtrise* seigneuriale de Valençay en Berri; mais ces prétendues *maîtrises* n'ont pas plus d'autorité que n'en ont les grueries ordinaires des seigneurs, & les officiers des *maîtrises* royales n'en ont pas moins le droit exclusif de connoître, dans l'étendue de ces terres, des cas royaux & de réformation, comme sont les coupes des bois de haute-futaie qui se font sans déclaration, les coupes des taillis qui se font avant l'âge fixé par l'ordonnance, ou sans réserve de baliveaux, les délits commis dans les bois des ecclésiastiques & communautés de paroisse, la chasse du cerf, &c. Les officiers des *maîtrises* royales ont de même le droit de connoître, dans l'étendue de ces terres, des cas ordinaires, comme délits commis par les riverains dans les bois des particuliers, & même du seigneur, faits de chasse simples, *&c.* lorsqu'ils sont requis par l'une ou l'autre des parties, ou qu'ils préviennent les *maîtrises* seigneuriales.

Les délais des assignations dans les *maîtrises* royales, ne peuvent être moindres que vingt-quatre heures, à moins qu'il n'y ait péril en la demeure, ni plus de temps que trois jours, suivant l'art. 14 du tit. 14 de l'ordonnance civile de 1667, ou que huitaine, si le défendeur a son domicile ailleurs que dans l'établissement du siège, & dans la distance de dix lieues, auquel dernier cas le délai est augmenté d'un jour par dix lieues.

Les exploits faits à la requête du procureur du roi doivent être exempts de contrôle, aux termes d'un arrêt du conseil du 19 juillet 1729; un autre arrêt du 16 mai 1730 les assujettit au contrôle, mais sans droits. Le droit de présentation est réduit à 5 sols.

Par une exception à la règle générale des autres sièges, il est d'usage aux *maîtrises* de condamner aux dépens les particuliers délinquans, quand ils sont poursuivis à la requête du ministère public. Divers arrêts du conseil de 1686, 1718, 1749, 1752, l'ont jugé ainsi. Les dépens doivent, dans tous les cas, y être taxés & liquidés dans les sentences sans déclaration: c'est le vœu des articles 32 & 33 du titre 32 de l'ordonnance de 1677. Une déclaration du roi du 24 novembre 1760, registrée à la chambre des comptes le 20 décembre suivant, a réglé ce qui devoit être observé pour le paiement des frais de justice dans les *maîtrises*.

Les gardes, sergens à garde, maîtres pêcheurs, juges gruyers tant royaux que seigneuriaux, doivent être reçus aux *maîtrises* de leur ressort, aux termes de l'ordonnance & de différens réglemens rendus depuis, notamment d'un édit de mars 1707, & déclaration du 9 mai 1742 pour la Bretagne, ce qui a lieu même quand les juges exercent la justice ordinaire au nom du seigneur & où ils ont été reçus en cette qualité dans un bailliage royal, ainsi qu'il est ordonné par un arrêt du conseil du 9 mai 1742.

Mais les gruyers de seigneurs peuvent, comme

nous avons déjà dit au mot HAUTE-JUSTICE, recevoir le serment des gardes des grueries seigneuriales, chacun dans son ressort, suivant l'article 4 de l'édit de mars 1707, qui les autorise à faire dans leur justice tout ce que font les maîtres particuliers, excepté toutefois qu'ils ne peuvent connoître des cas royaux.

Il est vrai que, par déclaration du roi du premier mai 1708, les offices & fonctions de juges-gruyers ont été réunis aux justices ordinaires des seigneurs, qui, au moyen de cette déclaration, ont dû payer la finance fixée pour cette réunion; mais quoique tous n'aient sans doute pas payé cette finance, néanmoins elle est censée acquittée par la présomption où l'on doit être, que le fermier chargé de faire ce recouvrement avec pouvoir d'y contraindre, comme pour les propres deniers de sa majesté, n'en a pas négligé la rentrée. C'est pourquoi les juges des seigneurs ont été par cette seule raison, & d'après la déclaration de 1708, maintenus dans ce droit de juges-gruyers, entre autres par la déclaration du roi du 8 janvier 1715, & par d'autres arrêts, dont un du 19 avril 1723, & d'autres des années 1728, 1732 & 1735, rapportés par Massé en son dictionnaire des eaux & forêts, par Denisart, & par Jousse en son commentaire de l'ordonnance de 1669, où il dit que les officiers des *maîtrises* ne peuvent connoître des cas attribués par l'ordonnance aux juges-gruyers seigneuriaux, à moins qu'ils n'en aient été requis par l'une ou l'autre des parties, ou qu'ils n'aient prévenu les juges de seigneurs, si ce n'est dans les cas portés par l'article 13 du titre premier de l'ordonnance de 1669.

Aux termes d'un nouvel arrêt du premier mars 1757, interprétatif de l'article 3 du titre 26 de cette ordonnance, tous propriétaires de bois de futaie, arbres épars, baliveaux ou taillis, dans quelques lieux qu'ils soient situés, & à quelque distance que ce soit de la mer ou des rivières navigables, sont tenus, six mois avant de les couper, d'en faire leur déclaration au greffe des *maîtrises* où les bois qu'on veut couper sont situés, à peine de 3000 livres d'amende & de confiscation des bois coupés, & de déclarer l'âge desdits bois, leur qualité, quantité & situation, à peine de nullité, & à la charge de laisser seize baliveaux par arpent de bois taillis, lesquelles déclarations, même les permissions de couper, accordées par le roi dans les cas requis par les ordonnances, ne serviront que pour un an, ainsi qu'il résulte d'une lettre écrite par M. le contrôleur-général aux différentes *maîtrises* du royaume, au mois de novembre 1740.

Il n'est dû, suivant un arrêt du conseil du 2 décembre 1738, que 10 s. au greffier pour l'enregistrement & l'expédition de cette déclaration que les gruyers ne peuvent recevoir, attendu que la connoissance des bois de haute-futaie & des baliveaux sur taillis est un cas royal.

La défense faite aux particuliers & gens de mainmorte, touchant la coupe de leurs bois, par l'art. 4 du tit. 24 & autres, ne regarde pas certaines communautés, entre autres les maisons des chartreux, qui, par arrêt du conseil du 5 juillet 1717, ont été maintenus dans le droit de disposer de leurs bois pour l'utilité de leurs maisons, conformément aux lettres-patentes du mois de février 1670, sans pouvoir, pour raison de ce, être inquiétés par les officiers des eaux & forêts du roi. Les permissions de couper les bois exprimés par cet article, entre autres, ne peuvent être données que par sa majesté, & par lettres-patentes duement registrées, & nullement par les officiers des *maîtrises* ni des tables de marbre, suivant divers arrêts du conseil du 14 février 1688, pour Rouen, & du 18 septembre 1691, pour la Lorraine.

L'usage est de ne couper les bois taillis que quand ils ont l'âge de dix ans: tel est aussi l'esprit des réglemens; on peut quelquefois permettre ces coupes plutôt, mais jamais avant l'âge de sept ans. *Voyez au surplus ce que nous avons dit aux mots* CHARTREUX, GRANDS-MAITRES, *&* MAITRES PARTICULIERS *des eaux & forêts.* Il y a des lieux où les *maîtrises* ont la préséance aux cérémonies sur les élections; dans d'autres c'est le contraire. *Voy.* PRÉSÉANCE. Les officiers des *maîtrises* ont leurs causes commises, tant au civil qu'au criminel, au présidial de leur ressort, & doivent en villes taillables être taxés d'office s'ils n'ont d'autres privilèges.

Pour rendre cet article plus complet, nous avons cru devoir donner ici l'état des départemens des dix-huit grands-maîtres du royaume.

A, Paris.
B, Soissons, Valois & Senlis.
C, Picardie, Artois & Flandre.
D, Hainaut.
E, Champagne.
F, Metz.
G, duché & comté de Bourgogne, Bresse & Alsace.
H, Lyonnois, Forez, Beaujolois, Auvergne, Dauphiné & Provence.
I, Languedoc.
K, Guienne, Ausch & Pau.
L, Poitou, Aunis, Angoumois, Limosin, la Marche, Saintonge & Bourbonnois.
M, Touraine, Anjou & Maine.
N, Bretagne.
O, Rouen & Vexin françois.
P, Blois & Berri.
Q, généralité de Caen.
R, généralité d'Alençon.
S, Orléans, Beaugenci & Montargis.

Table alphabétique des 152 maîtrises particulières des eaux & forêts du royaume, avec les lettres qui répondent ci-dessus aux départemens des dix-huit grands-maîtres dont elles dépendent.

A

C, Abbeville.
H, Aix.

I, Alby, gruerie.
P, Allogny, gruerie.
H, Ambert.
H, Amboiſe.
O, Andely.
L, Angoulême.
M, Angers.
R, Argentan.
O, Arques.
C, Arras.
K, Arreau, gruerie.
G, Avalon.
L, Aunay, gruerie.
K, Auſch.
G, Autun & Mâconnois.
A, Auxerre.

B

E, Bar-ſur-Seine.
M, Baugé.
Q, Bayeux.
M, Beaufort, gruerie.
S, Beaugenci.
B, Beaumont-ſur-Oiſe.
G, Beaune.
L, Bellac.
R, Bellême.
G, Beſançon.
P, Blois & Comté.
K, Bordeaux.
N, Boſquen, gruerie.
C, Boulogne.
P, Bourges.
L, Brives.

C

C, Calais.
J, Caſtelnaudari.
O, Caudebec.
L, Cérilly.
G, Châlons-ſur-Saone.
P, Chambort.
L, Charité (la). *Voyez* La Charité.
M, Château-du-Loir.
A, Châteauneuf en Thimerais.
F, Château-Regnault.
J, Châteauroux.
P, Châtelet (le), gruerie.
L, Châtelleraült.
G, Châtillon-ſur-Seine.
P, Châtre (la), gruerie.
E, Chaumont.
B, Chauny.
M, Chinon.
B, Clermont en Beauvoiſis.
L, Cognac.
B, Compiegne.
N, Cornouille.
L, Coſne, gruerie.
B, Coucy.
A, Crecy en Brie.

D

H, Die.
G, Dole.
R, Domfront.
A, Dourdan & Limours.
A, Dreux.

E

G, Enſishem.

F

R, Falaiſe, gruerie.
K, Fleurence, gruerie.
K, Foix. *Voyez* Pamiers.
A, Fontainebleau.
L, Fontenay-le-comte.
N, Fougeres.

G

N, Gauve (le).
D, Givet.
G, Gray.
H, Grenoble.
L, Gueret.

H

G, Hagueneau.
C, Heſdin.

I

I, Iſſoudun.

L

L, La Charité, gruerie.
R, La Ferre.
C, Lamotte-aux-Bois.
B, Laon.
K, Lichere, gruerie.
C, Lille.
K, L'Iſle-Jourdain.
A, Limours. *Voyez* Dourdan.
M, Loches.
F, Longwy. *Voyez* Montmedi.
O, Lyon.

M

H, Mâcon.
M, Mans (le).
J, Mende, gruerie.
F, Metz.
S, Montargis.
H, Montbriſſon.
L, Montmaraült.
L, Montmedi & Longwy, gruerie.
R, Mortagne.
L, Moulins.

N

N, Nantes.
L, Nevers.
L, Niort.
K, Nogaro, gruerie.
B, Noyon.

O

S, Orléans.

P

K, Pamiers.
A, Paris.
M, Parseigne.
O, Passi.
K, Pau.
F, Phalsbourg.
L, Poitiers.
G, Poligny.
O, Pont-de-l'Arche.
A, Provins.

Q

D, Quesnoi (le).
I, Quilleau.
N, Quimperlé, gruerie.

R

E, Reims.
N, Rennes.
I, Rhodez.
H, Riom.
L, Rochefort.
P, Romorentin.

S

E, Saint-Dizier.
H, Saint-Flour.
K, Saint-Gaudin.
A, Saint-Germain-en-laye.
K, Saint-Girons, gruerie.
H, Saint-Marcellin.
F, Sainte-Menehoult.
C, Saint-Omer.
I, Saint-Pont.
G, Salins.
F, Sedan.
B, Senlis.
A, Sens.
A, Sezanne.

T

K, Tarbes.
F, Thionville.
C, Tournehem.
M, Tours.
E, Troyes.

V

D, Valenciennes.
B, Valois, gruerie.
Q, Valogne.
N, Vannes.
E, Vassy.
P, Vendôme.
O, Vernon.
G, Vezoul.
F, Vic.
P, Vierzon.
N, Ville-cartier.
I, Villeneuve-de-Bere.
Q, Vire.
E, Vitry-le-François. (*Cet article est de M.* DE LA CHENAYE, *lieutenant-général honoraire de Mortagne; de plusieurs académies, & du musée de Paris*).

MAJEUR, se dit *en droit*, de celui qui a atteint l'âge de majorité, c'est-à-dire, l'âge auquel la loi lui permet de faire certains actes. *Voyez* MAJORITÉ.

MAJORAT, s. m. (*Droit féodal.*) est un fidéicommis graduel, successif, perpétuel, indivisible, fait par le testateur, dans la vue de conserver le nom, les armes & la splendeur de sa maison, & destiné à toujours pour l'aîné de la famille du testateur.

Il est appellé *majorat*, parce que sa destination est pour ceux qui sont *natu majores*.

L'origine des *majorats* vient d'Espagne; elle se tire de quelques loix faites à ce sujet du temps de la reine Jeanne, en 1505, dans une assemblée des états, qui fut tenue à Toro, ville située au royaume de Léon.

Au défaut de ces loix, on a recours à celles que le roi Alphonse fit en 1521, pour régler la succession de la couronne, qui est un *majorat*.

Le testateur peut déroger à ces loix, comme le décident celles qui furent faites à Toro.

Pour faire un *majorat*, il n'est pas nécessaire d'y être autorisé par le prince, si ce n'est pour ériger un *majorat* de dignité.

Ce n'est pas seulement en Espagne que l'on voit des *majorats*, il y en a aussi en Italie & dans d'autres pays. Il y en a quelques-uns dans la Franche-Comté, laquelle, en passant de la domination d'Espagne sous celle de la France, a conservé tous ses privilèges & ses usages. Mais on n'y autoriseroit pas aujourd'hui de substitution en forme de *majorat*, on les jugeroit par les mêmes maximes que les autres.

Les *majorats* sont de leur nature perpétuels, à moins que celui qui en est l'auteur n'en ait disposé autrement.

La disposition de la novelle 159, qui restraint à quatre générations la prohibition d'aliéner les biens grevés de fidéicommis, n'a pas lieu pour les *majorats*.

Les descendans, & même les collatéraux descendans d'une souche commune, soit de l'agnation ou de la cognation du testateur, sont appellés à l'infini chacun en leur rang, pour recueillir le *majorat*, sans aucune préférence des mâles au préjudice des femelles, à moins que le testateur ne l'ait ordonné nommément.

La vocation de certaines personnes, à l'effet de recueillir le *majorat*, n'est pas limitative; elle donne seulement la préférence à ceux qui sont nommés sur ceux qui ne le sont pas, de manière que ces derniers viennent en leur rang après ceux qui sont appellés nommément.

Quand le testateur ne s'est point expliqué sur la manière dont le *majorat* doit être dévolu, on y suit l'ordre de succéder *ab intestat*.

La représentation a lieu dans les *majorats*, tant en ligne directe que collatérale, au lieu que dans les fidéicommis ordinaires elle n'a lieu qu'en directe.

Molina, dans son *traité des majorats d'Espagne*, développe parfaitement les principes de cette matière. Suivant lui, le seul mot de *majorat*, employé par le testateur, renferme toutes les substitutions qu'il auroit fallu faire pour lui donner un progrès à l'infini. Le *majorat* ne finit pas après la défaillance de ceux qui y sont nommément appellés, mais il est continué en faveur de tous ceux qui sont de la famille, quoiqu'il n'y ait pas de vocation expresse en leur faveur. L'expression seule du mot de *majorat* emporte toutes les substitutions nécessaires, quoique non exprimées.

La perpétuité est tellement de la nature du *majorat*, que quand bien même il auroit été fait en faveur d'une seule personne & de ses descendans, il ne finit pas avec le dernier des descendans exprimés, mais il se transmet successivement à tous ceux de la famille, même aux collatéraux du testateur & de l'institué, tant du côté paternel que du côté maternel. Molina assure que le *majorat* institué pour un étranger de la famille & ses descendans, se perpétue dans la ligne collatérale de l'institué, après le décès du dernier des descendans.

Les *majorats* ont été usités dans la Flandre, l'Artois & le Cambresis, à l'imitation de l'Espagne, à laquelle ces provinces ont été soumises pendant long-temps. Mais on n'y a pas suivi les principes espagnols relatifs à ces sortes de substitutions, on les a toujours jugés par les mêmes maximes que les autres. C'est ce qui a été jugé au parlement de Flandre, le 5 avril 1702. Desjaunaux en rapporte l'arrêt en son recueil, *tom. 3*, §. *12*.

C'est aussi la jurisprudence du parlement de Paris, comme on le voit par un arrêt du 25 janvier 1722, rapporté dans le *journal des audiences*, *tome 7*, & par deux autres arrêts, l'un du premier février 1768, rendu sur les conclusions de M. Barentin, avocat-général, aujourd'hui premier président de la cour des aides; l'autre du 15 mai 1777, rendu sur les conclusions de M. Segnier. On en trouvera les détails dans la seconde édition du *Répertoire universel & raisonné de jurisprudence*.

MAJORITÉ, s. f. dérive du mot latin *major*, & désigne un certain âge fixé par la loi, auquel on acquiert la capacité de faire certains actes. On distingue plusieurs sortes de *majorités*, savoir:

MAJORITÉ *coutumière* ou *légale*, est une espèce d'émancipation légale que l'on acquiert de plein droit à un certain âge, à l'effet d'administrer ses biens, de disposer de ses meubles, & d'ester en jugement.

Elle donne bien aussi le pouvoir d'aliéner les immeubles, & de les hypothéquer; mais à cet égard, elle n'exclut pas le bénéfice de restitution, au cas qu'il y ait lésion: excepté dans la coutume de Normandie, où les majeurs de la *majorité coutumière* ne sont restitués que pour les causes suivant esquelles les majeurs de 25 ans peuvent l'être.

Elle ne suffit pas pour posséder un office sans dispense, ni pour contracter mariage sans le consentement des père & mère; il faut avoir acquis la *majorité* parfaite ou de vingt-cinq ans.

Les coutumes de Reims, Châlons, Amiens, Péronne, Normandie, Anjou & Maine, réputent les personnes majeures à vingt ans; ce qui s'entend seulement de la *majorité coutumière*; celles de Ponthieu & de Boulenois déclarent les mâles majeurs à quinze ans, & les filles à douze.

Cette *majorité* se règle par la coutume du lieu de la naissance, & s'acquiert de plein droit sans avis de parens & sans aucun ministère de justice; néanmoins en Normandie, il est d'usage de prendre du juge un acte de passé-âge pour rendre la *majorité* notoire; ce que le juge n'accorde qu'après qu'il lui est apparu par une preuve valable de la naissance & de l'âge de vingt ans accomplis.

On peut encore regarder comme *majorité coutumière*, les effets que le mariage produit par rapport à la minorité. Par le droit commun de la France coutumière, le mineur marié a la faculté de s'obliger, d'administrer ses biens, de disposer de ses revenus; mais il ne lui est pas permis de toucher à la propriété de ses immeubles. Les coutumes d'Artois, de Hainaut, de Mons, de Metz, de Lorraine & de Valenciennes, donnent aux mineurs mariés une entière liberté d'aliéner leurs biens.

Les dispositions des coutumes qui règlent l'âge de *majorité*, sont des statuts personnels, c'est-à-dire, qu'elles affectent la personne, & règlent son état & sa condition, ensorte qu'elles s'étendent aux biens situés hors de leur territoire. Ainsi, un majeur de *majorité coutumière*, peut disposer, non-seulement des biens qu'il possède sous l'empire de la coutume qui lui accorde les mêmes droits qu'aux majeurs, mais encore de tous ceux qui lui appartiennent dans le ressort des coutumes qui fixent, ainsi que le droit romain, la *majorité* à vingt-cinq ans.

MAJORITÉ *féodale*, est l'âge auquel les coutumes permettent au vassal de porter la foi & hommage à son seigneur.

La coutume de Paris, *art. 32*, porte que tout homme tenant fief est réputé âgé à 20 ans, & la fille à 15 ans accomplis, quant à la foi & hommage & charge de fief.

Dans d'autres coutumes, cette *majorité* est fixée à 18 ans pour les mâles. Quelques-unes l'avancent encore davantage, & celle des femelles à proportion. (*A*)

La minorité & la *majorité* civiles étoient une dépendance de la minorité & de la *majorité* féodale dans les siècles où le droit féodal régloit seul l'état des personnes & celui des choses. Le vassal devenoit majeur pour tous les effets en sortant de garde, & en portant la foi & hommage de son fief. On voit dans Beaumanoir, que l'état de minorité, ses privilèges & son incapacité étoient presque uniquement attachés à ce défaut de réception en foi, en sorte que si l'on y faisoit admettre le vassal avant même qu'il eût atteint son âge, il pouvoit contracter & disposer entiérement de ses biens, sans espérance de restitution pour cause de minorité, à moins qu'il ne prouvât qu'on ne l'avoit fait ainsi sortir de garde que pour lui faire faire des conventions préjudiciables.

Il paroît néanmoins que ce droit fut réformé par S. Louis dans ses domaines, puisque ses établissemens sont à cet égard en contradiction avec Beaumanoir.

Le droit romain, dont l'étude & la connoissance portèrent tant d'atteintes à nos anciens usages, fit bientôt adopter, pour tout ce qui ne concernoit pas les fiefs, les règles qu'il a données pour la *majorité*.

Depuis ce temps, la *majorité* féodale n'a plus tiré à conséquence pour les actes ordinaires dans la majeure partie de la France.

Il y a néanmoins quelques provinces où l'ancien usage subsiste toujours du plus au moins. En Normandie, par exemple, la *majorité* féodale & la sortie de garde règlent encore aujourd'hui la *majorité* civile; on y est majeur à tous égards à 21 ans, avec cette différence qu'il faut 21 ans accomplis pour la *majorité* civile, tandis qu'il suffit que la vingt-unième année soit commencée, pour faire cesser la garde, lors du moins qu'elle appartient aux seigneurs. Mais cette différence n'est qu'une faveur particulière qu'on a établie en haine du droit de garde. *Voyez* GARDE SEIGNEURIALE.

Dans d'autres coutumes, telles que celle d'Artois, la *majorité* féodale assure bien au vassal la libre disposition de ses biens. Mais il peut se faire restituer, comme mineur, en cas de lésion. C'est ce qui a été jugé par divers arrêts du parlement de Paris. Il faut néanmoins encore avouer que cette jurisprudence est plutôt fondée sur les inconvéniens de ces *majorités* précoces, que sur le texte des coutumes.

Quoi qu'il en soit, il est certain que, suivant le droit commun, la *majorité* féodale se borne aujourd'hui à donner au vassal la capacité d'y faire le service du fief, sans l'autoriser à faire, même pour les fiefs, les actes d'administration que le mineur émancipé peut faire.

On juge par cette raison, que la *majorité* féodale ne suffit pas pour autoriser le mineur à désavouer son seigneur, parce que le désaveu est un acte d'aliénation dont ce mineur n'est point capable.

Plusieurs auteurs, & Pothier en particulier, enseignent même que le mineur, après sa *majorité* féodale, ne peut pas donner son dénombrement sans l'assistance de son tuteur. Il est bien certain, du moins, qu'un acte de cette espèce seroit sujet à rescision, dès qu'il pourroit en résulter un préjudice pour le mineur.

Il s'en faut de beaucoup, néanmoins, que tous les auteurs soient uniformes sur ces questions. Plusieurs d'entre eux soutiennent le contraire, & l'on trouve même parmi eux, le dernier auteur qui ait écrit sur cette matière, M. Hervey.

Suivant lui, le vassal qui n'a que la *majorité* féodale, « doit & peut valablement, sans autorisation ni assistance, fournir un dénombrement au » seigneur, & en le fournissant, *il s'oblige de la » même manière, dans le même sens, & avec la même » étendue qu'un majeur de 25 ans*, en tout ce qui » ne sort pas de la nature & du but du dénombrement; car l'obligation de fournir dénombrement est une charge de fief, *art. 32;* & la coutume autorise le vassal à remplir les charges du » fief, quand il est parvenu à la *majorité* féodale, » sans exiger l'autorisation du tuteur ».

M. Hervey ajoute seulement, que si un tel mineur « s'étoit chargé de droits qu'il ne devoit pas, » il pourroit rectifier son erreur en la prouvant, *de » la même manière que le majeur de 25 ans pourroit » redresser la sienne, par le rapport des anciens titres.* » Ainsi, dit-il, le premier ne courant pas plus de » risques que le second, il n'y a aucun motif pour » lui interdire la faculté de fournir un dénombrement sans l'autorisation & l'assistance de son curateur ». (*Théorie des matières féodales, partie 2, §. I, n°. 6.*)

Il est plus conséquent de dire que, dans ce cas, le mineur pourra être restitué comme mineur, & que si son dénombrement suffit pour le garantir de la saisie féodale, ou pour la faire cesser, il n'oblige pas le mineur *de la même manière, dans le même sens, & avec la même étendue qu'un majeur de 25 ans*, même en tout ce qui ne sort pas de la nature & du but du dénombrement. C'est ce que dit Dumoulin en deux mots, *utiliter agere potest ex suâ parte. §. 32, n°. 2.*

De l'aveu de M. Hervey, le majeur ne peut redresser les erreurs de son dénombrement qu'en les justifiant par le rapport d'anciens titres. Le poids de la preuve tombe donc alors sur lui. Mais lorsque le mineur est l'auteur du dénombrement, ne doit-on pas soutenir que la preuve doit être à la charge du seigneur; & que pour faire subsister le nouveau dénombrement, c'est à ce dernier à en prouver l'exactitude par le rapport d'anciens titres. Autrement, il ne seroit pas vrai que le mineur ne court pas plus de risques que le majeur. Le majeur est toujours plus à portée de juger de ses vrais intérêts; & lors, par exemple, qu'un mineur insère dans son dénombrement, comme mouvance immédiate de son seigneur dominant, un domaine qui relevoit auparavant du mineur, & qui lui est nouvellement échu par succession ou autrement, il est clair que cette énonciation, sans sortir de la nature & du but du dénombrement, peut néanmoins préjudicier au mineur, & qu'un majeur mieux instruit auroit pu faire une déclaration de non-réunion.

M. Hervey va cependant bien plus loin; il soutient que le seigneur qui a atteint la *majorité* féodale, peut valablement percevoir les profits de fief qui sont échus, & en donner quittance, sans l'assistance & l'autorité de son curateur. « Car, dit-il

» encore, tous ces actes concernent directement » des *charges de fief*, pour lesquelles la coutume » habilite le mineur parvenu à l'âge requis. Si ces » actes n'étoient pas valides, sans le concours du » tuteur, la disposition coutumière seroit chimé- » rique, puisque sans elle l'autorisation du tuteur » les valideroit ».

Il me semble que c'est-là prendre mal le sens de la coutume.

L'article 32 n'a point pour objet les actes d'administration que le tuteur peut faire durant la minorité féodale de son pupile; & ces mots *charge de fief*, qui ne sont pas au pluriel, comme les écrit M. Hervey, mais bien au singulier, doivent évidemment s'entendre du service dû par le vassal, & non pas des droits du seigneur. Or, la perception des profits échus n'est point une charge à laquelle le seigneur puisse être obligé. C'est un droit qu'il peut remettre entiérement, quand il a la disposition de ses biens.

M. Hervey convient lui-même que, si le mineur faisoit des remises excessives, il pourroit se faire restituer comme mineur, « parce qu'alors il sor- » tiroit de l'esprit de la coutume qui ne parle que » d'une administration bien entendue ». Cependant la coutume ne fait point de distinction; & si l'on comprenoit les droits du seigneur, sous ce nom de charges, il n'y auroit pas de raison pour exclure de la capacité attribuée au mineur la remise des droits seigneuriaux.

Enfin, l'article 32, bien loin d'autoriser l'administration du fief par le mineur, la lui a au contraire enlevée. On voit effectivement dans le procès-verbal sur cet article, que l'ancienne coutume étendoit la *majorité* féodale à tout ce qui concernoit *l'administration du fief*, & qu'on a substitué à ces mots ceux de *charge de fief*, lors de la réformation. Brodeau, qui a fort bien remarqué ce changement, en conclut que « la *majorité* féodale n'a » point lieu, même aux actes de pure administra- » tion de fief, comme pourroit être le bail à ferme, » la réception & décharge des fruits & revenus, » l'aveu & dénombrement, & autres semblables » dont les mineurs de 25 ans étant sous la puis- » sance de tuteurs sont incapables, sans leur au- » torité, *à faute de quoi, il n'y a aucune sûreté à* » *traiter avec eux* ». (*Article de M.* GARRAN DE COULON, *avocat au parlement.*)

MAJORITÉ *parfaite*, est celle qui, suivant le droit commun, donne la capacité de faire tous les actes nécessaires, tant pour l'administration & la disposition des biens, que pour ester en jugement, & généralement pour contracter toutes sortes d'engagemens valables.

Par l'ancien usage de la France, elle étoit fixée à quatorze ans pour les mâles, & à douze pour les femmes. Mais cette disposition ne concernoit que les biens & les personnes roturières. La *majorité* des nobles n'avoit lieu qu'à vingt-un ans, quant aux choses nobles & feudataires; c'est ce que nous apprenons de Jean Desmares, dans sa décision 249.

La *majorité* coutumière, la *majorité* féodale, & l'âge auquel finissent les gardes noble & bourgeoise, sont des restes de cet ancien droit, que les coutumes ont réformé, comme étant préjudiciables aux mineurs.

Présentement la *majorité parfaite* ne s'acquiert que par l'âge de vingt-cinq ans accomplis, temps auquel toute personne, soit mâle ou femelle, est capable de contracter, de vendre, engager & hypothéquer tous ses biens, meubles & immeubles, sans aucune espérance de restitution, si ce n'est par les moyens accordés par le droit pour cause de dol, de fraude, de contrainte, de lésion énorme, *&c.*

Le temps de cette *majorité* se règle par la loi du lieu de la naissance, non pas néanmoins d'un lieu où quelqu'un seroit né par hasard, mais par la loi du lieu du domicile de ses père & mère au temps de sa naissance.

MAJORITÉ *du roi*, est fixée en France à quatorze ans commencés. Jusqu'au règne de Charles V, il n'y avoit rien de certain sur le temps auquel les rois devenoient majeurs, les uns l'avoient été reconnus plutôt, d'autres plus tard.

Charles V, dit *le sage*, sentant les inconvéniens qui pourroient résulter de cette incertitude, par rapport à son fils & à ses successeurs, donna un édit à Vincennes, au mois d'août 1374, par lequel il déclara qu'à l'avenir les rois de France ayant atteint l'âge de quatorze ans, prendroient en main le gouvernement du royaume, recevroient la foi & hommage de leurs sujets, & des archevêques & évêques; enfin qu'ils seroient réputés majeurs comme s'ils avoient vingt-cinq ans.

Cet édit fut vérifié en parlement le 20 mai suivant. Il y a eu depuis en conséquence plusieurs édits donnés par nos rois, pour publier la *majorité*, ce qui se fait dans un lit de justice. Cette publication n'est pourtant pas absolument nécessaire, la *majorité du roi* étant notoire, de même que le temps de sa naissance.

MALÉDICTION, s. f. signifioit, *en terme de pratique*, les imprécations qu'on inséroit autrefois, & qu'on insère encore en quelques endroits, dans les actes de donation en faveur des églises ou des maisons religieuses, contre quiconque en empêcheroit l'effet : cet usage de faire des imprécations n'est point du style de nos notaires de France.

MALÉFICE, s. m. *Voyez* MAGIE.

MALENGIEN *ou* MALENGIN, terme ancien qu'on trouve dans quelques coutumes, où il signifie *dol* & *fraude*.

MALÉTROUSSE *ou* MALESTROUSSE, c'est un droit qui se levoit sur certaines espèces de fruits ou sur les bestiaux. Ce mot dérive probablement de celui de *trousse* ou *trousseau*, qui signifie un *paquet*.

Le droit de *malétrousse* consistoit le plus souvent dans une portion des foins, ou dans un droit sur les bestiaux qui consommoient le foin. *Voyez* le *glossarium novum* de dom Carpentier, aux mots *Trossa*, *Trossellus*, *Trosseria*, *&c.* le *gloss.* de Lauriere, aux mots *Estrousse* & *Trousse*, & les articles ESTROUSSE, ETROUSSE & TROUSSE. (*Art. de M.* GARRAN DE COULON, *avocat au parlement.*)

MAL JUGÉ, signifie un jugement rendu contre le droit & l'équité. Le *mal jugé* donne lieu à l'appel, & lorsque le juge d'appel n'est pas une cour souveraine, il ne doit prononcer que par *bien* ou *mal jugé*, sans pouvoir mettre l'appellation ni la sentence au néant. *Voyez* APPEL.

MALPAGUE : on a ainsi nommé, non pas précisément une dette, comme le dit Ducange, mais le défaut de paiement de la dette; & c'est de-là, suivant Cattel, dans son histoire de Languedoc, qu'on a donné le même nom à une prison de Lodève, d'où les débiteurs ne pouvoient sortir qu'après avoir payé leurs dettes.

MALTALENT, la coutume de Melun, *art. 83*, se sert de cette expression dans le sens de *mauvaise volonté*.

MALTHE, (*ordre de*) ou *de saint Jean de Jérusalem*, (*Droit civil & ecclés.*) l'ordre de *Malthe* est un ordre tout à la fois religieux & militaire; il est religieux, parce qu'il est soumis à une règle approuvée par l'église, & que ses membres prêtent les trois vœux, de chasteté, d'obéissance & de pauvreté qui constituent l'état religieux. Il est militaire, parce que sa principale destination est de combattre à main armée les ennemis de la foi, c'est ce qui a fait donner à ceux qui l'embrassent la qualité de chevaliers.

Nous ne mettrons point ici sous les yeux de nos lecteurs ce qui a rapport à l'origine & à l'histoire de cet ordre célèbre. Nous renvoyons à la partie historique de cet ouvrage, & nous n'en traiterons ici que sous les rapports qu'il peut avoir avec les loix & la jurisprudence. Nous examinerons d'abord l'ordre de *Malthe*, quant aux personnes qui le composent, & ensuite quant aux biens dont il jouit, & par-là nous ferons connoître également les privilèges, tant personnels que réels, que les loix civiles & ecclésiastiques lui ont accordés.

L'ordre de *Malthe* est sous la règle de saint Augustin; on distingue ses religieux en trois classes différentes: savoir, les chevaliers, les prêtres & les servans. Cette division fut faite en 1130, par le grand-maître Raymond du Puy, & a toujours subsisté depuis.

Ses chevaliers sont ou de justice ou de grace; les premiers sont ceux qui ont fait les preuves de noblesse requises; les seconds sont ceux qui, n'étant point nobles, ont obtenu, pour quelque service important ou quelque belle action, la faveur d'être mis au rang des nobles. L'auteur de cet article, dans l'ancienne Encyclopédie, dit qu'il n'y a que les chevaliers de justice qui puissent être baillis; cependant on voit dans les mémoires de l'abbé de Choisi, qu'un avocat célèbre, nommé *la Porte*, ayant fait gagner une cause importante à l'ordre de *Malthe*, son fils fut reçu chevalier sans preuves, & qu'il devint grand-prieur. Le frère aîné du chevalier de la Porte se nommoit M. de la Meilleraie, fut père du maréchal de la Meilleraie, & aïeul du duc de Mazarin, qui épousa d'une des nièces du cardinal, & fut son légataire universel.

Les seuls gentilhommes de huit races, savoir quatre de père & de mère, peuvent être reçus chevaliers de *Malthe*. Les Allemands doublent cette preuve, tant du côté du père que de la mère. Les Espagnols ajoutent celle qu'ils nomment de *puridat*, pour faire voir qu'ils ne descendent ni de Maures, ni de Juifs. Au reste, il y a quelque différence dans les preuves, selon les différentes langues dans lesquelles on est reçu.

Les chevaliers de majorité sont ceux qui, suivant les statuts, sont reçus à seize ans accomplis. Les chevaliers de minorité sont ceux qui sont reçus dès leur naissance ou en bas âge, ce qui ne peut se faire sans dispense du pape.

Il y a encore des chevaliers-pages. Le grand-maître en a seize, qui le servent depuis douze ans jusqu'à quinze.

Tous ces chevaliers sont tenus à faire les mêmes preuves; mais il est avantageux d'être reçu de minorité ou page; le temps court plutôt pour les commanderies.

Les uns & les autres ne peuvent prendre date ni rang dans l'ordre qu'il n'aient payé un droit, qu'on appelle *passage*; il est de 250 écus d'or, pour les chevaliers de majorité, de mille écus d'or pour les chevaliers de minorité. Les pages paient comme les chevaliers de majorité. Outre ce droit, qui se verse dans le trésor de l'ordre, il y en est un particulier qui se paie à la langue de laquelle on est.

Les ecclésiastiques qui font le second état ou rang de l'ordre de *Malthe*, sont ordinairement reçus, depuis dix ans jusqu'à quinze, *diaco* ou clercs conventuels, pour servir dans l'église de *Malthe*. Ils obtiennent à cet effet une lettre du grand-maître. Leur présentation se fait à neuf ans; le présenté doit apporter son extrait de baptistaire légalisé; sa lettre de *diaco* & son mémorial contenant les extraits & les dates des titres qui justifient sa légitimité & la qualité de son père & de sa mère, de ses aïeuls & aïeules paternels & maternels. Il n'a pas besoin de blazon. Ses preuves doivent établir qu'il est né de parens honorables, qui n'ont exercé ni arts ni professions méchaniques & basses. On reçoit dans ce rang les fils des docteurs ès-droits, des avocats, des médecins, des procureurs, des notaires, des banquiers, des marchands en gros demeurant dans les villes, des bourgeois qui cultivent leurs terres & vivent honorablement, & d'autres personnes qui sont au-dessus du commun du peuple. Leur ancienneté court du jour de leur réception à *Malthe*. Leur passage est de cent écus d'or. Ceux qui ont plus de quinze ans doivent obtenir un bref du pape, le faire passer ou entériner à *Malthe*. Leur passage est de deux cens écus d'or.

Outre

Outre les chapelains ou clercs conventuels, l'ordre a encore dans son sein d'autres ecclésiastiques, qui sont reçus sans preuves & sans aller à *Malthe*. On les appelle *prêtre d'obédience*, parce qu'ils obéissent au grand-prieur ou au commandeur qui les reçoit pour desservir les prieurés & les cures de l'ordre.

Denisart observe que la règle *regularia regularibus* n'a pas lieu pour les cures de l'ordre de *Malthe*. Ces cures, ajoute-t-il, peuvent être conférées à des prêtres séculiers; mais quand elles sont conférées à des ecclésiastiques non profès de l'ordre, la collation renferme toujours la condition expresse ou tacite, que ceux qui en sont pourvus, feront profession dans l'ordre.

De-là il suit que les collations des cures de l'ordre de *Malthe*, accordées à des ecclésiastiques non profès, renferment la clause *pro cupiente profiteri*, ce qui suppose qu'il faut être profès de l'ordre, & que par conséquent la règle *regularia regularibus* a lieu. Cela est si vrai, que, selon Denisart même, quand l'ordre ou les commandeurs dont les cures dépendent l'exigent, les curés sont obligés de faire profession, quelque temps qu'ils aient possédé les cures sans avoir émis de vœux; leurs provisions forment un titre contre lequel ils ne peuvent prescrire.

La peine imposée au refus de faire des vœux, est la privation du bénéfice; mais il faut que ce refus soit constant, & que trois monitions aient mis le curé en demeure. Le grand-conseil a jugé, par arrêt du 13 septembre 1753, qu'il n'y avoit point d'abus dans le décret du chapitre du grand-prieuré de France, par lequel, faute par le sieur Masson, pourvu de la cure de la Croix en Brie, dépendante de l'ordre de *Malthe*, de s'être présenté au chapitre pour être admis à la profession des frères d'obédience, la cure a été déclarée vacante. Un autre pourvu a été maintenu dans le bénéfice, avec restitution des fruits.

Les curés & vicaires perpétuels de l'ordre de *Malthe* sont sujets à la jurisdiction de l'ordinaire, pour les délits qu'ils peuvent commettre dans l'administration des sacremens, & dans les autres fonctions curiales, comme le sont les autres curés des ordres exempts; l'édit de 1695 ne les a point exceptés. Le grand-conseil n'a point une jurisprudence contraire, comme il paroît par son arrêt du premier mars 1726, que l'on trouve, avec l'espèce & les moyens, dans le rapport des agens du clergé de 1730.

Il y a dans l'ordre de *Malthe* deux prélats qui y tiennent un rang distingué; l'un est l'évêque de *Malthe*, l'autre le prieur de l'église de saint Jean.

L'évêque de *Malthe* est l'ordinaire de tous les habitans de l'île qui ne sont pas de l'ordre. Il est à la nomination du roi de Sicile, qui choisit entre trois sujets qui lui sont présentés par le grand-maître, & parmi lesquels il faut qu'il y en ait un qui soit Sicilien.

Le prieur de saint Jean est l'ordinaire de tous les religieux de l'ordre en quelques lieux qu'ils demeurent; il a le droit d'officier avec les ornemens pontificaux; il exerce par lui-même sa jurisdiction sur les chapelains conventuels qui sont à *Malthe*. Ce sont ces chapelains en corps, & présidés par un commandeur grand-croix qui l'élisent.

L'autorité du prieur s'étend par-tout où l'ordre a des établissemens; il peut l'exercer par lui-même ou par ses vicaires, sur les chapelains d'obédience, qui ne lui sont pas moins subordonnés que les chapelains conventuels.

Les servans d'armes forment une troisième classe dans l'ordre de *Malthe*. Quelquefois ils sont nobles, mais cela n'est pas nécessaire, ils sont tenus aux mêmes preuves que les chapelains conventuels; c'est-à-dire, qu'il faut qu'ils prouvent qu'ils sont d'une famille honorable & vivant noblement.

Outre les servans d'armes, il y a à *Malthe* des servans d'office, qui sont employés au service de l'hôpital & à de semblables fonctions; il y a aussi des donnés ou demi-croix qui sont mariés, & portent une croix d'or à trois branches. La croix d'or des chevaliers est à quatre; celle des chapelains & servans d'armes est de même; mais ils ne la portent que par une permission du grand-maître.

Tous les chevaliers ou frères sont obligés, aussitôt qu'ils ont fait leurs vœux, de porter sur le manteau ou sur le juste-au-corps une croix octogone de toile blanche cirée; c'est la véritable marque de leur profession, la croix d'or n'étant qu'un ornement extérieur.

Outre la croix octogone de toile, qui est la marque de l'ordre, lorsque les chevaliers, tant novices que profès, vont combattre contre les infidèles, ils portent sur leur habit une soubre-veste rouge, chargée devant & derrière d'une grande croix blanche sans pointe.

La première dignité de l'ordre est celle de grand-maître; son gouvernement est monarchique & aristocratique: monarchique sur les habitans de *Malthe*, & des îles qui en dépendent, sur les chevaliers en tout ce qui regarde la règle & les statuts de l'ordre: aristocratique, dans la décision des affaires importantes, pour lesquelles le grand-maître seul ne peut rien.

L'autorité & la jurisdiction publique s'exercent par trois tribunaux; savoir, le conseil ordinaire, le conseil complet & le chapitre général.

Le conseil ordinaire est composé du grand-maître, des baillis conventuels, des grands-croix, & d'un procureur & député de chaque langue.

Le conseil complet est composé des mêmes personnes, & de deux autres députés de chaque langue.

Le chapitre général, suspendu depuis un siècle ou environ, est composé d'un bien plus grand nombre de membres. En lui réside le pouvoir législatif de l'ordre: toute autre autorité, même celle du grand-maître, lui est subordonnée.

On appelle du conseil ordinaire au conseil complet, & du conseil complet au chapitre général; mais comme il n'est plus d'usage d'en tenir, cette suspension a donné lieu à un abus qui a passé comme en coutume. On porte à Rome l'appel du conseil complet, sous prétexte que les statuts donnent au pape la qualité de premier supérieur de l'ordre.

Les principes que nous avons établis à l'article GÉNÉRAL D'ORDRE, souffrent une exception pour l'ordre de *Malthe*. Le grand-maître, comme chef de l'ordre, peut exercer sa jurisdiction sur les chevaliers françois, & ceux-ci peuvent être cités hors du royaume. Cette exception est fondée sur les statuts de l'ordre, qui ont été confirmés par des lettres-patentes, enrégistrées au grand-conseil. Il a été jugé par ce tribunal le 20 février 1731, qu'il n'y avoit point d'abus dans le jugement prononcé à *Malthe*, contre le frère Charton, chapelain d'obédience, prieur-curé de Saint-Georges, portant qu'il seroit privé de l'habit, & mis en prison pour toujours. Nous examinerons, dans la suite de cet article, si la jurisdiction de l'ordre sur ses membres en France, s'étend aux cas privilégiés, & dépouille les juges royaux.

Par les langues de *Malthe*, on entend les différentes nations de l'ordre. Il y en a huit; Provence, Auvergne, France, Italie, Aragon, Allemagne, Castille & Angleterre.

Après la dignité de grand-maître, les premières sont celles des piliers, ou baillis conventuels. Le pilier ou chef de la langue de Provence est grand commandeur; celui de la langue d'Auvergne est grand-maréchal; celui de France est grand-hospitalier; celui d'Italie est grand-amiral; celui d'Aragon, grand-conservateur, ou drapier, comme on disoit autrefois; le pilier de la langue d'Allemagne est grand-bailli; celui de Castille est grand-chancelier; la langue d'Angleterre, qui ne subsiste plus depuis le schisme de Henri VIII, avoit pour chef le turcopolier, ou colonel de la cavalerie.

Dans chaque langue il y a plusieurs grands-prieurés & bailliages capitulaires. L'hôtel de chaque langue s'appelle *auberge*, à cause que les chevaliers de ces langues y vont manger & s'y assemblent d'ordinaire; il y a, dans chaque prieuré, des commanderies.

La langue de Provence a les deux grands-prieurés de Toulouse & de Saint-Gilles, le bailliage de Manesque, & soixante & dix commanderies. La langue d'Auvergne a le grand-prieuré d'Auvergne, le bailliage de Lyon, & cinquante commanderies. La langue de France a les trois grands-prieurés, d'Aquitaine, de France & de Champagne; deux bailliages, celui de la Morée ou de Saint-Jean de Latran à Paris, & la trésorerie a l'Isle, prè. Corbeil, & quatre-vingt-quatre commanderies. Il y a dans la langue d'Italie, sept grands-prieurés, cinq bailliages & cent cinquante-neuf commanderies. Dans celle d'Aragon, trois grands-prieurés, trois bailliages, & soixante-deux commanderies. Dans celle de Castille, deux grands-prieurés, quatre bailliages & soixante-sept commanderies; ce qui fait en tout vingt-deux grands-prieurés, dix-neuf bailliages capitulaires, & cinq cens soixante-dix commanderies. On compte deux mille chevaliers, trois cens chapelains & trois cens frères d'obédience.

Depuis que la confession d'Ausbourg s'est introduite en Allemagne, les princes qui, embrassant cette réforme, se sont approprié les revenus ecclésiastiques, se sont aussi arrogé le droit de conférer les commanderies qui se trouvoient dans leurs pays, & de conférer l'ordre de Saint-Jean de Jérusalem à des hommes mariés qui portent la croix de *Malthe*; mais l'ordre ne les reconnoît point pour ses membres.

Les pertes que l'ordre a essuyées à cette occasion viennent d'être réparées en quelque sorte, par la formation d'une nouvelle langue pour la Bavière.

Le grand-maître confère les grands-prieurés.

Les commanderies sont affectées, les unes aux chevaliers, les autres aux chapelains & aux servans d'armes. Il faut, pour être commandeur, avoir fait profession, & être de la nation où est située la commanderie.

Les commanderies sont ou de justice, ou de grace, ou magistrales. Celles de justice se donnent par rang d'ancienneté: pour être apte à les posséder, il faut avoir résidé cinq ans à *Malthe*, & avoir fait quatre caravannes; c'est-à-dire, quatre campagnes sur les vaisseaux de la religion. Celui qui a amélioré sa commanderie, peut prétendre à une plus riche à titre d'*améliorissement*.

Les commanderies de grace sont celles que le grand-maître, ou les grands-prieurs ont droit de conférer. Ils en confèrent une tous les cinq ans, & la donnent à qui il leur plaît, sans égard au rang d'ancienneté.

On appelle *commanderies magistrales*, celles qui appartiennent de droit au grand-maître; il peut les posséder par lui-même, ou en gratifier tel chevalier qu'il juge à propos.

Les membres de cet ordre religieux-militaire, qui ont prononcé les vœux, sont, ainsi que ceux qui ont fait profession dans un ordre monastique, morts civilement: ils sont incapables de succéder à leurs parens, & leurs parens ne leur succèdent pas.

Un arrêt du parlement du Paris du 27 avril 1784, a jugé qu'ils étoient compris dans la déclaration de 1737, qui veut que, conformément aux articles 40, 41, 42 & 44 de l'ordonnance concernant les testamens, les réguliers novices ou profès, de quelque ordre que ce soit, ne puissent servir de témoins dans les procurations *ad resignandum*. Voici en peu de mots l'espèce de cet arrêt.

L'abbé Garnier résigna le 7 mars 1782, à l'abbé de Brechainville, le prieuré de S. Etienne de Beaugency, ordre de S. Benoît. L'acte fut passé devant notaire & en présence de deux témoins, dont l'un étoit le chevalier de Pimodan, profès de l'ordre de *Malthe*. La procuration fut admise en cour de Rome en temps utile, & l'abbé de Brechainville prit possession du prieuré, Il en jouit paisiblement jusqu'en janvier 1783, que dom Baudin, religieux de la congrégation de S. Maur, s'en fit pourvoir par le collateur ordinaire, en qualité de gradué nommé, & sur la vacance *per obitum*.

La contestation s'étant engagée au parlement de Paris; dom Baudin soutint la résignation faite à l'abbé de Brechainville, nulle, parce que sa procuration *ad resignandum* avoit été souscrite par le chevalier de Pimodan, qui, étant religieux & mort civilement, ne pouvoit être témoin dans aucun acte.

Le parlement de Paris a accueilli ce moyen de nullité; & par l'arrêt susdaté, a maintenu dom Baudin dans la possession du prieuré contentieux.

Cependant, la mort civile opérée par la profession dans l'ordre de *Malthe*, n'est pas aussi totale & aussi complette, si l'on peut parler ainsi, que celle dont les autres religieux sont frappés à l'instant de l'émission de leurs vœux.

Les chevaliers de *Malthe* peuvent ester en justice pour leurs intérêts & leurs biens personnels, sans l'autorisation de leurs supérieurs: ils peuvent contracter avec leurs familles & tous les autres citoyens. Ils peuvent se réserver des pensions sur leurs biens patrimoniaux, & même en garder l'entier usufruit avant de prononcer leurs vœux. Ils peuvent acquérir & disposer par donation ou tout autre acte entre-vifs, des biens qu'ils possèdent & qui ne sont pas ceux de l'ordre. Ils peuvent disposer à cause de mort du quint de leur pécule avec la seule permission du grand-maître. Ils sont capables de recevoir par testamens des pensions, des legs en usufruit, même des legs d'effets mobiliers, pourvu que ce ne soit pas à titre universel. La dame Varnier avoit fait un legs de meubles en faveur du chevalier de Resseguier. Ce legs fut contesté par les héritiers de la testatrice, sous prétexte que le chevalier de Resseguier étoit religieux & mort civilement. L'ordre de *Malthe* intervint dans la contestation par le ministère du chevalier de Rupierre, son receveur & procureur-général au grand-prieuré de France; & par arrêt du grand-conseil du 20 septembre 1761, le legs fait au chevalier de Resseguier fut déclaré valable. Denisard cite un autre arrêt du même tribunal, rendu le 7 septembre 1768, qui a jugé qu'un chevalier de *Malthe* étoit capable de recevoir un legs particulier à lui fait par un étranger.

Selon la jurisprudence des arrêts, un chevalier de *Malthe* peut exiger de ses parens une pension, jusqu'à ce qu'il ait une commanderie. Quelques auteurs prétendent même que s'il étoit captif, il lui seroit dû une légitime dans la succession de ses père & mère, mais jusqu'à la concurrence de la somme nécessaire pour sa rançon, parce qu'aucun chevalier n'est racheté aux dépens de l'ordre.

Il n'est donc pas absolument exact de comparer en tout, un chevalier de *Malthe* aux religieux des autres ordres. Les religieux en général ont absolument perdu la vie civile. Les chevaliers de *Malthe* en ont conservé une partie. Les vœux des uns & des autres ne sont pas entiérement semblables. La destination de l'ordre de *Malthe* l'exigeoit ainsi. Les chevaliers de *Malthe* ne sont religieux que *largo modo*, selon l'expression de Panorme. Leur vœu d'obéissance ne rompt pas tous les liens qui attachent un citoyen à la société; il ne les rend pas incapables de servir leur patrie, soit dans les armées, soit dans les conseils des princes. La France doit aujourd'hui à un commandeur de *Malthe*, (M. de Suffren) des succès qui ont rendu à son pavillon toute sa gloire sur les mers Indiennes, & l'on voit dans sa personne la croix de son ordre, alliée au cordon illustre qui fait l'objet de l'ambition de nos premières familles.

Le vœu de pauvreté des chevaliers de *Malthe* n'est pas aussi étendu que celui des autres ordres; ils ne promettent pas de vivre *cum paupertate*, mais seulement *sine proprio*. La maxime, *quidquid acquirit monachus acquiritur monasterio*, ne peut pas leur être appliquée dans son entier, puisqu'ils peuvent acquérir pour eux & disposer pendant leur vie, de ce qu'ils acquièrent.

Ce n'est pas le vœu de continence qui pouvoit priver les chevaliers de *Malthe* de la vie civile, puisque les ecclésiastiques séculiers qui s'y sont soumis, jouissent de tous les droits de citoyens. Panorme a donc eu raison de dire que les chevaliers de *Malthe* ne sont religieux que *largo modo*; ils le sont sous plusieurs rapports, & ne le sont pas sous d'autres.

Lorsque les chevaliers de *Malthe* sont tonsurés, ils peuvent posséder des bénéfices séculiers, sans aucune dispense de la règle *secularia secularibus*, *regularia regularibus*; ils peuvent être pourvus d'abbayes en commende. C'est encore un rapport sous lequel il est difficile de les considérer comme les autres religieux.

Les papes ont toujours protégé spécialement l'ordre de *Malthe*: parmi les privilèges qu'ils lui ont accordés, il en est un extraordinaire, qui n'a point été reçu en France. Martin V a donné une bulle par laquelle il a attribué, au grand-maître, la connoissance de tous procès & causes d'entre les religieux de *Malthe*. Léon X a défendu à tous autres d'en connoître. Mais ces bulles ne portoient que sur les membres de l'ordre, & non sur les particuliers qui pouroient avoir des contestations avec eux. Clément VII, qui avoit été chevalier de *Malthe*, donna une bulle qui ajoutoit encore à celles de ses prédécesseurs. L'ordre chercha à les faire valoir dans une cause, dans laquelle il intervint pour revendiquer un commandeur nommé *Gorillon*.

Ce commandeur avoit tué d'un coup de fusil, le cocher d'une voiture publique. L'ordre de *Malthe* fit plaider que, par son institution, les membres qui le composent sont exempts de toute jurisdiction séculière & laïque; qu'il ne pouvoit reconnoître d'autres juges en première instance que le grand-prieur, & le grand-maître, par appel.

M. l'avocat-général de Harlai rejetta ces principes. Il fit voir que la souveraineté du grand-maître de *Malthe* ne s'étend pas au-delà des bornes de son état; & que s'il conserve quelque pouvoir sur les chevaliers dispersés dans la chrétienté, ce n'est pas comme souverain, mais comme supérieur d'un ordre religieux. Il observa que l'arrêt d'enregistrement de l'ordonnance de 1629, ordonne, sur l'article 5, que les religieux de l'ordre de S. Jean de Jérusalem seront soumis à la jurisdiction royale, quant aux crimes. Par arrêt rendu le 6 septembre 1694, le commandeur de Gorillon a été renvoyé devant le lieutenant-criminel de Beauvais, pour lui être son procès fait & parfait, sauf à l'official de Senlis de le revendiquer pour le délit commun. *Mémoires du Clergé, tome 4.*

Les commanderies, & généralement tous les biens de l'ordre, en quelques pays qu'ils soient situés, appartiennent au corps de la religion. M. l'abbé de Vertot dit qu'anciennement ces biens étoient affermés à des séculiers, qui payoient le prix de leurs fermes au commun trésor: mais que ces fermiers abusèrent de l'éloignement où étoit la ville de Jérusalem, & depuis l'isle de Rhodes; ce qui fit qu'on confia ces mêmes biens aux grands-prieurs, chacun dans leur district. Les grands-prieurs ne furent pas plus fidèles que les fermiers. Ils oublièrent bientôt qu'ils n'étoient que de simples dépositaires, & se prétendirent les maîtres. Il fallut que les chapitres généraux eussent recours à un nouvel expédient: ce fut de commettre un chevalier dont on connoissoit la probité & le désintéressement, pour régir chaque terre ou chaque portion des biens de l'ordre qui étoient dans le même canton, pour autant de temps que le conseil le jugeoit à propos. La religion le chargeoit quelquefois de l'éducation de quelques jeunes chevaliers novices, & il y avoit toujours dans cette petite communauté, un frère chapelain pour dire la messe. Il étoit défendu à ces novices de sortir des limites de leur maison, sans la permission du chevalier supérieur; & ceux qu'on trouvoit en faute, étoient arrêtés & mis en prison. Ce supérieur, dans les anciens titres, s'appelloit *précepteur*, & depuis *commandeur*, nom qui signifioit seulement que l'éducation des jeunes chevaliers; & les soins des biens de l'ordre lui étoient recommandés. Il pouvoit prendre sur les revenus, une portion pour faire subsister la communauté & assister les pauvres de son canton, & il devoit envoyer au commun trésor, tous les ans, une certaine somme proportionnée aux revenus de la commanderie. Cette redevance fut appellée *responsion*, & l'usage en a duré jusqu'à présent. Dans les temps de guerre, & selon les besoins de la religion, les chapitres généraux ont droit d'augmenter les responsions.

Je ne sais, dit l'abbé de Vertot, si ce fut dans la vue d'en tirer de plus considérables, qu'on rompit les petites communautés dont on vient de parler, ou si, par un esprit de division, elles se dissipèrent d'elles-mêmes. Ce qui paroît de plus certain, c'est qu'on laissa l'administration d'une commanderie à un seul chevalier, & on le chargea quelquefois de payer des pensions qui tenoient lieu de la nourriture qu'il devoit fournir aux chevaliers qui demeuroient avec lui. Enfin, pour éviter les brigues & les cabales, qui, dans un corps militaire, pouvoient avoir des suites fâcheuses, on résolut de confier l'administration des commanderies aux chevaliers, selon leur rang d'ancienneté: mais pour les tenir toujours dans la juste dépendance où ils devoient être de leurs supérieurs, on ne leur confia les commanderies qu'à titre d'administration, pour un temps limité. *Ad decem annos aut amplius ad beneplacitum nostrum*, ainsi que portent les provisions émanées de la chancellerie de *Malthe*.

De cet exposé historique, il suit évidemment que les commanderies de l'ordre de *Malthe*, ne sont ni des titres, ni des bénéfices. Ce sont de simples administrations dont les administrateurs sont comptables au commun trésor, & amovibles, soit en cas de malversation dans la régie, ou de mauvaise conduite dans les mœurs. Il s'ensuit encore que le pape ne peut les conférer, ni le roi y nommer.

Cependant, les rois de France ont prétendu, pendant un temps, avoir droit de nommer aux commanderies de l'ordre de *Malthe*. Mais ils se désistèrent bientôt de cette prétention. C'est ce que nous apprend Dumoulin sur la règle de *infir. resign.* n°. 313, *rex qui ante decem annos inceperat uti dicta nominatione in monialibus, cepit etiam de facto uti in commendariis Rhodiensium, seu hospitalia sancti Joannis hierosolymitani, seu potius maltensium: quod ultimum non diu duravit, & contrarium contendi & obtinui: quia non sunt beneficia, nec possunt per papam vel legatum conferri, nec cadunt in mandatis nec in regulis beneficiorum. Idem de commendariis sancti Lazari hierosolimitani. Idem de ministro Mathurinorum ad redimendos christianos captivos Turcarum, quod est verum quandiu professioni suæ serviunt: alioquin ea neglecta, cum aliis revolvi debent & eodem lapillo notari.* Dumoulin sembleroit insinuer ici que dans le cas où l'ordre de *Malthe* & les autres dont il parle, cesseroient de remplir leur destination primitive, le roi auroit le droit de nommer à leurs commanderies. *Alioquin cum aliis revolvi debent & eodem lapillo notari.*

Quoi qu'il en soit, dans l'état actuel des choses, nos rois n'ont aucun droit sur les commanderies de *Malthe*. On reconnoît qu'elles ne sont sujettes ni aux mandats, ni aux expectatives, ni aux indults, ni aux règles des bénéfices; elles ne peuvent être résignées en faveur entre les mains du pape: mais les commandeurs peuvent s'en démettre entre les mains du grand-maître.

De ce que les commanderies ne sont que de simples administrations, c'est encore une conséquence nécessaire que les commandeurs ne peuvent ni aliéner ni transporter les biens qui en dépendent. Le grand-conseil a jugé le 25 janvier 1721, entre le commandeur d'Argentin & le receveur du commun trésor au grand-prieuré de Toulouse d'une part, & le marquis de Saintrailles, que les commandeurs de *Malthe* ne peuvent aliéner ni par contrat ni par transaction ; & que les aliénations sont nulles lors même que les transactions sont approuvées par le chapitre provincial. En 1740, le même tribunal a également jugé nulle l'aliénation de cent cinquante journaux de terre, dépendans de la commanderie de Fouilloux, faite avec le consentement de la langue de France, assemblée par la permission du grand-maître.

D'après les statuts de l'ordre de *Malthe*, pour qu'une aliénation de ses biens soit valable, il faut qu'elle soit faite avec l'autorité du grand-maître & du chapitre général conjointement. Le grand-maître seul n'a pas le droit de déroger aux statuts qui prohibent impérieusement toute aliénation des biens de l'ordre. Au défaut du chapitre général, il faut, non-seulement la permission & l'agrément du grand-maître, de son conseil & du trésor, mais encore du pape, auquel, en ce cas, le droit de déroger aux statuts est accordé par les statuts mêmes qui lui donnent la qualité de premier supérieur. Un chapitre provincial n'a pas une autorité suffisante pour déroger aux statuts, sur-tout en matière d'aliénation.

Un arrêt du parlement de Paris du 12 mars 1686, a jugé qu'une somme de 4000 liv. due au grand-prieuré de France, pour indemnité d'une maison située à Paris & acquise par des gens de main-morte, n'appartenoit pas au grand-prieur, mais devoit être employée au profit du grand-prieuré.

C'est, suivant le même principe, qu'un arrêt du grand-conseil du 24 septembre 1757 a décidé que le prince de Vendôme, grand-prieur de France, n'avoit pu seul, & sans le consentement du grand-maître, faire don & remise aux capucins, de l'indemnité due au grand-prieuré, à cause de leur établissement au marais, comme il avoit fait par un brevet du 6 juin 1624.

Les *responsions* ne sont pas le seul revenu que le trésor de l'ordre tire des commanderies. Il a encore le droit de vacant & le mortuaire. On appelle *mortuaire* les effets d'un chevalier mort, ou son pécule ; & s'il est commandeur, le revenu de la commanderie depuis le jour de son décès jusqu'au premier mai suivant ; ensuite le vacant s'ouvre & dure encore une année, ensorte que le nouveau commandeur est quelquefois près de deux ans sans jouissance. On peut comparer le mortuaire & le vacant, à la cote-morte & au déport.

L'ordre de *Malthe*, en succédant au pécule des chevaliers, n'est tenu de payer que les dettes contractées depuis leur profession dans l'ordre, & non celles contractées auparavant.

Selon la jurisprudence du grand-conseil, l'ordre doit être payé, par privilège sur les dépouilles, des arrérages de ses responsions, des décimes imposées sur les commanderies, ensemble des autres dettes particulières dues au trésor par les chevaliers & commandeurs décédés, & des frais & dépens par lui faits à raison desdites dépouilles, & pour la reddition de compte d'icelles. Les arrérages des pensions dues aux chevaliers, doivent aussi être payées par privilège à tout autre créancier. Enfin, l'ordre est déchargé du recouvrement des dettes actives dues aux dépouilles, en remettant les titres, promesses ou obligations entre les mains des créanciers. Arrêts du 8 septembre 1680, & 28 octobre 1681.

Cependant les effets des successions des chevaliers & commandeurs de *Malthe*, pourvus de bénéfices consistoriaux, doivent être remis aux économes sequestres, nonobstant les privilèges de l'ordre. Ainsi jugé par deux arrêts du conseil du roi, des 25 mars & 8 juillet 1727, qui ordonnèrent que le prix de la vente des meubles du chevalier de Vendôme, & les revenus dus à sa succession seroient touchés par l'économe sequestre, pour être délivrés à qui il appartiendroit, après les charges de ses bénéfices acquittées & les réparations faites.

Quant aux décimes & dons gratuits, *voyez* ci-devant ces deux articles. Quant aux portions congrues des curés ou vicaires perpétuels dépendans de l'ordre de *Malthe*, *voyez* PORTION CONGRUE.

Les bois de l'ordre de *Malthe* ne sont point régis par l'ordonnance des eaux & forêts. Ils en furent exceptés par un arrêt du conseil du 6 juillet 1671, qui a été prorogé jusqu'en 1728, qu'il fut fait un réglement particulier à l'ordre, formé de 27 articles pris en partie dans ses statuts, & en partie dans l'ordonnance des eaux & forêts. Il a été revêtu de lettres-patentes enregistrées au grand-conseil. Il s'exécute en Lorraine depuis 1744.

L'imprescriptibilité de ses biens, par quelque possession que ce soit, même centenaire, est un privilège que réclame l'ordre de *Malthe* : il lui a toujours été contesté. Lorsque les commissaires nommés par Henri III, procédèrent à la réformation de la coutume de Paris, l'ordre de *Malthe* s'opposa aux articles 12, 123 & 124 de la nouvelle coutume, alléguant pour motif, *que par privilège spécial, confirmé par les rois & arrêts de la cour, on ne peut prescrire contre lui, même par cent ans.* On lui donna acte de son opposition, & les articles demeurèrent comme ils avoient été rédigés. Il paroît que plusieurs tribunaux souverains du royaume ont jugé en faveur de l'imprescriptibilité prétendue par l'ordre de *Malthe*. M. Catelan rapporte à ce sujet deux arrêts du parlement de Toulouse, des années 1658 & 1666. Le parlement de Rouen paroît suivre la même jurisprudence. Il en est de même du grand-conseil, comme on peut en juger par son arrêt du 29 janvier 1725, dont voici l'espèce.

Le commandeur de Trepigny demandoit au seigneur de Sailly une rente de 24 septiers de bled, aumônée en 1170, à sa commanderie. Depuis plus de deux siècles, cette rente n'avoit point été servie. Par l'arrêt susdaté, il fut dit que le seigneur de Sailly seroit tenu de servir la rente & d'en passer titre nouvel. Mais pour les arrérages, il ne fut condamné à en payer que vingt-neuf années.

Il faut conclure de cet arrêt, que si le grand-conseil juge les biens de l'ordre de *Malthe* imprescriptibles en eux-mêmes, il n'étend point ce privilège extraordinaire aux arrérages des rentes, cens & redevances. C'est ce qui résulte encore de son arrêt de 1755, que nous avons cité ci-dessus, au sujet des capucins du Marais. On leur demandoit non-seulement le droit d'indemnité, dont le chevalier de Vendôme seul n'avoit pas pu les dispenser, mais encore le cens qu'ils n'avoient pas payé depuis cent trente ans. Ils ne furent condamnés qu'au paiement de vingt-neuf années du cens.

Au reste, cette imprescriptibilité ne paroît avoir d'autre motif que la présomption que les chevaliers sont toujours absens pour la défense de la religion, & qu'ils ne sont par conséquent point en état de veiller à la conservation de leurs droits; *contra non valentem agere, non currit prescriptio.* Ce motif a pu être vrai dans un temps. L'est-il aujourd'hui? Ne pourroit-on pas dire, *cessante causâ, cessat effectus?*

Des lettres-patentes du 6 mai 1644, confirmées le 22 juin 1718, ont accordé à l'ordre de *Malthe*, l'évocation générale de ses causes au grand-conseil. Mais cette évocation ne peut avoir lieu que dans les affaires qui concernent ses exemptions, immunités & privilèges, les affaires générales & les droits & biens qui lui appartiennent. Elle ne comprend point les causes ou procès que les particuliers commandeurs peuvent avoir à raison de la perception de leurs revenus ou de leurs droits. Les juges ordinaires doivent toujours en connoître. Ainsi décidé par deux arrêts du conseil, des 23 décembre 1733 & 16 avril 1736, que l'on trouve dans les rapports des agens du clergé, de 1735 & de 1740.

On peut juger, par ce que nous venons de dire, combien les loix civiles & ecclésiastiques ont favorisé l'ordre de *Malthe*. Les services éclatans qu'il a rendus, les héros qu'il a produits, lui ont sans doute mérité la protection spéciale des deux puissances. Mais pour conserver ses privilèges, & se mettre à l'abri des révolutions dont l'état actuel de l'Europe & l'esprit philosophique généralement répandu, menacent tous les ordres religieux, n'a-t-il pas besoin de continuer à être utile & à former de grands hommes dans son sein? (*M. l'abbé* BERTOLIO, *avocat au parlement.*)

MALTOTE, MALETOTE, MALETOSTE, MALETOUSTE *ou* MAUTOUTE : tous ces mots ont la même signification, & sont indifféremment employés par les auteurs; ils viennent du latin *male tollere, emporter à tort;* ils signifient littéralement une *exaction*.

Le nom de *maltote* a été donné en 1296, à un impôt établi par toute la France, pour la guerre contre les Anglois. Plusieurs anciennes ordonnances donnent aussi le nom de *maltota* à des impôts onéreux que l'on supprimoit.

Dans plusieurs coutumes des Pays-Bas, on donne le nom de *maltote de vin*, à des impositions ou subsides que le prince ou le public lèvent sur le vin. Tel est, dit Ragueau, le droit d'assise de six deniers, que la ville de Tournai prend sur chaque lot de vin vendu en détail, & sur les autres breuvages.

MALVERSATION, s. f. (*Code criminel.*) se dit de toute faute grave & punissable, commise dans l'exercice d'une charge, d'une commission, comme corruption, exaction, concussion, larcin.

Les *malversations* que peuvent commettre les magistrats & les autres officiers dans les fonctions de leurs charges, ont lieu toutes les fois que, par des motifs d'intérêt, de haine, de vengeance, *&c.* ils font quelque injustice, ou empêchent des choses justes. Ainsi, les *malversations* sont plus ou moins graves, & peuvent se multiplier à l'infini.

Il y a, par exemple, *malversation* de la part d'un juge, lorsqu'il rend un jugement inique, soit pour absoudre, soit pour condamner quelqu'un.

Lorsqu'il fait emprisonner un innocent, ou qu'il élargit un coupable.

Lorsqu'il engage un témoin à porter un faux témoignage contre un accusé.

Lorsqu'il refuse de rendre la justice & de juger un procès qui est en état.

Lorsqu'il reçoit de l'argent ou quelque présent, soit pour donner à une partie un rapporteur ou un arbitre à son gré, soit pour accélérer le jugement d'une affaire, ou même pour empêcher une chose injuste.

Lorsqu'il usurpe une jurisdiction qu'il n'a pas.

Les peines auxquelles les juges qui commettent des *malversations* peuvent être condamnés, sont l'amende, l'interdiction, la privation d'office, & même le dernier supplice, selon la nature du crime & les circonstances.

Mézerai rapporte un arrêt de l'année 1320, par lequel Henri Capperel, prévôt de Paris, fut condamné au dernier supplice, pour avoir fait pendre un pauvre qui étoit innocent, à la place d'un riche qui avoit été condamné à mort.

Papon rapporte un autre arrêt du 20 juin 1528, par lequel le parlement de Paris condamna Pierre Ledet, conseiller, pour *malversation* commise dans les fonctions de son office, à faire amende honorable dans la cour du palais, & le déclara incapable de posséder à l'avenir aucun office.

La Rocheflavin rapporte un autre arrêt du 12 août 1560, par lequel le juge de Milhau, qui s'étoit fait donner les biens d'un prisonnier pour l'élargir, fut condamné à les rendre, avec restitution de fruits, & à 300 livres d'amende.

Les peines établies contre les juges qui prévariquent dans leurs fonctions, doivent aussi être appliquées à ceux qui sont les complices de leurs *malversations*, tels que les secrétaires, les greffiers, les entremetteurs, *&c.*

Ainsi, ceux qui corrompent un juge pour lui faire commettre quelque *malversation*, doivent être punis de la même peine que le juge qu'ils ont corrompu, c'est-à-dire, d'une peine proportionnée à la qualité du fait & des circonstances.

Duluc rapporte qu'un solliciteur de procès ayant

mis deux écus dans une requête présentée à un conseiller, afin de se le rendre favorable, fut condamné, par arrêt du parlement de Paris du 3 juin 1494, à faire amende honorable dans l'église de Notre-Dame.

Les avocats, les procureurs, les solliciteurs de procès, les secrétaires & autres qui prennent de l'argent d'une partie pour lui procurer un succès favorable, sous prétexte qu'ils ont la confiance du juge, doivent être punis de cette *malversation*, comme ceux qui donnent de l'argent pour corrompre un juge. Il faut en dire autant de ceux qui font passer des promesses à leur profit, par les mêmes motifs & dans les mêmes vues.

Maynard rapporte, à ce sujet, qu'un nommé *Chanut*, procureur au parlement de Toulouse, promit à un ecclésiastique, son client, de lui faire gagner son procès, s'il vouloit s'obliger à payer une certaine somme, dont une partie seroit délivrée au rapporteur du procès & au président: le client ayant accepté la proposition, le président & le rapporteur, qui en furent informés, rendirent au parlement une plainte, en conséquence de laquelle Chanut & l'ecclésiastique furent condamnés à faire amende honorable.

Les arbitres choisis par les parties qui se rendent coupables de *malversation*, soit en se laissant corrompre par argent, soit en jugeant par faveur, par haine, *&c.* doivent être punis des mêmes peines que les juges qui commettent de pareils délits.

Les avocats & les procureurs sont coupables de *malversation*, lorsque, par dol ou par fraude, ils engagent leurs parties dans des procès injustes, ou qu'ils trahissent la cause de leur client, pour favoriser celle de la partie adverse; ou qu'ils laissent condamner leurs parties sans les défendre, ou enfin qu'ils révèlent les secrets qu'elles leur ont confiés.

Les peines qui doivent être prononcées contre cette espèce de délit, sont la privation d'office contre celui qui a malversé, & l'incapacité d'exercer aucune fonction publique à l'avenir: on doit en outre le condamner aux dommages & intérêts de la partie lésée, & quelquefois au bannissement ou à une autre peine plus considérable encore, selon la qualité du fait & des circonstances.

Les huissiers ou sergens se rendent coupables de *malversation*, lorsque, de leur autorité privée & sans décret ou ordonnance du juge, ils constituent quelqu'un prisonnier.

Lorsqu'ils laissent évader les personnes qu'ils étoient chargés d'emprisonner.

Lorsqu'ils s'emparent des meubles d'un accusé prisonnier, en les faisant transporter chez eux.

Lorsqu'ils commettent des excès & mauvais traitemens, en procédant aux saisies & exécutions.

Lorsqu'ils exigent des salaires illégitimes, ou qu'ils détournent les deniers qu'ils ont reçus des parties poursuivies, ou des ventes qu'ils ont faites.

Par arrêt du 15 juillet 1729, le parlement de Paris a condamné un sous-brigadier de maréchaussée à cinq ans de galères, pour avoir, lors de la capture d'un particulier, soustrait de sa bourse vingt-quatre louis d'or, sans en avoir fait mention dans son procès-verbal.

L'édit d'Amboise, du mois de janvier 1572, prononce la peine de privation d'office & de punition corporelle, s'il y échet, contre les huissiers ou sergens qui usent d'excès & de mauvais traitemens dans les exécutions ou emprisonnemens qu'ils font.

Boniface rapporte un arrêt du 29 mars 1642, par lequel un sergent a été condamné à l'amende & déclaré incapable d'exercer son office, pour avoir outragé la partie qu'il exécutoit.

Et par un jugement rendu en la connétablie & maréchaussée de France, le 26 juin 1742, un cavalier de maréchaussée a été condamné à être pendu, pour avoir, sans aucune nécessité, tué d'un coup de mousqueton un prisonnier qu'il conduisoit.

Un arrêt de réglement, rendu aux grands jours de Poitiers le 14 décembre 1579, a défendu aux sergens, à peine de privation de leur état & de punition corporelle, de recevoir de l'argent de quelqu'un pour ne pas l'emprisonner, ou pour ne pas exécuter ses biens, ou pour ne pas l'établir gardien ou commissaire à une saisie.

La Rocheflavin rapporte un arrêt du 3 janvier 1567, par lequel le parlement de Toulouse a condamné à l'amende honorable & au bannissement trois sergens, qui, au lieu de constituer prisonnier un débiteur, selon la commission qui leur en avoit été donnée, avoient favorisé son évasion.

Le Prêtre rapporte un autre arrêt du 20 mars 1602, par lequel un sergent a été condamné à l'amende honorable & au bannissement, parce que, pour extorquer de l'argent des paysans, il les menaçoit de les établir commissaires.

Un autre arrêt du 15 février 1670, rapporté par Boniface, a confirmé une procédure extraordinaire faite contre un huissier qui, pour laisser évader un criminel qu'il conduisoit en prison, en avoit reçu une somme d'argent.

Par un autre arrêt du 31 juillet 1755, le nommé *de Launoy*, huissier à cheval, a été condamné à l'amende honorable & à neuf ans de galères, pour s'être adjugé des meubles qu'il vendoit.

Plusieurs ordonnances, & particuliérement celles d'Orléans & de Blois, veulent que les huissiers ou sergens qui prennent pour leurs salaires des droits qui ne leur appartiennent pas, ou qui exigent au-delà de ce qui leur appartient légitimement, soient privés de leurs offices, & punis corporellement.

Les geoliers se rendent coupables de *malversation*, lorsqu'ils usent d'excès ou de mauvais traitemens envers les prisonniers.

Lorsqu'ils abusent d'une femme prisonnière.

Lorsqu'ils favorisent l'évasion d'un prisonnier,

Lorsqu'ils mettent un prisonnier dans les cachots, ou qu'ils lui attachent les fers aux pieds, sans un mandement signé du juge.

Lorsqu'ils délivrent des écrous à des personnes qui ne sont point actuellement en prison, & qu'ils font des écrous ou écrivent des décharges sur des feuilles volantes ou autrement que sur le registre coté & paraphé par le juge.

Lorsque, sous prétexte de bienvenue, ils tirent d'un prisonnier de l'argent ou des vivres.

Lorsqu'ils souffrent qu'on parle aux prisonniers enfermés dans les cachots, & qu'on leur remette des lettres ou billets sans la permission du juge.

Lorsqu'ils retiennent quelque chose sur les deniers consignés entre leurs mains, pour être remis aux créanciers des débiteurs emprisonnés.

Ces sortes de *malversations* se punissent de peines pécuniaires ou corporelles, selon les circonstances & la qualité du délit.

Par exemple, si le prisonnier qui s'est évadé étoit détenu pour un crime capital, & que le geolier eût facilité l'évasion, il pourroit être puni du dernier supplice, d'après l'avis de plusieurs criminalistes, & la disposition de la constitution caroline.

Si le prisonnier évadé étoit détenu pour dettes, & qu'il y eût la moindre négligence de la part du geolier, ce dernier seroit obligé de payer aux créanciers les sommes pour lesquelles le débiteur auroit été emprisonné ou recommandé. Et s'il avoit favorisé l'évasion, il seroit en outre condamné à une amende, ou à quelque autre peine, suivant les circonstances. C'est ce qui résulte de deux arrêts des 10 mai 1605 & 4 décembre 1629, rapportés par Bouvot & par Bardet.

Les *malversations* commises par les officiers royaux dans les fonctions de leurs offices, sont des cas royaux dont la connoissance appartient aux baillis & aux sénéchaux.

Cette règle néanmoins reçoit plusieurs exceptions. 1°. Les juges des bailliages, & même les avocats & les procureurs du roi, ne peuvent être jugés qu'au parlement, pour raison des *malversations* commises dans les fonctions de leurs offices.

2°. C'est aux cours des aides qu'appartient la connoissance des *malversations* commises par les élus, les officiers des greniers à sel, les receveurs des tailles, les juges des traites, les maîtres des ports, & leurs lieutenans, quoique officiers royaux.

3°. Les maîtres particuliers & principaux officiers des eaux & forêts ne peuvent pareillement être poursuivis pour *malversations* commises dans leurs fonctions, que pardevant leurs juges supérieurs.

4°. La connoissance des *malversations* commises par les officiers inférieurs des eaux & forêts, des élections, des greniers à sel, des traites & des autres jurisdictions extraordinaires qui connoissent des droits du roi, appartient au tribunal dont dépendent les coupables.

MANANTIES, s. f. (*Droit féodal.*) ce mot est mal à propos écrit *manaties* dans le glossaire du droit françois.

Les *mananties*, dit Faber, sur le titre 6, *art. 3*, de la coutume de Lorraine, sont des héritages autrefois donnés à cens ou rente, par les seigneurs, & à charge qu'ils ne se peuvent démembrer, & que advenant le décès des preneurs, sans enfans, ils retournent & sont dévolus au seigneur ou ses successeurs : *item*, si les preneurs vont à demeurance ailleurs qu'en la seigneurie ; car ce mot de *mananties* vient de *manens*, & signifie que le preneur doit résider. (*M. GARRAN DE COULON, avocat au parlement.*)

MANBOTE, s. f. c'étoit le nom que les Saxons donnoient à la somme qu'on payoit au seigneur d'un esclave, d'un tenancier ou d'un vassal, pour le meurtre d'un de ces hommes. Il en est question dans les loix d'Ina, *chap. 9*, d'Edouard-le-confesseur, *chap. 12*, & dans celles de Henri I & de Guillaume-le-bâtard. *Voyez* le glossaire de Spelman, aux mots *Fredum*, *Manbote ;* celui de Ducange, aux mots *Manbota ;* & les articles FREDUM & JUSTICE SEIGNEURIALE, *p. 389*. (*M. GARRAN DE COULON, avocat au parlement.*)

MANBOUR, s. m. MANBOURNIE, s. f. ou MAINBOUR, MAINBOURNIE, mots anciens, usités encore aujourd'hui dans les coutumes du Hainaut.

En général, on entend par *manbournie*, toute espèce de puissance ou d'administration qu'un particulier a sur la personne ou sur les biens d'un autre, & par *manbour*, celui qui jouit de cette puissance, ou qui exerce cette administration. *Bail, garde, mainbour*, dit Loisel, en ses institutions coutumières, *gouverneur, légitime administrateur* & *régentant*, sont quasi tout un.... Les enfans sont en la vouerie & *mainbournie* de leurs pères ou mères.

Dans le Hainaut, il est d'usage de donner à une femme, en la mariant, des *manbours*, c'est-à-dire, des espèces de tuteurs, dont la nomination se fait par le contrat de mariage. Cette nomination n'est pas cependant d'une nécessité absolue, elle ne sert que de précaution pour mettre la femme à l'abri de toutes les surprises qu'elle auroit à craindre de la part de son mari. Néanmoins il est un cas où la femme a besoin de *manbours*, celui où il s'agit, dans la coutume de Valenciennes, d'accepter par la femme une donation entre-vifs que lui fait son mari, d'un héritage ou d'une rente tenue en main-ferme.

Lorsque la femme a besoin d'un *manbour*, & qu'il ne lui en a point été nommé par son contrat de mariage, ou que ceux qui ont été nommés n'ont point accepté la *manbournie*, ou sont décédés, il faut lui en faire nommer un d'office par le juge royal de son domicile.

MANDA, s. m. les anciennes coutumes de Bordeaux, publiées par MM. de la Mothe, donnent ce nom à un sergent, à celui qui donne une assignation. (*M. GARRAN DE COULON, avocat en parlement.*)

MANDAT,

MANDAT, f. m. (*Droit civil & des gens.*) est un contrat du droit des gens, synallagmatique & de bonne-foi, qui se forme par le seul consentement des parties, & par lequel quelqu'un se charge gratuitement de faire quelque chose pour un autre.

Le mot *mandat* vient du latin *mandatum*, formé lui-même des deux mots *manus* & *datio* : & on avoit donné ce nom au contrat dont nous parlons, parce que la main étoit le signe de la confiance & de la bonne-foi, & qu'effectivement le *mandat* est une suite de l'amitié & de la bienveillance.

On nomme *mandant* celui qui donne la chose à faire, & *mandataire* celui qui s'en charge.

Mandat est à-peu-près synonyme de *procuration*; il en diffère néanmoins en ce que celle-ci suppose un pouvoir par écrit, au lieu que le *mandat* peut n'être que verbal: d'ailleurs, le terme *mandat* est plus général, & comprend tout pouvoir donné à un tiers, de quelque genre qu'il soit.

Le *mandat* n'est assujetti à aucune forme, ni à aucune règle qui lui soit particulière, le seul consentement des contractans constitue sa nature & son essence ; ainsi il peut avoir lieu entre personnes présentes ou absentes, par paroles ou par lettres ; il importe peu également de quels termes on se serve, pourvu qu'on puisse en présumer un *mandat*.

Toute affaire peut être l'objet d'un *mandat*, pourvu qu'elle ne soit opposée ni aux loix, ni aux bonnes mœurs. Ainsi, si je m'étois chargé d'acheter pour vous de la contrebande, le *mandat*, comme contraire aux loix, seroit nul & ne produiroit aucun effet.

Il faut, pour la validité du *mandat*, 1°. que l'affaire soit de nature que le mandant puisse être censé la faire lui-même par le ministère de son mandataire. C'est pourquoi, si je vous mandois d'emprunter de mon receveur mille écus qui m'appartinssent, & qu'il vous les comptât, il est clair que ce seroit un prêt que je vous ferois, & qu'en cela il n'y auroit aucun contrat de *mandat*, attendu qu'il s'agiroit d'une affaire que je ne pourrois être censé faire par moi-même, puisque personne ne peut emprunter ses propres deniers.

2°. Que l'affaire qui en est l'objet, soit telle qu'on puisse supposer que le mandataire peut la faire. Ainsi, dans le cas où un colonel auroit donné commission à un conseiller au parlement d'aller commander son régiment, & que ce conseiller eût accepté la commission, le *mandat* n'en seroit pas moins nul, parce qu'il s'agiroit d'une chose que le mandataire ne pourroit pas faire.

Il est de l'essence du *mandat* que le mandant ait l'intention de charger, à ses propres risques, le mandataire de l'affaire qui est le sujet du *mandat*, & que le mandataire ait de son côté la volonté de s'obliger à exécuter la commission. C'est cette volonté réciproque du mandant & du mandataire qui constitue le *mandat*, & c'est aussi ce qui le fait différer de la simple recommandation, qui ne produit aucune obligation.

Ainsi, lorsque je vous ai écrit à Paris que ma femme iroit y passer l'hiver, & que je vous la recommandois pendant son séjour dans la capitale, ma lettre ne contenant qu'une simple recommandation, nous n'avons contracté l'un envers l'autre aucune obligation : c'est pourquoi vous ne seriez nullement fondé à me répéter la dépense que vous avez faite pour procurer de l'agrément à ma femme en conséquence de ma recommandation.

Mais si je vous avois prié de fournir à ma femme les deniers qu'elle vous demanderoit durant son séjour, ma lettre eût été un *mandat* par lequel j'aurois contracté l'obligation de vous rembourser ce que vous auriez avancé.

C'est encore l'intention respective du mandant & du mandataire de s'obliger l'un envers l'autre, qui distingue le *mandat* du conseil. Ce dernier, semblable à la recommandation, ne produit aucune obligation. D'où il suit que, pour connoître s'il est intervenu un *mandat* entre les parties, ou s'il n'a été question que d'un simple conseil, il faut apprécier scrupuleusement les termes dans lesquels elles se sont expliquées.

Si, par exemple, je vous prie de prêter à mon parent cent louis que je n'ai pas pu lui prêter moi-même, parce que je ne les avois pas, il est certain qu'il résulte de mon discours un *mandat*, suivant lequel je dois être tenu de vous indemniser du prêt que vous aurez fait en conséquence : mais si je vous dis simplement qu'Alexandre mon ami, qui vous prie de lui prêter cent louis, est un homme solvable, & que vous pouvez l'obliger sans courir aucun risque, il ne résultera de ce discours qu'un conseil qui ne produira aucune obligation.

Observez néanmoins que si vous pouviez prouver que je savois que les affaires d'Alexandre étoient dérangées, lorsque je vous ai conseillé de lui prêter les deniers qu'il demandoit, je serois tenu de vous rendre cette somme, à cause du dol que vous seriez en droit de m'imputer.

Il est de l'essence du contrat de *mandat* qu'il soit gratuit, autrement ce seroit un contrat de louage.

Quoique l'acceptation du *mandat* soit un pur bienfait du mandataire envers le mandant, il en résulte néanmoins, aussi-tôt qu'elle a eu lieu, une obligation de la part du mandataire d'exécuter le *mandat*, sous peine d'être tenu des dommages & intérêts qui pourroient résulter de l'inexécution.

Cette obligation est particuliérement fondée sur la règle générale, qui ne permet pas de manquer aux promesses qu'on a faites. D'ailleurs, ce seroit blesser tout principe d'équité, si le mandataire pouvoit impunément induire en erreur le mandant, qui, s'il n'eût pas compté sur la fidélité du mandataire, auroit pris des mesures pour faire ses affaires lui-même, ou pour en charger un autre mandataire.

Il peut néanmoins, depuis le contrat, survenir différentes causes qui dispensent le mandataire de remplir l'obligation qu'il a contractée. Ces causes sont, 1°. le cas de maladie. On conçoit que, quand le mandataire s'est chargé du *mandat*, il a entendu ne s'en charger qu'autant que sa santé lui permettroit d'agir. Ainsi la maladie qui est survenue, est un cas fortuit dont il ne doit pas être garant.

2°. Lorsque depuis le contrat il est survenu entre les parties une inimitié capitale, le mandataire est dispensé d'exécuter le *mandat*. La raison en est, que le service que le mandataire s'est obligé de rendre au mandant, en acceptant le *mandat*, étant par sa nature un acte d'amitié, l'inimitié survenue doit faire finir le *mandat*, attendu qu'il n'est pas dans l'ordre qu'un ennemi puisse exiger de son ennemi un acte d'amitié.

Au reste, comme les loix ne parlent que d'une inimitié capitale, il faut en conclure qu'une dispute légère, un différend de peu de conséquence, qui se seroit élevé entre les parties depuis le *mandat*, ne suffiroit pas pour décharger le mandataire de son obligation.

3°. Le dérangement des affaires du mandant, survenu depuis le contrat, est aussi un motif suffisant pour dispenser le mandataire d'exécuter un *mandat* au sujet duquel il y a des deniers à avancer, à moins toutefois que le mandant n'offre de lui remettre ces deniers.

La raison de cette décision est fondée sur ce qu'il ne seroit pas juste que le mandataire fût exposé à perdre ses avances.

4°. Les différentes sortes d'empêchemens légitimes qui peuvent survenir depuis le contrat, sont pareillement des motifs suffisans pour dispenser le mandataire d'exécuter son obligation. Supposez, par exemple, qu'étant à Londres, où je m'étois proposé de séjourner six mois, je me sois chargé d'y faire pour vous une commission, & qu'un événement imprévu m'ait forcé de revenir en France avant que j'aie pu satisfaire à cette obligation, il est évident que mon retour est un empêchement qui doit me dispenser d'exécuter un *mandat* qui exigeoit ma présence à Londres.

Mais le mandataire ne doit être dispensé de son obligation qu'à la charge d'avertir le mandant, afin que celui-ci prenne ses mesures pour faire exécuter le *mandat* par quelque autre personne.

Si le mandataire vient à être informé d'une chose qui eût vraisemblablement empêché le *mandat*, si le mandant ne l'eût pas ignorée, le mandataire ne doit exécuter le *mandat* qu'après avoir instruit de cette chose le mandant. Supposez, par exemple, que je vous aie chargé d'acheter pour vingt mille livres une maison que je croyois solidement bâtie, & que vous ayiez remarqué que cette maison étoit sur le point de tomber en ruine, vous devez surseoir à l'exécution du *mandat* jusqu'à la réponse que j'aurai faite aux observations que vous m'aurez communiquées à cet égard.

Quoique l'exécution du *mandat* soit un service gratuit, le mandant peut exiger du mandataire tout le soin & toute l'intelligence qu'il faut pour remplir l'objet du *mandat*: d'où il suit, que si le mandataire commet dans sa gestion quelque faute, il doit répondre du préjudice qu'elle aura fait au mandant.

Par exemple, je vous ai chargé de faire le recouvrement des deniers qui m'étoient dus à Lyon, & je vous ai en conséquence remis les titres constitutifs des créances: si vous avez laissé prescrire quelqu'une de ces créances, ou que vous ayiez négligé de vous opposer au décret des biens qui m'étoient hypothéqués, vous serez responsable des pertes que vous m'aurez occasionnées par votre défaut de soin.

Tout ce qui est provenu de la gestion du mandataire, doit être remis en entier au mandant. Cependant lorsque le mandataire a reçu des sommes d'argent, il peut retenir sur ces sommes les deniers qu'il a déboursés pour sa gestion.

Et s'il s'agit d'un corps certain, tel, par exemple, qu'un carrosse que le mandataire a été chargé d'acheter pour le mandant, le mandataire peut le garder jusqu'à ce que les deniers qu'il a délivrés lui aient été remboursés par le mandant.

L'action à laquelle le contrat de *mandat* donne ouverture en faveur du mandant, est appellée dans le droit romain *actio mandati directa*, action directe. En exerçant cette action, le mandant conclut à ce que le mandataire, qui, sans cause légitime, n'a pas rempli la commission dont il s'étoit chargé, soit condamné aux dommages & intérêts résultans de l'inexécution de son engagement; ou si le *mandat* a été exécuté, à ce qu'il soit condamné à rendre compte de sa gestion.

Si plusieurs mandataires se sont chargés de l'affaire qui est le sujet du *mandat*, le mandant peut intenter son action solidairement contre chacun d'eux. C'est ce qui résulte de la loi 60, §. 2, *ff. mand.*

Suivant le droit romain, l'action *mandati directa* étoit du nombre de celles que l'on appelloit *famosæ*, parce que la condamnation à laquelle elle donnoit lieu contre le mandataire qui avoit malversé dans sa gestion, ou qui refusoit de rendre compte, lui faisoit encourir de plein droit l'infamie: mais cette jurisprudence n'a point été adoptée parmi nous.

L'action qui résulte du contrat de *mandat* en faveur du mandataire, est appellée *actio mandati contraria*, action contraire. Elle tend à ce que le mandataire soit remboursé des dépenses qu'il a faites, & qu'il soit déchargé des obligations qu'il a contractées pour l'exécution du *mandat*.

Le mandataire est le plus souvent fondé à exercer son action contre le mandant aussi-tôt qu'il a déboursé des deniers ou qu'il a contracté des obligations pour l'exécution du *mandat*.

Observez néanmoins que si le principal objet du *mandat* étoit que le mandataire se cautionnât pour le mandant, il ne pourroit régulièrement exercer l'action *mandati contraria*, qu'après avoir payé, ou que le créancier auroit dirigé des poursuites contre lui pour cet effet.

Ce seroit en vain que, pour se défendre de l'action *mandati contraria*, le mandant offriroit d'abandonner au mandataire tout le produit de l'affaire qui a fait l'objet du *mandat*: de telles offres devroient être rejettées, conformément à la loi 12, §. 9, *ff. mand.*

Pour que le mandant soit dans l'obligation d'indemniser le mandataire de sa gestion, il faut que celui-ci se soit exactement renfermé dans les bornes du *mandat*: c'est ce qui résulte de la loi 5, ff. *mand.*

Il importe par conséquent de savoir quand le mandataire doit être réputé n'avoir point excédé les bornes du *mandat*, & quand on doit décider qu'il les a excédées.

Il est évident que le mandataire doit être considéré comme s'étant renfermé dans les bornes du *mandat*, non-seulement lorsqu'il a fait la chose dont il a été chargé aux conditions prescrites par le *mandat*, mais encore lorsqu'il l'a faite à des conditions meilleures.

Le mandataire est pareillement censé n'être pas sorti des bornes du *mandat*, lorsqu'il a fait la chose sans que le mandant lui ait prescrit aucune condition dont il se soit écarté. Ainsi, dans le cas où je vous chargerois d'acheter la maison de votre voisin, sans déterminer le prix que je voudrois y mettre, vous pourriez l'acquérir à quelque prix que ce fût, & je ne serois pas fondé à prétendre que vous êtes sorti des bornes du *mandat*, à moins toutefois qu'il n'y eût une disproportion considérable entre le prix & la valeur réelle de la maison, attendu que la condition de ne pas excéder le juste prix est toujours sous-entendue dans le *mandat* d'acheter.

Quand le mandataire a fait la chose portée par le *mandat*, mais à des conditions plus onéreuses que celles qui lui ont été prescrites, il est clair qu'il ne s'est pas renfermé dans les bornes du *mandat*: c'est pourquoi le mandant a la liberté d'accepter ou de rejetter ce qu'a fait le mandataire; s'il prend ce dernier parti, il se trouve déchargé de toute obligation envers le mandataire.

On demande, si dans le cas où le mandataire a excédé dans l'achat d'une chose le prix fixé par le *mandat*, il peut forcer le mandant à prendre cette chose, en offrant de perdre ce qu'elle a coûté au-delà de ce prix? L'équité veut que le mandataire soit admis à faire ces offres, attendu qu'elles ne font aucun préjudice au mandant.

Par la même raison, si je vous ai chargé de vendre ma maison pour douze mille livres, & que vous l'ayez laissée pour dix mille livres, vous pourrez m'obliger à tenir le marché, en m'offrant les deux mille livres qui manquent au prix fixé par le *mandat*.

Lorsque le mandataire a fait une autre affaire que celle qui étoit portée par le *mandat*, il est évident qu'il est sorti des bornes du *mandat*, & que le mandant ne peut être obligé, qu'autant qu'il aura jugé à propos, de ratifier ce qui aura été fait par le mandataire.

Cette décision doit avoir lieu dans le cas même où l'affaire faite par le mandataire seroit plus avantageuse au mandant que celle qui est portée par le *mandat*. Supposez, par exemple, que vous m'ayez chargé d'acheter la maison d'Alexandre pour douze mille livres, & que j'aie acheté pour dix mille livres la maison voisine, qui est plus belle & mieux bâtie, vous n'êtes pas obligé d'accepter le marché, parce que j'ai fait une chose différente de celle dont vous m'aviez chargé.

Quand la chose énoncée au *mandat* peut se faire également de plusieurs manières différentes, le mandataire n'est pas censé être sorti des bornes qui lui étoient prescrites, quoiqu'il ait fait la chose d'une manière différente de celle qu'indiquoit le *mandat*. C'est ainsi, par exemple, que si le créancier que vous m'avez chargé de payer me reçoit pour débiteur en votre lieu & place, j'aurai contre vous la même action que si j'avois fait un paiement réel. La raison en est que votre objet a été d'éteindre la dette que vous aviez contractée envers votre créancier, & que vous n'avez nul intérêt à ce que cette extinction se soit faite par un paiement réel plutôt que par la substitution d'un autre débiteur à votre place.

Le mandataire n'est pas non plus censé être sorti des bornes qui lui étoient prescrites, lorsqu'il n'a exécuté le *mandat* qu'en partie, à moins toutefois qu'il ne paroisse que l'intention du mandant a été que le *mandat* fût exécuté en entier.

Par exemple, si vous m'avez chargé d'acheter pour vous dix septiers de bled, & que je n'en aie acheté que cinq, vous serez obligé de m'indemniser pour la partie du *mandat* que j'aurai exécutée. Mais si vous m'avez donné commission d'acheter une telle maison avec le jardin qui en dépend, & que je n'aie acheté que le jardin, vous serez fondé à désavouer l'achat que j'aurai fait en votre nom, parce que votre intention étoit de jouir de ces deux choses en même temps.

Si le mandataire a fait l'affaire énoncée au *mandat*, & quelque chose au-delà, il est censé avoir excédé les bornes qui lui étoient prescrites, mais seulement pour le surplus de ce que porte le *mandat*; & ce n'est que relativement à ce surplus que le mandant n'a point contracté d'obligation.

Le mandataire est censé avoir excédé les bornes qui lui étoient prescrites, lorsqu'il a fait faire par une autre personne la chose que le *mandat* l'avoit chargé de faire lui-même.

Mais si le *mandat* ne permet ni ne défend expressément au mandataire de faire faire la chose par un autre, est-il censé pouvoir se dispenser d'agir lui-même, en faisant agir quelque autre? Il paroît que, pour décider cette question, il faut considérer la nature de l'affaire. Si elle est telle qu'elle ne doive être traitée que par un homme qui ait une certaine capacité ou de certaines connoissances, il est constant qu'il n'y a que celui que le mandant a désigné qui puisse la traiter valablement. Ainsi, dans le cas où j'aurois chargé un architecte de veiller à la construction d'une maison, il excéderoit les bornes du *mandat*, s'il commettoit ce soin à une autre personne. Mais s'il s'agissoit d'une commission qui n'exigeât aucun talent, comme d'acheter des choses qui ont un prix fixe & connu, le mandant est censé avoir laissé au mandataire la liberté de faire exécuter le *mandat* par telle personne qu'il jugeroit à propos.

Lorsque le mandataire est chargé d'agir conjointement avec une autre personne, & qu'il agit seul, il est censé excéder les bornes qui lui sont prescrites, & par conséquent il n'oblige pas le mandant.

Le *mandat* peut se terminer de plusieurs manières. 1°. Il finit par la mort du mandataire, attendu que la confiance que le mandant avoit dans la personne du défunt ne passe point aux héritiers.

Cependant, si le mandataire avoit, de son vivant, commencé d'exécuter le *mandat*, ses héritiers seroient tenus non-seulement de rendre compte de ce qui auroit été fait, mais encore de terminer ce que le défunt auroit commencé, & le mandant seroit obligé de rembourser les frais faits tant par le mandataire que par ses héritiers. Par exemple, j'ai chargé Alexandre de m'acheter un carrosse à Paris, & de me l'envoyer à Lyon : si, après avoir acheté ce carrosse & avant de me l'avoir envoyé, Alexandre vient à mourir, ses héritiers seront tenus de me faire cet envoi, & je serai obligé de mon côté à leur rembourser tant les frais d'achat que ceux d'envoi.

2°. La mort naturelle ou civile du mandant termine le *mandat*, lorsqu'elle a lieu avant que le mandataire ait rempli sa commission.

Cependant si le mandataire, ignorant la mort du mandant, avoit exécuté de bonne-foi le *mandat*, les héritiers du défunt seroient tenus de rembourser au mandataire les frais, & de ratifier ce qu'il auroit fait. De même, s'il s'agissoit d'une affaire qui ne pût point être retardée sans un dommage évident, le mandataire qui s'en seroit chargé seroit obligé de la faire, quand même il auroit été informé de la mort du mandant. Par exemple, si vous étiez chargé de faire la vendange de votre ami, & que vous apprissiez sa mort au moment même où les vendanges sont ouvertes dans le pays, & sans qu'il vous fût possible d'avertir à temps ses héritiers, il est certain que vous ne pourriez pas vous dispenser d'exécuter le *mandat*.

3°. Le *mandat* finit par le changement d'état du mandant, de même que par sa mort. Tel est le cas où le mandant vient à être interdit pour cause de démence ou de prodigalité. Il est alors sous l'inspection d'un curateur, sans lequel il est incapable d'agir; c'est pourquoi le mandataire ne peut plus exécuter le *mandat* que la procuration n'ait été renouvellée par le curateur.

La même règle doit avoir lieu à l'égard d'une femme qui, depuis le *mandat* qu'elle a donné, a passé sous la puissance d'un mari.

Au reste, il faut admettre, dans le cas de changement d'état du mandant, les exceptions que nous avons dit devoir être admises, lorsqu'il vient à mourir, & que sa mort est ignorée du mandataire, ou qu'il s'agit d'une affaire urgente.

4°. Lorsque le pouvoir que le mandant avoit donné au mandataire vient à cesser, le *mandat* n'a plus lieu. C'est ainsi, par exemple, que quand une tutèle est finie, le *mandat* que le tuteur avoit donné à quelqu'un pour recevoir ce qui étoit dû à son mineur, ne peut plus avoir d'effet. La raison en est sensible : le mandataire ne tenant son pouvoir que du tuteur, il n'a plus le droit de faire ce que le mandant ne pourroit pas faire valablement lui-même.

5°. Enfin le *mandat* s'éteint par la révocation que peut en faire le mandant.

Il n'est pas toujours nécessaire que la révocation du *mandat* soit expresse, il suffit qu'on puisse la présumer par certains faits, pour qu'il soit éteint. Ainsi, quand, après vous avoir chargé d'une affaire, je juge à propos d'en charger une autre personne, je suis censé avoir révoqué le *mandat* que je vous avois donné en premier lieu.

Les faits qui sont de nature à détruire la confiance que le mandant avoit dans le mandataire, tels que la banqueroute de ce dernier, ou un jugement infamant pour cause de vol par lui commis, font aussi facilement présumer la révocation tacite du *mandat*.

Au reste, pour que le *mandat* soit éteint, il faut que l'acte qui le révoque, ou les faits qui font présumer la révocation, soient censés parvenus à la connoissance du mandataire : autrement ce que celui-ci a pu faire avant d'avoir connu la révocation oblige le mandant.

Cependant si les choses n'étoient plus entières, & que le mandataire eût commencé sa gestion lorsqu'il a été instruit de la révocation du *mandat*, il pourroit, quoique révoqué, faire ce qui seroit une suite nécessaire de ce qu'il auroit commencé, & il obligeroit à cet égard le mandant.

Quoique le mandataire qui est instruit que sa procuration est révoquée, ne puisse plus obliger envers lui le mandant, il peut néanmoins obliger ce mandant envers des tiers, en leur représentant la procuration, & recevoir valablement les sommes dues par les débiteurs du mandant. Mais, dans le premier cas, le mandant peut exercer un recours contre le mandataire pour en être indemnisé. *Voyez* PROCURATION.

MANDAT *apostolique*, (*Jurispr. can.*) est un rescrit ou une lettre du pape, par lequel il enjoint à un collateur ordinaire, de conférer le premier bénéfice qui vaquera à sa collation, à l'ecclésiastique qu'il lui désigne.

Il est certain que cette manière de conférer les bénéfices n'a point été en usage dans les onze premiers siècles de l'église. Il ne s'en trouve aucun exemple dans le décret de Gratien, qui fut publié en 1151.

On croit communément que ce fut Adrien IV, élevé sur la chaire de S. Pierre en 1154, qui introduisit l'usage de ces sortes de *mandats*, en demandant que l'on conférât des prébendes aux personnes qu'il désignoit. On a une lettre de ce pape, qui prie l'évêque de Paris, en vertu du respect qu'il doit au successeur du chef des apôtres, de conférer au chancelier de France la première prébende qui vaqueroit dans l'église de Paris. Elle fait connoître à quoi se bornoient alors les prétentions des papes en cette matière. *Fraternitatem tuam, pro his qui nobis cari sunt rogare non dubitamus...... Cancellarius regis Franciæ, Romanæ ecclesiæ & nobis quamtum devotus sit & fidelis prudentiam tuam non credimus ignorare : inde est quod illum fraternitati tuæ duximus plurimum commendandum rogantes attentius, quatenus pro beati Petri, & nostrarum reverentia litterarum, primum personatum vel honorem, qui in tua vacabit ecclesia, ei concedas ; ut & ipse nostras sibi preces sentiat fructuosas, & nos de nostrarum precum admissione, gratiarum tibi exsolvere debeamus actiones.*

Les successeurs d'Adrien regardèrent ce droit comme attaché à leur dignité, & ils en parlent dans leurs décrétales comme d'un droit qui ne peut leur être contesté.

Dans l'origine, l'usage des *mandats* étoit peu fréquent. Ce n'étoit, comme on vient de le voir par la lettre d'Adrien IV à l'évêque de Paris, que de simples prières que les papes adressoient aux collateurs ordinaires qui se faisoient honneur d'y déférer volontairement. Dans la suite, ces requisitions devenant plus fréquentes, & les collateurs ordinaires se trouvant trop grevés, il y eut des évêques qui ne voulurent point y avoir égard. C'est pourquoi le pape accompagna la prière qu'il leur faisoit, d'une injonction & d'un mandement. Ces injonctions n'ayant pas produit tout l'effet que la cour de Rome en attendoit, les papes nommèrent des exécuteurs, pour conférer les bénéfices aux mandataires, en cas que les ordinaires refusassent ou négligeassent d'en disposer en leur faveur. Etienne de Tournai fut nommé exécuteur des *mandats*, adressés par le pape au chapitre de S. Aignan, & déclara nulles les provisions que le chapitre avoit accordées au préjudice des *mandats* apostoliques.

La pragmatique de S. Louis abolit indirectement les *mandats*, en ordonnant que les collateurs & les patrons seroient maintenus dans tous leurs droits. Cette sage ordonnance fut une foible barrière que la cour de Rome franchit bientôt ; & les *mandats* continuèrent à avoir lieu. Peu de temps après S. Louis, le célèbre Durand, évêque de Mendes, les mit au nombre des abus, qu'il falloit faire réformer par le concile général : cependant le concile de Vienne ne changea rien à cet égard.

Dans le quinzième siècle, temps auquel le schisme d'Occident duroit encore, les François s'étant soustraits à l'autorité des papes de l'une & l'autre obédience, firent des réglemens contre les *mandats ;* mais ils ne furent exécutés que pendant la durée du schisme.

Le concile de Bâle ne détruisit pas les *mandats ;* il en modéra seulement l'usage, en ordonnant que le pape ne pourroit accorder qu'une fois sa vie, un *mandat* sur les collateurs qui ont plus de dix bénéfices, & moins de cinquante à leur disposition, & deux *mandats* sur les collateurs qui confèrent cinquante bénéfices ou plus.

Le concordat passé entre Léon X & François I, renouvella ces réglemens. On y inséra même la forme des *mandats.*

Enfin, le concile de Trente les abolit, & les papes s'étant soumis à cette loi, les collateurs ordinaires de France & des autres pays catholiques, ont, depuis ce temps, cessé d'être sujets aux *mandats* apostoliques. Quoique l'on n'ait pas reçu dans le royaume le concile de Trente, l'on y a profité de la réformation à cet égard. On a cru devoir y laisser subsister l'usage de certains *mandats*, qui, quoique n'émanant pas des papes, n'en restraignent pas moins la liberté des collateurs ordinaires. Tels sont l'indult du parlement de Paris, les grades, le serment de fidélité & le joyeux avénement. Le premier & les deux derniers sont regardés parmi nous, comme des droits de la couronne, sur lesquels ni les conciles, ni les papes ne peuvent rien. Les grades furent substitués aux anciennes expectatives, & avoient été approuvées par les papes eux-mêmes.

Les *mandats* apostoliques étoient de plusieurs sortes ; ce que nous allons expliquer dans les subdivisions suivantes.

MANDATS *de conferendo*, n'étoit autre chose qu'un *mandat* apostolique ordinaire, par lequel le pape prioit un collateur ordinaire de conférer à telle personne désignée, le premier bénéfice qui vaqueroit.

MANDAT *exécutoire* étoit celui par lequel le pape donnoit pouvoir à l'exécuteur par lui délégué, de conférer le bénéfice, en cas de refus de la part du collateur.

MANDAT *in forma dignum*, est un simple *mandat de providendo* : ce sont de véritables provisions, mais conditionnelles ; & la condition est de justifier à l'ordinaire de sa capacité.

MANDAT *in formâ gratiosâ*, n'étoit pas adressé à l'ordinaire ; le pourvu n'étoit pas tenu de se présenter devant lui, parce qu'il avoit justifié de sa capacité avant les provisions de Rome.

MANDAT *général*, est celui qui n'est point limité à un tel bénéfice, mais qui porte sur le premier qui vaquera.

MANDAT *monitoire*, étoit celui qui ne contenoit, de la part du pape, qu'un simple conseil ou prière de conférer; tels qu'étoient d'abord tous les *mandats*.

MANDAT *préceptoire*, étoit celui par lequel le pape ne se contentoit pas de prier le collateur, mais lui enjoignoit de conférer.

MANDAT *de providendo*, est celui qui n'a de force & d'effet, que par le *visa* de l'évêque, lequel *visa* a un effet rétroactif à ce *mandat*.

MANDAT *ad vacatura*. On entend par-là que le *mandat* devoit être donné pour les bénéfices qui vaqueroient dans la suite, & non pas pour un bénéfice déjà vacant.

MANDATAIRE, est celui qui a un mandat ou rescrit de cour de Rome, adressé à quelque collateur, à l'effet de l'obliger de donner au *mandataire* le premier bénéfice qui vaquera à la nomination de ce collateur. (*A*)

MANDÉ. Ce mot a autrefois été employé pour désigner le territoire ou le district d'une jurisdiction. Il dérive du latin *mandamentum* qu'on a dit dans le même sens. Encore aujourd'hui, on appelle *mandement* en Provence, le territoire d'une jurisdiction. (*Article de M. GARRAN DE COULON, avocat au parlement.*)

MANDEMENT, f. m. a en Droit plusieurs acceptions. Il signifie, 1°. *ordre* ou *commission* de faire quelque chose; dans ce sens, il est synonyme de *mandat* & *procuration*. *Voyez ces deux mots.*

2°. On appelle *mandement* un ordre par écrit & rendu public, de la part d'une personne qui a autorité & jurisdiction. Il signifie alors une *ordonnance* d'un juge, d'un supérieur. Il est, sous cette acception, principalement en usage, pour désigner les ordonnances rendues par les évêques, archevêques & leurs grands-vicaires, ou autres prélats ecclésiastiques ayant jurisdiction, dans les choses de police extérieure, telles que celles qui concernent l'heure & la manière de célébrer l'office divin, l'indication des fêtes, des prières & processions publiques, *&c.*

3°. *Mandement* signifie une *injonction* de venir & de se présenter à la justice, comme lorsqu'un accusé est mandé par le juge, pour être blâmé ou être admonesté, ou lorsqu'un officier reçoit l'ordre de venir rendre compte de sa conduite. *Voyez* VENIAT.

4°. *Mandement* signifie la *lettre*, le *billet* que l'on donne à quelqu'un, portant ordre à un receveur ou fermier de payer quelque somme. *Voyez* DÉLÉGATION.

5°. *Mandement* signifie encore en Dauphiné & en Provence, le *territoire* ou l'*étendue* d'une jurisdiction, & quelquefois la *jurisdiction* même.

MANÉE *ou* MANNÉE. Ce mot signifie littéralement une *poignée*, autant que la main peut en prendre. On a particuliérement donné ce nom à un droit que l'on percevoit sur les sels. Ragueau, qui cite d'autres exemples de ce droit, dit que les quatre-vingt-seize *manées* reviennent à un minot de sel; il ajoute qu'il percevoit lui-même un pareil droit sur chacun de ceux qui vendoient ou revendoient sel à la foire qui se tient en la paroisse de Rian, ressort de Bourges, chacun an le 25 de juillet.

On peut en voir d'autres exemples dans Ducange & la Thaumassière, dans le *Traité des Droits seigneuriaux* de Renauldon, *&c.* Ce dernier auteur observe que depuis l'établissement des gabelles (c'est-à-dire, depuis les derniers réglemens rendus sur cette matière) tous ces droits ont été abonnés.

On a aussi donné ce nom à un droit de mouture, suivant une chartre de l'an 1232, dont l'extrait est rapporté par dom Carpentier, au mot *Manata*. (*Article de M. GARRAN DE COULON, avocat au parlement.*)

MANGEUR, f. m. terme ancien, qui signifioit celui qu'on mettoit en garnison dans la maison d'un débiteur, jusqu'à ce qu'il eût payé ses dettes.

Cette expression se trouve dans l'ordonnance de 1413, *art. 255*, & dans la coutume de Tournai, *tit. 27, art. 17. Voyez* GARDE-MANEUR, GARNISON.

MANIFESTE, f. m. (*Droit polit.*) est la déclaration que fait un souverain par un écrit public, en commençant une guerre ou une entreprise, des raisons & des moyens sur lesquels il fonde ses droits & ses prétentions. On peut le définir en deux mots, l'apologie de la conduite des princes. *Voyez le Dictionn. économ. diplom. & polit.*

MANOIR, ce mot dérivé du latin *manere*, & du latin barbare *manerium*, signifie littéralement une habitation, une *maison*. On l'emploie communément pour désigner le chef lieu d'un fief, & surtout celui qui appartient à l'aîné, suivant le droit commun. *Voyez les art. 13, 15, 16, 30, 63 & 345 de la coutume de Paris, avec la conférence de* Fortin *&* Ricard, *& les commentateurs.*

On a parlé de ce privilège appartenant à l'aîné, au mot AINESSE.

On doit ajouter ici que, quoique ce privilège de l'aîné n'ait lieu ordinairement que sur les biens nobles, il y a néanmoins quelques coutumes où il se prend sur les biens roturiers; c'est ce qu'on appelle *manoir ou maison roturière* dans la coutume de Saint-Jean d'Angely, & *lar* dans celle de Bayonne. On a parlé de ces deux espèces de *manoir*, sous leurs noms *respectifs*.

Quelques coutumes locales de celle d'Artois accordent aussi un droit d'aînesse sur les *manoirs* cotiers ou roturiers; mais elle distinguent entre les *manoirs* amasés & non amasés, entre les anciens & les nouveaux *manoirs*.

On appelle *manoir amasé*, un héritage sur lequel il y a des bâtimens; & *manoir non amasé*, celui qui est entouré de murailles, de haies, ou de fossés sans contenir aucun bâtiment.

On entend par anciens *manoirs*, ceux qui d'*ancienneté*, comme parlent les coutumes dont il s'agit, ſont ou bâtis ou clos ; & par nouveaux *manoirs*, ceux qui ne ſont ni l'un ni l'autre depuis un auſſi long eſpace de temps.

Ce qu'il y a de particulier dans ces ſortes d'héritages, quand ils ſont tenus en coterie, c'eſt-à-dire, en cenſive, c'eſt que les coutumes citées les déferent, en certaines circonſtances, à l'aîné des héritiers mâles, & au défaut des mâles, à l'aînée des femelles.

On dit en certaines circonſtances, car le droit d'aîneſſe n'affecte les *manoirs* que lorſqu'ils ſont anciens : cette qualité n'eſt pas même ſuffiſante dans la coutume de Heſdin, ſi le manoir n'eſt ou n'a pas été auſſi amaſé.

Le droit d'aîneſſe s'exerce d'ailleurs avec plus d'étendue ſur les *manoirs* cotiers, que ſur les fiefs ; les puînés ont le quint dans cette dernière eſpèce de bien, & non pas dans les *manoirs* anciens. *Voyez les articles 32, 33 & 37 de la coutume de Heſdin, & les articles 5 & 7 du tit. 4 de la coutume Saint-Pol.*

C'eſt par une ſuite de l'impartibilité des anciens *manoirs* cotiers, amaſés ou non amaſés, que l'article 8 du titre 4 de cette dernière coutume donne au mari ſeul tous les biens de cette nature qui ſont acquis en communauté, comme elle lui donne, tous les héritages féodaux.

Un *manoir* amaſé ou non amaſé eſt réputé ancien, ſuivant l'article 4 du titre 5 de la coutume de Saint-Pol, quand il a été à tel uſage l'eſpace de quarante ans continuels, & en ſuivant l'un l'autre.

Lorſqu'un héritage eſt clos, on n'examine pas dans cette dernière coutume, à quel uſage il eſt conſacré, ſoit qu'on le laboure, ſoit qu'on en faſſe un jardin ou un pré, il eſt toujours ſuſceptible de l'application des règles concernant les *manoirs* : « ſur ce principe, dit Maillart, un arrêt » du 5 juin 1705, rendu au rapport de M. Goeſ- » lard, à la première, en confirmant la ſentence » du conſeil provincial d'Artois, datée du 28 avril » 1704, a adjugé à l'aîné un *manoir* régi par Saint- » Pol, quoiqu'il fût labouré depuis un temps immé- » morial, & cela parce qu'il étoit clos depuis très- » long-temps ». (*M.* Garran de Coulon, *avocat au parlement.*)

MANOURABLE, on donnoit autrefois ce nom à des corvéables, c'eſt-à-dire, à ceux qui devoient au ſeigneur les corvées perſonnelles, qu'on appelloit auſſi *manœuvres. Voyez* du Cange *au mot* Manopéra, & dom Carpentier *au mot* Manobrium (*M.* Garran de Coulon, *avocat au parlement.*)

MANSAURS, dom Carpentier dit qu'on appelloit *terres manſaurs* ou *terres maſaus* celles qui étoient ſujettes au cens appellé *maaſſe*, parce qu'il ſe percevoit ſur les maiſons ou *mas* de terre. Cet auteur cite en preuve, au mot *Maſſa* de ſon *gloſſarium novum*, l'extrait ſuivant d'un compte rendu pour le comté de Namur en 1284 : « encore a li cuens » rentes des *terres maſaus*, k'on appelle *terre des* » *quartiers* ; ſi a petis quartiers & grans quartiers..... » ſi a li cuens rentes des *terres manſaurs*, k'on » appelle *quartiers* ; ſi tient chacun quartier cinq » bonniers ».

Ne doit-on pas plutôt entendre par *terres manſaurs*, ces eſpèces de maiſons tenues à la charge de réſidence, dont on a parlé au mot Manantiés & Quartier. *Voyez ces deux mots.* (*M.* Garran de Coulon, *avocat au parlement*).

MANSEIS *ou* MANSOIS, c'eſt, dit dom Carpentier, ce qu'on payoit pour le droit de gîte, la même choſe que le *manſionaticum*. Ce ſavant donne pour preuve de cette interprétation les deux extraits ſuivans, qui ſont tirés, le premier d'une chartre de ſaint Louis, donnée en 1258 à l'abbaye de Bon-Port ; & l'autre du folio 199 du regiſtre *Saint-Juſt* de la chambre des comptes de Paris.

« *Conceſſimus .... quemdam redditum ibidem percipiendum, quod vulgariter dicitur* les manſeis.

Ecce partes firmæ videlicet medietas ſubtrabum præriæ vallis Rodolii.... cum medietate logiæ & redditus qui vocatur li manſois ». (*M.* Garran de Coulon, *avocat au parlement.*)

MANSION, MANSIONNIER : les articles 376 & 377 de la coutume de Bretagne donnent ce nom à celui qui habite dans la mouvance immédiate ou médiate d'un ſeigneur, & qui par cette raiſon eſt ſujet à ſon moulin bannal.

Ducange & dom Carpentier diſent auſſi qu'on a donné ce nom aux colons ou fermiers qui devoient un cens, pour ce qu'ils occupoient en maiſons & terres ; mais les textes qu'ils citent peuvent fort bien s'entendre de ſimples domiciliés. (*M.* Garran de Coulon, *avocat au parlement.*)

MANSOIS. *Voyez* Manseis.

MANTEAU, ſ. m. il eſt queſtion du droit de *manteau* dans les gages de pluſieurs offices. Il doit ſon origine à l'ancien uſage qui faiſoit regarder tous les officiers du roi comme ſes domeſtiques, auxquels, par cette raiſon, il fourniſſoit des habillemens.

On appelle *manteau d'honneur*, un habit long & trainant, qui enveloppe toute la perſonne, & qui étoit particulièrement réſervé aux chevaliers.

La couleur de ce *manteau* étoit d'écarlate, & il étoit doublé d'hermine ou autre fourrure précieuſe. Les rois le diſtribuoient aux nouveaux chevaliers, & c'eſt de-là que vient le *manteau* d'hermine, figuré dans les armoiries des ducs & des préſidens à mortier.

MANUMISSION, ſ. f. (*terme de Juriſprudence romaine*), eſt l'acte par lequel un maître affranchit ſon eſclave ou ſerf. Ce terme eſt formé des mots *manus* & *miſſio*, parce que l'eſclave affranchi eſt mis hors de la main & de la puiſſance de ſon maître, *de manu miſſus eſt. Voyez* Affranchissement.

MAQUERELLAGE, ſ. m. (*Code criminel.*) c'eſt le crime de ceux ou de celles qui favoriſent la débauche, ſoit en tenant des lieux de proſtitution ouverts au public, soit en procurant par leurs artifices la séduction de l'innocence, trop foible pour résister à l'attrait de l'or ou à celui du plaisir.

Ce crime est plus ou moins grave & par conséquent plus ou moins punissable selon les circonstances concomitantes, la qualité relative & même le rang de la personne qui en est l'objet. Le père qui prostitue sa fille, le mari qui livre sa femme, le domestique qui vend sa maîtresse, sont incontestablement plus coupables que ceux qui ne s'entremettent que pour prostituer des filles ou des femmes avec lesquelles ils n'ont aucun rapport naturel ou social.

Le mot de *maquerellage* vient, comme il est facile de le présumer, de celui de *maquereau*. Mais l'étymologie de ce dernier est plus obscure, suivant les auteurs du *Dictionnaire de Trévoux*. Maquereau & maquignon ont pour racine commune, le vieux mot françois *maque*, qui signifioit *vente*. Il y avoit à Paris, au commencement de ce siècle, l'hôtel de la *Maque*, où des marchands Picards venoient faire leur commerce. D'autres étymologistes tirent le mot *maquereau* de l'hébreu *macar*, qui signifie *vendre*. On voit que ces deux opinions sont assez conformes, quoique chacune remonte à une source différente. Tripaut le fait venir de *aquariolus*, qui a signifié en latin, un homme qui sollicite la pudicité des filles. Ménage prétend qu'il vient de *macula*, parce que, dans l'enfance du théâtre, les acteurs qui jouoient les rôles de maquereaux étoient vêtus de différentes couleurs. Donat, en parlant des habits que les anciens donnoient à leurs personnages de comédie, dit que *leno palliis varii coloris utitur*. Enfin, l'auteur des *Idées singulières*, croit que maquereau vient du grec *μαχαιροφορος* qui, dans l'origine, ne signifioit autre chose que porteur d'épée ou gendarme.

Aucun objet de législation n'a éprouvé autant de changemens que celui de la prostitution publique ou privée; tantôt on a cru que la religion & les mœurs exigeoient la plus sévère proscription de ces femmes viles, qui, à la honte des deux sexes, trafiquent avec l'un des sacrifices de l'autre; tantôt on a pensé qu'il étoit d'une sage politique de pallier des désordres que les loix pouvoient punir à la vérité, mais qu'elles ne parviendroient jamais à anéantir. Caligula partageoit avec les maquerelles de Rome, Alexandre Sévère mettoit également un prix à la tolérance qu'il leur accordoit, & leur imposa des tributs, dont le produit étoit destiné à l'entretien des édifices publics. Adrien, en abolissant l'usage où l'on étoit de leur vendre des servantes, empêcha du moins que des femmes, quoique esclaves, ne fussent prostituées malgré elles.

Constantin fit de vains efforts pour tarir cette source du libertinage; car, dès le règne de Constance son fils, les païens recommencèrent à vendre des esclaves chrétiennes aux maquerelles publiques; & c'est pour remédier à de telles horreurs, que fut publiée cette loi qu'on trouve au code Théodosien, par laquelle l'empereur permit aux ecclésiastiques & même à tous chrétiens, de racheter ces infortunées; mais cette faculté étant encore insuffisante relativement au petit nombre de personnes qui se trouvoient en état d'exercer cet acte d'humanité & de religion, Constance fit une nouvelle loi qu'on trouve au même code, & autorisa toutes personnes quelconques à retirer, même sans rien payer, ces malheureuses victimes du fanatisme, de l'avarice & de la débauche.

Théodose fit beaucoup, sans doute en faveur des mœurs, lorsqu'il abolit l'usage où l'on étoit de condamner les femmes surprises en adultère à être prostituées au public; & en effet, n'étoit-il pas aussi révoltant qu'absurde, de prétendre réparer le crime par le crime, & de punir la débauche par la débauche même?

Théodose le jeune ordonna de murer tous les bordels, par conséquent supprima tous les impôts auxquels ils étoient assujettis; mais Théodose mourut, & le vice, obligé de se cacher sous son règne, reparut avec plus d'audace, quoique Anastase, pour anéantir toute trace des rapports qui avoient existé entre les maisons de débauche & le trésor de l'empire eût fait brûler tous les registres de perception de l'impôt sur les femmes publiques.

Justinien ne leur porta point le dernier coup, comme l'ont écrit quelques historiens; car on sent qu'il est impossible que le mélange des deux sexes, & la multitude des célibataires, sur-tout dans les grandes villes, n'entraînent des abus & des vices. Mais il vengea la religion de l'opprobre dont on la couvroit, en supposant qu'elle pourroit engager pour jamais dans le crime, celles qui, par des sermens impies, s'étoient vouées à une prostitution perpétuelle; il anéantit ces pactes scandaleux par les novelles 12 & 61; & en faisant construire un monastère uniquement destiné aux femmes qui auroient vécu dans le libertinage, il ouvrit un asyle au repentir.

La loi dernière, au code *de spectaculis*, ne prononçoit que la peine du bannissement ou la condamnation aux mines contre les maquereaux ou maquerelles, accusés de la prostitution de personnes de basse condition; mais elle ordonnoit la confiscation du corps & des biens, lorsque les femmes séduites étoient d'une condition plus relevée.

Le droit des novelles, plus sévère, mais plus juste, proscrivit cette distinction odieuse, & ordonna que tout *maquerellage* seroit puni de mort.

Un capitulaire de Charlemagne, de l'an 800, prononce la peine du bannissement contre les femmes de mauvaise vie, & défend expressément de leur donner asyle, à peine, si ce sont des hommes, de porter la femme débauchée sur leurs épaules jusques sur la place du marché; & en cas de refus, d'être fustigés; & si ce sont des femmes, d'être fouettées.

Une ordonnance de S. Louis, publiée en 1254, enjoignit expressément aux juges d'expulser & faire

expulser

expulser les maquerelles publiques de tout le royaume, & en cas de refus de leur part, de saisir leurs biens, & même de les faire dépouiller publiquement de leurs habits, *etiam usque ad tunicam vel pelliceum.*

La même loi prononça la confiscation de la maison qui auroit été louée sciemment à des femmes de cette espèce.

Par une ordonnance du 18 septembre 1367, le prévôt de Paris défendit à toutes sortes de personnes de l'un & de l'autre sexe, de livrer ou administrer des femmes *pour faire péché de leur corps*, à peine du pilori, d'être marquées d'un fer chaud, & d'être chassées de la ville.

L'ordonnance d'Orléans, *art. 101*, défend tous *bordeaux*, & ordonne que ceux qui seront reconnus en tenir, soient punis *extraordinairement.*

Ces défenses ont été renouvellées par celles de Blois, *sur peine de soixante livres parisis d'amende pour la première fois, de cent-vingt livres pour la seconde, & de la privation de la propriété des maisons.* Ce détail de l'ordonnance de Blois explique le mot *extraordinairement* qu'on lit dans celle d'Orléans.

Aux termes des articles 3 & 4 du titre 25 de la coutume de Bayonne, les maquerelles doivent, pour la première fois, être fustigées & bannies à perpétuité. En cas de récidive, elles doivent être condamnées à mort.

Aucune de ces loix n'est suivie maintenant (au moins à Paris). Le *maquerellage* y est puni suivant les circonstances. Lorsqu'il ne s'agit que du *maquerellage* de filles qui s'offrent librement à la prostitution, on ne prononce que l'hôpital ou le bannissement; & il faut même observer que ce délit n'est communément poursuivi que lorsqu'il se trouve faire partie d'accusations beaucoup plus graves. Les maquerelles publiques partagent la tolérance accordée dans les grandes villes aux filles de débauche.

Mais quand il s'agit d'un *maquerellage*, ou, pour parler un langage plus honnête, de la séduction d'une femme mariée, ou d'une fille en puissance de ses père & mère, alors on condamne l'accusée à être promenée sur un âne, le visage tourné vers la queue, avec un chapeau de paille sur la tête, & écriteau devant & derrière, portant ces mots : *maquerelle publique*, ensuite à être fouettée, marquée & bannie pour un temps.

La même chose doit s'observer à l'égard des hommes qui seroient accusés & convaincus de *maquerellage*, & alors il n'y auroit de différence que dans le style de l'écriteau.

La peine de ce crime peut néanmoins être aggravée suivant les circonstances, comme dans le cas d'un père qui auroit prostitué sa fille, d'un mari qui auroit vendu sa femme, d'une fille domestique, sa maîtresse; c'est-à-dire, qu'au lieu du bannissement à temps, on pourroit aller jusqu'à prononcer une détention à temps ou à perpétuité, ou un bannissement perpétuel; mais jamais on ne doit condamner à mort pour *maquerellage*, quel qu'il soit; & nous invitons tous juges à se méfier de la rigueur de certains criminalistes, qui, dans le silence ou l'obscurité de nos loix, vont chercher des principes chez des peuples étrangers, dont le droit, sur-tout en matière criminelle, ne peut avoir aucune autorité parmi nous.

Par arrêt du parlement de Paris, du 7 juillet 1750, confirmatif d'une sentence du châtelet, Jeanne Moion, veuve le Luc, a été condamnée à être promenée sur un âne, *&c.* (ainsi que nous l'avons dit ci-dessus), à être fouettée, flétrie, & bannie pour cinq ans.

La même peine a été prononcée par un autre arrêt du 17 janvier 1756, contre la nommée Thérèse Legrand.

Enfin, par un dernier arrêt rendu au parlement de Paris, le 13 juin 1780, sur l'appel d'une sentence du lieutenant de police d'Orléans, Marie-Madeleine Fougereux, femme Lefevre, a été condamnée aux même peines, à la réserve du bannissement qui a été converti en une détention de cinq ans, dans la maison de force de l'hôpital-général de la salpêtrière.

Il y a quelques provinces où le crime de *maquerellage* n'est pas puni de la même manière que dans le ressort du parlement de Paris. A Toulouse, par exemple, celle qui en est convaincue, après avoir été revêtue de ses plus beaux habits, est enfermée dans une cage de fer, & suspendue à une chèvre au-dessus de la Garonne, dans laquelle l'exécuteur la plonge jusques à trois fois : elle est ensuite renfermée à l'hôpital à perpétuité.

Pour assurer la punition du crime de *maquerellage*, le roi en attribue la connoissance au lieutenant de police & au lieutenant-criminel concurremment, par une déclaration du 26 juillet 1713, registrée le 9 août suivant. Néanmoins la préférence doit appartenir au lieutenant de police lorsqu'il a informé & décrété avant le lieutenant-criminel ou le même jour. *Voyez* PROSTITUTION. *Voyez aussi les capitulaires de Baluse, les ordonnances des rois de la troisième race, les loix criminelles de France, le code pénal, le traité de la police, le traité des crimes par* Soulatges, *& les arrêts cités.* (*Cet article est de M.* BOUCHER D'ARGIS, *conseiller au châtelet, de l'académie royale des sciences, belles-lettres & arts de Rouen, &c.*)

MARAIS, s. m. (*Droit public & civil.*) est le nom qu'on donne aux terreins bas & marécageux, ordinairement couverts d'eaux qui n'ont pas d'écoulement. L'utilité qui résulte du desséchement des *marais*, soit par rapport à la salubrité de l'air, dont il diminue les malignes influences, soit par rapport à l'agriculture, dont il augmente les produits, a engagé le gouvernement à en favoriser le défrichement par la concession de plusieurs privilèges. *Voyez* DÉFRICHEMENT, TRIAGE, USAGE.

On appelle *marais salans* des lieux entourés de digues où l'on fait entrer l'eau de la mer pour y faire du sel. *Voyez le Dictionnaire des finances.*

MARATRE *ou* MARASTRE, f. f. ce mot, qui se trouve dans les articles 492 & 501 de la coutume de Bourbonnois, signifie *belle-mère*. Il étoit usité autrefois ; mais on ne s'en sert aujourd'hui que dans une acception odieuse.

MARC, f. m. (*Droit public. Monnoie. Commerce.*) est un poids dont on se sert en France, & dans plusieurs états de l'Europe, pour peser diverses sortes de marchandises, & particuliérement l'or & l'argent. *Voyez le Dictionnaire de commerce.*

En terme de pratique, on appelle *marc la livre*, ou *sou pour livre*, la répartition qui se fait entre des créanciers des deniers de leur débiteur, lorsqu'ils sont insuffisans pour acquitter le montant de leurs créances. *Voyez* CONTRIBUTION.

MARC D'ARGENT, on a donné ce nom à deux droits différens, qui consistoient sans doute originairement dans le paiement de cette somme.

1°. Lauriere dit qu'on nomme ainsi un droit, à une fois payer, dû au roi par les notaires du pays du droit écrit, pour son joyeux avénement à la couronne. Ce droit est domanial, & les notaires ayant anciennement fait difficulté de le payer, Charles VII, par ses lettres du 25 août 1452, ordonna qu'ils y seroient contraints.

2°. Les articles 54 & 55 de la coutume de Melun attribuent au seigneur, en cas de mutation sujette à relief, un *marc d'argent* estimé 10 livres parisis outre le relief; mais ce *marc d'argent* n'est dû que lorsque le revenu annuel du fief est de 20 liv. parisis ou au-dessus.

Enfin, cette coutume ajoute que l'année, pour recevoir & prendre par le seigneur féodal le revenu du fief, ne se commence qu'après que le *marc d'argent* est payé.

L'article 138 de la coutume de Meaux parle aussi du *marc d'argent* en cas de relief; mais le seigneur qui perçoit ce droit y est exclu de toute autre sorte de relief, & il ne peut même exiger le *marc d'argent*, qu'autant que le revenu du fief est de cette valeur. (*M. GARRAN DE COULON, avocat au parlement.*)

MARC D'OR, se dit d'une certaine finance que paie au roi le nouveau titulaire d'un office, avant de pouvoir en obtenir les provisions. *Voyez le Dictionnaire des finances.*

MARCAIGE *ou* MARCAGE, c'est un droit dû au roi sur les paniers des poissons de mer qui sont vendus à la halle de Paris. Lauriere rapporte, au mot *Droit de marcage*, l'extrait du recueil de M. Rousseau, auditeur des comptes, d'où il résulte que ce droit a pour objet la vérification que l'on fait aux halles des paniers de poissons, & la marque qu'on y met pour s'assurer qu'ils ont la grandeur convenable ; le *marcage* consiste dans la confiscation d'une bonne partie des paniers que l'on trouve trop petits. (*M. GARRAN DE COULON, avocat au parlement.*)

MARCHAGE, c'est, dit dom Carpentier, le droit de pâture sur les terreins qui confinent à deux différens territoires : cette explication paroît conforme à l'étymologie du mot, s'il est vrai, comme le dit Ducange au mot *Marchagium* sous *Marcha* 1, que le nom de *marchage* vient de celui *de marche*, (qui signifie limites), & non pas du verbe *marcher*. Mais nos coutumes entendent par-là un droit de parcours ou de réciprocité pour la vaine pâture, entre les habitans de plusieurs justices ou villages.

La coutume d'Auvergne, *tit. 28*, *art. 2*, règle ce droit suivant les justices. Celle de la Marche, *art. 357, 359 & 360*, le règle suivant les villages.

Ces deux coutumes sont les seules qui parlent du *marchage*, & il n'y a même lieu qu'en conséquence des titres ou de la possession. On trouve des détails à ce sujet dans les coutumes locales d'Auvergne.

Quelques auteurs, tels que Prohet, sur l'article 2 du titre 28 de cette dernière coutume, appellent aussi *marchage* le droit de *marciage*. *Voyez ce mot & les articles* PACAGE, PARCOURS, PERPENDRE ET VAINE PATURE. (*M. GARRAN DE COULON, avocat au parlement.*)

MARCHANCHES, *Voyez* MARESCHAUCIE.

MARCHAUCHIE, *Voyez* MARESCHAUCIE.

MARCHÉ, f. m. (*Droit des gens*, *Droit public & civil.*) ce terme a plusieurs significations.

1°. On appelle *marché*, le lieu public où l'on vend toutes les choses nécessaires pour la subsistance & les commodités de la vie.

2°. Ce mot signifie l'assemblée de ceux qui vendent & achètent dans le lieu public destiné à cet effet.

3°. *Marché* se dit des conventions que les marchands & autres particuliers font ensemble, soit pour fournitures, achats ou trocs de marchandises sur un certain pied, ou moyennant une certaine somme. *Voyez le Dictionnaire de commerce.*

MARCHÉ, (*Droit de*) Loiseau paroît mettre au nombre des prérogatives des seigneurs châtelains & des seigneurs d'un titre supérieur, le droit d'avoir *marché* en leur village. (*Des seigneuries, chap. 8, n°. 102.*)

Chopin est de la même opinion.

Différentes coutumes, telles que celles d'Anjou, *article 43*; du Maine, *article 50*, & de Senlis, *article 93*, attribuent effectivement aux seigneurs châtelains le droit de *foires* & *marchés*. Mais la plupart des auteurs qui se sont occupés de cet objet, mettent les *foires* & les *marchés* au nombre des régales mineures, que les seigneurs, quelle que soit leur qualité, ne peuvent tenir que de la concession du roi, & qu'ils ne peuvent avoir autrement qu'en vertu d'une possession immémoriale, qui fait présumer la concession du prince.

Loiseau qui fait, entre le droit des *foires* & de *marché*, une distinction que les coutumes ne font point, convient lui-même qu'un ancien arrêt de la Pentecôte 1269, rendu contre le comte de Château-Roux en Berry, & un autre contre l'évêque de

Clermont, portent : *quod nullus in regno potest facere feriam, sinè permissu domini regis.*

On peut ajouter que l'ordonnance du 3 mai 1372, rendue par le roi Charles V, pour déterminer les cas royaux, porte, *article 10* : « au roi appar» tient seul & pour le tout en son royaume, & non » à autrui, octroier & ordonner toutes *foires* & » *marchés* ».

Pocquet de Livonniere soutient que cette concession est aujourd'hui nécessaire dans les coutumes même qui mettent le droit de *foire* & *marché* au nombre des prérogatives des seigneurs châtelains, & que la disposition de ces coutumes tient seulement lieu de titres pour ceux qui sont en longue possession de ce droit. (*Traité des fiefs, liv. 6, chap. 10.*)

La nécessité d'une concession émanée du roi, lorsqu'on n'a pas une possession immémoriale, est également admise en Angleterre. La fixation du temps & du lieu où ces assemblées doivent se tenir, pour l'utilité de tout le voisinage, dit Blackstone, forme une partie de l'économie ou de la police domestique, dont l'ordonnance & la surinspection appartiennent évidemment au roi, en considérant l'état comme une grande famille dont il est le chef. (Blackstone's *commentaries, book 1, chap. 7.*)

M. Lorry, dans ses notes sur le traité du domaine de M. de la Planche, *liv. 3, chap. 6*, en donne des raisons peu différentes. On sent bien qu'elles s'appliquent avec encore plus de force à l'érection des *foires* qu'à celle des *marchés*, parce que l'influence de ces sortes d'établissemens s'étend beaucoup plus loin.

Cette réflexion peut confirmer à certains égards la distinction de Loiseau, & quoiqu'il soit aujourd'hui reconnu que les états respectifs de l'empire puissent établir chez eux des *marchés* & des petites *foires*, l'on doute encore s'il n'est pas nécessaire d'avoir un diplôme de l'empereur pour l'établissement de ces grandes *foires*, qu'on appelle *messes*. (*Struvius, Syntagma juris feudalis, cap. 6, §. 14, n°. 5*; Selchow, *elem. jur. publ. germ.* §. 440.)

Quoi qu'il en soit, c'est sous ce prétexte que les possesseurs des droits de *foires* & *marchés* n'y ont été maintenus, qu'en payant finance, par l'édit du mois de février 1696; on peut du moins trouver dans cet édit même un titre pour ceux qui prouvent qu'ils avoient une possession antérieure.

Il faut nécessairement être seigneur haut-justicier, pour avoir droit de *marché*, lors même qu'on a obtenu une concession à cet effet, parce que la police générale qui est si nécessaire pour le maintien de ces assemblées, ne réside pas dans les moyennes & basses-justices. Bouchel rapporte au mot *Foire* un arrêt donné en la chambre de l'édit, en 1602, qui débouta un sieur de Maillotiere des lettres d'érection qu'il avoit obtenues du roi pour sa terre de Blanzay, parce qu'il n'étoit pas seigneur haut-justicier.

Les lettres-patentes qui établissent de nouvelles *foires* & *marchés*, s'adressent au parlement, à la chambre des comptes & à celle du domaine pour y être enregistrées.

Le seigneur présente d'abord une requête au parlement; le procureur-général, sur la communication qui lui en est faite, requiert qu'il soit informé à sa requête, poursuite & diligence de son substitut sur les lieux, de la commodité ou incommodité de l'érection; l'arrêt qu'on rend à cet effet ordonne aussi qu'on s'informera, s'il n'y a pas, à quatre lieues à la ronde, aux jours désignés, dans les lettres, des *foires* ou des *marchés* auxquels le nouvel établissement pourroit nuire. Il ordonne en outre que l'impétrant sera tenu de rapporter en la cour l'état signé de lui, des droits qu'il prétend lever sur les bestiaux, grains, denrées, marchandises qui seront amenées & vendues auxdites *foires* & *marchés*; enfin que les lettres d'établissement seront communiquées aux vassaux justiciables & habitans de la seigneurie, paroisse & justice, convoqués en la manière ordinaire, pour y donner leur avis, & le tout apporté & communiqué au procureur-général, être ordonné ce que de raison.

Après que le juge des lieux a accepté sa commission dans la forme ordinaire, on prend de lui une ordonnance, en vertu de laquelle on fait ordinairement assigner trois ou quatre prêtres, quelques gentilshommes du voisinage, quatre bourgeois, autant de marchands & artisans, tant du lieu que des environs.

L'information faite, le lieutenant-général, en présence du procureur du roi, visite les places où se doivent tenir les *foires*, & celle où sera construite une halle; il dresse procès-verbal du tout à la requisition du seigneur, qui comparoît par un procureur du siège. Le juge a soin d'y déclarer si les places appartiennent au seigneur, quels sont les *marchés* les plus voisins, s'ils sont fréquentés, *&c.* le procureur du seigneur y joint l'état, signé de lui, des droits de layde par lui prétendus sur lesdites *foires* & *marchés* nouvellement érigés.

Le procureur du roi renvoie toutes ces pièces à M. le procureur-général, qui, sur le tout, donne ses conclusions, sur lesquelles intervient arrêt d'enregistrement, qui ordonne l'exécution des lettres-patentes, & l'enregistrement d'icelles, & de la pancarte, c'est-à-dire, du tableau des droits qui seront levés au profit du seigneur.

L'impétrant se retire ensuite pardevers la chambre des comptes, où il obtient un nouvel arrêt d'enregistrement, après quoi il fait imprimer les lettres-patentes, les deux arrêts d'enregistrement, & la pancarte des droits qu'il entend lever; il fait afficher le tout sur les lieux & dans le voisinage. La même chose s'observe aux chambres du domaine, & l'enregistrement y est de rigueur, à peine de nullité. (*Pratique des droits seigneuriaux, tome 4, chap. 2, section 1, quest. 1.*)

L'information doit nécessairement être faite à la requête du procureur-général, & non pas à celle du seigneur, parce qu'elle se fait, pour ainsi dire, contre lui-même, puisqu'il s'agit de savoir si l'érection demandée n'est point préjudiciable aux droits du roi, de l'église, du public, des marchands & partisans des lieux.

C'est en conséquence de cette maxime qu'un arrêt du premier juillet 1716, déclara nulle la procédure & l'information faites le 19 février précédent, devant le lieutenant-général d'Yenville, à la requête de M. de Chambon, marquis d'Arbouville, pour l'établissement des *foires* dans cette terre.

La cour permit néanmoins à l'impétrant de faire entendre; dans l'information qui seroit faite à la requête de M. le procureur-général, poursuite de son substitut, les témoins entendus dans la première. (*Ibid. quest.* 4.)

Souvent les seigneurs voisins forment opposition à l'enregistrement, lorsqu'ils craignent que le nouvel établissement ne nuise à leur propre droit de *foire* & de *marché*: ils y seroient sur-tout fondés si cet établissement tomboit aux mêmes jours.

Au reste, la précaution de ne pas établir plusieurs *marchés* dans un même canton le même jour est très-ancienne & très-générale. On voit dans Bracton, qui écrivoit en Angleterre au milieu du treizième siècle, qu'on ne pouvoit établir un *marché*, à moins de sept milles & un tiers du plus proche; la raison qu'en donne cet auteur, & *le chief-justice* Hales d'après lui, c'est que la journée commune d'un voyageur est de vingt milles, & qu'en divisant le jour en trois parties, le voyageur peut en employer une à aller, une à faire son commerce, & la dernière à se rendre chez lui ou à un autre *marché*.

Loiseau dit aussi que les lettres de concession des *marchés* portent la clause suivante: *pourvu qu'à trois ou quatre lieues près, il n'y ait autre marché*, & que si cette clause n'y est pas, suivant l'ancien style de la chancellerie, elle y doit être sous-entendue.

Chopin, M. le Bret & Pocquet de Livonnière, d'après eux, enseignent que le roi n'est point sujet à ces règles, & qu'il peut établir des *marchés* dans ses domaines, quoiqu'ils portent préjudice aux seigneurs voisins. (*Traité des fiefs*, *liv.* 6, *chap.* 10.)

Cela n'est pas douteux, lorsque l'utilité publique, qui est la suprême loi, est le motif du nouvel établissement; mais s'il ne s'agissoit que de l'avantage particulier de tel ou tel domaine du roi, on ne voit pas pourquoi il ne seroit pas sujet aux règles générales. Plusieurs ordonnances de nos rois annoncent qu'ils ont toujours mis au nombre de leur devoir cette belle maxime des empereurs Théodose & Valentinien: *digna vox est majestate regnantis legibus alligatum se profiteri.*

La loi 1 au digeste décide que celui qui a laissé passer dix ans sans faire usage du droit de *marché*, qu'il avoit obtenu du prince, est déchu de son droit; mais Basnage observe, sur l'article 11 de la coutume de Normandie, que cela ne s'observe point lorsque les lettres d'établissement ont été enregistrées, & qu'il y a des preuves que les *marchés* ont eu lieu. Le droit, dit-il, en est alors imprescriptible. Cet auteur cite un arrêt qui l'a ainsi jugé. (*M. Garran de Coulon*, *avocat au parlement.*)

MARCHES ANOMALES, on donne ce nom à quelques lieux qui sont situés dans les *marches communes* de deux provinces, mais qui relèvent d'une troisième. Par exemple, il se trouve dans les *marches communes* de Poitou & de Bretagne, quelques lieux qui relèvent en tout ou en partie par hommage de l'Anjou. Il y a de même des *marches anomales* qui relèvent de la Bretagne ou du Poitou. Cette *anomalie*, dit Hullin, à la fin de son traité des *marches*, n'a lieu que pour la mouvance & la jurisdiction foncière. Elle ne s'étend point à la jurisdiction contentieuse, & on ne l'admet qu'autant qu'elle est soutenue par titres. *Voyez les articles* Marches communes & Marches avantagères. (*M. Garran de Coulon*, *avocat au parlement.*)

Marches avantagères *ou* avantageuses: on appelle ainsi un *territoire* situé sur les confins de l'Anjou, du Poitou & de la Bretagne, lequel est commun & indivis entre les seigneurs de deux de ces provinces, pour la mouvance & les droits féodaux, mais qui, pour la jurisdiction & pour tout le reste, dépend de l'une de ces provinces exclusivement. C'est en cela qu'il diffère des *marches communes*, dont on parle dans un article particulier.

La dénomination de *marches avantagères*, est relative à cet avantage de jurisdiction que l'un des seigneurs, & l'une des provinces ont sur l'autre.

La jurisdiction est néanmoins restée commune pour les *tenues & obéissances de simple vengeance*, comme le disent les anciens titres; c'est-à-dire, pour la saisie féodale, & généralement pour tout ce qui concerne les devoirs de fief; chaque coseigneur, ses officiers & ceux de la province où il ressortit sont compétens à cet égard pour une moitié.

Pocquet de Livonniere observe sur cela trois choses.

La première, que l'édit de réunion des *marches communes* au présidial d'Angers, n'a fait aucun changement dans les *marches avantagères*, ni pour la jurisdiction, ni pour la décision des questions; ces *marches avantagères* ne sont point comprises dans la disposition de cet édit, & des déclarations qui l'ont suivi.

Ainsi, dit Pocquet de Livonniere, les paroisses de Nueil-sous-les-Aubiers, d'Estusson & autres *marches avantagères* au Poitou, sont demeurées sous la jurisdiction & le ressort du présidial de Poitiers, comme elles l'étoient auparavant, fors pour les matières féodales, qui se traitent dans les jurisdictions d'Anjou, pour les droits féodaux dus aux seigneurs d'Anjou, & dont l'appel ressortit au présidial d'Angers; d'où il s'ensuit que les officiers du même siège peuvent aussi connoître des mêmes matières en première instance, par prévention sur les officiers d'Anjou de leur ressort, selon la disposition de leur coutume; mais pour toutes les autres matières, & dans tous les autres cas, les juges de Poitou sont seuls compétens de connoître des causes des *marches avantagères* à leur province.

La seconde chose à observer, est que pour tous les droits féodaux on suit, dans les *marches avantagères*, la règle établie pour les communes; c'est-à-dire, que pour les factions de foi & hommage, aveux, saisies féodales, rachats, lods & ventes & pour tous les autres droits seigneuriaux & féodaux, utiles & honorifiques, on suit la coutume du fief dominant; de sorte que la moitié par indivis qui relève du seigneur angevin, est pour ces matières sujette à la coutume d'Anjou, & se règle par la disposition de cette coutume-là; comme aussi la moitié par indivis qui relève d'un seigneur poitevin, est soumise à la coutume de Poitou. Les officiers du présidial d'Angers l'ont ainsi jugé par une sentence solemnelle, rendue au rapport de M. Herreau de la Simoniere le 21 mars 1696.

La troisième chose à observer est que, pour les matières autres que les féodales, pour toutes les autres actions personnelles, réelles ou mixtes, divi dues ou individues, on doit suivre la coutume comme la jurisdiction de l'avantage; c'est-à-dire, de la province dont le territoire en question est *marche avantagère. Voyez le chapitre 12 du traité de la nature & usage des marches, séparant les provinces de Poitou, Bretagne & Anjou, par* Hullin; *le chapitre 17 du traité des marches communes, par* Pocquet de Livonnière; *& les articles* MARCHES FIANCIÈRES, MARCHES ANOMALES, MARCHES COMMUNES *&* MARCHES CONTR'HOSTÉES. (*M. GARRAN DE COULON, avocat au parlement.*)

MARCHES COMMUNES, c'est le nom d'un petit pays dont les géographes ne disent rien; mais qui, par sa constitution particulière, mérite une place assez considérable dans le Dictionnaire de jurisprudence. Il est situé entre le Poitou, la Bretagne & l'Anjou. Toutes les paroisses qui le composent sont communes, non pas entre les trois provinces, mais entre deux seulement, c'est-à-dire, entre le Poitou & la Bretagne, ou entre le Poitou & l'Anjou, à l'exception de la paroisse de la Boissellette ou Boissière du Doré, qui est *marche commune* d'Anjou & de Bretagne, suivant Pocquet de Livonnière.

Les *marches communes* de Poitou & de Bretagne sont les paroisses de Gestigné, Boussay, Cugan & la Brussière aux environs de Clisson. Quelques-uns y ajoutent beaucoup d'autres paroisses. Les *marches communes* de Poitou & d'Anjou comprennent une trentaine de paroisses situées sur les frontières des deux provinces.

Il y a de plus, entre le Poitou & chacune des deux autres provinces, des marches qui ne sont communes qu'à certains égards, comme on l'établit aux mots MARCHES ANOMALES, MARCHES AVANTAGÈRES & MARCHES CONTRE-HOSTÉES.

On sait que ce terme de *marche* signifie *limites* en vieux françois, & qu'on a donné ce nom aux lieux qui bornoient des états ou des provinces. C'est de-là que la province de la Marche, la Marche en Barrois, & les marches qui sont entre le Perche & le Maine tirent leur nom. Il en est de même des *marches communes.*

Lorsque l'Anjou, le Poitou & la Bretagne appartenoient à des seigneurs particuliers qui en étoient, pour ainsi dire, les souverains, l'indétermination des limites de ces provinces exposoit les habitans des paroisses frontières à des ravages continuels, résultans des prétentions des seigneurs voisins, qui y réclamoient également la mouvance & la jurisdiction. La nécessité de mettre un terme à ces querelles, fit convenir que les lieux contentieux demeureroient communs entre les plus proches seigneurs du Poitou, & de l'Anjou ou de la Bretagne. Il paroît même que, pour assurer la paix à ces marches, on convint qu'elles jouiroient d'une espèce de neutralité durant la guerre, comme on l'a réglé entre la France & l'Espagne, pour quelques communautés qui sont situées sur les frontières des deux royaumes.

Les traités qui ont établi l'indivision des marches, ne subsistent plus. Mais les historiens de Bretagne citent des lettres du quatorzième siècle, dont on parlera bientôt, qui supposent que cet état étoit dès-lors très-ancien. Hullin, qui a fait un livre sur les *Marches*, imprimé d'abord séparément à Nantes en 1616 & à Rennes, puis joint à l'édition de la très-ancienne coutume de Bretagne par Sauvageau, rapporte au chap. 12, une requête de l'année 1405, au sujet des *marches* avantagères; & à la fin du chapitre 26, une sentence rendue en 1406, par les commissaires du duc de Berry, comte de Poitou, & du duc de Bretagne, sur la manière de lever le rachat dans les *marches* de Poitou & de Bretagne.

Pocquet de Livonnière, qui a aussi donné un traité sur les *marches*, à la suite de sa coutume d'Anjou, cite au chap. 1, une transaction du 13 novembre 1426, faite entre le vicomte de Thouars, seigneur de Mauléon, & le seigneur de Maulévrier en Anjou, qui, suppposant le fief & la jurisdiction communs entre eux, porte que leurs sujets & vassaux pourront être, par prévention, assignés devant les juges de l'un ou de l'autre, & que les procès seront jugés suivant la coutume de la province où ils auront été intentés, c'est-à-dire, suivant la coutume du siège qui aura prévenu.

Cet auteur ajoute que, « suivant une ancienne » loi des *marches*, il n'étoit pas permis aux seigneurs châtelains & barons, voisins des *marches*, d'y posséder rien en propre, soit pour ne » pas trop fortifier leur parti, soit pour éviter la » confiscation qu'ils auroient encourue, en faisant » la guerre pour leur souverain contre le prince » voisin. Ils étoient obligés de concéder, par un » commun accord, le fonds des héritages situés en » *marche* à des sujets & vassaux qui le tenoient » d'eux, moitié par indivis d'un seigneur poitevin, & moitié par indivis d'un seigneur breton, » à la charge de certains devoirs, qui consistoient, » savoir, au profit du seigneur poitevin, dans le droit

» de lever l'onzième gerbe, ce qui s'appelloit *touarçois*, parce qu'il étoit dû au seigneur de Thouars, » ou à des barons & châtelains relevans pour la » plupart de Thouars; & au profit du seigneur » breton, dans le droit de relever la dixième » gerbe, qui s'appelloit *mée* ». *Voyez l'article* Mée.

L'indivision des mouvances s'est perpétuée sans altération jusqu'à nos jours, en sorte que dans les paroisses qui composent les *marches communes*, la plupart des domaines relèvent indivisément des seigneurs de deux, des trois provinces de Poitou, Bretagne & Anjou. Il n'y a d'exception que pour ceux qui font partie des *marches contr'hostées*, & des *marches anomales*. *Voyez* ces deux *mots*.

La même chose a eu lieu pour la jurisdiction qui suit généralement le fief dans ces trois provinces. Comme il n'étoit pas possible d'attribuer celle des *marches communes* aux seigneurs d'une province, sans préjudicier à ceux de l'autre, & que l'indivis du fonds étoit un obstacle au partage de la jurisdiction, on établit l'usage de la prévention & de la concurrence entre les juges des deux provinces, dont les *marches* dépendoient, en sorte que le tribunal qu'on saisissoit de la demande, tant en actions civiles que criminelles, en demeuroit juge définitivement.

Par la même raison, on suivoit la coutume du lieu de la prévention, c'est-à-dire, celle de la jurisdiction où l'affaire étoit portée, tant pour l'instruction que pour le jugement des actions personnelles & des matières réelles indivisibles, & quelque inconvénient que cette méthode pût entraîner, on avoit été forcé de l'admettre par la nature des choses, & par suite de l'indivision.

A l'égard des actions réelles dividues, c'est-à-dire, qui avoient pour objet des choses susceptibles de division, comme les revendications d'héritages, les partages des fonds de terre, à titre de succession ou autrement, &c. il n'importoit point en quel siége ces actions étoient portées. On suivoit concurremment la disposition de l'une & de l'autre coutume, en déclarant l'héritage sujet pour moitié à chacune d'elles.

On observoit à-peu-près les mêmes règles pour les droits seigneuriaux, utiles ou honorifiques. Comme les *marches* n'ont point de coutume particulière, on y suit toujours celle du fief dominant, & comme les fiefs des *marches communes* relèvent pour une moitié des seigneurs de deux provinces, ils étoient aussi sujets pour une moitié indivise aux dispositions des coutumes des deux provinces.

Il y a seize paroisses des *marches communes* d'Anjou & de Poitou, qui sont sur les confins de la sénéchaussée de Saumur, & qui dépendant, pour l'Anjou, de la baronnie de Montreuil-Bellay, & pour le Poitou, du duché de Thouars, étoient également soumises pour l'appel & les cas royaux aux sénéchaussées de Saumur & de Poitiers. Les inconvéniens qui résultoient de la prévention & de la concurrence des juges des deux provinces, donnèrent lieu à un édit du 4 juin 1633, & à une déclaration du 26 août 1635, registrée au parlement le 7 septembre suivant.

La déclaration de 1635 distrait ces seize paroisses de la sénéchaussée & siége présidial de Poitiers, pour les unir & les incorporer à la sénéchaussée de Saumur & au présidial d'Anjou. Au lieu de la prévention qui subsistoit entre les juges des deux seigneurs, cette loi leur permet de faire procéder au partage des paroisses communes, afin que chacun pût exercer la justice exclusive dans sa partie. Mais ce partage n'ayant point été fait, les deux seigneuries jouissent toujours de la prévention, avec cette seule différence que les appels même de la duché-pairie de Thouars, au lieu de se porter à Poitiers, comme auparavant se portent, comme ceux de la baronnie de Montreuil-Bellay, à la sénéchaussée de Saumur & au présidial d'Angers, qui y ont aussi seuls la connoissance des cas royaux, prévôtaux, ou présidiaux, & la prévention accordée aux juges royaux par la coutume d'Anjou.

Cette même déclaration ordonnoit que pour la décision du fonds des contestations, on suivroit la coutume du lieu où est situé le fief dominant. Cela s'observe sans difficulté dans les *marches* contr'hostées qui composent une bonne partie des seize paroisses. Mais l'indivision n'ayant point cessé dans la partie des *marches* qui est commune même quant à la mouvance, on a continué comme autrefois à suivre les deux coutumes par moitié dans le partage des successions & toutes les autres matières susceptibles de division.

Le surplus des *marches communes* du Poitou & de l'Anjou a été réuni à la sénéchaussée d'Angers par l'édit de création du présidial de Château-Gontier, du mois de juillet 1639, & une déclaration du 22 juin 1640. Ces deux loix ont été adressées & enregistrées au grand-conseil, qui connoissoit alors des conflits de jurisdiction entre les présidiaux. Mais quoique la sénéchaussée de Poitiers ait aussi perdu de cette manière toute jurisdiction sur ces *marches* qui composent plus d'une douzaine de paroisses, les juges seigneuriaux de Mortagne, de Mauléon, (aujourd'hui Châtillon), & de Thiffauges, situés en Poitou, sont demeurés en possession de la prévention, concurremment avec ceux des jurisdictions de Montfaucon, Chollet, Maulévrier, &c. situés en Anjou, sauf l'appel au présidial d'Angers, pour les jugemens même rendus dans les jurisdictions du Poitou.

En un mot, l'attribution des *marches communes* d'Anjou & de Poitou au siége de Saumur pour une partie, & au siége d'Angers pour une autre partie, n'a enlevé de jurisdiction qu'à la sénéchaussée & au présidial de Poitiers. Mais elle n'a rien changé aux droits des seigneurs de Poitou & de leurs juges, qui ressortissent seulement pour cet objet à Saumur & à Angers, au lieu de ressortir à Poitiers, comme ils le faisoient autrefois, sauf l'appel au présidial d'Angers.

Un jugement de M. Lanier, conseiller au grand-conseil, qu'on avoit commis pour mettre le présidial d'Angers en possession des *marches communes* des deux provinces, avoit prononcé à la vérité, que ces *marches ci-devant communes* seroient *à présent de la province d'Anjou*, & que tous les procès civils & criminels y seroient jugés *suivant la coutume d'Anjou*. Mais quoique cette sentence ait été homologuée par un arrêt du grand-conseil, Pocquet de Livonnière convient qu'elle ne s'observe point, & que ce commissaire *a excédé en cela son pouvoir*, « le roi n'ayant rien voulu changer dans les *mar-* » *ches* par son édit que le ressort & la jurisdiction » royale.... Les officiers du présidial d'Angers ont » eux-mêmes reconnu cet excès, & ont jugé que, » nonobstant l'édit de réunion à leur siège, le » fonds des *marches communes* est demeuré indivis » & commun aux deux provinces d'Anjou & de » Poitou, & par conséquent soumis par moitié aux » coutumes de ces deux provinces, si ce n'est dans » le cas où l'attribution au présidial d'Angers a dé- » terminé à suivre la coutume d'Anjou, par con- » séquence tirée de l'usage ancien des *marches* ».

On a déjà vu que dès avant l'attribution aux sièges de Saumur & d'Angers, on suivoit la coutume du lieu où la contestation étoit portée, pour la procédure & les objets qui n'étoient pas susceptibles de division.

Telle est la règle générale, dont l'application exige beaucoup de lumières & la plus grande pénétration.

On sent combien il est difficile de déterminer les cas véritablement indivisibles, & par conséquent ceux où l'on doit suivre une coutume plutôt qu'une autre. Il ne l'est pas moins de régler la manière de faire le partage, quand il y a lieu.

La nature de cet ouvrage ne permet pas d'entrer dans des détails à ce sujet. On peut consulter les deux traités de Hullin & de Livonnière; quelque bien fait que soit ce dernier ouvrage, comme l'auteur avoit été, pour ainsi dire, élevé dans le sein du présidial d'Angers, qui pouvoit avoir quelques préventions pour l'accroissement de sa jurisdiction; il est important de recourir aussi au premier, qui a été composé par un Poitevin, procureur-fiscal à Thiffauges, & qui, malgré les changemens survenus depuis, contient toujours les fondemens du droit vraiment singulier des *marches*. On peut aussi trouver quelques secours dans Constant, Barraud, & les autres commentateurs de la coutume de Poitou.

Il y a eu de même quelques réglemens pour prévenir les inconvéniens qui résultoient de la concurrence & de la prévention des juges des deux provinces, dans les *marches communes* de la Bretagne & du Poitou.

On finira par observer que la situation de ce dernier pays, & les maux même qu'il avoit si long-temps éprouvés, lui ont fait accorder divers privilèges, dont l'origine se perd dans la nuit des temps, & qui le rapprochent de la constitution de la Bretagne.

On voit dans l'histoire de cette province, par dom Lobineau, que le principal de ces privilèges étoit que, moyennant un seul octroi que les *marches communes* faisoient à chaque avénement des ducs de Bretagne, elles étoient exemptes de tailles, fouages & autres impôts mis sus pour l'entretenement des gens de guerre, & que les officiers du duc de Berry, comte de Poitou, ayant voulu y donner atteinte en 1390, le duc de Bretagne s'en plaignit à ce prince, qui déclara, par ses lettres du 4 janvier, qu'il vouloit *conserver* les privilèges en question, bien loin d'y vouloir donner atteinte.

Le duc de Bretagne déclara la même chose par des lettres du 17 avril 1434.

Dom Lobineau rapporte aussi un jugement rendu en 1439, entre les commissaires du roi & du duc de Bretagne, pour le même objet, lequel fut confirmé par le roi, le 28 d'août, & par le duc, le 25 d'octobre.

Les deux contrats de mariage d'Anne de Bretagne avec Charles VIII & Louis XII, portent expressément que les *marches* seront conservées dans leur état. Il y a eu depuis une foule de confirmations de ces privilèges, qui ont été accordées par tous nos rois, en 1560, 1571, 1577, 1606, 1626, 1659, 1729, 1742, 1759, 1764 & 1773.

L'arrêt du conseil & les lettres-patentes de 1659, portent nommément : « nous avons maintenu & » gardé lesdits habitans en leurs exemptions, » franchises & privilèges; les avons déchargés de » toutes tailles, fouages, crues, subsistances, im- » pôts, aides, huitains, traites foraines & do- » maniales, pour les choses crues & tirées des- » dites *marches*, & qui y seront apportées d'ail- » leurs pour y être consommées, quartier d'hiver, » logement des gens de guerre, taxes faites ou à » faire pour être déchargés d'iceux, & autres im- » positions quelconques, mises & à mettre en l'une » & l'autre desdites provinces de Poitou & de » Bretagne ».

Les *marches communes* des deux provinces ont seulement payé depuis le dix-septième siècle, une somme plus ou moins forte, suivant les différentes époques, *par forme d'abonnissement*. Ce sont les termes des lettres-patentes de 1606. Cet abonnement est réparti par un syndic général, & huit commissaires nommés à cet effet.

Les habitans de ces *marches* firent en 1704 un nouvel abonnement pour la capitation; ils se sont de même abonné pour le dixième & pour les vingtièmes, en 1712, 1742 & 1773.

La franchise des droits d'aides, tant pour les choses qui sont du crû desdites *marches*, que pour celles qui y sont apportées d'ailleurs pour la consommation des habitans, a été maintenue par divers arrêts de la cour des aides, & notamment par un du .... septembre 1775.

Les marchetons n'ont pas été aussi heureux pour le droit de francs-fiefs; ils ont été condamnés à le payer pour les fiefs qu'ils possédoient dans les *marches communes*, dès avant l'édit de 1771, par un arrêt contradictoire, rendu au conseil le 7 avril 1744. *Voyez le Dictionnaire des Domaines*, au mot *Marches communes*. (*Article de M.* GARRAN DE COULON, *avocat au parlement.*)

MARCHES CONTR'HOSTÉES *ou* CONTROTTÉES. Suivant Hullin & Pocquet de Livonnière, ces *marches* ne sont point des paroisses, mais des lieux & domaines particuliers, situés dans les paroisses des marches communes ou avantagères.

Ces domaines ont cela de particulier, qu'ils ne relèvent que d'un seul seigneur angevin ou poitevin, au lieu que les autres domaines des *marches* communes ou avantagères, relèvent moitié par indivis d'un seigneur angevin, & moitié par indivis d'un seigneur poitevin.

Les *marches contr'hostées* dérivent à-peu-près de la même source que les *marches* communes. Les seigneurs des provinces voisines, au lieu d'en laisser la mouvance indivise entre eux, comme ils l'ont fait pour les *marches* communes, ont fait une espèce de partage par forme d'échange & de compensation, en demeurant d'accord qu'un héritage limitrophe releveroit pour le tout d'un seigneur angevin, à la charge qu'un autre héritage releveroit aussi pour le tout d'un seigneur poitevin, partageant ainsi la féodalité à part & à divis, & laissant la jurisdiction contentieuse indivise & commune : ce qui a formé les *marches contr'hostées*, ou plutôt *controttées*, comme on parle dans le pays.

C'est du moins là ce que dit Pocquet de Livonnière. Il en conclut qu'on doit préférer l'étymologie qui fait dériver le terme de *contr'hottée* des mots latins *alter contrà alterum*, ou *alius contrà alium*, à celle qui le fait dériver de ces autres mots latins *contrà hostes*. Mais Hullin & les plus anciens auteurs disent *contr'hostées* & non pas *controttées*; & il est assez probable que la mouvance de chaque lieu appartient à tel ou tel seigneur plutôt qu'à tel autre, parce qu'il se sera fait reconnoître anciennement pour cet objet, sans qu'il y ait eu de traité de partage, ou de compensation fait entre les seigneurs des deux provinces. *Voyez* MARCHES FIANCIÈRES.

Au reste, Pocquet de Livonnière ajoute que non-seulement il y a des lieux & des héritages *controttés*, mais aussi des rentes foncières controttées, lesquelles relèvent pour le tout d'un seigneur angevin, ou d'un seigneur poitevin, nonobstant qu'elles soient assises sur un héritage situé en *marches communes*, qui relève moitié par indivis d'un seigneur angevin, & moitié par indivis d'un seigneur poitevin.

Cela dépend, dit-il, de la possession & des titres. Les *marches controttées* sont des exceptions à la règle générale, qui sont à la vérité autorisées par l'usage; mais qu'il faut prouver & établir par des titres particuliers.

Des gens peu versés dans ces matières ont confondu les *marches contr'hostées* avec les *marches* avantagères. Mais quoiqu'on ne puisse guère donner de raison solide de l'application d'une dénomination à l'une plutôt qu'à l'autre, il y a une différence très-marquée entre elles. Les *marches* avantagères sont des paroisses entières où il y a des domaines, dont la mouvance est commune aux seigneurs des deux provinces, & la jurisdiction à l'avantage du seigneur d'une province privativement à ceux de l'autre.

Dans les *marches contr'hostées*, au contraire, c'est la mouvance qui appartient privativement à un seigneur de l'une des deux provinces. Ces dernières *marches* suivent d'ailleurs la jurisdiction de la paroisse où elles sont enclavées, soit que cette paroisse soit *marche* avantagère ou *marche* commune, parce qu'elles en sont regardées comme des dépendances & des accessoires.

C'est la décision d'Hullin, dans son traité des *Marches*, *chap. 13 & 28.* Pocquet de Livonnière conclut de-là que depuis l'édit de 1639, & les autres loix portant réunion des *marches* communes au présidial d'Angers, les officiers du présidial de Poitiers ne peuvent plus prendre connoissance des affaires des *marches contr'hostées* situées dans les *marches* communes, ni des personnes domiciliées dans lesdites *marches contr'hostées*, soit en première instance, soit par appel des sentences rendues par les juges subalternes, qui connoissoient toujours par prévention & concurremment avec les juges d'Anjou des causes des *marches* communes. Cet auteur cite un arrêt du grand-conseil, rendu le 6 mars 1717, qui l'a ainsi jugé.

Il est certain du moins qu'on doit suivre la règle d'Hullin, pour la décision des questions étrangères à la féodalité. Les *marches contr'hostées* se gouvernent comme les paroisses où elles sont situées. Dans tout ce qui ne concerne pas la mouvance, elles sont réputées *marches* communes ou *marches* avantagères, comme le sont les paroisses même où elles se trouvent. *Voyez* MARCHES COMMUNES, MARCHES AVANTAGÈRES & MARCHES ANOMALES. (*Article de M.* GARRAN DE COULON, *avocat au parlement.*)

MARCHES FIANCIÈRES. On donne ce nom aux *marches* avantagères, lorsqu'on les considère relativement à celui des deux seigneurs communs, qui n'y a point l'avantage de la jurisdiction. « Ce mot, dit » Hullin, au chap. 11 de son traité, est emprunté » de l'ancien usage qui étoit parmi les *marches*, » esquelles le seigneur advantager entroit le premier dans le champ prendre ses devoirs; & le » seigneur non advantager attendoit & *étoit tenu* » *se rapporter à la foi & fiance de ses vassaux*, pour » la valeur & qualité des fiens, bien qu'ils fussent » presque d'aussi grande valeur que l'advantager ».

On peut voir dans le même chapitre des anciennes instructions,

instructions, qui prouvent que cela se pratiquoit ainsi pour le terrage dû aux deux seigneurs. Mais aujourd'hui le coseigneur du seigneur advantager a la jurisdiction foncière pour sa portion. *Voyez* MARCHES AVANTAGÈRES. (*Article de M. GARRAN DE COULON, avocat au parlement.*)

MARCHES PRÉVENTIONNELLES ; on donne quelquefois ce nom aux *marches* communes, parce que les juges des deux provinces, entre lesquelles elles sont situées, y ont la prévention. *Voyez* MARCHES COMMUNES. (*Article de M. GARRAN DE COULON, avocat au parlement.*)

MARCHESSE, est un terme particulier de la coutume de Berry, qui signifie l'espèce d'orge qui se sème au mois de mars.

MARCHET ; l'article 7 de la coutume de S. Jean-d'Angely, donne ce nom à la marque que le seigneur applique sur les mesures de grains.

Le mot de *marchet* a une autre acception, dont on parlera au *mot* MARQUETTE. (*Article de M. GARRAN DE COULON, avocat au parlement.*)

MARCHISSANS : est un terme particulier de la coutume de Hainaut, qui a la même signification que celui de *riverains*. Les *marchissans* des rivières & chemins, qui ont fait quelques entreprises sur & contre lesdites rivières & chemins, doivent être contraints de relever & ouvrir lesdites rivières & chemins, à leurs frais & dépens, dans un délai compétent & raisonnable, qui sera fixé par le cerquemannage. *Hainaut, chap. 103, art. 1.*

MARCIAGE, c'est un droit seigneurial qui a lieu dans les coutumes locales de Bourbonnois; il consiste en ce qu'il est dû au seigneur un droit de mutation pour les héritages roturiers, tant par la mort naturelle du précédent seigneur, que par celle du tenancier ou propriétaire.

Dans la châtellenie de Verneuil, le *marciage* consiste à prendre de trois années la dépouille de l'une quand ce sont des fruits naturels, comme quand ce sont des saules ou prés; & en ce cas, le tenancier est quitte du cens de cette année. Mais, si ce sont des fruits industriaux, comme terres labourables ou vignes, le seigneur ne prend que la moitié de la dépouille pour son droit de *marciage*; & le tenancier ne paie que la moitié du cens de cette année.

Dans cette même châtellenie, les héritages qui sont tenus à cens payable à jour nommé, & portant sept sous tournois d'amende à défaut du paiement, ne sont point sujets au droit de *marciage*.

En la châtellenie de Billy, le *marciage* ne consiste qu'à doubler le cens dû pour l'année où la mutation arrive.

En mutation par vente, il n'y a point de *marciage*, parce qu'il est dû lods & ventes.

Il n'est point dû non plus de *marciage* pour les héritages qui sont chargés de taille & de cens tout ensemble, à moins qu'il n'y ait titres ou convention au contraire.

L'église ne prend jamais de *marciage* par la mort du seigneur bénéficier, parce que l'église ne meurt point; elle prend seulement *marciage* pour la mort du tenancier dans les endroits où on a coutume de le lever.

La coutume porte qu'il n'est dû aucun *marciage* au duc de Bourbonnois, si ce n'est dans les terres sujettes à ce droit, qui seroient par lui acquises, ou qui lui aviendroient de nouveau de ses vassaux & sujets; il paroît, à la vérité, que ceux-ci contestoient le droit; mais la coutume dit que monseigneur le duc en jouira, ainsi que de raison. *Voyez* Auroux des Pommiers, sur la coutume de Bourbonnois, à l'endroit des coutumes locales, & le glossaire de M. de Laurière, au mot *Marciage*. (*A*)

MARCIER, c'est faire usage du droit de marciage. *Voyez* MARCIAGE. (*Article de M. GARRAN DE COULON, avocat au parlement.*)

MARCKGHELT, expression usitée en Flandre pour désigner un droit seigneurial, qui répond à ce qu'on appelle ailleurs *lods & ventes*.

Ce droit n'appartient pas à tous les seigneurs indistinctement. Il faut, pour l'exercer, qu'ils y soient autorisés ou par la coutume locale, ou par des titres valables, ou par une possession suffisante. C'est ce que fait entendre la coutume de Cassel, *art. 273*, lorsqu'elle dit, sauf en ce cas le droit des seigneurs, savoir de *marckghelt*, si tant est qu'il en ait le droit.

MARÉCHAUSSÉE, s. f. (*Droit public. Code milit.*) est un corps de gens à cheval, établi pour veiller à la sûreté publique, dont les principales obligations consistent à rechercher & poursuivre les malfaiteurs, à tenir les grands chemins libres & assurés, à observer la marche des troupes, à veiller au bon ordre dans les fêtes & autres assemblées publiques, à prêter main-forte pour l'exécution des ordonnances de justice, en un mot, à maintenir en toute circonstance la sûreté & la tranquillité publiques. *Voyez* ARCHER, & le *Dictionnaire de l'art militaire*.

Maréchaussée, se dit aussi quelquefois de la jurisdiction attribuée aux prévôts des maréchaux de France. *Voyez* CONNÉTABLIE, PRÉVÔT DES MARÉCHAUX.

Maréchaussée, est un terme usité dans les coutumes d'Artois, de S. Pôl, de Beauquesne, de Montreuil & du Boulonois, dont elles se servent pour signifier ce que l'on entend ordinairement par catteux secs. *Voyez* CATTEUX.

MARÉE, s. f. se dit de tout poisson de mer qui n'est pas salé.

Les marchands chasses-marées ont commencé à fréquenter les halles de Paris, vers le règne de S. Louis. On a établi aussi-tôt des personnes préposées pour vendre le poisson de mer au compte des marchands, & leur en remettre le prix, sous la déduction de ce qui leur étoit alloué pour leurs peines & salaires. On a établi également au-dessus d'eux, des personnes de confiance, sous le nom de *compteurs* & de *déchargeurs*. On voit aussi, d'après plusieurs ordonnances, que nos rois ont pris sous leur protection & sauve-garde spéciale, les chasses-marées, leurs serviteurs & domestiques, & leurs marchandises, & qu'ils ont attribué la connoissance de toutes leurs causes, privativement à tous autres juges, à des commissaires choisis entre les présidens & conseillers du parlement de Paris.

Les compteurs, déchargeurs & vendeurs de *marée*, avoient d'abord été choisis par des prudhommes, ainsi qu'il résulte de l'article 24 d'une ordonnance de 1258; mais en 1543 ils ont été créés en titre d'office, & on y joignit un contrôleur de la *marée*.

Ces offices ont éprouvé différentes variations, que nous ne nous arrêterons pas à détailler, parce que les droits qui leur ont été attribués se percevant aujourd'hui pour le compte du roi, on trouvera les réglemens relatifs à cette matière, dans le *Dictionnaire des finances;* & pour ce qui regarde la jurisdiction de la *marée*, on peut voir ce que nous en avons dit sous le mot CHAMBRE *de la marée*.

MARESCHAUCHÉE. (*Droit de*) *Voyez* MARESCHAUCIE & MARÉCHAUSSÉE.

MARESCHAUCIE, MARCHAUCHIE *ou* MARESCHAUSIE; on a donné ce nom au droit que les seigneurs avoient de prendre de l'avoine, du foin, ou d'autres espèces de fourrages pour leurs chevaux. *Voyez* le glossaire de Ducange & celui de dom Carpentier, au mot *Marescalcia*, sous *Marescalcus*.

Ce dernier auteur dit qu'on doit lire *marchaucie*, au lieu de *marchanches*, dans la chartre de Tannay, de l'an 1352, qui se trouve au tome 6 des ordonnances du Louvre, *page 59;* il y est dit, « *article 3*, « la redevance d'avoine appellée *marchanches*, deue ès ditz seigneurs, *&c.* ».

Maillart dit, dans son commentaire sur l'article 144 de la coutume d'Artois, n°. 17, « qu'en Lyonnois & dans les pays circonvoisins, les terres sont chargées d'une certaine redevance, en espèce ou en argent, nommée *mareschaussée*, laquelle étoit originairement payée aux maréchaux des princes, en considération de ce que ces officiers défendoient les peuples, tant en guerre qu'en paix ».

Cet auteur compare cette redevance au droit de gave ou gaule, dont on a parlé dans un article particulier. Mais il y a lieu de croire que ce droit de mareschaussée est absolument le même que celui de *mareschaucie*. (*Article de M.* GARRAN DE COULON, *avocat au parlement.*)

MARGUILLIER, s. m. (*Droit public & can.*) on nomme *marguilliers* ceux qui prennent soin de l'administration des affaires & des biens des fabriques des paroisses & des confrairies. On a depuis établi aussi des *marguilliers* dans les cathédrales & collégiales à l'imitation des paroisses; en 1204, Odon, évêque, en a établi dans l'église de Paris, savoir, quatre clercs & quatre laïques, qui, à cause de cette fonction de *marguillier*, font un hommage lige à l'évêque.

Dans l'origine, l'administration des biens temporels de l'église étoit confiée aux diacres, qui prenoient soin de tout ce qui regardoit le culte extérieur.

Dans la suite ils se déchargèrent sur de simples clercs d'une partie de leur emploi, qui consistoit à tenir une espèce de liste & catalogue des pauvres, qui, n'osant alors mendier dans les églises, se tenoient aux portes en dehors pour recevoir l'aumône qui leur étoit distribuée par les dépositaires de la matricule, chargés pour cet effet de recevoir les quêtes, collectes & dons destinés aux nécessités publiques.

On appelloit ces pauvres *matricularii*, parce qu'ils étoient inscrits sur cette matricule, appellée *matricula;* on donna aussi le même nom de *matricularii* aux distributeurs de ces aumônes, dépositaires de ce catalogue ou matricule; c'est de ce mot *matricularii* que paroît être venu le nom de *marguillier*, que, dans quelques lieux, on appelle *fabriciers gagers*, & dans d'autres *trésoriers*, quoique pourtant leurs devoirs & fonctions soient aujourd'hui à-peu-près les mêmes.

Entre les pauvres qui étoient inscrits pour les aumônes, on en choisissoit quelques-uns pour rendre à l'église de menus services, comme de balayer l'église, parer les autels, sonner les cloches; dans la suite les *marguilliers* ne dédaignèrent pas de prendre ce soin, ce qui put contribuer encore à les faire appeller *matricularii*, parce qu'ils prirent en cette partie la place des pauvres *matriculiers*, chargés auparavant des mêmes fonctions. Les paroisses ayant plus d'affaires dans l'administration des biens & revenus des églises, on les débarrassa de tous les menus services dont nous avons parlé, pour en charger des bedeaux & autres ministres inférieurs des églises; néanmoins à la campagne ils font quelquefois ces fonctions ensemble.

Les *marguilliers* étoient autrefois chargés de recueillir les enfans exposés en naissant: ils en dressoient un procès-verbal appellé *epistola collectionis;* comme on voit dans Marculphe; ces enfans étoient les premiers inscrits dans la matricule; mais aujourd'hui c'est une charge de la haute-justice.

Les ecclésiastiques ayant donc, comme on l'a dit ci-devant, abusé de l'administration, on leur a substitué les laïques, qui sont nommés *marguilliers*, & qui représentent l'universalité des paroissiens, leurs fonctions principales sont donc aujourd'hui d'administrer les fonds & revenus de la fabrique, de faire acquitter les fondations, de choisir des ministres capables de les acquitter, de régler avec eux la rétribution convenable.

Dans presque toutes les paroisses de campagne, ils quêtent eux-mêmes dans l'église, ils ont soin de parer l'autel, de sonner les cloches, *&c.* En un mot, leurs fonctions ne sont guère différentes de celles des bedeaux des églises de Paris, si ce n'est que ceux-là administrent aussi le temporel de l'église dont ils sont comptables.

Il n'en est pas ainsi des *marguilliers* des paroisses des grandes villes; à Paris il y a deux classes de *marguilliers ;* les uns ſont appellés *marguilliers* d'honneur ou premiers *marguilliers ;* ils ſont d'ordinaire au nombre de deux. On eſt dans l'uſage de déférer ces places aux magiſtrats, ou aux perſonnes conſtituées en dignité, dont la protection peut être utile à la fabrique.

Les autres ſont appellés *comptables*, parce qu'ils régiſſent les biens des fabriques dont ils rendent compte un an, ou ſix mois après la fin de leur exercice.

Le 26 janvier 1737, on a plaidé la queſtion de ſavoir, ſi l'élection d'un riche marchand de bois pour premier *marguillier* à Auxerre devoit ſubſiſter: par arrêt du parlement l'élection a été déclarée nulle; l'uſage étant de ne déférer ces places qu'aux perſonnes notables, parmi leſquelles on ne devoit pas comprendre un marchand, quoique riche; c'eſt l'état, & non la fortune des hommes qui les conſtituent en dignité. Le même arrêt ordonne qu'on ne pourra élire à l'avenir pour premier *marguillier*, qu'un officier du préſidial, de la prévôté, avocat, médecin ou officier de la maiſon du roi.

Les procureurs, notaires & marchands ſont ordinairement choiſis pour *marguilliers* comptables. La préſéance ſe règle entre eux, ſuivant le temps qu'ils ont été *marguilliers ;* & pour éviter les conteſtations, ils marchent ordinairement ſelon leur rang d'ancienneté.

Dans les proceſſions & cérémonies publiques, les anciens *marguilliers* d'honneur ne font plus corps avec les *marguilliers* en charge; dès qu'ils ne ſont plus en place, ils reprennent le rang qu'ils avoient auparavant, ſans garder aucun avantage de leur qualité d'anciens *marguilliers :* il en eſt de même des anciens comptables; ceux qui avoient paſſé les charges à ſaint Severin, prétendirent néanmoins le contraire, diſant que leur ſervice à l'égliſe & leur adminiſtration leur attribuoient l'avantage de ne compoſer qu'un même corps avec les *marguilliers* en charge, & parce que ceux-ci ne pouvoient faire de délibération ſans les anciens, qui tous enſemble compoſent une eſpèce de collège & de ſénat, ils en concluoient qu'ils ne pouvoient être précédés par les avocats; mais ils diſoient que par déférence & par reſpect, ils ſouffroient que les magiſtrats des cours ſouveraines les précédaſſent.

M. l'avocat-général Talon, qui porta la parole dans cette affaire, fronda les raiſons des *marguilliers* de ſaint Severin; il prouva que les *marguilliers* une fois ſortis de charge retournoient dans leur première condition, ſans rien conſerver de la préſéance qu'ils avoient eue pendant leur adminiſtration. Il diſtingua les droits utiles de cette ancienneté, comme de ſéance dans l'œuvre, de pain béni, de cierge de la chandeleur, & de voix délibérative aux aſſemblées d'adminiſtration, d'avec la préſéance aux proceſſions & cérémonies publiques ſur les avocats, dont il releva beaucoup le mérite. En conſéquence, par arrêt du 15 juin 1688, rapporté au ſecond tome du journal du palais, la cour a ordonné que les avocats exerçant actuellement la profeſſion, précéderont, aux proceſſions & cérémonies publiques, les procureurs, notaires & autres anciens *marguilliers* comptables, dépens compenſés: cet arrêt eſt imprimé.

Un autre arrêt du 2 décembre 1683, rapporté au journal des audiences, *tome 4, livre 6, chap. 19*, a confirmé une ſentence du châtelet du 18 février précédent, par laquelle il eſt ordonné que les officiers de la juſtice de Gentilly auront la préſéance & droits honorifiques en l'égliſe avant les *marguilliers* du lieu, & a enjoint à ceux-ci d'envoyer le pain béni auxdits officiers, après le ſeigneur & dame du lieu. *Voyez* PAIN BÉNI & PRÉSÉANCE.

Il a été encore jugé par des arrêts des 14 janvier 1726 & 9 janvier 1727, que les commenſaux & leurs femmes ont les droits honorifiques dans l'égliſe avant les *marguilliers ;* le dernier de ces arrêts eſt rendu contre les *marguilliers* de Corbeil.

A Mondidier les officiers du bailliage jouiſſent des honneurs de l'égliſe dans toutes les paroiſſes de la ville, privativement & à l'excluſion des *marguilliers*, qui ne vont aux proceſſions & offrande qu'après leſdits officiers, ſuivant un acte de notoriété de ce ſiège du 13 février 1697.

A Mortagne au Perche, les lieutenant-général & procureur du roi, ainſi que le bailli d'épée, jouiſſent à-peu-près des mêmes prérogatives, notamment du pain béni qui leur eſt préſenté avant les *marguilliers* de leur paroiſſe, & que leſdits *marguilliers* de toutes les autres paroiſſes de la ville leur font porter dans leurs maiſons: ce droit n'eſt fondé que ſur une poſſeſſion immémoriale; les autres officiers du ſiège ne jouiſſent d'aucun de ces droits ni dans leur paroiſſe, ni dans les autres paroiſſes de la ville.

On a pluſieurs fois agité la queſtion de ſavoir ſi on pouvoit forcer ceux qui ſont élus *marguilliers*, à en remplir les fonctions; à cet égard, on a diſtingué les *marguilliers* des paroiſſes, de ceux des confrairies, dont les revenus ſont adminiſtrés par des perſonnes qu'on nomme auſſi quelquefois *marguilliers.*

Comme des établiſſemens tels que les confrairies, n'appartiennent point au public, & ne lui ſont utiles en rien, on ne contraint perſonne à ſe charger de l'adminiſtration de leurs biens; c'eſt une charge abſolument libre & volontaire, dont on doit néanmoins faire les fonctions quand on l'a acceptée.

Cependant la cour, par arrêt du 11 août 1762, rendu en la grand'chambre, a condamné un particulier mégiſſier, demeurant ſur la paroiſſe ſaint Martin, fauxbourg ſaint Marcel à Paris, à accepter & remplir les fonctions de gouverneur & adminiſtrateur de la confrairie de ſaint Nicolas de cette paroiſſe; mais M. l'avocat-général Seguier a dit que cette confrairie appartenoit à la fabrique, dont elle étoit un démembrement; qu'il étoit d'ailleurs d'usage de prendre soin de cette confrairie avant de devenir *marguillier*; que tous les paroissiens étoient confrères de cette confrairie, & devoient prendre la même part à l'administration de ses biens qu'à ceux de la fabrique dont elle faisoit partie. La même chose avoit été jugée au mois de décembre 1758 pour la même confrairie.

Il n'en est pas de même des fabriques & des autres établissemens qui intéressent nécessairement le corps de la paroisse & l'avantage des pauvres. L'administration des biens de ces établissemens est regardée comme un office de charité, de religion & de piété, qui n'est point compris dans l'exemption des charges publiques; c'est sur ce fondement que différens arrêts ont condamné différens particuliers à accepter ces charges, & ont ordonné que l'administration se feroit à leurs risques & à leurs frais.

Le premier de ces arrêts a été rendu contre Me Ponyer, notaire à Paris, en faveur de la fabrique de saint Sauveur; il est du 26 avril 1697.

Un autre arrêt du 27 mars 1706 a été rendu contre un sieur le Fevre, lieutenant de l'amirauté à Abbeville, nommé *marguillier* de la paroisse saint Gilles dudit lieu.

Par autre arrêt du 30 juillet 1710, sur les conclusions de M. l'avocat-général Joly de Fleury, contre Me Berche, notaire à Paris, qui étoit aussi payeur des rentes, la cour lui a ordonné d'accepter la charge de *marguillier* comptable de la paroisse de saint Genevieve des Ardens (qui n'existe plus) sans réserves d'aucunes des fonctions qui ont accoutumé d'être faites, conformément à l'arrêt du 13 mars 1682.

Par un autre arrêt rendu au parlement de Rouen, le 16 juillet 1744, un receveur des consignations a été condamné à accepter la qualité & à faire les fonctions de *marguillier*, nonobstant les exemptions par lui prétendues attachées à son office.

Par une sentence de la première chambre des requêtes du palais du 22 décembre 1760, homologative d'une délibération de la fabrique de saint Landry, portant nomination de M. Ropiquet, procureur au parlement, pour *marguillier* de cette paroisse, il lui a été ordonné d'en remplir les fonctions tant qu'il resteroit sur la paroisse, qu'il devoit incessamment quitter.

Il a même été, au rapport de M. Pucelle, ordonné, le 26 février 1726, par la cour, que Jacques Fagnou, marchand épicier, demeurant sur la paroisse saint Eustache à Paris, seroit tenu d'accepter la charge d'administrateur de la compagnie de charité, érigée en ladite paroisse, sous l'invocation de Notre-Dame-de-bon-secours, & d'en faire les fonctions suivant l'usage, sinon que la charge courroit à ses risques.

On doit observer que cette confrairie ne doit pas être confondue avec celles qui n'ont pour objet que la récitation de prière, ou de cérémonies pieuses dont la religion catholique n'a pas besoin d'être surchargée, ladite confrairie au contraire ayant été établie pour secourir les pauvres enfans, leur procurer une éducation chrétienne, &c.

Il faut néanmoins convenir que la jurisprudence à cet égard n'est pas toujours uniforme. Il est arrivé quelquefois qu'il a été prononcé un hors de cour sur ces demandes, par des sentences du châtelet, notamment, il y a peu d'années, contre les *marguilliers* de saint Josse.

La même question s'est présentée aux causes d'appel du présidial, le 25 janvier 1759, entre les curé & habitans de Choisi, & un fermier, dont la ferme située de l'autre côté de la rivière, se trouve sur la paroisse de Choisi-le-roi: ce fermier élu *marguillier*, disoit qu'on ne pouvoit le contraindre, parce que la situation de sa ferme, séparée par la rivière, ne lui permettoit pas de prendre tous les soins qu'exigeoit cette charge, & que d'ailleurs ce n'étoit pas une charge publique qu'il pût être forcé d'accepter.

Il étoit prouvé dans le fait que d'autres fermiers, habitans de la même ferme, avoient été en même temps *marguilliers* de Choisi; le défenseur du curé & des habitans fit d'ailleurs voir, d'après Mornac, Domat & d'Hericourt, que l'administration des biens d'une fabrique, en qualité de *marguillier*, étoit une charge publique; par sentence rendue ledit jour, la sentence du bailli de saint Germain-des-Prés, confirmative de celle de Choisi contre le fermier, a été confirmée avec dépens.

L'arrêt d'enregistrement des lettres-patentes, obtenues par les notaires de Paris, au mois d'août 1636, (par lesquelles ils ont été confirmés dans les privilèges accordés à cette communauté, & au nombre desquelles est, suivant leur exposé, l'exemption des charges publiques) porte, *sans qu'on puisse, sous les termes de charges publiques, y comprendre la fonction de marguillier, commissaire des pauvres & autres fonctions de religion, de piété & de charité*: cet arrêt est du 13 août 1736: mais voyez ce qui est dit au mot COMMISSAIRE AU CHATELET.

Il ne faut pourtant pas conclure de tous ces exemples, qu'on puisse contraindre toutes sortes de personnes d'accepter la charge de *marguillier*, & d'en remplir les fonctions.

Dans une cause plaidée le 28 juillet 1759, où il s'agissoit de savoir si les curé & *marguilliers* de sainte Marguerite de Châlons en Champagne, avoient pu valablement nommer le sieur Hoccart de Renneville, ancien capitaine au régiment de Picardie, & bailli d'épée au bailliage & siège présidial de Châlons-sur Marne, pour *marguillier* comptable de ladite paroisse, M. l'avocat-général Seguier observa à l'audience qu'aucun réglement ne contenoit la distinction des personnes; mais que l'usage n'étoit pas de déférer les fonctions de *marguillier* comptable à des personnes, qui, par leur état & condition, en paroissoient exemptes.

Les magistrats, les militaires, les nobles, gens

vivant noblement, furent mis par M. Seguier au nombre des exempts de ces fonctions de *marguillier* comptable; en conséquence, suivant ses conclusions, par arrêt dudit jour 28 juillet 1759, la nomination du sieur Hoccart fut déclarée nulle, & lesdits curé & *marguilliers* condamnés aux dépens. Lors de la plaidoirie de cette cause, on cita un arrêt du conseil, du 14 février 1747, par lequel, sans s'arrêter à la délibération des curé & *marguilliers* & habitans de la paroisse de S. Aubert d'Arras, le sieur Bultel, conseiller au conseil provincial d'Artois, a été déchargé des fonctions de *marguillier* auxquelles il avoit été élu.

On trouve encore au journal des audiences, *tome premier, livre 3, chapitre 37*, un arrêt du 26 février 1637, qui a déclaré les docteurs-régens en droit de l'université d'Orléans exempts de cette charge. *Voyez* aussi dans le journal du parlement de Bretagne, *tome 1, chap. 89*, un arrêt du 3 janvier 1730, par lequel un avocat retiré à la campagne pour infirmités, après avoir suivi le barreau pendant treize ans, a été jugé ne pouvoir être forcé d'accepter & d'exercer les fonctions de *marguillier*.

D'après ces autorités, il semble qu'on peut dire que les personnes constituées en dignité, & celles qui ont des fonctions publiques, ne peuvent être forcées d'être *marguilliers* comptables: c'est ce qui paroît établi par l'article 8 de l'arrêt de la cour du 2 avril 1737, portant réglement pour la fabrique de S. Jean en Grève; & par un arrêt de réglement du parlement de Bretagne, du 31 octobre 1560, cité dans les nouveaux mémoires du clergé, *tome 3, édition de 1716, page 1185*, qui porte que les *marguilliers* seront du tiers-état.

Le sieur Rose du Rosel, fourrier de la grande écurie, élu *marguillier* en son absence par les paroissiens de saint Pierre de Dreux, a été déchargé par arrêt du conseil du 11 juillet 1718, & de la demande formée contre lui, tendante à le contraindre d'accepter.

Un arrêt contradictoire du grand-conseil, du 26 octobre 1706 a aussi déchargé Claude Baugnet, maître palfrenier de la grande écurie du roi, nommé *marguillier* de saint Pierre de Mondidier.

Un simple archer de la monnoie de Paris, habitant de la paroisse de Luzarche, a aussi été déchargé par arrêt du conseil du 22 octobre 1740.

Ces exemptions naissent de ce que ceux, au profit desquels ces arrêts sont rendus, devant remplir leurs fonctions auprès de la personne du roi, il ne paroît pas naturel de les assujettir à des fonctions de *marguilliers* comptables, qui sont regardés comme syndics ou procureurs des fabriques. *Voyez* d'Hericourt, *loix ecclésiastiques, liv. 4, chap. 4, nº. 35*.

Par arrêt rendu en vacation le 10 octobre 1766, sur les conclusions de M. Joly de Fleury, alors substitut, & depuis avocat-général, mort en 1784, le sieur Camet, marchand épicier & maître de la poste aux lettres à Conflans (banlieue de Paris), a été déchargé, en sa qualité de maître de la poste aux lettres, de la charge de *marguillier*; en conséquence l'élection a été déclarée nulle, & il a été ordonné que les curé & *marguilliers* de Conflans feroient procéder dans huitaine à une nouvelle élection; M. Joly de Fleury observa même que les curé & *marguilliers* de Conflans n'ayant point leurs causes commises en la cour, ils auroient dû nécessairement se pourvoir devant le juge royal, plaidant Mes Viel & Devaricourt.

Un autre arrêt récent, servant de réglement général pour la fabrique de la paroisse de Guiry, diocèse de Rouen, a jugé que le seigneur haut-justicier, patron fondateur, étoit *marguillier* d'honneur né; qu'il présideroit, s'il le vouloit, à toutes les assemblées de fabrique, & recueilleroit les suffrages & autres dispositions.

C'est ce qui a été également ordonné relativement aux droits de préséance des seigneurs, par arrêt du parlement de Paris du 7 septembre 1758, rendu pour la paroisse de Courcité, diocèse du Mans: suivant l'article 2, il est ordonné que quand le seigneur haut-justicier voudra se trouver aux assemblées de fabrique, il y présidera, sera nommé avant le curé & recueillera les suffrages. L'article 39 d'un autre réglement du 28 février 1756, pour Montargis, contient les mêmes dispositions, ainsi qu'un précédent du 10 juin 1716, qui ordonne que les comptes de la fabrique de Savie seront aussi présentés au seigneur qui sera nommé avant le curé de ladite fabrique. *Voyez* Jousse, *traité des gouvernemens des paroisses, & le traité des biens des communautés par* Freminville, *pag. 522*.

Par arrêt du conseil d'état du roi, du 10 février 1767, M. Duchemin de Chasseval, écuyer, lieutenant de robe-longue en la maîtrise des eaux & forêts de Montargis, a été maintenu dans les privilèges & exemptions attribués à son office; en conséquence la nomination faite de sa personne, à la charge de *marguillier* de la paroisse de sainte Marie-Madeleine de ladite ville, a été cassée & annullée avec dépens, & il a été déchargé de l'exercice de ladite charge; le sieur de Chasseval avoit deux titres d'exemption, comme il paroît par ses qualités, l'une attachée à son office, & l'autre personnelle, comme gentilhomme, qualité qui, d'après l'usage & la distinction faite par M. l'avocat-général, lors de l'arrêt rendu pour M. Hoccart en 1759, suffisoit pour lui assurer l'exemption de cette charge.

On voit aussi, par un autre arrêt de la cour du 31 mai 1769, rendu en la grand-chambre, que la nomination du sieur Guersan, médecin à Dreux, a été déclarée nulle. La sentence du bailliage de Dreux avoit confirmé sa nomination, avec exemption toutefois de faire les quêtes, lorsqu'il en seroit empêché pour l'exercice de ses fonctions de médecin, sur quoi il en seroit cru sur sa simple déclaration; les conclusions de M. l'avocat-général tendoient cependant à la confirmation de la sentence. Me Caillard plaidoit pour le sieur Guersan.

Un autre arrêt rendu aussi en la grand-chambre, sur les conclusions de M. Barentin, avocat-général, le 8 juillet 1769, a infirmé une sentence du châtelet, qui avoit confirmé la nomination que les habitans de Montreuil avoient faite de la personne d'un garde-archer de la ville de Paris pour *marguillier*, quoique ce particulier fût habitant de Montreuil; M. l'avocat-général observa que les gardes de la ville & autres officiers étoient montés sur le pied militaire, & qu'en aucun cas, ceux qui faisoient partie de ce service, ne pouvoient malgré eux être nommés *marguilliers*, parce qu'ils devoient être prêts à partir au premier signal. La question auroit été plus difficile, si le garde nommé *marguillier* n'eût pas été habitant de la banlieue de Paris; le bureau de la ville étoit intervenant, plaidant Mes Babille & Lechard.

Le parlement de Rouen a rendu un arrêt de réglement le 8 mars 1736, pour l'administration des biens des fabriques, & la reddition des comptes de ceux qui en sont chargés. Ses dispositions sont trop étendues pour être transcrites en leur entier; il suffira de dire, « que défenses sont faites aux » habitans des paroisses de son ressort, de nommer à l'avenir pour trésoriers & *marguilliers* les » curés, en quelque lieu que ce soit, ni les seigneurs, ni les gentilshommes dans les paroisses » de campagne, ni les juges en chef, avocats & » procureurs des bailliages & vicomtés, dans les » paroisses dépendantes de leur jurisdiction ».

Un arrêt du parlement de Bretagne du 24 mai 1735, avoit fait également les mêmes défenses aux curés & vicaires du ressort de recevoir ni gérer, sous quelque prétexte que ce soit, les redevances & deniers des fabriques, ni même de rédiger par écrit de leur main les délibérations des assemblées de paroisses.

Un arrêt du 4 décembre 1743, fait défenses aux *marguilliers* de la paroisse de saint Louis de Versailles de plus employer dans leurs comptes aucune dépense sous le nom de faux frais, mais leur permet d'employer les dépenses légitimes qu'ils auront faites pour raison de leur administration; leur défend d'employer dans les mêmes comptes aucunes dépenses pour les cierges & bougies qui se donnent aux femmes de *marguilliers*, si ces sortes de distributions ne sont établies par quelques fondations, comme aussi pour repas, jettons, &c.

Les dispositions de cet arrêt sont conformes à l'ordonnance de Moulins, & presque tous les réglemens faits pour les fabriques depuis trente ans, lesquels sont en grand nombre rapportés dans le traité des *paroisses* par M. Jousse, défendent d'exiger des repas & jettons, lors de leur élection & de la reddition de leurs comptes, même de faire aucunes distribution de bougies, lors & à l'occasion des assemblées, processions, *&c.* à moins qu'il n'y eût des fondations particulières à cet effet.

Les *marguilliers* sont regardés comme étant les tuteurs des fabriques, & les anciens *marguilliers* comme les conseils de cette tutele; c'est sur ce fondement qu'un *marguillier* ne peut acquérir des droits litigieux à son profit personnel contre l'église; & s'il en acquiert, son acquisition profite à l'église de la même manière que les droits acquis par les tuteurs profitent aux mineurs, suivant les loix, *per diversas & Anastasio.* La cour a même jugé, au rapport de M. Poitevin de Villiers, par arrêt du mois d'avril 1743, que l'acquisition faite par un ancien *marguillier*, devoit profiter à la fabrique.

C'est d'après ces principes que, par différens réglemens rendus très-récemment pour l'administration des biens des fabriques de beaucoup de paroisses du ressort, notamment d'après celui rendu le 21 août 1784, pour la fabrique de Châteauneuf en Thimerais, publié au prône de toutes les paroisses dépendantes du bailliage royal dudit lieu, la cour a ordonné, entre autres choses, que les *marguilliers* en exercice, même les quatre anciens, ne pourroient se rendre directement ou indirectement adjudicataires d'aucuns biens quelconques appartenant auxdites fabriques.

2°. A fait défense aux curés de se mêler de l'administration des biens & revenus desdites fabriques, en qualité de *marguillier.*

3°. A ordonné que les *marguilliers* sortis de charge seroient tenus de rendre leurs comptes six mois après leur sortie, & de payer le reliquat dont ils se trouveront redevables dans l'année au plus tard.

4°. Il est en outre ordonné qu'il sera fait incessamment inventaire des titres & papiers desdites fabriques, lesquels, ainsi que les deniers, seront renfermés dans un coffre fermant à trois clefs, dont une sera mise ès mains du curé, une autre ès mains du *marguillier* en charge, & la troisième, en celles du procureur du roi ou fiscal, demeurant dans le lieu, sinon en celles d'un notable habitant, *&c.* le tout sous les peines y portées.

Un autre arrêt de la même cour, du 29 juillet 1784, enregistré dans tous les sièges royaux du ressort, a fait défense aux *marguilliers* de sonner les cloches pendant le temps des orages; leur défend pareillement de sonner ou faire sonner dans les cas extraordinaires, sans en avoir prévenu & informé du sujet, les curés de la paroisse, comme aussi de sonner plus d'une cloche lorsqu'il s'agira d'assembler la paroisse ou autres cas semblables; le tout aussi sous les peines y portées.

Dans les assemblées de *marguilliers*, le curé de la paroisse ou le seigneur doit avoir la première place. Mais c'est le premier *marguillier* qui recueille toujours les suffrages, & qui préside en l'absence du seigneur. Le curé donne néanmoins sa voix le premier, celui qui préside opine le second & conclut à la pluralité; ceux des curé & *marguilliers* qui ont des propositions à faire, peuvent les proposer succinctement; mais c'est au premier *marguillier* de les mettre en délibération s'il y échoit, &

s'il y a quelque partage d'opinion, la voix du premier *marguillier* prévaut. *Voyez* l'article 6 de l'arrêt de réglement du 2 avril 1737, pour S. Jean-en-Grève; l'arrêt du 11 juin 1739, pour S. Germain-en-Laie; & l'article 6 du réglement du 20 juillet 1747, pour S. Louis de Versailles, & le traité des paroisses par M. Jousse, où ils sont rapportés en leur entier, avec beaucoup d'autres, anciens & récens.

Le droit d'assister aux assemblées des *marguilliers* est personnel au curé, encore doit-il s'y présenter *sans étole*, suivant l'article premier de l'arrêt de réglement rendu le 26 avril 1766, pour la paroisse de S. Nicolas de Maulle, attendu, est-il dit, que les affaires qu'on y traite sont purement laïques & temporelles. Le vicaire, en cas d'absence du curé, n'a pas droit à ces assemblées de fabrique, suivant l'article 7 du réglement de 1747, ci-dessus cité, & autres réglemens.

Les *marguilliers* ne peuvent intenter aucuns procès ni défendre, faire aucun emploi ni remploi des deniers appartenans à la fabrique, ni accepter aucune fondation, sans y être autorisés par une délibération de l'assemblée générale; mais ils peuvent, sans une autorisation particulière, faire les poursuites nécessaires pour le recouvrement des revenus ordinaires de la fabrique, pour l'exécution des baux, faire passer des titres nouveaux, *&c. Voyez* l'art. 24 de l'arrêt de 1737, & l'art. 21 de celui de 1747, tous deux ci-devant cités.

Cependant, dans certains cas où l'humeur & la passion des *marguilliers* paroissent avoir été le seul motif des contestations par eux intentées, ou soutenues au nom des fabriques, les arrêts ordinairement leur défendent d'employer dans leurs comptes les frais qu'il est d'usage & d'équité de faire alors supporter aux *marguilliers* en leur propre & privé nom. Il y en a un exemple récent dans l'arrêt rendu au parlement de Rouen, contre les *marguilliers* de la paroisse de Grosbois, condamnés à présenter le pain-béni à un gentilhomme de la paroisse. Nous avons fait mention de cet arrêt au mot HONORIFIQUE, (*Droit*).

L'article 28 dudit arrêt de 1737 défend aux *marguilliers* de faire aucun emprunt de deniers à constitution ou autrement, sans y être autorisés par une délibération d'assemblée générale homologuée en la cour; & l'article 30 leur défend d'accepter aucuns deniers comptans, maisons, héritages ou rentes par donation entre-vifs, ou autre contrat, sous la condition de payer une rente viagère plus forte que ce qui est permis par les ordonnances, & ce qui excède le légitime revenu que pourroient produire les biens donnés, à peine, *&c.*

L'arrêt du 11 juin 1739, pour S. Germain-en-Laie, porte la même chose; ainsi il paroît que la défense faite aux gens de main-morte par les édits, d'emprunter moyennant des rentes viagères, ne s'entend que de celles plus fortes que le denier vingt. *Voyez* GENS DE MAIN-MORTE, RENTE.

Le choix des prêtres chargés d'acquitter les annuels & messes de fondation, appartient de droit aux *marguilliers* quand les fondateurs n'y ont pas pourvu; mais le choix des vicaires, prêtres habitués, diacres & sous-diacres, & autres ecclésiastiques coopérateurs des curés, leur appartient, & non aux *marguilliers*, suivant un arrêt imprimé, rendu le 7 septembre 1761, par la cour, en faveur du curé de la Madeleine en la cité, à Paris, contre les *marguilliers*.

D'autres arrêts néanmoins ont donné aux *marguilliers* la nomination du diacre & sous-diacre; mais c'est parce que ces ecclésiastiques étoient aux gages de la fabrique; la cour l'a ainsi jugé par arrêt du 3 août 1748, contre le curé de S. Hyppolite à Paris, qu'on trouve au code des curés: il y a un pareil arrêt du 27 juillet 1640, pour les *marguilliers* de S. Sauveur à Paris.

Mais le sacristain, le maître & enfans de chœur, les chantres, serpens, organistes, bedeaux, suisses & serviteurs de l'église, peuvent être choisis & renvoyés par les *marguilliers*. *Voyez* les arrêts cités de 1737, 1747, & celui de 1761 pour la Madeleine en la cité.

Quant aux prédicateurs du carême & de l'avent, *&c.* la nomination en appartient de droit commun au bureau de la fabrique. Quand ce sont les *marguilliers* qui paient, le curé peut y donner sa voix; mais le choix & la nomination ne peut tomber que sur quelqu'un qui ait mission de l'évêque, & sans préjudice du droit du curé, de prêcher lui-même à l'exclusion du prédicateur, quand bon lui semble. *Voyez* PRÉDICATEUR.

J'ai déja dit que les fonctions de *marguilliers* de ville n'étoient pas tout-à-fait les mêmes que celles des *marguilliers* de la campagne; les fabriques des villes ont pour la plupart des règles particulières, en vertu de différens arrêts de la cour, dont il est d'autant plus impossible de faire ici mention avec quelque détail, que depuis deux à trois ans la plupart des villes qui n'avoient pas de réglemens, en avoient tous les jours des arrêtés pour les faire homologuer par la cour; c'est en conséquence de ces arrêtés qu'il en a été rendu dernièrement pour Mortagne au Perche, *&c.* ainsi que pour Château-neuf en Thimerais. Nous avons rendu compte en partie, ci-dessus, de ce dernier.

A l'égard des fabriques de la campagne, du ressort du parlement de Paris, de l'élection des *marguilliers*, de leurs fonctions, de la reddition des comptes, *&c.* les paroisses qui n'ont pas de réglement spécial, doivent suivre les dispositions d'un arrêt de la cour, rendu en forme de réglement, sur le requisitoire de M. le procureur-général, le 25 mai 1745, pour la fabrique de Montfermeil, contenant un grand nombre d'articles tirés pour la plus grande partie de divers autres arrêts rendus pour différentes paroisses, agitées de division sur ces matières, ainsi que M. le procureur-général l'a exposé par sa requête.

Voici les dispositions de cet arrêt de réglement, pour Montfermeil.

Art. I. Les assemblées pour l'élection des *marguilliers* & autres officiers, concernant l'œuvre & fabrique, seront tenues au banc de l'œuvre ou autre lieu accoutumé, en présence du curé, des *marguilliers* en charge, des anciens *marguilliers*, & des habitans du lieu qui voudroient y assister, dans lesquelles assemblées le curé aura la préséance, & seront les suffrages recueillis par l'ancien *marguillier*, en commençant par le curé.

II. Seront toutes les assemblées préalablement indiquées au prône de la messe paroissiale, le dimanche précédent, & seront faites au son de la cloche; & les délibérations rédigées suivant la pluralité des suffrages, par celui qui sera préposé par l'assemblée, sur un registre tenu à cet effet; chaque délibération contiendra le nom de ceux qui y auront assisté, & sera signée de tous ceux qui seront présens à l'assemblée, & qui savent signer, auxquelles assemblées les officiers de justice pourront assister, si bon leur semble, comme notables habitans seulement, & y auront les premières places après le curé & les *marguilliers* en charge, sans qu'ils puissent y faire fonctions de juges, sauf à pouvoir connoître des contestations qui pourroient naître au sujet desdites assemblées & délibérations, lorsqu'elles seront portées devant eux.

III. Il y aura toujours deux *marguilliers* en place, dont il en sera élu un tous les ans, au lieu & place de celui qui aura été deux ans en fonction; & pour servir avec le *marguillier* qui aura déjà fait un an d'exercice.

IV. Ne seront élus pour *marguilliers* que des habitans de bonnes mœurs & d'une probité reconnue, & qui, par leur état, puissent en remplir les devoirs avec assiduité.

L'article 3 & 11 de l'arrêt du 25 février 1763, pour Nogent-sur-Marne, ajoutent qu'ils doivent savoir lire & écrire & payer au moins 12 à 15 liv. de taille. D'autres réglemens défendent d'élire, au moins dans les villes, ceux qui exercent des arts méchaniques; d'autres, enfin, défendent d'avoir pour *marguilliers*, les père, gendre, frère, beau-frère, oncle & neveu ensemble.

V. Les *marguilliers* en charge auront soin des reliques, croix, chandeliers, calices, ornemens, & de la propreté de l'église; tendront les tapisseries la veille des grandes fêtes, & les détendront le lendemain, fourniront aux curé & autres ecclésiastiques, s'il y en a, tout ce qui sera nécessaire pour le service divin, même en l'absence du bedeau, présenteront la chappe au célébrant, & la retireront, auront provision de feu suffisante pour les encensemens, allumeront les cierges de l'autel & les flambeaux pour l'élévation, ouvriront & fermeront les portes de l'église aux heures convenables, sonneront chaque jour les différens offices une demi-heure au moins avant l'heure que chaque office doit commencer, en distinguant les coups de cloche pour chacun des offices, par un intervalle suffisant; & généralement seront tenus de faire dans l'église toutes les fonctions, qui, par l'usage, appartiennent & sont du devoir des *marguilliers*, *&c.* avec la décence, l'assiduité, & les attentions requises.

VI. Le *marguillier* qui entre dans la seconde année de son exercice, sera tenu, pendant cette seconde année, de faire le recouvrement de tous les revenus de la fabrique, & de faire pour ce, toutes les diligences nécessaires, à peine d'en répondre en cas de négligence, & être les articles de reprises rayés, lorsqu'il n'apparoîtra pas que les diligences & poursuites convenables aient été faites, sauf audit cas, à en être le recouvrement fait au profit dudit *marguillier*, à ses risques & à ses frais, sauf à employer dans son compte les frais qui auront été légitimement faits pour parvenir au recouvrement au profit de la fabrique.

VII. Ledit *marguillier* sera tenu, pendant son année d'exercice, de satisfaire aux charges de la fabrique; sera aussi tenu de compter avec les marchands fournisseurs & autres, & les payer, en sorte que les charges & fournitures de son année soient arrêtées, & payées avant la reddition de son compte, lors duquel ne seront allouées aucunes quittances d'ouvriers & marchands, sans un mémoire détaillé & arrêté.

VIII. Ne pourront les *marguilliers* faire aucune dépense extraordinaire au-dessus de six livres, sans la délibération d'une assemblée tenue en la forme ci-dessus, sans préjudice, lors de la reddition des comptes, à l'examen de l'emploi utile & nécessaire de cette somme.

IX. Ne pourront les *marguilliers* entreprendre aucuns procès ni y défendre, faire aucun emploi ou remploi des deniers appartenans à la fabrique, sans une délibération préalable à cet effet, sans préjudice néanmoins des poursuites nécessaires pour le recouvrement des revenus ordinaires de la fabrique, & faire passer titre nouvel aux débiteurs des rentes.

X. Ne sera fait par les *marguilliers* aucune dépense pour le service de l'église, soit pour cire ou autrement, que celle accoutumée d'être faite, s'il n'en a été autrement délibéré dans une assemblée: ne seront entrepris aucuns bâtimens ou réparations considérables, ni fait aucun emprunt sans une délibération prise dans une assemblée générale. *Voyez* à ce sujet, la déclaration du roi du 31 janvier 1690, qui fait défense aux fabriques, d'entreprendre aucuns bâtimens considérables pour construire, rétablir ou augmenter l'église, ou pour y faire quelques constructions nouvelles, sans en avoir obtenu la permission du roi, par lettres-patentes duement enregistrées.

XI. Le *marguillier* en exercice comptable, sera tenu de faire, chaque dimanche & fête, la quête pour la fabrique, dont le produit sera inscrit chaque jour en présence du curé & du second *marguillier*, sur un registre qui sera à cet effet tenu; si ce n'est qu'il fût d'usage de mettre lesdites quêtes

dans

dans un tronc à ce destiné, auquel cas ledit tronc sera fermé à deux clefs & serrures différentes, dont l'une sera remise ès mains du curé, & l'autre restera ès mains de l'ancien *marguillier* en charge, & les quêtes mises chaque jour dans ledit tronc, qui sera ouvert tous les trois mois, & ce qui s'y trouvera sera écrit sur ledit registre : il en sera aussi de même à l'égard des autres quêtes, qu'il peut être d'usage de faire dans l'église, pour dévotions ou charités particulières.

XII. Le second *marguillier* sera tenu de quêter aussi chaque jour de dimanche & fête, à l'effet de faire dire des prières pour les trépassés, suivant l'usage de la paroisse, & le produit remis chaque mois au curé, pour être par lui prié Dieu pour les défunts de sa paroisse.

XIII. Chaque *marguillier* sera tenu de rendre son compte, tant en recette que dépense & reprise, dans les six mois au plus tard, après qu'il sera sorti d'exercice, & faute par lui de présenter & rendre son compte dans ledit temps, le *marguillier* qui lui aura succédé sera tenu de faire les diligences nécessaires pour l'y contraindre, à peine de demeurer, en son nom, garant & responsable de tous événemens.

XIV. Les comptes seront présentés à l'archevêque & à l'archidiacre de Paris, lors de leurs visites, & ce, en présence du curé & *marguilliers*, officiers de justice & habitans, aux jours qui auront été marqués, quinze jours au moins avant lesdites visites, à peine de six livres d'aumône contre le *marguillier* tenu de rendre compte, au profit de l'église, & dont son successeur sera tenu de se charger en recette, & seront les officiers de justice tenus de tenir la main à l'exécution des ordonnances desdits archevêques & archidiacres, au sujet desdits comptes. *Voyez* en outre l'article 17 de l'édit d'avril 1695, registré au parlement le 14 mai suivant. On prétend qu'un avocat ayant cité, en plaidant, cette loi sous le nom d'édit, il en fut repris sur le champ par le premier président, lors existant, qui avertit que cet édit ne devoit être cité que sous le nom de lettres-patentes.

XV. Si ledit archevêque ou archidiacre ne font pas leurs visites dans le cours de l'année, ou que n'ayant pas indiqué leurs visites quinze jours auparavant, les comptes n'ayant pas été en état d'être examinés lors d'icelles, ces comptes seront rendus, examinés & arrêtés sans frais dans l'assemblée des curé, *marguilliers* & habitans, tenue en la forme portée aux articles 1 & 2 ci-dessus.

XVI. L'ordre des chapitres, tant de recette que de dépense, sera toujours uniforme dans tous les comptes, ainsi que l'ordre des articles de chaque chapitre, sauf au cas qu'il y eût des chapitres & articles couchés dans un compte dont il n'y auroit ni recette, ni dépense dans les autres comptes, à en faire mention pour mémoire.

XVII. Dans chacun des articles de recette des rentes dues à la fabrique, sera fait mention du nom des débiteurs de l'héritage ou maison qui en est chargé, ensemble, si c'est une rente foncière ou constituée, & pareillement du dernier titre nouvel, & du notaire qui l'aura reçu, même de la fondation à laquelle la rente est affectée, si ladite fondation est connue.

XVIII. Si la rente, par le décès du débiteur ou par le partage de l'héritage chargé d'icelle ou autrement, se trouve due par plusieurs débiteurs, il n'en sera néanmoins fait qu'un seul article de recette, dans lequel il sera fait mention de tous les débiteurs de ladite rente, & du décès & partage qui les ont rendus débiteurs.

XIX. Il sera laissé à chaque compte une marge blanche de chaque côté, pour y insérer dans l'une, les apostilles, & tirer dans l'autre les sommes hors de ligne en chiffres, par livres, sols & deniers, lesquelles sommes seront en outre insérées en entier en toutes lettres, dans le texte du compte.

XX. Lors de l'examen du compte, toutes les pièces justificatives seront paraphées par un de ceux de l'assemblée choisi par elle, & seront déposées avec le compte lors de l'arrêté d'icelui, dans le coffre ou armoire des titres de la fabrique, dont sera ci-après parlé. Sera aussi, lors de l'arrêté, le reliquat du compte payé au *marguillier* en exercice, à l'effet de s'en charger dans le premier chapitre de recette de son compte, si ce n'est qu'il eût été délibéré de remettre le reliquat dans le coffre de la fabrique.

XXI. Sera tenu le *marguillier* en exercice, de faire le recouvrement au chapitre de reprise, dont, à cet effet, lui sera remis un bordereau, lors de l'arrêté ou compte, ou de faire à ce sujet les diligences nécessaires, sauf, à défaut de paiement de tout ou partie, à en être fait reprise en son compte, sauf la radiation des articles de reprises, pour raison desquelles lesdites diligences nécessaires n'auroient été faites.

XXII. En cas de diminution ou augmentation d'espèces, le *marguillier* en exercice sera tenu de faire sa déclaration le dimanche suivant, dans une assemblée qui sera tenue à cet effet, des espèces qu'il a entre les mains, dont sera fait mention sur le registre, ensemble de ce à quoi l'augmentation ou la diminution des espèces aura monté, le tout à peine de supporter, en son propre & privé nom, les diminutions des espèces, & de lui être imputées les augmentations dans son compte, sur le pied de ses recettes, au jour de l'augmentation, sans avoir égard aux dépenses, si elles ne sont justifiées par des quittances devant notaires.

XXIII. Faute par ceux qui auront été *marguilliers*, de rendre leur compte, & payer le reliquat dans le temps porté par l'article 13 ci-dessus, sera tenu le procureur-fiscal, après une simple sommation faite aux *marguilliers* en charge, & faute par eux d'y satisfaire dans la huitaine, de faire assigner d'office les comptables, dont les comptes n'auroient été présentés, ou arrêtés, à l'effet de les rapporter arrêtés ou quittancés du reliquat, dans un mois pour tout délai, sinon être, ledit temps passé, condamnés au profit de la fabrique en cinquante livres d'amende, & en outre, en une provision qui ne pourra être moindre que la moitié du revenu annuel de la fabrique, au paiement de laquelle le comptable sera contraint pareillement à la requête du procureur-fiscal, sauf à être prononcé d'autres condamnations, s'il y échoit : & seront les déboursés du procureur-fiscal pour les salaires des huissiers ou expéditions des jugemens, payés par le *marguillier* en exercice qui s'en chargera dans son compte.

XXIV. Sera tenu, comme dit est, un registre relié, dans lequel seront inscrites de suite, & sans aucun blanc, toutes les délibérations, tant pour les élections des *marguilliers*, comptes arrêtés d'iceux, augmentations ou diminutions d'espèces, & généralement tout ce qui regarde les affaires de la fabrique, ensemble la note des titres & papiers qui auront été tirés du lieu où ils sont renfermés, ainsi qu'il sera dit ci-après.

Les réglemens n'exigent pas que les délibérations & actes à inscrire sur ce registre, soient rédigés par un notaire, à moins que dans les paroisses de la campagne, il n'y eût personne en état de les écrire; cependant comme les *marguilliers* doivent savoir lire & écrire, un d'eux, choisi à cet effet, doit suffire, suivant l'arrêt du 5 mars 1704, pour Troyes, rapporté au mémoire du clergé.

Dans tous les cas, ce registre doit être sur papier non marqué, mais coté & paraphé par premier & dernier, par le juge de la justice du lieu, sans *frais*, suivant l'article 9 du réglement pour Nogent-sur-Marne, ci-devant cité; & suivant l'article 10 de celui rendu pour Nemours, le premier juin 1763, lequel ordonne en outre, que les actes seront inscrits de suite & sans aucun blanc, & que ce registre sera double, dont un pour le *marguillier* en exercice, & l'autre pour rester aux archives du coffre.

XXV. Ledit registre, ainsi que les titres & papiers concernant la fabrique, seront mis dans un coffre ou armoire fermant à trois serrures à clefs différentes, lequel sera placé dans un lieu seul & sûr, dont sera fait choix dans l'assemblée; & les clefs en seront remises; savoir, une ès mains du curé, l'autre ès mains du procureur-fiscal, s'il réside dans la paroisse, sinon ès mains d'un notable habitant qui sera choisi dans l'assemblée; & la troisième, ès mains du *marguillier* en exercice, & sera ladite clef, ainsi que celle du tronc mentionné en l'article 11, remise par ledit *marguillier*, entre les mains de son successeur, le jour qu'il entrera en exercice, ce qui sera aussi observé pour la clef remise ès mains du procureur-fiscal & du notable habitant, lorsqu'il écherra d'en changer.

XXVI. Ne seront tirés dudit coffre ou armoire, aucuns titres & papiers, qu'il ne soit donné, par celui qui s'en chargera, un récépissé sur le registre ci-dessus, lequel sera déchargé lors de la remise desdites pièces.

XXVII. Le récépissé fera mention de la pièce qui sera tirée, de celui qui s'en chargera, de la raison pour laquelle elle aura été tirée du coffre, & si c'est un procès, sera énoncée la jurisdiction où il est pendant, le nom du procureur qui occupera, & même du rapporteur du procès, s'il y en a.

XXVIII. Sera fait incessamment, à la diligence des curé & *marguilliers*, un inventaire des titres & papiers de la fabrique, lequel sera remis dans le coffre ou armoire, & sera fait tous les ans un récolement dudit inventaire, auquel cas sera ajouté le nouveau compte, pièces justificatives d'icelui, & autres nouveaux titres & papiers.

XXIX. Sera fait un état de tous les revenus tant fixes que casuels de la fabrique, ensemble de toutes les charges & dépenses d'icelle, tant ordinaires qu'extraordinaires, dans le même ordre de chapitres & articles du compte; lequel état sera remis à chaque *marguillier* étant en exercice, pour lui servir au recouvrement des revenus, & à l'acquittement des charges, & sera ledit état renouvellé tous les ans, par rapport aux changemens qui pourroient arriver dans le cours de chaque année.

XXX. Sera tenu un état exact des fondations, qui contiendra, autant que faire se pourra, les fonds qui auront été donnés pour chaque fondation, lequel état sera déposé dans le coffre ou armoire des titres & papiers de la fabrique; sera fait en outre une carte obituaire, exposée publiquement, soit dans la sacristie, soit dans le chœur, ou autre lieu apparent de l'église, qui contiendra l'extrait de chaque fondation, & le jour que chacune doit être acquittée; lesquelles seront en outre annoncées au prône des messes paroissiales, le dimanche précédent, & seront les nouvelles fondations ajoutées, tant à l'état qu'à la carte obituaire, aussi-tôt qu'elles auront été acceptées, laquelle acceptation ne pourra être faite sans avoir appellé le curé, & eu sur ce, son avis, conformément à l'article 53 de l'ordonnance de Blois. *Voyez* aussi les quatre premiers articles de l'édit du mois d'août 1749, registrés le 2 septembre suivant, connu sous le nom de l'édit de *main-morte*. *Voyez* FONDATION & MAIN-MORTE.

XXXI. Les baux des maisons & héritages appartenans à la fabrique, seront passés devant notaires, & les héritages y seront déclarés par les nouveaux tenans & aboutissans. Ne pourront être lesdites maisons & héritages donnés à bail, ni aucune autre adjudication faite à l'enchère ou au rabais, qu'après trois publications de huitaine en huitaine, à l'issue de la messe paroissiale, après les affiches mises, tant à la porte de l'église & auditoire, qu'à la place publique; le tout à la diligence des *marguilliers* en charge, & sera, après la dernière publication, l'adjudication faite dans une assemblée au jour indiqué, au plus offrant & dernier enchérisseur; & au rabais; pourront néanmoins être préférés les anciens fermiers & locataires, en faisant par eux la condition de l'église bonne.

XXXII. Il en sera usé de même pour les réparations dont la fabrique seroit tenue, sans qu'elles puissent être publiées sans délibération précédente, & sans un devis des ouvrages, qui contiendra la qualité des réparations, & les principales conditions, & le temps de la livraison, sur quoi seront faites les publications & l'adjudication; sur lesquelles, ensemble sur la délibération, le devis & la quittance de l'adjudicataire, les sommes payées seront allouées dans le compte du *marguillier*.

XXXIII. Ne pourront les habitans & *marguilliers* employer les deniers de la fabrique aux réparations du presbytère, sous peine de radiation dans les comptes, quand même les *marguilliers* auroient été autorisés par délibération des habitans. Sera tenu le curé de faire faire exactement les réparations locatives & usufruitières, à peine de répondre des grosses réparations qui surviendroient, faute de les avoir faites.

XXXIV. Sera fait un inventaire double de tous les meubles & ornemens de l'église, tant en or, argent, cuivre, qu'étoffes, linges, livres & autres effets généralement quelconques, dont l'un des *marguilliers* en charge se chargera au pied d'un des doubles, qui sera déposé dans le coffre des titres & papiers, & l'autre double restera ès mains dudit *marguillier*, qui le représentera à l'archevêque ou à l'archidiacre, dans le cours de leurs visites; & sera par lui remis, lorsqu'il sortira de charge, à son successeur, qui se chargera desdits effets, au pied du double déposé dans le coffre, récolement préalablement fait desdits effets, pour être rejettés du dernier inventaire ceux usés ou changés, & les nouveaux ajoutés.

XXXV. Les *marguilliers* veilleront à la propreté de l'église, & de tout ce qui peut avoir rapport à l'office divin, auront attention que, dans les beaux temps, il y ait quelques vitraux de l'église ouverts pour prévenir l'humidité.

XXXVI. L'un des *marguilliers* sera tenu de quêter pendant le sermon pour le prédicateur, auquel il remettra lui-même, & en personne, le produit de la quête en descendant de la chaire; sera tenu en outre l'un desdits *marguilliers*, d'accompagner le prédicateur, lorsqu'il fera la quête dans les maisons.

XXXVII. Ne pourront aucuns habitans de la paroisse se mettre en possession d'aucun banc vacant, ni en faire & placer à demeure pour eux & leur famille, s'ils n'en ont obtenu la concession.

XXXVIII. Ne pourront les concessions des bancs être faites qu'après le décès de ceux auxquels ils avoient été précédemment concédés, ou un an après leur sortie de la paroisse; & seront lesdites concessions faites au plus offrant, & après publications faites par trois dimanches consécutifs.

XXXIX. Jouiront néanmoins les veufs ou les veuves, pendant leur vie, de la concession faite aux conjoints, & ce, sans reconnoissance; & à l'égard des enfans, ils seront préférés après la mort de leur père & mère, pour occuper les places & bancs concédés, à la charge de payer, dans trois mois après leur décès, la moitié au moins de ce qui auroit été donné par les père & mère; au moyen de quoi nouvelle concession leur sera accordée, sinon les places & bancs publiés & adjugés; & seront toutes les concessions inscrites sur le registre de la fabrique, ainsi que les autres délibérations.

XL. Ne seront néanmoins troublés ceux qui, un an avant le présent réglement, auroient une possession paisible de quelque banc & place, sans qu'ils eussent obtenu la concession, sauf à les concéder après leur sortie ou leur décès, sans qu'audit cas leurs enfans pussent être préférés, comme aussi, sauf aux curé, *marguilliers* & habitans de délibérer & arrêter par délibération la construction des bancs uniformes pour la décence de l'église, auquel cas ne pourront, ceux qui auroient des places sans concession, les conserver, s'ils ne s'en rendent adjudicataires comme ci-dessus.

Il résulte des premières dispositions de cet article, & de tous les réglemens rendus depuis, que la jurisprudence actuelle est que ceux qui ont un an de possession paisible, ne peuvent être troublés ni inquiétés par les fabriques, quoiqu'ils jouissent sans concession, & que néanmoins, s'ils étoient inquiétés par les curé & *marguilliers*, ces possesseurs de bancs ou places pourroient se pourvoir contre eux par une action en complainte, en vertu de leur seule possession, sans prendre la voie du pétitoire. *Voyez ce qui a été dit à ce sujet aux mots* BANC D'ÉGLISE, COMPLAINTE, *& notamment au mot* DROITS HONORIFIQUES.

Le samedi 4 septembre 1762, on a plaidé la question de savoir, si l'élection des *marguilliers* de la paroisse d'Eclairon en Champagne, devoit se faire au banc de l'œuvre, comme le prétendoit le curé, ou en l'auditoire, suivant l'usage, comme le prétendoient les officiers de la justice; M. l'avocat-général Séguier portant la parole, dit que l'arrêt pour Monfermeil de 1745, s'appliquoit à toutes les fabriques de la campagne; mais que par les mots, *autre lieu accoutumé*, il ne falloit pas entendre des lieux étrangers à l'église, ce qui ne doit s'entendre que de la sacristie ou des salles de la fabrique & lieux semblables, & non d'un auditoire; en conséquence, par arrêt dudit jour, la cour a confirmé une sentence par laquelle il étoit ordonné que l'élection des *marguilliers* se feroit au banc de l'œuvre.

A Paris on ne peut nommer *marguilliers* les commissaires de police du châtelet, parce que leurs fonctions ne leur permettroient pas d'avoir l'assiduité convenable aux offices. *Voyez l'arrêt du 27 novembre 1694, rapporté dans le traité des fonctions de commissaire.*

Je crois qu'il en doit être de même des procureurs-fiscaux dans les campagnes, étant par état assujettis à faire une police dans les cabarets, *&c.* pendant l'office divin, & que cette police seroit incompatible avec l'assiduité que la cour recommande par le réglement de 1745.

Il en doit être de même sans doute à l'égard des médecins & chirurgiens. *Voyez l'arrêt de 1769, pour le sieur* Guersan, *docteur en médecine à Dreux, ci-dessus rapporté.*

Il doit enfin en être de même en faveur des huissiers & sergens qui doivent assister les juges & le ministère public, dans les fonctions & visites de police pendant le service divin, ainsi que pour les archers & cavaliers de maréchaussée & autres qui sont assujettis au service public.

Les règles suivies dans les comptes des tutèles, en faveur des mineurs contre leurs tuteurs, s'observent, & ont également lieu en faveur des fabriques contre les *marguilliers* qui en sont comme les tuteurs.

Les places de *marguilliers* & trésoriers des fabriques avoient été créées en titre d'office, mais elles ont été supprimées. *Voyez* FABRIQUE. Les *marguilliers* étoient aussi autrefois tenus de prêter serment après leur élection; mais par arrêt du 5 mars 1704, rendu pour Troyes, qu'on trouve au tome 3 des mémoires du *clergé, page 561 de la nouvelle édition*, il est dit qu'il ne prêtront plus aucun serment.

On peut se pourvoir par opposition en justice contre les exécutions ou autres arrêtés faits par délibération dans ces assemblées de paroisse auxquelles on a intérêt, ou qui peuvent causer quelque préjudice, comme quand il s'agit d'établir quelque nouvelle charge aux habitans, d'augmenter les droits du curé pour enterremens, & autres causes semblables; alors l'opposition d'un seul habitant suffit pour empêcher l'effet de la délibération jusqu'à ce qu'il en ait été autrement ordonné par justice, ce qui est fondé sur cette maxime, *quod singulos tangit, debet à singulis approbari*; dans ces derniers cas, sur-tout quand les membres de la communauté sont intéressés, l'opposition ou demande doit être dirigée contre les habitans ou contre tous les *marguilliers*, en leur qualité d'administrateurs de la paroisse, qui alors ne peuvent suivre l'effet de leur délibération au mépris de l'opposition ou demande à eux signifiée, toute opposition formée par acte extrajudiciaire devant être jugée avant qu'il soit passé outre, sous les peines au cas appartenant: telle est la jurisprudence constante des arrêts; c'est aussi ce qui a été jugé par arrêt du parlement de Dijon, rapporté par Bouvot, *tome 2, au mot Communauté, quest. 37. Voyez aussi* OPPOSITION.

Suivant un arrêt rendu en l'année 1775, d'après le rapport des médecins & chirurgiens de la ville de Mortagne, sur les inconvéniens du cimetière de la paroisse de Notre-Dame, dont la position au milieu de la ville, & le peu d'étendue, eu égard au nombre des paroissiens, pouvoit renouveller les malheurs arrivés, par les mêmes raisons, dans plusieurs villes, entre autres dans la ville de Saulieu en Bourgogne au mois de juin 1773, deux cens personnes étant mortes en quinze jours de la suite des exhalaisons produites par l'ouverture d'une fosse faite en leur présence, & d'après le procès-verbal d'assemblée générale des habitans de toutes les paroisses de ladite ville, tenue par M. de la Chenaye, lieutenant général; la cour a fait défenses aux curé & *marguilliers* de la paroisse Notre-Dame de ladite ville de Mortagne de faire aucunes inhumations dans le cimetière de ladite paroisse; leur enjoint de se précautionner d'un terrein hors de la ville, & jusqu'à ce, ordonne que les inhumations seront faites dans le cimetière de la paroisse de Sainte-Croix de ladite ville, dont la position & l'étendue ne pouvoient donner lieu aux mêmes inconvéniens. Depuis cet arrêt, dicté par le même esprit de sagesse, que celui rendu pour la ville de Paris, le 21 mai 1765, les curé & *marguilliers* de Notre-Dame de ladite ville de Mortagne au Perche, ont fait l'acquisition d'un terrein hors les murs de la ville, où se font, depuis plusieurs années, les inhumations, conformément audit arrêt. Nous ajouterons ici en terminant cet article, que, malgré les concessions faites d'une chapelle à perpétuité, ou d'un banc ou autre chose, les fabriques n'en peuvent pas moins revenir contre la concession, ainsi qu'il résulte d'un arrêt du 11 juin 1749, contre le marquis de Novion au profit des *marguilliers* de Saint-Germain-l'Auxerrois à Paris. Si cette concession a été faite par assemblée de paroisse, les habitans peuvent même revenir contre, s'il y a lésion à leur préjudice, ou s'il est nécessaire de faire quelque bâtiment dans le lieu concédé; mais la fabrique doit rendre ce qu'elle a reçu pour ces concessions.

Cependant elles peuvent être faites à perpétuité d'une manière irrévocable, si elles ont été faites à des fondateurs, ainsi qu'il a été jugé en faveur de M. de Noury, conseiller au grand-conseil, contre les *marguilliers* de Saint-Eustache à Paris, par arrêt de la grand' chambre du 16 décembre 1744, & par autre arrêt du 4 juillet 1761, aussi rendu en la grand chambre, au profit de la demoiselle de Puisaye de la Mesnière, contre les *marguilliers* de la paroisse de Notre-Dame de Mortagne; enfin par autre arrêt du 27 janvier 1762, en faveur du sieur Monroi, contre la fabrique de Saint-Jean de la ville de Troye. *Voyez* BANC, CIMETIÈRE, FABRIQUE, GENS DE MAIN-MORTE, CHAPELLE.

Quant aux concessions des caves & sépultures, *voyez* SÉPULTURE, CIMETIERE, *&c.* (*Article de M.* DE LA CHENAYE, *lieutenant-général honoraire de Mortagne, de plusieurs académies, & du musée de Paris.*)

MARI, f. m. Le *mari* est l'homme qu'un lien légitime unit à la femme pour former avec elle la société du mariage, & procréer des enfans reconnus par la loi.

Pour répandre plus d'ordre & de clarté dans cet article, nous exposerons d'abord les devoirs du *mari*; nous traiterons ensuite des droits attachés à son titre; nous finirons par examiner les risques qu'il court en s'écartant de ses obligations.

Les personnes qui se marient, dit Pothier, en son traité du contrat de mariage, « contractent » par le mariage, l'une envers l'autre, l'obligation de vivre ensemble dans une union perpétuelle & inviolable pendant tout le temps que » durera le mariage, qui ne doit finir que par la » mort de l'une des parties, & en conséquence » de se regarder réciproquement comme n'étant » en quelque façon qu'une même personne, *Erunt* » *duo in carne unâ* ».

Le *mari*, à qui la nature a donné plus de force, plus de courage qu'à la femme, doit être en même temps son compagnon & son appui. S'il est riche, il doit subvenir généreusement à tous ses besoins. S'il est pauvre, il doit travailler pour elle & pour lui; il doit partager avec elle, avec ses enfans le fruit de ses travaux; jamais l'homme n'est plus grand dans sa maison, que lorsqu'il est, par ses peines, par ses talens, la source de l'abondance qui y règne. Il lui est sans doute permis de faire concourir sa femme à porter la charge commune; mais il doit avoir égard à la foiblesse de son sexe, à ses maladies, à ses devoirs de mère. En général, le travail de l'homme & les occupations de la femme ne se ressemblent pas. Ce qui exige de la force, de l'ardeur, ce qui expose aux dangers, convient au *mari*; la femme ne doit guère se mêler que de ce qui demande de l'adresse & des soins: voilà pourquoi les devoirs intérieurs du ménage paroissent la regarder plus particuliérement que l'homme, qui va au-dehors cultiver la terre, construire des édifices, faire la guerre aux animaux destinés à le nourrir.

Toutes les fois que les hommes usurpent les occupations des femmes, ils se nuisent à eux-mêmes; on diroit que la nature les punit de cette interversion. On a remarqué que ceux qui s'occupent des travaux de l'aiguille, de la navette ou autres occupations molles & sédentaires, perdent leurs facultés, s'énervent, & contractent des maladies inconnues à ceux de leurs semblables qui mènent une vie active, & déploient leur force dans des occupations vigoureuses.

Le lot du *mari* est donc de se charger de la partie la plus pesante du ménage; il est de sa justice de ne laisser supporter à sa femme que celle qui est la plus légère.

La richesse & le luxe ont tellement bouleversé tous les devoirs, ont si fort défiguré les engagemens les plus solemnels, qu'on court le risque de paroître un antique raisonneur, en ramenant les vérités primitives sous les yeux de ceux qui les ont perdues de vue depuis si long-temps. Quoi qu'il en soit, nous ne nous en tiendrons pas moins aux véritables principes, à ceux qui ont été dictés par la nature, & consacrés par la sagesse des législateurs.

Lorsque l'homme est uni à une femme honnête & qui l'aime, il n'a besoin que de s'occuper des devoirs qui lui sont personnels; la femme remplit & au-delà ses obligations. Si au contraire il a eu le malheur ou l'imprudence de se lier à une femme dont les passions soient opposées à ses engagemens, les devoirs de l'homme augmentent; il est obligé de veiller & à l'intérieur & à l'extérieur de sa maison; il doit arrêter, de la manière la plus efficace & la plus modérée, le désordre que sa compagne apporte dans son domestique, prévenir la ruine de ses enfans, veiller à leur conservation, leur servir de mère, puisque la leur est assez malheureusement née pour ne pas leur rendre les soins qu'elle leur doit.

Le *mari* est le chef de la maison; c'est lui qui doit y faire régner la paix, y entretenir l'aisance ou l'abondance, en écarter les vices & y maintenir l'honneur. S'il ne soutient pas tout, tout retombe sur lui; il est comptable envers la société des fautes de ses enfans, & même des déréglemens de sa femme. Ceux qui lui doivent le jour sont-ils vicieux? on l'accuse d'avoir négligé leur éducation. Celle qui lui a juré de lui être fidelle viole-t-elle ses sermens? c'est sur lui que la malignité en fait tomber la honte.

Il doit donc lui être permis d'user quelquefois d'une sorte de sévérité dans son ménage, lorsque, par son exemple, ses remontrances, ses exhortations, il ne peut pas ramener à l'honnêteté, à la décence, ce qui l'entoure, & voit tout ce qu'il a de plus cher au monde s'éloigner de la vertu. Mais cette sévérité, à l'égard de la femme, doit être tempérée par les égards dus à son sexe, à son titre de mère, à celui de compagne, qui la place sur la même ligne que celle du *mari*, lorsqu'elle est vertueuse, mais qui ne lui permet pas de descendre au rang d'une esclave, lors même qu'elle cesse d'être honnête.

Comme un *mari* a le droit d'exiger que sa femme soit conjugale, sage, & ne s'écarte point de la fidélité, il est tenu de lui donner l'exemple de la fidélité, & même d'éviter toutes les occasions de lui faire naître de la jalousie; car ce n'est pas assez que d'avoir au fond une bonne conduite, il faut en avoir réciproquement les apparences. Une fois qu'un homme a pris librement une femme pour son épouse, il est contre toute justice qu'il lui marque de l'éloignement & s'abstienne de remplir les devoirs que lui impose le mariage; c'étoit à lui à en choisir une autre. Si vous n'eussiez pas pris ma main, peut-elle lui dire, un homme qui m'eût aimée l'auroit peut-être demandée, & je ne serois pas offensée de ses mépris.

Si une femme est laide, le *mari* s'est uni avec elle sans doute, parce qu'elle avoit de la fortune ou des talens précieux; mais comme ils étoient inséparables d'elle, il ne peut pas, sans faire un vol, jouir des avantages de la fortune ou des talens, & repousser la personne qui les lui a apportés.

Il arrive quelquefois qu'une femme jolie, pleine

de graces, perd tous ses charmes par une maladie ou par un accident; alors il est non-seulement de la délicatesse, mais même de l'humanité d'un *mari*, de ne pas aggraver la douleur & les regrets de cette femme, en lui montrant du dégoût. Loin de lui laisser soupçonner qu'elle ne plaît plus, il faut qu'il écarte cette idée, qui ne se présente que trop souvent à son imagination, & qu'il lui marque les mêmes soins, les mêmes empressemens qu'avant la perte de sa beauté; car alors il seroit à craindre que le dépit n'aigrît son caractère, & que la méchanceté ne suivît de près la laideur.

C'est sur-tout dans les infirmités de sa femme que l'amitié, la sensibilité du *mari* doivent se développer; qu'il regarde alors son épouse comme une partie de lui-même souffrante. S'il est pauvre, il faut qu'il redouble de zèle & d'ardeur pour gagner de quoi la nourrir & la soulager; il n'a rien à exiger d'elle, c'est à elle au contraire à tout attendre de lui. S'il est riche, qu'il lui prodigue tous les soins, tous les adoucissemens que la foible humanité peut goûter au milieu de ses maladies. C'est en se conduisant de cette manière, qu'il sera véritablement l'époux, la moitié de sa femme, & qu'il pourra en espérer les consolations de la tendresse s'il devient malheureux ou souffrant à son tour.

A la campagne, où les mœurs sont moins dépravées, où les mauvais discours, les conseils pernicieux, les exemples d'infidélité sont beaucoup plus rares, le *mari* n'est guère obligé d'exciter sa femme & ses enfans au travail, à remplir leurs devoirs, à exercer les vertus sociales, que par ses propres actions. Il est un modèle vivant qui communique l'empreinte de l'honnêteté à tout ce qui le touche. Sa compagne devient active, économe; les garçons se montrent laborieux comme leur père, & les filles suivent l'exemple de leur mère. C'est ainsi que les vertus se perpétuent & deviennent héréditaires dans une famille, & même, par la suite des temps, dans tout un hameau, qui bientôt semble ne présenter qu'une même famille comme au village de Salency. On peut voir la description des mœurs de ces honnêtes & vertueux habitans, dans les deux mémoires que nous avons faits pour la rosière de Salency.

Dans les villes, & sur-tout dans les capitales, les *maris* ne peuvent être trop attentifs à préserver, par leurs conseils & par une conduite prudente, leurs femmes des sociétés malhonnêtes, des assiduités des hommes, qui se font une gloire de désunir les ménages les mieux assortis, de faire naître du dégoût contre les *maris*, d'inspirer des passions qui conduisent à la ruine, à l'oubli de tous les devoirs, & au déshonneur.

La conduite du *mari* à l'égard d'une femme très-jeune, doit être différente de celle qu'il doit tenir envers une femme du même âge que le sien, ou qui a à-peu-près le même degré d'expérience. Il est tout à la fois l'époux & le tuteur de la première; mais il n'est que l'époux & l'ami de l'autre; il peut user envers l'une de remontrances & même d'une autorité modérée; mais il n'a guère que des conseils à donner à la seconde.

Il est très-essentiel à un *mari* d'étudier le caractère de sa femme, afin d'employer, pour la ramener au bien, ou pour l'y fixer, les moyens les plus convenables, & dont l'effet soit le plus sûr. Qu'il se garde sur-tout, s'il lui connoît une disposition prompte à la colère, de heurter trop durement ses volontés, de contrarier impérieusement ses goûts, ses fantaisies, parce que de cette mal-adresse naissent les scènes, les éclats, les haines, les demandes en séparation, & enfin la rupture entière des engagemens réciproques. Les refus d'un *mari* doivent toujours être adoucis par des raisons si plausibles, que la femme même lui en sache gré, & l'en estime davantage.

Le *mari*, qui est le protecteur de sa femme, doit la défendre au péril de sa vie; il est le dépositaire de son honneur; il doit poursuivre en justice la réparation de toutes les offenses qui lui sont faites, sous peine d'être accusé d'une coupable indifférence, & d'être jugé indigne d'habiter avec elle.

Le *mari* n'est pas seulement tenu de défendre la vie, l'honneur de sa femme, il est obligé de faire valoir ses droits, d'empêcher que ses biens ne se dégradent, & même de faire ses efforts pour en augmenter le prix en sa qualité d'administrateur.

« Comme le *mari*, dit Domat, jouit de la dot,
» & qu'il l'a en ses mains, autant pour ses intérêts
» que pour celui de sa femme, il doit en avoir
» le même soin que de ses affaires & de ses biens
» propres; ainsi il doit poursuivre les débiteurs,
» réparer & cultiver les héritages, & si, par sa
» faute ou sa négligence, il arrive des pertes &
» des diminutions, ou qu'il détériore les héritages,
» il en sera tenu, & même des cas fortuits qui
» pourroient être causés par des fautes dont il
» doit répondre ».

L'obligation du *mari* va si loin à cet égard, que si par sa négligence il laisse perdre ou prescrire les droits de sa femme, faute d'avoir poursuivi les débiteurs ou de s'être opposé au décret de leurs biens, il est garant de l'insolvabilité de ces débiteurs. C'est conformément à ces principes, qu'en 1686, il fut rendu au parlement un arrêt qui homologua l'avis de deux avocats, en condamnant le sieur Moquette, secrétaire du roi, à tenir compte aux héritiers de sa femme de ce qu'elle auroit dû recouvrer sur le prix d'une maison vendue par décret, laquelle étoit affectée au paiement d'une rente qui faisoit partie de sa succession.

Après avoir ainsi exposé les obligations du *mari*, nous allons examiner ses droits. Observons d'abord que les loix ne lui accordent l'administration des biens de sa femme, que pour améliorer ou au moins pour prévenir la dégradation de sa fortune; & s'il abusoit de cette autorité pour un effet contraire, la femme auroit une action juridique contre lui, ou un recours contre ses héritiers.

Lorsque le contrat de mariage ne porte pas que la femme aura la libre administration des biens, le *mari* est maître, & jouit des revenus du bien de sa femme.

Cette faculté accordée à l'homme qui fait valoir la fortune de sa compagne comme la sienne propre, & qui est censé acquitter les charges communes avec le revenu de son bien & celui de sa femme, ne s'étend que sur le mobilier. Il n'a pas le droit d'échanger, de vendre, d'affecter, de sa seule autorité, les immeubles, à moins que la véritable propriétaire n'y consente (après y avoir été autorisée par lui), & cela est si rigoureusement limité, que si le *mari* avoit aliéné des propres de sa femme, sans qu'elle y eût consenti, elle pourroit évincer l'acquéreur, sans être tenue d'aucuns dommages & intérêts. L'article 225 de la coutume de Paris, donne au *mari* un pouvoir sans bornes de disposer des biens de la communauté. Cet article est conçu en ces termes : « le *mari* est le seigneur des meubles & conquêts immeubles par lui » faits durant & constant le mariage de lui & de sa » femme; en telle manière qu'il les peut vendre, » aliéner ou hypothéquer, en faire & disposer par » donation, ou autres dispositions faites entre-» vifs à son plaisir & volonté, sans le consente-» ment de sadite femme, à personne capable & » *sans fraude* ».

Il résulte de cet article que, pourvu que le *mari* n'ait point eu pour objet de tromper sa femme ou ses héritiers, tout ce qu'il lui a plu de faire des effets de la communauté est légal, & ne peut éprouver de contradiction; mais si, par exemple, comme le remarque un commentateur de la coutume, « il avoit fait une donation du fonds de » la communauté aux enfans de son premier lit, » ou à un prête-nom qui lui seroit obligé de rendre » ce qu'il auroit paru recevoir, soit au donateur » simulé, soit à ses héritiers, comme ce seroit » une fraude nuisible à la femme, elle pourroit » faire annuller une pareille aliénation ».

Le même article n'autorisant le *mari* à disposer des biens de la communauté que par acte entre-vifs, il a été jugé, par arrêt du 21 janvier 1608, qu'il ne pouvoit en disposer par testament; la raison de cette distinction est que cet acte n'a d'effet qu'au moment de la mort, temps auquel le *mari* cesse d'être le maître des biens de la communauté.

Cependant s'il avoit institué un légataire pour les meubles & conquêts de la communauté, & que la femme eût renoncé d'abord à la communauté, l'héritier de cette femme ne seroit pas recevable à contester le legs.

Comme il y a peu d'articles des coutumes ou de dispositions de la loi qui n'aient élevé une foule de questions, & donné lieu à bien des difficultés, on a demandé si un *mari* qui, par un délit personnel, auroit attiré sur lui une condamnation qui auroit entraîné la confiscation de ses biens, feroit perdre à sa femme la portion qui lui reviendroit dans la communauté, ou porteroit quelque atteinte aux droits qu'elle auroit, pour raison de sa dot & de son douaire. Il a été jugé que, dans ce cas, le délit du *mari* ne pouvoit nuire aux intérêts de la femme, par la raison que *pœna delicti suos auctores manere debet*.

Une autre difficulté s'est élevée; c'est celle de savoir si un *mari* ayant encouru la confiscation de son fief par félonie, la femme pourroit réclamer son douaire sur le fief confisqué. La jurisprudence est moins certaine sur ce point. Par arrêt du parlement de Bretagne, rendu le 30 octobre 1573, remarqué par *Bacquet* en son traité des droits de justice, il fut jugé que les terres *commises* par la félonie du vassal n'étoient pas seulement sujettes au douaire, mais qu'elles étoient affectées, hypothéquées avec les autres biens du défunt au paiement de ses dettes.

Le contraire a été jugé depuis par un autre arrêt du 10 mars 1634, tant contre la femme que contre les autres créanciers. Ferriere observe, au sujet de cet arrêt, qu'il est conforme à la doctrine des fiefs, mais qu'il est bien rigoureux. Cet arrêt, dit-il, est fondé « sur ce que le droit du seigneur, qui est » présumé n'investir ses vassaux, qu'à la charge » de ses droits féodaux & de celui de réversion, » quand le cas écherra, est plus ancien que celui » des créanciers de son vassal ».

Le *mari* étant absolument le maître de tous les biens meubles & conquêts, & le conservateur de tous les propres de sa femme, il en résulte qu'il n'est pas obligé au paiement des dépens, dommages, intérêts & réparations civiles adjugés contre sa femme, pour raison d'un délit qu'elle auroit commis; ce seroit à la partie à se pourvoir après la dissolution du mariage, tant sur les propres de la femme que sur la portion qu'elle pourroit avoir dans la communauté.

La loi *Julia* fait défense au *mari* d'engager le fonds dotal de sa femme, même quand elle y consentiroit. Cette loi est observée dans les pays de droit écrit qui ne ressortissent pas au parlement de Paris; mais elle est sans effet pour les pays qui sont du ressort de ce parlement; dont les jugemens se règlent à cet égard sur la déclaration de 1667, par laquelle le roi a déclaré bonnes & valables les obligations passées par les femmes autorisées de leurs *maris*.

Si le *mari* avoit vendu ou aliéné un héritage de sa femme, sans son consentement, quoique l'article 226 porte « qu'il ne peut vendre, échanger, » faire partage ou licitation, charger ou hypothé-» quer le propre héritage de sa femme »; il n'est pas moins vrai que l'acquéreur pourroit demeurer possesseur du fonds qui lui auroit été vendu par le *mari*, jusqu'à la dissolution du mariage, ou jusqu'à ce que la femme se fût fait séparer de bien; mais aussi il faut convenir que cette aliénation, de la part du *mari*, des propres de sa femme, pourroit donner lieu à une demande en séparation de biens, à moins qu'elle n'eût un motif avantageux pour elle.

L'article 227 de la coutume de Paris autorise le *mari* « à faire baux à loyer à six ans pour hé- » ritages assis à Paris, & à neuf ans pour héritages » & au-dessous assis aux champs, sans fraude ».

On peut appliquer à cet article ce que nous venons de dire du précédent; c'est-à-dire, que si le *mari* avoit, nonobstant ce qui y est énoncé, fait un bail de plus de six ans pour une maison sise à Paris, ou de plus de neuf ans pour une ferme, ni lui, ni sa femme, du vivant de son *mari*, si elle n'étoit pas séparée de biens, ne pourroient faire annuller le bail prolongé au-delà du terme de la loi. Mais après la mort de son *mari*, ou après sa séparation, la femme, devenue l'administratrice de sa fortune, seroit fondée à demander que les baux n'eussent que la durée limitée par le législateur.

Elle est, par la même raison, tenue, après la mort de son *mari*, d'exécuter les baux qu'il a faits, s'il s'est renfermé dans les termes qui lui ont été prescrits, à moins qu'elle ne prouve qu'ils ont été faits frauduleusement; c'est-à-dire, à très-bas prix, pour avoir ce que l'on nomme un *pot-de-vin* considérable, qui auroit tourné au seul profit du *mari*.

Le *mari* ne peut, porte l'article 228 de la coutume de Paris, « par contrat ou obligation fait de- » vant ou durant le mariage, obliger sa femme, » sans son consentement, plus avant que jusqu'à » la concurrence de ce qu'elle ou ses héritiers amen- » dent de la communauté ».

En effet, il ne seroit pas juste que la faculté que le *mari* a de disposer souverainement des revenus & des fruits de la totalité de sa fortune & de celle de sa femme, pût tourner au préjudice de celle qui est considérée comme un être purement passif.

Par l'article 233 de la coutume de Paris, « le » *mari* est seigneur des actions mobilières & pos- » sessoires, posé qu'elles procèdent du côté de sa » femme, & peut le *mari* agir seul, & déduire » lesdits droits & actions en jugement sans ladite » femme ».

Il faut d'abord observer que cet article n'a lieu qu'autant que la femme n'est pas séparée de biens d'avec son *mari*; car alors il n'a plus d'empire sur ses actions mobilières, c'est à elle seule à faire valoir ses droits.

« La raison pour laquelle, dit Ferriere, le *mari* » est le maître des actions possessoires appartenantes » à sa femme, c'est que l'action possessoire tend » à maintenir le *mari*, & par conséquent la femme, » en la possession & jouissance de l'héritage ou » droit réel à elle appartenant, dont les fruits sont » au *mari* ». Le même commentateur ajoute : « & » même quoiqu'il fût porté par le contrat de ma- » riage que la femme pourroit agir & poursuivre ses » droits & actions, & que le *mari* l'eût autorisée » à cet effet, le *mari* ne laisseroit pas de pouvoir » poursuivre & intenter telles actions qu'il croiroit » nécessaires, sans que la femme pût l'en empêcher, » en vertu de cette clause, laquelle ne peut dé- » roger au droit commun de la coutume.

» Il n'en est pas de même, continue-t-il, des » actions & droits réels appartenans à la femme, » lesquels le *mari* ne peut pas poursuivre sans le » consentement de sa femme. Ainsi il ne peut pas » *appréhender* une succession, ou former une de- » mande en partage du chef de sa femme sans son » consentement; & s'il le fait, elle peut en être » relevée, comme il a été jugé par arrêt rendu » en la cinquième chambre des enquêtes, le 26 » février 1595, rapporté par Louet ».

Le même commentateur pense avec raison que le *mari* peut, sans le consentement de sa femme, intenter une action en retrait lignager, pour un héritage du chef d'elle; recevoir le rachat de rente qui lui appartient, parce que le retrait est proprement une acquisition que le *mari* fait, & qui ne peut qu'être avantageuse à la femme. A l'égard de la quittance du rachat de rente, c'est un acte nécessaire d'administration.

En général, le *mari* peut seul, par son autorisation, donner de la valeur aux engagemens que la femme contracte. Si elle est séparée de biens, elle peut, il est vrai, sans être autorisée de son *mari*, contracter des dettes pour jusqu'à concurrence du revenu dont elle a la libre disposition; mais il faut qu'il l'autorise pour qu'elle puisse aliéner ou hypothéquer ses immeubles.

Le *mari*, quoique mineur, a comme émancipé, par l'article 139 de la coutume de Paris, l'administration du bien de sa femme; mais s'ils sont tous deux mineurs, ils ne peuvent ni l'un ni l'autre aliéner leurs immeubles pendant leur minorité, excepté néanmoins dans des circonstances particulières : par exemple, lorsqu'il s'est obligé pour des marchandises d'un commerce qui a rapport au sien; lorsqu'il a eu pour objet de faire sortir son père de prison, ou lorsqu'il est revêtu d'une charge de notaire. Mais quand même il ne seroit pas marié, ces obligations, qui ont une cause raisonnable, ou qui sont censées contractées par un homme éclairé, n'en seroient pas moins valables.

Il y a des cas particuliers où le *mari* n'a point d'empire sur les actions obligatoires de sa femme : par exemple, lorsqu'elle fait un commerce qui lui est propre, qui tient à son industrie, à son autorité, tel que celui de lingère ou de marchande publique. Alors, comme c'est elle seul qui conduit ce commerce, qu'elle est l'unique source du bénéfice qui en résulte, & dont le *mari* profite, non-seulement les dettes qu'elle a contractées pour raison de ce commerce, sont valables contre ses biens personnels, quoique son *mari* ne l'ait pas autorisée spécialement à les faire, elle oblige encore les biens de son *mari* & même sa personne (ce qui est sujet à de grands inconvéniens & mérite l'attention de la justice).

Le

Le *mari* mineur peut autoriser sa femme, soit pour aliéner ses biens ou pour s'obliger; mais en cas qu'il soit lésé & qu'il paroisse que ce soit *propter lubricum ætatis*, il est restituable : cela fut jugé ainsi par arrêt de 1673.

« Si le *mari*, dit Domat, tire du fonds dotal » quelque profit qui tienne lieu de revenu, il lui » appartient; mais si ce profit n'est pas de la na- » ture des fruits & revenus, c'est un capital qui » augmente la dot. Ainsi les coupes des bois taillis, » les arbres qu'on peut tirer des pépinières, sont » des revenus. Mais si le *mari* fait une vente des » grands arbres que le vent a abattus d'un bois, » d'une garenne, d'un verger; s'il vend les ma- » tériaux d'un bâtiment ruiné, & qu'il n'est pas » bien utile ou nécessaire de rétablir, tous les pro- » fits qu'il peut tirer de ces sortes de choses, les » dépenses déduites, sont des capitaux qui augmen- » tent la dot; & il en seroit de même, s'il arri- » voit quelque augmentation du fonds dotal, soit » dans son étendue, comme si un héritage proche » d'une rivière se trouve en recevoir quelque ac- » croissement; ou dans sa valeur, comme si on » découvre un droit de servitude ou autre sem- » blable ».

Ce sentiment est fondé sur le droit romain. *Si arbores caduces fuerunt, vel gremiales, dici opportet in fructus cedere. Si minus quasi deteriorem fundum fecerit maritus tenebitur. Sed & si vi tempestatis ceciderunt, dici oportet pretium earum restituendum mulieri, nec in fructum cedere; non magis quàm si thesaurus fuit inventus in fructum enim non computabitur, sed pars ejus dimidia restituetur, quasi in alieno inventi.*

« Les pierres des carrières, ajoute Domat, & » les autres matières qui se tirent d'un fonds, comme » la chaux, le plâtre, le sable & autres sembla- » bles, sont des revenus qui appartiennent au *mari*, » soit que ces matières parussent lors du mariage, » ou que le *mari* en ait fait la découverte; en » ce cas, il recouvre les dépenses qu'il a faites pour » mettre le fonds en état de produire ce nouveau » revenu. Que si ces matières sont telles qu'on » ne puisse les mettre au nombre des fruits, & » qu'elles ne fassent pas un revenu annuel, mais » un profit à prendre une seule fois, ce sera un » capital, & la dot sera augmentée de ce qu'il y » aura de profit, la dépense déduite. Le même au- » teur met en principe, que le fonds que le *mari* » acquiert des deniers dotaux, n'est point dotal, » mais est propre au *mari* ». *Ex pecuniâ dotali fundus à marito tuo comparatus non tibi quæritur.*

Lorsqu'un *mari* a fait des dépenses nécessaires, il peut, après la mort de sa femme, retenir le fonds dotal ou une partie, selon leur valeur, & en demeurer en possession jusqu'à son remboursement; c'est pourquoi on dit que ces sortes de dépenses diminuent la dot, *quod dicitur necessarias impensas ipso jure dotem minuere non eo pertinet, ut si fortè fundus in dote, desinat aliqua ex parte dotalis esse. Sed nisi impensa reddatur, aut pars fundi, aut totus retineatur.*

Le *mari* ne peut jamais perdre la dot qui lui a été promise par les père & mère de sa femme, quand bien même elle s'en seroit rendue indigne par ingratitude depuis son mariage. *Patrona dotem pro liberta jure promissam, quod extiterit ingrata non retinebit, lib. 69, §. 6, ff. de jure dot.*

La raison de cette décision est sensible; les charges du mariage tombant sur le *mari*, il n'est pas juste que l'ingratitude d'un autre lui ôte le moyen de les supporter.

Lorsqu'un *mari* a fait des réparations ou améliorations dans le bien de sa femme, telles que des bâtimens nouveaux, s'il arrive que ces augmentations deviennent la proie des flammes, ou soient détruites par quelque accident, il doit lui en être tenu compte à lui ou à ses héritiers, parce qu'il tire son droit de l'ouvrage qu'il a payé.

La crainte que l'on a eue que le *mari* ne fût déterminé par l'intérêt à former trop facilement contre sa femme une demande en interdiction, ou ne dérogeât, en devenant, comme curateur, comptable envers elle de ses opérations, a fait juger qu'un *mari* ne devoit point être curateur de sa femme, dans le cas où il seroit nécessaire de lui en nommer un, soit pour démence ou autre cause.

Si une femme vient à mourir sans enfans, sans parens, & sans avoir fait de testament, son *mari* recueille sa succession, comme la femme recueilleroit, dans le même cas, la sienne, à l'exclusion du fisc. *Maritus & uxor ab intestato invicem sibi in solidum, pro antiquo jure succedant, quoties deficit omnis parentum liberorumve, seu propinquorum legitima vel naturalis successio, fisco excluso. L. 1. C. unde vir & uxor. L. 1, ff. eod.*

Cochin, dans le sixième volume de ses Œuvres, propose pour question si un *mari* doit payer un billet fait par sa femme & qui ne paroît que depuis le mariage; il rapporte le sentiment de plusieurs auteurs qui se contredisent à ce sujet; ce qui n'est pas étonnant : mais ce qui l'est davantage, c'est la contradiction des arrêts qu'il cite : un du 28 juin 1673, condamne M. le Rebours, conseiller au parlement, à payer deux promesses faites, par sa femme majeure, avant son mariage; un autre, du 19 août 1729, décharge le *mari* de la demande d'un pareil billet, sauf au créancier à se pourvoir sur les biens de la femme après la dissolution de la communauté. Cochin ajoute qu'il s'élevoit contre cette demande de violens soupçons de fraudes. Un troisième, du 4 février 1730, confirme une sentence du châtelet, qui condamnoit le *mari* & la femme à payer un billet de six cens livres, que la femme avoit promis d'acquitter avant son second mariage, pour son fils, en affirmant par les demandeurs, *la date du billet sérieuse & véritable.* Un quatrième, du premier juin 1733, confirme une sentence de la première des requêtes, du 11 juillet 1730, qui, sur la demande en paiement d'un billet de douze mille livres, fait par la dame d'Herbouville, avant son second mariage, avoit mis hors de cour, condamné le sieur Pâris Duvernay, demandeur, aux dépens, en réservant néanmoins l'action contre la femme, après la dissolution du mariage.

Il faut croire que si les juges avoient la certitude que la dette fût légitime, & qu'elle fût antérieure au mariage, ils prononceroient la condamnation actuelle sur les biens de la femme : mais il seroit dangereux de rendre de semblables jugemens sans cette certitude; car une femme, en antidatant des billets, ruineroit son *mari*, ou du moins pourroit lui ravir la totalité de la dot qu'elle lui auroit apportée.....

Que le *mari*, disoit M. Cochin, dans la cause qu'il plaidoit pour le marquis de Conflans, « soit » en communauté avec sa femme, ou bien qu'ils » jouissent séparément de leurs biens, comme le » *mari* est toujours le chef de la maison, il faut » aussi que tous les effets mobiliers soient censés » lui appartenir, tant que sa femme ne rapporte » point de titre contraire. Aussi, ajoutoit ce cé» lèbre orateur, tenons-nous pour principe con» stant dans notre jurisprudence, que tous les meu» bles qui se trouvent dans une maison où demeu» rent deux conjoints séparés de biens, appartien» nent au *mari*, si la femme ne prouve pas par » des quittances qu'elle les a achetés de son revenu » ou de ses épargnes. La rigueur des principes, con» tinue-t-il, a été plus loin : lorsqu'elle rapporte » même un titre formel de propriété, l'on ne se » rend point à cette preuve, si elle n'est en état » de justifier où elle a pris les deniers nécessaires » pour une pareille acquisition; c'est à ce principe » que s'applique la loi *Quintus Mucius*, *ff. de don.* » *inter virum & uxor.* ».

M. Cochin avoit pour objet, en établissant ce système, de faire juger que les billets qui se trouvent dans l'appartement d'un homme à son décès, sont censés lui appartenir, & non à sa femme, quoiqu'ils n'aient point de communauté.

Le *mari* emploie valablement les deniers dotaux de sa femme en rentes sur le roi; & si ces rentes essuient des diminutions, ni lui, ni ses héritiers n'en sont responsables.

Le *mari* qui est interdit, soit pour cause de démence ou pour cause de fureur, perd l'empire qu'il avoit sur sa femme & sur sa fortune; & comme il n'a plus de pouvoir sur elle, il ne peut plus lui en communiquer.

Celui contre lequel il a été rendu un jugement qui emporte mort civile, perd également toute la puissance paternelle & maritale.

L'union qu'établit, entre l'homme & la femme, le lien du mariage, quelque intime qu'elle soit, ne les identifie pas tellement que le *mari* ne puisse poursuivre sa femme en justice pour les torts qu'elle lui a faits, soit dans sa fortune, soit dans son honneur.

L'auteur de la collection de jurisprudence cite un arrêt rendu au parlement de Metz, le 12 juillet 1708, par lequel une femme accusée par son *mari* de vol nocturne avec effraction dans la maison commune, & poursuivie extraordinairement à ce sujet, « fut condamnée par corps à rapporter, rendre & » restituer à son *mari* les deniers, billets & collier » de perles mentionnés au procès-verbal, en affir» mant par lui que l'état joint au procès-verbal conte» noit vérité, si mieux n'aimoit le *mari* faire entrer » sa femme dans telle maison religieuse qu'il ju» geroit à propos, en lui fournissant les alimens & » entretien nécessaires pour y rester jusqu'à l'en» tière exécution du présent arrêt ».

Une action bien plus terrible que le *mari* a le droit de suivre contre sa femme, c'est celle qui a pour cause l'accusation d'adultère : il paroît alors dans les tribunaux comme poursuivant la vengeance de son honneur; sa demande a pour objet de bannir de son lit une infidelle qui s'est souillée dans le crime, qui a voulu lui donner des enfans dont il ne fût pas le père, & de punir son parjure par la privation de sa liberté, par la flétrissure d'un jugement honteux, & la perte des avantages qu'il lui avoit accordés en s'unissant à elle.

En général, un *mari* n'est pas recevable à suivre une action criminelle contre sa femme pour d'autre cause que celle de l'adultère; lui ou ses héritiers ne peuvent la poursuivre que civilement pour la restitution des choses qu'elle lui a volées de son vivant, ou qu'elle a diverties après sa mort. Cela a été ainsi jugé par plusieurs arrêts rapportés par M. Louet & son commentateur, *lettre C*, *chap. 36*.

Mais, comme l'observe le commentateur du droit françois, quoiqu'un *mari* ne fût pas ordinairement recevable à former plainte contre sa femme pour raison d'un larcin, néanmoins, s'il y avoit des complices impliqués dans un tel délit, la plainte pourroit se faire par le *mari*, tant contre sa femme que contre ses complices, & les juges ne pourroient alors se dispenser de lancer des décrets contre tous les accusés.

Un *mari* ne pouvant, sans se couvrir d'une tache aux yeux du public, & sans altérer l'honneur de ses enfans, accuser sa femme ou la dénoncer, soit comme adultère, soit comme coupable de larcin, il est de sa prudence de lever, le plus tard possible, le voile qui couvre des vices aussi honteux. Tant que sa femme ne vole que lui, il ne doit opposer à sa mauvaise foi que de la prudence, que de la surveillance, en fermant avec plus de soin les effets précieux qui la tenteroient, ou en les plaçant hors de chez lui. Mais il y a des cas où il ne peut garder le silence, sans courir lui-même le risque d'être déshonoré. Par exemple, un bijoutier auquel sa femme auroit enlevé des écrains de diamans qui lui auroient été confiés, seroit très-excusable de s'adresser à la justice pour forcer sa femme à déclarer ce qu'elle auroit fait de ces diamans, & à les rapporter.

Il seroit aussi de la prudence d'un *mari* qui découvriroit dans sa femme une inclination au vol, de prévenir le jugement flétrissant auquel elle s'exposeroit ; & dont les suites seroient funestes à lui & à ses enfans (en demandant à être autorisé à la faire renfermer dans un couvent).

Quant à l'infidélité conjugale, à moins qu'une femme n'ait des mœurs absolument dépravées, à moins que sa criminelle passion ne soit un sujet de scandale, & n'offense, en quelque façon, les mœurs publiques, le *mari* doit être bien modéré dans ses poursuites, épuiser, avant de rendre plainte contre elle en adultère, tous les moyens de la faire revenir, sinon à ses devoirs, du moins à la décence & aux apparences d'honnêteté.

Il est bien peu de *maris* qui ne se soient repentis par la suite d'avoir attiré sur la tête de leurs femmes le jugement flétrissant dont nos loix punissent l'adultère. Une fois que cette malheureuse compagne est plongée dans l'opprobre, le *mari* ne voit autour de lui que solitude; les femmes ne lui pardonnent pas d'avoir donné un exemple si terrible de sévérité; les hommes honnêtes le plaignent s'il n'a pas mérité son sort; mais il est pour les libertins un sujet de raillerie : ses enfans, & sur-tout ses filles, trouvent difficilement à s'établir. S'il persiste dans sa vengeance, s'il résiste sans pitié aux prières de sa femme qui lui demande grace du fond de sa prison, on l'accuse de dureté. S'il lui pardonne & la rappelle vers lui, cette misérable créature, publiquement déshonorée, est dédaignée des femmes, même de celles qui ont mérité souvent un pareil sort. Les hommes qui se respectent un peu n'osent en approcher, ses enfans la méprisent, son *mari* ne peut lui rendre ni son estime, ni sa tendresse; elle est plus à plaindre que dans sa captivité.

Un *mari* est toujours obligé de reconnoître pour ses enfans ceux auxquels sa femme a donné le jour, à moins qu'il n'y ait impossibilité physique qu'il en soit le père; comme s'il a fait un voyage au-delà des mers qui l'ait retenu éloigné de sa femme pendant des années, ou s'il a été renfermé dans une prison inaccessible à son épouse pendant un temps considérable. Les loix sont si favorables aux enfans, elles ont un si vif desir de les légitimer, qu'elles saisissent la plus légère possibilité de rapprochement, pour les garantir de la honte de la bâtardise.

Le *mari* & la femme peuvent mutuellement opérer leur séparation de biens; mais la loi s'oppose à ce qu'ils établissent, de concert entre eux, la séparation de corps.

La justice n'a pas de raisons pour empêcher que des époux fassent, après le mariage, une division de leurs intérêts qu'ils auroient pu faire auparavant, & à ce que le *mari* rende à sa femme l'administration de sa fortune; il n'en peut résulter que de légers inconvéniens qui n'intéressent point la société : mais on a pensé qu'il en naîtroit de très-grands de la facilité que des époux auroient de se séparer d'habitation : des citoyens légitimes de moins pour la société ; le nœud de l'hymen arbitrairement rompu; une liberté qui pourroit dégénérer en licence; des procédés violens de la part de l'un des deux époux qui voudroit forcer l'autre à consentir à la séparation.

Le *mari* conserve toujours ses droits sur les biens-fonds de sa femme ; quoiqu'il soit séparé de biens ou d'habitation, elle a toujours besoin d'être autorisée par lui pour les aliéner.

« Quand une charge est échue en propriété à » une femme, & que le *mari* s'en est fait pour- » voir, il doit, dit Cochin, être regardé comme » propriétaire de la charge & débiteur du prix en- » vers sa femme, à moins que, par quelque traité, » on ne soit convenu du contraire ».

Nous avons exposé les obligations attachées au titre de *mari*, les devoirs que ce titre lui impose, les pouvoirs qu'il lui communique; mais plus le mariage donnoit d'empire au *mari* sur la fortune de sa compagne & d'autorité sur sa personne, plus il étoit nécessaire de mettre un frein à l'abus qu'il seroit capable d'en faire. Il n'étoit pas juste qu'il pût impunément outrager la femme qu'il auroit séduite & entraînée dans les liens du mariage par les apparences de la tendresse & du respect, & qui n'avoit consenti à se soumettre à sa volonté, à ses desirs, que parce qu'elle avoit cru que cette volonté, que ces desirs seroient toujours honnêtes & éclairés par la raison.

Il étoit également juste & nécessaire de ne pas souffrir que celui auquel la loi confioit l'administration de la fortune des deux époux, parce qu'elle lui supposoit plus d'expérience, plus d'ordre, plus d'économie, fût le maître de dissiper non-seulement tout ce qu'il tenoit de ses pères, tout ce qui lui appartenoit personnellement, mais encore ce qu'avoit reçu pour dot sa compagne. Il a donc été établi des réglemens & une jurisprudence qui a force de loi, par lesquels le *mari* brutal, dédaigneux, débauché, court le risque de perdre tous les droits du mariage. Sa femme, protégée par les tribunaux, lui est enlevée; elle devient presque pour lui une étrangère; sa personne & ses biens lui échappent tout-à-la-fois : en vain regrette-t-il alors une société qu'il chérissoit autrefois ; inutilement les procédés qu'il a eus à l'égard de son épouse, de ses enfans, lui paroissent-ils odieux, les vœux qu'il fait pour se rapprocher d'elle sont repoussés ; il s'est élevé entre lui & sa femme un mur de séparation qu'elle seule peut abattre; il s'est montré dur, impérieux envers elle, c'est à lui à devenir suppliant, à tâcher de la fléchir, de lui faire oublier ses excès, ses emportemens, & à lui inspirer l'espoir & la confiance d'un changement de caractère & de conduite.

Nous ne nous étendrons point ici sur les causes qui peuvent ravir au *mari* la femme avec laquelle il s'est rendu indigne d'habiter; elles doivent être exposées à l'article SÉPARATION.

Toutes les fois que le *mari*, au lieu de gérer, d'administrer le bien de sa femme, comme un digne & sage tuteur, le dégrade, le laisse dépérir, & qu'il expose celle qu'il doit nourrir, entretenir suivant sa fortune, à éprouver l'indigence par l'aliénation *de ses propres* (après avoir arraché de sa complaisance & de sa facilité un consentement funeste), la justice, qui a égard à la réclamation de la femme & au péril dont elle est menacée, enlève au *mari* une administration dont il a abusé, ou qu'il est incapable de conserver. La différence qu'il y a entre le *mari* prodigue ou dissipateur, & celui qui est emporté, violent, & dont les procédés ont motivé une aversion raisonnable contre lui, c'est que le premier ne perd ses droits que sur les biens qu'il a mal gérés, & que l'autre perd les siens & sur les biens, quand même il les auroit sagement administrés, & sur la personne qu'il a outragée.

Lorsqu'il a eu des procédés répréhensibles envers sa femme, le *mari* perd encore l'avantage de la donation qui a pu lui être faite; cela fut jugé ainsi en faveur de madame de Chasse, le 18 août 1728: cette sentence contradictoire, en prononçant la séparation de corps, priva le *mari* des avantages qu'il avoit reçus de sa femme, & dont il s'étoit rendu indigne par son ingratitude.

M. Cochin développa ces principes dans un éloquent plaidoyer qui auroit été couronné par l'arrêt qui devoit intervenir, si une transaction n'eût pas éteint l'affaire portée au parlement par le *mari*.

En voilà plus qu'il n'en faut sans doute pour prouver qu'il est & du devoir & de l'intérêt du *mari* de remplir avec exactitude les obligations que lui impose son titre; que s'il est beau de le voir dans la société offrir le spectacle d'un époux honnête & affectueux, qui assure le bonheur de sa compagne par ses soins domestiques, par le zèle avec lequel il défend ses intérêts, il est honteux pour lui d'être dénoncé à la justice comme un dissipateur qui, par sa négligence, son inconduite, ne mérite pas de conserver le titre d'administrateur d'une fortune qui devoit être commune; ou, ce qui est pire encore, d'être présenté aux magistrats comme un tyran cruel, qui abuse de sa force, de l'empire que lui a donné la loi, pour opprimer celle qu'il devoit au contraire protéger contre l'oppression, qu'il devoit garantir de toute insulte, & qui, par cette raison, ont mis la justice dans la nécessité de le priver des droits les plus sacrés du mariage, en élevant entre les deux époux une barrière que la femme seule peut détruire.

Nous devons, avant de terminer cet article, ajouter qu'un *mari* ne peut, sans le consentement de sa femme, faire vœu de chasteté, & entrer dans un monastère pour y prendre l'habit religieux. S'il portoit jusques-là l'oubli de ses premiers devoirs & de ses premiers engagemens, la femme seroit autorisée à le redemander & à faire prononcer la nullité de ses vœux. Mais, dit d'Héricourt, si la femme avoit été convaincue d'adultère; comme elle auroit perdu par son crime tout le droit qu'elle avoit sur la personne de son *mari*, elle ne pourroit pas le redemander à la justice, dans le cas où, depuis le jugement rendu contre elle, il auroit embrassé l'état religieux.

Les mêmes raisons s'opposent à ce que les ordres sacrés soient conférés au *mari*, à moins que sa femme n'y consente & ne fasse elle-même profession; car un consentement pur & simple de sa part ne suffiroit pas. Ce n'est qu'autant qu'ils se consacrent tous deux à Dieu, & qu'ils font à la religion, d'un commun accord, le sacrifice de leur lien conjugal, que ce lien peut être rompu.

Il est dit par une des décrétales, « que quoiqu'une femme ait fait un vœu simple de chasteté, & que son *mari* ait consenti pendant un certain temps qu'elle l'exécutât, il peut toujours l'obliger à lui rendre le devoir conjugal ».

Cette décision porte sur des motifs très-naturels & très-légitimes : en formant le vœu de vivre chastement dans le nœud du mariage, la femme s'est écartée des loix de la nature & des obligations de son état. Le *mari*, pour avoir condescendu quelque temps aux pieuses résolutions de sa femme, ne doit pas être condamné à se priver éternellement des plaisirs que lui offre une union légitime, ou à les aller goûter dans le sein de la débauche : il résulteroit trop d'inconvéniens, trop d'abus de ces vœux imprudens, s'il devoient arrêter celui qui n'a pas cru devoir les former.

Depuis les révolutions arrivées & dans nos mœurs, & dans l'existence des hommes, si souvent exténués avant le mariage, il leur arrive bien rarement d'être forcé d'user de leurs droits pour obliger leur femme à concourir avec eux au plus doux des devoirs. La femme a plus souvent à se plaindre de leur oubli, qu'ils n'ont à lui reprocher sa froideur ou ses refus. Au surplus, le moyen le plus convenable, le seul même qu'il soit permis à un *mari* d'employer pour faire souffrir à sa femme ses tendres empressemens & ses vifs desirs, c'est de commencer par les faire naître dans le cœur de celle qui doit en être l'objet. (*Cet article est de M.* DE LA CROIX, *avocat en parlement*).

MARIAGE, s. m. (*Droit nat. pub. civ. & ecclés.*) le mariage pouvant être considéré sous plusieurs rapports, semble susceptible de plusieurs définitions; c'est un acte qui en lui-même, & par ses suites, tient au droit naturel, au droit public, au droit civil & au droit ecclésiastique. La nature y appelle tous les hommes; & elle a formé seule les premières unions conjugales. L'ordre public & les sociétés en général doivent y prendre le plus grand intérêt, puisqu'il est la source licite de la population. Les loix civiles ont nécessairement dû le régler, & pour la forme & pour les effets; enfin la religion, qui est la première bienfaitrice de l'humanité, a cru devoir consacrer & sanctifier un acte dont le principal but est de donner, & des citoyens à l'état, & des adorateurs au vrai Dieu.

Chez les peuples non civilisés & vivans sans loix, le *mariage* ne peut être qu'un contrat naturel; & parmi les nations civilisées, il est un contrat naturel & civil; il n'y a que parmi les chrétiens, qu'il est tout à la fois contrat naturel, contrat civil & sacrement.

On peut définir le *mariage* comme contrat naturel, l'union volontaire de l'homme & de la femme libres, à l'effet de vivre ensemble, de procréer des enfans & de les élever. On le définit aussi, *contractus quo personæ corporum suorum dominium mutuò tradunt & accipiunt.*

Justinien a défini le *mariage*, *viri & mulieris conjunctio individuam vitæ consuetudinem continens.* Ce qui sembleroit pouvoir s'appliquer au contrat naturel seul. Le catéchisme du concile de Trente paroît avoir compris plus expressément le contrat civil, en ajoutant à la définition de Justinien, *inter legitimas personas.* Ces expressions désignent les personnes capables, selon les loix, de contracter : *matrimonium est viri, mulierisque maritalis conjunctio inter legitimas personas individuam vitæ consuetudinem retinens.* Cependant on pourroit dire que Justinien a entendu le contrat civil, en lui donnant le caractère de perpétuité : *individuam vitæ consuetudinem continens*; perpétuité qui, selon l'observation de Ferriere, ne peut s'entendre que du dessein des deux époux de vivre ensemble jusqu'à la mort de l'un ou de l'autre; car le divorce étoit permis chez les Romains. Quoi qu'il en soit de l'exactitude de ces définitions, nos auteurs appellent le *mariage*, un contrat revêtu des formes prescrites par les loix, par lequel un homme & une femme, habiles à faire ensemble ce contrat, s'engagent réciproquement l'un avec l'autre à demeurer toute leur vie ensemble dans l'union qui doit être entre un époux & une épouse.

Le *mariage*, comme sacrement, peut être défini : l'alliance ou l'union légitime, par laquelle un homme & une femme s'engagent à vivre ensemble le reste de leurs jours, comme mari & épouse; que Jesus-Christ a institué, comme le signe de son union avec l'église, & à laquelle il a attaché des graces particulières pour l'avantage de cette société & pour l'éducation des enfans qui en proviennent.

Le contrat naturel est la première base du *mariage*: il ne peut y en avoir de plusieurs espèces, puisque la nature est une.

Le *mariage*, comme contrat civil, peut varier, parce que les loix des différens états ne sont pas les mêmes. Un *mariage* peut donc être valable dans un pays, & ne l'être pas dans un autre.

Comme sacrement, il tient l'être du divin auteur de la religion : les hommes ne peuvent donc y apporter aucun changement essentiel.

Le *mariage*, comme contrat naturel, paroît être du ressort de cette philosophie qui s'occupe à connoître les loix que dicte la nature à tous les hommes. Comme sacrement, il semble qu'il n'appartienne qu'aux théologiens d'en traiter; & l'on pourroit dire au premier coup-d'œil qu'il ne peut concerner le jurisconsulte, que comme contrat civil. Mais ici la nature, la religion & les loix civiles sont tellement inhérentes les unes aux autres, qu'il est impossible que le jurisconsulte les sépare; il doit seulement avoir attention à ne considérer le contrat naturel & le sacrement, que sous les rapports qu'ils ont avec le contrat civil.

Lorsque les hommes ont été réunis en société, & qu'ils ont mis leur liberté & leur propriété sous la sauve-garde des loix, ils ont dû nécessairement établir des règles pour les *mariages*. Le simple contrat naturel n'a plus alors suffi, & il a été perfectionné & fortifié par le contrat civil. Mais le contrat naturel en a toujours fait la base.

Dans l'ancienne loi, chez les Hébreux, le *mariage* étoit de commandement. Dieu eut à peine créé l'homme, qu'il jugea qu'il n'étoit pas à propos qu'il fût seul. Il forma presque aussi-tôt la femme d'une portion même de l'homme, la lui présenta à l'instant de son réveil, comme pour le frapper plus vivement; il leur ordonna à l'un & à l'autre de s'unir & de perpétuer la merveille qu'il venoit d'opérer. Au sentiment attractif qu'il plaça dans leur cœur, il joignit l'ordre de croître & de multiplier, accompagné de celui de ne faire qu'un : *& erunt duo in carne unâ.* Telle est l'origine sublime du *mariage* chez les chrétiens, origine où tous les devoirs des époux sont tracés en peu de mots.

Les Grecs & les Romains, privés des lumières de la révélation, n'ont pas eu du *mariage* les grandes idées que présente la loi de Moïse; cependant ils ont été assez éclairés pour le regarder comme un acte digne de toute l'attention des législateurs. Mais tous les peuples policés ne l'ont pas envisagé du même œil; ceux qui ont permis la pluralité des femmes légitimes, ont oublié le véritable but de la nature.

La pluralité des femmes fut permise chez les Athéniens, les Parthes, les Thraces, les Égyptiens, les Perses. Elle est encore en usage chez quelques peuples payens, & particuliérement chez les Orientaux. Le grand nombre de femmes qu'ils ont, diminue la considération que la nature a attachée à l'état d'épouse, & fait qu'ils les regardent plutôt comme des esclaves, que comme des compagnes.

Les Romains s'étoient garantis de cette erreur : leur droit défend la pluralité des femmes & des maris; cependant Jules-César avoit projetté une loi, pour permettre la pluralité des femmes. Mais elle ne fut pas publiée : l'objet de cette loi étoit de multiplier la procréation des enfans.

Auguste son successeur eut les mêmes vues, mais employa des moyens différens. Il ne crut pas devoir rien changer à l'ancienne législation sur les *mariages*; il crut qu'il suffisoit de publier des loix pour les encourager. On peut voir combien il avoit cet objet à cœur, par le discours qu'il adressa aux chevaliers romains célibataires.

Il publia les loix nommées *Pappia*, *Poppea*, du nom des deux consuls de cette année. Constantin & Justinien abrogèrent les loix pappiniennes, & favorisèrent le célibat; la raison de spiritualité qu'ils en apportèrent fut puisée dans le christianisme, qui regarde cet état comme plus parfait que le *mariage*, quoiqu'il ait élevé le *mariage* à la dignité de sacrement. Valentinien I voyoit les choses bien différemment, mais avec les yeux des passions. Voulant épouser une seconde femme, & garder celle qu'il avoit déjà, il fit une loi portant qu'il seroit permis à chacun d'avoir deux femmes; mais cette loi ne fut point observée. Tant il est vrai que le pouvoir absolu ne suffit pas pour donner des loix, & que sans la raison & la justice, les législateurs sont souvent impuissans.

Les Barbares, qui inondèrent l'empire romain, soutinrent que la pluralité des femmes étoit contraire à l'essence du *mariage*; & Athalaric, roi des Goths, défendit la poligamie.

On trouve dans la législation des moscowites, un canon fait par leur patriarche Jean, qu'ils honorent comme un prophète, par lequel il est ordonné que si un mari quitte sa femme pour en épouser une autre, ou que la femme change de mari, les uns & les autres seroient excommuniés, jusqu'à ce qu'ils reviennent à leur premier engagement.

Les citoyens romains pouvoient contracter deux espèces de *mariages*. On appelloit l'un *justæ nuptiæ*, & l'autre *concubinatus*. Celui qu'on appelloit *justæ nuptiæ* étoit le *mariage* légitime qu'un homme contractoit, selon les loix, avec une femme, pour l'avoir à titre de légitime épouse, *justa uxor*. Ce *mariage* donnoit aux enfans le droit de famille, & au père le droit de puissance paternelle sur eux.

L'autre espèce de *mariage* qu'on appelloit *concubinatus* étoit aussi un véritable *mariage* permis par les loix : *concubinatus, per leges nomen assumpsit*. Il ne différoit du *mariage* appellé *justæ nuptiæ*, que parce que l'homme ne prenoit pas la femme avec laquelle il se marioit pour l'avoir à titre de légitime épouse, *justa uxor*, mais il la prenoit seulement à titre de concubine; les enfans qui naissoient de ce *mariage*, n'avoient pas le droit de famille, & le père n'avoit pas sur eux la puissance paternelle; ils n'étoient pas *justi liberi*; ils n'étoient pas néanmoins bâtards, on les appelloit *liberi naturales*, bien différens des *nati & spurii*, qui étoient les noms de ceux qui étoient nés *ex scorto* & d'unions défendues.

Cette espèce de *mariage* fut introduite, pour permettre les unions disproportionnées. Un sénateur pouvoit prendre pour concubine une femme affranchie de l'esclavage, que les loix ne lui permettoient pas d'avoir pour légitime épouse.

Du reste, tout ce qui prohiboit un *mariage* légitime, prohiboit également le concubinage; il n'étoit pas plus permis d'avoir deux concubines à la fois, que deux femmes légitimes. Le concubinage, tant qu'il existoit, excluoit tout autre *mariage*, comme le *mariage* légitime excluoit le concubinage : on ne pouvoit avoir ensemble une femme & une concubine.

Il est assez difficile de tracer la ligne qui séparoit le *mariage* légitime d'avec le simple concubinage. Les cérémonies extérieures ou la confection de l'acte qui contenoit les conventions matrimoniales, ne pouvoient les différencier; puisqu'un *mariage* pouvoit être *justæ nuptiæ* sans acte & sans cérémonie.

Ce n'étoit que l'intention de l'homme de prendre sa femme à titre de légitime épouse, ou de la prendre seulement pour concubine, qui rendoit le *mariage* ou légitime, ou concubinage. C'est ainsi que s'exprime la législation romaine : *concubinatus ex sola animi destinatione æstimari oportet... concubina ab uxore solo delectu separatur.*

De-là il suit que le concubinage n'étoit présumé qu'à l'égard des femmes diffamées ou d'un état vil : *in liberæ mulieris consuetudine non concubinatus, sed nuptiæ intelligendæ sunt, si non corpore quæstum fecerit.*

Cette distinction du *mariage*, *justæ nuptiæ*, *& concubinatus* n'avoit lieu qu'à l'égard des citoyens romains. Les peuples soumis à la république ou à l'empire, n'étoient capables que d'une espèce de *mariage*, qu'on appelloit simplement *matrimonium*. Il ne produisoit point sur les enfans la puissance paternelle, telle que l'avoient les citoyens romains, mais seulement telle que la donne aux pères le droit naturel. Mais cette différence s'évanouit, lorsqu'Antonin Caracalla accorda le nom & les droits de citoyen romain à tous les sujets de l'empire.

Le concubinage tel qu'il existoit pendant la république, & sous les premiers empereurs, subsista encore lorsque la religion chrétienne fut devenue la religion dominante; on en peut juger par le dix-septième canon du premier concile de Tolède, de l'an 400, où il est dit : *si quis habens uxorem fidelis, concubinam habeat, non communicet : cæterum qui non habet uxorem, & pro uxore concubinam habet, à communione non repellatur, tantùm ut unius mulieris, aut uxoris, aut concubinæ, ut ei placuerit, sit conjonctione contentus.*

La qualité de citoyen romain étant devenue générale, ou ayant totalement disparu, l'usage de contracter le *mariage* appellé *concubinatus* s'anéantit insensiblement. Il ne s'en est guère conservé de trace que dans l'Allemagne, où la qualité de noble a produit pour les *mariages*, les mêmes effets que celle de citoyen romain. Un homme de qualité qui se marie à une femme de basse condition, la prend pour femme d'un ordre subalterne. Cette femme ne participe pas au rang & aux titres de son mari, & les enfans qui naissent de ce *mariage* ne succèdent ni aux titres, ni à l'hérédité de leur père. Ils doivent se contenter, ainsi que leur mère, d'une certaine quantité qui leur a été assignée par le contrat; c'est ce qu'on appelle *mariage de la main gauche.*

Il en est de même des princes qui épousent une personne d'une condition inférieure à la leur; ils lui donnent la main gauche au lieu de la droite. Leurs enfans sont légitimes & nobles; mais ils ne succèdent point aux états du père, à moins que l'empire ne les réhabilite ; quelquefois le prince épouse ensuite sa femme de la main droite.

Cette espèce de *mariage* n'a pas lieu en France ; nos loix ne permettent pas de se marier autrement que pour avoir une femme à titre de légitime épouse. Le concubinage avec une femme que l'on n'a pas épousée en légitime *mariage*, est parmi nous une union illicite & prohibée. Cependant nous avons quelques *mariages*, qui, quoique valablement contractés, ne produisent que des effets civils, à-peu-près semblables au concubinage chez les Romains, & aux *mariages* de la main gauche en Allemagne.

Chez les Romains le *mariage* des esclaves, faits du consentement de leurs maîtres, & pourvu qu'il n'y eût aucun empêchement naturel, s'appelloit *contubernium ;* il ne produisoit aucun effet civil ; tel est encore aujourd'hui celui des nègres esclaves en Amérique. On donnoit la même dénomination au *mariage* que contractoit un homme libre avec une esclave, *aut vice versâ. Inter servos & liberos, matrimonium contrahi non potest, contubernium potest.* Ce *mariage* ne produisoit pas plus d'effets civils que ceux des esclaves entre eux.

Après les définitions & les notions historiques préliminaires, venons au *mariage*, tel qu'il existe parmi nous, & qui doit faire l'objet principal de cet article.

Le *mariage*, dans le sens où nous le prenons ici, est celui qui est tout-à-la-fois contrat naturel, contrat civil & sacrement.

Nous examinerons, 1°. ce qui doit précéder le *mariage ;* 2°. quelles sont les personnes qui peuvent le contracter ; 3°. comment il se contracte réellement ; 4°. quels sont ses effets & ses obligations ; 5°. les cassations & la dissolution des *mariage*, & les juges qui en doivent connoître ; 6°. les séparations d'habitation ; 7°. les seconds *mariages* & l'édit des secondes noces. Nous espérons renfermer sous ces divisions tout ce qui concerne l'importante matière du *mariage*.

§. I. *Ce qui doit précéder le mariage*. Comme contrat naturel, le *mariage* consiste dans le seul consentement des parties. Ce consentement une fois librement donné & en pleine connoissance de cause, le *mariage* est contracté dans l'ordre de la nature. Heureuses, & mille fois heureuses les sociétés, où il n'y auroit pas besoin d'autres formalités ! on n'y suivroit que cet instinct puissant, qui porte l'homme & la femme à se donner l'un à l'autre, pour propager l'espèce humaine, & travailler de concert à leur propre bonheur : une promesse dictée par le cœur, & pour laquelle la bouche ne serviroit que d'organe au sentiment, est sans doute le lien le plus fort qui puisse unir deux individus. Pourquoi donc cette promesse ne suffit-elle pas, n'est-elle pas vraiment obligatoire ? Oui sans doute, elle l'est ; gardons-nous de penser autrement. Le serment que se font deux personnes libres, jouissant de toute leur raison & de toutes leurs facultés, de s'unir pour toujours, est le pacte le plus sacré aux yeux de la nature & de l'honnête homme. Nos aïeux, auxquels on prodigue si souvent le nom de barbares, le pensoient ainsi lorsqu'ils établirent le principe qui a eu pendant plusieurs siècles force de loi parmi nous, *aut nubere, aut mori*, principe qui a fait si long-temps la sauve-garde du sexe contre la séduction, principe qui a pu être un rempart contre la dépravation des mœurs ; mais qui, depuis qu'elles ont été corrompues, étoit devenu une arme meurtrière dans les mains du vice, & qui changeoit souvent en séducteur, ce sexe que sa foiblesse même fait toujours présumer être séduit. D'ailleurs, quelle triste victoire pour une femme abusée & trompée, de ne devoir un époux qu'à la crainte de la mort ! quelle réflexion déchirante de se dire à soi-même, ce n'est que pour éviter l'échaffaut qu'il a consenti à partager ma couche !

Quelque obligatoire que soit en lui-même le simple contrat naturel, la sagesse des législateurs a donc dû y ajouter des préliminaires & des formalités extérieures pour le rendre obligatoire dans le for extérieur & aux yeux de la société. Il a fallu prémunir la jeunesse contre une passion souvent aveugle ; il a fallu s'assurer de la liberté & de la raison des contractans ; & l'on a vu les deux puissances concourir à ce but salutaire ; c'est pour cela qu'on a établi les fiançailles, la publication des bans, & qu'on a aboli les promesses *per verba de presenti*.

Les fiançailles & la publication des bans doivent précéder le *mariage*. Ces formalités sont plus ou moins essentielles selon les circonstances. *Voyez* BANS, FIANÇAILLES.

Les conventions matrimoniales rédigées par écrit, qu'on appelle contrat de *mariage* précèdent aussi ordinairement la célébration du *mariage :* on peut les regarder comme des fiançailles profanes. Ce contrat n'est point de nécessité absolue ; il arrive même souvent que les futurs conjoints n'en passent point. Dans ce cas, c'est la loi de leur domicile qui règle les conventions matrimoniales ; il ne peut être passé après le *mariage ;* il faut nécessairement qu'il le précède, autrement il seroit radicalement nul. Il doit être, selon le droit commun, rédigé pardevant notaires. La plupart de nos coutumes l'exigent impérieusement, pour empêcher les antidates, & les avantages que les conjoints pourroient se faire pendant le *mariage*. Il est cependant encore quelques pays, même coutumiers, où un contrat de *mariage* sous seing-privé est valable ; mais il faut qu'il soit signé des conjoints, des parens des deux côtés, & absolument à l'abri de tout soupçon de dol & de fraude.

§. II. *Quelles sont les personnes qui peuvent contracter le mariage ?* Toute personne qui n'a en elle aucun empêchement dirimant, ou qui a obtenu une dispense de ceux dont on peut dispenser, est capable de se marier. Nous avons amplement traité cette matière à l'article EMPÊCHEMENT *du mariage ;* nous y renvoyons nos lecteurs. Il en est deux que nous avons réservés au présent article, parce que l'ordre des matières l'exigeoit. C'est le défaut de consentement de la part de ceux dont dépendent les parties contractantes; & la disparité du culte par rapport aux protestans & aux infidèles.

Nous ne connoissons dans notre législation que deux espèces de personnes qui sont sous la puissance d'autrui, les fils de famille, c'est-à-dire, ceux qui ont encore leur père ou mère, & les mineurs qui sont sous la conduite de leurs tuteurs ou curateurs.

Suivant les loix romaines, les *mariages* des enfans de famille n'étoient pas valables sans le consentement préalable de celui qui les avoit en sa puissance, *in tantum ut jussus parentis præcedere debeat..... Si adversus ea quæ diximus aliqui coierint, nec vir, nec uxor, nec nuptiæ nec matrimonium, nec dos intelligitur, instit. de nupt.* Les grands privilèges accordés par les empereurs aux soldats, ne les dispensoient pas de cette règle. *Filiusfamilias miles, matrimonium sine patria voluntate non contrahit.* On reconnoît dans ces loix une conséquence nécessaire de la puissance paternelle; elles ont été long-temps en vigueur dans l'empire, même après que la religion chrétienne y a été admise, & alors l'église ne regardoit point comme valables les *mariages* contractés contre leur disposition. On en trouve des preuves dans les ouvrages des saints Pères. Cette doctrine paroît s'être conservée jusqu'au temps d'Isidore Mercator, puisque dans la décrétale qu'il a faussement attribuée au pape Evariste, & qui est rapportée au décret de Gratien, *can. aliter, caus. 30, quæst. 5*, on appelle *adulteria, contubernia, stupra, & fornicationes*, les *mariages* faits sans le consentement des père & mère, *matrimonia facta sine consensu parentum.*

Mais les loix romaines sur la puissance paternelle ayant cessé d'être exécutées dans la majeure partie du monde chrétien, on s'accoutuma insensiblement à regarder comme valables, les *mariages* des enfans de famille, même mineurs, quoique faits sans le consentement de leur père & mère.

Cette opinion paroît avoir été adoptée par le concile de Trente; *tametsi dubitandum non est clandestina matrimonia libero consensu contrahentium facta, rata & vera esse matrimonia quamdiu ecclesia, ea irrita non fecit, proinde jure damnandi sunt, ut eos sancta synodus anathemate damnat, qui ea vera & rata esse negant, quique falsò affirmant matrimonia à filiisfamilias sine consensu parentum contracta irrita esse, & parentes ea rata & irrita facere posse; nihilominus sancta Dei ecclesia, ex justissimis causis, illa semper detestata est atque prohibuit.*

Ce décret du concile a beaucoup occupé nos théologiens & nos canonistes. Ils ont cherché à le concilier avec nos loix & nos usages. Ils soutiennent qu'il a seulement entendu condamner le sentiment de quelques protestans, qui prétendoient que par le droit naturel, les parens avoient par eux-mêmes le pouvoir de valider ou d'annuller les *mariages* de leurs enfans, contractés sans leur consentement, sans qu'il fût besoin pour cela d'une loi positive qui les déclarât nuls. Mais le concile n'a pas décidé ni pu décider, que dans le cas d'une loi civile qui exigeroit dans les enfans de famille le consentement des parens, à peine de nullité, leurs *mariages*, sans ce consentement, ne laisseroient pas d'être valables. En effet, il s'ensuivroit d'une pareille décision, que les princes n'auroient pas le droit d'établir des empêchemens dirimans : ce qui est faux. *Voyez* EMPÊCHEMENT.

Quel que soit le sens que l'on veuille donner à la décision du concile, il est certain que nous distinguons en France deux espèces d'enfans de famille, les mineurs & les majeurs : nous exigeons pour les *mariages* des uns & des autres, le consentement des parens; mais le défaut de ce consentement ne produit pas les mêmes effets dans tous les cas.

Quant au *mariage* des fils de famille mineurs, le défaut de consentement des père & mère les rend nuls. Nos auteurs cherchent à appuyer cette nullité sur l'esprit & la lettre de nos loix.

On retrouve dans nos anciens capitulaires, des traces de la nécessité du consentement des père & mère pour le *mariage* de leurs enfans, du moins quant aux filles. Ces loix étoient tombées en désuétude. On en peut juger par le préambule de l'édit de Henri II, du mois de février 1556, « comme » sur la plainte à nous faite des *mariages*, qui, » journellement, par une volonté charnelle, indiscrète & désordonnée, se contractoient en notre » royaume par les enfans de famille, contre le » vouloir & consentement de leur père & mère, » n'ayant aucunement devant les yeux la crainte » de Dieu, l'honneur, révérence & obéissance » qu'ils doivent à leursdits parens......... Nous » eussions long-temps conclu & arrêté sur ce faire » une bonne loi & ordonnance, par le moyen » de laquelle, ceux qui, pour la crainte de Dieu, » l'honneur & révérence paternelle & maternelle, » ne seroient détournés & retirés de mal faire, » fussent par la sévérité de la peine temporelle, ré» voqués & arrêtés.......». Le législateur suppose qu'avant lui il n'y avoit aucune loi sur cette matière.

L'édit continue : « avons dit & statué..... que » les enfans de famille ayant contracté & qui con» tracteront ci-après mariages clandestins, contre » le gré, vouloir & consentement de leurs père & » mère, puissent, pour telle irrévérence, ingratitude, » mépris & consentement de leursdits père & mère, » & chacun d'eux exhérédés; puissent aussi, lesdits » pères & mères, pour les causes que dessus, ré» voquer toutes les donations qu'ils auroient faites » à leurs enfans..... Voulons que lesdits enfans, » qui ainsi seront illicitement conjoints, soient dé» clarés audit cas d'exhérédation, & les déclarons » incapables de tous avantages qu'ils pourroient pré» tendre, par le moyen des conventions appo» sées ès contrats de *mariage*, ou par le bénéfice » des coutumes de notre royaume ».

Cette loi ne prononce point la peine de nullité contre le *mariage* des enfans, même mineurs, contractés sans le consentement des père & mère. Elle ne les regarde que comme illicites, *qui ainsi seront illicitement conjoints;* elle ne punit les enfans que par

par la peine de l'exhérédation, qu'elle laisse cependant à la volonté des pères & mères; elle ne les déclare déchus des conventions matrimoniales ou du bénéfice des coutumes, que dans le cas où l'exhérédation seroit prononcée.

Les enfans ne peuvent éviter les peines portées par la loi, même en requérant le consentement de leur père : il est nécessaire pour cela qu'ils l'aient obtenu. Il y a cependant une exception bien remarquable. « N'entendons comprendre les *mariages* » qui seront contractés par les fils excédant l'âge » de trente ans, & les filles ayant vingt-cinq ans » passés & accomplis : pourvu qu'ils se soient mis » en devoir de requérir l'avis & conseil de leursdits » pères & mères; ce que voulons être ainsi » gardé pour le regard des mères qui se remarient, » desquelles suffira requérir leur conseil, & ne seront » lesdits enfans, auxdits cas, tenus d'attendre » leur consentement ».

Le législateur termine sa loi par ordonner que lesdits enfans...... & ceux qui auront traité tels *mariages* avec eux, & donné conseil & aide, pour la consommation d'iceux, soient sujets à telles peines qu'elles seront avisées, selon l'exigence des cas, par les juges.

L'article 40 de l'ordonnance de Blois, porte, « enjoignons » aux curés de s'enquérir de la qualité de » ceux qui voudront se marier; & s'ils sont enfans » de famille, ou en puissance d'autrui, nous leur » défendons de passer outre à la célébration desdits » *mariages*, s'il ne leur apparoît du consentement » des pères, mères, tuteurs ou curateurs, » sous peine d'être punis comme fauteurs du crime » de rapt ». L'article 41 confirme l'édit de 1556; l'édit de Melun confirme l'article 40 de l'ordonnance de Blois.

Louis XIII, par sa déclaration de 1639, fut plus loin que les ordonnances précédentes. Les peines portées par les rois ses prédécesseurs, contre les *mariages* contractés par les enfans de famille sans le consentement de leurs pères & mères, n'ayant pu les arrêter, il a jugé à propos d'en ajouter de nouvelles. En conséquence, l'article 2 de la déclaration s'énonce ainsi : « le contenu en l'édit » de l'an 1556, & aux articles 41..... de l'ordonnance » de Blois, sera observé, & y ajoutant, » avons déclaré & déclarons les veuves, fils & » filles, moindres de vingt-cinq ans, qui auront » contracté *mariage* contre la teneur desdites ordonnances, » privés & déchus par le seul fait, » ensemble les enfans qui en naîtront, & leurs hoirs » indignes & incapables à jamais des successions » de leurs pères & mères & aïeux, & de toutes » autres directes ou collatérales, comme aussi des » droits & avantages qui pourroient leur être acquis » par contrats de *mariage* & testamens, ou par » les coutumes & loix de notre royaume, même » du droit de légitime; & les dispositions qui seront » faites au préjudice de notre ordonnance, » soit en faveur des personnes mariées, soit par » elles au profit des enfans nés de ces *mariages*, » nulles & de nul effet & valeur. Voulons que » les choses ainsi données, demeurent irrévocablement » acquises à notre fisc, sans que nous en puissions » disposer qu'en faveur des hôpitaux ou autres » œuvres pies, *&c.* ».

Mais quelles que soient les peines portées par ces différentes loix, contre les *mariages* faits sans le consentement des pères & mères, elles se bornent à la privation des effets civils. On n'y voit point la peine de nullité textuellement prononcée.

Si la lettre de nos ordonnances n'est pas précise à ce sujet, nos auteurs soutiennent qu'il n'en est pas de même de leur esprit, & que si on les considère attentivement, on découvrira facilement qu'elles réputent nuls & non valablement contractés tous les *mariages* des mineurs, contractés sans le consentement de leur père & mère.

En effet, il paroît qu'elles regardent comme le fruit de la séduction ces sortes de *mariages*, puisqu'elles veulent (ordonnance de Blois, *art. 40*) que les curés qui y prêteront leur ministère, soient punis *comme fauteurs du crime de rapt.* Elles supposent donc que le *mariage* d'un mineur doit passer pour entaché du vice de séduction, par cela seul qu'il est contracté sans le consentement de ses père & mère. Il n'y a en effet que la séduction, & une séduction très-forte, qui puisse faire oublier à un mineur, la déférence, le respect & l'obéissance qu'il doit aux auteurs de ses jours. Dès que la loi suppose la séduction dans ces sortes de *mariages*, elle les suppose par là même nuls, puisque la séduction est un empêchement dirimant du *mariage*, empêchement qui, en enchaînant la liberté, fait disparoître le consentement nécessaire à tout contrat. Alors la présomption est de celles que l'on appelle en droit *præsumptiones juris*, qui sont équipollentes à une preuve parfaite, & qui dispensent d'en apporter d'autres.

La séduction en ce cas n'est considérée que dans la chose même : on n'examine point de la part de qui elle vient, quand même ce seroit le mineur qui s'est marié qui se seroit séduit lui-même par sa passion, quand même celle qu'il a épousée n'y auroit contribué que par le malheur qu'elle a eu de lui plaire, la séduction ne laisseroit pas d'être présumée, & le *mariage*, en conséquence, réputé nul.

La nullité du *mariage* des mineurs, opérée par le défaut de consentement de leur père & mère, ne provient donc point de la puissance paternelle, telle qu'elle avoit été admise chez les Romains. Ce n'est pas l'atteinte portée à cette puissance qui annulle le contrat civil. C'est la présomption que l'enfant s'est conduit en aveugle, dès qu'il n'a point marché à la lueur du flambeau que la nature & la loi lui donnent pour se diriger pendant sa minorité. C'est pourquoi l'article 40 de l'ordonnance de Blois veut qu'on punisse comme fauteurs du crime de rapt, les curés qui béniront les *mariages* des mineurs, sans qu'il leur apparoiſſe du conſentement de leurs pères & mères ; & delà, on conclut que ces *mariages* ſont nuls, ſelon l'eſprit de la loi.

On tire la même conſéquence d'une autre diſpoſition de l'ordonnance de Blois, « pour obvier aux » abus qui adviennent des *mariages* clandeſtins, » avons ordonné que nos ſujets ne pourront va- » lablement contracter *mariage*, ſans proclamation » précédente de bans ». Le principal motif qui a porté le légiſlateur à preſcrire la formalité des bans, a été d'empêcher les mineurs de ſe marier à l'inſu de leur père & mère. Cela eſt ſi vrai, que le défaut de publication de bans paſſe pour être de nulle conſidération dans les *mariages* des majeurs, & que même à l'égard de ceux des mineurs, il n'eſt de quelque poids que lorſque les pères & mères ſe plaignent du *mariage*, & qu'il n'en eſt d'aucun lorſqu'ils y ont conſenti. Cela poſé, l'ordonnance de Blois, en déclarant nuls & non valablement contractés les *mariages*, lorſqu'on auroit manqué d'obſerver une formalité établie, pour empêcher les mineurs de ſe marier à l'inſu & ſans le conſentement de leurs père & mère, fait ſuffiſamment connoître que ſon eſprit eſt que les *mariages* ainſi contractés ne puiſſent ſubſiſter, & qu'ils ſoient réputés non valablement contractés. Pourroit-on penſer ſans abſurdité que la loi ait voulu avoir plus d'indulgence pour le mal même qu'elle a voulu prévenir, que pour l'inobſervation d'une formalité qu'elle n'a établie que pour l'empêcher?

Ce qui ajoute encore à ce raiſonnement, c'eſt la diſpoſition de la même ordonnance de Blois, qui porte que la diſpenſe de quelques-unes des proclamations de bans ne pourra être accordée que du conſentement des principaux parens des parties contractantes, & par conſéquent de leur père & mère. Il en eſt de même de la déclaration du 26 novembre 1639, qui exige le conſentement des pères & mères, tuteurs, curateurs, pour la proclamation des bans des mineurs. Si ces loix requièrent le conſentement des père & mère pour que les bans ſoient valablement publiés ; ſi elles le requièrent pour les diſpenſes des bans, n'eſt-il pas évident que leur eſprit eſt d'exiger à plus forte raiſon ce conſentement, pour que les *mariages* des mineurs ſoient valablement contractés ? Certainement le *mariage* eſt un acte bien plus important que les diſpenſes des bans ou leur publication.

Ce que l'on vient de dire ſur la néceſſité du conſentement des pères & mères, pour la validité des *mariages* des mineurs, eſt tiré du plaidoyer de M. d'Agueſſeau, dans la cauſe de Melchior Fleuri, contre la demoiſelle de Bezac.

On ne peut douter que la juriſprudence conſtante de tous les tribunaux du royaume ne ſoit de regarder le défaut de conſentement des pères & mères, comme opérant la nullité du *mariage* des mineurs. Mais en même temps il faut convenir que cette nullité n'eſt textuellement prononcée par aucune loi : elle n'eſt que la conſéquence de pluſieurs diſpoſitions de nos ordonnances. Mais des nullités ne doivent point s'établir par des inductions ; il faut plus que l'eſprit des loix, il faut leur volonté clairement manifeſtée.

Il eſt vrai que la ſéduction que fait préſumer le défaut de conſentement des père & mère, eſt en elle-même un empêchement dirimant. Mais ce n'eſt encore ici qu'une ſéduction préſumée ; & une préſomption, fût-elle même *præſumptio juris*, ne paroît pas ſuffire pour fonder la nullité d'un acte auſſi important que le *mariage*.

Ce ſont ſans doute ces réflexions qui ont fait dire à d'Héricourt, qu'il ſeroit à ſouhaiter que nos rois s'expliquaſſent d'une manière plus préciſe ſur une matière de cette importance, & qu'ils déclaraſſent les enfans mineurs inhabiles à contracter *mariage*, ſans le conſentement de leur père, mère, ou tuteur, ou du moins ſans un arrêt, dans les cas où les cours ſouveraines jugeroient que le refus des pères & mères fût injuſte.

Cette dernière obſervation de d'Héricourt préſente la queſtion de ſavoir, ſi un père & une mère ne peuvent pas être quelquefois forcés de donner leur conſentement au *mariage* de leurs enfans mineurs. Il s'eſt trouvé des cas, où le refus des père & mère ayant été reconnu injuſte, les cours ont permis aux mineurs de contracter des *mariages* que le reſte de leur famille jugeoit leur être avantageux. On cite à cette occaſion un arrêt du 17 juillet 1722, par lequel un mineur, ſur un avis de parens, a été autoriſé à contracter un *mariage* avantageux, auquel la mère refuſoit de conſentir. Mais cela ſouffriroit peut-être plus de difficulté à l'égard d'un père : au reſte, ces cas ſont rares. On doit préſumer de la piété paternelle, que ſi le père ou la mère refuſent leur conſentement, ils ont pour cela de bonnes raiſons qu'ils ne jugent pas à propos de publier.

En Angleterre où la liberté de diſpoſer de ſa perſonne & de ſes biens eſt moins limitée que dans le reſte de l'Europe, les enfans même mineurs pouvoient ſe marier ſans le conſentement des auteurs de leurs jours ; mais les abus multipliés qui étoient la ſuite de cette liberté, ont fait naître l'acte du parlement de 1753.

On ſuit en Flandre un uſage qui paroît tenir un juſte milieu entre l'autorité illimitée des pères, & la liberté indéfinie des enfans ; qui laiſſe à la ſageſſe éclairée des uns tout ſon empire, & prévient les ſuites fâcheuſes des paſſions aveugles des autres. Si le père refuſe injuſtement ſon conſentement, la loi, qui eſt le premier père des citoyens, le donne pour lui. Les mineurs peuvent, ſous l'autorité du juge, qui ne prononce qu'en connoiſſance de cauſe, ſe marier malgré leurs pères & mères, tuteurs & curateurs ; en ce cas le magiſtrat nomme un officier pour aſſiſter au contrat & en régler les conventions. Cet ancien uſage de la Flandre a été confirmé par une déclaration du 8 mars 1704: « voulons, dit cette loi, que les sentences & » arrêts qui auront été rendus avec les pères & » mères, tuteurs & curateurs, soient exécutés, » même ceux par lesquels il aura été permis aux » mineurs de contracter *mariage*, sans que ce dé- » faut, ou refus de consentement des pères & mères, » tuteurs ou curateurs, puissent en ce cas être op- » posés auxdits mineurs ».

Si le père consent au *mariage* de son fils mineur, & que la mère s'y refuse, le *mariage* n'en est pas moins valable : *quia plus honoris tribuitur judicio patris, quàm matris*. Si le père est décédé, le consentement de la mère est nécessaire ; mais pour qu'elle conserve son autorité entière, il faut qu'elle ne convole point à de secondes noces, & qu'elle mène un conduite régulière. Un arrêt du 30 août 1760 a prononcé la main-levée d'une opposition formée par une mère au mariage de son fils âgé de vingt-trois ans, avec une fille de vingt-huit; il y avoit deux circonstances particulières. Toute la famille du fils agréoit le *mariage*, la mère seule s'y opposoit. La mère s'étoit remariée, & s'étoit dérangée de manière qu'on avoit été obligé de la faire enfermer.

Les pères & mères décédés sont représentés par les aïeux & aïeules; mais on ne laisse pas à ces derniers, non plus qu'aux mères seules, une autorité entière lorsqu'il s'agit du *mariage* des mineurs; leur famille la partage ; c'est ce qui paroît avoir été décidé par un arrêt du 30 mai 1767: dans cette espèce, la dame Gros-Jean vouloit marier la demoiselle Gargam, sa petite-fille, âgée de treize ans quatre mois, avec un sieur Heuvrad, âgé de trente-cinq à quarante ans. L'oncle paternel de la demoiselle, & qui étoit curateur à son émancipation, s'opposa à ce *mariage* de concert avec la famille ; l'opposition étoit fondée sur la disproportion d'âge, de naissance & de fortune. M. l'avocat-général Barentin conclut à ce qu'il fût tenu chez la dame Gros-Jean, une assemblée des parens paternels & maternels, pour, sur leurs avis, être ordonné ce que de raison ; mais quoique l'aïeule déclarât qu'elle ne donnoit son consentement, que sous la condition que sa petite-fille, à cause de sa grande jeunesse, resteroit encore deux ans au couvent après son *mariage*, la cour remit la cause à deux ans, & cependant ordonna que dans huitaine, à compter du jour de la signification de l'arrêt, la dame Gros-Jean & le sieur Gargam conviendroient conjointement d'un couvent, dans lequel seroit mise la mineure, duquel couvent elle ne pourroit sortir que du consentement de l'aïeule & de l'oncle curateur.

L'éloignement du lieu où demeure le père & la mère, lorsque ce lieu est connu, ne dispense pas les enfans d'obtenir leur consentement. Celui des plus proches parens assemblés à cet effet, ne peut le suppléer. Une fille, dont la mère demeuroit à Saint-Domingue, avoit été mariée à Orléans sans son consentement. Le prévôt de cette ville avoit homologué un avis de parens, qui avoient tous approuvé le *mariage*, & avoit en conséquence permis la célébration. Sur l'appel comme d'abus interjetté par la mère, le *mariage* a été déclaré nul & abusif, & il a été fait défenses au prévôt d'Orléans d'homologuer pareils avis.

Il n'en seroit pas de même, si le père étoit absent depuis long-temps, & qu'on ignorât le lieu de sa demeure ; dans ce cas, après information faite de son absence, l'enfant pourroit être dispensé d'obtenir son consentement, qui seroit suppléé par celui du tuteur & de la famille.

La même dispense a lieu pour le *mariage* des mineurs, dont les père & mère se seroient retirés dans les pays étrangers, pour cause de religion. *Voyez la déclaration du mois d'août 1686, & celle du 24 mai 1724.*

La perte de l'état civil, soit par la profession religieuse, soit par une condamnation à une peine capitale, dépouille les père & mère de leurs droits sur leurs enfans, par rapport au *mariage* ; ceux-ci peuvent le contracter sans leur consentement; c'est une suite de la mort civile qui fait perdre le droit de cité.

Lorsqu'un mineur n'a ni père ni mère, il doit faire intervenir pour son *mariage* le consentement de son tuteur ou curateur à sa personne ; car le tuteur aux causes, ou le tuteur onéraire, ne représentent point le père & la mère. Les déclarations du 15 décembre 1721, & premier février 1743, ont réglé, par rapport aux mineurs, qui ont un tuteur en France, & un autre dans les colonies, que c'est le tuteur du lieu, où le père du mineur avoit son domicile, qui doit donner son consentement par écrit au *mariage* du mineur, sur un avis de parens assemblés devant le juge qui l'a nommé. Pour de grandes considérations, on consulte l'autre tuteur & les parens qui habitent le même lieu que lui.

L'opposition faite par un tuteur au *mariage* de son mineur, peut être plus facilement levée que celle des père & mère. Il y a cette différence entre l'une & l'autre, que le défaut de consentement des père & mère fait toujours supposer une séduction qui rend nul le contrat civil, & que celui des tuteurs & curateurs, ne la fait supposer, que lorsque le mineur paroît avoir été réellement séduit, & que le *mariage* lui est désavantageux, par une frappante inégalité de conditions & de biens.

De tout ce que l'on vient de dire sur la nécessité du consentement des père & mère, tuteurs & curateurs, au *mariage* des mineurs, on peut en conclure que le défaut de ce consentement opère une nullité, qui n'étant prononcée textuellement par aucune ordonnance, n'est point absolue ; qu'elle peut se couvrir, & que toute personne n'est pas recevable à la faire valoir. *Voyez ci-dessous le* §. 5.

Les enfans majeurs, sont obligés comme les mineurs, de requérir le consentement de leurs pères & mères; mais il y a cette différence, que le *mariage* des majeurs ne peut être attaqué à défaut de ce consentement. La peine infligée à ceux qui se marient sans l'obtenir, est d'encourir l'exhérédation des père & mère, lorsqu'ils jugent à propos d'user de la faculté que la loi leur donne dans ce cas.

Il faut, pour que les enfans majeurs ne puissent encourir la peine d'exhérédation, qu'ils aient requis le consentement de leurs père & mère, par des sommations respectueuses, au nombre de deux au moins.

Toute majorité n'autorise pas à faire les sommations respectueuses; il faut, selon l'édit de 1556, que les garçons soient majeurs de trente ans, & que les filles aient vingt-cinq ans accomplis.

Lorsqu'un garçon est majeur de vingt-cinq ans, mais au-dessous de trente, il ne lui suffit pas, pour se mettre à couvert de l'exhérédation, de faire des sommations respectueuses, il doit obtenir le consentement de ses père & mère, autrement il est toujours sujet à la peine, parce que la loi n'a excepté que les majeurs de trente ans; mais son *mariage* est inattaquable, & en cela il diffère du mineur de moins de vingt-cinq ans. Dans une cause jugée le 12 février 1718, M. l'avocat-général Chauvelin établit qu'un majeur, quoiqu'au-dessous de trente ans, ne pouvoit être empêché de se marier sans le consentement de son père; qu'il s'exposoit seulement à l'exhérédation.

L'édit du mois de mars 1697 soumet à la formalité des sommations respectueuses, les veuves majeures de vingt-cinq ans. En cela il a ajouté à l'édit de 1556 & à la déclaration de 1639; dans la première de ces loix, il n'avoit point été question des veuves, & la seconde n'avoit parlé que des veuves mineures.

Le même édit de 1697 ajoute encore, pour certains cas, aux précédentes loix; il déclare les veuves, les fils & les filles majeures, même de vingt-cinq & de trente ans, lesquels demeurant actuellement avec leurs pères & mères, contractent, à leur insu, des *mariages* comme habitans d'une autre paroisse, sous prétexte de quelque logement qu'ils y ont pris peu de temps auparavant leurs *mariages*, privés & déchus par le seul fait, ensemble les enfans qui en naîtront, des successions de leursdits pères & mères, aïeux & aïeules, & de tous autres avantages qui pourroient leur être acquis en quelque manière que ce puisse être, même du droit de légitime.

Malgré les sommations respectueuses, la peine d'exhérédation pourroit être encourue, si le *mariage* étoit tout à-fait honteux & déshonorant; bien loin, disent nos auteurs, que dans ce cas l'enfant satisfasse en partie au respect qu'il doit à son père, en lui demandant son consentement, la requisition qu'il lui fait pour un pareil *mariage*, semble encore ajouter à l'outrage qu'il lui fait par ce *mariage*.

Un arrêt de réglement du 17 août 1692 a prescrit les formalités des sommations respectueuses. L'enfant doit commencer par présenter au juge royal du domicile de ses père & mère, une requête, aux fins qu'il lui soit permis de faire à ses père & mère des sommations respectueuses, de donner leur consentement au *mariage* qu'il se propose de contracter avec tel ou telle; en conséquence de la permission que le juge met au bas de la requête, l'enfant doit se transporter chez ses père ou mère, avec deux notaires, ou un notaire & deux témoins, & là les requérir de lui accorder leur consentement, de laquelle requisition le notaire dresse un acte, que l'on appelle *sommation respectueuse*.

Les bâtards qui n'ont *neque familiam neque gentem*, ne sont pas dans l'obligation d'obtenir ni même de requérir pour se marier valablement le consentement de leurs père & mère. On lit au second tome du journal des audiences un arrêt du premier février 1662, par lequel sur l'appel comme d'abus interjetté par une mère du *mariage* de son fils bâtard, qui, âgé de vingt-trois ans, & revêtu d'une charge de secrétaire du roi, avoit épousé la fille d'une vendeuse de vieux chapeaux sous le petit châtelet, les parties furent mises hors de cour.

Lorsque les bâtards sont mineurs, ils ont besoin, pour se marier, du consentement de leur tuteur ou curateur; s'ils n'en ont point, on doit leur en créer un.

Plusieurs de nos coutumes ont abrégé à certains égards les minorités; mais les majorités coutumières ne sont d'aucune considération pour les *mariages*. On n'admet dans cette matière que la majorité de droit commun & général, qui est celle de vingt-cinq ans.

Depuis la révocation de l'édit de Nantes, la loi ne reconnoît plus de protestans en France; on n'y reconnoît par conséquent plus pour valables entre les François, que les *mariages* contractés en face de l'église, d'où il suit une incapacité légale pour le *mariage* dans la personne des protestans, qui, ne voulant point, & ne le pouvant point en conscience, ne se soumettent pas aux loix reçues dans l'église & dans l'état. Cette position fâcheuse met cependant un grand nombre de familles dans un état d'incertitude, par rapport à la légitimité des enfans, & à l'ordre des successions. Il y a long-temps que les gémissemens de nos frères égarés se font entendre dans des écrits dictés par le tolérantisme, la politique & l'humanité. Nos tribunaux eux-mêmes semblent annoncer la nécessité d'un changement à cet égard dans notre législation, par les espèces de fauxfuyans auxquels ils ont recours, pour éviter l'application des loix subsistantes.

Plus humbles & plus modestes qu'ils ne l'étoient, dans des temps malheureux où l'ambition effrénée de quelques particuliers leur avoit mis les armes à la main contre l'autorité légitime, les protestans françois se réduisent aujourd'hui à réclamer des modifications, qui, en assurant leur état civil, ne mettroient pas leur religion au niveau de la religion du prince; ils n'aspirent plus à la domination, ni même à l'égalité; ils sollicitent une tolérance plutôt civile que religieuse.

Un des articles sur lesquels ils insistent avec le plus de raison, est celui de leurs *mariages*; ils proposent qu'il leur soit permis de se marier après trois publications de bans à l'audience de la jurisdiction prochaine, en présence de témoins & devant le juge de leur domicile. Il faut, disent-ils, ou nous empêcher de nous marier, ou nous forcer au sacrement, ou déclarer nos *mariages* concubinaires, ou nous permettre de nous marier devant des juges séculiers; le premier de ces partis est un outrage à la nature; le second une source de sacrilèges; le troisième une insulte aux mœurs & un opprobre pour la nation; reste donc le quatrième.

Fermez-nous, continuent-ils, l'entrée aux dignités, aux charges, aux honneurs, nous le souffrirons en silence, comme nous le faisons depuis si long-temps; l'agriculture & le commerce nous suffisent; mais ne vous opposez plus à ce que nous nous livrions légitimement & licitement à la première, à la plus puissante & à la plus sacrée de toutes les impulsions de la nature. Ne nous condamnez plus à trembler perpétuellement pour le sort des compagnes de nos travaux & de nos peines, pour l'état de nos enfans. Quel inconvenient résulteroit-il pour le gouvernement & pour le catholicisme, de voir nos *mariages* scellés du sceau de l'autorité civile & publique? Nous n'en serions pas moins des sujets fidèles, des citoyens paisibles. Nous n'en respecterions pas moins la religion de notre prince & les ministres du culte dominant. Nous en prenons à témoin les Flechier, les Fenelon dont nous ne prononçons les noms qu'avec vénération & attendrissement.

On ne nous persécute plus ouvertement, on ne répand plus notre sang. Les armes dont le fanatisme aveugle avoit armé la main d'une politique ombrageuse, ne nous frappent plus. Mais n'est-ce pas oublier tout-à-la-fois & les principes d'une sage administration, & les loix de l'humanité & de la religion même, que de nous condamner ou au célibat, ou au concubinage, ou au parjure? Mânes du grand Henri, protégez-nous! Inspirez pour nous à votre petit-fils, ces sentimens paternels qui vous rendirent tous vos sujets également chers! Dites-lui que ceux qui ont le malheur de penser autrement que Rome, vous furent toujours fidèles, & qu'ils le seront toujours à votre postérité; que c'est une erreur de fait, de croire qu'il n'y a plus de protestans dans le royaume; qu'il y en a encore au moins deux millions qui ont droit à sa justice, & que sa justice exige qu'il réforme ou modifie des loix qui n'ont pour base qu'une erreur de fait, de laquelle il résulte qu'une foule de citoyens sont sans patrie au milieu de leur patrie même.

Ces réclamations n'ont servi, jusqu'à présent, qu'à émouvoir les cœurs sensibles, à frapper les esprits justes, & à faire desirer au corps de la nation une réforme dans des loix, que l'on doit aux malheurs des circonstances, & auxquelles l'habitude a fait pousser de profondes racines.

Les raisonnemens philosophiques & politiques ne sont pas les seuls que l'on ait employés en faveur du *mariage* des protestans; des jurisconsultes ont voulu les défendre par les loix. Ils citent, pour prouver la légalité de ces *mariages*, l'arrêt du conseil d'état du 15 septembre 1685, qui porte « que » le roi desirant donner moyen à ceux des religionnaires qui voudroient se marier, de pouvoir » le faire commodément dans le pays où l'exercice de la R. P. R. se trouve déjà condamné, » ordonne que par les mêmes ministres, qui seroient établis par les intendans, pour baptiser » ceux de ladite religion, les religionnaires pourroient se marier, pourvu que ce fût en présence du principal officier de la demeure du » ministre, & que les publications & annonces qui » doivent précéder ces *mariages* fussent faites au » siège royal le plus prochain du lieu de la demeure des deux religionnaires qui se marieroient, » & seulement à l'audience ».

On prétend que cette loi n'a été abolie par aucun édit subséquent, même par celui révocatif de l'édit de Nantes, & que les déclarations de 1698 & de 1724 ne peuvent s'appliquer qu'aux sujets réunis à l'église, & non à ceux qui ont persévéré dans le protestantisme; c'est ce qu'il n'est pas inutile d'examiner, autant que la nature de cet ouvrage pourra nous le permettre.

L'édit de 1697, loi générale du royaume, dit: « voulons que les ordonnances des rois nos prédécesseurs, concernant la célébration des *mariages*, & notamment celle qui regarde la nécessité de la présence du propre curé de ceux » qui contractent, soient exactement observées ».

La révocation de l'édit de Nantes avoit précédé de plusieurs années l'édit de 1697; il n'y avoit plus alors, aux yeux du législateur, que des catholiques dans le royaume. Il n'en distinguoit que deux classes. Ceux qui ne s'étoient jamais séparés de l'église, & ceux qui venoient de s'y réunir. L'édit de 1697 porte également sur tous. S'il pouvoit y avoir du doute à ce sujet, la déclaration du 13 septembre 1698 le leveroit absolument: « enjoignons à nos sujets réunis à l'église d'observer » dans les *mariages* qu'ils voudront contracter, les » solemnités prescrites par les saints canons, & » notamment par ceux du dernier concile, & par » nos ordonnances; nous réservant de pourvoir » sur les contestations qui pourroient être intentées, » à l'égard des effets civils de ceux qui auroient » été contractés par eux depuis le premier novembre » 1685, lorsque nous serons plus particuliérement

» informés, & de la qualité & des circonstances » des faits particuliers ».

La déclaration de 1724 est conçue en termes à-peu-près semblables, & confirme de plus fort l'édit de 1697 : « voulons que les ordonnances, » édits & déclarations sur le fait des *mariages*, » notamment ceux de l'année 1697, soient exécutés selon leur forme & teneur, par nos sujets » nouvellement réunis à la foi catholique, comme » par tous nos autres sujets ».

D'après toutes ces loix, il paroît qu'il n'y a qu'une seule manière, selon laquelle le *mariage* puisse être valablement contracté ; c'est celle prescrite par l'édit de 1697 ; les protestans ne peuvent donc plus se marier selon la forme portée en l'arrêt du conseil du 15 septembre 1685.

Les protestans eux-mêmes en ont été si convaincus, qu'ils ont cessé de se présenter devant les juges des lieux de leur domicile, pour y célébrer leurs *mariages* ; ils se contentent, pour la plupart, de prendre leurs ministres à témoins de leurs unions, ce qui s'est appellé se marier au désert ; & ce *mariage*, d'après nos loix, est radicalement nul.

Mais cette nullité, que l'on peut dire n'être que de convention, est un crime aux yeux de la nature & de l'honneur, sur-tout lorsqu'elle est invoquée par l'homme qui se joue des sermens & de la bonne foi d'une femme. C'est alors, selon nos loix, quelque rigoureuses qu'elles soient contre ces sortes d'unions, un quasi-délit qui donne lieu, en faveur de la femme abusée, à des dommages & intérêts, seule & triste compensation que nos tribunaux puissent accorder.

C'est ce qu'a développé avec cette éloquence lumineuse & remplie d'humanité qui le caractérise, M. Servant, dans son plaidoyer, dans la cause d'une femme protestante, jugée au parlement de Grenoble en 1767. Jacques Roux & Marie Robequin, tous deux protestans, avoient reçu la bénédiction nuptiale d'un ministre de leur religion. Cette union, dit M. Servant, sacrée dans d'autres temps, mais proscrite dans celui-ci, dura sans altération durant près de deux années. Un premier enfant en fut le fruit; mais bien-tôt la division se fit sentir. Roux s'attacha à sa servante, qui fit contre lui une déclaration de grossesse. La femme Robequin forma alors une demande en séparation. Roux répondit « que » la Robequin pouvoit se dispenser de chercher » des prétextes pour obtenir sa séparation : qu'il » lui a dit depuis plusieurs années, qu'elle pouvoit se » marier avec qui bon lui sembleroit; que le contrat passé entre eux le 23 avril 1764, n'ayant pas » été suivi de la bénédiction nuptiale, il n'existoit » point de *mariage* ».

Dans le temps que Roux brisoit tous ses liens, la Robequin portoit dans son sein une preuve bien triste de leur durée. Le 3 mai 1766, elle fut obligée de faire une déclaration de grossesse. Elle forma ensuite une demande de 1200 liv. en dommages & intérêts, outre la restitution de sa dot & le paiement des frais de couches.

Roux obtint de l'évêque de Die des dispenses pour se marier avec cette même fille, qui n'avoit pas attendu l'ordre de la religion pour s'abandonner à lui ; & offrit ensuite à la Robequin, par excès, disoit-il, d'équité, 300 liv. de dommages & intérêts.

La cause se présentant dans cet état, M. Servant n'entreprit point d'établir la légalité du *mariage* de Jean Roux & de Marie Robequin. Mais il démontra que si leur contrat étoit nul aux yeux de la loi, il ne l'étoit pas aux yeux de la nature, & que légitime en soi, il suffisoit pour faire naître une action en dommages & intérêts contre celui qui le violeroit.

Nous regrettons de ne pouvoir mettre sous les yeux de nos lecteurs tout le plaidoyer de M. Servant. Nous nous contenterons de citer un passage de sa péroraison, où l'on retrouve ce tolérantisme juste & humain, que la religion elle-même se fait gloire d'avouer, & auquel la politique ne peut qu'applaudir. « Ecoutons ces hommes (les protestans), c'est » le moyen de les gagner : c'est la douceur, c'est » la charité qui, réunissant les cœurs dans la morale, » confond bien-tôt les esprits divisés dans le dogme. Oui, quand on viendra vous dire que les » protestans vantent votre jugement & bénissent » leurs juges, vous goûterez une joie pure, parce » qu'en satisfaisant des hommes égarés dans une » religion fausse, vous leur donnez une leçon de » la vraie.

» O! qu'il est doux, qu'il est honorable d'être » aimé, d'être béni par les hommes de tous les » partis ; & pour cela, je ne sais qu'un seul moyen : » il faut être juste envers tous, faire par-tout respecter » la bonne foi : il faut soutenir l'étranger opprimé » contre l'oppresseur qui nous appartient; il faut, » en un mot, rendre justice les yeux fermés, & » tout au plus les ouvrir après, pour se réjouir » si nos amis ont profité de notre équité.

» Tel est notre devoir. De plus grands desseins » ne sont pas en notre puissance ; c'est au législateur à les former : c'est aux protestans sur-tout » à mériter l'avenir, en se conformant au présent » sans murmurer du passé; qu'ils cessent de se regarder comme des enfans oubliés & rejettés sans » retour du sein de la patrie : ils savent, si le prince » que nous aimons, pourroit regarder le dernier » François avec indifférence ; tous les actes d'obéissance leur sont comptés : qu'ils ne se lassent pas » de les multiplier. C'est ainsi qu'il leur convient » d'attaquer nos loix; c'est par leur soumission qu'ils » doivent en inculper la sévérité; c'est par la fidélité qu'ils doivent forcer la défiance, & leur » silence parlera mieux en leur faveur que la plainte. » D'autres parleront à leur place : ils peuvent s'en » fier à des ministres sages; l'oreille d'un bon roi » est un dépôt sacré où nulle idée juste ne s'égare ; » & tandis que les citoyens indiscrets murmurent » de la lenteur ou de l'oubli du bien, peut-être

» la sagesse mûrit en secret des fruits que l'impatience auroit fait avorter. La politique a ses saisons comme la nature, & les plus riches moissons restent souvent cachées dans le sein de la terre. Quand l'ordre général est sage, les vœux particuliers ne le sont pas : il faut attendre tout & ne précipiter rien; il faut donner à nos plaintes les bornes que nous donnons à nos espérances ».

Nous ne pouvions mieux faire connoître que par ce passage, d'un plaidoyer d'un magistrat célèbre, l'esprit qui guide nos tribunaux. Ils respectent les loix existantes, en desirant qu'elles soient abolies ou modifiées; ils font appercevoir aux protestans un avenir plus heureux, & sont justes à leur égard autant que leur permet la loi, dont ils ne sont que les dépositaires. C'est ce qu'éprouva Marie Robequin. Le parlement de Grenoble lui adjugea les dommages & intérêts qu'elle demandoit.

Concluons de tout ce que nous venons de dire, que dans l'état actuel de notre législation, les *mariages* des protestans contractés devant leurs ministres, sont nuls & ne peuvent produire aucuns effets civils. Tout ce qu'on a écrit jusqu'à présent pour établir leur validité, prouve peut-être que nos loix à cet égard ont commis une erreur de fait; mais elles n'en existent pas moins; & tant qu'elles ne seront pas abolies ou réformées, nos tribunaux ne pourront pas s'empêcher de s'y conformer. Ainsi, lorsque ces *mariages* sont attaqués par d'autres que les père & mère, ou un des conjoints, on ne les défend point en traitant le fond de la question même. On s'attache uniquement à la fin de non-recevoir prise de la possession d'état. Cette fin de non-recevoir réussit ordinairement contre des collatéraux toujours défavorables.

Le sieur Gravier, né à Bergerac, avoit quitté de bonne heure le lieu de sa naissance pour se livrer au commerce. Après avoir été commis chez des négocians à Limoges, il devint leur associé. Dans un des voyages qu'il faisoit à raison de son commerce, il prit du goût pour Madeleine Rousseau, fille d'un aubergiste de Jonzac en Saintonge.

Le 15 juin 1753, la mère du sieur Gravier lui envoya une procuration adressée au sieur Magnac, portant pouvoir d'assister, en son nom, au *mariage* de son fils avec la demoiselle Rousseau. Le 18 septembre de la même année, il fut passé devant notaire, un contrat qui régla les conventions matrimoniales.

En 1754, le sieur Gravier revint à Bergerac, & s'y fixa. Il y vécut avec la demoiselle Rousseau comme avec son épouse; en eut plusieurs enfans, & décéda en 1772, après avoir fait un testament, par lequel il déclare qu'il a été marié avec la demoiselle Rousseau, qu'il en a eu plusieurs enfans, & qu'il l'institue son héritière générale & universelle.

La demoiselle Rousseau, se regardant comme la veuve du sieur Gravier, & comme mère légitime de ses enfans, se mit en devoir d'exécuter le testament de son mari. En qualité de son héritière instituée, elle réclama ses droits dans la succession de son père, & en demanda le partage.

Les sœurs du sieur Gravier commencèrent par demander à sa veuve qu'elle justifiât la légitimité de son *mariage*. Celle-ci fit signifier un certificat du curé d'Avi en Saintonge, qui attestoit qu'il avoit célébré le *mariage* en présence de témoins.

Mais cet acte ne se trouvoit point inscrit sur les registres de la paroisse d'Avi : on n'y connoissoit aucun des témoins qui y étoient dits avoir assisté à la célébration du *mariage*. Le curé d'Avi n'étoit point le propre curé du sieur Gravier.

Le défenseur de la veuve excipa cependant du certificat du curé d'Avi : mais il insista sur-tout sur la possession d'état de la veuve & des enfans du sieur Gravier.

Deux circonstances assez singulières sembloient affoiblir la force de cette possession. Le 21 novembre 1757, le parlement de Bordeaux rendit un arrêt, par lequel, en ordonnant l'exécution des ordonnances du royaume sur le fait des *mariages*, il fit inhibition & défenses à tous les sujets du ressort, de se faire marier par autres que les curés des paroisses où ils habitoient : & à tous ceux qui avoient contracté des *mariages* devant d'autres que leurs curés, de se hanter ni fréquenter avant qu'ils les eussent fait réhabiliter; déclaroit les cohabitations faites en vertu de tels prétendus *mariages*, être des concubinages, & les enfans qui en seroient provenus, illégitimes & bâtards, & comme tels incapables de toutes successions, tant directes que collatérales.

Le procureur du roi de Bergerac, en exécution de cet arrêt envoyé dans toutes les sénéchaussées, dénonça plusieurs particuliers de Bergerac. De ce nombre, furent le sieur Gravier & la demoiselle Rousseau. Ils furent décrétés l'un & l'autre d'ajournement personnel. Une sentence du 3 juillet 1758 leur enjoignit de se séparer, & leur défendit de continuer à cohabiter ensemble, à peine d'être poursuivis extraordinairement.

L'autre circonstance non moins importante, est que les trois enfans du sieur Gravier & de la demoiselle Rousseau avoient été baptisés comme enfans naturels & illégitimes, quoiqu'un d'entre eux eût été tenu sur les fonds de baptême par une des sœurs du sieur Gravier.

A ces deux moyens, la veuve Gravier répondoit que la sentence de la sénéchaussée de Bergerac n'avoit jamais été signifiée, si elle avoit existé, & qu'elle n'étoit point produite. Quant aux extraits de baptême de ses enfans, elle disoit qu'il ne dépendoit point d'un curé d'ôter ni de donner un état aux enfans qu'il baptisoit; qu'en donnant aux siens les qualifications qu'il leur avoit données, il avoit franchi les bornes de son ministère; que plusieurs arrêts qu'elle citoit, avoient, dans des circonstances pareilles, réprimé les curés; & elle demanda que les extraits de baptême de ses enfans fussent réformés. Au surplus, ajoutoit-elle, l'injure que le curé de Bergerac nous a faite, n'est pas un titre dont on puisse abuser contre nous : nous avons vécu publiquement comme mari & comme femme; notre cohabitation a été respectée par les deux puissances; nos enfans sont nés sous leurs yeux : nous avons donc possédé, nous avons donc imprimé à notre possession tous les caractères qu'il falloit qu'elle eût pour former une possession légale. Les actes secrets du curé de Bergerac, qui n'étoit pas notre juge, n'auroient pas dû la troubler; ils ne l'ont donc pas troublée.

Par arrêt rendu sur les conclusions de M. l'avocat-général du Paty, le 16 juin 1775, le parlement de Bordeaux, sans s'arrêter à l'appel comme d'abus, incidemment interjetté par les demoiselles Gravier, du *mariage* du sieur Gravier leur frère, les a déboutées de toutes leurs demandes : en conséquence il a maintenu la veuve Gravier dans sa possession, & lui a adjugé toutes ses conclusions, excepté l'impression & l'affiche de l'arrêt.

Si le *mariage* de deux protestans, contracté devant leurs ministres, est légalement nul, à plus forte raison celui d'un catholique avec une protestante, ainsi contracté, le sera-t-il aussi. C'est la disposition textuelle de l'édit de novembre 1680, enregistré au mois de décembre suivant. Cet édit est exécuté. Nous en avons vu un célèbre exemple dans l'affaire du sieur de Bombelle & de la demoiselle Camp. L'éloquence a en vain plaidé la cause de la demoiselle Camp; elle n'a pu faire plier la loi.

Les protestans ne regardent point du même œil ces alliances. Ils pensent qu'un protestant peut licitement épouser une catholique. Le dernier synode calviniste, tenu à la Rochelle, décida que la diversité des religions ne devoit point empêcher le *mariage*, à cause du passage de S. Paul, qu'une femme fidelle sanctifioit un mari idolâtre. Cette décision fut un des motifs dont on se servit pour déterminer la reine de Navarre à consentir au *mariage* de son fils (Henri IV), avec Marguerite de Valois, sœur de Charles IX, pour la célébration duquel on obtint des dispenses de la cour de Rome.

Nous n'avons en France aucune loi concernant le *mariage* des infidèles, c'est-à-dire, qui ne seroient pas chrétiens. Nous aurons bientôt occasion de parler du *mariage* des Juifs & de celui des François contractés en pays étrangers. Quant aux princes du sang royal, *voyez* EMPÊCHEMENT *du mariage*.

§. III. *Comment se contracte le mariage.* Le seul consentement des parties, avons-nous dit plusieurs fois, forme le *mariage*. Ce seul consentement suffit-il pour l'élever parmi les chrétiens à la dignité de sacrement? Cette question conduit à celle de savoir, quel est le ministre de ce sacrement; question sur laquelle les théologiens sont partagés. On convient que le consentement donné selon les loix, est la matière du sacrement. L'acceptation mutuelle des parties, par paroles ou par signes en est la matière. Quant au ministre, les uns prétendent que ce sont les parties contractantes elles-mêmes qui s'administrent le sacrement; les autres soutiennent que le prêtre, est seul ministre. La première opinion paroît la plus conforme à l'ancienne législation; on peut la suivre sans donner atteinte à la législation actuelle, parce que quand le prêtre ne seroit pas le ministre du sacrement, il est, même dans ce systême, un témoin tellement nécessaire, que sans sa présence il n'y a point de sacrement.

On peut voir à l'article EMPÊCHEMENS *du mariage*, comment les princes ont ordonné l'union du contrat civil & de la bénédiction nuptiale, pour rendre le *mariage* parfait & lui faire produire tous les effets civils.

Nous nous contenterons de dire ici que la bénédiction nuptiale est de la plus haute antiquité dans l'église. On trouve cet usage dans Tertullien, dans S. Isidore de Seville, dans S. Ambroise, dans le concile de Carthage de l'an 398. Le pape Innocent premier, dans sa lettre à Victrice, évêque de Rouen, en parle en ces termes : *benedictio quæ per sacerdotem, nubentibus imponitur.*

Mais nos auteurs les plus instruits assurent en même temps que ce n'étoit qu'un pieux usage; ils le prouvent par les loix de Justinien, dont nous avons rendu compte au mot EMPÊCHEMENT. Ils vont même jusqu'à soutenir que cette bénédiction n'étoit pas nécessaire pour que le contrat civil devînt sacrement, & ils s'autorisent de la réponse du pape Nicolas I, à la consultation des Bulgares dans le neuvième siècle. Après avoir décrit les formalités en usage dans l'église romaine pour la célébration des *mariages*, parmi lesquelles se trouve la bénédiction sacerdotale, le pape ajoute, *peccatum autem esse si hæc cuncta in nuptiali fœdere non interveniant, non discimus, quemadmodum græcos vos adstruere dicitis, præsertim cum tanta soleat arctare quosdam rerum inopia ut ad hæc præparanda nullum his suffragetur auxilium, ac per hoc sufficiat secundùm leges,* SOLUS EORUM CONSENSUS *de quorum conjunctionibus agitur.*

On voit par là que le pape ne considéroit pas le prêtre comme ministre essentiel du sacrement, & la bénédiction nuptiale comme en étant la forme, puisque, selon lui, le seul consentement des parties contractantes suffit, pourvu qu'elles soient, selon les loix, habiles à se marier.

Bientôt un nouvel ordre de choses s'établit en France. Nos rois, à l'exemple des empereurs romains, déclarèrent la bénédiction nuptiale essentielle au *mariage*. C'est ce que l'on voit dans plusieurs capitulaires de Charlemagne & de ses successeurs. Il paroît que ces loix avoient en vue de remédier aux inconvéniens que produisent les *mariages* clandestins, & d'empêcher les parens aux degrés prohibés de les contracter entre eux. *Ne christiani ex propinquitate sui sanguinis connubia ducant, nec sine benedictione sacerdotis, cum virginibus nubere audeant, neque viduas absque suorum sacerdotum consensu & conniventia plebis ducere præsumant. Cap. 408, lib. 6.* On voit combien est ancien l'usage de ne donner la bénédiction nuptiale qu'aux *mariages* de filles, & de se contenter

contenter, pour les veuves, de la présence du prêtre. Les seconds *mariages* ne seroient-ils pas élevés à la dignité de sacrement comme les premiers? *Sancitum est ut publicè nuptiæ ab his qui nubere cupiunt fiant, quia sæpe in nuptiis clam factis gravia peccata..... & hoc ne deinceps fiat, omnibus cavendum est; sed priùs conveniendus est sacerdos in cujus parochia nuptiæ fieri debent, ut in ecclesia coram populo & ibi inquirere unà cum populo ipse sacerdos debet, si ejus propinqua sit an non... postquam ista omnia probata fuerint, & nihil impedierit, tunc si virgo fuerit, cum benedictione sacerdotis, sicut in sacramentario continetur, & cum consilio multorum bonorum hominum, publicè & non occultè ducenda est uxor. Cap. 179, lib. 7.*

On retrouve des dispositions semblables dans d'autres capitulaires, & dans le concile de Trosti, tenu en 909, sous Charles-le-simple.

Ces loix tombèrent en désuétude: on ne regarda plus la bénédiction nuptiale & la célébration du *mariage* en face de l'église, comme nécessaires absolument pour la validité du sacrement. Il étoit censé valablement contracté, par cela seul que les parties s'étoient réciproquement promis de se prendre pour mari & femme, c'est ce qu'on appelloit *sponsalia de presenti.* Cet état des choses est prouvé par plusieurs décrétales d'Alexandre III & d'Innocent III.

Ces sortes de *mariages* furent appellés clandestins. Le concile de Latran, sous Innocent III, les défendit. Mais il ne les déclara pas nuls, lorsque les parties étoient d'ailleurs capables de les contracter; il se contenta d'ordonner qu'on leur imposeroit en ce cas une pénitence: *his qui taliter presumpserint, etiam in gradu concesso, copulari, condigna pænitentia injungatur.* Ils furent donc supposés valides, quoique déclarés illicites. C'est ce que le concile de Trente a expliqué très-clairement, *sess. 24, cap. 1, de refor.* rapporté ci-dessus.

L'on y voit clairement la distinction entre les *mariages* tout-à-la-fois valides & licites, & ceux qui ne sont que valides. Le concile déclare que jusqu'alors les *mariages* clandestins, c'est-à-dire, ceux faits sans la bénédiction & l'intervention sacerdotales ont été illicites, *semper detestata est atque prohibuit;* mais qu'ils ont été valables comme contrats civils & comme sacremens, *rata & vera esse matrimonia quandiu ecclesia ea irrita non fecit.* Le *mariage verum* est le contrat civil; le *mariage ratum* est le sacrement. C'est le sens que donnent les canonistes à ces expressions *verum & ratum*, d'après une décision d'Innocent III. *Etsi matrimonium verum inter infideles existat, non tamen est ratum; inter fideles autem verum & ratum existit.*

Le concile de Trente, en condamnant l'opinion de ceux qui avoient regardé jusqu'alors comme nuls les *mariages* clandestins, rendit hommage aux principes sur lesquels ils se fondoient, en les déclarant lui-même nuls pour l'avenir. Son décret est conçu en ces termes: *qui aliter quàm præsente parocho vel alio sacerdote de ipsius parochi seu ordinarii licentiâ, & duobus vel tribus testibus matrimonium contrahere attentabunt, eos sancta synodus ad sic contrahendum matrimonium omnino inhabiles reddit, & hujusmodi contractus irritos & nullos esse decernit.*

Ce décret est sans doute très-sage; mais on jugea en France que le concile avoit en cela, comme en beaucoup d'autres choses, entrepris sur la puissance temporelle, en ce que son décret portoit non-seulement sur le sacrement, mais encore sur le contrat civil. On crut devoir le faire exécuter, non pas comme décision de l'église, mais comme une loi de l'état.

L'ordonnance de Blois, *article 40*, porte: « nous » avons ordonné que nos sujets ne pourront valablement contracter *mariage* sans proclamations » précédentes...... après lesquels bans, seront » épousés publiquement; & pour témoigner de » la forme, y assisteront quatre témoins dignes » de foi; *&c.* ». L'article 44 défend à tous notaires, sous peine de punition corporelle, de recevoir aucunes promesses de *mariage*, par paroles de présent.

L'édit du mois d'août 1606, veut que les causes concernant les *mariages*, appartiennent à la connoissance des juges d'église, à la charge qu'ils seront tenus de garder les ordonnances, même celle de Blois en *l'article 40*, & suivant icelles, déclarer les *mariages* qui n'auront été faits & célébrés en l'église, & avec les formes & solemnités requises nuls & non valablement contractés, comme peine indicte par les conciles.

La déclaration de 1639 ordonne l'exécution de l'article 40 de l'ordonnance de Blois, & en l'interprétant, ajoute qu'à la célébration d'icelui (*mariage*) assisteront quatre témoins avec le curé qui recevra le consentement des parties, & les conjoindra en *mariage*, suivant la forme pratiquée en l'église: fait défenses à tous prêtres de célébrer aucuns *mariages*, qu'entre leurs paroissiens, sans la permission par écrit du curé ou de l'évêque.

Enfin l'édit de 1697, que nous avons déjà tant cité, « veut que les ordonnances des rois nos » prédécesseurs, concernant la célébration des *mariages*, & notamment celles qui regardent la » nécessité de la présence du propre curé de ceux » qui contractent, soient exactement observées ».

D'après ces loix, le curé n'est pas seulement un témoin passif; il doit recevoir le consentement des parties & les conjoindre en *mariage*, suivant la forme pratiquée en l'église; ce sont les propres expressions de la déclaration de 1639: il ne suffit donc pas aux deux parties de se présenter simplement devant leur curé, & de lui déclarer qu'ils se prennent pour mari & pour femme, il faut encore que le curé reçoive leur consentement; s'il le refuse, il n'y a d'autre voie à prendre que de se pourvoir devant le juge ecclésiastique, c'est-à-dire, devant l'official, ou, par appel comme d'abus, devant le parlement.

La présence & le concours du propre curé sont

donc devenus nécessaires pour la validité des *mariages* dans tout le monde catholique, soit en vertu du décret du concile de Trente, soit en vertu des loix de l'état, comme en France; mais que faut-il entendre par le propre curé des parties contractantes? c'est ce qu'il est important d'examiner avec soin.

Par le propre curé des parties, on entend le curé du lieu où elles font leur résidence ordinaire. Lorsqu'une personne demeure une partie de l'année dans un lieu, & l'autre partie dans un autre, son curé est celui du lieu où elle fait sa principale demeure, où elle fait ses Pâques, où elle a coutume de se dire demeurant dans les actes qu'elle passe, où elle est imposée aux charges publiques.

Si l'on change le lieu de sa résidence, il faut au moins avoir demeuré six mois dans le lieu de sa nouvelle demeure, lorsque l'on sort d'une paroisse du même diocèse; & un an lorsque l'on change de diocèse.

Cet objet étoit trop important pour que nos loix le laissassent indécis ou arbitraire : « défendons, » dit l'édit du mois de mars 1697, à tous curés » de conjoindre en *mariage*, autres personnes » que ceux qui sont leurs vrais paroissiens, » demeurans actuellement & publiquement dans » leurs paroisses, au moins depuis six mois; » à l'égard de ceux qui demeuroient auparavant » dans une autre paroisse de la même ville ou » du même diocèse; ou depuis un an pour ceux » qui demeureroient dans un autre diocèse ».

Le curé des mineurs est celui de la demeure de leur père & mère, tuteur & curateur, quand même ils auroient un domicile de fait ailleurs, sauf qu'en ce cas leurs bans doivent être aussi publiés en la paroisse du lieu de ce domicile de fait : « déclarons, dit encore l'édit de 1697, que » le domicile des fils & filles de famille, mineurs » de 25 ans pour la célébration de leur *mariage*, » est celui de leur père & mère, ou de leur tuteur » ou curateur, après la mort de leurdit père & mère, » & en cas qu'ils aient un autre domicile de fait, » ordonnons que les bans seront publiés dans les » paroisses où ils demeurent, & dans celles de » leurs pères & mères, tuteurs ou curateurs ».

L'évêque, comme premier pasteur du diocèse, est compétent pour la célébration du *mariage* de tous ses diocésains, résidans au moins depuis un an dans son diocèse; il peut permettre que l'on se marie devant tout prêtre qu'il indique, & qui se trouve par là son mandataire ou son délégué. Les curés peuvent également déléguer pour cette cérémonie, leurs vicaires ou de simples prêtres habitués à leurs paroisses; il n'est pas alors besoin de permission par écrit, la qualité de vicaire ou de prêtre habitué la suppose; si c'est un prêtre étranger qui célèbre le *mariage*, il faut que le curé soit présent ou qu'il donne une permission par écrit.

La présence du propre curé est prescrite par nos ordonnances, à peine de nullité du *mariage* ainsi contracté; c'est ce qui résulte de la lettre & de l'esprit de la déclaration de 1639, & de l'édit de 1697. Cette nullité est absolue, elle frappe sur les *mariages* des majeurs, comme sur ceux des mineurs, la loi ne distingue point.

Quelque absolue que soit cette nullité, la loi n'ordonne cependant pas que l'on sépare pour toujours ceux au *mariage* desquels on n'auroit d'autre reproche à faire que le défaut de présence du curé. Elle veut qu'à la requête des promoteurs dans certains cas, ou à celle des procureurs du roi, les parties seront contraintes de se retirer pardevant les archevêques ou évêques, pour faire réhabiliter leurs *mariages*, après avoir subi la pénitence qui leur sera imposée. On peut conclure de ces dispositions de la déclaration du 15 juin 1697, que si le législateur regarde comme une nullité dans les *mariages* le défaut de présence du curé, il desire, pour l'avantage des conjoints & pour assurer l'état de leurs enfans, qu'ils réparent cette faute; & il porte même les choses jusqu'à ordonner au ministère public de les y contraindre.

Ces considérations ont sans doute été les motifs de quelques arrêts qui ont déclaré des parties non-recevables dans l'appel comme d'abus, interjetté de la célébration de leur *mariage*, sous prétexte qu'il avoit été célébré par un prêtre incompétent, lorsque leur appel n'avoit été interjetté qu'après un long temps de cohabitation publique, & sans que personne se fût jamais plaint de ce *mariage*.

« Il y a quelquefois, dit M. d'Aguesseau, tome 5 » de ses œuvres, des circonstances assez fortes, » suivant les règles de la police extérieure, pour fer» mer la bouche à la mauvaise foi & à l'inconstance » de ceux qui réclament, sur ce fondement (du » défaut de la présence & du consentement du » propre curé), contre un consentement libre & une » longue possession; il faut au moins en ce cas, » qu'il paroisse que la justice ne se détermine que » par les fins de non-recevoir, & qu'en déclarant » les parties non-recevables, elle ajoute toujours » que c'est sans préjudice à elles, de se retirer par» devant l'évêque pour réhabiliter leur *mariage*, si » faire se doit ».

Dans des cas semblables à celui que suppose M. d'Aguesseau, les magistrats n'enfreignent point la loi. Ils déclarent seulement que tel individu qui l'invoque, est indigne d'être sous sa protection, parce qu'il n'est point de loi qui ait été portée dans la vue de favoriser le dol & la mauvaise foi. Quand il s'agit de faire perdre un état à une femme & à des enfans qui en ont joui long-temps publiquement & paisiblement, il vaut mieux supposer que les loix ont été observées dans la célébration du *mariage*, que de croire un homme qui n'est probablement dirigé que par des motifs d'intérêts ou autres encore plus condamnables.

Les arrêts qui ont déclaré non-recevables des parties qui réclamoient contre leurs *mariages*, sont donc des arrêts de circonstances, qui n'affoiblissent en rien le principe, que le défaut de présence ou de consentement du propre curé, opère une nullité radicale, que rien ne peut couvrir.

De la nécessité de la présence du propre curé, il suit que les *mariages* contractés par des François en pays étrangers, sont ordinairement nuls. Nous disons *ordinairement*, parce que ces sortes de *mariages* peuvent être valides.

On croit communément qu'un François ne peut pas se marier en pays étrangers, & on répète assez souvent que ces sortes de *mariages* sont prohibés par nos ordonnances. L'on cite la déclaration du 16 juin 1685.

Cette loi n'a en vue que les protestans qui sortoient du royaume pour se marier. L'époque à laquelle elle a été rendue, & son texte le prouvent assez. « Nous défendons, dit le législateur, expressément à tous nos sujets, de quelque qualité & condition qu'ils soient, de consentir & approuver à l'avenir, que leurs enfans ou ceux dont ils seront tuteurs ou curateurs, se marient en pays étrangers, soit en signant les contrats qui pourroient être faits pour lesdits *mariages*, soit par actes postérieurs, pour quelque cause & sous quelque prétexte que ce soit, sans notre permission expresse, à peine de galères à perpétuité, à l'égard des hommes, & de bannissement perpétuel pour les femmes, & de confiscation de leurs biens : & où ladite confiscation n'auroit lieu, de 20000 liv. d'amende contre les pères, mères, tuteurs ou curateurs, qui auroient contrevenu à ces présentes, laquelle dite amende, payable par eux sans déport ».

Les peines infligées par le législateur à ceux qui consentiront à ce que des François, en leur puissance, se marient dans les pays étrangers, font assez connoître combien ces sortes de *mariages* sont contraires à ses vues & à ses intentions. Mais il a plutôt intention d'empêcher que ses sujets ne sortent du royaume pour former des établissemens ailleurs, que de prononcer la nullité de leurs *mariages*. C'est ce qu'il annonce clairement dans le préambule de la déclaration, lorsqu'il dit : « nous avons été informés que plusieurs de nosdits sujets mal intentionnés à notre service & à la patrie, ou par d'autres raisons & motifs, procurent le *mariage* de leurs enfans ou de ceux dont ils sont tuteurs ou curateurs hors de notre royaume, pour s'y établir & y faire leur demeure pour toujours, renonçant par ce moyen au droit qu'ils ont par leur naissance d'être nos sujets, & de jouir des avantages qu'elle leur donne, *&c.* ». Qu'un François se marie dans les pays étrangers sans intention d'abandonner sa patrie, qu'il y revienne ensuite avec son épouse, on ne pourra opposer à son *mariage* la déclaration du 16 juin 1685, parce que le législateur n'a certainement point en vue d'annuller de pareils *mariages*, mais seulement d'empêcher qu'on ne favorise ceux des François qui abdiquent leur patrie.

Une ordonnance du 16 août 1716 exclut de toutes charges & administrations publiques, & des assemblées du corps de la nation dans les échelles du Levant, les négocians François qui y épouseront des filles ou veuves nées sous la domination du grand-seigneur; & desdites charges & administrations ceux qui n'ayant pas l'âge de trente ans, épouseront sans le consentement de leurs pères & mères, des filles même des François.

Une autre ordonnance du 21 décembre même année, exclut des droits & privilèges appartenans à la nation françoise dans les villes & ports d'Italie, d'Espagne & de Portugal, les enfans nés des *mariages* contractés entre les François naturels, ou entre les étrangers naturalisés François, & les filles du pays.

Ces deux ordonnances ne prononcent point la nullité des *mariages* dont elles parlent, quoique contractés hors du royaume; elles les privent seulement de quelques-uns des effets civils, parce que l'usage de se marier ainsi en pays étrangers est préjudiciable au bien de l'état, en ce qu'il engage ceux que le commerce attire dans ces pays à s'y établir pour toujours, ce qui prive le royaume de bons sujets & des biens qu'ils en ont emportés.

Si les *mariages* célébrés en pays étrangers sont pour l'ordinaire nuls, ce n'est pas en vertu de quelque loi particulière qui les déclare tels; mais en vertu des loix générales existantes dans le royaume, que l'on a cherché à éluder, en se mariant dans un pays où elles n'ont point d'empire. Qu'un mineur qui veut épouser une fille malgré sa famille qu'il sait s'y opposer, passe à Liège ou à Bruxelles; qu'il s'y fasse suivre par l'objet de son amour; que là il l'épouse en observant les formalités requises dans le lieu de la célébration, ce *mariage* est nul, & par le défaut du consentement de ceux dont dépend le mineur, & par le défaut de présence du propre curé : les loix qui le soumettent à ces deux conditions sont personnelles à tout François, le suivent par-tout, & ne peuvent cesser de l'obliger qu'au moment où il cessera d'être François.

Il n'est donc point étonnant que tant de *mariages* célébrés en pays étrangers aient été annullés sur les appels comme d'abus interjettés par les père & mère, ou autres parties intéressées. Ils étoient tous infectés de quelque vice radical qui n'avoit pu être couvert par la célébration hors du royaume. C'est ce qu'ont jugé les arrêts de 1711, 1763 & autres rapportés dans Denisard.

Un François qui auroit sa résidence dans un pays étranger pourroit donc s'y marier valablement, pourvu qu'il ne le fasse pas en fraude de nos loix. Pothier assure qu'un François qui résideroit dans un pays où il n'y a pas d'exercice de la religion catholique, qui contracteroit avec une femme catholique, dans la chapelle d'un ambassadeur catholique, & devant l'aumônier de l'ambassadeur, formeroit un *mariage* valable, n'y ayant pas, dans ce cas, de fraude, & le *mariage* n'ayant pu être célébré autrement. Ne seroit-il pas absurde de soutenir qu'un François, que son état ou ses affaires retiendroient pendant plusieurs années hors du royaume, seroit nécessairement condamné à garder le célibat pendant tout ce temps? Il doit observer les loix de sa patrie autant qu'il est en lui; mais il n'est pas tenu à l'impossible.

Il est des personnes qui, par état ou par profession, n'ont aucun domicile; tels sont les étrangers, les marchands porte-balles, les ouvriers qui parcourent successivement différentes villes, sans se fixer dans aucune. On demande quel est le propre curé de ces personnes, & à quel prêtre elles doivent s'adresser pour célébrer leurs *mariages?*

Le concile de Trente, *sess. 24, ch. 7, de reform.* a prévu cette difficulté. Il a ordonné aux curés, *ne illorum matrimoniis intersint, nisi priùs diligentem inquisitionem fecerint, & re ad ordinarium delatâ, ab eo licentiam id faciendi obtinuerint.*

Cette disposition du concile a été adoptée parmi nous par l'usage; car nos loix sont muettes sur ce cas particulier. Il faut donc alors s'adresser à l'évêque du domicile de la partie avec laquelle on contracte, pour lui demander dispense du défaut de domicile; l'évêque ne doit l'accorder qu'en connoissance de cause, & après une information pour s'assurer de la vérité des faits qu'on lui a exposés. La dispense n'est accordée que sous la condition *sine qua non*, que l'évêque n'a point été trompé. On a un exemple d'une pareille dispense accordée au comte des Goutes, par M. le cardinal de Noailles, archevêque de Paris; mais comme elle avoit été obtenue sur un faux exposé, le *mariage* n'en fut pas moins déclaré nul, après la mort du comte des Goutes, par arrêt du 31 janvier 1737.

Si les deux parties contractantes sont gyrovagues, c'est-à-dire, n'ont ni l'une ni l'autre, ni domicile, ni résidence, elles doivent se présenter à l'ordinaire du lieu où elles veulent se marier. C'est ce que prescrivent nos rituels, entre autres celui d'Ausch. Par arrêt du 6 juin 1766, il fut dit n'y avoir abus dans le *mariage* du sieur Pitrot, maître des ballets de la comédie Italienne, avec Louise Regis, comédienne, célébré à Varsovie, par le vicaire-général de l'archevêché de Gnesne & de Varsovie, dans une église paroissiale, en présence de plusieurs témoins. Cet arrêt prouve deux choses; 1°. que le *mariage* n'est pas nul, par cela seul qu'il a été contracté en pays étranger; 2°. que les gyrovagues n'ont d'autre propre curé que l'évêque du diocèse dans lequel ils se trouvent.

Une ordonnance du 23 septembre 1713, défend à tous recteurs, curés, aumôniers & prêtres, de marier les officiers de marine sans la permission du roi, à peine d'être punis comme fauteurs & complices du crime de rapt. Nous ne voyons pas qu'elle ait été enregistrée dans aucun tribunal.

Après avoir établi la nécessité de la présence du propre curé des parties, après avoir fait voir quelles sont les exceptions à cette loi, il nous reste à examiner si, dans le cas où les parties ne seroient pas de la même paroisse, le concours des deux curés est nécessaire, & quelles sont les peines infligées aux curés qui marieroient des personnes qui ne seroient pas de leurs paroisses.

La première de ces questions est traitée supérieurement par M. d'Aguesseau, dans un mémoire qui se trouve au tome 5 de ses œuvres: il distingue trois cas.

Le premier est lorsque les bans ont été publiés dans les paroisses respectives des parties; il n'y a pas lieu dans ce cas à la question. Le curé qui délivre le certificat de la publication des bans, donne par-là même son consentement au *mariage*, & y concourt d'une manière suffisante.

Le second cas est lorsque les parties obtiennent de l'évêque dispense des trois bans. Alors le *mariage* célébré par le curé d'une des parties est valable. L'évêque est censé l'avoir approuvé par la dispense des bans; & comme il est le premier pasteur des parties, son consentement équivaut à celui des deux curés.

Enfin le troisième cas, est celui auquel les bans n'ont été publiés que dans la paroisse de l'une des parties, dont le curé a célébré le *mariage*. Dans ce cas, M. d'Aguesseau soutient le *mariage* nul par le défaut de consentement du curé de l'autre partie. Son principal motif est qu'alors le *mariage* est infecté du vice de la clandestinité. Un *mariage* est clandestin, dit ce célèbre magistrat, 1°. par le défaut d'une forme & solemnité requise, à peine de nullité; 2°. lorsque l'omission de cette forme peut porter préjudice à des tiers, en leur dérobant la connoissance d'un *mariage* qu'ils peuvent avoir intérêt de connoître & d'empêcher.

M. d'Aguesseau voit le défaut d'une forme & solemnité prescrite, à peine de nullité, lorsque le curé d'une des parties ne consent & ne concourt point à leur *mariage*. L'obligation de se marier devant le propre curé ou de son consentement, est également imposée à l'une & à l'autre parties, & par le concile & par les ordonnances. Dès-lors il ne suffit point que le *mariage* soit célébré par un des deux curés à l'insu de l'autre. Il n'est pas vrai dans ce cas que les conjoints se soient mariés *coram proprio parocho aut de ejus licentiâ*, puisque le curé d'une d'elles ignore le *mariage*. La loi est donc violée, ou, pour mieux dire, une solemnité requise à peine de nullité est omise.

Il est encore plus évident que ce *mariage* renferme le second caractère de clandestinité qui consiste dans le préjudice que le défaut de forme fait à des tiers, auxquels il dérobe la connoissance d'un *mariage* dont ils avoient intérêt d'être avertis pour l'empêcher. Supposons qu'un jeune homme voulant faire un *mariage* peu convenable ou même honteux, ait été marié par le curé de la fille, à l'insu du curé de sa paroisse où il n'a pas fait publier de bans; dans ce cas, le jeune homme a celé son *mariage* à ses parens, en le faisant à l'insu de son curé, & en ne faisant pas publier de bans dans sa paroisse. Les parens n'ont pu veiller sur ce qui se passe dans une autre paroisse que la leur, & n'ont pu par conséquent s'opposer à une union à laquelle ils se seroient opposés s'ils en avoient eu connoissance. Il est impossible de ne pas ici reconnoître le vice de clandestinité auquel le concile de Trente & les ordonnances ont voulu remédier, en établissant la nécessité de la présence ou du consentement du propre curé.

On convient assez généralement que, lorsque les parties sont mineures, ou l'une d'elles seulement, le *mariage*, quoique célébré par le curé d'une des parties, est nul lorsqu'il a été fait à l'insu & sans le concours du curé de la partie mineure. Mais il n'en doit pas être de même, selon plusieurs auteurs, lorsque les deux parties sont majeures.

Les partisans d cette opinion s'appuient sur un raisonnement qui paroît assez plausible. Lorsque le *mariage*, disent-ils, a été célébré par le curé d'une des parties, le concours & le consentement du curé de l'autre partie consiste dans la publication des bans qu'il a faite, & dans le certificat qu'il a donné de cette publication. Or le défaut de publication de bans, suivant la jurisprudence des arrêts, ne fait pas une nullité à l'égard du *mariage* des majeurs. Donc lorsqu'un *mariage* de majeur a été célébré par le curé d'une des parties, le défaut de concours du curé de l'autre partie, ne doit pas opérer une nullité.

M. d'Aguesseau combat ce raisonnement, & rejette la distinction entre les *mariages* des majeurs & ceux des mineurs. Il ne faut pas, selon lui, confondre la publication des bans, avec le consentement & le concours du curé. L'un n'est qu'un préalable au *mariage*, qui n'est essentiel que pour les mineurs; l'autre est une forme même du *mariage*, sans laquelle il ne peut être valable. C'est pourquoi lorsque les parties sont de différentes paroisses, le *mariage*, quoique célébré par le curé de l'une des parties, est nul, si le curé de l'autre partie n'y a pas concouru, soit en publiant des bans, soit de toute autre manière, quand même les parties seroient majeures. Le concile & les ordonnances de nos rois qui ont adopté ses dispositions, n'ont fait à cet égard aucune distinction entre les majeurs & les mineurs.

L'opinion de M. d'Aguesseau étant d'un grand poids, il est très-prudent, de la part des conjoints, même majeurs, & domiciliés dans deux paroisses différentes, d'obtenir le consentement du curé qui ne célèbre point le *mariage*.

Le curé qui célèbre le *mariage*, a un très-grand intérêt de se faire remettre le certificat de l'autre curé, par lequel il atteste avoir publié les bans sans qu'il y ait eu d'opposition; car s'il y en avoit eu, il seroit exposé aux dommages & intérêts que pourroient prétendre ceux qui les auroient formées.

Les loix ecclésiastiques & civiles ne se sont pas contentées de frapper de nullité les *mariages* contractés pardevant d'autres prêtres que les propres curés; elles ont infligé des peines aux prêtres qui, n'étant pas les curés des parties, leur administreroient la bénédiction nuptiale. Le concile de Trente les punit par la suspense qu'ils encourent, *ipso jure*, & qui doit durer jusqu'à ce qu'ils aient obtenu l'absolution ordinaire du curé qui devoit célébrer le *mariage*; *quod si quis parochus vel alius sacerdos sive secularis sive regularis sit, etiam si id sibi privilegio, vel immemorabili consuetudine licere contendat, alterius parochiæ sponsos sine illorum parochi licentiâ matrimonio conjungere aut benedicere ausus fuerit; ipso jure tandiu suspensus maneat, quandiu ab ordinario ejus parochi qui matrimonio inter esse debebat, seu à quo benedictio suscipienda erat, absolvatur.*

Nos ordonnances ont été plus loin. L'édit du mois de mars 1697, porte: « voulons que si aucuns » desdits curés ou prêtres, tant séculiers que réguliers, célèbrent ci-après sciemment & avec connoissance de cause, des *mariages* entre des personnes qui ne sont pas effectivement de leurs paroisses, sans en avoir la permission par écrit des curés de ceux qui les contractent, ou de l'archevêque ou évêque diocésain, il soit procédé contre eux extraordinairement; & qu'outre les peines canoniques que les juges d'église pourront prononcer contre eux, lesdits curés & autres prêtres, tant séculiers que réguliers, qui auront des bénéfices, soient par nos juges, privés pour la première fois de la jouissance de tous les revenus de leurs cures & bénéfices pendant trois ans, à la réserve de ce qui est absolument nécessaire pour leur subsistance, ce qui ne pourra excéder la somme de six cens livres, dans les plus grandes villes, & celle de trois cens livres par-tout ailleurs; & que le surplus soit saisi à la diligence de nos procureurs, & distribué en œuvres pies par l'ordre de l'évêque diocésain.

» Qu'en cas d'une seconde contravention, ils soient bannis pendant le temps de neuf ans, des lieux que nos juges estimeront à propos.

» Que les prêtres séculiers qui n'auront pas de bénéfices, soient condamnés au bannissement pendant trois ans; & en cas de récidive, pendant neuf ans: & qu'à l'égard des prêtres réguliers, ils soient renvoyés dans un couvent de leur ordre, que leur supérieur leur assignera hors des provinces marquées par les arrêts de nos cours, ou les sentences de nos juges, pour y demeurer renfermés pendant le temps qui sera marqué par lesdits jugemens, & sans y avoir aucune charge ni fonction, ni voix active & passive, & que lesdits curés ou prêtres, puissent en cas de rapt fait avec violence, être condamnés à plus grandes peines, lorsqu'ils prêteront leur ministère pour célébrer des *mariages* en cet état ».

Pour que les curés ou autres prêtres soient soumis à ces peines, il faut qu'ils aient célébré *sciemment & avec connoissance de cause*, le *mariage* de ceux qui ne sont pas de leurs paroisses. S'ils ont été surpris, ils sont excusables. Mais pour être censés avoir été surpris & trompés, il faut qu'ils se soient fait certifier la qualité & le domicile des parties, par le nombre de témoins prescrit par les ordonnances. Cette observation nous conduit naturellement à l'examen de la nécessité des témoins qui doivent assister à la célébration du *mariage*.

Le concile de Trente exige, pour la validité du *mariage*, la présence de deux ou trois témoins, *duobus vel tribus testibus*. Cette disposition du concile est trop sage pour n'avoir pas été adoptée par nos ordonnances, ainsi que celle qui ordonne que les curés tiendront un registre, sur lequel ils inscriront le nom des contractans & des témoins, & le jour & le lieu où le *mariage* aura été célébré; *habeat parochus librum in quo conjugum & testium nomina, diemque & locum contracti matrimonii describat; quem diligenter apud se custodiat.*

La déclaration du 26 novembre 1639, *art. 1*, porte : « nous voulons ...... qu'à la célébration » du *mariage* assisteront quatre témoins dignes de » foi, outre le curé qui recevra le consentement » des parties & les conjoindra en *mariage* suivant » la forme pratiquée en l'église; ..... ordonnons » qu'il sera fait un bon & fidèle registre, tant des » *mariages* que de la publication des bans, ou des » dispenses & des permissions qui auront été ac- » cordées ».

L'édit du mois de mars 1697 suppose la nécessité de quatre témoins pour la validité des *mariages*, & inflige des peines à ceux qui, par un faux témoignage, induiroient les curés en erreur : « enjoi- » gnons à tous curés & autres prêtres qui doivent » célébrer des *mariages*, de s'informer soigneuse- » ment avant de commencer les cérémonies, & » en présence de ceux qui y assistent, par le té- » moignage de quatre témoins dignes de foi, do- » miciliés, & qui sachent signer leur nom, s'il s'en » peut aisément trouver autant dans le lieu où on » célébrera le *mariage*; voulons pareillement que » le procès soit fait à tous ceux qui auront supposé » être les pères, mères, tuteurs ou curateurs des » mineurs, pour l'obtention des permissions de cé- » lébrer des *mariages*, des dispenses de bans & des » mains-levées des oppositions formées à la célé- » bration desdits *mariages*; comme aussi aux témoins » qui auront certifié des faits faux, à l'égard de » l'âge, qualité & demeure de ceux qui contractent, » soit pardevant les archevêques & évêques dio- » césains; soit pardevant lesdits curés & prêtres, » lors de la célébration desdits *mariages*; & que » ceux qui seront trouvés coupables desdites sup- » positions & faux témoignages, soient condam- » nés, savoir, les hommes, à faire amende hono- » rable & aux galères pour le temps que nos juges » estimeront juste, & au bannissement, s'ils ne » sont pas capables de subir ladite peine de galè- » res; & les femmes, à faire pareillement amende » honorable, & au bannissement, qui ne pourra » être moindre de neuf ans ».

Enfin, la déclaration du 9 avril 1736 est trop claire & trop précise pour qu'il puisse rester aucun doute sur la nécessité de la présence des témoins, leur nombre, leur qualité & la manière dont l'acte de célébration de *mariage* doit être rédigé. « Dans » les actes de célébration de *mariage* seront inscrits » les noms, surnoms, âge, qualités & demeure » des contractans; & il y sera marqué s'ils sont » enfans de famille, en tutèle ou curatèle, ou en » la puissance d'autrui; & les consentemens des » pères, mères, tuteurs ou curateurs, y seront » pareillement énoncés : assisteront auxdits actes » *quatre témoins* dignes de foi & sachant signer, » s'il peut aisément s'en trouver dans le lieu qui » sachent signer : leurs noms, qualités & domi- » ciles seront pareillement mentionnés dans lesdits » actes, & lorsqu'ils seront pareillement parens ou » alliés des contractans, ils déclareront de quel côté » & en quel degré, & l'acte sera signé sur les » deux registres, tant par celui qui célébrera le » *mariage*, que par les contractans, ensemble par » lesdits *quatre témoins au moins*; & à l'égard de » ceux desdits contractans ou desdits témoins qui » ne pourront ou ne sauront signer, il sera fait men- » tion de la déclaration qu'ils en feront, *&c.* ». *Art. 7.*

Le concile de Trente n'exige que la présence de deux ou trois témoins; mais il l'exige à peine de nullité : il ne met point de différence entre la présence du propre curé & celle des témoins; il met l'une & l'autre sur la même ligne : *qui aliter quam presente parocho vel alio sacerdote de ipsius parochi vel ordinarii licentiâ, & duobus vel tribus testibus, matrimonium contrahere attentabunt : eos sancta synodus ad sic contrahendum omnino inhabiles reddit, & hujusmodi contractus, irritos & nullos esse decernit.* Il ordonne que les curés tiendront un registre des *mariages*; mais il ne déclare pas nuls les *mariages* qui n'y seroient point inscrits.

Quant à nos ordonnances, elles veulent que les témoins soient au nombre de quatre; mais elles n'ont point prononcé la peine de nullité s'ils étoient en moindre nombre. C'est pourquoi des auteurs qui paroissent très-versés dans notre jurisprudence, assurent que pour le *mariage* des majeurs, le nombre de deux témoins est absolument suffisant, quoiqu'on en exige quatre dans celui des mineurs; & que MM. les gens du roi n'ont jamais fait attention que lorsqu'il s'est agi du *mariage* de ces derniers, au moyen d'abus pris de ce que quatre témoins n'y avoient pas assisté.

Denisard remarque que la déclaration de 1736 n'explique point si les témoins doivent être mâles; mais que les jurisconsultes pensent que la loi en demandant des témoins dignes de foi, sa disposition ne peut s'entendre que de ceux qui, suivant les règles ordinaires, peuvent valablement être témoins dans des actes de cette importance. L'auteur des Conférences de Paris, & Gohard, ne pensent pas de même. Ils disent qu'aucune loi ecclésiastique ou civile n'a dérogé en ce point à l'ancien droit marqué au canon *videter*, 35, *quest.* 6, lequel autorise également dans cette matière, le témoignage des frères, sœurs, cousins & cousines, quoiqu'il soit rejetté en beaucoup d'autres : que l'édit de 1697 suppose que les femmes peuvent être témoins, puisqu'il condamne à un bannissement de neuf ans, celles qui déposeront faux, sur l'âge, la qualité & le domicile des conjoints.

Dans cette diversité d'opinions, il est plus sûr de ne faire assister aux *mariages* que des témoins mâles; & quoique les ordonnances ne prescrivent rien sur leur âge, on doit les choisir majeurs, & on courroit des risques si on se contentoit de mineurs ou d'impubères ; on pourroit dire qu'ils ne sont pas dans le nombre de ceux que la loi appelle *dignes de foi*.

Il faut aussi faire grande attention à la rédaction de l'acte de célébration sur les registres de la paroisse, sur-tout depuis la déclaration de 1736, qui porte, *article* 10 : voulons qu'en aucun cas, lesdits » actes de célébration ne puissent être écrits ou » signés sur des feuilles volantes; ce qui sera exé» cuté à peine d'être procédé extraordinairement » contre le curé ou autres prêtres qui auroient fait » lesdits actes, lesquels seront condamnés en telle » amende, ou autre plus grande peine qu'il appar» tiendra, suivant l'exigence des cas, & à peine » contre les contractans, de déchéance de tous les » avantages & conventions portés par le contrat » de *mariage* ou autres actes, même de privation » d'effets civils, s'il y échoit ».

Quoique la loi ne prononce point la peine de nullité contre les *mariages* non inscrits sur le registre de la paroisse, celles qu'elle porte sont assez graves pour que les curés & les parties contractantes s'y conforment exactement.

Des différentes loix que nous venons de citer, il paroît résulter qu'il ne peut y avoir d'autres preuves pour constater la célébration des *mariages*, que les registres des paroisses. Ce principe est vrai dans la thèse générale ; & si l'on cite des arrêts qui ont admis à la preuve à défaut d'extrait de *mariage*, ils ont été rendus dans des circonstances particulières, & la plupart avant la déclaration de 1736. Tels sont ceux de 1676 & 1725, qu'on lit dans Denisard & dans le Répertoire de jurisprudence. Quant à celui de 1756, rendu sur les conclusions de M. l'avocat-général Séguier, il y avoit, entre autres circonstances, la preuve de l'altération des registres de la paroisse, dont on avoit enlevé plusieurs feuillets.

D'après l'article 14 du titre 20 de l'ordonnance de 1667, la preuve par témoins ne devroit être admise que lorsque les registres sont perdus, ou qu'il n'y en a jamais eu. « Si les registres sont per» dus, ou qu'il n'y en ait jamais eu, la preuve en » sera reçue tant par titres que par témoins, & en » l'un & l'autre cas, les baptêmes, *mariages* ou » sépultures, pourront être justifiés, tant par les » registres, ou papiers domestiques des pères & mè» res décédés, que par témoins ».

Au reste, au milieu de tous les arrêts qui paroissent se contredire, ou du moins prouver que dans cette matière il y a une foule d'exceptions aux principes généraux, nous croyons pouvoir assurer comme une vérité, que lorsqu'il s'agit de l'état des hommes, jamais la preuve par témoins ne doit être admise contre les actes, ou pour suppléer les actes, que quand on rapporte un commencement de preuve par écrit. *Voyez* QUESTION D'ÉTAT.

Un arrêt du conseil du 12 juillet 1747, rendu en forme de réglement, a pourvu à l'inconvénient qui résultoit de la représentation des registres des paroisses, que les fermiers des domaines exigeoient des curés, sous prétexte de connoître plus facilement les droits de centième denier qui sont dus par les héritiers des défunts. Les curés se refusoient à cette représentation, parce qu'elle pouvoit préjudicier à l'honneur des familles qui demande quelquefois que les actes de célébration des *mariages* soient tenus secrets. Pour tout concilier, sa majesté a ordonné, en interprétant l'article 1 de la déclaration de 1736, que le registre des sépultures demeurera dorénavant séparé de celui des *mariages* & baptêmes, & que les fermiers ne pourront prétendre que la communication du premier qui leur a été effectivement accordée par l'article 13 de la déclaration du 20 mars 1708.

On vient d'établir que le *mariage* se contracte réellement & valablement parmi nous, par la bénédiction nuptiale donnée par le propre curé, ou de son consentement, en présence de quatre témoins dignes de foi, & qu'il doit être du tout, dressé sur le registre de la paroisse, un acte signé par le curé, par les conjoints & par les témoins. Voyons à présent quels effets produit un *mariage* ainsi contracté.

§. IV. *Effets & obligations du mariage.* Du *mariage* valablement contracté naissent des obligations réciproques entre le mari & la femme ; & ces obligations prennent une nouvelle étendue, si une heureuse fécondité leur donne des enfans.

Le mari doit traiter sa femme maritalement, c'est-à-dire, lui fournir tout ce qui est nécessaire pour les besoins de la vie, selon ses facultés & son état. Il doit le lui fournir, soit de son propre bien, soit des fruits de son travail; enfin il est obligé au devoir conjugal lorsqu'elle le lui demande, & à n'avoir commerce avec aucune autre femme, contre la foi qu'il lui a donnée.

La femme peut intenter une action en justice contre son mari, pour le forcer à la recevoir chez lui & à la traiter maritalement. *Voyez* ci-dessus MARI.

La femme, de son côté, contracte envers son mari l'obligation de le suivre par-tout où il jugera à propos d'établir sa résidence ou son domicile, pourvu néanmoins que ce ne soit pas hors du royaume, c'est-à-dire, pour s'établir en pays étranger. De cette obligation naît, en faveur du mari, une action pour faire condamner en justice sa femme lorsqu'elle l'a quittée, à retourner avec lui. La femme ne peut rien opposer à cette demande; elle n'est point écoutée à se plaindre que l'air du lieu que son mari habite est contraire à sa santé, qu'il y règne même des maladies contagieuses. En vain prétendroit-elle qu'elle essuie de mauvais traitemens de la part de son mari, cela n'autoriseroit point son éloignement de lui, à moins qu'elle n'eût formé sa demande en séparation d'habitation.

La loi naturelle, comme les loix civiles, imposent aux pères & mères l'obligation de nourrir, d'élever, d'entretenir leurs enfans; c'est une des obligations les plus sacrées du *mariage*, *necare videtur & is qui alimenta denegat.* Cette obligation s'étend jusqu'aux petits-enfans, dans le cas où ils n'auroient ni père, ni mère en état de subvenir à leurs besoins. *Voyez* ALIMENT.

Une autre obligation des père & mère est de laisser à leurs enfans une certaine portion de leur succession, qu'on appelle *légitime*, à moins qu'ils ne la leur aient donnée de leur vivant, en avancement d'hoirie, ou que les enfans n'aient mérité d'encourir la peine d'exhérédation. *Voyez* EXHÉRÉDATION, LÉGITIME.

Un des fruits les plus doux du *mariage*, est de trouver dans ses enfans, les secours dont on peut avoir besoin, & que ces secours soient offerts par la main de l'amour & de la reconnoissance. Si des enfans pouvoient oublier ce premier de tous les devoirs envers leurs père & mère, la loi les y contraindroit. Le premier qui s'est laissé traduire devant les tribunaux, pour être condamné à fournir des alimens aux auteurs de ses jours, a dû mériter l'exécration du genre humain. N'est-ce pas une espèce de parricide, que de refuser de conserver par ses soins & ses secours, la vie à ceux de qui on la tient?

L'obligation, de la part des enfans, de nourrir leurs pères & mères, s'étend aux aïeux & aïeules, & autres parens de la ligne directe ascendante, dans le cas où ceux qui occupent la place intermédiaire dans la ligne, ne vivent plus ou ne soient pas en état de le faire.

Ces liens formés par la nature entre les pères & les enfans, subsistent même à l'égard des bâtards. *Voyez* BATARDS.

Les obligations dont nous venons de parler, naissent du *mariage* comme contrat naturel. Voyons ceux qu'il produit comme contrat civil.

1°. Le *mariage* confirme & donne toute sa perfection aux conventions matrimoniales porté esdans le contrat qui l'a précédé, ou stipulées par la loi. Ces conventions ne peuvent avoir d'exécution, si elles ne sont suivies du *mariage*; elles sont toujours sous la condition *si nuptiæ sequantur.*

2°. Il produit la puissance paternelle sur les enfans qui en naissent. Cette puissance parmi nous est bien différente de celle des Romains. Elle est commune au père & à la mère, sauf que le père l'exerce seul tant qu'il vit. *Voyez* PUISSANCE PATERNELLE.

3°. Par le *mariage*, la femme acquiert le nom de son mari. Elle ne fait plus avec lui qu'un tout, auquel il donne sa dénomination, *& erunt duo in carne unâ.* Outre le nom du mari, elle participe à tous ses titres, à son rang, à ses honneurs & à ses préséances. Elle en conserve même après la dissolution du *mariage*, la noblesse & les titres, tant qu'elle demeure en viduité. Mais comme le *mariage* élève une femme au rang de son mari lorsqu'avant de s'unir à lui, elle en occupe un inférieur dans la société, de même elle déchoit si elle épouse quelqu'un qui ne soit pas son égal; une femme noble qui épouse un homme de condition roturière, perd sa noblesse pendant que le *mariage* dure. Mais après la dissolution, elle la reprend: on suppose qu'elle n'a été qu'éclipsée par l'interposition de la personne de son mari.

Par une suite de ce même principe, de cette union intime que produit le *mariage* entre les deux conjoints, du moment de la bénédiction nuptiale, la femme n'a plus d'autre domicile que celui de son mari, elle devient dès-lors soumise à toutes les loix du lieu de ce domicile.

4°. Un des effets civils les plus importans du *mariage*, est de donner aux enfans les droits de famille & de parenté civile. C'est par-là que se forme au milieu des sociétés générales, des sociétés particulières connues sous le nom de familles, qui sont régies par des loix qui donnent des droits actifs & passifs dans les successions des différens membres qui les composent.

5°. Parmi les principaux effets civils du *mariage*, on doit compter celui qu'il a de légitimer les enfans nés d'un commerce que les parties ont eu ensemble avant de se marier. *Voyez* LÉGITIMATION *par mariage subséquent.*

Il n'y a qu'un *mariage* valable qui puisse produire des effets civils; mais tout *mariage* valable ne les produit pas également. Les *mariages* secrets, les *mariages in extremis*, & ceux contractés par des personnes qui ont perdu la vie civile, ne produisent point d'effets civils.

Les *mariages* secrets sont ceux qui, quoique contractés par des personnes habiles à se marier, & avec toutes les formalités prescrites par les loix de l'église & de l'état, n'ont cependant point été connus du public, parce que les deux conjoints n'ont point vécu publiquement comme mari & femme. Ces *mariages* ne sont point, à proprement parler, clandestins; la clandestinité ne peut s'appliquer qu'à ceux qui sont contractés sans la présence ou la permission du propre curé, sans l'assistance des témoins en nombre requis, & autres formalités nécessaires. Ainsi on ne peut pas les arguer de nullité, à raison de la clandestinité. Mais comme ils en approchent beaucoup, le législateur qui n'a

pas

pas cru devoir les déclarer nuls, a cru devoir les punir, en les privant des effets civils les plus importans.

L'article 5 de la déclaration de 1639, porte : « desirant pourvoir à l'abus qui commence à s'introduire dans notre royaume, par ceux qui tiennent leurs *mariages* secrets, & cachés pendant leur vie, contre le respect qui est dû à un si grand sacrement, nous ordonnons que les majeurs contractent leurs *mariages* publiquement & en face d'église, avec les solemnités prescrites par les ordonnances de Blois, & déclarons les enfans qui naîtront de ces *mariages*, que les parties ont tenus jusqu'ici ou tiendront à l'avenir cachés pendant leur vie, qui ressentent plutôt la honte d'un concubinage, que la dignité d'un *mariage*, incapables de toutes successions, aussi bien que leur postérité ».

La loi refuse aux *mariages* secrets, l'effet précieux de la parenté civile. Les enfans qui en naissent sont incapables de *toutes successions*, ce qui comprend non-seulement les directes, mais encore les collatérales. Ainsi jugé par arrêt du 24 juillet 1704. Cette incapacité s'étend jusqu'à leur postérité. La loi le veut, *aussi bien que leur postérité*. D'ailleurs, comment transmettre des droits qu'on n'a pas soi-même ?

Quoique la loi ne prononce aucune peine contre les femmes dont les *mariages* sont demeurés secrets, la honte du concubinage qu'elle semble attacher à ces sortes de *mariages*, les a rendus si défavorables, que l'on prive les veuves des avantages que leurs contrats de *mariage* leur avoient accordés. Par un arrêt du 26 mai 1705, rapporté par Augeard, Marie Souvelle, ouvrière du palais, veuve du sieur Sonnet, trésorier des Suisses, fut déclarée privée des effets civils de son *mariage*, qui avoit été tenu secret pendant tout le temps qu'il avoit duré, & en conséquence déchue de son douaire & autres conventions matrimoniales. Les héritiers du mari furent seulement condamnés à lui restituer la somme que son mari avoit reconnu avoir reçue d'elle en dot.

C'est à ceux qui prétendent que le *mariage* a été secret, à le prouver. Cette preuve peut se faire par la réunion de plusieurs circonstances. Par exemple, que la femme n'a pas pris le nom de son mari pendant tout le temps que le *mariage* a duré, qu'elle a pris dans les actes qu'elle a passés depuis son mariage, la qualité de fille ou de veuve d'un précédent mari ; lorsqu'une servante qui a épousé son maître, ou un domestique qui a épousé sa maîtresse, continuent de paroître dans la maison dans leur état de domesticité, *&c.*

Ces preuves ne pourroient point être détruites, ni par l'acte de célébration de *mariage*, ni par l'attestation de publication des bans, parce que l'un & l'autre sont très-compatibles avec le secret du *mariage*, sur-tout dans les grandes villes.

Les *mariages in extremis* sont dans le cas de ceux qui ont été tenus secrets pendant leur durée. L'article 6 de la déclaration de 1639 les assimile en tout : « nous voulons que la même peine ait lieu contre les enfans qui sont nés de femmes que les pères ont entretenues, & qu'ils épousent lorsqu'ils sont à l'extrémité de la vie ».

L'édit du mois de mars 1697 a confirmé & étendu cette disposition. « Voulons que l'article 6 de l'ordonnance de 1639, au sujet des *mariages*, ait lieu, tant à l'égard des femmes qu'à celui des hommes ; & que les enfans qui sont nés de leurs débauches avant lesdits *mariages*, ou qui pourront naître après lesdits *mariages* contractés en cet état, soient aussi bien que leur postérité, incapables de toutes successions ».

Pour que le *mariage* soit dans le cas de la loi, il faut deux choses : 1°. qu'il ait été précédé d'un commerce illicite entre les deux conjoints ; 2°. que la maladie dont un conjoint est attaqué, lorsqu'il contracte, ait trait à la mort. Un homme avoit reçu un coup de pied ; la blessure paroissoit si dangereuse, que six jours après il reçut l'extrême-onction. Le même jour il se maria, & survécut cinquante-quatre jours depuis son *mariage*. Par arrêt du 28 février 1667, le *mariage* fut déclaré avoir été contracté *in extremis*. Par deux autres arrêts aussi rapportés au tome 3 du Journal des audiences, des 22 décembre 1672 & 3 juillet 1674, des *mariages* furent réputés faits *in extremis*, quoique dans l'espèce du premier l'homme eût survécu soixante-cinq jours, & dans l'espèce du second, quarante-deux jours.

Il en seroit autrement si la maladie d'un des deux conjoints n'avoit pas un trait prochain à la mort ; comme une hydropisie ou une pulmonie qui ne seroient pas dans leur dernier période.

Un *mariage* contracté dans l'état de grossesse, n'est pas censé contracté *in extremis*, quoique la femme décède peu de jours après la célébration, par l'accident d'une fausse couche, ou autre de pareille nature. Il en est de même de la mort subite arrivée à une des parties le jour même ou le lendemain du *mariage*.

Si la personne qui se marie étant malade, avoit fait tout ce qui étoit en son pouvoir lorsqu'elle étoit en pleine santé pour y parvenir, & qu'elle en ait été empêchée par des difficultés, & des oppositions qu'elle n'ait pu surmonter plutôt, le *mariage* n'est pas privé des effets civils. On n'est plus dans le cas de la loi ; on ne peut pas dire que celui des conjoints qui est décédé, ait attendu les derniers instans de sa vie pour le contracter ; ainsi jugé par arrêt du parlement de Rouen, du 29 juillet 1717.

Enfin, la troisième espèce de *mariage*, qui, quoique valable en lui-même & comme sacrement, est néanmoins privé des effets civils, est celui que contracte une personne morte civilement, par une condamnation à une peine capitale. C'est la disposition de l'article 6 de la déclaration de 1639, qui, après avoir parlé des *mariages in extremis*, continue en ces termes : « comme aussi, (les mêmes peines) contre les enfans procréés par ceux

» qui se marient après avoir été condamnés à mort,
» même par les sentences de nos juges rendues par
» défaut, si avant leur décès, ils n'ont été remis
» au même état, suivant les loix prescrites par nos
» ordonnances ».

La déclaration ne parle ici que des condamnés à mort. Elle ne comprend point par conséquent ceux qui ont perdu la vie civile par un autre genre de condamnation, comme les galères perpétuelles. Il paroît cependant que la même raison devroit empêcher pour les uns & pour les autres les effets civils du *mariage*. Dès qu'on est mort civilement, de quelque manière que ce soit, on est censé retranché de la société, on n'y existe plus quant à ce qui est de l'ordre civil. C'est une conséquence, que l'on ne puisse être alors capable d'un *mariage* civil. Mais est-il permis de mettre le raisonnement à la place de la loi? & lorsqu'elle ne prive des effets civils que les *mariages* des condamnés à mort, doit-on l'étendre à ceux contractés par des condamnés à d'autres peines qui emportent la mort civile? Nous aurions de la peine à le croire.

Pothier assure que la privation des effets civils n'a lieu pour les *mariages* des condamnés à mort par contumace, que lorsqu'ils sont décédés cinq ans après la publication de leurs jugemens. Ces termes de la loi, « si avant leur décès, ils n'ont été remis » dans leur premier état, suivant les loix prescrites » par nos ordonnances, » ne l'arrêtent point. Sa raison est, que d'après l'ordonnance de 1670, lorsqu'on meurt dans les cinq ans accordés pour purger la contumace, on meurt *integri status*, & que par conséquent, on n'est point dans le cas de la déclaration, puisqu'on n'est pas obligé de se faire rétablir dans un état qu'on n'a jamais perdu.

Mais, quel est l'état des enfans provenus des trois espèces de *mariages* dont nous venons de parler? doivent-ils être regardés comme illégitimes? Non. Ils ne jouissent pas, à la vérité, de tous les droits que les effets civils du *mariage* donnent aux enfans, tels que les droits de famille, de successions, de douaire, de légitime, *&c.* mais ils ne sont pas bâtards : ils sont nés d'un *mariage* valable, d'un *mariage* qui a reçu le caractère de sacrement, & qui, par conséquent, a eu pour base un contrat civil dont les effets ont été seulement restreints par les loix du prince.

Nous avons établi ci-dessus en principe, qu'il n'y avoit qu'un *mariage* valable qui pût produire les effets civils. Ce principe reçoit une exception bien honorable pour l'humanité. Elle est puisée dans dans la bonne-foi des parties.

Lorsque la nullité du *mariage* ne provient que d'un empêchement dirimant, & que d'ailleurs les parties ont observé, en se mariant, toutes les solemnités prescrites par les loix de l'église & de l'état, l'ignorance où elles étoient l'une & l'autre de cet empêchement dirimant, les met à l'abri du reproche d'avoir vécu dans une union illicite & criminelle. Ni la religion, ni la société, n'ont à se plaindre. Il seroit injuste de les punir; il ne le seroit pas moins de punir leurs enfans. Elles doivent se séparer lorsqu'elles ont connoissance de l'empêchement qui s'opposoit à leur union. Voilà tout ce qu'on en peut exiger. Mais il est nécessaire que leur ignorance ait été accompagnée de la bonne foi; c'est-à-dire, qu'ils aient été fondés à croire que rien ne s'opposoit à leur *mariage*.

Une femme reçoit la nouvelle de la mort de son mari; elle reçoit en même temps son extrait mortuaire en bonne forme, ou tout autre acte équivalent. Elle contracte un second *mariage*; des enfans en proviennent. Le mari reparoît. Dans ce cas, il est évident que le second *mariage* est nul. La femme doit quitter le second mari & retourner avec le premier. Mais, quoique ce second *mariage* soit nul, la bonne-foi des parties qui l'ont contracté, lui donne, par rapport aux enfans qui en sont nés, tous les droits de famille & tous les autres droits qu'ont les enfans procréés en légitime *mariage*. Ils viendront aux successions de leur père & mère, & même concurremment à celle de leur mère, avec les enfans qu'elle a eus de son premier *mariage*. Par la même raison, la femme ne sera point privée ni de son douaire, ni des autres avantages stipulés par son contrat de *mariage* avec le second mari.

Il n'est pas nécessaire, pour qu'un *mariage* nul, comme nous le supposons, produise les effets civils, que les deux parties soient dans la bonne-foi, il suffit qu'une des deux y soit. Un homme marié se fait passer pour garçon ou pour veuf; il produit des preuves de son état; il trompe une femme qui le croit libre. Un religieux, un clerc dans les ordres sacrés, dérobent à tous les yeux l'engagement qui les lie. Ils contractent *mariage*. Dans tous ces cas & autres semblables, la bonne-foi de la femme ne permet pas qu'on la mette dans la classe des concubines, ni ses enfans dans celle des bâtards; elle jouira de tous les droits d'une épouse légitime, & ses enfans de tous les avantages & de toutes les prérogatives de la légitimité. Un chevalier de Malthe avoit célé sa qualité de profès & s'étoit marié. L'enfant né de ce *mariage*, fut en conséquence de la bonne-foi de la mère, déclaré avoir les droits d'enfant légitime, & de porter le nom & les armes de son père. Arrêt du 4 février 1689. Un récollet profès, dont on ignoroit l'état, avoit ainsi trompé une femme. Après son décès, on opposa à la femme la nullité de son *mariage*. Un arrêt du 22 janvier 1693, lui adjugea toutes ses conventions matrimoniales, & la moitié de la communauté, qui étoit opulente.

Ces mêmes principes ont lieu à l'égard de certains *mariages*, qui, quoique valables en eux-mêmes, sont cependant privés des effets civils. Une femme épouse un homme condamné à mort, sans avoir pu avoir connoissance du jugement qui l'a condamné. Sa bonne-foi, dans ce cas, donne au *mariage* les effets civils, à l'effet que les enfans qui en sont nés, puissent succéder à leur mère & à leurs parens maternels. Mais ils ne peuvent rien réclamer des biens de leur père acquis au fisc par une suite de sa condamnation. Ils n'ont point non plus le droit de famille dans celle de leur père qui étoit incapable de les leur communiquer, les ayant lui-même perdus avant leur naissance.

Le sieur Thibaut de la Boissière avoit eu plusieurs enfans de Marie de la Tour, femme Maillard. Maillard, depuis long-temps absent, passa pour mort sur la foi d'un certificat délivré par un capitaine. Le sieur de la Boissière épousa alors Marie de la Tour. Maillard s'étant représenté après quarante ans d'absence, un arrêt du 15 mars 1674 annulla le *mariage* du sieur de la Boissière, & déclara bâtards les enfans qu'il avoit eu de Marie de la Tour, avant le *mariage*.

D'après cet arrêt, on peut poser en principe, qu'un *mariage* nul, quoique contracté de bonne-foi, ne légitime pas les enfans nés d'un commerce illicite, dont il avoit été précédé.

§. V. *De la cassation & de la dissolution du mariage, & des juges qui en peuvent connoître.* A considérer le *mariage* dans son institution, telle que l'écriture sainte nous la présente, il est indissoluble de sa nature; *homo relinquet patrem suum & matrem suam & adhœredit uxori suæ & erunt duo in carne unâ.* Si les Juifs ont pu rompre ce lien par le divorce, c'est une condescendance qu'a eue pour eux leur législateur; condescendance fondée sur leur caractère plutôt que sur la loi naturelle & la loi divine; *quod Deus conjunxit, homo non separet.... quoniam Moyses ad duritiam cordis vestri permisit vobis dimittere uxores vestras : ab initio autem non fuit sic.* La loi de Jésus-Christ a rendu au *mariage* sa première indissolubilité, & nous la regardons comme un lien que la mort seule d'un des conjoints peut rompre.

Il n'en étoit pas de même chez les Romains, même après qu'ils eurent embrassé le christianisme. On trouve dans les pandectes une décision du jurisconsulte Paul, qui met le divorce au nombre des manières dont se dissout le *mariage ; dirimitur matrimonium divortio, morte, captivitate, vel alia contingente servitute utrius eorum.*

Justinien ne crut pas devoir abolir entiérement le divorce; il se contenta d'en restreindre la liberté. Cette permission, ou cette tolérance des loix civiles, n'influa en rien sur l'esprit de l'église; elle regarda toujours le divorce comme prohibé par l'évangile, & comme incapable de rompre le lien du *mariage.* Elle retrancha toujours de sa communion les conjoints qui, après s'être séparés, convoloient à de secondes noces; elle les traita en adultères, en les assujettissant à la peine que les canons prononcent contre ceux qui se rendent coupables de ce crime. Parmi nous, les loix de l'état ont adopté les loix de l'église; le divorce n'est point admis pour quelque cause que ce soit. Nous y avons substitué la séparation d'habitation, *quoad thorum*, qui laisse toujours subsister le lien, & autorise seulement les conjoints à ne plus vivre ensemble. *Voyez* DIVORCE.

Dans les gouvernemens protestans, le divorce est encore admis pour certaines raisons. L'auteur de la vie de Jean Sobieski assure qu'il est aussi en usage en Pologne.

L'indissolubilité du *mariage* reçoit cependant une exception parmi les catholiques. La profession religieuse l'emporte sur le *mariage* dans deux cas.

Le premier, lorsque les deux époux consentent volontairement & librement à entrer dans un ordre religieux admis dans l'état, & à y faire des vœux. Mais il est nécessaire que l'un & l'autre contractent ce nouvel engagement. Car si l'un des deux seulement le contractoit, le lien du *mariage* subsisteroit toujours; il ne suffit pas, pour le rompre, du consentement de l'autre époux. *Quia*, dit le pape S. Grégoire, *postquam copulatione conjugii viri atque mulieris unum corpus efficitur, non potest ex parte converti, & ex partè in seculo remanere.* Il en est de même à cet égard de la promotion aux ordres sacrés. On ne doit pas ordonner un homme marié si sa femme ne fait pareillement vœu de continence. C'est la décision d'Alexandre III, *cap. 5, ext. de convers. conjug. nullus conjugatorum est ad sacros ordines promovendus, nisi ab uxore continentiam profitente, fuerit absolutus.*

Les loix de l'église, à ce sujet, ont prévalu sur celles de Justinien, qui, par sa novelle 21, *cap. 5*, avoit permis le divorce à celui des deux conjoints qui vouloit embrasser la profession religieuse. Il pensoit que dans ce cas, ce n'étoit pas l'homme, mais Dieu lui-même qui rompoit le *mariage*, en inspirant à un des conjoints le dessein d'embrasser un état plus parfait, & de se consacrer entiérement à lui. L'église en a jugé autrement, en exigeant non-seulement le consentement des deux parties, mais même que toutes les deux embrassent à la fois un état qui leur fasse à l'un & à l'autre une loi de la continence.

Il est cependant une circonstance qui permet à un mari d'embrasser la profession religieuse ou de se faire promouvoir aux ordres sacrés, sans le consentement de sa femme. C'est lorsque la femme a été convaincue d'adultère & condamnée en conséquence à la réclusion par un jugement qui ne seroit pas par défaut, & qui auroit force de chose jugée. La femme, dit-on, ayant perdu le droit de demander le devoir conjugal & de demeurer avec son mari, son consentement cesse d'être nécessaire. Mais la femme n'a pas pour cela le droit de se remarier pendant la vie de son mari. Une femme ayant eu querelle avec son mari, l'avoit quitté & avoit épousé un autre homme. Le mari s'étoit fait ordonner prêtre, & s'étoit ensuite fait moine de Cîteaux. Innocent III décide que cette femme doit quitter son prétendu second mari avec lequel elle vivoit en adultère, & qu'elle ne doit pas être reçue à redemander le premier.

Le second cas où l'indissolubilité du *mariage* reçoit une exception, c'est lorsqu'il n'a point été consommé. Alors un des deux conjoints peut embrasser la vie religieuse sans le consentement de l'autre, qui devient par-là même libre. Tel est le droit des décrétales, confirmé par le concile de Trente, *si quis dixerit matrimonium ratum non consummatum, per solemnem religionis professionem alterius conjugum, non posse dirimi anathema sit.*

Cette prérogative des vœux solemnellement émis dans un ordre approuvé, de dissoudre le *mariage non consummatum*, n'a pas été accordée à la promotion aux ordres sacrés. Si un homme marié, quoique n'ayant pas consommé son *mariage*, recevoit la prêtrise ou tout autre ordre sacré, il devroit être déclaré suspens de ses ordres, & condamné à retourner avec sa femme. La raison qu'en apporte Jean XXII, c'est que ni la loi divine, ni la loi ecclésiastique n'ont donné à la promotion aux ordres sacrés, l'effet de pouvoir dissoudre le *mariage* même non consommé; *quùm nec jure divino nec per sacros canones reperiatur hoc statutum. Extravag. cap. unic. de voto & vot. redempt.*

Deux textes de l'évangile ont fait naître la question de savoir si l'adultère de la femme dissout le *mariage*. Les Pharisiens ayant demandé à Jesus-Christ, *si licet homini dimittere uxorem suam quâcumque ex causâ*, le divin législateur répond que le *mariage*, par son institution est indissoluble, & qu'il n'est pas permis à l'homme de séparer ce que Dieu a uni. Il résout l'objection prise de ce que Moïse avoit permis le divorce: *quoniam vobis Moïses ad duritiam cordis vestri permisit..... dico autem vobis quia quicumque dimiserit uxorem suam, nisi ob fornicationem, & aliam duxerit mœchatur: & qui dimissam duxerit mœchatur*, S. Math. *chap. 19.* Dans le chapitre 5 du même évangile, on lit: *dictum est, quicumque dimiserit uxorem suam, det ei libellum repudii: ego autem dico vobis, quia omnis qui dimiserit uxorem suam, exceptâ fornicationis causâ, facit eam mœchari; & qui dimissam duxerit adulterat.*

Par ces deux exceptions qu'on lit dans les deux textes, *nisi ob fornicationem: exceptâ fornicationis causâ*, Jésus-Christ entend-il permettre à l'homme de faire un véritable divorce, qui rompe, en cas d'adultère de la part de la femme, le lien du *mariage*, ou lui permet-il seulement de se séparer d'habitation d'avec sa femme, sans qu'il soit coupable devant Dieu de l'adultère que la femme ainsi renvoyée, pourroit commettre en épousant un autre homme? En deux mots, Jésus-Christ autorise-t-il, dans le cas de l'adultère de la part de la femme, un véritable divorce ou une simple séparation *à thoro?*

La question a souffert difficulté dans les premiers siècles du christianisme. Le concile d'Arles, de l'an 314, quoique composé de six cens évêques, n'osa la décider; il se contenta de conseiller simplement au mari de ne pas se marier du vivant de sa femme adultère, *placuit ut in quantum potest, consilium eis detur, ne viventibus uxoribus, licet adulteris, alias accipiant.*

Tertullien, S. Epiphane, Astérius, évêque d'Amasée, ont pris les deux textes de l'évangile cités, dans le sens, que l'adultère de la femme dissout le *mariage*, *existimate & omnino vobis persuadete matrimonia morte tantùm & adulterio dirimi.*

S. Augustin a embrassé l'opinion contraire. Il avoue cependant que de son temps les avis étoient partagés, & que l'écriture sainte étoit fort obscure sur cette question.

L'église grecque a suivi le premier sentiment, & y a persévéré jusqu'à présent. L'église latine a adopté le second, comme on peut le voir dans les capitulaires de Charlemagne & dans les conciles du neuvième siècle. Le droit canonique moderne, c'est-à-dire, le décret & les décrétales, tiennent également la doctrine de l'indissolubilité du *mariage*, même pour cause d'adultère de la femme. Ils ont établi la distinction de la séparation *quoad thorum* & *quoad vinculum. Quamvis ex causâ fornicationis liceat thori separationem facere, non tamen aliud matrimonium contrahere fas est, cum matrimonii vinculum legitimè contracti, sit perpetuum*, dit le concile de Florence, tenu sous Eugène IV.

La question ayant été de nouveau proposée au concile de Trente, il laissa à chaque église la liberté de suivre son ancienne discipline, & se contenta de frapper d'anathême ceux qui taxeroient d'erreur la discipline de l'église latine sur ce point; & il n'est pas douteux parmi nous que lorsqu'un homme s'est fait séparer de sa femme, après l'avoir convaincue d'adultère, le lien du *mariage* est censé subsister & forme un empêchement dirimant qui rend nul le *mariage* qu'il contracteroit avec une autre, du vivant de celle qu'il a répudiée.

On s'est élevé depuis quelque temps contre cette doctrine. Il a paru plusieurs écrits, dans lesquels on a fait valoir les sentimens des anciens pères de l'église, & des raisons politiques, pour faire admettre l'adultère de la part de la femme, comme une cause opérant la dissolution du *mariage*: mais *voyez* DIVORCE. M. Linguet, dans sa consultation pour un charpentier de Landau, dont la femme s'étoit retirée en pays étranger, avec un sergent d'un régiment suisse qu'elle y avoit épousé, a cru ne pouvoir, dans l'état actuel de notre législation, donner d'autre conseil à son client, que de s'adresser au pape & au roi, à l'effet d'obtenir des deux puissances, une dispense en vertu de laquelle il pourroit se remarier. S'il est un cas où une pareille dispense puisse s'accorder, c'est dans celui du charpentier de Landau, qui, dans toute la force de l'âge & du tempérament, se trouve forcé de garder le célibat, par la fuite de sa femme qui va contracter de nouveaux liens dans un pays étranger.

On a poussé si loin parmi nous la doctrine de l'indissolubilité du *mariage*, que le parlement de Paris a jugé qu'un Juif converti à la religion chrétienne ne pourroit se remarier, quoique sa femme Juive eût refusé de le suivre depuis sa conversion, eût accepté le libelle du divorce permis par la loi de Moïse, & qu'une sentence de l'officialité de Strasbourg l'eût, conformément à l'usage pratiqué dans la province, déclaré libre de se pourvoir par *mariage* en face de l'église, avec une femme de la religion qu'il venoit d'embrasser. Cet arrêt, du 2 janvier 1758, rendu contre Boraich Levi, & que l'on trouve dans tous nos livres, est contraire à l'opinion des premiers théologiens, des plus célèbres canonistes, de Benoît IV, d'une foule d'auteurs du premier mérite; aux rituels de plusieurs diocèses, au catéchisme de Montpellier, *&c.* Il est en outre contraire à la jurisprudence du conseil souverain d'Alsace, & à l'usage constamment observé jusqu'alors dans les diocèses où il y a des Juifs, tels que Strasbourg, Metz, Toul & Verdun. Mais la cour n'a vu, dans toutes les autorités & dans cet usage, qu'une erreur qui ne pouvoit anéantir ce principe que le *mariage*, même comme contrat naturel, est indissoluble; & qu'en permettant à un infidèle converti, de se remarier du vivant de sa femme, si elle ne vouloit pas le suivre à raison de la disparité des cultes, c'étoit abuser d'une fausse interprétation donnée par les théologiens scholastiques, à ce passage de S. Paul, *si discesserit, discedat, non enim subjectus est frater aut soror in hujusmodi*, qui ne doit être entendu que de la séparation *quoad thorum* & non pas *quoad vinculum*.

Le *mariage* étant de sa nature indissoluble, lorsqu'il a été légitimement contracté, aucune puissance humaine ne peut le casser. Il ne faut donc pas croire que lorsqu'un *mariage* est cassé, ce soit une dissolution proprement dite. Il faut entendre par cassation, le jugement par lequel le juge déclare que le *mariage* n'a pas été valablement contracté, & qu'il est nul. Casser un *mariage*, n'est donc autre chose que déclarer qu'il n'a jamais existé.

Les demandes en cassation de *mariage* peuvent être intentées par l'une des parties qui l'ont contracté, par les pères & mères, tuteurs ou curateurs, par les parens collatéraux & quelquefois par la partie publique.

Pour qu'un des conjoints puisse attaquer son *mariage*, il est nécessaire que le moyen qu'il emploie opère une nullité absolue, comme un empêchement dirimant de droit naturel ou de droit divin, ou l'omission d'une solemnité essentielle. Il devroit être déclaré non-recevable, si la nullité n'étoit que respective, & sur-tout si elle provenoit de son propre fait. Il arrive même qu'en accueillant la demande d'une des parties, on la condamne en des dommages & intérêts envers l'autre. Un arrêt de 1721, en déclarant, sur la demande du sieur de la Noue, son *mariage* abusif, le condamna en 50000 liv. de dommages & intérêts envers la femme qu'il avoit épousée.

Il est difficile de donner des principes qui puissent s'appliquer à toutes les espèces qui peuvent se présenter. C'est aux magistrats à concilier dans leur sagesse, tout ce qui est dû à la dignité du sacrement, à l'honnêteté publique, à la bonne-foi & à la possession d'état. Un conjoint, qui, pour rompre des liens qu'il a volontairement contractés, veut lui-même révéler sa propre turpitude, est bien défavorable. Il ne doit y avoir que le grand principe de l'intérêt & l'ordre public qui puisse le faire écouter.

Mais si c'est la partie lésée qui se plaint; si une femme vient à découvrir qu'elle a été trompée; que celui qu'elle croit son époux n'a jamais pu l'être; qu'après son décès, son *mariage* sera attaqué, & qu'il est tellement nul, qu'elle sera reléguée dans la classe des concubines, & ses enfans dans celle des bâtards, ne doit-elle pas, du moment que ses yeux sont ouverts à une triste lumière, & que sa bonne-foi cesse, prendre tous les moyens possibles pour éviter les malheurs dont elle est menacée? Elle doit tenter de faire réhabiliter son *mariage*; mais si la chose n'est pas possible, il ne lui reste d'autre voie que celle de recourir aux tribunaux, & de prévenir elle-même, en faisant déclarer son *mariage* nul, un arrêt qui la flétriroit après le décès de celui qui l'a trompée. Autant cette femme est malheureuse, autant la justice doit s'empresser à lui procurer des compensations.

Si l'empêchement dirimant qui rend le *mariage* nul en lui-même, est un de ces défauts qui ne peut être connu que des conjoints, il n'y a que la partie lésée qui ait droit de s'en plaindre. Ainsi, le mari impuissant est non-recevable à demander que son *mariage* soit déclaré nul. Ne doit-il pas s'estimer trop heureux, que la femme qui lui est attachée se contente du nom stérile d'épouse, & porte la délicatesse jusqu'à ne pas vouloir lever le voile qui cache à tous les yeux les secrets de la couche nuptiale: la justice le repousse avec indignation, *nemo audiri debet propriam allegans turpitudinem!*

Les pères & mères d'un mineur qui s'est marié sans leur consentement, sont parties capables pour poursuivre la nullité de son *mariage*. Mais eux seuls ont droit de se plaindre de l'atteinte portée à leur autorité; si par la suite ils approuvent ce *mariage* ou le reconnoissent, ils sont par-là même non-recevables à l'attaquer. Leur silence pendant leur vie, ou pendant celle de leur enfant, est une approbation tacite qui couvre la nullité. Leurs droits à cet égard, sont des droits purement personnels qui s'éteignent avec eux, & ne peuvent se transmettre. Jamais des collatéraux ne sont admis à exciper du défaut de consentement des pères & mères. C'est la jurisprudence constante de tous nos tribunaux, & c'est ce qui prouve combien nous avons été fondés à dire ci-dessus, que cette nullité n'est point radicale & absolue, même pour le *mariage* des mineurs. Nous ajouterons, pour confirmer ce principe, que si un père & une mère gardent le silence pendant la minorité de leurs fils, & que lui-même persévère, après sa majorité, à regarder son *mariage* comme valable, la séduction, qui est la principale base de la nécessité du consentement des père & mère, disparoit. On ne la présume plus, parce qu'on ne peut pas présumer que si elle eût existé, les père & mère eussent gardé le silence pendant la minorité de leur fils, & que lui-même, parvenu à sa majorité, n'eût pas réclamé. Il ne reste plus aux père & mère que la faculté de le déshériter, si d'ailleurs ils n'ont pas reconnu ou approuvé le *mariage*. *Voyez* EXHÉRÉDATION.

Les tuteurs sont aussi parties capables pour attaquer les *mariages* de leurs mineurs. Mais comme leur autorité n'est, pour ainsi dire, que l'ombre de celle des pères & mères, leur réclamation n'est point écoutée, à moins qu'ils ne prouvent que le mineur a été séduit.

Quant aux collatéraux, la loi ne les admet point à contester le *mariage* pendant la vie des deux époux; ce n'est qu'au décès de l'un ou de l'autre, qu'ils peuvent avoir intérêt à le faire annuller. Leurs droits, s'ils en ont, ne sont ouverts qu'à ce moment. L'action qu'ils intentent même à cette époque est toujours défavorable. Il faut que la nullité qu'ils opposent à ce *mariage* attaqué, soit absolue & radicale. « Si » l'on excepte, dit M. d'Aguesseau, certains dé» fauts essentiels qui forment des nullités que le » temps ne peut jamais couvrir, certaines circon» stances, où la considération du bien public sem» ble se joindre aux collatéraux, pour s'élever » contre un *mariage* odieux; il est difficile qu'ils » puissent détruire les fins de non-recevoir qu'on » leur oppose : le silence des pères & mères & » des contractans mêmes, l'union de leur *mariage*, » la possession paisible de leur état, *&c.*

La reconnoissance des collatéraux pendant la vie des deux époux, ne forme point une fin de non-recevoir qui puisse couvrir des nullités absolues, parce qu'en général l'approbation donnée à un acte, ne rend non-recevable à l'attaquer, que lorsqu'elle est donnée dans un temps où le droit de l'attaquer étoit ouvert. Plusieurs arrêts ont confirmé ce principe. Nous nous contenterons de citer celui du premier février 1755, rendu sur les conclusions de M. Bochard de Sarron. Le *mariage* du sieur de la Vaquerie de Bachivillier avec Philippine Belabre, fut déclaré abusif. Le moyen que le frère du sieur Bachivillier opposoit à ce *mariage*, étoit puisé dans le défaut de concours des deux curés. Philippine Belabre se défendoit par des fins de non-recevoir. Elle disoit que le frère du sieur Bachivillier l'avoit reconnue comme sa belle-sœur légitime, dans différentes lettres qu'il lui avoit écrites, & qu'un collatéral étoit non-recevable à attaquer par la voie de l'appel comme d'abus, le *mariage* d'un parent sur lequel il n'avoit aucune autorité.

Le frère répondoit que le moyen d'abus résultant du défaut de concours des deux curés étoit absolu, & pouvoit se proposer par des collatéraux. Quant à la prétendue reconnoissance du *mariage*, il disoit qu'elle n'étoit d'aucun poids quand elle étoit émanée de celui qui n'avoit pas droit de s'en plaindre pendant la vie des conjoints. Sur ces moyens respectifs, intervint l'arrêt ci-dessus daté. Il y avoit cette circonstance particulière que Philippine Belabre, quoique veuve depuis trois mois, avoit pris la qualité de fille majeure, & dans son contrat de *mariage* & dans des dispenses de publication de bans accordées par M. l'archevêque de Rouen.

Si la reconnoissance des collatéraux est postérieure au décès de leur parent, ils ne peuvent plus attaquer son *mariage* : ils y sont absolument non-recevables. Ces principes furent établis par M. l'avocat-général le Nain, dans une cause jugée en 1707. Ils ont été confirmés par un arrêt du 26 janvier 1756, rendu sur les conclusions de M. l'avocat-général Seguier. Isaac-Jean Picot, originaire d'Abbeville, mais domicilié à Dunkerque, avoit épousé en 1747, une Angloise dans l'isle de Guernesey. Il ne s'étoit sûrement pas marié devant son propre curé; d'ailleurs le *mariage* avoit été célébré en pays étranger. Après le décès de Picot, son frère attaqua son *mariage*. Sa veuve, qui depuis s'étoit remariée, n'opposa à son beau-frère, que sa reconnoissance postérieure au décès de Picot; & cette fin de non-recevoir fût accueillie.

Dans ces sortes d'affaires, c'est sur-tout aux circonstances qu'il faut s'attacher. Elles varient à l'infini, & font souvent plier la loi. En voici un exemple récent. Louis Esparcieux, après avoir fait profession dans l'ordre des capucins, quitta son monastère & se refugia à Genève. Il y vécut pendant six ans dans la religion prétendue réformée, & épousa ensuite Marguerite Philibert, dont il eut une fille nommée Lucrèce Esparcieux. Après la mort de Louis Esparcieux, arrivée en 1735, sa veuve vint s'établir à Lyon, & abjura la religion protestante. Lucrèce Esparcieux, sa fille, épousa Gabriel Bouchard.

Louis Esparcieux, avant sa profession dans l'ordre des capucins, avoit fait, en 1725, une donation de tous ses biens. Sa fille attaqua cette donation; & pour faire tomber la fin de non-recevoir prise de l'émission des vœux de son père, elle en interjetta appel comme d'abus. D'un autre côté, les représentans du donataire interjettèrent aussi appel comme d'abus du *mariage* de Louis Esparcieux. Arrêt du 31 décembre 1779, qui déclare Lucrèce Esparcieux non-recevable dans l'appel comme d'abus par elle interjetté de la profession de son père dans l'ordre des capucins; déclare pareillement les représentans du donataire, non-recevables dans l'appel comme d'abus interjetté du *mariage* de Louis Esparcieux avec Marguerite Philibert.

« Néanmoins, autorise ladite Lucrèce Esparcieux, » femme Bouchard, à répéter, à titre d'alimens, » le tiers des biens appartenans ou devant appar» tenir à son père au moment de la donation, dé» duction faite sur ce tiers de 1200 liv. de provi» sion accordée à la femme Bouchard, tous dépens » compensés ».

Si la cour se fût attachée à la rigueur des principes, elle eût autrement jugé. Mais le temps, la possession d'état, la bonne-foi de la femme, une nombreuse famille dont il étoit dur d'entacher l'origine, parurent des fins de non-recevoir, qui devoient écarter des collatéraux. On appliqua à l'espèce, cette loi d'un des empereurs romains, *movemur & temporis diuturnitate & numero liberorum vestrorum.*

Les curés sont non-recevables à attaquer les *mariages* de leurs paroissiens, sous prétexte qu'ils n'y ont point assisté ou consenti. C'est ce qui a été jugé par un arrêt du 29 décembre 1693, qui déclara le curé de Rether non-recevable dans l'appel comme d'abus, qu'il avoit interjetté du *mariage* de ses paroissiens célébré à Paris sans sa permission, & renvoya les parties contractantes pardevant le diocésain pour recevoir pénitence, & procéder à la célébration de leur *mariage*, si faire se doit.

Si deux personnes vivoient publiquement comme mari & femme, & qu'il fût de notoriété qu'ils ne seroient pas mariés, il n'est pas douteux que les officiers chargés du ministère public auroient action pour faire réprimer un pareil scandale. Mais ils ne doivent point non plus s'ériger en inquisiteurs, & chercher à découvrir des défauts secrets pour attaquer des *mariages* dont personne ne se plaint. La déclaration du 15 juin 1697, leur trace, ainsi qu'aux promoteurs des officialités, la marche qu'ils ont à suivre. Le législateur n'y a en vue que d'empêcher les *mariages* clandestins, c'est-à-dire, ceux qui n'auront point été célébrés par le propre curé des parties. Il veut que les juges, même sur les poursuites que le ministère public pourroit faire d'office, pendant la première année desdits prétendus *mariages*, obligent ceux qui prétendent avoir contracté des *mariages* de cette nature, de se retirer pardevant leur archevêque ou évêque, pour les réhabiliter suivant les formes prescrites par les ordonnances, & après avoir accompli la pénitence qui leur sera par eux imposée.

Ainsi les procureurs du roi dans les sièges royaux, & à plus forte raison les procureurs-généraux dans les cours souveraines, ont action pendant la première année du *mariage*, de ceux qui ne l'ont pas célébré devant leur propre curé ou sans dispenses, pour les faire contraindre à se retirer devant l'évêque pour le réhabiliter.

Les promoteurs des officialités ont le même droit dans certains cas; ils peuvent faire assigner les parties devant l'évêque pour la réhabilitation de leur *mariage*. Mais pour cela il faut la réunion des trois circonstances; 1°. qu'il s'agisse d'un *mariage* célébré par un prêtre étranger sans la permission de l'évêque ou du curé; 2°. que le *mariage* ne soit attaqué ni par le procureur du roi, ni par aucune partie civile; 3°. que l'on soit encore dans l'année de la célébration du prétendu *mariage*. Ces trois conditions sont exigées par la déclaration du 15 juin 1697, qui est le fondement de la compétence des promoteurs en cette matière.

L'édit du mois de décembre 1606, *article 12*, attribue aux juges d'église la connoissance des causes qui concernent les *mariages*, à la charge par eux de se conformer aux ordonnances du royaume; ce qui a été confirmé par l'article 34 de celui de 1695.

« La connoissance, dit ce dernier édit, des causes » qui concernent les sacremens, appartiendra aux » juges d'église. Enjoignons à nos officiers, même » à nos cours de parlement, de leur en laisser, » même leur en renvoyer la connoissance, sans » prendre aucune jurisdiction ni connoissance des » affaires de cette nature, si ce n'est qu'il y eût » appel comme d'abus, de quelque ordonnance, » jugement ou procédure faite par le juge d'église, » qu'il s'agisse d'une succession ou autres effets ci- » vils, à l'occasion desquels on traiteroit de l'état » des personnes décédées ou de celui de leurs » enfans ».

Les limites de la jurisdiction ecclésiastique sont tracées par cet article. Les officiaux doivent connoître de tout ce qui concerne la validité ou l'invalidité du lien du *mariage*. Mais s'il s'agit d'une succession, des effets civils, de l'état des personnes décédées ou de celui de leurs enfans, les juges d'église cessent d'être compétens. Ils ne le sont pas non plus lorsque la question roule sur un fait ou sur l'existence même du *mariage*. Après cela, il est facile de fixer les cas où l'on peut se pourvoir devant les tribunaux ecclésiastiques.

Lorsque c'est l'une des parties qui ont contracté le *mariage*, qui veut en poursuivre contre l'autre la cassation, la voie ordinaire est de la faire assigner devant l'official, pour en voir prononcer la nullité. La voie extraordinaire est l'appel comme d'abus. C'est aussi la voie que l'on suit le plus souvent pour faire réformer les jugemens des officiaux, lorsqu'ils contreviennent aux canons, ou aux ordonnances du royaume. On pourroit cependant se pourvoir par l'appel simple devant l'official métropolitain.

Si c'est un père, une mère ou un tuteur, qui attaque le *mariage* à raison du défaut de son consentement, il doit se pourvoir par l'appel comme d'abus. Il ne s'agit alors que d'une infraction aux loix civiles, puisque ce sont ces loix, qui, parmi nous, ont établi la nécessité de ce consentement pour la validité du *mariage* des mineurs.

Lorsque ce sont les parens de l'une des parties qui attaquent après sa mort son *mariage*, pour priver la femme de son douaire, l'exclure du partage de la communauté, ou les enfans de la succession, la question ne peut pas être portée devant les juges d'église. Il ne s'agit pas du lien du *mariage*, puisque l'une des parties est décédée. Il n'y a plus que des intérêts temporels, des effets civils à régler. Les tribunaux séculiers sont seuls compétens pour en connoître. C'est la disposition textuelle de l'article 34 de l'édit de 1695, ci-dessus rapporté. C'est pourquoi, dans ce cas, on se pourvoit toujours par l'appel comme d'abus.

Pour compléter la matière de cet article, il nous resteroit à traiter les séparations d'habitation, les seconds *mariages* & l'édit des secondes noces, qui ont un rapport immédiat au *mariage*. Nous les avons indiqués dans notre division. Mais la nature de cet ouvrage ne nous permet pas de nous en occuper ici. On les retrouvera dans deux articles à part, & nous y renvoyons les lecteurs. *Voyez* SECONDES NOCES, SÉPARATION D'HABITATION. *Voyez aussi* EMPÊCHEMENS DU MARIAGE, FIANÇAILLES, OPPOSITION AU MARIAGE. (*M. l'abbé BERTOLIO, avocat au parlement*).

ADDITION au mot MARIAGE. Les *mariages* sont tellement nécessaires pour la conservation de la société, & l'augmentation de la puissance des souverains, qu'il est de l'intérêt des gouvernemens de les encourager par tous les moyens possibles; & l'histoire nous apprend que chez les nations les plus sages, il y avoit des récompenses & des privilèges pour ceux qui devenoient pères de plusieurs enfans, & même des peines établies contre le célibat.

Tous les hommes d'état conviennent que la principale force d'une nation consiste dans le nombre des habitans, & on a toujours remarqué que les gens mariés, les pères de plusieurs enfans, sont meilleurs citoyens, & beaucoup plus attachés au gouvernement & au bien public, que les célibataires. La raison en est manifeste; les premiers tiennent à la société par beaucoup plus de liens: nos enfans sont d'autres nous-mêmes; ils sont, pour ainsi dire, les branches d'un même tronc, qui ne font qu'un tout avec lui; c'est, pour ainsi dire, une extension de l'amour de soi-même.

Nous nous écarterions du but de cet ouvrage si nous nous étendions sur les moyens qu'une saine politique devroit employer pour augmenter le nombre des *mariages*: mais nous croyons pouvoir insérer les vues que M. le Vicomte de Toustain a indiquées pour faciliter & encourager les *mariages*.

Ce citoyen sage & éclairé, dans un mémoire intitulé *pro aris & focis*, dont nous avons donné un extrait sous le mot CORVÉE, proposoit, à l'occasion de l'édit de suppression des corvées, pour la confection & l'entretien des routes, une taxe sur les personnes parvenues à un certain âge, sans s'être mariées. Dans ce projet favorable aux mœurs, utile à la politique & conforme à l'équité, il ne pense pas à contraindre au *mariage*, encore moins à indiquer une nouvelle source d'impôts; mais il prouve que dans la nécessité d'en établir de nouveaux, il est juste & raisonnable d'en faire supporter le fardeau par les célibataires, qui, de tous les membres de l'état, sont les moins chargés.

Voici comment il s'exprime: « plus vous aurez d'hommes mariés, dit un auteur célèbre, moins il y aura de crimes. Un autre ne trouvoit aux Juifs qu'une bonne institution, l'horreur de la virginité. Chez eux, remarque Fleury, c'étoit à la fois un honneur & une commodité d'avoir beaucoup d'enfans. Il en fut ainsi chez tous les anciens peuples qui ont joué de grands rôles sur la scène du monde; en Egypte, en Caldée, en Perse, en Grèce, à Rome, en Germanie, dans les Gaules, *&c.* La décadence du *mariage* ou de la considération du *mariage*, n'a commencé qu'avec la décadence des mœurs, avec celle des loix & des empires ».

« Les femmes jadis si fières de leur fécondité, & pour qui la gloire qu'elles en retiroient étoit le plus juste & le plus noble dédommagement des douleurs, des incommodités, & des privations attachées à cet état, en rougissent aujourd'hui presque comme d'une foiblesse. Les hommes découragés du peu d'attention, de secours & d'égards que l'état & la société leur accordent dans la situation qui en exigeroit le plus, ne se soucient plus des titres sacrés d'époux & de père. La mode & les vices du célibat se répandent comme une contagion, augmentent par-tout & de jour en jour, & nous voyons l'accomplissement de cette maxime de Montesquieu; moins de maris, moins de fidélité, comme plus de vols lorsqu'il y a plus de voleurs ».

« Cependant le *mariage* étant la première des institutions sociales, puisqu'il est la plus naturelle, la plus sainte & la plus utile, combien ne pourra-t-on pas arrêter ou prévenir de maux politiques & moraux en lui restituant quelque chose de son ancien lustre; & par-conséquent quel service, quelle vigueur ne rendra-t-on pas à l'état?

« Or, vu l'extension que le luxe & l'avarice donnent tous les jours au mot de propriété, nous ne pouvons indiquer, sauf meilleur avis, & nous ne voyons pas de moyen plus simple & plus plausible de parvenir à ce but salutaire sous le règne de Louis-Auguste, que celui qui, dans de pareilles conjectures, réussit à l'empereur Auguste pour retarder la chûte de Rome, celui d'imposer sur les célibataires une taxe proportionnelle que les gens mariés ne supporteront pas. Cette taxe sera modique: son emploi sera le paiement des corvées. Sa répartition légère pour les contribuables, consolante pour les exempts, utile pour tous, ne foulera qui que ce soit, d'après la manière dont je me propose de l'expliquer ».

« Quel citoyen, quel philosophe, quel chrétien ne chérira les conséquences précieuses de la considération rendue par ce plan à l'état important & sacré du *mariage* » ?

« *Avez-vous une compagne?* Telle étoit la première question qu'on faisoit dans les beaux jours de la puissante république romaine, à quiconque postuloit une charge. Dans l'austère Lacédémone, malgré les égards justement décernés aux armes & à la vieillesse, un jeune marié railloit impunément le vieux capitaine Dercillidas qui n'avoit point de femme. En France, en Bretagne, on écrase impitoyablement ceux qui se marient sans fortune, ou qui comptent pour leur principale dot l'assortiment de caractère, l'estime réciproque & le courage. Eprouvent-ils les épines de l'adversité? C'est bien fait, s'écrie-t-on, c'est leur faute; ils sont plus à blâmer qu'à plaindre. On exalte aux contraire comme des sages les personnes qui, regardant leur seul individu comme un tout,

&

& se gardant de prendre une moitié qui partageroit leur fortune, ou déconcerteroit leur paresse, coulent dans une molle insouciance, des jours souvent nuisibles & presque toujours inutiles à l'état comme à elles-mêmes.

Ce n'est que depuis la dépravation des mœurs françoises ou bretonnes, que nos oreilles retentissent tous les jours de ces misérables déclamations qui sembleroient soumettre, ou du moins subordonner, au pouvoir de l'or & de l'argent, la puissance de s'unir & de se reproduire, qui substitueroient les calculs factices d'un intérêt méprisable aux douceurs naturelles d'un amour honnête, qui feroient un droit exclusif pour les riches d'une faculté commune à tous les hommes, qui saperoient dans ses fondemens l'état dont la grandeur dépend bien moins de l'étendue que de la population, qui poseroient en tout sens l'inverse des véritables principes. Depuis quand nos tribunaux sont-ils perpétuellement remplis des querelles, des séparations, des plaidoieries scandaleuses des époux? N'est-ce pas depuis que l'avarice & la cupidité sont devenues le grand mobile, le principal assortiment, & presque la seule passion des *mariages?*

Relativement à nos mœurs & à nos besoins, aux usages & aux circonstances, quoi de plus efficace, quoi de mieux établi qu'une taxe sur les célibataires, pour commencer à remettre en vigueur, à ressusciter parmi nous les vertus antiques & sacrées qui n'auroient jamais dû s'altérer dans nos ames; l'estime de la sagesse & de la probité, le respect pour le sexe & pour l'âge, la tendresse & la fidélité conjugales, l'amour paternel & maternel, la piété filiale, la concorde fraternelle, l'honnêteté sociale, en un mot, toutes ces qualités bienfaisantes & douces, autant que nobles & élevées, qui doivent couvrir de fleurs la chaîne de maux attachée à notre frêle existence, qui font à la fois l'honneur & la félicité des individus, la gloire & le bonheur des familles, la force & la prospérité des empires.

Mais, dira-t-on peut-être, vous qui paroissez avoir égard au temps & aux mœurs, ne voyez-vous pas qu'il existe plusieurs célibataires qui, fermes au milieu de la corruption, comme les rochers au milieu de la mer, se sont préservés des vices & des abus sans nombre, qu'on est en droit de reprocher au célibat. D'accord, vous répondrai-je, & fasse le ciel, pour la réussite de nos vues, autant que pour l'édification générale, que ces cœurs privilégiés ne soient pas en trop petit nombre! C'est précisément sur le suffrage de ces hommes vertueux & désintéressés que je compterois le plus pour le succès d'une opération, qui, ne leur imposant qu'une taxe légitime & point du tout une amende flétrissante, rendroit leur célibat aussi cher, aussi profitable qu'il puisse jamais l'être à la société.

Notez que, par une suite de combinaisons dont le détail alongeroit trop cet article, il nous a paru qu'on pourroit avec justice imposer à la taxe des célibataires tous les veufs & veuves de l'âge de trente-quatre à quarante-six ans, qui n'auroient jamais eu d'enfans, avec l'attention de ne jamais les imposer avant ni après ce terme, qui seroit très-rarement & au plus de douze années, mais presque toujours infiniment plus court.

« Une fille est nubile à douze ans, un roi de France est majeur à quatorze, & de-là un auteur de ce siècle, *l'abbé de Caveyrac*, en a conclu que c'étoit à la fois inconséquence & impiété de reculer l'époque de seize ans pour l'émission des vœux monastiques. Conclusion absurde; car la société, ou ceux qui sont chargés de la gouverner, sont les maîtres d'éprouver, de restraindre & de modérer le zèle des individus qui veulent s'en séparer, de même qu'ils sont obligés de favoriser les vues de ceux qui s'occupent de la servir. Qu'on ouvre les décrets des conciles, on y trouvera des plaintes contre les vœux précoces, & contre les nouveaux ordres religieux, & on y apprendra que la pureté du cloître souffre autant que l'intérêt de l'état, de la trop grande jeunesse & de la multiplicité des cénobites ».

La nécessité constante de saisir tous les moyens honnêtes d'encourager les *mariages*, est telle que, dans ce temps où notre saint père le pape permet à des veufs François d'épouser leurs belles-sœurs, nous ne doutons point que le clergé Gallican-Breton ne s'empresse de donner la sanction la plus authentique aux principes lumineux, énoncés dans le troisième tome du journal de notre parlement, concernant la validité d'un *mariage* au second degré, sur la dispense d'un grand-vicaire de Vannes. Nous espérons aussi qu'on abrégera les temps prohibitifs pour les noces.

Qu'un philosophe célibataire prêche le *mariage*, on lui répond avec dédain: « mariez-vous & l'on » vous croira ». Qu'un homme marié tienne le même langage; vous n'en parlez, dira-t-on, que par intérêt. Tel est le sort de la vérité: que de quelque part qu'elle vienne, on commence par l'éluder ou la combattre. Cependant l'homme est né pour elle, & l'erreur comme erreur, remarque M. l'abbé Dinouart, ne sauroit lui plaire.

En parlant de *mariage*, peut-on ne pas desirer quelques changemens dans l'éducation de ces êtres charmans qui nous donnent la loi en paroissant la recevoir de nous? C'est à ce but que tend certaine allégorie, avec une inscription galante & morale en lettres d'or, entre deux tableaux dont l'un représente Pallas, l'aiguille en main, s'occupant à des ouvrages de broderie, & l'autre, un groupe de muses présidé par Apollon; plus loin, Cérès allaitant Triptolême, *&c.* Sexe tyran & consolateur du nôtre, ne prenez point ces avis où ces rêves pour des invectives. *Nel petto d'amor odio non regna*, dit le cavalier Marin.

MARIAGE, il y a encore plusieurs observations à faire sur certains *mariages*, dont nous allons donner des notions dans les subdivisions suivantes.

Mariage *abusif*, est celui dans la célébration duquel on a commis quelque contravention aux saints canons ou ordonnances du royaume. *Voyez* Abus, & ce qui a été dit ici du *mariage* en général.

Mariage *accompli*, signifie celui qui est célébré en face d'église; par le contrat de *mariage* les parties contractantes promettent se prendre en légitime *mariage*, & ajoutent ordinairement qu'il sera accompli incessamment. (*A*)

Mariage *avenant* signifie, dans les coutumes d'Anjou, Maine, Touraine, Loudunois & Normandie, la portion de biens destinée à servir de dot aux filles.

Il est nécessaire de remarquer que la coutume de Normandie est la seule qui traite avec quelque étendue du *mariage avenant*; ce qu'en disent les autres se rapporte plus directement aux renonciations des filles aux successions directes & futures.

Suivant le droit commun établi en Normandie, les filles ne sont pas héritières de leurs père & mère, elles peuvent seulement demander *mariage avenant*. Pour déterminer ce en quoi il consiste, il faut distinguer entre les filles mariées par leurs père & mère, ou de leur vivant, & celles qui restent à marier après leur mort.

Le *mariage avenant* du vivant des père & mère, consiste dans ce qu'ils veulent bien lui donner, soit meubles sans héritage, soit héritages sans meubles, même dans un léger don, désigné par quelques coutumes sous la dénomination de chapeau de roses. Il peut aussi se réduire à rien; car fille mariée, à qui il n'a été rien donné, ni rien promis, n'a rien à demander, ses père & mère en la mariant ayant satisfait au vœu de la coutume.

Mais si le père & la mère ont donné ou promis plus que la coutume ne permet, les frères sont recevables, dans l'an & jour du décès de leurs parens, ou dans l'an & jour de leur majorité, à faire révoquer les donations, & réduire les promesses au taux prescrit par la coutume.

Les coutumes d'Anjou, du Maine & de Loudunois conviennent avec celle de Normandie dans la disposition qui autorise les père & mère à donner en *mariage* à leurs filles moins qu'il ne leur appartient par la coutume, sans pouvoir leur donner au-delà. Mais celle de Tours permet de donner à la fille en *mariage avenant*, plus que sa portion héréditaire, pourvu qu'il y ait réunion de deux circonstances; savoir, que ce soit la première fille que l'on marie, & que le fils aîné ne soit pas encore marié, ou n'ait point été marié, comme aîné & principal héritier. *Voyez* Emparagement.

Suivant l'art. 269 de la coutume de Normandie, le *mariage avenant* des filles qui n'ont pas été mariées du vivant de leurs père & mère, consiste dans le tiers de leurs successions, de manière, cependant, qu'elles n'en puissent avoir plus que le tiers en quelque nombre qu'elles soient, & qu'elles doivent avoir moins que le tiers, si la part de chaque fille dans ce tiers est plus forte que celle de l'un des frères.

Dans cette même coutume, la propriété du *mariage avenant* n'appartient aux filles que lorsqu'elles se marient, elles n'en ont auparavant que l'usufruit, qui, à leur mort, va se réunir à la propriété des frères. Dans les autres coutumes au contraire, il leur tient lieu de leur part héréditaire, & elles en ont toujours la propriété, quoique l'on ne le leur donne qu'en les mariant.

En Normandie, le *mariage avenant* exclut les filles des successions, soit directes, soit collatérales : cependant, à l'égard de ces dernières, l'article 320 veut qu'elles obtiennent le tiers de la portion pour laquelle elles sont part au profit de leur frère.

Quoique le *mariage avenant* ne soit pas une portion héréditaire, cependant il en tient lieu, & c'est sur ce fondement que l'art. 511 de la coutume de Normandie décide que les deniers ou autres meubles, donnés pour *mariage* des filles, & destinés à leur dot, soit par les ascendans, soit par les frères, sont réputés immeubles & propres, encore qu'ils ne soient ni employés, ni consignés. Lorsqu'il consiste dans une rente créée & constituée au profit de la fille, cette rente, quoique stipulée rachetable, devient perpétuelle & foncière par le laps de quarante ans, à moins que la fille ne l'aliène avant cette époque : car, dans ce cas, elle est toujours raquittable & amortissable.

Les pères & mères n'ont d'autres mesures à garder pour assurer la conservation du *mariage avenant* qu'ils donnent à leurs filles, que celles que leur inspirent l'attachement & l'amitié qu'ils ont pour elles. Mais il n'en est pas de même des frères. Il est à leur égard une dette tellement indispensable, qu'ils doivent, en l'acquittant, en assurer la jouissance à leur sœur & à ses enfans, sans quoi, s'ils la paient indiscrétement entre les mains d'un beau-frère dissipateur ou insolvable, ils en demeurent garans & responsables.

Le moyen d'éviter les effets de cette garantie, est d'exiger que le mari fasse de la dot qu'il reçoit pour *mariage avenant*, un emploi solide, ce qui s'appelle en Normandie, donner un emplacement. L'emploi le plus ordinaire est ce que la coutume appelle *consignation*, qui n'est autre chose qu'un remplacement de la dot sur les biens du mari, qui deviennent en conséquence affectés & hypothéqués non-seulement à la restitution de la dot, mais encore au paiement des intérêts, comme si le mari, par la réception de la dot, avoit constitué une rente à laquelle ses biens fussent hypothéqués spécialement & par privilège.

L'effet de la consignation est que la femme, après la dissolution du *mariage*, doit être payée de sa dot en principal & intérêts, sur les biens personnels de son mari, sans aucune diminution des droits qui lui sont attribués sur les meubles & conquêts.

Mariage *caché* ou *secret*, est celui dans lequel

on a observé toutes les formalités requises ; mais dont les conjoints cherchent à ôter la connoissance au public en gardant entre eux un extérieur contraire à l'état du *mariage*, soit qu'il n'y ait pas de cohabitation publique, ou que, demeurant ensemble, ils ne se fassent pas connoître pour mari & femme.

Avant la déclaration du 26 novembre 1639, ces sortes de *mariages* étoient absolument nuls à tous égards, au lieu que, suivant cette déclaration, ils sont réputés valables *quoad fœdus & sacramentum.*

Mais quand on les tient cachés jusqu'à la mort de l'un des conjoints, ils ne produisent point d'effets civils ; de sorte que la veuve ne peut prendre ni communauté, ni douaire, ni aucun des avantages portés par son contrat de *mariage ;* les enfans ne succèdent point à leurs père & mère.

On leur laisse néanmoins les qualités stériles de veuve & d'enfans légitimes, & on leur adjuge ordinairement une somme pour alimens ou une pension annuelle.

Les *mariages* cachés sont différens des *mariages* clandestins, en ce que ceux-ci sont faits sans formalités & ne produisent aucun effet civil ni autre. (*A*)

MARIAGE *célébré*, c'est lorsque l'homme & la femme qui sont convenus de s'épouser, ont reçu de leur propre curé la bénédiction nuptiale. *Voyez* MARIAGE CONTRACTÉ.

MARIAGE *charnel* se dit par opposition au *mariage* spirituel ; on l'appelle *charnel*, parce qu'il comprend l'union des corps aussi bien que celle des esprits. *Voyez ci-après* MARIAGE SPIRITUEL.

MARIAGE *per coemptionem*, étoit une des trois formes de *mariages* usitées chez les Romains, avant qu'ils eussent embrassé la religion chrétienne : cette forme étoit la plus ancienne & la plus solemnelle, & étoit beaucoup plus honorable pour la femme, que le *mariage* qu'on appelloit *per usum* ou par *usucapion.*

On appelloit celui-ci *mariage per coemptionem*, parce que le mari achetant solemnellement sa femme, achetoit aussi conséquemment tous ses biens ; d'autres disent que les futurs époux s'achetoient mutuellement ; ce qu'il y a de certain, c'est que pour parvenir à ce *mariage* ils se demandoient l'un & l'autre ; savoir, le futur époux à la future, si elle vouloit être sa femme, & celle-ci demandoit au futur époux s'il vouloit être son mari ; & suivant cette forme, la femme passoit en la main de son mari, c'est-à-dire, en sa puissance ou en la puissance de celui auquel il étoit lui-même soumis. La femme ainsi mariée étoit appellée *justa uxor*, *tota uxor*, *mater-familias ;* les cérémonies de cette sorte de *mariage* sont très-bien détaillées par M. Terrasson, dans son *Histoire de la jurisprudence romaine.*

MARIAGE *par confarréation*, *per confarreationem*, étoit aussi une forme de *mariage* usitée chez les Romains du temps du paganisme ; elle fut introduite par Romulus : les futurs époux se rendoient à un temple où l'on faisoit un sacrifice en présence de dix témoins ; le prêtre offroit entre autres choses un pain de froment & en dispersoit des morceaux sur la victime ; c'étoit pour marquer que le pain, symbole de tous les autres biens, seroit commun entre les deux époux & qu'ils seroient communs en biens, ce rit se nommoit *confarréation.* La femme, par ce moyen, étoit commune en bien avec son mari, lequel néanmoins en avoit l'administration : lorsque le mari mouroit sans enfans, elle étoit son héritière ; s'il y avoit des enfans, la mère partageoit avec eux : il paroît que dans la suite cette forme devint particulière aux *mariages* des prêtres. *Voyez* M. Terrasson, *Histoire de la jurisprudence romaine.* (*A*)

MARIAGE *clandestin* est celui qui est célébré sans y observer toutes les formalités requises pour la publicité des *mariages*, comme lorsqu'il n'y a pas le concours des deux curés, ou qu'il n'y a pas eu de publication de bans, ou du moins une dispense pour ceux qui n'ont pas été publiés.

Ces sortes de *mariages* sont nuls, du moins quant aux effets civils ; ainsi les enfans qui en proviennent sont incapables de toutes successions directes & collatérales.

Mais la clandestinité ne fait pas toujours seule annuller un *mariage*, on le confirme quelquefois *quoad fœdus*, ce qui dépend des circonstances, & néanmoins ces sortes de *mariages* ne produisent jamais d'effets civils. *Voyez* la *biblioth. can. tom. II, page 78.* (*A*)

MARIAGE *de conscience*, c'est un *mariage* secret ou dépourvu des formalités & conditions qui sont requises pour la publicité des *mariages*, mais qui ne sont pas essentielles pour la légitimité du contrat fait en face d'église, ni pour l'application du sacrement à ce contrat ; on les appelle *mariages de conscience*, parce qu'ils sont légitimes devant Dieu, & dans le for intérieur ; mais ils ne produisent point d'effets civils. Ces sortes de *mariages* peuvent quelquefois tenir un peu des *mariages* clandestins ; il peut cependant y avoir quelque différence, en ce qu'un *mariage de conscience* peut être célébré devant le propre curé, & même avec le concours des deux curés & avec dispense de bans ; c'est plutôt un *mariage* caché qu'un *mariage* clandestin.

Il y a aussi des *mariages* qui semblent n'être faits que pour l'acquit de la conscience, & qui ne sont point cachés ni clandestins, comme les *mariages* faits *in extremis. Voyez* MARIAGE IN EXTREMIS. (*A*)

MARIAGE *consommé*, c'est lorsque depuis la bénédiction nuptiale les conjoints ont habité ensemble.

Le *mariage*, quoique non consommé, n'en est pas moins valable, pourvu qu'on y ait observé toutes les formalités requises, & que les deux conjoints fussent capables de le consommer.

Un tel *mariage* produit tous les effets civils, tels que la communauté & le douaire ; il y a néanmoins quelques coutumes, telles que celle de Normandie, qui, par rapport au douaire, veulent que la femme ne le gagne qu'au coucher; mais ces coutumes ne disent pas qu'il soit nécessaire précisément que le *mariage* ait été consommé.

Par l'ancien droit des décrétales, le *mariage* qui n'avoit pas été consommé, se résolvoit de plein droit, quand l'une des deux parties entroit dans un monastère approuvé & y faisoit profession religieuse par des vœux solemnels; auquel cas celui qui restoit dans le monde pouvoit se remarier après la profession de celui qui l'avoit abandonné. *Voyez* le titre des décrétales, *de conversione conjugatorum.* Mais aujourd'hui les théologiens & les canonistes conviennent unanimement que le *mariage*, quoique non consommé, n'en est pas moins un véritable *mariage*, suivant cette règle de droit, *nuptias non concubitus sed consensus facit*, & en conséquence ils décident qu'un des conjoints ne peut entrer en religion sans le consentement de l'autre, & que dans le cas où l'un d'eux auroit fait profession, il ne seroit pas libre à l'autre de prendre une seconde femme.

MARIAGE *contracté*, n'est pas la convention portée par le contrat de *mariage*, car ce contrat n'est proprement qu'un simple projet, tant que le *mariage* n'est pas célébré, & ne prend sa force que de la célébration; le *mariage* n'est contracté que quand les parties ont donné leur consentement en face d'église, & qu'ils ont reçu la bénédiction nuptiale.

MARIAGE, (*devoir le*) *Voyez* MARIAGE, (*service de*)

MARIAGE *dissous*, est celui qui a été déclaré nul ou abusif; c'est très-improprement que l'on se sert du terme de *dissolution*, car le *mariage* une fois valablement contracté est indissoluble; ainsi par le terme *dissous*, on entend un prétendu *mariage* que l'on a jugé nul.

MARIAGE *distinct*, *divis ou séparé*, dans le duché de Bourgogne, signifie la *dot* ou *mariage* préfix, distinct & séparé du reste du bien des père & mère qui ont doté leurs filles, au moyen duquel *mariage* ou dot, elles sont exclues des successions directes, au lieu qu'elles n'en sont pas excluses quand le *mariage* n'est pas divis, comme quand leur dot ou *mariage* leur est donné en avancement d'hoirie & sur la succession future. *Voyez* la coutume de Bourgogne, *tit. des successions.* (*A*)

MARIAGE *ou dot*, ce que les père ou mère donnent en dot à leurs enfans en faveur de *mariage*, est souvent appellé par abréviation le *mariage des enfans.* (*A*)

MARIAGE *par échange.* Autrefois les personnes serves ne pouvoient contracter *mariage* sans le consentement de leur seigneur, comme aujourd'hui les enfans de famille ne peuvent se marier sans le consentement de leurs père & mère.

L'église ayant approuvé les *mariages* des personnes de condition servile, quoique contractés & célébrés sans la permission du seigneur, l'état des choses à cet égard prit une nouvelle forme. Lorsqu'un serf & une serve appartenant à deux seigneurs différens, s'étoient mariés sans leur permission, le seigneur du serf s'obligeoit de rendre à l'autre seigneur une serve, en place de celle que le *mariage* lui avoit enlevée; & s'il n'en avoit pas, il étoit tenu de substituer un serf. Les enfans qui naissoient de ces *mariages* se partageoient entre les seigneurs.

Non-seulement les serfs & les serves se marioient par échange, lorsqu'ils appartenoient à des seigneurs différens, mais encore lorsqu'ils appartenoient au même seigneur. Les premiers se faisoient pour éviter la peine de formariage; & les seconds, pour exclure les seigneurs du droit de main-morte.

Suivant nos coutumes & l'ancien usage de France, l'enfant serf ne succède à ses père & mère que quand il demeure avec eux, à moins qu'il ne soit en service, ou qu'il ne fasse ses études. Ainsi, lorsqu'un serf se marioit, quoiqu'il épousât une fille du même seigneur, ou il alloit demeurer avec elle, & il perdoit le droit de succéder à ses père & mère, ou sa femme venoit demeurer avec lui, & elle perdoit également le droit de succéder à ses père & mère. Dans ce cas, pour dédommager les enfans, deux familles qui avoient chacune un fils & une fille, les échangeoient, & les subrogeoient aux droits les uns des autres, & par-là ces enfans succédoient à leurs beaux-pères & belles-mères, & autres ascendans, comme ils auroient succédé à leurs père & mère, aïeul & aïeule, s'ils n'avoient pas été mariés.

On peut voir dans nos anciennes coutumes, & même dans quelques-unes des nouvelles, tout ce qui se pratiquoit à l'égard de ces *mariages par échange* entre les personnes de condition serve. Ces usages se sont même conservés en partie après l'affranchissement du peuple. Différentes provinces ont encore dans leurs coutumes des vestiges de cette ancienne barbarie.

La coutume de Nivernois, *chap. 33, art. 25*; celle de Bourbonnois, *art. 265*, celle de Saintonge, *art. 1*, renferment des dispositions relatives aux *mariages par échange. Voyez* AFFILIATION. (*Cet article est de M. l'abbé* REMI, *avocat au parlement*).

MARIAGE *encombré*, terme usité en Normandie pour exprimer une dot mal aliénée; ce qui arrive lorsque la dot de la femme a été aliénée par le mari sans le consentement de la femme, ou par la femme sans l'autorisation de son mari. Dans ces deux cas, la femme peut invoquer le privilège de bref de *mariage encombré*, dont il est parlé dans la coutume de Normandie, *art. 537.* Il équipole, dit cet article, à une reintégrande pour remettre les femmes en possession de leurs biens, moins que duement aliénés durant leur *mariage*, ainsi qu'elles avoient lors de l'aliénation; cette action possessoire doit être intentée par elles ou leurs héritiers dans l'an de la dissolution du *mariage*, sauf à eux à se pourvoir après l'an & jour par voie propriétaire, c'est-à-dire, au pétitoire. Comme la femme ou ses héritiers ne peuvent agir qu'après le décès du mari, tant qu'il vit, les détenteurs des biens de la femme ne peuvent acquérir la prescription contre elle.

On comprend aussi au rang des aliénations nulles, les amortissemens des rentes de la femme, reçus par le mari, sans qu'elle y ait été appellée.

La femme, en acceptant la succession de son mari, se ferme la voie du bref de *mariage encombré*, parce qu'elle intenteroit sans succès une action contre l'acquéreur, auquel elle devroit garantie en qualité d'héritière de son mari : suivant cette maxime, *quem de evictione tenet actio, eundem agentem repellit exceptio.*

MARIAGE (*franc*), *ou* FRANK MARIAGE ; c'étoit une espèce de tenure angloise, qui avoit beaucoup de privilèges. Elle avoit lieu quand par le contrat de *mariage* d'une fille, un père ou autre parent, qui possédoit un fief simple, c'est-à-dire, un fief héréditaire pour tous les descendans, & véritablement patrimonial, le donnoit en dot pour être tenu en *frank mariage.* En vertu de ce seul mot, le domaine passoit aux futurs & leurs descendans communs; mais uniquement à eux seuls. Car ce mot de *frank mariage* indique non-seulement un héritage, c'est-à-dire, une tenure transmissible, comme celui de *franche-aumône*; mais il a aussi l'effet de limiter cette tenure à tous ceux qui descendront des deux conjoints.

Le *frank mariage* différoit encore de la franche-aumône, en ce qu'il étoit sujet à la feauté. Il étoit d'ailleurs exempt de toute autre espèce de service, du moins jusqu'après le quatrième degré. Toute redevance qu'on auroit retenue lors de la donation, auroit été nulle & sans effet durant cet intervalle. On ne pouvoit en exiger qu'après que les descendans des donataires & du donateur étoient éloignés de plus de quatre degrés. *Voyez les Institutes de Litleton*, §. 17, 19, 20 & 138.

Cette tenure, qui n'est plus en usage, a, comme on le voit, beaucoup de rapport avec les parages, durant lesquels l'aîné garantissoit autrefois ses puînés de tout service & de toute prestation de devoirs envers le seigneur dominant, sans aucune contribution de leur part. Ces parages cessoient également, comme ils le font encore dans quelques coutumes, lorsque les parens étoient éloignés de plus de quatre degrés.

Le Fleta, *liv. 3*, donne de mauvaises raisons de cette différence, entre ceux qui étoient parens au quatrième degré & ceux qui l'étoient dans un degré plus éloigné. La véritable est que la parenté n'étant plus comptée au-delà suivant les principes du droit canonique, le privilège qu'elle produisoit étoit censé perdu avec elle. *Voyez* Houard, *sect. 17, pour parage.*

Au reste, les donations en *franc mariage* n'avoient pas lieu pour les *mariages* des filles, quoique Fitz-herbert ait cru le contraire. *Voyez les termes de la Ley*, au mot *Franc Mariage.* (*M. GARRAN DE COULON.*)

MARIAGE *incestueux*, est celui qui est contracté entre des personnes parentes dans un degré prohibé, comme les père & mère avec leurs enfans ou petits-enfans, à quelque degré que ce soit, les frères & sœurs, oncles, tantes, neveux & nièces, & les cousins & cousines jusques & compris le quatrième degré.

Il en est de même des personnes entre lesquelles il y a une alliance spirituelle, comme le parrain & la filleule, la marraine & le filleul, le parrain & la mère de l'enfant qu'il a tenu sur les fonts, la marraine & le père de l'enfant. *Voyez* INCESTE. (*A*)

MARIAGE *in extremis*, est celui qui est contracté par des personnes, dont l'une ou l'autre étoit dangereusement malade de la maladie dont elle est décédée.

Ces *mariages* ne laissent pas d'être valables lorsqu'ils n'ont point été précédés d'un concubinage entre les mêmes personnes.

Mais lorsqu'ils ont été commencés *ab illicitis*, & que le *mariage* n'a été contracté que dans le tems où l'un des futurs conjoints étoit à l'extrémité; en ce cas ces *mariages*, quoique valables quant à la conscience, ne produisent aucuns effets civils, les enfans peuvent cependant obtenir des alimens dans la succession de leur père.

Avant l'ordonnance de 1639, un *mariage* célébré *in extremis*, avec une concubine, dont il y avoit même des enfans, étoit valable, & les enfans légitimés par ce *mariage*, & capables de succéder à leurs père & mère; mais l'*art. 61* de cette ordonnance déclare les enfans nés de femmes que les pères ont entretenues, & qu'ils épousent à l'extrémité de la vie, incapables de toutes successions, tant directes que collatérales. (*A*)

MARIAGE (FOR-) *Voyez ci-devant* à la lettre F le *mot* FOR-MARIAGE.

MARIAGE *de la main gauche*, ou, comme disent les Allemands, *mariage* à la *morganatique*, est une espèce particulière de *mariage* qui est quelquefois pratiquée en Allemagne par les princes de ce pays, & qui a ordinairement lieu dans deux cas.

Le premier est lorsqu'un prince passe à de secondes nôces, ayant d'un premier lit des enfans capables de soutenir l'éclat de sa maison. Un souverain qui se trouve dans cette circonstance, & qui ne veut pas empirer la condition des enfans du premier lit, en appellant au partage de sa succession les enfans qui pourroient naître du second, & surtout d'une femme d'une condition inférieure, borne leurs droits à une certaine portion de ses biens.

Le second est lorsque le contrat fait mention de l'inégalité des futurs conjoints, soit en faveur des enfans qu'il a déjà d'un précédent *mariage*, soit en faveur de ses collatéraux ou agnats, avec la clause expresse que les enfans qui naîtront de ce *mariage*, ne succéderont ni aux fiefs, ni aux dignités de leur père, & se contenteront des sommes ou des terres qui leur seront assignées par le contrat de *mariage*.

Quelquefois les enfans, nés d'un *mariage de la main gauche*, sont appellés à la succession de leur père; mais c'est lorsque l'empereur a rapproché les conditions, en élevant la femme au rang de princesse de l'empire. Cependant comme, suivant les loix, il ne peut, dans l'exercice de ce qu'on appelle en Allemagne ses *réserves*, préjudicier à un tiers, & que de tels *mariages* sont regardés comme une espèce de tache dans une maison illustre, ces sortes de graces sont souvent sujettes à révocation ou à restitution.

On en trouve un exemple dans la maison de Saxe. Le duc Antoine-Ulric de Saxe-Meinengen ayant des enfans du *mariage* qu'il avoit contracté avec une personne d'une naissance obscure, avoit obtenu de l'empereur Charles VI un diplôme qui accordoit à son épouse le rang de princesse de l'empire & de duchesse de Saxe, & l'habileté aux enfans de succéder aux fiefs patrimoniaux. Tous les princes de la branche Ernestine de Saxe protestèrent contre cette disposition, & le frere du duc Antoine-Ulric intervint comme partie principale opposante, & le diplôme fut attaqué comme subreptice. Charles VII, par un décret du 15 septembre 1744, en déboutant le duc Ulric de ses prétentions, a infirmé, quant à la succession, & aux titres de la maison ducale de Saxe, le diplôme par lui obtenu du feu empereur, a déclaré son *mariage* une mésalliance dans toutes les formes, & les enfans issus de ce *mariage* inhabiles à succéder à aucun fief de l'empire.

Mariage *à la gomine* : on appelloit ainsi les prétendus *mariages* que quelques personnes faisoient autrefois, sans bénédiction nuptiale, par un simple acte, par lequel les parties déclaroient au curé qu'elles se prenoient pour mari & femme : ces sortes d'actes furent condamnés dans les assemblées générales du clergé de 1670 & 1675; & par un arrêt du parlement du 5 septembre 1680, il fut défendu à tous notaires de recevoir de pareils actes, ce qui fut confirmé par une déclaration du 15 juin 1669. *Voyez les Mémoires du clergé, tome V, page 720 & suiv.* & l'*Abrégé desdits mémoires, page 851.* (*A*)

Mariage (*mets de*); c'est un droit dû à différens seigneurs par leurs sujets, lorsqu'ils se marient, par exemple, au seigneur de la Motte dans la paroisse de Mascé en Berry.

Galland dit aussi, dans le glossaire du Droit françois, que ce droit est porté par les aveux que le seigneur de Château-Dassy rend au roi, & qu'il est dû à la seigneurie de la Boullaye, sise en Normandie. « Le jour des noces, dit-il, le marié accom-» pagné avec violon ou violle, doit apporter au » seigneur le mests du *mariage*, composé de deux » poulets, deux pots de vin, deux pains, une » épaule de mouton, faire une danse, puis se re-» tirer ». (*Cet article est de M.* Garran de Coulon, *avocat au parlement.*)

Mariage *à mortgage*, ce n'étoit pas un *mariage* contracté *ad morganaticam*, comme l'a cru M. Cujas sur la loi vingt-sixième, *in fine, ff. de verb. oblig.* c'étoit un *mariage* en faveur duquel une terre étoit donnée par le père ou la mère à leurs enfans, pour en percevoir les fruits jusqu'à ce qu'elle eût été rachetée. Pierre de Fontaines, en son conseil, *chap. 15, n°. 14,* dit que quand on a donné à la fille une terre en *mariage*, cela n'est pas contre la coutume, pourvu que cette terre revienne au père en cas de décès de la fille sans enfans; mais que si l'on a donné à la fille des deniers en *mariage*, & une pièce de terre *à mortgage* pour les deniers; que si la fille meurt sans enfans, la terre doit demeurer pour la moitié *du nombre* (de la somme) au mari ou à son héritier, selon ce qui a été convenu par le contrat. *Voyez* Boutillier, dans sa *Somme, liv. I, tit. 78, page 458;* Loysel dans ses *Institutes, liv. III, tit. 7, art. 2 & 3.* (*A*)

Mariage *à la morganatique, ad morganaticam.* Nous venons de dire ci-dessus, sous le mot *mariage de la main gauche*, que le *mariage à la morganatique* étoit en Allemagne un *mariage* contracté par un prince avec une personne d'une condition inférieure. Nous devons ajouter ici, après le *Spicilège* d'Achery, *tome 12, page 153*, & le glossaire de Ducange au *mot Morganegiba*, que les Allemands appellent aussi *mariage à la morganatique*, ceux dans lesquels le mari fait à la femme un don de noces, qui, dans le langage du pays, s'appelle *morgengabe*, de *morgen* qui veut dire *matin*, & de *gabe* qui signifie *don*, *quasi matutinale donum.* Depuis par corruption on l'a appellé *morgingab* ou *morgincap*, *morghanba* ou *morghangeba*, *morganegiba*, & enfin *morganaticum*, & les *mariages* qui étoient accompagnés de ce don, *mariage à la morganatique.* Suivant Kilianus, & le *Speculum saxonicum*, ce don se faisoit par le mari le jour même des noces avant le banquet nuptial; mais, suivant un contrat de *mariage* qui est rapporté par Galland, dans son *Traité du franc-aleu*, ce don nuptial se faisoit après la première nuit des noces, *quasi ob præmium deflo-ratæ virginis.* Ce don consistoit dans le quart des biens présens & à venir du mari, du moins tel étoit l'usage chez les Lombards. (*A*)

Mariage *nul*, on appelle ainsi, quoique improprement, une conjonction à laquelle on a voulu donner la forme d'un *mariage*, mais qui n'a point été revêtue de toutes les conditions & formalités requises pour la validité d'un tel contrat, comme quand il y a quelque empêchement dirimant dont on n'a point eu de dispense, ou qu'il n'y a point eu de publication de bans, ou que le *mariage* n'a point été célébré en présence du propre curé, ou par un prêtre par lui commis. On dit que cette expression *mariage nul* est impropre; en effet, ce qu'on entend par *mariage nul* n'est point un *mariage*, mais une conjonction illicite & un acte irrégulier. *Voyez* ce qui a été dit du *mariage* en général, & l'article suivant. (*A*)

Mariage *nul quant aux effets civils seulement* : on entend par-là celui qui, suivant les loix ecclésiastiques, est valable *quoad fœdus & vinculum*, mais qui, suivant les loix politiques, est nul quant au contrat civil. Il y a trois cas où les *mariages* sont ainsi valables quant au sacrement, & nuls quant aux effets civils; savoir, 1°. lorsque le *mariage* a été tenu caché pendant toute la vie de l'un des conjoints; 2°. les *mariages faits in extremis*, lorsque les conjoints ont vécu ensemble en mauvais commerce avant le *mariage*; 3°. les *mariages* contractés par des personnes mortes civilement.

MARIAGES *par paroles de présent* : on entendoit par-là ceux où les parties contractantes, après s'être transportées à l'église & présentées au curé pour recevoir la bénédiction nuptiale, sur son refus, déclaroient l'un & l'autre, en présence des notaires qu'ils avoient amenés à cet effet, qu'ils se prenoient pour mari & femme, dont ils requéroient les notaires de leur donner acte.

Ces sortes de *mariages* s'étoient introduits d'après le droit admis par les décrétales, où l'on fait mention *de sponsalibus quæ de præsenti vel futuro fiunt*, & où il est dit que les promesses *de præsenti matrimonium imitantur*, qu'étant faites après celles *de futuro*, *tollunt ea*, c'est-à-dire, que celui qui s'est ainsi marié postérieurement par paroles de présent est préféré à l'autre; mais que les promesses *de futuro*, étant faites après celles *de præsenti*, ne leur dérogent & nuisent en rien. Ces promesses *de futuro* sont appellées *fides pactionis*, celles *de præsenti*, *fides consensus*.

Le droit civil n'a point connu ces promesses appellées *sponsalia de præsenti*, mais seulement celles qui se font *de futuro*. *Voyez* M. Cujas sur le titre *de sponsal. & matrim. liv. 4*, *Decretal. tit. 1*.

Cependant ces sortes de *mariages* n'ont pas laissé de se pratiquer long-temps en France; il y a même d'anciens arrêts qui les ont jugé valables, notamment un arrêt du 4 février 1576, rapporté par Theveneau, dans son *Commentaire sur les ordonnances*.

L'ordonnance de Blois, *art. 44*, défendit à tous notaires, sous peine de punition corporelle, de passer ou recevoir aucunes promesses de *mariages par paroles de présent*.

Cependant, soit qu'on interprétât différemment cette ordonnance, ou que l'on eût peine à se soumettre à cette loi, on voyoit encore quelques *mariages par paroles de présent*.

Dans les assemblées générales du clergé, tenues en 1670 & 1675, on délibéra sur les *mariages* entre catholiques & huguenots faits par un simple acte au curé, par lequel, sans son consentement, les deux parties lui déclarent qu'ils se prennent pour mari & femme; il fut résolu d'écrire une lettre à tous les prélats, pour les exhorter de faire une ordonnance synodale, portant excommunication contre tous ceux qui assisteroient à de pareils *mariages*, & que l'assemblée demanderoit un arrêt faisant défenses aux notaires de recevoir de tels actes.

Les évêques donnèrent en conséquence des ordonnances synodales conformes à ces délibérations, & le 5 septembre 1680, il intervint un arrêt de réglement, qui défendit à tous notaires, à peine d'interdiction, de passer à l'avenir aucuns actes par lesquels les hommes & les femmes déclareroient qu'ils se prennent pour maris & femmes, sur les refus qui leur seront faits par les archevêques & évêques, leurs grands-vicaires ou curés, de leur conférer le sacrement de *mariage*, à la charge par lesdits prélats, leurs grands-vicaires & curés, de donner des actes par écrit, qui contiendront les causes de leur refus lorsqu'ils en seront requis.

Il se présenta pourtant encore en 1687, une cause au parlement, sur un *mariage* contracté *par paroles de présent*, par acte du 30 juillet 1679, fait en parlant à M. l'évêque de Soissons. L'espèce étoit des plus favorables, en ce qu'il y avoit eu un ban publié & dispense des deux autres. La célébration du *mariage* n'avoit été arrêtée que par une opposition qui étoit une pure chicane; on avoit traîné la procédure en longueur pour fatiguer les parties; depuis le prétendu *mariage* le mari étoit mort; il y avoit un enfant. Cependant, par arrêt du 29 août 1687, il fut fait défenses à la femme de prendre la qualité de veuve, & à l'enfant de prendre le titre de légitime; on leur accorda seulement des alimens.

La déclaration du 15 juin 1697 ordonna que les conjonctions des personnes qui se prétendront mariées en conséquence des actes qu'ils auront obtenus, du consentement réciproque avec lequel ils se seront pris pour mari & femme, n'emporteront aucuns effets civils en faveur des prétendus conjoints & des enfans qui en peuvent naître, lesquels seront privés de toutes successions directes & collatérales; & il est défendu à tous juges, à peine d'interdiction, & même de privation de leurs charges, d'ordonner aux notaires de délivrer des actes de cette nature, & à tous notaires de les délivrer sous les peines portées par cette déclaration. *Voyez les Mémoires du clergé, tome 5, page 767*. (*A*)

MARIAGE *précipité*, est celui qu'une veuve contracte avant l'année révolue depuis le décès de son précédent mari.

On le regarde comme *précipité*, soit *propter incertitudinem prolis*, soit à cause des bienséances qu'une veuve doit observer pendant l'an du deuil. *Voyez* DEUIL & SECONDES NOCES. (*A*)

MARIAGE *présomptif*. *Voyez ci-après* MARIAGE PRÉSUMÉ. (*A*)

MARIAGE *présumé* ou *présomptif*, *matrimonium ratum & præsumptum*. On appelloit ainsi les promesses de *mariage de futuro*, lesquelles étant suivies de la copule charnelle, étoient réputées ratifiées & former un *mariage présumé*.

Alexandre III, qui siégeoit dans le onzième siècle, semble en quelque sorte avoir approuvé les *mariages présumés*, *per consensum & copulam*, ainsi qu'on le voit par les *chap. 13 & 15*, *de sponsalib. & matrim.* mais il paroît aux endroits cités, que, dans l'espèce, il y avoit eu quelques solemnités de l'église observées, & que *sponsalia præcesserant*; c'étoient d'ailleurs des cas singuliers dont la décision ne peut donner atteinte au droit général.

En effet, Honorius III, qui siégeoit dans le douzième siècle, témoigne assez que l'on ne reconnoissoit alors pour *mariages* valables que ceux qui étoient célébrés en face d'église, & où les époux avoient reçu la bénédiction nuptiale.

Ce fut Grégoire IX, successeur de Honorius, qui décida le premier que les promesses de *mariage* futur, *sponsalia de futuro*, acquéroient le titre & l'effet du *mariage* lorsqu'elles étoient suivies de la copule charnelle.

Mais comme l'église avoit toujours détesté de tels *mariages*, que les conciles de Latran & ensuite celui de Trente, les ont déclarés nuls & invalides, & que les édits & ordonnances de nos rois les ont aussi déclarés non valablement contractés, l'église ni les tribunaux ne reconnoissent plus de telles conjonctions pour des *mariages* valables; elles sont même tellement odieuses que la seule citation faite devant l'official, *in casu matrimonii rati & præsumpti*, est toujours déclarée abusive par les parlemens. *Voyez* Fevret, *traité de l'abus*, *tom. I*, *liv. 5*, *chap. 2*, *n°. 36*, *& suiv.* (*A*)

Mariage *par procureur*; ce que l'on entend par ces termes n'est qu'une cérémonie qui se pratique pour les *mariages* des souverains & princes de leur sang, lesquels font épouser par procureur la princesse qu'ils demandent en *mariage*, lorsqu'elle demeure dans un pays éloigné de celui où ils font leur séjour.

Le fondé de procuration & la future épouse vont ensemble à l'église, où l'on fait toutes les mêmes cérémonies qu'aux *mariages* ordinaires. Il étoit même autrefois d'usage qu'après la cérémonie la princesse se mettoit au lit, & qu'en présence de toute la cour le fondé de procuration étant armé d'un côté, mettoit une jambe bottée sous les draps de la princesse. Cela fut ainsi pratiqué lorsque Maximilien d'Autriche, roi des Romains, épousa, par procureur, Anne de Bretagne; & néanmoins au préjudice de ce *mariage* projetté, elle épousa depuis Charles VIII, roi de France, dont Maximilien fit grand bruit, ce qui n'eut pourtant point de suite.

Il est cependant vrai que plusieurs théologiens pensent qu'un *mariage* contracté *par procureur*, est un véritable *mariage*, sur le fondement que ce contrat est parfait avant la consommation du *mariage*. Mais l'on doit penser, avec d'autres théologiens, qu'un *mariage par procureur*, n'est véritablement ni *mariage*, ni sacrement, parce que les sacremens ne se reçoivent point par procureur, & que ce que l'on appelle *mariage par procureur* n'est qu'une cérémonie & une préparation au *mariage*, qui ne rend pas le *mariage* accompli: tellement que la cérémonie de la bénédiction nuptiale se réitère lorsque les deux parties sont présentes en personnes, ce qui ne se feroit pas si le *mariage* étoit réellement parfait.

On peut voir dans le *mercure de France de 1739*, & autres mémoires du temps, de quelle manière se fit le *mariage* de Madame avec l'infant don Philippe, que M. le duc d'Orléans étoit chargé de représenter. La première cérémonie se fit dans la chapelle de Versailles. M. le cardinal de Rohan, grand aumônier de France, demanda au duc d'Orléans si, comme procureur de don Philippe infant d'Espagne, il prenoit Madame Louise Elisabeth de France pour sa femme & légitime épouse. Il fit pareille question à la princesse, & il est dit qu'il leur donna la bénédiction nuptiale. Néanmoins on trouve ensuite que la princesse étant arrivée à Alcala le 25 octobre suivant, & ayant été conduite dans l'appartement de la reine, le patriarche des Indes lui donna & à l'infant don Philippe, dans la chambre de la reine, la bénédiction nuptiale en présence de leurs majestés & des princes & princesses de la famille royale.

Ferdinand, prince des Asturies, depuis roi d'Espagne, épousa, au nom du Dauphin de France, Marie-Thérèse-Antoinette-Raphaelle, infante d'Espagne, sa sœur. Le *mariage* fut célébré à Madrid le 18 décembre 1744, & la seconde bénédiction nuptiale fut donnée dans la chapelle du château de Versailles, le 23 février 1745. Le Dauphin de France étant devenu veuf, épousa à Dresde, la princesse de Saxe par procureur, & le 9 février 1747, ce prince & cette princesse reçurent à Versailles la bénédiction nuptiale, par les mains du coadjuteur de Strasbourg. Le *mariage* de l'infante d'Espagne, Dona-Marie Antoinette, que le duc de Savoie fit par procureur, à Madrid, fut ratifié dans l'église collégiale d'Oulx, le 31 mai 1750; & ce fut le cardinal des Lances qui leur donna la bénédiction nuptiale.

Mariage *prohibé*, est celui qui est défendu par les canons ou par les ordonnances du royaume. (*A*)

Mariage appellé *ratum & præsumptum*. *Voyez* Mariage *présumé*.

Mariage *réchauffé*, c'est ainsi qu'en quelques provinces, comme en Berry, l'on appelle vulgairement les *seconds mariages*. *Voyez* Bœnius, *consil.* 40, & le *glossaire* de M. de Laurière, au mot *Mariage*. (*A*)

Mariage *réhabilité*, c'est lorsque le *mariage* est célébré de nouveau pour réparer ce qui manquoit au premier pour sa validité. Le terme de *réhabilitation* semble impropre, en ce que les vices d'un *mariage* nul ne peuvent être réparés qu'en célébrant un autre *mariage*, avec toutes les formalités requises: de manière que le premier *mariage* ne devient pas pour cela valable, mais seulement le second. Cependant un *mariage*, qui étoit valable quant au for intérieur, peut être *réhabilité* pour lui donner les effets civils; mais il ne produit ces effets que du jour du second *mariage* valablement contracté. *Voyez* les règles générales qui ont été expliquées en parlant des *mariages* en général. (*A*)

Mariage *rompu* s'entend ou d'un simple projet de *mariage* dont l'exécution n'a pas suivi, ou d'un prétendu *mariage* dont la nullité a été prononcée ou qui a été déclaré abusif. (*A*)

Mariage *roturier*; on donne particulièrement ce nom au *mariage* des filles nobles avec les roturiers. *Voyez*

Voyez les art. DÉPARAGEMENT & EMPARAGEMENT.

Au reste, c'est mal à propos que Ragueau a renvoyé sous ce mot à l'article 11 du titre 29 de la coutume de Loudunois. Cet article régle seulement la communauté des époux roturiers, (*des conjoints par mariage roturier*) comme le dit la coutume. Il ne dit pas un mot du *mariage roturier*. (*Cet article est de M.* GARRAN DE COULON, *avocat au parlement.*)

MARIAGE, *second*, *troisième*, ou autre *subséquent*. *Voyez* SECONDES NOCES.

MARIAGE *secret*. *Voyez* MARIAGE *caché*.

MARIAGE (*service de*). L'influence du gouvernement féodal s'est étendue sur le *mariage* comme sur tout le reste. Le droit romain, du moins celui du bas empire, avoit traité très-défavorablement les secondes noces qu'il punissoit même dans bien des cas. Plusieurs des nations barbares qui conquirent l'Europe, adoptèrent ces dispositions. Leurs loix, qui donnoient la même puissance à la mère qu'au père sur leurs enfans, après son décès, lui imposoient pour jouir de cette puissance, la condition de rester en viduité. (*Lex Wisigoth.*, *lib.* 4, *tit.* 2, §. 13, *lex Burgund. tit.* 59, *lex Bajuvar. tit.* 67 & 14.)

Lorsque le gouvernement féodal eut chargé les fiefs du service militaire, & que les femmes furent admises à les posséder, il fallut bien changer les loix sur le *mariage*, comme tout le reste. Tant que les filles étoient non nubiles, leurs fiefs, comme ceux des mâles même, avant la puberté, étoient desservis par un de leurs proches parens qui en avoit la garde noble. *Voyez* MAJORITÉ FÉODALE.

Mais, dès qu'elles étoient nubiles, il falloit qu'elles se mariassent pour sortir de garde; & quand elles étoient veuves, on exigeoit encore qu'elles se remariassent, non-seulement afin de fournir au seigneur un homme pour leur propre fief, mais aussi pour avoir la garde de leurs enfans mineurs s'ils avoient des fiefs.

Dans l'un ou l'autre de ces cas, la femme devoit faire sommer le seigneur en sa cour, de lui nommer trois barons, parmi lesquels elle avoit le droit de choisir son mari. Si le seigneur refusoit de faire cette nomination, elle pouvoit se marier, comme bon lui sembloit, sans encourir aucune peine. Le seigneur pouvoit aussi de lui-même faire sommer la femme, de choisir entre trois barons qu'il lui offroit; & si dans un court délai elle ne faisoit pas son choix, il avoit le droit de saisir le fief & d'en jouir par an & par jour. Au bout de ce terme, il renouvelloit la saisie après les mêmes cérémonies, jusqu'à ce qu'elle se mariât. La vassale ne pouvoit se dispenser de cette obligation qu'à l'âge de soixante ans. (*Assises de Jérusalem*, *chap.* 177, 178, 179, 244 & *suiv.*)

Le savant Laurière paroît enseigner dans son Glossaire, que cette obligation n'avoit lieu que pour les fiefs de corps, ou pour ceux qui étoient particuliérement chargés d'un service personnel & militaire. Mais ce service formoit alors le droit commun. Aussi les assises de Jérusalem parlent-elles en général & sans exception.

En Angleterre, en Ecosse, en Normandie & dans quelques autres pays, les vassaux ne pouvoient pas non plus, sous peine de commise, marier leurs filles, sans le consentement de leur seigneur, quand elles étoient leurs héritières présomptives, & il reste encore des traces de ce droit dans la coutume de Normandie. *Voyez* GARDE SEIGNEURIALE, §. I & §. VII, *n°.* 3.

Mais cette obligation n'étoit point une charge du fief, suivant le droit commun de France. Il arrivoit néanmoins quelquefois que les rois & d'autres seigneurs puissans faisoient promettre & donner caution à leurs vassaux, qu'ils demanderoient leur consentement pour le *mariage* de leurs filles. On trouve à la page 40 des preuves de l'histoire de Châtillon, une promesse semblable, qu'Hervé, comte de Nevers, fit à Philippe-Auguste, en 1215.

L'étude du droit romain, l'abolition des guerres privées & les autres causes qui ont réduit à rien l'obligation du service militaire, ont fait insensiblement abolir la nécessité de se marier pour posséder un fief, ou pour jouir du droit de garde. La plupart de nos coutumes privent même aujourd'hui la veuve qui se remarie, de la garde des fiefs, comme elle est privée de la tutèle par les loix romaines. Mais les procès-verbaux des coutumes d'Anjou, du Maine, de l'ancienne coutume de Paris, & de plusieurs autres, prouvent que cette disposition y fut introduite comme un droit nouveau avec l'abolition de la garde en collatérale. Jusques-là, la garde de la femme étoit seulement commuée en bail ou garde collatérale au profit de son mari, comme le porte encore l'article 27 de la coutume d'Orléans. *Voyez aussi le grand Coutumier*, *liv.* 2, *chap.* 41, *page* 271.

On voit même dans les établissemens de S. Louis, que *nul dame*, c'est-à-dire, aucune vassale, *ne doit est ne chevauchiée désormais si elle n'est fame-le-roi;* c'est-à-dire, si elle n'est sa vassale. Dans ce cas, elle envoyoit autant de chevaliers que son fief en devoit, au moyen de quoi le roi ne la pouvoit plus inquiéter. Cependant, en cas de convocation de ban & d'arrière-ban, les filles & les femmes, comme toutes les autres personnes qui jouissent de quelques fiefs, sans pouvoir faire le service militaire, sont sujettes à des taxations qui en tiennent lieu. Un arrêt rendu au parlement de Normandie, le 27 juin 1638, l'a ainsi jugé pour les simples douairières. (*Cet article est de M.* GARRAN DE COULON, *avocat au parlement.*)

MARIAGE *solemnel*. On entendoit par-là chez les Romains celui qui se faisoit *per coemptionem*, à la différence de celui qui se faisoit seulement *per usum*, ou par *usucapion*. Parmi nous on entend par *mariage solemnel* celui qui est revêtu de toutes les formalités requises par les canons & par les ordonnances du royaume. (*A*)

MARIAGE *spirituel* s'entend de l'engagement qu'un évêque contracte avec son église, & un curé avec sa paroisse. En général le sacerdoce est considéré comme un *mariage spirituel;* ce *mariage* est appellé *spirituel* par opposition au *mariage* charnel.

MARIAGE *subséquent.* On entend par-là celui qui suit un précédent *mariage*, comme le second à l'égard du premier, ou le troisième à l'égard du second, & ainsi des autres. On entend aussi par *mariage subséquent* celui qu'on contracte avec une personne dont on a des enfans naturels. C'est dans ce sens qu'on dit que le *mariage subséquent* a l'effet de légitimer les enfans nés auparavant, pourvu que ce soit *ex soluta & soluto. Voyez* BATARD, & LÉGITIMATION. (*A*)

MARIAGE *à temps.* Le divorce qui avoit lieu chez les Romains, eut lieu pareillement dans les Gaules depuis qu'elles furent soumises aux Romains; c'est apparemment par un reste de cet usage qu'anciennement en France, dans des temps de barbarie & d'ignorance, il y avoit quelquefois des personnes qui contractoient *mariage* pour un temps seulement. M. de Varillas a trouvé dans la bibliothèque du roi, parmi les manuscrits, un contrat de *mariage* fait dans l'Armagnac en 1297 pour sept ans entre deux nobles, qui se réservoient la liberté de le prolonger au bout de sept années s'ils s'accommodoient l'un de l'autre; & en cas qu'au terme expiré ils se séparassent, de partager par moitié les enfans mâles & femelles provenus de leur *mariage;* & si le nombre s'en trouvoit impair; de tirer au sort à qui le surnuméraire écherroit.

Il se pratique encore dans le Tonquin que quand un vaisseau arrive dans un port, les matelots se marient pour une saison; & pendant le temps que dure cet engagement précaire, ils trouvent, dit-on, l'exactitude la plus scrupuleuse de la part de leurs épouses, soit pour la fidélité conjugale, soit dans l'arrangement économique de leurs affaires. *Voyez l'essai sur la polygamie & le divorce*, traduit de l'anglois de M. Hume, inséré au mercure de février 1757, pag. 45. (*A*)

MARIAGE *par usucapion* ou *per usum*, étoit une forme de *mariage* usitée chez les Grecs & chez les Romains du temps du paganisme. Le mari prenoit ainsi une femme pour l'usage, c'est-à-dire, pour en avoir des enfans légitimes; mais il ne lui communiquoit pas les mêmes privilèges qu'à celle qui étoit épousée solemnellement. Ce *mariage* se contractoit par la cohabitation d'un an. Lorsqu'une femme, maîtresse d'elle-même, avoit demeuré pendant un an entier dans la maison d'un homme sans s'être absentée pendant trois nuits, alors elle étoit réputée son épouse, mais pour l'usage & la cohabitation seulement: c'étoit une des dispositions de la loi des douze tables.

Ce *mariage*, comme on voit, étoit bien moins solemnel que le *mariage per coemptionem* ou *par confarréation*: la femme qui étoit ainsi épousée étoit qualifiée *uxor*, mais non pas *mater-familias*; elle contractoit un engagement, à la différence des concubines, qui n'en contractoient point, mais elle n'étoit point en communauté avec son mari ni dans sa dépendance.

Le *mariage par usucapion* pouvoit se contracter en tout temps & entre toutes sortes de personnes: une femme que son mari avoit instituée héritière à condition de ne se point remarier, ne pouvoit pas contracter de *mariage* solemnel sans perdre la succession de son mari; mais elle pouvoit se marier *par usucapion*, en déclarant qu'elle ne se marioit point pour vivre en communauté de biens avec son mari, ni pour être sous sa puissance, mais seulement pour avoir des enfans. Par ce moyen, elle étoit censée demeurer veuve, parce qu'elle ne faisoit point partie de la famille de son nouveau mari, & qu'elle ne lui faisoit point part de ses biens, lesquels conséquemment passoient aux enfans qu'elle avoit eus de son premier *mariage*. *Voyez ci-devant l'article* MARIAGE *PER COEMPTIONEM*. (*A*).

MARITAL, adj. se dit en droit de ce qui a rapport au mari, comme la puissance *maritale*. *Voyez* MARI, PUISSANCE.

MARONAGE, *ou* MARONNAGE. Ce mot, comme celui de *Mairin*, paroît venir du latin *materia*, comme le dit Pasquier dans ses recherches, *liv. 8, chap. 37.* Il désigne des matériaux, & surtout du bois à bâtir.

Ainsi, le droit de *maronage* est l'usage du bois nécessaire pour les bâtimens. La chartre des franchises de la ville de Pérouse, de l'an 1347, qu'on trouve au tome 7 des ordonnances du Louvre, dit *maronage* dans le même sens. On a dit aussi *maronner* pour bâtir, ou pour prendre du bois de bâtisse. *Voyez le glossaire du droit françois au mot* Maronage, *celui de* du Cange *au mot* Materia, *& le* glossarium novum *de* dom Carpentier, *au mot* Marrianum. (*M. GARRAN DE COULON.*)

MARQUE. *Voyez* FLÉTRISSURE.

MARQUÉES, on a donné ce nom aux rentes d'un marc d'argent ou d'or. On peut en voir un exemple au tome 1 des preuves de l'histoire de Bretagne, col. 1086. (*M. GARRAN DE COULON.*)

MARQUETTE, MARKETTE, *ou* MARCHET, en latin barbare, *marcheta* ou *mercheta*. C'est un droit en argent que les tenanciers payoient autrefois au seigneur pour le mariage de chacune de leurs filles.

« Cet usage, dit M. de Jaucourt dans l'ancienne » Encyclopédie, se pratiquoit, avec peu de différence, dans toute l'Angleterre, l'Ecosse & le » pays de Galles. Suivant la coutume de la terre » de Dinover, dans la province de Caermarthen, » chaque tenant qui marie sa fille paye dix schelings » au seigneur. Cette redevance s'appelle, dans » l'ancien Breton, *gwaber marched*, c'est-à-dire, » présent de la fille.

» Un temps a été qu'en Écosse, dans les parties » septentrionales d'Angleterre, & dans d'autres » pays de l'Europe, le seigneur du fief avoit » droit à l'habitation de la première nuit avec les

» épousées de ses tenans. Mais ce droit si contraire à » la justice & aux bonnes mœurs, ayant été abrogé » par Malcom III, aux instances de la reine son » épouse, on lui substitua une redevance en ar- » gent qui fut nommée le *marcher* de la mariée.....

» Plusieurs savans Anglois prétendent que l'o- » rigine du *Borough-English*, c'est-à-dire, du pri- » vilège des cadets dans les terres, qui a lieu dans » le Kentshire, vient de l'ancien droit du seigneur » dont nous venons de parler; les tenans pré- » sumant que leur fils aîné étoit celui du seigneur, » ils donnèrent leurs terres au fils cadet qu'ils sup- » posoient être leur propre enfant ».

Le savant Selden paroît effectivement adopter cette origine. Mais M. Blacktone la trouve plus que douteuse. Je n'ai jamais pu découvrir, dit-il, que cette coutume de laisser la première nuit aux seigneurs ait jamais été suivie en Angleterre, quoiqu'elle l'ait été incontestablement en Ecosse jusqu'à Malcom III.

Ce dernier auteur ajoute que l'usage particulier qu'on suit pour les successions dans le comté de Kent, fut nommé *Borough-English* par opposition aux coutumes des Normands sur les successions. Littleton l'explique, en disant que le dernier des enfans, à cause de sa plus grande jeunesse, étoit hors d'état de se tirer d'affaire par lui-même. Mais M. Blackstone soupçonne encore qu'on pourroit en trouver une explication plus raisonnable, quoique bien éloignée, dans les mœurs des Tartares, où le plus jeune des enfans est aussi l'héritier, suivant le père du Halde. Comme cette nation est uniquement composée de bergers qui n'ont d'autres biens que leurs troupeaux, dès qu'un des enfans est capable de les soigner, on les envoie former un établissement à part avec une certaine quantité de bétail; les aînés étant pourvus de cette manière, le plus jeune reste avec son père, & devient ainsi naturellement son héritier; c'est sans doute par la même raison que, parmi d'autres peuples du Nord, il étoit d'usage que tous les enfans quittassent leur père, à l'exception du plus jeune qui devenoit ainsi son héritier.

Il est donc possible que la coutume du *Borough-English* soit un reste de la vie pastorale des anciens peuples de la Germanie & de la Bretagne, décrite par Tacite. (*Commentaries on the laws of England book. 2, chap. 6.*)

Pater cunctos filios adultos à se pellebat, præter unum quem hæredem sui juris relinquebat, dit Walsingham dans son *Ypodigma Neustriæ, cap. 1.* Mais si ce dernier fait est exact, il n'est pas trop d'accord avec l'origine Saxonne que donne M. Blackstone au nom de cette coutume de Borough-English. *Voyez* au surplus l'article QUEVAISE. (*Article de M.* GARRAN DE COULON, *avocat au parlement.*)

MARQUIS, s. m. (*Droit public & féodal.*), c'est le nom qu'on donnoit autrefois aux seigneurs préposés à la garde des frontières d'un pays, & c'est de-là que le roi de Prusse, électeur de Brandebourg, prend la qualité de *marquis* de Brandebourg. Aujourd'hui c'est un titre de dignité, qu'on donne à celui qui possède une terre érigée en marquisat, soit pour lui, soit pour ses ancêtres.

Il faut observer que la possession d'un marquisat ne suffit pas pour autoriser le propriétaire à prendre le titre de *marquis* : il est nécessaire que l'érection ait été faite en sa faveur, ou en faveur de ses ancêtres, ou qu'il soit gentilhomme, ou enfin que le souverain lui ait permis d'en prendre la qualité.

Suivant un édit du mois de juillet 1556, confirmé par l'ordonnance de Blois, & par une déclaration de 1582, l'érection d'une terre en duché, marquisat ou comté, devoit être faite sous la condition expresse, qu'elle seroit réunie au domaine de la couronne à défaut d'hoirs mâles, nés en légitime mariage. Mais on a coutume de déroger à cette disposition rigoureuse dans les lettres d'érection.

Dans l'ordre des dignités féodales & politiques, on tient parmi nous que le titre de *marquis* est au-dessus de celui de comte. C'est l'avis de Loyseau, & c'est ce que semblent décider les articles 153 & 154 de la coutume de Normandie, qui taxent le relief des *marquisats*, à cent soixante & six écus deux tiers, & celui des comtés à quatre-vingt-trois écus un tiers.

MARRENAGE. *Voyez* MARONAGE.

MARS (*bans de*). Les *bans de mars*, dit Maillart, sont les ordonnances faites au nom du seigneur vicomtier, par ses officiers, où l'on enjoint à chacun de découvrir les bornes de ses héritages, de relever les fossés, de boucher ses jardinages, & autres entrées & issues sur les champs, afin que les bêtes n'y aillent pas; comme aussi, de ne plus mener ses bestiaux dans les prés & de raccommoder les chemins non royaux, devant ses héritages.

Ceux qui ne satisfont pas aux *bans*, ne peuvent s'acquérir des dommages-intérêts, pour les dégâts qui sont faits dans leurs héritages, faute de clôture; & outre cela, ils sont sujets à l'amende coutumière. (*M.* GARRAN DE COULON.)

MARSAGE: une baillette faite le 21 juin 1579 au nom du prince de la Roche-sur-Yon, charge le preneur de payer diverses redevances, un pot-de-vin, « & outre un sol pour livre pour droit » de *marsage* aux maîtres des eaux & forêts ».

J'ignore la signification qu'on doit donner à ce mot dans ce titre-là.

Au reste, on a dit aussi *marsage*, ou *marsaige*, pour désigner les menus grains qu'on sème au mois de mars. *Voyez* du Cange, au mot *Marceschia*.

On a également donné ce nom ou celui de *Marcagium*, en latin barbare, à une espèce de dîme ou d'hivernage; une chartre de l'an 1210, tirée du cartulaire de S. Vincent de Laon, *ch. 172*, porte : « *Quodsi fortè aliqua pars totius dicti fundi* » *marçagio vel ibernagio fuerit onerata, collectis fructibus* » *ad communem pasturam redigetur* ». *Voyez* le Glos-

sarium novum de dom Carpentier. (*M. GARRAN DE COULON*).

MARSCHEP, f. m. (*Droit coutumier.*) est un droit établi dans plusieurs cantons de la Flandre, qui consiste à commettre un batelier public & exclusif pour transporter par eau, & au prix réglé par un tarif, les denrées & les marchandises que les habitans veulent faire passer d'un lieu dans un autre. Comme les rivières, suivant la disposition de plusieurs coutumes de cette province, sont assimilées aux grands chemins, que la propriété en appartient au seigneur, que les charges en regardent les riverains, & que l'usage en appartient au public, le droit de *marschep* s'établit au profit de la communauté des habitans, si le seigneur n'a pas titre pour en revendiquer la propriété. C'est ce qui vient d'être jugé au parlement de Flandre, par arrêt du 28 juillet 1783, entre le seigneur & les habitans de Steenwercq.

MARTEAU, f. m. (*Eaux & forêts*) on appelle ainsi, dans les eaux & forêts, un instrument de fer sur lequel il y a une empreinte dont on marque les arbres.

On distingue plusieurs sortes de *marteaux* dans la jurisdiction des eaux & forêts; celui du roi, celui que chaque officier peut avoir, celui des gardes, des arpenteurs, des marchands adjudicataires des bois, celui des seigneurs, *&c.*

Le *marteau* du roi est celui dont les officiers des maîtrises se servent pour marquer les baliveaux, les pieds corniers, les arbres de lisière, & tous ceux qui doivent être réservés pendant l'exploitation d'une coupe : on s'en sert aussi pour marquer les arbres accordés pour les réparations des bâtimens, les chablis, les arbres de délit, *&c.*

Les officiers des maîtrises sont les seuls qui soient chargés du *marteau* du roi; il est défendu, par un arrêt du conseil du 27 janvier 1693, à toutes personnes, même aux officiers des tables de marbre, d'en introduire un autre dans les forêts de sa majesté.

L'usage du *marteau*, pour la marque des arbres, est très-ancien; il est prescrit par les ordonnances de 1376, 1388, 1400, 1515 & 1516 : il renferme en effet la précaution la plus sage pour empêcher qu'on n'enlève en fraude aucun arbre des forêts, parce que tout arbre sur lequel on ne voit pas l'empreinte du *marteau*, est regardé comme coupé en délit.

Quoique depuis ces ordonnances il y ait toujours eu un *marteau* destiné à la marque des arbres, il paroît cependant que les officiers des eaux & forêts n'étoient pas servilement astreints à s'en servir, & qu'ils pouvoient en employer d'autres. C'est ce que justifie l'ordonnance de 1515, *article 42*, où il est dit que « nul marchand ne pourra entrer » en exploit de sa vente, si, avant tout œuvre, » elle n'est marquée & martelée par dehors par » le mesureur, ou *d'autre martel* que les maîtres » auront ordonné ».

Mais comme la diversité des *marteaux* pouvoit produire beaucoup d'abus, différens réglemens, postérieurs à l'ordonnance de 1515, ont prescrit l'usage du seul *marteau* du roi dans ses forêts.

L'article 3 du titre 2 de l'ordonnance de 1669 veut que le *marteau* du roi soit déposé dans un coffre fermant à trois clefs dont l'une soit entre les mains du maître particulier, ou du lieutenant en son absence; la seconde entre les mains du procureur du roi, & la troisième en celles du garde-*marteau.*

Cette disposition avoit déjà été préparée par le réglement de 1601, par celui du 6 novembre 1665, *article 9*, & par la réformation des commissaires nommés par le roi, du premier mai 1666.

Mais comme la réclusion du *marteau* dans un coffre donnoit lieu à quelques inconvéniens, en ce que, lorsqu'on l'en avoit tiré, un officier pouvoit en disposer arbitrairement hors de la présence des autres officiers, il fut ordonné, par les arrêts du conseil du 16 novembre 1688 & 18 avril 1699, que le *marteau* du roi seroit déposé en la chambre du conseil, & mis dans une boëte de fer portative, fermante à trois clefs, dont l'une seroit pour le maître particulier; l'autre pour le procureur du roi, & la troisième, pour le garde-*marteau.*

Par ce moyen, un officier ne peut disposer du *marteau* en l'absence des autres, parce que l'ouverture de la boëte ne se faisant que quand ils sont tous arrivés au lieu où l'on doit opérer, la présence des uns & des autres empêche qu'on n'en fasse usage qu'à leur assistance, d'autant plus que l'article 3 de l'ordonnance de 1669, dont nous avons ci-dessus parlé, veut qu'on ne puisse tirer le *marteau* de son dépôt que du consentement commun du maître ou du lieutenant, du procureur du roi & du garde-*marteau*, & qu'il y soit remis chaque jour à la fin de l'opération.

Quoique la boëte de ce *marteau* soit portative, ainsi que nous venons de l'observer, elle ne doit pas rester pour cela entre les mains d'aucun officier, il faut qu'elle soit déposée en la chambre du conseil; c'est-là l'esprit de l'ordonnance de 1669, confirmée par les arrêts du conseil des 2 septembre 1727 & 22 février 1729, qui ont abrogé le réglement de la table de marbre du 8 août 1614, qui avoit ordonné que l'étui du *marteau* resteroit entre les mains du garde-*marteau.*

C'est cet officier qui est chargé de la conservation du *marteau* du roi pendant les opérations où l'on s'en sert. Suivant l'article 9 du réglement de 6 novembre 1665, le garde-*marteau* ne doit pas s'écarter du maître particulier & du procureur du roi, pendant tout le temps qu'il a le *marteau* entre les mains, tellement qu'il est obligé de marquer tous les arbres en leur présence, & qu'il est expressément enjoint aux officiers de l'accompagner pied à pied pendant qu'il marque les arbres.

Cette disposition paroît confirmée par l'article 2 du titre 7 de l'ordonnance de 1669, qui enjoint au garde-*marteau* de vaquer en personne aux martelages, sans qu'il ait liberté de les commettre ou confier à d'autres, si ce n'est pour empêchement légitime, dans lequel cas les autres officiers commettent quelqu'un pour faire en son absence ses fonctions.

Quand au jour fixé par les officiers pour faire les martelages, l'un d'eux ne peut pas y assister, il doit, avant de s'absenter, remettre sa clef du *marteau*, soit aux autres officiers, soit à celui qui est chargé de le substituer, sans quoi l'on seroit bien fondé, quand il s'agiroit de commencer les opérations, de faire ouvrir à ses frais la boëte du *marteau* par un serrurier, de quoi il faudroit néanmoins dresser un procès-verbal.

M. de Lestrée, dans son instruction pour la réformation des eaux & forêts, conformément à l'ordonnance de 1669, pense que ce n'est qu'après huit jours d'absence d'un officier, & après sommation faite à son domicile, que l'on peut faire ouvrir l'étui du *marteau* dans le cas de nécessité urgente; mais un délai aussi long est trop opposé à l'activité qu'exige le service des eaux & forêts, pour avoir lieu. Il suffit que le jour pour faire une opération quelconque ait été arrêté par les officiers, pour qu'un seul ne puisse, par son absence, & quelquefois par caprice, arrêter mal-à-propos la marche d'un corps. S'il est obligé de s'absenter, il n'ignore pas qu'il faut qu'il laisse sa clef du *marteau*, parce que le service ne doit pas souffrir de son absence; s'il a négligé de le faire, il ne peut se plaindre avec raison que l'on ait employé l'autorité pour faire ouvrir l'étui du *marteau*, parce que c'est lui qui a donné lieu à cette sorte de voie de rigueur.

Quoique le *marteau* du roi soit le seul dont on puisse se servir dans les martelages, les grands-maîtres ont cependant la liberté d'en avoir un, dont l'article 12 du titre 3 de l'ordonnance de 1669 leur permet de faire marquer les pieds corniers des ventes, ainsi que tous les arbres de réserve. Ce *marteau* doit porter l'empreinte de leurs armes.

Les réglemens ne parlent pas du *marteau* des maîtres particuliers; cependant il paroît qu'ils sont fondés à en avoir un qui doit porter aussi l'empreinte de leurs armes. Obligés, par état, à faire tous les six mois des visites dans les forêts de leur maîtrise, s'ils y trouvent des délits, l'impression de leur *marteau* sur les souches servira de contrôle & de reconnoissance de ces délits. De plus, quand les grands maîtres n'assistent pas aux martelages, les maîtres particuliers peuvent faire marquer de leur *marteau*, en même temps que de celui du roi, les pieds corniers des ventes. L'impression de différens *marteaux* ne peut que produire un bon effet, en ce qu'elle empêche les marchands de déplacer les pieds corniers; ce qui ne peut guère arriver que par une contrefaction, qui est moins praticable pour deux *marteaux* que pour un; on prévient par-là, avec plus d'assurance, toutes outre-passes dans les ventes de la part de ces marchands.

A l'égard du procureur du roi, comme il n'est astreint à aucune visite, il paroît, pour cette raison, dispensé d'avoir un *marteau*. Si cependant il jugeoit à propos d'en avoir un à ses armes, il le pourroit, & il en feroit, lors des martelages & reconnoissanges de délits, le même usage que le maître particulier fait du sien, pour en marquer les pieds corniers & les souches des arbres de délit.

Quoique ces deux officiers ne soient pas obligés d'avoir chacun un *marteau* particulier, M. de Froidour, dans ses instructions sur les ventes des bois du roi, pense qu'il seroit cependant à propos qu'ils en eussent un l'un & l'autre : il en donne la raison. L'usage de ce *marteau*, dit-il, « est que lorsque » les officiers vont en visite dans les forêts, & » qu'ils trouvent des arbres coupés par délit, ils » en marquent les souches, pour faire voir qu'ils » ont fait leurs diligences, non-seulement par la » représentation de leurs registres, où leurs rapports » sont inscrits, mais encore par la représentation » de l'impression de leur *marteau* aux souches des » arbres. Cette empreinte sert encore à distinguer » les anciens délits des nouveaux. Ces *marteaux* » sont aussi nécessaires pour marquer les bois volés » que les officiers saisissent, & auxquels ils établissent des commissaires ou sequestres, afin que » ces bois ne puissent être changés ».

Quant au garde-*marteau*, il est certain qu'il doit avoir un *marteau*; l'article 3 du titre 7 de l'ordonnance de 1669 lui en fait une obligation expresse, puisqu'il est astreint à en marquer les chablis & les arbres de délit. La forme de ce *marteau* n'est pas désignée par les réglemens; on voit seulement, par un arrêt du parlement du 13 août 1611, qu'il doit être d'une empreinte & d'une circonférence différentes du *marteau* du roi. L'usage est qu'il porte la marque des deux premières lettres de son nom.

Quoique les gruyers ne puissent pas faire de martelages, ils sont cependant obligés, suivant l'article 2 du titre 9 de l'ordonnance de 1669, d'avoir un *marteau* dont ils ne peuvent marquer que les chablis & les arbres de délit.

Chaque garde doit aussi avoir un *marteau*, pour en marquer les souches des arbres de délit. Ce *marteau* doit également porter les lettres initiales de son nom.

L'arpenteur est obligé aussi d'en avoir un pour marquer les pieds corniers, les arbres de lisières, & les parois des ventes.

L'article 27 du titre 15 de l'ordonnance de 1669 veut que les adjudicataires des bois de futaie aient un *marteau* dont l'empreinte soit déposée au greffe de la maîtrise, sans toutefois que plusieurs associés d'une même vente puissent avoir plus d'un *marteau*, ni en marquer d'autres bois que ceux de leur vente. Si cependant le même marchand avoit plusieurs ventes, il pourroit avoir autant de *marteaux* que de ventes; mais il faudroit alors qu'ils fussent tous différens.

La destination de ce *marteau* est d'en marquer les arbres vendus par l'adjudicataire ; ce qui est tellement de rigueur, que tout arbre qui sortiroit d'une vente sans en porter l'empreinte, seroit sujet à être saisi & confisqué. On sent aisément le motif de cette disposition de l'ordonnance ; elle renferme une précaution sage pour empêcher qu'on ne fasse sortir des forêts en fraude aucun arbre qui y auroit été coupé en délit.

Suivant l'article 11 du titre 16, les adjudicataires sont obligés, à la fin de l'exploitation de leurs ventes, de rapporter les *marteaux* dont ils se sont servis, pour être brisés.

Les particuliers qui ont des bois doivent également avoir un *marteau*, pour en marquer les arbres & les baliveaux qu'ils veulent réserver pendant les exploitations qu'ils en font faire.

Les seigneurs doivent pareillement en avoir un, tant pour la marque de leurs bois, que pour celle des baliveaux à réserver dans les taillis appartenant aux communautés d'habitans qui dépendent de leur haute-justice. Suivant l'article 9 du titre 25 de l'ordonnance de 1669, ce *marteau* doit être enfermé dans un coffre ou étui fermant à trois clefs, dont l'une pour le juge, l'autre pour le procureur-fiscal, & la troisième pour le syndic de la communauté ; ce qui ne doit s'entendre que du *marteau* destiné à faire les balivages dans les bois de la communauté ; car en ce qui regarde celui qui est destiné pour marquer les arbres dans les bois de la seigneurie, il est certain que le seigneur n'est pas obligé d'en remettre une clef au syndic de la communauté, qui n'a aucun intérêt à la chose.

En général, c'est un crime grave dont on a toujours sévérement puni ceux qui s'en étoient rendus coupables, que d'introduire dans les forêts un faux *marteau* : il est beaucoup d'exemples où l'on a condamné aux galères ceux qui l'avoient commis. Ce crime a lieu quand un marchand, dans le dessein de s'approprier des arbres réservés, qui sont ordinairement les plus beaux du triage, fait enlever l'empreinte du *marteau* qui y est imprimée, & dispose ensuite de ces arbres comme de ceux qui lui ont été abandonnés par l'adjudication, après avoir fait blanchir d'autres arbres d'une moindre valeur, sur lesquels il imprime ou fait imprimer la marque d'un faux *marteau*. Il est sensible qu'il résulte de-là un vol d'autant plus considérable, qu'une forêt se trouve dépouillée des arbres qui étoient destinés à l'orner & à la repeupler, & que le coupable s'approprie au préjudice du propriétaire.

La contrefaction d'un *marteau* peut encore avoir pour objet de faire sortir des forêts des arbres qui y ont été coupés en délit, & que l'on feroit passer tranquillement sur la foi d'une marque qui feroit présumer qu'ils ont été délivrés par les officiers, ou bien d'enlever d'une vente ou d'un triage, au préjudice de l'adjudicataire du propriétaire du bois, des arbres sur lesquels on auroit mis l'empreinte d'un *marteau* ressemblant à celui de cet adjudicataire.

MARTELAGE, s. m. (*Eaux & Forêts.*) c'est une expression dont on se sert dans les eaux & forêts, pour signifier l'application de l'empreinte du marteau du roi sur les arbres désignés pour pieds corniers, arbres de lisières, parois, baliveaux, & tous autres que l'on veut réserver dans les triages destinés à être vendus.

Dans l'usage, on n'appelle cette opération *martelage*, que quand elle se fait sur les futaies ou arbres modernes ; & on la nomme *balivage*, quand elle a pour objet les taillis dans lesquels on réserve le nombre de baliveaux prescrit par les réglemens.

L'ordonnance de 1669 n'a établi pour la futaie que la réserve de dix arbres par arpent ; mais dans la pratique, on en laisse une plus grande quantité, ce qui dépend de l'essence du bois.

Dans les forêts où le chêne abonde sur les autres espèces de bois, on peut y réserver un plus grand nombre d'arbres, parce qu'en général le chêne étant moins offusquant que le hêtre & le charme, il est moins à craindre qu'il refroidisse le terrein par son ombre. Il est d'ailleurs de tous les arbres celui qui est du service le plus avantageux pour les bâtimens, pour la marine & pour le commerce. C'est pour cette raison que l'article 11 du titre 15 de l'ordonnance de 1669 veut qu'on lui donne la préférence sur tous les autres arbres, lors des *martelages*.

A l'égard des baliveaux, l'ordonnance de 1669 avoit réglé qu'on en laisseroit seize par arpent ; mais dans l'usage autorisé par le conseil, on en réserve vingt-cinq, parce que l'expérience a fait connoître que le nombre prescrit par l'ordonnance n'étoit point suffisant, en ce que les vents & les frimats en font souvent périr une assez grande quantité pendant l'hiver.

La même ordonnance veut que l'on donne aussi pour les baliveaux, la préférence au chêne sur les autres espèces d'arbres.

On doit s'attacher à ne pas réserver pour baliveaux des jets poussés sur souche, parce qu'ils ne peuvent produire que des arbres mal-venans. Pour prévenir cet inconvénient, l'ordonnance veut qu'on les choisisse brins de bois, des plus vifs & de la plus belle venue.

Il faut commencer par marquer pour réserves tous les arbres des angles d'une coupe, afin d'en désigner les bornes. Ces arbres s'appellent *pieds corniers*. Lorsqu'ils se trouvent sur des angles rentrans, on les appelle *pieds corniers tournans* ; & quand il ne se trouve pas directement dans les angles, des arbres sur lesquels on puisse imprimer l'empreinte du marteau, il faut alors en emprunter en dedans de la coupe à exploiter, ou dans la coupe voisine.

Ces arbres doivent être marqués au pied & au corps, à la hauteur d'appui sur les deux faces des lignes correspondantes aux limites de la coupe.

Comme les pieds corniers ſont pour empêcher les outre-paſſes, les officiers doivent avoir attention de les déſigner ſpécialement dans le procès-verbal de *martelage*, par leur groſſeur, qualité & nature; & quand ils ſont empruntés, il faut expliquer l'exacte diſtance dans laquelle ils ſont des limites de la coupe.

Indépendamment de ces pieds corniers, il faut encore marquer les arbres qu'on veut réſerver dans toute la longueur des lignes correſpondantes aux pieds corniers; ces arbres ſont appellés *arbres de parois*. On les marque au pied & au corps ſur la face qui regarde la vente. On en ſpécifie auſſi la groſſeur & l'eſſence dans le procès-verbal de *martelage*.

Après cela, on marque tous les arbres qu'on veut réſerver en dedans de ces arbres de parois & des pieds corniers, & l'on en ſpécifie également l'eſſence & la groſſeur dans le procès-verbal, parce qu'il faut que l'adjudicataire les repréſente tous ſains & entiers lors du récolement.

Pour prévenir toute mépriſe dans le compte des réſerves & des baliveaux, il faut, lorſqu'on fait les *martelages*, marquer les arbres de réſerve au pied & très-près de terre, & les baliveaux au corps, à la hauteur d'appui. Avec cette précaution, il n'eſt pas poſſible qu'au récolement l'adjudicataire puiſſe préſenter dans le compte des arbres un baliveau pour un arbre de réſerve; ce qui eſt de la plus grande importance pour l'intérêt du propriétaire & pour l'avantage de la forêt.

Les arbres qu'on délivre pour les bâtimens doivent être marqués au pied & au corps. La marque qui eſt imprimée au corps ſert de paſſe-port pour les tranſporter ſans qu'on puiſſe ſoupçonner qu'ils proviennent de délits. Celle qui eſt au pied, eſt une preuve de la délivrance faite par les officiers; elle empêche qu'on n'en regarde la ſouche comme celle d'un arbre coupé en délit.

Le garde-marteau doit faire tous les *martelages* en préſence & à l'indication des officiers; c'eſt la diſpoſition préciſe de l'article 2 du titre 7, & de l'article 11 du titre 15 de l'ordonnance de 1669. Incontinent après le *martelage*, le marteau doit être renfermé dans ſa boëte.

Les ſeuls officiers des maîtriſes ont le droit de faire les *martelages* dans les bois du roi, & dans ceux des gens de main-morte.

Les ſeigneurs & les propriétaires particuliers peuvent faire faire les *martelages* dans leur bois par qui ils jugent à propos; mais il faut que ceux qu'ils propoſent à ce ſujet ſe conforment aux ordonnances & réglemens, pour y réſerver le nombre d'arbres preſcrit.

Le balivage, dans les bois du roi, eſt auſſi de la compétence des ſeuls officiers des maîtriſes; dans ceux des gens de main-morte, c'eſt à leurs officiers à le faire, excepté toutefois les quarts de réſerve, dans leſquels les officiers des maîtriſes doivent opérer, excluſivement à tous autres.

MAS, ce mot ſignifie tantôt un village entier, tantôt une ſimple métairie, & même une pièce de terre, ou un tenement. On dit encore aujourd'hui dans quelques provinces un *mas de terre* pour déſigner une pièce de terre. Il paroît, par ce que dit du Cange, qu'on a employé le mot *maſus* dans le même ſens, & qu'il ſignifioit auſſi une meſure de terre.

Quoi qu'il en ſoit, l'article 5 du titre 28 de la coutume d'Auvergne, emploie le mot *mas* dans le premier ſens, lorſqu'elle dit, qu'au haut pays d'Auvergne & aux montagnes du bas pays, les pâturages ſe limitent par *mas & villages*. Ces mots ſont ſynonymes, ſuivant Prohet & M. Chabrol. « Il y a néanmoins, dit ce dernier auteur, » des *mas* actuellement inhabités, ſoit que les » bâtimens aient péri, ſoit qu'il n'y en ait ja» mais eu: & du Cange rapporte une chartre » de 954, qui parle de *mas* cultivés & incultes, » *manſis cultis & incultis*; mais la coutume a né» ceſſairement entendu parler de *mas* habités, » puiſque ſans cette ſuppoſition il y auroit une » abſurdité à dire que le pacage dans le mas eſt » réſervé aux ſeuls habitans du *mas*. Cependant » du Cange dit que la coutume d'Auvergne a né» ceſſairement diſtingué le *mas* du village & du » tenement: *aliud*, dit-il, *villa*, *aliud manſio*, *aliud* » *tenementum*, il ſuppoſe qu'elle a dit que les pâ» turages ſe limitoient par *villages*, *mas & tenemens*; » mais la coutume ne parle pas de tenement ».

Au reſte, l'article 5 du même titre de cette coutume limite les pâturages par *juſtices* en la Limagne & bas pays d'Auvergne, & quoique les habitans des pays de droit écrit de cette province, qui ont adopté tant d'articles de ce titre, n'aient point réclamé également les art. 1 & 5, M. Chabrol penſe encore qu'il y a lieu d'y en étendre l'exécution, « ſoit à cauſe du mélange des deux loix » qui ſont entrelacées & répandues dans toute la » province & dans chaque contrée, ſoit parce que » le droit commun du royaume eſt de limiter » les pâturages par villages & territoires, ſoit » enfin parce que c'eſt l'uſage le plus général ». (*M. Garran de Coulon.*)

MASAGE *ou* MASSAIGE, ces mots ont été employés, comme celui de *mas*, pour déſigner une maiſon, une métairie. *Voyez* du Cange, & dom Carpentier au mot *Maſagium* ſous *Maſſa* 5, *& l'article* MASSAIGE. (*M. Garran de Coulon.*)

MASAIGE, ce mot a ſignifié autrefois un pâturage. Des lettres de grace de l'an 1469, citées par dom Carpentier au mot *Maſquerium*, portent: « leſquelz compaignons trouvèrent en ung paſquier » ou *maſaige* de Saint-Martin une jument ». *Voyez les articles* MAS & MASAGE. (*M. Garran de Coulon.*)

MASAUS, on a appellé *terres maſaus* celles qui étoient ſujettes au droit de *maaſſe*. *Voyez* ce dernier mot. (*M. Garran de Coulon.*)

MASEMENT, dom Carpentier dit qu'on nomme ainſi l'étendue d'une juriſdiction, le reſſort, le territoire. Cet auteur cite en preuve l'extrait suivant d'un traité fait entre l'abbé de Fontenet, & Geofroi de Charny : « nos hommes de Sauvoisy & du » *Masement* pourront, par commun parcourt, user » l'un sur l'autre du droit de traire & penre pierre » & layne sans fraude ». (*M. Garran de Coulon.*)

MASEPHENING, c'est un droit domanial, qui se paie en Alsace pour la permission de débiter le vin en détail. Les commis préposés à l'exercice & au recouvrement de ce droit suivent les entrées & les sorties des caves des cabaretiers, qui, tous les deux mois, leur paient le montant du droit sur les vins qu'ils ont vendus en détail. *Voyez la notice des domaines d'Alsace à la suite du traité des Fiefs de* Goesmann. (*M. Garran de Coulon.*)

MASNAGE, ce mot a signifié, 1°. une maison, une habitation, un *ménage*; 2°. une espèce de fouage, c'est-à-dire, une redevance qui se payoit par ménage. C'est dans ce dernier sens que l'art. 3 de la chartre des libertés de Buzançois de 1357, qu'on trouve au tome 4 des ordonnances du Louvre, porte que les bourgeois & les bourgeoises ne paieront aucuns *masnages*. *Voyez le glossaire de* du Cange *au mot* Masnagium 2, *& celui de* dom Carpentier *au mot* Masnagium.

Je ne sais si l'on doit confondre le droit de *masnage* avec celui de *masonage*, comme l'a fait ce dernier auteur au mot *Mansionarii*; il cite en preuve l'extrait suivant d'une chartre donnée par Gilles de Soycourt, seigneur de Vailly, en 1360 : « comme » ladite maison soit chargiée envers nous, comme » seigneur de ladite ville, de *nuef* masonages chacun » an, lesquels masonages valent un tonneal de » vin, treize sextiers & demi d'avoine, *&c* ». Ne devroit-on pas plutôt entendre par-là un droit de corvées abonné en denrées ? (*M. Garran de Coulon.*)

MASONAGE. *Voyez* Masnage.

MASONNIER. *Voyez* Maysonnier.

MASQUE, s. m. (*Police.*), ce mot a deux significations. On appelle *masque* un faux visage de carton ou autre matière dont on se couvre le visage pour se déguiser : on donne également le nom de *masque* à celui qui se déguise ainsi.

Une ordonnance du mois de mai 1539, avoit défendu de courir en *masque*, sous peine de confiscation de corps & de bien : quelques anciens arrêts avoient défendu aux marchands d'en vendre : mais ces réglemens sont tombés en désuétude. Il n'en est pas de même de l'art. 198 de l'ordonnance de Blois, qui veut, dans le cas de vol ou d'assassinat commis par des *masques*, que l'on coure sus par autorité de justice, & avec les officiers d'icelle, en toute voie d'habileté & à son de tocsin, & qu'étant appréhendés, ils soient punis par les juges des lieux sans dissimulation.

Plusieurs réglemens de police défendent à toute sorte de particuliers, masqués ou non masqués, qui n'ont point été invités aux repas & assemblées qui peuvent avoir lieu chez les cabaretiers & traiteurs, de s'y introduire avec violence, à peine d'être poursuivis comme perturbateurs du repos public. *Voyez* Baladoires (*danses*).

MASSAIGE. *Voyez* Masage *&* Masaige.

MASSONYER. *Voyez* Maysonnier.

MASTAU, dom Carpentier dit que c'est un cens dû sur un *mas* ou métairie, comme les masses & masnages. Cet auteur en donne pour unique preuve, au mot *Massa 5* de son *glossarium novum*, l'extrait suivant d'un papier censaire de la châtellenie d'Arcy-sur-Aube. « Aulres rentes d'avoine dehues » de coustume chascun an .... sur les héritaiges, » qui s'ensuïent .... & en ce sont comprinses les » coustumes que l'an dit *mastau* ». (*M. Garran de Coulon.*)

MASTURBATION, s. f. (*code criminel*), en latin *mollities*. La *masturbation* est le libertinage solitaire d'un homme ou d'une femme qui, par des illusions forcées, trompe en quelque sorte la nature & provoque des jouissances que la religion n'a pas voulu qu'on pût séparer du bonheur d'être père.

Il n'y a point de loi particulière contre ce crime : c'est un délit privé dont la découverte est infiniment rare & qui, comme l'a très-bien observé l'auteur du code pénal, ne peut être poursuivi en justice que dans le cas d'indécence publique ou de propositions scandaleuses. Depuis Diogène le cynique, on n'a peut-être pas vu un coupable de ce genre, insulter à l'honnêteté publique & en braver le mépris.

Quelques criminalistes pensent que ce seroit le cas de prononcer le bannissement; qu'autrefois même cette peine étoit accompagnée de carcan avec écriteau devant & derrière, ce qui ne s'observe plus, ajoute-t-il, pour éviter le scandale public qui peut en résulter; mais ces criminalistes ne citent aucun arrêt conforme soit à l'ancienne, soit à la nouvelle jurisprudence qu'ils allèguent, & nous ne connoissons que le jugement rendu en Portugal contre le jésuite Malagrida, qui fasse mention de cette habitude honteuse, & dans ce cas-là même, ce crime imputé à ce fameux coupable n'étoit qu'accessoire à des forfaits infiniment plus graves. (*Cet article est de M. Boucher d'Argis, conseiller au châtelet, de l'académie de Rouen, &c.*)

MASURAGE, en latin barbare *masuragium*. Suivant dom Carpentier, c'est un cens ou redevance dû sur une maison ou métairie. Mais il paroît plutôt que les *masurages* sont les maisons même ou masures qui doivent cette redevance. Cela résulte de plusieurs textes latins cités par cet auteur & de l'extrait suivant de Beaumanoir qu'il a aussi cité. « Se » les rentes sont deues par le raison des *masurages*, » & se les rentes sont deues par le raison d'autres » héritages, le seigneur peut se il n'est paiés, les » héritages saisir, & aussi fet il les masures ».

On a donné le nom de *masuriers* aux détenteurs de ces *masurages*. *Voyez ibidem & l'article* Masure. (*M. Garran de Coulon.*)

MASURE,

MASURE, l'art. 177 de la coutume de Poitou, dit, en parlant des rachats abonnés & des chevaux de service, « qu'en Gastine la gaignerie de quatre » bœufs garnie de prez & pâturages est prisée & » comptée pour *masure* de terre ; & gaignerie de » deux bœufs pour borderie, & gaignerie d'un bœuf » pour quarteron ; & gaignerie d'un demi-bœuf qui » est le quart de la borderie est appellée *retail*. » Toutefois, ajoute cet article, vers Pouzauges & en » aucuns autres lieux appellent & prennent borderie » & gaignerie pour quatre bœufs ».

L'article 174 dit en conséquence « que la bor- » derie est de demi-*masure*, & le quarteron est » demi-borderie, & le retail est le quart de ladite » borderie ».

Rat, Lelet, & Boucheul, sur le premier de ces deux articles, observent que la glose du droit canon au mot *Mansus, cap. 1. Extrà de censibus*, règle au contraire le *mansus* à la quantité de terre que deux bœufs peuvent labourer en un an, & qu'on peut aussi entendre par-là autant de terres labourables qu'il en faut à un laboureur pour se nourrir avec sa famille durant son labourage & culture.

Il n'en est pas moins vrai que la *masure* est la même chose que l'ancien *mansus*. Besly rapporte à la page 170 de ses preuves de l'histoire des comtes de Poitou, une chartre de Charles-le-Chauve du 18 janvier 854, où ce prince donne aux moines de Saint-Philbert-de-Noirmoutier, Messoy, avec sa chapelle & sept *masures*, l'Abscie avec deux églises, deux *masures* & trois quarterons *Messiacum cum capella in quo sunt mansa 7 Apsiacum cum duabus ecclesiis & mansis quartasque 3*, &c. *Voyez* le même auteur, *page 8*.

Quoi qu'il en soit, cette fixation des *masures*, borderies, quarterons & retails, est importante en Poitou. C'est sur elle qu'on règle les redevances dues à titre de cheval de service & de plect de morte-main.

Le plect de morte-main est de 50 sols pour chaque *masure*, de 25 sols pour la borderie, & ainsi à proportion. Mais si les *masures*, borderies, quarterons & retails sont hébergés, c'est-à-dire, garnis d'une habitation dans les pays d'entre la Dive & la mer, le plect double pour la première *masure*, borderie, quarteron & retail selon que le fief est baillé, c'est-à-dire, selon que le dénombrement en est donné par *masures*, borderies, quarterons & retails. (*art. 174 & 175.*)

Quant au cheval de service, suivant les art. 178 & 179, il monte pour *masure* de terre à 60 sols, pour borderie à 30 sols, pour quarteron à 15 sols, & pour retail à 7 sols 6 deniers, soit qu'ils soient hébergés ou non. Le vassal paie de même pour sa mutation un plect estimé, comme on vient de le dire pour chaque *masure*, borderie, quarteron, ou retail tenus de lui à hommage plein. Mais il ne doit qu'un seul cheval de service, apprécié de la même manière pour toutes les *masures*, borderies, &c. qui sont tenues de lui à hommage plein, sous un seul hommage. (*Article de M.* GARRAN DE COULON, *avocat au parlement.*)

MASURIER. *Voyez* MASURAGE.

MATELOT, s. m. (*code maritime.*) C'est un homme de mer qui sert à la manœuvre d'un vaisseau, sous les ordres du capitaine & du pilote.

On trouvera dans les dictionnaires de l'art militaire & de la marine, ce qui concerne le service & les fonctions des matelots sur les vaisseaux de guerre & sur les bâtimens marchands; mais nous devons donner un précis des loix auxquelles l'ordonnance de la marine les assujettit.

Lorsqu'un *matelot* est valablement engagé à un capitaine ou maître, il est obligé de faire le service du navire, qui consiste non-seulement à s'y rendre au jour fixé pour travailler à l'équiper, charger les vivres & faire voile, mais encore à charger les marchandises, tant du propriétaire que des marchands chargeurs. Mais le soin de les arrimer ne le regarde pas, il y a dans tous les ports des gens préposés pour cet objet.

Le *matelot* engagé pour un voyage ne peut quitter sans congé par écrit, que le voyage ne soit achevé, & que le vaisseau ne soit amarré à quai & entiérement déchargé. S'il quitte avant le voyage commencé, il peut être pris & arrêté, & contraint par corps de rendre ce qu'il a reçu, & de servir autant de temps qu'il s'y étoit obligé, sans loyer ni récompense; & s'il quitte après le voyage commencé, il doit être puni corporellement.

Si cependant, après l'arrivée & la décharge du vaisseau au port de sa destination, le maître, au lieu de faire son retour, charge son navire pour aller ailleurs, le *matelot* peut quitter, si bon lui semble, à moins qu'il n'y ait une convention contraire par son engagement; & dans le cas où il peut quitter, le capitaine est tenu de lui payer ses salaires, & en outre ses frais de séjour & de retour, ainsi qu'il a été jugé au parlement d'Aix, par arrêt du 29 mai 1784, contre le sieur Chevaldy, capitaine d'un vaisseau armé à Marseille pour un voyage à Cayenne & retour.

Lorsque le vaisseau est chargé, il est défendu aux *matelots* de quitter le bord sans congé du maître, à peine de cent sous d'amende, & même de punition corporelle en cas de récidive. Il leur est également défendu de prendre du pain ou d'autres victuailles, & de tirer aucun breuvage sans la permission du maître ou du dépensier préposé pour la distribution des vivres, à peine de privation d'un mois de leurs loyers, & de plus grande punition s'il échoit. Si le vol excédoit la valeur de dix livres, le voleur pourroit, outre la perte d'un mois de loyer, être mis à la boucle, ou condamné à avoir la cale.

Le *matelot* qui a fait couler les breuvages, perdre le pain, fait faire eau au navire, excité sédition pour rompre le voyage, ou frappé le maître les armes à la main, doit être puni de mort. Sur les vaisseaux du roi, il suffit, pour qu'il mérite la peine de mort, qu'il lève la main pour frapper un officier de l'état major.

Les conventions du maître avec les *matelots* doivent être rédigées par écrit, & en contenir toutes les conditions, soit qu'ils s'engagent au mois ou au voyage, soit au profit ou au fret, sinon les *matelots* doivent en être crus à leur serment.

Ils ne peuvent charger aucune marchandise pour leur compte, sous prétexte de portée ni autrement, sans en payer le fret, à moins qu'il n'y ait une convention contraire par leur engagement.

Lorsque le voyage vient à être rompu par le fait des propriétaires, maîtres ou marchands avant le départ du vaisseau, les *matelots* loués au voyage doivent être payés des journées qu'ils ont employées à équiper le navire, & d'un quart de leur loyer; & ceux qui sont engagés au mois doivent être payés à proportion, eu égard à la durée ordinaire du voyage : mais si la rupture arrive après le voyage commencé, les *matelots* loués au voyage doivent être payés de leurs loyers en entier; & ceux qui sont loués au mois, des loyers dus pour le temps qu'ils ont servi & pour celui qui leur est nécessaire à s'en retourner au lieu du départ du vaisseau : les uns & les autres doivent en outre être payés de leur nourriture jusqu'au même lieu.

Dans le cas d'interdiction de commerce avec le lieu de la destination du vaisseau, avant le voyage commencé, il n'est dû aucun loyer aux *matelots* engagés au voyage ou au mois; ils doivent seulement être payés des journées qu'ils ont employées à équiper le bâtiment; & si l'interdiction de commerce arrive pendant le voyage, ils doivent être payés à proportion du temps qu'ils ont servi.

Quand le vaisseau est arrêté par ordre souverain, avant le voyage commencé, il n'est pareillement dû aux *matelots*, que les journées qu'ils ont employées à équiper le navire : mais si cet événement arrive durant le cours du voyage, le loyer des *matelots* engagés au mois, doit courir pour moitié pendant l'arrêt, & celui des *matelots* engagés au voyage doit être payé aux termes de leur engagement.

Lorsque le voyage est prolongé, les loyers des *matelots* loués au voyage doivent être augmentés à proportion; & si la décharge se fait volontairement dans un lieu plus proche que celui qui est désigné par l'affretement, il ne doit lui être fait aucune diminution; mais s'ils sont loués au mois, ils doivent, en l'un & l'autre cas, être payés pour le temps qu'ils ont servi.

Quant aux *matelots* & autres gens de l'équipage, allant au profit ou au fret, ils ne peuvent prétendre ni journées ni dédommagement, si le voyage vient à être rompu, retardé ou prolongé par force majeure, soit avant, soit après le départ du vaisseau : mais si la rupture, le retardement ou la prolongation ont eu lieu par le fait des marchands chargeurs, les *matelots* doivent avoir part aux dommages & intérêts qui auront été adjugés au maître; & si l'empêchement est arrivé par le fait du maître ou des propriétaires, ils doivent être tenus des dommages & intérêts des *matelots*.

Dans les cas de prise, bris ou naufrage, avec perte entière du vaisseau & des marchandises, les *matelots* ne peuvent prétendre aucun loyer, & cependant ils sont dispensés de restituer ce qui leur a été avancé. Si quelque partie du vaisseau est sauvée, les *matelots* engagés au voyage ou au mois, doivent être payés de leurs loyers échus sur les débris qu'ils ont sauvés; & s'il n'y a que des marchandises sauvées, les *matelots*, même ceux qui sont engagés au fret, doivent être payés de leurs loyers par le maître, à proportion du fret qui lui revient; &, de quelque manière qu'ils soient loués, ils doivent en outre être payés des journées qu'ils ont employées à sauver les débris & les effets naufragés.

Si le maître congédie des *matelots* sans cause valable avant le voyage commencé, il est tenu de leur payer le tiers de leurs loyers, & le total si le voyage est commencé, avec les frais de leur retour, sans pouvoir passer ces frais en compte aux propriétaires du bâtiment.

Les héritiers du *matelot* engagé par mois, qui vient à décéder pendant le voyage, doivent être payés des loyers jusqu'au jour de son décès. Mais s'il est engagé par voyage, la moitié des loyers leur est due s'il meurt en allant, & le total, si c'est au retour; s'il naviguoit au fret ou au profit, sa part entière sera acquise à ses héritiers, pourvu que le voyage soit commencé. Les loyers de celui qui est tué en défendant le navire, doivent être entièrement payés, comme s'il avoit servi tout le voyage, pourvu que le navire arrive à bon port.

Le *matelot* pris dans le navire & fait esclave, ne peut rien prétendre contre le maître, les propriétaires ni les marchands pour le paiement de son rachat. Mais il en est autrement, lorsque ayant été envoyé en mer ou à terre pour le service du navire, il vient à être fait esclave : il est alors fondé à prétendre le paiement de sa rançon, savoir, sur le navire seul, s'il n'avoit été commandé que pour le service du vaisseau simplement, ou sur le navire & la cargaison, si le service avoit eu l'un & l'autre pour objet : il faut néanmoins, pour que la prétention du *matelot* soit autorisée, que le navire arrive à bon port : au surplus, le paiement de la rançon n'est pas dû indéfiniment au *matelot*, ce n'est que jusqu'à concurrence de 300 liv.; mais il gagne outre cela ses loyers en entier, comme s'il avoit servi tout le voyage. Le réglement des sommes destinées au rachat des *matelots* se fait à la diligence du maître, immédiatement après l'arrivée du vaisseau, & les deniers sont remis entre les mains du principal intéressé, qui est tenu de les employer sans retardement au rachat, à peine du quadruple.

Le navire & le fret sont spécialement affectés aux loyers des *matelots*, & ces loyers ne doivent contribuer à aucune avarie, si ce n'est pour le rachat du navire.

Une ordonnance du roi, du premier novembre 1745, a fait défense aux officiers mariniers & autres gens des équipages des bâtimens marchands, de rien prêter, pendant le cours des voyages, aux *matelots* de ces bâtimens; & a pareillement fait défense aux habitans des villes maritimes, de former aucune action sur la solde d'un *matelot*, à moins que ce ne soit pour loyer de maison, subsistance ou hardes fournies du consentement des officiers des classes.

Un arrêt du conseil d'état du roi du 10 mai 1767, a cassé une sentence des officiers de l'amirauté de Granville, du 20 décembre 1766, qui avoit été rendue en contravention de cette ordonnance. *Voyez* AFFRETEMENT, ASSURANCE, ARRÊT DE PRINCE, AVARIE, *&c.*

MATIÈRES SOMMAIRES, *termes de pratique*, par lesquels on désigne des affaires qui ont pour objet des demandes qui ne doivent pas être traitées & instruites avec une certaine étendue de procédure, & qui doivent au contraire être jugées promptement.

Nous avons traité des *matières sommaires* sous le mot AFFAIRES. Nous nous contenterons d'ajouter que la règle générale qui impose aux juges l'obligation de juger les *matières sommaires* à l'audience, immédiatement après la plaidoirie des parties, reçoit une exception, lorsqu'il est nécessaire d'admettre la preuve par témoins, pour connoître la vérité des faits, dont les parties ne sont pas d'accord. Mais dans ce cas, l'enquête doit être aussi sommaire que la contestation qui y a donné lieu, se faire à l'audience, en présence des parties, où elles duement appellées. Néanmoins, dans les cours souveraines, aux requêtes du palais & de l'hôtel, où les audiences sont surchargées par la multitude des affaires, il est permis d'entendre les témoins au greffe, mais sommairement & sans frais.

Lorsque le différend ne peut pas être jugé sur le champ, parce que le juge se trouve obligé d'examiner par lui-même les pièces fondamentales d'une matière quoique sommaire, il peut ordonner qu'elles seront laissées sur le bureau; mais dans ce cas, on ne peut donner ni écritures, ni mémoires, ni inventaire de production, & le jugement doit être prononcé au premier jour d'audience suivant, sans épices ni vacations, à peine de restitution du quadruple, contre celui qui aura présidé.

MATRICULE, s. f. on appelle, en terme de pratique, *matricule*, un registre dans lequel on inscrit les personnes qui entrent dans quelque corps ou société.

Il est fait mention dans les auteurs ecclésiastiques, de deux sortes de *matricules*, l'une où l'on inscrivoit les ecclésiastiques destinés au service d'une église, & même tous ceux d'un diocèse; l'autre étoit la liste des pauvres qui étoient nourris aux dépens de l'église.

Présentement le terme de *matricule* s'entend principalement du registre où l'on inscrit les avocats à mesure qu'ils sont reçus. On appelle aussi *matricule* l'extrait qui leur est délivré de ce registre, & qui fait mention de leur réception.

Il y avoit aussi autrefois des procureurs *matriculaires*, c'est-à-dire, qui n'avoient qu'une simple *matricule* ou commission du juge pour postuler; présentement ils sont érigés en titre d'office dans toutes les jurisdictions royales.

Un huissier se dit *immatriculé* dans une jurisdiction, c'est-à-dire, reçu & inscrit sur la *matricule* du siège.

Les payeurs des rentes de l'hôtel-de-ville de Paris, tiennent aussi une espèce de *matricule* ou registre, où ils écrivent le nom des rentiers & nouveaux propriétaires des rentes, &, pour cette inscription, on leur paie un droit d'*immatricule*. (*A*)

MATRIMOINE, terme que l'on trouve dans la coutume de Loudun, *chap. 25*, *art. 1*, pour signifier les biens qui viennent à quelqu'un du côté de de sa mère. Il est peu usité dans l'usage ordinaire; il seroit cependant très-utile pour donner plus de précision au langage, & éviter les circonlocutions qu'on est contraint d'employer lorsqu'il est question de propres maternels, & qu'il est question de droits successifs qui ont rapport aux biens de la mère.

MATRONE, s. f. (*Police.*) qu'on appelle vulgairement *sage-femme*, est celle qui est reçue & approuvée pour aider les femmes enceintes dans leur accouchement. On ordonne en justice qu'une femme ou fille sera vue & visitée par des *matrones*, pour constater son état. *Voyez* SAGE-FEMME. (*A*)

MAUNAGE: dom Carpentier dit dans son glossaire françois, qu'on a donné ce nom au droit de mouture. Il renvoie pour preuve au mot *Molagium* de son glossaire latin; mais ce mot ne s'y trouve pas. (*Cet article est de M.* GARRAN DE COULON, *avocat au parlement.*)

MAUVAIS EMPORTE LE BON: c'est un des plus fameux & des plus odieux axiomes de ce droit des mains-mortes, dont il reste encore tant de traces. Il signifie que quand l'un des conjoints par mariage est de condition servile, & l'autre de franche condition, leurs enfans sont de la pire condition, c'est-à-dire, serfs comme leur père ou leur mère. C'est la disposition de la coutume de Nivernois, *tit. 8*, *art. 22*; celle de Bourbonnois, *art. 198 & 208*, dit, dans le même sens, que la pire condition emporte la meilleure.

Nos loix n'ont pas été les seules qui aient adopté cette prévention barbare. On voit dans les règles d'Ulpien, *tit. 6*, que, suivant la loi *mensia*, l'enfant né d'un étranger ou d'une étrangère, suivoit aussi la pire condition, & qu'il n'étoit jamais citoyen.

Le même usage avoit lieu pour ces espèces de mains-mortables qu'on appelloit *adscriptitii*, comme Cujas l'a remarqué dans ses observations, *liv. 4*, *chap. 28*. Il a même été adopté par le droit canonique, qui n'est pas toujours le droit de l'humanité. Il y est dit, *caus. 32*, *quest. 4*, *can. 15*: *liberi dicti qui ex libero sunt matrimonio orti, nam filii ex liberâ ancillâ servilis conditionis sunt. Semper enim qui nascitur deteriorem partem sumit.*

Les canons du concile de Pavie, confirmés par l'empereur Henri II, décident aussi qu'on réputera serfs tous les enfans nés d'une mère libre & d'un serf de l'église, quand bien même ce serf seroit au nombre des clercs, ce qui lui donnoit néanmoins la liberté à bien des égards. (Potgiesser, *de Statu servorum, lib. 1, cap. 1, nº. 12.*)

On voit enfin, au *tit. 14* de la loi salique, *art. 7 & 11*, que si une personne franche épousoit une personne serve, la personne franche devenoit serve. Ce droit rigoureux reçut quelques modifications dans plusieurs pays. Ives de Chartres, dit, dans son épître 242, que la peine de la loi salique n'avoit lieu qu'autant que la personne franche avoit eu connoissance de la servitude de l'autre avant le mariage, ou qu'en ayant connoissance après le mariage, elle ne s'en séparoit pas comme elle en avoit le droit.

Beaumanoir dit également au chap. 45, que les fils de gentilshommes & de mère vilaine peuvent être chevaliers, pourvu qu'elle ne soit pas serve, & que les enfans de la mère noble & d'un père roturier ne peuvent pas être chevaliers, mais *qu'ils sont demenés comme gentilshommes du fait de leur corps & peuvent tenir fief*; enfin que les fils d'un serf & d'une franche sont aussi francs.

Dans plusieurs coutumes, telles que celle de Troyes, *art. 8*, de Bar, *art. 72*, de Meaux, *art. 5*, & de Chaumont, *art. 5*, les enfans suivent la condition du ventre, tant pour la noblesse que pour la servitude. La femme serve y conserve la condition du mari franc, tant qu'elle reste en viduité, suivant l'*art. 53 des droits & coutumes de Champagne & de Brie.* Dans d'autres coutumes, les enfans suivent la condition de leur père. *Voyez celles de Bourgogne duché, chap. 9, art. 7 & 8; & de Bourgogne comté, art. 87, 91 & 93; & l'art.* MAIN-MORTE. (*Cet article est de M.* GARRAN DE COULON, *avocat au parlement.*)

MAX. *Voyez* METS.

MAYEUR, f. m. (*Droit public.*) ce mot, dans plusieurs cantons, est synonyme de celui de *maire*, & il signifie le premier officier d'un corps municipal. Mais, dans les coutumes de Hainaut & de Valenciennes, cet office offre des particularités remarquables.

Le *mayeur* y réunit trois qualités principales : celle de semonceur dans les affaires contentieuses, d'exploiteur des commissions, ajournemens & autres actes qui sont ailleurs du ministère des huissiers, de sequestre né des choses qui doivent être déposées en justice.

En qualité de semonceur, il ne juge pas lui-même, mais il imprime à ses hommes jugeans, c'est-à-dire, aux échevins, le pouvoir de faire droit entre les parties qui plaident devant eux. *Voyez* CONJURE.

Il a également le pouvoir d'exploiter dans toutes les matières qui sont de la jurisdiction échevinale, & même en matière d'exécution parée en présence d'un juré de cattel.

C'est une maxime constante en Hainaut, que les *mayeurs* sont dépositaires nés de toutes les sommes d'argent & de tous les effets dont la consignation est ou ordonnée par les échevins, ou prescrite par les coutumes dans les matières sujettes à la jurisdiction échevinale. Ainsi, lorsqu'on veut retraire un main-ferme, soit du chef-lieu de la cour, soit de celui de Mons, il faut consigner le prix & les loyaux-coûts entre les mains du *mayeur* de la situation, & cette consignation doit être faite en présence de quatre échevins.

Le débiteur d'une rente main-ferme, constituée au profit d'un mineur ou même d'un majeur qui n'a point les qualités requises par la coutume pour aliéner, ne peut en rembourser le capital que par forme de consignation entre les mains du *mayeur*, à l'intervention de quatre échevins.

Cependant, le nombre de quatre échevins n'est point essentiellement requis dans d'autres matières que celles de retrait; l'usage autorise les consignations qui se font entre les mains du *mayeur* sans leur intervention. Il y a un arrêt du conseil souverain de Mons, du 27 janvier 1708, qui déclare valable une consignation reçue par un *mayeur* en présence de trois échevins seulement. Il y a même un réglement du 15 octobre 1704, donné par le conseil privé de Bruxelles, pour les mairies du Hainaut autrichien, qui porte, *article 2*, que « tous les » nantissemens que l'on fera aux *mayeurs* devront » être faits en présence *d'un échevin*, à peine de » nullité ».

Il n'est pas nécessaire en Hainaut que la partie intéressée soit appellée pour voir consigner; mais il faut, quand la consignation est faite, qu'on la lui notifie, afin qu'elle lève les deniers, si elle le peut, ou que, dans le cas contraire, elle fasse ses diligences pour en procurer le remploi, si la matière y est disposée.

Le *mayeur* est obligé de remployer tous les deniers nantis entre ses mains, lorsque ceux à qui ils appartiennent sont dans l'incapacité d'aliéner leurs biens. Ce remploi doit être effectué le plutôt possible; & si le *mayeur* étoit convaincu de l'avoir retardé par négligence, il seroit obligé de payer les intérêts de l'argent consigné. Suivant un arrêt du conseil souverain de Mons, du 19 avril 1708, on lui accorde un an pour faire ce remploi, sans payer d'intérêts.

Il y doit apporter beaucoup de circonspection & de prudence; & si, après s'en être acquitté, il paroissoit dans la suite que le bien acquis fût chargé d'une hypothèque ou de quelque autre droit réel dont une recherche exacte l'auroit instruit, c'est sur lui que doivent retomber toutes les suites de sa négligence, & il est tenu de garantir les évictions qui peuvent en résulter.

Le remploi doit être fait en biens régis par la même coutume qu'étoient ceux de l'aliénation desquels proviennent les deniers. Il y a un arrêt du conseil souverain de Mons, du 21 novembre 1687, qui déclare nul le remploi qu'un *mayeur* avoit fait dans le chef-lieu de Valenciennes, du prix d'un héritage du chef-lieu de Mons, quoiqu'il fût stipulé dans le contrat que le bien acquis seroit soumis à la coutume de Mons. C'est ce qui a encore été jugé par arrêt rendu sur la requête de la veuve d'Anice, qui offroit de remployer sur une maison régie par la coutume de Binche, une rente hypothéquée sur un main-ferme du chef-lieu de Mons.

Dans la coutume de Valenciennes, le *mayeur* a le droit de prendre en dépôt & de garder tous les deniers qui proviennent de vente d'héritages, & de rentes héritières, pendant l'espace de quinze jours, ou autre temps à ce ordonné; de régir toutes les choses sequestrées, pour en rendre compte en définitif à ceux à qui il appartiendra par ordonnance de justice; d'apposer les scellés, d'inventorier & mettre en ses mains les biens délaissés par un défunt, jusqu'à ce que les héritiers paroissent. Le *mayeur* doit avoir des registres cotés & paraphés par le magistrat, y inscrire toutes les recettes & dépenses relatives à ses trois offices, y spécifier, & dans ses quittances, les espèces d'or & d'argent qui sont consignées & mises entre ses mains, pour rendre les mêmes espèces, à moins qu'il n'ait été obligé de les échanger par édit du roi, dans lequel cas l'échange doit être précédé d'un procès-verbal dressé par un échevin, & constaté par un certificat d'un officier de la monnoie.

Le *mayeur* a encore inspection sur les poids, mesures, laine, pain, beurre, viande, volaille, poissons & autres denrées. Il peut, accompagné d'un juré de cattel, visiter les maisons des marchands, les cabarets, les boulangeries, la boucherie, le marché au poisson & à la volaille; enlever les mesures, poids & marchandises qu'il trouve en contravention aux réglemens de police, à la charge d'en dresser procès-verbal avec son juré, pour être jugé par le magistrat ce qu'il appartiendra. L'usage est que les confiscations prononcées sur ses procès-verbaux lui appartiennent.

MAYSONNIERS, MASONNIERS & MASSONNYERS, ce sont les habitans d'une terre, ceux qui ont une *maison*, à raison de laquelle il étoit dû souvent un droit de fouage, masage, ou maison. *Voyez* Ducange & dom Carpentier, au mot *Mansionarii.* (*Cet article est de M. Garran de Coulon, avocat au parlement.*)

DISSERTATION sur les Coutumes de Lorris, pour servir d'explication à l'article LORRIS, *page 635.*

CET article est conforme à la préface de la Thaumassiere, sur les coutumes de *Lorris*, *pag. 390 & suiv.* où, après en avoir tracé l'historique, il conclut qu'elles sont *les plus anciennes fameuses & renommées qu'aucunes autres de France.* La Thaumassiere étoit né vers 1630 à Sancerre, où l'on observe la coutume de *Lorris-Montargis.* L'inclination naturelle pour la loi de son pays l'a un peu séduit : on a vu des peuples disputer d'ancienneté, & enchérir les uns sur les autres par des annales fabuleuses.

La coutume observée dans le Gâtinois sous le nom de *Lorris-Montargis*, celle qu'on suit à Orléans, nommée *Lorris-Orléans*, avant la réformation, & qui proviennent de la même source, ne sont pas plus anciennes que les autres coutumes de France : dès le temps de Charlemagne il y avoit plusieurs coutumes dans le royaume, comme on le voit dans les capitulaires & ailleurs : ces coutumes ont continué d'être observées dans les provinces connues sous le nom de pays coutumier, avec des vicissitudes & des changemens occasionnés par différentes causes, sur-tout par la domination des grands vassaux.

Dans le treizième siècle, plusieurs de ces coutumes furent écrites par des particuliers sans autorité : telles furent la très-ancienne de Bretagne, les anciennes de Normandie, de Vermandois, de Beauvoisis, d'Artois, de Bourgogne, d'Anjou, de Toulouse, de Champagne, de Berri, les coutumes notoires du Châtelet, *&c.* Bouttillier, qui vivoit dans le siècle suivant, en rappelle encore d'autres dont les cahiers ne sont point parvenus jusqu'à nous ; Flandres, Hainaut, Amiens, Chartres, Orléans, Touraine, *&c.* ; mais aucun auteur ancien n'a parlé de la coutume de *Lorris*, du moins dans l'idée qu'on attache à présent au terme de coutume, c'est-à-dire, comme d'un recueil de loix pour une province.

Cependant la coutume de *Lorris* étoit connue dès le douzième siècle, époque de son établissement ; mais il ne faut pas se persuader que ce fût un corps de loix, ce n'étoit autre chose qu'un privilège, un abonnement en faveur du bourg de *Lorris*, & voici à quelle occasion cette chartre lui fut accordée.

Sur la fin du onzième siècle, Foulques-Réchin céda Bertrade de Montfort sa femme, & son comté de Gâtinois au roi Philippes I : les vassaux du comté ne voulurent lui rendre la foi-hommage, qu'après qu'il eut juré d'observer les coutumes du pays : Hauteserre, *de Ducibus*, *page 130*. Dom Morin, *histoire du Gâtinois.*

Nos rois, devenus seigneurs de cette province, se plurent tellement à *Lorris*, sans doute à cause des forêts voisines, qu'ils accordèrent à ce lieu différentes chartres nommées *coutumes*, suivant la façon de parler de ce temps-là, où l'on appelloit ainsi les concessions ou conventions passées entre les seigneurs & leurs sujets : la première de ces chartres étoit de Louis-le-Gros ; mais elle fut consumée dans un incendie, & l'on n'en connoît point précisément la date.

Elle fut renouvellée par Louis-le-Jeune en 1155. Les savans éditeurs du tome II des ordonnances, y ont fait imprimer cette seconde chartre, *page 200*, d'après un des registres de Philippe-Auguste : elle contient 35 articles dont on va rapporter un extrait suivant les sommaires de Secousse sur la chartre semblable de Boiscommun, *tom. 4*, *page 72*. Cette notice servira à faire connoître les mœurs de ce siècle.

ART. I. Les habitans de la paroisse de *Lorris* paieront six deniers par maison & par chaque arpent de terre.

II. Ils ne paieront point de droits de tonlieu, minage & forage pour les bestiaux de leur nourriture & les denrées de leur crû.

III. Ils ne pourront être contraints d'aller aux expéditions militaires, si ce n'est que dans le même jour ils puissent revenir chez eux.

IV. Ils ne paieront point de péages jusqu'à Etampes, Orléans, Milli en Gâtinois, & Melun.

V. Ils seront exempts de confiscation, si le délit n'est commis contre le roi ou ses hôtes (c'est-à-dire, ses commensaux).

VI. Ceux qui viendront aux foires & marchés ne pourront être arrêtés que pour délits commis le jour même, & l'on ne pourra saisir ce jour-là les effets de leurs cautions, si elles ne se sont obligées à pareil jour de foire ou de marché.

VII. L'amende de forfait est réduite de soixante sols à cinq sols, celle de cinq sols à douze deniers & le clain (ou clameur) du prévôt à quatre deniers (c'étoit l'amende due au prévôt pour toutes actions judiciaires).

VIII. Les habitans ne pourront être contraints de plaider hors de *Lorris* contre le roi.

IX. Le roi ni aucun autre ne pourra imposer de (nouvelles) tailles aux habitans.

X. Nul n'a droit de ban vin, sauf le roi qui peut faire vendre son vin dans son cellier.

XI. Le roi aura 15 jours de crédit pour les vivres qu'il achetera & ceux qui, pour raison de ce, auront des gages du roi ou d'un autre (ne) pourront les faire vendre (que) huit jours après.

XII. Pour offense faite à autrui on pourra

transiger sans amende, soit à nous, soit à notre prévôt, pourvu qu'il n'y ait pas eu de plainte rendue, ni qu'il ne s'agisse point d'un château ou d'un bourg forcé ; & s'il y a eu plainte, ils pourront s'accorder en payant l'amende. Cependant s'il n'y a pas eu de condamnation, il n'y aura d'amende ni pour nous, ni pour notre prévôt.

XIII. On peut dispenser d'un serment qu'on pourroit exiger (c'est-à-dire sans amende).

XIV. Si après les gages de bataille présentés & acceptés du consentement du prévôt & avant d'avoir donné des otages, les parties s'accordent, elles paieront chacune deux sols six deniers d'amende, & si les otages ont été donnés, chacune paiera sept sols six deniers : après le combat les otages du vaincu paieront *cent douze sols*.

* C'est de-là qu'est venu le proverbe qu'en la coutume de *Lorris*, le battu paie l'amende. Une peine pécuniaire aussi considérable pour le temps, fut sans doute établie pour arrêter la fureur de ces combats détestables, par la crainte d'une condamnation exorbitante contre les otages.

XV. Les habitans ne feront pour nous qu'une corvée par an pour conduire notre vin à Orléans & non ailleurs, & après avoir été avertis : mais ils ne seront point nourris, les habitans de la campagne ameneront le bois pour notre cuisine.

XVI. Nul ne sera arrêté s'il peut donner caution de se représenter.

XVII. Les habitans pourront vendre leurs biens, & quitter la ville en payant les lods & ventes, à moins qu'ils n'y aient commis quelque délit.

* De-là il suit qu'il y avoit une coutume générale qui régloit les lods & ventes.

XVIII. Celui qui aura demeuré à *Lorris* an & jour sans avoir été réclamé par nous ou par notre prévôt, demeurera libre.

XIX. Dans les procès des habitans leur sera fait bon droit.

* Ajoutez sans payer d'amende.

XX. Quand les habitans de *Lorris* iront à Orléans avec marchandises, ils ne paieront qu'un denier, & les jours de foire quatre deniers par charrette.

XXI. Aux noces des habitans, le crieur, ni celui qui fait le guet, n'auront aucun droit.

XXII. Les laboureurs de la paroisse de *Lorris* ne paieront qu'une mine de seigle à tous les sergens de *Lorris*, au temps de la moisson.

XXIII. Si quelque sergent trouve dans nos bois des chevaux ou autres animaux des habitans de *Lorris*, il ne doit les mener qu'au prévôt de *Lorris*: s'ils y sont entrés parce qu'ils étoient poursuivis par les taureaux ou par les mouches, le maître n'en paiera point d'amende, en affirmant qu'ils y sont entrés malgré celui qui les gardoit ; mais si c'est à garde faite, il paiera douze deniers par pièce.

XXIV. Il n'y aura point de porteurs exprès pour porter le pain des habitans aux fours (bannaux, c'est-à-dire, que chacun pourra y faire porter son pain par qui bon lui semblera.

XXV. Les habitans ne seront point tenus de faire un guet fixe & réglé * : c'est-à-dire, qu'ils ne seront tenus de faire le guet qu'en cas de nécessité.

XXVI. Ils ne paieront à Orléans qu'un denier par charrette de sel ou de vin qu'ils y conduiront.

XXVII. Ils ne seront condamnés à aucunes amendes par les prévôts d'Etampes & de Piviers, ni dans tout le Gâtinois.

XXVIII. Ils ne paieront point de tonlieu à Ferrière, Château-Landon, Puiseaux, ni à Nibelle.

XXIX. Ils prendront, pour leur usage, le bois mort, mais ils ne pourront abattre de grands arbres.

XXX. Ceux qui acheteront ou vendront au marché de *Lorris* auront huit jours pour payer le tonlieu, en affirmant que c'est par oubli qu'ils ne l'ont point payé.

XXXI. Les habitans de *Lorris* qui ont des maisons, vignes, prés ou champs dans la terre de Saint-Benoît, ne seront point sujets à l'abbé ni à ses sergens, s'ils n'ont manqué à lui payer son champart ou son cens, & même dans ce cas il lui sera fait droit à *Lorris*.

XXXII. Si un habitant de *Lorris* est accusé & qu'il ne puisse se justifier par témoins, il se purgera par son seul serment.

XXXIII. Les habitans ne paieront aucun droit pour ce qu'ils acheteront ou vendront dans la semaine, ni aussi pour ce qu'ils acheteront le mercredi pour leur usage.

XXXIV. Ces coutumes seront communes aux habitans de Corpalès, de Chantelou & de la baillie d'Harpard.

XXXV. Toutes les fois qu'il y aura changement de prévôt ou de sergent, ils seront tenus de jurer qu'ils observeront ces coutumes.

Les éditeurs de cette chartre disent, *pag. 201, not. 6*, qu'elle est en quelque sorte le titre primordial de concessions semblables faites depuis à beaucoup d'autres lieux; en effet, on en trouve plusieurs dans la Thaumassiere, & dans les différens volumes des ordonnances; mais, avant d'en donner la liste, il faut observer que la chartre ci-dessus extraite fut confirmée pour le bourg de *Lorris* par Philippe-Auguste en 1187, & par Charles VIII en décembre 1448. *La Thaumassiere, cout. loc., pag. 394 & 434.*

Voici les autres concessions de la même coutume de *Lorris*, par ordre chronologique.

1159. Par Louis-le-Jeune aux habitans *du Moulinet. La Thaumassiere, page 397.*

1165. Par le même prince aux habitans de *Seneli* ou *Seignelai*, confirmée par le roi Jean, en mars 1360, & par Charles VIII, en novembre 1447. *Ordon. du Louvre, tom. 13, page 520.*

1170. Par Pierre de France, aux habitans de

Montargis, confirmée par Philippe-le-Long ; en avril 1320. *La Thaumassiere*, *page 401.*

1171. Par le même prince aux habitans de *Bois-le-Roi. Idem*, *page 413.*

1187. Par Philippe-Auguste, aux habitans de *Voisines. Idem*, *page 399.*

1188. Par le même prince aux habitans de *Saint-André*, diocèse de Mâcon. *Ordonn. du Louvre*, *tom. 11*, *page 252.*

1190. Par le même prince aux habitans de *Dimont. La Thaumassiere*, *page 432.*

1190. Par Etienne, comte de Sancerre, aux habitans de *Barlieu. Idem*, *page 415.*

1190. Par Thibault, comte de Champagne, aux habitans de *Chaumont en Bassigni. Idem*, *page 428* ; confirmée par Philippe-le-Bel en 1292, & par Philippe-de-Valois en janvier 1338. *Ordonn. du Louvre*, *tom. 12*, *page 48.*

1199. Par Guillaume, comte de *Sancerre*, aux habitans de *l'Etang. Idem*, *page 416.*

1199. Par Thibault, comte de Champagne, aux habitans *d'Hervi*, confirmée par Philippe-de-Valois en mars 1332, & par Charles V, en mai 1376. *Idem*, *page 472.*

1201. Par Philippe-Auguste, aux habitans de *Cléri*, & confirmée par Charles VI, en avril 1383. *Idem*, *page 710.*

1209. Par Robert de Courtenai, aux habitans de *Mehun en Berri. Idem*, *page 425.*

1210. Par Etienne de Sancerre, aux habitans de *Saint-Brisson. Idem*, *page 423.*

1229 Par Gui, comte de Nevers, aux habitans de *Mailli*, confirmée par Charles VI, en octobre 1382. *Idem*, *page 708.*

1234. Par Robert de Courtenai aux habitans de *Saint-Laurent-sous-Baranjon. Idem*, *page 426.*

1235. Par Gui, comte de Nevers, aux habitans de *Vermanton*, confirmée par Charles VI, en avril 1410. *Ordonn. du Louvre*, *tom. 9*, *page 577.*

1241. Confirmation par Louis, comte de Sancerre, aux habitans de *Ménétréol. La Thaumassiere*, *page 419.*

1302. Confirmation par Jean de Courtenai, aux habitans de *la Ferté-Loupière. Idem*, *page 435.*

1327. Confirmation par Louis, comte de Sancerre, aux habitans de *Sancerre. Idem*, *page 421.*

A ces vingt chartres, il faut ajouter celle de *Bois-Commun*, *tom. 4 des ordon.* sur laquelle Secousse a fait les sommaires ci-dessus rapportés, & qui est en tout semblable à celle de *Lorris.*

Cependant ces chartres ne sont point entièrement conformes les unes aux autres. Il y a quelques différences, suivant les lieux auxquels elles ont été accordées; mais le fonds en est toujours le même, & les articles de celle de *Lorris* presque tous répétés dans les autres, excepté dans celle de Séneli 1165, & dans celle de Saint-André 1188, qui contiennent seulement concession de la coutume de *Lorris*, sans aucun détail, c'est-à-dire, autant que les articles de la chartre pourront convenir aux lieux qui l'ont obtenue.

L'objet de toutes ces concessions se fait aisément sentir : dans ces temps d'anarchie, les habitans de la campagne, même de plusieurs villes, exposés aux exactions des seigneurs & aux rapines de leurs officiers, étoient réduits à la plus misérable condition : Louis-le Gros en fut touché, & peut-être la politique autant que la religion l'engagèrent à traiter plus humainement les habitans de ses domaines : la première chartre d'adoucissement qu'il accorda aux habitans de *Lorris* fut comme un signal de liberté que les autres lieux ci-dessus dénommés s'empressèrent de partager avec ceux de *Lorris*. Les rois & les seigneurs concédans, en rendant leur domination moins onéreuse, y trouvèrent l'avantage que leurs terres en furent mieux peuplées, & que leurs revenus en augmentèrent. Ces motifs sont très bien expliqués dans la chartre de Séneli, *ci-dessus 1165. Ad utilitatem & incrementum terræ nostræ pio utimur temperamento ; ubicumque indebitas abolemus exactiones & pravarum asperitatem consuetudinum mitigamus. Notum itaque facimus quod villam nostram...... quæ aggravatione servientum nostrorum penè ad nihilum redacta fuerat, herbregiamus ad consuetudines castri nostri Lorriaci*, &c.

La chartre de *Lorris*, soit pour ce lieu, soit pour les autres auxquels elle fut communiquée, n'étoit donc autre chose qu'une modération d'amendes, un abonnement pour l'avenir, une réduction des droits arbitraires que les prévôts & les sergens exigeoient des malheureux habitans, & cependant ces chartres ne donnoient point par elles-mêmes la liberté aux habitans, car ceux de Mehun qui avoient obtenu la chartre de *Lorris* en 1209 (*voyez ci-dessus*), n'en demeurèrent pas moins serfs, & ne furent affranchis qu'en 1430 par Charles VII. *La Thaumassiere*, *page 372.*

Ainsi la Thaumassiere est allé beaucoup trop loin lorsqu'il a dit que ces anciennes coutumes de *Lorris* étoient l'origine des coutumes qui régissent le Gâtinois, & qu'elles furent dans la suite de beaucoup augmentées pour le droit des fiefs, censives, successions, donations, retraits, *&c.* En cela, il a confondu deux choses très-distinctes : la coutume ou le droit civil du Gâtinois, avec des privilèges particuliers accordés à quelques lieux du Gâtinois, & beaucoup d'autres hors de cette province, tels que Mehun & Cléri en Berri, Mailli & Vermenton dans l'Auxerrois, Hervi en Champagne, Chaumont en Bassigni, Saint-André près Mâcon, qui n'ont jamais suivi le droit civil du Gâtinois : on voit même dans la Thomassiere, *page 375*, que les habitans de Mehun avoient leurs anciennes coutumes rédigées en 1481, bien différentes & de la chartre de *Lorris*, & du droit observé dans le Gâtinois; & à l'égard des autres, Chaumont a la sienne, Cléri suit celle de Berri; Mailli & Vermenton, celle d'Auxerre; Hervi, celle de Troyes; Saint-André, le droit écrit.

Il

Il y a dans les ordonnances du Louvre, *tom. 11*, *page 199*, une chartre accordée par Louis-le-Jeune aux habitans de Sceaux en Gâtinois en 1153, semblable à celle de *Lorris* en beaucoup d'articles, où, après un détail de quelques délits, il est dit qu'à l'égard des autres ils seront jugés suivant la coutume du Gâtinois. *Semper ex consuetudine Gastinensi judicabuntur :* voilà la coutume de Gâtinois indiquée comme la loi générale du pays, en sorte que toutes ces concessions faites dans le même temps, ou, à-peu-près, ne sont que des exceptions à cette loi, des privilèges particuliers; & c'est ainsi, en effet, que l'Hote, commentateur de Montargis, en a parlé en différens endroits, *chap. 4, art. 9; chap. 18, art. 8; chap. 22, art. 1.*

La Lande, dans sa préface sur la coutume d'Orléans, rapporte la chartre de *Lorris*, mal-à-propos nommée *coutume de Lorris*, par quelques auteurs. « Ce ne sont point, dit-il, des loix municipales, » us & styles pour régler les fiefs, censives, » champarts, servitudes, communautés, succes» sions, retraits lignagers & autres matières de » droits françois; mais c'est une concession de » graces, franchises & immunités que la com» munauté de *Lorris* obtint anciennement du roi » Philippe II, & de ses prédécesseurs, comme » de ne payer que six deniers de cens, pour chaque » maison, d'être exempts du droit de minage, *&c* ». Brodeau, sur le titre de Montargis, fait la même remarque.

La Thaumassiere pense que la chartre de *Lorris*, qu'il appelle coutume, fut, dans la suite des temps, beaucoup augmentée pour le droit des fiefs, censives, successions, *&c.* Mais le plus ancien cahier de droit civil de Gâtinois est de 1494, qu'il rapporte lui-même, *page 440* en plusieurs chapitres, & l'on n'y trouve pas un seul article de la chartre de *Lorris;* d'où il auroit dû concevoir que la chartre & la coutume étoient deux choses fort différentes.

Son erreur provient de ce que sous un de nos rois qu'il croit être Philippe de Valois, environ l'an 1330, « les coutumes du pays furent, dit-il, » premiérement mises en écrit & compilées au » lieu de *Lorris* & rendues communes à ceux du » duché d'Orléans, donné en apanage par le » même prince à Philippe son fils ».

La Lande discute le fait de cette rédaction : après avoir rapporté les différentes opinions, il incline pour celle de Ragueau, commentateur du Berri, qui dit « que la petite ville de *Lorris* fut » choisie pour vaquer à la rédaction, à cause que » le duché d'Orléans étoit alors tenu en apanage, » & que ce fut sous Philippe de Valois ». Mais Richebourg, sur le titre d'Orléans 1509, observe « que les notions de la première rédaction sont » demeurées dans une telle obscurité, qu'on n'est » pas même assuré de son époque ».

Nous n'avons donc, sur cette ancienne rédaction, qu'une simple tradition sans aucuns cahiers, ni monumens qui la constatent : quoi qu'il en soit, il paroît certain que le droit civil du Gâtinois, & même du duché d'Orléans, fut nommé les coutumes de *Lorris*, *pour ce que Lorris est une des châtellenies du bailliage d'Orléans où elles furent lors rédigées par écrit*, ainsi qu'il est dit dans l'intitulé de la coutume d'Orléans 1509; mais qu'elles sont bien différentes des anciennes concessions de privilèges, qui n'avoient pas besoin, après tout, d'être rédigées par écrit, puisqu'elles l'étoient déjà dans les nombreuses lettres ci-dessus rapportées, & même qu'elles furent renouvellées en différens temps sans y rien changer.

La Lande observe encore « que les établissemens » de Saint-Louis sont un recueil des coutumes » observées au châtelet de Paris, *à Orléans* & en » Sologne, & que les coutumes d'Orléans, rap» pellées en plusieurs articles, n'y sont point citées » sous le nom de *Lorris*, qui fut pourtant leur » nom vulgaire depuis la rédaction faite à *Lorris* ». Il y a grande apparence, en effet, que le droit civil de l'Orléanois & du Gâtinois qui en faisoit anciennement partie, a été incorporé dans ces établissemens; car on trouve, dans la rédaction de 1494, beaucoup d'articles conformes à ceux des établissemens.

Ainsi, les deux coutumes de Lorris-Orléans, & Lorris-Montargis, n'ont emprunté leur prénom de *Lorris* que du lieu de la rédaction faite, ou peut-être seulement essayée à *Lorris* dans le quatorzième siècle, & non point des anciennes chartres de *Lorris*.

Long-temps après la rédaction ou l'essai, l'ancien droit civil des deux provinces, nommé coutume de *Lorris*, s'est divisé en deux branches, & voici à quelle occasion.

Le 28 janvier 1493, le bailli de Montargis obtint de Charles VIII, des lettres-patentes pour faire rédiger à Montargis les coutumes de son bailliage : alors le duché d'Orléans étoit tenu en apanage par un prince de cette maison qui fut depuis le roi Louis XII, le bailli de Montargis, comme royal, quoiqu'il ne fût que juge des exempts, prétendit que tout le duché d'Orléans devoit assister à la rédaction, & fit convoquer les officiers du duc qui ne comparurent point : néanmoins, il comprit le duché d'Orléans dans sa rédaction en ces termes : « ce sont les coutumes » notoirement observées ès bailliages de Mon» targis, Cepoi, ressorts & exemptions d'iceux » du duché d'Orléans, régis & gouvernés selon » les anciennes coutumes de *Lorris* en Gâtinois, » par lesquelles iceux bailliages & ledit duché » enclavé en iceux; le duché de Nemoux, en » ce qui gît audit Gâtinois, comtés de Gien (& » non pas de Guienne, comme il est dit dans » l'article *Lorris*, ci-dessus *tom. 5, page 635*), » étant dudit bailliage de Sancerre (& non de » Famère, comme il est dit *page 637*); baronnies de » Beaugenci, de Sulli, de Montfaucon, & d'Aubigni; pays & seigneuries de Gâtinois, jusqu'à

» la rivière d'Yonne, de Beauffe, de Sologne, » de Courtenai, de Puifaie; pays & duché de » Berri, fous le reffort de Concreffault ». Enfuite eft le détail des comparans & des défaillans. Ce procès-verbal eft du mois d'avril 1494, & la *Thaumaffière*, *page 440*, le rapporte comme très-utile pour reconnoître les lieux qui, d'ancienneté, ont été régis par les coutumes de *Lorris*. Le lieu de *Lorris* y fut appellé, mais n'y comparut point, parce qu'il étoit du duché d'Orléans: Mehun, Cléri, Chaumont en Baffigni, Hervi, Mailli, Vermanton, Saint-André, & autres lieux auxquels la chartre de *Lorris* avoit été communiquée, n'y font point dénommés, & c'eft une nouvelle preuve que la participation à la chartre n'avoit rien de commun avec la coutume.

Nonobftant cette rédaction à laquelle en effet le duché d'Orléans n'avoit point concouru, les officiers d'Orléans devenus royaux par la réunion du duché à la couronne, obtinrent du roi Louis XII différentes lettres-patentes pour la rédaction de leur coutume : elle fut rédigée en 1509 & obfervée dans tout le bailliage. La Lande prétend même que cette rédaction d'Orléans, 1509, fut obfervée à Montargis, comme il paroît, dit-il, par plufieurs fentences.

Mais, en 1531, les officiers de Montargis ayant obtenu des lettres-patentes pour la réformation de celle de 1494, ceux d'Orléans y formèrent une oppofition détaillée au procès-verbal, & prétendirent que leur coutume de 1509 étoit la feule qu'on dût obferver à Montargis. Ceux de Montargis répondirent « que fi les officiers du bailliage d'Or- » léans avoient fait publication de leurs coutumes » (en 1509), elles n'étoient univerfelles, mais » limitatives. Et fi n'avoient été reçues audit Mon- » targis ni autres pays de préfent appellés; ainfi » nonobftant icelles avoient toujours ufé (à Mon- » targis) de ladite ancienne coutume (de 1494), » dont étoient enfuivis plufieurs arrêts contraires à » la réformation qu'ils (les officiers d'Orléans) » difoient avoir été faites par lefdites prétendues cou- » tumes (de 1509) ». En effet, la Thaumaffière, l'Hote & Brodeau, fur le titre de Montargis, difent que la rédaction de 1494 fut fuivie à Montargis jufqu'en 1531 qu'elle fut réformée. Les commiffaires renvoyèrent au parlement fur l'oppofition, & néanmoins procédèrent à la réformation.

Les deux filles de la même mère ont été ainfi divifées. La coutume de *Lorris-Montargis*, rédigée en 1494, a été réformée en 1531. Celle de *Lorris-Orléans* rédigée en 1509, a été réformée en 1583; & ces deux coutumes ont été obfervées fans mélange & féparément, l'une à Montargis & l'autre à Orléans, depuis la fin du quinzième fiècle jufqu'à préfent. Celle d'Orléans, réformée en 1583, a néanmoins quitté le prénom de *Lorris*, qui, dans le vrai, ne convenoit pas plus à l'une qu'à l'autre, & n'avoit été adopté que par émulation; chacun des deux bailliages voulant paffer pour chef de coutume, & s'attribuer par-là une efpèce de fupériorité.

Les chartres de *Lorris*, ci-deffus mentionnées, n'avoient donc aucune relation avec la coutume ou droit civil du Gâtinois & de l'Orléanois; & même en général on peut dire que les anciennes chartres ou conceffions particulières, faites aux villes ou autres lieux, ont très-peu de rapport avec les coutumes des provinces.

Laurière & Berroyer (*Bibl. des Cout. pages 26 & 35*), difent que les chartres de communes ont été les premières fources de nos coutumes générales, & que pour avoir une intelligence parfaite de chaque coutume, il faut remonter aux chartres & privilèges accordés par les rois & par les feigneurs aux habitans d'une province, d'une ville & d'un bourg.

Les favans auteurs de la préface du tome 11 des ordonnances, en adoptant ce paffage, *pages 25 & 36*, difent que les chartres de communes contiennent des réglemens fur les contrats civils; & *page 3*, qu'un des principaux caractères de ces chartres, eft lorfqu'on y trouve la rédaction & confirmation des ufages & coutumes.

Tout cela eft trop général : les chartres de communes & autres contiennent, à la vérité, quelques articles relatifs à la police, au gouvernement des villes, aux droits feigneuriaux, même à la liberté ou fervitude des perfonnes, & delà, en effet, fe font formées les coutumes fur ces fortes de matières.

Mais avant que les rois & les feigneurs euffent accordé ces chartres ou privilèges, il exiftoit des loix fur les fucceffions, donations, douaire, communauté, teftamens & autres matières de pur droit civil. Le procès célèbre de Robert d'Artois, qui eut des fuites fi funeftes pour la France, la longue guerre pour la fucceffion au duché de Bretagne, ne dûrent leur malheureufe origine qu'à des articles de coutumes obfervés de temps immémorial en Artois & en Bretagne; & ces articles n'y avoient été établis par aucune autorité. On pourroit citer beaucoup d'autres exemples femblables. Il y avoit donc, indépendamment de toutes conceffions de communes, des ufages & des coutumes préexiftantes, & qui fervoient à régler les droits des princes, comme ceux des particuliers; ces coutumes remontent fi haut, qu'il n'eft pas poffible d'en fixer le commencement (1); les conceffions de communes ont pu ajouter quelques réglemens, quelques privilèges; mais le fonds des coutumes eft toujours refté le même jufqu'aux rédactions ou réformations.

(1) Pour fe convaincre de l'ancienneté des coutumes & de leur conformité avec celles des peuples les plus éloignés de nous, il faut confulter *le Code des Loix des Gentoux*, traduit de l'anglois, en 1778, d'après les verfions faites de l'original en langue Samskrete, imprimé chez *Stoupe*; & *les Coutumes confidérées comme loix de la nation, dans fon origine & dans fon état actuel*, chez *Mérigot* le jeune, 1783.

Au reste, ces anciennes chartres, soit de communes ou autres, ne sont plus, suivant la remarque des mêmes auteurs, que des objets de curiosité dans les provinces où les coutumes ont été rédigées par autorité publique ; les rédactions ayant été faites pour servir de code unique dans chaque pays, avec défenses d'alléguer d'autres usages que ceux qui seroient inscrits dans la coutume, les anciens réglemens ne sont à présent d'aucune utilité, si ce n'est peut-être pour contribuer à l'éclaircissement des articles obscurs. (*Cet article est de M.* BLANCHARD DE LA VALETTE, *avocat au parlement, censeur de l'ouvrage pour la partie de Jurisprudence.*)

FIN DU TOME CINQUIÈME.

A PARIS, de l'Imprimerie de STOUPE. 1785.